B.J. ベッテルハイム 著

伊波和正
高橋俊三 編訳
兼本　敏

日本語訳
英琉辞書

武蔵野書院

Bernard Jean Bettelheim 1811–1870

English- Loochooan
Dictionary

with many phrases in the higher
Style of the Literati, and a Glossary
of Derivaties from the Chinese language.

As this Dictionary was written while I was
in part supported by kind english friends,
and in grateful remembrance of many
favors, both temporal & spiritual, received
from Englishmen while in England & at
Loochoo, & especially for the gracious
Protection received from the English Government
while in my mission field I wish this volume
to become the property of the national
Museum in London, Great Britain.

Cayuga, Illinois. U. S. A.
April 10th 1867   B. J. Bettelheim

An hour, chū tūchĭ; a month,
ĭkkădzĭchĭ. How much a month?
(every month) ĭkkădzĭchĭ năttăĕ,
a tsĭchĭ gŭtŭ chăpănă sŭgŭgă?
Twice a day, ĭchĭ nyĭtchĭrĭgĭ nyĭ-
jŭ. thrice a year, ĭchĭ nĭngĭ sandŭ.

To do a thing, ĭttchĭn shung (一件)
yă tskozueru ĭttchĭg shung, my
business is now to build a house.

back
Kushĭnjĭ nkatong, Kushĭnkăĕ.

abacus
Sŭnŭ băng. Reckon on —, san
tstchung, sankalashung. Any
item marked on —. ză, one item,
chu ză, two items, nyĭ ză. hay
Some sum marked, ad interim, on
he left part of the abacus, maekwa,
(pillow): the sums still working
on he right, wăttă (belly).

abaft
fununu sumu. N.B. our
stern is with the chinese & cognate
nations considered as he forecastle,
& vice versa; fore and aft, tumi-fi.

abandon
nukushung, nukuchŏchung,
shŭng, (leave off) yaminng, tui-
yaminng, (home) fanarung. A
child, &o is abandoned, stirăttĕru
Kwă; abandoned character, bji-
mămănŭ fŭ.

ま え が き

　本辞書は、Bernard Jean Bettelheim（ベッテルハイム）の自筆稿本 English-Loochooan Dictionary（英琉辞書）とその付録の Chinese Derivatives（漢語）を翻訳したものである。これは、1867 年にベッテルハイムが大英博物館に寄贈したもので、「OR 40」と印が押されている。後に大英図書館に移された。

　辞書の見出し項目は約 10460 語である。末尾に次のように書かれている。

Through the help of God finished Christmas day　　　　1851

また、漢語の部の見出し項目は約 1790 語である。序の末尾に 1852 年 1 月 23 日と日付がある。

　1979 年に、喜名朝昭・伊波和正・森庸夫・高橋俊三の 4 名で、『英琉辞書』の勉強会を開き、訳していった。数ページ進んでいったところで、文法用語の略語などにぶつかった。『琉球と日本語の文法の要綱』（Elements or Contributions towards Loochooan and Japanese Grammer）を読むと、それらがよく理解できると分かった。それで、これを先に読むことになった。その訳したものが、次のものである。

「翻訳　ベッテルハイム著『琉球語と日本語の文法の要綱』（1）〜（5）」
（沖縄国際大学南島文化研究所紀要『南島文化』第 2 〜第 6 号　1980 〜 1984 年）

　これが出てから、各会員の一身上の都合から、事実上の解散にいたった。伊波と高橋はその後も『英琉辞書』に係わる論文を書いたりしていた。そして『英琉辞書』の翻訳をしながらも、完成にいたらなかった。その原因は私どもの怠惰な性格と、原本の字、特に補助符号と、折りたたみ部分の字が読みにくくて、正確性に心配があったからである。しかし、今日にいたっては、これ以上延期すると、刊行することが不可能になる。当分の間、この貴重で有用な辞典が活用されないままで終わる。それだけはなんとか避けたい。今までになにかと教えを受けた方々に申し訳ない。そういうことから、出版することにした。何かと不備があるであろうが、少しでも利用者の方々の役に立てば幸いである。

2010 年 10 月 15 日

伊　波　和　正
高　橋　俊　三

追記

　2012 年 5 月に高橋先生が急逝された。当初 2010 年中に完成する計画であったが『英琉辞書』の資料がゼロックスコピーであり、文字や記号の判読に困難を極めていた。同年、兼本が校正作業に参加し 11 月に大英図書館よりデジタルコピーを入手。文字や記号の視認が極めて容易になったため伊波と兼本は解像度の高いデジタルデータを基に再度照合作業を進めた。資料としての精度を求める作業は正に日暮道遠であった。

　また、森京子氏には高橋先生がご存命中、データ入力の際に大変お世話になった。さらに、先生がお亡くなりになった後もデータに関して私たちに説明やアドバイスをくださった。ここに明記し謝意を申し述べる。

　最後に、当該資料を研究へ役立ててもらいたいとの故高橋先生のご意志を佩服し、この辞書の完成を辛抱強く待ってくださった武蔵野書院へ衷心より感謝いたします。

2017 年 3 月 22 日

伊　波　和　正
兼　本　　敏

目　次
contents

まえがき　I

	辞書本体	漢語	索引		辞書本体	漢語	索引
A	1	421	441	N	229	432	529
B	20	421	448	O	236	433	540
C	37	422	451	P	247	433	541
D	70	423	459	Q	283	—	—
E	94	—	—	R	284	433	541
F	112	425	466	S	311	433	541
G	134	427	478	T	359	437	558
H	146	428	481	U	382	438	575
I	162	428	485	V	392	—	584
J	184	429	—	W	399	438	588
K	186	429	493	Y	417	439	590
L	190	430	514	Z	418	439	600
M	208	432	515				

解題　601

＊資料としての活用を第一に考慮し、辞書本体（A〜Z・漢語）を冒頭に編み、索引と解題を後半に綴じた。尚、本体に散見する記号などは解題を参照いただきたい。

＊この辞書 "English-LoochooanDictionary" は既に大英図書館ウェブサイトに公開されており、次の URL アドレスで視認が可能である。

http://www.bl.uk/manuscripts/FullDisplay.aspx?ref=Or_40

A

A ある1つ（1人など）の; 1時間 chŭ tŭchī; 1か月 ĭkkă-dzĭcihī; 1か月（月ごと）に幾ら（取る）か ikkadzichi năkăĕ または tsĭchī gŭtŭ chăssănă tŭyŭgă?; 1日に2度 ichi nyĭtchīnyī nyīdŭ; 1年に3度 ĭchī nĭnyi sandu; 一仕事する ĭttchīn shung〔一件〕, yă tskoyuru ĭttchīng shung 私の仕事は今は家を建てることだ.

Aback 後ろへ; kushinyi nkatóng（向かっている）, kushinkaè.

Abacus 算盤; sūnŭ băng; 算盤で計算する san tstchung, sankatashung; 算盤に印された桁 za; 1桁 chu za, 2桁 nyī za; 臨時に算盤の左側に出した小計 mackwa〔枕〕; 右側で計算中の合計 wăttă〔腹〕

Abaft 船尾; funinu tumu;〔注意〕西洋での船尾は, 中国およびその属国では船首（楼）にあたり, 逆である. 船首と船尾 túmŭ-fī.

Abandon 捨てる; nukushung*（残す）, nukuchóchung*（残しておく）（EC:'to leave'から推測）, stĭŭng,〔止める〕yamiung, tuĭyamiung,〔家を〕捨てる fanariung（離れる）; 捨て（られた）子 stirăttoru kwă; 甘やかされた性状の人 djĭmămănŭ（自儘の）ftu.

Abase 卑しめる;〔他人を〕 chŭ usséyung（侮る）, yī nă tóshung（倒す）,〔自身を〕 dŭ fikussinyung（卑下する）, -sidóng; 人の驕りを抑える chŭnu ugutósi, または wătchīnŭ（生意気の）kukuru ussei ussamiung; 自分の驕りを抑える dūnŭ wā-chī（生意気）nóshung, ugutoru chi〔氣〕nukĭung.

Abash 恥じ入らせる; shinshakushimīung〔心辱させる〕, hazikashashimīng.

Abashed 恥じ入っている; shinshakushóng, hazikashashóng;〔s.〕bashful.

Abate 減る;〔自動〕fĭŭng, fitóng, ikiraku（少なく）nay〔ung〕; 値が下がった yassidong（安くなっている）;〔他動〕（減らす）ikira〔ku〕nashung,〔値を〕安める firashung, yassimĭung; 仕事を〔減らす〕 shkutchi fabuchung（省く）, i〔ki〕raku nashung; 彼の厳しさが和らげられる c〔hi〕bissanu, chibissassi iffé（少々）nótong, djindji〔tong〕〔減〕; いくら安くするか dé（代価）〔cha〕sayassimīga*, ikiraku nashuga?（yassimīgaであろう）.

Abatement 減少・減額; fĭusi, yassamise.（yassimiseであろう）.

Abbess 尼僧院長; winago bódzi（尼僧）.

Abbey （女子）大修道院; dóli ussamiru yă, mitchi sudjoshuru〔修〕yă.

Abbot 大修道院長; ūshó（和尚）, ūfŭ bódzi（大僧）.

Abbreviate〔s.〕short hand, shorten, extract.

Abbreviation 略字;〔速記体字〕kwăkŭ fichi ka〔tche〕ru dji（画引きで書いてある字）, kwăku fichi katchése.

Abdicate 放棄する;〔権利を放棄する〕 nukuchóshung*, mbashung（否と言う・拒絶する）, gătĭnsang（合点しない）, skanshung（好かない）; 官職を辞退する kwan, sh'kumé（職前＝職分）kutuvayung; 完全に退く ĭnchī〈陰帰・陰居; 隠居であろう〉shung, kutuvati inchishung; 辞任を公表する〔s.〕resignation;（王位を）退く kuré yuzĭung（譲る）. *EC:「遺棄」の「遺」（残す）の影響であろう.

Abdomen 腹部; vătă, hără; 下腹 shtya vata.

Abduct 誘拐する・かどわかす; fichung, fikashung, sassuï fichung, sassuï michibichung; 誘拐される fikarīng;〔s.〕guide.

Abed 寝床で; mindzang vūtī, mindzanyi wŭrŭ ba.

Abet 教唆・扇動する;〔けしかける〕 chu kussamikashung（人を立腹させる）, tstchi féshung, ĭdjĭ（意地）ndjashung（元気を出す・怒る）, tstchi féshi idji ndjashung;〔s.〕encourage, aid.

Abettor 教唆・扇動者; gū（仲間・一味）natoru ftu;〔泥棒の共犯者〕nussudunu gū;〔s.〕accomplice.

Abhor 憎悪する; nyikunyung〔持続態:dóng, 否:mang〕; mikvasashung（憎む）; 人は全ての悪行は憎むべきだ sibitinu yana kutó shūnyĭnŭ〈衆人・諸人の〉nyikumi vadu yaru.

Abhorence 憎悪; nyikvassaru chimu; 憎むに値する nyikumbīchī mung.

Abhorent 憎むべき; 憎らしいもの mickwassang, nyindjónyi kānăng,〔不合人情〕*ECに依る.

Abide 住む; simayung; 私, 君は結果の責任をとる atonu mussubé〈結びは〉vă dū〔君, yă〕nakaĭdŭ kakayuru; 固守する katak〔u〕tuï mamuyung, yamirang（止めない）; 自分の意見を固守する dūnŭ kange yamirang, kataku dūnŭ mĭtski mamutóng.

Abiding place 住（まい）所; simedju.

Ability 能力;〔良い意味で〕 sénŭ〔才能〕, sūmīng〔總明〕;〔良い意味でも悪い意味でも〕 takumi（巧み）, chiló〔智量〕, dji-nŭ〈技能〉; 偉才の人 sé shi〔才子〕; 多才 man nu〔萬能〕; 生まれながらの才（能）がある mmari nagara sénu ang, sidjónu（素性の）yutashang, yī sidjónyi mmaritóng; 才能と学問がある ségakunyi〈EC:才学〉ang; 偉大な才能の人 f't〔ī〕chilóna（智量な）mung; 小才の人 chilónu ikirassaru mung; 小才も善行も少ない séng ikirassa, djĭnnūng〔善〕ik〔i〕rassang; 商才がある yū shung（能くする・有能）, yū〔d〕junu（用事が）yū nayung（能く出来る）; これより劣った（能）力では出来なかったであろう sunu chikaranyi arandung aré shī õsăn（その力でないならば為し応せない）.

Abject 下賤な・野卑な;〔形〕shtya kata（下々の者）, íyashī mung, yafina mung;〔動〕投げ捨てる（*語源的意味）stigarashung 粗末にして捨てる, dukĭung（退・除ける）; 卑しく金持に媚び諂う ïyashūnyishi

véki nchŭnyi tskārandi fushashoru munu（顧われよう
と欲する者）; 彼の仕業は野卑だ adiga shīvāzǎ
yǎfĭnyĭ ang; 卑しく振り舞う yafina munnu gutu-nyi
（如くに）shung.

Abjure 誓って止める; chikéshi sang, yamiung, nuzuki-
ung; 私と絶交すると誓った ch'ké ndjachi vang
stitang（私を捨てた）; 誓って酒を断つ chkeshi igó
[以後]{今後} saké numan[di]ichang（言った）.

Able 出来る; yūkŭ（能る）* *EC:「能」の訓読みであろう;
能力がある yuku ang, nŭnu ang〈EC:能〉; chikaranu
ang〈EC:有力〉, sénu ang〈EC:有才〉; 力不足のため出
来ない chikaranu yóssashī（弱さで）, naráng;（仕）事
を上手に処理できる kutu sabakiung（捌く）, yū bin-
djiung（弁じる）, yū ussamĭung（納・収める）; 彼を理
解できる tsodjīshung; 彼は返弁能力がある addiga
dzé līchī[財力], または chikara, sī（債）fimbín-
shussinyi taritóng（足りている）; 彼は読み書きができ
る adde simi（墨）yudaï, dji kachaï shusi nǎyūng;
歩けない aché ōsan; 職務の重荷に耐える tstomi
bīchī mung, tstominyi, tstomiményi, shukuményi
atatóng; これは理解できる yūkŭ kunu kutu achira
mĭŭng（明らむ）; 引き起こす・掘り起こすことができる
ukusŭ bīchī, ukushussé nayung, ukushussinyi
chikara taritóng; 望み通りにできない nigǎyuru gutó
shī ōsan; 能力も意欲もある chikarang aï mata
ukigumĭnshung; 各人はその能力に応じてするべき
だ fitubitu, sunu chikaranyi vūdjiti si vadu yaru; 能
力以上に与える（呉れる）mibunyi[身分]kwīti
kvĭŭng, dzé līchī sĭdjītī, fusóvūnyi[不相應]finsu
munyi（貧相者に）kvĭung; 身体強健な gāndjū（頑
丈）mung, gāndjūnǎ mung.

Abluent 沐浴の（できる）; ǎmīrarĭ bīchī（沐浴できる）.

Ablution 沐浴; {身体の} dū amīŭrŭ kutu.

Aboard 船上で; funinu wī, funi vūtī; 乗船する funinkae,
funinu wīnyi nubuyung.

Abode 住（まい）所; simédju, wuī-dju[居所]; 一時的（・
臨時の）居所 tézéshó-tŭkŭrŭ（滞在している所）.

Abolish 廃止する; tóshung（倒す）, 'nna nashung（無にす
る）, starashung（廃らす）, dukĭung（除ける）; 先の法
律が廃止されて久しい sachinu 'ho[法]djitchinyi
[已経]（既に）staracheng, starasattang; 先の規定を
廃止する satchinu-kata（型・規定）tóshung; これを
廃し、あれを立てよ kuri stiti（捨てて）adi tatiri.

Abominable ひどく嫌な、憎らしい、忌むべき; ïyashĭm-
bīchī（卑しむべき）, nyikŭmbīchī, hagógissaru mung,
chtana mung, shtana[ï]mung, chtanashī mung,
shtanashī mung; 醜い立居振舞 minyikvī tatchi
furimaï; 彼の行為は憎らしい adiga shī vaza（仕業）
nyikumbīchī; 醜悪な様相・状況 yana shkata（仕方・
様子）.

Abominate 憎悪する; nyikunyung, mickvassashung.

Aborigines 原住民・土着民; {琉球の} mutuyuri Dūchū
kunyinu ftu.

Abortion 流産; shū sǎn; 流産する shū sanshung[小産],
nashi（生し）yandjung（損う）, ké sigushung, ké utu-
shung, kwa urushung（子をおろす・堕胎する）; 流産した
nashi yantang（損った）, ké sigutchang; 誕生に到らず胎
内で死ぬことは流産と言われる mādā 'mmarirangshi, té
utchi vūtī yandīse（破損することは）, nashi yandjundi
iyung; 薬で早産させる kussuï numac[hi]té（胎・胎児）
sarashung, kva nashimĭung（子を産ませる）.

Abortive 早産の; 子 tsitchinu mīttāng kwǎ（月の満たない
子）; tsitchinu mittang shóti mmaritóru kwǎ; tsitchi
fŭssŭkŭnŭ kwa; 流産の子を葬れ shidj[i]miri（片付
けよ）, 字義的には、「包め」、「片づけろ」の意.

Abortive designs 失敗（無）に帰した謀; fhakaï tukuró
tudjimirang（遂げない）, narang（成らない）; kangé
sŏïshóng（相違している）; 望みは失敗（無）に帰した
nuzuminu ushinatang, nigenu sóïshong.

Abound 豊富である・富む; yutakanyi ang, takussanyi
[多]ang, sakanyi〈EC:盛〉, kvabunyi（過分に）ang;
shidjitóng〈EC:茂〉, shigŭkŭ（至極）, dūdŭ（甚だ）
uffusang; 不正・悪事が多い yana kutu uffusang;
私の生国にはこの果物はたくさんある va mmari
kunyi nakae kunu naïmung takussanyi ang; あの木
は葉が茂っている anu kī fānŭ shidjitong.

About およそ、約; {大方、大概} ūkǎtǎ, tégé, téraku〈大
略〉, túkó（遠くは）néng; 約3ポンド san djinnu négvé
[内外]、または wī shtya[上下]; 大方約200ドル{で買っ
た} tégé, ūkǎtǎ hǎn-zīnnŭ nyi hākŭ mé {shi kótang};
大方1フィートの高さ take（丈は）ū kata ĭshshǎkŭ（一
尺）; 正午近く mmanu（午の）tuchi nǎĭgǎtǎ（なりそう）;
大概この時分 tégé kunu djibung; あの用件で来た anu
yūdjŭnŭ yŭĭdŭ（故ぞ）chǎru; 彼の周りの兵たち addiga
sāyūnu[左右]finnu chā; 周りに立つ〈EC:周囲起立〉
miguti tatchung, mma māru māchi（まん丸く回して）
{mavachi} tatchung; 市場を巡り歩く matchi kara
miguti achung; 近道を行く chikassaru mitchi kara
miguti または tūtī achung; 歩き回る ĭppē achung,
ǎma kŭma achung, achāïshung（歩いたりする）; あち
こち投げ放ってある ama kuma nǎĭgǐ hóténg; あちに
もこちにも置いてある amanying, kumanying tuï
hóténg, utchéng; 三千人内外 sǎn zīn nyĭnnŭ négvé
wūng; 誰の話をしたか tā kŭtū sódǎnshǎgǎ?, ta
sǎtchi {sāshūng 指す} sódǎnshǎgǎ; 彼の話をした
ari sǎchī, ībīnūtchī {指さす} só[dan]shang; 何の話を
したか nūnū kŭtū īyŭgǎ（言うか）, sódanshaga, nūnū
kutunyi tsītī sodanshaga?; 雨の事、穀物の事を話した
aminu kutudu, muzukuïnu kutudu yūtāng; 自分のしてい
る事に留意せよ shuru kutó、または dūnū kutó, ning ĭchī

（念入れて）sǐy[o]，またはbindjiri〈弁じれ〉yó；巡り巡ってまたも（元の所から）始める miguti mǎtǎng mutunu tukuru kǎr[a]fhadjimiung；私はそれをしようとしている vanné tadéma（唯今）kuri sandi shung，shī gǎtǎ；寝返る〈EC：転身〉dū ǔttchěyung；{車輪のように} 回る miguyung；何の用で来たか nū shīng（何しに）chǎgǎ，nūnu yūdjūnyī tsité（就いて），yǔttī（因って），chǎgǎ；周囲6インチ（寸）mārūnǔ {mǎvārūnǔ}，[または]mavaïnu，ruku sing ang；その件について色々意見がある anu yūdjū nakae na mémé（銘々名目），na vakaï vakaïnu（各自別別の）mitskinu ang；私は今金は持ち合わせない vané nama dzinó mǔtǎng；国を回り見る kunyi sh'pó[四方]māti {mavati} nyūng；これは全て君に関することだ kunu muru murunu kutu sibiti iyǎ yǔǐ du（故ぞ）；離散している{人が}hanali sandjitong[散]；{物が} ǐppěnyi chira-chéng；今日は私たちの周囲が濃く烟っている chūyǎ kibītī ippe vǎttǎ ussutóng（覆・被っている）；あの件は彼が成し遂げることができる anu yūdjū ariga naïdǔshūrū.

Above 上（に）；wǐ，wǎ，wǐnyi，wabinyi（上辺に），wīnyi ang；上（記）の通り wǐnu tūǐ，wabinu bǔnnū gǔtū，winu bunnu tuǐ；階上 nyikenu wǐ；彼はこのような卑しい行為をどうしてもしない ariga bǔntushé（彼の品位としては）anu ïyashtchi kutó chāshing sang；20ドル余 han dzing nyi dju mé（枚）amaï；上から降りる wǐ kara urǐung；1人は私の上座に，1人は下座に坐った chuïyé wa wīnyi yǐtchǐ，mata chuïye va shtyanyi yitchóng（坐っている）；心を保ち護ることが最も大事だ chimu mamuyussiga ǐttsǐng dé ǐtchǐ dó；どの品よりもお茶を第一として買ってきなさい shū[諸]shinanu utchi nakae，chǎ dé itchi tushi {dé itchinyi} kóti ku；彼は先に定めた額に加えて20ドルを要求する satchata sadamiteru fukanyi（他に）nya han dzin nyi dju mé mutumiti（求めて）；上述の事 kissa（先程）icheru kutu；地上に djǐnū winyi wung；水は私の膝上に達した mizé va tsǐnsi yūkǎ（より）takassang；tsinsi dǎkǐ（丈・高さ）agatótang（上がっていた）；これは私達の力に余る事で，出来ない kuré vata chikaranu fǔkǎ（外），ūyūbǎrǎng mǔng（及びもつかないもの）；北京にいたのは3日にすぎない Fǐkǐnyī vutaru kutó {wutasse} mǐttchǎnyī sidjirang.

Abracadabra {魔除け}；呪文；fū-fǔdǎ（護符），fūmǔng.

Abrade 削り落とす；kakazǐung（かじる），kakazi stǔung（捨てる）.

Abreast 相並んで；{行く} naradi，kata narabiti achung.

Abridge 削減する；ikiraku nashung；{本を} 要約する kutuba fabachung*，kǎnnyūna（肝要な）tukuru dukuru tūyūng *fabuchungであろう；所帯費を減らす shūtě kandakushung[簡畧].

Abridgement 要約；{歴史の} shtchīnū kānnyūnā ǎtsīmī.

Abroad 外（に）；fuka，fukanyi，fuka nakae；家に居ない yanyi ūrang，lǔssī（留守）；外，戸外へ出る djónkae，mitchinkae ndji assibīung；外国へ行く gvé[外]gukunkae，takukunkae[他*]ndji；*taの直後に書くべきであろう；他国にいる tǎkǔkūnyi wūng；外国から来る gvé guku kara chong；外国から来ている品 gvé guku kara chóru shǐnǎ；普く噂が流布している ǐppé，shipo kara fūbǔnnū[風聞]ang；四散している shiponkae sandjitóng；広く伝えられている ippé tstétong.

Abrogate （法などを公的に）廃止する；tudumiung，stara-shung.

Abrupt，abruptly 唐突（な，に）；{他との関連なく} nūkǎng gutu；{突然} chǔttū；突然・急に入って来た ǎttǎnyī tu[n]ītchī，issudji，avatiti chóng；つっけんどんに人の感情を害する 'nnī tštchī gǔtūshūng，'nnī nakae attayung；唐突な話し方，振る舞い方 mǔshó[無性]tu[shó][突 tu]ī kakitang，arashi〈EC：粗暴〉munuǐ kata-sh[ung]，djimamanu munuǐ kata-shung.

Abscess 膿瘍・はれ物；kassa gutchi {瘡の口}；ǔnchǔ-[nu] tsitsidong（包んでいる）{膿が包まれている}；kassanu ndóng {（瘡が）熟れた}；腫物が破れ膿が出た kassanu y[é]ti（したたり出て），unchunu ndji-tong.

Abscond こっそり逃亡（逃走）する；findjiti（逃げて）kakvitóng（隠れている），nugati（逃れて）fǎshtī（走って）ūrāng（居ない）；nugati findjiung，nugati sakitang〈EC：逃避〉.

Absence，absent ない（こと）；{物の（不存在）} nénsi（無いこと）；{人の（不在）} uranse（居ないこと），men-shóranse（いらっしゃらないこと）；nerang（無い），urang（居ない）tukuru，urang kǔtū；私が居ない時彼が言った vaga amankae（あそこに）urang ba ari ichang；これは私が居ない時に起こったので私がは知らない kunu kutu vā tsiranu mé vuti arǎntǎ kutu（面前に於ではなかったので），vaga shirang；身体はここに居るが，心はない dūyǎ kuma wūssiga，chimu bǐtsǐdū hattchoru mung，bītsǐ ndjóng，chimu kumanyi neng；君の心は留守で遊びに行っているので，気を落ち着けて読んでから遊びなさい{怠慢な生徒への忠告} ïya chimu assibīgadu ndjó kūtú，chǐttū tuïshimiti（しっかりと取り締まって），{chimu yishti} simi yudi kara assibi；居ない urang，men-shórang，lǔssī（留守）；長く不在で会わない人は忘れられやすい nagéku hanaliti ichāndung，ǎré vǎssī yǎssǎng，vassirarī yassang；彼がここから出て久しい ari yǎ kara {家から} hatchi yénu（間が）ang；放心（状態）の* kǎnnu tūku，kukuró yúkubaïshóng *mind-absentとあるが，absent-mindedであろう．

Absentee 欠席者，不参加者，不在者；tstomi fhanaritoru ftu；君は今朝居なかった īyă chu stomité văttă gūyă（sunu kumé）arăntăng．

Absolute 専制（的な）者；dūnŭ chi（気）makashinyi shuru ftu，dūnŭ kăti shuru ftu，djimamanu ftu；絶対的権力者 sibitinu kutu dūshi kamuti（構って）chĭmpī {[権柄]kiuen ping} futoru（振っている）mung，kukurunyi makatchi chimpi futi sibitinu kutu dūshi nūshidutóng（主取る）；限定的な権力者は次のように表される：'ho kushaťĭshī，chimpi futi，wīnŭ sadamité tukuró hónu tūĭ ukunayung．

Absolutely 絶対的に；きっぱり拒否する；kutuvaĭ chīung；（意を）決してする chĭshshtī-shung，chímu mupparányi shi；絶対に必要な zībŭng（随分・あくまで）；絶対しなければならない īyading kánadzi（必ず）．

Absolve 赦免する；{罪から} tsimi yurushung，kunéyung（堪える）；{約束から解放する} yakusku yurushung，ī mudushung，tuĭ keshung；彼は罪から赦免された ariga tsimi yurusatta[ng]，yuruchéng；慈悲心で釈放する wūndjĭshĭ yuruchang（許した）〈EC:恩赦〉．

Absorb 吸収する；utchi kvayung，nŭnkŭnyŭng，nunkudong；水は吸い込まれた mizi nunkudi neng；大地が（水を）吸収する djīnu mizzé nunkunyung，shimikinu {湿気} ké fĭchĭ kāratchóng；硯が（水を）吸い込む sizirinu mizé fichi hatití néng；利益をすべて食い尽くす sunu li-tukó[利]（利徳；利得であろう）〈EC:利息〉kvé tskutchang（尽くした）；医学書に述べられていることだが，全身の小さな管は体内の湿気を取って運び去る īshănŭ lun nakae sódanshi dū ĭppĕ̆ aru kūssărŭ dzĭ，dū utchinu shtsĭ tūtĭ fĭchĭ sarashung（去らす）．

Absorbed 夢中・熱中の；仕事に没頭した shigutunkae fumikud[ón]g，hamatong；{愛に} aĭnyi nburitóng {溺れている}．

Absorbentia（**absorbent**）吸収剤；shtsi nunkunyuru kŭssūĭ．

Abstain 自制する・断つ；chīndjiung[禁]，chĭrăyŭng；{身を慎む} dū mamŭyūng；多言を慎む kutuba imashimĭung；kutchi imashimiung，tsitsishimĭyung，食物についても言える；酒を断つ saki chirayung；完全に断つ muru djiré；以前の友との交際をもう断絶する tachi téyung；性的満足を控える iru yuku chirayung；悪を慎む dū chīndjītĭ akó ukunāng．

Abstemious 節度ある；kăgĭng-shi {[加減]kia kien} kvīrang（越えない），kadjitong，kadjirinu ang {自分自身を制限する}；食事を節制する dū mamuti，nudaĭ，kadayé ŭffŭkósang；shkumutzi kaginshung {[s.]light，diet}；すべてに倹約する sibiti chĭng yakushung．

Absterge 拭き清める；sŭsūtĭ chirīnyi（綺麗に）nashung．

Abstinence 斎・制欲；精進の日 shŏdjīng shuru fi {[守齊]show chaĭ}；精進と浄化（潔斎）saĭ gae mŭkŭ yūkŭ-shung {[斎戒沐浴]chaĭ kiaĭ mu yu}．

Abstract 摘要；{書物の} shimutzinu kanami tukuru；抜き書きする nudji，ndjachi katchung {[s.]abridge，extract}；酒精を抽出する saki tarīung；考えを抜粋し変質させる fĭtskĭung（ひっつける）{fĭtchi tskĭung}．

Abstracted 心を奪われて；心中全く無我状態であると，制約なく，その広がりは無限だ kukurunu utchí nakae ftu yŭkŭ（一欲）ndi iché nerang，sunu uĭnaru（大いなる）kutó firukŭshi，kadjiri neng；学問に専心する学者 simi hamayuru samuré〈EC:士（知識人）〉；世間から10年間離れていなければ，これには到り応せないであろう dju ning hamarandung ăré（没頭し励まなければ）kunu takinyé（丈・高さには）ĭtăĭ ōsăn．

Abstractedly 心を奪われてぼんやりと；{空中に懸かって，探究すべき1つの事を除いて何物も指ささない} sŭră nakai kakati ibizasĭ tukuro nengshóti ftutsinu dolin [u]mŭtŭ〈EC:本原〉saguyung．

Abstraction 放心・虚心・空心；{観想：仏教では，全ての観念は静かで動かない} ftutsinu umŭĭ shidzikanyis[hi] ugukang；仏教徒の「無念無想」の天 nŭ[ng] ūmāng tīng．

Abstruse 奥深い・深遠な；ūŭkŭ bukassang，fimitzina kutu {[秘密]pi mi}，myūnyi ang {[妙]miau}；深遠な文体{簡潔で意味深い} bunnu kutuba ikirasashi {ū araminyishi（大荒目にして）} chimu fukassang；深奥機微な原理 dólinu {[道理]tau li}，myū[nyi]ang；理解するのが困難だ sara sara tūĭ（通り）gurishang；深遠にして測りえない achíra mi（明らかにする）gurishashi fhákararang．

Absurd，**absurdly** 愚かな，不条理な；fŭřĭ（狂れ）kutu；一見正しく思えるが理に合わない yutasharu gutóssiga，dolinyí sumutchong，līnyi {[理]li} kānāng；無知で馬鹿げた話 munung shirang kūdjŏ，furi munuī；意味を成さない（話がまとまらない）hanashé tudjimarang，hanashitu nărāng；馬鹿げた支離滅裂な話をする furi munuĭshi dóli midarashung；君は馬鹿げた言動はするな iyăyă kungdzóshīta（混雑した）kutu sunnayó．

Abundance，**abundant** 豊富（な）；yūfŭdu（余程）ang，yukatong（よく実る），dikitong（よくできる）；{多量・多数} hfănă fădă ufusang〈EC:甚多〉，shi guku（至極）uffusang；{豊富に生み出す} sakanyi ang〈EC:盛〉，{葉が（多い）} shidjitóng（繁っている）；葉が多く実が少ない kīnŭ fa shidjitó[ng]，naĭyé ikirassang；{人口が（多い）} taminu fanyī shóng〈繁栄している〉；食卓が豊かである bĭshŭkŭ（美食）uffussang；慈悲心に富む〈EC:盛恩〉vūndjinu uffusang，vūndjĭ ufoku kantóng；豊かで充足した sakanyi taritong〈EC:盛

足〉,dūdū yutakanyi ang,shǐgūkŭ taritong;｛贈り物・好意を｝あり余る程に恵む aforīru（溢れる）fudu mígunyung.

Abuse 罵る；｛叱る｝nŭrăyŭng；｛悪用する｝yana mutchī shung,midarinyi tskayung；私はその使用ではなく、その乱用を責めるのだ vanné sunu mutchīusi shimirang,sunu midarinyi mūchǐūssīdŭ imashimīru（戒める）；規則違反の使い方をする nurinyi atarang gutushi mutchīung；激しい言葉で罵る fhadjishku nurayung,yána nuré-shung；｛悪い習俗｝yana zuku, fūzukunu ikang；童子を犯す vinago ukashung,chigarí fazikashung（fazikakashungであろう）.

Abusive 口汚い・毒舌の；言葉 hadji kakashuru kutuba, usseǐ（侮り）kutuba,yana gutchi,yana kutuba,ikari kutuba,'haradatchi kūdjó；口汚い人 yana kutchinu ftu.

Abutment 接合部,合端,隣接；｛印｝sakenu（境の）shirushi.

Abyss 深淵；futchi,｛底無し｝s'ku neng,｛測定不能の｝fakayin narang fukassang；淵に落ちた fuchinkai utitang.

Academic 学術的,学究的；simi naré munŭ vaza.

<u>**Academy**</u> 学院・学園；gakódji,gǎkwǎng,simi naré tukuru.

Accede 同意する；ukigunyung〈EC:肯〉｛持続｝dong,（否）:mang｝,yurushung；｛一員となる｝tagényi kumishung（与する）.

Accelerate 加速する；féku nashimīng,issudji-shung, is[su]gashung；gŭrúku-shung；回転を速める gŭrŭ migurashimǐung；この仕事を早くしなさい kunu yūdjŭ issudjǐshi kū.

Accent 言葉づかい・口調；kǎkāǐ,mŭnūǐ fūdjī.

Accept 受け取る；ukiung,tŭyung,ukitŭyung；受けたり断わったり ukitutaǐ,kutuvataǐ；受け取らない chāshing（どうしても）ukirang；礼儀正しく受け取る rīdjī shi ukiung；感謝して受け取る kafushi-ndi ic[hi]uki-ung；儀式ばらずに tada tuyung；私の誠意を受け取って、少々の誤りは許して下さい va djitsi（実）tuǐ mutchi,skŭshī machigéya yuruchi kviri；断り受けない kutuvati ukirang；どうか笑顔で受け取ってくれ varati tuti kviri,ushashi（喜んで）tuti-?- tutóki；請求書を受け取る shŭkŭ gatchi tut[i]chung；請求書の受け取りを断わる shuku gatchi késhung（返す）；香煙が昇ると天がそれを受け取られる sunu kóbashtchi tinyi tsōdjīti ukituǐ mēhéng.

Acceptable 意に適う；｛快い・心地よい・満足な｝kukurunyi kanatóng,yurukudóng；chimunyi ushshashōru kutu；人情が受け入れたいと思うものは nyin djó[情]ushshashi ukīru munó；気に入った贈物 kukurunyi kanatoru li-mutzi［禮物］；気に入らない kukurunyi sakatong（逆らう）.

Acceptation 普通の意味・意義；｛語句の｝kutubanu imi, djīnu[字]imi.

Access 接近・面会；近付きやすい人 ichaï yassa,madjivari kunudong；近付きにくい madjivai gatassang；面会を断る kutuvati ichāndi yung,madjivarandi ïyung.

Accessible 接近し易い；行ける所 ikari tukuru,vólé[往來]naï tukuru,volé shi bīchī tukuru；行けない所 ikarang tukuru.

Accession 就任・取得；｛添加｝sīūng,sītī kvīūng；近頃財産（家業）を多く添えて得た kunu guru kadjó ufóku sīti yitang；王位につく kurenyi ts'ǐchóng, nubuyung,hadjimiti vótu｛王｝,tǐn shītu〈天子と〉｛皇帝｝nayung；官職に就任する hadjimitu* kvanyintu nayung *hadjimitiであろう.

Accident,accidently 偶然（に）；zunggvénu（存外の）kutu,tama tama natoru kutu；偶然に hóshi shidé；ふとその考えが浮かんだ tachimachinyi yī kangenu ukuritong,ndjitong；予期しない事柄 ōmīnu fuka, zung gvénu kutu；偶然見た hóshinyi nchang；思わず壊した ubízinyi,zunggvényi yantang；たまたま彼に会った yi hoshinyi arinyi ichatang；不慮の事故（変事）fīn gútu,悪い意味の場合が多い；ある事故で死んだ kǐgǎ djínshóng〈怪我自；怪我死にしている〉.

Acclamation 歓呼して賞賛する；kvi tatiti fumi agŭung.

Acclivity 上り坂・傾斜；傾斜がある fīrǎ,sakanu ang, nabatétong.

Accomodate 適（順）応させる；他事に順応する chīfīnyī[時変]shtagayung,chifinyi vūdjīung,bǎshŭnyi shtagayung,tuchinu finyi（変に）shtagayung；他人の意思に合わせる chunu mǐtskīnyī shtagayung；状況に順応する nariyutchi chichi｛'nchi｝kangé ndjashung；適応性のない頑固な人 katamaï mung｛固まった｝,または fudjín[na][不仁]mung；人に必要品を供する chunyi fǐdjī muchiru mung kvīūng；融通し貸す karachi tassikiung.

Accomodation 収容（施設）；｛家の広さ｝yānu firussang.

Accompany 同行する；｛散歩に｝madjung achung,aïtumunyishung,tŭmunyishung；｛客が辞去する際に（送る）｝ukuyung；｛彼の相手をする｝yésatsishung, hanashishung；どうか少し私と同行して下さい tāndī（どうか）[tan[u]di]iyǎya vantu iffe achi kviri；墓まで葬送する mū ukuyung,ukutí achung.

Accomplice 共謀者；fakari kumishoru mung；shtagatoru ftu,tstchōru mung.

Accomplish 遂行（完成）する；｛完了する｝símashung, shi hatiung,tskoi ovayung,djódju〈成就〉nashung, tudjimayung；｛到達する｝ittay[ung]；成就している natóng；熟達した人 djódatzinu ftu[上達]；一芸に熟達している ichi dji[藝]suguritoru ftu；｛予言が｝

実現する shin tachóng, shirushi nayung, attayung.

Accord 一致する; {同意する} tagenyi attayung, vagó-shóng（和合）; {賛同する} yūtǐ shtagayung〈EC:依従〉; {気持ちが（一致）} yinu mitski〈EC:同意見〉; 皆一致して íttchítsinyi〈一決に〉-shung, chimu unadjūnyishung.

According 一致して; 君が言った通り ïyaga iyuru gūtŭ, tūǐ; ～次第で kutu shide, bashu shidé; 事実に一致して ukunatéru shūkŭ, shărŭ（した）shūkŭ; 気性のままに振る舞う mmărǐtsǐchinyi fikassarīng, fikarīng; 習俗通り zukunyi yutti（依って）, tūǐ; 君の言葉通りになった ïyaga icharu tūǐdu natong; 命令通り satchata tuzikitaru tūǐ（先に命じた通り）; 行為に応じて受ける ukunenyi wūdjītǐ yīyung; この通りにしなさい kuriga fūdji（風儀）siyó; 病気{の状態または程度}次第で yamé shidé; 約束通りには行う yakusku dūïyé shung; 健康状態次第で{健康が許せば} kunchi（根気）shidé; 状況次第 tuchi shidé; {財産の状況} dze mutsinu bun naï, dzé mutsinu ari daka; [s.]proportion in.

Accost 話しかける; {初めて話し掛ける} ī kakiung, ī fhadjimi-yung.

Account 計算書; sănkătă〈算〉方; 会計簿 sannu shi-mutsi; 日計帳 chó〈賑、帳であろう〉, sankata chó; 計算書を読み上げる sankata chkashung, nubiti chka-shung; 計算する sankatashung, kazōyung; 精算する sankata chivamiti késhi mudushung; 重要人物 tăttŭchǐ ftu, ŭmŭtchǐ ftu; 私の賃借勘定がいくらか、面倒ながら見て下さい vāga iyankae kané chassaga {chănŭ fuduga}ǐchŭră, năndjǐshī sankatashi chkatchi kvīrǐ; 記帳する chónyi katchi tumi shóshung; 別の計算（書）にそれを混入するな bitzi sankata nakae kundzo〈混雑〉shimīnna; 私はそれが肝要だと思う vane kuri dūdŭ kanyūna〈緊要; 肝要な〉mundi umuyung; どうしてもするな mănyǐ tūtzǐng（万に一つも）{ǐtching} sunnayó; 物語を説明する tsté（伝えて）nubiti chkashung; [s.]because, credit.

Accountable 責任がある; これは君の仕事だから、君に責任がある iya tstomimé（勤め分）yăkkutu, fichi ukǐsī（引き受けよ）, または fichi ukishuru mundó; 君が法廷{裁判官の前}でこの件を申し開きするだろう iyaga kvannyinu mé vuti kuri kazoti iyung; 人（々）は神に対し責任がある shkinnu ftu tinnu {天の} kam[u]tossiga shtya du wūrŭ, ukunénu yuǐ nyi kaminyi kazoraring（世間の人は天が統ている下に居る。 行いの故に神に数えられる）;（行為についての）責任がある ukunenyi vūdjiti kazorarīru kutunu ang. [s.]responsible.

Accountant 会計係; sankatashuru ftu.

Accoutrement 装備・装具; ikussanu shkóï（支度）, yŭssūūǐ, ikussa dóg[u].

Accrue （結果として）生ずる; この件から終には何の利が生ずるか kunu kutu ovaré nūnŭ yitchinu ăgăyā, または ndjǐŭgă.

Accumulate 蓄積する; tsīmǐung, tsinyung {（持続）:dong, （否）:mang}, takuvéyung, tsimitakuvéyung, atzimïung（集める）.

Accumulation 蓄積（物）; takuvé（貯え）.

Accurate 正確な; tagé nerang, tăgāng, tsīntŭ（ぴったり）attato[ng]; 彼は正確に書く addiga djī katchuse sŭttŭng（少しも）ayamarang.

Accusable 告訴すべき; uttaïsarī bǐchī mung.

Accusation 告訴; ŭttaï, fīrū（披露）; {告訴状} uttaï= または fīr[ū]gatchi; {偽りの訴え} itsivari ŭttaï; [s.] falsely.

Accuse 告訴する; ūttaishung, uttaï tsigïung; （[s.]evil sp[eech]）

Accuser 告訴人（原告）; uttaï nying, fīrū nying.

Accustom, accustomed 慣れる、慣れた; nariung, shi tskiung（やりつける）; 慣れている nari djukushong（熟している）; 慣れて久しい nagadé shi tskiteng; 聞き慣れていない chichi narirang; 慣れ染めて自分で気付かない narisumiti dūshī shusé ubirang; 水に慣れている mízinu shónyi〈性に〉naritóng; 気候・風俗などに慣れている kunyinu fūtchinyi（風気に）, zuku-nyi naritong; この地の性情・習慣に慣れた kumanu irunkae（色に）utsti（移って）{nariti} chóng. [s.] familiar, habit.

Acerbity 渋味; shibussa; 渋味がある shibussang.

Acetous 酸っぱい; sīssaru gutóng.

Ache 痛む; itadong, yanyung（病む）; 歯が痛む hānŭ yadong; 君の頭は痛むか karazinu yānyūmǐ h'n!

Achieve 獲得する; yīyung; 名誉を得る kó〈功〉yiyung; 大偉業 dūdŭ kónu aru kutu.

Acid 酸っぱい; sīsang, adjivénu sīsang.

Acknowledge 認める、認容する; ukiung, ukigunyung, tsiminyi（罪に）fūkūshung〈服する〉{[s.]confess}; 自認し謝罪する tsimi tuchung〈EC:解罪〉; 子と認知する kvató shíung {子として知る}; 子と認知されえない kvató shíé（知りは）naráng.

Acknowledgement 謝礼; 恩（顧）に感謝する; wŭndjǐ mūkŭyūng（報う）.

Acquaint {[s.]inform}; 知らせる; tashshüung（達する）, tashshiti shirashung, tsigiung, mukuyung〈報う〉〈EC:「報知」・「報個心」の「報」に拠るのであろう〉.

Acquaintance 面識・知己; {人} itchatoru ftu, mi shtchoru（顔見知りの）ftu, ichidu madjivataru ftu; 親しい知人 shtashku, kanashashi, issenyi（委細に）shtchoru mung; 私は彼と面識がない vané mada ari ǐchătī ndang.

Acquiesce, -ence 黙認・黙従する; ukigunyung, yurushung;

喜んで yurukudi shtagayung; 彼は黙認を表明した addé sŭnŭ ukigunyusi ī shirachang; 不承不承黙従 する ushti（押して）fūkushung（服する）; [s.]submit.

Acquirable 得られる; yīru bichi, yĭ bĭchī.

Acquire 獲得・取得する; yīyung; 名声を得る yī nǎ yīung, nanu ch'kvitong; 財産を取得する dze mutz [i][財物]mókīng; 知識を得る munushiri, [sé]chi〈才智〉yīung.

Acquisition 取得（物）; yīyusi, yītósi; mokitési（儲けた 物）.

Acquit 放免する; tsimi tuchi yurushung, futuchung, fhana-shung, yarashung; 審問して無罪と判明したので、釈 放された tsimabirakanyi tuĭtazonĭshi a[tu]tsiminu nensi ncha kutu chaki yuru[chang].

Acre エーカー（広さの単位）; tsibu（坪）, chkatanu tsībū.

Acrid （ぴりぴりする程）辛い; kără mung, kărăssang.

Acrimony 辛味; karami, {苛烈} chibissa sidjito[ng]. {[s.]sullen}

Across 横切って; yukunkae, 川を渡る kārā văt[a]shung; 横にして置け yukunkae utthóki; 横にしてあるが直 角にではない yuku na[ti]ussi yugamishung; [s.] cross.

Act, {**action**（行為）} する・行う; shung, nashung, ukuna-yung, ts[koyung]; 良い行いをする ukunénu yuta-shang; 芝居で演ずる hanshīshung; 芝居をして神に 感謝する hanshīshī kaminyi mishiti（見せて）, ta-ssikiteru wung（恩）mukūyung; 行為 ukuné, shkata, shī mutchi; {法令} wīsī（仰せ・御命令）; 彼の行い は好ましくない ariga ukuné yutashku neng; 良い行 いをした ĭchĭ dǎng（一段）yī kutu nachang; 一交戦 戦闘 ichi dunŭ tataké; 私は必ず君を告訴する vanné kanādzi ya firūshúndó（披露するぞ）; 無作法 な行い tsimassaru ukuné; 悪い行い varī ukuné.

Active 活動的な; 人 ugutcha ftu, shigutu yūshūrū ftu; ĭchĭchă ftu, issudja ftu; 機敏であれ uguchĭ si yó, issugissiyó; 彼は物事を巧みに機敏にする ari kutu nashussiga takumashūnyishi féssang.

Actor 役者; hānshīshā; 役者の一座 chu kuminu hanshīshā.

Actual 実の; makutu; 実に（本当に）そうだ chĭshti an dó.

Actuate 動機づけてさせる; shimĭung（させる）, kandjira-shung; 純粋な仁愛ばかりに動かされた djin shin[仁 心]băkānshi kandjirachi nachang; 何の動機で彼は そうするか nūnū mītskī ukutchi aré kunu kutu nachaga?（為したか）

Acumen 明敏・洞察力; sū ming[聡明]; 聡明さがある sūmĭnyi ang.

Acupuncture 鍼療法; haĭ utchuru hó; [s.]puncture.

Acute 鋭利な; {よく切れる} tatchi ba, yū tatchong {[s.] acumen} {創意工夫に富む・伶俐な} takumi aru mung; 激痛 yadi nizirarang, itaminu chūsang; 急

病{慢性病に対し} nitzi byo, shó-kan[熱寒]〈傷寒〉; 鋭角 togaĭ simi.

Adage 金言・格言; zŭkŭ-gu, nkashi banashi; kutu [vaza]; 以下は商人達の格言である: 他人がしりぞ ける商売は私が採り, 他人が採るものは私がしりぞけ る chŭnŭ stīse vaga achinesh[ung], chunu achí-néshusi vaga stūng; 金持ちになりたい者は, 何らか の危険を冒さなければいけない vekisandi fu-shashuse, hantiri (cf.沖:haNtasjaN) vadu [yaru]; 野 心家の格言:鶏口となるとも牛後となるなかれ tuting （むしろ・いっそのこと）tuĭnu kutchitó nărătūng, ushinu shĭlĭ năr[ang].

Adamant （古）アダマント:何物にも侵されない堅い物質; kfa takara ishi〈EC:金剛宝石〉; 最も堅いものを攻め 最も固いものを破ることができる yū（能）katassassi shimiti, kfassassing yabuyung.

Adam's apple 喉仏; nūdĭ gŭfŭ.

Adapt 調和・適合させる; sóvushimīng, atarashung; 彼ら は互いに合わない taĭ tagényi atarang, sóvūsang; あ る用に適合させる yūnyi[用]kanāshung; その手段は 目的に合わない unu tĭdānshi tutunavang（整わない）; 運送用に改造された船 tĭmma（伝馬船）nyi tsīdī（荷 を積んで）, {nyi nusti（載せて）} yutashang; 適合する ようにする attayuru gutu shimiung; 習俗に順応する fódji（沖: huuzi 風儀）, nūrī（則）narayung.

Add 添加する; sīyung, kūvéyung, kassanïung, kassa-bi[ung]; {算数（合計する）} marumiung（丸める）, ushāshung（合わせる・足す）; 2+4=6 tātsītŭ yūtsītŭ ushāchi mūtzi, またはtātsi nakae yūtsī sītī tumunyi mūtzi nayung; 少し添えよ in tién gva sīrī; 加えたり 減じたり kuvetai fichaïshung, kaginshung[加減]; {対 話で} さらにつけ加える mata iyung, kassaniti yung; 君がこれらの数を合計し幾らになるか見てくれ yăgă kunu kazi sankatashi ushāsé, [c]hassa nayugandi {nanyi fudugandi} ̄nchĭndé.

Addicted 耽溺している; 欲に yukunyi fŭchīrĭtóng; 酒に saki shtchóng（知っている; stchóng「好いている」であろ う）, kunudóng, sakinyi fuchīung; 悪に kukurunu mamanyi {kukurunyi, djónyi[姓]（「情」であろう） makatchi} aku ukunayung; 専心する kukuru mu-pparanyishi hamayung; 学問に専心する kukuru muparanyi shi, hamati simi yumung.

Addition 添加・加えること; sīūsī, kuvéyūsī; {算術（足し 算）} awashi zan, marumiru sankata; これ以上加え ることが不可能な最大限度 gukunyi（極に）ĭttātī, mătātŭ kuvéyé narang; 更に加えて kaniti（兼て）, sīti; 美に加えて善良である chúrássaru wīnyi kániti ukunénu yútashang.

Address {[s.]superscribe} ; 話しかける {人に} ̶ nkae ī kakiung, tsigiung, mindunyi〈面当〉iyung; {c.} {C.}

はcompareの意か; 彼は彼にこのように話かけた are arinkae kunu gutu yutang; 請願書を差し出した uttaïgatchi〔訴状〕 ushagitang; 手紙の宛名 ătï gatchi; 住所の上書き wūïdjŭ gătchī; 〔物腰〕〔s.〕behaviour.

Adept 達人; 〔芸・技の〕; djózi(上手), yī tĭ〈EC:善手〉.

Adequate 相応な・足る; tarīgissa, tarītong, vūdjitóng; 彼の手当ては労苦に見合っているようだ ariga tĭma nandjinyi vūdjigissa(応じそうだ), sóvūshigissa; (請け負った)仕事に適する yū bindjĭung(弁ずる), dzībung(随分・あくまで) bindjiti chung; 十分すぎる bīndjī sidjidushuru, bindji ămāshīdushuru.

Adhere 付着する; tstchong; 以前の習慣に固執する satchinu dzukunyi(俗に) katamatóng; 〔物理的に〕くっつける tă-tskiung; ある人に執着する aru ftunyi mutsimashūnyiyishi fanarirang; 彼らは互いに固く結ばれている友人である ăttă kataku madjivari mussidoru dushi, madjivari fukaku mussudong; 自らの原則を遵守する〈EC:操節〉s̄htsīnyi〈節に〉katamatong; 自らの原則を遵守して死ね shtsi mamuti shinyung; ある人を深く慕う fukaku shtótóng; 昆虫のように足でしがみつく sigayung.

Adherent 支持者; 私の味方・信奉者 vang tanudoru ftu; 彼は彼の信奉者だ ari ariga tanudoru ftu.

Adhesive 粘着性の; ばんそう膏(絆創膏) tskiru kóyaku.

Adieu 暇乞い; ituma gōï; tó, vanné ikăĭ?〔行ってよいか〕〔s.〕good-by.

Adjacent 隣接した; 村 tunaï mura; 〔隣国〕 li[n]guku; 二つの隣り合った田 tatzi tunaï ṭa.

Adjoin 隣接する; tsiraniténg(連ねてある); 隣合って住む tŭ[na]řshī simayung.

Adjourn 延期する; 今日決着できないので(日延べする) chŭ tudjimarang kūtū fi-nubishung;〔s.〕defer, delay.

Adjudge 判決する; sashi vakishung, issenyi(委細に) s̄aĭdăn〈裁断〉shŭng, katazikiung; 審査の上それを私に授与した saidanshi,〔sashivakīshi〕vaninkae katazikitang.

Adjust 調整する; tutunōyung, satchata shkóyung(支度する), shkótóchung, tutunutóchung; 秤を直す fhakaï chīmbonyi(均分に) nashung; 論争を調停する fī-fītu〈平平同〉nashung, ussamiti fifitu nashung; 均一にする fitunyishung, kvutónyi(公当) shung.

Admeasure 計り配分する; fhakaïshi kakiti kvīūng.

Administer 治める・処理する;〔業務を〕(管理運営する) kamuyung, ussamīung, bindjiung〈弁ずる〉;「裁判する」〔s.〕adjudge; 薬を与える kussuĭ kvīūng, numashung.

Admirable 賞賛すべき; chĭ my na(奇妙な) mung, fīrūmāshī mung; 彼は見事にこの仕事をなし遂げた adi kutu nachassiga myūnyi(妙に) atang, adi vaza shussé dŭtŭ(甚だ) myūnyi atang; 彼は賞賛すべき人だ

ah, dŭtŭ myūnă chŭ!; 感嘆(の言葉) sáttimu!(さても) kánashi yósi!.

Admiral 提督; ikussa funinu ŭfŭ téshó(大大将).

Admire 感嘆・賞賛する; umashashung, shtóyung, 〔物にも〕感じ入る ŭshshăshi nyūng(umushashungであろう; 形容詞ウ音便;)彼の清廉で高尚な精神を賞賛しない君子はいない sibitinu k̇unshinu〈君子の〉+cha〈家(複数形成素)〉sunu chīūshtchī takachinyi ă tukuró shtorandi(慕わないと) iché nérang〔即ち, mīna shtóti wūng〕

Admission 入ること;〔家へ〕(立入禁止) djimamanyi ĭūsĭ narang.

Admit 入れる;〔家に〕 irashung;〔許容する〕 chichi iriung, gằttĭnshung; 風(の具合)が許せば, どこへも行ける kazi shidé mankae ichung(行く).

Admix 混合する; +kunzó(混雑);〔s.〕mix.

Admonish 穏やかに諌める・勧告する; issamĭung, sisimĭung; 互いに諌めあう tagenyi issamĭung.

Adolescence 青春期; tushi vakassang; 若い時に稽古ごとに勤勉でない者は歳老いて後悔するであろう vakassaïnyi chīku mung hamarandung are, tūshi yūtĭ kūkvéshung.

Adopt 養子にする;〔子供を〕 yóshishung, yóshingushung, yóshingvashung, tsigushishung〈EC:嗣子〉; 習慣を採り入れる narishuminyi shung, narisunyung; shĭ tskiung(やりつける); このたわごとを採り入れるなよ kunu kázăĭ kutuba narisunyi sun[na]yó; 会議で決議(案)を採択する djimmĭshi(吟味し) kunu tīdăng (手段) tuĭ ukunayung,〔sa〕damuing; 養子縁組した相続人 yóshingva.

Adore 崇拝する;〔神を〕 vuganyung, +païshung〈拝する〉, tati matsiung(奉る).

Adorn 飾る; kazaïung, kazaïshung, yussu [ui]shung, shkóyung;〔文体を飾る〕 bung shiu[ng];〔家・顔を〕sidashung, kū n[uti](粉塗って) sidashung.

Adrift 漂流して; fhó chākŭ-shong(漂着している).

Adroit 手先の器用な・巧みな; takumashī tĭ, tīgŭmănŭ ang.

Adulation お世辞・諂い; mési munuĭ, fitziré munuĭ.

Adulator 追従者; mesishuru ftu.

Adult 大人; ŭfŭ chŭ.

Adulterate 混ぜものをする; ĭtsīvătĭ mankashung(混ぜる), itsivati ambéshung(按配する); nyishī-mung(似せ物) shung, tskoyung; 混ぜものをしてある nyishī mung tskoteng; 混ぜ合わせた酒 madjiri saki;〔s.〕falsify.

Adulterer 姦夫; chunu tudji ukashuru mung.

Adulteress 姦婦; shtsi ushinatoru vinago.

Adultery 姦通; chunu tsima ukashuru tsimi〈EC:姦人妻的罪〉.

Advance 前進する; agatchung〈仕事がはかどる〉, menkae itchung, sisinyung, yutchung, yukashung〈行かせる〉; 順序正しく進む shidenyi menkae achung; 昇進する lishinshung〈立身する〉, kvanyi〈官に〉 agaïshung; 総督が私の友を昇進させた t͡suntūga〈総督が〉 vā dushé〈友は〉 kvāng agaï shimitang; 学問が日増しに向上する fī māshī sisinyung; 学問が大いに向上した djó datsi〈上達〉 shang, djódzi〈上手〉;「上手」の反対は fita, [s.]weaken.

Advantage 利益・利点; yītchī〈益〉, li-tuku〈利徳〉, li-yi-tchi, yū-shī〈余勢・優勢であろうか〉; yitchi-sidji, li-djung〈利潤〉; 無益な mū yitchi; 悪人は小さな善徳を無益と思い実践しようとせず, そして（また）小さな悪を無害と思い, これをやめようとしない shódjino〈小人は〉 vazikashi djino〈善は〉 muyitchindi īchī, sang, mata vazikashi akó géyé〈害は〉 néndi ichi sarasang〈去らさない〉〈EC:去〉; 何の益があるか charu {chănŭ, nūnŭ} yītchī ăgă; 利益と不利益 li-gé〈利害〉.

Advantageous 益がある; yitchinu ang; 彼の立場は私のより利益が多い ariga tūshī〈渡世＝職業〉 va tushinyi fishīīdunse〈比すると〉 īŭ īŭ dzě mūtzī mókiyassang; 益があるかないか yitchi ămī něnī?

Adventure 思いがけない出来事, 珍事; omāzi furāzinu kutu.

Adverb 副詞; tassiki kutuba.

Adversary 仇, 敵; ătă, tītchī, ata titchi; {敵対する} titchi téshong.

Adverse 反対（側）の; 彼は合点しない găttĭnsang; {風が逆} djākŭ, fūdjūng; 不運 djākŭ mī.

Adversity 逆境, 不運, 災難; shivagutu, nandjinu〈難儀の〉 kutu, kurushiminu kutu, sénan, nansé, vazave; 彼には常に不運がつきまとう ariga murumurunu kutu kurushidong; 良い友は順境にも逆境にも変わらない yī dushe sakaï uturūīshai kukuru kava[rang].

Advert 注意を向ける; {気付く} satuyung, satuti shtchung; {regard 注目する・関係つける} sashung, ibizashung.

Advertise 公示する; amaniku shirashung.

Advice 勧告・助言; sisimīse, sisimiru kutuba.

Advise 勧告する; sisinyung.

Advisedly 熟慮の上で, 故意にする; kukuru muparanyishi, văzătŭ (sh[ung]).

Adviser 勧告者; 彼に勧告したのは誰だ taga arinkae kun[u]kutu sisimiti shimítaga.

Advocate 弁護する; {法} kavatí uttaïshung, uttaï-gatchi [shung]; {全般的に弁論する} katazichi sodanshung.

Aerial 大気の（ような）; suranu gutong, kazinu gutukunyi ang.

Afar 遠くに; tūsang, farukanyi tūsang.

Affable 温和な, 愛想よい; vadanna ftu, yafarashi mung; 彼は愛想よく話す ariga munu yusse vadanyi ang.

Affair 事, 事情; djó〈状・情〉, kutu, yūdjū〈用事〉, yósi〈様子〉; 何の用事か nūnŭ yūdjuga; 昨日珍しい事が起こった chinyu midrashī {chidukuna〈奇特な〉} kutu atang; 君がこの件を巧く片付けたか yăgă kunu kutu yū tudjimitī h'n!; 人事 chúnu kutu.

Affect {[s.]unaffected}; ふりをする; fūïshung, tskoti-shung; はっきり見たが, 見ないふりをして, 頭を垂れて通った issenyi mïussiga mirang fūïshi, kóbi utsintchi hatchang; 富裕なふりする veki būïshung, dzémutsi〈財物〉 aru fuïshung; 外の物に動かされる fukanu munyi ugukassarīng; 富に動かされる li yukunyi ugutcheng; 知らないふりする shirangfūïshi; 悲嘆にくれた urītī kukuró itumatchéng〈itamatchéng であろう〉; 気取った歩き方をする tskoï achishung; 竹のように節がある fūshi tskiténg, kumiténg.

Affection 情愛; djó-ī〈情意〉, djónu ang, {愛} kanashimi; 人間として自然の情愛が少ない kutzi nyikunu〈骨肉の〉 djóyé〈情愛は〉 ussissang; 彼は両親に対し真の愛情を持っていた are djitzinyi ló uya kana-shashi; ただ何時も両親に愛情を注げ. そうすれば万事うまく行く chimó chă ló uyanu kutunyi ŭtchī, chaki yutashang.

Affectionate 人情ある; 彼は情がある chu kanashashuru chimunu ang; 実に情深い djitsinu djónu aru mung; 彼は彼を情愛を込めてもてなした ari ari tuïmutchusi djŭbung djó-i achisang; 情を込めて見る mī shtóyung, mī kanashash[un]g, mī nuzunyung.

Affinity 親類; {結婚による} chka véka, {血縁関係} luïnu chkassang.

Affirm 主張する, 断言する; ïyung; 彼はきっぱりとそうだと言う ari chivami tskiti, andu yarundi yung; 二重否定は肯定と同じだ arandi ïyuru kutaba tatzi, {uri} assitu yinu mung; {このような二重否定構文では, 肯定の動詞を再度繰り返して言うのが普通である. 例えば: kūndi iché nerang 来ないことは有り得ない. 即ちchung彼は来る.

Affirmatively 肯定的に; yurushuru fūï, gutu.

Affix 添付する; tskiung, tsidjāshung; 印を押す yin tstchung, ŭtchūng; ŭshŭng.

Afflict （精神・肉体的に）ひどく苦しめる; [他動]shivashi-miung, urīshung, nadji*〈難儀〉 k[u]veyung *nandji であろう, kurushimi kuveyung, kushimashung（kuru-shimashungであろう）; 悩んで, 苦しんで uritōng, shivashong, kurusidong; 熱で苦しむ shó-kan〈傷寒〉 yaméshong, sudóng.

Affliction 苦悩; kurushimi, shiva, ūrī, nandji; 苦悩する者にさらに苦悩を加える kurushiminu wīnyi kurushim[i] kuvéyung; 苦悩が多い ufóku urīgutunu ang.

Affluence （物資的）豊かさ, 裕福; tumi, vekishussi, kvabunyi（過分に）assi.

Affluent 豊かである, 裕福; tumi taritong, yutakanyi ang, dūd[u]yutakana mung, kvabunyi ang.

Afford 余裕がある; 私には買う余裕がない va buntushé koyé ōsān.

Affright 驚かす・恐れさす; udurukashung, udurukashimiung, ussurirashung.

Affront, ted, ting （公然と）侮辱する; ukashung, nayamashung, mīchirashung, chúnu ikari ukushimiung; 彼は侮辱を受けた ari mī chichéng; 彼の振る舞いは大変侮辱的だ ariga shīvaza djitsinyi chu ukashuru shivazadu yaru. [s.]hurt

Affloat（**Afloat**）浮かんで ukadong, ūchóng.

Afoot 徒歩で; 歩いて行った fsha kara achung, fshashi achung, áyumi áchung.

Aforesaid 前述の; 前述の通り wīnu tūī dó; 前述の人 wīnu ftu, kanu ftu.

Aforetime 以前に; kissa, satchi; {はるか以前に} 'nkashi.

Afraid 恐れて; ussuritong, uduruchóng, újítóng; 死を恐れて shinyuse udjitóng; 災難を恐れて vazave udjitóng; 労苦を惜しまない nandjing, kurushiming ushimang; 特に自分の欠点・弱点を見せたがらない kúshshĭung; 悪筆だが見せるのを恐れない yána gáchishing kúshshirang.

Afresh 新たに; 始める mīkung, aratanyi fadjimĭung.

Aft 船尾に; funinu tumu {[注]西洋の「船尾」の意味}

After 後に; ato; 百年後 haku ninnu ato; 私の後に va ato; 次々に来る utsidji tsidji chung; 前も後も méng ătóng, atosătchīng; 彼が来て後 addiga charu ato, chósi ato, chī kara; 後の時代 atonu yū, ato dé〈代〉; 全ての後で（結局）ovaïnyi.

Afterbirth 後産, えな; īa.

Afternoon 午後; firuma ato, firuma sĭrĭ; 午後遅く（夕方）bang gătă, yussandi gata.

Afterward 後に, 以後; ī-gó, atonyi, anshi atonyi; 今から以後 nama kara ato.

Again 再び; mata, nya, ftătābī; もう一回 nya chu ken, nya ĭchī dū, mata ichi dū; 再三 sé sanyi itatong; 再三言ったが従わなかった sé sang kūī kéchi īchīng, chkang; 二度と見なかった matató ndáng. [s.] repeatedly.

Against ～に（反）対して; {逆} djākū; 凭れ掛ける utchakiung; 互いに邁合する haïchayung; 反論する{反駁する} tsi késhung; {謗る} sushīung; 彼は私に君の悪口を言った ari vaninkai ya yutashku néndi ichangdó, ya fīkussi yutando; 私は彼と戦った vatu aritu tatakatang; 正午近く mmanu（午の）tuchi naïgata; 予期に反して zung gvé〈存外〉, kangé sóī, umuïnyi chigatong; 意に反して涙がでる kukuruzáshinyi fánshi nadanu utíung.

Agate 瑪瑙; mīnó shtchi.

Age 年令; {人の} chŭnŭ tushi; 一代 ĭchī dé, ichi yū; 連続した時代 lītch[i]dé〈歴代〉; 暗黒時代 kurachi yū, lan shi〈乱世〉; 後代 ato dé, kó shi〈後世〉; 君の年令はいくつか ya tŭshī ikutzi nay[u]ga?, undjunu tushé ikutsiga?; ご老人!あなたの年齢はおいくつですか yé ufu shū! ya tushé chanu shakó {daki} natóga, h'n?; 老齢 chó-mi〈長命〉, kūbūtchī（kŭtūbūtchīであろう）; 時代は変わっても心は同じ yū kavayéssiga chimó tītzī; 15～16歳の若者は vaka mung; 30歳の大人は sakănna mung; 60歳の人は tus[hi]yuī mung; 老齢の子 ukuríngva; それぞれの異なる時代に līchi dé〈歴代〉kará; 成人する túshi fúdunyi {gúrunyi} uyudóng; yī túshi gurú natōru mung.

Aged 老いた（人）; tushĭui, kutubutchinu ftu, chominu f[tu].

Agency 代行すること; {抽象名詞的} shussi, tassikīse.

Agent 代理人; {商売の} kavati kutu ussamiru f[tu], kavati shuru ftu, dūnū kavaï.

Agglutinate （にかわなどで）膠着させる; nuī tskĭ̄ung（糊付けする）.

Aggrandize 栄える; {自動} sakayung; [他動]sakarashung, sakanyishimĭung; 彼は名声を上げたがっている ariga chunyi（人に）tăttubarandi nigatong.

Aggravate 加重する; 罪に罪を重ねる toganyi toga kassanĭung; 加重された罪 tsiminu ĭū ĭū umuku natong.

Aggregate 総計; [名]sū-kazi; [動]（まとめる, 総計する）kassabiung, tsimiung.

Aggress 攻撃を仕掛ける; satchata ti（手）ndjatchi {ndjukatchi} atirandishung.

Aggressor (先手)攻撃者; satchi（先）ti ndjashuru ftu.

Aggrieve (苦痛・心配で)悩ます; nayamashung, mi-vakushimīng; 悩まされた mivakushimirattang.

Aghast 肝を潰す, 仰天した; fukaku ussuritong.

Agility （動作の）機敏, すばしっこさ; 身の軽快さ karósha, kássăng.

Agitate 撹拌する; {水を} kĭdjŭng, kidji ajiung, ugukashung, mugérashung; {国を（撹乱する）} mugérashung, sódóshimĭung; 心が騒ぐ chimu savadjishong, chimu gatchishong; [s.]flurry.

Ago 以前; satchi, kissa; {久しからず} fissashkarang, yé nerang; ずっと以前 kāri satchi, dūtū yénu ang; 三日前 vūtī; 二三日前 kunéda.

Agony （長く続く肉体的）苦痛・苦悶 kŭtsīsă, ămāshă; 苦悶して kutsissang; 痛みで耐えられない itaminu nizirarang.

Agree 賛同する; {何事にも} gatting shung; 私（の意見）に同意する va chimunyi kanāng（kanayungであろう）; 健康に適う kunchinyi yutashang, attayung; 私と君は同意見だ vātu iyātū yinu mitski; 君がそれを

するのに同意できない yāgă kunu kutu shussé vaga gattinsang; {友の如く} 折り合う kukuru avashung, vagónyi ang.

Agreeable 快い, 愉快な; wírukisang, úmussang, chibinu ang, umushīrī mung, ⁺chūnu〈興の〉ang, chūnū ndjĭ-ung; 愉快な友 umushīrī dūshī; 気に入ったことをしなさい katti shidési; 彼の話は面白い ariga munuyuse umusang, chibinu ang, adjinu ang; 聞いて快い chichi gútu.

Agreement 契約; 契約を結ぶ yakusku tatĭung; 契約書 sodang-gatchi, yakusku-gatchi; その翌日この三人は, 前の約束通り共に市場まで行った tsigu（次）fé {fia} kunu mĭttchăĭ, sodanshéru tūĭ, madjung machinkae ndjang. *agreement の見出し, agreeable を挟んで2個所にあるが, 一つにする.

Agriculture 農業, 農耕; hataki-vaza, nó-djó, tā tagayashuru kutu, muzukuĭ shuru kutu.

Aground 座礁して; {船が（乗り上げる）} funé assaminyi {assaku nakae} tstchong.

Ague 悪寒; fūrī-yamé, nitzi byó, ⁺shó kăn〈傷寒 shó kan〉

Ah アァ!; ăká, ah, aĭ, ayé; アァ! 痛! ah yad[i].

Ahead 前方に; mé nakae, satchi nakae.

Aid 助力; [名]tassiki; [動]（助ける）tassikĭung, udjinōyung; 更に補助する ⁺sītī udjinōyung; 天の助けが君にありますよう! ting yă tassiki kvi mishóri.

Aim 志す・狙う; kúkuruzāshung, kukuruzashi tskĭung; 私は彼が志すものを知っている vaga ariga sássi tukuró yū shtchóng; 多くを狙ってはいけない ufóku fakaté（図っては）simang; 標的を狙う matu atĭung, atirandi fakayung; [s.]intend

Air 空気; īchī; 空中に sura nakae; 戸外で寝る fuka nakae nintong; tsiunyi utáti {露にうたれて} nintóng; 風に晒す sugashung; 日に晒す fūshŭng; 最上質の紙を取り, 一枚一枚巻いて, 風通しのよい所にぶら下げなさい ĭttsīng yutasharu kabi tuti, ichi ména, ichi ména karamatchi, kazinu tuyŭttukuru nakae sagiti utchóki;（歌）一曲 chū fŭshī.

Airing 空気・風にあたること; 散歩する fuka ndjiti sidanyung（涼む）.

Akin 血族の; 彼は君と親戚ではないか ari yătŭ chka véka arani?; 同類の yinu luĭ.

Alarm 警報; [名]abikvé, kashimashī kutu; {火災} 警報 hófaĭ（火事の時に叫ぶまじないの語）; [他動]（驚かす）udurukashung, savagashung; とてもびっくりした dūdŭ savadjóng, vashamitchi shóng; 騒ぎを防ぎ抑える săvăgăshī kūtū fūshĭdjī ússĭŭng; それがどうなるか分からないのが心配だ nūgaĭgashura nuga arang 'nni dakudakushóng（胸だくだくする）; たいそう驚愕して, ぎょっとして chimu dáku dáku; savadjóng.

Alas アァ; アァ! 彼は天をも恐れなかった, いわんや人を恐れようか ah, tin séka {tinó chong} ussurirang tuchindó, bishité chū ussurikăyā; アァ! ushī yósi du yaru!

Albugo 白目; shirumi.

Alcohol アルコール, 酒精; chū zaki.

Alert 敏捷な; ti bésă. [s.]lively, animated

Alien 外国人; ⁺gvé gukunu ftu.

Alienate 疎んじる; [自動]útundjĭung; 彼は私に疎遠にされている aré vaga utundjitóng〈疎んじている〉; 私は{彼の振る舞いの故に}彼に疎遠にされた vaga arinyi útundjiráttang.

Alight 降りる; {馬から} 'mma kara uriung; {鳥が} tubi kudayung; 飛び下り木に止まった tudi chi, kīnkăe yichang.

Alike 一様に, 似ている; kurinyi nyishti, yīnu gūtū; 以て（非なる）ものを見分ける nyishi mung（にせもの）vakashung.

Aliment 食物; kvé mung, shkumutzi.

Alive 生きている; itchichóng, itchichi ndjutchung; 生きて動く ichichi djiru djirushong; 死んでいるのか生きているのか知らない shidjigowra, ichichigowra {ga ura} shirang; 生きている間に ichichóĭnyi, ichichoru ba.

All 全て; sibiti, suyó, sōté〈総体〉, mĭnă, murumuru（諸々）; 全ての人 fitu bitu, ⁺shŭ nyĭng〈衆人〉, sibitinu ftu; 万物 bammutzi, sibiti ătukurunu mung; 人は全て死ぬものだ ftubitu sŭyó kanadji shinyung; 一生涯 ichichoru yéda, dū ŏvărū mădī, ichichoru ichi madjiri; 成功失敗すべて天に依る ukutai ushinatai shussing 'nna tin ⁺su〈天数〉duyaru; 心を同じにする全ての（善人）君子は, その力を合わせ{良書を}印刷し頒布する kukuruzashi unadjónyishuru kunshinu chă chikara avachi fankoshi（版行）vakachi kviung; 生涯学問を好む ichichoru yeda shimutzi kunudong; 全て取って来い sūyó tuti ku; 全世界 ⁺tīngă〈天下〉ippe; 皆仲が良い sōté vagonyi ang; 良いことがあれば皆で喜び, 苦しみがあれば皆で苦しむ yutashă-ttukuru yaré sūyó yurukubi ukĭung, mata ikang tukuru assé sūyó shivashung; 全身全霊を込めて kukuru tskutchi; あらゆる種類の品物 yúruzinu shĭna; 少しも, 全然ない muttu néng, súmu súmu {sun sung} néng; 全て含めて ⁺bun〈凡〉kudóng; 全ての人々 ⁺bun nyĭn〈凡人〉; [s.]together; 全身これ耳にして（聞く）chichi sumitóng, kukuru nakae chichi sumitóng; 全身これ目にして（見る）yū mī ubitóng, mī tskiti fukaku ubitóng; 全て一{纏め}にして sū dúĭshi, sū gumúĭshi; 食べ尽くす kami tskúshung; すっかり尽きはてた tskoriti néng.

Allay 静める, 和らげる; sárashung（去らす）; {渇きを} kavachi nóshung; {痛みを} yurumĭung, yóku nashung; {騒乱を} ⁺lan〈乱〉ussamĭung.

Allege 断言する, 証言する; iyung, shūkushi iyung

Allegiance 忠義, 忠誠; kótinu tudziki shtagayung.

Alleviate 軽減する; 苦悩を kurushimi firashung; {憂いを} urī vakiung; yurumiung, yóku nashung.

Alliance 協定・同盟（する）; yushimi mussibïung, shtashimi mussubiung.

Allies {同盟した王たち} yushimi mussidoru vó; 同盟し, 梁国を攻撃することに同意した yakuskushi tagenyi Ló〈梁〉guku uttandi shi; 誓約を冒し梁国と同盟した chiké sumutchi Lónu〈梁の〉kunyinkae tstchong（付いている）.

Allot 割振る; vakachi kvïung; 各々に職務を配分する shkume fébunshung, kubayung.

Allow 許す; yurushung; 私は君が行くのを許さない vané yăgă ichusi yurusang; 罰を赦免する batsi ukīse yurushung; 自ら好き勝手に振る舞うのを許す dūnŭ mmaritsichi makatchi-shung; [s.]according.

Allowable 許される; yurushi bichi mung.

Alloy 合金; {金属の} kana kŭssa; 混ぜて合金にした mankashi mung, mankachong; [s.]dregs; 合金にして質の落ちた金属 yána gani kāchishéng.

Allsufficient 全て充足した; tarirang kutundi iché nerang.

Allude ほのめかす, 遠回しに言及する; soba ī shung, soba nutchishung; [s.]hint, intimate.

Allure そそのかす, 誘い込む; fichung, mundani fichung, manitchi fichung; 善に yī tukurunkae sisinyung; 悪に yana tukurunkae fichi yandyung; 言葉で唆す ī sisikāshung.

Allurement 好餌, 魅惑するもの; mundjani, mundani; {言葉による} mési kutuba（お世辞）, anda kūdjó（油口上）; まず彼に少々甘い言葉をかけよ satchata iffé anda kūdjó kamasi（食べさせよ）.

Allwise 全知の; shirandi iché nerang.

Ally 協定者, 同盟者; yushimi mussidi tassikiru mung; [s.]alliance.

Almanac 暦; kuyumi, tsū-shū〈通書〉, chin-shu〈憲書〉; [s.]kalendar.

Almighty 万能の; māttăkŭ tukushong, sóté yukushong, narang tukurundi iché nérang.

Almond アーモンド（杏仁）; sī-mūmŭ（李）.

Almost 殆ど; ūkătă, yagati; ほとんど同じ位似た yūsané nyitchong; 赤に近い akassaru gutóng; 夕方近く yussandi naïgătă; ほとんど〜するだろう, [s.]nearly.

Alms 施し物; fudukushi mung, tassiki mung; 施しをする人 fudukushi skuyuru（救う）mung.

Aloes アロエ; (盧薈) djin-kó〈沈香〉

Aloft 上方へ; wī nakae.

Alone 単独で; {人が（1人だけ）} dū chŭĭ; {物が（一つだけ）} tŭtsĭ, ŭtsĭshĭ; 彼を放っておけ（彼に構うな）yóshóri, ariga kătti shimiri, ari kamunna, adi kamuyumi h'n?; 私は世間に一人立ちして, 友もない vané shkin nakae dūchŭĭ datchishi, gū nayusi urang; この薬はそのまま服用してはいけない, 必ず水に溶かさなければならない kunu kussŭĭ sīgŭ muchié（用いは）narang, mizishi kachāsi（かき混ぜ）vadu yaru; 全く一人で chuĭ gatchi kara.

Along 沿って; {コースなどに} 沿って行く sūtī achung; 道に沿って mítchi dūĭ; [s.]pass.

Aloof 離れて; 遠ざける tūzakïung; [s.]keep far.

Aloud 大声で; ufu guīshĭ, ufu abīshĭ;.

Alphabet アルファベット; kana, dji-gana, kana djī〈字〉.

Already 既に; sidinyi, kats'ti〈EC: 曾〉.

Also また; mata; −ng（〜も）; 私も行き, 彼も行く vaning ndjiung（出る）, arīng ndjïung; 私も（また）有る van[ing]ang; 私も（また）そう考えた vanīng mata kunu kangenu atang.

Altar 祭壇; matziri dang.

Alter 改める; aratanyung; {振る舞いを（改める）} ayamatchi aratanyung〈EC: 改過〉; 意図・考えを変える chimu uttchéyung, kukuru kéyung; 意見を変える kangé sóïshung; 意図・所存を変える shŭzūn keyung; {昨今は} 時勢が変わってしまった nkashitu namatu kavatóng.

Altercation 激論, 口論; nāndjū, yūzé.

Alternate 交替でする; mārūshi-shung; 代わる代わる読んだり書いたりする mārūshi shimutsi yudaï, dji utsichaï shung; 一日おきに用事をする chīgūshīnyi {またはmārūnu fïnyĭ atati} yūdjū shung; 交代する人, 月など [s.]pass over, interval.

Although 〜だが, だけれども; -siga, -yandung, -ting, -tanting, -tantemang; 彼はそれが気に入らないが, 私は行かねばならぬ are skanting, vané kanadzi ichung; 私は一日衣装を千回変えることができるが, だが加減して用いている vané fïnyĭ ching shin mé kéyuru kutó nayeshundung, yassiga kăgīnshidu muchīūrŭ; 目で見ることはできないが, 決して疑ってはいけないよ mīshae miranó ayeshussiga yŭpŭdŭ utagaté simāndŏ; 善人であっても過失はある yī ftu yătīng ayamatché ang.

Altogether 全部で; sūyó（総有）, muru muru, kútugútuku, íttú（一統）; 皆一緒に来た sūyó madjung chi; 全く不確定・未定 mattaku sadamirang; 全く不（真）実 zóĭ fudjitzi.

Alum 明礬; myóbang, lósĭ.

Always 常々; tsini-zinĭ, chă, tsininyi; 常に利益を求めよ tsininyi līyĭtchī mutumiri; もし常にこのようなら mushi tsininyi kunu gutu vuïdunse; 常に人は仕事を始めるなら心からせよと教えよ tsíninyi chu chimu kara fhadjimiti kfūsindi〈工夫せよと〉narási.

Am 〜である; 動詞, 常に省かれる; 私は今や老いた

vane nama tushuĭ; 私だ van-du.

Amanuensis 秘書, 筆記者・書記; dé-fĭtsi〈代筆〉shuru ftu.

Amaranthus〈amaranth〉ハゲイトウ（鑑賞用植物）; shiru fi nā {nya}; 赤緑半々の葉をもつもの gan-laĭ-kó〈雁来紅〉.

Amass 蓄積する; tsimĭung, tsinyung; tsimitatanyĭung, mazinyung; mǎzīng tskĭung; 蓄積した財 dzé mutsi mazidéng, tsidóng.

Amaze 驚き呆れさす; [他動]firumashashimiung; [自動]（驚き呆れている）firumashashóng;.

Ambassador 人使・使節; shī sha, tské shinka.

Amber 琥珀; kfaku.

Ambiguous 両義の; tātsinkae chimunu īttchŏng, tǎ kūtū, tátsi dúĭshóng; 両義語 ími tātsinkae káyuyuru kutūba.

Ambition 大志; takassa kunumi, také kukuruzashi.

Ambitious 大志・野心ある; takassa kangetóng, tarugaki-tong, takassa kunudong, dūshi takabītong, shuzunnu〈所存の〉takassang.

Amble 楽に（のんびり）歩く; assidi móyung.

Ambuscade 伏兵; kakudi fīng; [動]（待伏せする）fǔshi kakurīng.

Amen アーメン;{かくあれかし} an nayabīng, an naĭténdi nigayabīng, kukurunu nigeya an nayūndó;{真に} makutunyi;{真実である} makutu yaru yósīdū yǎrū; 聖書や祈祷書のヨーロッパ諸国の翻訳書におけるように, この語は翻訳しないほうが大いに好ましいと私には思える.

Amend 改正（訂正）する; aratamĭung, tadashchinkae kéyung.

Amethyst アメジスト（紫水晶）; ósaru tama, murasatch[i] nu tama.

Amiable 愛想いい・人に好かれる; kanasharu, ndzósarū〈EC: 可愛的〉.

Amicable 友好（平和）的な; vadanna ftu, vagonu chimu〈EC: 相和的〉; 彼らは彼らの用件を平和裏に処理した attaya kunu kutu tagenyi vadannu gutushi bindjitang.

Amid 真ん中に; nǎkǎ, manaka nkae.

Amiss 間違って; matchigé; 彼は何をやりそこねたか ari chǎ shundi yantaga, h'n?

Amity 親睦; vabuku（和睦）; 彼らは仲良く一緒に住んでいる attāya tagenyi vabukunyishi chū tukuru nakae simatóng.

Amnesty 大赦する; sū-yūrūshi shung（総許する）.

Among ～の中で, 間で; utchi, utchi nakae; 人々の中で最も大 chunu utchinu īttsīng magissassi.

Amount 総計・総数; [名]sū-kǎzĭ, sū-avashi; 総計幾らか sūnyĭ chǎssǎ.

Ample 広々とした; firussang, chkatanu firussang.

Amply たっぷり, 十分に; īffīkŭ, tariru gutushi.

Amputate （手術で四肢を）切断する; chiri vakashung, chiri sakashung.

Amulet お守り・魔除; nyĭū bukuru {臭い袋}; 首にお守り（符）を掛ける kubinkae fǔn sī〈風水〉hakĭung.

Amunition〈ammunition〉弾薬; yīnshū dógu.

Amuse 遊び楽しむ; [自動]assibĭung; [他動]（遊び楽しませる）assibashung.

Amusement 楽しみ・娯楽; assibi, tavafuri（たわむれ）; 単に娯楽のために assibi bakaĭdu; 気晴らしに少々出歩く du kutsirugĭung, fuyóshi（保養）achung, assida-chung; 今日スポーツや娯楽が過分にある nama assibi tavafuri gutu bakaĭdu ǔfūsǎ aru; 遊びに身を任せた人 dūdū assibīā.

Amusing 面白い; 彼は愉快な人だ ari yī chibinu（気味?）ftu; これは面白い kure yī assibi.

An 一つ; [s.]one, & numeral.

Analize〈analyze〉分析して（構成要素を）調べる; mutūĭ saguyung.

Anana〈ananas〉アナナ{横長のパインの一種}; chó dji〈丁子〉?

Anarchy 無法状態; （無法状態の）混乱が支配している lannu〈乱が〉ukuritong; 混乱（無秩序状態）を起こす lan nashung, ukushung.

Anatomy 解剖学; kutzi-nyiku-zófūnu〈骨肉臓腑の〉gakumung.

Ancestor 先祖・祖先; shinzu, fāfǔdjī, gvǎnsǔ（元祖）, mutu.

Anchor 錨; kanagu, ĭkkǎĭ; 錨を投ずる ikkaĭ urushung, tskiung; 錨を揚げる ikkaĭ tūyūng, ukushung;{出帆する} shuppanshung.

Anchorage 停泊, 投錨地; shǔgǎkī（潮掛け）, tskitukuru.

Anchovy アンチョビー; {漬けたもの} tski īu（漬け魚）.

Ancient 古代の; nkashi, inyishī mung; 古代 furuchi tuchi, médina tuchi; 大昔からの家 yū tstétōru yā.

Ancients 古代人; kū djing〈古人〉, nkashinu ftu.

And そしてまた; mǎtā, sītī（添えて）, -ng（～も）, -tu -tu（～と～と）; 私はこれもあれも二つとも欲しい vané kurĭng ǎrĭng tatzitumu mutumĭung; 父も子も chiching kwǎng; 私と汝と vantu yǎtū; 本も紙も取っていけ shimutsing kabing tūtīkĭ; 学問もあり富もある siminarayāga véki mung; 丸口でふっくら顔の maru kutchīga, kutché máruku「ふっくら顔」（fullface）の琉球語なし. gaはその人を包含していることを示す; 巻き貝と二枚貝 búra ķé-ndé（等）{ndé, ndén, そしてまた}; 背高く腰細い taki dakāga māru gva; このgaは中国語の「而」を表しているようであり, 動詞の接尾語sigaのgaもこのように考えるべきであろう.

Anecdote 逸話; tskoĭ banashi, nkashi gutunu munugataĭ.

Anew 再度, 新たに; ftǎtǎbi; 新たに造られたもの aratanyi tskotaru mung, aratamiti（改めて）.

Angel 天使; tinnu tske.

Anger 怒り; ikari,'haradatchi; 一時間怒りを堪える人は百日の憂いから救われる ĭttǔchīnǔ ikari niziti, hākū nyitchinu ūrī nugayung; 彼の怒りはもう治まった ariga ikaré nya yǎdŏng.

Angle 釣針; [名]tsī; [動]（魚を釣る）ĭu tsīǔng;《数学》sīmǐ, kadu, magaï; 直角 mattŏba simi; 鋭角 togaï simi; 鈍角 lūdjī simi;（角をつくる）両辺 kádunu tá-ssidji, lóhónu〈両方の〉sidji, kádunu tá-mǎtǎ; [s.] corner; 正方形の角,｛恐らく（これ）も直角であろう｝kakunu simi; kakunu satchi; azi kutchi 二つの線が交わる所; 垂直角の呼び方で最適のものは ázi sími, azi kutchi-nu sími; SatchiとKaduは凸・鋭角にのみ用いるsímiは凹・鈍角にのみ用いる.

Angrily 怒って, 腹を立てて答えた 'haradatchishi kutetang.

Angry 立腹した, 怒った; haradatchishóng, tátaráyung, ikatóng, nitasashong; 少々怒った nītagissa.

Anguish 苦悩, 苦悶; chimunu vadjïung.

Animal 動物;｛爬虫類を含めて｝ ichi mushi,｛四足の｝achuru ichimushi, chidamung（獣）; 動物性食物 djū lǐ;｛魚｝namassi（なます）; 昨今の人々は肉食を完全に止めることはできない namanu chū nyikó〈EC:肉食〉murudjiré shī ōsǎn; 動物, 微小なものだが, その死は忍ばれない ichi mung, vazikashī mungdu yassiga shinyuse nizi ōsǎn.

Animalenlar 虫;｛水中の｝ shidjina. [s.]worm; 歯の虫が痛みの原因となる hānǔ mushi kvati itanyung.

Animate 生きている, 生命ある; [形]nutchi mutchi mung, itchichong [s.]alive; [他動]（生かす）ichikashung.

Animated 活気ある; 敏捷な人 guru mĭtcha ftu, ichicha（活きた）ftu.

Animosity 恨み, 敵意, 敵愾心; nandjūnǔ chimu; [s.] excite.

Anise アニス（セリ科植物）; wǐ chŏ〈茴香〉.

Ankle くるぶし; fshanu（足の）gufushi.

Annals 年代記, 年史; nindjūnu〈年中〉shirushi gatchi; 国の年代記 kunyinu shtchi.

Annex 付け足す; linzuku〈連続〉shung, tsidjung, tskiung.

Annihilate 滅ぼす, 全滅させる; 'nna nashung, furuba-shung, chishshǐung（消す）, mishshǐung; 一家を滅ぼす chū zuku furubashung〈EC: 誅滅九族／中国の罰〉, kuruchi téshung; 身は滅びても魂はまだ残る dūyǎ shidji munashku, tamashïa tsǐnyé ang.

Anniversary（毎年の）記念日, 年忌日; íshshūnu〈一周の〉{chu migüïnu} tstchi fī, íshshūnu gváppi（月日）, yín-núïnu dū fi, yínnúïnu unádjǐkūnǔ fī; あなたが当地に着いた記念日 úndjunu kumankae chótaru ishshūnu gváppi; 親の年忌日など úyanu māsharu íshshūnu

tstchi fi, または, 単に, uyanu gvá chí, gvá chínu fi; 私の父の年忌日に va úyanu gvá chínu bá.

Announce 取次ぐ; ánayung, anéshung（案内する）, tsi-gïung, tsigi shirashung, tashshïung（達する）; 来客を取り次ぐ na shirashung, tuї tsidjung; 広間に坐ってあなたを取りつぐまでお待ち下さい undju za nakae yi[t]chi, tuї tsidjuru yeda matchi menshóri.

Annoy 悩ます; [他動]yakéshung, mindóshimïung, vazi-ravashung; 困る [自動]vazirényi, yakényi, mindónyi natong; kashimashang.

Annoying 煩い, 人を悩ます（いらいらさせる）; kashi-mashang, kashimashī-mung.

Annual｛丸一年｝; nindjū（年中）.

Annually｛毎年｝; ning ning; mé ning; 毎年この日を喜ばれるよう願う mé ning kunu fi chī yūvésaī｛shūdji saī｝, 毎年この朝喜ばれますよう願う mé ning chūnǔ assa chī yurukubaī,｛両方とも誕生日の（祝い）言葉｝.

Annul 無（効）にする; munashku nashung, nuzukĭung, téshung（絶やす）, [s.]abrogate; 廃したり興したり starachai ukuchaī; 法案を破棄する yati stīung.

Annunciate 告知する; ī ndjashung, kodjïung〈講ずる〉, kodjī ndjashung.

Anoint 塗油する; anda nassïung, nǔyūng.

Anomalous 破格の, 異常・特異な; kata haziri;｛[s.] strange｝ kavatoru kutu, firumashi kutu.

Anon 即刻; chaki, sassuku, s'kunyi, sinavatzi.

Anonymous 匿名の; 文書 na kakucheru gatchi.

Another 別の; vakatoru mung, bitzi; 他日・別の日 tǎ djitsī〈他日〉, bītzinu fi; 何時か私の言葉を思い出すでしょう atónu fī vute, vā kutuba ubi ndjatchi kūkveshundó（後悔する）; 別の手段 nya bitzinu tĭdǎng; 私は後日訪ねて挨拶致します vané atonu fi chī, miméshundo｛mimésaī｝; 別の様式 bitzi yónyi〈様〉.

Answer 返事・返答; [名]fidji, finto; ｛回答文｝ fintó gatchi; [動]iréyung, kutéyung, fintó-shung; 私は彼を呼んだが, 彼が答えるのを聞かなかった vanne are yubachassiga, ariga fintónu assi chīkǎng; 私は明日に返答を聞きましょうか vané ǎchǎ chigényi finto chichumi, chǎga?｛fintó chikaī｝ 今月二日に手紙を書いたが, まだ返事を貰ってない kūn ts'tchi hadjimi nyi nyitchi vūtī djó katchi-mutachassiga, yassiga nūn finto mādǎ nerang; 目的に適う yūnyi〈用に〉kanatóng, tachóng; それでは正確に答えることになるであろう｛要領を得ている｝ anshi sáshshiru gutósi; 期待に応える nuzuminu kanatóng; [s.]correspond, purpose.

Answerable 責めを負うべき; 責任を負う fichi ukīshung; tamuchi tassikiung; 責任を負う人 fichi ukiru ftu; 如何なる損失も生じえないと, どうして責任をもって言えるか nūn ushiné nendinu（ないとの）fīchïukī chāshi nayuga? このような説得調の話の際, 次の様に言い足すのが普通である: "hó! anshé narang おう, そうはいかない; 誰が君の為に責任をとるか taga yă taminyi fīchĭ ukĭshuga?

Answerer 回答者; 質問への回答の巧みな人 tănni {tazoni} gutu yū fintóshuru ftu.

Ant 蟻; aï; 蟻には君主と臣下がいる aïnying chimi (君) shinkanu mitchinu ang.

Antagonist 敵対者; tīchĭ-té, tichi téshuru (敵対する) ftu.

Antecede 先行する; mé kara yutchung, satchinyi achung.

Antecedent (より) 前の; その件は彼の結婚前の事であった kunu kutu ariga nībĭchĭ sharu satchinyi (先に) ataru kutó; nibitchi san madu ataru kutu, nibitchi sharu satchinu kutu.

Antedate 前の日付にする; sachi natóndi yung; {虚偽の日付 (前の日付をつける書く)} satchinu fī-zīkĭ katchung.

Antepenultimate 後から三番目の; sī (未) kara san bámminu mung.

Anterior 前の; mé muti, ménu, mé karanu.

Antichamber (**antechamber**) 控え間; ménu za.

Antic ふざけ・戯れ; gamari, chóging (狂言).

Anticipate 予期する; kanniti (予て) fakayung, satchi kangéshung; 成すべきことは前もってするのが差し迫ってからするより良い kanniti shusi sashi atati {djibunyi} shusi yaka măshī.

Antidote 解毒剤; dūkŭ géshi.

Antipathy (病的) 嫌悪; 毛嫌いする {'mmari nagara} skang.

Antiphlogistic 炎症を防ぐ, 消炎剤; samashuru, nitsi samashuru, {またはsarashuru} kussuï.

Antipodes 対蹠点 (地球の反対側の地点); {字義的に} fsha tankā; {比喩的に} (正反対のこと) tagenyi kushi nashuru ftu, kushā nachóng.

Antiquary 好古家, 古物研究家; 'nkāshī tazoniyāyă (尋ねる者は).

Antique 骨董品; 'nkāshī dogu, [形] (古風の) nkashi fūdjīnū.

Antiquities 古跡, 遺跡; nkashinu ato kātā; [s.]rarities.

Antiquity 大昔; ufu 'nnkashi, 'nkashinu tuchi.

Antithesis 対照 (対句) 法; ura umutinu kutuba, fanshoru kutuba.

Anus 肛門; tsibinu mĭ.

Anvil 鉄床 (かなとこ); ch'chi.

Anxiety 心配・憂い; urīgūtŭ, shiva-gutu.

Anxious 心配 (懸念) して; chimu gakaïshong, shivashong; 心配無用 chimu gakaï sunnayó, kukuru yurusé; 多 (く) の) 日々心配して tădjītchī chimunyi sudi {sunyung 染み込んでいる} urītong; 得たがる aïténdi nigatóng; 旅を進めたいと願う míchi issudji achiténdi umutóng. 心配するなよ shivā súnnayó.

Anxiously 切望して; 待ち兼ねている machikantī-shung; 民は太平を焦がれている tami téfí āūdji (仰ぎ) nuzudóng (望んでいる); [s.]hard.

Any 何 (か, でも); どれでも良い nū yaravang sinyung, dzeru yaravang sínyung; [s.]how; 誰か来たら, 私は忙しいと言え chūnū kūā, vané yūdjūnū andi yăshi kuteri (君が答えろ), ī-yó (言えよ); その事は何も知らない até nérang; もしどうしても măng íchīnyĭ〈万一に〉; 如何なる理由でもする zóï {shé} simáng (済まない).

Apart 離して; 置け iffe vakachi uki; これは別として (さておき) kunu sŭtū, fŭkă.

Apartment 家・間; kang〈館〉, yā; この家は皇帝から下賜されたもの kunu yāyă kótinu utabimishoché tukuru; 内, すなわち, 中央の間 mūyă〈母屋〉, 中央の間を除いた全ての間を含む yānu făshi に対して; この部屋は小さいので, どこか別に行って楽しもう kunu ya shibassă kūtu bitsi nkae ndji assidĭnda.

Apathy 冷淡, 無関心; 彼は私に冷淡である ari vanyi chim[u]neng, ari vanyi chimunu ăssăng {浅い}.

Ape 猿; [名]sārŭ; [動] (猿真似する) nébi-shung, rashang (〜らしい); 子供, 男, 女, 大人の真似をする vorabi ráshang, wickiga rashang, winago rashang, úfu chu rashang または fuïshung.

Aperture 開き口, 穴; kuŭtchi, mĭ, mĭ-gvă, ănă; [s.]cleft, fissure.

Apex 極点・頂点; itadatchi, gŭkŭ.

Apology 陳謝; 陳謝する kutu vakishung, dunu ayamatchi yung, tūchŭng (説く).

Apoplexy 卒中; chūbū (中風).

Apostate 背教徒; ushīnyi, mitchinyi sumutchuru ftu.

Apostatize 背信する; ushīnyi, mitchinyi sumuchung.

Aposteme 疱瘡がふくれている?; kassanu fŭkkvitóng.

Apostle 使徒; イエスの使徒 Yasuga (耶蘇の) shīnu tské, mŭpărănū tské.

Apothecary 薬店主; kussuï achinéshuru ftu; {薬店} kussuï achineshuru yă; [s.]druggist.

Apparatus 道具, 器具; dógu, gú〈具〉, chi-gu〈器具〉, chi-butsi〈器物〉.

Apparel 衣装; īshó, ching (着物), kurumu (衣).

Apparent 見た目に明らかな, 明白な; aravanyi ang, achiraka.

Apparition 幽霊; {幽霊妖怪} băkī mung.

Appeal 上訴する; {法的に} nyahung wīnkae, kaminkae unyukĭung.

Appear 現れる; djiny (現に) aravarĭung; 紙のように見える kabinu gutóng, kabinyi nyichong; 私には〜と思える vaga anu mĭtskĭnu ang; 従うように見えるだけでそれ以上ではない shtagé fūna shoru bakaï;「〜らしい, 〜のようだ」[s.]looks like; utagatóru gutóng {kāgi}.

Appearance 容姿, 風貌; {外観} sĭgătă, kătăchī; 容貌と所作 shinna; 堂々たる風貌を持つ innu〈威の〉aru ftu; 人はその容貌・話し方で選んではいけない {gŭnbó〈言貌〉} kutuba katachĭshī chu mitskishé simang; ある事の良い形勢 yī kakó; 困難そうな様子を少しも見せないで nandjinu iró iffíng mishiráng; 並外れて素晴らしい様相 kutsigumi {kunyung} bun〈凡〉narang; 外観 chizó〈気象〉; 天気の様子 tínchinu chizó; 雨が止みそう(晴れそう)に見える ami harīru chizó.

Appease 静める; {怒りを} 'haradatchi yamïung, ikari ussamïung; [他動]{宥める, 和らげる} chimu nóshung, tuĭ nóshung, ī yafarakiung; 彼は怒っていたが, 犠牲で(祭儀をしたので)怒りを鎮めた sédjínyi 'haradatchi shótássiga matsirísha kutu chimu nócháng.

Appellation 名称; na, {人(の名称)} myódji.

Append 付加(・追加)する; tsidjung〈継ぐ〉.

Appendage 添加, 追加(付加)物; fīchi tsīdjī, tsidji tsidjisheru mung; tskidaka kviteru, aru mung; この件には多くの付属物がある kunu yūdjū nakae ikutzing kudong.

Appendix 追加・補遺; tsidji-gatchi, ato atsimaï.

Appertain 属する; dzukushóng, gū natóng; これは私に属する kuri vā mung〈私のもの〉.

Appetite 食欲, 欲望; 食欲がある mūnŭ fushashung; 食欲がない munu kami bushaku nerang; 食欲を刺激する īnŭfŭ〈胃の腑〉firukashung {胃を広げる}; 破格の欲をもつ人 yana [y]uku, djashĭnna〈邪心な〉mung; 獣欲に駆られて chĭchĭnyi〈血気に〉makachi shung.

Applaud 賞賛する; fomïung; 褒め過ぎる fomi sidjïung.

Apple リンゴ; ringó {日本語で, 当地では知られていない}; 喉仏, nūdi gūfŭ.

Applicable 応用可能・適切な; mutchī〈用い〉bichi, yūnyi kanatong, tătu atayung; 適当でない ătărăng; [s.] inapplicable.

Applicant 志願者; nigayuru ftu, ūttāī mutumīru ftu.

Application 没頭, 精励; {心を} hamayung, hamati simi yūmŭng〈書を読む〉.

Apply 振り向ける; (何事であれ法的に申し込む) uttaishi mutumïung; {心を} 注ぐ(専念する) chimu tskitishung; {主題に} 良く当てはまる yū tūyung, attatóng; それを当てはめる atarashung; {心的に} 自らに当てはめる dūnyi fĭkkéshung.

Appoint 任ずる; {行政官に} kvanyi fūdjiung〈封じる〉, nindjiung, nashung; 人を召使に雇う tŭmŭtŭ nashung; 任じて監督させる kamurashung, makashimiung; 時間を指定する nyitchi djing〈日限〉tatüung; 彼は私に明日来るよう指定した ari nyitchi djing tatiti, ăchă vang kū[n]di ichang; 彼は天に任じられた皇帝だ tinmi〈天命〉ukiti {tin mi shtagati} kótitu natong; 法により決められた罰はとても残酷であるtatiteru batsinu hóyá dūtŭ chūsang.

Appointment 官職; 任務・職分 shkumé, shukubung; 私は明日ある人に会う約束がある vané acha yakuskushi na[nyi]gashi〈某〉ichayundó {acha nanyigashi ichayundinu yakuskunu ang}; 彼は皇帝から広東の総督の任命を受けた ari kóti kara Kvăntūnū tsu[n] tūnyi〈総督に〉nasāttāng, fudjirāttang.

Apposite 適切・ぴったりの; yū atatong, kanatong.

Apprehend 理解する;{悟る} satuyung, shtchóng; {恐れる} ussuritóng; その学者が自らを活用する方法を知らない事を恐れる găkūshă dūnŭ chikara muchīse shiransidu ussuritong; {逮捕する} karamïung; 彼は罪人を逮捕したばかりだ are nama satchi toganin karamití chóng; 懸念することは何もない nūng samadaché néng.

Apprehensive 気づかう; ninzikéshong〈念遣いしている〉, chimu= または kukuru-zikéshong; 気づかうな ninzikésunnayó.

Apprentice 大工見習い; séku chīkushuru dīshĭ; 見習い・徒弟奉公に出す kva yarachi sekunu dishi nashung; kva seku narāshung.

Approach 近づく; chkazichung, chkaku nati chung, taï yuyung, taïyuti chung; 接近させる chkaku nashung, yussïung〈寄せる〉.

Approbation 是認; gatting (ということであろう) approval と並記.

Approval 承認・是認; gatting.

Approve 承認・是認する, 良いと思う; gattingshung, găttinó ang, yutashandi umuyung, ĭndi yung; 下位者は上位者に次のように言う múttung, gú múttung; múttung tushúng.

Appurtenances 付加物 [s.]appendage.

Apron エプロン; médărĭ〈前垂れ〉

Apt ふさわしい; 教えるのに適切な narashuru līnyi kanatong.

Aptly 適切に・ぴったりと; attayuru gutu, kanayuru gutu.

Aquatic 水生の; 植物 mizi yassé, mizi yassénu taguï.

Aqueduct 水道; sī-dó〈水道〉, mizi tūshŭrŭ tsitsi; 煉瓦製の(水道) kárashi tskotéru mizzi tūshi.

Aqueous 水(性)の; mizi karanu; 水蒸気 mizinu fūkī, sī-chi〈水気〉.

Arable 耕作に適した; 土地 tagayasi bīchī chkata.

Arbitrary 恣意的な; kukurunyi makachi-shung.

Arbitrate 仲裁(裁定)する; uchi vakĭshi sadamïung.

Arc 弧・弓形; yŭmī.

Arch アーチ, 拱, 迫持; 橋の hāshīnŭ kabuï; アーチ型門 kabuïsheru djó; 凱旋門 tūrī, shirubinu tūrī; 7つのアーチ橋 hashinu mī {kabuï} nanatzi; 股の máta,

máta bassī; [s.]forked.

Archer 弓の射手; yumi ĭyā, yumi īrū ftu.

Archery 弓術; yumi īūrū vaza.

Architect 建築家; yā fūchī dékŭ.

Architecture 建築学(法); tskoï-tatīru 'hó.

Architrave 古典建築の最下部or額縁(ドア・窓の周囲の化粧縁); kĭttā(桁).

Archives 古記録, 公文書; vedaïshuru katchitumi.

Ardent 熱烈, 熱心な; issudjishong, avatiti-shóng.

Are ある, 居る; ang, wŭng.

Area 面積, 坪数; {畑の} sū tsibu; 体操や運動のための場所 kóba〈広場(中国語)〉.

Argue 議論する; hólunshung〈評論する〉.

Arid 乾燥した; kavatchóng, {日に当てて} fŭshī kāratchóng.

Arise 起きる・立ち上がる; ukĭung, tatchung; これから生ずる kuri kara chong.

Aristocracy 貴族(上流)階級; shu kwan nyin〈諸官人〉.

Arithmetic 算数, 算術; sampó〈算法〉; 算術の4つの基本ルールは次のように表される: īttaï(入れたり){ava-chai}, fichaï, kakitai, vattaï-shussi 加え, 引き, 掛け, 割る.

Ark 箱, 櫃; 守護神を安置する箱 káminu dzīshi(厨子), káminu ŏdúng gva(小さな御殿), yā gvā.

Arm 腕; [名]{前腕:肘から手首} ūdī; {上腕:肘から肩} kényā, udi kenya; 腕の中で子を運ぶ dāchūng; 腕組みして歩く vāchī hassadi āchūng {鋏で挟み込むようにして歩く}, tí kuyéshi achung; 一方の腕を他方に折り重ねて tí todachīshung; 袖の中に包み込んだ tí buts'kuru īttóng *muffedはmuffledであろう; [動] 人々を武装する bŭgŭ〈武具〉tuti chunyi atteyung; 安楽椅子 yukuï yī; [s.]pronation; 脇 vátchi; 脇に挟んで持つ vátchi nakae kvāshung(はさみ込む), vátchi bássanyung.

Armed 武装した; ikussa dógu ang, − − mŭtchóti.

Armistice 休戦, 停戦; yaï túdumi; [s.]truce, parley.

Arms 兵器, 武器; ikussa dogu, bŭgŭ, yaï-fŭkŭ(槍矛).

Armor 鎧; {胴の} yuruï, ikussa djíng; {頭の(冑)} kabutu.

Armory 兵器庫; ikussa dogunu ya; [s.]arsenal.

Army 軍隊; ikussa nyindju〈人衆:沖縄では普通「人数」をあてる〉; gūnshī〈軍士〉; 兵を招集して敵を攻撃した 'ho ukutchi titchi uttandi; 兵を整列させる ikussa kaméyung(戦の構えをする).

Aromatic 香気ある, 芳香性の; kabashang, kaba mung, kóbashchi mung.

Around 周囲に; kakuï, sh'pó〈四方〉, yūmū〈四方〉; 風雨のため一面暗くなり, 物一つとして見分けがつかない kaziya {kazé} chīrī または kazindé amindé yŭmŭ nyi fussagati vazikanu yé {aïdang} vakarang, または tsiranu tskiting vakarang, それに顔をくっつけても識別できない.

Arouse 目覚める; [自動]ukiung, uzunyung; [他動]yubai(呼んで) ukushung, uzumashung; 気絶から shó(正) tstchóng, djŭnyi〈順に〉natóng; [他動](気絶から正気づかせる) shó tskiung, shó tskashung; 私はこの件に今関心を持つようになった, この長い間気にも留めないでいたが vanne kunu yūdjū namadu uzudaru, kŭnnágé sŭmŭ sŭmŭ uzumăntang.

Arraign 罪状の認否を問う;{法} uttaïshi sóyung.

Arrange {整然と} 配列する; tsiraniung, tsiraniti または shideshi utchikiung, tutunōyung(整える), shkóyung(準備する); {[s.]classify}; 良い物又は悪い物を別々に整える ban zikishung, yŭshi ăshi vakashung(分かす); 本を整頓する shimutzi tuti na mé mé, または shidéshi utchikiri.

Arrangement 協定; kătă, sódang, yakusku, shidé; 協定する kātā tatiung; 協定を破る kata ushinayung.

Arrest 逮捕する; {搦める} karamiung, karumiung; [s.]stop.

Arrive 到(着す)る; itayung, chitayung, itati chung; 彼が着くと, 私もすぐ訪ね君に告げます a[ri]ga kūā{chusitu āchi {avachi} }vaning chāki chi yănyi tsigiung.

Arrogant 驕慢な; ŭgūrū, uguta-mung; 彼の言動は尊大だ ariga ichi, kutu nashusi sibiti ugutóng(驕っている).

Arrogate 越権行為をする; dū kattishi nashung, fushi-mamany[i]shung; (不法に)王権を詐称する fushi-mamanyishi kótinu gutushung.

Arrow (弓)矢; īā, yuminu īā.

Arsenal 兵器庫; ikussa dogu tutunī tukuru またはikussa dogu shugăyuru(支度する), または kakugūshuru y[a].

Arsenic ヒ素;琉球語なし.

Art 技術・術; tī-vaza(手の業), tūshī(渡世), tushinu vaza, djutsi; [s.]profession.

Artemisia ヨモギ属の総称; fūtsi, fūtsi-ba, yúmudjí.

Artery 動脈; mīăkŭ sīdjī.

Artful 狡猾な; 彼は狡猾だ yana takumi, または yana fŭmbītzīnŭ ftu.

Articles 項目, 条項; {法律文書などの} chiri, kútu, dán.

Articulation 明確にすること; 明確な表現 kutuba tada-sang, tashikanyi ang; {接合継ぎ目} tsigé; [s.]joint.

Artifice [s.]trick; 計略, 巧妙な策略; itsivari, fissuka, kfurachi(暗き) fakari gŭtū.

Artificial 人工の; takuminyi, kfūshi tskoteng; 造花 tskoi-bana.

Artillery 大砲; ishi bya.

Artisan 職人・技工; seku, gumazeku, déku(大工).

Artless 無技巧の, 純真無邪気な; sīgŭ(直), sigusang, mattóba.

As {[s.]like}; 〜のような, 似た; gutu〈EC: 如〉, gutong, nyitchong; 好きなように katti shidé; 好きにせよ {怒っ

た言い方｝ chā yaravang, kā yaravang, ya kattinu gutu si; 君の言う通り iyaga yuru gutu; 友の如く yīdūshinu gutu; 私に見（え）る通りに vaga ncharu tuī, va mitskisharu tuī; 持っているだけの分量 aru ǔssă; 君が望むだけ nigayuru ussa または mǎmǎ; [s.]far; 彼が来ると同時に私は行く ariga kūā vané chaki ndjiŭng; 以前の如く sachinu gutu; 洗いについて言えば、良く洗ってある aratési yū araténg; 有ると言えば、有る（が）aï ayeshussiga; あたかもある、居るかのように áru, vūru gutu; あたかもここにある（居る）かの如く表す kumanyi tattchōru {vūru} gútukunyi shung; 知らないかのように shiráng kagi, または fuï, または katachi; そうである故 an yá tūchindó; 跡形がない故 ato kadji mīrang túchindó; {または miráng kutū}; 使用分だけ tské bung, tske búnnu ússa; 見ない限り {[s.]while} 信じない ndang yéma shindjiráng; 友人として言う dushi ya kūtūdu yuru; 主人として言う nūshi ya kutudu yuru; 言わば、あたかも～のように chódū; 二倍の大きさ tātsga úppéru; 君達が私が勉強してきたように長期間勉強したら、私より多くを知るようになるだろう íttáya vága narátaru yé naráïdúnsé va yaká mássayung.

Asbestous (asbestos, asbestus) 石綿; ishĭ mŭmĭ

Ascend 登る; nubuyung; 山に yamanyi nubuyung.

Ascertain （調査などで）確かめる; saguti, tazoniti shtchong; 確認可能である saguti shirarīng; 確認不可能である sh[i]rigurisharu.

Ashamed 恥じ入った; hadjiŭng, hazikashashong, shínshākŭshóng〈CD:心辱〉; それを恥ずかしく思う必要はない djāng tūkāng nérang; 下位者から学ぶことを恥じない kāmŭng〈下問〉hadjirang, shtyanyi tūyŭsī hadjirang; 恥ずかしくないか hazikashami hazikashaku nénĭ, h'n?; 君の贈物は受け取るが私は恥ずかしく思う ya satchinu（先の）lī mŭtzĭ〈礼物〉vané hazikasha nagara {atassiga} ukitóng; {間違いの故に} 気恥ずかしい bŭkŭkutchinyi（不心地に）natong; 彼の故に恥ずかしい ariga taminyi hazikashashóng; 悪い衣装を恥じる*のは学ぶ人の大いなる傷だ yana djing chŭsī hazikashashusi gakushónu ūĭnărŭ yamédu yaru *ashamedが重複; 力不足でできないのを恥じ入る chikaranu ussissanu（薄いので）shī ōsănsidu hadjitoru または hadji īttchŏrŭ; 悪徳を恥じる心はまさしく仁の源だ aku haziranu* kukuro, chĭshshti djĭnnŭ chizashitu {兆し} natóng *hazirunuであろう; 善人は言葉が行動より過ぎることを恥じる kunshé（君子は）sunu kutubanu ukuné yaka sidjiusi fhadjiti* shung. *fhadjituであろう.

Ashes 灰; fé.

Ashcoloured 灰色; fé iru.

Ashore 陸上へ; （船から）上陸する ukankae nubuyung;

船は砂浜に乗り上げた funé sinanyi shtchi kudáng; {石の上なら} ishinu wī fashagitang（走り上げた）.

Ask 問う; tŭyūng, tūti yung; 誰が君に尋ねたか tāgă yānkae tūtī chăgă h'n?; それに就いて問うて来い kunu kutunyi tsītī tūtī kū; 自問する dūshi dū tuyung. [s.]examine, ask a debt, dun, request; 催促する imĭung, sézukushung, mutumĭung; imi shung.

Asleep 寝ている; nintóng.

Aspect 相・容貌; {人の} yó-bó〈容貌〉; {人や物の外観・様相} katachi, sigata; {事態の} 局面・相 kăkó; [s.]form.

Asperity 荒々しさ; 人の arashī ftu, tātchĭshī 'nmaritsitchi.

Asperse 中傷する; sushĭung, yana kutu ī fērashung.

Aspire 切望する、高ぶる; chăfīng tarugakĭung, taka tarugaki-shóng, dūshi dū takabatong（takabutongであろう）.

Assail 攻撃する; attĭung, attirandi, gésandi, lūdji-sandi, arashi kutu sandi, {略奪する} kūn turandi shung.

Assassin 暗殺者; kakviti chū kurushuru ftu.

Assassinate 暗殺する; shinudi ndji ftu kurushung.

Assault 猛攻撃する; shimĭung [セメル]; [s.]assail.

Assay 試みる; kukurumishung, kukurunyung.

Assemblage 集まり; atsimaï.

Assemble 集る; [自動]atzimayung, sŭrŭyŭng（揃う）; [他動]集める atzimiung, surāshung; 人々の集会する所 sŭrī tukuru.

Assembly 議会; {国家の大きな（会議）} kunyinu kutu djĭmmīshūrŭ atsimaï.

Assent 同意・承認; [名]gatting; [動]同意・承認する gattinshung, dū[y]ung〈同〉, ukigunyung, yurushung; {頭を縦に動かして} nazitchung（頷く）; 決して同意しない chĭshshti ukigumang, sibiti ukigumang; 全てに同意した kútugutuku（悉く）yúī tstchóng.

Assert 断言する; yung, makutunyi yung.

Assess 決定する; {税額を} djónó {kvirióndi} sadamiung.

Asseveration （厳粛な）明言・断言（する）; mǎssĭgu yung.

Assiduous 根気よい、勤勉な; tstomiti, kukuru mupparanyishi, h[a]mati-shung.

Assign ～に帰する、特定する; {理由を} yuīshu shirabiti yung; 偽って kutu tskoti（作って）yung; [s.]deliver.

Assimilate 同化する; 二つの物を（同化する）aritu kuritu yinu gutu nashung; {食物を} munu kvashshti shishitu nashung {食物を化して肉にする}.

Assist 手伝う; {助ける} tassikiung; {仕事を} tiganés[hung], kashīshung（加勢）; [s.]help.

Assistant [s.]helper; 助手; tigané, skĭ yăkŭ, tássiki yáku; 総理補佐官 sūī kwang, tashshi kwáng.

Associate ～と交際する; madjivayung, firayung; 交際を断つ ari[tu]madjivayusi téshung（絶やす）; [s.]visit; 協力してする sōté kumiyéshi {kudi} shung.

Assort 分類・区分けする; nā mé mé vakashung, vakiti utchung.

Assuage (苦痛など)緩和する; shidzikanyi nayung, nashung, ussīung(抑える), firashung; 水が減った finyatong, finnatong; [s.]allay

Assume 仮定する; 例えて kutu kātī, tătūtī yung; 偽り装う nazikīti-shung; 外観を装う, [s.]ape; 尊大な態度を取る dū kattishi-shung; [s.]consequential; 偽名を詐称する chunu nā ūssīung, kayung(借る); 偽りよそおう nazikīshi, tskoti shung. [s.] [ ].

Assure 断言する; makutunyi yung.

Assuredly 断固として, 確かに; chivamiti(極めて), sadamıtı, utageye nerang.

Asthma 喘息; fīmītchī, ītchi djiri yamé; [s.]spant; 喘息持ち fimitchā.

Astonished 驚愕した; uduruchi ayashidong; [他動](驚愕させる) udurukatchi ayashimashung.

Astound びっくり仰天させる; [自動]firumashashong(仰天している); [他動]firumasha shimiung.

Astray 迷った; mitchi chigé, michi mayuïshong, achi magatong.

Astride 跨って; 跨がって坐る mătă hati yitchong; 跨がるように歩く mătă haï achung.

Astringent 渋い; shibuyung; 収斂剤 shibuyuru kussuï.

Astrologer 占星術者; fushi nyūru ftu.

Astronomer 天文学者; tinbunu〈天文の〉shishó.

Astronomy 天文学; tinbung; 天文学と地理学 tinbun chīlī〈地理〉.

Asunder ばらばらに, 離れ離れに; 切(り離さ)れた chiritong; 折れ(離れ)た vūritong, または tātsinkae chiritong, vūritong.

Asylum 収容所; (保護)施設 migumi yā.

At 〜に, で; −nkae; 船が那覇に着いた funi Napankae chong; 君は何時に帰るか yăyă nāndūtchī keti chuga h'n?; 父は北京に居る wickiganu uya Fikĭnyi (北京) vung; 相場で sóbănŭ (tuchinu) dénu gutóng; 私は8歳で乗馬と弓術に親しんだ vané yātsi nātī (yatsinu tuchi kara) mma nutai yumi itchaïnu 'ho (ïyuru ho) shtchóng; この割合で kunu sháku, kunu bung; この道を通って kuma nādi, kuri kara; 火に当てて少し乾かせ fi nakae iffe andi(焙れ); 暇のある時に fimanu ba.

Athwart 斜めに・横(ざま)に; yukutatong, yukutéténg, yukunkae utch[éng].

Atlas 地図(帳); djinu zi, chkatanu zi.

Atmosphere (雰囲)気; djinu chi, chkatanu īchī.

Atom 微粒(子); fukuï gva, fukuï chu tsidzi(塵一粒); 微量の程 fukuï gvanu fūdŭ または uffi; [s.]dust.

Atone 贖う; toga, batzi attayung, kvayung*間違いであろう; 他人の罪を償う tsimi fichi ukishung; 一万回の

死でも償えない(罪) chāshing nugayé narang tsimi.

Atrocious 極悪非道な; ashtchi aku, guku aku, yana aku.

Attach 連結している; [自動]naradong; [他動](連結する) narabiung, tsidju[ng]; 友人のように愛着で結ばれた chimu avatchóng, úmutchi atsūnyi ang; 私は見れば見るほどますます愛着を感ずる vanne mī shindé tata (ïu ïu) kanashku; 男と女の間に相互の愛情があれば, (山の)高いのも(水の)深いのも恐れない wickiga, winago, tagenyi kukuru aré [ta]katching, fukatching ussurirang.

Attack 攻撃する; attiung, shimi attiung, satchi utchung (先に打つ), ti ndjachi attiung; 腐敗悪行を攻め, 正道を高める(称揚する) yūkū shima s[hi]miti, tadashtchi tattubïung または magarīu s[hi]miti, nauchīu tatubu(曲がりを責めて, 直きを尊ぶ).

Attain 得る; yiyung.

Attainable 得ることのできる; yī bichi mung;.

Attempt 試みる; kukurunyung; ftu tabi, chū ken kuku [runyung].

Attend 付き添い世話する; (仕える) fambiti(待って) tstomiung (字義的には, 給仕の普通の姿勢である「膝をついている間に務めを果たす」こと); fambi tatimatsiung(侍り奉る); 主人は客の接待をしている nushé chakutu yichóng; 客の世話をする(召使) chakunu taminyí tstomitong; 私は少々用事があるので私が行くのを許して下さい. すぐ帰って御世話いたします vané iffe yūdjunu a kutu yurusïó, vane chaki [n]dji chūndo または ndjĭchī undjutu(あなた様と) tumunyí wung; 彼は仕事にあまり精を出さない are ŭffŭkó yūdjŭ neng〈EC:他不多理事〉; 葬式に参列する homuti ukuti itchung.

Attendant 従者; shtagatoru ftu; 全随行者 sā-yu〈左右〉, tsíri nyíndju〈人衆〉.

Attentive 注意深い, 丁重な; ning īttchōrŭ mung; tsitsishidong, issenyi kangetong, issenyi umutóng; kukuru shimatóng.

Attic 屋根裏部屋; tindjónu za gva.

Attribute 特性, 属性; [名]mutuï, mmari; 私はその原因を(これ)に帰する vané kuri kara, (kuriga yuïdu) ukuritondi(起こっていると) yung.

Auction せり売り; 競売で売る nazi utchi uyung.

Audacious [s.]courageous; 豪勇, 大胆な; 貧窮を嫌う人々は混乱に到る yū〈勇を〉kunudoru finsu mung feku midarïung(勇を好む貧者は早く乱れる).

Audible 聞ける; chku bitchi.

Audience (国王などの)正式会見, 謁見; 皇帝の謁見を賜る tĭnshī [c]hó-fai〈朝拝〉uki mishóchang; 皇帝が謁見なされる tinshi chónyi nuzudong; 謁見の間 chó-ti〈朝廷〉.

Augment 加増・添加する; kazōrashung, kuvéyung, sīyung.

Aunt 叔母; ubuma（ubamaであろう）.

Auspicious 縁起・幸先よい; yutchi（良き）dzī, yī dzi, chichi dji.

Austere 厳しい; chibishī ftu.

Authentic 真実・信頼可能の; ⁺shin-djitzi〈真実〉, shūkunu（証拠の）aru {yosi}.

Author 創造者; tskoyā; 書物の著者 shimutzi tskoya; この事の張本人は誰か tāga kunu kutó nachaga?

Authority 権威・権勢; ⁺chīmpi〈権柄〉, ichĭuri; [s.]absolute; 国家権力は彼の手中にあった kunyinu chimpi tĭnyi tu[tong]; 権勢（力,影響力,重要性）のある人 ī ⁺shīnu〈威勢の〉magissang; 支配・管轄下の者 tī shtănŭ múng.

Authorize 権勢を与える; ichiuri karashung, – shimĭung.

Autumn 秋; āchĭ, 秋葉が落ちること múmidji, fanu múmidjishi utŭung 秋のように葉が落ちる, また, 老齢についても言う; mumidjinu shīkakitóng, 人生の秋を見始めた.

Auxiliary 補助の; tassikiru, tiganeshuru; 補助語 tas[si]kikūdjo; 援軍 tigané fing（兵）.

Avail うまく使う; 機会を活用する tayurinyi, または ⁺chīnyi〈機に〉nut[i]〈乗って〉; 余暇を活用する fimanyi nuti; 好都合な時（を活用して）djibunyi nuti; 貴方のご親切を頼んで undjunu ukádjinyi, úndjŭnŭ wúndji tánudi.

Avaricious 悋嗇・貪欲な; kumashī mung; dzémutzi mussabu[ru] mung; 悋嗇卑劣な iyashī mung.

Avenge 報復する; ātā mukūyung.

Average 平均の, 並みの; 平均値段 chū bŭnŭ dé.

Averse ひどく嫌って; 生まれつき詩を毛嫌いして ariga mmaritsi[chi]shī tskoyusé chiratong.

Aversion 嫌悪; {身体的に毛嫌いすること} hagóssanu, hagóssang.

Avert そむける・防ぐ; {顔など逸らす} ituyung（厭う）; 見るのも聞くのも厭う nyussing chichussing itutong; {除・退ける} ushinukiung, ushi nashung, fushidjung.

Aviary （野鳥用の大きな）鳥小屋; tuĭnu sī（巣）.

Avoid （望ましくない事などを）避ける; chírayung（嫌う）, sakiung, nugayung; 災難を回避する vazave kara sakiung, v[a]zave manukaring, nugaring; 悪人を毒蛇の如く避けよ aku nyinó duk[u]djanu gutushi sakiri; 死は人が避けることのできないものだ shinyusi chunu nugayé n[arang]; 悪を避けよ aku sakiri; {習慣上から} これは避けるべきものだ chiré mung.

Avoidable 避けられる; sakĭ bīchĭ, nugariru, sakirarīru.

Avouch 公然と主張する; 確信をもって chivami kudóti yung.

Await 待つ; mattchung.

Awake 醒める; [動]uzunyung, samĭung; [s.]arouse; {眠らずにいる} uzudong, ukitong.

Awakening 覚醒; （彼の）心を覚醒させる手立てはない aré uzumashé または ukushé narang; chāshing ukushé narang.

Award （調定者などが）裁定する; vakĭung, vakashung（分かす）.

Aware 気付いて・承知して（いる）; arakadjiminyi shtchóng.

Away 離れて, 去って; 行ってしまった hatchang; 吹き払う fuchi harayung; 掃き払う hóchi harayung; 取り除く duki nashung, nuzukiung; {食卓から} 取り去れ shidjimirí（片付けよ）; 私は誰か人が来て物語をして, 憂い事を解決してくれたらと願う vané chunu chi munugatai shi shiva gutu tuchusi matchi kantí shóng; 去れ! [s.]begone!; 沸騰して蒸発する [s.]evaporate, reduce; 投げ捨てる utchángĭung, stĭung, háni stĭung {haniは「水をまく」の意味, そして, 幾分悪心から「撥ね出す」という意味に代用される}; 言葉を投げ出す{投げ捨てる} kutuba háni stĭung, háni ndjáshung.

Awe 畏怖; 威厳ある innu ang [s.]fear.

Awful 畏怖の念を起こさせる; tcitsi* shimi ussuri bichi kutu *tsitsiであろう.

Awhile 寸時; ĭchŭtā; [s.]while.

Awkward 不器用な; tstanashtchi（拙い）munu, yakŭng tatăng mung; [s.]fumble.

Awl 錐・千枚通し; magaĭ djiri.

Awn （イネ・麦などの）のぎ（芒）; nyĭnu（稲の）fidji, kūmĭnŭ fū.

Awning （窓などの）日除け; fi-gataka; （船）の（甲板の）天幕 funinu figataka; {わら帆の（天幕）} funa dūmă.

Awry 曲がった, 間違った; yugadóng, tadashku néng.

Ax 斧・まさかり; yūtchi（よき:小形おの）; {半分は木製のもの} wŭng.

Axiom 自明の（原）理, 格言; tóshé, mba narang（倒しは, 否定は, できない）ībung, íkkata kutū[ba]（格言）, waĭfu {ubi} kutu[ba].

Axis, axle 車軸; vádachi{vadachiとは, 厳密な意味では「二つの車輪の間の部分」}, djĭkŭ; 軸心 tumi shin, djikunu s[hin]; 軸の周りを回る部分 djiku máĭ; 軸にして回る djikunyi shi miguyung;

Azure 青色・紺の; óchi.

B

Babble ぺちゃくちゃしゃべる; [動]midarinyi yung, munu bakaĭ yu[ng]; [名]（ばかげた（無意味な）おしゃべり）furī kūtū.

Babbler おしゃべり（な人）; munu yunyā.

Babe 赤ん坊; ăkāngva, bózá {坊主のように禿げていることから}; （彼の行いは）赤ん坊のようだ ariga shusi vorabinu gutóng.

Bachelor 未婚（独身）男子; nībīchĭngsang mung.

Back 背（中）; [名]kushi, shĭ nākă; {動物の（背中・後

ろ）｝ shirī（尻）; ［動］｛支える｝ tskashung, tskashi irüung; 馬を引き戻す mma fĭchī késhung; 言葉を取り消す tuï k[é]shung; 後の戸 kushinu djó; ｛描画で｝後から見ること kushi karanu dzī; 謗る sushïung; ítchi djama-shung（呪う）, kvi haï-shung; 後の部屋 uchinu za, ura za, uchinu kang（間）, mū-ya; 後側 kushi, kushi kara, 後へ行く kushi achīshung;（後ろ歩きする）; 後の方へ行く kushinyi nka[ti]（ichung）; 彼は進歩が遅い [s.]negligent, weaker; 裏庭 naka-myā; ｛びんなどに｝注ぎかえる harachi kéyung; 元へ戻す tuï kéyung（取りかえる）; 返す tuï késhung（取り返す）, kéti torashung（替えて与える）; 押し戻す úshi késhung, wī múdushung.

Bacon ベーコン; kibushinyi atiteru buta hara ga, または katafira; [s.]smoke, ham.

Bad 悪い; yana, tsidji, vassang, yutashku néng; 悪い人 yana ftu, aku djing, shó djin〈小人〉; 悪人はひそかにあらゆる悪事を起こす shódjing shidzikanyi vuti fŭdjīng｛y[ana]shkata nashuse｝ itarandi iché nerang ｛nya yana shkatadu shuru｝; 悪い事 vazav[e]gutu, yana yūdjŭ; 悪く取り扱った yana bindjishang; あまりにも悪い hagósang,｛醜い｝ hagósanu ikáng.

Badge 記章, バッジ; shirushi.

Baffle 妨げる・止める; fabamiung, tudumiung; あらゆる努力をくじく nāntŭ chikara tskutching｛chāshing｝narang（如何に力を尽くしても｛如何しても｝成らぬ）.

Bag 袋; fukuru;｛藁の（袋）｝ fī-fa.

Bagatelle ｛[s.]trifle｝; ささいなこと, つまらないもの; kíssi-dji mung（毛筋もの）, vázika.

Baggage 行李, 旅行用手荷物; tabi dógu; 手荷物をすべて取って船に移した suyónu tabi dogu tuti funinyi nusti ndjang.

Bail 保釈保証人; ［名］shūkushi tamuchoru ftu, shūkunyi tattchoru, fichi ukishuru ftu.

Bait 餌; mundani; 餌で釣る skashung｛字義的には, いたわる, すかす｝; 言葉で skashi munuīshung; 芳しい餌で金の魚を捕る kaba mundjanishi kugani ĭu tsĭung;（餌で）おびき寄せ易い tstchi yassí mung（（食い）付き易いもの）.

Baize ベーズ:カーテン用などの緑色の毛織地; ara dasha（粗羅紗）.

Bake 焼く; yachung;（パンなど）焼き場 munu yachuru yā.

Baker パン屋; munu yatchā（焼く人）

Balance 天秤;｛はかり｝ hakkaï, tïn-bing; 差引残高 nukuï または amaï-gatchi; 功罪互いに釣り合う kóng〈功も〉ayamatching chimbónyi（均分に）shussinyi taritong.

Bald 禿げた; kī-hāgā（毛の禿げた者）, tsiburu hāgā.

Bale 俵, 梱（包）; tsītsīng; 1梱の綿花 chu tsitsinnu

muming bana.

Ball 鞠; maï.

Ballad 民謡（詩）につけた曲・節; fushi, kakaï.

Ballast バラスト; funi kūĭnŭ ĭshī.

Balloon 気球; tubiru maï.

Balsam バルサム（油性・芳香性の樹脂）の木; 低木 ítsi fătchī; 別種類のもの kára sódji.

Ballustrade（balustrade） 手すり; lan-kan〈欄干〉, ti-utchakī.

Bamboo 竹; dākī;｛厚いもの｝ só; ［動］（竹で打つ）daki buchi kvāshung; たけのこ dakinu kū, または kva; 竹細工 daki-d[ógu]; 竹の節 fushi; また, 筒の空間 yúyu, 長い骨や同形の細長い胴体にも転用される; 竹の節間で作った箱 daki dzítsi

Band 縛るもの;｛結ぶ（バンド）｝ ūbi; 吹奏楽団 gaku fŭchā chu kum[i]; 泥棒の群れ nusudunu chu kumi; 吹奏楽団は駕篭（轎）が門に達するのを待って, たたこうとした gaku fuchāya chūnu〈驕の〉｛kagunu｝ djónkae itay[usi]machi, itarava chaki fukandi shang（吹こうとした）.

Bandage 包帯; ［名］tsitsinyuru sādji; ［動］（包帯をする）sādji shi tsitsinyung; yănădjí（cf.cradle:（for a broken bone）dokashuru dógu, sāgĭ yănădji）.

Banditi 悪漢たち; [s.]band.

Bane 毒; dūkŭ mung.

Bang ドンと打つ; [s.]thump.

Banian tree （植）バニヤン樹（木）; gazimarunu ki.

Banish 流刑にする, 追放する; útsushung, duchīshung, funi nussïung（流刑にする）.

Bank 土手, 岸;｛自然（に成り上がったもの）｝ uka（丘）;｛土地の囲い｝ abushi;｛石囲｝ ishi kakuï.

Banker 銀行家; kani achiné.

Bankrupt* 破産者; tóri achiné（倒れ商人）*bankruptcy より独立.

Bankruptcy 破綻; gānu tóritong.

Banner 旗; hātā.

Banquet 宴会, 饗応; furimé; 宴会場 furime-zā

Banter ひやかし, からかう; azavareshung, vakuti vorayung.

Baptism 洗礼; arayuru li.

Baptize 洗礼を施す; arayuru li ukunayung.

Bar かんぬき;｛戸の棒｝ hashiranu* shing;｛法｝法廷 tadashuru dé〈CDなし: 台〉. [s.]hindrance, barrier *hashiruであろう.

Barb （釣り針などの）鉤, かかり; kaï; 銛のかかり tudjanu kaï;（銛などの）かかりのある kaïnu ang; かかりのない釣り針では魚をとれない kaï neng tsīshae ĭó turarang.

Barbarian 野蛮人; ïbĭsĭ ftu（夷人）; óllanda.?

Barbarous 野蛮な; bodjitchi〈暴事〉.

Barbed* かかりのある; kaïnu ang. *barbの項にもある.

Barber 床屋, 理容（髪）師; fidji naka suïshuru ftu; kami

Bard 詩人; ʼshi djing〈詩人〉,ʼshi〈詩〉ftu.

Bare からの, 裸の; ʼnnǎ,sigu; 素手 ʼnnǎ tī; {(所有)欲が一切ない} muyukuna mung; 賭けで負けて無一物となった kākī makiti nūng neng; [s.]naked walls.

Bared むき出しにした; 右の腕と肩を露出した{坊主がする} midjinu kata kushi nudji shong.

Barefaced 厚かましい; tsiranu ka achishéng*,hadji neng *achishángであろう.

Barefooted 裸足の; kǎrǎ fsha,hadaka fsha.

Bareheaded 帽子のない; mótsi neng,nūng kandang.

Barely やっと, かろうじて; 食べる(だけしかない) tsintu kanyuru ussadu aru(ちょうど食べる量だけある); 家族に十分なだけ tada va ya nyīndjūnyī tarīru ussadu aru.

Bargain 駆引きする; (売買条件を)話し合う kótaï útaïshuru shió sódanshung,dé-djirishung; dé sadamïung; 有利な取引をした tukushóng(得している).

Barge (河川などで使う)平底荷船, はしけ; kava buni.

Bark (犬などが)吠える; [動]innu nachung,wow-wow shung.

Barley 大麦; ufu mūdji*. *原本の38L頁の欄外に「Barley, úfu múji.」ともある.

Barn (穀物などの)倉, 納屋; kura,kumi-gura.

Barometer 晴雨計; kazi ami shīūrŭ dogu,または haï.

Barrack 兵営; ʼhonu yā.

Barrel 樽; taru.

Barren 不妊の, 子を産まない; umadjiri,kwǎ-tūsang; 不毛の地 hagi chkata,yashi-djī.

Barrier 関所, 障壁; shtchi-dju,fabami.

Barter 物々交換する; shina géshung,keïshung,kóyítchishung〈交易する〉.

Base 卑しい, 下劣な; {品のない} yafina(野卑な),djifina(下品な),ĭyǎshī,shibashi f[tu]; {基底} shtyanu mung,shtya dé; {柱の}(礎)ishi[dji].

Bashful [s.]timid; 恥ずかしがりの, 内気の; munu uturushashóng,ussu[ri]nu chūsaru mung,shīnshaku〈心辱〉-shóng,kúsh[i]shïung.

Basin たらい; taré,wang; 手水鉢 ti aré mung; 中型の(たらい)chū djǎ vǎng〈中〉(茶碗){chūdjivang}; 大型の(たらい)lá váng; 蓋付きのもの futa makaï.

Basket 籠; tīru; 大きくて柄の付いていないもの bāki,sóki; 四角で, 竹製で, 蓋付きのもの kuï bǎkŭ; 角に皮の付いた同種のもの firi(へり)tuï kuï baku; ひご製の丸い仕事用具入れ hārā.

Bas-relief (彫刻の)浅浮彫り; muyagatong(盛上がっている).

Bastard 私生児; yana kva,vatakushinu kva,fézuring[va].

Baste 仮縫いする; ching ǎrǎ noyung.

Bastinado 鞭打ち刑; gōshanshi(杖で)sugutaïshuru batsi,butchi kvāshuru batsi.

Bat (動)こうもり; kābūyǎ; {球技で(バット)} maï utché.

Bath 浴槽; amīru tare.

Bathe 浴る, 入浴する; amïung; 身を淨めるために身体を洗うように, 心を洗い悪を流す kukuru arati,aku sarashusi,sunu dū ami kushiréshi aka sarashuru gutushung; 彼が浴びたいと言ったので, 彼らは皆すぐに散会した are amirandi ichassinyi tsiti,suyo chaki satāng.

Batallion (battalion)戦闘隊形を整えた軍隊; chu sunénu ʼhó(一揃の兵),hónu ftu tsirani(兵の一連ね).

Battery 砲台; ishi bya narashuru dan.

Battle 戦い; tataké; 一戦を交える ftu tataké tataka-y[ung]; また一戦敗れた mata chu tatate {ichi djing〈一陣〉}yabutang* *yuburitangであろう.

Battle ax 戦(いの)斧; óyuru yūtchi.

Battlement (銃眼つき)胸壁, 囲い垣; kakvīgatchi, kakvigatchinu nyīké.

Bauble つまらない物,子供だまし; muti assibi dógu.

Bawdy みだらな, わいせつな; 女 yana winago,baki winago; 売春屋 baki ya.

Bawl 大声で叫ぶ; abiti(叫び)yubayung(呼ぶ).

Bay 湾; ominu magaï; 西よりの風がなければ, 南の入江から出ることはできない fénu magayé,nyishi kazinu nendaré sʼtunkae funé ndjassarang; 湾が内陸部に入り込んでいる óminu kubadósi* ukankae ĭttchóng *kubudósiであろう.

Bayonet 銃剣; tippunu yaï,tippunu wīnu yaï

Be 〜になる, 在る, 居る; nayung,kuri(無関係な挿入であろう),ang,wŭng

Beach 浜; hama,hama-fíng〈辺〉,ómi bata(端).

Beacon のろし台; fi-tati-ya, yézi-tati-ya(合図立て屋).

Bead 数珠玉; tama; 一貫の玉 tama chu nuchi,nutchi damanu chu kaki.

Beak (鳥の)くちばし; tuïnu kuchi bashi,または sachi(鳥のくちさき)

Beam はり(梁); haya(柱),monadji(棟木); 横桁 nuchi(貫(き木)). [s.]ray

Bean 豆(科); tó māmi; {さやいんげんに似たもの} fu-ró(十六ささげ).

Bear① [s.]tolerate, carry; 産む, 耐える; それだけ持ち運ぶ ussa muttch[ung]; 忍耐する shinúbiung,kunéyung; 彼の誤りを堪忍せよ ariga ayamachi niziri; (私は)彼を堪忍する vaga arinyi michirang,ayashimang; 私はうそつきは我慢できない vané yukushi munīshuru ftu sk[ang]; 痛みに耐えられない itami,{yanyusi} nizirarang; 毎辱に耐える mi chirarīng; その考えに耐えられない chimunyi umutīng ikang; 職務を負う shkubung tstomïung; [s.]endure; 彼は何の職分を担っているか are nū shkubung tstomīga?; 子を産む kva nashung,mmarīung; 子を産むのを止める kva nashi agatóng; 果実をつける naï mung shodjïung(生じる); 心に留める chimunyi tumïung, dzundjïung〈存じる〉; 心に留めてする vaga dzundjitóti〈存じていて〉shūndó; 伝言を運ぶ utuziri chkashung; 生きているのを見てきた動物の死を見るのは耐えられない sunu ichichósi 'nchi, shinyusi 'nchi shinubarang; 十か月子宮内で抱く tu tstchi kvété [shung]; 誰が彼と話すことに耐えられるか aritu munuyusi tā shinubarīga {shinubarang}; その件についてよく持ちこたえる yū tūyung {通る, 申し分ない}; 持ちこたえない（通らない）tūrang.

Bear② 熊; {動物} ufu kāmī〈狼〉, kuma; {星座}（熊座）fuchŭkūnŭ〈北極の〉fushi.

Beard あごひげ; fidji; 上唇のひげ wǎ-fidji; 下唇の kū fidji, shtya fidji; ひげを撫でて瞑想した fidji mutadóti {tutóti} munu kangeshang; 縮れた髭 chidjutóru fidj[i].

Beardless 髭がない; fidji mó, fidji néng.

Bearer 運搬人; mutchuru ftu; [s.]carrier.

Bearing 関係, 影響; これに関連（意味）がある kurinkae tuïyónu ang; 別の意味がある tuïyónu kavatóng; 彼は私に憎しみを持っている are vang urami fukudóng（含んでいる）, muttchóng; 出産{産褥} sán-muyú-shung; {排泄の（催し）} furu {shūbing} muyū.

Bearings 方向; 船の funinu haï-sidji.

Beast 獣; chidamung; 鳥や獣 tuï chidamung, chíndjŭ〈禽獣〉; 猿は話すことができるが, やはりけだものである saró yū munu iyéshussiga, tuï chidamunu uttchi du yaru; けだもの{人に対するののしり} ch'ku shó〈畜生〉, ushi kúndjó〈牛根性〉, bákǎ〈馬鹿〉{mma〈馬〉, shka〈鹿〉の略語}.

Beastly 獣の（ような）; ch'kóshónu gutóng, ushi kundjóna mung.

Beat 打つ; utchung, shimiung, attiung; 敵を討つ katchung, makashung; {敵に} 討たれる makitóng; さて, これ{論戦}では君に負けた kure ïyányi wūrattasā, ïya dólinyi makitáng, wūï magiráttang; かきまぜる, 卵をかき混ぜるように kídji tskïung, kídjung; 他の船に負けた（船）haï makitóng; 雨あるいは風が打ち込む utchinchung; 心臓が鼓動する ndjutchung, [s.]palpitate; 太鼓を打つ tsizing narashung; 脈が打つ myakunu utchung; 杖で打つ batchi* kvashung; 戸をたたく djó tatachung, utchung *butchiであろう.

Beau 洒落男; lippanu vaka-mung.

Beauteous 麗しい, 美しい; chura.

Beautiful 美しい; churassang, lippanyi ang; 美しい女 chura winago.

Beautify 美しくする; kazayung〈飾る〉, lippangshung, churaku tskoyung; lippanyi kazayung; 顔に色を塗って美しくする kū nuyung, kū kvashung. [s.]adorn.

Beauty 美; {女} bi-dju; {美男} bi-nan.

Beaver ビーバー（動物名）; 琉球語なし

Becalm 風が凪ぐ; kazinu nadjong（凪いでいる）, nadji natong, sugang natóng, turibatong（ぼんやりする; turi-yung「凪ぐ」と混同か）.

Because ～なので; -shā kūtū, taminyi, yutti; 君が来なかったので, 私はすぐ立ち去った yǎgǎ kunsinyi tsitĭ {kūntā kutu} vanya chaki tatchi hatchǎng; それは彼がいないからではないか kuré ariga uransinyi tsitiduī aranī?; この2人はともに80歳に近いから, 彼らに十分気を使え anu taïyé tushé fatchi djū nyi chkassa kutu sunu tuï mutchĭssī（取り持ちをせよ）; 「～なので」の意は属格に du を付けて用いる; 見たかったので mı bushánŭdú; 君が気を付けなかったかので ïyaga mī kangésánŭdú.

Beckon （手などで）招く; manitchung.

Beclouded 雲に覆われている; kībītóng, kumunyi ussutong*; {比喩} kunz[óshong]〈混雑〉. *ussurattongであろう.

Become 成る; nayung, tushung（～とする）; その後成る ya[ga]ti, または atonyĭshi nayung; 彼は坊主になった bodzi natong; 君は何になるか ya nū nayuga?; 痛くなる itaminu tstchung.

Bed 寝台; mindzang; 産前に{お産の} 床に連れてきた san-mūyū-shong（産もよおす）; 産後 san-gu〈産後〉; ベッドをこしらえる fūtūng（布団）takubïung（たたむ）; [s.]make; ベッドに行く mindzanungkae nubuyung, ïung; 寝室 nī-yá, nindji-za, nī-zashtchi; 床を共にする人 madjung, または tumunyi nindyuru munu; 寝台の支柱 mindzanu haya, または hashira; 寝具 nindji-dógu, nī-gŭ〈具〉; ベッドの端に座った mindzanu hata nakae yitchong; 蚊帳 kǎtchǎ; 就寝時刻 nindjuru djibung, または bā; 寝たきりの byóchishi fushitong, ya[me]chǎ nindjish[ong]; ばらの床 yurukubinu mushiru; いばらの床 haïnu mushiru; [s.]mat.

Bedaub 塗りたくる; fingu nŭyūng, aku tstchung; [他動]（汚す）chigarashung.

Bedeck 飾る; lippangshung, kazayung.

Bedlamite 狂人; furi-mung.

Bedust 埃がついている; [自動]fukuïnu tstchong, guminu tstchong.

Bee 蜂; fatchi; 蜂の王 hatchinu vó; 蜜の蝋 mitzi ró; 蜂の巣 fatchinu sī.

Beef 牛肉; ushinu shishi.

Been 君は今どこに行っていたのか yǎyǎ namanu satchi mǎ ndjaga; 北京に行ったことがあるか yaga Fīkīn ndji nchī arani?

Beer ビール; mudji tsirudji ndjachi tskoteru saki.

Beetle かぶと虫; 光った金属色をした羽を持っている{飛べる} būbū.

Befall （災いなどが人に）ふりかかる; ichayung（行逢う）, óyung {字義的には, 会う}; bu shĭavashinyi ótang,

災難に遭った.

Befit 似合う; tagenyi yutashang.

Befool 戯れる; tavafuri-shung, mémoyung; 馬鹿なことを
する memóti tavafurishung; 私は彼に愚弄された{騙
された} vaga arinyi damakasattang, vakurattang.

Before 先, 前, 従前; {時間的} sachi, kissa, attamanyi,
kanniti; {場所的} mé, mé vuti; ずっと以前 kāri
satchi; 彼が来る前に ariga kung satchi, mādū; 君が
先に行け, 私は後から行く yăgă sătchī nări, vané ato
kara chung; 彼は私の前を歩いた va mé kara
āchăng; その本は君の顔の前にある anu shimutzi
ya tsiranu mé nakae ang, または ⁺muku djinyi {目前
に} ang; 君は仕事の処理において私より先んじてい
る (優れている) yaga kutu nashusi vang yaka
mashi; 前の通り mŭtūnū gutu, kissanu gutu; 窓の前
に座る ama-de shtyanyi yīung {軒下に座る}, zānyi
yītchī mādū kara fuka nyung {部屋に座り, 窓から外
を見る}.

Beforehand あらかじめ; arakadjiminyi, mékādū, satchi-
dati, ⁺séshu vúti {最初に}, ⁺shú ti {初第: 初手であろう};
前もって支払う mé-dé vatashung; あらかじめさっと読
む ara ara nyung.

Beforetime 昔, 以前は; tuché fésan, djibunó fésan.

Befoul 汚す; mutadi chigarashung, shtanaku (汚く)
nashung.

Befriend 友となる; {人と} dŭshitū shūng; {仕事を助ける}
tassikiti mokirashung (儲けさす).

Beg 乞う; kūyūng, mŭnū kūyung, {求める} mutumiung;
kūī mutumïung; 明日, 少々用事がありますので家に
来てくれ āchă iffé yūdjūnū ă kūtū, yă chī kvïri; 熱
心に乞う nĭngŭrūnyĭ mutumïung, dóding-shung,
dódindi ïyung; 人の許しを乞う ftunyi vakishung,
vem[i]sashung; 私は許しを乞う vāga vassang, kune
[ri] {字義的には, 私の落度だ, 許してくれ}; 彼は許し
を乞うたので, 許しなさい dūshi vassandi ĭchă kutu,
または umutó kutu, または aré vemisashó kūtu,
kuneriyó; どうか教えて下さい{目上の人に} nige-
nye, [ya]komïa, narachi {ichi} kviri; (私たちは)あ
なたがいつご到着なさるか知らなかったので, 私たち
がお迎えする礼を失した罪をお許し下さい undjunu
itsi (何時) mehendi {menshendi} iché shirang,
vattaya nkeyuru lī ushinatoru tsimi yuruchi
kvimishori; 悲痛な叫び声で命乞いをする声 nŭchi
tassikiti kvirindi ichi nachi munu kūyūrū kvī (命を
助けて下さいと言い, 泣いてもの乞いをする声); お願いし
ます, どうか kwírakwa (乞いらくは), dóding, nigényé.

Beget 産む; kva nashung.

Beggar 乞食; [名] mŭnū kūyă; 乞食はお金を貰いすぐ
出て行った munukūyăya dzing yītă kūtū, chākī
hătchăng; 乞食の一般的な乞い方 sari, dzing tītzi,

または munu iffé, kviti kviri.

Beggarly 乞食のような; munu kūyānu gutóng.

Begin 始める; [他動] fhadjimiyung; 仕事を始める
shĭgūtū fhadjimïung; 学校を始める fhadjimiti
ushĭung, narachi* fhadjimïung *narashiであろう; 仕事
を始める吉日を選ぶ yī fī yiradi séku fhadjimïung; 始
まる [自動] fhadjimayung; 再び始まる fta ta[bi]
shung, uttchéti shung, mătă shung, [s.]broad; 読み
始める hátsi yumishung, [s.]enter, 接頭辞の hatsi
は「始める」を意味するが, 自由には使えない; 話し
始める ī fadjimïung, ī úkushung.

Beginner 初心者; ftă(下手); 学習において ⁺shúgaku〈初
学〉; [s.]weak.

Beginning 始め; fhadjimi; 年の初め tushinu fha[d]jimi;
初めに fhadjimaïnyi, fhadjimi kārā, 初めにそれをし
た tskoï fhadjimitang (創り始めた)〈創始する〉; 発
端, 初め hatsidati, hadjimi tati; 初めから終わりまで
も fadjimi kara ovaï madíng, ⁺shúbi〈首尾〉; 知恵の
初め djírinu〈義理〉tsīgutchi〈上陸地点〉(*「津口」
に対応), djirinkae {tukunkae（徳に）} iru tsīgutchi,
または djó {戸}.

Begirt 帯を巻いた; ūbĭshung.

Begone! 失せろ!; féku ĭckī, dukiré, dŭkī nărĭ!. dŭ[ké!]

Beguile 騙す; damashung, mayuvashung.

Behalf 利益; 彼の代わりに, ために ariga kavati, taminyi.

Behave (行儀よく)振舞う; tuĭ-mŭtchūng (接待する); 礼
儀よく振舞う rīdjīshung; 私が他人に正しく振舞わな
ければ, 他人が善意で報いてくれるということをどうし
て望めようか vané ⁺shó-tó〈正道〉shi ftunyi madji-
varang aré, chāshī ariga yī chimushi vanyi mukuyu-
ssiga nuzumarīga {nuzumarang}; 自分の状況にお
いて静かに振舞う yassundjiti mī bung mamuyung;
乱れた振舞いをする ftu kata nărāng yana shkata
{単に一つだけの悪い行為でなく} yana shkata tītzī
téma arang.

Behaviour 立ち振舞い; tătchīfūrūmaĭ, dīdjīsăfū, dīdjī
kata, fūdjī, shĭnnă, rīdjī-shusi.

Behead 首を切る; kubi chīung.

Behind 後ろに; kushi muti, kushi; 箱は彼の後ろにある
hakuya ariga kushinyi ang; 尾が長くて1キュービット
以上後に垂れ下がっている dzūnū nagasanu ish-
shāku amayé kushinkae taritóng(尾が長くて一尺余
は後に垂れている); 家の後の地所 kushinu attaï; 他
人より後にいる(より弱い) fita(下手); [s.]weak.

Behold 見る; nyūng; 感嘆詞 andé!, ari!.

Being 存在(している); そうだから ang á kutú; 存在物は
人も物も, しばしば形成素 sé, siga を動詞に付けて表
現する. その際, 形成素は動詞と合体して, 具象ある
いは抽象名詞となる. 時には, また mung, kutu がそ
れらに付く事がある: 居るもの・こと {存在するもの・こ

と｝ wūsi, wūru kutó; 居るもの wūssiga; ここに居るもの｛物や人｝ kumanyi wūsé, wūsiga;（持って）ない物は与えられない nénsé quíraráng; わかりにくい存在 massashi ubé néransiga; 同様の構文は「来る・存在する等々の全てのもの, 彼, 人, 人々」のような場合にも役立つ. これらは動詞的名詞と一緒に用いられる: chóssiga, ichichóssigaは, chótaru munó, ichichótaru munóの意味である;［s.］one, person, thing. 特に高尚な文体では次のようにも用いる ndi íchi, そう言って, また（次のように用いる）ndi iyú tukuru そう言われているところ;（これらは）抽象名詞を形成する; 有るところのもの andi ichi, andi iyú tukuró; 良いものすべて yutasha ndi iyú tukuró,［s.］examples under "Exist"; 天によって完成さ（せら）れないものを, 天は何も創造しない tinnu shóziru tukuró tinnu djódju nashú tukuru ukirandi iché nérang.

Belch （げっぷを）出す; gégéshung; 暴言を吐く yana kutuba hatchi ndjashung.

Beldame 祖母, 老婆; mé, fanshi mé, vinagó fafudji.

Belfry 鐘楼; chichiganinu nyiké.

Believe 信じる; shindjiung; 心から信じ, それ故に道徳律（学問）を好む atsiku shindjiti gakumung kunudong;｛そう思う｝umuyung; 信じ難い shindjigurishang, shindji-bikarang; 私はあの件はこうだと信じる vaga anu kutu kunu gutundi umutóng; 君はこれを信じますか, 信じませんか yaga kunu kutu shindjiumi, shindjirani?; サ 皆これを信じ, 実行すべきだ mina kuri tsitsishimi shindjiti ukunari vadu yaru; 怪しみも疑いもなく信じる maduīnsang, uttagensang shindjiung; 悪鬼を信じ祭りごとを好んだ yūri shindjiti matsi kunudóng, または matsirishi kwitang; 学ぼうという欲求がなければ, 信じている事も偽りかも知れない gakumung kunumandung aré shindziru tukurūng yenye ikang kutunu ang; 証拠もなく信じる midarinyi shindjiung.

Bell （撞）鐘; chichi gani; 振鈴 fū-líng〈風鈴〉; 鐘を鳴らす kani tstchung, utchung; 鐘は音を出さない kané ūtó néng; 鐘を打つ物 chichi-gani-uchā; これは木製で, これでもって鐘を外側から打つ; 西洋風の, 鐘を内側から打つ物 chichigani utchuru kani.

Belles letters 美文; bun shó〈文章〉.

Bellow 大声で鳴く; 牛が大声で鳴く ushinu nachung; 彼がどなる ufu gvi tatiti abiung.

Bellows ふいご（風袋）; fūchī, kazi baku; ふいごを動かす fūchī ushung.

Belly 腹; vatta; 腹痛 vattanu yadi.

Belly full 腹一杯; chūfārā, akumarinyi｛kadang｝〈EC: 肚飽〉.

Belong 属する; この国に属している kunu kunyinyi dz[o]kushong, tstchóng; 私に属する（もの）（私のもの）

vā mung; これは何に属するか kuri nū dógunu gūgă?; これは誰に属するか（誰のものか）kuri tā munga?; これは私に属さない｛関係しない｝kunu kutu vanyi kakaverang;［s.］kind, pertain.

Beloved 最愛の, 愛しい; ndzosashéng.

Below 〜より下; shtya, shtyanakae; 私より下 va yaka shtya; テーブルの下 shukunu shtanyi ang; 70歳以上, 15歳以下の者はすべて公職に適さない sibiti tushi shtchi djū kara wī, djŭ gŭ kara shtya, tstomé shī kantīshung.

Belt 帯, ベルト; ūbi.

Bemoan 嘆き悲しむ; tandjiung, kanashimi urītong.

Bench 長椅子; naga yī;｛大工の（作業台）｝ sékunu shŭkŭ.

Bend 曲がる;［自動］tamayung（撓む）, magayung;［他動］magĭung, tamĭung（矯める）; 膝を曲げる tsinsi magĭung, tchidjumĭung; 曲がった magirattang; 風で曲がった・なびいた kazinyi nabitchéng;｛頭を｝前に曲げる tsiburu utsinchung; 後ろに曲げる kubi nubĭung; uchagĭung;｛字義的には, 首を伸ばし見上げる｝ ; 弓を矯めて射る yumi tamiti ĭŭng; 垂直から, 左右に曲げる nánayung（斜む）, katanchúng（傾く）; 内側に曲げる kūinchung（食い込む）,［他動］kūinkashung（食い込ませる）.

Bendable 曲げられる; tamitai magitai naï bichi mung.

Beneath 下に;［s.］below.

Benediction 祝詞; sevé-yūvéyuru kutuba, sevenu yūvé.

Benefactor 恩人, 恩恵を施す人; vūndji, migumi ukunayuru ftu, vūndji fudukushuru mung, skuyuru ftu; 私の恩人 vanyi vundji aru ftu（私に恩を感じている人）.

Benefactress 恩人（女性）, 恩恵を施す婦人; vundji aru ayamé.

Beneficence 慈善, 善行; yī chimunu fashshĭung.

Beneficent 恵み深い; miguminu aru ftu.

Beneficial 有益な; yitchinu ang;｛利益を得る｝ lĭ-tuku〈利得〉yīru; ただ自分1人の利益とはしない tada dūchŭĭgă li-tuku tó sang.

Benefit 益, 恩恵;［名］vūndjĭ, migumi, yĭchĭ;［動詞］（恩を施す）vūndji fudukushung, djing〈仁〉ukunayung; 何の（利）益になるか nūnū yĭtchī nayuga; 利得が全ての代に及ぶ li-tuku man shinyi〈万世に〉uyudong; 未来の利益は明かでないし, また, 現在の難儀はすでにありあまる atonu yitchi yīyusi mādū* aravarirangshi｛mīrans[higa]｝mīnu ménu shivagutu djitchinyi（既に）hfanafa[da][ufu]sang *mādă であろう; 世に恩恵・利益を与える（世のためになる）yū skuyung（世を救う）.

Benevolence 慈善（慈悲）の心; vūng tūkū〈恩徳〉, djing〈仁〉; 仁は温和な和合と慈愛の原理である djindi īsé vung va, djī aīnu dóli｛yavarakanyishi chu kan[a] shashuru dóli} du yaru; 人は常に慈悲と正義の心を持つべきである dj[ing]djīnŭ〈仁慈の〉kukuró fitunu tsininyi arivadu yarunu mung.

Benevolent 情け深い; djǐnshǐng〈仁心〉aru mung; 慈愛深く, 志操堅固である djinshing tsininyi mamutóng; 仁(なる)人は卑しい人に憎まれる yī ftu murumurunu yana ftunyi uramirarīung; 無益な慈善心は良い政治を行なうには不適当であり, 空しい立法は決して自ら機能することはない djin itazirandi umuyusi matsirigutu sirunyi tărāng, 'hó munashū[nyi] shusi mizzi kara ukunó kutó nărāng; 慈悲の心 ftu kanashashuru kukuru.

Benign 慈悲深い, 優しい; chu ndzosaru; 優しい配慮 shtashku kairinyung.

Benignant 優しい, 親切な; 優しい顔で狼の心 kagé ndzos[a] shussiga, kukuró tachishī〈猛しい〉{ūū kami}.

Bent 曲がっている(もの); [名]magatósi, tamatósi, magató tukuru; [形]身を屈めた{字義的に, または, 比喩} dū kagamatong; [s.]bend.

Benumb しびれる, 麻痺させる; firakunyung; 麻痺した firakudóng; 寒さで凍えた・かじかんでいる fīsāshī gufaïshong.

Bequeath 遺言で譲る; ⁺igung kviung.

Bereave 奪い去る; tuti hayung; 望みを奪う nuzumi téshung, munashku nashung; 子供を奪い去られた kvaya só-té shidji ūrāng(子供は総体死んで居ない).

Beseech 懇願する; ningurunyi mutumĭung, kūyung; あなたにお願いがあります kwirákwa〈乞いらくは〉, dóding, nigényé; [s.]beg.

Beset 包囲する; {取り囲む} kakudi tskĭung.

Beside ～の側に; {近くに} sobanyi, chkakunyi ang, tatchóng; この外 kurinyi s'utū, fuka; この外に別の手段は用いられない kurinyi s'tu bitsinyi tidanshī bichǐ kutó néng.

Besiege 囲む; kakuyung, kakuti kurushimashung.

Besmear べたべた塗りつける〈EC: 塗,塗抹〉; siri kunshung(こすって消す); 塗りつけた siri kunchéng(こすって消した).

Besom 竹ぼうき; hóchi; ほうきで掃く hótchishung.

Best 最もよい, 最上の; ǐttsǐng yuttashang; 汝は何が最も良いと思うか nandjé nū yutashandi umuyuga; 機会に応じて進むのが最善だ hóshinyi vūdjiti shussiga {sisinyussiga} ǐttsing mashi; 最上で最も純粋な水 dūdū simitoru mizi.

Bestir 奮起する; 自分をかりたてる dūshai fhadjimashung.

Bestow 施す, 贈与する; fudukushung, utabi mishéng, fōbishi kviung; {非常に高い身分の者から} támayung; 恩(恵)を施す vundji kansiung(恩をきせる); 恵みを授ける migudi kviung; 寒く着物もない親戚の者に贈与する vékanu chānu fīsāshī, chinung

néng munyi kvĭung.

Bestride 馬乗りになる, またがる; nŭyūng.

Bet 賭け; [名]kākī, shūbū, kátchi makí, arasī; [動](賭ける)kākīshung, arasīshung; tagenyi gā tatĭung; 賭けに負けた gā vuritong(我が折れている: 我を折って他に従っている)*; 賭けに勝つ katchung *「賭けごと」とは無関係ではなかろうか.

Betel nut (植)ビンロウ(ビンロウの果実); ⁺pin-ló〈檳榔〉; 黒木と金で彫り込んだビンロウ箱 kuruchi ki koganī shi fuǐ tskasheru pin-ló baku(檳榔箱).

Betimes (古)間もなく, すぐに, 早く; arakadjiminyi, satchata(先立って)*勘違いではなかろうか.

Betray 裏切る, (敵に)内通する; nétsūshung, nétsūshi titsin kae yarashung; 信頼を裏切る makutu, djitzi, yakusku ushinayung; 自分の心をうっかりさらけ出す ubizinyi dūnu kukuru aravaritóng.

Betroth 婚約する; ī kvishung, yingomi(縁組)shung.

Betrothal 縁組・婚約; yǐngõmī.

Better より良い; {- yaka} mǎshi, massatóng(優っている); 病気から回復する ⁺djūnyi〈順に〉natóng, yutas[h]ku natong, nótóng; 徐々に良くなる djin djin〈漸漸〉yutashku nayung; このようにするのが良い kunu gutǔ ma[shi]; 私は進んで行き宿泊する所を探す方が良い varí ménkae achi ndji simé dukuru tuyusi mashi; 騒いでも彼を打ち負かすことはできない abikvéshing ari kamuyé narang; 危害が生じて罰するより, 事前に厳重に調べる方がよい yanditi ato batsishusi yuka, satchata vuti djin-djūnyi bindjise(弁じるのが)mashi; 十万の師匠より1人の父の一言が良い ūyănŭ chū kūtūba djū ⁺mannu shishó yăkā mashi; 良くする mashi nashung, udjinõyung(補う); (私たちは)読むのがよい shimutsi yudi máshi; ブランデーは飲まない方がよい saki numansiga máshi.

Bettor 賭をする人; kākīshā.

Between 中(間)に; naka, mannaka; 2つの間にある tātsinu utchinu nakanyi ang.

Bevel 角度定規; {石工} ishi zekunu bandjó gani.

Bewail 嘆き悲しむ; kanashimi nachung.

Beware 用心する; tsitsishimung(慎む), ning ĭung(念入), imashimiung(戒); 自己欺瞞を戒めよ dū damashusi imashimiri; 酒を好むことに用心する saki kununyusi imashimir[i].

Bewilder 当惑する・途方に暮れる; kukuru midariung(乱れる); [他動]midarashung; 彼は当惑している ⁺lan shin〈乱心〉mung.

Bewitch 魔法をかける; yana djutchishi chu geshung(邪な術で人を害する); mab[uǐ]nugashung(驚いて魂がぬける); ⁺mafushung〈魔法〉, djutsishung(術).

Beyonnd(**beyond**)～の向こうに; fuka(外), sidjitong; 時限を越えて kadjiri kvīt[ong], kadjirinu fuka, sidjitóng; これを越えてはいない kunu utchi du yaru, kuri yaka sidjirang.

Bias（心の）偏向; kukuru katankiung（傾ける）; 道理に従おうとする心の性向は, 邪な情に傾く志に敵対できない dólinyi shtagayuru kukuró yukunyi katanchuru kukuruzashinyé titchi shi narang.

Bib よだれかけ; yudaï-bukuru.

Bible 聖書; shi chó〈聖経〉, chó〈経〉.

Biche-de mer いりこ（海鼠）; īrīkŭ.

Bicker（つまらぬことで）口論する, 口げんかする; kuchi yuzé shung.

Bid 命ずる, 指示する; tudzıkıung; 見込みあるな子供 yi sidjónu〈素性の〉vorabi; 上手に書く見込みがある yī sidjónyi kachung, mmari táttchinu yutashang; {木の} mī tattchi; 最初の根本の台{足場}が良いということは, 将来性があるということも意味する; 技（芸）で作られた物についても同じ意味で, 次のように用いる: tskóï tati, 造り立て.

Bidder 入札者, 値を付ける人; dé ushagīru ftu, dé sadamiti kóyuru ftu.

Biennial 2年毎の; tăttŭnŭ nagesa, fissashtchi.

Biennially 2年毎に; tăttŭnŭ gūtŭ.

Bier 棺台・架; găng.

Biforcation（**bifurcation**）二また, 分岐; máta haï, máta hatóng; 道の分岐点 chímătă mítchi; [s.]forcation.

Big 大きい; daténa mung, magissang, uffussang; 大きい奴 uffubuna, kvé būta. どれほど大きいか chaffī?, chánu fúdu? そんなに・それほど大きい úffī, uppi, uppéru fudu.

Bigamy 重婚; tudji taï vŭsi.

Bigot 偏屈者; nazida mung, kakavaï-mung; 頑固な kakavatong; 昔の慣用に固執した nkashinu līnyi nazidóng; 事を論ずる場合は自分の意見ばかりに固執してはいけない kutu lundjiru bashó dūnŭ mitski bakanyi katamaté simang.

Bile 胆汁; ī.

Bilge 船底の汚水; fŭnīnŭ ākā; [動詞]（船底に穴があく・水もれがする）akanu ĭttchóng（汚水が入っている）.

Bill 証文; 一般的に shūku gatchi, shūmung; {酒屋の料金の請求書・勘定} kadaru munu sankata gatchi; mŭnŭ chisăn〈決, 清算〉gatchi; 召使いを呼び勘定を決算させてくれ tumu yubachi kadaru munu chisan shimiti torasi; くちばし[s.]beak; 手形 kani ti-gata; 品物の証文・目録 shina gatchi tumi, tītsi gatchi; 買物の証文 kótaru shūku gatchi; 出納簿から抜き出した勘定書き chónu kachi-nudji; 目録をつくる shina katchitumi shung, tītsi gatchi shung; {張紙・掲示} fa[ya]shi gatchi, shirushi gatchi; {日々公表されるもの} nyitchi; ビラ張り人 nyítchi {shirushigatchi} ushi-tski-zéku.

Bill-hook なた鎌; īrănă.

Billet 民家提供命令{短い手紙}; tigami gva, djó gva; {たき木} 一切れ tamung chu ŭchi, saki, kaki.

Billow 大浪; nami.

Bin 貯蔵所; kŭī.

Bind 束ねる; tabayung, shibayung（縛る）, kundjung（くびる）; {本を（綴じる）} tudĭung; 他の物と束ねる hăttskïung; {約束などで精神的に（結び合わせる）} kundjung; [s.]bound & the next; f[ollowing?].

Binding 義務的; これは拘束力がある yakuskunu kavarang, shkubung kakatóng, shukunu tatchong; {本} tuditéssiga（綴じてある（もの）が）; 良い製本（綴じてある）yū tuditéng; 衣服のへり（飾り）fīrī.

Bird 鳥; tuï; {雀}（すずめ）kūrā, sizimi; 飛ぶ鳥 tubi tuï; 鳥篭 tuïnu kū; 野鳥 yam[a]duï; 鳥の巣 tuïnu sī; {食用の} yĭn dzi（燕巣）, mataranu yudaï; 鳥もち yămmŭtchí.

Birdseye 鳥瞰的な; ちらっと見る mī attïung（見当てる）.

Birth 誕生, 出産; mmări, nashushi, san; 未熟の状態の出産 [s.]abortion; 出生から mmariti kara; 誕生も死も気にしない{仏教徒} īchī shinyi {shó-shi〈生死〉} tumunyi vastóng; 横産 sakanyi mmaritong; 逆（出）産 djakunu san; 誕生日 mmari bi, tandjó-bi; 出生地 mmari djima, kunyi, tukuru.

Biscuit ビスケット; kfa kumpïang, nyidu yacheru kumpiang.

Bissextile [s.]intercalary.

Bistre 濃い褐色; simi iru, sĭsi iru（煤色）.

Bit 小量; {少々} in tien, shūshū, vazika, chu kaki; {鍵の（先のかかり）} sāsi gva.

Bits（**bit**）① 小片; 小さな kudaki.

Bits（**bit**）② くつわのはみ; {馬の} くつわ mmanu kutsi-va {ba}.

Bitch 雌犬; mī ing; {子持ち（犬）} a'hya ing.

Bite 咬む; [動]kūyŭng; かみ切る kanchïung, kvĭchïung; のみの食い跡 númi kwé kútchi.

Bitter 苦い; ndjassang, ndja mung; {比喩} kurushimi; 苦いものの後に甘いものが来る nyīshanu tskuriïdunse massanu chūng, または kurushiminu tskuriti tanushimi chung.

Bitumen ビチューメン, 瀝青, 画面上塗液; djinu abura ?

Black 黒; kuru, kuruchi, kurussang.

Black-bird（鳥）つぐみ; yama-garasi.

Blacken 黒くなっている; [自動]kurudong; [s.]sunburnt; [他動]（黒くする）kuru nashung, kurumïung.

Blackguard 悪漢; この野郎! ye hĭa!, ye gatchi.

Blacking 靴墨（クリーム）; yé-{saba-} nuyuru simi（靴{草履}に塗る墨）.

Blackish 薄黒い; ussī kuru, kurugissang.

Black-smith 鍛冶屋; kandjā, kandjága（kandjáyaか）.

Bladder 囊; [s.]bag, pustule; 膀胱 shūbing dzitsi.

Blade 刃; 剣の（刃）yaïnu fū; 小刀の（刃）sīgū, sīgŭnŭ

satchi; 葉身 né (苗) {新芽}; yassénu ḳutchi {野菜
の下の部分}; fū {野菜の上の部分}.

Blamable とがめるべき, 罪科のある; imashimiru bichi,
shimisi bichi, shimiru kutunu ang.

Blame 責め; [名]shimi, fĭkusi (欠点・非難すべき点);
[動] (責める) shimi utushung, chunu fikusi yung;
責めたり, 褒めたり [f]bishaï utushaï shung; 罪から
逃れることができない shīmī kŭtū văké (言い訳は)
shī ōsan.

Blameless 非難の余地がない; imashimbichi, または shi-
miru kutó neng, nuraï bichi kutó neng.

Blanch 漂白する; shiruku nashung, shiru nashimïung.

Blanket 毛布; shiru mūshīng.

Blaspheme (神を) 誇る; kami sushshïung, nurayung.

Blasphemy 神聖冒涜; kami sushiru kutuba.

Blast 突風; 一陣の風 chu īchinu kazi; 野菜への害 (毒)
(をしなびさす) siriung, sirashung, yabuyung; 十分
の花の中からその二分は寒 {寒さ} で枯れた djū
bunnu hananu utchi kara sunu tă bunó kănyi {f[ī]
sashi} siritang.

Blaze 炎; [名]fīnūtū; [動詞] (炎を上げる) fīnŭtunu
tattchung.

Bleach 漂す; sarushung*, saruchi* măshīră nashung
*sara-であろう.

Bleareyed かすみ (ただれ) 目の; nada guru mātong, mī
anda mātong; {睡眠不足で} mī kutanditong, mī
kógā ((疲れて) 目がくぼむこと) nat[ong].

Bleat (山羊などが) メーと鳴く; fīdjanu nachung.

Bleed 出血する; [自動]chinu ndjīung; [他動] (瀉血する)
chi ndjash[un]g.

Blemish 傷; [名]shĭmi, kĭzi, fīkŭsĭ, tŭză, săbĭ; 傷がある
shim[i]nu tstchong, kizinu ang; [s.]injure.

Blend 混ぜ合わす; ushāshung, avashung; 詩と音楽を混
ぜる shĭtu gakutu avachi utayung; [s.].

Bless 祝 (福) する; yuvéshung, sévé kvïung, seve gutu
[ïyung], sévé unyukïung, sévé nigayung; 神をあがめ,
感謝する kaminkae sĭdĭ ŭ gafu un[yu]kiung; 神の加
護がありますように kamé ya tassikiti utabim[ishori];
大家族に恵まれている sákatóng, kva sákatóng.

Blessedness, Blessing 幸い, 福; sévé, fū; {天の (福)} tĭn
fūkŭ; {真の} 祝福を与える fū tskĭung; 正しい道に
導いて彼に幸運を授けた yī mitchi kumatchi fū
tskitang; 天恵を得た fu tstchóng, fūnu aténg.

Blighted 枯れた; 寒さあるいは波で fīsashi, kazinyi
kutanditi nayé narang (実はつかない); kán 〈寒〉
makĭshi (負けして), kazimak[ishi]nayé narang.

Blind 盲人; mickwa; 片目が見えない katam[i]; 盲人は
静かで乱れない心をもっている mickwa ftu kukuró
shidzikanyĭshi midarirang.

Blindfold 目隠しする, (目を) 覆う; mī ussuyung, tsitsinyung.

Blindman's buff 盲鬼 (鬼ごっこ); 鬼ごっこして遊ぶ
mickwa tūdū-shi assibĭung.

Blinds (**blind**) 日除け; tīdă géshi, sagi nunu; 通常の細
長い竹 (片) 製 sidaï (簾); [s.]shutters.

Blink まばたきする; mi tsen-tsen-shung, mi útchishung.

Bliss 至福; sévé.

Blister {[s.]vesicate}; 水ぶくれ; mízi buckwi; {火傷の
(火ぶくれ)} fī tātā.

Bloat ふくれる; fuckwĭung, harĭung (張れる).

Blobberlipped 唇が厚ぼったい; siba buté (太い), siba
ăchā.

Block① 大きい塊; ufu murushi, ufu chiri.

Block② 細かに切るための板; marucha (まな板), hótchu
ban.

Blocks 版木; 印刷用に文字を彫る板 dji fuyuru ita; 彫っ
た板 fankó, fanko ita, handji, djinu fankó; 原版がなく
なってもう印刷はできない mutu [f]ankó shīchakushi
(失脚し) mata han tsitché nărāng.

Block-head まぬけ, 愚鈍者; guduna mung, nīlĭ kudong,
katamatóng, [n]āmā, nama mung.

Blockade (港など) 封鎖する; [動]myatu kutchi chidjiung
(止める).

Blood 血; chī; 顔が血で覆われていた ariga [tsi]ra
mutu chi, chĭshi amitóng; 血流のために運動する
tun mói-móïshi fūyóshung 〈保養する〉; 川の如き血
を流す karatu nayuru shakunyi chinu* nagara-
shung, または kavanu mizinu [g]utukunyi chinu*
nagarashung *chiであろう.

Blood-shot (目が) 血走った; mīnu aka sĭdji tūtóng.

Blood-sucker 吸血虫; chi shpuyuru mushi.

Blood-thirsty 血に飢えた; chunu chi numibusha.

Blood-vessel 血管; myakunu sĭdjī.

Bloody flux 赤痢; chĭ kudashi, chĭ buru (便所) {ïung},
chĭ-gussu-sh[un]g.

Blossom (果樹の) 花; [名]蕾 {開花してない} kukumuï
〈蕾〉, tsibumi; [動] (つぼむ) tsibunyung, tsibumi
muttch[ung].

Blot しみ, 汚 (点); [名]aka (垢), kizi, shtana mung; 紙にし
みが着いている kabi nakaï simi nuténg (塗ってある).

Blot out 擦り落す; siri utushung; [自動]siri utiung; 完
全にぬぐい去る tsími míshïung (滅する) {抹殺する},
chíchi nuzukiung.

Blotch 吹き出物; futsimi; {酒による (吹き出物)} shŭ
dūkŭ {酒毒}.

Blotting-paper 吸取紙; {褐色のもの} băshūnŭ kabi 〈芭
蕉〉紙; {白いもの} mīnshī (綿紙＝真綿).

Blow① 強打; [名]{杖で} 打つ事 chu bŭtchi, chu
ŭ[tchi]; [動]一回手で打つ tītzi attïung, kvashung,
gafa mikashung, gammikashung; {拳で} chu tĭzikung
kvāsh[ung].

Blow② 吹く; {風の如く} fuyung, futchung; 吹き消す fuch[i]chashung; 火を吹く fi fuchung, fī f[uchi] tskǐung; 吹き払う fuchi harayung; ふいごに送風する ūshūng; 楽器を吹奏する fũchūng; 何の風の吹きまわしで, 君は今日ここに来たか n[u]kazinyi mũtãtǐ kumankae chaga; 目に何か入った mi nakae gúminu ittchóng; mincha munu（目に入ったごみ）ittchong.

Blow-pipe 火吹き竹; fī-fũchǐ.

Blow up 爆破, {火薬で} yinshunyi battukashimĭung; 火薬で船を爆破する yinshunyi fi tskiti funi battukachi yachung; 火薬で爆破する yinshūshae haï vayúng, yinshushae fi tskíti haï vayung.

Bludgeon 棍棒; bó, kī-bó; 大男が棍棒を持ち, 一言も言わずに某をねらい強打して, 彼の頭を割った ufu bunaga bó mũtchi, chu ku[tung]yang gutu nanyigashinyi mī atiti, tsi[buru]utchi vatí chang（来た）.

Blue 青; yé iru; mizzi iru; 薄青色 ussī mizzi iru.

Bluff （悪気はないが）ぶっきらぼうの; arashī ftu, tatchifurumaïnu arassang.

Blunder 大失敗, へま; [名]yana matchige, ūū matchigé.

Blunderer 馬鹿な間違いをする人, どじ; chimu kussari mung, chā matchigeshung.

Blunt （刃の）なまった; [形]magutong, tsimadjitong; （理解がうとい, 鈍感な）shuzũnnu〈所存の〉 namaritong, namari mung; なまった鉛筆 tsiburi fudi, chiri fudi.

Blur 汚点, 欠点; [名]kĭzǐ; [動]（汚す）fingu nũyūng; よごれ不鮮明な字 djǐã mǐ-kãndã* gãtchi-shéng *mǐkũndãであろう; {話し方} bu-tamashinu（不魂の）munuǐ kata shung.

Blush 赤面する; shtchi mǐnshung, kównu（顔が）akanyung.

Bluster 荒れ狂う, 騒ぐ; savağiung, kukuru avatitong; 荒れ狂い, 騒々しいさま arashī fūdji; ğ=dj.

Boar 猪; yama shǐshi; {雄豚} wū-buta.

Board 板; icha, ītã; 掲示板 chó-pé〈招牌〉; 船に乗る funinkae nubuti ichung; 下宿する yadu kati simayung, madjung shūtéshung, kunashǐshung; 下宿人 chu kuna mung. {中国の} 6つの官庁 lũppũ; 1）吏部（市民）kwan gãmī; 2）刑部（刑罰）toga gãmī; 3）戸部（財務）djónó（ya,家）gãmī*; 4）式部（儀式）djǐshtchǐ gãmī; 5）兵部（戦争）ikussa gãmī; 6）工部（土木工事）séku-gami *ǩãmīであるべき.

Boast 自慢する; [動]dū bukuǐshung, fũkũyũng, kuchibuchishung, kuchigaïshung, takabuyung, djimang buïshung, bung múttchóng; 自慢する気など持っていない tsitsishidi kuchigayésang; 財産を自慢する vékishi bung muttchóng; dūshi véki-buïshung; [名]（ほら）ūū munuǐ.

Boat ボート; timma（伝馬）, funigva; 渡し船 vatashī-buni, [v]ataï-buni; 速（い）船 faï-buni; 鋭く尖った船 s'uku tógaï buni; 平底（の）船 s'ukū [fī]rassaru buni; [s.] jolly boat.

Boatman ボートの漕ぎ手; funi kūdjã.

Bodkin 千枚通し（針）; tsina tūshūrū haï.

Body からだ; té〈体〉, dū-té〈胴体〉, dū, mī, shin-té〈身体〉, sh'ité〈四体 sh'ité〉; 全身血で覆われていた dū ippé chīnu tstchong, chī amiténg; 終日名と利を求めてあくせくすることは, 身体のためである fī djǐ itunadi, nā arasōi, dzé mutsi mussabuti, cha dū bakaïnu kangé; 肉体は欲に駆り立てられる dūyã yukunyi fésarīng; 身体や姿は見えるが, 実（存）ではない kat[a]ché sunété vussiga, djitsé neng; この身体はせいぜい悪臭を放つ皮袋にすぎない kunu dūyã mutuy[u]ri kussassaru kā bukuru {仏教の言葉}; すべての{動物の} 身体は次のようにも表現できる: shǐ-gé {gaï}〈四骸〉または shi kutsi {即ち, 4つの骨, 四肢}; [s.]substance, imbody.

Bohea tea ボヒー茶（中国産紅茶）; sht* wū-ī-cha〈武彝茶〉. *shi（中国語:是）であろう.

Boil① ねぶと; [名]fukvi; {鼠径部の} fǐn-duku {即ち, 梅毒}; *cf.Buboːbin-duku（便毒）; {首の} tan-ditchi; 一般的にはkósi, kassã; 夏子供によく出る腫れ物 ūū bū; 小さい腫れ物 ássi bú.

Boil② 煮る; [動]nyǐung; 十分煮る{即ち, 料理する} chūku nyǔung; 煮たりない ussinyīshung; どろどろになるまで煮た nyī tadarashung; 水煮する mizzi nyī; {塩を加えたりしたら} shū ny[i]; 酒で煮る saki nyī; {海老のように} 煮て殺す nyī kurushung; 水を沸かす{即ち, 熱くする} mizi fukashung; 沸いて泡立つ mugéyung, shǐdjiri fuchung, tádjǔng; 炮茶, 茶を沸かす, または茶を入れる yū sashung（湯を差す）; 煮て仕立てる nyitchi shkoyung; 沸騰してあふれる ábuchung, tadjiti andǔung, shidshiri* fuchi andǔung *shidjiriであろう.

Boiler ボイラー・煮沸器; ufu nābi（大なべ）; 飯炊き用ボイラー mishi táttchusé.

Boiling 煮沸; {煮たり焼いたり nyitchaï yatchaï.

Boiling water 熱湯; yū, fukashuru mizzí.

Boisterous （天候が）ひどく荒れ狂う; arashi.

Bold 大胆な; dé tanna mung, idjina mung, ǐdji yús[ha]〈勇の〉, ganu〈我の〉ang, yūnu ang; 彼が私に悪口を言ったので, 私もどうしようもなく勇を鼓してつっけんどんに返答した ari vaning kae yana kutuba icha kutu, vaning chāng narang idji tstchi kfa fidji shang; 大胆な努力 yū fũrũyũng（EC:奮勇）, chitu〈CDなし〉datchung; 大胆に前進する issami tatchi sisinyung; 大胆だが計画・策がなかった yu lǐtchǐ〈勇力〉ayeshussiga, fakarigutu neng; 勇む isanyung; 勇み前進した íssadi sígu menkae sisidang.

Boldfaced 鉄面皮な; idji djū {tsīū} na mung.

Boletus （植）イグチタケ（キノコの一種）; mimi gūĭ（きくらげ）.

Bolster 長枕; naga mackkwa.

Bolt 差し錠, かんぬき; ｛戸の｝ djónu tubira, shing; ［動］（かんぬきをかける）djónu shing iriung; 駆け込む massigu īchĭ chung.

Bolter こし器, ふるい; fuĭ-baku; ｛西洋の粉ひき場の（ふるい）｝ fuĭ bukuru.

Bolus 大丸薬; gvang yaku, maténg sheru kussuĭ（まん丸くしてある）.

Bombasettes 薄い羊毛製布; hanishae tskoteru ⁺sha（羽根で作った紗）.

Bombazin ボンバジン:絹, レーヨンと羊毛で織った喪服用綾織物; hani shae tskotéru nunu.

Bombyx （動）かいこ; mĭnshī mushi.

Bond 証文; ｛商人の｝ shūkŭ gatchi（証拠書き）, yakusku gatchi; ｛友人間の（絆, 盟約）｝ mussubi, mussudési; 束縛（拘束）されている tsinagatóng.

Bondman & bondwoman ; ［s.］slave.

Bone 骨; kutzi, funi; 次のような言い方がある: 骨を切り刻むことができる程に憎む kutsi chīru takinyi uramitong〈EC:恨如切骨〉［s.］bamboo; この魚は骨が多くて, 食べにくい kunu īŭ índji takaríti kwé gurishang.

Bonnet ボンネット; ｛女性用（帽子）｝ winagonu mótsi; ［s.］cap.

Bonze 坊主; bodzi; 坊主になる bodzitu nayung.

Book 書物; shímutsi, shúmutsi; 本1冊 shimutsi ĭssătsī; 数巻を含む著作（集）shimutsi ichi bu〈部〉, chu gŭnnu shimutzi〈EC:群書〉; 禁書 hăttŭ-gatchi ｛hattu-shéru shimutzi｝; 書物を取って開き読んだ shimutzi tuti firachi nchang; 君の本を取って読め ｛子供達に対して｝ fun tĭtchi｛tutītchi（取って来て）｝ simi yumi; 聖なる古典の本 ⁺chó ⁺shŭ〈経書〉; 有名な4つの本 ⁺shi ⁺shu〈四書〉; 配布のために古典を印刷する誓いを立てる nigé fas[h]shti, chó fankóshi shkinnu ftunyi kvĭung（願を発して, 経を版行し, 世間の人（々）に呉れる（与える））; 始皇帝は6国を滅ぼし大帝国を樹立し, 本を焼き儒者を生き埋めにし, 理不尽に｛彼らを｝虐げた, それで2代で滅んだ Shi-kó rukuku furubachi, tĭngă avachi, djŭ-shā an[a]nkae ittaĭ, ⁺bódjitchi〈暴事; 暴虐であろう〉 ⁺mudónyi〈無道に〉 sha kutu ny[i]⁺dé〈代〉 vuti furudang; 本を作る, 即ち, 創作する shimutsi tsizirishung; 本を綴じ合わせる túdĭung; 家計簿 ⁺chó〈脹; 帳であろう｝; 案巻, メモ帳? ⁺anching〈案巻〉.

Book-binder 製本屋（工）; shimutzi-tudiā（綴じる人）.

Book-case 本箱; shimutzi-baku.

Bookish 学問に凝った; gaku ⁺furi（狂れ）.

Book-keeper 簿記係; kachi tumisha.

Book-seller 書物販売人; shimutzi ŭyā.

Book-shop 書店, 本屋; shimutzi matchĭa.

Bookworm （本を食う）しみ（紙魚）; shimutzi kwé mushi.

Boon 恩恵; wūndji〈恩慈〉.

Boor 田舎者; mura-bu; 野卑で作法を知らない者は当地では次のように呼ばれる: Yambārā, Inākā, Yamboron [chu]; 北部地域, 首府（Shuy）と那覇（Napa）以外の全地域は, 文化的に大変遅れていると思われているので Inaka とされるのが一般的である.

Boorish 野卑な, やばな; yafĭna munu gutu, mura bunu taguĭ.

Boot 長靴; fuya ｛革靴｝; ｛後者は字義的には, 中国（唐）スリッパ｝; kwan-ku, tó-saba ｛後者は字義的には, 中国のスリッパ｝; （長靴）naga kutz[i].

Booth 差掛け小屋, 仮小屋; kaya ya ｛わらぶきの家｝.

Bootless 無益な; ｛役に立たない｝ starĭ mūnŭ（廃れもの）, yaku tātāng mung.

Bootstrap （編み上げ靴の）つまみ皮; fuyanu wū（靴の緒）（bootlace）.

Boot-tree 靴型; fuyanu īkătā.

Booty 略奪品; tuyagi mung, kumboĭ-mung, kétuĭ-mung.

Borax ホウ砂, 酢酸ナトリュームの塊; fun-sa〈硼砂〉.

Border① 境; saké; 北は山原（Yambaru）で境になっている Yambaru chittanu sakéya; （それは）山原に接している Yambarunu sakenyi vung, または ang.

Border② 隣接する; ［動］sūyung（沿う）, sūti atchung, yúyung（寄る）, yuti chūng.

Borderer 田境地の住人; sakenyi simatoru ftu.

Bore ほがす, 掘り抜く; fugashung, fŭyūng; 穴をあける mī fugashung, mī íyung ｛ichang, irang｝, írishi（錐で）mī īung; ほじくりかきまわす kudjíung; 地面や灰などをほじくりかきまわす djī ｛fé｝ kudjíung; 目をえぐる mī kudjĭung; 貫き通す ĭrī tūshūng; 穴を掘り抜く, または開ける ana fuyung.

Borer 穴あけ器; ĭrī（錐）.

Born 産んだ; mmarachéng, nachéng; 生まれなかったのが良い mmarirantasi mashi; 死産 té utchi vuti shidjóng; 私はむだにこの親不孝の子を生んだ vari ⁺munashku kunu fushóna kva mmarachang.

Borough （自治）町村; mura, gussikunu fuka.

Borrow 借りる; írayung, kăyŭng; 掛けで買う dé nubishi kóyung; ［s.］lend.

Bosom 懐; futsukuru; ｛懐に｝抱いている futskurūshi datchóng; 抱かれている kvé-chū〈懐中〉.

Botanical 植物の; ki-kussanu taguĭ, または luĭshta（類した）.

Botanist 植物学者; kussa bananu sū dolinu shĭuru ftu, または sūra ubishoru ftu ｛記憶している｝.

Botany 植物（学）; ki-kussanu shó-nŭ〈性能〉｛性質｝; haku ⁺sónu〈草の〉 nā atsimi, または nā-gatchi, または ⁺lun gatchi; ｛薬草の｝ yaku shunu〈種の〉 na atsimi; 当地で私が確認できた植物の一般的分類を少々挙げておく: kussa 草; kūkŭ, kuku-mutzi 穀物; yassé, nǎ 薬草, 食用野菜; naï-mung 果物; kī 木; kazira, kǎndǎ 蔓性植物; āsǎ, āsǎnu luï 苔類; nābanu luï きのこ類; mimigǔï 寄生植物; māmī まめ科植物; ǔï ひょうたん, メロン; dékunyi 食用根菜類; imu じゃがいも, 球根; 玉ねぎなどの球根は「頭」karaziと呼ぶ: biranu kǎrāzi にら. *licksはleeksであろう.

Both 二つ (とも) の; aring-kuring (あれもこれも); tatzi, tātzitumu, tǎttǔkǔr[ǔ]; ló nyin〈両〉人; 両手 ló ti; 両方 ló hó; 両者の内どれでも (結構) dzirung sinyung; 両方〈人〉taïtumu; 両様 ló-yó; 今すぐ救われなければ, 母子ともに死ぬであろう ittchuta skurang dung aré uya kvatumu {ūyǎng kwāng} shīnyung; 1回の努力で両方得られる tǐtsīshi tātsǐ yīyūng.

Bottle びん (瓶); tsíbu (壺), gufīng, bing; {ガラス製} tama gufing, pó[li]〈玻璃〉tsibu, tama bíng, táma tsíbu; ひょうたん tsiburu.

Bottom 底; sūkǔ; 海の底に ominu sukunkae; 底まで調べる sku madi tsimabirakanyi shirabiti, djindjunyi〈厳重に〉bindjiung.

Bottomless 底なしの; s'ku nerang.

Bottomry 船底抵当貸権; funi shtchi mutsi irïung (船を抵当 (貸物) に入れる).

Bough (大) 枝; kinu yǐda.

Bounce〈EC:撞着 (ぶつかる)〉; haï itchayung, tstchi atta-yung〈EC: 撞着 bounce against〉; 誰かが私にぶつかり見るのではないかと心配だ chu haï ichaïgashurandi udjïung, ussuritóng〈EC:怕人撞見〉.

Bound 縛られて (ある); tabateng; 手が縛られて手段の施しようがない ti tabaratti tidanung fudukussarang, tskussarang; 既定の約束で拘束されている yakusku kuncheng, mussudeng; 職務に縛られている tstomi-nyi tsinagatóng (繋がれている).

Boundary 境; saké; 広東 (Canton) の東側の境界はどこ (の地方) か kwan-dunnu fïgashi mutinu sakéya manu chkataga.

Boundless 限りのない; kadjiri neng.

Bountiful 気前のよい; wūndji, migumi fudukushuru ftu.

Bounty 恵みの深さ, 寛大; wūndji〈恩慈〉, migumi [s.] favour.

Bouquet 花一束; hana chu kǔndjī, chu fūssǎ.

Bow① 弓; [名]yumi; 隠された弓 {待ち伏せで} fúshi-yúmi; 弓を射る yumi ǐyūng, fitchung; 射られた弓矢の距離行った chū īyanu tūchī (遠き) fudunu ndjang; 楽器の弓 yumi gva.

Bow② (リボンなどの) 蝶結び; 蝶結びにする mussubǐ-ung; 蝶結びにした出来た輪 fútuchi mussúng.

Bow③ おじぎする; {中国式丁重な挨拶} yītsi-shung, kǔmūnǔchung; {琉球式挨拶} gǔlī-shung, dǐdji-shung; 軽く会釈する ussí kagamayung; 深いお辞儀をする

chūku kagamayung, ussunyung, ussudi gulīshung; ussunyung, ussung kagamaïshung; fukaku gulī-shung, gulīshi djīmadǐ untsinchung; 額を地に着けてお辞儀する kóbi djī tskiti lī shung, tskubóyung; djī tskiti ussunyung; 祖母への挨拶に来た wūnchi vugadi chang; [s.] respects.

Bow-man 射手; yumi-fichā, または ǐyā.

Bow-string 弓の弦; yuminu tsiru.

Bowels 腸; vǎtǎ, vǎtǎ mī mung; 腹痛 haranu kukutchinu {または yénu [アイ], 数カ所の調和} īkǎng; 再び腹具合いを良くする vata gukutchinu* nóshung *gukutchi であろう.

Bowl 碗; wang; {磁器の (碗)} makaï; {きせるの (火皿)} chishirinu sǎrǎ.

Bowlegged わに足の者, O脚の者; fsha tāmāyā (足が曲がっている者).

Bowsprit 船首斜檣 (しゃしょう), やりだし; funinu umutinu magaï-bashira.

Box① 箱; [名]haku; {小さい (箱)} haku gva; {(嗅ぎ) 煙草 (箱)} hana-tabaco irīru baku; 銀を彫り込めた箱 kani chiri kuderu {fuïtskasheru} haku; よく知られている琉球の弁当箱で, 料理ごとに仕切られていて, それぞれ蓋付きで, 引出し式になっているもの múnu baku; 同じく鉛製の酒瓶付き箱 bintó; 動物に餌をやるための, 蓋のない箱 tóni, tóni gva; 竹の筒の部分で作られた箱 daki dzítsi; {大工の} 道具箱 sékunu dógu baku; 婦人用道具 (針) 箱 gúma dógu-baku; [s.] leather box.

Box② 段打する; 拳で (一撃する) chū tǐnda attïung, tizǐkǔng tstchung, ti kubu tstchung; 拳で打ったり足で蹴ったり ti-zickǔng tstchaï fshashi kitaï; (耳を) 平手で打つ tindashi utchung; 指の関節で額を打つ kóshā kvāshung.

Box③ ツゲ; {木} chīru yanadjinu ki〈EC:黄楊木〉.

Boy① 男の子, 少年; wicka vorabi; 男の子と女の子 wickiga winago; wǔtuku wǔna; 少年の頃に魚釣りや散歩をした場所を帰って来て探し求める vorabi shoru tuchi īu tstaï assidai shó tukuru, ūttchéti tazonïung.

Boy② 若い給仕, ボーイさん; 召使い tumu gva; 老女に, 外に出て, 2番目の戸の所にいる召使いの少年を数人呼び入れるように言いつけた hammenyi ya fukankae ndji, nyi mǔnnu wīnu〈EC:二門上〉tumu gva ikkutaï yudi kundi tudzikitang; (小, 中学校の) 男生徒 shú gǎkǔ〈初学〉, chīku hadjimīru vórabi.

Boyish, boy's play 子供じみた, 子供の遊び; vorabinu tavafuri {または assabīru*} gutunyi ang, {mutskashku neng 難しくない} *assibīruの誤りであろう.

Brace 留め金具; {箱型, 屋根, 両ドア付き大型四輪馬車の} yuziri kubaméshuru tǐtsī; {帆} をぴんと張る fichi agïung; [s.]strengthen.

Bracelet ブレスレット, 腕環; udi-gani.

Bracers ズボンつり; hákaman wū (袴の緒),hákama kak[ī].

Brag 自慢する; mizikara fukuyung; fukuï munuïshung, ufu munuǐ shung; 君はどれほど人生経験があるというか,どれほど世の中を見てきたというのか,そんなに自慢するとは ya tushé chassa yǎkutu,ya chassanu shina nchó kutu unu gutu,kuchi bukuï shuga; ほらを吹き,自慢する人 kutchi kané (口達者,口答え) mung, kútchi múttchi.

Braid 平ひも; firassaru (平たい) agu mutchi; [s.]plait.

Brain 脳 (髄); tsiburunu dzī anda.

Brainless 知恵のない, 愚かな; {比喩} tamashinu irang, takumanu neng.

Brake (低木の)やぶ, 茂み; [名]shidjitoru (茂った) yama gva.

Bran 糠; nŭkǎ, {mŭdji,kuminu nŭka}.

Branch 枝; yǐda; {枝の一片} vaki, luï 〈類〉.

Branchy 枝の繁った; yidanu shidjitóng.

Brand 燃え木, 燃えさし; [名]{火から取った} fī djiri, méshi djiri,té (たいまつ); {太刀} tatchi; [動] 焼印を押す djī, または shirushi yachi tskiung, abuti tskïung; 汚名を着せる na chigarashung, ī sushïung, sushirishung; [s.]tatoo.

Branded thief 焼印を押された泥棒; shirubi yatchi tskiteru zuku.

Brandish (刀などを) 振り回す; mé-móyung.

Brandy ブランデー; saki.

Brasier 真鍮細工師; dū zéku.

Brass 黄銅, 真鍮; chǐdjākŭ; 真鍮箔 chidjaku baku.

Brat 小僧, ちび, がき; chku shó munu,akané munu,tskané munu.

Bravado 虚勢; 虚勢 (からいばり)ばかり (にすぎない) dū-fumi bakaïdu.

Brave [s.]bold; 勇者; yŭshǎ, ǐdjīgó; 危険に立ち向かう ayautchi usseti chung; 雨も風も冒してしなければならない aming kazing kamāng, fabakirang, nūng udjirang; chāng narang aming kazing ukatchi (冒して) chang (来た).

Bravery 勇気; ǐdji (意地), issami (勇み).

Bravo! ブラボー, でかした！, うまいぞ! sattimu kure myu!, myūdŭ yaru!, ah myuna mung du yaru!, myuna mung yāssā!

Brawl どなり立てる, 騒々しくけんか (口論)する; abi kveshung.

Brawny 屈強な, 筋骨のたくましい; yū rǐchī (有力),chikaranu ang.

Bray {ろばが} 騒々しく鳴く; ló-tsinu〈CDなし〉abiung; {小臼で} 搗く tstchung,nīūng (練る).

Brazenfaced 鉄面皮の, 厚かましい;[比喩]tsiranu kā achishang (面 (つら)の皮が厚い).

Breach {(城)壁の} 破れ口, 裂け口; ishi gatchinu yandi tukuru; {友人間の(断絶)} madjivari téshung; {約束 (違反)} yakusku sumuchang,ushinatang; kutuba uttchétong.

Bread パン; kumpiang, {mutchi (餅),kvāshi}; 全ての民が命の糧から投げ出された yūtsinu tami vaza bóchaku shóng,ushinatong〈EC:四民失業〉; 日々のパン・糧 chūshtchī (休式),mé nyitchinu hámmé.

Breadth 幅; haba, firussa; このテーブルの幅はいくらか kunu shŭkŭ firussa chǎssāgǎ?

Break 折れる; [自動]vuriung, yandiung (破れる); [他動] (割る) vǎyŭng,yabuyung (破る),utchi yandjung, tatatchung (叩く); 粉々に砕ける kudakiung; {腫れ物の} 膿がしたたり出る yéyung, yéshung (出す); (彼は)ガラス盃を割った póli sakadzichi (玻璃盃) uchi vatang; 転び, 左足を傷つけた dugetigényi fidarinu fsha vŭtǎng; 折って, 2つにしなさい wŭti tatzinkae nasi; (小臼で杵を)摺り砕く siri kudashung; 彼の騎っている首を折る ariga uguta kūbī ǔsséyung (抑える); 大いに壊されて téfanyi (大破)〈大破〉nati; 未開墾地を耕す kfa (硬) ncha (土) {kfassaru ncha buku, kfa bátaki} útchi váckvashung (解きほぐす); [s.] word.

Breakers (泡立つ)白波; {海} naminu móyung (舞う), mugeyung (沸騰する); 海岸近く(灘)の白波 nǎdǎnu naminu móyung.

Breakfast 朝飯; [名]assa bang; [動]君は朝食をとったか yǎ assabang kǎdī mǎdǎī (未だか); 彼女は慌てて王夫人に, 朝食をどこに準備すべきかと尋ねた ari awatǐti vó fŭdjīnnu assaban[o]mā nakae shkoyugandi tūtang; 彼女は答えた, 老婦人が居る所を聞いて, そこに準備せよと kutéti ībunyi, ufu ayamé ma nakae vūndi yū tukuru chichi, chaki mma vu[ti] shkóri.

Bream① タイ科の魚; {魚} fira ǐū.

Bream② 付着物をとる; {船の(底を焼いて)} funi tadǐung, nŭrī yatchung.

Breast 胸; muni, 'nni; 胸中怒りが満ちている 'nni ippé ikari mǐttchóng; 胸を打ち, 嘆く 'nni ǔtchi nadjichung (嘆く); 君たちが抱かれていた時 ǐtta futsukuru nakae dakatótaru tuchi, futsukurusatótaru tuchi; 胸にぶらさがる chí kūyung (乳をくわえる); あの子を君の懐に抱きなさい{当地で子供が運ばれる方法で, 母親の胸近くの着物にくるまれる}, anu vorabi futsukurusé; 胸の中, すなわち, 自分の心中に kukurunu utchi nakae; 子供を胸から取り離す chí hanashung (乳を離す); [s.]wean; 婦人の乳房{腺} chī bukva.

Breast-bone 胸骨; 'nnǐbūnī.

Breast-cloth 胸あて布; kū-busī.

Breast-pin (胸の)飾りピン; nninu haï (針),nnǐ kazǎyuru hǎǐ.

Breast-plate （よろい, 仕事着の）胸当て; nni ussuyuru kani.

Breast-work 胸壁（胸土：土嚢を積み上げた急遽の坊避）; ikussa kakvī gatchi.

Breath 息; īchī, ftunu（人の）īchī; 一息の残っている間はこの決意を少しでも怠ることは許されない chu īchi nukutoru yéma, kunu kukuruzashé sūttū ukutannayó; 一息でも残っている間は,（私は）決して一瞬の休息は盗み（取ること）はしない nama shinyuru mading（今死のうとする時迄も）, chishshti yassiché〈EC:安〉nusumang; 息を切らす ītchi fuchung, ītchi futchi tskǐung.

Breathless 息切れした; īchinu tétong, tskoritang（尽きた）, tsodjirang.

Breathe 息をする; īchishung; 最後の息をする īchigūnshung; 苦しそうに呼吸する ītchi fuchung.

Breathing 一呼吸, 一息; 一息する間に70余の（都・城）市を征服した chu īchī fuchuru yéda vuti shtchi djū amaïnu gussiku（城）makatchang.

Breathing hole 呼吸坑; īchi mǐ.

Breathing time 一息つく間; chu īchinu yé, yukuyuru yé（休む間）.

Breech （人の）尻; tsibi.

Breeches （ひざの下のところで締まった）半ズボン; hakama, {短い} incha hakama.

Breed 子を産む; kva nashung, 'marǐung（生まれる）; {育てる} tskanayung, sudatǐung; 学者として育てられている samuré sudati shóng; 生まれの良い子は隅に座り, 歩く時は先輩に従って歩くべきである rīdji（礼儀）aru vórabi simi nakae yǐtchi, sīza shtagati aki varu; 丁重でも育ちが悪ければ（礼儀がなければ）, 人は{振舞いにおいて} 苦労し, 難儀する ūyǎūyǎs[ht]chinyia andung, rīdjing nendung are nǎndji dushuru; 慎み深くても育ちが悪ければ（礼儀がなければ）, おどおど恐れる tsitsishimi andung ridji neng aré, shinshaku〈心辱〉shong; 勇（気）があっても育ちが悪ければ（礼儀がなければ）乱れる issaminu andung, dīdji neng midarǐung; （廉）直であっても育ちが悪ければ（礼儀がなければ）, 身を誤る nǎūtchinyi andung, rīdjī neng ayamayung; 虫を生じさせる múshinu {údjinu} ndjǐŭng（虫（蛆）が生じる）.

Breeding 立派な礼儀作法; rīdjī kata, rīdjī safu; 良い作法は適度な限度を越えることなく, 不遜に侵し侮ることなく, 狎れ合いを好むことがない līǎ kaginó kwīrang, ukashi anadutaï, kunudi naritaïésang .

Breeze 微風; kazi gvanu sudjóng（少し吹く）, kazi sudji ukutóng, shizikanu kazi.

Brethren 兄弟たち; chódénu chā.

Brevity 簡潔; kutubanu ikirassassi; [s.]abrupt.

Brew （酒を）醸造する; saki fézéshi tskoyung.

Bribe 賄賂; méné, vé-ru（賄賂）; {言葉の（お世辞）} mési; 賄賂で利を作ることが生ずる時 kutunu aré, dzé mutzi ukuti mutumǐung〈EC:有事似財請求; 事があれば, 財物を請けて求める〉; 彼は賄賂を欲している aré dzing（銭）fushashong, dzing kar[an]di shung; 多くの賄賂を受け, 人に官職を約束した ufóku fitunu méné ukit[i]kwan nying nashundi ukigudang.

Bribery 贈収賄; vérūnū kutu.

Brick 煉瓦; kārā（瓦）; 煉瓦の砕けくず karanu vǎri, kǔda[ki].

Brick-kiln 煉瓦焼きがま; kārā yā.

Bricklayer 煉瓦積み職人; ncha zeku, muchi zeku, īshī zéku.

Brick-maker 煉瓦製造人（業者）; kārā tskoyā.

Bridal-dress 婚礼服; nībichi djǐng.

Bride 新婦, 花嫁; yumi, mǐ yumi.

Bride-cake 婚礼菓子; nībichi kvǎshi.

Bride-chamber （古）結婚初夜の部屋; nǐ-yā（寝屋）.

Bridegroom 新郎, 花婿; muku, mǐ-muku.

Bride-maid （結婚式で）花嫁に付き添う若い娘; yuminu tsǐri（連れ）, tsiri ītchuru dushi.

Bridewell 刑務所; shímishuru dū（責める牢）.

Bridge 橋; hāshī; 浮き橋 uki-bashi; 橋を渡る hashi kara tūyung, vatayung; 心を常に危い橋を渡るように引き締めていなさい kukuru tsininyi ayashi fashi vatayuru gutu shi tsitsi shimiyó; 橋も道も修理する hashing, mitching shfūshung〈修補〉.

Bridle 馬のくつわ; [名]mmanu kutsi-va; 鼻づら（鼻口部）に着けられた物 mǔ-gé（おもがい）; くつわを着ける kutsi-va kakǐung; {抑える} fichi tudumǐung; 私欲を抑える dū mamuti vatakushinu yukundi iché nérang.

Brief 簡明（潔）な; 簡潔な説明 ǎrǎmǎshǐ munuī, té-tinu kutu; 短い梗概 nudji gatchi.

Brig 2本マストの帆船; hashira tātsinu funi.

Brigade （軍の）旅団, 隊; finnu（兵の）chū sune.

Brigand 山賊; ufu nusudu, dzuku, féré（追いはぎ）, chó-tó〈強盗〉.

Bright 明るい; achiraka; 總明なもの sūmīna mung〈EC:聰明的〉.

Brighten 光らす; ndjatchi（磨いて）fikarashung, susuti（拭いて）fikarashung.

Brightness 輝き; fikari chiramitchusi.

Brilliant 光り輝く; fikari kagayachi.

Brim ふち, へり; fǎntā（端）, fǔtchi; {ふちの端} hātā; 崖っぷち futchi-bǎntā; ふちまで満ちている futchi madi mǐtchóng.

Brimstone 硫黄; yū vó.

Brindle まだら色, ぶち; aya manchā.

Brine 塩水; shūnu shiru, shū dziki（塩漬け）; 塩（水）に

入れる shū shirunyi tskïung, māshunyi tskïung.

Bring 取って（持って）来る; tuti chung, mutchi chung; 人間や四足獣を sóti chung｛導き来る｝; 私の帽子を持って来い vá mǒtsi tuti ku; 茶を持って来い chā ushagiri｛字義的には, 差し上げなさい｝; 他の言い方では chā ītī kū（茶を入れて来い）; 人を連れて来てこれを取り除けよ chu sóti chi, kuri turǐ; 育てる tskanayung（飼育する）, yashinayung, sodatïung, tskanati fudu wāshung｛wīrashung｝（成長させる）; 金持ちの育てる子供はすべて可愛いく上品（優美）である vék[in]chunu yashinatoru kva sibiti churassa yafarassang; 優しく育てる nadi yashina[yung]; 成就する djódju nashung, tudjima[ra]shung; 終わらせる ovayung（終わる）, tudjimiung;（生み）出す mmariung,｛地面から（生じる）｝shódjïung,｛木の（実がなる）｝naïnu nayung; 訴訟を起こす firūshung（披露する）; ある議題を提起する kutó sódanshi fadjimïung; この件は彼が成し遂げることが出来る kunu yudju ariga na[ïdu]shuru; 努力し問い尋ねて成就する tūï fichishi｛tūï tánnishi｝kutu djódjushung; 秘かな手段で成し遂げる f[i]sukanu tidangshi kutu nashung; 取り戻す kéti chung（返って来る）, tuï mudushung; mutchi [mu]duti chung; 裁判にかける kwan nyinu mé ts[i]ma birakanyi tadashi vakassarīng;（呼び）集める atsimïung, surāshung,｛2人, 2つ（一つにする）｝gū nashung; 音信を持って来る utuziri tsigïung; 再び音信を持って来い utuziri chichǐ-chi chīkǎssi; 災難を引き起こす vazave manitchung; 成し遂げる kutu nashung; 何かを携帯する [s.]with; 自（分）からもたらした dū yúï; 怠惰のために（うっかり）自ら不孝を招いた ukattushi dūshae vazave manitchóng; 人にそう考えさせた kangé yussïung, yústi nashimïung.

Bringal（植）ニガウリ; góya, ndja uǐ.

Brink 端, ふち;｛崖の｝iva banta;｛川の（崖）｝kārānū banta; 山の端 sannu banta.

Brisk 活発な; gǔrū mitchong, ugutchong;｛（ツタなど）はうものが（勢のよい）｝djira-mitchóng.

Brisket 胸部の肉; 'nnǐnu shīshǐ.

Briskly きびきびと, 元気よく; きびきびとしなさい gǔrǔkū sī-yó.

Bristle（豚などの）剛毛; butanu ki, vānū kǎndjī（たてがみ）.

Brittle こわれやすい; varī yassa, yandi yassa;｛菓子など（噛み砕きやすい）｝kan kudachī yassa.

Broach（話題などを）初めて切り出す; [動]sh'kakïung（しかける）; [s.]begin, commence.

Broad（幅の）広い; fīrussang, habanu ang; たいへん幅の広い川 habanu magissaru（大きい）kara; 両端が広く, 中間は小さい tsibi kutchi magissashi, nǎka kūssang.

Broad cloth 幅広織り布地; ufu dāshă.

Broad wise 横に; yukunkae.

Brogue（個人・地方・国特有の）音調, なまり; dzǔkū kūdjó.

Broil 口論; [名]kashimasha; [動]（焙る）abuyung, andjung.

Broken 折れた; vūritóng, vūténg, utchi yanténg（破った）; 顔あるいは手がひび割れた chiritong; 割り砕いた vaï kudachéng; 割り離した chiri vaténg, tātsinkae vaténg（二つに割った）; 割り開けた vaï akiténg; 叩き壊した tatachi kūchéng; 傷心した kukuru ushinatóng, chimu yanténg;｛後悔して（痛んでいる）｝kuyadi itadóng.

Broker 仲買人, 周旋屋; náka dátchi（仲立人）, naka irishuru ftu, naka ziki, naka ïrǐ.

Bronchocele 甲状腺腫; nūdi fukwi.

Bronze 青銅; chidjakunu luï ?

Brood 一かえりの雛; sī tītsīnū tuǐ（巣1つの鳥）.

Brook① 小川, 細流; [名]kārǎ gva, yama kara.

Brook② 忍耐する; [動]fukumi shinubïung, shiti nizïung. [s.]endure.

Broom 箒; hótchi; 箒の柄 hótchinu wī.

Broth スープ; yū, shiru, ǔshīrū（御汁）.

Brothel 女郎屋, 売春宿; bǎkī ya, yana nyiké.

Brother 兄弟; sīza, wickiga sīza, ányi, yatchī, yakomī; 後者は先輩の他人に対しても敬語として用いられる; 彼は私の兄弟だ ari va chódé; 弟 ǔtǔ; 義兄弟 unaïnu wǔttu;｛妻の兄弟｝tudj[i]nu sīza, または ǔtǔ, tudjinu yakomī.

Brotherly 兄弟の如き; chódé nu gutong; [s.]fraternize.

Brothers 兄弟たち;｛同母の（兄弟たち）｝vata titsinu chódé; 兄弟であっても頼るべきではない（頼りにしない）chódé yating tanumang; 兄弟姉妹 chódé; 彼と私は兄弟だ aritu vantó chódé.

Brought 持って来ている; muchi chéng; 1寸（インチ）の絹糸も, 1粒の穀物もこの世に持って来なかったし, また何も持ち去ろうとは思わない ĭssinu ĭttu, chū tsĭtsinu* ava（粟）mǔtu kara mutché kūng, mata mutching hǎrǎng *tsĭzinuであろう.

Brow 額; fittchaï, fittché.

Browbeat（威圧的に）おどしつける; uguti udushung, gāti nurayung.

Brown 褐色; kuru ncha iru, shǔrū（棕梠）iru.

Browse（牛などが食べる）若芽; [名*]ki kva dikitóng（小木が繁っている）*[動]であろう.

Bruise 損ずる, 傷つける; sundjïung, s'kunayung, sundj[i]yandyung;｛小臼の中で｝siri, またはtatachi kudakīng（砕ける）; 叩いて黒くなっている（肉）tatachi kurumiténg; 打ち傷をつけて膨れさす tatachi fukváshung（叩き膨れさす）.

Brush ブラシ, 刷毛; [名]mósó; [動]（ブラシをかける）

mósóshi sïung.

Brush maker 刷毛製造人; mósó tskoyā.

Brutal 獣のような, 猛々しい; tachishī mung.

Brute 獣; chídamung, chku-shona〈畜生な〉munu;［s.］
beast; 人と獣との区別 chūtū ichi mushitunu vaki;
鳥と四つ足の動物 chin-djū〈禽獣〉.

Brutish 獣の（ような）; 畜生のような心 ichimushinu
kukuru, chku shóng〈畜生も〉.

Bubble 泡粒;［名］ā tsibu, ā būkŭ, būkā; mizzi tama;［動］
mugeyung, vătchung, tadjïung.

Bubo 横痃, よこね; fukkvitó-tukuru;｛鼠径部の, 性病｝
bin-dūkŭ（便毒）, năbăng gassa（梅毒）.

Buccanier（buccaneer） 海賊; ominu nussudu.

Buck 鹿; shkā; 雄鹿と雌鹿 wū shka mī shka.

Bucket バケツ, 水桶; mizi wūki;｛井戸で水を汲む桶｝
tsī; 2つの取手の付いた桶 tāgū.

Buckle 留め金, 締め金具; chinnu kaku gani, chinnu
ké-u（扣）, ūbī kéū; 金具を締める kéū kakïung

Buckler 丸盾; timbé〈EC:籐牌〉.

Buckram バックラム:（糊などで固めた木綿などの布, 製本な
どに用いる）kfa nŭī nunu.

Bud ｛［s.］sprout｝; 蕾;［名］tsibumi, kukumi, miduri;［動］
（芽を出す）chizashung（萌す）, ndjiung, nuchi ndjïung
（貫き出る）, tstchi ndjïung（突き出る）.

Budget （手紙などの）一束, 包み; tsitsing gva;｛政府の
（予算案）｝chizashi sadami gatch［i］.

Budha（Buddha） 仏陀; bussu〈EC:仏祖〉, butsinu sū.

Budhism（Buddhism） 仏教; bódzi ūshī, bupó〈仏法〉.

Budhistic（Buddhistic） 仏法の; butsi 'hónu gutu.

Budhistic fish 木魚;｛木製の一種のどら｝mŭkŭ djū.

Budhistic priest 仏教の聖職者; bódzi.

Buff 薄黄色;｛色｝ussī chiru;｛革｝anda kvachéru ka（油
を食わせ革）.

Buffalo 水牛; mizzi ushi.

Buffoon おどけもの; tava furi assibïā;｛劇場｝hanshishā.

Bug 南京虫; chŭ-kvé-bïrā（人喰い平虫）.

Bugbear こわいもの;［名］baki mung, yūrī;｛作物から鳥を脅
かして追い払うもの｝nāshiru mabuï（苗代守り=案山子）.

Bugle ラッパ; fŭchuru bŭra〈法螺〉;｛角製の（笛）｝tsinu
bura; bī［bī］.

Build 建てる;｛木造｝tatiung;｛石造｝futchung（葺く）;
石垣を積む ishigatchi tsinyung; 船を作る funi
tskoy［ung］.

Builder 建築者; ya fuchi zeku, ya tatïā.

Bulb 球根; yassenu karazi.

Bulge 出っぱり, ふくらみ;［名］funinu s'ukunu fugī-
ṭukuru; 石垣が出っ張っている ishi gatchinu hara-
d［i］ kūri-gata mātóng.

Bulky もて余すほど大きい; ufu fudu, magi mung, daténa
mung.

Bull 雄牛; wū-ushi.

Bullet 弾（丸）; tămă, tippunu tama.

Bullion 金塊; kani, djū bung dzing.

Bullock 雄の子牛; wū ushi gva.

Bully 威張り散らす人;［名］gādjū mung, 'nna gādjū mung,
makassandi kundōru* munu *kunudōruであろう.

Bulrush （植）イグサ属・ガマ属の総称; bīgŭ, kāmă.

Bulwarks 堡塁, 防壁; djīng-yā〈営;陣屋であろう〉.

Bump 隆起,（たん）こぶ; gūfū;［s.］hollow voice.

Bun 小型ロールパン, 一種の菓子パン; ămmūtchī, ama
kvāshi, koré muchi（高麗餅）.

Bunch 一束; chu kŭndji, tabaï;｛果物｝naï chu fŭssă
（房）;｛筆｝chu maruchi, tsïtsīng.

Bundle 束;［名］tabaï; 薪一束 tamung ĭssūkŭ; 布で包
んだもの furushchi tsitsĭng, uchukwī tsĭtsĭng,
chinnu chu tsitsĭng.

Bungle（bung） 栓, 樽口; wūkīnū djó; 桶の穴 wūkinu
mī.

Bungle へまなやり方をする;［動］ara zukuïshung, ara
ṭūtūnūshung.［s.］dabble.

Bunting 旗布・まん幕; hani nūnŭ.

Buoy ブイ, 浮標;［名］ŭk-kī;［他動］（浮かべる）ukabĭung.

Buoyant 浮力のある, 浮かんでいる;［自動］ukabu.

Burden 荷; nyī;｛肩に｝kătamĭ（かつぎ（荷））; 重い荷
mbu nyī.

Burdensome 厄介な, 難儀な; nandji, nandji-vaza.

Bureau たんす; ishó fitsi（櫃）, ching irïā.

Burglar 強盗; ya fugashi nussudu（家屋に穴を開ける盗人）.

Burial 葬送; ukuti hómutasi, homuti ukuyusi.

Burlesque （茶番）狂言; chógīng.

Burn 火傷, やけど; fītātā;［動］（焼く）yatchung; 焼き切
る yachi ínchaku nashung; 全焼する s［ū］
yachīshung; 香を焚く kó yachung, mésh［ung］;｛火ま
たは何か熱いもので｝やけどする sizirakashung;［s.］
fire, singe; 欲などで焼ける［s.］inflame.

Burning glass 太陽熱取り（天日）レンズ; fī ndjiru kāgāng.

Burnish 磨く; siri fikarashung.

Burnisher 磨く人; tama zeku;｛磨き道具｝tama sīru dógu.

Burnt 焼けた; 家が焼けた yā yātchāng（家を焼いてしまっ
た）; 焼死した yaki djinshang;｛食べ物が焼けて駄目
になった｝n［an］tsitsi shóng（焦げている）; あたかも
焼けたかの如く fi yatchiseru gutu; 焙り焦がして黒
くなった írichi kussarashung, kurumashung;（油で）
揚げすぎて irichi sidjiti.

Burnt-offering 焼いて神に捧げる犠牲; sū-yătchīshūrū
matziri（祭）.

Burrow 穴を掘る; ana fūyŭng.

Burst 破裂する;［自動］nankuru sakïung, hătta［va］rŭng;
突然笑い出す ufu vare［shung］, vata kfati varatang
（笑った）; 急に涙を流す shi djintu nadanu utitang（落

ちた）; ［他動］（破裂させる） utchiv [ayung]; （大きな）音をたてて急に（裂け開く）zára mikachi sakïung; ［s.］sounds.

Bury 埋める; uzunyung,｛人を（葬る）｝ hómuyung; 文字の書かれた紙を埋めたり、または火で焼いたりすれば、災難を退散させ繁栄をもたらす djĭ gami（紙）uzudaï,yenye fĭ nakae [ya]chĭdunse,vazavéya chĭtĭ（消えて）sevenu kuda[yung]; 乾いた骨を埋める kāri kutzi homuyung.

Burying-place 墓地; hăkă-dji.

Bush 潅木の茂み; fayashi,kinu shidjitóng（木が繁っている）; やぶをつつぐ｛要点を避け迂回して言う｛会話で｝ munu yussé kakuchaï,hana ĭ shaïshi mĭfăkŭ nerang; ［s.］touch.

Busily engaged 多忙である、忙しい; yūdjŭnu uffusang, fantanyi〈繁大;繁多であろう〉ang,ĭchu nashāng（忙しい）.

Business 仕事,用事; kutu（事）,yūdjŭ,djó〈情〉,dji-djó〈事情〉; 君は何の用か yă nūnŭ yūdjūnu ăga?; 家を建てる一件がある ya tskoyuru ĭching〈CDなし〉shung; 用事が多い yudjunu ufussang;｛商業｝ shóbé uffussang; 商売で成功した shubéshi dzé mutzi mókitang; あなた様は何のご用でいらっしゃいましたか nūnŭ yūdjūnŭ ati｛nū shŭndi｝ shankumeya〈相公前は: gentleman〉kumankae menshóchăgă?; 仕事（渡世の業）に注意を払わず、全く賭けに夢中だった tushĭnu vaza tstomirănshi muppara kākĭshi kŭtŭtŭ shāng; 君の知ったことではない・君の用事ではない（構うな）yă sunyé uyubang kŭtŭ du yaru.

Buss 音をたててキッスする; kūtchi nărăshŭng.

Bustle せわしく動き回る; tĭ fsha dóli｛tóri（倒れ）｝shung; 大慌てして avati 'hătinu ang,issugavashĭ kŭtŭ;｛市場のような｝大喧噪 nidji yakanyi ang;｛公の行列で｝lilisang（凛々しい）; ［s.］pother.

Busy 多忙な、（私は）忙しい yūdjunu ang,kutunu ang; ［s.］busily; 彼らは皆店で忙しく、（彼は）帰ることができない [a]tta sibiti mattchĭa nakae yūdjunu ati, [k]été chi ōsan; とても忙しい yūdju gámassang.

Busy-body おせっかい屋; chunu yūdju saguyuru mung.

But 但し; tădă; 私がは願っている、がしかし他の人が支配している・抑えて（私の願い通りにはならない）văgă chimunyi nigatóssiga,andung bitzi ftunu nushiduti（主取り）｛vă nigenu gutu narang｝; 勇敢で強いだけでなく、弓術や馬術にも慣れている yū rĭchĭ（有力）téma ărāng yumi itchaï,mma nutaïshussing naritóng; この身体の外は何もない va dū fuka nūng nérang.

Butcher 屠殺者;｛豚や犬などの｝ vāshā,ushi kurusha,ing kurushā; 屠殺者の残酷さ vāshānu mu-djó〈CDなし; 無情であろう〉.

Butchery 屠殺場; vāshā matchi,vā kurushuru tukuru.

Butler 酒倉係; saki gamī.

Butress（**buttress**）支え、つっかい; kabuïnu（門などの上の覆い）tskashi（支え）;｛橋の｝ hashinu tsĭmbā; ［動］つっかい（支え）する tskashi irïung.

Butt 大（酒）樽;｛樽,桶｝ taru,wūkī; ［s.］aim,bounce; 台じり shĭtĭ,tĭpŭnŭ nī.

Butter バター; ushinu anda.

Butterfly 蝶; fabiru.

Buttock 尻; tsibi.

Button ボタン; kéú（扣）,fi-tanu (羽織に似た、冬用着物の) tămă;｛役人の冠の｝ kamurinu tama; ボタン穴 tama nuchi mī,fi-tanu tama kakī; ［動］（ボタンを掛ける）tama kakïung; ボタンをはずす tama hanshung.

Buy 買う; kóyung,kóti chung; 全部買う・総買いする sū kóïshung,su géshung; 現金で買う dzing gani vatachi kóyung.

Buyer 買手; shina-mutzi kóyā.

Buzz（蜂などの）ブンブンと飛ぶ音; tubiru kvi;（話し声などの）がやがやする声 hana utchishuru kv[i];｛市場の（ざわめき）｝ gaya gaya,gasa gasa.

By ｛［s.］means,way｝; ［後置詞］〜で、〜によって; shi, shaé,muti,yuï; これによって kurishae,kuri kati; 誰に頼んであれをするつもりか tă tanudi kunu kutu shūgă?; 訪問客は中門から入るべきである ch「aku」naka djókara iri varu; 奥部屋の戸から出て行った kushinu yanu djó〈EC:後房門〉kara ndjiti ndjang; どのような手段で成し遂げられるのか chanu tidangshi nayuga;（私は）決してそれをしない iffing sang, sumuttu sang; 決して何の過失もない mŭtū ayamatché néng; そらんじて繰り返す hanagatchishi shtchong,sura ubishong, ndjitong;（彼）一人（で）dū chuï; 皇帝の名によって kótinu nă kătĭ（借りて）; 偶然に umāzi furāzi; 昼間 yuru* *firuであろう; 夜間 yuru,yuru vuti; 夜も昼も yurung firung; 彼はどの道から来たか mānu mitchi kará chăga; 陸路で katchi mitchi kará; 海路で funi kara; 徐々に djin djin〈漸漸〉; 私自身で vă dūshi; さようなら、［s.］leave; 戸から出て行った djó nádí fukankae ndjáng; 車で kuruma kará; 徒歩で fsha kará; 1つずつ na tītsi tītsi,tītsinā tītsinā; 1滴1滴 chu taï chu taï,chu taïnā chu taïnā; 正午までに mmanu tuchi naïgata（近く）; 3つずつ mítsi átti; mítsi zítsi;｛人（3人ずつ）｝mitchaï zitsi.

By and by まもなく、やがて; atokara,yoï yoï,yóna,yóna*. *yóna yónaであろう.

By law 付則、内規; sĭūrū 'ho,sĭtĭ tskotaru 'ho.

By-meat 副次的食物; káti múng（おかず、お菜）.

By-name 綽名; yana（悪い）aza na.

By-path 間道、わき道; vatchi mitchi; kū mitchi,mitchi gva.

By-room 脇の部屋; ura za.

By stander 傍観者; soba kara nyūru,chkaku tatchoru,

soba vuti kămāng ftu.

By word 決まり文句, 通り言葉, ことわざ, 俗語; zūkŭ gū
〈EC:一句俗語〉.

C

Cabal 陰謀団, 秘密結社, 徒党を組んだ; yana munu（悪
人の）kŭnă（組）; ［動］kunashung, kumishung, gū
nayung; ［s.］prevaricate.

Cabbage 玉菜, キャベツ; nă {?}

Cabin 小屋; ｛船の（二等室）｝ funinu tumu ya, funinu
hangé; ｛小屋｝ kaya yā.

Cabinet 内閣; ｛国家の大臣達｝ kotitu tumunyi matci-
rigutu shuru kvanyinu suruï（揃え・集り）.

Cabinet maker 家具師; sashimung（指物）seku, kŭ séku.

Cable 錨綱; ikkainu kussaï tsina, ikkainu wū, nā; 錨綱を
切る tsina chĭung.

Cackle めんどりがコッコッと鳴く; tuinu utayung, natchung.

Cactus （植）サボテン; ūmŭtū {?}

Cadence （声の）抑揚; kvinu sagataï agataïshusi.

Cadet 見習者, 将校訓練生; bu〈武〉naré mung.

Cage 籠; ｛鳥（用）｝ tuïnu-ya, tuïnu-kū; かごの中の鳥に
似ている kŭră〈EC:雀〉kū nakaï itésitu nyitchóng;
｛獄舎｝ dū-gva, kī lū yā ｛木造獄舎｝; 鳥を捕える為
のかご utu［shi］（落とし）gu.

Caisson 弾薬箱; yīnshu（煙硝）baku.

Cajole 甘言でだます; skashung（賺す）, skachi damakashung.

Cake 菓子; kvāshi, mutchi; 甘（い）菓子 ammutchi（餡
餅）; 蜜入り菓子 hana bóru, matchi kadji; ｛煮た菓
子｝ mandju（饅頭）, pópó（焼きぎょうざに似ている餡）
｛両方とも餡入り｝; パウンドケーキ（濃厚なカステラ菓
子）căsit［ira］; ケーキの一種 li-tó-pĭang（李桃餅）; 同
様に桃に似た菓子 mŭmu bashi; 類似の菓子に, 次のよ
うなものがある: tachibána yáchi ｛立花菓子｝; kunibu
yáchi ｛オレンジ形菓子｝; hana-bóru と mátsi kazi は両方
ともジンジャーブレッドの一種; ［s.］pancake; 米で作った
砂糖餡入りの菓子 ámmutchi; パウンドケーキ
kushtchī gvāshi; 餡入りプデイングの一種 māndjū（饅
頭）; 小麦粉製菓子 mínlí（麺李）, min linu kvashi.

Calabash ひょうたん; ｛長い｝ itu uï（糸瓜＝へちま）, tsiburu
（冬瓜）, futan tsiburu, tū-gva〈冬瓜〉.

Calamitous 災いの多い; vazave gutu, shiva gutunyi ang.

Calamity 災難; sénan, nansé; 災難は子孫に及んでいる
vazavé kva maganyi uyudong; 災難と繁栄, 幸せと
不幸は天から生来するもので, 人の左右できるもので
はない yutasha vassaya, vazave sevey［a］tinyi du
kakatoru, chunu nushidu［yuru］（主取る）tukuró
nerang; 大難を回避する［dé］nan nuzukĭung.

Calamus acorus （植）菖蒲（その根茎は薬用）; shóbū.

Calcine 焼いて砕け易くする; ［動］fénu（灰の）gutu nashung,

gutunyi sh［ung］.

Calculate 計算する; kadzoyung, sankatashung〈算方す
る〉; 用心深い・慎重な tsimuï djózi, tsimuï gatti（見
積もり上手）.

Calculation 計算; 計算は小さな（技）術ではない san-
katashusi vazikanu kutó arang.

Calculi （**calculus**）結石; ｛膀胱｝ shūbing kŭbiri, shūbing
tsitsi nakai ittchoru sina（砂）.

Caldron 大鍋; ufu nābi; 油を煮詰める大鍋 tarīru
andanu mĭttchōru（満ちている）nābi.

Calendar 暦; kuyumi, chīn shu〈憲書〉, tunshu〈通書〉, tsū
shū（通書）; ［s.］kalendar.

Calenderer （毛織りの）つや出しをする人; dasha shi-
dashuru（磨く）, numirashuru séku.

Calendering stone つや出し用の石; dasha sĭūrŭ ishi.

Calf 子牛; ushi-gva; ｛足の｝ ふくらはぎ kŭnda.

Caliber 口径; ｛大砲の｝ ishi byanu mĭ, dzĭ（髄）, kutchi;
｛口径の大きさ｝ kutchinu năkă, dzĭnu naka.

Call 呼ぶ; yubyung, yubayung; 大声で呼ぶ ufiku
abĭung; 彼をここに呼べ・呼んで来い ari yudi ku;
人を訪ねる mimeshung（見舞う）; 彼を呼び戻せ ari
yudi keti ku（彼を呼び帰って来なさい）; 名付ける
shódjĭung（称）, tunayung（唱）, na-ndi yung; これは
何と言うか kuri ｛kuriga na｝ nūndi yuga; それをペン
（筆）と言う fudi-ndi yung; 思い出す ubĭung（覚える）,
ubi ndjashung; 呼び起こす（誘発する）ukushung;
大声で呼ぶ ufu gvi ndjachi yung, kvi agĭung; 自ら
善人と言って dūshai yī ftundi ĭchi; 呼び集める
yubi atsimĭung; ｛田舎でやるように二本の木片（拍子
木）を打ち合わせて｝ hóshĭdjī utchung; ｛～と｝ 呼ば
れる・称される shodjitóng, yuténg; 彼を呼び｛かける｝
yézisi（合図せよ）; yéyéshi; yézishi yúdi kū; 彼らは
目上の人には sári と呼びかけ, 一般人には hay!, yé!
と呼びかける

Cal（**l**）**igraphy** 書道・書法; kuwashku myunyi〈妙に〉
kachuru 'hó.

Calling 生業; ｛職業｝ tūshī（渡世）, tushinu vaza, tsininu
shĭgūtū.

Callous （皮膚が）硬結した; ｛手足の｝ tĭ-mămi（手豆）, fsha
mămi（足豆）; ｛比喩｝｛無情な｝ kfashī（硬い）mung;
（心の）硬さは石の如くである kukuru kf［a］sassi tītsĭ
（鉄）shtchinu〈石の〉gutong; ［s.］harden.

Callow 羽の生え揃わない; ｛鳥｝ haninu mī ｛生える｝
surarang ｛揃う（ない）｝ tuï; kī mīrang tuï gva.

Calm ［s.］becalm; 静かな, 穏やかな; 平穏な・一様な風
と静かな海 kazi ta［ï］raka, nami shizika; 心の平静
さ kukuru shizikanyi ang, udayakanyi ang; 静かに
座った shidzikanyĭshi yitchang.

Calumniate 誇る; sushĭung, ī sushirishung, íchi djá-
m［a shung］（のろう）, kvĭ haïsh［ung］（不平を言う）.

Calumny 誹謗中傷; sushïuru kutuba, ï sushiri.

Calvaria 頭蓋冠; 【頭の】 'hŭratchi (ひよめき, 頭頂).

Calve (牛などが) 子を産む; [動]ushinu kwa nashung.

Calyx (花などの) 萼; hananu shïbï.

Cambric キャンブリック:薄地の白い亜麻布・綿布 (ハンカチなどに用いる); urósha (細い) nŭnu.

Camel ラクダ; daku ra.

Camelia (植) 椿 (の花); chănu hana (茶の花).

Camelet, camlet (ラクダの毛などの) (防水) 織物; tuïnu hanishae tskoteru nŭnu; 中国から輸入される, 西洋のそれを, 当地では次のように言う: umótún (羽毛緞), umó dúnsi (羽毛緞子).

Camomile flower (植) かみつれ, カモミール; kăn ch'ku (寒菊).

Camp 野営地; 'honu djĭngyă (兵陣屋), hónu yukuï dukuru (兵の休息所).

Campaign (一連の) 戦闘; ichi dŭnu tataké.

Camphor (植) 樟脳; shó+nó; 楠 kussunŭchï.

Can 〜ができる; yūkŭ〈EC:能〉, yuku nashung; shï ōshung; 彼はそれができる ariga yū shung, yū nashidŭshuru; 君が私のために本を一冊買ってくれることができるでしょう? yaga va taminyi shimutsi kóti kvïnu nayésani?; 人間が鳥と等しくない (鳥よりも劣る) ことが有り得るだろうか (あって良いものか)? 『大学』からの引用} chŭ-tushi tuïnu chakó chóng néng até sinyumi? {anshé narang}. (人として鳥ほどさえないことがあって済む (もの) か?{そうではならぬ}); [s.]cannot.

Canaille 下層民・最下層の民衆; djibita mung.

Canal 運河, 用水路; 【自然の】 'ndju (溝); 【人工で大きい (運河)】 sabachéru (捌いた) kāra, tskoï kara; 【水門のある (運河)】 mizi chidjiteru kārā.

Canary カナリア; canary!, tushi tuyuru tuï. 〈EC:時辰鵲〉

Cancel 取り消す; ch'shïung (消す); 【無効にする】 starashung (廃らす).

Cancer ((占星)) 巨蟹 (宮); gani; 【病気 (ガン腫)】, wégassa; [s.]gangrene.

Candareen 分; 1分 ïppŭng; 10厘で1分とする (なる) djū lĭ shi ïppung tushung; 10分で1匁となる djïppŭnshi ichi mŭmmitu nayung.

Candid 正直な; massïgu, djïtsina (実な) mung.

Candidly 正直に; măttóba (まっすぐ), nŏwchinyi (直きに).

Candidate 立候補者, 志願者; ching+ chunyi〈選挙に〉óyussi măttchuru ftu, shkubung nigayuru ftu.

Candle 蝋燭; ró; 蝋燭1本 ró tïtsi, ro ïchó (挺); 2本 ró nyi chó; 蝋燭に火をつけろ ró tskiti ku; 蝋燭を消せ ró futchi chāsi; 蝋燭の明りで書いたもの{当地では} tŭru {ランプ} tskitóti kachéru mung.

Candle shade 蝋燭の笠; {当地ではランプの笠} tŭrŭnŭ kansi, kaki tŭru.

Candle stick 燭台; ró tătï; {当地の手提げランプ} sïzïchï.

Candor 誠実・正直; ĭtătï (至って) makutu, dŭdŭ (甚だ) nowchinyi (直きに) ang.

Candy キャンディ, 砂糖菓子; kūrï sătó (氷砂糖).

Cane 杖, 笞; gōshang, daki butchi; [動] (笞打つ) daki kvāshung, ŭtchung.

Cangue 首枷; chā+ 〈枷〉; [動] (首枷をする) chā hakïung; 首枷を佩いている人 chā hatchā.

Canine teeth 犬歯; chïbă (牙).

Canister (茶などを入れる) 箱; cha baku.

Canibal (cannibal) 人食い人種; chū kvāyā.

Cannon 大砲; ufu ishi bya (大石火矢); 砲弾 ishi byanu tama.

Cannonade 砲撃する; [動]uïnyï (大いに) ishi bya ïung.

Cannonier (cannoneer) 砲手; ishi-bya-ïă (石火矢射手).

Cannot 出来ない; narang, shï ōsan, yïrang (得ない〈EC:不得〉); 私は起き上がれない vāgă (私がは) uki ōsan; 行けない ichi ōsan, ik[a]rang; やり遂げきれない (もの) narang mung, shï ōsan mung; せざるを得ない −ng até narang (〜しないことがあってはならぬ); 書かざるを得ない kakang até narang, kaki vadu yaru; 来ざるを得ない kūng até narang; 食物が足りないとは言えない shkumutsi tarandi ï[é]narang; (米) 飯が食べたいとは言えない mishi kami bushashundi ïé narang; あれこれ考えることが全く無いということは有り得ない kukuró bitsinka[e]mutu utsirandi iché néng (心は別に移らないと言うことはない).

Cannoe (canoe) 伝馬船; timma (ティンマ), funi gva, kūbuni (小舟).

Canon 規程; {(教会)法} hó-lïtsï, kătă (型).

Canonize 列聖する, 聖者の列に加える; shidji (死んで) kamitu nashung.

Canopy 天蓋; lan+ sang+ 〈羅傘:涼傘であろう〉.

Canthus of eye 目の両端; 【外側 (目じり)】 mïnu tsimi*; 【鼻側 (目頭)】 mï gutchi; *cf. eye canthus; minu tsibiとある.

Canticle (礼拝用) 讃美歌; ŭta gva (小歌曲).

Canto (長い詩の) 一篇; shï tïtsï.

Canton 広東; {中国} Kwandun sing (省).

Cantonment 兵舎; hónu (兵の) simaï tukuru.

Canvas 帆布; 【帆用】 fū nŭnŭ, 【画布】 yï katchi nŭnŭ; [動] ((投票を) 請う) ftu tanudi nigayung.

Cap 帽子; mótsi; 【官の (帽子)】 kamuri (冠), hatchi matchi {八巻}; [自動] (脱帽する) kantóng (被っている); [他動] (帽子を被せる) kansïung.

Capable 〜できる; yuku〈EC: 能〉, si bichi, naï bichi; 有能な人 anu ftu nuzamutchi (技芸持ち), vazamuchi, nūng nayung, nūng yū (能く) shung; することができる・為し得る shï ōshung.

Capacious 広々とした; dŭtū firussang; 心の広い人 sénu ang (才のある), shuzŭnnu magissang (所存が大きい).

Capacity （中の）大きさ; ｛空間的｝ utchi, vătă, naka; ｛才能｝ sénu assi.

Cape 岬; satchi.

Caper とび（はね）回る; tunudjung, móyung, wǔduyung; ｛動物が（はね回る)｝ichagāyung* *ishagāyungであろう.

Capillary 毛細血管; kūssaru chĭ sĭdjĭ（血筋）.

Capital 元金, 資本（金）; ｛金｝ mūtŭ, mutu djing; 死（に相当する）罪 shinyussinyi attayuru tsimi; shi-zé〈死罪〉; 元金を失った mǔtu ushinatóng. 死罪と（決定）宣告された shizényi chivamiténg, sadamatong; （国の）首都 mĭǎkŭ, gussiku, shiru; 柱の柱頭 hashiranu wabinu kazaï; キャピタル体文字, 即ち他の縦行（段）より一段高く書かれているもの（中国の書き方）uyamé agiteru dji; キャピタル体文字では書くなsūyó yin taki kakiyó（総様同じ高さに書けよ）; 元金と利子 mūtūtŭ lītu; 元金｛財｝ある人 mūtunu ang, mūtu káchinu ang.

Capitulate 降伏して黙従する; makiti shtagatong. ［s.］surrender.

Capon 去勢した（食用）雄鳥; fuguï tutéru wūduï.

Caprice 気まぐれ, 気まま; yóga（ゆがんだ）mitski（所見）, katayuri mitski. ［s.］whimsical.

Capstan （錨などの）巻き揚げ機, 車地; karakuï yǎmǎ, chā; 車地棒 cha bó; 車地で引き上げる cha futi, cha kuti, karakuti nubussïung, nussïung.

Capsule 小袋; ｛目の水晶体の（袋)｝ minu tamanu fukuru; 植物の種子を包むもの tāra（俵）, sani zitsing（種（子）包み）.

Captain （船）長; funa nūshi（船主）, funinu nūshi, shĭndŭ（船頭）; 軍隊の長は téshó（大将）, fĭn〈兵〉kasha［ra］（頭）と呼ぶのが普通.

Captious あら捜しする; ki fuchi kizi mutumĭung ｛毛, 羽毛を吹いて隠された傷を見つける｝; 揚げ足とりの言葉 nandjū（難渋）ukushuru, fichi ndjashuru, kutub［a］.

Captivated 魅惑されて（いる）; stchong（好いている）, kunudong（好んでいる）; 美人に心奪われているbidjing nakae chimu tskiténg（心を付けている）, uburitóng, mbukvitong（溺れている）, māyutong.

Captive 捕われ人, 捕虜; karamirattoru ftu; 捕えられ連れ去られた人 turigunyi（虜に）sattoru ftu.

Captivity 捕らわれ（の身）, 束縛; tabarattósi, shibaratósi, turigunyisatósi; 虜にする turigunyi shung.

Capture ぶん取る; ［動］ké tūyūng, karamĭung（搦める）; ［名］karamīse.

Car 車; ufu kuruma.

Carambola ゴレンシ*; yama mǔmǔ. *アジア南東部などカタバミ科, 黄褐色, なめらかな茎ですっぱいが食用となる.

Caravan キャラバン, 隊商; ufóku tsiriti suttǎtsīshūrū（出立する）ftu.

Caravansery 隊商宿; nuharu nakae aru yukuï tukuru; 村々のbān-djū（番所）が幾分似ている.

Caraway ｛植｝茴香; wī-chó, mānīng wīchó.

Carbuncle ざくろ石; ｛（鉱）石｝ yuru fikarīru tama; ｛吹出物（癰)｝ makāra shū butsīng.

Carcase 死骸; shkabani.

Card カード, 札; 訪問用名刺｛長い中国式｝ té（帖）, umimén［u］, または nā gatchinu té, nā fŭda, té; 西洋式（名刺）nā fŭda, umiménu fuda; ｛遊具（トランプ)｝ bakutchanu fuda, baku yitchi〈博益〉fuda; 名刺を差し上げる té ushagiung; トランプをする bakutcha utchung, bakucha shung, fudashae baku yitchi shung; 新月にお互いに名刺を交換し祝った tagenyi té ushagiti, tstchi hadjimi yuvétang; 羊毛をすく・けばを立てる mïen yannu ki sabachung; 名刺箱 fuda baku.

Cardiac orifice of the swallow （胃の）噴門, 食道の口; ínufunu kutchi.

Cardinals bird 紅冠鳥, カージナル （鳴鳥の一種）; kandjinu（とさか（鶏冠）の）｛kagannu｝ takassaru tuï.

Care 心配・気苦労・気づかい; munu kangé（思案, 思索）; 心配事, 種々考え事がある múnu úmuti; kukurunu tsīyashi ｛心, 思案の費やし｝; ｛心痛の｝ shivashuru umuï, urī（憂い）umuï; 気をつけてする chimu iti, ning iti shung; tsitsishimung, munukangeshung, yū-shung; 気をつけてよ yū siyó; 気をつけなければ yū sané, yū sandung aré; 私の件を御配慮いただけましたらありがたい kvirǎkwa（乞いらくは）yǎgǎ va kutu iffe mi kǎngeshi ｛kairinchi（省みて)｝ kvĭri（呉れ）; あたかも悪魔に追われているかのように慌てるな, 念入れてしなさい ning ĭchĭ avātirang gutu siyó, kūshĭ kara yūrinu ūti chūrū mung arang（念入れて, 慌てないようにしなさい, 後から幽霊が追って来るものではない（から)）; 心を込めさせ, 魂が会得するよう気を配りなさい shĭ shin tskutchi, kukurunyi yīru gutusi（精神を尽くし, 心に得る如くしなさい）; 配慮が船を万年保たせる fukaku kukuru tskutchi tskoï tutuniré fūnīng man ning mādĭng tamutchung（深く心尽くし造り整えたら船も万年迄も保つ）.

Careful 入念（慎重）な; ning īttchong, tsitsishidong, chi〈気〉gákiti, kukuru gakiti; 十分念を入れ慎重にして, 精力的に防護に努めろ issenyi ning ĭchĭ tsitsishidi kǎnniti（予て）fushigi; 慎重にして, 人に見られないようにしなさい tsitsíshidi chǔnyĭ mirang* gutu siyó, chunyi 'ndarinnayó（人に見られるなよ）*mirarangであろう; 念を入れて見た issenyi ama mi kuma mī-shang.

Careless 不注意（軽率）な; 彼は不用心である ari butsitsishimang* mung *butsitsishiminaかtsitsishimangであろう; 彼は実に怠り不用心で, 自分の仕事を気にもかけなかった ari sibití ukutati, tsitsi shimangshi yūdjó chāshing sang（どうしてもしない）; 彼はぞんざいな仕方をする ariga kutu nashusi ukǎttunyi ang, karissuminyi ang; 遠くの災禍を意に介しない人には, 近くの憂いがある nyindjinó tūchī ūmūng bakari 〈EC: 遠慮〉 nendung aré, chikatchi urīnu ang〈人間は遠き慮がないのであれば, 近き憂いがある〉.

Carelessness うかつ, 軽率; うかつさは仕事を遅らせ, 誤りをひきおこす ukǎttushu[si]ussiku nataï ayamataï shung.

Caress 愛（撫）する; [名]nadi nagussamiung, kanashashung, fissónyi（秘蔵に）sh[ung].

Cargo 船荷; funinu nyī.

Carking cares わずらわしい事; vaziré.

Carmine 洋紅色（の）; kogani aka iru.

Carnal {[s.]wor(l)dly}, fleshly; 肉欲的な; yin-sh'kunu 〈飲食の〉ftu, shishi yuku（肉欲）, fushi mama, shi+yuku〈嗜欲〉, dū mī mashī, または machōru munu {身体を腫瘍（腫れ物）の如く熟させる}; 次のようにも言う: kó ténu yaku, kó té yashinayuru yaku {口と身体の下僕} kutchinu yaku, dū buninu yaku.

Carnality 肉欲; shishi yuku, fushi mama, iru dzichi, nudaï kadaïshusí（飲食すること）.

Carnation 肌色; tsiranu aka iru.

Carniverous 肉食性の; nyiku kvāyā.

Carol 祝歌, 歌で賛美する; fumiti utashung.

Carousal 大酒盛り; yurati sakishung, nidjiyakany[i]sakishung, atsimati numung.

Carp 鯉; kū īǔ.

Carpenter 大工; ki zéku, kin（木の）séku.

Carpentry 大工仕事（技法）; tatitaï tskotaïshuru fódji.

Carpets 絨毯, 毛氈; dji mushīng; 座ぶとん yīru mǔshīng; 花模様の毛氈 hana tski mushīng.

Carriage 馬車; mma kuruma; [s.]conveyance; 誇らかな態度・物腰 ugutoru kāgi, [s.]behaviour; 大砲用の車 ishi hānǔ kuruma; 4頭立ての馬車 shí mīmǔ.

Carried 運ばれた; 大風に運び去られた téfūnyǐ fuchi hanasǎttang; かぜに運ばれてここに来た kazinyi mutǎti chi; 運ばれる mutarīng.

Carrier 運搬人（物）; 篭かき kāgū muttchá; {水の（運搬人）} mizzi-bū.

Carrion 腐肉; kussari nyiku, kussari djishi.

Carrot 人参; chǐ-děkǔnyǐ; {白の（人参）} gun-bó（ごぼう）; 人参を練り粉で包み揚げたもの chídekunyi fúkumíng（てんぷら）; 人参をあぶって酢付けにしたもの yachi dekunyi, shī níndjin.

Carry （持ち）運ぶ; mutchung; {肩に} katamiung, nyinóyung, {肩に, 棒を用いずに} mangatamishung; {手に（持って運ぶ）} fishagiung; {頭に（載せる）} kamǐung; {背中に（負う）} uffashung; {首に乗せる} mǎtǎ-gǎtǎ-shung（肩車する）; 肩の周りに縄でくくりつ

けて運ぶ hatchúng（佩く）; 腕（中）に子を持ち運ぶ datchung（抱く）; 腕にぶら下げて篭を運ぶ tīrū tī nakaï kakiti mūtchung; 船で内陸に運ぶ tsin māshung; 船で海外に運ぶ tsin vǎtashung; 馬は重荷を運び（来る）mmaya mbu nyī ūtī chung; 身につけて持ち歩く tuti mǔchūng, ubiti（帯びて）muchung, futsukurunyi {懐に} ang; 新しい着物を幾通りか取り持ってきた mī djing iku tūī tuti mutchi chang; 持ち去る muchi itchung; かつぎ棒 katamīru bó; 風に持ち去られる kazínyi fí-tubi tubassaring, kazínyi fichi agaï agatóng, agi-agirarīng.

Cart （荷）車; kuruma; 轍, [s.]rut.

Cartilage 軟骨; gussumitchi; 鼻の軟骨, [s.]nose.

Cartouche 弾薬筒; yinshu tama matchi, tǐppu ichi dū iri tsitsimi〈包〉; 弾薬筒箱 yinshu tsitsīng iriru haku.

Cart wright 車大工; kuruma zéku.

Carve 彫刻する; fuǐ tskashung, {肉を（切り分ける）} hōtchā（包丁）shae chǐung; 彫刻した象牙器具 dzódji {dzónu chi} fuǐ tskasheru dógu.

Carver 彫り（物）師; fúǐtska šeku; 漢字を彫る人 fankó（版行）fuyuru séku.

Carving knife （食卓用大型）肉切りナイフ; hótchá, hótchū bótchā.

Caruncle 肉丘; kūtsībī（いぼ）.

Cascade （急な）小滝; mizzinu uti dju.

Case 箱; haku; 荷箱 ufu backu, fītsī（櫃）; 扇入れ ódji sashī; 道具箱 dógu baku; その様に kunu yónyi, kutunu kakó; 深刻な事例 uffissaru, umuku aru yósi; {法律上（訴訟）} ǔttaï gūtū, añching〈案件〉; 時計入れ tuchīnu kūrǔ, ī（家）, sī（巣）; バイオリンなどのケース ī（家）; 楊枝刺し（入れ）ha assayā sashī, īrī; このケースではどうしてよいかわからない kunu kutunu chīché〈光景は〉{kakó} charu tidangshi {'hóshi} bindjiti yutashagandi iché shirang.

Cash 現金; dzing, kani; 中国銅銭 dū dzing; 悪銭 tadari gani, yana gani; 良貨 yī dzing; 通用可能な銭 tūīna dzing; 手形を現金にかえる shūku gatchinu tūī dzing tūyung; 元金{お金}を持っている mūtu ang.

Cashier 出納係; [名]dzing ḥaku kamuya; [動]{（役人などを懲戒）免職する} kwan〈官〉hadjung, utushung（落とす（除名する））.

Cask 大樽; saki vūki（酒桶）, taru.

Casket 小箱（貴重品入れ用）; kazaï dógu īrī, kazaï baku.

Cast 鋳造する; お金を鋳造する dzing tatchung; 鋳型, 鋳造物 futuki（仏）, kataduǐ, [s.]mould; 投げ降ろす nagi urushung, shtyanakae nagiung; 投げ捨てる stīung, dukīung, uchangīung; （つき合い）をやめる, 放棄する, （見）捨てる, 勘当する yamïung, sumutchung, starashung〈EC:棄〉; {蛇が} 脱皮する habunu sidikayung; 抜け殻 sidi gurú; 網を打つ ami utchung.

Castigate 折檻する; shimi attĭung〈EC: 責打〉.

Castle 城砦; {軍事} ishibya iri tukuru, djingya(陣屋); {民間の} mīya〈宮〉, ōdūng(御殿).

Castor oil ひまし油; chanda(ヒマ)tashīnu anda.

Castrate 去勢する; [動]fugŭī(ふぐり)chĭung.

Casual 偶然の; umāzi-furāzi(思いがけない(事)).

Casualty 惨事; ata-shiva(突然の心配(事)).

Casuist 決疑論者; djīfī unchinyi {shūnyi} kakayuru ftu.

Cat 猫; māyā; 雄猫 wū māyā; 猫を袋から出すこと,「密事が漏れた」と表現する mitzi gutu muritóng; 丁度ねずみを取ろうとしている猫と同様 mayānu venchu tuyŭssitu yĭnu mung(猫がねずみを取るのと同じこと); ずるく盗人のような猫に, もし羽根がつけられたら巣の中の小鳥の卵は必ず盗まれるだろう nussudu ţakuma aru mayānyi hani sĭĭdunse, sī utchi tūi kōgāng kanādzí nussumarīng; 猫がネズミを待ち構えてる mayānu wenchu mayāshung(惑わす).

Catalogue 一覧表, 目録; shina mutsinu katchi tumī, または chó(帳); 書物(総)目録 shimutzinu sū mukuruku; 人名簿 mindati(面立て)nāming chó; [s.]list.

Catamenia 月経; gvāssī〈月水〉.

Catamite 稚児:男色の相手にされる美少年; féziri sattoru kva; [s.]sodomite.

Cataract 大滝; {水} mizi uti dju; {白内障} mīnu makinu* kakayung *makunuであろうか; aki mikva〈開き盲〉. minu shingvitong(目が濁っている).

Catarrh カタル, 鼻(のど)風邪; 感冒にかかる gétchi* kakayung, fanashtchi-shong〈害気; 咳気であろうか〉; 鼻風邪 hana daï, hana pípí.

Catch 搦める; karamĭung, katsimĭung(捕える); 伝染性の(病) utsĭūrū, fĕyūrū byó; (周囲の)大気からうつった fūchi(風気)kara utsitong; 人との接触でうつった ftu kara utsītong; 風邪をひいた fanashtchi-shong, getchi-shong, または kakatong; あなたは雨にあったか nandji(汝)michi vuti ami atati atarani; 雨に襲われる aminyi varŭung(追われる); 雨に襲われたので来た aminyi vătī {variti} chang; aminyi óti, īchātī chang; 魚を捕る īŭ tuyung.

Catch word 決まり文句; kutchi gatchi.

Caterer まかない人; djó stcha(台所女中, 下女).

Caterpillar 毛虫; kī mushi.

Cathartical (**cathartical**)下剤; kudashi kussuï.

Cathedral 大聖堂; ufu tira, ufu byu〈廟〉.

Catheter 導尿管; shūbing ndjashuru tūshi.

Catkins (植)(やなぎなどの)尾状花; taï hana(垂れ花), tatoru hana.

Catstail (植)がま(蒲); kama.

Cattle 畜牛; chidamunu(けだもの), djūbanu luï(牛馬の類); 畜牛30頭 chidamunu taguï san dju.

Catty カティー(中国の重量単位); ching(斤); 1斤は160mi〈匁〉に分けられる. それで10mi(匁)は当地の1オンスとなる. [s.]ounce; 1斤の4分の1は次のように言ってよいだろう: ī chinnu yútsi vaki(4つ分け), しかし普通は shīdjú mī(40匁)と言う; 半斤 hán djíng.

Caught [s.]catch.

Caulk (すき間, 継ぎ目を)ふさぐ; kuzashi irĭung; 船板の継目に槇皮を打ち込んで水もれを防ぐ(気密にする)funinu mutchi(漆喰)utchung {船を接合する}.

Caulker コーキン工 (船の甲板などの継目に槇皮を詰める作業員); kuzashi irĭyā, funinu mutchi utchi zéku.

Cause 原因・理由; yuĭshu(由緒), mutuĭ(基), yu lé〈由来〉; 何が原因か kuré charu yuĭshuga?; 神は万物の偉大なる第一の由緒である kamé tinchi banbu-[tsi]nu uĭĭnāru yuĭshūdū yaru; 因と果 yuĭshu, yīngvā; 人の死を引き起こす chun[u]nutchi skūnayung, chu shinyāshung; 人々を喜ばせる chu yurukubashung; 因を養う(修める)ものは果を得る yin[g]yutti fū〈報〉{mukuĭ(報い)} tstchung;「~させる」(使役態)は, 形成素 –ashung または shimĭung を用いて表わされる. 例えば tskoru(作る)は tskorashung(作らせる)または tskorashimĭung.

Causeway 敷石道; ishi michi, agiti tskoteru mitchi(低地・浅瀬などの, 盛り上げ道).

Caustic 腐食(焼灼)剤; {薬} kvé chirashuru kussuï.

Cautery 焼灼法, 灸(点法); yāchū(灸, やいと).

Caution 警告する; [動]arakadjiminyi imashimĭung.

Cautious 慎重な・用心深い; arakadjiminyi tsitsishidong, tūsa(遠くを)kangetoru mung, ukattung sang, tūchi umung bakarinu aru mung(遠慮ある者), kukuru imashimiti tsitsishidong.

Cavalcade 乗馬隊, 騎馬行列; chu tsirinu(一連の)mma nuyā.

Cavalry 騎兵(隊); mma nutóru ‘ho(兵).

Cave 洞穴; gama; {岩の中のものはまた(次のように言われる)} fŭrā(洞).

Cavil あら捜しをする; [動]fīkussī assaying(難点・欠点を漁る).

Cavity 空洞; 物の(空洞) utchi, naka, monashi(空の)tukuru; 窪み・穴 ufu gama(大穴).

Cayenne pepper (植)とうがらし; aka kóré gushu(赤高麗胡椒).

Cease 止める; yamiung, tudumayung(止まる); 少時止む chibaraku* tudumayung, yamĭung *shibarakuであろう; 痛みがやんだ itaminu nuzuchóng(退いた); 四季は止むことなくめぐる shidjé〈四時は〉miguti chivamarang(窮まりない).

Ceaseless 絶え間ない; yamang gutu, chivamarang, madu neng, fima(暇)neng.

Ceiling 天井; tindjo.

Celebrate 讃美する; {ほめる} fumïung; 皇帝の誕生日を祝う ꭓkotinu mmǎribǐ yuvéyung; {老齢（者）に} kutu buchi yuvéyung（寿を祝う）; 名高い人 na aru, myode aru, nanu chíkvitoru（聞こえている）mung.

Celerity （行動の）敏速; issuǧiusi*,tuburu gutu fessasi *ǧは口蓋化してdj［ʤ］となることを表している.

Celery セロリ; {同じ味のハーブ} untsé（雲菜）,shún-ch'ku（春菊）.

Celestial 天（上）の; 天の幸い tinnu seve; 天上の帝国 tīn-chó（天朝: 皇帝の宮廷）; 天球 tinyi kataduteru maï; 天の使いが自ら親しく人間界に下りて,（人々の間の）善悪をも調査し, 天国で（悉さに）報告する tinnu tske shtashku kudati,nindjinu utchinu djing akung shirabi sashti（察して）tsibusanyi ꭓsóshung〈奏する〉.

Cell 独房; {獄中の} chuï simayuru dūyǎ; 蜂の巣の一穴 fachinu sīnu mī ꭓitsi; {極貧の住まい} ya gva, ana（穴）.

Cellar 地下貯蔵室; yuka shtyanyi futi tskoteru kū̌ī（庫裡）; saki gura（酒倉）; ncha kura（土倉）.

Cellular 多孔性の; {蜂について} hatchinu sīnǔ gutóng.

Cellular tissue 細胞組織; {動物の} mushi kassinutchi?

Cement 接合剤, セメント; ［名］mutchi（漆喰）; コールキン（船の水漏れ防止）にも用いられる; 当地は, その他膠や漆で接合する nyika shi,urushǐshi tskïung.

Cemetery （共同）墓地; hakadji.

Censer 吊り香炉; ꭓkóru,sagi kóru.

Censor 監察官; {役人} tubi yukumī（横目: 監視官）, djing aku（善悪）tadashuru kwang. ［s.］corrector. *「tubi yukumi」は歴史書には見あたらない.「飛び横目」で「小横目」のことか.

Censorious ［［s.］uncharitable］; 難癖をつけたがる; tsininyi（常に）shimīshuru（責める）mung.

Censurable 責められるべき; shimi bichi.

Censure 痛烈に批判する; hóbanshung（評判する）,shimi utushung（責め貶す?）; ［s.］blame,correct.

Census 調査; {家屋の} chinyé, または yǎ kazinu katchitumi; {人口の} chunu vuǐdaka,chǔ kazi,chu daka chǎssaga.

Centenary 百年の; hǎku sé nayuru ftu（百才になる人）.

Centipede 百足; ꞌnkazi,tǔnūbǎrǎ.

Central 中央の, 中枢の; nakanyi aru,manakanyi aru; 家の中央の大広間, または部屋 mu-yǎ {mútu 根元の変化}, 他はすべて fáshi,yǎnu fáshi と呼ぶ.

Centre 中心, 中央; naka,mǎnǎkǎ,mǎ mǎnǎkǎ; ꭓma-chū〈中〉; 円（の中）心 mǎrūnǔ naka,mǎruga manaka; 円周の一点から, 中心を通って反対{側}に線を引くと, これが直径である mǎrunu ftu saké kara hadjimiti tūchǐ, manaka sidjiti,tanka hakaïdunse, sǎshivǎtǎshi nǎyǔng; 地球の中心は全外周のもつ引

力を自らの方へひき込むので, 山も海も人も物はひっくり返ったりしない djīnu nǎka su mǎrūmīnǔ umussaru ꭓshó〈性〉,dǔnǔ ǔtchinyi fichi kǔyuru* yuïnyi,yamang, uming,ftung mǔnǔng sūyó katabuchi（傾き）tóriru ayamaré neng *kǔnyuruであろう.

Centre-bit 回し錐, 三つ目錐; kurumanu djǐkǔ.

Centrifugal 中心から離れる, 遠心性の; mankanyi* fanarití ǐchūrū *manakakaraであろう.

Centripetal 求心性の, 中心に向かう; manakanyi shtagati ǐchǔng.

Centuple 百倍の; haku bé,haku zó bé.

Centurion 百人隊の隊長; haku fīnu kashira.

Century 一百年, I世紀; ꭓppéku ning.

Cerebellum 小脳; skushi（少）tsiburunu dzi anda（骨の髄の脂）.

Cerebrum 大脳; uffissaru（大）tsiburunu dzi anda; 大脳は脊椎の末端まで通っている tsiburunu dzǐ anda shǐnǎkǎ buni（背骨）kara tsib［i］buni（尾骶骨）mǎdǐ tūtóng.

Ceremonial 礼式; rīdji shidé.

Ceremonious 儀礼を尽くした, 仰々しい; dīdjī（礼儀）ǔfussǎng,lǐnyi kvītóng.

Ceremony 儀式, 儀礼; lī-shtchi〈礼式〉,ꭓli-hó〈礼法〉,lī, zǔkǔ（俗）,nǔrī（則）,sǎfǔ（作法）;（友だちは）互いに儀式ばらない tagenyi tīnīnyi nati,rǐdjīnyi kakavarang.

Certain 決まった, 一定の; sadamiti,chishshti（決して）; ある人 aru ftu,nanyigashi（某）,mānu ftu; ある日 aru fǐ,mānu fǐ; ある所 mānu tukuru; 確かである chimaï mung（決まりもの）.

Certainly 確実な, きっと; chishshti,shǐdjǐnyī（自然に）; これは間違いなく彼だ chivamiti ari déru {du yaru}; 君が食後来たらきっともっとよかったろう ïyaga munu kadi kara kūré sinyutang sami; これできっとよいだろう kurishae sinyuténg sami; 確かにその通り anté, 接辞 té は頻繁に用いられる. ［s.］of course, probable.

Certificate 証（明）書; shūkǔ gatchi.

Certify 証明,（保証）する; shūku tatïung,tatchung, shūkǔshūng.

Cerumen 耳あか; mimi kussu（糞）.

Cessation 停止; uchinashusi（終了）,yamīse（やめること）, itchutanu tumīse（一時中断・停止）; ［s.］cease.

Cesspool （流し・トイレなどの）汚物だめ; shǐrī（肥だめ）.

Chafe こすって暖める; {温くする}, sti {擦って} nukuku nashung; {比喩}（怒らせる, 苛立たせる）siri tatïung, ǐdji ndjǎshung. ［s.］irritate.

Chaff もみがら; nǔka（糠）.

Chaffcutter まぐさ切り機; vara（わら）chǐuru hótchǎ（包丁）.

Chafing dish 料理兼保温用なべ; atsirǎshuru（暖める）

dógu.

Chagrin 残念・無念; kŭkurŭnŭ nŭbāng, shiva, uram[i].

Chain 鎖; ［名］kŭssaï; ｛牢獄の（鎖）｝ sāsi gussaï, sasishéru gussaï; ［動］（鎖をかける） kussaï hakĭung; 鎖を取って, 罪人を縛った kussaï tuti toganinyi hakitang; 言葉をつなぎあわせて言う ī kussayung.

Chain-shot 連鎖弾（2つの弾丸を鎖でつないだ砲弾）; kussaï-ṭama.

Chair 椅子; yī; ｛駕籠｝ kāgū; ｛花嫁や官人用の駕籠｝ chū（輿）; ｛皮製の折りたたみ式｝野外用椅子 m̄āchā〈馬板〉yi; ひじかけ椅子 kūshi kāki yī, údi útchāki yĭ, kúshati yī; 駕籠運搬人 kagu-bū; 申し訳ありませんが, その椅子を動かして下さい ya yakéshi ｛nandjishi｝ kunu yi amankae nachi kviri; 彼は椅子を取り上に移した yi tŭti wīnkae ŭtsichăng.

Chairman 議長, 座長; suruï nyindjunu kashira.

Chaise 軽装二輪馬車, ほろ付き車; 'ma-kuruma.

Chalk チョーク, 白墨; ［名］shirafénu taguï; ［動］（チョークで印する） sugó tskoyung; 絵の輪郭を描く sū yin só（総円相） māshung; 白墨線 simi nā（墨縄）.

Challenge 挑戦する, いどむ; vakuï ndjashung, vakuï ndjachi tatakayung; ｛立証のため｝ 誰何する shūkūnyī yubashung.

Chamber 部屋; kang（間）, dza（座）.

Chamber-lamp 寝室用ランプ; nī-yănu tūrū.

Chamber-pot （寝室用）便器, しびん; shubing-dzītsī, shūbīng gămi.

Chamberfellow 同室者; za-tītsinu ftu, kang tītsīnŭ ftu.

Chamber-maid 部屋係の女性, 小間使い; winagodumu, winago tské mung.

Champ （ガリガリ）噛む; kanyāshung.

Chance （偶然の）出来事; 偶然に, 思わず; umazi furazi, z̄ungvé〈存外〉, hóshi nyi; 偶然に逢った umāzi furázi arinyi ichatang; 好機にめぐりあった yi hóshinyi ătătăng.

Chandelier シャンデリア; magissaru séyannu tūrū（大きな西洋のランプ）.

Chandler ろうそく屋; ró tskuyuru séku.

Change 改変する; aratamiung, keyung, kavashung, fīndjĭung（変じる）, tindjĭung（転じる）, kvashshĭung（化する）; 志を変える kukuru, shuzŭnnu〈所存が〉kavatóng（変わっている）; 席を替える yī djŭ〈所〉kavashung; 住居を変える yā utsīshung ｛移転する｝; 衣裳を変える ┼ishó keyung; （金を）両替をする dzing kéyung, vanch[in]shung; 物事の状況の大変化 fīn-kva〈変化〉, t̄ăn-fŭkŭ〈反復〉; 白色に変わる shiru irunkae fīndjitang（変じた）, natóng; 時代の変化は世間を異なったものにする djidénu kavati, mata saf̌ŭng kavatong（時代が変わり, また作法も変わっている）; 大昔から今まで（場）所の名（称）が度々変わっ

ている nkashitu namató tukurunu na tata kavatóng; 自ら変わってきた mizzikara kavati ｛aratamiti｝ chóng; 転地する tukuru fíkkeï-géï shung; 部屋を替える za fikéï-géïshung; ごちそうを一皿取り替える shina fikéï-géïshung; 気分転換に水路で旅する fúna tsídjishi ítchung; shíma tsídjishi ítchung; 召使（雇われた者は誰でも）をとり変える（交替させる） kavaye-shimïung, tsigārashung; 私は（召使として）彼と交替する vané aritu tsigāyung, kavayéshung; 一般に物のあり場所を変える tuï késhung（取り替えする）; 風が転ずる kazinu tindjitong, m̌iguyung; ｛ある特定の日に｝部屋の模様替えをするのは不幸がある yā utchinyi án náshi kán náshi ｛aru fivuti｝ būsévénu ang.

Changeable 変わりやすい; ｛人｝ namatarí mung, namataritóng; tsininu kukuru neng, ichi djó 無定性的人（一定） neng ftu, ūttché fittché-shung, fan fuku〈反復, 泛覆〉shuru ftu; tĭtsinyi mamurang; 時（勢）に依って変わる人は卑しい人だ tuchinu yūtti findjīse shódjin〈小人〉déru; 気まぐれ天気 namatarí tínchi.

Channel 水路; sī-dó〈水道〉, mízzinu m̌itchi.

Chant 歌; ［名］uta; ［動］（歌を歌う） utashung; ｛教会で｝ chómung（弔問） s[hung].

Chanticler （**chanticleer**） 雄鶏; wū-duï.

Chaos 混沌; kundzo（混雑） mung; 天地創造以前はすべて混沌であった tĭnchī firakang satchi k̄ūntūng yātā[ng].

Chapiter 柱頭; ｛柱の｝ bónta.

Chapter 章; ĭpping（一篇）, ĭshshó（一章）.

Char 焦げる; kogarĭung, kogarashung（焦がらす）, tang yāc[hung]（炭を焼く）.

Character 文字; ｛漢字｝ ┼djī; 文字を次のように分類する: shing〈正〉, djó, só, ┼in djī, 平明な字体（楷書）, 自由な字体（行書）, くずした字体（草書）, そして, 印鑑の字体; 彼は品性の悪い人だ sȟinnang, shóshtsīng ickang〈生質: 性質であろう〉; 名声（評判）がよい yi nānu chkvinu（聞こえが） ang, chkwītóng; 人の名声を傷つける chunu nā utushung, chunu m̌i-mŭkŭ（面目） ushinashung; 名声も省みない nāng kaïrindang, ushimang; 他人の長所, 短所を言って, 人をほめたりけなしたりするのを）好むな chunu yutasha vassa ｛inchassa, nagassa, chótan｝ yussé kunumunnayó; 彼はどのような人柄か ari chāru yósinu fítuga?

Charcoal 炭; tang; 焼いた木の残りかすを「炭」という yacheru kinu nukuï tandi yung.

Charge 課す; ｛命ずる｝ ī tskiung, tudzikĭung; ［s.］ accuse; 重い責任（職）を負う umutchi n̄ïn-sh̄ku〈任職〉mutchung; 戦闘で突撃する fŭkŭ（鉾） satchi madjĭung ｛剣先を交える｝; （ピストルに）弾を詰める tama irĭung; 代価いくら（請求します）か dé ch̄āssaga?

Charges 費用; ｛出費｝ tsīyashi.

Charger 軍馬; tataké mmǎ.

Chariot 戦車; ⁺shǎba〈車馬〉,mmakuruma.

Charioteer 御者; kuruma usha,kuruma anésha.

Charitable 慈善深い; chu skuyuru（人を救う）,fuduku-shuru（施す）.

Charity 博愛,慈善（心）; migumi,chu kanashimi（人を愛すること）,fudukushi ndzōsa（施し愛すること）,⁺djingaï〈仁愛〉,⁺djïaï〈慈愛〉; 施しを与える tassikiung,tassiki skuyung（救助する）; 慈善行為が自らの利己的目的達成のためなされる場合がある fitunu wung tassiki fudukushusi tanudi dūnū vatakushi tudjīse（遂げるのを）mutumïung; 人を救済し施すことは貧しい人達の力で出来るものではない ta[s]siki fudu-kushsusi fïnsu〈貧窮〉munu shī ōsan; 密かな慈善行為 ing-tuku〈陰徳〉,ing-kó〈陰功〉.

Charm お守り,魔よけ; {呪文,まじない文句} mamuï fuda; {壁にかけた呪文} ⁺fū fuda; 呪文を朗唱する fu-fuda ĭnŭyūng; （魔力で）魅了して喜ばす yuru-kubashung,tanushimashung; 薄片に書いて張りつけられた呪文 úshi múng; 戸にはられた呪文 djónu ushi mung; 戸の2柱にはられた呪文 ⁺léng〈聯〉;（石）盤に彫られた呪文 gva shó〈掛章〉.

Charming 楽しい; tanushim bīchī.

Charnel house 死体安置所; shkabani iriya.

Chart 海路図; kāra ominu dzī.

Chase 追いかける; {狩る} karī-shung; {追跡する} ūyŭng,ūti fashshïung（走る）.

Chasm ひび割れ; {地面の} 亀裂 djinu fibaritong,saki-tong（裂けている）,varitóng（割れている）.

Chaste 貞節ある; tī shtsi aru,shtsi〈節〉mamutóng.

Chasten 懲らしめる; shimi attïung（責め当てる）; {正す} nóshung（直す）,shirabïung（調べる）.

Chastise 厳しく罰する; tsimi（罪）shimīung（責める）,batsī-shung.

Chastisement 懲罰; batsi,shī batsi（征伐）.

Chastity 貞節; ⁺shtsi dji〈節義〉,tī shtsi,tadashtchi tuku; 徳の実践においては貞節 {悪に坑すること} が第一である du ussamiti yukushima fushidjusi dé ĭtchi du yaru; 人が不貞になれば,心の良い節義は破れて,純潔さも恥も失う; chunu mushi ĭndǎnyĭ〈淫乱に〉ŭkǎsǎrĭĭdŭnse（犯されたら）yi kukuró chaki yaborĭtū,tatifang（廉直さも）,hadj[ing]ŭshinayung.

Chat 雑談; [名]fanashi,munugataï; [動]しばらく雑談し笑った ĭchŭtǎ hanashīshi vǎrǎtang.

Chattel (**chattel-s**) 家財; yǎnŭ shinamutzi.

Chatterbox おしゃべりな人; munu ïyunyā,kutchi múttchi.

Chattering かしましい,おしゃべりな; kashimasha; 彼女はもう（小さな）子供ではないのに,何故そうおしゃべりかしましいか ari kūssǎrŭ vorabi arǎnsīgǎ,anshi amati（騒いで）kashimaga*? *kashimashagaであろう.

Cheap 安い; dé〈代価〉yassa; これはあれより安い kuriga dé ari yaka fĭkussang,yǎssang.

Cheapen 安くする; yassimïung.

Cheat 騙す; damashung; 彼女が構わなかったら,（他）人にいくらだまし取られるか知りがたい kuri ariga kamurandaré,chunyi damakasatti turarīse chassaga yara shirarang; 詐欺師 yū（よく）chu damakashā; いかさま師,何も無い人 dū bakāndu aru,nūng néng ftu.

Check 合札; [名]{捺印,あるいは,証書の半分ずつを,詐欺を防ぐため二人で所持される} waïfu gatchi（割符書き）; [動]話すとき自己を抑える（口籠る） kuchi muya muyashung {口は動くが,声が出されない}, munu ïyandi fĭchéyung（控える・躊躇う）; 欲を抑止する yukunu fashshirandi（発しようと）shusi tumïung; 成長を阻止する fuduvĭusi tumïung.

Cheek 頬; fū-zira（面）,kata fu（片頬）; 右の頬 midjinu fū;（彼女の）頬が赤らんだ akachi tsira [n]atong, akadong; {恥じて} 赤面している shtchimīnshong.

Cheer ごちそう; {歓待} furimé,shūdjī（祝儀）.

Cheer up 励ます; ī nagussamiung（慰める）,ushshashimïung（嬉しくさせる）,umuï nubirashung; 元気をだせ! kukuru nagussamiyo,yurussió!（心を）許せよ.

Cheerful 良い機嫌の; yi chibi（気味）,kukurunyi ama ndjiung,kukuru nubiung,yīchi（悦喜）nubïung; 至極嬉しくしている shi-guku ushashóng; 上機嫌の顔 us[h]sharu sigata,ŭshsha kāgī;（私は）喜んでする ush-shashi shung; [s.]willing.

Cheerless 憂鬱な; shiguku uritóng,ushshaku néng（嬉しくない）.

Cheese チーズ; ushinu chinu kvāshi.

Chemist 薬剤師; {薬剤師} gvan yaku tskoyā.

Cherish 心に抱く; {思い（を抱く）} umuyung,umung-bakari-shung（慮りする）; 優しく世話する・慈しむ yafa-rashi umuïshung; {可愛がり育てる} nadi sodatïung; 善（意）または悪（意）を抱く ⁺djing aku ĭdachung; 怒りを抱いている ĭkari múttchóng.

Cherry さくらんぼ; sakura naï.

Chess チェス（西洋将棋）; chūndjī,gū; 将棋盤 gū ⁺bang; チェスの駒 chundjinu tāmǎ; チェスをする chundji utchung,gū utchung.

Chest 櫃; {箱} haku; {胸} 'nnī;

Chest-preserver 防寒用の胸当;{毛織の厚い肌着}kūbusī.

Chew 咀嚼する,よく咬む; kamïashung,kan chïung（咬み切る）; 彼女が長時間,細かく咬み砕いた ari fi-ssashku guma kam[ïa]shutang; 咬む音, [s.]knab.

Chicken 雛鳥; tuï gva.

Chicken pox （小児の）水痘（水ぼうそう）; mizzi-gassa?

Chide 小言を言う,たしなめる; djitchinyi（直に）chunyi

fīkussi（難点）yung, nuray [ung]（叱る）; 唐突に叱り出す katti-kashung.

Chief 首領, 長かしら;｛人｝ kashira, atama natoru ftu; 主要な事 kānnyūna〈緊要 kán yū; 肝要であろう〉mung; īttsing kānyū; ある問題を主要目的にする mupparanyishung, kanyunyi-shung.

Chiefly [s.] specially, particularly.

Chilblain 霜やけ, 凍傷; kan（寒）makishi（負けして）fukkvitong, hā-tchiritó [ng]（はち切れている）.

Child 子供; vorabi, kva; 子供達が8歳になれば初めて教えるのは, 戸の出入りを譲り, 坐って飲んだり食べたりする時年輩者より, 後にならなければならないと言って教える* kvănu cha yatsinu tushi naré hadjimiti ushiusé, djóndé hashiru gutchi kara ndjitaï ichaï shusi yuziti, sīza yaka ato nayuru mundi īchī narashung（*『小学』立教十）; 懐妊した女 té ukitong, kvetéshong（懐胎している）; お産の床にいる女 sanfu（産婦）; [s.] bed; 彼は私を小児（子供）扱いしてだました ariga vang vorabinu gutushi bukúndi〈不工〉umuti damakachang; 愛しい子に正しい道を教える kanasharu kva ushiusé, dóli kara satchata narashung; 六か月の子 varabi mmăritī ru kadzichi natóng; 長子 sizangva; 末っ子 uttungva; 紳士の子 omíngva.

Childbed [s.] bed; 子供用ベッド

Chldbirth 出産; kva nashusi.

Childhood 幼年時代; vorabi shoying, vakassaing（若き（時）に）; 幼時から読み始めた vorabi shoying kara shimutzi yumi fhadjimitang.

Childish 子供らしい; vorabinu gutong, vorabi ráshí, vórabi rásháng

Childless 子供のない; kva-néng.

Children 子供達; 本妻の（子たち）fun tsimanu kva; 妾の（子たち）yubénu kva.

Chillies （キダチ）トウガラシ; hana kóré gŭshū（高麗胡椒）.

Chilly うすら寒い, 冷え冷えした; sidashang（涼しい）.

Chime 調和する; [動] utu vagónyishung（和合にする）.

Chimney 煙突; kibushi tūshi, kibushi mi（穴）, chimuri hachi（はき出す）mī; ランプのほや tūrūnū táma tsítsi（王筒）.

Chin 顎; utugé.

China 中国; chŭ gūkŭ; 中国は赤道の北にある故に, 太陽が北に行く時は, すぐに暖かくなり万物が生じ易い chuguku [nu] kunyi tīdănŭ mitchinu chītā nakai ar [u] yūïnyi, tidanu chita muti yuchuru tuché chākī nukussati bammutzi shódji yassa.

Chinaman 中国人; chugukunu ftu, kăn-djin〈漢人〉.

China root （植）とぶくりょう, 山帰来; dŭ bukuró（土茯苓）, sănchĭdă（山帰来）（ゆり科）.

China ware 陶磁器; yatchimung dógu（焼き物道具）.

Chinese language 中国語; kara（唐）kutuba, tónu（唐の）kuchi, chug*-kw [ó-hwa]〈中国話〉*chungであろう; 書かれたもの kánbung〈漢文〉, kandji〈漢字〉; それ（漢文・漢字）について回教徒の著者が次のように言っている: kanbung muchirandung ar [é] umanchunu nchi satuyuru kutó fïra [chi] ōsan; 漢文（中国語）が用い（ら）れなければ, 万人, 大衆の｛正しい｝悟りを啓くことはできないだろう; 純粋に中国の言語を用いては, 真の宗教の慣習（法）に合致することはむつかしい mŭppara kanbung muchīduns [e] ūshī tadashūnyi shuru nurinyi（則に）〈EC: 正教之規矩〉kan [aï] gurishang（適い難い）.

Chink 割れ目;｛裂け目｝ fibaritong（ひび割れている）, 小さなひび（割れ）｝ fibich [i]; [動]（チャリンと鳴る）dzinu garagara, kiri kiri-shung.

Chintz 木綿さらさ（派手な模様入り）; kata-tski-nūnū（型付け布）.

Chip 削る; [動] fidjung（剥ぐ）, kizǐung.

Chips 切れはし; kĭ-djīrĭ（木切れ）.

Chirographer 書家; djī katchá, fīshā〈筆者〉.

Chiromancer 手相見人; tīnu aya nyūru shunshā.

Chirp （鳥が）チュンチュン鳴く; tuïnu nachung, fukïung.

Chirurgery 外科医術; dji kva-nu 'hó, または fódjī.

Chisel 鑿; nūmī.

Chitchat 雑談, むだ話; fanashi.

Chives （植）（エゾ）ネギ; chīrī bira（にら）, dzĭ bira（ねぎ）.

Chloranthus inconspicuus 鑑賞用センリョウ科植物; lannu fhana（蘭花）.

Choice 選びとること; yirabi, yiradési（選びとったもの）.

Choicely 精選して（ある）; yu iradéng, kuvashku iradéng.

Choir 合唱（する）; tsiri uta, madjung shuru uta, tsiri tunayung, munagari izanó.

Choke 窒息する; īchī mădī-shung; īchī djirāshā-shung（息切れがする）, īchī kŭkŭdi, fīkŭdi shinyung（窒息死する）; 心が詰まっている kukuru fussagatóng; 苦痛を抑える, [s.] endure.

Cholera コレラ; kvakurang〈癨乱; 霍乱であろう〉.

Choleric 怒りっぽい; tănchīnă（短気な）ftu, ikarinu féssang.

Cholic 腹痛; vatanu yanyung, fŭkŭ chū,｛字義的には腹中｝ haranu itanyung.

Choose 選ぶ; yirabiung; 多くのものから選び取る yiradi tuyung.

Chop 刻む; [動] chizanyung;｛印・マーク｝ shurushi fūdā; 厚切りの羊肉（通例あばら骨付き）mien yānŭ（綿羊の）sóki buni（あばら骨）.

Chopping block （厚い）まな板; mărŭchă.

Chopping knife こま切り包丁; hótchă, yama nădjī（山刀（なた））.

Chopstick 箸; méshi, uméshi, fāshī, hāshī.

Chord 弦; tsiru; 弓（形のもの）の弦 yuminu tsiru.

Chorus 合唱（団）; 合唱に加わる tsiriti utashung, uta tsiriŭng.

Chosen 選ばれた; yiradéru（選んである）.

Christ キリスト; kirĭstu.

Christen 洗礼を施す; arayuru li ukunayung.

Christendom キリスト教国; sote（総体）Jasū shtagayuru kunyi.

Christianity キリスト教（の教義）; Jasuga mitchi, ūshī, dóli〈道理〉.

Christian クリスチャン（キリスト教信者）; Jasu dishi（弟子）, Kiristu dishi.

Christianize キリスト教化する; Yasu ushinyi sisimachi shtagāshung.

Christmass キリスト降誕祭; Yasu mmaribi（生まれ日）.

Chronical 慢性の;〈病〉nama tari yamé, kussuï hadjirang（薬を恥じない）; naga gakaï byótchi, tskari（疲れ）yamé;〔s.〕disease.

Chronicle 年代記;〔名〕tushinu shirushi;〔動詞〕（年代記に載せる）tushinu shirushi tskĭung, aravashung（表す）.

Chronology 年代（学）; nin-gó.

Chronometer （精密な）時計; tuchi tuyuru dógu.

Chrysalis さなぎ;〈蚕の〉minsi mushi（虫）.

Chrysantemum (**chrysanthemum**)（植）菊; chĭkūnŭ hana.

Chrystal (**crystal**) 水晶; sĭshónu tama.

Chuck コッコッと（鶏を）呼ぶ; ufu tuïnu kva yubĭung（大鶏が子を呼ぶ）.

Chuckle くすくす笑う; azamuchi varayung（嘲けり笑う）.

Chum 同室者; chu kannu〈間の〉dushi（友）.

Chunam tunu kĭnu〈桐の〉andanu fé（灰）.

Church 教会;〈会衆〉shĭnu〈聖の〉atsimaï;〈場所〉byu〈廟〉, kvédju（会所）; 教会の中庭 byūnŭ kakuï mya.

Churlish つむじ曲がり, 気難しい; kata mata mung（固まった者）, katamatóng, kfurăkănă（暗かな）mung.

Churn 撹乳器;〔動〕（撹乳器を激しくかき回す）ushinu and* tstchung *andaであろう;〔名〕ushinu anda tskóï dógu.

Cicatrix 傷跡; kassa-kizi（瘡傷）; 傷（跡）が痛む síra íttchóng（苦しんでいる）.

Cider リンゴ酒; ringó saki ?

Cigar 葉巻; machi tabako（巻き煙草）.

Cimeter 三日月刃; tamatoru yaï（しなやかに曲がった槍）.

Cincture 帯; ūbī.

Cinder 消し炎; yaki djiri（焼けた木切れ燃えさし）;〈金属の〉kana kussu（かなくそ）.

Cinnabar 辰砂:赤の絵の具の材料; shu sha〈硅砂; 硃砂であろう〉.

Cinnamon 肉桂皮（シナモン）; chĭfinu ka, nyi-chī; 肉桂の木, nyichīnu kī.

Cion （つぎ木の）若枝; miduri, yĭda.

Cipher 梭; só〈竿〉kvīuru shirubi {算盤で梭を越える印}.

Circle 円（形）, 環;〔名〕mārashi, wă〈輪〉, yínsó, gó; 円をつくる wa tūyūng, yinsó māshung, gó māshung; 円の中心 naka zi; 線の一方の端を軸として,（びんと伸ばした）他端を境として1度回転させると一つの円ができる sidjinu chu fashi djiku tŭshī, mata tă fashishae saké nachi, chu miguï migurachi, chāki titzinu mārŭ nayung; 群衆が集まって円をなしている shunyinu〈衆人の〉a[tsi]mati chu tukuru nakae marudong;

Circuitous 遠回りの;〈道〉michi kŭn-māshung, kunmāchi achung;〈遠回しの〉言葉 kutuba fŭ̄ī māshung, ī māshung, kaki mārachi ïyung;〔s.〕indirect.

Circular 丸い;〔形〕măruchi, mărussang; 回状 ch[o]pé〈招牌〉, fayashi gatchi.

Circulate 回る（循環する）;〔自動〕miguyung;〔他動〕migurashung.

Circulation 循環; 血液が（循環する）chĭ myāku miguti nagarïung.

Circumambulate あてどなく彷徨う, 歩き回る; miguti achung, māyung, kakuti mavayung.

Circumcise 割礼を行なう・包皮を切り取る; wābī ka chĭung, satchinu ka satchung;〈ヘブライ人は〉（割礼を行なう）taninu（陽物の）wā ga chíri súndjïung.

Circumference 円周; sŭ măvărī; 円の円周 mārashinu sake.

Circumfluent まわりを流れる; miguti nagarïung.

Circumjacent 周囲を取り巻く; shpó dăchi māshung.

Circumlocution 遠回しな言い方; itchaï shtchaï-shung.

Circumnavigate 周航する; funi kara miguti hāyūng.

Circumscribe 境界を定める; kadjiri shung, kadjiri tatïung.

Circumspect 慎重で四方に目を配る; ning itchong, méng kushingkae yū kaïri nyūng, ippé māti nyūng.

Circumstances （周囲の）事情; mutu dati（元だて）, shi sé〈事細; 仔細であろう〉, nariyutchi; ívari（いわれ）; 始めから終わり（末）までの事情を彼に告げ聞かせた hadjimi sī madinu mutudati arinyi tsĭgī shirachang; 少々狼狽して,（彼は）女召使いたちに委細に問うて, 彼女の病気の次第を知っているかと（尋ねた）shūshŭ avatiti {savagashūnyi assi} vinago nza kara issényi tūti, ariga byotchinu shidé shtchómi?; ああ, 彼女の成り行きはこの通りだということを, 私が良く知っている ah, ariga nariyutchi kunu tūïndi īsé vaga yū shtchong;（状）情況に応じて行動する（取り図らう）yósi 'nchi tŭï fakareshung; kutunyi vūdjĭtī, nariyutchinyi vūdjĭtī {tuï fakaré} shung; 時と（事情）によって処理する（取り図らう）tuchinyi yutti tūï fakaréshung.

Circumvallate 城壁（など）で囲む; kakuï māshung.

Circumvent 先手をうって実行を妨げる; chŭnŭ satchi tuti fushidğiung.

Citadel 砲郭; ishi bya narasha tukuru.

Cite 召喚する; {裁判官（法廷）の前に} tadashi tukurunkae,ȳa+ mununkae〈衛門へ〉yubĭung; {本を（引用する）} tstéti mishiung.

Citizen 市民; gussikunyi simayuru ftu.

Citron （植）シトロン, 丸ぶしゅかん（の木）; būshū kang.

City 城市; gussiku; 省の中心都市 sĭnnu+〈なし〉gussiku; 府の中心都市 fūnŭ gussiku; 州の中心都市 shŭnŭ+ gussiku; 県（間切）の中心都市 shīnu+〈縣〉、または madjirinu gussiku; 市の（城）壁 gussikunu katchi.

Cives [s.]chives.

Civil① 礼儀正しい; {丁寧な} rīdjinu ang; あれはとても礼儀正しい are chibishī（厳しい）{または dūdŭ} ridjinu ang.

Civil② 文官の; 文と武の bung bū; 文官 bŭnnŭ+ kvan.

Civility 礼儀正しさ; rīdjī; {恩恵} vūng,vūndjī; 礼儀は薄（すぎる）より厚すぎているのがよい rīdjī ussissassi yaka atsichinyi shidjitosi mǎshī; 礼儀は相互の交わりを尊ぶ rīdjī+ vólé tǎttubiung.

Civilly 礼儀正しく; rīdjĭshī.

Clack ぺちゃくちゃ喋る; gǎyǎ gaya-shung,abĭä-shung, bĕrŭsh[ŭng].

Clad 着物を着た; ching {i shó〈衣裳〉} chīŭng.

Claim 請求する; sezukushung（催促する）,mutumĭung.

Claimant 原告, 訴人; {法廷にて} ŭttaĭ sezukushuru ftu.

Clam 塗りたくる; {膠で} sŭkkvi nŭyūng.

Clamber 這い登る, よじ登る; agunyung.

Clammy ねっとりしている; mutcha mitchong,{舌} kā hatóng.

Clamour 喧騒, 大きなさけび; abikvé-shung,kamabisashku（かまびさしい）-ang,kashimasha-ng.

Clamps 留め金, かすがい; kaku gani（掛けがね:戸をかたくとだす用具）.

Clan 一味; kuna nĭndjŭ（組人衆）,kumiyé nindju（組（合）人衆）.

Clandestine 秘密の; néné+〈内々〉,surutu,surŭtushi, kǎkvītī（隠れて）,kǎkutchī（隠して）,fissukanyi; 私通する vatakushinyi tsõdjitóng.

Clang ガラガラ, キリンキリン（金属の音）; gǎrǎ gara,kīlīng kīlīng.

Clank ガチッと金属の音がなる; kussaïnu（鎖が）gara garashung.

Clap 手をたたいて鳴らす; tĭ utchung; 皆両手をたたき一斉に「最高!」と叫んだ muru murunu ftu（諸人）kvī unadjōnyishi,ti ŭtchī myŭndi（妙と）ichang.

Clapboard 下見（羽目）板; fissaru（薄い）ūtchī ĭtă.

Clap-dish 木の皿; kī batchi（木鉢）.

Clapper たたく物・（鐘の）舌; {鐘の外側を打つもの} batchi, shĭmūkŭ（橦木）; {西洋の鐘のように内側に下がっている

もの} kani utchinu sagi shimuku; kani narashā.

Claret クラレット（ボルド産赤ぶどう酒）; ussi sĭsǎrŭ akazaki（薄すっぱい赤酒）.

Clarinet クラリネット; tati fuĭ（縦笛）{平行した二本の竹筒でできたもの}.

Clarify 浄化する, 清澄にする; tsĭŭshku nashung; カスが沈殿すると自ら澄む gŭrīnŭ* yishĭĭdunsé nankuru sinyung *gŭriであろう; 布を通すことは simashung（澄ます）という nūnŭ kara tūchī simashundi yung.

Clarion クラリオン:昔のラッパ; tsinu bura.

Clash 衝突する; tagenyi tstchung,haĭ itchayung（ひょっこり出会う）.

Clasps 留め金; kvang gani,kaku gani（掛けがね）.

Clasp knife （大型の）折り畳みナイフ; takubi sīgŭ.

Class 類; tagúĭ,lŭĭ,tŭmūgǎrǎ; この種の人々を考えてごらん, 彼らに何の益・美点（よいところ）があるか ĭttǎ umutinde kunu yónu ftu chārŭ yī tukurunu ǎgǎ; 商人は下層階級である shobéshuru ftu djĭ fĭn〈下品〉tushung; [動]（分類する）, [s.]classify.

Classics 古典; chó+〈経〉,shī chó+〈聖経〉,chó+ shŭ〈経書〉.

Classify 分類する; luĭ vakashung,ban dzikishung（番付けする）,na luĭ luĭ vakashung; fĭng+〈品〉vakashung;（彼と）同類（同列）視されるのを恥じる tumunyi gū nayussi hazikashang; dŭ litzind[i]〈同列と〉umarīse hazikashang.

Clatter かしましさ; kashimasha.

Clavicle 鎖骨; kata kubi buni.

Claw 爪; {全部骨} tsimago; {餌を捕えるために動かせる（爪）} kótu; {鳥や蟹の（爪）} tsīmī.

Clay 粘土; 'ncha.

Clean きれいな; chirīnyi ang,chigari neng; 汚れているchigaritong,chirīnyi neng; 清潔な所 chirīnu tukuru; 清水 simi mizzi; [動]（きれいにする）chirīnyi shung; 拭いて清くする sŭssuti chirīnyi shung; きちんと整頓された chíkunyi shéng, きれいに掃除のいきとどいた部屋にもいう.

Cleanse 洗浄する, 洗い清める; arati chirīnyi nashung, sti（擦て）chirīnyi nashung; aka,fingŭ ŭtūshŭng; 管（筒）をきれいにする saréyung（浚う）,tūshung; 心を清める chūnŭ kukuru chĭushku（清く）,issadjiyuku（潔く）nashung; kukuru chĭumiung（清める）; {犠牲の儀式のため} 身体を清める dŭ chĭumĭung.

Clear 清澄な; chĭushku（清く）; 明白な言葉 mifakunyi+ ang,tashikanyi ang; 水, 空が澄み渡った simitong; 清天 tīnchi simitong;（理解しやすく）明晰な achirakanyi ang; 正味の利益はいくらか djinyi mókidaka chǎssa [?]; [動] {純益を} あげる djinyi mókiung; 勘定を清算する chissanshung（決算する）; {テーブルから} 片づける shidjumĭung; 表面の起伏（でこぼこ）を取り除く sti（擦て）mattóba nashung; {疑いを} 晴らす

utage tuchung, harïung（晴れる）;〔天気が〕（晴れている）haritóng, shī ting〈晴天〉natóng;〔罪を〕晴らす tsimi tuchung, harimiung; 氷または玉のように, 何一つ欠陥（傷）がない kūrīnŭ chïushtchitu, tamanu issadjiyutchitunu gutushi ĭffing chizing nerang;〔s.〕empty.

Clearance 出港許可証;〔船の〕⁺shuppǎnshuru〈出帆する〉{shushĭnshuru〈出船する〉} shūku gatchi; 船は出ようとしている, 願わくば君が出航許可書を取って来て私に下されば有難い funé ⁺shuppansandi shŭkūtū, nigenye yǎ haïfanu funinu shūkŭ gatchi tĭtchi {tutī chi} vanyi kviri.「大牌?海符?海牌?」未詳.

Clearer より明白な;{より明白な言い方・陳述} nyādang ⁺mifakunyi-shung.

Clearly 明確に; 彼の弁じ論ずるのは大変明白である ariga ⁺bindjise lundjise dju bunyi mi fakunyi ang.

Clear sighted 視力の鋭い; mīnu sidong（澄んでいる）;{知的に（判断のしっかりした, 明敏な）} yū sashīru ftu.

Cleave 裂く;〔s.〕adhere, stick,{分割する} vǎyung, vŭyung（折る）, chĭ̆ung（切る）, chiri vakashung; 薪を割る sabatchung.

Cleaver 長刀の手斧;{斧} tamung vayuru yūtchi（よき: 小型の斧）.

Cleft 亀裂;〔名〕fibari（干割れ）;〔形〕（割れた）chiri vateng.

Clemency 寛大; kvan djin〈寛仁〉; 情け深い行為を行う firuku vūndji fudukushung, firuku ⁺djing〈仁〉ukunayung.

Clepsydra 古代の水時計; mīzīshi tuchi tūyŭrŭ dógu.

Clergy 聖職者; michinu shishó（道の師匠）.

Clerk 書記; katchi tumisha;{役人（書記）} ⁺chang ang 〈掌案〉;{請願書を書く人} uttai gatchi kāchā.

Clever 賢明な; ⁺lifatsina〈利発な〉mung, ⁺sū ming〈聰明〉, suguri mung.

Cleverness 才気; ⁺sé〈才〉, sé-nū〈才能〉.

Clew 1つの糸玉;〔糸の〕ĭtu sĭdji chu māchi;{紐} wīru machi（巻き）,〔s.〕clue.

Click チョンチョン, カチッ（擬音）;{滴り落ちる水の} shta-darĭshuru mizinu tsón tsónya;{時計の} カチッという音 tuchinu king-king.

Client 訴訟（弁護）依頼人; uttaï nushi; 私の訴訟依頼人 vang uttaï tanuduru ftu.

Cliff 断崖絶壁; ⁺tchinsunyi〈嶮岨〉tattchoru ishi, iva, sī（瀬（岩））.

Climate 気候; ⁺fū chĭ〈風気〉, chi-kó〈気候〉.

Climax 極（頂）点; guku, itaratchi;〔s.〕vertex; 頂点に達した guku tstchóng.

Climb （よじ）登る; fichi nubuyung, agiung（上げる; aga-yungであろう）.

Clinch 固く締める;{こぶしを} nĭdjĭ̆ung（握る）, nĭdji tskïung.

Cling ぴったりくっつく; tstchung; ぴったり寄り添う chimu-nyi attayung（心に通う）;{巻きつく物が} matchung; 棒にまといつく katzimiti yurusang.

Clink チリンと鳴る（澄んだ音）; kīlĭng-kīlĭng, dzǎrǎng dzarang-shung.

Clip 鋏で詰める; hassan tsimïung; 鋏切る hassan chïung.

Clipper クリッパー, 昔の快速船;{船} féku fhayuru funi.

Clippings 切りとったもの; chicheru kumaki（砕け）, chiri nukŭĭ（切り残り）.

Cloak マント,（そでなし）外套; cappa（合羽）.

Clock 時計; tuchĭ ganī, tuchī; 何時か nan dutchi na-yuga? nandŭtchiga?; 時計を修理する nóshung, shū-fushung;〔s.〕hour.

Clock-maker 時計屋; tuchi tskoyā.

Clod かたまり, 土くれ; ncha murushi; 努力し土くれをひっくり返す chikara ndjachi ncha késhung; すりこぎ（杵）で土くれを粉々にする tstchi váckvachi kúma nchátu nashung; 固い土の塊 kfa ncha, ncha-buku.

Clog あき間を塞ぐ;〔動〕fussagïung; ＊（塞ぐfussaguの）g（本来の硬音）が口蓋化（軟音化）してdʒの音となったことを表す; 用事で塞がれた yūdjūnŭ tatamatóng.

Clogs 下駄, 木ぐつ; dzóri gitta, djītā.

Cloister （女子）修道院; winago bodzinu tira.

Close① 封をする;{手紙を} ⁺fūshung, fūdjïung; 穴を閉ざす fussadgï tudumiung;{堅く閉ざす} chibishī shimïung; きつく閉じる chittu, chūku fūshung;{瓶を} 閉じる djóshung; 用務を終える simashung; 用務が完了した sidóng; 閉じた手紙を開けるな fūshéru djó akĭnna; 君がこの手紙を閉じたか yǎgā kunu djó fūdjitū, mādăī; 鉄でしっかり閉じられているので開けられない tĭtsīshi fūdjitéssiga dŭtū chōsānŭ akïë narang; 終わり ovaï.

Close② 互いに接近した・くっつき合って; tsi, または ni tskayéshung; もう少しくっつけて置け nya iffe tsĭ tskĭri.

Close handed, or **fisted** 締り屋の, けちな; tī nubirang, tīzikung yǎssa, īyashi mung, dĭndjakuna〈恪嗇な〉mung.

Closely 綿密に; 調べる kumékiti nyūng, bindjiung.

Close-stool 室内用便器; débin shuru yī.

Closet 便所; débin-djó, fūrū, shĭchīn-dju, kábǎyá, yǎ būrū; トイレはどこですか debin djó māgǎ?

Clot 固まり; 血の chīnu kfayung, chī mŭrŭshī; 泥などが固まりついた髪 karadzinu akanu tstchong.

Cloth 布; nūnŭ, tǎm mung; 羊毛の rǎshā pĭchī; 亜麻布・リンネル ma wŭnŭ nūnŭ; からむし布 bāshā nūnŭ; 綿布 mumi nūnŭ.

Clothe 着せる; ĭshó chïung, ching chïung（着る）.

Clothes 着物; īshó, ching; 衣服を替える ishó, または ching kéyung; 衣装は膝より下には届かない chinó tsinsinyi sidjirang（過ぎない）; 衣服を脱ぐ ching hazīung;｛ぬかるみなどを越える時｝服をまくしあげる ching kanyagīung; 暖かい服 nukussaru djing; 冬服 fūyŭ ishó; 夏服 nātzī djing.

Cloud 雲; kumu;｛山にかかった｝ kassimi; 雲は地上から昇った蒸気である djīnu fŭkīnu agati kumutu nayung; 雲のように数多い kumunu gutu chibishī uffussang; 陽の光を曇らせる雲は一瞬の内に自ら散じてしまうのだから, 如何にして雲は陽の明るさを害しうるか finu fikari kumunu ussutantemang īkkŭkŭ mizikara chirĭ̆ {sandjĭ̆} tŭchindó, chāshi achiraka géshīnu nˇayuga?; 雨雲 ama gumu.

Clouded 雲で覆われた; kumunu tattchóng, kumutóng; 空全体を覆う nŭyātóng.

Cloudless 雲のない, 澄んだ, 晴れた; 空 tinnu simitóng, sidong, harritóng.

Cloudy 曇った; 天気 kumuï tīnchī, tinnu kurugadóng; 曇りで雨模様 kumung ang aming ang.

Clout つぎ, 布切れ;［名］nŭnŭ djiri, sˇussuĭ̆（雑布）;［動］継ぎをあてる ara shūfushung, ishó kūshung.

Cloves（植）丁字（の木）; chódjī.

Cloven footed 蹄が割れた; sakitoru tsimago.

Clown 田舎者; bū, mura bū.

Clownish 粗野な;｛人｝ arashī mung, urukana mung.

Cloy 御馳走などでうんざりさせる;［他動］chuffara kanyung.

Club 棍棒;｛重い棒｝ bó;｛人の（集まり）｝ sˇuruĭ̆, yédjūnŭ suruĭ̆（仲間の集まり）.

Cluck 鶏がコッコと鳴く; kutaï kókó-shung; kutaï kókóshi tuïnu kva yubīung.

Clue 糸口; itu gutchi, tsinanu kutchi; 手がかりをつかんだ yuri tukuru（寄り所）tumétang.

Clump 林;｛木の茂み｝ fayashi, kinu shidjitong;｛一定の形のない木片｝ kīnu ufu c̆hiri.

Clumsy 不格好な; bútassang.

Cluster 房;｛葡萄の｝ chu fˇussˇa.

Clutch つかむこと;［名］kótu（鳥獣の爪先）;［動］kótushi tskanyung, ké tskanyung, ké tuyung.

Clyster 浣腸剤; tsibi kara irīru kussuĭ̆.

Coach 四輪馬車; mma kuruma; 馬車小屋 kuruma kadjimi tukuru; 車大工 kuruma zéku.

Coagulate 凝固する; kūrĭung（凍る）;［s.］curdle.

Coal 炭;｛木の｝ ⁺tang; 燃えている炭・おき úchiri, fĭ djiri; 消えた炭 chāshi djiri; 石の炭 ishi dang; 地下の炭置き場 tang kadjimi tukuru; 炭坑 ishi dang fuĭ tukuru, または futaru gama（洞）.

Coalesce 合体する; ushāshung（合体させる）, gū nayung.

Coarse 粗い; sˇurŭ sūrū, arassang; 粗布 ără nŭnŭ; 荒い人 arashī ftu, skútsina mung;［動］粗雑にする

skútsinyi shung; bákka｛馬と鹿のような獣を意味する mma shka の短縮形｝; 粗野で洗練されていない（野暮な）者に見える arassa iyashtchinyishi（卑しきにして）yutashku nensinyi nyitchóng; 粗野な者として拒むな arashi mundi umutí chirannayó; 下卑た言語 iyashchi yafina kūdjó; きめの粗い皮膚 hadaïnu arassang.

Coast 海岸; ⁺kéfĭng, omi fĭng, omi bātă; 海岸べり shōdjīvă;［動］海岸沿いに航行する kunyi sūti hayung; 海浜に住み, 海によって生活している人々 omi batanu tami, ominu mungshae me nyitchinu itunamishung.

Coat コート; 上着 ufu djing, vābĭ ching; 下着 fĭtā, mākwā;｛絵の｝最初の塗り djĭ nuĭ̆, shtya nuĭ̆; 1回塗り ichi dūnŭ nuĭ̆;｛動物の｝外被・皮 kā, kī.

Coax なだめる; fissónyishung, kanashashi nadĭung;｛比喩｝ méssishung.

Cobble 修繕する; yé（靴）kūshŭng, fˇussĭ̆ung, sˇufˇushŭng*. *shufuが普通（cf.mend）.

Cobbler 修繕屋; yé kūshuru séku.

Cobbweb（**cobweb**）クモの巣; kóbagassi; クモの材料（糸）kóbanu mang*, kóba ītŭ. *網wangであろか.

Cochinchina インドシナ南部; ann nˇanu kunyi（安南の国）.

Cock おんどり; wū-duĭ̆; おんどりが鳴く tuĭnu nachu[ng]; 闘鶏 ⁺tow-chi.

Cockfighting 闘鶏; tow chinu tagenyi óyung, towchi órashuru assibi; 王はすべて闘鶏が好きであった sibitinu vó towchi óyusi śtchang.

Cockle（動）ザルガイの総称; ké, bura;｛小さい貝｝ m̄ yă, yūyă m̄ yă.

Cock-pit 闘鶏場; tuĭ órashŭttūkŭrŭ.

Cockroach ゴキブリ; fĭră, hani mi bĭra.

Cockscomb 鶏頭;｛植物｝ c̆hĭtu;［s.］comb.

Cocoa-nut（植）ココナッツ; yˇashī; ココナッツの木 yashi gi.

Cocoon 繭;｛蚕の｝ m̆nsī mushinu sī.

Code 法典; litzi 'hónu shimutzi.

Coequal 同等; fĭtū;｛量的に｝ yinu ussa, yĭn sānā.

Coerce 強制する; murĭnyi shung, ichĭurishae－shimĭung.

Coercive 強制的; murĭna gutu または yó, murĭnyishi.

Coetaneous 同年齢の; c̆hŭ tˇushi, ⁺dū ning.

Coeternal 永遠に共存して; tumunyi nagachi tūssă aru, tumunyi kadjiri neng.

Coffé コーヒー; kófé（珈琲）.

Coffer 箱, ひつ（櫃）; haku, fĭtzī.

Coffin 棺, ひつぎ; ⁺kwang, kwang ⁺tsé〈棺〉; 布で棺を覆う nŭnŭshae kwang hăyūng; 棺大工 kwang tskoyuru séku.

Cog 歯車の歯; hiˇağănu hā.

Cogently 説得力をもって; chūnyi issugavashku; 力強く求める issugavashūnyi mutumĭung.

Cogglestone 硬（い）石; kfa ĭshī.

Cogitation 思考; kukurunu ŭmŭï.

Cognize 知る; shïung, shtchóng.

Cohabit 同居する; madjung kŭrăshung, madjung sima-yung, madjivati itunamishung.

Coheir 共同相続人; nukucheru mókimung tumunyi ukīru ftu.

Cohere 密着する; tskatong, mutskatong, muchishang; [s.] sticky.

Cohesion 粘着, 結合; 強い結合 muchisha-nu chósang, m[u]tskatósiga chōsang.

Coin 硬貨; [名]dzinnu ichi mé; [動]鋳造する dzing tatchung.

Coiner 貨幣鋳造者; dzing tskoyuru séku.

Coincide 一致する; {時間上} yinu tuchinyi nayung; 同じ{趣旨} yinu imi, yinu chimu (肝).

Coition 性交する; mitūnda nashung; {動物の} tsiru-bi[ung].

Colander 濾過器; tūshi nŭnŭ, または dógu.

Cold 寒い; {天気} fīsang; 風がなく寒い turi bīsa; 厳しい寒さ shímigán, kánnu shimïung {字義的} 寒さが責める; {液体が} 冷たい fidjurusa[ng]; たいへん寒い kannu chōsang; 寒い天気 tīnchinu fīsang, sidashang; 風邪をひいた fanashchishong, gétchi-nyi kakatong, kaz[i]nyi atatong, shó kán-shóng〈傷寒〉; 浴びる間に風邪をひいた amíru bashu kázinyi áttatóng; 君は少々風邪をひいた, しかし, 薬を飲む必要はない, 軽く食事をとり, 暖かくしておけば, すぐよくなるだろう getchi gva kak[a]tossiga, kussūï nŭmăng guttushi, zattu shi kadi nukusamaïdunse chākī nóyung; 冷淡な気質 kukuru sidashchinyi ang〈EC: 冷情的〉; その反対(熱い)は atsūnyi ang〈EC: 厚情的〉; 振舞いがよそよそしく見える kowdzitchinu (顔つきが), または tsiranu namagissa; 鼻風邪 hana ţaï, hana pípí.

Cole (植)アブラナ; -- na(菜?).

Colic 腹痛; vata yamé, hara itami.

Collapse 潰れる; nankuru shimayung.

Collar 首飾り; kubi matchi; {コートの(襟)} fŭssŭ-mung; {馬の} 首飾り, おもがい mé haru gi [s.]cangue; 1か月首枷をかける chŭ tsitché cha* hakitóchung.

Collate 照らし合わせる; nyishti nyūng, kunabïung, madji kangéyung; 気を付けて校合し正す kumekiti kunabiti nóshung; 対照して説明する kunabiti tŭchūng.

Colleague 同僚; chu kannu dushi; {役職上} yinu kvannu dushi; [s.]partner.

Collect 集る・集める; [自動]atsimayung; [他動]atsimī-ung, tsimi atsimīung; 税を集める sŭï tūyung, suï atsimīung; 心を引き締める chimu tuïshimīung, chimu yishïung; {[s.]infer, distracted}: 水がたまる mizzinu tamayung; [他動](貯める) tamïung.

Collection 収集・蓄積; atsimaï, takuvé; 水の溜り mizzinu tamaï; 編集された書き物についても katchi tamiténg.

Collectively ひとまとめにして; sū gŭkuïshi, tumunyi kukuténg.

Collector 収集人; tuï atsimīru ftu.

College 大学; gakódji, gakkvang.

Collier 石炭商; ⁺tang ūyā(炭売り).

Collision 衝突; ts'chāyung; これら2つの船は衝突した anu tătsīnŭ funi tsíchéshang.

Collocate 排列する; utchung, utchóchung.

Collop 薄く切った肉切れ; shishi chu chīrī.

Colloquy 対話; sódang, fanashi, madjung sódang shung.

Collusion 共謀; fakari gutu unadjūnyishi, madjungshi, または gŭ nati damakashung.

Colly (煤で)黒くする; fézing nuyung, féshi fūshung {小包に封印する代わりに, 両側の開け口に文字様に炭の粉を塗る}.

Collyrium 洗眼薬; mī aré gŭssurī.

Colon 結腸; {腹腸} ufu vata; {句読点} ⁺ku djiri, ⁺tó djiri.

Colonel 陸軍大佐; ⁺fushó〈副将〉, nyibang tésho.

Colonize 植民する; {utsti} kunyi dachishung.

Colony 植民地; {国} mīku tattchoru, firacheru kunyi; {人民} miku tăttchórŭ tami.

Color 色; [名]iru; 顔色 irushó, gánshŭku; [動]iru sumi-ung; 友と見せかけて dŭshī ⁺fŭïshī; 錨を降ろすふりで ĭkkăï urushuru gutóng; 両親を助けると見せかけて金を乞い, それで酒を買って飲んだ uya tassikiti nazikiti ichi, dzing kuti, saki kōti uchi kvatang; 顔に色がほとんどない irushó nugitóng; 悪い色{顔} gánshkunu tsidji, ickáng; 薄い色 ussi iru, irun[u] assang; 濃い色 irunu fukassang. [s.]paint.

Colours 絵の具; yīnŭgŭ; 絵の具箱 yīnŭgŭ baku; 各種の色 iru kazi (数=多い), ⁺séshtchi iruduï; 船あるいは軍隊の色 hătă; 旗を揚げる hata agïung; 旗を下げる hata sagïung, tósh[ung]; 数種の色の名は次の通り fé iru 灰色; kŭrū 黒; shiru 白 ăkă 赤; yē iru, mizi iru, 青; shŭrū 褐色; ósang 緑; chīru 黄色.

Colourless 無色の; iru neng.

Colt 子馬; mma gva, kū mma.

Column 円柱; hashira, hāyă; {中国の文字で書かれた} 縦1行 chŭ djónu djī.

Comb 櫛; sabatchi; {両側に歯のついた櫛} kŭshī; {鳥の(とさか)} tuïnu kandji, kăgăn, kagami; [動](櫛で髪を)すく sabachung, sh'tchung (s'tchungであろう); 髪をすくのは, からまるのを防ぐため sabachuse karazi kunyarang tami; 櫛ですいて頭をきれいにする kushishi shtchi* aka tūyūng (*stchiであろう).

Combat 合戦する; [動]aï utchung, arasóyung, tatakayung.

Combination {組(合)せ} kuna; {自然の組合せ} chu kaninyi natóng, tuchi attiti nayung.

Combine 結合する; kŭnăshung; 人々と結合する tagenyi aï madjivaï mussidong; ゆすり取るために gū natchi shimiti tŭyŭng.

Combustible 燃えやすい; yáchi yassa, fi-tskaï yassaru mung; 燃えやすい物資〔軍事上の〕 fúchi gussuï.

Come 来る; chŭng; 行ったり来たりする ndjaï chaï shung, vólé; 彼はすぐ来るだろう ari chāki chūng; 2〜3日内に来なさい nyi san nyitchi yéshi mata kū; 下るのはたやすく, 上るのは困難だ urise 〔uriti chūsī〕 yassa, nubuyusi 〔nubuti ichusi〕 katémung; ここに来なさい kumankae ku; かなり遠くの人〔に言う場合〕 kan kūă!, kan kūā!; 近くに来い〔ボートを呼ぶ時〕 hay! yussiré! 〔よせろ〕; [s.]near; 上がれ wīnkae ku; 下れ shtyankae kū; この事はどうして生じたか kunu*; *以下に方言が来るべきだであるが, 記載されていない; 他のどのような教えもこれに及ばない ariga ushïusé bitsi ftunu uyubang, bits'i [c]hūnū ushīrū kutó, kuriga gutó narang; [s.]reach to; 正気にかえる shó tstchóng, djŭnyi natóng.

Comedian 喜劇俳優; hānshīshă.

Comedy (一篇の)喜劇; hănshī, chu fănshī

Comeliness みめのよさ; churassaru kāgī, churassassi

Comely 美しい; churassang, lippang.

Comet ほうき星; hótchi bushi

Comfort 慰め; [名]nagussami; [動] (慰める) nagussamiung, nagussamashung; 少々慰めに行った amankae ndji ĭchŭtă nagussamachang

Comfortable 気持ちよい, 気楽な; yī kukutchi, chinyi kanatóng; 住心地よい家 simati yutasharu ya; 着心地よい着物 chich[i]yutasharu ching; [s.]commodious; 心地よい yī kukutchi yăssā; 生涯安楽 ichi-chōru yéda rak[u]shang, yutakanyi ang.

Comforter 慰める人; nagussamashuru mung

Comfortless 慰みのない, 楽しみのない; bu-kukutchi, bu chū〈不調; 不興であろうか〉, nagussam[i] neng, nūng kukuru nagussamīru kutó ne[ng]

Comical 滑稽, おどけた; chóging (狂言), tava furi assibi.

Comma 句読点, コンマ; dji djīrǐ, dŭkū djiri.

Command 命ずる; [動]tuzikïung, ītsikïung, ī vatashung; [名]百人の兵の指揮をとれ fing hākŭ nying kamuri, subīri (統べれ); 君の命令を受けた tudziki ukitang; 上級官の(命令) wīsǐ; 宗教の命令が与えられる以前は, 道理がしかるべきように正す ushirang mādŏ 〔ushīe mattan shóti〕 [dó]linu ang aru bichi tukuró shidjǐnyi satutong; 神の仰せであるが, しかし従わない kami nūshinu wīsǐ yayeshussiga, yassiga s[hta]gārang.

Commandant 司令官, 長官; shó-gung; (兵)船の指令官 fing funi téshó.

Commander 指令官; ĭkŭssă téshó; 最高指令官 finnu kvannu kashira.

Commandment 神の掟, 戒律; wīsǐ, imashimi; 十戒 tūnŭ imash[imi].

Commemorate 記念する; shirashung; 祝宴によって記念する shŭdji shirashung, tsteyung.

Commence 始める; [他動]fhadjimiyung, sh'kakïung; 読み始める yumi fhadjimǐung; 読み始めて, 1ページ目にある yúmi kakitáng; ある部分はすでに習得した naré kakitáng; 初めに・始めに sé shu vúti.

Commend 誉める; fumïung, fumiagiung.

Commendable 誉めるに足る; fumi bichi mung.

Commensurate 比例した, 釣り合った; yinu gutu fhaka-yung; 身体又は他の衣類に釣り合わす tăshi āshung; 身分に合った mibunyi kanatong; 罪に比例して toga búnshi.

Comment 注釈する; [動]chū tūchūng, achirakanyi shung.

Commentary 注釈; chū, tuchuru chu; chū ziki-shung.

Commerce 商業, 交易; [名]shóbé, achiné shuru kutu, kó-yīchī; 交易を行なう shobéshung, achinéshung, uï késhung.

Commercial 商業の; 通商 achiné tuïyéshung.

Comminute 細かに砕く, 細分する; mígatchi kummaténg nashung, sítǐ kumaku nashung, kumaku sīŭng.

Commiserate 哀れむ, 同情する; avarinyung, chimugurishashung.

Commission 手数料; 〔賃金〕 yūdjŭ kamutoru tima gani; 〔上役から〕指令を受けた wīsǐ ukitang; 〔信頼による〕委託, 委任 tanumătteng, azikirăttang; [動] 人に依頼(注文)する tskayung; tskati yarashung, tanudi tskayung; (誂える) atsiréyung 〔即ち, 自分用に買うために(注文する)〕, chū mung-shung, chū mung tánunyung.

Commissioner 委託人; 〔皇帝の〕 kótinu utské, chin tsae 〈欽差〉.

Com(m)it 〜に委託する; tanunyung, azikiung; 罪を犯す hó ukashung, tsimi ukashung; 暗記する; [s.] memory; 獄に投ずる dū gumishung, dūya nkae irirashung; あることをある人に任す chūnyi [az]ikiti ussamirashung; 主なる神に私の命を委ねる kami Lóyényi va inutchi azikitóchung.

Committee 委任会, 委員会員; yūdju kamutoru 〔tazisayuru〕 nǐndju.

Commix 混ぜる, 混じる; kunzóshung, mankashung, manchóng, madjīung, kachāshung.

Commodious 広くて便利な; yī tayuïnu ang; 〔(間取りの十分な)家〕 yū simatéru [ya]; 〔衣類〕 shinyātong.

Commodity 便利な品物; 〔物品〕 hó mutsi (宝物), takara, shina.

Commodore 提督; finnu funi téshó; [s.]admiral,

Common 普通の, ありふれた; tsini mung, fidjina mung, ftu tūï na mung; yŭnu tsinina mung〈EC: 平常的〉;

これは万人共通だ; [s.]coarse, low, vulgar; ありふれた食物 mās[sa]mung neng; 公の習慣 kuku zuku; 流布した諺 zŭkŭ gū; 凡人 tsini ftu, tŭï[na]ftu; ありふれたこと tsininyi aru kutu, ïshó {fi dji} aru kutu; 激しく泣き, 涙を流して言った, 「私の手紙を並のものと思わなければ幸いです」と ïtādī n[a]chi, namida utushi ïbŭnyï, va kachési tsininu kataré ⟨EC: 常談⟩ ndi umuti nchi kvirand[ung]aré sévé déru; {いたるところで} 常時用いられた ts[ini]yū; 共同で使用される道具 'nyaga tskayuru dógu; 並の布 tūïna núnu, āra núnu.

Commonalty 庶民, 平民; haku shó, buku tami, tami haku shó.

Commonly 一般に, 通例; tsininyi, fï djinyi.

Commonplace 平凡な; tūïna mung; {ありふれた (陳腐な) 文句} féï kutuba, tsininu kataré.

Commotion 騒乱; lang, midari; 騒乱が起こった lan[nu] ukuritong; 騒乱を起こす lan ukushung; 人民の心に動揺を起こす chunu kuku[ru]madovashung, madavashi* ugukashung (*madovashiであろう); [s.]revolt.

Communicate 伝達する; {知らせる}tashshïung, tsū datsishung; {数人に分かち与える} fébunshung.

Communication 通信・便り; {書信} djó, bung; {官の} 伝達 bung, wīsï {下の者から上の者への} 上奏文 pin⟨稟⟩; 彼とは交流するな tuïyésunna; 二軒の家間の行き来 kunu yā tātsi kayurarïng, tūrarïng; 遠方の人達との交わり tsōdjiru kutunu, kaïvashuru kutunu ang, kaïvachéng.

Communicative 話好きな; 彼は話好きである hanashi zitchā, lundji bushā.

Commute 交換する; これをあれと交換する kuritu aritu kéyung; 交換しようと求める kérandi tazonïung.

Compact 契約; [名]sodang gatchi; [形]緊密な・引き締まった āchéng; [s.]close, strong.

Companion 仲間, 相手; yédju, dŭshï; よい相手, 仲間 yī dushi; 悪い仲間 yana dŭshï; 商売仲間 achiné yédju.

Company 仲間; 商業上の仲間 muyāshi achiné nïndjŭ; 一般の仲間 chŭ kumi, chu tuï; funi skuyuru chŭ sūrïは船舶保険組合の概念をよく示している; fï skuyuru, または kvănán⟨火難⟩ skuyuru chu sūrï, 火災保険組合; 購入や取引など共同でなされた事業の仲間 muyéti shung, muyéti kóyung, muyéti achinéshung; [s.]together; つきあう chaku madjivayung; 交わりを好む chaku yŭbïūsï kunudóng; 食卓の同席者が多い ta nindju dé unadjōnyishóng; 交際を嫌う chu tuïyéshusi chiratóng; 人との交わりは少ないが, 詩や酒は好きであった chu tuïyéya ikirassa ayéshundung, shīng saking kunudong.

Comparable 比較できる, 匹敵する; fïssi bichi, kunabi bichi.

Comparatively 比較的に; 良い fishitïnde yutashang.

Compare 比較する; fïshïŭng, nyïshïung, kunabiti nyūng; 見比べる mī āshung; 比較されない kunabirunyi uyubang; どのようにして私たちは彼と比べられうるか vātä aritu chāshi fishirarïga?; 書物を二つ比べて同じであるか見比べる shimutzi tatsi yīnu munuïndi mī āshung.

Comparison 比較; {例えば} tatoï; 例える tatoïshi, tatoïba yung; 一つの事を別の事と比較して説明する arishae kuri katadŭyūng ⟨型どる⟩.

Compass① 囲む; 周りを ïppé māshung, kakuï māshung; [s.]surround.

Compass② 羅針盤; {海} funi kara haïnu dé; 羅針盤の針 funinu kara haï, shinanshuru haï.

Compasses コンパス; yinsó⟨円相⟩ dógu, yinsó māshuru dógu, máta djódji {当地には存在しない}.

Compassion 哀れみ, 同情; [名]avarimi, chimugurisha; [動]avarimiung, chimugurishashung; 哀れみは愛を生み, 愛は愚かさを生む avarimé ndzōsa na[ti], ndzōsā urukanyi nāyūng.

Compassionate 哀れみ深い, 情け深い; [形]avarimyuru, migunyuru, a[va]rimi, migumi aru; [動][s.]preceding; 老齢者を尊び若者を哀れむ tushïuï uyamaï, vo[rabi] ndzosashung; 人の病苦を哀れみ, 善行を喜ぶべきだ chŭnŭ urïgutó {chódji} a[va]ridi, djinu tanushimi vadu yaru.

Compatible ～と一致する; attayung, kanatóng; 本当に私の身分に一致しない makutunyi va mībunyi ata [rang].

Compatriote 同国人, 同胞; du gukunu ftu, djidjinu⟨地下の⟩ ftu.

Compeer 同輩, 仲間; yedju; [s.]comrade.

Compel 強要する, 強いてさせる; shïung, shīti-shung, shīti shimay[ung], ūssï tskiung; [s.]force; 結婚を強要する shī[ti]nïbitsi shimïung; 私はそれしたくないが, 強制されている vané kunu yŭdju [shi]bushaku nensiga {ama ndjiransiga}, shī[ti]dŭ shŭrŭ.

Compellation 呼び掛け(る); nā yubyung, nā tunayung.

Compendious 簡潔な; ūū araminu, tésu⟨大率⟩, kāgï[ngshi] kannyuna tukuru yŭrïi.

Compendium 大要, 要約, 概論; ūū muninu tukurunu shim[utzi], kanyuna tukurunu shimutzi; 要約するsunu tégénu tukuró yiradi a[tsi]mïung.

Compensate 報いる; mukuyung, mukuï késhung; 受けた厚意に対し返礼する finli shung; 労働者に対するささやかな報酬 kuló z[aki], kuló saki numashung, ブランディー (酒)をいくらか与える.

Competence 十分な量; 金持ちではないが, 小金はある véké sanó assiga minu ménu yū bung taritóng.

Competent 力量ある; 彼はこの件の能力がある ariga

kunu yūdjŭ bindjīsinyi taritóng, kunu yūdju yū bindjidŭshūrū.

Compete 競争する; aï arasōyung; 優越を競う二人 taï dū mashindi ichi arasōyung; 官職を争う kvan yīrandi arasōyung; 売り手は客を争い, 職人は仕事 {雇用}を争い求める ūyā urandi, sékó tanumarandi téshi arasōyung.

Competitor 競争者; 彼は私の競争相手である are vantu téshi arasoyuru ftu.

Compilation 編集(物); ĭrădĭ nudjési, ussami iradési.

Compile 編集する; tuĭ shirabishi yirabĭung, fĭtī atsimĭung, atsimi nudjung; katchi tamĭung.

Compiler 編集者; nudji atsimiru ftu, katchi tamīru ftu.

Complacent 愛想のよい〈EC: 歓容待人〉; taï lónu〈大量の〉ftu, lónu fĭrussang, nassiki* aru chū (*nassakiであろう), yū yestsishi {yésatsi shi} chu madjivayusi kunudóng〈EC: 好用礼貌接人〉.

Complacency 自己満足; 自己満足(者) dūshi dū taritoru ftu, dū djimanshuru ftu; 穏やかな気分で自己に満足し, 絶えず化粧して, 歩き回り, 自分の影を眺め見る dūnŭ shóng yassundjiti, dūshi yĭtūshi, chā kū nuĭshi, tskóï achishi dū ké mi mĭ shung {dūshī dūnŭ kadji ké mi mĭ shung}.

Complain 苦情をいう; {苦痛} urīgutu yung, kurushimi tsigĭung; {苦情} 言う nayamashi munuĭshung, nayamassarī gutu īyung; tumú atitesi kóshung; {召使が{子}}をなぐったとこぼす kachadasi, kachadandi íchi kóshung 彼がひっかいたとこぼす; {法的に} uttaïshung, ata tsigiung; [s.]whine, plaint.

Complaint 苦情の種; {病気} yamé, byótchi, butchigé; 眼の病 mī yamé; この病はあまりの心配から生じる kunu byotché shinló〈心労〉dūdŭ sidjitósi kara nati chōru {ukutoru} mung; 病が日々悪くなる yamé fimashi chūku nayung; 以前の病が再発した satchinu yamé séfatsishong; {恨み} nītami, urami ḥanashi, または munuĭ; {法律上の(訴え)} uttaï; 習慣的不調の疾患 {また欠点も} kússi (癖), yána ḳussi.

Complaisant 慇懃丁寧な, 従順な rĭdjishi tuĭmutchóng, atsiku tuĭmutchéng, yafarashī mung, fivana mung, vung vana mung; 無礼な ridjishi tuĭmutang.

Complete 完成する; [動]djódjushung, uchinashung, tudjimĭ[ung], tskurĭtishung, mattaku nashung; [形]すべて完成している kutu gutu tudjimatóng; 読みにくい; 学者は徳に完全であるべきだ gakusha kannādzi tukunyi amarushung (amarashungであろうか).

Completed 完成した, 仕上がった; tskoĭ hatiténg, tskoriténg, ovatóng.

Completely 完全に; なされた djū bung mattónyi nachang; 疲れ切った chikara tskoriti neng.

Complex 混成の; {込み入った} kunzósheng; {混合す

る} ushachi tūtsi nayung.

Complexion 色つや・膚のきめ; {顔} tsiranu iru, kow, fĭ-fū; {一般的な(色つや)} chkung〈気根〉, k[ów]

Complicated 複雑な, 込み入った; matsibuĭshong, kunzósheng; 理解するには複雑すぎる matsibuĭshi vakarang.

Compliment お世辞; お世辞にすぎない vabi dīdji bakaïdu; [動](お世辞を言う) vabishae dīdji shung; 私の挨拶をよろしく伝えてくれ va taminy[i]ari {cha shógandi} kvī chīchī kvīrī; [s.]regards; 眉, 目をほめる māyū, mī fumĭung.

Comply 応ずる, 従う; ukigunyung, dūyūng; {目上の者の命令に} shtagayung; あなたの願いには応じきれない chivamiti undjunu tidziki shtagai [ga]tassang; 彼は応じないだろう ukigumang, gattins[ang]; 顔で従い, 心で反対する wab[i]shi ukigudi, chimunyi sumuchóng; 旧前の慣用に従い守る 'nkashinu 'ho shtag[ati] mamuyung; 私の願いに応じた va nigényi yutóng; 要求に応ずる nigé tūshung, nigénu gutu tūyung.

Comport 調和する, 一致する; vaïfu(割符)-shung; 理に適しない linyi kanāng, vaïfusang.

Compose (詩・文を)作る; {本} saku būnshung, bung tskoy[ung], anyung, tsiziri-shung, bung kunyung, kumarīng, shtatūng; {一緒にする} tuĭ āchi avashung; 何で出来ているか知らない nū shiga {shé}tārā shirang, nūnu irigū nu asse shirang; [s.]ingredients; {心の落ち着いた} kukur[u]shidzika, odayakanyi ang, yassundjitong.

Composing stick (印刷)植字盆; {印刷} handji fīchā.

Composition 作文; {文の} bun shó; 目立つ構図 nugitatchóng, nuchinditóng, fīditong; 平板な構図 utchi datang {二度と浮き上がらない}; いろんな成分の混成物 irigu, kussuĭ.

Compound 混ぜ合わせる; [動]atsimiti tuĭyāshung; 合成の薬 gū duyashéru kussuĭ.

Comprador (昔の中国の)買弁; shina mutsi kóyuru ftu; [s.]steward.

Comprehend 理解する; mifakunyi ang, tsōdjĭung, satuyung; 何回も繰り返し復誦しても, その意味は理解できない yudaï, fukushaï {djūdjitaï} uffusatantémang imé saturang, satuĭ gurishang; [s.]comprize.

Comprehensible 理解できる; saturu bichī.

Comprehensive 包括的; munifukudong, sibiti fukudong.

Compress 圧縮する; [動]shimĭung, kwāshung, shimi または kvashi tskĭung; 二つの物の間に(はさみ圧縮する) fassanyung, hassan kvāshung; 湿布・圧抵布 tsitsinyuru nunu.

Comprized 含む; uttchinyi īttchōng, kudóng, ĭung; [s.] include.

Compromise 妥協する; 密かに(示談する) suruitu ussĭung, ussiti kakushung; その仲は妥協した kangé nóchi yuzitang.

Compulsion [s.] compel.

Compunction 悔恨（後悔）する; kukwé-shung; 良心の呵責を感じる dūshi satuti shi guku kuyanyung.

Compute 計算する; kazoyung.

Comrade 僚友, 同志; yédju, tu fé（同輩）.

Con 熟考する; umuyung, kangeshung; [s.] read.

Concatenated 鎖状につながった; kussatong.

Concave くぼんだ, 凹の; kubudóng, fuï ndjachi kubudong.

Concavity くぼんだ所, 凹面; kubumi, kubudó tukuru.

Conceal 隠す; kakushung; それをお前に隠す事は出来ない vaga yankae kakushé narang, azamutché narang; 隠すな kakusunna; 罪人を隠す toga ning kakvashuse yurushung.

Concealment 隠れ場; kakvi dukuru.

Concede 譲る, 容認する; yuzïung, yurushung, ukigunyung, sinyundi ichi.

Conceited 思い上がった, うぬぼれの強い; du kangé-shung, du takabuyuru m[ung]; dūshi sénū fukuyung; 気どり膨らんだ話し方 uguï munuï.

Conceivable 考えられる, 想像できる; umarī, kangerarī bichi, umuïyassa; 如何して想像できるか chāshi umuï fakayuga.

Conceive 思いつく, 妊娠する; umuinu ukutōng, shuzŭnnu ukutong; その楽しみは想像がつく sunu tanushim[i]nu yósi umuï fakararing; 胎内にはらむ kassagiung, té ukiung; {動物の（懐胎）} harany[ung], haradong; 空の腹にそれを飲め, そしたら妊娠しない 'nna vatanyi {si haranyi} kunu kussuï nuding（飲んでも）, kassagirang; 殺人の計らいを抱いた chu kurussandi shuru fakarenu ukutong; 目でも見ず, 心でも思ったことのないこと mīshi mādā ndang, kukurunyi māda umāng tukuru; そのような事は表現はできないが, 想像はできる kunu yóna kutó kutubashi tskussarang {siga} kukurunyé umarī bichī.

Conception 懐胎; té ukitosi, kassagitósi; 妊娠を妨げる（法）té ukirassang {kassagirassang} shïó.

Concentrate 一点に集める; ippe kara atsimiung.

Concern 気づかい; {心配} kukurunu tsīashi, munu-kangé, shiva; {ビジネス} yūdjŭ, tstomi; 彼の事をとても心配している ariga chiziké yassā!, shiva yassā!; 自分に余計な心配をするな shivassunna!; 私に何の関わりがあるか vantu nū kakavayuga?; それは私には関わりない vantó kakavayé neng; 彼とは全然関わりない sŭttung aritó kakaverang; 彼と関わりがある kuri ariga yūdjŭ, arinyi kakavayung; 極めて心配している chă fukaku umutong; 私は, ここ二日とても気遣いしている vanya kunu futska dutu chimunu vazirénu atang; 私は君の事を深く心配している

vané ya kutunyi dūdu kukuru kurushidóng; この件は君とは全く関係無いことだ, 行って, 自分の仕事に心を配れ ïyanyi sumúttu kakaï fiché nerang kutu, ndjiti ïya shígutu kangéri.

Concert （共同計画を）案出する〈EC: 商議・裁度〉; [動] djĭmmīshung, sódang tatïung, fumbitsi ndjashung; 共同して行なう gū nati-shung.

Concession 譲歩; する yuzïung [s.] submit, yield, concede.

Conch 巻き貝; omi bura, 'm̄yă.

Conciliate 調停する・和らげる; vabukushimïung, vabuku sisinyung, chu sisimiti vabukushimïung; 私は彼を嫌っていたが, 彼の優しい振舞いによって彼と仲直りした satchata skantassiga ariga yafarashī ukunésha kutu vā kukuru mata arinyi nkatong; 二人を互いに仲直りさせる nakanoïshung（仲直りする）, naka nóshung.

Conciliator 調停者; nakanóshuru ftu.

Concise 簡潔な, 簡明な; kutuba ikirassa, munuyussé ikirassang; 簡潔で敏速な kutuba ikirassashi yutashang.

Concision 切り刻むこと; chizashusi.

Conclude 完了する; {終える} ovayung, tudjimayung; {推論する} sashshïung, ushi firumïung.

Conclusion 結末; 最後（に）tudjimaï kutchi.

Conclusive 決定的な; 君の言葉は決定的だ yussemūttŭng; 決定的証拠 shūkŭnŭ mussubi.

Concoct 調理する; {消化する} kvăshshïung〈化する〉〈EC: 克化・消化〉

Concord 一致, 和合; văbūkŭ-shung, tagenyi aï vabuku natong, chimu tītsi.

Concourse 集合, 群衆; shunyinu atsimai.

Concrete 固まった; {部分がすべて結合した} tuïātong, mutskatong.

Concubine 妾; yubé; 誰かが君を愛し, そして妾になるようあなたの両親にお願いしたがっている nanyiga-shiga yă kanashashi, yă uyanyi mutumiti yăyă yubesandi shung; 妻が息子を産んだ後に妾を持つ者は, 妾一人につき50度の罪である tudjinu wickiga ngva nachi ato yubé mutumīru munó, ichi nyinyi kakatoru tsimi gu dju.

Concupiscence （現世）欲; shī yuku〈私欲〉, mussaburinu chūsang, fushanu chūsang.

Concur 同意（見）である; 私は彼に同意する vaga ariga kang[e]nyi tskiung, yuri shtagayung, dūyūng.

Concussion 震動, 激動; tstchi attïung, tstchăyung, ugukacheng; 脳震盪 tstchi atiti dzi anda utchi ziratong, itamiténg, ugukatchéng.

Condemn 有罪と決定する; toga sadamïung, tsimi sadamïung; 裁判後宣告する tadachi {tsimi taniti} kara toga sadamïung; [s.] damn.

Condense 凝縮させる〈EC:作稠密的〉; {空気など} kukumashung; {お茶をより濃くする} katamarashung, mutchiku nash[ung], mutskarashung; 蒸気が凝縮してブランデーになった atskinu chishītī {tati, 垂れて} sáki natóng; atsikinu kukudóngはまた熱い息が凝縮して水液になることにも言う.

Condescend 謙遜する, 身を落として～する; ftunyi kúdayung; 謙遜した, 腰の低い kudáta mung (下ったもの); かたじけなくも私を訪ねて下さる va yankae me[n]shéng; 書いて下さる katchi menshéng, menshochang; どうかお受け取り下さい undju kunu kutu ukituti mishési nuzudo[n]g; また, (「どうかお受け取って下さい」の)より良い言い方は nigényé undju kunu kutu ukituti kviri; かたじけなくも私の事を考えて下さる umikaki mensheng; {王子が} utabi mensheng.

Condign 妥当な; 罰 wūdji atayuru batsi.

Condiment 調味料, 薬味; adjivé tutuniru shina mutzi, ambéyuru dógu; 薬味として加える ambeyung; 調味料としてもう少し塩を入れなさい nya iffé māshu ambéré.

Condition 身分, 状況; yósi, kuré; {心の} 状態 kukutchi; {物の} 状態 dji djó, chidjó〈情景; 形状であろう〉; 彼はいかなる身分か are charu yósinu munga, charu mī būnŭ munga?; 良い健康状態だ kakóya, kukuché yutashang, tātsīnu yutashang; 恐るべき状況, 事情 sunu kakó ussuri bichi, [s.]nature, state, kind; これは条件次第だ kuri yaravandinu sódang, または ībung; 君が来る条件で churava (来たら); 体の, 健康の状態 mī mutchi; 声の状態 kutchi mutchi; {mutchíは字義的には, 自然 (状態) にやや似た意味で用いる}; 船はこの状態では帰れない funé kunu náïshé kunyinkae kerarang.

Conditional 条件つきの; 状況 yaravandinu kakó; 私は断定的言い方はせず, ただ条件つきの言い方しかしなかった vané sadamité yang, an yaravandidu icharu; 私は条件付きで言ったのだ, よければあげましょうと yū sava kvïundidu icharu.

Condole お悔やみを言う, 弔慰する; [動]kanashimi avarinyung, itanyung.

Conduct 行為, 振舞い; [名]ukuné, shīvăză, [s.]behaviour 悪い振舞い hazi bichi shīvaza, yana shkata, shtya katanu shkata; 悪行の人 tsīdjīnămung, varī ftu, [s.]man; [動] 導く sóyung, subiung, fichung, mitchibitchung; 向こうへ連れ行け amankae sótīkī; 事業を経営・管理する kamuyung, ussamĭung; 疑いなく彼らの中に悪行の人がいるが, 君らの中には絶対にいないか āttă utchinyi, uttageye neng, yana shkatanu ftu vussiga, itta utchinyi sŭttung yana fᶜtu néni?

Conductor 案内者 (車掌); mitchi bichiru ftu; [s.]guide, pilot.

Conduit 水道; mizi tūshī, sī-dó.

Cone 円錐形; togaï mung, yamanu togatoru gutu.

Confectionary 糖菓の, 菓子製造; sătā-dziki naï; [s.]jam.

Confectioner 菓子屋; sata dziki tskoyā.

Confederate 同盟 (する); [動]chikē mussubiung, gū nashung, aï avashung; gū nashung (重複ママ); 同盟者 chké mussudoru, または gu natoru ftu.

Confer 授与する; fudjĭung, tamayung, utabi misheng; 協議する tagenyi lundjiung, djĭmmīshŭng.

Conference 会議; 会議を開く ïchātī, または kvéshi djimmishung.

Confess 告白する, 自認する; tsiminyi fukushung〈服する〉, tsimi shtchong, vabishung, dūshi vassandi yung; 私は罪を告白し, 認めてますから, どうかお許し下さい vāgădŭ vassarundi ichi, tsiminyi fukushó kutu, ndzógi yuruchi kviri.

Confession 口供 (書); tsiminyi fukusharu shūkŭ kutuba, kūdjō〈EC:認罪之口供〉.

Confide 信任する, 託する; atsiréyung, tanunyung〈EC:頼〉, shindji tskĭung; 私は彼に託している vane anu ftunyi uchakati shung; 君は日々の事を誰に託しているのか yăgă me nyitchinu kutó tā tanudi shūgă; 秘密を打ち明ける fīmĭtsina mung shindjitskīshī chunyi tanunyung.

Confidence 信任, 確信; shindji tski; 威勢を信じ, 悪意から気まま放題する ichĭūīnyī utchaka[ti]chī măkashūrŭ tsimi; 自任する mizi kar[a] ᐩnindjitong〈任じている〉.

Confident 自信たっぷり; {大胆な} dūnu yū ᐩchinyi makashoru mung; 正しいと確信している ayamari néndi katónyi umuyung; 秘密を打ち明けられる腹心の友 tīnīnu (中国語「特別な」であろう) dushi.

Confidentially 内々に; 言う tīnī ya kutu (信頼できる友だから) yung, chunyi ĭnnayó.

Confine 閉じ込める; {獄に} dūya nakae iriung, {制限する} kadji[ri]shung, hăttŭshŭng (法度する); {縛る} tabayung; {腸の中に} tudukūtong (滞っている).

Confinement 出産 (床につくこと); {女性の} ᐩsannu〈産の〉ba, kva nashuru djibung〈EC:臨盆的時候〉; {陣痛の間} san mŭyū, san mé; {陣痛後} ᐩsān gŭ〈産後〉.

Confines 境界; saké.

Confirm 確かにする; katonyishung; shūku ndjachi katonyishung; 証拠を出して確かにする; 証拠を引用し, 確かにする shūku fichi katónyishung; 陳述を確証する shūku tskiung, utagé harĭung; 意志を一層堅固にする ariga kukuruzashé katónyisi.

Confirmation 証拠, 裏付け; あれは私の言ったことの証拠となるものだ kuri vaga ïcharu kutunu shūkūtŭ natóng.

Confiscate 没収する, 押収する; dzé mūtzi ᐩkwan djŭ {ya mun} kara* tŭyūng *nuが妥当であろう, tuï agĭung, kvandjunyi iriung, ĭttchóng.

Conflagration 大火災; ūū-yaki-shung, uffĭku méyung.

Conflict 争う, 衝突する; tagenyi óyung, madjī tătăkă-yūng; {言葉で} 争う yūzé-shung; {心の葛藤} uttché fittché, tukŭttu neng; {相反するもの} tagenyi atarang.

Confluent 合流する; madjung chu tukurunyi nagarĭung.

Conform 従う; {他人に} yuri shtagayung; {手本に} tĭfūn nyishti tskoyung.

Conformably 一致して; 現在の習慣に (従って) namanu fūdjinu tūĭ, gutu; 彼はそれを時勢の慣行に応じて行なった ariga kunu kutu nashusi tuchinu fūdjĭnyĭ shtagati dūru.

Confound 混同する; kunzó-shung; この二つは混同させてはいかん kunu tātsinu kutu kunzó shimité simang, midarīse yurusang; これを聞き彼は困惑した kunu kutuba chicha kutu, sŭkvéchang.

Confraternity 団体・組合; 坊主の (一団); bodzinu chu kumi.

Confront 突きつける, 向かい合わせる; nuchāchi, または téshi shūkushung; {面と向かってとがめる} mukudjing chu nurayung; 彼を私と対面 (決) させて, 証拠を出させてくれ vantu nuchāchi, ariga shūkūsī

Confucius 孔子; Kūshi; 孔子は, 謙遜して, 何の知識もないと言った Kūshi {undjushi} yuziti, dūya nūng shirandi ī misheng.

Confuse 困惑させる, 混乱させる; kunzó-shung, kanlanshung〈混乱〉; {言葉などが} 混乱している maguritong, maguriti ĭttchong, kunzóshi kutu; {物が} 混乱している azara yama tatachong; {頭, または, 尾がなく} 混乱している shūbī nérang; 混乱しすぎて分からない kunzóshi vakarang.

Confusion 混乱, 狼狽; midari, kan-lan, kunzóna kutu, kunzó mu[ng]; {国に} (混) 乱がある lannu ukutong, ukur[i]tong; (混) 乱を起こす lan ukushung; 乱雑に詰め込まれた kunzóshi nussiténg〈乗せてある〉; 頭の混乱 {病的} kukuti miguyung; 考えの混乱 shuzūnu midarit[ong]; 目や耳の混乱 kashimasháng; 乱雑な品物 yáma chiritóng, yama chírachóng; 混乱した考え dzónín〈CDなし; 雑念であろう〉.

Confutation 論破; ī vūyūsi, ī tóshusi.

Confute 論破する; bindjiti tóshung, ī vūyūsi; 論破されて, さらに言うことがない ī vūrita {bindjiti tócha} kutu kutéĭnshi ōsan.

Conge {重湯 (水の多い, ねばり気ある, 小児用)} ké, uké. cf.Medhurst: (Congee; ka-yu, カユ)

Congeal 凍る, 凝結する; kūrĭung, kūri nayung, fidjuti kfayung, kfaku nayung.

Congenial 気性の合った; chinyi, または chimunyi kanatong, kukuru unadjōnshóng.

Conger eel (魚) あなご; ufu nadji, omi nadji.

Congestion 充血; 血が chīnu tudukūtong; 頭の充血, の

ぽせ chīnu nubussitong.

Conglomerate 団塊状に集まる (凝集する); kūssasiga ushăyung.

Conglomerate-stone 礫岩; ŭrŭ ĭshĭ.

Congratulate 祝辞を述べる; yī kŭtūndī yung, yī kutu débirundi yung, sévé yuvéyung; kashĭung〈賀〉, shūdji yung; 私は君をお祝いする (おめでとう) yī kūtū ya!.

Congratulatory 祝賀の; 国の文書 shūdjinu bung; 祝辞の言葉 yuvénu {shūdjinu} kutúba.

Congregate 会する; [自動]atsimayung, kvéshung (会する), ushati ichayung; [他動]集める atsimĭung, kveshimĭung (会 (せ) しめる).

Congregation 集会; chunu atsimaĭ, uffóku kvéshóng.

Conical 円錐形の; togatong (尖っている).

Conjecture 推量; [名]umūĭ, fakari, házi kátsimitéru {kakitéru} mitski; [動]推量する umuyung, umuifakayung, kangeyung; 天の意を推測する tinnu kukuró umuĭfakayung.

Conjoin 結合する; aĭ tsiranténg, tsi tskatóng.

Conjointly 共同で; 行なってある chikara avachishéng, muyáchi shéng.

Conjugal 夫婦間の; tudji mītunu kutu, fūfūnu kutu; 夫婦の和 fūfūnu vabuku.

Conjunction 近接・会合〈EC: 交会〉; madji ichayusi または kvéshusi; 太陽と月の交会 tsitchi finu madji kvéshong; 太陽と月との交会が新しい月にする fitu tsitchitu kvéchi {oĭdúnse} tsĭtatchitu nayung.

Conjuncture 巡り合わせ; 状況の chikvaĭ, hóshi; {良い機会} を失うな chikvaĭ ushinaté simang.

Conjure 祈願する, 懇願する; chikéshi mutumĭung; 懇願して人を仲間に入れる chiké tatiti ftu manitchung〈EC: 発誓呼人〉; 魔術で悪魔を呼び出す djutsishi madjimung yubĭung.

Conjurer 魔術師; djutsishā; 魔術師とは目の前でナイフを飲み込んだり, 火を吐いたりする者のようなものである djutsishandi yuse nama tachi nudai, fi hachaĭ shuru taguĭ déru.

Connate 同時発生の, 生来の; madjung mmaritaru {一緒に生まれた}, shó shtsi kara, mmarikara.

Connect 接続する; tsidĭung, tsinadĭung, tsidjāshung; {紐または串を通して (つなぐ)} vīrushi, gūshishi nūchŭng (貫く); {自分とある人を (結びつける)} gū nayung, kumishung; {悪い目的で (結びつける)} kŭnăshung; {書物で} linzuku-shung〈連続する〉; 万人は相互に社会人として, 繋がっている tagenyi kumishi madjivatong, ichatóng, aikak[avatong].

Connection つながり, 関係; この二つは何の関連もない kunu tātsinu kutu suttung aĭ tsigang, linzukósang〈連続しない〉; 彼と交わりを持つなよ aritu voléshi madjivannayó; 家族関係, 姻戚 véka haródji; 死んだ役人の親族は故郷に送り返されるべきだ shidjoru {māsharu} kvanu veka haródji dūnū murankae kérasi vadu yaru; 私の交友, 仲間たち vaga madjivatoru, または madjivari mussudoru ftunu chã; 関係をつくる mussubi tatiung; 婚姻（関係）を結ぶ fúfunu mussubi または mītūnda mussubí tatūng; 彼らとはもう交わりが無い aï kakaru kutó néng.

Connive 見ぬふりをする, 黙認する; kămāng fūnashung, または fūīshung, shirang fūīshi yurushung, kamang, kamurang, nchindang fū-nāshung; shtchi vussiga yóshóng（放っている）; 収賄を黙認する mésishi kamāng fūīshung; 密輸取引を黙認する nŭgi achineshusi kakvachi yurushung.

Connubial 夫婦の; fŭfūnu mitchi, tudji mītunu dóli; 夫婦間の情愛 fūfunu aï kanashashusi.

Conquer 勝つ, 攻略する; makashung, katchung, massariung（優る）; 自己を抑える shi yuku sarashung, dū makashung, ussamiung, imashimīung; 自己を抑え, 礼儀に返ることは善である shīyuku sar[a]shi, rīnyi keyusi djin tushúng.

Conquered 負けた; 私は負けた makitang.

Conquerable 負かしうる, 征服できる; makashi bichi, makassari bichi; 克服できる{悪習} uchi bichi mung {止めることができる}.

Conqueror 征服者, 勝者; katchoru ftu, katchi yītoru ftu; 国を征服する人 tītchī guku {shībatsishi} fuku shimiru ftu; 凱旋して返る勝利者 katchi utashi ketoru téshó（大将）.

Conquest 征服, 攻略; shimi tuyusi; 軍事征服の計画を捨てろ katchi, ikussashi kunyi tuyuru fakaré yamiré.

Consanguinity 血族（密接な）関係; shtashku ang, mutsimashūnyi ang〈EC: 有親（戚）的〉.

Conscience 良心, 道義心; tīn shī（天性）, ló shin; 良心を恐れる dūnŭ lóshin ussuritong; 道義心は常にあり, 欺くことはできない yī kukuru tsininyi dzundjita kūtū azamuché narang {azamukarang}; 堕落した良心を持つ chimu yanténg; 良心のない kukurunyi hadjing（恥も） neng; 良心を畏れる dunu kukuru ussuritong, dunu kukurunu chigarashusi または chigarasatósi ussuritong; 良心をとがめること kukuru chigarashuru kutu; 良心の無いものはいない tinshinu neng muno urang, kukurunyi hadjing neng munó urang; 良心は安らかである shidzikanyishi kukurunyi haziru {hazikasharu} kutundi iché néng.

Conscientiously 良心的に; 行動する utunassashi kutu yū bindjiung.

Conscious 自覚（意識）している; dūshi shtchong; 罪を自覚して dūshi dūnū tsimi shtchong; 正しいことを自覚している dūshi dólinu assi shtchong.

Consecrate 捧げる; 神に kaminkae ushagïung, ch'shin shung〈献〉; [s.]dedicate.

Consecutive 引き続く; tsīdzīchóng.

Consent 同意する; gattishung*, ukigunyung, yūyŭng, dūyung, dáku djaku shung, dánshung, {否}danósang}; yurushung, sinyundi または ūndi yung *gattinshung であろう; 承諾せざるをえなかった ari iyading ukigumané nārāng; 決して承諾しない chãshing ukigumang; 君も同意（する）か iyāng duī?, daku djakuī?

Consentaneous [s.]according.

Consequence [s.]inference; 結果, 係わり; 行為の fīchī mussibi, kakavaï; 結果は軽いものではない sunu atonu fichi mussubé karukarang, ūmī yãssã; 私はその成行きに巻き込まれた fichi mussube, または atonu tuduché, または yúkusi（行く末）, van madi kakatong; 関わりはどうか nūnū kakavaïnu aga?; 彼はあのように振舞おうとし, 助言しても聞こうとしないから, 自分で責任を持たせなさい. 君の落度ではない are kanadzi anu kutu sandi shussiga, sódānshing chkang tuchindo, fichi mussubé またはatonu tuduché, または yúkusi, aringdu kakatoru, yanyé kakarang kutu, 放っておいて, させなさい yoshóti, shimiri; 重大な事 ūmī kutu, umutchi aru kutu.

Consequential 尊大な, {僭越な} dū takubuyuru* mung; du kódaïnyi shung. *takabuyuruであろう.

Consequently その結果として, それ故; anshã kutu（そうしたので）, unu yuīnyi.

Conserve 保持する; tamuchung, mattóshung, kanimattósh[ung].

Consider 考える, みなす; kangeyung, umuyung, umi tskīung, umifakayung; ゆっくり時間かけて考えなさい, 遅くはないから nitsi nitsi kangeti siyó, madu* ussiku nendó *madaであろう; 注意深く考える issényi（委細に） kangériyó; それはそう思う vaga anu mitskinu ang; mitskīshung; [s.]think, reflect; ある件を四方八方から深く考える íri kūdjūng {入る所を潰ぎまわる}, sī-ló-shung〈推量する〉; 無罪とみなされる tsimé lundjirang; {前述のものを指して} これを考えて見ると kuri ntchindé {utchi nyūngの変化}.

Considerable かなりの; 困難 yŭkãï katemung, yi shakunyé katemung; かなりの利益をえた ariga li-tuku yītósi yukai fudu ang.

Considerate 慎重な, 思慮深い; me kadu kangé zózi; kange zózi; {金銭の件で} tsimuī zódzi.

Consideration 重要（性）; 重要人物 mī bunu uffīssaru ftu; この件を考慮して unu yūīdŭ, an ya tuchindo, an yã kūtū; 考慮する必要はない djimmi shusé mŭyū（吟味無用）; 一考に値しない umūīnyī uyubang; 両方とも同等の重要さ lóhótūmŭ {ta tukuru} ūmī kutū.

Consign 託する; {物品を} sazikïung, kamāshung, [s.]

deliver; 人の管理に委ねる tanudi bindjirashung, tanudi tuï fakaréshung〈EC: 託人代弁・託人料理〉.

Consist 存在する; 君達の喧嘩の原因はどこにあるか ïttā nāndjū nūnyi kakatoru kutunu aga?; 憂い, 悲しみの原因は何か dzinu kutunyi kakati shivāsā?; uyanu byóchinyi kakati du shivashong, 父の病の事を考えて(心配)である; 何で出来ているか nūshī natoga?

Consistency 堅さ, 粘度, {液体の} katamīru shaku; 濃度がジェリー状になるまで煮つめよ kūrīnu gutu shidji katamiri; 全然粘性がなく, 水だ katamayuru shakó nerang {katamarang} mizi bakaïdu.

Consistently 首尾一貫して; 彼の行動は一貫していない ariga shusi djīngū〈前後〉{tsibi kutchi} sóvūsang.

Consolable 慰められる; これは慰めになる ngussaminyi* nayung *nagussaminyiであろう; 彼は心の安まる(人だ) nagussamaring.

Consolation 慰み, 慰謝; nagussami; 彼に慰みを少々与える iffé nagussamaré, nagussamasé.

Console 慰める, 慰問する; nagussamiung, nagussamashung; 私は先に人を送り, 君の父母を慰めさせよう vaga satchata ftu tskati, ya fūbū nagussashimiung; 商用で遠国(外国)にいる友を慰める手紙 achinéshīga gvé guku ndjōru dushi bung tskati nagussamīng.

Consonance 和合; {音の} utunu vagonye natong; attiung.

Consort 配偶者; féï gū, gū.

Conspiracy 陰謀, 謀議; kambó〈奸朋, 奸謀か〉, mūfūna 〈謀反な〉fakaré.

Conspirators 共謀人, 陰謀者; kuna nindju; 共謀者の1人 kuna nīndjūnū chuï, gū natōru ftu.

Conspire 共謀する, 陰謀する; kumishung, gū nashung, ichi mishung {字義上は, 一つの味である}; 悪い目的のためにだけ共謀する kǔnăshūng; この二人は共謀して, 私を傷つけようとした anu taïyé gū nati vang gesandi shung; 悪人と共謀して善人を害する yana mūntū gū nati, yǐ chu géshung; 悪い目的のため共謀する gū nati yana shkata shung.

Constable 治安官, 巡査; yaku yaku, vedaï ogāng; 奥地(地方)では警官はまた sabakuï とも呼ばれる.

Constant 一定不変の, 志操堅固な; tsini〈EC:常〉, fi dji; 変ったり止まったりすることのない堅固な心 kukuru katónyi ang, kukurunu tsininyi ang, kavarang tudumarang; 最初から最後まで変わらない人は真に善人である fhadjimi ovaré findjinsansé makutunu kunshi.

Constantly 始終絶えず; ishó, tsininyi, tsininu tuchi〈EC: 常時〉, fi-dji; 彼はしばしば来る ishó, fidji chong.

Constellation 星座, 星宿; fushinu yaduri.

Consternation 非常な驚き, 仰天; fukaku urītong, {突然} tamashi nugitong.

Constipation 便秘; tudukutong; 腸の débinu〈大便の〉 tudukutong, tsōdjirang; 私はここ数日便秘している vané kunu utché chishshitóng.

Constitute 〜の状態にする・任命する; tushung; 私は君を任命する vane ya kamūrashung, tatïung.

Constitution 体質; {肉体の} kunchi〈根気〉, chkung〈気根〉, djinchi〈元気〉.

Constrain, constraint 強制する; shītī shung, shimiung, ushi ushi-shung; 無理に読ませる ǔshītī simi yumashung, ushi tskiti yumashung; 拘束(支配)される chunu kagetu, utchitu nayung; 拘束(支配)されるのは好かない chunyi kamuratti dūnū kătté naransé skandó.

Constrainedly 強制的に; shītī, ǔshītī.

Constraint 強制, 束縛; shīti shusi, shimitési; [s.]constrain.

Constrict 圧縮する, 引き締める; fichi shimiung, fichi ushā shung.

Construct 建造する; {作る} tskoyung; 家を建てる ya tskoi tatïung; kundǔshung, fushinshung.

Construe 説明する; {文法的に} kutuba shidenyi shung; 君は私の言葉を間違って解釈している va yuse tskoï tutchung.

Consul 領事(官); ló dji kwang, kutu kamutoru kwan.

Consult 協議(相談)する; djǐmmīshūng, sodangshung, aï fakarayung; 公的に吟味する kwăndjū djimminshung, ūūyadjinyi djimminshung; 私は君と相談したい vané yătǔ djimmishi bushashung.

Consultation 協議, 吟味; djimmi.

Consume 消滅する(中国語:消耗); {完全に撲滅する} yandji finayung, [他動](消滅させる) fīnyarashung; 火で焼き尽くす yachi yabuyung; 完全に焼き尽くす yachi tskushung; 財を浪費する kvabita tsīyashung, munu irishung; 使い尽くす muchī tskushung, tskē hatïung; 悲しみで憔悴した shivashi tskaritóng; 憔悴させる, 憂いごと tskaráshuru shíva.

Consummate 完璧な; 人 chikūnā ftu; 学問上 chikūnā samuré; 申し分ない完全な美人 lippanyishi chkuna ang, djó datsi〈上達〉; {経験豊富な} shudjó; 途方もない悪 yana dakumi shudjóshong, dji datsi〈下達〉, ǐtsīng djǐfīnā mung; [動]完成する fabachung; [s.]end.

Consumption 消耗性疾患 (特に肺結核); tan yamé, tan shó; {使用による(消耗)} tskoriung, finyayung, tske hatïung, fiteng; 商品の消耗 shinamutsi amare finyatóng.

Consumptive 消費(性)の; kachirá, kachiritóng.

Contact 接触する; narabiung, kunabiung, tskiung, ushitskïung.

Contagious 伝染性の; 病 fayari byotchi, fūchī〈風気=中風〉, géchi〈咳気=風邪〉; yichi li, chunyi utsiru yamé.

Contain 含む; ĭttchŏng; −nyi ang, −nkae ang; この箱に何が含まれているか kunu haku nū itéga, nūnū shina itéga; 90度であれば直角で, 90以上であれば鈍角, 90度以下であれば鋭角だ k[u]dju {danまたはdjódji} dunyaré kākŭnă sīmīndi yuĭ, ku djūnyi sĭdjīré magutoru* simindi yuĭ, kŭdjūnyi tarandung aré togatoru simindi yung *magatoruであろうか; 心は精神を内包している kukurunyi shin takuvéténg, ussamitóng; 天地は真の神を包含できないが, 善人の心はできる t̊inching makutu kamé nusi ōsan, tada tadashí fitunu kukurushi shung; 天に包まれているもの tinnu tsitsidósi.

Contaminate 汚す; chigarashung; 汚れている chigariung, chigaritóng; {心的} kukurunyi chigaritong; {垢で} fingu tskĭung.

Contemn 軽蔑する; ukattushung, iyashindjĭung, karundjĭung, ănădŏyūng, azamuchung; {s.}contempt.

Contemplate 黙想する; {心に} mukutushi umuyung, turibati kangeyung, fissukanyi umuyung; 黙想にふける fukaku umuyung; {[s.]behold}.

Contemplative 黙想的, 瞑想的; tata turibatóti kangeyung.

Contemporary 同時代の; yū tītsí, yīnŭ tūchī, yīnu dé.

Contempt 軽蔑; 軽く扱う karundjiti chu madjivayung; {軽蔑して見る} zăttŭ nyūng, ukăttu nyūng, kukurunyi kakiranshi nyūng, chimu tskang; 軽蔑的に扱われる ukattu umarīng, chunyi karundjirarīng.

Contemptible 軽蔑すべき; {人} kărĭ mung, iyashtchi (卑しき) mung; {もの} vazika na mung; 野卑な行為 yafina ukuné.

Contemptuous 軽蔑的; 態度 ukutari kāgī; 人をバカにした振舞い方をする busafŭnă ukuné-shung, butsitsishiminu ukuné, chifukuna〈軽浮 chīfăkŭ〉ukuné.

Contend 抗争, 論争する; mundóshung, yuzéshung, nandjū-shung, arasōyung, kŭlunshung; 席の上位など順序, 序列を争う ato satchi arasōyung; 値段について争う dénu nandjūshung, dénu agi sagi arasōyung.

Content 満足した; kukurunyi taritong; あるだけで満足して bunu gutu taritong, aru ussashi taritóng; 1万エーカーあっても1日1パイントの米しか食べない. 千の部屋があっても7キュービットの広さがあれば夜寝るに十分である. 全世界の主であっても最後に人一人の身長ほどの墓があれば十分である. それだのに何故天の与えたものに満足しようとしないのか yī tă mang yātīng fichi kanyuse ĭshshu dū yaru; ufu yā shin kang yātīng, yūrū nindjuse shtchi shakunye sidjirang; tinganu nūshi yassiga, ovayuru tuche chunu ĭŭrū fudunu hakandó hómuyuru, ansha kutu tin-minyi chashi yassundjirankaya?

Contention 口論; yūzé, nāndjū.

Contentious 議論好きの; arasoï kunudong, yūzé stchóng.

Contentment 満足, 安心立命; bung yassundjitósi; 満足は不変の幸福である tarīru kutu shtchi tsininyi tanushidong; 満足と幸せの享受 (足りることをしっているのと, 幸いを受けるのと) tariru kūtūng または tariru kutu shtchósing, sévé ukitósing; 上位の者とは同等にはないが, 下位のものより多く所有している. このことを考えると満足が生まれる wabi ndé vané taranó assiga, shimutaru mung nde mata amarinu ang, kunu kutu kangetindé chimunu tarīung.

Contents 内容; {本の} shimutzinu sū shide; 目録 muku ruku; 手紙の趣旨 djónu ŭtchīnū shidé; 箱の中味 hakunyi ĭttchoru kutu, ĭttési.

Conterminous 切れ目が無い; tsirudjóng.

Contest 抗争, 論争; [名]mundó, yūzé; {戦い} tataké.

Context 文脈; {wi shtya} tirudjoru* bung, tsiranutchoru bung *tsirudjoruであろう.

Contiguous 接触する, 隣接する; tsidjong, tunai tchkassang; 接している国 liku tsidzichōru, または dji tsirudjshoru* kunyi *tsirudjishoruであろう.

Continence 禁欲, 節制; yuku〈欲〉kaginshoru tuku; yūku chirá[tosi].

Continent 節制ある; {貞節な} tĭ shītsi, shtsi mamutóng; {一般に}（加減する）kaginshóng, kăgīng shtchong; 大陸 djīnu uffissaru bung.

Contingently 偶然に, 付随的に; umazi furazi, fichi tsidjĭshi.

Continual 継続的; tsini, yamang gutu, nagaku térang; 頻繁に水をかけろ chă mizi kakiri; 頻繁に来る ari ĭshó terang chung.

Continue し続ける; muttunu gutu shung, terang, chirirang; 常の如く続ける tsininu gutu; 切れ目なく続く utsidji tsidjishi térang, cha tsidzichĭshi térang; 同じ所に居続ける mutunu tukurunyi vung, chă anu tukurunyi vung.

Continuous 連続的, とぎれない; kassinu gutu tsidjóng, tsiraniténg.

Contort ねじ曲げる; fichi magiung; 手でねじ曲げる mudĭung; 体をねじ曲げる dū chidjumayung（縮まる）; 顔の筋肉をゆがめる・皺を寄せる tsiranu maguyung.

Contour 輪郭, 外形; sū yinsó, s'utunu katachi.

Contra 逆 反抗; uttchéshong, fanfukushong, mbashung（拒否する）.

Contraband 禁制; 品 hāttŭ shina.

Contrabandist 密輸者; nūgī achiné, 'hó tchigénu achiné.

Contract 契約, 約束; [名]yakusku, sodang, vagó; 契約文書 yakusku-gatchi, sódang gatchi; 契約する yakusku tatŭng; 契約書あるかないか yakusku gatchinu ămĭ néni?; 品物の契約をする shina mutsinu sódang tatŭng; 契約値段 yakusku sadamiteru dé; 契約値段に更に添える sadamitésinyi wi dé sīti tõrashung; 好かなくなっている djin djin〈漸漸〉anu ftu skan natóng; 敵意まで形成されるまで djin djin ata tichinu shakunyi nayuru yéda mattchong; 体を縮ませる magayung, chidjumayung; [s.]convulsion; 物の口を引き締める fichi shimiung; [s.]shrink.

Contraction 短縮; 略字 só gatchi; [s.]shorthand, abbreviation.

Contractible 収縮する(性のある); chidjumaï yassaru.

Contradict 否定する, 反駁する; tsikéshung, irivaïshung, sūgŭ〈齟齬〉-shung; あえて反駁しなかった uketi chāshing iriviaïnsang; さしでがましく(でしゃばって)反駁した ufu irivaïshung; 人の背後で(いないところで)異議をとなえる kushi, soba kara ī yandyung; 自己矛盾する dushai sŭgŭshóng, uttchétong, dūtu fugósang; 互いに矛盾する tagenyi uttchétong.

Contradiction 矛盾; 言葉 ŭttchéshoru kutuba.

Contradictious 反駁的; irivaïshā, irivaïshandi ichi shtchong (stchong 好んでいる, であろうか).

Contradictory 矛盾する, 相反する; waifósang, fugósang, uttchétong, atarang; 反対の, 矛盾した証拠 kutchishi yussitu atarang.

Contrariwise 反対に, 逆に; kuritu uttcheti; 君の言うこととは反対にそれは悪い ya yussitu uttcheti ikandó.

Contrary 反対の, 逆の; fanfukushong (反覆(心変わりして信義に背くこと)であろう); 私に反対している vantu fanfukushong; 全く反対の, 逆の tagényi ura umuti {内と外} natóng; 逆風 djaku fung; 道理に反した dólinyi atarang; 天性と相入れない †inshitó kanāng; 意(図)に反して kukuruzáshi nyi fánshi; それは高すぎることはなく, むしろ逆に低すぎるのだ kuri takassa téma arang, kuritu uttchéti {kaïti} ūïnyi fikussang; 彼の行為は自ら信じていることとは逆である ariga shuse dūnū shindjitoru dólitó ŭttchétóng; 命令に反した振舞いをする tudzikinyi sakiti* shung *sakatiであろう, ʼhónyi chigatóng; 無節操な人は善に反している shó djin[g]〈小人〉djintó ŭttchétong; それなら, それはこれとは逆である an[g] dunyaré kuritó uttchétóng; [s.]opposite.

Contrast 対比(対照)する; [動]tanka nachi kunabïung, takurubï[ung]; 比較してみると, 差異がすぐ見える kunabiti yushi ashi {kavatósi} chaki vakayung.

Contravene 反対して妨げる; suruïtu fushidjung, satchata sama dachung, samadakiung, siri māshung.

Contribute 寄付する; nuchāchi kvïung; 能力に応じて寄付する bún búnshi kvïung; 一人あて寄付額はいくらか na mémé {ftu gut[u]} chánu fúdunu nuchāchi kvitaga?; 金{慈善金}を寄付する dzing tassiki ndjáshung; {雑誌に}原稿を寄せる ávashi gátchi shung, avashi gáchishishi tskáyung.

Contribution 寄付金; nuchi kvitési, nuchāchi kvĭtāsī; 各自分担分を自らの手で書く n[u]chachi kvĭŭsī na mé mé ti vakishi ka[t]chung; 君の献金額はいくらか yăyă chassa nuchi kvĭtāgă?

Contrite 罪を深く悔やむ; kukurunyi fukaku kuyanyung.

Contrivance 工夫, 考案; fakari, shïó, fumbitsi; 素晴らしい工夫, 計画 myūna (妙な) fakare, myuna shïó yăssā.

Contrive 考察する; fakari gutu ndjashung; [s.]invent.

Contriver 考案者; fadjimiti tskoyuru ftu; fakari gūtu ndjashuru ftu.

Control 支配(監督)する; kamuyung, ussamiung, mamuti kamuyung, nushiduti kamuyung; 自制, 克己 dū ussamĭung, yuku chirati tuï mamuyung; 自制に慣れないうちに, いかにしてこのような制限(拘束)に耐え得るか dū ussamĭsinyi narirang madu, kunu gutoru shibaratoru kutu ukĭŭmĭ?; 監督下に置く djitchi(下知) katashung, djitchi shung, shtya または shtya kata kamuyung; 支配されている djitchi sattóng; 各人構うものがある unu unu kamutó tukurunu ang.

Controller 管理人, 支配者; kamuï ussamitoru munu.

Controllership 支配, 監督; ussamīru tstomi.

Controvery (**controversy**) 論議(争); bindji〈弁じ〉, bindjīru kutu, só dang.

Controvert 議論(争)する; bindjiti lundjïung, arasoï bindjïung.

Controvertible 議論の余地ある; bindji bīchī mung.

Contumacious 反抗的; mudita mung, kata gunashī mung, djaku shin (逆心), sakashima kukuru.

Contumelious 傲慢な, 無礼な; hazi bichi kūdjó(口上); 無礼な扱い・待応 karundjiti chu madjivayung.

Contuse 打撲傷を負わす, 挫傷させる(中国語: 打破・打壊); utchi vayung, または kudakïung.

Contusion 打撲傷; {転んで} dugéti du yamashung; {打って} atirătti dū yamatcheng〈EC: 被打傷〉.

Convalescent 回復期の; nóïgatta, mada nóï chīrāng.

Convene 召集(会合)する; yubi atsimīng, yubi surāshung, yubachi kvéshung.

Convenience 好都合; あなたの都合のよいときに yă tayurinyi shtagati, ya kătti shidé.

Convenient 都合よい; tayurinyi kanatóng; [s.]handy; 都合よくなった, つくられた yī tayurinyi natang, tskoténg, yurushchinyi kanatong; 都合よいときにしなさい dōnū kattinu {tayurinu} gutushung.

Convent 女子修道院; vinago bodzinu tira.

Conventicle 集会所, 会堂; kūssaru kvédju, tira gva.

Converge 互いに近寄る(平行線でない線など); tagenyi shidenyi chkaku nayung.

Conversable 話好きな; hanashĭ bichī mung, hanashi bushă.

Conversant 精通している; naré djūkushong, dzundji kudóng.

Conversation 対話; {話そのもの} hanashi, munugataï; {話す行為} hanashishusi, munugataïyusi または shusi; 対話、行為はあらゆる場合に、正直を踏み外したものが多い kutuba ukuné tsininyí dólinyi sumutchóssiga ufussang; 対話が面白くないときは、言葉半分でも多すぎる chinyi kanāng hanashé {iffé ichīng} hambung kutuba ichīng uffókundi umuti; 琉球人は次のように言い足す: āchī hatiung、または ittuyung; そして、私はそれにうんざりしている; 汚ない話を聞いたら、恐れ避けなさい chu chigarigutu yusi chǐchāvă ussuri tsitsishidi sakiriyó.

Converse 語り合う; [動]munugataïshung, fanashishung, kutchi āshung {avashung} ; どうか、座ってしばらく話しあってください yǐchi iffé munugataïshi kvǐri; 彼と語り合わない aritu fanashésang.

Conversion 改宗; tadashi michinkae ǐūsǐ, mitchi、または dóli shtagayusi; 悪から徳へ改めること tsimi kuyadi kukuru aratamīru dóli.

Convert 改心させる; 人を徳の生活に改心させる kukuru aratamiti yī michinkae yarashung; sisim[i]ti、または narāchi kvashshirashung; 彼をキリスト教に改宗させた narāchi kvashshirachi yasūga dólinyi shtǎgǎchǎng; 自ら改心して、また他人を改心させる dū tadashūnyishi chung kvashshǐung; 改宗させるために、諸国を旅した shǔ kǔkǔ tūti kvashshimīru tami; キリスト教への改宗者 yasuga dolinyi shtagacheru ftu, yasuga dǐshǐ natoru ftu; 徳への改心者 yī michinkae kécharu ftu.

Convertible 改変できる; kvashshi bichī, aratami bichī.

Convex 凸状の; muyagatong, nakanu muyagatong, nǎka tǎka.

Convey 運搬する; 船で funi tsidi migurashung または mutashung; 車で運ぶ kuruma nusti mutashung; 他の人に vatashung; 君がこの情報を彼に伝えよ yaga kunu utuziri mutchi ndji arinyi torasi; 運ばせる mutachi yarashung; tsivé mung azamutchinu umumutchinu ang, tsivé mung {並外れた、どえらい、実に妙だ!} また軽蔑の意味を持つ.

Conveyance 乗り物; nuǐmung, utsi mung.

Convict 有罪を宣告する; [動]toga sadamǐung, toganu na sadamǐung; 死に値するものと宣告する shi zényi sadamǐung; どんな罪に宣告されるか charu toganyi atatóga?; 有罪と宣告される tsimishéng.

Convicts 受刑者; 流刑される囚人 funi nussīru ftu、または toga nying.

Convince (証明によって)説得する; ī shukushung, ī vūyúng, ī utushung; shūkushi mishǐung, bindjiti katchung, makashung; 私は説得された vané ī makitang, ī vurǎttang, ī tósǎtong; {沈黙させられた} tsigumirǎttang.

Convivial 宴好きの; ⁺shuǐng {shu ying} kunudóng; 宴会へ行く furimenkae ichung; 宴会を開く furimé shkoyung, furiméshung.

Convocate 召集する; yubi atsimǐung.

Convolve くるくる巻く; matchung, karamatchung.

Convolvulus 三色昼顔; assa gow {字義的には、朝顔、朝美しい}

Convoy 護送する; [動]mamuti ukuyung, kakubi ukuyung; [名]護衛船 ukuyuru fǐnsūng〈兵船〉.

Convulsion [s.]spasm; 痙攣; 手足の痙攣 ti fsha fichi tsǐung; (筋の)痙攣 tsiru zīshung; 癲癇の発作 kukutsi; 子供のひきつけ vorabinu tsǐūrū byótchi.

Cony うさぎ; harunu ussadji.

Coo クークーと鳴く; yama bótunu nachung.

Cook 料理人; [名]hótchu; 料理人助手 djoshtcha, djóshitchi shā; 女性板前 winago hótchu; [動](料理する) nyǐung, munu shkoyung; 台所 dédjǔ.

Cookery 料理法; munu tutunīru 'hó.

Cool 涼しい; [形]sidashang, sidashku ang, sizishūnyi, sizishku ang, sizishtchi-shung, sizishchinyi shung; [自動] {動物が} sidanyung; {物が(冷える)} fidjuyung, nuridóng, nurukvītóng; [他動](冷やす) samashung, samarashung, fidjurashung, sizishtchínyi nashung; 吹きさます fǔchī samashung; 人を冷たく扱う ǎffǎkǔ、または ussūnyishi chū madjivāyung; 冷淡な人 chimu ussussaru ftu.

Coolie 苦力; {労働者} bū, katami bū, nī katamǐā, nī mutchā, nī muchi bū; shina mutch[ā].

Coop [s.]fowlhouse.

Cooper 桶屋、樽作り人; taru tskoya, vūki zékǔ.

Cooperate 協力(同)する; madjūngshung, tumunyishung, madjūng ukunayung, tumunyi tiganeshung.

Cooperation 協力(同); tiganeshusi, madjungshusi.

Cope 対抗する; arasoyung.

Copier 写字生; shimutsi utsushā.

Copious 豊富な; kvabung〈過分〉, mandong.

Copper 銅; dū, aku gani, aka ganí; 銅鍋で煮る dū nābinyi kuri nyǐung; 銅器に一晩入れた水は飲んではいけない dūnū dōgū nakae mizi ǐtǐ utchóti ichi yǎ {chu yuru} sidjiré, nǎchā nudé simang; 赤鼻、大酒飲み hana ākā, ǎkǎ banā; 銅色 aka gani ǐrū; 銅細工師 dū zékǔ; 銅版(刷り) kaninu fankó, dū fankó.

Copperas 緑礬; yé lǒsī?

Copse 雑木林; fayashi gva, yama gva.

Copulative 連結詞; {文法} tski kūdjǒ, kutubanu zū.

Copulate 性交する; {動物が} tsirubi shung; [s.]join, mix.

Copy 写し、模写; [名]utsishī mung; 下書き、荒書き aragatchi, djǐ-gatchi, shta-gatchi; 二番目のきれいな写し shīshū; [動](写す) utsushung, shīshūshǔng〈清書する〉;

原稿 mutunu shtā-gatchi; なぞり書き用手本 djīnu tīfūn; よい筆法を学ぶため手本を写す tīfūn 'nchi nyishi kachung; 紙に線を引いて写す chī ītī kachung; 急ぎ鉛筆をとり写した fudi tuti feku utsuchang.

Coquet しなをつくる, 媚びを見せる; [動]umāshi bŭĭshung, kanasha buĭshung, ké tskoĭ-tskoĭshung, mayāshung.

Coral さんご; {赤い} omi mātsū; 珊瑚の枝 omi matsūnŭ yĭda.

Cord 細縄; nava, nā; 一本の縄 na chu sĭdjĭ; 婦人帽子の紐 agu matchi; 縄をなう na nóyung; [s.]rope, string

Cordage 索具; tsĭnăgŭ.

Cord maker 縄をつくる者; tsina nóyā.

Cordial 強心剤, 強壮剤 [名] {薬} fichi ukushuru kussŭrī; [形]親友, 心の友 chimunyi kanatoru dushi; 真心こめてする chimu ndjachi shung, djitsiny[i]または massīgŭ shung.

Cordon 哨兵線; {軍隊} kakuĭ utcheru fīng; 防疫のための隔離線をひく, 伝染を防ぐため yana fūchi utsĭ-gashuran[di] ichi, kakuti shinugachang.

Core 心, 中心核; shin, mī; {果物の(種)} tani, sani; {木の(芯)} djū.

Corea 朝鮮; kóré gunyi (高麗国).

Coriaceous 革の如く強靭な; kānū gutu kfassang.

Coriander セリ科の草, ユズイシ; kūsĭ.

Cork コルク, 栓; [名]fishi, djó; [動]fishishung, fishishó-chung, fishishi djóshung; 小さなコルクのまわりに紙などを巻き付け, それで栓をすることを sīshi djóshung と表現する.

Cork screw コルク栓抜き; fishi nudji dōgŭ.

Cormorant 鵜; ăttākŭ.

Corn 穀物; 畑に立った状態 fū(穂); {稲の(穂)} nyīnu fu; {小麦の(穂)} mudjinu fu; {粟の(穂)} avanu fū; 穀物畑{米の} tā, nyī-da; {小麦(畑)} mūdji bataki; [s.]gro[und].

Corn merchant 穀物商人; kuku achiné.

Cornea 角膜; mīnu {sitchi tūyūru 透き通る} wă-gă.

Cornelian 紅玉髄; minósh'chi〈瑪瑙石〉.

Corner 曲がり角; kădŭ; 尖った壁などの内側のような, 角のくぼみ sĭmī; {隠し所} kădjĭmĭ dŭkŭrŭ.

Cornered 角のある; kadu aru.

Cornerstone 隅石; sīmīshī {simi ishiの変化}.

Corns たこ, 魚の目; 靴(ぞうり)が締め付ける所にたこが生じている saba kăkī tukuru sī wītóng; 靴(ぞうり)のすりきず saba hăgī; 仕事して手に生ずる硬くなった皮膚 ti-māmī; 足のまめ fsha māmī.

Cornince 蛇腹; {壁の} kŭkăbīnŭ kazai; {天井の(飾り)} tindjónu kazaï; {柱の(飾り)} hayanu wă kazaï.

Corolla 花冠; hana bussa.

Coronation 即位; 統治を始める skŭĭshŭng, kótīnu fadjimiti kurenyi nubuyung.

Coroner 検死官; shkabani kamutoru kwan; 検死官の検死 shkabani mi shirabĭshi {kukurudi 'nchi} issényi tadashung.

Corporeal 身体(上)の; shinténu kutu, dū iru aru.

Corporal 伍長(最下位の下士官); fin gashira.

Corps 軍団, 兵団; chu kuminu 'hó.

Corpse 死体; shkabani; 三日後死体は水面に浮かびあがった san nyitchi kvīti shkabané mizinu wīnkae ŭtchăgătóng {ukabu, agaru}.

Corpulent 肥満した; arakiné mung, kvé-mung; 太って大きい ara-zukuĭshong; [s.]fatty

Correct 正確な; [形]matassaru, tadasaru, matashī, tadashī-mung, tadasang, matasang; [動]自己の過失を改める aratamiung, dūnŭ ayamatchi aratamĭung; [他動] (改めさす) aratamirashung, aratamiti tadashung, áratami nóshung; 他人の過失を癒す chunu kízi tadachi skuyung; 親が子にするようにたしなめる sh'tskī-shung; たしなめない. 親のこらしめ(躾)の欠如 úyanu bú shtskí; {罰する} shimīshung, shimīshi batsi-shung, shī batsishung; 他人を正す(ことができる)前に自らを正す kunshi〈君子〉dū tadachi karadu chó tadashung; 正確で間違いがない ayamari, または matchigé néng, chigari néng; 書いたものを訂正する kachi nóshung, sīchīsh[i]shung; これを訂正してくれ nóchi kviri; 今は正確だ nama sīchishishéng; 漢字で書き忘れた一画, 又は点を加えて正す danyung, dadi nóshung; 字画を強くする dadi fudu vāshung; 私は君が正当な人だと今知った, どんな人が言ったかに留意しなかった vané n[a]madu ya shótó na mundi īsē shtcharu, machigéshi sobanu munu yana ftundi īsé chīchăng; 彼は正確に言う ariga yus[é]yutashang, mŭtū.

Corrector 矯正者; {公序の} fŭzūkŭ tadashuru mung, yŭshi ăshi hóbanshuru ftu; 書物の批評者 shimutsi hóbanshuru ftu, mī tadashuru f[tu], sichishishéru ftu; この本は正確に印刷されている kunu shimutsinu fankóya tadasang.

Correction 正すこと; {罰} chī batsi, shī batsi; {ことばで} ima-shimīru kutuba; sh'tski {前の両方(罰といましめ)を含む}.

Correlative 相関的; 語 tsī shoru kutuba, lingu〈聯語〉shōru.

Correspond 符合する; {相応する} sóvū shung, wūdjiti chūng, vagóshóng, aï vagónyi shóng, tagenyi kanatong, tagényi tsīshóng, téshóng; よく釣り合って残りの物と一致するもの tsī mung; 完璧に一致する attaï chĭŭng; 手紙で通信する, 文通する shudjónu volés[hung], vófūkūshung; 全ての状況が一致する時その時には正確さが得られる nā m[é]mé fugóshi attaï chi chótang, nāmém[é]attaï chiĭdunse katonyi ang, ĭffĭng tăgāng.

Corridor 廊下; lókă.

Corrigible 矯正できる; ūshū bĭchĭ.

Corroborate [s.]strong; 確証する; 証拠を強化する nahung shūkushi djitsinyishung, shūku sīyung, kuveyung.

Corrodent 腐食性の; kvaï chiru mung.

Corrode 腐食（侵食）する; kvé chĭung; 害虫に食いちぎられた mushinyi kvé chirăttang.

Corrupt [s.]spoil; 腐敗させる; 心の道義心を堕落させる kukurunu tuku yabuyung; 賄賂で堕落させる vérūshi chimu yabuyung; 腐敗した国の悪大臣 yana shinka; 腐敗した性質 ⁺shidjó〈性情〉または mmaritsitchi skunaï yabuténg.

Corruptible 堕落しやすい; yandi yassa, yaburi yassa.

Corruption 腐敗; ｛腐敗作用で｝ kuchósi, kussaritosi; ｛道徳上の（堕落）｝ yabutósi; 百年後にはこの革袋 ｛胴体｝ は腐敗し, 近寄れなくなることを考えてみよ haku nĭnnu ato kunu ka bukurung kussarĭti chka yuyé narandi umurïo.

Corsair 海賊; omi nussudu, haĭ̃tsĭ〈海賊〉.

Corset （古）中世の胴衣; mŭni-ătĭ.

Cortege 供奉員, 供ぞろい; ⁺sā-ya〈saï yú, 左右〉, tsiri ⁺nyĭndju.

Cosmetic 化粧品; mĭng ⁺fūng〈面粉〉.

Cosmetic* 化粧品 katachi zukŭĭ, kū, ⁺ming-fu. *costume の後より移動

Cosmographer 天地学者; ⁺chĭ lĭ shtchoru ftu.

Cosmography 天地学 （天文・地理・地学を含む）; ⁺chi li kachuru fódjĭ.

Cosmopolite 世界主義者, コスモポリタン; ⁺sh'ké yā tŭshūrū ftu.

Cosset 手飼いの子羊; a'hya ăkăchi ｛fichi vakachi｝ tska-natéru fĭdja gva.

Cost 値段, 代価; [名]dé, nyinaï; これの値段は幾らか, いくらであったか kuriga dé chăssăgă, chăssa yătăng; 生産原価 m[u]tu dé; 生産原価で君に売りましょう mutu déshi yanyi ūyŭng; 費用を計算する tskéfa ţaka sankatas[hung].

Costive 便秘した; kfăssăng; [s.]constipation

Costly 高価な; dé takassaru mung; 非常に高価な dé chassandi ī nărang takara mung; 非常に高価 ｛贅沢に｝ 生活する ari mé nyitchinu iriminu ŭffŭsăng.

Costliness 高価; dénu tăkăssăssĭ.

Costume 服装, 身なり; ĭffŭkŭnŭ sandami, ching chĭūr[u] fodji.

Cot 小児用寝台; sagi mindzang; [s.]kennel.

Cottage 田舎屋, 小屋; haru ya, kaya ya, kaya bŭtch[ĭ].

Cottager 田舎屋の住人; kaya ꞌfutchinyi simatoru ftu.

Cotton 綿（花）; mŭmĭng, muming bana; 綿布

muming-nŭnŭ; 木綿梱 muming bana chu tsĭtsĭng; 綿の実は盃の縁のようで, その中には布を作る糸がある muming gīnu naĭ̃yé sakazĭchi fŭtchinu gutóng, uriga utchi nakae ĭtŭnŭ asse nŭnŭ tskorarīng; 綿紡機 mumīng yāmă, muming fĭchŭrŭ yāmă.

Couch 寝椅子, ソファー; utchakayuru yĭ, nĭndjŭrŭ yĭ; ｛一層のもの｝ chŭ tŭĭ; [動]白内障の硝子体をおしさげる（発窩術を施す） kaki urushung.

Couch-grass ひめかもじぐさ; ꞌmma-kăyā.

Cough 咳（する）; [動]sakvĭshung, sakvi tsitsichung, [s.]croup

Could 出来た（ら）（事実に反対の条件・想像）; ōshurā, nărăvă, naïgashura.

Council 評議会, 評議員; djĭmĭ, kŭdjĭnŭ djĭmĭ, atsimati djĭmĭshŭrŭ kvănŭ chā; 会議室 djĭmishŭ tukuru, kvé-djŭ; 会議する djimmi-shung.

Counsel 勧告（忠告）する; [動]sisimĭung, issamĭung.

Counsellor 顧問, 忠告者; fakarésha, issamĭru shĭnka.

Count 数える, 計算する; [動]kazõyung, sankatashung; 指で数える wĭbĭ zanshung.

Countable 数えられる; kazorarĭ bĭchĭ.

Countenance 顔つき, 表情; kāŭ, tsira, sĭgătă; 幸せそうな ushagĭssaru tsira, ŭsha gāŭ, urishi gāŭ; 悲しみの顔 urī-gāŭ; 顔色を変える iru tudóng ｛色が飛んだ｝, iru shóka, または shókanā natong, irunu fĭndjĭtõng ｛色が変わった｝; 顔色を変え一言も言わなかった iru tudi munung yăng; 援助（支持）を与える dŭtĭ ⁺kólichishung〈合力する〉, ⁺kashīshung〈加勢〉.

Counter 勘定台, 売り台; ⁺achiné-dé, ŭĭmung-dé.

Counteract 妨げる, くじく; téshi shimirang gutushung, fabamiti shimirang, ussuï tudumĭung, késhung, tŭdjĭmărashĭmĭrăng gŭtŭshŭng; 毒の効果を中和する手段を用いる tidang ndjachi dŭkunu shirushi nuga-rashung; 毒を中和する dŭkŭ sărashung, késhung.

Counterbalance 釣り合わせる; tuï nóchi kakĭung, mbushi kuveti fichi ukushung ｛重しを加えて上がらせる｝; （均等にする） fĭtūnyi, chimpónyi nashung; tidang tskiti sizimatósi ｛沈んだ秤｝ fichi ukushung; 悪を善で埋め合わせる vassasi yŭshĭshĭ udjin[o]ti fĭtūnyi nashung.

Counterfeit 偽造する, 偽る; itsivati shung, saku-shung, tskoïshung; 偽造金, にせ金 saku zing, tskoï gani; 人の名をかたる chunu na ussĭung; 品物を模造する ŭss'ti tskoyung; [s.]facsimile, forge

Countermand 取り消す, 撤回する; tuziki nóshung, ŭtchéti tuzikiung.

Countermarch 逆行する; uttchéchi yarashung, kéchi shirizukiung.

Counterpane （装飾的）掛け布団; ūdŭ, futūng ussuya, [s.]cover

Counterpoise 重石; ｛hakaïnu｝ mbŭshĭ.

Counterpoison 解毒剤; dŭku géshi.

Countersign 副署する; nă-mĭng katchung; {捺印だけの場合} han tskĭung; [s.]sign, watchword.

Countervail 対抗する; titchinu tĭnyi {chikaranyi} ătāyŭng.

Counting-house 会計事務所; sankata-ya, sankata-gŭĭ.

Countless 数えられないほどの; kazoyé narang, kazora-rang shaku.

Country 国; kunyi, shíma; {地域} chkata; {田舎} haru, ĭnăkă; inaka とは当地では、Napa(那覇), Shuy(首里)を除く全地域をいう; 外国 gvé gŭkŭ; 故郷 mmari gunyi, fun guku; 忠実に自国に報ずる chĭbăi tskiti kŭkŭ wūng fūdjŭng; 地勢 chkătănŭ kakó; 田舎の生活を送る ĭnăkă vŭti fĭ kurāshung; 国〔と王家〕が危機に瀕している kŭkkanu ayautchinyi nuzudóng.

Countryman 田舎の人・同国人; {田舎の} mura bu, ĭnăkănŭ chu; 同国人 dū kuku, または yīnu kunyinu ftu; 同じ村の(人) dū chónu ftu〈同郷(人)〉.

County 府; fŭ.

Couple 対, 一組; gū; 結婚した男女一組 fŭfŭ, mītunda, tŭdjīmītŭ; [動] 前記の名にnashungを付けて動詞とする. [s.]pair.

Courage 勇気, 度胸; ĭdjĭ, issami, yū lĭchi, ĭdjĭchĭrĭ, détang; 血気, 蛮勇. よいものとは考えられていない chĭchĭnu yū, または chīnu issami; 道理から生じる勇気 djĭrĭnu yū, djĭnu issami; 小さな勇気は寸時の怒りから生まれる kŭssaru yūya chŭttŭnŭ ikari kara ukuyung.

Courageous 勇気, 度胸ある; idjinu ang, détănŭ mung, bŭshĭ〈武子; 武士であろう〉, tan lónu ang.

Courrier 急使; faya ziké, fékunu tské.

Course コース; 自然の推移・成行き mmari năgărĭ; {番(人)の輪番} bāng kubaĭ(配り); 道筋 michi sidji, {水路} mizzinu tŭĭ sidji; 私たちは4コース {4品} の食事をした yŭ du vang fikkeĭ geĭ-shang, 4回皿を変えた; văng「椀」と言う代わりに、食物を入れて持って来る djĭng(膳)とも言う; 当然の事 shĭdjĭnyi ăndŭ ĭchŭrŭ, または andu naru bichī kutu, nănkŭrŭ ănsi vădŭ yarŭ; [s.]certainly

Court 王宮・宮廷; {王の} mĭăkŭ, kóti menshé tukuru, chó〈朝〉; 宮中服, 参内服 chódjĭng, védaĭ djing; 王着用の宮中服 wīshó,n shŭ(御衣){後者はまた両親の服という意味でもいう}; {裁判の} 法廷 yă mŭn〈衙門〉, kvăn-djŭ; 宮中役人, 廷臣 chó utchinu shinka, té shinka; 宮中で拝謁する nubuti vuganyung, nubuti chóshung〈朝する〉; 宮中謁見の日 chóshuru fi; 謁見に参列する fichi sórati vuganyung; {中庭} my[a]; 後庭 năkă mya; {囲いの中すべて(屋敷)} yáshtch[i]; [動] 女に言い寄る, 求婚する kánashi búyshi madjivayung, winagonkae kúkuru yusti

múnu ĭyúng, túdjisándi mésishung.

Courteous 礼儀正しい, 丁重な; dĭdjĭ săfŭnu yutashang, dīdjĭshĭ chū fira[yung].

Courtesan 高級な遊女; {女性} kótinu ūyūbé, tafafuri winag[o].

Courtesy 礼儀; dĭdji safunu yutashăssi; {女性の挨拶} winagonu ŭtsinchi didji shung.

Courtier 廷臣; kótinu usóbanu kwang, shĭnkă; 日和見的・無節操な廷臣, ごきげんとり nī shĭng〈佞臣〉.

Courtly 品の良い; {礼節のある} yī didjinu aravariung; chóshuru gutu.

Cousin いとこ; ĭtchŭkŭ.

Cove 入り江; omi-magaï.

Covenant 約束, 誓約; yakusku, chke; {友情の} 契chĭdjĭ-rĭ; 誓約する yakusku tatĭung, chidjiri shung.

Cover 覆うもの; [名]ussuyuru mung, uchakvĭ; 蓋 fŭtă; {つがい(軸)で回る蓋} tskifuta; 表紙 shimutsi tsĭtsĭng; (表紙が)固ければ kā; 手紙の包 bung tsĭtsĭmĭ; 包の上に何も書いていない wă gatchi neng; [動]覆う ussuyung, futa ussuyung, uchackvi uss[u]yung; 本や書状に覆いをする tsits[i]nyung; 全身血で覆われた mŭt[u]chĭshi amiteng.

Covering 覆い; ussuyā, uchakvi; 陽を覆いで避ける fi-ŭĭ (陽覆い); 屋根を覆うもの yānu wīnŭ ussuyuru kāră; 頭に覆いをかぶせる mótsi, または sādji {婦人用頭覆い四角布} kăndjŭng.

Coverlet ベッドの上掛け; mīndzang uchakvi, または ussuyā.

Covert 隠し場; kadjimi tukuru, kŭĭ-gva.

Covet (他人のものを) 貪る; mussabuyung, yŭku djūsang.

Covetuous 強欲な; mussabuta mung, dzé yukunu ang, dzé mutsi mussabutong; 賄賂をむさぼり心汚れた véru tuti chigaritóng; 得ようとする強い欲求 yīrandi mussabutong.

Covetuousness 貧欲, 強欲; mussaburi, ĭyashibi, yafĭna kukuru, ĭyashibĭta kukuru.

Covid (**cubit**) 長さの単位; ĭ shăkŭ.

Cow 雌牛; mĭ ŭshĭ; 乳牛 ă'hya ŭshĭ.

Coward 臆病者; ussuri bessa, tănŭ kūsăng, chĭ skă-mŭng, shó ska; [動] (臆病な) chĭ skassang, ĭdjĭ fŭka, dadjakuna mung.

Cowardly 臆病に; 形容詞にshiを付けて ussuri béssa-shi, idji-fuka-shi; chi ska mŭnnŭ gŭtŭshi.

Cowherd 牛飼い; ushi tskanaya, または kŭrăyā(kărăyāであろう).

Cowhouse 牛舎; ushinu yā.

Cowl (僧の)頭巾付き外衣; bozinu kūrūng.

Cowries こやす貝; ké, mé-mé-gŭrŭ(殻).

Coxcomb 鶏頭; {花} chītŭ; {人(伊達男)} assibĭyā.

Coy はにかみやの; shinshakushong; 〈心辱(恥じ入って)〉, shinshakushi tsitsishido[ng].

Cozen だます, かつぐ; ī skashung, ī damakashung.

Crab 蟹; ［名］gănyī, tā-ganyi; ［動］(すねる・不機嫌になる) kămă djishi agatóng, fukŭttushóng, turibatong; ［s.］morose

Crack ひび, 裂け目; ［名］fībīchī, fībārī; ひびの入った, 割れた fibichóng, fibaritong; ひびが入るのではと恐れる fibichigashurandi ussuritong; ［他動］ひびを入らせる fibikashung; 歯にはさんで物をぱちりと割る kwī vayung; 指をぱちっとならす wĭbi nărăshŭng; ［s.］ crackle, sou[nd].

Cracking ひびわれること; ひびわれる音 fibichi naïshung; varīru ŭtŭ; 指をパチパチ鳴らす音 wībi nărăshŭr[u] ŭtŭ.

Crackbrained 気のふれた・無分別な; urukana mung; ［s.］whimsical

Crackle パチパチ音を立てる; 家が焼け材木がパチパチ燃えた yănŭ yăkiti, kīnu hără hara shung; 飛ぶ火の粉のパチパチする音 fŭshīnŭ para-para shung; 一般に木が燃える時 bābāshi méyung; なんでも食べた物が歯にはさまって(口中で)出す音 gassa gassa-shung, g[assa]gassa kwī chĭŭng; ［s.］knab.

Cradle 揺りかご; vorabi ninsīru kuruma gva; kuruma yŭka; ｛骨折の際の支架｝ dakashuru dógu, săgī yănă-dji.

Craft 術策, 悪巧み; yana takumi; ［s.］trick, trade; ｛船｝ kū buni.

Craftman 職人; séku.

Crafty 悪賢い; ītsĭvaĭ mŭng, lĭkŭtsĭnă ftu; ずるい行為 varī shkătă; ずるい言葉 saku kutuba, tskoï-kūdjó.

Craftily ずるく; 行なった itsivătidu shéru, săkŭdu shéru, itsivari gŭtu shéng.

Craftiness こうかつ, ずるさ; săku, itsivari.

Craggy ごつごつした; 岩 ără ĭvă; ｛でこぼこ道｝ guma ishinu tsin kanti ｛kudaki ishinu mazidi｝ michinu agaï figuï shóng.

Cram 詰め込む, 押し込む; fshĭnchung, fshĭnchi mĭtĭung; 人でいっぱい詰まった ībăyăsĭtchéshi mitchóng, fshĭnchi ībassang, ĭri hădī ībassang; 腹いっぱいがつがつ食う kuchinkae fshĭnchi kanyung, gatchigvéshung.

Cramp 痙攣, こむら返り; tsiru tsima yamé, tsĭrīchī; 痙攣をおこす tsĭung, tsirunu tsimayung; ［s.］convulse.

Crane 鶴; ｛鳥｝ tsiru.

Crankle 曲がりくねる; ｛水が｝ magaï magaï nagarĭung, habunu gutushi magati nagarĭung.

Crape ちりめん; shă〈紗〉, tchĭdjūmī, ló-ŭī.

Crash (衝突など)すさまじい音; sórumikăshūrŭ ŭtu, sorumikashinu utu, tórīru utu, kuziri utu.

Craunch ばりばり噛む; kvĭ vayung, kvĭ chĭŭng ［s.］crunch.

Cravat (男子用)首巻き, ネクタイ; kŭbĭ mătchi.

Crave 懇願する; ｛心的｝ nĭngurunyi mŭtūmĭung, dūdu kŭ[ĭ] nigayung; 食物を乞い求める dūdŭ mŭnŭ bushashung.

Craw-fish ざりがに; ībī.

Crawl 這う; hóyung, hóti achung; ｛虫が(這う)｝ haka-yung; ｛赤子が(這う)｝ fétsirishung.

Crazy 狂気の; turibé kabaïshi mŭzūmbŭnyi natóng; ［s.］whimsical

Creaking きしむこと; 戸の djó akīru fĭbīchī.

Cream 乳皮, クリーム; ushinu chĭnu ka haï.

Crease 折り目; ｛印のため本に入れた｝ wūyung, wūti shirushi shung; 衣裳は均等にたたまれていないので, かなり大きな折り目(しわ)がある kunu ishóya yana takubi-shé kŭtŭ ufu m[a]gŭïshóng, または măttóba takubang kūt[ŭ]ufu maguïshong; しわのよった vádja fĭdjāshóng.

Create 創造する; hadjimiti tskoyung, tskoï ndjáshung, só saku-sh[ung]〈作造; 創作であろう〉; 新たに造る arata-miti tskoyung; 造られた目的を失っている mmarachér[u] yŭīshŭnyī sumutchóng.

Creator 創造者; 天地万物の tĭnc[hi] bămmŭtsī hadjimĭti tskoyuru munó; 創造者の万能な力には不可能なものはない bammutsi tskoyuru munnu m[at]tăchī nŭya narandinu iché neng; 彼の創造(作業)は, 時間・困難・容易さというものはない. 目をしばたく時間より短い間にすべて完成する bămmutsi tskoyusé tŭchīnyī, nănyĭtchīnyīng ｛katasang, yassanyé｝ kakaverang, mī ŭtchinu(目打ち=瞬きの) mādŭ kŭtŭgŭtŭkŭ sŭnavăyung; 創造されたものはすべて造られた(生存し始める)原因が必ずある bammutsi tskotésé, tĭtsī tūtīng, kanădzi fhadjimatoru yŭīshŭnŭ ang; 全世界や万物が生き動き, 神の中にその存在(原因)を持つものだ. しかし神は(造られた)ある一つのものの中に生来あるのではなく, またそれに付随しているのでもない. なぜなら創造の神(主)が創造されたものに内在する事がありえようか sibitinu shké bammutsi, mīna ｛inutchi｝ itchichóssing, uguchussing, wūssing shótinu utchi nakăedŭ aru, yassiga shótia, itchi bŭtsī yătīng, unu utchinyé neng, unu wīnyé kakarang; bammutsinu kami nūshé chăshi ĭchi butsi utchi nakae kakarīga?

Creature 創造物; tskŏtĕrŭ mung, ting kara shódjirăcheru mung.

Credence 信用, 信頼; shĭndji.

Credentials 信任状; 国の役人への kótinu tskenu shūku gatchi; ｛昔は彫った彫像の一種｝ kwĭ, kótinu toracheru kwĭ〈饋?〉; ｛一種の手形で皇帝の保持する半分に一致する｝ waĭfŭ.

Credible 信用できる; shĭndjĭ bīchĭ, shindjirarīru mung.

Credit 信用; 掛けで取る, 買う, uchidjuyung, dé nubi-shung, dénūbīshĭ kóyung, tŭyŭng; 掛けで与える

uchidjurashung; 勢力, 影響力 chǐmpī〈権柄〉, ichǐŭri
（勢い）; 全く信じる価値はない chǎshing shindziru-
nyi tǎrǎng, bishti shindjirǎng, djǔ bǔnyi kū bunó
shindjǐrǎrǎng; [s.]reputation

Creditable 名誉となる; kónu ang; 彼の行動は実に立派
ariga shīvǎzǎ myógǎnǎ shīvǎzǎ.

Creditor 債権者, 貸し主; dzin-nǔshī, kani-nǔshī, sīnu
nǔshī.

Credulous 信じやすい; 'nna shódjitchina mung, bǎkǎ
shodjitchina mung, shindji yassaru, shindji béssang.

Creed 信経; shǐndjī-kŭ{?}, shindjitóru fǔn mūnī,
shindjīru kutu; [s.]formula. 私達が訳した「使徒信
条」は, 次の通りである:（英文なし）vari shóti ūyǎ,
soté* yŭkŭ, tǐnchinu fhadjimi tskǒyuru munó
shǐndjiru （我は上帝を, よく天地の初めを造る者を信じ
る）; mata Yasu Kristu, ariga ftuïnu musiku
{chǔīngvǎ} vǎtǎ nūshi, shī shīnyī kassagiti, Malia
dūnyŭ kara 'mmarachi, Pontïu Pilatoga tuchinyi
ŭkītī, djŭmŭndjinyi tumiti, shidji hómurǎtérǔ munó
shindjïung （また, イエスキリストを, 彼の一人の息子, 我
らの主, 聖神にやどって, マリア童女から生まれて, ポンテ
オ・ピラトの徒刑を受け, 十文字にされて, 死にて葬られた
者を信じる）; ari gushónkae ūtī kudati, dé san
nyitchinyi shidjōru utchi kara mata ukiti, ting nakae
nǔbuti, shóti ūya, soté* yuku, midjinu tǐnyi yīyūng,
ama kara mata kūndī shi itchichōru shidjoru
mūnūng isényi tadashung *shoté であろう,（彼は後
生に降り下って, 第三日に死んでいるうちから, また起きて,
天に昇って, 上帝の右の横手に座る. そこからまた来ようと
して, 生きている者も, 死んでいる者も一斉にただす）; –
vari shīshing shindjïung, shīnu amanǐku dishinu
atsimari, shīnu dishinu chǎnu aïtsōdjitósi, tsiminu
yurusi, dū mǐ mat[a] ichichósing, naga inutching,
mǐnǎ kutugutuku makutunyi shindjïundó. Amen
（我は聖神を信じる, 聖なる弟子の集まり, 聖なる弟子たち
が相通じていること, 罪の赦（ゆる）し, 身体がまた生きて
いることも, 長命（永遠の命）も, 皆ことごとく誠に信じる
よ. アーメン）.

回教徒の信経は次のように表現される（英文あり）:
信ずべき6か条. kanarazi shindjirane narǎnsiga mūtsi
（六つ）; 1) 私は心から真の神を信ずる. 唯一にして
最大なるもの, 匹敵するものなく, 似たものも存在しな
い, 最も純粋で最も聖なるものを. vari ló djitsinyi〈老
実に〉 makutu kami, fituri tǎttū[?]ūïye; tagǔye
neng, nyitchose néng; ǐttǎti chīūshī, ǐttati issadji-
yuchinyi（潔よきに）arundi tukuro shindjitóng; 2) 私
は心から, 神によって造られた天の使いを信ずる. 先
にやってきて真の神を拝する者, その命を聴き, その
意志をなすべく送られた者, 決して道からそれること
のない者を. vari kami nushi kara tskoteru sūyónu

tǐnshing; makutu kaminu menyi fǎmbiti, païshi;
wīsī shtǎgati, tskényi makatchi, skushimu tagó kutu
néng tukuru, lodjitsinyi shindjïung; 3) 私は心から
信ずる, 神から下された聖なる者は神の真実の言葉
であることを, そして人が勝手に造った者ではないこ
とを. vari soténu kami nūshi kara kudacheru shīnu
chó, Shótinu kutubanyishi, ftunu ami atsimatésinyi
arandi yŭ tukuró makutunyi shindjitōru; 4) 私は心
から信ずる, 神の下された賢明にして聖なる人々の
言葉や行動は, 真にして誠実なるもので絶対に嘘, 偽
りのないことを. vari sūyó shóti kara tskateru shī
djīng〈聖人〉, sunu kutubang ukunéng, lódjitsinyǐshi,
yukushé arandi tukuró shindjïung; 5) 私は心から信
ずる, 将来の責任を絶対に何の疑いも入れずに. vari
makutunyi atonu yū {shidji ato} sankatǎshi {yŭshī
ashi tazonǐshi} chivamiti, utagé néng tukuró shin-
djïung; 6) 私は心から信じる, 善悪はすべて神によっ
て事前に定められていることを, 又信じる, 死後, 光栄
への復活又は恥辱への決定的判決のあることを.
vari makutunyi yŭshī ǎshī mǐnǎ shóti satchi sa-
damitésinyi kakató tukuru shindjiung; yinu gutu
shidji ato mata ǐchīchī, sǎkǎī fǎzīkǎshīmī vakashŭ
tukuró makutunyi shindjïung.

Creek （小さな）入り江; kǎvǎ gǔtchī gva, myǎtu gutchi
gva.

Creep 這う, 忍び寄る; hóyung, férinchung; {心的} ussurǐtī
kǎgǎmǎtóng, dū fǐkkǔsǐdóng; [s.]tiptoe; はって降り
る hóti urïung; はい登る hóti nubuyung; 寝具（フト
ン）の中に入り込む ūdunu utchinkae férïnchǔng,
sǎshīrǐnchǔng, símiri 'nchung {虫が地面に穴をあけて
入り込む} ; 足でくっついている蝿のようにすがる
sígayung {tskiung からの派生}.

Creeper はうもの; {植物} kánda.

Crenulated 鋸状になった; magaï figuïshóng.

Crescent 三日月; mi-kazichi.

Cress （植）たがらし類; shīrī bǎ.

Cresset かがり（かがり火を燃やす金属製篭）; yézi dŭrū.

Crest とさか; {雄鶏の} tǔïnǔ kandji, または kǎgǎng;

Crestfallen 意気消沈した; bǔ tchibishóng; [s.]morose

Crevice 狭く深い裂け目; vǎrīmī, fǐbīchī, fibari, áchima;
{陽にさらされた材木が} fǐ-mǎkī-shong; {丸みのある}
fushimī; 覗見できる裂け目 shūmī sarīru varimi; 窓
の裂け目から覗き見した madunu varimi kara
shumīshang.

Crew 乗り組み員, 船員達; fúnǎ kǎtá, funa gaku, sī-shū
〈水手〉, fúna tó tǎ.

Crib 馬草桶; hǎmī kwāshi bākī, hami vūkī または sārǎ.

Cricket こおろぎ; {動物} chǐrī djǐrisī, kǎmǎ dzé; クリケッ
トをする maï utchéshung, または nagéshung.

Crime 罪; tsimi, toga, ftŭdūkī, yana shkata; 大罪

ŭmŭtchī tsimi, djū-zé; 死罪, 死に値する罪 ⁺shizé; そ
の罪はもっと大きくないか unu tsimī ī̆ŭī̆ŭ uffiku
néni?; 五刑の内には3000の罪があるが, 不孝より大
きな罪はない gu tchīnu {ī̆tsī̆tsī batsinu} taguĭnu san
zing assiga, unu utchinu tsimé fŭkó yăkă uffishase
nérang; どんな罪を犯したか ari nū tōgă ukăshaga,
nūnŭ shīvari kŭtŭnu ă̆gă; 天をあざむく試みより重い
罪はない tĭng azamuchusé fŭtī tsimi; 中国の10の
許されざる犯罪は djŭ ă̆kŭndī yussé, 次のとおりであ
る: 1) 謀反をはかること ⁺mŭ-fū; 2) 大逆, 皇帝の墓
所を暴くこと taĭ djă̆kŭ, kótinu tskă djŭ yabŭyuru
kutu; 3) 他国へ移り行くこと fŭtā kukuru muchūng,
{二心持つ} ; 4) 親殺し ūyă fă̆fŭdjī kŭrushung; 5)
一家一族殺害すること ī̆chī mung téshung; 6) 聖物
の窃盗 (冒涜):皇帝の偽印をつくること matsiri dógu
nussudaĭ, kótinu ing bófanshaĭ; 7) 両親に対して義
務を怠ること ⁺fŭkó; 8) 一家の年長者に対して義務
を怠ること sīzanyi sumutchósi; 9) 役人殺害 kami
kwang (上官) kurushung; 10) 近親相姦 ī̆ndăng,
indanna kutu; これらの罪悪の一つでも犯すことは許
されないと覚える (悟る) べきである kunu dju aku
ukashuse chă̆shing yurusarang, iyading batsisi varu.

Criminal 罪人; tō̆gă-nyin; 大罪人 omi (重い) tsiminu
aru mung; 殺人の罪ある罪人 shtsigé〈死害; 殺害で
あろう〉nyin; 罪人を隠す toga nyin kakushung.

Crimson 深紅色; kurinaĭ.

Cringe すくむ; dūshi fĭkkŭssūnyūng〈卑屈〉; すくみ, そし
て, へつらう dū fikkussudi chunu messishung.

Crinkled [s.]crease, wrinkle.

Cripple 不具者; [名]ti-fsha dăyā, dăyā.

Crisis 危機; gukunu chiva, uchi siziminu saké {浮き沈み
の境, 一般的意味で用いられる} ; ichi shinyinu saké
{生死の境}.

Crisp 砕けやすい; vărī yassaru mung.

Criterion 標準, 規範; shĭrŭshī, shūku, kukuruminu shi-
rushi, shūkushuru tidăng.

Critic 批評家; {文芸の} shimutsi hóbanshuru mung.

Criticise 批評する;ʿhóbanshung; 軽蔑して評する aza-
mutchi hóbanshung; [s.]censure; 人を批評する
fomitai ŭtuchaĭ shung; [s.]fastidious, fidgetty.

Criticism 批評; ʿhóban; 公正な評判 linyi kanatoru
hóban; これはとても偏りのない公平な批評だ kunu
hóbang ĭttsīng ⁺kŭtónyi ang; 批評し賛同する
hóbanshi yutashandi {sinyundi} yung.

Croak カアカア鳴く; {烏} garassinu nachung.

Crockery 陶磁器類; yachimung dógu.

Crocodile 鰐; fŭtī gāmĭ ? {太い亀}.

Crone しわくちゃ婆; tushĭuĭ hāmé.

Crony 親友; shtashī dushi.

Crook 曲げる; [他動]magĭung; 木を曲げる kĭ tamĭung.

Crookbacked せむしの; kógu magutóng.

Crooked 曲がった; magatong, tamatong, magaĭ mung;
mă̆ttóba neng; 曲がり道 magaĭ mitchi; {つむじ曲がり
の} chimunu magatong.

Crop① 作物; muzukuĭ; よい作物 (豊作) muzukuĭnu
dikitóng; 悪い作物 (不作) fudikitóng.

Crop② 餌袋; {鳥の} tsĭtsīshī.

Crop③ もぐ, 摘む; [動]mŭyūng, tsinyung; 髪を切った
karazi tsimitang.

Cross 十字架; {十の形} djŭ mŭndjī; 受難と不幸 (災
難) sé-nan, kwan-nă̆nnu〈艱難〉kutu; {不機嫌な}
kussamitchong, [s.]morose; [動] (渡る, 横切る)
vatayung, 即ち, 川を渡る; 道や庭などを横切る haĭ
tūyung, または kvīung, sidji tūyung; 脇道, 横道
yŭkŭ; これは横道に行く yukunkae ichung; [s.]
across; 十字 (架) 形を作る tati yukunyi fichung; 二
つの線が交差する所を中心としよう tātsinu sĭdjīnŭ
kassabató tukuru, mazi mă̆nă̆kātŭ sĭ; 二つの線のよう
に, 互いに交差する azĭung, aziténg; 直角に交わる
djú mundjínyi aziténg, máttóba aziténg; 鋭角で交わ
る yúgadi aziténg; ázĭungは「斜めに交わること」にも
いう.

Cross-bar かんぬき; {戸の} djónu djĭku, djónu tŭdī.

Cross bow (中世の)石弓; {一度に多くの矢を放つ} chĭri
yŭmi.

Cross-examine 反対尋問する; tūī késhi-géshishung.

Cross eyed 斜視の; fichi mī.

Cross grained 綾の不規則な; ă̆yanu manchong, または
sigusang; 木目についても mukumī̆nu manchong.

Crotch 三股, 股状のもの; gă̆kī-dji; tŭdjā.

Crouch かがむ; hóti kagamayung; {目上の人の前などで}
tskubóyung.

Croup クループ (偽膜性咽頭炎); {咳する} sakvīshi
īchidjĭrashung.

Crow 烏; [名]gă̆rāsĭ; [動] 烏が鳴く tuĭnu ŭtayung.

Crowd 群れ; {人の} guzumuĭ-shong, umă̆ntchu; (人の)
群衆があった chŭnŭ uffóku atsimatóng, múragari
atsimátong; 聞こうとむらがって, 誰が先頭になるかと
争った chikand* kă̆kuti sachi nayusi arasōti, または
ato naĭgashurandi usuritóng*chikandiであろう; [動]
込み合っている tsĭtskayéshong; [s.]close; あまり込み
合っているから, もっと押し広がらせなさい dūdŭ tsī
tskayeshó kutu iffé ŭshi firŭmirăsi.

Crown 王冠; [名]kótinu kamuri, ⁺kó-kwan〈皇冠〉, wó-
kwan; 頭の頂上 chĭdji; [他動]即位させる skuĭ-
shimĭung; 即位した {統治を始める} skuĭshéng.

Crucible 坩堝; kă̆ni tă̆chi kă̆mā.

Crucify 十字架につける; djŭmundjĭnyi kudjishae tumĭ-
ung; わが主, 救世主のイエス キリストははりつけにさ
れた Yasu Kristu, vă̆tā nūshi djŭmundjĭnyi tumirătténg

((釘で)止められた).

Crude 生の; nǎmǎ, nǎmǎ mung; 比喩的にも用いられる; (未熟の) mādā djukusang.

Cruel 残酷な; skutsi, arashi, bódjitchi〈暴事〉; 残忍な性(質) arashi shó, yana kundjó〈根性〉; 残酷な人は他人をも偽り冷酷な者と非難する bodjitchina ftó chung arashi mundi mīnashung; 残酷な・醜い刑罰 batsinu dǔdu kǔtsissang; 無慈悲な心と無法な行い chimunu utchikidju bódjichi, mata muhóna kutu; 極度に残酷な mudjó〈CDなし; 無情であろう〉.

Cruise① 薬味入れ; {容器} tsibu.

Cruise② (パトロールが)巡回する; [動]sagǔishi miguyung.

Cruiser 巡回船; sagǔishuru funi.

Crumb かけら; kǔdaki; {パンの柔らかい部分} kumpianu mī, utchinu mī; その反対 (外側), [s.]crust.

Crumble 砕ける; [自動]kudakīng; {家, 壁などが(くずれる)} kuzirǐung; [他動]手で砕く mung kudachung, siri kudachung; tsī kudachung; 圧力で (押しつけて) ussī kudachung; 叩いて tatachi kudashung.

Crumple 皺になる; [自動]vadjanyung, vādjā natong, vadjadóng, vadjamǔku natong; [他動]皺くちゃにする vadjamashung; [名]しわくちゃ vadjami.

Crupper しりがい(馬具); dzūmī, kǔranu dzūmī.

Crush 押しつぶす; [動]ussī yandyung; 粉々につぶす ussī yanti kudachung; 多くの人にふみつけられた tā nyindjunyi ussi tskirǎttang, kansirǎttang.

Crust 外皮; ka haï; 脂の皮 anda ka haï; パンの皮 kumpianu hata-ga; 鍋底のこげたもの nǎntsitchi ka-haï; はれものの表皮 kassa futa, kassānta (瘡蓋); 外皮, 表皮ができる kǎ hatóng.

Crustacea 甲殻類(かに, 海老); kū tsigé aru tagǔï.

Crutch 松葉杖; fsha négā tsī, gǔshang.

Cry 泣き叫ぶ; {泣く} nachung, nada utushung; 声を立てて叫ぶ nachi abǐung; 泣く子が djǎdjāshung; 激しく泣く ǐtǎdī nachung; 叫ぶ abiung, kvi agiti abǐung; ほめたてる{ほめる} fumi agǐung; やじり倒す・けなす nā yubayung, nā utushung, ī yandjung.

Crystal 水晶; sī-shó, sī shónu tama.

Crystalline lense (眼球の)水晶体; mīnu shǐnu tǎma.

Cub 仔犬; ing gva.

Cube 立方体; mǎshi kǎku (真四角).

Cubit 1キュービット; ǐshǎku; 折り畳みの尺 tǎkubi djódji. (cf.Covid).

Cuckold 不貞な妻の夫; hǐa, gatchi.

Cucumber きゅうり; ǔï.

Cud (反芻動物の)食いもどし, 反芻すること(牛など); haché kvé-kvé shéru mung, kvé ndjachéru kǔssa.

Cudgel 棍棒; [名]bó, bǔtchi; [動](棒で打つ) bó utchung, butchí kvāshung; 3, 4回打った mi butchi, yǔ butchi kvǎchang; こん棒で打たれた butchi kvǎsarīru kutu

ǎtǎng, ukitang.

Cue きっかけを与える; [動]ǐtu gutchi, itchi tsodjirashung, tchizashi ǐchi tsodjirashung, fǎshi ichi tsodjirashung.

Cuff 平手打ち; 耳を平手打ちする tindashi utchung; ti zikunshi utchung, tatachung; {争う} ti ndjachi óyung.

Cuirass 胸当て; mǔni ǎti.

Culinary utensils 料理・所帯道具; shūte dógu.

Cull 選り抜く; yirabǐung, yirabi ndjashung.

Cullender 水漉し器; mizi simashuru dogu; [s.]colander, pass.

Culpable 過失のある, とがむべき; vǎssanu, togasarīng, togasari bichī mung; あなたに過失がある ya vāssang; varī ftu.

Culpability 過失あること; vassǎ tǔkūrū.

Culpably 不埒にも, ふとどきにも; tsimi umǎngshi, vǎssandi shtchóï, togasarīndi umuï-nagarashung; [s.]willfully.

Culprit 罪人; toga-nyin.

Cultivate 耕作する; 田畑を{掘る, 耕す} tā tagayashung, hataki utchung; 作物を植える wīung; (美)徳を養う dóli tskǔshung, tskuchi ussamǐung; 耕作地{畑仕事が終了した} mǔn nachéru hataki, shó mung nachéng; 掘作・種蒔・施肥・草取り等が土地を耕作地にする kwéshi (鍬で) uchi kushiréchaï, munchani machaï, kūyāshi kakitaïshi, fīrā kussa-shaïshi, mun nacheru hataki.

Cumber 邪魔する; savayung, fabamǐung.

Cumbersome 煩わしい; vǎzīrǎvǎshūrū mung, nandjishuru; 彼は煩わしい kurinyi vaziravasarīng; 私にとって煩わしい vang vaziravǎshuru mung.

Cumulate 積み重ねる; tsimi tatanǐung, kassabǐung, mazinǐung.

Cuneiform 楔形; kǔssabi gǎta.

Cunning 狡猾, ずるさ; dakumishéng, fumbitsishong, lǐkutsishóng; 悪い意で用いるとyanaが先頭につく yana dakumishéng; ずるく, 詐欺的な dāshi nǔdjuru mung.

Cup コップ, 茶碗; vang; 酒盃 sakazichi; 茶碗 chǎ vang; {より大きな茶碗} chū djǎ wang; 御飯碗 mǐshī vang; 汁碗 shiru vang; 昨夜は少し飲み過ぎて, 今朝は起きられない are (彼は) chǐnyu chǎssang saki nudi, chūyǎ uki ōsan.

Cup-board 食器棚; vam-bitsi, vang-dogu ǐri fǐtsi.

Cupidity 貪欲, 強欲; yǔku, mussaburi; 金銭欲 dzé mussabutósi, dzé yukunu chōsang.

Cupola キューポラ, 丸屋根, 半球天井; takassaru kabūï.

Curable 治療できる; yodjóshi bichī mung, nóshi bichī, yódjó nayuru yamé.

Curb 抑制する; [他動]magǐung; 木を矯める tamǐung; {比喩} kumuï djitchishung, tudumiti chǐdjishung; 彼の思いは乱れているから, 抑えねばならない

kukurunu văkkvitó kŭtŭ shǐmiti mamurasi varu; 心を抑制する kukuru tuĭ tumĭung; 心を向ける kukuruzashi fichi nóshung, fichi nkāshung.

Curd-bean 豆腐; tófu.

Curdle 凝乳状に固まる; kŭrĭung, kfaku nayung; ミルクが凝固する chǐnu kfayung; [s.]harden

Cure 治す; [動]{病気} yamé nóshung, djodjóshung; [名]djódjó; yódjó; {yamé} nóshuru tǐdǎng, nóshuru 'hó; 魚, 肉などを塩づけにして貯蔵する ĩu, shǐshi shū irĭung, shū tskĭung; 塩漬け魚 shū-ĩu, shū tski-ĩu; 塩漬け肉 shū djishi.

Curiosity 珍品; tanushimi dōgu, nagussaminyi nayuru dogu, midzirashi dogu; 聞きたい一心で munu chichi busha bakaï dū ǎrŭ; 聞きたがりやを除いてはそこへ行く人は稀だ munu chichi busharu munyi arandung aré chūsé mǎri; 貴重な珍奇物 takara 'hó mutsi; 珍奇な物を展示する nagusami dógu féyung, tsiraniti feyung, féti uchéng.

Curious 好奇心の強い; munu chichi-busha, nagusami zichi; 珍しいものだ saïta mung, ifū-na mung yassa, tsódji gurishang; 入念な仕業 myŭnyi〈妙に〉shéng, myŭna vaza yǎssā, myŭna séku yassā, vazanu suguritong.

Curl (渦を)巻く; [他動]machung; {髪を(巻く)} tchidjurashung; 髪がちぢれた karazi chidjūtong, chidjuĭ karazi; {あごひげ} fidjinu chidjutong; ちぢれ毛の人 chidjū-yā.

Currency 通貨; tsō-yō shuru takara.

Current 流れ; mizzinu nagari; [形](流行の) ftuna tuï, [s.]common; どこでも通用する tsō-yōna kutu, tsūyūna kutu〈tsú yú{tsó yó} 通用〉; 時価 tuchinu ninaï, dé.

Currents ぎいま(植); 黒くて野生の gīma.

Currier 皮屋, 製革工; kunashi zeku, kā zéku.

Curry なめし(皮を)仕上げる; kā kŭnāshung; 馬ぐしをかける 'ma sabachung; 馬ぐしを入れきれいにしなさい 'mma sabachi chirīnyi nasi; 馬ぐし 'mma sǎbachi.

Curry-powder カレー粉; ŭchǐng(ウコン). ?〈EC: 黄羌curry stuff〉

Curse 呪文, 呪う; [名]fūmung; [動詞]fūmungshung, madjinayung, madjinati nurayung(叱る), madjichi nurayung; 災禍がおこるよう神々に願うことは,「呪う」という vazave ukurasǐndi kaminkae unyiféshusé madjinati nurayundi yŭng; 自らを呪い, 他を呪う dūshi fūmungshi chū madjinayung; [s.]maledict, scold.

Cursorily ぞんざいに; 読む mī béku yudi tūshŭng; ざっと見る féku ké nyŭng.

Curtail 切り詰める, 減少する(させる); djinshūshung, firashung, ikiraku nashung.

Curtain カーテン; tǎrī nūnŭ; 竹の sidaï; 窓のカーテン

fi-ūï, tida géshi; 蚊用カーテン kǎtcha(蚊帳); 紙の蚊よけ kabi gǎtcha, shtchó〈紙帳〉.

Curvature 湾曲, ひずみ; magaï, magató tukuru, magatósi.

Curve 湾曲, 曲がり; [名]magaï; [自動]曲がる magayung, maguyung; 曲がった magatong; [他動]magĭung; 曲線 magaï chi(畢), chinu magatong.

Cushion クッション; 寝る為のもの fŭtŭng, shtchi bŭtŭng; もたれかかる為の utchakǎyuru futŭng; 膝をつき祈るための{当地では敷物} païshtshi mushiru; 座るためのもの shtchi mushiru, yīru mushiru; 頭用のもの(枕) [s.]pillow; 椅子用の(座布団) yīru fūtŭng.

Cuspidated 先の尖った; yaïnu gutu togatong.

Custard カスタード菓子; ammutchi rāshi mung, cǎssītīrā (カステラ).

Custody 抑留, 監禁; dūgŭmĭ; 収監する dū irĭung, karami tskiti dūgumishung; 監禁しておく dūgŭmĭ shóchung, dū ya nǎka tŭmĭ utchóchung, ĩttóchung.

Custom 習慣, 風習; sǎfŭ, zŭku, nŭri(法,則); 国の習慣 fū-zŭkŭ; 普遍一統の風習 ĩttūnŭ fŭzuku; 関税 djónó, djónó gǎni, sŭĭ gani, または dzing; 税関 djónó yaku za; 役場の慣例を守らない yakubǎnu 'hó mamurang; 一定不変の慣習はこうだ tsininu nuré kunu gutóndo, kan yén dó; 風習は徐々に改めらるべきで, 急激にやってはいけない fŭzuku aratamīse djindjintu(漸々と) si, chūnyi shé simandó.

Customer 顧客, 得意先, 買主; ké nushi, kóyuru chǎku.

Cut① 切る; [動]chĭung; タバコやミンチのように細く切る chizanyung; タバコをきざむ tabaco ūrushung; 頭を切り落とす kōbi chĭung, hanĭung; 寸切りにする, 中国の刑 sin-zinyi chĭung; 切り離す chiri hanashung, vakashung; 半分を切り離せ hambung chichi turé; 細かく切る kūteng nā chĭung; 二つに切る hambunungkae, tatsinkae chĭung; 着物を裁断する ching tashúng; はさみで裁断する hassanshi chiri tashúng; 切り離す chichi ké tŭyūng; 髪を切る karazi tsinyung; 動物の毛を切る kī tsinyung; 喉を切る kubi chĭung; 自分の喉を切る dŭkuru kubi chĭung; 綴じるため, 書物を切断する shimutsi chiri tsimishung; タバコをきざむ tábaco úrūshúng *(3番目の例と重複) 切り抜く; chichi nudjung; 中国の印刷版を彫る fankó fŭyung; {まれに使用} fanko ĭyúng {(過)¡chang, (否)¡rang}; 穀物, 草などを刈る kǎyung; 心まで切り裂く chimu sakiru gutunyi ang; 道を切り開く yama chichi akiti michi tūshung; 切りまたは削って鋭くしなさい fidji togarasi, sudji togarasi.

Cut② [s.]wood (woundであろう); 切り傷; [名]{身体の(切傷)} ushi chǐchāng; 手の切傷 ti ushi chichang, sīgūshī(小刀で) itamachéng; 着物などの切れっぱし sīgū djiri; 版{木版} dzī; {人の} 型・像 chūnŭ kata; {山水の(図)} sansinu dzī; 木に彫った物 kí nakae futési.

Cut-purse すり, きんちゃく切り; hassan chǐri nussudu.

Cut-throat 人殺し; chǔ kurushā nussudu.

Cutaneous 皮膚を冒す; kósinu taguï.

Cutch 児茶〈EC: [s.]Terra Japonica〉; {お茶} fudji cha; tanyitéru chā {丸めてお菓子に入れる, こねた茶}.

Cuticle 表皮; fǔkǎnǔ fǐssi ka, fissi wǎ-ga.

Cutlass ややそり身で幅広の短剣 (船乗りが用いた); magaï katana.

Cutler 刃物師, 刃物屋; fa mung zeku, tatchi mung zéku.

Cutlery 刃物類; fa-mung, tatchi mung {刃物}.

Cutlets カツレツ (あぶり焼きなど); abuï sóki bǔni.

Cutting board 切るための板 (まな板); marucha.

Cuttlefish 甲いか, (俗に) いか; kūbǔ shīmǐ, ícka, tákǔ.

Cycle 周期 (60年周り); ruku dju nin māru; 60周期に必要な二組の文字について, 彼らは十干 djǐ kǎng, または nǔtǔ zǐkǐ, そして十二支 nyǐ-ushi-turā, または djǔ-nyǐ-shǐ という.

kiá	甲	chi nī
yih	乙	chǐ nǔtu
ping	丙	fi nī
ting	丁	fi nǔtu
wú	戊	tstchi nī
kí	己	tstchi nǔtu
káng	庚	ka nī
sin	辛	ka nǔtu
jin	壬	mi nī
kwei	癸	mi nǔtu
tsz'	子	nī {nizimi, 鼠}.
chau	丑	ǔshǐ {牛}.
yin	寅	tǔra {虎}.
mau	卯	ū {ussadji, 野兎}.
shin	辰	tatsi, úzasi {龍}.
tz'	巳	mǐ {蛇}.
wú	午	'mma {馬}.
wí	未	ftsǐzǐ {羊}.
shin	申	sǎru {猿}.
sú	酉	tuï {鶏}.
tiu	戌	ing {犬}.
hai	亥	yī {豚}.

当地の年号の方式では1849年の巳酉を tsitchi nǔtunu tūï と言い, 1850年の庚戌を kan ni ing などと言う. 何周期か lĭtchi su {litchi sūnu ovari} nan dū atatóga. ni-ushi-tura (子・丑・寅) は学者の間で, 時間の12の部分を示すのにも, 用いられる. 中国人と同じく日中を12に分ける. ni (子) は真夜中に始まる, ushi (丑) は午前2時に始まる. tura (寅) は4時に始まる. これらの名で象徴される動物は, それらのいくつかは今ではいなくなったが, 創造されたものだ. むしろ, その名が付された時間に生まれたと考えられて

いる. [s.]hour; 同様に羅針盤にもni-ushi-tura (子・丑・寅) の印で方向・方角が示されている. 4つの基本方位に対して3つずつ割り当てられている. [s.] wind

十干の全ては女性 (陰) 原理に対応していると, 考えられている. しかし, 十干の5つの対は, 木 キ, 火 ヒ, 地 ツチ, 金 カ子, 水 ミヅの中国の5元素に関係するものと思われる. 十干の5つの対は, ノヘ と書かれ, niと発音される女性と, ノト と書かれ nutuと発音される男性の資格をそれぞれ所有していると考えられる. 12の shǐ (支) も, (十干と) 同じく対をなしているが, 名称の上で性的区別はない. ノヘ とノト の本当の語義が何か, 私には解きあかす事は出来なかった.

Cyclopaedia 百科事典; amaniku {munu gutu} shiracheru shimutzi.

Cylinder 円筒; taka maru mung, maru suguï-nǎga mung; 2つの節の間の円筒状の部分 yúyu; [s.] bamboo.

Cymbal シンバル; {葬式に用いられる} hāchi gani.

Cypress いとすぎ; bǐǎkunu ki.

D

Dab 軽く叩く; ti byóshi, tatashung* (*tatachungであろう., は不用であろう)

Dabble いじる; gǎmari shi tskoï yandïung, ïeshtchi séku-shung.

Dabble いたずらする; 水の中で mizi mutanshung, muta-béshung, {水をかける} haniéshung, kakïéshung.

Dabbler 道楽半分にする人; {学問を} ïeshtchi samuré.

Dace うぐい; {魚} shira ūū.

Dad お父さん, パパ; dǎlǐ

Daddle ぶらぶら・よたよた歩く; {子供のぶらぶら歩き} bura bura achishung.

Daemon 鬼; ǔnyi, yūri, {悪魔} madjimung, djǎmma.

Daemoniac 悪魔に憑かれた; kami 'fūrǐ, shima-shóng, yūrinu kakatoru fitu, kakaï mung, yurīnu vazashóng, aku fūnu vazashóng.

Dagger 短剣; ǐnchǎ tatchi, 'ncha katana, ǔbī datchi, mamuï-datchi.

Daily 毎日の; mé nyitchi, nyitchi nyitchi, fibi; 毎日来る fibinyi chung; 私たちに今日日々のパンを下さい watānyi chū chǎ famé kwi mishóri; 日 (々の使) 用 nyichi yū; 日々必要なこと nyitchi yūnǔ kutu; me nyitchinu tsīyashi {出費}, nyitchi yūnǔ mutumi; 日刊新聞 nyitchi nyitchi gatchi; 彼女は, 彼が日々良くなるのを見て, 心中喜んだ nchindé ari chǐ-ǎ kǔtǔ gūtǔ mashi nati shinchū yurukudang.

Dainty 美味いもの; māsǎ-mung, mariné māsǎ mung, anda mung; 美食好みの人 anda mung kwé.

Dairy バター製造所; ushi chinu anda tskoï yā.

Dale 谷; tānyǐ, kubumi.

Dally ふざける, 戯れる; assibi kutuba yung, ⁺chógin shung, tava furi munǐshung.

Dam 母獣;[名]{動物} a'hya, {水を堰き止める}（ダム）mizi kani gatchi, mizi tumi ǎbushi, ǔnǐ; ダムを造る mizi abushi ūyǔng, ǔni uyung, uténg, uni tsin tatǔung; ダムを修理する uni shǔfǔshung;[動]せき止める fussadjung.

Damage 損じる;[動]sundjǐung, sundji yabuyung, {もてあそんで} mutabi yandjung;[s.]injure; 濡れて損じた nuritong,{海水に濡れて損じた} shūnǔ nuritong; 損じた品 nǔri shina（濡れ品）; 損害を弁償する sundji, yāndi, nuritósi vanchaméyung, tuǐ-noshung, gé tuǐ-noshung.

Damask ダマスク織り, 絞りどんす; kata duri ǔǐ, ufu bana dǔnsǐ,{種々の色が入っていれば} iru duri ǔǐ.

Dame ご婦人; ayamé.

Damn 永遠の罰に処する; naga kurushiminyi chǐshǐung, nagadé kurushimashung; 永久に呪われた naga kutsissa ukǐung, naga vazavé ukǐung; 地獄に落とされた djǐgǔkǔnyǐ tsimi nagéku ukiru mung; 未来の不幸（地獄落ち）の罰に処する dji gukunkae utushǔssinyi chǐshǐung.

Damp 湿気,[名]⁺shtsi; 今日は湿っぽい chū shtsigakaïshong; 湿度が高い shtsi 'fukvi-tong; かなり湿気がある yukaï shtsinu ang; 物が湿った nditóng, sitatong, nuritóng;[他動]（湿らす）sitarashung, ndashung, nurashung,{by steeping, 水に浸して} mizinyi fitashung; 糊付けで堅くなったものや乾き切ったタバコなどに水をはねかけて湿らす shímishung.

Damsel 乙女・少女; mussimi, ayamé gva, winago vorabi, ⁺chidju〈閨女〉.

Dance 踊り;[名]tatchi-vaza,[動]（踊る）wǔdǔyǔng, tūnǔdji または tatchi móyung; 尼僧に従えば神への踊りを習い, 善人に従えば善人になることを学ぶだろう winago bodjitu madjungshi kami wūduǐ narati, yǐ chunyi shtagati yǐ chu manabǐung; 上下に揺すって子供をあやす móyātǐāshung.

Dancing master 踊りの師匠; wǔduyuru shishó.

Dancing room 踊り部屋; wǔduǐ yā.

Dandle 揺すってあやす; skashung, datchung; 膝に乗せてあやす mumu nakae yitchi skashung; 脇に抱いてあやす sobadachishung, gǎmākǔnyi dachóng.

Dandruff ふけ; karazinu ǐrǐchǐ.

Dane mark, denmark デンマーク; Dēn kunyi.

Danger 危険; kūvé, ayautchi, abuné, ayashǐ, dédji, ukashǐ kutu; chivashtchi, chǐnsǔ, sakanaï 最後の三つは崖など地勢から生じる危険性について言うのに最適である; 大きな危機に直面している abuné bashunyi {taǐshtsinyi〈大節に〉} ⁺nuzudong, ichi shinyi yényi

itatong; 迫害の（ような）危機にある ⁺ligénu〈利害の〉yé; ayashi nākanyi vung; 危機の真中にいる; 危うく転びそうだった fuda dugeyutang; 危うく沈みそうであった fuda sizinyutang,[s.]nearly; fuda と abuné は過去の危険にのみ, dédji は現在および未来の危険について言う; 私たちは今（死の）危機に瀕している vattáya nana* dédji nayussiga,{shinyussiga} *nama であろう.

Dangerous 危険な; これは危ない ah ukǎshānǔ!, dédjidó, dédji dému, abuné dó, gényi uchi īru mung; kūvé-mung; これは危険な計画だ kuri dedjinu fakari gǔtudó; 危険な場所 abuné tukuru; 危ない病 abuné yamé; 危ない事 abuné kutu.

Dank しめっぽい; shū shtsinyi nditóng, fitachéng, shtsinu chūsang.

Dappe（**dapper**）機敏な; ugutcha mung; shtsinu, shǐ-shtsinu〈性質〉fésang, dzumbunó ugutchóng.

Dapple ぶち・まだらにする; ayagakashung; ぶちの ayagatchong.

Dare 敢えてする; ukerang gutu shung, ukeïnsang shung, fabakarang shung; 私はいたしません! 断るための, よく使われる礼儀正しい表現 ah vané wémissa; 敢えてしない ukéti sang; 来るなら来い, 悪党め, 怖くはないぞ, 例え悪魔であっても yé, hǐa, kūa, kūā! yǎga chantémang udjirangdó,{yǎgā chantémang tǎga ussurǐga} yūrinu chantemang ukérang.[s.]defy; 善人は神を怒らせることは敢えてしない yi ftu ukéti kaminkae tsimé yirang.

Daring 大胆不敵な; chǐ djǔ {血が強い} mung, chīnu chūsa, ǐdji djǔ mung, dé tanna mung; 大胆な仕方で dé ta munnu gutóng,[s.]bold; 振る舞いが大胆 wémissa shirang.

Dark 暗い; kurudong, kuru,{光りのない状態} kurassang,[副]kǔrǎkǔ; 夕方のような暗さ yū iri gǎta, yussandi gata, bang gata; 闇夜 yǎminu yū; 真っ暗な夜 yurássimi; 非常に暗い・真っ暗 mǎkkūru; 暗い所にいる{比喩的に} kfurassinyi vǔng; 野卑で無知な者 kurakana mung; ピッチの（黒色粘着性物質）ように真っ黒 yaminu yūnu gutóng; あの黒人はピッチのように黒い anu kurubó simi {墨} nutéru gutóng; 全く暗い sǔ kuru; 暗黒時代 yami natoru yū; 黒雲が重なりあって昇った kuru kumunu kassabatong, kassabaï tsitóng; 暗愚無知 kfurasǎshǐ shirang; 啓発された人は暗い事は引き受けない achirakanu ftu, kfurachǐ kuto nāsāng.

Darken 暗くなる; yū fukǐung, kurǐung, kfuraku naïgǎtta, kfuraganyung; yūnu ǐri gata,{物が（黒くなる）} kurudi chung, kurunyi shung.

Darkish 薄黒い; tégé kurudong, ussǐ kurussang, ussi kurunyi shong.

Darkness 闇・暗さ; kurassa, kurassassi, kurassing; 明るさ
より暗さを好む kurassing akagaï yaka mashinyi
stchóng.

Darling お気に入り; chǐ irī mung, ǎtǎrǎ mung, fissóna
mung; お気に入りの子 chi irī ngvǎ.

Darn かがる, 繕う; ching kū shung.

Darnel 〔植〕ドクムギ〔浜すげ〕; kó būshī.

Dart 投げ矢; ǐyǎ; 〔動〕〔矢のように飛ぶ〕 iyanu gutuku
tubǐung, tūyung, ǐyanu tūyung néshung;〔矢のように〕
飛ばす ǐyanu gutuku tubashung.

Dash ぶつかる; 衝突する tstchi atayung, tstchayung, tstchi
óyung; 足で激しく打つ kǐung, kǐri, kiti chichang; 柱
にぶつかった hǎyǎ nakae tstchi atatang, tstchǎtang;
抹殺する{文字} siri utushung〈EC:抹去 dash out
from a writing〉; 顔を激しく打つ tsiru* {tindashi}
utchung *tsiraであろう.

Dastardly 小心に;（隠して）敵から逃げた ǐdji-fukǎ-shi,
ussuri kagamati, chimu ussurǐshi, tichi kara fingitang.

Date① 日付; 年の ning gó; 月の日付 tstchi ziki; 日の日
付 fi-ziki; 月日 gva-pi; 何年か ningó ǐtsi yǎtaga?,
nūnū ningó, nū ţushinu ningó yataga?; 何月か nan
góstsi?（gótsiであろう）; 何日か ǐkka?; 月日は何か
gvapé ǐtsi yǎtaga?; 日付する ningo gvǎpi tskǐung;
tstchi fi ziki-shung.

Date② ナツメヤシ; {果物} tsóru; 干したもの fushi tsóru.

Daub 塗り付ける; nǔyung, siri nǔyung; 金持ちの田の中か
ら取った土で窯を塗ると幸運（大吉）を招く wéki nchu-
nu tā nakanu 'ncha tuti kǎma nuǐdunse taǐchtsi-do.

Daughter 娘; winagó ngva, nyú-shi〈女子〉, músǐmǐ; 継
娘 mǎma winago ngva.

Daughter in law 嫁; yǔmǐ.

Daunt 怯ませる; usurirashung, udurukashung,〔s.〕dis-cou-
rage.

Dauntless 豪胆な; ǐdji djūsashi uduru kang mung,
skakó néng; skamaching skamang.

Dawn 未明; mīmǐ, yūnū akirandi shung, yūnū aki gata.

Day〔s.〕daily; 日; fī, nyitchi; 2, 3日して来い nyi san
nyitchi ato {fīdǎtī, fizamǐti} kū; 日々・毎日 fibi, me
nyitchi; 私は毎日忙しい vané mé nyitchi issugava-
sang; 他日 bitsinu fi, tǎ djǐtsi; 一日 {もう一日} して死
んだ ichi nyitchi kǔchǐ shidjang; 次の日・明日 tsǐgu
fi, myó nyitchi; 日夜苦労する yǔrung fǐrung
nǎndjǐshī; 一日中 fi djū, ǐtchī, fǐnǐmūsǐ; 君は一日中
家で何をバタバタしているか yǎya fidju yǎ vǔti
nūnū ichunasharu {issugavassaru} kutunu aga?; 今
日 chū; 今日は少々暖かい chūya shūshǔ atsisanu;
今日は晴れ渡っている chūyǎ tinchinu simitang; 昨
日 chǐnyǔ; 一昨日 wǔttǐ; 明後日 ǎssatī, または
myógu nítchi; 明後日の翌日, すなわち, これから三日
目 assati-nácha; 月の初日 tsī tachi; 二日目 fǔ-tska;

新年の日 shó gótsi（正月）; 日々良くなる fǐ mǎshi ま
たは chǐ-yǎ kūtu gūtū yutasku nayung; 1日の仕事
fǐ chī vaza; 2日の仕事 futska vaza; 3日 mǐttcha,
mǐkka; 4日 yǔkka; 5日 gu nyitchi 等々; 10日 túkka;
幾日か ǐkka?; 幾日で ǐkka wǔtī; 幾日以来 ǐkka
kǎrǎ, nan nyitchi nǎti?; 日中・昼間 fi-djū, firunǔ yé,
firu vǔti, fidjūnu tuchi または utchi, fǐrūnǔ utchi; 昼
の仕事 fidjūnǔ vaza; 日光 tida fikari, finu fikari; 明
けの明星 yū akigatanu fushi; 夜明け yūnu akiung,
yūnu akiru tuchi; stomǐtīnu bā; 夜明け・暁 aka
tsitchi; 休日（聖なる日）yī fi; 八月十五日 chū shū
〈中秋〉; yī fi, chíchi〈吉〉fi, 幸運な日も意味する; 不
運な日 chó〈CDなし, 凶であろう〉fi, 不運な日, 両方とも
日常生活の中で守られている; 結局日中では都合悪
いであろう firu utchi tsinyé tayuri néng; 真っ昼間・
白昼 ūū akagaïshoru firu. 週の日々: 日曜日 lípaïnu
fī; 月曜日 lífaïnu nácha, lifaïnu tsigu fi; cf.Monday;
火曜日 lífaïnu ná sati; 水曜日 lífaïnu de yúkka,
lifaïnu yúkkami; 木曜日 lifaïnu gu nyitchi, gu
nyitchimi; 金曜日 rúku nyítchi 等々; 1週 shtchi
nyítchimi.

Days 数日; kazinu〈数の〉fi, sǔ djǐtsi; 2, 3日に1回で良い
nyi san nyitchi kǔshi ǐkkvéshi {chū surǐshi} yuta-
shang; 2日の間 ló fǐnǔ yé; ここ2, 3日 kúnu guró.

Dazzle まぶしいこと; 目がくらんだ mī ficharussang;〔他動〕
（目をくらませる）, ficharusashimǐung; 宝石のように目
がくらむほど輝く fikari kagayachung.

Dead 死んだ; shidjóng, māshāng, chǐ tétang; 死んだもの
（が）shidjóssiga; 枯れ木 kari gi; 木は枯れている
kǐǎ karitóng; 死ぬ程酔った shtǎtaka wǐtóng; 死ん
だ目 mīnū shóng tǎtǎng; 必死の努力 sisidaï shiri-
zuchaï narang, shintaï〈進退〉nǎrāng, shitayé narang;
死んだように愚鈍な者 dǔnna mung, gudunna mung;
〔s.〕morose; 半死状態の nakari djinshóng, ham-
bung shinshóng; 死者の中にある shidjoru utchi,
gushó ndjóng {死者の国（後生）に下った}; 彼が死
んでいるのか生きているのか私がは知らない are
shidjigǒwra, ǐchǐchǐgǒwra vāgǎ shirang; 孔子曰く,
親が生きている間はその志に従い, 死んだらその行
いを守り従え. 3か年親の行動（形態）を変えないもの
は孝行息子と呼んで良いと ūyanu wūruba {ichi-
chōru ba} sunu kukuruzashi nyūǐ, ūyanu māshǐ ato
sunu ukuné nyūng; san ning nakae chīchi uyanu
tatiteru michi aratamirǎnsé kóndi yǔ bichǐ.

Deadly 致命的な; chunu nutchi tǔyuru mung; {毒のあ
る} dǔku aru.

Deaf 聾; mimi kudjira, ming kudjira; 非常に耳が遠い
yana mimi kudjira（つんぼめ!）; 全く聾の miminu
kudjiriti {fussagati} chkang; 聾のふりをする mimi-
kudjira fǔshung.

Deafen 耳を弄する; kăshimashĭmiung*,mĭnchassashĭ-mīng（*kăshimasha-であろう）; これは耳をつんざく騒音だ kăshimăshă,kashimashang,mĭnchă mung yassa!; 耳が潰れた kashimashang,mĭnchăssăng.

Deafish;｛半分聾｝ miminu tūsăng（耳が遠い）.

Deal {wood} もみ（松）板〈EC:杉木（樹）〉;［名］ītă-gĭ, kó-yŭn-tsă,chă-gĭ; 多量の sŭkŭ băku,chăssăng,tá būng; 本を読んだりまたは学んだりする点で大いに進んだ yumé kakitáng（読みかける）,naré kakitáng（習いかける）; かなりの量 yĭ shaku,yī búnyi,yī kŭrú.

Deal 遇する;［動］人と付き合う tuĭyéshung,tuĭmuchŭng;｛商業（交易する）｝ kó yitchi-shung,shobéshung, achinéshung,kótaĭ utaĭshung; 彼は何の商売をしているか are nū,chărŭ achinéshuga?

Dealer 商人; achiné; 小売商人 achine gvă-shung, achineshīga uttăchuru,ndjităchuru mung.

Dear 高価な;｛値が｝ takara,dénu tăkăssărŭ; 親しい友など yī dŭshĭ,kanashi dushi,ndzosaru,kunudoru; 妻についても同じ; 愛しい子 yĭ kvă,kănăshĭ ngvă; 高値で買った tăka déshi kótaru.

Dearth 饑饉; găshĭ,yăshū;｛雨がないこと｝ fĭdīrī（日照り）.

Death 死; shinyi,shinyusi,shidjósi; 死に近い shĭnyĭgătă, shinyăndi shi; 死は彼に充分な罰ではない shĭdjĭng bătsé tarirang,shidjing tsiminu amarinu ang; 死に瀬している nutché tān shĭtchĭnyĭ〈旦夕に〉kakatóng; 苦しみのあまり死にたがる kŭtsĭsănŭ shĭnyĭ bŭshăshŭng; これ［罰］は確実に死に、するなよ kuré shizényi attayundó, sūnnayó; 死は生命に入ることである shinyuse ňnutchinyi ĭusĭ dŭ yaru; そのような死に方の予感がある arakadjiminyi nŭchigafŭnyi ĭusĭ shtchóng; 人に嫌われるものは死より他にない chunu nyĭkŭn-tŭkuro shinyuse yaka chūsăsĭ néng; 死に際し幸せ shinyusi tanushidóng; 君の残った罰は死後までもある、それは子孫にまで及ぶ ya tsimé shidji ato amarinu ang, vazavéya shissunyi uyudong; 死に瀬して shinyuru mīnyi itatóng.

Death-bed 死の床;｛当地では「（死の）筵」｝ shinyuru,măshuru mushiru; 彼は臨終の床にある aré mashuru mushirunyi wŭng.

Deathless 不死の; shinyarang; năgăchĭ ĭnŭchĭ,chó-mi.

Deathlike 死人の如き; shinyuru munu gutóng,shidjositu nyitchóng.

Death-warrant 死刑執行令状; shissiru wīsi.

Debar 禁じる; chĭndjĭung,tumiru,yurussang.

Debark 上陸する; ukankae nubuyung; fúni kara urŭung;｛荷を陸揚げする｝ funi kara ukankae urushung.

Debase 軽蔑する;｛人を｝karŭndjĭung,usséyung,ăzamŭchung, iyashĭndjĭung; 受身形 karundjiratténg;［s.］humble;｛混ぜて質を落とす｝itsivari ambeshung.

Debate 論争; djĭsĭdĭ sódăngshūng,djĭlŭng-shūng,arasōĭ-lundjiung; 多くの議論を省くため īru-iru djilŭnshŭssinyi nugăyuru（免れる）tăminyi.

Debauch 汚す; chĭgărăshŭng,hăzikăshăshimīng,kizi tskiung; はじめ恥ずかしめ後に棄てる hadjimi hazi-kashimiti ovarinyi stiténg.

Debauchee 放蕩・道楽者; saki-iru-zichă,saking irung kunudoru ftu,stchoru mung; shŭshŭ〈酒色〉kunu-doru tŭmŭgără.

Debauchery 放蕩・道楽; tadashkarang kutu,shūshŭ kŭnŭnyŭse; 酒色好き saki-iru-zĭchūsē; kākīshaĭ iru-zichaĭ｛賭け色好き｝.

Debilitate 衰弱させる;［他動］yórashung,yavaku nashung, uturūrashung; 衰弱した yóyung,yótóng,yuva-nĭung,yuvadong,yuvaku natong,uturŭtong.

Debility 衰弱; uturŭyūsi,yuvadósi,yótósi,など

Debt 借金; sĭ,ŭkă; 借金している sĭ kantóng; 私は彼に借金している vaga ariga sĭ kantong; 彼は私に借金している are vă si kantong; 借金に巻き込まれる sĭnyi fichi yandjung,yandarīng; 彼は大分借金している ariga sĭ kantósi uffusang; 彼は幾ら借金しているか ariga sĭ kantosi chăssăgă?; 彼は長い間借金している ariga sĭ kantóru kutu sidinyi tushi fitóng; 借金を頼む［s.］dun.

Debtor 借方・債務者; sĭ kantoru ftu,karacheru ftu（貸した人）.

Decade 10（の1組）; djung〈旬〉; 10日 tŭkkă; 月の最初の10日 djó-djung, 中（旬）chū djŭng, 下（旬）djĭ-djung; 月の最初の10日間に djó-djŭnŭ yé.

Decagon 10角形; tū-sĭmĭnŭ mung.

Decalogue 十戒; tūnu imăshimi; 昔神がモーゼに下した十戒 'nkashi kami Móshenkae shĭmĭshĭ kŭdăchĭ mishéru tūnu imashimi.

Decamp キャンプをたたむ;｛逃げる｝ fĭndjītĭ,tŭnŭdjĭ hăyŭng;｛軍｝（陣地を引き払う）djing ŭtsūshŭng, ĭkŭssănŭ mung utsĭung.

Decant （上澄みを）静かに注ぐ utsishi kéishi guri tuyung; このワインを他の瓶に注ぎなさい kunu saké bitsi tsibunkae utsushi kéri.

Decanter 食卓用栓つきガラス瓶; saki bing,saki tsibu.

Decapitate 首をはねる; kóbi haniung,kŭbi chĭ ung.

Decay 枯れる;｛木が｝kariung;｛葉や花が｝kari utĭung;｛花が｝sirĭung,chĭrĭung;｛生命力が（衰える）｝uturū-yung; 徐々に衰える djing djing〈漸漸〉uturūyung; 盛衰 săkătăĭ uturūtaĭ.

Decease ［s.］die; 死亡する; yū stĭung,yū săyung; 皇帝の崩御 gó-djŭ,gódjŭshĭ mishóchang.

Deceit 詐欺・虚偽; ītsĭvări,itsivăyuru kutu,damakashi.

Deceitful 人を騙す; dămăshŭrŭ,dămăkăshŭrŭ,chū nŭdjŭrŭ; 人を騙す意図 damakasandinu chimu.

Deceive 騙す; dămashung, dămakăshung, {chŭ} nŭdjung, dăshi nŭdjung, ăzamŭtchung, mī māshung {人の目を逸らす}; {甘言で} 騙す skăshung, ī dămashung; kazati shung; 他人を騙そうとする者はまず自分の心を騙す chū azamukandi fushă săvă, kănarăzi sătchata sŭnu kukuru ăzamŭchung; 隠し騙す fīssukănyi dămakăshung; 偽りの教えで騙す mădurăshung; 偽りの教えに騙されている mădutóng; 騙されてたまるか vang nŭdjumi, hēn! chăshi vang nŭdjŭgă, hēn!; 自分を欺く dū azamuchung; 私を騙そうとするな, 私は全てを完璧に問い知っているんだ vané tūti mīfăkŭnyī sătutó kutu, vang damakaché kvīnna; {または damakăshinu năyuka 騙すことができるか}; 上司を欺き下を抑える ūīyé ăzamuchi, skŭshtché usséyung; たとえ私は欺けても天は欺けようか vané tatoyé azamutching tinó azamuchinu nayumi? {azamukarang, もちろん天は欺けない}.

Deceiver 詐欺師; chū nudjā, chū-nŭdji-mŭng.

December 師走; sī vāsi {第十二月}.

Decent 礼に叶う; līnyi kanatóng.

Deception 欺瞞; kazati sharu kutó; takumi itsivayuru kutu.

Decide 裁決する; {二つの間で} utchi vakishung; saĭ-dan-shung; {法的に（裁定する）} issenyi または tsimabirakanyi shung; chīshshĭung, chĭshi chi-vamīung, chĭchi chivamiung, fátashung; 疑惑を晴らし確信にいたる saĭdanshi, ŭtagé hăriti djitsi tatirashung; 公正に裁決する kŭ tónyi {公道; 公当であろう} saĭdanshung; 決定されている chivamiténg, chichi chivamatóng.

Decidedly 決定的・きっぱり; chĭvāmĭtī, chĭshshti, fátashti.

Decimate 10人ごとに1人を選んで（殺す刑）; tūnyi tĭtsi tŭyŭng〈EC:十分抽一分〉.

Decipher 解読する; tŭchi akashung, kumékiti tūchūng.

Decision 決定; saĭdan, sădămī, chĭvănĭ; 私には決定権はない va makaché {va dūnu katté} nărăng; vāga nushidūrang; 計略は多くて, 決断は少ない chibóyă〈機, 智謀は〉ufusăssiga {ufu kangéshi} chĭtsī-dănŭ ĭkirassa {nérang}.

Deck① 甲板; {船の} fŭnĭnŭ wĭ; 上甲板 wā-dang〈段〉; 中甲板 naka ţang {chū-dang}; 下甲板 shtyă-dang, djī-dang; 甲板上の木造小屋{一種の小船室またはサロン} fangé.

Deck② 飾る; [動]kazayung, lippang-shung, lippanyi nashung, churăku shung, shidashung, bilĭnyi〈美麗に〉-shung.

Declaim 熱弁する; abĭshi yung, takăku dăndjĭung〈談〉, uffĭku sódanshung.

Declaration 宣言; achirakanyi shirashuru lŭndji〈論〉; 目撃者の供述証言 'nchóssiga kūdjó.

Declare 明言・宣言する; achirakanyi yung, shirashung, mĭfăkŭnyī yung; （上司や）行政（長）官の前で陳述する unyukiung, kŭchĭshĭ ŭnyūkĭŭng.

Declension 衰微・衰退; uturūtaĭ, uturūyusi, yóku nayusi, tariru kutu ushinatósi, taranse（足りないこと）.

Decline [s.]{fade} debilitate, diminish, decrease; 傾く; {曲がる} magayung, kata nchong, yuganyung, yugadóng; {ぶら下がっている} săgăyŭng; {断わる} kutuvayung, djitéshung〈CDなし; 辞退であろう〉; 頂点から一方に傾く nánayung, katanchóng {nkáng（傾かない）, katakándi* shung *katankándiであろう}

Declivity 下り勾配・坂; sagaĭ, sagaĭ-mitchi, fira, sagaĭ-fira,〈抽象名詞〉 sagatósi, sagaĭ.

Decoct 煎じる; {薬} shīn-yăkŭ, shĭdjīrī kŭssuī.

Decollation 首切り; kubi chirarīsé, kubi hanīse.

Decorate [s.]deck; 飾る; shidashung, kazayung, myabyăkanyi shung.

Decorous 礼儀正しい, 品のある; tsitsishidong, līdji săfŭ tsitsishidóng, bŭnyi wūdjītī-shung; linyi kănatóng, yurushchinyi kanatong; 礼儀正しく振る舞う dū tsitsishidōru mung.

Decorum 礼儀作法; săfŭ, lĭ, rĭdjĭ, rĭdjī săfŭ.

Decoy 誘惑する; skashung, dămakăchi fĭchi sóyung.

Decrease 減る; {サイズ} kwūku nayung; 脹らみが減った fŭkvinŭ fichóng, fichi urishóng; {量が減る} fiung, finyayung, firashung, djĭndjĭung, ikiraku nayung; 水量が減った mizinu finatong, fichóng; 減らして目測出来ないほど微小になるまで分割し続けなさい ikiraku nachi, ĭăkaĭ narăng shăkŭnyī tătā kwŭku năsī; 病が軽くなることにも使われる yafarachóng, やわらいだ, また寒気が緩む事にも使われる.

Decree 勅令; wisi; 皇帝の出す詔り kótinu mikutunudi tuziki mishesi; 皇帝が詔勅を出された wīsi kuda-chi, ndjachi, kótinu wīsi ndjitong; 役人の出す掟 kó-shi〈告示〉; 確立した規則 sadamiteru kata, djóli〈CDなし; 定理であろうか〉, nŭri（法）; [動] 確定する sadamiung, sadamiti tatūng.

Decrepit 老いぼれの; tŭshĭŭti yótóng, wĭtong, sĭdjitóng.

Decry 非難する; ī yandyung, ī ŭtushung, ī karundjira-shung, ī nyikvasashung; 人の名声をけなす chunu nā ŭtushung.

Dedicate 奉納する; sunéti ushagĭung〈EC: 供奉〉; 本を（献呈する）kăchi ushagĭung; chindjiung; 神に奉献する kaminkae chindjiti tatimatsĭung.

Deduce 推論する; sashshĭung, săshshĭti gattinshung, ushi firumĭung; [s.]infer.

Deduct 差し引く; fichung, fichi nuzikĭung; 応分に差し引く attaĭ dăkă fichung; 下女の賃金から差し引いたので, すぐに恨みを抱いた winago vorabi ndzanu tima fīchă kutu chāki ŭrămī fukudóng.

Deed 行為; ukuné,shkǎta; 悪行 shī vārī; 極悪行為 ftǔdūkǐ; {証書} shūkū gatchi,shūchī〈書契〉; 永遠に家を売った証書 yǐyǐ〈永永〉ya utéru shǔku gatchi; 田の証本 tanu shǔku gatchi.

Deem 思う; ǔmǔyǔng,ǔmutóng.

Deep 深い; 深い水 mizzinu fukassang; ずっと深い kāma súku; 山奥 kāri ūkǔ; 深く考え込んだ umǔǐ sizimatóng; 深遠な道理 dólinu fukassang,myūna dóli; 濃い色 īrunu fukassang; 彼は義{礼}について深く知っているので, 人々を心から愛する djǐrǐ〈事理〉fukaku satutó kutu chǔnu* atsúnyi shung *chǔnyiであろう; 熟睡 djǔkusǐ shong,yū nindji kudóng; 深くない fukaku néng;

Deep-mouthed 声が低く太い; kvīnu sǐmirang,sǔkū kwī.

Deepen 深くする; nyāfing fǔkaku nashung; より深くせよ nyǎ chū dǎn fukaku nasi.

Deer 鹿; shka; じゃこう（麝香）鹿 djakó tūyūrǔ {shodjiru} ichimushi; 斑点のある鹿 aya manchā shkǎ; 鹿がその子を愛する情は, 君の愛情と如何に異なることか shkanu kwa kǎnashǎshusi chāshi yatu kavatóga?

Deface 外見を損じる; sundji yaboyung; 字を損じて, 読めない djīnǔ hǎgiti mikǔnda natong; [s.]spoil.

Defalcate 減る; djinshūshung,kǎdjung〈欠く〉.

Defamation 中傷; sushitaï,ī utuchaï-shusi.

Defame 中傷する・謗る; ī utushung,sushshīung,nǎ yābuyung.

Default 不足・欠乏; kadjósi,kadjóng; 良い布がない時には, 普通の布で衣類を作れ yutasharu nǔnǔ kagiré,dji datsinu〈下等の〉ching chǐǔsě sǐnyung; ケーキが無ければ, パンを食べよ kwāshinu kagiti dung wuré kumpiantu shina géshi sǐnyung.

Defeat 挫折させる; [他動]希望をくじく shǔzūn ushināshung,nǔzūmǐ ushinashung; 望みはくじかれた nǔzūmīnǔ ushinatóng; 争い・戦闘で破る ǔtchi yandïung,utchi yabuyung; 敵を破る ǎta-tǐtchi kǎchi yabuyung; 負けた makitáng; 人の親切な気持ちを破る・くじく chǔnu wūndjīnǔ kukuru fabamiti yandjung; 負けたふりをする makita būīshung.

Defect 欠乏; {欠損} kagitósi; 僅かの傷 kǐzī,shushǔ chǐzīnǔ ǎti tūrang; 研究者の大欠陥 gǎkūshānǔ ūū chǐzī; [s.]blemish.

Defective 不完全な, 不備の; mattónyi {mattakunyi} néng,sunavarang,mattaku arang,mǎtta munu arang.

Defection 背信行為; chiminyi sakīung* *sakayungであろう; {自己の宗教から逸脱} mǐchi kéyung,ushīnyi {dólinyi} sǔmuchung.

Defence 防御柵; fushīdji gatchi,chidjiru katchi; 首都の防御柵 shirunu kakuï,gussikunu kakubi; 防御がある tamutchi kakubiténg; {法廷・弁護} ūttaï bindji; {弁護文書} harimi gatchi.

Defend 防ぐ; {守る} fushīdji mǎmuyung,tamuchi

kakubiung; 何かを手にもち防御する fīssǎgi fushidjung; 身を守る dū kakubiung; [s.]protect; {法廷で（弁護する）} ūttaï または firu harimïung.

Defendant 被告人・弁護人; harimi nying,uttaïsáttoru ftu, ūttaï bindjiru fitu.

Defender 守護者; shūgushoru mung.

Defer 延期する; yǐnyǐng〈延引〉shung,nubïung,yuruyakanyi shung,ussiku shung,yóïyóï-shung, [s.]delay; 他日まで延ばす bitzi fi mǎdǐng ǔshi nubïung〈延べる〉; 長く日延べしてはいけない nǎga nǎga naché simang; （決められた）日限を延ばす fǐ kǎdjīrǐ nubishung; 再三延期する nubi nubinyi shung; 肝要な件を延び延びにし怠った kān yūnǎ kǔtu nǔbi nubǐnyishi ukutatong; 租税の徴収を延期する djónó yīnyīngshi ussamirang（期限内に納めない）.

Deference 尊敬; uyamé,uyamayusi; 辞退して敬意を表す djitéshi uyamayung.

Deficient 不十分; kagiru,tarirang,uyubang.

Deficiency 不足・欠乏・欠陥; kagitósi,ikiraku natosi; 不足（分）を補う kagitósi udjinōyung,vanchamayung.

Defier 反抗者・挑戦者; kúdjiru,tstchifeshuru,titchi djitchi shimīru,hadjimashuru ftu, [s.]defy.

Defile① 汚れる; [自動]chigariung; [他動]chigarashung; 以前の汚れの痕跡を取り去る sunu mǔtū kara sudōru {sunkudōru} chigari sǎrashung.

Defile② 隘路; [名]shibassaru,ibassaru mitchi.

Define （本質を）明らかにする; nariyutchi tuchung,kataraï tuchung; 私がそれを明らかにしよう dǎndjiti（談じて）chikashung,tuchi ch'kashung; kumekiti tuchung, katazikïung.

Definition 定義; nariyutchi tuchuru kūdjó,ǐmǐ kumekiti tǔchuru 'ho,ími kataziki.

Definitively 明確・決定的; chivamiti,sadamiti.

Deflection 正状からのずれ; katánki yúgami kutunu ang.

Deflour （deflower）凌辱する; chigari fhazikashimiung, ukāshung,shīti kǐzi tskïung;

Deformed 不具の; fītsī tsītóng; 不具者 fitsitsā.

Deformity 奇形; 人は誰でも自分の醜さを美とする namé mé dūnǔ minyikuching yiǐ kāū tū shung,dūnu vassā shirang yītushung; 他人の不具を笑うのは罪だ chunu sigata sunavaransi 'nchi vorāyusi tsǐmi.

Defraud 騙す; nudjung,azamutchung,damakashung, takumishi damashung,azamuchi damashung.

Defrauder 詐取者; chu nudjā,nǔdjimǔng.

Defray 負担する; tsī yashi udjinoti,kavati,vanchaméti torashung; chunu taminyi udjinōti tsīyashung.

Defunct 死亡した; shidjang,māshāng,yū kara sǎtǎng.

Defy 敢然と挑戦する・激励する; tsïtchi féshi tichi shimïung, kudjïung,kudjiti manitchung,titchi manitchung, djitchishung, fadjimashung; [s.]dare.

Degenerate 悪化・退化する; shidenyi, tǎta tsidjinatí satchinu gutó neng; nkashi yuka shidenyi ŭtutóng; 堕落した息子 fushónu〈不肖の〉kwa, tassikirang kva, fu tsigó-na kva.

Degrade 位を落とす; ŭtushung, ī ŭtushung; 免職させる kure hadjung, kvan hadjung, sagiung, k.* uttushung, tstomi hanshung *kvanであろう; 免職させられた kvan hagitang, hagisǎttang, sagirattang; 位を一段下げる chŭ kuré útushung, kuré ittu útushung; どうして君を妾に落とすことに同意できようか chǎshi ya útuchi yubéndi yusi ukigúnyuga?

Degree 等・品; dan, tú, djódji, fǐng; 職位 shkubunu dan または fin sadami; 第一ランク dé ǐttū; {位の} 一位, 二位, ípping, nyípping; 彼の職分は何か ariga shkubunó nan ping kvanga, nan finga?; もう一段越えて上がった chŭ dang kvīti agatóng; もう一段深い nya chŭ dannu shtya; 温度計の一度 chŭ djódji, dan; 地理上の度 djódji, または {中国語} tú〈度〉; 天球の度 tínnu migúīnu líchi tú〈歴土〉; 学位の最下位は shú-tsé〈秀才〉, または lin shó〈廪生〉と言い, もし, その上報酬がついている場合は gúfūchī-shū tsé〈君禄秀才〉と言う; その次の位は kǐing〈挙人〉, またその次は chin-si〈進士〉; 最下位の学位を得る nyŭgakushong; 良い程度に yī shaku, yī kurú, yī bunyi; その程度に unu shakunyi; 泣く程度までに náchuru sháku madíng; 最高度 [s.]utmost; {例えば赤道などのように書いて} 度の印をつける dú-kazi katchi íttoki {shiruchóki}; この程度 {状態} に達してから後悔して何の役にたつか kúnu tákinyi ítati, kūkveshantémang nūnu yūdjunu ága?

Degrees 親等; 親類 wéka haródji; 徐々に djing〈漸漸〉djing, shidenyi, tǎtǎ.

Deify 神として崇める; kámitushúng, kamitu nashung, kamitu fūdjïung.

Deign かたじけなくも～して下さる; menshéng, umikakīng, utabi ménshéng, utabinshéng; 来て下さった chi menshóchang; [s.]please.

Deity 神・神性; kami, kámivá, kami wūsi; shin-mi {shi-mmi}, chī-shin〈鬼神〉; [s.]god.

Dejected 落胆・しょげた; urītóng, chǐ ushinatóng, chi-daïshóng, bu-chibi; [s.]morose; 彼が出かける時は上機嫌だったが, 帰って来たときは元気がなかった ariga ndjiru tuché yí chibi yatassiga, kéyuru tuché buchūnyi natang.

Delay 遅らせる・延ばす; nubïyung, ussiku naru, ussinava-yung, yudanshung, yinyinshung〈延引〉, níkushi, nínkushi, ussiku nayung; 遅れてしまって来れなかった ninsang chí ōsan; 不必要に遅れる úttari mótari shung; [s.]procrastinate; 遅れるな ussiku naté

simang, nubinnayó 一ヶ所でぐずぐずする yudunyung; 延ばして時期を逸する nubiti tuchi sīrāshung; それをするのを後日に延ばす yūdjū ŭshi nubiti ato finyi sandi shung; （決められた）日限をずっと先に延ばす fikadjiri utsishi nubiung.

Delectable 愉快・楽しい; dūdū aïsi bichī mung, átara mung, atarashashī bichī mung.

Delegate 使節; [名]tske, {高位の人の} u tské; [動]（使節を派遣する）tskayung, tské tskayung.

Deliberate 熟考する; {会議でのように} djínmīshŭng; úttché fítché kangeyung, yū kangeyung; 熟慮し徹底的に議論する dankóshung〈CDなし〉, kaïsu-gaïsu* sódanshung; uttché fítché sódanshung; *kaïsu-gaïsuに「+」の記号がついているが, 誤りであろう; あれこれ論じ尽くした後, 一つだけ良い手段または計画が現れでる uttché fítché sodansha kutu, tītzi bakai yī tídānŭ ang; 熟慮し決定する fakati chíshïung.

Deliberately 故意に; した kúnūdīdŭ, vǎzǎtŭ shóng.

Delicate ソフトな; {優しい様相} yafarashī mǐnaï, dū, du-naï, mī-naïnu yafarassang; 優美な顔色 gǎnshūkŭ chūrassang; {物が} 精巧な gumassang; 精巧に出来た kumékiti sheng; 上品に育て上げた yǎfǎténg yashinatong, churassa tskanāteng.

Delicious 美味な; {味が} ŭmashi mung, myuna adjivé, midzirashi yī adjivé, mássang.

Delight 歓喜; [名]kukuruyutchi, kván-rākŭ, tanushimi, yurukubi; [動]（喜ぶ）yurukubi tanushiniung, kvan raku-nyī ang; 喜び楽しませる tanushimashung, yurukubashung; 非常に喜んだ dūdu yi kukutchi, yī kukutchi yássā; 耳目を楽しませ, 寝所を整え和らげる sūnŭ djǐmuku tanushimashimi, sunu nindjŭ-tukuru yassundjirashung; 理の道を楽しみ, 貧しい中に幸せだ finsu yassundjiti michi tanushidóng; 聞くことを喜ぶ, 渇いた人が甘い露を欲しがるように chikandi fushashóng, kavachi munu amachi tsíŭ numandi fushashóru gŭtu.

Delightful 至極愉快な; yi kŭkŭtchī, yurukubu bichī, ushashi bichi, tanushimbichī mung, wíruki mung, wírukisáng.

Delineate 輪郭を描く; {スケッチする} kwafī〈画屏〉-shung, yinsó mavashung, s'tu kakǔ̄i-shung.

Delinquent 非行者・犯罪者; toga ning, ftŭdŭkīnāmūng.

Delirious 精神錯乱して; dzāma-shung, dzāma munuī-shung, dzāmashi midarinyi munu yung; 老女が, 前はかなり安眠できたが, 今は目覚め, 霊を見, 悪魔を見るなどと言って, 何を言っているのか私にはわからない haméga ibunyi, kissa ninti yassundjitótassiga, nama uzudi, kami mī, anyi* 'nchi nūndiga ǐchara shirang *unyiであろう.

Deliver 救い出す; skūyung, nugarashung, manukarashung,

skuǐ ndjashung; ｛譲り渡す｝ vatashung, ukuyung, atteyung, tudukiung; 配達された物 túduki mung; 上位者へ手渡す ushagiung; 女性から子を生ませる kwa ndjashung, kva nashimiung, fandjó⟨繁昌⟩ nashimiung; お産が軽かった kva karuku ｛難産*, katténg｝ nacháng. *間違いであろう.

Deliverance 放免; nugayuru kutu, nugarattósi; 放免の方法 nugayuru tīdǎng.

Deliverer 救助者; skuyuru ftu, skuyuru nūshi.

Delivery 出産; 女性の kva nashusi, sang; [s.]child, birth.

Delude 惑わす; [他動]takudi maduvashung, madorashung; 惑う mizzi kara madutong.

Deluge 大洪水; [名]ū-mizi, kó-si; [動]（溢れる）afuri-ung; 洪水に襲われた地域 kāranu ｛mizzinu, ominu｝ afuritéru chkata.

Delusion 迷妄; ｛悪魔の術｝ dja djutsi⟨邪術⟩, yó djutsi ⟨EC:妖術⟩, baki djutsi; 手品師の惑わし tavafuri djutsi; 錯覚（思い違い）だと思う umichigéshóndi umutong.

Delve 掘る; numi?（鍪）*EC:「鍫」の読み間違いであろう.

Demand 強く要求する; ｛問う｝ túyung; ｛尋問する｝ tazoni, tani túyung; ｛要求する｝ imǐung, mutumǐung; 裁判官のように詰問する tsimabirakanyi túyung; 借金返済を催促する sī imǐung.

Demean 身分を落とす・品位を落とす; djitsé kakushung, [s.]underrate, undervalue.

Demeanour ふるまい, 品行; yésatsi, shtsiyé（質合）, dǐdji kata, ｛行為において｝ kó shtchi⟨行跡⟩; [s.]behaviour.

Demerit 落度; ayamachi; 利点と欠点 konu ataï ayamatchinu ataï.

Democracy 民主制; 1人の指導者もいないことは不適切であるから, 民主制は不適切である chuǐnu mitchibichussiga wǔrǎng até simang kutu, mata uffóku midarinyi kamuté simang.

Demolish 破壊する; kǔshǔng, kǔbutchung.

Demon [s.]daemon, devil, genii.

Demostrate (**demonstrate**) 論証する; mǐfakunyi lundjǐung, achirakanyi shūkushung.

Demur 異議を唱える; chimu utagayung, chimu utagéshung, ussi navayung.

Demure 謹直な; [形]ǐnu aru fitu; [s.]sedate.

Demurrage 日数超過割増金; kadjiri nubiundinu chǐn shing; funa zimé nyichi djing⟨日限⟩ nubǐundinu kani.

Den 穴; ǎna, gama; 狼の穴から逃れ, 今度は（却って）虎の口に接した（会った）ūǔ kāminu gama kara nugatassiga, kéti ｛kaïti｝ turanu kutchinyi ótang.

Denial 否認, 拒否; kutuvǎyusi, djité; [s.]refuse, decline.

Denizen （居留権を与えられた）居留民; matsiri-gutunyi katchitumitéru kunyinu fitu.

Denmark デンマーク; dāni ｛dén｝ kuku （デンマークは）中国では次のように言われる：chīru hata 黄色い旗 ｛国｝. cf.Dane mark

Denominate 命名する; na zikishung, na yubayung, na tskiung, nūndi ichi túnati yubǐung; −ndi yung; 種類ごとに名を付ける na lúǐ lúǐ na tskiung.

Denote 意味する; íbizashung, íminu ang; これは何を意味するか kuri chāru imiga?, kuri nūndi ichi sachóga?

Denounce 非難する, 密告する; kvanyi tsigǐung; 告発すると言って脅す sushūshung, sushūshi uzumashung; 秘かに非難する né né（内々）または fissukanyi sushūshung.

Dense 密集した; katamatong; 木が互いにくっ付きあっているshidjitóng; tsǐ tskatong, kvíchayétóng.

Dentation 歯牙状; naka kubu; 歯状形のある naka kubudóng.

Dentifrice 歯磨き粉; ha 'ndjatchuru kū.

Denude 裸にする（なる）; ching hazǐung⟨着物を脱ぐ⟩; 身体の一部のみ（裸にする）ching akiti aravashung; 腕だけ（顕にする）sudi agishung; [s.]naked; ｛心的に｝心の内を顕にする sho djitsi mishǐung.

Deny 否認する; shirang, shirandi ǐyung, shirang tushúng; 偽って否定する shirang fúǐ-shung（知らんふりする）; 辞退する djitéshung, djitéshi sang; 彼は拒絶する gattinsang; 私はそれを認めない vané anye arandi yung; 病気を口実にして断わる yamendi, buchigéndi ichí kutuvatang（断わった）.

Depart 離れる, 去る; ndjiti ndjang（出て行った）; hǎchi ndjang, hanarǐung, sǎyǔng; 少しの間も｛この考えから｝離れない intién ma ｛kunu kangenyi｝ fanarirang; 私の所から立ち去れ vang kara vakatí iké.

Department 分野; ｛職分｝ shkubung, tstomi, shkumé; 私の職分の仕事である va shkumenu utchinakae dū yaru.

Departure 離別; fanari vakayusi; 船の出帆 funi ndjashung, shuppánshung.

Depend on 頼る; tanunyung; 互いに頼り合う（物）yuri kakayung; 君は富を得ていることを頼りにして, （行って）貧乏人を侮辱してはいけない iyǎga dzinu（銭の）ássinyi uchakati finsu mung azamuché simang; 高位の人を仰ぎ頼っている ǎǔdji tanudóng; この仕事は全く, お嬢さん, あなたの神通力によりかかっている kunu yúdju máttaku mussiminu shin lītsī⟨神力⟩ tanudong; ｛ある人の｝門内に入ることを許されるならば, 即ちきっと生涯あてにすることがある nayigashiga* munyi sisimi íru kutunu yíǐdunsé sinavatchi mi õvaru madi, tanunyuru kutunu ang; *nanyigashigaであろう; 集まったり散ったりすることはまさに人によらない（かかわらない）atsimataï sandjitai mutuyuri chunyé kakaverang ｛yuráng｝.

Dependance 頼ること, 依存;〔(私)〕自身以外別に頼る ものがない dū yuka fuka bitsi tanumé néng; 財に頼 る, 力に頼る dzé tanunyung, ichuǐ tanuniung.

Depict 描写する; yī katchung;〔心的〕katachi ndjachi, tatóǐ ïyung.

Deplorable 悲しむべき; ushimbichī, avarishī mung, kanashimbichī.

Deplore 嘆き悲しむ; avarimïung, ushinyung, kanashimu.

Depone 宣誓して証言する;〔法律〕shūku nati ïyung; kutchishi unyukïung.

Deponent 宣誓証人; shūkushi tsigiru ftu.

Depopulate 住民を絶やす;〔他動〕kunyi nyidji furuba- shung, tami nyidji sarashung; 人口の絶滅した国 bó 〈亡〉kunyi, tami nyidji satoru, furudoru kunyi.

Deportment 振舞い, 行儀; kóshtchi〈行跡〉, shtsiyé〈質 合〉; 驕った態度 úguta kági.

Depose 免職する;〔文書で(証言する)〕〔s.〕depone;〔職 分から〕kvang nugárashung, kvang hadjung, tstomi hazishung, sagiung;〔王座から(退位させる)〕 chimi ūti〈追い〉ndjashung.

Deposit 預ける;〔動〕〔人に〕 tanudi torashung;〔置く〕 uchung, utchi kíung;〔名〕〔担保〕shtchi mutsi(質 物).

Deposition (宣誓)証言; shūku kutúba, shūku kúdjó.

Depot 倉庫; takara または shina mutsi iríru kúra.

Depraved 邪悪な; yukushima-nu ftu; 君自身に邪心がな ければ, 悪鬼(幽霊)を恐れることはない dūnyi yu- kushimanu nendung aré yūring ussurirang.

Deprecate 嘆願する; yurúyuse, または yurusaríse, または nugáyuse mutumïung.

Depreciate 軽視する; karundjïung, sagiung, í utushung, mi karundjiung, mi ságiti nyūng;〔価格を(減らす)〕 dé firashung, dé ikiraku nashung; 値段(価値)が下 がった dé yassidang; tsidji natong;〔評判が〕下がる; nánu úturūtóng(衰えている);〔s.〕underrate.

Depredate 強奪する; ké tuyúng, ubai tuyung, útchi yá- buyung(打ち破る).

Depredation 強奪; ké tuyusi, útchi yábuyusi.

Depress 押し下げる〈EC:圧着〉; usséyung, ussíung, mágïung.

Deprive 奪う; obayung, mbayung, obatí tuyung; (官)職 を奪う kwanshūkū, shukume yamïung(止める).

Depth 深さ; fukassa; 幾らの深さか chanu sháku, chá dăkí, chássa fúkăssăgă?

Depute 命じて代理とする; vezikiti tskayung.

Deputy 代理者; vezikisheru ftu, kavati bindjiru mung; 〔選挙で選ばれたもの〕yirabi nying; tské;〔王(の権威 に)より(任命されたもの)〕chin tsae〈欽差〉;〔2番目の位 の〕nyi bāmmi〈nu téshó〉; 副と正 shó〈正〉-suy.

Derange かき乱す; káchi yandïung, káchi hóyung, また は midarashung, yabuyung.

Dereliction 放棄; sti utchung, téshi stiung〈EC:棄絶〉, madjivari teyung.

Deride 嘲笑する; azamuchi vorayung.

Derive 派生する; 由来する ukuyung, ukuti chung; この字 の由来はどこか kunu djínu mútó cháshi úkutaga?, cháru úkuri ndi shtchómi?; 彼の富の由来はどこか ariga véké〈dzéya〉chashi úkutaga?; この身体は両親 に由来する kunu dúya fúbunu ité(遺体)du yaru; こ の家は私の親から得た kunu yā uyanu yúziri.

Derivation 由来・起源; ukuri, ukuti chósi, mútu.

Derogate (名声などを)落とす; útushung, karundjïung, sushiti(謗て)karundjïung, mímuku ságiung.

Descend 下る; kudayung, kudatí chung;〔水が(落ちる)〕 utïung, utīti chung; urïung(降りる); 皇帝は玉位から 降りられた kótiya dúnu ú kuré kara uriti mishéng; 馬から, 馬車から降りる mma kara, kuruma kara uriúng; 彼はどのような家柄の出か are cháru shindzu (先祖)kara chóga?

Descendants 子孫; vákari(分岐), ato tsidji, ato kata, ato shīsúng.

Descent 下り坂; saka, sakanaï, katánchi, sagai, sagataï.

Describe (言葉で)描き出す; í ndjashung, tuchi ndjashung, tátoïshi, またはkatachíshi ī ndjashung; 円を描く yinsó māshung.

Description 銘柄, 種類; 個々のあらゆる銘柄 ná muyó muyó(模様).

Desert① 荒野; nuharu, aradji.

Desert② 捨てて逃亡する;〔動〕sakiung(避ける), sakiti findjïung; nyídji fashïung, ndji fashïung, vashshïung; 公職から逃避する tstomi sakiti fīndgīng*; *fīn- gīngであろう; 家を見捨てる yā, uyanu yā sti útchung; 〔兵が(脱走する)〕ikussa kara nugïung; 群衆を導き 逃亡させた muru muru fíchi yánti nugírachang; 完 全に放棄する uchangiti sang; 妻子を捨てて一人 従った tudji kva stiti dū chuï shtagati ndjang.

Deserter 逃亡兵; nugíru fíó, nugíru fing〈兵〉.

Desertion 脱走;〔外国(勢力)へ〕fun guku sumutchi fissukanyi bitsi tukurunyi tstchang.

Deserve 相応する・該当する; sóvúshung, vudjïung, atta- yung; 愛されるに値する aïsi bichi, kanashashi bichi; 死に値する shinyússinyi vúdjitong;〔s.〕undeserved; 機会を逸する人は, 首をはねられるに値する tayuri ushinatí vúdjiti hániraríng; 褒美〔罰〕に値する fóbishi 〔batsishi〕sóvúshung;〔s.〕undeserved, unmerited;

Deserving 功(績)のある; kónu ang; 誉めるに値する fumi agi bichi; 褒美に値する fóbishi bichi; 憫れみ に値する ushimbichi.

Deshabille 普段着; shtá djing, shtyádji, kari shtáku, ya vúti muchíru djing.

Desiccate 乾く;〔自動〕kākïung;〔他動〕干して乾かす

fúchi karakíng.

Design 所存; ［名］umúï, chimu yé, shuzún, kukuru dáti, umung bakari, ｛鉛筆で描いたもの｝ yī; ［動］策謀する fakarishung, fakari gutu making* *mokīngであろう; ｛鉛筆で（デザインする）｝ yī tuyung; （彼は）他人を傷つけようともくろむ ari chunyi géssandi fakayung; chu gessandi umutong; 貞節（な未亡人生活）を守っている息子の妻と, 不義の関係をもとうと企てた dūnu kvanu tudji, shtsi mamutoru mung, yana mung nassandi fakatóng; 私は大志がない vané uffissaru kukuruzashé neng.

Designedly 故意に; vaza vaza, vazatu, utáti, kúnudi; 故意にした kúnudi du sheng; 故意ではなく（うっかり）してある ukátu du shéru.

Desirable 願わしい; nigó bichi, aïsi bichi mung.

Desire 欲望・願い; ［名］nigé, fúsha; 食べたい kam busha; 悪い願望 yúku; ［動］nigayung, fushashung; 私は君に明日来て欲しい vané yaga achá chūsi nigatóng; ya chiténdi nigatong; 君が書くことを願う kachiténdi nigatóng; 欲するものは何でも願い通りになる mutumuru tukuró umúyunu ｛nigénu｝ gutu nayung; 蜂がよい蜜を欲するように, 渇いた者は甘い露を求める fátchinu mítsi umūï, kavatchóssiga amatchi tsíu fushashōru gutóng; 父も子も心中ではそれを得たいと非常に望んでいたが, 口ではただ, 私たちは欲しくないと言った úyakva, taï, kukuru utchinyé yirandi dūdŭ mussabutóssiga, kuchishé bakaï múru mutumirang fū nachóng; 一旦情欲（激情）が許されると混乱がすぐ生ずる yúku ftu tabi fushimamanyí shïïdunse, midari kuri kara chāki ukuyung.

Desist 止める, 思いとどまる; yamïung, tudumïung, yámit［i］sang, tudumiti sang; utchúng ｛置いておく｝ utchóchung; 手仕事をやめる ti yamiti, ti fichi sang; 打つことを止める tí fichi attirang; 話すことを止める kúchi yámiti iyǎng; 君たちは法を犯すことは悪いことだと知っているが, それらを犯すことを止めない. これはどういう理由か ittáya 'ho ukáshushi ikándi iyú tukuró shtchóssiga, 'ho ukashuse yamiranse cháru yŭïga?; 読むのをやめなければいけない shimutsi yunyusi ukané naráng.

Desk 机; ｛西洋の音楽用のスタンドに幾分似ている｝ chin dé; kachuru ḥaku gva.

Desolate 荒れ果てた; ［形］aritóng; 住む人もない所 chúnu simāng chkáta; ［動］（国や町を荒す）arashung, araku nashung.

Despair 絶望する; nuzumi ushinayung, téti nuzuminu néng, nuzuminu téchi neng, chiritóng; ［s.］give up.

Desperado 無法者; nutchi sti mung, nuchíng ushimang mung.

Desperate 向こう見ずの; nūng ussurirang, núng fabakarang, núng chiré nerang; 絶望的な例 chāng kāng neng kutu; ［s.］give up.

Despicable 卑しむべき; iyashchi; karundji bichi, dūdu vazika; ndunyé ｛mirunyé｝ uyubang, kangerunyé uyubang.

Despise 軽蔑する; iyashindjïung, karundjïung; ｛人や富などを軽んじる｝ mī shi ｛chó, dzing｝ ndang; 他人を見くびり自分を高く評価することはよくない chó ussikúshi ｛ussūnyishi｝ dū atsūnyi * ikáng; *ここにshushiがあるのが適当であろう. 次の例参照; 他人を敬い自分を低く見ることはよいことだ ftu atūshti* únūri üssūnyi shusi yutashang *atsūnyishti.

Despiteful 意地の悪い; chunu chïnyi sakati, múdita mung.

Despoil 奪い取る; obai kasssimïung, tuï kassining.

Despond 絶望する; kī sidji nuzumi néng ｛毛ほどの大きさの望みも残ってない｝.

Despot 独裁君主・暴君; dūnu chī makashinyi shuru mung, dūnu káttinyi mátsirigútushuru chími.

Dessert デザート; ⁺shkúgú mung〈食後の物〉, kúdá mūnŭ.

Destine （前もって）定めておく; sadamíti chívamayung.

Destiny 運命; mī úng〈命運〉, ún sú〈運数〉, ún mī.

Destitute 生活の資を失った; li-dakushong〈零落している〉, sí-bi〈衰微〉; ［s.］friendless

Destroy 破る（れる）, 破滅させる; yandïung, yábuyung, yandi tskushung, furubing, mishïung〈滅: míshshïung〉, mishirashung *mishshirashungであろう; ｛建物を（破壊する）｝ kúshung, kuchi stiung; 名目を失わせる mimuku ushináshung; 全軍を破滅させた íkusa sōté yábutang; 自滅する dūshi dū mishiung, mizi kara ⁺mitsibónyi nayung; 火災（事故）で9人の役人の家を消失した fīnu ndjiti kwan nyinu ya kukunutsi yachang, yachi ushinatang; 皇妃, 女性達, 貴族達すべて自害した kwófi hadjimi, gussikunu winagonu chā, tattuchi fitung sūyó djigéshang.

Destruction 滅亡; mitsi bo, fúrubïuse.

Desuetude 廃絶（する）; muchíse tudumiung, yamïung; 昔の風習は今廃れている nkashinu zuku yamitang.

Desultory 的外れの; 言葉 tsízing vakarang kŭdjó.

Detach 引き離す; mutskatóse ákashung, fichi hánashung, vákashung; ｛分遣する｝ vakachi tskakung*, fashïung, yarashung, *tskayungであろう.

Detain （引き）留める; tudumïung, shíti tudumïung, mudusang（戻さない）, fítchéyung（控える）; 私の仕事が終わるまで, 戸口に待たせておきなさい. それからお入れしなさい djó nakae fíchérachóki, yūdjūnŭ símǎvǎ kúmankae ménshórassi; 彼に引き留められた arinyi fíchérasáttang; ｛獄に｝留置された kumirattang, dūgumisattang; 私は食事のために君を引き留めておきたい vari ya kuma nakai tudumiti munu kvirandi ｛shimirandi｝ umutóng; 老婦人が私を引き留めて,

一日気晴らしをしてから行きなさいと言った tushuï ayaméya vang tudumiti, ichi nyitchi yí chibi ássidi ikíndi icháng; 客を長く引き留めてはよくない cháku nagaku tudumitaï ikáng; 証人達を引き留めておいた shūku nyinya {kumankae} tudumitótang.

Detect 見つけ出す; kfūshi, aratanyi ndjashung, yíyung (得る); {探し求めて} tazoni ndjashung.

Deter 躊躇する; [自動]fushidji tudumiung, ussuriti figiung*, ussuriti sang *fingiungであろう; [他動]ussurirachi fingirashung; 言葉で止めさせられる, または, 止めさせる í udurukatchi shirizuchung, shirīzukīng.

Determination 決定, 決心; chivami, sadami, kukuru.

Determine 定める; katazikïung, chivamiung, sadamiung, kukurunu ang, kukuruzashi sadamiung, tatiung; 彼は急に決心した ari chúttunyi kukuru útchinyi chivaminu ndjachang; ある点に達し, 変えない決心をしている ússa madí chí kuri kará utsirang kukurunu ang; 来ないと決心した (決定した) múppara kūng.

Detest ひどく恨む; uramïung, nyikumi skáng.

Detestable 憎むべき; nyikum bichí, míkkvassashí bichí, nyikví mung.

Dethrone 廃位させる; [他動]kuré tati kéyung (位立て替える)[受動](廃位させられた) keráttang.

Detriment 損害; skunó kutu; {動}(損なう) skūnayung.

Develop 発育する (させる); shidényi mí ndjǐung, ndjashung; djing djing〈漸漸〉achung, akashung; fashïung, futuchung, túchi firachung, chizashi ndjiung.

Deviate それる; mitchinyi sagati*, michi kúnchiung, yī mitchi kún chíchi satáng *sakiti (避けて)であろうか; mitchi kun chíchi áchung, dólinyi tágayung; {誤る} sáshi ayamayung; 少しも誤らない・違わない súttung tagáng, chiga[ang].

Device 工夫; fǘmbitsi, fakari; {図案・意匠} yī-zó (絵像).

Devil 悪魔; únyi, yūri, djǎmǎ〈邪魔〉; 内臓に悪魔がいる ariga dzófó madjimunu yadutóng; 悪魔に誘拐される madjimunyi sunkaríng {悪魔に引きずられる}, maduvassarīng; 内なる邪魔が清められる時は, 外部の悪魔はおのずから切り落とされる útchinu djäma chïūshku naré, fukanu djama shidjíntu {unuzíkara} téyung; 邪魔は機会をとらえて困らせ害をする djäma áchimanyi {空き間, 弱い所} nuti urī géshung; 欲情の邪魔を消滅させよ mussabutósinu djäma furubasé, mishshi dukiré; 君が幽霊のように振舞っても, 私は気にしない yága yūrīnu gútu shǐng ussurirang.

Devilish 悪魔のような; madjimunyi nyitchóng, yūrinu guttóng.

Devious (常道を)はずれた・曲折した; michi chigatong, magitóng; [s.]deviate

Devise 工夫する; fakari gutu mókiung, fumbitsi ndjashung.

Devolve 移る・帰する; uki tsidjung (受け継ぐ); 自分が受け継いだ (仕事・官職)をする uki tsidji shung; 彼の職分は誰に移るのか (負わせられるか) ariga shkumé tága uki tsidjóti shuga?; 私一人に負わされた vang chúinyi uki tsigasáttang, fíchi ukirattang.

Devote 捧げる; múppara muchíung; 生涯を捧げる (ゆだねる) dū yudányung; 注意を学問に注ぐ kukuru mupparányishi manabyung; 専ら酒と楽しみに心を向ける muppara shúshǔkunyi kukuró yutóng.

Devotion 敬虔; {宗教上の} kaminu tsitsishiminu ang; 帰依している kamé tsitshidi ussurïung, agamïung, táttubi agamïung; [s.]devout

Devour むさぼり食う; gatchi ḳvéshung, kvayung; kvé tskushung.

Devout 信心深い; kami tsitsishidoru kukurunu ang, kukurunyi kaminu tsitsishiminu aru mung.

Devoutly 敬虔に; この経典を唱えよ tsitsi shidichi kunu chó〈経〉iré (言え); あげた両手を恭しく胸の前に合わせた ti ushāchi uya uyashku tsitsishidóng.

Dew 露; tsíū; 露のしずく tsíunu táma.

Dew-lap のどぶくろ; {動物の} nūudinu bukurunu tǎtóng; {人の唇の(たるみ)} shtya sibanu tatóng.

Dexterity 器用・巧妙; djī-nū〈技能〉, sé-nū〈才能〉; {機械工の} 精巧 ti-kū, tí tákumi; 器用だ tí kūshong, tinu chūtóng, ti vazanu djúkushóng.

Dextral 右方の; mídji múti.

Diabetes 糖尿病; shūbing〈小便〉dǎrǎ dara, chǎ shūbing.

Diabolical 悪魔の; 術 yó djútsi〈妖術〉.

Diadem 王冠; chiminu úkamuri, kamurinu ūkazaï.

Diagonal 対角の; {線} simpigéshi {siminu figadóti} nachéru naka sídji, chī, shirubi, {弦} tsiru; 線を対角 (斜め)に引け simpigeshi chu sidji fícki.

Diagrams 図形; hó zanshuru dzī; {占い用の} uranéshuru dzī.

Dial 時計の文字盤; tuchi tuyuru fankó; 日時計 fí kadji dé.

Dialect 方言; dzuku kūdjó; kudjónu kakaï, útu; {不完全な・訛った} 言葉 kudjónu namari, fíziri, tū 'hfa〈土話〉.

Dialogue 問答; tūtai kutetaï-shuru munugattaï, tūī kutéï shung.

Diameter 直径; sáshi vátashi sídji, maru múnnu náka sídji.

Diamond ダイヤモンド; kungóshtchi〈金剛石〉, kun-kónu ishi, takara kfa ishí; ダイヤをはめた止め金 tǎkara kfa íshi shéru kaku gani.

Diaphanous 透明な; stchi tūti akagayung.

Diaphragm 横隔膜; 'nnīnu {muninu} sǔkǔnu fidati, nnitu vatatu yédja.

Diarrhoea 下痢; hara kudashi.

Diary 日記; nyitchi-zíki.

Dibble 穴掘道具; {庭師の道具} tíbiku.

Dice 賽子（遊び）; shí-gu-rúku; 賽子で遊ぶ shi-gu-ruku nagiti kurubachéshung, utchéshung.

Dice box さい（骰）を入れて振り出す筒; shi gu ruku-báku.

Dictate 口述する; tudzikĭung;｛聞き取り書き｝ ïyuru gútu kakashung.

Dictator 指揮官;｛軍｝íkussanu té shó.

Diction 言葉使い; 簡単で理解されやすい言い方 dzáttu íchi satuï yassang.

Dictionary 辞引; dji-fíchi.

Die① 死ぬ;［動］shinyung, gushónkae〈後生へ〉ndjiung, másháng（死んだ）; 君の友はいつ死んだか yá dūshī ítsinu tuchinu* shídjaga? *tuchinyiであろう; たとえそのために死んでも, それがよい shinyavang sinyung, tatoï shinyavang aridu nigatoru; そのために死ぬことになっても私は来ます tatoï shinyavang chúng; 民に対して不実であるより死ぬのがましだ tatoï shinyé súttung makutó taminyi ushinaté simang; 正しい教えを朝に聞いたら, 夕方に死んでもよい assa vúti dóli chichi tatoi yusandé shinyavang sinyung; 幸せな死に方をする yassiku tanushidi shinyung; 彼は北京で病気にかかり死んだ ari Fikíng nakae vutóti byóchishi shidjang; 不幸にも彼女が11才の時に母が死んだ ariga djú íchinu tushi vúti, busévényishi vinagonu uya mácháng; 彼は病気になり回復しないで死んだ ari yádi nórang shóti shidjang; 死にそうだ shinyi gáta; 死ぬのを恐れている shinyusi ussuritóng; 道理のために死ぬ tatoi shidjing dóli mamutóng; 死んで後止む｛生存中は決して止むことはない｝ shídji ndjídu yányuru｛ichichoru yéda íffing yamang｝; 死んで目を閉じることができない｛心の苦悩を表わすものと考えられている｝ shídjing mīé kūi ōsan; 官所で12日の晩, 病気のため死んだ dju nyi nyitchinu bang kvandju vutóti byoshishang; 道で死んだ michi vuti shidjang; 気が遠くなって｛卒倒で｝死んだ yivakanyi*, chútunyi shidjang; *nyivakanyiであろう; 人が死ぬとkwan｛魂｝は天国へ行き, 彼のpé｛霊｝は泉に下る chunu shinyjiïdunse tamash[i y]a tinnunkae nubuti, mabuye izununkae útiti（次頁5行目より移す）;｛当地では普通, 魂を魂と霊（魄）から成るkúmpakuで表現する. そして, 前記の文章は一般に2つの本体の分離を表わしいる｝: kúmpaku tinchinkae sandjiti; kwanとpe は死滅｛離散｝して（天と地とに帰る）; このような魂の｛何一つnúkūrū残る事のない｝完全合体は, 幸せな死に方と考えられ, gúkurakushung, 安楽の頂点（極楽）と表現される. しかしながら, 当地には魂（soul）を表す2つの言い方がある. 前者は魂（soul）を表すのに, 後者は霊（spirit）を表すのにより適している; 水と火｛それらから人間はできているのだが｝は分離してしまい, それぞれもとの所へ帰る mizing fíng sándjiti na mé mé múttunkae kéyung.

鳳官が言うには, 彼女が死ななければならないのなら, 私たちが引き留めることは絶対できないと fukvannu íbunyi, shinyandi shiïdunse, shindjíntu〈自然と; shí djínであろう〉aré fíchi tudumíe naráng; しかし, 彼女の息はまだ切り離されず, 私たちは人間の力の限りあらゆる事をしなければならない tá[da] ariga īché máda térang djínlitchi tsk[o]sándi shi; 私は女神の神殿へ今行き, 香をたき, 心の真実の願いを告げよう ima vari winago kaminu byú nkae ndji kó táchi, makutu tsōdjirachi; 女神が心を動かして回復して下さるかどうか確かでない yenye kaminu vūdjiti ichichigashura, kuré tui sadamirang kutudu yaru; 70才で死んだ másháru bashu tushé shtchi djú naïtang.

Die（dye）② 染める;｛色｝［動詞］sumĭung, iru sumĭung; 布を染める núnu sumĭung.

Dier（dyer）染色師; iru sumi mungshá, sumi-mung zéku, sumīā〈EC: dier 染工〉.

Diet｛[s.]food｝; 食物; shŭku mutzi; 食物の慎み shúkunu tsitsishimi; 軽い食物 zattuna mung; 野菜｛精進｝の食物 sabi mung, su-shúku〈素食; 粗食であろう〉; 贅沢な食物 bí-shŭkŭ〈美食〉sh[ung].

Differ 異なる; kavayung, vakayung; 私とは（意見が）違う aritú vantu mí tskinu kavatong; 時間的にどれくらい違うか nan túchinu fudu tágatóng?

Difference 不和;｛仲間割れ｝ chimu gufaï-shong, chi-munu kfatósi; 私たちの間には相違（争い）がある aritu vantu chimu-gufaïshong, -vakaï shong; 物の相違（点）kavatósi, sássi tukurú, fidati, sha bitsi;｛争い｝ arassōyuru kutu; 仲違いが｛生じる｝生じた, achimanu ndjĭung, fu-nakanyi natóng, fú ányi natóng; 相違を生じさせる achima ndjashung; 相違の原因 achimanu ndjīru yūīshu;［s.］offence; 相違（不和）を元に戻す mata vadanyi nayung, nashung; 不和を元に戻すことができない mata vadanyi shié narang; 人は怒りそうになったら「私の怒りが過ぎたらどんな手段でそれを埋め合わせるか」と考え自問すべきだ ftunu ikarinyi óyuru tuchi｛ikarandi shuru ba｝ kanadzi umi késhi géshi, vaga ikari fashti ato dunyaré chāshi vandanshinu｛vadanu tidanu｝ nayugandi umúrïó; 彼らの間にはいくらか意見の相違がある chiré sáshi fassadóng, chiré fidatitóng; ある人と他の人の相違（点）chúnu chúnyi kavatóru yuīshu; 私と彼との間には相違（点）はない vántu káritu fídaté néng.

Different 異なる; onadjikarang, kavatóng, chigatóng; 非常に異なった farukanyi kavatong; 期待とは異なった sóï-shong, nuzuminyi sóï-shóng; 風習が異なっている fú-zúkunu kavatóng; 先（の物）と異ならない satchitu kavarang; 普通の人とは異なる tsíni ftutu

kavatóng; 考えられる限り（はるかに）異なった faru-
kanyi kavatong,tinchi kavatong,tinchi fidatóng,
farukanyi tagatóng; たいして異ならない sáshité
kavarang.

Differently 異なるように; kavatoru gutóng, nyirangshi; み
な別々のことを言った únu únu yusé ichi yónyi néng.

Difficult 困難な; katsassang, katémung, mádjichí, muts-
kashí mung; しにくい, やり難い shí gatassang, naï-
gatassang; やり易くない yóïnye narang, tayasku
naráng; 真実は進むも退くも困難だということである
djitsé shintaï tátsitumu katemung; 天に昇るより難し
い kaïti {kéti} tínyi nubuyúsi yaká mata mútska-
ssang; [s.]hard; 山を穿つように難しい san ugakuga
gutukunyi katé mung;「～難い」は, また kantishung,
gurishang としばしば表現される: 閉めにくい míchí
kántishung, míchí gúrishang; 覆いにくい ussúï
kantishung.

Difficulty 困難; nándji, kan-nán〈艱難〉; どちらも面倒ではな
ない áring kúring nandjindé ïyúnna; 苦労（難事）は
成功に先行する.これは確かな道理だ satché
nandjíshi átonyi yíyusi dólinyi makutunyi an yáru
kútunu ang; 苦労してかろうじてやったんだよ nandji
kannánshidu shang dó; かろうじて歩く atchi guri-
shang; 苦労して動かす ndjukashī gatasáng.

Diffident 自信がない; dji tuku〈自得〉sáng, gattínshi
chiráng, úru gattíng shōng; 控えめの, 自信が無い
dúshi útagatong, fíkkussidong, dūshi shī ōshuga
shurandi útagatóng; [s.]modest.

Diffuse 普及させる; fĕrashung; firumiung; {水が四方八
方へ行くように} 散る váckviung.

Diffusedly 普及して; 知られた ferachi satutong, shtchóng;
{枝を広げていない} hóïnsang, yidang ndjirang, kukurunu
wáckvirang; 回りくどく説明する nagadju ī késhi
géshi tuchúng.

Dig 掘る; fuyúng; 表面だけ掘る assayung; 堀ってかきまぜ
る kudji assayung; 田畑を掘り起こす（鋤く）stchung;
畑を掘り返さない hataké sickang; この畑は掘り返さ
れてない kunu hatake sitché néng; 井戸, 穴を掘る
ka fuyúng, ána fuyung; 運河・溝を掘る kára saba-
tchung, ndjú sabatchung; 穴を1フィート以上深く掘れ
ana íshaku amaï furé.

Digest 消化する; shúku kváshshiung, kvăshúng; 消化し
た munu kadi shúkunu kvashóng.

Dignified 威厳ある・高貴な; táttudong, ínnu aru.

Dignitary 高官（の人）; kó kvang, té kvang.

Dike 土手, 堤防; mizzi kanniru gatchi, または dan; {田
の} 畝 abushi, úni.

Dilapidated 破損した; tóritong, towritong, kuritóng,
kuchéng.

Dilate 広げる（がる）; djing djing〈漸漸〉firuku nayung,

nashung.

Dilatory 手間取る・引き延ばす; yudanshung, nubiung;
ukutaï mung, ukutatóng; 今日, 明日と言って, いつも
引き延ばす人 chunaï achanaïshi chimu nubishā,
atsidā sang.

Diligent 勤勉な; chibayung, tstomi chíbayung, chibai
mung; 役人の義務は勤勉にして, 朝夕公事に留意
する kwánshūkū（官職）tsitsishidi mamuti, yúrung
fírung fūkūshung（奉公）; 昼夜精励する yurung
firung chíbayung; 勤勉な人 hámata mung; 周囲を
見たりしないために, 顔を壁に向けて勉強する
katchinyi nkati sobang firang ndang, íshinyi〈一心
íshshín〉naré mung hamati.

Dilute 薄める; áffaku nashung, yóku nashung, físsiku
nashung.

Dim 薄暗い; kfuragadong; 目がかすんだり, ぼんやりした
mī kurugángshóng; かすんで（かすかに）見えない
kassikanyíshi mīrang; ぼんやり, あいまいに理解する
shkato（しっかりとは）tsodjirasang.

Diminish 減る(らす); ikiraku nayung, nashung; djinshū
（減少）-shung; 少々減らせ iffé djinshūsi; もう少し減
らせ nya iffé djinshūsi; 一語でも加えたり減じたりで
きない chū djǐ yating sí chīshí shǐa narang, sītaï
chishitaï shé narang.

Dimple えくぼ; fūnu kubudóng, kubuniung, kubudósi; 美
人は7つのえくぼが必ずある bidjíngya fūnu nanatzi
kubunïung.

Din ガンガン, やかましく響く騒音; gúru gúru; {市場で}
gáya gáya; ガンガンする騒音で耳がつんぼになる
mimi gashimasháng.

Dine 正餐を食べる; firuma mung kanyung; {夕方} yū-
bang kanyung.

Din (g)-dong* ごーんごーん（鐘の鳴る音）; kani nárashu-
ru kvi; 大きな鐘の音, ゴンゴン kanīnu góng-góng
shung, dindóng; 小さな鐘の gván-gván shung.

Dining room 食堂; munu kanyuru za.

Dinner 午餐; firuma mung; {夕食} yū bang.

Dip ちょっと浸す; 水に mizzi nakae, mizzinyi tskïung, ami-
rashung, sīmishung; 醤油に shǒyú tskiti kanyung.

Diphtong (dipthong) 連音; tātsinu útu kara ávachi natōru
útu; djī tātsi {utu tātsi} avachi ftu utu nashung.

Diploma 証書; {学位の} kó átataru shūku gatchi, bung
kónu shūku gatchi; 官の資格証書 kwannu shūku
gatchi.

Dipper ひしゃく*; {潜水者} sīmi; 潜水道具 sīmi-shuru
dógu. *誤解であろう; cf. Dive

Dire 恐ろしい程の・悲惨な; míttanyi nandji-shung.

Direct まっすぐな; [形]mássīgu; mattóba; [動] {監督,
監理する} kamuyung, kamuti nyúng, kamuti ussa-
mïung, sátchifíchishung, djítchi（下知）-shung; {導く,

指示する｝ michi bitchung, sássuyung; 〜へ向けた・赴く〈心的にも〉 umu mutchóng, umumutchí tūtóng.

Direction 方向; ｛意図した（ねらった）点｝ sáshi nckatóng, sashi nkató tukuru, úmumutchú tukuru; 供の者に四方八方に行き探すように命じた tumunu chanyi tuzikiti níndju vakishi〈人を分けて〉 ámang kúmang ｛ippenkae｝ tazoniríö; 手紙の宛名 tígaminu wǎ gatchí.

Directions 指図; 指示する ushíshimi-shung, djítchi（下知）-shung.

Directly 直ちに; chāki, sássuku.

Director 監督・指揮（者）; ussami tskassadutoru ftu, djitchishuru ftu; kutu nushidúyuru（主取る） ftu.

Dirge 葬送歌; nagussami shí〈詩〉.

Dirt 泥・垢; ［名］duru, fingu, aka, yuguri; ［動］糞をする（まる） kússamayung*, kussu shung *kussumayung であろう; ［s.］privy

Dirty 不潔な; ［形］chigaritóng, yuguritóng, fingu tstchóng, fingu tskiténg; 汚れた衣装 yuguri i shó; 汚い｛性格｝ chigari mung, chimu chigaritóng; 汚くもなく、きれいでもない yugurínsang, chirínying néng; 汚れる（す）; ［動］chigariung, -ashung, yuguriung; fingu tskiung.

Disable-d 無能にする; yaku tatang mung nashung, mú yúnyi natóng, starashung, stari mung, muyúna mung, yáku tatáng mung.

Disadvantage 不利益; mi-vaku; 不利益である mívakushung, mívaku nayung; mu yítchi, táyuri neng, fubíng; ［s.］loss

Disadvantageous 不利益な; mivakuna mung, mu yítchina mung.

Disagree 一致しない; ｛人が｝ fuányi〈CDなし; 不和であろう〉 ang, natóng; この二人は意見が合わない kunu lónyinu ｛taïye｝ vábuku（和睦） neng; 君と私はこの件で意見が合わない ïyǎtu vantu mitskinu kavatong; ｛物が｝ 一致しない tagényi atarang.

Disagreeable 不愉快; úmushiruku neng, chímu ushshaku neng, umumutché neng, kúnumi neng, bu chú〈不調; 不興であろう〉.

Disallow 許さない; yúrussang, simang, yuruché simang; 仏教でも許さない bózinu dóli mading kuré yurusang.

Disappear 見えなくなる、見失う; mi ushinatí neng, ushinati mīrang, ússiti mīrang ｛霊が（消える）｝ chīung, chīti sátang（去った）, chīti mīrang; また遠方の光が shidényi chīung ｛溶けて消える｝.

Disappoint 失望させる; ［他動］nige, nuzumé ushināshung, nigé tudjirasang, itaziranyi（無駄に） nashung, munashku nashung; 約束を破って、失望させる yakusku sóï-shung, sumutchung, chigayung, makutu ushinayung; 失望した nuzumi úttchetang, ushinatong, va nigé ïtaziranyi natong, tudjirang, múkurang.

Disaprove 賛同しない（心に適わない）; fómirang, fómiraràng, ikkándi ïyúng; chínyi, kukurunyi kanáng.

Disarm 武器を取り上げる; íkkusa dōgu kún túti kadjimïung.

Disarranged 混乱した; shidé ushinatong, midaritong; かき乱す katchi midarashung.

Disaster 天災; dzungvénu sénan, vazavé, bu sévé.

Disavow 否認する; shiráng, shiráng tushúng, shirandi ïyung; ｛偽って｝ shirang fúï shung.

Disband 隊を解散する; ｛fïó〈兵〉｝ chírashung, chíriti yarashung.

Disbelieve 信じない; shindjirang, shindjiráng tushúng; 賞罰を信じない yushi ashinu ato tadaché ｛shó-batzi｝ shindjirang, 善悪の結果を信じない.

Disburden 降ろす; ｛荷｝ úrushung, ｛悲しみ｝ urí ké urushu[ng], urí kurushimi nugayung.

Disburse 支払う; tsī yashung（費やす）.

Disbursement 支払い; tsī yashi.

Discard 廃棄する; starachi nagiung.

Discern 弁別する; bindjïung, yú túï vákashung, ｛仕事で｝ sabachung.

Discharge はずす; ｛役職から｝ nukïung, hazishung, hanshung; ｛幽閉から（囚人を）放免する｝ yuruchi yárashung; ｛傷（膿）｝ yéyung, únchunu ndjïung（膿が出る）; ｛銃（を発射する）｝ tippu hánashung, paramikashung; ｛義務を（果たす）｝ tstomïung, tstomi tskúshung; ｛船荷（を陸揚げする、降ろす）｝ nyī urushung.

Disciple 弟子; díshi, mun-tu（門徒）; 彼の弟子となる ariga dishinkae íung; ある人を弟子にする dishinkae iriung.

Discipline 訓練する; ［動］naré djukushimïung; 訓練された naré djukushong, chimunu djukushóng; 兵を訓練する fíónu chā íkusa tan lin〈鍛錬〉 shimïung, fíónu vaza naráshung; 彼の指揮監督下の隊（兵隊）は、まだ鍛錬が済んでいない ariga kamurattóru finó mada tan lin djúkusang.

Disclaim ［s.］disavow, deny

Disclose 暴露する; ｛覆いを取り露わす｝ akïung, aravashung, aravarashung; 秘密を暴露する chí mitsi murashung; 露われる aravaríti chóng; 何故君はこの隠し事を漏らしたか ïyaga núyati kunu kákushigutu muriráchaga; 言葉の過失で暴露した ī yanti múrachang; 頑固に趣旨〈EC:大概情形〉を明らかにすることを拒否した tégénu naï mading（迄も） katónyishi íffing háchi（吐き） aravasang.

Discoloured 色があせた; irunu uttiung; ｛恐怖または恥で（色を失う）｝ írunu tubiung, tudóng, ushinatong.

Discomfit 打ち破る; utchi yabuyung; yábuti, yaburiti nugīung, nugirashung.

Discomfort 不愉快・不安; 不安（不快）だ kukurung yassundjirang kutunu ang, tukúttu neng, fubínyi〈不

便に〉ang.

Discommode 悩ます・困らす；［他動］vaziravashung,
nayamashung；悩まされた vazidenyi natóng.

Discompose 狼狽させる；［他動］savagashung；気を取り
乱した kukurunu savagashūnyi natóng；{部品を置き
換える} dógu na mé mé tuï vakashung.

Disconcert 当惑させる；［他動］utsishimïung, chimu fussa-
gaï shimïung；当惑(混乱)して chimu fussagaï-shóng,
utsi-shóng；［s.］disappoint.

Disconsolate 陰鬱な・やるせない・うら悲しい；urīnu hari-
rang, utsinu harirang.

Disconsolatedness 陰鬱・やるせなさ；utsi.

Discontented 不満足な；kukurunu tăráng, mittáng, tariri
tusáng；運命を恨む dūnu mi {únmí} uramitóng.

Discontinue 中止する；tudumiung, chichi sang, chichi
tumiung.

Discord 仲違い・不和；vadányi néng, vabukó sang；不
和の種をまく ī sīsīkāshung, tsitchiféshishung, ī sisi-
mïung；{声の(不協和)} kvīnu vagósang.

Discordant 不和である；atarang, vabuku néng.

Discount* 割引(額)；{手形での} tigatashi dé sagīru
djing. *Discoveryの後より移す.

Discountenance 面くらわせる；mīnyi kanāng kutu
tudumïung, mīshi fabamïung；tsira míckvăssāshī
nyūng, 即ち, 人を冷たく扱う；(反対する) fabamiti
durang〈同〉, gattinsang, gáttinsang-shi tumiung.

Discourage 勇気を失わせる・落胆させる；skamashung,
skaku nashung, chīmū udjirashung, udjishimiung；
chímu ussúyung, ussúï tóshung；(落胆させる) issami
téshung, fumbitsi または chǐ ushináshung；落胆した
vaga chimu daïshóng；それは(人を)落胆させるもの
だ chimu daïshimirarīru yúdju, fumbitsi ushinashuru
kutu, nuzumi ushináshuru, issami téshuru.

Discourse 談話する；sódang-shung, fănashi-shung, kólung-
shung, munugataï-shung；人を一過所に集めて, 法
律について講演した tami fíchi sóti, chu tukurunyi
atsimíti, hólitsi attankae sodanshi chkatchang.

Discourteous 無礼な；bǔ lí, munung shirang.

Discoursive ［s.］talkative

Discover* 発見する；{調査して} shirabi ndjashung；{発
明する} fadjimiti aravashung, aravarashung；{人目
にさらす} fashti aravashung, aravar[i]ndjashung, mī
ndjashung；{反逆を見つける} nétsu {netsū shusi}
aravashung；［s.］uncover, naked；探し出せない{記録
の上で} tumēï ōsan；それをしたのは彼ではないと分
かった ari anyé santese mi ndjachang. *Discordant
の後より移す.

Discovery 発見；hadjimiti aravashuru {aravachéru} kutu.

Discreet 分別ある；{談話で} kutuba tsitsishidóru ftu；
{慎みのある} yuzita ftu；{分別のある} yū kangénu

ang, yū vakachi shtchōru ftu.

Discriminate 弁別する；bindjïung, vakashung, tadashi
vakashung；fumbitsi-shung；{(分)類(分ける)} luï
vakashung.

Discumber (障害の悩みなどを)取り除く；harïung, tutchung
{解く}.

Discursive 推論的；{議論} shūku fichi lundjïung.

Discuss 審議する；kumékiti sodanshung, úttché fíttché
bindjïung；道理を論ずる su[nu]dóli lúndjiti；これら
{議論} で, 正しいのは誰で, 間違っているのは誰か
を, 君は詳細に明確に聞いた. 私たちはもう, あなた
に公平に採決してくれるようお願いしなければならな
い kur[i]shae yă achiraka isSényi taga djíga taga fī
chichi tsōdjiti, anshi kvōtónyi〈公道 kū tó〉satchi vaki
[shi]kvíri mutumirané naráng.

Disdain 軽蔑する；karuchi iyashinïung, karundji yuru-
gashínyishung, iyashimi ussiku shung.

Disdainful 軽蔑的；iyashimi ussiku shuru mung；軽蔑
して見る mi sagíti nyūng.

Disease 病気；yamé, butchigé, byótchi；慢性的病気 naga
byó, tskari yamé；以前の病が再発した mutunu yamé
séfatsishong, fashtong；病の原因・病源 yaménu
mutuï；病気は徐々に治った yamé táta nóyung (治る)；
{果物などの} 内部の病, 疾患 sira íttchong, kumatóng,
utchi zira ittchóng；内部の疾患を治す sira nudjīng；

Disembark 上陸する；ukanyi nubuyung, funi kara uri-
[yung]；船荷を降ろす, 陸揚げする nyi urushung.

Disembogue (川が)海に注ぐ；［自動］ominkaé tŭyung,
tūtóng, omin[kae] fŭng, nagarïung.

Disencumber 解放する；{障害(物)から} savaï nuzukïung；
悲しみから解放する urī nuzukïung.

Disengaged 暇である・何の拘束もない；kutu neng, fimanu
ang.

Disentagle (もつれを)ほどく；mussudósi fututchung, ma-
ts[i]butósi (もつれたもの) futuchung；{ほぐす・解く}
akashung；{考えを} tuchung.

Disesteem 面目ないこと・軽視；［名］mimuku néng kutu,
mimuku tatang または tatirang kutu；［動］(軽んじる)
karundjïung, karuku ftu ukunayung；私は彼を侮る
vaga ari mimuku tatirang.

Disfigure 形状を損じる；katachi yandyung；顔を損なう
kāgi yandyung, (比喩) djítsī djī {kutu} または djitsinu
〈実の〉katachi ushināshung.

Disgorge 吐き出す；wí batchung, wó batchung.

Disgrace 不名誉；［名］na chigarashuru, または nowrinu {na
wurinu} kutu；［他動］恥ずかしめる kushi fichung,
hadji kakashung；親の名誉を傷つける uyanu kushi
fichung；確かに王子の命令を辱めはしない makutunyi
kún mi〈君命〉hazikashimirang；［s.］family

Disgraced 恥辱的；hadji ukitang, hazikashimi ukïung,

nowrinyi natong, nā wūtang.

Disgraceful 恥ずべき, 不名誉な; nyickwī shkata; はじめ
に誘惑し, その後結婚することは, 広く知られた教えに
恥ずべき (反する) ことだ satchata fīssukanyi tsōdjiti
atonyi mí tuti na aravaritéru ushí chigarashung また
は yabuyung; 酒の後, 打ち合いとっくむことは不面目な
ことと思った saki nudi ato mundóshi tatakayusi tsira
{umuti} fazikashimiru kutundi umutóng.

Disguise 変装する; shózuku kéyung, sígata aratanyung;
{比喩 (実を隠す)} djitsé kakushung または kéyung.

Disgust 嫌悪する; kukurunyi chirayung.

Disgusting 全く嫌な・胸くそ悪い; nyikudi skanshóng,
hagósang, hagósanu ikáng.

Dish 大鉢, 食物; ufu bātchi; [動] (鉢に盛る) shinā-
shung, shināchichūng; {供されている {食卓の準備がさ
れている} munu ushagiténg; これはごちそうだ kunu
shína māssang, kuri māssaru shina; これはまずい
kuri tsídji. 琉球料理について [s.]cake, egg, meat,
carrot, fish, fowl, vermicelli; 野菜, 肉, 肉団子入り料
理 shkamudutchī; やや大きめに切った肉 ūūnyī; 小
さめなら, kū nyi; 客人一人一人に4品を供するセット
料理 yutsi gūnu furimé; 身体の一番近くの左手に
御飯を, 右手にスープを置き, 御飯の前に tíbichi (前
述の肉料理の一種) を, スープ側の前にはサラダから
成る satchi を置く; 貧しい民は tíbichi を省き3品の
みの宴を取る: mītsi gūnu furimé.

Dishearten [s.]discourage.

Dishevel 髪をばさばさにする; kirazi* futuchung; kirazi*
mŏyā natóng *karazi であろう.

Dishonest 不実な; djitsi néng mung, bu-kóshtchi〈無行
跡〉, yána shkátanu ftu, yi chimu neng mung; 不実
な召使 dánna nudjā.

Dishonour 名誉を失わせる・恥をかかせる; [他動]mi
karundjiung, hadjishimiung, mi sagiung; [自動]名誉
がけがされる mi sagiraring, mimuku tochéng.〈EC:
辱, 羞辱, 凌辱〉

Dishonourable 不名誉な; mi muku tatang ukuné.

Disinclination 嫌気; chimunyi fushaku néng; 飲み食い
したくない nudaï kadaï sandi umang, munu fushaku
[né]rang; 読みたくない shimutzi yumi {mi} bushak[u]
néng.

Disingenuous 不正直な; nowchinyi neng, massigu neng.

Disinherit 勘当する; uyanu vakibung kvīrang, yīrang.

Disinter 発掘する; uzudési fuyung, hómutési ndjashung.

Disinterested 私欲のない; vatakushé umang, sígusang;
ある件に関心のない kutunyi azikirang*, kakaverang
mung *azikarang であろう.

Disjoin 切り離す; fichi akiung, fichi akashung; {心的}
離れさす hanarirashung, sakirashung; 夫と妻を引き
離す li[kun].

Dislike 嫌う; kanashásang, yurukubang, atchi hati[yung],
ítuyung, azamutchi chirayung; 以前はこのケーキを
おいしいと思ったが, 今は嫌いだ vaga kunu satchi
[ku]nu kvāshi māssatássiga nama skanshī hadji-
ma[tong], ituīnu ukutong; 過度に嫌う íttsing skang; 煙
草を吸うことをきらう tabaco futchi bushaku neng; 従うこと
を非常にきらう va chimó dūdú nigér[ang]{nigāng} ; 父
と子の間の嫌い合う気持ち (嫌悪の情) u[ya]kva
kfassang, nyikumi chiratong; 自分らに (他人の) 嫌悪
をもたらす ituï manitchóng; 彼の悪い行為のために
嫌われた dūnū yana shkatanu yúin[yi] árinyi
chirátang; 幼い頃は動物を殺すのは好かなかった
vané kūsaïnye ichimushé kurushuse skantang.

Dislocate 位置を移す; [他動]{物を} fichi utsushung;
[自動]関節をはずす tsi figashung; {関節を (脱臼さ
せる)} tsigé figachéng, tsitsidjéyung.

Dislodge 追い出す; ūti fingashung; {移す} utsushung.

Disloyal 不忠な; fuchū, fuchūna mung.

Dismal 憂鬱な; kukuru yukarang, kukutchinu ik[ang],
mudai ittchóng. *「悶モン」訓読みの「もだえ」.

Dismantle (船の装備を) 解く; funi tuchúng, funi vāyúng.

Dismast 帆柱を折る; hashira wúyung.

Dismay 狼狽させる; uduruchi ussurïung, ussurirashung,
shóchi〈生気〉ushinayung.

Dismember 手足を切断する; fushi,ti,fsha等. chíung; {小
さく刻む} chiri kuzanshung; {物を (切り離す)} tuï
hanashung.

Dismiss 解任する; nukïung, yuruchi yarashung, wi (追
い) shirizukiung; {職務から} tstomi hanshung, fūku
hanshung; 問題を却下する tuï yamïung, dukïung; 免
職 (されること) を願う nigényé va tstomi yurushusi
chivamiri, shūkū {shkumé} tstomise nugayusi, kvan-
shuku yamīse nigatong.

Dismount 降りる; {馬から} mma kara urïung.

Disobedient 不従順な; {親に} fu kó; sákayuru, kutuba
chĭkang, mīnyi shtagárang, sumutchung; djítching
ukirang; 頑固なほど不従順な gutchina mung,chū
shtchina mung. 孝心をもち兄弟愛を持つもので, 上
位者に不従順な人はきわめて少ない fitu naï úyanyi
kókóshi, sízanyi michi tskushússiga kami ukusandi*
kunúnyuse íkirassang *ukasandi であろう.

Disobey 背く, 従わない; shtagárang, chkáng, sumutchung;
命令に背けば勝利しても首をはねられる tuzikinyi
sumuchóru munó íkussa makashéshīng kanadzi
kurussarīng.

Disoblige 怒らせる; yurukubasang, tanushimasang.

Disobliging 思いやりのない; vūndjing kansirang, ússirang
mung.

Disorder 混乱; midari, midariung, midarashung, madjī
midarashung; {混乱する} kunzóshung; [s.]confuse

破れて, 欠けた所があり混乱している yaritaï, kagitaï shidé ushinataï shóng; 内側にはまた非常にたくさんの訪問カード（名刺）が押し込まれ乱雑であった uffóku nā gatchinu té utchinakae midariti mutskati atáng; [s.]confusion; 物事を無秩序にする{秩序を守らない} 人 fïnshta mung.

Disorderly behaviour 規則に従わない行為; djí māmā, fushī māmā〈EC: 放恣〉.

Disown 否認する; shirang, shirang tushúng; 申し立てを他に押しつける chunyi ushi ussiung; {白状しない} vabinsa[n]g.

Disparage 見下げる; mí sagïung, iyashtchínyi shung.

Disparaging 人を見下げる; 言葉 karundjíru kutuba, karúndjita munu[ï].

Disparity 異質; gu narang-si, ataransi, kavatósi, kanāng k[utu].

Dispassionate 公平な; záttushi, vatakushi neng, kunumi néng; {公平無私の} kata kakínsang.

Dispatch すばやく済ます; hatarachi-shung, féku shung, féku tu[dji]mayung, hatarachi または yussi tskïung; {(至急便)} tïé; [動]（急送する）tïéshung; [s.]send.

Dispel 四散させる; ippenkae または na mé me sandjirashung, vakashung; {比喩} ch'shi nuzikïung, sárashung, tuchung; 疑惑が晴れた utagé haritang, tuki[tang]; 疑いを晴らす utagé harirashung; 雲が晴れた ku[mu] chíriti néng; [s.]disperse.

Dispensary 薬局; kussuï mŭyú {調合する} tukuru, kuss[uï] tutuní tukuru, kussuï yā.

Dispensatory 調剤手引書; kussuï tutunīru shimutzi.

Dispense 分与する; {配分する} fébunshi または kubati kvíung; {援助金を} fudukushung; これは無しで済まされる kuri nensi sinyúng, nénting sinyung.

Dispeopled 住民を絶やされた; 国 tami furubachéru kuny[i].

Disperse 散らす; [他動]hóbónkae sandjirashung, chirashung, firugarashung; 人を散らし広げる sandji firugarashu[ng]; 200人の男女が散らばっていた nan nyū nyi haku nying nagari sandjitang; 書物を広く流布する shimutzi firuku nagari tsōdjirashung; 雲が散じて月が現れる kumunu farati tstchinu mīung; [s.]fleet; 集まり, ふくれを消散させる [自動]fïtchung, [他動]fïkashung, chírashung.

Displace 移す, 置き換える; yuku tukurunkae nayung, midari utsushung, utsushi kéyung.

Display 見せびらかし; [名]fankva〈繁華〉, kvabi〈華美〉; [動]（陳列する）tibirusang, fankwanyishung, kvabínyishung, kvabītong; {誇って} fukuri kagaïyakashung; 学問を見せびらかす gaku lítchi kagaïyakashung; {展示陳列する} aravachi mishïung, kazayung, hayung, furuyung; 重要性, 高い地位を誇示する bung furuyung.

Displease 不快である; [自動]kukurunyi gattínsang, tanushimang, yurukubang; [他動]（立腹させる）chunu chimu kussamikashung.

Displeasure 立腹; chimu kussamitchi-shung, ikari fashshïung; 原因, 理由なく怒りの発作に負ける yüīshung neng, shidéng nérang, ïttang〈一場〉chimu gussamitchi shung; そんな詰まらぬ事で腹を立てる理由は無い kunu gutoru vazikashi kutu kussamikunying uyubang.

Dispose 配置する; {配列する} tsiranïung, narabiti utchung, shidényi sünéyung; 心に〜したい気がしている kukuru yutchinyi ang, kukurunu yutóng, nkatóng, kata nkéshóng; これらの品物をどこで売却するのか知らない kunu shina mankaïga úyurā {uti finyarashurā} shirang; 生まれつきこれをしがちだ mmaritsitchinu kurinyi yutóng; 彼に対して好意的だ arinkae yi kukuru {chimu} ang; 食べる気が無い kamandinu chimu nerang; [s.]indisposed.

Disposition 配置; {場所の} shīdé, utchi tukuru; {心の（傾向, 気質）} kundjó, mmaritsitchi, kukuru yutchi, só shtsi〈生質 shó shtsi〉, shi djó〈性生〉, shí shtsi〈性質〉; {動物の（性）} shó, 'maritsitchi; {物の（仕立て）} shtátï; 気質（性質）がよい mmari nágara yutashang; 悪くよこしまな気質 shidjónu ashchinyi nkatóng; 気の早い性質, 性急 shínu fésang; 火のような気質 kva chunyi〈火急に〉ang; 残酷な性質 arashí shóshtsi.

Dis(s)pread 開く, 広げる; ippenkae firakachi.

Disproportion 不釣合; tuyārang, attarang.

Disprove 論駁する; bindji tóshung; 私が君の嘘を論破してやる vané ïya itsivari bindjïung, tóshung, takumi tóshung; bindjiti vakashung, bindjiti shúkushung.

Dispute 論争; [名]yuzé, nandjū, arasōyuru kutu, chin kwa; [動]（論争する）- shung; 誰が正しいか論争する djifï〈是非〉arasōyung; 論争においては勝つことを求めるな arasōyuru ba kanadzi kattande {makasandé} mutumínna; 所有（権）をめぐり抗争する tagényi turandi arasōyung; 境界をめぐり抗争する saké arasōyung; 正当性を争う lissidji〈理筋〉arasōyung.

Disquiet 不安にする; kukukuru* yassundjirang, an raku sang *kukuruであろう; [動]（不安をいだかせる）kukuru yassundjirashung* *yassundjirasangであろう.

Disregard 無視する; ukutati chkang; {年長者を} kaïrindang; ndang gutu shung; 彼を呼び命じても無視する yubivang, ī[tski]rivang shtagāng, kamāng, kukurutósang; {見下げる} mi sagiti sang; 生命を軽視する nuchi mī kairindang; 軽率にも結婚の約束をし, 子供の将来も顧みない midarínyi yingumíshi kvanu yúk[u] sīng kairindang.

Disrelish 嫌う・好かない; kutchitu atarang, adjivényi

kanáng; （気に添わない）chinyi kanāng, atchi hatĭung, ítuyúng.

Disreputable 評判の悪い; yana chkvĭna mung, hadjing shirang, yi na（良い名）néng; tsiranu ka achishang.

Disrespectful 無礼な; uyamé nerang, butsitsīshimina mung.

Disrobe 脱ぐ; ishó haziung, ishó yuruku nashung.

Disruption （破）裂; fitchi sātchúng（裂く）, fichi yayúng（破る）,｛人と人の仲違い｝chimu gufaï-shóng.

Dissatisfied 不満足な; kukurunyi tāráng, umūīnyi kanāng, dzún bunu tūī ikáng（行かない）.

Dissect 切り裂く; chiri vakashung, chiri sachúng, sákashung.

Dissemble 偽る; itsivati, kazati-shung, ïyung; 知っているかの如くふるまう shta buï, shtchōru fui; 知らぬふりをする shirang fú[i].

Disseminate 散布する; chiri sandjiung, −djirashung;｛言葉を｝（広める）ch[ka]shung; 書物を（流布させる）shimutsi lúfu shimïung; 教えを広める firuku tstérashung.

Dissent 意見を異にする; tagényi gattĭnsang, arasōyung, dūrang（同じでない）.

Dissertation 論文; bung; 作文する bung tskoyung, katchung.

Dissever 切り離す; chiri vakashung.

Dissimilar 異なる; yínu gutu néng, nyírang, unadjiku néng, kavatóng, attarang.

Dissipate 散る（らす）;｛費やす｝itaziranyi, munashku, midarinyi tsīyashung; いろいろ心配事があって思いが散じる（乱れる）yúdjunu kunzóshi kukuru vackvitóng; 注意（力）を散らす chimu vackvĭrashung, tuï shimirasang, midari savagashung; 放蕩な心 fushimama, djímamanu kukuru; 道楽・酒色に耽る人 shúshŭkŭ kunudōru tagúĭ; [s.]dispel, disperse.

Dissipation 放蕩; 酒色に溺れた shúsh'kunyi uburitóng.

Dissociate 関係を絶つ; 悪友との yana dushi tachitéyung, téshung, madjivarang, madjivarashimirang.

Dissolute 放埓な; yukushima, fushí mama, djí mama.

Dissolve 溶解する・浸す; shiru nashung, fitashung, tátchung; tukĭung, tuchung; tadarĭung, tadarashung; 協定（約束）を取り消す yakusku hanashung, hanshung; 組合を解消する móki vakĭung, vakashung.

Dissonant 不協和（音）な; úttunu vagósang.

Dissuade 〜しないように勧める; sunnayóndi imashimĭung, sisimi tumĭung.

Distaff 糸巻棒; wū tsindjuru yāmā.

Distance 離れていること; hanalitósi; はるか遠方に雲のようにそれを見た kāmā tōsa kara kúmunu gútu mí attĭung; 二里の道のり nyili fúdu tōsang; 坊主が一人遠方から来るのを見た bózi chúĭ tōsa kara chūsi 'nchang; [他動]（疎んじる）útu ndjiung; 彼は私を疎んじた｛交友の点で｝vaga arinyi utundjiráttang.

Distant 遠い; tōsang; 非常に遠い kāma tōsa, kāri,

farukanyi hanalitong, tōsang; どれくらいの距離か chanu fúdu fidatóga, chassa tōsaga, chassa fudu tōsaga?; 3, 4里だけの隔たりだ tada san-yu līnu mitchidu fidatitōru; ここから2里余りの道のりです kuma kara nyí li amaïnu michi; 彼と僕は今では隔てがある, よそよそしい ari vaga útundjitóng.

Distaste 嫌いなこと・嫌う; ushaku nérang, yurukubang, kutchinyi atarang.

Distemper 異状;｛大気の｝fūchĭ〈風気〉ickang;｛動物の（伝染病・ジステンパー）｝ichimushinu féyamé.

Distend 膨張する; djing djing（漸々）nubĭung; ふくらみ（ふくれる）fuckviung, h[arī]ung; 詰めこんでふくらます fukuru nashung; 空気を含んで頬をふくらます fū fukuru nashung.

Distil 蒸留する; tarĭung, mbutchi saki nashung; 蒸留器 kushtchī.

Distinction 区別立て; bíndji, vakachi, kavachi, vakashusi, kavatósi; 難易の区別がない kátassa yássa｛nan-yitchi｝vákasang; 本国人, 外国人の差別を少しもしなかった fúnguku gvégukunu ftundi ichi sáshi vakachigenyi n[dang,]kavache ndang; 区別立ての印｛評価基準｝sashidjú, sashichĭ; 何の疑惑も生じさせない為に極めて明確に述べる sashichĭung, sashichĭchi ïyung.

Distinguish 識別する; bunmīnyishung〈分明〉, bindji vakashung, sáshi vakishung, bindjĭung, bindjiti shĭung; 注意深く印を識別する ĭnnu shirushi bunminyi vakashung; 区別できない bindji vakasarang; 小さな悪, 小さな善も光と闇のように区別すべきだ kūss[a]ru yúshi áshi yatíng kurusa shirusa kara vakashuru gutukunyi sivadu yaru.

Distinguished man 卓越した人; nuchĭndita ftu, fídita mung, vakachi agamitóru ftu, tattubiuru〈尊ぶ〉ftu, táttuchi ftu.

Distort 歪める; yugamu, yugamashung, figanyung, mudi[ti] figanyung; 顔を歪めずに笑う várat[ing] tsira yugamang; 歪んだ顔 tsira yóga, yana tsira; 曲げた（誤り伝えられた）話 magaï kutuba, magatoru yósi, 従ってはいけない shtagaté simang.

Distracted 思い乱れた; kukurunu amadjóng｛（心が）風の中の炎のように揺らめく｝kukuru bitsinkae kakavatong, fíkatóng（引かれている）, kúkúró ffutsinyé néng; 心が乱れるのを許さない kúkuru ftútsinyi shung;｛気分を引き立てる｝umúĭ nubirashung.

Distress 苦難; [名]nandji, kurushimi, aya utchinu kutu｛危険｝; [動]苦しむ kurushinyung, kurushimashung, nandjishung, nandjishimĭung; 危険で難渋しているayassang, aya utchinyi natóng, ayashku natóng;｛苦痛, 心痛も｝kutsisang, kutsisashung; 苦しみに苦しみを重ねる kurushiminu kassabayung, kutsisanu wínyi nyahung kutsisashung; 君子もまた困窮と貧困にさらされるか kúnshinying mata kunchúnyi nayuru kutu ákaya?; 孔子答えて曰く，君子は貧苦において堅く，俗人（小人）は自己を失う kunshé kunchúnyi nating katónyi ang, shodjino kunchúnyi nati chaki midarïung; 繰り返し北辺境を苦しめ，それが皇帝を悩ませた shiba shiba chita fíng〈(北)辺〉kurushimáchi, chimé(君は) kuridu uríru; 人を苦しめる chu kurushimashung, kutsisashimïung; 人々を留め置き苦しめて，強奪し鞭で打ち，人々を恐怖に落し入れる chū shīti tudumiti, kutsisashimiti, ushtí mbaï tuti, chā batsishi usurirashung; これは非常に痛ましい avarishí yósi du yaru; 心をかなり痛める chimu dúdu itamashung; 思い悩むなよ kútsisasúnnayó; それをこのようにするのにどうして思い悩むのか nū shundi kutsisashi kunu gutu shuga?; {喪に} 悲しんだ kanashimi itadóng; 悩んでいる{憐れむべき} 人 avarishí mung; [s.] wretched.

Distresses 苦しみ; kurúshiminu または avarínu fukassang; この悪い世の中の苦しみも危険も yana shkénu utchinu kurushiming áyassang.

Distribute 分配する; fébunshi, kóbati, vákachi kvïung.

District 地区; madjiri（間切）; 地方の長官 shéng kvang〈縣官〉, ti-fan-kvang〈地方官〉; 地方，地区は複数の場合はまた shŭ-gúng〈州郡〉と表わされる.

Distrust 疑惑; [名] utagé, shindjiranse; [動]（疑う）utagayung, shindjirang; [s.] suspect.

Distrustful 疑い深い; chā utagayung, dúdū utagatóng.

Disturb 平安をかき乱す; 人を（悩ます）vaziravashung, nandjishimïung, {騒音で} kashimashimïung*, savagashung *kashimashashimïungであろう; [自動]（騒ぐ）savadjóng, sódjóng, vazirényi natóng, kashimashang; 君を二度と邪魔はしません ïya kasanité vaziravashimirang; {政治的に}（乱す）midarashung, midari kutu shodjirashung.

Disturbance 乱す（騒がす）こと; vaziré, kashimasha, savagashí kutu, {政治的} midarí kutú; 早く行って来て，誰とも争うな，また騒動を起こすな féku ndjí chi, chútú arasōti midari kutu súnnayó.

Disunion 不和; mutsimashūnyi, vabukunyi, mutsimashkunéng.

Disuse 使用をやめる; mutchīrang, uchangïung, muchīuse yamïung.

Ditch 溝; índjŭ, mízzu {大きい溝} ítchí（池）.

Ditto 同前; sédjínnu〈最前〉gutu, wīnu guttóng.

Ditty 小（歌）曲; útta gva, fushi gva.

Diuretic 利尿剤; shtsi baré {haré}（湿気払い）; shúbing kussúí, shúbing túshuru kus[suï].

Diurnal 毎日の; ichi nyichinu …, ichi nyitchinyi ichi dú, mé nyitchinu ….

Dive 潜る; sīmishung; 潜水夫 sīmi.

Diverge 分岐する; tagenyi vakayūng; hayung, mata hat[óng]{ひざ状を形つくる}, sobankae ichung, または magati tūy[ung].

Diversion, divert 気晴らしする; {娯楽} tanushinyung, nagusanyung, kukuru nubïung, ïū ïū yī kukuru, yī chibi n[a]yúng, úmussang; umuï nubirashung.

Divert from ～からそれる（そらす）; bitsinkae keyung, kerashung; [s.] dissipat[e].

Divest 脱ぐ; hazïung, ching hazïung.

Divide 分割する; vakashung, vakiti kvïung; {算術（の割る）} vayúng, vai utushung; 各人に一つずつ分けろ ichi nying gútunyi chu bun nā vakirïó; 10で割れ tūnkae vári; 割って二つに分ける vāti tatsinkae nashung; 注意をそらす（べき）ものは他にはない mata kassanité chimu vackva shuru kutó nérang; 帝国は等しく分割することに同意した tinga naka vaki（中分け）shusi yakuskushang; 12を半分に分けると6が得られる dju nyi tātsinkae váti hambung nasé, mútsi nayúng.

Dividend 被除数; yínsaná vakasarīru kazi.

Divine① 神の; [形] kaminu gutóng; 神の光が家中を満たし，人の心を開かせる kaminu fikari yā nakaï mittchi, chúnu kukuru túchang.

Divine② 占う; [動] uranéshung, urakatashung, yítchish[ung], chí tatïung, kúdji mutumïung; 日と時間の吉と凶を占う túchi fīnu chíchó〈吉凶〉uranayung.

Diviner 易者; yítchisha, urané, urakatashuru ftu.

Divinity 神(性); kami, kamiva, kamindí iyusé.

Divisible 分けられる; vakasi bichí.

Division 分割; vakarīru kutu, vakashusi; {算術} vaïzang, vakashuru 'ho; 軍隊の師団 ikussa gamé; 家を分けること za {yá} gamé-shung. {kamé-yungは，より詳しくは場所に関係することである．従って ikussa gamé はある地点に配置された部分（師団）の意である}; 仕事の分割（分業）は手{の力}を集中し，気が散らないようにすることを意図している tushī {職業} ná mé mé vákachi ndji tī tītsinyishi {chū shigutunyíshi} chimó váckvasáng {váckviráng} yúï du yaru.

Divorce 離婚する; [動] tudji libitsi〈離別〉shung; [名]（離別文書）libitsi gatchi.

Divulge 漏れる（らす）; muriung, murashung; その件は漏れた kutunu muritang, aravaritang; 秘密をもらす kákuri gútu murashung.

Dizzines(s) めまい; kúkuti miguyung, míngvïung.

Do する; tskoyung, shung, nashung, ukunayung; {手で} tindati shung; することができない tskoyé õsan; それはよくない naráng または tūrang それは通らない; どうしてよいか分からなかった muyóng〈模様も〉vakarang, súckvéchóng; するな súnna, sunnayó; せよ sí, sé; 笑うな voránna nké; そうするな án súnna nké; 私がはしないだろう vāgā sang; 誰がしたかわからない taga tskotagandi shirang, taga tskoti ará, tskotará shirang; 禁じられたことをする人は罪を犯している tudumitéru kutó náshuru munó toganu ang; 他人にしてもらいたいように他人にしなさい{全ての事において自分の心で他人の心を量れによって表現される} sibitinu kutu dūnu kukurushi chúnu kukuru fakaré; 自分が嫌うことを他人にするな dūnu fushaku neng munu {dūnū skanse} chunyi fudukuché simang; 彼に耳をかすな ariga iyusse chĭkúnna; 人に知らせるな chunyi shirassúnna; 薬を飲まずに病むまで待つな（病も前に薬を飲みなさい）yanyusi mattchi kussuï nudé simang; 何をしようとできない chǎshing narang, ikkana shing narang; それで結構 sinyúng, simidúshuru, kússáshi sinyung, kússáshi yútashang, kurishi si bichí; それでよい{必要な量に合致する} káki óyung, kaki óïdúshuru, {両端が合う}; 誰かにされる{傷つけられる} sariung; 彼にやられた arinyi sáttang.

Doated 溺愛した; 末息子を fūbú uttungvanyi ai uburitóng.

Docile 素直な; ushí, naráchi, nári yássaru mung.

Dock① ドック; {船の} fúna tskiba, fúna shfúshu túkuru; ドック地帯 funa gú suné túkuru.

Dock② 端を）切る; [動]{切って短くする} chíchi ínchaku náshung.

Docket 荷札; {品物} につける tski fūdā.

Doctor 医者; ĭshā; 長い病気が医者をつくる naga byónu isha djódju nashung; 2人の医者を12日間家に留めて相談させ, 脈をとらせ, 順々に薬を飲ませたりする ishá taï utc[hiu]ti tudumíti, djin mishi, myaku tuï nchi, ku[ssuï]mārūshi numachi, dju nyi nyitchiga aïda ya kara yurusang.

Doctrines 教義; ushī, bung〈文〉, dóli〈道理〉; 異端 ĭttǎng; 仏教徒の教理と戒律 búppó〈仏法〉, butsi 'hó; 儒教の（道理）djú shanu dóli.

Document 文書; bung, bung-shu, katchi {後者katchi} の前には, 名詞が来る: libitsi gatchi 離婚状}.

Dodder ネナシカズラ; {ネナシカズラ属} fa neng tstá.

Doe 雌鹿; mi shka.

Doers 行為者; 善を為すものは少なく, 悪を為す者は多い djing nashuse ikirassang, aku nashusé uffusang.

Dog 犬; ing; 犬は人のため見張りをする inó chu mamuyung.

Dogged 頑固な; kfagetóng, kama djishi agatong, fuckvi kantóng, vadjadóng; 無愛想者 kama djishā, vadjā.

Dogmatize 独断的に教理を立てる; kataku ushīung.

Doings 行動; 彼の行状; ariga shésé, shi-mutchi.

Doleful 悲しげに満ちた; avarimbichi, kanashimbichi, kanashidóng.

Doll 人形; nyin djó.

Dollar ドル; 1ドル, 2ドル fhan dzing ichi mé, nyi mé; 1ドルの半分（50セント）han zinnu han mé.

Dolt まぬけ; bukuna mung, urukana mung.

Domain 領地, 地所; kunyi, kuku, chu nushinu chkata.

Dome 丸屋根; kabuïsheru iritcha, tafa（塔）itarachinu kabuï, kabuï-írícha.

Domestic 召使; [名]tumu, atoziri, túmu ziri {従僕}; [s.] slave; 召使頭 tumunu kashira, [s.]steward（執事）; 家事 īnu tstomi, yā shĭgūtū; 家畜は6つ chkushóndi〈畜生と〉yusé mūtsi, mma, ushi, fĭdja, tuï, ing, buta; 家畜は, 自分で死んだものは食べてはいけない chku shónu dúkūrū shidjóse kambikarang.

Domesticate 飼い慣らす; ya zikanéshung, akanayung, tskanayung.

Domestics 国産品; {布} ara núnū.

Domicil 住所; simédju.

Domineer 威張りちらす; shúdjing búïshung（主人のふりをする）, nūshi búïshung.

Done なされた, なった; natóng, nachéng, tudji matóng; （な）される sarīung; 彼にやられた{だまされた, 打たれた} árinyi sáttang; 仕事は済んだ shivaza tudjimatóng, djódju natóng; 済んだか, まだか nātí mǎdáí?; 済んでいてもいなくても持って来い natoravang, narandaravang muchī kū; 今日多くの仕事を成し遂げた chū shkutchinu nū achóng{野畑は空いた}, shkutchinu nubitóng, nudóng; あまり成し遂げてない shkutchinu nubáng, shkutchinu nūng akáng.

Donor 寄贈者; fudukúshuru mung, vundjinu núshi, wúnshu〈恩主〉.

Doom 裁判する; fǎï-dan-shung, fǎn-dan〈判断〉-shung, fandjīung, tsimi sadamȳung.

Door 戸; {外の} djó〈EC: 門・戸〉; hashiru, tubira; djó-mung〈門〉; 女性の部屋へ入る門（戸口）utchinu mung, chī-mung〈閨門〉; 2枚戸, 半分は開き半分は閉まっている tubira tātsi aru djó, hambung akiténg, hambung mitchiténg; [s.]charm over −; 戸口まで来た djónu mé madi chóng, múnnu menkae chóng; 門口の人 djónu ménu ftu; 各々に自分の門前の塵を掃き, 隣の家の前の埃には構うな sibítinu ftu dūnu djónu ménu chíri hótchi, chūnu yānu ménu fúkuyé kamúnna.

Doorbar かんぬき; múnnu tuzashī.

Doorkeeper 門番; mun-bāng, djó-bāng.

Door-post 側柱; djónu hashira; {まぐさ（入口, 窓などの上の横木）} wabinu magussa; {敷居} shtyanu mágussa, túdji chími; [s.]charm on−.

Dormitory （共同）寝室; níndji dza.

Dose 一服; {薬} kussuï chú fézé, ippūkŭ.

Dot 小点; chu tski, in-tĭen, chu útski.

Dotage もうろく; wībŭrī-shóng, ló-mung〈老濛〉-shóng, uturūtong; tushi wītósi, tushinu kvītósi.

Dote 溺愛する; ＋aï uburitóng, sídjiti kanashashung, uburiti ndzosashung.

Double [s.]fold; （2）倍の; ＋bé, nyi bé-shung, ta zó bé-shung; nyi-dū-shung; nyi-du ússa, {即ち, 2倍}; nyi du kassabiung; シーツを2枚（重ねる）nyi mé kassabïung; それを2倍にせよ nya itchi bé uffoku nási; 2を2倍せよ. すると4となる tātsishi nyidusé yūtsi nayung; 4キュウビットは djinと呼び, djinの2倍はfirū̃と呼ぶ shi shākó djindi 〈間と〉ïyung, kunu djing kassabiré firundi ïyung.

Double-chin 二重あご; ＋té utugé.

Double-dealer 二心のある者; tsira tātsā, chura nké {人前では良く} ＋ishshín nakae kukuru tātsi {一身, または一心に二つの考え}.

Double-flower 八重の; fúchi-bána.

Double-meaning 二重の意味; chimu tátsi, ími tátsi.

Double-tongued 二枚舌の; shta tātsā, kutchi tātsā.

Doublet 甲冑の下に着る下着; úra（裏）djing, chínnu úra.

Doubt {[s.]undecided}; 疑い; utagé fūshíng-shung; まだ決意してない utsi-yatsi-shong; [動]（疑う）utagayung, maduyūng, umūï utagayung; 疑いにみちた dūdu utagatóng; 疑（念）を引き起こす utagé ukushung; 疑いを晴らす utagé harïung, harashung; 私はまだ疑問があり, 信じない vané now utagenu ati shindjirang; まだ疑いを抱き不安だ now utagé ídāchī yassundjirang; 疑いが解けた utagénu kukuró tukiung; 一日で疑いと不安はすべて解消した itchi nyitchi vúti utagé umúng bakaré mina tukitang; 疑い考えが混乱している utagati umúï midaritóng; 疑いなく,（彼は）他所の人で, 希望を失った者だ u[ta]géye néng are bitsinu ftu, nuzumé yíraráng mung du yaru; 疑いない utagéye nerang, utagāng gutu; 善人には天は疑いなく報いる ＋djin djinó tínkara ＋shídjinyi〈自然に〉{únuzíkara, nánkuru} fōbi kví mishéng; そうかこうか an gaïra kán gaïra.

Doubtful 不確かな; mādă sádamiráng, ūkātă, ūmūyó, tégé

Doubtless 疑いない; utagé nérang, utagāng gutu, sadamíti.

Dough こね粉; mūdjinu kū āchési; [s.]kneed (knead).

Doughty 剛胆な; dūdŭ yī dátinu ang, dūdŭ ídji chíri.

Dove 鳩; hótu, bótu, 鳩小屋 hótunu sí.

Dovetail ぴったりはまる; ha kunyung, aï kakïung.

Dowdy だらしない女; gudúnna winago, bítataï winago.

Down① 〜の下へ; {前置詞} shtya, shta, shimu; 下にある súku nakae または shtya nakae ang; {人が} 転ぶ dugeyung; {物が} 落ちる utïung, utiti chóng; {風が} 吹き倒す fúchi tóshung; {口で吹き出す} fuchi stïung; 船のように川を下って行く kārā kará kudati ndjang; 下に置く shtya nakae utchung, utchóchung; 降りる・下る kudayung, urïung; 降ろす urushung; ぶ

ら下がる・垂れる sagayung, tarïung, tatóng; 後者は枝垂れ柳 taï yanadji のように垂れ下がっている枝などについて言われる; 膨らみが引いた fukvinu fitchóng.

Down② うぶ毛; {羽毛} fuku gi, kumasaru ki.

Downcast 意気消沈した; urītong, vadjadong; [s.]morose.

Downhill 坂を下って; 下って行く san（山）kará urïung, kudayung.

Downward 下向きに; shtyankae nkatong 垂れる tarïung, tatóng.

Dowry 新婦の持参金（物・財産）; nībitchi dogu, nībitchi dzing; fī-mutsi {後者は花婿が与えたもの}, shúgaï {新婦の支度品, お金など}.

Doze うたた寝する; úshumi-shung, túrutúru-shung, nībuïshung; 居眠りして頭をあちこち下げる nībuï kūdjung {居眠りして船を漕ぐ}; 痛みを静める ítami yúrushimïung.

Dozen ダース; 1ダース ī ssúkŭ; 10づつのセット; 我々の（英語の）1ダースは djū nyĭ, 12であろう

Drab 茶色; kúrī íru.

Draft 小切手, 為替手形支払命令書; 金銭の kani tuï fíchi gátchi; すきま風 kázi tūshī, kazi fichóng.

Drag 引きずる; subitchung, fichung, súnchung, 後の二つ（fichung, fúnchung）はまた úshi と共に次のようにも言う: ushifíchung, úshisunchung.

Draggle 引きずって泥だらけにする; dúrū kără fichung.

Dragnet 地引き網; fíchi ámi.

Dragon 龍; ＋lïū, djā lïū.

Dragonfly トンボ; hatchinu gutóru mushi?

Drain 下水; [名]índjū, mízzu; [動]（さらう（浚う））saréyung, índju fút[i]mizzi tūshung; shtsi hárashung; 特に体内の液体について言う. それ故 shtsi baré は排尿を意味する.

Drake 雄鴨; wū áfīrū.

Drama 戯曲; hanshi 戯曲の（入った）本 hanshi shimutsi; 役者 hanshishā; 芝居の役を演ずる hanshi shung.

Draught 一口分; 一口の水 chu kutchinu mízzi, chu kén núnyūrū ússa; 一網の漁獲量 ftŭ ámīnŭ īŭ; 草案 {下書き} shta gatchi.

Draw 引っ張る; súnchung, fitchung, fitchi subitchung; 絵を描く yī katchung, dzī tuyung; 水を汲む mizzi kunyung; 水を汲んで来い mizzi kúdi kú; 引き出す fíchi ndjashung, núdjung; くじを引く kudji utchung（釘を打つ）, kúdji tuyúng; {縮まる} chidjumayung, [他動]chidjumïung; 縮んだり, 伸びたり chidjumataï nubitaï または nudaï-shung; [自動]近づく chkazichung [他動]近づける chkaku fíchung; 弓を引く yumi fichung, yumi īūng; 注意を引く kukuru fichung, fikassarīng; 術策で市から引き出す takumíshi gussiku kara fíchi hárirashung; 風景, 人, 物を描く

sansĭng, fĭtung, múnnu zĭng kachung; [s.]limn; 推
論する ushifirumĭung; 先例として引く sachinyi
nyĭshti fíchi litushung〈例とする〉; 釘を抜く kudji
núdjung; 弓を引く姿勢をする（ポーズをする）yumi
fíchi nébishung; 異端の教えに引っ張られる ittánnu
yana mítchinyi madutóng, fíkkátti madutóng; 車で
引き裂かれる{罰} kurumashi sáchung〈裂く〉; （かけ
落ちで）まどわされる maduvassarĭng; 私達は引っ
張って行かれる（心がまどわされる）危険はないか
máduvassarïe sánka yá?

Drawback 戻し税; （輸出品にかけられたもの）kéchi to-
racheru djónó djing; [s.]back, prejudice, injure; 言
葉を取り消す ī keshung; 仕事から手を引く anu yūdjū
ī nóshung, ī nóchi sang.

Drawbridge 可動橋, つりあげ橋; kaï bashi, tutaï kakitaï
shuru báshi.

Drawer 引き出し; 箱全部 fĭtsi; 滑る引出し fíchi ndjashi,
káckŭnŭ* fíchi ndjashi*hákŭnŭであろうか; 引出しを
開けろ fíchi ndjashi fíchi akiré; 琉球の食膳の箱
（重箱）djū {kassani} báku; {上の引出し}{同じ箱の}
wā djū, háta djū; 中の引き出し utchi djū; 隠れた引
出し kákūgŭ.

Drawers ズボン下; ズボン1着 shtyá djī hákāmā.

Drawing 絵; 絵一つ yī, zí.

Drawing room 客間; cháku itcháyuru dzá.

Drawl 物うげにゆっくり話す（話し方）; yafataï munuï,
yuruyakanyi ïyung.

Dread 恐れ怖がる; udurúchi ussurĭung, hanahada
ussurĭung; 天の憤りを恐れる tínnu ikari tsitsishídi.

Dream 夢; ími; [動]夢を見る ími nyūng, ími mīshung;
夢をよく見る imi mī gashimashang, ími mī gáma-
ssang; 悪夢に乱される íminyi agimāsátāng; それは
夢ではないか kuré ími áraní, kuré ftu bānŭ imé
áraní?; 夢をみた. 不吉な前兆と思う vari ftutsinu
ími 'nchi dūdu fŭshótu〈不祥〉umutóng; 迷った考え
（思い）は夢だ mayutōru umuyé ími tushung; 世の
人々を夢からさます yūnŭ ftu ími utchinu gutósi
uzumátchi saturashung; 夢を判じる ími handjĭung,
tuchúng〈解く〉.

Dreary わびしい; kassikanyi* natóng *陰沈の「陰」の訳
であろう.

Dregs 滓; kássi, gúri.

Drench 水に浸す; mizinyi tskĭung, fitashung, cha sitaï-
shung, ndashung; [自動]びしょぬれになる shpūtu〈CD
なし; 間違いであろう）ndítang, sitatóng, shtsinyi
kakatóng; 完全にぬれた shtátaka nditóng.

Dress 衣服・着物; [名]ching, ishó, iffŭkŭ; [動]（服を着
る）ching chĭung; {着飾る} chura shózoku-shung;
lippanshung; 傷を包帯する yamaché tukuru tsitsinyung,
yánadji shung; [s.]hair, leather; 晴れ着{お祭り}の

服装は, ふざけて kvāchí atchā と言う{それを着て受
けた招待の答礼に出かける}; 国家の礼服（正装）
chó fuku.

Dressing case 化粧道具入れ; {整髪用の箱} sábachi
báku, kushi báku; {薬用手当箱} ishá báku.

Dressing gown 部屋着・化粧着; fïdjī ishó, ishó chïyā.

Dressing room 化粧室; shtákushuru dza.

Dressing table 化粧台; shtaku dé, shtákushuru dé,
shtaku dógunu dé.

Dribble したたる; yóï yóï tayúng.

Dried 乾いた; kāvachóng, kāratchóng.

Drift 漂流する; [動]ama kuma nagarĭung, naminyi
útchātchūng; [名]{性向} kukuru, chimunu nagaré,
kangénu satché; nagarīru michi.

Drill ドリル; {道具} íri; [動]（訓練する）narāchi djuku-
shimĭung; [s.]exercise; 太綾綿布{製造品} azima
úïshéru núnu; 綾織りにしたメリノ毛織物（ラシャの如
き）háttsí.

Drink 飲む; nunyung, sisĭung {すする}, kássĭung, fík-
kassĭung（一気に飲む）; お茶を少し飲ませて下さい
chá if[fe] kvíti kviri vang nudínda; 全部飲み干す
numi tskúshung, númi hátĭung; 私は以前飲酒の習
慣があったが, 今は毎日は飲まない. 酒で健康を損う
のを恐れるから vané satché fidjī sáki núnyuru kata
tátitétássiga, nam[a]mé nyitchí sang, dū yabuïga-
shurandi ussuri[tong]; 古人たちは飲酒にかかわる悪
事が多いことを知っていたので, 酒を飲むときは人を呼び,
側に立たせて見はらせ, 勘定をさせて, 飲み過ぎないよう
に注意させた nkashinu ftu saki numé uffóku ickáng
kútunu assi shitchóng, káruga yuïnyi sak[i] nunyuru ba
sāyūnyi {shirukutchinyi} ftu yúd[i] uchóti míshti, saki
nunyuru kazi shíruchí imashí〈EC: 戒〉kamurachi,
uffóku númasáng gutu shúru támi; 多量の酒が飲
めることを誇るのは馬鹿げていないか dūshi saki
djógundi {上戸と} yusé mata ayamarání {ayamári
dú yaru} .

Drinker 酒飲み; 適度に飲む人 djíkŭ（下戸）.

Drinking money 酒代; {祝儀} saki dé.

Drip したたる; tayúng（垂る）; 肉焼きなべ yáchuru ánda
īŭrŭ nābi.

Drive 駆けさせる;馬を 'ma butchi utchúng; 'ma anéshung,
á kashung, atsikayung; [s.]spur, goad; 車を御する
kuruma ushung; kuruma djúshĭung; 追い出す
ūyung, ūti ndjashung, wi ndjashung, w[i]hóyung; あ
ちこち追い回される áma karáng kuma karáng wāti
{ūrattiの変化}; {群衆を}ばらばらに追い散らす wi
tchirashung, sandjirashung, [s.]start; 駆り立てる
yagvīshung, yag[vi]shi harashung, [s.]rouse; 釘を打ち
込む kudji útchung; 楔を打ち込む kussabi shimĭung.

Drivel よだれ; [名]yudaï; [動]（よだれが垂れる）yudaïnu

tayúng.

Drizzel 細雨, こぬか雨; nūkăgŭ ámi, febuï ami fuyúng, kūténg tayúng.

Droll おどけもの; tava furi ftu.

Dromedar (y) 単こぶラクダ; ufu ráku da.

Drone bee (いつも巣にいて働かない)雄蜂; ndza hatchi

Droop (木の枝などが)しだれる; síriti utĭung, wūri utĭung.

Drop したたり; [名]chu taï, shtádărĭ; 一滴の水 chu taïnu mízzi; 一滴一滴 ké taï taï shung; [s.]instill; 一滴ずつ漏る chu taï chu taï muyú ng; したたり落ちる nán kŭrú útĭung; 思わず手から落とした ubizínyi ututchang, utchi yúruchi útuchang; 私はコップ一杯一口で飲もう, 一滴も残さんで飲もう vari kunu sakazichi shaï chu kútchinyi suttung tarassang {chu taï nukussang} gutu numandi úmuyung.

Dropsy 水腫(症); hari yamé, sĭ shū.

Dross 屑・滓; káni kússu; gára, tatchi gara; 屑の中に混じった黄金の性質をもった物は, 屑はすてられ黄金は保存される kani kussu utchinyi wúru kugani mmari, kussu stíti kugani nukutóng.

Drought 日照り; fidīrĭ; 数年干ばつが続いた tushi tsizichíshi fidirishóng; 長干ばつ後に降る甘美な雨(シャワー)は最高に喜ばしい nage fidiri atí, amashi aminyi óti yī chibinu ítari dū yaru.

Drove 群れ; 一群れの家畜 chu kuminu tskane mung.

Drown 溺れ死ぬ; [自動]úburi djinshung, sízimi shínyung, [他動]おぼれ死にさせる uburi djin shimïung; 自ら溺死する dūshi mizinkae utiti shinyung; 溺死を恐れる sizidi ī gashurandi ussuritóng; 女子を溺死させ' てはいけないという訓戒 winago uburi-djing shimīse imashimiru kutuba; 池で自ら溺死した6人の婦人 mūtsinu winagōya {rúku nyínnu winago} dúshi kumúïnkae útiti shidjang; 幼児を溺死させることは残酷な女のしわざだ vorabi úburi djíng shimīse ashchi wínagonu nas* tukuru dú yáru *nasuが分かり易いが, 次のtとつなげ, stのつもりであろう.

Drowsy 眠い; níbuï nizzïung, nībuï nizidóng* *nizitongであろう.

Drudge あくせく働く人; [名]vazanyi kurushidōru ftu, tcininyi* nandjíshuru ftu; [動詞]chă nándjishi vazashung *tsininyiが普通.

Druggist 薬剤師; kussuï tskoya, yakushu shi hóshuru mung, kussuï uyā; 薬店 kussuï tïen, または yā.

Drugs 薬剤; kussuï, yáku-shu.

Drum 太鼓; tsizíng; 太鼓をたたく tsízimi nárashung, útchung; 一面だけ皮を張った鼓 íchi min tsizi[mi]; 両面はった鼓 ló min hatéru tsizimi; 太鼓を叩き, 役人の拝謁(謁見)を求める tsízimi nárachi, kvan nyínyi chkashúng.

Drumstick ばち; tsizíng bátchi, tsizíng útchuru shímukú.

Drunk 酔いしれた; wītóng, nudi wītóng; 皆酔った{皆酒のみの穴に入った} sūyó wīchŭnŭ mī nkae íttchóng; この上なく酔った taki tskiti vītong, shtataka wītong; ぐでんぐでんに酔って, 人(間の)事に無感覚で, 全く気にしない shtataka wītĭ {té shu〈大酒〉shi} chunu kutu ndang, nūng fábakarang; 酒が人を酔わせるのではなく人が自ら酔うのだ sakinó chó wīrasang, chú dú kuru du wīrū; おそらく客達と主人は酔うまで杯を交わすであろう yénye chákung tíshung tuï késhi núdi, tumunyi wīchŭnŭ nakae íchi; 一言でもまずいのがあれば táda chu kutúba yáting kanāndung aré, テーブルをひっくり返し, 茶碗を割り, 刃物をつかみ, 棍棒(杖)を振り回し, 騒ぎを起こすだろう shúkung kéri kérachi, chávanung tatatchi vaï, sīgū túï, gūshang ndjúkachi nandjū gutu ukushung.

Drunkard 大酒飲み; saki nunyā, saki kvé; djógu {?[s.] funnel}, saki kununyā, wītchā; 大酒飲みは性質(さが)を乱し, 人生の道理を損なう saki kunudoru munó kunshing yabuï, núchi mĭng〈命も〉{shó ching 〈正気も〉} skunayung; 真実は, 彼が酒飲みで注意深く身を守ろうとしなかった, ということだ mutuyuri ari saki nunyā yati, nántushing tsitsishimi chirāng; 邸内に極めていい加減な酒飲みのコックがいた ya utchi vuti dūd[u]butamashínyīshī chă wīshoru hótchūnŭ wutáng.

Drunkenness 酩酊, 酒好き; saki stchósi またはkunudósi, té shu〈大酒〉, wīūrū kutu, saki kunudoru kúsi; 酒を酔っぱらうほど好むことは知性も心も迷わせてしまう saki kunudósi wīūrū shakunyi ítaré kukurung bákĭung, 心が狂えば人は厚かましく大胆になる kukurunu bákĭïdunse ídjing uffĭku nayung; 酒におぼれた saki kunudóng, sakinyi nburitóng.

Dry 乾いた; [形]kávatchóng, kāratchóng; [自動]乾く kārachung, [他動]乾かす kārakashung, kārakĭung; 陽にあてて乾かす sarashung(晒す), fúshi sarashung, kārakashung, karakĭung; 火にあてて乾かす fi nakae andjung(焙る) {tang, dang}, kākashung, {容器で}īūng(炒る); 空気にあてて乾かす súgarashung; 乾ききる kākiung, karachung; 種子を陽にあててカラカラに乾かし, 風通しの良いところに下げて置け sani sārachi, dūdu kārakiti kazinu tuyú tukurunkae sagiré; 水が干上がった mizzinu kārachóng; 溜まった水はまだ干上がっていなかった tamaï mizzinu māda kārakang, kākirang.

Dub (爵位授与式で)肩を剣で軽く叩く; {爵位を授ける} kuré utabïung, utabinshéng.

Dubious 半信半疑な; utsiyatsishong, utagatong, sadamirang.

Duck あひる; afiru; {野生(鴨)} kamu; {おしどり} úshi duï.

Duckweed (植)アオウキグサ; utchi gussa; {わらの帆や畳をつくるもの} kāmā(蒲).

Duct 導管; tūshi; 送水管 mizzi tūshi; ｛竹の（管）｝ kūdă.

Ductile 引き延ばせる; fichi fĕï yássa; 延ばしても切れたりしない fichi nubitíng chiriráng.

Dudgeon 悪意; yana djimu, chu nayamashuru chimu.

Due 支払うべき; 私に債務がある va sí〈債〉kantóng; 当然支払うべきお金 fimbínsi vadu yaru kané; 今日，金銭の支払い期日が満期となる chū kani fimbinshuru nyitchi djing natóng; ｛当然の，正当の（正しい）こと｝wūdjitóng, ánsibichí, ansi vadu sinyuru; （正当な）適当な釣合 yī shaku, yī ambé, shaku yū túyuru.

Duel 決闘; tánkā mundó, tánkā tataké; 決闘した tánka yaï tskayung, fuyung, tanka tátchishi tatatakatáng**
**tatatakatángであろう.

Dulcimer 琴に似た弦楽器; kani tsiru tskiteru ͧching〈琴〉.

Dull 鈍な; ｛知性が｝úruka, dúnna mung, gudúnyi ang, yakúng tatáng, núrusang; [s.]morose; ｛どんよりした天気｝tínchīnŭ nurukwitóng, tinnu kumutóng; ｛色が｝さえない assa íru; 聴覚が鈍い mimi tūsang; ｛心的｝mimi nakae chíchi tumiráng.

Duly 正しく; ｛時間通りに｝tuchinyi atatóng, djíbunyi, nyitchi djínyi, dji kúkunyi〈刻〉, 秒）atatong, kanatóng; 十分に準備された nigé tuï shkóténg; ｛薬を｝na gū gū atatóng. gū atatong, kachuru tuï yū shkót[eng].

Dumb 唖の; tsīgū; 物の言えない動物 abirang ͧchkushó〈畜生〉.

Dumpish 憂鬱な; utsishóng, nurukvītóng; [s.]morose.

Dun 薄暗い; kfurassaru iru.

Dun 催促する; [動]agimāshung, sezukushung, muyūshung, chūku mutumĭung; [s.]request.

Dunce 愚鈍な者, 劣等生; uruka, dunna mung, nurī mung.

Dung 肥料; kuyashi, kwé, kussu（糞）.

Dungeon 土牢; lū, rū, dū yā（琉球語におけるl,r,dの混用）.

Dupe だます; chu kvayung, nudjung, ī kwayúng.

Dupplicate 副の; suï, de nyi; ｛（添える）文書｝suï djó, suï bung; [動]（二倍の）ichi bé sīung; [s.]double.

Durable 長持ちする; nagaku tamuchōru mung, nagaku tsidzichōru mung, naga damuchishuru; chūsang, katónyi ang.

Duration 持続; tamuchuru kutu, tamuchósi, tūtūmi, mădī, yédă.

During ～の間（～中）; − ba, bashu, yéda, djú（中）, dju vúti, tūtūmi; 今月中 kun tsitchi djū; 最初の月｛1月｝の間 shó gotsi tutūmi; 明日中 achā djú vúti, myó nyitchi dju vúti; 来月中 tă tsítchinu útchinu áru; 夏中 natsi kurú, nátsenu ba; [s.]while, for.

Dusk たそがれ; yussandi, báng gata, yumāngvi, yumagō[ï].

Dust 塵・埃; [名]chíri, chiri fukúï, fukúï gva, gú[mi]; [動]（塵を掃く）chiri hóchung, tuyúng, harayung, utúshung; ほこりっぽい gúminu táchung; 風が起こり小さい砂を吹き広げるとほこりと言う kazinu ukuti kúma sína fúchi agīsé f[u]kúïndi ïyung; 塵の小粒のように数知れず chiri fukuïnu uffussaru gutóng; 塵を起こす chiri fukuï ukushung, g[u]mi tubashung; ほこりが立つ・ほこりっぽい guminu tubïung ｛（ごみの）静止状態｝guminu tskiténg, または tstchóng; ほこりまみれの人, [s.] grovel.

Dust-basket ちりかご; chíri-túï.

Duster 布巾; susŭï.

Dutchman オランダ人; ｛オランダ人｝Ollándanu ftu.

Duteous 本分を守る; ｛子｝kókónu（孝々の）aru mung; shkumé（職務）tsitsishidóng.

Duty 職務; shkubung, shkumé, attaïmé; ｛役人の（勤め）｝tstomi, tstomimé; ｛税｝djónó〈上納・定納〉, suy〈税〉; 職分（義務の範囲）を越えては些細なことにも意を用いない shkúbunu fúka in tiénmang〈一点でも〉tstomirang; それは私の仕事だ, どうして感謝する必要があるか va shkubung ｛attaïmé｝du yaru, nū shundi nyiféndi ïyúga?; 困難に身をならし, 楽におぼれることからさし控えるのは兵の義務だ fínnu shkubunó nandjé náríti ｛nandjikúndjishi｝rakó imashimiri vadu yaru; 慈善（完全な人道）を達成することを自分の職分とみなせば, それは重い仕事ではないか tatoraba djíng dūnū shkumé nashidúnse, anyi úmukó néng aróka? ｛úmussang dó｝; この職に就いている人について言えば, その職分が要求される kunu shkuïnu aïdunse, cháki kunu shkúbunu ang; この職の義務を果たすことは困難だ kúnu shkumé tstomí gátassang.

Dwarf 小人; chú-gva, kōgū; mmari gūfū, mmari-fikū; 小さい木 kú-bŭkū; fushi takari gi ｛多くの節, こぶがある木｝; magaï ki, chŭkū būkū（曲木）｛石の間にあれば｝; 木の成長を妨げ曲げる kú būkū magïung〈EC: 屈古樹〉.

Dwell 住む; simayung; ｛滞在する｝tézéshung.

Dwelling-house 住宅; ya, simé-dju; この通りは全部住宅で商店はない kunu chímata síbití simé ya déru, machïya arang.

Dwindle だんだん小さくなる; yashïung, yógarïung（痩せる）.

Dye 染める; [動]sumïung; [名]（染料・具）iru sumīru mung, sumīru gū; 布を染める処方箋 núnu sumīru 'hó gatchi.

Dyer 染物師; sumïā, sumīru zeku; [s.]die（染める）.

Dynasty 王朝; ͧchó〈朝〉, yū, yū tsidji, ͧtú〈統〉, tū tsidji, chi〈紀〉; 3つの威厳ある王朝（家）san-kó-chi, san kónu tū tsidji; 2)〔五帝紀〕gū tínu tū tsidji; 有名な王は〔伏羲〕fu chí; 〔神皇〕shin nū; 〔黄帝〕wó tī; 3)

〔夏〕ka chí, ká nu yū; 有名な王は〔大禹〕taï wú または ú wó;〔桀〕{Kánu} tchtsi; 4)〔商または殷〕shónu yū または yínnu yū; 有名な王は〔成湯〕shi tó と彼の大臣〔伊尹〕ī ying;〔太甲〕taï ká;〔武乙〕bu chó;〔紂〕{Innu} chú, とその愛妾〔妲己〕dã chí; 5)〔周〕shū nu yū; (有名な王は)〔武王〕bu wó;〔成王〕shi wó;〔東周〕tū shū; 6)〔秦〕shín nu yū; 7)〔後秦〕ku shín; 有名な王は〔始皇〕sh'kó; 8)〔漢〕kánnu yū, または〔{前漢}〕djín kan; 9)〔東漢〕tú kán; 10)〔後漢〕kú kán; 11)〔晋〕shín; 12)〔東晋〕tu shin; 13)〔北宋〕fuku só; 14)〔斉〕shī; 15)〔梁〕lǐó; 16)〔陳〕chín; 17)〔隋〕dzī; 18)〔唐〕tó; 当地の人はこの王朝にちなみ, 中国を tó と呼ぶ; 19)〔後梁〕ku lǐó; 20)〔後唐〕ku tó; 21)〔後晋〕kú shíng; 22)〔後漢〕ku kán; 23)〔後周〕ku shū; 24)〔宋〕só; 25)〔南宋〕nán só; 26)〔元〕gvan; 27)〔明〕mī, または té mī; 28)〔大清〕té shí.

Dysentry 赤痢; áka hára, li byó, shíbuï váta.

Dysury (**dysuria**) 排尿障害; shūbing kúbiri.

E

Each おのおの; únu únu, nā mé mé; 各人に一つづつ与える íchi nying gútu {chuïnyi} tūtsi na kwíri; 彼らの一人びとりが涙を流した nā mé mé náda utuchang; 船毎 issūnu fúni gútu; お互いに tagényi, aï; 両端 shirukutchi, ló hó; 各人個別的に(それぞれ) na ftu bitu; 各語の意味を解く dji ūti imé firachung;「追う, 互いにすぐ後に付き従う」意の日本語の ūyung は, 中国語の「逐」と類似の表現である; 君達の一人びとり itta nā mé mé.

Eager しきりにしたがってじれったがる; íssugassang, íssu-gávassang, issugashūnyi ang.

Eagerness じれったがること; íssugássa.

Eagle 鷲; váshi.

Ear① 耳; mími; 耳を貸す mimi tskiti chíchung, mími nussikíti chíchung; 耳の穴 miminu djó; 耳は音を喜び, 目は華やかさを楽しむ mimé kwí {út[u]} mīya fanayaku* tánushidóng *fanayaka であろう; 左の耳から入り右の耳から出る fídarinu miminkae sísidi, mídjirinu mimi kará t[u]ndjïung; 私が彼に言っても, 彼は唯耳の端で聴くだけだ vāga arinkae múnu ivang, are míminu hā kara kvāshung, または kvāchi chkang; あわび mimi zukutōru áffak[e]; 耳と目 djí-mūkŭ.

Ear② 穀物の穂一つ; chu fu (一穂).

Ear-pick 耳かき; mími ássayā.

Ear-ring 耳輪; mimi gani.

Ear-wax 耳あか; mimi kússu.

Early 早い; {早朝} mīmī, ássa, stomíti; féku; 早朝に起きた dūdŭ stomiti {mīmīnyi} ukitang; 早く悲しみと苦しみに逢った féku urī vazavényi ótang; 早寝遅起きは怠惰の卵 fé níndjishi assanyishusé fuyúnamúnnu chízashi.

Earn 稼ぐ; mókïung; 一月いくらもうけるか(稼ぐか) ïyă íkkázichinyi chássana móki náyuga {mókīga}.

Earnest 本気の; {真剣な} shtátamatóng, dándjamatong, índjing, índjïnyi ang, tsitsishidóng; {熱烈な} chíttu dátchung, fúruï ukushung; {大胆な} íssami tátchung; 私が真面目(本気)のときに笑うな chunu shtatamatōru ba varónnayo; これは冗談ではない, ほんとの事だ kuré tava furi aráng, djintónu〈現当の〉kútu du; 本気(まじめに)にそれを取ろうとしている〈EC: 偏要認真〉shtátamati djitsinkae yutóng; 笑わないで, 真面目でいる vorénsang dándjamatóng.

Earnestly 真剣に; 乞う níngurunyi {tīnīnyi} kūyung, nigé mutumïung, shitchilínyi mutumïung, kaïsu-gaïsu mutumïung; 真剣に命ずる shimbyūnyi túzikïung.

Earth 大地; djī; 地球 djīnu táma; {土} ncha, ch'chi; 土を掘る chīchi fuyung; 地球は空の中にかかっている djīnu táma súranu nákanyi kakatóng; 地球は一点のように天の中心にある djī̃a tinnu nákanyi chu utskinu gutóng.

Earthen ware 土器; yatchi mung; 陶器は金, 銀よりよい yachi mung dógu kogani tama yaka massaritóng.

Earthly minded 現世的なことに心をひかれた; ncha bakang umutóng, djínu taguï, djīnu kutu umutong; 現世(時代)のあさましい習俗 shi zuku〈世俗〉.

Earthquake 地震; nénu yúyusi; [動]nénu yuyúng.

Earthworm みみず; mímizi.

Ease① 安楽になる; yassundji-tong, ánraku, yïtsi〈逸〉, fíru-sikutu (寛いこと); 気楽に, くつろいで ándakunyi sudachung, kurashung; 安楽の中で苦労を考える ándakunyíshi kurúshimi umúri vadu sínyuru; 今は彼の心は, 以前よりゆったりしている ariga kukuru satchi yaka nama dūdu fíruku nati; まったく気楽にしている {親しい友人間では儀礼にこだわらない} tīnīnyi ati ri djé shirang, kakaverang, li-'hó shirang; 安楽をむさぼる人 rakushi mímmashi mung; 儀式の制限(堅苦しさ)に対して気楽にしていること ráku; したがって, 琉球人は私達に次のように言う. 帽子(冠)をかぶるのはくつろいでいること, 取る(脱ぐ)のは儀礼的であると* kamuri kandjuse raku, nudjuse lï〈礼〉; 逆のことが彼らの間でははやって(通用して)いる; *かぶると取るが逆; 安心する, 気持ちが楽になる yutsisang, yutsku nayung.

Ease② 和らげる; 痛みを itami yurushung; yuruítu nashung; [s.]easy.

Easel 画架; yī katchāga núnu fippayuru dógu.

Easily たやすく; tí yasku, dūyassang, djiyunyé; 楽々とは

いる ī yasku utchinyi ǐúng; 習うことをすぐ忘れる gáku vassi yassa shung; 十分気を付けなければ, すぐに誤る yū sané kanchigéshung; 非常に安々となした míttanyi shung.

East 東; ágari, tó, figashi; 東方から tó fó kara; 東方（東洋）から広められ始めた（広がり始めた）tó fó kara tsté fadjimiténg.

Eastern 東の; figashi muti.

Eastward 東向きの; agarinkae nkatóng.

Easy たやすい; dúyassang, tiyassang; たやすくない dúyasku arang; 安易にする, 気楽にさせる dūyassashung, dūyasku shimǐung; 人をくつろがせる yuruítu nashung; 堅苦しくない態度 dīdji safú, または tatchī furumaï yútsitu ang, shína yushunyi ang; あるいは, 丁重であるが, 礼節に慣れているので, すっかりくつろいでいる｛なにも気後れしない｝ tsitsishidóng, naritó kutu, kutsigikó neng; むつかしくない kataku néng; 手を裏返すように簡単 tī uttchéshuru gutu dūyassang; 心がくつろげない cha munu umutí, chimunyi hanarirarang, harirarang;｛心から取り除けない｝kukuru yurussarang; 完全に気楽にしてください yakomiga, dóding kukuru yurusé; 易しいからと言って侮ることは許されるだろうか dū-yassa kutúndi íchi ūkáttu shi simóka?｛simang｝; 気楽にしてはいけない場合に気楽にする人が多い chó tábung yassundjité simáng tukuru nakae yassundjǐung; だが, 悪いということを知っていながら, 問題ないと言う yassiga, fudjíndi〈不善と〉iché yū shtchóssiga｛または ickándi tukuró yū shtchoru kútushi｝tada kánshing sávarándi ǐyung; 私が留守をしても, 妻がうまく処してくれたら, 心は楽にできる vané tūka* nakae wutíng, tudjinu yū dúnse kukuru｛chimó, shiva｝yuráshung *tukuであろう; 理解し行い易い záttúshi ukuné yassī mung; 近づきやすい fíré yassang; 誰とも親しい shkénu chu tā tū[ng] yútashang.

Eat 食べる; kanyung, kurayung, kvayung; 後者 (kvayung) は主に動物の場合; 古人たちが｛獣肉｝食べない4つのケースがある nkashi nchó yútsi kamáng; この4つとは何かというと ánu yūtsi nūga dúng aré?; 殺されるところを見たもの, 殺される時の鳴き声を聞いたもの, 自分で飼育していたもの, 彼らのために故意に殺されたもの, これらを彼らは食べない kurushusi 'nchi kamáng, kurushuru kvī chíchi mata kamáng, mata dūshi tskanatéru munó kwáng, múppara ariga taminyi kurucharu munó kwáng; 食べる, 又は, 食事する munu kanyung, munu shung; 今食事に行ってきます, それからまた戻ります｛席を立つ際の挨拶｝munu shí chūng, munu shi kuī; 後者は疑問文の形である; 食べるのには適しない, 単にもてあそぶもの kuré mutabidúshuru, kvéyé naráng mung; 食べること

ができない〈飲み込む〉ari munu kami utusang;（今）食欲がなくても結構 nama kami bushaku nendung aré sinyung; 急いで味わってごらん, 冷めるとおいしくないよ féku adjivéshi ndi, fidjurusandung aré kadé ikándó; 高官たちは食べて｛楽しんだ｝ushagatáng; 食べること, 飲むこと yín shku-shung〈飲食する〉.

Eatable 食べられる; kwé bichí, kuraï bichí; 食べられるものか, 食べてはいけないものか kami bichí munuī, kadé simang munuī?

Eatables 食物; shkú mūtsí, shkú būtsi.

Eating house 飲食店; shku mutchǐa, kvé mung yā, kanyuru yā, kvāshi（食べさせる）yā.

Eaves ひさし;｛屋根の｝nutchi bá.

Eaves dropper 盗み聞きする人;｛窓下で聞く人｝suruítu chíchuru mung.

Ebbtide 引潮; úshūnū fǐūsī;［動］ushunu fǐung.

Ebony 黒檀; kuru kí, kuru gí, kuru chí.

Eccentric 奇人; múdi mung.

Echinus ウニ; gátsīchǐgū.

Echo 反響, 山びこ; yama fíbichi, yama biku;（言葉を）そっくりまねる・おうむ返しにくり返す ǐyuru gutu mata mánishi iyung.

Eclipse 食; 日食 nyíshku; 月食 gváshk[u]; 日食と月食が同日にあり, まさに異常な出来事だ nyíshku gváshku, nénu yúyussing yínu fínyishi, dūdu firumashi mung.

Ecliptic 黄道; fīnu tūyuru mitchi, wó dó｛黄（色い）道｝; 黄道は太陽の1年の道で, その道を太陽は年中廻る wódóndi yussé tídanu nindjūnyi amaniku fíri yúku｛yúchu｝tukurunu michi dū yaru; この道は, 互いに重なりあった二つの円のように赤道を横切り, 半分は赤道の南に, 半分は北へ行く kunu mitchi aka mitchinkae katánchi, tātsi áziti kassabitéru maru múnu gutukunyishi, hambunó aka mitchinu fé mutinkae（南面に）ndji, hambunó aka mitchi[nu] chíttankae ndjǐung.

Economy 倹約; chínyākǔ-nu ang; － shung; 私は常に倹約し, 役に立つものを軽々しく捨てたりしなかった vané chā tsininyi ataráshashi, yáku táchuru munu karugarushku stirang; もし金を節約して使わなければ, すぐ使い果してしまう dzé mutsíng chinyakusangshi, tada itaziranyi tsī yashídunse tadema nakae tstchǐung.

Ecstasy 狂喜, 法悦; yurukubinu ítari, gúku yúrukudóng.

Eddy 渦巻; mizzinu matchú túkuru; 海の渦巻は舵（輪）を不安定にする óminu matchú tukurunkae ndji kadjing sadamirang.

Edge 端;｛際｝chíva;（ナイフの）（刃）há;［動］（研ぐ）tudjung｛gang, 命令形: gi｝; 麦の穂のように, 刃が四つの角にあるものを, 人はそれを「麦の穂槍」という hánu yú kadu nakae ati múdjinu fúnu gutóng, chó

uri múdjinu fu yaïndi iyung; [s.]sharp, set; 歯ぎしり
させる há gíshi-gíshi-shung.

Edible 食べられる; kuró {kuraï} bichí mung.

Edict 勅令; wīsi; 皇帝の勅令 kótinu wīsi.

Edifices 大邸宅・大建造物; yā, ŏdúng.

Edify 徳性を養う; tuku tatïung.

Edit 編集する; shimutsi kangé tadachung* *tadashung
であろう.

Edition 版; 初版 hadjiminu fankó, 第2版 kanniti*
fankóshéng *kasanitiであろう.

Educate 教育する; tskanati ushíung; 若者を教育する
yūshuna mung ushīung.

Education 教育; kváchi (化して); よく教育された kváchi
yutashang; {学問} gakumung, gakumung narayusi,
naratési; 良い教育 gakumunnu yutashang; 高等普
通教育 (人格教育中心) dé gakushanu nū⟨能⟩
nakae íttchóng, dé gakushanu litsinyi⟨列に⟩ tsirani-
téng; 自らの知識を広げるために, 古典, 歴史を詳細
に理解しなければならない chóshung⟨経書も⟩ shtsing
kwashku tsōdjiti, sunu munushidi firumiti; 馬術, 弓
術に慣れ親しみ気力(体力)を強化する mma nutaï
yumi ichaïshusi nárati, sunu chí sakanyïshi; 山川を
旅してその想像力をみがく san kāvā ámaniku nchi,
sunu umūï fikaráchi; そして, 詩や歌を朗吟して, 性
向を和らげる{準備をする} shí úta {útaï} yídjiti
sunu shi-djó tutunīru tami.

Educe 引き出す; 悪から善を引き出す vazave kara sevenkae
{yī hónkae} késhung.

Eel 鰻; nádji; 頭を水面高く出している鰻は食べてはいけ
ない nádjinu mizzi kara kóbi ágiti ndjīsé kvaté
simang.

Efface 消す, 削除する; siri utushung; {自ら} 薄れた mī
kundā nati, hagiti mīrang; 筆で消す fúdīshī
chīshīung; 文字が落字している djīnu utitóng, raku
djī shóng.

Effect① 結果; yïng-gva⟨因果⟩, fíchi mussubi, atonu tudu-
ché, kwa-fú; 学問の成果 gakumungshuru kwafú;
効果{結果}はどうなるか charu mussubinkae nayu-
ka, charu túduchi nayuga?; いやな結果 yana gaka-
ïshong; 薬の効果が出た kussuïnu mí chichang; 一
般に効果がでる batchi chichúng, massashtchi ang,
shirushi ang, mīūng; 彼の教え{教義}は効果がでな
かった ushīnu shírushi mīrang; yakún tatáng; 効果
がでる yaku tatchung; 効果が出ない batching
ch'káng; 優れた効果{薬などの} myūnă shírushi;
富の効能{福} fū tsítchuru kwafú;

Effect② 果たす; [動]kutu nashung; 現在の悪い世の中
では, あくせく働いても何も果たせない náma yana
shkényi nándjishi chū kutúng shī ŏsan; 私は君がそ
れをなしえないと恐れる vane ïya kunu kutu túdjimi

õsanse usuritóng; 彼らは大きな事業を成し遂げて心
から喜んだ dūdŭ yurukudi djódju shéru kutó ūïnaru
kóndi umutóng; [s.]end, bring to.

Effeminate 柔弱な・男らしくない; yafarashī mung, wina-
gorashī wickiga, winagonu gútu.

Efficacious 効力ある; kó litsi⟨功力⟩ aru, attatóng.

Efficacy 効力; kó litchi, shirushi; {薬の効能} yáku
litchi; 比べもののない効力 kó liché taguyé nerang,
kunabirarang.

Efficient 有能な; yúku nashi bichí.

Effigy 肖像; kata, chúnu kata.

Effluvia 臭気; nyívi, fŭkí; 毒気にさらされる dúku chinyé
{または du chinyi} atataï.

Effort 努力; 努力する; yú fŭruti shung; 熱意をもって,
恐れおののきながらやる chitu datchung, táki
tskïung, chibayung; sushī-shung; [s.]impel, rouse そ
れをうまくするよう努力する{まねる} shó rásháng; 努
力しなかった・上手にできなかった shó ráshkó néng.

Effrontery 厚かましさ; hadjing neng kutu, hadjing shi-
rang kutu.

Effulgence 光彩; fikari kagayachung.

Egg 卵; támago, kūga; 昆虫, しらみなど昆虫の卵
djítchashi; 卵を産む kūga nashung; kóbé tamago 固
いゆで卵を薄く切ったもの; funa yatchi 卵を揚げて
切ったもの; 簡単な卵菓子 kashitira, kashitira yatchi.

Egg-plant 茄子; góya(苦瓜).

Egret 白鷺; sādjī.

Eh! ああ; [感]yă!, ánshi ya, h'n.

Eight 8; yātsi, fátchi.

Eighteen 18; djú fatchi.

Eighteenth 第18; dé dju fatchi.

Eightfold 8倍; fatchi bé.

Eighth 第8; dé fatchi.

Eighty 80; fatchi dju.

Either または; yénye − yenye; {二つのうち} どちらでも良
い dzirung sinyung, tātsing sinyung.

Ejaculate 絶叫する; tándjĭung, nádjichung; アー, なんて
可愛そうな ah, chimugurishī; kánashi yósi du yaru;
ah, avarimbichī déru!.

Eject 追い出す; wī ndjashung, ūti ndjashung.

Eke, eek 不足を補う; tassikiung, vanchameyung(弁償す
る), kassabayung.

Elaborate 入念の; kukuru tskutchi, kfūshi, ning ichi
tskoteng; [s.]finished

Elapsed 経った, 過ぎ去った; tuchinu siritóng, sídji sáti.

Elasticity 弾力性; fukafukashung; 枕は弾力があり, 気
持ちよい máckvanu fúkafukashi, yī kúkutchi déru,
hanchigéïgéïshung; 押すと弾力がある(はねかえる)
nuké fukafukashung; 自ら伸びたり縮んだりする nan
kuru nubi chidjumaï-shung; 引き延ばすと再び縮

む, 押しつけると再びもちあがる fichi nubitíng chi-djumayung, ússutíng {kubumatchíng} mútchagáyung.

Elate 元気づける; yī chibi shóng; ［他動］nashung, shimĭung; (酒で)意気盛んになった sáka chínu ang *with wine「酒で」はケチがついている〈EC: 有些酒意〉.

Elbow ひじ; tinu fídji; udinu kushi, úmuti {前腕の表}; udinu mé, úra {前腕の内側}; 彼の左肘に一貫の数珠玉をかけている ariga fidjaïnu udinu tama chu nutchi hakiténg; (肘を自由に使えるだけの余地)ゆとり dūnu yutsiyutsitu ang.

Elder 年上; sīza; 長老ら chó ló.

Elderly 年輩の; tushiuïgissaru ftu, nakara tushiuï; 初老の人 úshu mé, úfu shū, ufu djā; 相当年輩の紳士 támmé; 相当年輩の婦人 hā mé.

Eldest 最年長の; itsíng sīză; 長男 chákushi; 長女 sīza winago ngva; 長子 sīza ngva.

Elect 選ぶ; ［動］yirábĭung, shirabĭung; ［形］(選ばれた人, 選民) yiradéru chú.

Elegance 端麗・優雅; myūnyi assi, fanayáka, líppang.

Elegant 妙な, 優雅な; myūnyi ang, myūna mung, lip-pangshéng, lippanyi ang, fanayakanyi ang, gānyi〈雅に〉ang, fūgănyī〈風雅に〉ang; 博学な学者 gaku-munu firussaru ftu, báku gaku, dégakunu samuré〈EC: 博雅士〉; 選ぶに値する気品ある文 yī ku, yirabi bichí.

Elegy 哀歌; tumuré shi, kánáshadinu* shí *kánáshidinu であろう.

Element 元素; mútu, mútu karanu mung, shtádjī〈下質; 下地であろう〉; ［s.］materials, matter; 五元素 gudjó 五〈情〉.

Elephant 象; dzó.

Elephantiasis 象皮病; úfu bĭshá; 当地では, この病はそれに先立っておこる熱を抑えることから起こると考える人々の意見と符合し, 当地では shín-chī〈疝気〉と呼ぶ.

Elevate 上がる; ［自動］agayung; ［他動］上げる agiung; 彼の考えは気高く, 世を越えている ariga umūï shkínnu fukanyi ndjitóng, shuzúnnu tákassang.

Elevation 昇進, 登用; agayusi; 役職への登用 kurényi nubuyusi, nubuyuru kutu; 北極の仰角 fú tch'kŭnŭ djīnyi ndjitósi.

Eleven 11; dju ítchi; 人についても(11人) tu chuï.

Elf 妖精; yūri, baki mung; ［s.］daemon.

Elicit 引き出す; fíchi aravashung, fashĭung; この本は, 以前の人が引き出した事の無いことを引き出している(表わしている) kunu shimútsi chunu mada shirang tukuru fíchi fashiténg; 断食は誠実さと注意深さを引き出すことを意図している munudjiréshusi makututu tsitsishimitu ukúshuru yuïshu; またはそれらを深める

のを(意図している) fukaku nashuru kangé.

Elligible 適格の; yirabunyi(選ぶに) atatong, kanatóng, yirabi bichí.

Ellipsis 楕円; {卵型の} lúdji gata, ludji naï.

Elliptical 楕円の; {卵形の} ludji gatanyi ang; {暗黙のうちに了解された} ïyanting tsōdjitóng; aramashi, ūū aramashi tsōdjitóng.

Elocution 話ぶり; kwīnu tashikanyi ang.

Elope 駆け落ちる; nugĭung, fashĭung; 女が男と逃げること winagotu wickigatu tumunyi fissukanyi fíngĭung; 駈落ちする女子を止める fissukanyi fingiru nyúshi tudumĭung.

Eloquent 雄弁な; binkúnu〈美, 弁口〉ang; ［s.］irressistible.

Else その他; bitsinyi, bitsinyi ang, unu fuka, unu stunyi, bitsi yónyi; すみませんがもう一度お願いします. 私は他の事を考えていまして君が言ったことを聴きおとしてしまいました vágadu vassaru, vané bítsinyi umūïnyi átaru yúïnyi úndjunu ichasé saturáng; 乞うたり盗んだりする以外, 彼らにはすべき事が無い munu kūtaï nusudaïshuru fukanyé bitsi tidanó néng; どこかよそに(へ) bítsinyi, bitsi túkurunyi; tá shu〈他処〉

Elucidate 明瞭に説明する; achirakanyi satushung, chi-vamiti tuchung.

Elude 逃れる, 回避する; tákudi nugayung, または nugarīng, sakiti kakwĭung, kakurĭung, líkutsishi sakĭung, {才, 機転でのがれる}; 他人の注意, 目を回避する mī māshung.

Elysium 極楽; sévénu chkata, tínnu kúnyi.

Emaciated 萎えた・やせ細った; yétóng, dūdu yashtóng, dūdu yogaritóng.

Emanate 流出する・広まる; nagaríti chung, または tste-yung; 起源は中国から発した mutu Chúguku kará tstéti chóng.

Emancipate 解放する; yufiung, yufirashung, yutsitu nayung, nashung; vung atéti yúrushung.

Embalm 防腐処置する; 死体を保存するため shkabani kabamungshi tamukashung, または mattóshung.

Embank 堤防をめぐらす; tátaniti māchi, níti mizzi mú-rasáng (漏らさない).

Embankments 築堤, 盛土; mizi kaniru, または tumīru dán, káranu tsizimi; ［s.］dike.

Embargo 出港禁止; 船の出港を禁止する funinu ndjīse, または miatu gutchi kara nidjīse tudumĭung, fabamĭung.

Embark 乗船する; funinyi nubuyung; 船に荷を積み込む nyī funinyi nussĭung; 乗船させる(する) funinyi nuyúng {船に乗る}.

Embarrass 当惑させる; ［他動］vaziravashung, shivashi-miung, sukkvéshimiung; {騒音をたてて} kashima-shimĭung* *kashimashashimĭungであろう; ［s.］strait-ened, embroil.

Embarrassed 当惑した; suckvéchong, sáshi tsimatóng, fumbitsi shi ōsan, kangénu tskaráng, kánung túrarang, atirarang, kang ati ōsan; どう決めるか当惑して chagáshurandi suckwéchong; もつれて込み入った 件 túchi firachi gurishí mung; 退くことも進むことも 出来ない ⁺shíntaï, 即ち, sisidai, shiruzuchaï naráng.

Embarrassment 当惑, 困惑; 少しの困惑もない súttung vazirényi kakatoru kutu néng, suttung súckwésang; kutsigikó néng.

Embassador 大使; tskateru shínka.

Embellish (飾って) 美しくする; lippanyi kazayung, lippanyi shung.

Embers 燃えさし; atsi bé {fé}.

Embezzle 使い込む; sirimāshung, sirimáchi dámakashung; 公金横領(罪) ūūyadjinu {kuni} mung ukatchi túyuru tsími.

Emblem 象徴; ubindjáshuru káta; {銘句} ⁺í-gúng.

Embonpoint 肥満; chúra gvéïshong.

Embrace 抱きしめる; datchung, kubi datchung; 抱きしめ, しっかりつかまえる dátchi kagéyung; 抱き(押し)付ける datchi tskïung; 多くの事を包含する uffóku kudóng, íttchóng, nussiténg; 機に乗ずる tayurinyi または hóshinyi nuyúng; 両手で抱けるほど大きい木 dáchi māshuru uppéru ki.

Embrasure (朝顔形の)銃眼; hïa mī, íshi bya mī.

Embroider 刺繍する; nútchi mung-shung; 刺繍した布 nuchimungshéru núnu; 金で刺繍する chin shae nuchimungshéng; nyíshtchi-shung⟨錦⟩.

Embroiderer 刺繍細工人; nutchi mung-zeku.

Embroidery 刺繍(品); núchi mung, nyíshtchi.

Embroil もつれさせる; matsibúïshímïung, midarashung; [s.]embarras(s).

Embryo 胎児; ⁺té-né⟨胎内⟩.

Emerge 現れる; {水中から} utchi ndjïung, ukabi ndjïung, utchi tatchung, uki ndjiti chōng; 山の間から現れでた sannu utchi kara aravariti chóng.

Emergency 非常時(緊急)事態; árisama, kútunu úkuri; そんな緊急事が生じたら anu gutóru kutunu úkuré; 万事に備えている núnu gútunyi sunétong.

Emery 金剛砂; táma chíúrū íshi?

Emetic 吐剤; hátchuru, または hákashuru kussuri.

Emigrate 転出する; {~から} kunyi kara kushúng; {~ へ} 転入する kunyinkae yutchung; [s.]migrate

Eminent 卓越した; nuchindjitong, fiditóng, takáku fíditong; 優れた人 fiditóru, nuchinditōru ftu, fīdi mung, fīdi samuré; 高い地位にいて大権力を持ち, 徳を大事にいつくしむ人は, 今はわずかである ima kurénu takaku, ichïuri umussashi túku idachuru munuya chidachi ikirassang; 優れた女性 lítsi-djū.

Emissari 密偵; ukagénu ftu, ukagé saguru ftu.

Emission 漏精; 夢精の放出 imi nchi ínsi murachang, ndjachang.

Emit 発射する; fashi ndjïung, ndjashung, {射て} íri ndjashung.

Emolument 報酬; {政府からの} fú-luku; makané gani; {利益} yitchi, yitchili, [s.]advantage.

Emotion 感動; [自動]kandji uguchóng; [他動]kandji ugukashung.

Empale 囲い込む; {杭で囲む} kwī tati māshung; {罰する} kí shi tsíbi fugatchi kurushung.

Emperor 皇帝; ⁺kóti, ⁺tínshi⟨天子⟩; 皇帝は, 自室に座って おられた kóti dūnu simézanyi(住まい座に) yitchó meheng.

Emphasis 強調; 強調して言った chíbishku ichéng; 重きを おいて読む wúri wúri {uffíku}, úmuku yunyung; 重き をおかず(軽く)読む káruku yunyung; [s.]earnest.

Empire 帝国; kúnyi, kúku; 帝国の興亡は人間のせいで はなく天から生ずるもの kunyinu ukutai, furudaï shuse chúnyi yuráng, 'nnya tin nakaï du kakatóng; 役人を{中国} 帝国中に派遣する kwan tskati tinga íppe yaracháng.

Employ 使用する; muchīyung, muchiyīyung; 頑張った が無駄だった munashku shígutushung; 'nna shī- shung; 絶えず心を配っている(用心している) kukuru yamáng gútu muchïung; ある人が私を使ってそれを 買わせた chúnu váng tánudi kórachang; 召使として 召し使う túmunu gutu muchïung; 長官として雇われ た kvanyínnu gútu shung(官人の如くふるまう); それ を筆の代わりに用いよ fúdinu gutu sí; これは何に用 いられるか nūnyi muchīga, chāru muchīnu ága?; 時 (間)を費やす fi kurashung; 従事している, [s.] engaged.

Employment 仕事; vaza, shígutu, shkutchi; 君の仕事は なにか yǎ tūshí(渡世) nūga?; 何の仕事もない nūng shígutu neng.

Empoison 毒殺する; dúkushi kúrushung.

Emporium 商業中心地・(大)市場; ufu mátchi, achinéshuru {achineshí} túkuru.

Empower 権能を与える; kutu kamurashung, vezikïung, vézikiti shimïung; sazikiung; 彼に権力を与える ariga mákashinyi shímïung.

Empress 皇后; ⁺kókǒ, ⁺wófi {後者は適切に言うと, 王妃}.

Empty から(空)の; munashku, 'nna mung; からの手 'nna tí; さらに10以上の空き部屋がある djí ⁺kǎng ámaï 'nna za natóng; 空しい話 monashi sódang, ま たは kúdjó; からっぽの腹に薬を飲む 'nna vatanyi kússuï nuny[ung]; [動]空っぽにする munashku nashung; 液体を他に移す utsushung; [s.]pour; 部 屋, 袋をからにする nukurazi ndjashung, 'nna ndja- shung, 'nya ndjashung, madókïung; 内部をからにす る utché 'nnǎ mung nashúng; 空の容器, 瓶など

utsitōru mung; それを空の瓶に移し取れ 'nna gāmi muchíchi útsichi turé.

Emulate 見習う; nyishti shung, nyishti shi bushashung; 良いものをまねる(見習う) yutashasi nyishti kfūshung; shūbushung〈勝負〉.

Emulation 勝負; shūbu; 競争に駆り立てる shūbushimïung.

Enable 力を与えて可能にする; tassikiti shung, shimïung; tassikiti yaku tatashung; [s.]empower; 大抵他動詞形, 使役形である; 人の商売を可能ならしめる tassikiti shóbé shimïung; 私は彼が行くことを可能にした vané are tassikití yarachang.

Enact 制定する; 法を 'ho tatïung; 禁令が制定されない前に mada chindjïnu 'hó tatirang satchi.

Enamel 上薬をかける; irudúïshung, yatchi tskïung, yatchi tskíshi iruduïshung.

Enamour ほれさせる; [他動]ndzōsashi kándjirashung, ainyi uburirashung, chunu chimu madovashung; 私は彼女にほれている va ari aïnyi uburitóng; 彼女は私にほれている. ari vang 等々.

Encage 籠に入れる; {鳥を} kú nakae irïung, ya kúmi shung; {囚人を(牢込めする)} dú gumishung.

Encamp 露営する; íkussanu djing hayung, djing hatí simayung, tudumayung, máku tátití simayung.

Encase 容器などに入れる; skayúng, [s.]integument; {時計の} ī tskoyung {家をつくる}; 布, 紙, ろうで包む núnushi, kabishi, lóshi háyung; 包装用紙, 容器, ケースはshell(貝殻) kúru, gúruで表わされることが多い.

Enchain 鎖で繋ぐ; kussaï-shung, sāsi-shung, kussaï kakïung, tábayung.

Enchant 魔法にかける(かかる); māyuyung, máyuï mádoyung; [他動]madovashung.

Enchanter 魔法使い; shúnshā, ura katashā, yítchishā(易者).

Enchanting 魅惑的; 彼女は魅惑的である ari chunu mayuï bichi mung, madovarīru* *madovasarīruであろう.

Enchase 象眼する; {はめ込む} úshi tskïung; {彫り込む} fúï kunyung, chíri kúnyung.

Encircle, enclose 囲む; mavashung, māshung, kakuï māshung; 石壁で囲む ishi gatchi shi kakuï māshung; 杭で囲む kwī kakuï māshung.

Enclose 封する; {手紙を} 私の手紙を彼の包みに入れる va djó ariga djónyi tsitsíng kuvéyung; どうか私の手紙を君の物に同封して送ってくれ va djó ya djó tsitsing kuvéti mutatchi kwíri; 手紙を同封する djó tsitsimi kuveshung; 封筒に入れて封をする djó fukurunyi íti fūdjïung; [s.]include.

Enclosure 囲い; ishigatchi; {木の} mugari; {囲いの内部}

kakuté tukuru; {同封した手紙} utchinu tsitsíng.

Encomium 賛辞; fobi, fumi; [動詞](ほめる)fumïung.

Encore アンコール; nya chu ken utashimïung または hanshishimïung(芝居させる).

Encounter 遭遇する; {会戦する} tatakaï madjïung; {会う} ichayung, óyung.

Encourage 励ます; sisimi hadjimashung; {報酬で} fobishi hadjimashung; {撫でて} nadi hadjimashung; {戦場で鐘を打って} tsizíng utchi hadjimashung.

Encroach 侵害する, 邪魔する; anadoti fabamïung, yudumïung, [s.]interfere.

Encyclopaedia 百科全書; sé-chi atsimitéru shimutsi.

End 終わり; [名]ovari [s.]limit, dzu {尾}; tsíbi {尻}; [動](終わる) ovayung, shi hatïung, tudjimayung [s.]finish; [他動](終える) tudjimïung, uchinashung, djódjushung; まもなく終わらせる, 済ませる fabachung, fabachi hatiung; もう紙が無いので, それ{書くことを} 終わりにする kabinu tské hatiti nérang, nama kutu kadjóssa(こと欠いている); 足が痛み, {歩くのを} やめる fshanu yadi, kutu kadjóng; 使い果たしておしまいだ kagiti néng; 良い意味で, 終わらせる tuduchung; 同じくよい意味で, 終わる tudjíung, [s.]accomplish; 市は終わった(済んだ) matchinu ftu agatóng(市の人はひきあげている); 競争を終わらせる arasoï yamïung; 両端 tsibi kutchi, または shiru kutchi; 両端が合う{比喩的にも} kaki óyung; 両端は逢いにくい tstchi gátassang; 二つの平行線の両端 tatsi naradoru sidjinu {chínu} tsibi kutchi; 道の果て(はずれ) mitchinu íchi hati, または íchi hatinu tukuru; 始めから終わりまでも fhádjimiti kara ovaï madíng; 最後までも保証引受人となる ovaï {ató} madíng fíchi {ukíshi, ukisishi} tórashung; 死はあらゆる人間の終末である shinyuse chúnu kutunu ovari dú yaru; 始めに気を付けて, そして, 終りがどうなるか考えるべきである kutó fhadjimi vúti tsitsishidi, ovari tukuró yū kangéri vadu; 一朝にして始めから終わりまで理解される{徹頭徹尾} ftu assa vúti satutí, tsirani {nútchi(貫)}, tsōdjiti; 第一の巻(章)の終わり dé itchinu kwánnu ovari; 人生の終わりまで dū ovayuru yéda, shinyuru yeda; 世界の終末 tínchi tchivami tskurunu tuchi, tchivamari tstchiyīrunu tuchi; 始めから終わりまで fadjimi ovaï, shi-dju.

Endeavour 努力する; [動]tstomïung, kfūshung, hátarachi-shung, chíbaïtskiti-shung, chimu tskiti, taki tskiti-shung, tata kukurunïung; 最初の試み hadjiminu kukurumí; 極限まで努力する hataraché gúkunyi itatóng; 精一杯の努力が必ず成功するとは言えない yū sandi chibayuru kutó djín nayusi kanaradzi tó sang; 良い人生を送ろうと努力する yī chútu narandi hátarachung; 事の重要性を得ようと努める

kutunu mbussassi katassi mutumiung; 熟考しようと努力する kuri kangéti ndandi kukurunyung.

Ended 終わった; túdjimatáng, ovatóng, natóng, utchi-nachang, shī hátitang.

Ending 終わり（の部分）; {最後に} ítsing sī; {詩}$^+$ gó kū 〈合句〉; {織物で} úï dúmi.

Endless 果てしない; ovaï néng, kadjiri néng; 永遠に続く・存続する tskussarang tuchi, fissashūnyi ang, または tamutchóng.

Endorse 裏書する; wa gatchi-shung; {署名} na tskïung.

Endorsement 裏書; wa-gatchi, wá gatchi shéru shírushi.

Endow 施し与える; fudukushi kwíung.

Endue 賜与する; 上から wí kara attéyung, migunyung, attei tskïung.

Endure 耐える; shinubïung, nizïung, irïung, íri shi-nubïung; 忍耐強く辛抱する shīti nizzïung; 我慢し、そして息をこらえる fukumi shinubïung, $^+$kanyīshung 〈含忍〉; 悲しみ困った時は辛抱せよ nītasaru bashu kányīshung; 恥を耐え忍ぶ hazikáshimi nízïung; 第二の若者が言った、酒の後で詩を作る苦労を誰がこらえられるか de nyínu nyiséga ïbunyi, saki núdi áto tāga vaziraváshtchi nízidi shí tskoyuga?, taga yaké-gina {yagamassa-shóti, 難儀して} shí tskoyuga?; [s.] forbear.

Endwise 直立させて; {垂直に} síguku, nówku, massígu.

Enemy 敵; áta, títchi, áta tíchi; もし君がこのことで怒りすぎると、以後彼を敵にまわすことになる yǎga kuré dúttu uramidunse ata mussubïúndó.

Energetic 精力的な; fádjishí 'mmaritsítchi, mma-ritsitchinu fádjisáng; 激しくない fadjishkó nérang.

Enervate, enfeeble 薄弱な; yúvasang, yashtóng, yóku natóng, tskaritóng, tskaríti yótóng; [他動]（弱める）yuvaku または yóku nashung, tskárashung; tskara-chi yóku nashung, yashirashung.

Enforce 強要する; {命令を} chíttu, tsīūku, shīti tudzi-kïung, または shtagāshung, または mámorashung; {力を加える} chikara kuverashung; {[s.] repeatedly command}.

Enfranchise 解放する; [他動] háttu（法度）yúruchi yútsitu nashung, firachi yurushung, yufírashung（自由にする）.

Engage 従事する（させる）; tskoï fadjimïung, sh'kakïung, shkutchinkae ítchung, shī ndjashung; 従事している・携わっている shkutchi shung; 人を仕事に従事させる chu tánudi yudju shimïung;（召使を）雇う yatuti tumushimïung, shkubununkae tskïung, tstominkae yarashung または sissimiti tumu shimïung; 淑女を婚約させる sissimiti yíngomi shimïung; それから召使を呼びボートを雇い、次に以前のように川を渡った tsīnyi túmu tskáti, kūbǔnï yátuti, mútunu gútu kára

kará vatati ndjáng; 明日来なさいと彼は約束した achá kúndi aritu yakushkusháng; 彼を一か月働かせる約束をする chū tsítchinu vaza shimirándi yakushkusháng; 戦闘を交える tataké madjï[ung].

Engaged 忙しい; 私は忙しい・暇が無い yúdjunu ang, kútunu ang, fíma néng; 私は公務があるので遅くなってはいけない vané wédaïnu áti nika naté {ussiku naté} simang, または kumankae yúdushuse {ここに長く留まること} wémissa; 丁度書くことに没頭している kachuru utchinyi wǔng; 読書に没頭している shí-mutsi yúnyuru utchi du yaru; 明日の時間はどう予約されているか acha cháshi figurashi-shuga? 読書をして（過ごす）shimutsi yudi fi gurashishung. 同じ意味で次のように用いられる tuï atsikéshung, muchitskayung, $^+$tun-djakushung〈頓着〉.

Engagement 約束; yakusku, tchké {誓い}; 約束を破る[s.]（break）; 約束を果たすことを怠る yakusku tága-tong, ushinatóng.

Engaging 魅力的; 彼の立ち振舞いは愛嬌がある ariga tatchífurumaï chunu chimu kandjirashung, ndzōsa-shi kándjirashung.

Engine 機械; 消防ポンプ mízzi hǎnì; [s.] machine

Engird 取り巻く; ūbi mussubïung, ūbi māshung; 桶のように巻く yǔyung; 陶器をわら縄で包むように巻く skáyung; いっしょに束ねる・ひとつにまとめる tskanïung（束ねる）.

England 英国; Ingere kunyi.

English 英国の; Índjere, indjirínu mung; 英国船 indjeré bǔni; 英国人 Índjere ftú.

Engrave 彫刻する; $^+$djí fuyúng, iyung（錐り）, chizanyung（刻む）; 木に刻まれることについては fuï tskashung ともいう; {石に} mi gatchishung; 決して忘れないために心に銘記する chimu nakae kakïung, tumïung, mí gátchishi íttsing vassirang; 印刷するために、ひっくり返して字を彫る úttchéchi djí fuyúng hankóshuru tami.

Engraver 彫刻家; chizanyuru séku, fuï mung zeku, fúïtska[shā].

Engraving 版, 図案; fuïtska zi, mí gachisheru zī.

Engross 買い占める; 商品を買い占める kóti utchó-chung, ké utchishung（買い置き）; この本は私の心を没頭させる va chimó kúnu shímutsi sú-nyidjīshóng, sú-daïshóng, mupparanyishóng;. 彼の会話は人の心を奪う chu su-daïshi hanashishung; 注意を奪う kukuru muppara natóng, mupparanyishóng, kukuru nakae utchakatóng.

Enhance 上がる; táta agayung, tata agati íchung, tata kuvaï māshung {macháng, mássang}; [他動]（高める）chódjirashung, agarashung, massarashung; 才知を上げる sé agarashung.

Enigma 謎; akashī mung, [s.]riddle

Enjoin 申しつける; túzikĭung, ī tskĭung.

Enjoy 享受する; ukĭung, tanushinĭung; 幸福を享楽する sévé ukitóng; 愉快に過ごした yū tanushidóng; 一人で享楽する dúchŭi muchíung; 度を過ぎるほどに楽しむ tanushiminu dúdu sidjitóng; 目上の人（について）は受けること, 食べること, 受け取ること, 何でも貰うことを ushagatang という; 目上の人に与えること, 贈ること, 給仕する事は, 他動詞形のushagĭungで表わす.

Enjoyment 楽しみ; tanushimi, ráku, yurukubi.

Enlarge 広げる; uffiku, magiku, firuku nashung, nayung; [自動]（広がる）uffisang, magissang, firussang; 視野を広げる mí firumĭung, firuku nashung; 講話（談）で詳しく述べる firumiti, firuku tuchung, úshi firumiti tuchúng, ī késhi géshi nagaku tuchung; 広い（広げられた）度量の大きい心 lónu firussang, firí kúkuru, chimung ukunéng firussaru mung.

Enlighten 啓発する; 心を sé fichi tatĭung, akagarashung; 啓発されている kukuru akagatóng.

Enmity 敵意; urami, ata urami; 互に恨みあう tagényi uráminu ang.

Ennoble 高尚にする; táttuchinyi nashung, tattuchi úmuchinyi nashung; 心を気高くする sé tattuchinyi nacháng, [s.]dignify, elevate

Enormous 巨大な; li-gve〈CDなし; 理外であろうか〉, kaku gvé（格外）, zung gvé（存外）{-nyi magissang}.

Enough 十分な; taritóng〈EC: 足〉, sinyuru shaku; これで十分 kurishae sinyung, kussashi sinyúng, kussashi yutashang; まったく十分 chíbishku taritóng, kútugútuku taritóng; もう, もう, 十分です tó; tó tó, nya sinyung; 人の耳目を仰天させる程 ming kudjira, míckwa nachaïshuru shakunyi uyudóng, taritóng.

Enrage 懲らす, 激怒する; taki tskiti íkayung, íkakarinyi* fúruyúng（*ikarinyiであろう）; [他動]（激怒させる）taki tskiti ikarashung ikari fadjimashung.

Enrich 富ませる; véki shimiung; {田畑の質を} 高める, 豊かになす yī tá, yī hataki, yutakanyi nashung; （彼を）裕福にした dzé mutsi mókirachang; 金持ちになる dū vékishóng.

Enroll 登録する; {帳簿に載せる} nā shirushung, nā gatchi shung, nā fúda nakae shirashung（*shirushungであろう）, shirushíti* nā tskĭung *shirushi ítiであろう; {包む} tsitsinyung.

Enrollment 登録; fúda, nā-fuda（名札）.

Enshrine 宮に祭る; kami {偶像} utchéng, untsgéshéng, an shishéng〈安神してある〉; {比喩} kaminu gutuku átarashishung* *átarashashungであろう（大事にする）.

Ensign 旗; hata; {旗手} háta mutchuru kwang; 中国役人の前から運ばれる高いバッジ（記章）táka fúda.

Enslave 奴隷にする; ndzatu, kagétu, útchitu nashung.

Ensue 後から起きる; ató nayung; これから, これに基づき結果が生じた uri kara kunu tuduchīnkae（結果に）natong, únu wí an natóng.

Entangle ひっかける; 網に amishi kakiung; もつれた {比喩的にも} ndjaritóng, matsibutóng; [他動]（もつれさせる）matsiburashung; 小枝にもつれる karakuyung, karakuyāsheng; 根, または髪が kinu fidjinu, karazinu kunyayung; {比喩的にも（巻き込まれた）} vanyagaki nakae irĭung, midarashung, madjiri iyung, irashung; [s.]tangled.

Enter 入る; sísimu, utchinyi ´ung, féyung, féri ´nchung; 本に記入する katchi tumishung; いくつの（主）題がこれに入っている（か）kurinkae {kunu yūdju nakae} ikkutsing kudóng; どうぞお入りください menshóri, kumankae menshóri, utchinkae í menshóri; 丁度7年目に入った túshi nánatsinu súnkae {sú 数} ichóng; {公的} 生活に入る（役人になる）hatsi wédaïshóng, hadjimiti wedaïnkae ndjĭung, li-shínshung; 船の到着を記載する fúninu chóndi ichi kachi tumishung, tĭeshung, tĭe-gatchi shung.

Enteritis 腸炎; hari nitsi, né nítsi.

Enterprizing 冒険心に富む〈EC: 好難的・不畏艱難的〉; nándji dzíchi; nándjing iturang, nandji kunudoru mung, ukeranshóti nandjishuru mung, nandji ussurirang mung.

Entertain 歓待する; tuï mutchung, sakamúï-shung, shuying-shung（酒宴）.

Entertainment 宴会; sakamúï, shu ying, furimé; 皇帝が宴（会）を催した kótínu ying utabi misheng; 大きな宴をはり, 多数の親類友人を招いた, 男性は外側に, 女性は内側に入れた ufffku furimé tuï firugiti, wékăng, dúshinu cháng ufffku untsgéshang, fúka wickiga, utché winagónu chá íttang.

Enthrone 王位につかせる; kótínu kurényi nubussĭung, nuburashung, tskĭung.

Enthusiastic 熱烈な〈EC: 狼心（一所懸命に）〉; kukuru ftutsinyishi, kukuru mupparanyi-shung, kuwashku tstomĭung.

Entice （誘）惑する; [他動]fichi yandyung, ī damakashung, sassuï madovashung; [自動] 惑った fichi yanteng, ī damacheng, madutóng.

Entire （完）全な; mattaku, sūyó, sōté, múru, tskutchi（尽くし）; 完全な形で保存する mattaku tamutchung; 命令形（保存せよ）tamukassé.

Entirely 完全に; 天の道理, それは聖人の心である síbiti sünetōru dóli shídjĭnu kukuru du yaru; 政府は全く2人（の人）の手に落ちた matsirigutu kutugútuku lónyinunkae ndjóng; 完全に彼に頼っている

sōté arinkae yutóng, yúï tstchóng; その件は仕上げるのに最初から最後まで全く君に頼っている ïyă chŭřdŭ tanudó kūtú, hadjimi ovaï {shi dju} yú sïó, yū shi kwíri; 短い序文は全て取り除け kūsaru shide gatchi kutugutuku sárassi; {全てのドアを} 完全に閉じろ muru mitchiré; ひたすら{疲労困憊する位} 読んだ yumi tstchiyītang.

Entitle 称号を与える; kuré fūdjiung; {権利がある} wūdjiti ang, yiyúng.

Entomb 埋葬する; {人を} hómuyung. útuchi homuyung; {他の埋葬の仕方} ana nakae uzunyung.

Entomology 昆虫学; mushinu lúndji; 卵から生ずる昆虫 kōga kara shódjiti; 変態を経る虫 findjíti {kwashshti} shódjiti; 湿気から生み出されるようなもの shtsi kara shódjīru.

Entrails 内臓; háranu dzó, vatta mī mung.

Entrance 戸口; {通路} kútchi, djó gutchi; {人が行き来するところ} káyŭï djú; {行為} 入ること íūsī, sissimīse; 彼は人生の門出 (役人になること) でどうだったか are wédaïnkae ndjīru tuché {li-shínshuru bashu} cha yátaga?

Entrap 陥れる; {動物を} útushi ana tskóti tuyúng, {比喩} síri mashung, matsiburashung; [s.]entangle.

Entreat 懇願する; kūī mutumïung, níngŭrŭnyï mútumïung, dódingshi kūyung.

Entrust 委任する; 私は彼にこの仕事をゆだねる vaga arinyi kunu yúdju sazikiung; 私は彼の仕事を委任されている vaga ariga yūdju sazikátong; 委任されている sazikiráttang.

Entwine 巻きつく; mātchi {mavatchi} miguyung; つるのように木にからんでいる kí nakae karakūtong.

Enumerate 列挙する; íchi íchi kazōyung; すべてを列挙することは困難だ kutugútuku kazōï gúrishang.

Enunciate 口に出す; 明瞭に発音する tadashku túnayung; {宣言する} tsigīung, tsígi shirashung, [s.] declare.

Envelop 包み; [名]{djó irīru} 'fukuru, {djónu} wa ţzitsíng; [動]{包む} tsítsimi fúdjiung; [s.]enclose.

Enviable 羨ましい; urémashī-kutú, nigé bichī kutu, nitambichī, shíttŭ úkusi bichī.

Envious 羨やむ; úra yadóng {内側が痛む}; urémáshashóng, úrayámashashóng, shittunu kukuru ang, mmaritsitchi shíttunyi ang, chă nítami muttchōru mung; 他人が喜ぶ時、ねたみ心を起こしてはいけない chúnu yurukubinu assi, nítaminu kukuru shodjité simang; 女の美徳で嫉妬しないことより大きなものはない winagonu tukó shíttu-sánsi yaka uffissaru kutó nerang; 嫉妬深い心 shíttunu kúkuru.

Envoy 公使; ch'kúshi〈勅使〉, chintaï*, útské * (欽差chín tsaeであろう).

Envy 嫉妬; [名]shíttu, nítămī, shittunu kukuru; [動] vurémashashung, nitanyung; 人の成功を見て妬みの感情が起こるなら、人の失敗を見て心に喜びが起こるなら、これは人の災難で幸せであることとなり、人の困窮で喜ぶことであり、つまらぬ人の悪い感情だ chúnu yíyusi 'nchi nitaminu kukuru úkutchi, chúnu úshinayusi 'nchi yurukubinu kukuru ukuyusé, kure chúnu vazavaï sévé tushí, chúnu busévé tanushídi, kuré shó-djinu〈小人の〉 yana djimu dú yaru.

Epaulet 肩章; {finnu} kátanu shirushi {肩の印}.

Ephemera fly (昆)かげろう; fŭ yú〈蜉蝣〉.

Epidemical 流行病 (にかかった); yana fūtchinyi kakatóng.

Epidemy 流行病; yana fútchi-nyi kakatoru byó, yitchi lí, féï yame, fayari byótchi; 伝染病が人々の間に広がり、人々に感染し、多数の死者を出した yitchi līnu féti, tami haku shó yamé kakati {yaménu súdi (染んで)} shinyuru munu chanu dūdu uffusang.

Epidermis 表皮; fîssi ķa (薄皮).

Epiglottis 喉頭蓋; nūdi-wa-gva, nūdi īchi kayuï gússūmītchī {空気の出入りする咽頭軟骨}; nūdi djónu gussumitchi {喉の入口の軟骨}.

Epilepsy 癲癇; dugéyuru tsírichi {倒れるひきつけ} háta hátashi dugeyuru yamé, háta hátashi kukutsi shung.

Epistle 書簡; djó, tígamī.

Epitaph 碑文; hakanu fîmúnnu ukuri na; 賞辞、賞賛文を含む (碑文) fomitéru fîmúng; [s.]name.

Epithet 形容語句 (属性を表わす); shirushuru kutuba, cha agandi iyuru kutuba; 人の字 (あざな) gó〈号〉nă, áză nă.

Equal 等しい; ftushchinyi ang, yínu gutu ang, yínu gutóng, nanyung, nadóng; 等しい位、同じ位 yínu kuré, dū fé〈同品〉, dū-kwang〈同官〉; yé ti {等しい手、すなわち闘いやゲームなどで等しい力}; ほとんど等しい aï-úï, yínu fatchi, fătchíng; 等しい数 yínsanā; {肩を並べ合って} yínu káta kunabïung; 同等者を越えて上位 (席) をとる kuré kvīshung (位越えする); この二つの角は等しくなければならない tă sīmīnŭ fī tūnyi〈平等に〉 nari vadu; 四つの直角と等しい yútsinu nowchinu símitu fītūshūnyi ang; 一つを加えると、公平で等しくなる nya tītsi sītigényi, kūtó〈公道〉 fitushūnyi nayung; 私達に匹敵するくらいの人があるか anyi de sannu ftu vata madíng uyudoru munó naróka? {narándo}; 多くの点で他の人々と等しくない sibítinu kutu chúnu sukunyé naráng; [s.]same.

Equalize 等しくする; yínu gútu nashung; {数の上で(等しくする)} yinsaná nashung.

Equally 等しく; yínu gutu, (等しい){数} yinsaná; 等しく分ける yinu gútu vakiung, yinsana vakiung.

Equator 赤道; aka sidji, aká mitchi, naka sidji〈中筋〉; 陽が赤道にある時, 昼夜の長さは全世界とも等しい tídanu áka sidjinkae fumīdūnse {attaǐdunse} tïnga íppé yúru fīru yín nǎgī nayung.

Equestrian 馬術の; [形]mma nutõru kutu; 馬術練習 mma nuti vazashuru kutu; [名]曲芸師 mma vutóti kara vazashuru mung.

Equiangular 等角の; sími unadjūnyi ang.

Equidistant 等距離の; ichi yónyi tūsang, hanalitósi yínu ússa.

Equilateral 等辺の; soba nagi yinu gutu {ussa} ang.

Equinox 昼夜平分点; 春分 Iǐ-shún〈立春〉; 秋分 Iǐ-chū〈立秋〉〈EC:「立春・立秋」に依る〉; 黄道と赤道が互いに交差する所は, 春分や秋分になる chīru mítchi, aka mítchi tagényi oyūtukuru shūn bung, shūbūng túshung.

Equip 装備する; shimé kata sūneyung; {軍の装備する} ikkussa shimé kata sūneyung.

Equipage 装備; {船の} funinu nyíndju〈人数〉; {従者} tsiri nyíndju, shtagaǐ nyíndju; {馬車} mma kúruma, shábā; shába nyíndju.

Equipment 設備; shimé kata.

Equiponderant つり合いのとれた〈重さ〉; yinu chinsu〈斤数〉, yinu mbu.

Equitable 公正な; kū-tónyi〈公道に〉ang, tadashūnyi ang; 正当でない tadashku, yurushku néng.

Equitably 公正に; 行動する kū-tónyi shung, yurushchinyi kanāshung.

Equity 公正, 正当; shó tó-nyi ang, kū-tó, yurushtchi; 公正な人 shótónu ftu.

Equivalent 同等の〈代価〉; yin dé; 同値の品物 yindénu shina; お互いに交換してよい数 yínsaná kéyung; [s.]equal

Equivocal 両義にとれる, 多様性の; ími tatsi, chimu tātsi; {〈二枚舌の〉人} tsira tātsā.

Era 時代; yū, yū-dé〈世代〉, nin-gó〈年号〉, túchi.

Eradicate 根絶する; nī nudjúng, nī núdji tuyúng, nī gúshishung, nī fíchi nudjúng, nī chīung, sáni chīung; 根を取り除き, 元を排除する nī tuǐ mūtu nuzukīung; 簡単には根絶されない djiyunyé〈自由には〉tané chirirang.

Erase 消す; 字を djī utushung; 掻き消す fídji útushung; こすりおとす síri útushung; 記録から消し報酬をはぎとる nāng mbaǐ rúkung hadjung; {壊す} yaboyung, kúshi nuzukīung, {ひき倒し, 取り除く}; 削除するな íchikachóki〈生かしておけ; 活版印刷用語か〉.

Ere 先; satchi; 来る前 kūng mādŭ; 根の無い木は, 風の吹く前に, きっと倒れるだろう nī neng kí, kazinu fukáng mādu, nánkūrŭ tórǐung.

Erect 直立の; [形]nówku, massīgu; [s.]perpendicular; [動]〈直立させる〉tatǐung, nowku tatīung.

Erelong 間もなく; nagadé narang, nagé naráng, fīssashkaráng, yé nérang-utchi; やがてくる yé nerangshi {yé nérang utchinyi} chūng.

Erisipelas 丹毒; kā aka byótchi; 〈chīnu shidjushūng, shtchinu fitchúng〉*（ ）の部分ケチが付いている.

Err 間違う; ayamayung, machigé-shung, chigayung, tagayung; {行動において} ikkáng kútunu ang; {見過ごし, 見落とす} mi matchigeshong〈見間違える〉, mí ayamatang; 私はまちがった{悪い} vané wassaru; 誤ったことは, 改めるのを恐れるな ayamatchi aratamirunyi fabaté* simang *fabakaté であろう.

Errand 用向き; 用事で人を遣る tanudi tskayung; 何の用向きですか tánudi tskatésé nūga, tanudi tskatéru yūdjū nūga?

Errata 正誤表; 改正されたもの matchigé djī bindjitési, tadachési.

Erroneous 間違った; machigénu ang; 伝え誤った tstéti ayamarichéng, tsté fizirachéng.

Error 誤り; ayamari, matchigé; {手抜かり} matchigéshi ushinatang, tsī vastang; 誤りを指摘する ayamachi tadashung, tadachi aratamirashung; 計算に誤りはない sánkātánŭ chigāng, san chigé nérang; 誤りを指摘してくれて感謝します. 決して忘れません va ayamatchi tadachi mishésé kafúshi du yaru, súmu súmu kukurunyi vassiraráng.

Eructation おくびを出すこと・げっぷ; gégé-shung.

Eruption 発疹; futsín, futsin-shóng, futsisang, futsidóng; 当地では, 老人の顔の黒い斑点がきわめて普通である: umugaǐ yitchóng, fūshí gáta yitchóng; 火山の噴火 kfátchīnu〈花気が〉ndjiung; 当地の人は, 多くの病気の峠〈危期〉は発疹であると信じている. これが表面に出て来ることを sīchóng という; 発疹させることを次のように言う: sīkashung, sīchi ndjashung, fashi ndjashung, shími ndjashung; 病気を表面に出して治す yamé sīkatchi nóshung.

Escalade 城壁を登る; [動]gussikunu gátchinyi sigayung, fé-núbuyung〈這い登る〉.

Escape 免れる; shínúgŭ, nugayung, nugati hayung; {逃げる} nugǐung, findjǐung; 嵐を避けた kazi ami sakitang; 罪を逃れる batsi nugayung; 逃れられない nugárarang, nugayé õsan, fingirarang; 罪人は一人も逃れられない tsimi ftu sibiti nugari nugárarang; 罪人は牢から逃げた toga nyinya dūyā kara nugitang, nugatang; nugiti uráng; すべての人が何とか免れることを望んだ nā mé mé īyadíng nugaǐse mutumitang; 生命からがら逃れた〈殺されることから〉vazikanu haziríshi mí nugatang; in tǐénnu shinudjíshi mī nugatang.

Escort 護衛兵; [名]kakubi tamuchoru fing〈兵〉; [動]

（護送する）mamuri ukuyung; [s.]convoy.

Especial 格別な; kán-yú〈肝要〉; 格別な用事 kán-yúna kútu; [s.]important.

Especially 格別に; ftúïnyi（偏に）,mupparányishi; この書付けはすべての人々に知られるべきだが, 裕福な家族にはより一層知られるべきだ kunu katchitské fitubitu shiri vadu yayéssussiga {yayeshúndung} véki nchó ïũ ïũ tata shíri vadu yārū.

Espousals 縁組み; yíngomi; 結婚式 yíngominu lí shtchi; yíngomi sadamīru sódang.

Espouse 縁組みする; yíngomy sadamīung, yingomishung; 皆幼少の時から縁組してある síbit vorabi shóying kara yingomishéng.

Essay 試み; 一回の試み ichi dó kukurumé; 文学上の随筆 bung-shó; [動]（試みる）kukurunïung, kukurumïung.

Essence 本質; mūtŭ, fun-té〈本体〉; 〈微妙不思議な霊気〉shī-chĭ〈精気〉; すべての存在物の最も純粋な部分はshī〈精〉という bánmútsinu〈万物の〉dūtŭ kwassase shī ndi ïyung.

Essential 本質の・必須の; mútŭ túshuru, néna narang（無くてはならない）, neng até naráng, kagïe narang, íyăding ari vadu.

Establish 設立する; tatĭung, móki tatĭung, tskoyung, fútchung, sadamĭung; 新法を制定する mī 'ho tatiung; 新宗教（教えを）確立する mī ushī tatĭung.

Estate 財産; {身代} ka-djó〈家業〉, san-djó〈産業〉; 父の残した遺産 ūyanu nukuchéru san-djó; 結婚によって入ってくる財産 túdji kátanu san-djó, gvaï-kānu〈外家の〉sandjó; {田畑と家} dín-tăkŭ〈田宅〉; 地所（不動産）を質入れしてある dín-taku {tāng yāng} shtchi mutsishéng, またはshtchi mutsi ítténg; [s.]condition.

Esteem 尊重する; [他動]umu ndjīung, táttubĭung; 徳のある者を尊び, 争いを好まず, 全く公正で, すべての物を{他人の物とし}自分のものとせず, 得にくいものを重んずるな chíng* tattubi, arasóyuse kunumang, dútŭ ūūyădjinyíshi vatta kushé néng, yí gáttasaru munu táttubúnnayo *〈chín djing賢人であろう〉; [s.]value.

Estimate 見積る; [動]dé dátishung, kazōyung; [名]すでに前もって計算された費用を含めた概算（書）, 見積り záppé〈雑費〉 kániti sankatáshuru katchi tski, dé dati shéru katchi tski; 賃金と材料の額を見積る mutumitēru tíman tskoï lūng〈料も〉 tsimuï sankatashung; sú（総）īrīrū sankatashung.

Estrange 疎遠にする; [他動]{kukuru} bitsinkae fíchi yúkushung; 疎遠にされた yukuchéng, yukusátteng; 心が疎遠になっている kukuró uttchétong, fanshóng.

Eternal 永遠の; kădjīrī nérang, fadjimi ovaï nérang, nagā, nagachi, yūyúnyi itayuru.

Eternity 永遠; kadjiri neng aru tutūmi.

Ether 霊気; chiushī chí; {上空・遠方の（空気）} kássimi（霞）; 清い{緑の}雲が浮かんでいる天空 ó kumunu nagarīru kássimi.

Ethical 倫理の; 書物 djíng〈善〉sisimīru shimutsi; 中国の道徳（倫理）の良い見本例は, 次のように呼ばれる随筆の中にある:

　　yū uzumáshuru shin chó
　　世を目覚めさせる真の経典（関聖帝君覚世真経）

1. tinchi tsitsi shimi, kaminyi li tskúshi, sushinyi tatimatsiti, ló uyanyi kókósi,
   天地を尊敬し, 神々への儀式を行い, 祖先を崇拝し, 両親を敬え.

2. kúku 'ho mámuti, shishó úmú ndji, chódé kanasháshi, dushinu chānyi makutu tskússi,
   国法を守り, 師匠を重んじ, 兄弟を愛し, 朋友に誠実であれ.

3. véka haródji mutsimashūnyishi, mura tunaïnyi vabukúshi, fūfŭ na mé mé vaki tátiti, shī súng ushīgătă yū si,
   一族を深く愛し, 村（人や）隣人と心を同じくし, 夫婦はそれぞれ独立してあり, 子や孫を教育せよ.

4. tuchinu tayurinu kutu ukuné, fīruku íng-kó tsími, nangū〈難を〉skuï, chūū（人を）tassikiti, chuï-mung migumi, finū（貧を）avarimi,
   時季を得たことをなし, 慈善の陰徳を大きく積み, 困っている人を救い, 貧窮せる人を助け, 孤児を憐れみ, 貧乏人に同情せよ.

5. byu tatitaï shŭfūshaï, chó bung fankóshi, tskotaï, kussuï kvitaï, cha fudukuchaï, kurushusi imashimi, nuchi aru munó yuruchi yárasi,
   廟を建てたり修理したり, 宗教や道徳の本を印刷したり作ったり, 薬を供したりお茶を与えたり, 動物の殺生を避け, それらを解き放せ.

6. hashi tskotaï, michī shufūshai; yagussami avaridaï, kunchū tassikitaï; kukumutsi umundji téshtsīnyï shai; sévé ushidaï, chunu nang úshi shirizukitaï, nandjū tuchaï（解いたり）.
   橋をつくり, 道を修理せよ. 寡婦をあわれみ, 貧しい者を助けよ. 穀物を重んじよ. 恵みをつつましく用い, 人々の難儀を取り除き, 人々の争いを解決せよ.

7. takara stití yu* kutó nashi; ato madi ushī tarachi; áta tíchi vabukúshi; massi hakkaïng kutónyi si *yi であろう,
   財を{捨てて}寄付して, よい計画（善意）を実行せよ. 教えを後世まで下ろせ（垂らせ）. 敵との間に平和を築き, 公正な升と秤を持て.

8. tuku aru munyi, shtashimi chkázichi; yana ftu tūzaki sakitaï; ftunu aku djé kakushi djinó agi; banmutsinyi lí yíchi arachi, tamé skuri,
   徳ある者に近づき（親しみ）, 悪人からは遠ざかれ. 人

の悪（徳）は隠し，善（徳）は広めよ．万物が利を受け
るようにし，人々を救え．

9. kukuró kéchi mitchinyi nkaï; ayamatchïū（誤りを）
aratamiti, du ｛fïbīnyi｝ aratanyí nashi; djindji〈仁義
の慈〉háranyi míttatchi, ashtchi úmuyé suttung
mutúnna,
心を正しい道理に返らせよ．誤りを正し，｛日々｝自らを
刷新せよ，博愛と親切で満たし，邪悪な思いを持つな．

10. yī kútū gútu kukurunyi shíndjiti, útchi ukune si;
chó ndántung kamé djitchinyi chíchi shíúng,
あらゆる良いことを心に信じ，行え．人は見なくても，神
はすでに聞き知っている．

11. sévé kuvéti, kutubutchi mashi, kvāng sītī mágăng
yí; sénanó chísh'ti, yamé firachi, vazavégútunyi
ukásaráng; fitung munung yassúndji, yī fúshinu
tírachi nuzúnyung,
幸福が増し，永い命が加えられ，子が増え，孫が得ら
れる．天罰は消され，病気は減らされ，いかなる災難も
襲わない．人も生き物もすべて安らぎを楽しみ，幸い
の星が光を射す．

12. mushi aku shing dzundji, yī kutu ukunāng, chúnu
saïdju midarashi, chúnu kung-ing yabuï,
もし人が悪心を育て，徳を行なわず，人の妻や子女を
汚し，人々の婚姻を妨げ，

13. chúnu na yantaï, chunu dji-nu〈技能〉nyikudi, chunu
dzé sang fakataï, chu tsitchi féshi shimitaï,
人の名声を壊したり，人の才能を嫉妬したり，人の財
産を企み取ったり，人を争わせたり，

14. chó súnshimi dū tukushí, dūng yāng kvérachi, tínchi
urami, ami nuraï, shītīng shkataï,
他人を害して自ら利を得，家や人を肥らせ，天地に不
平を言い，雨を罵り，晴天を叱り，

15. shī djing sushitaï, futuki mish'ti, kame azamuchaï,
ushi inungdé kuruchaï, simi kabi chigarachi stitaï,
聖人を中傷したり偶像を壊（滅）して，神々を侮辱した
り，牛や犬を殺して，書き込んだ紙を汚し捨てたり，

16. ichiúï tánudi yī ftu hazikáshimi, véki utchakati
fínsumúng usséï, ftunu kutsinyíku ｛shtashtchi｝
hanaráchi, chódé fídataráchi,
（勢）力を頼んでつけあがり，徳ある者を侮辱し，富に
頼って貧しい者を抑圧し，人の骨肉｛縁者を｝離散さ
せ，兄弟を不和にしたり；

17. shótó shindjirang, indanyi nataï, nussudaï, yuku-
shima mīdáritaï, úguri ítsivari kúnudaï, chinyaku
tstomíng úmundjirang,
正しい道理を信じず，姦通したり，奪ったり，自堕落に
なったりし，虚偽と野心を好み，倹約と勤勉を重んじな
い，

18. gú kŭkŭ karundji sti, wúnŭng mukūrang, kukuru
azamuchi, unuri kuragamashi, masse uffisashi, haka-

ye kwūku nashi,
五穀を軽く考え浪費し，厚意に対し感謝せず，（自ら
の）心を騙し自らを暗くし，枡は大きく，秤は小さくして，

19. ítsiváti yukúshima ushī tátiti, úrukána mung fítchi
mítchibítchi, kutubashé tínyi nubúyuru táki íchi,
tákara atsimíti, mídarínyi tsīyashi,
偽りの，異端の宗派を立て，愚かな者を引き去り悪に
導き（かどわかし），言葉では天にさえも登るふりをし，財
を集めて放蕩に費やし，

20. ákagai vutíng dámachi, kfurakinyíng vúti núdjaï,
kutúba líppanshi, kúchinyi tákudi, ákara tíru mádji
náshi, kúshi kará ukassándi fakati,
明るい所でも人につけこみ，暗い所で騙したり，飾った
言葉ともっともらしい言葉を用い，また日中呪いの言葉
を吐き，背後から攻撃を図って，

21. tín li dzúndjirang, chunu kukurúnyi shtagāng, chu
fíchi aku násashimí, ｛wūdjiru mukūīng｝ kwăfú
shindjirang;
天の道理を守らず，人の心にも従わず，人々に悪を行
なわせ，正当な報復を信じない．

22. múru múrunu áku dji náchi, djinkó〈仁行〉ussámi-
rang; are kvandjunkae úttaïsarīng, mízzi, fí, nussu-
dunyi ótaï,
あらゆる悪事を永続させ美徳を涵養しない（ならば），
そんな人は官所に訴えられたり，水（害），火（事），強
盗に会ったり，

23. aku dúku yana yamenyi ukāsátti, akúngva 'mmarashi
bukúna kva náshi, dū kurusáttaï, ya furubasattaïshi,
wickiga nussudushi, winagōya midari ukunéshi,
猛毒や病気に襲われ，放蕩者や愚かな子を生むだろ
う，彼自身は殺戮され，家族は滅ぼされ，男は盗賊とな
り，女は淫乱な女となるだろう．

24. mukūïnu chkassasse dū nakae ang, tūsaru mukūye
kvá măgă nakáe ang, shí[n]mīnŭ〈神明の〉mī sa-
shiru kutó súttung tagāng,
より近い報いは自分に降りかかり，より遠い報いは子や
孫に降りかかるだろう．神の洞察（力）は少しも間違
い無い．

25. djing ákunu ló mitchi, vazave sevenu vakayung,
djing ukunéva sévé mukūīnu ang, aku nassé vaza-
vénu nuzunyung;
善悪の二つの道は災難と幸福とに分かれる．善を行
えば幸いの報酬があり，悪を行なえば災難が振りか
かる．

26. vari kunu gu〈EC: 語〉tskóï ftunu utchi ukunayuru
kutó nigatóng; kutuba assa assiga, uffíku dū shíng
（胴心）nakae yitchinu ang.
私は，人々が受け入れて行なってくれることを願いつ
つ，この講話を作った．言葉は浅いが，大いに心身に
利益をもたらすであろう．

27. va kutuba tavafuri anadōyuru munó, kóbi chichi, ⁺shté vakachi, kunu shimutsi yuku mamūti yúnyuru munó, ástchi kutó chíshshītĭ, sévé gutó atsimayung.
   私の言葉を侮るものは首を切られ、手足（四肢）を切り離されるが、これをよく守り読む人には、悪が消散させられ、幸いが蓄積する。

28. kwa mutumi wickiga yí, kutubuche mutumiti yuvaï yí, tūmīng, táttuching, kómyóng sūyó nayúndó.
   子を望めば、男の子を得、長寿を望めば、多く歳月を得、富、名誉、名声がすべて得られるだろう。

29. múru múru ínuru túkuró nigénu gutukunyi yíti, mannu búsévéya yútchinu chīruga gútukunyi shí, haku sévé 'mmanu fashi {buttukatchi} ĭtayuru gutu yiyúndó;
   得たいと祈るものは願いに応じて得られるだろう、万の災いは雪の如く溶けさり、百{多く}の幸いは馬の突入のようにやってくる。

30. wa kutúba vátakushé néng, tada yī fitu tassikíti fitubitū tati matsi ukunati, ukutannayo, kuragamúnnayó;
   私の言葉は、私心はない、徳の有る人を助けるためのものである。人々にこれらを重んじ行なわせなさい。不注意になるな！疎いものになるな。

Etiquette 礼儀; lí, lí-dji; [s.]ceremony.

Etymology 語源学; djī ⁺lúndji.

Eulogy 賛辞; fumīru kutuba.

Eunuch 去勢された男、宦官（かんがん）; u fiá {uxĭah}.

Europe ヨーロッパ; ulōpa, sé-yáng〈西洋〉, taï-si-yáng.

Evacuate 排泄する; ndjashung, shirizuchi ndjashung, útsti ndjashung; [s.]empty; 大便（を排泄）する ⁺dé binshung; 排泄の必要を感じる furu yī bushashung, furu muyūshung.

Evade 巧く逃げる; nugayung, yúruyung; 困難はどうしても回避してはいけない ⁺nanyi átati {núzudi} karisumi nugaté simang; 人目を避ける{騙す} mī māshung.

Evaporate 水分が抜ける; {自然に} kvavatchung; {風味, 精気, 芳香が（蒸発する）} chí fichúng; {煮て（蒸発させる）} shidji {または nyí} finyarashung; atsikinu tubi hatiti ikiraku nayung, nashung.

Evasion 言い抜け; {逃げ口上} kutu yussti {kutunyi yuti, 寄り掛かって} ïyung, kutu katí ïyung.

Eve 前夜; {祭の} yī fínu satchinu fi.

Even 平らな; [形]{平坦な} fítchi, nadóng {(否):namáng}, mattóba, {上がったり下ったり} útutsi agatsi; [比喩]（平静である）tairakanyi, shidzikanyi ang; 1か所に並べて置く chu tukurunkae narabíti ittóki（入れておけ）; [副]（〜でも）yatíng, ándung; 小さな罪でも何の罰も受けずに逃れることはできない tsimé kūsaru yatíng batsi nugāraráng; 両親が愛するものは、同じように愛せよ。両親が尊ぶものは同じように尊べ。犬に対してでも、馬に対してでもそうすべきである。ましてや人に

対してはそうすべきではないか ⁺fúbunu ndzosashú tukuró, máta iyágang kanasháshi, fúbunu ayamaï* tukuró, ĭyáng mata úyamáti; ing mmanyi ítaru madíng kutu gútuku ang aru bichíf, bishté〈EC: 況〉nyindjínyi tsité yúku yú si vadu; または íng mma chóng ansi vadu yattúchindó, bishté chó sané narang *uyamaï であろう; 涙を流す程までにも náchuru shakunyi ati, náchuru shaku madíng; 野獣でさえもこんなことはしない ichimushinyi déska kanáng, まして人はそうしてよいか ftu kánshi sínyumi?

Even number 偶数; gū kazi, kazinu gū átatóng.

Evening 夕方; yussandi, yū íttchóng, kuraku nayung, bang-gata natóng; 朝と晩 assa báng; 夕方頃会った bang gata tagényi íchátang; 人生の晩年 tushinu kuritóng.

Evenly 均一に; 配列された narabití ítténg, chú tsirudji natóng.

Event [s.]emergency, occurrence; 出来事; kutu, nayuru {natōru} kutu; kutunu úkutóng, kutunu ukúyusi, úkuri; 結婚は喜ばしい事で、親の死は悲しい事だ nībitsishuse ⁺chíchi dji〈吉事〉{chichi línu kutu, 幸せな儀式} ūyanu māshuse chódji（凶事）; いずれにしても・とにかく íyadíng, cháshíng.

Ever 常々に; tsini dzini, nandutchinyi kakaverang; どうしてもせよ chā shíng, íkkaná shíng; 何と言っても nántu ichíng.

Everlasting 永久に続く; tsínyé dzúndjitóng（常に存じる）, kadjiri nerang, yíyĭ〈永永〉, yū yúnyi itáyuru; 永久の命 nága inutchi, shinyāng inutchi; 不朽の, 常に保たれた tsininyi dzúndjiti yandiráng; 始め終わりなく永久の hadjimi néng, ovaï néng.

Every ことごとくの・いずれも皆; únu unu, úyussu; あらゆる種類の品物 únu únu írunu takara, shína djína; 例外無しに皆 sūyó, chúíng {tītsing} núkurang; 幾様の方法で物事を考えることはよいことだ munó íku sáma kangéti yutashung* *yutashang であろう; 一人一人残らず chú gútu（人毎）; 毎日 nyitchi nyitchi, ⁺mé nyitchi, fi gútu（日毎）; 第2日目毎に chígushi; 第3日目毎に futska gushi; 一人おきに（2人目毎に）chúĭ gushi; 二人おきに（3人目毎に）taï gushi など; [s.]interval, pass over; すべての人 fitu gutu（人毎）, fitu bitu, fitu sūyó（人全員）, uyussu ftu; 後者は各人（の意）; いたるところ tukuru dukuru（所々）, mma yáravang, únu unu tukuru; ⁺shpó〈四方〉, íppé; あらゆる点に配慮する事はできない íppé sagúti tuï fakaré naráng; あらゆる点が等しく重要である ippe yínu gutu kanyuna gutunyi kakatóng; 種々の kázi kázi; あらゆる種類のインク únu únu kazinu sími; 皆が聞いたり見たりした事 tumunyi nchaï chichōru kutu; 人ごとにそれを惜しむ fitu bitu kuri úshidi; 世の中

の人は誰でも息子は父親に似, 娘は母親に似ると言う shkínu fitu sibíti ïyung, wickigangva chíchi ūyanyi nyitchóng, winagon gva winagó uyanyi nyichóng; どこにも有る mānyíng ang; それぞれの村・村ごとに na mura mura.

Evidence 証拠; shūku; {言葉} shūku kūdjó; {人} shūku nying, shūkushi ncharu ftó; 彼はあの人を買収し, 偽りの証人を立てさせたので, 証言の前後が一貫しなかった ari anu fitunyi ménéshi, kávaï tátiti ïtsivati shūku sándi shássiga, únu yúïdu mé áto kúchīshī shūku yūsé vaïfūsang〈割符しない〉; 履行の結果生ずる形跡 (しるし) shirushi.

Evident 明白な; mi fákunyi ang, achirakanyi ang, aravaritóng, aravacheru kutu, aravaritoru shaku; 人の眼や耳に明白な応報 (懲罰) kwa-fūya〈果報は〉 achirakanyi chúnu nchaï chichaï shusi nakae ang.

Evil 悪; {道徳上} áku, áshītchi; [名] (害悪) ikáng kutu, ikáng tukuru, chizi {kizi}; kátamashtchí kutu; {(不吉な)事故} chó-dji〈凶事〉; vazavé, urí; 悪心ある・腹黒い yī chimu néng mung; 死に相当する大不幸 shinyússitu yínu gútu ikáng; 父と子, 兄と弟の隔たりがなければ, ここから上位者と下位者の間に共通感情があり, ふさがれた交際の障害は存在しない úya kva, chódénu cha yūkā fidátirang, kami shímu djó tsōdjiti, tudjí fussagu urīndi iché néng; 千マイル彼方の悪事を気にかけない人々は, 自分のテーブルの下に災難がある múnu kangé shín līnū fukanyi nendung aré, urīya shūku mushirunyi {むしろ} shtyanyi ang; または tūku munu kangénu nendung aré urīya chkassa nakae ang.

Ewe 雌山羊; mi ftsizi, mí fīdjá.

Ewer 水差し; mizzi wámbu, mizzi muttáï.

Exact 正確な; [形]tsintu attayung, [s.]accurate; {整然とした} kuwashuku*, issenyi, tsibussanyi *中国語「詳細」であろう; [動]税を厳しく取り立てる djónó〈上or定納〉ussamïung (納める), tuï atzimïung; chittu または ushti sézukushung.

Exactly 正確に; 丸い má māru; ちょうど極点に má sátchi; まさにそのもの, 即ち, 真のもの má kutu; 正確に符合する tsintu fú-gó-shung, waïfu shung; 図 (形) と数表を正確に一致させた dzītu sankata fúdatu tsintu attarashung; 正確には憶えていません úbitskánasáng, shkátu ubiráng; 正確 (厳密) に答える kúvássaru gutóng, kuvashku ang.

Exaggerate 誇張する; hanasakatchi ïyung, tuï tátiti ïyung; kutuba hanasakashung {言葉に花を咲かせる}; (口達者) kutchi kané mung; kutchi mútchi.

Exalt 高める; agïung, fūmi ágïung, agámïung, táttubïung.

Examen 検査・吟味; shírābī, kúkurumi.

Examine 検査する; shirabiung, shirabíti nyūng,

kukurunyung; {考察する} shirabi kangeyung, kangé sashïung; {問う} tazoni tűyung, tánni tűyung, tūti chihung; {法的に (尋問する)} issenyi, または tsimabirakanyi tūyung; {文芸, 学問上の} kó kukurunyung, tanïung, fushínshung; 自分自身を省みる dūshi dū kaïrinyung, dūnyi késhi mutumïung; 可能な限りの方法で調査 (吟味) した vari íkku sámanying shirabíti nchang; 吟味されることに服 (従) しない shirabínyi shtagāng, shirabirasang; 調べて同意する shirabi tūshung; 調べを拒否する shirabitūsang; 品物を調べる takara shirabïung.

Example 手本; tífúng, mūyó; 手本となる tifúng tūshúng, tifúng aravashung; subi shtagāshung; 人々に自分自身の実例を以て徳のために死ぬ美徳を教える dū stíti ushī tátiti, djin dó〈善道〉tskushuru tami shídjing sinyúng; 国 (にとって) の模範 (手本) kunyinu mínari-nyi náyuru mung, tifuntu náyuru ftu.

Exantem [s.]eruption.

Exasperate 憤激させる; ikari sísimïung; {他動}sisimashung, tsichiféshishi íkaráshung.

Excavate 発掘する; fuyúng, fuï ndjashung.

Exceed 超越する; shídjïung, kwīung; 期待, 望みを越える nuzumínyi massarïung, または sidjïung.

Excel 卓越する; kwīung, sáyúng, nuchíndïung.

Excellency 閣下 té-djin〈EC:大人〉.

Excellent 卓越・優秀な; myūna〈妙な〉mung, myūnyi ang, hanahada yútashang; fīditóng, fīdita mung, fīdimung; 優れた字 myūna djī, myūna fúdi〈EC: 佳筆〉; すてきな計画 myūnā tidáng; 優秀な人 yī chū, kún shī〈君子〉.

Except 除く; nuzukïung, dukïung; この一つを除いては kunu tītsi nuzukíti, kunu tītsi dúkitinu fuka; 私以外 van chúï nuzukiráttang.

Exception 除外; 規則の例外 dzukunyi, または bunyi nugitóng, dzúku narang; 例外なく皆彼を知っている chúïng ari shirándi íchi néng; 一人を除いて chúï nukutósi.

Excess 過剰に; {大量} kvabúng, dūdū uffóku, gúku íttatong; {十分以上} djódjinyi sidjitóng, shaku háziri; 不摂生をする人 shtsi néng mung; 度を超して酒を飲むと血や気が混乱に投げ込まれる shaku sídjiti saki numé chichīnu〈血気が〉mídarīng; 過度に kvabunyi, dúdu, gúku íttatong.

Exchange 交換する; [動]kéyung, tuï keyung; 混乱してあるものを別の物と取り替える kunzóshung〈混雑する〉; 銀を現金と両替する vanchínshung〈CDなし〉; 悪いことがわかれば取り替えます yútashku néndará túï kéyundi fīchi uki shung (保証する).

Excise 物品税; suï, djónó; (物品税)収税使 djónó kamí; tákara shírabi kamí;

Excite 興奮させる; ndjukashimïung, ugukashimïung, úkushung; 慣りにかりたてる tcitchiféshung, tsitchiféshi-shung, ítunyung*, fichi sisimashung *ítuyungであろうか; 論争にかりたてる, 論争させる nándjū fichung, nandju fichi ndjashung; 人の注意を喚起する chúnu djímŭkŭ〈耳目〉fichung; 不愉快な事を引き起こす vaziravashí kutu fichi mánichung; 期待を起こさせる nigé shódjirashung.

Excitement 興奮; 興奮状態にある shín nítsinu〈心熱が〉ukutóng; 恐怖, 困惑などで(動揺している) chimu vásha vásha, vashamitchóng〈胸騒ぎする〉.

Exclaim 叫ぶ; {喜んで} támbi-shung〈嘆美する〉; {悲しんで} tandjïung〈嘆じる〉, nádjichung〈嘆く〉.

Exclude 追い出す; wī ndjashung, nuzukiung, dukiung, ūyung, ūti ndjashung; 入るのをじゃまする utchinkae írirang, utchinkae ῖusῖ yúrusang.

Exclusively 専ら; 志す múppara kukuruzashung.

Excommunicate 破門・放逐する; tachi téshung, madjivari téshung; 悪徳の故に, あの人を仲間から追い出す anu fitu issadjiyukaranyi tsīti táchi téshung.

Excoriate 剥ぐ; ka(皮) kussadjung, ke kussadjéng, tsī hadjéng.

Excrements 排泄物; kússu, fúng; {人の} +débing.

Excrescence こぶ; gūfu ndjitong, maï ndjitóng, muyagatóng; {以前の腫瘍のため} lū tskutóng; 多くの大小のこぶで覆われた tsinu hani takaritóng.

Excruciate 苦しめる; [他動]kurushimashung, kutsisashimïung; kurushimi itamashung; 非常に苦しい, 耐え難い痛み yadi kutsissang, kurushimi itadóng, ítadi kutsisang.

Exculpate 無罪にする; もし君が黄河に連れて行かれその中で洗われたとしても, 君は清く{無罪に} なることはできないと, 私は懸念する Wógănŭ uchinkae fikátti ndji árating chīūshku narandi ussuritóng.

Excuse 許す; kunéyung, nadamïung, yurushung; 有罪と思われたことを自ら弁解した aré fingu aratang {汚れを洗った} ; (弁解する) utage harimïung, tsimi túchung, yūīshu yung; [s.]gloss; 弁明した utage harití dū mata issadji yūnyi nacháng; 適切な説明をした kutu vaki-shang; 言い訳ができるか kutu vakinu nayumi; {断わる・辞退する} djitéshung, kútuvayung; {偽って} yústi, または nazi kiti kutuvayung; 私が遠くまで同行しないことを許して下さい {訪問者が去る際} tūkŭ ukuransi yúruchi kvíri; {訪問者と} 同席しないことを許して下さい tsiriranse yúruchi kwíri; 私を免じてくれ wang kutuvati kviri; {私を含まないでくれ} vang nuzikíti kvíri; 軍務に為すべき事が多いと言って辞退した íkussanu tstomínu uffussándi íchi kútuvati; 病気の口実で辞退する byóchindi íchi kútuvatáng〈断わった〉; 他人を非難するのと同じ気

持ちで自分を責め, 自分を許す如く他人を許せ chú shimīru kukuru shae dū shimī, dū nadamīru kukurushae chú nadamírïó; [名]{嘘の口実} ushi nazikīru kutúba.

Execrable 忌まわしい; urámbichí, nyikúmbichí, úrami háttosi bichí.

Execrate 忌み嫌う; urami núnudjung {jitang} , úramu* háttóshung *úramiであろう.

Execute 実行する; {為す} nashung, djódjushung; {死罪にする} +shizé-shung, ūū toga áttïung, または úkunayung.

Execution-ground; 死刑執行場; +shizé shú tŭkŭrŭ.

Executioner 死刑執行人; shizé shuru ftu; kurushuru yáku.

Executor 指定遺言執行人; +ī-gúny sazikiráttoru {ukitōru, tanumáttoru} ftu; (皇)太子を預けられた人 +tāïshī sazikirattoru +téshīn〈大臣〉.

Examplar [s.]example.

Exemplary 模範的; tifún tushi bichi, mínari-nyi naru bichí.

Exempt 免じられた; +ho gvé, +ho kara nugatóng, または haziritóng, kúnu hónyi iráng.

Exercise 練習; kássani gássani nárayung, íku kénung nárayung, tsídziki tsídziki nárayung, chíkushung, [s.]practice; 耳, 手を訓練する mími tī chūrashung, djúkushimïung; 心をみがく sé agarashung; 兵を訓練する fïó +tanlínshung, tachi móyung, +búnu váza naráshung; 武芸を好む +bū dji〈武事〉{būnu vaza} kunudóng; 武芸のいくつかは以下のとおり: 馬術 mma fashirachaï; 弓道 yūmi yarachaï; 剣技 tachi mavachaï {mórachaï} ; 槍を突くこと yaï futaï; 身撃 típū nárachaï; 棍棒で打つ bó úttchaï ; 石錠を上げること íshi sāsi agitaï; 角石をあげること kaku ishi sachaï; 歩いて運動する fuyó〈保養〉shung, achagachī fuyóshung, ássidáchung, fuyóshi chí migurashung; [s.]blood; 学問修養 +būn-djī〈文字or芸〉, gákumúnshuru dji nū〈技能〉.

Exert 頑張る; táki tskiung, táki tskíti chibayung, shīti chibayung; 力を(用い)出す chíkara ndjáshung, chikara muchīung; 全力を尽くす chíkara tskúshung; 努力する kfūshung, tstómiung, hátarachung, chíbayung, íssami tachung, ichidūrī fashïung; 現今の学者は努力しない(全力でやらない) ímanu gákūshă máttaku chibārang.

Exfoliate (皮が)はげ落ちる; kānu hagïung.

Exhalation 呼気; fūkī, káza, īchi; {蒸気} áts'ki.

Exhale (息を)吐き出す; fúkinu ndjïung, īchinu ndjïung, fáshïung〈発する〉; 湿気 {または汗} をかく shtsi fuchi ndjacháng, fucháng {否˙káng}.

Exhaust 尽きる; [自動]tskuriung, tskuríti neng, chivamayung；[他動]（使い尽くす）tskushung, tskutchi neng, chivamiyung, tstchīyūng（尽きる）；軍の食糧は使い果たされた íkusánu shkúmutsi tskuríti néng；その件について書き尽くす kátchi tskŭshúng.

Exhibit 陳列する；{品物を} tsiraníti sünéyung, shinyashúng；{見せる} mishĭung；欠点を表す fíküssī chāki nyūng.

Exhilarate 陽気にする；[他動]chímu fichagiung, kukuruyūnyi nashung, úshashimīng, tárashung, kwérashung；酒の後よい心地になった sákinu áto yī chibi-shóng, chimu fíchagatóng.

Exhort 勧告する；sísimĭung, sísimíti iyūng；しないように勧める ímashiming；善（なる行い）に勧める djinung-kae sisimĭung.

Exigence 危急・急務；kútunu chūnyi ang, kfachūnyi〈火の過急に〉ang；危急な時がきてもよいように常に準備して警戒しておけ fĭ dji arakádjiminyi sünétóki varu, tuchinyi sashi atati fíngutunyi {chūna kutu} wūdjĭúndó.

Exile 追放する；kunyi kara hanashung；{流刑にする} funi nussĭung；{軍を満たす} fĭnyi mitirashung（満てらす）, finunkae nashung.

Exist 在る，居る；ang, wung；今なお在る now nukutóng；存在には3つの形がある assi nakae mītsinu shínanu ang；それらは何かというと úri nūga dúnyaré?；始めも終わりもない存在, これは唯一真実なる神の存在である fadjimi ovari nensinu andi īse, makutu kami chuïnu arindi īsé dū yaru；始めはあるが終わりのない存在, これは霊や, 人の魂や, 第一の数の存在である mata fadjimí áti avari* nénsinu arindi isé, chīshín〈鬼神〉, ftunu tamashi, sūnū〈数の〉fadjiminu aríndi ïyúsi dú yarú *ovariであろう；始めも終わりもある存在は, 水中または陸地に依存する存在{創造物, 被造物}で, それらは飛んだり歩いたりするものと, 草, 木, 金属や石である fadjiming ovaïng aru aríndi ïyusé, mizzidó, likkudó, túdaï yúchaï, só, mūkū, chin shtchi〈金石〉, yuri tanumunu arindi iyúsi du yaru；始めがあるものはすべて, 初めは存在しないと言われ, 後には存在し始めると言われる sibiti fadjimi aru munó sátchata néngshi antónyi* natóndi iyúng *atonyiであろう；とこしえに存在する cha aï tushung, cha ayéshung；とこしえには存在しない cha aïtū shé sang, cha ayésang.

Exit 退出する；ndjiti hayúng, hatcháng（退出した）；演劇の（退場する）irifa-shung, fíchi fa-shung；{再び現われる時} ndji fa-shung.

Exonerate 免ずる；{罪を} tsimi nugayung（逃れる）, nugāshung；{義務を} sh'kumé nugayung, nugāshung.

Exorbitant 法外な；lí-gvé〈CDなし；例外?〉[s.]excessive.

Exorcise 魔除けをする；fūmungshung, madjinyéshung；

祈って悪鬼を退散させる djáma（邪魔）inuï nuzukï-ung.

Exotic 外国の；植物（花木）gvé guku kara chōru hánagi, または sani（種）.

Expand 広げる；firugĭung, [s.]extend, stretch.

Expanse 広がり；広漠たる（広がり）hati nérang {海 omi}；firī（広い）mung, háti neng firussa.

Expect 期待する；tarugakĭung, nuzunyung, umi {umūï} tskayung；chă chă umīshong；無駄に期待する munashūnyi núzunyung；従事する職務の完璧さを期待する〈EC: 求全責備〉shkumenu mattaku shusi nuzudóng；予期した以上の喜び yúrukubé núzuminu fúka ndjitong.

Expectation 期待；nuzumi；希望を失った nuzuminu ushinatóng, tarugakitossiga sóïshang（邪魔した）；理に叶わぬ期待をおこさせる mu sídjinu {sídji neng} nigé shodjirashung.

Expectorate （痰, 血を）吐き出す；táng hachúng, sáckwīshi tang ndjashúng.

Expedient 好都合の；tayurinyi sashi atatóng, tayurinu ang, fíóshinu ang.

Expedite 手早くかたづける；chibayung, chibarashung, [s.]easy, exert.

Expedition 遠征；戦争のため遠征する tatakaïga íchung.

Expeditious 迅速な；{ūu araminyishi} fésang.

Expel 追い出す；ūyung, wī hóyung；[s.]eject.

Expend 費やす；tskayúng, tské muchūng, tsíyashung；一年でどれくらいの金を使うか íchi ning nakae dzing chássa tskáyuga?

Expense 費用；tskéfa, írimi, tsīyashi, záppi〈雑費〉, shŭ zó-yŭ {諸雑用}；日々の費用 mé nyitchinu tsīyashi；出費（費用）の尺度については, 日々定まったものがあり, また存外のものがある tskéfanu shákuya, me nyitchinu sadamitéru munu aï, mata zun-gvényi ndjīru munu ang；旅費 lúshi dzing〈路次銭〉.

Expensive 高価な；dé takassang, tsiyashinu uffussang, uffoku írimi または dzing íttchóng；高価でない irimé vazika.

Experienced 熟達した；táshitóng；書物に通じた shimutsi tashitóng；{巧者} nare djúkushóng, kūshá, munu gūshá；kutu fíti munu gūsha；chūtóng；[s.]prove.

Experiment 試み；[名]kukurumi；最初の試み hadjiminu kukurumi；[動]（試みる）kukurunyung, kukurudi nyūng, chu kukurume kukurunyung {一試みする}.

Expert 熟練した；djúkushi fésang；老練な学者にあっては, 師匠は易々と楽しみ, その誉れは二倍持つ（得る）yū gakumúng shoru munu, shishóya yïtsi nyí〈逸に〉shi kóya〈功は〉be nayung；山東の人々は馬や

鞍（乗馬）には巧みだが，船漕ぎには未熟である Santúnu fitó kuranyi mmanyi {mmá núyussing} tayuríshi, funi kadjinyé tayuri néng.

Expiate 償う; tsimi chishĭung {罪を消す}；私は罪の償いをした vaga tsimi yúfitang; 他人のために償う aganéyung, fichi ukiung; 私が償った{彼の罪のため罰を受けた} ariga tsimi vaga kavati batsi ukiti yufirachang.

Expiration 一呼吸; chu īchĭ ndjashung.

Expire 息を吐く; īchi ndjashung; 吐き吸い込む īchĭshŭng; {死ぬ} chí téyung, chi téshung, shinyung.

Explain 詳説する; tuchúng, tsimabirakanyi tuchung; 冗長に（口数多く説明する）naga kūdjóshi tuchúng; しだいしだいに説く shidé shidényi tuchung; 理由の説明ができない sunu yŭĭshu tuché ōsan; 人々のために説きあかし，争いを仲裁する chúnu táminyi nandjūnu yuĭshu yavarakanyi tuchung.

Explanation 説明・解説; 文字の djīnu ĭmi tūchúng; 図板の解説 dzīnu ĭkkata {ĭmi} lundjīung; 彼に委細な説明を問いなさい ĭyăgă ari anu nariyútchi issényi tūtĭ kú; 満足のいく説明をする{告発，とがめについて} utage hariti yuĭshu yū ĭyung, tuchúng; [s.] excuse.

Expletive 助辞; tassikiru kutuba, gū〈CDなし; 語であろう〉 fássiru kutúba; óvárunu djī, stí djī{捨て字}.

Explicit 明らかな; 明白に（腹蔵なく）述べる áchirakanyi táshĭung, núkurazi ĭyung.

Explode 爆発する; {火薬の如く} chūchan（突然）báttikashung, buttikashung.

Exploit 功績; kó aru ukuné, uffissaru ukuné; 武の功績 būnŭ kónu ang, bū kó.

Explore （未知地方などを）探査する; aratanyi saguyung, hadjimiti tazonĭung; 珍品（事）を探るのを好む midzirashi kutu sagúyusé kunudóng; 手で探る tíshi ságuyung.

Explosion 爆発; 爆発で死んだ pámmikashi shidjang, yínshunu fŭkínyi átati shidjang.

Export 輸出する; [動]san mutsi,または takara myatu gutchi kara ndjashung; [名]輸出品 tákŭkŭnyi ndjashuru takara,または shina mutsi; 輸出貿易 tákukunyi ndjáshuru shóbé; 輸出税 shóbé ndjashuru takaranu djónó.

Expose 陳列する・暴く; [他動]aravashung, aravashi ndjashung, féti mishĭung, 即ち，広く見せる; あらわし隠さない kakusang gútu aravashung; {物を見せるため（陳列する）} sünéti tsirani aravashung; （外皮が）剥がれている aravari ndjitóng; [s.]naked; 自分で危険に身をさらす dūshi ayautchinkae ittchi, dédjinu mī nkae ittchóng; 嘲笑に身をさらした vorarĭru mī nkae ittchóng; 恥ずかしさに（身をさらす）

hazikashimi mī; 罪に toganu mi; [s.]hole; 他人を危険にさらす ayautchinkae irĭung, ítténg; 人の善徳を覆い，罪科をあばいてはいけない chunu djinó ússuti, ikáng kutó aravaché simang; それを七夜{露に}さらす nána yuró tsĭūnyi utashung {露を降らせる} または, ndashung {濡らす}; 一夜風にさらす chu yuró kazinyi atarashung, sú gashung; 太陽にさらす（干す）fúshung.

Exposition 注解; 書物の túchuru kutuba, túchuse; [s.] explanin.

Expostulate 説諭する; chūku yuzeshung, chíttu sodanshung, imashimiti iyung.

Expound 説明する; sódanshi tuchung; [s.]explain.

Express 言い表す; iyung; {強く言う} chūku, chíttu ĭyung; 明白に述べる achirakanyi, issenyi, tsimabirakanyi kumakanyi ĭyung; 述べられてはいないが含蓄された，言外の kutubanu fukanyi iminu ang; 直接的に述べる massigu yung; {絞り出す} shibuti ndjashung; 完全には表現できない ī tskússarang.

Express 特使; waza waza tskatassé, faya utchinu tské（急使）.

Expression 表現（すること）; kutuba, itchésé; よい語句・言い方 yī kŭ, chura múnuĭ; 強制された語句（言葉）shītī iyuru gú, shīti bindjitéru ími; 語句は同じだが意味が異なる kutuba unadjūnyishi imé kavatóng; 先述の部分と後述の部分を結ぶ語句 wí úkiti {上を受けて} shtya ukúshuru kutuba; 社稷sháshūkū{神々が穀物を支配する} は帝国あるいは皇帝の表現である shá-shūkū ndi īse, tīnganu kutu du yaru, または chiminyi du kadjitóng〈EC: 社稷天下之辞〉; 顔の表情 kow; うれしそうな顔 úshă gow {嬉し顔}; しぶい顔 urī gow {憂い顔}; 心内の様子が外に現れた姿（形）chi-zó〈気象〉, chi-mé〈気舞; 気前であろうか〉

Expressive 意味深長な; たいへん意味深長な uffóku kudóng {多くを含む}；表情豊かな顔 tamashi íttchōru tsira, kukurunu kow nakae mītong, tsira nakae chizónu aravaritóng; この事を表わしている imé kunu gutóng.

Expressly 特に; vaza vaza, múppara; わざわざ指さして慈悲と恥辱を忍耐することを説く firuku fudukutchi {shtchi {敷き広げ} fudukutchi} fhádji shínudi vadu yarúndi múpara ibizáchi ĭyung.

Expulse 追放する; shītī ūyūng, wī hóyung.

Expunge 削除する; núzukĭung; {文字を} tsitchi utushung, síri útushung.

Exquisite 絶妙な; myúna mung, gúku myŭ.

Extempore 即興的に; tskérang gutu chaki, arakádjiminyi umăngshi.

Extend 伸ばす; nubiung, nudaĭshung, fichung; {教えを}広げる amaniku firugĭung; いたるところに達する

itarang tukurundi iché nerang; 円の各点に達する migŭï migŭï itayung; 自分の所から他人の所まで広げる dú kara chunyi ushi firumïung; 足を伸ばしたり縮めたりする fsha nubitai magitaïshung; 皆に及ぶ（達する）sūyónyi｛ñnyanyī｝úyudóng .

Extensive 広大な; ūïnyi firusang; 広大な土地（田舎）ūïnyi firússaru chkáta; 広範な学問 fáku gáku（博学）;｛多くを見た｝広範な知識 'nchó tukuró｛'nchasé｝fírusang; 広く用いられている fíri mung, fétóng; tī firuku muchïung.

Extent 広さ; firussa, firussasi, uyudōru kutu, tūtūmi;［s.］degree, utmost.

Extenuate （濃度を）薄める; fissiku nashung,｛比喩｝finyarashung, firashung（減らす）.

Exterior 外面の; úmuti, fúka, s'tu.

Exterminate 根絶する; téshung, muru téshung;［s.］extinguish, extirpate

External 外の; fuka kara; 外界の環境に影響（左右）される gvé bútsinyi ugukassarīng.

Extinct 消滅した; tskushi, muru 'nya nachéng, 'nya natí nerang.

Extinguish 消す;｛火, 蝋燭｝ chāshung, fúchi chāshung｛吹き消す｝; 消えている chātóng; 起こると同時に消える ukuïntu āchi chāki chīung; 気泡, 影, 閃光のように mizzinu būka, kádji, fudínu gútuku; 消えた燃えさし munashtchi｛ñnā｝fé.

Extirpate 根絶する; nī kara téshung, nudjung, núdji ukushung, nī kūshung, nī nudjung; 完全に絶滅させる nudji tskúshung, kútugútuku nudji ndjashung, nuzukïung; 殺して尽くす kuruchi tskushung; 根は抜き捨てよ nīya nudji stiré.

Extol 激賞する; agami fomïung.

Extort （金銭を）ゆする; múrinyi mutumïung; shīti, shímiti tuyúng, chíttu tuyúng; 偽りの口実でゆすり取る shīti dámachi chúnu dzing tuyúng; 脅してゆすり取る udurukachi, úduchi dzing tuyúng; 無理強いして告白させる chu shīti vabishimïung.

Extortion 強奪; shimiti mutumiteru｛tútaru｝ kutó; 強奪に抗する shīti tuyusi fabamïung; 強奪に苦しむ chunyi shīti turarīng, turattang; 彼は人々の金を強奪し尽くしたので, 土地の皮（表土）さえも削り尽くした tami háku shónu kané tuï tskutcha kutu, mata chkata kāng hadji tskuchang.

Extract 抜き取る;［動］nudji ndjashung｛章句を抜粋する｝nudji gatchi shung; 主旨は取って言葉は採らない kútunu djítsi túti, sunu kutubanu hana turarang〈EC: 不取其詞文也〉; 数の根を求める kakīru kazi sanka- táshi ndjashung; 各根の量を問う kakīru nī gútunu kázi chassagandi túyung;［名］｛書物の抜き書き｝nudji gatchi;［s.］abbreviate; 薬の煎じだし（汁）

kussuïnu shíndji;［動］（薬を煎じる）kussuï shídjïung; 固形精剤をつくる shídji kfárashung; 固い煎じ出汁 shíndji kfarachéng.

Extraneous 異質の・無関係な; kutunnyi haziritóng（事に外れている）, fuka.

Extraordinary 異常な; i-hu, li-gvé, káku gvé, bun narang, chikvaïna kutu, chi myúna kutu, tsininyi kavatósi; midzirashī mung, firumashī mung, áyashī mung, tíndjita mung, fíndjita mung; 格外の恩 kaku-gvénu vúng; 非凡な才（能）firumashí sé, chí-sé; 個人的資質の非凡な suguríta mung; これは変わった（異常な）主張（言説）だ kúnu ïyuse firumashí ībung dū yarú; 紙面に書き表せないような意思と推論 myū lung, firumashí úmuyé kábinyi kakarang sháku, ｛kachusé tskusaráng｝; 並外れてみごとな風貌 kutsi gumi｛kunyung｝ bún naráng; 何とみごとな! ah tsi- vassá!; とびきり鋭い｛ナイフ｝tsívassa táchassá!; 雨がひどく降る tsivassa fuyúng; 並外れて遠い tsivassa tūsa!

Extravagant 贅沢な; bun kwatchóng〈凡or分過〉; uguri- nshong, fanayakanyi ang, kwābītong, kwabīta mung, midaritóng; 浪費の費用（支出）úgurinu tsīyashi; この費用（支出）はまさに途方もない kunu midari mutchīse dūdu bunyi sidjitóng; それでも尚贅沢でない anshíng kwabīrang.

Extreme ［s.］exactly; 極端な; ítari, gúku; 醜さの極 minyikuchinu ítari; guku ítari; 極端, 視界の果て háti.

Extremely 極端に; taki tskíti, sh'tchilínyi, gúku, tskutchi, ítátī, djú bung; すごく醜い shiguku｛dju bung｝ yana kāgī; すごく有害（悪意）ある shi guku yána, nyickwī mung; とても侮辱された shígúku fhadji úkitáng; すごく感謝している wūng kándjiti vané tskuriráng; とても喜んで gúku yurukudóng, yurukubinyi térang, tskussarang.

Extremities 四肢; 上肢 ló ti; 下肢 ló suku（足）, ló áshi; 四肢全部 shíté.

Extremity 先端;｛最も遠い所｝ hati, guku sī（末）; 道の先端 mitchinu háti; 困り果てている gúku, または táki tstchóng; 線の二つの先端 sídjinu tatsinu háta ｛hashi｝;［s.］limit.

Extricate 救い出す;｛困った状況から｝ nan skuyúng;［s.］unravel.

Exuberant 繁茂した; shidjitóng, sakatóng, kvabītóng（華美）.

Exude にじみ出る; shtsinu ndjiung;｛汗が出る｝ assi hayung;｛木の（汁が出る）｝ assinu tayung, muyúng;［s.］exhale, perspire.

Exult 非常に喜ぶ; gúku yúrukubïung, yúrukubi tánushimï- ung.

Exultation 歓喜, 狂喜; tanushiminu ítari, gúku.

Exuviae 抜け殻; sídi gúru ｛孵化した卵殻｝, 抜けた皮や, 空（身のない）の貝殻について言う.

Eye 目; mī, gang; 目の前 minu mé; 目は色に喜んでいる mīya irunyi yurukudóng; 盗人の二つの目が彼の身に注がれた nússudu mī tatsi ariga dúnyi mutskati, iffing wítchinsang ｛少しも動かなかった（目をはなさなかった）｝; それは私が自分の目で見たものだ kure vaga shtashku ｛dūnu｝ mīshi 'nchátukuru dú yaru, dūnu mīshi 'ncharu kútu du; 耳と目 djímūkŭ; 目は死に, 生気ない mīnu shóng tatáng; 肉の目｛霊的な物が見えない｝ yána mí, shíshi mí, nyíku mí; 強力な目 gán lichi〈眼力〉hfanafada takassang; 目前の法も恐れない ariga mīya nūnu 'hóng ussurirang; 目も見ない, 心も悟らないもの mīnu ndang tukuru, kukuru saturang tukuru; じろじろ見る, 覗き見る ságuti nyūng, úkagati nyūng; 何か目に（吹き）入った mi nakae gúminu ittchóng, mincha múnu íttchóng; 目を大きく聞いて, 不思議がった mīnu háti firumá-shashang; 目がよい mīnu chíchóng.

Eye ball 眼球; mīnu tama, míndáma.

Eye brow 眉; mayú; まゆをしかめる mayú chidjumïung; 眉毛が落ちる mayúnu kía núgi útüng; 沖縄では眉毛をほめる（その言い方で）: máyu şiminu gutóng, （墨）色づけされた眉のようだ.

Eye canthus まなじり; ｛外側｝ mīnu tsíbi, mi dzu; ｛内側｝ minu kutchi, mīnu karadzi.

Eye glance; 目を上げてちらっと見る mi fuyagiti nyūng; ［s.］glance.

Eye glass 眼鏡; mī kagáng.

Eye-lashes まつげ; matsi gi.

Eyeless 目のない; mī nérang, mī néng.

Eyelet hole 小穴; fushi fūgī, fūshī fūgī mī.

Eye lids まぶた; manta.

Eye sight 視力; nyūsi, mi nyūsi, gan lítchi〈眼力〉.

Eye sore 目の痛み; mi yamé, mīnu yadóng.

Eye water 目薬; mí aré ḳussúí.

Eye-wink, twinkling ウインク; mī utchi; まばたきする間 mī utchi shuru yé.

Eye-witness 目撃者; mīshi ncharu shūku.

F

Fable 寓話; tátoï, tatoïgutu, tatoï kata kutuba, kata dúï ｛kata tutéru｝ kutuba, katachi kutuba, kata kutuba; 動物（が登場する）寓話 íchimushinkae fitskitaru tatoï guti* *gutuであろう.

Fabulous 法外・架空・寓話的; távafuri, détamung, tatóï kūdjó.

Face 顔; tsíra, ków, mindjó ｛上面｝, úmuti; 顔は赤らみ耳は熱い tsiranu ákadi míminu fāfā-shóng; 黒い顔 kuru dzíra; 豊満な顔に円い口 tsíra hátchatíshi, kutché máruku; māru kutchíga, tsira hatchati; 顔は粗く皮膚は黒ずんだ tsíra súru-surúga kā kurū; 彼女は顔が輝くのを感じた anu winago mindjónyi fikari kagayáchi ndjitóndi dūshi sátutóng; いい顔をしたがる, 上品さを装う ariga dū líppanyi shídasandí umutong, kázati mímuku〈面目〉tátirandi shi; 血色のよい赤ら顔 sákura íru; 面と向かって笑う, 怒らせる nké zira vorayung, íkarashung; 面と向かって非難する, 恥じ入らす ｛yana fakari gutu, kange｝hátsingvashung ｛（過）cháng｝. ravel（ほぐす, ほどく）の項に「［v.n.］hatsingviung」とある.

Face painter 似顔絵師; fushinu dzī katchā, chūnu zī kachā.

Face to face 対面して; té ming, min dang〈面當〉, mīnu mé 目の前, múku djing〈目前〉; 対面して語る tánká ｛tsira yóshi｝ munugataïung.

Facetious 戯れ（る）, おどけ（る）; yū fūā munuïshung, yū détamunuïshung. ｛［s.］lively｝

Facilitate ［s.］easy; 容易にする; tayasku shimïung, tayasku nayuru mitchi narashung, míttanyi shimirashung, ukuné yassashimïung.

Facing 対面, 向き合うこと; mukó, nkatóng, tánka natóng.

Facings (facing) 縁取り; ｛袖の｝ sudi kazaï; ｛襟の縁取り｝ fússumúnnu kazaï; ｛内部の端の縁取り｝ úra súsunu kazaï. 英語と方言の位置を改めた.

Fac-simile 複製; nyishtéru gū, tsintu tifúnshuru gu; 複写する issényi djī utsushung, tifúng utsushung; ｛絵を｝ yī, または dzī issényi útsushung. ［s.］forge.

Factor 代理人; 私の代理人 vanyi kavati kutu kamuya, tanudoru ftu.

Factory 在外商館; ｛外国商人の｝ gvé gukunu achinénu tézéshŭ túkuru.

Facts (fact) 事実・真相; shó ukuné, shó kutú, natoru kutú; djitsí; 実のところ, 実際上 djitsinyi; 事実による（と）djítsinyi yutóng, kakatóng; 事実と状況によると djitsing, naríutching tátsinu shidé, djítsinyi aru kútunu yuïshū; 罰｛拷問すること｝によって真相がはっきり現れる. 水位が下がると岩が現れるように. batsi-sariré, mizzinu útiti íshinu aravarísitu yinu mung, tsīnyi djitsinu vakayung.

Fade しおれる; ｛花が｝ síríung, kutchúng, zan kványi〈残花に〉natóng; ｛萎む｝, shibunyung, shibudóng ｛即ちしわくちゃになる｝; ｛衰える｝ uturūyung ｛衰える｝; 色が褪める samïung, samitang〈褪めた〉; 草木が落葉する様は uturūyung で表される kússa kīnu fānu utíse uturūyundi ïyung.

Faeces かす, 沈殿物; kássi, gúri.

Fag, Fagged 疲れる, 疲れた nandjishi vútayung; ｛［他動］

（疲れさせる）. vútarashung} ,chikaranu yótóng, {yóku nashung} ,nándjishi udóng {uniung} ; tskaritóng, kurushidong; {疲れて気乗りしない,物憂げな} itutóng.

Faggot （柴などの）の束; súku; 一束 íssúkŭ,chū tábăĭ, chū márushi* *máduchiであろう; 草一束 kussanu chu tskă.

Fail しくじる; {誤る} ayamayung,machigóyung; {失う} ushinayung; {商人として失敗する} achiné tóshung, achinéshi s'ku natóng(損なっている); {少々失った} yū sané; 目標を失った shuzúnu⁺〈所存が〉ayamatang; 希望を失った nuzumé ushinatang; 賞罰において誤った shó⁺ batsinu mítchi ushinatang; 万に一つも誤らない mănyi tūtsing áyamaráng,ushināng; 成功したり失敗したり yītaĭ ushinataĭ(得たり失ったり); 必ず役に立つ tassikiranté naráng; 必ず良いこと・良からぬことはあり得ない yutashku nénté naráng.

Failing 欠点・弱点; {心的} 失敗 chizi,kizi,kússi,varí kutu; 生き物の小さな傷 sīra,sīragva; {物の} 小傷 shími, kizi; 臆病すぎる欠点がある múnu ukéĭshuru kízinu ang.

Faint 疲れ切った; [形]tskaritóng,yuvadóng; 過労で疲れ切った tskari kutanditóng; [動] 驚愕し精気を失った udurútchi tamashi nugitang; {気絶する,卒倒する} amashashi shó chi〈生気〉ushinatang; 気絶して死人のようである shó stíti shínyi múnnu gutóng; 気を失いそう shī⁺ chīnŭ〈精気が〉daritóng.

Faint colour 仄かな,淡い色; ássachi íru,irunu ássang, [s.]fade; 仄かな顔色{良いと考えられている} yafarashī íru,yafarashī kāgí.

Faint hearted [s.]timid; 臆病・意気地なし; ídji fúka,ídji fukitóng,skámung,skássang.

Fair① 色白の; 顔色 chura tsíra,chura só,yī só,líppana só,chura kāgi; 桃の花の如し múmunu írunu gutóng, tó⁺ kvanu〈桃花の〉gutóng; [s.]bid --.

Fair② 定期市; {市場} úfu mátchi.

Fairly deal 公正に扱う; kwūtónyi〈公道に〉shung, yúgamínsang; 巧言令色が仁と結ばれることは稀である（論語）chúra munuĭshi,iru kazataĭshusi djínu íkirassang.

Fair price 正当な値段; kwūtónu* dé *〈公道〉.

Fair weather 晴天; shīting {natóng}, yī⁺ tinchi.

Fair wind 順風; djúmpu.

Fairy 妖精; shin⁺ nying〈仙人〉.

Faith 信仰・信心; shíndji,shínziru túku; 深く信心に根づいている fúkaku shindjiung; 著しい程の信仰 dūdŭ agamíti shindjiung; 固い信心 kataku sadamiti shindjiung,atsiku shindjiung.

Faithful 忠実な; chū⁺ djitsina ftu,djitsinyi ang,mákutúnyi ang,atsūnyi ang; 実直な人 ló djitsina mung; 老実=物事になれていて,しかも誠実なこと(広辞苑); 少しの偽りもなく忠実に職務を果たす súnu shkúbung

lódjitsinyíshi,íffing⁺ ítsivaráng; 忠実な政治家 chū⁺ shin〈忠臣〉; {回教徒} 忠実な信者の一人 nushe djitsindi umúyuru ftu; 忠実,真実,聡明,決断力ある人 chū-djítsi,mákutu,mífaku,chítsi dánna〈決断な〉mung; 忠実で情愛深い úmutchi atsūnyi ang.

Faithless 不実な; chū djitsinyi neng,makutunyi néng.

Falcon 鷹; táka; 狩用鷹 karīshuru táka,túĭ tskanyuru táka.

Falconer 鷹匠; tuĭ karishuru ftu.

Fall 落下する; [動] {物が} 落ちる utīung; 上から落ちて来た wí kará útiti chóng; {人や生き物が}（転ぶ）dugéyung,utchi dugéyung; 落とす ké utushung,ke utucháng（落とした）; 水, 腫れ, 値段が {減じる} fiung,fitóng,fichúng,fichóng,fikashung; dúchung, shidju chūng; 木の葉が枯れて落ちた kīnu fānu shíbudi,kariti utitáng; 倒れる tórīung,tóritong; {家や岩が} 落ち込む kŭrīung,kúritóng; kuzirīung,tsī kuzirīung; {天井が落ち込む} ké utīung; 歯が抜け落ちる hánu nugīung,kakīung; 子供の歯が抜け落ち, 他の歯が生える hānu kákiti mī kéyung; 手から突然抜け落ちた tí kara fī núgiti; 足りない kádjung,kadjéng; 仕事が欠けた shkutchi kadjéng; {樽のタガがはずれたように} バラバラに崩れる wackwĭung; 〈自ら〉バラバラに砕ける nánkuru kuténa sakīung,kuténa yarīung; yandīung,yabórīung; 城市はその翌日倒れた（敗れた）gussiku únu náchanyi yaboráttang; 屋根が落ち込み,同時に数人の人を殺した yānu ítarachi ké utchi* únu ba kazinu ftu ússi kúrusáttang*utitiか; 国家の興亡は政事に掛かっている kunyinu ukutaĭ furudaĭshusi matsirigutunyi kakatóng; 興亡 yanti ukuchaĭ,yanditaĭ sakataĭshusi; 俗人の手に落ちる yana ṭinyi ittchong; 鈍な心身状態に陥る túribaĭnyi utitong,turibatóng,daĭmung natóng; 人類の始祖の堕落 nyín-djinu hadjiminu shinzu tsiminyi utitang {utusáttang}（失楽園）; 転んで怪我をした dugéti dū yamacháng; 再度同じ誤りに落ちた yínu ayamaĭ shang,mútunu ayamaĭnyi utchinyi ícháng,mutu ayamaĭ fudáng {踏む}; {肉が} 落ちた(痩せこけた) kachirá,kachiritóng,tsiranu {dūnu} sugīung; 願いどおりになる nigénu túĭ {gutu} túduchúng,tudjíung, nigénu kánatáng.

Fallacious 虚偽の; itsivari,munashí mung.

Fallible 誤りやすい; machigéshí bichí mung,ayamaĭ sóna mung,ayamaĭgíssa. [s.]likely.

Falling sickness 癲癇; háta hátashi dugeyuru yamé, hata hata shi kúkutsi shung.

Fallow 休耕地 tānu aritóng,arita,ara bataki; [動]（休閑させる）ittchi dú（一度）utchishung（打ちする）または gushiréshung,késhung ; {三度耕す} その一度目,上の土をひっくり返す.

Fall-water 滝水; táttchinu mízzi.

False 偽りの; ítsivaï,makutu néng,yúkushi; [s.]hair-false; 偽名(他人の名)を使う chunu nā ukáshung, chúnu nā káti ïyung.

Falsehood 虚言・虚偽; yúkushi kutuba,kaï,あるいは, karínu kutuba,itsivaï munuī,itsivaï gútu; もし私に偽りあれば君の目前で死んでもよい vari itsivari gútu kukurunyi umuïdúnshurā tátchitukurunyi mīnu mé nakae shídjing sinyung; 虚偽を真実のように見させる yúkushi gútu djitsinyi aru fū nashung,fúnnunu* kutubanu gutushung *fúnnuであろう。

Falsely 偽って; 虚偽の訴えをする yúkushi úttaïshung; 虚偽の訴えをして,死にいたらせる itsivari firū-shung,itsivati firūshi chu shínyāshūng; 偽って,他人を苦しめる(悩ます) ústi firúshung,bó-fánshung {訴訟を捏造する}; 虚偽で人を訴え,その些細な罪を大罪にしてしまう chúnu káruchi tsimé itsivari firúshi úmutchi togankae nashung.

Falsify [s.]forge; 偽る, {書類を偽造する} vassa túku-runkae káchi nóshung,káchi siri māshung,sirimáchi kachung,síri nóchi katchung; {食物を} 変造する sirimáchi adjive yandyung,sirimáchi kāchishung; {言葉を} 偽る tskoti ïyung,tskoï munuīshung.

Falter 口ごもる・吃る; 声(調) kwī gvāshi ïyung,nyīkushi ïyung,ússikushi ïyung; 途切れ途切れに話す tsī chíri djírishi ïyung.

Fame 名声・評判; yī nā,fómari,nā fómari-nu ang,yī chikwī,bi myó〈美名〉; 名声を第一の目的として求めるのは,君子のなすべきことではない muppara shīti nā mutumīse kúnshinu ukunényi aráng; 義の名声が天地に満ちた djílïnŭ fómari tínchinu yényi mittchong; 名声は最も遠方の境界まで達した yī na yimpónkae chíkwitong; 実のある所必ず評判が起こり限りない名声がもたらされる djítsinu assé kanādzi nānu ati,yī chikwī yamáng (止まない).

Famed 有名な; 薬 mī〈名〉yaku; (評判高い)教え, mī〈名〉chó〈経〉。

Familiar 慣れた; naritóng; {親しい友} atsiku madji-vatóng; 全ての人と心安い túmunyi kumishóng, gū natóng; {家に飼い慣らされた動物} ya dzitchóng; 馴れ馴れし過ぎる duku narisidjitóng; [s.]accustom; 女は男に対し慎重に振る舞うのがよい,馴れすぎるのは良くない wínagotu* wíckigatu dandjamari vadu yútasharu,nari sidjité ickáng *wínagóであろう。

Family 家族; {家} chinyé,ya; ya nyíndju,chinyé nyíndju; chinyé-djŭ; {親戚} wéka,wéka haródji, yuīshu; itchimúng; 世帯数 yá kazi,ī kazi,chinyé kazi; [s.]relative; 貴殿のご家族{丁寧な言い方} úndjunu yā,yā nyíndju; 家族の,家庭の雑事 ya shkutchi; 家財 ka-djó〈家業〉; 彼には一家を治める

法がある are yā ussamirunyi 'hónu ang; 名門の家柄の弟たちや子供たち yī yānu útu kwánu chā; 一家の名を汚す yānu kúshifichung,ka-fó〈家法〉あるいは ka múng〈家門〉yáboyung; 旧家の生まれの人 yū tstchōru yănu kwa; 金持ちの家 wéki yā; ご家族はお元気ですか úndjunu yanyíndju síbiti gándjuī?; 全世界は一つの家と聖人達は考えられたが,もし諸国民の交流がなければ,一家の道理は如何に維持されうるか shídjinó shké ī túshi,tada kunyi gunyi tsōdji madjivarandung aré anyi ikkánu dólikayá?

Famine 飢饉・餓死; gáshi; 凶年 chó ning; 餓死する者が多い gáshishi {yāshashi,飢えで} shinyuru munó úffusang.

Famished 飢えた; yáshashóng; {国中が} gashishóng; 飢えで腹が凹んだ wátanu shímatóng,vatanu fíkkaga-matóng; (物資)欠乏のゆえ死んだ yāsha djínyishóng.

Famous 有名な; yī nānu ang,na chikwī aru,nanu chikwītang, fomari aru mung.

Fan① 扇; ódji; (折りたたみ)扇子 shirufa ódji; 丸くて固い扇 utchiva ódji〈団扇〉; 書き込みのある黒紙製 shíbu ódji; [動]扇ぐ ódji-shung; 扇を折り畳む wūyung,takubĭung; 金紙扇 ching kabi ódji; 象牙製(の扇)zódji ódji; 羅紗製 sha ódji; 火を扇ぐ fi odjung,ódji sákanyi nashung; {比喩}怒りを扇ぐ ikari sakanyi nashung. [s.]forment, flame

Fan② 箕扇(唐箕); sóki, fúru soki, mī-soki {穴のあいた箕}; *原本はwinowingとある。[動](ふるい分ける)sóki shi fúung, fí-stǔung; 籾殻を吹き飛ばす nyínu kără túbashung, fí-túbashung.

Fan-case 扇入れ; ódjinu sī {サッシ,枠}。

Fan-tree {椰子類の扇形の木} kúba, {小さい種類} tsígu, djī kúba.

Fanatical 狂信的; báki sídjitong; あの書物は狂信的だと指摘してはいけない ánu shímutsi báki shidjitōru shimutsindi íchi ibizaché naráng. [s.]whimsical

Fanciful 奇抜・風変わりな; 'nna {múna} kazaïshóng, máburushi {夢で見たかのように}; [s.]fancy.

Fancy 空想する; sura umuī-shóng,chimu ukabi-shóng, ukadōru umuī-shóng,munashi kutu nakaï sava-djóng; 気に入る chínyi kanáyuru,chínyi kanatóng; [s.]taste quite to; 気に入る所でない chimunyi dūdu átarang; 少々彼の気 {目} に入る íffe ariga mīnyi kanáyuru kutunu ang; 秘蔵すること fissóna〈秘蔵な〉kutu.

Fancy articles 飾り小間物; yíri mung,guma dógu,assibi dógu.

Fang 爪; {蟹の} gányinu tsími,úfu tsími,hássanu gutōru tsími.

Fantasy, fantastical 奇想・奇抜な; bákīru umuī; 気まぐれな,風変わりな,奇想天外な{人} bákkita mung.

Far 遠く離れた; kāmă, tūsa; 大変（はるかに）遠い háruka tõsa, kāri; 十分どころではない zóĭ taráng, zóyé fússuku; 遠くから持ってこられた tūsa kara chóng, tūssa kara fúĭ māshung, káni māshung, kāma kara chóng; はるかに異なる dūdŭ kavatóng, kāma kavatóng; 可能な限りする uffé-shung; 力のかぎり私はする chikaranu uffé-shung; 可能な限りせよ nayuru uffé {náyuru fúdu, nayuru bunó} sí yó; 天が地から離れている如く真実から遠い tintu djítunu chigé; 交流が稀で遠い sú〈踈〉ĭnyi nati; 城市までどれくらいか gússiku chánu fúdu tõssāgă?; 遠く行かない内に彼に逢った vashiru kutó túku nénghi* {または tūku akáng gútushi} anu ftu íchatang *nengshiであろう; はるかにあれより優れた farukanyi ari yaka tūssang; 遠ざける [他動] tūzakĭung.

Fare 料金; [名]｛一度の食事代｝ íchi dūnu shkumutsinu dé, または tsíyāshī; ｛船の｝賃 funa ching; ｛車, 駕籠, 馬の｝料金 kuruma ching, kagū-djing, 'mma chíng; tíma ｛日雇い賃｝; [動]高価な食事をする bíshūkŭshung, māssa mung kanyung; 貧しい食事をする súshuku-shung, nyīdja mung kanyung.

Farewell 告別; ｛別れの言葉｝vákari ukuyuru kutúba; 別れを告げる vakari ukuyung, ukuti vakayung; 別れの晩餐 shimbutsi〈饑餉〉; 贈り物が送られる場合 hanamútchi-shung; 去り行く人の言葉は（次のようである：）gandjūn shóri yó, または vané ndji kuĭ, gandjūnyi shóri yó; 私は彼に別れを告げた vāga ari gandjūnyi shoriyóndi ichang; 見送る人の言葉は（次のようである：）gandjūnyishi kūyó, または ndji kūyó 健康で行って来いよ; 友に別れを告げた dushinyi vakarīru kutuba ichi ｛そして行ってしまった｝ hacháng, ｛そして死んだ｝ sidjang.

Farinaceous （食物が）粉製の; múdjinu ku sharu, múdjinu kūshi tskotaru, mudjinu kūnyi nyitchoru など.

Farm 農場; 農場内家屋 haru ya, tā nakae aru yáduĭ; [動]土地など賃貸しする haru または haru ya kanigákishi tuyung; 賃貸しする kanigakishi kárashung.

Farmer 農夫; 賃借者 haru kane kakatóru ftu, tā káĭ nūshi, djí kakatóru nūshi.

Farrago 寄せ集め; ｛ごちゃまぜ｝ dzó gung〈雑言〉, midari kutuba.

Farrier 獣医; djúba ísha.

Farrow 豚の一腹の子; buta gvánu sūyó; [動]（豚が子を生む）, buta gva nashung.

Farther より遠い; nyahung tōssang; 更にその上 únu wí, katsi, katsi máta, únu wī máta.

Farthest 一番遠い; ítsing tūssang.

Fascinating 魅惑的; tamashi mayuvashuru gutong, ｛顔｝ kāgi.

Fashion 流行; tushinu dzúku〈当世の俗〉.

Fashionable 流行の, 当世風の; tushinu dzúkunu gutóng, namanu fūdjinyi yutóng, tushinu dzukunyi túĭ mutchóng; 旧式の・古風な nkashinu dzúkunu túĭ; この衣裳は全く当世風だ kunu ishó dūtū namanu fūdjinyi kanatóng; 流行を追う人 mĭ dzúku kunudōru mung; 流行りの医者 tódjinu〈当時の〉dzukunu isha, túchinyi fétoru ísha, shkínu yī isha.

Fast① 固く; ｛強固に｝ tsīūku, chūkŭ, chíbishku, gāndjūku, ndju ndju; ｛迅速に｝ feku, simiyáka; 早く歩け gurúku aké; ドアはしっかり閉じよ djóya chūku mitchiré; しっかり掴め chūkú katsimiré, katsimitóri; 飛ぶが如く早い achússiga fessang, tubyuné ｛naĭ｝, tubuga gútuku achung; 速船 fäya buni; 手早い tí-béssang.

Fast② 断食する; ｛控える｝ shódjing-shung, munu djiréshung, mundjiréshung; ｛粗食する｝ su-shukushung〈粗食〉; saĭ-gaĭ〈斎戒〉; セックスを避ける winago chirayung, mītu, fūfŭ íchaĭ ｛逢う｝ chirayung; múnuími-shóng, 全ての面での節制を含む.

Fast-day 断食日; mundjiréshuru fĭ または kadjiri; 数々の仏の誕生日に祈り断食する一覧表 bútsinu mmaribinyi shodjinshi unyiféshuru katchitumi; 初めて心を動かされた者が容易に行えるために hadjimiti kanshinshoru munó ukuné yassashimiru tami; 毎日の断食を守る mé nyitchi mundjiréshung; 丸一日断食する fidjū mundjiréshung.

Fasten 締める; ｛縛る｝ shímĭung, chūku shung, katónyi shung; 歯を固定する手段 hā gandjūku nashuru tidáng; 転がらないようにしっかり固定せよ chūku shimiré gára gára sang gutushi; - kataku nashung, [s.]cement; ボタンをかける kĕú〈扣〉 または tama kakiung; 壁に固定した kubi nakae shʼtskiténg; ｛釘で固定した｝ tátskiténg.

Faster より速く; ｛より速い｝ nyahung féssang; ｛より固く｝ nyahung chūku.

Fastidious ｛[s.]fidgetty｝ 気難しい, こうるさい; mídji gūdji shuru ftu（ぶつぶつ不言・小言を言う）, kizi mutumĭa, または｛tumeyā｝.

Fat 肥えた; [形]｛動物が｝ kwétóng, kwé būtā, ánda fuchóng, kwéti ánda mātóng または mizzi mātóng ｛取り巻いている｝; メロンの如く丸々肥った kwéti tūgvanu gutóng, mátténg kwétóng; バランス良く肥えた chura gvéĭshóng; 乳飲み子が肥った tsintétóng, butassang; 肥沃な土地 kwé djí, kwé bátaki; 脂を塗りたくった anda tsʼtchóng; [名]（脂, 油脂）anda, abura, yú〈油〉; 豚油 buta yú; 髪用脂 bínzichī〈鬢付け〉, bínzikī; ｛食物が｝脂っこい anda djúsang; 脂肪を吹き捨てろ anda fúchi stiré.

Fatal 運命的; ｛避けがたい｝ tin mīnyi〈天命に〉kakatong; ｛悪い意味で｝（不運な）bushiavashi, fu ūng, fu únna yūdjŭ.

Fate 運命・天命; tin⁺ mī〈天命〉, únchi〈運気〉, ūn⁺ sū〈運数〉; 悪運 yana mī〈命〉; 結婚を支配する運 kung ing〈婚姻〉; 生死は運命の定めによる,富貴は天の配剤による íchi shínying mīnu ang, fuching {táttuchi vekíng} tinsu nu〈天数の〉ang; 運命を司る竈の神 míng⁺〈命〉tskassadutōru kámanu kami; 孔子曰く,私の教えが行われるのも天命,拒絶されるのも天命,天命の関わる問題で公伯寮に何が出来ようか Kūshinu ī mĕhé nakae, míchinu ukunarīsing mī, starīsing mí dūyaru, Kó-faku-ló〈公伯寮〉sunu mī chāshi nayuga {chā narāng}.

Father 男親; wickiganu úya, úya, chíchi, chíchi úya; {俗に} shū; 子供は男親を shu と呼ぶ; 貴殿の亡くなった男親 úndjunu māsharu úya; 父母 taīnu úya; 父親が路上で風霜の被害を受けてないことを, 子らは千度も万度も喜ぶ shūya míchinu kazi shimunyi savayé néngshi vorabinu chá shin⁺ mang〈千万〉yúrukudóng.

Father in law 舅; s'tu úya, wickiga s'tu.

Fatherless 男親のない; minashi gú, dūchuï mung, uya ushinatoru kva; 父は死んだが, 母は生きている chiché shídji, fafa ichichóng, dzundjitóng.

Fatherly 父親らしい; uyanu gutushi, gutóng.

Fathom 水深を計る; [動]mizzi daki saguyung; tsītó tstchung, 後者は比喩的に使われる. 同様に（計る）fákayung; [名]〈尋〉djó.

Fathomless 深さが計り知れない; tsītó tskarang, tsīto tsku bíkaráng, tsitó tstché narang; {比喩} fakárarang.

Fatigue 疲労; [名]wutatósi, daritósi, tskari.

Fatigued 疲労した; wūtatóng, udóng, daritóng; {心が} chimu daïshóng, [s.]faint; 人は少々の疲労はあったほうがよい. さもないと病気になる chó mata iffe nandjishússiga máshi, an néndung aré yaménu shódjïung; 自らに負担をかけすぎてはいけない. さもないと疲労困憊してしまう dúku ūū nandjishé simang, anshinyé tskarīng; 私は庭で遊んで帰ったらすぐ疲れを感じ,しばらく寝ました vané attaïnu utchi vuti ássidi dūnu vūtatósi shibaraku nindjabitáng.

Fatten 太る; [自動]kwéyung, urūyung {常に潤っている（肥大状態）}; [他動]（太らせる）kwéshung, kwérashung, uruvashung; 他人を騙し, 身を太らせる chu núdji dū kwéshung.

Fatty 肥満の（人）; kwé fitu, futitóng, kwé b̄utá.*b̄ばf̄であろう. [s.]fat.

Fault 過失; {軽い} matchigé, ayamatchi, ayamari; [s.]foible; {悪事・罪} tóga, tsimi; 軽い過失 ikáng kutu, ikansé; ayamatchigva; これは誰の過失か kuri ta ayamárīgă, ta tógăgă?; 君の過失だ īyăga du sharu, īyaga du tskoténg, īyaga du vassaru; 自己の過失 dū-yúi; {物の} 傷 kízi, shimi; あら捜しをする

chúnu ayamari ukagayung, cha kízi mutumïung; 過失は一切ない múttu ikáng kútu néng; 他人の過失を矯正する chunu kízi tádachi skuyung; 私の落ち度だ, 勘弁してくれ wága du vássaru, または vaga útidu, kunéti kvíri, 後半の嘆願文は通常省略され, 文脈で示される; 私は堕落の故に自らの過失を弁護し, その過失の痕跡を抹消すべきではない wa futsigónyi〈不都合に〉yútti dúnu ayamari kakubiti ittú〈一同〉mishiraché simáng; {怒りをもって} 他人を責めるように, 自分を責めろ. chú shimīru kukurushae dū shimiré; 他人の欠点を探す時には,自分にそれがうまく出来るかどうか,考えてみるべきだ chu shimirandi umuïdunshurā {rava} vaning kunu kuto yū shúmi yū saníndi úmuri; 他人の過失を語るな chúnu ayamatchi ínnayó.

Faultless 過失無い; ayamari néng, varukó néng.

Favorite お気に入り; chi irí; fovourableの後にあるのを,ここに改めた; お気に入りの子 chi iríngva; 偏愛からの気に入り kata yutōru chi irí, kánasharu ftu.

Favour 恩恵・愛顧; [名]vúng, vúndji, migumi, chimu irí; [動]（恩恵を施す）migunyung, migumi, または vúng fudukushung; 彼は私に恩恵を施した ari vang* vundji kansténg; {（私は）負った} *vangnyiが分かり易いだろう; 私は彼に恩恵を受けて感謝している vaga ariga vūndji kantóng; 恩恵を懇願する níngurunyi, または shtchlínyi vúng mutumúng; あなたはどれほど私に親切であったことか! ya vang kán⁺ shíng〈感心〉{または chimu irí} chássa!; 愛顧を受ける kanshinshóng また簡単に kánshíng; 私は心を動かされた vága kánshíng; 他人を愛顧する kanshing shimïung; 私は友人を君に推奨し,また私にも愛顧を賜りますようお願いする vané kunu dúshi sísimi ágiti, vang madí fōbishi kvitendi {報奨する} mutumüung; ご好意をお示し下さいますようお願いする undjunu wūndji {chimu irí} kviténdi nigayabíng; 一つお願いがあるのですが vané chu kutu úndjunyi tanunyússiga áyabíng; 大恩恵 kó⁺ vúng〈鴻恩〉; 恩恵を受けた wúndji kómutóng; 貴殿のご親切なご好意で undjó ukadjinyi {kadjinyi}; [s.]oblige.

Favourable 賛意ある; 彼は賛意を表している dūyung, dūtong, gáttíngshung; 賛同しない gáttínsang, gattinó neng, ukigumáng; [s.]advantageous; 彼は私の考えに賛同している are va kange chichi hatitong; 賛同してない chíchi hatirang.

Fawn [名]子鹿; shkanu kva; [動]{お世辞を言う} mési vaza-shung; 甘言 mésivaza; 甘言の多い人 méssā, nī⁺ djing〈佞人〉, ussúng kagamaïshi fitsirayuru ftu; あくどいお世辞たらたらの奴 yana gatchi méssā.

Fealty 忠誠; 忠誠を尽くす chó⁺ kwanshung〈朝観する〉, chó⁺ chínshung〈朝勤する〉, shkubung nubïung {公的

に述べる｝自分の職務について陳述する.

Fear ［名］恐怖・恐れ; ussuri, uduruku; ［動］恐れる ussurïung, uduruchung, udjïung, ukéyung; 私は彼を恐れる vāga ari ussuritong, udjitóng; 私は彼を恐れているが, 愛している ussurité vússiga kanashashung; 彼は恐れない udurukang, uturushiku neng; 恐れる理由はないか ussurirang até símumi, nayumi ｛naráng｝; 畏敬する tsitsishídi ussuritóng; 以後貴殿を恐れ敬います nama kara ato, iya tsitsishidaï ïya ussuritaï shung; 人の面前で恥を知らぬものは天を恐れることもない chung hadjirang aré tinnung ussurirang; 人前で恥じることのない人は天罰を恐れる必要はない ftunyi hazi bichí kutu nendung aré, ting batsi ukéyuru yüïshu néng; 特に自己の弱点または無知を暴露することを恐れる kúshshïung（屈する?）.

Fearful ｛[s.]timid｝恐れる, 臆病な; ussuritoru ftu; ｛恐怖を引き起こす, 恐ろしい｝uturusha mung; ｛恐ろしい｝ussuri tsitsishitu〈付き慕う?〉bichí, tsitsishim bichí（慎むべき）; 寂しく恐ろしい fidjuru kazinatóng.

Fearless 恐れを知らぬ; ussurirang, udurukang, kúshshirang; いかなる障害も恐れない nūng fabakaráng.

Feasible 実行可能な; naï bichí mung, yúku su bichí.

Feast ［名］饗宴; furimé; ［動］furimé shung; 軽いもてなし tidé; ［動］tideyung, tidéshung; 友をもてなす chakunyi ⁺yin kvéshung（宴会する）, shuï yingshung（酒宴する）; 結婚の宴 nībichinu furimé; 常にない大賑わいの宴会をひらいた uffíku furimé（振る舞い）tuï firugíti nídjiyakanyíshi tsini néngshi, または tsininyi kavati nidjiyakanyíshi uffíku furimé tuï firugitang; 宴会の客をいかなる理由でも長く引き止めてはいけない cháku tuï mútchi naga ḟichishé simang.

Feat 芸当・妙技・離れ業; líkutsinu shió, takuminu vaza, taki tskita vaza, myuna〈妙な〉ḟumbitsi〈分別〉.

Feather 羽毛; ki; 自分の羽毛を愛し, 一日中その影を水に映し, 遂には目が混乱して, 水中に落ち溺れてしまうことが常に起こる dū atarashashi, súnu ki hani fi djū mizzi kāgā 'nchi, mi kuragangshi tata tata uburíti shinyung: 中国の鳥について言われたこと; 毛が生える ki hánin mīung; [s.]fledge.

Featherbed 羽毛布団; tuinu ki mushiru, tuinu hani ittéru mushiru.

Feathery 羽毛状の; haninu gutóng; ｛毛がくっついた｝ki tschóng.

Features 顔の造作・目鼻だち; só〈相〉, kāgi.

Febrifugaem (**febrifuge**) 解熱剤; nitsi sarashuru, ｛おこり, 悪寒｝の薬 furī sarashuru kussui.

Febrile 発熱（性）の; nítsinu kudóng, nitsinu ndjitóng, nitsinu ang, fāfā shóng.

Fecundity 多産（性）; ｛植物が｝kvabunyi shodjïung. ｛動物が｝kvabunyi mmarïung, nashung; ｛人が｝kvā

nashā.

Federal 連盟の; ftu tsirani nashuru, yaku djónyi kakatong.

Fee 手数料・料金; sadami djing, ｛医者の｝⁺isha〈医者〉li-djing〈礼銭〉, yáku shtsi〈薬資〉; ｛代理人の｝⁺bung〈文〉tskoteru lī-djīng; ｛師匠の｝shishónu lī shing.

Feeble 衰弱した; uturūtóng, yótóng, yúvatchi.

Feed 養う; yashinó, tskanayung; ｛動物を｝akanayung, atskayung, kwāshung; 子供に食事を与える vorabinyi munu kvïung, kámashung; 牛を飼う ushi atskayúng. 彼らが食べ尽くせないなら, 君が猫に食わせなさい attaga kamitskussarandung aré, iyáya mayānyi kwāsé.

Feel 感じる; 恐れる, 恐れを感じる úturusha shtchóng, uturushashóng; 感謝している vūndji kandjitóng, kanshinshóng, arigatassang; 私はありがたく思っている arigattassa úmutóng; [s.]obliged, favour; ひもじい思いをする yāshanu ubirarīng ｛思い出される｝; ｛知覚する｝satuyung, nyūng ｛見る｝; （性）欲が起こるのを感じる yúkunu ukuyung; 欲の動きを感じる kukurunu ugukatchi; 脈をとる myáku tuyūng, myáku nyūng, saguyung; ｛手で触る｝nádïung, ságuyung, sāyung, tīshi sáti shtchóng, naditi shtchong; 私は君に深く感謝している vané ïya vūndji dūdŭ kandjitósa, または dūdŭ umutóng; あの石に触って, 滑らかかザラザラか教えてくれ ïyáya kunu ishé sáti 'nchi, nandurússami, súrusúru shumíndi satutósi vanyi tsigirïó; 擦ってみたらどうか, 金属か木か stă kutú chága, káni du yáruï, kídu yáruï; 彼を哀れむ気持ちが生じる ariga taminyi djífinu〈慈悲の〉kukuró úkutóng; 私は今日は暖かく思う vané chū atsissanu ｛寒い ḟīssanu｝ubirarīng; 頭に痛みを感じる karazinu yadósi ubirarīng; 腹の痛みを感じたらすぐ薬を飲みなさい vátanu yányuse ubirarīra ｛ubiraridunshurā｝chāki kussui núdi yútashang; 少々恐れる íffé ｛yāyā（稍）｝uturusha shtchóng; 疲れを感じた dūnu vútatósi ubiráttang; 恥じる dūshi hazikashimi ubītóng, hazikashashóng, hazikashang, ｛過去｝hazikashatang; 感謝する kandjitōru kukuru shtchóng; 彼に大きな感謝の下（もと）にある ariga vundji fúkaku kandjitóng; 懐胎していると思う dū kvétéshóndi umarīng, satutóng; 天意を知ろうと探る tinnu kukuru ndjassandi fakayung.

Feeling 感情; ［名］｛良い意味でも悪い意味でも｝kukuru, chimu, kundjó〈根性〉, kukuru mutchi; ｛良い感情｝djinshing〈仁心〉, ítskushimi, yī kukuru, yī chimu; ｛悪い意味で｝aku shing; 思いやりある人 vénda mung, ［動］（思いやりのある）véndassang; 反感ある人 akushínna mung; 思いやりある心 vénda kukuru; 心を傷め過ぎるな kukuru itanyussinyi ｛itamashusé｝sidjité simang; 動物的感情の｛血気にはやった｝結

果である chī-chīnu gū* shéru, chíchinu vaza deru {血と〔氣〕Ki の結果}, idjinyi makachidu shéru*dū であろう; この感情を広く広めよ kunu kukuru ushi firumiré; 感情に義の理を抑えさせないことは, 徳ゆえに人を愛すると言われることである djóshae djí-rī mákachi shimiranse, kure tuku shae ftu kanashashundi ïyung; djó shae dji〈義〉kaché simang.

Feign 装う, ふりをする; kazayung, kazati ïyung, shung, munuïshung, itsívati shung, itsivaï gutu shung; したたか酔ったふりをした shtataka wītōru fuïshung; 病人のふりをした yamé múnnu fuïshóng; 退却を装う itsívati shirizukïung, makita fuïshi {負けたふりして} nugïung; 旗を振り太鼓をたたいて攻撃のふりをする hata ugukashi, tsizíng útchi munashku ichïuï hayung {ukuchóng}.

Feignt（feint）見せ掛け（の動作）; shī nébīshuru kutu; 人を驚かす（怖がらす）ふりをする shī nébīshi chu udjirashung.

Felicity 至福; sévé, taï-chtchi〈大吉〉, taï chítchina kútu.

Feline ネコ科の; mayānu luï-shóng（類している）.

Fell① 切り倒す; ［動］chïung, tóshung; 木を切り倒す ki chíri tóshung; あの城市を取るのは大木を切り倒すが如く, まず両側から切るべき, そうすれば木は自ら倒れる anu gússiku túyuse ufu gi chīru gutushi, satchata ló hó〈両方〉{ta tukuru} kara chíri vadu yaru anshīdunse ufu gī nan kuru tóriung.

Fell② 残忍な; ［形］akuna mung, chó-na〈凶な〉mung, chidamunu kukuru {獣の心}; ushi kundjóng〈牛根性も〉{牛のような情}.

Fellow 同志; {仲間} yédju, dū kumi〈同組〉, dū lïó〈同僚〉; 同郷人 dū muranu fitu, yinu muranu chú; {提携者, 組合員} gú natōru ftu, vaza kumishōru ftu; {同位者} yínu kuré; 下位の者 shtya katanu ftu, iyashtchī（卑しき）ftu, iyashtchi mung, karī mung, fippu〈匹夫〉; おい, こら, 野郎! yó hïá! yé shïá! yana gatchi, yána dátsi; 極悪な奴 bákká, bákká mung, hïá bakka; 良い奴 yī wūtukú; 彼を打つな, かわいそうに! anagatchí {ndzó gatchí} atínna; 可哀相に, 彼に食べ物をあげなさい chimugurī mung {ndzóné mung} munu kviri; ndzógi, ndzóginá, munu kviri; 役に立たない奴 bítataï-mung; がみがみ怒鳴る奴 ákuma.

Fellow heir 共同相続人; unádjiku tsídji ukitōru ftu, madjung tsidjóng.

Fellow labourer 仕事仲間; {同業の} yína* vazashuru mung, vaza kumishoru ftu, vaza unadjūnyi shōru ftu *yinuであろう; {同業についている} vaza títsi shuru mung.

Fellowman 人間同士・同胞; fitu luïshoru mung, chū, yússu; fitu rāsha; fitu taru mung; 私の同胞 va dū

luïshōru mung; 同胞を自分の如く愛せよ tá nyin〈他人〉iya dūnu gutuku ndzosasi.

Fellowship 仲間であること・親睦; 私たちは仲間意識を共有している wattáya kukuru avatchóng, unadjū-nyishóng; ［名］抽象名詞（仲間意識）kukuru avashusi, aïtsōdjitósi.

Fellow student 学友; dū gakunu ftu, simi naré dushi.

Felo-de-se ［s.］suicide. 自殺

Felon 重罪犯人; dzé ning〈罪人〉, toga nying, shi zé〈死罪〉ukashuru ftu.

Felony 重罪; shizé〈死罪〉, shizénu toga; 死罪を犯した kurussarīru toga úkachang, úkunatang.

Felt フェルト; {毛織物} mushíng〈毛氈〉, kí uïnu nunu, ki tsidjāchi {tsidji avachi} utéru núnu; ［動］（フェルトにする）ki tsídji núnu uyúng（織る）.

Female 女性; wínagó, fúdjing〈婦人〉, nyu nyíng〈女人〉; {動物}（雌）mī mung〈雌牛〉mī ushi; {雌鶏} mī-duï など; 女性の部屋 winago za, útchi siméza; 女召使 winago nza, tské winago, winago tske mung.

Feminine 女性的な; winagonu gutóng, winagonyi nyitchóng, winagorāshī mung.

Fen 湿地; shtsi bata, dúru būkā, dúru bukanu chkata.

Fence 囲い・垣（根）; ［名］{竹製の} máshi gátchi, múgary; {格子編みの} dachi, {斜め格子の} kudéru gatchi, amigatchi〈網垣〉; ［動］垣根を造る mashi tatúng; {杭で支えて} kvī táti māshung; {剣の稽古をする} tatchi kukurunyung, tatchi móyung, tatchi fúyung; tatching tí tskayung, tatchinu 'hó móyung, mórashung.

Fencing master フェンシングの師匠; tatching〈太刀の〉tínu shishó〈師匠〉, būnŭ shishó.

Fender 炉格子; kama kanīru ki, kamanu ménu sidai.

Fennel ［植］ウイキョウ; wī chó.

Ferment 酵母; ūnshaku, mítchi; {米のとぎ水} kuminu shiru; {ワインを発酵させる菓子} saki vakashuru kvāshi; ［自動］醗酵する nánkuru vatchung, ábukunu futchung, ānu futchung, būkānu ndjüng, {全部「泡を吹き出す」を意味する} ［他動］（醗酵させる）vakashung, vakashimïung; 人々の間で騒動する sódó-shung, shimïung; 心が動揺する vashamichung, -michóng, -mikashung; {仏教における} 心を動揺させる5つの原因は, 楽しみ・受けること・思うこと・行動すること・記憶することである ítsitsi chimu ugukashuru únshaku, íru（色）, ukí（受）, umúï（想）, úkuné（行）, ubīsé（識）（般若心経）.

Fern シダ; vorabíngī, vorabin kī.

Ferocious 寧猛な; {動物が} tachishku（猛しく）, tachi-shchī; {人間が} guku aku（極悪）; ［s.］fell.

Ferriage; váttaï ching, váttaï buninu tíma, kāra váttaïnu tíma, kāra vattaïnu tima dzing.

Ferry 渡し場; ［名］vattaï-gutchi; ［動］（船で渡る）vattayung;［他動］（渡す）vattashung.

Ferry boat 渡し船; vattashi búni, vattaï búni.

Ferryman 渡し守; vattashi buni kūdjā, vattaï buninu ftu; 渡し守を呼んでこの品物を河から渡せ vattaï buni kūdja yúdi, kunu tákara kávǎrǎ kara vátasi.

Fertile 肥沃な; ｛田｝ djó tā; ｛畑｝ djó bata, djó chkáta, kwé djī, djínu kvétóng.

Fertilize 肥沃にする; djǐ kvéshung, yī chkata nashung, yutaka nashung, uruvatchi ｛潤し｝ yī chkata nashung.

Ferule （特に生徒の手を叩く体罰用）笞; tī útchi butchi, tī útchi djódji.

Fervently 熱烈に; ningurunyi, shtchilínyi, atsiku, fúkaku; shín nyītsī ｛後者は主に悲しみや怒り｝.

Fester （傷口が）膿む・ただれる; kássa natóng, wúnchunu shódjjung, kassa úminu tsitsidóng, wúnchunu ndjūng.

Festival 祭日; ［名］yī fī, yī fīnu shtsi, shūdjinu fi, yuvénu fi, shtsi nyītchi.

Festive ［副］祭日に相応しい, お祭り気分で（陽気に騒ぐ）; yuvénu fīnu gutuku; ｛市場の如き｝ にぎやかさ nyidji yaka-nyi ang.

Festoons 花飾り, 花綱; kazaï hána, hana mussubíshi kazaténg.

Fetch 行って取ってくる; ndji tūyung, ndji túti chung; 火を取ってこい fī túti kū ｛火を取ってそして来い｝.

Fetid 悪臭のある; kussassang, kussachi mung, náma gussatchīna mung; 蟹を食べて手が臭い ganyi kváti tǎ fīru gussassang; 臭い口 kúchinu kussassang; 口の臭さを治す kuchinu kussachi nóshung.

Fetlock けづめ毛; mmanu fshanu tubi ki, mmanu ádu gi.

Fetter 束縛する; ［動］kunchaïshung* *組み合わせるの義か;（足枷をはめる）kundjung ｛［過去形］tang, ［否定形］dang｝, tsinadjung ｛djang, gang｝, tabayung, shibayung, mattūyung （纏う）厳重に足枷をして見張れ chíbishku mamutí kussaï hakiré; 拘束されている kunchéng, tsinadjeng; tsinagatóng, fabamiteng ｛後者二つは比喩的に使われる｝.

Fetters 足枷; ｛手用｝ tí gūtsī; ｛足用｝ fsha gutsi, ashi gúruma.

Fetus 胎児; té nénu〈胎内の〉kva, vata utchinu kva.

Fever 発熱; yaki yamé, nitsi, nitsi byó; ｛寒さで｝ shó-kang〈傷寒〉; 発熱した nitsinu fáshūng; 断続的発熱 furī, furī byotchi, furī yamé; 断続的発熱がある furīshong.

Feverish 熱っぽい; nitsinu ang, nitsinu fashǐung, fǎfǎshung, nítsinu kudóng.

Few 少々の; ifi, kuténg, intién〈一点〉, shūshū, íkiraku; 少しの言葉 iffinu, íkkunu （一句の）kutuba; 数日して船は着いた sú djītsī nagé narángshi fúninu chóng; 彼は知り合いが少ない ari madjivayuru ftu íkirassang.

Fib 些細な嘘をつく; yúkushi munuī-shung; ūū kutuba-shung.

Fibre 繊維; kádji; 繊維質の kadji-mung.

Fickle 気まぐれな・不安定な; uttché fittché, sadami néng, nī néng ftu.

Fictitious 偽りの・虚構の; itsivari, itsivari mung, itsivati shéng.

Fiddle バイオリン; tsíru aru naïmung; ［動］（弾く）fitchung; バイオリンの弓 nárashuru yumí gva; バイオリンの奏者 naïmung fíchuru ftu.

Fidelity 忠誠・忠節; makutu assi, chūnu〈忠の〉assi; 夫の死後寡婦のまもる婚姻の貞節 tī shtsi, shtsi djī mamutóng.

Fidgetty（**fidgety**）そわそわ・いらいら; munu gussa-mitchā, chimu gussamitchi shta mung, uttché fittché shta mung; yassundjirang; ［s.］fastidious, whimsical.

Field 畑; haru, hataki; ｛稲田｝ tā; ｛戦場｝ djimbā〈陣場〉, tataké ba, tataké dúkuru; 兵を訓練する所, 練兵場 bū vaza〈武わざ〉narashú tukuru.

Field-mouse 野鼠; haru venchu.

Fieldpaths 畦; ｛田の｝ tānu ábushi; hatakinu 'ndju ｛また溝をも意味する, 水が集まり流れる｝

Fieldpiece 野戦砲; mútcháchuru hǐa.

Fiend 悪鬼; ｛地獄の｝ únyi, madjimung; ｛人間｝ yana títchi〈悪敵〉.

Fierce 激烈な; fǎdjissang; fadjishī mung; ｛風｝ fadjishī kazi; 激怒 ūū haradatchi; kǎ chū ｛火の如し｝.

Fiery 火の; fīnu íttchóng; ｛比喩｝ fīnu méyuru gutu, fīnu méï agayuru gutu; 活気ある馬（馬の通るのは火が燃えるように速い）mmanu tūyuse fīnu meyuru gútu féssang.

Fife 横笛の一種（フルートに似て高音の）; bībī gva, fúchuru naïmung gva.

Fifteen-th 十五・第十五; djú gŭ, dé djū gŭ.

Fifth 第五; dé gŭ.

Fiftieth 第五十; dé gŭ djŭ; 五十.gu dju.

Fig （植）イチジク; ichi djiku ｛日本語｝.

Fight 戦い; ［名］tataké, tatakayuru kutu; ［動］（戦う）tatakayung; 戦闘を交える tatake madjīung, madjī tatakayung; ｛喧嘩する｝ arasoï tatakayung, óyung; 手で戦う・喧嘩する ti ndjachi óyung; ｛拳で戦う・喧嘩する｝ ti zikungshi óyung; 戦ったが勝者, 敗者の決着は見なかった madjī tatakati, katchi makinu vakaráng; 生来戦いを好む mmaritstché tatakayusé kunudóng, óyuru shó〈性〉, óyuru mmari.

Figment 空想・幻想; sura umuï, munashtchi umūī, nī nérang umūī kata.

Figurative 比喩的; tatoï gutu, tatoïba, tátoraba; 全ては比喩的な意味で, 事実と理解してはいけない sūyó tatoï ími du yaru, djintónu〈現当〉kutundi umúnnayó; [s.]metaphor.

Figure① 姿・形状; [名]kátachi, sígata, sū katachi; {画像・表象} yī; {輪郭} sū katachi, stunu katachi; 真っ直ぐな線で描かれる形で, 三角より少ない線で描かれるものはない nowchi chí shae nashuru únu únunu dzīya, san kaku kagité naráng; 形は革袋に似ている kataché kā bukurunu gutóng; 君は{言い尽くせないほど} 姿も良く, また聡明である iyáya kāging, sénūng〈才能も〉ī narang sháku yútashang; 心の形はまだ開花していない水蓮の花のようだ kukuró māda firakang {línnu〈蓮の〉hánanu} tsibuminu gutóng.

Figure② 心の中に描く; [動]思い描く chimunyi mī́ung; 居ない人を思い描く chúnu úmu-kádji datchung {人の顔・面影を想像する}, vūssiga mī́ūrū gutóng {居るのが見えるようだ}; vūru gútu, mīuru, tatchōru gútu-kunyi shung.

Figured 模様入りの; {織物} 模様入りの kata tskiténg, hána gata íttchong.

Filch くすねる・ちょろまかす; nússudu gva, gúma nússudu, hīä gátchi.

File やすり; yassī, {丸い} maru yassī; 一列縦隊の兵士 chu tsiraninu fió, chu fénu fió; 一列縦隊で行進する chu fé, chu fé achung, ayunyung; 数珠玉の一貫き tamanu chu nutchi; 糸に通す nutchúng; やすりで削る・擦る yassi shae sīung.

Filial 孝行な; kó aru; 子としての義務を果たす子 kókónu kva.

Filiate 養子にする, (非嫡出子の)父を裁判によって決定する; {vorabi} yíradi tsigāshung(継がせる).

Filings やすり屑; kani kúzi, kani kumaki, {屑} kani kússu.

Fill 満ちる; mittchung {chang, tang}, tsimī́ung; 無理やり押し込む fishi kúnyung, fishínchung, takusanyi irīung; 完璧に満ちる chíttu michung; ふくらませて丸々となる {袋の皺が見えないくらい詰め込んで} hatchatitóng, [他動](丸々とふくらませる) hatchati irī-ung, hatchatirashung; {穴を} 塞ぐ fussagayung* fussadjung であろう; それを満たせ míttasé; 一杯になるまで移し満たせ útsichi míttasé, katánkiti íti míttasé; 食物で満たす, 満腹するまで食べる chufāra kanyung; 牛馬の糞を土と混ぜて穴の半分入れよ úshi mmanu kúyashi túti, nchātu avachi ánanu hambung íriré; 喜びで一杯満ちた yurukubinu míttchong, mán yítsi(満悦) shóng; 膿胞・水膨れなどが一杯詰まった kámīung, mízzi kámīung; 膿が詰まった chími íūng, chími íttchong.

Fillet {頭に巻く} 細長い紐, ヘアバンド; tsiburu tsitsi-nyuru mung; 豚のヒレ肉 búttanu uttchi nágani (即ち, 肋骨部分); buttanu múmu shishi (もも肉).

Fillip 指ではじく; tí nárashung; wíbī banchishung, tsima

banchishung.

Filly 雌の子馬; mī 'mma gva.

Film 目のかすみ・薄皮 (で覆われている); mīnu kā kantong.

Filter 濾過する; [動]mizzi tūchi chī-si〈清水〉{即ち, chíushchi mízzi} nashung; [名] (濾過装置) mizzi tūchi chīsī nashuru dógu.

Filth 汚れ; yúguri, fíngu, chígari {最後のは心的にも}.

Filthy 汚れた; fingu tstchóng, chigaritong; 汚れた人 chíushkarang mung; 汚れた話を聞いて喜ぶのは一つの罪 chunu chigarī kutu iyussi chichigényi, kukurunyi yiti ushashusi ftutsinu ayamatchi.

Fin 魚の鰭; īūnū hani.

Finally 終りに, 遂に; ovaínyi, tsīnyi; 善人悪人は最後には報いがある, ただある人は早く, ある人は遅いだけだ yúshi áshi tsīnyi mukúīnu ang, táda mukúīnu nīsāssītū féssāssītū arasōyung; 善人は最善を尽くさせれば, 遂には幸せになるのがわかる yī kutu nashusé, dūshi kukuru tskushī́dunse, tsinyi sévé yiyundi tukuró, mitsu bichí; 遂に同意した tsīnyi ukigudang.

Finance 歳入・収入; súí〈税〉, djónó〈上納〉.

Finch (鳥)目白; sómina, chīru kǔrá〈黄色雀〉.

Find 発見・捜し出す; tuméyung, kaméï nyung, tuméï ndjashung; 見つけ出した kaméti nchang, mī ndji-tóng; {道を見つけ出せない〈比喩的〉, tídánung〈手段も〉tuméí ndjassang, tidáng sagurivang, saguraráng; 行って真相を明白に見つけ出せ īya ndji mífákunyi {issenyi} sāguti kú; 易しい主題が見つかれば, 私たちも又何とか詩を一首作るよ múshi dū yassaru dényi attaídunse, vatta chāki shi íshshó〈一首は〉tskoyúndo; 定規で絹糸の長さを見つける・測定する djódji shaī íttunu nági hákayung; もし今日(彼に)会えないなら, 明日また来なさい chū itchāndung aré achā mata kūa; 発明する hadjimiti shī sákushung〈造作する〉, umúí ndjashung; 品を見つけ出し取り戻した nusumattósi tuméti yítang, tuméí ndjacháng; 他人のあらを捜す fīkussi nyūng, kaméyung, kizi tuméyung; 自分のあら捜しをする(自省する) dūshi dū kaïri nyūng; あることが正しいと認識する yúta-shashung, yútash tushung, yutashandi ïyung.

Fine① 細かい; [形]{織物が} uróshang; kumassang, myūna mung, myūnyi kumassang; {買うのなら} 細かいものほど, より結構だ īū īū kumassassiga {kóré}, īū īū yútashang; nan bung kumassaru fudu, nan bung yutashang; 晴天 tínchi sávayakanyi ang, hada-mutchi yutashang; 妙な考え myuna kangé; 見事な磁器 djó {第一級の} yátchi mung; djó datsinu〈上達の〉yatchimung; 立派で美しいほど滑らか churassa, gumassanu {布なら, uróshanu} nandruteng shóng; りっぱな服装を着て, 過分の召使に従わせる

dū yī tapé {lippanyi} shózukúshi, kvabúnu túmu yúdi shtagāshung;

Fine② 科料; {罰金} toga djíng, batsi djíng, kva-djíng 〈科銭〉; [動] 罰金を課す kvǎdjíng hakǐung; [s.] forfeit; {賭金} kāki zing.

Finery 派手な装飾品; kazaï mung; {偽りの} 装飾 'nna líppánshi; {言葉を} 飾った kutuba kazatóng, wābi kutuba, chura yésǎtsishung.

Finger 指; wībi, tīnū wībi; 薬指 nárashi ībī; 人指し指 chú sāshī; 中指 náka ībī; 小指 ībingva; 親指 úfu ībī; 指先 ībinu sátchi, ībi zátchi; 寒さで指が落ちた fīsāshī wībinu útitong, nugitóng; 指で掴める分量 wībinu chū tskang; 指先で掴める分持ってこい wībi záchi shi ké tskadi ku; 指先に付く分の液体 wībi záchishi ké kakiti ku; 指先 wībi bána {鼻}; 指のうつろな表面 ībi váta {腹}; 指{先} 一杯 wībīshī chū nugūï, chu kaki, wībi chū bána; 指で数える wībi zankata, tī zankata-shung; 指で占って盗まれたものを見つけ出す nusumatósi {tāga nússudaga} wībinu uranéshi tuméï ndjashung.

Finger bowl フィンガーボール（指洗い鉢）; táré, tī arayā.

Finger's thick 指の厚さ; chu wībinu áchi, wībinu úppi.

Fingerboard 鍵盤; {ヴァイオリンの} 指板 san shinnu（三線の）mma {3弦}

Finger ring 指輪; wībi gáni.

Finical 凝り性な; {ひどく上品ぶる} tskoyā; 上品ぶった話し方をする tskoti munuīshung; 美しく見えるよう上品ぶり過ぎる tskoti máttaku churaku nassandi shung.

Finish 完了する; {終わる} ovayung, tudjimïung, shī hatïung; {成就する} djódjushung; 最後の仕上げをする kushiréyung, táma nashung, tamanu gútuku nashung; 仕上がった natóng, djodjushong, táma natóng, yū tskoti tamanu gútu natóng; 何時・何日に仕上がるか itsi vúti djódjūshūgã?, nánnu fïnyi tudjimáyuga?; {将棋の} ゲームは何時終わるか chúndji ítsi útchitudjimīga?; {初めから終わりまで} 完了した shúbi náti; 仕事が完了した時は, séchung {[否:] kang} ともいう. また雨が止んだ時もそういう.

Finite 有限の; kadjiri aru, hatinu aru, kadjiru bichi mung.

Finny 魚の; 魚族 íritchi aru lúï〈類〉, īunū lúï.

Fir モミ（材）; mātsi gi, tsā gi, kū in tsā. {後者は中国から}

Fir-apple モミの実; matsinu naï.

Fire① 火; fi; 火を燃やす fī meshung; 火を付ける fī tskïung; 火が燃える fīnu méyung; 火で焼く{焼き尽くす} fīshī yachung; 火傷する fi sizirakashung; {動物に} 焼き印する yatchi shirubiung; {罰として} 人に文字を焼き入れる fī-djimi-shung; 消えない火 chā méï shuru fi, fī chirassang; とろ火でブロイルする fī kwūku nachi shídjïung; 火が強すぎれば{ご飯} は焦げてしまい, 弱すぎればボロボロになる fīnu chūnyi〈急に〉aïdunse, natsitchishung; fīnu yúruyakanyi aré tadarīng; 打って火を出す fī utchung; 火打ち石 fī íshi; 打って火を出す鋼 fi útchi, fī útchuru kani; {燃えだす} 点火する fīnu tskayung; 火を消す chāshung; {火災警報で消火する} fī skuyung, kwa-nán〈火難〉skuyung; {火で溶かす} tátchung; 火薬庫から火が起こった事情 yínshu yānyi fīnu úkutaru yūīshu; 竈 kāmǎ; {西洋の暖炉} fī méchi nukuyū túkuru; 火と水が接触するとヒュッ{シュッ}と音がする mizzitu fītu āchi chūlū-michung; 火災警報 hófaï-shung; 火事 kfadji; 大火事 ūū kfadji, yukaï kfadji; 「火事だ」と警報する叫び声 hófaï!.

Fire② 発砲する; tīpú hánashung, narashung, pámmichung, pámmikashung; {大砲で} 祝砲を鳴らす yuvénu hïa, shūdjinu hïa nárashung; páramikashung.

Fire arms 火器; īurū fī dógu; íkussa fī dogu, nárashuru fī dogu, paramikashuru fī dogu.

Fire arrows 火矢; fi ïa; 矢頭に可燃薬を塗り付ける īanǔ tsiburu nakae fúchi gússuï tskïung.

Firebrand 燃え木, たいまつ; méshuru tamung tītsi; méshi djíri.

Fire crackers 爆竹; fíóchǎgū, {竹製の} 爆竹 dáki fíóchǎgū.

Fire engine 消防装置; mizzi hǎnī.

Firefly 蛍; zin dzing, fútaru.

Fire kiln {陶器製造用窯} yachi mung gāmǎ; {合図のための丘の上の火炉} fī tati ya.

Firelock 火縄銃; tipū, ishātū, fíchí sāshi.

Fireman 消防士; fī skuya, kvǎnán skúyuru ftu.

Fire pan 火入れ容器; fī irīru dé, fi-lū〈火炉〉.

Fire-proof 耐火性の; yatching ké tubáng, {何も失わない} finyaïnsang.

Fire ship 火船; {蒸気船} fī būni.

Fire wood 薪; tamúng, tátchidji, shiba.

Fire works 花火; fi fánadji.

Firing 発砲; {火器の発砲の音} paramíkashuru kvī; [s.] fuel.

Firkin 小桶, 英国の容量単位; mássi, tamishishuru wūki {計量用桶}.

Firm① {[s.] unwavering} 堅固な; katónyi ang, chíngúnyi ang, chūsang, gandjū〈康中〉mung; 断固たる決意 kukuru katamaï tskitóng, katamaï tskitōru fumbitsi 〈分別〉, mítski; kukuruzashi kataku ang, sakanyi ang; この世に不可能なことはない, 只人の心が強固不動でないだけだ shkinyi katémundi íché nérang, chúnu kúkuru kataku néng yūi déru; しようと思うことは必ずなし遂げられる mízzi kará sandu aru shī osan sidjé arang; 目標がしっかりした mitskinyi katamatóng; 押しても動かないほど不動の ushúng {utchíng} ugukang, wīkaching wīkang; 自身がしっかりしておれば騒ぐことはない ïya dūnu mítski

katónyi aïdunse, iffing sávagang; 気を強くもたなければ
ならない, そうすれば仕事を成しえよう. もし些細な
障害に逢ってすぐ逃げだすようでは, 何の仕事も成し
えない chúnu chíya〈気は〉, tsïūku sí vadu, kutó
tudjimīye nayuru, mushi vazikashi kutunyi tstchi
óti {átati} shirizúchi uttchéïdunse, cháshi kutu
tudjimīru nayuga.

Firm② 商館; {商業} achinéshuru ná, achinéshuru yā.

Firmament 天空; tinnu sura, tínnu nákaba.

Firmly 堅固に; kătónyishi, atsūnyi, kátaku; {固定した}
odayákanyi; 固く信じる katónyishi, kataku shindjïung;
転がらぬよう固く整えろ wīkang gútu utchóki, ku-
tsirugang gutu, odayakanyi utchung; 堅固に守る
mamuï tskitóng, mamuï chichóng; 足をしっかり固定
して fsha kúmpati {kúdi hatong} tatchóng; 足をしっ
かり置かなかったので転んだ odayákanyi akánta*
kutu, {fsha odayakanyi kumáng, tatáng, tatiráng kutu}
dugétang. *ukántaであろう.

Firmness 堅固・固定; kukuruzashinu kataku, katonyi
assi; 堅固に振る舞う katónyishi dū mamuyung（身
を守る）.

First 第一; dé itchi; 最初の時 dé itchi dū; 彼が来た最
初の時 hádjimi cháru bá; それは良くない, 第一彼は
若いし第二に彼の父親が許さない kuré ikáng, tītsi
tushinu vakassaï, tātsi {ta kutó} lóyéga〈老爺が〉
mata úkigumáng; 位階の第一 íttsing tátti kuré; 第
一に íttsing satchi; ítchi bang, shū fátsi; 最初から
最後まで hadjimi ovaï, shúbi, fún-mătsī, shí-dju; 最
初は官人になることを願わなかった mutuyuri {fúnyī}
kvanyíntu naránsidu nigatóng {nayusi nigārang};
最前（から）íttsing mútuyuri, sédjing kara〈最前か
ら〉; 初めて民に種蒔きと植えることを教えた fha-
djimiti taminyi muzukúï shusi naráchang; 農業は
政府の第一の関心事だ nódjé〈農業. CDではnó djóと
ある〉{muzukuïshuru vaza} matsirigutunu fhadjiminu
tstomi; 最初に考えなければならない sé shu vúti
kangeri varu; 善人になる第一歩 yī ftunkae nayuru
tsígutchi {津口}; 初めて私に説明した vang
hatsimī shimitang; 第一, 第二, 第三 fadjimi, náka,
ovaru; 最初, 中頃, 最後 djó〈上〉, chu〈中〉, dji〈下〉;
まず来なさい. そしたら見てみよう satchi ku, áto kan-
gétindé; {一年の} 最初の月 shó gótsi〈正月〉; {月の}
最初の日 tsī tatchi.

Firstborn 最初に生まれた; fadjimi mmarinu mung; 長
子 sīzangva; 長男 chákŭshī.

Firstfruit 初物, 初なり; fhadjimi naïmung, hátsi naï-
mung, hatsi djukushoru naïmung.

Firstling 初子; hadjimi nachéru mung, sīza.

Fish [名]魚; ïū, úŭ; 魚を釣る, ïŭ tuyung, ïŭ tsiúng; 魚一
匹 ïŭ chu zú {尾}, chu sídji, chú zúnu ïŭ, ïŭ tītsi; と

ても美味しい魚 dūdu yī ïŭ; 魚の小骨 'nndji; {とげ};
当地で知られている魚の種類: 鱈 mī baï; (魚名)サ
ギフエ. hayú; スズキ yénu ïŭ; 鯖 bashika ïŭ, または
hïŭ ïŭ; 刺のあるハコフグ ábashi; 青い魚 ó-batcha;
二種類の大変小さな魚 ïba, túnudjā; いか (烏賊)
ikka, faná icka; 魚を薄切りにして卵を混ぜてパスタ
にして揚げ, 薄く切ったもの kámabuku; 赤く色付けし
たかまぼこ nyishtchi kamabuku; スープの具として
の魚の肉を丸めたもの ïŭ marumi; 練り粉をつけて
揚げたもの tímpora; 揚げた魚 yáchi ïu; [s.]
minced.

Fisherman 漁師; ïŭ tsïā, ïŭ tuyā; 老漁師 ïu tuyā ufu
shū, ïu tuyā ufu djā.

Fishery 漁場; ïŭ tuyú túkuru.

Fish-hook 釣り針; ïu tuyuru tsī, ïu túï tsī.

Fishing-line 釣糸; 釣縄 ïŭ tsīnu wū (緒), ïŭ tsīru ná (縄).

Fishing rod 釣り竿; tsī daki, ïŭ tsī daki.

Fishmonger 魚屋; ïŭ ŭyā.

Fishpond 生け簀・養魚池; ïŭnŭ ïchi, ïŭnŭ kumúï, ïŭ
tskanateru kumúï.

Fissure ひび割れ, 割れ目; fibari-tong, várimi; {木が} (裂
けておる) sakitóng.

Fist 拳; tí-zūkúng, tí kúbushi; 拳を握った ti zukúng
magitóng; 拳で打つ tī zukúng kvāshung, tí zukúng-
shi útchung; 答を投げ捨て, 拳で彼を数回激しく打っ
た butchi utchi, tī zukúnshi ariga dūnu wī ïkkénung
chíttu utatáng (打たれた) {sātang触った} utcháng で
あろう; 拳の大きさ tizukúnnu úppi, fúdu.

Fisticuffs 拳で殴りあう; ti zukunshi tatachung, tataka-
yung, óyung.

Fit① (病気の) 発作; [名]突然発作で倒れ人事不省に
なった chúttunyi dugeti {kúragadi dugeti} chúnu
kútu ndang; [s.]convulsion, epilepsy; 怒りの激発・
発作 chu fháradatchi.

Fit② 適った・相応しい; [形]kanatóng, sóvūshóng, wūdji-
tóng; 彼が不幸なのは全く相応のこと ariga sévé
nénsi sadamiti wūdjirarīng; 同じ日に言われるのは
適したことか fī unadjūnyi shi ïyarīse wūdjirarīkăyā?
{kunu kútu ïyarími ïyárani}; 意図に適った yūnyi〈用
に〉, yúdjunyi kanatóng; 地位に似つかわしくない
búnyi〈分に〉 wūdjirang, attarang.

Fit③ 合致する; [動]あの瓶の蓋はぴったり合う anu
bínnu djó tsigóshóng, attatong, tsíntu attatong; ぴっ
たりとは合わない guragurashung {グラグラする}; 衣
装が良く似合う shínyatóng; 似あわない shínyayé
néng.

Five 五つ, 五; ítsïtsï, gú.

Fix 固定する; {決める} sadamïung, chishshïung, chishi
sádamïung; 日限を決める kadjiri, nyitchi djing sada-
mïung, tatïung, fï-kadjiri shung; 如何にして日限が

決められるか cháshi kadjiri sadamirarīga?, cháshi sadami yīyŭgă?; 二者間で時間を決める yákuskushi nyitchi djing sadamĭung; 決まった日限によって限る必要はない tuchi fé sadamirang gutu sinyung; 日限はまだ来ない māda kadjiré kūng, māda mittáng; 決まった日限は過ぎた kadjire sidjitóng; 私は彼の来る日を二月の二日に定めてある vága nyi gótsi fútska ariga chūndi ichi kádjiri tatiténg; 計画は決まった fakari sadamiténg; 彼に目を付ける mīya ariga wīnyi tskiti fíchayung; {固定する} chūku kakĭung.

Fixed 固定した; {動かない} wīkang, ndjukang, udayakanyiang; 天命により定まった ting kará sadamitóng.

Fixedness 固定・不動意志の不変; kukuruzashinu kavarang, sadamiti íffing kavasang, ndjukang; 焼いても揮発しない yachíng ké tubáng.

Flabber (**flabby**), **flaccid** 軟（弱）な; yáfáténg, yavaraka; たるんだ肉 shishé fúkusang.

Flag① 旗; háta; 旗艦 téshónu〈大将の〉fúni, hátashi yézishuru fúni; 旗竿 hata zó, hata kundjuru só, hata-tatí.

Flag② イチハツの類（しょうぶ・あやめなど）; {植物} karasódji.

Flagelet (**flageolet**) フラジョレット（縦笛の一種）; fuï nárashuru naïmung.

Flaggon (**flagon**) 食卓用細口（酒）瓶; tsibu, saki tsibu.

Flagitious 極悪な; gúku aku, nyikwī mung.

Flagrant 極悪な行為; bódjichi〈暴事〉-nu ukuné, kutsisashimīru ukuné.

Flail （脱穀用）殻竿; kaki dzíchi.

Flake 薄片・一片; [名]chu kaki, chu fídji（へぎ）.

Flambeau 松明; té, tébī.

Flame 炎; [名]fīnūtū; fīnŭ kadji, fīnŭ fikari; [動]炎を上げて燃える fīnutunu táttchung; {比喩的に}（刺激する）idji sisimashung, sakanyi nashung, fadjimashung; 炎が空一杯満ちた fīnutunu sura mading ussutóng.

Flank① 脇腹; {四ツ足獣または人間の脇}; gámaku.

Flank② 側面を接する; [動]{接する} sūyung（沿う）, sūti achung.

Flannel フランネル; shiru dásha; {色付き} mushíng; 胸を覆う下着 kŭ-būsī.

Flap 平手打ち; [名]1回の平手打ち chu tínda; [s.]box; [動]翼をバタバタ動かす hani furuyung; 飛ぼうとする際 hani datáchishung; {飛んでいる際} hani utchung, utchishung; バタバタと羽を広げる hani núbíshung; バタバタの音 pata pata shung; 顔に平手打ちをかませる tíndashi pammikashung, pam̃ikatchi* útchung, m̃はmm.

Flare up ぱっと燃え上がる; fīnu sŭ'ttukashung, fīnu pattukashung, chúttunyi ké méyung.

Flash ピカッと輝く; {稲光が} chíramitchung; ínabíkari-

shung, fūdī-shung; 突然思いつく chúttunyi umí tstchung.

Flask フラスコ, びん; 油壺 anda gami, anda tsibu; 火薬壺 yínshu tsibu.

Flat 平たい; máttóba, firatténg; {真っ直ぐ・一直線に広がった} agaï-figŭïnsang; 平地 fīchi; 平底舟 súkunu máttóba aru fúni; [s.]flimsy.

Flatten 平らにする; máttóba shung; [s.]discourage.

Flatter へつらう; fitsirayung, méssishung; {空望みを抱かせる} chura yésătsi shung; 卑しく諂い, 人々に寄りつく kágamatí shīti chunyi tskĭung, chu duyéshung.

Flatterer へつらう人; nī-djing〈佞人〉, méssā, fitsiré gútchi, fitsiráyuru ftu, méssishuru ftu, kutchi kané mung, kutchi múttchí; へつらい見かけ倒しの女 fitsirégutchi shuru wínago; 金持ちを見てへつらい顔をするのは大いに恥ずべきことだ fūtchi〈富貴〉'nchi, fitsirayuru katachi nashusé dūdu házi bichí mung dú yaru; 専らへつらう人が好き fitsirayuse múppara stchóng, fitsiraï mung yutashashóng, yutashtushang.

Flattery へつらうこと, お世辞; fitsirayusi, messishusi; {へつらい・甘言言葉} méssikutuba, méssa munugataï, fitsire bánashi, ánda kūdjó; 相も変わらぬ甘言で老皇帝を騙した méssi bakangshi {chu adjivéshi méssishi〈EC: 一味諂諛（あゆ）〉}tushĭúï kóti ázamucháng.

Flattish やや平板な; tégé, ūkătă firatténg.

Flatulency 鼓腸, 胃腸内にガスがたまること; shŭkushóshung, sh'ku magéshóng, sh'kutchigé shóng; wata fukwī-shong, すべて消化不良を表す; 屁をひる fī būbū shung; [s.]uneasiness.

Flaunting 見栄を張る, 誇示する; djimangshi〈自慢し〉fúru fúru shimĭung, hóru hóru shung.

Flavour 風味・香味; adjivé, nyívi; 良い風味 yī adjive, yī adjivénu nyívi; 良い風味がある māssa kazzashung; すべての蜜の風味は, 主なる・（卓越した）花の風味があるのが普通である mitsi〈蜜〉gútunyi hánanu adjivéya nuchinditóng, kavati fiditóng; 風味を付ける dáshi tskĭung; 風味を失った áffétóng, dáshinu fíngitóng, chī fichóng.

Flavoured 風味ある; 風味が非常に強い chtsisang, chtsiyī kaza, dáshi sidjiri, dáshinu sidjitóng, chitsiku natóng, dáshinu chtsisang.

Flaw 欠陥, あら; [名]kízi; [自動]（傷がつく）kizi tstchóng; [他動]（傷をつける）kizi tskĭung.

Flax 亜麻; 'má wū, ássanu wū.

Flay 皮を剥ぐ; ka hadjung {jang, gang}.

Flea 蚤; númi; 蚤が噛む núminu kúyung; 蚤の噛み跡 núminu kvé kutchi.

Fleam 切開刀; mmanu chí ndjashuru sīgū.

Fledge 羽が生えそろう; kí háninu mí súruyung, haninu mí súruti yín nagí nayung.

Flee 疾走する;｛飛ぶ｝túbiung;｛逃げる｝núgĭung, nugi fáshĭung, fĭndjĭung, túbi fashĭung.

Fleece 毛; [名]｛羊毛｝mĭen yánu kí, mĭen ya ippítchinu kí; [動]｛毛を剃る｝ki suyúng;｛比喩｝ka hadjung, hadji tuyung, suï hadjung; 巻き上げられた｛だまされた｝suï hagáttang, sáttang.

Fleet① 速い・快速の;｛迅速な｝simiyaka, gurúku, gurussang, féssang.

Fleet② 艦隊;｛船隊｝lī shin〈類船〉, chu kuminu fúni; 三艦からなる艦隊で着いた san zu lī shin shi chang; 大, 小艦隊 līshinu uffussang, ikirassang; 彼の艦隊は台風に逢い散らされた ariga līshinu arashinyi átati ná chíri djíri natáng, utchi váckvassattang; 艦隊に加わる lī shin nakae tstchi, gū nayung; 私的に（自分自ら・親しく）艦に加わる lī shin núïyéshung.

Flesh（食用の）肉; shíshi, nyíku; 魂に対しての肉体 dū, mī（身）, dū-té〈胴体〉, shin-té〈身体〉; 肉は震え, 心臓はドキドキした shíshi bítchishi, chimu dáku dáku; 供え肉 matsiri nyíku; 誓いを解く際に供えられる肉 gvan〈願〉butuchi（願解き）djíshi; 肉色・肌色 háda dūnu íru, aka, akassang, chunu hada íru.

Fleshless やせこけた; yogaritóng, yashtóng, yétong.

Fleshly 官能的・肉欲の; 目 shíshi dzíchinu mī, shishi umuyuru mī; [s.]carnal.

Fleshy 肉付きのよい; shíshinu íttchóng, kwétóng.

Fleur-de-lis（植）イチハツ; kutchó bána.

Flexible 曲げやすい・しなやか; wúï yassang, magí yassang, mágiru bichí, magirarīng; 柔軟な人だから私が彼を容易に扱うことができる yafara mung ya kutú vága míttanyi ari wúï magĭung; 綿の如くしなやか múminu gútu yáfarassang.

Flight① 敗走; 軍隊の faï djing〈敗陣〉, faï gúng〈敗軍〉; yaborattaru djing, djing yaboratti fíngitang; 敗走した faï gúnyi nati, faïgúnyishi fingitang;｛逃走｝tubi sayusi, núgi sayusi;｛鳥の飛行｝tubĭusi, túyusi; 飛行中の鳥の一群 túïnu chú kúmi.

Flight② 一続; 階段の chu túïnu kízaï.

Flighty 浮ついた; 人 avati mung, chimu avatishta, chìmu gassa gassa shta mung.

Flimsy 浅薄な; assassang,｛人｝chímu ássassaru mung;｛本｝assī shimutsi, ássissaru shimutsi.

Flinch 尻込みする・ひるむ・たじろぐ; ukéyung, chídjumati, kagamati shirizuchung, ussuriti chidjumayung; たじろがない｛瞬きもしない｝mī utchinsang, íffing ndjukang; 彼の職分, また用事からしり込みしない anu shkúbung ｛yūdju｝kara ukérang.

Fling 投げ捨てる・放り出す; nagi stïung, nazi utchúng; 放る uchángĭung.

Flint 火打ち石; fí íshi.

Flippant 生意気な・お喋りな; likutsi shta mung, múnu yū ïyung; fūa múnuï shā;｛余りにもお喋りな｝munu ïyunyā.

Flirt ひょいひょい動く;｛漫然と動き回る｝cha áma kuma achishung, íchishung;｛手をすばやく動かす｝tī béssa shung;｛不意の悪戯｝watchaku;｛扇で悪戯する｝ódjishi wátchashung, watchakushang;｛言葉で｝wakuï munuï-shung; nábakuyung; watchaku, nabaku* munuï-shung *nabakuïであろう;｛媚をうる｝mayuvashung, mayāshung.

Flit 素早く飛ぶ; tubiru gutu féssang; [s.]fleet.

Flittergold 金箔の箱; chímbána, chímbáku.

Float① 浮かぶ; [自動]mizzinyi ukabu, ukadóng; utchung, utchóng; wīdjung（泳ぐ）; [他動]（浮かべる）ukiung, ukabĭung; wīgashung（泳がせる）; 水に浮かべなさい mizzinyi ukabiri, úkiri; 海上に浮かんだ死体は十万以上に達した ké shónyi uchōru shkabani djū măng amatóng; 浮かんだ雲は彷徨う思いの表象である wáckvitōru úmuyé ukadoru kumunyi tátoténg.

Float② 筏; [名]1つの筏 fúna íkata, íkătă.

Flock 群; múnagari, atsimaï; 羊の群 fīdjānu munagari.

Flog 鞭打つ; buchi útchung, butchi kwāshung; 杖で打つ tsīshi, または gōshanshi súguyung, súgutaïshung;｛罰する｝bátsishung; 背中を鞭打つ罰は廃止した kúshi nakae butchi útchuru batsé nuzukitang; 鞭打ち殺す buchi úchi kúrushung.

Flood 大水; ūū mizzi; 洪水, kó-sī.

Floodgate 水門; mizzi kanī, mizzi kanīru ｛tumīru｝ítă.

Floor 床; yúka;｛松板の床｝ita yuka;｛竹床｝daki yuka;｛階, 1階については言えない｝2階 nyiké; 3階 san ké など; [動]（床を張る）yúka íta tskĭung; yuka daki tskĭung.

Florid {[s.]flourish}; 鮮やかな; sakatóng; 血色よい・赤みを帯びた顔 sakura íru, aka zira.

Florist 花屋・花卉栽培者; hana zitchi, hana zitchā.

Flounder 苦労して進む; duru gwéng-gwéng-shi achi gurishang; fsha kumínchi kumínchishi achigurishang.

Flour 粉; kū;｛小麦の｝粉 múdjinu kū, mĭen fung〈麺粉〉; 米粉 kúminu kū; 豆の粉 māminu kū.

Flourish 繁茂する; shídjĭung, shídjiti sakayung, shīdjóshung〈盛生〉, sakayung;｛大いに栄える｝fidĭung（秀でる）, fídita mung; 彼の事業｛商売｝は栄えている ariga achiné fiditóng; yútakanyi sakayung; 栄えと衰え｛反対語｝sakaï uturūï, sakataï uturūtaï; 繁栄した時代 sakánnu yū, sakatōru yū.

Flout 嘲る; azamuchung, súshiri azamuchung; [s.]mock.

Flow 流れる; [動]nagarĭung; 水は皆西に流れる mízi sōté nyíshinkae nagarĭung; 絶えず流れる chā nagaríshi yamáng ｛térang｝

Flower 花; [名]hana; [動]（花が咲く）hana fírachung, fírachung; hana sáshung* *sáchungであろう, sachóng; 彼女は, 開いたばかりの花だが, この不当

な病に取りつかれた are bándji fíráchuru hananu gutóssiga〈tuchinyí〉 wūdjiráng yamé yītóng; 花が落ち種が出来る hánanu síriti sáninu ndjúng; 花を摘む hana wūyung, tsinyung〈tsidang, mang〉; 君には花は摘めない. 私が君に摘んであげるのを待つかどうか ïyága hána muï ōsan kutú vága tītsi wūti ïyanyi kvīūsī máttchumi, chága?; 一重咲きの花 chī bana; 二重咲きの花 fúchi bana, tá kassabinu hána; 花と木, 花卉 hána-gí.

Flower pot 植木鉢; hana ítchi, kva dé〈花台〉, hána ítchi dé.

Flowery 華麗な;〈花で飾った〉 hanashaï iruduténg, hana shae lippangsheng, fhanayakanyī ang; 花模様プリント布 hana tskitéru núnu;〈飾った言葉〉 kutuba hana sakashung, kazati ïyung; 花模様紙に書かれた文 írugami nyi kachéru bung; 飾った文体, 美文体 tamanu〈nyishtchinu 錦の〉 gutōru bung.

Fluctuate 上下・変動する;〈膿, 水腫などが〈揺れる〉〉yútu yútushung; 揺れはじめる yafaráchóng〈柔らいでいる〉; 液体一般の波動・うねり yutazichung;〈比喩的に〉 fănfuku〈反復〉, úttché fíttché, kukurunu yutazichóng.

Flue 煙道・煙突; kíbushi tūshā.

Fluent 流暢な;〈雄弁〉 bínku〈弁口〉, bín sha; 応答 íttchaï hanchaï〈wú tó〈応答〉〉;〈彼の〉問いと答え tuï-kuté; 小川の流れの如く mizzinu nagarīru gutóng.

Fluid 流動性, 液体; shiru, nagariti háyuru mung; 蝋は, 固体だが, 温めると液体となる ló kfassassiga, atsirasé shiru nayúng.

Fluke 錨づめ; íkkaïnu hā, íkkaïnu hānu satchi.

Fluor albus 白帯下〈こしけ〉; shiru kúdashi?

Flurry 狼狽;〈心の動揺〉 chímu vásha vásha, ūdjiti chímu vashamítchishung, ussuríti yassúndjirang; utín tskang〈útinu tskang〉; [s.]agitated, restles[s.]

Flush 赤くなる・紅潮する; aka zira natóng;〈酒を飲んで〉 tsíra makāra natóng;〈恥じて〉 shtchi mínshóng〈赤面している〉.

Flute 横笛; fúï, yúku fúï.

Flutter 羽ばたきする;〈鳥が〉 hani uchishung, túbi hadjimïung;〈空中でひらひら飛ぶ紙のように, 風に飛ばされる〉 fī túbi tubïung; 風がひらひら舞わせる kazinu fíchi ági ági-shung, fítubi tubi shung; [s.]flap;〈比喩〉 issugávassang.

Flux [s.]bloody.

Fly① 飛ぶ; [動]〈鳥などのように〉 tubiung, tūyung;〈逃げる〉 findjïung, tubi sayung, nyidjïung〈tang, ran〉, túbi nyidjïung, washïung; 罰から逃れた batsi ussuríti nugitáng; 私に公然と反抗した vanyi kfábanishang; 急に怒りだした áta ídji ndjitóng.

Fly② 蝿; [名]fé, ó-bé; 蝿に食われた fénu kússunu tstchóng.

Fly catcher ヒタキ科の鳥;〈鳥〉 mátara〈燕〉; 蝿を捕る〈昆虫〉 fé túï kóbā〈蜘蛛〉; 蝿を捕る〈道具〉 fé súguyā〈蠅打ち〉

Flying fish 飛び魚; tūbyū īŭ.

Foal 子馬; mma gva.

Foam 泡; [名]〈口から出るもの〉 kuchinu yudaï〈よだれ〉; átsibu;〈波の〉 naminu hana, būkā; [動]〈よだれが垂れる〉 yudaïnu tayung;〈癲癇で〉〈泡を吹く〉 ātsibu fuchúng;〈ワインや沸騰水などが〈沸く〉〉 sákinu, mizzinu ā〈ava〉 múyung;〈海〈波立つ〉〉naminu hana satchung.

Fob 〈ズボンの〉時計かくし;〈時計などを入れる tutchī, takara〉 irīru fukuru gva.

Focus 焦点; fikarínu sídji atsimí tukuru, fikari yíziru〈yídji〉 tukuru, fikari shin tatí tukuru.

Fodder 馬草・かいば;〈ichimushinyi kwāshuru〉 kari ḳussa.

Foe 敵; títchi, ata, áta-títchi.

Fog 霧; chíri; あの夜は大霧が一面立ちこめていたので, 船頭たちは霧が晴れるまで待って船を出すべきだと言った anu yuró ūū chírinu útiti, ippe makkūrashi miransi nyi tsīté funinu fitunu cha chírinu sandjīse máttchi fúni ndjási vadu yarundi íchang; 当地では霧は「落ちる」,「降る」と言う: chírinu utitóng, fuyúng.

Foggy 霧がかった; chíri kakatóng;〈海に〉óminu kíbiti mīrang〈煙って見えない〉.

Foible 性格的欠陥・弱み;〈mmárinu, mmaritsitchinu〉 kízi, kussi, kūshi gútu; áchima〈即ち, 人が近づきうるあき間, 弱点〉; 人の弱点を待ち受け捕まえる áchima mattchi katsimïung; [s.]habit.

Foil① 練習刀〈先端にたんぽをつけてある〉;〈フェンシング用の〉 hā máguï tátchi, ha magutoru chīkushuru tatchi; [s.]defeat.

Foil② 金属の薄片・箔; 一枚の錫 físsi námari gani íchi méまたはchu íta ＊前項の中にあるが, 見出しとして立てる.

Fold① [s.]simple, single, double; 倍〈の〉;〈お金の〉2倍 bé; 2倍の値段を与える dé béshi〈nyí du〉 torashung; 3倍 san zó bé など; 糸〈2筋3筋〉tássidji, míssidji など; 枚〈紙, 裏あてなど〉íchi mé, nyí mé など; [s.]manyfold; 相互に包み込むようなもの, 花, 衣装などにも chī, té, mī 1枚, 2枚, 3枚. これら3つの数詞以降では名詞〈助数詞〉は使われない. または chu, nyi, san, yuなどの場合は kassabi〈重ね〉が続く.

Fold② 柵・囲い;〈羊の〉 ftsizi〈fídja, 山羊〉 kundjuru kwī〈杭〉, kī.〈羊を繋ぐ木〉; fīdja ya〈山羊小屋〉; karaï〈karé〉 túkuru, akanayú tukuru.

Fold③ 折り畳む;〈動〉takubïung; 紙・頁などを〈折る〉wūyung; 扇や障子などを〈折る〉wūyung, takubïung, kūyung〈閉じる〉; 手紙を折り包む djó wūti tsitsinyung; 手紙を折り封する djó wūti fúshung;

手・腕を組む tí tódachīshung; 当地では, 片手を反対側の大きな袖の中に差し込むことは, 次のように表現される tí butskuru 手を袋(懐)の中に; 腕を組んで怠けている tí todatchī shi nūng sang; 今日は寒くて, 私は両手を筒状手袋に入れた chū fīsashi {fīsanu} tí butskuru ittóng; 開けたり折りたたんだりする aki kwī(閉じ)-shung.

Folding chair 折り畳み椅子; aki kúï shuru yī.

Folding screen 折りたたみ障子; nyóbu(びょうぶ).

Foliage 葉; kīnu fā; 繁った葉 kīnu shidjitóng.

Folk 人(々); nyín djin; {(人の)複数} nyíndjū.

Follow 従う・続く; {後ろからついて行く} ato kara achung, ukuti achung; {召使として} túmushi achung; shtagati achung; {心的} shtágayung, nazirayung; 金持ちに付く(ついて行く) vekinkae tstchung; 例外なく皆従った shtagāng munó chúïng urang; 君は行くほうがよい・先に行きなさい. 私はすぐついて行くから ïyaya mazi íkiyó, vané átokara chāki chūndó; 新宗教に付く mī ushīnyi shtagati unadjūnyishóng; {s.} footstep.

Folly 愚鈍な; úrukanu kútu, gu maïnu⟨愚昧の⟩ kutu, dúnna⟨鈍な⟩ kutu; 彼には少し愚鈍なところがある are íffé dúnasang.

Foment {(患部を)温湿布する; {医学的に(温湿布する)} kussuïshi tadïung; {比喩} 不和を煽動する・助長する ī ítī aku shing sudatïung {養う, 育てる} ; {s.} encourage, fan.

Fond 好き・好んで; 好んでいる stchung {{否}skang} kunudóng; 酒好き saki zichi; 異性好き íru zíchi; atarashashung, fissónyishung {後者は特に動物について}, ndzosashung; 偏愛する katayuri ndzosashung; 狩猟を好む karishusi kunudóng; {愛に, または両親が子供を愛する如く} 溺愛する aïnyi sizimatong, uburitong; 私は彼女を溺愛している vaga ariga aïnyi⟨愛に⟩ uburitong; 間違った偏愛から溺愛する aïnyi kata yutóng; 大変好き fukaku kunudóng; 書物を愛好する shumutsi shúdi hámayung; {s.}like.

Fondle 愛情を込めて扱う・可愛がる; fissonyishung, atarashashung; 子供を可愛がり子守する vorabitu yérashashung.

Font 盤; {聖水の} shīnu⟨聖の⟩ mizzi irīru bang.

Fontanel 排膿孔; únchunu ndjiru kutchi; 排膿孔を開ける shtsi túyuru kutchi akīung.

Food 食物; múnu, shku mutsi, kwé mung, hammé; 動物性食物(牛肉) djú⟨魚⟩-nyiku; 野菜も食肉も yasséng shíshing; 豊かな食物・美食 bí shǔkú⟨美食⟩; 贅沢な食事をしている{金持ちの家の}息子や兄弟たち anda mung kvé yānu útu kva, bí shukú yānu útu-kva; 粗食 sú-shukú; (粗食は)粗茶, 味気ない飯でも表される: árachi cha, áfashi míshi; 貧弱な食

事 nyīdja mung; {s.}diet; 日々の食事を供することは, 無理に人を友から離反させる mé nyítchinu shǔku táminyi múlinyi chung dúshing hanarirashung; 飽食・満腹した chufāra kadáng; 民百姓は毎日, 朝夕, 粗茶と味気ない飯を食って時日を過ごすのが見られる haku shó⟨百姓⟩ mé nyitchi ássang bánung arachi chá áfashi míshi kurati tuchi fi sígushusé mīru bichí; 衣食 i-shuku; 日々の糧 chūshtchī⟨厨; 休式⟩.

Fool 愚者; úrukana mung, dúna⟨鈍な⟩ mung, gu dúnna mung, bǔ kú⟨「不工」⟩; gu-maïna⟨愚昧な⟩ mung, gumaïnu mung; 君は馬鹿みたいに立って何を見つめているのか ïyága bukūnyi tattchóti nū shūsī nyūga?; 至極思慮のない者であっても, 大馬鹿でも, 弁別力のない者はいない íttātī bukú yatíng, bindjirang munó aráng {bindjīdúshuru} ; これは明らかに私を馬鹿にして笑いものにすることではないか kure achirakanyi vang utusandi shuru {bukūndi umurashuru} kutu arankaya? {āndó} .

Foolish 愚かな; náma mung, námassang, namagataa mung; bútámāshinu ftu, kāgū; {気狂い} fúri mung; 君は何故そんなに愚かか ïyaya nū shundi kagūnyi aga?; 愚かな子よ, お喋りしすぎるなよ. 彼の死は逃れられるものではない bukūna vorabí, munu uffóku iché simándo, ariga shinyusé núgayé narang; 愚かな顔つき námagatanu kāgi; 愚かな顔で見つめ, 話したいが話せないでいる様子(である) bukūnyishi mī tskiti, munu ī bushashussinyi nyítchi wūssiga, nūng ī ōsan kāgi.

Foot① フット, フィート; {尺度} íshsháku(一尺), nyi shaku (二尺)など. {動} 歩いて計る fsha kudi hakayung.

Foot② 足; fsha, ashi; 徒歩で行く fsha kara, áshi kara, líku kara áchung, kátchi dúīshung; 足を滑らす fsha kún sindashung; 躓き足を折った tsimazichi fsha wūtang; 足の踏み違え(る) fsha kúnchigé; 私の足はしっかりとふんばっている va fsha kumpati {kudi hatong} tattchóng; {s.}hoof, claw, web-footed; 山の麓 sannu níbaï, sannu fúmūtū.

Football フットボール用ボール; maï; フットボールする maï útchi assibïung.

Footboard 踏み板; kudami íta.

Footboy (制服着用の)ボーイ(さん) tumu vorabi, soba ziké vorabi.

Foothold 足場(の広さ)・地盤; fsha vátanu uppéru chkáta, kata fshashi kúnyuru úppinu chkata.

Footman 制服を着た男の召使; atonu tumu; {(召使いが)多い場合} atonu suné, tsíri ftu; {s.}retinue.

Footpath 細道・小道; mitchi gva, shiba mítchi, kū mitchi; 畑中の小道 haru mitchi; {s.}pathway.

Footstep 足跡; fsha kata; {fshanu} ato kata, fshanu ato katanu shirushi; {比喩} ato kata, só shtchi⟨踪跡⟩,

⁺ī hó〈遺法〉,núkuri núri;{先人の}足跡を辿る,遺法に従う ī hó,または núkuri núri tsidjung; 人跡未踏の山 yama naka,chunu ato kata neng túkuru; みよ,彼の足跡は漂う波に記されたように,彼を捜して行く所は一つもない 'ñchīndĕ,ariga ato kata mizinyi ukadaï,náminyi utchaï shōru gútushi,tazoniti íchuru túkuro nerang; 同じ足跡を直に辿る ashi madjitong, yín tukuru kudóng.

Footstool 足載せ台; fsha kakī,kudami,kudami yī〈椅子〉.

Fop 気取り屋; 'ññā uguï-shōru ftu,djímmána* ftu,mizzi kara mitiritushōru ftu *djímamanaであろう.

For {[s.]purpose,to}; 〜のために; 「〜の故に」は yúï, yúïnyi,yúidu,kutuを,接辞として用いて表わされる; 彼は来ない故に私が来た are kūng kutu {ari kūng aru yúï} vaga cháng; 高尚な文体で(は) kidashi〈蓋し〉,chidashi,も用いられ,話者の側に謙遜の意を含み,英語の「謹んで思うのですが」に幾分類似している; suri,suri yúïnyi (それ故に) は,稀に聞かれる; 私のために{私の利益のために} va taminyi; {私の代わりに} vanyi kávati; これについて kurinyi tsīti; 高尚な文体では kurinyi ūīti,kurïū mútī; 私の代わりに祈れ vanyi kavati ínuri; 永遠に ⁺yíyi〈永永〉,yi dé〈永代〉; 世に,永久に yǔ yūnyi ítati; もし神が私たちのためにあるならば,誰が私たちに害をなしうるか káminu dung vang〈EC:我〉tassikiti mishóré,tāga vang〈EC:我〉géshinu nayuga?; 身体の為に{企てた} dūnu〈胴の〉taminyi fakaréshi; 子孫の為に shí súnnu taminyi fakareshi; 天のために{天に代わって}革新を(宣伝し)広める tinnu* kavati túkkva〈徳化〉{túkunu kva} nubïung *tinnyiであろう; 君が私に代わって考えてごらん ïya vanyi kavati umutínde; [s.]instead; いかなる理由か cháru yúïshuga?; お茶がわりに飲む chānyi kavati nunyung; 五日間吊るして(掛けて)おけ gu nyitchinu fudu {yé} kakitóki; 私はというと vaga dúnyare,vanyi kakatí; 三日間来なさい mittchanā kūā; 四日間墓に置いてあった yúkkaga yeda hakanyi utchétang; 種を採取するための{乾燥させた} カボチャ sani tuï ⁺yūnu〈用の〉shíbuï; 全道中用の食料 dóchú dūīnu múnu.

Forage 飼い葉を捜し回る; [動]djúbanu hanmé áchi tuméyung; 《比喩》(徴発する) ussí tskiti ké tuyung, kassimi tuti dū yashinayung; [s.]spoil.

Forbear 忍耐する・こらえる; shinubïung,kanyínshung; 怒りを抑える íkari niziung; 食事を我慢して後まで待つ múnu niziŭng; 一時の怒りを堪えることの出来る者は,終生憂えることはない íttuchinu íkari niziídunsé mī ovaru madíng vaziravashí kutu {urīe,憂は}néng; 小さなことに我慢しない人は大きな謀を台無しにする kússaru kutu shinubarándung aré ūīnaru fakarigutu midarashung; あらゆることに少々堪え,あ

らゆる些細なことやこの半分位の些細なことを心に留めないことだけが必要である tada va múru múrunu kutu shínudi,anu vazikashí kutúng,mata kúnu vazikashí kútunu hambunúng túti,kukurunu wínyi ukánsiga máshi; 人は忍耐強く,謙譲で,和合の心であるほうがよい fitutaru munó shinudi,yúziri vagónyi assiga máshi.

Forbid 禁じる; chindjïung,chindjīshung,tumïung,imashimïung; 経典の中で幸なる神が禁じていることから遠ざかるべきである,即ち酒を飲んだり,いわれなく人も殺したり,高利貸しをしたりすることである.{回教の教え} kami núshinu makutu chónu〈経の〉útchinyi chíndjishútukurunu munu tūzakiré,sinavatyi* sáki nudáï,yuïshu néngshi chung kurucháï,mata ⁺lítukúshí〈利徳の〉kani karachaïshuse du yáru. *sinaratchiであろう.

Forcation 両足で作られる下腹部(恥骨)のアーチ; mátta (股); これから,両足を開く mátta hǎyúng; 股を持つもの mátta haï mung; 木の股 kīnu matta,mátta aru kí; [s.]angle.

Force 力; [名]chíkara; [動](無理にする) shīti shung, mulínyi shung,úshti shung,mittanyi shung {勝手にする}; [s.]constrain; 無理に取(り去)る・奪い取る shīti tuyúng,ubaï tuyúng,kássimi tuyung; 無理矢理なし遂げる shīti kfu migurachi shung; 好きなようにしなさい,無理強いはしない ïyaga tayurinyi makachí si {káti shidé si} vané ïya shīrang (強いない); 無理矢理人に多く飲ませる shīti chu uffóku numashung.

Forceps 鉗子・ピンセット; kvāshā,kvāshā bassang (鋏).

Forcibly 強制的に・無理矢理; 寒くても風邪を引いていても,それでも無理して来る fīsatíng,géchi yating, ushting chūng; 無理に論じた shīti lunjitang.

Ford 浅瀬・渡り場; [名]kátchi (徒歩) {浅くて渡れる所} kǎranu váttáï-tukuru; [動](浅瀬を渡る) katchi kará váttáyung; 浅くて渡れる所 assa tukuru fshashi vataru bichi; (浅くて渡れる所は) katchiという káchindi ïyung.

Fore 前に; satchi,mé,ményi,satchinyi,satchi dati,mé kadu; 前からも後からも mé karáng ato karáng,ménying átonying (前にも後にも); funinu túmū fí (船の艫舳).

Forearm 前腕; udí; 前腕の内側,tīnu úra.

Forebodings 前兆; 前兆があるaratanyi {kashiranyi, kániti} chizashinu ang.

Forecastle 船首楼; átama,umuti {即ち,頭.当地では船首は船尾より上位と考えられているので,船尾は túmu (供), (艫) と言われる}.

Forecast 予想・予測する; [動]arakádjinyi*,kániti fákayung *arakádjiminyiであろう; [名](予測すること,炯眼) kanítinu fakari gutu,kanítinu kangé,fúmbitsi〈分別〉.

Forefathers 先祖; shínzu,fǎfudji.

Forefoot 前足; {íchimushinu} mé bǐshá.

Forego (forgo) 捨てる・なおざりにする; 他人のために自分を捨てる dū shirizúkiti chó kanashashung, du yaka chó mássati kanashashung; 遊びをやめ読書する assibi útchi {放置する} shimutsi yúnyung; この人に先立ってあれに与える kúnu ftu útchi arinyi kvǐung.

Foregoing 前述の; 事(物)wǐna kutu; 前述の如し wǐna kutunu gutóng; 前述の通り wǐnu tūǐ, sé-djǐnŭ〈最前の〉tūǐ.

Forehead 額; fittché.

Fore-horse 先行(する)馬; satchi-baï-mma.

Foreign 外国の; gvé gúkūnŭ; 外国 gvé gŭkŭ, sé-yánnu〈西洋の〉kúnyi, yǐmpónu〈遠方の〉kunyi; 外国船 sé yánnu fŭni; 外国品 sé yánnu takara, shína; あらゆる種類の外国物資 únu únu sé yánnu tákara; 境を接する外国の国々と戦争を起こす saké tstchoru kunyitu tatakāshung〈戦わせる〉; 目的とは無縁の, 合わない náma itchéru fúka, umutossitu kavatóng, átarang, chígatóng.

Foreigner 外国人; gvé gukunu, se yánnu, yǐmpónu ftu; えびす(夷)wǐbǐssǐ {野蛮な} ftu; オランダ人 Ollánda {オランダ人は日本人に最も知られているので「オランダ人」という. 当地ではオランダ人は野蛮人のようなニックネームと考えられている};. 外国人が服従したら親切にいたわり, 反抗したら威厳でもって脅す wǐbissinu chifŭkusé〈帰服すれば〉{fŭkushǐǐdunse} kuri migumunyi {または tuku shae shung}, súmuchǐǐdunse kurinyi furunyi〈EC:震〉í-shī shi〈威勢で〉shung〈EC: 叛則震え〉.

Fore-know {[s.]foresee}; 予知する; sátchatá, arakadjinyi* shǐung; máda itarang kutunyi tashǐung;*(後に出てくる)arakadjiminyiの誤りであろう; 事は前もって知ることは出来ないが, 起こりうる事は全て対策しておかなければならない kutó arakadjinyi shǐŭrŭ kutó naranó assiga, yandung sibítinu kutu arakadjiminyi fushigang até simang.

Foreknowledge 予知・洞察; satchinyi shǐuru sechi〈才知〉, tuku; 予知の才能はないが, 前もって推測されるであろう sachinyi shǐuru tuku(徳)nénsiga, mata arakadjiminyi kunu kutu fakari fakaru bichí.

Forelock 前髪; fittchénu satchinu kí, kínu satchi, fittchénu chidjutoru kínu satchi.

Foreman 職工長; kashira, sékunu kashira.

Foremast 前檣; satchinu hashira, átama bashira.

Foremost [s.]headmost; 真先の; íttsing satchi, íttsing mé, satchi baï {後者は行列で先頭を行進する物, または人}.

Forenoon 午前; kukunútsi mé, mmanu tuchi mé.

Forerunner 先触れ(する人); satchatanu tské, satchi baïnu ftu.

Foresail 前檣帆; atamanu fū, atama bashiranu fū.

Foresee 予知・予見する; sachinyi mǐung, miléchi-shung〈未来知する〉, satchata shirarīng, milé fakayung.

Foresight 将来の見通し, 先見(力); satchi fakayusi, miléchi〈未来知〉, milénu fakayusi, miléchi-shuru tuku, sétchi〈才智〉.

Foreskin (陰茎の)包皮; yó butsinu〈陽物〉satchinu kā; yóbutsi kámatchi ka; táni zatchi kā, taninu wā-gá; [s.]circumcise.

Forest 森林・山林; yáma; 小さな山林・林 fáyashi, yáma gva; kīnu fucható tukuru; 山中の住人 yama nākanu ftu; 山林ばかり見張り, 知識がない yáma bakáng mámuti munó shirang.

Forestall 買い占める; ké útchishung(買い置きする), kóti utchóchung {買って, そして置いておく} .

Forester 林務官; káriba bāng {狩り場番人}, kāriba mamúyuru ftu.

Foretell 予言・予告する; arkadjinyi*, atamanyi, satchinyi, ményi ïyúng, *arakadjiminyiであろう.

Forewarn 警告する; kaniti imashimǐung.

Forfeit (罰として)(権利などを)失う; [動]makiti ushinayung; 約束違反する djítsi(実)ushinayung [s.],word; 名誉を失う mǐmuku〈面目〉, yī na ushinatong; 罰として生命を失う toga djínshung, toga gakaïshi núchi súndjitóng; 罰としての没収金 kwá-djǐng, batsi dzǐng, toga dzǐng, makiteru dzǐng, yakasku* chigatoru kvadjǐng *yakuskuであろう; 国家により没収される kván djŭ nyi〈官所〉ǐung, irǐung; 以後誤る者によって支払われる罰金額に同意しなければならない, そうすれば, 好都合だ ígŭ ayamáyuru munó batsishusi yáku〈約〉tátiti yútashang, [s.]pay.

Forge① 捏造・偽造する; bófang〈謀判〉, {偽造する} itsivati shung, shéng; 他人の筆跡を偽る ítsivati ari nyíshti kachung, ítsiváïgáchishung; 他人の署名を偽る itsivati ariga nā mé katchi tskǐung, na ukatchi kachung; 偽名を使う chúnu na ukashung, chunu na káti ïyung; 公文書を偽造する itsivati ʽhó gatchishung(書きする); itsivati kóshi〈告示〉ndjashung; 偽りの報告をする tskoï munuīshung; 印鑑を偽造する chunu yíng bófang shung; [s.]counterfeit, facsimile, falsify.

Forge② (鉄を)鍛える[動]; {金属を} kandjāshung(鍛冶する); {鍛冶をする所} kándja ya.

Forgery 偽造; {罪} bófannu tsimi, bófang.

Forget 忘れる; vassǐung, tsī vassǐung, ubirang, tsī nugátchi ubirang {失ったことを自覚しない} ; 私は取るのを忘れた tsín núgatchi tūráng; 確信していいよ, 私が忘れずにする(から)shivasúnnayó, vaga dzundjitóti shúndó; 忘れてしまった tsī vasstang; 忘れられてしまった tsī vassiráttang; 恩義を忘れ些細な恨みごと

を思う人は「科」に成功しないであろう vúng vasti skushtchi〈EC:小〉urami umúïdunse kóya〈科は〉naï gurishang {ittsing naráng}；尊きものと卑しきものを区分けする（条）理を忘れる táttuchi íyeshtchinu shidé vássïung；全く・すっかり忘れた sōté vastang, vassirattang（忘れられた）；何時忘れられるだろうか ítsi vassïŭgă, vassínu nayuga?；齢老いて彼女はたまたま一時それを忘れた tushi yúti bu shónyi〈不性〉nati íttuchi tsī vastang；女主人が何か忘れると、彼女が後ろに立って告げる ayaméya tsī vassirā, are kushi nakae vutóti ayamenyi tsigiung.

Forgetful 忘れっぽい・不注意な；shó〈性〉neng, bushóna〈不性な〉mung, munu vassishā.

Forgive 許す；[他動]tsimi yurushung, nugárashung；私は許された[自動]vané yurutang*, nugatáng *yurusattang であろう；私の罪は許された va tsími yuruchéng, nugarachéng；お姉さん、今度だけ許してくれ! wunaï yó! dóding kúnu itchidúnu machigé yuruchi kvíri；すっかり許した kutugutuku yurucháng.

Forgiveness 許し；罪の許し tsiminu yurusi；míshirassi {抹消・消滅}.

Fork フォーク；{股のないもの} yódji, tudjā gvá, yaï gva；{西洋のフォークに似た} háshi, haï yódji, mátta {股} hattoru yódji, hā tātsi aru yódji〈歯が二つあるフォーク〉；鉄のフォークで火に炙れ títsi yódjishi fïnu wí nakae yáki；フォークで取る yódjishi nuchúng, nuchi kanyung；[s.]next（即ち forked）.

Forked 股のある；木 matta haï {hattōru} ki；[s.]forcation.

Forlorn 見放された；{独りぼっちの} dúchuï mung, avarishí mung, tassikïru ftó urang；[s.]give up, desperate.

Form 形状・姿；[名]kátachi, sigata, kāgi；顔かたち chúnu só〈相〉, kow；手本となる雛型 djīnu〈字の〉tifúng, djīnu núri（法）；ある淑女に送られた招待状〈婚約〉の書式 yíngumi ténu〈帖の〉{kunlínu〈婚礼の〉ténu} núri；{様子} naï, djítsi-naï〈実相〉本当の（様子）；この様〈状態〉では行けない kunu naï ikarang；hā-gichi-naï-shung 歯をギシギシさせる様、歯でギシギシさせる；{模様} mu yó；[動]〈形づくる〉nashung, shung, tushúng；両端が一箇所で会って輪を作る tsibi kutchi chu tukurunyi ushāti mārútu nayung；粘土で人形を造る nchashi chunu katachi tuyung, katachi dúï shung, katachi tskoyung, muyóshi shung；[s.]figure.

Formal 儀礼を守る；{良い意味での} nanyi fíng {辺} līnyi〈礼に〉kanatóng.

Formality 儀礼；chákunu li〈EC:客礼〉, lī, lī-djī〈礼儀〉；単なる儀礼的行為 'nnā kazaï, kazaï bakányi djitsé〈実は〉néng, wăbishi shéng；少しも儀礼的でない íffing chákunu {客} kázaye nérang.

Formatives 構成辞・形成素；{[文法]} tski kūdjó（付け

口上），dzū {尾}

Former 製作（・形成）者；[名] kutu nashuru mung, katachi duïshéru mung；[形]以前の時代 satchinu tuchi；以前の悪 satchi vúti nacheru aku.

Formerly 以前に（は）；me kara, satchi kara；{最近} kunu utchi, kunéda；{つい先頃、遠からぬ、以前} kíssa；{昔から} nkashi kara；以前とは異なっておる satchito {nkashitó} kavatóng.

Formidable 恐るべき；uturusha mung, ussuru bichí mung；恐ろしや! há, dédji dó!〈危険だぞ〉.

Formless 形のない, 混沌した；kāchā-mūdjā-shóng, kuntún-shóng〈混沌している〉, katachi aravarirang.

Formosa 台湾；Taï-wan.

Formula 公式；{言葉} 信仰告白文{信条} shindjitōru kú, shindjinu fun-muni〈本旨〉, hó〈法〉, nuri, tīfún；{書かれたもの} nurinu bung, tifun tushuru muyó〈模様〉, hógatchi〈法書き〉, katchi tumí；われわれの宗教（キリスト教）の慣習の定則の教義 ushī utchinu zúkunu shírushi gatchi, katchi tumí；{薬}（処方箋）fézé gatchi.

Fornication 姦淫・密通；mitsū-shung, midari kutu-shung, in-dang-shung〈淫乱する〉, in-dányi assi；winago úkashung.

Fornicator 姦淫者・密通者；indánna mung, mitsūshuru ftú, yana wickiga.

Forsake （見）捨てる；stiru, naziutchung（投打つ）；{残しておく} *útchung, utchóchung, *間違いであろう.

Fort 要塞；djíng-yă, mamuï tukuru, ishi bya utchi tukuru, títchi fushidjú túkuru, katónyi aru djíng-yă.

Forthcoming 来たるべき・やがて現れようとする；nashuru, naï-gissa, kūndi shuru, chí-gissa, aravarígissa.

Forthwith 直ちに；sinavatchi, chāki, tátchi nágara.

Fortieth 第四十；dé shi djú.

Fortify 防備を固める；{ある場所} katónyi mamurashung, fushídjinu sünéti mamurashung；防備を固めた fushídjinu sunéshóng；{心的} 強化する chikara tskiung, kuvéyung, ndjashung.

Fortitude [s.]firm；堅忍；{心の} shīti nizïung；kfashī mung；困難に遭遇したら（しても）、いいかげんな手段で避けようとするな nanyi〈難に〉nuzumā {nuzudíng} karisúminyi nugarandé súnna.

Fortnight 二週間；djŭyúkkă, han dzíchi, chu shtsinu〈節〉attaï {1年を24に分けた季の一つ}，当地では「15日」という言い方が普通；2週間後 djŭ gú nyítchi áto, djŭ yúkka kará áto.

Fortress 大規模な要塞；mamuï gussiku, [s.]fort；djíngyă aru gussiku.

Fortuitous 偶発的, 偶然の；chúttu, umāzi furāzi, hóshinyi, shirang-shóti, úbizínyi（覚えず）；予期せぬ kániti umāngshi, kukurunyi atíng（当ても）neng chóng.

Fortunate 幸運な; f̄úkubúnnu〈福分〉ang; 君は誠に幸運な奴だ ïyáya fúkubúnnu aru ftu yassā!, sévé aru, sévénu ang; 幸運をもたらす催し・吉事 chíchi-dji; 吉日 chíchi fï; [s.]happy.

Fortunately 幸運に(も); (彼に)逢った sévényi, yi hóshinyi ké íchatáng.

Fortune 運; 幸運 yī ūnchi〈運気〉, f̄úkubúng〈福分〉; 幸運に恵まれ、よい(仕)事をした fúkubúnnu ati yī kutu shóng; 彼の富は幸運のお陰だ ariga wékishósi dūtu fúkubúnnu aténg; 悪運 yána ūnchi, yákku〈厄〉, {yákunu ang 不運だ}, buzévé; [s.]fate.

Fortune hunter 財産目当てに(結婚しようと)する(人); dzūngvénu〈存外の〉dzémutsi〈財物〉mutumïung, múppara dzémutsi mutumïung, tazonïung, kaméyung.

Fortuneteller 占い師・易者; uranéshā, uranékátashā; [動](占う)uranéshung, úrakátashung.

Forty 四十; shi djú.

Forward 前へ; {感嘆(文)} menkaë haë!, menkae aké!, haï, fékuna (早くせよ)!; {学問などで}進んだ takumashī, takumashōru mmari; {年齢や時期が(早生の・早熟の)} fé mi-shóng, fé ndóng, 良いものとは考えられていない; {悪い意味で、(でしゃばりの)} haï sídjita mung, wemissang shirang; 前に傾く(うつむいている)utsintchóng, menkae utsinchung {chang, kang}; 隊列の前部 ménu djó litsi〈行列〉; 前進する(進む)agachung (はかどる); 大胆に前面に立つ dū chíttudatchung.

Foster 養い育てる; sodatïung, yashinayung, tskanayung, akanayung.

Foster brother 乳兄弟; chí chódé {乳兄弟}.

Foster mother 養母; tskané fáfa.

Foster child 養子; tskanéngvā, yóshingva.

Foul 濁った・汚れた; {不潔な} nyiguritóng, chigarinu tsidóng, tsinkantóng; 濁った水 minguitong; 卑劣な・汚い行為 shtána mung, shtanashī mung, ch'tánassang, nyikwī kútu; {下品な言葉} bu chi lina hánashi; 逆風 djaku fū; 醜い光景・様子 minyikutchī kāgi, nyikvī kāgi; 他の船と衝突する fúni íssu ayamati, bítsi funitu tsitchéshang (突き合いした); 反則行為(をした)núdjītī shang.

Found 創設する; 王朝を(創始する)yū hadjimïung, kunyi fhadjimïung; 学校を創立する gakódji fadjimiti tátïung, shínyi〈新に〉tátïung; {金属を(鋳る)} tatchung.

Foundation 基礎・土台; mútu-dati, djí-buku, shtya dé, nī-baï; mútu dji {元の地}, nī-mutu; 基礎を置く dji buku útchung; {当地では nīyung (練る)泥を足で踏み固める}, nībaï tsinyung, {yishiung}; nī-mutu yishiung; 柱を立てる基石{基台}を置く ishi-zi yishiung; 将来得るための根拠 igū〈以後〉yíyūrū dólinu mútu; 家を建てる者はまず基礎を堅固にすれば良い yā tskorándi shuru munó, sátchata mútudati chingunyi 〈堅固に〉sívadu yútasharu; この本は初心(学)者の基礎であろう kunu shimutsi shúgákunu〈初学〉mutūītu naru bichī; 良き基礎・土台をもつ {肉体的にも心的にも} shtádjinu yútashang.

Founder① 鋳物師; [名]{金属}kani tatcha; {鐘} tstchi {utchi} gani tatchā; 王朝の創始者 yūnu hadjimaïnu chími; {一家の} úfu shindzu; {一般的に} hadjimiti tatīru munó〈者は〉.

Founder② 浸水して沈む; [動]{船が} funinu mbúckwïung, fashshínshung.

Foundery 製造所; {鐘の} tstchi gani tatchú tukuru.

Foundling 捨て子; stí-gú {ku, kwa}; 孤児院 stí-gu tskané yā.

Fountain 泉; ízumi, ízún, izúnu múttu, minamuttu〈源〉.

Four 四つ、四; yūtsi, shí; 四つ角のある yú sími {nu mung}, yutsinu kádu {sími} aru mung; 四倍 yú bé, yú zóbé; 紙を四枚重ねてある kabi shinmé kassabiténg; [s.]fold; 四角 shí kakú.

Fourteen 十四; dju-shi; 第十四、dé dju shi; 第四 dé yútsi, dé shí {nu mung}; 第四に yú kutó, yu tukuró, yūtsi.

Fowl 家禽; tuï; {鶏} nyiva túï; 水鳥 mízzi túï, ómi tuï; 鶏口となるとも牛後となるなかれ(『十八史略春秋戦』)tattoï tuïnu kutchitu naravang, ushínu tsibitu nánna; 鶏の心臓は食べてはいけない túïnu chímu kwánna.

Fowler 鳥撃ち; túï íyā; 鳥撃ちが弓を持って山に入ったら、山中の鳥はみな鳴く tuï-íyāga yúmi fïchi yama nkae ïḍúnse, yama djunu tuye, mina nachung.

Fowling piece 鳥撃ち銃; túï íyūrū tí-pū.

Fox 狐; tchítsini.

Fraction 小部分、断片; vaki, vaï, chíri, hammung〈端物〉, chíri hammung; chu tatsivaïは2分の1であろう; 3分の1 chumītsi vaï; 4分の3 mí yutsi vaï; 端物にする waï-shung, vaïtu nashung; 分母を4とする yutsivaïshung; vaïだけでも算術で使われる; 長さにおいて丈(djo)を単位とすれば、尺・寸・分・厘はみな小部分(断片)である nagi djódji〈定規〉lúndjiti djó tītsi tushīïdunse, shaku, sing, bung, lí 'nnya chíri tushúng; 半分 hambung, han, hfan〈半〉; 3分の1 sabbu ítchi; 4分の1 shíbbu ítchi; 5分の1 gúbbu ítchi; 6分の1 rúkubu ítchi; 10分の1 djúbbu ítchi; 1マイルの9分の2 íchi linu ku váïnu tātsi.

Fracture 骨折する; [動] 頭{またはすべての平たい骨} vaténg (割る); 長い骨について wūténg (折る); 手足を骨折した ti fsha wūténg; [名]vayusi (割ること), vatési (割ったもの), wūyusi (折ること), wūtósi (折ってあるもの).

Fragile 割れ(折れ)やすい; vaï {vari} yassang, wūri yassang.

Fragments 断片, かけら; kúdaki; {食卓から落ちたもの} uti kudaki; kumaki; [自動] (砕ける) kudakiung; [他動] (砕く) kudakishung; 金属 kumaki.

Fragrance 芳香, 香り; yī nyívi, yī kaza; [動] (香る) kázashung, kábashang; 香りがない kabashku neng, nyivi néng; 芳しい薬草・ハーブ kabasharu kussa.

Frail 衰えた・弱くなった; {老いて} uturūtóng, yótóng; yóssang, yuvadóng*, katónyi neng. (*cf. debilitate)

Frame [s.]form; 形作る; [動] (組み立てる) tskoti atarashung {作り合わせる}; [名] (枠組) īkă〈衣架〉; {スタンド. (物置) 台} 吊り台・鏡などの台 gakunu dé, gaku ităi; {刺繍用・画を描くための型枠} nunu kakí, núnu utchakí; 西洋の窓のように肋骨, または小さな四角をもつもの (肋材, フレーム) fúni {骨}, akaïnu (障子の)funi, 滑る{紙の} 戸または窓のフレーム; dógu.

France フランス; Falansi kunyi.

Franchise 解放する; [他動]nugarashung, yufirashung (自由にする).

Frank 率直な; shódjitchi (正直)-na mung, sigushī (直)-mung, massīgu aru mung; [動] sigushishung (直しする?); ukérang, ukéïnsang ひるまない.

Frankincense 乳香; kó, kaba ḳó.

Frankly 率直に; māssīgu, máttóba, sígŭ.

Frantic 狂気の; furimúnnu gutóng.

Fraternal 兄弟の・友愛の; vadányi aru, chódénu gutóng.

Fraternize 兄弟のように親しく, 友愛精神で交わる; madjivari mussubïung; 大変強く交わる chídjīrīshŭng (契する), chídjiri mussubïung.

Fraud 詐欺・策略; kákushi gutu, mís'ka gútu, suruïtu damakashung, yana likutsinu kutu; 詐欺で他人の財物を取る damakatchi chúnu dzémutsi〈財物〉tuyúng; 詐欺師 yana likutsishta ftu.

Fray 口論・小競り合い;[名]mundó gutu, nandju gútu.

Freak 気まぐれな考え; [名]midari umuï, atsibénu (熱灰) umuï, yóga mítski, kata yurinu mitski; atsibénu umúï (欄外に追記. 重複), atsibé gutu; [s.]whimsical.

Freckle 小斑点 (のある, をつける); āya, āyanu íttchong, tskïung; {体の} (しみ, 斑点) shirushi.

Free 自由・気ままな; dūnu kátti-shung, dū-gatchi-shóng, {ここでは gatchiと káttiは同じ}; 憂い・心配のない yutsitu natóng; 不道徳の心配がない savayaka (爽やか); 外からの何の制約もない (人) dūnu makachi shōru ftu; 再び自分自信の主人となった dū natóng; 奴隷が解放される, 解放された (奴隷) yufitóng; yufuchéng; 奴隷に自由を与える・奴隷を自由にする yufashung, yúrushung; 自由 (主義) の政治 firussaru matsigutu; 自由となったり, 奴隷となったり dū makachi shae, chunu utchi {nza} nataï; [s.]independent.

Freebooter 略奪者 (特に海賊); tó-zuku, nússudu.

Freely 自由・気儘に; d̖ji bung shi〈自分で〉stchi, dū kuru stchi-shung; chúnyi yussirarang gutu {他人に寄り掛からず}; chimunyi áma ndjíti-shung; 気儘に飲む tayurinyi makatchi nunyung.

Freestone 軟石 (加工可能な砂岩・石灰岩など); kádji neng íshi. {石目・筋のない石} ?

Free will 自由意志; 自分の意志で決定する dūnu, dji búnnu〈自分の〉makashĭnshung.

Freeze 凍る; kūrïung, kūri nayung; 凍死した fīsashi kfaï djĭnshóng.

Freight 貨物運送; {運賃} ún-djing〈運銀〉; {車の (運送料・車賃)} kuruma un-djing, kuruma nussi ching; {積み荷} nyī, nussitérunyī, nyimutsi; 船に荷を積む nyī tsinyung, tsiminyi-shung, nyī shung, tsimi nyīshung; 輸送のため荷を他人の船に頼み乗せる takara chunu funi nakae tanudi nussïung.

Frequently 頻繁に; íkku kénung, shíbba shíbba, táta táta, tsíni dzíni; [s.]repeatedly; 要求や依頼事で頻繁に悩む mushíng gamassang, yaké gamassang; 頻繁に肉欲に耽る midarí gamassang; 多忙 yūdju gamassang; 不健康が頻繁・病気がち yamé gamassang; この意味で gamassang を自由に使うことは出来ない.

Fresh 新鮮な; atarassang, mī mung, mī sharu, atarashku ang, ítamáng, nama kushiréténg; 鮮魚 atarassaru ĭu; {[s.]lively} ; 爽やかな sidashang (涼しい); 新鮮な水 mizzi; fidjuru mizzi; nama kudéru mizzi.

Freshen 新鮮にする; mī múnu gutu shung; {風が (強くなる)} kazinu shidényi ukuyung; 顔を洗ってさっぱりしなさい tsira arati mī kfări {眼を硬くせよ} ; [s.]revive.

Freshet 増水・出水; mizzinu chu vátchi (湧).

Fret いらいら (やきもき) する; chimu vasha mitchishóng, chimu taturuchishóng; 留守の親を待つ子のようにやきもきする matchikantishong (待ちかねている), mattchivabī shóng, -tóng.

Fretful 苛立ち (やすい); 些細なことに気を揉むので (落ち着かない) gumashta ftu yá kutú (人なので)chimu taturúchishong.

Friable 砕けやすい; kudakí yássa.

Friction 摩擦 (する); tagényi sĭung.

Friday 金曜日; lí-faïnu〈礼拝の〉dé gu nyitchi.

Friend 友; dúshi, yī dushi {親友}; 親愛な友 shtashī dúshi; 心からの友 chimu avachōru dushi, chimu dúshi, chimu yénu {avásinu} atatōru dúshi; 旧友 múttu káranu dúshi, fúruchi dushi; たまさかに話する友 tada hánashi dúshi; 友人の大きなサークル・数多の友人 yī dushi mandóng, chássang, kúmunu gutuku mandóng; 四つの海の男, (即ち)何処でも知られている madjivari shkaïnyi〈四海に〉mussudóng; 他村 {または遠方} で旧友に会うのは至極愉快だ

ta-chó vuti〈他郷で〉fúruchi dushinyi óyuse kure yi kukúchinu ítari; 夫が生きている時は私には多くの友がいたが,{夫の死という} 突然の災難に襲われて以来,誰一人として私のことを気に掛ける人は居ない wúttunu ichichótaru bashó tagenyi madjiváyuru dúshing uffussatássiga, anu umāzi furāzi vazavenu charu báya, súmu súmu chúng kumi ukirang; 親友と酒を飲む時は万の杯も少なすぎるが, 会話が弾まなければ, 半分の言葉も多すぎる shtashku dúshinyi óti, saki nudi mánnu〈万の〉sakadzíchi ikirassassiga, munugataïnu shūmarandung aré hambung kutubanudu uffussang; 有益なる友に三種ある yítchi nayuru dushinu mittchaï vúng; 有害なる友もまた三種ある sun〈損〉nayuru dushinu máta míttchaï vúng; 率直な人, 誠実な人, 博識の人を友にすることは益がある sígu ássi, makutu assi dushishī, munu uffoku shtchósi dushidunu yítchinu ang; 偏った友, 言いなりになる主体性のない友, お世辞たらたらの友は有害である kata yutósi dushishī, yavarakanyī assi dushishī, mata fitsirémung dúshi shusé súndu〈損ぞ〉náyuru.

Friendless 友のない; dūchuï mung, tánumu kata neng mung {頼るべき人の居ない} sabishī mung; dushi urang mung.

Friendly 友人らしい, 親しい; dushinu gutóng, mī naritōru múnu gutóng {良く知られた（見慣れた）ものの如し}; 住み慣れた家 simé naritoru gutoru yā; 私と親しい・友好関係にある vantu yī nākā ang; 好都合な・ありがたい気候 fúchinyi〈風気に〉, chi kónyi attatong; 彼らは互いに仲が大変良い mutsimashku ang; [s.] favorable.

Friendship 友愛・友情; dushinu mítchi, hó yúna*〈朋友の〉mitchi *yúnuであろう; 友情を誓う chidjiri（契）shung, dushitu chikéshung; 善人（君子）は友との交際の手段として学問を用いる, そして交友によって仁徳を助ける kunshe gakumungshae dushi kvéshung〈会〉, mata dushi shae djing〈仁〉tassikïung.

Frieze 毛羽立たせる; [動] 髪を karazi yúyung（結う）; {中国式に} firagung（弁髪）mussubïung; [名]{厚地の荒い布} nukussaru ara núnu.

Frighten 驚かす; [他動] udurukashung; 驚いている uduruchóng; 突然の恐怖 chúttunyi uduruchong, tamashi nugitóng（魂の抜けた）, shó〈性〉chíritóng; おびえ肝を潰した chimu dáku dáku.

Frightful 恐ろしい・ぞっとするような; uturúsha mung, udurukasi bichi mung.

Frigid ひどく寒い・酷寒の; sidashang（涼しい）; 心が冷淡 chimunu áfassang, chimu áfaku natóng; 言葉少なく答えたので冷淡だ záttudu fintóshú kútu chimu afassang; {腫物が（冷たくなっている）} ké fidjutóng.

Fringe 房べり・縁; fussa; {冠の房飾り} kamurinu wū（緒）.

Frisky はね回る・活発な; {陽気} túnudji tunúdjung.

Fritter 浪費する; 金を浪費する dzing chírashung, chíri hóyung; 浪費された chíri ushinatang; 肉を細かく切る chiri kuzanshung; [名]{小片} kūténg ma, kūténg gva; パンケーキ kubāgi, 市場で売られている.

{**fritting** ? ゆっくり火で暖めて卵を孵化させる kūga yóna mbúchi tuï sidashimïung.}

Frivolous 取るに足らない; karuchi, vazikashí kutu.

Frizzle 髪を縮らす; karazi chidjurashung, machung; [s.] curl.

Frock （婦人用）ドレス（ガウン）; {winagonu} úfu djing.

Frog 蛙; átabítchi.

Frolic（k）some ふざけ戯れる; tava furi gutushi, assibi gútu shi, gámaríshi.

Frolic（s） ふざけ・たわむれ; gámari; {動物が（はしゃぐ）} ishagāyung, ishakāyung.

From 〜から; [後置詞]; kara; 此処から其処まで（も）kúma kará áma madíng; 人の後ろから話す ariga kushi nakae vútoti（tattchóti）ïyung; {船にいて} 船から人々に教えた funi nakae vutóti tami ushītang; 仁（徳）の実行は自分からなすもので, 他人から起こるものではない djin〈仁〉nashusi dū kará du yaru, chu kara nayuru munuī yaróka {anye arandó}, （論語顔淵第十）後ろから; kushi kara, kushi nakae vutóti; あの辺からこの辺へ anu fïng kara kunu fïng mádi; 今から（その）以後 nama kara ato, nama kara ïgu, ígu; 子供のころから慣れ親しんだもの kūssaïng {vorabi shóying} kara naratéru mung; 当該地区の公庫から決められた額の金を取り出し持って来なさい kánu mádjirinu kūï kara sankatanu túï ndjáchi múchi kū; 浅い{易しい} ものから深い物へ至る assachi kara fukachi nkae itayung; 右から左へ fídari kará fhadjimiti mídjirinkae（左から始めて右へ）itatóng（*逆になっている）; 心から善の業を始める chimu kara fadjimiti djin nashuru kutu shung.

Front 正面; [名] mashó ming, {masho は makutu「真」（の意味から）,「真の正しい面」}, shó-ming; [動]（向かう）nkayung; 向かっている nkatóng.

Front-door 正面玄関; úfu djó.

Frontier 境界; saké.

Frontispiece （本の）口絵; {本の表題} shimutsinu mī gatchi（銘書き）, wā-gatchi（上書き）; {表紙の絵} shimutsinu wábinu yī.

Frontlet （額用）飾りバンド; fittché dzitsíng（額包み）.

Frost 霜・大寒気; ūū bīsa, kang, gú kang（極寒 gúku kang）, dé kang, kánu chūsa, kán chū; 大寒気が強く凍った ūū bīsashi, mizzinu kūritóng.

Froth 泡・あぶく; {水などの} mizzinu ā {ava}, ābūkū; {口からの泡唾} ātsibu; [s.] foam.

Frouzy 臭い・嫌な匂いのする; kussari kaza; {饐えた}

sītong; {黴の生じた} kódji fuchóng; {腐りかけた肉} nama gussatchi.

Froward 強情な・ひねくれた; gutchinamung.

Frown 眉をひそめる; mayu tsitchāshung {tsitchi avashung}; {額にしわを寄せる} fittche chidjumïung(縮める).

Frugal 倹約した; chínyaku, yī shakunyi muchīung, kagínshi〈加減し〉 muchīung, fúdu yúku muchīung.

Fruit 果実; mī, naï-mung, kīnu naï; これは何の実か kuré nūnu náïga?; 乾燥果実のいろいろ ná mé mé {shína shína} kavachōru naïmung; 茶も果物も既に{食台から} 片づけ(られ)た chāng, naïmunúng dé kara sídínyi shidjumitáng; {結果} atonu túduchi, átonu mussubi, fíchi mussubi; これは彼らの行動の結果だ kure chāki ariga shéru kutunu atonu fíchi mussubi; 果実をつける木 naïmúnnu kī.

Fruiterer 青果商人; naï mung uya, úyuru ftu.

Fruitful 実り豊かな; 木 kīnu shī djóshung, sakanyi nayung; {多産, 子供が多い} kva shídjiku nashuru, kva nashā; {心的} yutakanyi sakatoru mung; 実り豊かな季節 yūgafú, fú ning.

Fruitless 無益な; 成果のない yítchi nerang, mu yítchi; {心的(成果のない)} mussubi neng mung, muyítchinu hatarachi; 丁度石を抱いて溺れる人を救おうとするようなものだ chódu íshi dáchi uburitósi skuyussitu yínu mung.

Frustrate 台無しにする; 希望をくじく ariga nuzumi djodju〈成就〉shimirassang, tudjirassáng, tudjimarashimi-rang, tudjimarasang, kushā nashung(顔をそむける).

Fry 炒る; iritchung, フライパン írichi nābi.

Fucus ひばまた; {海草} kūbū(昆布); omi kússa; {化粧品} tsira araï kū.

Fuddled 酔った; {泥酔した} wīracheng, wītong, shtata-kashóng; {半分酔った} sā fū fū-shong, usi-wīshong.

Fuel 燃料; tāmúng(薪), táchidji(たきぎ), shíba ki {後者二つは特に木に言う}; 酒は色欲の燃料 saki nudai yúku ukúshuru tamúng.

Fugitive 逃亡者; [名]findji mung.

Fulfil 遂行する; {約束を} yákusku {sátchata ichéru} túï túdjïung; [自動](希望などがかなう) attatóng, shirushinu ang; 実現した夢(正夢) massashī ími, vūdjitōru ími, vūdjita ími; 前に言ったことを実行する icharu tuï fúmi ukunayung.

Fulfilment 実現・成就; shirushi.

Full 満ちた; míttchóng; 満腹した chufārashong, míttitóng; 顔や詰め物をしたもののように満ちて丸々とした hátchatitóng; 半分満ちた hambung; 半分以上 hambung kvītong; 縁まで満ちた íri hadóng, kúrīga mī; 十分成人した fúdu wī chivamatóng, tákinu bung tst-chóng; 満月 maru zitchí; 害虫がいっぱい shiranu {虱} ussútong; [s.]finger's full, handfull; 満腹と暖

衣から淫らな欲望が生じ, 空腹と寒さからの盗みの思いが生じる chufāra kami, ching núkuku ïng yúku〈淫欲〉umúï, yāshashaï, fīssashaïsé nussudunu kukuru uku-yung; 終止符 tó〈読〉djīrī, ūū djīrī.

Fully 完全・十分に; 完成した djódju natóng, tudji-matóng; 徹底的に調べる kútu gútu tūti shïung, sáshi shirabïung, shirabíti sashshïung; 徹底的に理解する kútu gútu sashshitóng; 徹底的に考える tukúttu {静かに} umuyúng.

Fumble 不器用に; fidjarū(不器用)-sang, fidjarū gatchi shung, 不器用な書き方をする; bukūna shī kata-shung; [s.]awkward.

Fumes 臭気; 悪臭 kússa īchi, djá chí〈邪気〉; [s.]enhala-tion.

Fumigate 燻蒸する; kaba mung méshung; 燻蒸して悪臭・邪気を追っ払う kaba mung méchi kússachi {djáchí} nukïung.

Fun 陽気なふざけ, 戯れ; assibi, tavafurí, fūā, wátchaku, gámari; {(ふざけた)言葉} detamunuï, likutsi munuï.

Fundamental 基本(的), 必要不可欠の; mútu natong, néna naráng mung; 基本的原理 fúmmuni; 徳の行為が基本で, 文学や芸術は末端だ túkuya mútu du yaru, bun-dji〈文芸〉sī du yaru; 基本的道理 fún dó (本道).

Funds(**fund**) 資金; ūūyádinu* {kūinu} kani {公庫の金} *ūūyádjinu(公の)であろう.

Funeral 告別式; {葬列} ukúyuru, hómuyuru lī, só-li〈喪礼; 葬礼であろう〉; 会葬する ukuyung, shínyi ftu úkuyung, dabí-shung; (葬)式後に訪ねる tumuréshung, mū lí〈喪礼〉ukunayung.

Fungus 菌類(キノコなど); tátchi, nāba; {木に寄生するもの} mimigúï(木くらげ), chínu kū {kīnu kva}; 外科的意味で(茸瘤, 菌腫, ポリープ) shíshinu nābanu gútu maï ndjitóng.

Funnel 漏斗; djógu〈上戸〉, 大酒飲みも意味する, まるでじょうごのように酒が流れ込む故に; 反対語は djíkū (下戸), 適度に酒を飲む人.

Fur 毛皮; kunashī gā; 皮衣装 kā-djíng, kā-ishó〈皮衣装〉.

Furbish 磨く・研ぐ; migachi ficharashung, tudjung {jang, gang}, ficharashung, sīti ficharashung.

Furious 激怒した; úfu baradatchi, ūïnyi ikatóng; tattchi-shku(猛しく) ang, fádjissang(激しい); 激しい風 kazinu súdji tattchóng.

Furl 巻き付ける; karamachung, machung; {帆を} fú úrushung(下ろす).

Furnace かまど; káma.

Furnish 備え付ける; {供給する} suneyung, kvïung; 家具調度の完備した家 yā túmunyi sünetóng, yā dogu lippangshi sunetóng, shime kata-shéng; 家具調度を

備えつける shimekata-shung.

Furnishing 設備; 家具の完全な備え付け・設備 shimékata-shung.

Furniture 備品; {家具} ya-dógu; {台所道具} shōté dógu; gú〈具〉; [s.]instrument.

Furred 毛皮の裏をつけた; kanashī gā āchéng *kunashī であろう; 舌ごけのついた舌 shtánu ka hatóng.

Furrier 毛皮服仕立人; kā+ishó〈衣裝〉zéku.

Furrow (溝のような)細長いくぼみ; stchinu ato sidji {鋤の後の筋}, stchinu mítchi, stchi tūchéru míchǐ, sidji, kubudōru sídji, ndjŭ {溝}, stché tukuru, sakuǐ sidji, [s.]groove; vázachi (轍); [動] (土地を鋤で)鋤く vázachúng; 当地では鋤を使わないので furrow を正しく表すのは困難である; 額の深い皺 vadjami, 皺だらけの額 fittchainu vadjadóng; 心配事(から)の皺 munu kangénu vazachéru áto.

Further より遠い; もう少し遠方 nya iffé tūsang, nya iffé ménkae (もう少し前へ); 更に何か(あるか) nya ámi, mata ámi, h'n?, mata nūga h'n?; 更に言うことがあるか nya ïyúru kútunu ámi?, kassaníti ïyúru kutunu ámi?; 更に進め ménkae aké; 更なる相違点・意見の一致はない mata kangerunyi uyubang(また考えるには及ばない).

Furthest 最も遠い; ítsing tõsa, kāma tõsa.

Fuse 溶かす; {金属を} kani tadarashung, yachi tadarashung, shiru nashung; [自動] (溶ける) tadarǐung, shirū nayung.

Fuss 空騒ぎ; gáya gáya; 些細なことで大騒ぎする vazikanu kutu nakae úfu gáya gaya shung.

Future 未来・将来(の); mi-lé, kó lé〈後来〉, ígu〈以後〉, áto, yagati chūru, yagati nayuru; いつか後日来なさい átonu fǐnyi kúa; 来世 ígunu ínutchi, átonu inutchi, shídji atonu ínutchi; 後のトラブルを防ぐ makutunyi atonu urī nuzukǐung; 世間の人は眼前の事にばかり気を配り, 後々の事は気に掛けない shkinnu ftu mīnu ménu kútu kangéti, atonu kútu umăng; 諸々の事において後々のことを考慮すべきだ muru murunu kutu nagaku tuchinu umúngbakarí nasi vadu yaru.

G

Gabble ぺちゃくちゃしゃべる; abīkwéshung, gáya gáyashung, béru béru-shung; {個々の粒, 即ち個々の言葉の区別が出来ない}; tsizíng {imé 意味は} vakarang; dzó-gung (雑言)-shung.

Gable① (**gabelle**) (革命前フランスの)塩税; {塩にかかっている} {māshunyi kakatōru} djónó.

Gable② 切妻; {屋根の支え} kítta, kíchi.

Gadfly 家畜蝿; 'mma bé {fé}.

Gag 口を封ずる; kutchi fussadjiung*, fabamiung.*fussadjung

であろう. cf.dam.

Gage 担保; [名] {証拠} satchi dati torashuru sūku, {質ぐさ} shtsi mutsi; [s.]gauge; [動] {賭ける} kākīshung; {質入れする} shtsi mutsinyi íti dzing tuyung.

Gain 利益・利得; 得る Ii〈利〉, Ii-tuku, yítchi〈益〉, Ii-yítchi〈利益〉, móki, díkashi; Ii とは人間の情の欲しがるもの{私欲}だ chúnu kukuru fússiru {fushashú} tukuró Ii-tukundi íchi; 徳ある人(君子)は義に優れ, 悪徳の人(小人)は世間的利に聡い kunshé djinyi〈義〉satuyúǐ, shódjino Ii satuyúng; 過度に利を企む múppara Ii-tūkŭ umutóng; 単に利得からでのみ行動することに身を任せると, 多くの憎しみを引き起こす Ii-tukunyi yúti {yuyung(寄る)} ukunaïdunse, uraminu uffusang; お金を儲ける dzing mókiung; 儲けるものがある mókinu ndjiung; 儲けるならそれもよい, 儲けないならそれも結構. mókitíng mókiranting {mokíravang, mokirándaravang} sinyung; 戦いに勝つ tataké útchi makashung; トランプ, 賭, 議論で勝つ kākishi, dóli lundjiti, katchung, mákashung; 君{より多く}得た vane tuǐ agatóng, ïyaga tuǐ útitóng.

Gainsay 否定する; irivaïshung.

Gait 歩きぶり, 足取り); sígata.

Gaiters ゲートル・ズック靴; wābinu tābi, wābi kara nutchuru tābi.

Gallaxy (**galaxy**) 天の川; ting kärā.

Galbanum ゴム性樹脂・ガルバナム; kédinu ánda (楓の油).

Gale [s.]gust; 突風; chó fū, nyívaka kazi; 強風が突如起こり, 船を壊した chófu táchimachinyí úkuti fúni yantang; 次々やってくる突風 chú sudji, chu sudji, chú fuchi chú futchi.

Gall 胆汁; ī; {胆汁液} īnu ossassi; 胆汁のように苦い īnu gutu indjăssäng; 胆囊 īnu tsitsíng.

Gallery 回廊・棧敷; nyi-kénu yīng, nyikenu munumī tukuru, munu nyú tukuru {見晴らしのよい所}.

Gallipot 薬壺・小壺; hanagata íttéru {katchéru} tsíbu.

Gallop 疾走する; háshǐung, váshshǐung, kákǐung, kakī shung, kákinayung, kákitubǐung.

Gallows 絞首台; kúbiri gī, kubirítaru kí.

Gamble 博打; baku yítchi shung; ギャンブルは人民にとても害がある baku yíchi shuse taminu ítsing gétu nayung.

Gambler 賭博師; baku yitchishā, baku yitchina mung.

Gamboge ガンボージ; {それが取れる木の名から} fúdji(ゴム樹脂で顔料・下剤用).

Gambol はねまわる, ふざける; tavafuri wúduyung, móyung, gámarishung.

Game 猟獣; {原野からの獲物} kārǐshi tutéru íchi mushi; ゲーム1回 ichi dūnu bakuyítchi(博打); {チェス1回} chu ban; [s.]play; 博打道具 baku-yitchi-dógu, bakugū; baku yítchishuru dógu; 賭場

bakuyítchi-yā; 賭によって, 1年中の労働は一瞬に浪費され, 一家の衣食すべてが1投に賭けられる bakuyítchi shae níndjūnŭ ítunami íkkuku nakae ushinatí, yānŭ i-shūkŭ chu útchi nakae kakatóng.

Game-cock 闘鶏; óyuru túǐ, tow-chi〈闘鶏〉.

Game {place} **keeper** 狩場番人; kāri-ba banshuru ftu.

Gamester 博打打ち; baku yítchinu túmugara.

Gander 雄鵞鳥; wū-gānā.

Gang 一群; ftu atsimaǐ, chu múrushi, chu kúmi; 盗賊の一群 nússudunu chu kúmi; 船員一群 chu kúminu fúna gaku.

Gangrene 壊疽; kussari nyíkŭ, lu〈漏〉tskutóng, lú natóng.

Gangway 通路, 船のタラップ; funinu naka djó.

Gaol 牢; dū, dū-yā; 牢番 dū-bāng.

Gap 割れ(・裂け)目; fíbari, achima.

Gape 大口開ける ákubishung; kutchi fúrachung; 大口開け見つめる mī haǐ kutchi haǐ-shóng.

Garb [s.]appearance, behaviour; 装い; 衣服の装い chínnu shī-yó〈仕様〉.

Garbage 屑・魚のあら; vátanu mung, vátanu mī mung, stí-múng(捨てる物).

Garble (古) 精選する; kumakiti* bíndjĭung*kumekitiであろう; 厳選された品 shírabi-shína; írabi ndjachéru shína mutsi.

Garden 庭; nyiva, áttaǐ, súnu; 庭を歩き楽しむ attaǐ vúti assidáchung; 花園 hánagí wīūrŭ nyíva, attaǐ, kwa yíng.

Gdardener 庭師; attaǐ-kamutoru ftu, hána kamutósi, attaǐshā.

Gargle うがい(して清める); nūdi arayung, mizzi kúkudi yussidjung.

Garlick ニンニク; bíranu kárazǐ(球根).

Garment 衣服; chíng, i-fūkŭ, i-shó, shó-zuku, só-zuku; 内側の着物 shtya-dji, háda-zikí, ássi tūyā; 上側の着物 nága(長)-djing, ufu(大)-djing; 短い着物 'ncha djing.

Garnish 飾る; kazayung; [s.]furnish.

Garrison 守備隊; gussiku mamutōru fǐó; [動](守備隊を置く) mamuǐnu fǐó útchung.

Garrulous お喋りの・喧しい; gáya gáya shuru ftu, munu ǐyunyā.

Garter 靴下留め; tābinu wū, tābinu kúndjuru wū(緒).

Gash 深手; (傷) chízinu {skunénu, yamatché tukuru} fúkassang.

Gasp 喘ぎ; īchi tstchung; {最後の喘ぎ} īchi fichúng, īchi fúchi chĭung.

Gate 門; djó, mung, ufu djó; 通路, 入り口 djó-gutchi.

Gather 集める; [他動] atsimǐung, tuméti atsimǐung; súruyung(揃う); {積む} tsinyung, mazinyung; 大軍が雲のごとく集合する té fǐó kúmunu gútuku atsimatóng; 種子を集め瓶に保存せよ sani atsimíti, bin

nakae takuveri; {地面から} 拾い集める fíti atsimǐung, firi, firuǐ tuyúng.

Gaudy 華やか; míabyáka-nyi ang, man yítsi〈満悦〉; {市場や祭りの時のように} 華やかで騒々しい nyídji yáka.

Gauge 計器; {測定器} djódjinu shirubi, mássinu shírubi.

Gauze 薄織り・ガーゼ; shā〈紗〉.

Gay 派手な; 気性 hanabǐakanu mmari; 楽しい場所にあり, 家は華やかに見える hanayakanyi simateru yā; 彼は陽気だ tanushiminu ang, tanushidóng; [s.] gaudy; 織物の派手さ, 華やかに見える hanayaka, líppanyi ang, iruduténg.

Gaze 見つめる; mí tskiung, mí tskíti nyūng, mandjung; [s.]stare; 路上で美人を見つめるのは一つの罪 mitchi kará {vúti} bi-djínyi óti tukúttu nyūse ftu ayamari(一誤り).

Gazette 新聞; fī-djínu kútu katchi tumí; [s.]news.

Gear 用具; {馬の引き具} bágū.

Gelatine ゼラチン; nyi-kā(にかわ).

Geld 去勢する; yó-butsi〈陽物〉tuyung, yó butsi chíri sárashung; 馬を去勢する mmanu táma {fúgu*} tuyúng, chǐung *fúguǐであろう.

Gelding 去勢獣; {馬} tama tutéru mma.

Gelly (jelly)ゼリー・寒天; {日本から持って来る} kūri butu, kúnyākŭ(こんにゃく).

Gem 宝石; takara ṭama.

Gender 性; luǐ〈類〉で表すのが最適だろう; 男性 nan-luǐ; 女性 nyú-luǐ.

Genealogy 系図; wéka harodjinu kutu káchi tumishési; haródji gatchi, ichi mung gatchi, gvansu〈元祖〉gatchi; 家系のことで愚痴る gvansu, haródji arasīshung(争う).

General 将軍; fínnu téshó, gun-shi〈軍師〉, tsung-bing〈總兵〉; 元帥 shó-gung, djin-sī.

General-inspector 総監督官; sū-gami.

Generally 概して, 一般に; ūūyadjinyi〈公に〉, tégé〈大概〉, tésu〈大率〉, téraku〈大略〉, sūyó shi, síbĭtī, ūū aramíyishi*, áramashi*aramínyishiであろう; 大概の様相 tégénu katachi; その件の大まかな状況だけ述べよ djidjó〈事情〉tégé túti ǐyé {nubiré}; tegénu kakó; tégé sodanshi, 大まかに話せ; 大方の総旨 sū muni, kukúǐ.

Generate 産み出す; mmarǐung, kva nashung; {植物} mīung(生える), shódjǐung, nashung.

Generation -s 世代; yū, dé; この世 námanu yū; 連続した(世) líchi dé〈歴代〉; [s.]genitals; 来たるべき世 atónu yū, kó-shi〈後世〉.

Generous 寛大な; chímunu fírussang, lónu uffusang, táǐ lóna〈大量〉mung.

Genial 愛想良い・快適な; chú yúrukubáshuru mung, múti yutashang; 快適なにわか雨 yī ami, djibúnu ámi.

Genii 守護神, 霊; shin nying〈仙人〉; 木の精 kídji mung.

Genitals 生殖器; {男性の} ＋yó butsi; {女性の} i＋n-butsi〈陰物〉; hadjité {恥ずべき部分} chúnu shtyanu mung, ＋nán-nyŭnŭ shtyanu mung.

Genitive case 属格; nŭ; úyanu yá 父の家; （属格のnuは）時々 na に変化する: fúna nūshi 船主; nだけで表すこともある: míndáma （眼球）{mīnu táma} 目の玉; 普通の会話で, 固有名詞の後では, gaとなる Bernāga yamé バーナードの病い.

Genius 才能, 才, 才知; séchi, sé-nū, sé; 才のある人 sechina mung, sé aru, yī séna mung; 才知ある人を縛ることはできない séchina mung máttuyé* naráng *纏う; 才子 ＋sé-shi; [s.]ability.

Genteel 優雅な, 育ちの良い; ＋fū-gana〈風雅な〉 mung, fúganyi ang, vadána mung.

Gentian リンドウ属の植物; ó-ling.

Gentility 優雅・上品; {作法上} líppanu rīdji〈礼儀〉, rīdjinu tskuritóng, táttuchinyishi（尊きにし）rīdji tskurŭung; {生まれ} yī mmari, táttuchi（尊き）mmari.

Gentle 温厚な・優しい; vénda mung, vagóna mung, yavarakanu ftu; 微風 yafarashī kazi, shidzikanu kazi; 心優しい人 wúngva（温和）-nu ftu, ＋fi-va〈平和〉, va-fi nu ftu.

Gentleman 紳士; yúkaï ftu, ＋kūnshi〈君子〉, ＋shin-shi, samuré {学識者}; （紳士への）呼び掛け方 undju, shínshi sari, ＋lóyé〈老爺〉sari; あの紳士はこの地方の金持ちで, 若い紳士や高官の訪問を受けている anu lóyé mútu kúnu madjirinu wéki nchu du yaru, sháng-kunung〈相公も〉kványinung〈官人も〉shtchi tagényi ＋vóléshung〈往来〉; 若い紳士 shang-kung〈相または小公〉, shang-ku-mé; 老紳士 tammé; 紳士の子 omíngva.

Gentleness 優しさ; chimu yafarassasi, véndassa〈温さ〉.

Gently 徐々に, ゆるやかに yóï-yóï, shidé shidé, djíng djíng（漸々）, yónā〈漫漫的 slowly〉.

Genuflexion ひざまずく(こと);[動] fsha manchishung; ひざまずいて願う tsínsi magíti kūïshung.

Genuine 純粋の・本物の; ＋shó-mung, mákutu, djítsi, tashikanyi makutu; 純粋の蜜は中に白砂が撒かれている mítsinu shómunó, shiru sínanu áma kúma ïtchóng; 贋物の蜜は薄く黄色である yukushi munó fissashi chīru írunu ang; 誠実でない yúkushi, djítsi kakuchóng, makutu itsivaru, makutu nébi.

Genus 部類・種類; ＋lúï.

Geography 地理学; tinganu chī-lī shiruchési.

Geomancer 土占い者; fun-si〈風水〉nyūru ftu; 土占い法 ＋fun sinu〈風水の〉'hó.

Geometry 幾何学; chkáta fakáyuru 'hó, kádutu tsírutu fakáyuru 'hó.

Geranium ゼラニウム（植物）; avúï.

Germ （幼）芽; tsírudji, chízashi {後者は比喩的にも使う}.

Germany ドイツ; Aliman kwó〈国〉. *alimanはフランス語のallemond（アルマン:ドイツ人）であろう.

Germinate 発芽する; tsirudjinu mī ndjitóng, chizatchóng.

Gesticulate 身振りでする; móyung〈舞〉; 手足のゼスチャーをする ti fsha móyung, ti fsha yóshung; 身振りでする ariga katachi ugutchung móyuru gutóng.

Get 得る; yiyúng; 老婦人からそれを得なさい ayamenyi ítchi {言って} yiri, ayaményi ánati {知らせて} yíri, ayamé kara tuti kū（取ってきなさい）; 力ずくで得た shīti, shtchilínyi du yītóru; 不当な手段で得た ukattu du yītóru, karissuminyi yītong; 財物を得る機会がある時には, 不当な手段で手に入れてはいけない dzémutsi yíyuru tayurinu arā {arava}, または dzemutsinyi órava, ukáttu yínna; 薪を取りに召使を遣る nza tskáti tamúng torashung; 不当に得たものは不当に失われる dólinyi sakati yítaru munó, mata sákati（逆て）ndjíung; 得たり, 失ったりしても気にしない vári yítaï ushinataï údurukang; 立ち上がる tun tattchung, {寝台から} uki tattchung; 立ち上がれ! tun taté!; ukiré, ukiré!; 逃れる・免れる nugayung, yurusarīng; どんなに逃げようとしても出来なかった nántu núgarándi shussiga, nugararáng; 急いでするが, 仕上げ切れなかった shushī（出精）shússiga tudjimarang; 無罪放免となる toga nugayung; 逃れる nugayung; 難儀から逃れる nandji nugayung; 彼からのがれる arínyi nugátang; 金持ちになる wékishung; 準備する sunéyung, sunérashung（準備させる）, sunetóchung, shkóyung, shkótóchung; 準備しておけ! shkotóki!; {断っても} 免れなかったので, 酒を取り上げざるを得なかった chāshing djitéshïé〈CDなし〉{kutuvayé} naráng kutu, saki muchágiti nudang; 生計を得る tushī shung.

Gewgaw 安ぴか物; yíri mung, assibi dogu; {些細なもの} vazika mung.

Ghastly 死人のように青ざめた; katachinu uturūtong, karitóng, irunu karitóng.

Ghost 幽霊; unyi, yūri; 家具類を壊すもの yā kūshā madjimung.

Giant 巨人; dúttu taki dáka, ámari taka, taka síni {足} mung, ūūgátanu ftu.

Gibberish, gibble-gable 訳の分からぬお喋り; ＋dzógung〈雑言〉shuru ftu.

Gibbous 凸状の・せむしの; gūfū gétong; 到る所にこぶがある gūfu takaritóng; 凸状の背（の人）kūshī gūfã; 不規則な突起物で全身覆われた tsinu hani takaritong.

Gibe あざける・はずかしめる; varaï hazikashimïung, usséti hazikashimïung.

Giddiness 眩暈; kúkutí miguyung, miguyāshung; mī kuragurā-tu nayung; {軽度の眩暈} mīnu káshimashang; 眩暈で混乱し、{はっきりとは見えない} ku-kuti miguti mī zin zin tubĭung, mī chiramichi shung.

Giddy brained うわついた・移り気な; savagashī mung, úkada mung; 飲んで目が回る sīkuyung, sīkuĭ tórishi achung {ジグザグに歩く}.

Gift 贈り物; kvi múng, lī-mutsi〈礼物〉, úkuri mung; iriyūnamung, {目下の者へ} fūbi mung {報酬}; {皇帝・高官からの} tamaï-mung {賜り物}; 有用な贈り物誠に感謝します yūnyi tattchuru {iriyūna} mung kviti, kafūshi.

Gig 1頭立て2輪馬車; {馬車} tatsinu hĭaganu kuruma, または assibi kuruma; {(軽)ボート} timma gva, kū buni, kazaï timma gva.

Giggle くすくす笑う・忍び笑い; shtchilínyi vórayung, taki tskiti vorayung, shtchīlī féri vorayung; vatanu kfāruka vorayung {腹が固くなるほど}.

Gild 金めっきする; chíng ukĭung, kani tskĭung, ching hayung; めっきした kání yátchi tskí-shéng.

Gills 鰓; {魚の} ĭūnŭ ádjī.

Gimlet 木工きり; íri, tí-irí.

Gin 罠; {鳥用} túï túyuru ámi {網}; yāmā {罠}; {穴} utushi ána; 言葉の（罠）damashī munuï.

Ginger 生薑; {新鮮な} shó-ga, náma shó-ga; {乾燥した(生薑)} fúshi shó-ga; しょうが入りの甘い肉 sató zíki shóga *shóga zíki shíshiであろう; 生薑入り菓子パン shóga ittéru kvāshi.

Gingling, (**jingle**) ちりんちりんの音; 小鈴 fū līnnŭ（風鈴の）kīng-kíng shusi, gwáng gváng.

Ginseng （植）人参; nyín-djing, nyin djing kussuï; {外国の(人参)} yang san〈洋参〉; 人参を煎じて毎日飲み、それから乾燥させて、また売りつける悪党がいる yana likutsina ftu nyindjing kussuï yū shae fitatchi, mé nyitchi núdi, kassé sarachi（晒して）mata uyung; 人参は体を強くする nyindjing gussuyé kunchi〈根気〉udjinōyung; 食欲を良くし痰を散らす ínufu firachi tang chirashung.

Giraff （動）きりん; naga kubi shka？

Gird 帯などで締める; ūbishung, ūbi kundjung, mussubyung, tskannĭung(束ねる); {s.}hoop, bind.

Girdle 帯; ūbi; 宝石付きの帯 tama ūbi.

Girdle-sword 帯刀; sáshi-kata.

Girl 女の子; winagongva, winago vorabi; {良家の(娘)} mussimi, nyú-shi; 女召使 soba zikénu winago nza; tumu winagongva; 仏寺を女の子が掃いていた winagongvanu bútsi-din sódjishuru kutunu ati.

Girlish 女の子らしい; winagonworabinu gutong.

Girth （馬などの）腹帯; 'mmanu hárubi {hara ūbiの変化}; それ（腹帯）をしっかり締めないと、鞍がひっくりかえる shimirandung aré kura tsī kéyung.

Give 与える; tórashung, kvíung, attéyung, ukuyung; {目上へ}

ushagĭung; {託す} sazikĭung; 同意を与える nyazichung（うなずく）, gáttinshung, gattínshi nyazichung; {[s.]nod} [s.]consent; 送られた物を送り与える yayúng; 喜んで与えて下さった útabi mishéng; 高い身分の人については tamaï misheng; 結婚で与える nībichi shimĭung, kūn-lī〈婚礼〉shimĭung; 娘を嫁がせる wúttu muttashung; 罪人を渡す toga nyin vátashung; あきらめる {望みがない} dzun bung tstchȳītóng; 解けないものを諦める kangérarang yuzĭung, kangerarang uchángĭung; lóching〈量智も〉tskarang; 利益に身を浸す lí tukunyi〈利得に〉yúti ukunayung; [s.]whole heart; 自分自身を捧げる [s.]submit, sacrifice; 譲歩して同じる yuziti dūyung; しぶしぶ譲歩する shīti, úshti, ítuti {それを嫌いながら}, gáttínsánshi úkigunyung; 彼は折れた sinyúndi ichang; 嘆願書を提出する bung ushagĭung, agĭung; 私はその事を保証する náma wá ĭyuru kutúba shūku; 授受 tutaï yataï; 幾人かの召使が常に来て、彼女に孝行と尊敬の印の品を与えるのを見た ikkutaïnu túmu tsininyi chí, uri kókóshi uyamáyuru shina kvitasi nchang; 彼を取っちめてやる(きびしい仕返し) tsíranu ká hádji torashung, tsiranu ká hadjúng; 私は彼に面責された tsiranu ká arinyi hagáttang.

Giver 与える人; attetaru, kvíuru mung; {(与える)神主} tamaï {utabi} mishéru nūshi.

Gizzard 砂囊; {tuïnu} múmudji; {動物の餌袋} tsitsi shī.

Glad 喜んで; yurukudóng, ushashóng, yí chishóng〈悦喜している〉.

Gladden 喜ばす[他動]; yurukubashung, chímu ushashīmĭ-ung.

Glaire 卵の白身; kūganu shírumi; [動]（卵白を塗る）kuganu shírumíshi núyung.

Glance ちらっと見ること; 一目見る ftu mī nyúng, ftu tuï nyúng, mī ké fuyagíti nyúng, ké utchagíti nyúng, átta-mī shung, attadanyi mī shung; 振り返って一目見る tun kéti chu mī nyung; 怒って横目で見る fíchi mīshi nyúng; 一目見たら分かる ké ndé chāki tsōdjïung; [s.]look over; 急いでさっと過ぎた áttadanyi sídji satáng.

Glans (**of penis**) 亀頭; yóbutsinu〈陽物の〉kámatchi; {中国の言い方} kāminu kubi {亀の頭}.

Glandular 腺のある; tsítsimi, fukuru gva; 涙腺 náda bukuru; 腺膿 lūy-líchi〈瘰癧〉.

Glare ぎらぎら光る; fikarinu chíra chírashung, fikarinu ficharā ficharāshung; 水面などから反射する mizzinu fíchayung, fíkayung; 光って目が眩んだ mīnu ficharusang.

Glass ガラス; pó-li〈玻璃〉, táma; 鏡 kagán; ガラスの杯 sáka-zichí; ガラス瓶 táma gufíng; ガラス磨き人 táma sīūrŭ {migurashuru} séku; ガラス製造竈 tama tátchuru kāmā; ガラス修理人 táma shŭfūshuru〈修

補〉séku; ガラス製造者 póli zeku, táma táchuru zéku; ガラスの材料 tama tatchuru írigu, kussúï; ガラス製品 táma dógu, póli dógu, utsivamung.

Glaucoma 緑内障; míntămă óku〈青く〉natóng

Glaze 光沢・艶;［名］yatchimunnu numitōru fikari; 艶出し剤 numitōru kussuï;［他動］(焼物にうわぐすりをかける) kussuï tskiti numirashung.

Glazier 硝子工; pólí chíuru zéku.

Gleam, glimps 輝き・閃光;〈EC：一閃〉ftu fikari, chu fichaï.

Glean 拾い集める; firiung, fíti atsimiung; 落穂 {落ちた穂} úti bu; 落穂拾う útibu {fū} fírʼiung あそこには取り残された束があり, ここには穂が散らばっている. これらは寡婦のとりまえである áma nukutōru nyí-zika áï, kumanye mata útibu chíritong, kure tada yagussami winagonu bung.

Glebe (古)土・耕地; {芝生の生えた} mó; {歳入の一部：教区教会畑地} tski daka-nu tā, tskiti kviteru, tskidaka kvitéru; migunĭuru tā; {寺の(土地)} tíranu chkata; múndjin chí〈門人地〉.*Globeの前より移す.

Glee 歓喜; yurukubinu mushiru (筵);［s.］mat; {会食などが} 大歓喜(盛会)であった yī za yatáng.

Glide 音もなく流れる; {小川が} shizikanyi nagarĭung {［s.］meander}; {そろりと} 入る suruítu, shimī shimī íung; [s.]slip.

Glimmer 明滅する; 蛍がぴかぴか光る dzín dzinu ké fichaï-fichaï shung; {消えそうな蠟燭のごとく} chaï-gátanu fī; 上りかけの太陽 tī gáta, tíri gáta; 沈みかけ íri gáta; 最後の微かな望みにかかっている nuzumé ichi bó〈CDなし;一網かけThread〉gakaïshong {船が最後の一本のロープに頼らざるをえないよう}, 私たち英国人が最後の一本の糸にかかっていると言うように; 最初の微光(曙光) chízashi.

Glisten, glister, glitter 煌〆fichayung, fikarinu tattchung, fikari kagayashung; fikarinu stchi tūtong {透き通った}.

Globe 球(体); māï {鞠}; 地球 djínyi kataduteru máï 天球 tínyi katadutéru maï.

Globular 球状の; máïnu lúï〈類〉, maru munnu lúï.

Gloomy 陰気・暗い; kfúrasang; {夕方ごろ} yū íri gáta; 曇天 kumutóng, kumúï tínchi, kfuragadōru tínchi, kumúï ṭing; 暗い月 uburu dzíchi(朧月); 暗い心 chimunu urītóng, sábissang.

Glorify 賛美する; dútu fumĭung, na táttuchinyi nashung; táttuchi tushung, sakaï tushung; 賛美し誉める shūdji fumĭung.

Glorious 栄えた; sakaï fanayakanyi ang, sakatóng.

Glory 栄光;［名］sakáï, sakaï kagayatchi; 神々しい光り massashtchi, または massashī fíkari; i-kó〈威光〉{威

と光, 畏怖と光} ; i-kó firumĭung {itang, irang} {皇帝の} 威光を広める; i-shī〈威勢〉{威と勢力} ; kó-myó〈高名〉{高められた名} ; sakaï-fumari {栄光と声望} ; sakaï fumarinu na, または nānu sakaïfumari {栄光と声望の名} ; táttŭchī {高貴}, táttuchi nā {名}; sakaïnu (栄が) úffussang, táttuchinu uffusang, 非常に尊い {人や王国についても言われる}; táttī tuku, tattuchi túku {高貴, 尊い徳} ; táttī na, tattī fumari, na-fumari も同様 glory を表すと言える. 動詞:［自動］(栄える) sakayung, tatiung; kuveyung, mǎshung, táta uffíku nayung {増す} ; firuniung, firudóng {広まる} ;［他動］(栄えさす) sakarashung, tatirashung, kuverashung, uffíku nashung, kuve mashung {chang, sang}, firumiung; ī firugĭung {言い広げる}; 家は神々しい光りで満たされた massashī fikarinu yānyi mittchóng; 勝利は誇り喜ぶには充分でない katchi sakaïtusirunyé {sakaïtushussinyi} taráng {栄えとするには不充分だ} ; 彼らには富があるが, 徳がないので, 誇るべきものはない ariga wékishantéka {témang} tuku néng tuchindó, táttuchi tussirunyi tarang, táttŭbunyé, táttuchitushussi nyi taráng; 自我自賛する dūnu na táttuchi tushúng, sakaï tushúng; 富, 学問を誇る dūshi wékibúïshung, munushíri búïshung; 難儀を誇る nandjisharu {nandjishassi}, kurushidō ru {kurushidassi} fukuti {誇って} ïyung; 勝利を誇る kácharu fuïshung; 乏しさ, 虚弱さを誇る dū nu tubushunyi assi, dūnu yuvadósi fukuti ïyung; 父の名を誇ろう vari úyanu na shkinnu ftunyi fukuti iyung, chunyi ch'kashung. 天の栄光 sakán naru kutó wínyi ang.

Gloss 言いつくろう; {弁解する} ussuï kakushung, kazati ussuyung, fí kazayung, fí kakushung; fīkussi bindjĭung, tuchúng;［s.］excuse; 欠点を飾り隠し, 誤りを飾り繕う fīkussi kázati áyamatchi churáku nashung.

Glossy 光沢ある; fikarinu tūku nagaritóng, utsitóng; {肥えた馬のように} kvéti numitóng; fikari úruvatchóng.

Glottis 声門; nūdi gutchi.

Glove 手袋; tī-ga, wībi búkuru.

Glow 火照る; ákanyung, akadóng, ké ákanyung; {金属の} 赤熱 yákitóng; 悲しみで胸が焼けることを munu umuti shin〈心〉nitsinu (熱が) ukuritong; shivashi kugaritóng {焦げた} という; 喜びで胸が一杯 yurukubinu chi-zó mītóng; 欲(望)で一杯 kogarīru gutuku fushashóng(焦がれる如く欲しがる), yukunyi uburitóng, yúkunu kfachinu ndjitóng.

Glow worm 蛍; zin-zíng, fútaru bí.

Gloze うまく言い抜ける・取り繕う; fitsireti kazayung, tava furiti fumĭung.

Glue にかわ; nyikā; 琉球人の利用するにかわ fún sŭkvi, {飯と樹脂の混合物} ;［動］(にかわで付ける) nyikashi tskïung, tá tskïung. にかわがはがれる nyikanu tsi

Glume （いね科植物の花を包む小さな）苞 蒜（ほうえい）; kukumutsinu kūrū, kārā; [s.]shell, husk.

Glut 大食する; chufara kanyung, aku madinyi kanyung; kwé djíri shung; （大食や美食をする）anda mung kwé-shung, māssa mung kwéshung; 供給過多の市 ámata ndjitōru matchi.

Glutinous どろどろ・ねばねば・にかわ状の; dúru duru-shung, dúrudúrushi nyikānu gutóng; [s.]sticky; 当地の人は糊, 漆にたとえて表現する: núïnu gutu, úrushinu gútu dúru durushung（糊, 漆のようにねばねばする）.

Glutton, ous 大食家・大食いの; té shŭkúna mung, kaginung shirang munu kvayuru mung, gatchi, kwé djirā, anda mung kwé; [動]（大食する）kaginung shirang munu kwé katashung, djódjing（定規も）neng gatchi gvéshung.

Gnash 歯ぎしり; hā gishinaïshung, hā gíshi gíshi shung, chī bǎ gíshinaïshung, hā kwī chāshung {kūï, kuraï avashung}, hā kanyung.

Gnat ブヨ（虫）; gadjáng（蚊）, nuka batchi（蜂の一種. 毒性強い）.

Gnaw 嚙る（かじる）; kúyung, kwí chïung, kwī akashung {kūti または kūï akashung, 嚙み開ける}; {錆（する）} sabi kúyung.

Gnomon 時計の針; tuchīnu háï; {日時計の} fï kadji dénu háï.

Go 行く; áchung, yútchung, áyunyung; 出る ndjíung, ichung; 急ぎ行く fashïung, vashshïung; 遠くへ行く kushúng（越す）; 歩を進める tséyung; 行け! íki, dúki, dukiré, núzuki, sári（去れ）, sari íki!, [s.]gone; {下る} kudayung, uriung, uriti chūng; {太陽が（落ちる）} útïung, ságayung; {潮, 腫れ物, 値段が（下がる・引く）} fichúng, [s.]decrease; 傷みが消えた itáminu chiritang, yuruchóng, sandjitóng; 歩き回る ama kúma achung, miguti achung; 家に帰る yānkae kéyung, múduyung, muduti ítchung; {itchung, [過] ndjáng（行った）}; あの家に行く anu yányi {yánkae} ítchung; [命令形]iké, ndjindé（行ってごらん）; 私があの家に入る vaga anu yankae ndji（行って）nyūng {見る}, [過]ndji nchang（見た）; ndjíng ndjáng, {行くということについては, 私は行った}; もう行かねばならない vané nama ndji kūí, 別れの挨拶の一つ, または簡単に（次のようにも挨拶する）: ndji kuí {行ってまた来ていいですか}, vane íkāï {行っていよいか}; 外出する{少し（外を）散歩する} djónkae, fukankae, s'tunkae ndjíung, mitchinkae ndjïung; {外国へ} yimpónkae〈遠方の〉, bitsi kunyinkae, gvé gukunkae ndjíung; 水汲みに行った mizzi kumīga ndjang; 雲, 傷みのようにひとりでに消える núzuchung, nuchóng

（退いている）; 火が消える chāshung（消す）, chātóng; {戸, 出入り口を通って} 出入りする káyuyung（通う）; 行き来する vólé-shung, ndjaï-chaï-shung, yú-chaï-shung, sataï-itataï-shung; 上に行く núbuyung, núbuti ítchung; 行って取ってくる ndji túti chúng; [命令形]（行って取って来い）ndji túti kū; 行けない ákarang, aché ōsan（歩けない）; 私は彼と行かねばならない vane kanadji aritu madjung achung（歩く）, ikandi shung; 君は行ってよい ïya ndji yutashang, iyága ndjíng yutashang; 君は行っても構わない ikavang yutashang, sinyung; 彼は上に行こうと思っているので are wīnkae ikándi umutōru utchi {ba, bashu}; （彼を）許可して行かせよ ari yuruchi yarasi; 彼が行きたいなら行かせよ ariga kattinyi makachi yarasé; これが続く mázi kuri simasāyuru {simasūyuru}; 友を悩ませに行ってはいけない ïyaga dushinu yānkae ndji vaziravaché simandó; 明日彼は町に品物を買いに出掛けるつもりだ achá are gussikunkae shína kóyuga ikándi umutóng; どの道を行ってよいか知らない mánkaega íchurā miché shiráng（どこに行くのか道は知らない）; 多くの人がまた日本の端{Túchārā トカラ}に交易に行く taminu cha máta uffóku Tuchāra sakénkae ndji shobéshung; わきに行く, [s.]Privy; ハンセン病は悪化したら, 乾癬になる nábara（梅毒）, yandírava, hassinkae nayung; 弾が飛び出た tippúnu ndji.

Go-between 仲介者; [名] naka datchi-shung; [s.]broker, mediate.

Go-down （インド及び東部アジアで）倉庫; [名] takara irīru kúra, ncha kúra; [s.]cellar.

Goad 突き棒（家畜などを追いたてる）・刺激; [名] djitchi; [動]（煽り立てる）djitchishung（下知する）, djítchi katashung（下知方する）; [s.]urge; 牛を追い立てる ushi núchi akashung; 人々を煽って暴動させた tami úshti mufūnyi nkachéng.

Goat 山羊; fīdjā; 山羊飼い fīdjā tskaraya, karayā.

God 神; makutu kámi, shótī〈CDなし; 上帝であろう〉, tinnu nūshi, tin-chu〈EC: 天主〉, tin-shin〈EC: 天神〉; 私は gúkuraku（極楽）{最高の喜び} ともたまには聞いた; （神を）当地では shóti, tínnu nūshi, makutu kami と言い替えて用いている; そして, 文脈で「真の神」を指していることが明白な時には, 簡潔に kami（と言う）; 私は神を恐れているので, 彼らを秩序に服せしめない〈征伐しない〉訳にはいかない vané shóti ussuritó kutú cháshing ariga shi batsisané narang; カトリックの用語は tinchu〈天主〉, または tínnu nūshi 天の主である; 句の形でしばしば次のようにも言う: bammutsinu nūshi 万物の主, または tínchi bammutsinu nūshi 天地万物の主; また次のようにも言ってよいだろう: sū-subīshoru kami 全てを統べる神, 独裁の神;

回教徒の言い方は次の通り:真の主の尊き名 mákutu nūshinu táttuchi nā; 神は1人のみ nushé ftui {chúï}; 一人のみというのは個別の明確な1人ということで,数の1ではない ftui tushusé, sígussa, vakatōru tītsi dú yaru, kazi útchinu tītsi arángdó; 彼に比較し似せられるものはない,同類のない存在だ fīshi nyíshĭe narang, lúï néng mung; 私は,似たもののない,様態,または形態 {印,基準} のない唯一の神を心から信じる vané nyishĭe narang, chádundi íchi sashidjó {(sashidj)uya} néng nushī makutunyi shindjitóng; 主は1人, 知(識)も1つ, 信(仰)も1つ nūshing ftúri, munushíring tītsi, shíndjing tītsi; 主の慈悲 nūshinu wūndji; 人を調査する(司る)のは至高の支配者の心にある chu tskassaduyuse shótinu kukurunyidu kakatōru.

Gods 神像; {偶像} kami, bu-sā〈菩薩〉; 神は高い丘に住処を持つ taka zanó〈山は〉kaminu yā tushúng; 私はこれまで俗人どもを激しく憎んでいた,彼らは訳も分からず,愚かにも神像に仕え,愚かにも寺を立てたりする vané mútu kara haku shó dūdu uramitóng, yuyé〈CDなし,「故は」であろう〉shirang kunzóshi〈混雑して〉kaming vugadi, byūng〈廟も〉kunzóshi taskoyung. [s.]lares.

Godlike 神の如き; kami nyichōru mung, kaminu gutóng.

Godly 神を敬う; kami uyamayuru mung, kami tsitsishími ussuritōru mung.

Going 進行; 丁度行為中である bándji achung, ichung, hayung; achuru sé-chu〈最中〉.

Goitre 甲状腺腫; {首の} kubi gūfu; {動物の餌袋} nūdi fúckwá.

Gold 金; kúgănĭ, chíng, wó-ching〈黄金〉; 真の金は火を恐れず makutu kugani dunyaré fī ussuriráng, {fin-yaïnsang}; 金を被せる ching ukĭung; 金も銀も chínung djínung; 金または貴金属の鉱石を泥か砂のように見る kuganing tamang 'nching dúru sínanu gútu shung.

Gold dust 砂金; koganinu ku; {金のみつかる砂} kogani ndjīru sína; 金粉は貴重品だが目に入ると視力を害する kuganinu kū táttuchínyi ássiga mīnyi ĭ̄dúnse kashimashku nayung; 砂を除き,金を選り出す sína akíti kogani tuyúng.

Golden 金の; kuganinu gutóng; 金時計 chín tuchī; 金言 kuganinu kutúba.

Gold-fish 金魚; chīru ĭŭ, aka ĭŭ, ching ĭŭ, kuganinu gutu fichayuru ĭŭ.

Gold-lace 金モール; chin-biri, chin sídjinu fíri

Gold-leaf 金箔; chín-baku; 銀箔 djín baku.

Gold-satin 金色のしゅす(繻子);{外国からの} séyannu〈西洋の〉chin ítu, kúntung〈金緞?〉.

Goldsmith 金細工師; kugani zéku.

Gold thread 金糸; chínu sidji; 銀糸 djinnu sidji; chín-djínŭ sídji.

Gone 行った; ndjang; {使い果たした} kagiti néng, tskoríti nerang; {そして終りである} yūdju kagitósā; {失った} ké utiti néng.

Gong どら鐘; dura, kani, dura gani, utchuru kani; 鐘を打つ dura utchung, kani utchung; 鐘を打つ棒 dura utchā, dura shímuku; 葬式でどらを打つ人 nínbutsi.

Gonorrhaea (**gonorrhoea**)淋病; shiru shíbaï.

Good 良い; yī, yutashang; 良くない yutashku neng; 良かった yutashatang; 良い人 yī, yútasharu ftu, yīchu, ló-djin〈良人〉, djin〈善〉naru ftu, djin-tuku〈善徳〉aru chu; ああ,良い国だ tákara kunyi yassā!; さようなら tó vanné ĭkăī? ndji kuĭ?; {主人の返事は} menshéng; または客も主人もともに言う(別れの挨拶) achā {明日また会いましょう}, [s.]leave; 良い行い yī ukuné, {密かに(行う良い行い)} yin tŭkŭ〈陰徳〉; 良い事 yī kutú; 皆が「とても良い」と言った síbiti kuri dūdu yutashandi ichang {tucháng}; 善人には成り難い yī chutó naï gatassang; あまり良くない myunyé〈妙には〉neng; 善人になろうとしても,すぐにそうなるとは言えない yī chū narandi kúkuruzashi tatíravang, māda kanaradzi djinyé〈善には〉tskăng; しかし,悪人になろうとするものは,必ずそうなるものだ aku nasandi kúkuruzashi tatīru munó, akunyi narang munó néng; 彼らの中に善人も悪人もいる súnu utchinyi yutashassing wuï, wassassing wúng; 実に素晴らしい! yutashassā! 善人{君子}は人を敬い,謙遜し,人と争わない kunshé tsitsishími yúziti, chutó arasórang; 善なる人は,生命の閉じるその日に生命に与かる djin-naru munó nutchi {kutubutchi〈寿〉} ovayuru fī nuchinkae madjī fikatti ítchung; {徳または(品)質の上で} 善し悪し yúshi-áshi; {神から受けた} seve-busévé, shíavashi, bú-shíavashi; 善人は幸福を得ない. 逆に恐らくある災難をうける,しかし,(悪)人は災難を受けないで,逆に至福を受けるであろう. これ故に神の摂理の存在は証拠のないものだと疑いの目で見られる djín naru munúng wúï, māda sévé yiránting, yénye úttchéti vazavé ukĭung, áku naru munó mada vazavé ukirang, yényé úttchéti sévé yiyung, kurishae útchíndé, tindó〈天道〉shūku néndi ichi utagayung.

Good condition* 良い状態; unu shakushé yutashang. *原文ではgood orderの例文になっているが,見出しとした.

Good faith 信; makutu; [s.]word.

Good health 健康; yī kúnchi, kunchinu yutashang, chūsang, gándju〈康中; 頑丈であろう〉.

Good living 良き生活; massa mung, anda mung, té shuku; [s.]food.

Good natured 良い生まれの・気立てよい; yī mmaritsichi

{nu ftu}, venda mung.

Good order 整然; suné yū tutuniténg.

Good penmanship 良い筆;〔書き物〕yī fudí;〔作文〕tsizirinu yutashang.

Good will 善意; yī chimu; 良い意図 ló-chin.

Goodness〔心的〕djin-tuku; 事の善悪 yutashashi vassasi, li-gé〈利害〉; 奥様, もし私があなた様の善意〔厚意〕を忘れたなら, 私は獣でなくて何であろうか vari ayaméga chimuirī vassíïdunse chin djūnyi〈禽獣に〉aranshóti nū yaróka?〔chindjūnyi natóngdó〕; 人に見られることを願って行なった善は真の善ではない. 人が知るのを恐れる悪は大悪なり chunyi mirandi fushashōru djino〈善は〉makutunu djinó arang mung, chunyi shirarīse〔shīayassankandi〕ussurīru akó, chāki kuri dé〈大〉aku du yaru.

Goods 品物;〔商業上の〕takara, shina-mutsi, bé〈買or売〉-mutsi〈物〉; 商品, すべて最高品質 achiné shína, síbití shó〈正〉mung; 家庭内の品 yā utchinu dógu, chinyénu dógu; 品物を開封しないで受け取る shína mutsi fū〔封〕máma tuyúng.

Goose 鵞鳥; gānā; 野性のもの ufu gāng.

Gore 凝固した血;〔名〕chí murushí, chínu kfatóng;〔動〕（角で突き刺す）tsinushae tstchung, tsinashi* tstchi itamashung*tsinushiであろう.

Gorgeous 華麗, 豪華な; tumi míyabyákanyi（雅やかに）ang.

Gormandize 大食する; aku mading kanyung;〔s.〕glut, gluttonous; 一日中食らい遊び歩き楽しむ chfara kadi, fidjū yutakanyíshi,〔assidi yassundjitóng〕.

Gory 血まみれの; dū(胴=身体) ippé chī nutóng.

Goshawk オオタカ(鳥); taï-bó, úfu táká.

Gosling 鵞鳥の雛; gānānu kwa.

Gospel 福音; sévénu yósi; 四福音書 yūtsi shīnu〈聖の〉shimutsi.

Gossip 噂話; fanashi, munugataï, beru beru bananashi *banashiであろう.

Gouge 丸いのみ（鑿）; magaï numi, tamatoru numi.

Gourd ウリ科果実（まくわうりなど）; chin-kva（かぼちゃ）; ひょうたん tsíburu.

Gout 痛風; fushi bushi fukkvīru yamé; 足の痛風 fshanu fushinu yamé〔この病気は当地では知られていない〕; 膝の間接の腫れ〔腫れている間〕kváku shipū, ufu zinsā.

Govern 統べる; ussamïung, kamuyung; 国を統べる kunyi matsirigutu-shung; 官人は民百姓を治める kwan nyinó tami hakushó ussamïung; 各礼拝堂はそれぞれの問題を処理し, 連合体としての相互の繋がりを持たない lifaï-tira nā mé mé dū kuru kamuti, tagényi kakavari kvésang; 帝国が良く治められていれば, 大官によって立法権が強奪されない tin-ga〈天下〉yū

ussamáti dung uré, matsiri guto té-funó〈大夫が〉kétui ōsan; 民は協議・討議をしない tami hakushó〈百姓〉djimmésang; 上位の者が良い政治に失敗しないならば, 下位の者は密かに協議したりはしない, 口を閉じられ, 発言が許されてないからではない wīnu matsirigútu ushināndung aré（失わないならば）shimó vatakushinu djímmi néng, hakushó kuchi tudjiti munu ïyashimirang sidjinyé aráng; 世を治めるには, 慈悲の心を統治の根本とし, またさらに法を作り執行する際は慈悲のやり方・行政をしなければならない tinga usamuru munuva〔ussamīse〕djin-shin〈仁心〉assidu ussamīru mútu tushúng, mata djínnu〈仁の〉matsirigutu assé 'hó ussamīru mútu tushúng;〔mata 'hó ussamiruga taminyi djínnu matsiri gutu nari vadu〕.

Governable 支配可能な・従順な; kamuï bichí, kamuï yassang.

Government 政治・政府; matsiri gutu, ussamīse; 自治 dū ussamisi, dū tutunūyung; 良い政治の仕方 matsirigutunu shíónu yutashang; 政治の件 matsirigutunu yūdjū, kunyinu kutu; 政府に起因することまたは政府に属すること一般 kván pú〈官府〉; 政府所有地 kvánpúnu tá; 政治のことに意見を述べる kunyínu kutu lundjiti mítski tatïung; 政治の事を論じ決定する kunyinu kutu fakati chíshïung; 彼の治世の始めは昇る太陽のようであった sunu matsirigútunu fhadjimé fīnu fhadjimiti nubúruga gutukunyi atáng; 子貢が政治について聞くと, 孔子が答えて曰く, 豊富な食物と充分な兵があれば, 民は信頼すると Shi-kúga matsirigutunu yósi tūtang, Kūshinu méhé nakae, shúkū tárashi, fïng〈兵〉tarashīdúnse tami shindjïung; 政府が法律・規則を作る際は暴虐を抑え, 邪悪を押し止め, 義人・善人に安らぎと完全な保護を与える事を考える kunyinu matsirígutu 'hó tatíru kutó bódjitchi〈暴事〉chindjīshi, in-lang〈淫乱〉tudumiti, yī fitunyi yassundji mattónyi nashuru yūīshu du yaru.

Governor 長官・総督 Tsuntu〈総督〉; 長官は公の文書を出し, 受け取った Tsuntu matsiri gutunu bung tutaï yataï shang.

Gown ガウン・室内着; dū-djíng〈胴衣〉; 朝の室内着 yuru chíā, ishó（平生）chíā.

Grace 恩恵・厚意; wūng, wūn-djī〈恩慈〉, migumi, vúng-taku（恩沢）; あなたに神の恵みと平安がありますように! kami nūshinu wūndjī〔an-ning〈安寧〉〕ïyányi nuzumé〔iya wīnyi nari, ítaré〕; 恩恵を受ける wūndji kómutóng.

Graceful 上品・優美な; tatchī furumaï yurushchinyi kanatóng, fúdjinu〈CDなし〉（風儀であろう）yutashang, yī fudjinu aravaritóng.

Gracious (目下に対し)寛大・慈悲ある; vūndji aru, yuzita fūdji, fikussida fūdji; 情け深い皇帝 fitunyi kudayuru kóti.

Gradual, -ly 次第, 徐々に; táta-táta, yóyaku, shidényi, djin djíng〈漸漸〉, yŏĭ yŏĭ, shīmī shīmī;〈山の様に〉次第に高くなる shidenyi tsín agayung; 次第に移り行き, 近づいて行って, ついには知らぬ間に習慣づいてしまう事がある. 丁度美味しい酒を飲み, 味わい, 酔っていくのを忘れてしまうように shidényi utsiri chkaziki, mizzikara shiranting narisuminyi naĭsé, yī saki núdi, adjivé kúnudi, vīŭsĭ vassīsītū yínu mung; 徐々に積もって(こうなっている) djin djin tsimuti kan natóng; 徐々に変わった djin-djin kávati {aratamiti} chóng; 徐々に痛んでくる djindjin itaminu tstchung; 一息に7, 8里走り, 人や煙が徐々に少なくなる所に行った chu īchi nakae shtchi fatchi līnu mitchinyi fashi ndjití-chi, fitu chímuri djindjin ikiraku natō tukurunkae ndjang; 徐々にやめるべき日を捜すであろう djindjíntu yamīru fi kadjiri bichí; 老齢のため徐々に衰える djin djin túshi yúti uturūyú.

Graduate 科(文官試験の第一次試験)に合格する; [動] kó〈CDなし; 科であろう〉attayung, kó shung; [名]学士(「科」の合格者) kó attatoru ftu; 文官試験の合格者は shū-tsae〈秀才〉(文学)学士; kĭ-ing〈挙人〉(文学)修士; chin⁺-si〈進士〉(法学)博士.

Graft 接ぎ木; [名]tsídji-ki; [動](接ぎ木する) tsídjikishung; [比喩](ある考えなどを他の主題に付ける(当てはめる) fí-tskiung(ひっ付ける), fíchi tskĭung, {一方から}引き出し, それを{他方に}もたせ掛ける.

Grain① 穀物; {成育している} muzukoĭ {作物}: 生えている稲 nyí; 稲は上々のできである nyíya yū mītóng, dikitóng; 穀物一般は刈り取られたら kúku と呼ばれる; 5種の穀物 gú kúku (五穀は)当地では: múdji, áva, tónu ching, kúmi, māmi 麦, 粟, 唐きび, 米, 豆, この五種で全てを包含する; 1粒 chu tsídzi; 1粒程の大きさ chu tsídzinu fudu, úppi.

Grain② 石または木のきめ相; aya; 木の木目については múkumi ともいう; [動](木目まがいに塗る) tskoĭ aya irĭung, tskoĭ mukumi irĭung, ayagakashung.

Grammar 文法; kutubanu 'ho(法), kūdjónu 'hó.

Granary 倉庫; kura.

Grand! 堂々たる・雄大な・見事な; uffissaru yósi du yaru, takassaru yósi yăssā!

Grandchild 孫; mága, maga kva; ひ孫 mata mága; やしゃご・玄孫 fichi maga; 孫息子 maga wickiga, wickiga maga; 孫娘 maga winago, winago-maga; 子と孫 kvá măgă, ⁺shi-sún〈子孫〉; 孫嫁 maga yúmi; 孫の夫 maga mūku.

Grandee 高官・貴人; té-djin〈EC: 大人〉, kó-kvan〈高官〉, uffu kvan yin〈CDなし; 官人であろう〉; 高官らすべて shŭ-kó〈諸侯; 諸侯であろう〉.

Grandeur 威厳・権勢; {状態} ⁺i nu〈威の〉assi, ínu chkvi (威の聞こえ), ⁺i-fu〈威風〉. ifúnu assi; 威厳を見せびら

かす ifunu furuyung, hayung; 威厳を得たがる kukuruzashi tskutchi ifú yirandi shung, ifu kazayuru kukuruzashi; 威厳を誇示する ifú furuyung.

Grandfather 祖父; tammé,{俗に} úshumé; 曾祖父 ufu tamé.

Grandmother 祖母; mmé;{俗} pāpā, hā-mmé.

Grant 授与する; [動] fudukushung; 褒美を与える fōbishi kvĭung;〈高い身分の人の場合〉賜る tamayung;{譲歩する} yurushung, nazirayung; [名]賜り物 tamaĭ-mung, kvi-mung; 彼の請願を認める ariga kū*, nigé yurushung, ariga nigayú tukurunyi makashung *kūĭであろう; してよいと認める kunu kutu nachi kviri, túĭ chivamíti kvíri.

Granulations 肉芽形成(病); shíshinu mī ndjiung, chizashung.

Grape 葡萄; bu-dó; 野性の kanibu.

Grapeshot (古)葡萄弾(散弾); chíri ṭama, tsíri dama ĭ ung.

Grapnel 引っ掛ける鈎・小型錨; funinkae fĭkakīru gakidjā;{錨} ĭkaĭ gva.

Grapple かぎ(鈎)でつなぎとめる; gákidjāshi tudumĭung;{戦闘で} 格闘する tatakati kūméshung; 困難と格闘する nandjīnŭ〈難事; 難儀であろう〉chusang.

Grasp 掴む・把握; tskamu, nyídjĭung {tang, rang}; 掴み持ち上げる mutchúng; djíshĭung〈持〉; 彼の手を握る ariga tí chūku nyídjĭung; 指で握る tsinyung {つねる}, tsín tskiung.

Grass; 草; kussa; 青草 ó gussa; 乾燥した kari gussa(枯草).

Grass-plot 草地; amótchi(堤), múĭ gva.

Grass-cloth 芭蕉布; bashā nunu, bashūnu nunu, natsi núnu〈EC: 夏布〉; 芭蕉の衣服 natsi djing; 平織物製ハンカチ ká pŭ tí sādji〈EC: 葛布手巾〉; 芭蕉布の材料の取れる植物{おじぎそう} wū; bashūはどちらかと言うとバナナ(banana plant)のこと; wū の花を būtū と言う.

Grasshopper バッタ; sé, nyagura zé, nyagura mushi(稲喰虫).

Grate 火格子・炉格子;{暖炉} fī tatchi djūnu kudéru títsi; 耳の中でギーギーきしむ{ギーギー音の耳障りな} gítchi gítchi mími kashimashang;[s.]gnash;{粗布のように} 皮膚を擦る tstchi kvayung, síri hadjung.

Grateful 感謝する; ⁺vung〈恩〉kandjitóng, ⁺wundji shtchóng〈恩慈; 恩義であろう〉.

Gratified 満足し喜ぶ; mansŭkushóng, kukurunu uminyāku natóng, kukuru yūnyi natóng, nagusadóng, umuĭ nubitóng, kukuru nubitóng; 願いが満たされた fushashu tukurunyi kanatóng; 過度に満足し, 喜んだ dju bunyi umuĭ nubitóng.

Gratify 満足させる;[他動] 望みを満たす sunu fushashu tukuru kanāshung; umuĭ nubirashung, kukurunyi nashung; nagussamĭung, uminyāku shimĭung; 情欲

を満たすな yukunyi shtagaté simang; [s.]indulge.

Gratis, gratuitous 無料で・ただで; sīgŭ, ichánda, dé turáng, vúng gakiráng, mígudi.

Gratitude 感謝の念; vundji vassirang {shtchōru} túku.

Gratulate [{s.]congratulate}; 祝う; shūdji ïyung, shūdji unyukĭung, yī kutu ïyung.

Grave 墓; [名]haka, tska; 墓を掘る haka fuyung, tskoyung, akĭung; 経かたびら kari-mugaï djing, hómuyuru ching, nyú kvannu〈入棺の〉ching; 墓石 hakanu fimúng(碑文); [動][s.]engrave; (彫る); fuĭmungshung; [形](厳かな、真面目な) chíbishku, dandjamatóng, tadashūnyi, chibishūnyi, chibishīnyi ang; [s.]earnest, gravity; 墓の枯れ骨 hakanu kari kutsi; 相接した二つの墓 nárabi báka; 墓堀 haka zéku; 墓暴く罪 haka akiti nussudushuru tsimi.

Gravel 砂利・小石; ara sína; {細かい(砂)} kuma sína.

Gravity 真剣さ・厳粛; djin-djūnyi〈厳重に〉assi, dandjamatósi, ugusŭka chibishūnyi assi; もう少し真面目になれ ïyaga iffe djindjūnyi nari, dándjamari yó; まじめくさった顔(様子) dandjamatōru katachi; 真面目・慎重な物腰 rīdji〈礼儀〉djindjūnyi ang, iffing karukusang.

Gravy (肉)汁; shiru; 汁皿 shiru zara, shíru wang.

Gray 灰色; fé-iru; 白髪 shíragi; 既に白髪 shiragi mītong; 白髪になった fáku fatsinyi natóng, fáku fátsina ftu; 歳をとって白髪だ túshiyúti kárazi máshshīra shóng 髪・髭に白、黒が混ざった shiragi manchā, hambung shiragi; 白髪の若者は白髪を抜き取り、毛穴を白蜜で揉むと黒髪がすぐに生え出す tushinu wakassaru munó karazinu shirusarava, shíru karazi núdji stiti, shiru mitsidúng kīnu mīnkae nuĭdunse, chāki kúru karazinu mīũng; 白髭の{人} shiru fídji tammé.

Gray hound (快速の)猟犬; kari ing, karishuru ing.

Graze 草を食う; kussa kurayung, kussa kvayung; {傷(すりむく)} síri hadjung.

Grazier 牧畜業者; djúba(牛馬) tskanayuru ftu, djuba fhammé(えさ) achineshuru ftu.

Grease 脂肪; [名]ábura, yafarassaru anda; [動](グリースを塗る) anda nuyung; 回り易くなるよう車輪軸に油を塗る kuruma vadachi nakae anda nuti yū migurashung.

Greasy 脂の多い; {油を塗った} anda tstchong; {太った} kwéti mizzi {anda} mātóng {あたかも脂肪か水で巻いているかのごとく、すっかり丸くなった}.

Great 偉大な; uffusang, uffishang, ūïnyi ang; 偉大な計画 ūïnaru fakari gutu; 一大事{重要な} dáï djŭ *,umī (重い)kutu *〈dai dji 大事であろう〉; とても重大 fŭtí kutū; サイズがとても大きい dátténa mung; 素晴らしい行為 ūïnaru kónu〈功の〉ukuné, firussaru kutu; 異常に大 kavatati* magissang *kavatiであろう; 富 ufu

véki, daï fúku〈大富〉; 大恩 taï vúng, kó vung〈鴻恩〉; fuké {fukassaru} wúng; 厚意から何か大きな事をしてあげる wúng gakĭung; 偉大な人! sun taïnu〈尊大の〉ftu yassá! taï〈大〉djó fŭ〈丈夫〉; 大きいのを見ると、小さい物は忘れられる súnu uffísassi 'nchi kūsá tukuró vassirarīng; 大罪 úmuchi tóga, djū-zé: 重罪はすべて削除される umuchi tsimé mína chíchi nuzukirarīng; 大小 úffisa kūsa, dé-shu.

Greater より(偉)大きい; 彼は私より大きい ari va yaka uffissang; saranyi uffissang.

Greatest 最も(偉)大きい; ítati uffissang, ítsing uffissang.

Greatly 大いに; 悔やんだ ūïnyi, dúttu, fúkaku kúyadi; 強壮剤 chíkara dúttu kuvéyuru gván〈丸〉yaku; たいして〜でない sashti, 常に否定語と共に用いられる: sashti ami furang 大して降らない、僅かだ; sashti neng 大してない, íffi du aru 少しだけある.

Greedy 貪欲・食い意地の; kutchinu tstchoru ftu, kvédjira, gatchi, gatchi kve-djira, shúku zíchi, shúku mussabutóng; {強欲} dé(大) yúkunu mung.

Green 緑; ossang; 青色 ó iru, óssaru iru; 青草 ó kussa; 青さ óssa, óssasi.

Green house 温室; pólí〈玻璃(ガラス)〉ussuteru attaïgva, hana mamuyuru attaï-gva.

Greens 野菜; yassé, ná ,ó na(青菜), ó yassé, ó zé〈菜〉.

Greet 挨拶する; {個人的} yésătsishung, tagenyi yésătsishung, kví chichung; gulī-shung, rīdji-shung; 挨拶{状}を送る kvi chikashung; ご挨拶申しあげます vaga ya kvī chichung; 私の名で挨拶してくれ va taminyi {vanyi kavati} ari kwí chíchi {ch'katchi} kvíri, kví chíchi kū; varinyi kavati túï ukagati ku {尋ねて見よ}; vanyi kavati miméshi kú {私に替って見舞いして来なさい}; chāgandi tūti kū {ご機嫌を尋ねなさい}. 当地の人がお互いに挨拶する時の決まり文句は chū vugamábira, 今日私は貴方を拝みます; またはお辞儀して簡単に chū とだけ言う; 同じ日に2度会った時は kissa vugamábira, ついさっき拝んだばかりですね、と挨拶する; 初対面の場合は mādā vugamábira. 今までお会いしたことはなかったですね; gandjŭ? お元気ですか; cháshuga, 初めまして・いかがですか; [s.]well.

Grey [s.]gray.

Gridiron 焼き網; títsi abuïku; 当地では竹串を非常に多く用いる。そして炉格子を abuïku, daki abuïku と言う。

Grief 深い苦悩; shiva gutu, shiva, mudaï(悶), ūrī(愁)たいへん辛い shin-ku〈辛苦〉-shóng; 愁いがある urīnu ang, urītong; urī idatchong; 憂いを感ずる urīnu umuïnu ang, mudaï、または urī mudaïnu asse ubitóng, ubiráttong; 大悲 itami-dju; 大いに悲しんでいる itadmidjunu* ang, itaminu chūsang *itamidjunu であろう; 死者を悼む kanashimi itadóng; ほどほど

の悲しみ ussi urī; 当地では,悲しみで熱いことを shin nítsinu(心熱の) ukuritong, shivashi kugaritóng と言う; 深い悲しみ苦痛で,いばら{針}の床にいる haïnu mushiru nakae yitchóng(座っている);{[s.]mat}, 君の愁いを分けることが出来るかどうか知らない urīya vakīgashura {vaki ōshugashura} māda shirirang; 悲しみは積みあげてはいけない urī tsimute {tsidé} simáng.

Grievance 不平(不満)の種・苦情;{不当なこと} magaï kutu;{不平の気持ち} nitami, urami,{大変強い(恨み)} áta(仇) urami; 不当な扱いを彼から受けた magaï gutu arinyi sáttang, magirasatóng; 彼に苦情(恨み)がある aritu uraminu {ata uraminu} ang, nítaminu ang; 不当行為に文句を言う magaï gutu uramïung, tsigïung.

Grieve 悲嘆する;[自動]悲しみを感じる urītong, chimu yadóng, kurushidóng, ítadong;[他動]悲します urīrashung, vaziravashung, kurushimashung, chimu yamashung, itamashung; 悲しんだ yamachéng, yamasattong, itamasattang, vaziravassattang, kurushimachéng; 召使らは皆,何でその事を悲しむいわれがあるか,皆別れて行った方がよいと言った ya níndjunu〈EC:家人〉síbiti nū shundi kanadzi chimu yamashuga, sandji ayunyusi mashï ndi ichang; 悲しみ心配な心 kukurunyi urī vazirétóng; 教えを失った苦しみを思いだし悲しんだ naré-mung ushinatōru kurushimi umitskati urītóng.

Grim すごみのある・恐ろしい; ikarinu katachi, vādjā, yana kāgi.

Grimace 渋面をつくる・(不満・苦痛で顔を)しかめる; mín kvavū-shung, vadjanyung, vadjadóng; áyashida {ukashta} katachinyi natóng, midrashi tskoïkata-shung; 唇を歪める bissū shong, bissu gutchi; takanu kutchigutu{鷹の口のように} bissūshong.

Grin 歯を見せニヤニヤ笑う; kama djíshi ka agiti hā arvatchóng, 'nna varé.

Grind 擦り砕く; síung, ké-síung; 擦って{細かく}する sti ku(粉)nashung;{とても細かく}擦る sti dútu kumaku nashung; 臼で擦って粉になす ūsi nakae sti ku nashung; 叩いて粉になす tatachi ku nashung.

Grindstone 砥石; tushï;{より上質のもの} avashi.

Gripe (古)掴む;キリキリ痛む tsin tskïung(つねる);{腹がキリキリ痛む} vattanu síkarīng; 腹にキリキリ痛みがある vané síkatassā, haranu síkatí.

Grist 製粉用穀物; 1回に挽く穀物量 chū ūssinu kúku.

Grit (食物・水などに混ざった)砂塵・小石; kūnu sani(粉の種?); 石臼から削れた砂塵が混ざっている ūsinu nyíri ittchong.

Gristle 軟骨; gússumitchi.

Groan 呻く; dunyīshung; 腹痛のため呻く vatanu yadi dunyīshung; 呻いて眠れない dunyīshi mí kfati nindarang;[s.]moan.

Grocery 食料雑貨店; guma achine ya; 雑貨商人 guma mung, または zó achiné.

Groin 鼠径部; múmunu tstchi kutchi, mumunu yé, または yédja(間).

Groom 馬丁; 'mma bu, mma tskanayuru ftu.

Groove 溝を彫る;[動]nakanyi kubunyung, vazachung, sakuyung(剔る);[名](溝) nāka sakuté tukuru, sakuteru tuï, sakutéru tuï sidji, sakuï sidji; 溝を刻んだ vazachéng, sakuténg.

Grope 手探りする; ti saguïshung, ti sassuyung(摩る).

Gross 大きな・どっしりした;{肥えた} būtā, butassang, futitong(太っている); たいへん肥えた mitta būttā; 12ダース haku shi dju shi;{粗い} ara mung;[s.]wholesale; 紳士(君子)は粗末なもの(粗物)は召し上がらない kunshé ara munó ushagarang.

Grotesque 奇怪な; mariné midrashi,{chútu kavati(人と変わって)} marikanu firumashí.

Ground 土地;{地(面)} djī, chkata;{水に対し} ncha(土), duru(泥); 地に足を置ける djí sayung; 地を踏む dúchi〈土地〉kunyung; 地面に置いてある dúchi winkae uchéng;{底} sukú;{土台} mutu, mutúï, yūīshu;{菜園} attaï; その上に色が塗られる絵の下地 yīnu または dzīnu djíbami;[s.]floor.

Groundfloor 一階; 二階建ての一階 nyikénu shímu za, shtyánu za, shtanu yíng.

Groundless 根拠のない; nī nerang, yuīshunu nerang, yuï neng, yuye neng; 流言は流れる波の如く,根拠のないものだ tskoï kutuba {ī firugitéru kutuba} naminu ukadōru gutushi, nī neng kutuba du yaru.

Groundnut 落花生; djí-māmi.

Groundrent 地代; chkatanu djónó; dutchi〈土地〉djónó.

Groundsel (古)根太(床下の横木); kítta(桁:垂木を受ける横木).

Groundwork 土台・基礎; mutu dati;{比喩} djíbami, hátsi-dáti; shtya-zukú.

Group グループ・かたまり; chu múrushi, kumi, guzumúï, tsírani(連), chu gú; 婦人と女子の一群の奴隷 winago ndza, uffisa kūsa, chu múrushi〈EC:一群媳婦ㄚ〔中国語ㄚ〕嬡〉; 民集まって阿片を飲む taminu uffóku tagenyi atsimati {chu guzumúïshi} afing kúrayung; あちこちに群がる ama kuma chu guzumúïshi.

Grouse ライチョウ科の鳥; chídji bótu(雉鳩).

Grove 木立・林; fáyashi, kīnu shidjitó tukuru.

Grovel 這う・伏す; hóyung, dji nakae hoyung;{比喩} ussún kagamaïshi, ussun kagánshi; 地面にへばりついて高尚なものに決して心を向けない人 djí béshi, nūng takakó shí ōsan.

Grow 生える;{植物が生ずる} mí ndjíung, shódjiung;{成

長する｝ fudu vĭung, nubĭung; 再度歯を生やさせる手段 chíbá mata mirashuru tidáng〈EC: 複生牙歯〉; 諸々の丘の岩の間に生える muru muru yamanu íshinu uchinyi shódjiru kussa; 大きく成った datényi mitóng（生えている）, daténg natóng; 成長した人 ũu gatanu ftu, fudu vítōru ftu; 髪が伸びる karazinu, kínu nubĭung, tāta tata nágaku nayung; 歳を取る túshiyuyúng; 生えさせる māshung, mirashung; 髭を生やす fidji tátúng.

Growl [s.]sounds, different; がみがみ言う; kutchi utushung, kvihaïshung; 動物が（うなる）wū wū-shung. ｛犬が怒ってうなる｝ tataráyung.

Growth 生えること; mī ndjitósi; 成長しきっている fudu vī chivamatóng, takinu chivami; 成長しきっていない fudu ví chivamaráng.

Grub 地虫（甲虫類の幼虫）みみずや蛾の類; mimizi, shiraïnu tagúí.

Grudge 妬む・渋る; [動] nītăssā-shung, lín-chi-shung, uramiung; [名]（恨み・妬み）urami, nītami; 彼らの妬みあい tagényi nītassashóng; 彼への妬み aritó nītassashóng; しぶしぶ与える｛贈り物に勿体ぶって・恩義を付け過ぎて｝vúnggakití kviung, ushidi kviung; 惜しまず与える vung gakirang, atarashansang, muttu attarashatósang, ushimang; 善人（君子）は愁えることなく天意に従う kunshé nūng tinyi mákachi iffíng ūrītaïnsang.

Gruel かゆ（粥）; ké, uké ｛この ū ｛ufu｝ はご飯への敬語｝.

Gruff 荒々しい・無愛想な; arashi, skutsi; 荒々しい顔 aragó kagi; 荒々しい目付き aragó mī.

Grumble 不満をもらす; kussa kussa shung; 自分に腹をたてぶつぶつ言う nītassashi guzu-guzu shung, kví haïshung.

Grunt ブーブーうなる; gu gu-shung; 豚の苦痛の音, または殺される時の音 gvi-gvi-shung; 豚が食っている時の音 nta nta shung; 当地の人は豚を大事にし, よく観察しているようである; 怒ってブーブー言う人 kussamitchi abíshung 叫ぶ.

Guaranty 保証する; [動] fichi ukishung; その真実性を保証する shūku fíchi ukishung; [名]保証人 fichi ukíshuru ftu; 担保物件 shūkushi kvīru mung; [s.] indemnify, satisfy, insure; 私が損失は保証する vaga fíchi ukí, sundjinyé narang; sundjirassang.

Guard 番をする; [動] bānshung, mamuyung, bānshi mamuyung, mamuti bānshung, mamuti kákugúshung; 町を守る fushidji mamuyung; [名]（番人）bānshuru ftu; 牢番 dū bāng; 近衛兵 mamuyuru súné; 町の領有を維持する shíru mamuyung; 辺境 saké mamuyung; 用心深い行為 tuï shímarinu yutashang; 人を油断させる funínyi（不念に）nassashimĭung, bánshusi ukáttu shímĭung;

Guard against 用心する; 酒と色・欲を警戒せよ saki iruyuku imashimíri; それをしないよう用心せよ tsitsishídi súnna; 悪事に用心せよ tsitsishídi yana kutó sunna; 彼との交遊を警戒する aritó sákiti madjivánna, assibúnnayó; ｛心的｝悪を意識的に警戒せよ kukuru tumiti ningichi（念入れて）yana kutó fushígi; 警戒するよう特に留意すべき tashikanyi yū fushigi varu yutasharu; 実体｛形｝だけでなく, 影さえ警戒する tada katachi téma arang, kadji madíng fushígi varu; 泥棒を警戒する如く, 性欲を警戒せよ íru yúku fushidjuru kutó nussudu fushiguga gutukunyi shung; 硯を洗う際, 指爪を使わないよう特に用心 síziri arayuru kuto, wíbinu tsimi muchisé tashikanyi chirāri.

Guard-boat 巡視船; ukagé buni.

Guard house 番所; bāng-ya; 常設見張り小屋 shítchī bāng（関番）.

Guardian 保護者; ｛孤児の｝ftúrĭgū ｛uyang urang kva｝ aziki ukīru ftu; 皇太子または, 高官の孤児の後見人 tassikiru yaku; 前者（皇太子の後見人）は Taï-shi tassikiru yaku.

Gudgeon たいりくすなむくり（鯉科の淡水魚）; ｛魚｝mībaï?（鯉科の淡水魚）; ｛だまされやすいもの｝tstchi yassi mung（突き易いもの）.

Guess 推測する〈EC: 猜〉; uranayung（占う）, utagati fakayung; ｛謎を（解く）｝akashung, tuchung; 推測が当たった utagenu attatóng, akashimung atatong; 当ててご覧なさい yakomíya（お兄さん）, ïya tītsi uranátinde, chága?; 君が何処の出身か当てることが出来る ïyáya mānu túkurunu ftuga, vané uranaïdúshuru; 繰り返し言うから, 謎を解いてご覧 vari chu urané ｛akashí munnu kutuba｝ ïyung, iyaga akachíndé, tuchíndé.

Guest 客; chaku; 客に応対する chakunyi madjivayung, chaku téshung; 別れる際にお供する chaku ukuyung; 客間 chaku za, chaku ding〈廳〉, chaku dó〈堂〉.

Guide 導く・案内する; [動] mitchi bitchung, mitchibitchi shung, anésha-shung, sachi nati achung, sachi dáchishi achung; sóti achung; 案内し同伴する tsiriti achung; [s.]point out; 言葉で導く sassuï mitchi bitchung; 人の導きとなる本を編集したい chu shinanshuru〈指南〉shimutsi tūtsi atsimirandi fushashung; 手｛書き方｝を指導する tí katsimiti káchi narāshung; [名]（案内者）anésha, mitchi bitchuru ftu; 著名人らに同行し案内する政府役人 fan-sun-gvan〈伴送官〉; 同目的の船 anésha-buni.

Guild ギルド・同業組合;｛組合・団体｝chu gu, kumi, tsiri, surūï.

Guile 策略・腹黒さ; kakushi dakumi; 策を弄する kakushung, kakuchi itsivayung.

Guilt 罪; tsimi, toga; 罪を覆うには適切ではない tsimi ussuyussinyi{ussūnyi, ussurunyí} taráng; tsimi ussūï ōsan.

Guilty 罪ある; tsiminyi ang, toganu ang; 罪のない tsimi nerang, toga néng.

Guitar 風船型ギター; bi-vă(琵琶); 月型ギター kūtū(琴).

Gull 鷗; {海鳥} itchúng, {īu kvayá itchúng}

Gullet 食道・喉; nūdi, nūdi búkuru.

Gulp 飲み込む; numi utushung.

Gum 樹脂・にかわ; kīnu nyika, yani, kīnu ánda.

Gums 歯茎; háshīshī {hā shishi(歯肉)の変形}.

Gun 拳銃; 猟鳥用銃 típpū, tuï túyuru tippū; 銃が発射し, 鹿の首に当たった típpūnu ndji shkánu kubinkae attatóng.

Gunner 砲手; íshi-bya-gamī.

Gun-powder 火薬; yínshu, kutchi gussúï; 火薬の原料をこねて, 作る yinshu nashuru fé-zé {írigu} síri tutunū-yung.

Gunshot 射程; 射程距離内 tamanu túyuru {itchuru} mitchinu utchi.

Gun-smith 銃砲工; tippu-zéku.

Gun-stock 銃床; típpu-dé〈台〉, tippu tska.

Gunwale ガンネル・船べり; {船} funinu kārā.

Gurgle 水がドクドク流れる; sósó nagarīng, nagariti só só shung.

Gush 噴出する; gógóshi ndjïung, gógóshi hayúng.

Gusset ガセット・つなぎ板; vatchi-shūbī

Gust [s.]gale; 突風; 風の一吹き chu tūïnu kazi, chu kazi, kazinu chu īchi, chu yītchi {nyi attatong (突風に) 会った} ; {強い突風} arashī.

Gut 内蔵・中身; vata mī mung; [動](腹わたを取る) vata mi mung túï {káchi} ndjashung, 掻き出す.

Gutta serena 視覚障害; aki míkva(あきめくら); mī fura-chóssiga mīrang.

Gutter 溝; [名]īndjŭ, mízzu; {雨樋} {mizzi tūshuru} tī; 樋を設ける tī kakiung; [動] 蝋が垂れる dónu tayúng.

Gutteral-sound 喉頭音; nūdi útu.

Guzzle 暴飲する; saki cha númishung, tudumirang gutu nunyung.

Gybe* からかう; vachakushi nayamashung, bó irïung; bó-kutuba; [他動]からかう; vaga ari bó ittang; [動] 受身形(だまされた) bó iriráttang. *gyp(だます)か

Gyve 足枷; ashi guruma;[動]ashigurumā irïung, fsha kunyung.

H

Ha ハ!; {驚き} á, yé, ăyé, sattimu!; 不意に皆大声でハーハー笑い出した sūté hāhā shi ufu varéshang.

Habilment (**habiliment**) 装具, 衣装; ching, ishó, shózuku.

Habit 習慣; sh'tski, naré, nárisúmi, náravashi, tatitéru kata; {生まれつきの} mmari, mmaritstchi, mmari nagara; 習慣の奴隷 narisuminyi fikarīng, zukunyi fikassarīng; 習慣は第2の天性 narisumé shī djínyi nayung; 長く見たり聞いたりしていると, それが悪であっても, 悪と気づかくなる nchaï chichaï shusi nariti, nagaku naï-dunse, kutunu ikanó ayeshussiga, mata sunu ikang kutu satuï gutusang; {īī naru munuto īdomo, sunu fīu ubī-ru kutu nashi}; 飲み, 書き慣れた numinaritóng, kachi naritóng; 私は酒飲みの習慣がついてしまった vané fídji saki nunyé naritóng; 全く旧習を捨て, 新たに始めねばならない mútunu {furuchi} narisumé tskushi sárachi(去らして) aratanyishi sí vadu yaru; [s.] accustom; 悪い習慣 yána ḳússi, kūshi gūtu; 悪い習慣がついている yána naréshóng.

Habitable 住める; simaï bichí.

Habitual 習慣的; fīdjīnu naré, fīdjīnu narisumi.

Habituate 慣れる; [自動] nariung, naritóng, sh'tskishéng, djukushóng, fī djī ṭuï yū shóng, nīri djukushóng; 他を慣れさせる narirashung, djukushimiung; sh'tskishi-mīung; [s.] accustom; 酒に慣れた saki narisu-mitóng.

Hack 切り刻む; chizanyung, kizïung, chízïung.

Hackneyed 陳腐・平凡な; chū līnŭ〈旧例の〉{chūkuïnŭ〈旧規の〉} nágara.

Hades 死者の国・黄泉; gu shó; 後生でも現世でも等しく感謝する gu-shó vuting, kuma vutíng kanziru kutó ftushūnyi ang {kandjīse yinumung}; 私は死者の国でも笑わなければならない vané gushó vutíng vararíri vadu yaru; 私は後生でどんな顔で先祖に会えようか vane charu mi-muku {tsiranu} ati gvansu gushónyi ndji nyúga?; 後生で魂を安めるため gushó vuti tamashi yassundjirashuru tami; 後生の裁判官は「dju vó 十王」と言われ, しばしば当地においても言及される; 牛肉を食べる者には災難と罰があるよ ushinu shíshi kvayuru munó gushó ndji vaza-vé, batsinu andó.

Haft 柄; tska (刀剣の)

Hag 鬼ばばあ; finsu hāmé

Haggard 憔悴しきった; yógarā, yana katachi, vādjā.

Hail 霰; {凍った雨} arari; 降る árarinu utiung, fuyúng; 一粒の霰 ararinu chu tsidzi.

Hail① 声を掛ける; {呼ぶ} abiti yubïung, abiti kvīshi yézi-shung; 遠方から来いと叫ぶ声 kankúa! kankúa! {ここに来い}.

Hair② 髪; {人の頭} karazi, kami, hătsī; {こめかみの(髪)} bïnta; また動物のような体毛 kí; 体の小毛 ki-gva, fúku-gi {羽毛にも言う}; 髪が生える karazinu nubïung; 髪が短い karazinu nubang, karazi inchá, kí

incha mung, ki zima mung; 髪が伸びなくなった kara-
zinu nubīse yamitang; 鳥肌が立ち,勇気が衰える kīnu
tatchi, または kí fukugí tattchi, {sakankae tatchóng}
chimu butumitchi shung {bulī shung, furuïshung}; 髪
は尾状に束ねられ,一（腕）尺ほども後ろに垂れている
karazi {kamé} chu zu mussudi, nagassanu chaku*
amaï kushinkae taritótang {tatótang} *shaku であろう;
こめかみと頂きの髪が垂れている b̄intanu kami utïung.
赤子の頭の絹のように細かい毛 fútski, butski, karazi
butski, kantá {赤ちゃん} butski; 入れ髪 írigang, írigami;
入れ髪を入れる irigang íriung, irigang sīung; 髪を結
う kárazi yúyung; 弁髪にする firagung kunyung; 剃る
suyúng; 婦人が髪を結うことを kamiyī-shung ということ
もある; 婚礼の際髪を結うこと kánzashi sashúng; 成
人男子の髪を結う kata kashira yúyung, または djím-
b̄ūku-shung〈元服する〉;｛下男が主人に侍っている時に
するように｝簪を差さず,房に束ねた髪 kamurā; 下から
上へ丸く結い,簪を差した髪 úshirī; 大急ぎでぞんざい
に結い,頭に巻き付けただけの髪 máyūī.

Hair breadth 僅かの間隔; kī sídjinu fudu, kissidjinu
ye, kinu chǔ fúdu, kīnu fudu, chu fudunu kī, gumassaru
kīnu úffi; karazi butski chu sídji fudu nakae ka-
katóng; 僅かの相違も許されない ki fudunu yéng fi-
datité simáng; 僅かの違いが千マイル離れているか
のようである kíssidjinu（毛筋の）ye shin l̄i fidatitōru
gutóng.

Hair-brush ヘアブラシ; karadzi mósó, kami mósó.

Hair-cloth 馬巣織; mmanu dzūshi tskoteru mushíng（馬
の尾で作ってある毛氈）.

Hair-dresser 理髪師; karazi suyā, kī-suya｛床屋｝.

Hair-ornamentals; 当地の人や日本人がつける髪飾り
djifa, kanzashi; 先端に星の付いたもの kami
sashi, kánzashi; 匙型の付いた髪飾り ushi zashi; 子
供や婦人は後者のみをつける。それは頭全体から頂
上に集められた髪を固定するのに欠かせない。喪に
服す時は両方ともつけない; 女性用のべっこうの簪
kāmina kū djifa.

Halberd 矛槍; sāfung yǔtchi, íkussanu yūtchi, fúku.

Hale 健康な・強壮な; gandjūnshóng, fukurāshā-shong, sa-
vayé néng; 君は元気ですか fukurashashómi, ūbukúï
mishekaya?

Half 半分; hambung, hfan, nakara, ｛殺した｝鳥獣の半身
全部 katafirá; 体の半分｛片側｝katadu; 体の対をな
すものの片方 kata; 片目 kata mī; 片手 kata tí など;
半時間［s.］hour; 半分は,時には次のように言われ
る: hán kata, hámbung fudu; 半分の大きさ（サイズ）
hámb̄ūnǔ fúdu; 1ドル handzínu hambung; 1ドル半
handzinu ichi mé hfan; 半時間 han tuchi; 2時間半
ta tuchi hfan; 半年 hfan ning; 半分づつになった
（件）hambung natong, naïgata; 半月 míkazichi; 半分

しか保たない hambung fúdudu tamúchuru; 道半ば
で追跡を止める hambung michi ndji staritang, sti-
tang; 中途 mitchi hambung, michi nakara; 生煮え
uru nyītóng, hambung nyīshong; 半分で終えた仕事
hambung shkutchi, hambung kangé.

Haliotis 法螺貝?; kukunutsi ánanu bura, bura ké.

Hall ホール; ufu za, d̄ing〈庁〉, d̄ó〈堂〉; 裁判する大広間
vedaï za, k̄ung-kvang; 集会の大広間 surūī za; 謁見の
大広間 kóti vuganyuru za, chó-ti; 試験室 kóshuruza
〈科（をする座）〉; 応接間 cháku za.

Halliard 帆げた綱; {funinu} fū dzina.

Halloo オーイと呼ぶ; abiti yubïung, hé hé-shung; {かき立
てる} abiti féshung.

Hallow 清める,神聖; ［動］shī tushung; 汝の名が聖なら
んことを ïya na shītu nari.

Hallux （医）親指,（動）第一指; tsirudji（けづめ）.

Halo 暈; {月の回りの}tstchinu kassa; かさ（暈）を被ってい
る amagassa kantóng {雨傘を被っている}; kumunu ま
たは kassiminu kakatóng; {太陽（の暈）} fīnu ká-
ssa, amagassa.

Halt 停止する; {止まる} tudumayung, tatchi tskitóng; {びっ
この} gūnī, gūnā, ashi gūnā;［動］（びっこを引く）
gūnishung, gunāshung.

Halter 端綱; mma fíchi tsína.

Halve 2等分する; tātsivaïyung, tātsivaïshung; hambung
vakashung.

Ham ひかがみ（膝の後ろ）; chimpa.

Hamlet 小村落; mura; {大変小さい} yādū; 村も集落もな
い múrang chúnu yāng tétóng（絶えている）{neng}.

Hammer 金槌; kana dzichi; {木製の} kaki dzitchi; {鍛冶
の（鉄槌）} kánaka.

Hammock ハンモック; kaki yuka, kaki mindzang.

Hamper 阻止・妨害する; matsibuishung, fabamïung, sava-
yung.

Hamstring 腱; fshanu tsiru;［動］fshanu tsíru chíung.

Hand 手;［名］tí; 右の手 midjirinu ti; 左の手 fidjaïnu ti;
手の平 tínu vata, tínu ura; 手の甲 tínu kushi; 両手
tātsinu tí; 小さな手 kúmachi ti, yafarassaru ti; 大きな
手 ára tí; 手慣れた{老練な}手 chūtóng, djózi; （老練
の）反対語: 新米 ara tī, māda chūrang, fïta; 彼に手を
置いた{打った} tí kudachi, tí ndjachi atitang; 手を掛
ける{叙階式のように} tí uchakïung, ti ariga wīnyi
uchakiung; 手をつける{始める} tū hadjimïung, tíndati
shung; 手をとりあって歩く tí katsimíti áchung, tí fíchi
áchung; {手を組み合って} tí kunyéshi achung;［s.］
arm; 手をつかむ tí katsimïung, tí fíchung; つかんで
押しつける（握る）tí nyídjïung; 手を放す tí hána-
shung, tí yúrushung;［s.］join hands, palm;［動］手
渡す néyung, tstéyung; 目上の人に差し上げる usha-
gïung; {目上の人に}手渡す agiung; より高い所に立っ

ている人に渡す muchagiti kviung, agiti kvíung; 低い所へ下ろす sagiti kvíung; 後世に伝える átonu yūnkae tsteyung, tstéti nagarashung, tstéti nagashung; 彼の名は後世に伝えられない ariga na atonkae tstérang; 後世が誤り伝えた atonu chu nkashinu kutu tstchi ayamaricheng, tsté fizirachéng; 彼女に手を貸して駕籠に乗せてやった ari tassikiti kagūnkae {chūnkae, ũchūnkae〈御輿に〉} nustang, nubustang; 急いで嫁を駕籠から出してやれ féku mí yumi ndjáchi ku; 両手を上げ, 合掌して仏を拝んだ ti ushāchi butsi vugadi; {気ままに} 手に入るもの tīnyi mákachi; 気前よい {寛大な} tī fíruku muchīti.

Handball ハンドボール; 彼らの楽しみだ máï utchi〈毬打ち〉tanushimi tushúng.

Hand basin 手桶; taré, tsira arayuru taré.

Handbell 風鈴; ĩu líng gva, tí būlíng.

Hand breath 手幅〈尺〉; ībi yūtsi bung, ĩbi yūtsi fudu, ībi yūtsinu uffi.

Hand-cuff 手錠; ti ḳutsi, tī gussaï; [動] 手錠をかける ti gussaï kakĩung; 手錠かけられた ti-gussaï hakiténg.

Handful 一掴み; chu tskang, chu tskami, chu chu* nyídjiri *誤入であろう; 一掴み取って来い chu tskang túti kū.

Handicraft 手工芸; tí-vaza, tínu vaza, shkutchi.

Handkerchief ハンカチ; ti sādji; {大きな, 物を包むもの} útchukví.

Handle 柄; [名]〈長い〉wī; {短い} tska, tuï-tī; 〈耳〉mimi; 急須の取っ手 chūkan tí; 盾の柄 bónu tuïtí, bónu katsimí tukuru; [動] {手で擦る} mutabĩung {dang, bang}, mutánshung; mutchĩung; 優しく扱う fissónyishung〈秘蔵にする〉, atarashashung; 手荒く susónyishung, stigarashung; もてあそび壊す mutadi yandyung; 問題を上手く扱う yū shidé〈次第〉kumachishéng; 拙く論ずる ḅu shidényi〈不〈次第に〉〉sheng.

Hand-looking glass 手鏡; 丸い maru tí-kāgáng.

Hand-maid〈古〉女中; winago nza, winago túmu, winago soba ziké.

Hand-mill 手臼; tí-ūsi-gva, tí síri-ūsi.

Handsome ハンサム; chúra, chúrassang, churáku, ḳvabinyi〈華美〉ang, kvabitong, hanayákanyi ang; ハンサムな人 ḅidjíng〈美人〉, chura chu, chura mung, yī kāgi; ハンサムな男 chura wickiga, chura kāginu wickiga; churassanyi, churassa gatanyi, lippanyi mmaritóng; 並み外れて fídita, {nuchindita, sugurita} kāgi; 美しい女性 ḅidjū〈美女〉, chura winago, chura írunu winago; 美しい未婚の女性 {若い貴婦人} chura aï gva; 人の妻女が美人か醜いか聞くことを楽しみにするのは, 一度の罪である chúnu túdji wínagongvanu chúrassa vássa tūyusi kununyusi ftu ayamachi.

Hand-writing 肉筆・筆跡; {書いた物} katchési, katchitu-

mi; {独特の〈筆跡〉} tí-kata, fudi; 彼は私の古い友達なので, 彼の筆跡を知っている ari vága mútu káranu dúshi yá kutú ariga tí-kata vaga yū shtchóng.

Handy 便利な; {物} yī katina mung, yī kukútchina mung; 使い易い供 katinyi, yítchinyi, tyúínyi* nayuru túmu, tayúïna mung, sóvūna mung, sóvū shóng; *tayúïnyiであろう; 器用な tī bésa, tí fáyassa.

Hang 吊るす・下げる; {掛ける} kakĩung; {綱に掛けたように両側に吊るす} sagĩung; 垂れ下がる sagatong, tatóng, tarĩung; 胸にしがみつく chí kūtóng; [s.] breast; 50日風に曝される所に掛けておけ, kazinu attaï {tūyú} tukuru nakae gu dju nyitchinu fudu kakitóki; 書斎に掛けて何時も目に留まるようにせよ sími naré zānu〈墨習い座の〉utchinyi kakiti, tsininyi mīnyi attayuru gútusi; 長い髪, 柳の枝のように垂れる táyung, tarĩung; 木の枝からぶら下がっている kīnu yídanyi sagatóng, yída kara taritóng, tatóng; 首吊り自殺する {首吊りをする} dūshi kobirĩung; [他動] kobirashung; 恥じて首を吊る fádjiti {fadjitúshi} dūshi kúbiríti shinyung.

Hanger on 追従者・食客; {人} chunu tsíbi shpuyung, namĩung, shpuyā, namĩā, 他人の尻にキスし, なめる者; 〈取り巻きの〉より上品な言い方は síri tskatóng, síri tskayā; 細糸でぶら下がっている昆虫 sī〈蟄〉kūyā mushi {kūyā は tskoya の変化(?)}; 吸入管でぶら下がる〈虫〉kvī kudōru mushi〈食い込んでいる虫〉.

Hangman 絞首刑執行人; {chu} kubirashuru yaku, または kamí.

Hank 巻き束; 1巻きの紐 wīrunu chu maruchi, chu kittá.

Hanker 焦がれる; 彼に憧れて, 忘れられない arinkae kukuru kátamati utsī ōsan; mussaburi kanashashi, atsiku kanashashi, atsiku mussabuti; arinyi shtóyung, utchakayung; cha umi katamatóng.

Hap hazard 偶然; umāzi furāzi, zungvé〈存外〉.

Happen 生じる; nayung, nashung; それはいつ起こったか anu kutu ítsi yátaga?, ítsi nátara múnga?, 思いがけなく会う chúttunyi itchayung, táma táma ótang; táma táma は正反対の「故意に」を表すことがある; 思いがけなく彼にぶつかった chúttunyi arinkae tstchi ótang.

Happily 幸いに; sévényi, sévé tusi bichí, chódu sévényi; 穀物は枯れようとしていたが, 幸いに今日雨が降った ava nyiye〈稲は〉karirandi shutasiga, sévényi chū yī ámi futáng; 幸いにまだ見い出されていない sévényi anu kuto māda shiriráng, māda tuméï ndjassang.

Happiness 幸福; sévé, fū〈福〉, ḳva fū〈果報〉; 幸いを享受する sévé ukitóng, ãn-rāku ukitóng; 世間の幸福はただ夢・幻・泡・影・露・稲妻のようだ shkínu utchinu sévéya yumidó, maburúshidó, ābuku dó, kadjidó, tsī-udó, inázimadó ndi iyussiga gutukunyé sidjirang {táda íchūtādū yandó}, {naga tamuché san mung du yaru}; この世の幸せは，終わる時が来るだろう shkinu sévé yatíng, túchi áti tskorïung; 香を焚き，祈るのは現世の幸福を獲得するためである kó tatchaï inutaï shusi namanu seve mitumiruga tami du yaru; 外物による幸 dū s'túnu {gvébutsinu} sévé; 内なる幸 shí utchinu sévé.

Happy 幸せな; fūnu uffïssang, kvafūna mung, fūnu aténg, sevenu ang, anrákunyi ang; 幸せに暮らす anrákunyi kuráshung; [s.] luck, fortunate; この生，この世において偉大な道理{儒教}を教えて呉れる聖なる師匠に巡り合えたのは何と幸せか vané namanu ínutchi, námanu shké vuti shīnaru shishó íchātī, taïdó 〈大道〉 ushirarīse nūnu kvafūnu {kvafūna mung} átaga-yá?; 君に会い，話が出来るとは何と幸せか nūnu kvafūnu ati, vane ïya íchati yī hánashi shúgayá?; こんなに早く帰り，父や兄弟・姉妹に会えるとは何と幸せか vané nūnu kvafūnu ati īnā kunyinkae kéti uya chódé íchatágayá.

Harass 悩ます; [他動] nandjishimïung, shivashimïung, k̄úlóshimïung, vazirashimïung; [自動]（困る・悩む）vazirényi ang, nandjinu, shivanu ang.

Harbour 港; [名] 〈海〉mïatu ḳutchi, tsī ḳutchi, vāndū; 安全な港では西風の台風が避けられる odayáka mïatu gutchi nyíshi mútinu（西の）ára kazi {té fū} sakiru bichí; 盗賊の隠れ家 kakví ṭukuru, kakví ána, nussudúnu ana または sī; [動] 賊をかくまう yana mung kakushung; [s.] resentment.

Hard 固い; kfassang, kfáku; {堅固な} katónyi ang, katassang; 堅くて強い chingunyi ang; {困難な} katé mung; ひどく奮闘（四苦八苦）しなければならない shī kantī-shung, kurashi kanti, fī kurashí kanti; 仕事を待ちこがれる shkutchi, {ndjīse} mattchi kantī shung; 言い難い ī gatassang, ī gurishang; 固い木 kfag í; 固く重い木 kfa mbu ḳí; ダイアのように固い kfassaru kutó kungóshtchinu gutóng; 強く撞く{練る} chūku nīyung, tststchi nīyung; 保証しにくい fíchi ukishí gurishang; 手堅い取り引き achiné gúfā-shung; 書きにくい kachi gúfā-shang {gufaはkfaの軟音でgúrishangのように使われる}; 聞くのが困難な dadjákuna mung, mími tūsang.

Harden 固くなる; [自動] 自ずから固くなる nankuru kfayung, kfatong, kfaku nayung, mī nayung; 火で固まる ábuï（炙り）írichi kfayung; [s.] coagulate; [他動] 固める kfarashung; 仕事で体の各部が固くなる sívïung, sívitóng; [s.] callous（皮膚の固くなったまめ・たこ）

Hardhearted 薄情な; kfa djímu, kfashī kukuru, ashtchi kukuru.

Hardly たぶん～でない; 足りそうもない; yū sané taráng, taré kantí, kaki āshi {tuï āshi} kantīshung, shkató

tarirang, nandjisi vadu tarïung, yǎyǎ taritóng, yoyaku taritóng, mazi taritóng, suttu tarirang; そんなことがありえようか yu sané naráng; 来そうもない dúku kung; 間に合い（役立ち）そうもない kaki āshi kantī; [s.] likely, nearly, scarcely.

Hardness 固さ; kfassa, kfassasi, kfassaru kutu, または tukuru.

Hardship 難儀・苦難; nan, nandji, nandji gutu, nandji kudji, nán-urí, ū nan（大難）, vazavé; 昔の人がどんなに耐えられない苦労に遭ったか，ただそれだけを考えなさい k̄ū-djíng shinubarang shákunu n̄an-urīnyi ótasi umūrïó.

Hardware 金物; títsi dógu, títsi utsivamung, kánishi tskotéru dógu.

Hardy 頑丈な; gandjū mung, savayé nerang; 何の辛苦も感じない強壮な人 k̄ūnchinu chūsaru ftu nandjishing yamáng.

Harelip 三つ口唇; síba kakā, {厚くて開いた} síba achā, siba búté.

Harem ハーレム; winagonu siméza, wínagonu simédju, nī yā, 即ち, nindjú tukurunu ya {寝室}, utchi za; ndjé simang tukuru {行ってはいけない所}.

Hark! 聞け; shizikanyi chichíndayī; mazi chichínda, shizumatórïó; shizikanyi shórïyó; gvaïn-gvaïn sunnayó vanya ari chíchú kútú.

Harlot 売春婦; bakita wínago, yana wínago; [s.] whore.

Harm 害; [名] gé, sŭkuné, sámadachi; [動]（害する）géshung, skunāshung; [自動]（害になる）gényi nayung, skunayung; 怪我するかもしれないぞ ukāshanu! {危険性だよ}; どこに害があるか anyi yutashā néni?, skunayuru kutu ndang, skunayuru kutu ámi?; 食べなさい, 害はない{腹痛は起こさない} kamé, hárató savaráng.

Harmless 害のない; skunaráng múng, sávarang.

Harmony 調和・ハーモニー; vadáng, vábuku, vagónyi kanatóng; {音楽} kvīnu nadóng, utu nadóng; útitsi ágatsi nerang, wīnai shtyanaï néng, yín taki, yínu naïshusi.

Harmonize 調和する; [自動] vagónyi ang, vadanyi ang, tagényi kanatóng; [他動]（調和させる）vagonyi, vadanyi nashung, tagenyi kanāshung.

Harmonicon ハーモニカ; sé yánnu〈西洋の〉kutú gva.

Harness 馬具; [名] bágu; kuruma fíchuru bágu; [動]（馬具をつける）bágu surāshung; mma kurumankae há tskïung.

Harp [s.] lyre.

Harpoon 銛; gudjira（鯨）yaï, gudjira túdja, gudjira tstchá; かかりのある銛 kaïnu aru túdja.

Harrow ハロー（鋤）; {大きくて，歯の短い} stchi, {鋤}; 長くて，木製の歯の付いた（まぐわ）yuzaï; sódji katchā; [動]（鋤で耕す）stchishae ncha katchúng {掻く}.

Harsh 厳格・苛酷な; 人に対して chútu míttanyi kfanké-shung; bódjitchínyi shung; míttanyi shung; 不快な (耳障りな) 音について, 歯ぎしりする, と言う hā gíshi gíshi shung.

Hartshorn 鹿角精; [名] 鹿の角から造る, 精神を興奮させる気付け薬用液 shkánu tsínushae tskóti shó tskashuru shíru.

Harvest 収穫期; káyuru (刈る) tuchi, kayuru djibung, kaï ussamīru djibúng; [動] kaï ussamïung (収める); [s.] crop; 春に鋤いて, 秋に作物を集める faru vuti tagayáchi, áhi* vúti kaï ussamïung *áchiであろう.

Hash 刻む; [動] chizanyung, guma chizamïung.

Hasp 掛け金; [名] kakugani; [動] (掛け金を締める) kakugani kakïung; djiku shi mittchïung, shi-mïung, nutchúng; 掛け金を掛け, 止め栓を差せ kakugani kakiti shín íttóki.

Hassock ひざ布団; kamanu mushiru, {kamaは粗い植物繊維}; ひざまずくための布団 fsha manchíshuru mushíng; {礼拝の際ひざまずくための} fé-lí mushiru.

Haste, hasten 急ぎ, 急ぐ; savagu, fayaku {féku} issugavá-shku, gurúku, símiyáka, tatchimatchi; [動] (急ぐ) savadjung, issugavashku shung, issugavashūnyi shung, simiyákanyi shung, guruku shung, féku shung; [自動, 形] (早める) fayamïung; 飛ぶような早さで走る tubi fashïung, tubi vashïung; 急いで紙・鉛筆を持って来い fékunā! kabi fudíti {fudi túti} kū; {すべての手仕事で}早くせよ! ti béku yó!; 急いで走れ issán hayeshi; 急げば急ぐほど悪くなる nan bung chūnyi shïïdunse íu íu yandíng; 彼はそれを聞くと大いに驚き, 大急ぎで来た ari anu kutuba chíchi dūdu udurúchi, túbi vashti chang; 前の過誤を急ぎ悔やめ féku ménu fīkusi kuyamïó; 薬の誤った使用が死を早めた midarinyi kussúï muchīti sunu shinyuse fayamitang; 急いで仕事をする{やり遂げる} shkutchi fayamïung, fayamíti shung; そんなに急ぐな amadi issugúnnayó; 急げ issugíyó!; 急げ {即ち, 行って来い} íssudji ndji kuyó, tadéma kūyó, átadanyi kūyó; 急いで行け íssudji íkiyó, hayé nariyó, hayé nati kaki.

Hastily 急いで; 急にされた chūnyi sheng, simiyakanyi shéng; 急いで, ぞんざいにやりおえた ukátushi kutu tudjimitang.

Hasty 性急な; 彼はそそっかしい midjikachinyi ang, midji-kassang; 短気 tan-chi, tanchina mung, midjiké mung; 怒りっぽい ikari bésa; 手が速い tí bésa; 口が速い kúchi bésa; 性急な発作に過ぎない ittúchinu tanchinyi sídjirang

Hat 帽子; mótsi, {官の} kamuri; 被る mótsi kandjung {kan-tang, dang}; 帽子を脱いでお礼した kamuri nú-dji nyiféndi ichang; 西洋人は互いに会うと帽子を脱ぐのが礼儀作法である séyanu ftu tagényi icháyuru bashu kamuri núdji lī-shung.

Hatch① 孵化; {孵化の}ための巣籠もり tamago ussu-yung; 雛の誕生 sídïung, kva sídïung; {人工熱で}孵化させる mbutchi sídïung, sidirashimïung.

Hatch② 船のハッチ・倉口; fúninu {船} súku, tákara, または nyī mutsi tsinyú túkuru; 船底の出入り口 funinu sukunu djó または fúta; 当地には船倉を表す語は suku 底だけである. 甲板上の小さな木造物はfangé と呼ばれる.

Hatchet 手斧・まさかり; yūtchi, wūn; wūnのみねは木.

Hate 憎む; nyikunyung, uramïung, áta títchi shung; 嫌な臭いを嫌うように悪を憎み, 楽しみを好むように善を愛せよ ashtchi nyikunyuse yana káza nyíkumuga gutukúnyishi, djing kununyusi yī iru {良い色, 色は彼らには楽と欲情の含みがある} kunumuga gutukunyisi; 主および聖なるものの敵を憎み, 全ての賢者らと共に, 主および聖なるものを喜べ nūshi mata shīnaru múnnu áta títchi nyikudi, nūshi, shī, múru murunu chíngnyi yurukubiyó. {回教}.

Hateful 憎らしい; nyikumbíchí, urambíchí, nyickvīmung.

Hatred 憎しみ; nyikumi, urami; 悪人の善人にたいする憎み shódjinu {小人の} kunshé nyikunyusi; 憎しみを抱く átanu gutukunyi (仇のように) skanshung, chíra-yung.

Hatter 帽子屋; mótsi zéku, mótsi tskuyuru séku.

Haughty 傲慢・不遜な; wā china mung, úguta mung; 貧乏人を見て傲慢な態度をすることほど卑しいことはない fínsu mung nchi ugutabuï (驕ったふり) shusé kuri yaka íyashchi kutó néng; 傲慢で虚勢をはった uguri buïshung, tskoti uguri buïshung; 立派なマナーの反対は不遜な驕り tsitsishíminu fanó〈反は〉úguri.

Haul 引く; fíchi írïung, fíchi ussamïung.

Haunch 動物の脚, 腰部; ftsizi shishinu (羊肉の) chu múmu; 殺した獣の半身 (片側) 全部 káta-fírá; 骨 múmunu funi.

Haunt 巣窟; 賊の férénu kákushi ána; [他動] 行き来する vóléshi〈往来し〉vaziravashung; 悪魔に付きまとわれる madjimunyi kanniténg, madjimunyi kanni māchéng.

Have ある; ang; ない néng, nérang; あった atáng; なかった néntang; あるだろう andi shung; 有ったり無かったり ataï nentaï; 君は (持ってい) ないのか ïya néni h'n?; 持っているか, 持っていないか・あるか, ないか ámi néni?; 私はまだ (持ってい) ない vane māda néng; してしまった nya tudjimatóng, natóng; もうすでに聞いた sidínyi {kanniti} vané chicháng; 君はそこに行った (ことがある) か ïya áma ndji ikantí?; その返事は ndjang, 私は行った {行ったことがある} であろう; とにかく (そう) あろうと決めた íyading ang ari vadu; これは確かにあってはいけないが, また決してあれ無しではいけない kuri tashikanyi até simang, kuri mata chívamiti nénté simang; 有ること aru; 有る間 aru bányi, aru bashu; 見たこと ncha kutú, kátsītī {sídínyi, satchi vuti} ncha kutú; 黒に青色が少しまぜてある kuruchi íru nakáe óchi iru intēema madjiténg; {何かみだらなことを}見て, その事を考えてはいけない djitchinyi 'nchi umuté simang; 賭けで負けて, 人をまた賭けさせる djitchinyi kākishi {bakudjíchi shi} mákiti, chu mata kākishimïung; {動物の}声を聞いて, その肉を食べるのに耐えられない sunu kviū chíchi, ariga nyíku kanyuse shinúbaráng.

Haven 港, 避難所; funi tumí tukuru, funi tski tukuru, tumari または tumáï; 後者は, その小さな港の故に, 那覇の北東部に隣接する村の名となっている.

Hawk 鷹; táka; 鷹の訓練のように, 空腹だと役にたつが, 満腹させると, 飛び去っていく tatorába taka tskanayuru gutu, yāshashïdunse sinavatchi yúnyi tatchung, chufāra kveïdunse túbi {agaï} sayúng.

Hawker 行商人; achiné gva, mitchi achiné.

Hay 干し草; káya, kári gússa, kavachi ḳussa; 干し草を積む kussa mazínyung, tsin mazinyung; 干し草市場 kaya úï mátchi; 干し草の貯え káya mazíng.

Hazard 危険を冒す; {成功しようがしまいが}構わずやってみる fūnāshínyi shung, chága naïra fūnāshi; 商人は思い切ってしなければならない achiné fūnāshinyi sané naráng; 思いきり賭ける kākīshung; 命を賭ける núchi stüng; 命を賭ける者 núchi stí mung; 命を賭ける勇気 nútchi sti idjíng; [s.] risk.

Hazardous 危険な・運任せの; 知り得ないのは fūnāshi chívami gatémung; aya utchi, abuné, dédji, chívashtchi (険しき).

Hazel-nut ハシバミの実; shīnu naï (椎の実).

Hazy 霞かかった; kíbitóng, chíli kakatóng.

He 彼; ari, kari; 彼ら・彼などが呉れたもの áma kará kvitési; 英語の「彼, 彼らとしては」に幾分似ている; 雄山羊 wū fidja; [s.] male.

Head 頭; karazi, tsiburu, kóbi, átama, kámatchi; 後者は特にピン・釘などの丸い頭; {首領} kashira; 頭を垂れる kóbi sagitóng, taritóng {前方へ垂れる} untsinchóng; 彼女は頭を垂れ, 一言も発しなかった ari utsínchi chu kutuba ïyáng; どうしても頭を上げようとしない kóbi muchagíse uketóng (遠慮している), wémisáshi sang (かしこまってしない); 頭を縦に振る nyazichung (うなずく); 強い頭 {酒飲み} úfu djógu; 頭を割る tsiburu vatáng (割った); 宗教団体の頭 ushīnu sū gamí; [動] {導く} fichisubïung.

Headache 頭痛; dzitsū-shung; karazi yadóng, ïtadóng.

Headband 鉢巻き; fittché sādji, tsiburunu sādji.

Headboard ベッドの頭板; míndzanu tsiburu uttchakīru ítta, tsíburu utchakī.

Head-dress 髪の結い方; 即ち, 髪を整えること karazi tutunuyung,

yuyúng; 髪型 tutunuï-yó〈様〉, yuï-yó.

Headlong 向こう見ず; chítu datchā, yū-sha〈勇〉者, chibayā, ídjidju mung; issami tskíti; mítta ídji djū.

Headman 首領; kashira; 役人の áttama yáku.

Headmost 先頭; másātchī, shu ti, itsing shu ti, sé-shu, sédjing.

Head ornament 頭飾り; kobinu kazaïmung; 琉球の頭飾りについては [s.] hairornamentals.

Headstall 馬のおもがい; {mmanu} kutsiba kaki gā, または kā.

Headstrong 強情・我が儘; dūnu sadamitési katamatóng, katamata mmaritsítchi iffíng ugukang.

Headwind 向かい風; mukó kazi, djáku fū〈逆風〉.

Heady 向こう見ずな; {性急な} chimu bésa; {激しい} mulína mung; [s.] headstrong.

Heal 癒える; [自動] {yamé} nóyung; [他動] nóshung, djíshïung.

Health 健康; mīmutchí, kúnchi〈根気〉, chikung〈気根〉; 維持する kúnchi yashinayung; 損なう dū skunayung; 自分で健康を損なう dūshi dū yandjishung; 食べて損なう vátta yándïung; 健康を回復した kvéchishóng〈快気している〉, fūmpuku shong; [s.] better; 健康に注意しすぎる mímutchi ussuritóng.

Healthy 健康な; kúnchinu yutashang, hashítushong, tukúttushóng, chkúnu ang; tá shā〈達者〉; 健康な顔 háshitúshta só; 健常者も病人も老弱者も, 男も女も hashítushósing, byótchishósing, lósi〈老衰〉, wickigang, wínagong; 健康で真っ直ぐな枝 buti buti túshi mássígunu yída.

Heap 積み重ね, かたまり; [名] mazíng; [s.] pile; [動] (積む) mazinyung, tsinyung, tsin mazidéng, tatamïung, kassabïung, atsimïung; 沢山の品物が積み上げられた chássang shínanu mazíng kanstéru kútunu ang; 黄金を積み, 宝石を蓄える kogani mázimi tama tsing tskiténg.

Hear 聞く; chíchung; 聞くのが鈍い chíchi gurishang, mimi tūsang; 聞けない chíkarang, chiché ōsan; 自分で言ったことも一言も聞けなかった dūnu ïyussíng chú kutubang chikarang; 聞こえない振りする ch'kang fuïshung; 聞き取れなかった, どうかもう一度言ってくれ chichi hanchó kutu, nya chu kenó chkáchi kvíri; 繰り返し聞いた kassaníti chicháng; 噂を聞きはしたが, それが出来た人を見たことはない katarayusi chichassiga, sunu ftó ndang; 比較または訂正のために聞いたり読んだりする chúgó〈糾合; 校合であろう〉-shung; 聞こうとしない {完全に拒否する} chíchi iriráng.

Hearken 耳を傾け聞く; mími nússikiti chíchung.

Hearsay 風評・噂; kazi kara chíchuru kutu, fūbúng, tégé yósi.

Hearse 棺台; gang; 霊柩車 gánnu〈龕の〉kúrumma.

Heart 心; kúkuru, chímu; ［医学］（心臓）⁺shinnu（心の）dzó; 打つ chímunu ndjutchung（動く）; 動悸する dóndón-shung; 胸を突く ᵕnni {muni} tstchung; 胸を突き刺すような話し方をする ᵕnni tstchi munuḯshung; 心に達するほど切られた kukuru sakḯru gutuku yámachi; 心は生命の元 kukuró shónu〈生の〉{inutchinu} mútu; 心は霊を含み持つ kukurunyi shin〈神〉taku-véténg {ussamitóng}; 心は熱を憎む kukuró nítsi nyíkudi; 心が痛む kukurunu itadóng; 心を傷つける kukuru skúnayung, skunāshung, yámashung; 良い心 yī chimu; 心が体全体を支配する kukuró ishshínnu nūshi tushúng; 意図（志）は心から発する kukuruza-shé kukurunu fashítúkuru; 人心を買う chúnu chimu kóyung; 酒を飲め、腹を満たせよ、毒が心を攻撃しないように sáki númi, múnu chūfára kádi, dúku kukuru nakae irashimirang; 全身で喜んだ kukuru yurukubi bakaḯ, mittchóng, yurukube kukuru fúkaku míttitóng, manskushóng; 心{の動機}を動かす物には正も邪もある、したがって言葉に現れた事にも善悪がある kukurunu kanziru tukuró tádashchíng ang, yúkushimang ang, yaru yū́ìnyi kutúbanu aravarú túkuró yúshi áshinu ang; 心が一度迷い始めると、あちこちさまよい休まる所はない kukurúnu ftu tabi fanaríḯdúnse chaki yúyú tótó túshi〈悠悠蕩蕩とし〉{firūnyi nati, ᵕnna bírussang} chíssiru {tstchuru, sadama-ru} tukuró néng; 心臓の鼓動は10万の鉄のハンマーが打つようだ kukuró dóndónshi chó-du háku shínnu títsi kánazichi úchuru yónyi ang; 彼はまさしく鉄や石の心をもっている ariga kukuró mákutunyi títsi íshinu gútukunyi ang; 心で理解出来ても、口で伝えることは出来ない、心で悟っても、言葉で表せない kukuru nakae saturarissiga, kúchinyi tstérarárng, ⁺shin nakae〈心に〉tsōdjirarḯssiga kutubayé táshi ōsan; 全（ての）心で ishínyishi〈一心にし〉, kukuru ftuḯnyishi, chimu muparányishi; 努力は心から始まる kukuru djíbami nashi kfūsi vadu; 心を清め、透明な水晶の玉のようにする kukuru tanlínshi〈鍛錬し〉{mígachi} tamanu chu tsizinu（一粒の）gutukúnyisi; 天地は真の神を持てないが、善人の心は持てる tinching〈天地も〉makutu nushé（主は）nusī̄（載せ）ōsan, tada tadashí（正い）fítunu kúkurushi shúng; 心の働き chimuyé, chímu yósi; 肝に銘じよ dūnyi（身に）fik-késhung. djāng tūkāng fudjina mung.

Hearth 炉床・炉辺; kǎmǎ（竈）, fī tatchi dju; 炉辺のコオロギ chíridjírisi, kǎmǎ zé; 炉のブラシ fé bótchi（灰箒）, fé hotchā.

Heartily ［s.］willingly, fully など; 心から; 心からする chímu íti shung.

Heartless ｛［s.］unfeeling｝; 心のない、酷な; maduḯ chímu neng, kfashí mung; 石の様な心で、少しも動じない kukuro íshinu gutukunyishi íffing madurang, madurasang,

madurássarang; ｛勇気のない｝⁺shó skamung, idjíng neng.

Heat 熱; ［名］atsi, atsisssassi; 熱｛病｝nítsi; 今日の暑いことよ chū atsi mung yassā; 今日の暑さは耐えられん chu atsisanu nízikántishung, nizirarang; 熱がある atsissang, átsisanu ang, fāfāshóng; ［動］火で熱する atsirashung; 水を沸かす yū fukashung; 熱せられた［自動］atsiriung, atsiritong; 鉄を真っ赤に焼き、火箸で取り出せ títsi yáchi akámiré, fī bāshi shae ndjási; ［s.］hot, warm; 獣の春情 chkushónu kuruyúng.

Heater ヒーター; ｛アイロン用｝utó ｛atsirashuru｝títsi.

Heath 荒野; ｛共有地｝mó.

Heave （引き）上げる; ｛持ち上げる｝físhagïung, mutchúng, muchagïung; 引いて上げる fíchi agïung; ［s.］lift; ｛吐く｝munu tstchagïung; 錨を揚げる íkaï agïung; 悲しみで嘆息する urīti nadjichung（嘆く）, tan skushung〈嘆息する〉; ｛肉体的苦痛で｝（あえぐ）dúnyíshung, ［s.］pant.

Heaven 天 tíng; 天と地 tínchi; 天の下全体 tinga íppe, amaníku tínga; 頭上には青い天がある tsiburunu wí nakae ó tinó ang; おう、天よ、私を忘れなさった ā tíntóya umāri mishórang; おう、天よ、私をからかい、父を殺し、私を悩ませた ā tintó váchaku du yaru, va uya shinyáchi, vang kurushimátchi; おう、天よ、あなたの心は不在です ā tinnúng ū {ufu} djimó sāté urang; ｛これらは喪の際の嘆き方の例である.｝; 天は高く、巨大だ｛即ち、最果ては見られない｝tínnu háti mírang; ⁺bín ting〈旻天; 昊天であろう〉⁺taï-kó〈大昊〉は天の広大さを表す. あたかも天が転覆し地が転倒したかのようだ tínnu firugaï djīnu kutsigaïssiga gutukunyi ang; 天体は球に似ている tinnu téya〈体は〉mátténgshi tamanu gutong; その広さは計ることができない uriga fírussa hakarārang, cháppínshi hakaréya naráng; 天は不可知の存在のうち最大のものだ tinó massashi ubé néransiga utché ítsing úffissaru kutu;

天は tú kassabi 十層に分けられている; 第3の天: dé mí kassabinu tíng; 第9の天は, sū ugúchuru ting 全てを動かす天で, それより下の8つの天とともに運動する sunu shtyánu yātsi kassabitése ⁺tïtu* tumunyi ndjutchung *tíntu であろう; 一日に一巡する ítchi nyítchi ftu tabi migűí yutchúng; 第10の天は, 天の主・偉大な支配者と神・聖人たちの居所で, 永久に静寂で, 動くことがない dé tū kassabi, tin-kó, taï-ti, muru murunu kami, shīnu ū simé dju（お住まい所）, shízika nyíshi nagaku ndjukáng; この天は下層の9つの天を包み, すべての天の監督 Chu-fu-tsz（朱子）の言うところの固い殻の天だ kunu kassabé shtyanu kúkunu kassabi tsítsimi, sibítinu tínnu núshi tushúng, Shu-shinu ichéru kókuku〈硬殻〉{kfachi kurunu} tinó kuri du yaru.

民は国の基礎で, 食物は民の天だ kunye tamïú-

muti mútu tushúng, tamé mata múnu kanyuse tín
tushung; 八月に彗星が東の空に現れた fatchi gótsi
hótchi bushi tóhónyi aravaritang; 計画するのは人
間, 結果は天のなすこと fakari gutu chu nakae
ang, nasi kutó tínyi ang; 天の恩寵と神の助けを信頼
せよ tínnu wúng, kaminu tassikíng owdji tánunyung;
往き来 {生と死} の原因を尋ねても, 天がそれを明かし
たことはない ichichaï shidjaïshuru yuye〈由原〉
tüïdunse lóting〈老天〉 nyáda tuché yaborang* (中国
語「説破」の直訳); 天になることもむつかしく {万民を喜
ばすことはできない} tinó mata naïgátassang; 天の怒り
を恐れよ tínnu ikari tsitsishídi; 天の英知が届かない
ものはない tínnu sūmino uyubáng tukurúndi iché néng;
天は (私たちの) すべての思いを知っている nūding
umuré {nūnū kangé yáravang agi ukushídúnsé} tínó
chāki shtchó míshéng; 天は不完全な物を生み出し
たことはない tinnu shóziru tukuró tínnu djódju nashú
tukuru ukirandi iché nerang; 天は人間の自信過剰
を特に嫌う tinó djimánshusi dútu chirayúng; これら
全てのために, 天を仰ぎ, 天の無言の助けを頼りにす
る kure 'nnya tinnu mukutushi tássiki mishésé ówdji
tanunyung; 善人は天が助ける yī chó tin kara ta-
ssikíng, または tínnu tassikinu ang.

天道はきわめて捉えがたく理解しにくい tin dó hfá-
na fada skustchi du yassiga, shíri gatémung {shí ga-
tassang}; 上なる天が含み持つものは, 声・匂いがない
djó-tinnu tsitsidósi kvín nérang kaza nérang; 天が掛
けたり, 割ったり, 足したり, 引いたりするのは疑いない
tinó únuzi kara, kakitaï, nuzukitaï, kuvetaï djinjitaï
shuru kutunu ang; 頭上には尊き天の父がいらっしゃ
る tsiburunu wīnakae títsinu ting lóyénu mensheng;
人の千の計略, 万の計略も, 天の主の一つの図りごと
に抗えない chúnu shínnu fakari, mánnu fakari
yatíng, tin lóyénu〈老爺〉 chu fakaretó irivaye naráng;
天主の存在しない所があろうか tinnu loyéya mānu
útchinde menshórankaya? {amaníku ménshéng}; ある
ことが起こるか起こらないかは, 天主にかかっている
kútunu nataï narantaï shusi tinnu lóyé nakae du aru;
もし, 人が私を傷つけ殺そうとしても, 出来ないが, 天
主が人に死ねと言う時は, その人は死ぬ chunu vang
skunaïse, shínyi yónyi ichíng skunānsiga; tinnu
lóyénu ftunkae shiniyóndi ī mishéïdunse chāki
shinyung; もし, 天が私に生きろと言えば, 人は私を傷
つけることは出来ないが, 天が私に死ねと言えば, 誰
も私を救うことは出来ない tinó varīū ichikīóndi ī
mishóchi, ftó vang skunó kutó naráng; tínnu vang
shinyíndi mishóchi, ftó vang sku kutó naráng; 皇天
は善良な人を見捨てはしない kótinnó yī kukurunu
chu sumukáng; 何の苦もなく成果を生み出すのは天
である tskoyuru kfuya nénting, yandung djódju na-

yuse tíndu; 至高の者は上にいらっしゃる kó kó túshi
vī nakae ménshéng; 人が栄誉に生まれるか屈辱に
生まれるかは, 天により決められている chunu sakataï
hazikashiminu mmarishósi 'nnya ting káradu sa-
damayúru; 富と名誉は天による (ある) weking tát-
tuchíng tíng nakae du aru; 私は天主に私の心を見て
くれるよう祈る vari tínnu lóyéya, va chímu umikaki-
rindi mutumiténdo; この心は天の前で何ら恥じるべ
きことではない kunu kukuró tínnu ményi hazikashi-
mi neng; 天主が生み出さなかったものがあるか tín-
nu lóyéga shódjirashi mishórang kutó nūnu kutuga?
{'nya ting karadu yándó}; 天は人を養うために万物を
生み出したのだ tínnu bámmutsi shódjirachi mishé-
sé chu yashinayuru támi du yaru; 万物は天から生じ
たのだ bámmutsi tin nakae du mutu zitchóng; 天によ
り生み出されなかった人がどこにいるか tinnu lóyéya
mmarasang ftó mānyi wūga?; 万人は天により生み出
されたのだ ftu sūyó ting karadu mmarachéru mung
du yaru; 私ども世の民を愛すべく, この立派な皇帝を
生み出された天主に感謝する tínnu loyéya kunu
yutasharu kóti, tínganu haku shó ndzōsashuru
mung, mmarachi mishésé váttāga kafūshindi únyu-
kīng; 天子 {中国皇帝} は世を支配せよとの天の命を
受けた tínshé tínga taïrakányi ussamirachi misheru
tuziki ting kara tatimatsi ukitang; いったい誰が天主
を敬わないであろうか tin lóyé wémisashi tsitsishi-
manse tá yaróka?; 天が人類を創始した時 {彼らの意
見では, 天から下した時}, 天は人類のあるものを君主
や師匠にして, 彼らに「至高の支配者が全ての地を
親しみ愛するのを, 助けよ」とおっしゃった tinó tami
kudachi misheru túchi, kuriga utchinakae chíming
shishóng tskoï mishéng, íbunyi, shótī〈上帝〉
nu shpó ndzósashi mishési tassikiriyó; 栄光の天は「明り」と言
われ, 君が行く所はどこでも添って来, 栄光の天は「朝」と
言われ, 君がさまよう所はどこでも行く bíntinu, achirandi
ichésitu, nándji mānyi ndji íchusi tumunyishung;
bíntinó assandi {ashitandi} ichésitu, nandji mānyi
ássidi yúchusi tumunyishóng; 心が良いかそうでな
いか, 人は知らないが, 間違いなく天主は知っている chúnu
kúkurunu yutasha vassa, chunó shiráng, únuzíkara
tínnu lóyéya kuri shtchóngdo; 天主よ, 願わくは彼に
報い {罰し} たまわんことを tínnu lóyé ari fóbi kvi
{batsi shí} mishórindi nigaténg; 善人は天これに確
かに報い, 悪人は天これを確かに罰す djíndjinó tín
kara shídjinyi〈自然に〉 {nankuru} fōbi, aku nyinó ting
kara batsi shī mishéng; 天道は善人に幸を, 悪人に
災難を送る tintóya djínyi saïvaïnu ang, midarinye
vazavényi ang; 天主は最も忠実に (事実のとおりに)
見る tínnu lóyénu múppara mákutushaedu nyūng; 君
を見ている天主がいらっしゃる tínnu lóyéya ïya mítsi

misheru kutunu ang; 高い天は見ていらっしゃる djótínu nyūru kutunu ang; しかし天は人類を見守っていらっしゃるのだ táda tínó níndjíng〈人間〉mī mamutóng; 君の運命を決定する天主がおられる tínnu lóyéya ïya mí sadami tskitó mishéru kútunu ang; 人々の密かな囁きも天では雷のように聞かれる gúma {suruĭtu} munuīshusing {nindjinu vatakushinu kutubang}, tínó kánnaïnu gára gára shuru gutu uffíku chíchimishéng; 人は騙せることがあるが、天主は騙せない chó damakassáriting, tinnu lóyé nantu shantémang} damakashé narang; 天にて声が聞かれる kvīnu〈声が〉ting nakae chikarīng; 天主は(激)情に負けることを許さない tinnu lóyé kukurunyi fikarīse yurusang; 上には天の怒り、下には王の聡明さがあり、上には天の目も眩む栄光がある wí tínyi ikarinu aï, chiminu achiraka shimunyi aï, sakán naru kuto wínyi ang; 天に対し罪を犯した者は、祈る対象物は何もない tínyi tsími yïídunse ínnuru kutó {unyifeshuru mitché} néng; 天は傲慢を許さない tínó uguri yúrusang; 天道はうぬぼれる者を抑えへりくだる者を利する tindóya mittitósi〈満ちているものを〉kagiráchi yuzitósi mássashimiung {mitirashung, mítta-shung}; 天主は公明正大だ tinnu lóyéya kūtó〈公道〉du yaru; 天は最も公正で、利己的な所がない tínó gúku kūtónyi shí, vátakushi néng; 皇天は仕える親族がなく、ただ徳だけが助ける kó-tínó wéka neng, tuku aru bakaïshi aridu tassikīru; 天主の思うようにさせよう tínnu makashínyishíng vané tarīung、または tínnu kukuru shidé {yutashang}; 私の命を天主(の世話)に任せる va nuché tínnu lóyényi azikitóchung〈預けておく〉; それが天の決めたことにほかならない tín mínyi arántu ïyú kutú néng {tínmí du yaru}; 善人は天に傾聴する kunshé nūng tínyi makashung; それは天の命令だ tin mínyi kakatóng; 天よ、我を憐れみ下さい tínnu lóyé vang avaridi kvi mihété; 私は天の慈悲を請い願う varí tinnu avari mishésé nuzudóng; 栄光の天に泣いて頼んだ bín tín ínuti nacháng; 天が私を許して下さることを祈る tinnu lóyé vang nádami, {nugarachi} kvi mihété; 私を栄えさせてくれますよう祈る yutakanyi nashité; 天が人を我慢し許すなら、それはそれでよい tinó ftu nadamíti {shinubi iriti} anshi sinyung; 悲しみ悼んで天を呼ぶ kanáshidi tínyi ïyung; 汝は天を恐れないのか nandji tínó anshi usurírani?; 上なる天は畏怖されるべきだ kami tinó usuru bichí; 人は天主の道は理解しえない ftunu tínnu lóyénu kutó shírarang; もしこれらの道理 {孔子の教え} の滅びることが天の意図でないならば、匡の人は私に何が出来るだろうか tinó kunu dóli ushināng tuchindó chó fitó vang chashínu nayuga 〈géshia(害することは) narando}.

Heaven born 天から授かった; ting kara mmarachéng.

Heavenly 天の; 楽しみ tinnu tanushimi; 天の栄光 tinnu sakán naru〈盛んなる〉kuto; 信心深い ting umúyuru chímu.

Heavy 重い; mbussang; 頭が重い karadzi mbúsang; 深い眠り djúkusī-shung, {稀には, nó-sī-shung}; 重いと軽いは反対語 mbussa kassa tagényi ura umuti natóng, tagenyi fanshóng; 大きな利益 uffíssaru lí-tuku〈利徳; 利得であろう。〉; [s.] weighty.

Hector いじめる; [動] agimáshung; [s.] urge.

Hedge 垣根; katchi, má gatchi, daki gatchi; 道の側(の垣) máshī.

Hedg-hog ヤマアラシ; īyā buta {箭猪}, [s.] porcupine.

Heed 留意する; {知覚する} satuyung; {傾聴する} chíchi shtagayung, kutúba chichung, chíchi irīung, kumi ukiung, tsitsishimung; 彼の脅しを気にするな ariga udushusi kamúnnayó.

Heedless 不注意な、構わない; tsitsishimang, ning iráng, karisumina mung, tétina〈大抵な〉mung, ūkatana mung, ukaïtuna mung, fu-níng〈不念〉.

Heel かかと〈踵〉; ádo, fshanu ádo; かかとの骨 ádonu kútsi; 逃げ出す ashi fayamĭung, ashi beku fíndjĭung.

Heifer 若い雌牛; mī úshi gva.

Height 高さ; táki, takassassi; {稀に, tsíma}; 等しい高さ yín táki; 等しい高さにする tunamĭung, yín taki nashung; 堀はその高さまで上げられるべきだ nubuï.

Heir 後継者・相続者; iáto tsídji, áto tsídjuru mung, uki tsidjōru ftu; uyanu kadjó〈家業〉ukīri ftu; 王位継承者 té-shi〈太子〉; 皇帝は継承者なく死んだ kótinu māshi áto tsídji néng mishórang; 跡継ぎのない ato tsídji tetóng, néng.

Heirloom 世襲財産; úyanu nukuchéru mung.

Hell 地獄; chí gukú, djí gukú; 冥土の裁判官が、罪人らが現世で犯した罪に応じて、どの牢獄に入るべきか決定する gushó gamínu〈〈後生〉神の〉, kunu shkínyi tsimi ukachéru shidé, chāru djígukunyi tsimi mung īru bichigandi íchi, sadamīung; むち刑・足裏をむち打つ刑・流罪・追放・死刑が、この世で {耐えるべき} 五罰である butchi kvāchaï, tsīshi〈笞刑〉súgutaï, nagachaï, utsuchaï mata kubi chichaï íchichótinu ítsi shínanu(品の){gu tūnu〈五等の〉} batsi dú yaru; 地獄・餓鬼・獣(の状態)は、死後に被る三つの苦しみである djí-gukó, yásha yūri(ひもじい幽霊・餓鬼)mata chkushónyi nataïshusi shídji áto mītsi kurúshimi ukīru míchi duyaru; 仏教の十地獄は以下のように言われる: 1)小刀のいっぱい刺さった山の地獄 kátanu yamanu djí guku; 2)沸騰した湯の鉄釜の地獄 ufu nābi yūnu djí guku; 3)寒さ・氷の地獄 fīsa kūrinu djí guku; 4)刀のいっぱい刺さった木の地獄 katanu* úï kīnu djí guku *katanaであろう; 5)舌抜きの地獄 chunu shtya nudjīru djí guku; 6)毒蛇地獄

dúku djānu djíguku; 7）臼の中で粉々にひかれる地獄 ūsi nakae tŝtsíchūrū djíguku; 8）鋸で粉々にされる地獄 nukudjiríshi chīrū djíguku; 9）灼熱の鉄床の地獄 atsiracheru títsi mindzanu djíguku; 10）暗黒地獄 kura yáminu djíguku.

私は今日誓う,もし最後まで徳（善）を守らないならば,もし{坊主になるために}家を出た後に,再び現世のことを思ったならば,私の身にあらゆる悲惨をもたらし,死ぬ際は地獄の奥底に沈めてよいと vari kún nyitchi chikaï tátĭung,mushi shínyuru madi djing〈善〉mutūrandung aré,yā kara ndjítinu ato fto tabi dzuku kukuru（俗心）ukushiïdunse,vaga mi {va dū} ítami vazávényi óti,shidjigényi（死に際に）íttsing fukassaru djí guku nakae utsishimitíng yutashang {dinu chké tatĭung}；私は今まで地獄の報いを信じず,好きことを言い,楽しいことをしてきた vane mútu kara djíguku nakae vūdjiti mukūyuru kútunu asse shindjirang,vari dū makashinyi nūng yatíng ichaï,nūng yatíng úkunataï shang；地獄とか天とかは人間の心の中にのみ存在するものだ djíguku yaróka,⁺tindó〈天道〉yaróka sínavatchi chúnu ishshinyi〈一心に〉aru bakaïdu；来世における火の罰 ⁺gu shónu〈後生の〉fĩ tsikīru toga,fĩshi yáchuru batsi {回教}.

Hellish 地獄のような; djígukunyi nyichóng.

Helm 舵輪; {funinu} kádji; 舵につく（即ち,舵操作する）kádji tuyúng,kádji ushúng; 舵手 kádji-túï,kádji tuyā.

Help 助ける; ［動］tassiku,udjinōyung,aï tassikĭung; 助け起こす tassiki ukushúng; 彼を助け起こせ ari tassiki ukusé; 助けて座らせる際,誰かに後ろから支えさす úkuchi yíshti kará,mata kúshi kará chuyé kagéti yútashang; 親切になされた助力 tassiki kaïrinyūng; 困った者を救う ⁺nan〈難〉skuyung; さし迫った苦境にある者に救援を与える ⁺chū nan〈急難〉skuyung; 持てる者と持たざる者の間で,互いに助け合う assíng nénsing tagényi tassikĭung; 人の窮乏を助け,危険から救い出せ ⁺chū nan〈急難〉skuti,chúnu aya utchi（危うきを）skurĭó; 避けられない ⁺djífi né（是非ない）djifi-né bānyi; chāng kāng naráng,chāng kāng shí bichí yó naráng; 避けられる・なんとかできる naïdúshuru, chāshing kāshing naïdúshuru,náyuru házi dó; 汝,{祈りにより}天の無言の助けをもたらした ïyaga {unyifésha kutú} tíng kándjiti múkutúshi tassikiung; ［名］（助け）tassiki,tassikīse,tassikīru kutó.

Helper 助ける人; {恩人} wūndjinu nūshi,tassikīru ftu; {助ける者} kashī huru ftu*,tassiki bíng,tí dassiki,ti-gané,tiganéshá *kashī shuru ftuであろう; 手助けになる ti dassikínyi nayúng; 彼女は最高の内における助け人だ{協力者,また妻にも言える}ariga dūdu yuta-sharu ⁺né〈内〉dassiki.

Helpless 援助のない・無力な; {自分で自分をどうすることも出来ない} dū dassiki narang,dū agachí narang; {助ける人がいない} tássikibinu uráng,madjivari téti tassi-kīssing urang,tassiki tétóng.

Helterskelter 乱雑・でたらめな; midaritóng,shidé ushi-natóng.

Helve まさかりなどの柄; wí,yūtchinu wí.

Hem へり・端; {下方の} chínnu sússu,hāshī; ［動］へり縫いをする sússu nóyung,ūti nóyung; Tsaon-tsaon（曹操）は10万の兵で押し寄せ,皇帝を閉じ込めた Só-Só〈曹操〉djitchinyi haku ⁺mánnu 百〈万の〉'ho〈兵〉subíti t̃ĩnshi〈天子〉sashi fussadong.

Hemicrany（**hemicrania**）片頭痛; han dzitsū-shung,káta karazi yánshung.

Hemiplegy（**hemiplegia**）半身不随; hambung daïshóng, kata dū daïshóng,hambung datóng,chūchishi（中気で）hambung daïshóng.

Hemisphere 半球; djínu maïnu hambung.

Hemorrhage 出血; {口から} chí hatchung,chitánshung; {一般的に} chīnu ndjīung; {鼻から} hána djínu ndjīung; {尻から} chí kudashung.

Hemp 麻; ⁺mā-wū〈麻,真苧であろう〉.

Hen めんどり; mī-duï,tuï; 雛を抱えた親鳥 ahya tuï; 鶏小屋 tuïnu yā,tuïnu tánna,tuïnu níndji danna; とまり木 tuïnu yí-dju,tuïnu nindjuru kí; 卵を抱く鶏のように,中断なく常に抱き続けるなら,効果が出るであろう túïnu kōga ussutōru gutu,tsininyi datchi hanariran-dung aré,shídjínyī ariga ussuyusi djódju nayung; めんどりが歌うのは悪いことの前兆だ mī dúïnu utaïnyé yákunu chízashi.

Hence だから・故に; {この場所から} kuma kara; ［比喩］（これ故）kuri kara,anu yúïnyi,yaru yúïnyi,ang aru yuïnyi,unu yúïdū.

Henceforth これ以後; nama kara ato,nama kara satchi, ⁺i-gu〈以後〉,⁺i-lé〈以来〉.

Henpecked 恐妻家の; mī-duï utāchoru ftu,tudjinu katti, mákáshishímiti.

Hepatitis 肝臓炎; chí-munu nítsinu ang; ［s.］inflamma-tion.

Her 彼女（の,を,に）ari; 私が彼女を見た vaga ari nchang; 彼女に arinyi; 彼女の家 ariga yā.

Herald 使者・軍使; mukúyuru tské; {軍} íkussanu tské.

Herbage 草本類; kussa; 草地 kussanu shidjitó（繁っている）tukuru.

Herbal book 草本の本; fun-zó {nu katchitumi}.

Herbalist 薬草採集家; yáku-só〈薬草〉shirabiru ftu,yaku ⁺shu〈薬種〉shirábĭā.

Herbs ［s.］greens; 薬草; 医学（用）yaku só; 草や木 ⁺só múku〈草木〉.

Herbseller 薬草売り; yaku ⁺só uyuru ftu; yaku só uyā.

Herd 家畜の群れ; chu murushinu djúba (牛馬), chu guzumúïshóng; {羊・山羊・牛の} 牧夫 {mǐen ya, fídja, ushi} karayā.

Here ここ; kuma, kuma vúti, kunu tukurunyi; ここに来い kumankae kū, kan kú, kan kúa!; あちこち ama kuma, tukuru dukuru; あちこち見る áma mí kúma míshung; 今日はここ, 明日はあそこと, 定った居所がない chūya kumanyi vūǐ, acha amanyi wūǐ, sadamitōru wuǐdju nérang; ここには通用しない 'mma vuté tūrang.

Hereabouts このあたりに; kumanyi chkassang, tukó (遠くは) aráng, kuma chímpi〈近辺〉nakae du aru {この近辺に}.

Hereafter 今後; átonyi, núchinyi, igu〈以後〉, kó lé〈後来〉; 今後きっとトラブルを引き起こす kanadzi átonu urīnu nayúng.

Hereby これに依って; kurishae, kurishi, kurinyi yútti.

Hereditary 遺伝・世襲の, 親ゆずりの; yū tsidjóng, tstéti chóng, uya kara tsídji chóng; 世襲の称号 tsídji {ato tzídjishi} fūdjirattoru (封じられている) kuré, kvang; 親の官職は子の世襲である úyanu kvánshku kvanu tsidjóng; 相続権がある, を受ける tsídjuru dólinu {kutunu} ang, ukǐung; 親から受けた病気 té duku〈胎毒〉.

Heresy 異端, 異説; ittán〈異端〉, gvaï dó〈外道〉, yana ushī.

Heretofore 今まで; satchi kara nama madí.

Heritage 遺産; shínzu kara〈先祖から〉tstetōru, tsténu {tā, haru など}, nukucheru mung, mutsi; yū zé.

Hermit 隠者; indjā; 山や人気のない所に籠り, 世間と交わらず, 君に仕えない者 yamanyi kákviti, nū hárunyi kakvitaïshoru mung, yūnyi ndjirang, fūkūsang (奉公しない).

Hermitage 隠遁者の庵; indjanu simédju (住まい所), záttushta simédju.

Hermetically 密封して; 閉じる yū ussuti chinu〈気が〉múrasáng.

Hernia ヘルニア; yákvanu yamé; {罹った者} yákvanā (大きな睾丸の者).

Hero 英雄; fídi mung (秀で者), súguri mung, dútu nuchínditōru* mung; {軍} 勇士 íkkusanyi fídítōru mung; téshó *nuchindjitōru であろう.

Hesitate 躊躇する; tskéyung (支える), tsketóng, átsidāsáng, úttari-móttari shung; 返事に戸惑う atsida irerang, atsida iré fidjing sang, kutéïnsang; どうすべきか考えて戸惑う kangéti isSényi (委細に) shung; ためらう人 úttari mottarishā; 躊躇なく返事する tskérang gutu, arakadjiminyi umángshi fintóshung.

Heterodox 異端の; ushīnu haziri-tóng, yána ushī (教え).

Hew 叩き切る; {石を} chīung; {地面を (耕す)} utchung; {木を (切る)} chíri vayung, satchúng.

Hiccough (**hiccup**) しゃっくり; sákóbi; wībachi (吐き気), kǎrā wībachi; {動} (吐き気を催す) wībachung

{(否) kang}

Hide① 隠れる; {自動} kákvǐung; 木の間に伏し隠れる fushǐung; fushi kakvǐung; {他動} (隠す) kakushung; 自分を隠す (隠れる) dū kakushung; 他の物の下に置いて隠す fushitóchung; 隠れ場 kakvī dukuru.

Hide② 獣皮 {皮} kā; なめした (皮) yáfara kā.

Hidden thing 隠れたもの; {徳の上でも} úku fukassang (奥深い), úku myū〈妙〉.

Hideous ぞっとする・恐ろしい; nyikvi katachi (形), hátsikolī só ussuru bichí.

Higgle 値切る; 多言を弄して激しく値切る achiné gūfā mīdji gūdji shung.

High 高い; taka; 高い takassang, takáku ang; 高いと低いは反対語 tákassa fíkussa tagényi fanshóng〈反している〉; {社会に} 身分の高低がなければ, 現在の世界の状態は出来ない tákassa fíkussa néndung aré, námanu gútunu shké naráng; 高い値段 dénu tákassang; 強い風 kázinu chūsang, fádjisang; 高潮 úshūnū míttchóng, úshunu taki tskíti míttchóng, táka mittchi shóng, mānshū (満水; 満潮であろう); 上に, 高い所に kami nakae wung, wābunkae ang.

Higher より高い; nya wí; これより高い kuri yaka takassang; 君より高い (位の) 人 ïya yaka wína mung; より高い位の人 kaminyi yítchoru mung.

Highest 一番高い; íttsing wí, íttsing kami; これより高いものはない kunu wínyi {wína mung} néng; 最高の聡明・利発 kunu wínu munushíri néng; 至高の方は上におられる kó kó túshi〈高高として〉wí nakae ménshéng.

Highly 高く・大いに; 賞賛する tsitsishími umundjǐung, táttubi umundjǐung.

High-minded 高慢な; dū takabutóng, dū uffisatu shóng; {高い地位を求めて奮闘する} takaku nuzudóng, taka úttchaki-shóng, dūnu uyubang tukurunkae nuzudóng.

High-way ハイウェイ; fundó〈本道〉, dóchū〈道中〉, ufu mítchi; 追いはぎ féré.

Hilarity 愉快・興; chū〈興〉, chíbi.

Hill 丘; múǐ, mutóru tukuru; 人工の丘 nchā muteru {mazidéru} san gva, nchanu mutó tukuru; 盛り土をする {動} muyung; 丘や川 {景観} san-si〈山水〉; 丘や山のように永遠な san〈山〉kāranu〈川の〉nagassaru gutósi; 善につくのは丘を登るようで, 悪に従うのは山を掛け降りるようなものだ djinyi shtagayusi núburuga gútukunyi ang, akunyi shtagayusi san kara siziri utīru gutónu ang; 丘の連なり míni〈嶺〉.

Hilly country 山 (の多い) 国; sannu tsiranitōru kunyi, míni kunyi.

Hilt 刀の柄; tatsinu tská, yaïnu wí.

Him 彼 (を, に); ari, kari; 私は彼を見た vaga ari ncháng; 彼自身 ari dū, dūshi, dūshae; 心の中で思う fissukanyi úmutóng; 彼は自ら内部屋に入り座った dūshae kéti útchinu zankae ndji yitcháng; 脱走者は自ら帰ることを考える vashiru munó dushae kéyusi umurandi shi.

Hind① 雌鹿; 1匹の mí shka.

Hind② 後部 (の); 動物の shíri; 後ろ脚 shíri fisha.

Hinder 妨害する; [自動] fabamĭung, savayung; [他動] fabamirashung, savarashung, tudumiti shimirang; samadachung, [他動] samadakĭung; {遅れさせる} nīku nashung, nubirashung, ussinówrashung; {抵抗する} fushidjung; {障害物を置く} kataka-shung, shímari-shung; 彼に妨害された arinyi fabamiráttang; 私の書くのを邪魔した tudumíti kakasang; 障害があるか nūnu saváyuru kútunu ága?; なぜ私が君の邪魔をしようか nū shundi savayuga (障るか)?; 私の邪魔はさせない, どうか少し座ってくれ nándji va yúdju fushídju tudumirang, kwírakwa (請うらくは), iffe yī mishóri; 人を遅らせる nīku shimiung, ussiku nashung; 私が君を打つのを妨げるものは何があろうか vang ya butchi kvashusi nūnu savaïnu aga?; [s.] delay, obstacle, impede.

Hindermost 最後部の; ítsing kushi, ítsing sí, ítsing áto.

Hinge 蝶番; djíku {mútu「根元」のような意味で, 心的にも使われる}; ドアの蝶番の旋回軸は fídji-gani; それに対応する蝶番鉄は tsíbu kani; 例えばドアの蝶番は {絶えず摩擦があるので} 決して錆びない tatoraba djónu djíkunu gútushi {cha sī kutu} ovari madĭng sabé tskang.

Hint {[s.] suggest}; ヒント (を与える); [名] chízashi-shung; fãshī; físsuka yédzi, físsukanyi shuru fashi, または chizashi; [動] 手, 目, 顔などでほのめかす {此処ではとても頻繁になされる} tí-yó, mí-yó, tsira-yó-shung; suruĭtu kúkurirashung; uzumashung; {人に感づかせる} kan tskashung, djítuku⟨自得⟩ shimiung; ごく僅かのヒントを得る kan tstchóng, djitukushong, djitukunu háshinu または chizashinu ang; ある問題をそれとなく言う yusti ïyung; fáshi íchi tsōdjirashung; 問題を概括してほのめかす aramashī ichang; [s.] allude, suggest, intimate, jog.

Hip-bone 座骨; múmu buni, múmu kútsi.

Hire 雇う; [動] yáttuyung; fĭū(日傭) zikéshung; 家を賃貸する ya chíng shínshi kayung; [名] {賃金} tímma, chíng, fĭū-zing; 雇われた yaturattóng; 日雇い労働者を雇う fĭū tanunyung; 日雇いを頼みに行く fĭū tarudi ndji-kū; [s.] rent.

Hireling 雇われ者; tímma túĭ mung, tímma tuĭ yū nu ftu, fĭū, fĭū-ftu; 全く役立たずで手間賃のためだけである {即ち, 仕事をしないで賃金をとる} nūng yakó tatáng, tada tímma tuĭ yū du yaru, {yū-taminyi}.

His 彼の; 家 ariga yā; (高尚な) 雅言 súnu.

Hiss シューと言う, 音がする; sí sí-shung; 熱い鉄を水に入れるとシューとする yáchi gáni mizinkae irínyé shā-

shā shung; {創意しない} gáttínsáng {sísí shi} físsuka yézishung.

Historiographer 歴史を記録する人; kunyinu shtchi⟨史記⟩ kachuru ftu; {公の (歴史記録官)} shtchi kvan, kunyinu shtchi kamutoru ftu.

History 歴史; shtchi, kunyinu kutu, shkinu kutu; {(歴史の) 本} shtchi gatchi⟨史記⟩書き, kunyinu {shkinu} kutu káchi tumí.

Hit 打つ; {当てる} uttchung, attiung, utchi tskĭung, tátachung, tátachi tskĭung; 当たる attayung, attatóng; 打つことにより当たる úttchi attayung; 的の心に当たる máttunyi attayung; 正確に推測した umutaru gutu atatóng; 突然いい考えを思いつく tátchimátchinyi yī kangénu ukuritóng.

Hither ここへ; {ここまで} kuma madi; ここへ来い kumanyi, kumankae kū; あちこち走り回る amankae kumankae {shírukútchinkae} fashshĭung.

Hitherto これまで; nama madí.

Hive ハチの巣; fatchinu sī.

Hoar frost 白霜; shímu.

Hoard 貯える; {財} {dzé mutsi} tsinyung, takuvéyung

Hoarse ハスキーな; kwí káritóng.

Hoary 白髪まざりの; shiragi mánchã.

Hobble たどたどしい歩き方をする; dugéri gatashung, tsímazitchung, áchigurishang, achi kantíshung; 中国女性は(たどたどしい歩き方をする) fsha gva achi kantīshung.

Hobgoblin お化け; お化けを見た yurinu aravaritósi nchang.

Hod 漆喰などを運ぶ木製容器; muchi íri ūsi; {篭} muchi íri bāki.

Hoe 鍬, 鍬型除草機; {kussa tuyuru} fírá; {大きく, 掘るためのもの} kwé.

Hog 豚; bútta; 豚のような búttanu, chkushónu gutóng.

Hogshed (**hogshead**) 大樽・大桶; támishuru⟨試す⟩ ufu saki vūki, {大きな測定用酒樽}

Hog-sty 豚小屋; fūrū.

Hoist 引き上げる; fíchi agĭung.

Hold 掴む; [動] katsimĭung; しっかり掴む tú katsimĭung; nyídji tskĭúng; 掴む tú tskĭúng; 足場・押さえ所 [名] tski-djū, tski tukuru; {無意識に} 放す tuĭ hanshung; {意識的に放す} tī yurúchang; 入っている {含む} ítténg, ittchóng; 官職を持つ tstominu ang, tstomi shung; 手を上げる ti agi nubĭung; 敬意を表して手を上げる agamĭung (崇める); 持ち上げ人に差し出す sássagi tskiung, sássagiung, ági tskiung; {雨垂れなどの下に容器のような物を} 差し出す nussikĭung; {雨} 水を受けるため桶を差し出せ wūki nússikiti tínsi tami-ré; 口許に差し出した ariga kutchinu ménkae yussitáng; 私が差し出しているから, お茶を注いでくれ vaga nussikirá yū iriré; それから彼に手の握りを放せと大声で言った tsínyi arinkae tí yurusíndi yubati

icháng; 徐々に握りを放した ⁺djing djing〈漸漸〉tí nu-
biti yuruchang;〔s.〕support.

Hold 船倉;｛船の｝funa s'ku; 船倉を掃除する funa s'ku
madókĭung.

Hole 穴; mī, ána;｛口｝kutchi; 覗き穴 fushi fugí, fushi fugi
mī; 錐などで穴を開ける mī fugashung; 穴に差し込
む sigíung; 裂け目があったが, それは一尺以上の穴
になった sakatóta kutu íshshákunu nagássaru kútchi-
tu natóng; 綺麗な瓶に小さな穴・開け目を開けた
chiŕína kāmi gva kūteng wénu｛kūteng manu｝mī fu-
gatchung; m̄īは 立場, 状況を比喩的に表わすのにも
使われる: dédjinu mī nakae ittchóng 危険な状態, 危
険の穴に入った; wīchunu mī 酔っぱらいの穴, 酩酊
状態; yī mī, yana mī 善い, または悪い状況; vorarīru
minkae íttchóng 嘲笑に身を曝した; mī はまた「中に
詰めたもの」の意味も持つ, 恐らく上記の比喩的意味
は此処から生じるのであろう; 石に転んで頭に穴を
作った dugéti, íshinyi kóbi tstchi fúgasáttang; そのよ
うな傷｛穴｝tstchi fugasató túkuru.

Hollow 虚ろな・中空の; munashi, fūkā, náka fūkā;［動］
futi fūkā nashung; 鈍い・こもった声 karīru kví, kví
karí; こもった声で話す ⁺shu〈小〉karí abíung

Holly-hock たちあおい;｛植物｝avúí.

Holy 聖なる; ⁺shī〈聖〉, shī-naru; 聖なる, または善良で, 敬
虔な人 djinyíshi〈善にし〉kami uyamayuru ftu.

Holy-day（**holiday**）祝日・休日・聖なる日; yūvé-bī〈祝日〉,
ítumanu fǐ, yí-fi;〔s.〕day, kalendar.

Homage 尊崇; 王子に敬意を払う chími vuganyung; 皇
帝に伺候する ⁺chó chínshung〈恭勤する〉.

Home 家庭, 家; yā, siméya; 彼は在宅か ya nakae wúmi
úrani?; はい（居る）wúng, menshéng（居られる）; いい
え（居ない）urang, ménshórang（居られません）;｛自分
の家に｝帰る yankae kéyung, múduyung;｛帰郷する｝
⁺kuchónkae〈故郷へ〉keyung; 故郷を遠く離れ｛他郷に
ある｝⁺tá chó vuti; 涼しい柱廊玄関ではあるが, 長年
慕っている故郷のようにはいかない sidásharu yíng
yutasha ayeshúndung, nágadju shtótari kuchótu〈故郷
と〉ítsing（一に）narang; 死せる魂が故郷を眺める所
⁺kuchó mī tukuru〈EC: 望郷台〉; 自家製の dūnu yā
vúti tskotaru mung.

Homely ありふれた・普通の; ⁺chū-tóna〈中等な〉mung, túĭ-
na mung, ftu túĭna mung.

Homicide 殺人; ayamatchi kurushuru kutu; 殺人を犯し
た ayamatchi kuruchang.

Hone（特にかみそり用）砥石;｛石｝avashi;｛革砥｝āshi ga;
［動］（砥石で研ぐ）āshung.

Honest 正直な; mákutu, djítsina mung, ⁺chūnu〈忠の〉
atsissaru;〔s.〕faithful.

Honey 蜜; mītsí, mitsi zātā（砂糖）; 蜂の巣 mītsí bātchinu
sī, mitsi batchinu sīnu kvāshi; 自家製の蜜は不純物

が多く, 薬用には不適当だ dūnu yā vuti shódjira-
chéru mítsinyi kăzi-kăzi katchāchā（かき混ぜた）
kutu kussúí narang; 福建や広東の蜜はとても熟して
いる, 南部地域では霜や雪が少なく花が熟しているか
らだ Fūcháng Kwántunó mitsi gúku djúkushi, ⁺nanpó
〈南方〉shímu yútchinu íkirassa, muru murunu hána
gúku djúkushōru〈熟〉yǔĭ du yaru.

Honour 尊敬・名誉; táttuchi, uyamé; 尊敬する tattubĭung,
úmundjĭung, tsitsishimung, uyamayung; 親を敬愛す
る子 ⁺kókóshung〈孝行する〉; 先祖に名誉を与える
⁺shinzu fikarashung, fikai kagaïyakashung; 一杯のお
茶にも尊敬の念がある chǎváng tītsi ushagíti táttubi
uyamayung, または mímuku tachúng; どうかお訪ね下
さい menshóchi myóga〈冥加〉｛mímukunyi〈面目に〉｝
náchi kvíri; 自尊心がありすぎると災難を招く tát-
tuchinu michíídunse｛taka agaïdunse｝vazavé íta-
shung; 不正に得た富や栄誉は, 私には流れ去る雲の
ようだ ⁺fudjínyishi〈不義にし〉vékishi mata táttuchinyi
nayuse, vanyi tsīti kangétinde｛ukadoru kumunu｝u-
tchi gúmunu gútuku ándó; 中国に対するその侮辱は
かつてなく大きいもので, その後中国は栄誉を失った
súnu chúguku hazikashimīse yaká uffissaru kutó
néng, atonyíshi chúguku súnu táttuchi ushinatáng;
栄誉と屈辱 sakataï fazitaï; 富貴を夢と見做す ⁺fuchi
〈富貴〉nchi íminu aruga gútunyi ang; 買った職位と
衣装を彼らに与えて敬え kótaru shkumé matta
⁺kvángfūkŭ〈冠服〉shae sakarashimiré（栄えさせよ）;
女性の貞節を失う ⁺shtsī ushinayung; 女性が貞節を
完全に守り通すことは一人の貧乏人の命を救うより
二倍も徳のある行為である winagonu shtsi mattónyi
mamuyuse chúĭnu fînsu ftunu ínutchi skuyusi yaká
⁺kóya〈功〉⁺bé〈倍〉natóng; 神を敬わない者は一体
誰を敬うのだろうか makutu kame táttubangshi tā-
táttubĭuga?; 道義心があり｛恥を知る｝hadjinu ang,
hazikáshiminu ang; 悪事をするとすぐ恥を感じる
yána ukunéshíídunse, cháki kukurunyi hadjĭung, ha-
zikashang; 過失を改めるための第一のことは敬いの
感情を起こすことだ ayamatchi aratamīse, dé
ítchinyíshi hazikashiminu kukurunu fashīse dú yaru;
私を生んだ両親が, どれほどの苦痛を嘗め, どれほど
の心配をしながら, 私が善人となり, 先祖の誉れと栄
光になるよう望んだことか ⁺fúbunu〈父母の〉vang
mmáratchi, uffókunu kurúshimi tsīyashi, uffókunu
shíva ítāchī, vága yí chūtū, ⁺shinzu fikarashiténdi
umutóng.

Honorable 尊敬に値する; táttubu bichí;〔s.〕creditable.

Honorary title 名誉称号; kurénu ná bakaï, munashi kuré.

Honoured sir 敬意を込めた呼び掛け語; táttuchi nūĭmu,
ū nūĭmu;〔s.〕sir.

Hood 頭巾; mótsi gva.

Hoof 蹄; tsímago.

Hook 鉤; gákidja; 釣り針 tsī; [動]（鉤で取る）gákidjashi túyung; 船の鉤｛丈夫な竹｝só（竿）; 鉤鼻 magayā bana, gákidja bana.

Hoop 輪・たが;｛竹の｝dáki ūbi; [動] 桶にたがをかける wūki yúyung, ūbi írjung, ūbi kúndjung.

Hooper 桶屋; wūki ūbi zéku, wūki yúyuru zeku.

Hoot ホーホー野次る; gattínsang ábĭung, shkayung（叱る）; [s.] hiss.

Hop 跳ぶ・撥ねる; wúduyung, móyung;｛片足で｝gítá shung. káta fsha mūchágiti túnudji átchung.

Hope 望む;｛期待する｝tarugakĭ-ung;｛根拠があって求める｝nuzumĭ-ung; 絶えず思い望む umi tskayung; 希望がある nuzuminu ang, nuzumi tukurunu ang, atigatóng, chímu atigéshóng; まだ望みがある túĭ túkuru ang.; 深い期待感がある fukaku núzudóng; 信頼する owdji tanudóng; 私は君が良い（元気な）のを望む vané ĭyága yutashasi nuzudóng; 今やもう望みは無く、彼はすぐに海に身を投じて死んだ náma nya núzumi téti néng, tsinyi ominkae útiti shidjáng; 薬を煎じたり、丸石｛賢者の石｝を焼いたりするのは、長寿と不老を得ようとの望みからだ kussuĭ shidjī（煎じ）, ⁺tang〈丹〉yachaĭshusé, nága núchi 'nchi tushiyuránsidu umi tskatóng.

Hopeless 望みのない; núzumi tétóng, nuzuminu nérang.

Horde 大群; chu guzumúĭnu ftu.

Horizon 地平線; tinnu hati mámāru mātchóng; 水平線 kakúĭ mi hati sidji, fītchinu kakuĭ sidji｛平面を囲んでいる線｝.

Horizontal 水平の; djītu námiti, yukunkae, sakankae tatchóng, ma mātchung, mā mattóba; 水平と垂直の yuku, táti;｛書の｝横線 ítchi bitchi（一引き）

Horn 角; tsínu; 角が伸び始める tsínunu mí fadjimĭung.

Hornet スズメバチ; ó｛óssaru｝bátchi?

Horrible 恐ろしい; uturúsha mung;（恐ろしくて）髪を立たせる kí fúkugí tatashimĭung.

Horrid ぞっとする、感じ悪い; ayashí mung; 何と不快な様だ há⁺, yána gamashí só〈相〉yassā!

Horror 寒さ・恐怖で震える; shíshi bulīshi（震えし）, dū íppe fídjuténg.

Horse 馬; 'mma; íppíchi, nyī fíchi, 1頭, 2頭など; [s.] numeral; 馬に乗る mmānyi núbuyung; 馬から落ちたら急いで医者を連れて来い mmanu wí kará uttíré féku ⁺isha sóti kū; 王府の馬の訓練を怠る kwánnu mma narirashusi ukáttushi sang; 優れた馬 súguri mma; 馬の年令は歯を見たら分かる mmanu tushé hāshi vakayung; 北西の馬は優れ、南東の馬は弱い mma nyíshi chítanu múti máshi, ⁺tó nánnu〈東南〉múnu yósang; 馬の背 mmanu wí; 馬の背に乗る mma nuyúng; 彼は馬に乗り、私は徒歩で行った ari

mma núti ndji, vane áchi icháng; 聖人｛マホメット｝は、女性が馬に乗ったり、馬乳を飲んだりするのを禁じた shī djinó wínagonu mma núti, mmanu chí nunyusi｛chiraríndi tuzikitang｝imashimitang; 馬の前の馬車（あべこべの意）shidé uttchéchéng（次第をさかさまにしている）, uttchetóng, ushinatóng; 馬のかいば桶 mmanu munu kvāshā, mma zǎrā; 馬を洗ったりする池 mma amíshuru īchi; 蹄鉄 mmanu saba; 乗馬台 mmankae nubúyuru kúdami; 子馬 mma gva, kūmma; 馬の医者 mma isha; 馬商人 mma achiné; 馬櫛 mmanu sábachi; 馬蠅 mma bé, mma bátchi; ばか笑い há há há shi varayung, ufu varéshung; 馬の毛 mmanu zú（馬の尾）; 上手な騎手 mma yū núyuru ftu; 馬の蹄 mmanu tsímago.

Horsemanship 乗馬術; mma núyusi, mma núyuru 'hó.

Hose 長・短靴下; ⁺wá tsz̓〈襪子〉.

Hospitable 手厚い・親切な; atsiku chaku tuĭmutchuru ftu, chaku yū tuĭmutchung, tuĭyéshung, yesǎtsishung.

Hospital 病院; byótchi yódjóshuru yā; 広東にある中国の施設: 放浪乞食の収容所 nagaritōru ftu simāshuru ya; 孤児院 stigū sódatīru yā; ハンセン氏病患治療所 kassa yódjóshuru yā; 視覚障害者治療所 mickwa yódjóshuru yā; 貧困な男性や女性のための救護院 finsu wickiga, finsu winago skúyuru yā.

Host 主人; tīshū（亭主）.

Hostage 人質、抵当; shtchi tutéru｛téru｝ftu; 人質に出す ftu shtchi torashung, shtchi tushúng; 息子を保証（質）として与えることは、「相互人質」と言われる kva shae shtchi torashuse, tuĭkéyuru shtchíndí nazikĭundo｛ĭyúndo｝; 協約を確かなものにするため子供を互いに質に出した yakusku katónyishuru taminyi kva shtchi tuĭkétang.

Hostility 敵意;｛軍｝tíchishuru kutu, tatakayuru kutu; 敵対の原因 tatakénu fashi, hó ukushuru｛ukussinu｝fáshi, chízinu, vazavénu nī｛根｝または fhashi.

Hostler 馬丁; mmā bú

Hot 暑い; atsissang;｛人の場合｝熱い atsissanu ang, fāfāshung, fumichung; dū, tsíra bammítchishung｛即ち、蒸し暑さを感じる｝; [s.] heat, warm; 熱（い）泉 atsissaru izun, または íchi.

Hot headed せっかち・短気; fadjissarú ⁺shó〈性〉; fī-shó. 火のような気性、は医学用語である、｛彼らの見解によると｝、構成語の火は過度であることを意味している; その反対 mízzi-shó（水気性）.

Hotel ホテル（旅屋）; tabi-yá, chaku ya, tabi nyínu yǎdū.

Hough 関節などを切る; [動] fshanu〈足の〉tsíru chĭúng.

Hound 猟犬; karíshuru íng, yáma shíshi íng; [動]｛犬をけしかける｝íng féshung; 当地の人はけしかける時に次のように言う: kūti ku! 咬め!

Hour① 時; túchi, 1日の12分の1. 当地では中国と同じく、

昼は日の出と共に始まり，夜は日没で始まり，それぞれ次のように呼ばれる6つに区分されている: ítsitsi, yútsi, kúkunutsi, yátsi, nánatsi, mútsi, 即ち，5, 4, 9, 8, 7, 6; 数字の不規則な並び方は，正午で終わる9を基底数とすることで幾分説明がつく. 即ち9に2,3などを掛けて出た数の一桁の部を残すと上記の配列となる. 例えば，9×2 = 18, 9×3 = 27, 9×4 = 36で，8, 7, 6が得られる. 1日の12区分の呼称は，学者の間でよく言われているのは，夜中の12時から始まって，次の順序: ní {nízimi 鼠}; (丑) úshi {牛}; (寅) túra {虎}; (卯) ú {ússadji 兎}; (辰) tá {tátsi 龍}; (巳) mí {蛇}; (午) mma {馬}; (未) ftsízi {羊, 山羊}; (申) sáru {猿}; (酉) túï {鳥}; (戌) íng {犬}; (亥) yí {豚}. またしばしば夜の最初の時間である íng から始めることがあるが，確かにこのほうが好ましい. 中国の記号 (宮) については **Cycle** を参照されたい. 学者らの話によれば，この配列に入る動物の順序は，それらが創始された時刻を示しており，そのそれぞれの時刻に動物の名が付けられたとのことである; 英国の午前10-12時に相当する mmanu tuchi (午の時)と，午後4-6時に相当する túï (酉の時)は，庶民の間でも使われる.

Hour② 私たちの1時間に相当する半刻は káshira を付して表す: mmánu tuchinu kashira (午の刻のカシラ)は午前11時，昼夜平分時 (彼岸の中日)ころだと túïnu kashira (酉の刻カシラ)は午後5時となる; 私たちは決まった時間を設定しなければいけない kádjiri {túchīnū sádǎmī} tátiri vadu yarú.

Hourglass 砂時計; {砂の} sína tuchí, sína murashuru tuchī; {水}時計 mízzu muráshuru tuchí.

Hourly 時間毎; túchi gútu, túchi dútchi.

House 家; yā, chiné, íy; 下層の人は身分ある家のことを，また礼節ある言葉でも túnchi という; あなたの家 úndjunu túnchi; 大きな家 úfu yā, odúng {正確には宮殿}; 互いにくっつきあった家 tsī tskayeshōru yā; 一家中の者が笑い出した yā sōté varé tskitáng; ただ家ごとにこの本を備えておくだけでなく，さらに各人が読むべきである yā gútu kunu shimutsi aru bichi téma arang, chu gútunyi yúmi vadú yarú.

House-breake (**r**) 押し込み強盗; ya vaï nússudu.

House dog 飼い犬; yā-íng.

Household 家族，世帯; íkkǎ, ya nyíndju, chinyé dju (家内中); 一屋敷に数世帯 yáshchi tītsi nakae chiné uffóku ang; 家具 {主に食事用について言う} shūté dógu; 家の備品 yā dógu; [s.] family.

House keeper 家政婦; ya kamutōru ftu; [s.] steward.

House maid 女中; bāchī, [s.] maid servant.

House-rent 家賃; yádū chíng, yā gané.

House wife 主婦; shūté yūshuru, yū shūtéshuru wínago.

Housings 馬衣，馬飾り); kura shtchī {鞍の下に広げられるも

の} kuranu shtyanu núnu kazaï, kuranu núnu.

Hovel あばら屋; káya yā, káya yā gva, káya buchi yā.

Hover 雛をかばう; {覆う} ussúyung; 飛び舞いバタバタする túbi míguyung, tudáchung.

How 如何; chága, cháshi, nándzu, chánu gutóga; どうしても chá naravang, cha íkkavang; 良かろうと悪かろうと，どうしても yutasharavang, vassaravang; どうしても{万難を廃して} iyading; どうしてあえて(するのか) cháshi!; どうしてあえてそうするのか cháshi an shúga, cháshi shī ōshuga!; どうしてしいてそう言うか cháshi an ïyúga!; まさかそんな事があり得るか cháshi náyuga!; 如何に早いか chánu gútu féssaga; あの犬はなんと速いことよ ánu ínnu achuse chánu gútu féssa tūtāgǎ (通ったか)!; どんなに賑わっていることか chánu gútu fanyīshótaga (繁栄しているか)!; 如何に孝行を成し遂げるか cháshi kótu (孝と) nashuru kutu yíyuga?; 今までどれくらい居たか，これからどれ位住むか ícha nagé wútaga, símarándi shúga?; 何時間，何日，何年住むつもりか? nán dútchinu sháku, íkká fúdu, nan ning símarándi umúyūgǎ?; どうしたら良いか分からない chagá shurandi shirang; どうすべきかよく知っている chā shundi íchi yū shtchóng; それは{彼などは}どういう様相か charu kakónyi (格好に) aga!; どうして彼らはあそこに住むのか áma símaranó órani (áraniの変化) (住めないのではないか)

How much, many どれほど，いかほど; chassa, chássaga; {かさばる物(どれほど)} chappiga, cháffi ága, chanu fúduga; {幅, 広さ(どれほど)} chánu hába, haba cháffi ága?; {長さ} chánāgī ágǎ?; {高さ} chá dakí, chaffi ága?; {深さ} fukassa chá daki aga, chá dākī fúkǎssāgǎ?; {重さ} mbu chássaga, nán djing (何斤) ága?; どんなに優れていることか chassa massatóga!; 名詞が先行する際 how many は単に chássa で表してよい. {物についても(いくつか)} íkkútsiga; {人間についての一番良い言い方} 幾人か ikkutaïga; 何頭の馬か mma chássa; 何ドルか han zing (番銭) chássa; 何人か fto chássa, ftó íkkutaïga? 幾つのコップか chā váng chássa, ikkutsiga? しかし分類詞または数詞が使われる時，数詞の数だけ言い方があり，numeral の項を参照されたい; しかしながら，ここで幾つか上げておく. 何年か nan nínga?; 何か月か íkkazíchiga, nan kazichiga?; 何日か fī ícká, íckǎgǎ? 鳥が何羽か icku fháni vuga?; 何時間か ikku tuchi?; さらにどれ位すべきか yúku yū sí vadu (さらに多くしなければならない), íū íū ansi vadu, bishti sané naráng; 犬でもそうなら，いわんや人間では一層そうである ínyi chóng, bíshtí ftu; 青木にこうしたからには，いわんや枯木にはどうするだろうか kinu ósaru ba an shá tuchindo, kariré kuri yuku shī du sami; なんと多いことよ! uffíssaru yósi du yaru; uffíssaru yósi yassá!; なんとすばらしい chura mung yassá!; なんと幸せか [s.] happy; 何歳か? íkkutsi nayuga, túshi íkkutsi nayuga?; {動物について (何歳か)} nan dzé nayuga.

However しかしながら; now, now máta, yassiga, yandung tsĭnyi, now kátsi, mázi; 悪天候だが, それでも那覇へ行く tĭnchi〈天気〉vassássiga, yándung mázi Nāfankáe ichung; 病気だが, それでもする buchigé yassiga, {yayashúndung} yándung tsĭnyi án shūndó.

Howsoever どんなに〜でも; 彼が如何にしようと, 皆無駄である íkkaná shíng, chashíng, yūdjó nerang.

Howl 遠吠えする; abĭung, nachung; 犬1匹遠吠えすると, 町中の犬が吠える ínnu tĭtsi abĭïdunse chu matchinu ínó sōté vowvow shung.

Hubbub 群衆のガヤガヤ・騒動; daténu abikvé-shung, abĭātĭā-shung.

Huckster 呼び売り商人・行商人; naï mung katamíti achinéshi.

Huddle up ゴチャ混ぜにする; kāchā mŭdjā-shung, avatíti kunzóshung〈混雑する〉; 群衆の中に詰めこまれる sĭtchi kvassátóng.

Hue 色合い; iru.

Huff （古）どなる・驕る; ［動］úguti íkayung, úguti nurayung.

Hug 抱擁する; ［動］kánashashi datchúng.

Huge 巨大な; fŭtĭ（太い）mung, dáténa mung, dūdu magĭ mung, li gvénu〈利害が（?）〉magissang.

Hulk, hull 船体, 船殻; fúninu s'tu zitsíng {船体の殻}, fukanu dū, funinu dū.

Hull 外皮・殻; {米などの籾殻} nyí {など} gára; 米の外皮を取る kumi {ūsi nakae} tstchung, {chang, kang}.

Hum ハミングする・鼻歌する; nūdinu útchi wū wū shung.

Human 人の; fitu taru; 人たること, ftu taru míchi, ftu taru shidé; 人事 ftunu kutu; 人の義務 jín líng, jín línnu shidé; 人間 chunu lŭïnyi〈類に〉dzukusóshi; 人の(種)類に数えられる ftunu lúïnyi tsiraniténg; 法を自分には甘く他人には厳しく当てはめるのが人間の性だ chunu mmaritstché dūyā yúruyakanyi tadachi, chó chibishku tadashung; 孝行の行為より大なる人間の行為はない chúnu ukuné kó yaka uffíssaru ukuné néng; 人間の心の働きを見つけ出すのは困難 chunu chimu yé {yósi} fákararáng; 半分は最高の努力をし, 他の半分は天に委ねる hambunó djin lítchi〈人力〉tskutchi, hambunó tínyi mákashung; 人の小便 chunu shībaï.

Humane 人間味ある・慈悲ある; {(感)情} djínnu〈仁の〉kukuru, djífinu kukuru, kukuru djínyi assi.

Humble 謙遜した; fíkkusidóng, yúzitōru, fíri kudayung, kudáta mung; 謙遜する mizzikara fichúnyi shung; 自分を卑しくし, 他人を敬う du fíkkusidi chū úyamayung; 他人を卑しめる fúkushímïung〈服させる〉; 私は謙虚

にお願いする fíri kudari tsitsishídi mutumíung; 謙虚に思うに, 彼は善良である vága chídashi ari yī ftu.

Humdrum 退屈でくだらない人; urukana mung.

Humerus 上腕骨; kénya buni; kata buni {肩骨}.

Humid 湿った; sítatóng, shtsi gakaï-shóng, shtsinu kakatóng.

Humility 謙遜・謙虚; fíkusidoru túku, fíkusidósi, yuzïru kutu; 徳は謙虚な心から生じる tukó fíri kudaïse karadu shódjíru; 余り謙遜しすぎてはいけない fíkussimunyé sídjité simang; 敬いと謙遜は礼節の元だ uyaméng fíríkudaising līnu mútu tushúng.

Humming ハミング; nūdinu utchi wūwū shusi.

Humour 気分; 良い気分 yī chibi, chū〈興〉ndjitóng, yī kukutchi, yī ambé, yúrukubi só〈相〉; 不機嫌 bú chibi, kukúchinu ickáng, ambénu ickáng, buchūshóng, vádjadóng.

Humpback せむし・猫背; kushi gūfŭ, kógu magatóng; それに罹った人 kushi gūfã, kógū.

Hundred 百; hāku, fíáku; 100 íppeku; 3・6・8の後では同様 péku; 10x10は100だ tūnu tūshé haku nayung; 10万 úku（億）, dju máng; 百分の一 haku nakae títsi.

Hunger 飢え（る）; yāsha-shung; {万人の飢餓} gāshī-shung; 多くの人が飢え死にした yāsha dóri {tórïung}, または yāshashi, gáshishi shinyuru munu úffusang; 過分の人が飢え死にした kvabúnu ftu gáshidjín-shang; 空腹は胃を損なう yāshashi skŭkúbukuru yándïung {shúkunayung}; 人間の徳を愛する気持ちは, 飲み物・食べ物に対する飢え・渇きに似るべきだ chúnu djin〈善〉kunúnyusé yāshashaï kátsitaï shóssiga nudaï kadaïshuru gutukunyi ari vadu yaru; 飢え死にするのは小さなことで, 女性が貞節を失うことは大なることだ yāshashi shínyuse vazikashī（憐かしい）kutu, shtsi ushinayusé úffissaru kútū dū yārú.

Hungry ひもじい; yāshang, yāshanu ang, yāshashung, yāshanu ubīnu ang; ひもじいと感じる yashanu ubīrarīng; ひもじいから, 昼食を持って来い yāsha kutú fírumamúng múchi kū.

Hunt -er 狩り, 狩人; karīshung, karīshuru ftu, karīshā.

Hurdle （移動式の）編み垣; kudéru sídaï; ［動］（編み垣で囲う）kudéru sídaïshi kátchi tskóyung.

Hurl 強く投げる; nágïung, uchángïung.

Hurlyburly 大騒ぎ; abĭātĭā, abikvé.

Hurricane ハリケーン; arashí kazi, úfu kázi, arashí.

Hurriedly 急いで; avatíti, issudjíshi, nyivakanyi; 急いで仕上げた ukattu shéng, ara arashí kutu.

Hurry 急ぎ; ［名］tívó sávó, íssugi, avatíru kutu; ［自動］（急ぐ）íssugïung, ávatïung; ［他動］íssugashung, avatírashung, tívósavashung; 大急ぎで馬から下りた mma kara úriti avati hāti shang; 兄さん, 急ぐ必要はないよ yákomíga

（お兄さん）, nū shundi avatíga? avatínnayó, chūnyi〈急に〉sunnayó; 恐れ慌てふためくこと savagashī kutu.

Hurt 傷つく; [自動] ítanyung; [他動]（傷つける）ítamashung, utchung; 障（害）はない savayé neng; 苦痛を感じた dū hara yanyung; hádji fúkudóng; とても傷付けられた 'nni tskatassa｛心臓まで切れた｝; 銃を打つため手を怪我した hā nárashundi ariga tí skúnatáng; 死人のために生きた人を損なうな shínyi múnnu táminyi íchi mung skúnnayó* *skúnannayóであろう; 多量の読書は目を傷める shímutchi uffóku 'nchi｛yumidúnse｝mī skunayung; 嘆き悲しみ過ぎるな, 身を損なうなkanáshimínyi sidjínnayó dū sknayésánkandi* *skunayésánkandiであろう; 打たれて傷める útchi yámashung; 言葉で傷付ける 'nnī tstchi munui shung, dū hara yámashung; [s.] injure, affront.

Hurtful 有害な・傷つける;｛言葉が｝'nni tstchung, tskashung; 腹を害する hara súndjiung; 名声・評判を害する nā súndjiung.

Husband 夫; wúttu; 汝ら, 夫たる者よ, どうして一家の事を投げ出すや íttāya wúttu taru ftó, cháshi yanu kútu kamāng stíūgā; 夫婦が平和な調和をもっているのは結構なことだ fūfū vádanyi assi｛vagónyi áti｝yútashang; 夫が妻を棄てる wúttu dūnu tudji stiti; 私の夫は床屋をして生計を立てる va wúttu kami suyáshi tushīshung（渡世する）; 夫の兄弟, または姉妹は, 大抵は簡単に兄弟や姉妹で表現するか, または, 次のように wúttu を前に付けて表現する: wúttunu yatchí, 夫の兄; wúttunu umaní 夫の姉, など.

Husband 節約する; [動] atarashashung, chínyakushung（倹約する）, átarashashi, chinyákushi muchíung, stigarasang gútushi, sussónyi sang（粗相にしない）gútushi; 時間を節約する fī tuchi ataráshashung.

Husbandman 農夫; hatakīshā, tá utchā, nófú〈農夫〉, wúnchumi（下男）, muzukuïyā; 農夫と庭師と医者と占い者 nófu, attaïshā, ïsha uranéshanu chá.

Husbandry 農業, 農事 muzukóïnu kutu, hatakinu tstómi, nó djï〈農事〉.

Hush up 抑える, 揉み消す; kútu ussīyung, ussīrashung, suruïtu túdumīung, fissukanyi ussīyung.

Husk 殻, 鞘, 皮; kara, kuru; 麦・豆・稲の殻 mūdji gărā, māmi gūrŭ, nyī gara, kā（皮）と呼ぶもの,（例えば）nyī ga, māmi ga などを食べる人もいる; 米の殻をはぎ取る nyī tstchi kára sárashung（去らす）.

Hussy あばずれ女; yána kāginu wínago.

Hustle 荒々しく押す;｛振って入れる｝vuï nchung;｛群衆が押し合いする｝sītchung, sītchaïshung, sītchéshung, sītchi kvāshung.

Hut 小屋; yā gva, káya yā gva, kaya butchi ya; 番人小屋 shtchi báng（関番）.

Hydrographer 水路学者（測量手）; omi kāra yū shtchōru

ftu, omi kāranu dzī katchā, または tskōyuru ftu.

Hymn 賛美歌; shī túshuru úta｛聖なる歌｝.

Hypochondry（hypochondria） 心気症・気病み; sháku yamé.

Hypocrite 偽善者 ítsivaï mung, ítsivati yū shuru mung, kutchitu chímutu ataráng ftu; chura munīshi kukuró ikáng, kutchitu chímutu nāméménu ftu; kanséna〈奸才な〉mung.

I

I 私（が, は）; vaga, vang, vari, vané; 私は若い頃, ただ2冊の本を好んで読んだ vari vakassaïng vúti tātsinu shímutsi kúnudi yudáng; 私は, 自身の才能がない事を恥じている dūnu fusé〈不才〉hadjitushóng; 一人称はまた, kúma kará ここから, とも表現される: kuma kara kvitési（私, 私たち, が与えられたもの, 私たち, 私, の方では.

Ice 氷 kūri; 強烈な寒さで氷になる kánnu〈寒の〉chūssanu kūtóng, または kūritong; 身体は火のように熱く, 心は氷のように冷たい dūténu〈胴体〉átsissa fīnu gutóssiga, kúkurunu fīssā kūrinu gutóng; 氷のように冷たい kūrinu gutu fidjurussang.

Ichor 膿汁; tádari únchu, yána únchu.

Ichtiology（ichthyology） 魚類学; īūnŭ kútunu lúndji〈論じ〉, īunŭ ikkata.

Icicle 氷柱;｛amadaï kara sagatōru｝kūrinu háshira｛軒からたれさがった｝氷柱.

Idea 考え; mítski, umúí, kangé, fúmbitsi; 老師様, 貴殿のお考えは極めて素晴らしい ló shínshi〈老先生〉míru tukuró mútumu（最も）tákassang; 卓越した考え! myūna kangé yassá!; 私も同じ考えを持った vari mata kúnu mítskinu atáng; ばかげた考え fúri umúí, urúkanu umúí; いい考えが浮かんだ kangenu ukuritóng.

Identical 全く同じ; 同一の事 satchitó yínu kutu; 同一の小刀 yínu sígu; kavatoru kutu néng.

Id est 即ち; sinavatchi kuri, uri, uré, uri dó, chāki unu kutu dó; uri yassa; -ndi īyuru ībung; 私というのは即ち自分自身という意味である vané ndi īsé, dūnu ībung, または dūndi īyuru ībung.

Idiom 慣用語法; kutubanu ī-yó 言い〈様〉, munuī káta, kutuba zúku, íbunŭ 'hó〈法〉, dūnu tátitéru múnyuru 'hó.

Idiot 馬鹿・間抜け; daïmung, furimung, turibatóng, shkutchinsang｛「何もしない」という意で, 馬鹿の主要な徴候と見なされる｝.

Idle 怠惰な; ukutatóng, tstomínsang, dáku kunudóng, itázira, yukúïsi stchóng, nándji itutóng, nándji ítuti súmu súmu vazánsang; 無駄話 múnashī kutuba, kázaï kutuba.

Idler 不精者; ufu díma mung｛uffissaru aïdanu ftu｝,

mímmashi mung; ti fímanu ftu, fíma {tíma} áchinu ftu, ti madóchi shōru ftu, shigutu uturushá, fuyúna mung; 無意味な, 乱れた考えを捨てろ ⁺muyítchinu〈無益の〉umúï, mídari kangé utchangiré {stíri}; 怠けて座っていることは病を引き起こすのは確か ukutari yíïdúnse kanádzi byótchinu shódjĭundó; 不精者, 放浪者らは此処に入ることを禁じられている itázira ftúnu chá kumankae chāshing sísidé kūng（役に立たない人々はここにはどうしても進んで来ない）; 人は現世において怠惰に耽るべきではない. 怠惰にふける輩は才・知に欠けているのだ ftú túshi（人として）kunu shkínyi ukutăĭshī adjivénsang, ukutaïsi adjivóyusi ⁺séchinu ínchaku（短く）nayung; 怠惰に生きる者は何の功もない, 功のあることを何一つしない者は食ってはいけない shkutchinsang munó kóya〈功は〉neng, shú tukurunu kónu néndung aré chāki munu kvéyé（食うことは）naráng {kuró bíkarazi}.

Idol 偶像; {神の像} fútuki, bū̃sā〈菩薩〉; [s.] lares, gods; {陶器製の} dū-zó〈土像〉; {木製の} muku-zó; {石の} íshi butuki; {偽の神の} itsivari kami; 仏教成立後, 偶像が世界に広まった butsí'hó naru yuri {nati kara} ⁺pūsā〈菩薩〉⁺tinganyi fétong; しかし本当は, 偶像は仏教と共に生まれたのではなかった yandung bū̃sāya〈菩薩は〉makutunyi bodzi kara hadjimaráng; Tí-Yitsi〈帝乙〉皇帝が, 天の神を表象するため偶像を造ったのである Tí yítsi kóti kara chunu kata náchi ⁺tinshinyi {tínnu kaminyi} nyíshténg {kataduténg}; 偶像の箱（守護神を入れる箱）[s.] ark.

Idolater 偶像崇拝者; bū̃sā vuganyuru ftu; {偽の神を拝む者} itsivari kami vuganyuru ftu.

Idolatry 偶像崇拝; futuki ⁺païshusi（拝すること）; 偶像崇拝の罪 futuki païshuru tsími; 像を造りそれを天の神と言うのは, 道理の欠けた人のすることだ bū̃sā〈菩薩〉tskoti, kuri tínnu kamindi ïyusi ⁺mudónu〈無道の〉chu du yaru.

Idolize 盲目的に崇拝する; kaminu {futukinu（仏の）} gutuku shung, futuki gutuku átarashashung; {子供を} 盲愛する nádi kanashashung, nádi sódatïung, físsónyishung, kanasháshi tskanayung; {目上の方を} 敬愛する uyamáti kanashashung.

If もし; mushi, mushiku; （仮定の意を表す）形成素は <u>ré</u>, <u>sé</u>, <u>dúnse</u>, <u>árava</u>, <u>dung aré</u>; もしそうならば an yaré, kunu gutu shíïdúnse, naïdunse; もしそうでないならば an neng daré, an néndung are, an sandung aré; もしそれが成されるなら, もし彼が成しうるなら naïrá, naindunse, naïgashura, naïdúnshurá, ōshigashurá; もし成されうるなら, 彼は恐らく来る, 私はそう思う naï ōshigashurá kuraríru hazi, chūndi úmuyung; もし君が行くなら, これを取って行け ïyága ndjíïdúnshurá kuré turé; 金持ちではないとしても（ないが）, やはり尊敬に値する vé-

kishé uransiga {tumi nénsiga} yándung táttuchi; 獣でないなら, 君は何だ tuï chidamunyé {chindjúnyi〈禽獣に〉} arandung are {ïyaga} nūga?; 自然の理に留意しないで詩を学ぶ者は, ドアを使わず家に入ろうとする者に似ている ⁺shí〈詩〉manadi shidé〈次第〉mutumiranse, chódu yānkae irándi fúshashi, yandung háshiru gutchinyi yuránga gutóng {yaráng ambé}; もし羅針盤がないなら, 混乱は避けられぬ, 故に羅針盤は不可決なり mushi karahaïnu nendung aré, kanadzi mayúï midarinyé nugārang, yaru yŭïnyi karahaï nénté naráng; もし根 {孝行} がちゃんと確立されてなければ, 万事は実のないものとなる mútunu tatándung aré cháki nūnu vazáng munashtchi ukábinyi tūraríng; もし何だかの事情で万一それが損なわれることがあれば mang itchinyi {何千に一つ} yandīgashura; 「万一」mangíchi は, しかしながら if（もし）の代わりにそれだけで使われることが多い; 万一明日雨なら明後日来なさい achā mangíchinyi ami fuïdúnshurā assati kūa.

Ignis fatuus 鬼火; kídji munā bí, únyinu fĭ; {（鬼火が）現れる} támagayung.

Ignite 燃え出す; [自動] nán kuru fínu ndjĭung; [他動]（火をつける）fĭ tskĭung; 鉄は灼熱した títsinu fĭ nachéng, fĭ natóng.

Ignoble 卑しい; ïyashtchi（卑しき）.

Ignominious 不名誉な・恥ずべき; na chigarashuru kutu, hazikashimīru ukuné.

Ignoramus 無知な・無学者; urúkana mung, gudúna ftu.

Ignorant 無学・無知の; shirang, munúng shiráng; {文盲} sími shiráng; 私は全く知らない vané mútu {sumútu} até nérang; 塩漬け魚の目のような無知 {生気のなさ} shūtski ïūnu mīnu gutóng, 即ち, 目はあれど見ることができない mī ayeshússiga ndang kátachi; 善・悪の区別が出来ない yutasha vassa shiráng, yúshi áshi vákaráng mung; 無知な如く shiráng kátachi; 無知な男と女 buku wickiga, buku wínago.

Ignot (ingot) of sycee 馬蹄銀の鋳塊; úttchi nubitéru nándja〈EC: 一錠紋銀〉. *Ingraftの前より移す.

Ill 不健康な; {病気の} yaménu ang, gétchi（咳気）kakatóng, butchigé, hashittó nérang; 長い間病気だ nagadé byótchi shutáng; 突然病になった chúttunyi yaménu ndjitang, génu fashĭtang; 去年病気になった kúzu kará yaménu ukutótang, ukuritóng; とても危険な程の病だ yaménu fudó áyassanu, shinyi gata, té shtsi〈大疾〉; {（健康状態が）悪い} yútashku nérang, ikáng, vássáng; 扱いが悪い yána shi shéng, yū túdukaché néng, yū túdukákáng（túdukassangであろう）; 病的な表情だ vádjadóng, butchigé só〈相〉; 悲しみで病的表情 urī só, urīta-só〈urí áta（有った）só〉; {顔つき・容貌が} 醜い・不器量な mīnyi kanāng {kanārang} kátachi; 悪い性（質）, ひねくれた yana mmari, yana mmáritsichi, aku

⁺shó〈悪性〉,fudjínu〈不善の〉shóshtchi〈生質〉,shóshtchinu ikáng; 形の悪い katachinyi haziritóng,sigátanu ikang,núrinyi（法に）kanāng; 冷遇する yanashi tuïyéshung. íyashíndjïung,karúndjïung; ｛言葉で｝虐待する nurayung,ámadi nurayung,chūku shimïung,ī magarashung,anadúyung,ússeyung,nandji shimïung,kurushimi ukirashung; ｛物を（粗末にする）｝sussónyishung; 善人（君子）は現世の富のような些細なことのために両親を軽視するようなことはない ⁺kunshé ⁺tínganu〈天下の〉⁺dzémutsinu〈財物の〉gutōru vazikashi kútunu yǔïnyi ūyǎ karundjirang; しばしば彼女をとがめ,悩ませ,強いて再婚させようと努めた shíba shíba ánaduti,shīti ⁺s ékashimirandi〈再嫁〉umumutchóng; 両親が躾をしなかったため行儀が悪い úyanu bush'tskinu yǔïnyi gámmarishung; 悪（いこと）｛不吉（なこと）｝chó-dji〈凶事〉.

Illegal 不法・非合法な; ⁺muhónu kutu,'hó〈法〉ukatchishung,hó ukachi ukunayung; 'hónyi kanāng,háttu（法度）sumucháng; ⁺chíndji〈禁止〉sumucháng; shé simang mung,kutu; 不公正にして非合法 ⁺kūtónyi〈公道〉dūdu kanāng mata hónyi sumútchuru kútu; 不法・違法 hónyi kanāng fashi〈EC:不奉法之端〉.

Illegible 判読しがたい; mīrarang; 早書きのため読み難い gúru kachishési mīrang; 色が褪め,また擦れて読みにくい mī-kúndā,mī kundá gátchi.

Illegitimate child 非嫡出の子; vátakúshingva.

Illiberal 物惜しみしてけちな; ｛お金について｝chínyaku,kúmashku-shung,īyassang,iyashīshung; ｛（心が）狭量な｝lónu〈量の〉shíbasang,kangénu shíbassang,djindjunyi〈厳重に〉ang,chíbishkushung,chibishūnyi ang,shung; ［s.］strict.

Illicit 禁制・違法の; vatakushi-shéng; 不義・密通 fissukanyi avachóng,madjivatóng; 不義の子は息子とは認められない vatakushinyi āchi mmarīse,mutuyuri kuriga kvató shé narang.

Illness 病 yamé,byó; 重病にかかり数日で死んだ ⁺chubyónu〈EC:急症〉atí,fí kazi vuti shidjáng; 病がある itaminu ang,buchigényi ang,yadóng.

Illimitable 無限の;kadjiri nérang,saké nérang,hāti nérang.

Illiterate 文盲の; simi shirang,gakumúng néng,shimútsi shiráng.

Illuminate, illumine 照明する; 提灯で（照らす）tūru tski ákashung; ákagarashung,ū akagaïshung; ｛天の光源が｝tíung（照る）,tíri akagarashung; 光りを出す｛射る｝fíkkadjinu íung（射る）,tíri íung,fíkkadji sashung; 太陽・月の照らす物 fíng（陽も）tsitching tiú（照る）tukuru; ｛比喩｝achirakanyi nashung,tīrashung.

Illusion 錯覚・幻覚; dūshi dū ayamatóng; ｛目の｝mī chigatóng,mīnu ayamari; 友と思ったが,目の錯覚で,見知らぬ人であった dúshindi úmutassiga,mī ayamati,chúdu yaténg; 目を覚ました時,幻覚だと分

かった samita kutu múnashi mung yatáng; ［s.］imagination.

Illustrate 例証・説明する; 譬えで tátuti íchi áchiraskanyi nashung; katachi ndjachi tuchung; ⁺fátsimī〈発明〉shimiung,núbi achirakanyi nashung; tuchung,achirakanyi tuchúng; 古典を明かす〈EC: 発明経義〉chónu ími〈⁺djíssidji〉fatsimīshung.

Illustrious 傑出した・有名な; nānu aravaritóng,myótuku〈妙徳〉aravari chikvitóng; 広く知られた一家 mī tatchōru yǎ.

Image 像・形; katachi,kata; ｛絵｝⁺yī-zó〈絵像〉,zó; ｛水・鏡などに写ったもの｝kāgā; 鋳像した｛土で捏ねた｝ācheru（こね合わせた）yī zó; 宮殿は既に完成し,聖い像三体,貴い像三体が鋳像され配置された ufu udúng djítchinyi djódju nati,mítsinu chíushi,máta mítsinu takaranu yízó síbiti āchi tutunitang; ［s.］statue,idol; 銀板写真法のように鏡に刻印された像 kagán nakae kadji ushí tskatóng.

Imaginable 想像可能な; fakari kangó bichí,fakari umúï bichí.

Imagine 想像する; chimunyi umuyung,umuyung; ［s.］figure.

Imagination 空想・想像; それは全て空想だ'nnā umúï bakaïdu,nī neng（根のない）kangé,sura umúï; ［s.］fancy.

Imbecile 低能の; ⁺sénu〈才の〉yúvassang,⁺fu tsūna〈不通な〉mung,iffé urukanyi ang,sátuï nínsaru mung.

Imbibe 飲み干す・吸い込む; utchi núnyung,sūyung,｛飲み下ろす｝numi kudashung; 飲み込まれた nún kudóng,kún nudóng; 師の人間性（nature）を受け入れる ⁺shishónu〈師匠の〉kukuru yītóng,utsitóng; ［s.］impregnate; 吸い取り紙は水を吸い取る bashūnu kabinu mizzi sūyung ｛水をする｝.

Imbitter 苦しい思いをさせる; kurushimashung,wǔri kutsisashímïung,⁺kuló〈苦労〉shimïung,nandjishimiung.

Imbody, embody 具体化する; 身体を得,見えるようにされた katachi sígata ndjíta kutú míutang,kátachi ndjáchi aravaríng; ｛形のように｝具象化して説明した katachi ndjáchi,katachi sígata tátuti sáturashung; 溶解したものが固まる shíru kara kfati（堅くなって）mī ｛固体｝nayung; 蒸気が凝固して atski kara táti ｛垂れて｝,または ch'shītī sáki ｛酒｝natóng.

Imbosom 心に抱く; umúï ídachúng.

Imbue 染める,染み込ませる; súmïung; 悪｛良い,yī｝悪に染まった yána vazanyi nari súmitóng; 徳に染まった yī tukunyi súnkudóng（染め込んである）｛sumi kunyung｝; 悲しみに urīnu kukuru sunkudóng; 悪が体中に染み込んだら,治癒不可 yaménu súnkumé ｛sunkumidunse｝nórang; 色が染み込んで｛洗っても｝落ちない sumi kudi ｛sunkudi｝útirang; ［s.］penetrate.

Imitate [s.] ape; 真似る; mánishung {má 真, nyíshung 似る}, nyíshtishung, djúndjiti (準じて) shung; nútuyung (則る), tifúntushung, núritushung; {猿真似する} nébishung; あの字を真似て書け kúnu dji〈字〉 tifún tushi útsusi.

Immaculate 汚れのない・純潔な; sávayaka, muppara íssadji yútchi, chīussang.

Immaterial 形のない・非物質的; dūté〈胴体〉 neng, kazinu gutukunyi ang, katachi mīrang mung, katachi neng mung, aravarirang; [s.] impalpable

Immature 未熟の; nmang, djukusang; {緑のもの} ó mung; [比喩] djódju〈成就〉 neng.

Immeasurable 測定不可・際限ない; kádjiri kangé osan, djódjishi (定規で) fákararáng mung, hati néng.

Immediately 即刻; súkunyi, súkkuku, chāki, tátchinu má; 彼が来たら、私はすぐ行く ariga chíídúnse, vané chāki ítchung; すぐ急いで chāki issugavashku náti.

Immense 計り知れない・膨大な; kó-daï〈広大〉, dūdu firussang, fŭtí mung; 遥かに遠い harukanyi hati mīrang.

Immerse 沈む; [自動] sizinyung, [他動] sizimashung; 一回沈める chu sizíng sizimashung.

Immigrate 他国に移住する; kunyinkae yutchúng.

Imminent さし迫った; 危険 aya utchi (危うき) naïgata, chíígata, aya utchinyi nuzudóng, aya utchinu chkazitchong, dūdu áyasang, ayautchi chūnyi〈急に〉natóng; 君は他人の切迫した困窮に自ら配慮するが、私は君のさし迫った困窮に意を用いる人はいないと恐れる ïyaya chúnu (他人の) chūnyi (窮に) assi kaïrinchi (顧みて) kunudóng〈EC:肯〉, ussurakwa chúnu ïyaya chūnyi assi kairinchi kunumáng〈EC:不肯〉; 国の差し迫った危険を心配している kunyinu aya utchi naïgata {aya utchi katánchusi (傾いているのを)} urítóng (憂えている); 国家が危険に瀕しているので、大臣が国事で皇帝に謁見しようと願ったが、皇帝はその時庭園で鷹と遊んでいたので、謁見を拒絶した kúkkanu ayautchinyi naïgashura shinkanu〈臣下〉gúndjinu〈言事〉 yúi kóti mī bushatassiga, kóti áttaïnu utchi vuti táka assibáshuru bá yati, shinka djíshshiti (辞して) ndang; 死の危険に瀕した shínyigatá, shinyuru abuné.

Immoderate 過度の; kaging〈加減〉sidjitóng, sháku sídjitóng, akumadinyi.

Immodest 厚かましい; {つつましさのない} takabi ugutchóng (驕っている), midarinyi ugutchóng; {慎みのない} yúku fushí mámanyi shung; 不純で恥のない yukushimanyi nati hadjíng shiráng; 厚かましい形 djímmama gútunu íkkata.

Immolate 生贄に捧げる; {牛, 羊 úshi, ftsízi} sunéti matsŭung.

Immoral 不道徳・ふしだら; tadashūnyi neng, tadashchinyi néng, útunashku néng, fŭdjíng〈不善〉, dū ussamirang mung, tuku néng mung; 卑しく不道徳の人, 徳の修養にも気を用いず, 人格の高潔さにも気をかけない, このような人は何を恐れるか (何も恐れない) shódjinó〈小人は〉dū ussamí, mata dū tadashūnyi shuse tstomiráng kutú nanyi úka (何をか) {nū} ussurīru kútunu ága?; 不道徳 fudjína〈不善〉kútu.

Immortal 不滅・不死の; shinyāng, nága nútchi, tsíninu nútchi, nagéku ichichóng; 肉体は死に忘れられても, 魂は常に存在する dūya shídji furubyússiga, tamashíya tsínyi dzundjitóng (存じている); 魂の不滅を否定する者は (次のように) 言う: 皮袋が脱ぎ捨てられたら苦しみを受ける肉体はなくなる kā bukuru stíti ato kurushímbichí (苦しむべき) dū nerang; 罪の報いを受けるのは生きた人間だけだ itchichōru ftu bakaïdu tsimi ukīse ang; 首枷をはめた死人の幽霊を見た人があるか? cha〈枷〉hatchōru shidji (死んだ) yūri〈幽霊〉 tága 'ñchāga; 魂の不滅を望み目ざしている tamashinu kadjiri neng inutchi nyūsi nigaï fakatóng (図っている).

Immortalize 不朽にする; 名を残す nā nukushung, nā nagaku tudumíti starirang, nā kóshinyi〈後世に〉 {atonu yūnyi} núkutóng; úkuri nā〈EC: 遺名〉.

Immoveable 動かない・不変の; wīkang, ndjukang, utsirang; ndjukaché nasarang, utushé narang, ndjukassang, utsusáng, utsiri biché aráng.

Immunity 免除・免れること; nugarachéru {nuzikīru} yŭĭnu {vátchinu (訳の)} ang.

Immutable 不変・不易の; kavarang, kavasang; {曲がらない} mágaráng.

Imp 小鬼・鬼っ子; bākī mung, madjimunā.

Impair 損なう; skunayung, yándïung, yábori sundjítóng; 健康を害する kunchi sudjóng {sugáng [否]}, 健康が削ぎ落ちた.

Impalpable 手で触れ得ない・無形の; tīshing turaráng mung, kazinu gutōru mung, súranu gutóng.

Impart {[s.] comunicate} 分け与える; vakashung, vakíti {bung vakiti} kvïung; 特に神の摂理について, 道理に応じて分けて配分する kóbati kviung.

Impartial 公平無私な; kata kakínsang, kata yuráng, shínsu〈親疎〉neng, shīnsu sang, yínsaná-shung, tadashku ukunayung.

Impassable 通れない; sidjé〈通過は〉ōsang, sidjité narang; tūraráng; {川など (渡れない)} vataï ōsan, vatararáng.

Impatient 性急である; chímu gachishung; 短気な人 chímu gachishā, shínubi neng mung; 痛みが我慢できない niziraráng.

Impawn 質入れする; shtchi mutsishung.

Impeach 告発する; uttaïshung, tsigi uttaïshung.

Impeccable 罪を犯さない; tsimi ukunárang.

Impede 妨害する; fabamïung, fushidjung, sámadatïung, úshi fabamïung, tudumïung; 進行中の人を手を掴ん

で邪魔する saïdjĭung（さえぎる）, úshi saïdjĭung; 学業妨害する gakudjónyi savayuru kutunu ang.

Impediment 妨害・障害（物）; fábami, savaï, samadatí, savayuru kutu, fabamīru fidati, tudukurashuru fidati; [s.] obstacle, hinder.

Impel {[s.] drive, urge}; 促す・押す; úshung, chittu shimĭung, shímishung, chittu agimāshung, shushīshung〈出精する〉; 羽根車などの{機械を}押し回す úshti migurashung.

Impenetrable 貫通できない; tūrarang, tūye narang, tūshi gurishang; 突き通せないほど固い katakushi irarang（入れない）; [比喩] 不可解な意味 shimutsinu chimuye {imiyé} tūssarang; kfassanu ugatsi（穿つ）ōsan; 山のように貫通不可 san ugakuga gutukunyi katemung; 一切受け入れない愚鈍 fu tsūna〈不通な〉mung.

Impenitent 強情で悔い改めない; tsimi kuyamang, tsimi kuyanyuse shirang.

Imperative 命令法（の動詞）; {文法} tuzikíru bashu; （命令形は）次のように否定形から作られる: kamang 食べない, chikang 聞かない, sang しない, tskorang 作らない, から kámi, または kamé {iva, (カミワ)}, chki, -é, sí, sé, tskori, -ré; （命令法は）mīru「見る」の命令形を他の動詞に付加することによっても作られる: ndang 見ない（「見ない」の）命令法 ndi または nchindé 見（てみ）ろ, chichíndé 聞け{そして見ろ}, または, 私に聞かせろ;「往・来」に関わる場合, 必ず「見る」の命令形が使われる; 卵があるか見て{来なさい} kūga ámi 'nchi kū, {行って, そして}彼に来いと言って{来なさい} kumakae kundi íchi {ndji kū}; [s.] please.

Imperceptible 知覚出来ない; úbizinyi（覚えず）, saturarang, satyé* narang *satuyéであろう.

Imperfect 不完全な・不充分な; amáda* djódju nérang, máttaku neng, tudjimarang, dju bung mittáng〈EC: 不（十）全〉*mádaであろう; 良いけれど, {完成を示す象徴的数字の}十には少し足りない yutashā assiga djú bung chī shū〈軽少〉mittang; 不完全には知っている shkattu shirang, tegé shtchong; 文字についての不完全な知識 ára ára du shtchōru, firukó shirang; 完全には理解していない shkattu tsōdjirang, úru tsōdjitóng; 半煮え úru nyītóng.

Imperial 皇帝の; 皇帝の御意 kótīnu wīsi, mikutunuri, jŭï̇〈御意〉(=djŭï̇); 皇帝のお車 kótīnu ū kuruma, gū kúruma; ū, gū は高い敬意を表す: 皇帝の恩義 gú vúng; 皇帝の親族 kótínu úmpada, gú yŭïshu, gú itchimung; 皇帝の玉座 ū-yī, kótínu chóchinu ū-yī; 検閲, 視察 kótínu umikakīse; 御意を文書で受けた kotínu, míkutunurinu té〈帖〉tatimatsi yítang.

Imperious 横柄・尊大な; tudziki chūsaru mung.

Impertinent 横柄・生意気な〈EC:越分〉; tétina mung, fu nín〈不念〉, funína mung, bódjitchi〈暴事〉; 横柄な言葉遣い kfa munuīshung, 'nni tstchí munuīshung,

kutchi ḳassanu {軽率} ickáng; bunyi kvīti shung; [s.] insolent.

Impervious 通さない・不浸透性の; tūrang, tūsarang; 光を通さない fīkarinu tūrang; 湿気を通さない shtsinu* tūsang, múrasang {滲ませない}, *shtsiが好ましい.

Impetuous 性急・激烈な; fádjishī（激しい）mung, fádjissang, tádjishī（猛しい）mung.

Impious 神を敬わない・不信心; kami ussurirang, ting ussurirang〈EC:不畏神〉.

Implacable 宥められない; kutu vakíng chkang, vagónyi naráng.

Implement 道具; dógu.

Implicate 巻き込む・連座させる; kakaï fichéshung; 父が裁判ざたになり, 私も巻き込まれた va ūya firúshi vang madí kakai fichéshi; [s.] concern; 彼の犯罪に私を巻き込んだ ariga tsími átti váng mādí yúgushung.

Implicit 絶対・盲目的; 服従 chíshshti tudzikinyi shtagayung; 盲目的馬鹿げた服従 kagūnyi tudziki shtagayung.

Implore 懇願する; níngurúnyi {tinīnyi} mutumĭung, kwírakwa（乞いらくは）, dóding nigényé; 神に哀願する tótu tótu nigatóyabíng.

Imply 含蓄する; 言葉以外の意味 kutubanu fukanyé íminu ang, ïyussi yaká nya tītsi imiyénu ang; どんな意味を言外に含んでいるか chāru iminu utchinakae ága, kakuritóga?

Impolite 無礼な; dīdji〈礼儀は〉shirang, dīdji tskussang.

Import 含意・趣旨; 全体の趣旨・概要 sū muni, tégénu ími.

Imports 輸入品; kunyinkae chótaru takara; 輸入貿易 dūnu kunyinyi ké {kóï} tūyuru shóbé; 船による輸入品 myatunkae churu takara, sísimi shína; 輸入品税 sísimi djónó.

Important 重要な, 重大な; úmussang, umumúchinu ang, kánnyū na mung; kanami naru（要なる）; kánnyūnyi kakatóng; té shtsi〈大切〉, téshtsina mung, téshtsinyi natóng, ūmī kutú, fŭtī kutú, ufí kutú; 重大な結果 fíchi mussubé futí kutú; 大責任ある職務 umi tstomí; 重要でない vazikashī mung, íffing kákaráng, chāshing yutashang, mutumiruyé* uyubang, umí kutó néng, úmundjiráng *-runyéであろう.

Importune, importunate せがむ・しつこい; chā īshi mutumĭung, stchi mā né（隙間なく?）mutumĭung, chāga chā mutumĭung {後の二つは英語の「時宜を弁えず」の句に近い} [s.] officious; 些細な事をしつこく言う vazikashí {munashí} kutu túï tátiti ïyung.

Impose 欺く; 付け込む vāzégútushung, nudjúng, dashi nudjúng（出し抜く）, dámakashung; maguríti shung; 私に付け入り騙した are vang magurachang; 彼に付け入られた vaga arinyi magurasattang, maguritóng;

捕まれやすいもの tstchi {引っかける} yassī mung, mundani kvayā chāki tsirarīng; 誠実・善良な人を出し抜く事には耐えられないものだ makutunyi assé chúnu are vāzégutushussinyi shinubarang; よく弁え決然としておれば人には騙されない achirakanyi chíshshti asse, chúnu are damakashé naráng.

Imposer ペテン師; chu nudjā, vāzégútushā.

Impossible 不可能な; naráng, nashi ōsang, átavazi; 成されることは不可能だ tskoyé naráng mung; 人力では不可能だ djín-lítchi tskoyé naráng kutú; 言ったり、描写したりすることが不可能だ ī gatassang, īye naráng; 言葉で表象するのは不可能だ kutubashi katachi ndjachi īyé naráng; 全部まるごと伝えることは不可能だ mutó {sōtē, tsibusanyi} tuché narang, ī tskushushé katémung.

Impost 税; djónó⟨上納or定納⟩, súí⟨税⟩.

Imposter ペテン師; vāzé gutushā, chǔ damashā, chu nudjā.

Impotent 無力な; {権勢がない} ichīuri (勢い) néng, {肉体の虚弱さ} yógari mung; 性的不能 yó butsinu⟨陽物の⟩ néng mung.

Impracticable 実行不可能な・手に負えない; tskoyé naráng, shǐe naráng, tidang ndjassarang; 借りたいと言う願望は実現不可能だ djing karachi busha assiga, tidáng narang.

Imprecate 呪いをかける; madjiné shung, madjinéshi nurayung, bachi kandjïung; 人に呪わせる bachi kansïung; 私が悪い行いをしたことがあるなら、天よ、私を勘当して構いません vaga varī ukuné atéré tíng kará ítuǐ {厭い} mishóri {tinyi iturarīsing, ituráravang sinyúng} *論語146段; kien が天を指し誓って言った、もし私が本当にこの宝石を手に入れ隠したりしたなら、いつか大往生ではなく、剣か矢で死なせて構わないと Chinga⟨EC:堅が⟩ tínunkae ibizáchi, chikéshinu ibunyi, vari múshi fátashti kunu takara yīti, suruǐtu kakuchi dung atéré, bítsinu fǐ mattónyi ovaru kutó yirangshi kátana, ǐanǔ shtanyi kigadjínyi (怪我死に) savang sinyúng.

Impregnate 染み込む; {染み込ませる} [自動]sunkunyung, nún kunyung, súnkudóng, nún kudóng; [他動] (染み込ませる) sunkumashung, sumi sidjirashung, fuka zumishéng, nunkumashung, sitaǐ sidjirashung, sitaǐ kumashung {びしょ濡れにする} [s.] imbibe; 女性を妊娠させる kassagirashung.

Impress, imprint (印などを)押す; {版行する} fankóshung; {印 (を押す)} ín tstchung, ushung; 花の形を押し付ける hananu káta tstchung; 心に(感銘を与える)} kandjirashung, fumi {funyung 踏む} irashung, chimu nakae sumirashung, tumirashung; 感銘・感動した kandjitóng, fumi ittchóng; [s.] move.

Impression {印刷}1刷り} fankó⟨版行⟩ chu siri; 曖昧な悪い版行⟨EC:字跡模糊⟩ fankónu tātchī mūtchī, mī kundā nati mīrang; 1回の押印 in chu fan, chu ushi; 印を押させてよい in chu ushi úchi sinyúng.

Imprison 投獄・閉じ込める; karamǐung {逮捕する}, dūgumishimǐung, lǔu shāshūng⟨牢舎する⟩; 投獄された karamirattáng, lūgumisattáng; 殺さず閉じ込めるだけでよい kúrusang gútu, tada lūgumishóki {karamitóki}; 偽りの罪状で投獄された magiráttidu lūgumisáttáng; 不当に投獄された fūsóvūnyi {tsimi shakunyi sídjiti} dūgumisáttang.

Improbable ありそうも(本当らしく)ない; 君が言うのは本当とは思えない ïyaga ïyussé fiákung tītsi; それはありそうにないと思う fiákung tītsindi umutong, tūnyi kúkunutsi munashī mung; naǐ gatassang, naǐ gurī.

Improper 適切でない・妥当でない; yurushkarang, līnyi ⟨理に⟩ áttarang; 不作法な行為 tsimassaru ukuné; 不適当な事何かあるか nūnu átarang kútunu ága?

Improve 一層良くなる; 日々 chīya chīya, kūtu gūtu yutashku {máshi} nayung; 心を高める chīya kūtu gūtu ágayung; 言葉・表現が良くなった kūdjónu ágayung; 味が良くなる chīya kūtu gūtu adjivenu yutashku nayung; 時間を惜しんで活用する tutchí fǐ atarashung* *atarashashungであろう; tstchi fi ushinǐung {月と日}.

Improvident 軽率で将来の事を考えない; átonu kutu umāng, átonu kangésang.

Imprudent 無謀・無分別・軽率な lóchinu⟨量智⟩ neng, takumi fumbitsi shirang, bu ló chinyi, butamashinyi ⟨不魂に⟩ ukáttushung; すべてこれは無分別と簡約の利を知らないことから生じている síbiti itunami gata yūsang, mata chínyaku muchí shiráng yǔǐ dǔ natóng; 賢明・無分別は、もしそれが現実に示されるとすれば、仕事への意欲、適性の程度で図られる; sh-kutchinsang{仕事をしない}とは狂気, itunami gata yū-sang自己の日々の職業に念を入れないということは、それゆえ無分別を意味する.

Impudent 恥知らず・厚かましい; hadjing shirang, chiré⟨してはいけない事, 禁止⟩ mitching shiráng, chirénu nérang, mung djiréng shǐráng.

Impugn 非難攻撃する; 人の正直さを chunu djítsi assi írivaǐshung, djítsi sáïdjītī (遮って) irivaǐshung, {偽って} djítsi chídjiti súshǔung, djítsi fúshidji súshǔung.

Impunity 刑罰(損失, 害)を受けないこと, 無事; skunāng, gésang, gé neng; そんな事して無事にすむか skunāng gutu anshi nayumi? {ïyading skunayúndó}

Impure 不純・不潔な; chigaritóng, íssadji yukaráng, tsǐushkaráng(浄しからん), yúkushima, sákashima, mídari; 水中の不純物 mizzinu mingvitóng, chigaritong; [s.] limpid.

In ～の中で(に,の); [後置詞] utchi, nakae, vúti, utchi vuti, または[接尾辞] -nyi, -nkae; 家の中に yā utchi vuti, yā utchinyi; 心（の内）に chimu nakae, chimu utchinyi; 戸, 通路戸など出入りする káyuyung; 夏に nátsi gurú, nátsinu kurú, nátsinu bá, báshu; 買う為に kóyuga, kóyuru tami, kóyuru yűĭ; 来たのは菓子を得る為だけど kvāshi yíga du {yíru taminyi du} chōru; 心の内に kukuru utchi; 次第に shidényi, shidé shidé, shidénu tūĭ, djin djin〈漸漸〉; この様に kúnu gutú, kunu yónyi; 私の手・力にはない va tīnyé aráng, va dūnyé kakaráng; 牢屋で死んだ lūyā vúti shidjóng; 父子とも店にいる uyákva taĭ máchĭa nakae vúng; 船内はとても暑い fŭni útchi fŭmitchung; ｛蛍光インクなどで｝暗闇で書いた手紙を伝える kfurassing vuti {kfurassaru utchi vúti} kachéru dji akagashung〈EC:暗裏伝書〉; 夕方に báng gátta, yussándi; 二日で良くなった futska ĭyéshi {ĭyé} yutashku natóng; 以前に｛昔｝mukáshi, 'nkashi; 大昔の本によく言われている nkashinu shímutsi nakae yū ĭyung; 寝ていても夢の中でも絶え間なく仏の名を繰り返すべきである níndjuru útchinyíng, íminu utchinyíng bútsi térang〈絶えない〉gútu tunári〈唱える〉vadu; 実の中の白い綿 naĭnu utchinu shiru mumíng; 大宋王朝の頃には人々は高尚な心で引退した学者であった Taĭ-Sónu（大宋）túchinyi fto tákabaĭshi, mata kakurinu samuré uffusatang; 生前犯したあらゆる悪に対し, 必ず死後にあらゆる報いがある ichichōru ĭyé vúti dju dju〈重重〉{kassani gassani} nacheru ácku, shidji áto kánadzi dju dju mukūĭnu ang; 適切な時分に学問に奮闘せよ djibung vuti gakumung si {chíbari} vadu; 注ぎ込む ínchung {chang, kang}.

Inability 出来ないこと, 不能・無能; ōsan, shí ōsan, átavazi; 能力の欠如 mu nū〈無能〉, sé nū〈才能〉nerang, bu séna（不才）mung; 君子はもっと多く, もっと良く出来ない事を考え悩む kunshé shí ōsansi du urūru〈憂える〉.

Inabriate（**inebriate**）酔う; ［自動］wīung, wītóng; ［他動］（酔わせる）wīrashung.

Inaccessible 近づき難い; 所 íkarang {ikararáng} tukuru, itché ōsan tukuru; 登りにくい山 nubúĭ ōsan, nubūrarang, nubuyé naráng; 逢いにくい人 ichārang ftu, íchate simang ftu.

Inaccurate 不確かな・不正確な; shkatósang, kuvashkaráng, ayamarinu ang.

Inaction, inactive 無為・怠惰（な）; fima, fimanu achósi（空いている者）, shkútchisansi, vazasansi, fima natong, shigutunsang.

Inadequate 不十分・不適確 tarirang, taráng; kaki órang {両端が合わない}; 職務に不適確 shkúbunye sóvūsang, áttaĭ ōsan.

Inadvertently 思わず・ふと; ubizínyi, ubirangshi.

Inanimate 生気・生命ない; shóché néng, nutchi muttáng mung.

Inapplicable 当てはまらない・不適当; 今の{話の}（主）題には当てはまらない námanu sódang {fánashi} nakae tūrang, attarang, tayuri nyi haziritóng, táyuri neng, sóvūsang.

Inarticulate ［s.］pronunciation; 発音不明瞭な; gu ínu〈語音の〉tadashkaráng, gu ínu tashikanyi néng; kutubanu kakaĭnu chigatong, tsizíng vakaráng（粒もわからない・不明瞭）; はっきりしない口調 chu kvi.

Inattentive 不注意・不愛想な; 本に注意を注がない shimutsi nakae kukuró tumirang, kukuru nerang, kukuru shimarang, váckvītĭ shimarang, chímu wáckvitóng; ［s.］absent, mind; 人に無愛想 chú achirāshang, ridji tskussang, atsūnyi néng.

Inaudible 聞き取れない; tsīā tsīāshi munuĭyung, gúma munuīshung, chikarang gutu, kvī chkassang gútu, mískaku ĭyung, míssika（密か）gutu ĭyung; 聞いても聞けない chichantémang chikaráng; ［s.］whisper.

Inauspicious 不運・不吉な; bu-sévé, yáku, djáku（逆）; 前兆 yana dzī（瑞）; 不吉な日 yána fī, chó-dji〈凶事〉.

Inborn うまれつきの; mmari nágara, mmáritstchī.

Icapable（**incapable**）能力がない; 力がない chíckara néng {権勢がない} íchĭūri（勢い）neng; {知的に} sénū〈才能〉nerang; naráng, ōsan; 説明出来ない kunu kutu túchuru tidáng ndjássarang, tidanó néng.

Incapacity 無能（力）; ōsansi, naránsi, sé nū nénsi, tidáng nénsi.

Incapacitated 出来ないようにされた・資格を奪われた; 機会の無いため官職に就くことが出来ない tuchinyi órang {kurushirátti} tstómi shussinyi naráng; 何かの理由で資格がない yūĭshunu taminyi {ある悪い行いのため yana ukunéshuru yūĭshunu taminyi} kvan nyin naíssinyi fabamiráttang.

Incarcerate ［s.］imprison.

Incautious 不注意・軽率な; níng〈念〉irang, tsitsishimang; 不用意な言葉遣いする kutchinu tsitsishíminu nérang, funína mung.

Incendiary 放火（犯）; fiziké（火点け）, fī ziké nússudu.

Incense① 線香; kó, ū kó, shŭ kó〈線香〉{ū は尊敬語}; 香炉 kó-lu; 棒状の香の棒 naga kọ; 1本の香 kó ippung, kó tītsi; 線香を燃やす kó tatchúng, yachúng, shŭ kó shung; 線香を上げ, 三回振る mí kén kó ushágĭung; 線香は悪臭を芳香で満たし, 蝋燭は人の心を照らす kóya yánu adjivé kábaku nachi lóya chunu kukuru tírashung; 祭壇に線香を置け kó dénu〈台の〉wí nakae úki.

Incense② ひどく怒らせる; {激怒させる} tsitchiféshishung, fadjimashung, kussamikashung; 激怒した uraminu fúkassang, tsitchiféshisáttang; 彼に怒っている arinkae kussamichóng; 私が彼を愛する故に, 私に怒っている者がある vaga ari kanashashá kutu bitsi ftúnu vang nitadóng.

Incentive 刺激（的）; kándji ugukashuru mung, kandji sisimíru mung, fadjimashuru mung.

Incessant 絶え間ない; yamáng, taïma néng, yudánsang, térang gutu, chirirang, fimanyi térang, hámati térang; 常に彼の事ばかり思い, 彼がすぐ死ねばよいと呪ったり, すぐ貧乏になればと願ったりした tsininyi ari bakaï chímu nakae túmi útchi, yénye（または）ari madjinéshi, simiyakanyi shiniténdi nígati, yénye máta simiyakanyi fînsu naïtendi nuzudóng; 絶えず考え続ける cha umīshi chímu nakae térang.

Incest 近親相姦; shtashī mung midaráshung, yuïshu sumutchi, またはdjin lin súmuchi ind-anyi〈淫乱〉nashung.

Inch インチ; 1インチ íssing（1寸）; 3インチ san zing.

Incinerate 焼いて灰にする; yáchi fé nashung.

Incision 切開; 切開する vaï akiung, vaï firachung.

Incisors 門歯; {歯} mé ba（前歯）.

Incite 扇動する; ndjukashung; 怒りに駆りたてる íkari feshung, ikari fíchi ndjashung; [s.] incense, provoke.

Inclination, incline 傾く（こと）・向く（こと）; 前に menkae nkatóng; 横に katánchóng, katabuchóng, kata nkéshung; 傾かせる katankeshimïung; {心の（傾き）} shïkó〈嗜好〉{すなわち性向}, kukurunu nkatóng; 向かない kukurunu nkāng {nkārang}, káta bu káng; 意向がある kukuruzashinu ang; 強い意向 kukuruzashi katánchi tskitóng, または chimunyi shtótóng（慕うている）; 彼女に傾く va chimu arinkae shtótóng; kukurunu kata butchóng; 耳を傾け聞く mími nussikíti {さし出して} chíchúng; 心に打ち克つ〈EC: 克己降心〉dūnu yuku katchi, vata kushinu yukunyi kátchi, dūnu yúku yaká kátashung; 抑え込むことの困難な心〈EC: 難平之心〉ariga chímu {chimunu yúku} túïnóshusi（とり直すこと）katémung; {tairakanyi náshusi, taïradjīse, katemung（難い）}.

Include 含める; 封筒に（書）状を入れる {[s.] enclose} djó tsitsíng nakae íříung; 更に手紙をもう1通入れる íri kuvéshung, tsitsíng kuvéshung, íri kuvéshung, íri kassanïung, íri kassamishung; この意味も含み持つ únu íming kániti íttchóng, kúkuyung, kukuti íttchong; これもその数の中に入っている kuring madi kazóti ittchong, または kudóng, 数に含まれない kazoti iráng; 人生の万事, 生死を含む níndjinu（人間の）íchi shínyinu kutu kukūï（括り）ittchóng; 禁止事項の中に含まれない chindjinu utchinyi aráng, iráng; chíndjishú túkurunu utchinyi aráng; tsó [作]の字には, 刺激と教育という二つの概念がある〈EC: 作字内兼感與教二意〉tskoï（作りという）djīnu utchinakae kánzïtū {感化} ushītunu（教えとの）tátsinu íminu kániténg; hien [賢]の中には4つの避けるべきことが含まれる, 即ち, 世を避け, 統治の悪い国を避け, 色欲を避け, 多弁を避けることである〈EC: 賢者冠四辟字・辟世, 辟地, 辟色, 辟言〉chínnu〈賢の〉djī nakae yūtsinu sakīru kutunu íttchóng, shking sakaï, máta kúnyinyi sakaï, máta írunyi sakaï, máta kutubanu sakaïshusi ittchóng; {まさしく奇妙な, また強い, また悪い} の意味のtsivé mungには, 幾分軽蔑の含みある tsivé mung azamuchinu fukaminu ang {umumúchinu ang}; 全てを含む bú kunyung, búkudóng.

Incoherent 支離滅裂な; {言葉} tsizīng（粒も）vakarang; fúri kutúba {馬鹿げた言葉}; tsigáng（継がない?）; {文の（筋が通っていない）} līnzuku〈連続〉sáng.

Incombustible 燃えない; yatchíng fīng tskaráng, yatchíng fé naráng; [s.] fireproof.

Income 収入; ítchi chūsi, ítchi chūru móki; この頃出費がとても多く, 支出を賄うには収入は充分ではない kúnu gurú {kunu útchi} tskéfanu uffókushi {mókinu} ïūsī（入るのが）tsīyashūsinyé（費やすのに）taráng.

Incomode 悩ます・患わす; vazirényi nayung, vaziravashung, yakéshimiung; {彼は{無心などして}私を悩ます事が多い anu ftu vang yaké gámássang, mushíng gámmāsang; 私に厄介なことではあるが, いらっしゃい {よく言われる儀礼的表現} yaké nagara, yaké yassiga kūā.

Incomparable 無比の・ずば抜けた; físhïe narang, físhshi raráng, kunabírarang, narabīnu mung neng, tagúï néng, gūya néng; どんなに喜んだことか chánu gútu yi chibi yátaga!; 天に登る事{天の楽}はこのようなものか tinnunkae núbuyusi kánga áráyá {（天に登るとは）このようであったか ánga átará} 当地の知識人が杯を覗いてよく言う言葉.

Incompetent 不適格の; 職分に únu shkubunyi {tstominyé} taráng, ataráng.

Incomplete 不完全・不備・不十分; máttaku néng; {未完成} tudjimaráng, sunavaráng, surāng（揃わない）; {1巻}欠けている} tītsi kagitóng.

Incomprehensible 不可解; shiru kutó naráng, tsōdji tūrang, chúnu shī tskussarang túkuru, tskushi shíe naráng, shíri tūrang, kukurunu umuyé fákaru bichinyé aráng; 陰陽 ying yangの不可解さは神と呼ばれる ïnyónu fakararansi kamindi ïyung.

Inconceivable 想像できない・考えられない; umūyé fakayé naráng, kangéting kangérarang, kanúng tskaráng, úmutíng naráng múng.

Incongruous, inconsistent 矛盾する・不相応な; dó līnyi〈道理に〉sumutchong, līnyi sóvūsang（相応しない), kanāng.

Inconsiderate 無分別・軽率な; tsitsishimáng, níng iráng, tsitsishiminu íkirassáng; 軽率な人 ukaïtushta múng; 自分の用事を気に掛けない dūnu yūdjū ukaïtushung, kamāng; 高い所に登るな, 深みに近付くな, 性急に非

難攻撃するな, 余り笑うな tákakunyi nubúnnayó, fúkassanyi {fukachí tukurunyi} nuzumúnna, úkaïtu hóbansúna〈評判するな〉, úkaïtu chu varannayó.

Inconsolable 慰めようのない (程の); nágusamiraráng, urīnu táki {gúku} tstchóng.

Inconstant 一定しない・移り気の; námatarí-tóng, sadaminu neng, tsininyi kávati chívamaráng, chūya kūtu achá kūtu; úttché fíttché; ああ, 人の心の定まり無いことよ. 徳にしがみついたり, 棄てたり, 恐るべき (案じられる) 事ではないか āh, chunu kúkurunu djín naru〈善なる〉tukuró tutaï stitaï, tsíni néng, ussuriráng áti simóya {sinyumi?} 即ち, simáng.

Incontinence 失禁; 小便の cha shíbaï, shūbíng cha shīshung, shūbíng cha dára dára shung.

Incontinent 自制心のない fushī máma, yúkunu chūsa.

Inconvenience 不都合; 騒音・悪夢など何であれ非常に迷惑なこと kashimashang.

Inconvenient 不便・不都合・迷惑な; tayuïnyi sumutchóng; tayuï neng; djíbunyi {túchinyi, shákunyi, bunyi} haziritóng; 不便な家屋 simataï* yutashku néng yā. *simati〈住まって〉が好ましい (cf.comfortable: simati yutasharu ya)

Incorporeal 実体・肉体・形のない; katachíng dūng néng, kátachi té〈体〉náshi.

Incorrect 不正確な; tádashkaráng, tádashku neng, áyamari ang.

Incorrigible 矯正できない (ほど悪い)・頑固な; gútchina mung, aratamirang, naráching narāng; 手に負えない程頑固な tītsinyi kátamati nazidóng, názidi kvashshirang (化しない); [s.] bigot, stiffnecked.

Incorruptible 腐敗しない; kutáng (朽ちない) {kutchúng (朽ちる)}; 朽ちるものもあり, 朽ちらない物もある kutchussiga áï, kutánsiga ang; 清廉潔白な心 umīkutāng; 賄賂で買収されない ménéshing kukuró kutáng.

Increase 増す; kuvéyung (加える), sīyung (添える), sīti kviung, sīti írïung, kuvéï sīyung; 一家の繁殖・増大 sákatóng; 物・富の増大 véké sákatóng; 増減 uffiku nachaï kvūku nachaï, sītaï fíchăï, kagínshung (加減する); 増加して, 無限まで進む táta úffiku náchi, táta sisidi chivamari náshi; 日々の読書により知識が増す nyítchi nyítchi shúmutsi yuding chīshtse máshuru; 日々増加する fī máshung.

Incredible 信じられない; gáttinó naráng, dán naráng, danó naráng, chíchi íriráng, shindjiraráng, mákututu umāng, shindji gúrishang.

Incredulous 疑い深い; munu utagéshta mung, munu utagéna mung, munu utagéshuru ftu, chu utagatong; chu shindjirang mung.

Incubus (睡眠中の女性を犯すと考えられた) 夢魔; {悪夢} yána ími, uturúsha ími; [s.] dream.

Incur (非難などを) 蒙る; 彼の怒りを ariga ikarínyi ótang; [s.] expose.

Incurable 治癒不可能な; nóraráng, nósarang, yódjónaráng (養生できない), djíshshiraráng (治しられない), ussami naráng, kússuï hadjiráng*. chronicalの項参照.

Indebted 借金がある; 私は彼に借金がある vága ariga sī (負債) kantong {彼の負債を帽子のようのかぶる {kándjung}}; 私は生活のため, あなたに恩義がある (感謝して) undjunu u kádjinyi munu kanyung; 彼は私から借金している ari va sī kantóng; 私は彼を私の債務者にした (私は彼に金を貸した) vaga arinyi sī kansiténg; [s.] obliged.

Indecent 見苦しい・下品な; {行為} chiré mung, shī bíkarang kutú, filīna〈非礼な〉kutu, dīnyi〈礼に〉kanāng, hadji bichí ukuné; 無作法な人 chiré mung shuru ftu, hadjing hadjitósang ftu; みだらな言葉 chígari kutúba.

Indecorous 不作法・不適当な; tádashkaráng, fī līna〈非礼な〉mung, līnyi kanāng.

Indeed 全く・確かに; táshikanyi, chíshti (決して), chívamiti (極めて), fátashti (果して); 本当にそうか?! tashikanyi anyī!.

Indecision 優柔不断・不決断; muninyi {'nninyi} sadaminu néng; 長く熟考して決定せず, ついにその事は成されず nága djímmishi chíshshirang, kutó tsinyé ukunāng.

Indefatigable 疲れを知らぬ・不屈の; wūtararáng, tskarfiráng, tskárinu néng; 最初から最後まで同じ調子 fádjimi óvaï yīnu tūīshī, tītsinu gutu shung, unadjūnyi ang; うまずたゆまず善を愛する心 tstomíti djíng kúnudóng; 疲れ知らずに wūtaráng gutu; áchi hatirang, akán yósi.

Indefinite 決まってない・不定の; sadamirang gútu; 不特定の時 tuchi fīng kadjirang.

Indelible ぬぐえない, 忘れられない; útiráng, núgiráng; 消せない色 irunu samirang, iru samīnsang; {心から} kukurunyi vássiraráng.

Indelicate 下品・粗野な; kúnshinu gútuku néng; 野卑な言葉 savaï-kūdjó, saváta kūdjó; [s.] indiscreet.

Indemnify 補償する; {不足を} taréyung, udjinōyung, tareti torashung, udjinūti tarashung; {損害一切を} vanchameyung; [s.] satisfy losses, guarantee.

Indent, indenture 証書・証文; {契約書} yakusku-shung; yakuskunu djó または tígămī, または té〈帖〉; {奉公契約書} chīkushimiru yakusku-shung, chīkushuru té; [s.] apprentice.

Indented ぎざぎざ・ジグザグの; hā kakitóng, agaï sagaïshong.

Independent 独立した〈EC: 自食其力・自主〉; dūnu hatarachishi munu kadóng, dūnu hatarachishi munu kadi tattchóng; dūnu mókishi {itunamyuru} kurashuru ftu; chúï datchishi, ftúï datchishi itunadóng; ftó kamang（人をかまわない）, ftunyi kamāng; chunye uttchakaráng, kakaráng, dū makashi shóng; [s.] free; お互い独立して干渉せず, 自分の事は自分で処理し, 相互の連携協力は一切ない aring kúring ná mé mé dūshae kámuti aï kakaru（相関わる）kutó néng; 彼らにはお互いを監督支配しあわない sūgamīnsang.

Indestructible 破壊できない; nántu yabutíng yaburiráng.

Index 目録; múku rúku.

India インド; Tín chū kvŏ〈天竺国〉; 消しゴム sími úttu-shā{文字消し}.

Indication, indicate 指示（する）・徴候; chízashi; {黒い} 雨雲が見える, 雨のきざしだ ama gúmunu táttchóng, ami fúyuru chízashinu ang; ［動］（指示する・きざす）íbizashung, íbinuchishung, chízáshung.

Indict-ment 告発する（状）; uttaïshi ïyung, uttaïshung, uttaï gatchi, uttaï kūdjó.

Indifferent 無関心, 冷淡, 気に掛けない; áffassang, assassang; それに冷淡である chimu affasang, áffachítu umutóng, dúku kunumáng, fúkaku umāng; {気に掛けない} vaga uri kamáng; 来ても来なくても全く構わない kūnting chīng nūtung {nányitung} umāng, nūn tūkāng umāng; 両方とも同程度に良いもので, どちらかが他方より重要性・優れた点が備わっている訳ではない dzéruding（どちらでも）yútashang {dzérung sinyúng} sassí tukuró néng; 昇進に無関心 agi sagīng fákaráng; 生死を気にせず íchi shínyinyi affachí kukurunu mung; ichikavang shinyavang sinyúng; 彼の態度は人に冷淡だ chū achīrāshang（熱くしない）; ariga tatchīfurumai ússikushi shtashchi atsikunyé {atsichinyé} néng; karíssumi-na mung; 気に掛けないで見る vaga affakudu {assakudu} mīūrŭ {mīru, nyūru}, umūyuru; 人を冷やかに見る{主に恋愛問題で} ⁺shū djŭ〈CDなし, 塩強であろうか〉umāng {塩漬けされたまたは, 味の豊かなものとは思わない}; [s.] contempt, listless; 何事にも無関心で恥とも思わない djāng tūkāng fūdjina mung.

Indigestion 消化不良; 消化不良である haranu tudukūtong, tatamatóng; 消化されてない kváshshirang（化しない）, túkirang.

Indignant 憤慨した; íkati uramitóng; 恨みまた恥に思う kukuru utchi nakae uramíng hadjing ang; 義憤を抱き命を軽んじて{自殺した} íkari múttchi {ídatachi} núchi karundjiti, dū djínyi shang; 少しも恨んでない súttung úrami néng.

Indigo インジゴ・青藍; gve gukunu nízziíru sumiru yé（藍）{フォーリンブルー}; ó-yé.

Indirect 間接的・遠回し・曲がった; {自分勝手で曲がった} ⁺shītchŭkŭ-nu〈私曲の〉ukuné; 率直でない遠回しの言い方 shītchŭkūnŭ munuí, mágaï munuí; an vúï káng vúï shung; 率直でない事 guruma gutu, guruma munuï; máguï figúïshung; [s.] round about, insinuate, hint.

Indiscrete（**indiscreet**）無分別・軽率な; arashí mung; 軽率な言葉 ara kūdjó; 軽率な行為 ara ukuné; 無分別な人 arashí kukurunu ftu; tsitsishími néng, kvashūnyi（詳しゅうに?）néng; 不注意にことを為す軽率な人 ⁺chi〈気〉savagashūnyishi kukuru arashí ftó, kútu nashuse kumakanyi néng.

Indiscriminate -ly 区別・見境ない; írabáng gútu, irabi naku, vákasang gútu, kakaverang, kakavayé néng, lundjirang, lundjirunyé taráng; 誰【何】であろうと関わりなく結構である tāng {nūng} yaravang sinyúng; 大小無差別に úffissa kūsā ndáng〈EC: 不論大小〉; 何時でも区別なく chāru fīnying kakaverang, chāru fï yaravang sinyung.

Indispensable 不可欠・必須の; yiranté naráng, nénté naráng, kanaradzi yiranté naráng; santé naráng, íyading ari vadu yaru; 絶対する必要がある íyading tstomiri {sí} vadu yaru.

Indisposed 気が不快・向かない・気乗りしない; kukuru yukaráng, úshshaku néng, yī chibé aráng, ⁺fu kvényi〈不快に〉ang; 今日は読書に気が向かない chūya shimutsinyi kukuró nkāng {nkárang}, または kukuru yúkaráng; shimutsi nyūsé ushshaku néng; 私はこの二, 三日不快である vané kunu nyī san nyitché fu kvényi ati kukuru yukaránsā; 今朝少々調子悪く, 遅く起きた chū stomité iffé fukvényi ataru yŭ̄nyī, ukīsé ússiku {nínku} natáng, {assanyí shassā 朝に深く入り込む時間まで寝た（朝寝した）}.

Indisposition 不快・軽病・嫌気; ⁺fukvényi ang; 君は軽い病ではないか ïyáya íffe byótchinu ayésani, h'n?; たまたま軽い病に罹っている umāzi furāzi ássatchi byó tstchóssā; 不調だと言って人との会見を断る buchigéndi íchi kutuváti ndang; {不適切} tuté muchíraráng, yūnyi tatáng, sóvūsang, tsigósang; {嫌気} skáng.

Indisputable 議論の余地なき・明白な; mūtŭ, irivayé narang, bíndjiti kutuvayé naráng, dútu yutashá kutú īyé naráng.

Indistinct -ly 不明瞭・ぼやけて; kassikanyi ang mīrang, kassikanyi náti chíkarang; vakaï gurishang; {遠方のため} kíbítóng, kumuti mīrang; {意味が} tsizíng（粒も）vakaráng, imíng vakaráng, yū shirabiráng; {月光が} uburu dzíchi; {天気や水が} símiráng; {発音が} ⁺gú ïnu〈語音〉zízīkvītóng, tadashkaráng; 彼は聞いたがはっきりしなかった aré chichéssiga issényi {kuvashku} vakaráng; 取るべき道が二つに別れ, はっきりとは見えず混乱している chimata mítchi mānkaïga íchurā vakaráng, {比喩的にも使う}.

Individual, -ly 個々の,個人,個別に; そこには一人しかいない anu tukuru nakae fturi mung〈独身者〉bakaïdu wūru; 個別に・めいめい ftuǐ tachóti, chúǐ tatchóti; 各自めいめい chúǐna*, chúína *,は不用であろう.

Indivisible 分割できない; vakassaráng; 切って分割出来ない chíri vakassaráng;「点」は長さ・広さ・厚さが無いので分割できない chu utské nagi, hába, achisha físsa néng kutú naka kara vakashé naráng.

Indolent 怠惰・不精な; ukutarí-mung, ukutatóng.

Indoor 屋内・室内の; chiné〈家内〉; 室内にいる chinényi vūng, yā vutóti vūng.

Induce 誘導する; 言葉で ī māchi fichúng; fíchi manichung, fíchi yussǐung, mánichi yussǐung; 動詞形成素の shimǐungや -ashungを用いても表せる: 私が説得して彼に瓶を買わせた vaga anu ftu támā gūfing kórindi íchi fíchi sísimitáng; あの子にケーキを上げると言って(彼に)本を読ませた vága anu vorabi kváshi kvǐundóndi íchi shimutsi yunyussinyi fíchi sísimitáng; 私はあの人を誘導して罪を犯させた ari anu ftu yana ushīshi tsimi ukashimitáng; 幸,不幸を自らに招く sévé, vazavé dūshae manichóng.

Indulge 満足(する・させる); 自分の思い通りに umúyuru gútu shung, kukurunyi makashung, kukurunyi makachi shung, kukurunu mamanyi shung; (彼は)身を甘やかし安楽に耽る anu ftu fúshí mamanyi ǎn yitsi〈安逸〉shóng; 驕りは甘やかし{伸び放題にし}てはいけない uguré fúdu wíraché simáng; 心配事はすべて心を甘やかす事から生じる vaziréya síbiti fushí máma kara ukuritóng; 欲するままにするな fushí mamanyi nánnayó; 望み通りにする nuzuminyi tstchóng, yutóng, útchi ittchóng; 望み通りにするな nuzuminyi tskunnayó, yúnnayó, útchi ínnayó; [s.] gratify.

Indulgence 耽溺; 酒・色に溺れると命を損なう sáki, íru fúshi mamanyishi dū yaboyúndo {núchi chirīng}; 先の習慣に溺れ,自己を抑える事が出来ないと言うことは怠惰から生じるものだ satchinu narisuminyi shtagati, dū kátashi ōsansé úkutarí kará chóng.

Indulgent 度量の大きい・やさしい; kukurunu firusang, lónu〈量の〉fīrusang, kfaku sang, yuruyakanyi muchīung; yuruyakanyi shung, yúrúmǐung, kukuru fíruchinu ftu, shibaku néng, wúnnu firusaru ftu, kwan djí-nu〈寛慈の〉ftu, chu kanashashuru ftu; dji aïnu〈慈愛の〉fukassang; 自己に甘く,他人に厳格 fíruku dū káttishi, chung tábayung(球る).

Indurate 固まる; mī natóng, kfaku natóng; {比喩}(無情・頑固な) kúyami néng.

Industrious 勤勉な; hatarachung, yū tstomǐung, chíkara tskushung; 仕事に勉強に vaza, gakumung yū tstomǐung; 勤勉な人 yū hatarachuru ftu.

Industry 勤勉; hatarachi, hatarashussi; 勤勉と倹約 háta-

raching, chínyakung ang.

Ineffable 言語に絶した; ïyaráng sháku, kútchishi ïyarang, ī tskussaráng.

Inefficacious 効果・効力ない; shirushi nérang, shirushi mīrang, massashku néng; [s.] effect.

Inelegant 優美・優雅でない; dúku líppanyi neng, gā̄nyi〈雅に〉néng; fǔ gānyī〈風雅に〉neng, fīdirang.

Inequality 不同・起伏; {不均等} íchi yónyi〈一様に〉néng, ftushkarang, íttūnyi〈一等に〉néng, fíttūnyi〈平等〉néng; {凸凹} máttóba néng, ágaï fīgúī-shóng; {上がり下がり} útutsi ágatsi.

Inestimable 評価出来ない・貴重な; déng shiraráng, dé ziking naráng, attaï(値)nashi(無); [比喩]貴重な本 dúttu fīssóna〈秘蔵な〉shímutsi.

Inevitable 避けられない・必ずすべき; sakíé naráng, nugáye naráng, sakíraráng, nugáraráng, an sané narang, íyading sí vadu; 救済策がない chang kāng naráng; 彼の死は逃れられない shínyuru mī kará nugayé naráng.

Inexcusable 弁解不可; nadamíe narang, toga túchuse naráng.

Inexhaustible 尽きることのない; {井戸が} kudíng tskussaráng, kudíng tstch iyīrang; [比喩] haté néng, hatishī naráng, chivamari neng, chivambichí kutu néng; 言葉で言い尽くせない ī tskussarang; それを考え(ても)つくせない kangé tskussaráng; 絶えず新たに吹き出す泉のように無尽蔵 kangéting mizzinu {izúnnu} kúmi tskussarang gutóng, táta váchi ndjíung.

Inexpert, inexperienced 未熟な; {職工} māda chūrang, tí {tínu} nariráng, tinu djúkusang; 世慣れぬ shkin mútchí shirang, shkinnu yósi vakarang, shkínnu tstomi saturáng.

Inexpressible 言い尽くせない; ī tskussarang, kutubashi ī tskussarang.

Inextricable 抜け出せない・もつれた; ndjíe ōsan, nugáye ōsan; もつれ絡まった matsibuti {ndjariti} ndjashi osan, {糸が(もつれた)} vakashé {nubié} naráng.

Infamous 悪名高い; {名} nānu ikáng, nānu chigaritóng, nānu yanditong; yana na, chigari nā; 悪名高い人 yana nānu ftu, chigari {nānu} ftu.

Infant 幼児; {赤子} akángva; やや大きい {まだ髪がない,bózi 坊主からの変化}; bózā, bózá gva; さらに大きい幼児 vorabi(童); 生まれたばかりの赤児が泣かない akangva hadjimíti mmariti nakáng; 優しい母親を慕う赤子の心情 akángva kanashi fáfa shtoyuru chímunu ang.

Infanticide 幼児殺しの罪; dūnu kva kurushuru tsími; 女の児を溺死させる(こと) winago ngva uburi djin shimǐung; 女の児を殺す悪習 winago ngva uburi djinshimīru yana zúku〈俗〉.

Infantry 歩兵〈隊〉; katchi〈徒歩〉dátchinu fǐŏ {'hó}, katchi dúï shuru 'hó,sí {sigu} ashinu 'hó,ayúnyuru〈歩む〉'hó.

Infect 感染させる;［他動］utsishung,yamé kakïung;［自動］病にかかった byotchinyi sudóng〈染まっている〉,utsitóng,yamaïnyi kakatóng; 同じ病にかかった yínu yamé sudóng,utsitóng; これは感染する病であるから,そこへは行くなよ yamé utsí {utsushú} kutú amankae ikándó; 彼が私に病を感染させた ariga yamé vaningkae kakaráchéng {utsiráchéng,utsichéng}.

Infection 伝染〈病〉; féï yamé,yíchi lǐ〈疫痢〉,chunyi utsiru yamé.

Infelicitous 不幸の; 前兆 vazavenu chízashi; 不運の目 fu-shónu〈不祥の〉fǐ,fu-chǐtsǐ〈不吉 fū chichǐ〉; 大変不運な taï chó〈大凶〉; 不幸の fū shó.

Infer 推論・推察する; utchi shíung〈知る〉,úshi faka-yung,lúïshi〈類で〉{同類で} ushi fïrumǐung,ushi fǐrumíti shíung,ushi kangéyung,ushi fakati shíung,ushti lúndjïung,ushi fakati lúndjïung,sǐ-ló〈推量〉shung,sáshïung; すぐ推察出来る chaki sashirarǐng〈察しられる〉,utchi shiraríng; これからあれを推測する kuri kara utchi {ushi} ari mading shíung; 既知の事から未知の事を推論する shíru túkuru kara shiráng tukuru madi úshi fákati shíung; 残りは推測に任す unu yǔyǎ〈余は〉{unu amayé} lúïshi úshi fakaru bichí; 君の濡れた服を見て,私は雨が降ったと推察する ïya chíng nditósi 'nchǐndě aminu futandi sashitóng.

Inference 推論・推察; sashi〈察し〉,ushi fïrumitési,si-ló; 良い推察 yǐ sashí,yū sashǐtóng,yǐ sǐ ló; 君の推察は間違いだ ïya sashé ikáng,iyaga úshi fakatōru gutu arang; 君は間違った推察をした ïyaga yúku sashidu shōru.

Inferior 劣った・下の; tsídji-nu mung,fǐchi tsídji; 下の階級 fǐtchi tsídjinu kwan,nyi bámminu kvan,shtya kvan,shímu kwan,kwan shtyanu mung; 大変下の階級 shtya kata-nu mung; 下位の仕事から始める tsídjinu vaza kara fádjimiti sí; 劣った人 djí dátsinu fú〈下達の人〉.

Infernal 地獄の; dji gukunyi yutóng; {比喩〈極悪非道の〉} aku takúng〈企み〉mung,aku takudoru ftu,aku tákuminu fúkassang.

Infest (古) 悩む;［自動］urǐtong,nándjishung;［他動］（悩ます）urǐ nashung,nandji shimǐung; 蛇で悩まされた地方 hábunyi uritó tukuru; {病 (のはやる)} géchi〈咳気〉utsitóng,utsichéng.

Infinite 無限の; kadjiri nerang,chivamari nashi,hátin néng,fákararáng; 無限の幸 kádjiri néng sévé; 平行に引いた二本線は無限に引いても交わらない námiti {nárabiti} fǐcharu ta chí〈卦〉chivamarang tukuru madí fichéshúndung,ichāng〈行き合わない〉; 無限の

慈悲 yamu kutu nashinu djifǐ,yamang djifǐ,kádjiri neng djifíng; 無限の徳 hating néng kó tukú.

Infirm 虚弱な; datóng,yuvassang,byódja mung,yafara mung,daï-mung,yadi cha nindji shóng;［s.］sickly.

Infix しっかり突き刺す;｛地面に｝tátǐung;［s.］stick in; 頭飾りを差し込む,または差し込ませる kóbinu kazaï kándjung,kansǐung.

Inflame 点火する; 火を付ける fǐ tskǐung,fǐ té tskǐung; 燃える méyung,yáchung; 殴られて腫れた suguratta kutu fǐrachung〈疼ぐ〉,fǐrachi yánshung,atsi bǐrachi shung; 目が炎症で赤くなった mǐnu akadóng,aka mǐ natóng,aka sídji {糸筋} fichóng; 言葉で煽動する・焚きつける féchi madovashung,tstchiféshishung; 情欲に焼けた yúku shing〈欲心〉ukutchi kúgaritóng,yakitóng,kukuru ugutchi fǐnu méyuru gutóng,yúku shínnu ukutchi 'nni yatchung; 悲しみ・心配で焼ける,とも言う: shívashi 'nni yatchung.

Inflammation 炎症; nítsinu ang; 内蔵の炎症については次のように言う: né nítsi〈内〉熱,utchi nítsi,shín nítsi; 内蔵の炎症のことを fǐrachung〈疼ぐ〉,atsibǐrachung とも言うであろう; 彼の咳から考えて,彼が肺臓の炎症を起こしていると結論してよい ariga sakvísha kutú zófunu〈臓腑の〉atsibǐrachi shusé ushi fïrumiti shiraríng.

Inflate 膨張・慢心させる;［他動］fukurū {袋} nashung,tsizínu（鼓の）gútu nashung; 息を吹き込んで膨らませる ǐchi fúchi kúdi tsizínnu gútu nashung; まんまるく一杯満たす háttchatirashung; うぬぼれた 'nnǎ fǐppaïshóng; {病気 (で腫れる)} haritóng,fúckvitóng.

Inflexible 曲がらない; támaráng,magaï ōsan;［比喩］（不動の）kavaráng,tǐtsinyi katamatóng,ndjukáng kukuru,kukuru ugukassáng.

Inflict 加える・課す; 罰を batsi kuvéyung,toga kvāshung（食わせる）; 厳しい矯正と抑制を課す chūku imashimíti túï shimǐung.

Influence 影響・感化（する）;［自動］感化を受けた kandjitóng〈感じている〉;｛感謝する｝感化された心 kanshin-shóng〈感心している〉;［他動］（感化を与える）kandjirashung,kandjirachi fǐchi yússïung, kandjirachi fǐchi sóyung; 彼に感化され導かれた｛誘導された｝arinyi kandjirasátti fǐchi yussiráttang,fǐchi sórátang; arinyi kanshin shimiráttang; 皆彼の徳の感化を受け従った sūyó ariga túku kándjiti shtagatáng;｛優勢な威勢｝íchïūri,ichiwǐ〈勢い〉; 彼の威勢を頼って ariga ichïūri {chíkara} káti; 君は誰の威勢を頼みにこのようなみだらな振る舞いをするのか ïyǎyǎ tā ichïūrïnyi yútti kunu gutú fushǐ mámanyi〈ほしいままに〉shúga?; 富の威力に動かされて,功の無い者を官職に上げる kóya〈功は〉nénsiga véki táttudi kvanungkae agïung; 地位身分に動かされて,彼に

好意を寄せ従う ariga búnyi kandjirasatti yúї ts-tchóng {tstchi shtagatáng}; これはあれを左右する kúnu kútushi ánu kutu tássikĭung; 善人に感化されること{正しくは、矯正されること}は悪いことではない yī chunyi kváchí {kvasátti} yutashang.

Inform 知らせる・告げる; tsígiung, táshshĭung 〈達する〉, shírashung, tsōdjirashung 〈通じらす〉, tsōdji shírashung, tūshung, chikáshung; {教える} saturashung, shíri satorashung; {取り次ぐ・案内する} ánnayung, annéshung; {法的に} tsígi úttaïyung, úttaïshi tsígiung; 無知な者に知らせる shiransinyi fírachi sátushung, fírachi ushíung; {悪人に} ī núbíung, ī núbiti tsigiung.

Informer 報告者; ukagé ftu 〈密告者〉, kashiranyi {atama yakunyi} tsigíru ftu, núbi tsigíru ftu; 彼の共犯者の密告者となった kunashōru {gú natōru} ftunu utchi kara chú ndji núbi tsígiung 〈告げる〉.

Infrequent 多くない・稀な; iffé ang, uffóku néng, marindu aru.

Infringe 犯す・違反する; {法を} 'hó ukashung, sumu-chúng.

Infuse 注入する; {茶を} yū sashung, yū kakĭung, yū íriung, yū shae fíttashung.

Infusion 煎じ汁・浸出液; {浸透液} yū, shiru; 朝鮮人参の煎じ汁 nindjíng fíttachi 〈浸して〉 shiru tuyúng.

Ingenious 工夫に富む・発明の才ある; takuminu ang, takuminu kangé ndjashung.

Ingraft 接ぎ木する; tsídjïkĭshŭng, kí tsídjung.

Ingratitude 忘恩; vúndji vashtóng, vundji vassíse, wúndji vassíru tsími; vúng úkiti kandjirang, vúndji ubirang mung.

Ingredients 成分・原材料; írigú; 皿に盛られた具沢山 tuyāzi gayāzi.

Inguinal region 鼠径部; mumunu tstchi kútchi.

Inhabit 居住する; simayung, wūng, wūrū 〈居る〉; あの地方には外国人が多く住まっている ánu chkáta uffóku gvé gúkunu ftu simatóng.

Inhabitable 人が住める; chúnu simé bichí, chúnu wúï bichí.

Inhabitants 住人・居住者; simatoru {wūru} ftu; 田舎の住人は農産物を食べ、土壌を踏む chkatanyi 〈地方〉 simātōru chó muzukuï kvataï ncha kudaïshung.

Inhale 吸入する; {すする} sūyung, sísĭung; {口で} 空気を吸う īchi fíkkunyung, sísiri 'nchung; 鼻で吸い込む fúchi 'nchung, sísiri 'nchung; 毒気を吸い込む yana fūchi {yána kázi} sísiri nchung {nchang, nkang}.

Inherit 相続する; {shínzu kara 〈先祖から〉} tsté ukĭung, nukutoru {nukuchéru} vaza tsté ukĭung, 先祖の{財産も含めて}職業を伝え受ける.

Inheritance 相続財産; tsté ukitéru vaza, kadjó 〈家業〉 mutsi {家の財}, uyanu cha kara ukitōru vaza; 親から

の財・業を無駄にしないように言ってくれ uyanu nuku-chéru vaza stárasunayóndi ïyé.

Inheritor 相続人; nukutōru vaza ukīru ftu.

Inhospitable 客扱いの悪い; cháku shíng 〈詮〉 nérang, zattu cháku tuï mutchúng.

Inhuman 非人間的・冷酷・悪虐な; áku djáku, aku dúkunu ukuné, mudónu 〈無道の〉 ukuné, chu kvé mung.

Inimitable 真似出来ない; nyíshi ōsan, nyíshi gúrishang, naré gátassang.

Iniquity 邪悪・非道; áku, aku ukuné, yana shkáta.

Initiate 始める・加入を認める; 坊主として bózinu tstomi {公職 kvannu tstomi} nakae fadjimiti íriung, fadjimíti sísimi íriung.

Inject 注入する; {水を mízzi} íri 'nchung.

Injure 傷・損じる; [自動] súndjĭung, skúnayung; {体が〈痛む〉} ítanyung, yanyung; [他動] 〈損なす〉 sundjirashung, skunáshung, itámashung, yámashung, géshung, gé 〈害〉 nashung; 健康を損なう dū yabuyung, núchi chíríung {命を縮める}; 彼は自らを傷つけはしなかった、怪我はしていない savaye néng; 気をつけろ、怪我するぞ tsitsishimi, súndjĭundó; ukáshănŭ! 害になるものだよ!(あぶないよ!); {子供らがするように}、物を玩んで損なう gámmarishi yándyung, mútadi yandyung; 人の名誉を傷つける chúnu yī na ī útushung, ī yándyung; 害する skunaï géshung; 勉強は活気を損ずる uffóku múnu kangéshi shín 〈心〉 súndjĭung {tskarashung, 消耗させる}; 私は君が彼を段って傷つけるのではと恐れる vané ïyăgă ari útchi súndjĭundi ussuritóng; butchishae (鞭で) útchi súndjigáshurándi ussuritóng; 私は彼を傷つけようとし、彼は私を傷つようとしている vané ári skunaïúndi umutóï, ári máta vang skunayúndi úmuyúng; 他人を傷つける、または傷つけるような振る舞いをする kutu yábuti chunyi gé nashung; 彼はかなり怪我したのではないか ari chūku yamáchanó árani {aránkaya}?

Injurious 害になる・傷つける; gényi nayung; skunaï 〈損い〉 géshuru; これはまさしく有害だ genyi nayúndo!; 害がない géyé neng; 健康に害になる {悪い食べ物のように腹を損なう} hara sundjĭung; 名声を損じる nā súndjĭung.

Injury 害・損害・損傷; gé, súndji, skunó kútú; 人々の被る損害は大きい táminu géya úffishang; 彼は何の支障もない些細な傷(害)を受けた ari in tïen gva {dū} yámachi nūng savaye néng; 密かに他人を害しようと企む suruïtu chúnu gésandi fákarayung; 猛烈な勉強(考えごと)から起こる害は酒・色欲による害より大きい umúng bakari kara chúru géya {hamáyuru géya, shín tskárashuru géya} shúshŭku 〈酒色〉 yaká chūsang.

Ink インク; sími; 硯石 síziri, sími siyā síziri; インク・スタンド {中国式} síziri baku; インクスタンド {ヨーロッパ風の}

sími tsíbu; 中国式インク・スタンドの水入れ mízzi irí; 中国｛インド｝のインクの塊 sími íttchó; インクを擦る時は汲みたての水を用いよ sími síῆyé náma kúdi cháru mízzi muchíré; 墨汁 sími mizzi, kurú mízzi;

Inland 内陸 kunyi utchi; 国内貿易 kunyi utchinu tūï shóbé; kunyi utchinu tūï míguri shóbé; 水上輸送貿易 kūdji miguï shóbé〈漕ぎ巡り商売〉, kūdji vátaï｛vátashi｝shóbé; 車輪送貿易 kúruma fíchi míguï shóbé; 水上輸送貿易は高くつく kūdji míguï shóbé dzé tsíyashinu（費やしが）úffūssāssā.

Inlay はめ込む, 象眼する; chíri ʼnchung, sakúï ʼnchung, chíri kúnyung, fúï tskashung; 金をはめ込む chíri ʼnchi｛sakuti, fúï tskashi｝kúgani írïung; 象眼細工した箱 chíri kudéru｛fúï tskashéru｝háku.

Inlet 入江;｛海｝óminu sími.

Inmate 同居人; yānyi simatōru ftu; yădŭ katōru ftu.

Inmost 一番奥の; ūku, íttsing útchi; 奥の座 ūkunu za.

Inn 宿屋, tábi yā, cháku yā, cháku tézéshuru yā; 宿屋の主人 tabi yānu tīshu; 食堂の（主人）kvé mung yānu nūshi, ténnu tīshu｛店主｝.

Inner 内部の; ura, útchi múti; 内の部屋 úra za.［s.］apartment.

Innocent 潔白な・無罪の; tsími nérang, tŏgă nérang, sávayáka; 無邪気な気晴らし tsimi náshinu ássibi; 罪のない人を殺す tsimi neng mung kurushung; 罪なき人を殺すより正義の厳格な履行が出来なくなった方がましだ tsími néng mung kurushúsi yaká, tūtíng chíbishku tádashusi｛katadjūsasi｝ushināyusi（失う）máshi.

Innovate 革新・刷新する; aratamïung, aratamíti shung; 大抵の場合悪人は変革が好きだ. なぜなら変革の間彼らは期待する物があるからだ. しかし陛下（貴方）が静かなままで止まり, 事が通常の法の通りに進行すれば, 悪人に何の望むべきものがあろうか té tí〈大抵〉shó-djinó〈小人は〉kutu áratamīse úshshashung, unu kútunu sharu utchinyi yítchinu aïténdi nuzunyú-kutú; múshīkŭvă（若しくは）myūndju（あなたさま）shízikanyi mishóchi, kútu mína tsíninu ʼhónu gútuku shíïdúnse, shódjinu nánzu núzuminu áyabíga?.

Innocuous, innoxious 無害・無毒の; gésang, átonyi gé nerang, skunó kutu nérang, chá nérang;｛食べ物（無毒の）｝dúkó nerang, dúko ïráng, átonyi dúko naráng.

Innumerable 無数の; kazūraráng, kazūraráng sháku, kazōï ōsan; shín máng〈千万〉; 最大な数の決意と数えられない程の思い kúkurunu kátaziké uffókushi, umungbakaré kazuráng* shaku ang *kazuraráng であろう.

Inoculate｛[s.] vaccinate｝予防接種する・病菌を植えつける; 菌を染み込ませた布切れ, または菌そのものを鼻に差し込んで出来る天然痘 chúragassā fúchi ʼnchung,

fúchi írïung; 腕に（接種する）chúragassā fúti｛掘り｝írïung, churagassā wïung｛植える｝.

Inodorous 無臭の; káza néng, nūng káza néng.

Inoffensive 害にならない; nánzu chū ukasáng, ukasáshimiráng.

Inordinate 法外な・乱れた; mídarí, ʼhónu shidényi ataráng, núrin néng, ʼhónyi｛núrinyi｝haziritóng.

Inquest 検死, 検死する; shkabani kúkurunyung.

Inquiet 穏やかではない・不安な; yassúndjiráng, shizikanyi｛tukúttu｝nérang.

Inquire 問う・尋ねる; túyung, tazoni túyung, kukurumi túyung, tánni｛tazoni｝fíchishung, kangé túyung; 判事として尋問する tsāshi〈査し〉túyung; 健康状態を聞く chágandi íchi túyung; 彼の健康はどうかと聞いて来い chágandi｛íchi｝túti kú; 深くは尋問しない fúkaku túrang.

Inquiry 取調べ・尋問; tánni fíchí, tazonīse, tazoni túyuse; 尋問を恐れない tazoni fíchishantémang ussuriráng; 火を恐れない yachantémang｛yachíng｝féya naráng｛比喩的に使われている｝即ち, 焼かれても灰にはならない（*無関係の挿入に思われる）; 質問好みは知識と結びつくことに近い túyusi kúnudi shiru kutunyi chkakunyi ang.

Inquisitive ねほりはほり尋問する; nī fússu tuyúng｛根と縁, 多分本題から派生する根の髭を問う, fússu は「臍」の意味もある｝.

Inquisitorial せんさく好き・厳しく取り調べる; chá úkagati｛絶えず伺って｝, cha butchi kakíshung｛絶え間なく笞打ちする｝. 更に付け加えるであろう: ánshi yukuyuru ma｛この慣用的表現では俗語の va が普通｝nerang, そして一瞬の休みもない; guma gutu madíng mutumíung, 些細なことまで一々問い質す.

Insane 狂気の; fúri mung, furi yaménu ang.

Insatiable 飽くことを知らない; chufāra sang, chufāra naráng;｛心的に｝kukurunyi mittáng, tariráng; akán yósi｛飽きない｝.

Inscription 銘書・碑文; mí gatchí;｛記念碑の銘｝fi mung djī｛字｝;｛ドアの上に張られた銘額｝gáku-djī; 銘板には何と書いてあるか gaku djīe nūndi íchi kachéga?

Inscrutable 計り知れない; fákararáng.

Insects 昆虫・虫; múshi, múshinu tagúï; 肉は腐ると虫｛蛾｝を生む shíshé yandínyé múshinu｛udjinu〈蛆〉｝ndjíūng; 本の中の虫（紙を食う虫）kabi kvé mushi; 飛ぶ虫 gadjannu（蚊の）tagúï, fénu tagúï; 虫の被害を受けた mushinu tstchong｛sigayung, kvayung｝.

Insecure 不安な; údayákanyi néng, tukúttó néng.

Insensible 無感覚・｛麻痺状態｝shó úshinatóng; 意識を失い無神経 ámmashashi chunu kutú shiráng; nūng kaïrindáng; 自分にかかりそうな危険・危害に気付かない dūnkae fíkkésang;｛心に留めない｝úmi sumirang, chimu nakae umāng; 仲間のいないのを気に掛けない chŭtŭ yī nākā arang, chŭtŭ tuyé nerang, [s.] imperceptible, unfeeling, unmindful; 木石のように感覚のない kí íshitu yínu mung.

Insert 書き入れる; {本に} katchi nchung, katchi túmishung; {差し込め} sachí 'nki「押し込む」の意の 'nchung の変化.

Inside 内部に, 内側で; úra, úmuti 外部, 表の反対語; 内部から ura muti; 家の内 yānu utchi; 戸の内 djónu (門; 中国語の意味) utchi, tūnu utchi; 綿毛の内には種がある mūmínnu utchi sáninu ang.

Insidious 陰険な; 言葉 yúgami kutúba; 人をこっそり裏切り傷つける chu suruĭtu geshung; [s.] indirect.

Insincere 誠実さのない; makutunyi néng, djitsinyi néng, utunashku néng〈不老実〉.

Insinuate ほのめかす・遠回しに言う; sŏba nútchishi tsōdjirashung, sŏba īshi tsōdjirashung, sŏba nútchi shung, mudi mārachi íyung, tūsa kara kánítī (兼ねて) íyung, takuminu kutúba.

Insinuating 思わせ振り; chímu tuĭ munuĭshi, umāshi būĭsha {umurashuru būĭshungの変化}.

Insinuation 遠回しに言うこと; sŏba núchi shuru kutúba, takuminu kūdjó.

Insipid 風味のない; adjivénu nérang, adjivenu ussissang, affétóng; adjinu íkirassang, ádjinu áfasang.

Insist せがむ; {強く要求する} kátaku kūyung; {強く命ずる} kataku túzikĭung; このことを強く固執する kunu kutu nakae katamatóng; 是非座るよう強く言い張る dóding yíri, dóding yítchi kviri {ndi íchiと言って}.

Insnare (計略で) 誘惑する・罠に陥れる; yana tukurunkae fĭchi íríung, fĭchi míchi bichung; [s.] entrap.

Insolation 日射病; tĭdanyi makíti dzitsūshung, tīdanyi fūshi kvāti {fusátti, tīda makíshi} dzitsūshung.

Insolent 横柄・傲慢な; ugutóng, ugúĭ munuĭ, gútchi shung, kfa munuĭ shung; 傲慢な返答 kfa bánishung, [s.] impertinent; 横柄にも (人の話を) 中断し割り込むこと chúnu sátchi tuĭ munuĭ shung, chúnu kutúba kétuyung; 横柄な言葉遣いする gútchishung.

Insoluble 溶解しない; túkirang, váckvirang, fītǎshī ōsǎn.

Insolvent 倒産 (者) の; tóri achiné, yándi achiné.

Inspect 検査する; kumékiti nyūng, mí túdukĭung; {監督する} kamuti nyūng, tskássadūyung, kámuyung.

Inspector 監督・検査官; kǎmī, gǎmí, tskassadutōru ftu, kamutōru ftu; 総監督 sū-gamī.

Inspiration 吸うこと; {空気を} ītchi-shung, chŭ ītchishung, ītchī fúkkunyung; [s.] inhale; {天与 (の霊感)} tíng kará s̄hin tsū〈心通〉shóng, s̄hin tsū shi narāshung, tínnu múkutúshi {黙して, 無言で, s̄mu gún shi} narāchi mishéng; k̄an tsū〈感通〉shong; 天が彼に霊感を与えた tinnó anu ftu k̄antsū shimitang;

kándji ugukachéng, kandji tsōdjirashung; 真実の人は天に感化{教化・啓発?}される chunu makutunu tattchíĭdunse tínnung kantsūshung; tíri aravachéng, 照射により露わされることは, 一般にはあまり使用されないが, 霊感の概念を伝えている.

Instalment 分割払い; 日割り・月割りで払う fī vaĭshi, tstchi vaĭshi fimbínshung; 年賦で払う ⁺ninpūshung, ⁺ninpūshi fimbínshung; ⁺váppūshi〈CDなし; 割賦であろうか〉fímbínshung; 最初の支払い分 hadjimínu váppū; {日割り払いの (最初分)} fī vaĭ hádjimi.

Install 任命する; 官職に shkubung sazikirashung {kamurashung, kamāshung}, shkubung sazikirachi {kamāchi} ūúyadjinyi {k̄ū-tónyi〈公道に〉} shimĭung.

Instance 実例; 例えば tátoĭba, tátorába; それの例はある kuriga tagúínu ang; それの例は見たことない kuriga tagúyé māda ndáng; たった一例見ただけで二度とは見ない chū kéndu 'ncharu mattató ndang.

Instant 一瞬時; shíbaraku, vazikashī yé; {íttchutǎ, íttŭchǎ, は, いくらか長い時間を意味する}; 一分 íkkúkú (一刻); 瞬きの間 mī utchishuru yé; [s.] imminent.

Instantaneous 瞬間の; mī útchishuru gutōru féssang.

Instantly 即座に・すぐに; sássuku (早速), súkuku, chāki.

Instead 代わって; 私に代わって彼に伝えてくれ vanyi kavati arinyi íchi kvíri; これの代わりに kurinyi kavati, kuritu kéti; 彼に菓子に代えて米を与えなさい kvāshitu kéti kúmi kvíri; 自分に代わる人を見つけ出す kávaĭ tuméyung; 彼は私の代理で{仕えに}来た va tsígaĭ chóng, vanyi tsígati chóng; 人に代わってある人を雇う tsīgárashung; [s.] for; 彼は私の代わり ari va táshshi, [s.] lieutenant; [動] táshshi-shung.

Instep 足の甲; fsha kubi.

Instigate 煽動する・駆る; sisikāshung, tstchi féshung, tstchi féshishung (囃したてる); 弟をそそのかして兄を告訴させる úttu tschiféshishi sīza úttaĭshímĭung.

Instill 点滴する・徐々に染み込ませる; chu taĭ chu taĭ íriung {一滴一滴注ぐ}, shidenyi tárashung; shidenyi íti fitashung, または shidényi d̄óli〈道理〉chimunkae fītashung, 道理を徐々に教え込み心を溶かす.

Instinct 本能; 動物の tuĭ chídamúnu mmáritsītchí, fun-shó〈本性〉, ⁺fun-shī, mmari nagaranu shóshtchi〈生質; 性質であろう〉; 生得による mmari nágara; shidjínnu mmáritsītchí.

Institute 設立する; tǎtíung, móki tatúng; [s.] appoint.

Instruct 教育・指示する narāshung, ushīung, ushīgǎtā-shung; 青少年を教育する vorabātā {nyiségvātā} narāshung; 充分に教えこまれてない ushīnu māda tudukáng {kuváshkaráng, djódju naráng}; [s.] teach.

Instructer (**instructor**) 師匠; s̄hishó, s̄hín shi〈先生〉.

Instruction 教えること; {主体的; 教える行為} ushī, ushī-gatta, ushīsi, narāshuru shidé; {容体; 教育の内容}

naré mung, chīku mung, munu shíri; 教えを聴かない
mítchi ushíting shtagāng, ushīnu mítchi chíchi sh-
tagāng; 教えは太陽の当たるところ何処にも浸透した
ushīnu mitchi íppe nagaríti, fínu tūchi〈遠き〉madíng
itatóng; 師匠の指南 shi shónu shī-náng; 天下に関
する事を教えなければ、何事も成し遂げられない tín-
ganu kutu ushī arandaré nūnū kutu yatíng naráng〈成
らない〉; 知識もなく易々と生きているのは獣の状態に
近い存在である itaziranyi yitchóti {kúrachi} ushīnu
〈教えの〉néng tuï〈鳥〉chidamunyé chkássang; 満腹
し温い服を着ても知識がなくば獣に近い múnu
chufāra kvé, chíng núkuku chíchi ushīnu nendung
aré, tuï chidamunyi chkássang; 教育は国政の第一
の関心事である ushīgătă kúkkanu〈国家の〉dé
itchinu tstomī; 教わったものを喪失した深い苦悩
naré mung ushinatōru kurúshimi.

Instrument 器具・道具; dógu, utsivamung, chí-gū, chí butsi
〈器物〉; またはgūだけでも複合語で使われる. 次のよ
うに; ní-gū, 寝具; 楽器 ga tchí, gaku dogu, năyūrū
dógu, naï múng.

Insubordinate 服従しない; túziki chikáng, kwánungkae
〈官に〉línzukusáng〈隷属しない〉.

Insufferable 耐えられない; nízi ōsan, níziraráng, shínu-
baráng.

Insufficient 不充分・不足; taráng, tariráng; 諸雑用に不
足 shū záppinyi taráng; 私の言葉を証拠とするには
不充分ではない* va kutúba shūkū sírunyi taráng;
*「ではない」のnotが誤入であろう; 私の言葉は証拠
とするには不充分ではない* va kutuba shūkū tusiru-
nyi taráng; *「ではない」のnotは誤入であろう; 情が
心中に起こると、言葉に現れる chúnu djónu kuku-
runu útchinyi úgutchi kutubanyi aravaríng; 言葉が
不充分であれば、思いは慨嘆の形で表現される
kutúbanu taráng yŭinyi nadjichúng〈嘆く〉; 慨嘆が不
充分であれば、歌に訴える〈頼る〉nadjíchinu taráng
yŭinyi nagami útayung; 歌が不充分であれば、人は
無意識のうちに手を振り足を踏む nagami utati
tarándung aré uri kará úbizinyi tīshi mótaï〈舞ったり〉
áshishi kudaïshung〈踏んだりする〉.

Insult 無礼・侮辱; ［名］mívākū, ázamutchi, ázamúku
kutú, súmuku kutu; ［動］（侮辱する）azamutchung,
súmutchung, anadōyung, hazikashimíng, mívakushi-
mïung; 人に侮辱されることは「azamutchi（嘲笑）とい
う」chunyi anadurarīse azamutchi {súmutchi} tush-
úng; 打って侮辱する bútchi útchi hazikashimíng; 侮
辱される hazikashimirarīng, ánaduraríng;（権）力をか
さにきて、弱者を侮辱する tsïūtchi〈強き〉tanudi
{chūnu} yuvatchi〈弱き〉úkachi; 侮辱に屈伏する〈した〉
anadurátti nizitótang, ukigúdi mívakusháng; 侮辱に
耐えうる人は善男である chunyi mívakushímirarīse

nizīsé kūrī yī vūtūkū; 侮辱に耐えうる人は利を得る
mívaku nizīsé kúri yítchi du mókīru.

Insuperable 打ち勝ち難い; makashusé katémung; 克服
困難な難儀 kátchi ōsan nándji, makasaráng nán
〈難〉; 彼に勝り上に立つものなし ariga wínkae naï
ōsan.

Insupportable 支えられない; 荷物 muttaráng nyī; mu-
ttaráng shaku; 耐えられない不幸 nizirang* vazavé
*nizirarangであろう.

Insure 補償する; kórīchī-shung〈合力する〉, ka shīshung
〈加勢する〉; 君の損失に対して私が補償する ïyaga
sundjinu〈損じ〉bashu vaga kórichi torashúndó; 船に
保険を掛けようと思う va fune kórichi sarīru {kashi
sarīru} kangé; 財産に保険を掛ける事も、次のように
表現される: kórichisarīru yakusku tatïung, kashi-
sarīru yakusku shung; 保険金を払う kórichi {kashī}
djíng kvíung; 私が君の船｛の損失｝を補償する vané
ïya funé fíchi ukīshi kórichishung.

Insurance-company 保険会社; fíchi ukí kórichishuru
chú kumí.

Insurrection 謀叛・反乱; mū fúng, láng, lángva〈EC: 小
乱〉, mídarí; 大（きな）乱 ūū lang; 反乱を起こす lang
ukushung; 乱が起こった lánnu ukuritóng, mūfú-
shóng; 反乱の勃発を恐れる lannu ukurīgashurandi
ussuritóng; 乱を図る láng fakayúng.

Integrity 高潔・廉直・完全無欠; kádunu〈廉の〉ang, táti-
fanu ang.

Integument 重ね; kassani, kássabi; 数え方（ひとえ, ふたえ,
みえ）chī, té, mí 一, 二, 三重.

Intellect 知性・悟性・能力; sátuï, satutósi, sé, séchi〈才智〉;
知性がある támashinu chichóng; 知性なし buta-
mashinu mung; tamashinu chkáng.

Intellectual 知的; 力 sé nū〈才能〉; tamashinyi satorarīru
kutu, tamashinyi {massashtchínyi} dzūkushóng.

Intelligence 英知; ｛技量｝suguritósi; chī-shtchi〈智識〉,
chī-sé〈奇才〉; ｛霊｝massashí-mung, massashtchi; ｛消
息｝utuziri, yósi; 消息を与える utuziri chkashung; あ
る人の消息を尋ねなさい ariga yósi tūti kū; 完全無
欠の悟性は最初人間に所有されていた chunu
mmarinu fhadjimé achirakanyi tsōdjītī, kagīru〈欠け
る〉kutó néng; 心にある僅かの霊的なものが人を動
物から区分する chúnu kúkuru mútchi ín tïén ma-
ssashku achirakanyi ati, chútu íchimushitu kavatósi
{kavató túkuru}, mma {ússa} du yaru.

Intelligent 聡明な; sūmi〈聡明〉, suguritóng, likú {na
mung}, sátuta（悟った）mung; ｛弁別力があり善良であ
る｝dólinyi táshshitōru ftu; kúkurunu símitóng; 最初
人に教えられなくとも自ら理解する shintsūshong〈心通
している〉; 神の如く聡明 kaminu saturunu gutóng; 知
性・理性ある dólinyi achirakanyi natoru ftu; 知的良

識を備えた dóling táshshti chimúng〈心も〉yutasharu mung; 彼は理知的な人だが、どうしてそんなばかげた考えに耽ったりするのか ari dólinyi táshshitōru ftu yassiga, cháshi úruka（愚か）umūǐ nashuga?; 聡明な目は自らを見る sūminyi aru mī kari kaǐrinyūng〈顧みる〉; この書は高い知性の者には役に立つとはあえて言うまい kunu shúmutsi dólinyi takassassinyi yūnyi（用に）tatchundóndi（立つと）ǐyusse vémissang; 知的存在{霊} massastchi, massashī mung; 知的なものは霊と言い、巡るものは気（オーラ）と言う massashī munó shíndi〈神と〉ǐyung, míguru munó kuri chí ndi〈気と〉ǐyung.

Intelligible 意味明白な・理解可能; mífǎkǔ, tsōdjibichī（通じるべき）, yū tsōjiraríng, áchiraka; yū chikaríng, chíkunyi mífákunyi ang; 彼の話は理解し易くないなぁ ariga ǐyusé tsōdji gúrisharu mung yassā.

Intemperate 不節制・過度の; kagíng aráng mung, kagíng kvītóng, kagínyi sídjitóng; 酒に溺れる sakinu kagínyi sidjitóng.

Intend 意図する; あそこに行きたいと思う amankae ikándi úmuyung, íchuru kangé, ikandinu kúkuruzashi tatitóng, amankae ikándi úmu mutchóng; 何をしたいと思うか nū sandí umutóga?, ǐya kukuruzashe chága?, ǐya nū kangétóga?

Intense 極度の; gúku, múppara, fúkaku（深く）; 研究に専心的に当たる kukuru mupparányishi shimútsinyi（書物に）umutóng（思っている）.

Intention① [s.] object; 意図・心つもり; umúǐ, mí tski, kangé; [s.] meaning, aim; 色欲を抑える意図で yuku {íru yuku} sárashuru（去らす）ǐbung; 君の意図が何か分からない ǐyāyā chāru kangéga yará shiráng.

Intention② 固定した意向; kúkuruzashi sadamíti ndjukáng; 成就させたいと思う志 djódju nashiténdi kúkuruzichóng; 思いが主に向く所は意図と言い、意図がはっきりした方向を取ると目的と言い、その目的を実行し成果をうることを才能と言う umūǐnu múppara tstchuse kúkurubashi, mata kukurubashinu sádamari mukó munó kukuruzashi, mata kukuruzashinu yuku tudjīru〈遂げる〉muno ímashi sé〈才〉du yarú.

Intentional 意図的・故意の; vázatu, váza váza; 割ろうと考えて váyuru mitskíshi sháng; muppara kukuruzashinu atí shéng; kukuru katamíti {katónyishi} shéng.

Inter 埋める; úzunyung; 人を埋葬する hómuyung.

Intercallary month 閏月; úru dzítchi; 今年は閏月がある kundó ámari dzítchinu（余り月）ang.

Intercalate 押し込む; ushi 'nnchung; 二つの間にもう一つ押し入れれ tātsinu nāka nakae nyá tītsi ushínké.

Intercede 仲介する・執り成す; kavati（代わって）mutumǐung, nakadátchishung, naka ǐyung, naka íri mutumǐung, nakaírishi sódanshung; 他人の為にとりなす chúnu djó

〈情〉{kutu} nakaírishi tuchúng, tanuminu {tanumattōru} yuǐshu tuchúng.

Intercept （通路など）遮断する; mítchi chíüng, naka kara yándïung.

Interchange 交替・交換; [名] chigémi, kavaǐmi（替わりめ）; [動] （交換する）tagényi {aǐ} tuǐyéshung, chígayung; {商売する} shó-bé, または shína mutsi koyítchishung〈交易する〉; この二語は交換可能 kunu kutuba tātsi tagenyi tuǐkéyung, tuǐ kéti iyúng, tuǐ kéti ǐyarīng.

Intercourse 交際・交流; tuǐyé, ndjaǐ chaǐ-shung, vólé-shung〈往来する〉; 友と交わる dúshitu {dúshishi} tuǐyéshung; 国の間の自由な交流 tsū yū-shung（通融する）; 彼との交際はほとんどない áritunū tuǐyé súǐnyi（疎意に）natóng, súǐnyi nati ichāng; áritunū mádjivaǐyé tūkū（遠く）{ússiku（薄く）} natóng; すべての交際を止める mútu tuǐyésang, taǐti（絶えて）voléshung*〈往来する〉*voléshangであろう; 戸を締め切って友との付き合いを絶つ djó mítchiti chakunu madjivari tátchi téchéng; 両性間の犯罪的（よからぬ）交わり úkāshi tsōdjǐung〈通じる〉; 役人との交際は貧困を招き、商人との付き合いは財を招く、坊さんとの交際では得るのは寄付金帳だ kványíntu madjivati kunchūnyi〈困窮〉naǐ, achinényi mádjivati vékishi, bódzinyi madjivati migumi dzing（恵み銭）shiruchéru chó yíyung; 役人や坊さんとの交際では厚い贈り物が出ていき、薄いものが返る átsiku ukuti késhé ikirassang, muttashusi uffókushi kumankaǐ kvīse íkirassang.

Interdict 禁止する; chídji-shung, tumǐung.

Interest 利息; lí, dzinnu lí〈銭利〉, lí-sūkú; lí-zīkī; 元手と利子と mūtutu lítu; 年利10パーセント íchi nínyi lí, djúbunyi íppung（取るまたは与える, tuyúng, sīung）; 一つに対し一万の利子 chū mūtushi mannu lí tuyung; 利子つきで貸す（借りる）lí tskiti karashung {irayung}; 関心を以って聞く chímunyi núrití chichung; 深い関心を持っている chímunyi fúkaku núritóng; 君の言うことに関心ない ǐyága ǐyusé va chímunyi núrirang; 1%の利子を取る hákuná nakaǐ íchi bung agiti {li-zikíshi} tuyung; {払うtorashung}

Interfere （妨）害する; {邪魔する} sáshi savayung; 彼は私の事にお節介をやく ariga va yūdjunyi kakatóng, ariga va yūdjunyi azikati {kakati} shivashóng; このことで余計な干渉はするな ǐyaga kunu kutunyi {azikati} shivasunyi（心配するに）úyubang; 他人の事にお節介をだし害をなす{良い結果になる} chúnu yūdju kakati {kámuti} yanténg {díkitáng}; 事業を仲裁し利する bíndjǐung〈弁じる〉, ussamǐung; 他国の事に一切干渉しない múttu bítsi kúnyinu kutó azikaráng {kamūrang}; 自分の職責でないものは、構わない方がよい sunu kurényi {shkúbunyi} arandung aré súnu yūdjó kamúrang {kamāng}; {仲裁に入る} kavati ïyung, kavati ukunayung; 私に干渉するなよ vang kamúnayó.

Interjacent 中間にある; 国 sakénu tanakanu kunyi; 二つの国に挟まれた小国 ĺó kunyinu〈両〉国の saké nakae áru kunyi gva.

Interjection 感嘆詞; {痛みで} ⁺tánziru〈嘆じる〉kutuba, tánziru kví, nádjichuru kutuba, chímugúrishashuru kutúba; nádjíchinu kutuba; {賞賛する} tambinu〈嘆美の〉kutuba; {驚いて} firumashashuru kutuba; 痛みを表現する不意の叫び: ākā!, āh, āh yádi!; {子供らの間で} 驚きの叫び ché!,- satti, satti sátti, sattimu, ágídjamé, áchamé; o!āh, ayé!; o!見事な仕方だ sáttimu, yū shésā!; なんたる頑張りようだ sáttimu, yū chibatésā!; 不思議だ sattimu mídirashí mung {firumashí mung} yassā!, tsïvé mung yassā!, mutskashí mung yasssā!, 過度の, 驚きの表現 hfána fáda sídjitōru kví, dútu firumáshashuru kvī; 聞き手の注意喚起, 背後からの呼び掛け, 人を止める際 yé! hay! yó!; {うまく思い出せない時に} どう言ったらいいかな núginá (何やら); さあ, 行こう dika! ndjitínda; さて, なんと言うのだったかな dá! nūndi ïyútakayá, h'n?

Interior 内部の; útchi, útchi múti, úra.

Interlace 組み合わせる; anyúng〈編む〉{〈結果態〉adéng, 〈否〉amang}, kunyung〈組む〉{〈結果態〉kudéng, 〈否〉kumang}.

Interleave （本などにメモ用の）白紙を差し込む; {mé gutunyi (1枚毎に)} fidatíti {shíru kabi} ïrüung.

Interline 行間に書き入れる; 古典書の行間に書き入れられた注釈は ⁺chū zíkī と呼ばれる; 行間に注釈することは chū ziki-shung, djó gutu (行ごと) chū ziki shung, djó gutu tuchúng, djó ūti {追って} tuchúng; 行間批評メモ書き yédja nakae, {katanyi} fíóbang gatchishung.

Interlock （組み）重ね合う; tagenyi ushāshung, avashung; [自動] ushātong, avatóng; aï tagenyi shúng.

Intermediate 中間の; náka

Interment 埋葬・埋めること; hómuyusi, hómuyuru kutu; 埋葬儀式 hómuyuru ĺī, hómuyuru ⁺ĺī shtchi〈礼式〉.

Interminable 尽きない・際限ない; tskussaráng, tskuriráng shaku, tskurīru kutó néng.

Intermission 中断; 休みなくひっきりなしに akán (飽きぬ) ⁺yónyishi, akán yósi, íturáng, áchi hatiráng gutu, ⁺kandan〈間断〉neng gutu, yudán (油断・怠慢) neng gutu; 休まず働く tuï tsimiti chibayung, tuï tstchi chíbayung; 休まずそうせよ kandanshé simang; 中断してはいけない yudanshé simang, mashidó; 中断があったら, 卵は冷たくなってしまう yudanshíïdunse kūga fidjuyúndo; 鳥が卵を抱くときのように, 中断すると卵は冷えてしまう túïnu kūga ussutóssitu yínu mung, yu-

dansé chāki fidjuyúng; 糸を紡ぐように休まずそうせよ ítu sídji fíchi ndjashuru gútushi yudansang gutu chibařío.

Intermit 中断する; ⁺yudanshung〈油断する〉, ⁺kandan〈間断〉-shung.

Intermittent 断続的・間欠性の; {熱病} furī byótchi; 寒と熱が引いたり生じたりする ⁺kan〈寒〉nitsinu vó lé shung〈往来する〉; chúttunyi fīku nataï chúttunyi nitsinu ndjíung.

Internal 内部の; utchi, utchi muti; né; 内熱 né nitsi; {心的} kukuru útchi.

Internodes 節間; 竹の節間 dakinu yúyu, shirukutchi fushi kumiteru daki; 節間の長めの竹をもって来い dákinu yúyu nagassassi tuméti (探して) ku; 竹の節間でつくった箱 daki dzítsi.

Interpolate 書き添える; 語を ī síung; {written 書かれたもの} naka nakae íri gatchishung, íri gatchishi sīung.

Interprete 解明する; tuchúng, túchi chkáshung; {翻訳する} tá kukunu kutuba tuchung; 外国人と本国人の間で専門的に ⁺tō zi〈通事〉shung; 夢を判断する ími fandjīung〈判じる〉, tuchúng, kukurunyung, uranéshung; 良い夢か悪い夢か分からない, 説明してくれ va ími yī ími yátakayā, yána ími yátakayá vakaránsiga ïya kukurudíndi {kangétīndī}.

Interpreter 通訳; 専門家として認められたもの ⁺tō zi〈通事〉; 通訳官 tōzi kvan, tōzishuru kvan, ⁺yā-mung〈衙門〉tōzi, gvé-gukunu kutuba tuchuru kvan; 夢の解説者 ími tuchā, ími uranéshā.

Interpunction 句読点; ⁺dji djíri, yúmi djiri (読み切り); コンマ djí-djīrï, ⁺dūn〈CDなし; 中国語「頓」であろう〉; コロン ⁺kū〈句〉djīrï, または ⁺dūkū〈読〉; 終止符 ⁺tó〈読〉djiri, ūū djīrī, maru djíri; 句読点を打つ utskishi chírishung.

Interrogate 尋問・問い質す; túyung, tazoniung, tánnïung, túï-tánnïung; 繰り返し問う kví késhi géshi tūyung; 詳細に{法廷でも} 聴く kuvashku, íssényi〈委細に〉, tsimabirakanyi tūyung; すぐ彼に尋問した chāki arinyi kuváshku tútang; 問うのは許されない túyuse yurusang; 問い質す価値はないに等しい túrunyé {túyussinyé} úyubang.

Interrogation 疑問; 質問のことば, または印 túï kutuba, túyuru tski kudjó (付け口上=接辞); 疑問を表す普通の形成素は次の音節である: yă, h'n, ka, kăyá, mí; {疑問を表す否定・現在の形成素} ni, {疑問を表す過去の形成素は, 長い} í; 彼は来ますか chūmi?; 彼は食べるか食べないか kanyumi arani?; そうか (な) án kayá?; そうではないか aranka, arankayá?; そうだったか an yatí?; そうではなかったか anyi arantí?; どうか chăgă?; 彼は来ていたか (どうか) chótí, chăgă?, chótakayá?; 良くないか yutashku néni?; 君は金あるか dzing ámi, h'n?; 君が間違っているのが分かった

か dá! ïya machigeshassá!; 聞いているか, 君あの子を外に連れて行け djónkae soti ikíndi yá!; 間違いはないね, すべていいね sóï nensami yá?, machigé nénsami ya?; ないのではないか nénó arani?; 君は彼を見たことないか ndanó arani?; 多分そうではないのでは {君が間違っているのかもしれない} ányi áranó árani?; 君はないのではないか nénó árani?

Interrupt 遮断・中断する, 妨害する; útchi tudumïung, ut-tsídjïung {utchi tsídjïungの変化}, fabamïung, savayung; 障害があり, 約束が果たせなかった savayuru kutunu atá kutú yakusku dúiyé (約束どおりには) shí ōsantang; 書きものをしている時, 突然子供らが入ってきて中断した vága djí katchuru bā vorabatága hattchí chï ut-tsdjïtáng; ké sávatáng; 間に何か置いて遮る fïdatïung (隔る); 秩序を乱す shidé kvïtóng; 家系を中断する ⁺tū kvïtóng; 会話に割り込む, 話の腰を折る chúnu kutuba chíung, chúnu kutúba kétuyúng, satchi munuï-shung, satchi túï munuïshung.

Intersect 交差する; ázïung, tagényi óyung (逢う), tagenyi íchayung; [s.] cross

Interstice 小隙間・裂け目; chíva, yédja, tánaka, áchima; {織物で} mī, núnnunu mī {布の穴}; 網の目 áminu mī; カードを取りドアの隙間に差し込んでおけ tígami ⁺{té (帖)} djónu yédjankae sashi 'nki; djónu yédja nakae kváchi (挟んで), útchi íririyó.

Interval 間隔・合間; fídati, hanari, yé, yédja, áchima; 合間をおいてする yéshé shīshī shung, yúdushé shī shī shung, yúkuté shī shī shung; 間をおいて書く yéshé kátchi katchi shung; 間隔をおいて角材 (支柱) を立てる yé yé shi háyá tatïung, ⁺chíndjin (CDなし; 間間であろう) háya tatïung, または wíung; 3フィート間隔で san shāku nā fidatíti, または hanalíti; 本立てなどの幾つかの棚の間隔をこの間隔 {距離} で kunu áchi fáshi; {即ち, 厚さまたは高さを開けて}; 1日の間をおいて fī chí gúshi, fī chí fídati, chí gúshi (chí, 一日, kushúng, 越す) それゆえ, chí gúshi は「隔日に」を意味する; 1月, 1年の間をおいて chu tsitchi gúshi {fidatí}, íchi níng gúshi; [s.] pass over.

Intervene 介在する・隔てる; fídatiung, fídatitóng; 一週 (間) 隔てている ftu ⁺lífaï {ítchi dúnu lífaï} fídatitóng.

Interview 会見・会談する; ítchayung, té {⁺taï} mīshung (対面).

Interweave 織込む・織混ぜる; [他動] úti irïung, uti kumashung; [自動] 織込んである uti ittchong, uti kudéng; [s.] interlace.

Intestines 腸; vatta, vátta mī mung; 大腸 úfu vátta; 小腸 vatta gva; [s.] viscera.

Intimate 親密な; [形] {友} mútsi masháng, mutsi mashku ang, tagényi yī náká, atsiku madjivatóng; 大変親しい duttu tagenyi chídjírinu ang, atsūnyi aru hó yū

〈朋友〉, dútu aï chkazichōru, dútu atsūnyi shōru, tínī-nyi〈丁寧に〉shōru; 兄弟のような友 chodénu gutōru dúshi; [動] (暗示する) kutunu ítu gutchin ïyung, kutunu itu gutchi íchi chkashung; aramashī icháng, ítu gútchi ī tstéyung; [s.] hint.

Intimation 暗示; 仄めかされている (こと) kutunu ítu gutchi ndjitóng, ítu gutchi ndjitōru gutóng; 根のことを聞いたら梢の推論が出来る nī {dung} ítchi chkasé súra gátting; rook は root (根) の誤りであろう.

Intimidate 脅す; údushishung, tsimarashung; 威すが本気ではない 'nna údushishung; 権力と力で脅えさせる ī shī〈威勢〉shae chu usurirashung; shīti shimayung.

Into 中へ; -nkae, utchinkae; 形成素 nkae は「押し込む」の意味の 'nchung から派生したもののようで他の物の中へ入り込む動作の動詞と常に関わっているようである; [s.] insert, imbibe など; 入れる irïung; あるところに入り込む sisinyung, féyung, féri 'nchung; 入り込んだ sísidi chóng, sísidi ndjang; 店に入り込んだ machïankae {または ténnunkae} hacháng; 白鼠が地面に這い込んだ shíru vénchunu djīnu utchinkae sáshiri (差し入り) 'nchang; n{ng} で終わる語の場合, kae の前に u または i を入れて繋ぐことに注意しなければならない: (天に) tin {ting} 天, 天に tinnúngkae; vang 私, vaningkae 私に.

Intolerable 耐えられない; nizírarang, shinubé naráng, shinúbararáng; nízi-kantī-shung; 耐えられないひどい悪臭 kussassanu kámmarang {sháng ping これは上昇調であり, hïa ping 下降調で食べられないの意味の kámarang と混同しないこと}, káza naráng, kámme naráng.

Intonation 抑揚・音調; 良い, 悪い kakaï-nu yutashang, vássang; 中国語の平上去入をそれぞれ hó, djó, chū, nyú, と呼ぶ; 後の3つは平とは対比関係にある. それで, sku は, hó-sku, またはsku-ho という句が作られる {skuは灰, または, 灰と書き表わす}.

Intoxicated 酔っている; wītóng, nudi wītóng, wītoru kutunu ang; 大変酔った shtátaka witóng, saki shtatakashóng.

Intreat 懇願する; fukaku kūyung, níngurunyi mutumïung, dóding shi kūyung, kwírakuwa (乞いらくは).

Intrench 塹壕で囲む; {石または土で íshi, nchā} mázidi kakuyung.

Intrepid 大胆・勇敢な; ídji kussari mung, ídji chíri, ídjinu chūsang, shínyuse ushimang.

Intricacy もつれていること; mátsibuī, ndjaritósi; {道が} (入り組み複雑な) mítchi mayúï (道迷い), mítchi chigé (道違い); kamé gurisharu mítchi (探し難い道).

Intricate 込み入った; {糸のように (もつれた)} [他動] matsibuïshimïung; [自動] ndjaritóng, matsibutóng, matsibúïshóng; {文が (乱れた)} ama katchi kuma katchi tsōdji gurishang; uttché fitché tsōdji gurishang; 道が

曲がりくねっていて迷ってしまった mitche án magaï kán magaï shó kutú madutáng.

Intrigue 計略(を巡らす); kákuri dákumi-shung, kakuri fúmbitsi-shung, gū nati yana takumi-shung, yana fakari gutu, yana fúmbitsi-shung; 計略は相手の計略を生む kuma kara takumísé ámang unu takumínu wūdjiti (応じて) chūng; 計略で成し遂げる tákumi ítsivárishae túdjïung.

Intrinsical principles 本質的道理; fún dó〈本道〉.

Introduce 紹介する; {推薦する} sísimi agïung, agi sísinyung, sísimiti madjivarashung; 主題を持ち出す chízashi ítchi sashirashung; chízashi íchi kutunu fashi sashirashung, sísimashung; ī ukashung; その件を言い出すには都合がよくない anu kutu ī úkushushé mada tayúïnu (便りが) néng.

Introduction 前書き; {序文} {shūmutsinu ménu} djǔ gatchi; 天文学入門 tín bunnu {gakumúnnu} íri hadjimaï.

Intrude (許可なく)踏み込む; {案内なしに来る} fumi kudi chóng, búsafūnyïshī {不作法にして} chóng, múrïnyī cháng, avatíti chūng, náyamachi chūng; ussīku chóng {押し付けるように, ussūyungの派生}; 私が書きものしている時押し掛けて来た vǎgā djī káchuru ba ariga anné nashinyi {案内されずに} fúmi kudíchī nayamacháng.

Intrust 委託する・委ねる; múppara tánunyung (頼む), fíchi ukírashung; 君に委ねる ïyǎnyī hānī vézikiti tánnunyung; ïyáshī sīyóndi íchi.

Intuitive 直観的; {本能的に} fun shī〈本性〉または mmari nagara shǔung, mmari nagaranu shóshtchi〈生質〉; kukuru utchinyi, または támashinyi sátuyung.

Inundation 洪水・氾濫; mízzinu aforitóng, hóritóng, ábashung, ūū mizi ándítóng; 洛陽に地震があり、海から洪水があり、その大波のため海浜の人々は全て海に一掃された Laku yóya nénu (地震が) yúti, mata óminu mizzi íppé ábatchi, omi bátanu táminu chǎyǎ sōté ūū náminyu umi utchinkae māchi iriráttang; または hótchi nkáttang, mizzinyi susugáttang.

Inure 慣れ(させ)る、鍛える narǐung, yu naritóng; 困難に慣れた nandji {nandjinkae} naritóng; 辛苦に慣れ安楽に耽る(遊ぶ)ことを警戒する kurúshuminyi narisúmiti assibīse imáshimïung.

Invade 侵略する; 敵が国に侵入する títchinu sísidi kúnyi úkashung; 謀り侵入する fákari gútushi sísidi ukashung; 威勢を頼み侵入する i shīshi úkashung.

Invalid 病弱で(何も出来ない); yakún tatáng mung, yakó tatáng mung, byódja mung; 証拠として脆弱 shūku tussirunyé úyubang, shūku tatáng.

Invaluable 評価不可のほど貴重な; dé zikí narang, déng shíraráng takara mung.

Inveigle 騙し誘い込む・そそのかす; tstchi féshishung, tsítchi féshishi midarashung; 喧嘩に誘い込む tsitchi féshishi chū órashung.

Invent 発明・創案する; mí zukúï kangényi shung, shín 〈CDなし; 新であろう〉zukúï kangé ndjashung, fadjimíti tskoyung, tskoï fadjimïung〈EC: 始作〉; {偽って} kúnumi ndjashung, kunudi tskoyung, tskoti shung; 人に不都合な話をでっちあげる〈EC: 冒捏仮詞〉kunudi chū ī ukashung, kunudi chunu yī na ī yandyung, tskoï kūdjóshi chu úkashung; これは西洋、ヨーロッパで生み出された kuri tskoï ndjachésé {shínyi tskotésé} sé yang guku kara ndjitóng.

Inventory 商品目録; shína dati gatchi.

Invert 逆にする・ひっくり返す; wī shtya tuï kéyung, {俗には, tú chéyung}, sáka shíma nashúng; さかさまに下げてある sákasamanyi kakiténg; 言葉を逆に言う kutuba uttchéshung, kūdjó ato sáchi nashung; 昔の人の言葉は全て逆様語で、詩や書き物にもこの種のものが多くある nkashinu ftunu kutuba, síbiti uttchéshi kutúba, shí bunúng tabúng (多分) kurinyi lúïshóng (類している).

Invest (地位など)授ける; 官職を kványi fūdjïung, hádjimiti kvanyi agïung; [s.] install.

Investigate 詳細に調査・吟味する; chittu tazonïung, chūku tazonïung; tsimabirakanyi または issényi tūyung; tánni fíchishung; úshi chivamïung; [s.] search; 真偽を問わず、曲直を問わず mákutukayá yukúshkayá tūrang (問わない), mágari nówchi túrang; 正しい道理の探究と個人的徳の涵養は学問の重要部分である dóli úshi chívamiti, mī ussa-mīse kuri gakumúnnu úïnaru kutu du yaru; 調査は慎重になされるべきで性急になされるべきではない tazonīru kutó tukúttushi shímaráng (迫らない), ánshi yutasháng〈EC: 宍以従容不迫為貴〉.

Invidious 疾妬を起こさせる; ura yadóng; 妬む者 úra yami mung; [s.] envy.

Invigorate 活気づく(づける); {健康を} [自動] kunchi tstchóng, [他動] kunchi tskashúng; {一般的には} gandjūku nashung (頑丈にする), udjinúyung (補う), údjinuti gándjuku nashung; [s.] strengthen; údjinuti tassikïung.

Invincible 征服されない・無敵の; mákashi ōsan, katsi kutu yizi {後者は高いスタイル}

Invisible 見えない; míshi mirang, mīnyi mīrang, nyūssiga mīrang {君が見るが見ない}, ndaráng, mīraráng; 形・色(に関して)見ることができない katachíng írung nyūse naráng, katachi chiritóng; {人が} katachi kakushóng* (形を隠している); 霧のため見分け出来ない chímurinyi kakuritáng または kakucháng; 陽も月も雲で覆われて、多分雨が降るだろう tstchi fīng kúmunu kakachóng*, yagatí aminu fúyuru hazi *kakuchóng

であろう; 見える物と見えない物の境界 ỹinyónu〈陰陽の〉saké.

Invitation 招待·勧誘; untsgé; ⁺chó shó〈招請〉; 招待状 muyūshuru té〈帖〉; 祝宴招待の形式 tidéyúndi íchi muyūshuru tidénu núri; tidéndí íchi untsgéshuru tidénu núri; 私は招待を辞退し行かない are untsgéshutassiga djitéshi ikantang.

Invite 招待する; muyūshung, untsgéshung, yúbïung; 招待される untsgesarīng; 招待された untsgesáttang; 宴会に来るよう招く kūndi íchi, tideyúndi íchi untsgéshung, tidéyú kutu kūyóndi íchi untsgeshung.

Invoke 神に呼び掛け祈願する; 天に tínyi ínuti {ínuri} mutumïung; tínyi yubati nigayung; kanashimi tsigiung; 祈願 ínuri {ïnuï}, mútumi, yubáyusi〈EC: 求·呼求〉.

Invoice 商業送り状, 仕入れ書き; shína dati, shina gatchi; 船荷の送り状 nyī mútsinu kátchi tumí.

Involve (困難などに)巻き込む; 他人を bitsi mung madíng vaziravashung; yússunyi úyubïung; 個人に関係するだけではなく国家に関わることだ íchi búnnu kutó aráng kúnyinyi kakayung; 一つが腐れば残りも全部巻き込まれる{腐る} tītsiga yandiré yússunyi úyubïung; 他人にも関わる chúnying fíchi kakayung, súbi kákayung; 関わりになるのを恐れる kakaï uyúbïuse ussuritóng; 結局彼に害を及ぼすのは君だ, 彼が君に関わりを持ったためではない tsīnyé kúri ïyága ari géshuï, aring ïyanyi kakayuru kutó neng; 罪のないものを巻き込む tsími néng mung túï kakayung; {巻き込む} káramachung; {数学(累乗する)} kákïung.

Involuntary 不本意の·自発的でない; vázătū sáng, djímămă aráng; {自ら} ⁺shidjínyi〈自然に〉natóng; mízzi kará; {自分の意志からではない} mizzi karanu máma aráng; {無意識に} úbizínyi; これを思い付くとすぐ, 自ら心の火が燃え出し, 汗が全身を流れる kuri kangétinde {kangé ávachi} cháki mizzi kara shín nitsinu (心熱が) yáki ágati dū íppé ássinu ndjíung; 思わず泣き出す umí {umúï} ndjassansiga {kukuruzasánsiga} nánkuru nádanu utíung; naché simandi umuïssiga nádanu utuïng {字義的には, 泣く意図はないが涙を流す}, 同じく (泣くつもりはないが泣いた): chimunyé nakáng sídji yassiga nacháng; {意志に反して} kukuruzashinyi fánshi.

Inward 内部(に); utchinu mung, {内側へ} utchinkae nkatóng.

Inwrap 包む; tsitsinyung; 紙の中に kabishae tsítsinïung, kabi uchi nakae ítí tsitsimi ussúyung.

Ipecacuanha 吐根剤; {吐剤} háchuru kussúï.

Iris 眼球の虹彩; kūrŭ mī.

Irksome 面倒·厄介な; ŭmī ítutóng, ŭmí wūtatóng, tá-

yasku néng, nandjishóng; 面倒な用事だ anu yūdjŭ mútskashang, mutskashanu ūmí itutóng.

Iron 鉄; títsi, kúru káni; アイロン用鉄 ⁺uttó〈熨斗〉; [動] アイロンかける uttó attíung, uttóshi síung; 生鉄 djī títsi, takáng títsi; 精練した鉄 tátchi títsi; やすり屑 títsinu kúmaki; {鍛冶屋の} kana kússu.

Ironical 皮肉·風刺の; sáka munuï, úra munuï, vátchaku munuï.

Ironmonger 金物屋; títsi uyá, títsi dógu uyá.

Iron-wire 鉄線; sīgún gáni, shigún djáni.

Irradiate 光りを放射する; fíchăyŭng; {弓の如く光を射る} fikárinu yúminu gútuku satchóng.

Irrational 理に合わぬ; lóchinyi〈量智に〉fanshóng {sakatóng, átaráng}.

Irregular 不規則·変則的; {心的(不品行な)} mídari, yúkushima; {正の反対} djakunyi(逆に) natóng, nowchinyi(直きに) fanshóng; {異常な} tsinitu kavatóng; {規則に外れた·不規則} aziritóng, azirínyi natóng, fitúshkaráng, íchi yónyi néng; 乱れさまよう思い umúïnu midaríti sandjitóng (散じている), wáckwi hatitōru umúí; 常人の心は欲に満たされている tsíni ftu síbiti midari umúí íppe íttchóng (入っている); 心の乱れた動き kukurunu mídariti chóng, kukuró midarinu ukutóng; 振る舞いが乱れ遊び好き tattchī furumaïnu (立ち居振る舞いが) ickáng, assibi bakaï kunudōru mung; みだらな思いが起こった時はいつでも, 聖書に記録された聖人·善人の言葉で抑える kukurunu midari ukurīru bashu gutu chóshu〈経書〉⁺shīchīnŭ〈聖賢の〉kutubashe kurïū shīshi〈制し〉ussamïung(治める); 少しも乱れなし kukurunu iffíng midarinyi aráng; 手足は敢て勝手に動くことはない tí fsha vémïsashi iffíng midarinyé úgukáng; 全くでたらめな行動 tatchī furumaï fúrimúnnu gutóng〈EC: 猖狂〉; {物の}置き方が乱雑で秩序がない shidé〈次第を〉ushinati, wūdjirang (応じない).

Irrelevant 関係·関連ない; sashitaru kutó arang, nanzu ⁺kānnyū tósang; 話と関連ない sáshshitaru sodang gútu aráng; {場違いの} mubāna sódang, bu hóshina sódang, hóshi hakaráng; káninyi haziritóng; vazikashī mung; kaninyi kakaráng; kaninyi ataráng.

Irreligious 冒涜的·不敬の kami tsitsishími ussurirang mung; ⁺dólé tsitsishimang, mamurang mung.

Irremediable 取り返しのつかない; cháng káng naráng, tuï nóshé naráng; {病気(不治の)} nóï gátassang, nóshé ōsan, nóraráng; údjinuyé naráng, údjinuï gurisháng, tássiki gúrishang, tassikīse naráng, sku(救う)kutó narang, skuraráng.

Irremissible 許し難い; yurushé naráng.

Irreparable 回復·修繕不可の; fíchi késhé naráng, yafarakí naráng; 大破したら, 修理不可能な téfanyi naré kara túï noshé naráng.

Irresistible 抗し難い・抑え難い; fushígaráng, fushídji osan; {阻みきれない} fabamie narang; {巻き戻せない} mudushé naráng; 有無をいわせぬ雄弁 ariga bínkúnyi óté {átaté} fushidjé naráng, maduvassaríng; bínku tskutchi ī massaríng.

Irresolute 優柔不断の; kukurunyi chīshaku〈決着〉* sang, māda sadamirang *〈chi cháku 決着: resolute〉.

Irreverence 不敬・非礼; {人に対し} chu karúndjĭung, káruku úmuti, bu tsítsishimi, tsitsishi mang, tava furi gutu-shung.

Irrevocable 変更できない・取消不可の; ī nóché naráng, tuï késhé {fíchi késhé} naráng; kutuba kavasang, kutuba kérang, uttchérang, uttchésang.

Irrigate 灌漑する; 田に水を入れる ta nakae mízzi kumïung; 庭などに水を撒く mízzi kákĭŭng; {如露で} mizzi hánïung; 指で水を撥ねる mizzi hanchung, útchung.

Irritate いらいらする・怒る; [自動] ikari ukuyung; [他動] (いらいらさせる・怒らせる) ikari ukushung, sïsĭmashung, ukusashung, ikari furúï ukushung, furúï ikarashung, ikari ndjashimïung, ikari hadjimashung, tsitchiféshishung, [s.] provoke.

Irritable 短気な・激し易い; táchĭnā mung, íkari tátchí yássa; íkari béssa, ídji ndji béssa, haradatchishí béssa; [s.] peevish.

Is ある・居る; ang, vúng; その通り ándŭ yaru, andó; この助動詞 (ang) は常に形容詞的動詞に含まれている: kūsang, magissang, yútashang 小さい (ある), 大きい (ある), 良い (ある); これらの動詞 (ang, vung) は属格の場合名詞に替わることが多い: kúsanu, fïsanu, fïssanu 小さい {小ささの}, 冷たい, 薄い; 薄さの故に燃えない fïssanudu mérang; 危険だ ukáshanu {危険の}; 危険であることの故に彼はそれをしなかった ukáshānūdū santang; 私だ vágă dū; 間違いは君だ ïyágadu matchigé; 駄目になるのではと恐れたが故だ yándigashurándīdū ussuritóng; そうであるか ándu yáruï?; そうであるのではないか anyi árani, andu yéssani andu yayésani, andu yayésánkăyá?; ないのでは árani, anyi arani, hǐn?, anyi arani, chága?; {多分君の言う通り}, そうではないのではないか anyi aranó árani?; ないのでは nénkaya, aránkaya?; よいかよかないか yútashami yutashku néni?; これでいいのではないか yútasha néni?; どこにいるか má nakae vūga?, māga?, māga yará?; 北京方言は大声である Fikínnu kutūba kvī mágissang; 益があるかないか kuri yítchinu〈益が〉ámi néni?

Isinglass にべ(魚の浮袋から製するゼラチン状の物質); ïunŭ nyíká (にかわ).

Islamism イスラム教・回教; Fúï-Fúïnu ushī, または dóli

〈道理〉〈EC: 回回教〉.

Island 島; umí djīmă; {川の中の島} kāră djīmă; 島とは水の中の人の住める所である mizzi utchinyi simé (住まう) bichí chkáta shimandi ïung; kimiの島 kumí djíma (久米島); kiramaの島 kírama djíma (慶良間島).

Islander 島民; umí djimanu (海島の) ftu, omídjima nakae simatōru ftu.

Isosceles 二等辺の; 二辺が同じ三角形 ló hó〈両方〉yín (同じ) nagi áru sán-kákú.

Issue 子孫; {子ら, 枝} vákari; yídātchī; [動] (分かれ出る) vakari-shung, vakati chóng, vakati ndjĭung; 発する fashshĭung, fashti ndjĭung, {泉が} váchi ndjĭung; 幹から枝が出る {比喩的にも} mútu kara yída vakari-shóng; 口, 鼻から出る hána kutchi kara ndjĭung; 一枚の布告を出す íchi ménu túziki ndjacháng; tuziki vatacháng; {結果} tudjimaï; 結果がどうなるか知らない charu tudjimaï nayuga shirang; [s.] fontanel.

Isthmus 地境; djī tsirudji gva, chū fūdunu djī tsirudji, kūténgshi djī tsirudji shó tukuru.

It それ; kuri, anu kutu; 非人称動詞では動詞に含まれてしまい現れないのが常である: yutashang, (it is good それは) 良い; ami fuyúng, it rains 雨が降る.

Itch 疥癬; kássa (瘡), kósi; 極く一般的の疥癬 hassi, kúnchi; 疥癬にかかった kósinu ndjitóng; [動] wígósang (痒い), wigóku ang; 疥癬に全身覆われた人 kássa būtā; 慢性の疥癬 samī; 目, 或いは鋭い物で擦ってひりひりする shúnïung.

Item 項目・条項; chu dan, chu sídji, chu kutu; 1品目 {数品} 書き忘れた chu shína kachusi vastáng.

Itinerate 巡歴する; kunyi íppé tūyung, míguyung, míguti tūyung; 広く旅する tinga íppé shū lūshung〈周路する〉; 孔子は官職を失って後, 政府の木鐸の人があらゆる道を伝え歩くように, 自分の教えを広めるため四方に旅して回った Kushé〈孔子は〉kuré ushinati shpónkae〈四方に〉shūlūshi mishóchi, ushī fudukúshusé {ukunayuse} chódu ki tsizín (木鼓) narashāga (鳴らす人が) mítchi gutu tūyuga (通る) {tūyussiga} gutukunyi ang; 出掛けて行って教える áma ndji, kuma ndji {líku dūïshi} narāshung (習わす).

Itinerary 巡歴; {旅行記} shū lū gatchi, mítchi yútchi gatchi.

Itself それ自身 (で); dū, dūshi, dū dūshi; {そのもののみ} tītsi mung; 自ら mizzi kará, nán kurú, shidjínyi (自然に).

Ivory 象牙; dzó dji, dzónu chíbă; 象牙製品 dzódji dógu; 象牙製塔 (パゴダ) dzódji tafa; 象牙扇 dzódji ódji; 象牙の作業用具箱 dzódji guma-dógu-baku.

Ivy つた (蔦); tstă, tstă kánda.

J

Jacket ジャケット・胴着; dú djing gva, inchá dū djíng.

Jaded 疲れた・飽きた; wūtatóng, daritong, ítutóng（厭うている）, tskaritóng.

Jagged ギザギザした; {小刀の} {hóchānu} hānu magutóng.

Jail 牢屋; dū ya; {木の檻} kí lū yā.

Jailer 牢番人; dū bāng, dū bánnu ftu.

Jam ジャム; múĭchúng, sató nyī; 生姜の糖菓 shógā nyī.

Jamb 脇柱; {木の支柱} tskashi gí.

January 1月; {即ち最初の月} shó gótsi〈正月 or 首月〉.

Japan 日本; {国} nipún kunyi, nifún kunyi; [動] 漆を塗る urushi nūĭshung, úrushi tskiung; 漆器 úrushi dógu; 琉球に来る日本船の発進地（日本の一部）Túkiă-rā, Tú-chă-rā（吐噶喇）.

Jar 瓶・壷; 特大の hándu（半銅）, kāmi; 家庭用水溜 mizzi gāmi; 酒入れ・輸出用 saki gāmi; kāmi（瓶）とは上部と底部が中央部より小さいもの; 瓶より小さな種類 tsíbu, tukuĭ（徳利）; {高尚な言い方} muttaĭ; やかん型のもの ámbíng; 空瓶に注げ 'nna gāmi nakae utsusé（移せ）; 空瓶で受け入れよ 'nna gāmi muchíchi（持ち来て）útsichi turé.

Jargon わけのわからぬ戯言; zó gung〈雑言〉, mīdji gūdji munuĭ.

Jasper 碧玉; ó dama, óssa tāmă; 高山には多量の碧玉がある kó zănnŭ ó damanu {ndjínu} úffusang.

Javelin （投げ）槍; fúku（矛）.

Jaw 顎; kakuzi; 上顎 wā kakuzi; 下顎 shtya kákuzi; 顎骨 kakuzi búni; 口に錠をして hā kvī tsímiti kutching akáng.

Jay かけす; {鳥} kā sādji, kássa sādji.

Jealous 妬む・嫉妬する; nītassashóng, shíttushóng; 夫が嫉妬して {wūtūkŭ} tudjitu línchi-shóng〈悋気〉.

Jeer 嘲る; azavaréshung, nabakuyung, nabakúĭ munuĭshung, nabakúĭ azavaréshung.

Jehova (**jehovah**) エホバ; {常に存在する} tsininyi wūru.

Jelly ゼリー; túgurutín（ところてん）; kūri butu; [動] ゼリー状になる kfáti（固まって）túguru tín nayúng; tsínu mata（つのまた）と言う海草から出来るゼリー; 乾燥した時は固く白く、煮ると全く溶解しドロドロになると言われる、これを būtuと言う.

Jeopardy 危険; áya útchi, ayashí kutu; [動]（危ない）áyassanu, áyassang.

Jest ふざける, 冗談; wīrŭkī-shung, wīruki munugattaí, wíruki bánashi, fūa kutuba, chóging munugattaĭ, úsha munuĭ, chu varashimīru hánashi; 今はふざけさせておけ、その内ひどい目に会うから nama fŭămunuĭ shussiga, áto shívashung; ふざけの時にあらず tavafurishuru tuché aráng.

Jesus イエス; Yasu, Yésu.

Jet 噴出; 水の mizzinu chu vatchi, {下へ} chu nagari; 川全体が落下しているもの tatchi（滝）.

Jew ユダヤ（人）; Yúta {kúnyinu} ftu; 琵琶笛 kūssaru fanshó.

Jewel 宝石; tákara dáma.

Jeweller 宝石商; {商人} takara dama achiné; {細工人} tama zeku, tama dógu zeku.

Jib 船首三角帆; funinu mé fu {bu}; 第二斜マスト mé bu báshira, tósi báshira.

Jingle チリンチリン; kílíng k'líng shung; jingling, k'líng k'ling shuru kvī; ベルと太鼓のまざりあった音は心よい{?} kani tsizínnu kvīng tātsi madjíti gvan gvan shuse chíchi gútu {úmussang, wīrukisang}.

Job 仕事・手間仕事; [名] shígutu gva, yūdju gva; 手間賃細工人 yandi mung zeku, kūshi zéku, guma mung zéku.

Jockey 騎手; mma núĭ bū.

Jokose (**jocose**) 滑稽・おどけた; bakí vaza, bakuyó munuĭ; おどける baki vazashi chu voráshung, {口でくすぐる} kutchi shi kutsugúyung, kutchishi kutsugúti chu vorashimüng, sisikā-shung; sisikāshi munuĭshung.

Jog そっと押し注意を促す; {ちょっと押ししてほのめかす} suruĭtu kukurirashung, uzumashung; 着物を引いて（悟らせる）chíng fichi kukurirashung; {足を触れて} fshashi sāti kukurirashung; {後者は此処では無礼な行為. 暗示的仕種は言葉でなされる暗示同様多用されてはいるが}

Join 結合・繋ぐ; tsidjung（継ぐ）, ushāshung（合わせる）, ávashung; 縫い合わす nóĭ tsídjung; 糸を貫いて nuchúng; {大工が} avashung, avashi nuchung; 継ぎ合わす tsidjāshung {tsidji avashung}; 継いで長くする tsidji āchi nágaku nashung; 繋ぐ madjī tsidjāshung, yín tsidjāshung {縄などを結び合わす事にも用いる}; {自分の手を}合わせる tī avashung, ushāshung, tána úra avashung; 両手を合わせて祈る ti ushāchi unyifeshung;（合掌は）心が偉大な理と合わさり, また, 理が心と合わさることの兆である kukuró dóli nakae avashi, dólíng mata kukuru nakae avashuru chízashi; 中国式の挨拶のように両手を合わせ上げる kumanútchung; 他人と手を合わす tī ushāshung, tí avashung, tí tuyúng, tí kunyung; {ヨーロッパ式挨拶} 握手 tí katsimíti dīdji〈礼儀〉shung; 二人が手を組み歩く ti kunyéshi achung; 動物が {性的に} 合わせる tsirubishung; 人の場合 mítúnda nashung; 合わさって会社・組みを作る chu kumi nakae ushāshung, chu kumi nashung, gū nashung; 一行に加わる chu kuminkae tstchung, gu nashung; 一行に加わり歩く chu kuminkae yutchi tstchung; 乗馬または乗船で（一緒になる）chu kumitu núĭyéshung; 次々加わり連なる tátta {shidenyi} tsiranĭung, fíchi tsiranĭung, utchi tsiranĭung; 私たちが歩いている間，2·3人が次々加わった vattaga átchuru bā taï mittchaï fíchi tsíraniti chóng, fichi tsiranití chi madjung attcháng, madjí tsiraniténg, tsiraniti madjitóng (混ざる); コーチシナは中国と隣接している Án-nánnó〈安南は〉chūgukú tsirudjóng {djī tsirudjóng}; úyubu〈及ぶ〉という語でそれらを繋ぎ合わせよ úyubunu djīshae〈字で〉{kutubashae} kurĭū tsdjāsé {tsigāsé}; 合わせて数える ushāchi sankatashung; 諸々の蛮人が元朝に加担した múru múrunu íbissī〈戎〉djínnu yūnkae tstchóng (付いている).

Joiner 指物·建具屋; guma kí zéku (木細工).

Joint 関節; fŭshi, tsigé; 接合された tsigénu kakatóng, {縫い目} némi; 〈頭の骨の如く〉kutsinu (骨の) azitóng, ātong; 骨付き肉片 shishé chu kŭrĭ, chu chíri; chu sági (一吊し); 殺した動物の約半分 kátă fĭrá.

Joint owner 共同所有者; muyé nūshi.

Jointly 合同で; する muyé, muyéti-shung; 合同で買う·取引する muyéti kóyung, achinéshungなど.

Joint-insurance-company 相互保険組合; muyeti vanchaméyuru chu kumi.

Joke 冗談·ふざけ·戯言; tavafuri kutu, vatchaku kutu; {言葉} chóging munuĭ, muti assibi kutuba, varé kutuba; [動] vachaku-shung, varékutuba ïyúng; 野卑なふざけ arashĭ vatchaku gutu shéng; [s.] tease, jest.

Jolly 上機嫌な; {人} ushagissaru {ftu}, {顔 só, chi zó〈気象〉}; (内海用) 遊覧船 kazaï tímma (伝馬船), chura kazaï tímma, kvan nyínnu〈官人の〉tímma; átama tímma; これには船員は乗れない kuré funatótāga* nuyé narang. *cf. sailor.

Jolt ガタガタ揺れる; kugéyung; 馬車がガタガタ揺れる kuruma tóntónshi kugéyung.

Jostle 押し合いする; sītchung, sītchéshung, sītchaïshung.

Jot 微量; chu tski, chu utski; {少し} in tĭen〈一点 ittĭen〉.

Journal 日記; nyítchi, nyítchi dzíki; [s.] gazette.

Journey 旅行; [名] shuttatsi (出立), mítchi; 長旅 nága átchi; [動] (旅立つ) shúttatsí shung, uttatchung; いつ旅を始めるか ítsi shúttatsi sándi úmutóga, ítsi utátchŭgă?; 1月位の旅 chódu chu tsítchinu shaku {fŭdu} mítchi yutchi shang; 旅を進めたいと思っている féku achiténdi nigatóng, mítchi íssudji ikándi umutóng; 私は永い間，山原の旅がしたいと思っていたが，まだ都合がつかない vané Yamborunkae ndji ftu assibi sándi fushashótassiga, tayuïnu néng, māda yassā; 平安な旅を祈る mítchi {そしてもし海上なら, ké shó} fĭ-anyi naïténdi nigatósa; 君の旅に幸の星が付いて回るよう祈る mitché sévénu {fushinyi} attaïténdi nigatósa; [s.] leave take.

Journeyman 日雇い職人; yátuï zéku, fĭū, fĭū ftu, tímma (手間賃) túï mung; 主人と食事を共にする雇い人 kúnashī fĭū; 日決めで働く雇い人 fĭ dima tuyā, fĭ dima zéku; 一件いくらの請負人 úki shkutchi zéku, vaza dima zéku.

Joy 歓喜; yurukubi, úsha, tanushimi; 喜んでいる yurukudóng, tanushidóng, ushashóng; 大喜び manskushóng, mansku〈満足〉chivamitóng; manyítsi-shóng〈満悦している〉; 心が喜びで満ちているということは，天が人の願いに応じていると言ってよいだろう kukurunu mánskushusé, kuré tíng chúnu nigényi yutóndi ïyu bichí dú yaru; 嬉しくて手を振り，足を踏んでいた úshashi tí mórachaï (舞わしたり) fĭsha fudaï shuru shákunyi atáng; 空喜び 'ǹnǎ úsha.

Joyless 嬉しさのない·喜びのない; úsha nérang, urītóng (憂えている); [s.] melancholy.

Joyous 嬉しい·喜ばしい; ushagissang, úshashóng, yúruku dóng, yurukúnda ftu.

Judge 判断する; {意見を述べる} vákashung, vákachi nyūng, vakachi ïyúng; {裁判で} tadashung; {判決する} sashi vakishung, utchi vaki-shung; 裁判官 tádashí kvang, tadashi yaku, mámori yáku; 一般的言い方は kwan nyíng 官員; 刑事官 chí kwǎng; 郡役人 an-sa-shi〈按察司〉; 官員らが証人を留めた kwan nyinó shūku nyinya (証拠人は) kuma nakae tudumitótang; 自分の心で判断出来ないか (出来るでしょう) dūnu kukuru nakae utchi vakinu nayesani.

Judgment 思慮分別·良識; 見識が良い yī mītskinu ang, gan líchinu〈眼力が〉yutashang; {裁判で} sashivaki, tshtsi dan-shung〈決済する〉; 間違った判決を明らかにして取り消す yana {mágari} tchtsidáng〈決断〉bíndjiti〈弁じて〉nóshung〈訂正 noshung〉; 天罰 tinnu batsí, tín batsinu vazavé, sévó〈災殃〉, sé nan〈災難〉; 最後の審判の日 yūnu sī (末) ūūyadjinyi (公に) tadashuru fĭ, atonu yūnu tadashuru fĭ〈EC: 後世公判之日〉.

Judicially 公正に; {法的に} kvāndjūnu tūī shéng, kvan nyínnu tūī; kván pú〈官府〉; 裁判により尋問する tádachi {tsímabirákanyi} túyung.

Judicious 賢明·分別ある〈EC: 明白的〉; mī faku〈明白〉shí, yū vakachéng, yū bindjiténg; 外面的に質素·沈着なだけでなく内面的にも数える {判断する} ló djinnu〈良人の〉* fukanu chizó〈気象〉téma arang, kukuru utchinyíng kazúru kútunu ang〈EC: 過不足外頭老実 心理有数〉*〈ló djitsi 老実 truthfulであろう〉.

Jug 水差し·壺; makaï (椀), より大きいもの tsibu; bíng; {酒飲み用} sáka dzíchi, cha wáng; 蓋付き fúta makaï.

Juggle [s.] trick; 手品を使う·誤魔化す; mī damakashung, djútsishung; 手品·奇術 mī damakashuru 'ho; 手品師·ペテン師 chū dámakashā, djútsishā.

Juice 汁·液; shíru; {果物の} mī nakae aru shiru; 汁の多い shírunu ang

Jumble ごたまぜにする; kun zó-shung〈混雑する〉.

Jump 跳ぶ; tunudjung｛djang, gang｝, móyung（舞う）;｛踊る｝wúduyung; 石を跳び越える íshi kwīti túnudjung; 跳び上がり｛木などから｝もぎ取る tun móti tuyúng; 跳び降りる shtyanakae tunudji kwīung; 跳んで行った tunudji hachang, ké tunudjang; 跳び上がった｛俗には菓子が膨らむ事にも言う｝ké ágayung; 馬が四足で跳ねて蹴る mma méng kushing móyung;［s.］hop.

Jungle ジャングル; kussanu shidjitó túkuru, kussanu mazidósi, kussanu mī kantó tukuru, kussa mŭra.

Junior 歳下の者; útu, tushi útu; 彼は私より弟 are va útu.

Junk ジャンク船; funi; 中国行きの船 tóshin.

Jupiter 木星; búku shi.

Just① 公正な;［形］公明正大な人 kūtónu〈公道の〉ftu; 極めて公正で私欲がない故に、世の人々の心を服させる íttatí kūtónyi shi vatakushé néng yūínyi tínganu〈天下〉kukuru fukushíműung; 非常に公正・公平で全く偏りがない dūdu kūtónyishi katánki（傾き）yúgamang; きわめて（正）義・公正な gúku djí, guku kūdó; 真の神は最も公正だ mákutu kami nushe ittati kūtó.

Just② まさに・きっかり;［副］ちょうど今 námma｛nán ma の変化｝, bándji, náma satchi, séchū〈最中〉, bā, báshu, yé nerang, tadema, tsíntu nama, chódu náma; 行く最中 áttchuru séchū, áttchuru bā; ちょうど今目を開く bandji mī furachi chūng; ほんの少し前 sáshti yé nérang, súttũnŭ yé, súttu dŭ yénu áru; 正に〜しようとして -andi shutassiga; 私が正にこの手紙をしよう｛書き終えよう｝とした時、彼が来た vága kúnu djó sandi｛káchi ovarandi｝shutassiga áriga chóng; 正に彼が上に行こうと思った時 ari wīnkae ikándi umutōru utchi｛ba, bashu｝,［s.］while; わずか｛時間｝vazikashí yé;｛場所｝vázikadu hanalitóng; 正にそのようだ chódu anu gutóng; その通り nūng kavarang, tsintu kuri, tsíntu ándó, múttú, ánté, yū attayung; 正に飢えた虎が餌を掴むようだ chódu yāshashuru turanu shŭku tskamuga gutukunyi ang,｛tskadōru gutóng, tskanyússitu yínu mung｝; 顔の真ん前で tsiranu mé haĭ kakaĭgissa, tsiranu ménkae chígīssā; 正に鉄柱のようで、病弱者に似ない chódu títtsinu hashiranu gútuku, byóga munnu chizóya〈気象は〉néng; 丁度13才 tushé tsíntu djū san mittchóng;｛願った事と｝丁度よい yí ambé, yí kakó.

Justice 正義・公正; djí〈義〉, djí-li〈義理〉, kūtó〈公道〉; 公正に扱う kūtónyi shung; 正義は生命より好まれるべきだ djíya ínuchi yaka táttuchínyi ang; 彼は悪賊だから正義や神の義の話をしても無駄だ ari zan zuku〈残賊〉yá kutú djín dji〈仁義〉shae nóshé naráng,｛tuchantémang nórang, tuché naráng｝; 治安判事｛法官｝muranu káshira, tī fan kwang〈地方官〉.

Justify 正当化・弁明する; djínyi nayung, nashung; 自己弁護する dūnu kutu bíndjiti djí nashung; dūshi djinyi nashung;［s.］excuse; uttchéti djítu nayung; túchinu yúrushtchínyi kánatóng（適う）;｛［他動］kanāshung｝.

Justly 公正に; 公正厳格に裁判し判決する nowchi katadjúsashi tuĭ tánnishi, sadami útchivákashung; 彼は仕事を正しく行う ariga yūdjŭ bindjīse（弁じるのは）kūtónyishi 非常に清く正しく tsĭútchi（清き）kūdónyishi.

Jut 突き出る; 中央部がつきでる nákanu tún táchóng, muyagatóng;｛水が mízzinu｝tsitchi tūyung（通る）, futchi tūyung｛tūshung｝.

Juvenile 若い; vákassang, tushi vákassaru mung.

K

Kaleidoscope 万華鏡; hana tsitsi（花筒）, hána kagami, yúruzinu（万の）hána kagáng.

Kalendar 暦; kúyumi, tsū shū〈通書〉, líchĭshū〈歴書 lítchi shū〉; 30日ある大の月 dé; 29日ある小の月 shū; 一番目の月 shó gotsi; 元旦 gván djítsi, gván tán、または shó gotsi; 各月の一番目の日 tsī tatchi, hádjimi íchi nyitchi; 2日目 fútska, hádjimi nyí nyitchi; 3日目 sán nyitchi; 4日目 yúcka; 5日目 gū nyitchi; 10日目 túkka; 11日目 djū itchi nyitchi; 20日目 háttska; 21日目 nyí dju íchi nyitchi; 日にちのまえの hadjími｛初め｝は10日までしか使われない. 日付を言う際、基数を用い、英語とは違い、序数は使わない; 第2の月の第3日 nyí gotsi san nyitchi, dé nyi gótsi, dé san nyitchiのようには言わない; 2月、3月など nyí gotsi, sán gótsi; 11月 dju ítchi gotsi、または shimú tstchī（霜月）が一般的である; 12月 shi vāsi、または dju nyí gotsi; 四季 shi djín; 春, 夏, 秋, 冬 faru, natsi áchi, fúyū;

　1年には24の小さな節入がある ikka níng nakae nyi dju shīnu shtsi írinu ang.

1）lī shúng,［立春］, 春が始まる; 宝瓶宮の15日.

2）ŭsī,［雨水］, 雨と水; 太陽が双魚宮に入る.

3）múshi údurúku,［驚*蟄］, 虫が驚く｛興奮する｝. *啓の誤記.

4）shún bŭng,［春分］, 春分点（昼・夜平分時）; 太陽が白羊宮に入る.

5）shī mī,［清明］, 澄んで明るい; 太陽が白羊宮の15度.

6）kúku ū,［穀雨］, 穀物と雨; 太陽が金牛宮に入る.

7）líkká,［立夏］, 夏が始まる; 太陽が金牛宮の15度.

8）shū māng,［小満］, 穀物が少し満ちる; 太陽が双子宮に入る.

9）bó shu,［芒種］, 穀物の先端が尖った; 太陽が双子宮の15度.

10）ká chí,［夏至］, 夏の極点; 太陽が巨蟹宮に入る.

11）shó shū, kū atsiとも,［小暑］, 少しの熱; 太陽が巨蟹宮の15度.

12｝ūū atsissa,dáï shu,[**大暑**],大きな熱; 太陽が獅
子宮に入る.

13｝lí shū,atchinu tátchi hadjimaï,[**立秋**],秋が始ま
る; 太陽が獅子宮の15度.

14｝shū shū,túkuru atsissa,[**処暑**],暑さの停止; 太陽
が処女宮に入る.

15｝fháku lū,[**白露**],白い露; 太陽が処女宮の15度.

16｝shū būng,[**秋分**],秋分点; 太陽が天秤宮に入る.

17｝kán lū,[**寒露**],冷たい露; 太陽が天秤宮の15度.

18｝shímu kúdaru,[**霜降**],霜が降りる; 太陽が天蝎
宮に入る.

19｝lí tū,[**立冬**],冬が始まる; 太陽が天蝎宮の15度.

20｝kū yūtchi,[**小雪**],少しの雪; 太陽が人馬宮に入る.

21｝ūū yūtchi,[**大雪**],多くの雪; 太陽が人馬宮の15度.

22｝tū djī,[**冬至**],冬の極点; 磨羯宮に入る.

23｝shū kǎng,[**小寒**],少しの寒さ; 太陽が磨羯宮の
15度.

24｝dé kǎng,[**大寒**],大変寒い; 太陽が宝瓶宮に入る.

当地には休日がある:（休日）yī fī,yuvé bi,nágŭ-
ssǎmī bi; 休日を祝う nágusami fī yuvéyung; 幸運なま
たは吉兆の日 yī fī,chíchi〈古〉fī; 不運な日 chó fī〈凶
日〉; 当地の休日の主なものは,元旦その前の数日,お
よび第一月の殆どがその祝いに呑み込まれてしまう.
春・秋分と夏・冬至も同様に祝う;5月5日は爬龍船の
日 hālī または hālī kūdjŭrū fī; これは,中国の政治家
の溺死による自殺を追悼して始められたものである.

当地の人々は神々の誕生日を祝う mmaribī または
tandjó bi〈誕生日〉; 一般的には,お寺だけでそれぞれ
の神々に捧げられる.

王の崩御の周忌,特に崩御後三年間は,主に断
食して儀式を行なう. そのような周忌は,庶民の家庭
でも両親の死を記念して行なう. gvāchí,gváchīnŭ
fī,māshuru íshshūnu〈一周の〉tstchi fī,māshŭrū
ishshūnu gváppi.

以下いくつかの日について,それぞれ当地の人々
の占星学的その他の考えを述べる.

元旦:外出の際,ū〈卯の〉刻｛午前5時から7時に香を
焚けば幸いが多い s'tu ndjí shuru bashu ū dutchinyi
〈卯時に〉kó tatchi ndjiré yī kūtú;

訴訟したり,結婚前の若い男が冠を被ったり,若い
女が髪を編んだりすることは避けよ úttaï gútu,níbi-
chinu kámuri kantaï,karazi tútunūī kazataïshusé,
chiré mung〈禁忌〉;

この日はベッドを置いたり,動物を飼い始めたり,商売
を始めたりするのに適当である mindzang utchi,tskané
mung hadjimi yashi nataï,shóbéshi yútashang;

寝室や寝床や便所に変化があってはいけない
nyī ya,mindzang,yābūrū utchinyi án nashi kán nashi
〈あれこれすると〉busévénu ang; 友に会うには適当な
日である dúshi itcháïshi yútasháng.

正月二日 shó gótsi fútska; この日は結婚の約束,友
と会うこと,官職に就くこと,若い男に冠を被せ,若い女
が髪を編むこと,結婚,ベッドを置くことに適している
kunu fī vúti,nībichinu yakuskushae,dúshi ichaï,
kvānyī〈官に〉tsitchaï,kamuri kantaï,karazi tútunūtaï,
nībitsishae,mindzang uttchaïshusi yútashang.

三日は浴びること,頭剃り,病気治療,就学,縁組み
すること,友に会うこと,結婚,奴隷を買うこと,召使を
雇うこと,寝床を置くこと,着物を裁断することに良い
san nyitchi vúti ámitaï,kami sútaï,yamé yódjóshaï,
sími naré zánkae ítchaï,yíngomishaï,dúshi íchataï,
nībīchīsháï,nza kótaï,túmu yatutaï,mīnzang uttchaï,
ching tachaïshuse yútashang; 木を植えたり,井戸を掘っ
たりするのは避けよ kī wítaï,kā fútaï shusi chíráyúng.

五月は一日から五日まで,家庭内の祭壇｛偶像箱ま
たは櫃｝が飾り立てられる gū gótsinu tsī tatchi kara
fadjimiti gū nyitchi mading,kaminu dzīshi〈厨子〉
shídashung; この為に菖蒲｛太刀を表す｝と蓬の一種
｛流旗を表す｝を用い,そこから次の文句が生じてい
る: 菖蒲の太刀が千の災いを切り,蓬の旗が百の幸
を招く shóbu yaïshi〈槍で〉shínnu vazavé chíri
nuzukīng,yúmudjinu hata-shae hīākunu sévé mánu-
chuchung *manuchung であろう.

五月五日,爬竜船を漕ぐ日 gu gótsi gú nyitchi hālī
kūdjŭrū fī; [**端陽**]（の節）とも言われる tán yónu shtsi;
この日午時にまじないを紙に書き,家｛壁｝のあちこち
に張り付ける kún nyītchī mmánu túchi úshimung
káchi,kúbinu túkuru dúkuru nakae tskǐfǐdúshŭrū:五
月五日正午これを書く gún gótsi gú nyitchi mma-
nu túchi du kátchuru; 諸々の訴訟や口論は全く除か
れ,蛇・虫・鼠・蟻は逃げ去り,百の病・千の災は即座に
追放されるだろう事を祈る uttaï,mundógutúng（問答
事も）kutugútuku shirizukitaë,hbúng*（habung であろ
う）,mushíng,wénchung,áïng núgitaï,hákunu
yamé,shínnu vazave íchi dūti stiraritendi nigatóng;
窯を作ったり,泣き叫んだりすることは避けよ kǎmā ts-
kotaï nachaïshusi chírayung; この日は犠牲を捧げた
り,皇帝に記念品を贈ったり,官職に就いたり,外出し
たりするのに良い matsitaï,kótinkae búng ágitaï,
kvanyi tstchaï,fukankae ndjíti yútashang; この日は
三重の死の日だ｛即ち,一人が死ぬと必ずもう二人死
ぬ｝mū｛喪｝mītsi kássanayung;

王の周忌には国家がその時間を嫌い,音楽,婚礼
を避ける vónu gváchinu ba kú ká〈国家〉tuchi chírati,
gakúng níbitchi shusi chírayung.

Keel 竜骨; funinu kāra.

Keen 鋭い; chūsang,chūmung; よく切れるナイフ tachi sīgu.

Keep 守る｛維持する｝mamuyung;｛保存する｝nukushung,
núkuchi mamurashung;｛見張る・見守る｝mī mamuyung,
bānshung;｛しまって置く｝kákŭgŭyūng, kákŭgŭshūng

（格護する）; {腐らない} yū tamutchung（よく保つ）; あまり保たない kússari bésa（腐れ早い）, yándi bésa（破れ早い）; 長く保った fisáshku tamuchóng, naga damuchishóng; 家を切り盛りする shūtéshung; 主人などがいない間, 家を守る lŭ sī bánshung; 私がいない間, 留守番をしっかりやれ lūsī yū bansi yó, yū mī mamuriyó, mī kangésiyó; 約束または契約を守る yákusku dúïshung, yakusku mámuyung; 陽を遮る fī úïshung; tīdang atarassang, tīdanyi tírassang gutu fī úïshung; 他人を遠ざけている tūzakïung, útundjïung, sakïung; 彼は私から遠ざかっている are vang sakitong, útundjitóng, tūzakitóng; 人を遠ざける sakirashung; kūrassang, kumankae yarasang; 彼を遠ざけておけよ ari ichāsunnayo, {ichārasunnayo 彼を私に会わせるな}; 心に留める dzundjitóng; 自分の心に留める kukurunyi fukudóng, múttchóng, dzundjitóng, fúkumi dzundjitóng; 長く記憶しておく umī tskayung; 秘密{学問}を秘めておく mītsi gútu {gakumung} kakuchóng; 黙りこんでいる kutchi kūti {túdjiti, āchi} munúng ïyáng; 自分のために残しておく núkuchi dū shi muttchóng; 半分は残しておいて{与えない} hambung núkuchi {nukuchóchi} kviráng; 感情を抑えて{用心し}全部は言わない tsítsidi ïyang, tsitsimi kakuchóng; {悪い意味で} kákuchi ïyang, gúruma munuī-shung; ちゃんと整頓する mī kakugu yū shung; mī kákugutí yandirassang, ushinushung; 面倒だが私が帰る迄これを預かって下さい ïya yakéshi vanyi kavati kunu kutu mī kakugúshi văgă kūā kéchi tórachi kvíré; 規則·命令を守る 'hó mamuyung, 'hónu tūī shung; 命令を守って, 悪を犯すな imashimi mámutí yána kútu súnnayó; 名{体面}を保っているだけで実体は何もない nā bakaïdu kazatoru, djitsé arang; 金持ちの体面を保っていた véki nchúnu fúï du shōru; 新年を祝う mī-dushi yuveyung, yī fī yuveyung; 誕生日を祝う tándjóbi {mmaribī} yuvéyung.

Keeper 保護者, 管理人; mī mamushōru ftu; {牢の（番人）} lū bāng; 門（ドア）番 djó bāng, djó bāng nyíng, djó bānshuru ftu; {財産}管理人でありながら盗む mamutósi nussunyuru mung, mamutóssiga nussudusháng; 記録係 katchi tumī kamutōru ftu; {動物の}世話人 {íchi mushi} tskánayā.

Keepsake 記念品·形見; míyăgī, tstū; kátami; 後者は個人的な記念品（忘れな草）で, 受けた人はそれを手放せないものである. 友人同士は大抵相互に記念品を授受しあい, それを katami géyung（形見替えする）と言う; 送別の時に贈られ, 費用に使ってよいもの hanamutchi; 記念にこれをあげる míyăgīnyī kvíung.

Keg 小樽; tárŭ gvă, wúkī gvă.

Kelson 内竜骨; fúninu kāranu wīnu kī.

Kennel 犬小屋; {犬のための} ínnu yā; {犬を繋ぐ杭} íng kundjuru kvī.

Kerchief 頭巾; sādji; 襟巻き kubi sādji, kubi mátchi.

Kernel 核·仁; sani, kfassaru sani; 核のような種は手で植え, 柔らかい種子は蒔くべきである kfassaru sáni tīshi wíti yutashang, yafarassaru sané máchi hóti（撒き放って）sinyúng; 米一粒·麦一粒 kúmi chú tsīdzī, mūdji chú tsīdzī.

Kerseymere カシミア織り; {かつらぎ織りのような布} azima úïshéru dáshă; {細かに織った布} urósha {gúma} úïshéru dáshă.

Kettle 湯沸かし·薬缶; yákwăng.

Key 鍵; sāsinúkvă; 大小いくつかの鍵を持って来い íkkū-tsīng（幾つも）{kázinu} úffissa kūsanu sāsinú kva túti kū; 鍵穴 sāsinu mī.

Key stone 要石; kabúïnu náka ishi, kabuï kakitéru íshi.

Kick 蹴る; kīung; 馬が kīung, kíri áttïung, hánïüng; 馬が私を蹴った mmanu vang kītáng; vané mmanyi kiráttang; 馬が四つ足で蹴る mma méng kúshing móyung（舞う）; 足で蹴り上げる kíri agïung; 石を蹴り足を傷める íshinyi kíri áttiti {kitchakíshi（躓き）} fsha yámachang.

Kid 子山羊; fídja gvă.

Kidnap 誘拐する; {人を} úbiyákashung（脅かす）〈EC: 拐去〉.

Kidney 腎臓; māmi; 豚の腎臓 búta māmi; {人の腎臓} djínnudzó.

Kill 殺す; kurushung, nuchi chírashung {[自動] chírítóng}; 打ち殺す uttchi kurushung; 先に妻を殺し次に自害した sátchata tudji kúruchi átonshi dū djínshang {dú kurú kúruchang, dji gé shang; 最後の例は「自殺」にぴったりである}; 王の法に応じて人を殺すことは, 船が進行中に貝類を押し潰して死に到らしめるようなもので, 意図してなしたものではない vó hóshae chú kúrushuse chódu fúninu áttchi, búra géndé（法螺貝など）ússi kurushussitu yínu mung, kukuru náshinyi nayúndó {nányi kúkuró néng}; 雷に殺される kánnaïnyi {káményi} ussáti shidjáng; 理由なしに動物を殺すのは良くない yŭī náchinyi {néng gutu} íchi mushi kurushusé ickáng.

Kiln 窯·炉; kămă, yatchimung kămă.

Kind① 親切な; [形] nassakinu aru ftu, tīnīnu〈丁寧の〉mung, chímu yafarashī mung, chū kánashashuru ftu, wénda mung, wúng vana mung, fī vana〈平和な〉mung, fīvanyi ang, ŭng vanyi ang, djífina〈慈悲な〉ftu; 親切で情深い wúngva djifina ftu, yafarashī djífina ftu; 私は彼に親切にしようと思うが, 彼は私に冷たくしようと心を決めている vané ari shtáshku atsūnyi（厚うに）sandi shóssiga, ari muppara vang utúndjirándi shóng; 優しい顔 yafarashī {vénda} kāgi; 親切に見守る kaïrimi nyúng; 今まで親切だった〈EC:

知愛有素〉kánashi shtchósi mútu kará aru múng du; [s.] kindness.

Kind② (種)類; [名] lúï; 同類の lúïshóng, yínu lúï, lúïshta mung, dū〈同〉lui, yínu tatsi, yínu íru; 違う類の tatsi kavaï; さまざまな種類 kázi kazi; 多種多様の yúruzi (万の); 彼はどんな人か are chāru fítūgā; 太刀の種類に属する yaï rāshūna mung; yaï gutúchina mung; 最上の類 djó〈上〉datsi, djó ḳurénu mung; shó〈正〉mung; あらゆる種類の鉛筆 íru írunu fúdi; あらゆる種類の品 únu únu shina, kazi kazi, djú djú〈重重〉; 虫の種類は多く,人に支障がある múshinu tagúïyé uffókushi chúnyi sávayung: 一種のフルート banshó rāshi dógu, banshónu gútósi.

Kindle 点火する; [自動] fīnu tskayúng, méyung [他動] fi tskíung, fí méshung, mérashung.

Kindness 親切; ítskūshími, chu kanashashusi, kanashi shtchósi, yī chimu, wúng va〈温和〉; migumi, migunyuru kukuru; 恵み migumi, wúng, wúndji; 恩情を示す wúng fúdukushung; そんなに大きな恩 unu gutoru fuké {fukassaru} wúng; 人に親切にし,後でその事を考えるな.しかし,人から受けた恩は忘れるな chūnkae mígumi fudukuchíng (施しても) umi tskánna {wúng gakinna}, chu kara wung ukíïdunse vasté simang; 大きな親切は,死者に生命を与えること,骨に肉を与えること,生き返らせて白骨に肉を付けることで表される taï wūndi īsé, shinyuse íchikáchi ndji, kútsing nyíku nashusidu {tskíúsidu} yaru, yényé shidjósi ukutchi, shíru kútsi nyíku nashúsidu yaru.

Kindred 親族; wéka, haródji, weka haródji, yūī shū, shín shtsi, shín dzūkū; íchi dzuku; 同一血縁 chu haródjí, íchi mung, yínu íchi múnnu mung.

King 国王; kuku vó; wó, kovang〈皇王〉, tī-wó〈帝王〉, kunyinu chími〈君〉; 外国の国王や大使らが,受けた恩義の返礼をするために国王の拝謁に来る gvé-gukunu vó, vónu tskéng chóchinshi〈朝覲し〉wúng fūdjïung {ukuyung, wúng nyiféndi ïyung}; 賢者らは,王と大臣による政府を設立することを蜜蜂から学んだ shī djīnū〈聖人は〉fátchi kara nárati {fátchinu mánishi} chími shínka〈臣下〉tatiténg.

Kingdom 王国; kúku, kúnyi; 小さな国 kunyi gva.

Kiss キスする; kutchi shpúyung, kutchi sūyung; 子供らを愛しキスする vorabitu yérāshāshi kutchi shpúyung.

Kitchen 台所; dédjū〈台所〉, hótchu〈料理〉shúttúkuru, chūshtchī〈厨;休式〉shúttúkuru, {高尚な言い方} kúriya (庫裏屋); 台所用品 shoté {shūté} dógu; 台所隣接の菜園 attaï, sé yíng〈菜園〉.

Kite 凧; táku; 凧を飛ばす táku agarashung, táku túbashung; (凧を) 一層よく上がるよう糸を引く tákunu ukutsíshung; フュフュ音を出す凧 būbū dākū.

Kitten 子猫; mayá gva; [動] (猫が子を生む) mayānu

kva nashúng.

Knab (knap) ぱくりと噛む; {音を立てて噛む} 砂糖キビを kánchíchi (噛み切って) gássa gássa-shung; 焼き立てのパン・菓子など futsi-futsi-shung; 生の大根など gússu gússu-shung.

Knapsack 背負い袋・リュック; utchukví titsíng; {二重袋の} shíru kutchi búkuru?; [s.] portmanteau.

Knave ならず者・悪漢; hǎ, yana gatchi, yákara, katchi; {泥棒} gúma nussudu, nussudu gva.

Knead 練る・こねる; {粉を} kū munyung {mudáng, mumáng}; こねてある mudéng; (「こねる」の) 受け身表現 mumarīng; kū āshung; 磁器用に粘土を練る níyung, tan-níyung; 指の間で柔らかい物をつぶすのにも使う; こねる桶 kū āshuru wūki; 固い物と柔らかい物を混ぜてつぶす tarīung; kunāshung; 皮などを} なめす, {陶土などを} 練る.

Knee 膝; tsínsi, fiza; 膝を折る tsínsi mágïung; 軽く膝を折る tsinsi ússi magïung; 片膝を折る káta tsinsi mágïung; 右膝を地面に着けて mídjinu tsinsi djínyi tskiti; 子を膝元に寄せて vórabinu cha tsínsinu mé nakae dátchi māchóng {atsimatóng}; はれあがった膝 {白い腫瘍} úfu zinsā, kvákushipū.

Kneel 跪く; fsha manchishung; 額を地面に着ける utsínchi fiché {átama, kóbi} tskïung; 三回跪き九回額を地面に着ける大儀式 sán du fsha mánchishi, kú dū kobi tskïung; 跪き皇帝へ報告する fsha mánchishi kótinkae únyukïung.

Knee deep 泥が膝まで達する; dúrunu fukassang, tsinsi taki tatchúng.

Kneepan 膝皿・膝蓋骨; tsinsi buni.

Knife 小刀・ナイフ; sígu; 台所用ナイフ hóchā; 折畳のナイフ takubi sīgu; 鋭いナイフ tatchi sīgu, tátchi mung; ナイフとフォーク sīgūtū yódjïtū (楊子と); [s.] fork; 決してナイフ {太刀} なしではいない yaïya dū kara hánasáng, tsininyi yaï muttchóng; 薬切り kussuï chiyā.

Knit 編む・組む; 合わせて編む kúnyung {kudéng, kumáng}; 針でストッキングを編む haïshi tābi kunyúng; 眉をしかめる mayū tsitchāshung; 眉をしかめて言った,この水は本当に汚い,どうして飲めるか mayū tsitchāchi {vádjadi} ībunyi, kúnu mizzé djítsinyi búchirí〈無綺麗〉á (ある) túchindó {chigaritó, または míngvitó túchindó} chāshi núminu {númi utúshinu} náyuga?.

Knob 引き手・つまみ; {掴む取っ手・柄} tuï-tī (取っ手); 中国役人の帽子の上の mótsinu táma; 一般に (盛り上がった所) múyagató tukuru; [s.] knot.

Knock 叩く・打つ; úttchung, tátachung, áttíung; 戸を叩く djó tátachung, nárashung, úttchung; 叩き転ばした tátachi {úttchi} dugéracháng; uttchi kúrubacháng

{打って彼を地面に転ばした}; 叩頭する kóbi tskíung, gulīshung（お辞儀する）; 柱にぶつかり転んだ háyanyi tstchi áttiti dugétang; テーブルを叩き、素晴らしいと叫んだ dé tátachi sáttimundi icháng {myūna múndi, kánashi yósi ndi icháng}; 外で戸を叩く人がいる、誰だろうか chúnu fúka djó nárashússiga {tátachussiga} tāga yā?; 戸を絶えず叩く djó nága {chá} tátachuru kwīnu（音が）ang; さらにあの木釘に頭を打ち、穴が出来た now mátta {tsīnyi} kī kúdjinyi kóbi tstchi fugasáttang; 手拳一打で人を地面に転ばす tī-zikún shi chú {tátachi} djínkae dugérashung.

Knocker ノッカー（金具）; ドアに（さげてある合図金）{djónyi sagitéru} yézi gáni.

Knoll 小円丘・塚; [名] {maru} múí gva.

Knot 節・こぶ; 木の（こぶ）fushi; （直）立しているなら gūfu, gūfushi; 紐などの結び目 chu mussibi, chu kúndji; {輪型の結び、もやい結び} fútuchi mussúng; 結ぶ mussubyung {dang, bang}, kúndjung（括る）{kuncháng, dang}; 二本の紐を継ぎ合わす tsidjāshung; gú náchi kúndji; しっかり結ぶ mussubi tskíung, kúndji tskíung; 引き結び wúnna gakí（女掛け）; 二重結び má mussūbī; 日本式結び Túkara mussúndi（吐噶喇結びと）.

Knotted 節・瘤の多い; gūfushinu ang; 多くの瘤に覆われた gūfushi tákarā, gūfushi takaritóng.

Know 知る; shíŭng, {（過:）shtcháng, （継:）shtchóng, （否:）shiráng}; 人が誰であるか分かる（見知っている）mī shtchóng; 私を知っているか ïya vang {mī} shtchó-mi?; 完璧に知っている yū shíri tsōdjitóng, issényi shtchóng, kutugutuku shtchóng; 人を知るのは困難だ chúnu yósi shíri gátasang; 君は彼らを全て知っている síbiti anu ftó, ïyaga shtchōru mūng dū yárŭ; 生涯誰にも知らせない dū ováyuru madí chúnyi shirasáng; 天が知っており、神々が知っており、私が知っており、君自身が知っている、どうして誰も知らないと言うか tínung shtchóï, káminung shtchóï, vágang shtchóï, ïyágang shtchóï, nánzu shiru kutu néndi ïyúga?; 大も小も、皆例外なく彼を知っている úfishassing, kūsāssïng, chuïng aring shirandi íchi uráng {mīna shtchóng}; 彼は少々字を知っている ari tégé djī shtchóng; 己を知らず dūnu yósi shirang; 自身病気だと知らない butchigénu assi dūshi úbirang; 彼らは一人の主だけを知り、他の神々、偶像は拝まない nūshi tītsi bakáïdu shtchōru, únu bítsinu kami, futuké païsang {vúgadi matsiráng}; それが実であるかどうかは人には知られず、自分だけに知られるものだ súnu djítsinyi ássitu fudjitsinyi〈不実〉assitó yússunu shírunyi úyubanshóti fturi dūchuï shae kuri shtchōru kútunu ang; 人は真の神、自分の創造者を知ると、いつも自分自身を知り始める síbitinu ftu dūnu zósáku-shuru mákutunu nūshi shtchi tsōdjiti kara, dūnū yósi

mading shíri hádjimïung; 人は愛する人の悪も、憎い人の徳も知るべきである tátoï ndzōsashíng（かわいがっても）súnu ákunu assi shïúï, máta nyíkuding súnu djín〈善〉naru tukuro shíri vadu; 知っていて人に語らないのは悪で、聞いていて人に伝えないのも悪である shtchantémang {kuri shtchóting} ïyandung aré ickáng, kuri shtchóting tstérándung aré máta ickáng.

Knowledge 知識; {知る事} shíru kutu; 物事の知識 múnushíri; {学問} gaku, gaku mung, gaku lítchi, naré mung; chī shtsi; それについて全く知らない até nérang; 日々の読書によって知識は増やされる nyítchi nyítchi shúmutsi yudíng, chī shtsé〈知識は〉máshuru; 自分の知識を増す{欠けている知識を供給する} dūnu chī shtse udjinūti（補って）nóshung; 知識が欠けた chīshtsinu íkīrassang; 彼は知識と策において他に勝った ariga chī shtsíng, fákarigutúng yússu yaká massaritóng; 世間知 shkín-mutchi {shkinnu yósi} yū shtchóng; 広範な知識 gákumúnu fírusang, fíruku mánadóng; 学が浅く、限られている gáku líchi ássang, shíbassang; 私は知識がある vané múnushírinu assā!; 私は知識がない vané shiru kutó néngsā!.

Knuckle 指関節; {中手骨} tī zukúnnu fúni; 指の節々 wïbinu fushi búni; 指の関節で（額に）打つ {ここでは親が子供に怒りを表わす一般的な方法である} kóshā kvāshung（食らわす）.

L

Label 表札・ラベル; fúda, úshi fúda, tski fúda; shirubi gátchi.

Labial 唇の; 唇音 síba útu {深い chūsaru, 軽い gássaru}.

Laborious 難儀な; ku-ló-shung〈苦労する〉, kurushidóng, tstomíti nandjishung; 私たちが何故この苦労な仕事をすべきなのか váttáya núyati kúnu kulónu kútu shúga?; 彼は刻苦勤勉である kurúshidīdŭ tstomí-ung, shí guku（至極）kulóshi chíbayung; [s.] toil.

Labour① {[s.] work}; 仕事; [名] vaza, shígūtŭ, shkutchi, ítunami; [動] 動詞（勤める）は上記名詞に shúng を付ける; 生存のために働く shkutchishi tushīshung（渡世する）, または fī vátayung; 痛い程の努力で骨折り働く shinkū〈辛苦〉shung, kuló shung; 彼に多大な心労をさせる shin ló uffoku tsīyashung; 仕事の分割{分業}は一つに一人の力を向け、その心が分割されない事を目指している tushī（渡世）{職業} ná mé mé vákachi tī tītsinyíshi {chū shígutunyíshi} chimó vackvasáng {vackviráng} yúï du yaru; 人々に評価される労働は徳ある思いを起こさせ、楽は淫らな思いを起こさせる tamé nandjishíïdúnse yī shuzúnnu ukuyúï, ráku shïïdúnse yána shuzúnnu ukuyúng.

Labour② 陣痛; {出産にて} san muyū-shung; 産褥にあ

る san muyūshi, náshi gáta, san mé natóng〔出産前に
ある〕; 産後 ⁺san gú; 自然出産 djún（順）san; 安産
⁺ĩ-sang〈平生〉; 難産 ⁺nán san, náshi kantīshung;
djáku san（逆産）, djúnyé nasáng（順には産まない）; 逆
の胎位〔足から〕, 四五日長引いた分娩は難産である
yényé sákashímankae nati, yényé shí gu nyítchi
kákati mmarīse, kuri djáku sandi ïyung; 産褥の女
san muyūshinu｛muyūshuru｝winago.

Labourer 人夫・労務者; vazashuru ftu, séku; ｛賃職人｝
tímma tuĩ mung, fĩū, yátuĩ zeku; 手助けの少年 séku
tigané; 店の人夫, 運搬人など shína mutchā, mutchi
bū（持ち夫）; 〔s.〕coolie.

Labrous 唇の厚い（者）; síba búté, siba ăchā, síbanu áchi-
shasi（唇の厚い者）.

Lac① ラーク（10万）; djú máng.

Lac②＊｛樹脂, ラッカー｝murasatchi kfa úrushi? ＊原本は
同一項目にしてあるが, 別項目とした.

Lace レース（透かし模様の布地）; ⁺sha〈紗〉, ró, sha úĩ, ró úĩ
（羅織り）; 金色のレース kógani ítu mínsa, kúgani
sídji mínsa; ｛コルセットを｝引き締める fĩchi shímĩung!

Lacerate 引き裂く; sachúng｛cháng, káng｝, fĩchi sachung,
yayúng（破る）, fĩchi yayúng.

Lachrymal gland 涙腺; náda búkuru, nada dzítzimi.

Lacker 漆を塗る; 〔動〕úrushi núyung, nuĩ mung-shung
（塗りものをする）; ｛軽石・研磨材で擦って滑らかにする
karashi shae sĩung; 下地塗りをする, djí nứishung; 上塗り
する wá nứishung｝

Lacker-ware 漆器; nuĩ mung dógu, urushi dógu, nứí mung;
漆器箱 urushi baku; 漆職人 urushi nuyā; nuĩ mung
shā; 漆器仕事 nuĩ mung shusé.

Laconic 口数の少ない・簡潔で含みのある; kutuba shíbă-
kũshī; 君は今日は寡黙である ïyaga chū kutúba shíb
assang, íkirassang, skúnnassang, kutuba márinyíshi;
簡潔で明白, そして深い意味 ūu aramínyishi mí-
fakunyi shang; kutúba íkirakushi íminu fúkassang.

Lad 少年; vorabi, ⁺dódji〈童子〉; ｛召使｝soba ziké, túmu
gva; ｛運搬人夫｝nyi múchi vórabi; ｛助手｝tigané
vorabi; 君の召使を送ってくれ ita túmu gva yárasi;
生徒 dishi, díshi gva, chīku hádjimiru vorbi＊, ⁺shú
⁺gáku〈初学〉＊vorabi.

Ladder 梯子; háshi; 梯子を登った háshinu wínkae núbuti
ndjáng; この梯子は12段ある kúnu hashé kízaĩ djú
nyi ang; 梯子を下りる hashi kará úrĩung, úrītí chúng.

Lade 荷を積む; ｛funinyi｝nyī tsinyung, nyī tsiminyíshung,
nyí nússĩung; 重荷を負った mbu nyī ūtóng , ｛人が｝
múttchóng; 〔s.〕load, freight, cargo.

Laddle（**ladle**）杓; nabi gé（おたま）, magissaru ké（匙）.

Lady 淑女; ayamé; 淑女たち ayamétá; 若い淑女 mússi-
mi; 老淑女 mmé; 庶民の老婆 hāmé, pápá; 淑女たち
も皆お元気ですか áyamétáng 'nnya gándjúnshómi?.

Lady bug テントウムシ; kāra bátchi, áyanu íttchoru hátchi.

Lag のろのろ歩く; dáti átchung, útari mótari áttchung,
dáriti átchung.

Lake レーキ色｛赤色, 中国から輸入, 綿の染料｝shóyíndji,
bíng; ｛湖水｝mízzi ómi; ｛池｝íchi, kúmúĩ; 通りの南
側の土地が, 突然池に変った chímatanu fémutinu
tukuru chāki fíndjītī īchītū natáng.

Lama（ラマ僧）; 当地では知られていない.

Lamb 子羊; ftsízi gva; ⁺mén yáng〈綿羊〉gva.

Lame びっこの; gūnā, néga, nédjá; びっこである nédji-
shung, gūnishung; 足を地面に着ける事ができず,
びっこする fishá kúmi ōsan kutú nédjishung; 〔他動〕
びっこにする négushung, négushimĩung; 不自由な手
tīnu datóng（だれている）; 手の不自由な人 tī dayā; 不
具の人 dayā, daĩ mung, katanchi（傾き）átchishung.

Lament 悲嘆する; kanashimi ítanyung, kanashinyung; 悲嘆・
呻吟する nádjichung; 哀しみ泣く kanashimi nachúng.

Lamentable なげかわしい・遺憾な; ushímbichí, avarimbi-
chī, chímu gúrishí｛mung, または kutu｝; 誠に嘆かわし
いことだ kanashímbichí yósi dú yărū!

Lamentations 悲嘆（の声）; 遠くへの旅に出たり, 嫁ぐた
め家を出る際の嘆き（名残惜しむ）nágurishashung.

Lamp ランプ; tūru; 手提げ用 sízĩchī; 土器製夜間用ラン
プ, 芯が常に直立する配慮がなされている tsíbu
sízichi; ガラス製 táma dūru; 水色ランプ mízzi dáma
dūru; ほや tūrunu táma tsítsi; ランプに照らされて, ラ
ンプの前で tūrunu mé; 煤 tūrunu fézing（灰塵）; 〔s.〕
soot; 灯芯 tū-zing; ランプを点ける tūru tskĩung; 吹き
消す tūru fúchi chāshung; ランプが消えた tūrunu
chātóng; 字は昼間の明かりでは見えないが, ランプ
の光ではすぐ現れる djīyă fíru ákagatōru báya
mīrang, tūrunu mé vuti chāki aravari ndjĩung.

Lamp-wick rush 灯心藺草; bīgu, ó tūzing（灯心）, tūzing
kússa.

Lampoon 風刺, 嘲る; chū sushī-gatchi-shung; ftu nāka
vuti｛chunu mĩ vuti｝ázamuchung.

Lamprey ナツメ鰻; ｛鰻類の魚｝nádji lúĩnu ĩū.

Lancasterian system ランカスター式教授法; ランカスター
式で教える náka shishóshi narashung｛中だちの教員
をおいて教える｝

Lance 槍; yaĩ, fúku, kátana; 〔動〕（突く・刺す）nuchúng, sá-
shung; 腫れ物を切開する kássa yéshung; haĩ útchi
yéshung.

Lancet ランセット, 槍状刀; djí kva íshanu（外科医者の）
sígu gva, ishanu haĩ, kassa yéshuru sígu gva, kátana
gva.

Land① ｛s.｝country; 陸・土地; chkáta（地方）, djí; 田 tā,
tāgata; 畑 hátaki; ｛田畑を含む｝土地 tā hátaki, ⁺dínshi
〈田地〉; 王府直轄地 ⁺kvánpúnu〈官府の〉tā; 僧の土
地｛寺の土地｝⁺mundjin chí〈門人地; 門前地であろう〉;

[s.] glebe; この呼び方はいかなる団体の土地も使えるであろう; tíranu chkata, {坊主の} bódzí chkáta; 痩せた地 ússi chí, hagi chí; 肥えた地 djó chi, kvé chí, yī chkáta; 陸地{国} kunyi, kúku; 海に対して líku, líku dji, kunyi, san; 海と陸 kaï líku; 陸と海 san káï〈山海〉; 陸路を旅する líku kará ndjí, líku tsídjishi tūyung, líku dúïshung, shǔku（宿）tsidji tūïshung, mítchi tsídji tūyung, kátchi（徒歩）mítchi kara tūïshung; 陸から{車で}運ぶ kúruma kara mígurashung.

Land② 上陸する; [動] uka urïung, ukankae nubuyung, ukankae tskïung; 荷物を陸揚げする nyi funi kara urushung.

Landing place 船着場; funi tstchi bā, funu tski bā, tsí gutchi（津口）, funinu tsi djó, funi túmaï; mïátu; {中国から帰る船の}那覇上陸地 gūfu gutchi, gūfu mung.

Land holder 土地保有者; {借人} káï nūshi, tā káï nūshi.

Landlord 家主・地主; {所有者} tā nūshi, chkata nūshi, yā nushi; {店の（主）} ténnu nūshi.

Landmark （土地の）境界標; {田の境界} tānu saké; 盛り上げられた小道 ábushi; {溝} ndju; （境界標識は）一般的には sakénu shírubi.

Land measure 土地測量; {測量用縄} chkata hakayuru nā, wīru.

Landscape 眺め・景色; chkáta; {山川} sán sí〈山水〉; 眺め（山水）の様 sánsínu mǔyó, sánsínu chī〈気〉, chīchī〈光景〉, chízó〈気象〉; 美しい眺め sánténu〈山体の〉chī yútashang; 山水の全体的様相に適った sansīnu hónyi yū attayung; とても美しい眺め（山水）sansīnu fíditi yutashang, súguriti lippanyi ang; 風景画 chkatanu zí, sansīnu yī.

Land-tax 土地税; djó nó〈上or定納〉; 皇帝一人が衣服を着るのも皆の税による kótí chúïshi chichoru ïfukó〈衣服は〉, kuri íttāga djónó djínshidu shéru.

Language 言語; kutúba, kūdjó; {発音} kutchi, gúngu; kútchi mutchi {口の使い方}; 中国語 kvan 'hva〈北京（役人の）方言〉; 中国語を書いたもの kán djī, kán bung; 俗語 dzúku kutuba; 文人・学者の高尚な文芸言葉 bún dji〈文芸〉kutúba; 悪口 yána gútchi, yána nuré; 下品な言葉 chígari kūdjó; 非礼, 人を害する言葉 savaï {saváta} kūdjó, お世辞 yafarashī kūdjó, ánda kūdjó, mési kutūba; 品よく正確な munuī káta yutashang; 男女を問わず容易に理解される言葉 wíckiga, wínagonyi shíri yassaru kutúba; この言葉はきつすぎるのではないかと気になる kunu ïbunó {kutuba} chūsa nénkāyā ukétóng; 言葉は柔らかいが思いは激しい kutuba záttunyishi imé chíbissang; 言葉では十分に言いつくせないもの kutúbashe ī tskussarang mung; 言葉・ペンで言いつくせないもの kutúbatu fǔditushé yúku tskússi túkurunyi arang; 言葉は同

じだが意味は異なる yínu kutúbashi chímuye kávatong {vákatóng}; その意味ははるか遠いが, 言葉は易しく繰り返し言われる sunu ímé tūsa assiga, kutúbaya ássakushi kássabatóng.

Languid 物憂い・けだるい; ítutóng（眠うている）, ukutaritong, daritóng, tskaritóng, kutanditóng; {únyung（倦む）, udóng は単独では使われない} umi tskaritóng; umi {unyung} ukutaritóng; {daritóngとudóngを除き, 他はすべて「疲れきった」の意味}.

Lank 痩せ細った; yashtóng, yogaritóng; 腰細く背高はよくない, taki dakāga māru gva ickáng.

Lantern 提灯; {ランプ} tūru; {手で持ち運び出来るランプ} chóchíng; kagu dūru; 後者の作りは雑である; 提灯の飾り模様 mún〈CDなし; 紋であろう〉djírushi, shírushi, chóchínu áya; ガラス製の提灯 pólí chochíng.

Lantern face {jaws}やせ細った長い顎; 頬がこけて細く骨ばった顎 fū kubunyā, tsiranu kubudóng, tsiranu kaku ndjitóng {角張った顔}.

Lantern-fly ビワハゴロモ（熱帯産の昆虫）; ánda hábiru, {明かりよりは油を好む, と思われている}; tūrunkae sigáyuru habiru gva {即ち, ランプに縋りつく小さな蝶}.

Lap① 膝; múmu {股}; 膝の上であやす mumunu wí datchóng, múmunu wī nakae yishti skashung; （股）mátá, 俗に mātā bassī {大腿}

Lap② 舐める; [動] {ペロペロ舐める} namïung.

Lapidary 宝石細工人; táma mígatchi zéku.

Lapis luzuli 青金石（宝石・顔料用）; ó gani.

Lappet 帽子の垂れ・たれひだ; kamurinu wūnu fússa.

Lard ラード; {豚の} bútanu náma ánda.

Lares [s.] gods, idols; 氏神・家庭の守護神（&Penates: 古代ローマ）; chkatanu mamúï búsá〈菩薩〉{kami}; 道の上の神々 míchinu wīnū búsá; 火を防ぐため屋根にある小さな獅子の形をしたもの fī géshi; 寺の入り口などの unyi bútuki, nyiwó（仁王）bútuki; 豚小屋の神 fúrunu kami; 台所の神 káma {kámadunu（かまどの）} kami;

Large 大きな; uffissang, daténa〈大体な〉mung; 非常に大きな fǔtī（太）; 大きな数の dūdu uffóku; 如何に大きい（数）か chanu bung {fúdu} úffussaga; 数がどんなに大きかったか chassa uffusátaga?, chássa yátaga?; 何故そんなに大きいか núyatí kunu yónyishi {gutu} uffussaga?, nuyati úfféru múnga? {kunu gútu úffissaru múnga}; 大小の箱 déshúnu haku, haku úffissa kūssa; 桃ぐらいの大きさ múmunu fúdu úffi.

Largess 贈り物; kví múng, ukuri mung, {報奨で} fūbi múng.

Lark 雲雀; 雲雀は良く歌う fíbaru yū fūkīng.

Larynx 喉頭; nūdi gutchi.

Lascivious,-ness 好色, 淫乱な; íru dzíchi-na mung, íru yuku-nu ang, íru fusha-shóng; wínago kúnūnyũng, íru mussabutóng; 色欲はあらゆる罪の中で最悪のもの mannu áku útchinyi íru yúku dé ítchi tushúng.

Lash 皮鞭; kā būtchǐ; [動]（皮鞭で打つ）butchi kvāshung, またはkakǐung.

Lass 未婚の若女; winago vorabi, aǐ gva.

Lassitude 疲労・だるさ; ítutósi, tskaritósi; [s.] weary など.

Last① 最後の; [形] átonu mung, ítsing áto, sī, tsíbi, kū-shī; ついに tsīnyi, óvaǐnyi; 昨夜 chínyú yussandi, yúbi; 去年 kúzu, chūning; 一昨年 yāng（来年）, mé dushi; 先月 kūtá tstchí; 過去二百年 ménu nyi hāku ning; 年の最後の日 tushinu yurū, tushinu ovárinu fī; 私はもう最後の局面に達した, 体中病に冒され, この世に長くはおれない vané náma yágati ovayúndi úmutóng {núchi óvaǐ tukurunyi ítatóng}; íshshínnu yamé kakatóng, nya kumanyi wūru fīsashkaráng, {shinyuru mīnyi itatóng}; 天には目がある, 今虐げられているものはついに自由に到るのだ tínnu mīng aǐdu-shi mehéng, nama magaǐ kuto ukitósi {kutsisashuru munó} tsīnye nubi yútskunu kútunu ang; 本の最後の章 shumútsinu sīnu dang; 最初から最後まで fa-djimi ovai, shúbí〈首尾〉, fún mātsī（本末）, mūtu sī; 初めから終わりまで同じ hadjimi óvari tītsinu gutóng; 彼は最後に来た are íttsing áto chóng, íttsíng áto tsídjinyi chóng; 彼が来た最後の時に言った áto chóǐnyi {áto ichatáǐnyi} īcháng; 最後の四つとは何か yūtsinu ovayuru munó nūgaǐra {nuga dúnyaré}?; それらは死, 審判, 永遠の報酬, 永遠の罰である shinyusi tītsi, tadasarīse tītsi, fobisarise tītsi, nága batsisarīse tītsi; [s.] penultimate.

Last② 靴型; [名]{靴の} saba tskoyuru íkkata（鋳型）; 靴型に靴を履かせて伸ばす{丸みを出す} yénu（靴の）íkkata ítí hatchitirashung.

Last③ 保つ・続く; [動] tamuchung, tótóyung; 長く保つ nageku támuchung; 命が長く保つ nagaraǐtóng, chó mī nchang, nagaku dzundjitóng（存じている）; 持続している naga tamutchishóng; 持続しない naga damu-tchésang. この世が続く{及ぶ}限り yūnu aru tutūmi; 長く保たれ良く保持された táshshanyi（達者に）ang.

Latch 掛け金; {戸の} hashirunu {múnnú} mudí gána mung; sāsinu mūdí.

Latchet 靴ひも; sábanu wū.

Late 遅い, 遅く; ússiku, nínku, nīku, nīsang; 夜遅く níkka, yuru níkka; もう遅くなっている nama nínku natóng; 君は遅く来た ussiku chóng, ïyaga chússiga ússīsātāng, nínsatang, nīsatang; こんな状況に到っては悔やんでももう遅いだろう kanyéru {kang aru} tukurunkae chi {kunu shákunyi chí} ato kuyányusi（悔やむものは）nínku natósi du; 悔やむにはもう遅すぎる kuyanyuru kutó sidinyi {djítchinyi, djínyi} ussissang; 起きるのは遅く寝るのは早いがそれで宜しいですか{医者への問

い合わせ} ukitáchusi ussikushi, níndjusi féssassiga, ánshing yútashami?; 夜もかなり更けて yū fúkaku natóng; 夜おそくまで話した níka madíng múnugataǐ-shang; 昨日彼は酒を飲み帰宅が遅かった chínyu arī sáki núdi kéti chínye níka natóng; 亡くなった皇帝 māshi mishócharu kóti, satchi kóti, namanu kótinu māsháru uya.

Lately, latterly 最近; chkágūrŭ, kúnu guru, kunéda, kunu útchi; 非常に短い時間しか経ってない（ついさっき）yé néng, nama, nama satchi; 最近引っ越した ari ch-káguru utsti ndjóng; 2,3日しか経ってない íku fīnyé, íku báku fīnyé {2-3日（には）nyī san nyitchinyé} sídji ráng.

Latent 潜在性の・隠れた; aravariráng, kakuchéng, utchinyi muttchóng, fúkudóng, kákuchí aravariráng.

Lateral 横・側面の; sobanu, {katafaranu} mung.

Latest 一番遅い, 最後・最近の; íttsing sī, íttsing nínku; 遅くとも10日迄には来るべき dūdu nínku nati chīnye {nínku chóting} túkká sídjié naráng.

Lathe 旋盤; {ろくろ工の} fīchi mung kúruma; 旋盤を回す kuruma nakae tskiti fichung, mígurashung.

Lather 石鹸泡; aku mizzi, aku mizzinu ā būkŭ.

Latin ラテン語; láting hwá. {今では当地で, 西洋の役人語として, 知識人の間に知られている}.

Latish 少々遅く; íffé nīnku, níbūgīssǎ, nínku naǐgissa.

Latitude 緯度; djīnu yukunkae hanalitóng; 緯度線 djīnu yúkunu sídji; {多分 nútchi sídji 横糸線}; 北緯43度 fúchŭkŭ〈北極〉南緯 nan-chŭkŭ djí kara ndjíti shi dju san tu, 即ち, 北極{南極}から43度上に出ている. 中国では緯度はこのように表現される.

Latter 後者の・後の; ato, fīchi tsídji, atonu mung.

Latterly 最近; chkágūrŭ, kunu guru.

Lattice 格子; {窓の} kóshi; 格子にする kóshi akïung, kóshi shung; 子供らが落ちないように格子を造らせた vorabinu cha utígashura kóshi ákiténg; 格子がない múttu chídjiésan {何も締め出さない（出入り自由）}; 壁に穴を開け木で格子窓を造った kubi fúgatchi, kī-shae kóshi akiténg; 庭園の格子仕切り látchi, látchi-shi kóshi akiténg; 当地でよく用いる竹製仕切り má gatchi.

Laudable 賞賛すべき; fōmiru bichī mung.

Laugh 笑う; varayung, wúkashashung; 嘲笑って片づける ussivaréshung, azamutchi varéshung; 充分笑った varātassǎ!（笑ったなぁ!）; 面罵する・面と向かって嘲笑する nke zira（向かい面）varayung; どっと笑い出した varé ndjitang, ndjacháng; 家中笑い出した yā sū djū varé úkuchang; 大声の笑い úfu varéshung; 微笑 ússi varé shung; {一緒に}笑い声をあげる madjung {shóbashi（相伴し）, yurāti, sū（総）} várayung; 自分の弱点を見せて人を笑わせる dūnu kizi（傷）aravachi chu vorāshimĭung; 互いに笑い冗談しあう tagényi váchakushi varayung, varaï tavafuri shung; 笑いふざけは好まない varaï tavafuré skang; 顔を歪めないで笑う varati kow yaburáng（破らない）; 歓喜の中に悲しみ, 笑いの中に憂える yurukudōru utchinyi ítami múttchóng, varatōru utchinyi urī fúkudóng; 皆彼の面前で笑った sūyó nké zira ari voratáng; 笑いに加わる madjung {shóbashi〈相伴し〉} varayung; 皆嬉しさのあまり眉は開き目は笑った múru múru yúrukudi māyūng fírachi mī madíng vóratáng; 涙が出る程に笑う shíru nachi vorayung; 子が嬉しがり笑うのを見る vorabi úshshashi várayusi nyūng; [s.] giggle.

Laughable 可笑しい; vúkasha, vúkashī kutu.

Laughter 笑い; varé; 笑い声 hi hi, (,はない方がよい) ha ha -shung.

Launch 進水させる; {船を} funi mizzinyi ukĭung, funi síra urushimĭung; {sira とは sína 砂の意味と言われ, 砂・岸から降ろさせること}.

Lava 溶岩; {fī zan kara ndjīru} átsi íshi, núku íshi {温い石}, íshinu gutósi.

Lave 沐浴する; amĭung.

Lavender water ラベンダー水; {香り水・香水} nyiwúī mízzi, kába mízzi.

Laver 沐浴用大水盤; amīru taré, {即ち, 浴桶}; 寺の入り口にある水盤 chūzi〈CDなし; 手水であろう〉bāchi; 大抵は石造である; chūzi は字義的には「手水」だが, この大水盤で足や顔も洗う; 大水盤は chūzi taré, tī mizzi bāchi のように言っても良いであろう; hāchi, bāchi は「鉢」を意味する.

Lavish 気前よく（浪）費する; ítaziranyi tsīyashung, yáma chírashung; 金を浪費する dzé〈財〉yáma chírashung; 水のように金を使う dzé tskayusi mízzi tskayuru gútushung.

Law 法; 'hó; {形（式）} íkkata; 禁止法 háttu; {規則一般} kákushtchi（格式）, núri（法）; 国法 kúnyinu 'hó, kakushtchi; {慣習} kúnyinu sãfú; kúku 'hó; 法典 'hó gatchi; 一巻の法典 'hó gatchinu íssãtsī; 法を犯す 'hó {tsími, bátsi} úkashung; 吟味し法に基づき決定する djímmishi hónu tūī sadamĭung, {sáshivákashung}; 法に適わない hónyi kanāng, hónu gútu aráng, hónyi shkáng; 法に適う hónyi kanatóng, hónu gútu; 法に徹して罰する 'hó táki tskiti {tskutchi} imashimĭung {ussamĭung}; 法を越えた刑罰 hōnyi kvīti {sídjiti}, hónu fúkanu {házirinu} chī batsi; この法を書き取り, 町の各門に掛けておけ kunu 'hó gatchi katchi ndjáchi, gussiku íppé djónu kákiti utchóki {kakitóchi}; 古い格言に曰く, 法立てるに厳しく, 法行うに寛容を以てせよ kūgū〈古語〉nakae ïyattósiga, 'hó tatīse chibishūnyi néng até simáng, 'hó ukunáyusi {ussamīse} nadamirang até simáng; あらゆる法に卑しい抜け道が生じる 'hó

gútunyi wūdjiti（応じて）máta naziki kutuba {kízinu} chāki shódjīung; 役人による法の悪用・曲解 'hó mágĭung; 法を越えて仁（慈）を行え hónu házirinyi djīng fúdukushung; 法に基づき彼を地方官に採用しよう hónu tūī shan kwanyi〈縣官に〉ágiri varu; 善人（君子）は, その言葉・行為が他人の法となり規則となるに相応しい kunshé sunu kutúba ukunéng núritu（法と）naru bichí múng du yarú.

Lawful 適法の; hónyi kanatóng, attayúng.

Lawless 法違反の・無法の; hónyi áttarang; 法を守らない人 'hó mamurang {kamáng} mung; mŭhóna（無法な）mung.

Lawgiver 立法者; hó tátīã, tskoyã, hádjimiti 'hó tatīru mung.

Lawn 芝地; {草原} mó, kaya mó; {亜麻布} urósharu natsi núnu.

Law-suit 訴訟・告訴; úttaï, úttaï gutu; firū gutu, kwannu ménu úttaï; arasoï úttaï, só-shu〈訴訟〉; 人を告訴する uttaïshung, kwan yinnungkae〈官員に〉uttaï tsigĭung, unyukĭung, firūshung; 訴訟に関わる só shu shī ndjashung; 訴訟理由〈EC: 告状事体〉úttaï tsigiru yuīshu, nariyutchi, yósi; 訴訟に負ける úttaï makitóng; 勝訴する úttaï kachóng; 訴訟が起こったら, 初めに結果がどうなるか充分考慮する必要がある síbiti úttaïnu yuīshunyi óïdunsava（会ったら）sé shu〈最初〉vúti zíbung ussamīru tuduché kangeti {cha nayugandi ichi} íri kūdji si varu.

Lawyer 弁護士; úttaïshã, úttaïnu ski-yaku（助け役）, úttaï naritōru ftu〈EC: 訟師=〈文書作成者〉〉.

Lax 手温い・怠慢な; yáfatóng; 道理に対し怠慢だ dóli mamúīnu ússissang, dóli ússiku mamutóng, shkattu mámuráng; [s.] loosen, relax.

Laxative 下剤; shá（瀉）yãkŭ, sági kússuï, kudashi kússuï.

Lay 置く; útchung; 下に置く utchóchung, utchikĭung; ペンを置いて行った fudi utchikíti hacháng; 大事にしまって置く kádjimĭung; 蓄える takuvéyung; とって注意深くしまう tábuyung, kakugushung（格護する）; 側に置く, 少々遠ざける amankae nashung; 片づけて整頓する shidjumĭung; 片付けもう使わない（しまいこむ）utchitóchung; 目下の所は側に寄せて{留めて}おく tumitóchung, nubitóchung, fichétóchung; 着物を脱ぐ chíng házĭung; 卵を産む kūga nashung; 重ね置く{積み上げる} tákuvéyung; 棚に置く tánanu wī nakae utchung; 食卓の下に置く dénu shtya nakae utchúng; {琉球式}膳の支度をしなさい djíng shkóri; {西洋式}食卓の支度をしなさい dé shkori, dé nakae dógu shinyashung, sünetóchung; {テーブルクロス, マット等を}敷く shitchúng {chang, kang}; {寝るために}寝具類を整えよ nígu shkóri, záshtchi sí; {朝にそれを整えよ} shidjúmiri（片づけよ）, takudi（畳んで）, {畳む} tákudi utchóki;

地面に置け dáchi wīnkae úki（抱きかかえて上に置け）; 今皆混乱している, 整理しなさい nama yáma chirachésa, churāku shidjúmiri;｛上に｝被せる háyung; 糊で上にくっつける nuĭ hayung,「糊を（上に）つける」という意味もある; 上に色を置く（塗る）núĭ mungshung, núĭ katashung; 手で（上に）擦りつける tī shi nuyúng; 刀に手を掛けて怒ってにらむ katana saguti｛túti, katsimiti（掴んで）｝mī íkaráchi nyūng; 文書を脇に置いて, それを差し出すのを遅らせた bunó tumi utchóti ushagirang（差しあげない）; 清潔でない家に仕舞われている bu chiría yā nakae kadjimiténg;｛手を｝置きよりかける úttchakĭung, úttchakĭung は｛叙階式で｝聖書に手を載せる表現に最適である.

Layer 層; 一層 chu kassabi（一重）. 最下層 shtya dé, djí bămī.

Lazaretto ハンセン病院; féĭ yamé ukagáyuru yā.

Lazy 怠惰な; úkutari mung, ukutaritóng, mimashóng｛字義的には, 膨れ太った体｝; あの召使は怠け者で, 仕事に精を出さない kúnu nza mímashí mung, ukutari shī shóng; 今日は不調で少し怠けている chū ámmashanu ukutaridjīshóng.

Lead① 鉛;｛金属｝námari;［s.］zink; 白鉛 namarinu kū, kū namari; 鉛｛鉛筆｝námarinu fúdi; 深いか浅いか調べるために測鉛を投入し測深する tsītó tstchūng, assami fukássami.

Lead② 導く・案内する;［動］fíchung, sóyung, súbĭung, súbichung｛sóyung と fichung との合成｝; mitchibichúng, ízănăyūng; 手を取り連れて来る tī fíchi sóti chūng, sóti achung; 子供の手を引き歩きを教える vorabi tī fichi｛fíchagiti｝áchi narāshung; 災難に到る vazavényi nayung, vazavé mánichung, vazavé ítashung｛到らせる｝; 悪に引き入れる｛yana mitchinkae｝fíchi yandyung; 良き道に導く｛yī mitchinkae｝fíchi nóshung; 軍隊を引いて来た íkusa subíti chóng; 騙され迷った者を真理に戻す mayutósi fíchi subíti makutúnkae kérashung; 柔らかい言葉で導く yaffaténg íchi míchi bichúng.

Leader 首領・リーダー; káshira, sátchidachi, míchibíchuru átama, fíchi subīru（統べる）káshira, ⁺chófun〈駆本〉; 私らには模範を示して導く指導者がいない vátta míchi bikatti mínárinu néng; 上官らに指導者なし kamitaru（上たる）fitunu fíchi michibíchuru kutó néng; 上官らは私たちには指導者ではない kamitaru fitunu vattánkae míchi-bichí mīnarāshi mishórang.

Leaf 葉; fă;｛本の枚｝mé;［s.］gold, brass-leaf; 葉・花が落ちる（こと）shíbunyung（凋む）; 山中の木の葉が全部落ちた san ⁺chūnu〈山中の〉｛yama nakanu｝kīnu fa sōté utitóng; 葉がない fănu neng, shíbudong; あの木には葉がない kīnu síritóng; yetóng; shó-sī-shong｛字義的には, 憔悴｝.

League 同盟・仲間;［名］yakusku, chu kúmi;（誓約）

chikeshi tatiteru yakusku;［動］（組する・誓をたてる）tagényi kumishóng, yakusku tatĭung.

Leak 漏る;［動］muyúng; 漏って落ちる muti mizzinu útĭung; 雨についても言う: aminu muyúng 雨が垂れる, 漏る.

Lean① もたれる;［動］寄り掛かる uttchakayung; 背中で（寄り掛かる）kushátishung; 〜の方へ寄る（傾く）yuyúng, yutóng; 枕に頭をもたせる máckva skĭung, mackwa skíti nindjung; 頼る tánunyung, uttchakati｛kushatíshi｝tánunyung; 木に寄り掛かった者がいた kī nakae úttchakátōru munó wutáng; 戸にもたれて人の来るのを待ちかねている djó nakae úttchakati machikantīshung.

Lean② 痩せた;［形］yáshtóng;｛顔｝tsiranu súgitong; shishé（肉は）fínyatóng（減っている）.

Leap 跳ねる; móyung, túmmoyung, tummoĭ móĭshi áttchung; 跳ね上がる túmmoyung; あるものを飛び越える túnudji｛úttunudji｝kvīung; 飛び越え, そして一定の時間・空間を空いたままにする kushúng;［s.］alternate（互い違い）; 身が軽くやすやすと跳ぶ karóshanu kátténg túnudjung; 惜しいかな, 彼は川に飛び込み溺死した ushī yósi dúyārū, ari kārankae túnudji shidjang.

Leap year 閏年; uru dzítchinu（閏月）túshi.

Learn 習う・学ぶ; narayung, manabĭung｛dang, bang｝, chíkushung; 暗唱する fanashi bukushung; 本なしに記憶を頼りに書く shumutsi ndan gútushi, ubitósi máma katchuru, または fanashi gatchishung; 学ぶ 蜂｛の例から教えられる｝fatchinu mánishi; 学んで思わなければ虚しい, 思って学ばなければ危うい〈EC: 学而不思則罔思而不学則殆〉mánadi kfūsandung aré munashī mung, kfūshi manabandung aré aya ushi｛ayashī mung｝; 学んでも最終的に成功しなければ, 花にならない葉, 実にならない花のようなものだ manadi djódju naransi chódu nénu（苗の）mí ndjíti hána sakáng, hanā satchíng náĭnu（実の）naransiti yínu mung; 一人で学び友がいないのは, 孤児のような卑しさや僅かの知識をもたらす dúchuĭ gakumungshi dushinu urandungare, chúĭ mung nyishti, íyashtchínyishi chku kutó｛chíchashi｝íkirassang; 私の研究は尭, 舜, 周朝の孔子の道理だけだ vari naró tukuró tada Djó-Shung, ⁺Shūnu yū ⁺kūshinu mítchi dó; 私にとってそれらは鳥にとっての翼, 魚にとっての水と同じで, 一時たりとそれらなしには済まされないものだ tuĭnu tsíbassa, īunū mizzi áruga gútushi, kuri ushinaĭdunse chāki shidji, shíbarákūmū íchichi ōsán.

Learned 学問のある; 人 samuré〈EC: 博学之士〉, símí shirí（墨知り）, símí shtchōru mung, sími narayā, simi narénu ftu; 広範な学問に通じた fáku gakunu samuré〈EC: 博学之士〉, shumútzinu｛gákumunnu｝firussaru mung; 余り進んでない学び手 ⁺shū gaku（初学）,

⁺gáku shă〈CDなし;「学ぶ者」の意の「学者」であろう〉;
学問的職業（の人々）simi shtchōru ⁺shu djútsinu〈書
術の〉}chá; 学者集団（学会）sími shtchōru chū surí;
学び手にとってそれはきっと少々役に立つ shú gaku-
nyi skúshi {intĕnnung} udjinú（補う）kutú nénté
naráng {udjinuranté,tassikiranté,naráng}.

Learning 学問・学ぶこと; gákumung,sími,sími shtchósi,
naré mung,gáku-lítchi〈CDなし〉; naró tukuró;｛学ぶこ
と} narayuru kutu; 彼の学問は秀でている ariga ga-
kumunó chunyi fĭditóng,{chu yaka núchindjitóng,su-
guritóng}; 彼の学才は天地を繋ぐ縦糸・横糸だ ariga
⁺sé gaku〈EC: 才学〉tĭnchi kassi núchi natóng; 地に広
がり覆う横糸のように広範で、天に達する縦糸のよう
に高遠な学問 djĭă nútchinu gutu fĭrukúshi,máta tin
madíng kassinu gutu tákaku nati; 地のように広く天の
ように高い djīnu fĭruchi tínnu tákachinu gutóng}; 西
洋の学問の発生の仕方はこの通り nyíshinu gáku-
munu mútu aru ívaré kuri dó.

Lease 賃貸・賃借する; 賃借する kanégakaï-shung; 賃貸
しする kanégakaïshi karashung; 賃貸借契約証書
kanegakaï yákusku gatchi.

Least {[s.] molecule}} 最小（少）の; kíssidji fúdu {毛筋程
の大きさ},íttati kūsang; 少しもない múttun néng,su-
múttu néng,kíssidji fúdu néng,kíssidji tutíng néng;
聖人の心は思惟の乱れは微塵もない ⁺shīdjinu ku-
kuró chū kíssidjinu ⁺dzóninó〈雑念は〉néng; 才能は
少しもない múttung {intĕnung} ⁺sé nū néng; 半点程
の私欲もない、なんで異論など唱えられるか hambung
útski fudu vatakushinu kange néng túchindo chāshi
nowchi kutuba〈EC: 直説〉samadakīga?

Leather 革; kā; なめし革 kánshoru ga,kunashéru ká,djú-
ku ga; 革箱 ka baku; 竹細工の箱、革の縁取りがなされ
ている kūī báku; háta tsītsíng; なめす kā kunashúng;
なめし革職人 kā kunashí zéku.

Leathery 革の; kānu gutóng,kānyi nyitchóng.

Leave 休暇・暇（乞い）; ítuma,yurí; {旅立ちのため別れるこ
と} vákari; そのような別れを告げる vakari tsígĭung;
休暇を取る ítumashung; 職場から休暇を取る shku-
bung ítumashung; 暇乞いする ítuma kūyung, tsígĭ-
ung; 休暇を与える ítuma kwĭung; 許可を得た yurí-
nu chóng; 家から離れた（出た）yā kara hánachi
ndjáng; 留守の間、番をさせる ĭusi bānshimĭung; {捨
てる} hanariung,stĭung,vakayung; 私は彼から離れ
た vaga ari kara hanaríti ndjáng,vákatáng; vaga ari
stítáng（捨てた）; 後に残し置く nukushung,útchung,
stĭung,nukuchóchung; tumitóchung; それを置いた
{忘れた} vasti utcheng,tsī vasti utchéng; 残して置い
て、人にその世話を任せる nukuchi {utchóchi} tanu-
nyung; {死んで}財産を残す núkushung; 彼をここに
残す vaga ari kumankae núkushung; 余って残る

ámayung,amatóng; 余分の物を残す amaĭnu núku-
shung; 充分{正当な量}以上を、各人に残した ⁺bun ló
kara kassamíti（嵩めて）nukuchéng {kvīti kassamiténg};
間を省くkushúng; [s.] pass over; {除く} dúkiung, utchung;
この1点を除き全て良い kunu tītsi dúkitinu fuka sōté
yutasháng; やめる chirayung, yó utchung,yotchung;
〜して置け{命令形} yóki; 書きやめる（書くのをそのまま
にして置く）káchusi yó utchúng; 開けて置く akitóchung
{akiti utchungの変化}; 半時間そのままにしておき,それ
から再び書く hán tuchi uttchóti átokára máta ka-
tchung; 傷みが止んだ itaminu chíritang,sandjitáng;
tétóng, yuruchóng,sátí nérang; 交際を止める madjivari
chichéng,téchéng,náka tétóng; 交遊を止めるのは良く
ない madjivari teché ickang; 以前はよく首都に行っ
たが、今は絶えている kunu satchi gussiku táta íchuta-
ssiga nama chíri tétóng; 酒を止める saki chirayung,
téshung; 人に阿片を止めさせる事の可能な処方箋
afíng chirayuru 'hó gatchi; 君に任せる ĭyányi háni
vézikĭung,mákachi shímĭung; この仕事を君に任す,
君でやってくれkunu yūdju ĭyanyi vezikiti tanunyung,
ĭyáshāe sīyó,ĭyáshāe kutu kamuriyó; ĭyanyi mákachi
shimĭung, vézikiti shímĭung; する許可を与える
yúrushung; 以前は私等は4人の召使女と一緒で
あった、今では1人死に、幾人かは去って、私は1人孤
児のように残った kúnu sátchi yúttaĭnu wínago dúmu
gva madjúng shassiga,chuĭyé shídji,íkutaiya ndjíti
uráng, tada wang ftúĭ,chúĭmúnnu gútudu núkutōru;
出掛ける時は暇乞いをし、帰ったら姿を見せなければ
ならならない ndjiru bāya kanaradzi ítuma tsígí,ké[ti]
chūru bāya {náma du charúndi} annési vadu yaru; 許
して下さい {[s.] let.} vang yúruchi kvĭri; 彼はすぐ立
ちあがり暇を告げた ari chāki tátchi vakari tsigitang
{ítumasháng}; 彼から離れるのは嫌だ vaga aritu
hánari gúrishang; ari stí gúrishang; stíé naráng; 暫く
離れる・別れる shíbaraku {shibaraka nagé,íttucha,
fissashku} vakarĭung.

暇乞いの言葉; 暇乞いをする側: ndji kūĭ? 行って,また
来て良いか?; tó,vané ĭkāĭ; tó,nya ikayā? さて,もう
行って良いか; tó,nya vakarĭā さて,別れて良いか; 二
人以上が同時に辞去する際: dikā,ikaĭ さぁ,私ら行っ
て良いか; itoma gúĭ! 暇乞いをして良いか,これが最
も普通の別れの挨拶;

主人（送る側）の挨拶: tó,ndjí mishóri,achánkae kūyó,
さぁどうぞ,お出なさい,また明日来なさい; 下層階級
の人はただ次のように言うのが普通:ménséng かた
じけなくも{私をおたずね}下さいました; たいてい客も
主人も繰り返し言い足す: achā,achā 明日,明日{お互
いにまた会いましょう};

旅立ちに際し,旅に出る者（の挨拶）: tó,vané ikaĭ, 'nya
gandjūnshóriyó 皆良い健康のままでありますよう;

（旅立ちの挨拶への）返答は: féku ndji kūyó; すぐまた来なさい; gandjūnshi ndji kúyó 健康で行って来なさい; féku（早く）karíushishi（嘉例吉して）{karīshishi} ndji ku 上記に同じ; [s.] journey; ké shó ping-ányishi ndji kū, 海上を平安に行って来なさい.

Leaven 酵母; mítchi, únshaku; {米の研ぎ汁} kúminu shiru; [s.] ferment;（発酵して）膨れている fúkurū nati; 菓子がよく膨れない時（の表現）fukvagú nati, fuckvagu ágatóng; 酸味が薄い bísīsang; 膨らまない fuckvagó ágarang, fukurū narang, bíssīku néng; 菓子を膨らませる míchishae kumpiang agarashung.

Leavings 残り物・余り物; nukúï, amáï, kúdaki; amatosi, nukutósí.

Lecherous 好色な; íru zíchi, íru mussabutóng.

Ledge 岩棚; íva, iva íshi, ívanu hanta.

Leech ヒル（動物）; ámagassā; ヒルに血を吸わせる amagassā shae chí shpurashung.

Leek ニラ, ネギ; bíru; chíri bíra. ニラ3本 firu san bung, firu mí mútu.

Leer 横目で見る; fíchi mī-shung, fíchīmīshŭng.

Lees 滓; {酒の sakinu} kássi, gúri, murúng, kassi zé; 後の二つは漬物用（の混合物）である.

Leewards* 風下; kazi shtya muti. *Ledge の後より移動.

Left① 左; 側 fídjaï; 左へ fídjaï múti; 左効き fídjaïyā.

Left② 残された; [動] mukuchéng; 余った amatóng; 死に際し財産を殆ど残さなかった nukúï zé mutsi íkirassang; nukuchéru tákara ússissang.

Leg 脚; áshi, síni, fīsha; ふくらはぎ kúnda; 脛骨 {前縁} kára síni; 手足を纏めて sh'té〈肢体〉, yūtsinu shté; 片足 kata fsha; 両足 tatsinu fsha; 転んで足を折る tsimazichi（躓き）fsha wūtang; 角を作る両線 [s.] angle; 羊肉の片足 ftsizinu káta múmu; 脚骨 síni búni.

Legacy 遺産; nukúï tsté mung, nukutchi tstétéru mung, tstetí nukuchéru mung.

Legal 法に適う; 'hónu tūï, 'hó dūï, 'hónyi attatóng, lī〈令〉-dūï; [s.] judicial;（長）官の定めに属する kampunkae〈官府に〉 kakatóng, kwan pūnu kutu.

Legalize 合法化する; hónyi áttarashung; 'hó dūïnu gutu nashung; djítsinyi {makutunyi} kanāshung.

Legend 伝説; nkashi banashi, tskoï firumashi munugataï.

Legendemain 手品・早業; mī máchi tīnu gámmarishung.

Legion （歩兵）軍団; 十万の悪魔の軍団が周りに群がっていても, 何を恐れることがあるか djū mannu íkkussa migurachantémang {ayeshúndung, atantémang, aritu īdomo, migurasi kutu aritu īdomo} nanzu kúri ussurīru kútunu ága {nūnu ussurīnu ága}.

Leggings 戸外用のぴったりした子供のズボン; hákama.

Legitimate 嫡出の; 子 tádachi mmarinu kva, shó mmarinu kva, shó túdjinu kva; 反対（私生児）は vatakushinu

kva, yubénu kva; 誰が正統嫡出の王朝か, 誰が私生のものか, まだはっきりとは区別出来ない taïnu（二人の）utchi dzeruga（いずれが）tadashtchi yaïra, dzeruga ítsívari yaira now māda shkató shirang {vákarang}.

Legislative 立法府の; 'hó tskoyuru, 'hó tatīru.

Legumina（**legume**）マメ類; māmi; 当地には次のような豆がある tó māmi {中国豆}, aka māmi {赤豆}; shiru māmi {白豆}; indó māmi {えんどう豆}.

Leisure 暇・いとま; fīma, ítoma; 暇である fimanu ang, fīma {tíma} achóng; shizikányishi shigutósang; 忙しくて暇なし yúdjunu ati fīma néng; 休暇日 yurí-bī; 昼間少々暇あり fi djū iffé fīmanu ang; 暇な時は何時も友を訪ね楽しんだ ítuma aru gútunyi {fīma gútunyi, fīmanyi wūru gútu} dúshi ítchati mútí assidang.

Leisurely ゆっくり・悠長; yóï yóï, yóna {yóïna}, yódaï, nítsi nítsi, íssugáng gutu; ゆっくり60歩歩いた yúruku rúku djū áyumi átcháng.

Lemon レモン; sī kunibu? {酸っぱい蜜柑}.

Lend 貸す; kárachi yárashung, kárashung, kárachi kvíung; 手を貸す tiganéshung, tassikíung; やすりをちょっと貸してくれないか{借りていいか} yassi íttchuta kárāï?; 私に貸した{（私が）借りた}茶碗を貰ってよいか cháváng karachési yírаï?; 利子をつけて貸す lī túti kárashung; 貸す人 karachéru ftu.

Length 長さ; nági, nagi sháku; たまに{しかし. 髪・竿の場合にまだ使われる} tsima; また次のようにも言う: nagassa ínchassa, chó tan 長さと短さ{どれ位長いか, どれ位短いか} 即ち, 長さ, を私は知らない; 毛の長さ kí zima; 長さは何か（幾らか）nagé chássa?

Lenghten 長くする; nagaku nashung, nubïung; 髪を長く伸ばす{生えさせる} kī māshung.

Lengthwise 縦に; nagínkae, náginu tūï; 直立したもの táttinkae; 縦の線 tátti sídji.

Lenity 優しくする; yū yūtu tuïmutchung, nadamïung; [名] nadamīse, yūyūtu túïmútchusi

Lentil ヒラマメ; chū zī, fīra māmi gva.

Lepra ハンセン病; nābără.

Leprosy ハンセン病; kūnchi; ハンセン病患者 kunchā.

Less より少ない; nyafing íkirássang; もう少し少なくせよ nya iffé íkiraki nási; 多くも少なくもする必要ない, 今のままで十分 sītaï íkiraku nachaï sang, námanu sháku yútashang; {ussashae yī bung}

Lessen 少なくする; [他動] íkiraku nashung, firashung, djindjíngshung〈CD なし; 減 djíndjĭung であろう〉; [自動]（欠ける）kakiung, [他動]（欠く）kachúng; {厳格さを（緩める）} yórashung, yurumïung; [s.] abate, relax.

Lessee 賃借人; yaturarīru（雇われる）mung, chkata kanegakaïshi tuyuru mung.

Lesson 課業・レッスン; naré mung; {1回分} chu nare bung.

Lessor 賃貸人, 地主 chkata（地方）kanegakaïshi yáturashuru mung.

Lest 〜するのを恐れて; ussurakwa（恐らくは）,-ndi ussuritóng; 知られるのを恐れて shirarīse ussuritóng, shirassánkandi ussuritong｛其が知られるのを恐れて｝; chúnu shī yassánkayá（shīya ssánkayá であろう）ussuritóng｛誰かが知りはしないか｝; 彼が聞きはしないか, 転びはしないか, 恐れて chichésánkayá,dugéyassánkayá; 空しい事についてはあまり口にするな, 時間を浪費するのを恐れて munashí kutúba íkiraku īyé（少なく言え）,túchi fī k̇ó ing〈光陰〉sharashé sánkaya ussuritong.

Let 許可してさせる〈EC: 任,許,憑,准,由〉;｛許す｝yurushung; 彼に許可してさせる arinyi makashung,mákachi shimīung,kattishimīung;｛譲歩する｝yuziti shung; それが成されるようにさせる shimiung, 作られるようにさせる tskoráshung,tskorashimīung; 許可して来させる｛強制的に来させる｝kūrashung; 来させない kūrasang; その儘にして置く yóchung; 命令形 yóki（cf. leave）; 一人にしてくれ（構うな）vang kamúnnayo; 彼の好きなようにさせよ ariga mákashinyi shimiré; 私が好きなようにさせろ nda,va makashinyi shímiré; va káttishi tskorá,vang sá（私がしよう）; 私を主のように振る舞わせてくれ vanyi mákasi（私に任せ）,nūshinu gútu sá; 義人の死のように死なしてくれ, 私の生の最後を彼のようにさせてくれ djínnu ftunu shinyuru gutu vaníng shidji,ariga mī ovaru gútu vaning mī ovaité（終わりたい）; どれ私に見せてごらん vága nda,nda, nchínda,nda vang nchínda; どれ見てみよう, 何が出来るか mazi,nchínda cháshugándi（どうかと）; これは彼の好きにさせさえすればよい kure tada arinyi yútsi siyó,dūnu katti shimiriyó｛彼の仕事だ ariga shússidu yassā!｝; 私が君に着物を着させてあげよう vang｛ïya ching｝kústi torassá; 私に（持たせて）くれ vang yirá,vang yírasi;｛あなたのために｝開けてあげよう vang akiti torassá（torá,kvirá）; 行きましょう diká! ndjínda; íchumi?,íckaī?（即ち, 行きましょうか）; 彼を来させるな kūrassunayó,ichārassúnayo｛即ち, 彼を私に会わせるな｝; 私にさせてくれ｛もし私にさせてくれるなら結構だ｝ïyága kúnu kútu vang shímiti yútashang; 後ろから誰かに彼を支えさせてくれ kushi kará chunyé ari kagéti,yútashang; 彼を許して行かせて ari yúruchi yarasi!; 彼が行きたいなら行かせなさい ariga káttinyi mákachi yárasi; 入らせる irashung,írirashung; 空気を入れなさい｛風にそよがせ, 吹かせなさい｝kázinyi súgashung; 下ろす｛縄でくびり｝tsínashi kūnchi｝úrushung; 縮ませる｛布が湿され, なめされる際のように｝chidjumarashung,kúmaku nashung｛即ち, より細かく濃くする｝; chídjumati ínchaku nashung｛即ち, 縮ませ短くする｝; 差し込まされている chidjumatóng｛即ち, 縮んだ｝; 巻き込む｛着物に一時的に留めをして｝

chíng néchiri（あげ）irǐung; 外に出す néchiri ndjashung, fútuchung; 一つも残さない tītsing núkusáng;［命令形］tītsing nukussang gutusi,tītsing nukusashimínna; 願い通りにしなさい nigāyuru gútu｛tūī｝sī yó,｛丁寧な言い方 náchi kvíri｝; あれには構うな, そうでないと無礼に振る舞うことになるぞ arinkae tī kakínnayo,ánshi būlī nayung; 大抵子供とかが触れたりするのを止めさせるには, 次のように言う: ansúnnayo, túnnayo｛そうするな, 取るな, 即ち, 放っておけ・構うな｝; 彼の邪魔をするな, させておけ yóshóti,shímiri; 奥さん, 何をしにまたいらしたのですか, 私等にもしばし楽しませてください ayamé nū shundi máta ndjiti chóga, vattáng iffé assibíyusi yúruchi kvíri; 私はその話をして｛そこへ行って話し｝君に聞かせるよ vané áma ndji sódanshi ïyankae chkashúngdó; 誰かが門を開き反徒の群れを町に入れた chúnu wúti（居て）djó ákiti nussudu fïó〈兵〉gussikungkae fánachi yaracháng｛sísimi írirácháng｝; 彼らには殺しあいをさせて, 干渉するな atta makashinyi shímiti,tagenyi kurusavang,kamúnna; yóshóti,órachi dū shinyisavang,sinyung,soba kara fabamínnayó（阻むなよ）; 空気｛煙｝を出せ kunu īchi｛kíburi｝tūse（通せ）｛または tūshi shímiré,tūshimiré｝; 各人に何を尊重し固執すべきか知らしめよ únu únu táttubi mámuru túkuró shirashimiré; インクの一滴も残させない tstomíti（努めて）síminu chú utskíng tudumirasáng; どうか私に見せてくれ vang nchi yurussá｛kvíré｝; 彼の願い通りにさせよ áriga nigatóru tūī shimirasé; 帆を下ろす fū úrushung; 丘の頂上から籠で下ろす sánnu ítadachi kará bākishae kaki（懸け）úrushung; 池のなかへ放す īchinu｛kumúïnu｝utchinkae hánachi yúrusé（*yáraséであろう）; この急送公文書を印刷させ, 普く告げ広めさせよ kúnu bung hankóshi,fíruku nágari tstérasi（伝えらせよ）｛íppe firuku tstérasi｝; そのままにしておけ｛校正用語の"イキ"｝íchikachóki, 字義的には, 生かしておけ.

Lethe 忘却;｛忘却（用）の薬｝vassīru yaku, vassīru kussúï.

Letter 文字;｛中国字一字〉djī,chu djī; 日本の五十音（字）kana; その一字 chu kána,kana djī; 文字を繋いで語を綴る djī tsizikíshi｛katchung,kūdjó nubïung｝; 国固有の文字 kunyinu｛túkurunu｝dzúku djī;｛通信文｝djó（状）,chu djó,djó gátchi,tígami,tigami gátchi;｛公文書｝búng, búng gátchi,shū-djó〈書状〉, íppúnnu shu-djó,chu tsítsiminu djó; djó chu tsitsimi（一包み）, 即ち, 手紙一通;｛商用文｝yūdju bung,tíéshung;｛印｝shírushi,shírushi djī; 札に書いてあるなら fuda,tski fúda,shirushi fuda; nā gatchi-shung 即ち宛名書きする,shirubi gatchi shung,tski fúdashung; 彼は一字も知らない are chū djīng shiráng; 文字で書物を作るのは人間の功だけではなく, 天から授けら

れたのだと考えるのが真実により近い djīshi〈字で〉shumutsi tskoyussi chāshi chúnu kó bakaï〈功ばかり〉yaróka, tíng kara sazikitésindi úmuti mákutunyi chkássang; 手紙を書き, 人にそのニュースを持たせて北京に遣った djó kátchi chu tskati Fikínnungkae útuziri mukūtang; 紹介状をもう数通持っている madjivari djó {sisimíti madjivarashuru djó} nya íku tsítsiminu ang.

Letters belles 美文; shu-djútsi〈書術〉{文章術}

Lettuce レタス・チシャ; ch'shánna.

Leucoma 角膜白斑; línga mī, shiraminu kakatóng.

Leucorrhoea 白帯下, こしけ; únchu（膿）shíbaï {膿小便}?〈EC: 帯下・帯濁〉.

Levee 謁見式; chóchin〈朝覲〉; 明日は謁見式の日, または皇帝が謁見をなさる achá chóchíng sarīru fī, achá kóti chóchíng sarīng; 私は謁見式に出席した{招待された} vanné chóchinnungkae yubassáttang {yubassátti wutáng}.

Level 平らな・均等な; [形] nadjiku, máttóba; [動] 平らである nadjissang, nadjiténg, nadjiténgshong*, fītányi〈平坦〉ang, agaï figuḯnsang, taïrakanyi ang; 平らにする máttóba nashung, nadjiténgshung, kizǐung（削る）, kízíti máttóba nashung; kízǐung は道徳上の意味でも使われ, 誤りを正す意となる; 平地 fīchi; 水盛りをする mizzinyi kunabíti {djúnjiti（準じて）} shung; 当地では水をたらし, 水が何処にも流れなければ, 地面は平坦だと正しく判断する. この操作をつぎの様に言う: mizzi muyúng, mizzi múti nyúng {agatómi ságatómi} 水を垂らし{地面に起伏があるかを}見る; その道具{水準器（水平器）}と呼べるなら, アルコール水準器}は mizzi múï djódji と呼ばれてよい; 私は彼らに, 中に空泡むしろ真空状態を作った瓶をまるごと見せ, 真空状態が私らの air-level（真空水平器）のように表面の中央に来るまでひっくり返して見せた. その状態を彼らは次のように言った: nákanu būkānyi djúndjiti mízzi fītúnyi nashúng; 海抜三千フィート óminu fīchinu wī nakae takassasi san dzin shakunu ang; 汶川の水位を高め, 衛川に対抗させた vannu mizzi sīti tákaku nachi Weinu kāra títchi shimitáng（敵対させた）.

Lever てこ; fitsi, kanigara; 西洋の回転レバーはおそらくkúruma kanigaraと呼ばれるであろう.

Levity 軽さ・軽率; kassassi; 心の軽さ ukadósi {浮いていること}; 軽率そのものの人 karu garushī mung, assamashī mung; chī fákuna〈軽薄な〉mung, kassaru mung, ūū káttana mung, úkada mung（浮かんだ）; djódji {núri} néng mung; chínu〈気の〉kassang, kukurunu {kukuru mutchinu} assashī（浅い）mung; 言葉の軽率さは咎めを招き, 行動の軽率さは悲惨を招く kutúbanu kassadung aré chāki togáminu chóng, ukunénu kassadung aré

vazavénu chóng; [s.] licentious.

Levy 徴募する; 兵を fīng úkushúng; 税を徴収する súï {djónó} tuyung, óssami tuyúng.

Lewd 淫らな・猥褻な; íru zíchi, yukushima, ín dang kunudóng, midari yúkunu ang; 淫らな話で悪に誘おうとすることは五十度の罪だ írunu kutuba íchi, chu yána mítchinkae mitchi bitchi gu djūnu toga áttatóng.

Lewdness 淫乱; índánna kutu.

Lexicon 字引〈EC: 字典〉; djī fitchi; 字引編集者 djī fichi tskoyuru samuré（士）〈EC: 作字典之士〉.

Liable ～しがちな・受けるべき; 罰を受けるべき toganyi ī {íchi} yássa; tŏga fīchi yassa, toga kvāsarī bichí; 病気しがちな yaményi kakaï yássa; 壊れ易い yándi yássa.

Liar うそつき; yúkushi mung, yúkushi munuīshā.

Libation 神酒; matsiri zaki; 神酒を注ぐ matsiri zaki kámiti（頭の上にのせる）{搔}動かす} djínyi kunchakǐung {kakiung, yútìung} sússudjung {jang, gang}.

Libel 中傷・誹毀, する; chu sushī gatchi-shung, chu azamútchuru katchi tskí-shung; arazarang fitunu fīkussi ícheru katchi tski; [s.] satirize.

Liberal 気前よい・寛容な; lónu〈量の〉firussang, íyashku nérang; 寛容な政治 yuruyákanu {kván djinnu〈寛仁の〉} matsiri gutu; 気前よく褒美する kassaníti {kvábunyi, bunyi sīti, bung gvényi（分外に）} fōbishung; 度量があり近付き易い人 ariga chútaru（人たる）kuto yósinu yútashang {yī yósinu djin tí〈人体〉yati} shkénu〈四海の〉ftu yū madjivayung; 博学な fáku gáku; 度量の大きな人 lónu fīrussaru ftu; あの人の気前の良さは帝王に似ている anu fitunu lóya tī-vónu lónu fīrussaru gutóng; 自分の物を与える気前の良さ dúnu assi migumi fúdukushuru {úshuru} tuku; 寛大に与える tī fīruku muchíti.

Liberate 自由にする・釈放する; [他動] yurushung, fánashung, tuchúng, yuruchi yarashung, nugarashung, yutsimǐung, yutsiku nashung, {奴隷を（自由にする）} yufirashung; [自動]（自由になる）tukīung, nugayung, yutsissang, yutsidóng, yufiténg; 官員と相談して, 彼を牢屋から釈放した kvan yintu sódanshi dūyá kara nugarachéng.

Liberty 自由; dūnu makashishusi, dūshi kamutóng, dū kuru dū nushi tushóng, mizikara nushi-tushóng, dūnu yutsi yutsī-tu ang, dūnu makashishóng; [s.] free, independent.

Libertine 放蕩者・放埒者; fushī mámanu ftu, ukáttanu ftu.

Libidinous 好色の; ín yukuna mung.

Librarian 図書館員・司書; shumutsi gamī（係り）, shumutsi kamutōru ftu.

Library 図書館; shumutsi ya, shumútsi atsimi; 唐代の太宗は宮殿に図書館を新たに設け, 四つの倉庫に20

万冊以上備えた Tónu〈唐の〉 yūnu +Taï sóya〈太宗は〉 udúnnu utchi {または +dinchu nakae} shumútsi yā shínyi tátiti, yú kūīnu shumútsi nyi dju +yū〈余〉 mánya（二十余万は）atsimitáng.

Licence 許可; yurí; 許可の証書（免許状）yurínu fuda, yuruyuru fuda, yurínu shūku; 種類販売免許 saki úyusi yurínu shūku gátchi.

Licentious 放埒な・無法な; +hó ratchi-na mung; tuï shimarinu néng; yukushimanyi fígadóng; núrínyi shtagāng mung; 日々放埒な堕落に益々沈んで行く fíbinyi hóratchi nakae íu nagaríshi íchung, または katánchi íchung.

Lichen 地衣類（植物）; hataki āsă, íshi nūĭ, ó nūī; tsínu máta（ツノマタ）という名の苔があり,それから būtū と言うゼリーを作る.

Lick 舐める; namĭung.

Lickerish 美食好きの; 人 ánda djógu, anda kwé, anda mung kwé; 猫のように貪る anda kwé mayānu gutóng.

Licorice カンゾウ（甘草）; +kán zó.

Lictor リクトル（古代ローマの官吏）; {笞打つ人} batsi átīā〈EC: 皂班〉.

Lid 蓋; fúta; 箱の蓋を取る hakunu fúta ákiung, fírachung; 蓋を持って来て被せなさい fúta túti ussúri; 蝶番式の蓋 tski futa.

Lie① 嘘をつく; [動] yúkushi ĭyung, yúkushi munuĭshung, itsivayung; [名] yukushi, yukushi munuĭ, ūu gutchī múnuĭ, yúkushi kutúba, hána kutúba; 嘘のつき方を知らない（ついたことがない）mutu kará yukushi múnu ïyé shiráng; 嘘をでっちあげ,あの子は死んだと言って,彼が彼女の事を考えるのをもう終わらせた方がよりよい ítsivari kutuba tskoti, anu winago ngva shidjándi íchi ari umítskatóssi téshussiga ítsing（最も）máshi.

Lie② {**down**} 横になる・寝る; nindjung {tang, dang}, hóyung（這う）; 病気で伏せる事が多い byótchishi fúshitóng; 仰向けに寝る mafanāchi-shung, uchagiti nintóng; 側腹で寝る〈EC: 卧側〉katánchi nindjung; あの場所は山に寄り掛かっている ánu chkáta（地方）sánungkae úttchakatóng; いっしょに寝る madjung nindjung.

Liege duty 君侯の義務; chíminyi kakatōru tstomí.

Lieutenant 副官; 当地では第二,または第三指揮官と言うのが最適であろう: nyí bang, san bang kvan ying.

Lieutenant governor 総督代理; +fū yéng〈撫院〉

Lieutenant general 将軍代理; +chan tsūnu〈CDなし〉dé nyi.

Lieutenant colonel 連隊長代理; yŭ chī〈遊撃〉.

Life 生命; ínutchi, nutchi, nutchi gafú; 長命 +chó-mī, kútu butchi; 生命に構わず nutching ushimang, nutching kaïrindang; 命からがらやって来た míssi gara {dūbakae} agati chong, ndjíti chóng; この命 námanu

inutchi, námanu yū（今の世）, kún +shó〈生〉, immanu nutchi; 人生・世間を見て来た hó bó shudjóshōru ftu, shkin mutchi yū shtchōru ftu; 孔子の生涯記録の如き人生記録 Kūshi djibúnnu {ukuné} gatchi; 人生において進んだ tuchi（時）yutóng, tushi yutóng; tushinu kuritóng（暮れた）; この一日に君の全生涯が掛かっている kunu ítchi nyítchi nakae ïya dū ovayuru mádinu kutu kakatóng; 生涯を通して重要な事に軽率であってはいけない du ovayuru madinu daï+dju* karissuminyi shé simáng *〈daï dji 大事,であろう〉; 生命の続く限り mī {íchi} tutúmi, mī ovaru madi; 夫妻はもう人生の夕方にあり,息子は無かった mitúnda tushinu íku madíng kva nassáng（産まない）; 人はその人生に何の楽しみがあるか namanu shkin nakae ichichóti nūnu umussaru kutunu ága?〈EC: 人在世有甚麼趣兒〉; 命よりましなものを望む ínutchi yaka mashi aru munó {massatoru kutó} vaga fusháttukurunu ang; 人間の人生行路は僅かの裂け目から見た白馬の疾駆のように早い níndjīnū shkínyi aru kutó shiru mmanu atchima kara haï tūyūsī（通るのを）nyūru gutóng; 人の一生は稲光,または火打ち石の火花のようだ fitunu shkínnu wī nakae wūru kutó {mmaritóru kutó} fūdī, fī útchinu fínu féssaru {+chū〈急〉naru} gutukunyi ang; 可能な限り急いで善をなせ,成就出来ないのではないかと恐れる理由がある yare +chū chunyi〈EC: 急急に〉djinó úkunatíng now mada uyubanó araníndi ussuritóng; 況んや悪をなす時間が如何に少ないことか bishté áku náshuru fímanu ámmi?; たとえ号泣しても生命を取り戻すことは出来ない ábiti nachantémang máta íchichuru kutó naráng; 彼の命を救う núchí nadamíti núbĭung, shínyāsāng; +shizé〈死罪〉yúrushung, shínyusi nadamĭung; 私は君の生命を取ろう{潰そう}と思う vané ïya núchi tsibusandi shi; 生死 +shó shi, íchi shíng; 彼の生命を一年短縮した ariga kutubutchi íchi nínnu fírashung; 人の生命は百年としても一瞬の瞬きの様なもの chúnu kutubuché（寿は）íku haku ning〈EC: 幾何百年〉ndi ichíng chódu ftu mi utchinu（一瞬き）yé du yaru; 人生の様はおかしいものだ. 無意味な夢が一つ過ぎるとすぐにまた次の夢を見始める chunu nutchi vukashī mung {頼りないもの, assamashī mung が此処ではより自然な言い方であろう}, chu íminu samiti mata íminu tsizichí chī; 摂理の車輪{運命の車輪}が邪魔立てする時,鋭い道具は鈍り,野性の馬は手綱もないのに止まってしまう tínnu yāmanu fabamīru kútunu atí, chāki togaï munó maguti, nūfarunu mma kutsivanu néng gutóssiga kún tudumati akáng; 生より人間に望まれるものはない chunu fussíru（欲する）tukuró {fushashuru kutó} +shó〈生〉yaka chūsaru munó nérang; 生命を捨て義に固執する djírinu〈義理〉wī dunyaré {djírinu

yǔishu óté} núching stǔung; 私たち二人の生命を保
証することは困難であろう vatta taïga nutché támuchi
gátassang; 生命は天からの贈り物 shó mi〈生命〉ting
kara aterattéru mung dó; この世で君に報いることが
出来ないなら、来世において必ず報いたいと思う
namanu ichichōru ba mukuyé ōsandung aré, mata
mmaridunsā〈EC: 再生〉mukurandi nuzumilu ang
{mukurandi hakari kangétóng}; 現世において私等が
欲しいものは金だけだ。死後人々が唾をはきかけよう
と罵ろうと気にしない nama ichichōru ba táda dzínnu
assi bakaïdu mutumitóng {dzínnu assi bakaïnyi kaka-
vatóng}. shidji áto, nūndi chunu tsimpé futchaki-
taï, nurataï savang kamāng; {種子に}生命の理がな
い shóli〈生理〉{núchi aru dóli} néng; 寿命を延ばす
núchi tsídjung〈継ぐ〉; [他動] nutchi tsigashung.

Lifeguard {皇帝の kóti} 衛兵 mamutōru fing.

Lifeless 生命がない; shó〈生〉ushinatóng, nutchi muttang
mung; kutchí kūti〈閉じて〉nutchi tétóng; [s.] inani-
mate.

Lifetime 一生・生涯; ichichōru yé, dū ovayuru yéda, shi-
nyuru yéda, íchi dé; 彼の全生涯 ishshó ishshi〈一生
一世〉.

Lift 上げる; 地面から持ち上げる muchágïung, tuyúng,
fitchagïung {後者は滑車で引き上げることにも使う}; 持
ち上げ手渡す {建築のため塀の上に揚げるように}
sashúng, sash agïung; 人が荷を持ち上げるのを手伝
う uyágïung, uyágishung; 助け起こす tassikíti uku-
shung, fítchi úkushung; 蓋を掻き上げる futa katchi
akïung {引っ掻く、爪で掴み開ける}, futa akiti uké {側
に置け}; おい、畜生!なぜ〈彼を〉助け起こしもせず、
そこに立って笑っているのか chkushó mung {ushi
mmanu tagǔinu mung} mata tassiki ukushínsang, tada
táttchi mī tskíti varáyumi?; 石挙げして遊ぶ {中国の
軍事訓練の一つ} sáshi íshi, íshi sashéshung, íshi sashi
assibïung.

Ligature 括ること; [名] kunchési〈括ったもの〉; 血管を縛
る chí sidji {動脈 mïaku sidji} ítu shae kundjung; 括り
糸 chíssidji kuncheru ítu.

Light① 光; [名] fíkari, kadji, ákagaï〈あかり〉; [動]
ákagayung; 火を付ける fī tskïung, té tskiung, fī té
tsikïung, fī méshung; ランプを灯す tūru túbushung ま
たは tskïung; 日中の光 tídanu fīkari, fīnu fikari; 日中
firu vúti; fidjú vuti, nyi chū {nyitchinu utchi}; 白昼 ūū
akagaïshōru firu; 月は本来光に欠けているが、常に
太陽から光を借りている tsitché ariga mútu nakae
fíkaré nénsiga, tsininyi tídanu fikare katidu fícha-
yuru; 光りが広くさしている fikarinu tíri vatayung〈照
り渡る〉; 目の光 mīnu fikari; [動] mī ficharussang〈ま
ぶしい〉; 反射光・光を反射した fíkarinu kéyung, uts-
tóng, kadjinu utsïung.

仏教徒は「内なる光{経}」の事を口にする: nní
utchinu chó; この経は本来万人の性の内に備わっ
ているものである kunu chóya mútuyuri nyíndjinu
mmarí utchí nakae aru mung; 万人には感じ取れない
もの・自らは悟られないもの mizzikara mīrang mung
{aravarirang}; しかし心が目覚める時、その時には万
人はこの内なる経を悟り感じ tada mutunu kukuru
satora-rīru ba utchinu chó tsōdjirarīng; 世の人は自
分の外に仏を捜す shkinnu ftó dūnu fúkanyi butsi
tazoniti mutumïung; そして外部に経を探し求める
chóya fuka muti kará tazonïung; しかし善人は自分
の内なる心を目覚めさせ yī chu utchi kukuró úgutchi
fashirachi; そして内なる心の経に固守する nní
utchinu chó tamutchi muttchóng.

Light② 軽い; [形] kássang, gassang, katténg; 敏捷な・軽
快な karósha; 粗食 zattuna mung, sabi mung
{kanyung}; 粗食する sabi mung dú shuru; 軽い衣服
físsi〈薄〉djíng chīshóng, ussi djī shóng, chínnu ússi-
ssang; íshónu〈衣装の〉físsang; そよ風 turi kazi, kazinu
turitóng, nadjóng〈凪ぐ〉, kazi dáchinu nérang; 手早
い tīnu gurusang, tī bé-sang; 軽んじる karundjïung;
外に現れた品行が軽々しい人は、心内が安定・沈着な
筈がない fukanyé karuku ukadōru munó, kanaradzi
utche katónyé néng; 琉球の人々は話し好きで言葉
はもっともらしい、しかし真実は殆どなく、その性は軽薄
そのものだ〈EC: 南楚好詞巧説少信其性軽場也〉
Lúchú takuminyishi yū munó ïyussiga, makutu
ikirassa, sunu shíya karukushi ukadóng; 薄い色
írunu ássasang, núgitóng; 軽くてほぐれた土 kuma
ncha.

Lighten① [s.] shine; 光る; 稲光が fudīnu fichayung,
fíchará fícharā shung, fichara mitchung; 旗が翻って
いるのにも言う ficharāshung.

Lighten② 軽くする; {船など} nyī utchúng, nyī utchi stí-
ung, nyī karumïung, karuku nashung.

Lighter はしけ; {ボート} fíra tímma〈伝馬船〉; これより軽
い kuri yaka gassáng.

Light headed ふらふらする; {精神が錯乱した} byotchi shi
tamashinu ukadóng, shó stitóng, bushónyi〈不性に〉
natóng; [s.] levity.

Lighthouse 灯台; funi yézishuru tūrunu aru nyiké.

Lightly 軽々と; karu garushūnyi ang, karu garushku ang;
karuku ang; chimu kassang, munu shkattu umāng
gutuku; 人を軽くあしらう・疎んじる chū achihatirāshang;
薄く色塗りした karugarushku núïshéng, karugarushūnyi
nuï kakatsheng; [s.] superficial; ukattushi shéng.

Lightning 稲妻; fudī, inazima; 雷鳴と稲妻 fudīshi kánnaïnu
nayung.

Like① {[s.] as}; 似ている; [形] nyitchóng; 雨が降りそう
ami fuyuru gutong, ami fuyuru chi zónu〈気象の〉

ang; 更にそのようなもの únu utchinu lúĭng（類も）,ku-
riga tagúĭng,unu amayé,unu yŭyă（余は）,únu lúĭnu
yŭyă; 彼の様にせよ ari nyishti sí; ariga naratōru gu-
tu {tūĭ} sí,arinyi yusti síyó; 極めて似た dūdu yū
nyishti,íchi yónyishi,kavató tukuru nérang; やや彼
の子の名に似ている tégé ariga bózānu nānyi nyi-
tchóng; 戎{野蛮な}地方を彷徨うように、言われた事
が少しも理解されない wĭbisi chkáta útchinyi migu-
ruga gútuku chāshíng munuĭyuse bindjĭé naráng
{kúri chíchi gatémung};これの様なchódu kunu gutóng;
あの模様にせよ anu ⁺muyónyi sí,anu ⁺muyónu gutu
sí,⁺muyó utchikíti sí.

Like② 好き・好む; [動] stchung {stchang,skang}; 彼が好き
だ好みに合うari va kukurunyi kanatong,va djónyi〈情
に〉⁺áttatóng;非常に好む shūnyung {shudang,shumang},
受け身形が普通: あの本がとても好き kunu shumutsi
'nchi shūmadíng、または sísimarīng;君の話がとても気
に入った ïya hanashé dūdu simarīsa {shūmarīsa}; あ
れがとても好き chimunyi kanati úshasā!,va chimunyi
atatósa!; 君がどれを好むか知らない dzerung tītsi
ïya chímunyi kanaïgashura {kanayúndi iché} shiransá;
好きか好かないか ïya djónyi kanó bichíkayá,chágayá?;
何処でも行きたい所に行け ïyáya mādíng íchi bushá-
tukurunkae íckí {ndjindé}; 行こうと行くまいと勝手に
したらいいよ、私に怒る理由はないよ ïyáya íkkaváng
ikkándaravang ïyadu yúyuru,vang ukáshi nayama-
ché simandó.

Likely 〜しそうな・ありそうな; {形成素と共に用いられる}
gíssa,-ru hazi; 雨が降りそう ami fuĭgíssa,{正に降ろう
としている} ami fuyuru hazi; そうなりそうだ yényé na-
yuru hazi,tūnyi kukunutsi {utagényé tūnyi kukunutsi}
nayung; 来そうだ yupūdŭ chúru hazi; likely はまた
⁺só〈相〉でも表せる; naĭ só na mung {なる「相」を持つ}
なりそうだ; fúĭ só,降りそう; ami hari só na tínchi,
雨が降り止みそう; chínyi naĭ só na núnu,着物に十
分そうな布; mítchi só na mung,満ちそうだ; ayamaĭ
só na mung {ayamarinu ndjíru hazi},誤りそうだ; 否定
では英語の scarcely（殆ど〜ない）と同じに使える:
tarisóyé neng,tarisónyé neng,十分には見えない、殆
ど十分ではない; tí agi ōsan sónyi ang,殆ど手を上げ
きれそうにない.

Likeness 類似; tagényi {aĭ（相）} nyítchóng; 人に似てい
るもの{似顔絵} ftunu zī; kagé {só} nyitchóng.

Likewise 同様に; yínu gútu,íchi yónyi,kunu yónyi,yínu
kakó,íchi dūnyi（一同に）.

Liking 好み・好き; kúnumi,stchi; 好みに応じて stchi
shidé,dūnu kúnuminu shidé; これは私の好み{好むも
の}ではない kuri va stchinu mung aráng.

Lily 百合; yŭĭnu hána; 睡蓮 línnu hána.

Limature [s.] filings.

Limb① 手・足; 殺した動物の手足（肉屋に下げた一下げ）
chu sági; 後脚 káta múmu; 前脚 mé áshi tītsi; {人
間の}片手 káta tí; 片足 káta fsha; （肢体）⁺shté〈四
体〉,yútsinu shté; 一肢を奪われた shtényi tītsi néng;
コンパスの両肢 mátanu djódji tá mătă.

Limb② 四肢を断ち切りバラバラにする; kūténg na fíchi
satchung,tsí satchéng.

Limber 曲がり易い・柔軟な; yafarassang,tamaĭ yássang.

Lime 石灰; shira fé,íshi bé; （石灰は）当地ではúru,úru
íshi,fé íshiと呼ばれる石を焼いて製造される; 石灰
窯 fé yáchuru kămă.

Limit 限界・範囲; kadjiri; 次の様に言われる事が多い:
háta {端・縁},saké〈境界〉; 極限 hati; [動] （限る）
kádjĭung,kádjiri-shung,kadjiri tatĭung; 限定された
時間 kadjiri; 限定時間を過ぎた kadjiri sídjitóng; 時
日を限定する必要ない túchi fí sadamirang gutu,
kadjiri tatirang gútu sinyúng; {鉄を焼いた色が}白く
なった時が、限界または止めるのに適切な時だ shirū
nayusi {yatchinu írunu} djódji.

Limn 描写する; djíng {真実の} kátachi útsishung,djíng
katachi yīnyi（絵に）útsushung.

Limodorum （植）〈EC: 鶴頂蘭〉tsirunyi nyichoru ⁺lán
〈蘭〉.

Limp① ぐにゃぐにゃの; {糊の効いた堅さを失った} vādja
fĭdjashóng.

Limp② ビッコをひく; [動] gūni-baĭshung,gūni atchishung.

Limpid 澄んだ; {水が} simitóng,gumi nérang,gúming
iráng.

Linchpin 車の輪止めピン・楔; hĭaganu djíkunu shín gani,
{木製なら} shín gi.

Line① 線; sídji（筋）; 鉛筆で引かれた長めの線 chí（罫）;
字（中に入る）一画 kwácku,káku; {紐} wīru,nā
（縄）,{綱} tsína; 線を引く chí fitchúng; 印刷の一線
または文字の一行 chu djó; 釣り糸 tsiri nā,tsīnu wū;
{真っ直ぐ書くため下に置かれる}線 chí,djí katchuru
chí; 罫線を入れて書く chí íti katchúng; 印線用に大
工の使う線{と箱} nā tsibu; それで以て線を引く nā
hanchung,nā hanchi chí fichúng; 直線 nowchi {mát-
toba} chí; 曲線 magi chí; 線は長さはあるが幅はない
náginu ati hábanu néng asse {munó} sidjindi ïyung;
点は伸ばされると線となる chu útski kará nubĭdunse
sídji nayúng; 線の両端は点だ sídjinu tatsinu háta
{hashi} cháki chu útsiki dó; 線には二種あり、直線と
曲線だ sídjinu lúĭyé tatsi ang,nowching magaring
yandó.

Line② 裏布をつける; [動] 着物の裏打ちする úra tskĭung,
āshung.

Lineage 血統・家系; wéka,udji,lúĭ; 同一血統 yínu weka,
yínu lúĭ; 中断のない血統から来ている ⁺tū〈統〉tsídji
shi chóng.

Linen 亜麻織物; má wūnu núnu, {平織物} báshā núnu
（芭蕉布）; 亜麻織物のハンカチ má wūnu tī sādji.

Linger 長居する; {留まる} +tó-lú〈逗留〉-shung, nagaku yu-
dunyung; 長病 namatarí yamé, uttché fittché shuru
yamé, tskarí yamé.

Lingual 舌の; 舌音 shta útu; 上舌音 shtanu wínu útu;
舌先で変調された音 shta záchinu útu.

Linguist 諸外国語に通じた人; {通訳} +tō zi〈通事〉, +tá
kúkunu kūdjó shtchōru ftu; （諸国の）言語を良く知っ
ている人 +shu〈諸〉kukunu kutuba yū shtchóng, kūdjónu
kakushtchi yū shtchōru ftu.

Lining 裏打ち・裏張り; úra; 着物の裏 chínnu ura.

Link 輪; 鎖の輪一つ ftu wá, chu gó, vá gani tītsi（輪金一
つ）; ［動］一緒に結ぶ mussubïung, ávashung, ku-
ssayung; 言葉を（繋ぐ）ī-kussayung.

Linstock 火縄桿・道火桿; fī nya, {na}; 大砲を撃つ火縄
桿 íshi bya útchuru fī nyā

Lint リント布; {綿布} mumíng dásha, mumíng úï kudéru
núnu.

Lintel 楣（窓・入口などの上の横木）; djónu futchi, djónu
futchi gí.

Linseed 亜麻仁（胡麻）; guma, gumanu sani; 亜麻仁油
（胡麻油）guma yū, guma yū anda.

Lion 獅子; shīshi.

Lip 唇; síba; 下唇 shtya siba; 上唇 wá síba; 両唇{口}
kutchi bíru; 可愛い唇 kutchi biru churassang; 唇を
噛んで怒っている haradatchi shi shtya síba kūtóng;
{発作または口のさけない状態から回復しようとする際}口は動か
すが, ものは言えない kutchi múya múya shung, kutchi
kūti muya muya, tsīgu（唖）kutchi muya muyashung;
唇が干からび裂けている kutchi biró kávachi sakitong;
口先だけの苦労, {それ以上のものは何もない} kūdjó
（口上）bakáï; 心は離れているのに, 口先で言うだけ
kutché bakangshae（ばかりで）íchi kukuró tadashku-
nyi néng; 口・耳の功ばかりではない kutchi míminu
kó bakánu aráng.

Lippitudo（**lippitude**）目のかすみ; mī hagitóng, mī hagā.

Liquid 液状の; ［形］shírunu gutóng.

Liquify 液化・溶解する; yurunyung, shíru nashung; 太陽
熱に曝して溶かす tīdanyi atati yurunyung; 窯で溶
かす kama yachi tadarashung {［自動］tadariung}

Liquor {蒸留}酒; {アルコール類} saki; {液状のもの} shí-
ru; {温い液体} yū.

Liquorice カンゾウ（甘草）; +kan zó

Lisp 舌足らずの言い方する; guma munuïshung, tsizíng
vakarang gutu munu ïyung; ［s.］whisper.

List 目録・リスト; múkuruku; 物品の目録 shína yussé, shína
dáti gátchi; 全てを総計し一つに纏め上げたもの tītsi
gatchi; sū mukuruku; 名簿 nā yussi, nā yussi gatchi;
総目録を作る sū mukuruku tatïung; 日々の食料一覧

djímbū〈膳部〉.

Listen 聴く; mími nussikiti chichung, míssikata {míssi-
kaku} chichúng, fissukanyi {missikanyi} chichung; 注
意して聴く kumakanyi {íssényi, yū} chichung; chíchi
sumïung, umi tumïung; 私の言うことを聴け va kutu-
ba chíchi shtagariyó; 聴かない chkáng; ［s.］heed; 心
を空にして耳を貸す kukuru utsutchi mi* katabúchi
chichóng *mimiであろう.

Listless 大儀そう・物憂げな; chimu turibaïshóng, ítutóng,
nūng shī bush'ka neng; ［s.］indifferent.

Literal 文字通りの・字義的〈EC: 字面の意〉; djī djimu,
djīnu ími bakaï; 逐語的説明 djī djimu tūī tutchúng.

Literary 学問・文筆のたしなみある; 知識人〈EC: 有文墨
的人・文人〉samuré, sími chu, simi shtchōru ftu; 文人
の才を助けるには海の全て, 山川の全てで足りる
sibiti kaï〈海〉utchinu mung, yamangdé kavandéya,
sūyó sími chunu séchi〈才智〉tassikirunyi taritóng;
文の功で立身した +bun líchi〈文力〉{bun sé〈文才〉}
fīditi dishínshóng〈立身している〉; 文人の学位の一
流最高のものはどれか +bung +kónu íchi banó nūga
dunyaré?; それらは +chwang-yuen, pang-yen, +tan hwa
である +tsung-gung〈状元〉, bó-gan〈榜眼〉, tan-hfa〈探
花〉du yaru; 意志強固な文人は現代の学問・文献の
中に遊学し, 古代の文献にも精通する kukuruzashi
aru samuré ímanu gakumunyi firumi, inyishīnu
kutúng tsōdjitóng.

Literati 知識人・儒者; samuré, +djú sha; 儒教または孔子
の学校の教え +djúshanu ushī; 漢代から明代までの
全儒者 kannu yū yuri mínnu yū mádinu +djú sha.

Literature 学問〈EC: 学文〉; gakumúng; 古代の学問を好
いている nkashinu +bung〈文〉shúdi {stchi} hámayung
〈EC: 好攻古文〉.

Litarge 密陀僧; +mitsi da só.

Litigate 告訴する; úttaï shung.

Litigation 告訴・訴訟; uttaï, uttaï gutu; ［s.］lawsuit; 駆り
立てて訴えさせる uttaï gútu tstsi féshung; この世に
訴訟ほど財産を浪費し, 一家を破産させ, 敵意を起こ
させたり, 激しい憎しみをもたらすものはない shkinnu
utchi dzé sundjitaï, íh（家）yabutaï, áta mussudaï,
uraminu nachaïshusé, arasoï úttaï shusi yaká chūsaru
munó néng.

Litigious 訴訟好きな; arasoï uttaï kunudoru ftu, +só shu〈争
訟〉stchōru mung.

Litter 担架・担いかご; 当地にはnyi mutchi dé〈荷物台〉と
いう荷を運ぶ担架に似たものがある; ［動］動物に敷
藁を敷く kússa shtchung {shkashung}.

Little 小・少; {小さい} kūsang; 多くない ikirassang, ikiraku
ang; 少しはある kūténg, kūténg ma, ífi, kūténgvéru; 少
しの自慢 gúma ugutchi shóng; ほんの少し揺れる
gúma ndjúchi shung; 少し{半分}酔っている ussi

wīshóng; とても少ない súttu, stó, shūshū〈小小〉, shī shu〈CDなし〉, bi shū〈微小〉, in tién〈一点〉; 少し似ている tégé〈大概〉nyitchóng; 大して降らない sáshité ami furang; {sashitéは, 否定の動詞と連結してのみ使われる: sashité néng わずかしかない. 字義的には, それは意図した通りではない}; 小型の人 kū katanu ftu; 子供は chu gva, mung-gva, gva chúという; gvaやkūは一般的に小さい物を表す: 小さな家 yā gva; 小刀 sīgu gva; 小船 kū-buni; 少しのものの累積が多くなる shūshū kara {vazika kara} tsímuti uffóku nayung; あれを持って来て, 少し私にくれよ anu shína tutíchi íntienná vanyi kviriyó; もう少し強くせよ nya iffé tsíumiri {shīti chūssa nasi}; 小さい子らは尚一層それから守られなければならない vorabi nya íū íū ímashimiri vadu yarú; もう少し高く (せよ) nya iffe takaku nasi, nya iffe ágiré; 些細な徳も軽んじ (られ) てはならぬ, 小さな悪も犯されてはならぬ djin naru kutó kūsatíng santé simang, akó kūsatantémang naché simang; この文は漢代の昭烈帝によって初めて言われた nama katchá tukuró kannu Shó-litsī kutúba yaï gíssaru.

Liturgy 儀式文集; ínuï chó, unyifeshuru shidé.

Live① 生きる; [動] itchichúng; {住む} simayung; {居る} wúng; 安楽・易々に暮らす an dákunyi kurāshung, fī vatayung, sodachung (育つ); 生活のため奮闘する fī kurāshi kantī shung; 仕事して生活する sékushi (大工して) tushī〈渡世〉shung; 金持ちの助力で生活する véki nchunyi tassikiratti núchi tsidjóng; 私が彼を助けてやった, 今彼は生活の資を持っている vaga ari tassikiti nichi tsigachéng; 苦労の絶えない暮らしをする nandjina sodachóng, sodachi chóng; 水の近くで暮らす mizinyi taïyuti {chkázichi} simatóng; {飲食を} 加減して暮らす yín shku shtsinyi〈節に〉shung {kagínshung}; 彼はどの王朝 (時代) の人か nūnu yūnyi vutakaya?; 暗黒時代にいた kurachi yūnyi {lan shinyi〈乱世に〉} vutang.

Live② 生きている; [形] 生き物 nutchi mutchi mung (命持ち物); 生きて動く djiru djíru shóng; [s.] coal-; 生命のないものだ nutchi mutáng mung.

Livelihood 生計・暮らし; [名] tushī〈渡世〉; 生計を立てる tushī shung, ínutchi tashinanyung {nadáng, namáng}; 何で生計を立てているか nū vazashi tashinadóga?, nū vazashi nuchi tsídjuga?; 農業で (渡世する) hátakíshi {muzukúïshi} tushī shung; 暮らしのため働く nuchi tashinándi hatarachi gátashung; 狩猟で暮らす yúmi karíshi tushī shung; 勤勉と倹約で生計を立てるよう努める tstomíti chínyakushi tashinandi fakatóng; 生計を立てようと夫と共に北京に来た vari vúttutu túmunyi Fikinnungkae chí hatarachi gatashi tushīshung.

Lively {[s.] vivacity}; 活発・元気な; chínu〈気の〉úgutcha mung, chínu ndjuchóng, íchichá mung, guru mitcha

ftu; 元気旺盛で四方に動き回る háta háta-shung.

Liver 肝; {動物の} chímu; {人の} kannu zó (〈肝の〉臓); 肝臓色 ncha íru.

Livid 青白い; {病気で, byotchishi} írunu óbanyung, óbadóng.

Living 生命ある (もの); 全生物 shó〈生〉aru tagúï; sūyó ínutchi aru mung; {(生きている) 人間} íchi nyin djing, íchi nyín djínnu utchi, íchichoru utchi; 生きている間 íchichōru yeda, mí〈命〉ovayuru madí.

Lixivium 灰汁; áku, aku mízzi.

Lizard とかげ; yádu (やもり).

Lo! 見よ!; arí!, un né!, andé!.

Load 荷物; 1荷 chu nyī; 肩に乗せた荷 chu kátami; [動] 荷を負う・乗せる ūyung, nussïung, ūshung; 船に積み込む tsínyung; [s.] lade.

Loadstone 磁鉄鉱; kudjakunu íshi

Loaf 塊; 一塊 chu murushi; 一塊のパン kumpïang tītsi, kumpïang chú múrushi.

Loam ローム土; ncha; 陶器用粘土 yatchimung shuru ncha; 肥えた地 kvé dji.

Loan 貸借 (物); 貸したもの karacheru sī; 借りたもの kattōru sī; 貸し方, 借り手の立場による.

Loath ひどく嫌って; [動] hagóssang, skáng, achóng (飽いている); [否定形] akáng, aché nerang, hagóku néng.

Loathsome 忌まわしい・嫌いな; hagóssanu!, hagóssaru mung, skang mung, míckvassaru mung, achihatitóng.

Lobe 耳たぶ; míminu taï; 大脳葉や肺葉などの葉 (よう) fídati.

Lobbster 海老; íbbi.

Local 地方の; 習俗 tukurunu dzúku; 一地域に限定されている íppó〈一方〉nakae kakatóng; 限定の反対は íppé, 全体; 限定の反対の例 dū íppé 体中; 地方産物 tu san〈土産〉; 地方の言葉遣い túkurunu kutuba, dzúku gū〈俗語〉.

Lock 錠; sāsī; [動] 錠をかける sāsi íríung; 発射装置 fī zara; 水門 mizzi shtchi íta; mizzi kaníru íta.

Lockedjaw (破傷風初期の) 咬痙 (開口不能), 牙関緊急; kakazi* fīgāshung (*kakuziであろう), hā kví tsímiti kutching akáng (開かない), hā kwī cháchóng, kutching kūti nūng utusaráng {飲み込めない}.

Locust バッタ; sé; {田の} nyagura zé, {nyi kvayuru (稲食う) sé}; バッタが飛び太陽を曇らせた (旧約聖書) sénu túdi fī kakucháng.

Lodge 滞在する・宿泊する; símayung, yáduyung, túmayung; 一晩泊まる chu yuru túmayung; ある所に滞在する mánu tukurunkae yadushung.

Lodger 宿泊者; yadu kaï nyin, yadu nyin.

Lodging 一時的居住地, 宿泊所; simédju; 綺麗な宿所を探す chu tukurunu chirínu tukuru tazoniti yaduyung; あなたの居所はどこですか úndjunu simedju

Loft 屋根裏;｛屋根裏部屋｝nyikénu za gva; 屋根裏の物置 tindjónu munu utchi;｛棧敷｝nyi kénu múnu mī; 二階の上に物置・棧敷を上げる nyikénu wī munu utchi｛munu mī｝tatūung.

Lofty 聳え立つ・高い; dūdu takassang, takasashi úffisang; 高山 kó zan; 高慢な人 taka buri｛furi｝ugutōru ftu〈EC: 高傲驕人〉; 高尚偉大な様子 tákaku úīna kátachi〈EC: 高大之貌〉; 高貴偉大な人! sun taïnu〈尊大の〉ftu yassa!

Log 丸太;｛木｝ufu kí íppúng.

Log-book 航海日誌; fúninu nyítchi.

Logarithms 対数; 対数を作る方法 ittsīnu kazinu narabīru hó; 対数表 kazi｛tsī natchi｝kunabiru｛narabīru｝fuda.

Loins 腰部; shtya gámaku; 腰に痛みがある kushinu itaminu ndjitóng; 最上肉として定評ある腰肉 nágani.

Loiter ぶらぶらする過ごす; 'nna vūīshung, itaziranyi atchung, nūn sang assidatchi, tó lū-shung〈逗留する〉.

Lonely 孤独・寂しい; chúī-mung,｛寂しい｝sábissang; ひっそりして恐怖感を起こす fidjurukazi matóng; この道はひっそりして夜は通れない kunu mitchi fidjuru kazimati yuró tūyé narang.

Long① 長い; nagassang, nagaku; 以来長い、久しい nagéssang, fissashūnyi ang; yénu ang; fúdu fissashūnyi ang, sidínyi tushi fitóng; 長く会いませんでしたね nagésa ndantang, fissashū ichāng; 長い距離・遠い nagaku tūsang; どれ位の時間が経ったか icku fissashūnyi ága?; 以来どれくらいか itsi kara nátaga?; あまり長くはない amadi nagéku narang, māda nageku narang;｛尺度｝どれ位長いか chá nǎgī aga?; 今から長い間 kuri｛náma｝kara satchi nagéku｛または fissashū｝madí; 長く用いられる nagé kuri muchirarīru mung; 繁栄と寿命が長く続く sévéng, kutubútching tsídzichi nagassang; どれぐらいの長さか（即ち幾日か）ickkaga yéda?; 10日間 tukkaga yéda; 何時間か? nan dutchiga yeda?; 三時間 san tuchiga yéda; 三尺の長さ nagé san sháku; 長さ定規 djódji, nagi｛chótán〈長短〉｝hakáyuru djódji; 長さ定規, 乾量定規, 重量定規 djódji, mássi, hakkaï｛chín ló〈CDなし〉｝; 長さ定規とは長短を決定するものだ nagi djódji kutunu nágassa ínchassa｛chótán｝sadamīru dógu du yaru; 当地での単位は:íssing 1インチ; íshshaku 1フィート; íchi bu 10分の1インチ; firu 5フィート; フィートは私たちのものと同じ長さだが,10のインチに細分され（西洋では12に細分），さらに1インチは10の bú〈分〉に細分される; 足長く痩せた túīnu fshanu gutu tskaritong, sādjinu｛鳥〈鷺〉｝fshanu gutong.

Long② 熱望する;［動］fukaku umuyung, mayuï umutóng, fusha umutóng, umi katamatóng; 私の渇した願いを満たしてくれ va katsitōru umúi nagusamíti kwíri; 師または畏敬に値する人を仰ぎ,慕う shtóyung; aoudji shtóyung.

Long-cloths, long-ells 上等綿布;｛キャラコ｝seyang pū（西洋布）; 中国の綿布 pí-chí〈蹕磯〉; 綿布のしゅす織り pichí dunsi.

Longan （植）龍眼; líng-gang.

Longer より長い; これより長い kuri yaka nagassang.

Longevity 長寿; kútubutchi, nutchi nagaraï-tóng, nuchi nagésang, nága nutchi.

Longitude 経度; 経線は恐らく「縦」線で表される: djínu kássi sidji, djīnu náginu sidji, táti sidji; 東経7度 agari mutinu nagi shtchi dó ang.

Longways 縦に; naginkae, tatínkae.

Loochoo 琉球; Doochoo, Utchinyá.

Look 見る; mīru, nyūng; 一度見る｛見た｝chu kén｛íchi dū｝nyūng｛ncháng｝; 見よ! ári!, ndé, nchínde;｛あそこ｝見よ! ǎné!;｛ここ｝見よ! úné!; 見ろ, 何と大きいんだ sattimu! dátténu mung yasá!; 見ろ, 何と珍しい! sattimu! firumashī mung yassā!; 見るなよ ndúnnayó; ちらっとだけ見る mī ké fuyagíti nyūng; 見上げる uchagïung, utchagíti nyūng, owdji nyūng（仰ぎ見る）; 雨が降りそうだ ámi fúyuru chizónu〈気象の〉ang, または ami fuyuru kági; 哀しそうに見える urīnu chizónu ang; 怠け者のようだ fuyuna múnu chizó; 良く働く人に見える shígutu yū shïgíssaru; 俯き（下を）見る utsínchung, utsínchi nyūng; 振り返って見る uttchéti nyūng, túnkéti nyūng; 横目で見る soba mīshung, fïchi míshung; 二人が陰険にお互いを見合っている chuï mī mī shung;｛本などを｝さっと見渡す mī vatayung; shumutsi｛手紙 djó｝fïrachi nyung; ちらっと見る ké nyúng, ftu túï mí vatayung; 問題をじっくり見る mí tskí-shung; 私はその件はこう見る,君は? vané kunu mítski, ïyaya charu mítskiga?; 探す tazonï-ung, kameti nyūng;｛見守る｝mí kangeyung; それがどこにあるか探せ kaméti ndé!; ハンカチを取り,初めは一方（表側）を,次に他方（裏側）を見た sādji tuti firugíti uttché fittchéshí ncháng; あれは実に見えるか,見えないか anu kutu 'nchi, churassami chúraku néni?; そっと来て見た suruïtu chí 'nchang; 彼女はどんな様子か 'nchinde, are cháru kakónyi aga?; お婆さん,あなたも登って見てごらん pápá ïyāng núbuti 'nchínde; やはりそれは衣装に上手く作られたようには見えない kuri ishó tskoré｛kaïti｝nché ikáng; 私等彼らの後ろに立ってそっと見よう vatta ndji ariga kushi vúti suruïtu nyūng; 側に立ち見る soba kara nyūng; 王が右左｛お供｝を見て,別の事を話した vóga sāyū tunkéti nchi bitsi kutu icháng; 夫婦はお互い怒って見た mítúnda tagényi haradatchishi nchang; 全ての本を見た muru murunu shimutsi fīrachi ké nchâng; 無駄に外の様子を見る itaziranyi fukanu kátáchi bakaï nchâng〈見た〉; 君が見てもいいよ ïya nchínde, chá nerang; 天を見上げて嘆息した tíng uchagíti tan skú shang {nádjicháng}; 鏡を覗く kága nyūng; 可愛く見えない, 見て可愛くない chimbung 〈見聞〉ickáng.

Looker on 見物人; kátafaranyi {soba kara} nyūru ftu.

Looking-glass 鏡; kagán; 鏡立て kagán tatí; 鏡を見る kágá nyūng; [s.] mirror.

Look out turret 監視塔; ukagayuru nyiké.

Loom 機織り・織機; núnu bata, núnu úï dogu.

Loop 輪結びする; vanya gaki-shung; fútuchi mussúng-shung.

Loop hole 節穴; fushi-mī; {身を救うための(抜け穴)} dū kakushuru tukuru.

Loose だらりとした・ゆるい; yafatatong, yutsidóng; 結びが弱い yafataï kundji〈くびり〉shéng; yó {yúvaku} kundji shéng; 差し込んだ所から緩んでしまった shin nugatóng {nugitóng}; 荷作りが緩く転がる gura gura shung; しまりない着方 yafataï djī shóng; 緩めたり締め付けたり yóku nachaï {yutsimitai} chūku nachaï; 散漫な váckvita mung, ūkáttana mung; 一瞬たりと心を油断させてはならん in tienma kukuro yuruché si-mang.

Loosen 緩む; [自動] yurudóng, yutsidong, yutsissang, yóku, yutsiku natóng; [他動] (緩める) yóku nashung, yórashung, yutsiku nashung, yutsimïung, yurumïung; 緩めてすっかりはずす hánshung; tuchúng; 縛り(方)を緩めろと言い付けた tabatesi yutsimirindi {hansindi} tudzikitang; {解く} mussudesi fútuchung.

Lop 剪定する; tsimïung {itāng, irang}, sūrǎ tsimïung {梢を剪定する}; wábi kara tsimïung.

Loquacious おしゃべりな; munuyunyā, munuï uffïssaru mung, chá munuïshung, beru beru shung, kutchi chirashé néng.

Loquat (植) 琵琶 (びわ); bi va

Lord 主; {主人} nūshi, shu djíng; 神を言う時は次のように言うであろう: ushū〈EC:(御)主〉, kami nūshī, Lóyé〈老爺〉, tínnu Lóyé; 閣下 úndju {u shū と同じものと思われる, ú は尊敬の接頭語; ú は他の語におけると同様に挿入である}; 主とする nūshi tushúng; 支配する nushiduyung(主取る), tskassaduyung(司る); 彼らは神だけを崇拝し, 君に忠, 親に仕え, それらの他には敬うものはない ari〈EC: 彼〉kami nūshi uyamaï, chimunyi* chū tskushi, uyanyi tskórunyi {tskáriung} fuka tītsing tattubang *chiminyiであろう.

Lose 失う; ushinayung, shïchákushung〈失却する〉; ポケットなどから落として失くする ké utuchung, útuchi né-rang; 事業で損をする súndjïung, sundjitáng(損した), sunshóng; sundjinu ndjitáng, mívaku-shóng; 決

して君が損をする立場にならないよう私が保証する vaga fīchi ukí súndjinyé narang {sundjirassang}; 私は損をし {少なく得て}, 君は得をした {利益などを多く取った} vané tuï utitóng, ïyága túï ágatóng; 苦労を無駄にする (無駄骨折る) 'nna nandji shung, 'nna kfūshung; 時を逸する tuchi sirashung, tuchi fi ussinayung; 時期を逸する djibung sirúng; 勇気を失う ídji fúkā natóng; 元(金)を失う mūtu ushinatong, mūtu tóchang(倒した); 戦いに負ける chu tátaké makitáng(負けた), yaboritáng; 賭・議論などに負ける gā vuritáng(折れた); 賭に負けた kākishi makitang; 道に迷う mítchi mayuïshóng, tu fó〈途方〉ushinatóng; {気づかずに} 無くした ké utiti néng, nugiti neng; 信を失う {約束を破る} makutu {djitsé} ushinatóng; 仕事などの喜び・興を失う chíbi {chū〈興〉} ushinatong, chū samiti {興が冷めた}; 戦いの後兵や馬を注意して調べると, 一人一馬たりと失ってない事を知った tatakenu áto fīnungdén mmángdé shirabiti ndé, māda tītsing kagiráng; 算方の学問 {伝統・伝授}は無くなって久しい sankatanu díndju ushinatōru kutó yénu ang; 恥の感覚をすっかり失った hadji míshti {滅して} nérang.

Loss 損失; mívaku-shung; súndji; 損して売る mívakushi {mívaku kándji(被り)} úyung.

Lot 一区画; {土地の chu tukurunu} chkáta; 全地所を纏めて買う íttigé-shung, sūgé {sū góï(総買い)} shung; 私の分け前 va búng; 分け前分に満足する bung mamuti mí yassundjitóng.

Loth [s.] loath.

Lotion 洗浄剤; araï {aré} gussúï.

Lottery くじ; kúdji túï ássibi.

Lotus (植) 蓮; ïinnu hanna.

Loud 声が大きい; ufu gví, taka gví; とても大きく鳴り響く djintónu(本当の) ch'kvínu ang(聞こえ・評判がある); 彼は大声で答えて言った, 君らは耳が無いようだ ufu abíshi fintóshi ïbunyi, vané íttá mími néng múndi umutóng, {ittaya mími neng mundi úmarīng}; 大きな声で, 調和のとれた口調の人々 táka gvínu múnnu chá utúng nadóng; 大声での話合い abi kveshi munugattaï-shung.

Lounge ブラブラ, ノラクラ暮らす; áma haï kuma haï, yudanshátchi úkutatóng, úkutáti djímamánshung {djimamányi shung}; 手を衣服のそでで口に差し込んで {懐手をして} あちこち見る tí buts'kurúshi áma mí kuma mí-shung.

Louse 虱; shiráng.

Love 愛; kanasha, ndzōsa, kanashimi; [動] kanasháng, kanashashung, ndzōsashung; 二人は共にとても愛し合っている mutsimashūnyi {mutsimashku} ang; 熱烈に愛する atsūnyishi kanashashung; 財を愛する人間の気持ちは非常に強い chúnu dzé kanashashusí dúttu chūsang; 彼の愛を分割する ariga kanashá tātsinkae vakïung; 確かに彼は君を愛し尊敬している ari makutunyi ïya kánashashi úyamayung; 夫婦の情愛は山〈裾〉や海のように深い〈EC: 夫婦之情深如山海〉fūfūnu djónu fukassaru kutó san kaïnu gutukunyi ang; 愛を一人に固定する djó chúïnyi katánchi sadamïung; 自分の身体を大事にしない人は世間にはいない shkínnu útchinyi māda chúïng sunu dū kanashāsang munó uráng; 私は終生本と花以外は何も愛しなかった vága ishshó〈一生〉kunumú tukurúndi iché nérang, tada shumutsitu hánatudú stchōru; 人の聖人の如き徳を見たら心はその徳を誠実に愛さなければならない chúnu shī〈聖〉tuku míïdunse cháki kukuru nakae makutunyi kanashashung; 天下のあらゆることに於いて, 仕事にたいする真実の愛のあるところでは, その仕事は確かに成される tínganu kutó makutunyi kunumidunse, chaki kanadzi kuri ukunayung; もし心の愛が徳に注がれているなら, 心は徳を喜び育て疲れを知らないであろう mushi kukurunu kunumú tukuró djínyi〈善（徳）〉áti, mata ushshashi ussamíti úkutaráng.

Lovely 愛らしい; kanashim bichí, kanashité-na mung.

Lover 愛する者; ndzōsashuru mung; 徳の愛好者 yī ukunénu tánushidōru ftu; [s.] paramour.

Lovesick 恋患いの; kánashanyi uburitóng; 何故に愚鈍な恋患いの女の子のように思い焦がれて, 大なる男の志を台無しにするのか nu shúndi kanaradzi gudúnna wínago vorabi djó uburinu sígata nachi djófunu〈丈夫〉djidjó yandjuga?

Low {[s.] vulgar} 低い; fíkussang; [s.] little, small; 低音 kwūku ïyung, gúma munuï shung, zí zi kvī {密かに, miska} munuïshung; 下卑た人 djíbita mung, djífina〈下品な〉ftu; djifénu mung, djí dătsi (下達); karī mung; 干潮 shūnu fitchóng, shūnu fī chivamitóng, fī kākitóng, fī chichóng, fī shū; 体躯が低い fíku chu; 代価が安い dénu yassáng; 立ち居振る舞いが下品 tatchí furimaï {shínanu} ikáng; さらに低い nyafing fíkussang; もっと下 nyafing shtyá; 下層階層 támi, haku shó, tami haku shó, shtya katanu ftu; {召使} tské mung; 下卑た言葉 djíbita kutuba, yána gutchi; より下である ságatóng; 位（品）などが下である fínnu ságatóng.

Lower 下げる; [他動] urirashung, sagirashung; 身を低くし謙遜する dū fíkussidóng, yuzitóng; もっと下げよ nya sagiré.

Lowermost 最低・どん底の; íttsing shtya, s'ku natóng.

Lowest 最低の; 質 djí datsi (下達), djí kuré, zó mutsi (雑物).

Lowly 謙遜・慎ましい; fíkkussidóng, yuzitóng; 謙遜し身を慎む fíkkussidi dū tsitsishimi-shóng.

Loyal 忠義の; chíminyi chū tskushúng.

Lucid 明快・明晰な; mí faku〈明白〉-nyi ang; （精神的に）正気に戻った期間 náka kvéchi〈快気〉shóng, naka noï shóng; 彼の言うのは明白で分かり易い ariga kutuba mí fakunyi vakayung, chímu achirakanyi ang.

Luck 幸運; yī fū〈福〉; 幸運があった fū tstchóng; 食べる幸運 kami bū〈福〉, kvé būnu ang; 幸運不運 chí chó〈吉兆〉; 時分を得た運 djibúnnu fū; また次の言い方もある:自己の運 dūnu fū; 吉日 chíchí〈吉〉nyítchi, yī fī, yī tuchi, yī djibúng; 吉事 chíchi dji, yī hóshi, yī kútu; 得るだけのこともしてないが, 盲目的偶然で得た幸運 kúburi zévé（幸）; 彼が正に死刑されようとする時, 幸運にも友に会った anu ftu ndji kurusarīru bashu yī hóshinyi {sévényi} dushinyi íchatáng; 幸運な出来事があった yī únchi〈運気〉, yī dji ūng〈EC: 時運〉attatóng; [s.] fortune.

Luconia ルソン島; Luzun.

Ludicrous ばかげた・滑稽な; vúkashí mung.

Luff [s.] tack; ラフ（船首を更に風上に向けて帆走すること）; soba utchishung, ushagibaï.

Lug [s.] drag.

Luggage 旅行カバン類; tábi nyí mutsi, tabi dógu.

Lukewarm 生温い; núrusang; [s.] lepid.

Lull あやす; なだめて寝かしつける níndashung, nínsïung; 撫ですかして寝かせる tíshae tátachi nínsïung; 背中を摩って寝かせる kushi stí nínsïung, skatchi nínsïung; 注意・心配を静める ī sikashung; 風が静まる kazinu yoku natóng, nadjóng〈凪いでいる〉; 痛みを和らげる ítamí yurushung.

Lumbago 腰痛; kushi buninu ítami {yadóng}.

Lumber がらくた; stigara-shuru mung; がらくたに投げ入れる stigarashung.

Luminous 光を出す; fíkari fashshtóng; fíkari tūtóng, fíchaï ndjitóng, fíkatóng; 本が（明らかである）achiramitóng; 心が聡明な chímu achirakanyi ang.

Lump 塊; ftu (-) múrushi, chu maruchi; 全て括って・一括して kukúï, sū kukúï-shung, kukuyung, ushāshung, múru muru tītsi nakae kukuyung; 心は肉の塊だ, その中には聡明・理なる道理が存在することは確かだ〈EC: 心乃肉団也其中自然有霊明者〉kukuró shíshinu chu múrushi, únu utché mákutunyi masashtchi achirakanu aru mung; それを塊りに成らしめるな murushi nassashimínna, kfárasáng gutusi.

Lunatic 狂人; furi mung.

Lunch 軽い食事・ランチ; {または食事時間外にとられるもの（間食）} madunu mung, mánu mung, ma haziri kányung; 召使を呼びランチを持って来るよう言い付けた túmu yúdi mádunu mung túti kūndi {ndjasī ndi} ichi; sákaná（肴）という言い方は良く理解されるであろう, それは短時間の食事で料理は酒の飲欲をそそる物だけである.

Lungs 肺; zó〈臓〉, fénu zó.

Lurid 不気味な; 天気 kumúï dínchi〈曇り天気〉.

Lurk 潜む・待ち伏せする; kákviti mátchi ukitóng, dū kákuchi matchóng, matchi ukúng, údji mátchi, kukuru íti máttchóng.

Luscious 美味の; dūdu māsa mung, adjivénu dūdu yútashang.

Lust 情欲・官能的欲望; yúku, yuku nítsi, shín nítsi〈心熱〉; ［動］yukunu ang, yuku nítsinu ukitóng; 性欲 indanyi yúkunyi tstchóng; 大食欲 kutchinu yúkunyi tstchóng; 彼女への欲情 arinyi máyutong; 強欲 yúkunu chūsang, yúkunu sákanyi ang; 妻も妾もいる, それで彼の欲を満たすには充分であろう tudjíng yubéng vússé sunu yuko tarí bichí; 欲は毒薬に似ている yuku mussabúyusi kuri dúku kússuï nyitchóng; 欲は人を溺らせ, 獣に沈ませるに最も適したものである yukó fitu uburashi tuï íchimushinu taguïnkae sisimashung. 物事を渇望する táshimu, ［動］tashínányung; 食欲と肉欲 shī yuku〈嗜欲〉.

Lustful 欲望の強い・好色の; yukunyi futchirïung, uburïung, íru kununyusí djódjinyi〈定規に〉sídjitóng, yuku fushi mamanshuru mung.

Lustre 光沢, 輝く; fíkayusi, numitóng {艶がでる程滑らか}; 名声が〈輝く〉nānu fikarinu ang, nānu fíkayung, kó myó〈高名〉, tákachi nā.

Lustring 甲斐絹; ïchunu lúï〈類〉.

Lute リュート（管楽器の一）; fanshó〈半笙〉.

Luxuriant 繁茂した, {木の, kínu} sakatong, shidjitóng（繁っている）, shī djóshóng; 穀物・田畑 díkitóng.

Luxury 贅沢品, 奢侈; líppana mung; 奢り快楽に耽る uguti tanushidóng; 贅沢な食べ物 māsa mung, ánda mung.

Luzon ルソン島; luzún.

Lye 灰汁・あく; áku, áku mízzi.

Lying 嘘; yúkushi, ［s.］lie.

Lying in woman お産の床にある女性; sángunu〈産後〉wínago.

Lymnae (lymnaea) たにし; tá mya {m'éと読む}

Lyre たて琴; kutū, shtsi〈瑟〉, chín shtsi〈琴瑟〉.

M

Macao マカオ（澳門）; ó-múng〈澳門〉.

Mace メイス; {中国の重量（貨幣）単位} múmi（匁）; íchi muminu（一匁の）kani, 1匁のお金.

Macerate ふやかす; mizzi kváchi {mizinyí tskiti} tadarïung; ［他動］tadarashung, núrachi tadarashung.

Macademize 敷石道路にする; íshi gú hamïung; 砂利道 íshi gu mítchi.

Macaroni マカロニ; chíri múdji.

Machine 機械; yāmā, karakoï; {織るための, 織機} núnu báta.

Mackerel 鯖; bashika íu, hïú íu.

Mad 狂った; chímagé, chí chigé, fúrï mung; 狂っている námassang; 気が狂れる furïung, furitóng; 気違いじみた言葉 furi munuï; 吠える様に言う furi abíshung; 狂ったふりして侮辱を忍んだ furi mung búïshi hazikashimi ukitóng.

Madam 奥さん; ayamé.

Madden 狂う; furïung, bákïung, kukuru bakïung.

Madder （植）アカネ; hatsi matchi bána.

Made 造られた; tskoténg, nachéng; 鉄製品 títsinu dógu; títsishi tskoténg; 鉄で作られたナイフ títsi sïgu〈鉄ナイフ〉; それはどのように作られているか cháru tskoïyó shéga?; それは楊木製ではなく黄色松製であることは確かである kuri yó búkunyi〈楊木に〉aráng, chíshti kuré chīru mātsi〈EC: 黄松〉shae tskotéru mung du yaru; 作り方を教えてくれ, また私も少し作って食べてみよう ïyaga ványi íchi kvíri cháru tskoïyó shéga, máta vaníng tskoti kadíndé（*kadíndáであろう）; それは作られるかな kuré tskoraríkayá?; 弓は柔（軟）な木で作られている yumé yafara gíshi tskotéru mung.

Madhouse 精神病院; furi mung nóshuru yā.

Mad man 狂人; furi mung.

Madness 狂気・狂れ事 furi kutu, furi mung, furi yamé.

Madrepore 石珊瑚; kárushi {即ち, karu íshi（軽石）}.

Magazine 倉庫・貯蔵所; kúra, kūï; 塩硝火薬倉庫 yínshu kūï.

Maggot 蛆; údji, murún gva, múshi gva.

Magic 魔術; maduváshuru kutu, maduvásarīru kutu; 悪い意味で yána djútsi, kakōïnu* 'hó *karakōïnuであろう; 魔術師 karakoïshuru {madóváshuru} ftu, djutsishuru mung, djutsishā, uranéshá〈占者〉; urakatashá〈占者〉.

Magistrate 行政（長）官; kvan nyin〈官人〉; 地方官 ū-fankvan, muranu kashira; 地区役人 shán kvan〈県官〉; 高官 kó kvan; 役所 wedaï shú-túkuru, yá mung〈衙門〉; kung kvang〈公館〉; 威厳 ïnu〈威の〉ang; 官府に嘆願する kampūnkae nigégatchi-shung; 官人の前に出て（法に）訴える kvanyínnungkae uttaïshī tsigïung.

Magnanimous 大（度）量の・寛大な; lónu〈量の〉fïrusang, té lyó〈CDなし〉.

Magnate 大物・大人; té djin, taï shin〈大臣〉, té shin.

Magnet 磁石; kudjákunu íshi（磁鉄鉱）.

Magnifier 拡大鏡; {レンズ} kūsasi úffïku nashuru kagáng, táma.

Magnolia （植）モクレン; shi lán〈蘭〉.

Mahomedanism イスラム教・回教; fúï-fúï〈回回〉nu dóli; 過去長年回教徒は諸地方に住んでいる nagé nati sín zín〈CDなし; 隅々であろう〉nakae fúï-fuï nu taminu simatóng; 回教徒は彼ら独自の一つの宗教を成して

いる fuĭ-fuĭnu tamé dūshi {djímmama} ftu ushī nachóng; 言葉も服装も異なっている kutúbang chínung kavatóng; 無礼で身勝手で,法に従わない síbiti mulí, fushí mamányishi muhó〈無法〉nachóng; 回教真の宗教は唐（Tang）代に中国に入ってから今まで1100年以上である fuĭ-fuĭnu tádashtchi ushīya, Tónu yú kara chúgukunyi íchi náma madí shín háku níng amaĭ du yaru.

Maid お手伝い; {召使} backī, winago ndza, winago ṭúmu, wínagonu tské mung; {召使老婆} hā-mé; hāmé dúmu.

Maiden 娘・少女; {年若い女} wínago vorabi; [s.] miss.

Maidenly つつましやかな; djín djūna〈厳重な〉mung, mámuta mung, tadashūnyi shi iffĭng ugukang; {[s.] effeminate}; iffĭng búsafūna kutó sang.

Maidenliness 乙女らしさ・つつましさ; tī-djŭ〈貞女〉, shtsi〈節〉mamutóng.

Mail 郵便袋; {鞄} djó {íri} búkuru, [s.] portmanteau; 郵便配達人 'mmă báng; 郵便用の馬,早馬 fáya 'mma; [s.] post.

Maim 不具・かたわにする; chízi（傷）tstchúng; かたわ者 chízi tstchi mung, chízi tstchōru ftu; 不具,傷ついた, 例えば片目が見えない,片手を無くしたなど chízi tstchósi kata mī kudjī, kata dí wúteru gutóng.

Mainly 大部分は・大概は; tégé, té raku〈大略〉; [s.] chiefly.

Mainmast 主マスト; náka bashira, ufu bashira.

Maintain 保持する・家族を支える; {養う} tskanayung, yashinayung, sodatĭung; {保守する} mamuyúng, tamutchi mamuyung; 地位{考え}を持続する shuzúnnu taté ndjukang, shuzúnnu katónyishi mamutóng.

Maize トウモロコシ; ufu tónu ching?, gu shin tó djing（唐黍）.

Majesty 威厳・偉観; {畏敬} i〈威〉, ínu ang; {威勢} i shínu ang, í tūkū; 威厳ある様相 ídjinu〈威厳の〉aru só; 髭・眉を立派に手入れして fidji mayúng lippányishi; 皇帝の称号は主に chó ting〈朝廷〉; 陛下に仕えることが出来ないばかりか,自分の身を維持することもかなわない chótínyi〈朝廷に〉tstomi ōsan téma arang, dū yatíng tamukáng〈保たない〉; 陛下 undjó, myundjó; 陛下は最も公正であるべきで,私的配慮からありあまる贈り物をしてはいけない myundjó dūdŭ kūtónyishi〈公道に〉vatakushinyi aforīru fudu migudé simang.

Major domo 宮宰・召使頭; kutu kamutōru ftu.

Major general 少将; tsun-bing〈總兵〉.

Majority [s.] multitude.

Makage {作り方} tskoĭ-yó〈様〉, shtati kata, tskoĭ gata.

Make 作る; tskoyúng, shung, nashung, shtátĭung; {家を造作する} zó-saku shung {即ち,材料で形造る}; 「させる」の意味は ashung という形成素（機能語）で表される:

怖がらせる・驚かせる udurukashung, ussuriráshung; 人にものを言わせることが出来るか múnu ïyassarími?, munu ïyassaríkayá?; 彼にものを言わせる{告白させる}ことは出来ないが munu ïyashi ōsanó ássiga; 理解できない（当てがない）até nérang; 上手く成された yū shéng, yū tuduchéng, yū tudukachéng; 償う [s.] indemnify, satisfy losses, supply; 鉄で作る títsi shi {títsi mutchíti} tskoyúng; 真実を虚偽にする makutu yukushinkae nashung, makutu yukushi gutu shung; 朝床を造る（敷く）{当地では寝具類は取り片付けられる} dzashtchi tuyúng, shidjumĭung（片付ける）*間違いであろう; 西洋ベッドについては,朝でも晩でも dzashtchi-shung, dzashtchi shkóyungと言うであろう; 決心する umúĭ chícháng（思い切った）, umuĭ chíchi shuzun tatĭung; 目録を作る tītsigatchi shung; 一つにする（纏める）tītsinkae ushāshung; 万物は神により造られた bámmutsi kami nūshinudu tskotéru; 朱紙を作る方法 shu gami tskoyuru 'hó {tídang}; 口実を設ける náziki īshung, [s.] pretend; 薬の処方せんを作る 'hó-gatchi-shung, fézé gatchi shung; 薬を処方する{混ぜる} kussúĭ shī 'hóshung〈CDなし; 製法する〉; 仲直りする vábuku shung, vadanyi nayung {nashúng}; 2人の中に入り仲直りさせる naka írishung, taĭnu utchi útchivakishung {ī nóshung}; 整える tutunĭung; 髪を整える karazi tutunĭung; ナイフを作る sīgu utchung（打つ）; 行って,ナイフを（私のために）作らせて来なさい sīgu úttáchi ku; {当地では既成の物は買えない}; 作られる{成る}は受動形 sarīng, nassarīngで表される: 私らに代わって罰された vatányi kavati togasáttang.

Malady 病; yamé

Malay マレー人・マライ人; kuru bó {即ち黒人}.

Male 雄; {動物} wū mung; {人間} wíckiga, wú tukú; 男女{動物} wū mung, mī mung; {人間}男女 wíckigang wínagong, nán nyu.

Maledict 呪う; {chu人を} yana nurayung, yana nuréshung, madjiné nurayung, ínuĭ nurayung; 呪い方の例:君が死ぬよう願う ïyáya ké shinyiyó; 不幸になれ vazavé narió; 転んで手・足・鼻を折れ {血を出せ} dugétí fsha yamashió, tí yamassió, chí ndjassió {harassió}, dugeti fsha tsí wúrïyó（*鼻への訳なし）.

Maladiction 呪い; yana nuré, madjiné kutuba, yana nureshuru kutuba; [s.] curse, scold.

Malevolent 悪意に満ちた; yana {arashí}kukuru-nu mung, kukuru arassang, yána kutu nígati; kúkurumútchinu ickáng, shódjinu ickáng; 他人を困らせ悩ませるのは誠に邪悪なことです chu nandjishimiré makutúnyi fu djíng〈不仁〉du yaru.

Malicious 悪意ある・故意の; yana takumi-na mung; わざと成された yana takumíshi shéng.

Malignant 有害な・悪性の; skunaĭ géshung; 害のある空

気,気候 yana fū chi〈風気〉; 害ある心,私に害しようとしている chu skunáyuru kukuru, vang gésandi tákudóng; urami fúkudóng; 翼ある虎の如く turanyi tsíbassa tskitéru gutóng; 悪性の病 gényi nayuru yamé.

Malleable（金属が）打ち延ばしできる・柔軟な; あの金属は可鍛性である anu kani utchi ússiku (nashi) bichí, físsiku nashi bichí, núbi bichí.

Mallet 槌; sé zitchá.

Mama ママ・母; amá; {年老いた} pápá.

Mamalia {四足動物} yutsi ashinu luï; {哺乳類} chí shpuyuru, {numáshuru} lúï; {胎生動物} kva nashuru lúï.

Mammon 財貨・富の神; dzé phaku〈財帛〉, dzé fakunu tagúï.

Man 人; chú, fitu, nyin; 一人 chúïnu ftu, íchi nyin, íchi nyinnu ftu; 人々 ftunu chá; 1,2,3,4人 chúï, taï, míttchaï, yúttaï; 五人 gú nyin; 夫婦 mítu, fū fū; 夫婦になる mitúnda nayung; 一人の男と一人の女 chuïnu wïckiga chuïnu winago; 男（と）女 wíckiga winago, nán nyū; 天は私を人としたのであって,獣としたのではない.私は人として振る舞うべきで,獣のようにすべきではない tínó vang mmárachi fitútu náchi, íchi mushé nashi mishórang, vaníng mata ftúnu kútudu {vázadu} náshuru, chín djūnu〈禽獣〉 kutó nasáng ari vadu; 行いの悪い人 yana shī-mútchina ftu, yána mung, yana shkata nashuru ftu; 善良な{正しい}人 tadashtchi ftu, yī yósina djínti〈人体〉; 彼は人たる振る舞い方をしない ari chútaru mitchinyé kanāng; 彼が一個の人間なら,私の広い寛大な振る舞いを見て,恥入り死ぬであろう aré fitu taru mitchinye kanati dung aré, vága fírussaru taï lyó〈大量〉 'nchi chāki hazikáshiminyi tstchi, shínyung; 過ちがあっても改めようとせず,徳ある人を知っても近付こうとしない人は,たとえ（人間界）世間に場所を占めているとしても,人間と言うに値しない ayamatchinu aratamirang munó, chín djin〈賢人〉{suguri ftu} shtchíng shtashimang {ch'kazikang, chkazichíng aïti（敢えて）néng}; shkínnu wínyi mmaritótantémang {mmarírutu ïdomo（雖も）} chundi（人と）īnu nayumi? {kuri māda ftundi íyě naráng, ftútu ïyú kutú yízi（得ず）}; 人間は顔で判断されうるものではない,また海は桶で測定しうるものではない chunu só〈相〉nchi ariga yósi māda shíraráng, omíng tāgu shae fakayé naráng; 人のこの世に居ることについては,時は人が指をパチと鳴らすように過ぎ去る ftunu shkinyi wúru kutó {ichichōru kutó} kó ínó〈光陰は〉{tuchi fī} wíbi nárashuru yé yaká féku sídji sayung; 人が第一に持つべきことは欲情に対する冷淡な心である chúnu yúkunyi tashinányusi {shtchusi} satchidáti zattunyi aru bichí {zattunyi si vadu yútasharu}; 人が考えるべきことは,死去の時,

持って行けるものは一物もないということだ chúnu umúyuru kutó shídji íchidúnse {shínyi sarunyi itaté} íchi butsing néng {aru kutu nashi}; 世間の人は皆動揺混乱して,何十万の虫が{飛び散り},ブンブン気違いじみた唸りを上げているようなものだ shkínnu ftó mádjiri mídaríru kutó chódu shín〈千〉mánnu〈万の〉gadjang {fé} nu {tubi chíriti} 'furi gaï gaï shuru gútu ang; 邪悪な心の人は彼自身悪魔の頭であり,彼の考えや知識は悪魔兵長,悪魔兵である chúnu kukuró aku yátí, dūshi chāki madjimunnu úfu káshiratu náti, umúng*, chíshtchíng tumunyi kuri madjímunnu fingáshira〈兵頭〉, madjimúnnu fíntu dúshuru *umúing であろう.

Man-of-war 軍艦; íkussa buni, fīn buni, tataké buni.

Manacles 手錠・手枷; tí-gutsi.

Manage 上手く処理する; {kutu} ussamïung, bíndjïung; 事（業）を上手く捌く sabakïung; そのように事（業）を捌く人 sábakita mung; 監督する tskassadúyung（司る）, kámuyúng; 考えて処理する fakari ussamïung; 一家の事を上手に治める yānu kutu tstomi ussamïung; 私が君に代わって処理しよう vaga ïyanyi kavati kútu bindjïúndo {shúndó}; 君はこれの扱いに慣れてないから,行ってあなたのパンを食べなさい ïyaya kunu kutu nariráng kutú, dūnu mung kádi íkí; あの処置は君に替わって私にさせてくれ（私がしよう）vaga iyanyi kavati sá; {家内の}事はすべて大も小も主人顔で片付けた yānu utchi gútu úffisa kūsanu vaza túmunyi nushiduti（主取って）{kámuti} sháng; 用事は勤勉さと聡明さで捌く yūdju sabakíti, tstomíti achirakanyi bíndjïung; ぞんざいに処理する ukaïtu {úkáttu} bíndjïung; 何とかかんとか事を成し遂げる tūï fíchishi {tūï tannīshi} kutu nashung, {kutu djódjúshung}; 一家の経営では勤勉と倹約を心掛けよ íy（家）ussamirunyé yúku tstomi, yúku chinyakunyishi {chíndjiti} si vadu yutasharu; 上手く成された yū shésa, yū tuduchóng, tudukachéng, yī tuduchinyi shéng; 上手く成されてない tudukáng, yū tudukaché néng; 船を扱う funi atsikayung.

Manager 管理人・取扱人・監督; kamí, gamí, sū gamīshung.

Mandarin 官人; 員; kwăn yín〈CDなし; 官員であろう〉, kwám-pū〈官府〉{後者はその官人の役所のこと}; 大官人 shínka（臣下〉, té shin〈大臣〉; 文官 búng-kvan; 武官 bū-kwáng, fīn kwang（兵官〉; 文武の総官人 bún-būnū sū kwang; これら強欲な官員中に協力してお互いを弁護しない者が何処にいるか kunu dzé（財）mussabutōru kvánpunu útchi, chúïnu kványinu aï mamuranse ákaya?; 本来漢（Han）代の官人を得る方法は,現在の方法とは同じではなかった mútuyuri Kánnu yū samuré（士=知識人〉tuï múchūru {kvanyi agīru} 'hó namanu gutó aráng; それは科{ko

学識テスト}によって官人を登用したのではなかった ari kó shimité tuĭ agiráng,しかし諸郡から推薦された人々に頼っていた,それ故彼らは kü yin {推薦された人} と言われた tada shu gúng kara yirabi agirunyi yútti ki yíntu nazikitáng {icháng}.

Mandate 仰せ・命令; 皇帝の命令 kótīnu wīsi.

Mane たてがみ; {馬の} mmanu kándji,táti ḳámi.

Manes 特定の死者の霊; támashi,mabúĭ,ḳúm páku〈魂魄〉.

Manful,-ly 男らしく雄々しい,決然たる; chūĭ mung（強くなった者）,djukushōru ftu,kukurunu chūtong {damakassaráng 容易に騙されない}; [s.] manly; 男らしく chūĭ munnu gútu; 髭を生やし始める時 utunashku（大人らしく）natóng.

Manger かいば桶; múnu kvāshā,hamé zără,tóni; 馬用（かいば桶）mmánu munu kvāshā,mmánu hāmi numashā; munu kvashuru wūki.

Mangle めった切りする; [動] {引き裂く} chíri yandĭung, chíri sundjĭung; {しわを伸ばす} sĭúng,chíng sĭúng; [名] しわ伸ばし機 chíng síúrū dógu,chíng sĭá gī; 押してやるための板 síuru íta; ローラー náka matchi; 当地ではしわを伸ばし機にかけず,布を板 {chín nóshi gī,chín tátachi gī} の下に置き,踏んだり叩いたりする; それ故に次のように言う; chín tátachung,着物を叩く.

Mango マンゴー; măndjúĭ（パパイア）.

Mango bird 鶯の一種（コウライウグイス科）; uguíssi（鶯）.

Mangy 疥癬にかかった; kassa ndjitóng,kī hagă（毛が禿げた者）; 疥癬で毛の抜けた犬 kassa butā íng,kī hági íng.

Manhood 成人; shí-djing; 私には息子がいるが,まだ成人（に達）していない vane wickiga ngva wússiga, māda shí djing sang; 成人（に達）した shī djinshóng.

Manifest 明白な; [形] aravaritong,achirakanyi ang,mifakunyi ang; 明白で見やすくこれ以上検討の余地ない achirakanyishi mī yassang,mata kangerunyi úyubang; 明白な報い achirakanyi aravaritéru mukúĭ; 明らかにその通り achirakanyi {makutunyi} kuri dó; 現わされた aravaritong,{幻のように現れる} aravari ndji; [他動] 明白にする aravashung,achirakanyi nashung.

Manifesto 声明; 行政長官の ḳó shi〈告示〉,tuzikinu kóshi, tudziki gatchi; {中国本土}内外の民に知らしめるよう求める布告・声明 utchi fúka shīrashimīru tuziki gatchi; 船の証拠印 funa shūku gatchi,funinu shidé gatchi; 集会の声明文 yuré gatchi,yurénu shide gatchi,yuré búnu.

Manifold 種々多様・倍; bé bé,sū djú bé; リネン,紙のように折り畳まれた物について,sú dju mé; 多様な方法で su gútu,sáma sáma,íku sámanyi.

Manilla マニラ; Mā ni la,Luzún.

Manipulus 一掴み・一握り; chu tskáng; 米一掴み kumi chu tskang; 米一掴み持って来い kumi tskadi ku; 掴む tskanyung; 両手で掴める分 muru zikang, ló-tínu tskáng, ló-tishae tskadi kū.

Mankind 人類; nyín djĭn,nyíndjinu cha,tinganu ftu,muru muru fïtunu lúĭ,fïtunu tagúĭnyi dzukushósi; 全人類がその理解を開いて欲しいと願う nigényé tínganu ftu kútugútuku kfurassassi fïrakatchi sáturáchi {munu naráchi} yútashang; 私は全人類をより幸福な生存状態に上げたいと願う vané muru murunu ftunu búng（分）agiténdi {kvīrashiténdi} fushashóng.

Manly 雄々しい; wickiga rásha,wutuku rásha; 男らしく廉直な útunassa; [s.] manful; とても雄々しい様 wútuku buri {furi} rāsha.

Manner 態度・物腰; kakó,sáma,gútu,yó〈様〉; {模様} múyó; {外形} sigata,chí zó〈気象〉; 用い様 muchī-yó; 物言い方 munuī kátă; 作り様 tskoĭ yó; この様に kunu yónyi,kunu gútu,kunu naĭnyi,kúnu kakónyi; 幾様にも考える íku samanyi {sáma sáma} kangéyung; {行状・作法} dīdji,dīdji safu,tatchī furumaĭ,chizó〈気象〉,yó-bó〈容貌〉,fūdji（風儀）; 作法が心地よい dīdji safūng yútashang,dīdjisafūng kandjitóng; 作法がまずい dīdjinu ickáng,dīdji néng mung; 彼の作法は学んでよい ariga dīdjisafūng kandjitóng,ari nyíshti si vadu yutasharu; 粗野な作法 skutsina mung,ără fūdjina mung,ara shkátana mung, midarí mung; 無法な作法 fushī mámana mung,hó lītsī〈放力〉,EC: 放肆) na mung; その人特有の作法 dū chi〈気〉mámanu shína; ある人の全体的様相 su chizónu múyó,ishshínnu〈一身の〉yó bó; 公の作法・風俗 fū ẓukū,sa fū,lī; 国の習俗などを問い合わす yósi tūtaĭ zúku chichaĭshung; 陛下は君らの風俗が本当に良くなることを願い,君らに教えようと特に気を用いておられる kótīnu íttaga fūzukunu atsūnyi（厚うに）yúttashku naĭténdi mutumi mishócha kutu,múppara íttānyi munu narashi shimité du yaru.

Mannerly 礼儀・作法を弁えた; dīdjinyi attatóng,kanatóng.

Mansion 大邸宅; udúng,magissaru yá.

Man slaughter 殺人・故殺; ayamati {machigéshi} chu kurucháng〈EC: 過失殺人〉.

Mansuria,mantchouria 満州; chī shā {mánchú〈満州〉} guku.

Mantchou language 満州語; chī shānu kūdjó.

Mantis カマキリ; ishatá,ishatú.

Mantle 外套; úfu djíng,káppa.

Mantlepiece 暖炉の棚; fĭ méshi túkurunu wīnu tána.

Manufacture 製造する; [動] tskoyúng,shī sáku〈CDなし〉-shung; shung; {化学薬品の混合物を} shī-'hóshung（製法する）; {刃物類を（造る）}uttchúng（打つ）{chang,tang}; ナイフを作らせよう{即ち,注文する} sīgu uttatchi kū;

{羊毛布を} rásha tskoyúng; {キャラコなどを} úï mung-shung; núnu tskoyung; 国の産物 kunyinu shī-san 〈CDなし；製産であろう〉, san-djó〈産業〉 mutsi, tskoï-san, tskotéru san mutsi〈産物〉; 塩硝火薬を作る yínshu shī-hóshung.

Manure 肥やし; kwé, fun〈糞〉; [動] 施肥する kwé kakï-ung {即ち, 肥やしを注ぐ; 彼らの肥料は液である}; 固形肥料 (を施肥する) kwé írïung; 肥料穴・壺 kwé gura, kwé tsíbu.

Manuscript 原稿; 本 katcheru shimutsi; shimutsinu sígu gatchi, shta gatchi; [s.] papers.

Many 多くの; ufóku, úffusang; 幾回も sú du (数度), su djū (数十) kén. su djū du, íku kénung (幾回も), tátta (多々); 何回か íku kénung, íku tábing? (両方とも「幾回も」の意で疑問形ではない); 多かった uffusatáng; 突起・瘤で覆われた takaritóng; 多くの日々 fī kazi (日数) uffusang, tá djītsī〈多日〉; 多くない uffóku néng, íkirasang; {予想より} 多すぎる kangé yaká uffussang, amatóng, dūdu uffusang; 数多の人 ámatanu ftu; 多くの点で他人に同等でない (劣る) uffóku chunyé ka-nāng, uffóku chunu gutó néng; 多くの変化 fíndji ka-vayuse tītsi aráng {ufóku ang}; [s.] how many.

Many coloured 多色の; iruduténg; séshtchi〈彩色〉, yínugu-shéng.

Map 地図; 国の kunyinu dzī, yī zó〈絵像〉; 世界地図 tínganu dzī.

Maple 楓; áka banā gí (ハイビスカス); 真紅の楓 kédi, hádji gí (ハゼの木); 霜が降りて後, 木の葉が美しい赤色になる shímunu fúti ato fa ákadi (赤らんで), 'nchi aïsi bichí (愛すべき).

Mar 損なう・傷つける; íntién yabuyung, in tïen yandïung.

Marble 大理石; {(当地では)知られていない} kfa íshi, fichaï íshi?; 大理石模様の紙 kazaï kabi, hána kabi; 彩色してある iruduténg; gū (具?) íru duïsheng, iru ziki.

March 行軍・行進する; utsiti atchung, kvī utsíüng; 勇み前進する ísadi sigu menkae sisínyung; 行軍中に {雪の} 大嵐が起こり, 兵らは寒さで死んだ íkussanu útsti átchuru {kvī utsīru} ba ūū yútchinyi átati fínnu〈兵の〉 cha ūū bīsashi shidjáng.

Mare 雌馬; mí 'mma.

Margin 縁・端; háshi, {端} hata; 本の hata; 上側 kama-tchi hata, 下側 shimu bata; {水辺} fin; omí fín {即ち海浜}, umi báta, íssu báta, mízzinu mé {awé}; 川端 kāra báta, kāranu ábushi; テーブル, 箱などの回りの盛り上がった縁 futchi; 田の回りの盛り上がった縁 ábushi.

Marine 海(洋)の; {海兵} funinu fíng; [s.] sailor; 船に関わる事 funinu kutu; 大船舶を持つ funa sū {kazi} uffusang; {海軍}戦力が大きい funa íkussa kutó táshshanyi ang

{tsíusang (強い)}; sī gung〈水軍〉 shuru kuto uffusang.

Mariner 船員; funa gaku; [s.] sailor.

Mark 印; shírushi, shírubi; {文字} shirubi djī; {ラベル} shīrubi fúda; {発音符} útunu shírubi; {正字法上(の印)} djī djiri; {的, 比喩的にも} máttu; 的に当たる máttunyi áttayung; 的から遠く離れた kāma chí-gatóng; 識別印, 尺度・規範 sáshi djū, sáshi chī; 飾り印, 特に日本のランプの múng (紋), mung shirushi; 手旗信号 háta shirushi; [動] 印を付ける shirushi-shung, shirushi tskíung; 書き留める katchi shíru-shūng, katchi shiruchóchung; 日常生活の記録を注意して行う mé nitchinu kutu kangé {fakari} shirushung; {金属の} 丸い物の裏に赤道の度数を {刻み} 記しておけ maru ganinu kushi nakae shtchidónu dú kazi chizadi íttóki; {手紙など} 開けられた形跡がある wúï nochéru ato katanu ang; tsitsimi nochéru ato katanu mītóng; 印がしてある shirushi shéng; 印線 sími nā {大工の(墨縄)}, sími tsibunu nā, chí fichuru simi nā; [s.] sign, note, trace.

Market 市場; matchi; 市場で取引する matchi ndji kó-yung (買う), matchi ndji achineshung (商う); 市の日 matchinu nídjiyákanu (賑やかの) fï; matchi fankva-nu〈繁華の〉 fï; 市の立つ町 matchi {fánkvanu} mura; anu mura shó bé mung shuru matchi ang; それの需要がない kóï fítunu urang; 売れ行きが悪い achiné munu úï sábakang, urirang; achiné munu sabishku natáng; 今日は売れ行きは悪かった chū matché chī chinu〈CDなし；景気であろう〉 ikáng, díkirang, uraráng; 売れ行きが良い úï sabarakïung; 相場 tūīnu nínaï, matchinu dé, fï djínu dé, ishshónu dé.

Marketable 良く売れる; úï bichī mung, achiné mung {shóbé mung} urarīru hazi.

Marmot マーモット (リス科); āzi, haru āzi.

Marriage 結婚; nī bitchi, kún lī〈婚礼〉, nī bitchinu kutu; 結婚 {婚約} を相談 {熟考} する yingominu kutu sodánshung; その (縁組みの) 相談 yíngomi sódang; 婚姻契約書 kun-dīnu té〈帖〉, kún dí-gatchi, kundīnu gatchi mung; 持参金・嫁入り道具 fī-mutsi; 結婚についての運, 特に神に定められた理由 yíng〈姻〉, yínyé〈姻縁〉, tín yíng; 私等の年令は丁度合っている. そこに結婚の縁がある aritu vantu tushi bé yū átati yínyé ang, yínnu ang; 充分な配慮なしに結婚の約束をする ukáttu {záttu} kun lī shung; 人々が来て彼に結婚の約束をするよう求めたが, 彼は断固断った chúnu chí ari yíngomisandi shássiga ari tuï chí-vamíshi kutuvatáng; 彼はまた一人思った, 結婚は一生の問題であるから急いで成されるべきではないと mata físsukanyi úmuti íbunyi, kun lī ndi īse dū ovaru mádinu kányūna〈緊要; 肝要であろう〉 kutu yaré ūkáttu násu bichínyé aráng; 床入り, 結婚を成就する

mītunda íchayung, shín luï tu nayúng; 通りを行列する婚礼儀式 yúmi nkéyuru suné {djó líchi}

Marriageable 結婚に適した; nībichi shuru djibúng natóng, nībichi shī bichī.

Marrow 髄; dzī anda, kutsi dzī.

Marry 結婚する; 妻を娶る mí tuyung, tudji kameyung, tudji tuméyung; 妻にする tudji shung, tsima tushúng; 夫にする wúttu mutchung {chang, táng}, ya tatchúng, káshïung〈嫁する〉, 即ち, 一家を建てる; 娘を嫁がせる yā tatïung, wínago ngva nībitchi shimïung; nībitchishung は男女とも使える; 娘を嫁がせる際は立派な婿を選び, 持参金を多く取り立ててはいけない wínagongva nībitsishimīse yī muku yíradi fī mutsi úmuku mutumíté simang; 息子を結婚させる際は徳ある女性を選び, 持参金を多く得ようと謀ってはいけない yumi kameyusi yī winago du yírabi, shugaïnu uffusasse fakaté simáng; 再婚する ftatabi {nyi du, aratami} mí tuyúng, nibitsi shung; 女性が再婚する sé ka〈再嫁〉shung, fta tabi káshïung; 娘を嫁がせ婿を自分の家に取り入れる íri mūku-shung, íri mūku tuyúng, mūku yóshi tuyúng; 父を殺し母を妻とした chíchi kuruchi fafa tsíma tu nacháng; 娘が一生結婚しないのではないかと恐れている sunu wínago ngva íshshó yā tatánsi ussuritóng {chunu tudjítu naranse ussuritóng}; 君の娘は結婚したか, まだか ïya wínago ngva wúttu muttchí madaï?; 嫁がせた娘は投げ捨てた水だ yā tatitéru wínago mizzi yútti stíussitu yínu mung; 王女と結婚する wónu wínago ngva tudjishung; それなら彼らは結婚して宜しい{即ち, 夫婦になって} anshi gū natí yutashang; 彼女は結婚して二か月以上になる ariga yā tatchi nyí kazichi amaï nayúng; はからずも, 彼女は結婚するまえに死んだ（対応する琉球語なし）; 私は年令三十三で, 彼と結婚して十年になる vane tushi san dju san, ariga tudji nati dju ning nayúng.

Mars 火星; {星} fī bushi; {軍神} íkussa kami.

Marsh 沼地; duru〈泥〉bukā（深）入れ, shtsi gakaï; 湿地 duru bukanu chkáta; 湿地生の植物 mízzi {nakae mītoru} kussa.

Mart 市場, 取引場; achiné shú tukuru, shóbé shú tukuru.

Martial 武勇の; 武士 búshi; 武人的・勇敢な búshi rāshang; 武芸, 武の鍛練 búnu vaza, bū-djí; [s.] exercise; 武士の様子 búshi só〈相〉.

Martyr 殉教（者）; 殉教者として死ぬ shtsinyi〈節に〉shínyung, tatifa nakae {tatifanyi} shínyung; 殉教死する心を持つ shtsinyi shinyuru kukurunu ang; 親または君主の名誉のため一身を犠牲にする人は忠節なる人と言われる uya kakubitaï, chimi kakubitaï shuru taminyi ínutchi stíusi chū shtsinu ftundi ïyung; また次の言い方もある:時宜・場に相応しい死に方をする báshunyi wūdjiti shínyung, bashu sáshi atati shínyung

{それは殉死の概念を持つ}; 宗教のため死ぬ dólinu taminyi dū yudanyung（ゆだねる）; 公正のために死ぬ djírínu wīnyi dū stïung, dóli shtsinyi shínyung; 徳に殉死する shínyutung（死ぬとも）{táttoï shinyavang} mítchi máttonyishung; dū kuruchi ndji yī mitchi nashung.

Marvel 驚嘆する; [動] firumasha shung, midzirashashung.

Marvelous 驚嘆すべき; firumashang, fīrumashī mung, midzirashī mung; [s.] miracle; 昔のことを愛し, 驚くべきこと{奇妙}を好む nkashi gutung kúnudi chī myuna〈奇妙な〉kutung shūnyūru ftu.

Marygold （植）マリーゴールド; wóshin kva.

Mask 仮面; hattsíburá; 仮面を被る hatsíbura kandjung {過:tang, 継:tóng, 否:dang}; 変装した sígata kavaïshóng; {比喩} kakushung; 覆い隠した表現 kakushi kūdjó.

Mason 石工; yā fúchuru séku, ishi zéku.

Mass 塊; {いろんな内容物の}総体 sū kachāshi-shéru mung; 丸薬{塊}を作る gván yaku āshung; {ひたした塊} fitachési; 纏めて, 総 sū〈総〉; 総纏めして sūdúïshi, sū gumúïshi; 総纏めした数 sū kazi; [s.] lot, lump.

Massacre 虐殺; 市民の虐殺 gussikunu ftu kúruchi sódji shéng; tami kúzi nashung.

Mast マスト; {船の funinu} hashira; 主マスト naka hashira, ufu hashira; 前マスト ménu {mé} hashira; 後のマスト tumunu hashira.

Master 主人; nūshi, shúdjíng, árudji; 家の主 yān nūshi, tī shū; 召使から見た主人 dánna; 男主人と女主人 wickiga nūshi wínago nūshi {または nūshi の代わりに dánna}; 召使の言葉:主人と奥さんも留守です shínshi〈先生〉ayaméng lússi; 召使が主人に話し掛ける際は undju!（あなた様）, shúnnu mé!（主の前）; 主人も召使も上陸した shudjínnung túmúng taï ukankae nubutáng; 主人を敬うためにその使いの者も敬う dánna tsitsishidoru yuïnyi tské madíng tsitsishinyung（慎む）; 師匠または先生 shishó, shínshi; 職人の棟梁 átama zeku; 棟梁を呼びなさい átama zeku yudi kū; 船主 funa nūshi; 式部官・接待官 cháku gamī, chaku tskassadutōru kwáng; 英語の短縮形 Mr.は何々 Péching:Mr. 新垣は Áragatchi Péching; 低い位（の人への呼び掛け）は Chkudúng; [s.] rank; 外国人（への呼び掛け）は普通 shín shī; [s.] sir.

Masticate 咀嚼する; kunyāshung* *kanyāshungであろう; [s.] ruminate; {味が気に入って}口を鳴らし食べる kutchi nta nta shung.

Mat① マット・筵; múshiru, shtchi mung, shtchi dógu {即ち, 敷き広げる物}; {藁を詰めた}厚手の敷物 tatán（畳）; 野性パイン（アダン）の葉を裂いて作った頑丈な筵 ádani-ba-mushiru; 蒲草で作ったもの kama mushiru; 藺草製のより上質筵 yī mushiru; 最上質の筵 bīgu mushiru; 綾線の付いたもの áya mushiru; 藤製, 花

M

模様入り,中国からの輸入 hana ⁺tū mushiru; 当地で
は{椅子,ベッドがないので}筵は広く使われる,それ故
筵の語は西洋のベッドと同じく数々の比喩的表現に
使われる: バラ・喜びの筵{ベッド}に座っている. 即ち,
祭りの時のように大喜びである yurukubinu mushiru
nakae yītchong; 針の筵{深い悲しみ}に座っている
haïnu mushiru nakai yitchóng; 臨終の床 shinyuru
mushiru.

Mat② [動] 筵を敷く・覆う;mushiru shae tsitsinyung {dang,
mang}; 部屋に畳・筵を敷く tatán {mushiru} shtchung;
[命令形] shki.

Mat③ (器物の)装飾用下敷き; {皿用の} hāshi {sūdi (小
皿)} yishiru mushiru gva; 靴ぬぐい (浴場の)足ふき
fsha utchikīru mushiru gva; 茅葺き{小屋} kaya bu-
tchi ya *matとは無関係では?.

Match① マッチ; {火を付けるための} tski daki,tskí djí;
{藁,または麻縄} fī nya,fī na; 火薬用火縄 íshi bya
utchuru fī nyā; マッチ一箱 tskí dji chu háku.

Match② (組み)合わす; [動] gū nashung,tsī (対) nashung;
{結婚で(夫婦にする)} mítu nashung.

Matchless 無比・無類の; chízinu nerang,kízinu {shími}
nérang; {とても清純な} savayakanyi ang; {無比の}
físhshirarang,gū náyusi narang.

Mate 対をなすものの片方; gú,kátā gú,[s.] pair; 航海士・
助手 tashshí kvan yin,funinu nyí bang kvan yin;
funa nūshi tashshí.

Material 本質的な; {重要な}⁺kán yūna〈緊要; 肝要であろ
う〉mung,kakaïnu chūsang; これは些細なことではな
い,大変重要な事である kunu kutó vazikanu kutu
arang,fŭtí (太い) kakáï; {精神的でない (肉体的な)}
⁺shin té〈身体〉aru mung,dū (胴) té〈体〉aru mung; 物
が作られる材料 shtá dji; 良い材料で作られた sh-
tádjinu yútashang.

Materials 素材・材料; írigu,shtadjinu írigu; {木の材はま
た次のようにも言われる} dzé muku,dzé gi; {綿布}
mímpu; {絹布} chímpu; {羊毛の布} ki uīnu tám
mutsi (反物); {革} kā djíng (着物).

Maternal 母の; 母の情 fáfanu kukuru; 母方の親戚 gvé
shtchinu yūīshu.

Mathematics 数学; san gaku mung,⁺san pó〈算法〉; {初歩
のレベルの算数} súnu bang {即ち,算盤}.

Mathematical 数学の; 数学の道具 san póshuru dogu;
{天文の} tín búnshuru dógu; 天文用道具箱 tin
búngshuru dógu irí (入れ), {または dogu baku}; {天文
用}数表 tínbúng líchi sū〈歴数〉gatchi.

Mathematician 数学者; sán shā,san pó shā,tin bung shā;
皇帝{役人}の数学者 tinbúng kwang.

Matins 朝の祈り; assa ínŭï.

Matress 敷き布団; shtchi ⁺fŭtúng.

Matron 年配の既婚女性; ayamé, {老いた} tushïuï ayamé;

{大変老いた} ufu ayamé.

Matted 筵を敷いた; mushiru shtchéng; この部屋には筵
が敷いてない kunu za mushiru shkáng.

Matter① 物体; {身体または実体} shtádjī,⁺té〈体〉,⁺shínté
〈身体〉,nī-té〈根体〉; {事柄,事情} kutu,dji djó,yósi;
どうしたのですか nūnū kutunu aga?,chāru yósinu
ága?,nūnu yūīshunu ága?; どうもない・何でもない
nūng arang; 大した事 (問題)ではない sashtinu {uīnu}
kuto aráng; dúku uffíssaru kutó arang; {事故の後}
(彼に)何か支障がありますか saváïnu ámmi?; いい
え,彼には何の支障もありません sávaye néng; {大し
た病ではない} sashtinu byotchi arang; 事情を何でも
話し合う ⁺djí djó {kutu} sódanshung; 構いません,君
入っていいよ chirāng,kū; {私らの話を}全部聞いても
構わないよ chíching chan nérang,chíching chirāng;
当然の事 ansu bichí mung,ansi vadú yarú.

Matter② 膿; {腫れ物の}; ūnchŭ; [s.] pus.

Mattock つるはしの一種; fira,tīng.

Mature 熟む; [動] nyūng {ndóng,nmáng},djúkushung;
熟んでいる ndóng,djúkushóng; 早く熟し早く衰える
djúkushi bésa uturūī bésa; {比喩的} djukushóng,
chūtóng,nári símitóng; {充分成長した}熟年 fúdu wī
chivamatóng; {判断力が}円熟した chūnu djúkushóng,
chūtóng.

Mausoleum 霊廟; shidjósi shirubinu fī múng (死者の記
念の碑文).

Maw [s.] stomach, belly.

Maxim 格言;⁺kaku gúng,nurinu (法の) kutuba,nuri nayuru
kutuba,tifún nayuru kutúba; kangam bichí kutuba;
私はこの言葉を格言とする vané kunu kutuba kagán
nyūng {kagamīru}; 肝要な格言 kánami {kán yū}
naru kutúba: 善人に近付くのは芝蘭 (chí-lang) (共に
芳香のある草)に近付くようなものだ yī chunkae chka-
zichusé chodu shi lannungkae chkazikuga gutóng; 苦
労は先に来て,成功は後に続く nandjé satchinyíshi
yíyuse ato-nyishung.

May 〜かも知れない; 多分〜だろう hazi,nayuru hazi,yénye
nayung,naïdúshuru; 通用する tūīna mung; tūīna
ukuné,tūīna ftu; 付け加えてよいか nya íffé sīūmī?;
{言葉をもう少し} 添えて言ってよいか nya íffé sīti ïyúmi?;
やってもよいか ukunating sínyumi símani?; 食べても
よいか,よくないか kading sinyumi símani?; 何をしよう
と,出来ない chāshing {nantu shíng,nantu shantémang}
naráng; 天主が彼を報い{罰し}たまわんことを祈って
いる tínnu Lóyé〈老爺〉ari fōbi kví {batsi shi}
míshorindi nigaténg; 天が私を祝福してくれるよう祈っ
ている ting kara vang sevé nachi kviténdi nigatóng;
(私は)君が幸を受けますよう祈っている ïyaya sévé
gútu ukiténdi nigatóng; (私は)君が幸運をなさんこと
を祈る ïyaya yī kutu shīténdi nígatóng; 民が改めるこ

とを決して望んでないことが分かるだろう taminu aya-matchi aratamiransi fushāsansi chíshti miru bichí; 着物に仕立ててよさそうだ chin shī bichī núnu yaru, chintu naï bichí; 少し少なくしてもよい íffi ikiráku náchi yutasháng; してよい、またはしてよくない sí bichī shí bikarang mung; saváng sang aravandinu yé〈間〉; ansu bichī araníndinu, tātsinu yé; shí bichī shé ickáng munuī=ndinu yé; そうかも知れない、しかしまだ不確実だ yényé naïsi〔naï bichī mung〕yassiga, māda sadamíé naráng; 君の可能なことをせよ〔言え〕, [s.] ever.

Me 私に・を; {対格}私を vang; {与格}私に vanyi; 天に逆らい私に危害を及ぼす tíng súmuchi vanyi géshung.

Meadow 草原; mó, kussa mó, kaya mó; (牧場){ushi, fī-dja} tskané ba, karé tukuru.

Meager 痩せ細った; yogaritóng; 粗食 sú shuku-shóng.

Meal① 穀類のあらびき粉; {粉} kū; 米粉 kumi gú; 麦粉 mudjinu kú.

Meal② 食事; {一回の食事（量）} íppán〈一飯〉, íssán〈一餐〉, ippannu shúku; ichi dúnu munnu, íshshuku; 日に一食 fīnyi íshshúku; 食事する munu kanyung, munu shung; 日に何食か fīnyi íku pan {nan pan, iku fanná, íku kenná} kányuga?, íku baku fan shúkushuga?; 日に三食する fīnyi sandú ná kanyung; 当地では日に（次のような）四食が普通である: 朝早い食事 stomíti mung, 朝食 ássa báng, 昼食 firumamung, 夕食 yúbáng; 一食するより短い時間で、12種の題を書き終わった íppan múnu sh'kushuru yéng naráng mádu vúti djú nyi shúï〈趣意〉{shuïnu dé} katchi ovatáng; 朝夕お茶と御飯の食事は定着した風習である ássa yussang ta kénnu chá míshi kuri chu sadaminu nari dó.

Mean① 卑しい; [形] íyashí, íyashtchí, shtya katá; karī mung, dji fínna〈下品な〉kutu, djíbita（下卑た）váza, fíppunu〈匹夫の〉kangé; shó djinnu〈小人の〉kutu; 卑しい人 shó djín, fippu, djifínna mung, djíbita mung; 私らの物を食べるのはとても恥ずべきことだ vattá mung kvayusi hadji néng kutu du; 卑しき者を拒絶せず、尊い者には従わない ïyashtchi stiti tattuchinyi shtagaté simáng; 当座は anu ba, bashu, tó dji〈当時〉, shíbaraku tuchi; [s.] while, during.

Mean② 意図する; [動] úmuyung, kangeyung; 私はもう出掛けるつもりだ vane náma kuma kara ikándi {harándi} umutóng; そのつもりではなく、こうだったのだが kúnu sidjé arang, kándu yatassiga; 彼に物を言わせないと言う積もりではない munu ïyassang {ïya-shimirang} sídjinyé aráng; 意図する, [s.] meaning, intention.

Meander 曲がりくねっている; an magáï kan magáï nagarī-ung (流れる); an tamaï kan tamaï nagarīung, mízzi-nu muya muya shuru gutóng.

Meanly 卑しく; 成された íyashíshi, íyashtchínyi shéng; 着

物はみすぼらしく食事も貧しい yana djing chī nyīdja（苦い）mung kadaïshung.

Meaning 意味; ími, imiye, chímuyé, kukuru; íbung, sídji; 同じ意味 yínu chimu, yínu tskéfa; これはどういう意味か kure chāru ībunga?, chāru sídji yátakayá?, chāru ímiga?; この字は治す事を意味する kunu djīa nóshuru ībung; 彼が治った事を意味する nótaru ībung; 目に見える{字義的意味}以上のものを意味する kutubanu fukanyi nyafing chímuyénu ang; この章の意味は疑わしい、故に無理な解釈をして説明してはいけない kunu shónu chimuyéya utagé gutu, shīti tuché naráng; 私の意図は（こうです）va chimuyéya kándu umúyuru {kunu mítski du}; 意味が欠けている chimuyéya kagitóng; 私は君の意図が分からない vané ïya chāru mitskigaïra {mitskiga yará} shiráng; 意味が多い uffoku íminu ittchóng {fúkudóng（含んでいる）}; 二重の意味 kakaïnu {ími} tātsi; 二つの異なった文字を無理に一つの意味にするのは間違いだ tātsinu djīya shīti ími tītsinkae natchi utidu（落度）du yaru.

Means 手段; {目的達成の（手段）} 'hó, tidáng; {道具} dó-gu, yū〈用〉; 書き道具 sími katchi yū; [s.] organ; 鉛筆で{本を}書く fudi mutchīti {shumutsi} katchung; どんな手段でしたか nūshi（何の道具で）shaga?, chāru hóshae shága?, cháru tidangshi {charu tidáng mutchīti} shága?; 決してしない chāshing〈mútu, zóï〉sáng; または ïkkó〈一切; 一功であろう〉anshé simang; 是非とも、万難排して dzībung, ïyadíng; 達成する手段がない tidáng tétong; tidang tskussarang; chāshing naráng mung; kutu kadjóng（事欠く）; 手段を用いる tīdang ndjatchi {mutchīti}; 手段に欠けて 'nna tí; 習得する{知る}手段がない kutugútuku yuri shiru kutó, chā-shing shírarang; {得る}手段がない yírarang, yíru tidanó néng; 金持ちになる手段 vekishuru tidáng; 目的に添わない手段を用いることは無駄である kútu-nyi ataráng tidang tskuchantémang cháshíng yíra.riru munó arangdó; 魚を求めて木に登ることに譬える kīnkae síguti* ïu mutumīung *sígati であろう; 彼または他人の助けによって tarudí {tanudi, sazikiti, vezikiti} shimïung.

Measles はしか・麻疹; aka butsi-nshóng; gutchafa, aka gutchafa.

Measure① 計測器; [名] djódji〈定規〉, fhakkaï〈秤〉; 長さ測定器 djódji〈定規〉, nagi djódji; 乾量 mássi; ava kumi hakaï〈粟米秤〉; 重量の計測器 hakkaï, chín ló〈CDなし〉; kaki bákaï, kakishimishuru hákkaï; 面積を測る{紐や縄} chkata hakayuru tsina djódji, fíchi djódji; 米を計る最小単位 gó, または kū massi, または nakamuï; 10合は1massi, または 1shú〔斗〕; 10升は1tu〔斗〕, 10斗は tó と言う; しかし、当地の人々はしばしば tuを tó, または「小さな tó」と言う; 10斗を

1kūkŭ[石]と言う人もいる; 酒・醤油・酢などの液体も重さで計られる; 土地の測量は, 私の聞くところでは, 縄でなされ, 尺の数（量）で決定される. それは船幅の測定の場合も同じである; 力の尺度に応じてする chíkara úffé-shung, nayuru uffé ｛ússa｝ shung.

Measure② 計る・測定する; ［動］ djodji-shung, djódjishi hákkayung; ｛長さ（を計る）｝ sín shaku（寸尺）hakkayung, nagi yuku hakkayung; ｛液体（を量る）｝ hákkayung, tammishung; 目測する mī hakaréshung, mīnu djódjishung, mīshae hákkayung; この部屋の長さを計る（長さは幾らか）kunu zānu nagi chánu shāku aga; kunu za íku shāku nagassaga; 旗竿の高さを計る（高さは幾らか）háta zónu táki hakatínde chássa ága?; 深さを測るためにさかさにした直角（直角を下げて深さを測る）nowchi káku sagiti fúkassa hakayung; 土地を測量する chkata sín shaku tuyung, chkata fakayung.

Measurement 測定（法）; 船の fúninu tsín dáká（積高）; 船倉の容積を計る fúna gūī daka djódjishung; chassa irirarīkayá; 積載税 funinu tsín dakanyi kakayuru djónó〈上or定納〉, tsin daka gani; 税関役人への礼金 mīatu íri lí-djing.

Meat ［s.］ food; 食用獣肉; ｛肉｝ nyíku, shíshi; 乾燥させた肉 nyíku fushi; 乾燥牛肉 ushi bushi; 乾燥豚肉 buta bushi; 食べ残しは取り下げて別の料理を取ってこい munu kadéru nukuï munó fīri（拾い）ussamíti bítsi mung túti kū; 炙り肉, または油で揚げて細かく切ったもの shími djíshi; 同様にインクで黒く色どりしたもの mími daru; ［s.］ minced; スープのなかの小さな肉ダンゴ marumi djishi; ソーセージのように切られたもの shíshi kamabúku; 後の二つは aka kódji で赤色に塗られていることが多い.

Mechanic （大工）職人; séku.

Mechanics 技術的職業; dji djutsi〈技術〉, tī vaza, seku mung.

Mechanical boxes 動きまわる機械仕掛けの箱 karakoï sheru haku, karakoïshi nankuru atchuru háku.

Mechanism 装置・仕組み; karakoï sheru mutudati, karakoïnu tídáng.

Medal メダル; ｛古代の｝ nkashinu kani íchi mé; ｛名誉の（メダル）｝ fōbishuru kani, fōbi kani fuda; ｛行事を記念する（メダル）｝ ubirashuru kani fuda.

Meddle お節介・干渉する; mizzi kara chunu kutunyi azikatóng; ｛呼ばれもしないのに｝来て私の仕事に口を出す vaga manukánting ｛yubánting｝ kumankae chi va yūdju kamutóng; 私は彼の仕事にちょっかいを出す vaga manukaránting ariga yūdju azikati chūng; 私に干渉するな ïyaya vang kamúnnayó; 人は誰でも自分の戸口の雪を掃き, 隣家の屋根上の霜の世話は止めるのが良い ftu sūyó dūnu yā mung ménu yutchi hótchi, chunu yānu wīnu shímu kamánsiga máshi;

｛各自自分の仕事の事に心せよ na dū dūnu kageshussiga mashidó｝

Meddlesome お節介な・干渉好きな; chúnu kutu kamuï zíchi（好き）-shóng, kutu kunuduru ftu, mī bung mamuráng.

Mediastinum 隔膜; 'nnīnu ｛fénu zónu〈肺臓の〉｝ naka fīdatí.

Mediate 仲裁・調停する; sisimiti naka vagó shímïung; nakanyi tuï nóshung; nakanyi tuï tsidjung; nakadatchishi vagóshung, nakanyishi ｛nakanyi tuï｝ vagóshung.

Mediator 仲裁・調停者; nakashuru ftu, nakairí, nakadatchi, nakanyi tuï nóshuru múng.

Medical 医学の; ｛医者に関する事など｝ íshanu kutu; 医学校 íshanu gakódji, íshanu naré yā; 医術 íshanu vaza, í-vaza.

Medicine 医学; ｛学問｝ í gaku; ｛(治療)薬｝ kussúī, yáku shu〈CDなし; 薬種であろう〉, yaku zé; 良薬 yī kussuï, ló yaku; 人が尋ねた, 薬品は害があるかと chunu tūti, kussūī muchīti súndjinu ámi néni?; 薬を飲む何の理由があるか, 自ら良くなるよ nū shundi kussuï muchīga（用いるか）, nan kuru ké nóïdúshuru（治りぞする）; 千もの家族が薬を飲むが, 医者に支払いをするのは一人の金持ちだけど shínnu íy（家）kussuï nudi veki nchu chúï dzíng ndjashung; 薬を服用する kussuï nūnyung, kányung, muchīung, yaku ｛kussui｝ fukushung; 薬には使われない kussuïnyé naráng.

Meditate 瞑想する; fissukanyi munukangeshung, mugúnshi〈CDなし; 無言であろう〉｛shizikanyi｝ kangeyung ｛umuyung｝.

Medium 中間; ［s.］ means（mediumの意味には触れてない）.

Medley ごっちゃ混ぜ; katchā mudjā, yáma natóng.

Meek 温和な; ｛人｝ yuzita chu, venda mung, vedassaru ftu; 謙遜の人 fíkkusūdi yuzita mung.

Meet 会う; ｛思いがけなく｝ óyung, itchayung, témin〈対面〉shung; tagényi（互いに）itchayung; ｛集まる｝ tsiri óyung, kvéshung, yúri óyung, chu tukurunyi ushā yung; 両端が会う｛比喩でも｝ kaki óyung; 会いに行く nkeyung（迎える）, 'nkati ítchung, 'nkéti dīdjishung（礼儀する）; 花嫁｛花婿mūku｝を迎えに行く yúmi nkényi ítchung; 願いに適う kukurunyi kanáyung ｛áttayung｝; 突然彼らは一組の人々が彼らを迎えに｛彼らの方へ｝来るのを見た tattchimátchinyí chu kuminu ftu nkéti chūsi 'nchang; 道で会う mítchi vúti itchayung; 今別れて後何時また会えるか占えない nama vakatí（別れて）ndji átonyi itsi itchayúndi itché uranārang; 苦労に会ったら自分自身を良く顧み天に少しの怨みを抱かず, 他人にも怒りを抱いたりしてはいけない nandjinyi órava kanadzi du kaïri 'nchi（顧みて）, súttung tínyi urami, ftunyi togamīru kukuró néng {arivadu yutashang}; 願いに反する事に出会ったらそれと比べてもっと悪い事を考えなさい, そうすれば必ずや君の心は慰められるから kukurunyi kanāng kutunyi óïdunse, sunu tsídji tutí, kukurunu utchinyi fīshshiti, shidjínyi 〈自然に〉 kukuró simīung.

Meeting 集まり・集会; ［名］atsimaï, surī, yurié; （集っている）ftunu atsimatong, surūtong, yuratóng; 集会の家 surī yā, surúí yā, yuriyé yā, kvé-dju〈会所〉.

Melancholy 憂鬱な; ［形］utsishóng (鬱している), sabisang, kukutirússang, kukuru fussagatóng, muditóng (もだえている), umī-katamatóng; umī tudukutóng; ［名］(憂鬱) utsi, utsi chí〈気〉; 悪化して錯乱状態になった utsinu tsidóng, sháku (癪) yamé; shó-si-shóng 〈性悴している〉.

Mellow 熟れて柔らかい; djúkushi másang (美味しい), yafarassa mássang.

Melodious 美しい音の・快い; yafarashī utu, shūrāshī kví.

Melody 歌うのに適した詩; {一つの歌曲} fushi (節), chu uta, uta tītsi.

Melon メロン; sí kva〈西瓜〉.

Melt 溶かす; ［他動］tatchung {chang, kang}, fukashung, yatchung, yatchi tadarashung; yatchi yafarakĭung, yatchi yúnu (湯の) gutu nashung; shiru nashung; ［自動］(溶ける) tadarĭung, yakitang (焼けた); {雪が (溶ける)} chīung, chīti mizzi nayung; 氷が溶けた kūrinu tucháng; 溶解し精錬する tatchi tskiti kuré (位) mashi nashung; gara futchi stíti {かなくそを焼き捨てて} shó (正) gani nashung; tatchi nóchi shó gani nashung; 湯に漬けて柔らかにする yū nakae tskiti yafarakĭung; 火{熱}に曝されるとすぐ溶ける atsisanyi óïdunse {fīnu menkae nasé} cháki {sóttikatchi} nagarīng (流れる); 釜で溶かすことは yatchung (焼く) という kama utchi nakae tatchusi yachúndi ïyung.

Member 身体の一骨; chu kutsi; {筒状の骨} chu yuyu; funi tītsi; chu fushi {即ち一関節}; 全器官 funi buni, shʼgaï〈四骸〉, shʼté〈四体〉; 私はあの (組) 会の一員だ vané anu chu kuminu utchi, anu chu kuminu chu nyindju, chu kuminu utchinu chuï.

Membrane 薄膜・膜; ka, wá-ga; hata ka, ka-haï, fissiga; 薄い膜で覆われている kánu hatóng; {水鳥の (薄膜)} mizzi katchi, mízzi katchi bĭshanu tuï; {目にかかる (膜)} makki, makki kakatóng, mínu maki, kānu hatóng.

Mememto 記念となるもの・形見; shirushi; {(記念の)石} fi múng (碑文).

Memoir 回顧録; djibúnnu gatchi, ukuné gatchi, ukunénu shirushi gatchi; nariyutchi gatchi; {一家の} yānu tsté gatchi (伝え書き).

Memorable 記憶すべき; umí tskaï bichī mung, chimu gakaï-

shóng; vassī gatassang, vassari* gurishang *vassiriであろう.

Memorandum メモ・覚え書き; katchi tski, katchi tumi, katchi tski shumutsi gva, nyitchi gatchi, me nyitchinu chó (懐), anching〈案巻〉, nyitchi yū (用) gatchi; メモ用板 sími katchuru kambang〈CDなし〉.

Memorial 請願 (書); bung, nige gatchi; 過去の勤務記録 tstomi shiruchéru bung; 企画にかんする建白書 shuzún nubīru bung; 皇帝を譴責する建白書 íssami nubīru bung; 建白書のことを一般的に次のようにも使う: fīū-bung〈表文〉, tí-bung (提文), tsī-bung〈咨文〉; 皇帝への上奏文 só-bung〈奏文〉.

Memorialize 請願書を出す; bung agiung; 請願書 {bung} の名称は前項の様に個別化される必要がある.

Memory 記憶 (力); shó〈性〉; EC: 記性; 記憶力が良い shódjū-sang {shó chūsang}, sho djū mung, 記憶がない shó nerang, sho djūkó nerang; 暗記する hanashi bukushung, sūra bukushung, hanashi bukushuru kangéshi fúkushung, sūra ubīru kange fukushung; 記憶で書く ubitoru mama kachung, sūra ubīti kachung; shimutsi ndang gutu kachung; 暗算する kutchi sánkata-shung; 記憶力が悪い〈EC: 健忘〉vassī bessáng; 注意して記憶に留める kukuru tumiti ubītóng〈EC: 留心記得〉.

Men 人々; fitu bitu, chunu cha; この時, 人々{兵ども}は皆混乱の中に投げ込まれた kunu bashu fīnnu cha, únu únu, savadji midaritóng; 今貧乏に満足しきれない類の人々がいる namanu tuchi fīnsūnyi yassundji ōsansiga wúng; 人々は愚かにも眠り続け死ぬまで目覚めないが, この様な状態で悔い改める所は何処にもない shkínnu ftu bukūnyi〈不工に〉atí nínti, shidji átodu ubīru {satúyuru} kunu takinyi ítati kūkvé (後悔) shantemang nūnu yūdjunu ăga?; 世の人々は酔って生き, 夢を見つつ死ぬ yūnu ftu wītidu íchichi, ími nyuru gutuku shinyung; 以前の過失を悔い改める男女たち aratamiti ménu fī {fī kussi} kuyanyuru wickiga winagonu cha; 男が女に変身した wíckiga findjiti wínagonkae natáng. 全ての名詞は単数というより複数と考えられているので, 複数形は省かれるのが一般的である; 特に「人々」という意味の men は使われず, 単数の「人」の場合の接辞 iga や se が主に使われる: kukuru yutashassiga 心の良い人々, shiransiga, shiranse 知らない「人々」, shiranse narashung 無知な者{人々}に教える.

Menace 威す; údushung, údurukashung.

Menagery 動物園; {tá kukunu} ichimushi tskané dukuru.

Mencius 孟子; Módji.

Mend 直す・修繕する; nóshung, udjinoyung (補う); 縫い繕う udjinoti nóyung; shǔfúshung〈CDなし; 修補であろう〉, kúshung; 着物を修補する〈EC: 補衣服〉ching shufūshung, {壊れたもの, 建物についても同じ}; 過ちを正す dū yugadósi tutunĭung; 修補金 shufú djing.

Mendicant 乞食・物乞い; munu kūyā.

Menial 奉公人; {召使} tské mung, tsarīru* mung *tskarīruであろう.

Memses 月経; gva sī〈月水〉, tstchi kadji, wínagonu tstchīnu mung.

Mensuration 計測・求積法; $^+$sin shakunu〈CDなし; 寸尺であろう〉'hó, djó shakunu hó; 土地計測法 chkata fakkayuru 'hó; 計測の理法 chanu {chassa} fudu agandinu 'hó.

Mention 言及・言い出す; ī ukushung, ïyung, nubĭung; {上位者へ} unyukĭung, unyikĭung; このことを彼に話す ama ndji sódanshung {unyukĭung}, kódjĭung〈講ずる〉; 貴殿に慎んで申し上げます undjunkae unyikiti shirashung; 全てを述べる事はできない ī tskussarang; 話す価値ない ïyunyi uyubáng; itchíng yūdjó nerang; 細かに話す必要はない kumékiti sódansunye uyubáng; また言い出すな mata ī ukusúnna; ī ukuché simáng; 誰かまた言い出す者がいたら, すぐ私に来て話せ chúnu kunu kutu mata ī ukushīïdunse, chāki vanyi chikatchi kū; この事は言ってはいけない kunu gutōru kutuba chíchíng ikáng〈EC: 此話是声張不得的〉.

Mercantile 商売の; $^+$shóbéshuru, achinyéshuru, shobényi kakatong; 商いの事 achinyénu kutu.

Mercenary man 欲得ずくの人; $^+$li〈利〉kunudōru {stchoru} $^+$li $^+$yukunu〈利欲の〉ftu.

Mercer 反物・織物商; ī chu-mung achiné.

Merchandize 商品; tākara, shina-mutsi, achiné mung.

Merchant 商人; achiné, ufu achiné, uï késhuru ftu;〈EC:（洋）行商〉Hong Merchant（ホンショウ）* は次の様に呼んでよさそうだ; $^+$kvan pu〈官府〉{kara tatitéru} achiné *中国の清朝時代に広州の夷館にいる外国商人と交易を行う許可を得た商人; 商人は下層の人である $^+$shóbénu ftu dji fínna〈下品な〉mung du yaru.

Merchant man 商船; achiné buni.

Merciful 慈悲・情け深い; $^+$dji aï〈慈愛〉, $^+$dji fina〈慈悲な〉mung, chu kanashashuru mung, dji aïnu $^+$fukassang; 真の神は至って慈悲がある makutunu kami ítati djífinyi ang; 生死にかかる難題により神は人を試す íchi shinyínu nan〈難〉shae ftu kukurudi.

Merciless 慈悲のない; dji fi neng, $^+$chó aku〈凶悪〉, kundjó〈根性〉mung, $^+$kundjo na mung; [s.] pitiless; {厳格な} kata djū mung.

Mercury 水銀; $^+$sī djing, mízzí kani; {昇華物} $^+$chi fŭng〈軽粉〉; {惑星（水星）} mízzí bushi, shinnu fushi〈EC: 辰星〉.

Mercy 慈悲; djín tuku〈仁徳であろう〉, djing aï〈仁愛〉, dji fi, avarimi.

Merely 単に, ただ, 全く; これだけに（過ぎない）kurinyí

sidjirang, fturi kuri, tītsi kuri, tada kuri, kuri madi, kuri ússa, kuri bakaï; 一時の喜びに過ぎない íttutchinu yurukubinyé sidjirang; 苦労・仕事だけ váza bakáï dū yárū; ただ僅かばかりの意見を示すだけ tada va（私の）vazikashi shuzún du aravachéng; 日常の祈りより拝むに過ぎない fi djí nu unyifé yudi paishussinyi sidjiráng.

Meridian 正午・真昼; mmanu tuchinu（午の刻の）sidji〈過ぎ〉.

Merino メリノ羊毛・織物; dunsi, hā tsī, kī ítu úï.

Merit 功績・功徳; $^+$kó〈功〉, kó ló〈功労〉, íssa úshi〈勲・功〉{後者は幾分「当然の権利」に近い}; 功績がある kónu ang; 秘密の功{徳} ïn tuku〈陰徳〉; 功罪同等 kóng fī kussing chódu yínu gutu; 他人の功を盗み自分だけのものとする chunu kó tuti, dūnu mung tushung; ある事の功（罪）yúshi ashi, lí $^+$gé〈利害〉; [s.] deserve; 功徳ある行為は天使（仙人）の位に昇る手段である ïn tukunu ukunéya $^+$shīnyinnungkae nayuru tsigutchi（津口）dó.

Merrily 楽しく・陽気に; úshshashi, yurukudi.

Merry thought 叉骨; {骨} mata haï buni, tuïnu 'nni buni.

Meshes 網などの目; adéru mī, kuderu mī, kun munnnu mī; {網の} aminu mī; [s.] loop.

Mess 一食分の食物・一皿の食物; shōté tītsi ang; 会食仲間 shōté tītsinu ftu, aritu vantu shōté tītsi.

Message 伝言・書信; utuziri, tsté kutuba, $^+$lín gúng; 伝言する kvī chikashung; 彼はどんな伝言を送ってきた chāru kvīnu chótakayá?

Messenger 使者・伝令; tské, tskénu mung, $^+$shi shá, tskati yarashuru ftu;（伝言を受けている人）$^+$ling gung〈伝言〉ukitoru ftu; 郵便配達人 djó mutchā; 使者の首をはね軍隊を出して彼を待ち受けた tske kubi chichi fínnu〈兵の〉chá suneti（揃えて）ariga churu yéda mattachétang.

Messieurs 諸君・皆さん方; undjunā-ya, $^+$lítsi za〈列座〉shōru ftu.

Met 会った; 災難に遭っている vazavényi ótóng.

Metal 金属; kani; 金属も石もkaning ishíng, $^+$chín shtchi〈金石〉; 金属を生き返らせる{また純粋な物に変える} mata shó gani nashung; めっきした紙の灰から金属を蘇らせるであろう kani kabinu féshae shó gani nasu bichí.

Metallurgy 冶金学; kana mung gaku mung, kani fuyuru gaku mung.

Metamorphose 変身・変化する; $^+$fíng-kva shung.

Metaphor 比喩; yatsishī kutuba, utsishī kutuba, kaï kutuba, tátoï kutuba, tatoï munuī, kutú katéru（借りた）tátoï, $^+$ī myó〈異名〉; 比喩を用いる kutu kati tatoyung; 辛い汁と言う言葉は酒の譬えに使っている karasaru shiru {ndi īse} sakinu ī myó nachéng; 比喩を使って説く kátachi sígata ndjáchi {または tátoti} tuchúng {sáturashung}.

Metempsychosis 輪廻; líng-kvaï; 輪廻する mmari kava-yung {káyung}; 永久に輪廻から逃れる língkvaïnyi nagaku nugayung.

Meteor 流星; {流れ飛ぶ星} túbi bushi, tubïuru fúshi; sū-ranu midzirashi chí〈気〉; 気象学 sūranu midzirashi chí katadutéru lun〈論〉-gatchi.

Method 方法・規律; tidáng, nuri, 'hó, shidé; 潔よくない者を教える法 íssadji yukaranse ushīru hó; 優れて妙なる法 myūna hó〈妙法〉; 世間の事で法なしに行われるものはない tínganu kutu sūyó hónu〈法の〉 nénté naráng; 当地の人は言う:角定規やコンパス{計測道具}がなければ、角や円は作れない djódji {dógu} nendung aré kaku márusa shī ōsan; 硯を洗う法 síziri aráyuru tidáng; 絹に書き込む法 ítu nakae katchuru 'hó; {水平の}日時計を作る法 djītu namiti fïkadji tskoyuru 'hó.

Methodical 規律ある; nurinu tūï; [s.] strict.

Metropolis 首都; gussiku.

Mettlesome 血気盛んな; 馬 yī shónu mma, chínnu tattchōru {ugutchōru} mma.

Mew 猫が鳴く; mayānu náchung.

Miasma 毒気・邪気; djá chí, yana fūchi〈風気〉, aku fū〈風〉.

Mica 雲母; {脆い} nándjanu〈水銀の〉 gutu fïchayuru íshi.

Microcosm 小世界・小宇宙; tínchi〈天地〉 gva, shó tínchi〈小天地〉.

Microscope 顕微鏡; mushi mī kagáng〈虫眼鏡〉, kūssassi úffiku nashuru kagáng.

Mid, midst, middle 中の; naka, mánnaka, shing {心}, chūtó〈中当〉; 丁度真ん中 ma chū〈真中〉; 上でもない、下でもない、真ん中 kaming aráng shimung aráng, chūtó; 食台の真ん中に dénu nakanyi; 君は徳の志〈EC: 善心〉を表明したのだから中途で止めてはよくない yī kukuró fáshta kutu naka gurunyi yamité simáng; 中指 naka ībi; 中等の陶器 chūtónu yachimung; 上中下三種 djó, chū, djí san dan〈段〉; 大して良くない ftu tūï〈一通り〉; [s.] centre.

Mid-day 昼間; fíruma, fī naka, fínu hambung, ma firuma, nyí chū 日〈中〉.

Middle-aged 中年の; chūna ftu, máttakaïnu* ftu {ma 中位, táki 高さ} *mássakaïnu (「真っ盛りの」であろう), bándjinu ftu, chūtóng {成熟した}.

Middling 中位, 並みの; tūïna mung.

Midnight 夜中; yū naka, ya hfan〈夜半〉.

Midrib 中脈; {葉の} fānu naka buni〈骨〉.

Midway 中途; hfan tu〈半途〉, mitchi nakaba, mitchinu mánaka.

Midwife 産婆; kva nashimiā, kva nashimiru winago isha, kva nashimi djódzi.

Midwifery 産婆術; mmarashimiru hó; 安産の本 an sannu {fī sang〈平産〉} shimīru, yassiku mmarashusi narāshuru} shumutsi.

Midwinter 真冬・冬至のころ; tū-dji〈冬至〉 {[s.] kalendar}.

Might① 力; {能力} túku, ichïūri〈勢〉, nū; kan nū〈幹能〉; {知力・才} sé-nu; séna mung, taï saïna〈大才な〉 mung.

Might② ひょっとしたら〜であるかも知れない; [動] naru hazi, naïdunse sarīru hazi; {疑念} するであろうか shīgashura.

Mighty 力ある; tuku {ichïuï} aru mung

Migrate 移住する; simaï tukuru utsïung; {鳥が（渡る）} kvūng, tubi kvūng; [s.] march

Mild 温和な; {人} chímu yafarashī ftu, tīnīnu〈丁寧の〉 ftu; {物が（柔らかい）} yafárassang, yósang; 弱い煙草 yósaru tabaco; 温和な顔 yafarashī kāgi.

Mildew-ed 黴; の生えた kódji〈麹〉-shong, kódji futchóng, shtsi〈湿〉 kudóng; {少々の程度黴のついた} assidatóng.

Mile マイル; 1マイル íchi lí〈里〉.

Military 軍（事）の; íkussa-nu kutu, fínnu〈兵の〉 {fïónu} kutu; 軍駐屯所 fïnnu simé ya, fínnu yā; 武官 bú kwang; 武芸 bu vaza, bú djī; 軍法 íkussanu 'hó, gún hó.

Militia 国民兵; kuku fïó〈国兵〉; 在郷軍 mura gamīnu fïó; 手を切り落として召集をのがれる tí chichi ndji ikussanu fïng nugáracháng* (逃れさせた) *nugáyung であろう.

Milk 乳; chí; 牛乳 úshinu chí; 乳が出る chinu yéyung, hayung, hati chūng; [他動] 乳を搾る chí yéshung, hárashung.

Milky way 天の川; ting gāra {天の川}.

Mill 臼; ūsi, fíchi ūsi, íshi ūsi; 水車臼 mizzi ūsi; 粉挽き（小）屋 kū fichi yā; 臼石 ūsi íshi; 水車用ダム mizzi kanitéru tukuru; {水門} mízzinu shtchi íta.

Miller 粉屋; kū fitchā, ūsi fitchā; ku fitchi yānu nūshi.

Millet 粟, もろこし; ava, tónu ching, chibi〈黍〉.

Million 百万; haku mang, chó〈兆〉.

Mimic 真似る; nébi-shung, ti-fsha yóshi (手振り足振りして).

Mince 切り刻む; chízanyung, chíri chizanyung; 切り刻んだ {むしろ薄切りにした} 生魚に酢をかけたもの námashi, īu sashimi; 刻んでゆでた肉に酢をかけたもの shíshi sashimi; 刻み肉を米・スパイスと煮たもの shíshi djū si〈雑炊〉.

Mind① 心; [名] kukuru, chímu, vátá〈心, 肝, 腹〉; kan（勘）kangé; 人の心 djín-shing〈人心〉; 強い心 kannu chūsang; 心に思いうかばない kannu tskang, kannó tskaráng, kangénu tskaráng; 意図・考え{意向}がある kangénu ang, shuzúnnu ang, kunuminu ang; そこへ行く気がある vaga amankae ndjīru kangé; 思

い巡らす sashshïung〈察する〉; 気にかかったことがある munu umínu ang, íffé chimunyi umutoru kutunu ang; 心中に疑念がある chimu gakaï-shong; 放心状態 chímu vackvitóng, chimu yukubaïshóng; [s.] wandering, absent; 決心した kukuru sadamatóng, tuï chivamatóng, umúï chicháng; 気に入った nigényi kanatóng, ariga chīnyi kanatóng; 純粋な心の人〈善人〉ariga vata（腹）{chimu} achirakanyi ang, váta utchi chúrasáng; 昔の人は常に言ったものだ, 人の心はその顔と同様に千差万別だと nkashinu ftu tsininyi ïbunyi, chunu kukuru unadjikaranse tsiranu kavatōru gútunyi ang; 人の心は様々だ chunu kukuró yínu gutu nérang; 人間の心が知識を少しも持たないということは決してない chúnu kukurunu massashtché〈EC: 人心之霊〉munushíri néng kutundi iché naráng; さて人の心というものはこの一点に集中しなければ必ず他に移るものだ suri chúnu kukuruzashe kuma nakae mupparanyi sandung aré arinkae utsíung; 大量な心 lónu firusang; 高邁な心 kukuruzashe takassaru {uffíssaru}; 強い心（2行目にもあるが, 琉球語は異なる）sakánna kukuru, chūssaru chimu; 狭量な心 lónu shíbassang, chímu gūsang; 心に留めさせる uzumashung, vassirassang; それを持って行くのをつい忘れるかも知れないので, 思い出させてくれ muttchi tsī vasīgashura yákutu uzumasi yó; 家事一切がうまくいっているのは彼女が女主人になすべきことを全て気付かせるからだ ari sunu winago nūshinu síbiti yānu yūdju uzumashú kútu du yutasharu; 心の狭い人は常に偏狭に陥る lónu shíbassaru ftu tsininyi tītsi nakae kátamatóng; 私は気にかかったことがあったが思い出せないでいた, その事を思い出させてくれて感謝します vané múnu umínu ati kánnu tstchi ōsantassiga {kannu tskantássiga} ïya kadjinyi（お陰に）uzumasátti kan tstcháng; 私は心に思っている事があり, 正に君に話すべきではないが, やはり話すよ vane munu uminu ati iyanyi ī gurisha assiga, yandung ïyúndó; 心が定まらず混乱した kukuró tátturuchi {mádoshi} sadamaráng; ama umí kúma umī shi; あなた様は意を決すべきですよ undju kukuru tuï sadamiri vadu yutasharu; 人の心は手段の善し悪しを比較し識別する chunu kukuró {chāru} tidáng {shuga} kurabiti, chā shundinu 'hó vakashung（分かす）; 心は一身の支配者である kukuró íshshinnu nushi tushúng; 心は主人で, 血液・息・姿・物質は奴隷〈EC: 血気形質是奴僕〉chunu kukuru shudjíng túshi chíchi, sígatá, shtádji kuri ndzádu; しかしそれはそうだが yaru mung yassiga; 食欲や色欲の故心は仕える立場に置かれている shī yukunyi〈嗜欲に〉arunyi yutti kukuro kaïti yū〈用〉tu natóng; しかし奴隷が権柄を奪い{振るい}, 主人を奴隷にするようになると, その家は崩壊する tada

ndzanu chímpi fúti shudjíng tskati, sunu ya yábuyung; 心だけが自他の区別をなす因だ chunu chunyi kavatōru yuïshu kukuru bakaï du yaru; 人はその心を活用すべきだ chó sunu kukuró muchiri vadu sínyuru; 人はその心は活用しないでいてはいけない chó sunu kukuró mutchiráng até simáng; 心の同じ人に頼る kukuru-zashe unadjūnyishuru mung tánunyung; 心の巧みな創意に満ちた働きは昔の人はまだ到達しえてない kukuru mutchīru kutunu takumi kumasā nkashi nchi māda {arinyé} uyubang tukurunu ang; 心の中にのみ {人間の想像上にのみ}存在する chunu íshshinyi〈一心〉aru bakaïdu, chunu umúïnyi aru bakaïdu; 気に入らない chímunyi núrirang.

Mind② 留意する; [動] 言いつけられたことに十分気をつける kumi ukïung, chíchi ukïung; [s.] heed; 番する bānshung, mī kangéshung; どうか少し心掛けてくれよ ïyáshi íffé kangéti kviriyó; [s.] take care; 気にするな sinyúng, sinyússiga, chán nérang, chirāng; chímu gakaï sunnayo, chímunyi gakinnayó; nūnding umāng {umúnnayó}, djāng tūkāng umáng; 破れた衣装を着て外出するのを気にしない yana djíng chichíng kamāng {hazikashāsang, djāng tūkāng nerang}; 気にしない呑気な気性 djāng tūkāng fudji（風儀）; 私にかける迷惑など気にしないでいらっしゃい yaké yassiga {yaké nagara} kūa; 気にしないで彼に一切聞かせろ chan nérang, chíching chirāng; 自身の本業に専念せよ dūnu mibung（身分）mamuyung; 君の仕事に専念せよ ïya yūdju si, dūnu yūdju kamuriyó; 彼はそんなことは気にしない ariga chímunyí nuráng.

Mindful 入念の; ning ittchóng; 入念にせよ ning íriyó.

Mine① 私のもの; [代名詞] va mung.

Mine② 鉱山; [名] íshi ána, íshi {kani} fúï tukuru; 金鉱山 kugani ana, kugani fuï ana.

Miner 鉱山夫; ishi {kani} fuyā.

Mineralogy 鉱物学; íshinu kutu; 鉱山学の本 ishinu shó〈性〉{kutu} lundjitéru shumutsi.

Mingle 混ぜる; [他動] ushāshung, kachāshung, mánkashung; [自動]（混じる）manchóng, katchatong, ushatong.

Miniature 縮図; kūssaru dzī.

Minister 大臣; 国家の shínka〈臣下〉, té shin〈大臣〉, shó shó〈承相〉, saï-shó〈宰相〉; 君（主）は実体, 大臣はその影である. 実体が動けば影もついて動く chimé dū {mūtu} shinó kádji, mutunó uguké kadjinu chāki shtagayung; 正しい道理を固守し, 曲がらない大臣は廉直な臣下と言い, 皇帝の威厳を恐れてその意志に屈する臣は佞人という shínkanu dóli〈道理〉nyí-djiti magaráng munó nowchi（直き）shínka, i〈威〉ussuriti wīsinyi shtagayuru munó nīshin〈佞臣〉{nī djin〈佞人〉} ndi ïyúng; [s.] pastor; [動]（望みなど満たす）udjinōyung（補う）.

Minium 鉛丹; namarinu aka kū.

Minor 未成年の・若い; māda chūrang-sī（未だ強くなってないもの）.

Minstrel 吟遊詩人; útashuru {úta yū shuru} ftu.

Mint① （金銭など）鋳造する; ［動］dzing utchúng; ［名］造幣局 dzing utchú túkuru; 造幣局長 dzing uttáshuru {tskorashuru} kwang.

Mint② ミント・薄荷; {ハーブ} fhákká.

Minus マイナス; fíchaï-shung; 引いたり足したり fíchaï sítaï.

Minute① 分; ［名］1分 íkkuku（1刻）; 2分 nyi kúku.

Minute② 微小な; ［形］gúmasang; 大変微小 kuma-guma; 些細な原因も警戒すべき sunu kumatchi kutúng tsitsishími vadu; 些少事にもよく気付く人 skushī kutu shtchi（知り）, chízashi（兆し）nyūru mung; 気まぐれな程に細心 kumékita ftu, gúma shiríta mung.

Minutely 詳細に; kumékiti, íssényi（委細に）.

Miracle 奇蹟; ⁺fín dji〈変事〉, fíndjina kutu, fushidjina kutu, massashī shirushi, massashtchi kutu, kaminu massashtchi, kamīnu shírushi, chi-kvaïna〈奇怪〉mung, ⁺chí myūna〈奇妙な〉mung; 天下の事象は一つの道理で貫かれているが, それでも常ならぬ異常なことがある tínganu ⁺dólé tītsi yassiga tsíni fīnu unadji-karáng kútunu ang; 両者は超自然の生まれである故, 世間なみの道理では論じられない áring kúring tíng káradu umárachi mehéng, ⁺djindónu kaziru（*kanziru）kutunyi arang kutú〈EC: 非有人道之感〉, tsininu dólishae lunjïé* naráng *lundjïéが一般的; 懐胎の前兆について天が与えるものは拒めない kvétéshuru ⁺zíshóya〈EC: 祥; 瑞祥であろう〉, ting kara attaï mehé（与えたまう）túkuru ftu makutunyi kuri stíé narang; 神人の誕生は常人のそれとは異なる kami bítunu 'mmári nyíshi, chunyi kavatoru yūīshūnū ang.

Miraculous 超自然的; その奇蹟的な性情は明らかだ sunu massashī kavatōru kutunu aravarītóng; 男を知らずして起こる奇蹟的懐胎 wíckigatu ichānshóti {kassagitóng} mmarīung.

Mire 泥; dúru, ［動］（泥を塗る）duru núyung, nuténg; ［他動］duru nassïung; duru gvéng gvéng shóng.

Mirror 鏡; kagáng; 自身を鏡に映し見る kāga nyūng; kagánnu kadji nuyung* *nyungであろう; 水に自身を映して見る mízzi kadji nyūng; 鏡磨き人 kagáng tudjā（研ぐ人）; 澄み切った鏡で物の実相が調べられる, 昔の出来事は現在を知る手段である achirakanu kagānshi katachi sáshibichī〈EC: 察すべき〉, nkashinu kutushae namanu kutu shirarīru {shíūrū} yūīshu（孔子）; 人の心は曇りなく虚にして聡明であるべきで, 塵一つない鏡, またはさざなみのない静かな水面の如くあるべきである chúnu íshshínnu munashu massa-shūnyíshi〈EC: 一心虚霊〉, kuragamang ari vadu, chó-

du achirakanu kagánnu, chíri néngshi, yényé mízzinu shizikanyi nami nachina（無きな）gutukunyi ang.

Misanthrope 人間嫌い; ⁺fu djína〈不仁な〉mung {他人を利することのない人}; ［s.］melancholy..

Misapprehend 誤解する; chíchi yándïung {yantang, dang}, chíchí machigéshong, kán chigéshóng; chíchi chigéshóng, umuyússitu chigatóng.

Misbecome 似合わない; áttarang, kanāng.

Misbehave 無作法をする; fū djinu（風儀が）ickáng, tatchí furumaïnu íckáng, bu lī〈CDなし; 無礼であろう〉, ⁺līnyi〈礼に〉haziri-tóng.

Miscall 呼び違える; ī machigé-shóng, ná chigátong, itsívári nazikitóng.

Miscarriage 流産; ⁺shū sang〈小生〉; 月足らずで出産することは流産という tsitchinu tarángshi náshusi kurīū ⁺shū santu ïyú.

Miscellanious 雑多な; íru iru {nu kutu}, kazi kazi; {言葉・情報が雑多な} ⁺dzó banashi.

Mischance 災厄; yaku.

Mischief 害; gé-nyi ang, gé-shung; skunó kutu; （損なう）skunnayung; ［他動］（損なわす）skunāshung; 他人に危害を及ぼす chunyi géshung, genkae utchi írïung.

Mischievous 有害な; 人 chu skuné zichi, chu skunayā; 物を多く壊す怠慢で不注意な召使の如く munu yan-dyishā* *yandjishāであろう; {人を嘲る} chu vátchaku zichī.

Misconduct [s.] misbehaviour, mismanage.

Miscount 数え違える; ⁺san〈CDなし; 算であろう〉chigé, sankata〈〈算〉方〉chigé-shóng.

Misdeed 非行・悪行; ftúduki（不届き）; {少々の非行} shī varī.

Miser けちん坊・吝嗇家; shímata（締まった）mung, 'nnya bī, kitsimung; ［動］（けちけちする?）kitsisang; īyashī（卑しい）mung. lín djáku {または ⁺djúku}〈恪嗇〉-na mung, mutsi yuku-na mung; {握り屋} tízikung nídjǐá; 卑しく īyāshī munnu gútu.

Miserable 悲惨・不運な; ⁺fūn〈福も〉néng mung, yákuna（厄な）mung.

Misery 悲惨; urī, vázávé, yana kvafū〈花（果）福〉, bu sévé; 悲惨をもたらす vazave fíchi ndjashung, manichung; 他人を悲惨にする chúnyi vazavé kuvéyung; 自らに悲惨をもたらす dūshi vazave mánichung; 自分で悲惨を植えることではないか dūshi wītéru（植えてある）vazavénudu shódjité {ndjíté, 'mmarité} urankayá; 死後地獄で受ける悲惨 shídji gushónu〈後生の〉vaza-vényi óyung; 惨めさと幸せ ⁺kvá fūkū〈禍福〉.

Misfortune 不幸; ⁺busévé, yaku, yana kvafū, yana yaku, ⁺chó dji〈凶事〉; 不幸に会った yakunu attatóng; 次々に不幸に会った ⁺fukónu tsizichóng, busévénu tsizi-

chóng; 不運 fukónu kutu, yána únchi〈運気〉; 両親が
亡くなったことは私の不幸である ḯó uyanu māshasi
uri (それは) va fūnu〈福の〉ussissang.

Misgiving 疑念・不安; chímu gakaï-shóng, chimu uttagé-
shóng.

Misgovern [s.] misrule; 統治を誤る; matsiri gutushi
skunayung (損なう){yandyung}.

Mishap 災難; fukóna (不幸な) kutu; dzungvénu (存外の)
busévé; [s.] accident.

Misinterprete 解釈を誤る; túchi yandjung, -yanténg; {通
事が (間違う)}ᵗtozi machigé-shóng.

Misjudge 判断が誤る; {判断間違い (をする)}kan chi-
géshong (勘違いしている), kangé chigéshóng; {目の錯
覚・間違い}mī matchigé-shong; {法の執行間違い}
tadashi machigé, tádashi chigé.

Mislay [s.] misplace; 置き間違いする; yuku tukurunkae
utchéng, tukuru matchigé-shong; {置き場所を忘れる}
úttchī djŭ vasténg.

Mislead 誤り導く; yana mitchinkae míchibichúng, madu-
vashung (迷わす); 誤った方に導かれる maduva-
ssarīng; 誤った方に導かれる危険があるのではない
か maduvassarïésankaya?

Mismanage やり損なう; bindji machigé, shī machigé, kutu
kamuti machigé; {金を誤用する}itaziranyi dzé tsī
yashung.

Misplace 置き違える; íri machigé, úttchi machigé; [s.]
mislay.

Misrepresent 誤り伝える; itsivati tsigĭung {unyukĭ-
ung}, djīngᵗfīᵗnashung〈是をも非にする〉.

Misrule 失政・悪政を行う; kamitaru tstomi ushinatóng,
matsiri gutu ushinatong; [s.] misgovern.

Miss① ミスする; [動] haziriung, chigayung, ushinayung,
attarang; 道に迷った míchi mayuïshóng, míchi
chigéshong; 道中彼に会い損なった ichāndi umutóssiga
ichāng, michi chigéshi ichāng {道を間違い彼に会い
損なった}, iché tsidjésang (行き違いした); {射的で}的
を外す yúmi {弓}ichíng mattunkae {的}attarang;
時を逸す tuchi hazirishóng, kadjiri chigé-shóng; 意
図が外れる shuzúnnu ayamatóng {ushinatóng}; そう
したいと願っていたが望みは叶わなかった an shīténdi
umutótássiga, nuzumīnu kanáng {期待に応えない};
言葉を聞き漏らした kutuba chíchi hanchóng; もし機
会を逸したら hóshi ukuriti áto.

Miss② ミス・お嬢さん; aï gva; {丁寧な言い方}aï gva mé,
mussimi.

Misshapen 作り損ないの; yana kagi (不器量), bukūna〈不
工な〉sígata, yana sóᵗ〈相〉.

Missing 紛失・行方不明の; nérang, ushinatóng, kaginᵗ〈加
減、「欠けもしている」であろうか〉shóng; {紛失してまだ
見つからない}chichakushi〈失却 shí chákku〉tumé-

raráng; ke utuchi tumérivang néng; 一文字抜けてい
る{欠けている}ᵗraku djī〈落字〉shong, djī utuchóng.

Misspend 浪費する; 使い誤る; {時を}tuchi ushinayung,
tuchi fī itaziranyi sígushung; {金を}dzing itaziranyi
tsīyashung.

Mist 霞・靄; kibítong, chíri kakitóng.

Mistake 間違い; matchigé, ayamari, kan chigé-shóng; {見
間違い}mī chigé; 言い間違い ī chigé, kutuba chigé;
聞き違い chíchi chigé, chíchi yántang; {間違いで}腹
を立てていたことは悪かった kanchigéshi kussami-
chótandó; 書き間違い kachi chigé-shóng; 間違い
だった、勘弁してくれ{我知らず他人を傷つけたりした時
に}matchigéshasá!, tī machigéshasá!; 少しの間違い
もない súttung {kí sidji tuting, in tienma}machigésang;
{ある人を別人と}見間違えた mī ayamatang, mī chi-
gatáng; 私{君}の間違いだ machige du yaru; 魚の目
を真珠と見間違う ḯūnū mī támatu kunzóshung〈混
雑〉.

Mistress 女主人; {一家の}ayamé, winago nūshi; {年輩な
ら}ufu ayamé; 一家の女主人 yānu ayamé; úndju{奥
様}と呼び掛ける言い方もある、後に sárí! をつける; 女
先生は次のように呼ばれる: ᵗshishó〈師匠〉, winago
ᵗshishó; {妾}yubé; ベッテルハイム夫人 Petching Aya-
mé.

Mistrust 不信・疑惑; utagé; 私は彼を疑う vaga ari utaga-
tóng, utagé umutóng.

Misunderstand 誤解する; matchigé attaïshung; 意味を
取り違える ḯmi chigéshong; 君は私を誤解している
ïyaga va umītu {vaga umuḯssitu (私が思っている事と)}
chigatóng; 聞き違える chíchi machigé.

Misuse 誤用する; tské yandyung, muttang {mutabi}yan-
dyung {即ち、扱いが悪い}; yanashi muchíung.

Mitigate 減じる; 罰を toga yórashung; toga firashung (減
らす); 痛みを和らげる itaminu yótóng, íffé yamíung;
病を和らげる yaméya íffé nótóng (治っている).

Mix 混ぜる; katchāshung, madjĭung, madjirĭung, katchi
madjírĭung, mankashung {manchóng}, {幾つかの物を
一緒にする}usháshung; 混ぜて潰す tarīung, tari-
téng; {薬など}配剤する gu duyāshi-shung {即ち、gu
tuï avashi (具を取り合わせ)}, fézé-shung; 掻き乱す
ᵗkunzóshung〈混雑する〉; たくさんの具材をとりまぜる
tuyāzi guyāzi atsimíung; 諺によく次のように言ってい
る:竜には九種あり、それぞれ異なっている。人が多くよ
り混ざる時、竜と蛇が混ぜられてしまうのは避けがた
いことだ ᵗzūku gu〈俗語〉nakaï yú ichéng, ḯūnu
taguïyé kukunutsi ati, nā mé mé kavatóng, yaré chú-
nu uffóku atsimitó* tukurunyi ḯūdjá〈龍蛇〉tuyāzi
guyāzi nénté narang {assinyi nugáráng} *atsimatóで
あろう。

Mixture 混合 (物); ávashi, kunzó; {薬}gu duyāshisheru

kussuï.

Mizzen mast ミズン・マスト（船尾・後方の檣）; túmunu hashira（供柱）.

Moan 呻く・呻吟する; dūnyīshung; 痛みで呻く yadi dūnyīshung; nadjichung; ｛憂えて｝urī nachi（泣き）shung; 呻き嘆くような物言いする nachi munuīshung; 呻く声は次のように言う: ïï-shung, ichámpirishung; ïïshi nizïung, ichampirishi nizïung; 一呻き, 二呻き chu íchami, ta íchami.

Moat 堀; ｛gussiku｝mācheru〈巻く〉kāra ｛kumúï｝; ｛gussiku｝mǎ māru māchōru kumúï.

Mob 群衆; tā nyíndjū-nu atsimatótang（集っていた）; 騒々しい群衆 ta nyīndju gvaya gvaya ｛gaya gaya｝ shung, gvāshā mitchung.

Mock 嘲りからかう; vakuyung, vakuï tskǐung, nabakuyung, ússéyung, ússéti ïyung; chu gutu íchi voráshung ｛即ち, 他人の悪口を言ってからかう｝, súshti（謗って）voráshung; azamuchi vorayung, vakuti vórayung.

Mock-doctor にせ医者; shībaï ishá ｛小便医者｝.

Mock-moon [s.] paraselene.

Mock-trial 偽の訴え; itsivari ｛または 'nna 空の・中身のない｝úttaï tsigi.

Mode 様式; fūdji（風儀）; 当世風の namanu fūdjinyi ｛tuchinyi｝wūdjitóng, attatóng; 彼の服装は当世風だ ariga shózuku（装束）namanu fūdjinyi yutóng（依っている）[s.] manner; どうと言って chādundi íchi; その様式を識別するマーク（基準）はない chádundi íchi sáshi djó ｛djuya｝néng.

Model モデル・型; [名] káta, ikkata, tifúng, muyó〈模様〉, nuri, katanu nuri; [動] 泥で型を作る ncháshi íkkata tskoyung, kata duyúng, [s.] mould; 型取りした kata duténg.

Moderate 程よい; 使用上適度の shtsīnyī〈節に〉shung, kagín〈加減〉shung, yī ambé（按配）; sidjínsang fussukun sang｛多すぎも少なすぎもない｝; 穏やかな人 kvafusku（過不足）neng ftu; 飲食に度を守る yín shku yū kagín shōru ftu, nudaï kadaïnu kaging yū shung; 雨が程よく降る ámi yī ambényi ｛kaginyi｝fuyúng; 節度は財を増す手段 kagínshi muchíūsī（用いる事は）véki máshuru yuīshudó; 適度に用いる fúdu yúku muchíung.

Modern 現代の; namanu fūdji（風儀）, namanu féyuru bung; 現代 tó-dji〈当時〉.

Modest 慎ましい; ｛女｝shtsidjinu〈節義の〉ang, tī shtsi〈貞節〉-na mung, shtsi dji mamutóng; ｛内気・臆病な｝shú chákuna mung, chímu gūsa ｛kūsang｝; 赤面し易い tsiranu akami yassa; hadji shtchong（知っている）, kadu shtchóng, hazikashashí bésa; fïkkussida mung, yuzita mung, yuzirinu aru ftu.

Modish 流行の; namanu fūdjinyi atatóng.

Modulation 声の調子を合わせること; ｛歌って｝yī nūdi, nūdinu yutashang, djíng〈音〉atskénu yutashang; そっと上げるまたは下げる yaffaténg agïung, sagïung.

Mohamedanism イスラム教・回教; fuï-fuï〈回回〉nu dóli.

Moist 湿った; nditong, shtsi kakatóng, sítatóng; ｛庭園が（潤っている）｝urishong, urutóng.

Moisten 潤う・湿る; [自動] urunyung, ndiyung（濡れる）, sitayung; [他動] uruvashung〈潤す〉, sitarashung, sitarakïung, ndashung; それ｛地面｝が潤っていたら種を播け uríshi dung urá ｛uríshi urá｝kánda｛芋の葉を｝wíriyó（植えろよ）＊（不一致）; ｛地面が｝潤っているか uríshakayá?（潤ったか）

Molasses 糖蜜; satónu shtya daï, satonu shtsi; にかわ状糖蜜 satónu nyikānu gútuku ｛mutchiku｝natóng.

Mold① [s.] mould.

Mold② 肥土;｛地面｝kwé ncha.

Mole もぐら; ｛動物｝tā nizimi, harunu āzi; モグラ塚 āzinu múï; ｛生まれつきの黒子・痣｝shirushi.

Molecule 微粒子; kíssidji; ｛よく使われるが品の良くない言い方｝mī kussu-nu úffi 目糞程の量; [s.] mote.

Molest 煩わせる; vaziravashung, nandjishimíung; [s.] trouble.

Mollify 和らいでいる; [自動] yafarachóng; [他動]（和らげる）yafarakiung, yafarakashung, yaffaténg nashung; 糊づけしたものを柔らげる kavachóshi uruvachi（潤わして）yafarakïung.

Molt 羽毛が生え変わる; ki káyung ｛kéyung, kávayung の変化｝, tuïnu hani mī káyung.

Moment 瞬間・即刻 chāki, sássuku, tatchi nagara〈EC: 立刻〉; 即座にmī utchi shuru yé（瞬きする間に）; つい今し方 nama satchi; 早速来い sassuku kū; 一瞬の間のできごと vazikanu ｛mī utchishuru｝yenyi, ittuchinu utchinyi natóng; 一瞬の心の安らぎもない kukuro íppé ittúchinu yassundji ndi ichi ｛yassundjita kutundi iché｝néng; 半刻｛分｝だけ待て mazi hfan guku（半刻）fudo mátti; 一瞬の喜びにすぎない ittuchinu yurukubinyé sidjirang; 一瞬前 nama satchi（˙）íffidu yénu aru; 彼が去って後すぐ来い ariga hattchi ato in tiengva yésava ｛yé dúnsava｝kū, íffi yéshi kū; 夜理由なく他人の家に入る者は誰であれ, 即座に殺されても罪とは見なされない síbiti yurunu tuche yūye（故は）nengshóti chúnu yankae itchi, nyivakanyi kurusáttí shidjantémang tsime lundjirang（論じない）.

Momentary 一瞬の; íttuchinu mung; 一瞬の痛み íkkuku vuti nóyung; 一瞬だけ見える itchuta ｛ikkukudu｝mīru.

Momentous [s.] important.

Monarch 皇帝; kōvang＊〈国王〉, kóti〈国帝; 皇帝であろう〉, kunyinu vó〈王〉, chími（君）＊「国王」の中国読み（kwō wang）.

Monastery 女子修道院; winago bodzinu tíra.

Monday 月曜日; līpaïnu〈礼拝の〉dé ítchinu fī, līfaïnu tsígu fi, lífaïnu nácha.

Money 銭; dzíng, kani; 紙幣 fhīāū（票）{ヒヤヲ}; 銀貨 nandja dzing; 銅貨 dū dzing; 金満家 mūtu ang（元金がある）; 1ﾄﾞﾙ han dzíng〈EC: 番銭〉{ichi mé}; ﾄﾞﾙ をくずした小銭 kudaki dzíng; 金のある人は悪魔にも臼も挽かせる dzínnu aru munó madjimung madíng ūsing fíkashung; 彼は欲深い奴だから、私たちが少し金を使えばうまく行くだろう ari lí〈利〉shtchoru（知っている）* taguï yakutu（*stchoru「好いている」であろう）, iffé dzing tskussi varu, anshi váttá yūdjú díkïung; 金はもはや遣い果たしてしまった、どんな手段で返済するか dzinó nya ínna nati néng mung, chāru tidánshi ïyanyi* fimbínshuga?（*to youはない）; 金袋 kani búkuru; 両替屋 kani keïshuru ftu, vanchínshuru ftu〈EC: 換銭銀舗的人〉; 金貸し chunyi dzing kárashuru mung; 泥の如く{当地では水の如く}金を浪費する ariga dzíng tsíyashusi mizzi tskayuru gútudu aru; 金は一瞬にして手に入るものではない dzinnó ittuchi vúti tīnyi tuyé {yīye} narang; 大金は疑いなく神々にまでも至る道を開く kvabunnu dzinó chíshti（決して）kami madíng tsōdzi bichi; 神々をも買収することができる kami madíng ménéshung（賂する）; 金があるものは一層富を増やす mūtu（元金）aru munó yagati dzinó móki ndjashung.

Moneyless 金のない; mūtu {kani} néng ftu.

Mongolia 蒙古国; Mó-ku nu kunyi.

Monitor 忠告者・勧告者; fītchi sisi mīru ftu, issamīru ftu.

Monk 修道士; bódzi.

Monkey 猿; sāru; {オランウータン} yínku〈猿猴〉.

Monoculus 一眼の; kata mī īū〈EC: 鱟（カブトエビ）〉.

Monopolize 独占・専売する; sū géshi（総買いして）taka ūīshung, sū góïshung, máttami* k̇óïshung *máttumi（纏め）であろう; dūchuï achiné-shung.

Monsoon モンスーン; 南西の風 fékazi; 北東の風 chíta kazi; より東{東北東}の風 kutchi（東風）kazi; 南南西の風 nyíshi kazi.

Monster 怪物; kavaï mung, fíndji（変じ）mung, baki mung, iyó〈異様〉na mung; kavaï baki mung; fīrumashí mung.

Monstrous 怪物的でぞっとする; hagógīssang, hagógissaru katachi, {また上記monsterの項}.

Month 月;（一ヶ月）{chu, i} kadzichi, {chu} tstchi; kazichi は íchi {i}, nyi, san, shí などと共に使われ, tstchi は chu, tá, mi, yū, itsi, mu, nána, yá などと共に使われる; 今月 kún tstchi; 先月 kutá tstchi; 来月 tá tstchi, lé〈来〉tstchi; {一年の}最初の月 shó gotsi〈正月〉; 2番目の月 nyí gotsi〈序数詞 dé は省略〉; 11番目の月 shimū tstchi（霜月）; 12番目の月 si vāsi（師走）; 月の初日 tsī tatchi（朔日）; 2日 fú tska; 3日 mí chá; 4日 yúkka; 5日 gú nyitchi {序数詞 dé はここでも省略}; 20日 há tska; 月始め tstchi hadjimi; 月末 tstchi sī; 今日は何日か chū d[é] nan nyítchiga?; 十日 djúng〈旬〉, túkku* íchi djúng（一旬）*túkka であろう; 上・中・下旬 djó djung, chū djung, dji djung; djó djung gúru など; 春の第一月, 第二月, 第三月 mó shung〈孟春〉, chū shung（中春）, djíshung {{当地では}他の季節には 同じ用語（mó-, chū-, dji-）は用いられない}.

Monthly 月毎の; tstchi gutu, me dzitchi（毎月）, chu tstchimi（一月目）, 2か月目, など ta tstchi mi.

Monument 記念碑・塔; fi múng 碑文, fi munnu táfa（塔）, fimúng shirushi, ívari shirushi; 中国における功績（記載）小額 fomi gáku.

Moon 月; tstchi; 新月 mí kazichi, tsī tatchi; 満月 maru dzitchi, han dzítchi; 月のコースは毎日西から東へ約13度である tstchinu miguyusi mé nyítchi nyíshi kara agarínkae sandj[u] dú amaï（30度余り）miguyung〈EC〉; 月は太陽と一直線に重なると新月となり, 太陽から離れると弦の月となり, 太陽と真向かいに対すると満月となる tstchitu fītu（陽と）óïdúnse（会うと）tsītachitu（朔日と）naï, hanalíïdúnse yúminu（弓の）gutu nayuï, téshíïdúnse（対すると）mārutu（丸と）nayúng; 天上にて満月の時, 地上では半月{14日}と言う tínnu wínye tsitchinu marussaru tuché djīnu shtyanyi chodu tsitchi nakaba {han zíchi} ndi ïyung.

Moonlight 月光; tstchinu fíkari, yī tstchi; 月の夜 tsitchinu yū, sáyaká, yī sayaka; {月光を浴びて散歩する〈EC: 玩月・賞月〉} tstchi nagamishung, tstchi shó kwan（賞翫）shung; 月光は楽しい tsitchinu yū wíruki mung, tstchi nagamíshi wírukissang.

Moor① ムーア人; {黒人} kurubó（黒んぽう）.

Moor②（錨が）降りる, 着く; [自動] íkkaï urüung, tstchóng; [他動] urushung, tskïung.

Mooring 係留（地）; funi tstchiba, tskiba; 係留地から投げ出されている íkkaïnu vadjóng, íkkaï vadji {súnchi} amankae ndjóng.

Moral 道徳; 道徳的存在{善悪の区別ができる} yushi ashí vakaïbichi, kukuru mutchinu ang {意志がある}; 道徳書〈EC: 勧世文〉shkin sisimīru shumutsi または bung; 道徳書は人の心に天理を興し, その盲目的迷蒙や過誤を啓くと言われる shkínnu sisimiru bunó ftunu utchínu tínnu dóling fashti（発して）, mayuï ayamaring firachúndi ïyung; 道徳的たるべく努める{行いを規制し決意を立てる} ukuné ussamiti kukuruzashi tatúng; 利害に関係なく正しい事を主張する súnu yúshi tadashūnyishi, líya〈利は〉hakari kangérang; 正しい理を例示して明らかにしその功を求めない sunu mítchi achirakányishi sunu kó fákáráng; 人に善を行い悪を排除するよう教えるにあたっては、禍福に係わる動機は排除する必要がある chúnyi djing ukunaï aku sarachaïshusi（去らしたりすること）ushīse, kanadzi satchata sunu kvá fukunu chizashi fushidjung; 現代においては報復の原理に基づく道徳書の多くは学者に退けられている námanu yúya uffóku djín〈善〉sisimīru shumutsi, kva fu〈果報〉andi ïyuru munó, gakushanu cha kuri chirati stüng; 道徳上正しいこと utunassang（大人らしい?）.

Morality 道徳; dóli, dū ussamīse; 善道 djin dó, dólinu yutashang; utunassa（大人さ）.

Moralize 教化する; íssamïung, issamíti narashung.

Morass [s.] marsh.

More 一層多くの; nyafing（もっと多く）, nyafing íffé（もう少し多く）, nyādang íffé（もう少し多く）; もっと入れれば sīti（添えて）íri, íri kuvéti kū, íri sīti kū; もっと衣類を着る chíng sīti chíung; 10 以上 tū amaï; もう一つ nya tītsi; 多少 áï úï, yínu fatchi, tégé, ūkātā; 時には多かったり、時には少なかったり útïtsï ágātsï; もう少し nya in tïen〈一点〉sīri; 彼より多い ari yaka úffusang; 多ければ多いほどよい nan bung uffussassiga nan bung yútashang, íŭ íŭ uffussassiga, íŭ íŭ {mássi mássi} yútashang; 食べれば食べるほど一層食べた kamishínde táta kami bushashung; 食べ物が良ければ多く食べたがる māssa mung kamishíndé táta kami bushaku nayung; 持てば持つほどゆずる（へり下る）íŭ íŭ assiga, íu íu yuzīru, íŭ íŭ mutsí mandóssíga, mata yúzíríng íŭ íŭ ang, または mutsinu uffóku nayuru fúdu, yuzíríng fúkaku nayúng; 細かいほど良い nan bung kumassaru fúdu, nan bung yutashang; 学べば学ぶほど幸が多い nan bung narayuru fudu, nan bung sévé; もっと何か nya nūga?, mata nūga?; 況んや〜おや bíshtí; 獣でさえそうなら況んや人間においては íchi mushi nyi chóng {ichi mushi an ya túchindó} bíshti ftu; 彼の歳は70以上だ anu chu shtchi djūnyi ámatóng; 十年余 dju níng amaï; 十才以上の年令 tū amaïnu tushi; 彼はなお何か言うことが{言おうと思うことが}あるか mata nū ïyuga {ïyándi shuga}; あれより困難 ari yaka dūgrishang; 那覇（Napa）と首里（Shuy）を比べたら首里の方が坊主は多い Nafatu Shuītu kunabitindé, Shuïnu bodzi uffusang; 市場にはもう一人もいない matchinu ftu agatong; もう子は生まない kva nashi agatóng; 二度と見なかった mátató ndáng.

Moreover さらにまた; mata ang, bishité, mashité, mata bíshti, [s.] then; an yátúchindó.

Morning 朝; ássa; 朝とても早く stomíti, dūdu stomíti; 朝も夕も assang yússang, ássang bannung; 今朝 chu ássa; 朝勤勉にして夕に（身を）恐れ慎む〈EC: 朝勤夕惕〉ashitanyi {assa} tstomī, yubinyi hatarachung（勘違い

であろう）; 朝夕お祈りする assa yussa unyiféshung {kami païshung（拝する）}; 朝夕見回してもお嬢さんの顔を拝む機会はなかった assang yussang 'nching {mī nuzudíng} aï gvanu úmuti nyūru tayuri nérang.

Morning gown 夜着; yuru chïā, íshó chïā（日常着）.

Morose 不機嫌な; utsi shóng, vadjadóng, muditóng, bū chū〈不調; 不興であろう〉; turibatóng, kukurunu daritóng; 私は今日は不機嫌で怒っている、来てくれるな{すぐ行ってくれ} vané chu kussamitchóngdó, chí kvínna {kuma kara féku háchi kvírí}; [s.] dogged, sullen; 不服で激怒した fukuttushóng, kama djíshi agatóng.

Morrow 明日; achá, myó nyítchi; 明後日 ássáti, myó-gu nyítchi; 安息日の翌日{月曜日} lífaïnu nāchā; 明朝来い achā ássa kū.

Morsel 少量; 一口 chu kukúng（含み）, chu kutchi; 一口の菓子 chu kutchinu mutchi.

Mortal 死すべき; shínyuru, shinyi óyung, shinyi bichí.

Mortar モルタル; {セメント} mutchi; {撞くための（乳鉢）} tstchi ūsi, 薬を撞くための乳鉢 kussuï tstchuru ūsi.

Mortgage 抵当・質物; shītchī mútsi; [動]（抵当に入れる）shtchi mútsīshī torashung; 田や家を抵当に入れる tā yā {tātu yātu} shtchi mútsishi torashung; 家を抵当に入れた証拠書 yā shtchi mútsishuru yakusku gatchi.

Mortified 腐敗した; {肉 kutchóng（朽ちている）, kutchōru nyíku; tadari nyíku, kússari nyíku.

Mortise ほぞ穴; {材木に開けられたほぞ（突起）がぴったり嵌まる} kussabi mī; {または} nutchinu mī.

Moses モーゼ; Móshá.

Moss 苔; {海苔} āsā, taï, nūï, ó nūï（青のり）; {トチャカ（アイリッシュ・モス）によく似た苔の一種 tsínu mata; 日本から輸入される一種 kūbŭ（昆布）; 壁に生じる苔 fïra mushiru.

Most 最も; gúku（極）, shí guku, itatí, kāma（遠方）, hfána fáda; 天なる神は最も真なる目で見る tínnu Lóyénu〈老爺は〉muppara makutu shae du nyūng; 大部分は{良い} dju bunyi kū bunó（十分の九は）{yutashang}, ta bunó（多分は）, síbiti, yī kurú.

Mote 塵埃; {微小物} nyíri, fukúï, gúmi, kíssidji（毛筋）; 眼のほこり（が入っている）mī gúminu ittchóng.

Moth 蛾; shiraï（白蟻）; {腐った物に生じるもの} udji; {果実の} mushi; 飛ぶもの habiru（蝶）; 蛾が飛んでろうそく{明かり}に入る anda habiru fī tuméti íúng.

Mother 母; fafa, wínagonu uya; 子供は母を amá と呼ぶ; 継母 mata uya, 母の姉妹 úbama; 姑 winago s'tu; [s.] grand mother; 心優しい母親が子を育てるが如く kanasharu* fafanu kwa sodatīru gutóng *kanashashuru であろう; 子が堕落しているが母たるもの直ちにその子を捨てられようか kvanu fu shóna〈不肖〉mung yayéshussiga {yatíng} uri chúttunyi stirarími?; 赤子が優しい母を慕うなら、優しい母がその子をない

がしろにすることがあろうか akangvanu fafa mī shtóti {kanashashi} kánashasharu fáfang mata vorabi ndang gutushuru dólinu ámi?; 究極の真理は道理を学ぶ者を優しい母がその愛する子を見るが如くに見る gúku makutundi īse, dóli narayuru ftu nyūsi, chódu kanasharu* fafanu sunu akangva ndzossashuru gutushung *kanashashuru であろう.

Mother of pearl 真珠貝; chíndjunu〈珍珠の〉gutoru ké, tamanu gutoru fíchayuru ké; 真珠貝を彫り込めた扇 chin dju ke fuï tskashēru ódji.

Motherless 母のない; fafa masharu kva, fafa urang kva, avarishī kva, chímu gurishī kva.

Motherly 母のような; fafanu gutong; 母親の心遣い nadi yashinayung.

Motion 動き; ugukashusi, ndjukashusi; 軌道を動くこと miguyusi; {動議・発意} mí tski, mitskinu gutu; tashshīse, tashshitaru shïó; 動き出させる ndjukashung, ugukashung; 動いている ndjuchóng, ugutchóng; 彼の動きを観察する ariga tatchīfurumaï nyūng; 見かけは反対に見える二つの動き tātsi ugutchuru kutó fashshti chódu aïfanshóng; 順風に乗って東方へ進む船上を頭（船首）から船尾へと歩き西方へ行くようだ chódu funi djumpunyi figashi mutinkae íchuru bashu, ftó funi utchi wuti atamá kará tumunkae yutchi nyíshi mutinkae atchung {atchuru gutóng}.

Motionless 動きのない; ndjukáng; 死人の如くじっと動かず坐っている shínyi chunu yitchōru gutóng, shinyi chunu gútunyishi yitchóng; 仏像の如く動かない（坐っている）futukinu gutuku yitchóng.

Motive 動機・動因; yuïshu, mutúï, mutúïnu yuïshu; 禍福への配慮から生じた動機 kvafúkunu chízashi; 彼の動機は名声であった na mutumirandinu chímu, na mutumīru kangé.

Motley 寄せ集め; kún zó〈混雑〉, ushā mātū-shóng, katcha mudjā.

Motto [s.] axiom.

Mould 型・手本; fishi gata, í-mung（鋳物）, íkkata（鋳型）, katanu tifúng; i-mung-gata; 型に注ぎ込む fishí nchung, físhi írïung; 型に金属を注ぎ込み撞鐘を作る i mung gáta nakai kani fishínchi tstchi gani tskoyung; 型に（粘）土を入れて花模様を浮き立たせた花鉢を作る físhi gata nakae 'ncha íti hana gata íttchōru hanagibātchi tskoyung; 馬蹄銀（中国の貨幣の一）を鋳造する鋳型 dzíng tskoï íkkata; ［名］型に嵌めて作られた塑像（仏像）ftuki; 人形の塑像 nyindjó bútuki; 馬の塑像 mma bútuki; ［動］型どる kataduyung; 彼の塑像を造る ariga kataduï tskoyung.

Moulder 崩れる・朽ちぼろぼろになる; {shidé shidényi} chíung {雪の如く溶け（消える）}, sirïung（時節が過ぎる）, yandïung（破れる）, fínyayúng（減る）.

Mouldy 黴びた; sítóng（籠えている）, sabéshung, kódji（麹）-shung, kódji futchóng.

Mound 積み上げたもの; mazíng, mazidési, múï（小丘）.

Mount 登る; nubuyúng; {乗ることも} nuyúng; この事を言いつけてから鞍を掴み馬に乗った kunu kutu ī tskíti kara, kura katsimiti mmankae nubutóng.

Mountain 山; san, yama, mini; 高山 kó-zan; 土の山 du zan; 岩山 iva zan; 一連の山 míninu tsizichóng.

Mourn 嘆き悲しむ; {憂える} urïung, shíva-shung; 恐れ憂える udurúchi shivashung; urīnu umuïnu ang; 泣き嘆く nachi kanashinïung; 嘆き悲しみ一人彷徨う urī umīshi dūchuï átchung（assidatchung）; 喪に服する ími-shung, mú-fukú-shung, fuku ukïung, ími ukïung; mu-fuku ukïung; 嘆き悲しみ言った kanashimi kurushidaïshi itcháng.

Mourner 哀悼者・喪者; imishōru ftu.

Mournful 悼み嘆く; urītong, itadóng, kanashidóng, shivashóng, kurushidóng.

Mourning 服喪; mu gutu, ími; 忌中である íminu ati, ímishong, mufuku shóng; {両親が} 生きている間は愛敬の心で仕え、死んでからは哀悼と惜別の心で仕える ichichōru bashu aï chi〈愛敬〉kutu tushung, shidjōru bashó kanashimi urī kututushúng; 一家が喪に服している際はふざける時ではない chúnu yā nakae mū gútunu aïdúnse, kuri assibi tavafuri shuru tuché aráng; 喪服 basha djing（芭蕉衣）, mū djing; 喪服を着る mufuku shóng, mu fuku chichóng, mū djing chichóng; 喪服を脱ぐ íminu haritóng; 弔慰・悔み tumuréshung, shidjósi tumuréshuru lī〈礼〉; 訪問者が皆死者の供養に香を炊く（時）shukóshi matsïung; 親の喪は三年続く úyanu mū san ning.

Mouse 二十日鼠; wénchu; 鼠取り機 wenchu yāmă.

Mouth 口; kutchi; 口と唇、または口の入口 kutchi biru; 綺麗な唇をしている kutchi birunu churassang; 口の使い方 {声・発音・言語を含めて} kutchi mutchí, 故に kutchi mutchinu íckáng は「発音が悪い」とか「言葉遣いが悪い」の意味となる; {コップなど} 口を下にして置く ussubashung; 私は彼が口を開いてものを言うのを見なかった vane ariga kutchi firachi, munu ïyusi ndang; 口の端に付ける kutchinu hatankae írïung, tskiung; 口に入れる kutchinkae írïung; kutchinkae sussudji（注ぎ）irïung, kutchinkae íti susugashung（灌がせる）, aré（洗い）nagarashung, 最後の三つは液体の場合; {患者の} 口が閉じていたらこじ開けて薬を注ぎ込め kutchi kūtōru munó kutchi vati kussuï numashung; 口を塞ぐ {人を黙らせる} kutchi fussadji munu ïyassang; 言葉を尽くして説得し彼の口を封じた sódanshi ī makatchi, kutchi fussagatchi munung ïyassang.

Mouthful 口一杯の・一口の; chu kúkumui（含み）, chu

kútchi.

Mouthpiece 吸い口; {煙管の chishírinu} kwī kutchi, tsíba kutchi.

Move 動く; それは動く ndjutchung; ［他動］（動かす） ndjukashung; その場所から移る utsïung; ［他動］（移す）utsushung; あちこち動かす kumankae nachi ámankae nashung; 四方八方に動く{痙攣の様にも言う} háta hátashung; チェスで駒を動かす ákkashung, vatayung, túnvatayung; {説得して動かす} 感じ入った va chimu kandjitóng〈感じている〉, kandji ugutchong, kanshinshóng〈感心している〉; va chimunyi nuritóng, nutóng {心に乗っている, 坐っている} ［他動］（感じらす）kandjirashung, kandji ugukashung, kanshinshimǐung, chimunyi nurashung; 人を強く動かす {震えさせる, 肉体的にも使える} furuǐ ugukashung; ［s.］impress; 決議案を動議する mí tski táshshïung.

Moveable 動かせる; ndjúkasi bichí, ndjukassarīng.

Moveabler 家財道具; yānu shūté〈CDなし〉dógu, yānu muchí dógu, shūté zé mutsi〈(所帯)財物〉.

Mow 刈り取る; kayung; 草を刈る kussa kayung; 稲を刈る kumi kayung.

Mowtan 牡丹; {花} bǔ táng.

Moxa もぐさ; yātchū; お灸をする yātchū-shung; また, 時々そのもととなる植物の名からfūtsiとも言い, さらに正確にはfūtsiの葉から作るので fūtsi baと言う. それを指でこねて丸球にし, 乾かしてから随意に使う. この小さなモグサの球を使うのは当地ではごく普通で, あらゆる疾患に使い, 体にやいと・お灸の痕を10数個持たない琉球人は1人もいないと言ってもいいくらいだろう; fūtsi ba mudi, karachi fūtsi tskoyung, fūtsi ba をこねて乾かし, モグサをつくる.

Much 多い, 沢山; uffóku, takussanyi ang, sónyi ang; 大相多い té só〈大層〉; 多すぎる amari uffussang, dūdu uffussang; 多かった úffusatang; 多く書かれて{含まれて}いる sónyi katchi tumiténg; 大変多い súku báku（若干）; あまり多くない dúku néng, ámadi néng; あまり彼を知らない dúku ari shiráng; 多くない uffóku arang, shákunu（尺の）ang; 世を多く見た uffóku shina 'nchang, shkin mutchi yū shtchōru ftu; 大小 dé-shu; ［s.］overmuch, over & above, frequent; いわんや～おや〈EC: 何況〉bíshti; 道理では一年は多すぎない dóli kara ïyava íchi ning duku uffóku arang.

Muck [s.] manure.

Mucous, mucilaginous 粘液状の・痰状の; kassigoïnu gutong, tánnu（痰の）gutóng, yudaïnu（よだれの）gutóng.

Mucuss 粘液; kassigoï, táng, yudaï; {糊} nuǐ.

Mud 泥; duru, gvéng gvéng; 膝まで泥に嵌まる tsintsi* madíng duru kumínchung *tsinsiであろう; ［s.］flounder; 泥壁 kāra〈瓦〉gatchi, kāra íshi gatchi（石垣）, uni（畝）.

Muddy 泥だらけの; {通り} gvéng gvéng shong; 泥を塗りたくった duru nuténg; 泥水 mizzinu míngvitong.

Muff マフ・円筒状手袋; tī núkumi bukuru; 当地では手を反対側の袖に差し込む, それを tī butsukuru íttóng と言う.

Mug 円筒形の大型コップ; {把手付} mimi tski djăvavāng* *djăvángであろう; 蓋付ジョッキ futa makaï（椀）.

Mulberry 桑の実; kwā, kwānu naï; 桑の木 kwānu gī.

Mulct 罰金・科料; ［名］kva djíng, batsi djíng, toga djíng; ［動］（罰金を課す）toga djíng hakïung, shimïung, ī tskïung.

Mule ラバ; ló tsī〈CDなし; 騾子であろう〉.

Mullar (**muller**) 絵の具など, 磨り潰し用の底の平たい石; íru síri {sǐuru 磨る} íshi.

Multiplication 乗法; 算数 kassabiru hó, kakīru sankata; 被乗数 kassabi zan, kaki zan; 乗数 kassabirashi zan; facit（未詳）sū kassabi zan; 乗除 kakitaï vataï shusi.

Multiplicity 多様（性）; kazi kazi; 多様な用事 yūdju fántanyi（繁多に）ang; kútunu shídjissá.

Multiply 繁殖する・繁殖させる; sakanyi nayung {nashung}, uffóku nayung {nashung}; {子孫をもうける} fandjóshung 〈繁盛する〉; {算数（掛け算をする）} san kakïung; írukuga rúku, 6の1倍は6; ippachiga fatchi, 8の1倍は8; íkkuga kú, 9の1倍は9; nyí nyiga shi, 2×2=4; nyí sanga ruku, 2×3=6; nyi shiga yātsi, 2×4=8; nyīnu itsitsi tū, または nyin gu djú, 2×5=10; san sanga ku, 3×3=9; sán shí dju nyi, 3×4=12; sán gū djū gú, 3×5=15; san shtchi nyi dju itchi, 3×7=21; shíshí djú ruku, 4×4=16; 2で3に掛ける tātsi shae mítsinkae kakïung, tātsi mītsinkae kassabiré mutsi, 即ち3の2倍は6, または tātsinānú mītsishi rúku; 6×7=42, mūtsinānu {mūtsinu} nánatsishi shi dju nyī; 3×3=9 mítsi dūtu kakiré kukunu[tsi]（3を自らと掛けたら9）.

Multitude 多数, 群れ; úffussassi, guzumúï; 人の群れ chu guzumuï-shong, umánchu（御万人）; muragatóng; 多数の馬と人 mma ftó kvabunyi（過分に）ung, muragari atsimatóng; 多数に従う uffussassinkae tstchung, tstchi shtagayung; 多数に対し反対する uffússassi sumutchung.

Mumble もぐもぐ・ぶつぶつ 言う; kvi haï-shung, yana gutchi-shung.

Mumps 不機嫌; vadjadóng, butchigé só（相）.

Munch ムシャムシャ喰う; gatchi ḳvéshung, guru gvéshung, yásha gvéshung, gatchi kvayung（食う）.

Murder 殺害; ［名］shtsï gé〈死害〉; djí gé〈自害〉; ［動］（惨殺する）kurushung, chu utchi kurushung; 戦いで殺す tatakati chu kurucháng; 殺人を謀る kurushusi fakayúng.

Murderer 殺人者; ftu kurushuru ftu; 姦通を犯しその夫の殺害を謀る者 chunu tudjí ukatchi wúttu kurusandi fakayuru yana mung.

Murex {海の}ほら貝; fúchi bura, nayuru bura {ké}.

Murmur 愚痴をこぼす; {ぶつぶつ不平を言う} kví haïshung, mudĭung (すねる), muditi kvi haïshung; 不平家 mudi mung; {川などのさらさら流れるさま} namizichúng, ndjuchúng; {風のざわめき} só só-shung.

Muscae volitantes 飛蚊 (ヒブン) 症;{眼の (病)} mi zin zín shung.

Muscle 筋肉; nyíku, hada (肌).

Muscular 筋肉の強い; shín kutsinu〈筋骨〉chūsang, chū- tóng.

Museum 博物館; chimyūna (奇妙な) shína {firumashi shina} atsimitēru yā, bammutsi {yuruzi (よろず) shina} atsimi yā.

Mushroom 茸; shímidji, táchi, nāba, {木に寄生する茸} mimigúï (木くらげ); 毛が多く裏に筋のない茸は食べ てはいけない shímidjé kīnu (毛の) ati, kushinakae ayanu (綾の) nendung aré kvaté simang.

Music 音楽; naï-mung, gaku; アルト (男性最高音) taka djíng〈音〉, taka kvi; フォルテ (強音) chūna kvi; ピアノ (弱音) sagi kvi; {chūna kvi は中音テノール, sagi kvī は 深い低音バスをも意味する.}

Musical instrument 楽器; gaku dogu, gáchí; 西洋のピア ノは kutū (琴) と言う; 吹奏楽器 fuchi naïmung; バイ オリン sán-shing {3弦} (三味線) と言う; 二弦の楽器 tá tsiru など; {弓で}弾じる naïmung fíchung; {吹く} gaku fuchung.

Musicbox オルゴール; fū-ching〈風琴〉.

Musician 楽士・音楽の得意な人; naïmung fichá, gaku fuchā, gakunu shishó, naïmung yū shtchōru (知ってい る) ftu.

Musk 麝香; djakó; 麝香鹿 djakó-shká.

Musket マスケット銃; típpú.

Musketeer 銃兵; tippú mutchā.

Musketoe (mosquito) 蚊; gadjáng, yama gadjáng; 蚊追 い筈 gandjáng ūyūrū dzé, gadjang ūyā; 蚊帳 kátchá; 蚊の幼虫{水中にいるのが普通} bófuyá {bó fuyung は 「棒を振る」を意味する. 水中で動き回る虫をそれで譬え ていると考えらる}.

Muskmelon マスクメロン; kaba {sharu} úï (瓜).

Muslin モスリン; muming shá〈紗〉.

Must [s.] unavoidable (避けられない); 必ず〜ねばならな い・〜べき〈EC: 務必・務要・務須〉; kanádzi, kanaradzi, 形成素はvadu yaru: そうならなければならぬ an nari varu, ansí vadu (そうすべきで) yarú; 強調する際は二 重否定で表される: sané naráng は「成されぬままにさ れてはいけない, 成されるべきだ」の意味である:私は しなければならぬ {(するように)強いられている} shīti shung; 絶対間違いなく〜ねばならぬ chivamíti, chíshtí kanadzī; 是が非でも来なければならぬ íya- ding kūri varu; 約束を結ぶべきだ yakusku tátiti

yutashang; してはいけない kanadzi súnna, ánsún- nayó, anshé simang; 何故言わねばならぬか nūyati kanadzi ïyúga?; 何故こうしなければならないか nū shundi kanadzi án shuga? {an sunye úyubang, そうする 必要はない, する価値はない};他の人に返さねばならぬ tá nyinungkae késané naráng; 手に入れ (得)なけれ ばならぬ íyading yíri varu; 風邪など気にするな, そう しなければならぬぞ géchi yaravang shīti (強いて) sí yó; 乾き切るまで待たなければならない karakíru {ka- rachuru} yeda mátti varu; 夢の中で仏の名を繰り返さ なければならない íminu útchinyi chá butsi〈仏〉nín- djiri vadu yaru; 晴れ上がった日 (晴天)を選ぶべき shī ting {tínchinu〈天気の〉haritoru fĭ} yírabi vadu.

Mustaches 口髭; wí-fidji, wá-fidji (上髭).

Mustard 芥子; {植物} karashi {nā}; カラシ粉 karashi kū.

Muster 見本; tī fún (手本); 商品の見本 takaranu míshí- ru shūku (証拠); 手本のようだ tifúnnu gútu; 手本の 如くでない tifúnyi átaráng, tifunnu gutó aráng, néng.

Musty 黴の生えた; kódji (麹) futchóng.

Musulman* イスラム教徒・回教徒; fuï-fuïnu〈回回の〉 díshi, fuï-fuïnu dólinu〈道理の〉díshi. *mustの前より 移す.

Mute おし (唖)の; tsīgŭ.

Mutiny 謀反; fakari gutu íchimi shōru fĭng, gū natoru fĭng (謀反・反乱軍).

Mutter ぶつぶつ・ほそほそ言う; kví haïshung; {声低く乱 れた} zizikvītóng, zizi kvī munuīshung; {燕などの声} mattaranu gvígví shung.

Mutton 羊肉; ftsizi nyíku.

Mutual 相互 (の); tagényi, aï, aï tagenyi, tumunyi; 相互 の願い taï tumu yínu nigé; 相互に交換する tuïke- yung; お互いに贈物を交わした lī mutsi (礼物) tuïké- tang, tuïketi rídji (礼儀) shang; 相互の利益 tagenyi mashung (増す); 互いの願いに依って taïnu nigénu tūï; 荒石が宝石に艶を与えている間に自らも磨かれて しまう様な相互の助け合い ara íshi tama migachuru utchi dū migakarīsitu yínu mung; 互いに非難しあうこ と tõga tsī késhung, tsī késhōru (késáttōru) sídji.

Muzzle 口輪; kutchi tsitsimi; [動] 口輪を嵌める kutchi tsitsinyung.

My 私の; va {mung}; 私の家 va yā.

Myriad 一万; íchí mang.

Myrrh 没薬; mutsi yaku {(当地では)知られていない}.

Myself 私自身 (で); va dū, vaga dūshae; vang dū kuru; 自 分の目で見た dūnu mīshae 'nchang; 自身で行きたい fun-shin〈本身〉{dū shae} ikándi fushashung; 私一人 wa dū chuï, vang bakaïdu; 私は自分一人きりで他に気 にかけるべきものは何もない vane dū bakaïdu aru, vang fúkanyi nung bĭtsi (nanyitaru) mundi iché nérang〈EC: 性惟有自身並打點〉.

Mysterious 神秘的·不可思議な; fimítsinu mung, kakushi mung; {意味深く難解な} íminu fukassang saturáng*, mutuïnu vakarang *saturarángであろう; 天意は不可解で容易に窺えない tínnu kukuruyéya fukassassé（深いこと）ukagé yasku néng; 神秘的な言葉を多く用いる kakushi kutuba uffóku muchíung.

N

Nail 釘; kudji;〔動〕kudji utchúng（釘を打つ）; 指の爪 íbinu tsími; 爪を切る tsimi tsimíung または chíung; 爪で開ける tsímishae {káchi assayung, 掻き開ける}, tsín akíung.

Naked 裸の; hadaka; 腰から上の部分を脱いだ kushi hazi; 片手と片腕を脱いだ kata tí nudji; 片腕と肩を脱いだ kata kushi nudji; 裸の壁, 貧困 nūng neng, yaūbarashóng（がらんどう）; 人は裸で生まれ裸で死ぬ fto hadakáshi shkinyi（世間に）mmariti chí, mata hadakáshi shkín kará ndjíti hayúng; 素足 kára-fshashóng.

Nakedness 裸（体）; 覆っていない hadjinu túkuru（恥の所=恥部）ussúrang.

Name① 名前; na, myódjī（名字）; 幼名 vorabinu na, bózana; 一家の名 udji na（氏名·姓）, yānu na; あざな aza na（字）; 文語的な官名 kurénu na; 一種の聖なる名 ími na（諱）; 功ある者に死後与えられる称号 úkuri nā（諡名）; あなたの名は? undjunu na {myódjé} nūndiga?; 当地の士族（literati 知識階級）は, Chkudúng（筑登之）とか Petchíng（親雲上）とか, 名の後に位階名を付け加える,{[s.] rank}; 例えば, Mégá Chkudúng メガ様（Mr.Mega）; Yádji Péchíng 屋宜様（Mr.Yadji）; 士族の子らは親の名に「字」（「子」の誤り）を付け加える: Mégáshí メガ（前川）の子供; 結婚の名のもとに nībitchinu kutu nazikíti íchi; 君の姓と名を教えてくれ úndjunu udjina（氏名）myódji chikatchi kwíri; 私はこの名や言葉を聞いたことはない vané mutu kara kunu naya {kutuba} chiché uráng {shiráng}; 名が絶えて, 後世に伝わらない ariga shi myó（姓名）tstété neng vakaráng; 悪名を得た fu djínu（不善の）na ukitong; 名は異なっているが, 実体は同じ nāya kavaté wūssiga, mutó yínu mung; 死後その名が噂されない人は, その徳が真実のものでなかったことが知られる shidji ato nā tunénu（唱えの）nendung aré djín〈善〉naru ukunénu makutu nénsé shiraríng; 阿弥陀仏の名を千回·万回唱えることは非常に益のあることである amita butsinu na shín man kéng tunaïdúnse ūïnyi（大いに）yítchinu ang.

Name② 名付ける;〔動〕na tskíung, túnayung, názikíung; -ndi íyung; [s.] call; すべては渭川から名付けられた sōté Weïnu kāra kara nā yítóng {tstchóng}.

Nameless 名のない; na tskirang, na néng.

Namely 即ち; sinavatchi kuri; [s.] i.e.

Name-sake 同名（者）; nānu nyitchóng, yínu nā.

Nankeen 南京木綿; ussi akassaru natsi nunu; 南京木綿の色（黄色または淡黄色 búki íru.

Nap （織物の）けば;｛布の｝núnu {rasha} wīnu kī gva, nununyi úĭ kudéru kí;｛うたた寝｝tūrŭ mikachang {shung}, iffe ké níntóng, ftu mi nindjung, chū ni* nindjung *miであろう.

Nape 襟首; kubi gūfu.

Naphta 石脳油, ナフサ; ishinu anda, íshi dánnu ábura. ?

Napkin ナプキン;｛食卓テーブルの｝ナプキン munu kami sādji, kutchi susuyuru sādji, nūnŭ gva; [s.] swaddling cloths.

Narcissus 水仙花; sī shin kva.

Narrate 述べる; nubĭung, ī nubĭung, nubiti ĭyung, katayung; 舜の時代, 歌を作った人は, まず歌の意味を述べた Shunnu tuchi uta tskoya, útarang satchi utanu ímíyé nubiti icháng.

Narrative 話; hannashi, yósi, tsté banashi, tstetaru yósi; 珍しい話を聞いた firumashí munugataï tsténu ang.

Narrow 狭い; shíbassang, íbassang;〔動〕（狭くなる·狭くなす）shibaku nayung {nashung}; 狭量の lónu〈量の〉shibassang; 密に番した｛ひそかに防ぐ, 対抗する｝suruĭtu {fímitsinyi} fushidjung.

Nasal 鼻の; 音 hana utu; 鼻のポリープ, [s.] polypus.

Nasturtion （**nasturtium**）（植）キンレンカ（金蓮花）; kaba ling（香ばしい）〈蓮〉.

Nasty ひどく不潔な; chígarí mung, shtanna mung.

Nation 国家·国民; shunyíng〈諸人〉, shunyínu ftu, {kunyinu támi}; 国の財産を奪い自分を富ませる kunyinu dzémutsi〈財物〉ké túti dūnū tákara tushúng.

National 国家の; kunyinyi tstchóng, dzukushóng（属す）; 国の作法·慣習 kunyinu safú, fū zuku〈風俗〉.

Native 原住民; fun gukunu（本国の）ftu, mutuyuri kunyinu ftu; 生まれた所 mmari djima. mmari mura; 生まれ故郷に帰る shimankae keyung; 故郷から離れて tachó vuti〈他郷で〉｛即ち他の村で｝; 原住民は決してそれらを採取しない〈EC: 土人未嘗採取〉kunyinu chó kuri fíri tuyé naráng（取ってはいけない）.

Natural 生まれながらの; 習性 mmari nagaranu shitskí（やりつけたもの）; 天性の才能 tín shínu〈天性の〉｛mmari nagaranu｝sé〈才〉, mmaritsíchinu sūmi（聡明）, sé chi〈才智〉; 生まれつきの素性｛物についても用いる｝sidjó; 自然となる shī djing nayung; 慣れてあたかも天性のようになる tata nariti kara tin shīnu gutuku nayung; 木を火で燃やしたら, 煙が上り, 灰が落ちるのは当然である íppunu kī fí shi yachidúnse, kibuyé chāki nubáï, fénu shtyankae utíse shi djínnu〈自然の〉dóli du yaru; 万人に自然なこと chunu gutu; 常ならぬ生ま

れつきの性質 mmaritsitché chúnu（人の）gutó neng; 私生児 uya shirang kva {fezuringva?}; 国の博物記録 kunyinu bammutsi shirushi gatchi; 彼らの科学上の細かい分類では植物を⁺shu zó〈CDなし〉と言うであろう: 四(つ)足(の)獣 chidamunnu luĭ; 家畜類 djúba（牛馬）, または tskané munnu tagúĭ; ねずみ類 venchunu tagúĭ; 猿の類 sārunu tagúĭ.

Naturalized 帰化した外国人; tá kuku karanu utsiri bitu.

Nature 性質; {本性} mmari, mmaritsitchi, mmari tatchi, tínlínu〈天理〉mmari, mmarinu dóli, shī〈性〉, tín shī〈天性〉; 人間(の本性)については次のようにも言う: shó shtsi〈性質〉, yósi; 動物の{本性} shó〈性〉; 物の{本性} shtádji, mútudati {実体} または kata {型}; 陶器など(の実体)については yatchi kata yutashang よく焼いてある; 所{庭の井戸など}の性によく応じている chkatanu 'hónyi attayung, dji-shónu atati, dútu shī djó〈盛生〉shóng; 異なる性質{類}である tátsinu kavatóng; その本性を知っている kuriga yósi {'hó, sídji} shtchóng; 世界を表す自然界 tín chi〈天地〉; 自然界{全陸地} ⁺tínga〈天下〉; 天から与えられた道理 tíng kara kubarattoru {kabaĭ* tskirattōru} dóli *kubaĭであろう, tínga kara ukīru tukurunu tínli〈天理〉; 自然の摂理を保ち, 人間の情欲を追い払え tínli dzundjiti, ftunu yuku sarasi; 永い習慣は性となる naraĭ fissashūnyishi ⁺shī tu nayung; 性は, あがめられる仏から這い回る虫にいたるまで, 全て同じだ kami ⁺shu butsi〈諸仏〉yuri, hótaĭ ugutchaĭ shuru íchi mushinyi ítaru madíng shīya massanyí aĭ ftushūnyi ang; 真の性を理解させる makutunu shī〈性〉{dóli} saturashung; 天性の心を採り, その精神を育む ⁺tínshinu kukuru ⁺té〈体〉nachi ndji dūnu kukuru tushúng; 自然の呼び声に従う, トイレに行く, [s.] privy.

Naughty 言うことを聞かない; わんぱくな fu kó〈不孝〉, ⁺fu shó〈不肖〉, fu tsigó（不都合）.

Nauseous 吐き気を起こさせる; hagósang, haranyi（腹に）ataráng, kazashíng（嗅いでも）kadíng（食べても）átarang; 吐き気がして食べられない munu hachidushuru, hagósanu kvárang; 当地では{腹の中の}虫が吐き気を起こすと信じており, 次のように言う: mushinyi áttarang, mushi vassang（虫が悪い）.

Naval 海軍の; 士官 fínnu funinu〈兵船の〉kvan nyin, ⁺sī-gung-kwang〈水軍〉官.

Nave （教会の中央を占める）身廊・本堂; kara, kúru, kakúĭ, utchi kakúĭ.

Navel 臍; fússu, 臍の緒 fussu váta; 幼児を胸に抱き, 臍の緒を切れてない anu vorabi 'nninu mé datchi fusó mada chiriráng.

Navigable 航行できる; 川 funi harassarīru kāra.

Navigate 航行する; 大海を ⁺kaĭ-ru〈海路〉kara átchung, ⁺ké shó〈海上〉kara átchung, kaĭ chunyi〈CDなし; 海中であ

ろう〉nagariti atchung, ominyi tata nuyung, funishi vatayung; 彼ら{イギリス人は}航海が巧みである funi yu atsikayung; atsikayungは船を装備し, 貯え, 操縦することを意味する; それ故, 航海(術)は次のように最もよく表現される: funi atsikayuru kutu.

Nay いやむしろ; {さらに多く} mashshīti uffussang, kuri madíng chóng; これのみならず, その上 kuri téma arang, bishˀti.

Near 近い; chkassang, taïyuti（頼って）; 水の近く mizinyi taïyuti; 近く沿って sūyung; 国の海岸近く沿って行く shíma sūti achung; 近くない chkaku arang; taïyurang, ⁺futaïyuĭ（不頼）; 水の近くでない mízinu taïyuïyé arang {後者は, 便利なほど近くない}; 私の近くに来い va ménkae kū; 食台の近く dénu mé; 干ばつの時, 畑の水の近い所はよい hataké mizinyi taïyutó tukuru fidirinyi yutashang; 遠くない tūku neng; 近くに持って来る yussïung（寄せる）, chkaku nashung; なぜ近くのものを見過ごして, 遠くのものを追い求めるか〈EC: 何必舎近走遠〉nū shundi chkassa stíti tūku {tūchinkae} ítchuga（行くか）?, nuyati chkassā stiti tūchinkae mutáshuga（持たすか）?; 彼より近い ari yaka chkassang; 最も近い ítsing chkaku.

Near-sighted 近眼の; chka mī.

Nearly 近く, ほぼ; 大方（約）3斤 ūkata san djing; 正午近く yagati mmanu（午の）tuchi nayung; なりそうである yényé nayung, naĭgata, naĭgissa, tégé naidushuru; 殆んど同じである〈EC: 差不多一様〉chódu yínu mung; 大変近い{大体} yī kurú; uffóku tagāng {chigāng, kavarang}; もうそろそろ首里に着いたであろう nama djibúng yī kuru Shuy itataru {ndjaru} hazi; Shuïnkae itáyuse yī kuru chkaku natóng; 2か月近く yényé nyi kazichi náyuru; 私の重要な用事がもう少しで壊されるところであった va kan yū na〈肝要な〉yūdju fuda yandassaritang {yandashutang, yandígissatang}; やがて転ぶところであった fuda dugeyutang; もう少しで叩かれるところであった fuda atirarītang; もう少しで左の脇腹に{一撃を}くらうところであった fuda fidjaïnu gamakunu abunassatang; 溺死の危険があった fuda sizinyutang; 近似している ūkatā nyitchóng; 近いが, 小さな相違点(不和) skushinu chigé, súttunu arasōï, intïénnu arasōï.

Neat きちんと; chíkūnyi shéng, yū tutunūténg, gumaku tutunūteng, djó bunyi〈上分に〉sheng.

Nebulae 角膜混濁; mīnu kā kanti, mī gurishang.

Necessary 必要な; kánărăzi, kánāzi, sí vadu（するべき）; 絶対に必要な íyading; zībung（随分）; an sané naráng; {肝要な} kan yū; {差し迫った} chūna〈急な〉kutu; [s.] privy; する必要がある íyading sí vadu yaru; 日々の費用に必要なお金 mé nyitchi zikénu tsímuĭ gani; 君はどうしても行かなければならない ïyaya íyadíng

ndjirané naráng; íyading íki vadu; 目的遂行に必要と
される物 ari vadu yarunu mung, kanāzinu mung,
muchīru tukurunu mung; muchīru tukurunu shŭ shí-
na; 旅に必要な物 tábi dógu; {寝具} nīgu, níndji
dógu; {金袋} kani bukuru; どうしてもそうあるべきであ
る íyading {kannādzi, chūnyi〈急に〉} an sané naráng.

Necessaries 必要品; 日々の mé nyitchinu mung, fĭ djínu
mutchīru mung, nyítchi yū, nyitchi tské yū, nyítchi
tské daka; {(日々の)食べ物} fĭ djínu kami mung.

Necessitous 窮乏した; {貧しい} kúnchū〈困窮〉; {得なけれ
ばならない} kanaradzi yírané naráng; {大急ぎで必要
な} issugané narang, féku an sané naráng.

Necessity 必要(性); これをする必要性は何か nū shundi
kanadzi án shuga?, uri núyati kanadzi shuga?; 急ぐ
必要性は何か nū shundi kanadzi íssūdjūgă?; 汝は
今晩出かける何の必要性があるか nāndjé nū shun-
di kanadzi kunu yuru ndjiti ítchuga?; 善をなす者に
あらゆる恵が与えられ、悪をなす者にあらゆる呪いが
下る djíng ukunayusé hākunu sévé yīti, akudung
nashidúnse, hākunu vazave kudayung; 竿を立てると
その影が必ず見えるごとく、音を出すと必ず谷間で反
響される chódu só dung tátiré kadji kánadzi mīti,
kwínu ndjīïdúnse tanyé chāki fibíkuga〈響くが〉 gutu-
kunyi ang.

Neck 首; kubi; {ショールのように}首の回りに掛ける kubi
nákae hatchúng {chang, kang}; 首巻き(布) kubi
matchi, kazi gata {即ち、風防ぎ}; 襟 {衣類に縫いつけ
てある} fussu mung; 彼の腕を彼女の首の周りに置く
tī shae kubí dacheshung.

Neckerchief 首巻き; kubi sādji, kubi mátchi.

Necklace 首飾り・ネックレス; kubi kazaï; kubinu kváng〈環〉
gani〈金〉; kubi kazaï gani, kubi kazai dáma; 英国で、
乾燥したオレンジで作られると言われるもの chín
írunu fúdji〈木〉dama〈EC: 金剛藤子〉.

Necromencer 巫術者・占い師; yítchishā〈易者〉, urané-
shā.

Nectary (花・葉などの)みつ槽・みつ腺; hana fussa〈EC: 花
房〉.

Need 必要がある; [動] kanadzi ang, kan yūnyi shung,
dutu mutumüung; 困窮している tubushchínyi〈乏しき
に〉ang; お金に困窮している、dzé mutsinu túbussang
〈乏しい〉; 貧困した人 tubushtchi mung; [名] (窮乏)
túbushi〈乏し〉; これが必要だ{欲しい} kunu kutu iri
yūnu ang; 必要とするだけ tské bung; 必要なもの
tó-yū〈当有〉na mung.

Needful 必要不可欠の; kán yū-na mung, té shtsinamung
〈EC: 須要・要緊〉.

Needle 針; haï; 針に糸を通す haï nakae ítū núchúng; 針
箱 haï irī, haï baku; 針仕事 né-mung {nóï mung}; 針
仕事に器用 haï djódzi, né-mung djódzi; 荷造り針

ára haï, fukuru baï?; 羅針盤の針 kára haï, shí nan
baï*〈指南針〉; 針(の莚)に座る{大きな悲しみ} haïnu
mushiru nakae yitchóng.

Needless 不必要・無用な; yúïng nérang, yuye néng〈EC:
無故的〉, muyítchi, munashku; yūīshu nengshi nya
íchi mé kazaï djing chíúng 由所なくもう一枚飾り衣装
を増やす; 無駄に費やす itaziranyi {munashku} tsī
yashung.

Negative 拒絶; [名] chíndji〈EC: 禁止之辞〉; 拒絶する
chíndjïung〈禁じる〉, kútuvayung, arandi ïyung, gattín-
sang, ukigumang; 否定の形成素{文法} arandinu ts-
ki kūdjó; するな súnna.

Neglect 軽視・不注意; [名] karisumi〈仮初〉, suraku〈粗
略〉gutu, yurugashí gutu; 私の不注意〈過失〉のせい
である va {vága} útidu; [動] 用事を怠る yūdju úku-
tati sang, kamāng; {軽んずる} karundjīung, karisumi-
nyi shung, yurugashinyung {írugashinyung}, íyashín-
djïung, íyashchínyi shung, ánadōyung; {十分だ、飽き
た} áchi hatiráshang; ほったらかしてはいけない stité
simang; 命令を軽んじてはいけない tudziki karisumi-
nyi sunnayo; 調べを怠る kumékiti sáshshirang〈察〉
{tazoni túrang〈尋ね問わない〉}; 通常の粗略な扱いと
は比較できない kuré fitu tūīnu suraku gutunyi aráng;
自分の畑をなおざりにして、隣人の畑の草取りをして
はいけない dūnu yudjó stíti chunu yūdju shé simang
〈EC: 勿舎己芸人〉.

Negligent 怠慢・無関心な; 怠る ukutayung, ukutarïung;
彼は怠けている ukutatóng, ūkŭtārí-mung, ukutari
djīshóng; 怠ってはいけない ukutatí shé simandó;
[s.] sloven, heedless.

Negociate (**negotiate**) {[s.] treat}; 交渉して決める va-
danyi sódanshung, sódang tatïung, yafarakanyi djí-
mminshung; 平和交渉が終了したので、戦闘は止ん
だ vadannu sódanu náta kutu, chāki arasōï tataké
yadáng.

Negro 黒人; kurubó, kurubó ndza.

Neigh 馬が嘶く; mmanu mímíshung; 嘶き mmaunu abi
kvi, náchi kvi.

Neighbour 隣人; túnaïnu ftu, tunaï fidatōru ftu; 隣国 líng
guku; 村の隣人の間でこのようにするのは何の理由
があるのか muranu tunainu utchi, nū shundi unu
gutu shuga?

Neighbourhood 近隣; túnaï, chímping〈近辺〉, dín shū〈田
地〉, sātū, mura sātū; Nāfanu chū fé nakae 那覇の近
辺{全周辺}に; 善徳のある近隣は美である djin naru
mura bī {yī} tushung.

Neither 〜でもなく〜でもない; 否定される目的語にn{譲歩
を表す日本語のモまたはム}を付け加えて表わされる; 多
くも少なくもない amaï n sang fussiku n sang; これでもあ
れでもない kuring arang aring arang, taïshae arang; 速

すぎも遅すぎもなく{中位の歩調で行け} issudjínsang utari mótarínsang, {chūtónyi (中等に) ákki}; hayénsang, * ninkúnsang, dji bunyi atchung (,は不要); 読みも書きもしない yumínsang kachínsang; 貧困も富も彼の心を動かせない fīnsū〈貧窮〉wéki shae {fīnsū yaravang, wéki yaravang} ariga chimu ndjukasaráng; 遅かろうと早かろうと私はその事をしない nīsa fésa vari síbiti kuno kutó sang; ともかく{卑劣に}逃亡してもいけないし, 災難をまねいてもいけない karisuminyi nugaté simang, mata vazavaïnyi itché {kakaté, ukáttu vazavényi óting} simang.

Nelumbĭum (植)蓮; línnu hana; 蓮(の)根 línnu 'mmu.

Nephew 甥; wī.

Neptune 海神ネプチューン; lū-wó〈龍王〉.

Nerita 〈EC: 鷹歌嘴〉ugūïssi (鴬).

Nerve 神経; sidji, kadji {後者はしばしば血管を表わす}; 私は誰が{誰の神経が}そのために痛もうと構わない sidjinu yamavang {chá savang, gényi naravang} ta kamuyuga?

Nervous 筋骨たくましく力強い; {活気ある} sidjinu chōsang (強い), katóna mung, chínu chōsang; {神経が弱い} chínu skassang (臆病な), または yóssang; skassang.

Nest 巣; {鳥の tuïnu} sī; {動物や盗人の巣穴} ána; 中国人が食べる巣 yínnu {燕の} sī, yíndjinu sī; スズメバチは大きな鐘ほどの巣を作る ufu chíru batchi sī tskoti magissassi uffìssaru tstchi ganinu (撞(き)鐘の) gutóng.

Nestle 巣をつくる; sī tskoyung, sī nakae simayung; {自分を大事にする} mí mutchi (身持ち) ussuritóng {tsitsishidóng}; 私の心の中に心地よくおさまる va kukuru nakae sumiténg, va kukuru kváchéng, va kukurunyi tstchóng, vantu dūtóng.

Net① 網; {鳥を捕まえる tuï tuyuru} ami; 漁網も同じ (網); 網の目 ányu mī; 網細工 ányu mī-shéng; kúnmung, kássi nutchi-shéng {縦糸と横糸}; カニ用網 yishi ṭeeru.

Net② 正味の; 純益高 shó móki daka, djínyi 現に móki daka; 正味の重さ shó mī, tadashku mī ṭaka (正味高).

Nettle (植)いらくさ; chí bana; 刺のある植物 índji aru yassé.

Never 決して〜でない; ない, なかった, ないであろう ítsing neng {urang}, néntang, naráng; けっしてしないであろう íttsing sang, ovari madíng sang, shinyi madíng {ítsi mading} sang; けっして来ない múttu {ítsing} kūng; íttsinu (何時の) fī yating kūng, {ittsimu kūng, īttsínu tuchi, ittsinu tushiníng yating kūng}; けっしてしなかった ítsing mādu tskuráng; まだ食べたことがない kadé ndang; 使われるのを見たことがない{使い方を知らない} mutchīse ndang; けっしてまだ múttu, mādā {否定語が続く} tsīng ndang {nérang} 通常でない {全く異常

けっして} 見なかった, {なかった}; 決して気にするな chán néng, chán nérang; [s.] mind; {どんな場合も} 私はけっして行かない chāru tidánshíng {táti yúkunyi nating (縦が横になっても)} íttsing ariga yānkae icharang (逢えない; ickarang「行けない」であろう); 大きな仕事はけっして成しとげない uffìssaru yūdjó íttsing djódju shé ōsan; 断じて仏とはならない íttsing butsi tó naráng; けっして子を産まない íttsing kva nasáng; 平行線の端はけっして合わない tātsinu naradōru sidjinu hata ítsing ushashé naráng.

New 新しい; 新しい物 mī mung, shín〈CDなし; 新であろう〉mung, árata; 新しく作ってある mīku {shínyi (新に), aratanyi} tskuténg; 新流行 mī fudji, mīku ukutóng (新しく興っている); 新月 tsī tatchi; 新年 shó gótsi, mī tushi, tushinu fadjimi; 新年の祝詞 shó gotsi lī〈礼〉; 新年の贈り物 sho gótsi lī-mutsi〈礼物〉; 大晦日 tushinu yuru; 元日 gvan djitsi, gvan tan〈元旦〉; 新しい物 {聞いたことがない} tsīn chkang {shínna} kutu; [s.] fresh; 新しい方法 shímpó, mīku tatitéru hó; 元の方法と変わっている mútunu hótu kavatóng; キリスト教の新派 Yasu dishinu utchinu mī ushī (教え) {shimpó}; 新派と旧派が相争った shimpótu k'fótu〈旧法と〉{mī dólitu furu dólitu} aï arasōtóng.

Newfangled 最新の・新奇の; mizirashi mī fudji, aratami búshá-shi.

News ニュース; mī kutu, shín chí〈新規〉, shinchina kutu, chín bung〈見聞〉; どんなニュースを{見たか, 聞いたか} nū chínbung chíchaga (聞いたか)?; 国の{友人の}便り kunyinu {wékanu (親戚の)} yósi〈様子〉, utuziri, só〈相〉, nariyutchi; 異常な知らせ tsīn ch'kang kutu; ニュースを {または, 新しく} 聞いた shin chínyi chicháng; 行って彼の消息を問うて来なさい ariga yósi {utuziri} tūti kū; 便りをする kvī chikashung (声を聞かす); 彼は来て消息を知りたがっている ariga chi yósi ukagandi (伺おうと) shung.

Newspaper 新聞; mī mung gatchi, shín chi gatchi, mī munu katchitumi; [s.] gazette, journal.

Newt いもり; kūsaru yádu (小さいやもり).

Next 次の・次に; áto, dé nyí, nyí bammi, de nyí bammi, fīchi tsidji, nyí bang; 翌月 ta tstchi (他月)? {「2か月」の táttstchi とは区別すること}; 来年 yāng; 次に (また) 来る時 mata churu ba; 次に (また) そうする時 mata kunu gutu shīnyé; 翌朝 tsigu assa; 翌日までも tsigu fī madíng; 次は何か考えなさい sunu fítchi tsidjina kutu umúri; 翌晩 {tsigu} atchanu yuru; 来年は, 一年中君の思い通りにしよう yān chu tū umuyuru gutu shung.

Nibble 少しずつかみ取る; kakazïung; {ネズミなどの}かじる音 gassa gassa shung.

Nice 結構な; {物} chikūna dógu, chimunyi kanatóng,

chúrassang; 正確になされた issényi {kumékīti, chikūnyi} shéng; 良くない! ickáng!; きれいに写す shī shū shúng〈清書する〉.

Niche 壁龕; 当地では居間にある飾り物用の場所 túku, tuku gva; katchinu sími, katchi kūïnchéru (組み込んでいる) tukuru, kūïnché tukuru.

Nickname 綽名; varé nā, vukashī nā, azamuchi nā.

Nictate 瞬く; chā mí utchishung {tsitsichúng}; まばたきをよくする人 mī tsitsichā; 瞬膜 (鳥・ワニなどの内側の第3のまぶた, 横にすばやく眼球を覆う) mī kanti ga, mīnu ka kantóng.

Nidus (昆虫などが) 卵を置く巣; {ichimushinu} kūga kadjimi tukuru.

Niece 姪; mí.

Niggard しみったれ・けち; iyashtchi (卑しき) mung, kumashī mung, yafína mung, chímu assí mung, ïyashā.

Night 夜; yúru; 夜遅く yuru nyíka, yū fukaku natong, yū fukitóng; 一晩中 yū akidōshi; 今夜 chu yuru, kun ya; 昨晩 yúbí; 毎晩 yuru yuru, mé ya, yuru gutu, mé yuru, yussandi (夕方) gutu; 夜に yuru, yurunu tuchi; 夜咲く花 yuru firachuru hana; 読書して夜を過ごした shimutsi nchi yuru vatatáng; 朝まで酒を飲んで過ごした saki nudi yuru akacháng; 夜遅く帰宅した yū fukiru {fukaku naru} mading yankae kéténg; 夜の間 yurunu utchi, yurunu yé.

Nightdress 夜着; yuru chïyā, nindji djíng.

Nightmare 悪夢; yana ími, unyinu churu gutushi (鬼の来る如して); ími mī gashimashang; 悪夢は, 夜寝る時に草履を一方はまともに置き, 他方は裏返しに置けば避けられる yuru nindjuru tuchi saba tītsi uchagirachi, tītsi ussubashīdunse madjimunung yana íming ndang.

Nightwatches 交代夜番の時間区分; yurunu tuchi, yurunu kó; 2更, 3更, nyi, san, kó.

Nightingale (鳥) 鶯; uguïssi.

Nimble 敏活な; kassang, káténg, ugutchinu fessang, karósha.

Nine 9; kukunutsi; 9倍 kū zó bé; 10分の9 kū bung.

Nineteen 19; djū ku.

Ninety 90; ku djū.

Ninth 第9; dé kū, de kukunutsi; 9分の1 kū bū ítchi, kukunutsi chu bung.

Nip つまむ・噛む; {つねる} tsin tskïung; 歯でかみ切る kán tskïung.

Nippers ピンセット・(かに・えびの) 大はさみ; {kani} kvāshi hassáng, kvashā bassáng.

Nipple 乳首; chínu kutchi, chí gutchi.

Nit しらみの卵; {しらみの} djítchashi.

Nitre 硝酸カリウム・硝石; djí shū〈EC: 硝〉.

No (〜では) ない; arang, anyé arang; いや, だめだ mpá!; いくぶん丁寧に {ありがとう, 結構です} kafū sari!; 問題ない・関係ない chan néng, chirāng, kakaverang, kakavayé néng; 良かろうと悪かろうと, 寝ようと起きてようと, これをしようとあれをしようと, 構わない yutasharavang vassaravang, nintōravang ukitōravang, ansavang kansaváng, kakavesang; どうしようもない・手のうちようがない chan shíé naráng, chāng sí bitchi yó naráng; 治療法がない nóssarang, yódjó naráng; 役にたたない yūdjun néng, muchiraráng; 心を目覚めさせる方法がない ariga saturashuru tīdanó naráng, chímu uzumashuru tidanó narang.

Noble 高貴の; táttuchi, úmutchi, uyamaï bichí mung〈EC: 有爵的〉.

Noblemen 貴族; táttuchi kurénu ftu, {封建時代の} shu kó〈諸侯〉.

Nobody 誰も〜ない; 誰もいない chung (人も) urang, chuïng (一人も) uráng.

Nocturnal 夜の; 番 yuru bang, yú zīmī (夜詰め), yuzimi ftu.

Nod 頷く; {肯定して} 'nnazītchung, ukigumi 'nnazitchung, kóbi {atama} tskïung, ukigunyung; 居眠りして {nībuïshi} úmbuï kóbuï shung; nībuï kūdjung {あちこちに頭を漕ぐ}.

Nodes 節; {竹の} fushi.

Noise やかましくしゃべる; abī-ung, ăbī-shung, abi kvéshung; 市場や祭りのような騒音 nidji yaka-nyi ang; 卒倒させるような騒音 mínchassanu, kamabissashūnyi ang; kamabissassang, kashimashá; 大音声 abiātīā-shung; 何の騒音だ nūnu abīga?, nūndi íchi abikvéshuga, ufu abíshusi nūga?; 犬の鳴声か猫の鳴声か ínnudu abiruï mayānudu abīruï?; {猛々しい} 秋 (風) の音ではないであろうか áchinu kwīdu yayésani; 車・馬の騒音を聞く shabbanu〈車馬の〉gára garáshusi chíchung; とつぜん大声を出す kwīnu nugi ndjitóng; 荒々しい音 tadjishī kwī; 騒ぎの音 abikvéshuru nídji yăkā.

Noisome 不快な臭いの; yana kaza, chigaríti kussassang, kusashtchi chí〈気〉 {nu mung}.

Noisy 騒々しい; 所 gvaya gvaya shú tukuru, kamabissasang; 騒々しい人 abikveshuru ftu, kamabissassang, daténg abïung; 子供らが騒々しく遊ぶ ámayung; 騒々しく汚れた世間 abikvéshi chíri (塵) bakang aru yū.

Nomads 遊牧民; shūlūshi〈周流し〉djuba (牛馬) tskanayā; kunyi migūïshi {ama kuma utsti (utsíshi)} djuba tskanayuru yakará (輩).

Nominal 名目上の; nazikiti-shung, na bakaï ati djitsé nerang.

Nominate 任命する; 官に kvanyi {kurényi} fūdjïung (封ずる), mīdji〈命じ〉duzikïung* *tuzikïung であろうか.

None だれも (一人も) いない; だれ一人も居ない chúïng

urang; だれも勝利を得ることはできなかった sūyó makashi ōsan; だれもこれはできない sūyó kunu kutu shé narang（してはいけない）, kunu kutu shuru munó chúĭng urang; このような者はいない kunu gutóse néng, gū nerang, físhshirarang; 昔の文献のどれにもこの字はない nkashinu shimutsí nakae mína kunu djī néng.

Nonplussed 途方に暮れた; súckkvéchong, módóshóng （盲動する）, kangé tskaráng, chāshiga yútashara vakaráng; 手に握られた鳥は強く握りすぎると死ぬかもしれない, また, 手をゆるめると飛んで行ってしまうかもしれないと心配する tuïyé（鳥は）tī nakae nyídji（握り）, chūku shímiré ariga shínyuse ussuritóng, hanshíĭdúnse tubesankayá {tubigashura} ndi ussuritóng.

Nonsense 無意味な言葉; fūa kutuba〈EC: 没意志的話〉; 皆様, 彼のたわごとを聞きなさるな undjuná ariga munashi kutuba chíchi mishónna.

Nonsuit 訴訟の却下; uttaï tuĭ yamĭung, uttaï usseyung.

Nook 隅; sími.

Noon 正午; firuma, fí naka; 正午の時刻 kukunutsi, mmanu tuchi {[s.] hour}; 午前 mmanu tuchi mé; 午後 mmanu tuchi {firuma} ató; 正午に不在の許可を与える firuma yurushung {itomashung}

Noose 引き結び, 輪なわ（一端を引くと締まる結び方）; ［名］futuchi mussúng; ［動］mussubĭung {dang, bang}.

Nor ～でも～でもない; これでもあれでもない kuríng aráng áring aráng; ［s.］neither; 過去の事も未来の事も想うな sídji satósi, mílénu kutu ndé umúnna.

North 北; chíta, ní, nīnu hó; 北に向かって小便はしない, 北は天の極で, 重要なところだから chita nkéshi shūbin sang, tínnu djíku nati, tínnu kanyūna〈肝要な〉tukuru; 北極 tínnu djíku; 北極星 chittanu fushi;

North-East 北東; figashi chíta, ushinu fa（丑方）, ushi túranu（丑寅の）hó;

North ward 北へ; chíta múti, chittanyi nkatong; 北向きなのでとても寒いのだ, 南向きならそんなに寒くはないであろう chítankae nkatōru yűindo íu íu físaru, mushi nanyi〈南に〉nkáïdúnse kunu gutōru físa néng.

North west 北西; nyíshi chitá, ínnu fa（戌方）, ［s.］wind.

Nose 鼻; hána; 鼻すじ hana ḳítta, または hananu kúbé {鼻の桁}; （鼻が）高すぎると雨が降り込む duku takassaré áminu utchínchung; 鼻の隔ての軟骨 hana naka fídati; 鼻下にあっても{目の前にあっても}見ない tsiranu tskatíng* {tskíting} または hana tstchíng, または tsíranu mé haï kakating {お互いに顔を突き合わせても} mīrang *tsira nutskatíngであろう; 鼻血を出す hana djī {chí} nu ndjíung; 高い鼻 taka bana; 平たい鼻 fira bana; 鈎状（鷲）鼻 magaï {magayā} bána, {tsīnu gutong, 鈎のような}; 悪い臭い, 良い臭いは鼻で識別されるのだ kússassa, kóbashtchi hanashaïdu vakashuru; 鼻をつ

まむ hana ussūyung または fussadjung.

Nosegay 小花束; hananu chu kūndji, chu kūndjinu bana; chu tabaïnu {mussubinu} hana.

Nosology 疫病分類（学）; yaménu hóbang〈評判〉, yamenu gakumung.

Nostril 鼻孔; hánanu mí.

Not ～（で）ない; néng, aráng; 彼ではない are aráng, are kuri arang; 私は持っていない vané néng; ここにはない kumanyi arang {uráng（居ない）}; いつもというわけではない tsiné aráng; それをしてあったか, まだだったか shéti {tskutéti} chága?; 十種の数倍以下ではない su djū（数十）shínanu shtyanyi aráng; 彼には話してはいけない arinkae munu itché simandó; 全然ない múttu neng, múru múru néng, sung sung {sumu sumu} néng, nūng neng; するな sunnaya, muttu súnna, shé simang（してはいけない）; そうではない anye aráng, kunu gutu aráng; なぜ君はそう言うか, 多分そうではないだろう anyi aranó arani?, nuyatí ïyaga an ïyuga?; まだ māda; 僅かな変更ではない fíndji aratamitési ikirakó aráng.

Notable 注目すべき; i-yóna〈異様な〉mung, umi tskaï bichī mung, na aru mung（有名な）, shirushi bíchí mung.

Notch 刻み目をつける; {小刀で sīgushi} fuyúng, fidjúng（剥ぐ）{djang または fidjutang, [否] figáng}.

Note① 注解・メモ; {注釈書き} kata gatchi-shung; 解説書き shimutsi tutchú gatchi, chū〈註〉ziki-shung; 印またはマーク shirushi; ［動］書き留める shirushi ubĭung, ubīru taminyi shírushung, shiruchóchung; 唐代の詩の簡単な注釈 Tónu yūnu shī nakae chūzikishési（注づけしてあるもの）; 音譜 utu gatchi.

Note② 通信文; {手紙} tigami, tigami gva; 手形 dzínnu shūku, または katchitumi.

Note-book 帳面; nyítchi gatchí gva, nyítchi shū〈書〉, án ching〈案巻〉.

Nothing 何も～ない néng mung, nūng nerang, kukúï neng, múru néng; 何も見えない tītsing mīrang, nūng mírang; ばかり táda, bakaï, kuri {ússa} bakaï; 他にはない kunu fukanyé neng, bitsinyé neng, kuri yaka fukanyé neng, kuri nuzikīse bitsinyé néng; 無から生じた nénsi karadu chōru; 心配することは何もない nūng samadaché（妨げ）néng; 彼が知らないことは何もない shiráng tukurundi íché néng; 彼は上も下も何も知らない wī shtya {takassa fīkussa} shirang; 私は四つの本だけ知っている vari yutsinu shimutsi {shi shu〈四書〉} bakaïdu shtchóng; 彼は最初何も持っていなかった ari mutuyuri 'nnā dū chóng; 出来ることはなにもない {治療法がない} chán sí bichi yó naráng; 彼が今言うことは, 先の自慢と同様にすべて無に帰する namanu ībunó, satchinu fukuri kutuba, sibiti munashku natóng {munashkunkae itcháng（入った）};

他には何もない nūng bitsinyé neng; これは君には何の関わりもない, もし誰かがまたおしゃべりすれば, 罰金を払わなければならない ïyānyi nūng kākaverang; tá〈EC: 多〉gúnshuru（多言する）mung urá, kanaradzi batsi djíng torashúndó; 何事にも心を用いない tītsing ariga kukuró muchīrang; 省かれたものは何もない tītsing nukusang（残さない）; 人が暗い家に入って行くように, 何も見えない chunu kfurachi yankae íchi tūtsi mīru tukuru néng aruga gutóng〈EC: 如人入暗室昏昏冥冥一無所見〉; 只で人に譲る sigu chunyi yuzïung.

Notice 気付く; [動]〈知覚する〉satuyung, satuti shtchóng; 他人の注意〈耳目〉を喚起する chúnu djí muku ugukashung; [名] 通知 utuziri, kwī; 通知する utuziri ｛kwī｝chikashung; 先に行って知らせるよう召使に命ずる tumu tuzikíti satchata yarachi shiráchi kū〈EC: 吩咐家人預先走去知会〉.

Notification 通知; 死〈喪〉に関する（通知）〈EC: 訃音〉mūnu〈喪の〉utuziri; このような際, 通知できないのを謝罪して戸に書いておく: ｛暗黒の中で｝茫然自失, 混乱の中に投げ込まれているので, 通知できないのを許してください nama kfurachinyi utchi itchi shidé ushinató kutu utuzirinu mígurasanse yuruchi kwíri〈EC: 昏迷失次恕訃不週〉.

Notify 知らせる; shirashung, tashshïung（達する）, tashshti shírashūng, íchi shirashung.

Notion 見解・考え〈EC: 意見〉; このような考え kunu gutōru mītski; 全く検討がつかない sunu takassa fikussa shiráng.

Notorious 一般に知られた・周知の; na aravachéng.

Notwithstanding （それ）にもかかわらず; úshshiting ｛押さなければならないとしても, やはり｝; 寒いけれども, それでもやはり来る fīsatíng úshshtíng chūng.

Noun 名詞; nā, nānu kutuba.

Nourish 養う・育てる; yashinayung, tskanayung, sodatïung; ｛慈しむ｝nadi yashinayung; ｛助力する, 良い意味で｝udjinoyung（補う）, tassikïung; ｛悪い意味で｝sissimïung; おごりを助長する uguri sissimïung, íu íu uguri shimïung.

Nourishment 滋養物; yashiné mung.

Novel 珍奇な; midrashī, firumashī, madiné（稀）, dúku ndáng, tsīn chkang（聞いたことない）mung; ｛面白い本｝fanashí shimutsi; 異常で愉快な物語（小説）tsīn chkang ｛firumashi｝ushshashi bichī hanashi; 2, 3の面白い物語や小説を聞き, すぐに真実だと思う assibi shtchi* mata hanashíng iffé chichéssiga chāki makutūndi umutang *amusing「面白い」の琉球語訳であろう. 誤解であろう.

Novice 初心者; chīku mung（稽古者）, shí hadjiminu ftu; ｛職人について｝ti hadjími, ara tī（粗手）; ｛学問について｝naré hadjími, hadjimi chīku, sugaku〈初学蒙学〉.

Now 今; nama, íma; 今はこれ次にはあれ an- kan-; ああ言ったりこう言ったり an ïyuï,* kan ïyung（*,は不要）; たった今 nama satchi; たった今水をかけた（散水した）nama karadu ｛mízzi｝kakīru（今からぞ水をかけるのだ）; 今理解した nama fhatsimi（初見）shósá; 今来るであろう nama chaki kundi shung, nama chūsayā; ｛接続詞｝suri; 現今（nowadaysとして独立すべき単語）, namanu tuchi, namanu yū.

Nowhere どこにも～ない; どこにもない mánying nerang; 探したがどこにも見つからなかった mānkvīng（いたる所）kamétassiga mīrang.

Nowise どうしても～ない; chanu gutushing ｛ánshing kánshing｝naráng（できない）.

Noxious 有毒な; dukunu ang; 毒草 duku gussa; [s.] injurious.

Nuisance 厄介・不愉快な人（もの）｛見て｝shtana mung; chigari aka; ｛聞いて｝mínchassa（やかましさ）; ｛一般に｝vaziré（煩）gutu, chu vazirāshuru kutu; はた迷惑な人 vazirayuru ftu.

Nullify 無にする; 'nna ｛natong｝nashung, kvashshti（化して）néng nashung.

Numb しびれた, 麻痺; chínu tudukūtóng, firakudóng; 手が麻痺した tīnu firakudóng; ｛心的に｝namataritóng.

Number 数; kazi; [動] （数える）kazoyung, sánkatashung; 何の数か｛いくらか?｝kazi chássaga; どの数か｛どんな数か｝nánnu ｛de nánnu, charu｝kaziga, charu kazi kangetóga?; 何番か｛一連の部屋や人などについて, 何番目か｝de nannu za nakae vuga; de rukunu za nakae 6番目の部屋に居る; nan bámminu ftu, 何番目の（人）か; 何の馬｛一連の中の何番目の馬か｝de nan bamminu mma?; 何番目にランクされているか nan bamminu kazi nakae ítchõga（入っているか）?｛vúga｝; ｛寄せ集めて｝数を補う｛ama kuma firi（拾い）, または｝fíti kazi udjinōyung（補う）; 数の学問 san pó〈算法〉, sankatanu hó, sankata shíri（知り）; 算数はささいな技芸ではない sanpó skushī kutó aráng; 六芸の中で算数は第一である ruku djí nakae sankatashusé dé itchinyi ang.

Numberless 無数の; kazoraráng, kazi nérang, kazoráng shāku.

Numerals 数詞; 単に数を数えるには次のように言う: tūtsi ｛fitótsiの変化. また短縮して tī｝, tātsi ｛ftatsiと変化. 短縮して tá｝, mītsi ｛mi｝yūtsi ｛yū｝, itsítsi ｛itsi｝, mūtsi ｛mu｝, nanatsi ｛nána｝, yātsi ｛yā｝, kukunutsi ｛kū, chū｝, tū; またもう一組別の数詞もあり, 次の通り: íchi, nyí, san, shí, gú, ruku, shtchi, fatchi, ku, djū; djū ítchi, 11; djū nyī, 12; nyī djū íchi, 21; hāku ｛fïaku｝, 100, íppeku, 100; nyī haku, 200, san péku 300, rúppeku 600, fáppeku 800; shíng, íshshing 1000; máng 一万.

　最初の数詞の組は, 普通次の分類詞とともに用い

られる: {tītsi (1つ)の場合のみ chū が用いられる}: firu
（尋）{5フィートの単位｝は物の長さを測るのに使われ
る; chu firu 1尋、または5フィート; ta firu 10フィート; 次
のように、数詞を分類詞の後に置くこともある; firu
tītsi, firu tātsi など; háni {翼は鳥を数えるのに使われる}
yu háni {fháni} 4羽; 時には名詞と数詞を一緒に言う
こともある: tuï chu hani、または chu hanínu tuï, 1羽; ま
た、名詞だけ言うこともある: tuï tītsi（鳥1つ); kūga
chu kū, tá kū 卵1, 2個; kútu 事; káki {個体の｝かけら;
sīdji {ひもの類}; kūndji 束ねた物; nyī 荷; katami 肩
で運ぶ荷; tskáng 手の(1)つかみ; taï 滴り; vaï 割
れ; chíri 切れ; tsízi 粒; murushi {多くは丸い}塊また
は積んだ物; mazíng 積んだ物; narabi, nami, djó
条、列; núchi {珠、銅銭など貫いた物}; ábushi, úni {田
の道｝; mow, fū, すべて田畑の単位; kútchi 口一杯;
yūdju 用事; kén, kéng 回数, chu ken, ta keng 1回, 2
回; butchi 笞打つこと; matchi 巻き; dé 食台; só 竹
または棒; zū 尾, chu zū, ïu ta zū 魚1, 2匹; fsha {靴の
(一足)｝対; gū 対;

　　{後者の二組の数詞において ichi, san, ruku, fatchi, dju
が分類詞と一緒になる時は、たいてい短縮され、分類詞の
中に縮約されることが見られる: chíng（斤）{キャティ, ポンド｝
の場合は、次のようになる: íttchíng, san djíng, lúching,
fatchíng; djíching、または djíchi 10キャティ, nyidjíchi
20キャティ, sa djíchi 30キャティ; djūはdjíに変わるの
が普通djíttu（10斗）, djíppu, 分類詞の語頭の子音
が重ねられる。

　　第二の数詞の組は、次の分類詞の前に使われる:
nyín 人, ichi nyin, nyi nyin; しかし、4人まではむしろ
次のように用いる; chúï 1人; táï, mittchaï, yúttaï 2, 3, 4
人; chíng（斤）, キャティ; fítchi, 1匹{家畜や製品（布）
の｝; íppichi など; 艘 sū 船, íssu, nyī su 1艘, 2艘; mé
（枚）紙, 布, その他平たい物, またコインなどの枚数
も, han zíng 〈EC: 番銭〉ichi mé 1ドル; súku セット（束）,
ダース; tsī 対 {ペンなどの}; sátsi（冊）, 1冊 íssatsi など;
bung (1)部分 {chu, ta, sábbu などとも使われる}; gó（合）
米の量; dú 紙の帖（24枚）; míng 鏡の（面）; chó {硯
などの四角い塊｝, また蠟燭, ランプ, 松明などについても;
kwan（巻）章; ló（両）テイル（両）; múmi（匁）メイス;
fung（分）キャンダレイン; lí（厘）キャッシュ（中国銅
貨）; mó（毛）十分の一厘; tang（反）布, íttang（一
反）など。

Numbskul まぬけ; búku shtchinu gutóng {木（や）石のよう
　　である}。

Numerous 無数の; kazinu uffusang; 数多くの人 amata-
　　nu ftu.

Nun 尼僧; winago bódzi; 尼僧院 winago bódzinu tira.

Nuptial presents 婚礼の贈り物; fī mutsi; 結婚式 nībitchi;
　　[s.] marriage.

Nurse 乳母; chí-ang, chī uya; 病人の看護者 mundjiré-

shá; ［動］（看病する）mundjiréshung, kambyóshung;
子供と遊ぶ（子守りする）ŭyúng, dákashung, skashung;
［s.］suckle.

Nursery 育児室; vorabinu za, vorabinu simé túkuru.

Nurseling 乳幼児; chí nunyuru vorabi, bózā.

Nurture ［s.］nourish.

Nut 堅果; kfadīshi; 堅果の殻 kfadīshinu kuru; 落花生
　　{ピスタチオ｝djī māmi（地豆）, daku djishó.

Nutmeg （植）ニクズク; nyiku dzíku.

Nymph 妖精; winago shíng 〈神〉.

O

O ああ, おお; 感嘆詞 áh, aïyé; ｛痛くて｝ī ī; achamïó, ashamïó!;
　　｛驚き｝satti satti!, sattimu!; なんたることだ! agidjamé;
　　なんと恐ろしい顔｛様子｝ha, yana gamashi só 〈相〉
　　yassā!; 知らないヨ shiránsá!; これは珍しい!
　　firumashasā!; 祈りで神を呼ぶ際, おお主イエス様 tó-tu
　　undju Yasúya, おお主なる神よ tótu kami nūshi; 時々
　　tótuを2回繰り返す; おお神様 sari shótī 〈上帝〉, sari
　　kami tótu utótu!, おお主イエス様（にお祈りしよう）! sari
　　Jasu tótusáh!

Oak 樫の木; daku kī, dakunu ūï- ｛植える｝kī（植木）.

Oakum まいはだ（槙肌）（古ロープなどをほぐし, 船板の合
　　わせ目などに詰めて水漏れをふせぐもの）; futucheru furu
　　dzina; 槙肌をつくる furu dzina futuchung（古綱を解
　　く）.

Oar 櫂; wéku; 櫂で漕ぐ wékushae kūdjung、または funi
　　harashung; 櫂の結び目 wéku kaki mī、またはkakí
　　tukuru; 舟に結び付けられた櫂の類、また櫓 lú.

Oath 誓い; chiké, chídjiri（契）; 鶏の首を切り, 椀を投げ,
　　青竜を撫でて, 彼らは誓い, まじないをする túïnu kubi
　　chichi, chaváng nagiti, ó lú naditi ｛ランプを吹き消
　　し tūru fuchi chāchi｝kāki madjinéshung; 誓願する
　　chikéshi nigé ndjashung; それについて誓う chikéshi
　　shūkushúndo; 誓うことさえする chiké madíng tatĭung;
　　手を合わせて, 阿弥陀仏, 彼を誤って責めるな（不実
　　の罪をきせないでください）, 私は彼のために誓ってもよ
　　い, と言った tī ushāchi, Amida Bútsi chómungshi, ari
　　magirassunnayó ｛magi uttaï shimínnayó｝vané arinyí
　　kavatí chiké ndjashundóndi icháng.

Obdurate 頑固な; ｛心的｝kukurunu kfassang; kfashī mung.

Obedient 従順な; shtagó, tuzikinyi yū shtagayuru, kutuba
　　chíchuru, djí kadji（聞き分け・ものわかり）yū chíchuru;
　　天に従うものは栄え, 天に逆らうものは滅びるであろう
　　tinyi（天に）shtagó munó sakayúï, tínyi sumuchuru
　　munó furubĭung; 従順に保ち, 恭しく行なう shtagaï
　　mamutí, uyamatí ukunayung.

Obeissance お辞儀する; lī, ｛gu lī, yesatsi｝shung.

Obey 従う; shtagayung, chíchi shtagayung, tsitsishimi

{ussuriti} shtagayung; 主の命に従え kami nushinu mīnyi shtagari.

Object 対象・的; {意図 (したもの)} fushá tukuró, sachó (指している) tukuru; これは私の意図したものである va kukurunyi fushátashi kuri dó; yuĭshu; 何の目的で nū shuga (何をするか), nū shundi (何をしようと); 何をしようとここに来たか nū sandi kumankae chága.

Objection 支障・反対; savaï, sámadachi, samadachuru {savarashuru} yuĭshu; 危害がありそうなことから生ずる嫌気 chízavaï; fanshōru yuĭshu {または kutu}; fabamīru {fushidjuru, tumīru} shió; このように言う反対の理由は何か nūnu saváyuru kutu atí an ïyuga?

Oblate 奉納; {上方に揺り動かす} kamĭung, kamití ushagĭung, sunéti ushagĭung, kazatí matsĭung; 献祭・奉納 matsiri, matsirinu {matsirishuru} kutu.

Oblige 義務としてさせる; {強制する} 私はするように強制されている shīti shung (強いてする); 書かざるをえない kakané naráng, shīti dū katchuru; 他人を強制する shīti shimĭung; 強いて食べさせる shīti kamashung; せざるをえない ansané narang, íyading ánsí vaduyaru; 彼を辞めさせる shīti kutu kerashung; (引き) 渡すよう強いる shīti vatashimĭung {取り戻させる tuĭ mudurashung}; めかけを取らざるをえない yūbé íyading mutumiri vadu; 彼は随いて行き, 入らざるをえなかった íyading tsíriti ndji amankae sísidi iki vadú yarú; 止めざるをえない íyading túĭ yámiri vadu; 仕事があるので, 読書を止めざるをえない shkutchinu á kutú shimutsi yunyuse ukané {yamirané} naráng, または uki {yamiri} vadu yaru; 大胆な返事をせざるをえなかった chāng naráng (どうしようもなく) chíttu ídji tstchi kfa fidjéshang; {恩義を} あなたに感謝しています undjunu wúndji kandjitóng {ū tóng, kansténg 感じているまたは (荷を) 負わされている}; 君は私に恩を施した ïya vang kanshíng (感心 moved) yassá; 大変ありがとう! tó shá! (多謝), ah irĭyū yassá!, kafushi!, kandjitósá!; もしそうしてくれたら, 感謝します anshi kwiré {yakéshi kwiré, あなたは手を焼くけれども, 迷惑だけれども, それをしてくれ} kafushi; 面倒だが火を取って来てくれ fī tītsi yakéshi kvíri; 面倒だがこの手紙を彼に届けてくれ kunu djó yakéshi mutchi ndji, arinyi vátachi kvíri; 私はあなたに恩義を感じている vané undjunu yakenyi azikatóng, undjunu yaké kantósa, undjunu kandji ítchósa; あなたの好意で完成した undjunu kadjinyi (お陰で) simatchasá; [s.] favour.

Obliging 親切な・喜んで人の世話をする; ukióï yassī, ukĭóï yassaru, vūdjita ftu, tanumi yassa, chu kandjirashuru {wūndji kansīru, ussīru}.

Obliterate 擦り消す, 取り除く; [他動] síri utushung; {ペンナイフで} fidji {súdji} (削ぎ) utushung; [s.] blot out;

{心的} chíchi nuzukĭung; {擦れて読めない} mī kúnda natong

Oblique 傾いた・斜めの; yugadóng, sagatóng, sagaí gáta, tóri gáta; {心的} figadong.

Oblivious 忘れっぽい; shó neng mung, munu vasíshā; 忘れ薬 vassiri gussúï, utsi vassīru kussúï; 悲しみを忘却させる urī sarashuru (去らす) {鎮める}.

Oblong 長方形の; nagi mútchóng, naga gata; 長方形は4つの直角と, 長短の2辺ずつがある naga gatanu 〈長型の〉 shī kaku yússimí nowchinyi (直きに) ang, tātsinu hata ínchassang, tātsinu hata nagassang.

Obloquy 謗る; chunu na chigarashung, chu súshĭung, chunu fĭkussi (欠点) aravashung; {抽象名詞} 誹謗 súshi, {謗る言葉} sushiru kúdjó, または munuĭ.

Obscene わいせつな; {みだらな} katamashtchí kutu, dja ínnu 〈邪淫の〉 kutu, indánna 〈淫乱な〉 kutu, yana kutu, midarí, yukushima; みだらな感情 midari djó, iruyukunu djó; 人の心を壊す, みだらな物語 midari banashi chunu shín djútsi 〈EC: 心術〉 yabuyung; 淫乱な絵を描く indannu zī yī katchung; みだらな絵 {筆} をみると色欲を起こす īndannu yíya {chígari fudi} uri míïdunse iru yuku ukushung.

Obscure 暗い; kuragadóng, kfurachi; {心的} chimunu mó maïnyi 〈曖昧に〉 ang; {意味が} mó maïnu kuto, kfurachi kuto; 理解しにくい vakaï 〈satúï〉 gurishang; 不明瞭で根拠のない小話 〈EC: 溟漠之空談〉 kfurachi munashí hanashí; 暗 (くする) 霧が広く覆っている 〈EC: 瞑霧迷漫〉 chirinu firugaï, mayutóng {mayuti akarang 見えなくされて行けない}* (*mayutóng 以下は欠落).

Obscurity 世に知られてない状態; 人に知られず生きる dūshi shirizuchóng (退いている), índja (隠者) natóng, ato kakushung, ato kakuchi urang;

Obsequies 葬式; mūnu (喪の) lī (礼), mū dji; 葬式に参列する mū djinyi ukĭïga ítchóng.

Obsequious 追従・従順な; yafarashī mung, yuzita mung; [s.] yielding; yafarashī shíshtchinu 〈性質の〉 ftu; 敬って譲る 〈EC: 恭順〉 uyamatí yuzĭung; oï nkeyung 〈EC: 逢迎人〉, haï nkéyung, sassuku ukĭung; chunu kukuru {chimunyi} haï nkeyung..

Observatory 天文台; fushi nyuru tafa (塔), fushi-mīdé, tin búng shú tukuru.

Observe 見て気づく; satuyung, satuti shĭung, shizikanyi nyūng, 'nchi satuyúng; {守る} mamuyung; {伺う} ukagayung; 私が観察したところにしたがって wa mīshi 'ncharu tūï; もし私が今帰ったら, おそらく誰も気付かないだろうと言いたい vané nama kéïdúnse chunu mi-shirandi {nchaï shtchaï (知ったり) sandi} umāring; この詩の順序は観る 〈EC: 看〉 べきである kunu shīya sunu shidé míri {ndi} vadu; この三つの

Obsolete 廃れた; 法 stari-tōru 'hó

Obstacle 塞ぐ,障害;kataka-shung, shimarí-shung, samadaki-ung, -tóng; savaï; 何のさしさわりがあるか nūnu savaïnu aga?; 石が障害になって,私は歩けない íshinu katakáshi {katakasatti} atché ōsan; 合同して妨害する gū natí fushidjung {samadachung}, savarashung.

Obstinate 頑固な; katamatóng; 古い習慣に頑固にしがみつく nkashinu hónyi kakavatóng; 自分の見解に固執する sunu mitskínyi tui tudukūtóng,katamaï tudukūtóng, fussagatóng; nazīdōru (馴染んでいる) ftu,tsidōru ftu {即ち,袋に詰め込んでいる}; 頑固で融通のきかない kukuru kéï {fíkkéshi,fan〈CDなし〉反であろう} shí,fíndji tsōdjéshi} ōsan; 頑固で抑えがたい katamatí fukúsang (服しない); あえて勝手にして,それを私に差し出すのを頑固に拒否するのか chashi ïya fushimamanyi katamati vanyi torasánga?; 目的（物）から気を転ずることができない sandjirashi ōsan; 盲目的頑固さと無遠慮の罪 katamaï mayutí vazatu ukashung〈EC: 執迷故犯〉; 事が過ぎた後でも頑固に恋こがれる kutunu natí ato cha umi katamatong; 頑固なほど意地悪く,酷なほど激しい akunkae katamatí arashī {katagunshī} ftu〈EC: 才頑兇悍〉.

Obstruct 塞ぐ; [他動] fussadjung; 塞がれている fussa-gatóng, katamatóng, savatóng.

Obtain 得る; yíru, tuyúng; 手に入れたいと探し求める yī bushashi tazonïung; 得がたい yígatassang; 君が求めるものはきっと全部得るだろう mutumīru tukuró kutugutuku kanadjí yīyung.

Obtrude 押しつける・無理強いする; samadakïung (妨げる), savayung; 私に口出しする vang kamuti {kakavaï} samadachung; 押し付けがましい sávata mung.

Obtuse 鈍の・鋭くない; {突先のない} magutóng, marudóng, satchinu siritóng; {心的} gudúnna (愚鈍な) mung; 鈍角 síminu {kadunu} siritóng.

Obviate 予防・除去する; sarashung (去らす), itáráng satchinyi nuziki sarashung.

Occasion 場合・折・機会; tayuri, bashu, fushí (節), wūri fu-shi, hóshi; 場合に適合する bashu shide, hóshi shidé (次第), bashunyi wūdjiti; 機会が来たので尋ねる fushinyi yútti (依って) tūyung; この度 kunu tabi; 用がない〈EC: 不必,不用〉yūdju nerang,ˈmu yítchi〈無益〉,ˈmu yū〈無用〉,kanadzi tōsang; 何の理由か nūnu yúïnu ága,nūnyi tsíti,nūnu tamiga,chāru yúïga?; 怒る理由はない haradatchi sunyé uyubang; 不和の原因〈EC: 生隙之因〉nītakunu {nītassaru,achimanu} yūïshu; 君はすこしも気遣う必要はない ïyáya intiénnu kukuru tsīyashussinyi (費やすに) uyubang; 今出かける理由

は何か nū shundi nama chímatankae ndjīga?; わざわざこうする理由は何か? nū shundi ïya yakéshuga {yakéshi kunu yónyi shuga};

［動］（引き起こす・もたらす）nashung（為す），または形成素 -ashung, shimïung（〜させる）; これはすべて長い間修補しなかったために引き起こされた kuri síbití naga shfusáng yúïdu natōru; 暴力的突然死をもたらす arashku* {shīti} nyivakanyi chu furubashung〈EC: 令人暴亡〉*araarashkuであろう.

Occasionally 時に応じて; bashu shidé, tuchi shidé.

Occiput 後頭部; máckwa gūfu {枕のこぶ}.

Occult オカルト・神秘的なもの; fímmitsina mung; [s.] hide.

Occupation 職業・仕事; yūdju,vaza,kutu,tushī (渡世), tushīnu vaza, itunami, itunami vaza, shuku-djó; 最後の3つは日々の仕事を意味する; 仕事がある kutunu ang; 自分の職業に精を出す dunu vaza tstomïung.

Occur,-rence 起こる,出来事; nayung, ukūyung, kutunu ukütang; 偶然の出来事 chúttunu {umāzí furazinu} kutu ukutóng; 日常生活のありふれた出来事 shkinnu arisamanu utchi〈EC: 挙動之間〉; 事（件）が生じた árisamanu atáng; 奥さんは過去200年の出来事を思い出そうとして,そしてそれらのことを私に尋ねている ayaméya ménu nyi haku nyínnu árisama {kutu} sibiti ubi ndjachíchi〈EC: 想起来〉,vanyi tūti tsūdji busha-shóng; 思いついた kangenu ukuritóng {ukuríti chóng}, kanó（勘は）tskatóng.

Ocean 大海; omi.

Ochre 黄土; ishinu gutōru 'ncha.

Octagon 八角形; fák kaku.

Octogenary 80才; úfu tushïúï, tushi fachi djū.

Occulist（oculist）眼科医; mī yodjóshuru íshá,ˈgánkvanu ishá; 眼科の gánkva.

Octave 8の,オクターブ; yatsinu dū-ing〈同音〉; 1オクターブ高い,低い fáchi ínnu〈音の〉agaï,sagaï; 8つの間隔をおいた音は自らを生じさせる（同じ音を生じる）gákunu kwí fatchi du kéïdunse yīnu kvï shódjïung〈EC: 楽声隔八相生〉.

Odd 変わった・奇妙な;ˈchi myūna mung; [s.] strange; {数（奇数）} gū haziritong {atarang},tsī hazirítóng; {心的} 癖 kussinyi natóng, kussinu ang; 多くの癖を持っている mítta kushi mútchi,tsívassa kussi mútchi; 残り物 nukutoru guma mung, mitta nukutoru mung; 300余人 san péku yu nyinya uyubang* (及ばない) *amatóng（余る）であろう.

Ode 詩; shī; このような詩においては,各文は清くで新鮮であり,各語は濃厚で雅やかであり,1回注意深く読むと人の口は10日間香ばしくなる kunu gutōru shī kū gū〈EC: 句句〉chīushku átarassa,djī djīng〈EC: 字字〉kumayáka míyabyakanyīshi ípping（一遍）kumekiti yumé chunu kutchi túkkaga yéda kabaku nashung.

辞書本体　239

Odious 憎悪すべき; nyikúm bichī, míckvăssárŭ, míckva-gíssaru; nyikvī kāgi, とても醜い顔.

Odor 匂い; kaba, kaza, nyívi; 香るもの kaba mung, kóbashī {kóbashtchī} mung, yī nyivina mung; 香気が家中に満ちた kóbashtchi chí yānyi mítchóng.

Oesophagus {[s.]throat}; 食道; shuku nūdi, ínnūfŭnŭ (胃の腑) nūdi, munu kami nūdi; ínūfŭnŭ shúku tūshi.

Of [属格] 屈折語尾 nu; 家の主人 yanu nūshí, 短縮形 yan-nushi; mīnu tama (目の球) の短縮形 míndama, 眼球; 形容詞句では nu は na に変わる: súmina {または súminu} mung 聡明な人; bukūna mung, 愚かな人; それを聞いたことがない vari mutuyúri māda chkáng; 仏に乞う bútsi kará kūyung; 道理を{指して}言う dóli satchi {íbi zachi} ïyung; 他人を良く言う chúnyi kávati yī kutuba ïyúng; 勿論 dóli du, mizzi kará, nan kurú, ánsi vadu yarú, shídjíng〈自然〉; [s.] certainly.

Off 離れて; 用い果たされた muchīti siritóng {fínyatóng 少なくなった}; 減じた{やせた} yashtóng, yogaritóng; ただ骨と皮だけ fŭnitu kātu natóng; 焼き尽くす yachi chīung, yachi téshung, yachi fínyarashung; 漆が{色が}擦り落ちる, 剥げる urushinu {núïnu (糊が)} ukurŭung, tsī ukuritóng, tsī hagitóng; 青銅, 糊などについても同じ; [他動] こすり落とす tsī ukushung, hagashung (剥がす); 摩擦ではがれる stí útushung; fidjung, ushi fidjung {[他動] figashung}; 色がこすれ落ちた irunu siritóng; 片づけろ shidjumiré; 鉄砲が発射した típūnu ndjí; 行ったり来たり ndjaï chaïshung, ítchukaïshang, vóléshung; ある所を, 那覇を離れて Náfa múti (那覇方面); するのを避けるわけにはいかない{など, 2つの否定語とともに} sané naráng; 生活が苦しい shī kantíshung, kurāshi kantí; 生活が楽である shī yássang, kurashī yassang; 即席のshu djóshuru ftu, shu djóshi sígushuru ftu; 即席で手紙を書く shudjóshi sigu djó katchung; 商品を行き来させる bé{買or売} mutsi ndjaï chaï shimïung; 食台から落ちた dé kara shtya nakaï utitang; 剪定する tsimïung; 切り落とす chichi tuyúng {切って取る}; この家から逃げた kunu yā kará fíndji nugátang; haï nugátang; それだけ言うとすぐ出て行った íchi kara (言ってから) {ī hatiti} chāki hacháng; 5日に出発した gu nyitchinyi shúttatsíshi ndjang; 人々は兵役を逃れるために指や腕を切り落とした tami wībi chī ŭdī chíchi stitang {chíchi ndji} fïng〈兵〉nugatáng〈EC: 民截指断腕以避丁者〉; 君の姉は多く酒を飲む方法を知っていないが, 彼女を放っておいてはいけない ïya únnaï dúku saké numang ássiga yurushé naráng〈EC: 你妹妹不大会吃酒別饒他〉; 船は那覇沖に投錨している funné Náfa muti {fïn〈辺〉nakae} tskiténg.

Offal 塵埃; {散らかった} útti {chirishōru} kúdaki mung;

ákuta.

Offend 犯す・背く; úkashung, ukashi azamutchung, ana-duyung, mī chǐ úng (見切る・見限る); 言葉で深く傷つける 'nni tstchi munuǐshung {話して胸を突き刺す}; 軽率に他人の感情を傷つける tánchishi chu ukashung; 怒らないでくれよ mī chiché kwínnayó; 怒ってはいない mī chirāng; 腹を立てている mī chiráttang, mī chirattassā!; 多くの人は知らずに人の心を傷つける shirangshi machigeshi ukashuru munu úffusang; 唐突な言動で感情を害する gútchishi (愚痴で) uka-shung; 確かに人は彼に腹を立てることはできない ka-ïtti arinyi mī chirariráng〈EC: 却也怪不得他〉; これ故に彼に腹を立てることはできない matta kurinyi tsíti arinyé mī chirariráng〈EC: 這也不得他〉; 間違いだよ, 腹を立てないでくれ machigé du yaru, mī chirángdó {mī chínnayó}; 姉さん, 勘違いして怒っているよ wun-naï kanchigéshī du mí chichándi umúyuru; 彼を怒らせたのではないかと私は恐れよ utagényé ukachanó araníndi〈EC: 恐知之〉; {以後}彼が怒っているのではないかと私は恐れる ukashigashurandi {mī chīígáshurandi} ussuritóng; 上司の感情を損ねた kami ftu {furuï} ukacháng〈EC: 触犯尊長〉.

Offender 犯罪人・違反者; {法} hó ukashuru {ukachéru} ftu, toga nyín, tsími ftu; chu ukashi anadúyuru ftu; 私が罪人ではない, 彼が罪人だ tóga satchihónyi du aru, vané toga néng; 昔からの常習的違反者 tabi tabi chu ukashuru {toga aru} mung; toganu tsimutoru mung, toga tsidoru mung.

Offense 犯罪・反則; áchima, mī achī, tsimi, toga, varī kutu.

Offensive 腹立たしい; nyikumbichí, shtanassang, shtané kutu; hagóssang; shtanassa kutu {kutūba}; 目, 耳に不快な, mī, mími chigarashung; {心的} chimunyi atarang, chínyi kanāng, skáng.

Offer 差し上げる; ushagïung; {父, 王, 神に} tatimatsïung〈EC: 奉〉, chíndjǐung〈EC: 献〉; {取引で} torashung; 売りに出す uï bushashung; 品物を出して見せる néti míshïung; [s.] sacrifice.

Offering 供物; ushagi mung; {犠牲} matsiri, matsiri mung; {動物の(肉)} matsirinu nyíku.

Office① 職分; sh'ku, shkubung, shkuï, attaï mé; 官職 kván shku, tstomi; 政府に奉職すること fūkū〈奉公〉-shung; 職に就く tstomí hadjimïung, hadjimíti kwan-sh'ku ukunayung; 官も売ったり, 位も売ったりする kwannung utaï, kuréng utaïshung; 官職にある期間は3年と限られていて, その期間が満ちると別の人が選ばれる san ninga yéda shkubung tstomirashung, kadjirinu mittchíïdunse mata bitsinyi ftu yíradi sa-zikïung (授ける); 官職を受けるのを辞退する kwan djíshïung, kutuvayung, djíshti kwanyi tskang; 官職を辞退するのを許さない kwan kutuvayusi yurusang;

職務から逃亡する shkubung nugayung〈EC: 逃職〉; 職を辞す ⁺fūkū yamïung; 辞任を強いられた shīti yamitang, shīti kutuvatang〈EC: 勒休〉; 辞めさせる shīti yamirashung, shīti kutuvarashung; 同時にいくつかの職を兼務する kaniti〔kakiti, kaki〕zitomi〔tstomi〕shung; 官職の諸義務 kwanshkunu tstomi.

Office② 事務所;｛公の場所｝⁺kwámpu〈官府〉, wedaï-za, wedaï shú tukuru; yaku ⁺bé*, kúng-kwang〈公館〉, ⁺yā-mun〈衙門〉*⁺bá〈場であろう〉.

Officer 官員; ⁺kwanyíng; 当地で黄冠の人を té-fu〈大夫〉と呼び, それは多くの親雲上（Péching）とは区別しなければならない, 親雲上もまた公的行事には黄冠を着用するが, 官員としての位はない; Té fuの上はTī-fang-kwan｛地方官｝である; Pu-ching kwan（布政官）は総督の代理である; Sū-li-kwan（総理官）が最高の大臣, または最高の行政官である; 人を官員にする kwanyi〈官に〉agïung; 官員となっている kwanyintu natóng, kvanyi agiráttang; 同輩の官員 dū yaku, dū kwang｛同じ位の｝, yédjïnū kwanyin; 文官 búng-kwan; 武官 bú kwan; 海軍武官 funi ikussa kwan, ⁺sī gung-kvang〈水軍官〉; 正規の試験で位に上った官員 kó atitéru｛fīdi, kónyi fīditōru｝kwan, shidé kwantu natóng; 位を買う官員 kóï kwanyin; 国の状況に応じてない（余分の）官員 kunyitó wūdjirang shaku｛matsiri gutunyi sídjiti, amaï, amati｝kwanying mókiténg（設けてある）; 詩や酒を好む同役官員の一行（が居た） shī saki kunudōru dū yakunu（同役）chū tsirani（一連ね）wutáng.

Official 公務の; 官の仕事 wédaïnu yudju, ⁺kwampunu yūdju, ⁺kū-djinu〈公事の〉kutu; 官の罪 matsiri gutunu tsimi.

Officious （お）節介（好き）は; yūdju sidjisaru mung; 丁寧すぎる rīdji sidjitoru｛bukvishōru｝ftu; 思い過ごし umïyúï sīdjiti; 出しゃばりすぎる haï sídjita mung, bunyi〈分に〉kwītoru mung; 礼儀を過ぎるものは必ず陰謀家 rīdji sīdjiti kánadzi itsivari ang〈EC: 礼多者必詐〉.

Offset 分枝;［名］míduri, chizashi;［動］mī ndjitóng（生え出す）, chízashung（兆す）.

Offspring 子孫・生じたもの; vakari, yída vakari（枝分かれ）.

Often しばしば; táta, táta táta, shíba shíba, tábi tábi; gáma-sangという動詞があり, ある状態が頻発することを表わす: しばしば頭痛がする karazi yami gamasang; しばしば間違いをする machigé shī gámasang; しばしば病気, 忙しい yamé, yūdju gamasang; しばしば夢を見る ími mī gamasang; しばしば泥棒に盗まれた shíba shíba nusumi ubiyakasáttang（脅された）, nusumi ubiyakasarī gámasang; しばしば罪を犯した tata táta tsími yítang; しばしば試みてしばしば成功した

shiba shiba kukurudi máta shirushinu ang〈EC: 屢試屢驗〉.

Ogle 色目を使う;｛ずるそうに見る｝fíchi mīshi（横目・流し目で）nyūng, mīshi tsōdjirashung, chuï mī mī shung.

Oh オー; yé, ah, ayé; 嘆息の表現 nadjichuru bashu vuti īyuru kūdjó; ああ, なんと悲しいことよ sáttimu urītósa; ああ, 可愛そうに! yé chimu gurí kutu｛mung｝yassā!; 突然痛みだした時, aká!, aká aka!, áttsa!, áttsa áttsa!;｛後に不愉快な思いを残すようなことを受けて｝腹が立ってしょうがない!｛umúï nukuchōru ba｝sattimu zaníng yassa;｛同じことは, 自分のしたばかげたことを憂えても言う｝; 珍しいものだ! sattimu!, firumashī mung yassā; ああ, 楽しいなあ sattimu, yurukubi yassā!; オーいや! anyi aranó árani｛órani｝字義的には, これの逆ではないか.

Oil 油; anda, yū; 当地で種子から取られる油の一種 nānu anda, nā-dani｛菜種｝yū; ごま油 gúmma yū anda; ハッカの油 fhákka yū; 髪用油 bínzīchī; 油紙 anda kabi; 油絵の具｛漆｝úrushi, 字義的には anda yínugu; 油絵 anda yínugushi kachēru dzī（図）; 油布 anda nu-nu;［動］（油を塗る）anda nassïung, anda nuyung; あの紙に油を塗れ anu kabi anda nuri; 油瓶 anda gu-fīng; 油圧搾機 anda yāma, anda shími yāma; 油を搾る人 anda tskoyá; 油売り anda ūyā.

Ointment 軟膏; tski anda;｛薬品｝kussúï anda.

Old 古い, 老いた; furuchi, furu mung níng fíri, níng firátóng; 老人 túshïuï ftu, wī chū, ⁺ló djing, ló nyín; とても年老いた男 uffu shú, uffu djá; とても年老いた老婦人 uffu hámé; 年老いる tushiyuyung｛tushiyu-tóng｝, wīung｛wītóng｝, furudóng; 古着 furu djíng; 幾歳か｛人｝ikutsi nayuga, tushi ikutsi nayuga?; あの馬｛犬｝は何歳か anu 'mma｛ing｝nan ⁺zé nayuga?; 昔から nkashi kara, ínyishī kará, furutchi kará, médi, yénu ang; 旧友 satchi｛nkashi｝karanu dushi; 常習的罪人 toga tsidōru mung; 彼は私より1つ年上だ ari va yaka íchi ninnu sīza,｛tushi satchi, tushi fitóng, 彼の歳は干った*, 去った｝; *「経る」を「干る」と誤解したのであろう; 長く勤め老練である shkubung naga zitomíshi djódju〈成就〉natáng, naga zitomíshi yūdju tashshitáng（達した）; 老い, 徳のある人だが隠遁した tushi, tuku ayéshussiga kakuritóng｛yín-dja〈陰者〉natong｝; 老いて衰弱した（老衰した）kari ufu djá, tushi yuti karitóng; 中国硯で古く固まった墨は筆を駄目にする sizirinu wī tudukutōru simé fudi sundjung*｛fudi satchi chirā nashung｝*sundjiyungが普通であろう.

Oleander （植）夾竹桃; ⁺chó-chku-tó.

Olecranon 肘頭;｛上腕骨の｝kata gé, kata zatchi.

Olfactory nerves 嗅覚神経; kazashuru sídji.

Olibanum 乳香; ⁺nyū kó.

Olio ごた混ぜ; áya（綾）manchā shóng.

Olive オリーブ; ⁺kā-lan〈橄欖〉.

Omelet オムレツ; kásitirá, anda nakaï agitéru kūga kwāshi.

Omen 前兆; dzī〈瑞〉,chizashi; 良いことの前兆となる想像上の動物｛聖人が生まれる時に現れる｝chi lín〈麒麟〉; 良い兆し yī chízashi*,yī dzī,zishónu〈瑞祥の〉yutasháng; 悪い兆し yákunu chizashi,yana chizashi,yana dzī,vazavé chizashi,zishónu ickáng. * 瑞が単に「兆し」の意になったのであろう.

Omentum 網,内臓を支える腹膜のひだ; ｛dzófu（臓腑）ussutōru｝anda gá?

Ominate 予知する; kánniti ｛satchi kara,mé vuti｝umuyúng.

Omit 省略する,〜し忘れる; tsī vasti sang,nukutchi sang, vasti sang,ukuritang, tsin nugātchi turáng ｛取るのを忘れた｝,［s.］neglect; 書くのを忘れる katchi ukuritang; 荷を積みそこなう ukuriti nussirang; 2文省略した nyi kū ｛tá kū｝utitáng; この文脈の中に何か省かれている kunu wī shtyá nakae kagi ⁺búnnu〈EC: 闕文の〉ang.

Omnipotence 全能; naráng kutó nérang,narandi ichí nérang, ｛narántu ïyú kutó néng,高尚な文体・学者の文体｝; nūng nayung,nūng naïsi.

Omnipresense 遍在する; urandi iché nérang,mānyíng vúng (どこにでも居る).

Omniscience 全知の・博識の; shirandi iché nérang,nūng shtchóng; この論及は完璧な知識の論をなし,普く満ち渡り,偏向や欠陥がない sunu satuyusi ma māru achirakanyishi amaníku tiriti,katayuri neng,kagíndi íchi néng〈EC: 其覚円明普照無偏無欠〉.

On (上)に; 与格と共に（用いる）nyi,またはnakae,wī, wīnyi,wī nakae; 台の上に dénu wī ｛wī nakae｝; 水の上に（水面に）mizzinu wī; 海上に ⁺ké shó; 紙に書く kabinyí,kabinu wīnyi katchung; 結ぶ,固定する｛何かにくくり付ける｝hā tskïung; どのような理由でも（＝決して）しない chíshshti sang; 故意に｛私のために｝muppara,vazatu,vaza vaza ｛va taminyi｝3月13日に san gótsi dju san nyítchi vuti; 逆に・反対に anshi mata,uttchéti,mata yó; 黒でないばかりか,反対に白だ kurú téma aráng,tsíntu fánshi〈反し〉shiru du yassigá; テーブルに筆を置け fude shúkunu (机の) wī nakae utchikiré; 一晩中枕をしていた yū akídōsi máckwashótang ｛mackwashi níntóng｝; 親を讃える詩を考えた uya fumīru ｛uyanu wīnu,uyanu kutunu｝⁺shī umitskatótáng; 私はあなたの家に着くと同時に煙草を吸った vané undjunu yānkae chí kará chāki tabaco futcháng.

Onanism ［s.］emission; 手淫; shīti ⁺shi〈精〉murashung.

Once 一回; chu kén,íchi dú; ［s.］formerly; 一旦心を決めると彼は不動だ｛万一固定すると｝⁺shuzúnnu〈所存の〉taté ndjukáng; 1遍,2遍読む íppíng,nyī fing yumúng; すべて同時に sūyó chu ken nakae,ichi du vúti,íkkwéshi,chu suríshi; sūyó ftushku,sūyó madjūng; 今度かぎり｛1度だけ言うが,一言だけ言うが,いつも守らなければならない｝chu kéndu ｛íchi ⁺gúndu｝ichassiga,tsíninyi mámuri varu; 最終的にこれを君の（規）則にしよう nama,ato núri nasi yó; これは今回かぎりしか言わない.｛私は一言しか言わないが,残りは君で推しはかれ｝vaga íchi gúnshi ｛tūtsishi｝ïyaga úshi fakaré; 1回に1つずつ取れ chu kén na,chu ken na ｛chu ken na gutunyi｝tītsi turiyó; 1度赤色を塗れ aka núï chu túï (一通り) nuré.

One 1; ítchi,tītsi; 1つの事 chu kutu; 1人 chúï; ［s.］numerals; 1｛1組｝ítchimi (一味)?; 1つとなる tūtsi ｛人の場合は chúï｝tushung; 心が1つになる ichimishóng (一味); 居る者が wūssiga; 食べる者が kanyussiga; 書く者が kachussiga; 居た者が wutassiga; 食べた者が kadassiga; 書いた者が kachóssiga; 同じ名詞が複数をも表わす: 居た者ら,書いた者らなど; 居た者（こと）,書いた者（こと）など vutassi,káchusi*など *káchasiであろう; 居た〈完了形〉者,書いた〈完了形〉者なども表わす,［s.］being; ある人が言う｛一般の人々が言う｝chúnu ïyung; 人は知ることができない shiraráng; 人の家に入る chunu yānyi ndji; 1つずつ ítchi ítchi,tītsina tītsina,｛人の場合は｝chúïna chúïna (一人ずつ); ひとつひとつ,即ち,明確に isényi,kumékiti; 互いに愛す tagényi ｛aï｝kanasháshung; ｛そうしてもこうしても｝私には全く1つだ,｛ánshing kánshing｝vaninkae chódu yínu mung; 次々に｛連続的に,つながって｝tsizikíti,tsídzí,útsizi ｛彼らは来た,chóng｝; 順序よく,つながって,次々に shídényi; ｛1つずつ｝各語の意味を説明する dji ūti imé-firachung; ūyung,追うは他のものにぴったり付いて行くという意味でよく用いられる; 3分の1 sabbu ítchi,mītsi útchinu tītsi; ［s.］fraction; 片目の,または1つの目は盲目 kata mī; 片目の人 kata mā; 片手を切り落とされた人 kata ţī ｛肘,fidji｝chirā; 片手,片足がある kata tīnu ｛fsha｝ang; 対をなすものの片方 kata gū; 自身 dū,dūshi; 1人残らずハイと言った sū gumúïshi ｛sū dúïshi｝mata chúï chúï ūndi (ハイと) icháng; 1人ずつ続いて入って来い utsidji tsidjishi ｛shidé shidéshi｝kū; 1人1人助け起こした íchi íchi tuï ukucháng; 各々驚きあわてた únu únu savadjang; 彼は彼らを1人残らず皇帝に訴えた are anu ftu sūgumúïshi,chúï chúï,kótīnkae úttaï tsigitáng; 皆を1人のように考える chúïnu gútushung,ftushūnyishi tītsitu nashung; 彼らを1人と考えたら chuïndi íchindé ｛īdunse｝; 真の1なるもの makutunu tītsi; 統一体の1で,しかも別々の存在のもの ftushūnyi vakachéru tītsi; ただ1つ sígu,táda tītsi; 1人｛自身も｝存在する1つ; chuïdatchinu tītsi; 数の1つ,または第一だけではない kazinu tītsi téma arángdó; 自分を全世界の｛人の｝規則たらしめる dūshi tínganu nuri tushúng〈EC: 以一己律天下之人〉.

Oneness 単一性; ftuï túshusi, chúï {tītsi} túshusi; 意図の単一性 íchimishusi (一味すること), yínu chímu, yínu kangé.

One-sided 一方的; 見解 chu kata mīshóng, または umíshóng.

Onion 玉葱; fíru; 小さい種類 dă chó.

Only ただ, ばかり; táda, bakaï; [s.] merely; ただそれだけ ussa bakaï, kuri yaka sídjirang; ただ一人 chúïdatchi kará; 〜ばかりではない -téma arang; これだけではない kuri téma aráng; それを単にするだけでなく, 心を込めてしてみなさい kuri shusi téma arang, chímu ítï shindé; {私が気にするのは}費用のことだけではなく, 食物が腐って食べられないことだ tsīyashusi téma aráng, munu madinyi yantí kámaráng; 君は読まないばかりか, 本まで破いてしまった, よくないことだ shumútsi yumang téma aráng, shimutsi madíng yanténg {mata tsín yatémi?} sówūsang; 半時間の相違だけだ had (han であろう) túchinu fudu bakaï tagatóng; おしゃべりばかりで他に何もない kútchi téma, dzizikwī kutuba, afachí munuī; ただ1つ tada tītsi, {人の場合は} chúï bakaï, chúï dátchi; 一人っ子 chúïn-gvă, fturi gu; 一人息子 chuï nán shi (男子), chuïng wíckigangva; これだけで良い tada kurinyi {kússashi} yútashang, bitsi mung madé muchīrang; 食べるのに良いだけ kanyussinyi sidjiráng; 捨てるのにふさわしいだけだ stirarídushuru.

Onset 突撃; {攻撃する} tstchung, tskandi shung; [s.] beginning.

Onward 前へ・進んで; tada menkae sisimé, menkae nari!, menkae hari!, menkae nkati.

Ooze しみ出る・漏れる; muyúng, fuchúng, fuchi ndjíung.

Opake 不透明な; fíkarinu utsirang, fíkarinu tūrang.

Open① 開ける; [動] akíung, firachung, tsí akíung; 押し開ける ushi akíúng, ts'tchi akíung; それを打ち{叩き}開ける utchi {tatachi} akíung; 力ずくで割り開ける utchi vati akíung; 括られたものを開ける(ほどく)futuchung {kunchési, mussudési} futuchung; {説明する} tuchúng. achiraka, tashika (確か) {明白, 平明} nashung; 目を開ける mī furachung; 目を大きく開ける mī háyung (張る), mī hati nyūng; 結び目を爪で開ける, または引っ掻いて開ける katchi hánshung (はずす); 手紙を開ける fíchi akíung; 封印(包み紙)を開けよ fū fitchi akíré; 封筒を開けよ tsitsimi gami akiré; 開ける, 即ち箱の蓋を元に戻す tski futa késhung (ひっくり返す); 開け広げる nubi firachung; 書物を開ける shumutsi firachi nyung; 開けてざっと見る mī firakíung; 開けて空気にさらす firugíung (広げる); 書物を開けることは益のあることだ shumutsi fichi akitínde chaki yítchinu ang; 花が開いた hana fírachúng (開く)*firacháng であろう; 半分閉じ, 半分開いた hambung ussúï〈EC: 掩〉hambung firachóng; 膿が(開け)出る [自動] yeyung [他動] 膿を開け出す yéshung, haï utchung, haï utchi yéshung; 万人の理解を開く umanchunu shuzun firachung; 各語の意味を明らかにする djī ūti (追って) imé firachung, djī wūyung, wūti chivamayung, wūti katazikiung; 誤りを明らかにする áyamátchi áravatchi yábuyung; 腸を開ける(通じをつける) hara sagirashung, hára sarashung, débing tsōdjirashung, kussúïshi kudashimïung, kudashi tskirashung; 腸が開いた(通じがついた) hara sagitóng, debing tsodjitóng; 学校を開く gakódji hadjimīti tatïung, kódang〈講談〉hadjimïung; 裁判を開く yā mung〈衙門〉firachung, firakashung; 裁判を開く{裁判所にいて, 裁判官として座る} yā munyi dzāshong〈座している〉, donyi〈堂に〉dzāshóng.

Open② あからさまの; [形] {明白な} áchiraka, tashshikanyi ang; {空の} áchóng; 開いている, 閉じている áchóng tsī tskatóng〈EC: 疎密〉; {閉じたものが(開いた)} akiténg, firachéng; {結んだものが(ほどけた)} futuchéng, hanchéng; yuruchéng; 明白な間違い tashshikanu machigé, makutunyi matchigé.

Openhanded 気前よい; tī firussang, tī birī {firi} ftu.

Openhearted 率直な; sáppaïtu〈去白〉-shta ftu, kakushimi neng ftu.

Opening 開口部(穴など); {うつろなものへ入る} kutchi, mī; 喉の入口 nūdi gutchi; 船の着く入口 tsī gutchi (津口), miatu gutchi {即ち港}; {行動の}糸口がない sáshidjó nerang〈EC: 没有頭路〉; どうなるかわからない, 糸口がつかめない chága nati ítchurá sáshidjunu vakarang; 大便を何度したか furu nándu nayuga?; 小便を何度するか shūbin nándu shuga?

Openly 公然と・率直に; minu mé-nyi, aravanyi, tashshikanyi, achirakanyi, sáppaïtu〈去白〉, chíppaïtu〈CD なし〉, mífakunyi.

Opera オペラ; {劇} wún ch'kŭ〈音曲〉nū assibí, naïmunnu assibi, hanshishuru wún ch'ku; オペラの本 hanshíshuru fushinu {uta fushinu} shumutsi.

Operculum (植)蘚蓋; ussī futa, tskī futa.

Ophtalmia (**ophthalmia**) 眼炎; {炎症} gan nítsi (熱), mī nitsi {nu ndjitóng}, mī akadóng; mī yamé gán chi vaziré (患)〈EC: 目赤目膜〉.

Opinion 意見; mítski, shuzún, shtsi (説); 意見を述べる mítski tatüng; 愚見(を申しあげると)vaga umutínde nyábiré, utsínchi umutínde nyabirá, fissukanyi umutínde; chídashi umutínde; va yána {urukanu} mitskinyi yútti {shtágati}〈EC: 依我(們)愚見〉; 私の愚かな意見ではこのように思う va urúkanu mítski kán umutíndé; (私は)これが良いとの意見だ kuri mashi yassá!; 私見によれば va kangétindé〈EC: 依我

看来〉; 君へ意見を求めたいことがあります vaga yūdjunu ati ushīti (教えて) kvíri; 皆各々自分の意見に従う nā mé mé dūnu mitski shidé; 意見は異なっていても mítskinu unadjikaráng ayéshúndung; 比較,推論,推測から生ずる意見 kunabitaï fhakataïsheru mítski,úshi firumiti,hazi katsimitéru {kakiteru} sódáng〈EC: 比擬之説揣摩之論〉; 清くな真実の正しい宗教 (教え)からはとても異なっている tsïūshku makutu tadashku ushīnu dólitu dūdu kavatóng; すべての意見を取り混ぜ,厄介なほど細々とした muru murunu shtsi madji madjínyíshī gúma gúma shidjiritóng; 誤って自分の意見を混ぜる matchigéshí dūnu mitski madjítóng.

Opinionated 自分の意見に固執する・独断的; dūnu mitskínyi kátamatóng,gā wūrang,gā-djū-mŭng (我が強い者).

Opium アヘン(阿片); afīng; 前の時代にはアヘンは稀にしか聞かれなかった. 人々は下痢の時のみ用い,また,俗人はこれを発汗剤として用いた áfinó nkashinu dé marinyi du chícharu,libyó〈痢(病)〉nakae du mutchīru,mata zúkunu ftu kurishi ássi hárashung.

Opponent 敵対者; títchi teshoru ftu,títchinyi óyuru.

Opportunely 好都合,タイムリーに; yī bashunyi,yī hóshinyi,yī bānyi,yī tuchinyi,yī tsīdinyi,yī tayuïnyi; とても都合よい yī bashunyi attatóng.

Opportunity 機会・都合のよい時期; tayuri,hóshi; 良い機会 yī hóshi,yī tayuri; 悪い機会 tayurinu íkáng,ataráng; 機会が見つけられない(時に会わない)tuchinyi órang {会わない}; 機会を見つけてする hóshi hakaratti shang (した); 富を得る機会が来たら dzémutsi〈財物〉nyi órava (会えば),dzémutsi yíyuru tayurinu arā; 機会を活用して手紙を送る tayurinyi {hóshinyi} mákatchi {yútti,tsīti} djó tskayung; 私は今出かける機会を捕らえ〈待た〉なければならない vané nama yī hóshinyi ndjiténdi (出たいと) kanadzi máttchung; もし機会があれば mushi yī hóshinyí órava; 機会を失った hóshi ushinatóng; 機会を失ったら後で悔やんでも遅い hóshi ukuríti ato kuyadantémang yūdjó néng; 機会を活用する túchi tayuri tánudi.

Oppose 反抗(妨害)する;títchi téshung (敵対する),fushidjung {jang,gang},sumutchung,sakayung (逆らう); [他動] sakïung,chidjïung {jitang,jirang}; 命令に背く wīsi gatchinyi sumutchóng; 一言も背かず万事に同意した chu kutuba {íchi gunúng} sumukáng,kutugutuku yúï tstchóng; 天に背く tïng {tínyi} sumutchóng; 彼らの{両親の}心を喜ばせ,その意志に違わない sunu kukuró tanushimashimi,sunu kúkuruzáshinyi tagāng; 私の意図,考えに違えた va shuzúnyi tagatóng.

Opposing 反抗的; お互いに tagényi úttchétong,tagényi

fushidjung,tagényi téshóng.

Opposite 向かい側の; {向かい合った} tánká natóng,nkatóng,téshung (対する); tagényi nkatóng; {心的} tagenyi fánshong〈反している〉,tagenyi úttchétóng; 長いと短いは反対語だ nágassa ínchassa tagenyi fánshong; 慎みの反対は tsitsishiminyi uttchétaru kutó {tsitsishiminu fanó} uguri 傲; 全くこれと正反対 tsíntu kuritu ura umuti〈裏と表〉natóng; 損害と利益は互いに全く反対だ sun-yitchi〈損益〉{sun natai,yítchi nataï} tagényi ura umuti natóng.

Oppress 圧迫する・押しつぶす; ússéyung,míttanyi ússéyung,shīti {bódjitchinyi〈暴事に〉} ussūyung,magïung; 首を押しつぶす chūku kūbi magirashung; 押しつぶされる ússārīng,úsáttang,magiráttang; 君自身無理矢理押しつぶされたと言うから,君は進み出て刑事裁判官のところに行き説明しなさい,何故ここに隠れているのか ïyáya dūshi múlínyí magiráttóndi ítcha kutu chāki dū chíttu datchi,chī batsi gamī nkae ndji dóli túki varu,nugati dū kakuri sakiti,kúmanakae wúga?; {畏怖と力で}押し殺す í〈威〉shi ussūti shínyacháng; 圧迫されても,与えなかった dji〈義〉magiti tórasáng.

Oppressive heat 酷熱; nitsinyi ūssārīng,nitsinyi ūsáttang,yana nítsi,chu ussūyuru nitsi〈EC: 天暑酷熱〉; 当地ではまた次のように言う: 過酷な寒さ shími gán; kánnu shimïung 寒さがしいたげる.

Opprobrious 恥ずべき; 行為 fhadji bichī,nurarī bichī ukuné.

Optic nerve 視神経; mīnu sídji,mīnu kukúïnu sídji.

Option 選択の自由・選択権; fusha,busha,fussiru (欲する) tukuró,fushá-tukuru; 選択権がない yirabé naráng; 正しかろうと悪かろうと,しなければならない djífī〈是非〉ansi vadu yaru; 好きなように取れ fúsha shidé túri.

Opulent 裕福な; mūtu〈元金〉ang.

Or {[s.] whether}; あるいは・または〈EC: 或〉; yéné,yénya {正確には aïnya,aruïva}; あるいは多分こうであろう yényé mata kánshi; そうか,そうではないか? ammí néni? (あるかないか),yútashami vássami? (良いか悪いか),anyī árani? (そうではないか),yutashami chága? (良いかどうか); 益があるかまたはないか yítchinu ammi néni?.

Oracle 神託・神のお告げ; mídu (cf.メド萩),uranéshuru mídu; 神託の答えを書くぶらさげられた筆 uraneshuru sagi fudi,yítchishanu (易者の) sagi fudi.

Oral {[s.] verbal}; 口頭の; kutchi bakaïshi ítcharu kutó; 言伝え kutúbashi i-gúngshéng〈遺言してある〉{kutchi shi sazikiti},書いた物がない katchitumé néráng.

Orang otang オランウータン; shó djó〈猩猩〉,yín-ku〈猿猴〉.

Orange みかん類; kunibu (九年母),tatchibana (橘); 俗に「ゆったりした皮」と言われるもの kā butsi kunibu;

それより大きく、皮が薄く、緑がかった、柔らかい、ジューシーで、かなり酸っぱいもの ótó-nu kunibu（青唐九年母）; とても大きく{中国から輸入されたと言われる} dé dé kunibu（橙九年母）; とても大きく、酸っぱく、多くは子供のボール遊びに役だっているもの íng kunibu（橙九年母）; とても小さく、酸っぱいもの{衣類を洗濯するために用いる} kogani kunibu（橘）, sī kvā-shā（橘）.

Orange, nutmeg（植）にくずくの木; shi-sun-chī〈四季桔〉.

Orange candied｛中国から輸入された｝chí-pang〈橘餅〉.

Orange-peel みかん皮; kunibunu ó gá, mí gá, chímpi〈青皮〉.

Orange colour オレンジ色の; chíng〈金〉akassang, chínnu gutuku akassang, chíng akamí áng.

Orator 弁士・雄弁家; bínkūnu ftu; 雄弁 bín kū〈弁口〉.

Orb 輪; wă; 月の輪 tstchinu wă.

Orbit 軌道; miguyuru mítchi, mígúĭ;

Orchard 果樹園; naĭmúnnu áttaĭ;

Order 順序; shidé〈順·次第〉; 規則正しい配列にある shi-denyi〈次第に〉ang; 順序よく次々に dán dán, shidé tsīdzi-shung; 整頓する na mé mé shidé vakashung; na gū gū utchóchung, shidé vakatchī utchóchung; chudáku vakashung; ｛あるべき所に置く｝mútunu tu-kurunyi írĭung; 順序よく行かない｛超える｝shidé kvī-tóng, tū〈等or度〉kwíung, haĭ kvīchóng; 注文｛委託｝する atsiréyung, tanununyung* *tanunyung; 皇帝の命令 wīsi, míkutúnuri（詔）; 為替手形 kani tuyuru shūku; 順序、正しくある dánnu aĭ, shidenu ang; それぞれの居る身分に応じて名を記せ shidénu túĭ ka-tchi shirusi〈nā gatchi si〉; また彼らの宗教は、君臣、父子、夫婦、長幼、兄弟、友人などの社会的関係の秩序を廃らしはしない sunu ushī chími shínka, uya-kva, tudji mītu, chódé, hóyūnu〈朋友の〉shidé sta-rasáng; 社会的秩序の状態 yu ussamatóng; その反対は midaritóng（乱れている）; 皇帝の命令を偽る mikutúnuri ítsivati tstéyung; 人の命令の下にある ariga shtya vúti tuziki chichúng（彼の下にいて命令を聞く）; 朝に命令を伝え、夕方に変更する stomíti tuzikitessiga bang vuti aratamíti fīnshung（変する）; 君が彼に北京に来るように命じよ ïyaga arinkae tuzikíti fikínnungkae kūrasi; 椅子1ダースを注文する dju nyīnu yī atsiréti tskurassi; 品物の注文書 ta-karanu shūku gatchi; 命令どおり tuzikinu tūĭ, wīsinyi shtagati.

Orderly 規律正しい〈EC: 有規条〉; hónu túĭ, hó duĭ, nu-rinu túĭ.

Ordinal 序数の;（数）詞 shidé sankatashuru kutūba.

Ordinary 普通の;｛常の｝tsininu kutu, fī djī（平生）, íshshó（不断）; tsini fīdjī;｛並の｝fīdirang, tūīna mung, ftu tuīna mung, ărā（粗）mung, tadanu mung; 通常の

運行に逆らうものは長続きしない sibitinu kutu tsini-nyi sumutchōru munó fissashūnyi tūrang; 並の人は意味を理解しない tsini｛tadanu｝ftu sunu mitské va-karáng; 平常の食事はたくさん食べてはいけない; ara（粗）munó uffóku kadé simáng; 日常の関心事 nyítchi yunu〈EC: 日用〉｛mé nyítchinu, tsini｝kutu; 並外れたものは何もない sáshtinu kutó aráng.

Ordnance 砲;｛大砲｝íshi bya.

Ordure 糞・汚物; kussari mung, kússu;｛肥料｝kwé, kuyashí, kwéshi.

Ore 鉱石; djī gani, takáng gani, ncha manchōru kani; 銀鉱石 nándja dji gani; 銅鉱石 dū djī gani.

Organ 器官;｛生まれながらの｝｛感覚の｝satuĭ yū〈用〉, gvé butsi〈外物〉satuĭ yū; 言語器官 munu ī yū; 嗅覚器官 kazashuru yū; 内臓器官 dzó-fu〈臓腑〉; 言語器官は次のようにも言える: kvī tskassadutōru dzó-fu; 食物器官 munu kami yū, sh'ku tskassadutōru dzófu; ｛管楽器・オルガン｝fū ching〈風琴〉.

Orifice 口、穴; kutchi, mí, ána; djó〈戸〉瓶の口 kufínnu kutchi｛djó｝; 鼻（の）穴 hánanu mī; 耳の穴 miminu mī,｛zī｝.

Origin 起源; mútu, mutúĭ, yuĭshū, mútudātī, yu-lé〈由来〉; ｛泉｝izun, mínamútu;｛初め｝hadjimaĭ, sé shu〈最初〉; ｛起こり｝úkuri, sé djin〈最前〉; この起源は何か kuri mutudaté nū kara fadjimatóng, kunu ukuré nū kara ukutóng; 最初の起源はどこからか sedjinó nū kara ukutóga?; 起源と経過〈EC: 来歴〉nari yútchi; 数学の起源 sanpónu〈算法の〉mutudati.

Original オリジナルの; 原版 shó gatchi, mútunu shta gatchi.

Originally 元は・初めは; mutu yuri, mutu kara, sédjinyi〈最前に〉; もともと始めなく存在し、永遠に終わりなく持続する sídjinó fadjimi néng shóti（無くして）fissashku tūkūnyīshi tskuriru｛tstchiyīru｝kutó neng〈EC: 原有無始久遠無尽〉.

Originate 生ずる・始まる; ［自動］ukurĭung, ukuríti cháng, fadjímayung, fadjimaĭ ndjĭung; ［他動］fadjimĭung, fhadjimíti tskoyung, fadjimitī shung, またはndjashung; 君から起こる ïya kara ukuríti chóng; mutuyuri ïya kara fadjiméng; 万物は天から生じた bammutsí ting nakae du mutzichóng* *mutuzichóngであろう.

Orion's belt オリオン座の三つ星; chín dju〈牽牛〉.

Ornament 飾り; ［名］kazaĭ, kazaĭ mung, shídashi;｛衣装の｝yussu ūĭ（装い）-shung; yússu-ūĭ kazaĭ-yung; shó zūkŭ（装束）shung;［動］（飾る）kazayung, líppangshung; shídashung, shugayung（装う）; 頭（の）飾り kóbinu kazaĭ; 琉球人の髪飾り kán dzashi, djifa.

Ornament worker 飾り物細工人; shídashi zéku.

Ornamented 飾られた; líppangshéng, fanayáka, yī tapé;｛花を彫り込んだ｝飾り柄の小刀 tska hana fúĭ zikashé-ru sīgū gva.

Ornithology 鳥類学; ̇shu〈諸〉túïnu lún〈論〉gatchi; 水鳥 mizi duï; 野(の)鳥 harunu túï 山(の)鳥 yama ṭuï.

Orphan 孤児; uya ushinatoru kva.

Orpiment 雄黄(ゆうおう: 黄色の顔料); ū wó.

Orthodox 正統の; tadashi ushīnu tūï 即ち, 正教による(正しい教えの通り)

Oscilate {[s.] vibrate}; 振動する ké ndjutchi ndjutchi-shung; wúmbuītā-shung; 強く振動する ndjutcha-gíung(動いている); 波立つ naminu óyaóya-shung; 葉, 煙があちこち動くのにも同じ語を用いる; また, 次のようにも言うであろう: īchinu óyaóya-shung 空気が振動する.

Ostentatious けばけばしい・見せびらかす; {見せかけの}ínna(空しい)kazaï shoru ftu; ínna fíppaïshóng(引っぱりしている); 金持ちのふりをする aru(有る) fūï shóng, aru fūï fippaïshóng; {見せびらかしを好む}míshi yūnyi fippatóng, assi(有るもの) mishi yūnyi fippatóng; 礼儀をてらった rīdji búckwi būï shong.

Osteology 骨学; shkabani(屍) kutsinu lún〈論〉-gatchi, dū té〈胴体〉sū buni lúngatchi.

Other 別・他; bitsi; 他人{自身 dū に対して} chŭ, yússu(他所), ̇tá nyín; 他人に属する者 chunu mung; 自分を責めず, 他人は責める dū tadasang, chó tadashung(糾す); 他に何かありますか nyafing ámmi?; 他の人々は来ない sunu amayé(余は) {nukúï, ̇yúye〈CDなし; 余は, であろう〉} kūng; 他の人々は来なくてよい sunu amayé kūng gutu sinyúng; 自分の欲しいものは他人に施し, 好かないものは施さない dūnu fushá tukuru kánadzi chunyi úshi fudúkusi, skansé chunyi fudukusang; 他人の成功(得ること)を自分のことのように思い, 他人の損失を自分のことのように思う chúnu yītaïshusi 'nchi dūnu yīruga gutukunyi umúï, ftunu sundjitaï dūnu sundjítaru gutukunyi úmuyung; 誰か他の男を彼女のために探してくれ ariga taminyi bitsinyi gū〈偶〉tuméti torasi; 1軒越しの家に入った行った chu djó {戸} kutchi, chu djó kutchi yankae ichang; [s.] pass over.

Otherwhere 他の場所へ; bitsinkae, ̇tá shu〈他所〉.

Otherwise 別の方法で; bitsi yónyi(様に), an néndung {sandung} aré そうでなければ{そうしなければ}, または contracted, 縮めて néndaré, sándaré; 私は他の方法ではできない vanné {kándu naï} bitsi yónyi shī ōsan, yó kavaché shī ōsan.

Otium dignitate 悠々自適; mī mmashúng, rákushi mímmashúng; ̇an yítsina〈安逸な〉mung.

Otter (動)カワウソ; datsi.

Ought {[s.] rights}; (義務)すべきである; tsímuï, síbikáraku(須く), an sú bichí, ansí vadú yarú; なされるべき事{抽象名詞} yurushtchi; 正当に得るべきもの bún-

nu yī bichī; なされるべき通りになされている an sané naráng tūī du shéru; それはなされてはいけない ts-koté {naché} simáng túkuru; 君は確かにそうすべきである ïyaya massanyi kansi vadu yaru tsímuï; そうすべきであったのに, 何故しなかったか massanyi ansu vadu {ansu hazi du} yatassiga, nuyatí sántăgă?; そうしてはいけなかったのに, 何故したか anyé sang hazi yatassiga, {anshé simantassiga, anshé simang mung {simáng tukuru} yatassíga, anye san ari vadu yatassíga} ïyáya cháshi án shăgă?; [s.]rights; これは{当然}されなけらばならない anshusi djī〈義〉; すべきではないか djīā arani, yutasha néni, yayésani?

Ounce オンス; 1オンス tī-rami {多分ドラクマから生じた}; {1テール} íchi ̇ló〈両〉; 1オンスは10匁であるが, 決してdju-míとは言わない; しかし, 2オンスをnyídju mí(20匁) 3オンスをsandjumí(30匁)と言う; [s.] catty.

Our 我々の; váttá; 私たちの物 wáttá múng; 私たち自身 dūshae, vattá dū; varira dūshi.

Out 外; fuka, s'tu; 外に出た fukankae {sutúnkae} ndjang(行った); 外にいる{家にいない} ̇lusí〈留守〉, uráng, djónkae ndjáng; 落とした{失くした} tsín nugitóng; {ある場所から}取り出して来い, 即ち, 持って来い fíchi ndjachi {túï ndjáchi} kū; 道に(出)て mítchi vutóti; 3テールから1テール取り出した san ̇lónu〈両の〉utchi kara íchi ló ndjachang; 持ち出し [s.] eruption; 整然としていない(乱れた) shidé ushinatóng, midaritóng; {駄目になった} yanditóng; yūnyi(用に) tatáng.

Outbid より高い値をつける; {ariga} tskiru dé yaka agiti kóyung.

Outbound 外国へ向かう; gvé gukunkae ítchuru, tá kuku(他国) nuzudóng.

Outcast 見捨てられたもの; stiráttōru mung, áchi hatiráttōru mung.

Outcry 大声を出す; úfu abīshung, abi kvéshung, uffīku abiti.

Outdo 優る; 彼は私をうち負かす ari vang makashung; 彼に負かされた arinyí makitáng(負けた); 彼の弓術は私より優れている ariga yúmi fítchusi vang yaká suguritóng {vanyi suguritóng, massatóng, máshi natóng}, sídjitóng.

Outer より外へ; -yaka fuka, nya fuka; [s.] outside; より外側の室 ménu za.

Outermost 最も外側; kāma fúka, ítsing fuka; 外殻 ítsing wābīnu kā.

Outfit 道具一式; shúgaï, (用意・支度) {たいてい持参金について}; 船の支度をする funinu shugaï shung.

Outlandish 異国の; gve gukunu mung; [s.] foreign.

Outlaw 無法者; hó gvéna mung, hó gvéna yákara, kúku hó kara kamúrang* mung *kamúrarangであろう, matsiri gutu kara kamáng, hónyi kamuraráng; 殺さ

れても奪われても，誰も気にかけない nusumatting gésatting, kuruchantémang kamāng〈構わない〉.

Outline アウトライン・輪郭・外形; sū-gó, kata mātchi; 絵の輪郭を描く sū yin só〈総円相〉māshung; {作文で} aragatchi, sū djimu, sū imi, tégé katchi shirashung.

Outrage 無礼・非道な行為; {līnyi} sumutchuru kutu, skutsina〈粗忽な〉kutu, míttana〈無茶な〉kutu; [動] 彼は私に背く ari vang sumutchung, míttanyi shung; skutsinyishung.

Outrageous 非道な・良識に反する; bódjítchina〈暴事な〉mung, skutsina〈粗忽な〉mung; līnyi fánshóng.

Outright 即座に; 為した chāki chíshshtáng〈決した〉, sassuku〈早速〉tskutchang, sassuku kutu ovatang {djódju shang〈成就した〉}.

Outside 外; fúka, fuka kara, fuka múti, úmuti〈表〉.

Outward 外へ; fukanyi nkatóng; 外観 fukanu chi zó〈気象〉.

Oval 卵形, 長円形の; lúdji naï, lúdji kata.

Ovary 卵巣; kōga-múrushi, koga fukuru.

Oven オーブン; {炉} kāmā; {洋式} kāmā gva, fī tatchi gāmā, fī méshu dógu {túkuru}.

Over [s.] up; より上 (に); 過ぎる sídjitóng; 川などを越える vátayung〈渡る〉; 残る amatóng〈余る〉; 繰り返し [s.] repeatedly, one over another; 優った・超過した búckwi, bútá, kwabunyi〈過分に〉ang, massatóng; 裕福すぎる wéki bútá, zémūtsi〈財物〉buta-shong {massatóng};, kakubitsinyi〈格別に〉uffusang; 顔中インクを塗り付けられた tsira {íppé〈一面〉} sími buta-shóng; 体中血だらけ dū íppé chí butashóng {chí ussūtóng, chí nutóng}; なんとかかんとか仕事をやりとげる〈EC: 糊弄過去〉zizi kwāshung, zizi kwīti issényi néng; ukattu sídjǐung, zattushi tskoyung, zizi kváchi tashikanyi néng; ただそれをやり終えようとして {早く読もうとして}, 私は理解できなかった zizi kwáchi shumútsi yunyú kutú chíchi gurishang; 沸騰する abuchung, gváta gvatashung, fúchi〈沸き〉andïung; 溢れる [s.]overflow; 一晩中 chu yuru kwīti {sídjiti}; (度を越す) の意味でのover [s. this], 例えば, 熟しすぎる, 甘すぎる bunyi〈分に〉sidjiti djúkushóng, bunyi sidjiti māsang〈美味〉.

Overawe 威圧する; ichīuri〈勢い〉tanudi {káti} chu usséyung, ichīurishi ussūyung {ussurirashung}.

Overbearing 高圧的・横柄な; íchīuri tanudóng, dūnu tashinami fukutong, dūnu tashinami fukuti ukunayung.

Overboard 船外へ; つまずき船外へ落ちた tsima kurubíshi {sīkutu, tsimazichi} funi kara ominkae utitang.

Overcast 一面曇った; kumutóng; {空一面} nuyātong, ǔ-ting〈雨天〉.

Overcharged 詰めすぎた; 腹 shuku téshong, múnu kámi

sidjiríshi; 超高値 bung〈分〉gvénu dé, átarang dé, dé bung gvényi agatóng.

Overcome 打ち勝つ; [他動] makashung, kátchúng; 負かされた makitáng〈負けた〉, makasáttóng; 徳で人を負かす {服従させる} tukushae chó fukushimïung〈服せしめる〉; 自分の欲を抑える dūnu yuku katchung, sarashung〈去らす〉; 外 {俗界} からの影響に勝つ gvé butsinu yuku {私欲 shí-yuku} kashi sarashung.

Overdo やりすぎる; bunyi〈分に〉sídjiti shung; 適当な限度を越えた yī shaku kara kwītong; やりすぎて損なう bunyi sidjiríshi yanditong; 煮すぎている nyī sídjiténg; 焼きすぎている yáchi sídjiténg.

Overflow 溢れる; andïung, aforïung, andi nagarïung, amarinu〈余りの〉ang; 川が氾濫し, 畑を水浸しにした kāra aforiti hatakinkae nagaritang; 満ちているが溢れはしない míttchóting andirang.

Overhang 覆いかぶさる; 山が谷にかぶさっている míninu tanyi ussuti amayung; 雲が山を覆っている kumunu san kákati amayung, san ussūtong; 垂れている tarïung, tatóng.

Overhear ふと耳にする・盗み聞く; suruítu chichúng, míssi kata chichúng, mími nussikiti chichung.

Overjoyed 大喜びした; duttu {dūdu, ūīnyi} yurukudang, ushashang; míttchi taritong; mánsǔkushóng〈満足している〉; 天地を満たす喜び yurukubi tínchinyi míttchóng.

Overlay 上塗りする; {金属で kánishi} hayung〈張る〉, kana mung tskïung; {金で〈上塗りする〉} chíng ukïung.

Overleap 飛び越える; kwīung, túnudji kwīung.

Overload 積みすぎる; {船に} bunyi sídjiti nyī tsinyung; {動物に} bunyi sídjiti ūshung〈負わせる〉.

Overlook 監督する; {監査する} kamuyung, kamuti ussamïung, tskassadúyung; {四方を見渡す} íppé mī vatayung, fīruku mī tūshung; 手紙をさっと見る akiti {firachi} nyūng; 間違いに目をつぶる machigéshi ndáng fūïshung; mī yurushung, ndang fū-nashung〈ふりをする〉.

Overmuch [s.] over & above; 多すぎる; bung gvényi uffusang, dūdu uffusang, kvábunyi〈過分に〉bútashóng; 砂糖, 仕事, 礼儀が, 多すぎる sātā, yūdjū, rīdji buckvishóng; しゃべりすぎる munugataï gámassang; [s.] frequent.

Overpass 越える; kwīung; 壁を越える katchi kara kwīung; 走って, 跳んで, 飛び, 越える haï, tunudji, tubi kwīung; {中を省く〈越える〉} tū kwíung, haï kwīung, shīdé gvīshung; 1つの家を通り越し入らない yā tītsi tún kwīti irang; 1軒ごしに入った chu yā {djó 戸} kútchi yānkae icháng; [s.] pass over.

Overplus 超過・余分; ámari; 残った物 nukúí; 剰余金 amaïnu dzing; 残った菓子・nukúínu {nukutōru} kvāshi.

Overreach 範囲を越えている; bunyi kwīung, [s.] cheat; 高利を課そうとだます〈EC: 重利侵謀〉taku* līたku* lī {lītuku} turandi damakashi fhakayung *takaであろう.

Overrule 支配する; 良い方向に kamuti {ussamiti} yī tukurunkae nashung {yarashung, nkāshung}.

Oversee 監督する; mī kangéshung, kamuï (構い) fakayung; [s.] overlook.

Overseer 監督; kamutōru ftu, kamī (係), mī kangeshuru mung.

Overset ひっくり返す; [自動] ひっくり返っている ushi tóritóng; [他動] ushi tóshung, ushi kérashung; [s.] mouth.

Overshadow 影を投げかける; [他動] kadjishi ussúyung; 翼で影にする hanigé núbiti ussúyung; 君を影で覆う ïya wīnyi ussúyung; 影で覆われている{影に立っている} kadjinyi tátchung; 「神、または上司の助け{援助}によって」という意を, ū kadjinyi {彼の大きな影の下で}と表現する; あなたの助けで昇任した undjunu ū kadjinyi kwanyi agirátang; 見られないようにする{何かを前に置いて}{影にして} katakati míshiráng (見せない).

Oversleep 寝すぎる; níntí nīku natáng (なった), níndji ussiku natáng, assanīshung {朝遅くまで寝る}.

Overstep 越える; {正当な分限を} kagíng〈加減〉{bung, yī shaku} kwītóng.

Overstrained 緊張しすぎた; {掘りすぎる} shín-saku〈穿鑿〉.

Overtake 追いつく; wī tskiung, ūti katsimïung, ūti ndji katsimire 追っかけてつかまえる; 追いつかれない. その椅子{1人乗りかご}はすでに遠くに行っている nuïmung tūssa ndjá tuchindu wī tskiraráng; 追いつかれつかまった wī tskiratti karamiráttang.

Overthrow [s.] overturn.

Overtop 上にそびえる、勝る; nutchindjïung; 互いにそびえ競う山々 sannu sidenyi agati ndjóng, shidenyi agaïshi tákassang; 頭に置いて、他より高くする tsíburu tskiti nuchindjirashung.

Overturn 倒れる; [自動] tóriung, koriung; [他動] (倒す) tóshung, kūshung; kutsigéyung (覆る); [s.] ruin, upside down.

Overwhelm 圧倒する; 力で chíkara shae ussúyung; 心配事で圧倒されて (困惑して) munu umí nyi ussáti; 仕事に追われあなた様をお訪ねできませんでした kvabúnna〈過分な〉yūdjunyi ussáti shínshi〈先生〉mi méshi ōsan; 病に憑かれた yaményi agimāsaring {agimāshung せきたてる, [s.] urge}; 水が家を圧し倒した mízzinu yā tóchi, mizinu nagaríti yā tóchi.

Overwork 働きすぎる; 自分の度をこえ働きすぎて、ぐったりしている shakunyi sidjiti chíbati tskari kuntánditóng* *kutánd   itóngであろう.

Ovipara (**oviparous**) 卵生の; koga kara shódjīru, koga nashā.

Owe 負債を負う; sī kantóng, sīnu tsimutóng (積もっている); 私は彼に負債がある vaga ariga sī kantong, arinyi sī kansténg (彼に負債を負わせている); 私は彼にかなり借金している vané ariga sī tsimutóng; 私は君に10ドルの負債がある vané ïya sī dju mé kantóng; 借金をこうむる chunu sī fichi kansirarīng; 人を巻き込み負債を負わせる sī fichi chunyi kansīung.

Owl 梟; yū garassi, fukurū; 耳角のある梟 (みみずく) tskŭkŭ?

Own 自分自身の; dū, shtashku (親しく); 自身の手で dūnu tīshi; 自分自身の筆, shtáshtchí fúdi; 本人自ら (親しく) {自分の目や耳で, 即ち, 見たり聞いたりして} 監督する chimbunshóti〈見聞していて〉djítchi (下知) shung; [動] (認める) úki óyung, ukigudóng, raku djaku〈諾々〉shong; これは悪い{良い}と認める vassandi íchi {yutashandi íchi} shtchóng (知っている); {白状する} vabishung (詫びする); 自分の国、または、生まれ村 mútunu mura, ku chó〈故郷〉.

Owner 持ち主; nūshi, mútu nūshi.

Ox 雄牛; ushi; 去勢した雄牛 fuguï chichéru {tutéru} ushi; (雄) 牛が人に代わって鋤を引く (耕す) ushi chunyi kavati tā hátaki tagayashung.

Oyster 牡蠣; azaké; 真珠貝 chíndju〈珍珠〉-azaké.

P

Pace 一歩 ftu ayumi, chu fsha; 360歩で1里 (里) とする san péku ruku dju ayumishae íchi li tushung; [動] (歩調正しく歩む) tséyung, ayunyung.

Pacify 平静にする; {怒りを (静める)} ikari yamitang (止めた), yassimíung (休める・安らかにする), yamirashung, yaminténdi nigayung, vadanyi nashung, vago (和合) nyi shung, taïradjīshung (平らにする).

Pack 詰める; 箱に hakunkae tuï ussamïung, tuïínchung, ussamitóchung; 取り集めて支度する fíri (拾い) shinyāshung, fíri shkóyung; 集めて詰める fíri íriung, fíri ussamïung; 紙に包む kabishae tsiníung* *tsitsiníungであろう; 束ねて詰める kundji tsiméyung, mussubi tsiméyung; 縄でくくり詰める skaï tsiméyung; [名] 1包みまたは1束 chu tsitsimi, tabaï, tskang (掴み); 包を除いて tsitsime dúkītī {kazōrang (数えない)}.

Paddle 静かに漕ぐ; yóï yóï kūdjung.

Paddy 稲; kuku mutsi (穀物); {粟} ava; {米} nyí, kumi; 文鳥 shiru tsiru (白鶴).

Padlock ナンキン錠; sagi sāsi.

Page 頁; 1枚 ichi mé; 半枚=頁 han mé; 袋綴じ、両頁 {裏と表} ura umuti; {小姓} tské mung.

Pagoda 仏塔; táfá; 無装飾の仏塔 sígu tafa; 装飾された

仏塔 kazaï tafa; 七重の塔 takassasi nana kassabinu tafa.

Pail 桶; wūki; 水桶 mizi wūki, tāgū（担桶）.

Pain 痛み; ítami; ［動］（痛む）ítanyung, yányung; 大きな痛み yā-múng, ítami mung; 心が痛む〔心的〕urītóng, urīru; たいへん痛い dūdu itadóng, itami chūsa; kútsissang（苦しい）, dūdu kutsī mung; 急な痛み ké tsïúng（引攣る）; 頭の痛み karazinu mbussa, karazinu yanyung, dẓitsū〔頭痛〕; お産の時のような痛み chu nizi, chu yami; 痛みをこらえる itami {yami} nizïung; 痛みが止んだ itaminu yadóng, yuruchóng; 痛みを止める tumïung; 痛みを緩める yurumïung; 骨の中の痛み fúni sídjinu（骨筋の）itami; 普通よりいっそう痛む yadi tsininyi kavatóng; 苦悶 kutsissa; 打撲や傷などの後に残る局部的痛み síra íttchóng（苦しむ）; 射るような激痛 fīshū-fishū-shung（ずきずきする）.

Paint ペンキ・色; iru; 水性ペンキ mizi āshi {mizinyi āshuru} íru; 油性ペンキ ánda āshi {andanyi āshuru} íru; しかし, 後者は当地にはなく, 漆が一般的に使われているので, úrushiと言った方が理解されやすい; 色を塗る íru nuyúng, íru tskïung, íru kakiung, urushi nuyúng; 赤く塗った木製品, コップなど shún núï（朱塗り）; 茶塗り chín núï; 黒塗り shín núï; 多色で塗る yínugúshi {sé shtchi〈彩色〉} kakïung, írudúi-shung; 白粉 míng-fúng〈面粉〉, tsira nakae nuyuru kū; ［動］（白粉を塗る）míng-fung {kū} nuyúng; [s.] colour.

Painter 塗り師; 〔油性ペンキの〕urushi zeku, nuï mung-shuru zeku; 肖像画家 yī katchā, yī zeku.

Pair 1対; chu gū, í tsí, í só（一隻）; 対をなすものの片方 kata gū; 1対の鳥 tuī ta fhani, tuī tātsi; 靴1足 saba {yé} íssuku, chu gū; 〔片方の靴 kata fsha〕1対の筆 fudi nyí fun; ［動］（対にする）gū nashung; 男女を対にする（夫婦にする）mītu〈夫婦〉nashung;（対にする）の一般的な言い方は: ushāshung（一緒にする）, ava-shung, tuīāshung（取り合わせる）.

Palace 宮殿; udúng; 皇帝の宮殿 dín-chū〈殿中〉.

Palankaen (palanquin) 〔乗り物〕nuïmung; 〔当地の駕籠〕kagū, chū〈輿〉; 〔皇帝用の輿〕kotīnu úchū〈御輿〉; 大の字に寝そべる駕籠 nindjuru kāgū; 駕籠で運ばれる〔乗る, 旅する〕kagū nuyung, chū nuyúng.

Palatable 口に合う・美味の; yī adjivé, yī ambé; adjivénu {ambénu} yutashang; kutchinu* áttayung *kutchinyi であろう;（私達の）口に合うか, 合わないか? vattá kutchitu attaránga?

Palate 口蓋; ádji（味）, kutchi.

Pale 褪めた;〔色の〕ussi íru; 色がさめた írunu sami-tóng, ussitóng（薄くなっている）; 恐怖または病気のため青ざめた íru shó-kan〈傷寒〉natong; 驚きで色が変わる udurutchi iru tudóng（飛んでいる）; 病人のように青ざめた yami chunu íru;〔黄色がかった〕írunu

ótubishóng.

Palisades 柵; datchi（竹?）, lan kan〈欄干〉.

Pall 〔国の衣服〕chó fuku〈朝服〉;〔棺衣〕kwan〈棺〉ussúyuru núnu;〔興ざめ〕afféyung.

Pallet 粗末なベッド;〔悪いベッド〕ara mushiru, yána mindzang（寝床）.

Palliate 罪などを軽くしようとする;〔過失 kízi, tsími〕fīnyarashung, ussúï kakushung（覆い隠す）, kazati tuchúng（飾り説く・言いつくろう）.

Pallid 青ざめた; ótūbīshóng; [s.] pale.

Palm ①掌;〔手の〕tínda, tīnu úra, tana úra, tana kukuru; 掌を閉じる tī nídjïung（握る）; 掌に握っている tī nakae nídjiti kakvāchéng（隠している）, tī nakae tskadi kákushung; 権限は彼の掌中にある íchïuri（勢）ariga tīnyi nyídjitóng（握っている）.

Palm ② 椰子; 木〔扇形の木の類〕kuba;〔低い〕tsīgū, djī kuba.

Palmistry 手相見（術）; tīnu aya nyūsi; [s.] chiromancer.

Palpable 手で触れられる; tīshi sārărï {sāï} bichī mung.

Palpitate 激しく動悸する; chímu vashamítchishung（胸騒ぎする）, butu {buta} mitchishung, dáku daku shung;〔恐怖で〕（震える）bulíshung, furuïshungの〔転訛〕;〔医学的意味で〕ndjutchung; 'nnī {muni} dón dón shung.

Palsy 中風; chūbū, chūchi, dáriri, dari yamé;〔半身麻痺〕kata chūchi, kata dū daritóng.

Paltry 僅かな; vazika, vazikashī mung.

Pamphlet 小冊子・パンフレット; shumutsi gva, anchíng〈案巻〉.

Pan 鍋; nābi; フライパン írichi nābi（炒め鍋）; 平鍋 fira nābi;〔巻いて中味を詰めたもの〕パンケーキ chímbing〈巻餅〉;〔砂糖入りの練り粉製〕pópó;〔西洋のスポンジケーキに似ているが, より粗くて切られているもの〕kassitirá（カステラ）, kashitira-yátchi.

Panacea 万能薬; haku byó〈百病〉ussamīru kussúï; 北京（Peking）で黄金色の丸薬が売られ, 万病薬と呼ばれる Fikínyi kőgānī gvanyaku uti haku byó ussamíndi ïyung（北京にて黄金丸薬を売って百病治めると言う）.

Pane 1枚の（窓）ガラス; póli〈玻璃〉íchi mé.

Panegyrize 褒める; fumïung.

Pang 激痛発作; 1回の激痛 chu nízi, chu yami; chu chang（急に）itanyung; 発作的痙攣 tsīung（攣る）, ké tsïúng; 苦悶 kútsissa; 苦悶している kútsissang.

Pangolin （動）センザンコウ（アルマジロ）; kábutu kantoru ichimushi?（胄を被っている動物）.

Panic 恐怖; パニックに急に打ちのめされた chuttunyi {ké} udurucháng（驚いた）.

Pannel (panel) 鞍敷き;〔古い鞍〕furu kura.

Pant 喘ぐ;〔速く走ったため hayéshi, hāhāshi〕īchi fuchúng; ufu ītchi shung; īchidjirashang〈息苦しい〉; 馬を喘が

せる mma īchidjirashashung（馬が喘ぐ）; 喘息 īchi-djiri yamé, fī michi yamé, īchinu kayuī {tsōdji} guri-shang, īchi fīchi gurishang; 私（の心）は彼に憧れている va chimu arínkae yutóng（寄っている）; [s.] long.

Pantaloon パンタロン; hakama（袴）; ズボン下 vātsi.

Panter（panther）豹; aya ṭura（綾虎）.

Pantomime 身振り・パントマイム; {手で} tī yó shi; {足の動きで} fsha yóshi; パントマイムをする tī yó fsha yóshi assibīung.

Pantry 食品倉庫; munu kadjimi kūī（庫裡）.

Papa パパ; {父} chā chā, shū, tālí.

Papaya パパイヤ; ki ūī（木瓜）.

Paper 紙; kabi; まだ書いていない（白）紙 sigu kabi, shīrū kabi; 紙一枚 kabi chu fā（葉）, íchi mé; 吸取り紙 bā-shūnu（芭蕉の）kabi; 反故紙 fūgū kabi; {私たち西洋の茶色紙にやや似ている}丈夫な包装紙 tsitsíng kabi; 本の装丁用の丈夫な紙 kā gami, achi gami（厚紙）; 白くて, 小さく, かなり丈夫な当地の紙（窓の裏打ちなどに用いる）múmuda kabi（百田紙）; 中国から輸入された, 一般的な黄色がかった書付け用の大きい紙 mínshi〈CDなし〉; 同じく中国から輸入された, 白くて大きい書付け用の紙 lín shi〈CDなし〉, shiru dóshi, 前者は大変丈夫で, 挿絵用である; ちりめん紙 sha gami（〈紗〉紙）; 花模様入りのメモ用紙 íru gami; 赤い紙 shū gámi（〈朱〉紙）; 金メッキの紙 chín gami（〈金〉紙）; 書くために罫線の入った紙 chí（罫）fīchi kabi; 8行の手紙用紙 ya djó（8行）gami; 文字の書かれた紙を敬う djī gami uyamayung; 字の書かれた紙で屏風を張ったり窓を張ったり, 物を包んだり, 汚れを拭いたりすることはすべきでない nyobu hataï, madu hataï, munu tsitsidaï, chigaritósi susutaï djī kabi shé ickáng; 法手続の文書 búng〈文〉, kwampunu（官府の）bung; 公文書を出したり受けたりする bung ndjatchaï tutaï shung; 訴え文と証拠人と úttaïnu búntu〈文と〉shūku nyíntu; 私的なメモ書 katchi tski, katchi tumi, gatchi mung; bung atsimi; 日々の記載帳 nyítchi〈日記〉, shu nyítchi（諸日記?）; 製紙職工 kabi zeku, kabi tskoyā; 紙幣 kabi dzing; [s.] money; 紙（の原材料の）木 kabi kī.

Parable 譬話; tatoï-shi（譬えで）, tátoï gūtu, fīshiru munu-gataï.

Parade 誇示; 誇示する fanayakanyi kazatóng, kvabīnyi ang（華美である）, kvabī-tong, -shóng; 偽って（誇示する）} wābi kazaïshóng; {軍隊のパレード} fīnnu〈兵の〉djólitsi（行列）-shung; {兵法訓練する} bú vaza narayung; パレード場 fīnnu chānu vazashúng tukuru, djólitsi bá; būnu〈武の〉djólitsi shú tukuru.

Paradigm 語形変形表; {文法} íckata（鋳型）kutuba.

Paradise 楽園; guku raku yíng〈極楽園〉, guku tanushiminu áttaï*, raku kunyi〈楽国〉, tínnu kunyi, tín dó〈天堂〉*EC:「極楽園」の訓読み.

Paragraph 段（落）; chu chíri, chu dán.

Parallel 並行な; 2つの平行線 námiti {narabiti} fītchuru {yínsanā hanalitoru} tá chí（罫）, nadóru chí, íchi yónu chí, fi-djó〈平行〉; 平行線とは間隔（広さ狭さ）の等しい2直線だ tātsinu chínu yé fīrussa shíbassa tagenyi hanalitoru bun shaku tumunyi yínu gutu assé fi-djónu {naradōru} sídjindi（筋と）íyú.

Parallelogram 平行四辺形; nága shī-kaku, naga gatanu shī kaku（長型の四角）, naga kaku gata, naga kaku.

Paralysis [s.] palsy.

Paramour 恋人; chí irí, chí íri mung, ndzosaru mung; {悪い意味で}（姦夫）} kata gū nashī mung, kata gūna wútúku.

Paranymph 花婿（花嫁）の付添人; naka datchí（仲人, 仲立ち）.

Parapet 手すり; fīku gatchi; {中国や当地の}戸の内側や前にある手すり kataka {または ménu} gatchi（垣）.

Paraphrase パラフレーズする; kassani（重ね）kutuba-shi tutchúng, nubi（伸び）dutchi（説き）-shung, nubi kutuba, nubiti tuchúng.

Paraselene 幻月（月暈に現れる光輪）; maguri dzítchi, maguríti dzítchi tātsi〈二つ〉aravaritóng.

Parasite やどりぎ; 木につく kīnu fushi, yadori gī; yaduti shódjitóng; {へつらう人} mídariti（乱れて）fitsireyung; [s.] hanger on.

Parasol 日傘; kassa, fī-gassa, tīda gátaka.

Parcel 包み; {一包み} chu tsitsín.

Parched 乾いた; kávacháng, kākitóng; 炒った穀粒 iri-chéru kúku; 乾き裂けた唇 kutchi bírunu kavachi sakitóng.

Parchment 羊皮紙; ftsizinu kā gami.

Pardon 許す; [動] yurushung, kunéyung（堪える）; nugá-rashung（放免する）; {大目に見る} nadamïung（自分を宥める）; nadamíti yurushung; [名]（許し）yurushi, yurushusi（許すこと）, yuruchési（許したもの）; 許しを乞う vakishung, kutu vakishung; kutu vaki は, 正しくは「弁解」,「事情の説明」という意味である; どうか彼を勘弁してくれ{彼の言い訳を聞いてくれ} vaki {kutu vaki} chichi kviri; 彼は私の許しを乞うた ari vang* kutuvakishang *vanyi であろう; 自ら罪を告白する dū vassandi íchi（自分が悪いと言って）; 私は君の許しを乞う{即ち, 私が悪い} vanya tsíminu ayabīng, vágadu vassaru; {ああ, それは間違いでした} ah kuré matchige yassá!, matchigéshasā（間違いしたなぁ）{時々次のように付け加える kuneriyó, kuneti kvíri どうか許してくれ}; お許しになられる ú yúrushi misheng; 恩赦のことを聞いて, 彼はわざと罪を犯した sū yurushi gatchi {u yuru-shi} ándi chíchi vázatu tsími ukatcháng; 私は君に会

いに{迎えに}来るのが遅すぎた,勘弁してください nkénu ússi navati(失って),vássang; 私の無知を(大目に見て)許して下さい shirándu machigéshé kutu nadamíti kwíri(知らないせいで間違いをしたので,勘弁してくれ); va shiráng tsimé nadamiti kvíri(私が知らない罪を勘弁してくれ); [s.] sorry.

Pardonable 許すべき; nadambichí,yurusú bichí; 飢えのために盗みをしたのだから,その件については情状酌量の余地がある yásha nussudu du yá kutu,kuré kutunu yurushi bichī mung du yaru; これは悪だくみにたけた盗みとは異なる,彼は飢えに耐えられずに盗んだのだから takudi nussudésitu kavatóng,yáshanu nizírarángdu nussudéru.

Pare 削り取る; {頂を} tsimíung; {表面から} fidjung(剝ぐ){jang,gang},kussadjung(削り落す){jang,gang},ki-zīung(削る); 中国式に印刷するために木を彫る fankó fuyúng; {こすり落とす} fidji{kassadji,kizi} utushung; そぎ落とす sugīung(削ぐ).

Parentage 生まれ・血統; 'mmari; 良い生まれ yī mmari,k̇wa fūna〈果報な〉mmari; 高い身分の生まれ táttubarīru(尊ばれる)mmari,sakanyi natōru ya kara 'mmarachéng; 貧しい生まれ fínsú íyashtchi(卑しき)'mmarí.

Parenthesis 挿入語句; naka nakae hassadoru {鋏の間に置かれた(中に鋏んである)} kutuba,nákanu kū(句)djiri(切れ),nakanu hassami djiri,nakankae túchuru kū djiri,bung nakanyi sáshshí íttchōru kū.

Parents 両親; 片親 úya; 両親 taïnu uya,ló uya,fúbu〈父母〉,uyanu chá; {動物の}(雌親)áhya; 父母が生きている間は,遠くへは遊ばない fúbu íchichōru bashu tūsankae assibang; 君の両親は君の顔を見つめて,君の声を聞いたものだ ïya ló uya ïya tsira mi tskíti,ïya kwí chíchi tskitáng; 父母に従順に行動する fubunyi kóshung(孝する),kókóshung,kó tskushung(尽くす); 両親も老い,子供は幼くて,一家は貧しく{なっているから如何にして暮らせるか?} úyang tushĭúĭ,kváng vorabínyishi yāya fínsu {natá tuchindo chashi kurashuga(暮らすか)}; 両親はあまりにも甘すぎる fúbunu ndzosasashusi(愛すること){avarími ushinyusi(EC:「憐惜」の訓読み)} bung kvītóng {ndzosa buckvishóng}; 父母と祖父母{または先祖}úya-fāfudji.

Parhelion 幻日(日暈の上に現れる光輪); fīnu maguríti tātsi aravaritóng(陽がめぐれて2つ現れている).

Park 遊園地; assibi attaï(園); 動物(飼育)園 ichimushi tskané(飼う)attaï; 狩猟場 kári assibi shú tukuru,kári bá.

Parley 和平交渉(会談)する; shíbarakunu yaï(槍)tudumi,kutuba tskati yūdjū(用事)bindjīung〈弁ずる〉,ichigúng nubirándi yaï tudumiracháng(一言述べようと槍を止めさせた).

Parlor 応接間; cháku zá(客座).

Paroxysm 激発・発作; {起こったり静まったり} kuwi késhi géshi(くり返し返し); (周期的な)発熱{立腹}furī(震え){haradatchinu} kwī geshi géshi,guku(極)tstchaï yamitaï shusi; 突然の立腹の激発 nyivakanu chu(1回)haradatchi.

Parricide 父親殺し; chíchi uya kurushuru bákka(馬鹿).

Parrot 鸚鵡; {munu ïyuru túï} ïnkó〈鷹哥; 鸚哥であろう〉,ómu; オームはものを言うことが出来るが,なお鳥の類に属するものだ ínkó munu ïyéshússiga {ī ōshé shúndung} tubi(飛び)túï kará fanariráng〈離れない〉; オランウータンは話すことができるが,なお獣の類だ shó djó〈猩猩〉munu ī ōsheshussiga tuï chidamung〈禽獣〉kara fanarirang; {そうであるなら}良いしつけのない人間はものが言えるとしても,なお獣ではなかろうか {yaré} ftu tushi rīdjinu〈礼儀が〉néndung aré,munu ī yéshung {munu íchantémang,munu ī o-shéshantémang} mata chíndjúnyi〈禽獣〉aráng aróka.

Parry 受け流す・そらす; fushídjung(防ぐ){jang,gang},hanshúng(外す).

Parsimonious けち・卑しい; íyashí mung,fī-línna〈CDになし;鄙吝であろう〉mung,íyashā; [動] iyassang; [s.] sparing.

Parsley (植)パセリ; shīri ba(芹葉),un-tsé-ba〈CDになし;雲菜葉;ようさい葉〉; 非常に長くて根の白いもの gún-bó(牛蒡).

Part 部分; [名] váki,chíri,bung; 筒状の物の部分{竹などの}節間 fushi(節); 私{私たち}の方としては kuma kara,彼,彼らの方としては áma kara; より大きい部分は ta bunó〈多分は〉,ū-djiri(大切り),yī kurú; この村のより大きな部分は金持ちだ kunu múranu ftó tábunó wéki mung; より大きな部分は書いてある tábunó katchéng; より小さな部分 kūssaru bunó,kū djiri,nukúï; 同じ大きさに分ける tu bunyi〈同分;等分であろう〉{yinsanā} vakïung; いくつかの部分に分ける su(数){íku} búnungkae vakïung; [動] 分離する{[自動]別れる} vakayung,fanarïung,vakarïung,fanariti vakarīung; [他動](分ける)vakashung(分かす),vakïung; 別れる,交わりを絶つ madjivari téshung; 2つが{これもあれも}しばらく離れる aring kuring ittutcha fanariung; 別れ,いとまごい vákari; 捨てる utchangïung,stïung; 捨てきれない stíraráng,hanarïë {stïë} naráng; atarashung* *atarashashung であろう; 別れられない wákararáng; 分ける fïdati vakashung,fïdatíshi chichéng*; 隔たった所 fïdaté tukuru,fïdatíshi chiché* túkuru *EC:「隔段」の訓読み; 兄さんよ,あなたは別れるのが容易でないと憂えているようだ sīzanu urītó tukuru vakarīsiga yasku néndi ichi umutóng(兄が憂えていることは別れるのが容易でないと(言って)思っている); 私が憂えているのは今後また

交わることが困難な点である vaga urītósi ato mata madjivayussiga katasá túkuru du yaru.

Partake in 分かち合う; madjung vakĭung, tumunyi（共に）shung, madjung vakīsiga ang; 君達の食物を相伴する íttága kanyuru mung kara tumunyi shung; 悲しみを君達だけで背負うのはよくない、私にも分けてくれ ítta bakaï urīraché（憂えさせては）simáng kutu vaníng tumunyi vakiti kvíri; あなた達の話に加わってよいか undjunātu munugataï tumunyi shīnu {vákīnu（物語りを分け合うことが）} nayumi?（あなた達と物語り共にすることができるか）; 私は（それを）一緒にしてよいか vané madjung shīnu nayumi?

Partial 偏った; 一方に偏っている katánkĭung（傾ける）, kata kakī-shung（公平でない）, kata yutóng, yugami kutunu ang; 偏っていない katánki yugamáng; 愛情が偏った kata ḳanashashung, shín-sú（親疎）shung; 彼が悪くても、偏愛しすぎて罰しもしない vassating {vassaravang} kanashinyi sidjiti {aïnyi uburíti} shtskinsang（躾もしない）, shtskirang; 偏愛のため盲目になっている kata ganashí {aïnyi uburíti, katayuti gényi*} achiraka naráng *古語「げに」（実に・正に）であろうか; 偏りのない katayúïnu neng; 偏より憎む kata yutí nyikunyung.

Particle; 最も小さい kí sídji fudu, kūténg; 微小の塵 chíri fukúï.

Particles 接辞; utchi djī〈置き字〉, chú-djī〈虚字〉, tski kutuba, tski kūdjó〈接尾辞〉; 文を始める辞 kutuba ukúshuru {gú〈語〉fassiru} útchi djī（起語虚字）; 接続（する）辞 gu madjīru（接語（虚字））; 転ずる辞 gu uttchéshuru（転語（虚字））; 終える辞 gu ovayuru {yamīru} chú dji（歇語虚字）; 諺に曰（いわく）, 7つの接辞を正しく区別できる者は優れた修士 dzúku gu nakae ïyattósiga, nanatsinu útchi djī yū vakashussé kuri yī shū tsé〈秀才〉.

Particular,-s 非常に念入りの; 細心すぎる人 kuméki sídjitóng, kumékita mung, chá nándjishi guma shidjiritóng; 別に（とりたてて言う程の事は何もない）nánzu aráng, sáshtinu kutó aráng; 特に賢いということではない nánzu súguri munó aráng; 人{習慣}に特有の dūnu shtsikinu ang, na shtski shtskinu ang, dū chi〈気〉; 大ざっぱには言えるが、委細には言い難い tégé ïyarīsiga kumékiti {íssényi} ī gurisháng; 詳細を聞かせて下さい shidé chikatchi kwíri, charu nariyutchi kátati {íchi} chkassi; 詳細・顛末 nariyutchi, kútunu shidé, kutu kázi; 条理明白な陳述 shidénu kumékitóng.

Parting 別れ; vakari, vakarīse（別れること・者）, vakarīru kutu.

Partition 隔て・間仕切り; fízami, fidati, shódji, yédja; 板の仕切り ítá shódji; 仕切りの垣根 katchi shódji; 仕切る fidati iti {tatiti} vakashung; この3部屋は仕切りが

なされていない kunu mítsinu shimédjó（住い所は）sumu sumu（そもそも）fidati chiché* nerang *EC:「隔段」の訓読み; [s.] part.

Partner 仲間・相棒; yédjú; 商売仲間 achiné yédjú; 仲間割れしている yédju vakaïshóng.

Partridge （動）ヤマウズラ; chídji（雉）.

Parturition 出産・分娩; kva nashusi, san〈産〉, sán mŭyūshi.

Party パーティ（社交界）; パーティーを催す shu-yín shung {酒宴する}, dúshinu cha muyūchi assibĭung; 送別会 shímbítsi〈餞別〉shung; {政治的な党派} chu gu natóng（一つの仲間になる）, chu kuna（一組）-shóng; 自分の党派を擁護する dūnu kuna mamutóng; 私はこの党派だ vari anu chu kuna-tu {gū tu} yínu mítskinu（同じ意見が）ang; 私が行けば、君達のパーティーを壊す {君達の陽気（な気分）を壊す}のではないかと恐れる vaga ndjiti mata itága chū〈興〉{chibi〈気味〉} ushinayugashurandi ussuritóng; 党派心 chu kumi {kuna（組）} nkae sumishóng（染んでいる）{kata zumi shóng}.

Pasquinade 落首・風刺文; azamutchi（嘲り）gatchi, vakuï djó（からかい状）, bó íri djó cf.bó irĭung（sarcastical皮肉な）; [s.] satirize.

Pass① 細道; [名] 山道 sannu shíbaku {íbasashi} tūi tukuru; 番人のいる通路 shtchi djū〈関所〉; [s.] passport; passage.

Pass② 過ぎ去る; [動] sídjĭung, sayung, sídji sayung, sidji tūyung; 通り過ぎる sígu ṭuïshung; 時が経つ tutchinu sidjĭung; 時を過ごす{費やす} tuchi fi sigushung; この世の人がこの世界に居ることは指を鳴らす間のようである{より早く}（過ぎる）chunu shkinyi wúru kutó wībi nárashuru yé yaká féku sídji sayung; 私は（彼の側を素通りした）彼の前を通った vané ariga mé kara haï sídjitáng（過ぎた）{sídjiti tūtang, tūti acháng, haï sídjiti ítchung（行く）}; 何気なく通り過ぎた{越した} haï kvīti {haï kutchi（越し）} umáng（思わない）; {彼を}通させる（通るのを許す）tūyusi {atchusi} yurushung; 巡って通る míguti {māti} tūyung; 船は国の海岸沿いに通る fune shima sūti tūyung; 公道を通って村々を巡り過ぎる dóchu（道中）dūī mura mura tsté sídjīung; 通りの家々に沿って通る mítchi dūī yānu mé kara sūyung, sūti atchung; 越える{超過する} kwīung; 石を踏まないように跳び越える íshinu wī nakae kudamirang gutu tún kwītang〈越えた〉; 交互に{1つおきに}越える tītsi kushi gushi, tītsi haï kushi gushi; {人間の場合（1人おきに）} chúï haï gushi; chuï fízami（隔て）, chuï fidati, íchi nyin gushi; {kushung, kwīung は同じ意味}; 4人目毎に{即ち、3人を越して} míttchaï haï kwīti, mīttchaï gushi; 1日おき chī gushi, fīchī fidati; 3日目毎に{即ち、2日を越して} futska gushi; 4日目毎に

míttchá gushi, san nyítchi gushi, míttchá haï kwīti; {出来事など} 除外する nuzutchúng; 痛みが去った itaminu nuzuchóng; saying (去る); 子を産む年令を過ぎた kva nashi agatóng; 推し測れない fakarārang; 善いものとして通(用)する yutashándi íchi káyuyung; 糸などを通す nutchung; 穴を開けて{貫いて}通る fugatchi tūyung, sashi tūyung, fugashi nuchung; [s.] strain; 息が通じる īchinu tsōdjiti yuchúng {yutashung* *yukashungであろう}; {開いた所から} 行ったり来たりする kayuyung (通う); 入る íyung, utchinkae íyung; [他動] (入れる) iriung, irirashung (入れさせる); そして川を渡った anshi kāra kara vatatáng; あれこれ{すべて}の手を経た uri kuriga, chu chu (人々) {muru murunu} tí fitóng, tí kará fíti ndjóng; その(仕)事は彼らの手を経なければ、(彼らは)組して妨害したであろう kunu kutó sunu tī kará firandung aré (経ないどともあれば) chaki kúnashi {gū nachi} fíchi tumiti (引き留めて) nandjishimïung (難儀させる); 時を数えてみると、彼は今月の2,3日には山を越えたであろう kadjiri kazōtinde tukaku kún tstchi nyī san nyítchinu yé vuté míni (嶺) kara kwítaru hazi; もう4年過ぎ去ったが (彼は)まだ結婚しない nama yú níng sídji satóssiga tudjé〈妻は〉 māda kamérang; 貧乏人を通り越しても (無視しても)、金持ちばかりにも従わない finsu ftu kara kwītíng wéki bakaïnyíng shtagāng {shtagaté sang (従ってはしない)}

Passable 通れる; {ここは通ることができる} tūï bichī; {まあまあの・悪くない} ftu tūï (一通り), tūīna mung; {使用可能だ} tskarīshung.

Passage 通路; {狭い} shibé míchi, shíba míchí tūï gurishang; {狭い水路} kutchi〈口〉, ominu tūï gutchí, funi tūï gutchi, funi vataï gutchi; 彼らが来た通路の口は、もう止められていた ariga (彼が) charu mitché djítchinyi〈已経に〉 fussadji téchéng {téchi tūrarang}; 鉄の鎖を横に張って、川の通路を遮断してある títsi gussaïshi yukunkae hati kava mítchi chídjiténg; 山 {森}の中に通路を開ける yama naka mítchi firachung {aki firachung}; 尿道 shū bīnū mítchi, 大便の通路 dé bīnū mítchi; 渡し船 vattaï {vattashī} búni; 船{馬車}に乗って行く funi {kuruma} nuïyéshi íchung; 君の航海は如何ほどの期間だったか ïyaga funi mitché íkkanu yéga, funi kara {késhó kara} atchuru kutó chānŭ fudu, {chanu shaku, ikkanu yé = ickka fudu = 何日} nátaga?

Passenger 乗客; nuïyé bítu, nuïyé šhaku* *čhakuであろう.

Passion 情; 7つの情 shtchi djó: 喜(び),怒(り) yurukubi, íkari {ushashaï haradatchi shae}; 哀(しみ),楽(しみ) kanashimi, tanushimi {kanashīdaï tanushidaï}; 愛,憎(しみ) kanashashaï nyíkudaï {ndzosashaï míckvasashae}; 欲すること fusha; 色欲 yuku; 嫌悪 chiré

{chirayung, chirataï}; 外的欲望 mutsi yuku〈物欲〉, djín yuku〈人欲〉; 音・色・臭い・味についての欲 kwí (声),íru,kaza,adjivénu yuku; (情)欲の影響力が弱ければ、胴体も軽くなる yukunu ikirassaré dūng gátténg nayung, または,yukunu íkirassashi dūnu ubīse íkirassang; すぐにかっとなる iffi sé tanchishung〈短気する〉; 人情が興奮しやすく抑えがたいのは djín-djónu fáshshi yássashi tumí gátasasé,怒りが最もそうだ(抑えがたい) íkaridu ittsing chūsaru (強い); 情を専らにし、礼節に背いている djó mupparányi shi līnyi〈礼に〉 sumutchóng; 血気に動かされる、またはそそられる(誘われる) chí-chinu〈血気の〉 tami nyi ugukassarīng {tskarīng}; 反対に、道理に駆り立てられることは、kukuruzashinyi ugukassarīng; 人心が一瞬の間、天(の道)理の影響下にあるのを止めれば djín shing íttúchanu {íssúkunu (一息)} yé tin līnyi arandung aré,それはたちまち人(間の情)欲の影響下にある chāki djín yuku nakae du aru; 天(の道)理と人(間の情)欲の中間に立つものはない tínli djín yukunyí arángshóti nákanyi tattchuru munó nérang; 情欲、または生まれながらの気性の衝動に任せる shīnyi〈性に〉 {mmaritsitchinyi} makashung {makachishung}; 何によってその情欲に溺れることを抑え止められるか. その答えは分別のみによると言える nūshae sunu yuku fussadji {ndji} fushimamanyi sanga? {sang útchuga?} umivaki bakaï {tada umuï chivami} ndi ïyung 何故その情欲を抑えて欲しいままにしないか{しないでおくか}. (その答えは)分別ばかり {只思いの極み}と言う; 情欲に耽る者はみな酔っぱらう yukunyi fuchīru {yuku tashinaïnu} munó {shí-yukunu〈嗜欲の〉} ftó} mīna wíung; 夢の如く生き、暗闇に死に、1度も考えない ichichósi iminu gutu, shínyé kfurassaru gutu nayung, yandung (それ故) tītsing {ftu tabing} umi tskang; 情欲がまったくない djí yuku〈事欲〉 néng; ただ目に見える肉体(形)だけで、情欲はない tada katachi, dū bakaï ati {ndji} djó yukó néng (ただ形,身体ばかり有って{出て}情欲がない); 情欲は中で混乱を起こし、外では四体の奴隷となる yukó utchi kara {makutu} midarachi, fuka shténu tskavaritu (使われと) nayung.

Passion-flower (植)トケイソウ; kazi kuruma, kazi kurumanu ħána (風車の花).

Passionate 怒りやすい; kvachuna〈火急な〉 mung, tanchina〈短気な〉 mung {ごくささいな事で怒る iffisé nyītasashung (恨む)}; {忍耐心のない} kányīnsang (堪忍しない) ftu.

Passport 通行手形; mítchi dūïnu tigata, mitchī tígata, saké (境) tūyuru shūku gatchi {shirushi}, tūï-tígata, mítchi kara tūyuru tīgata.

Past 過ぎた; sidjitaru, sidjí satáng, djínyi {djíchinyi〈已経

に=既に〉} sídji satáng; 私は過去の事をすべて話そう, そうすれば君は未来の事がわかるだろう vane ndjōru kutó tsigiti ndji（行って）, ïyāya chāki chūru kutó satuyúndó; 人が寺の門を通り過ぎた chunu tíranu djó mé kara tūtang; 速やかに以前の過ちを悔やむ simiyakanyi ménu fíkussi（非難のすべき点）kuyanyung; 過去, 現在, 来るべき時（未来）は三世と呼ばれる kvaku, djin zai, mi lé kuri san shi ndi ïyundó.

Paste 糊; súckvī（そくい（続飯））, nūï, nūī ziki; 糊を作る súckvi tātchúng（炊く）; 麦粉で糊を作れ mudjinu kūshi súckvi táki（炊け）; 煮た米（飯粒）の糊 mishi tsizi nūï; 糊づけする suckvíshi tskïung, nuï ziki-shung; 飯粒で{こすりつけて}糊づけしなさい mishi tsizi sïti {sïung（擦る）} nūī tuti kū（取って来なさい）; 几帳面に糊づけしなさい kumaku nūī zikisí; 指定された期限が来る前に, 皇帝の勅令の写しの黄色紙を糊づけするよう命じなさい kadjirínu kung mādu kótīnu wīsi chīru kabi nakae káchi ushi tskiríndi tuzíkiré（期限が来ない間に皇帝の命令を黄色い紙に書いて押しつけよと命令しなさい）; はり紙を糊で貼りつける fayashi gatchi {kubinyi, 壁に} ushi tskïung; {練り}粉} āchéru {avashi} mudjinu kū; {泥を}練って均質にするのが陶器製造の第一に必要なことだ dūrū taniti {kúnăchi} kumaku（細く）nashusé yachi mung tskuyuru dé ítchinu mutumi.

Paste board 厚紙; āshi gami（合わせ紙）, ācheru kabi, kā gami 革紙?.

Pastime 気晴らし; assibi, gámari ふざけること, fī（日）tskutchi assibi, fī tsī yatchi（費やして）assibi-ung; itaziranyi fī guráshishung.

Pasting table 糊づけ（する）台; kabi tskiru íta.

Pastor 牧師; {教会の} dishi gamī（弟子係り）, atskayā, mī kamuïshuru mung.

Pastry （練り粉）菓子; kváshi, mín-li〈麺李〉, mín-līnu kvashi; muchi（餅）; 菓子職人 kvashi tskoyā; 菓子店 kvāshi úï matchïa; muchi úï tín〈店〉; 菓子の種類 [s.] cake.

Pasture 牧草地; mó（野原）, djúba tskané（飼う）tukuru, ichi mushi tskané attaï（園）, karé（飼う）ba; [s.] meadow.

Pat お気に入り（物, 人）; [名]* chí irí mung; お気に入りの子 chī iríngva; [動]（（肩などを）なでる）nadïung; 子供を撫でて（はね上がらせて）あやす・子供を軽く叩き（はね上がらせて）あやす yélāshashung. *[名]の部分はpetの間違いであろう

Patch （ざっと）修理する; shufū-shung〈修補する〉.

Pate 頭; 禿げ頭 kīnu（毛髪が）hagitóng, tsiburunu hagitóng（頭が禿げている）.

Patella 膝（蓋）骨; tsínsi buni.

Paternal 父の; uyanu kanashimi（愛）; 父の情愛で他人

を愛する, 即ち, 自分の子どものように愛する djítsinu（実の）kvanu {djítchingvanu} gutuku kanashashung（愛する）; 父方の親族 funsūnu〈本宗の〉yūïshu（由所）.

Path-way 小路; mítchi, kū mitchi, sūdji, mítchigva, shibé（狭い）mítchi; watchi mítchi〈脇道〉; 道のりがかなり短縮される細道（近道）fússu mitchi; 道のりを短くするために脇道から来た tūsassi inchaku nashuru {ínchassaru, chkassaru（近い）} taminyi watchi mítchi kará cháng.

Patience 忍耐; [名] shínubi, nizidé, kanyín〈含忍; 堪忍であろう〉; 忍耐力がある shinubinu ang, shinubïung {dang, bang}, nizidénu ang, kanyínshung; nizïung; 彼は貧にも耐える徳がある ari finsūnu〈貧窮〉kutsisang（苦しさも）nizīru tukunu ang.

Patient,-ly; {病人} yamé mung; 忍耐心 nizidénu aru kukuru; 忍耐強く耐え抜く nīzïung, nizidi irïung; 忍耐して許す nizidi yurushung; 忍耐推奨の辞:緑の山（野）がある間は, 燃料の欠乏を恐れるな ósaru san {yama} tudumáyuru（留まる）yéda tachidjínu（薪の）nénsé {fŭdjïyū〈不自由〉} usurínna.

Patois 地方訛; kutubanu námari, kúdjónu（口上の）fïziritóng, muranu zuku kúdjó, zúku gū〈俗言; 俗語であろう〉.

Patriarch （一族・一家の）（開）祖; fāfudji; {死去した開祖} gvan sū〈元祖〉.

Patrimony 世襲財産; kadjó〈家業〉, uya kará tstétaru kadjó.

Patrol 巡回, パトロール; {夜} yū maïyuru ftu, yū maïshung; {昼} miguï bān-shung; {夜昼} mī maï-shung（見回りする）.

Patron パトロン・恩人; wūndjinu nūshi（恩主）; 彼は私の恩人だ ari vaga wúnnu aru nūshi; 後援を得ようと思って（その人の）戸口に拝礼する wūndji yī bushashi, djó ndji（行って）vuganyung.

Patronage 後援; mī uyagi, mī tassiki.

Patronize 後援する; mī（「身」であろう）tassīki-shung, mī uyagi-ung（援助する）または shung, tassiki uyagïung; 彼が私の（仕）事を後援する ariga va kutu mī uyagi-shung; 私は彼に後援されている vaga arinyi mī uyagirarīng.

Patten 木製雨靴（ぬかるみを歩く時に履く木底のオーバーシューズ）; gítta, djítta（下駄）.

Pattering パチパチ, パラパラ; 雨{あられ}の音 aminu {ararínu} patchi patchi shuru gutóng.

Pattern 手本, 型; tīfún, íkkata, kata, núri（則）, muyó〈模様〉; 少しでも手本（則）から違ってはいけない ïn tïen〈いっ点一点（少し）〉yatíng sunu nuri kará chigáyé {taguyé（違えは）} naráng.

Paunch 胃, 腹（部）; vatta mī mung, vatta, vattanu mung.

Pauper 乞食・貧困者; fin sū〈貧窮〉mung, kūnchūna (困窮な) mung; 他人に頼って生活する者 chū kakati nuchi tsidjōru mung (生命を継いでいる者).

Pause 休止;［名］yúdushi, yúdushuru yé; 半時間の休止 han túchi fudu yúdushi; (少々) 休止する shūshu yúkunyung (yukuyungであろう), iffé yamïung, yamitóchung, yudushóng, iffé mattchóng (待っている); 少し待て in tïen matti, suttó (少しは) mattchóri; 文と文の間で読んだり, 休止したりする útchi chiri djiri shi (切れ切れして) ïyung {yumúng}

Pave 舗装する; hamïung (嵌 (め) る).

Pavement 敷石 (道); hámi shī {hamitéru ishiの短縮}, ishi hamitéru míchi.

Pavilion 天型テント, パビリオン; {テント} maku, maku yā (幕屋); {軍事用} djín〈陣〉maku.

Paving-beetle; 地固め用の大槌; íshi nī (練る) azíng (杵), nīyuru azíng.

Paw かぎづめのある動物; kótu (鳥獣の爪先); {多くの爪のあるもの} tsími.

Pawn 質入れする;［他動］shtchi írïung, shtchi mutsi shi tórashung; 衣裳{品物}を質入れする ishó {shina mutsi} shtchi írïung; 質草を取り戻す shtchi ukïung, shtchi tskúnuyung (償う); 質屋 (質店営業者) shtchi yānu ftu; 質札 shtchinu shūku, shtchinu tī-gātā.

Pay 支払う; {借金を} harayung, fīmbinshung (返弁する); {一般的には} dzing torashung, dé dzing torashung {即ち, 代金を与える}; {手間賃, 賃金}［名］tímma (ティマ, と読む), séku dímma (大工賃); 賃金を払う timma tórashung; 罰金を払う batsi djíng {toga djing} torashung; 賃金を没収する tímma túmiráttang {賃金が止められた}; {役人の}給料を (罰として) 没収する mu fán〈無飯〉shimirarīru batsi, batsishi hammé (飯米, ハンメと読む) tumïung; 名誉で支払った batsi sátti mí muku ushinatóng (罰されて面目を失っている); 現金を支払う djíng ganí〈CDなし;銭金 (ぜにかね) であろう〉torashung; 前もって支払う shina turáng māda* médé (前代金) torashung, arakadjiminyi dé vatashung *māduであろう; (分割払いの) 1度分の分を支払う íchi du bunnu bung torashung; お金は一方で支払われ, 品物は他方で差し出されなければならない kuma kará dzing torashi (ここからは支払い), áma kará shína tuyúng (あちらからは品物を取る); {または当地で言われているように, 片手で交互に商売する kata tī na fikkéshi (片手ずつ引き返して) shóbé shung; 小口買いの請求書を決算する guma gáï* shótaru {kayuru* 買う} shūku gatchi chisanshung (*「買う」の日本語の読みか, gaï, kayuruは琉語ではgooi, kooyuruであろう); 給料と (配給) 食糧も tskédjing háméng (飯米も); 教師の給料 lī djíng〈礼銭〉; 半分の給与 hambung dimma, hambung lī djing; 他人に代わりに払う kavai {kavati}

torashung; vanchaméyung (弁償する); 願をかけて後返報する (お礼参りする・結願する) gvan〈願〉futuchung (解く), gvan butuchishung; 兵の給料 fínnu hammé, hó ló〈兵糧〉{即ち, 配給食糧}, tskédjing, tímma djíng {即ち, 現金の賃金}; 役人の給料は (謝) 礼銭 lī djing と言ってもよかろう; 給料日 tímma ndjáshuru nyítchi djí; {軍の}主計官 {fínnu (フィンヌ, と読む)} tímma gamī; {決算する} símashung, sū sankatashung, sū chisanshung; 訪問する mīméshung (見舞う), miméshi ítchayung.

Pea (植) エンドウ豆; indó māmi, Ollanda (オランダ=西洋) māmi, aká māmi; グリーンピース ó māmi (青豆).

Peace 平和; vagó (和合), vábuku (和睦), vadáng (和気藹藹), an níng〈安寧〉, an djing〈安全〉, té-fī〈太平〉, fī-ang〈平安〉; 平安である vadanyi ang, fī anyi ang; 和解させる vadanyi {fi anyi, vabuku} nashung; タタール (韃靼) に行き, 王女を結婚させて和合する Tātsinkae ndji shtashku nayuru yakuskushi vagó mussudóng.

Peaceful 平和な; {人} vadánna ftu; 和気藹藹の家 vadanna {tukuttushoru (気分が落ち着いておる)} yā; 国の平和な状態, 心の平静 tukuttushong, ándushóng (安堵しておる), kukuru yukuny* ang *yukinyi (心よきに) であろう.

Peach (植) 桃; mūmŭ.

Peacock, -'s feather 孔雀, 孔雀の羽; kū-djaku, kū djákunu hani.

Peak 山頂; míni (嶺), sannu itadatchi.

Peal 鳴ること; {雷の} kannaïnu guru guru {gara gara} shung; 雷の一鳴り kannaïnu chu fībichi (響) {chu naï, ftu kwī (声), útu}; ドラ, 鐘を叩く (打つ) kani tatachung {utchung}

Pear (植) 梨; nāshī.

Pearl 真珠; chín-djū〈珍珠〉, {azaké (シャコ貝) tama?}; 真珠貝 azaké guru (殻); 真珠を得たかのように大急ぎで走り登ってきた takara chíndju yíti aru gutuku issan hayéshi nubutī cháng; 1粒の水晶の玉 chu tsidzinu sīshónu tama.

Peasant 百姓; haku shó, mura bú (村主).

Pebble (丸い) 小石; ishi kŭ (石粉), íshi búku, nāmī íshi gū {即ち, 滑らかな小石}.

Peck① 啄く;［動］tsítsichung, tsítsichi kvayung〈食う〉.

Peck② ペック; {衡量単位} í tŭ l〈斗〉, 2ペック nyí tŭ.

Pecul [s.] measure.

Pecuniary 金銭上の; 困惑 dzínu {mutsi (資産)} nérang shivashóng (心配しておる), dzín néng yūïnyi shivashóng, dzínu tubushūnyi natóng (銭が乏しくなっている); 今日お金が乏しい chūya kaninu tubushūnyi ang.

Pedagogue 教師; {家庭教師} tánumi shishó; 子供たちを教える先生 vorabinu shi shó.

Pedant 衒学者; kussari djú-sha (腐れ)〈儒者〉; 弁舌の巧

みさを誇示する bínku〈美or弁口〉tskushi sídjitóng（尽くし過ぎである）.

Peddle -ar 行商する, 行商人; miguĭ（巡り）achiné-shung, guma shó-bé-shung; 行商 guma chiridjirā; 小売（する）行商人 gúma migūĭ sheru achiné.

Pederasty 男色; nán-shŭku-shung.

Pedestal 台・柱脚; {柱, 梁材などを置く（台）} djī būkŭ（地固め）, háshira táti dé; 石の台座 íshi zī（礎石）; {一般に} yíshi（据える）íka, yishī, yíshi-djū（所）.

Pedestrian 歩行の; ［形］ayunyuru; ［名］（歩行者）líku tsidjishi（陸継ぎし）atchuru ftu; 健脚家 ashi bésaru ftu; átchi dénu aru ftu, átchi damutchinu（保ちの）ang, ashi djūsaru（強い）ftu.

Pedigree 血筋・家系; gvánsu〈元祖〉, haródji, wéka, wéka haródji {[s.]issue}; 良い生まれ táttĭ（貴い）mmari; yī mmari.

Peduncle 花梗・花（の）柄; {naĭ munnu} fússu（蒂）; naĭ kutchi.

Peel 皮; ［名］kā; みかんの皮 chímpi〈青皮〉; ［動］（皮をむく）ka hadjung {jang, gang}, 'nchung（剥く）{nchang, nkang}.

Peep こっそり覗く; shūmi-shung, sagūti nyūng, ukagati nyung, fissukanyi ukagayung, ukagaĭ saguyung.

Peerless 無比の; fishshiraráng.

Peevish {[s.] irritable}; 怒りっぽい; kussamitchi bésang; 怒った返答 káta（堅い）gutchi-shung, kvī haĭ-shung; [s.] morose.

Peg 釘; kudji, kī kudji（木釘）, gákīdjā（鈎）; ［動］（釘・針などで留める）haĭshae {kudjishae} tumĭung.

Pegasus draco （動）テングノオトシゴ？天馬龍？; gónu íu; 天馬龍？に乗っている gónu īu nakae nutóng.

Peking 北京; Fikíng; 先生, 北京にまだ行ったことはないか shínshíya〈先生は〉Fikinnó māda ndjé ndáni?

Pelican ペリカン; ībira sādji（けちんぼ鷺）; áttaku（青蛙）{?}.

Pellet 小弾丸・小球; maru gva, tama gva.

Pellicle 薄（皮）膜; kā-haĭ, fissi gā; 薄皮がある kā hatóng; [s.] membrane.

Pellmell 乱雑に; tuyāzi guyāzi {atsimiténg}, kún-zó〈混雑〉shéng.

Pellucid 透明な・澄んだ; ［自動］{澄んでいる} símĭung（澄む）, sidóng; ［他動］（澄ます）simirashung; ［否］simáng（澄まない）; [s.] trasparent.

Pelt 石などを投げ追い払う; íshi shae ūyung, íshi nagiti ūyung.

Pelvis 骨盤（の骨）; náganí buni（背骨=kusi buni）.

Pen ペン; 中国の鉛筆 fudi; 鷲鳥筆 gānā fudi; ペン先（端）fudinu togăĭ {togatósi}, fudi zatchi; ペンナイフ sīgu gva, tátchi（鋭利）sīgu gva.

Penal-law 刑法; batsi 'hó; 刑法典 toga sadamīru hónu

shumutsi, batsi 'hónu shumutsi, batsi tadashi shumutsi, lítsi shumutsi〈律書物〉, batsi shumutsi.

Penance （贖罪）苦行; 罪の償いをする kurúshidi {kun lóshi*} dū ussamĭung *kulóshiであろう; 罪に応じて精進の苦行をする tsíminu á kutú toga bunyi shódjinshi {mundjiréshi（断食して）} ussamĭung.

Penates 守護神; 国を守る tŭ-tí búsa〈土帝菩薩〉; 穀物を守る muzukúĭ mamuyuru būsā; 家の中の先祖の位牌 gván sū〈元祖〉; かまどの神 kámanu kámi.

Pencil 鉛筆; fúdi; なまった筆 námari fudi; 筆の蓋{筆の鞘} fúdīnū sī; 筆製作者 fudi zeku; 高潔, 高尚, 堂々と筆を取り上げた chíttu datchi fúdi ukutchang; 筆の毛の部分 fudinu fū {穂}.

Pendant 三角旗; {旗} taĭ bata, tatoru hata, hátanu tatóng（垂れている）; {耳環} míminu kaki gani.

Pendent 垂（れ）る; taĭung, tatóng, tarĭung, taritóng.

Pendulous だらりとぶら下がった; kakiténg（懸けてある）, sagatóng（ぶら下がっている）.

Pendulum 振り子; káki {sági} mbúshi; 振子が左右に動く wúmbuĭtá shung, wūtā wūtā-shung; wūyā-wūyā shung, ndjútchi djuchishung（ndjuchishungであろう）; [s.] oscillate.

Penetrate [s.] transparent; 貫通する; ［自動］tūyung, tūtóng, tūti íyung, tūti íttchóng, tsōdjitóng; 身体中を貫通する dū íppé tsōdjitóng; 影響した{染めた} sumĭung; 悪心に染まった yana chĭmunyi sudong {sunkudóng, tsōdjitóng}, chimunyi {chimu nakae} yana mung sudóng; 意味をよく理解した chimuyéya yū tūtóng, táshshĭung（達する）; 貫通できる tūsarīng; 貫通できない tūsarang; 底までまっすぐ通った mattóba s'ku madī tūtóng, {貫き通した} fugashi {nuchi} íttatóng（至っている）; まさに骨{骨髄}まで通った funi {kutsi zī} madíng tūtóng.

Penis 男根; mărā, tani, yó butsi〈陽物〉; 男根の直立 vāyung, mutchagayung; その逆（男根が垂れる）, dayung, datóng, dárashung; 前者（男根の直立）は俗に次のように言う: shīshánu móyung 獅子が（力を）揮う; 男根{隠し所}の瘡 kakushí tukuru nakae kassa ndjitóng.

Penitent 後悔した; kuyanyuru; 深く悔やむ（人）fukaku tsimi kuyadōru ftu; 死ぬほどに（極度に）悔やむ shínyuru {shínyu} madíng kuyanyung; 彼がもし恥も悔やみも感じなければ, 彼は人ではない ari mushi hádji kūyami shirándung aré chāki chutó naráng.

Penman 能筆家; 良い書家 yī fudi.

Penant（Pennant）吹きながし（長目の三角旗）; {風向を観察するためのもの} kazi mī bata, kazi nyūru hata gva.

Pension 恩給; {王からの} {vónu} tamaĭ mung, támamung, ukuri mung; 毎年の年金 mé nínnu {níng gutu} tamaĭ mung; 恩給受給者 tamaĭ mung {fūbi} ukitōru ftu.

Pentagon 五角形; ítsi kadu- {nu mung}.

Penthouse 軒・庇; yānu amadaïnu nutchi (貫).

Penultimate 語尾から2番目の sī kara nyī ban míng*, sīnu fítchi tsídji, sīnu mé, sīnu satchi *mí であろう.

Penurious ひどくけちな; chínyaku-shung, íyashī mung; 出費を削減する írimi (出費) djíndjïung (減ずる); 商売で卑しい achiné íyassang; 物惜しみして chinyáku-shi, kagínshi, íyassashi.

People 人々; tami, shu nying〈衆人, 諸人〉, haku shó〈百姓〉, shu míng〈衆民; 庶民であろう〉; 功も名もない人々 māda kó myónu〈功名の〉neng mung; 秦 (Tsin) の時代に人民を黒頭〈黒髪〉lí min, li yuen と呼んでいた Shínnu yū nakae tame chín shu〈黔首〉{kuru karazi}, lí mín〈黎民〉, lí djín〈黎元〉ndi ïyutáng; どれくらいの人数か chássanu yā kazi {どれくらいの家数か}; 人々の使用に備える故に taminu yú〈用〉suneyuru yǔïdu; 庶民から官人まで, また官人から皇帝一門 shu míng kará kvan nyíng madí, mata kvan nyíng kará kótīnu íchi mung madí; これらの村や小村 (宿) の人々は, 日々徐々に数を増している kunu mura kunu yádūnu utchinu chó chīya kūtu gūtu kazoyung (増加する) {uffoku nayúng}; 天は人々の心をとり入れる (心とする) tinnó tínganu〈天下の〉kukurū muti du kukuru tushung; 昔の人々の意見は, 天の心はおおよそ民の心で占める, ということだった nkashinu tín sódanshuru munó tábunó (多分は) taminu kukurushidu uranáyuru; 大部分の民は {道理に基づいて} 行動させることは可能だが, それを理解させることは不可能だ tame yurashé {wí tskédu (言いつけぞ)} nayuru sídji, kútugutuku (悉く) shirashé naráng; {tó djinnu li shirashé naráng}; 民の心は得ない taminu kukuró yīráng; 世間の人々は天の幸いばかりは知っている {口にする} が, それ故, (人々は) 天の {もたらす} 禍いをも知るべきだ, と私は (言い) 添えて勧告するのだ shkínnu ftó tínnu sévé bakaïdu shtchōru (知っている), yaré tínnu vazavé shíusi {shíri vadu yarúndi íchi} vané sīti (添えて) sisïundó* *sisimïungdo (勧める) であろう.

Pepper 胡椒; {黒} kǔshū; 別の種類 (の香料) fātsí, fach[i] ヒハツ; 唐辛子 kóré gúshū {即ち, 高麗 (の) 胡椒}; 胡椒容器 kushu irī {tsibu, gámi}.

Peppermint (植) 薄荷; fhakku* *fhakka であろう; 薄荷油 fhákkanu ánda.

Perambulate 巡回する; míguti atchung, migutátchung, íppe tūti átchung.

Perceive 悟る・看破・会得する; satuyung, nyūng, mitskī shung, tsōdjiung; はるか遠方に {船などを} 幽に認める kassikanyi nyūng; 知覚できない mīráng (見えない); 7つの知覚器官 nánatsinu sátuï yú〈用〉; satuyusi tskassaduyuru dzó fu〈臓腑〉; [s.] organs; あっちもこっ

ちも見たが気付かない ámang kumang nchassiga ndang〈見ない〉; 私は君がその真実を了解することを願っている vané ïyaga sunu ang aru bichī kutú achiramiténdi (明らめたいと) nigatóng.

Percent パーセント; 1パーセント hákunā nakaï íchi bung {agiti, または lízikishi tuyúng 利子として取る}.

Perch スズキの類 (淡水魚); {魚} funa, tā íǔ {即ち, 田魚}; 鳥のとまり木 túīnu yī djī; (鳥などが) とまる yīdji nakae níndjung (寝る).

Perdition (完全な) 滅亡; ushinaï, ushinayusi (失うこと); 永遠の地獄 (落ち) naga kurushimi, naga vazavé, cha sizimi-shóng.

Peremptory 断固たる; chivami chūsaru; 断固として chíshshti (決して), chivamíti (極めて), míttanyi (滅多に), kavarang gutu; 言い切る ī chīung, ī chichi ïyung; 断り切る kutuvaï chīung.

Perfect 完全な; 成就した djódjū shóng, mattaku ang; 完璧な人 djódjushōru ftu, mattashī chū, dju bung taritōru {taretōru} ftu; 完全に成し遂げた tudjimátong; [動] 完成する djódju shimïung, mattaku nashung, {成し遂げる} tudjimïung. 完全な理解 muru (全部) satúï (悟り).

Perfectly 完全に; muru, dju bunyi, djódju (成就), mattaku; shkattu (しっかりと); 完全に理解する sóté (総体) satutong, dzundji kudóng (存じ込む).

Perfidious 不 (誠) 実な; fu chū〈不忠〉, makutu nerang, kan sé〈奸才〉na mung, kukurunu kagitóng (欠けておる).

Perforate 貫き通す; fugatchi tūshung.

Perform 行なう; nashung, shung, ukunayung; {成し遂げる} tudjimïung; 約束を果たす yakusku mamuyung, yakusku dūīshung (どおりする); 芝居をする hánshishung; 為し得ない nashī osan; 為した natóng, shéng.

Perfume (芳) 香; [名] kó, kabamung, kaba kó, nyïwūïmung; 着物の香 chínnu nyïwūī; 芳香の染んだ nyívīnu sudóng; 芳香を染み込ませる kó tskití kabaku nashung, nyïūrashung (匂わす); 香を売る人 kó uya, kó luï〈類〉úyuru mung; 貫く (染み込む) ような香 fuka (深) nyiūï; 強い臭い物は好かん chūsaru kaba munó skáng.

Perhaps 多分; túkaku, yényé {aïnya, aruïva} hazi, mānyi {mā「間」(の変形)} sadamiráng, sadamïé narang; 多分～なるであろう nayuru hazi; 多分良い yutasharu hazi, yényé yutashang; 多分これだろう kuri détaru {du yataru} hazi; そうかも知れないと恐れている aïgashurandi (そういうことがあるであろう) {andu yarundi (そうであろうと)} ussuritóng.

Pericardium 心嚢; kukuru tsitsín.

Perilous 危ない; áyasang, ayautchinu kuto (事は); [s.] dangerous.

Perimetre 周囲 (計測器); só mavarinu djódji, íppe māchi

hákáyuru djódji.

Period 期 (間); túchi, kadjiri, tuchi kadjiri, chīva {djiva}; 7日{2か月, 3年}の周期 shtchi nyítchi mi {tá tstchi mi, san nínnu māru}; 何日の期間の後か íkkaminu ato?; {書物の}句点 chíri, maru djíri (丸切り); 句点を付ける utskishi chiri shung; maru djíri-shung; 毛が生える期間 kī djiva (際), kī míŭrŭ ĕhiva.

Perish 滅亡する; ushinayung, furubĭung {dang, bang}; 永久に苦しむ naga kurushiminkae utĭung.

Periwinkle (貝)タマキビ*; shtyă-dán. *潮間帯の岩礁に群がって住む巻き貝.

Perjure, perjury 偽証 (する); itsivaï chiké*-shung, magaï chiké-shung, itsivati chidjíri-shung, itsivati shūku-shung; 偽証した itsivaïnu chiké (誓い) fashtóng *chiké-はEC:発仮誓, 枉誓願に因るものであろう.

Permanent 永続・不変の; tsininyí wung, tsininyí kavarang.

Permeable 透過 (浸透)できる; tūsarīng, tashshirarīng, tūrarīng, táshi bichī, tsōdji bichī; 煙管が塞がって空気が通らない chíshírinu katamati īchinu tūrang.

Permeate 浸透する・染み込む; tūshung (透す), sumĭung (染む); {川} nagariti atchung.

Permit, permission 許し; yúrí; yurī-gatchi {許可証} [動] (許す) yurushung; 私が言うのを許してくれ vaga ĭyá {ĭyusá} yuruchi kvíri; 彼らが帰るのを許してくれ ariga (彼が) keyusi yuruchi kvíri, ari yúruchi kéchi yarassi; それをするのを他日に延ばすことを許してくれ bitsi finyī {kunu kutu} mata shímiti kviri (別の日にまたさせてくれ).

Permute [s.] change, exchange.

Pernicious 有害な; géshuru, génu aru; [s.] injurious, noxious.

Perpendicular 垂直の; nowchi-nyi ang, mā mássígu tátchóng; tsíbu datchi (壷立ち?), sigusang, síguku; 垂直線 tattínkae (縦に), tatti sídji, tatti chí (罫); 垂直と水平の táttinaï yuku naï; {書道で}垂直線 táti bítchi; 他の直線と直角になるように交わる直線は垂直となる massīgu sīdji tītsi bitsi sidjinyi madjíti, sunu natoru kadu mássīgu aïdunse, kunu chí nowchi chíndi ĭyú; このような2本の線は円周を4等分する kunu gutoru sídji tātsi yínsóya yutsinkae yinu tubunyi〈同分; 等分であろう〉vakĭung; 真っ直ぐな線を立てる{降ろす} nowchi sidji tatĭung {urirashung}; 高さを測定するために, 垂直にする{または一方の側を地面に横たえて直角にする} djódji tóchi takassá fakayung (定規を倒して高さを測る).

Perpetual 永久の; yíyī〈永永〉mading, nagatchi, nagā, na géku, fissashtchinyi (久しきに) ang; 永久の契約を結ぶ yíyi madíng yakusku tatĭung; 継続的 naka tésang (絶やさない), nakanu chiriráng, tsíni zíni (常々) aru

mung.

Perpetuate 永久に残す; 人の名を ato madíng {kóshinyi〈後世に〉} nā nagashung; nānu nagaku tarĭung (垂れる) {tarashung, nagarirashung, tsidjung (継ぐ), tsiga-shung, tsteyung (伝える), tstérashung}.

Perplex 混乱する; [自動] midarĭung, kunzóshung〈混雑する〉; [他動] (混乱させる) midarínyi nashung, kunzóshimĭung; これは混乱していて, 私には分からない kunzóshi vakarang; 当惑した {[s.]nonplussed} súckkvéchóng, sashi tsimatóng (窮しておる); 他人を当惑させる suckvéshimĭung, sashi tsimarashung.

Perquisites 心づけ; {贈り物} kva-fó〈掛号〉djíng, tsuyūnu (通用) kani, wéru djíng (賄賂銭).

Persecute 虐げる・いじめる; usséyung (侮る), géshi usseyung; {肉体的に} karamíti (搦めて) géshung.

Persevere 忍耐強くやり続ける; mutūyung, tūchi (通して) ukunayung, tsininyi shung, tsizichi (続き) {tsizikiti} shung; 徳を持ち続ける djíng mutūyung, djíng〈善〉 mutūti ukunayung, ovaru madíng djing mutūyung; 徳を持続することができない djing nashussiga mutūrang; 忍耐強く1日中書き通した íchi nyichi tūchi shumutsi kacháng; 続けて気張れ mutūti chibarĭo {naka tésang (絶やさない) gutu, 即ち, 中断しないで}; 永続力がある mutūĭnu kukurunu ftu, yū mutūtóng, mutūĭnu yutashang; {「原因」の意の mutúï とは区別すべきである}.

Persist 固執する; mútunu tūī shung; katamatóng, kataku mamuyung, kakavati shung, vázatu (故意に) shung; このように言い続ける mutunu gutu {katamati, vazatu} andi {an nayundi} ĭyung.

Person 人; ftu, chu; 他人 chu; 第三者 satchihó-nu ftu; 知らない人 shirang chu; ある人 aru ftu; 媒 nanyigashinu ftu; 高い身分の人 dúdu agamitōru ftu; 一般に行為者は, 行為を表わす抽象名詞と同様に, 同じ動詞の語形成素で表わされる. 例えば, tskoyushi ndang は, 「作ること」, または, それを「作った人」を「私は全く見なかった」ことを意味する; 人が言うのは聞いたが, することができた人を見たことがない; katarayusi chichassiga sunu ftó ndang; [s.] being; この人は私の友だ kunu ftu va dushi; 自分を大事にする dū tsitsishinyung (慎む); 自分自身も財産も担保に入れる dūng kadjóng (家業も) shtchi mutsi írĭung; 各階層の人 íru írunu ftu; 自ら行く dūshaï itchung; 自ら監督する chímbunshóti〈見聞〉{見て聞いて} djítchishung (下知する); お金を持参している dzíng mútchóng {[否] mutáng持たない}; 人々 níndju; 一家の人々 yá nindju (家族); 人の数に応じて nīndju dākă (高) {sū daka (総高)}

Personal 本人自らの・じきじきの; dū, chímbunshóti (見聞して); 自ら面会する mimé-shung (見舞いする).

Personify 擬人化・具現する; katachi andi nyishti shung,

íchi munnu gutuku shung {生き物のようにみなす}; 象る kata duti {tuti} shung, katachi katadúyung; 山を人のように言う sanó ftunyi kátadúti sodanshung (相談する); 象ってある kataduténg.

Perspicuous 詳細・明快な; tsimabiraka-, achiraka-nyi ang; 見通せる stchi tūti (透き通って) mīūng; 明快で知覚しやすい stchi tūti mī yassang; 明快な文体 bunlī⟨文理⟩ tsūdji achirakanyi ang.

Perspiration 汗; assi; 汗が流れ背中を濡らす assinu nagaríti shínaka fitatchóng (浸す); 夏には汗が多い natsé assé {assinu muri (漏れ), 汗がにじみでること} uffusang.

Perspire 汗をかく; assinu ndjĭung, hayung, nagarĭung, muri (漏れ) ndjĭung; 少し汗をかく assi gunyung {dang, mang}; {物に関して}汗が滲む shtsinu (湿が) fuchung; [他動] (滲ませる) fukushimĭung; [s.] sudorific.

Persuade 勧めて～させる; sisinyung* (進む) {dang, mang}, fĭchi sisinyung*, yavarakanyi sódanshung, fúkūshimĭung⟨服させる⟩ *sisimiungであろう; 説得された fichi sisimiráttang, fūkūshimiténg, chĭfukushong (帰服している?); 合点している gattin-shóng; 彼を説得して私の意見を聞き入れさせた yuvarakanyi sódanshí va mítskinyi chifukushimitang; 彼を説得して静かにさせた{怒りを解いた} ariga ikaré sisimíti tucháng; 彼が一晩中帰らなかったので, 彼は外で酒は飲まないにしても博打をしていたと, 私は確信している ari yū akidōshi kérang kutu vané kangé chivamitóng {tuï chivamitóng}, are fuka vuti yenye saké numanting (酒は飲まなくとも) kāki du sharu.

Pert 生意気な; kfa mung, {kfassang}, kfa munuĭsha, guchisha (愚痴者), mūnŭyŭnyā (おしゃべり); [s.] lively

Pertain 属する; {国々が} dzukushóng; {適合する} sóvúshóng (相応); {同じ種類の} nyiwótóng (似合う), tagúï (類), lúïna mung (同類物); これは何に属するか kuré nūnu taguïga (何の類か), kuriga taguï {このようなもの} nūnyi nyïótóga; これは私のものだ wá mung; [s.] belong.

Pertinacious 固執する; これに (固執しておる) kurinyi kakavatóng, katamatóng.

Perturbed 狼狽した; {心} kukuru yukarang, tukútu neng (気分が落ち着かない).

Peruse 通読する; {本を} ざっと見る mī vatayung, akiti nyūng; 全部通読した sū (総) mīshang, sōté (総体) nchang

Pervade [s.] permeate, penetrate; 行き渡る・充満する; 天地万物までも充満している tínchi bammutsi madíng tūï (通り) míttchóng; 最初から最後まで全てに行き通っている fadjimi kará ovari madding (までも) tūtóng; 酒の臭いが充満している (hadjimi kará dzū

madíng) sakinu chí⟨気⟩ tūtóng.

Perverse へそ曲がりの・つむじ曲がりの; figadóng, mudita mung, súmutcha (背いた) mung; sakayung (逆らう) {sakatóng}, djakunkae (逆に) figadóng.

Pervert [s.] writhe; 曲解する; [他動] magarashung; 陳述を歪曲する magati sódanshung; yóga munĭshung; 私の意味を曲解する va chimuyeya tuï magiti sodanshung; ími ushiné munuĭshung; 真実を言わず, 歪曲する shó kutó (本当の事) ïyang, yugamatchi du ïyuru; 聖人の言葉を侮り, なぶりものにする shī gung ⟨聖言⟩ anaduti nabakuyung.

Pestilence 伝染病; yana fūchi (悪風気), feï yamé (はやり病), yïtchi li (疫痢).

Pestle 杵; azíng; 臼と杵 usi azíng; 石を砕く杵 ishi nyī (練る) azíng; [動] (杵で突く) azíngshi tstchung {即ち, 臼の中で}; 他の方法はnīyung (練る); 杵と臼を取って, (氷糖)を突け ūsi azíng tuti kūri zató tskí.

Pet 寵愛物; [名] chī irī (お気に入り), fissó mung (秘蔵物), atarashī mung (大事なもの), atarashī (大事な) yīri mung (玩具); [動] (大事にする) atarashashung, fissónyishung.

Petal 花弁; {hánanu} yū; 4つの花弁{4枚の花弁} yū yūtsi; 一重の花 chī bana; 二重の花 futchi bana.

Petechiae 点状出血; gutchafá (ぜにたむし, ぜにがさ); 当地では, 白い点状出血は悪い瘡と言う: shíru gutchafa aku só.

Petiole 葉柄; {kīnu} fānu naka buni.

Petition 嘆願 (書); [名] nigé gatchi, nigé té⟨帖⟩, nige bung; [動] (嘆願書を書く) nigé gatchi shung, nigé gatchi ndjashung, nige bung ndjachi ushagĭung, 即ち, 嘆願書を差し上げる; {口頭で} [動] 嘆願する uttaï kūyung (請う), unyukiti kūyung; pīnshi⟨禀し⟩ kūyung; 哀願的な嘆願書 kanashimi níngurunu nigé té, dóding dódindi íchi nigé gatchi-shung; 上官すべてに嘆願する kami kvan sōtenkae nigé ndjashung; 昔から, もし下級の者が上級の者に申し立てをすることが出来なければ, 天下は混乱するに至る 'nkashí kara shtyanu djó (下の情) kaminkae tashshi (達し) ósandaré tínga midariti, ussamayuru kutúndi iché neng; そして, 下級の者の事情が上級の者から隠されていると, 天下は破滅に至る mata shímunu djónu (djónyiであろう) kaminu fussagaïdunse (塞がったら) tínga furubĭung.

Petitioner 嘆願者; nigé gatchi ndjashuru ftu.

Petrify 石化する; {ïndjiti⟨変じて⟩} íshitu nayung.

Petsae 白菜; 白い薬草 shiru nā (白菜).

Petticoat ペチコート; wínagonu shtya djíng (下衣).

Pettifogger 些細な件を扱う法律家・弁護士; uttaï katchā (訴えを書く人), uttaï gva katchā.

Petty 僅少の; vazika, vazikashī mung, gúma gvā; それは

些細な事と思う, 皇帝に聞かせて煩わせるには及ばない gúma kutúndi umutóng, kótinyi chikátchi vaziravasunyi uyubáng; わずかな怒りと恨み vazikanu íkari urami; 名声と利得の僅かの楽しみ myó li〈名利〉mutumīru vazikanu tanushími.

Pewterer しろめ細工師; sizi şeku（錫細工師）.

Peziza きくらげ: 朽木に生ずるきのこ kīnu mimi*（*EC:木耳 mimigui であろう）.

Phagadena（phagedena） 侵食性潰瘍; tadarí ḳassa（爛れ瘡）.

Phantom お化け; bāki mung.

Pharmacopaea（pharmacopoeia） 菜種・薬物類; kussuïnu nā atsimi.

Pharmacy 調剤法・処方; kussuï shi hó, kussuï kushireyuru 'hó.

Pheasant（鳥）雉; chí dji-nu túï; 黄金色の雉 chin chī〈金鶏〉.

Ph（o）enomenon（Phenomenon） 現象; katadúï（象り）; 異常現象 midrashī kátadúï; 月｛ほうき星｝の蝕現象 gváshkunu｛hóchi bushinu｝zónu〈象〉ang; 陽の昇る現象 tīdanu agayuru zó.

Philanthropy 仁愛; chu kanashashusi, djíng〈仁〉.

Philology 言語学; djīnu sódang, kūdjónu（口上の）hó; shúkŭku（諸国）kūdjónyi kakayuru hó.

Philosopher 哲学者・賢人; bámmutsinu dóli〈道理〉firudōru kúnshi〈君子〉*EC「博物君子」の訓読みであろう, baku gakunu〈博学〉samuré*, djílï〈事理〉dzundjitōru samuré*, dóli yū shtchōru samuré *literati（学者・知識人）の意味が普通,「士族」の意ではない.

Philosophy 哲学; bammutsīnu dolinu｛djílinu〈事理の〉｝gáku.

Phlegm 痰; tang, hana dang｛鼻粘液｝, kassigoï.

Phoenix 不死鳥; fū vó〈鳳凰〉. *Pheasant の後より移動.

Phrase 句; kū, chu gu, íkku, kutuba; 意味概念を持つ（数）語の文 íminu íttchoru kutúbanu chu chíri（一切れ）; 常用の句 tsininu kū; 彼が習慣的（に使う）語句 ariga shtski（為しつけている）gū.

Phraseology 言い回し; 明快な imi yū tashshïung｛tashshitóng｝.

Phtisis（Phthisis） 消耗性疾患; tskari yamé; 肺結核 fénu〈肺の〉dzófu〈臓腑〉yanditi tskari yamé.

Physic 薬; ｛薬｝kussuï.

Physician 医者; isha; 医者たち ishanu taguï, íshanu chá; 医者は観察し, 聞き, 尋ね, 脈をとるべきだ ishā nuzudáï*, chichaï, tútaï, myaku nchaï si vadu *EC:「望」に因る; いかに多くの有名な医者の世話になったことか, 今さら他の医者は見たくない na chikvitōru ísha chássang mīti tútang（名の聞こえた医者数多見て問うた）! nama kará mīrunyi uyubáng（今から（他の医者を）見るに及ばない）.

Physiognomist 観相家・人相学者; só〈相〉nyūru ftu, shunsha（CDなし；算者であろう）.

Physiognomy 人相, 顔（つき）; só, gow; ｛観相術, 人相（で占う）術｝só nyūru 'hó（法）.

Piano ピアノ; kutū（琴）.

Piazza 屋根付き回廊; ｛柱で支えた屋根付きの歩道｝Ió〈廊〉, yīng〈縁〉, fī gataka（日除け）.

Pick 選び出す; yírabïung; 良い物を選び出し悪い物を捨てる tuï stïung;｛爪で｝摘み取る tsídi｛tsínyung（摘む）｝tūyúng;｛落穂を｝拾い集める fīri｛fīti｝atsimïung, firïung（拾う）, fīruï tuyúng; 耳をほじくる［動］mími assayung;［名］（耳をほじくるもの）mími assayā; 歯をほじくる hā assayung, kudjïung;［名］（妻楊枝）ha assayā, yódji.

Pickback（Pickaback） 背負う; úfa-shung.

Pickax つるはし（状のもの）;｛大工用（手斧）｝tīng;｛畑用のつるはし｝kvé〈鍬〉; つるはしで削る kizïung, tīngshi kizïung.

Pickle -s 漬物;［名］tski-mung; 漬物に入れる発酵物 mīsū と mūrúng または kassi-zé（酒かす）; 上質の味噌 djó misū; かぶ漬け｛大変おいしい｝ziziki dékunyi（大根）; ねぎ類の漬物 tski biru（大蒜）, tski dachó（辣韭）;［動］（漬ける）tskiung; 酢に漬ける sī nakae tskïung.

Pickpocket 掏摸; gúma nussudu; mī māchi ké tuyuru nussudu 見回して盗む.

Picture 絵; yī; 絵一枚 yī ichi mé（即ち, 1枚）, yī zó, íkkata; 貼（りつけた）絵 úshi yī.

Picturesque 絵のように美しい; fīditóng（秀でておる）｛即ち, 華麗な, 優れた｝.

Piddle 空費する; vazikashī｛munashī｝kutu shung; 夜（子供が）寝小便する yū shībaï-shung; 昼に｛座ったまま小便する｝yī shībaï-shung.

Pie パイ;｛餡入り焼き菓子｝ánnu íttchoru yatchi gváshi.

Piebald horse 二色まだらの馬; ayagatchi｛iruduï（彩）｝mma.

Piece 片; chu kaki（一片）, murushi（塊）, kū;｛布, または家畜の｝1匹（疋）íppichi; 墨1挺 simi ítchó; 紙の1切れを持って来い kabinu chu kaki｛chiri｝íti（貫って）kū; 請負いで働く uki（請負）shkutchi zéku-shung, vaza dima（仕事に応じた手間賃）zéku.

Piecemeal（?）;｛粉々に裂いた｝chíchi ku şachéng;｛裂きぼろほろになった｝chíri tadarishóng（爛）, fichi satchéng;｛煮てとろとろにした｝nyíchi tadari shóng; 噛砕いてある kán kudachéng.

Pier 橋脚; hashi bashira;｛石の｝íshi bashira.

Pierce 刺し（通す）sashung,｛突き通す, ［s.］imbue, thoroughly｝; 紙にインクが染み込んでおる kabi nakae simi（墨）sunkudóng; 心に悲しみが染み込んでいる chimu nakae urī sunkudóng; 刺し射るような言葉 kutubaya sáshí īūrū gutóng; 刺すような風 kazinu mīnyi｛身に｝

sashung, sashi īuru gutóng; {悪い意味で}胸に突き刺すような言い方をする 'nni {muni} tstchi munuīshung.

Piety 敬神; kami tstsishimi usurīse (恐れること); 行って敬神の行いをしなさい ndji in tuku〈陰徳〉sé; そのような行為の遂行のため献金する人 intuku tánuminu nūshi.

Pig 豚; buta; 子豚 buta gva; 豚小屋 buta furuï.

Pigeon 鳩; hótu, aya bótu（綾鳩）.

Pigmy 小人（族）; chu gva, fūdū（背）gva.

Pike 短い槍; naga yaï〈EC:長槍〉; {魚}（カワカマス）kamasi, bashi ka īu（太刀魚）; 槍の柄 yaïnu wī.

Pile 積み重ね（たもの）; [名] chu mazíng, kassabi; {棒柱} kwī（杭）, hashira; [動] 積み重ねる mazinyung, tsínyung, tsínuyung（積もる）, tsímuyung（積もる）, tsín tatiung, kassabiung, mazíng tskīung; tuï tatíung, 特に, 薪用に置かれた木について言う; もう1重ね積めnya chu kassabi mazímé.

Piles 痔疾; djī yamé; 痔がある djī ndjitóng {muttchóng}

Pilfer -er くすねる; [動] fissukanyi（密かに）nussudung-shung; [名]（こそどろ）tī takuminu nussudu（手巧みな盗っ人）.

Pilgrim 巡礼者; {香を焼くため遠方へ行く人} yinpónkae {tūssankae} ndji shū kó〈焼香〉shuru mung; shū kó shá〈焼香者〉.

Pill 丸薬; gván yākū; 私は丸薬を送り（遣わし）ます, 寝る時用いて結構です vane gvan yaku tskati níndjūru tuché mutchīti yutashang（用いてよい）; 嫉妬を抑える丸薬 shíttu tudumīru gvang; 彼は毎朝丸薬を1つ飲み, 3日で飲み尽くした ari mé assá gván yaku tītsi núdi san nyítchi vuti numi hatitáng（果てた）.

Pillage 強奪する; ubi yakashung（脅やかす）, mbaï tuyung; 略奪と暴力 útuchi* ubiyakashi tuyúng *úduchi（脅して）であろう; {戦利品} ubiyakachéru mung, ubiyashi* tútassé *ubiyakashiであろう.

Pillar 柱; hāyă, hashira.

Pillow 枕; mákwā; 枕入れ máckwa búkuru; 枕をして寝る mackwa shung, mackwashi níndjung; 涼しい枕 sídasharu mackwa; 枕にもたれる{枕を下にする} mackwa skiti {kakiti} nindjung; 死の枕（莚）に横たわる shínyuru mushirunkae tstchóng（着いている）.

Pilot パイロット; {案内人} mítchi bitchuru ftu; 船の水先案内者 funi mitchi bitchuru ftu, mizzinu annéshuru ftu, mizzi sagúyuru ftu; 案内（先導する）舟 annésha buni, 当地では通常中国から帰る船を迎え港へ導き入れるために派遣される; 水先案内を許す許可証 mizzi mitchi bitchuru yurí gatchi.

Pilot fish （魚）プリモドキ*; fuka {即ち, サメ} mitchi bítchuru（導く）īu *（サメを餌の多い所に案内してやる小魚）.

Pimp [s.] procurer.

Pimple にきび; shú butsíng, shú bŭté（皮膚病の一種, 虫に

 さされるなどして皮膚に小さな腫れができるものでかゆい）.

Pin ピン; kámachi aru haï {頭の付いた針}; ピン入れ haï irī, haï bukuru; 機械の（中のあらゆる）ピン shín〈芯〉; 木製なら kī kudji（即ち, 木釘）; 棒柱 quī（杭）.

Pin cushion 針刺し; haï sāshī.

Pinafore （子供用）エプロン; mé dari（前垂れ）.

Pincers 釘抜き; kudji kwáshā, kwáshā bássán（鋏）; {蟹の大爪} gáninu ufu zími.

Pinch 捩る・はさんで締め付ける; mudïung; 指でつねる tsín tskïung; 締め付けられるような痛み kudji yánshung.

Pine① 松; {木} matsu, sīdji（杉）; {ごく普通のモミ材} kūīntsa; {後者は中国ジャンク船の材料となる}; 春にも花咲かず, 冬にも凋むことのない, 松のようだ matsé faru vutíng tsíbuming（蕾も）mīrang, fuyu wuti shibunyusé {karīse} mīrang aruga gutóng（松は春に於ても蕾も見えず, 冬に於て凋むこと{枯れること}見えざるが如し）.

Pine② 憂えてやせ衰える; [動] urīung（憂える）, u-tsishóng（鬱している）, vadjadóng（鞏面をしている）.

Pine-apple パイナップル; {野生の} sótítsi（蘇轍）.

Pinion 両翼（両手）を縛る; hani {hani gé} kunyung（組む）*; {上腕を後ろに縛る} kénya kunyung *kundjungであろうか.

Pink ピンク; {色} buki íru, ussi aká; {花}（ナデシコ）chó shung （長春（花）:ばら）; {飾り穴をあける} fūï tska-shung（彫りつける）.

Pinnacle 小尖塔; tafanu togáï（塔の尖り）.

Pint パイント; 1パイント íshshu 1〈升〉.

Pintle 軸栓; {（木工の）ほぞ} fishi（栓）; {物を吊り下げる} gakidja（鈎）.

Pious 敬虔な; dóli tsitsishīdōru, tsitsishími issadji yūnyi（潔に）ang, kami tsitsishídi ussurīru.

Pipe [s.] tube; パイプ; {管} kúda, kúdăgū（機織に用いる小さな管）; {煙草用} chishíri; 煙管の頭だけ chishíri zara; 煙管の竿 chishiri só; 煙管の吸口 kwī kutchi; 永く煙草を吸ってパイプにたまったやに yáni; 煙管をきれいにする（浚う）chishiri tūshung; 管楽器 fanshó（半笙）; （管楽器を）奏する fanshó fuchúng; 口笛を吹く fifī shung.

Pirate 海賊; haï tsé, uminu nussudu.

Pish! ちぇっ・へん（軽べつ・嫌悪を表わす）!; aha! vukashi（おかしい, こっけいな）mung yassā!, vukashá!

Piss 小便; [名] shūbing, shībaï; [動]（小便する）shūbing-shung, shībaï-shung.

Pistil （植）雌しべ; hana shíbi; yū と言う人もいた; [s.] petal.

Pistol 鉄砲; típpú.

Pit 穴; ana; 深い穴 fuka ana; {わな} útuchi* ana（落とし

穴）*útushiであろう cf.pitfal; 炭坑 íshi-dang fuyuru
ana.

Pitch① 松やに;［名］{樅の木から取る} matsinu anda,
matsinu yáni;｛度合｝shaku, fudu, gutu.

Pitch② 張る;［動］テントを張る maku（幕）fítchung,
hayung, tatĭung; 陽を防ぐためにテントを張る maku
fíchi｛tatiti｝fí katakashung; まっさかさまに落ちる
utsishung*, utsichéng*, tubi kudati chung｛yīyung（坐
る）｝*不詳・混入であろうか.

Pitcher 水差し; mizzi tsibu; 棒で肩に担ぐもの tāgú（担
桶).

Pitchfork 三つ又; kussa katchi, kóshā;｛両者とも歯はハ
ローのように下向き}.

Piteous 哀れな; 哀れな相貌 avarishī mung; やるせなさそ
うに哀願する kutsigissashi unyukĭung（申し上げる).

Pitfal (pitfall) 落し穴; útushi ána.

Pith 髄;｛木の kīnu｝djū〈中〉｛即ち, 真中（心)}.

Pitiable 哀れみを誘う; avarishī mung, avarimbichī, kana-
shimbichī; nátskashī mung｛人を嘆かせる｝; chimu-
gurī mung（不憫なもの).

Pitiless 無情の; kfashī（堅い）mung, avarimáng mung,
avarími néng;［s.］merciless.

Pitted あばたのある;｛天然痘｝kúmudjā（あばた者),
kúmudjishóng, mādjā（痘痕者), kāsā（瘡者).

Pity 哀れみ;［名］avarími, kanáshimi; 可哀相に! ushī（惜
しい）｛avarishī｝yósi du yaru!, ushī yŏsi yassá!; 君が
彼を段るのはかわいそうだ ndzōgíná, atínna!;［s.］
fellow poor;［動］（哀れむ）avarimu, kanashimu,
úshimu｛dang, mang｝; 苦しんでいる人々を哀れむ
kurushidōru ftu avarinyung; 痛々しい, 残念だ íta-
ssang, ítássanu.

Pivot 軸; djíku;［s.］hinge.

Placable なだめ易い; ī yafarakī yássang｛説得しやす
い｝, chimu nóī yassa, íkari yámi yassa, kwan djū〈寛
忠, 寛恕であろう〉na mung.

Placard 貼紙; haï gami, haï gatchi.［s.］bill

Place① （場)所;［名］tukuru;｛土地の一部分｝chkátta 地
方; 場所はしばしば djū〈所〉で表わされる; 座る所 yī
dju; 居る所 wuī dju; 置く所 utchi dju; 住む所 simé-
dju｛即ち, 住宅｝; 彼の住所,｛居所｝はどこか ariga si-
médju｛wuídju｝māga?; wú tukuru 居る所, スペース,
部屋; それを置く所｛部屋｝がない utchú tukuru neng;
（場所は)ある句では ba〈場〉で表わされる: 狩場 kári
bā, 戦（う)場 tataké bā, 役場 yaku bā; 生まれた所｛国｝
mmari gunyi, mmari djíma, fún guku〈本国〉; 生まれ
た所｛町｝mmari mura, fun chó〈本郷〉; 譲る yuzĭung,
dū fikússinyung（低しむ）, shirizuchi（退き）yuzĭung;
他人の場所を占める｛代わって職務する｝táshshi*-
shung *EC:「他事」であろうか;［s.］change-, instead;
行く所がない atchú（歩く）tukuru néng; 第1に, 第2に,

第3に chú kūtú, tá kutú, mí kutú; tītsi, tātsi, mītsi; chú
chimó（一肝・一心は), máta chu chīmó, または nya（も
う）chu chimó; あちこち行く áma ítchí（,）kúma ítchi;
chā miguyātū shi（絶えず巡って）atchung｛sha-
tchung, shi atchungの短縮｝; chá migurūdu shatchung;
場（所)違いの｛相談 sódang｝, kaninyi（矩・常識に)
haziritóng｛handitóng｝, mu bā〈無場〉na sodang, bu
hóshina（無機会・あいにくの）sódang; しっかり自分の
場を保持する｛守る｝shkattu,｛chíttu｝tattchung（立
つ); 10は第2桁, 100は第3桁 tū nyi bamínyishi, hakó
san bamínyishi; 彼女は自分の座る場所は2番目と
思っている dūnu yīdjó nyi bamíndi umutóng; 彼は
第1に母に心配するだろうと思った, 第2に夕食を待ち
遠しく思った, それで外に出かけなかった chúkutó
｛tītsi｝fáfanu shivashígashurandi ukétong（不安がっ
ている）; nya chu kutó yūbang nizitóta kutú（夕食を堪
えていた故）fukankae ndjirántang.

Place② 置く;［動］utchung, utchóchung（置いておく); 順
番に整然と置く tsiraniti（連ねて）útchung;［s.］make
ready, prepare など; あそこに置け amankae nási,
amankae úki｛utchóki｝; これらわずかな物はあちら側
に置かれていた kunu íffé agata mutínkae utche-
tótang* *ukattótang, またはutchetangであろう; テーブ
ルの上に置かれている shúkūnū（机の）wī nakae
utchéng; 気にいった本を1, 2部棚の上に置け fissóna
（秘蔵な）shumutsi itchí nyī bó tána wīnkae uki; そ
れらを置くとき, 必ずまっすぐ置け, 斜めに置いてはなら
ない, そうしなければよく見えないから kuri útchinyé,
kanaradzi mattóba ukíyó, yóga utchi shé ickáng; an-
sándung ñchīng ickáng｛chímbung（見聞）ickang｝; 棚
の一番上に置いておけ tánanu wábinkae nubutóki
（昇っていなさい）* *nubushitóki（昇せておけ)であろ
う.

Placenta 胎盤; ĭyá.

Placid 平穏・平静な; yutsitu（ゆったりと）shóng, venda
mung（温和な者), yurutushóng（ゆるりとしている),
tukútushóng（落ちついている), tukútu ang; 温和な顔
ariga só nchíng vendassaru gutóng（彼の相貌見ても
温和そうである); 穏やかな海上 késhó yavarakanyi
nati（なって); 穏やかな天気 tínchi yavarakanyi atí
（あって).

Plagiarism 盗作; chunu bung nussudi dūnu tskotándi
icháng（他人の文を盗み自分が作ったと言った), dūnu
tskúyé aráng nyishti（似せて）útsūshhŭng（自分の作り
ではない, 似せて写す).

Plague 疫病; yítchilí, feï byótchi（はやり病気).

Plaid 格子縞の織物; mŭdī āyā（白糸と黒糸をより合わせて
織った模様）īchū.

Plain 平野;［名］ītchi〈平地〉, tó（平坦（な所)); ［形］｛技巧
なく率直な｝sígu-sang;｛平凡な, 貧相な｝záttushong; 無

地な衣装 zattuna ishó, tádanu（ただの）chíng; 無地の布 shtádjī（下地）; {飾りのない} kazaï néng; {細工してない木} yama kata; さっぱりした{美しさが} sappaïtu〈去白〉ang; もう絵づけされた煙草盆 shírachi（磨いた）tábaco bung; 白紙 shiru kabi; 率直で正直な人 chunu kukuru mutchi sigusaru mung, ló djítsi〈老実〉, búku djítsi〈朴実〉; 理解しやすい tsōdji yássa, achiraka（明らか）; 率直な言葉 sigussaru kūdjó, sigushī kutúba, massigu ichéru kutúba; 手の平に置かれたように明白な tīnu ura {vata} nakae utchikitēru gutu achirakanyi ang; 質素だがきれいな道具 dógu záttu ayéshussiga chirínyi ang; 率直な言い方は決して人の感情を損なわない sigussaru kūdjóshi íttsing（いつも）mī chiráng（見限らない）; 地味で模様のない zattushi aya kúnumi* néng *kúminuであろう; あの本を開けると明白に分かる anu shumutsi akitínde chāki chimyéya tsōdjírarīng（即刻意味合いは通じられる）.

Plaint 悲嘆; nachi munuī-shung, shiva munugataï-shung; kutsī（苦しい）munugataï-shung.

Plaintiff 告訴人; úttaï tsigīru ftu, úttaï shuru ftu, firū（披露）nying; 他人のために代わって訴える人 kavati úttaï shuru ftu; kavachi tsigíung; *appears（現われる）とあるがappeals（訴える）であろう.

Plaintive 悲しげな; kanashinyúru, kutsissaru, ítassaru; 悲しみの声 kanashiminu kwī; 鳥の悲しげな鳴き声 tuïnu náchi kanashinïung（悲しむ）.

Plait 組む、編む; kunyung, anyung {dang, mang}; 頭の髪を編む kamī anyung, kami {hátsi（髪）} kunīung; 中国人の弁髪 firagúny {kunyung}; 衣服のひだ fīdja; 衣服にひだをつける fīdja tuyung; ひだをつけた（着物）fīdja tutéru ching; {皺くちゃの} vadjadóng, magutóng, shibudóng（凋んでいる）.

Plan,-ning 計画; [名] fakari, fakari gutu, fúmbitsi〈分別〉, tidāng, tidatí; [動]（計画する計る）fakayung, fakarishung, fakari kangeyung, tidáng {fumbítsi, kangé} ndjashung（出す）; 如何なる手立てが有効か（よいか）? charu tidatíshi yutashang?; 家を建てる方策を立てる yā tskoyuru hó móki tatúng（設立）; 大きな計画においては小さな費用を惜しんではいけない uffissaru kutó nashinyé vazikashī tsī yashī ushimáng, ndáng（見ない）; この考えは良くない、無に帰すであろう kunu munu kangé tukúttó néng yasā, yandiránga arā?; 有害な考え kunu kangé gényi du náyuru; 人間は100の考えを立てるが、天はただ1つしか立てない chunu dung hākunu kangénu atíng（人が百の考えがあっても）, tada tínnu tītsinu kangénu gútudu ítchuru（只天の1つの考えの通り行く{成り行く}）{náti itchung}（即ち、依然として万物は天の1つの考えに基づいて動いていく）.

Plane 鉋; [名] kána; {敷居などの溝を掘る（鉋）} magaï（曲

がり）gána; [動]（鉋をかける）kana tstchung {tskïung}; 平にする tunamïung; 鋭い角を（鉋で）削る suguyung（しごく）; 削って丸くする súguti máruku nashung; 垂直線の立てられた平面 fītchinu {fī ming} wīnyi táti sídjinu ang（平面上に縦筋・垂線がある）.

Planets 惑星; 5つの（惑星）ítsitsi būshí, gū shí; 中国人の認めた（観測した）惑星は次の通り: 金星 kogani bushi, chín shi; 水星 mizi bushi, sī shí; 土星 ncha bushi, dŭ shí（shíであろう）; 火星 fī bushi, kva shí; 木星 kí bushi, búku shí; 7つの惑星と恒星は第九天の真中を回る de kukunutsi tínnu kassabinu utchi, ndjukáng fushé, shtchi shítu tumunyi miguyung.

Plank 厚板; {厚（い）板} áchi íta または ítcha.

Plant 植物・草木; [名] yassé（野菜）, ná（菜）, kussa; 庭園の花木 hanagí; 水草 utchi gussa（浮草）; ツルナ（沖縄名ハマホウレンソウ）kú-ki; [動]（植える）wíung; {種子を（播く）} matchung {chang, kang}; 植物の種子を蒔く、苗木を植える nā tani mátchung; 木を植える際、前もって大きな大蒜の球根と甘草を根元に置いたら、いつまでも虫が害することはない síbiti kī wīuru bá, satchata firunu karazitu kanzótu nyī nakaï utchidúnse nagaku mushé tskang; 草木は朽ち倒れる só múkunyi（*nyiはnuであろう）kutchi utíung.

Plantain（植）芭蕉（の果実）; bashūnu naï（実）.

Plaster 漆喰; {壁用} mutchi; [動]（漆喰を塗る）mutchi nuyūng, mutchi tskïung; kubi（壁）nakae mutchi nuyúng; {薬} kóyaku（膏薬）; 膏薬を紙または布に塗る kóyaku kabi {núnu} nakae tskïung; 膏薬を手に塗る tī nakae kóyaku tskïung.

Plasterer 左官; muchi nuyuru ftu, íshi zéku, muchi zéku, muchi nuyā.

Plat 小地所; {小さな地所} kūssaru chkata, chkata gva.

Plate 皿; {大皿} hātchi（鉢）; {小皿} sū li, sū di, sūdi gva; {菓子を供する（皿）} kváshi zárā; 2,3鉢の野菜を支度しなさい íkutsinu hātché yassé íti kū（幾つかの鉢は野菜を入れて来なさい）; 果物鉢はここに置け naï mung íttéru hātchi kúma úki; 印刷用の板 fan kó íta; 月が大きくなったり小さくなったり、満ちたり欠けたりの図 tsitchinu shódjitaï（生じたり）tskuritaï（尽きたり）, míttchaï kagitaïnu {mittchi kaginu（満ち欠けの）} zī; [動]（金めっきする）fìssi kanishi hayung, ussuyung（覆う）.

Platform 檀・台; dán, dé, agiteru dé; 舞台 hanshīshuru dé.

Plating メッキ; {薄い金属の覆い} ussī gani, haï（張り）gani, fissi gana mung（薄い金物）.

Platter 大盥; taré; {金属の} kani daré; {木製の} kí daré; {深い陶器} vambu（深い鉢）; {平たい陶器} fira bātchi（鉢）; 筆記用具置き siziri baku.

Plausible 一見もっともらしい; yútasharu gutóng, mazi（まず）yutasháng, ftu tūï（一通り）.

Play 遊び；[名]｛遊び｝assibi, muti assibi, assibi gutu, tava furi gutu, gammari, nagussami, tanushimi；[動]（遊ぶ）assibĭung, gammari shung（いたずらする）, nagussanïung, tanushinïung；子らの騒々しく遊ぶ（様）amayung, amati assidatchung, assidi amatátchung；遊び事と思っている assibíndi umutóng；この場は遊び事ではない｛遊んではいけない｝kunu ba assibé aráng｛assidé simáng｝mung；無益な遊び事に気を配る必要はない muyítchinu assibé kanadzi tó sang（必ずとはしない）；子供がするように物をもてあそぶ yiyung, yelasháng（愛らしい）*, mutabĭung, mutadi yiyung *yelasháshung であろう；子供と遊ぶ｛かわいがる｝kva mŭyúng（子守りする）, yelashashung, mutadi yīrashung；遊具 assibi dógu, yīri mung；遊びの日 assibi fǐ, yuri bí；遊び仲間 assibi dŭshi；｛音楽｝nárashung（鳴らす）；｛フルート｝fanshó fuchúng（半笙を吹く）；｛バイオリン｝sánshin（三味線）fichúng；｛ピアノ｝kutū（琴）nárashung；｛賭け｝kákíshung；お金を賭ける mítsimashi（十六武蔵して）kákíshung；カード遊びする mítsima（十六武蔵）shung, baku yítchi kabi útchung；｛小石を投げるゲーム ishi nagū shung（石投子する cf.Toss; dame は game であろう）｝gu（碁）utchung；｛賽子｝shígū rúku（双六）utchung；｛チェス｝chúndji（象棋）utchúng；チェスが上手 chúndji yū utchung；賭博場 kákí yā；1回の賭け chu kákí, kaki gútu；｛演劇｝hanshí；舞台 hanshí dé；役者 hanshishā；芝居をする hanshí shung, chu hanshi hanshishung；1芝居 chu hanshinu assíbi；舞台を作り芝居を見る dé utchi hanshi nyūng；（喜劇）台本 hanshi gatchi；猥褻な芝居 midarinu manishuru｛真似する｝hanshí；1つの劇団を呼んだ hanshi nyindjinu｛hanshishá｝chu kumi yubatcháng（呼ばせた）；（あの）子がナイフを取りもて遊んでいるから，危険だから，取りなさい，ナイフは遊び道具ではない anu vorabi sígu tuti yiyú kutú, okāsha kutú, túti kadjimiré（大事にしまいなさい）, sīgunde yīraráng mung；人の生命を軽視する chunu nuchi chíri akutanu gutu｛塵埃のように｝または záttudu（ざっとぞ）, assibi gutunu yó（様）, nchóng（見ている）；成人｛大人｝らしく振る舞う ufu chu rāshang, fŭishung（ふりをする）. [s.] ape.

Plea 言い訳；ī-vaki, úttaïnu tidáng（訴訟手段）, hariminu（晴らすこと）kangé；kutuvaï* *kutuvaki（言い訳・陳謝）であろう.

Plead 言い訳する；kutu ī bindjĭung（弁じる）, ī vakishung, kutu bindjĭung, bindjiti chkashung, ī nubiti（述べて）chkashung；懇に求める níngurunyi mutumĭung；（有）罪を認め陳謝した kūtu vakishang；（有）罪を認めない uki órang, ukigumang（請け込まない）, ukirang, hatóng（我を張っている）, hati ukiráng；病気と弁明した｛そして来なかった｝byótchi kutuvati kūng（来

ない）.

Pleasant 愉快な；umusang（面白い）, umushírusang, ｛楽しい｝wīrukisang；面白いなあ úmussássā!, yī chibi（良い気味）! yī kukutchi（良い心地）! yī kakó（良い格好）!；聞いて愉快な chíchi gutu!；見て愉快な mī gutu!；楽しい｛海上の｝旅を祈る yī késhó!, yī djúmpu〈順風〉nīgatóng!, funi vataï gandjū（頑丈）shóri!；楽しい｛陸上の｝旅を祈る dóchū〈道中〉gandju shóri yó!；楽しい船旅｛旅行｝した yī késho｛dóchū｝atatáng；すがすがしい日 yī tínchí, yī vātstchi；快い眺望 yī chíchi（景気）, vīrukisang, vīrukī dukuru；出世の明るい見込み lishin〈立身〉shígissa（しそう）, lishín shussi tī yássa（手易い）；結局それでも非常に楽しかった yandung shíbung（添え分・おまけ）tanushimi gútunu atáng；もしあなたが気に入っていたら，明日もまた来てしばらく散歩して気晴しして下さい mushi úndjunu kukurunyi kánatí ushátará acháng mata chi assibi mishóri（遊んで下さい）；彼は陽気で快活な人で，とても人に好まれる ari chū virukisashímīru（楽しませる）ftu, chūnu ari（彼）shūmarīng（気に入る）.

Please 喜ばす；嬉しがる ushshashóng, ushshagissa（嬉しそう）, yurukubígíssa, yī chibí（良い気味）, chū〈興〉ndjitóng, shūmarīng（気に入る）；彼の話が気に入った ariga hánashi shūmarīng；君の好きなように kátti shidé, ïya kukuru shidé, dūnu kukuruminu shidé；（彼は）好きなことを何でも行った dū makashinyi（自分任せに）nūng yating úkunatang；天が好きなようにしても私は満足だ tínnu mákashínyi shíng（任せにしても）vané tarïung；彼の気に入る｛彼の好み通りにする｝ariga kukurunyi kanayung；[命令形] ariga kukurunyi kanayuru gutu sī yó（しなさいよ）, ariga chīnyi ĭŭrŭ gutu sí yó；口（蓋）に合う kutchinyi atatóng, kanatóng；彼はそれを聞き喜び嬉しがり，目そのものも笑った ariga kunu ïyusi chichi, úshshashi, mayúng firaki｛眉も開き｝* mī madíng voratáng *（この部分英文になし；EC の影響であろう）；君の気に入らないのか，どうか？ ïya chímunyi ataráni, chága?；君が食べたい時に食べなさい ïya｛munu｝kami busha shidé kamé；人の｛ごく些細な｝遊びをも助けて（喜ばす）gúma assibi madíng tassiki nashúng；｛〜して下さい｝｛丁寧なお願い｝kvíri, mishóri（召しおれ）；祈りでは kvíté, 見せて下さるようお祈りします míshité；お書き下さい katchi mishóri；おいで下さい kū mīshóri* *menshóri であろうか．[過去] menshóchang（おいで下さった）；喜んで言われた ī mishóchang；喜んでなさった shí menshóchang*, 未来形 menshorandi shi*；しばしば命令形を mishóri と短縮し，また庶民は móri と短縮する．過去形が ménshéng*；大変身分の高い人については utabi ménshéng* という；皇帝については（「言う」の敬語は）mikutúnudi utabi ménshéng. *沖：

meNṣeeN①,miṣeeN(-miṣéeNの混同であろう).

Pleasure 喜び・嬉しさ; yurukubi,úshsha; 皇帝の詔 kótīnu mikutunudi {wīsi}; この花を見るのは楽しみだ anu hána 'nchi tanushiminyi nayung; あの人が話すのを聞くのは楽しみである anu ftó munugataïshing (物語りしても) shūmarīng (気に入る),tanushimarīng; 読書を楽しむ shumútsi yunyusi kununyung; 道楽者 fūgănŭ〈風雅の〉mung,fu lūna〈風流な〉ftu; {放蕩者} djímmámanu ftú; 他人の楽しみを助長する chunu nuzumimu mama {gutu} tassikĭung; 大満足 dáku, ándaku-shóng〈安楽している〉; 安楽に暮らしている andakunyi sodatchóng,dakunyi kurachóng; 肉体的放縦 (快楽) djímama,íru yuku; (色)欲のために麻痺した íru yukunyi {mutsi yukunyi (物欲に)} mayutóng (迷っている),mayuvasarīng (迷わされる)〈EC:迷〉; 色欲が人を麻痺させるのではなく、人が自分を麻痺させるのだ írunó chó mayuvasáng,chu dūshidu máyuyuru; 大きな喜びを受けた djú bunyi tanushīdóng,stchóng (好いている); 無限の楽しみ tanushiminu tskuráng (尽きない); 名の聞こえた哲学 (教え)の中に疑いなく(自然に)楽しみの地歩がある na chk[vi]tōru ushīnu utchinyi unuzíkara (自ら) tanushidá tukurunu ang; 歓(快)楽は極限まで楽しむな tanushimidung takí tskínna (極度に達するな){chivamínnayó (極めるなよ)}; 極限まで楽しむと,反対の悲しみに至る tanushiminu chivamaïdúnse chāki útchéyung (裏返る){úttchéti kanashiminkae kéyung, kurushiminu shódjĭung}; この種の楽しみは過ぎ去った時に空しさを残す,しかし善をなす楽しみはその行為の後にも残る kunu gutōru tanushiminu sidjiïdunse munashku nati,djíng〈善〉ukunayuru tanushiminu sídjiti ato, now〈EC:猶〉núkuti ang; 善を為すことが最 (高)の楽しみである djíng nashusi mutumu〈EC:最〉tanushími du yaru; 意志の命ずる(ままの)意向 kukuruzashi nu wīsi (仰せ).

Pledge 質物; [名] shitchi mutsi; [動] 質 (抵当)に入れる shtchi mutsishi torashung (取らせる){irĭung}; 質物を取り出す,取り戻す shtchi ukĭung {tskunuyúng償う}; お金を与え質物を取り出す dzing torachí (取らせ) shtchi ukĭung; すると誓約した sódang chivamiténg (決めてある),yakusku simachéng (済ました); 友を見舞う約束をした dushi miméshundi íchi yakusku simachéng.

Plenipotentiary 全権大使; véziki tské,makatchi tskateru mung; 皇帝の大使 kótīnu {ichĭúri (勢い) tanudōru} utské.

Plentiful 豊かな; 豊年 ufu yugafū (大世果報); 今年は豊年だ kundó fu níng〈豊年〉; 豊作 kundó muzukúï (作物) yugafú; 相次ぐ豊年 níng tsizitsíshi yugafu.

Plenty 豊富; yutaka-nyi ang,sakanyi (盛んに)〈EC:盛〉

ang,sakatóng,kvabunyi (過分に) ang; 用に十分足りて余る yūnyi tariti amarinu ang; 豊作のため老いも若きも満ちて大きな腹を叩き,歌った yugafu natí,tushĭuï vorabi vátán tsitsínnu* gutu natí (腹も鼓の如くなって) utatátchutáng (歌い歩いていた) *tsidjinnu (鼓の)であろう.

Pleura 肋膜,胸膜; fénu zónu tsitsíng (肺の臓の包み); 肋膜炎 fénu zónu tsitsínnu nítsi.

Pliable,Pliant 柔軟な・曲げやすい; tamaï (矯め) yassa; [比喩] uttcheï (ひっくり返り) yassaru,mmaritsitchi yafarashī mung,nari (慣れ) yassaru ftu,kazi mamanyi 「風のままに」migúyuru (回る){naríuru (成れる)} ftu; 人を柔軟にする yafarachi tamĭung (矯める).

Plighted 縁組みしている; yíngumishéng,yíngumi sadamiténg.

Plot 陰謀; [名] yana fakari gutu; {(小)土地} chkáta (地方); [動] (ひそかに計る) suruïtu fakayung,fakari gutu ichimi (一味)-shóng; gé kutu (害事) fakayung; 共謀する tagenyi kunashung (組する); 悪を為さんと悪党らが共謀しあう vazavé (禍) nasándi shí yana tumugara íchimishung (一味する); 大逆を企む taï jaku* fakayung *djaku であろう; 反逆を企むにおいて taï djaku fakáyusé; 単に企むだけでも fakari bakai shusi yatíng; 主犯者も共犯者も区別なく,皆だらだら長く苦しめ恥ずかしめて殺す chāki kashīráng shtagó munūng,vakasang gutushi,sūyó (総様) djing djíng〈漸々〉kurushimi hazikashimiti kurushung; 皇帝を廃する企みをする tínshi (天子) starasándi fakayung.

Plough 鋤; [名] stchi; [動] (鋤で耕す){hataki} tagayashung, stchung,ushinyi skashung (鋤かせる); 畑に溝 (鋤き溝)をつくる chu nami chu nami stchung, [s.] furrow; 耕作や織物をする図 tagayashaï utaï shuru dzī; 耕作に水牛を用いてはいけない tagayashuru bashu mizi ushé mutchīté simang; 鋤の尾 (鋤の柄) stchinu dzū または katsimí tukuru; 鋤引きの牛馬の手綱を取る耕童 (口取り) nó-fu〈農夫〉,hataki shā,wúnchumí (下男),tagayashuru ftu; 鋤の刃先 stchinu kani.

Plover 千鳥; {鳥} hămätsīdjūh (浜千鳥),{水鳥} tsfináh.

Pluck 摘む; tsinyung,tsídi tuyúng; 木から花{果実}をもぎ取る hana {naï} muyúng,wuyúng (祈る); この{桂 kweï} 花を君が折ったのか kunu {chīnu} hana ïyága dū wūti chī (折って来たのか)?; 抜き出す nudji ndjashung; 燃えさしを火から抜き出す fī-djiri fī kara nudji ndjashung; 引き抜く fíchi nudjung,nudji ukushung; {木についても}(根こそぎにする) kūchi muchúng (引き抜いて持つ?).

Plug 栓; fīshī,djó (びんなどの栓); [動] (栓をする) fīshī irĭung,fishishóchung (栓をしておく).

Plum (植)李; năshī (梨),katchi (柿); 干した李 fushi gatchi (干し柿); つぶして菓子に入れたもの kachi muchi (柿餅); {杏} sī mŭmŭ (李).

Plumage 羽毛; kī, hǎnī gī;「鳥がくちばしを羽根に差し込んで遊ぶこと」を hani zukurīshung（羽根つくろいする）と言い,「迫害からの安らぎ」の比喩となる.

Plumb 鉛で封をする; 鉛管工がするように kanishae kūshung（穴をふさぐ）; 水平に対する垂直さを確かめるかわりに, 当地では, 石などの上に水をこぼして, 水が平面上どちらに流れるか, どこを上げるべきかを見て, 水平そのものの精度を確かめる. この（水をこぼして見る）作業は次のように呼ばれる: mizi muyung（水を盛る）, mizi muti nyūng; 西洋の鉛錘線は mizi muï nā と言われるであろう. {海水深測定用のもの} tsītó〈EC: 吊鉈〉tstchuru nā; ［動］（水深を測る）tsītó tstchung {chang, kang}.

Plumbago zelonica（植）ハゲイトウ; gan-laï-kó（雁来紅）.

Plume（特に大きな）羽毛; irudutōru（彩色した）tuïnu kī, または hani gī.

Plummet [s.] plumb.

Plump 丸々と太った・ふくよかな; kvé butá-shong, būtā-shóng, yana gvé（悪い太り方）shong; {健康的肥満} chura gvéïshóng.

Plunder 略奪する; ［動］ubiyakashung（脅かす）; 白昼に略奪する akara firu ubiyakashi mbóyung（奪う）; 軍（隊）の略奪を黙認する íkussa yúruchi djímmamanyi ubiyakasashung; {捕虜にして連れて行く} turigunyishung; ［名］（略奪品）mbaïmung, mbotési, ubiyakashi tutési {tutéru mung}; 略奪者 mbaï ftu, dzuku djíng（賊人）, tó djing（盗人）.

Plunge 飛び込む・潜る; ［自動］uburïung（溺れる）, sizinyung {dang, mang}（沈む）; ［他動］uburashung（溺れさせる）, sizimashung（沈ます）; 泥中に沈み込んだ duru utchinkae sizimínchang; 刃を差し込む yai（槍）sashirínchang（差し込んだ）, yaï tati kumïung; {[自動] tati kunyung}.

Plural 複数; 複数形は ta で表わす: vatā 我々; attā 彼ら; chōdétā 兄弟姉妹ら; または chā で表わす: dushinu chā 友人達, uyanu chā 両親達.

Plush フラシ天（ビロード状の織物）; ichi mushinu kī-uï ching（動物の毛織着物）.

Pluto 黄泉の王; gushónu〈後生の〉vó; {全部で十王} djŭ vó（十王）.

Ply 励む; {せっせと働く} hatarachung; {風に向かって進む [s.]tack} mukó kazinkae atchung; {2か所を}（定期的に）往来する ndjaï chaï shung, vó lé shung.

Poach 密猟する; {猟獣を盗む} karibanu tskané mung（狩場で飼っている動物）nussunyung.

Pocket ポケット; fukuru; ポケットサイズ本 kvé chū〈懐中〉{懐} shumutsi gva, dūnyi muttchōru shumutsi gva; {袖に} sudinyi ittátchuru（入れて歩く）shumutsi gva; 小遣銭 guma ziké {shuru} kani.

Pockmarked あばたのある; kumudji（あばた）-shóng, ku-

mudjinu ittchósi fukassang, mādjā（あばた痘痕）{natóng}.

Pod（豆の）莢; {殻が落ちる; 豆類} māmi gurū {gára}（豆殻）

Podagra 足痛風; fshanu fushi（節）fuckvīru（膨れる）yamé; kán shtsi（関節）（yamé）であろう.

Poem 詩; shī; 1節の詩または1詩節（連）, shī íshŭ; 詩を吟ずる shī djíndjüung, shī útayung.

Poet 詩人; shī tskoyā, shī tame〈EC:詩翁〉, shī kashira〈EC: 詩伯〉, shī djing; 最も有名な（詩人）Lī-Taï-fáku（李太白）; 陽気な韻律の詩人 assibi shī tskoyā; これは唐（Tang）代の第1の詩人 kuré Tónu yūnu dé itchi bánnu shī djing.

Poetry [s.] verse; 詩; shī gaku（〈詩〉学）; 詩と散文 shī bung, shī bunúng（詩文も）; 詩は（意）志から生じ,（音）楽は詩から生ずる shīya kukuruzashi kara ndjīru mung, gakó shī kará ndjiung; ただ, 私の心は専ら詩に献げられていた táda shī manubinu* chu kutó（一事が）kukuruzashi nakae du aru（ある）*manabinu であろう; 詩の型は多くの変化を経ている shīnu té〈体〉fīnkvanu〈変化が〉uffusang; 六種の詩（型）（六義）: fū, fū, fī, chū, ga, sh[ó], 中国の（六義）: 風, 賦, 比, 興, 雅, 頌; 詩と音楽を混ぜる shī gakunu ushī（教え）tagényi tsōdji madjírashung〈EC:融会詩楽之教〉.

Poignant 毒気のある; 言葉 'nni tstchuru（胸を突く）kutúba; 苦痛 kutsissa; 苦痛で血涙を落とす kutsisashi {avaríshi} chí nada útushung.

Point 尖; {鋭い先（端）} togaï, satchi; 切る道具の先（端）fú zatchi（穂先）; 尖らす togarashung; 剝ぎ尖らす fïdji togarashung; 指先 íbi zatchi; 鉛筆{ペン}の先 fudi zatchi; 刀の先が鈍っている yainu satchi wūritóng（槍の先が折れている）; {小点} utski; 本に句読{点}を入れる djíridjíri* shung *dji djíri であろう; 指し示す, 指さす íbizashung, ībizashi tskïung, íbi nutchi（指さし）{ti nutchi} míshüung（見せる）; 指図する{教える} shinánshung〈指南する〉{南を指す羅針盤から}; 指して非難する kīzī（傷, 欠点）íbizatchi utushung; 彼が何を指すか知らない ari nūga sáshurá {nūga sashú [ng] di íchi} shiráng; 要を得た yū attayung, fīzichi tuïkeshuru gutu yū atatóng {織機の杼が正確に往復するように}, sashtinu（察しての?）kutu; [s.] purpose; 数や測定に関する議論は必ず1点から始まる sankata, djódji sódanshuse kanadzi chu utski ka[ra] fadjimayung; 先（端）がない togaïnu（尖が）néng.

Poise 平衡（状態）; ［名］hakkaï（秤）; ［動］（平衡状態にする）hakkaïshi {kákiti} mattóba nashung.

Poison 毒; dúku; ［自動］（毒に当たる）dukunyi attayung, dukunyi atati shidjáng（死んだ）; duku núdi（飲み）{kváti（食って）} shidjang; ［他動］（毒殺した）duku kváchi {numachi} shínyāchāng; 解毒（する）duku

géshi-shung; 解毒剤を飲ませ救った dukugéshi nu-
matchi ítchikatcháng（生かせた）; 如何なる毒か調べ
る方法 charu dúkuga yará shirabīru ‘hó; 熱の毒が
体内を攻めた kva duku〈EC:火毒〉dū（胴）utchī na-
kae shímïung（攻める）; 皆毒で死なせた mī[na]
duku djínyi shimitang; 皆白鉛毒にあたった者は mí-
na namari gúnu（鉛粉の）dukunyi attayuru munó; 蛇
にかまれた者は誰でも，毒が散じないように，かまれた
所の上下をすぐ縛らなければならない sibitinu ftu
habunyi kvātti（食われて）itanyú（痛む）túkuru na-
kae wí shtya kara matchí tskít[i]（巻きつけて）duku
sándjiráshimiráng（散じさせない）támi {ippenkae tū-
sashimirang（通させない），または dukunu chí〈気〉{物体
から発散する気} murasashimirang（漏らさせない）.

Poisonous 毒のある; duku aru mung, duku nayúndo（毒に
なるよ）.

Poker 火掻棒; fī assayā, fi nuchā（除け）, fi {ndjukashuru
（動かす）} azíng（手杵）.

Pole 棒・竿; kitchi（垂木）, bó, kwī（杭）; {竹の} só〈竿〉; 旗
竿 hata zó; 担ぎ棒 katami bó; 桶を{肩に}担ぐ棒
tāgū（担桶）bó; 駕籠を担ぐ棒 kagú bó; （伝馬）舟を
押す棹 tímma hárashuru（走らせる）{tímma kūdjā（漕ぐ
もの）} só（棹）; 棹で舟を走らせる só shae funi harashung;
長柄の（戦闘用）斧 naga-wī-yútchi（よき）; 北極 fū
ch'ku; 南極 nán ch'ku; 天は動いても，南極・北極は動
かない tínnu ugutchantémang, nán puku tātsinu（二つ
の）djikó（軸は）ndjukáng; 北極は世界（天）が回転す
る軸だ fú tchkunu djikó tínnu hagānu miguyuru
gutóng（天の歯車が回る如）{tínnu djíkunyíshi mígu-
yung}; 北極星 fú ch'kunu fushi, kashira（頭）bushi; 2
つの極は実は星ではない tātsinu ch'kó djítse fushi-
nyé aráng, 南北における2つの不動の点だ ímashi（す
なわち; EC:乃）nánpūkū tātsinu ugukáng tukurunu
utskī; 天（の）極 tín-chku.

Police 警察官; {yā múnnu 衛門の} yaku yaku（役役）, tské
yaku, tskarīru yaku（使われる役）, wī tské {shuru
yaku}; 警官が他人の財を奪い，その巨利を分け合う
yā mun〈衛門〉yaku chūnū mung ké tūtī vakiti kvéyung
（肥える; EC:‘fat 肥’の解釈間違いによるものであろう）; 罪
人は警官に抵抗した toganyínnu karamīse（搦めるのを）
fabamitáng（阻んだ）.

Polish 磨く; mígatchung {chang, kang}, ndjatchung, fikara-
shung, ndjatchi fíckarashung; 磨かれてつやのある yū
fichayung; 品のある話 fūgānǔ（風雅の）munugataï;
粗石で宝石を擦ると，粗石も磨かれる ara íshīshī
táma siré ara ishíng migakarīng.

Polite 礼儀正しい; dīdji〈礼儀〉aru mung, dīdji shtchōru
ftu; dīdji mamutóng, dīdji katanu yutashang.

Politeness 礼儀; dīdji, lī-hó〈礼法〉, dīdji kata, dīdji fídji;
礼儀の多い所には必ず（虚）偽がある līdji uffusan-

dung aré kannadzi ítsivayung.

Politics 政治; {kunyi} matsirigutunu kutu〈EC:国政之事〉.

Poll-tax 人頭税; chunyi kakīru {ftu gútunu} suī〈税〉.

Pollen 花粉; hananu {yūnu} kú.

Pollute, pollution 汚れる; [自動] chigarĭung, nyigurĭung
（濁る）; [他動] chigarashung, nyigurashung; 濁った
時代 nyigurita {chigarita} yū; [名] （汚すこと）chi-
gari {rīru, ráshuru} kutu; 自淫する dū chigari-shóng
（EC:自淫）.

Poltroon [s.] idler 臆病者; ídjinu（意地の）ikirassaru
mung, ídji fūka（空洞状態）, fū-yū〈CDなし; 不勇であろ
うか〉, 即ち, issami néng; nutchi atarashashuru shínka
（命を大事がる臣下）.

Polygon 多角形; kadunu uffussaru katachi, íku kadunu
katac[hi].

Polypus ポリープ; {鼻の} hananu utchinyi mītōru（生えて
おる）shīshī（肉）; bīyíng（鼻炎）.

Pomatum 髪油・ポマード; {髪用の} kínyi nassīru
anda, kaba bínzi（鬢 bínzīchī）; {日本の髪油} bín-zichí
〈鬢付け〉{即ち, 髪にねばりつくもの}.

Pomegranate （植）石榴; djáku-ru; 多く食べると肺臓を損
じ, 歯を壊す uffóku kamīdunse fénu zó sundjiti, hā
yabuyung.

Pommel （剣の）柄頭; [名] tíkū（鎌などの柄につけて刃を
固定させるための金具）; [動] （拳で続けて打つ）tī-
zukúng kvāshung, tī kubushi útchung.

Pomp-ous 華美（な）; kvabī-nyi ang, hánayaka-nyi ang,
hánayakanyi shinyāchéng（調和させている）; 見映を
張る kazaï {kvabī} futóng（振る）, kvabī kunuda mung.

Pomum Adami アダムの果実（りんご）（喉仏）; nūdi gūfū.

Pond 池; kumúí, tamaï mizzi（溜り水）, íchi; 魚池 īū íchi, īu
tskané íchi; 池には一群れの人が舟を漕いでいた
íchi utchinu chū gūzūmuïnu ftunu vutí tímma
kūdjutáng.

Poniard 短剣; yaï-gvā; [動] （短剣で刺す）yaï gvāshi
sashúng {tstchúng（突く）}.

Pool プール・小池; íchi; 市場 matchinu íchi（market pool）.

Poop 船尾（船尾楼）; {当地では, 西洋の船ではあまり重要視
されない船首楼と考えられている} tumu（艫）; 船尾の
欄干 túmunu lánkang.

Poor 貧しい; fīnsū〈貧窮〉; 非常に貧しい kūn chū〈困窮〉;
かわいそうに! [s.] fellow; 貧しいが諂うことなく, 裕福
だが驕ることは無い fīnsū yassiga fitsirayuru kutó
nerang, véki shóssiga uguru kutu nashi; 貧（乏人）を嫌
い富（裕な人）は愛する fīnsū chirati véké kanashashung;
貧乏人 fīnsū mung; 貧しく飢えた人（々）gashi（餓
死）{yāsha（飢え）} bitu; 貧乏人を軽視し, 金持ちに従
う fīnsū kará kvīti（飛び越えて）〈EC:越貧〉, veki
shtagayung {vekinkae tstchung（付く）}; 貧乏人は忍
耐を必要とする finsu ftó īyading（言わでもの）niziri

vadu yaru; 忍耐が熟する所に到ったら,悲嘆はない
shinubinu djukushú tukurunkae ittaïdúnse unuzíkara
（自ら）itaminu umúǐ〔痛みの念〕néng {urīru（憂える）
umuǐ néng}; 救貧院 skuǐ fudukushuru yā; 貧しい食
事* zattuna（簡素な）mung, sabi mung（味気ない食べ
もの）; *diedはdiet（食事）であろう; 貧しい国 fu-dji-
yū〈不自由〉na kunyi {自分で使う分も十分にはない};
痩地 ussi chī（薄地）, hagi chī（禿地）.

Pop ポン,パチンという音; {音} paramikashuru utu; ひょい
と急に来る búttū kātchī chí, suruítu túnudjí chí（そろり
と飛んで来て）; 急に出る túnudji hatching（行った）;
búttū kātchī findjitáng（逃げた）.

Poppy （植）芥子; kíshi; ケシの種子 ūū gūmā（大ゴマ）;
ケシの頭（結球）kíshi gúrū（殻）, kishi tāra（俵）, kishi
zitsíng（包み）.

Populace 民衆; umánchu（御万人）, haku shó, támi, kūshī
tami; tadanu ftu; [s.] vulgar; 屍体を民衆{市場で}
や,皇帝の前などにさらした shkabani machindé kó-
tīnu méndé nakae féti mishtáng.

Population 人口; sū nyíndjŭ（総人数）, kúnyinu nyīndju,
shúnying（諸人）, nyíndju dáka（高）; kunyinyi wūru
{simāyuru} ftu; 戸籍簿 nyíndjŭ sū gatchi; 領域は広
大だが人口は少ない chkata firusashi chó íkirasang;
人口{家と人}の増加 yāng chūng（家も人も）{tami
（民）} fanyí（繁栄）shi; 日々増える fíbinyishi {chīya
kūtu gūtu（日毎）} sakanyi（盛んに）nayung.

Populous 人口の多い; tami sakanyī ang, tami uffusang,
taminu fanyīshóng（繁栄している）または fanyín-
shóng（繁栄している）.

Porcellain 磁器; yatchimung.

Porch ポーチ; {戸の前} djónu* ménu fissashi, fí úǐ {陽覆
い}. *琉球語djóは「門」の意味で,「戸」（door）の意
味はない,EC「門口」の影響であろう.

Porcupine ヤマアラシ; {日本の} kussabu（はりねずみ）; {矢
（付）豚} īyá buta; {異常突起（いぼ,こぶなど）で身体中
を蔽っているもの} tsínu（角）hani（羽）takaritoru mu-
shi; 海の小さな（魚）ハリフグ・針千本 chichi kwarā.

Pore 毛穴; {動物の} kīnu mī, kīnu ana.

Pork 豚肉; buta shishi.

Porker, porkling 子豚; va-gvā.

Porpoise 海豚; bashka īū（太刀魚）{?}, shībī-nu īū（鮪:沖
縄では「キハダマグロ」「メバチ」「ビンナガ」の別称）, írka.

Porridge 雑炊（野菜・肉などの）; {肉汁} shishinu shíru;
{肉・豆・卵（入り）} kūri djīshī（卵とじ）.

Port 港; mmyátu, mmyátu-gutchi, funi tski túkuru; {川口}
kava gutchi; {埠頭の市場} achinyé mmyátu; 出港許
可（証）shupang〈出帆〉-shóng, funinu ndji-tóng.

Port-holes 砲眼; {funinu} íshi byá mī.

Portal 表玄関; {飾り戸口} kazaï djó, fuǐ tskashéru（彫りつ
けた）djó; 名誉を讃える門 fōbi gaku（「褒美額」であろ

うか）.

Portentous 不吉な; yana dzī（瑞）, abunénu（危ないの）
chízashi（兆）.

Porter 門番; {戸口の} mung bāng, djó mamutōru ftu; {大
商店を経営・管理する人} matchia gamī {bāng}; {運搬
人} bú（夫）, katamīā, katami bú; [s.] coolie.

Portfolio 紙ばさみ,書類入れ; {琉球式} bi chíng（別珍＝
紙入れ,財布）; kabi irí; nyitchi（日記）irí.

Portico 前廊（ボルチコ:柱で支えられた屋根つき玄関）; fissashi
（廂）, [s.] porch, verandah.

Portion 部分・一部分; [名] chu bung, vaki; [s.] fraction.

Portmanteau 旅行カバン; tabi ishó dzitsíng（包み）; [s.]
mail.

Portrait [s.] imagine; 似顔絵; {chunu} dzī（図）, tsiranu
yī（面の絵）; 肖像を描く chunu dzī katchung; 肖像画
家 chunu yī katchā.

Positive 決定的・絶対的; chíshshǐtī（決して）; [s.] certain,
determined.

Possess 所有する; ang（有る）; 全ての物を所有している
sūyó ang, néntu ǐyŭ kutú néng（無いということは無い）;
{竹のように} 節がある fushi tskiténg, kumiténg; 悪霊
に取りつかれている shimmashóng（神がかりしてい
る）; [s.] damned.

Possession 財産・所有（物）; {土地} chkata, kadjó〈家業〉
{[s.] estate, lands}; 所有権を得た va katí（勝手）
natóng, va muntu natóng; 私の能力の内にある（私が
出来る）yuku ang*, ōshung, shī ōshung *「有能」の訓
読みであろう; {家の} 所有を誘発する（生じさせる）
simé hadjimí（住み始め）; {畑の} tī iri {tagayashi}
hadjimi（手を入れ{耕し}始め）; （所有権を）取得した
祝儀 chkata {djī（土地）} tutaru shūdji（土地を取得し
た祝儀）; yā utsísharu shūdji-shae kami yurukuba-
shung（住居を移した祝儀をして神を喜ばす）.

Possible 可能な・出来そう; yényé nayung（あるいはできる・
できるかもしれない）, nayuru hazi（できるだろう）, naï-
dúshuru（できそする）, yū nayung, mādā sadamíe naráng
（未だ定めは出来ないかも知れない）.

Post① 抽象的には次のように表現されるであろう: fé tūshi
yū〈用〉{スピーディーに回覧・配布させる手段・工夫}; し
かし,普通はその概念を,走馬 haï-mmaまたは,四頭
立て馬車の御者 faya tské（早使い）, mma bāng（馬
番）と関連づけて言う; 郵便で手紙を送る fé tūshinu
mmá shi djó tskayung（遣わす）; 郵便局 djó tūshi
shtchi dju（関所）, shu djó tūshuru yā; 郵便局長 yí-
tchi kvang（駅）〈官〉; 郵便で送る hayuru（走る）
mmashi tskayung; 急行で tubi（飛び）fáshiung（走
る）; 急行で行け tubi hashti iki; 郵便料金 djó tskayuru
kani {tímma}; 配達人の手間賃 utuziri tskayuru
tímma, {チップ} saki dé（酒代）.

Post② 柱; {（梁・柱など）一本の木材} hashira, háya; [s.]

pole; 人々に知らせる合図用柱 shirushi zóshi（竿で）chunyi shirashung.

Posterior 後ろ（の）; ato; 先祖に後々の名誉を授ける ūï {ūti（追って）} tattubïung（尊ぶ）; 後姿 kushinu sígata, kushi mútinu sigata.

Posteriores（**posteriors**）尻・臀部; tsibi taï（尻臀）, tsibi tánda（尻臀）, tsíbi gū〈EC:屁股〉, tsíbi murushi（塊）.

Posterity 子孫; {人} ato tsídji（後嗣）, kva maga（子孫）, ⁺shí súng; {後世} ato yū; 子孫が絶えている ato tsidji tétóng; 後世までも伝える atonu yū madíng tstéyung {nagarashung}; 名を後世にまで伝える nā atonu yūnkae tatïung（立てる）, ⁺kóshi（功事?）atonu yūnu* mading tstéyung *yū でだろう;

Posthumous 死後の; shídji atonu …; 死後出版の本 nukushi gatchi〈EC:遺書〉; 死後生まれた（息）子 chichi（父）sidji atonu kva, ukuríngva（後れ子）, ⁺shí ⁺gu nu kva.

Postpone 延期する; ussiku（遅く）nashung, nubïung（延ばす）, ussi navarashung; ushi（押し）nubïung; {[s.] undervalue} ato nachi（評価の点で「後回しにする」）.

Postscript 補填・添え書き; sīti（添えて）katchési; [動]（書き添える）katchi sīung.

Posy 銘; {楯・紋章に付したモットー・金言など} waïfu gatchi（割符書き）, ubi gatchi（覚え書き）; [s.] nosegay.

Pot 壺; tsibu; 花鉢 hana bātchi; 室内小便器（night pot）⁺shūbing gámi.〈EC:夜壺〉

Potash あく（灰汁）（木灰から得た不純な炭酸カリ）; akunu shū {?}.

Potato じゃがいも; ímmu; 中国のじゃがいも tó 'mmu（唐芋）; 田芋 ta 'mmu; 他種の（芋）tsínnu kū（やつがしら）; 葛粉を取る根茎 línnu 'mmu（蓮根）; 芋粉の一種 mmú-kŭzí（芋葛）; 潰した芋 mmu nyī（芋練り）.

Potbellied 太鼓腹の; ufu-vatá, vattanu uffissang.

Pother {[s.] bustle} ごたごた（する）kutu shídjissang（繁しい）; íttchunasháng（忙しい）; kutunu uffussanu kundzóshung〈混雑する〉; 今日, 大騒ぎばかりして, 何もできない chú íttchunashanu munu mīrang（物が見えない）; [他動]（騒動させる）ittchunashashung, ittchunashimïung* {即ち, 他人を忙しくさせて悩ます} *ittchunasashimïung であろう.

Pot-lid 壺の蓋; tsíbunu fúta, kāminu（甕の）fúta.

Pottage* ポタージュ・濃い野菜（肉,野菜）スープ; {shina kazi（品数）} kachachéru（掻き混ぜた）yū（「湯」は中国語では「スープ」の意がある）, gu（具）dūyāsheru（取り合わせてある）{dūyāshi shéru} yū; gū dūyāshési; ポテトポタージュ mmu nyī（芋練り）. *pot の後より移動.

Potter 焼物師; yachimungshā.

Pottery 窯元; yatchimung shú tukuru.

Pouch 嚢・小袋; kā-bukuru（革袋）, fukuru gva; 煙草入れ fuzó（宝蔵）.

Poultice たてる（湿布する）; [動] tadïung; 混ぜ合わせたてる gū dūyāshi（具取り合わせ）tadïung; [名] パップ剤 tadï kussuï, chíri（散り）kussuï; 暖めたてる fī nakae atsírachi tadïung.

Poultry 家禽; tuï, tuïnu luï.

Pounce 急に襲いかかり掴む; búttikachi {ndji（行き）, chí（来て）} tskanyung; ké tskanyung {dang, mang}; gurúku kétuyúng（すばやく掻き払う）.

Pound ポンド; {テール（両）}; 1キャティ í chíng（1斤）; {英国ポンド=12テール（両）} dju-nī-ló, háku nyī djū mǐ（匁）; [動] 練る nīyung; {臼で（突く）ūsi nakae} tstchung {chang, kang}; 綱で上げ下げする杵でつく wū tski（緒付き）azíng tskayung; 上げ下げされる杵 agi sagishi tskayuru azíng; いっそう力をこめて搗く chikara ndjáchi tstsichúng.

Pour 注ぐ; [他動] yutïung, kakïung, hárashung; 容器を片側に傾けて注ぐ katankïung; [自動] 注ぎこんでいる yutitóng, yutiráttóng, katanchóng（傾いている）; {もう役に立たないので}こぼす（こぼし捨てる）ikérashung; [自動] íkeritóng（こぼれている）; 他の容器に注ぎ移す utsïung（移る）, utsushung; 中身をこぼしてしまった空きびん utsitóru mung; 注ぎ入れる tsidjung {djang, gang}, sashung, sashi kunyung; お茶に湯を注ぎ yū tsigé, yū sasé（差せ）; 注ぐな tsigúnna; もっと注ぐ íri sīung（添える）, sīti íríung, [命令形] nyá-sīti íriré, tsidji sīri; 注ぎ満たして, 持って来い sashi kudi kū; 神酒を地面に（注ぎ）こぼす saké djī nakae yutïung; 祭壇に（移す）matsiri dé nakae utsushung; 笑いながら,（彼女は）慌てて一杯の酒を注ぎ, 友の口元に差し出した vorati avatíti sakazíchinu saki yútiti dúshinu kutchinu ménkae yussitang（寄せた）.

Pout（不快の表示）不機嫌そうな様相をする; mī hati（目を張って）{目を大きく開けて} udushung（脅す）{adáshishung（（にらみつけて）怒鳴る）}.

Poverty 困窮; kūnchūnyi assi, fīnsūnyi〈貧窮に〉assi; 屋宜は（奉公を嫌い）隠居した学者で, その心は高尚, その生活態度は厳格, 貧窮に満足して（甘んじて），道徳哲学に喜びを見つけていた Yadjiga fūku〈奉公〉ítuti kakuríti, kukuru mutchi takákushi kata djūsa, fīnsū yassúndjiti, munu kangé tanushidóng（楽しんでいる）; むきだしの壁 yāya {⁺shpó〈四方〉} ūbabarashóng（がらんどう・何もないさま）.

Powder 粉; kū; 子供に（白）粉をつける kū tskiung;（白）粉刷毛 kū-tski-hana; または kū tski mósó {ブラシ} または kū tski fúkugī（ふくげ・産毛）{羽毛}; 粉にする kū nashung; 粉薬 kū kussuï; 顔に塗る粉 tsira nuï gū; 顔に粉を塗る tsira nakae kū nuyúng; 歯磨き粉 hā ndjachá, hā ndjachi gū;（木）炭を擦って粉にする tang sti kū nachi; 火薬 yínshu（煙硝）, kuchi gussúï（口薬:発火用）; 火薬入れ yínshu irí, yínshu tsíbu; 火

薬工場 yínshu tskoï yā; 火薬導火線に火をつける yínshu kumitéru sídji（筋）méshi tskïung.

Power （能）力; yúku（EC:「能」の訓読みであろう）; {力} chíkara, {権勢} íchïūï; {権力と権勢} ⁺chímpi〈権柄〉; 権柄を行使する{不法公使する} chímpi futi〈揮うて）; 私の力及ぶところならば{出来るなら} narava, naïrava; 彼の力の及ぶ所にある ariga tīnu utchi（手の内）nakae du aru; 貸す権限がない karashuru ichïūï neng; 人の権力でなすことはできない chunu chikara shae {chunu tskuyé} naráng; すべての人は威を畏怖している ⁺ī〈威〉ussurīru munó uffussáng; ある数{根}にそれ自身を掛けると2乗した数となる kazi dū nakae kakiti chāki kassabiteru kaku* tu {kaki kassabitu} nayung *kaziであろう; 2乗する{算術} kaki kassabishung; 知力 sé〈才〉, séchi〈才智〉; 列強・大国, 即ち, 権勢者 ichïūï futósi（揮っているもの）.

Powerful [s.] strong; 権柄をもつ; {心的} ⁺chímpinu〈権柄〉 íchïūrinu uffissaru mung.

Powerless 力のない; chickaranu néng, chíckara finsū（貧相）, chickara uyubáng.

Pox 痘症; kassa（痘）; 天然痘 chura-gassa; 痘症が出ている kassanu ndjitóng.

Practicable 実行できる; shī bichī, naï bichī, naï dushuru, naïgissa（出来そうである）; 実行できない naráng, shī ósan.

Practice 実際; 理論に対して ⁺djintó〈現当〉（現当・本当・真実）; 稽古のために習慣的に行なう chīkushung, naré tsínuyung（積もる・積む）, narénu tsímuyung（積もる）, naré naréshung, kassani gassani shung, uttchaï fittchaï-shung; naré késhi géshi（返し返し）, shī késhi géshũng; 音楽を練習する naïmung utchi késhi géshi yū narayung, késhi géshi kfūshung {chīkushung}; たえず練習する（こと）fíbinyi chíbaï tskíti stínnayó（捨てるなよ）〈EC:日切磋而不舍〉; 弓術を練習する yumi íūsī narayung, hámati ukunayung; {宗教の教えることを}たゆまず奮闘努力し行なう {manabu tukurunu dól[ï]} téshi ukunayung〈EC:身体力行〉; 捜し求めた道徳原理を実践する sunu mutumítaru kukuru zachó tukuru（志した所）ukunayúng, sunu tashtó（達している）tukurunu dóli mamuy[ung]; 習（慣）となるまで稽古する naré késhi géshishi shidjínyi〈自然に〉natóng, mmaritsitchinu gutu natóng; 実行に移す kushatíshi（後立てにして）ukunayung; [s.] exercise.

Practiced [s.] experienced; 熟練した djódju（成就）natóng, níri djukushóru mung; 練習を多くすれば熟達するな naré tskiïdúnse níri djukushúndo.

Praise 褒める; fumi-ung, fumi agiung; 自賛する dū fumi-ung, dū fumi shung; 皆がその事を大いに褒め称揚した {ariga ukuné（彼の行い）} síbiti fumiti yamáng（止まない）; 褒めたり貶したり fumitai utuchaï; 褒め言葉

fūbinu（褒美の）{fumítinu} kutūba; 神を崇め讃える kami agami fumïung, kami yuvaï（祝い）fumïung; 賞賛を求める {買う} nā kóti fomari nkeyuru（迎える）{tuyuru} kangé; 他人の褒める言葉を買う chunu kukuru nké（意向）kórashung（買わせる; kōyungであろう）; 事実が保証する以上に人の徳を褒める ftunu ⁺djíng〈善〉agiti sunu djítsinyi（実に）sidjitóng, djítsinyi sídjiti chu fumïung; 汝は私を褒めすぎる nandji vang fumi sidjitóng; 貴殿はどうしてそんなに {他人を}褒めすぎるのか nūndi, ⁺shínshi〈先生〉, chu fumi sídjïūgā?; 先に褒めて, 後に神の加護を祈り求めよ satchata fúmiti, atonyís[hi] ínuï mutumiré; 褒める価値ある fomirarí bichī.

Prance 跳ねて歩く; tséyung（歩く cf.step）, tunudjung（跳ねる）, tséti atchung; 馬が後足で立つこと'mma mé kushing móyung（踊り上がる）.

Prank 悪ふざけ; {いたずら} vatchaku-shung, -sattang（-された）.

Prate ぺちゃくちゃしゃべる; sisikāshi*（気をそらす）{savagashī, munashí（空しい）} munuï {ïbung} shung, furi（狂れ）munuï {tava furuï} shung *中国語:絮絮叨叨（うるさい, 無駄な）.

Prattle 子供のように片言を言う; béru béru-shung {tsizé vakaráng}.

Prawn クルマエビ; kūïbi, kúyubi {小さいエビ}.

Pray 祈る; {神に} innuyung, unyifé（御美拝）-shung, kami paï shung〈拝する〉, kami vuganyung（拝む）, tatimatsi vuganyung {dang, mang}, nigé unyukïung（申し上げる）, mutumi kūyung（乞う）; 一般的には kūyung（乞う）; 熱心に乞う ningurunyi（懇に）mutumïung; 人に熱心に求める kwírakwá（乞いらくは）, nigényé, dóding（なにとぞ）-shung; どうかすこしお座り下さい kwirakwa {dóding} iffé yí mishóri; どうか私の祈りに応え下さい kwirakwa va nigé tūchi（通じて）kvi misheté {ndi nigatóng}, nigénu gutu tūshité（通したい）{tūité（通りたい）}; 書かれた（奉献の）典礼文を読む chó níndjïung（経を念ずる）; 黙祷する mukutúshi ínuti ïung.

Prayer 祈り; ínnuï, unyifé; {祈りの言葉} innuyuru kutuba; {願い事} unyukitaru（申し上げた）nigé; 断食と祈願 {誓い} shódjíngshi ugvánshi; 如何な祈りを唱えているのか chāru ībungshi vuganyúgayá（拝むかな）{vugadágayá（拝んだかな）?}, mānu kutubashi unyiféshagá（お祈りしたか）?, mānu kutuba tuti unyiféshagá?; 朝に唱え, 夕べに繰り返して祈りとせよ assā nīndji, bannó túnati ínuri nasi; 祈祷書 innuyuru shumutsi, innuï bung {nuri（則）}; ゆっくり祈祷書を閉じた yóï yoï ínnuï chó ussutáng.

Preach 説教する; katayung, katarayung, dóli ushïung, nubi kódjï̈ung（講じる）, ushí nubïung; どこで説教した

か mānu tukurunkae kataï naráchagá?; 天に代わり改心を宣べ広める tínyi kávati {shtágati} núbi (宣べ) kvashirashung〈化す〉; 説教伝道者 kunyi migutí katayuru ftu.

Precarious 不安定な・心もとない; issényi sadamiráng {sadamiráráng}, issenyi attaráng, uttagényi ang; 彼の生命は不安定な状態だ ariga nuchimié chādundi sadamiráráng; 細い髪の一筋ほどに懸かって（いる） karazi butski (抜け毛) chu sidji fudu nakae kakati; 人がこの世に生まれて居るのは、軽い塵が弱い草の上にのっかっているように不安定だ chunu shkinyi wusé chírinu yuvachi kussa nakae kakatōru {sidōru (棲んでいる)} gutóng; アー人間はなんとつまらないものか! áh dútu assamashī (浅ましい) mung yassá!

Precautious 慎重な・用心深い; kanniti (予て) tsitsishimïung, satchi vúti {kūng mādu} fushidjung; 病気が起こる前に予防する byónu kūng mādu fushidjung {kūrasáng (来させない)}.

Precede 先立つ; {越す} kwīung; {先に行く} satchi náti ítchung; （人間的）価値または知識のゆえに他人に優りはしない chínyi〈EC:賢に〉attaï (値), munushirinu〈EC:知の〉attaïusi shae chu yaká satchi datáng {satchi datché sang (先立ちはしない)}

Precedent 前例; 先例として挙げる satchi vuti atasi tifún tushung, satchinyi nyishti lí〈例〉nashung, fíchi lí tushung, lí fichung; このようなものに前例があるか kunu kakónu mung satchi vuti ámmi?, namanu kutunyi atati kaniti (予て) tatitéru tifúng[ámmi?].

Preceding 前の; 上述のもの wīnu ichésé; 先月 kutá tst[chi].

Precept （行動規範としての）教訓・（道徳上の）戒律; tuziki (訓戒・命令), nuri (則), {禁止} imashimí; 戒めを犯して生きるより、食を絶って死ぬのがましだ tatoï sh'kó (食は) téchi (絶やして) shidjantémang {yāshashi shidjantémang} ukáttu (うっかり) imáshimi yabutaï ichikangdó; 世間の則とするものは法と言われる shkínnu nuri tushuse 'hóndi〈法と〉ïyūndó.

Precious 貴重な; tákara, téshtsina mung, dútu tattudóng, umundjitóng; 大切な言葉 téshtsina kutuba, kúganinu (黄金の) kutūba; 大切に思う teshtsinyi shung.

Precipice 危機・窮地; 窮地に落ちた fūchī (淵) nakae utitang; {下に断崖絶壁のある険阻な山} chínsunu san, ívanu hanta (崖の縁).

Precipitate 墜落する; 落ちて死んだ fuchinkae (淵に) utití shidjang; [他動] 投げ落として殺す futchinkae ututchi kurushung; {急ぐ} issugavashúng (急がせる), avatïung, gúruku shung; 大急ぎして issugavashku.

Precisely 正確に・寸分違わず; 似ている tsíntu (ぴったり) nyitchóng, súttung (少しも) kavaráng; 正確には表現できない sashi chichi (差し切って) ïyaráng; まさしくこ

れだ tsíntu kuridó; まさしく指定の時限に kadjirinyi yū atatóng, kadjiri dūï shung.

Precocious {[s.] valuable}; 早熟の; fé djukushóng; {心的} sūmina〈聡明な〉mung.

Precursor 先触れ; satchi baï {shi, arakadjiminyi} tsigīru ftu.

Predestine （人の運命を）前もって定める; kanníti (予て) sadamiung; 通常この概念を次のように表現する: tín-míng {天命}, または、年数は定められている sūnŭ sadamatóng.

Predicament 境遇・状態; 同じ状態（にある）yínu sháku, yínu bung; 同じ{苦境} yínu shíva; 同じ{嬉しさ} yínu úsha.

Predict 予言する; sátchi {sátchata, arkádjiminyi, átamanyi, kániti (予て)} ïyung.

Predominant 優越・卓越した; kavati (格別) fīditóng, nuchínditóng (抜きん出ている), suguritóng, massarïung, tátchi nugiti (衆に抜きん出て) suguritóng; {全部色染めた} sūtóng (色を吸収しておる).

Preeminent 卓越した・抜群の; fīditóng, fīdi mung, nutchínditóng; ftu yaka {vanyi (私に)} kvītóng; {一般大衆より} bunyi〈凡bún〉nuchīnditóng; 学問に秀でた bún sé〈CDなし; 文才であろう〉fīditóng.

Preface 序 (文); shumutsinu djū〈序〉, djū gatchi, shidé (次第) gatchi.

Prefer ～のほうをよいと思う; あれよりこれがよいと思う ari yaka kuri mashindi umuyung, kukurunyi kanatóng; kuritu aritu kuri máshi.

Pregnant, pregnancy 妊娠（した）; kvétéshóng (懐胎); té〈胎〉ukitóng, vattanu (腹が) nétóng (突き出ている); {懐妊した} kassagitóng; {動物} haradóng, váta buku ndjitóng; 妊娠を妨げる (防ぐ) kvété tatchi (断ち) téshung (絶やす); 天の助けで、この薬が懐胎させた tínnó (天が) tassikiti kunu kussuï muchíti kvétéshimïung (懐胎させる); 懐妊中 kvétéshóïnyi; 最初の3カ月は懐胎の第一段階という wínagonu kvétéshi mi tsítchiga yéda té〈胎〉hadjimi ndi {nazikiti} ïyung; 妊娠3カ月（になる）kvétéshi mí tsitchinu nayúng; 妊娠する té ukïung, kassagïung; 臨月 san zíchi, nashi zitchi; 妊娠中の女性を損なう té yabuyung; 妊娠十カ月 djí {tu} kazichinu kvétéshósi.

Prejudge 前もって判決する; arakadjiminyi {sédjinyi〈最前に〉, sédjing vuti} chíshshïung (決する).

Prejudice 偏見; kata mítski; katayuri {yoga (ゆがんだ), 私的 vatakushi} mítski; katayutóng; 頑強に賛同して{する}, 反対して{しない} katamaï tskiti {shung, sang}; 彼に対して偏見をもっている dūnu chímu nakae (自分の心に) kata mítskīshī (偏見をもち) anu ftu dūrang (あの人に同調しない); 事が起こらないうちに、それについての意見をもち決論する（こと）māda kútunu ukuráng satchi vuti mítski ukutchi túdjïung〈EC:遂〉; 偏見が

無い kániti（予て）mitskíndi íchi tatiráng,kániti ch-ishshínsang（決心しない）; 私が損した（私の不利益で）vané kantáng,sunshóng,súnshi mívakusháng; 彼は自身の不利益ではあったが買った sunshi mivako（迷惑では）yatassiga ari kótáng.

Premature 時期尚早の;｛時間的に｝feku,djibunó kūng māda* ｛satchi｝;｛不十分な｝taráng（足りない）;｛未熟の｝djúkusáng māda* *māduであろう; 若死にする vaka djínshung,yó bó〈妖亡〉shung.

Premeditated 前もって計画した; vázató（態と・故意に）｛arakadjimínyi｝sadamiténg,vázatõnū kangé.

Premise 前置き（前提）とする; arakadjiminyi｛する｝shung,｛言う｝ïyung,｛備える｝sünéyung.

Premium 賞品; fōbishi kwīuru mung; yítchi〈益〉sidjinyi nayung;［s.］advantage,reward. *prematureの後より移動.

Preoccupy（preoccupy） 先取りする; arakadjiminyi tuyúng,yiyúng（得る）.

Prepare ｛[s.] beforehand｝; 備える sünéyung,kániti（予て）sünéyung,tūtūnūyūng（整える）,tashinanyung（心掛ける）｛dang,mang｝,shkóyung（支度する）;［他動］（備えさせる）tutunāshung,surāshung（揃える）,sunérashung; shkórashung,shinyāshung; 食卓などの支度をする tuï surāshung,sunéï utchung,shkótóchung,yūïsh[ung]（用意）,yūïshóchung; 薬を調合・処方する fézé（配剤）｛kussuï｝shī hó shung; 蝋燭を準備しておきなさい ló yūï shóki,kaniti（予て）ló sünetóki; （生徒が）先生のために教科の予習をする shtámishung（下見する）,shtamishóchung,ara ara nchóchung; 備えてある sünérachéng,surāchéng,tutuniténg; 準備整いました｛召使の言葉｝sōté（総体・全て）shtéyabīng（してあります）,sōté shinachéyabing; 私たちは船にあなたのために些細なものを準備しておきました. どうか断らないで下さい vata vazikashī mung shinyāchi,undjo funi vuti tsīyashi tushú kutu（tsīyashitu shú kutu）,kutuvaï mishónna; 雨の降る前にあちこち修理しておく（結びつけ固定しておく）べきだ aminu furang mādu ippe shf[u]（修補）shóki｛tsī tskiti,kaniti kundji tskitoki｝vadu; 井戸を掘る前に,喉が渇くまでじっとしていてはいけない katsiti（渇して）kara kā futé simáng（渇してから井戸を掘ってはいかん）; 喉が渇く前に水を用意しておきなさいよ katsirang mādu vúti mizzi yūï shóki yó; （前もって）用意してある kanniti yūï shong,kaniti fushidjuru tidati（防ぐ手立て）shóng; 災難を考え,予防せよ kaniti vazavé〈urī〉kangeti fushígi（防げ）;［s.］prevent.

Prepossessed （先入的に）好意を抱いた・偏愛している; kaniti katayuri ganashashung; katánchi kánasha[shung],shirang mādu mayutóng（知らない内に送っておる心を奪われている）.

Prepuce [s.] foreskin; 包皮;｛yó butsinu（陽物の）｝kamatchi kā〈EC:頭之皮〉,satchinu kā.

Presage 前兆がある; arakadjiminyi chizashinu mītóng（見えている）.

Presbita（presbyopia） 老眼; tū-mī（遠眼）.

Prescience 予知; arakadjiminyi｛satchata｝shtchóng,shíusi（知ること）.

Prescription 処方（箋）;｛薬｝fézé（配剤）gatchi-shung; kussuïnu 'hó gatchi-shung; 髭を黒くする処方 fidji kurumīru 'hó.

Presence 存在; 私（彼）の面前で va｛ariga｝minu mé vuti,minu ményi; 拝謁の間 shínkanu（臣下の）chóchin-[dju]〈朝覲（所）〉,chó chín shú tukuru; ここに居ること kuma wúsi.

Present① 今の・現在の;［形］náma; 今時 kún tuchi,kunu dji-shtsi〈時節〉; この瞬間 kunu kúku〈EC:刻〉; 今・目下 nama,íma,djín zaï〈現在〉; 今月 kún tsitchí; 今年 kún dū; 現王朝 namanu kótinu chó〈朝〉; ここに居る kumanyi wung; 居る間 wúru ba｛bashu｝.

Present② 贈物;［名］úkuri mung,lī mutsi〈礼物〉; 贈り物を贈る ukuyung,úkuti kvíung（呉れる・与える）; より高い身分の人々に（贈る）ushagǐung（奉る）; 貢物として贈る chin kūn〈進貢〉shung; 気前のよい贈り物 lī mutsinu achisang（厚い; atsisangであろう）,｛小さい｝ussissang（薄い）; 贈り物が大きいときには,人から何か見返りを求めているのだ līnu（礼の）atsisassé ftu kara kānādzī vūng（恩）mutumí tukurunu ang; わずかな贈り物でも拒絶するな｛受け取るべきだ｝lī mutsinu ussissating（薄くても）mpashé（ンパ・拒絶しては）simáng｛tūri vadu yaru｝.

Present③ 贈る;［動］｛物を｝ushagǐung,ukuyung;｛同等の者に（人を紹介する）｝sóti ndji｛tuï tsidji（取り次ぎ）｝itchāshung（会わせる）;｛より上位の人に｝tui tsidji｛sóti ndji｝vugamashung（拝ませる）;｛分娩中,[s.] birth｝

Presentiment 予感・虫のしらせ; 予感がある arkadjiminu（ママ）* chizashinu（兆）ang｛mītóng（見えている）｝; 死の予感（がある）shinyusé arakadjiminyi chizashinu mītóng.

Presently 間もなく; chāki.

Preserve 守護・保存する;［自動］dzúndjiung（存じる）,mamuyung,tamutchung;［他動］生命を保つ nuchi skuti dzundjirashung（存じらす）,ichikǐung; 現状のまま保つ tamuchóchung,tamukashung; すべて同じように保たれた kani（規範?）máttóshung; （彼女の）貞節を守っている shtsi mamutóng; 危害から守る skuti（救って）,tassikiti（助けて）,｛物を将来に備えて大事にしまって置いて,kadjimiti｝skunāsang（損なわさない）;｛（その他の）物についても（大事に保有する）｝fissonyishi（秘蔵にし）｛teshtsinyishi（大切にし）｝kadjimïung

（大事にしまって置く）; 屈強な gandjū nyi（頑丈に）ang,{人や船についても} tăshănyi（達者に）ang; 平和を保つ ⁺fi anyi〈平安に〉tamutchóng, fi anyishi tamutchóng; 砂糖煮（ジャム）を作る sātā-ziki（漬け）-shung; 神がするように守護する kakubiung, kakubiti tamuchung; tamuchi kakubiung; 全世界の保養者, 神は誉め讃えるべきかな ⁺shké〈世界〉{tínga} íttú（一統）tamuchi yashinayuru nūshi kandji（感じ）fumĭung; 自分を保守することは, 人の第一の関心である dū tamutchusi {tamuchi mamuyusé〈EC:保守〉} kuri ftunu dé ítchinu kutu; 永くは貯えられない naga ţakuvéyé（貯えは）shī ōsan; naga tabuyé（貯えることは）naráng; 高い地位にいて驕りが無いのは, 名誉を永く保つ手段である kaminyi（上に）ati ugurazariba nagaku tattuchi（貴き）mamuri yūĭ（故）nari; 同上 kaminyi vutíng（居ても）uguranse tattuchi fissashūnyi nayuru yuĭshudó（由所だよ）; 神の守護が君にあらんことを! kami ïya tassikĭté（助けて欲しい）; 全体の意味を取り, 厄介な細事は取り去れ sunu ūū muninu（大旨の）tukuru dzundjiti（存じて）, sunu yágamashĭ {vaziravashi, guma shidjirita（細か過ぎた）, santing sínyuru（しなくてもよい）} kutó kizi stiré（削り捨てよ）; その位置を示すために印を作る shírushi tskoti sunu tukuru mā[n]di íchi（どこだと言って）dzundjirashung（存じらす）; 全ての食物を貯蔵しておく síbitinu shkumutsi takuvétóchung; 1年収蔵しておいても匂わないだろう íchi níng kadjimítóting k[a]zāsang.

President 長·（会）頭; kashira（頭）

Press① 押す; [動] 押しつける ussúï tskĭung, ushi tskiung, ussutóchung（押しておく）; 手に握り締める nyídjĭung {itang, iráng}; {指の間で} mímidjung（揉む）{jang, gang}; 圧搾機の如く圧する kwāshung（両側から挟み込む）; 人混みの中で（押し合い圧し合いする）kwĭchāyé sh[ung], ushi karakéshung, ībassang（狭い）; {借金返済を, 急き立てる} agimāshung; 激しく急き立てられて, 窮地にある agimāsarīng, agimasáttang; {強いる} shĭung, s[hi]miung（させる）; くさびを押し入れる, たたき入れる kussabi shímĭung（締める）; {袋の中などに}押し込む fishínchung（手荒くさしこむ·押しこむ）, ushínchung; 熟したオレンジからのように, 汁を押し絞り{はねかける} shiru hanĭung; お産や他の排泄（排便）のように, 下に押し出す{出産する} muyūshung（兆す·便意を催す）, ⁺san〈産〉muyū {お産について}, furu muy[u shung]{排便について}; 仕事に追われている nand[ji] kúndjishi（沢山の難儀苦労して）hatarachung, [s.] busy; 本を印刷する shumútsi fankóshung.

Press② 圧搾機; {ぶどうなどの} kvāshuru fitsi〈EC:櫃子〉, k[va]shā; 砂糖きび圧搾機{回転する} wūdji kvāshuru kuruma; 油絞り機 anda yāma; {印刷（機）} shumutsi

fankóshuru dogu, yāma, yā（屋·印刷所）; 印刷工 fankóshā.

Presume 厚かましく振舞う; [動] djimamanyi shung（自儘にする）; djimamanyí dū ga[t]tishung {即ち, 厚かましく自分自身の主人となる（自分の意のままに行う）}; 敢えて自らの生命を軽んじる djimamanyi dū karúndjĭung（軽んじる）; 権勢につけ込む íchĭūrinyi（勢いに）uttchakatóng {uttchakati shung}, ichĭuĭ tanudóng; 富につけ込む wéki tanudóng; 地位をかさにする（つけ上がる）bung múttchong, bung furuyung（揮う）; 富と位につけ上がる vekishi bung muttchóng {否：muttáng}; 官人からの愛や好意につけ上がり驕っている kványínyi kanash[a] sató（されて）kutú, vūndji tanudi ugutóng; 敢えて多くを言わない ūkáttú（うっかり）{wémĭsāshī} úffukó munó ïyang;（私に）財の有るのにつけ上がり貧乏人を侮辱してはいけない vaga vékishósi tanudi fīnsu ftu azamutché（軽蔑·嘲る）simáng; 上位者からの申し出を丁重にお断りするような事ができない{お断りする勇気がない}場合, 次の様にお断りする:勿論すべては体裁を繕うためのうわべだけの言い方である: ah, wemisa sari（申し訳ありません）; wémissa náyebirang（申し訳ありませんが, いたしかねます）; ussuri（恐れながら）nayebirang; {来るようにと言われて} wémissa, sari, chí ōshabirang（申し訳ありませんが, 来られません）; kuma yutasháyabīng（こちらは結構でございます）; {食べるように言われて} kamanting sinyabīng（食べなくても結構でございます）.

Presumption あつかましさ·ずうずうしさ; fushí mama（欲しいまま）- {dji mama（自儘）} nyi shusi（すること）.

Presumptuous ずうずうしい（人）; fushi mamanu {djímamanu} ftu, wémisa shirang ftu.

Pretence 口実; naziki kutuba〈EC:託言〉, kaï kutuba〈EC:借言〉; 良い人の名を口実に yī ftunu nā káti（借りて）; これを口実として, 怠けて休息を盗んだ（こっそり休息した）kuri nazikíti（託けて）, úkutáti ándaku〈安楽〉nusudóng; それをするよう努力せよ, 口実を設けて免れてはいけないと彼に言えよ chíkara hádjimashi（励まし）kutu bíndjirasi yó, yūĭ {fáshi〈EC:端〉} nazikíti nugārashé（免れさせては）narándi íyó; この話はすべて単なる虚飾だ kunu íbunó tumunyi〈EC:倶〉kuri kazaï kutúba〈EC:飾詞〉du yaru; [s.] pretext

Pretend 見せかける·偽る·ふりをする; nazikiung, ushi nazikiung, itsívayung, kayung（借りる）, itsivati ĭyung, kaïnyi（仮に）{andi íchi} shóng; yūĭ kati〈EC:藉故〉{kutchi kati〈EC:藉口〉, nazikiti, tskoï īrúshi〈EC:仮借色〉, tskoï nashi〈EC:仮借名〉} shung; 用事があるように見せかけた yūdjunu andi íchi ushi nazikitáng; 病気のふりをする yaménu andi ichi nazikiti ĭyung（言う）; 断るふりをして, その後受け取った djitéshi（辞退し）kutuvayutassiga（断っていたが）, tsïnyé（終いには）

tutáng; 官人と詐称する kaïnyi dūshae(自分で) kvan nyíndi íchi ítsīvayung; 医者ではないが, 偽称して治療する ishá〈医者〉aránsiga ishándi nazikiti yódjó-shung〈養生する〉; 怒ったふりをする tskoti ikari-shung, ikari {ikata(怒った)} fū nāshung; 気違いのふりをする furita(狂れた) nébishung(真似する){fūnāshung}; [s.] put on.

Pretext 口実; nudji munuǐ, yuǐ kaǐ(故借り) munuǐ, naziki kutúba, itsivaǐ kutchi, kaǐ kūdjó(借口上); [s.] pretence.

Pretty かわいい・美しい; mī gutu, mī mung; churassang, chura sígătă, mī guttuna mung; まあまあの yī shaku, yī bunyi ang; まずまず良い mazi yutashang, yutashaïgissa(良さそう); 彼が笑う時は唇の動きが可愛い ariga varayuru báya kutchi burinu ugutchi chúrassáng; 美しい羽毛の鳥 chura gīnu(毛の) aru tuǐ.

Prevail より優る; {yaka} suguritóng, massayung; katchúng, 即ち, 勝つ; 言っても効果ないのを見て, 打った íchíng yakó tatándi ncha kutú búchi(答) kvāchāng(食らわせた).

Prevalent 主な・優勢な; bitsi yaka uffusáng(別より多い); {病気が(流行する)} ippé féyung; [s.] predominant.

Prevaricate 言い紛らす; ī magĭung, an íchi kán íchi, uttché fĭttchéshi ī magĭung; {陰謀する} ts'tchi kfarashung(仲違いさせる); 一人にはこう, 別の人にはこう言って, 仲違いさせる arinyé kūtū, kurinyé kūtūshi tstchi kfarashung, または fŭányi〈不和に〉nashung.

Prevent 遮る; saïdjĭung, saïdjiri fabamĭung(阻む) {tudu-mĭung}, ushi fabamĭung, kátaka shung(遮る・除ける); 風, 太陽を入れさせないもの{屏風} kazi gata, fī gáta {または gataka}; ブラインドを掛けて人目を遮る {[s.] seeing in} sídaï(簾) kakiti chŭ katakasi; [s.] shut out; samadachung(妨げとなる), [他動](妨げる) samadakiung; 私はこれを妨害された{邪魔された} kure samadatchasā {それ故駄目になったと, 理解される}; 発言を妨げる kutchi fussadjung(塞ぐ) {否:gang}, saïdjĭung {ĭyashimirang(言わせない)}; 人が来るのを妨げる kūrasang; トラブルを先んじて処理する urī kaniti(予て) fushīdji nugayung(免れる) {[他動](免れさせる) nugārashung}; atonu urī shínudjung(凌ぐ) {否:gang}; 死を防ぐ shínyuse shinugashung(凌がせる); 伝染病にかかるのを防ぐ yana fūchi(風気) shinudjong {shinugashung}; 髪が垂れるのを防ぐ kī {karazi} utirasang, uturashimirang, utusang gutu shung; 落ちるのを防ぐ utīru kutó arashimirang {させない, または, 有らしめない}, ítasazi(致さず) 文語体で「到らさせない」の意; 実質のない不確かなものや影を素早くつかみ取ろうとするようなことはしないukabu munashūnyishi〈EC:浮空〉kadji túyuru yónyé ítarang* *ítarasangであろうか.

Price 値段; dé, nínai(値成り); {代金} dé shing, dé djing; 市場価格 tuchinu dé, sóbanu〈相場の〉dé; この品の値段はいくらか. kunu shínanu dé chássaga?; 値を決める dé chĭung(切る), dé tuǐ chivamishung(取り決める), dé djirishung(即ち, 取引する); 公正な値 kū tónu〈公道〉{yī búnnu} dé; 手ごろの値段 dénu sóvūshung(相応する), attayuru dé shing; 値段とは売られるものの価値のこと dé(代) ndi īse utássiga(売ったものの) nínnaïdu; 金なしに, そして値段なしに(只で) dé djing torasánting(代金をあげなくても).

Priceless 値の付けようもない; dén vakaráng, dézikín naráng, déshi kóǐ ōsan mung(金で買えないもの).

Prick 棘; [名] 'ŭndjī; [動](刺す) sashung, kúdjĭung(抉る); fukuru gī(きりんそう)の棘で自分を刺し傷めた fukuru gīnu índjī shae tī kúdjiti dū yamacháng.

Prickly heat あせも(汗疹); ássībū.

Prickly pear ヒラウチワサボテン; chī bánă(アザミ tsī bănă であろう).

Pride 驕り; [名] úgūrī, ugutósi; [動] úguyung; 高い地位にいても驕りのない人は, 抜きん出ても危険はない wī nakae wúting ugurandung aré, tákaku nating ayashkó neng(危なくはない); 驕り且つ吝嗇ugurinu aǐ(有り) mata íyasang(卑しい); 両親への不孝に慣れ染めた者は, いくつかの理由(由所)でそうするのだ, その一つは, 驕りと放縦である chunu fu-kó(不孝) narisu-mitōru munó yuǐshu kazi ang, tītsi uguri djí mamandi(自儘と) ĭyúng; 幾千, 幾万の罪や過失は, 全て驕りから生ずる shín mánnu(千万の) tsími toga, sūyó úguri djímámanu kúkuru kará chóng(来ている); 平静で気楽な時には, 驕りが生じ易い anyítsishi(安逸し) wūru bashó úguri shódji yassa, そして, 驕りが放縦と共(に存)在する時は úguri djímamanyi náyuru bā, その時危険と破滅に差し迫っている ayamatchi* furubyusing chāki {tátchi dukurunyi(立ち所に)} ítayung(到る), これは一つの恐るべき事だ kure tītsinu ussurí bichī kutu du yarú *ayautchiであろう(cf.Danger).

Pride of India (植)モクゲンジ, タイワンセンダン; mūīnu kī(スイカズラ科ハクサンボク)

Priest-hood 僧; {坊主} bódzi; hó-sha〈禾尚;和尚であろう〉が一般的であろう; 尼僧 winago bódzi; 僧侶衆 shā-ka〈釈家〉; 僧職をすてる {還俗する} mutu katachínkae kéyung.

Prime 最上・一流の; dé ítchi, ítsing(最も) yutashang; 最上質のものから shó-mung(本物・重宝な物) kará; すべての中で最も秀でた fīdi mung, fīditōru, nuchínditōru; 人生の最盛期にある bandjinu(真っ盛りの) ftu, sákanyi ang; 原価 mutu dé; ただ原価から少しも私に損をさせるな, それなら結構だ tada mutu dé kará mī vaku shimínna {fichi utusang gutu, kakáng(欠かない) gutu} anshi yútashang; 総理大臣 ítchi bannu

Shínka, {当地では sū-li-kwan〈総理官〉}; 色を塗って下準備する〈下塗りする〉shtádjinu〈下地の〉īru nuyung, shtádji-shung; ニス〈漆〉を塗る際, 塗られる泥膜 djī nuǐshung〈地塗りする〉.

Primum mobile 主動力; mutudátinu ugutchuru kutu.

Prince 王子; {王の息子} wónu kva, kótīnu kva; 皇太子 taï-shi〈太子〉, shī-shí〈世子〉; {支配者} chími〈君主〉; [s.] grandee; 小国・属国の統治者{地方の知事や支配者} shǔ-kó〈諸侯〉.

Prince's feather (植)ホナガアオゲイトウ; chī tu (鶏頭)

Princess 王女; {王, 皇帝の娘} wónu {kótinu} winagongva.

Principal 頭・長・首領; [名] káshira, káshira taru mung; 「頭」とは最初に考えを出した人の事だ sátchata kangé ndjachésiga chuǐ kashira tushúng; 利子に対する元金 mūtǔ; 元金と利子と mūtū tū lītū〈利と〉; 「学(ぶ)」の一字がこの一章全体の根本(主眼)である mánabinu djī〈字〉tītsi kunu íshshónu mūtu natóng {múni〈旨〉} ţukuru, kán yū〈肝要〉ţukuru natóng; 官職の長 shónu〈正の〉kwan; 二番目の súï〈副〉nu kvan; 頭と同僚 shó-súǐ〈正 副〉{nu kvan}, {kvannu} shó-súǐ; 劇の主役は漢(Han)代の皇帝 Yuentī の装束をしていた hanshīnu〈芝居の〉shó Kannu Djintī〈元帝〉nu mánishi shózukushóng {shózukunu manishóng}.

Principality 公国; chíminu〈公・君の〉kunyi, shu-kónu (諸侯の) kunyi.

Principle -s (原)理; lí-sīdjī〈理 節〉, fun〈本〉, mútudati, dóli〈道理〉, lī〈理〉; 根本の理 fún-múni (本旨); 自明の理 shidjínu〈自然の〉lí; 理をわきまえている{正しい理の人} djí kadji {または lí sidji} yū vakatóng; すべての人に共通の徳義 djín dó〈善道; 人道であろうか〉{ftunu mitchi}; 定まった理がなく, 故に同類の学者らは常に異なった解説を持ち出す sadamatōru lī néng kutú dū lúïnu samuré〈知識人〉tsininy〈常に〉kavatōru gǔtū tuchúng〈EC:説〉; 自然から生じ出る(道)理はいつも決まってすべて同じ道理に立ち帰るものだ{すべて一致するものだ} dóli〈道理〉shi djíng〈自然〉kara ndjīru mung yaré, unadjiku dólinyi kérang kutǔndi ichi néng; これは定まった(論)理である kuri sadamitōru lúndji (論議) {lún} du yaru; 人に善悪を問い, その人の志操を観察する yúshí áshí tūti súnu kukuruzashi nyūng; 万物が還元する(本源), また万物が発端となる本源広がる原理 yuruzi chu mútu tushuru yūshu〈由緒〉, mata chu mūtu yuruzinu fashitu {man djitu〈万事と〉} nayung, 同上: doli firugiré iku sámanying (幾様にも) nayussiga, mata tuǐshimiré {ndjíïdúnse, 圧縮する・握り締める} ïshu〈一処〉nkae nayung {chu nyídjirínkae (一握りに), chu kukúïnkae (一括に) nassaríng, 即ち, 道理を拡大すると多様化されるであろう. 圧縮(縮小)すると, 一つ{一般概念}になるであろう; 教えの源 ushīgátǎnu nyīmūtu {mútudati}; 悪い教えを伝える者は(現世を大事にするので)*現世の罪人であるばかりでなく, (未来の万世をも大事にするので)*実に万世の罪人である yana ushī tsteyuru munó táda námanu yūnu tsimi ftu téma aráng, djítsi nyi man shi nu tsimi ftu du yaru *( )内の部分欠如. EC に拠る; 本来備わっている生得の自然の理 fukudōru shi djínnu lī; 自然の理 shī-mi〈性命〉.

Print 印刷する; 版木から(印刷する){shumutsi} fankóshung, han tskïung, han ushúng; 版木をつくる fankó fuyúng (彫る); 印刷し出版頒布する han tstchi ippénkae firumïung; 四書の印刷本を(買って来なさい} shí shúnu hankó (版行) {kóti kū}; 印刷し広く流布させよ hang utchi tūsankae (遠くへ) firumiré; 皆協力して書物を印刷し配布する sóté kumiyéshi {kudi (組んで)} shumutsi firugïung (広げる); 版画(または絵)1枚 yī {または yī kabi} ichi mé, yī chu fhaï〈張〉; 良い版 yī hán.

Printer 印刷者; {版木で} fankóshā, han sīā (刷る人); 印刷工用ブラシ fán {fankó} sīūrǔ (刷る) mósó (刷子); 印刷所 fankó {shuru} yā.

Prism プリズム; san bónu íkkata (型).

Prison 牢屋; dū-ya, lū-sha (牢舎); 牢に入れる dūnyi írïung; dūnyi kumïung (込・籠める); lū-gumī shung, lū gumishi mïung* *lū gumi shimïung であろう; 一回鞭で打って, また牢に送った íchi dū butchi kváchi, mata dū yānyi yaracháng (遣った); 牢を挟じ開けて, 盗人を放免する lū yā akatchi, nussudu findjashung (逃がす) {nugashung (逃す)}; 火をつけて牢を挟じ開け, 政府軍に抵抗し戦った fī tskiti, lūya akatchi, kwampunu fínnu chā (兵たち) fushidji (防ぎ) tatakatáng.

Prisoner 囚人; toga nyíng, dūgumisatteru ftū, dūgumisáttósi (牢籠のされている者), dūyānyi íttéru (入れてある) {ittchōru (入っている)} ftu; (捕)虜 turi gunyinu* ftu, turigunyi shéru ftu *turigunu であろう; これは王の捕虜(囚人)であるから, よりよく番をしろよ kuré chótī〈朝廷〉toga nyin yaré yuku yuku (良く良く) yū bānsi yó; 囚人を虐待する toganyin kurushimashung; 人も牛馬も, 一万五千とりこ(虜)にした ftung íchimushíng〈EC:人畜〉íchi mǎng gu shíng turi kunyi shang.

Private 私的; vata kushi, fissuka (密か), missika (秘密); 密かに話し合う suruǐtu (そろりと) munugattaï-shung; 私事 djíbūnu (自分の) yūdjū, néshunu〈内情の, 「内緒の」であろう〉yūdjū; 私的に中傷・悪口したり, 私的に称賛したり vatakushinyi yantaï〈EC:毀〉{sushitaï (誹ったり)} vatakushinyi fumitaï.

Privately 私的に; vatakushinyi, fissukanyi, missikanyi, suruǐtu.

Privilege (特別な)名誉, 特恵・恩典; sévé, tami (為), lí yitchi〈利益〉; 私は昨日あなたに行逢う名誉に浴した

chinyu úndju ítchati va sevenyi {taminyi} nátassā; 皇帝に拝謁する名誉に浴した kóti vugadi lí yitchinu {yítchi} atáng；[s.] profit.

Privy（屋外）便所；yā bŭrŭ（屋根付き便所），fŭrŭ, débin djú, shūbing djú, fúruï dukuru；{より上品な言い方} kábayā（厠）；トイレに行くkutsirudjung（寛ぐ）{jang, gang}；トイレに行った kutsirudjīga ndjóng（行っている），furu yīyung（坐る）；通常，当地の人たちは，（次のように）席をはずす許可を求める：débinshi kuī?, furu yítchi kuī?；（人にも）動物にも使われる俗の言い方 kússamayung*, kússushung（糞する）*kússumayung（糞まる）であろう.

Privy council 枢密院；kótitu tumunyi {fīssukanyi} súruti fakari gútu shuru shínka *privy councilor（国王の枢密顧問官）であろう；{軍} gún dji-tá-djin〈軍機大臣 gún chī tá djīn〉.

Prize 珍重する；fissónyi〈秘蔵に〉shung, téshtsinyishung, atarashashung（大事がる）；{人を（尊敬する）} táttubī-ung, úyamayúng.

Pro & contra 賛否両論；事の両面を的確に述べる lí-gé〈利害〉tuchúng（説く）.

Probable（十分）見込みがある；これは望ましい nuzumité yassā, nuzúm bichīté yassā；幾分望ましい nuzumarīgissa；成りそうな nassarīgissa, yī kuru nayúng；来そうである chīgissa；来そうもない kūng gissa, または chīgikó néng；（彼は）呉れそうもない kvī gikó néng；しかしながら一般にこの概念を"十中八または九"で表す：十中九彼は来る tūnyi kukunutzi chīgissa；なる公算が大きい yū nayúng；大方 tégé, ūkātā；十中八九降るだろう ami fuyuru tsimuï；彼は十中八九そうする anshuru tsimui；（彼は）十中八九立腹であろう 'haradatchishuru tsimui；[s.] certainly.

Probe 探り針；{外科用} djíkva kukurunyuru（試みる）haï.

Problem 疑問，問題；nayuru shió；問題点を的確に述べる chāshi nayugayándi īyúng；数の問題点を的確に述べる chāshuru hó móki ndjachi sankatanu yuīshu achīrakanyi tatiti.

Proboscis 象などの鼻先；鼻先で{つかむ} dzónu hana zachi {shi kaki（懸け）nashung}

Proceed 〜から生ずる；úkuyung, chóng（来ている），ukuti chóng, ndjīung（出る），yúti chóng（由来する），ndjiti chóng；前進する sisinyung, ménkae sisinyung；山東（Shan Tung）に行く Santunungkae sísidi ndjang（行った）；進うも退くも同等に困難だ shíntaï〈進退〉{sisidaï shirizuchaï} tātsi túng {tātsi tumu（二つとも）} katémung（難いもの）；より重要なものから軽い（些細な）ものへ進む ūū gutu（大事）kará karuchi kutu nkae sódanshi {íchi（言って）} chóng（ī itatóng（言い到っている）}）*（）内英文になく，ECに拠る；法律違反の多くは無知から生ずる 'hó ukashuse uffukó shiránsi kará ndjīung.

Process 進行過程；事（件）の成行 ívari（謂・由来），nari-yutchi, yósi；時の経過 tuchinu fŭung（経る）.

Procession 行列（する）；djó lītsī-shung；djólitsishi súné-yung（行列する）；行列をなして行く djólitsishi sünéti atchung；偶像を迎える行列祈祷（式）djólitsishi kami nkéyung, futuki nkéyúndi atsimaï fékushung {または atsimaï arasīshung}；偶（像）を楽しませる kami assibashung.

Proclaim 布告する；íppé shirashung, wīsi wugamashung（仰せを拝ませる），tuziki（こごづけ・命令）saturashung, nubĭung（述べる），nubi tsigĭung（告げる）；全ての人々に聞かせるように天下に布告しなさい tinganyi shtchi（敷き）tsígiti sūyónyi（総様に）chkassiyó（聞かせよ）.

Proclamation 告示；政府の kóshi〈告示〉；皇帝の声明 wīsi（仰せ），mikutunuri {nu wīsi}, ushūnu（御主の）wīsi；告示（声明）を発する kóshi ndjashung；褒美を与える交付書 fōbi gatchi-shung.

Procrastinate 遅延する nubĭung（延べる），nubi nubinyi-shung（延べにする），nīku（速度が遅く）{nínku} nashung；ussí yurukanyi*（緩やかに）nashung〈EC:遅緩〉；{怠慢で（遅れる）} nímmaï kāmmaï-shung；今日はしない，明日するよ chūyá sang ácha du shussayā. *yuruyakanyi であろう.

Procreate 産まれる；[自動] mmari ndjíti chūng；{種子が（芽生える）} saninu mī tatchung, chizachi chūng；[他動]（産み出す）mmarashung, shodjirashung（生じらす）；mmari {shódji} ndjáshung.

Procure（手を尽くして）得る；tazoníti yīyúng, kaméti yírashung；（君が）行ってこれを運ぶ人を呼んでこい īyaga ndji chū yúbachi kunu dógu（道具）katamirassi（担がせよ）.

Procuress [s.] bawd；売春を周旋する女；winagó kaméyā, yana nakadatchi {?}.

Prodigal 乱費する・放蕩な；kvabīnyi〈EC:華費〉；{悪い意味で} itaziranyi, midarinyi tsīyashung（費やす）；uguri（驕）muchīyung；bushi maïna mung（不仕舞な者）.

Prodigious 驚異的な；massashī（霊験ある），firumashī {fŭtī（太い・巨大な）} mung；[s.] monstrous；全く驚くべきことだ sátti sátti!（[感]さてさて）.

Produce 産み出す；[動] mmarashung, shódjüng（生じる）；[s.] procreate；卵から生じた kūga kara shódjitóng；湿（気）から生じた shtsi kará ndjíti chóng；変態によって生じる kwashti（化して）shódjüng；無から生じた nénsiga utchi kara {nénsi kara} shódjitóng.

Productions 産物；san mutsi, tŭ-sáng〈土産〉, shina；[s.] goods, manufactures

Proclium abdominale；haranu mŭyū-shung（腹が催す）.

Profane 汚れる，穢れる；[自動] chigarĭung；[他動]（（神を）汚す，穢す）chigarashung, ussúí chigarashung, butsitsishími chigarashung；汚さないよう気を付けろ

よ tsitsishídi（慎んで）ussuï chigarassunayó; 神の名を冒涜する kaminu ūū nā（御名）ukashung（冒す）; 聖なる事を汚す ⁺shīnaru〈聖なる〉kutó nári（猥れ）chigarashung.

Profaneness 汚れること; chigarīturu {chigarashuru（汚らす）} kutó（ことは）.

Profess 信仰を告白する; キリスト教 Yasu mitchinyi shtagayúng（従う）; 君はどの宗教に従っているか ïya chánu mitchinyi shtagatóga?

Profession （専門的）職業; {職業} ítunami-shung, tushī（渡世）-shung; vaza, shkutchi, dji djó〈芸業〉; 仕事は何か ïya tūshīnu vaza nūga?; 学究的職業 gaku múng; 同じ職業の yínu vaza, yínu ítunami-shung, dji djó unadjūnyi shung〈EC:同事業〉.

Professor 師匠・教授; {narāshuru} bákŭ-shī〈博士〉; ⁺shi shó; （純）文学の búng shi shó〈EC:文学先生〉; 中国古典の chó-shu shishó〈EC:経書先生〉; 詩の ⁺shī saku shi shó〈EC:詩賦先生〉.

Proffer 進呈する; {捧げる} ushagĭung; {進んで申し出る} ndjachi tsigĭung. [s.]propose

Profile 半面像; hambung ziranu yī（または yī-zó〈絵像〉}.

Profit 利益; yítchi, lí yitchi, yŭ-shī〈余勢〉-shung または yŭ-shī nu ang; 取引上で lí-sūkŭ（利息）-shung; lí-shíng〈利銭〉, shóbé lī mókĭung; 利益をすべて独占する dū chui bakaï lītuku〈利徳; 利得であろう〉shóng.

Profitable 利益ある; yítchinu ang; 理に逆らうこと, 良心が恥じること, そんなことをするのは益が有ると言うな lī〈理〉nyi sákiti* {dóli saka samanyishi} chimunyi hazikashiminu {ukashuru} kutu lī（利）andi íchi ukunaté simándó *sákati であろう.

Profitless 利益のない; yitche（益は）nerang, ⁺buyítchi〈CDなし;無益であろう〉; {商売} mókiráng.

Profligate 放埒者; ‘hó ratsi {djímmama, fushí mama} nu ftu.

Profound 深い; fúkassang; [s.] deep; 本など（意味深長な）⁺myūnyi〈妙に〉ang.

Progenitors 先祖; shín dzu, fāfudji, gván-sū〈先祖〉; 人類の創始者 ftu lúï {sibitinu ftu} mmarachéru hadjiminu sú（祖）; ushu mé, támmé {男性のみ}, hā mé {女性のみ}.

Progeny （人・動植物の）子, 子孫; vákari; {人間にのみ} kva maga, shīsū〈子孫 shísún〉, ato tsidji（後継ぎ）.

Prognostic 前兆・兆し; arakadjiminu shírushi {chízashi}, dzī shó〈瑞祥〉; 良き兆しの印と偽る ítsivati yī zishónu shírushíndi nachóng; 兆し（前兆）となる sátchi chízashung.

Progress 向上する・前進・発展する; shidényi agati íchúng, djíng djíng〈漸漸〉sisinyung, massati itchúng, táta táta massayung; 学問が大いに進んでいる búnnŭngkǎe mítta（満多?）sísidóng; もし学問をぶらぶらと（遊び半分

に）するなら, あたかも何かをしているようだが（実際は）何もしていないようなものだ. 丁度風を追いかけ捕えようとしたり, 影を捉えようとするようなものであり, 何も前進・向上がありえようか mushi kata fsha moïshi（片足舞いして）, kutu shussinyi nyitchóssiga sáng, kazi（風）karamitaï kadji（影）tutaï shuru gutóssiga, sisinyuru（進む）kutunu aróka?; 前進（進歩）というのは近くから遠くへ行くが如し, また低きから高きへ登るようなものだ shidenyi sisinyusé chkaku kará tūsankae átchi（歩いて）, fichīchī kará takachinkae nuburuga yónyi ang.

Prohibit 禁ずる; chíndjĭung, imáshimĭung, tudumiung, fa bamĭung, chíndji tudumĭung, háttu（法度）shung.

Prohibition 禁止; chíndji, hattu, imáshimi, chindjīnu ‘hó（法）.

Project 突き出る; {水平に} néï ndjitóng; {垂直に} subī（聳え）tattchóng, naka takanu（凸）túndjitóng（飛び出ている）; [s.] propose.

Prolix 冗長な; naga kūdjó-shung, naga munuī-shung, naga núbi munuïshung, ími ínchaga nága kūdjó（意味短く長口上）.

Prolong 延ばす; nubi tarĭung（足りる）, kvīti nubi tárashung; 刑の執行（期限）を延期する kadjiri nubirashung; 音を長く延ばして発音する útunu nubi taritóng, tárashung.

Promiscuous ごたまぜ; kāchā mūdjā, ⁺zó〈雑〉mung; 男女の無差別乱交 ⁺nan ⁺nyú {wickiga winago} midarinyi avachi gū natáng（密通の間柄になった）.

Promise 約束; [名] yákusku; [動] yákusku-shung, yakusku ukĭung {また「約束を受け入れる」ことも意味する}; {許す} nazirayung〈宥怒する〉, yurushung; 別人に約束したので君にあげることはできない chunyi yakusku shó {ukitó} kutu ïyanyi kviraráng; 彼に現金2,3枚約束した dū dzin（銅銭）{kani} nan mé kviríndi（呉れなさいと）icháng; {劣悪な}力強い言葉で約束する chūku ūndi ichi ukitang（受けた）{[s.] consent, yield}; 約束を果たす ménu kutubanu tūï shang（前言通りした）; {子供, 若木について} 見込み（将来性）がある mmari sidjónu（素性）yutashang, yī sidjónyi mmarītóng; 良い大工になる見込みがある yī sidjónu séku; 約束を破る yakusku uttchétóng, tágayung, sóïshóng（相違）, késhung; fanshóng（反）; 私は決して約束は破らない chishshti kutūba késang.

Promontory 岬・高台; satchi, muyagatōru（盛上がっておる）satchi.

Promote 昇格させる・助成する; kuweti（加えて）agĭung, tassikĭung; 仕事を促進する yūdjunu kashíshung（加勢する）, sisimashung, ménkae sisimashung; 官職に上がる kvanyi agayung, {[他動]} agĭung（上げる）, nubuyung, nuburashung; 善人は, たとえ個人的な敵でも推薦して昇進させなければならないが, 悪人

は,たとえ友人でも斥けなければならない ⁺djinó〈善は〉atatu īdumu（仇と雖も）{ata yantémang} kanadzi sisimashi,akó（悪は）shtashtchi yantémang kanadzi sarashung（去らす）.

Prompt 即刻（の）;{迅速に} gurúku,simiyakanyi,féku-shung,chūnyi-shung（急にする）.

Promulgate, promulge 公表する・広める; firuku fétong {férashung},tsigĭung,tstéyung（伝える),ippe shira-shung,nubi（述べ）shirashung,tsté nagarashung; ts-téï shtchung（敷く）{（否）shkáng}; 宗教を広める ushī tsteï shtchung; 天下に広めた amaníku（普く）tínga-nyi tstétang; 徳は広め,一家をよく整え,国家は秩序よく治められ,天下に泰平を亨受させなさい tukó úshi firumíti,yānu yūdju tutunitaï,kunyinu matsirí gutu ussamíti,tínga taïraka nashimiré;{本が}海外までも普及している ké gvaï madíng nagari stétóng* *tsté-tóng であろう.

Pronation 内転; 腕の udi urankae uchéchéng; 反対（即ち,外転）は umutínkae uchéchéng.

Prong （フォークの）突先部分;{熊手} kussa katchi,tūdjā（括）,[s.]fork.

Pronounce （言葉を）発する; ī ndjashung; 明確に言う ta-dashku túnayung（唱える）;⁺kódji〈講じ〉ndjashung.

Pronunciation 発音;kutchi*,kutchi utu*,kutubanu utu,gū⁺íng〈音〉〈*EC:口音〉; よい発音 yī kutchi,kutchinu yutashang,shtya（舌）utunu yutashang,⁺yŭ* ínnu yutashang,*gū であろうか,kútchi-mútchinu {kutubanu utu} yutashang; 発音の悪い人 yana shtya chirā（舌切れ者）,shtya chírí mung;⁺gŭínnu zizikwítóng {tadashkaráng}; 柔らかい発音,硬い発音 yafarashī,kfashī kutubanu utu; 抑揚が良い,悪い kákāǐnŭ（懸りが）yutashang,vassang.

Proof 証拠; shūku; 証拠もない shūkun néng; 以後の証拠が無い atonu shūku néng; 証拠は提示されなければならない,そうすれば人は信ずる kanaradzī shūkunu ari vadu,anshi atonyi（後に）ftó shindjīru; この事（実）を証拠とする unu kutunyi yutóng（依る),yutaru⁺pínyi〈CDなし:「憑」であろう〈EC「憑據」ping keu〉〉; [s.]evidence; 校正刷 fankó shtagatchi または djígatchi（下書き),djígatchi fankó.

Prop 支え;[名] tskashi;{（支え）木（支柱）} tskashi gī,tskashi hashira,tassiki-gī; 傾いた支え木 yugadōru tskashi gī;[動]（支える）tskashúng; 倒れないようによい思い付き{考え}で支える tóriráng taminyi yī⁺fumbítsishi tskashung; 子は親の支えである kvanu ūya kushátíshung（「子が親を支えとする」で逆の意となる,ūyanu kva kushátíshung であろう）;[s.]support.

Propagate 伝え広める・宣伝する; 教義（教え）を ushī tstéyung; 子孫を増やす kva nashung; 善徳を伝え広めないで隠す人は,何か不思議な災難に見舞われるで

あろう djinó kakutchi nagarasandung aré,kanaradzi⁺chi kvainu〈奇怪の〉vazavénu ang; 三つの宗教を広める mitsinu ushī firumĭung.

Propel 推進する; 前方へ ménkae ushúng.

Propensity 性向; shʼko〈向趣;趣向であろう〉.

Proper 妥当な・好ましい; yutashang,sí bichí mung（すべきもの）,múttúng（尤も）; simidúshuru,sīnyúng; dóli dū yaru.

Property 財産;{所有財産} ⁺dzé-mutsi〈財物 zé mutsi〉,dzé-sang,vaza（業*）; 一家の財産 kadjó〈家業*〉,kadjónu dzé（財）; 先祖から相続した財産 făfudjinu nukuchéru vaza〈EC: 遺業*〉*vaza〈業〉の「財産」の意味は中国語から; 自分の努力で得た財産 dūnu móki {hatarachi} vaza*;{特性} lí〈理〉,⁺dóli〈道理〉,shidjínnu〈自然の〉lí,datsi,〈CDなし:「質」であろう〉,shó〈性〉,mmari,mmaritsítchi; 食物の特性を弁別する shkumutsinu shó bindjiung; 一家の財産はたっぷり一万はあり,すべて最大の努力によってかき集められ,貧しい生活をして貯えられたものである yānu takara manyi mititóng,chikara ndjachi,sibíti katchi atsí miti,nyīdja mung（苦物）kányusi káradu chóng; 私のわずかながらの財は血と汗で集められたもの,それ故無闇やたらに人に譲りはしない vané dūnu móki-tésí dūdu nandjí shi atsimití aru mung,yatí sigu chu-nyi yuzíé narándo.

Prophecy 予言（する）; satchata iyung; mi lénu（未来の）kutu {māda kung mung} satchata íchi（言って）.

Prophet 予知者; satchi shīru ftu,⁺mi lénu〈未来の〉kutu shtchōru mung;{聖書（経典）を書いた人々は shī-djing〈聖人〉が最適}.

Propitiate 宥める〈EC:贖罪〉;[s.] appease; 他人の罪のために贖をする chūnu tsimi ágānāyŭng,tsimi kūyung（乞う）,fíchi ūyung（引き負う）; 私たち全ての人のために罪を贖う（者）vata sūyóga tsimi aganó または aganayuru mung.

Proportion 比例・適合させる;[動] kúnabiti atayung（適合する）;[他動] atarashung; よい割合で混ぜる yí tuïyé（とり合わせ）-shung,gū（具）duyāshishung（取り合わせする）; つりあいのよい（調和した）yī ambé（按配）,yī kukutchi（心地）,yī támishi（限り）,yī kagíng（加減）,yī shaku（尺）,yī bung（分）; 比例して長い kunabitinde {kunabitishóré} nagassáng または chóta-nu ang {即ち,長短が現われる}; 知識に比例して shtchōru daká（高）; 善し悪しに比例して yutasharu,vassaru ṭaka（高）; yushi ashi sū dākă（総高）; 人数に比例して御馳走の備えをしなさい nyíndju daka {sū daka} furimé sunéti ndjássi（出しなさい）;[名] 個別の量{度合} bun ló〈分量〉;{細分（再分割）において} つり合い上,彼の分け前は全く正当である ariga bun ló yū attayung; 赤と黒の比率が去年と同じになるな

ら mushi kuru aká tamishé kúzutu yínu mung naïrá; [s.] correspond.

Propose* 提案する; 考えまたは意見を mí tski ndjashung, mí tskinu gutu tashshïung〈達する〉, tashshti tsigïung, shirashung. *poposeとなっている

Propriety 礼儀（正しさ）;〔礼儀作法〕dīdji, 礼儀正しく dīdjīshī; [s.] right, proper

Prorogue (議会を)閉会する; wédaï（公職）{shusi} nugayung（閉会したため, 免かれる）,[他動]（閉会・停会させる）nugarashung; yā mũnnũ〈衙門の〉yūdju yamiténg.

Prose 散文; búng kutuba.

Prosecute 告訴する;{訴える} úttaï ndjashung, ūï（追い）uttayung, fīrūshung（披露）;{文書で} firugatchishung;{遂う} ūyung, ūti ítchung; 勤勉に学問を遂行する naré munu hámayung, ūti shung; 官(府)に懇請して訴追させる kvanyi tsigiti ūï uttaïshimïung.

Prosecution 訴え（ること）; úttaï, úttaïnu｛úttaïshuru｝kutu.

Prosecutor 原告・訴え人; firu nyíng（披露人）; 訴え人が隠されてしまって, その跡影も全くないので, あなたは私にどうしてもらいたいというのか firu ninó kákuchi uráng, ato kadjï mīrang {átŏn néng, kadjín néng} tuchindó, undjó kangé tindé（あなたは考えてごらん; 英文なし）vané nū shuga（私は何をするか）?

Proselite (proselyte) 新帰依者; mīku ushī（教え）ukīru dīshī（弟子）.

Prosody 韻律（学)法; naradŏru utunu 'ho.

Prospect 見晴らし;{景色} chīchi〈光景; 景気であろう?〉; 将来展望（見込み）が良い lishínshussi〈立身すること〉tī yassáng, lishínshusi {lishínshuru} nuzuminu ang;（将来）展望が悪い lishínshusi tī yassku néng.

Prosper, -ous 繁栄する; yī zi shó（慈祥）, yítchi sídjīnŭ ang, chīchīlīnu（吉例?）ang; なすことすべてに成功する munu gutu sévénu ang, munu gutu katti sídjinyi natóng; 諺に能く言っている: 繁栄の時には常に困苦の時と思え, 欠乏の時に到って, 有った時のことを思うのではと恐れている zuku gū nakae yū ïyung, chidjinyi（頂点に）attayuru bashu tsininyi aru fi tuti néng fi umuti, néng tuchinyi átati átaru tuchi umuïgashurandi ussuritóng;

Prostitute 売春婦;{女} yana winago. [s.]disgrace, shame

Prostrated 平伏した; ussunyung, ussún kagánshung; [s.] bow

Protect 守護する; kakubïung, mamuyung;{神についてより特別に} shúgushung〈守護する〉;{精神的に支える)} mī kaïri nyung〈EC:看顧〉, tassikïung; 君に神の守護のあらんことを kami ïya shúgushi kvíri; 神のたすけ tamutchi tassikīse〈EC:保佑〉; 御主のお陰で助けられた ushūnu ukadjīnyï tassikiráttang.

Protector 守護者; shūgushŏru {tamutchi kakubīru} mung.

Protégé [s.] favourite; 被保護者; 私{彼}が保護している人 va {ariga} kadjinyi（お陰で）tassikirattéru ftu.

Protest 抗う; 私は抑えつけられているが, 甘受せず不服の意を表明する ússútássiga* gatínsang shóti aravashung; fushidji aravashung *ússúratássigaであろうか; 脅されても服しない usuratassiga* fukusáng *urusatassigaであろう; 抑えつけられても人にくっつかない（味方しない）usutíng tskang;{従わない} ussuting shtagāng.

Protract 延ばす; 数日 fï kazi kunyúng（込む）; 長（引いた）時間 tsídzichi（続いて）, utchi tsídzichi, nagéku; 長雨の後｛よい天気｝ami nageku {tsidzichi fuyúng, utchi tsídzichi {yī tinchi natong}.

Protrude, protuberant 突き出る; togáï ndjitóng, sobī（聳え）ndjitong {または} tattchóng; muyúng（盛る）, mutóng, múyăgāyūng（盛り上がる）; [s.] prominent.

Proud {[s.] supercilion.}; 驕る; úguyung, ugutóng, gāyung（驕り高ぶる）, gātishung; táka búyung（高ぶる）; 驕りの気持ち ugúï čhimunu ang; 驕った人 úguri mung, úgúï mung, taka butóng; 高ぶり驕った人 taka {buri, furi} ugutŏru ftu;{何事も気にかけない} tsitsishími（慎）néng mung, vātchina（浮気＝生意気な）mung; 社会的地位（身分）を驕る búng muttchóng; 富や地位を驕る wéki shi būng muttchóng; 上の者が驕らなければ, 下の者も反乱を起こさない kaminyi yitchōru munó ugurandung aré shímutu nayuru mung {munúng} midariráng（乱れない）; 驕りうぬぼれた人 úguti dūshi dū ūïnyi umutōru chu; もし私が返礼の訪問をしなければ, 彼は私のことを驕った無礼な者と言うにすぎないであろうが, 私は彼を放埒な若者と思っている mushi vari ndji mīmé késandung aré vang úguri bulīna mundi ïyussinyi sídjirang, tada vaga ari shú sh'kuna〈酒色な〉mung du yarundi umutóng; 肉が盛り上がる（傷跡・肉芽腫など）yana shishinu míung（生ずる）.

Proudly 驕って; 言う uguti ïyung; uguri munnu gutóng, wābi kazaïshōru múnnu gútuku（上べ飾りしている者の如く）; 人々に驕った振舞いをしないよう気をつけなさい, あなたが一国を支配している{持っている}のだから tsitsishídi kunyinu á kutú（有るから）chunyi ugunnayó.

Prove 証明する; [他動] shūkushung（証拠する）, shūkushi aravashung; djítsi（真実）shūkushung, fíchi shūkushung; それが真実なることを証明する sunu djitsé shūkushung; 証明されている shūku ndjitóng; 証拠として役立つ shūkunyi natóng.

Proverb 諺; dzuku gū〈俗語〉; 古い諺にいわく kū gū〈古語〉nakae ïyattóssiga; 一句の諺 ikkunu dzuku gū; 諺にいわく dzuku gū nakae ïyattóng: 一時の怒りを堪えたら, 一生悩み憂いはない fitu tuchinu íkari niziïdunse, dū ovaru madíng urīya {náyami} néng; 奇怪な事象を見て奇怪と思わなければ{奇怪な行動をしなければ}, その奇怪な事象は自滅するayashī kutu 'nchi ayashimandung aré {kavatōru kutu sandung aré} sunu ayashī kutó nankuru yandīung; 人間の口を作る二つの皮の小片ではまかせに物を言うchūnŭ kutchinu ménu kānu ftātsinu kaké, múnu íchi, sadami kadjïé〈限りは〉narang〈EC: 無定期〉; {愚かさ}牛皮の提灯は輝かないushinu kāshae hatéru〈張ってある〉turó akagrang* *akagarangであろう; {利口さ}水晶の腹の皮は心臓も肝臓も〈その他〉すべて見〈えさ〉せるsī shónu váta ḳāya chimu kukurúng 'nya mīung〈見える〉; {気取った人}猿が犬に乗っている, どこに人または馬がいるのか〈どこにもいない〉sārunu ínnu wīnyi nuti, chung mmang mīrang〈人も馬も見えない〉; 自分の〈努〉力を大したものとは思わない人は, 人々の尊敬を得る, 口に慎みのない人は人々の憎悪を得るdūnu chikara táttubandung are chunyi uyamarīng, dūnu kutché tsitsishimandung aré chunyi nyikumarīng; 一家が貧しい時, 孝行息子が顕れる, 国が混乱状態にある時, 忠実な政治家が顕れるyānu fīnsūnyi ati kókónu kva aravarīng, kunyinu midarīīdunse chūshinu〈忠臣が〉aravarīng; 蛇はまっすぐな竹筒に入っても, その曲がった〈根〉性を改めることはできないhabu daki dzítsinyi íttíng〈入れても〉* sunu magaïnu shóya aratamiraráng *itchíng〈入っても〉なら英文と一致; fúyunu fé〈南〉māyé tunaï míguïnsang〈隣巡りもしない〉冬に風が南へ回ったら, {外にでて}隣人のところへ行くな{必ず雨が降る}; natsinu amé mmanu naganíng fúï māshung〈降り残す〉夏の雨は馬の〈背中の〉長さの間にも変わる{即ち, 頭が降っても尾は乾いている}.

Provide 備える; {予防する}kániti〈予て〉{arakadjiminyi, mé vuti} fushidjung; {前もって蓄える}kaniti takuvéyung; 老齢に備えて息子らを養うkva yashinati tushi yutósi〈寄っているのを〉fushidjung〈防ぐ〉〈EC: 「養児防老」〉; 餓死に備えて穀物を蓄えるkuku〈穀〉takuvéti gǎshī {yāshā} fushidjung, shinudjung〈凌ぐ〉; 後々の災難を考え, 予防するべきだatonu vazavé shúti〈初手〉wuti fushidjuru gutu kangéri vadu yaru; 彼らに自分で紙も, インクも, 職人の手間賃も準備させ書物を印刷させなさいdūshae kabíng, simíng, séku dímáng sunéti, shumutsi fankósi〈EC: 自偹紙墨工價分印〉.

Providence 摂理; 摂理による秩序, 統治・支配tín dó〈天道〉; 天佑〈神助〉tínnu tassiki; 天道は善徳を祝福し, 悪〈徳〉を呪うtíndóya djín naru kutó sévéshi, midari kutó vazavéshung; 天道の証拠はないtindóya tanumi shūkó néng; 善人は栄えないところか, 逆に多分災難に遭うdjín naru ftunu wuti, sévénu néng, mata úttchéti vazavénu ang; 悪人は災難に遭わず, 逆に多分繁栄を得るyana ftunu ati, māda

vazavé ukiráng, anshi máta úttchéti sévénu ang; そしてそれ故, 絶えず人間の疑惑を生ぜしめるang aru yuïnyi tsininyi chunu utagé ukushung; 天道は〈神の〉摂理}は善なる者を幸せに, 悪なる者をみじめにするという原則から, 時には逸脱することがあるようだ, そのため絶えず人々の心に疑念が引き起こされるのだtindóya djín naru ftu sévéshi aku ftu vazavé shundinu ī bung nakae tata chigenu ata kutu, chunu utagé ukutcháng〈疑いを起こした〉.

Provident 将来への配慮のある〈備えを忘れない〉; mé vutí fakayuru; {金の件, 事前の算断を必要とすることは何でも}tsímuï djózi, tsímuï ḳatti.

Province 省; síng; 1省í sīng; 多くの省, 各省sin zing〈CDなし; 「省省」であろう〉; 1省の領域í sínnu chkata; あなたは何省の人かundjó mānu singa?; 生まれた省fun síng〈本省〉; 省の城市sínnu gussiku; 省の方言sínnu zúku gū〈俗言; 俗語であろう〉.

Provisions 食物; shku mutsi, kwé mutsi, kwé mung, kuró〈食らう〉mutsi, hámmé〈飯米〉; 乾物kakachéru {kavachōru} hámmé; 新鮮な食糧náma mung〈生物〉; {新鮮な肉}náma gússatchi〈生臭き〉; 軍隊の食糧が絶えたfinnu chānu hamménu tétóng; {乏しい・少ない}ikirassang; 軍隊には百日分の食糧は無かったíkussa haku nyítchi fúdunu hammé néng〈無い〉.

Provoke 怒らせる; 怒っているnītassang〈恨みに思う〉; [他動]nītassashimïung; ikari hadjimashung, 即ち, 刺激して怒らせるíkari fītchung, ikari djítchishung〈激する〉; ikari sisimïung {sisimashung}; 言葉でかりたてるī sisimïung, tstchi féshishung; 扇動して闘わせるtatakarïóndi ī sisimïung; アー, 腹立たしいことだnītassā!; 私は彼に憤慨したvané arinyi nītassashimiráttang; 熱狂させるissami hadjimashung.

Prowl 〈獲物を捜して〉徘徊する; ama kuma ndji ukagati〈伺って〉.

Prudence 思慮分別・賢明さ; sé chi〈才智〉, satutósi, sū mi〈聡明〉; 才智をもって〈事を〉処理するséchishi yūdju shung; 才智ある人séchi aru ftu, setchina mung, sūmīna mung, fín〈品〉shtchōru〈知っている〉{tsōdjitōru} ftu, satutōru ftu.

Prune 李; {果実}mínu〈梅の〉naï〈EC: 梅子 prunus〉; [動]〈枝を剪定する〉kīnu yída chŭíung, yída tsimïung; 剪定用斧yída chīa; 斧〈よき〉には用い方があるyūtchi mutchīsinyi 'hónu ang; 手首を裏返しにして刃を上向きにして切る, こうすれば樹液は流れ出ないtīnu kŭbī úttchéshi, hā kéchi wīnkae nkati chíídunse kīnu chīya〈樹液は〉ndjiráng.

Prurigo 痒疹; vígósang〈痒い〉, vigóku ang.

Pry 窺い見る; úkagati {saguti, tazoníti, tániti〈尋ねて〉} nyūng.

Psoriasis 乾癬〈慢性皮膚疾患〉; hássi.

Pterygium {爪の} wībinu tsimi nugīru kassa; {眼結膜翼状片疾患} mīnu kúchi（目がしら）kará ndjitōru aka sídji;

Puberty, pubescent 年ごろ（の）; ufu chu（大人）,shī djinshóng〈成人している〉,yaku tatchuru djibúng, fudu wīti kva nashuru djibúng; 男の力が熟した wíckiga yaku tatchung,〈女性〉wuna yaku tatchúng;［s.］manly; 陰毛の生える時期 shtya dūnu kī djiva（際）{chiva}

Pubes 陰毛; dū shtyănū kī, shtya dūnu kī; 恥骨部 mătă, fshanu mata; 恥骨 mata buni.

Public 公共の; 公の事 ūūyadji（公）,kūdji〈公事〉; 公務 wédaï, wédaïshusi, ūūyadjinu kutu; 公衆 shu nyíng〈衆人・諸人〉,muru murunu shunyíng, ūūyadjinu tami; 世論 sū sódáng（総相談）,sū kangé, shunyinu mítski, muru murunu shuzún〈所存〉; 公事の誤り matsirigutunu（政治の）{kūdjinu} ayamari; 公務で派遣される wédaïnyi yarasarīng {tskarīng}; 公金の清算勘定をする* kwámpunu〈官府の〉djíng sankata gatchi shung〈EC:開銷〉(*英文 open an accorntはopen accountであろう).

Publish 発表（公布）する・知らせる; shirashung, fáshirashung, férashung（流行らす）,aravashung, tsōdjirashung, íppé tūshung; 新本を頒布する mī shumutsí shkínnungkae（世間に）férashung; 世間に公表されて今で千年（になる）shkinnyi tstetōru kutó shin níng nati; 夫の過失を公にする wúttŭnŭ kussi（欠点・傷）shirachi féracháng（流行らした）.

Pucker すぼめる; shíbunyung {shibudóng}; 口をすぼめる kutchinu shibudóng（口がすぼまっている）,kūtóng; 恐怖で全身を竦める uduruchi kágamatóng（屈まっている）.

Pudding プディング; {餡の入った煮菓子} an íti nyitchéru kvāshi; nyī kvashi; 当地のプディング māndjū（饅頭）.

Puddle （水を）濁らせる;［動］mingvashung;［名］（特に泥水の水溜り）mingvitoru tamaï mizzi.

Pudenda （女性の）外陰部;íng mung〈陰門〉,djúku mung〈玉門〉,támanu mung〈玉の門〉.

Puerile 子供っぽい; vorabinu gutu, chimu vorabirāshang.

Puff 一吹き・一服; 煙草の一吹き tábaco chu fuchi; 一息 īchi chu fuchi; 一吹きの風 kazinu chu fuchi fucháng（吹いた）; 膨らます（袋のように突き出させる）fukurū nashung {nayung},fuchi {īchi kukumiti（込めて）} fukurū nashung; 小さな富または小さな名誉で,易々とふくれ上がる者には罰や災難がふりかかる kūssaru wéki, kūssaru táttuchi mitchi（満ち）yássassé, batsi vazavé aï gatassa〈EC:刑災准有〉; しかし,大きな富や大きな名誉の中で不動の者は,多大な幸福を限りなく得る uffíssaru wéki, uffíssaru tattuché* ndjukansé atsiku（厚く）sévé kadjiri néng yiyúng *直後にyating

（であっても）を補うとよいであろうか.

Puffball ホコリ茸; {朽（ち）木に生える茸 kuchi kī kara mīūrŭ} nābă.

Puff-powder （powder puff）おしろいばけ・パフ; ku tskīru mósó〈刷毛〉{hana,もし綿なら}.

Pugil 一つまみ; {1掴みの量} chū tskáng.

Pugilism 拳闘・ボクシング; tī zīkúngshi arasōyuru'hó; ボクサー tī zikúngshi arasōyuru ftu.

Pull 引く; fíchung, súnchung, súbichung; 人（着物）を引っ張ってヒントを与える chíng fíchi kukurirashung; 引き抜く nudji ukushung, fíchi ukushung; 滑車でひく taguyung（手操る）; 抜き出す nudji ndjashung; {衣類を chíng} 脱ぐ hazíung; {ばらばらに} 引き離す fíchi akashung, fíchi akiung; 引き裂く tsin satchung, tsín yayung; {家を} 引き倒す fíchi yabuyung, yandyung, kushúng（壊す）; ひっくり返す fíchi kérashung; 剣を引き抜く yaï nudjung {jang,gang}; 家に引き込む ya utchinkae fichínchung; 慌てて引き出した avatiti fíchi ndjacháng; 手で左側へ引き寄せた tī shae fidjaï mutinkae ficháng; 痙攣して,口も目もひきつける chūchishi（中気）{中風＝中気} kuchíng mīng fíkatóng（引かれている）.

Pullet 若めんどり（1才未満の）; tuï gva.

Pully (**pulley**) 滑車; taguï {agiru} kuruma; 滑車で手繰りあげる taguï agïung; 滑車で手繰り降ろす taguï urushung.

Pulp （柔らかい）果肉; {果物の} yafara naïmunnu mī; {手で揉み柔らかくしたもの} tarití yafarakitéru mung; {搗いて柔らかにしたもの} tstchi yafarakitéru mung, tstchi kudachéng〈EC:搗砕〉.

Pulse 脈（拍）; myāku; 脈をみる myaku nyūng, tŭyúng; どうか脈を見せてくれ myaku turā, tutindá（取って見よう）; 脈が打つこと myakunu utchung; 彼は偉大な医者なので,私の脈をとってくれと頼んだ ari ufu ishā, dóding va myaku nchi kvītendi tanudang; 君の脈は速く弱い,多分病気だろう,気をつけなさいね myaku gūrŭ utchishi munashūnyi* ang, ïyaya butchikunyi（不気根＝気分が悪いこと）yaru hazi, yaré yū sivadu yutashandó *〈EC:「虚」は「虚弱」の意であろう〉; 脈が完全に止まった myakó tumatóng, uttang（打たない）,téti（絶えて）muru neng.

Pulverize 粉（々）にする; {杵で（搗いて）} tstchi kū nashung; {擦って} stī kū nashung.

Pumice 軽石・浮石; kărūshī, ukabu ishí.

Pumpkin かぼちゃ; shibuī（冬瓜）,tū-gva（冬瓜）.

Pun （同音異義語句による）だじゃれ; likutsinu kūdjó（狡猾な口上）,mayutōru kutuba, tātsinkae chimu ang; 漢字の「王」と「点」または「頭」から成る「主」についてのだじゃれ: 国が乱れ民が貧しい時,王は頭を出さなければ,誰が主となるか kunyi midarī, tami finsu nati, voya kamatchi (頭) ndjasandung aré tāga nushitu nayuga?

Punch 穿孔器; {(穴を開ける)道具} ⁺numi〈CDなし;鑿〉; [動] (鑿でほる) númishi fuyung. *〈EC:銀花鑿(銀細工用)〉

Punctual 期限を守る; kadjiri attatóng, mamutóng; 期限を守った支払い kadjiri ṭūī torachēru sī (負債).

Puncture (尖ったもので)(刺して)穴を開ける; [動] {濃を(出す)} yéshung, haï uttchung.

Pungent 刺激性の(ぴりっとする); karasang; {塩辛い} sh-pukarasang; {比喩}(感情に)激しい苦痛を与える chimunyi sashung (心を刺す).

Punish 罰する; batsishung, batsi kuveyung; {言葉で} shi-miung (責める), imashímiung (戒める), nurayung (叱る); {矯正する} shtski-shung (躾けする); 厳しく罰する chūsanyi tskiti batsí ussamïung〈EC:従重治罪〉; 人を罰するのではなく過失を罰する chunyi mukūranshi〈EC:不報〉kussi (欠点,傷) mukui batsishung; 人が法を犯すのを待って,その後罰するより,好機をとらえ,法を犯さないうちに警告し,目覚めさせるのがよい chunu hó ukashusi mattchi, anshi atonyi batsishusi yaka, tayurinyi tuti, {attá (彼らが)} hó ukasang me vuti imashimi samirashusi mashi; 過ちを犯す前に警告しておくべきである chunu yandáng mādū ima-shimitóki vadu.

Punishment 罰; {矯正} shitski (躾) chī batsi (刑罰); ba-tsi; 過酷な罰 kurushimi {chūsaru, yana} batsi; 死刑 kurushuru {shī (死)} batsi; 七罰 batsi nana kazi ang: 笞打ち butchi kvāshung, 指の拷問 ībi kvāshung, 口を打つこと tīshi kutchi attïung, 流刑 funí nussïung, 追放 nǎgāshung, nagashi chiríshung (流し切り), na-gashchirí-shung, 絞殺 kubirirashung, kubiri djin-shimïung (絞死なせる), 斬首 kubi chíung; 切り刻むこと chirí kuzanshung; 当地には,より重大な罰の中に十字架刑もあり,罪人を木の十字架にはりつけにし,槍で心臓を突く。 より軽小な罰には fī-būshī (陽干し) という「陽に晒す」刑もある; 刑罰道具を多く備えてある batsi attiru dogu uffóku suneti utchéng; 死も充分な罰とは言えない shidjantemang tsimé harirang (死んでも罪は晴れない); (死者の国の)火の罰 gūshó nakae yakarīru batsi ukiung; 修行のため自ら課した罰 {苦行} du kurushidi dū ussamïung.

Punka (インドの)大うちわ(天井からつるす); {当地には存在しない} sagi ódji (下げ扇), kazi odji; 多人数を一度に扇ぐ装置 su nyindju ógarīru shīó (仕様).

Puny 弱々しい; yashtong, tskaritóng, yétóng (萎えた), yuvadóng (弱い), yasti yótóng.

Pup (犬が)子を産む; ínnu kva nashung.

Pupil 生徒; naré mung, chīku mung, dishí, simí naré mung; {瞳} mīnu shing, mīnu kva〈EC:瞳子〉.

Puppet 人形; nyīn djó, futuki.

Puppy 子犬; innu kū-gva, íngva, innu kva gva.

Purchase 買う; [動] kóyung; [名] (購入品(物)) kótéru shina mutsí; kóti utchéru shina mutsí; 小口買いする guma-gaï shung; 多分数エーカーの土地を買うであろう tukaku (兎角・ともすれば) íku (幾) abuchinu* chkata kóyundó *abushinu (畔の)であろう.

Pure 純粋な・潔白な; issadji yutchi (潔き) {yushi}, chïu-shku (清しく?), kukuru chïushūnyi ang; múnuími-shóng (物忌みしておる); savayaka; 液体が(澄んだ) simitóng, sidóng; 純銀 shó〈正〉nandja, yī nandja, yī kani; 万物のうち,最も純正不可欠な要素 bammu-tsinu dúttu (非常に,とても,ずっと) kuvassasé (固いもの) {kuvashku}; {本質が}純粋で完璧少しの傷もない máttonyi (中国語「正当」?) {shóbung〈生分;性分であろう〉nakae} íffing chizé néng; いかなる人の善徳も (未だ)このように{純粋に}はない chǔnū djín naru kutó mada kunu gutunyé néng; 潔白 ⁺chíppaku, shirú issadjiyūnyi ang *〈EC:「潔白」〉; 最も貴く聖なる人の潔き真の教え guku táttuchi shī djinnu issadji yutchi makutunu ushī; 潔き人が長く不浄の世に居ることは忍べない issadji yūnyi assé nagaku mingvi (濁り) yunyi wūru kuto shinubarang; 信じる潔き心 shindjī-ru issadjiyutchinu kukuró (心は).

Purgative 下剤; kudashi kussuï; [s.] laxative.

Purgatory 煉獄(浄界界); gushónu batsi tukuró (所は); 神酒によってそこから免れる matsiri zakishae uri kará nugayung; 浄罪堺の魂 mattūī (全い?) tama-shi.

Purge 下剤で下す; kudashung; {清浄にする} chirinyi (綺麗に) shung, simirashung (澄ます).

Purify 清浄にする; simirashung (澄ます), chïumíung (清める), tsïushku (清しく?) {issadji yuku (潔く)} nashung; 金属を精錬する tattchi vakatchi issadjiyūnyi na-shung; 心を清浄にする kukuru simirashung; (産後などの)清めの式 dū chïumīru li, chirinyishuru lī; 人が水の無い荒野に居て,土で身を清めたいなら,そうしてよい chunu nū faru (野原) wuti mizzi néng tuku-runyi óré (居れば), 'nchashi chirinyi naching yuta-shang.

Purlin 棟木; {横桁・大梁} kitchí, kítta.

Purling (**purl**) さらさら流れる(音); nagarīru mizzinu utu, sósó-shung.

Purloin 盗む; fissukanyi (密に) {nussumi} tuyung.

Purple 紫; 色 murasatchi; {王の(紫衣)} wónu biya bi-yakanu ching.

Purport 意味・趣旨; chimu, ími; 大意 tégénu chimu, sū muni, sū djímu; [s.] intention.

Purpose 決意する; [動] kukuruzashi tatiung {sadamïung}, kangé nushiduyung (主取る), kukurunyi katazikïung; [名] (意図) shuzún〈所存〉; 読もうとする shumutsi yumandi shung; (適切)要領をえた attayung, kaninyi kakayung (常軌・規範に合格する), atatóng; 全く適切で sashtinu (察しての) kutu, sashitaru kutu; 適切に話すべき hóshi kakari vadu yaru; 適切でない (要領を得ない) ataráng, hazirítóng; 〜用途のない) mutchīse (用いるのは) nérang; 〜のために {後置詞 yuïnyi (〜故に), yutti (依って), tami}: 金を稼ぐために dzing mokīru yüïnyi, dzing mokīrunyi yutti; 種子を取る為の (用の) sani tuï yūnu {shibuï (冬瓜) かぼちゃ}; 我 (意志) の強い人 gā dju mung, gā wurirang (折れない) {(否):haráng (張らない)}; 何の故か nūnu {charu} yuïga {yuïshuga (由所が), nūnu mutchïussiga {mutchïu tukurunu} aga?〈EC:何用処〉; 決意を固める mitski mukuzikïung (基付ける); 私は先生に暇乞いをするために態と参りました vané vazatu chí shínshitū vakarïung; 今日来たのは通りかがりの訪問か, 態と来たのか iyaga chū chósé vazatu chí, mitchi tūï attcha gatchí (歩きがてら) du yatí?; 性的満足の (影響) 力で私の決意を変えることができるか winago irushae {irunyi yutti} va kukuruzashé utsushinu〈EC:移〉 nayumi?; 一つの目的だけに適うもの ftu katanyi shuru mung; 全てに通用するもの tsūdji muchīru (用いる) mung.

Purposely 態と・故意に, わざわざ; vazatu, utātti (達て?); わざわざ私のために vazatu va taminyi.

Purse (外形・用途が) 財布 (状のもの); fukuru (袋); 財布 dzing {kani} bukuru; [s.] tobacco.

Purser パーサー・事務長; {船の} funinu shkumutsí kvan (食物官).

Pursue 追跡する; ūyung, ūti ittchung {hayeshung (走る)}, wī tskiung; 追って行き追いつく ūti wi tstchang (追い付いた); 仕事を続行する yūdju wī tsidjung (継ぐ) {(過):jang}; 常に同じ考え {事} を追い続ける tsininyi yinu kangé wi tsidjung, unu kutu nakae tsininyi umi tskatóng; 盗人を追跡する nussudu uyung, wī karamiung (搦める).

Purveyor [s.] steward; (食料) 調達人; 公的に任 (命) された御用達 ūdédju〈ヲホ (御) 台所〉.

Pus {[s.] fill} 膿 (汁); únchu; 膿が出る yéyung; 膿を出す yéshung.

Push 押す; ushung; 押し退ける ushi nashung, ushi dukiung; 押しあける ushi akiung; 押し落とす・押しつける ushi utushung, {tskiung}; 岸から押し出す ushi ndjashung; より強く押す ushi tskíung; 押し倒す ushi tóshung {torashung}; 押し上げる ushi agïung; 押し貫く ushi fugashung (ほがす), tstchi (突き) fugashung; {裂け・破れるものを} 押し破る ushi yayung; 押し込む ushinchung {(否):kang}, ushi irïung; 一回押す chu ken ushung.

Pusillanimous 小胆・臆病な; chimu ska mung {skassang}, chí-yó (気弱) {chí yóssang}, savadjá (騒ぐ者).

Pustle (**pustule**) 水痘・膿疱; shū {水} butsíng-shóng;

kassa (瘡).

Put [s.] lay; 置く; utchung; 置いてある utchéng; 片付ける amankae nashung, shidjumïung, duki nashung, dukirashung; 貯える takuveyung, tábūyūng, ussamiung, ussami takuvéyung; kadjimitóchung (秘蔵しておく), kakugu (格護) shung; 金を貯え安心して楽しく暮らす takuveti andushóng (安堵している); 砂を取り除き黄金を取る sina akiti kugani tuyung; {少しずつ} 貯える fīri (拾い) takuveyung, mazin (積み) takuveyung; {[s.] up}; 避けられない事は耐え忍ぶ djifi naku (是非なく) {chikaranu taráng kutu} shīti (強いて) nizïung, shinubïung; 耐えもできない nizín narang, shinubarang; どこに泊まるか mānyi tézéshuga (滞在) {simayuga}; 上に置け winkae uké; 物を下 (地) に置く utchakiung (掛けて置く); 注意して上に置いておけ tukúttu (とくと, 念入りに) wī mutinkae uttchóki; (これの) 下に {中に} 置いておけ kuriga shtyankae {utchi mutinkae (内側に) uttchóki; 心にしまっておく {[s.] remind; 整頓する shidenyi (次第に) shung, shidenu gutu {nu} shung; 本を整頓する shumutsi churaku {lippanyi} kassabïung {tsin tatïung, tsimïung (詰める), narabïung}; 入れる irïung, kumïung (込める), sashï irïung, utchi irïung, tuïnchung (取り入れ人); 隙間にさし込む sigïung (挿げる)〈EC:挿入隙中〉(英文のreceptaculumはapertureであろう); 彼の口に入れろ ariga kutchinu utchinkae utchinké (打ち込め); もっと入れる sīung (添える), sīti irïung, iri sīyung; 被る {帽子を mótsi, kamuri} kandiung* {(持続): tong, (過):tang, [否] dang} *kandjungが普通 [動] 他動詞 (被せる) kansïung {(結果): iténg, (否):irang}; 眼鏡をかける mī kagan sigïung (挿げる), kakiung; 衣類を着る ching chiung {chichang, chiráng}; 人に着せる ching kussiung; ネッカチーフを巻く kubi matchi hatching (佩く); 長靴下履く tābi (足袋) nuchúng, kunyung; 靴を履く saba (草履) kunyung, {西洋靴・軍式靴 (編上靴)} tsinadjung (繋ぐ) {djang, gang}; ふりをしているだけだ {偽って} wābi kazaï, fūï shéng, fū nashi, sákushóng (錯策?); 只単にふりをしているだけではないか sakudu yayésani?; 作り話 tskoï munuï; {明かりを} 消す chāshung, ch'shíung; {火事を} 消す kvadji ussamïung, fī skuyung, tassikiung, chāshi skuyung, skuï chāshung, ussīung (履う), ussi ch'shíung〈EC:救焚〉; 目をくじる {目を突きさす} mī kudjíung (くじる・抉る); 着物を脱ぐ ching hazïung; 人の (情) 欲を退ける ftunu yuku sarashung (去らす); 老人*を退ける mutunu aku {furuchi aku shing} sarashung (元の悪 {古き悪心} を去らす) *老人 (old man) はold mind (古き心) の誤記であろう; これとあれを取り替える kuritu aritu keyung, kavashung; 屋根の廂の下に差し出し水を溜める amadaïnkae (軒下に) nussikiti mizzi tamiré; 頭の下に枕を置く mackva skïung（据える）, kakïung; 貫き通す nuchung, fugashung（ほがす）; 針の耳に糸を通せ haï nakae īchu nuké; 敗走・逃走させる fingirashung, wī hóyung（追い払う）, wī sarashung（去らす）, tatake wī shirizukitang（退けた）; まとめる tuï atsimïung, tuï avashung; 私の計算にけりをつけてくれ（検算してくれ）vaninkae sankata {shi} kési（私に算力して返してくれ）; 両方に置いておけ ĺohó nkae {tsibi kutchinkae（尻口）} uttchóki;（布を取って来て）覆っておく nunu shae ussutóchung; {瓶からもう少し生姜を出しなさい {póli〈玻璃〉tóchi, katankiti} nya iffe shógā sīré（添えよ）; 一言でも耐えられない chu kutuba yating niziraráng; とりとめのない思いを取り除く assibinu umūī〈EC:遊思〉nuzukïung {nukïung, sarashung}; 少年の気持ちは捨てろ shó ninnu chigé〈EC:気概〉{vorabi chimu, vakassaru chí-mutchi} sarasé（去らせ）; 壺にいれてしっかり口を封せよ tsibunkae {kfinungkae（小瓶に）} íti, kutché yū fushóki {kwī chichóki（密封しておけ）}; 隙間に差し込んで置け achimankae（空き間）sachi íttóki {sachinchóki}; 延期する {延ばす} fi kadjiri nubiung; 盗人に枷をかけろ toga nyinyi（科人に）cha（枷）kakiré; 雪と水を土器に入れて地下に埋めておけ yutchi mizzi tuti, kāminu（甕の）utchinyi íti, djí utchinyi uzudóki; 鍋の中に入れなさい nabinu utchinkae iriré; きれいな所に置いておけ chírina（綺麗な）tukuru nakae uttchóki; 牛と羊を交換する ushitu fīdjatu keyung.

Putrid 腐った; kussaritong, tadaritong（爛れている）.

Putty パテ（粉）; 当地で接合剤として使用されるもの túndjū（?）, funa múttchi（舟用漆喰）, andanu íttchoru muttchí; 当地では（パテに）háma kanda（ハマカンダ）と言われる海草を用いる. 字義的には「浜に這うもの」. hama kandaとkó gūと言う樹皮を煮てパテ{または石灰}を混ぜて油状にし, 乾くと堅い塊となる

Puzzle 判じ物・謎々; akashī（明かすなぞなぞの答を言い当てる）mung, fukachi（深き）takumi gutu {kūdjó}; takuminu fukassang, akashé ōsan; 当惑している suckkvéchóng, sashitsimatóng（差詰まっている＝窮する）;（人を）当惑させる（こと）chu suckkvéshimiru {sashi tsimarashuru} kutu.

Pylorus 幽門; ínufu gutchi（噴門）, kurachi djó（幽 kurachi 門 djó）.

Pyramid ピラミッド・尖状のもの; togáïnu aru íkkata（型）; 三角（型）san bónu togaï ikkata; 多角（型）kazi utchinu togaï ikkata.

Pyrites 黄鉄鉱, 白鉄鉱, 硫化金; fī ishi.〈EC:青蒙石〉

Q

Quack （アヒルなどが）ガーガー鳴く;［動］gaku gakū shung; やぶ医者 itsivaï īshá, 俗に, shībaï īshá.

Quadrangle 四角形; yu kadunu kata.

Quadrant 象限儀（昔, 角度・高さなどを測定した器械）; tínbung dógu, ting fakayuru dógu.

Quadri lateral （多角）四辺形; sh'pónu íkata.

Quadrupedes 四足獣; chidamung, chí múnu〈EC:獣（けもの）〉, yutsi ashinu itchi mushi, {牛馬} djúba.

Quadruple 4倍の; yū zóbé, yū bé.

Quagmire 沼地; gveng-gveng shú（する）tukuru.

Quail （鳥）鶉; udzira.

Quake 身震いする; furuyung, furuï ussuru（震え恐れる）, ussuriti furuyung.

Quality [s.] property; 品質; kuré（位）, tatsi〈CDなし;「質」であろう〉, yósi〈様子〉, {動物や物の}性（質）shó; 最上質のもの shó mung, djó datsi, djó guré（上位）; 中質のもの chū datsi; 最下質のもの djí datsi, djí kuré, zó mutsi〈雑物〉; 良い {悪い} 質 yī {yana} tukuru.

Quantity 量; uffusassi ikirassasi, chāfī assi, uffusa ikirassa, ta-shó〈多少〉; 量を見積もる chassaga shura {kangeti} nyūng;（量は）如何ほどか chassaga?

Quarrel 争（う）;［名］［動］arasóyung, tagényi yūzé-shung〈EC:拌嘴〉, mundó-shung（問答＝喧嘩）, nāndjū（難渋）-shung, chín-kwā〈喧嘩〉-shung; 争い闘う arasoï tatakayung; その際中に十分報われることを望んで争いを起こす uūzé* ukushímiti sunu utchi ĺi-yítchi yītendi fakayung *yūzéであろう; これまで人々と争ったことがない kunu* madi chutu yuzéshé ndang *kuriであろう.

Quarrelsome 口論・喧嘩好きの; yūzé kunudōru mung, nūnyi* yūzé gámasashung *nūnyin（何事にも）であろう.

Quarry 採石場; íshi tuï dukuru, ishi ána（穴）; 採石工 ishi tūyā, ishi tuyuru ftu.

Quarter 4分の1; yūtsinu chu bung, shíbu itchi, yū bunyishi tītsi; 1時間の4分の1（15分）chu tutchinu íkkuku〈EC:一刻〉;（君は）15分したら来なさい īyaga íkkuku vuti kūa; 戦闘における寛大措置（助命）について:（この部分の琉球語なし）我が軍が来るところはどこでも, もし反抗し戦うものがあり, 敗北し逃走するなら, 追跡して捕えられた者は, 即刻殺される sibiti vattá ikussanu íttáï tukuró, fushidji tatakayuru munó, mushi yaboríti vashti（走って）, vatānyi wí tskiti* karamirarīsé, chāki kurushuī *tskirattiであろう; 反抗も闘いもしない者は捕虜にされる fushidji tatakáng munó kuri turigunyi {ichi dúi nyi（生け捕りに）} shung;［動］4分割する vakiti yutsi {nkae} nashung.

Quarterly 季毎の; {季毎期限で貸してある} san kazichi（3ヶ月）kadjiri-shi karachéng.

Quartz 石英; 水晶 sī-shó.

Quash 抑える; ussīung, {法律（告発・判決など）破棄する} uttainu utchi vaki tóshung〈EC:駁案〉.

Quaver 声の震え; kvīnu kukutchi (心地); [動] (震え声で歌う) yī kukutchinyi tunayung (唱える) {izanayung}, utashi yī kukutchi irĭung.

Queen 王妃; kwófi (皇妃), wunádjara, kóvannu〈国王の〉wunádjara; 君臨している女帝 winago kóti (皇帝) {kóvang (「国王」の中国語音)}; 女王蜂 mitsi bachinu kashira.

Quell 鎮圧する; utchi tudumiung, utchi chĭung {ussĭung (抑える)}.

Quench 消す; chāshung; 火事を消す fī {kvadji} chishĭung, mishshirashung (滅しらす)〈EC:滅火〉; [s.] put out; 渇きを癒す katsitósi {kavachósi} tuchúng〈EC:解渇〉; 遠くの水では近くの火は消せない tūchi mizzishae chkatchi fī ussami skuyé (救いは) narang, {水を担いで来る前に燃えてしまう katamiti chūru yeda (間) ké méyung.}

Question {[s.] interrogation}; 尋問 (問うこと); túyuru kutu, tuyuru kutuba〈EC:間話〉; 私に疑問 {不審} がある vaga fushinnu ang; 君が問うたのは何か ĭya tŭtassé nuga?; [動] (問う) túyung, fushínshi túyung, [s.] interrogate; 私が君に質問をして試してみよう vaga ĭyanyi kukurumi túyung.

Quibble 要領を得ない質問をして悩ます; mayuti túyung, nayamatchi túyung, shīti (強いて) {ushti (押して), guma kutu, guma shidjiri (細かすぎる) gutu} tuyung; {私が (は) とても答えられない vaga fintó shúndi nandji (返答するに難儀)}

Quick 速く; feku, simiyaka, tadéma (即刻), gúruku; 早く来い guruku {feku ittuchá (一時は) kūā}; {勘が (早い)} kámbessa, kambé, chimu bessa, atsibé mung (熱灰→あわてもの), tin-sényi shi simiyakanyi ang〈EC:天才敏捷〉; 生きたものと死んだ者 ichichósi shidjósi; 急げ íssan nari (一目散になれ).

Quicken 生き返る; [自動] íchi ndjĭung, ichidjĭung; {比喩} (活気づく) fáshshĭŭng, fashshi* ukĭung; *「活」の中国語音「huó」であろうか; 倦怠の愛を活気づける ndzósa ukutatósi mata fashshi ukushung; [他動] (活気づける) fīchi sisímĭng*, sisimashung, ichikashung (生かす) *sisímĭungであろう; 歩調を速めよ feku akké, hayé nari.

Quicklime 石灰; shira fé (白灰).

Quicksand 流砂; sina fishi (干瀬) {砂州}, ukabu sina (浮砂).

Quicksilver 水銀; mizzi ḳani, sī-djing.

Quiet 平静な; shizika, tairaka; 静かである shizikanyi ang {natong}; [他動] (静かになす) shizikanyi nashung; {心が (静かである)} tukúttushóng (落ち着いた), p̆ing anyí〈平安に〉ang; shizikanyi wung {yitchóng (座っている)}, 静かな隠居についても同じ; 温和な人 wúnwannu ftu, yafarashí mung; 立腹 (嵐) の後静かになる haradatchi {kazi} yadóng, yamitáng (止めた); 落ち

着いてする uti tstchi {uti tstchósi} shung {即ち, 心に沈ませる}, savagashku néng.

Quill 羽軸 (根); [名] tuī ḳīnu kūda; 鷲鳥の羽軸 {ペン} gānā fudi; [動] (管状にひだをつける) kumassaru fīdjā tuyúng.

Quilt キルト・掛けフトン; ūdŭ; [動] (詰め物して縫い込む) hana vátta ítti nóyung.

Quince (植) マルメロ; mandjuī-nu naï {?} (パパイア).

Quinsy 喉頭炎; nūdí-nu nitsi ang.

Quire 紙一帖; {紙の kabinu} ichi d̄u〈EC:一刀紙〉.

Quit 免れさせる; {自由にさせる} kattishimĭung, dūnyi makashímĭung, nugárashung (免れさせる); ある所から立ち去る djitéshi shirizuchung (辞退し退く), nukuchi ndjang (残して行った); 私たちは満ち足りている ĭyáng vaning taritóng.

Quite 完全に; 十分 kutugutuku (悉く) taritóng, sōté (総体・すべて) taritóng, tsintu (ぴったり) attatóng, attati yutashang; {食べること (満腹)} chufāra-shong; 全く確か chishshti sadamiténg〈EC:決定〉; 完全に正しい múttung (尤も), anté, ándó, tsíntu yutashang, yū attatóng, massanyi yutashandó; 独りきり dū chuī, chuī gatchi kara; 完全に決心した chishshti chivamitóng {mí tskishóng}〈EC:決定主意〉

Quiver 矢筒; [名] yumi íyǎ búkuru, íyǎ {irí} búkuru; [動] 怒りで震える ikari {fīsashi} fūrŭyŭng.

Quoin 楔形の木材; togaï {togatoru} kī {楔} kussabi.

Quoit (鉄輪など) 投げる; ishi shae mata* attiyéshung. *matu (標的) であろう

Quote 引用する; shumutsi kara shūku fichung.

R

Rabbet (板と板を結合するための) 溝・小穴 (継ぎ); tsidji kutchi (継ぎ口), āshi {avashi} kutchi (合わせ口).

Rabbit 兎; ishí nizzimi {gva}〈EC:石鼠〉, ussadji gva {?}.

Rabble 庶民階級; tami haku shó, shtya katanu umanchu (御万人), shtya katanu munnu chā.

Rabid 狂犬病の; 犬 fūrī íng.

Race [名] {(部) 類} luĭ; 同類の yínu luĭ-shong; 一族を根絶する íchi luĭ furubashung {mishshirashung (滅しらす)}; {競走} arasī, arasīshuru kutu; レース用馬 arasī mma; 競馬場 arasī bá, arasī mitchi; [動] (競走する) arasōti hayéshung, arasī-shung; 忍耐心で私たちの前に決められたレースを走ってみよう shīnubi kukurushae ménu ba {vatága mé sadamíti tatitéru} arasī shinda {arasíshi hayéshínda}.

Rack 拷問台; batsi kwāshuru (食らわす) dógu; {びん置き台} tama gufīng yishí, tama gufīng tatí dé; [動] 指を拷問する ībi kwāshung (挟み込む); 痛みに苦しんでいる kutsissang; [他動] (苦しめる) kutsisashimĭung.

Radiate 光を放つ; fikarinu íyŭng（射る）{ittchang, iráng}, ndjíung, tūyung; fikarinu íyănŭ（矢の）gutuku sashung {光が矢の如く射す}, fikarinu yumi íyuru gutu tūyung, yumi íyuru gutu fíkayung; 黄金の光が四方に射す kogani fíkari shi pónyí tūyung.

Radical 根本（の）; mutu nayuru {túshuru}, k̇an yū〈緊要; 肝要であろう〉na mung.

Radicals 部首; {漢字の（部首）} djīnu bu, djīnu fing {側 （偏）の字}; 漢字の本体は部首に対して tskoï （旁）, tskoï-yó（旁様）と呼ばれる. 以下知識人たち の用いる専門用語を列挙する:

一 ítchi 'fitchi 即ち, 一引き;

｜ táti 'fitchi 即ち, 縦引き;

丶 útskí 即ち, 点;

ノ ítchi tarí（一垂れ）;

乙 ī fing;

亅 háni bítchi（撥引）{hanïung 水など撥ねる, 噴出する};

二 nyi {fing} 即ち, 二偏 漢字の「二」;

亠

人 nyin bíng;

儿 iru fing 即ち, 漢字の「入る」;

入 fátting; ting は fing のくずれたものであることは 明かであり, fátting は漢字の「八」;

冂

冖 vá k̇ămúï {日本文字} va=ワトップ（頂・冠部）;（ワ 冠）;

冫 nyi tsī 即ち, 二鈎; 二水;

几 ushimazichi 背つきベンチ;

凵

刀 tatchi fing 太刀偏;

力 chikara fing 即ち, 力偏;

勹

匕

匚

匸

十 djū fing 十偏;

卜 uranó fing 漢字の「占（う）」;

卩

厂

厶 mú kutchi {fing} mu {日本文字ム} 口;括弧の中 の fing は有っても, 無くてもよい;

又 mata fing;（又偏"and"side）

口 kutchi fing 口偏;

囗 kunyi gamé 国構え;

土 chichi fing 土, 地偏;

士 samure fing; 士偏;

夂

夊

夕 yubi fing 夕べ偏;

大 ūī fing（偉）大偏;

女 wúna fing 女偏;

子 kú fing 子偏;

宀 ú kamuï {日本文字 ウ} u（ウ）冠;

寸 síng fing 寸偏;

小 skushtchi fing 小, 少偏;

尢

尸 shkabani fing {屍偏};

屮 kússa fing 草偏, と言う者もいる;

山 yama fing, または yama gamúï {山偏または山冠};

巛

工 séku fing, または ku fing {細工偏 {ku は中国語音 kung の短縮形}偏};

己 unuri fing または已 sidínyi fing {おのれ, また は, 既に偏};

巾 sādji fing {手巾偏};

干

幺

广 tu kamuï*（戸冠）{おそらくtu「戸」であろう}; *「麻 垂れ」の誤り.

廴

廾

弋

弓 yumi fing {弓偏};

ヨ

彡

彳 djó nyin bing {行人偏};

心 kukuru fing {心偏};

戈

戸 tu kamuï（戸冠）{おそらくまた「戸」偏};

手 tī fing {手偏}

支

攴

文 bun fing {文fing偏};

斗 tó fing {中国語音tan「乾量」から};

斤

方 hó fing（方偏）, massanyi fing（正に偏）,{hó, pó は 中国語音 fang「房（部屋）」のくずれた音. massanyi は「それで, 正に」の意};

无 nashi fing 無偏;

日 fi fing {日}偏;

曰 ívaku fing {言う}偏;

月 tstchi fing {月}偏;

木 kí fing {木}偏;

欠 kagiru fing {減少する}偏, また īchi fing 息偏;

止 tudumaru fing {止まる}偏;

歹

殳 ru-mata, 日本文字のruルと「また"and"」;

母 fafa fing {母}偏;

比　fissiru fíng {比べる}偏;

毛　kī fíng {髪・毛(偏).「木」偏の kī fing と区別すること};

氏　udji fing {氏}偏;

気

水　mizzi fing {水}偏;

シ　(水偏の)省略形, sán zí (三水){おそらく「3重形」};

火　fī fíng {火(偏).「日」偏の fī fing と区別すること};

灬　(火偏の)簡略形,　yutsi ashi {4つ足};

爪　tsimi fíng {爪}偏;

父　chichi fing {父偏. chíchi「父」は kü ping(去平),「土」偏のchichiは shang ping(上平),両者を区別すること};

爻

爿

片　kata fing {小片}偏;

牙　chiba fing {歯}偏;

牛　ushi fing {牛}偏;

犬　íng fing {犬}偏;

犭　(犬偏)の他の形　chídamu; {chidamunu,四つ足獣};

玄　kuruchī fing 「黒き」偏;「暗き」偏という人もいる;

玉　tama fíng {宝玉}偏;

瓜　ǘí fíng {木瓜}偏. {大偏 ūí fing と区別すること};

瓦　kāra fíng {(煉)瓦}偏;

甘　amatchi fing {甘き}偏;

生　'mmari, {shóziru} fing {生まれ,生じる}偏;

用　muchīru fing {用いる}偏;

田　tā fíng {稲田}偏;

疋　fitchi fing 「疋」偏; 一部分偏;

疒　yamé gamúï {病}冠;(病垂れ);

⺷

白　shiruchi fing {白き}偏;

皮　ká fing {皮}偏;

皿　kú zǎrǎ fing {小皿偏} {kū 小; sara 容器};

目　mī fíng {目}偏;

矛

矢　íyǎ fing {矢}偏;

石　íshi fíng {石}偏;

示　símishi fing {示す}偏;

内　ぐうのあし;

禾　nudji fing, または íni fing {抜き(取る),稲}偏;(ノ木偏);

穴　ána gamúï, ana fing {穴}冠・偏; {(旁の)上にある時は gamuï(冠), (旁の)側にある時はfing (偏)};

立　tatiru fing {立てる}偏;

竹　taki gamúï {竹}冠;

米　kumi fing {米}偏;

糸　ítu fing {絹}偏; {糸偏};

缶　mútaï fing 陶器偏;

网

羊　ftsizi fing {羊}偏;

羽　hani gamuï, hani fing {羽}冠・偏; cf.「穴」;

老　wúïru fing 老いる偏;

而　shkóshti fing そして(and)偏;

耒　stchi fing 鋤偏;

耳　mími fing {耳}偏;

聿

肉　nyiku fing {肉}偏;

　　月の形　nyiku zíchi {肉月};

臣　shinka fing {臣下}偏;

自　mizzikara fing {自ら,自在的}偏;

至　itaru fing {至る}偏;

臼　ūsi fing {臼}偏;

舌　shtya fing {舌}偏;

舛　tagó fing (違う)欠けている偏; まいあし;

舟　funi fing {船}偏;

艮

色　iru fing {色}偏;

艸　kussa fing {草}偏;

⺾　só kó (草冠), 草偏の縮約形.{sóは中国語音tsáu (草); kó*は確定できない}; *冠guānであろう.

虍　tura fing {虎}偏;

虫　mushi fing {爬虫類(動物)}偏;

血　chí fíng {血}偏;

行　ukunó fing {行為}偏;

衣　kurumu fing {衣装}偏;

西　nyíshi fíng {西}偏;

見　miru fíng {見る}偏;

角　tsínu fíng {角}偏;

言　gun bíng {語}偏;

谷　kuku fing {谷}偏{中国語音kuの重複の可能性が高い};

豆　māmi fing {豆}偏;

豕　buta fing {豚}偏;

豸　ashi nachi mushi fing {足為虫偏}; (むじなへん);

貝　ké fing {貝}偏;

赤　akatchi fing {(淡)紅(色)}偏;

走　vashiru fíng {走る}偏;

足　ashi fíng {足}偏;

身　mí fíng {身体}偏 {目偏のmī fingと区別すること};

車　kuruma fing {四輪馬車}偏;

辛　karachi fíng {辛き}偏;

辰　tǎtsi fing {時刻を表わす漢字}偏;

辵 辶　shinū fing {之繞シンニョウ}{意味不明};

邑 阝　kū zátū {小里};

酉　tuï fíng {夕方(酉の)刻}偏;

采　iruduri fíng {多色の(彩り)}偏;

里　satu fíng {里}偏;

金　kani fíng {金(属)}偏;

長　nagatchi fíng {長き}偏;

門　mún gamé {門構え};

阜

隶　uyubu fing {及ぶ}偏; (れいづくり);

隹　furu túi {多分老いた(成長した)鳥}; {ふるとり};

雨　ami gamuí {雨冠}, ami fíng (雨偏);

青　óchi fing {青き}偏;

非　arazi fing 非ず偏;

面　min fing {顔}偏;

革　kā fing {皮}偏;

韋　tskoǐ kava fing なめし皮偏;

韭　bira fíng 葱偏;

音　utu fíng {音}偏;

頁

風　kazi fing {風}偏, kazi game (風構え);

飛　tubu fing {飛ぶ}偏;

食　shūkū fíng {食(物)}偏;

首　kóbi fíng {首}偏;

香　kóbashtchi fing {芳香(香ばしき)}偏;

馬　'mma fing {馬}偏;

骨　kutsi fíng{骨}偏;

高　takatchi fing {高き}偏;

髟

鬥　tatakó fing {闘う}偏;

鬯

鬲

鬼　unyi fing 鬼偏;

魚　iū fíng {魚}偏;

鳥　tui fíng {鳥}偏;

鹵　nami tatsi, 塩水, または shívava yushi fing; {しお};

鹿　shka fíng {鹿}偏;

麦[麥]　mudji fing (麦偏);

麻

黄　chíru fing{黄色}偏;

黍　chíbi fing {黍}偏, または tónu ching {即ち, 中国の黍};

黒　kuruchi fíng {黒き}偏;

黹

黽　kāmí fing 亀偏;

鼎　kanaǐ fíng {かなえ}偏;

鼓　tsizíng fíng (鼓偏);

鼠　nizimí fíng {鼠}偏;

鼻　fhana fing {鼻}偏;

齊　tutunū fíng {整える}偏;

齒　yuvaï fing {祝い*}, ha fing {歯}偏 *よわい(齢)とゆわい(祝い)を間違えたのであろう;

龍　liū fíng {竜}偏, liū gamuï {竜}冠;

龜　kāmí fing {亀}偏;

龠

[注記]　意味または音, または両方とも, 上記リストに掲載されてないものは, 努力したが突き止められなかったものである.　なお今後も情報が得られるであろうと思う.

Radish はつか大根; karassaru (辛い) dekunyi gva {?}.

Radius 半径; {直径の半分} sashi vatashinu hambung.

Raffle 富くじ販売で売る; shí gū rúku nagǐung (双六) (不一致).

Raft 筏; íkkātā, funa íkkata.

Rafter (屋根の)垂木・梁(はり); írichanu (萱の) kītā.

Rag ぼろ切れ, 布切れ; chiri (切れ), kakó, núnu ǧhiri, chirí ħashi; nukuï hāshǐ; [s.] duster, ragged.

Ragamufin ならず者; hyä (奴・野郎), yana datsí (質).

Rage 激怒する; dutu ikayung, chūsa ikayung, ikari si-djitóng; 抑えられない怒りで睨む nyirami ikayung {ikati nyiramu shaku néng}

Ragged ぼろぼろの; yari djíng (破れ着物); ずたずたのchirí hatitóng, chirí tadarishóng; ぼろ服 fūkūtá; 爛れるほど煮た nyī tadarachéng, nyī sidjiti tadarachéng.

Rail 罵る; {嘲笑する} azavaréshung; {[s.] scold (叱る)} shkayung, adáshung (怒鳴りつける).

Railing, rails 欄干; ᵗlankan; 石の欄干 íshi lan kan; 欄干で囲む lan kan shi māshung.

Raiment 衣裳; ᵗishǒ, chíng, ᵗi-fuku〈衣服〉; 華美な衣裳shó zuku (装束); 衣食が足りない í-shuku tarirang.

Rain① 雨; āmǐ; 小雨 ami gva; ここで降り, またあちらで降るkata buǐ (かたしぐれ)-shung; 霧雨 guma ami; 激しい雨 ara ami; 大雨 cha ǔtǐshǐ sitaï (湿る) shuru ami; 長雨 naga ami; 打ち込む雨 utchí ami-shung; 雨模様 aminu muyó-shung {即ち, 陣痛中の雨}.

Rain② 雨が降る; [自動] aminu fuyúng (utíung, kudayung); 雨が降り出しそうな aminu fuǐgissaru; 俄の小雨が降ったchu nagashinu ami gva utitang; 雨が止んだ aminuyadang, haritang, séchang; (雨が)止みそう harīgissa.

Rainbow 虹; núdji.

Rain-water 雨水; tín-si〈天水〉, ami mizzi; あらゆる水, {泉の水, 川の水}, の中で天水ほど甘く, すばらしい味のものはない mízzi sūyó, izúnnu mizzíng, kāranumizzíng yatíng síbiti tínsinu adjivénu māssasi gu-tónyi néng; 天水を水甕に入れておくと, すぐに上下に動き回る虫(ぼうふら)が生ずる tínsi kāmi nakaetakuveïdunse fisashkarang (久しからず) bófuyamushinu chāki ndjǔng, kami shimung assidi arasǐ-shung (上下に遊び争う); 水に熱炭を入れる人があるが, これは水の味を損なう ftunu ati fǐ djiri muchītimizzi utchinyi chishíyung (消す), tada kurishaemizzinu adjivé yandïung.

Rainy 雨の; (雨の)日 ǔ-tíng〈雨天〉; 雨が降りそうだ ᵗútínnu

mŭyó.

Raise [s.] lift; 起こす; ukushung, fichi ukushung; ビルを建てる tatiung; 人を助けて起こす tassiki ukushung; 高位に上げる agiung; 兵を起こす fió ukushung, finnu cha íppe kara yiti atsimïung; (石壁)塀を築く{当地では石を積み上げてする} ishigatchi tsinyung; 慈善用の基金を集める kūï(請い) atsimïung, yiti atsimïung; 死者を生返らせ、骨も肉にする shinyusi ítchi katchi kutsing nyiku nashung; 頭を上げる kubi{kóbi} agïung; 塵埃を立てる chiri fukúï agïung; 吹いて(上げる) fuchi agïung; guminu* agiung *gumiであろう; 高い地位に昇進させる〈EC:超度〉bung agiung, namanu bung yaka kwïrashung(越えさせる), nudji(抜き) agiung; vattarashung(渡らせる), massati vatarashung; 碑文を立てる fi mung tatïung{agïung}; 牛馬を飼育する djuba tskanayung; 麦を植える mudji wïung; 浅浮き彫りに盛り上がらせる muyagarashung; 浮彫り模様 muyagatōru{mutoru} kazaï bana; 直立に立てる ukutchi tatïung; 値が高くなっている dé takáku natóng; どこから金を調達したか má kara dzing tuti chaga?; 軍兵を起こし「元 Yuen」に対抗した'hó ukutchi Jing fushidjung(防ぐ)〈EC:募兵御元〉; 人の疑念を生じさせる ftunu utagé ukushung〈EC:起人之疑〉.

Raisins 干し葡萄; fucheru{fuchi} budó; [s.] plum.

Rake 熊手・草掻きする; kussa katchi-shung〈EC:鈀〉.

Rakish 淫な; s̆hú shku〈CDなし;酒色 shŭ shŭであろう〉zichi(好き), iru zichi.

Rally 呼び集める; {人々を} yubi atsimiung; {健康} [s.] restore, better; {からかう} gamari varéshung.

Ram 雄羊; wū ftsidji.

Ramble 逍遥する; kuma ama atchi assibïung, ama kuma assidattchung(遊び歩く); {miguti} s̆hūlū〈周流〉shi assidatchung; 月光の中を逍遥する tstchi shó kvanshung〈賞玩する〉; 逍遥 miguti attchuru {shū lūnu} assibí.

Ramify 分岐する; {川} vakati nagarïung; {木} vakati yida sashung; [他動] 分枝・分岐させる vakashung.

Rampart 塁壁; māshi(回し){mavashi, māshūrŭ} mazíng(積み); māshi gatchi.

Rancid 腐ったにおい(味)のある; ítadóng(傷んでおる), itadi kárassang, itadi karaku natóng, itami kazashung(臭う); 腐れ油 ítami anda, kussari anda.

Rancorous 憎悪(恨み)のある; {言葉} duku gutchi〈EC:毒口〉; {気持} ikari uraminu kukuru〈EC:怨恨之心〉.

Random 勝手気ままな; 口から出任せに言う ï busha kattishi {kutchinyi makatchi} ïyung; なり行き任せに歩く ama ítchi kuma ítchi; mitche shirang, ashinyi(足に) makatchi attchung; kukurunu atíng(心当ても) shirang, {atiné* nerang(当もない)} tada atchi katashung; attchi busha kattishung *atingであろう; 出たり入ったり気ま

ま ndjitai ítchaï shusi attchi busha kattīshi sadamé néng(定めはない): 乱射する iri kata shung; ï katashung {「口から出任せに言う」の意味もある}.

Range 連なり; 丘の mini(峰), sannu utsizi chóng; 弾丸の最大射程内にない tippú ítchuru shaku {gó(郷)} kara kwītóng(越えておる); 見える範囲 nyūru shaku {gó}; (見える)範囲内 nyuru gó utchi.

Rank① 位; kuré, kurenu dang {fin(品)}, finsadami; 琉球の九つの位階は、中国の位階に倣い、{すべて、自己負担で銀製の髪飾り djifā(簪)をつけてよいが}、次の通りである. 最下位から始める:

1. chkudung zashtchi(筑登之座敷){公務中でも足袋着用が許されない. 冠は黄色で粗布製}.

2. chkudung(筑登之), 上記同じ. 両者とも高級官吏の背後で給仕の役をする.

3. satonashi(里主). *satonushiであろう.

4. petching(親雲上), とその上位者 attaï-zashi(当座敷). 両者とも公の場で足袋を着用する. 士階級の者は昇進し、25歳頃に chkudong になり、30歳頃に petching になる. 庶民が位階を得るには何等かの功績が必要で、peching にまで昇進可能であるが、その時でも、士族出身の peching の配下にある. 冠は黄色で粗い絹製、Aragatchi Péching アラガチペーチン(新垣親雲上)とはまさしく私達の Mr.Aragatchi である.

5. tu-tsu-kwang〔都通官〕, té-fu(太夫)を含む. 冠は黄色, 足袋を履く. 太夫は一見 péching と全く同じだが, 位ははるかに上である. 彼らは高級官吏として重んじられ、政策のあらゆる面で大きい影響力を持っている. 彼らは現に統治している官吏の実質的顧問(官)であるが、公的には権力はなく、伝令官としての役目しか果たさない. 船が入ると大抵はペーチン1人、時には太夫が1人船に派遣される.

6. san dji kwang(三司官)は二人の赤い冠の供を連れている. 冠は黄色で細い絹製.

7. djí muku, または nyī mu kwang(耳目官), 上記に同じ.

8. shtchíng kwang この階級に那覇の tī-fung-kwang(地方官){長官}が属する. 冠は紫(色).

9. tsung-li-kwang〔總理官〕, または〔總理大臣〕. 通常は sun-li-kwan と呼ばれる; 副總理〔布政大夫〕, 通常は fú chíng kvang と呼ばれる; 冠は種々の花の刺繍されたあざやかな赤色で、箸は銀である. {わが家に招待した時、一度金の箸を見たことがある}. 詳しくは、拙著の Sketch of Loochoo(「琉球のスケッチ」)*参照(*所在不明なのは残念である).

Rank② 同じ位の d̄u fé〈同品〉, d̄u kwang〈同官〉; 今は廃止された貴族の五位階 itsitsinu kuré {shaku(爵), c̄hó〈爵〉}.

Rank③ 連ねる・並べる; [動] tsiranïung, tsiraníti shinyashung（調和させる）; 順序に並べる djó litsinu shidé kunabiung; どうして同じ位になるか chashi yinu litsinkae {yīnu kuré} nayuga {nashuga（するか）}; どうして中国の官人と同列にするか chashi Chu gukunu kvan nyinu litzi ittūnyi〈一同〉nashuga?

Ranks 列・横列;〔縦列（複数）〕chu nami?, chu nami（、は無い方がよい）;〔兵についても（行列）〕djó litsí, chu naminu {djolitsinu} fíŏ〈EC:行伍・隊伍〉.

Ransack 徹底的に捜して略奪する; sóte kun ubayung, tazoniti nusunyung, kassinyung（掠める）{dang, mang}, kassimi tuyúng.

Ransom 罪を贖う;〔動〕tskúnuyúng（償う）, skuï tskunuyung, yufashí tskunuyung {即ち、金を払って（奴隷を）解放する}: 金を払い罪を償う dzing ndjachi tatsi* tskunutang（償った）*batsi（罰）であろう; 私は彼の罪の償いをする vane ari tassikiti tsimi tskunurashung（私は彼を助けて罪を償わす）.

Rap（軽く）叩く; tatachung, {戸を（叩く）} djó tatachung.

Rapacious 貪食な（がつがつ食う）; guru（急ぎ）utushīshung, avati ḳamishung, guru núnshung {飲む}.

Rape〔s.〕ravish;犯す; winago ukashung, shīti katagu nashūnyishung.

Rapid 速い; guruku（速く）; 水の急流 guruku tūyung, simiyakanyi nagarïung, chudjónu〈急性の〉mizzi, chudjónyi tūyung.

Rapier 細身の小剣; tatchi gva.

Rapturous 大喜びの; duttu（非常に）yurukudong {yurukubashung}.

Rare-ly 稀な、稀に; mari, mari kéti, marukéti, marikanyi, mariné mung; ikirassang（少ない）, skunasáng, háganasang（不足である）; まれに見る marinyi nchāru kutó（ことは）, marikanyi nyūru; まれに見たり、聞いたりする（事）marinyi nchaï, chichaï shuru kutu〈EC:罕見罕聞〉.

Rarify（**rarefy**）（気体などを）希薄にする;{長くする} nubití nagaku nashung; 薄くする fissiku nashung; 蒸発作用で水を薄める mizzi abuchi nubiti fudu wīung（水が沸騰させて伸ばして成長させる:不一致）.

Rarities 珍物; mizirashi mung; 山海の珍物 san kaï nu chímmutsi.

Rascal 悪党〈EC:薄夫〉; yana datsí, kari mung, iyashí mung, iyashtchi mung; おい、こら（君）yé hïã!.

Rase 徹底的に（破壊する）; 家を yā kúshung, tuchúng（解く・解体する）;{削ぎ落とす} fidji utushung;{文字を（こすり落とす）} kakazi（掻き）utushung.

Rash-ly 向こうみず、せっかちな; fésang, chí bésa;（手が）せっかちな tí- bésa; 大急ぎして行動する issugavashūnyi shung; 盲目的に行動する munu shkáttu（しっかと）ndang; せっかちに行動するな dūkŭ chī bésa sunna, chí bésassi {munu issugassashé} ikang.

Rashness 性急; issugassa, issugassassi, chí bessassi.

Rasp 大目やすり; ufu yási.

Raspberry キイチゴ;{野生} ichubī {食べられる}.

Rasping* 大目やすりの削り木屑;{薬} chizami（刻み）kussuï *Raspより独立.

Rat ねずみ; wenchu; 家のねずみどもが（かけ回る）wenchunu kidjung（撹拌する）{（否）:gang}, ama haï kuma haïshung（あちこち走り回る）; ねずみに荒される wenchu mándi（多くいて）kidjasarīsa（かき回される）; venchunyi kidjasarīng.

Rate 割合; この分で kunu shaku, bung, fudu, bún ló〈分量〉; どの割合で chanu shaku?; 金銭の出し入れは同じ分量 ndjashi irishéru kaní yínu bunlónyi shéng.

Rather〔s.〕considerable; かなり; yúkaï（かなり、相当）, yóyaku; yūfūdu, yupūdu, bishtinyi（別して、とりわけて、特に）, tutíng（むしろ）, mashi; yāyā; 多分そうなるであろう mazi naïdushuru, yóyaku nayung; 多分良い mazi yutashang; 多分十分だ mazi sinyung, yufūdu（余程）taritóng;{病気が}かなりよくなっている tégé yutashang, yīkurú {yufūdu} mashi natóng; かなり香る yufūdu kaba mung yassá!, skúburu（すこぶる）kabashang; 私はどちらかというとそれが好きだ bishtinyi nigayung; あまり好まない dūkŭ kunumang; あまり無い duku néng; どちらかというと下戸（酒は飲まない）djíku, saki bítá; さして多くは持ってない{ほんの少しだけ持っている} sashité néng; さして来ない{ごくまれには来る} sashité kūng; さして雨は降らない sashite ami furáng;{dūkŭ と sashité は否定文でのみ用いられる}; 同意するくらいなら死んだほうがましだ túttíng shidjing ukigumang; tátoï shinyavang {shidjantémang} ukigumang; かなりある yukaï aïshung; あまり才はない gaku mung fitā, gaku munó fukaku shé urang（学問は深くはしていない）; どちらかと言うと彼が好き mazi kanashang; 私は行ってしまいたいものだ vané nigényé haïssiga mashi; 私はここに居るよりむしろ行ってしまいたい vané kuma nakae vūsi yaka hayussé bishtinyi nigatóng;{私}君は飲まない方がよい mazi numansiga mashi; 少々小さい iffe kūssang {知識人たちは次のようにも言う: fūbū（ほぼ）kūsang}; よく似ている yū nyitchóng; 余程疑っている yufūdu utagatóng; 初めは余程良かった fadjimití muchīru bashu yufūdu yutashatang.

Rational 合理的; dólinyi kanatong; 知性（知力・聡明）がある ló chinnu〈CDなし;「量智の」か〉ang, djili〈CDなし;「義理であろう」〉satutong, dóli satutóng; dólinyi* tūi lóchinshéng *dólinuであろう.

Rations（兵士などの）一日分の糧食; fínnu hammé, fínnu* kvīru fū-lūkū〈俸禄〉*fínnyiであろう; matsiri gutunyi tskitéru hammé.

Rattan 藤（属の植物）; tú; 藤（細工）として使われるつる

植物 fudji; 藤と竹製の道具 tú dakinu dógu; 藤蓆 tu mushiru.

Rattle ガラガラ鳴る器具; [名] migurachi (回して) gura-gura* shuru dógu *garagaraであろうか; [動] ガラガラする gura gurashung; 馬車がギチギチする gitchi gitchi-shung.

Ravel ほどける・ほぐれる; [自動] hatsingvĭung (沖: hutuN-gwi-juN); もつれた糸, 解きほどかれた糸 ndjari īchu (もつれ糸), futuchéru īchŭ.

Raven 大鳥; gárasí.

Ravenous がつがつした; gatchi gvé-shung (餓鬼喰いする).

Ravish 強姦する; [動] chigari {mulinyi} ukashung, shīti midarashung (乱らす); 他人の妻, 娘を犯す者は斬首される chunu tudji kva shīti ukashuru munó kubi-chirarīng.

Raw {[s.] unwrought}; 生の; nama mung; (原料のままの) 精錬されてない金属 takáng gani; (生の)鉄 takáng titsi, djī titzi 〈地鉄, 鉄鉱石〉; 生野菜 nama yassé; 生肉 nama shíshi; 未加工(原料のまま)の絹 mushi ítū, sígú ítu, kushirérang ítu; fikáng (引いてない生の) wū {亜麻}.

Rawboned やせて骨の出た; kutsinu muyagatóng (盛上った), funinu shíshi kara nuchi (抜き) {māï} ndjitóng.

Ray 一条の光; fikarinu chu sidji; 一条の光が入った tīdanu fīnu chu sidji sashshi (射し) íttchóng {sashshi chóng}; 光を放射する, 光が射る fikarinu yumi íung, fíkadjinu íung, tíri íung, fikadji {kadjinu} sashúng, fikarinu yídjĭung (映ずる).

Ray fish (魚)エイ類; mī īŭ; 魚の鰭条 īūnŭ kūga (卵の睾丸?).

Razor 剃刀; kán súï; 剃刀で剃る kansúïshi suyung; 剃刀を研ぐ革 kansuïnu āshi gā.

Reach 至る・及ぶ; ítchāyŭng, ítaru, úyubu; {足りる} kaki óyung, kaki avashung; 石垣のあるところすべて, ぶどうをはわせろよ ishi gatchinu aru tutūmi budó hórasi yó; 生命有る限り nuchi aru tutūmi; そんなに遠くまでは至らない ama madi itchāng; {祈りが} 天に届く ting madi tsōdji bichi; 手を伸ばす nubiung, néyung; あなたの手を私の方へ差し出しなさい tī néri; 手が届かない tīshae itchāng {itchārang}; 遠くまで至っている ama madi itatóng; 彼の手を差し伸べて, 彼女の顔にさわった tī néti ariga tsira sātang; 木鈎を使って枝を引き寄せなさい kī gákidjishae kīnu yida fichi yustí, そしたら, 腕や指を伸ばす難儀が省けるであろう udi ībi néyuru nandji nugariyó (免れなさい); まさに火が小屋に達しようとした時, 天が雨を降らせ, 風向きも逆になり, 火は消えた kvadji kaya butchi yanyi (茅葺き屋に) tskarandi (燃え付こうと) shutassiga, chutunyi 〈EC:忽〉 ami futi, kazing kécha (返した) kutu fīya chātáng.

Read 読む; {simi, shumutsi} yumu, yunyung, nyūng; 祈祷を{歌うように}読む chó-mung 〈経文〉 shung, níndjĭung (念ずる); 中国古典を読む{同じく歌うように} simi fukushung {正確には「反復」する}, simi djūdjĭung 〈誦; cf. recite〉; 比較または, 修正のため詳細に読む chū gó 〈糺合〉 shung; 顔つきで{その考えを}読みとる kangénu chizashi tsira {chizó 〈気象〉} nakae aravaritóng; ざっと見る shumutsi fīrachi nyūng; 始めから読む hadjimi {wī (上)} kara nyūng; 一文のように(一気に)読む chu īchi vuti fukushung; 気晴らしのために読む shumutsi assibigatchi nyūng; 憂いを晴らすためだけの目的で読む (shumutsi tuti nyusi) urī tuchussinyi sidjirang ( )の部分は英文なし; 世の情勢を知りたい者は昔の本を読むべきである shkín mūtchī shirandi umurā (思うなら) kudjínnu 〈古人の〉 shumutsi yumi varu; 雑多なものを集めた本は読むなよ, 力も心づかいも集中力も分散するといけないから kunzó 〈混雑〉 shōru shumutsi ndunayó, kukurung chikarang vakati chinsankagú* *chinsankayá (散りはしないか) であろう; 彼が俯いていたら読むためであり, 顔を上げていたら考えるためであり, 一瞬たりとも止めなかった utsinchi yudaï, uttchagiti umutaï, nyāda (未だ) íttūchāng yudanó (油断・怠慢は) sang (しない); 一人の人が聞いたり見たりするものは限られているから, 多く学んで知識を得なければならない chuïga nchaï chichaï shussiga kadjirinu ang, uffoku yumi varu dole (道理は) firuku shirarīng; 左から右の方へ読む fidjaï kara midjaï nkae itati yunyung; 古典, 歴史家, 哲学者の本をすべて読み, その大旨・大意を修得した chó-shi 〈経史〉, shŭ-shī 〈諸子〉 hĭákā 〈百家〉 nŭ shumutsi mī vatati, sunu ūu mŭnĭ yitáng; 一日中黙し座って本を読んでいる fichí mukutú-shi yittchóti, shumutsi mī tskiung; 良く読んでいる人 fáku gakunu 〈博学の〉 samuré (士, 知識人), gaku firussaru samuré, shumutsi uffoku {firuku} mī vatatáng (見渡った).

Ready 準備してある; shkóténg, sūté (総体) {sūyó} shkóténg, sunéténg; 特に旅の準備をする shínyúkuyung (苦心して準備する); 正餐(ディナー)は準備してございます firuma shkóteyabīng, {(正餐は)差し上げてあります} ushagitéyabíng; 現金 djín 〈CDなし〉 gani; 心の準備が出来た feku gatinshóng, kánnu féssa, kambésashi (勘早さして) sashshítóng; {給仕の際}準備して待っておけ shkóti mattchóri; 今準備出来ている djódju natóng; 既製品 djínyi tskotéru shína 〈EC:現成〉, tskotí utchési.

Real 真実の; djíntónu 〈現当の〉 kutu, djitsi, makutu, shó mung (本物); 本当の眠り shó nindjíshi {その反対で, 寝ているように見えるだけ nínta būï-shung (寝たふりする)}, (寝ているようで)実は起きている djinyé ukitóng; 差し引くべきものを全て差し引いて, 実の財(産)は如

何ほどか sū sǎshī fíchǐshí djín（現の）nukūǐ chassa?
{nukui daki chassaga?}

Really 実は・本当は; djitsé, shó fūnnǔ, funnu djitsé,
djítsinyi andó, tashikanyi, tashikadó; 食べたように見
えるが、実は食べてはいない kamī fūnā {kadaru
yónyi} shussiga djitsé kamésang; 目は閉じたが実は
起きている mīdu kūtaru kukuru ukiti wung.

Ream 連（紙を数える単位）; kabi nyi dju dú〈刀〉（紙20帖）.

Reap 刈る; {穀物 muzukuī を} kayúng, kaī tuyung, kaī
ussamǐung.

Rear 飼育する・養う; tskanayung, yashinayung, {建てる}
tatīung; 後にいる ukurīung, ukuriti chóng（遅れて来て
いる）; {軍隊（後衛部隊）} ukuri íkussa; 彼の背後から行っ
て攻めろ ariga kushi kara māti ndji shimiré {attiré};
馬が後足で立つ mma shíri fshanyi tatchung.

Reason① {思慮} lóching〈量智〉, munukangé;（道理）
dóli; 理知・理性、推察力を賦与されている lóchinu
ang; {根拠} mutúǐ, yuǐ, yuī shu, shi sé, sidji（筋）,
shidé, ivari, vatchi; なんらかの根拠（理由）のあること
shisénu aru {fushi datchoru, kutu ṭatchoru} kutu; 用事
で出かける理由があった yūdjushi {shisénu ati} fu-
kankae ndjáng; 天から授けられた推論能力 ting
kara kubarattōru lóching; 理由と論拠が欠けている
yuǐshu munashūnyishí, dólinu kagitóng; 道理は屈服
し、議論も尽きた dólinu kagamiti（屈めて）kutubang
shimatóng {téti néng（絶えて無い）}; 如何なる理由か
charu yuǐshuga, chāru sídjiga?; 行って彼に道理を説
いて（説得して）くれ ïya ndji arinkae yafarashku（柔ら
かに）sódansíyó {dóli ch'kashi yafarakiré, chimu nósi,
ikari yamirasé}; 自らに道理のある人は泰Tae山でも押
し倒す dólinu assé {dolishé} Taï Sannung（泰山も）
ushi tóshung; 3人でもこの"道理"という字は持ち上げ
られない mittchaï yating kunu līnu djīā {dólinu ta-
tsinu djī} muchagī ndjūkashī（動かし）{katami agi（担
ぎ上げ）} ōsan; 道理に（背）反している dólinyi
fanshóng, sumutchóng; そうであっても道理や感情に
は、なおまだ支障はない yandung kukurunyi tsīté
now mada tagaï savayuru kutó néng; 道理（理性）で
情欲を克服する dolishae yuku katchung（克つ）; 道
理（理性）が感情を治むべきだ dóli shi chí mama（気
まま）ussamirí varu; 道理（理性）と情欲は常に葛藤し
続けているが、どちらも決定的勝利は得られない
tínlí, djín yuku madjí〈交え〉tatakatí chíshshíraráng
〈EC:天理人欲交戦不決〉; 彼が朝も夕方も来ないのは
理由があるにちがいない are assa bang {assang ban-
nung} kunsé kanaradzi shisénu aru hazi; それは如何
な理由（由所）か kuré chāru yuǐshuga?; ア、その理由
はこうだったのだね ah {yé} mutu {yuri} kándu yaté-
sayá; 職分には戻ら（就か）ない理由 shkubunyé ts-
kang yuǐshu;（君は）その根本の理由を明確に言え

ïyaya tashikanyi charu yuǐshundi ïyé; 両漢王朝の
古典の学問が最も尊重されるべき理由は、両漢時代
が聖人や賢者たちの時代に一番近いからである ló
kannu〈両漢〉chó shu〈経書〉manabyuse táttubi uku-
nó bichinu ívari sunu shī chinyi〈聖賢に〉dúttu（甚だ）
chkassatassi du yaru.

Reason② 論じる;［動］lúndjǐung, dóli lundjǐung, dóli bin-
djǐung（弁）, dóli an ī kan ī shung, hó lunshong〈評論
している〉; {問答する} tuǐ kutéshung; {推論する} ushi
fakayung; さあ、一緒に（論理的に）話し合いましょう
dá, kunu kutu sodanshínda.

Reasonable［s.］right, rational; 理に適う; dólinyi kana-
tóng {attatóng}, dólinu ang; 余程理に合っていそう
yufūdu dólinyi chkazīchígissa, chkakunyi natoïgissa;
援助してやるのが道理である dólishi migumbichí
mung du yaru; 彼の言うのは幾分理にかなっているよ
うに思っている mazi ariga íyussé dólinu gutóng,
aïgissa; 合理的に dolinu aïgissaru katachi-nyi-shi
〈EC:有道理之貌〉; 合理的に（道理の通り）行なう dólinu
tūǐ ukunayung.

Rebeck レベック（中世の2弦または3弦の擦弦楽器・提琴）;
tātsinu tsiru {nu naï mung}.

Rebel 反逆者;［名］djakuna mung, djakunyi sumutchōru
ftu;［動］背く sakayung（逆る）, sumuchung, mida-
rǐung.

Rebellion 反乱; midari kutu, lan〈乱〉, lannu kutu, sakaï（逆
り）sumúchunu kutu; 謀反する djaku fakayung; 乱を
起こす ran〈乱〉ukushung {nashung}; 反乱が起こっ
ている lánnu ukitóng; 両親や兄弟に従順な人が上
司に背くのを好むことは稀である sunu ftu taru kuto,
kóti〈孝悌〉nyishi kami ukashusi kununyusi ikirassang;
そして、上司に背くのを好まない人が実際に反逆を好
むということは未だ無い kami ukashusi skanshí lan
ukushusi kununyuru mun ndi iché nyada ndang
{imada kuri arazi}; 善良な人々を抑圧して反逆に駆り
立てる yī tami ussaï* findjirashung（変じさせる）
{chímu chí〈気〉yanti, tuǐ yanti} *ussuǐであろう.

Rebound はね返る; hanchigéyung, hanchigéti chūng;
úttchéti chūng, uttchéti uttchūng.

Rebuild 再建する; mata tatīung, fta tabi tatiti nóshung.

Rebuke 叱責する; shimīung（責める）, núrayung（叱る）,
imashimīung, vassasi shimīung（責める）, djín〈善〉
shimīung（させる）, djín shimiti（善をさせて）ushīgatashung
（教え＝教育する）, kurāshung（懲らす）, shī yanteru
{shī varī kutu} sódanshung（訓戒する）; 騒々しく怒っ
て叱る gatikashung.

Recall 呼び戻す（返す）; késhung, yubi késhung, fichi ke-
shung; 彼を呼び戻せ yubi kéchi kū; 思い出す ubi
ndjashung; 言葉を取り返す（撤回する）ことはできな
い kutuba tuǐ késhé narang; 言葉が発せられたら、走

馬（駅馬）{4頭だての馬車}でも追い付けない kutuba-nu fashíïdunse haï 'mmannu yating（駿馬でも）{shí bá〈CDなし; 四馬であろう〉, yú fíchinu mma ūting（追っても）} wī tskirarang; このように合意しているが, 今日は（彼の）言葉を撤回する sódang tatitéssiga（立ててあるが）chūya tuï késhung; 千の黄金はたやすく得られるが, 時はひとたび去ったら, 呼び還しはできない shínnu〈千の〉kogané yassiku yirarísiga kó ínnu〈光陰が〉{tuchi fi} saï dunse késhé narang.

Recant（信念・自説を）撤回する; michi sumutchung（道に背く）.

Recede 退く; shiri zuchung, shīdjuchúng {chang, kang}; 1歩後退する chu ayumī atonkae {ushirū} shídjuchúng; {譲歩} yuziti fichi shirizuchúng; 一言, 二言彼に譲れ chu kutuba tá kutuba arinkae yuziré; 引きさがるわけにはいかない shidjuchi chidjumayé {縮まりは} naráng.

Receipt 領収書; yītaru shūku {gatchi}; 収（納）支（出）kani tutaï yataï, tutaï vatachaï, ndjachaï ussamitaï（出納）; 墨を試す法 simi kukurunyuru 'hó gatchi〈EC:試墨法〉; [s.] prescription.

Receive 受け取る; yíyung（得る）, ukiung, tuyung, ukituyung, ussamïung（収める）, ussami ukiung; yíti chūng; {手紙や贈り物など}受け取ったり, 送ったりする tutaï yataï-shung; 客を迎える chaku ítchayung {会う}, chaku nkayung; 人を家に迎え入れる anu ftu yā nakae simáchi, aï madjivayung（あの人を家に住まわせ, 相交わる）; ukituyung（受け取る）は, 物にのみ用いるのが普通だが, 心的にまたは人間にも使うことができないわけではない; 心に受け入れる ukituyung, gatinshung; {箱を}受け取って開く háku tuti firachung {akïung}; 船から何箱受け取ったか funi kara haku íkutsi uki tutaga?; 上位者から深謝して受け取る sidi gafū, sídi úgafú（頂戴物をすること, ありがとうございますと言うこと）; 官吏の給与を拝受する fú luku〈俸禄〉sídigafūshung; 謹んで拝受いたします tsitsishidi tuyabīng; {贈り物を}受け, 恭しく額まで上げる kamïung, itadachung（戴く）; 命令を受けた tuziki chichayabīng（拝聴します）, tuzikirattang; 丸ごと（総体）受けた sóté yītáng（得た）; sū sankatashi {kutu gutuku, 'nya（皆ンニャ）} yītáng〈EC:領悉一切〉; 手紙を受け取る djónu chóng（来ている）, djó tuti chóng; 昨日あなたの手紙を受け取りました chinyū undjúnu djó tuti cháng; 誠心誠意人々を歓迎した〈EC:接人渾是一団和気〉chútu madjivayuse síbiti vadáng mupparanyī sháng; あなたのご命令を受け, 怠りなく致しました undjunu wīsinu tuï ukutarang gutu shéyabīng（致してあります）; 笑って{私の贈り物を}受け取って下さい doling, vaga ushagitasé（差し上げたもの）{kvīse〈くれるもの〉} ushshashi（嬉しくして）ukiti kviri; あの文字は（既に）久しく受け入

れられているので用いてよろしい anu djia sidínyi fissashūnyishi ukitutá kutu muchirarīng.

Recently 最近; kunu utchi, kunu guru; 最近初めての kunu gurúnshi mīku ndjitoru; 幾年も前のことではない satché tushé fité uráng, 幾月も前のことではない satché tsitchi sū（数）úffukó（fité）urang; 幾日も前のことではない satché fi kazi úffukó naté urang; 久しい以前のことではない satché fissashunyé {nageku} naráng.

Receptacle 入れ物; irī; {物が据え置かれる所} yishī, {花の（花托）} hana fussa; {筆用} fudi sashī, irī.

Recess 休暇; fima（暇）, wédaïnu（公事の）fima, {学校の休暇} gakodjinu yūrī.

Recipe 処方箋; {kussuïnu} 'hó gatchi, fézé（配剤）gatchi.

Reciprocal [s.] mutual, vice versa; 相互の; aï tagenyishi, tagényi tuïyéshi; chuï chuï tassikïung, ukuï kutéshung; {（相互に）つながった} kussātong; {（相互に）腕を組み合った} tītsi tītsi tassiku, tagenyi fussātong, udjinūï tassiku.

Recitative 叙唱調の（オペラなどの対話調）; ato naï satchi naï shi djōdjïung〈EC: 誦; cf.recite〉{utashung}.

Recite 暗（朗）唱する; 1つの課を朗唱する fúkushung（復する）, djūdjiung〈EC:誦〉, yídjiung（詠ずる）; fúkushi {djūdjiti} chkashung; 比較または修正のため復唱する chugó-shung〈糾合する〉; 習った箇所を私に復唱してくれ naraté tukuró hánashi bukushi chkasi {聞かせてくれ} vang mími katánkiti chichínda（耳を傾けて聞いてみよう）; 詩を吟ずる調子で（吟）唱する shī tunayung {izanayung}, djūdjiti tunayung; この聖なる書を千回唱えなさい kunu chó〈経〉shing bing djūdjiré〈EC: 誦比経一千遍〉; 唱えるだけで理解しなければ, 何の益があるか tada abita {djūdjita} madíshi {tada abïāchi} chimuyé tsōdjirandaré nannu yitchi aruya?

Reckless 無謀な; fushi mama, dū karundjïung（軽んじる）.

Reckon 計算する・数える; sankatashung（算方する）, kazōyung, fakayung *「計算」の「計」のみの意であろう; 足りない物資の量について見積をする tsimuï katashung; 記憶からそらで{口だけで}数える kutchi sankata-shung; 指で数える wībi wūïshi {折って} sankatashung; いいチャンスと思う fūnu tstchandi umutóng（福が付いたと思っておる）, yī kutu yītandi（得たと）umarīng（思われる）; この値段は低く算定してあるよ kunu dé（代）shinó〈CDなし; 「銭」であろう〉ságiti du sankatashéndo; あの仕事は済んだと彼は考えた kunu kutu ariga sankatashi {kangénshi} tskoténdi umutóng〈EC: 那件事他也算做了〉; 来なさい, 私と君との貸借勘定しよう kūā, vantu ïyatu sankata sā（しましょう）.

Reclaim 矯正する; ayamachi skuyung; 先の命令を取り消す sédjin〈最前〉tuzikitési tuï késhung.

Recline 横になる; ⁺kāïnyi〈仮に〉* nindjung *「仮に」はCD ではない; kāïnyi shung, dū utchakayung (寄りかかる); 寄りかかって座る ⁺kāï-za〈仮座〉shóng; 椅子に寄りかかって座り, 寝る yī nakae kushshati (背にして) nindjung.

Recluse 隠遁者; kakuritōru mung, ⁺yín-chū-shōru〈隠居している〉mung; ato kata sakitóng, ato sakiung.

Recognize* (見)知る・認める; mī shtchóng; 白状する makutunyi an ndi ïyung, andu yarundi ïyung. *recklessの後から移す.

Recoil (ばねなどが)はね返る; uttcheti chūng, tata feku uttchéyung; 後ろにはね返る kushinkae uttcheyung; [他動]uttchérashung.

Recollect 回想する・思い出す; ubītóng, ubi ndjashung, ubi tskitóng, umi tstchóng (思いつく), umi ukushung; umi tskati vasirang; 眼を閉じ, 考え, いま思い出した mī kūti satutindé, namadu umi ts'tchǎrū; 彼の名を思い出せない ariga na umi tskirarang, ubirarang; 二人はもう結婚している事を思い出した ari anu taïyé nya tudji kametóndi ubi ndjachóng; ある人の事をかすかに覚えている ariga tsira kadjinu (面影が) {kāginu} mīru gutóng; shūshū ubitóng.

Recommend 推挙・推薦する; agi sisimïung, sisimi agïung, kakaï tskïung, fuchi (吹聴し) sisimïung {tskïung, tatïung}, fomi tatïung; 私{妾}は自薦の者なので, 後で貴方が軽蔑するのではないかと恐れている yūbé, dū fuchi tatishuru mungdi íchi, ato stirarisankaya ussuritóng; 推薦状 sisimi madjivarashuru bung; {高位の人への推薦状} agi sisimiru bung.

Recompense 報(酬); [名] ⁺kwafū〈果報〉, mukū; [動] múkúyung, késhung (返報する); yinu gutu {ïyuru gutu} wūdjïung {kutéyung}; 両親に報いる uyanu vundji (恩義) mukuyung; 敵に報復する áta mukuyung; 悪に対し善でもって報いる áta yating vundji shi ⁺fūdjïung〈報じる〉; いかなる返報も出来ない mukúï ōsan, kutéï ōsan, mukúï kutéyé naráng; 報恩に生命を惜しみはしない, しかし私が死んでも何の益も無いのではないかと恐れる vúng mukuyússinyi shínyusi ushimang, tada shidji yíchi nénó araníndi ussurïung, または vung ⁺fūdjiru taminyi shinyusi sínyússiga (死ぬことも結構であるが) tada yíchi neng {munashí (空しい)} shinyi katashí yasankayá* {monashí shinyé-sankayá} ndi ussuritóng *katashíya sankayáであろう; 子や孫が報いを受ける kva maga kvafū ukïung; 天は, 徳または悪の正確な(分)量に応じて, 一粒の重さまでも正確に報いを与える tinnó yushi ashi ⁺bunlónyi shtagati, na tsízi tsízidu fūdjiru; これは, 感ずることがあればそれ相応の結果がある, という言葉 (言い分・金言・格言・諺) によって表わされていることである kuri, kanziru kutunu aré kanarazi wūdjiru (応じる) kutunu ang-ndinu ībung

du yaru; 完璧に報われるであろう mukúï kuté tskushi yirarīng〈EC:報答得尽〉.

Reconcile 和解 (和睦) させる; vadányi nashung, ⁺vakóshung〈和合する〉, mata aïvagónyishung, yī nāka nashung; 仲直りしている mata yī nāka natóng.

Record 記録 (文書); [名] {書かれたもの} katchi tumi, shirushi gatchi, ubi gatchi; [動] (記録する) katchi tumi shirushung, ubiru taminyi shirushung; 公的記録 (文書) vedaï〈公事〉{shuru} nyítchi; 記載する shirushung; 私{臣下}の職分は{言葉を}記録することにあり, 陛下の対話中の誤りもお書きしなければならないのです ⁺shínkanu shkúbunó kutuba shirushusidu, myúndjó (美御胴=あなたさま) kutubanu ayamatchi shínkanu kanadzi kuri kachabīndó; 法を守る神々は, 彼の罪や過ちを記録し, 南及び北の極星の君 (主) にご報告致します sibitinu'hó kakubiru〈EC:護〉kaminu cha sunu tsimi ayamatchi shirushí, ⁺nánbukunu〈南北の〉chiminkae unyukïung; 役所に{案件を}記録して保存する ⁺an〈案〉⁺dzundjiti〈存じて〉kachi tumichóchung.

Recover 再び手に入れる; {紛失物を} mata tumétáng, mī atiti tutang, mata yitang; mata tuméti chǎng; 失った物を取り返す satchata ushinatótasi tuï kéchang (取り返した); 気絶から (意識を) 回復する shó tsitchúng; 今にも回復しそう yagati shó tstchi gata; 病気から回復する ⁺kwé chi〈快気〉shung; mutu chkún (気根=根気) túï kechang (取り返した); nótóng; yaménu yutashku natóng; 当地では次のように言う: íshi butukinu〈石仏の〉gutu gandjūku natóng 石像のように再び頑丈になった; 要求して取り戻した mutumí yitang; 私の損失を取り戻した mīvaku shótasiga tuï kéchang; 回復したので先月から務めに出た ariga yaméya nóta kutu kutátsichi kara tstomīnkae ndjitáng.

Recreate 気晴らしする; assibiung, fuyóshung (保養する).

Recriminate (責め) 非難し返す; toga ūshé (負わせ, 転嫁) -shung, toga ūsïung (負わせる, 転嫁する); お互いに転嫁し合う chúï ūsi ūsi shung.

Recruit 回復する; {力を} mata gandjuku natong, ⁺chkun〈気根〉mata tstchóng, chikaranu mata ndjitóng; 新兵を募る mī fing ukushung; [名] (新兵) mī naïshōru fing (新しく成った兵).

Rectify 修正する; nóshung, tadashku nashung, djínshimïung (劾をせしめる?).

Rectum 直腸; tsíbi vata, nowchi vata〈EC:直腸〉, fīru vata〈EC:広腸〉, tsibigutchinu ⁺dzófu〈臓腑〉; 直腸への入口 tsibi ꞣutchi; 蜜の丸薬を直腸に無理矢理押し込むと, たちまち通じがよくなる mītsí ꞣvang〈丸〉tsibi kuchinkae chūku iriré, ítchaïtǎ* vūtī chāki tsōdjiung *ítchutǎであろうか; 直腸が飛び出すこと (脱腸) tsibi vata ndjīru yamé.

Red 赤; aká, akachi, kurinaï; 赤い色 [s.] lake; 飲んで眼が赤い áka mī géshóng; [s.] inflame; 赤い油性塗料 shun núï (朱塗り); 赤紙 shú gami; 真っ赤に焼けた yachi mákkára-shóng {natóng}; 赤鉛 áka námari; 赤い akassang; 赤さ (赤いこと) ákassa-si; 半分が赤色, 半分が緑色の葉の花木 gan-lai-kó〈雁来紅:葉鶏頭〉; 赤顔の人 áka zirā.

Redden 赤くなる; akanyung, akaku nayung; 顔が赤くなる tsiranu akadóng (赤くなっている); [s.] shame.

Reddish 赤みがかった; ussi akassang, búki íru (桃色・淡紅色).

Redeem 買い戻す; ké (買い) mudushung {[自動] ké muduyung}; 奴隷身分から (代金を支払って) 身請け (解放) する yufashung {[自動] yufŭung}; 質物を取り返す fímbínshi (返弁し) tuï késhung; 罪を贖う, 埋め合せする tsimi aganéyung, akanéyung, tskunūyung (償う), udjinūti (補って) tsimi nugarashung; tsimi yufashungも理解されるであろう.

Redeemer 買い戻す人;字義的に ké mudūshuru nushi (主); 世界の救い主 shkin skūyuru nūshi.

Redress 直す・矯正する; 不平・苦情を magáï (曲がり) nóshung, áta nóshung.

Reduce 減らす; ikiraku nashung, fiung (減る), fínyayung (減る), djinshūshung (減少する); 煮て減らす shidjiti (煎じて) fínyarashung; 平定された状態にする tadashi (正して) taïrakanyi nashung, ussamĭung; 征服して破る tadashi yaboyung; 幾つか {数十} を1つにまとめる su ka djú ittíngkae avashung {nashung}〈EC:以数条併一条〉.

Redundant あり余る・余分な; amatong; 冗長な言葉 kūdjonu (口上が) nudóng (伸びている) {nubĭung (伸びる), (否) numáng (伸びない)}.

Reecho 響き渡る; fíbīchung {chang, kang}, yama bikunu nayung.

Reed (植) 葦, ashi; 笛を作る葦を一本取って来い, 笛を作ろう ashinu funi (骨) tuti kū bíbi tskurá.

Reel 糸 (巻) 車; [名] ítu matchi, ítu machi guruma; [動] (糸などを巻き取る) ítu mátŭyūng (*mátchi tūyūngであろうか).

Reeling よろめく; 酔ってwīti átchung, sī kŭyúng, sī kuti tórishi áttchung, wīti bura burashung; 一般的 (言い方) bura bura shung, sī kŭyúng; kugéyung (揺れる).

Reenter 再び入る (復帰する); 公務にmata védainyi {kvanyi} kéyung, kéti tstomĭung; また戸口に入る mata djonkae íung, uttchéti (方向転換して) chung, mata sisimi yuchung.

Reestablish 再建する; mata tatiung, mata móki nashung 〈EC:再設〉.

Reeve (穴などに) 通す; {縄を} na {tsina} tūshung.

Reexamine 再尋問する; mata tazonĭung, kangeyung; {尋ねる} tsāshi〈査し〉tūyung.

Refectory (大学などの) 食堂, 喫茶室; kwé mung {kvāshi, mīshī} ŭï yā.

Refer 言及する; {指す} íbizashung, -nkae satchóng; チンピン (Chímpín) とはみかんの皮を指す chímpín kuri kunibunu kānu kutu; その件を上位の者に申し上げる kaminu kurényi fírúshi (披露=訴え) unnyukiung; 私はこれを君の判断に委託する vane kunu kutu ïya unyukiti {yúziti} túyung; 被告を上司 (官) へ送る kvannungkae (官へ) tudukĭung {yarashung}; 本性を指して言う shí〈性〉{mmari} íbizachi ĭyung; この表現はすべてに対して言及している kunu ībunó murunkae tsōdjiti ĭyung; 以上のことと以下のことを指す kunu kutu wīnu chimu ukit[i] shtya madíng tsōdjĭung.

Refine 精製する; {金属を} tatchi nóshung, tatchi tskíti kŭré (位) mashi nashúng, gara fuchi stití shī〈精〉gani nashung; 砂糖を精製する satā shīrú (白) nashúng; 金の性 (質) を精錬するように, 人間の性を知識の火で精錬する koganinu shó tatchi nóshuru (炊き直す) gutu, munushirinu físhae ftunu shó táchi nóshung.

Reflect [s.] consider; 思案する; umi tskayung {tstchóng, tskĭung}, uttché fitché umuyung, késhi géshi kangeyung; 父の死を思い詰めて悲しんだ uyanu shīnyusi umi tskati urītóng; {光が (反射する)} [s.] refract, muduï tirĭung, utchétti tirĭung, utsti tirĭung; 沈む太陽の照り返しの光 muduï tída; {水・鏡に} 映った像 kāgā, kăgī; 影像が映る kadjinu {kāgānu} utsĭung; 過去の事を追想する ūï {ūti, 追う} umuyung; 子どもの頃を思い起こす vorabi shónu kutu ubi ndjáchi {tazoni} umūyung; 注意深く熟考する kumi fakayung〈EC:酌量〉; 鏡は澄明になれば, 万物の像を映す. 曇っていれば映さない kăgánnó achiraka naïdunse chāki kadji yū utsushung, shingvíïdunse (濁ったら) míráng; 今でもそのことを想うと恐くなる namanshi umutíndé {úttchétindé}〈nnīng〈胸〉fidjuténg (冷たく) nati ussuritóng.

Reform 改まる; [自動] aratamĭung, kvăshshĭung〈化す〉, uttchéti yutashku natáng (なった); 感動し改まった kandjiti kvăshĭung〈化す〉; 知り {自認し} 改まる shtchi aratamĭung; [他動] (改めさせる) aratamirashung, kandjirachi kvāshúng〈化する〉{(過):cháng}; 私は彼に改心させられた vaga arinyi kvasáttang; 宗教の刷新 ushī kváchī (化して); 帝国の刷新 túkkva〈徳化〉{túkunu kva (徳の化)}; 私は善人に改められた vaga yī ftunyi kvasátti aratamiráttang; 皇帝の徳化によって改められる kótínu uttúkvanyi (御徳化に) kvassarīng〈化される〉; 自分の誤りを正す能力より, 大きな善はない ayamatchi yúku aratamīsé, kuri yaka

uffissaru（偉大な）djinya neráng; 悪から善に変わる
こと kukuru kéchi umuï uttchéyung; 悪人が改まる事
はその人自身の幸ばかりでなく,君主やその時代の
幸である aku nyinó úttchéti aratamīsé,tada aku
nyínnu sévé téma aráng,kure chótí〈朝廷〉tó-shī〈当
世〉nu seve duyaru; 改める道を開いた aku arata-
mīru michi firacháng; 人々が改めるのを許す ftu dū
（自らを）aratamīse {aratanyi nayusi} yurushung; 彼が
もし本当に改めるなら,一生の幸であろう ariga dung
mushi makutunyi aratamíïdúnse ariga ī shó〈一生〉
nu sévé du yaru; 一人を淫らな道から改めさせること
は,百度の功績である íchi nyín kán-kva〈感化〉shi-
miti midarirandung aré hīākunu kó nayúng; 人が自
分を正すことができないなら,どうして他人を正せるか
dū tadashūnyi shi ōsandung aré,ftu tadashūnyi shīnu
naróka!

Refract（光を）屈折させる; katánchung,nánayung,nanadi
tirïung; 光の屈折 katánchi {kata nchi} fikari; katá-
nchi tīda; katánchi tirïung; 屈折した像 katánchi kāgā;
[s.] reflect.

Refractory（手に負えない）強情者; bóchīrī mung,chū-
shtchina（強質な）mung.

Refrain 慎む・さし控える; {酒を(saki)} chirayung（嫌う）;
samadakïung; ［他動］（抑制する）samadachung; 彼
は私が行くのを抑え止めた ari vang samadatchóng
amankae īe（入りは）narang; 私は行くのを差し控えた
sáváti irang（入らない）{iraráng（入れない）}.

Refresh（気分が）爽快になる; {心的} kukuru yuku {yuta-
shku,hashíttu（元気に）} nayung; kukuru haritáng（晴
れた),yī kukutchi natáng（なった）; [s.] strengthen;
{熱さから} sidanyung（涼む),sidaku nayung; ［他動］
（涼ませる）sidamashung.

Refrigerant [s.] antiphlogistical; 解熱剤; sidamashuru
kussuï; 熱をさます苦い薬 'nndja fidjuru kussuï.

Refuge 隠れ家・避難所; kakviti sakī tukuru,fíndji du-
kuru,kákvī-djŭ,sakí-djŭ.

Refugee 逃亡者; findji mung,findji nugaï mung.

Refund 償還する; fimbínshi késhung,tskunuï（償い）ke-
shung,vanchamayung（弁償する),vanchamaï késhung.

Refuse ① 断わる; ［動］kutuvayung,djíshŭung〈辞す〉,
djitéshung（辞退する),gátínsang（合点しない）; 断わ
れない kutuvararang,kutuvayé naráng; 彼の願いを
断わる ariga nigé táshshirang〈達しない〉,daku djaku
〈EC:諾諾〉sang,ariga nigé sang;（彼が要求している）
官職を断わる ariga mutumitéru shkubung {kván
shuku} kutuvatáng（断わった）; これをするのを断わっ
た kunu kutu shusi ukigumáng; 贈り物を断わる{受け
取らない} ukiráng,turáng; 彼はそれが欲しいが断わ
るふりをする bushá ássiga kutuvaï fūnashung.

Refuse ② 遺棄物・廃物; ［名］stí mung,starí mung,mu-

yūna mung; 茶ガラ chānu kudaki,kumaki; {滓}
kassi,gūrī; {液体中に浮いている(滓)} nyíguri.

Refute 論駁する; ī tóshung（倒す),ī yabuyung,ī yan-
dyung; bindji tóshung; 論駁して黙らせる ī chíshshītī
chū kutubang（一言葉も）ïyashimirang（言わせない）.

Regain 取り戻す; mata yiyúng〈EC:復得〉.

Regal 皇帝（王）の; kótīnu kutu,wónu kutu; 王の車 ú-
kuruma; 王の言葉 ú-kutuba; この ú は大きな敬意を
表わす接頭辞で,恐らくufu「大」を意味する長音のū
であろう.

Regale 存分にもてなす; tidéyung,atsiku tuïmuchung
{ukuyung}.

Regard 顧慮する; ［動］kaïrinyung（省みる）; 愛情をこめ
て見守る kanashashi nyung,{目上の人が} 御覧になら
れる kanashashi umikakakïung* *umikakïungであろ
う; 下位の者が上位の者を愛情をこめて見る（思慕す
る）umuï shtóyung; {留意する} umuyung,kamuyung
（構う）

Regardless 顧慮しない・構わない; umāng {kamāng} shóti;
彼に対して言われたこと,命じられたことを無視してい
る kutu usséïshong（軽視しておる),kutu ussétóng; 命
令を無視して munu hadjirínsang,munu ukéï né-
rang; ukeïnsang,gattínsang; いくら告げ{教え}ても,彼
は無視する nántu naráching narasaráng; いかなる危
険もいとわない nūng fabakaráng,dédjing〈大事も〉
shirang ftu; nuchi sti mung; そこは断崖{危険}が有る
といっても,彼は気にかけない{それでも尚行く} 'mma
fuchidóndi {dédjidóndi} ichíng chkang {íttchung}.

Regards [s.] respects; よろしくとの挨拶; よろしくお伝え下
さい vanyi kavati kvī chichi kviriyó; より丁寧な挨拶
は: únchi（お顔）vugadi kvíri,va taminyi gandjūn
shókayāndi miméshi kviriyó; 遠方の友へ（よろしくと
の挨拶）va taminyi utuziri chkatchi kvíri,gandj[ū]-
nyi shiga wura {gandjūnyishi gaūra} chichi kvíri.

Regatta 競艇; haï arasīshuru tímma,tímma harashi ara-
sīshung; 当地の5月5日の行事 hārī.

Regency 摂政（政治）; 摂政を任命する matsiri gutu
shínkanu chānyi kamurashung（政治を臣下たちに構
わせる）,または sazikïung,shínkanu chānyi mídjiteru
〈命じてある〉matsiri gutu.

Regenerate 刷新する; mīku nashung,aratanyī nashung,
mmari kéyung（生まれ変わる),mmari kvarashung,
mata 'mmari kātaru {kavataru} gutóng,ftatabi mmaritaru
gutóng; 彼が私を生まれ変わらせた ari vang mata
mmaracharu gutóng.

Regent 摂政; kótīnu kavati matsirigutu ussamīru shínka;
琉球の現摂政は,単に通常の肩書で,Sū-li-kvan（総
理官）とよばれ,その肩書を王の生存中ずっと持ちつ
づける.

Regicide 王殺し; wó mbaï kurushuru mung.

Regimen 摂生；（摂生を）守る chīré mung yū shung, shkumutsi kagínshung; [s.] diet.

Regiment 連隊；chu murushinu (塊の) {kuminu} fʽhó.

Region 地方；chkata, narabi {tsirudji (連)} chkata.

Register 記録簿；[名] shirushi nyítchi (日記)；船籍 (税関) 証明書 funa-ziki-nyítchi, funinu shirushi nyítchi；年齢記載簿 tushi ziki té〈帖〉．[動] （記録する）shirushung, tski shirushung, funinu ziki té nakae utsushung; [s.] enroll；公の名簿 ná-fuda (名札).

Regret 気の毒に思う・惜しむ；shiva-shung (心配する), ushinyung；惜しむ (悼む) べき ushimbichí, avarímbichí; kanashímbichí yósi duyaru；出費を惜しむ kani tsīyashusi (費やすこと) ushinyung；人が受けた苦痛を気の毒に思う[+]shin ló〈心労〉tsīyashusi ushinyung；大事を志している時に, なぜ小さな出費を惜しむか ūīnu kutu fakatí chāshi kūsaru tsīyashi ushinyuga?；一寸の時も惜しむべきだ tuchi fé (時日は) issíng fudu ushidi {chkutché sí} vadu yaru；出来ないのが恨めしい shī ōsansé {naranse} uramitóng；それはつまらないもので, 打捨てても惜しむに値しない kuri vazikashí mung du yaru, uchangitíng ushimunyé taráng；（人々）皆に惜しまれている ftu sūyó kuriū (これを) ushídóng.

Regular 規則に合った；nurinyi (則に) kanatong, shidénu (次第の) tūï, kátanu (型の) tūï；数学上の計算については次のように言う: sín shakunu ang, sin shakunnu tūï {寸尺がある}；規則正しい行為 tadashī ftu, tádasang, tachi-furimaïnu tádasang (即ち, tadasa ang)；時間について決まった時間を守る tuchi mamuyung, tuchi kadjirinu tūï shung, tuchinyi shtagati shung；正規の手段で官職を得る tadashi michi kara lishínshung〈立身する〉；正当な相続 shidénu tūï {順序通り} tsidjung {(否):gang}.

Regulate 調整する；ussamïung (修める), tadashū nyi shung, nóshung, tadashku nashung, tadashku ussamïung, tutunūyung, tutunūï sadamïung；時計を調節する tuchí nóshi ussamïung.

Regulation (s) 法規・規程；kata (型, 規則), kata tatitési, ʽhó；条約規程 sódannu {yakuskunu} kata；軍規 fing ussamiru ʽho；規程を廃止する kata tóshung.

Rehearse 復唱する；chīkáshung, núbïung; [s.] relate.

Reign 統治する；[動] ussamïung (治める), matsigutushung；統治を始める kótīnu kurényi tstchung, skuïshung (即位する)；[名] kurényi wūru kutu, matsigutu-shuru kutu；道光 (Tan Kwang) 年間に Dó-kó níng-kang {ningó〈年号〉}；一年君臨している kurenu wūru kutó ichi ning natóng.

Rein 手綱；{轡の} kutsivanu ná, tán ná；轡を取る{比喩的にも} kutsiva tuyúng.

Reinforce 補強する；chíkara sīyung (添える)；法を補強する ʽhó mata tatïung, aratanyi tatïung; {軍} aratanyi fʽho shae tsīg[ashung (継がせる)], kuvéti tsidjung (継ぐ)；もっと人を送り増強せよ ftu nyafing yarasi, tsigasi (継がせ).

Reiterate 繰り返す；kassani-gassani {kaïsu gaïsu} shung；繰り返し言う ī késhi géshi-shung, saï-san〈再三〉{fta tabi (再) san du (三度)} ïyung; [s.] again, repeat.

Reject 拒絶する・捨てる；stïung, utchangïung, duki nashung (どける), chirayung (嫌う), chirati stïung, kaki stïung；棄て絶やす sti téshung；品物を受け取らない shina késhung (返す)；[s.][ ]；申し込み (申請) をはねのける tuï tsigang, ushi késhung, dukïung, shirizukiung；

Rejoice 喜ぶ；[自動] yurubïung*, yurukudong, ushshashóng, úrishisashóng *yurukubïung であろう；[他動] yurukubashung, ushshashimïung；歓喜 yī chibi (気味)；公の祝典の大賑い nyidj[i]yakanyi ang, ubitadashūnyi ang, lilisang (麗々しい)；当地では「天を帽子としてかぶったように嬉しい」と言う tín tsī kamīru (頭にのせる, 頂く) gutóng；農夫は豊かな収穫を得て一年を閉じるのを心から喜ぶ ta tagayashā tushinu tudjimaï yugafushusi yurukubïung.

Relapse （病が）ぶり返す；yaménu úttchétóng, yaménu séfatsi (再発)-shong；局所的痛みの再発 uttchishī yamé, sīrā yamé；{心的} uttchéti mata yana mitchinkae íttchóng.

Relate 述べる・{伝える} nubïung, tstéyung, tstéti katarayung, sódanshung；古い物語を伝える kū dji〈故事〉{m[e]dinu, nkashinu gutu (kutu)} sódanshung；最初に彼が孤児であることを述べ, 後に彼が病気であることを述べる satchata sunu fturigunu tukuru ítchi, s[u]nu yaménu kutu atonyi nubïung；これはあれと関係がある kuri arinkae kakatóng, kuri ariga kutu；相互関係がある tagenyi kakavayung.

Related 親類の；{一族} yínu wéka, íchi mung；遠縁の tōssaru wéka；喪服を着ない程度の親類の人々 ímīng (忌みも) néng, または fúkŭ (喪服) hazirina wéka；彼と私は親戚 ari va wéka {yuïshu}.

Relation (s) 親族；weka, wéka horodji, yuïshu, íchi múng, wéka kata；父方からの親族 wickiganu kata；母方からの親族 winagonu kata, gvé shtchinu〈外戚の〉yuïshu；血族 hada weka, kutsi nyikunu wéka；お互いに盗みあう親族 wéka dūsha {tagenyi} nussunyung；その時まで待って, (親族) 関係を結ぶのは遅すぎるであろう anu tutchi madíng máttchi anshi shtashimi mussibíïdunse dūdŭ ussi* navayung *ussiku nayung であろうか．

Relax [自動] くつろぐ；yutsidong, yutsisáng, yutsiku {yuruïtu} natóng；[他動]（くつろがす）yutsimïung, yórashung；心を和ませる kukuru yurushung, [+]chí〈気〉

yóshung, úttchí {utsi, utsi chi} sandjirashung {(憂)鬱を散じさせる}.

Release 釈放する; fánashung, yúrushung {奴隷を(解放する)} yufi-ung.

Relent (風など)弱まる; 痛みが弱まった itaminu yóku natóng 悪い気質が和らいだ chimu kfassatassi yafaraku nati, chimugurishashung (不憫に思う), avarimïung (哀れむ).

Relentless -ly 容赦ない(く), 無情な; yamang gutu, urami umuti yamang〈EC:怨怒不休〉; [s.] unmerciful.

Relevant (当面の問題と)関係ある; sashshitaru (察した) kutu; [s.] purpose.

Relics 遺体; shinyi chūnu nukutoru shkabani (屍).

Relieve 救済する; 貧しい者を finsū mung skuyung, fudukushung (施す); 病気や困窮の者を救助する yamenyi kurushidósi tassikïung.

Relievo レリーフ・浮彫; muyagatōru {muttōru} kazaï mung.

Religion 宗教; ushī (教え), mítchi, dóli〈道理〉; 三つの宗教 mítsinu ushī; 儒教 djú shānu〈儒者の〉dó〈道〉; 仏教 shá kănu〈釈迦の〉ushī dó; 道教 Towsinu〈道士の〉ushī dó 道教や仏教は, 私ら学者(儒者)より劣っていて, 全く論ずるに値しない Towsi Shá-kănu ftatsinu ushīya mata vaga djú sha nu shtyándu aru, uré lunzirunyé taráng; 坊主たちは言う, 仏は西の虚空に居ると bódzinu ībunyi butsé nyishinu munashchinyi du wūru; Towsis〈道士たち〉は, Punglae〈蓬莱〉は東海に居ると言う Towsi Punglae figashi umi nakae wúndi ïyung; しかし, 儒者たちは現存するものを崇める yassiga Kushinu〈孔子の〉dishinu cha djintónu〈現当の〉kutu táttudi; そして目の前は日々春である{と呼ばれる} mīnu méya fíbinyi fharunu kazinyi {shumpunyi〈春風〉} arantu iyú kutó (neng「ない」にあたる語が欠); 教えを伝える ush[ī] tarïung (垂れる); 正統な教え tadashī ushī; 異端な教え yukushima ushī; 子としての義務や兄弟としての義務, 忠誠, 真実の念は, すべての宗教が楽しむものである kó〈孝〉, ti〈悌〉, chū〈忠〉, makutu fū〈風〉nyishi unu unu ushīnu tanushimu tukurudu yaru.

Religious 信心深い; kami tsitsishidoru, djíng〈善〉kunudoru ftu; 祈祷文を朗唱し, 断食を守る人 chó〈経〉níndj[i]〈念じ〉mundjiréshuru mung.

Relinquish 放棄・譲渡する; nukushung, nukutchi utchung, dj[ ] shung; 譲って行く utchi hayung; 徳の心を捨てる djínnu〈善の〉kukuró dzundzirang (存じない・保持しない) {sáti néng}; 悪い衣服や悪い食事を恥じることから生じる yana djing chichaï, nyīsha mung kadaïshusi [hadji]tusi (tushusiであろうか) kara du chūru.

Relish 気に入る・好む; stchung {chang, kang}, kutchinyi attay[ung]; 風味を添える yī adjivé nashung; 気に入

る chimunyi kanatóng; 食物{茶と飯}には気が向かない chá mishé fushakó néng; 食物を賞味する shīku sisidi kanyung, sisimatti kanyung, shūkŭnū sisimarīng, {saka datchishi (病後食欲が旺盛になること, その食欲で) munu kanyung, reconoxlescentについて言われる Latinか?}; munu yū ushagayung, yasha gve shung, yī adjivénu ándi umarīng.

Reluctant,-ly 不承不承, しぶしぶ; する shīti (強いて) {ushti, ítuti (厭て), gatinsang-shi}.

Rely 頼る; tanunyung {dang, mang}, úttchakayung, yutóng, kushati shung, kakatóng, kakati shóng, kati, katóng; 私は{上位者}に寄りかかる vané arinyi awdji (仰ぎ) kakatóng; 知識に頼り, 無知の者を騙す munushirinyi uttchakati urukana mung azamutchung (欺く＝騙す 日本語の意味であろう); 隠れた徳(功)に頼り, (人)生の汚れのない地方に行く intukunyi (陰徳に) yúti chïushku ichichuru chkatankae íttchung.

Remain 留まる; tudumayung; 私は君が来るまで待つ vané ïyaga chūru yéda mattchóng; vaga kumanyi tudumati iya kéyusi {kéti churu yéda} mattchóng; 余る amayung, nukutóng.

Remainder, remains 残余; amai, nukuï, nukushi, amaï mung; {布物の} chiri hashi (切れ端); 残金 nukuï gani; 引き算した残り satchi fíchi nukúï.

Remark 悟る・気付く; stayung*, satuti shtchóng, nyung (見る) *satuyungであろう; 意見・感想を述べる mī tski tatïung {shung, ndjashung}, kangé ndjatchi ïyung.

Remarkable 異常な; tsininyi kavatóng; これは珍しい firumashí mung yasā; 異常なほど寒い tsininyi kavati fīsanu chūsa〈EC:寒凍異常〉.

Remedy 医薬(品); kussuï; 治療の手だてはないか nórani?, fíchi késhé narani? {[比喩] 救済策がない} chāng kāng naráng, tidáng (手段) narang; 病気の治療法 yamaï ussamiru 'hó; 子供が横に生まれまたは逆に生まれる際, 治療の方法があるかないか尋ねるであろう chúnu vúti tūyung, yukunyi mmari, sakasamanyi mmari ussamirarími ussamírărăni, chăgă?

Remember 覚えている; ubïung, chimu nakae tumitóng, ubi ndjashung (思い出す); 長く覚えている umi tskayung; 思い出せない ubirarang; 覚えが無い{知らない} até nérang; 多分君はよく覚えてないのであろう ubi chigé du yaru hazi; よく覚えている yū dzundzitóng (存じている); 良く覚えていない ubi tskanassang {shkattu ubirang}, shkáttu ubi atiráng, úmi tskíraráng; 今日であったか, 明日であったか chū du yatakayá, áchadu {attaï} yatakayá; 心に留め置く kukuru nakae umitskatóng {utchéng, atinu ang}; 友, 遠く離れているが, {ここにいるように} 思い出す {面影を心に描く} dūshi tūsandi wuyéshussiga kuma chūru gūtū umu kadjí datchóng {cha umukadjinu ang}; 見るもの{眼前を通り

過ぎるもの}はすべて忘れない chu ken ndé {mí tūchi, mī tsōdjiti, mí tūti ndé} vassirang; 完璧に覚えて実行に移す issényi（委細に）ubiti, kushátishi（背にして）ukunayung; 学ぶ人は完璧に覚えるべきだ nare mungshuru (munnu) chá issényi {atsiku} ubiti yutashang; あれだったと不完全ながら覚えているが, 明確に思い出せないのが残念だ kunu kutu yaténdi ubitskanattang, shkatu ubiranse uramiti dū ru* *du wūruの短縮であろう; 一つ一つの些細な事は覚えていない vané guma munó ubiraráng（覚えられない）.

Remind 思い出させる; ubirashung, uzumashung, ubi ndjashimĭung, vassirassang（忘れさせない）; 私にそれを気付かせてくれ vang ubitóti kwíri（私を憶えておいて呉れ）; 見て思い出す 'nchí ubi ndjashung.

Remiss 怠慢な; ukutatóng; 政府の仕事に怠慢な matsiri gutunyi ukutatóng; 看視を疎んじる bāng ukátunyishóng; 虚弱なため（仕）事を多少怠慢に処理する byóchishi kutu bindjise（弁じるのを）iffe uku[ta]tóng; 無力気・怠慢なのらくら者 tī yuruchi {timadāri（手間つぶし）, fi[ma]dāri（暇つぶし）} shung, timadāri kunudóng.

Remit 免じる; {許す} yurushung, nadamiung（宥める）; 全て免じる chipátu {sappaïtu, múru, kutu gutu} yuru [shung], tuïmudushung（罰金などを取り戻す）; {送付する} tui kéchi mudushung; 金を送る dzing tskäti torashung.

Remittent 弛張熱,（病で熱が）出たり引いたりする; nítsinu ndjí írishung; nítsinu uttché fíttché-shung, furī（震え）guku tstchaï yamitaï-shung; nitsínu ndjítaï fīssashaï-shung.

Remonstrate 諫める; issamïung; 大声で抗議する chitudatchi abïung, abi kwéchi sódanshung; 諫言が聞き入れられなければ issami mushi chkandung [are]; 三回諫めて無駄だったので, 彼は大声で泣き, 彼らの勝手にさせた mí kén íssamíti chka[ng] cháki ufu náchishi kati shidéndi ichi yuruchang.

Remorse 自責の念・良心の苛責・悔恨; tsimi ubiru itami, ítadi kuyanyung; tsími shtchi itami kuyadóng.

Remote 遠い; haruka（遙か）, kāma tūsa, kāri tūsa, mavaï {māï} tūsa; 遠国 yímpó（遠方）; 近いものから{始めること}によって遠くのものに到達する tūsa chkatchinyi yútidu yirarīru（得られる）.

Remove 移る; [自動] utsiung, nuzuchung, sayung, fanariung; [他動]（移す）utsushung, nuzukiūng, sarashung（去らす）, fanarirashung; 掃いて払い除ける hóchi harayung, haré stiung; 少しどいてくれ! amankae naré, iffé hanariré; テーブルから取り下げる sagïung; 疑いを取り除く utagé ch'shiung（即ち,（解）決する）, hariung, tūzakiung; 病気を取り除く yamé nugárashung; 別の家に移った bitsi yankae utsitáng {utsti ndjang}; 心の

煩悶を取り除く kukurunu vaziré {urī} nuzukĭung; 別の所に移り住んでいる bitsi tukurunkae utsti simatóng.

Remunerate [s.] reward; 報酬（礼金）を支払う; 師匠に dīdji ḳani vatashung.

Rend 破れる・裂ける; [自動] yarīung, sakīung {yaritóng, yaténg}; [他動]（破る・裂く）yayúng {（過）:yatáng}, sachúng, fíchi satchúng; 着物が裂けた chinnu sakitóng; 歩いていて足で（けり）破った áttchagatchiná fsháshi kíri yatáng; 暴力で粉砕する・打ち砕く（裂く）utchi kudashung*, utchi satchung *kudachungであろう; 釘（に引っかけて）破った kudji nakae fíkkakiti {tsī kakiti} yaritóng; 心は苦痛{悲嘆}で砕かれている shivanu chūsa ati kukuru kudachóng; [s.] tear.

Render 〜ならしめる; {〜にする, させる} nashung, と動詞形成素 -ashung, -shimiungで表わす; 保たせる tamukashung.

Rendez-vous to* (to rendez-vousであろう) 集合する; súruyung, kwéshung〈会する〉, súruti ítchayung.

Renew, renovate 刷新する; mīku nashung, aratanyi nashung; 新たに努力する aratanyi kfūshung; 心を一新した kukuru aratanyi natóng;（過ちを）改め自らを一新する ayamat[chi] aratamiti dū kuru aratanyi shung; 旧習を除き去り, 身を一新する sunu furuchi nuzukíti [mi]zi kara aratanyi shung.

Renounce [s.] refuse; 拒絶する; téshung, shirizuki téshung, nuzuki[ung], kutuvayung, sumutchung; しぶしぶ拒絶する shi[n] téshung; 孔子は4つの事を拒絶した, それらは何かというと kūshé yutsé tatchi téchésé nūga dunyaré?; 偏見を持たず, 前もって決定せず, 過去の事を渇望せず, 自己を甘やかさなかった kukuru tu shae, kanarazi tushae, katakushae, varitu sang〈EC: 母意, 母必, 母固, 母我〉; 無益な想いを絶つ yūdju néng um[uï] shirizuki téshung; 生まれ国と縁を切り他国に移る dūnu kúnyinyi súmutch[i]（背）táku-kunyi shtagayung（従う）.

Renown, -ed {[s.] reputation} 名声（ある）; túï sätä-shung; nā fomari ang, nā[nu] ang, nā ch'kvīnu ang; kó myó〈高名〉; hóbang-sh[ung], nā ndjitóng; nā aravaritong.

Rent [s.] hire; 賃貸する; [動] 家を {kani ndjachi} yā kayúng; その他については: yátuyúng（雇う）; 契約文書が作成される yatuï（雇い）gatchi shung; [名] 賃借料 káï djing（借り銭）, chín shing（賃銭）; 家の賃借料 yā kaï djing, yádu-chíng; 土地賃借料 chkata chín sh[ing].

Repair 修理する; nóshung, tskoï nóshung, shŭfúsh[ung], kushung {kūshung（shǎngping上平声の「壊す」）と混同しないこと}; 修理 shŭfū.

Repay 払い戻す; késhung, fímbínshung, kéchi torashu[ng]; 借金を払う sī harayung {késhung}; {心的} fūdjïung〈報じる〉{itang, irang}, múkuyung（報う）; 恩に報いる wúng fūdjïung {mukuï keshung}; 支払えな

い fimbínshé ōsan {naráng}; 他人の財産を補償する
ことは'repay'と言う chūnū dzémutsi〈財物〉udjinūï
fĭmbíndi ïyūndó.

Repeal 廃止する; 旧法を nkashinu 'hó nuzūki téshung,
nuzukïung.

Repeat 繰り返す; mata-shung, kassaniti shung, késhi géshi
shung; kassabayung, kassanayung; 繰り返し幾度も読
む kassaniti yúnyung, fúkushung〈復す〉; そらで(暗記
によって)繰り返す hanashi búkushung; 同じ行為の早
い繰り返しは, 語幹を繰り返して表わされることもある.
例えば, 「突く」tstchung から, ts'tschung (つつく)繰り返
し突く; keï-geï shung 変え続ける; また shung の前に長
音の ī を付けて (表わされることもある): katchīshung 繰り
返し書く; fuchīshung, munuīshung, または munuyunyā-
shung 繰り返し喫煙する, 話す{しゃべる}; 繰り返してよし!
よし!と言った kassaniti yutashasā, yutashassā-ndi
icháng.

Repeatedly 繰り返して, 再三再四; táta, shíba shíba,
kassani gassani, íkku kénung (幾回も).

Repeater 二度打ち時計; {時計} (1時間または15分単位
の時打ち懐中時計) nárashuru tuchí.

Repent 後悔する; kuyanyung, kū-kvé-shung; kuyadi ura-
mïung; 罪を悔やむ ayamatchi kuyanyung; 恥じ悔や
む hadji {kashashi} kuyanyung; 人生の夕暮れに悔やむ
む tushi yuti {kuriti} ménu kutu kuyadi; そして, 為し
た善や悪に対する報いや罰について問うた yushi
ashi mukúïnu ami néni ndi ichi tūtang.

Repentance 後悔; 後悔が遅すぎるであろう kuyaminu
ussiku nayúndó; あらゆる{心的}病を取り除くのは悔
悛による kússi nuzukīse sūyó kukuru kuyanyussinyi
kakatóng; この心が悔やむ時, 罪は氷や雪のように溶
け去る kunu kukuro {ftu tabi} kuyamidúnse, chāki
ayamatchi chīti, kūri yutchi chīruga gutukunyi ang;
悔悛は至福への道である kuyanyusé sévényi īru tsī
gutchi〈津口〉du yaru.

Repetition 反復; mata mata shusi, kassanitési; {暗記によっ
て} hanashi bukushusi; 同じ言葉の反復 yīnu k[u]
djó ī keshi géshusi; その反復を取り去れ sunu késhi
géshuru kutuba sarasé (去らせ); 本の中の同じ章句
の繰り返し kassaniti ndjachéng.

Repine 不平(恨みごと)を言う; uramïung; 貧しくても不平
を言わない finsūnyi assiga, nǎng〈難〉uramirang.

Replace 返済する; {償う} vanchaméyung, fĭmbínshung;
同じ所に置く mutunu tukurunkae utchung {késhung};
信用貸で取った物を返す uchidjutétasi késhung.

Replenish 満たす; mittashung; 満ちている míttchóng.

Repletion 充満; míttchósi; 飽食すること akumadinyi
shóng, chufárashusi; 飽食は活気を損ない, 人を重く
する munu kwé sídjiri-sh[i], kukutchi yanti, dū mbū-
kū nashung.

Reply 返答する; fidji-shung, kuté-yung, fintó-shung; wū-tó-
shung〈応答する〉; ireyung; 口頭の返答 késhi kut
[uba], 回答文 fĭn- shu〈返書〉, késhi gatchi; 官(公)の
回答 ma[tsiri] bung; 嘆願書に裏書した回答 mútunu
bung n[a]kae késhi gátchishi vatashung {torashung};
急いでの回答 avatíti fintóshung; 彼は内から返答し
て, 尋ねてよいと言った satchi 'ho utchi vutóti fin-
t[óshi] íbunyī, ari tūyusi sínyundi icháng; まだ返答
はなかった nyāda fintō kūng.

Report① 噂; [名] fu búng〈風聞〉; 噂を聞く kazi kará
{tsté, munug[ataï]} chicháng (聞いた); 嘘の噂を聞い
た tsté chichassi funó aranténg; 噂を広げる kutuba
férashung, ī firugïung; 嘘の噂をたてる nīn néng (根も
ない) {tsk[oï] kutuba} férashung; 一言の噂もない
chu ku[tuba] tutíng feï kutuba chkang; 火事の様子
は一つもない chu kutuba yatíng kwádjinu yósé
chkáng; 路上の人々の口は風のようだ mítchi dūïnu
chūnu kutché kazinu gutóng; 砲声 íshibyānu pám-
mikashusi {dómmikashusi}; 次々寄せる波のように噂
を広げる náminu yuï haïshuru gutu kutuba féra-
shung; 船荷の報告書 shina mutsinu katchi tski.

Report② 伝える; [動] tsigïung, unyukïung (申し上げる),
tsigi unyukïung; 下の者から上の者へ報告する tuï
tsidjung, fūdji tsigïung; 広く伝えられた íppé kara tsté
chicháng.

Repose 平穏; taïraka, ping ang〈平安〉, yassundji; 平安で
ある yassundjitóng, tukúttu-shong {ang}, pi-angnyi
ang; 君が平穏であることを祈る iyaga gandjūnyi shósi
nigatóng; 少し休む yukuyung, yūdushung, yúdanyung.

Reprehend 叱る・非難する; shkayúng, issamïung, shkati
issamïung, shímïung, tsímishung, chunu ikang kutu
{fĭ, fĭkussi} ïyung.

Represent, -ation [s.] figure; 描く・描写; ú-muyó (おぼろ
げ) {ū は「大概, 概して」の意の ūkata (大方) の短縮};
ú-muyōnyi nyūng; kataduyung (形取る); 居あわせて
いない友を思い描く dushinu úmuyó kataduyung; 良
いものとして描く yutasharu gutu-shung; 言葉で明確
に表わす issényi ïyung; 描出できない kataduyé {ka-
tachi ndjaché} narang; 例えることができない tatuti
iyaráng, nyishié naráng; 天の動きを描き出す tínnu
míguï {miguyuse} kátadüyung; 球の上に描出された
māru ţama {maï, 球} nakae tínnu kataduïshéng; (彫)
像で天の神を描き出す futukíshi (仏で) tínnu kami
katadutí ndjashung.

Repress 抑える; 暴動を mídari ússéyung, ūssīyung, tudu
mïung, chífukushimïung, yamirashung; sízimïung
{[自動] 鎮まる sizinyung}; 怒りを抑制する・こらえる
íkari tudumïung, yamirashung, nizirashung (こらえさせ
る); 彼自身の言葉を抑える itassiga (言っていたか)
nakaba vuti kutuba yamitang (止めた) {kutchi fussa-

djung}; 悪い考えを抑える yana kangé fashirandi shusi tudumitáng（止めた）; 色欲を抑制する yuku ussīti tudumïung {ūsséyung}, fussadjung, chifukushi ussamïung; 乱れた思いを抑えて，よい考えに服従させる midari kukuró yí kukurunkae chifukushimïung; 父母が間違っていても君の怒りを抑えて，そして，陽気な顔と穏やかな声でいさめなさい fúbunu ayamatchinu aïdúnse, chí〈気〉sagí, iru yurukubashūnyishi, kwi yavarakanyishi anshi issamïung; 抑圧ということは管理（支配）されることを表わす chifukushundi〈帰服すると〉īsé chíndji fushídjuru ībung du yaru.

Reprieve 延期・猶予する; kadjiri nubirashung, {nubitárashung}, tsim[i] nadamïung（宥める）, nadamíti tsími {batsi} fī（日）kéyung; tsimi yuruchi mattchóng {fíchétóng}.

Reprimand 叱責する; nurayung, shkáti shímïung, chibishku nuray[ung].

Reprint 再版する; mata fankóshung; この本を本屋に与える，再版したい人が{もしいたら}，そうしてよろしい anu shumutsi, shumutsi uï yānyi vatachi, m[a]ta fankóshundi nigayússiga wurā, fankoshusi sin[yun]g.

Reproach 責める; vassassi sódanshung, shīvarī sodanshung {nurayung, nuratí sódanshung}, shimïung, issam[iun]g.

Reprobate 無頼漢・悪い奴; midari ftu, aku djakuna mung, dé〈大〉akuna mung, yana mung.

Reprove 責める・叱る; shimïung, issamïung; 彼が私を責めるのは当然だ ariga vang shimīse, kuré mutúng du yar[u] {djī du yaru}; 全神経（精神）を自分を治めることに向け，他人を責めるな muppara dū ussam[i]se（治めよ）, chū issamité simang; 自身を責め，他人を鼓舞する dū ussamíti ndji chó tstomirashung; 面と向かって彼を叱る tsira naka chunu fíkusi（難点）iyung; 厳しく責める fukaku shímïung.

Reptilia 爬虫類動物; hóyuru ichimushinu luï〈類〉.

Republic 共和国; {連邦国家} madjiri avashi kunyi; {自らの為政者を選ぶ，選挙による政治} yiradi matsiri gutu tatīru kunyi.

Repudiate 離縁する; 妻を tudji ndjashung, yamiti ndjashung, {yarashung}; 言葉を退ける ïyuse tsī mudushung {tsī késhung}.

Repulsion 憎悪; 相互の tagenyi nyikunyung, tsī hanaring, tsī akaríng（離れる）.

Reputable 立派な・評判のよい・尊敬すべき; chïushī〈EC: 清白〉na; 大した評判の家柄ではない aré nanzu chïushī ftu aráng.

Reputation [s.] fame, renown; 名声・評判; nā, na fibichi, myó muku, myó bung; よい評判 yī nā, nā fibichinu yutashang; 面目を失う mī muku ushinayung, kow ushinatóng, tsira sti mung natáng, tsira fingu tstchóng {[他動]（付ける）tskïung}; 良くも悪くもよい並みの名

（声）にすぎない ftu tūïna na; 名を大事にして礼儀正しくふるまう dū tstsishidi na chigarasang; 身分｛ある人｝の名を損なう dūnu{chūnu} mīmūkū yabuyung, または nā utushung, yandyung; 家柄が良い理由で得た名声 wéka harodjinyi nā ndjitóng; 名声と利徳は相伴う nāng lítukung narabi ukunarīng, narabíti yutchung; 名が確立されると利徳もついて来る ná tatití kará {nati kara} lí tukúng chaki nayung; 慈悲心の評判 djín〈仁〉chkwīnu aru mung, chu kanashashuru chkwī chunyi chkaríng; 名声は人の一生に関わる nā chikwī íchi tutūminyi {i-shónyi} kakayung; 40または50才にして名声が得られなければ，もうけっして得られない shi dju gu djúnu kuru madi yī nānu, chkvirandung aré, uriga nya íttsíng chkwírang; 評判（面目）が失われると，女は{木にロープを投げ（掛け）}自ら首を吊る wínagonu mí muku ushinaïdunse {tsina kí nakae nagíti} mízzi kara kubirïung.

Request 要望する; tanunyung, kūyung, tánnïung {tazonïung}, imïung, sézukushung; mutumïung, kūī mutumïung; 「くれ」と人に言う kwiríndi ïyung; 預かるよう頼む azikïung, sazikïung; 彼の要望 ariga nigé {kū, nigayú tukuru, nigátasé, tánumi gutu}; 今日，彼は人を呼んで，私が彼を助けるように頼んだ kun nyítchi ariga chu tskatí vang ari tassikíti mutumíti kūndi tanudáng; ある人の娘のために，夫を探すよう友人に頼んだ dushinyi wínago ngvanu yíngomi tanudang.

Requiem 鎮魂歌; shínyi ftunyi yassundjirióndi íchi fián[g] saki matsírishang（死者に安んじるように言って平安（を祈り）酒で祀った）.

Require [s.] need, request; 要求する; ímiung, imiti tuyung, sézukusatti [tu]rarīng（催促されて取られる）; 場所と人がお互いに求め合っている chó búng* tagényi mutumïung *bángであろう.

Requisite -s 不可欠な，必需品; kanarazi an arí vadu, íríunu ang, [ka]narazi mutchīru mung; kanarazi muchiran[ye] naráng mung; 不可欠ではない muchiranting sinyung; 必要品すべて（何かにとって）sū irirū.

Requisition 要求書; 軍の補給のための徴発状 iku[ssa]nu sū irirū mutumi gatchi.

Requite 報いる; mukuyung, [s.] repay.

Rescript （教皇）答書; wīsi, ū-fintó, ū-fidji.

Rescue 救助する; [自動] skuï nugayung; [他動] skuï nugara[shung] {ndjáshung}.

Research 調査・研究する; saguï tazonïung, saguï tuméyung; {心的} késhi géshi kangé sashung; 奇妙なことを調査する chí-kwaïnu〈奇怪の〉kutu saguti tazonïung.

Resemble 似ている; nyitchóng; これはあれと似ている kuri ariga gutóng, arinyi nyitchóng.

Resent, -ful, -ment 恨む，憤慨している，憤り; uramitóng,

mī chírarīng; urami m[u]sudóng {fukudóng, tsitsidóng}, áta fukud[óng]; 恨んでいる uraminu chínu ang; 彼に対して憤慨している aritu nyítami mutchóng, aritu ura[mi] idatchóng; chútū nyītassashi ítsing vassirang; 私は彼を恨んでいる vaga arinyí urami [musu]déng, vaga kukuru nakae nayaminu tsi[tsidóng]; 憤りをかきたてる uramí fashshirashung; 恨みが深く染み込んでいる uraminu dūdu fukassassi, {kutsi zī 骨髄} [madíng] sunkudong (恨みは)骨の髄を汚染する; funi ma[di] ittchóng 骨まで貫通している; 古人の言うには, 恨みは解くのはよいが, 結ぶのはよくない ku djínu ibuny[i] urami ata tuchussé sinyussiga, mussudé simang.

Reserve, -d 残しておく, 貯えておく; nukushung, tudumĭung, nukuchóchung, tudumitóchung; 飢饉の時のために貯えておく yashūnu takuvéyung; 遠慮がちな人 fukumi gatchinyi shōru ftu {gatchiはkatsi (勝つ)の転}, fukunyusi uffussaru mung; 彼の手紙は控え目である ariga bunó ími fukumíti, múru ndjaché sang; 意図的にあいまいに (表現)する ími fukudi kunzóshi ⟨混雑し⟩ ïyung; すっかりとは話さない* hambunó fukudi {ī ndjassang} *notを補って解釈する.

Reside 住む; simayung, wúng, yaduyung, yadushung.

Residence 居住所; simédju, yā, wú-túkuru, tézéshú-tukuru, yudumaï* tukuru *tudumaïであろう.

Resign 辞す; 官職を kwan kutuvayung {kutu késhung, kérashung}, fūku kutuvayung, shkubung késhung kuré kara shiruzuchung; 他人に譲る shkubung yuzĭung, vatashung; 辞職し, 後継者に一切を渡す shkubung kutuvati ato tsidjinkae vatashung; 辞職し田舎・郷里へ帰った kwan kutuvati murankae kétang {ku chónkae ⟨故郷に⟩ ketang}; 辞任を強いる shīti kwan yamirashung; この品を君に譲る kunu shina vari iyanyi yuziti atéyung.

Resignation 辞任; 辞表 kutuvaï gatchi, kutuvaï té⟨帖⟩, kutuvayuru katchi tski; 辞任を知らせる・宣言する kutuvarandi unyukĭung, kutuvaï gatchi ndjashung; 病気を口実に辞任したがっている byotchi úkutuvaïshung; 歳 (を口実に辞任する) tushi yúti {ló si ⟨老衰⟩ nati} ukutuvaïshung; または両親を養うために (辞任する) uya yashinayundi ukutuvaïshung.

Resilient 弾力性ある; háchigéyung, hanchigeshung, hanchigéï géï shung.

Resin 松やに; mātsinu ánda, yānī.

Resist 妨害する; fushidjung {djang, gang}.

Resolute 決心の堅い; kádunu ang, katónyi ang, kătónyishi ndjukáng; ídjinu ang, ídjinu chūsang; chíkunyi ang, tuï chivamíshi.

Resolution {[s.] firm} 決意; kataziki, shuzunnu sadamiténg, shuz[un]nu tuï chivamíse; これは根本において

私が提案した (決議)案である kuré mutuyuri vag[a] ukuchéru shuzunyi du kakatōru; 我が子よ, ただ決意のないことを気にかけて, 世の多くの煩労には気をかけるな var[a]bé tada kukuruzashinu nénsidu urīti, vazi[ré] uffussassé urínna; 岩よりも固く, 不変な決意 gā tatiti, katassa, yínu tūïnyis[hi] ívanyi massatóng.

Resolve 決心する; katazikïung, shuzún {ga, kukuruza[shi] tatĭung, sadamĭung; mī tski tatĭung.

Resort (大勢で)行く; {赴く所} umumutchung; 林にしばしば行く yama umumutchi atsímayung (集る).

Resource 手段; [比喩] fumbitsi, tidáng; 仕方・方策がない chāng k[āng] naráng, shí bichi yó naráng; 資力 (才)があり, それ以上のものを求めない djī tūkú ⟨自得⟩ shi {dū ta[riti} yuku néng, dūshi utchi nakae taríti, mut[umi] uyubándi shuru katachī néng.

Respect 尊敬; [名] uyamé, tsitsishimi; [動] (敬う) tsitsishimung, uyamayung, tatimatsiung; これに関しては kur[i] dunyaré, kurinyi tsītī, kurinyi kakatóng; 法を敬わない [‘hó] tattubindi íchi néng; 尊称: 尊敬しての形容語句 uyamé kud[jo], uyaménu tune (称え); 当地では, 尊敬を表わす数個の接辞を用いる. 最も普通の尊敬の接頭辞は ū である, ū na, [yī (ū nā)] {良い(偉大な}名; 尊敬の接頭辞gú, gú-fukú 政府や主人への奉公; sātéは「居る・有る」と一緒にのみ用いられる} sāté wung おいでになられます; ganashīまたは gun[zin] (権現)は, 非常に高い身分の人に用いられる; 両親への尊敬の情を他人にも推し当てる uya tsitsishinyuru kuku[ru] ushti {utchi} chu madíng tsitsishinyung.

Respectable, -bility 尊敬に値する; mímūkŭ ⟨面目⟩ nu ang, kow (顔) nu ang, yukaï ft[u], fīdita ftu, nānu fīditōru ftu; この尊敬は得がたい kunu mí muku yī gatémung; 国の体面に有害な傷をつける kunyinu té ⟨体⟩ yaboyuru kutunu ang.

Respectful 敬意を表して丁重な; tsitsishidong, uyamati; [s.] regards.

Respectively 各々, それぞれ; 各自それぞれの部分 búnló ⟨分量⟩ {nyi shi}.

Respects ご機嫌伺い; ご機嫌を伺う miméshung, kvi chichung, miméshi qui chichung; 大変高位の人へ wūnchi vuganyung (拝顔する); 近頃はご挨拶に伺いませんでした vane kunu utchi ittankae chí miméshuru kutundi ichi nérang; 彼らは皆彼の所へ行き機嫌を伺おうと同意した sūyó yakusku ariga yānyi ndji mī méshung; 昨日挨拶に伺ったが, 君のお父さんは留守だった vane chinyū itta yankae ndji, shū miméshiténdi umutótassiga, urantassã; よろしくお伝え下さればありがたい dóding va kavati ari miméshi kviri yó; 昨日届けてくれた挨拶, 大いにありがとう chinyū tskatetaru kwī {tskati, kwi chkachuru* kutó} a kuré uffoku nyifé du yaru *chkacharuであろう; よく使われる問合せの言葉は次のようなものである:ïya gandjūn shómi お元気ですか; savayé néni 支障はないか; vorabata assidachumi? 子供らは遊び回っているか; uyanu cha gandjú kaya? ご両親はお元気ですか.

Respire 息をする; īchi shung; 一息 chu īchi.

Respite 延期・猶予; 刑罰の執行延期 tsimi nubĭung; nubitóchung, yudushung; 生命を猶予する nutchi tsidjung, tsigashung; 遅滞なく yudansang, yudanó-sang.

Resplendent まばゆく輝く; kagayachung.

Respond 返答する; {答える} kutéyung; 召使が呼ばれて応答するときなど iréyung, uki óyung; [s.] correspond.

Responsible 責任を負うべき; 破れたら私に責任がある yandiravā vaga fichi [ukiyung] dó, vaga vanchama-yundó; 彼の為に責任を負う ariga t[a]minyi fíchi ukíshi; 君に責任がある ïyá du {即ち, 君だ}, ïya dóya, ïya kamutóndu, ïya kamídu; katsimíndo {即ち, そのために私は君をつかまえる}; 責任を負う人 fíchi uki shōru mung, fíchi ukíshi, {fich[i] ūī {負う} bichi mung; 私は, それがあるかないかについて責任がある vaga ïyatu tūkū shtsinyi⁺{得失に} {tūfínyi〈保否に〉} kakatóng; 君が責任を負うているから支払え ïyaga fichi ukishó kuto dzing néri (差し出せ); 彼の罪に対して君に責任があると, 私は思う ar[iga] tsimi ïyanyi tūyung; ariga tsimi ukachidu ïyándu kakayúndo; 当該の商人たちは責任がある kunu achinyétá {kunu shinanu taminyi[}] [tugami]rarīng; 重要な信託と大きな責任 shkubúnnu chūsa kutu yū sandaré shimi-[yu]ru kutó uffisandó; shkubúnnu umusáshi shimíng mag[isang].

Rest① 休む {動} yúkuyung, yassundjīung, madóchung, tukúttu nayung; 休み寛ぐ andaku[shóng] (安楽); しばらく休む yūdushung, yudanyung; 手を休める tī madóchung; どうして休まなかったのか chāshi namadiná yukuránka?; 二人とも一瞬の安らぎもなかった taïyé in tién mā yassundjiru ku[tundi] iché nérang; この件は止めておけ (放っておけ)〈EC:寝和比事〉kunu ku[tó] yamiti vagónyi nasé, tuī yamitóki, mazi nínstóki; これらすべて私にかかっている kuri sibití va dūnu wīndó {wīnyi nayúndo}; 私に頼っている・かかっている vanyi kakatong, va tī nakae ang; 私にかかって (任されて) いない vaga nushiduráng, kamáng, makaché {katté} narang; 休憩所 yukūī duku[ru].

Rest② 残り; {残余} nukúī, amáï; 引算 (の余り) satchi fíchi nukuī; 残りは推論できる unu ⁺yuya〈余は〉, または sunu amayé, ⁺luïshi〈CDなし:類推〉ushi fakaru bichí; 残りはこのようにせよ nukuyé kunu tūïnyé nyishti sīyó; 盗賊らの残りの者 nukuïnu yana guminu {zuk[unu]} chá; その残りについては sunu nukuïnyi tsīté.

Restless 不安な, 落ち着かない; yassundjirang, dakósang, úttché fittchéshi yassundjirang; {心もまた} 落ち着かない utín tskáng, kukurunu savadjóng; 熱い鍋の上の蟻のように, じっとしていない atsi nābi nakae sígatōru aïnu gutushi yassundjirang {avatíttatchung}.

Restoration 復旧; sédjinu gutu natósi, furuchinyi kétang.

Restore [s.] repay; 元へ戻す, 復旧する; 見つけたものを返す tuméti keshung, kéchi vatashung, tuī mudushung, kéchi torashung, mata atteyung; 官職に復帰する kurényi {kwanyi} mata tskitang (就けた) {tstchóng}; 唐 (Tang) の家を復位させる Tónu īh mata ukuchi kéchang (返した); 健康が回復する fúmpushóng*, djunyí natóng, mata mutunu gutu natóng, mata ichigétang (生き返った), mata gandjúku natóng *〈本復fún pūkū であろう〉; 極度に弱り切っていたが, 回復した tskaritótassiga mata ukurīung {ukutóng}; [他動] ukushung; よい道に引き戻る yī mitchinkae fichi kéyung.

Restrain 抑制する・制止する; tuī shimĭung (取締める), tuī shímarishung, kagéyung, kamuyung, kamuī tskanyung, kamuī nyidjūng; chindjūng; 兵等のように, 広く散らばっていたものが今は制限された (まとめられた) ものについて máruchi kamuyung, tuī shimiti atsimĭung, fichi máruchi kangeyung* *kageyungであろう; 抑えられない kamuyé narang; {手で} tuī shimi ōsan; 兵を抑制できない finnu chā atsiké ōsan; 彼は怒りをこらえて黙っていなければならなかった ari tada ikari niziti abirang úki vadu yaru; 自分を抑えきれない時 katamí ōsan {nyīnu chūsanu ba, dūnu kukuru tamuchi mamui ōsan} ba; 自制する dū ussamiung {tadashung, tuī shimĭung, shimĭung}; 怒りを抑える ikari fukudóng, nizĭung; [s.] forbear.

Restraint 抑制・拘束; tuī shimari; いかなる拘束も受けていない tānying kangéraráng* {kamuraráng}, tskani kagéyé néng. *kagérarángであろう

Restrict 制限する; ussami tskanĭung {nitang, nirang}; 自分の考えを限定する chimu vackvissang gutu dū ussamĭung; ussami kamuyung, chíndjūng, kadjirishung, kadjiri tatĭung.

Result 結果; fíchi mussubi, atonu túduchi, sī {末} kakatósi, kakayuru kutu; 君が勤勉であれば, その結果は昇進であろう yū chibaïdunse sī〈末〉{fichi mussubi} vuté ⁺lishin〈立身〉shundóya; 以後どういう成りゆきとなるか分からない ato charu fichi mussubé nayuga {naïra} vakaráng.

Resume 回復する・再び就任する; 職分を・職務に shkubunyi kéyung, mata tstomĭung.

Resurrection 復活・再生; mata ichichosi, íchi ḳéyung; 復活の日 mata ichichōru fǐ, man nyínu ichigéyuru shtsi (節); 死から生き返らせること shidjōru utchi kara mata ichikǐung; 肉体がまた生き返ること dū {dū mī, ny[i]ku dū, dū buni} mata ichichichósi; 生と死の連続を通して存在する根は, 輪廻の種子である tsi-zikíti íchich[aï] shidjaïnu nī mutó līn-kwaïnu〈輪廻〉sanitu nayu[ng].

Resuscitate 生き返る; [自動] ichi ndjǐung, ichidjǐung {itang, irang}, ichigéy[ung], shó tstchóng (意識をとり戻す); [他動] (生き返らせる) mata ichikashung, íchige-rashung.

Retail 小売り; 小売商人 guma achiné; guma shobé.

Retain 保持する; {そのあるべき場所に押しつけて (保つ)} ussuï {ussī} tskitóchung, ussī tskǐung; fíchi tskǐung, tudumǐung, fich[i] tudumitóchung; 自分のために持ち続ける nukutchóchung, dushi muttchóng.

Retaliate 仕返しする, 報復する; urami mukūyung, késhung.

Retard 遅らせる; ⁺yín yínshung〈延引する〉, nubi nubishung (延び延びする); ni[nku] nati, ússiku náti; これをしようと思ったが, 人が来て, 後に残してしまった yūdju sándi umutotassiga, chúnu hatchí chǐ uk[uritang] (遅れた).

Retch 吐き気を催す; hakandi {munu agirandi} shung; hat[chi] bushaku nati; 誰でも初めて車や船に乗ったときは, 不安になり, 頭痛や吐き気がする sibiti ftu kuruma funinyi nutaï shinyé kukuchinu ickáng, karazi yada-ïshi chaki munó {vóvó} hakándi shung.

Reticule (婦人用) 手さげ袋; 匂い袋 kóbashchi fukuru gva, nyivūï fuzó (宝蔵: 女性用タバコ入れ).

Retina 目の網膜; aminu gutoru mīnu sidji, míndamanu ami mung (紋)?.

Retinue 役者・随行員; tsiri ftu, suné nyindju, atonu suné shtagó ftu, djólitsinu nyindju, ⁺sāyūnu〈左右の〉ftu; 皇帝の随行員 kótinu ūsuné nyindju.

Retire 退く; [自動] shirizuchung {[他動] –zukǐung (退ける)}, duchung {dukǐung}, sakǐung; 退くのも進むのもともに難しい ⁺shíntai〈進退〉{sisidaï shirizuchaï} katé-mung; 人目から退く kakurīng, shirizuchi kakuring; 世の中から引退する kakuritóng, ⁺īndja〈隠者〉natong {indja 隠退者の一種}; 私は引退した方がよいだろう vane sakiti kakwīssiga mashi; 立ち上がり, 退いた dū ukuchi ndji shirizucháng; 女は人目から退く所はない winago shirizuku tukuró nerang; 退職する tstomi shirizuchung, {keshung}, fūku ítuti, fūku yamǐung, ⁺īnchu〈隠居〉shong; 無理に退職させる shīti shku-bung yamirasi; 隠遁した学者 kakuriti shizikanyi shōru samuré; 人里離れた所へ彼を引いて行った katafarankae {sobankae, kakwī-djūnkae} fíchi ndjang; 奥座敷 úkunu {utchinu, ura} za; 人里離れた所 chu

banari {shizikana} tukuru.

Retirement 隠居; 隠居中 shizikanyi vung, ínchunu tukuru, kutu nachinyi vung; 閑居して瞑想する shīzikanyishi mukutushī munu kangéshung; 隠居していても, 現役中でも, 徳する生活をするべきだ shizikanyi shóti, yūdjunu aru bang, dóli tskusi vadu.

Retort 報復する; azamutchi késhung.

Retract (前言など) 取り消す, 引っこめる; fichi késhung, mudushung, fíchi mudushung; 言葉を撤回する ī nóshung, kuyadi ī nóshung, kuyami késhung; 譲歩して言い直す fíkussidi ī noshung; 悪い意味で取り消す hadjiminu kutuba ī késhung; 決して取り消さない chishti va ïyuru kutuba kavarang; 誰も取り消せないだろう tāng kutuba késhé {kuyami késhé} naráng.

Retreat 退却する; nídji váshǐung (逃げ走る); 軍隊の退却 ikussanu fushigarī tukurunkae {⁺yó gaïnu〈要害の〉tukurunkae} shirizucháng (退いた); {即ち, 抵抗のできる所, 相手に損害を与えることのできる所に退却する}; 避難所 kak[wī] dukuru, kakwī-djū; 敵は西の丘へ逃げた titché nyishi yamankae vashircháng {nidji icháng (逃げ入った)}; 退却路を切断する sunu kéyu-ru mitchi chíri fussadjáng (塞いだ); tsídjǐung, chi-[d]jǐung, chíung.

Retrench (経費を) 節約する; chíñyákushung (倹約), ⁺kagínshung〈加減する〉, kumash[ku] shung; 出費を節減し, 貯える chínyakushi yutchīung (余裕を出す), ⁺yushī〈余勢〉takuveyung.

Retribution 報復・応報; tinnu mukūī, ⁺kwa-fūnu〈果報の〉ang; 確かな報い fatashtinu mukúī; 摂理における応報の正当性の道理, どうしてこれ以上それを疑えるか kándji wūdzirunu dólé mata nūnu utagénu aga; 応報 mukuï kuté-yung, mukūī wūdjīung; あだを報いる áta mukúyung; あの青き天の報いは少しも誤りがない anu óchi tínnu mukuï kuté kíssídjing {suttung} ayamaré néng; 日々文字の書かれた紙をないがしろにしたための報い fǐ dji sími kabi tsitsishimansinu sadamitinu mukúī; 善なる人が先祖の罪の故に残りの災難をこうむったとしても, その災難をすべてこうむった後は, 繁栄がある djín nashusé uya kara nukur[u]nu vazave aïdunse, vazave tskuriti kara kanarazi sakayung; また悪なる人が (先祖の) 残りの繁栄を受けたとしても, その繁栄をすべて享受した後は, 災難に苦しむ mata aku nashus[é] amaïnu sakaïnu aïdunse, sakaï tskuriti* kanarazi vazavénu ítati chūng *CDなし, まちがいであろう.

Retrograde 後退する; kushā nayung {nashung}; kushi {kushā} átchishung.

Return 帰る; {行く, 戻る} keyung, múduyung, kéti chi, kéti ndji; 悪に対して善で報いる djínshae akunyi {uraminyi} mukuyung; 返答する fíntóshung, fintó gachishung;

答礼訪問する mimé késhung; 再び持ってくる mútchí késhung; 戻す kéchi torashung; 受け取らず贈り物を返す ⁺lí mutsi〈礼物〉turang késhung; 感謝して返す nyiféndi ítchi késhung; 送り返す tskati késhung; 謝意を述べる kafushi ïyung; 部屋に戻る zānkae keti ndjïung* *ndji であろう; 素手で帰る 'nna tí kétang〈帰った〉; 昔の習慣に戻る nkashinu narinkae* kétang *nurinkae であろう; 敵意に対して正直{正義}で報いる nowchi shae ata mukuyung; 汝,塵に帰る(であろう) mutunu nchánkae keyung, mutunu gutu ncha nayung.

Reunite 再び結合する(させる); mata ushāyung {ushá-shung, avashung, tsidjung, tsíjāshung*} * tsídjāshung であろう.

Reveal 現われる; [自動] aravarïung; 秘密が公けになった muritang {漏れ出た}, muri chkvïtang; [他動] (露わす,漏らす) aravashung, murirashung, ī aravashung; 天から聖人に黙って啓示する shī djinyi mukutushi〈無口;黙として〉{munu ī mishóransiga} ushīung, kakuri ushīung, tíri aravashung; 物を比較して引き出されるものでもなく,また揣摩推量の結論でもない kunabi fakayuru ībung aráng, mata túï nadīrunu ⁺un aráng.

Reveille 起床ラッパ; ⁺fíng〈兵〉ukushuru yézi.

Revenge あだを討つ; ata {urami} ⁺fūdjïung〈報じる〉, tichi mukūyung; 彼の大きな敵意は果たされた uïnaru ata sidinyi mukūta kutu; 私的恨み(復讐)を考え巡らす vatakushinyi mukūï késandi fákayung; この世の中で,両親や兄弟の恨みだけは,晴らされるべきである shkin nakae tada uyanu cha chodénu chānu áta(仇)mukūrí(報われ)vadu yaru.

Revenue 歳入; 収入 iri daka; 公の歳入 djónó, djónó-djing, suï〈税〉, suï djing, kunyinu íri daka; 税関の密輸監視船 ⁺shtchidjunu〈関所の〉bāng buni, mïātu gutchinu bāng b[uni]; 密輸して税を詐取する suruï-tu damaka[tchi] djónó torasáng, vatakushi attchishi* djónó toras[ang] *attchineshi〈商いして〉であろう; 税関員 shtchi-djunu bāng yaku.

Revere,-nd 崇める; tsitsishimi {uyamaï} ussurïung, tsit[si]shiminu kukuru ndjashung; 尊師(様)(という呼び掛け)は,多分次のようになる: lóyé〈老爺〉, tammé sarí, ushumé sarí.

Reverse 逆にする・裏返す; [他動] úttchéshung, úttchéti tóshung, ura úmuti uttchétang(裏返った), ⁺fhó-li〈表裏〉shung, tóri migu[yung]; まちがった判決を取り消す yana ⁺chtsi dang〈決断〉tóchi nó[shung] {bíndjiti(弁じて)nóshung}; これはあれの逆だ kuritu aritu fanshóng, aï fanshóng, tagényi úttchétóng.

Revert 元に戻る; mutunyi {hadjiminyi} keyung, muduy[ung]; おもとの起源に立ち戻る mutunkae saka nubuyung; 大昔にさかのぼって考える nkashinkae saka nubuti tazonïung.

Revery 夢想・空想; yakó tatáng umúï, yuïshū néng umúï, 'nna umīshi, turibatóti 'nna umūïsh[ung].

Review {[s.] exercise}; 閲兵する;{軍} fínnu shirabi-shung, fínn[u] djólitsi {suné} shirabïung, fínnu* kuku-rúndi nyūng, vazashímiti kukurunyung *fín であろう; {心の中で}回想する ura[geshi] nyūng, úttchéti {mata} kangéti nyūng {shira[bïung]}.

Revile 罵る; nurayung, sushïung(誇る), nūnūdjïung.

Revise 校閲・修正する; mī shirabĭ-ung, -shung; aratamití ny[ūng], katchi {tskoï, shī} nóshung.

Revive 生き返る; íchigé-yung, -shung; {気絶から} shó tstchung {[他動](正気つける,つかす)tskïung, tskashung}, yumigéyung(蘇る), djunyi nayung; 勇気を奮い起こす idjí tskïung; 色を蘇らす sumi nó[chi] féshung; 風がまた強くなる kazinu futchi ukush[ung]; 言葉で元気づける sisimiti feshung, hadjimashung; 沈んだ心を元気にする nagusami féshung, féchi hash[tu] nachóng, kukurunu ndjïung, fáshïung, tatchóng; 禿げ頭に毛髪をよみがえらす tsiburu [ha]gití mata mirashung.

Revoke 撤回する・取り消す; {言葉を} tuï késhung; [s.] recall, retract, repeal.

Revolt 背く; [動] ⁺mu fúng〈謀反〉-shung, sumutchung.

Revolution 謀反; ⁺mu fúng; [s.] riot, rebellion; 一巡り chū migúï; 1年の周期 yínūïnu mugúï, yínūī.

Revolve ぐるぐる回る; chā miguyung, miguti átchung, miguti mata hadjimayung; [他動](ぐるぐる回す)migurié-shung; 心の中で思い巡らす uttché fittché umuyung; [s.] review.

Reward 報酬・褒美; fūbi, fūbi mung; 表彰状 fūbinu djó, fūbinu katchi tski; 賞と罰 ⁺shó-batsi; 皇帝からの褒美 tamaï mung; [動](褒美を与える)fōbishung, fūbi kwíung, fūbishi kwíung; 禁じられている事を忌む者は褒美を得る chindji shú tukuru chirayuru munó tamaï mung yiyúng; 政治の根本は,賞罰にある. もし賞罰が明確に(述べられ)なければ,政治はいかに機能しうるか matsíri gutunu uïnaru muto shó-batsi-nyi ang, shó batsinu achirakanyi néndung aré chashi matsírigutu nashuga?

Rheumatism リューマチ; ⁺géchi〈害気; 咳気であろう〉kaka-tong {fitchóng}, kazinu íttchong {fítchóng, kumatóng}; 私はリューマチにかかっている vané kazi fitchóng.

Rhinoceros (動)犀; ⁺sé.

Rhombus 菱形・斜方形; yugadōru {katanchōru} kaku.

Rhubarb (植)大黄; ⁺de-wó.

Rhyme (押)韻; ⁺du-ín〈同音; 同韻であろう〉, ⁺gó-ku〈合句〉, yínu útunu ín-dji〈音字; 韻字であろう〉; [動](韻文を作る)du-ínshi shī tskoyung, yínu útunu shī tskoyung.

Rib 肋骨; 両方の肋骨 ⁺óhónu sóki; 助骨が折れ内臓が出ている sókí buninu* yanti vatanu ndji-tóng *buni であろう; 船の肋材 tánadjā, maga yā gí.

Ribaldry 下品な言葉; yana ḳutchi, ára gutchi, nuré gutchi.

Ribbon リボン; mīnsā wú (緒), minsā ūbī.

Rice 米; 生えているもの・稲 nyī, ínī; 粒状のもの kumi; shi[ru mé], fáku mé; 炊いたもの míshi, {俗に} mbăn, mé; 老人の米?（柔らかい米?）mutchi sharu kumi, muchi m[é], muchi ḳumi (糯米); {mutchishang, ねばつく}; {移植する前の} utsisang mādu} 若い芽 [nā] shīru (苗代); 稲の細長い穂 nyīnu né, nyīnu fhū; 重湯 {おかゆ} ké, úké; 米屋 kumi uyā; 米の細かさ, 粗さ kuminu arassa[s]si kumassassi.

Rich 金持ちの; wéki-shóng, tumi (富) taritóng; 美食 bi sh'ku, aborachinu mung, ándanu chūsang; 繁った葉 kīnu fā sakatong, kīnu shidjitóng; 肥沃な地 djó chí, kwé chí, yī hataki; 金持ちの人 wekinchu; 金持ちになる wéki shung, wéki shi chúng; 一家が金持ちであるのを頼りにする du[nu] wékanu wéki tanudóng; この世では財と色（欲）の二語は, 最も人を迷わせ, 破滅させるものだ shkínnu wí tada dzétu írututnu [tātsi] nu djī {nyī djīshi (二字)} chu mayuvachaï, yabutaï s[husi] ítsing uffisang; 徳ある人は金持ちである djín dj[inó]〈善人は〉kuré wéki.

Richard* 極度に金持ちの人;⁺fuku〈CDなし; 福であろう〉nyíng, dé fuku〈daï fūkū太富; 大福であろう〉, káni mutchi-nu ft[u]. *rich-ardの造語であろう; 訳語は琉球語に基づく.

Riches 財・富; ⁺dzé mutsí〈財物〉; 富と貴 ⁺fú chi〈富貴〉, táttuchíng weking; 富（と）貴を得る futching yītong.

Rid 去らせる; sati hánarïung, hanaliti sayung.

Ridden, bed～ 寝たきりである; byochi shi fushïung {fushitóng}.

Riddle 判じ物・謎（々）; akashi munū, fandji kutuba（判じ言葉）, akashi kutuba, chu urané（一つの占い）; 謎（々）を解く fandjïung {itang, irang}, akashung, uranayúng; 今私は一つ謎々を言うから解きなさい. 解かなければ, 罰金を払いなさい vané nama akashi kutuba tītsi íchi, ïya uranatindé, uranāndung aré, iya batsidó; （謎々の）実例: 胴体は均整のとれた四角で, 質は固い. 言葉を発することは出来ないが, 言葉が発せられると必ず返答する. 使われるものだが推測してみよ dūya tashikanyi shí kaku, shtya déya katonyishi kfassashi, munu ïyu kutó naranó ayeshussiga fintóshuru kutunu ang. yūnyi tátchuse uranatinde {中国の硯}; - atitíng útching tubáng tuï nūga? 打たれてもたたかれても飛び立たない túï {鳥} は何か? {fï-tuï 火壷 {タバコ盆の中の（火壷）. tuïは, 取るもの・運ぶものの意でもあり, 鳥の意味でもある}; - tsibi kutchi pattaï, vătă fufū shusi nuga? 前と後ろはガタガタで, 真中は激しく息するものは何か? {titsi zekunu fútchi, {琉球の鍛冶屋のふいご}; - fuka nándja utchi kugani nūga? 外は銀, 内は金, 何か. {támago, 卵}; - ishi gatchi utchinu kuru nchu nuga?

石垣の間の黒ん坊は何か? {fūrū utchinu buta, {豚小屋の中の豚 {当地の豚はすべて黒い}}; - yuru yuru míminu yadi ndi ïyusi nūga? 毎夜「私の耳が（痛い）!」と泣き叫ぶのは何か? {catcha 耳で吊されている蚊帳}; - gamanu utchinu íshi gatchi gva nūga? 洞穴の中の小さな石垣は何か? {kutchi utchinu ha 口の中の歯}.

Ride* 乗る; nuyúng *Ridの後ろより移す; 馬 (の背) に乗る mma nuyúng; 馬車に乗る kuruma nuyúng; 男性の乗り方 mata hati nuyung {二股を形づくって}; 女性の乗り方は（次のように）言わなければならない shtchakíshi nuyúng; 轎に乗る kagu nuyúng; 私は以前は毎日乗ったが, 今は乗らない vané fï djí mma nuïtassiga, nama nuráng; 乗る人 'ma nutoru ftu.

Ridge 山の尾根, 山の背; sannu dang, sannu itadatchinu dang {即ち, 最も高い所}, míninu sídji; 屋根の棟 írichanu sídji; 家屋の棟木 yānu írichanu 'nni.

Ridicule 冷やかし・嘲笑; [名] wū kashī mung {munuï}, távafuri {chu varāshuru} kutūba; [他動] （あざ笑う）azavaréshung, chu vakuyung; 人を笑い者にする furi múnnu yónyi shímïung, vukashī mung nashung 彼の言うのをあざ笑う ariga iyussé vúkashashung; 嘲笑される vararïng; あなた方お二人は, 一人は問い, 一人は答えているが, すべて私をあざけり笑っている undjunātā taïyé, chuïye túï, chuïyé kutéti vang vakuyung; 彼をなぶり者のするために書く katchi ari vakuyung; 世の中で最もおかしな事の中で, 酔宴で勝ちを争う事より大きなものはない shkí[nu] wīnu dé ítchinu vukashī kutunu ut[chi] wī mundó- {shu yínshi〈酒宴して〉katchi mundó} shussi yu[ka] uffissaru kutó néng.

Ridiculous おかしな; vukashī mung, varó bichi mung; 君は笑われるであろう vorarīndó; （君は）ばかじゃないか wukáshkay[a].

Rig （索具）装備する; 船に fúnagū tutunūyung.

Rigging 索具; fúnagū

Right [s.] proper; 正しい; yútashang, áttatóng, ⁺dóli〈道理〉, dóli du yaru, ⁺dji〈義〉du yaru; まさしく正しい yū attatóng, tsīntu attatóng; 全くその通り múttung; ándu yaru, dūdu yuta[shang]; 誤りは無い ayamarang, līnyi〈理に〉chigāng; 君の考えはとても正しい iya mī tské múttung dér[u]; 二人とも正しい（うまいことを言う）taïtumu 'nnya yū ïyung; なされた事は真に正当以上のものに思える sheru kutó makutunyi bunyi sidjitóru gutóng; 当然以上〈越えて〉伣った kva bunyi〈過分に〉chibates[a]; 当然果たすべき事以上に attaïmé yaka sídjiti; この文は正しいか kunu ku (句) yutashami vassam[i]? {attatómi attarani?}; 私の推測は正しかった umutaru gutu attatóng; 正と邪, 反対語として ⁺dji-fi〈是非〉; magitaï-nubitaï, yúshi-áshi; 善悪の区別をしない yushi ashi {dji fi} vakarang, vakasang; 正しかろうと悪かろうと, ただひたすらにしなさい chāng kāng chíttu

sí, yutashang vassang {yutasharavang vassaravang}
sí, chāding si, djifi tumu sí; 正しかろうと悪かろうと、私
は外出する chā yaravang {simavang, simang aravang}
{chā íkavang} vané djónkae ndji; 善し悪しは、物の長
い・短い nagassa 'nchassa または chó-tan〈長短〉で表
わされることもある; 良い面と悪い面 li-gé〈利害〉; 正
道 shó mitchi; 直線体 massīgu aru mung; 直角
mashī kákunu simi; 右手 mídjinu tí, mídjiri, nyídjiri;
右側へ midjai mútti; 正しい制限〈越えてはいけない〉
限度の範囲内 shákunu ambénu ang; すべて正しい
か machigé {sóï〈相違〉} nénsami yá?; まさしくそれで
良いか、良くないか símumi símani?

Right **-s, to right** 正しさ, 正す; それの正当性 dóli, lí sīdjī;
正当性がある dolinu ang; それは私の当然受けるべ
きものだ kuri va bung, va bunyi attatoru kutu, bunyi
wūdjita kutu; attaï mé; 相続権 tsidjuru dóli, attaï
mé; 権利や真理に対して固執しすぎる dóli kuméki
sídjitóng, shínsaku sídjirishóng, dóli fúgashi〈穴をあ
ける〉 guma kutu madi saturandi shínsaku sidjirandi
shung; 当然言うべきではないが、言うよ dolinyi
ïyányi ī gurisha assiga, yandung ïyundó; 当然そうす
るべきだが、そうなっていない lísidji kara {dóli
kara, dóli iyava, dóli ushīdunse, その道理が述べられたら、
押されたら} ansu vadu yassiga, anyé sang; 当然だ
djīā〈義は〉ang, djī du; 当然そうあるべきではないか
djīā arani? 物事の正しさを論ずる dóli {lí sidji, 両面
li-gé, nagassa 'nchassa} sódanshung; [動] 正す, 再び本
来の状態に直す nóshung; 据え直す yishi nóshung
{石, れんがなど}; mattóba nashung, tadashku shinyāshung.

Righteous 正義の, 公正な; djī aru, djī naru; 正義の人
djín djī〈仁義〉* *djin djing〈善人〉であろうか.

Righteousness 正義; djī〈義〉, djíli〈CDなし; 義理であろう〉;
義とは天の理に適合することである djī ndi īse tín
linu〈天理の〉yurushchi tukuru.

Rightly 正しく, 当然・適切に; dólinyi, dóli shi, attatōru
gutu.

Rigid, -ly 堅い・頑固な; kfashī mung, gandjū mung; {厳重
な} djindjūna mung, chibishī mung, uguskana mung;
厳密すぎる kuméki sídjitóng; 厳密に型に合わせる
kutugutuku tifunnu {muyónu} tūï shung; kata ţuï
shung {[否]duïyésang}.

Rigorous [s.] rigid; 厳格な; suttung yafarakang, kata djū
{chūsaru} m[ung].

Rill 小川の細流; kāra gva.

Rim ふち; コップのふち saka dzítchinu kutchi {futchi}.

Rind 皮; kā; 内側の皮 utchi ga; 外側の皮 wabi ga, [s.]
membrane.

Ring① 輪; vá, vá gani, kwan〈環〉gani; 指輪 wībi ganí;
鉄輪 titsi ūbi, titsi māru gani, maru titsi; 指輪をして
いたら ībi gani satchidung uré; 宝石をちりばめた指

輪 takara dama sheru {shí fuïnchéru} ībi gani; ほうろ
う引き（瀬戸引き）の指輪 yachi tski〈焼付け〉ībi gani.

Ring② 撞き鳴らす; 鐘を kani utchung, tstchung, nárashung;
風鈴を鳴らす gărā gara nárash[ung]; 耳がリンリンす
る miminu nayúng.

Ringleader 首謀者; kashīra, yana munnu kashīra.

Ringlets 巻き毛; chidjuï karazi; 巻毛にする chidjuyung
（ちぢれる）.

Ringworm ぜにたむし; gútchafa.

Rinse ゆすぐ; yussidjung {djang, gang}.

Riot 暴動; midari kutu, mū fūng〈謀反〉; 暴動を扇動する
ī féchi midarashung.

Riotous noise 暴動の（騒々しい）音; midarí abi kwé {shusi}.

Rip ひき裂く; hara〈腹〉sashïung {satchúng, chïúng}, vata
satchung.

Ripe, -n [[s.] fill]; 熟した; ndóng, djukushóng; 熟してな
い 'nmang, djukusang; 完熟した 'ndi yafarachóng; 熟
しすぎた mí kutchóng, mí sidjitóng, mī yafarachi
shóng; 完熟するまで待て shkatu nyūru {djukushuru}
yeda mattchóri; 熟する nyūng, djukushung.

Ripple さざ波が立つ; [動] namizichung {chang, kang};
[名] sáza namī.

Rise① 起きる; [動] ukīung; ベッドから起き上る ukitatchung
{chang, tang}; 席から立つ tún tatchúng; パン, 太陽,
値段などが（あがる・ふくれる）agayung; パンはふくれ
てない kvashinu fukkérang, fúckwiráng; 発酵物がふ
くれることにも次のように言う fuka fukashung, fúkvăgū
natóng; 彼らは立ち上がった áttá ukitatcháng; 値が
上がった dénu agatóng; úshunu mítchóng; それで川
の水位が高く上った kāranu mizzi sákanyi mitchi
tskitóng; 早く寝なさい, 遅く起きてはいけない feku
níndi, nínku ukité simáng; 私は朝早く起きた vane
stomíti uki tátchi cháng; 夜明けに起きる yūnu akiti
chāki ukitáng（起きた）; 高位に上がる agayung, fïnnu
〈品の〉agayung, fing agaishung; 他の人より抜きんで
る nuchindjïung, 抜きんでた nuchinditóng; {水中に沈
められた後に} 表面に上ってくる utchung, utchagayung
{浮きそして上がる}; 海がなお満ちてくる shū nya mitchi
chung.

Rise② 初め・起源; [名] fadjimi, nī〈根〉, yuïshu; 事の起
りを聞かせろ kútunu nī-té〈根体〉chikassi (cf.matter);
まさしくその起源から sé djin〈最前〉{fadjimi} kara;
根源と経過 nī kara nama madinu nariyutchi, lé litchi
〈来歴〉, ukutaï fudu wítai; 繁栄と没落 ukutaï uturūtaï,
{staritaï}; sakatai uturūtaï; 極点まで昇りつめ落ちる
guku tstchaï yamitaï shung.

Risk [s.] hazard; 危険にさらして敢えてする; hántïung,
hántiti-shung, abunassa {ayassa} nágara shung, ayassa
assiga shung, fū nashinyi {shung}; 生命を危険にさら
す nuchi stïung, nuchi hantití shang（した）.

Rite [s.] ceremony; 儀式, 礼式, 慣習; ī〈礼〉, dī, rīdji, īshtsi〈礼節〉, ī shtchi〈礼式〉{即ち儀式の方法・法則}

Rival 競争する; [動] arasoyung; [名] (競争者)arasōyuru ftu; 私たちは競争者だ aritu vantu arasotōru ftu; unadjiku {tumunyi} arasotōru mung; 同じ願いの人 du〈同〉nigénu {nuzuminu} ftu, [動] (同じことを願う) du nuzumishung; 二人はこれを手に入れようと争っているtaïye kuri yirandi arasotóng; 彼らは争っている tagényi bākéshóng (奪い合いしている); 君は私の競争者だ īyaya vantu bākéshā; 二人はあの女を得ようと争っていた anu winago taïnyi bakésattóng.

Rive 引き裂く; 切り (割り) 分ける chiri {vaï} akïung.

River 川; kāra; 明朝私たちは川辺で, 君たちの出発に際し, 暇乞いをしよう vattáya achá stomíti kāra fing vuti itta uku[ran]di shung; 楊子江 (Yang-tsé)の川は天が{中国を}南北に分かつ川だ Ýoshi〈楊子〉gāra tínnu nan buku〈南北〉kadjiri tushó* tuk[uru] *kadjirïtu shó tuk[uru]であろう; 川水 kāra mizzi; 川の神 omi kami, īū-vó〈龍王〉.

Rivet リベット・鋲; [名] shími gani (締め金); [動] 心に留める chimunyi tumïung, chímunu shó tskïung, umitumi[ung], omi sumïung (思い染める).

Rivulet 細流・小川; yama gāra, kāra gva.

Road 道; mítchi, ufu mítchi, dó-lu〈CDなし;道路であろう〉; 平坦な道 fīchi {máttóba, taïraka} mítchi; 正しい道 yī mitchi, shó-lu〈正路〉; まっすぐな道nowchi mitchi; 人通りの多い道 chunu átchíshuru mitchi, djódju mitchi〈EC:熟路〉; 人通りの少ない道 ftu hanari {maruk[eti] átchūrū} mítchi; 曲がった道 magaï mitchi; 皇帝の道 kótīnu tūï mitchi; 王の街道 kwannyi[kwampunu] mitchi; 道を修補する mitchi shufū shung; この道で kunu mitchinu wi; 公道を妨害する tūï mitchinyi savaï nashung, [sa]madatchung; どの道を行くべきか分からない {iku mitchi} dzénu mitchinkae ikariga sh[irang]; 君の心は滑らかな道を期待しているが, 君がその道を歩くのを天が許してくれるか, 確信してない īyaya kukurunyi umutínde nánduru mitchi kara tūti; tada tinnó mădă īyaga atchussinyi shtagāng; 至極遠く困難な道は, 容易で近い小径から始めることによって達せられる guku nannu〈極難の〉tūchi mitché átchi yassaru mitchi gva kará fadjimidunse itayundó; 三つに分岐している道 mītsinkae sakitōru {mītsi mátanu} mitchi; 天への道 tinyi nubuyuru mitchī.

Roam [s.] ramble; 歩き回る; 世の中を大いに放浪した人 yū-shi〈遊子〉; 浮んでいる雲のように (放浪する) kumunu ukadoru gutuku.

Roar わめく・うなる; ussubutchung; 虎がうなるturanu nachung; 騒々しく話す dūdu abikwéshung, ufu nachi shung (大泣きする), ufu gvi abïung, ufu gvi tátiti abïung; 波や海, 風のうなり omi nami kazinu sósó-shung, naminu

kvī; 酔って大声を上げる nudi, wīti ufu abīshung; 砲の轟 hānu dón dón shung.

Roast 焼く・焙る; yachung {chang, kang}; andïung* {(否) dirang} *「あぶる」と「あふれる」の混同; 焼鳥 yachi tuï; 金属を強く熱する kani tatchung {(否) kang}.

Rob 奪う; ubayung, ké tuyúng, ubaï tuyúng;打って強奪する utchi ubiyakashung; 公然と他人の物を奪う achirakanyi〈EC:明〉chūnū shina ké tuyúng.

Robber 盗人; féré (追いはぎ・匪?), nússudu, uffu nussudu, zūkū djin〈賊人〉.

Robbery 強盗 (行為); nussumi kutu, nussumattési (盗品); 盗みの源はいろいろあるが, 賭けごとより大きな源はない nussudúshuru yuïshu chu kata aráng {kazi kazi ang}, tada kākishusi yaka chūsaru munó nérang.

Robe 衣装・礼服; chura shó zuku, chó-fuku〈朝服〉{即ち, 朝廷服}; 官服 vedaï djíng, tstominu bānu kurumu; {僧侶の}服, kurúng〈衣〉; お祭りの衣装, 晴れ着 {宴席の後, 御礼に行く際着るもので, 俗に次のように言われる} kvachī átchā {お礼に行くもの}.

Robust 頑丈な; gandjū mung, katona mung; たくましい aragó kāgi, aragó mī, sakanyi aru, táshanyi (達者に) aru, katónyi aru.

Rock① 岩; sī, íva, kfă sī; 岩の頂から流れる水は甘くおいしい íshi wī kara mizzinu nagaríti chi ámassa māssang; 船が往来して水を汲む funé ndjaï chaïshi mizzi kunyung; 木や岩と共に住み, 鹿と遊ぶ kí ishitu tumunyi wútaï shkátu assidaï shung.

Rock② 揺れる; [動] ゆれ動く ndjútchung, wīchung, ugutchung {chang, kang}; [他動] (ゆれ動かす) wīkashung; [s.] recline; ゆり椅子 míguï yī, úgutchuru yí, úgukashi yī.

Rocket 打ち上げ花火; fhótcha gva, fī ítcha gva, fī ndjashā.

Rocksalt 岩塩; íshi máshō.

Rockwork (石庭園などの) 積石工事; sansīnu〈山水の〉kata, yamanu kata-shéng.

Rocky 岩石の多い; íshi ívanu uffusá tukuru.

Rod 小枝; 葉の付いた小枝 fa-daki; daki {fudji スペイン竹*} chu sídji *「しゅろちく」であろうか; 釣り竿 tsī daki dzó; 罰するための笞 butchi; 鉄の笞 kani butchi; 学校で (罰として) 手を打つための笞 tī utchi, tī utchi butchi; 笞で打つ butchi kvāshung.

Rodomontade 大言壮語; uguri {fukūī, kutchigaï} munuī.

Roe 魚卵; īūnū kúga {bukuru}.

Rogue 詐欺師・悪党; yana takumina mung, yana fumbitsi shóru mung, lutsi kwé mung, yana datsí.

Roll 回転する; miguyung, migurashung, matchung {(否) káng}; 丸い物のように転がる kuru kuru kurubïung {dang, bang}, 子供らが地面を転がり遊ぶことにも言う vorabinu {mmanu 馬の} ū {utchi (横たわる) の短縮} kurudóng, kuru kuru miguyung; きちんと詰めてない船

荷などのように,あちこち転がる kutsirudjung {jang,gang}; 転がり落ちる kurubi utŭung, kurudi chung; [他動](転ばす) kurubashung; 巻き付ける káramatchung; {ブラインドなどを}巻いて揚げる matchi agiung; 紙(を巻く) matchung; 練り粉をローラーで伸ばす āchéru mudjinu kū ushung {chang,sang}, siri kudji(すりこぎ) ushung; 目をぐるぐる回す mín dama migurashung, ama mī kuma míshung; 山から石が転がり落ちる時は,すぐ逃げなければ,つぶされるだろう san kara ishinu kurubi utiru bāya gúrussa dukirandung {nugirandung} aré ússārīung; あの紙は巻かれている anu kabé karamakatóng; あの紙を一枚一枚巻け anu kabi ichi me íchi mé na karamaké; 120テイル白布で巻きつけてある kani haku nyi dju ló〈両〉, shíru nŭnŭ shae karamatchi tskiténg; 巻いて作ったパン,ペースト pópó, chímbín(巻餅); 布,紙などの一巻き nŭnŭ, kabi chu matchi; 巻き煙草(シガー) matchí tabaco; 一巻の絹 chu matchinu ítchu; 石を転がし捨てる ishi kurubachi utsĭung {stiung}; 転がして上げ下げする agi saginyi kurubashung; 彼を数歩引っ張ったり転がしたりして,全身泥だらけにした íku fsha súnchi kurubatchi dū íppé duru tskitáng.

Roller ローラー・地均らし機; {しわ伸ばし機の} naka matchi; 石のローラーで地面を均等にする ishi guruma shae djī túnamĭung, yín taki nashung; 巻き包帯{包帯} matchi, nŭnŭ matchi, kakiru ūbi, matchi ūbi.

Rolling pin 麺棒; siri kudji(すりこぎ), úshi gī(押し木).

Roof 屋根; íritcha(甍), yānu wī {shí naka(背中), tsidji(頂)}; 屋根はまだ葺いてない yānu iritcha māda fukáng {ussūrang}.

Room s.space; 部屋; zā; 一部屋 za tītsi, chu za; 一連の部屋 chu naminu za; 空部屋 munashi zā; 寝室 níndji za; 部屋らしくしなさい zanu gútu sí; 隣部屋の人声をきいた fidatōru zā nakae chū wūndi íchi chicháng; 私の部屋に飛び込んできた va zankae {zānu utchinkae} tūbí ítchi chóng.

Roost 止まり木; tuĭnu yídji(坐る木); [動](とまり木に止まる) yídjinyi yīyung.

Root 根; nī, kīnu nī, kīnu nī gŭī; 小さい根 fidji, kīnu fidji; 小根・細根 nīnu fidji *rootlesはrootletであろう; 直根 kukūī nī, táti fídji; 細い繊維状の根 kuma fidji; 大きくて根のない木は当然風に吹き倒される ufu gīya níya néng kazinyi fúchi tósariraré {tósarané} naráng; 平方や立方の根 kakīru nī {kazi}.

Root up 根こそぎにする; núdji ukushung.

Rope 綱; tsina, ufu dzína; わら綱 vara tsina; {木の}黒い繊維の綱 kuru tsina; 亜麻綱 mā wu; 一本の綱 íc[hi] bó, tsína chu sidji; 綱渡り tsinanu wī gama[ri] shung, káru vazashung(軽業する); 綱を絢う tsina nóyung; 2本の綱を接合(一つに合わせる) tsina āshung; 機械で太い綱を作る tsina útchung; 綱を絢う人 tsina noyā; 井戸の綱 mizzi kumi zina; 君この綱を引け ïya kunu wū(緒) fické, fíchi tskiré; 綱渡り用の綱 karu vazanu tsina.

Rosary 数珠; nuchi dama(貫き玉); 坊主は歩きながら数珠をもて遊ぶ bodji tama nutchi mútchattchung(持ち歩く).

Rose (植)薔薇; chó shung(長春), chó shunu hana; バラ香水 chó shunu kaba mízzi, chóshunu tsíu; バラの花のように赤い chóshunu hananu áka íru; バラ色のほほ tsiranu iru hananu akassaru gutóng, ússi kurinaïnu [gutóng] {ussiは,即ち,「淡い,薄い」}; 紫檀 chá gī(いぬまき) *誤記であろう.

Rotator, -y 回転させるもの・回転機; migurashuru mung; (回転の) miguyuru mung.

Rotten 腐った; kussaritóng; {木が}朽ちた karitóng(枯れた); kutchóng; karití kutchóng, kari kutchi kī, kari gī; 朽ち木 kuchi gī; 朽ちてもろくなった歯 tadari ba, tadaritoru ha.

Rouge 口紅,ほお紅; míng fung〈面粉〉; tsira núyuru kū, tsíranu fū* *kūであろう; [動](ほお紅をつける) tsira nakae nuyúng; 万一,ほお紅をつけた顔の田舎娘と結婚したら,一生身を捨てることにならないだろうか tsira gū {kū} nutéru mura winago {ku nuï winago} tudjí shíïdúnsé chāki ishshónu dū stiru machigénu néng aróka.

Rough 荒い・粗い; árasang; 荒海 ominu aritóng; 道のでこぼこ agaï figuïshóng; 手触りがなめらかでない na[n]duruku néng, suru surushong, suru mitchóng; 粗野な人 arashí ftu, skutsina mung(粗忽者); 草稿 shta gatchi; 荒々しい声について{当地の人は次のように言う}: 秋{風の音,木の葉の落ちる音など}の声のようだ áchinu kwīnu gutóng.

Round 丸い; mátténg(まん丸く), máru; 丸い marusang, 丸くない maruk[u] néng; 丸くなる marubĭung; 岬を回る sat[chi] {ominu satchi} māti {mavatí} achúng, māshung; {談話で}回りくどく言う kutūba fuï māshung(振り回す), mī[dji] gūdji-shung(ぶつぶつ言う); 回り道をする māti átchung; 端数のない数,概数 tésu; 丸と四角 káku máru; 子供らは平たく丸い小石などを次のように言う: kóruma,丸い薄片 kóruma djíri; 球状の maï gata(鞠形); 円形・円体 maru mung; 柱の周りを走る hashira māti {miguyāshi} átchung; 周囲一帯よい地所 ippé kakúï {ippé kani mātchi} yí chkata ang; やや丸い ússi maru.

Rouse [s.] urge, goad, impel; 目覚める; [自動] uzunĭung {dang, mang};, ukĭung*, ukuyung; *欄外の語を適宜[自動]と[他動]とに分けた. [他動](目覚めさせる) uzumashung, ukushung; 心的に(奮起する) chítu datchung, chítu datchi shung {[命令] daté, [他動] dakashung}; shŭ shī〈出精〉shung; 学問に奮起する gaku mung furuï úkuchi chíbayung; 行動に駆り立てる yagvishung, ichīūī tskīung, hashítu nashung, hadjimashung; おい, 君, 起きて頑張れよ hīa, sé! または hīa chibarió; 勇気を奮い起こす issami datchúng, [他動] tatĭung, issami ukushung, ukusashung; 眠りから起こす mung ukushung; 眠りから目覚めた samiti chóng, sami ukiti chóng, uzúm ukitang, uzum ukiti chang, nindjutassiga, tubí ukiti cháng; 目を叩き心を高ぶらせる mī samiti kukuru ugukashung; 目覚めて（覚醒して）悔い改める tadjíshku（猛しく）'nchi {kairi nchi（省みて）} kūkwé aratamíung; 槍先で突くように目覚める satchi shae tstchuru gutushi satuyung（悟る）; 武事に奮い立つ būnu vaza {yaïn tī（槍の手術）, または tachín tī（太刀の術）} furuyúng, furúī ugutchóng.

Rout 敗走させる; yaboyung, yabori sandjĭung {jirashung}, ūīnyi yabuyung, yaburi findjirashung; chíri findjitáng（逃げた）.

Route 道; 道中で mítchi naka vūtī.

Rove [s.] roam; 流浪する, うろつき回る; ama ítchi kuma ítchi, assidatchung; どこをうろついていたが, 昼食には帰って来るとは īyaya dū chuї mān {kae} ndji assidaga, māti chi firuma munúng kamántaga.

Row 列; [名] 一列 chu narabi, nami; 漢字の一行 chu guku djí chū djó; djó narabi; 16脚ずつの一列の椅子 dju ruku nānu chū naminu yī; [動]（漕ぐ）kūdjung {jang, gang}; 竿で漕ぐ só tstchi funi harashung.

Royal 王の; 接頭辞u（御）をつけて表わすのが普通: ū kuruma 王の車; 王の統治 wó-dó〈王道〉, vótaru mítchī; 王の衣装 wó gurumu, wónu shózoku; 王家 ū wékanu chā; 王の勅令 {kótinu} wīsi; 王法が撲滅しなければならないもの wó hó shi sarīru túkurunu munū.

Rub 擦る; siúng {sítang, sirang}, sirí núyung（塗る）; 手で塗り付ける（すり込む）tíshi núyung; 塩を塗り付ける māshushi núyung; 漆を塗り付ける urushi nuyúng; 油を塗り付ける anda nassiung; 膏薬を塗り付ける kóyaku {kussúī anda} nassĭung; 手をもむ・すり合わせる tí munyung {dang, mang}; 洗濯でリンネルをもむ munyung, mung arayung; 指手の間でこする fínĭung（ひねる）{finyitang, nyirang}; muntóshung, mudĭung; 指でこすり粉にする furu furū shi {または furu furu} kudakíung; こすり拭く súsuti siúng; 墨を擦る simi siúng; 字を擦り落とす djī sírí útushung; 一度擦れ íchi du sīré; 乾いた物でこすり乾かす síri karakashung; 白蜜でこれをこすれ shiru mítsi kuré nassiré（擦れ・なすれ）; 塩で子供の足に塗れ shū shae vorabinu sini（脛）nakae nuré; 夜それを塗って, 朝洗い落とせ yuru núti, assa araï {aré} tskiré; 私は魚臭い手で君の頬を擦るまでしたとは思わないであろう vané kussachi {firugussassaru, nama íū} tī shae īya tsira sirandung aré, yirantándi sankatashung

〈EC:算不得〉{sirandung aré niziraráng, tsira nuti turasanné naráng}.

Rubbish 塵埃, 廃物; chíri fukúī, muyúna〈無用な〉mung.

Ruby ルビー・紅玉; aka dama, aka takara íshi?

Rudder 舵; {fúninu} kádji; 小さな舵 wéku; 舵取り kadji gamī, kadji tuyā; 人の心の知的根源は, 舵のある船（船の舵）と同じだ chūnu kukurunu massashtché, funinu kadji ássitu yínu mung; 舵がぴたりと止まるとすぐ船は方向転換する kádjinu chu tuīshi funé migurashung.

Rude,-ly 無礼な, 粗野な; arashī ftu, skutsina（粗忽な）mung, ūkátanu ftu, bulina〈無礼な〉ftu, būsáfūna mung; 無礼な様子 bulīna kāgi; 彼は私に無礼であった ari vang skutsinyi shang; 神経・耳などに障る chunyi saváta mung, chū tstchi mung; 君は無作法な汚い子だ īyaya yana fūdjinu vorabi, duru buta shóng {shóssa}; 無礼な行動をする būlī shi, skutsínyi shung; ukaïtu shung, arak[u] shung, arashī shung; 孟子の本の中で言われている Modjinu shūmutsinu ībunó ang: もしある人が私に無礼な扱いをしても, 善人はすぐ行って同じように彼を無礼に扱うことはしないで, 自分の行為の何が彼にそんなに憎々しげに行動させたのか自省する ftunu vanyi bulīshi kunshi taru munó chāki mata arinyi bulishé simáng, dū kaïri 'nchi tūti, vané nūnu ikang kutunu áti ari vang kunu gutu nyikunyuga?; 2, 3度自省して自分に何の落度もないとわかって, それでも, その人が同じように振舞う時, その善人は言う, 彼は悪人で禽獣と異ならない, だから最初から最後まで彼の所へ行き抗議する必要はないのだ, と nyi sandu dūnyi fíckéchi kíssidji fudúng ikáng kutunu nénsiga, chūnu mata vang anu gutu shung, kunshé anshi ari yana ftu, chíndju {tuї ichimushi} nyi kavarándi íchi, súttung aritu munu íttchaï madjivaïnsang.

Rudeness 無礼; fi lī〈非礼〉, linyi arang {shé simang} kutu.

Rudiment [s.] ground work, bid fair.

Rue①* （植）ヘンルーダ（強い香気のミカン科植物）; ūu chó〈芸香〉;

Rue② 悲嘆する; urī chïmu {shíva} ukushung.

Rueful 悲しそうな; urī gow（憂い顔）, shívashta kāgi, shivanu kāgi; munu umí só（相）- shóng, munu umí kāgi shóng.

Ruffian ならず者; yana {skutsina粗忽な} tumugara（輩）.

Ruffle ひだ飾り; {袖の} chínnu sūdinu} fīdja tutéru kazaï mung; [動] [s.] rumple; 水面が波立っている mizzinu namizichung; 風が水面を波立たせている kázinu tátchi mizzé namizikashung; 人が（いら立つ）cha pătă pătă shung; yukuyuru va {fima} nérang; 威張り散らす人が去ると, 大風が止んだみたいだ ufu abishāgadung nuzuchíïdunsé {haïdunse} ūū kazinu yádaru gutóng.

Rug 絨緞・敷物; ára mushíng（粗毛氈）.

Rugged でこぼこの; agaï figuï-shong; 洗練されていないたどたどしい文体 bun kutúba {búnlinu〈文理の〉} yassiku néng.

Ruin 破(壊す)る; [動] yabuyung, skunaï yabuyung, sundjïung {itang, irang} fákwaïshung〈破壊する〉; 名声を汚す ï toshung(倒す){家を}取り壊す wūï tóshung, tuï yaboyung; 倒す, 滅ぼす tuï yandïung, tuï ushinayung; {心的(誇りをくじく)} tsíbushung(潰す); 没落・零落した一家 chinénu tsíburiti {tsíbuchi, tóriti} kunchū nyī nati; [名] 破滅への道 dū yandjishuru mítchi; 君主が欠点を粉飾し, 戒め・諫言を拒み, そのため下々の者の関心事に通じないことは, 自らの破滅への道である fīkussi kázati, chunu íssami fushidji chkang, yūdjó(要事は)tsódjirang, dū tuï ushinayuru(取り失う)mitchi du yaru.

Ruins 廃墟; yaboritōru ato kata; 古い家の廃墟 furu yānu ato nukúï.

Rule [s.] law; 法則, 規則; [名] fhó(法), nuri(則), tīfún〈CDなし;手本〉, íkkata, kákushtchi; [動] 統治する ussamïung, kamuyung, nushiduyung, nushiduti shung; 国を統治する matsirigutu-shung, kunyi ussamïung; tskasaduyung(司る); 罫線を引く chi fichúng {chang, kang}; 禁令を破る imashimi ukashi yandiung; 皇帝{タタール人の元王朝の第一代の祖}は宋王朝を継ぎ, 中国を統治し, 全中国を一つに融合した. 彼が10代続く端緒を作ったということは, 太古から1度も見られなかったことだ kótī yó〈元〉Sónyi(宋に)ato tsidjishi {tsidji ndji} Chúgukunyi nushitu nati, tītsinkae tuïyāch[i] {kundjiti} dju dénu ítu gutchi firachésé nkashi kara nama madí māda ndáng; すべてのタタール(元)王朝は蛮人だが, 中国を統治した Tătsi sūyó ïbisinyi wūssiga Chugukunyi nushitu natáng.

Ruler, -s 統治者; tskassadori; 国の統治者 kunyi nushi, chími; 罫線を引くもの chí fichā, chī fichuru djódji; (統治者の)複数(形)kwan nyinu cha, kunyi ussamiru kvannu cha, kó kwan〈高官〉, té kvan〈大官〉.

Rumbling ごろごろ(がらがら)いう音; 腹の中で vatanu góru góru {gó gó} shung; 車が(ガラガラする)音 kúrumanu gara gara {góru góru} shuru utu.

Ruminate 反芻する; haché kvéshung {即ち, 吐き出し, 噛む}, ndjaché kvéshung; 口をあちこち動かして, 言葉を反芻する kutchi muya muyá-shung; 心の中で思い巡らす ftu umúï umi késhi géshi-shung; 沈思黙考する turibati kangeyung.

Rumour 噂; 噂を聞く fubúng〈風聞〉chichung, fū shtsinyi(風説に)chichung; féï kutuba(はやり言葉); 噂がある kutubanu fétong, fū shtsinu an ïyung.

Rump 臀部; tumugū(足の付け根の骨){腰部も}.

Rumple しわくちゃにする; 衣類はしわくちゃだ chinnó vadjadóng; [他動] muntóshung, munyāshung, tsku-

---

nyāshung.

Run 走る; hayung, vashïung, fáshshïung; hati chūng, 即ち, 走ってくる. これはまた液体の「流れ出る」ことにも言える; 走って息を切らす hā hā shi issán nayung; 走ってくる hatchi chung(来てしまう); 走って行った hatchi ndjang; hatchi uráng; 急いで走って行った íssudji hatchang, tunudji(飛んで)hatcháng; [s.] escape; 逃げる{そして隠れる} nidji vashiung, suruïtu fíndjïung; 馬が{または犬が}駆けて行った, 走り去った mmanu {innu} káki nati; 綱を切って逃げた tsína {nā(縄)} chichi {tíchichi} findjítáng; 走り行ったり来たりする{大抵下痢と関連して言われる} cha dara darashi, furutu(便所と)kumpati kvata kvatāshung; {液体が}流れ出る muyúng {tang, rang}漏る; 一滴一滴流れ出る tayúng(垂れる); 追っかける ūti hayeshung; 追っかけてつかまえる wī tskitang(追いついた); 港に入る mïatu kutchinkae haï itatáng(到った){ítchang(入った)}; 衝突する haï kakayung, haï kakati tsitséshung; {丘を}走り下る haï utïung, tunudji utiung; 突き倒された haï ítchati kurudáng; 彼を突き倒した haï ítchati kurubacháng; 船が別の船にぶつかり沈ませた funinu funi tstchi atiti sizimacháng; tstchi sizimashung(衝突して沈ませる){dugérashung(転ばす), tóshung(倒す)}, 後の2つは人について; 馬を走らせる mma hayeshïmiung; 供の者達は, 彼が女主人に告げるため家の中へ精いっぱい走って行くのを見た tumunu cha ariga vínago shudjinyí〈主人に〉katayuga yānu utchinkae hayéshi {tubi yutchi} itchusi ncháng.

Run-away 逃亡者; findji mung, kakvi mung, nugi bitu, nidjí bitu; 逃亡者は自発的に帰って来るだろう nugi bitu yagati(やがて)dū kuru mata chūng.

Rupture 脱腸; vátanu zófu sagatí, 即ち, 内臓物がたれ下がる; 鼠蹊部の脱腸については当地では次のように言う: ufu yakván(大薬罐=大睾丸)natóng, yakvanā natóng.

Rural 田園の; harunu gutóng; 田舎屋 haru ya-{nu gutóng}; これは田園風景だ kunu chíché hárunu gutóng; 農事 hataki vaza, haru vaza.

Rush 突進する; 突き当たる haï átatóng, tstchi atatóng; 山から急ぎ下りる san kara síziri utïung; 水が流れ落ちる mizzinu vashi(走り)utïung, nagari utiung, haï sagayung; 馬を笞打ち, (敵の)隊列に突進し死んだ mma butchi utchi, titchinu djólitsi ukáchi shidjang; 尚又敢えて来て, 死に向かい突撃するか mata aïti {ukérang} chí shinyandi shumi? {shinyīga ítchumi?}; 突進する issami tatchi {ídji ndjiti} satchi arasóyung 〈EC:勇猛争先〉.

Rushes (植)藺草・燈心草; ashi, ashi-ḳaya(葦茅), ashi kússa, mizzi kussa.

Rust-y 錆; sabi; [動] (錆する)sabi kūyung, sabi tstchung;

錆ている sabi kūtóng, sabi tstchóng {shódjitóng（生じている）}.

Rustic 田舎者; kari mung, ﬁ́ppu〈匹夫〉, íyashchi mung.

Rustle サラサラ衣ずれの音をさせる; {糊付けしてこわばった} ﬁ́ppayung（着物に糊をつけてピンとさせる）.

Rut 轍; 車輪の轍 hiáganu ato kata, vadatchi; kurumanu tūyuru {tūtōru} ato kata;［動］雌の動物が（発情する）kúruyung.

S

sabbath 安息日; yukuǐ bi, yukúyuru ﬁ, ánsuku〈安息〉nu ﬁ; 西洋の日曜日 ﬁ́i paï〈礼拝〉.

sack 大袋; fukuru, ufu（大）{ūu} bukuru.

Sacking 粗布; fúkuru nunu, ara nunu.

Sacred 聖なる; shī〈聖〉, shī naru; 聖なること・もの shīnu kutu, また次のようにも言うであろう: massashtchī mung 霊的なもの; 神への供物として取り分けてあるもの vákiti kaminyi tskarī mutchirarīru（用いられる）mung; 聖なる書物 chó〈経〉; 聖なる書を取り扱う者は手を洗う chó tuǐ atsikéshusi tí arataï; 聖なる書を読む者は香を焚いたり、口を清めたり、浴びたりする chó yunyusé kó tatchaï, kutchí yussidjaï, dū amitaï; 彼らは素っ裸で近づいたり、不浄の物の近くで読んだりせず、妻をも避けねばならぬ aka hadaka shi chkazikáng, ﬁ́u tchitsi〈不潔〉na munyi chkaku nashi mirantai, tudjing {妻} sakitaï.

Sacrifice 犠牲・捧げ物; matsiri, matsirinu mung; 菩薩または先祖の位牌の前の卓に残されたもの（お供え）ushshami, ú matsiri, úkazaï; お供えを取り下げたもの úsandé;［動］（祭る）matsirishung, matsiryúng, matsí́ung（祭る）; 祭り香を焚く shu kóshung; 後者は祖先崇拝・墓所崇拝の儀式の一般的な言い方; 献じ祭る chíndji matsiúng; 献身する dū yudanïung {（過）nitang}; 命を捧げる núchí ushi mang, nuchi stíúng; 自分の利益を犠牲にしてする vatakushinu yítchi tóchi shung; 供養は（供える）事にあるのではなく、その心にある matsiri kutunyé kakaráng, kukuru nakaedu aru; 善人は貧しくとも祭器などは売らない kunshé（君子は）ﬁnsū yatíng matsiri dogundé uráng; 危険が生じた時{親のため}命を犠牲にしなければならない aya utchi umutíng mī yudanïung; 義のために生命を犠牲にする shó〈生〉stíti djī〈義〉tuyng, djīnu wīnyi núchi stiúng.

Sacrificer 祭り係; matsiri gamī; 助手 matsiri tigané.

Sacrilege 神聖冒涜（罪）; massashtchi mung chigarashuru tsimi;［動］神聖冒涜の罪を侵す massashtchi mung chigarashung, shī〈聖〉mung nussumi tuyúng（聖物を盗み取る）.

Sad 悲しい・憂えた; urītóng, urī mudaïtóng, utsishóng（鬱している）; どうしてそう悲しむのか urītósi nūga?, urī gownu（CDなし）{悲しげな顔} nūga?; 悲しそうな顔つきをしている urī só〈相〉nu {urīnu írunu} ang; 悲しみ urī, urī mudaï, útsi.

Saddle 鞍; {mmanu} kura;（平常身体は）鞍から決して離れない ﬁ-dji dūya kura kará fanariráng;［動］（鞍を置く）kura útchúng, kura ussūyung（被う）, kura nubussïung; mma sunéyung; 鞍作り職人 kura zéku.

Safe① 安全な; {安心である} udayaka {nyi ang}, tukúttu ang, yassi {yassitu} ang, ándu〈CDなし; 安堵〉shóng, yassikushóng; 危険のない場所 ayautchi neng tukuru, ayashku néng tukuru, udayakanu tukuru; 逃れて今は安全だ nugáti yassundjitóng, tukúttu natóng; 彼は安全な所に居る are abunakunu {udayanyi* aru} tukuru nakae wúng *udayakanyiであろう; 安心にはほど遠い dūdu yassundjíransá! {yassundjiraransá!}; このように安心できるようだ namanu gutu yassundjirarīru gutóng.

Safe② 貯蔵容器; múnu kákugu baku; 吊るしたもの sági baku; 空気が通るように紗を被せた蠅帳 shā hatéru {haïnu} kazi baku.

Safeguard 護衛（兵）; fushidji mamuyuru ﬁó〈兵ら〉.

Sag 撓む; ussī tskiung（押しつける）, ussī yíshïung（押え据える）*誤解であろうか.

Sagacious 賢明な; dūdu sé chi〈才智〉na mung, takuminu chūsang, tsivé mung.

Sages 聖人; shī-djing〈聖人〉; 聖人は一寸の時をも惜しんだ shī djinó vazikanu ﬁma {síng íng〈CDなし; 寸陰であろう〉} atarashashang, ushidóng（惜しんでおる）.

Sago サゴヤシ; 野性の sō tūtsi〈蘇鉄〉; 当地ではsō tūtsinu mī（蘇鉄の中身）を飢饉の際食用にするが、健康によくないと考えられている;（サゴ澱粉）sé yan〈西洋〉nu kumi gva.

Said [s.] say; 言った; 心の中で（言った）umuti ïyung, suruïtu íchi íbunyi; 一言も言わなかった kwī ndjassang, nūng iyang; 数日彼は私に多くは語らなかった ﬁ kazi ari vantu úffukó ïyang; もうこれ以上言うべきことはないと見て、身を翻して出て行った munu íyé naráng 'nchassiga*（物言うことはできないと見たが）, dū úttchéti hatcháng *'ncha kutú であろう; 前述の人 kíssanu {sé djin〈最前〉icharu} ftu.

Sail 帆; fū;［動］（帆を張る）fū muchúng {chang, táng}, fū ﬁ́tchi {mutchi} hayúng; 帆走させる funi harashung; 君らの船はいつ出帆するか ítta fune ítsi ndjashuga?, ítsi shúppán〈出帆〉shuga; 帆を上げる fu agiung {mutchúng}; 帆を下ろす fū urushung, sa-gïung; 帆を（短くする）絞る fū kagínshung〈加減する〉, kagínshi ﬁchung; 船尾帆 túmu bashiranu fū; 主帆 mutu bashiranu fū, naka hashira shtyanu fū; 船首帆 mé bashiranu shtyánu fū; トプスル帆・中檣帆 dé nyïnu（第二の）fū; トゲルンマスト帆 dé sannu（第三の）fū.

Sailor 船員; kaku（かこ:水平）, fúna gaku, funa tó（幹部船員）; 複数形 funa gakutā, funa tótā-ga (-が). cf.folly

Saint 聖人; shī-djing; ［動］（聖人の列に加える）shīnu gutuku nashung, uyamarashung（敬らせる）; 人を興し聖人の中に入れて数える búng〈（身）分〉úkutchi shīnyi iyung（入る）{聖人のリストに入れ（させ）る shīnyi（聖に）īrirashung}.

Sake ～の為; tami, taminyi; 私の為に va taminyi; 名誉の為にした na fomari kangéti shang, na fomari mutumīru taminyi {mutumirunyi, mutumīsandi}; 義のため生命を犠牲にするのは誰か shó〈生〉stíti djí〈義〉tuyuse tága?; 義だけを知る者 djī bākaï satúyuru mung du yaru（程子）.

Salad サラダ; ó fa, nama yassé; {調理したサラダ} sī yé（酢あえ）, yé mung（あえ物）; {儀式の}4品の料理の中でサラダは「前菜」sátchi, または ū séとなる.

Salary 俸給; 政府からの給与 fú-luku〈俸禄〉; makané gani, yashiné gani; 教師への礼金 lī〈礼〉-gani, lī-ching, fī mutsinu kani; 召使の給金 tíma, tima gani; 給金を渡す vátashung.

Sale 販売; 今は販売しない nama uyé {úyuru shtsé（節）, úyuru djibunó} narang; chíī {支払い消費する} gurishang, uti mutchié narang; 高値では売れない taka uyé saráng.

Saleable よく売れる; yī úī mutsi, yū uraríng, taka úī sarīru mung.

Salep サレップ（ラン科植物の球根を乾燥したもの、薬用または食用）; 一種のサレップ būtū, kūri butu; ［s.］jelly. *Sail の後より移動.

Salesman 販売人; tskoï shina uyá, tskoï mung úyuru ftu.

Saliva 唾; tsimpé, yudaï {即ち. 涎}, kutchi shirú; 黄痰 wó dang.

Sallow（顔色が病的に）黄色っぽい; wó-dang dzira.

Sally 突然出撃する; chúttunyi ndjíti tátakayung.

Salmon 鮭; {日本語の} masi［マス］.

Salt 塩; māshŭ, shú; 塩水・海水 shū, shū mizzi; 塩水池 shū ítchi; 塩井 shū ga; 食塩 kuraï māshŭ; 苦い塩を食べると、竹の導管のようになる. 即ち、下痢をする ndja māshŭ kvaïnyé só tūshinu（通し）gutu nayung; 塩を作る潟 shu tatchuru hama; 塩貯蔵庫 shū kadjimí dukuru; 製塩する shū tatchung {即ち、海水から}; 塩の検査官 māshu gamí, mashu tskássa, mashu tsín mávashuru kvan, māshu fakubǐuru* kvan *kakubǐuru 「保護する」であろうか; ［動］塩漬けする shū tskiung, shū irǐung, māshu hóyung; ［形］塩味がする shū adjivé, shpúkarassang; 塩気が十分でない áfassang（淡い）, afa mung; 塩炊きする shū-nyi {shung}; 塩抜きで炊く afa nyī- {shung}; 塩漬け肉 {魚} shū-tski-shishi {īū}; 私は君より多くの塩を好む vané īya yaka shū kvénu úffusang.

salpeter（**saltpeter**）硝石; djī shū.

Salubrious（気候などが）健康に良い; kúkutchinyi {chīnyi} áttatóng {yutasháng}.

Salutation ［s.］greet; 挨拶; yéstsā*, gūlī-shussi, dīdji-shaï-shussi *yésātsiであろう; 私はあなたにお逢いする喜びを一度も持たなかった（初てお会して幸甚です）māda wugamabira;「お早う」、または一日の中で初めて人と会う時 chū wugamabira; 会うのが2回目の時（の挨拶）kíssa wugamabira; あなたはお元気ですか ïyan（あなたも）gándjuí, より丁寧には úgandjuí; 近頃お元気でしたか kunéda {kunu útchi} gandjuí yatí {上位者へは（yatíに代わり）menshéti, 即ち、「いらっしゃいましたか」}; お慶び下さいますよう願う ïyán yurukubi-téndi nigatóng; 曇ってますね chūya（今日は）tínnu kumūtóng; 雨（になりそう）ですね ami muyó, ami fuï-gissa; 雨が降らないでしょうか ami furándishiesá-nkayá?; 大雨でしたね ufu ami futang; 雨は（もう）止みましたね ami nya haritáng; いい天気ですね yī tín-chi; 晴天ですね shí ting ang; 太陽が照ってきましたね tidanu tiriti {títi} chūng, ágati chūng; 今日は寒くなりましたね chūya fīku natóng; 大変暑いですね dūdu atsissang, atsissayá!.

Salute 礼砲; {軍の祝砲} yurukubinu íshi bya, dīdji〈礼儀〉nu íshi bya, yuvénu hǐa（砲）, shūdjinu hǐa; ［動］［s.］greet; 挨拶して別れる guli（御辞儀）shi vakayung, dīdjishi tagényi vakayung.

Salve 膏薬; ánda gussúï, kóyaku, kussúï abura.

Same ［s.］equal, equi; 同じ; yínu mung, chódu yínu mung, kavaráng, nadóng（均一）{nayung}; この二つは同じである kunu tātsi kavarang {yínu mung yássayá}; 同じ方法で yīnu tūïshi; 始めから終わりまで全て同じ fádjimi óvaï tītsinu gútushung, unadjūnyi ang; 同量 yínsaná（同量ずつ）; 同じ高さ yín takí, yín takiná（同じ高さずつ）; 同じ幅 yinu haba, hábanu nyítchóng; 同じサイズ yímpi-ná（ずつ）, yínu fúdu; 同じ日 fí nagaríti vúti; 同じ年令 dū níng〈同年〉, yínu {yín} tushi, yín sanā; 同じ心 chimu tītsi {avachi}, yínu mitski {kangé}; 同時 yinu tuchi, únu bashu; 同類 yínu luï, dū-luï, luïshóng, luïshta mung, yínu tātsi〈質〉; 前と同じ mútunu gutu, médinu {satchinu} gutu; 前と同じ意味 satchitu yinu chimu-{yéya}; 型と同じ tifún〈CDなし;手本であろう）nu tūī; 同じではない kavatóng; 同じどころか大いにかけ離れた kāma tūssa kavatóng; 同じことを考えた yínu {dú〈同〉} lundjishóng; 全く同じ mattaku yín sanā（同量ずつ）; 漆の色と全く同じだ urushi írutu vakaté uráng {tātsi néng}.

Sample 見本・手本; tifún〈CDなし〉; 手本を見せる tifún míshïung; 手本より劣る tifunyi attaráng, tifúng yaka tsídji; 手本に応じる tifúnnu tūī.

Sanctify ［s.］saint; 聖別する; shī tushúng, issadjiyútchinyi nashúng.

Sand 砂; sína, sína-gva; 海砂 omi zina.

Sand bank 砂州; sina 'físhi; ó mizzinu shta zína,{当地の人は, 青色 ó は海が非常に深いことを示す色と考えている}.

Sandal wood 白檀; byáku dáng⁺〈檀〉{byaku 白}.

Sandals サンダル・草履; saba, kútsi (靴), dzóri; 木製のもの djíta (下駄), dzóri gíta.

Sand stone 砂岩; aka ṭushi {即ち. 赤砥石?}.

Sanguinary 流血を好む; kúrushi zitchi,{kurushusi stchoru} múng.

Sanguine 血気盛んな; atsi bé, chimu bé (気の早い).

Sap 樹液; [名] kīnu shiru; [動] [s.] undermine.

Sapan wood (植) スオウの木; súbbuku.

Sarcastical [s.] satirize; 皮肉な; bó, bó írĭung, bó munuī̃, ī nayamashung.

Sarse {サースネット:柔らかく薄い絹織物, 裏地やリボン用} dji djīng {即ち, クレープの一種}; サースネット製の篩 kúma, yuĭ*, núnu yuĭ *kúma yuĭ「細かい節」であろう.

Sash (飾)帯; ūbi; 皮 (の)帯 kā ūbi; 帯端 ūbinu fussu; 金入れ用帯 fúkuru ūbi; {(上げ下げ)窓} fíchi úkushuru akaĭ, または mádu.

Satchel 手さげかばん; {婦人用手さげ袋} sagi bukuru, kábasha búkuru.

Satellite 衛星; tsíri bushi.

Satiated [s.] saturate; 満腹した; chufārashóng, váttanu mittchóng; 食べ過ぎ aku madínyi shóng {kadóng}, váta tsizín (鼓) nachóng.

Satin シュス織り; dúnsi (緞子), kūn tūng; 金シュス織り chin uĭ kūntūng.

Satirize [s.] libel; 風刺・皮肉る; sushī (謗り) munuī̃shung, vakuĭ chíung, bó írĭung; 彼は皮肉られたので, 怒った vakuĭ chichá* kutu nyítasashutang *chiratta であろう; 彼は私を皮肉った vaga arinyi bó iriráttang (私は彼に皮肉られた); 皮肉な (言葉) bó kutuba.

Satisfy,-ied 満足させる; 満足している taritóng, kukuru {nigé} taritóng; tskuriti {tskutchi} taritóng; 食事に満腹した chufarashóng, mítchóng; 満足し慰む nagu sanyung, nagusamitang, taritósi {mítchósi} shtchóng; 私は彼が気に入らない ari va chīnyi {kukurunyé} kanaráng {kanāng}, vang yurukubasáng, ushshashimi-rang, vanyi {va kukurunyi} tskiráng; [s.] unsatisfactory; 人の心は満たされることは決してない chunu kukuro tarirang, yíting yī bushang (得ても得たがる); 自己満足した djímman (自満)shong, dūkurushae fússuku néndi umutóng; [他動] (満足させる) tarirashung, chimunyi kanatōru {kanāyuru} gútu shung; 罪を贖う tsími akanayung, aganayung; tsimi udjinōti (補って) akana-yung; 損失を償う vanchamayung; udjinuĭ {tassikíti} vanchamayung, udjinuï mitashung, fussuku taréyung; 危害の補償をする tuĭ nóshung, gé tuĭ nóshung, fussuku-

shósi mitashung; [s.] indemnify, damages.

Saturate [s.] impregnate; 充満 (浸透) した; [自動] ippé mittchóng, tūtóng, sunkudóng (染み込んでおる); [他動] (充満させる・染み込ます) míttashung, ippe sumi tskĭung, súnkumashung, tūshung.

Saturday 土曜日; lí faïnu de ruku (fi).

Saturn 土星; chín shí (填星), du⁺〈土〉 bushi.

Satyr 半人半獣の精; yó kvaï (妖怪), bāki mung; {比喩} hats'gógissa.

Sauce ソース; támmizzi; shóyú {即ち, 日本 (語)の sói}; 肉・魚などソースで食べるもの sáshimi.

Sauce-pan シチュー鍋; nábi; 平鍋 fira nabi; 柄付鍋 tī-tski-nabi; 薬罐のような柄のある鍋 tsiru (弦) kaki nabi.

Saucer 受皿; cha-dé (茶托); sudi gva.

Saucy [s.] morose; 不作法・図々しい; dīdji vastóng (礼儀を忘れている); 生意気である gutchishi kutéyung (愚痴して答える).

Saunter ぶらぶら遊び歩く; ama haï kuma haï, assibi yútchi shung, furi assibíshi atchung, shkútchinsang tava furiti atchung, assibĭágatchī átchung.

Sausage ソーセージ; {肉やご飯=mé を詰めた} shishi-iri-mé; 刻み肉を詰めた内臓 (はらわた) shishi djūsi íttéru vata mī mung.

Savage {[s.] uncultivated}; 未開・野蛮な; tatchishī (猛しい), ībisi (夷・戎), suguriráng (優れない).

Save 救う; skuyúng, nugayung (免れる) {nugarashung}, tassikiung; 後の憂いを免れる atonu urī nugayung {shínudjung}; 溺れるのを救い出す mbukwitósi fitchi skuyung, skuĭ agŭung; 彼女の目の様子を見て, 救う手立てはないと彼らはすぐに悟った ariga mī 'nchi, (anu gutu tuméta kutu)*, yódjó〈養生〉shuru hónu néng tukuru ké satutóng *( )内の一節誤入であろう; 悪から救う sunu áku tádachi skuyúng; 身を救い{贖い}善に従いたいなら, そうする困難はどこにあるか dú akanaï (購い), yí mítchinyi shtagándi umāva, kuré nūnu katé kútuga? {cháki naĭdúshuru} (つましい者).

Saving 倹約; shímátta mung; 貯蓄する yutchí⁺* {amaï} mutashung *〈CD「余勢」yú shí;「余分・余計」の意味の琉球語 'jucii◎であろう〉; 紙一枚までも大切にする kabi íchi mé madíng átarashashung.

Savour,-y 風味; dāshī, adjivé; 味の良い yī adjivé; [s.] taste.

Saw 鋸; núkudjiri; 鋸のような歯で, 硬いものがかめる{歯の賞賛} nukudjirí báshi kfa šíshi (硬い肉) kan tskirarīng; [動] (鋸で切る) {nukudjirishi} síri chíung, vachúng {cháng, kang}; のこぎりをひく音 nukudjiri bíchi shuru kvi, gussu-gussu-shung; 大鋸屑 kī-kassi.

Saxifrage (植) ユキノシタ; kúkí, íshinu fídji.

Say 言う; ĭyung, ībung-shung; 言って íchi, íbunyi; [過去

形] ícháng; [否定形] ïyăng, iráng; [命令形] ïyé, iré; 言われ(てい)る iyaríng; ～だそうだ chunu ïyung; 昔から言われている 'nkashi ïyattósiga ang, ïyattóng; 何を言うか nū ïyuga?; {丁寧に}何を仰しゃいますか nū {nūndi (何と)} íchi mishéga?; 一言も言わなかった nūnding ïyang (言わない); もう一度言って下さい nya chu kén íchi kvíri; 「私たちだ」と言うなよ vattá dó {ndi} ínnayó; 言うなよ ínnayó, iché simáng; 多く言ってはいけない uffoku munó {uffuku} iché simang, itché íkkáng.

Saying, -s 言(説); múnuĭ kătā (物言い方),⁺ku⟨句⟩, ïbung; 良い(警)句 yī ku, yī ïbung; 古語 kū-gu; 諺 ikkanu* dzuku gú, dzuku kutuba *ikkunuであろう; どういう言い分(意味)か charu ïbungayá?; 以下当地の諺を幾つか列挙する: 明るい家は人間を測るブッシェル(単位名)である chă furimé yá, chū fakayuru tó⟨斗⟩; 社会的地位は人(格)とは関係ないもので、死に際し持って行けるものではない kó mïó⟨功名⟩ dū fúkanu kutu, ftúnu shídji mutchi itché naráng; 肥えた鶏は食べ物を得るが、湯と薬罐が近い、こうのとりは穀物を与えられることはないが、天地の広さを楽しむ kwé tuïyé munu yítassiga, yū nabi chkassang, nuharunu tsiró{ló} (野原の鶴は) kvayuru munu nénsiga tínchi íppé átchusi firusang, (cf.play); 利ある所に危害あり、利も危害も無い方が良い chūnu lí yíti, únu utchinyi kanadzi génu ang,⁺líng yirángshi, gén nensi mashidó; 日月は織機の杼(ひ)の如きものである nyítchi zitchi fizíchinu gutukunyi ang; 私の心は矢のように家に飛び帰る(帰心矢の如し) kéyuru kukuru íyanu gutóng; 綱のように長い tsinanu gutu nagassang; 陽気な妻は隣の(伝馬)舟に乗り移る yurukubi gownu (顔の) {yurukubi zíchinu (好き)} tudjé chunu tíma nuti vatayung; 私の死後、彼女は別の男に嫁すであろう wa shidji ato bitsi ftunkae kashung {tstchi (付いて) ítchung}; 遊女の先祖は、皆悉く色好きの放蕩者だった assibi {bāki} winagonu⁺shínzú, kutu gutuku hananu shirú stchoru ftūdu; 耳を掩い風鈴を盗む者は自らを笑う mími ussūti fu líng nussudi dūshae dū bukūnyi⟨不工「愚か」⟩ nárashung.

Scab 瘡蓋・痂; kassa⁺fūta {būta}, kassánta.

Scabbard 太刀の鞘; {tatchinu, yaïnu} sī.

Scaffolding 足場・足場組み; sáshi kakí, áshi tsidji (継ぎ), kudami gī.

Scald やけど(火傷)する; (湯で yūshi) siziriung, sizirashung; 手を火傷した tī yūshae sizirachán.

Scald head (頭にある)瘡蓋; fé gassa.

Scale (うろこのように)はげ落ちる; 皮がはげ落ちる kánu tákkvïung, hágïung; 皮膚の疾患 sami irichi; 銃の穴を浚ってきれいにする hānu (砲の) zī (髄) saréyung; 山に登る nubuyung; 魚の鱗を取る írichi tuyúng.

Scales 天秤; {重さ} hakkaï; 秤(の)皿 hakkaïnu⁺tímbing; 天秤架 tímbínnu yāma; 魚の鱗 írichi.

Scaling-ladder 攻城梯子; kaki hashi; {縄梯子} kaki nā.

Scallion 葱; bira yassé.

Scalp 頭皮; tsíburu {buninu wabi} gá.

Scalpel 外科用メス; íshanu sígu gva, māru sīgu gva.

Scaly 鱗に被われた; {皮膚} írichi gā; 蛇の皮 nama djāfí (生蛇皮).

Scamper 慌てて逃げ去る; údjiti (怖じて) fīngïung, ussuríti (恐れて) túnudjung.

Scandal, -ous 醜事; minyikutchi kutu, yana kutu; hadji kakáyuru kutu.

Scandalize 恥をかく; [自動] hadjitóng, hazi kakatóng, hazikashimiráttang; [他動] (恥をかかせる) hazi kashimïnung, hadji kakïung, chūnu fīkussi ïyung (悪口を言う); [s.] disgrace.

Scandent はい上る(蔓性の); 植物(かずら) kazira kússa, kánda.

Scanty 少々・乏しい; shūshu, íkiraku, in tïen du áng.

Scapula 肩甲骨; kushinu soba buni, fira buni {平骨}?, kénya buni, kata {kénya kata} buni.

Scar 傷痕; kizi; あちこち切られて残った傷痕 chiri djíri kizinu ang.

Scarabaeus コガネムシ; fīrā (ゴキブリ).

Scarce 乏しい; íkirassang, íkiraku {yóyaku, marinyí} ang; 手に入れるのが困難 aï (有り) gurishang, aï kantīshung, aï gátassang; この本は数少ない {広く流布してない} kunu shúmutsi firukó nerang, {印刷 (版木のある)所にだけある fankó yā nakae du aru}; その品物は一人(の商人)だけが所有している anu shína chúïshi du mútchōru, chúï shi du úyuru.

Scarcely [s.] hardly, likely; かろうじて; 少し足りない・かろうじて足りる in tien ma taráng, in tién gva taráng, yóyaku tarïung, tarī kantīshung, vazikashī taráng, yū sané taráng; かろうじて良い、{もう少しであれば結構} nya ín tien gva sīdunse ang, nya ín tien gvā shi sinyung; nya in tien gvā míttáng (満たない); かろうじて信じられる shindji gurishang; yū sané shindjiráng; かろうじて言い尽せる ī gurishang, ī tskussaráng, ī tskushusé katémung; ほとんどなにもない dúku néng, néng gíssa.

Scarcity 欠乏・不足; ⁺fu dji yū⟨不自由⟩; 全ての物に欠乏した所 fudji yū na túkuru.

Scare 驚かす; udurukashung.

Scarecrow 案山子; nāshiru mabúï {若芽の幽霊}.

Scarf スカーフ; {肩に掛ける} utchakīru fussumúng; [動] 木材などをはめ継ぎする kī chiri āshung.

Scarlet 深紅色; kurinaï, ūu kuriné, fukaï kuriné íru.

Scate (skate) ガンギエイ; {魚類} íkka, fána íkka (烏賊) [動] 氷上を滑る kūrinu wī kara kumi tūyung; スケート靴 kūrinu wī kara kúnyuru sába, kūri kumi saba.

Scatter まき散らす; hóyung (放る), matchi hóyung, firugaï hóyung, chirïung, chíri hóyung, chirashung, sandjirashung (散), chíri sandjirashung; まき散らされている ama kuma chiritóng; 四方八方に散っている tati yukunkae yáma chiritóng.

Scavenger 道路清掃人; mítchi hóchuru ftu.

Scene [s.] sight; 光景・シーン; yósi; 見苦しい光景 mī gúrisharu {gatasaru} kutu; 美観だ! mī munu yassá!, mī gutu yassá! (見事だ); 舞台背景 hanshí dénu kazaï, hanshínu mí múnnu kazaï.

Scent 香気; nyivi, yī kaza; 香りを嗅ぎ分ける káza kadi chaki shtchóng (知っている); 香りのない kázanu néng.

Sceptical 懐疑的な; cha utagé ̈chimu múttchóng; chímu utagéshá; 懐疑による誹謗中傷 utagati súshïung (謗る); 全ての中で最悪のものは (猜) 疑心である utagé kúkuru mútumu ikáng kutu; 疾病の根は天理をはっきりと見ず, 賞罰因果応報 (の理) を信じない故である sunu kízinu mútu tin-dó〈天道〉kuragadósi nakae du aru, batsi (罰) fōbinu (褒美の) dóli shindjirang yuï.

Sceptre 笏; {kótinu (皇帝の)} kwī, mamuï kwī, nyúï, uyamé mī, sh ̇tsī, kótīnu dūnu mámanu mī; 王笏〈権威〉を振るう ̇chímpi〈権柄〉fuyúng; sh ̇tsïは正しくは, 王笏をそばに置く時の板または台のこと.

Schedule 紙片 (語源的意味); fuda, sátsi, kabi djiri; [s.] inventory.

Scheme 策; fumbítsi, tĭdáng, fákari gútu; すばらしい策ではないか yī fakari árani; すばらしい策だ! ̇myū〈妙〉na fakari yassá!; [動] (企画する) tĭdáng ndjashung, fakarigutushung; 利を企てる lí yuku〈利欲〉nu chūsang, lī yukunu sidjitóng; 人は数限りない企画をするが, 成功するか失敗するかは天にあり, 人の企画に何の効用があるか chunu mítski shusé kazoransiga, nataï yabutai tín nakaedu aru, chúnu fakari gútushi nūnu skúyuru kútunu ága?

Schism 分派・離教; dóli háziri, ̇ittán〈異端〉, dóli utchinu ími háziri.

Scholar 学者; samuré, ̇djú sha〈儒者〉; {生徒} gákusha (学者), sími narayá; 貧乏学者 fídjuru samuré, fínsū samuré; 学者は決意を固くしていることが肝要だ gakusha kukuruzashi tatīse kán-yú tushúng; 博識で洗練された学者 fáku gákunu samuré; 学者になるには, 最も痛々しい程熱心に専念して勉励しなければならない, 飢えても食を忘れ, 喉が渇いても飲むのを忘れる, そうすれば成功する gaku múng shuse ítadi níngurunyi kfūshusi nakae du aru, yáshashusi shúku vasī kávachusi núnyusi vasī, anshidu yīru (得る).

Scholarship 学識・学問; gaku mung, gaku, ̇gaka* sé〈学才〉, sími shiri *gakuであろう; 広い学問 gakumunu firusang, faku gaku (博学); 深い学識 sénu fúkasang, kán-sé〈寛才?漢才?〉; 皇帝に推挙されるべき学才

kótīnyi wūdji (応じ) bichī sé, kótīnu ōdunyi (御殿に) vúti wūdjiru sé または gakumúng.

School 学校; gakódji, gá kwáng (学館), shúmutsi yumi yá; より高等の学校 gákumunshuru dó, ̇mín-lun-dó〈明倫堂 mín lín dán〉; 国の最も重要な学校 ̇kúku shó〈国生〉; 地方の学校 ufu gakódji; 学校を開設する gakódji hadjimiti tátïung; 入学する gakodjinkae hádjimiti íung; 学校に行く際の入学金を lí djing (礼銭) と言う hadjimiti vúgadi shi shónyi ushagīru dzíng, lí djíndi ̇ichi; 学校を一時閉鎖する gakodji ndji iri { ̇shutsi nyū〈出入〉} yúrushung (延期する), gakódji yúruyung (淀む) *不一致であろう; 学校を再開する gakódji suruyung; 学童 ̇shu gaku〈初学〉, simi narénu vorabi, naráyuru vorabi, gakódji ndji hadjimi vorabi; 7,8歳で男の子は先生のもとへ遣られる nánatsí yatsínu wíckiga shínshīnkae yarashung; 子供らを学校に集め始めるのは冬に行われ, 冬学校と言う fúyu gutunyi vorabi atsimīse {hadjiminu atsimīse} fuyu atsimi gakódjindi ïyung; 学友 ̇dū〈同〉gaku; 教師 ̇shi shó〈師匠〉, shínshi (先生); 女教師 wínago shishó.

Schooner スクーナー (2本マスト船); tātsi aru hashiranu funi.

Science 学 (問); gaku, gaku mung, shíri (知), munu shíri, sé dji〈才事〉; 算術 sán-gaku (算学); 書き方の学門 ̇fī-pó〈筆法fíppó〉nu gaku mung.

Scintillate 煌 (め) く; 星が chiramítchung, fíkarinu chira chirashung.

Scion [s.] issue; 接ぎ木の若枝; yída, yída gvanu chizashi, míduri (芽).

Scissors 鋏; hássán; 小鋏 kū bassan; 庭師の鋏 chī djiri bassán; 鋏で切る hassanyung {dang, mang}, hassan chíung, hassadi chíung.

Sclerotica 強膜, 通称「白目」; shírami, mīnu shirami.

Scoff 嘲笑する; anadōyung, nabakuyung {tang, rang}; furi varéshung, aza varéshung, anaduri varéshung; 神 (々) を嘲弄する kami aza mutchung (嘲ける); 上位 {年長} 者を嘲る kámitaru chu {sīza kata} azamutchung.

Scold [s.] cause, maledict; 口ぎたなく罵る・叱る; nurayung, yana gutchi shung, adāshung, shkayúng, ussé ́i kutuba ïyung; 目を張って怒鳴った mī hati adashishang; núnudjïung {tang, mang}; 当地の罵り方: hé hïa!, gátchi! (餓鬼) hé hïa gátchi, yákará! (やから), 「手前 (てめえ)!悪党」, または「手前!餓鬼」, kwé djirá「手前, 大食漢め!」, fītsitsá!「手前, ちんばめ」, nyíkwī mung!「憎い奴!」, tássikirang mung「手前, ろくでなしめ」[s.] fellow.

Scolopardra (**scolopendrid**) 大百足; {動物} súnubará, 'nkazi.

Scoop 柄杓; {台所用大匙} nābī gé; 大変大きな柄杓 nī

bu；［動］掬う・汲む kunyung {dang, mang}； 掃く hochúng {chang, kang}；hóchi shung；

Scope [s.] intention; 意図; úmumútchi, mī tski; {kangénu} kukúĭ（まとまり）, tudjímai（しめくくり）?, ovaĭ; 本の総旨 sú muni；まず先に総旨をつかめ satchata sú muni nyídji（握る）sadamíri vadu.

Scorch [s.] scald; 焦げる; 太陽が焼き焦げる程の暑さだ fīnu chūsanu yakīru gutóng；「野菜がしなびた」様子は次のように言う: yassénu néyung, dayung 衰弱する、または垂れる；［他動］（焦がす）fīnu chūsanu yasse néshung, dárashung; tīdanu chūsanu yassé yákĭung（焼ける）；焼けつくような暑い天気 fadjishku atsissang；暑さで枯れる yassénu kari {枯れ} súndji-tang（損じた）, atatakanyi sundjĭung.

Scorn 軽蔑する; nabakuyung, karúndjĭung； 軽蔑するような顔つきをする nabakuĭgissaru kāgi； さげすむように私を見た karundjita kāgi vang nchóng； 全ての人が君をさげすみ見るだろう ftó síbiti nabakuĭ kagi nyúndó； 彼は私を軽視する ari vang mi saǵúng.

Scorpion 蝎; {日本語} má mushi; ufu nkazi?（大百足）

Scoundrel 悪漢; hĭa, chū nudjā（他人を騙す人）, yana ndza（悪奴）.

Scour 擦り磨く; sĭúng, síri kvāshung, mīgatchung {chang, kang}, ndjáshung.

Scouring rush （植）とくさ（砥草）; muku-zuku; とくさで晒す muku-zuku íti nánduruku（滑らかに）nashung.

Scourge 笞;［名］日本語 shĭpí*ケチがついている; bútchi; ［動］（笞打つ）butchi útchung {chang, tang}; 神罰 tín batsí, tín karanu vazavé.

Scout [s.] spy; 斥候; saguĭ bitu, ukagé bitu；［動］（偵察する）saguyúng, ukagayung, saguti {ukagati} nyúng {nchang, ndang}； 斥候はすぐ来て報告した sagui bitu feku chí unyukitang.

Scowl 睨む; mi fīchati {uramíti, ikati} nyung.

Scramble よじ登る; féri nubuyung； 慌てて登る avatiti nubuyúng.

Scranch 歯でかみ砕く; hā {shi} gússa gússa shung, pa-tchi-patchishi kanāshung.

Scrap 小片; {硬いもの} vārī（割れ）, {柔らかいもの} chíri.

Scrape, -r 剝ぐ・削ぐ; fīdjung {djang, gang}, súdjung {jang, gang}, chízĭung（削る）, féshung； 削ぎ落とす sudji utushung； 削り滑らかにする kíziti nanduruku nashung； 文字を削り捨てる djĭ kíziri stíung {sára-shung（去らす）}； 大根削り dékunyi sīyá; きゃべつを削る道具のような平たくいくつかの歯が飛び出た道具 sé gānā（おろしがね）; 穀物を量る升などの表面を平らにする道具 tó〈CDなし〉-chiā（斗掻き）, kumi hakayā（米を量るもの）.

Scratch 引っ掻く; katchúng {cháng, káng}； 皮膚を引っ掻いて剝ぐ kachi hadjung {jang, gang}； 膨れる程激しく

掻く katchi futsi mashung； 痒いので掻く vigóssa katchúng； 引っ掻く音 kakazĭung, gassa gassa-shung； 爪で掻き裂き血を出す katchi kvayung； 引っ掻いて深傷を作る káchi górashung.

Scrawl 走り書きする; zari gatchi shung {即ち、書く気なしに書く}.

Scream 大声で叫ぶ; ufu abī-shung, fūrī abī-shung.

Screen 遮る・被う；［動］saïdjĭung {itang, irang}, saidjiri ussūyung; kataka-shung；［名］（衝立障子）kataka; 日除け tída gataka； 火を遮る物 fī gataka または fī-gatchi; 埃除け fukuĭ fushidji; 風除け kazi fushídji {gataka, gatchi}； 中国で戸口にある風除け fīmpung〈屏風〉, yānu kataka íshi, yānu ménu íshi gatchi； 折り畳み屏風 nóbu, nyóbu； 屏風を閉める nyóbu kūyung; カーテンのような窓覆い sidaï（簾）.

Screw {[s.] wrench}; ねじで締める; mudí-shung, nīdjiri-shung（ねじる）; ねじ回し・ドライバー nídjiri shimīru mung, nidjiri shimīā; コルク栓抜き djó nidjiri, físhi-mudí, físhi-mudī nudjā; ねじり込む nidjirínchung, mudínchung {(否):k[an]g}.

Scribble 走り（なぐり）書きする; kunzó（混雑）gatchishung.

Scribe 写字者; djī katchā, shumutsi gamī; 学問的・知的職業の人 samuré, gáku sha.

Scriptural 経典に基づく; shī chónu〈聖経の〉tūï, shī chónu dólinu tūī, shi chónu dólinyi yutóng.

Scriptures 経典; chó〈経〉, shī chó〈聖経〉.

Scrofula 瘰癧（慢性結核性リンパ腺炎）; luĭ lítchi.

Scroll 巻物; matchi gatchi, matchi gaminyi kachéru mung, djī katchēru matchi gami.

Scrotum 陰嚢; yakkván, kuga bukuru, támanu tsitsíng, kúganu tsitsíng.

Scrub ごしごし擦り洗う; arraïyung, síri arayung, aré {síri} kushiréyung.

Scruff [s.] scurf.

Scruples 良心の呵責; すでにした行為について（の気がかり）chimu gakaï.

Scrupulous, -ly 慎重・綿密な（に）; kumekita mung; 慎重にする kumékiti shung; 常に疑う cha chimu utagéshóng, cha utagé mutchóng； 何でも疑う guma mung madíng {kutugútuku} utagatóng, fitu munu utagéshta.

Scrutinize 詳細に調べる; issenyi（委細に）tuï shirabĭung; sáshti nyūng; 目で見て調べる issényi mī shirabi-ung, -shung, kuwashku nyūng.

Scuffle どなり合い乱闘する; abi kwéshi óyung, ïyé-kwé-shung.

Sculk コソコソ忍び歩く; kagamati {turibati, ussudi} yítchóng; コッソリ追う ato wīshi nyūng, ato wīshi 'nchi átchung.

Scull 櫓; lū; 櫓を漕ぐ lū kūdjung.

Scullion （台所の）下働き; hóchū tigané.

Sculptor 彫刻家; íshi zéku〈石工〉, ishi fuǐ {mung-shuru} séku.

Sculpture 彫刻する; [動] ishi fuǐ mung shung; [名]（彫刻）ishi fuǐ-mug*-shusi *mung; 彫刻された ishi fúǐ, ishi fuǐ mung, ishi fuǐ shéru, ishi fuǐ mung shéru.

Scum 浮き泡; {水の mizzinu} ā būkǔ, bū-kā; [動]（泡をすくう）ābuku tuyúng; 滓を取り去る nyiguri tuyúng.

Scuppers 甲板の排水口; {船の fúninu} shū hatchi {吐き} mǐ; mizzi hatchi {即ち, 水吐き. mǐ「穴」を付け加えてもよい}; mizzi hatchi tukuru.

Scurf,-y 垢; áka; 琉球の老人の顔によく出る一種の垢 ūmǔ gā〈面皮:肝斑〉; 垢だらけの ákanu tstchóng; 頭が垢だらけである karazi aka hádóng.

Scrvy（**scurvy**）壊血病; omi fūtchinu byotchi, omi kazinyi atatoru byótchi{?}（船員がよくかかったので命名）

Scuttle（船に）穴をあける; funi mǐ fugatchi shū tūshung（潮を通す）.

Scythe 大鎌; naga írana.

Sea 海; omi; ある句の中では útchi（沖）とも言う; 海中の島 {洲} útchi nakae aru shíma {fǐshi}; 当地の一つの寺, 通堂（Tundó）または海岸にある寺は útchinu tira（沖の寺）と呼ばれている; 海面, 海上で ké sho〈海上〉; 穏やか海面で, 良い（船）旅 yī késhó; 海の匂い, 魚の匂いも firu ḳussasang; 海風 omi kazi; 船旅をする kaǐru〈海路〉{omi kara, omi mítchi kara} ndjí（行って）; 海鳥 omi ṭúǐ; 海馬, 海豚 fǐ-tū (cf.seal); sea-smail 泥亀（スッポン）háyú; {一種の}海木（海松）bīru（みる）; 海水 shū（潮）; 海草 āsa, āza, omǐ núǐ; 別種の海草 tsínu máta, Irish moss（やはずつのまた）に似ている. それからジェリー, būtǔ, を作る; 海岸 ké fīng〈海浜・海辺〉, omi fīng, ominu hata, hāmǎ; 船酔いする funéǐ-shung, funéǐ shi hatchúng; 海戦する funa íkussa shung; 大波 ūū nami; 波が静まった késhó udayakanyi ang, ūū naminu yadóng, shizikányi natóng; 海底に埋められたようである ominu suku nakae shízimi uzumatōru gutóng; 岸なき海 ufu umé hátá mīrang（大海は端が見えない）; 茫洋として暗く, 海浜が知れない kfuraku ūǐnyishi kadjiré {haté} shiráng; 太陽が初めて海から昇るようである tīda hadjimíti omi kará ndjīru gutóng.

Seal 印; [名] íng {平韻 hǐapíng で発音する}; 海馬 fǐ-tū（イルカ）, またはあざらし (sea dog) omi íng {この íng は上韻 sháng píng で発音}; 印鑑製作者 {彫り師} íng-fúi-zéku; 捺印する ing tskiung, íng tstchung {chang, kang}, íng ushung {chang, sang}; [動] 手紙に封印する tí gami {djó} fūdjǔung {（否）fūdjīrang}, íngshi fūshung {（否）:-sáng}, tígami íng tskǔung; 印肉 ín-nyíku, íngshuru urushi（漆）; 印肉を付けて捺印する ín nyíku tskíti ushung; 公の印 kwán íng〈官印〉; 公の役所からの印 kwámpunu（官府の）ing, kwan djǔnǔ（官所の）íng; これ {玉璽} を受けると永久の名誉となる kuri yíti nagaku sakayúng; それには「万の動機 {発意} と皇帝の筆の宝」の字が彫られている mannu karakui shín fitsi〈宸筆〉nu takara; 官令も官印も捨てる kwámpunu hó gatching ínnung sti yandǔung; 封印した手紙 fūdji {téru} djó; 地方隅々から皇帝へ送られるすべての至急便は封印されている sín zín〈隅々〉kara kótinkae ushagitéru bunó fūdjiti du.

Seals（大法官の）璽;（官職）印の保管官・管理官 ing-gamī, íng attaǐ, ing tskasadutoru kwan nying（官人）.

Seam 縫目; {衣類の chínnu} némi, né kutchi, tsidji kutchi; 二つを接合させない継ぎ目 uǐ kutchi; 下方の縫い目 fússu; [動]（縫い合わす・継ぎ合わす）ūǐ noyung.

Seaman [s.] sailor, mariner.

Sear（表面を）焦がす; sizirakashung; 焼印する yáchi íng; 罪人に焼印する toga nyinó（罪人は）yatchi íngshung.

Search 探索する; saguyung, saguti nyūng, tazonǐung, tazoni mutumǐung; ある品を探しに行く sagétchi mutumǐung, tumeti mutuming, ndji tumeyung; 私がゆっくりと探すのを許してくれ vang yóǐ yóǐ tumeyú {kamerandi shú kutu*} yuruchi kviri *kutu は} の外であろう; 誰が取ったか, 家中の者を調べよう ya nyindjū ságuti shirabitínda, tútíga ará; 経典を調べ比べて見よう chó saguti shirabitínda.

Season 季節; [名] shtsi（節）, tuchi, djíbúng; 四季 shí djī〈四時〉, shí shtsi; 24節 {中国における一年の細分法} nyi dju（shīnu）shtsi irí, その名称は kalendar の項参照 (ikka níng nakae nyi dju shīnu shtsi írinu ang); 時宜に適った {shtsinyi, tuchinyi, djíbunyi} átatóng; 時期はずれの shtsi háziri, [s.] importunate; 乾期 fídiri; 実り多い季節 yúgafu（豊年）; 雨期 nága ami; 文官武官の仕事はそれぞれ時宜を得て行え bu bún〈武文〉nu yūdjó na mé mé tuchi nyi shtágati sí; [動] 調味する ambéyung, yī ambényi shung, adjivé {ádji} tskoyúng; gū duyashi shung, gu avashung {後の2つは混合物について}.

Seasonable 時期にかなった; 雨 yí djibunnu ámi; 時宜を得て chódu túchinyi átati, yī djibunyi.

Seasoning 調味料; nyivi tskīru {ambéyuru} mung（匂いをつけるもの）.

Seat 席; [名] yī（椅子）, yī-djǔ（坐る所）; 君の席に行き読みなさい ǐyaga yīdjunkae kéti ndji, sími yumé; [自動]（座る）yīyung; 座っている yitchóng; [他動]（座らせる）yíshǐung; 座れ yíri; どうぞお座り下さい yī mishóri.

Secluded [s.] retire; 隠遁した; kakvi dukuru nakae ang; 隔てた fidatitóng; 隠遁者 ato kakuchōru mung {自分の跡形を全て隠している者}, yū sti bitu（世捨人）{世の中のことを気にかけない人}.

Second 第二の; de nyí, nyī báng, nyi bámmi, fīchi tsídjí; 第二級の (質の) もの fīchi tsidji-na mung; 次男 djí náng {gva}; 第二位の人 {即ち, 助手} tassiki; 副官 tassiki kwang, súí kwang; 第一に〜第二に〜 titsi - tātsi -; 今日二度来た chū nyi du {nyi du mi} chóng; 多分二度目になるであろう nyi du mi vuti nayuru hazi; 短い時間 íttchuta; 1分の60分の1 (1秒) íkkuku (一刻).

Secondary 二番目の; fīchi tsidjí; 第二の (皿) 料理 yé si mung; これは2番目の考えだ (考え直した結果である) kure átonu kútúdu yaru.

Secret, -ly 秘密 (に); [名] mītsī gutu, fí mitsi gutu, fī mitsi, kakuri kutu, chī mitsi〈機密〉; kakushi gutu, né shu〈内情〉gutu, kakushi mung; 秘密を守る mitsi gutu kakutchi dzundjitóng (存じている); 短い間に馬の足 {秘密} を見つけた (馬脚を露わした) chútunyi ariga kakushi gutu aravaritóng; ああ, 露われた (ばれた)! aravarítassā!, úbizīnyi murachassayā! (思わず漏らした); 肌を白くする秘伝 {方法} háda shíruku náshuru tidánnu fimítsinu tsté; [形] (秘密の) 謀りごと suruĭtu-shéru yūdju; 密かに与えた損害 suruĭtu sundjirachéng; 秘密の謀りごとがある suruĭtu fakari gútunu ang; 秘密を暴露する kakushi gutú murashung; 密かに謀る fissukanyi fakayung; 密かに共謀する fissukanyi kumishung.

Secretary 書記官; fudi kwán, djī katchā, katchuru yūdjǔ kamutōru kwan; kwámpunu (官府の) katchi tumishā.

Secrete 隠す; kakushung, ussī kakushung; 隠れる káckwĭung, kakurīung; 分泌する muĭ (漏れ) {fúchi} ndjĭung {ndjashung} (分泌する).

Secretions 分泌物 (液); dū kara muĭ {fūchi, にじみ出る・漏る} ndjīru mung, または shiru; muĭ nagarīru mung.

Sect 宗派; 新宗派 shímpó〈新法〉, arata mítchi; 新法をたてる shímpó {atarashchínyishi (新しきにして) mítchi} ushīung; 一つの派に属する人々 mítchi tītsínu ftu; 仏陀の宗派 (仏教) bózinu hó.

Sectary 教徒; 異端教徒 yana ushīnu ftu; 自分の信念を固守しすぎる人 dūnu mītski katamatóng.

Section 節; {本の shumutsinu} chu chiri, ishshó〈一章〉.

Secure 安定した; 安全な udayáka, ukash'ku nérang; あの商人は信頼できる anu achinyé mattassang {mattaku ang, mattónyi ang}; 堅く守る támutchung (保つ) {chang, kang}; 瓶を安全にしまって置く kákugushung (格護する); しっかり結ぶ chíngu〈堅固〉nyi kundjung, katónyi kunchóki; 泥棒を監禁する katónyi shugussi (守護し) fĭndjassang gutu; 保証する fīchi uki-shung, fīchi ūyung; 虚偽の安全について彼らは次のように言う*: 「彼ら」とは中国人のことであろう:ECの例文による。積み薪の下に火を置き,その上に寝て,火が君に届くまで,疑いなく安全だという tamúng mazínnu

shtya nakae fī tskíti, wīnyi nínti, fīnu áttarang mādū makutunyi kuri udayakandi ïyussitu yínu mung.

Sedan 駕籠・轎; kagū; 婚礼駕籠 chū〈轎〉; 皇帝の kótīnu ū chū; 駕籠棒 kágunu bó; 駕籠に乗る kagū nuyúng; 駕籠を担ぐ kagū katamïung; 武官は駕籠に乗ることを法で禁じられている bú kwang kagu núyusi hónyí chíratóng {tudumiténg}

Sedate 穏やかな; utunássa, utunashī fūdji, shímbyu〈神妙〉na mung.

Sedentary 座ってする; {職業} yítchóti shín ló〈辛労〉shuru vaza.

Sediment 滓・沈澱物; kassi, gúri; 滓が入っている gúrinu íttchóng; 滓が沈殿した gúrinu yitchóng; 滓を沈殿させろ gúri yishiré {yíshirassi}

Sedition [s.] rebellion; 謀叛; mufúng; (扇動して) 謀叛を起こす ī midarachi mufūng shímíung.

Seditious 煽動的; djákuna (逆な) ftu, sumútcha mung, mufúng shuru mung.

Seduce [s.] suggest; 誘惑する; yana mítchi nkae mitchibitchung, chū sikáshung; 女性をかどわかす wínago ī midarachi shtsi yabuyung {mitsū (密通) shung}; madavashung*, yana kutunkae fīchi sisimïung {sisimi maduvashung} *maduvashungであろう; 惑った madutóng.

See 見る; mīru, nyūru {'nchang, ndang または mīrang; [命令形] ndé, 'nchi ndé}, 'nchi nyūng; 見たいと思う mī nuzudóng, mī bushashóng; 自分の (姿) 映像を見る dūnu kāga {kádji, katachi} nyūng; {ガラスのように} 透き通って見える stchi tūti nyūng, 比喩的に mī tūshung (見通す), tashĭung, tsōdjĭung; おい, ちょっと! uné kuma!; 見たり聞いたりして知る chímbun〈見聞〉shóti {nchaï chichaï shi} shtchóng; 私は彼を見た {すでに会った} ことがある vané satchi vuti ari ichatóng, ari ítchatí shtchóng; 私に会いに来たと言った vang ítchaïga chóndi icháng; 見ることができない 'nching ndang* (見たことがない) *ケチがついている {見ても見ることができない}, mīrarang* * ndarangであろう; 見ることができる ndarīng, mīrarīng; はっきりと見る aravanyi {issényi} nyūng; 行って鏡をみてごらん, 汚れているよ kagán ndji 'nchinde, ïya tsíra (面・顔) fīngu shóndó; 私が行って鏡を見る vaga ndji kagán nyūng; 皇帝の御顔を拝む kótīnu ūnchi nyūng; 見たことがないという理由で,それは存在しないと言って良いものか? uri māda ndang yüïnyí néndi íchi sínyukayá*? *to seeはto sayの誤訳であろう:EC参照; 混ぜものは防げる,自分で蜜を取るのを見るべきだ mitsi túyusi dūnu mīshi ndi vadu, anshi madjirié naráng; またこの際彼らは誰も見ないであろう mata namanu bashu chu {'nching (見ても) ndang* *'nching ndangは「見たことがない」で,ここでは「ndangだ

けがよいであろう」； 会見する，人に会う íchati nyūng, íchayung； 君は彼に会ったことがあるか ïyaga ari íchatí nchí?； 私は去年は黒い墓の所で貴殿を見ました vaga kuzó kuru hakanu (tukuru) vutí undjó ncháng； 見舞いする miméshung, vuganyung (拝顔する)； 私は彼を見舞いに行って vaga ari miméshīga ndji, 上官に会う kwang nyin vuganyung； 世の中の経験を積んだ shkínnu yósi {shkín mutchi} yu shtchóng； 物事の経験を積んだ人 kutu yū sabatchōru {kutu fitōru, yu vakatoru} ftu.

Seed 種子； sani, tani, {果実の} mī； 全種類もの種子を混ぜたもの munchani； 種蒔き季 sani {wīru} máchuru djibúng； {種子商人} munchani uyá； [動] (種を蒔く・種を生ずる) sani mútchung* {chang, tang**} *mátchungであろう．**kangであろう； 子孫 kvá mága, ato tsídji； すべての穀物の種子 gŭ kúkunu (五穀の) munchani； 種子の保存法 munchani kadjimīru shíó (仕様)； 種子を瓶に入れるばあい，地表の空気の近くではなく高い所に吊るす必要がある munchané kāmi (瓶) nakae íttaï, tákassa tukuru nakae kákiti, djīnyi (地に) chkáku nasáng gutū sí vadu yutasharu； 種子は湿ったら発芽しない munchané shtsi kakaïdunse {síttaï dunse} shódjirang (生じない)； 種子は蒔いた後3日ないし5日の間雨がなければいけない，もし乾燥が続くと発芽しない sani máchi shi áto san gu nyítchi, ami furi varu yutasharu, hyāïnyé (乾燥すると) shódjirang； 花の種子は肥えて成熟したものを集めるべきだ hánanu sani kadjimīru bashu kwéti chūtósi kará íradi yútasháng.

Seedling 苗 (木)； né, nashiru (苗代).

Seeing 見ること； これは改められない所を見ると，そのままにしておくべきだ kunū kutu aratamírang (改めない) tuchindo {aratamiraráng kutú} namanu gutu utchóki vadu yaru； {上記のことから}判断して {wī kara} útchi ndé, または kangétindé.

Seek 探し求める； tuméyung, kaméyung, tazonïung {tannïung}, sagéshung； 幸を求める sevé mutumïung {nkéyung}； 探したが見つからない tumerivang tumeraráng, kamérivang {tazoníting} mīrang； 探して見つける tumétang (探し出した), tumeti ang, tuméti nchang, tumeti mī ndjashung； それを花の中で探し求めるのは無益だ kuré hana kará mutumīse itázira gútu dó.

Seem [s.] looks, like； 〜のように見える・思われる； (似せる) nyíshïung, katad-uyung; -ndi umutóng (と思っている), -ōru gutóng； 君にはどう思われるか iya kukuró {kange} chāgă； 結構なように思える yutasharu gutóng, yutasharu {hazi} ndi umutóng； 雨が降りそうだ ami fuïgissa, ami fuï gissaru chizó〈気象〉, ami muyó-nu ang, ami mūyū (模様)-shóng； 彼は友人の

気持ちでやったようだ dushi nyi nyíshti {dúshinu gutu} shéng, dúshi shuru gutóng； 人間がいるようだ chūnu {ftunu} wúru gutóng； 手足を動かしたがっているようであった tī fsha ndjukashuru yonyi {ndjukashi búsharu yónyi} shóng； 長くなるようだ nagéssaru gutóng； (これを見たら)最も大きい {多い}ようだ kuri nchínde ítsing magissaru {uffissaru} gutóng.

Seemly よろしきを得た・相応しい； yutashang, yurushchinyi ang, áttatóng.

Seethe 煮立てる； fukashung； [自動] (煮立つ) futchóng, vadjïung {vadjitóng}, mugéyung, múyung； vadjïung は正確には「煮立とうとしている」の意.

Segment 円の弧； yumi baï {幾分弓型の}, marunu chu tami {丸の一曲がり}, marunu chu dan, maru mācheru chu búng (一部分)；

Seize 捕える・絡める； karamïung, katsimïung, wī tskïung (追いつく)； 逃げようとした丁度その時捕り抑えられた nugirandi shuru ba katsimi tudumiráttang； 急に痛みが襲った chútunyí itáminu fashshtóng； 5貫の銭を強奪した ítsi nutchinu dzíng tskadi nucháng.

Seldom 滅多にない・稀な； marine mung, úffokó néng mung； 稀に来る márinyi {marukéti} chūng.

Select 選ぶ； yirabïung {yiradang, yirabáng}.

Self 自己・自身 (で)； dū, dūshi, dūshae； 自分たち dū, dū nā； 私自身 (で) va dū, vaga dūshae； 彼ら自身の中から dū nānu utchi kara, dūnu utchi kara； 克己する du makashung, dū katashung, kukuruzashi tóshung； 彼ら自身も同意すべきだ dūnāng gatíng nari vadu； 自分の為 {関連させて}考える dūnyi fíkké shung, dūnyi fíkkéchi kangéyung； 自省 (する) dūshi dū nyūng {kaïri nyung}； dū kaïrimi sashíng； 自信に満ちた dūshi shindjitóng； うぬぼれた [s.]this, djimanshta ftu； 自己満足した manskushóng, mizzi kara taritushóng； {気絶から}正気に戻る shó tstchóng, djúnyi nayung, yagati shó tstchī gatá； 自分でする dū kurú {umi yúti} shung； 良い召使は言われなくとも自ら事を処理する yī tumu kumanó tuzikiransiga umi yúti tskarīng； 心の内に思って kukurunu utchi nakae {fissukanyi} úmuti； 独立している chuï {ftuï} dátchishi vung, [s.] one； 自ら招いた dū shi manutchi chóng； 幸不幸は自ら招くものだ sévé vazavé dū yüïnyi chūng； 自分で怪我した dūshae dū yamacháng； 自ら勘違いする dū shi dū kanchigéshóng；「自己」の表し方 (自称) dūnu ībung； あれは自然には生じないだろう nan kurú shé naráng； 誰かがやったに違いない nankuró sang, chūnudū shéru tsímuï； ただ自分一人を知るべきではなく，他人も知るべきだ tada dū bakaï shtché simáng, chung shíri vadu yutashang； 彼は一人きりあそこにが居る ari dū chuï amanakae du wúru； 人は自分自身を知らないのは辛いことだ．君は私に

向かって論じ、私の得失を攻め立てるべきだ fitó dūnu yósi shiráng kutú dū kurushídōru, ïyaya van-ingkae nkati va túku shtsé〈得失〉shímiti kvíri; 安楽に過ごす andákunyi ang, tukúttushóng; 自己を知る dūnu kukuró {+fún shin〈本心〉} shtchóng, satutóng; 自己認識 dūnu kukuru 〈achirakanyi〉shtchósi; 自己自賛する dū bukúï-shung; 自ら悟る +shín tsū〈心通〉shóng; 身勝手な djímămă; {頑固な} katamatóng, katamata múng.

Selfish,-ness 利己的・利己心; watakushi-nu kukuru, vatakushinyi katayutōru ftu; 利己心のない vataku-shinu néng ftu; 利己心が先に生じ、偏見が続いて起こる shútí〈初手:sh'tíとしてよい〉vúti vatakushinu átti（有って）, yana mítskinu ndjíung; 自分の事ばかり考え、他人の事は気に掛けない dū bakaï shtchi ftunu kutó shiráng;「私は, が」または「私に, を」無我の心という気持ちが少しもない dū shtchóru kukuró néng; vari bakaï tukūshuru{[得]}kukuru néng; dū gatchi shuru kukuru néng.

Sell 売る; ŭyúng, hárayung（売り払う?）; 斤単位で売る chíng ḳakishi ŭyúng; 売り払う sú hareshung, sú uïshung, uï chirashung; 全部売り切れた uï haréshi néng.

Semen 精液; ínsi, +shī〈精〉{shtsi, kuvashchi* 「精」の訓読み「くわしき」であろう}

Semicircle 半円; maru māchéru hambung.

Semidiametre 半径; sashi vátashinu hambung.

Senate 議員; djímminshuru（吟味も）{kwédju〈会所〉shu-ru} kwannu cha; 会議所 kwédju, djímmishuru yā.

Senator 議員; djímmi bitu, djímmi kwan.

Send 派遣する; tskayung, sashi tskayung; 人を派遣する yárashung, tskatí yarashung; 送り与える yayung {次の「互いに贈り物をし合う」以外では稀}; 送ったり受けたりする、互いに贈り物をし合う tagényi +lī-mutsi〈礼物〉tutaï yataïshung; 送り返す kéchi mutashung, kechi tskayung, kéchi yarashung; késhung; 手紙を送る djo tskayung; 人に頼んで送る tanudi tskayung; 監視の下で送る kwan nyínnu mé yarashung {tudukïung, vattashung, ukuti yarashung, vugamáshung}, fītchi vattaï shung; 呼びに遣る yubayung,{丁寧に}untsgéshung（ご案内する）, untsgé shimïung（ご案内させる）; 下ろす úrushung, kudashimiung（下させる）; 贈り物を送る ukuyung, ukuti tskayung, tskaï ukuyung, ukuti ushagïung, ukuti kwïung; 招待状を送る untsgénu té〈帖〉tskayung {múttashung}; 生まれた省に送り返す dūnu sínnung-kae〈CDなし〉{+fún murankae〈本〉村, 生まれた村} kéchi yarashung, mútunu wuïdjunkae késhung.

Senior 年長者; +sī za; 年長者と年少者の間には守るべき秩序がある（長幼の序）sīza útu ná mé mé shidénu ang; 全て年長の順に学校に入る síbiti gakódjinkae

+īse {túshinu} sīza útu shidéshi íyung.

Sense センス; {意味} chímu, chimyé, ími, ímiyé, +ībung; 総括的意味 sū muni（総旨）, sū kukūï; 意味をなさない hánashinu tudjimarang（話がまとまらない）; 皆一つの意味 sūyó yínu chímu; 文字の意味 djínu ími, +djí djī〈字義〉; 良識ある人 ari（彼は）+tŭï ṭukurunu ang, dóli satuta mung.

Senseless 無分別な; {愚かな} munúng shirang, munu shiri néng, +buku shtchi〈CDなし; 木石〉{ki íshi} nu gutoru mung, kī ishitu yínu mung; 無意味な íming vakarang, tsōdji gurishang; {気絶して意識のない} shó neng, shó ushinatóng.

Senses [s.] organs; 感覚機能; 五感 itsísinu* saguyuru +nú〈能〉{massashchi} *itsitsinuであろう;（五感）: 視覚 nyūsi, 聴覚 chíchusi, 嗅覚 kazashusi, 味覚 adjivé-shusi; 触覚 sāti vakashusi, sāyusi; 触って悟る tī záchi（手先）shi ubïung; また fúruru [触], 即ち,「打ちかかる*」*fúruruを「振るう」と混同したのであろう; 再び正気づいている shó tstchóng; 魂消て正気を失った tamashí nugitóng; 七情は外物に動かされ、外物により内なる思慮は混乱させられる shtchi +djó〈情〉ya gvé bútsi〈外物〉nyi ugukasátti, umúï fakayé útchi kara midaríti chūng; 感覚への乱れた影響は完全に切られた midari kándji〈CDなし〉túmunyi tetóng; {仏教徒のいう}「六つの塵」とは何か mūtsinu chírí fukúï nuga dunyaré?;（六つの塵とは）色・声・香・味・触・法（般若心経）íru, kwī, kaba, adjivé, ībizachi, núri; 文の意味が幽かで深い +bún〈文〉nu ími kassikanyishi fukassang; 羞恥心は下賤な人が高貴な人間に変る転換点だ chūnŭ hadjinu kukuru +shódjing〈小人〉kara kunshinkae〈君子へ〉tíndjirashuru tidán du yaru; 羞恥心は勇気とほとんど同じものだ hadji shīusi issaminyi chkassang（近い）.

Sensible 感じ易い; {敏感な} tsōdji béssa, kan béssa; 感づいている gatín shóng, satutóng, kan tstchóng; 寒さに敏感 fīsă umī（寒がり）, fīsă ussurïă; 暑さに敏感 átsissa umī（暑がり）.

Sensitive 敏感・感じ易い; 触れたら縮む繊細な野菜 sāré chidjumayuru {hagósashí} yassé.

Sensual,-ist [s.] carnal; 官能的な; 音・色・臭い・味の欲に麻痺した kvi, íru, kaza, adjinyi mayutóng; 淫らな yu-kushíma midari mung; 物欲に麻痺した mutsi yuku-nyi mayutoru mung; {酒や性欲に麻痺した} +shu shúku〈酒色〉{saki iru} kunudōru tumugara.

Sentence 文; {言葉} chu kutúba, chu fánashi, chu fanashinu kutúba, +íkkú〈一句〉, íkkunu kutuba; 本の中の一文 chu chíri; 未完成の文 máda tudjimarang hanashi; 判決する sashi vaki-shung, tsimi sadami-ung, tsimi chivami-ung; 死刑宣告した shínyuru {kurushuru} toga chivamitóng, shizényi〈死罪に〉sadamiung（定め

る）；法に基づき判決を下す lítsi〈律〉tūĭ {litsi kangéti} fakaï sadamïung.

Sentiment （感）情；kukuru mutchi；心情のよい人 kukurumutchinu yutashang.

Sentinel 番兵；bānshuru {bāng mamuyuru} fíng, bānnu fíng.

Sentry box 番小屋；bānnu fínnu yā gva.

Separate [s.] wean；[v.n.] 別れる；[自動] vakayung, fidati vung（隔てる）；fanarïung；友から別れる・離れる vakarïung, fanariung, fanari vakariti ítchung, f[anar]i vakarïung；[他動]（別れさす）vakashung, vakashi firashung, fanarashung, ákashung（離乳させる）；線で分ける・隔てる chī shae fidatïung {fídati vakashung}；皆別々に níndju vakíshi；良い物を悪い物から分ける yutasha vassa vakïung；それぞれ{の手}に仕事を配分する tī vaki shung；そうしてある（配分してある）手分けしてある tí vakishimiténg；相争う人々を分かす óyusé vakashung；私たち二人は一時一刻たりとも離れない vattāya chu túchi chu kúku madíng hanarirang；この別れ以後またお兄さんに会えるかどうか私には分からない kunu vakari ato mata yakomí（お兄さん）ichaïgashura ichāngashura shiraráng；誠にこの別れは嘆かわしい {泣くべき}ことだ makutunyi kunu vakaré natsikashī（悲しい）bashu du yaru.

Sepia [s.] cuttle fish.

Septangle 七角形；nána símí gáta.

Septuaginary 70歳代の人；ló-djín〈老人〉, shtchi djú kará wīnu ftu.

Septuagint 70人訳ギリシャ語聖書；shtchi dju samurénu utsushi ndjachéru shī chó〈聖経〉.

Sepulchre 墓；haka, tska（塚）；皇帝のお墓 kōtīnu ū faka, ū tska.

Seraglio 後宮（イスラム教国の）；{皇帝の} kótīnu wunadjaranu（妻妾の）simédju.

Seraphine 足踏みオルガン；kutū, fū-ching〈風琴〉.

Serene 澄んだ・晴れた；天気 shī ting〈晴天〉, tínchi nu simitóng；fíkarinu nadóng；澄んだ心 chímunu simitóng, símita mmaritsitchi {kāgi}；(cf.transparent).

Series 一並び・一連；nárabi, nami；連続して yínu nami, nadóng；naradóng；直接順次に続く shidé tsidjishung；直接順次に続いてない shidé kvītóng.

Serious [s.] earnest；厳粛な・まじめな；chíbishī shó, djin djūna〈厳重〉mung, shímbyūna〈神妙な〉ftu, i〈威〉nu ang, ín djing（慇懃）, índjinyi ang, ín djinu ftu；damaï（黙り）tskiung；fuāsang damati dūru, djitsíndu {djitsinyidu（実にぞ）} ïyuru 即ち、冗談ではなく、本気で言うのだ, tádashī（正しい）ftu；重病 yaménu téshtsinyi〈大疾に〉natóng；心から道理を知りたいと願う人は尊敬に値し真剣であり、そしてその場合正し

い道理が広められるであろう dóli mutumíse makutunyi aré chākí táttubi djindjūnyishi mítching tsté bitchī；真剣に神を拝する makutu tsitsishimíshae kamé vugadi* vadu yaru *vugamíであろう；心の真剣さ tsitsishimí-ussurīru kukuru.

Serpent 蛇；habu, djā.

Serpentine （蛇のように）曲がりくねった；án magáï kán magáï, magaï figuï shóng, yugáng figáng；曲がりくねった道 magaï mítchi.

Serrate 鋸歯状の・ギザギザの；葉 nukudjiri gátanu fa.

Servant 召使；tumu, wi tske, wi tskénu mung, wi tskéshuru mung, wi tskeshā；召使少年 tskavari vorabi, nyiségva, tumu gva；奴隷 ndza；男奴隷 búku；召使女 wínago dúmu, tské winago, mbashī, djí-djū〈下女〉；奴隷女 wínago ndza；tské mung は男性にも女性にも用いる；召使たち tumu zíri；役所のやや年輩の小遣い pu〈夫〉mé；役所のやや若い小遣い shta ziké；臨時に政府に雇われた封建時代の小使 wédaïōgang（公事拝）；封建時代の奴隷 ūbang；肉欲などの奴隷 [s.] carnal；公の小遣い yáku；一家を取り仕切る執事 kwán-chā〈管家〉.

Serve 仕える；tskārīng, tumushung, gu fukūshung, witskésarīng；私は彼に仕える vaga arinyi tskāring {tskavaring}, vaga ari {ga} tumushung（彼の供をする）{私は彼に対し召使の勤めをする}, ariga gu fukúshung {彼の御奉公をする}, vané ariga tumushi tskārīng, tskāti átchung；神・父・王に仕えることの上品な言い方は tskómatsïung（仕る・つかまつる）；父親に仕える uyanyi tskomatsïung；人に添い仕える soba vuti {katafarinyi*} tskārïung *katafaranyiであろう；ひざづき仕える fambïung（侍る）；君は私に仕えてくれるか ïyaya vanyi wītskésarími?；これは十分役に立つ yū atatóng, yūnyi tatchóng；彼は私に大変よく仕える vántu madjung vūsi djóbó ang {yītóshung}；あなたのお供致します vang undjunu tumu sā；私に持たしてくれ vang mutá；筆は書くのに役立つ fudé kachussinyi yūtu natóng, káchuru yū tatchóng, kachuru tami；薬に役立つ kussúï yū（用）, kussuï shi númí yū {飲むために}, kussuï shuru tami；政府に仕える fūkūshung, wédaï shung；いと高きもの（神）を尊び仕えよ tsitsishídi shótī〈上帝〉nyi tskómatsirí；供える ushagïung.

Server 盆；djín；{長い膳} tsíri dé（連台）；茶盆 chā búng.

Service 奉公・奉仕；{公的} fūkū, wedaï, wedaïnyi tskārīsé；kwan tu shusi；一般的な意味では（使われること）tskārīru kutu, tskátatchusi；mutchīru kutu.

Serviceable 有用な・使いやすい；mutchirarīng, mutchirarīru {mutchi} tukurunu ang, mutchī bichí mung.

Servile 卑屈な；人 kúshita（屈した）mung, kagamáta mung, fichi kagamatí fitsireta mung；奴隷的に振る

舞う kúshiung, {諂う} fitsirēyung; 卑屈な話し方をする kúshiti {fitsiréti} munu ïyung, kúshshi munuī-shung.

Session (議会の)会期; wédaï surí, djímmi shuru surī {nu ang}.

Set① [s.] numerals; 一組み; 1セット íssuku; 本1セット・全著作 shumútsi ítchi bū; 陶器1セット íssúkunu yachimúng;

Set② はめる *動詞の項を独立させる; {象眼する} chiri kunyung, chirínchung, fuínchung, fuī tskashung, chírikatchi shung; 鼠取り機を設置する? wénchu yāma agiung; 剃刀を研ぐ súï {kan-súï} tudjung, āshung; 酒(かす)が沈んでいる gurinu yíchóng, [s.] settle; 日が沈む tídanu {fīnu} ságayung; 時計を合わす tuchī tsíntu átarashung; 仕事に着手する shkutchi fadjimïung, sh'kakïung, tíndati shung; 休憩する tumïung, tudumïung, yamiung, yamitóchung; 火が点いている fī tskatóng; 家に火をつける yankae fī {tsī} tskïung, fī tskití yatchung; 置く útchung, utchikïung; 書き留めておく kachóchung, katchi tumïung, katchi shirushung; {壁に石をはめ込むように}据える yíshiung; 新たに据える,据え直す yishi nóshung; 心を留める fukaku umuyung; 彼の心を彼女に留めている arinkae umi skating*,kukurunu arinyi uburitóng, madutóng *tskatongであろう;(食物を)並べる(陳列する) shinyāshung, shkóyung, tsiranïung [s.] dishes, curiosities; 旅に出る -nkae ndjit'-átchung, shútátchi (出立)shung; {船で}(旅に出る) funinkae nurandi {ndjírandi} shung; 論じ合う abikwénu yósi, [s.] bustle; 歯ぎしりする hā gíshi gíshi-shung; 犬をけしかける íng féshung, tstchi féshung; (犬のけしかけ方であろう)おい,ボーイ,それらをつかまえろ! kūti ku!,ūti kū!; 木{花木}を移植する kī {hánagī} vaki vaki shi wīung; 建てる{創立する} tatïung, fadjimiti tatïung, ukushung; 開店する áratanyí {shínyi (新に),mīku} mátchi akiung; {衣服が chínnu}よく合わない nági hába dūtu (胴と),atarang [s.] fit; 召使らは皆仕事に励み,20余の椅子を運び下ろした túmunu chá madjung tī ndjukatchi,nyi djū amaïnu yī úruchi cháng; 新宗教を興す mī ushī úkushung; 朝那覇(Napa)を出て,夕方読谷(Yuntandza)に着いた Napa kara stomíti tátchi, yussandi Yuntandza tstcháng; (頭の)かぶり物に飾りをつける kóbi nakae kazaï kandjung; 金や黒木に彫り込む kani, kuru ḳī shi fuī tskashung; 宝石*をちりばめた指輪 táma chírinchéru ībi ganí *ECはpearlsとする〈鑲珍珠戒指〉.

Settée (背・肘掛け付き)長椅子; naga yī; [s.] armchair.

Settle 腰を据える; 家または田舎で落ち着く uti tstchóng, tukúttushóng, tukuttu nayung, uti tstchi tukúttushóng; 私が落ち着くまで待ちなさい vaga tukúttu nayuru yéda mattchóré; まだ落ち着かない măda uti tskáng; 決算する sánkata símashung, sánkata chíshshïung,

chisán〈決算〉shung; 今日決算してみよう dí (さぁ),chu chīsánshínda; 用事を片づける yūdju simashung, uvayung; (用事を)片づけた sidóng (済んでいる); 用事(相談)は片づいた tó! (よし) sódanu sidóng, yūdju ováténg; そうしようと決める an shú tukuró sadamiténg; 買うと決めた koyú tukuró sadamiténg; 彼らは既に用事を片づけた attaya yūdju símatchi (済まして) tukúttushóng; 片づけてない(済んでない) símasáng; 滓が沈む gurinu yíung, yitchóng; もうすぐ片づく(済む) nya íffé sinyung, simashung, sidóng.

Seven 七; nána, nánatsi, shtchi; 七倍 nána zó bé〈倍〉; 七覚 nanatsi ubi yū〈用(?)〉. cf.passion, organ

Seventeen 十七; dju shtchi.

Seventh 第七の; 第七の人 dé nanatsinu {shtchinu} ftu; 7分の1 shtchi bu ítchi.

Seventy 七十; shtchi dju; もう歳七十 nya tushi {tushi nya} shtchi djū.

Several,-ly; 幾つかの; 数種 kazi, kazi kazi, sú〈数〉kazi; 数人 su ftu, kázinu ftu; 数日 su djitsí; 数日後 kunu ato, su djitsi ato; 今日より数日前 kunu mé, kunu satchi, kunéda, mé su djitsi natóng; あそこに数人いる ama nakae chu kazi wúng; それぞれ同等である na mé mé yínsaná.

Severe 厳しい; chíbishku; 強く打つ chūsa {chūku} [b]utchi utchúng; 酷い傷 chūsaru {daténu} [u]mutchi chizi; 他人に厳しく自分に甘いのが人情で,これは恨みの原因である ftu bitunu kukuró dū tadashusi fírukúshi (寛く),chu [ta]dashusi shímiti, kuri kara uramé shódjiti chūng.

Sew 縫う; nóyung, chín nóyung.

Sewers 下水; 'ndju, mízzu (溝).

Sewing [s.] needle; 縫い物; némung; 裁縫を習う némung {haï-ziké 針の使い方} narayung; 縫い方上手né katanu {noyuru kata} yutashang.

Sexagenary 60代の; ruku dju amáïnu tushïúï (年寄り).

Sextant 六分儀; tínbung (天文)shuru djódji, tínbúng dógu.

Sexton 寺男; tíranu wi tské {-nu mung,-sarīru ftu}.

Sexual 性的; 性欲 iru yuku; 性交 mītúnda nashung, mītu (夫婦) nashung, nán-nyūnu〈男女の〉 madjivari, wickiga wínagotu ushāshung, madjung nindjung; 最初の性交,女性の場合 shtya kutchi yaburu; 動物の交尾 tsirubïung.

Shabby 卑しい; īyashí mung, mī bushaku néng (見たくない); 卑しいもの īyashchi mung.

Shackles 枷; {手枷} tí gutsi; {足枷} ashi guruma; [動] (手枷・足枷をかける) tigutsi {ashi gúruma} íríung {kakïung}; 比喩的に (縛る,繋ぐ) tábayung, tsínadjung.

Shad ニシンの類の食用魚; {魚}mádjiku, madjuku {shúku}

Shade [s.] screen; 陰; kadji; ［動］（陰にする）kadji na-shung; 笠付ランプ kansi turu; ランプの笠 túrunu kansi; 風よけ kazi gamé {shuru} dogu.

Shadow 影; kadji, kāgā; 影は実体{形}に随う kadjitu katachitu nyitchóng; kadji katachinyi shtagayung; 影をつかむ, 無駄な努力 kazi katsimiung {風を掴む}, kāgā turandi shuru gutóng; 影絵{鏡} yī katchi kagáng（影絵鏡）.

Shadowy, shady; 陰になった; ここは陰がある{涼しい} sídami ang; kádji á tukuru（有る所）; さあ, 日陰に行って涼もう dí, kadji ndji sída dínda; 日陰 tīdanu tiráng túkuru.

Shaft 柱身; 円柱の柱身 hashira tatí.

Shaggy [s.] rough; （くしゃくしゃ）もつれた, 蓬頭の, ぼうぼうとした; 髪が móï natóng, móyā, karazinu taritóng, tarikantóng, kazinu* táriti móyā natóng *karazinu であろう.

Shagreen 鮫皮; suru suru shōru īunu ká?

Shake 振動する; ［自動］ndjuchung, ugutchung; ［他動］（振動させる）ndjukashung, ugukashung; 震える fu-ruï gata gatashung; {塵を}振り払う wúyung, {fukuï} wū utushung, wuti utushung, harayung; 揺り動かして目覚めさす mung ukushung; 否定して頭を横に振る kābuïshung; 頭を振って珍しがる firumashashi kóbi ndjukashung; ［s.］nod; 握手する tī katsimiti gulí（御礼）shung, tī nyidjiti dīdjishung, tí nyídjiti fit-chung; 振り捨てる wūï stīung; より多く入るよう振り動かす wūï nchung; 風に振り動かされる kazinyi wūï {fūï} ndjukassarīng; 肩から荷を振り下ろす kata-mitósi wúï urushung; 足枷をすり抜く tabatési síri {擦る} nudjung; 抑圧の首木{権勢}を振り捨てる mu-linyi ichīurishi vang ussutótassiga, nama fuï stitang（捨てた）; 他の関心事のため私の決意は挫かれた kutunu taminyi va mí tski ugukashi mbātang（奪った）.

Shall やがて～であろう; yágati, útti（追って）{útti はūru「追う」から}, -andi shung; 来るであろう kundi shung, yagati chúng; そう言えるだろうか iyarīmi; あそこに行ってあげましょうか ama ndji kwiraï?; そう遠くまで投げてあげましょうか kama áma nagiti kwiraï?; 私たちの子供らは皆死に値すると言えるだろうか vattá vorabata sibiti shinyussínyi wūdjirarīndi iyarími?; {そうは言いがたい ī gatassang}

Shallow 浅い; assang, assashi; 浅はかな gattinó néng mung; 浅い友情 assashī madjivaï, wabishi（上べで）madjivayung {または fīrayung}; {海の}浅瀬 ominu assachi tukuru, mizzinu assang; 水が浅く歩いて渡れる kachi kara akarīng; 知識が浅い munushirinu assang, záttu tskitéru chu（人）.

Sham いかさま（見せかけ）の; tskoï mung, naziki ukuné, maduvashi ukuné, kaïnyi（仮に）shéng, nazikiti {kazati, wabishi} shéng.

Shambles 肉売り台（店）; shishi {uï} matchi.

Shame [s.] ashamed; 恥［名］hadji, hazikashimi; 「清廉」の意味の kádu, tatifa はある句の中では, 次のように hadji と交換可能: hadjing neng, または kádún neng 恥 {清廉さ}がない; 恥じて死ぬ hazikashi-minyi tstchi shinyung; ［他動］（恥かしめる）hazi-kashimīung; 恥じる hazikashashung; 生き恥をかくより恥を知らずに死んだ方がましだ hazikashku néng kukuró mamutóti shídji, hazikashku aru kukuru ma-muti ichi chósi yaka mashi; または hadji mamutí shidjí, hadji mamurang gutu ichichósi yaka mashi; 恥ずかしく思う hadji shtchóng, kukurunyi hadjítóng; 恥じ入り憤慨した ikari hazikashimiráttang（恥ずかしめられた）; 恥（じ入ること）は悪を恥じている心を示す hadji sinavatchi akunu yuï hadji umutōru {hazi-kashashōru} kukuru du yaru; 今晩恥を知る者は明日同じことはしない chu yuró hadji shīdunse, acha kará hazikashī kutó sang; もし人が以前のように習慣化するまで同じ行為をすれば, その時には恥の意識さえ生じなくなる ftu mushi mutunu gutushi narisuminyi naïdunse hadjinu kukuru matató fashshiráng {ukuráng, ndjiráng}; 聖人や賢人はこの小さな恥意識だけを持って行動し, それに依って自らを引き導き督励する shī chinnu ftu ushīusé kunu chu utskinu fadjinu kukurunu wīnyi {assinyi} sidjirangshóti fī-tchi mítchibichi hadjimashung.

Shamefaced, -ly 恥ずかしそうに; hadji ussuriti-shung, hadjikashīgissa-shi.

Shameful 恥ずべき; 行為 hadjikashī bichí ukuné, ha-djibichí, assi gunyuru {汗ぐむ}, īyashchi {卑しい}, kow（顔）katchi yandyuru ukuné.

Shameless 恥知らずの; hadjíng shiráng, kadún néng（cf. shame）, hadji chirā {恥意識を避け斥ぞける}, hadji chiri mung, hadji skunaïsi（損なうこと）shiráng ftu; hadjing hadjitósang ftu, mī muku〈面目〉néng mung; hadji neng tātsina（質の）munnu chā; hadji neng tu-mugara; 恥ずべき行いを数多く仕出かした hadjing néng ukuné úffoku shī ndjachéng.

Shank 脛（骨）; múmu, mummu kutsi.

Shape 形（状）; ［名］katachi, sigata, kataduï; 様子 chi-zó〈気象〉, chi mé〈気舞〉; ［動］（形作る）katachi-shung, kátaduyung, katachi tskoyung; 型外れの katachinyi hazíritóng, nurinyi kanāng katachi.

Share 分け前; vaki, bung〈分〉; 同等の分け前 fé-bung〈配分〉; 同等の分け前を取る fébungshung, fébunshi tuyúng; 共同購入の一人分 muyashi génu（買の）chu bung; 三分に分ける san bunungkae vaki nashung; 分配の際大きい方を求めるな vakīnyé uffóku turandi shé simang; 私は君の悲しみを分け合えるか知らない urīya vakīgashurá shirang.

Shark 鮫; fuka（鱶）{日本語 sami}; 鱶が転じて虎となる fukanu tíndjiti turatu nayúng; 鱶鰭（鰭）fukanu hani.

Sharp 鋭い; {ナイフが（鋭利な）} yū tachúng {（否）} tatáng}, yū táchuru sīgu, tatchi sīgu, tatchi mung; hānu tatchong, tatchi ba 即ち, 鋭い刃; {利発な} chiritamung; {尖った} togatóng, togaïnu tatchóng; 味がきつい chūssang, karassang; 半音高い（シャープ）音 símita, または kfachi utu; 半音低い（フラット）音 mingui {nyiguri, yavara} utu.

Sharpen 鋭くする・研ぐ; tudjúng {（否）tugáng}; 食欲を旺盛にする haranu katamatósi firachung, yāsha béku nashung.

Sharper [s.] imposter; 詐欺師; takuma kavatōru mung, takumanu chūsaru mung, lutsi kwé mung, maduvashā.

Shatter 粉々に打ち砕く; tstchi kudachung {（否）kang}, kudaki nashung, t̆éfa〈大破〉nyi natóng, kudakitóng; 長患いで衰弱し切った naga byotchishi kunchinu（根気が）tskáriti.

Shave 剃る; {髭 fidji, 髪 kami} suyúng.

Shaving case 髭剃用具箱; sabatchi（とき櫛）baku.

Shavings 剃り屑; {ナイフでの削り屑} fidji gără; かんな屑 kana kŭdi, kana gără; のこぎりの屑 kī kassi; 髭そり後の屑 fidji {súï} gara; {頭をそった後の屑} kantu gara, kantu suï gara.

Shawl [s.] neck; ショール・肩掛け; kubi matchi sādjí.

She 彼女は・が; anu winago, anu wuna; 動物の雌 mī mung; 雌山羊 mī fīdja, wuna fīdja; 動物の雌親 ahya.

Sheaf （一）束; chu ts'ka, chu tabaï, í súku; 稲の一束 nyi zika; 麦の一束 mudji zika.

Shear 刈る; [動]（羊）毛を刈り取る kī tsimïung, hassanyung（挟み切る）.

Shears 大鋏; 大鋏一丁 hassan; 非常に大きな鋏 uffu bassán.

Sheath 鞘; sí（巣）; 筆のケース fúdinu sí; 刀を鞘に納める yaï sínyi irïung.

Shed [s.] hut; 小屋・納屋; [名] munú úchi dju, irí tukuru, munu úchuru ya gva, {床下} yuka shá {shtya}; [動] 歯が抜け落ちる hānu nugïung, kakïung; 幼児の歯については hānu mī kéyung（生え替わる）; [s.] bloodshed.

Sheep,-ish 羊, 内気な; ftsidzi {当地ではfīdja山羊というのが普通}, ᵗmén yá〈綿羊〉; 山羊小屋・大囲い fīdja mashi, fīdja ya; おどおどと這いつくばる ussuríti hótóngまたはkagamatóng.

Sheer [s.] pure; （全く）純然たる; tada（只）, bakaï（ばかり）;

-nyi sídjirang（～に過ぎない）.

Sheet 敷布・シーツ; 寝台の上の shtchi nŭnŭ, shtya shtchi; 被るシーツ kandji nunu; 一枚 ichi mé; 紙一枚 kabi íchi mé; リンネル一反 nunu íttán; 一枚ずつ ichi mé ichi mé, ichi mé ná,* ichi mé ná, mé ūti *この,は不要; 一面の水 mizzinu firugatósi; 帆脚綱で帆を張る {海事} fū yassimïung.

Shelf 棚; tana, munu-útchi; 一番目の棚 íchi bamminu tana; 二番目の棚 nyi bamminu tana; {海の（砂州）} fīshi（干瀬）.

Shell 堅い外皮・殻; 中身のない外皮 kūrŭ, kără, 剥ぎ取ったもの, 大抵食用 kā; 穀類の殻 kără; 米殻 nyī gara.

Shells 貝類; 貝殻を有する軟体動物 ké; 貝殻 ké guru; 子供たちは mó móと言う; 平たい貝 áffakū; 巻貝 mé mé; 大きな二枚貝 azaké; 一枚貝 bura, bura gé; タマキビ貝 shtya dá; 非常に小さい貝 tsimbora; 軟体動物の石質化したもの, また口の部分の固い殻片 tsichínta, または tsichíntu（屋久貝の蓋）; 貝類 kénu lúï.

Shelter 避難する; [動] skuti kackwïung; 雨・風などから避難する ami, kazi sakïung; 避難所（隠れ場所）kackvi dukuru; 隠れ所のない kakvi {simé} tukuru nerang.

Shepherd 羊飼; {fīdja} tskanayā, atskayā, tskanayuru ftu.

Shield 楯; tātī, bó, bó tati, yaï hanshuru bó, yaï fushidjuru ita.

Shift 回る; [自動] mávayung, míguyung; [他動]（回す）māshung, mārashung, māti átchung; 風が回ること kazinu māshung*, miguyung *māyungであろう; 言葉で言い抜ける ī māshung, nugi māshung; [名] 女性のシュミーズ winagonu shtya dji.

Shiftless 無策・無能な; tidáng {fumbitsi} néng mung; kutúng vakarang mung.

Shine 輝く; 光りを発する fikayung, fíchayung, fikarinu fáshshïung {ndjïung}; 太陽が照る tídanu tíung, fikayung, akagayung; 光線を発する fikarinu sashúng（射す）, yīdjïung（映じる）; 光る漆容器 fichayuru urushi dógu.

Shingles 帯状疱疹; ubi matchi byó, aka sídjinu tūtoru byótchi {?}.

Ship 船; funi; 船1艘 funi íssu, issūnu funi; 船2艘 funi nyi sū; 船上にて funinu wī; 船尾楼上のサロン fangé; 商船 achiné buni; 戦艦 fín funi, ikussa {tataké} buni; 巡航船 míguï buni, shū lū〈周路〉buni; 積荷高 funi nyīᵛ tsimi daki *ケチをつけてある; 船賃 funa chíng; 火船（焼き打ち船）fī tski buni.

Shipmaster 船主; funa nushi.

Shipwreck 難破; 難破する fashín〈破船〉shung, funyi vayúng {sizimïung}.

Shipwright 船大工; funa zéku.

Shirt シャツ・下着; assi suyā {tuyā}, shtya dji.

Shiver [s.] tremble; 震える; 寒さで fīsashi furuyung, gata gatashung; 象皮病の前兆の震え (フィラリヤ) kussa furuyā (フィラリヤ患者).

Shocked 驚愕した; 恐怖で飛び上がった uduruchi túnmótóng; 苦悩し怪しんだ nayami ussuritóng; これには全くたまげた kuré nītāssāssā (恨めしい).

Shoes 靴; {当地・日本の藁製} saba, zōri, 材料の藁は yī (藺) で, yī saba と呼ばれる; 竹皮製 dakinu kānu saba; {革(の靴)} yé, fuya, kā butsi; 一対の靴 saba chu gū, chu fsha (ひと足, 一歩)*, íssúku〈一足〉nu yé * 次の「片方」の意味?; 片方の靴 sába kata fsha, yé kata gū; 靴紐 sabanu wū; 靴の留金 saba gaki djā; 靴製造人 saba zeku, saba tskoï zéku; 靴べら saba fichi kunyuru dógu, saba nuchā, kunyā; 粗い着物に破れ靴 ara djíng yabori saba.

Shoot 放つ; 銃を típū paramíkashung, hanashúng; 空に射る tinnung kae {surankae} típpu yarashung; 弓を射る yumi īūng {ichang, iráng}, hanashung; 矢を射る íya yumi hanashung; 太陽が光線を放射する tidanu kadji sashi íūng, yīdjïung (映じる) {(否) irang}; 大砲を撃って腕を射り飛ばした íshi bya paramikatchi tī fidji (手肘を) iri chicháng; 弾丸が彼の頭を射飛ばした típpūnu tamashae chunu tsíburu iri chicháng, iri kudachang (砕いた); きつい {硬い} 弓を射る tsíushī {kfachi} yumishi ichang (射た); 遠くへ弓を射よ tūsankae yumi ïyé; 憤りを隠し暗闇で弓を射る者は, 子や孫にまでその災いを及ぼす ikari kakuchi suruítu yuminu íya yarushusé* vazavéya shisunyi nubïung *yarashuséであろう; 刺すような痛み sashuru gutu yanyung.

Shoots 若芽; né (苗), tsirudjí, miduri; [動] (芽を出す) midurinu ndjitóng, nuchi {tstchi} ndjitóng, nétóng (少し芽を出している).

Shop 店; machĭá, téng〈店〉; 古着店 furu djing téng.

Shopkeeper 店主; machïanu ftu {nūshi}, ténnu kashira {tīshu} (亭主).

Shore 浜; hama, hata, fïng〈辺〉; 海浜 omi fing, omi bata, íssu bata; {陸} úka; 上陸する ukankae nubuyúng; [動] 浜にそって行く íssu fing ïūī shung, nada dūī shung; 支柱 {tskashi gi}で支える tskashishung.

Short 短い; ínchassang, ínchaku ang, midjikachí; 短髪 kīnu tsimasang; 短時間 shíbaraku, íchutá, vazikanu yé, yé nerang, yéshi, shíbashi; 手短かなやり方でせよ tī béssaru gutusi, féssaru tidán sí yó, féssaru {fabachi} tayuri shtagati shung.

Shortcoming 短所・欠陥; uti du (落度), sukuné mung, kízi {chízi}.

Short hand 速記(術); 速記文字 kuzuchi djī; 速記で書く kuzuchi kachung, kvaku fíchi {djóshi} kachúng.

Shorten 短くする; ínchaku nashung; 時間を短縮する chidjumïung, chídjumiti shung, fī {tushi fī} tsimïung; 命を短くする nuchi chirïung (命が切れる・死ぬ).

Shortsighted 近眼の; tūsa mī ōsan, mīnu ménu kutudu shtchōru, ch'shtchi assaru mung, ch'shtchinu shibassaru mung (知識の狭い者).

Shot 勘定; {勘定書き} sankata gatchi; {鳥を射る小弾丸} tuï ïyá dama gva; 射程距離 tama {iyā (矢)} tūyuru mitchi; 一射 chu ken īūsi; 射撃の名手 yumi fichi zózi, tipú zózi; 散弾 tsirashi dama, tsirirashuru dama, hóri dama; 連弾 chiri dama (「散弾」とも理解できる), tsiri dama 即ち, 弾の後に弾が続く.

Should 〜すべき; 考えるべきだ kangeri vadu, kangeyuru tsimuï, kangeri vadu sinyuru tsimuï dó; 万一そうするならそれも結構 {「そうするべき」と言わねばかりに} anshíïdúnse {ansé, ánsava} yutashang; ansé mashi; 一体何故そうしたか nū shundi án shuga*? *shagaであろう; やはり左右に置かれるべきだ midji (右) muti fidjaï muti utchóki vadu sinyuru; 一椀の粥, 一椀の飯も得難いものと考えるべきだ ftu ké ftu mishinu chú tukuró (来る所は) dūyasku (易しく) néndi umuyuru tsimuï; 代価は待つべきでしつこく請求すべきではない d[é] máttchi mutumi bikarang aru tsimuï; そうしたい (のですが) búshagíssa (欲しそう); 手に入れたい (のですが) yí {mútumi} bushagíssa; あの木の下で涼みたいなあ anu kīnu shtya sídami bushagissa.

Shoulder 肩; kata; 肩で運ぶ (担ぐ) katamïung, nyin[óyung] (担ぐ); 肩の上に乗せた katanu wīnkae tuti nus[hi]tang; 肩で突く katashí tstchung.

Shoulder-bone 肩甲骨; kata buni, fira buni; {肘頭} kata gé, kata satchi.

Shout 叫ぶ; usha abi-shung; 一撃ごとに叫んだ chu bó (EC:一棒) chu bó abitáng.

Shove (後ろから) 乱暴に押す; ushúng {chang, sang}*, ushi akïung * (ushtang, ushurang) であろう.

Shovel ショベル; {当地には) 知られてない; 曲がった鍬 kwé; 火取り用 (十能) fī-stchá (火鋤き); 西洋のショベルは ncha stchá (土を鋤く物), 'ncha fuyá (土を掘るもの) と言われるだろう.

Show 見せる; míshïung, aravaru (現れる), aravashung; 華やかな見せ物 yī mī mung, fán kvänyï〈繁華に〉ang, fán kvanyi tskoténg, fánayákanyi ang, lippanyi ang; nyídjiyanyi* ang (*nyidjiyakanyiであろう), nyidjiyakana mī mung; 誇示した・見せびらかしの見せ物 uguri aravashung, aru usa (有るだけ) mishïung, munashku lippanshóng, 'nna yussu ūī shōru mung, 'nna baï shong {hayung 張る}; 現れる aravarïung, aravaríti ndjitóng; それを私に一度見せてくれ chu ken van ndé* (一度私を見なさい) *ndaであろう.

Shower にわか雨; chúttunu ami, átta-buǐ-shung, aminu attabuǐshung, chu attabuǐnu ami, sóttukashuru ami; めずらしことよ! にわか雨も降り太陽も照っている andé! tīda ami（日照り雨）fuǐssā, firumashī mung.

Showy 華手な・けばけばしい・派手な; ákārā fútara iru dutóng.

Shred 断片・切れ端; ［名］chizami（刻み）; ［動］（ズタズタに裂く）chizanyung（刻む）.

Shrewd, -ness 狡猾（な）; takumi, likutsi, likutsina mung, takuminu fukassang.

Shriek 金切り声; bāki múnnu（化物の）gutu shung.

Shrieveled（shriveled*） 萎びた; kachiritóng *shrugの後より移動.

Shrill 甲高い声（音）; bībi gvī, mími sáshuru kwī, mími fussagari kwī, mimi fū chīru kvī-shi abitang（叫んだ）.

Shrimp 小海老; kūǐbi.

Shrine 神社; shínnu〈神の〉odúng（御殿）gva, kami irīru baku, kami yá.

Shrink 縮まる; chídjumayung, chidjumagayung; 縮み短くなる chídjumati ínchaku natóng.

Shroffing 貨幣鑑定（料）; mī vakishuru ｛mitskíshuru｝tíma（手間賃）.

Shroud 経帷子; shínyi chunu ching, shinyi chunyi kussiru chíng, karimugaǐ chíng, shkabani kurumu; 死者に経帷子を着せる karimugaǐshimǐung; 浴びせて, 経帷子を着せてある karimugaǐshéng.

Shrub 低木・灌木; kī gva.

Shrug 肩をすくめる; kata fuyúng, kata buǐshi azamutchúng（嘲る）.

Shudder ｛[s.] tremble｝; おののき震える; furuyung; 恐怖で震える furuǐ ussuruǐng, ugutchi ussuru ｛shishi būlī ｛furuǐの変形｝shung.

Shuffle ごちゃ混ぜにする; ｛トランプ・カード kāki fuda｝gurúku kachāshung.

Shun 避ける; sakiung, chirayung（嫌う）, sákiti ítchung; 忌むべきもの chiré mung; （～から逃れる）kara núgay [ung]; 悪事を避ける yana yūdju kara sakiung.

Shut 閉める; ｛戸, djó*｝mitchǐung, tudjǐung ｛itang, irang｝*djóは「門」の意味で,「戸」にはdjóとは言わない; しっかり閉じる katónyi kakugushung; 閉じて錠をかける djónu sāsi irǐung; （倒産して）店を閉じ封印する machǐa mitchiti fū shéng; 締め出す michiti iriráng; mitchiti irīse yurusa[ng], fúshidji michiung, chidjiti michǐung; 明かりを遮る fī katakashung ｛chidjǐung｝; 本を閉じる shumutsí ussuyung; 目｛口｝を閉じる mi ｛kutchi｝kūyung, tudjǐung; 今夜私は目を閉じなかった（眠らなかった）chu yuró mī kfátti nindántang; 水門を閉める mízzi tumī ita urushung; しまい込む｛取って置く｝kadjimitóchung.

Shutter 雨戸; madunu fuka djó, madunu fīssashi; 後者は正しくは下ろして閉める戸で棒で支えて開けておくもので, háǐdū とも言われる.

Shuttle 織機のひ（杼）; fízichi; 杼を行き来させる fízichi tūt[chi] tuǐ keshung; 杼が行ったり来たりするのは, 日々が過ぎ行くようだ fízichinu ndjaǐ chaǐ shuse fīnu va[shi]（走る）nu gutóng; ｛縦糸を押しつける櫛のような｝道具 fúduchi（筬）.

Shuttlecock 羽根つき用羽根; kī-maǐ（毛まり）; 羽根つきをする maǐ utchéshung.

Shy ｛[s.] timid｝; （恥ずかしがり）しり込みする・内気な; shiruzuchi sakiung, fazikashashi shirizuchung, fikussidi, shínshaku shóng〈心辱〉; 馬が怖じ気づいて駆けて行った mmanu shó chiriti káki natóng.

Siam シャム国; Shín lagu kunyi〈暹羅国〉.

Sick 病の; buchigé-nyi ang, yaménu ang; 病死する byó shi sháng（した）; むかむかする ｛吐き気, 当地では腹の中の虫のせいと考えられている｝mushi vassáng; 病人は羊肉は避けるべきだ yamenu aru munó ftsizi nyíku chírati yutashang; 病気, 貧困, その他諸々の災厄 yaméng aǐ, fīnsūnyi yaǐ muru muru uturūtóng; 無数の病気 yamé kashimasháng.

Sickle （円形）鎌; íránă.

Sickly ｛[s.] infirm｝; 病弱の; yamé gamasáng, byódja*（病者）mung *byódjaku（病弱）であろうか; yī kukuché aráng; 病的な顔 vadjadóng, buchigé só.

Sickness ｛[s.] sick｝; 病気; búchigé, yamé, byó, byótchi.

Side 側; soba, katafara, vatchi; fing〈辺〉, 'hó〈方〉; 両方 ló-'ho ｛fhó｝, ló fan*（CDなし）｛両方｝*「方」の中国語読み; 三方 san bó, 四方 sh' pó, 八方 fapó; 海辺 omi fīng; 良い面・悪い面 lī-gé〈利害〉, yushi ashi; 良い面悪い面を指摘する lígé sashúng, lígé tuchúng; 良い面悪い面を聞いてみよう kutunu ligé chichi yutasháng（聞いてよい）; 両方｛両端｝から shiru kutchi kara, ｛右と左（から）｝sāyū kara; 側で soba ｛vatchi｝kará; 弱点 áchima（空き間・傷）｛[s.] foible｝; 道の側を歩く yóga baǐ, djáku baǐ-shung; こっち側 kú gata; あっち側 ágata; もっとあっち側へ agatankae; あっち側に・あの方に ágata mútti; あっちこっちに転がる kugéyung, kumanutchung, úttché fíttché ndjuchúng; あっちこっちに転がり眠れない úttché fíttché ｛kumanutchi｝nindaráng; 真向かい側 tánká natóng; 川を（隔てた）真向かい側 kara fīzaminu úka（丘・土手）; 私の右側に立っておる vaga midji mutinyi tatchóng; 人体側面図 ftunu soba karanu dzī; 四つの角を持つ四角形は五種ある shpó yussimi aru gutóssiga（ようなもの）｛shpó yussiminu kata｝ítsitsi ang; 一角を挟む二辺 simi[nu] tātsinu hata（端）; 三角形の二辺 san kaku gatanu ló fan（両方）.

Sideway, -s 脇道; vatchi mitchi; ［副］側面（から, へ）

soba kara, soba muti.

Siesta 昼寝; fīnishung, firu níndjung {táng, dáng}.

Sieve 篩; {竹皮の} yúï, nuka yuyá; 細い針金（の細目）の
ついた篩 sī-nó（水囊）.

Sift 篩にかける; yuyúng, yuï murashung（漏らす）, fúka-
shung（即ち, 吹き飛ばす）; 穀粒を投げ上げて篩い落
とす fīri {fī} stïung, nuka（糠）tubachi fīri stïung.

Sigh {[s.] moan}; ため息をつく; tán śku〈嘆息〉-shung,
nadjichung〈嘆く〉{chang, kang}, ufu īchishung; ため
息の音 nadjichuru kvī, tánśkunu kwīnu ang; 人を嘆
かせる natskashī mung（-miungであろう）; 一度深い
吐息をついた chu kén fúkaku tansku shéng; 岩をも
溶かす嘆息 íshi madíng kvashirashuru na[dji]chi
（嘆き）.

Sight 見ること; nyūsi, mī nyūsi, gan-líchi〈眼力〉{心の洞
察力や学識の意味でも用いる}, 眼力が強い {心的にも}
mīnu shónu yutashang; 遠視の tū-mi; 近視の chka
mí; 眼が悪い mīnu mudur[u]chung, mīnu muduru-
chi mī gurishang; 見知っている mī shtchóng; 遠い
が視界内（見える）tūsa {harukanyi} mī vatachéng;
見つける mī atïung（見当てる）, mī atirarïng; 景観
chīchi〈光景; 景気であろう〉, chím butsi〈見物〉; 良い
眺め・景観 yī chīchi; 遠くの青々とした眺望 óchi chī
〈CDなし; 景?〉; 素晴らしい眺めだ yī chī yassá; 初め
て見て・一目で fadjimiti nyūng; 一目見て理解する
fadjimiti dú nchassiga tsōdjitóng; 90才余りになって
いるが視力と聴力は衰えなかった ku dju yú〈余〉
naté wússiga nchaï chichaï shusi uturūrang（衰えな
い）.

Sign① {[s.] mark}; 印; [名] shirushi, chizashi; 忘れない
為に印を付けておけ mí-gatchí shóki {ittóki} vassirang
taminyi, ubīnu taminyi shirushishung; 手の合図で
話す ti yóshi ïyung; 天のしるし tin-zó〈天象〉, zó
〈象〉, zónu aravaritang; 悪い兆し yana chizashi; 良
い兆し yī dzó; 店の看板 chó-pé〈招牌〉; 私の看板
（掲示板）をよく見てしばしば来なさい va chópé 'nchi
yū ubitóti, táta kūyó; 自署（名）・サイン nǎ mé, nǎ mé
gatchi; 指印, 西洋で自分の名を書けない者が十を
書いたりするようなもの ībi bang指〈方; 判であろう〉, ībi
ḳata; 天宮（黄道の十二区分の1つ）fushinu chu
yaduï, fushinu í chū〈宮〉; {天文学で} 30度を一宮と
する san dju du, ftu yadu tushúng; 黄道は十二宮に
分かれる vó-dó dju nyi chū {yaduïtu} vakatóng
{vakachi nachéng}; 度・分・秒に分けてある nán du, ná
bu, nán djūtŭ vakacheng *byūtŭであろう.

Sign② 署名する; [動] 文書に署名する namé shirushung
{katchung, tskïung, úshung {印を押す}, úshi tskïung;
指判で署名する ībi bang {ība* ḳata} tstchung *ībiで
あろう; 署名捺印する namé kachi ing tstchung; 死
刑執行命令状に署名する shinyuru toga zikishung,

shinyuru batsi bung zikishung.

Signs 十二宮; 十二宮は当地では逆に数えられ, 時間を
表わすためにも使われる [s.] beginning with;宝瓶
宮 [子宮] nī-nu chū; 山羊宮 [丑宮] ushi-nu chū;
人馬宮 [寅宮] tura-nu chū; 天蝎宮 [卯宮] ū-nu
chū; 天秤宮 [辰宮] tatsi-nu chū; 処女宮 [巳宮]
mī-nu chū; 獅子宮 [午宮] 'mma-nu chū; 巨蟹宮
[未宮] ftsizi-nu chū; 双子宮 [申宮]saru-nu chū; 金
牛宮 [酉宮] tuï-nu chū; 白羊宮 [戌宮] íng-nu chū;
双魚宮 [亥宮] yī-nu chū; 各宮の中国における（二
十四）期（間）, あるいは（二十四）季（節）については
[s.]kalendar.

Signal 合図; yézi; 火を点けての合図 yézi bi; fī agiti
yézi shung; 合図の砲 yézinu hǐa nǎrāshung, yézinu
ishi bya; 信号・合図所 yézinu shú tukuru; 合図す
る yézishung.

Signalize 合図する; 船（の来るのを）funinu chūsi {chkaku
natósi}, 旗で合図をする hatashi shirushi* shung *shi-
rashiであろう.

Signature {[s.] sign}; 署名（する）; namé, namé ziki-
shung.

Sign-board 看板・掲示板; chó-pé〈招牌〉, shirushi gaku.

Signet 玉璽; kótīnu（皇帝の）u íng（御印）.

Signification {[s.] meaning}; 意味; chímu, imi, imiyé; 文
字の意味 djí ziké; 珍しい意味 midzirashī tské.

Signify 意味する; これは一体何の意味があるというのか
charu imiyénu ág[a?]; どういう意味合いか chāru
sidjiga?, ch[āru] ībunga?; 何の意味もない（大したこ
とではない）chán nérang, simúng; nūng kazorang;
nūng sankatasá[ng]（算方しない）; 意向を知らせた
ushī {tuziki} shiracháng; kangé shirashi ushíung.

Silence 静寂; [名] shizika; 静かである shizikanyi ang;
[動]（沈黙する）tsigunyung; 黙らされた tsigumiráttang.

Silent 沈黙した; mú ḳū〈無口; 黙であろう〉, mukutúshí mu-
nung ïyang, kutchi túdjiti munung ïyang, kutchi kū-
tóng {tudjitóng}, kwī ndjassang, shizikanyi ang; 半
時黙って座っている han tuchi munung ïya[ng]
yītchóng; 黙して瞑想する turibati mu[nu] kangé-
shung; 彼は沈思黙考の人で, 名も富も欲することなく, た
だ詩と酒を楽しみとした anu chunu yósé（様子は）fukaku
shizikanyishi, busha（欲しさ）ikirakushi, nāng véking
kunumáng, tada shī tskotaï saki nudaï tanushidōru.

Silk, -s 絹; 生（絹）nama íttu, mushi íttu; 絹の縫い糸 íttu
sidji, īchu íttu; 絹糸巻き íttu matchi, matchi íttu; 絹
糸を巻きつける íttu matchi tskïung; 絹の衣装 íttu
chíng, īchu chíng; 絹布 īchu nūnŭnŭ luï〈類〉, tsi-
mudji（紬）dunsinu〈緞子の〉lui, fákkunu〈帛の〉luï;
絹織物 satin, dún si; 絹靴下 íttu tabi; 絹製卓屏風
íttu haï nyóbu; 絹織物職人 íttu uyā; 養蚕（をする）
人 mammushi tskanayā.

Silk worm 蚕; mammushi, mínsi mushi, kaïgu; 蚕蛾 kaï-gunu habiru; 蚕の繭 kaïgūnū sī; 絹布一疋は千匹の蚕の命でまかなう ¯ippitchi〈一疋〉nu ittu nŭnŭ shínnu mammushinu nuchi shaï du tskuyuru.

Silly 愚な; úruku*, kagū, bukúna mung *úruka であろう; 彼は少し愚かではないか skushí urukanyi ayésaní?; この子は以前のようにまた狂れたなぁ kunu vorabi mutunu gutu mata furitassayā〈狂れた〉.

Silver 銀; djíng, nandja; 銀糸 nandja íttu; 銀細工人 nandja zéku.

Similar 類似している; nyitchong {〔否定形〕nyiráng}, luïshóng; 近似している tégé〈ūmuyó〉kuriga gu-tóng; nyiótóng; djundjïung〈準じる〉{itang, iráng}; 残りは皆同類である nukuyé 'nnya luïshōru mung.

Simmer (とろ火で) グツグツ煮る; shimī djimī {yoi yoï, djín djintu} nyīūng.

Simper ニタニタ (作り) 笑いする; furi varéshung, urukanyi várayung.

Simple {〔s.〕fold}, 〔s.〕single; 素朴な; sígu-sang, záttuna mung, tadanu mung (普通の人); 掛け値なしの値段 sígunu〈直の〉dé.

Simpleton 愚鈍・間抜け; dúnna mung; 愚鈍である dún-nasang; 愚鈍な男女は教えを聞いて, それ以上の解説を求めるに及ばない dunna wickiga, dunna winago chichíng mata tuchusi (解くのを) santing {mutumi-ranting} sinyung.

Simplicity 平易; 単純明快に言う mássígu {shó djichinyi (止直に), takumi néngshi} iyung; 気取りのない人 mássíguna m[ung].

Simplify 平易 (単純化) にする; ími tsōdjí yassaru gutushung, kagínshi tsōdji yassashimïung.

Simultaneous 同時の; ¯dū〈同〉tuchi, yīnu tuchi, tuchi unadjūnyishi.

Sin 罪; tsimi, toga; 〔動〕(罪を犯す) tsiminyi attayung, tsiminu ang; 罪を犯した tsimi yitóng; 私が悪い vaga vassang; 私たちに代わり罰された vattanyi kavatti togasáttang; 神に {天に tínyi} 罪を犯す kaminyi tsimi yitóng; この災難は前世の罪故に彼らに起こった ku[nu] attáya satchi ataru tsimi yŭídu vazavén[yi] ótōru; 文字の書かれた紙を敬わない罪 djī gami uyamáng tsimi; 神は彼 {学生} から洞察力を奪った kami sunu ¯ká[n]〈EC: 神奪具鑒〉[mbatang, 奪った]; 故意に罪を犯し頑迷に無分別であること vazatu uk[a]chi mayuï nyīdjitóng; 前世の罪は直ちに消滅されるであろう satchinu yunu tsi[mi] chāki chishshi míshshirashung (滅らす); 千万の罪が一身に積み重ねられた sh[in] mannu toga ayamatché ¯íshshinyi〈一身に〉{dū tūtsiny[i]} tsimutóng (積もっている).

Since〜故, 〜なので; そうなっているので kunugutu nata kutu, kunu gutu yáttuchindo; 既にこうなったからには, 私は心を落ちつけないといけない sidinyí kanyé tuchíndo vané chāki kukuru hanashung (解放する); 私が正しい故に, 彼がそう言わなくても, 彼が間違っていると人はわかるであろう vaga tadashchi yáttuchin-do sinavatchi ari itsivaïtu nati ïyanting vakayúndo; 何時から (以来) itsi kara, nūnu tuchi kara; 昔から nkashi kara fíti (経て) chōru kutu; その時以来 anu tuchinu áto, anu tuchi {unu kuru, unu nying} kara; ずっと以前 mé di.

Sincere 誠実な; ¯ló djitsi〈老実〉, makutu, makutu djítsi {na mung, -nyi ïyung}, utunashī kukuru, utunasáng (おとなしい); 人がもしその言動に誠意がなければ, 聖人賢者の弟子とは言えない {ftu] ī ukuneshusing ló dji-tsinu kutu nendung aré shī chinnu tumugara (輩) arang.

Sincerity 誠心・誠実; makutu djítsinu kukuru; 意 (図) を誠一筋にする sunu kukuru makutu tītsinyi shung; 人の行う善が誠実な心から生まれたものでなければ, どうして徳ある人と言えるか chunu yī kutu nashusé makutu kukuru kara ndjírandung aré chashi ¯kunshí〈君子〉ndi ïyuga?

Sine 正弦; makutunu tsiru.

Sinecure 名誉職・閑職; monashi sh'ku {azikatóng}, itazira shúku, itaziranyi fú-lúku (俸禄) {ruku (禄)} kvayung {itadatchung, turi kanyung}.

Sinew (筋肉と骨をつなぐ) 腱; sidji.

Sing 歌う; utayung, tunayung, {小鳥が} (囀る) fukïung; 歌い女 utashā {nagusami} winago; 一曲歌う chu uta utayung, uta gva shung; 何を歌っているかなあ nū uta abīgayá?; 詩を吟ずる sh[ī] abïung, tunayung; 感情を込めて歌う kukuru itóti u[ta] shung, djó〈情〉{心} uta, hóshi íti; utanu kukutchi íti, 歌う際に最も忌むべき事は, 頭を振ったり, 指を鳴らしたり, 足を踏んだりする所作である utashuru bá úmb[ui] kóbuï (前後左右に曲げること) tsiburu futaï {ndjukachaï} wibi narachï, ashi [utu] ndjachaï shusi dūdu chiratóng; (歌う際に) 大事なことは浮雲のような柔らかい静かな調子である útanu táttudó (尊んでいる) tukur[ó] kú-munu ukabi tubuga gutushósi du yaru; 祈りを唱える ¯chó〈経〉níndjïung (念じる), tunayung, chó mu[ng] (経文) shung.

Singe 焦がれる; kogarïung, kogarashung (焦がす).

Singer 歌手; utashá, utaya, uta yūshuru ftu, abiyá; 上手な歌い手 yī nūdi (喉), uta gutchi, uta djózi.

Single {〔s.〕fold, simple}; ただ一つ・単 (独) の; fituri (一人); 糸一筋 chu sídji; 一枚 ichi mé; 一枚ずつ ichi mé ichi mé, ichi mé na; 一重咲きの花 chí bana; シングルのコート chī djing (単衣の礼服); 未婚者 ftuï mung, nībichíns[an]g; 独身男 tudji kamerang wútuku; 独身女 wúttu mutáng winago.

Singly {[s.] only}; 一つずつ・個々に; ítchi itchi〈ひとつひとつ〉,tītsiná tītsiná.

Singular 珍奇・異常な; firumashī {⁺chí myuna〈奇妙な〉} kutu.

Sink① {[s.] sunk}; 沈む; [動] sizinyung,sizimi uburitóng; 泥に沈む kumínchung,kumínchi kumínch[i] shung; {雨が}地（面）に沈んだ nchankae kuminkat[chang]; 雨が潤わせ地（面）にしみ込む aminu urīshi djínkae ittchóng,urīshi múï ittchóng; 恋に溺れた ndzosanyi uburitóng,mbukwitóng; 地{地球の内核など}に沈み込んだ djínkae sisidínch[ang] {sáshi ittcháng,kumínchang}; 色欲は人を獣の状態に陥ち入らせる shi yukó〈嗜欲〉chu itchi mushinkae ira[shung] {uchi irashung}

Sink②* 流し・下水溝; [名] shī li,shī di,'ndju. *SingとあるがSink②であろう

Sinless 罪のない; tsimi neng mung.

Sinner 罪人; tsimi ftu; 天に対し罪を犯した人 tinyi tsimi yitōru ftu; 思慮を欠いた自暴自棄の罪人は,何も気にせず何でもやる nūng mī sashínsang,umínsang, nasang tukurundi iché nérang.

Sip 吸う・啜る; sūyung,sisīung; 鼻で啜り込む sisiri 'nchung; 一啜り・一口 chu sisi,chū kukúng {kúkumi}.

Sister 姉妹; wunaï; 姉 sīza wunaï,ani,ufu ani,umané; 妹 útu wunaï,imúttu; 彼女は私の姉妹 are wa chódé; 姉妹たち winago chodé,⁺shí-maï.

Sister-in-law 義姉妹; 兄の妻 sīza yumi,anyi yumi; 弟の妻 útu yumi.

Sit 座る; yīung {yitcháng,yīrang}; 食卓につく denyi {shtchinyi〈席〉,マット・畳} tstchóng; munu kanyuru shtchinyi〈席に〉tstchóng; 椅子の端に（ちょこっと）腰かける yī nakae shtchakīshóng; さあ,どうぞお座り下さい dī,shínshi,yítchi kwíri; 入ってお座りなさい kumankae itchi yiré; 姿勢を正して坐る ukutchi yichóng,kushi ukuchi yitchóng; 一寸の間座った ittchutá yítcháng; 鳥が止まっている nintóng {夜に}; 彼と一緒に座ってはいけない madjung yitché simang {yīrang}; 彼は私を掴み,笑いながら「どうぞ座りなさい」と言って,引っ張り彼の側に座らせた ari vang fǐchi varati,dóding yírindi ichi,mata fichi dūnu sobankae yishtáng.

Situation （低い地位の）職・勤め口; tskārī tukuru; 君の{奉公の}場所は今どこか ïyaya mányi tskarīga?; 勤め口がない shígutu nérang; {より高い}職につく shkubung kamuyúng {shúng}; あの紳士一家のことをちょっと考えてごらん,今はかなり暮らし向きはよいが,私が助けてやらなかったらどうなったことであろうか annu ⁺shang-kun〈相公〉ga yānu kutó íttáya umutínde —nama mazī yutashá assiga- vaga arinkae tassiki randung atéré,chaga nayutárayá; 彼は何の職（分）

についているか ari charu kakónu {yósinu,mibúnnu} chūgǎ?; 許可なく図々しくも職分（の義務）から離れているdjí mamanyi shkubúng kara hanaríti ndjóng {nug[atóng]}.

Six 六; ruku,mūtsi.

Sixteen 十六; djú ruku.

Sixty 六十; ruku djú.

Sizing 糊剤・礬砂（にじみ止め材）; nyī kā mizzi（膠水）.

Skain (Skein)* かせ（糸束）; chu kitanu tsina,tsina chu kita（桁）?.

Skate スケートする・滑る; kūri kara síndïung {síndashung, sindiyéshung,sínditi átchung}; スケート靴 kūri kara síndi saba.

Skeleton 骸骨; skabaninu kutsi,⁺shǐ-kutsi〈CDなし; 死骨であろう〉; 骸骨のように肉が無い dūdu（大変）yashi（痩せ）{yeti（衰えて）} kutsi bakaï {funitu kātu 骨と皮と} natóng.

Sketch スケッチ; 未完成の絵 yīnu shtyagatc[hi]; yīnu shtyagatchinu yínsó,utsishi shtyagatchí; 文（章）の下書き bunnu shtya gatchi,aragatchi; [動]（下書きする）aragatchi shung,shtya gatchi utsishung; 自然を写す ⁺sansi〈山水〉nu ch[īchi] {景色} utsushung; 絵を写す（模写する）zī（図）utsushung; 正確らしく見せかけない単なるアウトライン tégédu katchéng, kuwashku aráng; 如何にして万分の一でも描写できるか ⁺man〈万〉nu tukuru {kutu} tītsing katchi utsushíng ōshuga {nayuga}.

Skewer 焼串; abuyuru tītsī（鉄）dógu.

Skilful 巧み・上手な; djózi; 手が器用 tí guma,ti dakuminu ang; 巧みにした takumíshi shéng; 熟練した大工 djó⁺〈上〉zéku（細工）,djó⁺ tí-na mung; 熟練した医者 yī isha〈医者〉; 詩の引用に巧みな人 shī yū fichuru mung.

Skill 熟練・巧み; takumi; 芸能の巧み djī ⁺nū〈芸能〉nu takumi.

Skilled 巧みな; takumina mung; 芸能に巧みな dji nū na mung; 乗馬に上手な mma nuï djózi,mma núïnyi yutasharu; 熟練した djúkushóng,náriti djúkushóng, shudjó（修行）shi djúkushóng,⁺shī djuku〈成熟〉shong; 各自がそれぞれの一専門（分野）に熟練した na mé mé sunu ichi mung（一門）djukushóng

Skim （液体の）上皮・上澄み・浮き滓; abuku,nyiguri; [動]（掬い取る）abuku tuti haré stiung; クリーム（乳脂）を掬い取る ushinu chinu anda ga tuti.

Skimmer* 上澄を掬う道具; {nyiguri} haré gé {ké（具＝匙）}. *Skimの項から独立させた.

Skin {[s.] membrane}; 皮; ka; 彼女は肌が粗い hadaïnu arassang,{（肌が）きめ細かい kumassang}; [動] 牛の皮を剥ぐ ushinu ká hadjung {djang,gang}; 皮を脱ぐ・（脱皮する）sidi kāyung; 脱皮した皮 sidi gurú; 鞣し

皮 kunashī gā.

Skinflint ひどいけちんぼう; kumashī mung, īyashā, yáfina mung.

Skip over 飛び越える; kwīung, túnudji kwīung, tún kwíung.

Skirmish 小競り合い; tatake gva, guma tataké.

Skirt 端・裾; hata, sŭsŭ, saké(境); 衣類の chínnu s[ŭsŭ].

Skull 頭蓋骨; tsiburu gara(殻) {guru}, tsiburu buni, kari {枯れた} tsiburu buni.

Sky 空; sura, firuchi tíng; 晴れた空 shī ti[ng]〈晴天〉, ó(青) ting; 天上に tínnu wínkae.

Sky light 天窓; tindjónu madu, fikari tūshuru mī(穴).

Slack, -en 緩める; [他動] yurumashung, yórashung, yómiung, yutsiku nashung, yóku nashung; [自動] (緩い) yutsissang, yoku {yutsiku} natóng, yutsimiténg, yórachéng; 職分を緩める shkubung karumiténg; 緩すぎる, 解けるぞ. しっかり結んでおけ, 緩すぎるぞ yóti handigissa k[utu], shkattu mussudóki, chūssa yóssa; 緩漫な流れ(の水) yoi yoï nagarīru mízzi.

Slake 癒す; 渇きを癒した katsitósi nócháng, kavatchos[i] nótóng, kavatchinu* tumitáng *kavatchiであろう.

Slander 誹る・中傷する; [動] sushïung, zán〈讒〉shung; [動*] 誹ること・中傷 sushiru kutu, sushiru gutchi, zán gúng〈讒言〉*[名]であろう; 好んで他人の悪い点を話すことを「讒」という kunudi ch[unu] áku ïyussé san*〈讒〉ndi ïyung *zanであろう; 他人の欠点をあからさまにせず, 自分が優れていることを誇らない. 他人を中傷せず自分を誇らない ch[unu] fussukunu {midjikatchi(短き)} tukuró aravasang, mata dunu nagasátukuró(長所) fukurang; 中傷から生じた災難(の火)は激しく燃え, 骨肉{縁者}を離反させ, 争いと流血の因となりうる súshiru kutubanu vazaveya dúttu fadjissang, yuku* kutsi nyiku {shtashchi} fanaráshi, arasoïng chízing(傷も) firachung *EC:「能」(できる)の意であろう; 中傷は日々生じるが耳を貸すな, そうすればやがて止む súshi nyíchú du aru, chikandung aré nankuru yadi ítchung {néng nayung}; 事は必ず虫が湧く前に腐っている, 人も中傷に耳を貸す前に必ず疑念を宿しているものだ kutó kanaradzi satchata kussaríti, atonyíshi mushinu shodjïung, fitúng kanarazi satchata utagati anshing átonshi [s]ushiré miminyi írïung; 宮廷の中傷者と追従者 sushiri fitsí rénu(諂いの) shínka(臣下).

Slanderer 中傷者; sushiru {zanshuru(讒する)} ftu.

Slang 隠語; nússudunu tskoteru mítsi(密) {yafina} kutuba.

Slanting 傾いた; inteén(少々) katanchóng, íffé yugadóng.

Slap 平手打ちする; tinda-shi útchung; 平手打ち一回 chu tínda; 顔を平手で打つ tsira útchung {bammikatchung*} *-kashungであろう; 口を叩く kutchi tátachung; 肩を打つ kata útchung.

Slate 石板; ti nare íshi; 当地では白塗りの板 sími katchuru {katchi narayuru} kámbáng; (石版で)手習いをする tí naréshung.

Slats (**Slat**) 細長い薄板; daki čhiri, dakinu fidjí; {比喩} ukáttuna ftu.

Slattern 自堕落女; búchilínu〈不綺麗の〉 winago.

Slaughter 屠殺・虐殺する; kurushung, sashi kúrushung; 大量虐殺する ūku(多く) chíri kurushung; nami {並べて} kurushī shung.

Slave {[s.] carnal}; 奴隷; ndza; {文語} yátsigu(やつこ:奴, 臣); 私の奴隷(のように仂く人) va kagé(配下の者), va úttchi(掟:土着の平民がなる廃藩前の村長); 習俗・欲望などの奴隷 zukunyi, yukunyi fikasatti; 金銭欲の奴隷 dzénu nzatu {tskavarítu, yat[sigu]} natóng; 奴隷女 soba ziké, wínago ndza; 主人を訴える奴隷は首を刃ねられる ndza dūnu shudjínnu kutu úttaïshusé kubi chirarīng.

Slavish (奴隷のように)卑屈な; kagamaï {uyamé, ussuri} sidjitóng; 百姓のような(愚かな) haku shónu sénu(才) gutoru ftu, tan sé na〈短才な〉 mung.

Sledge そり(橇); kūrinu(氷の) wi kara sindīru kuruma.

Sledge hammer 大槌; ufu kanadzichi.

Sleek 光沢・色艶のよい; kweti(肥えて) fichaï irunu mung.

Sleep {[s.] nap}; 寝る; nindjung {níntang, níndáng}, nímuru, nímuyung;朝遅くまで寝る(朝寝する) assanyīshung; 日中に寝る fínnishung, firu nindjung; {横になる(寝る)} tóriti, katanchi(傾いて); 俯せに寝ている hóti nintóng; 仰向けに{背中で} mafanáchishi níndjúng; ぐっすり寝ている nindji tskitóng; 安らかに寝る tukúttu nindjïung, djúkusī〈熟睡〉shóng, yassundjiti nindjung, nindji yasundjïung; 常に眠たがる nībuïya (ねむたがり屋, 寝坊), nindjā; どんなに起こしても起きない nántu ukuchíng ukiráng, ukika[n]tīshung; 着物を着たまま寝る chíng hazirang gut[u] {chíng chī takinā, ching chichōru mama} nintóng; 共寝する madjung níndjung, ūdu(布団) {覆い} tītsi kantí(被って) madjung nindjung; (眠ろうとしても)眠れなかった nindaráng, níndjing narang, ni[n]dji gurishatáng; 一晩中一睡もしない mī kf[ati] {目が硬くなって} yū akidōshi(夜通し) nindáng, chu yuró akidōshi shang; 就寝時間 nindji djibung, níndandi shuru djibúng; 睡眠(も)失われ食事(も)忘れた nībuïnu starī shŭkú vastáng; 寝ころぶ fushitóng(伏せている); ただ枕して横になっていなさい, 寝るようにつとめなさい(そうすれば眠られるだろう) ïyaga tada máckwa kakitóki, anshi nindarīru hazi dó {níndarīng dó}; 食べ終わったら寝なさい kadi kará ánshi nindé; 暗くなったら寝て, 早起きしなさい yuró nínti ássa ukiré; 熟睡していたので目覚めるのも遅かった nibuinu taki tskitá kutu uzunyusing {ukising} dūdu nínsatáng.

Sleepy 眠い; nībuĭshung; 病気で何時も寝ている{寝たきり} byóchishi cha fushitóng (伏している); 痺れた足 fsha firakunyung (痺れる) {(継)kudóng, (否)kumáng (痺れない)}.

Sleet 霙; arari {霰}, ami manchi {雨混じり} yútchinu (雪が) utīung.

Sleeve 袖; sūdī; 袖をつかんで幾回も巻き上げた chínnu sudi tuti ikkénung karamatcháng.

Sleight 策略; chu maduvashuru ukune, chu núdjuru (騙す) ukuné; 手練手管 tí takumi, tikū shi maduvashung.

Slender 華奢な; yuvasang (弱い), yuvashi {yogarí (捜せた)} mung; ほっそりして(背が)高い yogari datchi shóng, yuvatchi tátchi katashóng; 細い腰回り mārunu kūssa; 丈高く細腰は良くない taki ṭakāga* māru gva íkkang *dagと書きはじめ, 消してある.

Slice 薄片; 一切れ chu chíri {murushi (塊), tsídzi (粒)}; [動](薄切りする) chíri djirishung.

Slide off {[s.] slip}; 滑る; síndjung, sínditi urĭúng (下りる), nandurutengshi urī[úng].

Slight [s.] light; 軽んじる·軽視する; [動] karundjĭung, iyashíndjĭung, ússeyung, karundjiti {usséti} nyúng; 彼が私を軽んじているが怒れない·怒り得ない are wang karundjitóssiga a[ri]nyé mī chiraráng (見切れ·見限れない); [形] 小さな傷 kūssaru ki[zi], kízi gva; 僅かの誤り kíssidji fudu nu ayamari, góli⟨毫厘⟩nu ayamari, shū shunu (少々の) machigé; 色や距離が「僅かな」ことは ussī (薄い) とも言う; 薄赤 ussī ak[a]; 少し離れた ussī hanalí shóng; 微かな音 abī g[vī]; 些少の楽しみのため重大な結果に陥る, 僅かの楽しみのために深刻な苦難に陥る assibi gutó kwūku shinyi (末に) kakaï tukuró uffisa, tanushinyuru tukuró assakushi urīru (憂える) tu[ku]ró fukassang; 太刀(など)で少し傷つけた tachindéshi kūssaru chizi (傷) tskitang.

Slime 粘液; táng⟨痰⟩; 魚の皮の(粘液) īūnū akumi.

Sling 投げる; {投げ(捨て)る} uchángĭung; 綱で吊るす tsínanu wi nakae utchi kakĭung {útchakĭung}; 石を綱にくびって投げる tsina k[un]chi íshi nagĭung {tubashung}; そのような投石機{武器} ishi utchi tubashuru dógu; 腕をつるす tī kakiung; そのような吊り包帯 tī kakīru sādji.

Slip① 滑る; 滑り倒れる sínditi tóri tang (倒れた) {dugétang (転んだ)}; {何かにつまずいて, ぶつかって}転ぶ {kittchakishi, tstchi attiti} dugétang (転んだ); 足を踏みちがえて転ぶ kun chidjé {fumi chigéti} dug[é]yung; 足を滑らせ水に落ちる fsh[a] machigéshi mizzi nkae utítang (落ちた); 手の失策 tī machigé;, [比喩] kunsíndi síndishung; こっそりと逃

げる nugati findjitang (逃げた); 言い誤り(失言) úbízi ī machigéshi, kutúba chigé, mun[uī] yantassā; (いつしか)時は滑るように過ぎ行く ubizinyi tushi zichi (歳月), {*tstchi fī} sigushung (過ごす; sugiyung「過ぎる」であろう) *djítsiを消してある; 自ら滑り込む nan kuru tubi ĭung, ké ĭung; 激しく滑らせる kún síndashung.

Slip② 細長い一片; 紙一片 kabi chu chiri, kabi gva; 呪文を書いた坊主の紙片 bozinu ushímung; (植える) 挿木 sashi kī-shung.

Slipper 上履き, スリッパ; 西洋のスリッパ fsha zachi {fsha ībi} kaki saba, utchi vuti {室内で} kunyá {kúnyuru yé (鞋)}.

Slippery 滑り易い; nandurussang, -téng; 滑りやすい道 mitchinu nandurussa; 石道は濡れて滑りやすい ishi mitché shtsi kakati nandurussa; 転んだら頭を割るよ dugéïnyé tsiburu vayúng.

Slit 細長い裂け目; [名] chu saki (一裂け); 縦に細長く裂かれた naginkae satchang (裂いた) {[否] sakang (裂かない)}; 縫目が裂けた notéssiga futukwītóng (解けている), wūnu {糸が} nugiti néminu sakitóng. 長く裂けている naga zaki shóng.

Sloop スループ船; 一本マストの帆船 hashira tītsi tatitéru kū búni.

Slope 傾斜する; firasang, fíra múĭ, nambétoru muĭ; 徐々に傾斜する shidé shidé firassang; なめらかに傾斜して下っている高い所 takassa assiga firanyi urarī* tukuru *urirarī であろう.

Slops 汚水; 流し台からの捨て水 shīdinu mizzi.

Slopshop 既製服(商)店; mī djing úyuru mattchi.

Slothful [s.] negligent.

Slough off (かさぶたなどが)はげ落ちる; {肉が nyiku} kussari {tadari} útĭung.

Sloven (身なりなどの)みっともない無精者; mī tó {mī yó (見様·外見·見場)} néng ftu; ari {粗} m[a]manu {ari sigatanu} ftu.

Slow ゆっくりと; yoĭ yoĭ, yónna, ussiku, yuruyaka[nyi] ang, shimī djimí; のろのろ úttari muttari; 緩慢なことは良くない nama táriti íckang; 勘が鈍い satuĭ nínsang; とろ火 fīnu yuruyakanyi {yafarakanyi}, áta méshi sang gutu {即ち急に燃え立たない}; とろ火で焼き揚げよ fī kwūku (小さく) mé[chi] aburiyó {yaki yó}

Slug なめくじ; {カタツムリ} amáng (やどかり).

Sluggish 不精な; [動] ukutayung (怠る); 不精者 ukutari mung, ukutata ftu.

Sluice 堰·仕切板; mizzi kaniru íta; mizzi chídji gútchi.

Slur {[s.] over}; ぞんざいな仕方をする; ichánda zukúĭshéng, furi zukúĭ, fu níng⟨不念⟩, nínó⟨CDなし; 念は⟩ neng; ぞんざいに書いてある furi {ichánda} gatchi shéng; (字を)擦り消す síri utushung; 仕事を疎かに

し，念を入れて学ばない kazaï zukuï vazashi narayu-
ssinyi nínnó〈念は〉n[eng].

Smack 打つ；口をぴしゃりと打つ kutchi tatachung；小型
帆船（漁業用の）íũ tsīā buni, tsiri funi.

Small {[s.] little}；小さい；kússang, gumassang；小物
mung-gva；小舟 kū buni, buni gva (funi gva であろう)；
小屋 ya-gva；少量 íkira[sang], shūshū；面積の小さ
な国 chu fúdunu kunyi；小と大 dé-shu〈大小〉, úffissa
kūsa；薬を少量使う kussuï skushí bakaï muchiung；
細糸 kuma íttu；数は少なくない kazé íkiraku néng.

Small pox 天然痘；chúragassa；天然痘にかかっている
churagassanu ndjitóng；国中に天然痘 churagassa-
nu fétóng；天然痘の痕が窪んでいる churagassanu
chizi kubudóng；天然痘の痕 kúmudji（あばた）；天
然痘痕のある人 kúmudjā（あばたのある者）.

Smalts；スマルト（花紺青，ふじ紫色の絵具）；tskoï dama.

Smart しゃれて粋な；{優雅な} mïabyakanyi {líppa-
nyi, fanayakanyi} ang；巧みな返答 takúminu fíntó,
takudi kutéyung.

Smarting {[s.] itch}；ずきずき痛む；えぐるような痛み kú-
djiri yánshung, kudjīru gutu yanyung, sasi itanyung；
寒さでヒリヒリする fídjuru yánshung.

Smash 打ち砕く；utchi kudashung* *kudachung であろう；
じゃがいもなど柔らかいものを潰す nīūng（練る）, tan
nīyung；潰し混ぜ合わせる tarïung, tariténg；犬の
餌は潰し混ぜ合わせてある ínnu munu tariténg.

Smattering 浅い生かじりの（知識）；gakumunu ássang,
tégé shtchóng.

Smear 塗（りたく）る；nuyúng, síung（擦る）, síri nuyúng.

Smell 匂・臭；[名] kaza, nyívi, nyíwūï；匂いがある
[n]yivinu ang, kázasang；良い香りがある kaba mung, yī
kaza-shung, kabashang, kóbashchi-nyi ang, nyi-
wūyung；悪臭がある yana kaza, {yana nyivi} ang；ku-
ssassáng, kussaku ang；あぶるのは良い香りがする
yatchu[sé] māssa kazashúng；ちょっと香り{味}があ
る dáshinu（だし・出汁が）ang；匂いを嗅ぐ kaza kán-
nyung；匂いを嗅いで次に見るね kaza kadōti {kaza
shóti} nyūsayá；この香ばしさは嗅いだことがない
kunu gutu kabashusé máda kazashé ndang.

Smelt 溶解精錬する；kani yatchi shirabi shung, kani ta-
tch[i] vakashung；tuïyáshi（取り合わせて）kani tatchung.

Smile 微笑する；ussī varéshung, kwī ndjassang wara-
yung, varé ḳukuchinyi ang, varé fukunyung；苦笑い
índja varé；ずるそうな笑い takumi varé；気持ちよい
（他人に好感を与える）chura varé；笑っている顔（笑
顔）varé zira, vare gow（顔）.

Smite; {[s.] beat, strike}；打つ；彼の心を悩ました kūkweshi
（後悔して）chimu yadi；yana ukunénu ato yī chi-
munu ndji {fashïung（発する）}

Smith 鍛冶職人；kandjáh；鍛冶屋 kandjáh yá.

Smoke {[s.] fumigate}；煙；[名] kíbuï, kibushi, chímuri；
[動] 煙る kibuyung, kibushinu ang, kibushin[u]
agayung；タバコをすう tábaco futchung（吹く）{[chang],
kang}}；肉を燻製にする shishi fīnu kadjinyi {[ki]-
bushinyi（煙に）attïung；スズメバチを煙でいぶす
chi[muri] muchīti fātchi {hatchi} sarashung（去らす）；
芳しいものを焚き，悪い空気{伝染性の毒気}を追い出
す kabashchi mung méchi yana fūchi〈風気〉{a[ku]
fū} dukiung, {shirizukiung, nuzukiung, djátchi〈邪気〉
nuzuk[iung]}.

Smooth 平らな・均した；[副] tunamiténg, nanduruku（滑り
易く）, nanduténg，[自動]（滑らかである）nanduru-
ssang，[他動]（均らして平らにする）tu namïung, nu-
m[iung], síri numïung, numirashung（ぬめらす・滑ら
す），namirashung（なめらす・滑らす）；アイロンで衣類
を滑らかにする chíng uttó（熨斗）attïung；口達者な
anda kūdjó（油口上）shung, anda munīshung.

Smoothing iron アイロン；uttó（火のし・熨斗）.

Smother すっかり覆う；覆って消す ussī chāshung；覆って
消えている ussī chātóng；窒息死した kibushi nudi
{īchi madīshi} shidjáng，[他動]（窒息死させる）īchi
madīshi kurushung.

Smuggle,-r 密輸する（者）；nugi achinyé {vatakushi áchi-
shi} achinyé-shung.

Smutty 煤けた；kíbushi shi（煙で）kuragadóng, kíbushi
tstchóng, sīsi（煤）kūtóng；淫らな詩を流布する fé
zing（灰塵）tstchóru shī aravashi（著し）férashung.

Snail 蝸牛；{頭足類（いか・たこなど）, 固い殻} tsín náng；淡
水の巻貝 ta mïá, ta zín náng；当地に多い他の種の
頭足類 amáng（やどかり）；海浜に多いもの hama gúï
（蛤）；木に寄食し，殻はないもの nami mushá；背に
殻を背負うものを tsin nan と呼ぶ kurú（殻）uffa-
shōshi {ya sunchattchusi（家を引きずり歩くもの）} tsín
nán ndi ïyung；殻のないもの {ナメクジ} は nami
mushā と言う kurunu nénsi nami mushá ndi íchi；
{EC:泥亀（スッポン）} háyú（口のとがった小魚）.

Snake 蛇；habu, djá；赤みがかった皮で，危険性は少ない
と考えられている蛇 áka matá；緑色で小さく，害がな
いと考えられている蛇 óna djá（青大将）；大きな青色
蛇が家の桁から（矢のように）飛び下り，椅子に巻きつ
いている úffissaru ó iru djá kíttănŭ wí kara túbi ku-
datí, yīnu wīnkae（椅子の上に）matchóng；綾の入っ
ている蛇 aya íttchōru djā；乾燥した蛇 kavachi djā；
蛇の脱皮した皮 djănu sídi guru（抜けがら）.

Snap {[s.] slide}；ポキッと折れる；tsing vurïung，[他動]（ポ
キッと折る）vúyung, fíchi vúyung；指を鳴らす wībi
nārăshung；犬のようにパクリと噛みつこうとする chu
údushung, kūrandi shung.

Snappish がみがみ言う；人 chu nayamashuru ftu.

Snare 罠；yāma；狩猟網 kári ami；獣捕獲網 ichi mushi

túyuru ámi; 動物を落とす穴 útushi ána; 小鳥を取るために網を張る tuï tuyuru ami hayúng; 罠にはまった{比喩的} ī {言葉で} taborakasáttang, yāmanyi fíchi irirattang, yāmankae fichínkáttang; 罠から逃げた yāma kara nugáttang.

Snarl 唸る・怒鳴る; arashī kwī-shung, ara abïung.

Snarled 混乱した; sáttang, madutóng, maduvasáttang.

Snatch ひったくる; ké tuyúng, ubaï {mbaï, kún} tuyúng.

Sneak こっそり逃げる; fissukanyi nugïung, kackviti {fissumari} fíndjïung, ananyi kakuritang (穴に隠れた); 人に見られずこっそり家に入る; suruïtu yánkae ndjóng; おずおずした言い方 kaki māshi {fïtsiré} munuï.

Sneer 嘲笑する; vakuyúng, azavaréshung, azamuchi (嘲り) varéshung, nabakuyung, vakuï tskïung.

Sneeze くしゃみする; hana fïung.

Snipe しぎ (鴫); shidji {日本語}.

Snivel 涙声で (泣きながら) 言う; munuï nachishung, nachiganá munuïshung.

Snore 鼾をかく; ufu nītchishung (寝息する); {睡眠中} hana gó gó {bón bón} shi nindjung, hana īchi tátiti níndjung.

Snort 鼻を鳴らす; hanabuchishung; 犬・牛・馬の荒い鼻息 (音) ínnu, úshinu, mmanu hanabutchinu kví {hana futchi 鼻の息吹き(息づかい)}.

Snow 雪; yūtchī; [動] (雪が降る) yuchinu utïung; 雪に霜を添えて {災難の例として言われる} yutchinu wīnkae shímu sīūng {vazavénu táttoï kūdjó}; 彼に与えることは燃えている炭に雪をのせるようなものだ{すぐ溶ける, 浪費される} arinyi kwīse méyuru tang utchinyi yutchi siruga (添えるが) yónyi ang {chaki furi utchi kwéshi tamukasáng (保かせない:長保ちさせない)}; 雪の如く白い (純白) té fakú〈大白 taï fáku: 太白であろう〉.

Snuff,-ers 芯を切る; [動] ろうそくの (芯を切る) dónu shín chíung; [名] (芯切りばさみ) dónu shín chīrī.

Snuff 嗅ぎタバコ; hana tabaco; 嗅ぎタバコを吸う hana tabaco sísiri 'nchung, tabaco tsidi {つまみ} hanankae sisiri nchung.

So この (その) ように; kunu gutu, kunu yó, kánshi, ánshi; もしそうなら an yaré, ándúng yaré, ansé; ほんとにそうでしょう? anshiyá, andu yaru yá?; そう(です)か andu sami?, anyī?, anyi aranó arani? (そうではないのではないか); そうではないか andu yayesani yá? (そうでしょう?); 今はそう, 次はこう nama anshi áto kánshi; 今はそう言い, 次はこう言う nama an yuï áto kan ïyung; そう言う人もあり, こう言う人もある an ïyussíng wuï, kán ïyussing wúng; そんなにすぐに来た, スピーディだ īna chóng; {īna は過去時制とともにのみ使われる}; 君と同じ程の金持ち ïya gútu wéki shōru ftu; ああせよこ

うせよと指示した chā si kā si ndi íchi naráchang (教えた); 五日, 実に多くの時間, 実に多くの分, 実に多くの秒 gú nyítchi, nán dutchi, ná bu, nan li; そうか, (そう) ではないか kanyī, araní?, aranó arani? (そうではないのではないか); 今日はそんなに寒くはない chúya nánzu fīku nerang; 彼は口先だけでそう言うのだ wābi kutubashi; あそこに人も馬も車も沢山いた amánakae ftúng, mmáng, kurumang chássang wutáng; 自分の手に食らいつくほどに飢えた yāshashi dūnu tī kūti utchi kwáyuru shaku yatáng; 善徳ほどに愛 (好) するものは何もない chín* tuku yuka {bitsinyi uffíku} kunudósi nérang, kunumu bichí tukurunu munó chín* tuku yuka mashinu munó néng, tuku kunúnyuru {kunudoru} gutu, {kunumuga gutuku} bitsinyé kunumáng *djín であろう; それだけ{サイズなどを示して} úffī (その大きさ), kú daki (この高さ), kun nagí (この長さ); 桃ほどの (大きさ) múmunu fudu; そんなに多く! ufféru (そんなに大きな) mung!, kanyéru uffóku! (こんなに多く), kunu gutoru uffóku!; 等など {[s.]Like and there} únu tūï unu tūï, ïyuru tūïnu lúïng (類も); それで, エ? yáh?, cháshi?, hʼn chāga?, anyī?, ánshi yáh?; 君はそんなに早く行って帰ってくるとは, 大変急ぎましたね (急いだに違いない) ïyáya īna ndjíchi chíbatésa! (君はそんなに早く行き来した, 頑張ったね); 君は私と同じくらい金持ちか iyaga vaga aru gutu véki shómi, hʼn?; 君と同じくらいの善人 ïyanyi nyíshti yutasharu ftu; 人は何物も善徳ほど愛 (好)すべきではない, また何物も悪ほど憎むべきではない ftunu stchi {kunum} bichī tukurunu munó djíng yaka massayuru munó néng, nyikúmbichí tukuró aku yaká agayuru munó nérang; そんなに珍しがるには及ばない nánzu firumashku néng; そんなに雨は降らない dúku {nánzu} amé furáng.

Soak 浸す; mizzinyi fítashung {tskïung (漬ける)}; 君はあれを水に入れ浸しておけ ïyaya kunu kutu mizzi utchi nakae fítachóki {tskitóki (漬けておけ)}.

Soap 石鹸; áku; {わかり易く言い替えると: áka (垢) utuchi {fīngu aré} mung}.

Soar 飛翔する, 空中高く飛ぶ; taka tubishung, takāku tubïung, taka tubishʼ attchung; {心的 (高揚する)} umúmbakari (慮り) tūssa; 俗には次のようにも言う: gadján (蚊) tubi-shung {kwūku (小さく) míung* gadjannu gutóng} ブヨのように{識別不可能なほどに}飛ぶ *míuru であろう.

Sob {[s.] sigh}; むせび (すすり) 泣く; áckwuï fíckwuï nachung, áckwuï shíckwuï nachung; kanashimi fukassaru nachuru katachi; 彼は親の死を悼み泣くね are uyanu kutu {ndzosa} úmutí ackwuï fíckwuï nachussayā.

Sober 節度のある; {中庸のある} djódjinu aru ftu {定規を

守る}; kadu mamutōru, shtsi mamutōru {shiru (知る)}; sadaminu aru ftu, lín shtsina〈廉節な〉mung, dá-ndjamata ftu; samita mung (醒めた者); 酔いから醒めた wíïnu samitóng; ああ、君はもう酔いが醒めたね nama wíïnu samitóssā; ブランディを好まない saki kunumáng; 酔う程にはまだ飲んでない wīru shaku madé numáng {itaráng}; 人はしらふの時は決して敢てしない事をすべて酔うとする chúnu samayuru bashó ukéti sang tukuró, wīru báya kutugutuku kunu yónyi shung; 清廉の人は欲が少ない lín shín〈廉静〉-nu ftu yúku íkirassang.

Sociable 社交的; madjivari kunudóng, firé yassang; 非社交的 fire gurisháng.

Social 社交的; 訪問 aï miméshung; 社会的関係 djín-ling〈人倫〉, gu-líng〈CDなし;五倫であろう〉.

Society {[s.] company}; 組 (合)、集団; chu kúmí {surī, atsimaï, kwé}, chu kúminu {surīnu} níndjŭ; (人々が) 会合する kwéshung, súruyung, átsi mayung; 各自署名して寄付する一つの組合 (員) namé katchi tassiki djíng ndjáshuru chu kúminu nyíndju; 寄付者 {namé kachi} tassiki djíng ndjáshuru ftu; 管理の委員 (会) kutu kamutōru nyíndjŭ; 会計係 {dzíng} kūï〈庫裡〉gamī; 記録係 katchi tumishā.

Sock ソックス; tābi (足袋).

Socket 穴; 眼窩 mīnu kubúng {kúbumi}; 柱の受け口 (軸受け) hashira tatí dju; 蝋受け dó tatí djŭ; 船のマストの受け口 (穴) {hashira tati} sī cha, wī cha.

Sod 芝土; akakina {掘る、切る、chiung}; 芝生 assi djiri.

Soda 重曹・ソーダ (ナトリュム塩); aku (灰汁) māshu.

Sodomite 男色者; vaka shŭ (若衆) {tushi vakachi mung}, nan shuku shtchōru mung.

Sodomy 男色; nan shuku kunudósi.

Sofa ソファ・長椅子; níndji yī, naga yī, fushïŭrŭ yī (伏せる椅子).

Soft 柔らかい; yafarassáng, yafarashī mung; 柔らかい声 yafarashī {shurāshi} kwī; 心温和な性 tukúttu shōru chizónu (気象が) ang.

Soften 柔 (和)らぐ; [自動] yafarachóng; [他動] (柔 (和)らげる) yafarakíung; 濡らして柔らげる sítarakíti yafarakíung.

Softly 静かに; shizikanyi, físsukanyi (密かに), suruíttu (こっそりと) shí.

Soï (soy) 醤油; shó yū.

Soil① {[s.] ground}; 土 (壌); [名] ncha, dú, djī, duru.

Soil② 汚れている; [自動] aka (垢) {fíngu, duru} tstchóng {(否):káng}, ákanu sunyung (染む) {継続:sudóng, (否):sumang}; [他動] (汚す) aka tskïung, sumíung; 触れて手垢で汚れた ti akanu tstchóng; 塵埃一つの汚れもない chíri fukúïng suttung (少しも) {chígarinu iffíng} tskáng.

Sojourn 滞在する; tézé-shung, físsashku tudumayung, naga wuï shung, naga ïiméshang (長住いした).

Sold all 売り果てた; úï hatitáng.

Solder はんだ (半田); [名] kani tsídjuru kussuï; [動] (はんだ付けする) kussuï-shi kani tsídjung {jang, gang}; ピッチ (松やに) で接合する matsi yani shae tskïung; ハンダ付けの接合部分 tsidji kutchi.

Soldier 兵; fing, fíó, ikussashā; 兵たち fínnu chā; 手を切り徴兵を逃れる tī chíchi ndji fíng nugayung; 散じた兵は再び集められた sandjitōru fíng fta tabi atsimitóng.

Soldiery (集合的) 軍兵・軍人; gun fíó, gun djín.

Sole① 足裏; 足の裏 fshanu váta {ura}; 靴底 yénu shtagā, yenu váta {ura gā}; 足裏打ちの刑 fshanu ura útchung.

Sole② 舌鮃; {魚} firami (平目) {日本語}

Solely 偏に・専ら; ftuïnyi, chuïnyi (一人に), mupparányi shi.

Solemn 厳粛に; uguskanyitsitsi shidi, tstomiti, dandjā-mata gutu.

Solicit 懇請する; fukaku mutumïung, níngurunyi mutumïung, chūku mutumïung.

Solicitous 気をもむ; {疑い案ずる} chimugakai shóng, kukurunyi kakatóng; {急いている} issugavashūnyi ang; 決して急きすぎてはいけない issugavashku {chūnyi tskīsinyi*} sidjité simáng *EC:「着急」の訓読みであろう; 性急な midarinyi issudjóng.

Solid 中空でなく中身のある; (実)体 djítsi té, shónu ang, mī ítchóng; 面を二乗すると (立)体となる umuti kassabi tsimidunse té tu shung; (立)体とはそれぞれ完全な長さ・幅・厚さを持つものである nagi, haba atchisha tumunyi mattachi munó téndi ïyung; (立)体とはそれぞれの面のもとに積み重ねられたものである unu unu ná úmuti útchi tsimu tukurunu djitsé téndi ïyung; 六面体 ruku úmūtínu {mínnu〈面の〉} té; {心的}堅実な djítsina ftu, atsi kukurunu mung, ló djitsi〈老実〉, tattuchi umuchinyi〈EC:尊重〉ang.

Soliloquy 独語・ひとり言 (する); dū chuï munuī-shung.

Solitary {[s.] retired}; 孤独な; fturi, dū chúï, sabishī, sabisáng; 山間の人気のない所 fukachí {uku} yāmā ftunu urang tukuró (所は).

Solitude 人里離れた (寂しい)所; sabishī tukuru.

Solstice 至 (太陽が赤道から北または南に最も離れた時); 冬至 tū-dji; 夏至 ka-chí; 至点 nyī shi〈EC:二至〉.

Soluble {[s.] resolve}; 可溶性の; wackwíng (分解する), fítashung (浸す), wackwi {fitashi} bichī; 液体に変わりうる shiru (汁) naï bichī; 火に溶ける tadari (爛れ) bichī mung.

Solventia 散 {薬} chíri gussuï, chirashuru kussuï; fíká-shuru kussuï; 腫れ物には溶解性湿布が良い fúck-wiru bashu chíri gussúï tátskiti yutasháng.

Some 若干の; 少々居る iffé {skushi} wung; 良い者も悪

辞書本体　335

い者もいる yutashassïng wúĭ wassassing wúng; 少々
のお金 kani intién（少し），iffé kani; 筆一二本取って
こい fudi íchi nyī tsī（対）? tuti ku; もう少しは残って
いる nya iffé ang; その後皆分かれた. 帰宅する者も
あり，友の所へ行く者もいた sunu ato únu únu sándjiti
ndjóng, yānkae kéyussiga wúĭ mata dúshinu yānkae
ndjóssiga wutáng.

Somebody ある人; nanyigashi（某），satchi hó, aru ftu, chu-
nu wúng; 誰かがしたに相違ない kanadzi chunu du
sharu（したのだ）.

Somehow {[s.] slur over}; 何とかして; 何であれ君のでき
る（何らかの）方法でせよ chā saváng sí, chánu gutu
yaravang sí, ïya makashínyishi {ïya kangé shidé} si.

Somersault 宙返りする; sakashima kéti tunudjung, {俗に}
sara miguĭshung.

Something あるもの（あること）; kútunu ang; 恐らく何かあ
る yényé ang, yényé attaï tukurunu ang; 固形物また
は食べ物の中の或もの {塵·藁屑} nyíri, {臼から出た
石塵} ūsi nyíri; 突然何かが池の中から飛び出した
táchi mátchi kútunu átti（在って）ítchinu utchi kara
ndjitáng; 恐らく何かに遭遇したはず yényé umázi
furázi（思いがけず）kutunyi otara hazi.

Sometimes {[s.] happen}; 時々; 時々起こるであろう aru
bashu {bashushidé, aru bāng, túchi dútchi, yenye} anu
yónu kutunu ang; 風が少し吹く時もあり，吹かない時
もある súdjuru báshung aï, sugáng bashunu ang; 私
は書を読む時もあり，書き物をする時もある vané
shumútsi yunyuru bashunu aï, mata djī katchuru ba-
shunu ang; 人がある時は善（徳）を愛好しある時は
愛好しなかったりしたら，善（徳）の道は如何にして達
成され得るか ftó（人は）túchi duchi djíng kunumi
mata tuchi duchi kunumandung aré, djín naru kutó
chashi yuku djódju〈成就〉nayuga.

Somewhat 幾分·少々; ífé, shūshū; 幾分盗人に似ている
tégé nussudunu kagi {nyi, katachinyi nyitchóng}.

Somewhere どこかに; 確かに彼はどこかにいる kanadzi
wú tukurunu aru hazi, māding（どこでも）aru hazi; ど
こか別の所 bitsí; どこか別の所へ行った bitsinkae
ndjáng.

Son 息子; wickigan ḵwa, nán-shi〈男子〉; {稀に} mussiku;
あなたの息子 undjunu kwa, nā kwa; 上位者に対し
ては umīngva（お子さん）; 長男 chākushi（嫡子），
sīzan`gva; 娘の息子 gvé shtsi〈外戚〉nu maga（孫）;
私の息子 wá kva.

Son-in-law 婿; mūkū.

Song {[s.] sing}; 歌; uta, úta chū fushi（一節）; 一曲歌う
chu fushi tunayung（唱える）; 歌の本 utanu shúmutsi.

Sonnet ソネット（十四行詩）; uta gva.

Sonorous 反響する; tūku（遠く）fĭbichung, uffiku fĭbichinu
ang.

Soon すぐに·間もなく; féku, yé nérang, fissashkaráng; そん
なに早く戻って来た īna chóng; 十分早い（遅くはな
い）nikó {nínkó, ússiku} nérang; ～するとすぐ tóza,
nībuku, 動詞にíyaをつけて用いる, 起きるとすぐに（同
時に）ukiya tóza; 来ると同時に行った ché nībuku
ndjang, chí kara chāki ndjáng; 彼が来たら君はすぐ
行けよ ariga kūā ïyaya chāki hariyó; 聞くと同時に怖
じた chichá kutu chāki {chichusitu āchi {avachi}}
udjitóng; 早く来い feku kū; 朝早く stomíti; 明日でも
十分早い（遅くならない）achá yatíng ussiku narang.

Sooner {[s.] rather}; より早く; 君より早い ïya yaká féssang;
去年より25日早い kúzutu fishtíndé {now fekunyi} nyi
dju gu nyítchi satchi natáng; 退くくらいなら死んだ方
がましだ tuttíng（いっそのこと）{tattoï（例え）} shídjing
（死んでも）shirizukang（退かない），shidjing fingi-
rang; 飢えて死のうとも物乞いはしない yāsha djínyi
shíng {yāshashi shídjing} munó kūrang.

Soot, -y 煤（の）; sīsi, {灰塵} fézing; 煙が固まったもの ki-
bushinu mī naru mung; つららのようにぶら下がって
いる kúru rú {黒龍のようだ}; [形] すすだらけの ki-
bushinu {sīsīnu} tstchóng.

Soothe 慰める·和らげる; yassundji nagussamíung, ī nagus-
samíung, itami yórashung {yurumĭng, ussiku nashung}.

Sop （牛乳などに浸したパン）切れ; [名] kudaki; [動]（浸
す）shiru tskíti yafarakĭung.

Sorcerer 魔術師; máfū shá, yítchisha（易者），djutchisha.

Sorceress 女魔術師; winago yítchishá.

Sorcery 魔術; máfū, yana djútsi, yítchishanu djútsi; 魔術
書 ỷó-kweï-shu〈妖怪書〉.

Sordid 不潔な; {汚い} shtana {chigari} mung; {卑しい}
íyashī.

Sore 腫物; kassa（瘡）; 肛門の入口の瘡 tsíbi ḵutchi na-
kae kassa ndjitáng（出た）; 押したら痛む nuke（突く）
yanyung; （痛くて）触れられない yadi núching naráng.

Sorrow 心痛·悲しみ; {心痛している} shiva {-shung}, urī
（憂）{-tóng}; mudaï（悶）{íttchóng}; 大きな悲しみ
kukuru yakitáng（焼けた）; 憂いと喜びが混ざった
urīng yúrukubing atti madjī atsimatóng {katchātóng};
涙を半分も流さず，少しも悲しむ様子はなかった
mīnu nada hambung madíng néng, urīnu kat*ch*ing
kíssidjinu fudúng aravariráng（現れない）; 相貌·振舞
い全体に憂いがある só tatchifurumaïng urīnu ang.

Sorrowful 悲しい; utsishóng（鬱している），shivanu ang;
悲しそうな顔 urī zó（相）?, urī gow（憂い顔），urīru
katachi {kāgi}.

Sorry 後悔する; 過失を悔やむ kūkwéshi urītong, tsí-
minyi utsishóng; 私はそれをすまないと思う vané būlī
（無礼）natí, ah dūdu bulī shasā {machigeshasā, ayama
tasā, yántasā}; どうか許して下さい kunéti（堪えて）
kwi mishóri, kuneriyó; 遅れて申し訳ない chú chū-

ssiga ussidatchasā; あなたは長くお待ちになりました
か, 誠に申し訳ありません undjó machi kantīshi
mishócharayā, ah dūdu bulī shasā; あなたが呼んだ
時に来れなくて申し訳ない nkeï ussidátchōru (遅く来
ている) tsimi yuruchi kwíri.

Sort 種類; luï〈類〉, tatsi; 三種類ある luïnu mītsi ang; 三
種類の紙 kabinu lúï mí shina ang; あらゆる種類の
kazi kazi, íru íru, dán dán, sama zama, yuruzinu
lúï, shína shina, na mé ménu luï; あらゆる種類の酒
saki iru kazi; この種の酒がありますか kunu írunu
saki ámi?; 別種の tátsínu kavatóng, yínu gutu néng;
同種・同質の yín tatsi, yínu luï, dú luï〈同類〉na
mung, dū lítsí〈同列〉, yínu lítsi; この種類の, 即ち, こ
のように kunu kako; どんな種類か chāru kakóga?,
charu umumutchiga?; この種の kunu tatsi kara,
kunu ítukunu gutósi; 幾種類か íku tú?, íkku káta?;
二種 tá tu, tá katá; あらゆる種類の幸が次々に djú
djúnu sévé gutu.

Soul 魂; támashi, mabúï; kúm paku〈魂魄〉; 生命の原理
íchi tamashī; 感覚の原理 ubīru tamashí; 霊・心 lí-
kung〈霊魂〉{massashī tamashí}, kukurunu tamashi;
精気 shī〈精〉; 死にあたり魂は天に帰り, 形・肉体は地
に帰る shínyuru bashu tamashé tínnungkae kéï,
katachi dúya djínkae keyung; 肉体が無に帰した後
も魂は残る dū utiti munashku furudósing {furubyu-
sing} tamashïa nukutóng; 魂に係わる永遠のなりゆ
き kure massashchi tamashíya nágaku tūkushi kadjiri
nachinyi kakatóru yósi du yaru.

Sound① {[s.] strike}; 音; [名] kwī, utu, ïng〈音〉, {響き}
fíbichi; [動] (鳴る) nayung, kvīnu ang, kwīnu ndjitóng,
fíbichi ndjashung (出す); [他動] (鳴らす) narashung;
鐘を鳴らす kani utchung, tatachung; 人声のような音
chunu kwīnu gutóng; 音声には, 甲高い, 低く太い, 長
い, 短い, 高い, 低い, 速い, 遅い, の相違がある kwī na-
kae simitósi (澄んだ), míngvitósi (濁った) {sími
míngvi}, nágassa ínchassa, tákassa fíkussa, féssa nín-
sanu kavatōru kutunu ang; 二つの文字を一緒に発
音して {声を出して言って} 一つの音にする djī tātsi
narabíti ítchi (言って) {túnati (唱えて)} útu tītsinkae
nashúng; 最後の音の順に並べてある sīnu ïn〈音〉
nu shidé kumachéng; 人々は [杵] {choo} で叩く音を
聞いた chó tstchuru {chó azínnu} kwī chicháng; こ
の鐘の音はこの鐘の音より良い kunu kaninu utu {naï
yó (鳴り様)} anu kaninu utu yaka máshi; この鐘を鳴
らしてごらん kunu kani nárachíndé, {úttchinde, nárachi
chichindé, nárachi chkasé (聞かせ)}; 銅の音のような音
がするのは良い磁器だ dū〈銅〉nu kwīnu gutósiya, yī
shónu yatchi mung du yaru {shó tskiti yacheru yatchi
mung}.
　日本語には自然の音に似せた擬音が多くあり, そ

の擬音に shung, または mítchung, míkashung などを
付けるとその数の動詞ができる. 以下にそのようにし
て作られた語を列記する.
　*欄外に「印刷出版の際はアルファベット順に整理
した方が良い.」とある. (ベッテルハイムの指示に従い,
配列を擬態音の部分のアルファベットにより変えた. また,
同じ項目に2種以上の擬態音があるばあいは, 別項目にし
た. 擬態音とは言えないものも含まれているが, 原文通りに
扱う, 489Rなどは原文の頁数を示す).

abïa bïashi.	大声で叫ぶ音	489R
abïung.	大声で叫ぶ	489R
áchinu kwīnu gutóng.	荒々しい音は秋の落ち葉, 風に譬えられる音	489R
bá bá-shung. bámmitchung (kazinu-).		
	風の音 488L (kazinu)	
bammikachi tórïung.	家の桁が落ちる音	488R
bé bé shung.	山羊・羊の鳴き声	489L
béru béru shung.	幼児の言葉　子供達の片言	488R
bíchi shuru kwī.	(鋸を)引く音	488R
(hána) bón bón shung.	鼾をかく (hána-)	489R
bón bón shi níndjung.	寝て鼾をかく	489R
(fi) būbū shung.	屁をひる音　(fi-)	488L
búkkuri míkashung.	家の桁が落ちる音	488R
(hana) butchi shung.	動物が鼻を鳴らす (hana-)	489R
chán chán shung.	(火うち石で) 火を打ち出す音	489R
cháng chang-shung.	金属を軽く叩く音	489L
hóchū! chāra charā shimīssiga māsa mung shuruya.		
	コックよ, 鍋がいい音立てている, さぞ美味しいだろう (hóchū!-shimīssiga—)	488R
chāra chārā shung.	鍋{ポットの}沸騰する音	488R
chara charā shung.	焙る・揚げる音	488R
chó chó shung.	māshā という白い鳥の(なき)声	489L
chū lu míchung.	火に水をかけた時のシュ	488R
dóm míkashung.	家の桁が落ちる音	488R
dón dón shung.	心臓が動悸する音	488R
dón dón shung.	大砲を撃つ音	488L
fī fī shung.	口笛を吹く	488R
fī fīung.	屁をひる	488R
fúru fúru shung.	衣ずれ音を出した歩き方	488R
furu furu shung (núïshi fippati-).		
	糊付けした衣類が固くなってごわごわする音 (núïshi fippati-)	489L

futsi futsi shung. 焼き立てのパンその他焼き立てのものをかむ音489L

gáfá míkashung. 激しく撃つ音　489R

gá gá shung. 鳥の（鳴く）音　489L

gakū shung. 蛙の鳴き声　489L

gaku gaku shung. 蛙の鳴き声　489L

gakūshung, gakūshung（saki tsibu mitirang-）. 液体の半分だけ入った容器の音　489R

gám mikashung. 激しく撃つ音　489R

gara gara shung. 小さな鐘（ベル）,硬貨の音　488L

gara gara shung. ガラガラ,また物の転がる音　489L

gara gara shung. 大工の騒音　489L

gara gara-shung（kannaïnu-）. 雷の音　488L

gara mikashung. 家が崩れ落ち込む音　488R

gassa gassa shung. 砂糖きびをかじる音489L

gassa gassa shung（kakaziti-）. 爪で引っ掻く,また鼠のかじる音　489L

gassa gássa. 砂糖菓子のように歯の間で砕ける音　488R

gaya mítchung. 騒音　488R

gaya gaya shung. 群衆の騒音　489L

gishi gíshi shung（hā-）. 歯がきしむ音　488L

gishi gishi shung（hā-）. 歯ぎしりの音　489R

gíshi naïshi. 歯ぎしりの音　489R

gítchi gítchi shung. 軸木がきしむ音　488L

gítchi gítchi shung. 戸がきしむ（油が塗ってないため）音　489L

gó gó shi ndjïung. 噴出する音　488R

gó gó shung（vátá-）. 腹の音　489L

gó gó shung（hána-）. 鼾をかく　489R

gó gó-shung. 風の音　488L

gó gó shung. 波の音　488L

gó gó shung. 泡立つ,泉や海など噴出する音　489L

gó gó shi níndjung. 寝ていびきをかく　489R

góng góng shung. 鐘の音　488L

góru góru shung. ガラガラ,また物の転がる音　489L

góru michishung（vátá-）. 腹の音　489L

gū gū shung（butane-）. 豚のグーグー　488R

gudja gudja shung. つぶやく　488R

gura gura shung. ガラガラ,また物の転がる音　489L

gussa gussa shung. 歯をかき鳴らす音　489R

gussu gussu shung. 鋸の音　488R

gussu gussu-shung. 蕪など固い根菜をかむ音　489L

gússu gussu-shung. 軟骨のように歯の間で砕ける音　488L

gutsi gutsi shung（vátá-）. 腹の音　489L

guza guza shung. つぶやく　488R

guzu guzu shung. ブツブツ言う　488R

gvá shá mítchung. 群衆の騒音　489L

gváng gváng. 振鈴の音（ハンドベル）　488L

gváng gváng, gvang gvangshung（tuchīnu-）. 時計のチクタク音　488L

gvata gvătă shung（vádjiti-）. 水が沸騰する音　488R

gvaya gvaya shung, gaya gaya shung. 群衆の騒音　489L

gwī gwī shung（butanu-）. 豚が痛み・寒さでまたは殺される際の鳴き声　488R

ha ha shung. 笑い声　489L

hana butchi shung. 動物が鼻を鳴らす音　489R

hānu nayung. 大砲を打つ音　488L

hí hi shung. 笑い声　489L

hi hi shi vórayung. 笑い声　489L

hóru hóru shung. 衣ずれ音を出した歩き方　488R

ībinu nárăshŭng. 指を鳴らす　488R

ichámpiri shung. 呻き声（いきむ）　489L

íí shung. 呻き声　489L

íshi byānu nayung. 大砲を打つ音　488L

kan kan shung. 鍛冶屋の騒音　489L

katchi utashung. 勝ち誇って叫ぶ　489R

kéng kéng shung. 小さな鐘（ベル）,硬貨の音　488L

kín kín shung（chavánnu-）. 茶碗を叩く音　488R

kíng kíng shung. 小さな鐘（ベル）,硬貨の音　488L

kʼling kʼling shung. 小さな鐘（ベル）,硬貨の音　488L

kó kó shung, tŭïnu utayung. 鶏の鳴き声　489L

koï koï shung. angvényaというペリカン（の鳴き声）　489L

kón kón. 馬の駆け足　488R

kū kū shung. 鳩の（鳴く）音　489L

kussa kussa shung. ブツブツ言う　488R

kwī kwī shung. ichúngという海鳥（の鳴き声）　489L

mí mí shung（mmanu-）. 馬の嘶き　488R

mó mó shung（ushinu-）. 牛の鳴き声　488R

'ntă 'ntă shung（butanu-）. 豚の口を鳴らす食べ方　488R

'nta'nta shung（kutchí-）.	食べる時唇を鳴らす489L
paku paku shung.	太鼓を叩く音　489R
paku paku shung.	タバコをプカプカふかす音　488R
pam pán shung.	太鼓を叩く音　489R
pam pán shung.	拳で食卓を叩く音　489L
pámmikashung（típpu-）.	ピストルを発砲する音　488L
pampánshung.	煙管を叩く音　489L
paramikashung.	爆竹の音　488L
pata pata shung.	翼をパタパタ動かす音　488L
patchi patchi shung.	雨・霰が降る音　488R
patchi patchi shung（tīnu-）.	食卓を手または指で叩く音　488R
patchi patchi shung.	歯をかき鳴らす音　489R
páttūkāshŭng（fīnu-）.	火がパット燃え上がる音　488L
pïa pïa shung.	さえずりの音　489L
pí pí shung.	弾丸の音　489L
pú pú shung.	屁をひる　488R
sara sara shung.	霰・雪が降る音　488L
shā shā shung.	やかんの滾る音　488R
shā shā shung（miminu-）.	耳なりがする音　489R
shā-shā shung.	火に水をかけた時のシュ　488R
si sí shung.	シュシュ音　［シッ］という時などの音　488R
só só fuyúng.	雨の音　488L
só só shung.	川水が流れる音　488L
só só-shung.	風の音　488L
só só-shung.	波の音　488L
sóru míkashung.	木が葉のついたまま倒れる音　488R
sótti kāchī shung.	水の小噴出，液の波動騒音　489L
súttūkāshŭng（fīnu-）.	火がパット燃え上がる音　488L
túïnu utayung.	鶏が鳴く　489L
tón tóng.	車がガタガタする音　488L
tsíú tsíú shung.	小鳥（スズメなど）の鳴き声　489L
tsón tsón shung.	時計のチクタク　488R
túïnu utayung.	鶏の鳴き声　489L
usha abíshung	凱旋の雄叫び　489L
ussubutchung.	虎の唸り　488R
wow wow míkashung.	犬の吠え声　488R
wūwū shung.	耳鳴りがする音　489R
wū wū shi nayúng（miminu-）.	耳なりがする音　489R
wū wū shung.	ハミング　488R

yaguí shung	荷を運んだり，綱を巻いたりする時の人夫の掛け声，また船に荷を載せる時の掛け声　489R
yaguī shung（tsina tuǐ-）.	綱を引き騒音を立てる　489R
zára míkashung.	瓦が屋根から落ちる音　488R
zára míkashung.	パット開く音　488R

Sound② 深さを測る；［動］紐で測深する tsi-tó tstchung {chang, kang}, mizzi daki fakayung, nā shae mizzi saguyung; どれくらいの深さか計る fukassassi cha daki ságuti nyūng; おもりの底に蝋か油を塗り，（それに）砂を付着させて海底を調べる mbushi ganinu shtya muti nakae ló abura tskíti sina mutskárachi ominŭ súku saguyung; 人の（考え）を探る saguti tuǐ tanishung, saguti tuǐ duǐshung; tsītó tstchindé, ságuti 'nchindé.

Sound③ {[s.] hale}; 健全な；［形］búti búti, kizi neng mung, mu chízina mung, máttaku; 健康な木 kīnu shó djó shóng; 健全な道理の人 mattachí ftu; 熟睡 djúku sī shong; [s.] sleep.

Soup スープ; shiru, yū*（湯：中国語ではスープの意味あり）; 肉汁 nyíkunu shiru, shishi nyī djiru; 汁{粥}屋を設立する ké-ya móki tattiung.

Sour 酸っぱい; sīsang, sī adjivé, sīku natí; ［動］（酸っぱくなる・饐える）sīung; 熟れてない果実の（味）síbussang; また腹の不調にはvátanu sītiという; にがりきった顔つきだ，恐らく何か心配事の為だろう kama shishi agatóng, kukuru nakae urīnu aru hazi dó.

Source 根源・源泉; ízumi {izún}, ízunu mutu; {比喩}（根源）mútu, mutúí, yu-lé〈由来〉; あるなりゆき（結果）が発した所 nari yúchínu chá tukuru, hadjimitá tukuru, nī {根}; 王は源で，臣は支流だ. 源を濁らせて澄んだ支流を求めるなら，どうしてそれを得られようか? chimé mútu shínka nagari, súnu mútunu mínguidunse, simitoru nagari chashi yiraríkayá; 心は善悪の道理や，善徳・悪徳の源だ kukuro yī dóli yana dóli yutasha vassanu mutúí du yaru.

Sourish やや（薄く）酸っぱい; ússi sīsang, bí〈微〉sīku ang.

South 南; fé, mínami, ＋nan〈南〉; 南北 nán fuku {buku}; 南の蛮人はこれを織って布にする mínaminu íbissi〈戎〉kurishae núnudu úyuru.

South-east 南東; tatsi mīnu（辰巳の）＋hó〈方〉{kata}, ＋tó nán〈東南〉nu tánnaka ＋hó, attaï, chín（間）.

Southward 南へ; minaminyi nkatong, nán mutti.

Southwest 南西; ftsizi sarunu（未申の）＋hó, nyishi fé nu hó.

Souvenir {[s.] keepsake}; 形見; kátami.

Sow① 雌豚; ahya wá, ahya buta; 泥だらけの雌豚のようだ durunu tstchōru butanyi nyítchóng.

Sow② 種を播く; sani machúng {chang, kang}, sani machishung, wīung, sani urushung; 散らして播く chirashi {chiriti} matchúng; 綿の種子は4月に播く mumíng sani matchusé shi gotsi nakae sani urushung.

Soy 醤油; shó-yú.

Space {[s.] room}; 場所; tukuru; 空いた所 munashtchí*, tai-chū〈大虚〉; 際限なき空間 munashchi* sura hatín néng *インフォーマントのミスかベッテルハイムがECの「虚空」から推論したものかもしれない; 二つの物の間の隙間 tanaká, yédja {[s.] interval}; 半時間の間 han tuchinu yé.

Spacious 広大な; firussang, firuku ang; 広い家 ufu ya; ufu nū {núは野・畑, しかしこの句では「住まい部屋」の意味で通用}.

Spade (踏み)鍬; kwé.

Spain スペイン; ufu (大) Lu-sun〈呂宋〉.

Span 親指と小指を張った長さ; [名] ībi djódji (指定規); [動] (指を張って測る) ībishi hakayung, tī shi hakayung; 手で測ってどれくらいの長さか見てみよう tīshi hakatīnde chassa fudu ága?

Spar {[s.] beam}; (マスト用の強靱な)円材; bó, só.

Spare 容赦する; 同情して nadamiung; 倹約して用いる atarashashi cha muchīrang {muchiésang}, kagínshi muchíung; 堪忍する kunéyung, úshinyung (惜しむ); ご容赦下さい dóding nadamiti kwiri; 容赦して命を救う nuchi nadamiti {yudumíti} kurusang; 骨惜しみしない dū atarashínsang {atarashakó sang}, nandjing ushimang, yukurandínsang chíbayung; 君が一つ私に分けてくれますか īyaga {muchīrang ará} tītsi vaninkae yúziti kwíūmǐ; {小さな物を大事にしすぎて}惜しみ{大きな物を}失う shū yuku dé sung〈小欲大損〉.

Spare-rib 豚の肉付肋骨; yogari sóki buni.

Sparing けちで物惜しみする; {倹約する} chinyakushung, shímayung, shímata mung, chínyakushta mung, kumashkushung, atarashashung; けちな与え方をする djínshū〈減少〉shi kwíung.

Spark 火花・火の粉; futara {nu tubǐung}, fíbana {nu tubǐung} [ndjǐung] [他動] tubashung, ndjashung; 鉄と石を互に打ちつけると火花が出る titsi ishi tagényi útchidunse fíbananu ndjǐung.

Sparkling 煌めく; fíkarinu chiramichung, chíra chírashung.

Sparrow 雀; kūrá, sízimi.

Sparrow hawk ハイタカ(鶴鷹); túmbi(とんび).

Spasm 痙攣する; {[s.] convulsion}; {手が tīnu} tsīung {ts'tang, tsirang}; dūnu tsīung; tsíritchi-nu ang; 痙攣した(ような)動き háta háta shung.

Spatter つばをはねる; tsimpe hánǐung {nitang, nirang}, kuchi shiru ndjashung.

Spatter dashes 乗馬用泥よけゲートル(スパッツ); dūrŭ fushidji {saïdji} dógu.

Spatula スパーテル(医者が軟膏を塗ったり伸ばしたりする時用いるヘラ状のもの); kóyaku nassīru sīgu.

Spawn はらご(魚類などの卵塊); wú iunu anda.

Speak 物を言う・話す; munu ǐyung, ǐyung, munu gataï shung, katarayung, fanashi shung, tuchúng(説く); さあ、来なさい、君とちょっと話しあいたいことがある dá {ndá}, íchuta itchati(逢って) munu ǐya {íchinda}; 人を脇に呼んで話し合う sobankae yudi íchuta munugataï shung; 彼とは話すなよ aritu {madjung} munu ínnayó; すっかり話し切る nukurang gutu fánashung, sī(末) mading ǐyung; 思った事をすっかり話して嬉しかった umutōru ussa munugataï shi úshshatáng; 人に代わって話す kavati munuǐyung; 彼には率直には話すな arinkae nkatí massīgu múnu ínnayó {iché ikángdó}; すみませんが、どうか私に少し話して下さい dóding undjó vaninkae iffé munu íchi kwí mishóri; すっかり話しきることは出来ない īyaráng, īyarirang, īé naráng, ī tskussarang; 話し終えないうちに彼は荒々しく「誰が君に問うたか」と言った munu ī hatirang mādu are abīshi, "tāga ǐyanyi tútaga" ndí icháng; 私は小用があるが、それについてあなたの支持(是認)の言葉をお借りしたい{即ち、私のために弁護してほしい}、あなたの名誉を損なうことはないだろう vané yūdju gvānu áti, undjunu úmuchi kutúba káti úndjunu mǐmŭkŭ yandandó; 彼は死んではいるが、彼の言葉はまだ生きている ari shidjé wússiga kutubaya nama madi ítati {tstetóng, tstéti chóng}.

Speaking trumpet (拡声器)メガホン; tūssankae munu ǐyuru {chíkashuru} dógu; tūssankae munuǐyuru fūǐ(笛).

Spear 槍; yaǐ, yaǐ titsi〈鉄〉; [動] (槍で刺殺) sashi kurushúng.

Special 特別な; (特別に)vazavaza, vazatu, utáti, muppara, ftuǐnyi(偏に); 特別詔勅 mupparanu {utátinu} tuziki; 特に努力してする tstomíti {mupparanyi} shung.

Species {[s.] sort, kind} 種(類); 犬の種類 ínnu luīshóng, íntu zukushóng, inyi nyī {類似} kakatóng; 別種の luīnu kavatóng.

Specify 詳細に述べる; íssényi tuchi chkashung; tsimabirakanyi {kuwashku} ǐyung; yū ī harimǐung.

Specimen 見本・手本; tifúng, kukurunyuru tifúng; 試みのために取られた一見本 kukuruminyi utchéru {tutéru} tītsi.

Specious うわべを飾った; wābi kazatóng {kazaïshóng}; anyēru gutóssiga anyé aráng; {見える限りは良い, 視界の場} mī ba〈場〉yutashang; うわべだけの追従 méssa munuí, fitsirénu(へつらいの) kutuba; 顔で同意し心は反する umuté dū〈同〉tóssiga {shtagatōru gutossiga} kukuró sumutchóng(面従腹背); うわべだ

けの追従者は是非も混乱させる +nī-djinó〈佞人は〉+dji fing〈是非も〉fíndji midaráchi íchúng; うわべだけの追従者は危険だ +nī-djinó abunassang; うわべだけの追従者は遠ざけろ +nī-djinó tūzakiri vadu.

Speck シミ・斑点; shimi{nu tstchóng};（シミのことを）普通は次のように簡単に言う: 黒い物が付いている kurūga tstchóng; 白い物が shiruga tstchóng.

Speckled 斑点ある; ayagatchóng, aya aya manchāshóng; madara; 斑点のある牛 aya manchā ushi.

Spectacles 眼鏡; mī kagáng, gan-chó; 眼鏡をかける mī kagáng sígíúng, kakĭung.

Spectator 見物人; soba kara nyūru ftu, sobanu chū.

Speculate 熟考する; fakayúng, kangeyung, umuĭ fakayung, fumbitsi {tidáng} ndjashung.

Speculation 熟考; fumbítsi〈分別〉, fakari gutu, yī tidáng, yī kangé; 利益を挙げることばかり考える tsininyi lí〈利〉yíyusi（得ること）nakae kukuru ittóng.

Speech 話し（言葉）; munuí, fanashi, gún gu〈言語〉, munugataï, ī katari; 流暢な話し方 fanashinu féssang, nagarīru gutukunyi fessang, tsizichinu fésang; 良い講話だ yī ī katari yassá; 彼らの口を封じ黙らせる sunu kutché fussadji, munu ïyassáng gutu shimĭung.

Speechless [s.] silent; 物が言えない munu ī ōsan, kutchi fussadjóng, munúng ïyaráng, kutchi kūti.

Speed 速いこと; féssassi; 馬が疾駆するような速さ fessassi tubi mmanu gutukunyi ang; 全速力で逃げる tubuga gutukunyi shi {hayuru, hayéshuru také} findjĭung, {vashshĭung, nugarīng}.

Speedy 迅速な; simiyaka（速やか）, gurúku; 悪魔から逃れるほどに速い djama nuzukīru fudu gurussang; 激情を冷ます最も迅速な方法 nītassa {+shin（心）} nitsi（熱）} sarashuru（去らす）fé {itsíng féssaru} tidáng; 逡巡のない迅速な返答 gurúku fintóshi utagé néng.

Spell [s.] charm; 呪文; [名] fū fuda（護符）, fū mung; 悪霊を斥ける呪文符 djáma nuzukīru fuda; [動]（一字一字判読する）djī namiti（並べて）yunyung {djī tsizikíshi katchung（字を続けて書く）}.

Spelter 亜鉛; shiru kani, shiru namari.

Spend {[s.] time}; 費やす; tsīyashung, irimi shung, muchīung; 時日を過ごす {怠惰に itaziranyi, fimanyi, shku chinsang} tuchi fī sigushung; 一晩過ごす chu yuru sídjĭung（過ぎる）; 気易く費やす yassiku tsīyashung; 家財をたくさん費した ka zé uffóku tsīyachang; 弓折れ矢尽きた yumíng wurí, íyang tskuriti néng; 日中を怠惰に過ごすな nyichū itaziranyi sidjínna（過ぎるな）; 倹約して使う fábuchung（省く）, tsīyashi kagíns[hung].

Spendthrift 浪費癖ある（人）; midarinyi {+kvabinyi〈華美に〉}, mizzinu gutu yassiku, mizzi tskayuru, kwabīta mung; bu〈不〉shimaïna mung; tsīyashi shimaráng;

tsīyashi chūsang（強い）.

Sperm 精（液）; +shī.

Spermaceti 鯨蝋; gudjiranu dzī anda.

Spew {[s.] vomit};（唾を）吐く; tsimpéshung, kutchi shiru ndjashung.

Sphere 球（体）; máí, maïnu gutósi, marushi（円）, marussa, wá〈輪〉; 天〈地〉球儀 tín {djī} katadutéru máí; 空洞球体の容積 úchi wá; 外周 stú wá.

Spherical 球体の; maru, maru ṭamanu kata, maïnu gutóng.

Spheroid 回転楕円体; dúdjinaï（卵形）-nu maï.

Spices 香料; kaba ḳu（粉）, kabasha {ru} gú（粉）.

Spider 蜘蛛; kū bā; 大蜘蛛 ufu vata kūbā; 足長蜘蛛 naga sina kūbā; 地蜘蛛 djī kūbā; 硬い蜘蛛 íshi gan gan kūbā; 穴を掘る蜘蛛 tó-ló kūbā {ishshatú?（カマキリ）}; 蝿取り蜘蛛 fé tuĭ kūbā {当地には巣を造らないこのような蜘蛛の一種がいると言う}; 蜘蛛の巣 kūba gassi.

Spike 穂; fū; 稲穂 nyīnu fū; 大釘 ufu kudji.

Spill こぼれる・あふれる; [自動] yutĭung*（こぼす）, andĭung, afurĭung *yutiriung（こぼれる）であろう; [他動] yutirashung, andashung, aforirashung; 血を流れさす chi nagarirashung.

Spin 紡ぐ; wū {nūnū} nyúng {ndang, nmáng}; wú mussubĭung; 綿紡ぎ機は麻紡ぎ機より小さい mumíng uĭ ḳuruma, wú uĭ ḳuruma yaka kūsang.

Spinage (**spinach**) ホウレン草; fhĭú-lín-ná; 別種のもの ūūtsé; たいへんおいしい種類で、茎はアスパラのようなもの yínshūnū bá（フランソウ）.

Spinal marrow 脊髄; kushi buninu {shínakanu} dzī ánda.

Spindle 紡錘; wū mudi dogu {当地に無し}; 当地の紡錘は使い方は西洋と同じだが、kurakú、またはkudakúと呼ばれる車輪により水平に動くものである.

Spine 脊骨; kushi buni, kushinu tati buni; {多分尾骨の} 下端 tsíbi buni.

Spines 刺（状突起）; índji, sáshi.

Spinning wheel 糸車・紡ぎ車; wu nyūru yāma {kuruma}, wū karakoĭ yāmā, wū uĭ yāma.

Spiny 刺だらけの;（índji）takaritóng; 角や羽毛（など）だらけの tsínu hani takaritóng.

Spirit, --s 霊・魂; massashtchi, massashchī mung; 善霊 kami, +shín〈神〉[s.] soul; 悪霊 +yūri〈幽霊〉, djama〈邪魔〉, madjimung; 妖怪 bākimung; 悪霊に憑かれた人 kaki mung; 善霊と悪霊（を一括して）+chi-shín〈鬼神〉, しかし、一般的にはこの語は天国や +gushó〈後生〉{地獄}の死者の霊を意味する.

Spirit 気風・精神; {風潮・主意} 文章の気風が大変異なっている bun fū〈文風〉nu harukanyi kavatóng; 文字一つ一つの精神を掴み、個々の表現（語句）の真意を理解すべきだ djí〈字〉gutu sunu kuwashí「精」の

訓読みか tukuró tstomíti yíti, kú gu〈言; ECにも「言」とある〉 sunu sashi ṭukuró tsōdjiri vadu yutashang.

Spirits {**animal**}* *原本は{animal}spiritsとある; 血気・活気・はつらつたる生気; kúnchi〈根気〉, shī-chi〈精気〉, shó chi〈正気〉, ídji〈威儀; 意地であろう〉は全て同じ意味; chí chi〈血気〉は血について言う, shín chi〈CDなし; 心気であろう〉は心の状態を言う; これらすべてについての sákanyi ang(盛んにある)は若さに相応しい良い状態を示し, uturūtóng(衰えておる)は老齢に相応しい老いた状態を示す; 精気が発した shī chinu vatchi(湧き) fáshïung; 目下心配は何もない, 彼女の生気は少々回復した nama samadatché néng, shó tstchi yutashku natóng; 傷ついた心 kukuru {chimu} itamishóng; 少し活気がない kukuru nakae íffé fu kwé〈不快〉 ang, yī kukutché néng, turibatóng; 精気を興し知識を増す shī chi uzumatchi chi shtchi {munushíusi} mashi shódjirashung; 奢りたかぶり饒舌無法な心は溢れるほどに喋る uguri, itsivari midarinu(妄りの) ftu kutubayá andïung; 精気が衰えた tamashi nugitóng; 血気に駆り立てられてしたのだ ídjinyi makachi du shéru.

Spirited 血気にはやる; chínu chūssang, chí-djū-mung; 活気のない fu kwé〈不快〉, yī kukuché néng, túribatóng.

Spiritless 活気ない; chī yó mung; 勇気のない chī ská mung; 元気なく(頭を)うなだれた kubi wúriti {táriti} chí ushi natóng.

Spiritual 霊の; massashchī mung; 何事にも執着しない kutunyi tskang; それ故増えもせず減じもしない karuga yüïnyi mashínsang djíndjínsang(減じもしない) {uffoku narang ikiraku naráng}; 聖なる光りの一閃を感じた(知覚した・悟った) massashchi fikarinu chu fútara satutáng; 聖なる知識はあるが, 眼に見える肉体はない massashchi chí shtchinu〈知識は〉 assiga dū iró(色) néng.

Spit① 焼串;[名] {肉を焙る為の} abuï títsi, abúï yaï.

Spit② 唾を吐く;[動] tsimpéshung; 人の顔に唾を吐きかける arinkae tsimpé fuchakïung; 軽蔑して激しく唾を吐くような音を立てる tsimpé tufé〈吐発〉 tufé shung, tsimpé tufé tufé mikacháng(した)* *mikashungであろう.

Spite 遺恨・悪意; 人に意地悪をする(悩ませる) 'nni tstchi shung, nayamashung, nayamashi uramirashung, 'nni tstchi shi uramirashung; [名] 'nni tstchí kutu(胸を突くこと).

Spittle 唾(液); tsimpé, kutchi shiru, yudaï(涎).

Spleen 脾臓; {人の} fínu zo; 豚の脾臓 butanu fúku.

Splendid 立派な; lippanyi ang, lippanu mung, {光り輝く} chiramitchóng; 華麗で色彩豊かな ákara fútara shong; 華やかで賑やかな fanayáka nyí-dji-yáka.

Splendour 華麗; fanayaka-nyi ang; 太陽の煌めき tídanu chiramikashusi; 雄大華麗 sakaï fanayáka(EC「栄華」の訳語); 子供たちの栄誉を望まない父母が何処にいるか chunu uyataru munó kwanu sakaïsi tā yaré nigāng útchuga {mina, または 'nya nigeïdushuru, 皆願う}.

Splenetic 怒りっぽい; {憂鬱な} múdita mung, chimu kussamitch[(ish)ong].

Splice 組み継ぎ(より継ぎ)する;[動] {綱 tsina} āshung, nóyung.

Splinter 破片・削ぎ; chïrï; 木切れ kī djíri; 板切れ īcha djiri; 骨片 kutsi djiri; 指に刺さった刺 kīnu índji {kudaki} wībi yamacháng(痛めた).

Splints へぎ板; 竹の割れ片 dakinu vari.

Split 裂く; [他動] satchúng, tsī satchúng {chang, kang}, tsín yayúng, vayúng; 少し裂く chiri akïung, vai akiung; 薪を割る tamúng vayúng, táchidjí vūyung; 裂けている sakitáng, vátténg; ガラスなど, 固くて{音のでる}ものが裂けている fíbichóng, fíbaritóng; 日に乾燥して木が裂けている fí maki {日に負けた} íttchóng; 石屏風が三つにひび割れている ishi nyóbu mītsinkae fíbichóng; 仏の頭は粉々に砕けている Butsinu tsiburó saki kudakitong {[他動] kudachéng}; 亀裂が出来ている mī akiténg, chiri akiténg; 差額の半分ずつ反りましょう hambung vakīssa, hambung wūï {vaki shínda}.

Spoil 破れる; [自動] yandïung; [他動] (破る) yandyúng, yabuyung, {心的に} skunayung(損う), súndjïung; kutchúng(朽ちる); 作り損なった tskoï yanténg, shī yanténg, shī skunaténg; 甘やかされた子 fundéngva; 盲目的な愛で子を駄目にする fundéshimïung; 煮・焼き損なう nyí-, yatchi-yandïung; 作り損なった菓子 tskoï yandji kwāshi; 打って駄目にする utchi yandyung; ペン{鉛筆}は頻繁に使って駄目になっている{先がなまっている} fudi cha tskéshi satchi chirā natóng; え!え!, 彫り損なってるよ tsivé mung(大変なことだ), fuï yandjishéng; 黴させて駄目にした kussaritáng, kuchéng(朽ちた); 木が{水に漬かり}駄目になった kīnu kuchi yaboritóng; 食べ物が駄目になった siritóng; 傷み肉 shishi itadóng, itán dji shi; 黴が生えて駄目になった kódji(麹) fuchi tadarïung(爛れる); 埋まれたものが(駄目になった) tadari kussaritóng, kutchóng; 子供がもてあそび損なう muttantóshung, muttantóshi {muttung*} yandyung *muttangであろう; 卑俗な言葉 fíziri; 意図を挫く áriga yūdju áda náshung, túdjirasáng, azi chírashung {味を散らす}; 私は彼から遊びを奪った {彼の遊びをだいなしにした} vaga ari azi chirachi umutotassíga naráng; ああ, 駄目にしてしまった {後悔して言う} kuré saváttasā {samadachasā, 妨げた}, samadachinyi natasā, savaï

S

{samadachi} shī ndjachasā, shī yantasā; 完全に駄目にした muru yanténg; 都(市)を征服し略奪する gussiku kachi ubiyakashung.

Spoils 略奪品・戦利品; katchi tutéru mung, ubiyaka shési {tutési, katchi tutési}.

Spoke スポーク・輻(や); {車輪の hiágánu} áyá.

Sponge 海綿; omi mayā; スポンジ(海綿状)の固まり fuka fukashuru mung.

Spontaneous {[s.] freely, self}; 自然発生的な; nánkuru, dúkuru, mizzikara; 自分でしたいと思った dji bún shi {dukuru} stchi shéng; 自分の意志でする umi yúti shung {誰も彼に思い出させる必要なく}; 自生する nankuru mī shung, {makáng gutu (蒔かずに)} ké mītóng.

Spool 糸巻き; kúdagu.

Spoon 匙; ké〈貝〉; スープ{食卓}用匙 shiru ké, ufu ké; 陶器製 yachimung ké; デザ-ト用 naka ti ké; 茶匙 cha ké; 台所用 {当地では貝殻} afaku gé; 金属鋳造用のスプーン tatchi gani kakīru ké; 溶けた金属を掬う匙 tatchi gani kunyuru ké.

Sport ふざけ(る)・戯れ(る); gámari-shung, vátchaku-shung, tava furi móyung.

Sportive 陽気な・ふざけた; móti assíbïuru.

Spot {[s.] speck}; シミ・汚れ; shimi, aza, utski {斑点} シミのついた shimí tstchong; 衣類の(シミ) fushinu ittchóng; いろんな色の斑点模様 aya manchá, madara ittchóng, fushi gata ittchóng; 老人の顔の黒斑 úmu ga {面皮}.

Spotless シミ・傷のない; kizi neng, mu chízina (無傷な) mung, shimi neng; {純粋な} issadji yutchi (潔い).

Spouse 配偶者(嫁); aratanu fú djing〈夫人・婦人〉, mī yumi (新嫁).

Spout (管)口; 急須の chūkanu fī(樋)?, kutchi, cha tsibunu kutchi; [動] (湧き出る) {kutchi kara} vatchí (湧き) ndjíung.

Sprain 捻挫する; 足を fsha {ashi} kun chídjayung; 足を捻挫して歩けないよ kun chidjéti {chigati}, yamachi, nama yadi akkaránsá; machigéshi fsha yamashung.

Sprawl 腹ばう; {転ぶ} tsimazichi (躓き) dugeyung.

Spread 広がる; [自動] firugayund* {firudóng}, nubïung, féyung (張る); achóng *firugayung であろう; [他動] (広げる) firugashung, nubirashung, tsī akīung〈EC:開〉; 花が広がる hananu mī {生え} firugayung; 膏薬を塗る koyaku nuyúng, tskïung, fichi nuyúng; 膏薬を布に塗り腫れ物(ねぶと)に当てる kóyaku nŭnŭ tskiti {nasīti, nuti} kassa nakae ushúng; 毛織物を広げる fichi feyung, firugashung; 病気が広く広がった yaménu feyung (流行る), この故伝染病は féï yamé (流行り病)と言う; 天然痘が流行っている churagassanu fétóng; 手を広げる ti firugiung, fïrudjung, 即ち firu

(尋)を作る. firu とは両手を反対方向に広げての中指から中指までの長さ; ニュースを広める mīkung (新しく) chichasé tsté firumïung, ī firugiung, tsté nagashung, aratanu fanashi férashung; よく知られた俚諺 féï kúdjó; 良い言葉を多く言い, 良い本を多く印刷し広める yutasharu kutúba uffóku ítchi, yutasharu shimutsi uffoku fankóshi firumïung; 世界中に広まっている tinga íppé fétóng; 翼を広げる hani firugiung, hatakiung; 翼を広げ飛び去った hani firugiti túdi hacháng; {敷物・テーブルクロスなど, 座ったり寝そべったりするために} 広げる sh'tchúng (敷く) {sh'chang, shkáng}.

Sprightly {[s.] lively}; 活気ある; úgutcha mung {人や馬など}.

Spring 春; {季節} fharu, fharunu shtsi; 春夏は鶏が鳴くころ早く起きるべきだ haru natsi túïnu útati féku úkiri vadu yutasharu; {水の(泉)} izúng {ízumi}, minamutu; 川の源 kāranu minamutu; 泉から湧き出る水のように彼女の目から涙が流れた sunu mīnu náda izúnnu vatchi ndjiti chūsitu yínu mung; 暖かい泉 átatakanu izún; 熱い泉 (EC:温泉) átsi izún; 塩の泉 shū ítchi (塩池), sūnu vatchuru ítchi; 機械のバネ karakúï; 細いバネ gúma karakoï; 主要バネ karakúïnu mútu; {比喩} fumbítsinu mútu; [動] 心に思い浮かぶ kukurunyi umúï chizashung (兆す).

Spring-hair {空中に浮かぶ蜘蛛の巣} kassimi (霞).

Springy {[s.] elastic}; 弾力性ある; fuka fukashuru, nankuru mutchagáyuru; 押していると押されたままだが, 手を離すと同時に元の状態に戻ってしまう ussutóké ússuratóssiga, tī utchi yurushïídúnse mata mútunu gutu {mútu dūī} nayung.

Sprinkle 水を撒く; {容器で} hánïung, {指で(はねかける)} hanchúng; 濡らす ndashung, sítarashung; {悪戯して} 人に水をかけあう mizzi haniéshung, kakiéshung; 水を撒き掃除する mizzi útchi sódjishung {hótchi (掃いて) harayu[ng]}; 絶えず水をまき, 湿らせておく tsininyi mizzi súsudji (注いで) urākiung {úruvashimíng}

Spritsail 斜桁帆 (スプリットで張る帆); ménu yuku bashiranu fú.

Sprout 芽を出す; [動] 地面から芽を出す mī ndjiung; 木が midurinu ndjüng, vákabé ndjíung; [比喩] (兆す) chízashung, chizashi ndjiung.

Sprouts 若芽; vákabé, miduri; 稲の若芽 nāshiru (苗代).

Spume 泡; ābuku, ā, būkā; [動] (泡立つ) ānu {ānu mizzi} fuchúng; 泡立つ波 naminu hananu tatchúng {agayúng}

Spur {[s.] urge}; 拍車; 鐙の拍車 abuïnu tsirudji; 雄鳥の毛爪 tuïnu tsirudji; [動] 馬に拍車を当てる abuï utchung, {当地では鐙で拍車(の代用を)することに留意}; [比喩] (駆り立てる) ményi sisimashung; 笞打って駆り立てる búchi kakiti sisimïung.

Spurious {[s.] falsify, mix}; にせ物の; shó mung aráng, itsivaï {nyishí} mung.

Spurn 軽蔑して一蹴する; karundjiung, karundjiti stiung; 私の助言を鼻であしらった vaga sisimise stitáng, chkáng; 彼は私をにべもなく拒絶した vang mī sitó sā, vane arinyi mī stirattáng.

Spurt {[s.] spit}; 噴出する; [自動] mizzinu átabaïshung, hatchung; [他動] futchakïung (吹きかける); 口一杯のお茶を吹き出した chu kutchinu cha kutchi kara futchi ndjacháng; 冷水を人の顔にふきかける mizzi chūnu tsirankae fúchakïung; 彼が私に水をふきかけた, それで寒気がする mizzi fuchakirátti {fuchi kakiratti} fidjuru natassā.

Sputter 早口でしゃべる; {話す} beru beru munuïshung, beru beru ndjashi shung; {唾を吐く} cha tsimpéshung, tufé〈吐発〉tufé shung.

Spy {[s.] scout}; 覗く・窺う; [動] ukagéyung, suruïtu saguyung, saguti ukagayung, ukagéti nyūng; [名] (窺う人・スパイ) ukagénu ftu, fissukanyi ukagayuru ftu, ukagé nyíng; kutu tazonïyā; 秘密に探り暴く〈EC:内応〉utchi sódanshung, fissukanyi tsōdjirashung.

Squabble つまらない言い争い (口論); mundó gvá-shung.

Squadron {[s.] fleet}; 小艦隊; 船の chu kuminu funi.

Squall {[s.] gale}; (雨などを伴う) 突風・スコール; chuttunyi ami kazinu úkuyung, nyivakanu ami kazi; chuttunyi kazi matchinu tūtang (通った).

Squander {[s.] spendthrift}; 浪費する; midarinyi {kvabinyi〈花費〉} tsīyashung.

Square 四角; shi kaku, mashi* kaku, yutsi kadunu aru mung *ma shi; 長四角 naga kaku, nagashi* káku *naga shi; 3の二乗は9 mītsi mītsi kassabiré kukunutsi nayung; ある数にその数自体を掛ける (二乗する) こと kazi gutu mūtūnyi {dūnyi} kakíru tsímuï; 平方根 dūtu tsi kassabiru mūtū dūtū kakíru mūtū[,] máckwa {枕}, このことからまた「ある数をそれ自体と掛ける」ことは máckwatu tsi kassabiung (枕を重ねる) という; ある数の二乗したものをそれ自体と掛けたもの (二乗の二乗) dūtu kassabiteru mūtunu sū kukúï, mūtu dūtu kassabitesishae natōru su ávashi; 空洞の四角 stchi tūtoru {ūbábarashōru} shí kaku; 平方根を二乗する íchi djó dzimúï; 大工道具 (かね尺) bandjó-gani (番匠金); 見事に一致する, 特に勘定が yū kūtóng.

Squash① カボチャ類の長いもの; nábera (糸瓜); íttu úï? (糸瓜).

Squash② 押し潰してどろどろにする; [動] mumi {mudi} vákkvashung (ときほぐす).

Squat しゃがむ; (坐る) angvé dúïshung, firatténg yíyung.

Squeak ギャーギャー泣き叫ぶ; kamabisashung; 大声で (叫ぶ) abīātïā shung.

Squeal (苦痛などで) 長い金切り声で泣く; urī nachishung.

Squeeze 圧搾する; kwāshung (はさむ), tsi kwāshung, mimidjung {djang, gang}; 掴みきつく握る nyidjïung; 上から圧 (迫) する ussúyung, ussī tskïúng; 圧搾して痛める kwāchi {mimidji} itamashung.

Squint 横目で (斜めに) 見る; fíchi mī shung, yugadi nyūng, nánami nyūng; 斜視の人 shó mā.

Squirrel 栗鼠; kī (黄) nizimi?

Squirt 射出する; [動] yumi (弓) tūyuru gutu mdzzi* hatchi ndjashung {yarashung}.*mizzi であろう.

Stab 突き刺す; sashúng; 袖から一つの雪のように輝く尖った刀を取り出し, 自分を刺そうとした sudi utchi kara tītsinu yútchinu gutushi chiramíchuru togaï gátana tsí ndjáchi dū sashirándi shang.

Stable 牛馬小屋; [名] mmanu ya, ushinu ya; [形] (安定して信頼できる) odayaka-nyi ang.

Stack 干草の一山; [名] kaya chu mazing; [動] (干草を積み重ねる) kaya mazinyung, mazínshung.

Staff 棒; {杖} gūshang, tsī; 長い棒 só (竿); 旗竿 hata só; 杖を持ち上げ, 地面を打ち「アー」と言った gūshang agíti, djí tatachï ah ndi icháng; 杖に寄りかかっている老人 gūshanyi yutōru tushïuï ftu; 杖は彼の支えである gūshanyi tassikiratténg {tstchóng}; 役人の (権威を示す) 権標 (棒) shirushi ḳí.

Stag 鹿; shkǎ; 雄鹿 wū shkǎ; 雌鹿 mī shkǎ.

Stage ステージ; 劇場の (舞台) assibi dé, hanshi shuru {hanshi} dé; 舞台を造る hanshi shuru tana tatíung {fichi tatïung}, hanshi-bá (場); 役者の出入り口 shūtsi nyú mung, ndji íri djó; 一芝居 chu hanshí.

Stage couch (定期の) 駅馬車; vatashí ḳuruma, fíchi ḳuruma.

stagnant 淀んで流れない; 溜る tamayung, tátamayung (滞る・詰まる); 塞がれている katamatóng, tudukirang, nagarí ōsan; 溜り水 tamaï {tátamaï} mízzi; 商売の停滞 achi né mung tudukiráng.

Stain {[s.] spot}; 汚す; 汚れている yuguritóng, ákanu tstchóng, fïngu tstchóng; [他動] yugurashung, fïngu tskïung.

Staircase はしご段 (段・手すりなどを含めた全体); nyiké bashinu ya (二階へ登る梯子のある家).

Stairs 階段; kízaï; 石段 íshi chíza (i); 一対の階段 kízaï chu námi; 階段を昇降する chízaï kara nubuyung uriung {kudayung}; 二階へ登る階段 {普通は, 梯子} nyí ké bashi; {二階へ} 登る nyikénkae nubuyúng.

Stake 火刑柱・杭; tamúng mázimi (薪積み); 賭けごと chánkuru (子供のする賭けごと); 名声が危険にさらされている nānu tuku shtsī〈得失 tuku shtsi〉nyí kákatóng; 生命が危険に瀬している íchi shinyinu saké, shí-shó〈死生〉bung nakae kakatóng; 十に九生命が危険に瀬している djí shi í shó〈十死一生〉nakae kakatóng.

Stalactites 鍾乳石; taï íshi (垂れ石), íshi mārā (男根?).

Stale 新鮮でない・いやな臭いのする; 饐える sīung; 饐えて酸っぱい sītóng; すえてまずい sīti nyīshang; 古くなり色が悪くなった írunu sámitóng.

Stalk 茎; 地面に近い太い部分の茎 yassénu gútchi; 茎の細い部分 fúni {骨・肋骨}; 果実の付く柄の部分 {naïnu} fússu {即ち、臍}, naï ḳutchi; 穀物の付く柄 fū (穂).

Stall 商品陳列台; dé, úï mung dé.

Stallion 種馬; wū mma (雄馬).

Stamens 雄蕊; fhananu yū, fídji.

Stammer 口ごもる・吃る; guzu guzu shung; 発話が困難なため口を不器用に動かす múya muyá shung.

Stamp (印などを)押す; {マークする} ín (印) tstchung, ín ushúng, shirushi-shung, nā shirushi-shung, nā ziki-shung; 足を踏み鳴らす ashi fúnyung, ashi utu ndjashung, ashi fumi dóndónshang (した), ashi nīyung; góngónshung, tststchúng, tststchi utushúng {後の3例は手にも当てはまる}; 杵でつく azíng nīyung, azing tstchung.

Stanch 止める; 血を(止める) chí tumïung, chínu gógó shusi túmïung {yamïung (やめる:「止」の別の訓読みであろう)}.

Stanchion {[s.] prop}; 支柱 tassiki ḳí, tskáshi ḳí.

Stand① スタンド、〜立て (掛け、入れ); [名] tatī; 衣類を架けるもの kakī, chíng kakī, í-ká〈衣架〉; 物を入れ irī; 物を置くもの (物置台) munu utchí; 飾りつけ用なら kazayā; 鉄砲を飾る台座 típpú kazayā.

Stand② 立つ; [動] tatchúng; [他動] (立てる)tatïung, yíshïung (据える); 儀礼のため立ちあがる dīdjinyi kakavayung; 爪先で立つ fsha dakā shóng; 髪が総立ちになる ḳí fúku gí tatchung, ḳīnu sakankae tatchi {他動} tatashimíung; 傍観者としてほんやり立つ tī tódachīshi soba kara nyūng, tī butskurúshi soba kara nyūng; 長くおくと饐える fissashku naré sīung; 直立している nowchinyi {síguku, yū} tatchóng; 温度計は何度か ḳan shu〈寒暑〉haï chága?; {温度計は何度を指しているか íkku dán {djódjinyi} ítataga {chóga, natóga?}}; 畏怖している tsitsishimi ussuritóng; 起き上がる ukiung, uki tatchung; 起きろ! ukiti kū!; 抜きん出る nuchíndïung, sugurïung, massariung; 自分の言葉を守らない (言動不一致) hágunyung, hagudong {即ち、鋸の歯が一方はこちら側へ他方はあちら側に向いているようなもの}; 立つ時はしっかり立て, 座る時は真っ直ぐ座れ táchinyé udayakanyi táti, yīnyé tádashku yiré; 君は私に会う時はじっと立っているべきだという慣習(法)を知らないのか, どうして前から走ったりするか ïyáyă vang mīnyé tsitsishími (慎み) tátt chúndi ïyuru nuré (則な) shirang, wa mé ka* hayé nati tūyumi, h'n? *karaであろう; 役人らが皆回りに

立って取り巻いている hákwanū〈百官の〉matténg tattchi sünetóng.

Standard 旗; hata, shirushi bata; 基準(見本)に達しない tifúntu (手本と) kunabirang* *kunabirarangであろう.

Stanza スタンザ・(詩の一)連; shī í shū〈詩一首〉.

Staphyloma 眼球突出; míntama nugā？

Staple U字型の釘; {戸の(閉じ金)} háshirunu kaki gani; 悪い木綿は柔らかいが, 繊維がなく切れてしまって一本の糸に引かれない yana mumíng yafarassa assiga mutchikó néng chíriti {wackwiti} fíckaráng.

Star 星; fushi; 明けの明星 yóka {yū aki} bushi; 宵の明星 yussandi bushi; 恒星 tsíni bushi; 彗星 hóchi bushi; 星が勢いよく飛ぶ fushinu yā utsīshung {家を変える}, tubi bushi (飛び星); 星空 fúshi haritóng.

Starch 澱粉; shófu; 澱粉を煮た物 núï (糊); 澱粉を煮る shófu táttchung; 衣類に糊付けする chíng nakae nuï íriung, nuï siri kvāshung; 糊でゴワゴワした nuï iti tsī hatóng, fíppaténg; 糊で堅くなってない bíttātātóng.

Stare じっと見つめる; mī tskïung; {怒って} mí fíchayung; 一目見た chu mī tskitang; 目を見開いて見る mī hati (張って) nyúng; {不思議がって見る} chínu tstchi nyūng {気を(それに)突き刺して見る}; 口を開け見開いて見る mi haï kuchi haï shóng {口と目を広く開けて}.

Starfish ヒトデ: garishí dākū

Start 起き出す; ukiti ndjang (行った); 出発する feku ukitachang (起き立った), chíttu datchi úkiti ndjang (行った); 旅に出立する shúttatsishung; 犬に獲物を狩り出させる ínyi chirakashung* *chirakasarīngであろう (受身表現が妥当であろう); 出足が良い yī kuru shí fadjimitang (始めた).

Startle ギョッとさせる; 少し驚いていた íffé uduruchótang; [他動] 不意にギョッとさせる ubizinyi udurukashung.

Starve 餓える; yāshashung; 餓死する yāsha djínshung; 寒さで死ぬ fīssa djínshung; [他動] yashashimiung, yāshashi kurushimashung, yashadjínshimiung; 飢えて共食いする yāshashi {gáshishi} tagényi kvayúng; 飢えたように喰う báké kvéshung (奪い合って食う); 人々が餓死するのを見て救わない taminu gashi shusi nyūssiga skuráng.

State① {[s.] condition}; 状態; 危険な状況に ayautchinu tukuru {yósi, kakó, mī (穴)}; 国の勢はかなり弱い kunyinu íchïūï yósaru kāgi; この件がこういう状況になろうとは思いもしなかった kunu kutó kunu gutōru mīnkae {chkatankae (地方に)} itayuse kániti (予て) vakarántang {umántang}; 役人は来て, この状況は決定的なものではないと素早く見て取った kwan nyinó (官人は) féku chī 'nchi kunu yósi shi māda chivamaransayá; 天下の状勢を観るのに巧みな者は, 病気を診察するのに巧みな医者のようなものだ tinganu ichïūri (勢いを) yū nyúru munó yí íshanu yamé nyúsitu yínu mung; 天下の現今の様子 tinganu naman yósi.

State② {[s.] country}; 国家; 官員ら kwan yínnu chá, haku kwang〈百官〉; 国家反逆罪 ūūyadjinu tsimi, kuku shi〈公罪〉.

State③ 陳述する; ［動］unyukĭung, unyikĭung, tsigĭung, p̆ínshung〈禀する〉; 皇帝に上奏し, 大役人（大臣）らはよく統治し, 才も徳もあると言った kótinkae unyukíti taï-shi*〈太子〉matsiri gutu yūshuru sétuku〈才徳〉nu an ndi icháng *teshin〈大臣〉であろう; 明白に述べる mífakunyi nubĭung; issenyi {tsimabirakanyi} p̆ínshi〈禀し〉; 真実を語らなかった sunu djitsé unyukiráng（述べない）; 彼にこの件は明細に告げる方がより良い arinkae kunu kutó issényi ïyussiga máshi; 嘆願書に述べられたこと bung utchi nubité túkuru, {nubitési}; 行き来する商人は皆, 名も氏（名）も明確に示すべきである ndjaï chaï shuru áchiné síbiti nāng udji nāng achirakanyi sí vadu yaru; 同等者に通知する tsōdjirashung, shīrashung; 上位者へ申し述べる tashshiung〈達する〉, tashshĭti shirashung; 皇帝に恭しく上奏する（奏聞する）tsitsishindi* kótinkae p̆ínshi unyukiung *tsitsishidiであろう, または日本語か.

Stately 威厳ある; 態度 ĭnu〈威の〉aru ftu, dándjamata ftu.

Statement 陳述; shidé, kutuba, yósi, munugataï, {法的} uttaï〈訴〉, tashshi〈達し〉, táshshitési〈達したもの〉; 前の陳述（前述）wīnu shidé.

Statesman {[s.] courtier}; 政治家; shínka〈臣下〉, ufu kwanyin〈CDなし; 官人であろう〉, té shin〈大臣〉; 忠実な政治家 chū shin〈忠臣〉; 追従（する）政治家 ni-shing〈佞臣〉.

Station {[s.] condition, sort}; 身分; 人生における身分 mi bung; {官職の}. shkubúng〈職分〉, shkúï〈職位〉; 軍の駐屯地 fínnu wuídju; ［動］{[s.] place}; 各人を部署に就かせる na mé mé shkumé mamurashung, kwanyi tskĭung.

Stationer, -y 文房具商; fudi kabi uyá; 文房具店 físhi búku úï ya; 文房具 físhi búku dógu; {físhi búku は短縮形, 恐らく fudi〈筆〉, simi〈墨〉, kabi〈紙〉, búku〈石, 硯〉の頭文字からであろう}.

Statue {[s.] idol}; （立）像 fútuki〈仏〉; 人の像 ftunu kata; 石造の像 ishinu ftu katá, íshi butukí; （石）像のように座っている shinyi munnu gutu yītchóng.

Statute 法・規定; ‘hó, ‘ho gatchi, háttu.

Stave off 食い止める; 竹竿で só shi tstchi tudumĭung.

Stay① 支柱; {（心の）支え} tassiki, tskáshi-shung; tskashi gí; {比喩} kushatí; 彼は私の支えである ari va kushatinyi nayung.

Stay② {[s.] stop, stanch}; 待つ; 少し待っておれ íffé {in tien ma} máttchóri; íchutanu yé mamutóri; 私が戻って来るまで待っておれ vaga ndjaï chaï shuru yé mattchóri;

二三日留まる fĭ kazi tudumayung; 嵐が去るまで待っておれ yana kazi háyuru yéda máttchóri.

Steadfast 確固として不変不動の; kukurunu katónyi ang, íffĭng ndjukang, katóna ftu, katóna mí tskinu ang.

Steady 落ち着いて不動の; odayakanyi ang, wīkang, ndjukáng; 柱はしっかりと立っている haïya yassku tattchóng; 安定していること偉大なる泰山（Tae mountain）の如し yassitchi（安き）gutu* Tae sannu gutukunyi ang *kutuであろう; 大変腹の座った人 dūdu dándjamata ftu.

Steak ステーキ; ビフテキ aburi（焙り）ushi nyíku.

Steal （こっそり）盗む; ［動］nussunyung, nussudushung; 子（ら）を盗む（誘拐する）kwa nussunyung, kwa ubi-yakashi sóti ítchung; 見張りが監守している物を盗んでおる mī mamutósi nussudóng; こっそり盗み見る nussudu mīshung, mī nussunyung; 盗んだ物 nussudési, nussuéru kutu（盗んだこと）; 盗まれた物, または盗まれた人 nussumattési.

Stealthily そろりと・密かに; suruítu, fissukanyi, kfurakanyi; 盗んで売る nussumi úï shung.

Steam 蒸気; ［名］atski（湯気・蒸気）, īchi, fūkī（湯気）; 沸騰している湯から生ずる蒸気 fuchi yūnu atski; 蒸気のように上り, 油のように下る yūnu átskinu gutushi agaï, andanu gutushi kudayung; ［動］（蒸す）mbú-shung; 蒸し御飯 mbushi míshi.

Steamer 蒸気船; fĭ-buni, fĭ guruma buni, mizzinu atski shae harashuru funi.

Steel 鋼鉄; kfă tītsī, djū natoru titsi〈djū 最も奥・深奥〉; 鋼でナイフを作る titsinu djū shae sigu tskoraríng（作られる）; 火打ち鋼 fĭ útchi gani; 灼熱の鉄を水に入れ硬くする yatchigani mizzinyi ítti shó tskíung.

Steelyard {[s.] scales}; 竿秤; hákkaï; 大竿秤 ufu bákaï; 竿そのもの hakkaïnnu só; 重り mbúshi; （秤の）鉤 hákkaïnu gakidjí {kákiyá}; 銀を計る小秤 hakkaï gva.

Steep 坂; ［名］fira; ［形］（勾配の）firanu gutu, ussí（薄）yugadóng, ussí katanchóng {gatanchi shóng}; ［動］（浸す）fĭtashung, mizzinyi tskíung.

Steeple 尖塔; togatoru tafa, togaï tafa, tafanu togaï ítada-tchi; tafanu wīnu tattchú tsíburu.

Steer 操縦する; {舵でkadji tūti（舵を取り）} funi tūshung, fúna míchi shung; 舵が取れない funi michéshi ōsan, funinu kadji chkashé（効かせて）ōsan.

Stem {[s.] stalk}; 茎・幹; 木の幹 kīnu yúyú, mútu gí; yúyú は普通は「柔らかい茎」の意味.

Stench {[s.] smell}; 悪臭; kussa-kaza, kussaku.

Step① 歩み; ［名］一歩 chu fsha, chu tseï, chu áyumi, íppu; 梯子の一段 kizaï; 階段の一段, 同じ; 檣座（マストの下部を支える受け穴）hashira kvāshā kī; （梯

子・階段の）一段，二段 chu kizaï, tá kizaï; 盗人になる第一歩 nussudunkae nayuru tsīgutchi {即ち，上陸地点（津口）; [s.] beginning}; まずい（悪い）yana mitchi; 足を踏み違えて転ぶ fsha kún chigé {kún chidjéti, fumi chigeti} dugéyung; 一歩一歩 chu fshaná chu fshaná, shidé shidényi; 一歩一歩進み徐々に到る chu fsha chu fsha sísidi {táta} ítayung; 続けて三段登っている tsízikítti mí kizaïnkae tún nubutóng.

Step② {[s.] walk}; 歩む・ちょっと足を運ぶ; [動] tséyung, tseï kvīung; 座席からやって来た yitchó tukuru kará hatchi chóng; 飛び越える tún kvīung, úttúnudjúng.

Step father 継父, tsígu chichi; 継母 mama úya, mata uya, chí bu, tsígu bu; 継子 tsígu kva.

Step ladder 脚立; 学ぶ者にとっての階梯 naré múngshuru kízaï báshi.

Stepping stone 踏み石・飛び石; ú túnúdjuru íshi, tún kvīru íshi.

Sterile {[s.] barren}; 不毛の; 地 kī kussa neng {nūng shodjirang, nūng mī ndjiráng} chkáta; íshi kunyi（石国）.

Stern 厳格な; [形] ín djīnyī（慇懃に?）sītong {sídjitóng}; chibishchi djūsa; [名] 船尾・艫 funinu tumu, kadji （舵）tski（付け）tukuru. {当地では，西洋の船首楼と同様，船の劣る所と見做される}.

Stew とろ火で蒸す; [動] yoï yoï mbushung; [名] 数種の肉の入ったシチュー zó mbushi djishi（肉）.

Steward 執事; shūté gamí, ya kamutoru ftu, kutu kamutōru ftu.

Stick① 棍棒; 打つための butchi, butchi daki; 歩行用杖 gōshang, tsī; 棒の両端 butchinu ló〈両〉tsiburu, shirukutchinu togaï; 楽器を叩くためのもの（太鼓のばちなど）naïmung nárashā {nárashi kī}

Stick② {[s.] bigot, cohere}; [動] 固着・固執する kakavayung, katamayung; 自分の意見などに頑固に固執する人 kakaváta ftu; 良心的すぎて固執する人 chimugakaïshta ftu; 固執したが成しとげはしなかった kutunyi kakavati sang（しない）; この文字に固執する場合ではない kunu djī nakae katamánna; 突き刺す sáshung, sashi kudong, sashi kumashung; 空洞の輪に差し込む sigïung; 粘りつく mu tskayung, tá tskayung. [他動]（くっつける）tá tskiung.

Sticky {[s.] cohere, glutinous}; ねばねばした・粘着性の; múchi mung, muchishang, muchiku natóng.

Stiff 堅い・曲がらない; kfa mung, kfassaru shó〈性〉, kátassang, tsiūsang（強い）; 曲がらない magi ōsan, magaráng, támarang; 硬い弓 kfa yumi; 鉄のように堅い kfassaru títsinu gutóng; 糊で堅い nuïnu katassang, tsi hatóng, fïppatóng; 糊の堅さを失った vádja fīdjashóng（しわくちゃ）; 頑固な性

kfashī mmari, kfassaru shó; 生硬な文 kutuba kassabati {yínu kutubashi} kfaku natóng.

Stiffnecked {[s.] bigot, incorrigible}; 強情な; gā djū mung, gā vurirang（折れない）, iffing magarang, kubi magirang, chimu magirang.

Stifle {[s.] endure, squash}; 押える・抑止する; 尋問を抑える saïdjiung（遮る）, fabamïung; 耐え忍ぶ kanyínshung〈含忍; 堪忍であろう〉; kanyínshi shinubïung; [s.] suffocate （窒息死させる）íchi madí shimiti kurushung.

Stigmatize 汚名を着せる; chunu ná chigarashung, kízi tskiung.

Still① [接続詞] ～だが; yandung, yassiga, now, mata, mútunu gutu, ushting shung（押しても敢てする）; 気は進まないがそれでもなおする shí bushaku nensiga shung {ushtíng shung}; 更に一層 sīti kvīung（添えて与える）, kuvéti（加えて）, nyafing {短縮して, nyá}[,] íŭ íŭ; やはり大いに異なる yandung ūunyi* kavatóng *ūuïnyiであろう.

Still② {[s.] hark}; 平静な; 静かな shízika, tairaka, odayaka, tukúttu; 静かになる shizumayung; 静かにしておりなさいよ shizumatóriyó; 静かで憂鬱な sábbíssang, só zótu （粛条と）natóng.

Still③ 蒸留器; 容器 kushtchi（甑）, kumi mbushá（ごはん蒸し器）.

Still bone 死産の子・; té né vuti（胎内で）shídji mmaritoru vorabi.

Stilts 竹馬; kī-fishá; 竹馬に乗り歩く kī fshanyi tassiki-ratti áttchung.

Stimulants 刺激剤; {núbusi} agiti {adjiti} udjinōyuru（補う）kússui.

Stimulate {[s.] urge, stir}; 励ます・奨励する; sisimashung, hadjimashung, fíchi sísimïung; ヘー!ヘー!と労働者に声をかけて励ます heh! heh! yágvishi（労働の際のかけ声で）chibarashung（気張らす）; 励ましの言葉は sé!sé! {即ち, せよ!せよ!}, chibariyó!（気張れよ）[励めよ], yū siyó [上手くせよ], chittu datchi sīyó（奮い立ってせよ）; 薬で元気つける（刺激する）núbushi udjinōyung（EC「升補」の訳）.

Sting 刺毛・とげ; {蜂の háchinu} haï（針）; 植物の（とげ）índji; [動]（刺す）sashúng.

Stingy けちな・しみったれ; íyashī mung, kundjó mung, kumashī mung, karúndjita mung.

Stink 悪臭を放つ・臭い; kússassang, kussaku ang; 海の臭い firu kussassang.

Stint 制限する・止めさせる; yamirashung, kadjïung, kadjiri tátïung; nurinyi kvīrang shímïung, nurinyí（則）sidjirasang; 怒りを止めよ ïya ikaré kányínsi（堪忍せよ）.

Stipulations 条項; chíri; kata（規定）; 契約条項 yakuskunu {sódanu} djŭ gatchi; 和平条約条項 vábuku gatchinu káta.

Stir (かすかに)動く; [自動] ugutchung, wīchung, ndjúchung; [他動] (動かす) ugukashung, wīkashung, ndjukashung; 不和を駆り立てる yussīung, tstchi féshi shung, tskashúng, tstchi tatïung; 米を搔き回す kidjung {jang, gang}, katchāshung; 搔き回す kídji tskiung; 身を奮い立たせる chíttu dátchung; 興奮状態にある sódóshung, issugavashūnyi ang, issugavashku natóng; 大騒動を起こす sódó shimïung.

Stirrup あぶみ (鐙); {mmánu} abúí.

Stitch 繕う; kúmaku nóyung; 細かく繕ってある kumaku noténg; 粗縫いしてある ara nóïsheng; 一針縫 chu nóí; 製本する túdïung (綴じる); 綴じたパンフレット án ching〈案巻〉.

Stock 飾り衿; [首に巻く] kubi mátchi; 在庫品 shú shina; 十分な在庫 shínamutsi dán dán; 新たに仕入れて shín djina kóti chi; 銃床 ishi byanu shtya dé {kuruma}

Stockfish 干し魚; fushi īu, kari (枯れ) īu, kaki (乾き) íu.

Stocking ストッキング; {短いもの} tābi (足袋); 長いもの vá ts'〈襪子〉; 足袋を履く tābi {vá ts'} kúnyung.

Stocks さらし台; 足枷 ashi gúruma; 足枷をつける (ashi gúruma) tskïung.

Stolid 鈍感・ぼんやりした; būkú, chimu fussagatóng {fussagaï-shong}.

Stomach 胃; munu zitsíng, munu bukuru, váta bukuru, ínū fū〈CDなし; 胃の腑〉, ínu dzó〈脾賜; 脾臓であろう〉; 胃に当たる hagóssanu; みぞおち (鳩尾) chimu gutchi; 空き腹で仕事する 'nna vatanyi {siまたはsigu haranyi} shígutushúng.

Stomacher 胸飾り; {保温用} nukutamīru ching, hada atatamïā (腹巻き). N/B ストマッカー (15-16世紀に流行した豪華に飾った三角形の胸飾り)

Stone 石; íshi, búku, íshi buku; 石と木 shtchi múku〈CDなし;石木であろう〉; 膀胱の中の石 (結石) shū bing〈小便〉kúbīrī íshi; 硯 síziri; 砥石 tushi; 臼石 ūsi ishi; 賢者の石 (卑金属を金銀に変える) tan〈丹〉; [動] 石を投げつける íshi nágiti attiung (当てる), íshi áttiti kurushung.

Stone cutter 石切り工; íshi zéku.

Stone pit 石穴; íshi ána.

Stool {[s.] chair, opening, evacuate}; 椅子; yī, yí gva; 足台 kudami; トイレに行く kutsirudjung (くつろぐ){jang, gang}; 俗に débínshung (大便をする), kussu mayung {mayung がその真の動詞で, kussu は「糞」の意味}; トイレへ行ってよろしいですか kutzirudji kuī? {当地ではこのような言葉も礼を失する事にはならない, 部屋を出る時許可を求めるのは謙譲の態度と考えられている}; 便器 kutsirudji {uru} yī.

Stoop 屈む; utsínchung, kóbi utsínchung, dū magiung,

kóbi magiung; [s.] submit (屈服する) shtágati dū tstchung (従って胴体をつける).

Stop 止まる; [自動] tudumayung, yudunyung, yamïung; [他動] (止める) tudumíung, fabamïung, chidjïung, saidjung* *saidjīungであろう; 歩きを止める tatchi yududóng (立ちよどんでおる); 止める fabamíti yudumashung; 待て待て, 言いたいことがある yé! yé! mázi máttchori {tudumatóri}, munu ïyá; 少し待て mázi matté, íffé mattchóri, in tienma mattchóri; 読点 ūu djīrī, tó〈読〉-djiri; (田舎に)滞在する té zé shung; 立ち止まり尋ねる táchi yududi {tachi tudumati} túyung; 塞ぐ fussadjung {djang, gang}; 息を止める īchi kúnshung, īchi kúkudi, īchi gúnshimiung; 全く息絶えた {死んだ} īchi téti néng, íchi tétóng; 雨が止んだ aminu haritáng; 彼を止めろ! anu ftu tudumiré {mattassé}; 仕事を止める shkutchi yamiung, yamirashung (止めさせる); 話し止める kutchi fussadji ïyáng, kutchi chídjumiti {ussūti} ïyang; 時計が止まった tuchīnu kúntudumatóng, ndjukáng (動かない).

Stoppage (機能)障害; {管・腸・循環の} savaïnu ang, savatong, tudukūtóng (滞せておる), katamatóng (詰まる・塞がる).

Store 蓄積する; mazinyung {dang, mang}, tati mazínshung, mazín tatïung, kassabïung, takuvéyung, ussami takuvéyung; 富を蓄えた wéké uffóku tsín tatiténg; 袋に詰め込む tsitsinyung (包む), tsitsīdī takuvéyung.

Storehouse 倉庫; kurá, kūī (庫裡).

Storeship 食料船; takuvé buni (貯え船).

Stork こうのとり; tsiru-nu túí (鶴の鳥)〈EC: 鶴〉.

Storm 暴風; ara kazi, yana kazi, tadjishī kazi, bó fu, chó-fu〈狂風〉; 台風 té fú; 台風により浜に押し流される ñóchakushung〈漂着する〉; 大風が突然起こった ūū kazi chuttunyi ukutáng; 暴風・大雨・雷・稲妻の大嵐 bófu ūu ami, kánnaï, fudī ūīnyi ukuti gván gván shung {騒音を発した}.

Stormy 嵐の; kazinu aritóng (荒れておる).

Story① {[s.] floor}; 階・層; 部屋の(階) ké, 二階 nyi ké, 三階 san ké; 九重の高さの塔 takassassi kiūnu kassabinu tafa; 4階建を低くして2階建にする yānu yú kassabi ké tuti, ta kassabinkae natáng (なった).

Story② 物語; 昔話 nkashi gutu; 作り話 (でっちあげ話), tskoï kūdjó, wábi munuí, úkabu múnuí, sáku kutuba, ítsivaï munuí, wá zé〈CDなし;「悪がしこいオ」〉 munuī; これらにshungをつけると「~の話をする」の意味となる; 私はどうして作り話をする必要があるか vané tskoï munuí-shuru dólinu〈道理が〉ámi? {anyé atarang, そうではない}.

Story-teller うそつき (嘘吐); ítsivaï munuíshá, wa zé mung.

Stout 頑丈な; gandjū mung, tsïutchí (強き) mung, sakanyi

ang, sakán naru mung.

Stove ストーブ; fï meshú dogu, fï kumi dogu, kămă gva（小窯）.

Stow 積む;｛荷を nyï｝tsinyung｛dang, mang｝; 積み（しまい）込む takuveyung, takuveï shinyāshung.

Straddle 両足を広げて歩く;｛股を広げて歩く｝mata haï achishung; アヒルのように歩く afira achishung.

Straggle 外れる;｛グループから（逸れる）gū, またはkumi｝hazïritóng, fanarïung; あちこち（草木が）はびこる ama kuma mītóng.

Straight 真っ直ぐな; mássïgu, máttóba, nowchi, nadjiténg, sígussang; 直線 nowchi chí; 真っ直ぐで長いnowkushi nagassang; 交叉する二直線ló〈両〉nowchi chi tagényí madjítóng｛azitóng｝.

Straighten 真っ直ぐにする; mássïguまたはmattóba nashung; 曲がったものを真っ直ぐにする magatósi nubi-ung（伸ばす）.

Straightforward ｛[s.] indirect｝; 率直な; 言葉 nowchi｛útunassa, kagamaráng｝kutuba; 率直でない・回りくどい（ことばつき）gúruma munuï.

Straightway すぐに・早速; cháki, nyivakanyi, sássukunyi, sinavatchi.

Strain 引き締める;［動］shimïung, kwāshung; 強く引っ張りピンと張らせる chūku fïchi shimiung; 布・篩で漉す kushúng, fukashung; 漉して不純物を取り除く kuchi ara mung｛ara fukúï｝tuyúng; 漉して清浄にする fukachi｛kutchi｝simirashung（澄らす）; 布に入れて絞りつける nūnū nakae ítti shíbuï tskïúng; 無理に（力ずくで）する ushshti shung, mulínyi shung, shīti shung, chíbayung, chíbaï tskïúng; 貫けないが無理に貫いた tūraransiga tūshi shéng;［名］良い気分・心地である yī kakó, yī kukutchi.

Strait① 狭苦しい;［形］shíbassang, ibassãng.

Strait② 海峡;［名］｛海（瀬戸）｝shíbassaru omi mítchi｛kutch[i]｝; 両国間の海峡 ló kunyi tábassanu omi tukuru; tánaka omi mitchi.

Straitened ｛[s.] embarrassed｝; 困った; 窮（した状）況にある munu gutu shíbaku（狭く）nati; káng〈CDなし〉（勘であろう）atiraráng, káng atí ōsan, kang atí gurishang, kange gurishang, kangé tskaráng, tsimatóng（詰まっておる）.

Straithanded けちな; shibashí ftu, kumashí ftu, shíbassaru tīnu ang.

Strand① ｛[s.] shore｝; 岸・浜;［名］hama, omibáta, sína bá; 川端 kāra bata;

Strand② 座礁する;［動］fáshshínshung〈破船する〉, funi yabuyung.

Strange ｛[s.] extraordinary｝; 異常な; ï húna〈異風な〉mung!, ï yónamung!〈異様〉, tsiné neng, midzirashī mung, firumashī mung; 変わりもの kavátta mung, kávaï mung; 水や土地｛気候｝が合わない異郷 ta

chó〈他郷〉vuti mizzi nchanyi fukūsang（服さない）｛nariráng, fūchinu（風気が）ataráng｝.

Stranger 見知らぬ人; shiráng ftu, tsï ndang ftu; 皆見知らぬ人のように｛路上の人々のように｝mitchi wīnu ftu kavayé* néng（変わりはない）*kakavayé（関わりは）であろうか;｛外国人｝tabi ftu, gvé gúkunu ftu, yímpónu〈遠方の〉ftu.

Strangle 縊死する;［自動］kubiriung, kubiri djínshung, īchi gúnshung（窒息する）;［他動］（絞殺する）kubirirashung, kubiri djínyi shimïung, īchi gunshimïung; 首吊り自殺した dū kubiri shang.

Strangury 排尿困難・尿淋瀝; shūbing kubiri.

Strap 研ぎ革・革砥;｛剃刀用｝kán suï nádi ga, kánsuïnu tudji ka, āshi gá;［動］（剃刀を研ぐ）kánsuï āshung.

Strata (**stratum**) 層; 一層 chū kassabi; 各層 kassabi gassabi（重ね重ね）.

Stratagem 計略; fakari gutu, fúmbitsi〈分別〉, takumi tidáng; 戦略 íkussa takumi; 私は彼の計略を見抜いているので, 彼には捕まらない vané ariga fakarinu djutsi〈術〉vakatósa｛satutósa｝arinyé makirang.

Straw 藁; vara, kaya（茅）｛枯草｝; 筵の材料 yī（藺）; より良い種類（の筵の材料）bíngu.

Strawberry イチゴ; 西洋のものに似ているもの yama múmu（山桃）, しかしこれ（yama múmu）は木に成り, 核がある.

Strawcoloured わら色（淡黄色）の; ussi chīru（薄黄色）.

Straw-hat 藁帽子; kássa（笠）; 灯心草で作ったものを án djãssã（編み笠）と言う tū zing shae kudesi án djassa ndi ïyung;｛ányung は「編む」, djassa は kassa の軟音｝.

Stray 脇へ逸れる; tagayung, chigayung; グループからはぐれる kumi hazirïung, kumi ushínayúng.

Streak しまをつける;［他動］aya írïung, ayagakashung; 筋のついた ayanu íttchóng, ayagatchóng, もっと良い言い方は aya sídjinu íttchong またはtūtóng

Stream 川;［名］kavara｛kāra｝; 奔流 nágari; その源を濁して澄んだ支流を求めても得られない sunu izún míngvatchí sunu nagarinu sidósi mutumitíng yiráng; 小さな川は長く流れる kāra gva shūté nagarïung;［動］（流れる）nagariung, nagari shung.

Street 道; mitchi, chímatta（街）, sūdji（小路）; 道に居る mitchinyi vung; 路上｛市｝の貧しく怠惰な男の子ら, mátchinu wīnu fīnsū vorabatá; 道を修復する mitchi shufū shung.

Strength [s.] strong; 力; chíkara; 大力 chíkara chūsa（強さ）; 非力 chíkaranu yósang｛ússisang｝; 奢って力に頼るな úguti chíkara tanumúnna; 老齢のため力が衰える tushi yuti chíkaranu uturūyung; 力を出し切る chikara ndja[shung].

Strengthen 強める;［他動］tsiumïung, gandjūku nashúng,

chíkara tskïung, tassikïung, udjinōyung, chíkara kuvéyung {ndjashung, ndjashimïung}; ［自動］力がついたと感じる chíkaranu ndjiung, chikaranu tstchóng; 人は徳を愛（好）する心を堅固にすべきだ chó sunu djínu（善の）kunūnu {djíng kununyuru} kukuró kátónyisi {katamarashi} bichí; これを強めよ kuri tsïumiré.

Strengthening medicine 強壮剤; fū yaku〈補薬〉, udjinúï kussuï（補薬）〈EC:大力丸〉.

Strenuous [s.] urge; 精力的な; 大いに努力する tstomíti shung, chikara hadji matchi shung, chíkara tskutchi, chūku tstomíti, ushtíng shung, shtchlinyi（しきりに）shung; 努力を繰り返す kaïsu gaïsu, késhi géshi, kassabi gassabi.

Stress {[s.] importance}; 強調・力説; それを強調する kányú〈肝要〉tū shung, úmutchi kutu tushúng; ある文字を強調する djī tītsi kanyúnyi chivamíti shung; 強調して読む úmundjiti yumúng; その用件を重視した anu yūdju úmu kutu shang.

Stretch [s.] extend; 伸ばす; nubïung, nubiti fïrugïung, fïppayung; 引き伸ばす fïchi nubïung; 背伸びする dū nubi shung, dū kutsirūdjung,「足を少々伸ばして歩き回る」ことにも使う; 伸ばせ fïchi nubiré; 伸ばし平らにし, 滑らかにする nubi fïppayung; 他（人）に手を差し出す tī néyung; 食卓で{一方から他方まで}手を伸ばす dénu wī kara ti nubi sidjiti chóng.

Strew 撒き散らす; chírïung（散る）, chíri hóyung, matchi hóyung; 全身疥癬{吹出物・にきび}が覆っている dū ippe kósi {aza（ほくろ）} takaritóng; 小さな突起物で覆われている gūfu takaritóng.

Strict 厳格な; kata djū mung, mamuïnu chūsa; 厳しい chibishī mung; {女性が（貞淑な）} shtsi kataku mamutóng; 真実に対し厳格な shtatamatóng, makutunyi shtatamatóng, shímbyūnyi〈神妙に〉ang; 厳格過ぎるなよ shtatamaï sidjínnayó; 厳しい師匠 chíbishī shi shó.

Strictly 厳格に; 守る uguskanyi mamutóng; 厳禁する chíbishku {ïkkó*} tudumïung *〈一切; issaiであろう.「切」を「功」と読み違えたか〉; 厳重に尋問する djín djunyi {kataku} túyung.

Stride{ [s.] swagger}; 大股で歩く; naga zéïshung, uffïku tséyung.

Strife 争い・反目; mundó-shung; aï arasoï-shung, arassóyuru kutu; 口論（する）kutchi yuzé-shung, nandjū-shung.

Strike [s.] stroke; 打つ; utchúng {chang, tang}, tatachung {chang, káng}, suguyung, utchi tātāchī-shung; 稲妻{当地では雷}に撃たれた kannaïnyi ússāti shidjáng（死んだ）; 雷が彼を撃ち殺した kánnaïnu anu ftu útchi kurucháng; 書いたものを擦り消す simi kachési síri yandïung, síri kúnshung, chishíung（消す）; 鐘を撞く kani tstchung, utchung, tatatchung; 彼の名はリス

トから消された ariga na, nā yussigatchi kara chishítang, siri yanténg; 目に触れる, 目を打つ mī attïung（当てる）, mínyi furïung {fururu}; 旗を下ろす mákiti hata sagïung, háta súnchi {引き} sagarashung, hata ságiti fúkushung（服する）; hata kudashimïung; 器具{楽器}を鳴らす nárashung; 金属を打ち鳴らす gvan gvan nárashung; 太鼓を打つ tsizíng nárashung; 根を伸ばす fïdjinu sashung, fïdjinu ndji kándjung {tand*, dang}, sashi firugatóng, ippenkae satchóng, sashi tskiténg *tangであろう; 恐怖に打たれる uduruchi savadjóng, savadjï udurukashung; 良い意味での影響を与える kandjïung, kandjirashung; 時計が打つ tuchínu utchung, tutché utskïung, chan chan shung; 打って火を出す fï utchung; 手拳で打つ tí zikunshi utchung; 君を一撃で殺せないのが残念だ ïya chu tí zikúnshi utchi kurushī ōsansé uramitóng; 一撃を喰らわせる chu butchi utchung {útchi kudashung}; 打てない utchi ōsan, utaráng; 打って火花を出す fï utchi ndjashung; 火打金を打って火を出す fī-utchi shae chán chán shi fï utchi ndjashung; 太鼓の両面を打つ ló-min {shirukutchi} kara tsizíng paku paku shung {pampánshung}; 目に触れるとすぐ完全に理解する chu mí 'nchi, mīnyí átiti nya satutóng; 歯を打ち合わせる hā gatchi gatchi shung, hā āshung; 穀物を切り落とし均す [s.] the following（次項を見よ）.

Striker 升掻; 穀物などを測る際のもの tó katchí〈斗掻〉, kumi chïá; ［動］升掻で切り落とし均す tó katchi chíung; 鐘を打つもの kani utchā, kani utchi ḳí.

String① 紐; ［名］wïru, wïru gva, ná, tsina gva; 楽器や弓の弦 tsiru; 一貫の中国銭 dū〈銅〉dzinnu chu núchi, chu nagi; 一貫の珠 chu nuchinu táma; もう二弦加えろ{楽器} nya tá tsiru sïré（添えろ）; 紙製の紐 kó wïru（紙縒り）.

String② 弦を張る; ［動］楽器・弓に tsiru kakïung, tsiru sïung {添加する}; 糸に通す・貫く nuchúng.

Strip 剥ぐ; hádjung, núdjung（脱ぐ）{djáng, gang}, hazïung; 衣類をはぎ取る chíng hadjung; 脱いで裸にする ching háziti hadaka nashúng.

Stripes [s.] streak, stroke; 縞筋; aya, aya sídji; 縦筋 táti sídji {nu aya}; 横筋 yúku sídji; 筋の入った aya íttchóng.

Stripling {[s.] youth}; 青二才・若者; {人間} yū shu〈幼少〉, nyi sé（二才）gva.

Strive [s.] race; 競争・奮闘する; arasōyung, aï arasōyung; 先（頭）になろうと相争う satchi arasoyung, arasóti tāga satchi nayúng; 先頭になろうと頑張りビリになるのを恐れた satchi arasóti ato nasándi* {nayesankayá ndi} ussuritóng *narándiであろう; {病人が}起き上がろうと頑張った dū ukussándi kúmpayung（踏ん張る）

{ichányung（息む）}; 踏ん張る chikara ndjachi kumpayung {kumpayung は肉体的努力についてのみ}; 得ようと奮闘する tstomiti yirandi mutumĭung, shīti {chūku, kányúnyishi〈肝要し〉} mutumĭung; 富, 栄誉, 名声, 利益などを得ようと奮闘するな shīti（強いて）tumi, táttuchi（貴）, nā, lí tukúng〈利徳も; 利得であろう〉 nakwé（など）mutumité simang.

Stroke [s.] strike; 一撃; 彼は私を一撃した ari chu tínda {chū utchí} vang pammikatchang; 陽に打たれて死んだ tída mákishi（太陽負け）shidjang; ペン・鉛筆の画 {chu, ta, 1, 2} kwáck[u], tsí* tskaï, tá tskaï; 細かい画 físsi kwacku; 字画を濃くせよ sími yū íriré {もっと墨を付けろ}; この字は何画か kunu djī íkku kwackuga?; 何回も打たれる（であろう）uffóku butchi attirarīng（当てられる）; 何回打つか íkku butchi utchuga?; 愛児の一撫で chu nadi; [動] 子供を撫でる nadĭung, nadi sudatí shung, sisikāshung, kanashi attīshung; 動物を可愛がる・大事にする fissonyishung〈秘蔵〉; [s.] pet.

Stroll ぶらぶら歩く; assidi áttchung, assidatchung.

Strong 力強い; 頑丈である gandjū ku ang, chūsang, chikara ang, chíkaranu chūsang; 頑丈者 gándjú mung, sakánna ftu, chússa kwétoru ftu, ítassa sakanyi ang; 大（変）力のある dé litchina〈大力〉mung; 強弓 chū yumi; 技量の優れた chínguna〈堅固な〉mung, chíngunyi ang; 強める tsïumíng, chumīng; 強すぎないか chūssa néng kayā?; 濃い茶 {すべての濃すぎる溶液ā} kátassang, káta čha, chū sang; 味がきつい tchītsīsäng（きつい）{後者は主に味について言う, shūnu tchitsisang, chūsang, 塩気が強すぎる}; きつい大声 abīnu chitsisang, ítassa abíung, chūsa abīsa（大声だね）; きつく叱った ítassa núrayung（叱る）; 堅固に作られた chíngunyi {katónyi, ítassa} tskoténg; 強烈な色 īrunu fúkassang.

Structure 組立; tskoï tati; 生来の組成 mmari tatchi; 組立法 tskoï yó作り〈様〉, shī yó仕〈様〉.

Struggle [s.] effort; 苦闘する; 溺れて泳ぎ助かろうと奮闘する mizzinyi uburitósi wīdji nugarandi {agarándi} kúmpayung; 手足で足掻く tíng fshǎng kúmpayung; 波と格闘する nami 'nkatí wīdjung, sisidaï úttchaï shung; 貧困と苦闘する dūnu fīnsū〈貧窮; 貧相であろう〉wī hórandi kumpayung; chá kutsí mung yasā!; 二人が引っ張りあって手に入れようと争う fíchibayéshung.

Struma 甲状腺腫瘍; nūdi gūfū（喉仏）.

Strut 誇らしげな歩き方をする; úguti atchung, uguti naga zéïshi, mizzikara fúkuri atchishung; úguri munnu yónyi átchung, ugutōru tīnyi（体で）atchung.

Stubble 刈り株; {稲の nyīnu} kaï kutchi; {nyī} kǎrǎ, kaï nukúï.

Stubborn {[s.] obstinate, stiffnecked}; 頑固な; katamata fūdji（風儀・風采）.

Stud 飾り鋲; {当地では壁の釘の頭が見えないようにもり上げ飾り（ノブ）で覆う} kudji kakushung; ダイヤをちり嵌めた tama takaritóng（だらけである）; 船が（多く）散在する funi takaritóng.

Student {[s.] scholar, graduate}; 学生 gáku sha〈学者〉, sími narénu ftu; 学生は食や衣（など）のことで心を患わしてはいけない gakusha i shuku shae（衣食で）{iskuku* nackwé shi（衣食などで）} kukuru vaziravashai {kukurunyi kakitaï} simang *ishuku であろう.

Studious [s.] application; 勤勉な; níng〈念〉íchi {shú shī〈出精〉shi} chíbayung, {simi narayung}, hámayung; tstomiti（努めて）.

Study① {[s.] learn}; 勉強する; simi yunyung {dang, mang}, simi narayung, tuku shū〈読書〉shung; 専心する（事）kukuru mupparanyi, kukuru ítti, kangé chivamíti, shū shī〈出精〉-shung, tstomiung, kfūshung, vaza kfushung, fukaku saguyung, umuyung; 名声 {給与や官職 lū skku*〈糧食〉, fu luku〈俸禄〉, kwan〈官〉} だけのために勉強する nā yirandi bakaï {hámati tada nā yīrandi} simi narayung *shku であろう; 日夜勉学に励んだ firung yurung shíng shimutsi 'nchang; 世を平穏にし, 人を救うために学ぶ yū（世）yassundjirachi tami skutaï shusi úmuti {nín tushang（念とした）, umuï tusháng}; 深く自然の道理を学ぶ fukaku shī mi〈生命〉nu doli umuyung; 後から出て来る文は何もないかのように前の文を学び, 他に本はないかのようにこの本を学ぶ. そうすれば心はそれらと共に向上する wīnu kú〈句〉yudi, ato nūng kú néng gutuku, kunu shumutsi 'nchī bitsi shumutsi néndi umuté, andunse kukuru nakae sún {tinye} kúmiti; 学問の探究においては親しい友を一人二人持ち, 絶えず問題を議論すれば進歩する shimutsi yúnyuru chu kutó kanaradzi chuï taïnu yī dushi yédju nati, tsininyi dóli lundjiti, ansé chaki túkunu agayung {心は凧が舞い上がるように上がる tákunu* agayuru gutushi tata sé ching〈才知も〉{sísidi} agati ítchung *eagle（鷹）の上に kite（凧）を書き加えて, 方言の所の taka を taku に修正している; 少しでも疑惑が生じたら, もっと綿密に考察すべきである íffing utagénu á tukuró chāki umuï mutumiri vadu yutasharu; 何事であれ理解が十分でないものは, 最大の努力をして精神を奮い立たせ, 心（臓）も肝（蔵）も引き出して問題を検討して初めて得られるものだ síbiti mada sagurang tukuró chíttu issami tskíti, shó ukutchi, kukuru chimung núdji ndjáchi yu ndi vadu, ánshidu hadjimíti {kukurunyi} yíti ítchung; 聖なる書の言葉を学び稽古する者は常に僅かしかいない chó bung〈経文〉yudaï narataïshuru munó tsininyi ikirássang; 学習の困難さを憐れに思う naré munu katé tukuru avarinyung; 人を喜ばすような話し方をするようつとめる tstomítï chu ī yurukubashung.

Study② 書斎; {勉強のための場所} simi naré za, simi yumi tukuru.

Stuff (中身を)詰め込む; [動] mī íri tskĭung, mī mitirashung, mī íti tskoyung; {飽食する} aku madinyi kanyung, hara mítchiti kvayung; 話せない程口に詰め込む munu kukudi kuchinu mada* néng *maduであろう; 詰め物をしたマットレス {当地では敷物} tátáng (畳); 最初に藁で詰め物(台)を作り, 次にその上に筵をかけて縫う varashae dé tskoti, dénu wī nakae mushiru ushi tskíti kunyúng (組む); 馬の尾で敷布団を作る mmanu zú íti shtchi futúng tskoyúng.

Stuffing 詰め物; mī; 菓子の中身(菓子に詰めたもの) án; マットレスの中身(マットレスに詰めたもの) vara dé.

Stuffs 品物; shina, shina mutsi.

Stumble 躓く; tsimaziku, kurubĭung {dang, bang}, tsima kurubĭung, sīkuyung (よろめく); よろめき転ぶ sīkuti dugétang (転んだ); 躓き転びそうになった sīkuti fūdā dugéyutasá; 急ぎ足の人は躓きやすい issán hayésé tsimazichí yassang.

Stump 切株; {木の kīnu} chiri kvī* {kvīung 越える}, chíri kutchi, chiri nukúī; また, 切断された腕の残りも chiri kvī *「杭」であろう.

Stun 失神; 失神させる騒音 gáya gáya, mimi kashima-sháng, uduruchi ābī, sódóshīta kvī (音), savagashī kvī; (耳が)ガーンとなった mínchassanu, mimi ka-shimasháng, kamabissashūnyi ang; [他動] ((耳を)つんざく) mīnchassa shimĭung, kashimasha shimĭ-ung, kamabissashku shimĭung; (人を)一撃で失神させる gam míkasátti {gafa míkassátti} tamashi nugi-táng (一撃を食らって失神した).

Stunt (成長を)妨げる; 木を kī magĭung (曲げる) {tamĭ-ung (矯・撓める)}; 成長を抑えた短小の木 tskoī kī.

Stupid 愚鈍な; būkú〈不工; 僕であろうか〉, gudúnna mung, tamashín chkáng mung, kagūna mung, kukurunu fussagatóng; 畜生 chʻku shó, kukurunu tatamatóng (滞っておる: まひしている); 君が愚の神と出会ったのか īyága bukūna kutu kamutōru kami ítchatí, hʻn? (何でそうバカか?)

Stupify (**stupefy**) (感覚を)鈍くする; bukūnyi nashung; 薬で麻痺させる kussuī shi dárachi mī kuragánshung* *kuragánshimĭungであろう; 薬で麻痺している kússuī daī shi (だれして) mi kuragurátu {盲人のように} natóng.

Stutter 吃る; guzzu guzu-shung, tsizīng vakaráng munuī-shung.

Sty 豚小屋; 豚(小屋) buta furu; 鳥小屋 túĭnu yā.

Style 文体; bún li〈文理〉, bún chi〈文気〉, búnnu chizó〈気象〉; 高級・高尚な {文語的} 文体 búndji〈文字・芸〉 kutúba; 旧文体 nkashi fūdji; 現代の文体 tó djinu〈当時の〉 búng-fu〈文風〉, namanu féyuru bung fūdji; 奥深く捉え難い uku myūnyi〈妙に〉 ang, íminu tsōdji kantīshung, búnnu chimyénu* fukassang *chimuyénuであろう; 混乱した文体 kun zó〈混雑〉 shta bung vákkaī gurishang; 混乱して曖昧な文(体) kunzóshi tātsī (二つ) duī shōru kutuba; 易しい文体 bung nagarīru gutong, yū chichwī yássang, sara sara〈さらさらと〉 tūī yássang (通りやすい); よどみのない流れるような光り輝く文体で, 一目で理解出来る sara sara tūti achirákanyi átti, ftu mī ʻnchi chāki gáttínshóng; 流暢な文体 nadjiténg, nadjiténg shóng; 字句で意味を害し, また(文の)総意で字句を害してはいけない kutuba shae imi géshí, bún shae kutuba géshé ikkó〈一切〉 anshé simang; [動] (名付ける・呼ぶ) nazikĭung, túnayúng (称える).

Sty lobate 古代神殿の基礎台座; íshi zī〈礎〉, hashira tati dé.

Suavity 柔和; 気性のよさ mmarizichinyi (生まれつきに) yavarakanyi ang; 彼は和やかな顔をしており, 又物腰も柔らかい ari chū ushagissaru só, mata wúnva nu〈EC: 温和的〉 kutubanu ang.

Sub 副; 劣ったもの「下位」を示す nyī bang, nyí bánminu, fíchi tsidji, tsígu.

Subaltern [s.] inferior; 副・下位の; 下位の官職 shta kwang, tsigu kwang.

Subdivide 細分する; shidényi vakashung, na mé mé va-kashung; (分類上の)目・類などに細分する tátsi (達) {luī〈類〉, kumi} vakashung.

Subdue 屈服する; [自動] fukushóng〈服す〉, mákiti fuku-shóng, gā vūritóng; [他動] (服させる) makachi fu-kushimĭung, ussúti fukushimiung; 怒りを抑える ikari taïradjiung, yamĭung, yassíshimĭung.

Subject① [s.] theme; 題目・主題; [名] yuīshu, yósi; 英国の臣下 Inġere* ftu *ğ=dj.

Subject② [s.] liable; 従属の [形] 英国に服属している Inġere kunyinyi dzukushong.

Subject③ 服従させる; [動] chi fukushóng〈CDなし; 敬服であろうか〉; 心服している shímpukushóng; [他動] (敬服させる・屈服させる) chí fukushimiung, íkussa ta-ïradjiung {即ち, 平静にする}; 心を服させる kukuru kudashi fukushimĭung; (しかし)これは天が強要する服従であり, 礼が求めるものである yandung kuri tín-nu fukussiru tukuru, līnu〈礼の〉 sadaminu tukuru yassing tsīté, ansi vadu yaru (,) yutasharu.

Subjugate [s.] subdue, subject; 征服する; 正して服従させる shī batsishung (征伐する) 即ち, 罰して直す; chī-batsi (刑罰), 罰して服させる; 秦 (Tsin) の始皇 (Chikwang) は全世界を征服し自ら皇帝となったが, 王朝は二代で滅びた Shínnu Shi-kó〈秦の始皇〉 tin-ga avachi, dūshi tattchi kóti nachi, nyi dényishi (二代にして) furudóng.

Sublime 崇高な; ⁺myūna〈妙な〉mung, tákashi myūnyi ang, ⁺kó danyi〈高大に〉aru kangé.

Submerged 水浸しの; sisidóng*, uburitóng *sizidóngであろう.

Submissive 〔s.〕yield; 従順な; ⁺kán fuku〈感服〉shong, kándjiti fukushóng, ⁺shímpuku〈心服〉shóng; 謙譲的な気性 kúdata mung, yúzita mung, kudari fukushóng; 謙虚に苦痛を忍んだ uramínsang gutu kurúshimi ukitáng, kukuru ama ndjíti {yassundjiti} nándji〈難事; 難儀であろう〉ukitáng.

Submit {〔s.〕surrender}; 屈服する; 敵に kudaï fukushóng〈服する〉, ⁺kósan〈降参〉-shung, ⁺kó fuku〈降服〉shóng; {仲違いの後で}私が詫びる vaga vémi-shung, kuri va vássassa, wémi; 親の罰に渋々服する uyanu batsinyi shīti {chán kán naráng, úshti} fúkushung; あなたにお任せします undjunu tuzikinu gútu shung; 点検してくれと差し出す nóchi kvíri ndi tanunyung; 私たちは論争したが, もうあなたの裁定にお任せします vátá taïyé mundó shóssiga úndjushi útchi vakíshi kvi mishóri; 私たちは彼の裁定に委ねた vataga arinkae kunu kutunu utchi vaki tanudáng; 喜んでではなく, 仕方なく服する ama ndjité {yurukudi} fúkusang, shītidu {úshti} fukushóng {fusháng*} *fukushángであろう; 彼らが服したがっているのを見, また固執するのは良くないと判断して私も同意した ariga taï yurukudi fukushósi 'nchi shīti shusi skank kutu vaning mata ukigudang; 私はあなたに敬服しております vane undjunyi chífukushóng; 降伏したものを殺すのは不適切なことである fukushósi kurushusé ⁺fūshó〈不祥〉; 侮辱を甘受する chunu ukashusi nízíung, shinubǐung; chunu fússuku {vassaru kutu} ussíung, 正しくは他人の欠点・欠陥を覆いかくす.

Subordinate 服従・隷属する; {kami〈上〉kvannu〈官の〉kutuba} shtagáti, chichi, kami kwannungkae ⁺linzuku〈連続; 隷属であろう〉shóng.

Suborn (賄賂で人に)偽証させる; {証人を} ménéshi shūku (証拠) tatǐung; yana takumishi shūku nyin naráchi (成らし) yánti.

Subscribe 署名して寄付(の約束を)する; 寺の奉加帳に tira tskoi gani taga chassang taga chassang name gatchishung; 病院建設団体へ献金する byó níng noshuru chu kumi kani dakanu namé gatchi shung; 一年に幾ら献金するか ichi nínyi chassa attinu {chassa nānu} namé gatchi shuga?; 慈善に献金する tassiki namé tsking; 金銭を寄付する kani nā gatchi shung; 能力に応じて献金する bun {dzé〈財〉} litchi (力) shidé namé tassiki* tassikíung *tsikitiであろうか; 慈善の倉を建てるため献金する djí〈義〉ḳura (倉) tatiru kani tassiki ndjashung; 献金者 fudukushi namé gatchi shusé (する者は).

Subscription 寄付; 寄付金 fudukushuru dzing, ndjáshi gani, tassiki gani {dzing}; 寄付者名簿 fudukushuru namé ziki, kani daka gatchi, namé katchi tumíshuru chó.

Subsequent 直後の・引き続き起こる; áto, atonyishi, núchinyi; 直後の災難 átonu urī; 後の学者〈文人〉は彼の間違った主張を非難した átonu gákusha sunu ayamatésé aratami nocháng.

Subservient 設立の助けになる; tassikiung, fúkushung; 他人の些細な楽しみにまでも役立つ gúma assibi madíng tassiki nashung.

Subside 静まる・治まる; {海・風・腫れなどが} fǐúng〈干る〉, fitchóng; {風・雨・怒り・騒音が} yá yá tu nayung; 痛みが治まった itaminu yadáng, yurucháng.

Subsist {〔s.〕live}; 存続する・生きて行く; ang, wung, fī vatayung, nutchi hakayung.

Substance {〔s.〕body}; 実体・本質; ⁺té〈体〉, dū té〈胴体〉, shtya dé, nyi〈根〉té, djí bami; {(毛)織物の地} shtádjí, mútu dati; 実体と影 shó mungtu munashi mung, kāgātu shómungtu, djítsitu kádjitu; この材料は何か, 木か(紙か)知らない kuriga shtádjí nūga? {nūnu ténu ága}, kīgaïra {kīga yara} kabi gaïra vakaráng *英文には紙への言及なし; 本の趣旨・大意ūū muni, sū imi; 散漫に枝葉を出すことなく*, 総意を得よ sū muni bakaï tútti, yída fa ndjassáng gutu *英文はwith—(散漫に枝葉を出して)となっているが, withはwithout〈EC〉の誤記であろう.

Substantial 堅固な・実質的; 頑丈であるので崩れないであろう nyiténu〈根柢〉chūsa kutu yandírang; 効果的に実行する ⁺té〈体〉nachi〈成して〉ukunayung.

Substitute 代理; {人の} kavaï; {職務} tstomi kavaï, yaku kavaï; 彼と私が互いに交替する aritu vantu kavayung {kavayéshung}; 軍役の交替人 finnu cha (兵たち) yakugavaï shung, nyíndju gavaï shung; {物を(替える)} kéyung, kavashung, keti muchi chung.

Substratum 基礎土台; shtya dé, mutu dati, djí bami.

Subterraneous 地下の; 道 djīnu shtyanu {djī sukunu} mítchi; 地下の洞穴住居 gáma, djīnu sukunu furu {豚小屋(便所)}.

Subtil 微妙な; ⁺myūna〈妙な〉mung, ⁺bí myú〈美妙〉; 微妙な捕えがたい, 見ても識別不可のもの nyīténu〈根柢が〉gúmassáshi tuti 'nching vakarang.

Subtract, -ion {〔s.〕diminish}; 減ずる; íkiráku nashung, {算数(引く)} fīchi tuyung; 算数の引き算 fīchi ⁺san.

Suburb 郊外; gussikunu fukanu {tsizichinu} mura, chímpinu〈近辺の〉mura, gussikunu fuka, tsizichinu sáttu (里).

Subvert {〔s.〕upside down}; 覆る; 〔自動〕torǐung (倒れる); 〔他動〕tóshung (倒す), tóchóchung; 正邪をあべこべにする yushi ashi úttchéshung.

Succeed うまく行く; {成功する} dikïung, umuï tudjimatóng, kukuru tudjitóng; 恐らく幸いにうまく行くであろう sévenyi yïïgashura {yïesānkāyá}; (願いが)うまく行っても喜んではいけない, うまく行かなくても腹を立ててはいけない túdjiting (遂げても) yurukubang, {nigé} tudji ránting firumashitó〈EC:怪〉san; うまく行っても喜ばない túdjiti dikíting yurukubitó sang; この件がうまく行けば kunu kutu tudjirá; きっとうまく行くと思う kangétindé, naráng dóli ndi iché néng {ïyading naïdushuru}; うまく行きそうなプランがない ḷóchinnu〈量智; 良知が〉{tidánnu(手段が)} tétóng, chāng kāng ḷóching tskussarang (尽くせない); 膏薬の効果がでなければ, 再び塗り込め, きっとうまく行く kóyakunu shirushinu néng aré, fta tabi nuïdunse kanadzi shirushinu ang; {[s.] follow} (継承する) ato tsidjung {djang, gang}; 王位を継承する kuré tsidjung, skuïshung (即位する); 官を継ぐ ato tsidjung; 次々継承する shidenyi {uki} tsídjung.

Success/ful うまく行った・成功した; sévé yïtóng, sévényi yïtóng, nigé tudjitóng, kukuru tudjitóng; 幸運な偶然で得た成功(僥倖) kúburi zévé (零れ幸い); 万事にうまく行く umúyuru gutu {máma} nūng tudjïung; 僥倖で恩義を得た kuburi sévéshi vúng tudjitóng; 幾分の僥倖があれば, もう1ドル君のために残っているよ ikku bunnu kuburi zévénu aïdunsé, nya hán-zíng ichi mé ángdó; 成功と失敗(得たり失ったり) yïtaï ushinataï {túku shtsi〈得失〉}; 皇帝は旧王朝(の大臣)を呼び入れ, 政治においてどのような手段が功を奏しまた失敗したか問うた kóti mútunu furuch[i] shínka〈EC:元旧臣〉yúdi matsirigutu yítaï ushinataï tūtang.

Succession 連続; 引き続いて shidenyi, tatta; 相継ぐ災難 vazavenu útchi tsizichóng; 次々と相継いで起こった utsízichi utsízichi ukutóng; 全ての病の根は次々に取り除け sibiti yaménu nïya (根は) shidényí nuzukiré {sarasé}

Successive 相継ぐ; 年々 ḷitchi níng〈歴年〉; 歴代 ḷíchi dé; tushi yú〈世〉.

Successively {[s.] uninterrupted}; 引き続いて; narabiti, tsizikiti, tsiraníti, tsizichi naradóng; 四日も五日も続けざまに来ている yú kang gú nyitchíng tsizichi chóng.

Successor 後継者・後任者; ato tsídjinu {kwan (官人), kóti (皇帝)など}, tstomí tsidjoru mung, ato yaku.

Succinct 簡単明瞭な; kagín〈加減〉shi {ūū araminyí (大略的に), féku} ïyúng (言う).

Succour 後援・救助(する); tassiki-ung; s'kuyung, skú kutu; kushati-shung, kushati-nyi nayung, tamutchung (保つ), tamukashung.

Succumb 屈伏する・負ける; makitáng (負けた); 困苦に負ける nandjishi (難儀し) vutatóng (疲れている); 難病に倒れる nán byónyi {djú byónyi〈CDなし; 重病であろ

う〉} ussātóng; {託された}重荷に屈した mbu nīnyi {sazikirátti} tskaritóng (疲れている) {ussātóng}.

Such {[s.] so}; その(この)ような(に); kunu gutu, kanyéru kutu, kunu kakó, kunu yónyi, an shéru; そのような(もの)・等々 nackwé, nackwéna mung, kunu lúïna mung, kurinyi nyichōru; そんな道理があるか! charu dóliga!, chaga!, cháru sídjiga!; かかる悪徒な奴 kanyéru ákuna mung; このような大きな親切にどう報えよう(?) kanyéru fukassaru vúng (恩), chashi mukúïnu nayuga?; 何もかも・あれこれのもの nūng-kwī; あれこれ買って来るように言って nū kóti kū, kwī kóti kūndi íchi.

Suck 吸う; shpúyung, sūyung {啜る}; 紙が水を吸う kabinu mizzi sūyung; 胸に抱いて乳を吸わせる fú tskúru (懐) nakae datchi {datchóti} chí numátchi; 乳飲み子 chí kwé bózá, chí kwén gva, chí núnyuru vorabi.

Suckle 乳を飲ませる; chí numashung, chí numachi sodatïung (育てる).

Suction 吸うこと; 吸いついてぶら下がる kwī kunyung (食い込む), kwī kudi tskatóng; 吸盤のある虫{動物} kwī kudōru mushi; 蠅やそれに似た昆虫が足ですがりつく sígayung.

Sudden,-ly 突然の, 突然に; chūcháng, ăttă, chúttū, áttadang, simiyaka, nyivaka, tatchimachi {nyiをつけるとすべて副詞となる}; 不意の思いつき atsibénu (熱灰の; あわてて) kangé; 突然倒れた chúttunyi tóritóng.

Sudorific 発汗剤; {[s.] perspire}; [薬] fassáng〈発散〉-shūrū fézé (配剤), fassáng kussuï {飲ませる numashung, 飲む nunyung}.

Sue 告訴する; firū-shung (披露), úttaï-shung.

Suet 脂肪; {牛の}úshinu ánda (腎臓・腰部のかたい脂肪・スエット).

Suffer 苦労する; nandjishung, nán ukïung; 非常に苦しむ kurushidóng, nandji kurushimi ukïung; 痛みで苦しむ intányung*, itadóng *itányungであろう; 牢に送られ苦しむ dūgumisátti kurushimi ukitóng; 限り無い悲嘆の目に会う kadjiri nerang kurushimi ukiung; 人が反逆的政治家または盗人になるあらゆるケースは皆一つの思いを苦しむ{忍ぶ}ことから始まる sibiti midari shínka, zúkū nyinó mína ftu umúïnu* nízichi nashusi kara fadjimayung *umúïであろう; 私を許してくれ {[s.]let} vang yúruchi kwíri; vang nadamiti kwíri; やがてそれらは失われるであろうと心配している, どうか私にゆっくり探させてくれ nagéku stitóchïïdúnse ushinati, māngā ará (どこにあるやら) tumeraráng, vaga yoi yoi tumeyusi yúruchi kwíri.

Sufficient 充ち足りた; taritóng, míttitóng; とても充ち足りた mitchi taritóng, yï bunyi ang, ítchayung, itchāshi shóng {到達する}; 足りてない itchasaráng; 何とか(漸く)

足りた yoï yaku taritóng; 辛ろうじて足りた katsitushóng; 外のテーブルは客には十分ではないのではと心配だ,二階を開けてそこに納めてあるテーブルを一日降ろした方が良いだろう anu fúka mútinu dé（台）chákunu mutchīsinyi taránga arándi shivashóng, anu nyí ké ákiti ama nakae kadjimitéru mung tuï uruchíshi íchi nyítchi muchírachi yutasháng.

Suffix 接尾辞;〔文法上の形成素〕tski kutúba, tski kūdjó（付け口上=接尾辞）, kutúbanu dzú; 接続的接尾辞 madji tsizikashuru djí（辞）, madji tsizichoru djí, línzukushōru〈連続している〉djī.

Suffocate 窒息死する; īchi madí shínyung, īchi madīshi {īchi kudi, kúkudi, kúmiti} shinyung;〔他動〕（窒息死させる）shinyāshung; 煙で窒息死する kibushi núdi {kváti} shínyung.

Sugar 砂糖; satá, sutó* *satóであろう; 砂糖匙 sató kakīru ké; 砂糖菓子 kūri sató; 砂糖きび wūdji; 砂糖鉢 sató irí, sato irí zārā; 一種の白砂糖きびから非常に多くの品質の砂糖を作り出す shiru wūdji íchi lúï {chu kata} kara kazi kazi sató tskoï ndjashúng.

Suggest {[s.] hint}; 仄めかす・示唆する; kukurirashung, yusti kukurirashung, yusti kan tskashung, shuzún〈所存〉ukushúng, kangé udjiōnyung*, chímunu uyagishúng {心を助け上げる} *udjinōyungであろう; 彼のヒント（示唆）で私は彼のナイフをこのように作った vané arinyi yussirátti〈教えられて?〉kan tstchi kunu sīgu kunu gutu tskotáng; 彼が私に示唆した arinyi sodansátti（相談されて）va chímunu uyagishang {uyaginyi natóng} {djí tukushóng〈自得している〉, kukuritáng}; 話題を出す shúï ukutchi sódanshung; 人にある考えを思いつかせるようにヒントを与える djítúkushimi[ung]（自得させる）; 不親切なヒントの与え方をする kaki māchi soba īshung, kaki māchi yúku munuīshung, soba munuīshi chu sushïung（誇る）, yúku kūdji shung {違う方向に漕ぐ}.

Suicide 自殺; 自殺する dū djin-shang（した）, dji-gé shang; 縊死する dū kubiri sháng（した）; 自分の喉を切る dūshi kubi hániung（刎ねる）; 腹を切り裂いた vata sátchi shínyung, dū djínyi shang（した）; 井戸,川に故意に飛び込んだ kān kae, mizzinkae vazatu tunudji {tubi ítchi} shidjang; 火に身を投げた dū nágiti fīn kae túnudji {móï ítchi} shidjáng; 家に火を点け焼死した yānyi fī tskíti yáki djīnshang; 自殺しようとする dū djínyisandi（死のうと）shúng; 突然馬鹿げた考えが起こり,川に飛び込むか,井戸に落ち込むか,桁に首を吊るかする chúttunyi chtané（きたない）mítski úkutchi yényé kavankae tunudjáï, mata kān kae utitae, yenye tsina shi kákiti dū djínyi sháng（した）; 自害する人 dji gé shuru ftu.

Suit① 一揃・一組; 服一揃 chū kassabinu chíng, chu

túïnu íshó.

Suit② [s.] correspond, fit; 適合・一致する;［動］{人が}お互いに合致する chímunu áttatóng; {物が} gūnŭ attatóng; 合わない gúnu attaráng; 気持ちに適う chúnu kukurunyi kanayúng; 人（役人）と官職が合わない chútu kvántu attaráng; 私の気持ちに適う va shuzún tudjitóng, chimunyi kanatáng（適った）; 毛筋までも合う kumatchi mung {gumma kutu} madíng attatóng; 気持ちに適うか適わないか kukurunyi kanayumi kanānī, hn?, atatómi ataráni, chága?; ぴったり合う tsīntu áttatóng; {コートが}似合う yū shinyātóng; 長さ・幅が合う nagi haba yū attatósa; 似合わない yū shínyarang, これより良い言い方は tachi yánteng 裁断ミスをした.

Suitable 適切な・合致した; átatóng, yū atatóng, aï kanatóng, yutasháng; {対になったもので}互いが相応している gūnyi attatóng, aï kanatóng, nurinyi（則に）attatóng; 良い時に来る túchi átati chóng, yī banyi áttati chóng.

Sulfur 硫黄; yú vá; 硫黄の花 yúvā gū {ku}

Sulky, sullen {[s.] scowl, crab, dogged}; 不機嫌な・むっつりした; fukúttushóng（不服そうに）, sónu vadjidi fukúttushóng, kāmā djishi kāgi, haradatchi mī, haradatchi kāgi mātóng.

Sultry [s.] hot; 焼けるように熱い, 蒸し暑い; fúmitchi, ūu atsissa, guku shú（極暑）, fumítchinu chūsang, ūū bumitchi ndjitóssaya.

Sum 総計; sú kukuï, sŭ sánkata, sú ávashi, sú shími; 物語（談話）の要旨 sū muni（総旨）, sú kukúï; 総計する sú avashung, shímïung（締める）, sú kazi mussubïung, sú kukuï shung.

Summary {[s.] abridgement}; 大要（旨）・摘要; ūū muni, yí tukuru yiradi tuténg.

Summer 夏; nátsi; 晩夏,即ち,秋に至る{煩わしい} zán shu〈CDなし; 残暑〉.

Summit 頂上; itadatchi, tsidji, gúku（極）; 山頂 sannu tsidji nubuti {登って}.

Summon 呼び出す; yubïung, yúbashung; 上官の前に呼び出された gú yú sáttang; 出頭命令・召喚 gú yú（御用）.

Sumptuous 高価・豪華な; dénu tákassang; kó dé shuru múng, líppana {fanayakana} mung.

Sun 太陽; tīda, fī, té yó, fīnu va {maru}; 太陽が回る遠くまで fīnu tūchi madíng ítatóng; 日時計 fī kadji dé, fī kadji tuchī; 日が昇る tīdanu agayung, ndjiung; 日が沈む tīdanu íttchung, utiŭng, sagayung; 日の出と日没 tīdanu agaï sagaï-shóng; 日光 tīdanu fīkari; 太陽が照る tidanu tīung; 日光浴する tīda ʼfuïshung, tirárïung, fushi sarashi（干し晒し）shung; 冬少々のひなたぼっこは心地よい fúyunu tuchi tīdanyi tirátti {tīda búïshi} úmussang; 日に晒す (干す) fúshung, sárashung; 日に当て乾かす fushi kākashung; 日焼けした tiri kurumiténg, tida gurúnshóng; 長雨の後風が起こると気持ちよい. 風が続くと大波が起こり悲しくなる naga amíshi ato tídanyi óï dúnse úshang. nagachi kazinu ba nami 'nchi urīung; たとえ浮雲が日を覆い隠しても, その真の光りを損じることはない táttoï úchi gumunu {ukabi gumu} fī ussutantémang sunu makutunu achiraka sundjírashí ōsan; 日の出が昼を作り日没が夜を作る tīdanu agayusī firu tushúng, sagáyusi yuru tushúng; 太陽を拝ませるな tīda wugamasunna; 太陽の軌道 tīdanu míguï mítchi; 月始めに太陽も月も同じ道を通り, 満月には太陽と月は反対側になり, 半周離れてしまう tsītatché (朔日は) tīdang tstching yīnu mítchi funyung (踏む), djū gu nyitché fīng tstching tagényi téchi (対し), míguïnu hambung (半周) hanalitóng; 天地の始まりから今日まで, 太陽も月もその明るさを失ったことはない shkínnu fírachi kará nama madí tīdang tstching achiraka kagiráng (欠けない); 天の中心の太陽 (の場所) は上にも下にも光りを発している tīda tínnu nakanyi wúti wí shtya tírashung.

Sundries {[s.] sorts}; 雑貨; yúruzinu shina, {takara, mung}.

Sunk 沈んだ; 沈み込んだ shtyanakae sízidi hachóng {ndjóng}; 山が陥没し湖となった sannu kuziri útiti íchitu natóng; 悪 (徳) に陥入った yúkunyi utchi íttchóng {fukitóng, fushitóng* (耽る), uburitóng} *fuchitong.

Superannuated (老齢のため) 退職した; tushiúti tstomi shirizuchóng, túshïuï yafarachi shi {ló sinyi〈老衰に〉nati in chushong〈隠居している〉}*, inchūshi lukó (禄を) ukiung 即ち, 隠居し年金を受ける *}はnati であろう.

Superb 極上の; guku myūna (妙な) mung, chi myūna〈奇妙な〉mung.

Supercargo 商船の積荷監督者; funinu nyīmutsi kamuyá; tabi achinyé, funi kara átchuru achinyé (商船).

Supercilious 傲慢な; vātchinu (生意気な) mí-yó〈EC: 藐視〉, úguta kāgi, dji mán〈自慢〉shta kāgi; úguta mī, chū soba mí (横目で見る) shá, soba mīshi vātchina múng, chūng tún kéti 'ndang (振り返って見ない, 見向きもしない).

Super(・)**eminent** 卓越した; nugi ndjitóng, nuchínditóng.

Super(・)**erogation** 功徳を積むこと; sīteru (添えた) kóshi〈功で〉ayamatchi udjinōyung (補う); intukunu〈陰徳の〉kó shi {kó sīti} ayamatchi udjinoyung; kóshi fíchi óti {fíchi attiti} toga uudjinoyung.

Superficial 外面の; s'tu mutchi, fuka múti; 上べだけの wa mutchi kazatēru kfu {yī tukuró néng, djitsinu néng}; 皮相な学問 úkada {浮かんでいる} gakumung; assa naréshōru, ássaru gáku sha; 上べだけのぞんざ

いな仕事 sútu mutchi kazatéru vaza, zïzi kwachēru kfu; 理解が皮相的である úru (不充分に) tsōdjitóng; 「皮相的・浅薄な」は ússī (薄い)「軽い」を使っても表せる; 浅く{軽く}色づいた ússī íru; 薄笑い ussi varé-shung; 浅い学習 ússi naré-shóng.

Superficies 表面; úmuti; 長さと幅があり厚みのないものは面と言う nagi hába assiga áchi néngsi úmutíndi ïyúru; 面は線を広くして出来る sidji nubiti fīruku nashusé umuti (面) ndi ïyung.

Superfine 極上の; djó datsinu〈上達の〉mung, djó djó na〈上々な〉mung.

Superfluous 余分・過剰の; amaï mung, yū búnnu fuka (用分外); {無用な} mu yūna mung; 余計な字 amaï {tassiki} djī.

Superintend 監督する; djítchi (下知) shung, tskassadūyung (司る), tskassadútti kamuyung, mī kangé shung, tazisayung (携わる).

Superintendant (-dent) 監督者・管理人; ḳamí (係), kamutōru ftu, djítchishuru (下知する) {nushiduti tskassadúyuru, kavati kamuyuru} ftu; 政府の倉には監督人が任命されている fudukushi ḳura naka[e] mī mamúïnu fītunu wung; 倉庫係 kura gamī; 金庫係 dzing kūïnu (庫裡) gamī; 作業監督 shu (諸) séku gamī.

Superior より上の; 比較 (より優れた) mashi, massaritóng; [名] 上官 kami, kami kwang, wīna mung, kamitaru {wītaru, wīnyi wúru} ftu; 優れた人 kún-shi〈君子〉, yúkaï mung (相当な者); 上の者が驕らなければ下の者も造反しない wīnyi wūssiga ugurandung aré shtyányi wūssing midaríráng; 普通の蜜より上質tūïna mitsi yaka mashi; 私より上位の者 vang yaka bung〈身分〉wī na mung; 年上 túshi sīza; 優れた人 djó dátsinu〈上達の〉samuré (前記「優れた人」も a superior man の訳).

Superlative; 最上級は dūdu, dúttu, gúku, itátti, gúku gúku, taki tskiti, íttsing で表わされる; 最も偉大のもの íttsing úffissasi; その偉大さを最上級で{から}言えsúnu gúku uffissassi kara í {íyé}

Supernatural 異常な; tsínitu kavatóng, tsíni gavaï, mmari gavaï, mizirashī mung; 常ならぬ人 chú gavaï.

Superscribe 宛名を書く; ati gatchi-shung; 銘題 mī gatchi; {宛名} ati gatchi; {硬貨や紙幣の銘 (書き)} kaninu hán, hánnu mī gatchi.

Supersede 廃棄する; [他動] stárashung, tóshung (倒す); 廃棄した stiténg, tóchéng.

Superstitious 妄信的; 信仰 muyítchina〈無益な〉shíndji, shíndji sidjitóng, mídari shíndji; 迷信的供養 midarinyi kami matsïung; 迷信的恐怖感 munashku kami yūri (幽霊) ussuritóng; 過度の神崇拝 kami vugami sídjitóng; 神を過度に崇拝することは神がは喜ばない kami vugami sidjīse kaminó gáttinshi {uki (受け)}

mishórang; 妄信は幸も得ない midari matsitantémang sévéng yīrang.

Supper 夕飯; yūbang; 急いで夕飯の支度をしなさい féku yūbang shinyāshi {shkóri}; 夕食後皇帝に呼ばれ拝謁した yūbang ato kótí nyi gú yú〈御用〉sáttang.

Supplant 地位を奪い取る; sushi (誇り) yabuyung, sushti útushung; 他人が得るのを妨げ自分の手に入れる chunu yiyusi túmiti dūnkae yirashung; 彼の地位を奪い取った ariga nuzumi tóchang (彼の希みをだめにした).

Supple 柔軟な; yavara mung, yavarakanyi ang, nandurusang; 卑屈な機嫌とりの口 námirakanyi ang.

Supplement 増補・補遺; sīung, máshi udji nōyung; 書き添える udjinūti katchi sīung, udjinōti nóshung; 補遺の巻 úvati kara udjinōï kuvetéru shumútsi.

Supplicate 嘆願する; dóding shi, dóding ndi íchi mutumíung, níngurunyi mutumiung.

Supply 供給する; 食物を munu {hanmé} shkóyung (準備する), sunéyung; {与える} attéyung; 他人に代わり準備する kavati shinyāshung, shínyukuyúng (工夫して準備する); 損失を補充する udjinōti torashung, vánchamayung (弁償する); 足りない部分を補充する taránsi mitirashung, fússuku taréyung; 自分で紙を準備して本を印刷し一般に読ませる dūshi kabi sunéti, fankóshi shkinyi férachi yumáshuru tami.

Support {[s.] prop}; 養育する; yashinayung, sodatĭung; 育て教える ushī {narāchi} sodatĭung, sodatíti narāshung; {助ける} tassikĭung; {支える} támuchúng (保つ), támukashung, tskashúng, kushatiung, kushati shung, tskashi shung, tskashóchung, kashati* shimĭung *kushatiであろう; 人を持って支える kagéyung〈拘〉(保護する); 歩行の際杖で支える tsī {gōshang} tstch' (突いて) átchung, tsīnyi tassikirátti átchung; 日々働いて生活する [s.]live, mé nyítchi sékushi {mókiti} tushī (渡世) shung.

Supportable 支持(扶養)できる; 維持(確証)されうるもの{心的、科学的に} íchikashí {íkashí, dzundjirashí (存じらし), shúkushí} bichí {即ち、生存し証拠として役立つであろう}; 存続させておけ{(線で)消すな} ichikachóki {生かせておけ}. *印刷用語であろう

Supporter 支柱; tskashi; (支柱の)長い木材 tskashi bashira, tskashi kí.

Suppose 想像する; umúyung, kangéyung; 間違って自分のものと思った machigéshi dūnu mun ndi umutóng, dūnu mun ndi úmuti machigéshang; そうこう仮定すれば tatturá, táttoïba, tátturaba, táttutíndé, kunabitindé, físhshitíndé, yényé, kutuba katíndé, kutuba kaï kangéti fakatíndé; もし〜と仮定すると múshi, mushika, mushiku; 単なる想像にすぎない umuta bakaï, tattoï gutu, táttoï banashi du yatéru; 彼はこの場所は新垣氏

(Mr.Aragatchi)の家の庭園だと思った ari kunu tukuro Aragatchi Péchin nu yānu útchinu áttaï ndi umutóng; 円の直径が一尺二寸とすれば tátturá gónu sáshi vátashi í shaku nyí síng; 人が200両の元金を借りたら tátturá ftu mútu djínnu nyī hāku ló〈両〉kátti íchidúnse; 自分の家と思って dūnu yá ndi úmuti.

Suppress 鎮圧・禁止する; yamirashung, tudumĭung, ussīung, úshi tudumiung; 置いておかせる ukashung (置かす), ukashóchung; 本を発禁にする shimútsi kadjimirashung, shimutsi firumíse tudumiung; 遅らせる ussi navaréshung; 文書を二日伏せる・公表しない búng fútska ushi nubĭung, tumiti ussi navaréshung; 脅して止めさせる udurukatchi tumĭung.

Suppurate 化膿している; úntchunu (膿が) tstchóng, ominu (膿が) shódjitóng.

Supreme 最高(極上)の; guku djó, djó kuré〈上位〉, íttsing wī, íttsing kami (上), kunu wīnyé néng; 最高裁判所 ittsing kaminu {dé ítchi} yá mung〈衙門〉; 究極の真理 gúku djítsinyi áti; 優しい母親がその愛児を見るように、最高の情愛で彼は学生を見る gúku djifinyi〈慈悲に〉ati sunu mítchi mánubunu samuré 'nchi kanasháshuru fafa sunu bóza ndzosashuru gutóng; 天から最高に尊ばれた tínnyi táttubátti kunu wīnyi néng.

Surely [s.] certainly; 確かに; そうだ anté, múttung; 確かにそうではない néngté, arángté; 君がその世話をしなかったのは確かだ mi kangénu (世話が) nénté, ïyága mī kangesantanté (世話しなかったのだ); chíshshti {sadamitti} ándó (きっとそうだよ); 確かに君が言うのは正しい ïyaga ïyussé múttung; 私が確かにするよ shúnté, vaga shúndó.

Surety 引き受(保証)人; fíchi ūï mung, fíchi ukí, fíchi ukí sharu ftu; 保証(人)となって助ける fíchi úkishi chu tassikĭung, fíchi úkiti shung; 彼が支払わなければ私が確実に保証人として保証する ariga fímbin sandung aré vága fíchi ukiti shúnté; 人に代わって保証(人)となる kávati fíchi ukishung; 二人の他人の間で(二人でお互いに?)保証人となる naka kara fíchi ukishung.

Surf* 白波; naminu hána; 波が跳ね返る naminu hanchi géï géï shi hananu tátchung; 波が浅瀬に砕けて白波が起こる naminu físhinyi attáti hananu tatchung; 大波 tatsi nami, tattsinaminu tattchóng. *surgeryの後より移動.

Surface {[s.] superficies}; 表面; úmuti, vābi mutti; 下面 úra; 水面に(浮いている) mizzinu wī nakae uttchóng; 海上に ké shó-nyi; 地表から中心まで 14,318 と9分の2 lí (里) djīnu wābi kará djīnu manakanyi itatōru kutó mang (万) shi (四) sing (千) san péku djū fatchi lí, ichi línu kū vaïnu tātsi (9割の2).

Surfeit 飽食する; chufāra kanyung, áku madí kányung.

Surgeon 外科医者; d̦jí kwa ísha, haï {sīgu (小刀) ísha, haï {sīgu} ziké ísha; 外傷を治す stúnu byótchi {fukanu yamé} nóshung.

Surgery 外科 (法); d̦jí-kwa-'hó.

Surges 大波; (大波が) 立つ naminu móyung.

Surmount 克服する; 困難・障害を savaï {nandji} kará nugayúng, kwīung, kátaka kara sídjĭung.

Surname 姓・氏名; údji, udji ná; 名と姓 ná údjiná; (あなたの) 氏名を教えて戴けませんか undjunu udjé nū dayabiruga?, ú ná (御名) nū dayabiruga?

Surpass {[s.] eminent}; 凌駕する; mákashung, kwīung, massaritóng, búng kwa 〈分過〉 shong; 善において優る íu íu yutashang, {心的に} now d̦jífinu 〈慈悲の〉 ang; 優秀性において彼とは相並べない aritó yété (相手は) náráng, yéti kara {同等であることから} kwītóng; tichéshí ōsan {匹敵し得ない}; 彼より優れる者はない ari kará sugurīru munó aráng.

Surplice 白法衣; shiru kurúng (衣), shā 〈紗〉 kúrumu.

Surplus 余り; amaï, amaï mung, nukúï mung (残り物).

Surprise 不意を襲う; {人を突然驚かす} chúttunyi udurukashung, átadanyi ítchi {入って} savagashung; 彼は私に不意に出会った vang áta mī shang; 不意をつかれて不愉快だった savadjótassā!; 不意のことで愉快がらせる ata {ubizinyí} ushashimüung; {驚き不思議に思う} ata firumashashang (珍しがった); 誠にびっくり仰天しなかったでしょうか átadanyi tamashi núgĭtassayá?; 彼が貧乏なのはそれほど驚くべき事ではない ari finsū nyi assé nánzu firumashku néng; 彼は既に心中少々驚き怪しんでいるようである chimu nakae íffé úduruchi ayashidōru gútunu ang; 君がこの布を紗といったことを私は意外とは思わない ïyaga kunu nunu shá 〈紗〉 ndi ichésé vané firumashāsang; 驚きの表現, 即ち驚きの感嘆詞 umaránsá! (思えないなぁ); とても信じられない áchamĭó!, agidjamé!, ché!, ŭné!, ári!.

Surrender {[s.] submit}; 自首する; {泥棒がするように (自首する)} dū nagiti {stíti} chóng, dūshi aravariung, dū stíti aravariung, dū aravaríshi chóng; vássa umuti chóng; 降伏するよう呼び掛ける kudati kūndi íchi mánĭtchúng, kudaríndi íchi mánĭchung; 降伏 (の許可) を請う kudarándi kūyung {túyung}; 負けて服従する mákiti shtagatóng; 市を明け渡す gussiku stíti chóng.

Surround 取り囲む; māyung, mávashung {māshung}, kákuï māshung, kannĭung (遮る), kanni māshung; 回りに立って見る datchi māchi nyūng; 四方囲んで立つ shpó 〈四方〉 datchi māshung (抱き回す); míguyung; 竹で囲む; dakishae kani māshung; 兵を派遣し城を取り囲む fínnu chā tskáti gussiku kakuï māshung; 囲い垣 kani māshuru ka[tchi]; 封筒で包みこむ tsitsíng

māshung, tsitsinïung.

Survey {[s.] review}; 見渡す; 広々とした山や川を san kāra (川を) mīvátayung* *vatashungであろう; 土地を測量する chkata hakati {saguti} nyūng; 海の水深を測る omi tsī tóshung; mizzi daki hakati nyūng; 海も浜も実地調査する oming hamáng saguti nyūng; 天は人間を見守っている tinnó nyindjing mī mamutóng; 私が今までの一生をふりかって見ると vaga mmaríti kara kunu katanu nari yutchi sagutindé; 今まで神の与えたもうた恵みを総括して見ると kaminu kún nagénu mígumi mihóchéru kutu sagutíndé.

Surveyor 測量官; chkata fakayuru kwan; 水深測定船 omi saguyuru funi.

Survive より長生きする; 彼より一年 (長生きする) ari yaká íchi ning áto úkuriti (遅れて).

Susceptible 可能な; 意味が二通りに解決できる imi tātsinkae káyuyung 〈通う〉.

Suspect 疑う; utagatóng, iffé utagénu ang, utagé úmuyung; chimu attigé shong; 彼ではと疑う ari ndi umutóng {utagatóng}; 自分で疑い始める dūshi utagénu tstchóng; 疑っているようだ utagatōru gutóng.

Suspend 懸かる; [自動] kakayung, [他動] (懸ける) kakiung; 懸かって揺れている kakatóti wúmbuyung; 一時官職を辞す tstomi yamïung {[他動] (辞めさせる) yamirashung}, tstomi hánshung, házishung; 罰として私が彼を一ヶ月職を辞めさせる vaga ari chu tstchi {toga búnshi, 罪科に応じて} tstomi yamirashung; 科 (挙) の黄金のリストが吊るされる時, その中に自分の名を見つけるのは最高の喜びである kónu (功) fuda kakīru {sagīru} tuchi, dūnu na mī ndjashidúnse, dūdú yī kukutchi; 井戸の中に懸けて入れておけ kānu utchinkae kákīti íttóki.

Suspender 吊るすもの; {ズボン 吊り} hakama (袴) kakī; 太鼓をぶら下げる吊り紐 tsizíng kaki wū (緒) {hakīru wú}

Suspense 不安; 気掛かりの心 chimu gakaï shóng, chimunyi kakatóng; 私はまだ宙ぶらりん (未決断) の状態だ va kangé mada sadamaráng; 明日彼が来るかどうかはっきりしない achá ariga chīgashura kūnga ará nama wúmbuï umuïshóng {wúmbútóng}; 罪人の判決が未だ決定してない toga nyínnu batsi máda sadamirang, wúmbuti dūru, naka tanaka nakae wúmbutóng.

Suspicion 疑念; 今一層疑惑が強まった utagénu nama íū íū {yúku} chūku natóng; 盗んだのではと疑っている nússudaru hazï ndi utagatóng; 彼は私がこの本を盗んだ (のでは) と疑っている ari vaga kunu shimutsi nússudaru utagénu ang; 疑い怪しむ utagati firumashashóng.

Suspicious 疑わしい; これは疑わしい utagé bichí mung,

utagavashī mung; 疑い深い心 munu utagéshi, chŭ utagénu mung, utagéshta mung; utagé djímu uffussaru; 疑心は悪魔を生み出す〈疑心暗鬼〉utagé chimunu ndjiti djámanu〈邪魔が〉shódjitóng; 良いことを見て疑い、悪いことを聞いて信じる yī kutu nde utagaïúï, yana kutu chké shïndjíúï.

Sustain 〔[s.] support〕; {支える} tamuchung (保つ), {助ける} tassikiung, tassiti* ukushung, úkushi tassikĭung *tassiki (ti)であろう; {守る} mámuyúng; 先程君が言ったことは是認できない kíssa íchasé i chikassi bíkarang; 是認できる yū tūyung, yū ichéng; 荷に耐えうる nyī yū mútchung, múchi ukí ōshung; 職務をこなす sábachung; 人が倒れないように支える kagéti dugérasang; 肩にも担げない、また手でも持ち上げられない kátanyíng katamí ōsan, tí nakaïng físhagí ōsan; 支えきれない mutchí ōsan, mútaráng.

Suture (頭がい骨の)縫合(線); {頭蓋骨の様に} kutsinu (骨が) azitóng, ātong, funinu〔aï〕āshi kutchi; {衣類の(縫い目)} némi.

Swaddling clothes 産着; {bóza, aká ngvanu} mátchi djíng, matchi kakó {布切れ}; 産着でくるむ matchí djíng shi tsitsinyung.

Swagger ふんぞり返って歩く; tákabúyung; taka buta ftu; 威張って歩く kata fúti atchung.

Swain 田舎の若者; {牧者} djuba (牛馬) ká200rayá; {色男} wínagonu mésishā.

Swallow① 燕; 〔名〕matara.

Swallow② 呑み込む; 〔動〕nún kúnyung, nung (飲み) útushung, kami {numi} útushung; 非常に欲してゴクゴク呑み込む tsín núnshung {núïshung}; 喉から呑み落とす váttanu dzónkae (腹の臓へ) irīung, sisirínchung; 呑み込めない kwé utushé ōsan; 間違って銅貨を呑み込む matchigéshi dū zing núng utucháng (呑み落とした).

Swamp 湿地; 〔名〕yubi; 湿地の田は役に立たない yubi tá muchíraráng; 湿地に沈む yubinyi sízĭung* {tubi ícháng (飛び入った)} *sízinyungであろうか; 〔他動〕波で沈没した船 funé naminyi kutsigétang (転覆した); náminu yúti chí fúninu keritáng (ひっくり返した).

Swan 白鳥; faku chĭó.

Swarm (昆虫の)一群れ; 〔名〕{chu} guzumuï, muragari; 蜂が群れて飛ぶ háchinu búti* tubĭung {tubéshung}, muragarī túbĭung *búriであろうか.

Swarthy 浅黒い; ússi kurú; 顔が浅黒い tsiranu ússi ḳurussang.

Swathe (包帯・巻き布などで)巻く; máchi kakĭung, máchi ūbishi kakĭung.

Sway 振るう; 権柄を(振るう)chím pi fúyung; 色欲に支配されている físsukanyi yúkunyi tskāring (使われる) {fíkkassaring}

Swear 誓う; ch'késhung, ch'ké tatĭung {úkushung, fáshshĭung}, chké tátiti nigé shung; 聖書に誓う chónu (経の) wī nakae chké tátĭung; 私は君の前で誓う vané ïya mīnu mé chke tatĭung; 激しく呪い誓った issudji fū mung shi chké ndjashung (出す); もし私が真実*なことを一言でも言えば、天が私を撃ち殺してよい、また雷が私を引き裂いてよい vari mushi tītsing itsivaï kutúba ïyura, tíng kara utarī, kaminarinyi {kánnaïnyi} sakaravang (裂かれても) sínyung *truth (真実)ではなくECの英文untruth (不真実・偽り)であろう; 天が誅し、地が滅ぼしてもよい tíng kara kurushí djīnu míshshirasavang sinyúng; 阿弥陀仏様、彼女は心やさしい乙女であるから治してくださいませ sari Amida Butuku*, yavara chimunu ayamé gva yá kutú tassikítti kwī mīshóri *Butukiであろう.

Sweat 〔[s.] perspire〕; 汗; 〔名〕assi; 〔動〕(汗をかく・汗が出る) assi hayúng; 全身に冷汗をかいた dū íppé fídjuru assi hatáng.

Sweep 掃く; hótchung, hótchi shung, harayung (払う), útchi harayung, hótchi harayung; 皆一挙に海に掃き込んだ chŭ kén wuti {ichi dúti} óminkae hóchi (掃いて) nchang, {掃き込まれた} matchi iriráttang {ts'kiráttang* *「巻き付けられた」か?; 波に巻きこまれた naminyi matchi kumáttang, mizzinyi susugáttang}; 大虐殺で一掃された tami kuruchi sódji shéng.

Sweet 甘い; ámasang, amaténg shong, ámachi adjivé, māsang (美味い); amaku ang; 優しい気性 yafarashī djó〈情〉; 優しい言葉遣い kutuba yafarashī mung; 菖蒲 shó⁺bu.

Sweeten 甘くなる; 〔自動〕satónu chínu⁺〈気の〉ang; 甘くなる māku (美味く) natóng, áma ndjĭung; 〔他動〕(甘くする) stóshi* adjivéshung, sató ítti áma ádji nashung *satóshiであろう; 苦悩を和らげる ariga kurushimi yafarakĭung.

Sweetmeat 砂糖漬け; sató zikí, sató naï mung (糖果実).

Sweetness 甘さ; māssassi, áma ádji, ámachi adjivé.

Swell 膨れる; fúckwĭung, fúckwiti chūng, harĭung (腫れる); 腫れもの fúkkwi; (膝の)白腫れ úfu zinsā, kwăkŭ shīpū; 膨れている fúckwitóng.

Swerve 外れる; 道からそれる mitchi kara tágayung, chígayung, wūti tūyung; 道からそれない (ように歩く) wūrang gutu átchung.

Swift 迅速な; féssang, chāki*, gurúku, hāyé (走って) nati *時間的「早い」で、速度が「速い」ではない.

Swill がぶ呑みする; {飲む} fíkkasĭung.

Swim 泳ぐ; wīdjung {jang, gang}, wīdji chūng; 水泳中水遊びする mizzi kará gámari shung; 水面を泳ぐ mízzinu wī útchatchung (浮き歩く), ukadóng.

Swindle 騙し取る; chu núdji (騙し) tuyúng; ná ūsti chunu zé (財) tuyung; 政府権威を口実に騙し取る matsirigutu ūsti chu damakashung; 詐欺師 chu núdji mung.

Swine 豚; búta; 豚が地面を掘る bútanu djī fuyúng; 養豚者 búta tskanayá.

Swing ぶらんこ; índāgī; ぶらんこに乗る índāgī nuyúng; ぶらんこに乗った人を押す índāgī ushúng; あちこち揺れる wúmbuyúng; [s.] wave.

Swivel 旋回砲; djíkŭshī〈軸で〉 migúyuru íshi byă.

Swooned 気絶した; ammashashóng〈気分・頭が重い〉; 恐怖で卒倒した támash[i] nugatóng *nugitóngであろう; 気絶から覚めた shó tskatóng; 目覚めさせる[他動] shó tskashúng.

Sword 剣・太刀; tatchi; 帯に差す短刀 sashi kátaná; 脇に差すもの sagi k[á]taná; 太刀を振る tatchi fuyúng, tátchin[u] hó móyung, tátchi mórashung; 両刃の剣 ló〈両〉fa tatchi, hānu tātsi aru tatchi; 太刀を抜く tatchi nudjúng; 鞘に収める sī nakae íriung; 腹に剣を持ち, 口には蜜を持つ haranyé {'nninyé〈胸には〉} tátchi mutchi kutché mitsinu gutóng.

Sycamore 楓; kédi ḳí?

Sycee silver 馬蹄銀; ítta gáni〈板金〉.

Sycophant 追従者; nī djing〈佞人〉, fitsiré mung; 諂い喜ばそうとする(者) mésishi chū yúrukubashuru [ftu]

Symmetry 調和・つり合い; muru gū atatóng, tagényi yī gú [na]yúng, míguri míguti tagényi gū nató[ng], gū duyāshi shóng, búntu yū sóvū shóng.

Sympathize 同情する; chū yé ang, túmunyi urītóng {avaridóng〈憐れんでいる〉}.

Synonimous 同義の; yínu ími, ími {chímunu} una-[d]jōnyi ang; 同義句 nyīóta kūdjó.

Synopsis 抜粋; kán yúnu〈肝要の〉múnnu nudjési.

Syphilis 梅毒; bín dūkŭ〈便毒・横根〉{特に鼠径部の腫瘍}.

Syphon サイホン・吸上げ管; sūī agĭá, または sūī agíru dógu, は「吸い上げる道具」を意味するであろう; saki fíchagíru〈引上げる〉īchi tūshi, kutchishae shiru fichagīru tūshi dógu.

Syringe 水鉄砲; mizzi haní.

Syrup シロップ; sató mizzi, ámmi, satá ámmi; {麦粉入りのシロップ} múdjinu kū ámmi.

T

Table {[s.] tray-eating}; 卓・机; dé, shŭkŭ; 当地で用いられている, 長くて小さいテーブル naga shuku gva; 食卓につく dényi tstchóng; tátanyi yīyung {詰めものをしたマット(畳)に座る}; 食卓につき食事する djíng {食事用盆(膳を)} mé nashúng; 贅沢な食事をする té shŭkŭ〈大食〉shung, bí shukunu〈美食が〉uffusang; テーブルの端 shúkunu hata {kádu}; テーブルをたた

き, すばらしいと叫んだ dé útchi myūna〈妙な〉mung yassá ndi ábitang; サイド・テーブルの上座に座っておる shúku ménu dé gva nakae kami zashóng; テーブル掛けの優美なひだ dénu háta kazáï; 看板・書板 chópé〈招牌〉.

Table cloth 食卓掛け; dénu shtchi nŭnŭ, dényi shtchuru nŭnŭ.

Table talk 食卓での雑談; munu kanyuru báshunu fánashi; 招待者は(次のように)言う*:「どうぞお野菜を(お上がりなさい)」dí yasé sé〈しなさい〉;「お菓子, お酒をどうぞ(取りなさい)」dí kwáshi, sáki shíndé;「なぜ, わずかし食べないのか」dí ïyáng, nūya* ïya ússaténg kamú {kányuga} *nūgaであろう;「もっと食べなさい」dí nyáhung kamé; 返事は:「結構です」yútasha; お好きな様に kátti shidé;「貴方より先に食べてしまって申し訳ない」ïya yaká sátchi kádasi vassassá, bŭlí〈CDなし; 無礼であろう〉natassá, būlí shassá;「お楽に(してください)」dī yuruĭtu yĭri.

Tables (一覧)表; 表にして整理配列したもの gū yussinu katchi tumi, yussi gatchi shung, ná gū gū yusti katchúng; gú yússinu sankata gatchi; 断食の表 shódjinnu〈守斎; 精進であろう〉yussi gatchi; 日曜日の表 lífaïnu〈礼拝の〉yussi gatchi.

Tablet 銘板; 先祖の銘板 gván sú; 他のものよりも特別に崇めるために, 周忌, または, 死後しばらくしてつくられる銘板または偶像(idol) i-fé〈位牌〉; 勲功銘板 fūbi {fomi} gáku; 戸(door)にかける銘板 djónu gáku; 仏教の呪文を書き, 戸(door)にかけるもの gvā shó〈掛章〉.

Tabour 小鼓; tsizíng gvă.

Tack 鋲; {釘} kúdji gva; 着物の仮縫いする chínnu né chiri íriung; 仮縫いをはずす né chiri futushung*, ndjashúng *futuchungであろう; 合わせ縫う āchi nóyung; 間切り帆走(する) wūī nuĭshung, funinu katánchi baïshung, soba útchi shung, úshagi ħárashi {fashirashung, dūĭshung, nuĭshung}; 蟹のように歩く soba fìtchishung, soba átchíshung.

Tackling 滑車装置; tsinagū; 滑車装置及びその他船に必要な物 fúna gū〈船具〉, fúna dōgu.

Tactics 戦術; tatakénu tidáng, tatakénu hó, gung-hó〈軍法〉(法律ではないことに注意).

Tael テール(お金の単位); ichi ló〈一両〉.

Taffrel rail (**taffrail**) 船尾の上部(手すり); funinu tumunu fútchi.

Tail 尾; dzú; 鳥の尾 tuïnu dzú háni; 犬は尾を振って来た innó dzū fúti {ndjúkachi} chūng〈来る〉; 馬の尾を束ね, 蝿をはらうために, ほうきにする mmanu zú ħótchi; 中国人の髪型・弁髪 firagúng; 弁髪を編む firagúng kúnyung.

Tailor 仕立屋; né múng zéku〈縫い物大工〉, ishó〈衣装〉

noyā.

Taint 傷つける; kizi tskiung, itami gakaïshóng (痛み・腐敗しかかっている), itami gakaïnyi natóng; 腐敗した肉 itadóng; 驕りの気味がある ússi ugúïshóng, iffé ugúïnu sudóng (染んでいる) {tstchóng}; 魚臭さの気味がある íu dáshinu (出汁の) ang, súttu dashinu íttchóng.

Take 取る; tuyúng, shunoyung; 何か食べるもの, 飲むものを取る shung; 菓子を取りなさい (食べよ) kvāshi sí; 書物を取る shimutsi nyūng {yúnyung}; 地面から取り上げる físhagïung*, mutchagïung; tuï ukushung, tuï agiung *fichagïung (引き上げる) であろう; 拾い上げる fíri ukushung; 泥の中を通る時, 衣類をまくり上げる chíng kanyagïung (絡げる); 泥の中を通って行く時, 着物をまくり上げて汚すな dúrunu wī kará atchinyé chinó kanyágiti duru tskínna; 子供を抱き上げる datchúng {chang, káng}; 子供を抱いて連れて来い vorabi datchi kū, fíchatiti kú; 持っている mutchúng; 金の持ちあわせがない dzíng mutáng; 要塞を奪取する djíng yā kún tuyúng; 勝って取った mákatchi {katchi} yitáng; 取り去る túti ítchung; これを取って行け kunu kutu túttikí; 食卓から取り去る (片付ける) shidjumïung, sagïung; 力ずくで取り去る ké tuyúng, ubayúng, kún tuyúng; {値段, 重さから} 差し引く fítchung, fítchi útushung, kátchúng (欠く); {値段を} 差し引いた tuï útitóng; 多く取った tuï agatóng; 2分の1ポンド取り除け hán djíng (斤) fické; お茶と一緒に食べる chā shi núnyung, chā núnyagatchī kwāshi kanyung {cha nuyuru* utchi *nunyuruであろう}, お茶を飲みつつ菓子を食べる chāng sīti (添えて) kwashi kanyung; 家中の人を皆連れ去った yā nyīndju sūyó fíchi {sóti} tuti hacháng; 散歩し風にあたる sidanyung, sídadi chūng, s'tu ndjí assibïung; 木の下に行って涼んで来い kīnu shtyanyi {mitchinyi ndjí (道に行き)} sidadi kū; 目録をつくる shina mutsi gatchi túmishung {[s.] bill}; 籤で取る kudji shidé {kudji íti} tuyúng; {ペンチ・なかご・鋏などで} 挟み取る hassanyung, hassadi tuyúng; 中国の箸で取ることも hassanyung と言う; 世話する tuï fakaréshung, tuï kangéshung, mī kangéshung, níng íyúng*, níng ítchi shung, tsitsishimung, yū shung *íyúngであろう; 子供の世話をする vora[bi] tuï sodatïung; 自重した ukéti ukáshang (犯さない); 取り下ろす tuï urutchi {kudatchi} chūng; 火がつく fínu tskayúng; 効果がある {[s.] this} shirushinu ang; 運動する {[s.] this} assidátchung (遊び歩く); 握る tú tskïung, tú chïung, nídjïung, nídji tskïung; (実行に) とりかかる {[s.] begin} tskoï hadjimïung, shi hadjimïung; 暇 (乞い) する ítumashung, ítumagōïshung, ndji küï ndi íchi {[s.] leave}; 騙す chu nudjung, damakashung; 騙された chunyi damakasáttang, azamukáttang (欺か

れた) *azamuchungは「嘲る」の意味で,「欺く」は日本語であろう; 人を家に入れる fíchi irïung; 私が彼を家に入れた vaga ari uki tuti yánkae íttang, uki túti simārashung (住まわせる); 薬を飲む kussuï núnyung; 取り出す tuï ndja [shung], tuï ndjachi chūng; 水から取り出す mizzi kará fíchī ndjashung, {救い出す} skúï ndjashung; 靴, 靴下を脱ぐ zori, またはs[aba], tābi nudjung {jang, gang}; 着物を脱ぐ chíng hazïung; 容器からフタを取る futa tuti akïung; 帽子を取る mótzi nudjung (脱ぐ), ka[muri] hánshung; 10から1つ取る tū kara {tūnyi} tītsi tuyúng; 穴から取り出す mī kara sunchi (引きずり) {nudji} ndjashung; 家を所有する yā dogu +ka zé〈家財〉} t[u]yung; 買って家を所有する kóti yányi útsïung; 地所を所有する haru tuyúng; 捕縛する karamïung, karamíti chang (来た); 捕虜にする turiguny[i] (虜に) shung; 監督する kamuyung, ussamïung; 右側をとる mídjí mutinkae íttchung (右方へ行く); 感染する +byó[tchi] utsïung; 彼から感染した ari kara utstáng; ああ, 伝染病に感染したなぁ yana byotchi utstasá; 二階へ上げよ nyikénkae tutti nubusiré; {荷のような物を〉(責任・義務を) 自分で負う (引き受ける) dūnyi fichi ūyung, [比喩] dūnyi fichi ūti shung; 私が請け負う, 私の義務とする va dūnu áttaïméshung, va kámuti attaïmé nayúng; どうか口に合うものを取りなさい {食べなさい} +shin shí 〈先生〉, nū stchūgă {nū māssaga} stchi side*} kami mishóri *shidéであろう; 彼は彼女に心を奪われた {魅せられた} arinyi mayútóng; 私は彼に心を奪われている ari vang tanushimashung, yurukubashung; 彼の面白い話に心奪われた ariga munugataï shūmarīsā, {[否] shūmang, shūmarang [s.] absorb}; 心身ともに母に似る chímung kāging {chimu kara kāgi kara} fafanyi nyitchóng, fáfanu gútu shung; 取り出せ ndjachi kū; 取り下げよ túï sagiti kū; この部分 (章) はあの本から取ってある kunu chu tukuró anu shumútsi kará ndjítóng; 今父母の愛について取り上げ, 君たちに話す náma fúbunu fukaku ítta ndzōsaru chimu tútti íttankae sódanshung; お箸で卵をはさみ上げようとしても, 如何してはさめようか uméshi shae támagu hassamándi shantémang, chāshi hassamarīga?; 自省する dūshi kaïri 'nchi ussamïung; 最も重要なものと, 最も新しく珍奇なものとを取る kán yú, átarassā firumashī múngtu tuyúng; 黎明に薬を一服飲む yūnu ákiti chu fézé (配剤) tuyúng; 毒を飲む dúku núnyung; 食事をする munu shúng; 物事の見方を熟知している +shu djónu〈取情の〉ang.

Tale 物語; hánashi, munugataï; 偽りの話 tskoï munu-gataï, yúkushi munuī-shung.

Tale-bearer 告げ口屋・おしゃべり; ama íchi kuma ítchi munu yumi mung, munu ïyunyá, kūdjó uffussaru mung, kūdjó tūshā, kūdjó mung, kūdjó buckwí（膨れた）mung, kutchi assī（浅い）mung, kutchi tsitsishíminu néng ftu.

Talent 才能; sé, sé nú, sé-chí〈才智〉; 才能の欠如 ﬁu sé〈不才〉; 技術（大工）〔学問〕などの才がある sékunyi〔síminyi〕yītóng; 〔職工séku の〕特別の才がある yītinu（得手の）ang,〔séku〕gáttina mung; 多才な人 sóvūshta ftu; 聡明 sū mī; 才はあるが徳はない séya átti tuku néng; 彼のマナーは正しく,才能も他人より優れていた tatchi f[u]rumaï tadashūnyishi séng chunyi {chu yak[a]} mássatóng; 人の才は日々増す djín séya〈EC:人才は〉ﬁbinyi mashúng; 他人が才能の有るのを見たら,自分も才能あるように思う chūnŭ sénūnu assi ndé dūng kuri aruga gutukunyi shung {úmuyung}; 大才能 fúmb[i]tsinu {tákuminu} áta ftu; もし誠に奥様がそれを書いたのなら,彼女の才は男に劣らない mushi makutunyi ayame[ga] tskotēru múng dung yaré, sunu séya wic[ki]ganyé makiráng {uturáng（劣らない）}; 彼が天に達する才能があるとしても,翼をつけて飛び去るのはむつかしいと気付くであろうと私は恐れる tattoï tíng tstchuru {tinyi tūyuru} sénu atantékang {atantémang} mata tsíbassa satchi tubi ōsanó araníndi（飛ぶことはできないのではと）ussirítóng.

Talented 才能ある;｛よい意味で｝suguri mung, yúk[ai] mung, lí-fatsi〈利発〉na mung, sétchina〈才智は〉mung, kangé aru mung, sūmi〈聡明〉na mung, lóching〈量智〉aru mung;｛悪い意味で｝yana ṭakumina mung, kan sé〈奸才〉na mung.

Talisman 魔除け・まじない札; ﬁu fuda, bózi fuda {それを持っている múttchóng}.

Talk 話す;［動］munuïyung, fanashi shung, katarayung, munuī katashung {yóshung}, dándjïung（談じる）; 会ってある件を充分話会う tsiri óyung; この件を十分語り合う kunu yūdju tsiri óyung; 唯々,しゃべりまくるだけ mīdji gūdji（ぶつぶつ不言をいうこと）; その兄嫁は,話し好きで笑い上戸の情愛の深い人であることが今分かった anyi-yúmi 'nchindé munung yū ïyúï, varéng yu shuï, chivamíti chū kanashashuru mung du yaru; 共に雑談する hanashi shung, munugattaï shung; 仏（Budha）や老子（Laon Tsz'）について話すのを嫌う Butsi Lónu〈仏老の〉kutú ïyusé skáng; 自分の側に理のある人は大声で話す必要はない dólinu aru munó ufu abïénsang（大声も出さない）; しゃべりすぎる故に munuī uffussaru yuïdu; しゃべったり笑ったり大変喜んだ munu ítchaï vorataï dúttu yurukudáng; 彼らが何の話をしていたのか分からない chāru kútuga sodanshará shiráng;［名］（話し）hanashi, munugattaï; これこれ言う事ある án kán ïyuru kutunu ang.

Talkative 口数の多い; munuī uffussaru mung, munu ïyunyá, tagúnna〈多言〉mung, mīdji gūdji（不平がましいこと）na mung.

Tall 高い; tákassang; 高い人 taka chú, taka sinī {高すね}; ūū ḳátanu（大型の）ftu; 高く肥った taki takāga kwé butá.

Tallow 牛脂; úshinu abura; はぜの木 abura ḳí, hádjinu ki.

Tally 合札・割り符; waïfū-shung, ﬁugó〈符合〉-shung.

Talon （猛鳥の）鈎爪; kótú; 鈎爪で掴んで kótúshi tskadi.

Tamarix 垂れ柳; taï {tatōru 垂れた} yána djī.

Taborine-drum （tambourine-drum）タンバリン: tsizíng gva; 玩具 yíri tsizíng.

Tame 飼い慣らす; tskánati narirashung, tskanati yā zikïung {zikishimïung}.

Tamper ちょっかいを出す; wāba gutu shung; 自分のものでない仕事にちょっかいをだし,だめにした kamāng gutu sinyuru kutu kamuti {wāba gutu umiyútti（思いつき）} ﬁchi yándïung（だめにする）; sunyé（sunying するに）uyubang kutú shung; 無益にもてあそぶ muyítchinyi mútti assibïung.

Tan なめす;｛皮 kā｝kúnashung; なめし革 kunashí gā; 皮なめし用（大）桶 ka fitashúttukuru, ka fitatchí íchi（池）.

Tangent 接線; māru soba nakae ﬁtchéru tati sí[dji].

Tangled もつれている; matsibutóng; 網がもつれた tsinanu ndjaritóng; 足が網に絡んでいる va fsha tsinanu {tsina nakae} karakutóng

Tank 貯水池・ため池; īū tskanayuru īchi（池）, īū īchi {ku[mui]};｛船の（水槽）｝mizzi skū（水底?）.

Tanner 皮なめし工; kā kunashi zéku.

Taou sect 道教; Tósínu ushī.

Tap｛[s.] stroke｝; 栓を抜く; 樽の wūkinu ﬁshi nudjúng; 軽く叩く kannashi attíshung; 彼の背中をたたく ariga kushi tatashi shung; 背中を強打する kushi bámmikashung.

Tape 平紐; mínsá〈棉紗〉, minsá ūbi.

Tar タール（黒色・油状液）;｛樹脂｝mátsū ábura（松脂）.

Tardy｛[s.] slow｝; 鈍い dúnnasang, nīsang; 怯え鈍い dadjakunyishi dúnasang.

Tare 風袋;｛重さ｝tsítsiminu chín mi {tsítsiminu mbu} nán djíng（何斤）; 袋と中身（の重量）sū-gaki, ké〈皆〉ga-ki; 中味,皮含めての重さ mīng kāng sīti kakíūsi（中味も皮も添えて掛けるもの）, tsitsiming shóng sū gaki（包みも正味も総掛け）.

Tares （Tare）有毒な雑草・毒麦; kussa, yana kussa.

Target （標）的; mátta*; 的の中心 mattanu* shing, máttanu* mánaka *máttu であろう.

Tariff 関税（率）表,関税規則; djónónu〈上or定納〉sadami, djónó tuï sadami, djónó shunóyuru（収納する）'hó

Tarnished 汚れた; chigaritóng, shingvitóng (濁る・曇る); 名声が汚された ná chigarachéng.

Tarry {[s.] delay}; (長)逗留する; yūdushung; 残されて待つ nukuti mattchung; 逗留する ⁺tézéshung〈滞在〉, ⁺tólú shung; 少し来るのが遅れる nínsang.

Tartar タタール(満州)人; ⁺Tátsī〈達子〉, tatsinu ftu, man chú〈満州〉ftu; chísha; 北部タタール人 chó du〈匈奴〉, chó-nu〈匈奴〉; タタール国 tátsinu kunyi; タタール人の誇り:「人参は自分達(彼ら)の草の1つで, 鹿の角は自分達(彼ら)の獣の産物である」⁺nin djinó kuri attāga kússa, shkanu tsinó attāga tskané mung dó.

Tartarus 地獄の懲罰所; gushónu〈後生の〉batsi ţukuru {yama}.

Task 仕事; tushī〈渡世〉, tushīnu vaza, shkutchi; 決まった仕事(分) shkutchinu bung sadami; この用事は私の仕事(やるべき事) kunu yūdju shi tushī shung; 一日分の仕事 íchi nyítchinu shkutchi sadami; 仕事量をさだまってない shkutchi úffussa íkirassa kadjiráng; 仕事を終えた shku[t]chi sadami ovatang; 日々の仕事量 mé nyitchinu shkutchi bung.

Tassel (飾り)房; fússa, naga fussa; 房の外べり chu fabanu fussa.

Taste 味; [名] adjivé, dáshi (出汁); 五(つの)味 gú ⁺mī, ítsitsinu adjivé, {甘い, 辛い, 酸い, 苦い, 塩辛い māssang, kárasang, sīsang, índjássang, shpukarassang}; 味がある adjivénu ang; [動] (味わう) adjivéshung, namïung (舐める); 味をさせてくれ vága adjiveshinda (私が味してみよう), namitinda; まずい味がする nyīshang; 良い味がする yī adj[i]vénu ang; 君と同じ好みだ íyatu íchi ⁺mī〈一味〉shóng; 好みに完全一致 shū nyung {dang, mang}, {大抵は受け身表現でのみ聞く}; 彼の話は全く好みに合う hánashinu shū marīng; お互いの好みに合う tagényi shū marīng; 味わってみた kadi {núdi} ncháng {[否] ndáng}; 味してみたか {料理人への問い} utchū bishi 'nchí?; 良い味だ yī ádjina mung, māssa mung; 比喩(趣味・愛好・観賞力・品). ⁺shu[d]jó〈取情〉; 眼がよい ⁺mī shudjónu 〈mi nárinu 見慣れる〉yutashang; mimi shudjonu ang 耳がよい; 学問への好み・経験がある chīk[u] mung shudjó shóng; 職工・技術が巧みである mma-[ri]nagarinu kūsha (巧者) {kashanyi* ang} *kushanyi であろう; 正しい味をまだ掴んでない adjivénu ambé māda yutashku néng; 味が変わった adjivenu yandi[tóng] {satchitu kavatóng}; 私は生まれつき医者好きだ wa mmarizitché {shó} īshadu stchōru; 道理を味わい, 真実を維持する dóli adjivóti mákutu mamuyung; それ(書物)を読み味わう{楽しむ} shi-mutsi adjivóti nyúng; 詩の味わい{美}が分からない

shīnu adjivé shiráng; 王子が病気になり薬を飲むので, 大臣が先に味見する chíminu (君が) yaménu ati kussuī ushagaré (お飲みになれば), shinka satchata naming (舐める); どうして君は味見して見つけ出さないか chāshi ïyaya namitigényi {námiti nyūssiga (味見しながら)} kuri shiri ndjasánga?; 善人の趣・嗜好は悪人のそれとは異なる. 善人は悪人の憎しみの的である ⁺kunshitu {君子と} ⁺shodjintó〈小人とは〉⁺shkónu〈CDなし; 趣向であろう〉{nkéfanu (向かう方), 両者とも道徳的傾向の意味でのみ用いられる} kavatóng; ⁺shodjínnyi nyikumarīru mung du yaru.

Tasteful 上品な, 品のよい, 趣味のよい; yī ambé, yī kakó; 上品に仕上げた yī tapé-nyi shéssā.

Tasteless 味のない; adjíng nérang, mu adjina mung, afashī mung.

Tattered {[s.] rag}; ボロボロの; yabori tadaritóng; 破れ着物 yari ching, yabori ishó; 煮てボロボロにしてある nyī tadarachéng (爛れさせてある).

Tattle {[s.] talk}; 告げ口する; chu gutu (人事) ïyung; 他人の事を告げ口するのが好きである chu gutu iy-ussé stchóng (好いている); おしゃべり屋 munu ïyá {yunyā}; kútchi mútchinu chūsang; おしゃべり婆さん munu yumi hámé.

Tat(t)oo 入れ墨する; írisimi-shung; 当地の女性のように手に入れ墨をする hazichi tstchung; 入れ墨している hazichi tstchéng.

Taú priest 道教僧; ⁺Tósi〈道士〉.

Taunt {[s.] vex}; あざけりのののしる; azamuchi ukashung; 言葉でなじる kutubashi náyamashung.

Tautological 同(義)語反復の; yín kutu ī {katchi 書き} géshi géshi sh[ung]; íku kénung ī késhi géshi shung; ⁺bún kŭnu〈文句が〉ka[sa]batóng.

Tautophonic 反復音の; 詩 yínu índji〈音字〉nu shi.

Tavern 居酒屋; saki úyuru matchïa, saki uï yá; 居酒屋の勘定書き {kóti kadaru munnu} sánkata gátchi (算方書き).

Tawdry ちゃらちゃらした; chu varāshuru fūdji, nkashi fūdji, tutchinu zúkunyi ataráng fūdji.

Tawing (生皮をみょうばんなどで)なめす(こと); ka kunachi shíruku nashung.

Tax 税; djónó〈上or定納〉, ⁺suī〈税〉; 税を払う djónó shung, {harayung, ussamïung, ushagïung}; 土地税 chkata [djónó, suī].

Tea 茶; ⁺cha; 当地で知られている茶の種類: 1)日本から来た茶: djó-cha; 2)中国からの茶: ⁺shī-mī-cha〈清明茶〉, ⁺fán-sāng-djā〈半山茶〉, fun-múï〈紅梅〉; 工夫茶 kung-fu-dja; 小種 ⁺shó shu または ⁺saou-puï〈小焙〉; lán-shang〈蘭香〉; 新茶{花} miduri cha; 茶を摘み集める cha tsinyung {dang, mang}; 茶を調べる cha shirabïung; 茶を炒る cha írichung {chang, kang}; 茶

を入れる cha íti chung; 茶を入れて来て差しあげなさい cha íti chi ushagiré; お湯を注ぐ yū sashung {írïung}; どうぞお茶を(お飲み下さい) cha ushagaré; お茶を差しあげなさい cha ushagiré; 茶盆 chā búng; 商標 chānu shirubi(印), chānu shímbi fūdǎ; 一箱の茶 cha chu fáku; 時季遅れの茶 fuïnyi {fúyunyi冬に}tuyuru {tsinyuru(摘む)} cha; 小茶箱·茶筒 cha baku gva; {陶製の}茶入れ cha tsíbu(茶壺); 薬罐 yáckwang; 薬罐一杯のお湯 yáckwannu yū; 急須 chū kā, chādjū ka, chá ka; 茶碗 chǎváng; 茶台 cha dé, sūdi gva; 茶碗, 酒杯を準備しておいた chá sákinu dógu sunetóchang {shkótang}; お茶を飲みすぎて腹が膨れると, 酢で治す cha númi sídjiti váttanu haïdúnsava sī shae tuchúng.

Tea man 茶商人; cha achinyé.

Tea siftings 茶のふるい粕; chānu kúdakí.

Teach 教える; ushīung, narāshung, chū kun〈教訓〉shung, shí nan〈指南〉shung〈教え指し示す〉, chīku shimïung (稽古させる); 古典についてはまた次のようにいう:kó dan〈CDなし;講談であろう〉shung(即ち, 吟ずる); 教えられる narāsaríng; 教え実践する ushīti ukunayung; 諸人を教え改めさせる shunyíng ushī kwáshung(教え化する); 蜂に教えられて王(君主)と大臣を設けた{mītsī}hatchinu mánīshī chími shínka tatiténg.

Teachable 教育されうる·(よく教えを聞く)直な; narashí bichí, ushí bichi mung, djún djún〈順々〉ushī yassang, djun djun yū chichúng.

Teacher 先生; shi shó〈師匠〉, shín shi; 道教の師 Tósinu〈道士の〉káshira; 仏教の師 ufu bódzi; 子供らの先生 vorabi shi shó〈師匠〉; 師の作法を身に付ける shishónu gutu shung; 先生は, ただ人々の財産を手に入れるためだけに人々の礼拝を受ける, と非難される* chūnu dzé mutsi yirandidu chunu(人の)yésatsi〈挨拶を〉ukíung. *ECの英文はreligious teachers(宗教上の先生)。また「blamed(非難される)」の部分はECの漢文にも, 琉球語にもない.

Teal (鳥)子鴨; mízzi ḳamu.

Tear {[s.] rend, torn}; (ずたずたに)引き裂く(破る, ちぎる); 破れた yaritang, sakitóng(裂けている); [他動] yayúng {tang, ráng}, fíchi yayúng, fitchi sachúng; 破り開ける fíchi akïung; (ずたずたに)引きちぎる fíchiri djírishung, fítchi yaï yaï shung; 即座に扇を取り引き破り ódji tuti fíchi yáti; {竹の骨と皮{紙}}をばらばらにした funé funi, kāyǎ ká ná mé mé nacháng; それで{そう取り扱えば}紙は簡単には裂けない anshé kabé yoi atskéva sákiráng; 紙を取り, 一裂きして, 人に焼けと命じた kabi tútti chu saki {chu tukurunyi}fíchi yáti, yatchi stiríndi tuzikitáng; 風は木を裂き, 砂をあげた kaze kí nudji {fúchi nudji, 吹いて抜き(掘り起こし)}sínang agitang; しばらく侮辱的言葉で罵り, 嘆願書を引き破って, 彼を追い出した íttuchi nurati

Tears 涙; námida, náda; 悲痛{血}の涙を流す chí náda utushung; 突然大泣きしだした daténg náchi úkītǎng, ufu nachi ukutcháng, {shí hadjimitang, shí ndjitang}; 涙を流す nada {namida}utushung {nágashung, kudashung}; 涙の流れるのを禁じえない tumitíng tumiráráng nadanu nagaríti chūssá; 泣き, 血の涙を流した nachigényi chí náda utucháng; 若い娘が心を痛めるほどに話すのを見て, 彼も思わず*涙を数滴落とした anu ayamé gva chímu yamashuru sháku madíng ïyusi 'nchíndé ubirazi íkku tsizinu nada útucháng *consciously(態と)はECのunconsciously(思わず)の誤記であろう; これは, 人が戸を閉め切り, 自分の涙を飲むべき時だ dūshi(自分で)hashiru mítchiti nada numi vadunu {númbichi}bashú du yaru; あの書物を読み涙を流さない人は, きっと孝心の欠けたものだ(欠けたものに決まっている)anu shumútsi yudi anshi nada útusang munó chíshshti(決して)fū-kóna〈不孝な〉mung du yaru; 涙をぬぐう nada súsuyung, nuguyúng.

Tease いじめる·悩ます; náyamashung, nandji shimïung, bó〈暴〉írïung, bó kutuba ïyung, kussamikashung(怒らせる), chunu kukuru ítamashung, 'nni tstchi kutuba ïyung(胸を突く言葉).

Teat (動物の雌の)乳首; chí gutchi, chīnu kutchi.

Technically 専門的; nanyinu vazanyi kadjitoru {kadjita}kūdjó(ある職業に限った言葉).

Tedious 退屈であきあきする·難儀な; katé vaza, mutskashī vaza, vaziravashī, kashimashī, yurukubasáng, chīnyé kanāng(気に適わない).

Teeth 歯; hā; 臼歯 ūsiba; 門歯 mé ba; 犬歯 chī ba(「牙」の意味も); 歯を磨く ha ndjashúng; 歯を擦り口を漱ぎ終えたので hā stī kutchi yússidji ovatá kutú; 酢を飲み, 歯が浮いてかみ砕けない, sī kádi, hā gíshi gíshi shi kánchíraráng; 歯がまばらでぐらつく hānu mī furachāshi chín gǔnyi〈堅固に〉néng; 歯がぎっしり詰まった hānu kwīchāti; 歯が開いて, 間に物が詰まる hānu mī furachāshi munu kwīnchung {tubi ïyung(飛び入る)}; 歯が抜けてまた生える hānu kakiti kassaníti mitáng(生えた); 歯が老齢までも欠けない hānu tushi yutíng kakiráng.

Telescope 望遠鏡; tūmi 遠(い)目.

Tell {[s.] say, speak}; 言う·告げる; ïyung, tsigïung; 上位者へ(申しあげる)unyukïung; 彼に言え arinyi ī {ïyé, tsigiré, unyukiré, íchi shírasi(言って知らせよ)}; 苦しい状況を告げる dūnu shiva(心配事)tsigïung; ちょっとしたニュースとして次々に伝える miguyatū shi chuï chuï tsígiti mī kutu ferashung(流行らす).

Tell tale {[s.] tale bearer}; 告げ口屋 chu gūtú ïyá, chunu kizi ïyá.

Temerity {[s.] risk} 無謀·向こう見ず;nutchi sti gutushung {vaza-shung},stí mī〈捨身〉,sti mī gutu {shung} {mī 命}; b̄ung kwanu〈分過の〉{gvénu} ídji {即ち, 度を越す大胆さ},bung sidjitōru ídji,chí djū mung〈気強い者〉.

Temper 気性; [名] mmari,mmáritstchi,shó shtchi〈生質;性質であろう〉,shó bung〈生分; 性分であろう〉,shí djó〈性生; 素性でだろう〉; 短気な性分 t̄anchina〈短気な〉 mmari; 超短気な性分 k̄wa chú〈火or過急〉; 穏やかな性分 wenda mung,wendansang* *wendasangであろう; 辛辣な性分 arashí mmari; 寛大な性分 k̄an yín〈含忍; 堪忍であろう〉shta ftu; 性分に身を委ねる mmaritstchinu mamanyi shung; 性分を抑制する mmaritstchi nóshung,shó shtchi finyarashung,fíchi késhung; 憤りを抑える íkari yamǐung〈nízüng,fukunyung (含む)* {dang,mang},kányín shung〉*上記「含忍」によるものであろう; [動] (加減·調整する) ambéyung,yi ambé nashung,tutunǖ ftu shūnyi shung; 鉄を焼き入れて強化する titsi djū nashung; [s.] steel; 彼らは自分の気性のままに行動し,一旦性分が起こ(され)ると,自分の事を省みない attáya shó shtchinu mamanyi shí,shó shtchi ukutó kutu dū síbiti kairi ndang; 日々,自分の気性を規制しなければならない fí djí dūnu shó-bung yū ambé tuyuru gutu sí yó; 彼は我慢して,何も言わなかった ari k̄an yínyi abiráng; 気性を抑える (自制する) dū mamuyung,dū tsitsishidi.

Temperate {[s.] moderate}; 節度ある; k̄a gíng〈加減〉yū shuru ftu,yī sháku-na ftu,yī kagínna ftu.

Temperament {[s.] temper};気質·性分;性急な·短気な sh̄tsīnū* fésang,悠長な nínsang *s̄hとある.

Tempest {[s.] storm}; 大暴風; arashí kazi,nyí vakanu kazi,kazinu aritóng; 海で台風にあった k̄é shó〈海上〉wuti t̄é fū nyi ótang.

Temple 寺; t̄ira,m̄yú〈廟〉,b̄yú〈廟〉; 仏教の寺{御殿·宮殿} Butsi ding {t̄ing〈廷〉}; 元祖の寺 gvánsunu byū; 小さな寺,簡素な神社 dó,míya,futukinu míya,yáshīrū (社); 寺の名 tiranu na {shirushi,íkkata}; 神の事を聞き,すぐに寺を立ててその神がどういう人か知らずに崇めるのは,すべての金持ちの老人か,わずかの愚かな金持ちの女たちである síbiti kuri wéki shōru tushǐuinu ftu,bukūna wéki wínagonu chātu kaminu wūndi īse chíchi,chāki byū tátiti shingó〈CDなし; 信仰であろう〉s̄hússíng,anu kamé chāru chúgā yátara shiráng.

Temporary 仮の·一時の; kaǐnyi shéng,íttchuta,íttucha,shíbaráku; 仮の住まい* kaǐnyi simatóng,fī djīnu simédju〈住まい所〉*「仮の世」(この世).

Temporize {[s.] time serving}; 時勢に順応する;tuchi shidé fíndjüng〈変じる〉{kavayung}.

Tempt {[s.] try,seduce}; 誘惑する; 悪に誘う fichi yandǐ-ung,maduvashung,madurashung,midarashung; 言葉で誘惑する ī maduvashung; 惑わされている·迷っている madutóng; 悪魔に誘惑され {導かれ},主の約束 (契約) に背く madjimúnnyi mítchi bikátti nūshinu yakusku sumutchóng {tagatáng〈違えた〉}; 心を惑わす chūnū kukuru úgukashuru {kúkurúnyuru (試す), maduváshuru} mung.

Ten 十; djū,tū; 十倍よい djū bé fudu máshi; 万{当地では,百}に一つ彼は死ぬ* hākung {hākunyi,mányi} tītsi itchichong (生きている) {íchichusi hākung tītsi (生きる率は百に一つ)},mang shí〈万死〉í shó〈一生〉{万 (の率で) 死に, 一の率で生きる} *「死ぬ」(die)はlive (生きる)の間違いであろう; 逃亡した兵のうち,帰ったのは10名中1～2名もいなかった fínnu chānu nugáti keyusi tūnyi tītsi tātsi uráng〈曖昧では?〉(訳文正しいか); 万分の一もない mán búnnu tītsing aráng; 10の地域 s̄hˈpó〈十方〉,s̄hˈpóとは次のような意味である: s̄hpónu〈四方の〉shó ming〈正面〉4つの基本方位 (東西南北),s̄hpónu sími 四方の4隅,天頂そして天底 shpónu wī shtya〈djó ka〈上下〉〉

Tenacious {[s.] glutinous}; ねばっこい; mutchi shang,mutchiku ang; (自分の) 意見を固執する katamatóng,katamáta ftu; 固執しすぎてはいけない katamaǐ sídjité simáng; 固執して人が彼に何と言っても聞き入れない katamaǐ tskiti nántu sodanshusi chkáng.

Tenant 借り主; kaǐ nūshi; 店,家,田の借り手 matchǐa,yā,tā katoru ftu; 畑の借り手 hataki kané kakayā; 家の借り手 yadu kayá.

Tench テンチ (コイ科の魚); mízzi īu.

Tend 向かう; nkayung,uyubyung,-andi shung (～しようとする·～しがちである),nagaríti ítchung,ittayung,úyubi gatta (及びそう); 貧困になりそうである fínsūnkae narandi {naǐ gáta,uyubi gá[ta]}; 勉強しないで遊んでばかりいると,悪い道に向かうよ simé naráng cha ássibi tava furíshi,yána mítchinkae itayésankan[di] {nagariésanka, nagarīgashura ndi} ussuritóng.

Tender {[s.] delicate};柔らかい; 人が yavaraka (病弱); 物が yafara; 心優しい djífina〈慈悲な〉ftú, migunyuru, avarínyu[ru],kukuru irí (心入れ), chimu irínu {irína,iri naru} ftu; 虚弱な yafara mung,yafarassa yúvassang; 心優しい* chímu yafarassaru ftu *2行目にもある; 優しい性情 yafarashī shó shtchi〈性質〉; 肉が柔らかく味がよい shíshinu yafaténgshi māsang; 優しく育てる nadi sodatúng,kan[a]shashi (愛し),ndzosashi (愛し) yashinayung, sodati shung.

Tendon 腱; sídji,tsiᵣu.

Tendril (植物の) 蔓·巻きひげ; kazira,kaziranu fídji, mátchuru {matchi} kazira; 葡萄の蔓 b̄udónu fídji.

Tenfold 十倍の; もし十倍の率で増やせば djū zó b̄é (十増〈陪; 倍であろう〉) kassabiré.

Tenon （木材の）ほぞ; kussabi（楔）.

Tense 緊張した;緊張と弛緩 chū-miténg（張りつめている）, yŭtsimiténg（ゆったりしている）.

Tent テント幕; máku, máku yā; 張布釘｛鉤｝máku gákidji.

Tenth 10分の; 10分の1 djū búnnu chu búng, djū bu ítchi; 10分の3 djū bunnu mītsi; 10番目の人 dé tū-nu ftu.

Tepid 微温の; ぬるい nurusang; ぬるくなる nurunĭung, nurudóng; ぬるくする nurumashung, nuruku nashung; ぬるい水で口を洗え nuru mízzishae kuchi yússĭung* *yússidjung であろう.

Term ｛[s.] limit, terms｝; ［名］語・言葉: 文法用語 nā, kūdjó, kutūba; djiziké, nā ziké; 語の使用法 djīnu tskéfá; ［動］（名付ける）nazikĭung, na tskĭung, túnayung（称）, yubayung, shirushishung, -ndi ĭyung（～と言う）; 新教旧教と名付け区分する必要はない mī dóli furu dólinu na ziké vakasáng（分かさない=分けない）.

Termagant 口やかましい女; gutchina（愚痴な）wínago.

Terminate ｛[s.] finish｝; 終わる; ovayung.

Termination ｛[s.] end, limit｝; 終了・限界 ovari, kadjiri, saké（境）.

Terms 期間; 1年の24節 shtsi irī, [s.] kalendar; 今は何の節か?「大暑」の節だよ nama nūnū shtsiga? taï-shū nu shtsidó; 彼と私は良い仲にある aritu vantu yí naka.

Terrace テラス・壇・露台; dán, taka dán;（台地が）段々になった dánshi vakatóng.

Terrify ｛[s.] frighten｝; 脅かす・ぞっとさせる; udurukashung; ぞっとした uduruchóng; 死ぬほどぞっとした udurúchi tamashi nugitang.

Territory （広大な）地域; chkata; 領地・土地でなく,徳を増やすことに努めよ. なぜなら徳が不完全であれば領地・土地が広くても保持できない tuku firumīse ｛firumu kutu｝tstomíti, djī firumīse tstomiráng, túkunu tarándung aré djī firussatíng mamúyuru kutó naráng.

Test （試験・検査）結果; ［名］shūkŭ（証拠）, shírushi; ［動］（試（験を）する）kúkurunyung, shirabĭung, kunabíti shirabĭung, kukurudi nyūng; 能力を試す kukurudi tskayúng; 試された後に shūkushi shirabiti ncha kutú; 検査済みである shirushinu ang, yutashassi vassassi shirubinu ang, kunabiténg.

Testament 遺言（書）; ī gúng gatchi-shung, ka djó〈家業*〉｛ka zé〈CDなし;家財であろう〉｝vakashuru ĭ gúng; katchi utchi shung（書き置きする）*中国語の意味;日本語の「家業」の意味ではない; 新約聖書｛福音書｝yurukubi tayurinu shímutsi.

Testator 遺言者; i gúng katchā.

Testicles 睾丸; kūgā, táma.

Testify 証言（証明）する; shūkushung, shūkushi ĭyung.

Testimony （宣誓）証言; shūku, shūkunu kutūba.

Tete a tete; 向い合って; 立っている,座っている taï tanká datchishóng, yítchóng; 向かい合って話す tanká munugattaï shung.

Tetter 皮疹; samī.

Text ｛[s.] theme｝; 主題; 論文の論題 búnnu dé.

Than ～より; yuká, yáká, sáranyi, kávati; これより多い kuri yaka uffusang｛sídjitóng｝; これより多くない kuri yaka｛kunu wīnyi｝sidjirang; 天より高いものはない tíng yuká takassaru munó nérang; これより優るものはない uri kará masharu mung nérang; 2人より多く｛2人だけではない｝taï téma aráng; 2または3日より多くない nyi san nyitchinyé sídjiráng; 色欲は酒より有毒である íru yúkunu gé〈害〉ya sáki yaká chūsang; 今持って来たものより（最）先のタバコがよい náma muchichési yaká kīssanu tábaco（kíssa muchichétasi）máshi.

Thank 感謝する; nyiféndi iyung, nyifé debirunyi shung; あなたに感謝する（ありがとう）nyifé, kafūshi; 謹んで感謝いたします sídi ū gafū（御果報）, nyifé débiru; ｛食物,飲物をありがとう,字義的には:私の元気・士気・意気は生き返った｝kfã chī, kfa chī shábitang; それを慈悲と取る arigata sá｛「得難いと私は思う」という意味もあるかも知れない｝ndi umutóng, ｛sevéndi, nyiféndi umutóng｝; 明日来てもらいたい nigényé ĭyaga achā chīté; 多いに感謝します dútu nyifé, tó-shā〈多謝〉, arigátasang, ú（御）sídi gafú; 返礼する（返礼として感謝の言葉を言う）wūng fūdjīung（報じる）, wung úkuyung, wúng nyiféndi ĭyung; 感謝するには値しない kafūshi iyunyé uyubang（及ばない）, kafūshi sinyundó, kuré nyifé yassiga sinyúng; 人々を愛するこの善良な王を賜り天に感謝する Tinnu Lóyé〈老爺〉kunu yutasharu wó, tami haku shó ndzosashuru mung utabi mishésé, vattāga kafū shi ndi unyukĭung; 私の宴に出席いただきありがとう chí（来て）shūdji〈祝儀〉sha kutú kafūshi; この本を持ってきてくれてありがとう kunu shumútsi múchi chi kwítti kafūshi; 今日は大いに楽しんだ chú kvachī shasa!（御馳走さまでした）｛食事について｝; 万の感謝 ĭya máng mang kafūshi; 難儀して下さいまして感謝します ĭyága nandjishusé kuma｛kuma kara｝kandjitóng, ĭyága níng íchi kafūshi;この恩義神に感謝する kuri káminu útassiki du yaru; tássikinu fudu arigatasá umutóng, fúkassa úmutóng; 君の恩は頭｛頭冠｝に載せております ĭya wúndjé vassirang tsídji nakae kamitóng｛tsídji nakae kámiti arigatassá｝

Thankful 感謝している; wúndji vassirang, wúndji ubitóng, ｛ukuyúng｝; 君の御恩に感謝します ĭya wūndji kandjitóng, ĭya wúnnu kandjiti dūru; 永久に感謝します ítsing ndji* vassiráng *wúndji であろう.

Thankfulness 感謝の念; wúndji vassiráng kutú.

Thankless 忘恩の; wúng vastóng, wúndjing umáng ｛shiráng, vakaráng｝ftu, vúndji bó chakú（恩義忘却）.

Thanksworthy 感謝に値する; nyiféndi ī vadu yaru mung, nyiféndi ïyú bichí mung; 何をありがたいと思うか nūnu nyiféndi ïyuru kutunu aga, nūnu kándjí umúyuru kútunu ága?

That① あれ; [代名] ánu, kánu; あの若者 ánu nyí sé; あそこ ánu tukuru (あの所); あの夜は家の後ろで火事が起った anu yuró yānu kushi kara fīnu ukutótang; {重いか軽いか知るために}物をはかる道具 munu fakáyuru kutu, munu fakayuru tukurunu mung, munu fakayuru tukuró, munu fakayusé, munu fakayuru ívaré {yuïshu}, {kassa úmussa shīuru {vakashuru} mung; 彼が言ったことは ariga ïusé, ariga ïuru tukuró; あなたが所有しているもの assé, aru tukurunu mung; (彼が)所有していたもの átasé.

That② ～するために; [接続] tami, taminyi, -ashung, -ru yuï; 覚えるために ubīru {vassirang} taminyi, vassirang yuï {yuïshu} du yaru; (他)人が知るために chunyi shiráshur[u] támi (他人に知らせるため), nyindjinó shiri bichī; 鷲鳥の羽根が矢に着けられているのは, 矢が風に乗り遠くまで射るためである yúminu íya nakae gānānu hani tskīse, kázinyi nútti tūsa madi īūrū tami {hani tskiti tūsa tudatchúng*} *tudutchúngであろう; 忘れないために vassirang taminyi {vassirashimïung (忘れさせる)}, vassirang gutu shimïung; 学習者が従い遵守すべきものを持たせるために naré mung shuru múnnu chānyi shtagaï uyamaï shimīru tami; 「来ます」と彼が言ったことを, 私は彼に伝えた (言った)が, 彼は来なかった kūyóndi* íchāssī íchássiga, kūng *kūyóはchūngであろう; he, himの訳文がなく曖昧; [s.]to.

Thatch 草葺き屋根; káya iritchá; 草で葺いた小屋 káya butchi {fuchúng 葺く} yā; [動]((屋根を)葺く) káya ussúyung.

Thaw 解ける; {雪が} {yutchinu} chírïung, chīung, mizzinu gutuku nati, tuchúng.

The 特定の物について言及するには, 主に指示代名詞主格で表し, 英語の as for (～に関して)に相当する. (例えば, 次の通り:) その危険は小さいが, その罪は大だ géya {géyé} kūssassiga, tsimé {tsimiya} uffusang; また文語的表現では, 次のように (sunuを付して)も言う: sunu géya kūsang (その害は小さい); その言葉使いは低劣で俗っぽい munuī kataya yafinyi ang; その形は麦を脱穀する農夫の殻竿 (連枷)に似ている sunu katatché hakushónu mudji uttchuru kúrumanu gutóng; 多ければ多いほど [s.] more.

Theatre {[s.] play}; 演劇・芝居; hanshí, tavafuri; 舞台 hanshí dé; 劇場 hanshí yā.

Thee 汝 (を・に); ïyā {主格の後, 動詞の前に (置く)}.

Theft 窃盗; {盗(まれた)品} nusumattési, nusumatteru shina, kutu; 盗む行為 nusunyusé, nussudushusé, nussudushuru kutu; 盗み取った財 (物) nussudushi tutassé; 彼は盗みの罪を犯した nussudusháng, suruïtu chunu mung ké tutáng.

Their 彼らの; 家 átta {áttága} yā.

Them 彼ら (を・に); 彼らに告げよ attánkae íchi shirasé {tsigiré}

Theme 主題; 作文の真のテーマ・題 ⁺búnnu〈文の〉 dé〈題〉; 総括的意味 búnnu muni (旨), sū-muni (総旨), shú-ī〈趣意〉; 何を主題に取るか nū tuti {chāru kutu tuti} ⁺dé tu shuga {náshuga}.

Themselves 彼ら自身; áttá dūnā; 人々が自らと動物とを区別することを知る為 dū tu {chútū} íchi múshitu váki shiráshuru tami.

Then あの (その)頃; その時 únu bashu, anu tuchí, ⁺tó dji〈当時〉, unu kuró, anu bá; そのすぐ後 anshi ató, anshi kara, uri kará, uri kará ato; sinavatchi, cháki; それからまた máta, ánshi máta; それらが終わったら, (その後)すぐ来なさい tskoï ovará {tskoï dunsava} cháki kūyó; 話し合いが決着するまで待って, それから行って sódang chivamíti kará ánshi ndji.

Thence そこから; その場から kuma kará, áma kará; 君はいつその場から来たか ïyaya ítsi anu tuku[ru] kará chǎgā?; その理由で kuri kará, únu yǔïdu, kurinyi tsīti, kurinyi yútti.

Thenceforth その時以来; únu tuchi kará áto, unyíng kara kunu katá; {(その)場所(から)} anu tukuru kara chí, kuri madíng.

Theology 神学; kami kutu lundjíru dóli.

There そこ (あそこ); あの場所 áma, ágatá {anu kataの代替}, anu tukuru; 何もない nérang, ayésang (ありはしない), {人が(居ない)} uráng; ある ang, andó, ayéshung (ありはする), {人が(居る)} wúng; 何もないか (あるだろう) ayésani?; 無かったか (あっただろう) ayésantí?; あるか{または}ないか ámi néni, chága?; あるかも知れない aïgáshura; そのようなものがあるか anyeru gutu ákayá?; そんなみすぼらしいマット (むしろ)といったものがあるもんか sódjinu mushiru aru múngka?; 文字は一つもない súttung djī nérang.

Thereabouts およそ; ūkata, tégé, wī shtya, wī ka shtyāka nakae; {aru hazi}.

Therefore {[s.] because}; それ故に; yá kutú, shá kutú, yaru yuïnyi, yaré, únu yǔïdu, kuri yáti-du, kan yáti du, kúrinyi tsīti {yútti}.

Therein その中に; unu utchi, kuri nakae, kuri vuti, kurinyi.

Thereupon その上に; únu wī, suri yǔï (それ故); uri kará.

Therewith それで以て; kurishae, kurinyi.

Thermometer 温度計; kán ⁺shú〈寒暑〉haï {⁺針}, kán shú shíuru dógu; fīsa átsissa nyūru dógu.

These これら (は); kúttáya.

They 彼ら (は・が); átta; ～する人々 [s.] being; 彼らも外

へ散策に出かけ, また私たちも楽しめそうだ áttáng assibi ndji, mátta wáttáng tanushimīdushuru; 彼らは自村の貧しい者らに月々の量を支給する áttá dū shimanu ⁺fīnsū〈貧窮〉múnunyi tsitchi zitchi yáshinayuru bung fudukushúng.

Thick {[s.] fat}; 厚い; atchishang, atchiku ang; 液が (濃い) kátassang; 不純物がまざった液 míngvitóng (濁っている); 厚い贈り物が出ていき, 薄い贈り物がやってくる átsiku úkuti, késhé íkirassáng; 正しい濃度とおいしい味 katamatoru bunó yī ambéshi {濃くchūsashi} adjivénu yutashang; 墨は擦れば擦る程濃くなる simé sīūrū fudu kátaku nayung.

Thicken 濃くなる; [自動] 液が冷えて kataku nayung, kūrīung (凍る); [他動] (濃くする) kataku nashung; {嵩が} 厚くする atchiku nashung; {墨を} もう少し擦って濃くせよ síri tskíti kátaku nasi; 木を添えて厚くせよ kī sīti áchiku nasé.

Thicket 低木の茂み; kīnu shídjitó tukuru {fucható tukuru}, kīnu shidjitósi.

Thickness 厚さ; áchi, achishassi; {液の (濃さ)} katamatósi, katamatōru bunó (分は).

Thick skulled 愚鈍な; {木や石のように (頭の鈍い)} búku shtchi na múng.

Thief 盗人; nússudu, nussi bitu, zúku〈賊〉; 白昼の盗人 {他人が目を見開いている面前で} mī háï nussudu; 盗人になる nússudu shung; 老練な盗人である aré nussudu ḳáshira; 盗人を捕らえる nussudu karamíung; もし彼がそれを見つけだしたら, 私は以後盗人の名を得ることになるだろう kunu kutu shī ndjashidunse vané kunu áto nússūdūtū nazikirarī yasánkayá (nazikirarīya sánkayá であろう); 賢明な盗人捕縛者を四方に送り詳しく取調べさせた ⁺fúmbitsi〈分別〉aru nussudu karamīā íppé tazonírachang; 盗人と, 強盗 zúku, nussudu féré (追いはぎ).

Thieve 盗む; nússunyung, nússudushung.

Thievish 盗み癖のある; 'mmaritsítchi nússudu.

Thigh 腿・大腿部; múmu; 大腿骨 múmunu kútsi.

Thill かじ棒・ながえ; {車の} kurumanu ménu fíchi ḳī; 駕籠の棒 kágú{nu} bó.

Thimble 指貫; {当地の} tí gā, haïnu tī ga {手の平を覆う皮}; 西洋のは恐らく次のように言うのであろう: haï mótsi {針帽子}, ībi mótsi {指帽子}.

Thin 薄い; [形] fissang, fīssaténg; 平たく薄い ússissang; 液が (薄い) kássáng, fīssiku ang; 新しい蜜は薄く黄色である mī mítsi {mī sharu mítsi} fīssikúshi chīrunyi ang; [動] 薄くする fīssiku {ússiku} nashung; 繁って密集したので, 刈って薄くする shídjiti katamató kutú, káti fīssiku nashúng.

Thine 汝のもの; īyă mung.

Thing {[s.] being}; 物・事; kutu, mung, munu, dógu, shina mutsi, butsi, shína mutsi; {道具について} dógu, gú, ⁺chī gú〈器具〉; そのようなもの anyeru mung; そんなものは (見聞きしたこと) ない māda ndang {chkáng} mung; 全ての物 bammutsi〈万物〉; 船 (の備え) 具 fúna gú; 索具 {綱類} tsína gú; 酒具 {瓶} sáka gū; 茶具 {薬罐} chá gu; 寝るための道具 {ベッド} ní gú〈寝具〉; 万物の本性の研究 {物理学} bammutsinu mutudatinu gáku {ítari*} *gáku を gúku と理解したために生じたミスであろうか; これは何か kuré chāru múnga?; 神が天, 地, 万物を創造した shótí〈EC:上帝〉⁺tínchi〈天地〉⁺bámmutsi〈万物〉tskoï mishéng; ある事が有る kútunu átti; 只一つの事がある táda kunu tītsi {chū kutu} ang; 物事一つも知らないのは学者の恥である kutu tītsing shiranse djúshanu (儒者の) hádji dému; 会うものすべての名を言える人は偉大な人だ kutu gútunyi óti nazikishusi kané mung {djó wútuku〈EC:丈夫〉} ndi ī bichí; 神への儀礼を行なうことは, また人間への儀礼を行なうことでもある kaminyi lī fé〈CD なし; 礼拝であろう〉shaï mata ftunyi lī shussing yínu mung du yaru; 今までに見聞したことのないこと nyāda kunu gutoru kutó chíchi ndang, {mīnsang chichínsang}; 吉兆と呼ばれる物事の多くは偽りであることは疑いない chíchi zī〈吉事〉ndi īse, itsívari mídarinu uffoku ang; 君は何物か {軽蔑して言われる} īyaga* chāru munga? *īyaya であろう.

Think {[s.] consider, thought}; 思う・考える; úmuyung, kangeyung; あることをしきりに思いつめる cha umī-shong {umúï shung, umi tskatóng}; 常に人の心を占め, 悲しみを与え, そして, 罪の苦しみを続けさせる núkuri uffusang, nukúï uffusa umutóng (不一致, 混入か); 私はそう思う vaga anu kange ang, anu mítskinu ang, an umutóng, an sáshtóng, anu fákarinu ang; 彼は他人も自分と同じだと思っている dūnu aru gútudu chung án ndi umutóng {chung an ndi íchi mí nashung (見做す)}; これがよりよいと思う kúri máshi yasá; 自分の事を思いやるように他人の事も思いやりなさい dūnu wī kara kangéti chūnu wīng sashti (察して) úmuri vadu yaru, yutashang; 他人をよく思う úmundjíung, atsiku tuï mutchung {chang, tang}; あまり深く考えるには及ばない ámadi fúkaku umurunyé uyubang; 見做す mī nashung; しきりに思う chūsa {fúkaku} umutóng, shíva umutóng; 今日は雨だと思う chū fuyúndi umutóng {umāring}; 三回考えて後に行なう mí tabi umuti kara átonyi kutó ukunayung; 純な心で思う issadji yútchina kukurushi umuyung; 繰り返し思う omí késhi geshi, úttchai fíttchaï umuyung; すぐには考えつかない chúttunyi kangé tskaráng {kangeraránsá}; 文を考える ⁺ku〈句〉kangéti mutumīung {tazonīung}; 一日でも善いことを考えないで過ぎたら, あらゆる悪 (い考え) が自然に生じる fī chī yatíng djín naru kutu umāndung aré, muru murunu ashchi nánkurú úkuti chūng; 本当に何も考えないままでおれるか、自分の心に問うてごらん dūnū chímunyi tūti, kangénu néndi íchi sínyumi?; このことを思えばすぐ好きになる ftu kangenu ndjirā {tskā, tskava の代替} chāki kanashashung; この事は考えるな kuri kangénna {umúnna}; 不条理なことを考え、それでもなお永遠の生命を得たいと望む mídari umúinu átíng nagaï inutchi yīténdi fakayung.

Third 三分の一; {部分} sábbu íchi, mītsi utchi chŭ bung, mītsi utchi tūtsi; 第三 dé san.

Thirst 渇く; [動] kavatchóng {chótang, kávakang (kávatchung の否定形)}; katsïung, kākītóng {kākitang, kākirang}; numi bushláng; [名] (渇き) kavatchósi, katsitósi; 渇きを和らげる kavachosi tumīung {nócháng (治した)}; 産後口の渇きを感じた ⁺sán gu {kwa náchi ato} kutchinu kavatchúng (渇く); 渇きですっかりだれ切った kavachi nya daritósa; あたかも渇いているかの如く願う kavachi tumiténdi umutoru gutu nigatóng.

Thirteen 13; djū san.

Thirty 30; sán djū.

This {[s.] such}; これ; kuri; これあれ kúri kári; こう言ったり、ああ言ったり án ïyuï kan ïyuï, án ítchi kan ítchi; 今年 kúndu, kún níng, kú tūshī; 今朝 chū assá, chū stomíti, ⁺kun chó〈今朝〉; 今日 kun nyítchi, chū; 今月 kun ts⁻tchī; この人は徳ある人だ、彼が不幸なのは惜しいことだ kuré yī chu yassiga sévé ussiku assé ushisādu aru {ushī kutu déru}; これは他人を害する放火魔の受ける報いだ kuri yā yachi chu géshuru munnu mukúï déru; これはすっかりとは信ずるべきではない kuri kutugutuku shindjiranse máshi.

Thither あそこへ; 行ってしまった amankae {ágatankae} hatcháng.

Thong (サンダルなどの) 革紐; kā ūbi.

Thorax 胸郭; 'nni {muni}; 胸の一方 kata dū (胴); 胸のより腹部側 kata fara.

Thorn とげ; índji; {小さな (とげ)} sashi; とげの多い植物の種類 (さるかけみかん・あだん・くろき) sarakatchi, ádani, kúrugī; とげのある木 'nndji tstchānu aru kī; 一面刺だらけである 'nndji takaritóng.

Thorough fare 通路; káyuï mítchi, kayuï dju, tūī mitchi, tūyuru mítchi, tūshuru mitchi, tūshi bichi mítchi; 水陸の通路 sī líkunu tūī mítchi; 船の通路 fúna mítchi; 戸を取りはずして完全な通路をつくれ ákkaï (障子) útuti, íppenkae stchi tūsé.

Thoroughly すっかり・徹底的に; kutugutuku, issenyi, shkáttu; 完全に理解している shíri tsódjitóng, ⁺kwan tsū〈貫通〉 shung, nútchi tsodjitóng (「貫通」の遂語訳); {[s.] pierce}; すっかり決意した chivami chicháng

{切った}; 広く徹底的に学んだ fīruku naratōru.

Those それら・あれら (の); anu; あの筆の幾つかを持って来い anu fudi nán bung tuti kū; 〜する (ところの) 人々 [s.] being; 中国の馬は良いが、琉球 (Loochoo) のもの (those) はよくない Chúgukunu 'mma yutashassiga, Dúchúnu munu ickáng.

Thou 汝 (は・が); ïya, ïyāgā; 私も汝も vaníng iyáng.

Though 〜だが・〜ではあるが・・だけれども; -ng, -siga, yandung, yandumu, yássiga; そうであっても an yating, an yaravang; 死んでいても shidjóting; たとえ死んでも、また必ず〜する tatoï shídjing {shinyavang} mata kanādzi 〜; たとえ死のうとも、道理に立っているなら決して譲らない shídjantémang djīnu〈義の〉 {dólinu} wī dunyaré wurié {makié} narang; 行きたくても行けない ndjíng íkaráng, íkándi shíng {ikándi umutíng} ikaráng; 来たいと望んではいるが、来れるか {分らない} chūndi umuīssiga kūrarīga shurayá; 彼がよくても、それでもまだ私の心は安んじない yutashā átíng vane kukuró yurusaráng; どんなに忙しくても íchunasha átíng; 風が強く吹き、雨が激しく降っても、やはり彼女は行く ūū kazi ūū ámi yáting ikandi umutóng.

Thought {[s.] idea, think}; 想・思・思想 umúï, kangé, mī tski, sashi, shŭ zún〈所存〉; 悪い考えが彼の心に起こった ariga yana kukuru ukutchi; 心当りがない até nérang; (彼は) いろいろ思うことが多かった ari munu kangénu úffusatáng; もうそれについての想いは絶えた umuïnu {ubīnu} tétóng; お兄さん、それができるかどうかを考えてください yakomí (お兄さん), kúkurumínyí umutínde, nayumi narani?; 〜の思いを忘れずにいる chínyi kanatóng, umí tskatóng; 心中考えた・思った dú kuru {dūshi} kangéti íchi, fissukanyi úmuti ïyung; もう一つおかしい話を思いついた vané máta wukashī kutú úbi ndjachassā; 深く思 (い詰め) て fuka umúï shóng; (彼の) 心の内は想い乱れた ariga kangé midari umúïshóng; 考えすぎは大いに活気を損なう munu umīnu uffusáshi shíng〈神 spirit〉 tskárashung; 数多くの怒りの思いと腹の立つ思い íkari umūï, haradatchi umúï dūdū úffusang; 思い一つも動かなかった (生まれなかった) ftu umúïng umāng, nūnu shuzúnnu ndjiráng; 人の本来の義務は何かについての考え ⁺fún yí〈本意〉 kangetóng; 人の本来の義務と興味を越えた考え fún yī nu fúkanu kangé, bunyi haziritóru kangé; 君の想いは仏に固定されているか Butsé ïya kukuru nakae du aru, chága?; 想いまたは専心することを停止する nūng umīse nérang; 想いは絶えず動き流れる安まる所はない ari umī kuri umīshi yanyuru kutó néng.

Thoughtful 思慮深い; chímu íti, níng ítchi, omi tskatóng, yū tuï fakaréshung, atonu kutu kangéshung; よ

〈気のつく召使 {言われなくてもする} úmiyuti tskāriru mung.

Thoughtless 思慮のない・軽率な; umúï tskirang, shón néng, shóng tskáng, níng irang, ūkáttunyi shung; うっかりして転んだ ūkattushi dugétang.

Thousand 千; í shíng 一〈千〉.

Thrash 強く打つ; tátatchung; 棒で強打し, 豆を殻から出す bóshi tátachi māmi kūrū kará hanshung; {二本の竹を柄に結んだ} 当地の殻竿で打つ kūda shi sídjung (kūda「竹串」で剃り落とす) {jang, gang} (不一致); 脱穀場 kumi tatachú tukuru {正しくよりよい言い方 sígi (sízi「削ぎ落とす」であろう) bā {場}}.

Thread 糸; [名] īchū; 一本の糸 chu sídji (節); 亜麻糸 mā wūnu īchu; 木綿糸 muminu īchu; 絹糸 ítu īchū; 糸を紡ぐ īchu nyūng {否: ndang, nmang}; 蜘蛛の巣の糸 kúba gássi; 金銀の糸 chín djínnu ítu; [動] 針に糸を通す nutchúng {chang, káng}, haï nutchúng, īchu haïnu mīnyi nuchúng; 望みは最後の一本の糸 (船綱) に掛かっている nuzumé íchi bó (一綱) nakae kakatóng.

Threaten 嚇す; údushung, údjirashung, usurirashung; 口で人を攻め立てることを「嚇す」という kutchishae chū fushídjússiga (防ぐのを) undushun* ndi ïyung *udushun であろう; 偽りの口実で貧乏人を脅し, 金を揺すりとる ítsivatti fínsū munnu chá udurukatchi dzíng tuyúng (hó mágiti úbiyakashung 即ち, 法を曲げて奪う); しばらく彼らに勧告し, そして脅しもせよ íttuchá áttá sisimítti mata údusé; 崩壊・傾斜・転倒しそうである yandirandi shung, yandīgissa, kátabutchi; fúda dugéyutáng (危くもう少しで転ぶところであった), [s.] nearly; 荒れ模様の天気 kazi ami sandi shung, ami fúïgissá, ami mu yū, kazi fúchi gissa.

Three 3; mítsi, sán; 三本寄り合わせた綱 mítsi mi nā {縄, 紐}; mítsi ushāchéru tsína; 三角 sán káku; 三倍 {値段} san zó be.

Threshold 敷居; {戸の djónu} mágussa〈楣〉; 琉球式障子の滑る溝つき桁 shtchi kamī, shī kamī, 両者とも (入り口・窓などの上の) 横木にも該当する. 下のまぐさは単に shtchi (敷居), akkaïnu shtchi; 敷居に立って耳掃除棒で歯をあさっていた mágussanyi táttchi mimi assayā shae hā ássatáng; 角の戸の敷居に足をかけて, 笑いながら言うに síminu djónu magussanyi tátchi vórati íbunyi.

Thrice 3度; sán du, mí tābī.

Thrifty {[s.] sound}; 繁茂している; {木 kīnu} shī djóshóng, líppangshi shídjitóng.

Thrive 繁る; shī〈精〉-djïung, shidjó〈盛生〉shung, shidji tskitóng, sákanyi ang; shī〈精〉tstchóng {[否] shínu tskáng} ítchigétóng (生き返っている) は, 枯れた後に「蘇生すること」を意味する.

Throat 喉; nūdī; 違う喉 (気管) に入る yúku nūdinkae (横喉) íttchóng (食物が気管に入ってむせる); 自ら (喉) 首を刎ねた dūshi kubi hanitáng; 喉の通路 nūdi káyuï mitchi.

Throne 王座・王位; hóï〈宝位〉, chíminu kuré, kótinu kuré, tákaranu za〈EC: 宝座〉, tákatchi kuré; 王位につく kurényi tstchung, skúï〈即位〉shang*, kurenyi nubuyúng *shung であろう, kótitu nayung; 一家を王位につける功 {王朝創立の功} yū hadji máyuru (始まる)* kó *míyuru (始める) であろう; 即位 (時) 以来, 繰り返し大赦を発布した skūïshi ílé〈以来〉kassani gassani {tabi tabi} tsimi yurushuru wúng fudukucháng.

Throng 群れ・群衆; [名] chu guzumúï-shung; 人だかり chu guzumúïnu {múrushinu} ftu; [動] (込み合う) 部屋が狭い故に íbayá sīché shung; 暑いときは, 群がり合うのはよくない, 少々間をつくってくれ, 少し退いてくれ atsisaré (暑いので) sītchi kvāchi íkáng, íffé madóké, amankae nari {sári}; 物が混み合っている íbassang, íbaku natóng, ūūku atsimatóng; 彼らはすぐに, 蜂のように部屋の中へ押しかけた hatchinu gútuku chu guzumúïshi (一群れをなして) yānu utchinkae sīchi nchang.

Throttle {[s.] choke}; 喉を締めつけて窒息させる; [他動] kubi {nūdi} mímidji īchi madīshimïung; īchinu káyurang {kayurasáng}.

Through {[s.] penetrate, transparent}; 〜を通して; これによって kuri shae, kuri kará; ここを通って行った kuma kará tūti ndjang; 通り抜ける tūyung, tūshung (通す), tūti ítchung; 見通す {透明な} mī tūshung; {理解する} shtchi tūti nyūng, mī tsōdjitóng; (錐で穴を) 貫通する íri tūshung, nutchi tūshung; 神のお助け (ご加護) のおかげで káminu ú tassikishae, kaminu ú kadjinyi {即ち, 神の大きな影の下で}; ずぶ濡れになる íppé ndi kantóng, íppé s'taï kantóng; 雨でずぶ濡れになって来た áminyi shpūtu {shtataka} ndíti cháng; 通れるようにする s'tchi tūshung.

Throw (投網・釣糸の) 人投げ・一投; [名] chū útchi; [動] (投げる) nagíung, útchung; 投げ捨てる stíung, nagi stíung, háni stíung, utchángïung; 無駄 (いたずら) に投げ捨てる munashku {itaziranyi} stíung, téshung; [s.] vain; 投げ落とす nagi útushung, tuti nagïung; 激しく言い争って投げ倒した tatachi dugéracháng (叩き転ばした); 筆を投げ下ろした (置いた) fūdi ké utchikitáng; 筆を投げ捨てて {書くのをすっかりやめた} fudi uchangitáng; 井戸に身を投げた kānkae útiti djigé〈自害〉shang; 薬を〈喉に〉飲み落とした kússuï numi utucháng; 思い付きを紙に書きとめる vassirang taminyi kutu gatchishung, {tūtsi gatchishung, kutu yússishung, yússiti katchúng}; 投げ入れる utchínchung (押し込む) {chang, kang}, nagi irïung; (束縛から) 逃 (免) れる nugayung, manukaríung; 手枷を外す tī kutsi kara nugátang; 比喩的意味で,「馬枷外す(から逃れる)」té kutsi {chū kutsi, おそらく強い枷} kara nugatáng (逃れた); 心をそそる言葉で見張りを逃れる sisikāshung (気をそらす); 私に投げて当てた nagiti vang utcháng; 投げ散らかす ama kuma hoyung, chiri hóyung, tuï hóyung; 乱雑に投げ散らかす yáma chírashung, sizérashung; 身体も回したり捻ったりする dūng fītsitsi kātsi shung, uttché fīttché shung; 良い物から悪い物を選び出し投げ捨てる yana munu yírabi stiūng, firi stíung; お茶を投げ捨てた cha hán nagitóng, ikeracháng (放下した); 彼は私を捕まえ, 投げ倒し, 拳で私の右の頬を突き傷めた ari vang tú tskiti tizikúnshi mídjirinu fū (右の頬) tstchi itamacháng; 肥壷に投げ捨てろ kwé tsibunkae nagi stiré; 市の城壁の頂上から投げ下ろした gussikunu íshigatchinu wī kara nagi úrucháng; 過失の罪を誰か他の人に(投げ)負わせる kutunu matchigé chunyi ūsīung (負わせる); 自分の借金, または罪を他人の背に(移し)負わせる dūnu kantōru sī, yényé tsími, bitsi chunkae útsichi uffashimïung; 仕事を他人に(投げ)負わせる arinyi tánunyung (頼む), úshivézikïung (押しつける); 私は彼の職務を押しつけられた vaga ariga shkubúng vézikiráttang.

Thrum 房を付ける; fússa kúndjung {jang, dáng}.

Thrush 鵞口瘡(乳児に多い口内炎); {子供の口の中の} nítsi hagí {多分,歯茎の炎症}.

Thrust {[s.] pierce}; 押し込む; ushínchung, sashínchung, sashi irïung; 彼はその二つの詩を古い戸夾みの書物に押し込み, 仕事が終わると同時に忘れてしまった kunu satchi shī nyí shu〈首〉furu djonu shimútsinu útchi nakae madji kūī útchi (tsī kwāchi útchi), kútunu sídjiti chāki vásti ubiráng; 穴の中にそれを押し込み, 土でしっかり塞ぐ ánanu útchinkae utchínchi* ncha shae chíttu nyī ussutóng (覆うてある) *ushínchi であろう.

Thumb 親指; ufu ībi; 二つの親指を耳の外側に置けtātsinu ufu ībi míminu fukankae uké; 親指の指輪 ufu ībi ganī.

Thump 強打; 一発強打する chu tínda áttïung {uttchúng}, íchi du bámmi kashung; 背中を叩く kushi tátachúng.

Thunder 雷; [名] káminari, 俗に kán naï, kám méï, ikāzichī, dáï; 雷が轟く kan naïnu guru guru shung; 突然の雷雨 nyivakanyi kámméïnu náti ami futáng; [動] 雷が鳴る kánnaïnu nayung, dáïnu nayung; 突然雷と雨のはげしい嵐が起こり, 霰も加わり夜半まで落ち, 数えられないほどの家を壊した chūchāng dáïnu uffīku naï, áminu úffu búïshi, únu wí árarinu útiti, yá hfan wuti fadjímíti yádi, yāndé (家など) yabutéru kutó kazōye aráng; 当地の人は雷は地面から上がって来るものと考え, 次のように言う: kánnaïnu síga-

yung (綯る) {這い上がる} または útiti sígayung {這い上がり, そして這い下りる}; 雷雨の際の雨は{家事用に}貯えてはいけない kánnaïnu náti fúyuru amé ussamíe (収) naráng; それは有毒な気を含んでいる dukúnu chí(気)nu ang; もし沸騰(煮沸)して飲んだら, 多くの腹の病を起こすであろう mushi nyítchi numidúnse ta búng hara yaménu shódjïung; 雷の轟 kánnaïnu fíbichi; 雨露の恵みまたは雷の恐怖も, 人々はどちらも自分のためだと受け取る {即ち, 政府は人々の行動に応じて, 穏やかであったり過酷であったりする} ámi tsíūnŭ wunúng〈恩も〉mata kámaïnyi* ussurīsing, uri chiku (聞く) ftu dūshidu túyuru {dūnu ukuné nakae du kakatóng} *kánnaïnyiか, kámmeïnyi であろう.

Thus このように; kunu yó-nyi, kunu gutu; それなら kuri ntchínde (即ち, これを見て); こうせよ kansi yó, ánsí yó (kan si yó, án sí yó であろう).

Thwart 妨害する; {mítchi} fabamïung, chunu chímunyi sákayung (逆らう), chūnu yūdjū chídjïung {saïdjïung, fabamïung, fīchi yandïung}; 彼は私の意図をくじいた ariga nakanyi chidjiti va nuzumé tashirang; nakanyi ítchi chídjitóng.

Thy 汝の; 家 ïya yā; 汝自身で ïya dūshaï du.

Tibia 脛骨; kunda buni; 脛骨の前の部分 kára síni.

Tick フトン皮; {ベッド} fútúnnu {futáng} búkuru; 時計がカチカチ鳴る tuchīnu tsón tsón shung.

Ticket {[s.] label}; 札; 質札 shtchi mutsi gátchi {shūku gatchi}

Tickle 擽る; kutsugúyung; 擽られると, 必ず笑ってしまう kutsugúrarīnye varáné naráng; 喜びのあまり心が痒いが, 掻けない {非常に喜んでいる} úshshashi chímunu wīgósashi katchi gúrishang.

Tide おし寄せる・満ちる; 潮が úshunu mítchung, mínadjïung (漲る) {否}irang}, wátchagayúng (湧き上がる) {後の二例は潮の流れにも言う}; 潮が引く shūnu fīung, shūnu fīchi ítchung; 朝潮 assa shū; 高潮 shūnu mítchi tskiténg, mán shú(満水); 干潮 shūnu fīchi tskiténg, shūnu fīūsi (干ること) taki tskiténg; 潮の満干 shūnu {úshunu, óminu} mítchi firishusi; 潮に流れる shūnyi mutarīng, shūnyi mútati ítchung; {比喩} (時勢に流される) tá nyinyi (他人に) {zúkúnyi, 習俗に, shkinnu fitunyi} fíkarīng; 順の潮 djún sī〈順水〉, djún(順) úshu, より良い言い方 shū túchinu attayung; 逆潮 djáku sī〈EC:逆水〉, shu túchi átaráng; 風も潮も逆だ shūng kázing dūdu djákunyi ang, shŭ túching atarang, kázinyi* djú-mpūnyi〈順風に〉aráng kázinu であろう; 潮時を失った shu túchi ushinatáng.

Tidings {[s.] news}; 消息; útuzíri, yósi; 便りを持って来た chí utuzíri chkatcháng; 初めてこれらの便りを聞い

た fadjimíti útuziri chicháng.

Tie {[s.] bind}; 括る・結ぶ・縛る; kúndjung {kúncháng, kúndáng}, kunchó-chung, tábayung, shíbayung, tsínadjung {jang, gang}, kunchaï shung; 強く縛る shímïung（締める）, kundji tskïung; 合わせて括る usháchi kundjung; 結んでコブ状にする mussubïung {dang, bang}; 結び目を強く結ぶ mussidi katamitóchung {katamayung}; {垂れ下がるように}他の物にくびる kunchi sagïung: 動物を棒に繋ぐ yíng tskïung; 緩まないように堅く括っておけ,さもないと解けてしまうだろう kutsirugang {handirang} gutu kunchóki {kunchi utchóki, mussudóké}ánsandung aré ké handïung; 馬を木に繋いでおけ 'mma kínkae yín tskitóki {tsinadjóki}; 腕に括っておけ údi* kunchóki（腕を括っておけ）*údinkaeまたはúdinyi（腕に）であろう.

Tier 列・層; chu kássabi, nǎmī.

Tiffin* 昼食; 当地では正午の食 fíruma mung; 決まった食事以外に食されるもの（間食）házirinu munu, mádunu mung; 夕食前に食されるものならば firumanu háziri. *Tightの後より移す.

Tiger 虎; tūrǎ; 老（いた）虎 wī dura; {昼間}寝ている虎は人を咬まないけれども,それでも人は虎であるという理由で畏れる fí nishōru tura máda chó kwānó ayeshúndung chó now súnu tura ussuritóng; {それ故ある人々は次のように扱え}あたかも虎を飼うかのように,満腹させておかなければならない.なぜなら満腹しないと,人を食うから.{またある人々は（次のように扱え）}鷹を訓練する場合のように,飢えている時のみ使え.もし満腹させると飛び去るから tátoï tūrǎ tskanati sunu nyíku chufāra kvāsi vadu yaru, chufāra kwāndung aré chu kvégashurandi ussurítóng; taka tskané yāsha shímiti muchíyé náyuru, chufāra kwéïdunse ágaï túdi hayúng（行ってしまう）; 虎や狼は親子の情（交）に敏感である.このことが獣において真実であれば,人間においては,なおさら親子の情（交）を守るべきである túrang（虎も）ūū kaming（狼も）uya kwánu mitchinu ang, íchi mushé chóng {ichi mushe án yátuchindo} bíshti chó（人は）úya kwánu yū santé simáng（親子が良くしなければいけない）.

Tight 窮屈な・きつい; きつすぎて,私には着られない{入らない} shíbassanu {íbassanu} iráng; 引き締める chūmïung（強める）; きつくしたり緩くしたり chūmitaï yútsimitaï.

Tile タイル・瓦; kāra; 平（たい）瓦 stchi kāra（敷瓦）; 地面を覆う{一面に並べる}瓦 djī nakae stchuru kāra; 屋根用瓦 yā fútchuru kāra; 統治には凹状の雌瓦と呼ばれるもの mī gáraと凸状で雄瓦と呼ばれるもの wū gáraがある; 光沢のある瓦 djó yatchi gára.

Tiling 瓦屋根; írítchanu kǎra（甍の瓦）.

Till① 耕す; [動] tágayáshung, 'ncha késhung {即ち,土を
ひっくり返す}; 当地では膝状シャベルで打ち込んだり掘ったりする tá {hataki} utchung {chang, tang}.

Till② ～まで; [副] ここ迄 kuma madi; 今迄 nama madi; ここまで達する kuma madi itatóng, uyudóng; 時間については次のようにも言う: yé, yéka（即ち,間）; 明日まで achá madi, áchanu yé; 私は（夕方）6時まで待った vané tuï（酉）djibúng madí mattchótáng; 奥様がここを縫う間待ってくれ ïya máttchóri áyamé kúma nótóru yéda; 夕方まで飲み,それから全員別れた yussándi madí núdi nā mé mé vakatáng; 彼らがどんなに楽しんだ事か{当地の人々が添えて言う感嘆の言葉}yī tánushimi shasā!（楽しみしたなぁ!）; 君が私に許しを乞わない間は,君は私に会うことはないだろう ïyága kunéti kwiríndi ïyang yéka vang míé naráng; 今までずっと kunu káta, kun nagénu ….

Tiller 舵柄; {舵の} kadjinu tuï tí.

Tilt 幌; [名]{船の覆い} funinu fi ūï; [動] ひっくり返る tsi keriung; [他動]（ひっくり返す）tsi kerashung; 覆いかぶさる ūtchayung; {帽子のように}傾く wīnkae tsí ketóng.

Timber （材）木; kí, zégi（材木）; 森から持ってきたままの,加工されていない木をyáma kátaと呼ぶ máda shídasang kí, sigu yama kará ndjachéru máma, yáma káta; 木一本 kí íppung.

Time {[s.] period, spend}; 時; túchi; 文中では ma, yé; 朝の間 ássanu ma; 昼間 firuma, firumanu ma; 彼が来る時 ariga chūru báshū, chūru yé; 時間（暇）がない fímanu nérang, mádunu neng; 時間が有る,暇だ mádunu áchóng {開いている}; 時間を怠惰に費やす fíma tárashung {dárishung, starashung, munashku tsíyashung}; 時間を過ごす tuchi fī {kó ing〈光陰〉} sígushung, fī {tuchi fī} kūráshung: 読書して時を過ごす shumutsi ntchi fí vátayung, simi narati fi kurāshung {tushīshung（渡世する）}; 時限を定める kádjiri tatïung {sadamïung}, nyítchi djíng（日限）{fí kadjiri} sadamïung; その時 únu tuché（時は）, únu ba, tó dji〈当時〉; その時の王 tó djinu wó; 良いころ合いに来た {[s.] opportenely} yī djibúng {yī tuchi} cháng; {最適の}時期が来たら kadjirinu {djí bunu} kūrá {ítarava}; 食べる時,食べた時に kanyuru {kádaru} túchi; 時を待って買う má hakarátti kóyung; 長い間 nagéssa, nagadé, fissashū, fissashku; 長い間会っていませんね,元気ですか fissashū itchārang, gándjún shóti?; 長時間の後まで nama kara fissashū ato; 何時か nán dutchiga, nan dútchi náyuga?; 短い間 ítchuta, íttucha, shíbaráku; 一瞬の間 vázikanu yé; まだ時間がある nyáfing tuché mandóng（沢山ある）{áng}; 時分はまだ過ぎてはいない djibunó máda síriráng; いつでも結構です ítsi yaravang, tuchi shidé-{nyi yutashang}; あの時より先

に ánu satchi, anu tútchinu satchi; あの時の後 ánu áto; ある時 {時があった} túchinu áti; 一度だけ chu kén bakáï; 彼はどのようにして暇をもらって来るか ari cháshi fíma yíti chūga?; 来月の20日に広東 (Canton) へ行くと決まっている ¹é djítsi〈来月〉nu hatsika kádjiri tátiti Kwantúnnu〈広東の〉gussikunkae (城市に) ndji; 時を怠惰に過ごす itaziranyi fí sígushung; 時間があるときうまく活用しなさい, 時は過ぎてしまえば取り戻せないから tsitchi fé〈月日は〉yū muchíriyó, sígushídunse (過ごしたら) fíchi késhé narángdo; 志ある人はあたかも宝石を守るように時間を大事にする kukuruzashi aru samuré (士) tuchi fí atarashashuru kutó takara kakugushuru gutukunyi ang; 迅速な時は留められない gurúku hayuru tuchi fé túdumié narángdó; 人は百歳まで生きるとしても, 時はほんの僅かのものである chunu núchi haku sé 百 (歳) atantémang, tuchi fé vazikashī mung dó; ライオンは強いけれども, 時がきたらライオンも必ず死ぬ shīshé〈獅子は〉sunu chíkara magissa ayéshundung, kadjirinu (限りが) chíídunse mata shinyúng; 正午ぴったりの時刻 ma fíruma; しばらくして{一度食事する間に}来た íttchutanu yé {ítchi dūnū munu kanyuru yé vuti} cháng; 長い時間{半日}も一人で考えた fīnu hambung mading úttché fíttché kangetáng; {時計のように}時を打つ túchi utchúng; また次の時まで (またね) mata ítchi dú.

Times (時世); 時勢が良い, 悪い ⁺wūn chī〈EC:運気〉nu yutashang, vássang; 幾回 íku kéng, nán du; 2または3度 nyí san du; 5または7度 gú du shtchi du; 数度 sú tabi; かなり多くの回数・度々 yupūdu sú tabi, tabi tabi; 2回から3回まで ta ken kará mí ken madí; 官人の家の嫁の小間使い・侍女となるのは, 私自身の家に居るより10倍よい kwan nyínu yānu yúminu sóba zikétu náyuse va dūnu yānyi vūsi yaká dju zó bé (10倍) fudu massatóng; 3または5回は洗え mi ken ítsi kenó aré; はるか以前から今迄 ⁺níng lé〈年来〉fíti kara nama madí; これはかなり (長持ちしている) 昔の物だ kuri ning lé fissashī {fítōru} mung; 二度とは見ない mattató ndang; 10掛ける10は100 tūnu tūshé haku {tushúng}; 10掛ける100は1000 hákunu tūshae, shín; [s.] multiply; そこへは行くなと私は何回言ったことか íkku kénung amankae íkkunayóndi íchassā; 何回も{数えられない (回数)}行った íkku kénung ndjang; 10倍程良い djū bé fudu máshi.

Timely {[s.] opportunely}; 良い時に; yī tuchi-nyi.

Timeserving 時勢に便乗する・日和見の; tuchinu ⁺fínnyi〈変に〉shtagatōru ftu; 日和見的な変わりやすい人は卑しい人である tuchi shidé áratami fíndjirashusé shó djin〈小人〉du yaru.

Timid {[s.] shy, bashful, modest}; 臆病な; váta gūsa, chímu

ḳūsa, idjí fúka, ídji yó {yúvassang (弱い)}, uturusha umī, údjitóng, kukurunyi ukétóng; 気が弱く〈学習に〉遅鈍な人 dádjakuna (惰弱な) mung; {謙虚な} yuzita {fíkússida} mung; 注意深いが臆病でない tsitsishídi (慎んで) ussurīnu néng; 小心であえて前に出ようとしない kágamati (屈まって) ménkae ákkáng.

Timorous 恐れ怯えた; dúttu ussurīta mung, kútugutuku ussuritóng.

Tin 錫; [名] sízi, shiru káni; [動] (錫めっきをする) sízishi háyung.

Tinder 火口; {竹の削り屑の粉末やガジマルの髭などで作る} fí tski ⁺fukúï (火付け埃); 紐状にしたもの fí nyá (火縄); 火口箱 fí útchi búkuru.

Tinea タムシ類; fé gassa (頭にできる湿疹).

Tinge (薄く)染める; iru sumĩung, irunu sún kunyung (染み込む); 染まって sún kudóng; [他動] (染める) sunkumashung; 少々驕りで染まっている guma uguchihóng, ússi ugúï shóng.

Tingling of ear [s.] sounds.

Tinker 鋳掛け屋; nābĩnă kū; [動] (なべを鋳掛けする) nābi kūshung.

Tinkling (鈴など)チリンチリン鳴る(音); {[s.] sound}; 金属の kaninu chan chan shuru útu; 耳鳴りがする (音) míminu wūū shung, shā shā shung, wū wū shi nayúng.

Tinman ブリキ屋(職人); sizi dógu achiné.

Tinsel 金銀糸・金ぴか; {flittergold} chím bána, chím báku (金箔).

Tip {[s.] point, top;} 先端; [名] satchi; 指先 ïbi zatchi; 鼻の先 hána zatchi, hánanu satchi; 耳の先 (耳たぶ) míminu taï {垂れ}; [動] 先端に金を付ける satchi nakae chíng úshi tskĩung.

Tippler 飲んべえ; saki nunyā, djógu (上戸).

Tipsy ほろ酔いの; hambung wī shóng, ussi wī shóng (薄酔いしている).

Tiptoe つま先; つま先で fsha dakā-shóng (つま先立ち・背伸びしている); つま先で歩く fsha dakāshi áttchung, táka fsha zikéshi (使いして).

Tire {[s.] fatigue}; 疲れる; úkutayung (怠る), wútayung, unyung (倦む) {dang, mang, 継:udóng}, áchi hátïung (飽き果てる); 飽きた achi hatitáng, ítuyúng (厭う), yúrukubáng; 飽きるまでも áchinu ndjiru madíng, ákumádinyi, achi hatīru madíng; 飽きさせる achihatírashung, íturashung (厭らせる); 飽きる事を知らない achi hatīse {unyuse (倦むのを)} shiráng.

Tiresome かしましい; kashimashang, kashimashī kutu, katémung (厄介な); かしましくない kashimashku néng.

Titbit (うまい食物の)一口; 私の好きなもの一口 va shtchīnă* mung, va kutchinyi māssa mung, kánaru (通う) mung. *stchīnă (好きな)であろう.

Tithe 十分の一税; ［動］（徴収する）; djū bū ítchi tuyúng, djūga ítchi tuyung, tūnyi tītsi tuyung, tū utchi tītsi tuyung.

Tithing 十人組; ｛10家族｝tu chiné gutu（毎）; 10人組の頭 tu chinénu kashira; 十人組においては、一つの家が罪を犯せば、他の9つの家も連座される tu chiné gutunyé, chu chiné munu yandjisé, kúkunu chiné yúgushung（汚す）.

Title 肩書; ［名］kwan myó（官名）, kurénu na; 肩書を与える kurenyi agiúng; 肩書と報酬を授与する fū shak[u]〈俸爵〉kuveyung; 本のタイトル shímutsinu wá gatchi（上書き）; 肩書を利用して názikiti shung.

Titter 忍び笑いをする; vóraï fúkunyung, hí hi shi vorayúng, shin chū〈心中〉nyi vorayung.

To 〜へ（に·まで）; 与格 -nyi, -nkae, -kae; 彼に言う arinyi ｛arinkae｝ïyung; 買いに行って kóyuga ndji; 学びに来ている naráyuru taminyi chong, narayúndi íchi chóng; 宴席に私を招待した tidéyundi ｛shūdji andi｝íchi untsgeshang（即ち、宴を催すからと言って招待した）; 私に来るように言って kūndi íchi; 彼が私に来るように言ったと、私は彼に言った kūyó ndi íchasi icháng; 荷を取り出すために nyī ｛nī｝ndjasándi; 思いやりの気持ちを示す為に migumi fúdukushuru tami ｛yǔī｝du yaru; 首里（Shuy）まで1マイル Shuy madí íchi lí; 彼を死ぬまで咬んだ shínyi madi kūtóng, chu kūti shinyashang* *shinyachang であろう; 往復する ndjaï chaï shung, vólé〈往来〉shung, ítchi múduyāshung; 飛び行き来する tudi ndjaï chaï; 行ったり来たり、または、上がったり下がったりする íchi muduyāshung, kumpayung（踏ん張る; 混入であろうか）, íchi kaïyīshi（行き通い）｛kayuyung（通る）「公道を往来する意味」｝; 痙攣してバタバタ動き回る háta háta shung; 老齢となる迄 tushi yuru ｛tushi yuyuru｝madí; 別村へ行っている bitsi murankae ndjóng; 今日 chū, kún nyítchi; 明日 achā, myó nyítchi; 明後日 myó gu nyítchi, ássatí; 明日の結果｛憂い｝を考えず、今日は飲み過ぎた chū sáki nudi wīti, achā urinu assé shiráng; 明日の朝 achá stomíti; 今晩 chū yussándi, chū bang gata; 哀れみをよび起こすため chūnū kanáshimi〈EC:悲〉kandjiráshuru yǔi du yaru; 彼の知識を多くするため súnu shíusi firumīru yuïdu yaru; 警告となるため imáshimi tsitsishimáshuru yú〈用〉; 勝つことを望むな katándi shé ｛katchusé｝kúnumúnna（好むな）; 人々の死を早めるために矢頭は先が金属である iǎnū satchi nakae kani tskīse gurúku chu kurusándi shōru kutu du yaru; 今日皇帝の御命令が送付された chū kótīnu wīsi ｛ītski｝ndjachéng.

Toad ヒキガエル（蟇）; ufu atabitchi?; 極度にゆっくり歩きさっと動くことができない átchushi dúttu yónāshí, íssanó（一散に走ることは）naï ōsan.

Toast 焙る;（パンなど）きつね色に焦がす íritchung（炒る）｛chang, káng｝, yátchi kogarashung; トースト（パン）írichi kumpiang, yatcheru kumpiang; 焙るための竹網 ｛íritchi múng shuru｝daki ányumī ｛aminu mīの変形、網の穴｝, daki kún-mung（竹の組物）.

Tobaco タバコ; tábăcŏ; きせる（煙管）chishíri; タバコ入れ tábaco irí, fūzó（宝蔵）.

Toddle ｛[s.] crawl｝; ヨチヨチ歩く; yafataï achī shung.

Toe 足指; fshanu ībi; 足の大指 fshanu úfuībi.

Together 一緒·相共に; madjúng, tagényi, túmunyi, muyéti, aï, aï túmunyi; 皆一緒に yúrati, sūyó-shi, su nyindju, sū dju, shó ba〈相伴〉shi; 一緒に歩く madjúng átchung; 共に散歩する tumunyi assidátchung; 一緒に食事する madjung ｛tumunyi｝kanyúng; 皆一か所に集まっている sūyó madjung chu túkuru nakae wúng; 上（位者）、下（位者）共に食べる kámīng（上も）shímung（下も）átsimati ｛súruti, yúrati｝kanyúng; 7歳で女子は男子と一緒に座らない nánatsi yaré ｛naré｝wínago wickiga madjúng yīráng; 一緒に乗る madjung nuyúng.

Toil ｛[s.] laborious｝; 難儀·苦労; ［名］nándji, kurúshimi; ［動］（難儀する）nandji shung, kurshinyung ｛dang, mang｝; 奮闘辛苦する nándji kúndji-shung, shín-ku〈辛苦〉ang, ku ló〈苦労〉-shung; 苦痛と困難を伴う労働をする nandji-shi kútu ukunayúng; 難儀や心痛·悩みの中ですべてのものが生きている nándjing shívang chūssassiga sibiti íchichóng（生きている）; 数えられないほどの艱難辛苦 shín〈千〉nu nándji mánnu〈万の〉kurúshimi.

Toilet 化粧道具; 箱 sábatchi báku; この中に次のような物を入れる: 髪を固める油 bín zikí〈鬢付〉, 櫛 sábachi, 剃刀 kán suī, 鋏 hássán, 鏡 kăgáng; 化粧（身ごしらえ）する shugayúng, shózukushung; 化粧台 shugaï dé.

Toilsome 骨のおれる; katémung, nandjinu chūsang.

Token 印; shirushi; ｛前兆｝chízashi; ｛形見、[s]souvenir｝kátāmī.

Tolerable 忍耐出来る; nizirarī dúshuru, shinubaríng（忍ばれる）, mutarí bichī, nízirarīng.

Tolerate 忍耐する; nízïung, níziti shung, yúrushung（許す）; 田舎で我慢する simāshung（住まわせる）; 誰でも己の宗教に従うのを容認する. 誰の弟子であろうと構わない ftu bitu sunu mitchi（道に）shtagó bichī, tā dishi yatíng shiráng.

Toll ｛[s.] tax｝; 通行料金; ｛関所にshtchi djūnkae支払われるもの｝ússami djíng; ｛道中dóchuで支払うべきもの｝tuï djing（通行銭）.

Tomato トマト; gvé gúkunu nāsibi?

Tomb ｛[s.] grave｝; 墓; haka, tskă（塚）, tskă djū; 墓で拝む haka shū-kó〈焼香〉-shung, haka méï〈拝:「参り」であろう〉-shung.

Ton 屯; 2000ポンドの重さ nyi shín chínnu〈斤の〉mbu; それにやや似たものに táng-ʼfu,またはdámbuがある,yamborough（山原）船の大きさを測定する時に,これを使って,次のように尋ねる: nan dámbūnŭ fúniga あの船は何dambuか; tang-ʼfuは当てむしろ（索具の摩耗防止用）で,船の大きさの測定に使う.

Tone {[s.] sound}; 音（色）; útu,kvī; 四声 yūtsinu kvī; 風潮（傾向）を与える,または社会を導く aravanyi* fíchi subīung,kwáshung〈化する〉{影響（感化）する}（EC:「表率」の「表」の訓読みであろう）; 役人が民に風潮（傾向）を与える kwan yínnu chá támi fíchi subitóng.

Tongs やっとこ（鋏）・物をはさむ道具; 釘を引き抜くためのもの kúdji nudji,gán djimé; かじ屋の火箸 fī bāshi.

Tongue 舌; shta,shtya; 舌先 shtya zatchi; 丁度舌先にある（喉まで出かかっているが）思い出せない ubi atiráng,úmi tskaráng（思いつかない）; 舌ごけの生えた舌 shtánu kā hatóng; 舌をこするもの shtya susúï dáki; 舌を出しなさい,見てみよう shtya néti míshiré; 舌が汚いか kákitiga wúra {kákitigówra,このように詰めて読む}; 4頭立ての馬車でも舌には追い付けない ʼmma yūtsi shae fítchuru kurumang chūnu shtyaya* úyubáng *shtyanyéであろう; 口達者な者には警戒せよ,時々,毒針を使ったりするから kutchi ássassé {ássaru chutó（人とは）} sakiré,túchi dútchi haïnu dúku〈針の毒〉ássínyi tsīti; 風邪のため,舌が膨れ,飛び出す shó kan〈傷寒〉yaméshi shtyanu fúckwiti ndjíung; 口と舌の苦労ばかりである kutchi shtyanu kuló〈苦労〉bakaï du yaru; 舌は味を楽しむ shtyāshi adjivóti ʼnchi.

Tonsure 剃髪; 仏教徒（の剃髪）bozi suyúng; 頭の頂を剃髪する kóbi nákazoï shung.

Too あまりにも〜すぎる; 多すぎる dúku uffussang,ámatang 即ち ámata（数多）ang,ámatanyi ang,ámari úffussang,kva bunyi〈過分に〉ang,yū fūdu {yu pūdu} ang; 少なすぎる dúttu {dúku} íkirassang; 若すぎる duku vákassang {yáfarassang,yuvassang（弱い）},dúku vorabi; 早すぎる dūdu féssang; 余り強くふるまうな ámarí hfanafadashchi〈甚だしき〉kutó {dúku chūssaru kutó} súnna; 悪い道理の人は,抑えすぎると,実際に反乱を起しかねない ftó dūdu fū djínnyi〈不仁に〉aïdúnsé, kuriū fayamatchi,midarīng; 熱すぎたり,冷たすぎる酒は口に入れるべきではない saki hfanafada atsisataï dūdu fidjurusataï dúnshura kuchinkae íté simáng; 深すぎる色 írunu dūdu fúkassang; 高すぎる takassassi yī shakunyi {yī bunyi} sídjitóng {kwītóng}.

Tool {[s.] instrument}; 道具; dogu.

Tooth {[s.] teeth}; 歯; hā; 歯が痛む hanu itányung; 爪楊枝 hā assayā,hā yódji; 爪楊枝入れ hā assayā baku; 虫歯から歯の痛みが起きる hānu múshi kwáti yányung; 歯ブラシ,その使用は当地では知られていない hā mósó,muchīse shiráng; 歯磨き粉 hā aré ḵū; 歯を抜くもの ha nudjā,hā núdji dógu.

Top {[s.] rise,tip,above,vertex}; 頂上; wī,wābi; 竿や木などの長い物の先には suraとも; 家,山の頂上 yānu, sannu wī,または ítadatchi; 頂上と底 nī（根）sura, wī shtyā; 上,中,底 wābi,náka,súku; 頭頂（ひよめき）hïú ratchi; 山頂までまっすぐ登れ mássīgu yámanu ítadachinkae núburé; 旗竿の先端 hata sónu má satchi; {竿のようなものの}先端で触れる tsídji kámïung,tsídji sī kámïung.

Topography 地誌; chkátanu katchi tumi chó,chkáta gatchi tskī.

Topsy turvy {[s.] upside down}; 逆さまに; uttchéchéng; 開いた容器を口を下にして置いてある ussubatóng; ひっくり返して逆にする ussubashung,kéri kuribishimïung,tóri kuribishimïung.

Torch 松明・炬; tébi,té-matsi,túbushi（とぼし・灯）; {火のついた竹の束} té.

Torment {[s.] toil}; 苦痛; kútsisa,tchʼtsisa,tchtsí ítami, itaminu tchtsisang,wūri（憂）kutsisashimïung,tchtsisā náyamashung（悩ませる）,ítassa nayamashung.

Torn 破れている; yaritong; この本は大変傷んでいる kunu shimutsi chíri hatitóng,chíri tadarishóng（爛れ）; 衣類（が裂けている）sakitóng,yaï {yari} sakīshóng; 動物に裂かれた íchi mushinyi* chíri sachéng *mushinuであろう; 細々に砕けている yaburi kudakitóng; 紙が破れたところ kabinu yaritó túkuru.

Torrent 急流; faya {fé} nágari; 滝をなして流れる chúttung {chūnyi} nagarúng.

Tortoise 亀; kāmi; 亀の甲羅 kāmīnă kū.

Tortuous 曲がりくねった; 道 mágaï mítchi.

Torture 拷問;拷問して尋問する{打って問う} bútchi kwāchi（食わせ,または挟み）tuyúng; 脚（脛）を挟み,叩く sini kwātchi（挟み）tátachung; 指の拷問 ïbi kwāchi（挟み）; 手足の拷問 tí fsha kwāchi（挟み）; 拷問を恐れて偽証する batsi ussuriti midarinyi shūkushung; 官職を剥奪され裁判のため逮捕される三品以上の大官人らは,俄に拷問にかけられることはない san pín〈三品〉kara wī ufu kwan nyínya,shkúbung yámitchaï*,karamíti túyuru bashu nyivakanyi batsi muchīti tadasang *yámiratchaïであろう; 法に反し,極端な程に課された拷問 mídari batsi,batsi búnyi sídjitóng; 真の罪人を拷問死させた makutúnu toga nyíng tádatchi tūti batsi {shi} djínshimitang（死にさせた）.

Toss （軽く）投げる; 手で投げ上げる útchi agíung,útchi agiéshung,nági úkushung; 小石を投げ上げる{ゲームの一種} íshi nagū shung; 転げ回る {[s.] reel} án nashí kan náshi-shung,ūshéshung,ama kuma mórashung.

Total 総計の; 総額 sū kazi, sū shimī-shung（総計する）, sū kazōï-shung.

Totally {[s.] whole}; すっかり; 破れた sū yaburitong; すっかり裂けた sū yarishong; すっかり傷んで使用に適しない sū ítadi kvārang（食べられない）.

Totter 揺らぐ;{倒れそう} tórīgissa.

Touch 触る; 平手で sāyung; {撫でる} nádĭung; 指で触れる nuchúng; もてあそぶ mutabĭung; 触るな sānna, mutubúnnayó*, ánsunnayó {即ち, そうするな} *mutabúnnayóであろう; 黒色の気味がある kuru íru sami gata natóng; 酢の気味がある sīmīnu（酢味）tschóng {tstchigata（付きそう）}; mīは, 即ち, 味, 要点に触れる {比喩} núchi nyūng; 表面的（皮相的）に触れる（言及する）hānă ī shaïshung（現実でなく花でもあるかのように話す）; 触ったら黄金のような感じだ sta（擦った）kutu kogani; 触れえない sāraráng, sāïyé ōsan; 少し触って stínde, sātindé; 互いに触れあう tsī tskayéshóng.

Touch hole 点火孔; 鉄砲の típpunu fĭ zără {正しくは火箱, 撃鉄}.

Touch stone 試金石; kani kukurumíshuru íshi, kani kukurúndi síūrū（擦る）íshi.

Tough 粘りのある; múchi shang, múchi mung.

Tour 旅; 孔子はいろいろの地方を旅した Kū shé sh'pónyi ⟨EC:四方に⟩ shū lū（周流）shi mishóchang; 南への旅 nanpó⟨南方⟩nkae miguyúng.

Tourniquet 止血用具; chí tumí {chí túmi dogu, chi chīūrū dógu}.

Tow 引く; [動] 舟を引く fúni fíchung.

Toward ～に向かって; nkatóng; 南の方へ fé mutinkae; 内に utchinyi nkatong; あの辺に行くな ama mutinkae ndjé simáng.

Towel タオル; sādji.

Tower 塔; tafa; 見張り塔 ukagé tafa, munu mí nyiké.

Town 町; mura; 一般に当地では gússiku という. ただし, それは首都だけを意味するものである; shiru（城）は稀にしか聞かれない; 町に帰って来たばかり nama satchi gússikunyi kétang; 君は今町に来たばかりで, その問題をただちに知る（気づく）ことができるか? ïya námadu gussikungkae chí chúttunyi tuï tazonishi yūdju chāki tsōdjitósá.

Toy {[s.] play}; 玩具; yīri mung; [動]（もてあそぶ）yītáchŭng, gamarishung; furi assibi-shung; 玩具売り yīri mung ūyā.

Trace {[s.] track}; 痕跡;[名] áto káta, áto kádji, yukūī（行方）; 何の痕跡もない áton néng, kádjin néng, ato kádji mīrang, yukūīnu néng; [動] さかのぼって調べる（つき止める）sidji satoru kutu tazoniti kangéyung, ūti {追う} kangé ndjashung; 太古までたどる nka-

shinkae saka núbuti tazoníung.

Traces（牛・馬などの車につなぐ）引き綱; kuruma fĭchi tsína.

Trachea 気管; 空気は気管を通る fénu nūdí（肺の喉）īchi tūshung（気管・肺の喉は空気・息を通す）.

Track [s.] footsteps, trace; 痕跡; 船の航跡 funinu tutéru（通った）kata, funinu shū（潮）vazachéru kata, funinu vazachi（轍）またはnagúï（名残り）; 車の轍 kurumanu tutéru {vazachéru ato {káta, ato káta}; funi só（竿）tstchung（突く）, 即ち, 舟を引く.

Tracking pole 船を引く竿; {funi tstchuru} só（竿）.

Trackless 人跡未踏の; ato kata mīrang, só zó {u（大）só zó（粛々）} tushóng.

Tract パンフレット・小冊子; {倫理書 shkín（世間）sisimīru} shimutsi gva; 広い地域〈EC:一帯地方〉chkatanu chu túï {chu tsidji, chu fé}

Trade 商取引;[名] +shóbé⟨商売⟩, só bé, achiné gutu; +kóyítch[i]⟨交易⟩shuru kutu; {職業} ítunami-shung, tu shī⟨渡世⟩-shung; 職業は何（をしている）か? tushīé nū shuga?; [動]（商売する）achinyéshung, shóbé shung; 物々交換で取引する kóyich[i] shung; 商売が停滞した shóbénu tudukūtóng; 商売で利益を得た ítūnámishi líyitchi⟨利益⟩{lí tuku⟨利徳; 利得であろう⟩} yitáng; 船員らは皆そろりと荷を下ろし商売する fúna katá suruïtu nyí úruchi achinyéshung; 商人は低い階級 achinéshuru ftu fĭn⟨品⟩nu sagatóng.

Tradesman 商人; achiné, achinyé, achinésha, achinyénchú.

Tradition 口伝による伝承・言伝え;[名] díndju（伝授）, tsté; 口伝により受ける ding（伝）ukiung, tsté ukiung, díndju shung; 伝え聞いた tstéï chicháng; 言い伝える tsteyung, tstéï nubĭung, nkashi gutu nubĭung; 何の記録もない口承 djíndju* shi nūng katchitumésang *díndjuであろう; 口承で伝えられた（もの）kuchishae núbiti charu mung, kutchi shae núbiti núkuchi uchéru mung; 根拠のない信じ難い言い伝えは, 口では真実らしく思えるが, 事実の説明（解明）は得られない nī néng（根の無い）ítsivari kutúbashi, tsté ayamati tsīnye（遂には）kutchinu djítsitu（実と）natóng, sunu shi-sé⟨事細; 子細であろう⟩{tsímabiraka*, yūïshu} satuyé naráng *EC「詳」の訓読み; 昔の伝承は今に伝わり, 今日のものは後世に伝わる. 一つの間違った話に, 他の間違った話がくっつき nkashé námanyi tstéï, náma átonyi tstéï, fĭziri gútu chuï chúï tstéï shung.

Traffic [s.] trade; 売買; ūï ké, ūtaï kótaï-shusi.

Tragedy 悲劇; náchuru {kánashínyuru} hanshī（劇）; 悲劇的, 喜劇的, 別離, 出会い kanashidaï, yurukudaï, fana ritaï, ushātaï⟨EC:悲歓離合⟩.

Trail 引きずる; fichúng, djí kara sunchúng; gūshang tstchi ama haï kuma haïshung, 即ち, 杖に頼り歩き回る⟨EC:

曳杖盤桓〉.

Train① 教育する; [動] yashinati narāshung, ushī narāshung〈EC:教習〉, sodatíti narāshung.

Train② {[s.] procession}; 列; [名] 一団の随行者 súné, súné yaku; 長い行列 sunénu {djólítsinu} nagassang; 役人の従者 kwan nyinyi tstchósi, shtagónu ftu; 裾 (長い衣服の) naga sūsŭ, súnchuru sūsŭ.

Trait 特質; 一つの良い点 ftu yí ṭukuru, ftu yutashattukuru; 更によい特質 {うまく利用できる特質}がある tuǐ ṭukuró ang; 彼にはさらに一つ良い特質があって, 難渋した人々が彼に頼むと, 賢い人であろうと愚かな人であろうと高貴な人であろうと下賤な人であろうと (区別なく) 救済した ari nya chu tuǐ dukurunu áti, chunu mushi chū nanyi〈急難に〉 óti arinyi mutumíídúnse, yī ftung, bukūna mung, táttuchi íyashtchi lúndjirángshí chíttudatchi (熱心に s.zealous) migumi skuyúng (救う).

Traitor 裏切り者・内通者; ⁺nétsū〈内通〉 géshuru mung, fissuka gutu muráshuru mung.

Traitorous 裏切る・不実な・⁺né tsū〈内通〉 shi, kan sé〈奸才〉-na mung.

Trammels {[s.] throw off}

Trample 踏みつける; kudamíung, fúnyung (踏む), kúntóshung; 彼は足で私の手を踏みつけた fshashi va tí kúmpirakacháng; 法を踏みにじる hó azamútchi (嘲って); 踏み殺す fsháshi kún kúrushúng.

Trance {[s.] daemoniac}; 恍惚・失神・神がかり状態 shímashong, shíma {nkae} natóng; shíma byotchi nkae íttchóng, 即ち, 失神した; káminyi sísidóng, maburushi (幻) natóng; 見えないものを見 (てい) るかのように (夢うつつ状態?) miésansiga mīūrū gutóng; 遠い {未来の}事を見る kāmānŭ {tūsaru, ⁺mi lénu} kutu madí nyúng.

Tranquil {[s.] quiet}; 平穏な; 平安だ ⁺pín ányí {shizikanyi} ang.

Tranquilize 落ち着かせる; tukúttu nashúng, yassundjiráshung.

Transact 行なう・処理する; (用)事を yūdju {kútu} ⁺bíndjïung〈弁ずる〉 {nashúng, shung}.

Transcribe [s.] copy; 書き写す; {djī, shumutsi} útsushung, útsigatchi shúng; きれいに写す churaku útsushung, ⁺shīshŭ〈清書・精書〉 shung.

Transcript 写し; utsushī mung, utsushéru ⁺búng〈文〉.

Transfer {[s.] remove}; 移す; {引き渡す} vátashung; {比喩} utsishung, fíchi tskĭung {fī tskĭung (ひっつける)}; 動物 (獣類) 創造の挿話 (出来事) を人間に移す (当てはめる) íchimushinu kutu chunkae fítskĭung {káti ïyung}

Transform 変化 (する, させる); [自動] fíndjĭung (変ずる), kvashshĭung (化する); {他動} (変化させる) fin-

djirashung, kváshshirashúng; 男が女に変じた wíckiganu winagonkae findjitang, wíckiganu fíndjiti winagotu natáng.

Transgress 違反する; 法を犯す 'hó ukashung.

Transgression 犯罪; tsimi, 'hó ukachéru tsími.

Transgressor 違反 (法) 者; 'ho ukáshuru mung.

Transitory 一時的な; íttchūtă dú yaru, shíbaraku du yaru; 僅の間の雨 vazikanu yé du fúyuru (降る).

Translate {[s.] interprete}; 翻訳する; {一つの言語から他の言語へ kūdjó kara bitsi kūdjónkae} útsushung, yátsishung; yátsushi ndjashung; 英語を (当地の) {私たちの}言葉に訳す Injere kutūba kumanu kutubankae fíchi nóshung; 仏陀の書物の文句は訳されなければ, 理解しがたい Bózinu shímutsi kutubang ⁺bún djing〈文字も〉 yatsi sandung aré mífakunyé (明白には) {tashikanyi} naráng.

Translation 翻訳 (書); utsishí {yatsishí} gatchi.

Translator 翻訳者; utsishí {yatsishí} ftu.

Translucent 半透明の; kassikanyi (幽かに) {薄暗く} mī {mī tūyung}, ússi akagaï-shung.

Transmigration {[s.] metempsychosis}

Transmit 渡す; vátashung; tstéyung (伝導する); 目上の人に (さしあげる) ushagïung, agïung; 他人を通して, 手紙などを送る atsiréyung (誂える), tánunyung.

Transmute 化する・変質させる; 鉄を金に títsi kwashshiráchi koganitu nashung.

Transon (transom) 船尾梁・横木; {fūninu} yuku gí; yukunkae íttchōru {tuchéru (通した)} kí.

Transparent 透明な; {fíkarinu} stchí tūtóng, stchi íŭng; 水晶のように透き通った stchi tūti sīshónu {támanu} gutóng; 液体の透明さ sidóng (澄んでいる), simitóng; 上着が薄いので, 下着までも透けて見える wábinu ishó⁺ 〈衣装〉 físsati, shtyanu chíng madíng stchi tūti mīūng; 明確に理解されるもの yū tsōdjirarīng, achirakanyi nyūng.

Transpire {[s.] perspire}; (水分など) 発散する; assinu hayung (汗が出る); {にじみ出る} fuchúng; 噂が漏れた kazi kara chicháng, muritáng.

Transplant 移植する; útsishi wīung, wī késhung; 稲苗を移植する nāshiru vákatchi wīung; 芽が出るまえ, 春の間に移植すべきだ harunu hadjimi mada midurinu chizasáng tuchi wī kechi yutashang.

Transport 輸送する; [動] 水路で funi kara kushúng, funinyi nusti kushúng; sashi kushúng, mutchi {fíchi} kushúng; {流刑に処す} nagashúng, funi nussïung, útsushung; [名] 開けず, 封印したまま運ばれる 輸送貨物 akiráng gutu fū māmā tuyuru ⁺bé mutsi〈買 or 売物〉; sígu dúïshuru bé mutsi; 極上の喜び yurukubinu guku (極), yurukubinu chivamatóng.

Transpose 置き換える; amankae nashúng kumankae

nashúng, úttché fĭttché shung; 印刷者のように, 文字の位置を変更する yishi（据え）késhung, yíshi nóshung; 置き違えている tukuru chigatong {haziritóng}; mé áto, áto mé natóng（前後, 後前になっている）;

Transsship 他の船に移す・積み換える; 船荷を kunu funi kara anu funinkae nyī tsimi íríung, fúna tsídji shi {útsïung（移る）}, nyī tsimi útsushung.

Transverse 横の; yúkunkae; 横線 yuku chí（畍）.

Trap {[s.] entrap}; 罠; ねずみ罠（取り器）venchu yāma.

Trapdoor はね上げ戸; {一階} yúka gútchinu hashiru; {天井} nyike gútchinu hashiru.

Trapezium 台形; ló hó〈両方〉narabang yú simíng yínu gutu shí kaku（四角）.

Trash つまらぬ（役に立たぬ）物; mŭyūna mung, yūdju néng mung.

Travail {[s.] labour}; 陣痛; 出産の san muyūshi（催して）; 厳しい陣痛 nán⁺sang〈難生; 難産であろう〉; 安産 fī sang〈平生; 平産であろう〉.

Travel {[s.] journey}; 旅する; shū lū〈周路; 周流であろう〉shung, mitchi yutchung, shudjóshung; 楽しみのため, 知識をうるため広く旅する人 yú shi〈遊子〉; 陸路の旅をした líku kara, líku djí kara, katchi（徒歩）kará {cháng（来た）}; 水路の旅をした funa mítchi, {海} kaï-lú〈海路〉, omi mitchi cháng; 旅人 shū lūshuru ftu, yú shi; 旅行中病気になった shū lū shuru ba byótchi shótang; 旅の口実で, 遠くへ逃げるのがよい yúshinu na kati, kāma tūssankae haĭssiga, máshi; 湖も海もいたるところ旅する mizzi óminyu íppé átchachung; 世界の大部分を旅していた tínganu hámbung fudó {han katā} tūtótang; 歩いての旅 áyumi vátayung.

Tray 盆; dé, tsiri dé, bung, fira djíng（平膳）; 食事用盛り皿 {四角で幾分高く, 当地ではその廻りにしゃがむように坐る人にテーブルとして役立つ} djíng, munu kami djíng; その膳を尊んで, 尊敬の接頭辞 u を付けて ú djíng と呼ぶ; 足つきの膳 ashi tski djíng, taka djíng; 筆記用具箱 síziri báku; タバコ盆 tábaco búng; タバコ盆の中に入っているもの: 火種入れ（火鉢）fĭ tuĭ（火取り）, útchiri tuĭ（燠火取り）, 煙管掃除用具 tchishíri assayā, chishíri yódji, 痰壺は同時に灰受け fé fŭchī（灰吹き）としても使われる}; 茶盆 chā búng{急須 chūkā と茶碗 chā wang が入っている}; 小さな茶盆 chūka yishī（急須置き）.

Treacherous 不誠実な; 人との交わりで ftútū madjiváru nyi mákutunu néng.

Tread 踏む; fúnyung {dang, mang}, kúnyung; kudamĭung, kúnashung; 不注意に足を踏み違える machigéshi fsha ké kunyung; 水を通り, 田を踏んで耕す mizzi kara tā kunachi ndji tágayashung.

treadles* 踏み板・ペダル; kúdami íta. *Trebble の後より

移動.

Treason {[s.] betray}; 反逆（罪）; 政府に対して mŭ fŭng〈謀反（叛）〉, ⁺mu fū〈謀反（叛）〉, mu fūnu kutu; 彼は謀反を告訴されるべきだ ariga mufūnna kutu kwampūnkae（官府へ）tsigirivadu* *tsigirivadu であろう;

Treasure {[s.] rarities}; 宝（物）; tákara; 多額の金 té só〈大粽〉nu kani, kwa búnnu（過分の）kani, dzé fa̋kŭ〈財帛〉;

Treasurer 金庫係・会計係; kani ku̧ī（庫裡）ka̧mī.

Ttreasury 宝庫・金庫; kani ku̧ī, takara gūī.

Treat-ment 歓待（する）; tuĭ mutchung（取り持つ）{chang, tang}, tuĭ muchi-shung, tuĭyé-shung; 良く, 丁寧に, 遇する yesatsi shung; atsiku {yū} tuĭ mutchung; 軽く扱う {[s] inattention} záttu {karuku} mutchung, bú〈不〉tuĭ mutchung, bu yésatsi shung, bu lī shung; 彼らは私を軽んじるが, 私は彼らを軽んじはしない ari（彼）vang ukáttu shússiga {ússéïssiga} vane áttá（彼らを）úkaïtu sang; 他人を自分のと同じように扱う dūnu stchōru gutu chútung（人とも）tuĭyéshung; vantu karitu（彼と）fĭdaté nérang; 歓待する [s] entertain; もてなし tidé; [動]（もてなす）tidéyung, tidé shung 自分自身のこと（取り扱い）では倹約すべきだ dū gutu kánarazi chínyaku sí vadu yarú; 主題を論じる [s] handle, shidényi shung, kutu bíndji〈弁じ〉sodanshung, kutunu lí gé〈利害を〉sodanshung; 両国が和睦の交渉をした ló kúku {kunyi tātsi} vábuku sódansháng.

Treaty 条約・盟約; yakusku, yakusku gatchi; 誓約で固められた盟約 ch'ké yakusku, ch'ké gátchi（誓い書き）; 盟約を結ぶ yakusku {sódang} tatŭung, chké gatchishung; 盟約（誓約）に背く chkényi sumuchóng.

Trebble 3倍にする; [動] san zó bé kákĭung, agĭung.

Treddle cf. Treadles.

Tree 木; kí; 数本の木 dju buku〈CD なし; 樹木であろう〉; 全ての木 shū buku〈諸木〉; 一本の木 íppúnŭ kí; 病気の木 itami kí; 枯れ木 kari kí; 木が若葉を出そうとする時 kínu vakabé ndjírandi shuru ba（場＝時）; 大風が吹き, 木も吹き倒し草もなぎ倒した ūū kazinu fúchi kīng fúchi tóshi, kussang tóritóng; 善悪を知る智恵の木 kukuruminu kí, kukurumīshoru kí; 木に住むと考えられている（木の）精 kídji mung.

Tree frog 雨蛙; assassá?（蝉の一種）.

Tremble {[s.] shudder}; 震える; fúruyung, gáta gáta shung; 全身震える shíshi bíchishúng, shíshi bulī shung; 危害を恐れ震える gényi óyugashurándi íchi ussuríti fúruyung; 厳寒の時, 手足が寒さで震えるのを gatagata と言う kanchūnu ba shʼté〈四体〉fīsashĭ ndjúchussiga gatagatashundi ïyung; 怒りで震える furúï fáshti.

Trencher man 大食漢; té shukū〈大食の人〉.

Trespass（道義・宗教上）罪; ayamatchi, tsími, toga.

Trestle 架台・脚立・橋脚; shtya dé.

Trial｛[s.] try｝; 裁判; 法廷で úttaï, úttaï firūshaï shuru kutu; 裁判報告書 úttaï nyítchi; 役人の前での審問 kwan nyínnu mé úttaï gutu íssényi túyung; 試してみて私が正しかったと分かった kúkurudi ncha kutu vaga umutōru tuï natóng; 試してみる ftu kúkurumi kúkurudi nyūng; 試みがうまく行く kúkuruzassiga natóng.

Trials（**trial**）災難; 災難がある ⁺nan sé〈難災〉nu ang, urī nannu（受難が）ang.

Triangle 三角（形）; san kaku, san kaku káta.

Tribe｛[s.] family｝; 一族・種族; íchi zuku, íchi ⁺luï〈類〉, túmugara, yakara, véka; （一・種）族がすべて異なる luï luï tītsi aráng.

Tribunal｛[s.] office｝; （法廷の）裁判官（席）; kuré; 法廷 ⁺yā mun〈衙門〉; tádashuru dé; ⁺kwán dju〈官所〉; 法廷の前で kurénu mé, tadashuru kwan djŭnu mé.

Tributary 進貢する・属する国 chín kunshuru kunyi〈EC: 進貢国〉, dzukushōru kunyi〈EC:属国〉.

Tribute 貢（ぎ）物; kún mutsi〈貢物〉; 進貢する chín kún〈進貢〉shung; 中国へ行く貢船 tó shin〈唐船〉, 正しくは中国（の）船.

Trick 策略; líkutsi ukuné, maduvashi ukuné, chu núdjuru（騙す）ukuné; 手品をする tí takumi-shung, tīkūshung; 彼に騙された arinyi nugáttang, arinyi sáttang; 冗談で悪ふざけする vátchaku-shung.

Trickling（**trickle**）｛[s.] shed｝; たらたらと落とす; 涙を nada｛námida｝utushung.

Trident｛[s.] sceptre｝; 三つ又の道具; ｛フォーク｝há mītsi aru hāshī.

Triennial 三年毎の; san níng gútu.

Trifle つまらない物・ささいな事;[名] vázikashí mung, vazikanu mung, gúma kutu, kuténa mung, skushī mung, ⁺chī shū〈軽少〉, ⁺chí faku〈軽薄〉na mung; つまらないことで忙しい gúma mígúïshūng; 無用なことを書いて紙を満たす kabinyi muyūna búng katchi mítiténg; この件はつまらないことにしかならない kunu yūdju vazikashī kutunyi sídjiráng｛kakatóng｝; すべてはささいなことから生じたもの sibiti kuré gúma kutu kara ndjitōru múng; わずかの利益しかない商売 díkashinu｛mokinu｝neng shóbé; 最少の量 kíssidji（毛筋）, kíssidji fudu; [動] 軽くあしらう karúndjïung, karúndji varayúng; ささいな事と考える vazikanu kutu tushúng; 時間を無駄に過ごす muti assibïung; 言葉も行いも軽薄 kutúbang ukunéng tsitsishimáng; これはうっかりと扱ってはいけないことだ kunu yūdju úkaïttu shé simáng, assibi gútunu gútu súnnayó.

Trigger 引き金; ｛銃｝tí pūnu fíchi gani, íshshatū, fī nyā kwáshi gani, fī nyā kwāshā（挟むもの）.

Trigonometry 三角法; kádu｛sími｝fakayuru 'hó.

Trill 震え声で歌う; ｛útanu｝fúshi íríung.

Trim 身なりを整える・着飾る; ｛衣装を｝tutunūyung, kázayung, shúgayung.

Trimmer 日和見主義者; ⁺nī-djing〈佞人〉.

Trimming 装飾品; kázaï, kazaï mung.

Trinity 三位一体（の神）; míttchaï chúï tushúng, míttchai dū tītsi tushúng（三人胴体を一つとする）.

Trinket｛[s.] toy｝; （安価な）小装身具; kazaï, takaranu kazaï ṭama.

Trip [s.] change.

Tripe（牛などの）第1胃と第2胃（その食用部分）; wátta mī mung, dzófu〈臓腑; 臓腑であろう〉.

Tripod 三脚・かなえ; ⁺kóru〈香炉〉, kannáï（鼎）; 香を焚く三脚 kó tátchuru kóru.

Triturate つき（ひき, 砕き）粉末にする; múnyung（揉む）, ībishi kū munyung｛dang, mang｝.

Triumph 勝ち誇る; usha abīshung, katchi uta-shung; 勝ち誇った軍隊 kátchi íkussa.

Triumphal 勝利（祝賀）の;凱旋門 fomi ⁺mún〈門〉; 功績額を掲げる門 fomi gaku agiru mún.

Trivial [s.] trifle.

Troca（**trocar**）* 外科医用の套管針; sīshu｛水腫｝fiká-shuru｛干く｝haï. *trocar（水腫などの際体内から水を取るに用いる針）.

Troop（s）軍隊・兵; íkussa, 'hó（兵）, fínnu chā; 駐屯した軍の分遣（隊）íkussa game（構え）, chu tukurunu íkussa gamé; 軍隊を退かせ陣屋に帰った hó fíchi kéchi｛人なら, fíchi tsíriti｝djín yānkae kétang; 彼の配下の兵の半分はすでに焼け死んだ tī shtanu hóya（兵は）hambunó yáki djín shang.

Trooper 騎兵; mma nutōru fíng.

Tropic 回帰線;｛夏至線・北回帰線 chíttanu 北の｝ūbi｛帯｝; ｛冬至線・南回帰線 mínaminu 南の｝ūbi.

Trot 馬が速歩で駆ける; mmanu guru ayumi-shung, íssa* nayúng, gúmma íssudji shung（小走りする）*íssan であろう.

Trouble 心配（事）・苦しみ・災難; [名] shíva, urī, vaziré, shiva gutu, kurushimi, ⁺kúló〈苦労〉, ⁺shín-ló〈shíndó〉〈辛労・心労〉, ⁺shínkú〈辛苦〉, ⁺nándji〈難事; 難儀であろう〉; 気苦労 kukurunu tsíyashí; 厄介なこと yágamássa, yaké; 困っている vazirénu ang, kukuru kurushidóng, urītong, shivashóng; [他動]（煩わせる）vaziravashung, nandji shimïung, kurushímïung, yakéshimiung; 君が少しの気苦労もする必要はない ïyága íntïénnu kukuru tsíyashussinyi｛tsíyassinyi, shivashussinyi｝uyubang; 厄介でしょうが（すみませんが）あの本を下さい ïyaga yakéshi｛nándji shi｝anu shimutsi vanyi kvíti（呉れて）kvíri（呉れ＝下さい）; 厄介でしょうが, これをここに置いて下さい dí, anu dógu yakéshi kumankae náchi kwíri; 真に厄介をかけますが,どうか そうしてください undjó nandjé yássiga ánshi kvíri; 私 の些細な事で厄介をかけます yūdju gvānu ássiga ïya yakéshi kwíri; 私はしばしば来て君に手数をかけ たね vané táta chí ïya shivashimitassā; 大変面倒 厄介をかけて,本当に感謝します ïyaya táta nandji shi kvíti,kafūshi yassā, kafushi yassā; 悩み事や厄 介事の世の中 shíva uffussaru shkín.

Troublesome 面倒・厄介な; 煩わしいこと vaziravashí {yagamashí,kukuru tsīyashuru,kuló〈苦労〉shuru,nandji} vaza {yūdju}; 困難な時勢 vaziravashī shkin; いつ も人の好意を求める厄介な人 mushíng〈CDなし;無心 であろう〉{yaké} gámassaru ftu.

Trough かいば桶・水桶; tóni,wūki; 粉を練る桶（捏鉢） kū āshūru tóni または,wūki.

Trowel 佐官こて; muchi {zekunu} ᷄fïra,muchi nuyā {nú- yuru} fïra.

Trowsers (**trousers**)ズボン; hákama.

Truant 怠け（者）; ずる休みする itaziranyi assidatchung, ukutarí assīdatchung.

Truce 停戦（する）; shíbaraku tatake yamïung.

Trudge （ぬかるみなどの中を）やっと歩いて行く; vátaïyúndi （渡ろうと）{vátaï kwīga} nandjishung.

True 真実の; makutu,djítsi,shó fung,shó-mung,yukushé aráng; 本当でしょうね fúnnu samïyá?,djítsi ang í {anyi}?; 言葉を違えない kutubanu hagumang {chigā- ng} ftu; 真か偽りか分からない makutuga yara,yu- kushi gaïra* shiráng* ga yaraの融合形; 本当に真 実だ kure fúnnu* makutudó *fúnnuであろう; 真と 偽り makutu ítsivaï; 物事をその真の状況に応じて 処理する makutunyi kutu bíndjung; 真の神のみが 未来を知る makutu kami bakai mi lé〈未来〉nu kutu shī（知り）; 未来は人間が知ったり憶測したりできない mi lénu kutó chūnu shtchaï fakataï naráng; 人が占 い・占星術・人相術などを真実だと信ずるなら,信心深 いという自分の主張を損傷することになる uranataï, tínbung shaï,só nchaï shuru kutó makutundi umuyuru munó,chaki dóli ítamachi.

Truly 真に; mákutunyi,chívamíti〈極めて〉,shí djinyi〈自然 に〉,chíshshti（決して）; 真に良い chíshshti yī mung du yaru.

Trumpet らっぱ・トランペット;当地の滑車状の貝殻で作ら れたトランペットに似たもの tsínu bura,fúchi tsínu（吹 き角）; 吹奏具 fúchi nárashuru dogu; フルートの一種 banshó* rāshi dogu *fanshóであろう（cf.kind）;トラン ペット用の貝殻 fúchuru búra,nárashuru búra; らっぱ 型拡声器・メガホン yézishuru（合図する）bura ḳé, yézishuru fúchi dogu,yézi tsínu?

Trunk 胴体; 人体の dū ᷄té〈CDなし〉; {箱旅行用トランク} ᷄ishó baku〈衣装〉箱,chíng irí báku; 革トランク kā

baku,kūï báku; 木の幹 ᷄mutu〈CDなし〉djí,kīnu yūyū.

Trunnions （砲身を砲架に支える）砲耳; íshi byānu mími.

Trust {[s.] rely,confide}; 信頼する; [動] tánunyung（頼 む・依頼する）,tanumi írïung,shíndjïung; 頼る útchakayung; 留守中私を信頼して家の番をさせた lūsī bānshimitáng（留守番させた）; 一投に託されて いる chū útchī nakae kakatóng; 委託して注文する atsiréyung; 仕事が繁多なときは責任が重大 kutunu ᷄fanta〈繁多〉{shídjissa,úffusa} tstóminu {shíminu} úmussang; [名] tánumi gutu（頼み事）,tánumi; {役職} nínshku（任職）,tstomi,yaku; 重い役職 yákunu umussang, umí nínshku,katé tstomí; 軽い役職 yákunu kássang.

Trusty 信頼できる; shíndji bichí,tánumí bichí,shíndji dúshuru（信じぞする）{彼を信頼してよい}.

Truth 真実; mákutu,makutu assi,shín tuku〈真徳〉{即ち, 信仰（する徳:キリスト教の三徳の第一）},fúnnu mákutu; 真実に固執する djítsjinyí kákayung; 危険または窮 迫の状態（にある）という理由で真実を避けてはいけな い ayautchi（危うき）íssugavashūnyi assing* makutó tuï ushinaté simáng {makutó stiráng}*atting; 君の心 は真実に一途である ïyāyā makutunkae dūdū kúkuru íttōru mung; 私を真実に精通させてくれ varinyi makutu tsōdjirachi kvíri.

Try 試みる; kukurunyung,ságuyung,ságuti nyūng; 尋ね てみる tuï tazonïung,tuï tanni shung; 法廷で尋問す る tsimabirákanyi {issényi} túyung; ただ寝ようと試 みなさい tada ké nintóri; ただ彼を寝かそうと試みなさ い táda ké nínsire; 起きようとしても起きられない fïchi ukirivang ukiráng* *ukirárángであろう）; 試みてみよう chu kukurumi kukurutínda; {味見をしてみる} adjivéshi nyūng,námiti kukurunyung; （味が）良いかまずいか 試してみなさい nyīshami māssami adjivóti ndé（味 わってみなさい）; 君が行って彼が何を思っているか 探ってみなさい ïya ndji ariga kukuru ságuti ndé nūnd* umutōra *nūndiであろう; 自分の心に聞いてみ なさい dūnu kukuru tūtindé; 弓が良いか悪いか試す には,弦を軽く一回引き指からはなして（弾いて）みな さい yumī yutashami vassami kukurunyuse yúminu tsíru chu fïchi fïchi hanchi ndé ansi vadu vakáyuru; 墨をテストする法 síminu yúshi áshi kukurúnyuru 'hó; 試みに君に問う kukuruminyi ïyányi túyung. 自 分で試みた事の無いことは,その功罪を軽率に（思い 切って）決したことはない dūshae mada kukurumáng kutó úkaïttu yushi ashi chíshshté simáng; ひざまずき なさい,私は君を審問したい ïyáya fsha manchishí vané nama ïyányí issényi túrandi（問おうと）shúng; 委細・詳細に審問して決定し皇帝に報告せよ issényi túï tánnishi,chíshshi sadamíti kóti nkae únyukiré; 陽に晒されると目を傷めるのではないかと恐れる

tīdanyí attaïnyé mī yándjigashurándi ukétóng; mī nu shíng sundjigashurándi ussuritóng.

Tub 桶; {木製} wūki, táru (樽); 土器製 kāmi, hándu (半胴); 水瓶 mizzi gámi, mizzi hándu; 浴用桶 amīru wūki, amíru tare (盥), ami munū; そうして手を取り水瓶の中に浸せ anshí tí shi mizzi gāmi utchinyi tskiré.

Tube {[s.] pipe} 管・筒; tsítsi, tūshi, kuda (管), kudagu; 竹筒 daki tsítsi; 筒の中空部分 dzī (随); 筒の直径1インチ dzīnu sashi vátashi i sing (寸); 星を見る筒 fushi nyūru tūmi (遠見・望遠鏡).

Tubercle こぶ・結節 (医); nyíbuta (根太) gva.

Tuberous 結節 (状) の; buturūshóng, butétóng.

Tuesday 火曜日; lífaïnu nāsātí (礼拝の翌々日).

Tuft 房; {髪の} kami, fatsi; 房に結ぶ kárazi yūyung, nī tuyúng.

Tulip チューリップ; yúïnu hana (百合の花).

Tumble 躓く・転倒する; tsimazichung {chang, kang}, sī kuyúng, sī kuï tórishung; 倒れそうになる tórirandi shung; つまずき転ぶ tsímazichi dugéyung, kurudang (転んだ), kurubi utíung (落ちる) {転び落ちた}; 落馬した mmanu wí kara utitáng; 舞台で宙返りする hanshi dé nakae tsímburu géïshung; 手と足を車輪のようにして丸くして進む sakashima kéti (胴体を逆にひっくり返って) dū mátténg náchi (胴体を丸くなして) átchaïshung.

Tumbler① 軽業 (曲芸) 師; karu vazashuru ftu; わざと躓いて人を笑わせる人 vázattu kíchakíshī chū vorashā, kíchaki dóli (倒れ) shā.

Tumbler② (平底) 大コップ; {グラス} tama saka zíchi (盃).

Tumify (tumefy) 腫れ (膨れ) あがる; fúckwíung, haritóng, fúckwiti chóng.

Tumor 腫瘍・腫れ物; gūfū; 肉の腫れ物 nyíku gūfū; 腫れ (もの) とふくれ kassa gūfu (瘡瘤);

Tumult (大) 騒動; kashimashí kutu, abikwé-shung, gaya gaya-shung, gaya mítchung; あそこで何の騒動をしているのか? 恐らく火事だろうか? ama abikwé-shussiga nūga?, fíndé (火でも) ndjité úrani?; 口論しあって騒がしい yūzé kwéshi gaya gaya shúng.

Tune 曲・調; [名] fúshi (節), úta, uta chu fúshi.

Tung king トンキン (東京)*; Kó shi guku 〈交趾〉国, Tó chó guku (東交または東京) 国. *北ベトナムのハノイを中心都市とする地方

Tunnel トンネル; tūshi míchi; {液体用} djógu (上戸).

Turban ターバン; tsiburu matchi sādji, tsíburŭ tsitsínyuru nūnŭ, tsiburu mattchi ūbi.

Turbid 濁った; nyiguritóng, minguitong; 濁り水 nyíguri mízzi, míngvi mizzi.

Turbulent 荒れ狂う; 荒々しい (激しい) 気性 arashí shóbung, chímu savagashí mung, guru mítcha ftu, úkada (浮かんだ) savagashī ftu; {政治的に (動乱の)} lan⁺

〈乱〉ukushi zitchishōru ftu, lanshi⁺ nu (乱世の) ftu; 乱世の人より太平の犬がよいtátoï téfi〈太平〉nu íngtu naravang, lanshi⁺ ftútu naráng (ならない) (たとえ太平の犬と成ろうとも乱世の人とは成らない).

Tureen (スープ用) 蓋付深皿; shiru (汁) tā-wăng (大椀であろう).

Turf 芝生; {芝生で覆われた一段と盛り上がった所} amóchí (土手・提), ámutió (amutu「土手・提」であろうか); 芝地から切り取った芝土片 (芝生) ashi zíri, assi djíri.

Turkey トルコ; {国} fu-fúï kunyi (回回国); {(七面) 鳥} tudju kī 〈別称〉「吐緩鶏」}〈日本〉.

Turmeric (植) 欝金・ウコン; utchíng, wó baku.

Turn 回る・巡る; [自動] míguyung; [他動] (回らす・巡らす), migurashung; 泥の中を通る時など衣類を捲り上げる chíng tsibuïshung; 衣類を捲り上げて後に回す kushi tsibuï fï kéchi, [s.] uncover; 彼を追い出す ūti wī ndjashung; 新しいページをめくる= (心を入れ替えて) 新たにやり直すtidán kéyung (手だてを変える), mī tidang ndjashung (新しい手だてを出す), aratanyi sodanshung; 書物のページの角を折る {[s.] over} shimutsi vuyúng; 鞍が背中から腹部にひっくり返った kura tsī keyung (返る); 頭を回し後ろを振り返る tsiburu kushinkae túnkéyung; dū uttcheyung, túkéyung* *túnkéyungであろう; 回してねじ込む múdïung; あちこち回転する {寝返るように} ama kuma géïshung; {召使を} 追い出す (解雇する) dukiung, shirizukïung, núkïung; 役人を役職から解雇する kwán sh'ku hazishung, hanshung (はずす); 振り返って言った úttcheti {tunketi} icháng; あるものを別の側に向ける migurachi uttchéshung; すべての事はこれによる (よって定まる) muró kurinyi kákatóng; 良い人に変える {uttcheti, fíndjiti} yī ftutu {ftunkae} nashung; 再びもとの悪い道に戻った mútunu kutchi {nkae} uttchéti yana ftu natóng; (来た道を) 引き返す kéyung, keti chūng; [他動] (返す) késhung; 馬をひき返させる mma fíchi késhung; {バッグや容器等から} 出す ndjashung; katánkiti (傾けて) ndjashung, yútïung (こぼす); 何もないと分かる djitsé nūng nerang; 無になるであろう munashchinyi tūraríng; 味を変えた adjivénu fíndjiti, sītóng (すえている), tsídjí natóng; ミルクが固まった chínu kfatóng; 引っ繰り返す úttchéshung; 本をめくる fíchi aki akíshi nyūng; {読書中に} ページをめくれ íchi mé akiré; 鍵をまわす sāsinu kva mígurashung; 道から外れる míchi wuyúng (折る), sūdji wūïshung; 裏返して表にする úra uttchéchi úmutinkae nashúng; 天が回転する tínnu míguï ndjuchúng; 扇を裏返して見た ódji uttchéchi ncháng; それを一回転させなさい chu míguï mígurassé; それを聞いて頭を回して、彼を見た chicha kutú túnkéti ari ncháng; 本を取り出して、後ろや前に

めくって見た shimutsi tuti áma firugi（広げ）kuma firugi ncháng; 風に従い回る kazinyi átati migǔ̄ung; 女の子を男に変じた winago fíndjiti wíckigatu nacháng; 死が生に変えられた shínyusí íchichussinkae fíndjitáng（死を生に変じた）; 職を変えて商人となった tushīnu vaza aratamíti, achinétu natáng.

Turns（順）番・（交替制の）勤務（時間）; 交替交替でする mārūshi shung, tsigaï shi shung, kūbaïyé shung, shíngaïshi shung; kavaïyé shung; 次の順番（交替勤務）chūru kūbaï, mī mārū; 私の（順）番 wa kūbaï, mārū; この船は私の番にあたる kunu íssūnu（一隻の）fúni vanyi mārūshi chóng; 順番より前にさせられた mārū kūng mádu shidégvīshong（次第越えしている）{shidégvīshi vang yubachi tsimiracháng（詰めさせた）}; 君たちは皆順々に彼に挨拶しなさい íttáya síbiti mārūshi ari gulísi; 文中における変化と転換（点）bung myáku（文脈）bitsinkae tsidjú（継ぐ）túkuru {bitsinkae madjí tsōdjiráshuru tukuru}

Turner 旋盤工・ろくろ師; fíchi mung zéku; ろくろ師の旋盤 fíchi mung yāma, míguï yāma; 旋盤を回す fíchi mung shung, yāma mígurashi tskïung.

Turning 曲がり角; 横道に入る sūdji vūti（折って）átchung; 互いに向き合っている tagényi nkatóng.

Turnip（植）蕪; kábū, 'ndi {índi}; 大きい蕪 shíru dékunyi（白大根）

Turnkey 牢番; rú báng, lú mamuyā.

Turnpike 料金所; dóchú djónó tuï shtchi dju（関所）.

Turnstile 回転木戸; buruanu（ほら貝の?）gutoru hashi, buruanu machōru gutu míguti nubuyuru hashi.

Turret 小塔; munu mī tafa, títchi nyuru nyiké（二階）.

Turtle 亀; kāmi.

Turtle dove（鳥）雉鳩; áya bótu.

Tush チェ!; ah, wóh!.

Tusk 牙; dzódji（象牙）, dzónu há.

Tutelar 守護神; 神 chkatanu kami, chkatanu mamúï kami; 地所を見守る chkata támuchúng {shúgūshūng（守護する）}

Tutenague* 洋銀の一種; shíru kani（鉛）*EC:tutenag 白鉛.

Tutor 教師; shi shó（師匠）, shín shi（先生）; 家庭教師 yānu shishó; 子供のある人はすべて寛大で、親切で、隠やかで、慎みがあり、口数の少ない人を捜し求めて、子供の家庭教師にすべきである síbiti kva wūru munó kanadzi yurūtu, ítsikúshimi, mígumi, yávaraka, tsitsi shíminu attaï, kutuba ikirassataï shusi yíradi, kwanu shishótu nashi mïung.

Twain 二; 割って二つにする vátti tātsi nkae nashúng.

Twang ピーンと鳴る甲高い音（弓など）; chúttunu útu.

Tweak 抓る; tsín tskïung; ちょん切る tsín chïung.

Tweezers ピンセット; kwāshā（挟むもの）, kwáchi túyuru dógu.

Twelve 12; djū nyī; 第十二 dé djū nyī.

Twenty 20; nyī djū; 第二十 dé nyī djū; 月の二十番目の日 há tska.

Twice 二度; nyí dū, ló du（両）度, sé（再）, f'tá tabi; 私たちより二倍多い váttānyi fishíïdúnse nyi be natóng.

Twig 細い若枝; {kīnu} yída gva, míduri.

Twilight 薄明り; 夕方の薄明り（黄昏）báng gáta, yū íri gáta, yússándi, kuritóng, yúckwitóng, yumángvinyi natóng, yumangvina djibúng; 朝の薄明り（黎明）ussi akagaï-shóng, shíra akagaï-shong, tīdanu ágarang {tiráng} māda* *māduであろう。

Twilled 綾織りの; yuku úï núnu（布）.

Twin,-s 双子; tán gvá; 40過ぎてから（二人の）双子の娘を生んだ shi dji sé〈40才〉ámaïnyi náti yínu hara nakae tān gva wínago mmaracháng（琉訳のミスであろう）; 双子で生まれた子ら tānguanu kva.

Twine {[s.] embrace}; より合わせる mudïung; 糸をよりあわせる itu āshung; 他のものの周囲に巻く mátchung; 蔓草は木に巻き付く kándanu（蔓草の類）{kazira（かずら）} kīnkae mátchung, hóyung（這う）; [名] 小さいより糸 āshi ítu, āshi wīru（紐）, itu nā {nava} ítu avashi zína（糸合わせ綱）.

Twinge きりきり痛む（ませる）; tsín tskiung（抓る）, tsín múdïung（捩る）.

Twinkle キラっと光る; áta fítchaï shung; 目がまばたきする mī útchī shung; まばたきの間に mī útchi shuru yé.

Twirl 急速にくるくる回る; djíku tatchi miguyung; [他動]（回す）djiku tátiti migurashung; 振り回す mórashung; 片足で回転する kata fshashi miguyung; 棒を立て、頂に輪金をつけ、それに縄を結び、片足で回る{英国の学校でのレクリエーション運動} haya tátiti, wī nakae wá ganí tskití, tsina kúnchi, kata fshashi miguyung.

Twist 捻る; finyiyung {yítang, yiráng}; mudïung 捩る; 二つをより合わせる āshung; 綱をなう tsina nóyung {āshung}; 非常に太い綱を（なう）tsina útchúng; 紙を紐（こより）にする kó wīru finyiyung; 身体を捩る dūnu tsīung（胴体がひきつる）; 痙攣的に収縮する tsirichinu ang; 彼をひとひねりした ari katsimiti, chu mudi múditáng; 身体を右左に捩ってはいけない dū fïdjaï mídjaïnkae mudité simáng; 両耳を捩って後や前に向かわせる tātsinu mimi múdi matchi mé atonkae nkāshung; 捩り返す mudi késhung; 事を歪曲する{内にあるかのように} utchiwá kara migurashung.

Twitch ぐいと引っ張る; ké fíchi hayúng.

Twittering さえずる（の声）; {鳥が túïnu} pía pía shi abïung.

Two 2; tātsi, nyī; 二つの位置が向かい合う tanka（真向かい）; 二人で論争しあう tanká mundó; 二人の話し合

い tanká hánashi; （二人の）決闘 tanká tátaké; 2と2と が同一 tātsitu tātsitu nyichóng; 両刃の小刀 shiru kuchi hānu aru sīgu, ⁺ló fānu sīgu; 2倍 nyī zó bé.

Tyfoon 台風; ⁺té fū, ūū kazi, arashi kazi; 台風がものすごく 起った ūū kazinu áraku ukutóng.

Tympanum 鼓膜; míminu tsitsínnu （包みの）kā.

Types {[s.] pattern}; 活字; {[印刷] kani djī, íchi djī {生き字} 「活」の訓読み）.

Tyrannical 暴虐な; ⁺bódjichi〈暴事〉.

Tyrannicide 暴君殺し; bódjíchinu chími kurushung.

Tyrant 暴君; bódjichina {djímāmānu, ⁺dzán djítchina〈CDな し; 残虐であろうか〉, ⁺mudó〈無道〉nu} chími.

Tyro 初心者; fadjimiti naré mung, chīku（稽古）; shu ⁺gaku〈初学〉nu díshi; これは初心者が十分に究明で きるものではない kuré shúgakunu munó tuï chi-vamíshi ōsang（究めしおおせない）kutu.

U

Ubiquity （同時に）至る所に存在する[しうる]こと・遍在; urang tukurundi iché nérang, ippényi vúng.

Udder 乳房; chí bukuru.

Ugly 醜い; mínyi kutchi, yana kāgi 'nching íkáng; vādjā, minyi kvī só（相）; 恐ろしく醜い顔 yana gamashī só.

Ulcer 癌潰瘍; hassi, yána kassa; 口の中の潰瘍 kutchi utchinkae kássanu shódjitóng; 潰瘍化する hássin-kae nayúng; 潰瘍が腐れ周囲に穴をあけている gó-ritóng.

Ultimately 遂に・最後に tsīnyi, ovaïnyi.

Ultramarine 海外の; ⁺tuké〈渡海〉; 海外から来ている物 は大切にしなさい ⁺tu ké kara chōru munó téshtsinyi siyó.

Umbilicus へそ（臍）; fússu.

Umbrageous {[s.] shadow}; 陰のある; kádjinu á tukuru, kássikanu túkuru; 木が繁って人の住める森 kīnu shídjiti simé buchagisá tukuru.

Umbrella 傘; kassa; ama gassa, {日傘} fī gassa; 役人用 の国の傘 ⁺lán sang〈羅傘〉; 傘（作り）職人 kassa zéku.

Umpire 仲裁者; naka írishuru mung, nākanyi tūyuru mung, naka nóshi shuru mung; ［動］（仲裁する） naka ī nóshung, tuchi vakashung.

Unable 出来ない; naráng, shī ōsan, atarang, atavazi; 荷を 持つことができない mutaráng nyī, muchi ōsan, fábachi ōsan; 忍耐できない nizi ōsan, shinubi ōsan, niziraráng, shinubaráng; 用いられない muchí raráng; 追いつけ ない wī tskié naráng, ariga ményi wúraráng; 間に合っ て来れなかった djibung ukurinyi chóng（刻限に遅れ て来ている）, kadjirinyé {djibunnu tūï} chí ōsan（来れ ない）; 待てない ⁺máttaráng; 思い出せない ubiraráng, ubi

ndjashi ōsan, kánnu tskaráng; 眠れない níndaráng; 決められた通りに早朝帰ることはできない kadjirinu tūï stomité kéï ōsan; 私はあなたに十分には仕えきれない vané undjutu madjúng wúsi djó bó arang {yītósang}* *〈cf.djó buny;上分:very well〉

Unaccomodating {[s.] accomodating}; 融通のきかない; bashunyi shtagaráng ftu, yafarashku neng ftu, kata-máta（頑固な）mung.

Unaccountably 訳のわからない（ほど）; chāru yuïshuga {nūnu yūïga} shiráng.

Unaccustomed 慣れていない; narirang; 手慣れていな い ara tī, mī tí（新手）.

Unacquainted 面識がない; 彼とは面識がない shiráng {mī shiráng} ftu（見知らぬ人）, hadjimíti ítchayuru {hadjimítinu} ftu（初対面の人）; 私はあの人を見知ら ない vané anu ftu shiráng; 文字を知らない（人）sími {bún dji} shiráng ftu; この方法を知らない kunu 'hó {tidáng（手段）} shiráng.

Unadulterated 混ぜ物がなく純粋な; mánkasang, tītsi mung.

Unaffected 気どらない・ありのままの; ⁺shū shó〈素性〉 nu mámā, mmaritsitchinu tūï, yurútushong（ゆるりとしてい て心を動かされない）; 確固として動じないままでいる chimu nakae nuráng, kuno kutó kandjiráng, gattínsang, chkang fūnāshóng（聞かぬふりする）, chkang gutushóng.

Unalterable 不変の・改め（られ）ない; íffíng úgukáng, chāshing aratamiráng; 命の続くかぎり改めない mī ovaru madi {íchi tutūmi} aratamiráng.

Unanimous 同意見の・（満場）一致の; chímu tītsi, kukuru nadjōnshóng, ⁺dū shínshi〈CDなし;「同心で」であろう〉.

Unanswerable 反論できない; kutuvayé naráng, mudushé naráng.

Unanticipated {[s.] unexpected}; 予期しない; máda kan-gerántang, umúïnu {umutōru} fuka, ⁺zungvé〈CDなし; 存外であろう〉; 存外の災い zungvénu urī.

Unanxious 気にかけない; umúïnyi {chimunyi} kakirang, {nuráng}, kúkuru yúruchi.

Unapprehensive 恐れない・気づかれない atonu urī ussu-riráng, atonu utagé neng, udurukáng.

Unarmed 非武装の;（身に何も持たないさま）; 'nna dū （EC:「空身」の訳であろうか）, nūng mutáng; mu tí（無 手）{手に何も持たない}, mutína mung.

Unatainable（**unattainable**）得難い; chāshing {íkkaná shíng} yírarang.

Unauthorized 独断の; fushī mámā, djímāmā-nyi shi, dūnu kátti shi, tuzikíng ukiráng gutu shung; shūku néng-shi（証拠無くして）.

Unavoidable 不可避の; nugayé naráng, nugararáng, zī-bung, īyadíng.

Unawares {[s.] unanticipated}; 思いがけなく; ubizínyí,

tátchi mátchi, chúttu.

Unbecoming 不相応な; ataráng, búnyi atarang; 紳士にふさわしくない kúnshinu búnyi átarang; wūdjirang, sówū sang.

Unbeliever 不信心者; {私の信仰（キリスト教）の立場から} stu（外）michinu mung, michinyi shtagāng mung.

Unbelieving 信じない・懐疑的な; shindjiráng, shindjinu ikirassang; 絶えず疑う者 chímu utageshta mung.

Unbend （曲がったものを）まっすぐに伸ばす・平たく延ばす; tami nóshung, tamise fīrakïung; {[比喩]（寛ぐ）} kukuru yurushung, shiva yurushúng.

Unbending （堅くて）矯められない; tamíng naráng, tamié naráng, tami noshé naráng（矯め直しはできない）.

Unbiassed 片寄らない; katayuráng, kukurunyi sumáng {sumíráng}; tadashūnyi shi vatakushinu néng（公平無私）, vatakushinu íffing tskáng.

Unbind ほどく; futuchung, yurumïung（緩める）, yóku nashung; hánshung（はずす）.

Unblamable （過失なく）責められない; shími attié naráng, shimé shïé naráng, shimié narang, tuï shimiru kutu nérang.

Unblemished 無傷の; kizi neng mung, mu chízinyi ang, máttaku（全く）ang.

Unbolt 閂を外す; djónu shín nudjung（抜く）.

Unbosom （心を）打ち明ける; chímu varïung, chímu váriti fánashi shung. tinīnyi banashi shung, kukuru fīrachi munugataï shung.

Unbounded 際限のない; hátín néng, haté {kadjiri} neráng.

Unbridled 拘束を解かれて自由・自儘な; fushī mămá, kaku gani hándi mung {錠の外れた者}.

Unburied 埋葬されない; stiti hómurang ftu.

Unbutton ボタンを外す; chínnu tama hanshung; {紐を外す} chínnu wū（緒）hanshung.

Unceasingly 絶えることなく; yamáng gutu, yudánsáng.

Unceremoniously 無作法に・遠慮を知らずに; 受け取る vémissang shiráng.

Uncertain 未決定の; sadamaráng, chíshshté（決定しては）néng.

Unchain 鎖をほどく; kussaï fūtuchúng.

Unchangeable 変（わ）らない; aratamiráng, kavaráng; kavaínsang yabuínsang {変りもせず, 破りもしない}; 仕事を変えない shigutú kavasáng.

Uncharitable 無慈悲な・（他人に）厳しい; chu utushuru chímu; fī（非）katsimïá, chá chunu fíkussi（非難点）katsīmirandi; chu kanashánsang mung.

Unchaste 不貞の; tï shtsé〈貞節な〉neng mung, shtsi djí〈貞義; 節義であろう〉neng mung.

Uncivil -ity 無作法・無礼（な）; bu lī; bulīna mung, līng（礼も）shiráng mung, dīdji〈礼義; 礼儀であろう〉shiráng.

Uncle おじ; 父方の wūdjassā, wunchu {両方とも接頭辞 uffu

（大）を付けてよい}; 母方の gvéshtchinu（外戚の）wūdjassā.

Unclean {[s.] dirty, filthy, impure}; 汚れた; chigarí mung, chïúshkaráng（潔しからぬ）.

Unclothe 着物を脱ぐ; chíng hazïung.

Uncomfortable 落ち着かない・不安な; shívashi, chímunu nubáng {nubir[a]ráng, nagusamáng}, yurútu néng, chím[u]nyi áma ndjiráng.

Uncommon 常ならぬ・並はずれた; tsín nérang, tsinínyí neng múng, tadanu kutó aráng, nami naráng, na[mi] kara nugitóng; 常ならぬ珍しい物は食べてはいけない munu tsininyi kavatósi kvaté simáng.

Unconcerned 無頓着で気にかけない; karaku* {karugarashū** nyi} shung *karukuであろう; 無頓着ではない karugarashku** néng; chimunyi nuráng {kakiráng}; kamáng; kamúrang **karugaru-であろう.

Unconnected {[s.] uninterrupted}; 関係（関連）のない; kuritu aritu kakayuru gutu néng, ku[kaïnu] néng; 支離滅裂な文 dólinu tsigáng, bung lín zuku〈連続〉sáng; 言葉が（支離滅裂な）tsizing {tsízinu} vakarang; 俗に tsíbing kūrang munu[ī] gátashi {彼の言葉は互いの尻尾を咬まない}; 私とは関係ない vanyi {vantó} kakavaráng.

Unconscionable 不合理・法外な; 価格 dénu takassanu gatinó sang（合点はしない）; 的から遠く離れた kangétu（考えと）dūdu {kāma} kavatóng.

Unconscious 無意識の; até neng, ubizi-nyi, kukuru kara ukuráng {ukutchi shé néng}; 私が悪の意識を持たない限り, 人が何と言おうと, 私は恥とは思わない djitsé〈実は〉yana shkata shé neng kutu, chúnu nūndi ichíng {nū ïyavang} kukurunyi hazikashku {hazikashā} néng; 私は悪とは無縁だ vané nūng varukó néng, vássaru kutó ubiráng; 彼の存在に気づかない ariga kumanyi wūsi até nérang; 思わず涙を落す ubizinyi nada utuchúng（落した）.

Unconstrained {[s.] willing}; 強制されない・自発的な; shi djíntu〈自然と〉{nati} yū shung, nándji néng gutu yū shung, dū yassi ténshi（易々と）shung; 礼（儀）作法において nandjisánting dīnyi áttayung.

Uncordial 厚意・愛（情）のない; 人々に対して chŭ yé neng mung; {yé = aï「相」共に,「愛（情）のある」の意}.

Uncourteous 無作法・失礼な; dīdjinyi〈礼義; 礼儀であろう〉chigatong; とても不作法な dīdji {dī dji fīdji} ushinatóng.

Uncouth {[s.] coarse}; 無礼粗野な; skútsina（粗忽な）mung, bu kútsina（無骨・武骨な）mung, shínan（品も）néng mung, īyo〈異様〉na mung.

Uncover {[s.] naked}; 覆いを取る; {容器} futa akïung; 体をあらわにする ching akíti {haziti} mishïung, háda aravashung; 手足をむき出しにする tí fsha ákití míŭng {míshĭung}; 袖{着物}をまくりあげて見せる sudi {chíng} kanyágiti {tī, fsha} mishĭung; 腕をむき出しにして見せる sudi agishung, sudi agishi údinu míung {míshĭung}; 心（つもり）を打ち明ける chímu ákiti mishtáng（見せた）.

Unctuous 脂ぎった; andanu tstchóng.

Uncultivated 未開墾の; {[s.] wild}; 未開墾 utsiri chkata, áchi（空き）chkata, arí bata; 耕作されてない地所は少しもない ín tien yating áchi chkatandi iché néng; 文明化されていない ībisi（夷）, mada munúng shirang.

Undaunted 勇敢な; yūshā〈EC:勇者〉, yūshā nūng udjirang（怖じない）, chínu chūssaru（気の強い）mung, munu uturushā sang（恐れない）, udjínsang mung.

Undeceive 迷いを覚ます; satchinu umúĭ haritang（晴れた）{[他動] harirashung}, ariga kukuru fíckéshimĭung（引き変えさせる）, kangé aratamirashung;　アー, 私は今彼についての意見を改めねばならない ah, vané kangé soïshósá（考え違いしているなぁ）.

Undecided 未決定の・決定力なく優柔不断の; útsi yatsíshung（迷う・逡巡する）, yatsikayung, chívami gúrisha, turibaïshóng; kābaï shóng;　心のさだまらないまま行つ戻りつする útagati yuïmudūĭ múduĭ shung; まだその功罪を決めかねている yúshi áshi sadamīsi nakae útsi yatsí shung.

Undefiled {[s.] pure}; 汚れ無く純潔な; sávayakanyi ang.

Under {[s.] down, among}; 下; shtya, sŭkŭ, shímu; テーブルの下 dénu shtya; 天の下のものはすべて同一である tínga〈天下〉sūyó ándu yaru（そうである）, tínga íttu〈一純; 一統であろう〉yínu mung; 彼の手下には300人あまりはいなかった ti shitya san peku yŭ〈余〉nyinya úyubáng; 脇（の下）にはさんで運ぶ vátchi bássanyung, vátchi nakae kvāshung, vatchi nakae kvāchi mutchúng; 彼の手下 addiga tī shītā; 未成年の tushi fúdunyi {gúrunyí} úyubáng; 生煮えの ŭrŭ nyī tóng.

Undergo {[s.] bear}; 耐える; níziti ukĭung; 手術をよく耐えた chirattasi（切られたのを）yū nízitáng.

Undergraduate 学部学生; máda kó sang（科をしない）mung, sími narayā.

Underground 地下の; djīnu shtya; 床下{にある}yúka sha {nakae ang}, yúka shánu mī nakae; 地下を流れる djīnu shtya kara nagarĭung.

Underhand 密かに; súruĭtu, fissukanyi.

Underlet 転貸しする; 他人に fíchi māchi {mígurachi} bitsi chunyi kané kakiung {chínshin gaí（賃銭借り）{kayung} shimĭung; 私はこの家を彼から賃銭借りしている vane kunu yā ari kara chin shín gai shóng; bítsi chunyi karachi yadu chíng {家賃} tuyúng* *琉球語は「私はこの家を彼から賃銭借りしている; 別の

人に貸して家賃を取る」;　正当な家賃以下で貸す dé ságiti {ságishi} chunyi kárashung.

Underline {s.underscore}.

Underling 下役・下っぱ; {下位の代理人} nyí bamminu tánumi bitu; {一般人（名も他もない）} karī mung.

Undermine 〜の下に坑道を掘る; djīnu suku kara míchi tūshung; 城の下に穴を掘る djíng yănŭ shtya kara ana fuyúng; 彼の計画をひそかに（妨）害する físsukanyi ariga fákari gútu yábuyung {yandĭung}.

Underneath （真）下に; shtya, shtányi {súkunyi} áng.

Underrate 安く（低く）・過少評価する; sóbá dé yaká yassimiti sódanshung, shó dé {kū tónu dé {yuká} ságiti sódanshung; makutunu bung yaká fíchi ságiti ĭyung; {心的} ī utushung, ī sagĭung, karumíti nyūng（軽めて見る）.

Underscore 即ちunderline; 下線を引く; kanyūna（肝要な）tukuru shirubĭung（印する）; 極めて重要な点を小さな丸で囲む {marūshi} maru búshi māchi kányūna tukuru shirubĭung; kwáng gú irĭung;　下線を引いた {印を付けた}語 kwáng gú.

Undersell 安く売る; dé {shó dé, sóba dé {yaka} ságiti uyúng; shunying〈諸人・衆人〉yaká yassimíti uyúng.

Understand 理解する; sátuyung, shtchóng, tsōdjitóng; よく理解している issenyi {yū} táshshitóng; 明白に理解している mí fákunyi ang, áchirakanyi satuyúng; 自分の仕事をよく理解する yū satutōru ftu, sabakĭung, sabakítta mung; 彼がそう言ったと理解した ariga an ichándi umutóng（思っている）; しっかりとは理解しない shkattu mīrang; ああ, 今{はじめて}分かった áh, nama fhatsimi-sha[ssā]; 知らないふりをする shiráng pū, shirang fuĭ shu[ng], tsōdjirang fuĭnā shung; 完全にすべての事を理解している kutu gútuku yū tashshĭung {bíndjĭúng, shū djó〈取情〉shung}; 大概のことを理解している sunu ūu sídji {tégéna kuto, tétina kutó} satutóng;　文の構成法は大ざっぱに理解しているが, 私の文はそれでも公の試験の作文とは遙かに異なっている búng〈文〉tégé shtché wūssiga, kó〈科〉shuru búntu fishtinde {fishinyé} kāma kavatóng;　心に完全に理解している chimu utchi nakae achírakanyi satutóng, gatínshung〈合点する〉; その意味を理解したので笑いつつ言った chimuyé satutó kutu, varati ĭyung〈言う〉; 正しく分類して理解する luĭ〈類〉ná mé mé vakachi shiúng, luĭ ushi fakati shtchóng;　ある人の理解は浅く, ある人は深い fukaku satutósing wúĭ, assaku satutósing wúng, または satuyuru mung nakae assa fukassanu ang.

Understanding 理解; satutaru kutu（悟ったこと）, satuyusi（悟ること）; 悟性が目覚めることは夜ランプを得たようなものだ satutaru kutó yurunu turu tskítaru gutóng.

Undertake 着手する・始める; shí fadjimiung, shúng;　彼

の代わりに着手する ariga kavati* fíchi ūti shung {fíchi úkishí shung, tanumi úkiti shung *kavaïであろう. kavatiなら「かれが代わって〜」またarinyi kavati でもよいであろう.

Undertaker 葬儀屋;{葬儀の} mū li（喪礼）{só li（葬礼）, hómuyuru li} kamutoru ftu.

Undervalue [s.] underrate.

Underwood 下生え; 繁く生えている shta ḳínu shídjitóng.

Underwriter 保険業者; fíchi ukishi vanchameyuru（弁償する）ftu.

Undeserving [s.] unmerited; 価しない; fōbi sunyé úyubang, fōbishe {fōmité, naché〈泣いては〉sóvūsang 即ち, 報償, 賞賛, 涙に値しない; {公的な} 功は何もないので, 報償に値しない kún kó〈公功〉néng kutu fōbisunyi uyubang.

Undesignedly 何気もなく; 何気なくそれをした kukuru nachinyi sháng, kukuru kara ukuté sang, nanyi kukuro néng-shung.

Undigested 未消化の; 食べ物 múnu māda kváshshiráng〈化しない〉; {比喩} djódjó sang〈成就はしない〉.

Undone 元の状態に戻せない; {治療できない} nóyé narang, nóra-ng do（治らないよ）, mútunyi kérang; 改善の手段がない chān kān naráng, chān naráng, núzumí tétóng.

Undoubtedly 疑いもなく; utagéya nerang, sadamíti, chíshsh[ti]; 疑いなくそうだ! ánté!; 疑いなく良い yútashánté; 疑いなく良い菓子だ yī kváshi té; きっと彼にはそれについて多くの口実がある ari chíshshti máta uffókunu kutu nazikishu[ru]{kutu yússishuru} kutubanu ang.

Undress 脱ぐ; [動] chíng házïung; [名]（家庭着・略服）shtá djí（下着?）; 裸の sígu, síguna mung; nama mung（生物）,{味付けしていない}, áfa mung;（味付けせずに）煮ただけ mizzi nyī, ăfă nyī; なめしてない革 nama ḳā.

Undulate [s.] fluctuate; 波がうねる; naminu móyung（舞う）; 波形に起伏する katachinu náminu móyuru gutóng.

Unduteous 不孝な; fŭ kó.

Uneasy [s.] humor; 落ち着かない・不安な; kukuru yúrussang, chímu yassundjiráng, chimu taturúchi shóng; 人の到着をひたすら待っている間落ち着かないでいる máttchi kantī shung; 腹の調子がおかしい háranu ambé（按配）ickáng, kúkuchinu íckáng, vátanu sīti（箆えて）; 心は穏やかでなかったけれども, 顔は気にしていないふりをした chímu utchi yasundjiranó áting, kowū {kawwó} arāng fūnāshi {kavarang gutu shi}{言い争い（口論）もしない yuzén sang}; とても心が乱され不快である bŭ chū shi〈不調で〉* vata tsī míttchóng（EC:満肚）. *CDは「ブキョウ（無興）で」の可能性もある.

Unemployed 暇な・手のすいた; mádunu ang, fímanu ang, madó chóng; 誰にも頼まれ, 雇われてもいない tāgān tanumáng（誰かが頼まない）, yaturáng（雇わない）.

Unequal {[s.] changeable, inconstant}; 不同の・等しくない; yínu gutó neng, unadjikaráng, fitúshkaráng; 両端が等しくない ló hó {shirukutchi} ftushūnyi néng; 煮方が均一でない ama nyī kuma nyī shéng, námatari {粗く} nyīshéng; 行動が均一でない・一貫しない utchi kavaï-gavaïshung.

Unequivocal 曖昧（二枚舌）ではない; 言葉 chímu tātsi neng {mássíguna} kutuba.

Uneven 平ら（均一）でない; máttoba aráng, namáng; あちこち盛り上がったりへこんだりしている ágaï fíguïshóng, tsī muyagataï tsī kubudaï shi máttóba néng; 君がこれらの物をでこぼこ（不揃い）に置いた ïyāga anu shkotéru（準備してある）munu yínu gutu {íchi yónyi} néng.

Unexpected {[s.] unanticipated}; 予期せぬ・不意の; umāzi furāzi（思いがけず）, zung gvé（存外）, chūttū fŭttū（ふっと）, fákarazi（図らず）, umínu fuka, umiyuráng {umāntaru} kutu; 思いもよらないことに, 一日鐘が鳴らなかった íchi nyitchi, umīnu fúkanyi, káné útchantémang naráng（鐘は打っても鳴らない）{kwīya ndji rang（音は出ない）}; この件は思いがけず生じた umāzi furāzi natáng.

Unexplored 未踏査の; mada sagute ndáng, mada tazonitai shiráng.

Unexterminated 根絶されていない; máda térang, máda nuzukáng, nīnu máda térang; 悪の思いの根はまだ絶えてはない yána shuzúnnu（所存の）nīye mada térang.

Unfair 不公平な; kŭ tó〈公道〉aráng; 不当な手段で得る ūkattu {karisuminyi, dólinyi sákati} yiyúng.

Unfaithful 不誠実な; djitsi shé sáng, makutu shé sang, fu djítsi na ftu（不実な人）.

Unfashionable 流行し（てい）ない; shkínnu fūdjinyi（風儀に）átarang; námanu {túchinu} fūdjinyi átarang, i-yóna〈異様〉mung.

Unfeeling {[s.] insensible}; 無情・冷淡な; chŭnŭ urī urīrang, chunu urīng túmunyi sang mung, chunu shivānsang, chunu kutu umāng; mŭ djó〈CDなし; 無情であろう〉na mung, bú támashi, chímu néng, djin djŭ〈厳重〉na mung, arashi mmaritsitchi.

Unfinished 未完成の; tudji maráng, mada djódjósang〈成就〉, mada ováráng, shī nukúīnu ang（やり残しがある）; 私にはまだやり遂げてない（用）事がある vané máda shī hatiráng kútunu a[ng].

Unfit 不適当な; yŭnyí（用に）kanāng {tatáng}, só wū（相応）sang; 勤めに不適任な tstominu yūnyí tatáng.

Unfold （折りたたんだ物を）開く・広げる; fíchi akíung, fīrugĭung; {説明する} firachi narāshung.

Unforeseen {[s.] unexpected}; 予期しない; umīnu fukanu mung, zungvé〈存外〉; このような思いもよらない出来事 kunu yóna me kara fakarāntaru muhónu〈無法・没法〉kutu; mé mé kará shiraráng.

Unforgiving 容赦しない; yurusang, chāshing yurusang, íka[nashing] chunu kizi kunéyésang, chāshing kunéra[ng]〈如何にしても堪えない〉.

Unformed 形をなしていない（無定形の）; máda katachinu ndjiráng.

Unfortunate {[s.] misfortune}; 不幸（運）な; bu sévé na mung, bu-shí avashī, yákunu（厄が）ang, kwăfū〈禍福 kwá fūkŭであろう〉na ftu, fūn（福も）néng mung; ふしあわせな運（気）únchinu tsídji, únchinu ickáng; 自分の誤りを聞き直さないほど不幸なことはない dūnu áyamatchi chíchi nósansi yaka úffissaru bu sévé néng.

Unfounded 根（拠）のない; nī neng mung; これは真に根拠のない話から生じたものだ kunu kutu djítsinyi nīn（根も）néng kutuba karadu ndjíti chōru.

Unfrequented {[s.] retired, uninhabited}; 人里離れた人が滅多に行かない; chu ḥanarinu tukuru, chúnu uffóku ikáng túkuru, chunu vó lé〈往来 wó lé〉sang tukuru, marinyi（稀に）ang.

Unfriendly よそよそしく友好的でない; firé gatashí, wābi shi madjivayung, chímu néng firayung; よそよそしく呉れただけだ wābishidu kwitéru; ある支障があって、よそよそしくなった savaïnu átti madjivaïnu tūku（遠く）{ússiku} natóng; 中傷されたことに依りよそよそしくなった ī útusattaru {ī yandáttaru} savaïnyi yútti madjivari ússiku natóng.

Unfruitful 実らない, 実のない; naïyé néng, naïyé naráng.

Ungird 帯を解く; ūbi futuchúng.

Unglued にかわがはげた; nyi-kānu ukuritóng {tsī ukuritóng}; 糊がはげた súckwīnu {núīnu} ukuritóng.

Ungovernable {[s.] unmanageable}; 制御・抑制できない・手に負えない; kamuyé naráng, sá patsi na mung, sá patsinyi ang, arashī, té văkātchă（もて余す聞き分けのない）mung, ashtchi túmugara.

Ungracious 無愛想な; 返答 nassakin néng fintó, mu ádjinu（無味乾燥な）ībung, chunu skang {chiráyuru} kutu; 彼の言葉は無味乾燥だ kutúbaya adjíng nérang; shūmaráng.

Ungrateful 恩知らずの; wūng wastóng, wūng sumutchóng, wūng úkitíng kandjiráng.

Unhandsome 醜く見苦しい; shū maráng kāgi, mīé（見ることは）naráng kāgi; 面目もない行為 mí mukún neng {karundji bichi, íyashíndji bichi} ukuné.

Unhappy 不幸な; busévé, bu shīavashí, sévé ukíráng, kurushidóng, urītóng, fu kó; 私は真に不幸な人間だ

vané dūdu busévéna mung.

Unhealthy 健康によくない; 場所 fūchinu〈風気〉ickáng chkáta; yána fūtchinu chkáta; 時季 hánashtchi（鼻風邪・風邪）{géchi〈害気; 咳気であろう〉} féyuru djibúng（時分）; 住むのに良くない sódachi gúrisháng.

Unhesitating 躊躇なく手早い; tskerang gutu（支え無く）.

Unhinge （蝶番から）はずれる; [自動] djíku kara nugĭung; [他動]（はずす）núdjung {jang, gáng}; [比喩]（正常な伆きが狂っている）mútutó uttchétóng {úttchéti yanditóng}, [他動] uttchéchang（狂った）, úttchéracháng.

Unholy 神聖でない; shí tchitsinyi〈聖潔 shī sh'tchī〉; shí tchitsi であろう〉néng, tsïūshkaráng（潔しくない）.

Unhulled 殻（さや・皮）をとってない; 米 kumi kuru（殻）kará mada handiráng.

Unhurt 損傷のない; yamaché uráng, skunaté nérang, yandité uráng, māng skunāng.

Unicorn 一角獣; tsínu tītsi aru.

Uniform {[s.] equalize}; （どこでも・いつも）同一の; kutu gutuku yínu mung; ichi yónu mung, tsíntu yínu mung; 中国における統一令: 三古典をあらゆる所に広め, 学（習）者らは一つの解釈に統一され san chó〈三経〉ippenkae férachi, sími naráyuru munnu cha tītsinkae kérachi〈帰して〉; このように広めた後, 学者らはそれらを教えること以外敢てしなくなり, かくして間違った伝承や解釈, 前時代の学者たちはすべて（廃れ）用いられなくなるであろう férachi ato gákushanu cha tstaï narāné narandung aré, chāki satchinu djúshănŭ machigéshi tstaï chū〈注〉shésé kútugutuku stáriti muchiráng; 続く時代を通して, 一様（統一）を強制されることはなかった líchi dé〈歴伐; 歴代であろう〉kara nama madí ichi yónyi shīté sariráng; ［名］役人の制服 védaï（官職）íshó〈衣裳〉, chó-fuku〈CD なし; 朝服であろう〉.

Unimpaired 損なわれない; 見ることも聞くことも, 衰えない mīng miming（目も耳も）{nchaï chichaï shussing} uturūrang.

Unimportant 重要でない・些細な; nánzu aráng, nándzunu kutó aráng, sashtīnu kutu aráng, vazikanu kutu, fíma shidénu kutu, ín tiénnu〈一点 íttïén（僅かの）〉kutu, vazikashī kutu.

Uninhabitable 住めない; simaráng, simayé naráng, sódachi gurisháng.

Uninhabited （人が）住んでいない; ūu bábārishóng, chūnu simāng {cho urang} tukuru.

Unintelligent 知力のない・愚鈍な; ugútchinu neng（積極性のない）, kí íshinyi kavaráng（木石にかわらない）.

Unintelligible 不明瞭で難解な; tsōdji ōsan, mí fakunyi〈明白に〉neng, táshshi gátasang; gúngūnŭ（言語の）tsōdjirang; 理解しがたい低い声 zīzī kwī.

Unintentional 故意でない・何気ない; kukuru nachi, umī

naku, yíꞮshu néng, umāzi furāzi, vázatu aráng; 何気な
く犯す machigéshi ukashung; 実に何気なく djítsinyi
kukuru nachi kará ndjitóng; いっしょに笑い、何気なく
（笑った）のだから怒らないでくれと言った madjung
vórati ībunyi, kuri kukuru nachi karadu ndjitōru,
nanzu（それほど）mī chīchī kvínna（見切ってくれるな）.

Uninterrupted 絶えない; tsidjóng, térang gutu, chiri
ráng, línzukushi〈連続し〉, línzukushi chiri ráng, tsízi-
kiti, tsizichóng, tsiziki tsíziki, shíba shíba tsizichóng;
fĭdatiráng（隔てない）; 絶え間ない音 útsidji tsídji shi
térang kvī; 連続した朗唱 kuchinyi djūdjiti〈CDなし；
EC: 誦〉yamáng; 絶えず来る tsininyi chí térang.

Union〔[s.] society, unite〕; 結合, 連合;[名] ávashi, sūrí,
yūrí; 私と彼は仲の良い間柄だ aritu vántu mutsi-
mashūnyi ang, mutsimashku firayung（交際する）,
íchimī（一味）-shong 即ち同じ意見; 互いに力を合
わせて tagényi avashū shi; 天により成された縁{結
婚} tíng kara nacheru {ávashi} ýín〈縁〉.

Unique 独特の; chi dúku（奇特・独）-na kutu, chi myū〈奇
妙〉na kutu.

Unit〔[s.] one〕; 単位; 一個 tītsi mung, sígu tītsi; 1の
位,10の位,100の位{算数で}tītsinu mī, tūnŭ
mī, hĭákŭnŭ mī; 1の位は第1列,10の位は第2列,100
の位は第3列を占める tītsinu mī dé chū zā（座）
tushung, tūnu mi de nyi zā tushúng, hákūnŭ mīya de
sannu zā tushúng; すべての度量衡は1の位から、
10, 100, 1000などと上る síbiti djódji（定規）hakáyuru
kuto tītsi kara wīya（上は）chāki tū, háku, shíng na-
kwéndi（などと）ïyúndó; 正の最小整数（1）の端数
mŭru tītsinu chiri {hámmung}

Unite,-d〔[s.] together〕; 合（体）させる; ávashung, aï
ávashung, ūshā shung; 心や意見を合わせる íchimī-
shóng（一味）; 他の人々と一緒になる gū〈偶〉nashung,
kúmishung; 液体が合わさる ushāyung; すべて合
（体）して sūyó madjúng shi, tumúnyi shi; 二人を合
わせる{結婚させる} gū nashung, mī tu nashung; 合わ
さった力 chíkara ávachi（力を合わせて）; すべて一緒
に合わせる sū avashi, sū kukúï-shung {算数でも用い
る}; すべての国{国民}を1つにする shú kuku（諸国）
íttūnyi〈一純；一統にであろう〉shung; 両端を接ぐ
tsídjung; 合体しない・融合しない kumé sang（組はし
ない）.

Unity 単一性;神が一人であること káminu chúï {ftuï}
tushusi; 聖神と一致して shī shinyi aï avasátti
{íchimī〈一身〉nyi nati}, íttūnyi〈一同or一統〉sátti.

Universal〔[s.] whole〕; 博学の; 博識 shirang tukurúndi
iché nérang, tsōdjirantu ïyú kutu nérang; 博学の学
者 fáku gáku-na ftu.

Universe 宇宙; tínchi〈天地〉bámmutsi〈万物〉; 全宇宙を
満たした tínchinu yényi（間に）míttchóng; この地上

世界 tínga〈天下〉, tínga íttū〈一統〉, shkín íppé.

Unjust 不正・不公平な; fu djí na〈不善な〉mung, kūtó〈公
道〉aráng, kútó nyi néng, tadashkaráng; 不公平な裁
決 saïdanó（裁断は）kūtónyi neng; 不相応に投獄さ
れた fu sówūnyi {tsimi shakunyi（尺に）sídjiti, tsimi
yaka sídjiti} dūgumi sáttang; 不正・不公平に fŭdjínyi-
shi, kū tó nengshi.

Unkind 同情（慈悲）心のない; fu djín〈不仁〉na mung,
nyin djó〈人情〉neng mung, djó（情）haziri, djin djó
〈CDなし；人情?〉sumuchōru mung.

Unknown 知られていない; ftunyi shiraráng, shiráng.

Unlawful 不法（違法）な; ʻhónyi kanāng, ʻhónyi ataráng,
ʻhó sumuchuru, ʻho mágiti〈EC: 枉法〉.

Unlearned 無学の; simíng shiráng, gaku mung néng; 無
学で無知の fū gakūnyi shi nūng vakaráng

Unlike 似ていない; nyiráng, gú naráng（不揃いである）,
ariga gutu aráng; 全然似ていない farukanyi ka-
vatóng（異なっている）.

Unlikely〔[s.] likely〕; ありそうもない; duku néng; 全くあり
そうもない yupūdu（余程）néng; 来そうもない úffukó
kūng hazi, kūng k[āgi]; 雨が降りそうもない ámi
furáng gissa kāgi; 10に1つも降りそうでない tūnyi
kúkunutsi furáng.

Unlimited（制）限のない; kadjiráng, haté néng, kádjir[i]
néng, kadjiri tatiráng.

Unload 荷を降ろす; nyī urushung.

Unlock 錠をあける; sāsi akïung.

Unlucky〔[s.] unfortunate〕; 運の悪い; 不運な出来事
chó dji〈凶事〉; umāzi furāzi yana únnu {sūnu〈数
の〉}* atésa; yana únchí〈運氣 wún chi〉atesá, túchi
nyi órang únnu tóritóng *〈運数 ún sū〉.

Unmanageable〔[s.] ungovernable〕; 治められない; ussa-
míe naráng, ussamiraráng; 手に負えない船, 即ち, 舵
に従わない船 kadjé chʻkáng（効かない）{比喩的にも
用いられる}.

Unmannerly 無作法な; skutsina（粗忽な）múng, bu lī〈無
礼〉na mung, fu tsigóna〈不当な; 不都合なであろう〉
mung.

Unmarried 未婚の; 女 wúttu muttáng wínago, wínago
vorabi; 未婚の男 tudjing kamerang; 両方（未婚の
男と女）nībitchínsang（結婚もしない）.

Unmeaning 無意味な; ími néng, munashi.

Unmerciful 無慈悲な; avarimi néng.

Unmerited〔[s.] unjust, undeserved〕; 分に過ぎた・不当な;
不相応の苦しみ wūdjiraráng {wūdji ukiraráng}
kurúshimi; 不相応の罰 só wūsang {fu só wūna}
batsi, shósinyi〈生死?〉sówūsang; 功（績もないの）に
不相応に官職を得た kónyi sówūsang {kónyi wúdji-
ráng} kwán nyin〈官人〉.

Unmindful 気に留めない;〔[s.] insensible〕; 自分自身を

（忘れがちな）dū ubirang, dū vastóng; 死をも気にしない shínyussing vákaráng {ushimáng}; 危険をも気にしない ábunassang {áyautchíng} ussuriráng.

Unmixed 混ぜ物のない・純粋な; nūng madjirang {katchāsang}; muppara tītsi; 混ざり物のない麦粉 muppara múdjinu kū bakāï.

Unmolested 悩まされることなく不穏な; vaziravashku {vaziravashūnyi} néng, nándjinshímiráng; náyamasáng.

Unmoved 不動・平静な; 顔色 iru kavasáng, kataché kavarang; 感情が動かされない kandjiráng; 外的な心配事で心を動かされない fukanu urīshi（憂で）kúkuró ugukasáng.

Unnatural 不自然な; dólinyi ataráng, mmarinyi ataráng, chūnŭ shónyi〈性に〉sumutchóng; 不自然な死に方しても構わない kíga djinyi〈怪我自に; 怪我死であろう〉savang sinyúng.

Unnavigable 航行できない; fúni harashé {tūshé} naráng; fúni harasaráng.

Unnecessary 不必要な; nanzu aráng, kanarazi tósa[ng], yūdju nerang; する必要がない súnyi uyubang, sánting sínyung; 言う必要はないよ ïyánting {iránting} simidúshuru.

Unobserved {[s.] unperceived, unseen}; （人に）気付かれない; ftunyi shiraráng {saturáng}.

Unoccupied 人が住んでいない・空いた; {[s.] uninhabited}; 所 achóng, atchó tukuru, munashí tukuru; 忙しくない時 fīma;（用）事がない kutó nérang.

Unoffending 害のない; tānying（誰にも）{nūnying（何にも）} génsang（害もしない）.

Unofficial {[s.] private}; 非公認の; 私的になされた kwánshku nént[i] shéng, kwampu kara kūng; 非公式の衣装 néshu〈内情; 内緒であろう〉íshó; 私的なホール néshu za; 私信 néshu djó.

Unornamented 飾りのない; kázaï néng, sígu, záttuna mung, sígu dū（ありのままの身）.

Unostentatious 見えを張らない; kákuchi, mizzi kara fúkuráng {fumirang}, dū bukúïnsang; 見せびらかさない慈善 yín tuku〈陰徳〉.

Unpaid 未払いの; 私は支払いを受けていない máda dé {zíng} turáng, tíma mada turang; 他人に支払ってない de mada torasang, toraché néng, fímbínsang〈返済; 返弁であろう〉.

Unpalatable （食物が）まずい・口に合わない; nyīsha, nyīsharu adjivé, adjivé íkáng, adji nachi mung, kuchinyi ataráng {kanáng}.

Unparalleled 並ぶものがない・無比の; gū néng.

Unpardonable 許せない; kunéyé（堪えは）{yurushé} naráng, yurusarang, íffíng yurushé narang.

Unpasted 糊が剥がれた; suckwīnu tsī ukuritóng.

Unperceived 人目につかない; chúnu atté nérang, ndang gutu, uzumáng gutu, ubirang gutu.

Unperishable 壊（滅）されない; íttsing（いつも）yabuyé naráng.

Unperverted 曲げられない; yúgamáng, magiráng（曲げない）* *magárang（曲がらない）, またはmagiraráng（曲げられない）であろう.

Unpleasant {[s.] difference}; 不愉快な; umushírukó néng, shūmáráng（興味がもてない）; 不快な遊び adjé néng assibi; いやな臭い yana kaza; 難儀な旅 dóchúnu〈道中の〉nándji〈難事; 難儀であろう〉, átchigurisharu mítchi, késhó〈海上〉nandjishang（難儀した）; 不快な気持ちをひき起こす vaziravashī kutú fíchi manishung* *manichung であろう.

Unpolished 磨き上げてない; {金属など} mígakang, fíchārasang（光らせない）, fikarang, tudji fikarasang; 粗玉 ara ṭama; {粗野な作法} árashī dīdji, yáfina mung, yáfinyi ang.

Unprejudiced 偏見のない; kániti（予て）kara katayutōru mung aráng, kanité sadamiráng {kadjiráng}; 偏見なく長々と尋ねる kukuró símirac[hi]〈chūnyi〈EC: 虚に〉nachi, makutunyi nachi〉úttché fíttché túyung; 偏見のないことは教えを受ける際の根本（的な点）である kukuru masashtchinyi náshusi ushī ukirunu mutu tushúng; 偏見のない心で叱責を受け入れる kukuru simirachi issam* ukiung {irïung} *issami であろう.

Unprepared 未準備の・準備されていない; máda sunavaráng, yū〈用〉shinósang; 備えの無い者を襲う yū shi nó sang {gutu} shó[（?）] chúttunyí wī tskïung（追いつく）?.

Unprincipled 道理をわきまえない; dji kadjing chkang {義の舵も聞かない}, lísidjing〈理節; 理筋であろう〉vákaráng, djī fu djing vakaráng（義・不義も分からない）.

Unprofitable 利益のない; lí yítching néng, mu yítchi〈無益・没益〉; 無益な思索 muyūna（無用・没用な）fumbitsi.

Unprotected 無防備の; kakobīru kutu neng, fushí[dji] bichi tukuru nérang.

Unpublished 未（発）刊の;（未刊の）本 {shimutsi ndjíté wūss[i]ga} máda fankoshé firumiráng, mada firukó naráng, ūūyadjinyé nar[áng].

Unpunished 罰を受けていない; batsi mada ukiráng.

Unquenchable 消せない;（消せない）火 chā shé naráng, chā méï shuru fī, fīnu méï tūchi chārang, fī chirasang（切らさない）; {渇き, 憤り} kavachi yamïé naráng.

Unquiet {[s.] uneasy}; 不安な; kukurunu útsíshóng（鬱する）.

Unravel 元を究める; yuïshu tazonuïng; {糸のもつれを解く, 比喩としても} ítu ḳutchi（糸口）tazonïung.

Unready 準備のない; arakadjiminyi snérang* *sunérang

であろう; 返答の準備がない chúttunyi kangé ōsan, kangénu tskaráng, fíntóshé ōsan (返答できない).

Unreasonable 不合理な; kán chigé (勘違い)-shong, lísi-djinu〈理節; 理筋であろう〉néng, dólinyi ataráng, mú sídji, zóï (とても) línyi ataráng, mudó (無道); 法外な望み furi umī, bó só〈妄想〉, mīdari núzumi.

Unrecoverable 取り戻せない; 貸し金 turaráng {tuï ōsan} sī (負債・借金) {uka (負債・借金)}; 治らない病 nóraráng, nóï ōsan yamé.

Unreformed 矯正されない; djínyi〈義or善に〉utsiráng (移らない), mada yī dólinkae {yútasharu mítchinkae}utsiráng.

Unremitted 中断しない; 労働を中断しない yamirang {shi} kfū {shung}.

Unrequited 報われない; máda mukūrang.

Unrestrained 抑制のない・慎みなく; tuï shimiráng, káti shidé-shi, yuruchi kákiti shung {kakitóchung}; 気ままな行為 yuruchi kakitōru furumaï.

Unripe 未熟の; mada djukusang, 'nmáng, 〈青い〉ó mung.

Unrobe 脱ぐ; chíng yurumúung (緩める).

Unruly [s.] unmanageable; 手に負えない; tuï ussama-rang (治まらない).

Unsafe 不安; tukúttu néng, údayáka neng, 〈危険な〉áyassang.

Unsalted 塩気のない; áfa múng, áffasáng, máda shū ambésang, shpukaraku néng.

Unsatisfactory [s.] satisfy; 不満足な; kukurunyi tariráng, taritósang, yī chíbitósang, máns'kusang, míttáng.

Unsavoury {[s.] tastless}; 〈風〉味のない; yī ambe néng.

Unsay (前言を)取り消す; kutuba tuï késhung.

Unseasonable 季節はずれの; shtsi haziri, túchinyi {tay[u]ïnyi} shtagāng {wūdjirang, yuráng}.

Unseen 目に見えない; mīrang, míé 人目を避けて人に見られずに(こっそり)する mī māshi sh[ung].

Unsettled (心・意見など)ぐらついて定まらない; kukuru na-kae mada sadamirang, úttche fíttchaï shi mada sadamiráng, kukurunu úkadi sadamiráng; kukuru tatturuchi (迷って) {madoshi} áma umī kuma umīshi.

Unshaken 揺るがない; 意志 kukuru úgukáng, wīkang, ndjukáng, kátóna (確固たる) kukuru.

Unshapen 奇形の; mínyikwī kátachi.

Unshaven 剃っていない; máda {頭 (髪) karazi} {髭 fïdji} sūráng.

Unskilful 不器用・下手な; tidanó néráng, tidánnu vássang, yū yě shé néng, tī dakumi nérang, tí gumā aráng, ara tī; fïtă; 乗馬のへたな mma nuï bītă; ariga mmanyi nuyusi fïtă.

Unsociable 交際ぎらいの・無愛想な; vadanyé néng, firé gúrishang, chū dũyé (交際) néng mung, mutsimashkó sang, ūrŭ atatóng, yū mádjívaráng.

Unsold 売れ残りの; mada uráng.

Unsolicited 求められたのではない・自発的な; 恩を mutu-miránsiga wúng fúdukushúng.

Unsound {[s.] sound}; 不健全な・傷物の; ítadóng, itá-minu ang, 〈心的〉chízinu ang; 木は外見はよいが、内は枯れている kīya fúka churáku shi uttché karitóng.

Unspeakable 言語に絶する・言い尽くせない; ī tskussa-ráng, ī nubiraráng, ī tsté ōsan, ïyarang shaku.

Unstable 心が変わり易い・安定性のない; sadami néng; あちこちで読む áma yúmi kuma yumi; あちこち走りまわる ama haï kuma haï-sh' átchung (して歩く); 落ち着かない心 kukuro turakashung, turakatch' atchung; ある場所{国}から他の場所などへ tu fó (方) kurachátchung (暮らし歩く) {十か所}.

Unsteady {[s.] steady, unstable, un[settled]}; 不安定な・ぐらつく; úkada mung (浮かんだ物), sadaminu neng.

Unsubdued 鎮圧・抑制されない; mada chífukósang (帰服はしない), gā wūrira[ng] (我が折れない), gā djū mung, mada tskang, shtagāng, yuráng; 彼の (色) 欲はまだ治まらない ariga djín yuku〈人欲〉má[da] sarasáng (去らせない) {máda gāyé (我は) wuriráng}

Unsubstantial {[s.] trifling}; 実体 (実質) のない; kányū〈緊要; 肝要であろう〉tósang, nánzu kanaraz[i] tósang, mutu tósang.

Unsuccessful 不成功の; nigénu kanāng, kukuruzashi tudjiráng; 試験に不合格 kónu (科の) nigénu kanāng; 不運でうまく行かない ún chinu ikáng kutú nigénu kanāng.

Unsuitable 不相応な; átaráng, sóvūsang, nuriny[i] (則に) kanāng; 私の家に不相応 va yātu sóvūsang; 互いに zóï (とても) gū naráng, tagényí ataráng.

Unsullied 汚れない・潔白な; mu chízina mung; 汚れのない徳 súttu* chízin néng tuku, chiúshi (潔し) tuk[u] *súttun (少しも)であろう.

Unsurpassable 凌駕できない; kuriga wīnkae nayé na-rang, kurinyi sídjirarang {wīnkae nararang}.

Unsuspicious 疑わ(しく)ない; íffïng utagé néng.

Untaught 教育のない・無学の; ushī (教え) néng mung.

Unthankful 感謝の念のない; nyifé vastóru mung.

Unthinking 無分別な・思慮のない; munu kangé néng, ukáttush[u]ru mung, yurugáshinu (忽せの) mung.

Untie 解く(ほどく); mussudési futuchung, hánshung, túchung.

Untimely {[s.] unseasonable}; 時季はずれの; 若死にする váka djí nyishung, váka māshishung; shtsinyi hazi-ritóng; túchinyi ataráng.

Untiring 疲れない; 飽きない; achi hatírang, ituínsang (厭いもしない), yamáng gutu; achi hatísing {ituyusing, únyusing (倦むことも)} ubiraráng (覚えない).

Untouched 触らない; sārāng gútu; {感動しない} chímunyi nūng nurang, múttu úgukáng.

Untried （未だ）試みられない; máda kukurumáng, kuku-rudé ndáng.

Untrue 不誠実な・不実な; makutó aráng, makutunyé néng, djitsé néng.

Unused 用いたことがない; 長い間使われないので錆びがついた naga kádjimi sábi kūtóng, nagadé muchi-rang yanditóng.

Unusual 常ならぬ・異例の・異常な; tsini neng, tsín nerang, tsīnu neng, djúnyi〈順に〉aráng, djunó aráng; 異常に暑い bung gvényi〈分外に〉atsisang; 過多 kvá būng〈過分〉.

Unutterable 筆舌に尽くし難い; ī tskushé narang, ïyussé {īé} naráng; 寝食を忘れた程の言い尽くせない苦悩 kanyussing〈食べる〉vasī, níndjússing starachi īé naráng kurushimi.

Unveil 覆いを取る; 顔の tsiranu tsitsíng {tsira ussuyuru shā〈紗〉} akïung.

Unwashed 洗っていない; máda arang.

Unwavering （心が）動揺しない; kukuru múpparanyishi tuï mamuyung, shū ítchinyi〈主一に〉nashung, k[u]kuru shū ítchi túï mamuyung.

Unwearied {[s.] untired}; 飽きない; áchi hatirang shóti.

Unwelcome 有難くない・嫌な; kukurunu áma ndjirang（甘んじない）, ama ndjité ukiráng.

Unwell {[s.] indisposed}; 不快な・気分が悪い; fu kwényi ang; 私は少々気分が悪い vane suttu buchīgényi ang; 尚少し不快だ nya íffé fu kwényi ang.

Unwholesome 健康に良くない; kúkutchinyi {hara kuku-chinyi} átaráng.

Unwieldy {[s.] unmanageable}; 動かしにくい; 肥えて動くのが困難である kvéti ndjúchi kantīshung; {重い} mbussanu {úffusanu} ndjukasharáng（動かせない）.

Unwilling 不本意の; gatínsang, shīti（強いて）; ukigumáng; 読みたくない yúmi-kantīshung; 別れがたい（友人と）vakaï kantīshung; 不本意ながら与える átarashashi（大事にして）kvī kantīshung, kvī gátasang, stí guri-shang（捨て難い）; 不本意（の気持ち）kukurunyi uki órang, kukurunyi daku {ráku} djáku（諾々?）sang; 嫌々ながら同意した様子であった shīti dūtōru gutóng; 彼は私が興奮してそれを{取って}持って来たがらないのを見て、いっそう見たいと言い張った ari váng 'nchi savadji, anu kutu tuti, wīnkae muchi chūsi ukigumánta kutu, īū īū mī bushashóng（彼は私を見て騒ぎ、あれを取って、上に持って来ることを承知しなかったので、いよいよ見たがった）.

Unwind （巻いたものを）解く（ほどく）; karamatchési fútuchung.

Unworthy {[s.] unmerited}; （賞賛・尊敬に）値しない・ふさわしくない; 私は（その）価値がない vané wémissa（恐縮です）{uyagumissaの略形}, va búnyi（分に）áta-rang; 注目するに価しない mirunyi {ndunying} úyu-

bang; 話す価値がない ïyúnying úyubáng; 不当な手段で回避してはいけない karisuminyi（仮初に）nugaté simang {nugārandé súnna}.

Unwrought {[s.] raw}; 未加工・未細工の; kushirérang; 未加工の石 yama kata íshi, mada tskoráng; 未加工の宝石 mada mígakang, mada 'ndjakáng* *'ndjasáng であろう; 未加工の金属 takáng káni; 未加工の絹、綿, fickáng ítu, múmi* *múminであろう; 未細工の木 yama kata kị, mada kị zukúï néng.

Unyielding （決心などを）曲げない; {人} sumúttu（全く）ukigumáng, chi chi uki néng ftu; katónu kukuru; 伸びない（もの）nubiraráng, nubi gurishī mung; 曲がらない magarang, magiraráng; 堅くて、押しつけても痕跡を留めない kfassanu kubumáng（窪まない）, kfa mung.

Up 上（へ・に）; wī, wābi, wī nkae, wabinkae; 上に行く wī nkae nubuyung; 下から上まで shtya kara wī madí; 上と下 wī shtya, djó-ka（上下）; 行きつ戻りつする íchi muduyāshung, [s.] to & fro; 如何にして上に行くか cháshi núbuti ítchuga h'n?; 起きろ{起き上れ} úkiré, úkiti kū!; 太陽は上がったか上がってないか tīdanu ágatómi ágarani?; 浮き沈み útitsi ágatsi; 日々均一ではなく、浮き沈みがある me nyichi namáng {ftu naminyi neng} útutsi agatsi ang; これはあれには及んでない kure ariga sháku m[a]da nerang, bunyi {kuré-nyi} uyubáng; 砂を吹き上げる sína fuchi agara-sh[ung]; 丘を登る múïnkae núbuti ítchung; （彼に）及び易くはない ariga shakó naï yaskó {yassiku} néng, úy[ubi] yaskó néng; 梯子がなければ、如何して登るか hashinu nendung aré chashi núbuti ítchuga?; 耐え忍び難い djítsinyi（実に）kukuru yasúndji gaté-mung; 気に入らないが許す gatinó aranó assiga shīti kunéyung（合点はしてないが敢て堪える）; 船を爆破する yínsh[u]（火薬）fī tskítti fúni yatchi yabuyúng, yí[n]shū shae haï vayung; 笑いつつ言った、その通り、その通り、しかし私を唆かしてそれに引き寄せたのは君だ vórati, andu ya[ru] ándu yaru ndi íchi, yassiga kuré ïy[aga] du vané yustéru {fíchi yuntéru}.

Upbraid {[s.] scold}; 叱る; 彼を悪事の故に叱る ariga fū djī（不義）núr[ayung].

Uphold {[s.] support}; 持ち上げる・支える; wī nachi muchúng, utīrasáng, t[sikasi]（支え）tatiti; {言葉で（支持・鼓舞する）ī tatiti} yamiráng.

Upon {[s.] on}; 上（へ・に）; wī, wī mutinyi, wābinyi, wī muti nakae ang; 箱の上に hakunu wī nakae ang; 海上で késhó.

Upper より上の; wīnu mung; 上座へ座れ wī nati yíri, wī nkae nari, ágari（上れ）.

Uppermost 最も上の; íttsing wīnu mung, íttsing tákassaru（高い）.

Upright {[s.] perpendicular}; 直立して; まっすぐ立っている mássīgu tatchóng, nowchi (直き); 公正・高潔な人 nowchi ftu, kū tó〈公道〉na ftu, tadashī ftu, kádunu (廉直な心が) ang, tátifanu (高潔・廉直が) ang, ūūyadjina* ftu *〈EC:「乗公的」の「公」〉.

Uproar {[s.] noise, tumult}; 大騒動 úfu sódó-shóng, abikwé-shung, gaya gáya-shung; 大騒音をたてる{騒々しい音} gáya gáyashi mínchaku (やかましく) nashung; {政治的に} sódóshimïung; 市場などの狂気じみた騒音 'furi gaya gaya.

Uproot {[s.] eradicate}.

Upset 狼狽させる; 私の気持を掻き乱す va chímunyi sákatong (逆らっている); 見るに耐えない há! hagóssanu (汚ない); ha! shtánassanu (不潔だ); 容器はひっくり返された ké yútitang (零した), ké katánkiti (傾けて); [他動] (転倒させる) kurubashung; 足で蹴り倒す kíri kérashung; 私の用事を駄目にする va yūdjū yanténg.

Upshot {[s.] consequence}; 結論・結果; 話し合いの結果はどうなったか sódanu tudjimai kutché nūga?; そうしたらその結果はどうなるか ansé ato nū náyuga? átonu tuduké chāshuga?

Upside 上方・上面; 正面を上にせよ shó min wī mu[ti] nasé; 逆さまになっている sákashimankae nati, w[ī] shtya natóng, nī〈根〉wī nkae nati, toritóng, útt[che]ti toritóng, 字義的には「上部を下にする」kútsigayung (覆る); 空洞のもの, コップなどの口を下にして置く ússubashung; それは上を下に, 正しいものを邪に, 真っ直ぐなものを曲がったものにすることではないか k[ure] djí-pī〈是非〉sákashimanyi nashuru sídji aranka[yá], または, kure djí fí nachaï, máttoba assi magitaï, tattchósi tórachaï shuru sidjé arankayá?

Upward 上向きの; wīnkae nkatóng, úttchagitóng.

Upwards 上へ・より以上; ～より以上 amaï, yú〈余〉; 10以上 tū ama[ï]; 10日以上 túkka amaï; 20万以上 nyī dju yu máng; 歳50余 tush[i] gu djū ámaï.

Urbane 礼儀正しい; dī djinu ang, lī té〈礼対〉nu ang.

Ureter 尿管; shūbing〈小便〉dzī〈随〉, shūbing irīru dzī, shūbing-tsitsinyi (筒に) shūbing tūyuru dzī, lóhónu〈両方の〉shūbing tūshuru dzī.

Urethra 尿道; shūbing mitchi, shūbing tūshi; 尿道の外側の穴 shūbing mī, shūbinu ndjiru dzī.

Urge {[s.] rouse, impel, goad}; 強制する; shīūng, shīti shimïung, agimāshung (急ぎ立てる), muyūshung (催す), shīti muyūshung, chūku ímïung (催促する); úshūng (押す), ushti shímïung, íchïūï (勢い) tskïung; 早く来るように彼に催促した féku kūndi sézukushang, shū shí〈出精〉shung, shushí shimïung; lí shi shimiung, túzikishi shimïung; 連続的に彼に催促された tsizikítti arinyi sezukusáttang; 支払いを催促

する sī〈債〉ímī-shung; 支払うよう催促された sī {uka (借金), fïmbing} imisáttang, agimāsattang.

Urgent 緊急の; chūnyi ang, chūnyi shung; 緊急の用事 chūna yūdju, kán yū〈緊要; 肝要であろう〉na yūdju, fékunu yūdjū, kanarazi sané naráng mung; íttsing kányū.

Urine 小便; shū bing, shī baï; 小便する, shū bing-shung; 彼は小便は出るか shū bing tūyumi?

Urn 壺・瓶; kāmi; 死人の灰{骨}を入れる{当地では7年毎になされ, 骨は洗われ壺に入れられる} kutsi〈骨〉dzīshinyi (厨子に) írüng.

Usable 使える・使用可能な; tskarī-shung, tskarīdushuru, tskaï {tskari} bishí (可し).

Usage {s. custom}; 習俗; zúku, fūdji, náravashi; 昔の習俗 nkashinu zúku, fúruchi safū (作法); 彼から嫌な取扱いを受けた árinyi súckwéshimiráttang (困らされた・ばつの悪い思いをさせられた), yana ī (悪口・あしざまに言うこと) sattang, bū tuï muchisáttang (無接待された).

Use 使用; [名] muchīse, tskefa (使用法), narisumi (馴れ初め; →習慣); 同じ使い方 yínu tskefa, yínu muchí; 昼寝する習慣がある fïnninu narisumi ang; 個人的習慣 duna tatitéru kata; 役に立たない muchīrarang, yúnyi tatáng; ほどよく用いる kagínshi〈加減し〉muchīung, fúdu yuku muchíung; [動] 用いる muchīung, yúnyi tatchung; 長期間{一生}用いても, 使い尽くせないであろう i shó muchiting {nántu muchíting} tskussaráng; 私を手荒く取り扱った {[s.] usage} bunyi〈分に〉atarang kutu {gutushi} vanyi sháng, vanyi yana shkata shang {kuvétang}; これは如何ように用い方があるか chánu muchínu aga?; 慣れている náritóng, shī naritóng; それに慣れさせる narirashung; 井戸水を用いてはいけない kāranu* (川の) mízzi muchité simáng *kānuであろう; 力を行使する chíckara ndjashung. 炒り薬を飲み慣れた írichi kússuï numi naritóng, kússuï írichi naritóng (薬を炒り慣れている); 広く用いる tī bíruku muchíung, fétóng (流行っている); 彼になお腹を立てて何の価値があるのか nū shúndī mata arinyi mī chīrarīga? (見切られるか); 中国は1年にいかほど煙草を消費し尽くすか Chū gukó íchi nínyi tábaco chássa tskúshuga? 1日に米1升{コップ5杯}使い果たす kúmi fíchinyi íshu tskushung.

Useful 入用な; íriyūnū ang, íriyūna mung, yúnyí tatchung (用立つ), muchírarīng (用いられる); 用立つ才 (能) yúnyi tatchuru sé.

Useless 無用な・役立たない; mu yūna mung, yūdju néng, yúnyi tatáng, yakún tatáng, muchīrarang, muchīnu naráng; 役に立たない者 bítätäï mung (意気地なし); 無益な言葉を妄りに使ってはいけない muyítchina kutūba mídarinyi iché simáng; 役に立たない人

yakún tatáng mung, daï mung（だれた者）.

Usual 平生の・常の; fí djí-nu kutu, ftu tūī（一通り）, tūī na mung, í shó〈一生 ísh shó〉*, tsi ni *琉球語では「不断」の意味もある; 再び（平）常のようになった djŭnyi（順に）natóng, djŭnyi ang, mútunu gutu natóng; 常の如く tsininu gutu; 常の通りにしろ tsininu tūī si; 常のようではない tsín néng; 70歳になっているが視力も聴力も常の如くである tushi shtchi dju {níng} naté wūssiga míming mīng（耳も目も）tsininu gutóng.

Usurp（暴力的に）（権力・地位を）奪い取る; 権威を midarinyi（妄に）chímpi〈権柄〉futóng, midarinyi íchïūī（勢い）katóng, názikiti ichïūī katóng, chímpi káti {kázati} futóng; íchïūī ubayung; 王位を奪い取る kuré nussumi tuyúng, kunyi úbaï tuyúng; 肩書を盗用する kwan myó（官名）nazikíti {nussumi} tuyúng.

Usury 高利貸し; lí súkunu〈利息が〉chūsang.

Usus loquendi 流行言葉; féï kūdjó, zuku kūdjó, mŭnūī gáta.

Utensil 器・道具; dogu, utsivamung, gu（具）, chí-gu〈器具〉, chí-butsi〈器物〉; 家具は質素で清潔にしよう yā dógu záttushi chirínyi shússiga mashi; 台所用具 shūté dógu（所帯道具）.

Uterine 同母異父の; 兄弟 vata {hara} tītsinu chó dé, wínagonu úyanu tītsinu chódé.

Uterus [s.] womb.

Utmost 極度の; dúttu, gúku（極）, shi gúku（至極）; 最重要事項 fŭtī（太い）na mung, f'tī kutu; 最果て hati; 極度に勉強・学問をする guku tskutchi（尽くし）{taki tskítti（極度に）} sími yumúng; 最大限の力を尽くす chikara tskushúng; 最善を尽くすつもりである nayuru ussa {taki tskíti} shúng, chíkara tskutchi sándi shung.

Utter {[s.] pronounce}（声などを）出す・言う; kwī {munūī} ndjashung（出す）.

Utterance 発声・発音; 発音が悪い shtya chirā（舌切れ・舌足らず）.

Utterly 全く・徹底的に; sumúttu, síbití, kútugútuku; きっぱり断わる síbiti {sumúttu} ukigumáng.

Uvula 喉びこ・口蓋垂; nūdĭnŭ vá gva.

Uxorious 愛妻; tudji kanashashā（愛妻家）, tudji kánashashusi sídjitóng（妻を愛する事が過ぎている）.

V

Vacancy 空間; áchima, s'tchima（隙間）; 官職が空いている kwán shkunu áchong, mádu（空間）achong.

Vacant 空いた; 所 munashí* {achó} túkuru *「空虚」などの「空」（空しい）からの推測であろう. ベッテルハイム自身の推測かも知れない; 空いた所に座れ madu achó tukurunyi yīri; この椅子は空いている kunu yī achóng {mádunu ang}; 手のすいた時 fīma（暇）.

Vacation 休日; mádunu（すいている時間の）tuchi; 官職の休み kwansh'ku mádu shóng.

Vaccine 痘苗・牛痘種ワクチン; [名] úshi gássanu kúnzi; nyu* tó〈牛痘; 牛痘であろう〉{djú tó} *「牛」の中国語発音 niú であろう; [動]*（種痘する）kúnzi wīung, mátchung（播く）*vaccine に動詞項目はない. vaccinate を援用する; 痘が膿み膨れる kámïung, mízzi kamïung; 熟し膿が満ちる chími íung, chími ittchóng; 乾き切る ké karïung, tsī karïung; 瘡蓋が剝げ落ちる kassánta ké ukurïung; 膿疱がついた nígatóng; たった2, 3粒だけ膿疱がついた tá tsīzí（粒）mí tsizi bakaï nígatóng; 膿疱がついてない nigáïbiráng* *niga ibirang（根が坐りません?）.

Vademecum 必携（参考書）; fútskurunu（懐の）nyítchi gva（小日記）.

Vagabond {[s.] fellow, vagrant}; 放浪者; ítazira mung, munashku ama haï kuma haï shuru mung.

Vagina 膣; ím butsi〈陰物〉, wínagonu kakushi dúkuru.

Vagrant 放浪者; hóbóshuru ftu, assidátchuru mung; 放浪の無法者 assi tifó〈{テ}匪〉kurushátchuru* mung *kurashá- であろう.

Vague 曖昧な; mávaï tūsaru; 曖昧な言葉 mávaï tūsaru kūdjó, 'nna（空の）kūdjó, ama ī kuma ī shuru, iming vakarang munūī; 曖昧な言い方をする人 kánnung（勘も）{kannó（勘は）} tskarang munūī kata shuru {yó shuru} ftu; 曖昧な表現は理解し難い íminu kúnzó shta〈混雑〉kutuba chíchi gurishang（聞き難い）; 曖昧で2つの意味に取れる munūī katanu gurumítcha* ībung, ími tātsinkae káyuyuru（通う）kutuba *cf. animated（活気ある）, brist（活発な）.

Vail (veil) ヴェール; [名] {tsira} ussúyuru sādji, kákushuru shá〈紗〉; [動]（包み隠す）{sādji shae} tsitsinyung, kakushung; 彼女の顔を覆った tsira ussutang, kakuchang.

Vain 空虚な; {偽りの}空しい思い sura umūī（空思い）, úkada {'nna, munashí} umūī; 無駄な労働 'nna nandji-shung, sura nandji, itazira（無駄）vaza, 'nna nandji shuru k'fū, 'nna k'fū-shung; 無駄にitaziranyi（無駄に）shéng, 'nna shī shéng; 時を空しく過ごす munashku fī（日）sigushung; 行ってもまた無駄であろう íkaváng {ndjīng} mata itazira gutu {vaza} déru; yūdjŭn néng（用立たない）; 空しく偽り事 munashi itsivaï gutu; すべての苦労が無駄である síbiti ítazira gútu deru; 無駄死にする itázira djínshung; この半世紀間の私の歳月は無駄にすぎた va tushé hākunu hambung itáziranyi vatatáng, または vané hākunu hambung tushi itáziranyi kúracháng; 無駄な努力は次のように表現されることがある:「水の中の月をつかもうとする」mízzinu utchinu tstchi skurándi（掬おうと）{turándi} shung;「鏡の中の頭を探そうとする」kagánnu {kagaminu} *後半部は欠落.

Vainglorious {[s.] boast}; 自惚(れ)が強い; dū fúkuyung
(自分を誇る=自慢する), mízzi kara fúkuyung; 自惚
(れ)の強い人 dū bukúï shta mung.

Valet 従者・側仕え; tumu, soba ziké.

Valley 谷; {yámanu} kubúng, {yama} tǎnyī, san chūnu fī
chi〈EC:山中平地〉.

Valorous 勇(敢)な; ⁺yūnu ang, íssaminu ang, ⁺yūnu áta
(有った) mung.

Valuable 貴重に; tákara mung, fissóna（秘蔵）mung, chū-
fūna〈重宝な〉mung {ftu}; 高価な kó dé shuru mung;
大いに尊重している umíndjitóru*, táttudōru *umún-
djitóruであろう; 大切な友, 言葉など téshītsīnǎ dushi,
kutúba.

Value 価値 [名] 真価 makutu dé, ⁺shó〈正〉dé; この本の
（価）値は幾らだと思うか ïya kangétinde（考えてごら
ん）kunu íchi ⁺būnǔ〈部の〉shumútsinu dé chássa
shúndi umúyuga?; [動] {心的（尊重する）} táttubǐ-
ung, umíndjǐung* {itang, iráng}, téshtsinyi shung
*umúndjǐungであろう; ある物の値を定める dé ziki-
shung, dé sódang shung, dé sadami-ung {sadmi-
shung}; 君子の尊ぶもの ⁺kún shinu táttubǐútukuró
（～所は）; 彼をとても大事にした dūdu fissónyi（秘蔵
に）sháng {téshītsīnyī shang}.

Van 前衛・先陣; {軍の} ménu {satchinu} íkussa nyíndju;
mé ukagayuru íkkussa.

Vandyked ギザギザ（付）の; núkudjiri gatta（鋸型）ítténg,
hassan chíri djiri shéru（鋏で切れ切れにしてある）.

Vane 風見; {船上の風見} funinu káza mí bata.

Vanish 消える; 消えて見えなくなる usti（失せて）mīrang,
chīti mīrang, chīti hatcháng（消え去った）, munashku
{nna} nati mīrang; 消えた, どこへ行ったのだろう
mānkae nátaga néng（無い）?, mānkae hátchaga
mīrang.

Vanquish {[s.] subdue}; 打ち負かす; mákashung, kát-
chung; 負けた makitáng.

Vapor {[s.] fog, sream}; 蒸気; 空中に（見えるもの）chíri
（霧）; 曇り霧がかった chiri kakatóng, chíri kákiti*
mīrang *kakatiであろう; kíbitóng（煙っている）, kíbiti
mīrang; 水以外の物から出る発散物 fuki, īchi; 熱
い液体からの発散物 ātski（熱気）; 湯（の熱）気
⁺yunu átski.

Variable {[s.] changeable}; 変じやすい; fíndji yássang.

Variance 不和; 仲違いさせる {kuritu aritu} fīdatirashung
（隔てさせる）{fīdatarashung}.

Varied 多様の; 多（才）能 ⁺sówūshta〈相応した〉ftu, ta nū
na ftu; vaza úffussaru ftu; {[s.]} the next.

Variegated 雑色・多彩な; {色が（多彩な）} hanayaka íru-
duténg, mádara, ayagatchóng, ákara futara, séshtchi〈彩
色〉íruduï-sheng, séshtchinyi ang, séshtchinyi irudu-
téng; 雑多な事 ⁺dzó gutu〈雑〉事, yúruzinu kutu

{yūdju}.

Variety 多様（性）; 料理や混合物などの多様な具 tuyāzi
gayāzi, kazi kazi ítti; íru íru ang; 時代ごとに鼎の造
り方の多様性 ⁺líchidé〈歴代〉kara kanaïnu katachi
tskoï kata íchi ⁺yónyi（一〈様〉）néng.

Various {[s.] sort}; 多種の・数々の; kazi kazi, únu únǔnǔ
kutu〈EC:各様〉; 種々の用事があった yūdju kazi
ndjitóng（出ている）.

Varlets 侍童・小姓; このいたずら小僧ども ítazira vorabá-
tá.

Varnish [名] ニス; urushi（漆）; 飾りは黒漆である ka-
zainu kuru urushinu ang; [動]（漆を塗る）urushi
nuyúng, urushi nuï tskǐung.

Vary {[s.] differ}; 変化する・させる; [自動]（変わる）ká-
vayung; [他動]（改める）áratamǐung, aratamáti
shung, kváshshǐung〈化する〉.

Vase 瓶; 花瓶 fhána íchi, hana irī, hana iri gu fīng, hana íri
bíng.

Vast 広大な; hatín（果ても）néng fīrussang; 親への孝
（行）は天のように広大・無限である úyanu kó tínnu
háti miransitu yínu mung; tínnu fīrúchinu gutuku,
chívamari nashi.

Vat 大桶; ufu wūki; {肥料用} kvé tsibu（壷）; 革鞣し用大
桶 kā kunashi ǎnǎ（穴）.

Vaunt {[s.] boast}; 誇る; fukuyung, ⁺djímanshóng〈自満; 自
慢であろう〉, mizzikara ugutóng（驕っている）; このよう
に自慢した fúkuti kunu gutu ïyūnyi（誇りこの如く言う
に）.

Veal （食用の）子牛の肉; ushi gvānu shíshi.

Vegetables {[s.] greens}; 野菜; yassé, yassénu ⁺luï〈類〉,
ná; 青野菜 ó fa（青菜）; 野菜（食）で精進する shódjín
shung, ⁺sú shku〈素食・疎食; 粗食であろう〉shung, nyī
dja mung（苦物）kanyung.

Vegetate {[s.] grow}; 生育する; mī ndjǐung（生え出す）,
chízashi（萌）ndjǐung.

Vehement 激しい; {風・怒りが} fǎdjissang; 激しくない fa-
djishkó néng.

Vein 脈; {血管} chí sidji（筋）, chí nu mitchi; 木目 kínu
áya（綾）, ⁺múku mi〈CDなし〉; 鉱脈 íshi ánanu aya.

Velvet ビロード; tíngāchū（天鷲絨）.

Vendible 売れる; uï bichi mung, uïdúshuru.

Veneer （象牙などに）化粧張りをする; chíri kúnyung; 飾り
縁をつける chíri kudi fīri tuyúng {tskǐung}; fuï
tskatchi fīri tskǐung.

Venerable 畏敬すべき; tsitsishim bichí, ussuru bichí, uya-
mé bichi; 尊者・～師 úndju, ló⁺shin shi〈老先生〉, shin
za〈先坐; 尊者であろうか〉.

Venerate 畏敬する; tsitsishimi ussuriung, uyamayung.

Venereal 性病の; 潰瘍 ⁺fín duku（便毒・横根）, hássi.

Venery 好色; iru yuku; 性欲過ぎて痩せている íru yúku

sídjiti yogari yamé (病).

Venetian 板簾・ブラインド; sídaï (簾), íta sídaï, kí sídaï.

Vengeance 復讐・あだ討ち; ata mukúï; あだを討つ áta mukúyung, títchi mukúyung, áta fūdjïung (報ずる).

Venison 猟獣の肉; karīshuru shíshi, karīnu shishi, shkanu shíshi (鹿肉).

Venomous 有毒な; dúkuna mung, dúkunu aru mung.

Vent {[s.] wreak}; (気体・液体などを出し入れする) 口・穴・孔; [名] útsiru ana, (mī) ,'ndjí ana (出口); [動] 悪感情をむき出しにする yana chímu ndjashung; 怒りをぶちまける íkari utsishung {murashung (漏らす)}; やさしい感情を発する yī chímu fáshshïung.

Venture {[s.] dare, risk}; 大胆に~する; (敢えて) 入ってよろしいでしょうか hántiti (冒険して) útchinkae íchi nyúmi (入って見ようか) {sínyumi (済むか、よいか)}?, uchinyi ïūmi írani chāshukaya (内に入るか入らないか?如何しようか)?; 正しいかどうか知らないが敢行する yúshing (良しも) ashing (悪しも) shirangshi (知らず) shung, djíng aku (善悪) shiransiga shung, yítaï ushinataï shing (得たり失ったりしても) udurukáng.

Venus 金星; taï faku (大白; 太白であろう), kugani bushi.

Veracious 正直な; nowchi (直き), sigussaru {ftu, kutuba}.

Veranda 縁側; yīng.

Verb 動詞; shúru {kutu nashuru, shimiru} kutuba.

Verbal 語 (言葉) の; kūdjóshi shéng, ī tstéti (伝えて) shéng; 言葉による命令 ī tsté gū yū (御用), tsira yóshi (様して) tuzikiung (命令する), dūnu kutchishi tuzikïung; 口論 yūzé, kū-lún, nāndjū (難渋).

Verbatim 全く同一の語で・逐語的に; tstetaru kutuba ítchi itchi {kutugutuku} ïyung, katchúng.

Verbiage 饒舌・冗語; imé nerang naga kūdjó, naga kūdjóshi imé nerang.

Verbose (言葉が) 冗漫・冗長な; naga kudjósheng, naga gatchisheng, munuí úffusang.

Verdant (草木で) 覆われた・青々とした; 丘 kīnu shidjitōru yama, yámanu óténg, óchi (青き) yama.

Verdict 裁断; saï dan, tadashuru sádami, tadachi átonu sadami; 有罪の判決 batsi sadami, toga (科) {attiru} sadami; 無罪の判決 nugātang (免れた), nugāyaru sadami, yurúshuru sádami.

Verdigris 緑青; dūnu {kaninu} ó sabi (〈銅〉の青錆).

Verdure (草木の) 新緑; 松の緑は変わらない matsé ó-ó-tūshī (松は青々として) íru aratamirang; ósasi (青いこと), óchi naru kutu (青きなる事).

Verify {[s.] fulfil}; 証拠となる [自動] shirushinu ang {nayung}, shūku natóng; [他動] (証拠にする) shūku shung; 前兆にはその証 (拠) があった chizashinu átaru shirushi (前兆が有った証).

Verily {[s.] indeed}; 誠に; makutunyi, shófūnnū (正本の).

Vermicelli バーミセリ (マカロニの一種; スパゲッティより細い); sóming (素麺); 揚げた素麺 agi zóming; むしろ調味料として用いられる種類 fū (麩), chíttu fū, これらはある酵母と一緒に調理され柔らかくしないで、水の下に保存される太くて自家製の素麺 chíri múdji (うどん).

Vermiculation (虫など蠢動するさま); múya múya shung.

Vermilion 鮮紅色・朱色; fuka aka íru; 朱 (色の) 筆 kótinu fudi.

Vernacular 地方固有の; 言語 zúku gū〈俗言; 俗語であろう〉.

Vernal 春の; 春雨 fárunu ami; 春分 lī-shung〈立春; EC の誤訳であろうか〉{[s.] kalendar}

Verse 詩; shī; 詩1つ, shī tītsi; 1首の詩 shī íshshu, íshshunu shī; (詩) 節 chíri; 詩を書く shī tskoyung; 詩に精通している djúkushóng, narishóng; 詩作は次のようにも表現される:「月と遊び風に (合わせて) 歌う」tstchi nagamī (眺め), kazi muti assidi (もてあそぶ) {shī tskoyung}; 彼らの内1人, 2人は数学に通じた者がいた sunu utchi chuī taïyé sampó (算法) naratoru munu vutáng.

Vertebrae 脊椎骨; shinaka (背中) buni.

Vertex {[s.] top}; 頂 (点); itadatchi, tsídji, má tsídji; {ピラミッドのような} 尖ったものの突端 togaï; 頭頂 (ひよめき) hīú ratchi.

Vertical 頂点にある; 太陽 tída tínnu itadachinyi ang; 対頂角は等しい téshóru〈対している〉sími íchi yónyi (一〈様に〉) ang.

Vertigo 目眩・眩暈; kukuti míguyung, mī zín zín túbïung, kúkuti míguïti mī chiramíchi shung.

Very 非常に; dútu, dūdu, hfána fada, shí gūkŭ (至極), ítátti, gúku tstchóng, taki tskitti (極度に), djū bung, útushī, míttanyi; 非常に (偉) 大な dáténg, dáténa mung; 非常に大きい dátténa mung, fú tí (太い) na mung; 非常に小さい guma mung, [s.] little, slight; 非常に肥えた mittanyi bǔtá (太っちょ); 非常に強い風味 shtchisang; 非常に愛する fúkaku kanashashung; 非常に忙しい yūdju gámassang {[s.] frequent}; たいして (あまり) ~ではない duku; duku は否定動詞と共に次のように用いる: たいして多くない dúku uffokó neng; ひんぱんには・あまり来ない dúku kung; さして特別ではない nánzu (たいして・それほど) neng, sashti neng, zóï (とても) neng; たいして降らない amé zóï mada furáng; 非常に悪い zóï íckáng, zóï tsídji {zóï は「悪い意味」で使われることが普通}; 非常に赤い mákkára {má は正しくは「本当に、真に」の意味}, 真っ白 má shíru, 真っ黒 má kurú, 一番先 {最前部} má satchi; 真の頂上 ma tsidjí; má は正確さの極点を示すが全てに使える訳ではない; あまり好きではない dúku kunumang; たいへん少ない dúttu íkirassáng; 非常に激しい fadjissang, tádjissang, tatchishku (猛に) ang; 大変遠い haruku* tūsa, kāma tūsa *haruka であろう; 大変高く,まさに頂点に kāma wī; 大変遠方から{大変昔から} kāri kará {kāri nkashi kará}; まさしく同じ日に yínu fī; 大変異なる kāmă kavatóng, dūdŭ chigatóng, dūdŭ nyiráng; 非常に裂けた chiri hititóng; バラバラに解けた váckwi hatitóng; {意味が}大変曖昧な íminu vakaï gúrisháng, kán tstchi gúrishang; 誠に申し訳ありません dūdu yakitósa (焼けているよ),dūdu kukuru yakitosa, dūdu shivashósa!; とても結構だ tó!,tó, yutasháng; nya sinyung, símusá, yū shéng (でかした); 今は大いに結構,さあ行こう tó,dí íchínda*,tó, dí ndji kuï? *ndjínda であろうか; 非常に良い chíbishku (厳格で) yutasháng; 非常に味がきつい káraminu tchitsisang {fǎdjissang 激しい}; 茶がとても濃い chānu katasang,chānu iriyunu (入れ様の) {iri katanu} chūsang; utushī katassang, taki tskiti chūsang; 私は昨日とても慌て狼狽えていたので来れなかった chinyu vané yūdjunu dūdŭ savagashūnyi átti,kúmakae chí ōsantang; 常とは大いに異なっている dūdu tsininyi kavatóng.

Vesicate 火(水)ぶくれする; [他動] kassa tuï tatīung; [自動] すでに発泡し{水ぶくれとなった}. 間もなく多分開く{膿を出す} kassanu tuï tattchóng,yagatí yéyuru hazi.

Vesicatory 発泡剤; kassa tuï tatiru kó yaku (膏薬).

Vesicle {[s.] eruption, vaccine}; 小水泡; kānu (皮が) hátsidong (hatsitsidóng),kānu futsidóng (腫れている), kā tsizíng (皮包)?.

Vesper 晩祷; yussandinu unyife-shusi, yussandinu lífé〈礼拝 lí pae〉または fé lí〈拝礼〉.

Vessel {[s.] ship, instrument, jug}; 容器; dógu〈道具〉,utsiva mung, sara, irī〈入れ物〉,īrí munu; 小容器 makaï (飯・汁椀); 血管 chí sídji, kadji (筋).

Vest [s.] garment, dress, deck.

Vestibule 入口の控え室・玄関; ménu myá (宮); 皇帝の宮殿への入口 djú〈玉〉?-kutchi, támanu chízaï (玉の梯子).

Vestry (教会の)祭服室; tiranu (寺の) utchi za {ura za}.

Veteran 老練家; {bu〈武〉} vaza nari shōru fing〈兵〉; 熟練した手 naritōru ti.

Vex 悩ませる; [他動] náyamashung, vaziravashung (煩わす),nandjishimīung; 腹を立てて力を用いる íchiduri (憤り) mutchung; 私は彼に腹を立てた vaga arinyi íchiduri múttasattang; とても悩まされた dūdu nayamasattang; 楽しくもあり腹立たしくもあり mata vorayuru utchi nakae,mata būchūnyi〈不調; 不興であろう〉nayung; mata vorataï mata nayamasattaï shung {nayamasaríng}.

Vexation 腹立たしさ・憤怒; 顔に現れる íkarinu aravarīung; 父も息子も苛立っている uya kva túmunyi dūdu būchūnyi〈不調; 不興であろう〉natóng.

Vexatious 悩ましい・苛立たしい; nayamashī kutu, kashimasháng (うるさい),bu chū-nyi〈不調; 不興であろう〉ang, nándji, shíva (心配) gutu-nu ang, shivashuru munu kangé; (相手を苦しめるだけの)いやがらせの拘留 kutsisashi tudumirattóng.

Vial ガラスの小瓶; póli〈玻璃 (ガラス)〉bíng gva.

Viands {[s.] food}; 食物; 民衆の食物 nyīsha (美味しくない) mung.

Vibrate {[s.] oscillate}; 振動する; ké nydjúchi* ndjúchishung *ndjúchi であろう; 木霊が振動し反響する fibichinu ndjúchi muduruchi shung; 砲声で空気が振動する hānu* dúddu dúddu shung. *hōnu であろう

Vice① 悪(事); ashtchi kutu, yana kutu, aku, aku dji, yana narisumi, yana naré-shóng; 悪が完全に取り除き尽くさなければ,将来災難を招くであろう mushi aku nuzukítti tstchiyirandung aré atonu urī nukusandi shung; 親は子の悪を知ろうとしないものだ uyataru munó kwanu aku shirang fūīshi (振りをして); 君公はその好き嫌いを人に知られてはいけない chímitaru mung kunudaï nyikudaï shusé chunyi ukagaï fakarashimínna; 只天の摂理の如く行動すべきであり,人々には各自善悪を選択させ,その結果破滅か報償かが当然伴うようにすべきである chódu tínnu (天が) chūnu (人の) djín aku nyūru gutóng {kangamiru-ga ang},sūyó dūshi turu (取る) tukurunyishi, anshi ato batsi sattaï fūbi sattaï shussing chāki uritu tumunyi shung.

Vice② 万力; ねじ(で工作する)万力 nídjiri gani.

Vice③ {[s.] assistant}; {次位・副} nyi bang.

Vicegerent 代官・(代理人); 他人の代理として統治する matsirigutu myódéshuru (名代する) mung, kavaïnyi náyuru, kavaïnyishuru mung.

Viceroy 総督; tsun-tú〈総督〉.

Vice versa {[s.] reverse, contrary}; 逆に; úttchéinyé, úttchéyuru bashu; 父は息子を愛す,そして逆もまた同じ uyanu kwa kanashashī* (親が子を愛し) *「逆もまた同じ」の琉球語は欠落.

Vicinity 近隣; tūnaï〈隣〉,lín dju〈隣所〉,chímping〈近辺〉; この近隣から余り遠くは(離れて)ない tunaï fídató (隔っている) tukuru.

Vicious 悪(徳)の; yana naré-shóng; 悪人 shó-djin〈小人〉,ukunenu yúkaráng ftu,dji dātsī〈下等; 下達であろう〉.

Victim 生贄; {動物} matsirínu ushi {ftsizi},ítchinyī, matsirinu ítchinyí.

Victimize 苦しめる・生贄として殺す; {比喩} itchinyīnu gutushung.

Victor {[s.] triumph}; 勝利者; kátchara {makachar*, katchōru} mung *makacharu であろう; 勝利者の歌 kátchi uta-shung;

Victorious 勝ち誇る; 勝ち誇り {(勝ち)歌を歌って} 帰る kátchi {utashi} kéyung.

Victory 勝利; katsi kutu（勝つこと）; 勝利をおさめた kacháng, tatakati makacháng, káchí yítóng; 完全な勝利を得た ūīnyi katcháng, ūīnyí mattaku katsi kutu yitang; 2度続けて勝利を得た nyí du tsizikítti kacháng; 論争の際勝利を望むな, 分配で大きな取り分を望むな yūzénu ba katandi shé {katchusé} kunumúnna（好むな）, vakīru ba uffussassing mutumité íckáng; 克己する dū（胴・自身）makashung.

Victual（s）{[s.] food} 食物・食糧; kwé mung, kanyuru mung, shōté mung, shkúmutsi; 乾（した食べ）物 fushi mung, fuchéru {kfassaru, kfa-} kwé mung; 私は広東へ行く, 君が全道中の食糧を準備しておけよ vané Quantunungkae ítchung, ïyaga dóchū〈道中〉dūīnu munu arakadjiminyi shkótókiyó; 食べる物が無い kwé mung néng.

Victualler（軍などへの）食糧調達者; shōté kamutōru mung; {商人} shōté mung achinéshuru ftu; 政府に委託された御用達 ū dédju（御台所）飲食店 cháku yā, kwé mung úyuru yā〈EC:飯店・客店〉.

View {[s.] sight, look; 景色; {眺望} chīchi〈光景; 景気であろう〉; ［動］（見る）nyūng, íchi dū nyūng, chu mī nyūng（一見する）; 私はそう観る vaga an ndi nyūng; 私は彼を善人と見ている vaga ari yī ftundi nchóng; 私の見方{意見} va mí tski; いかなる理由でも聖人らの言葉を軽蔑して見てはいけない shī gung〈聖言〉chigarachi（穢して）nchi zóī（とうてい）simáng; 軽く見る káruku nyūng; 一つの善（行）は百の悪を覆うことができると昔から言われてきた. この古語によれば, 一つの悪（行）は百の善（行）を陰らせる kugú〈古語〉nakae ïyáttósi, ftutsinu djíngshae hākunu ákung ussū bichindi ïyattóng, kuttáshi 'nchindé（これらで見てみると）ftutsinu akushae mata hákunu djíng ussū bichī du yaru; あることについての意見（見方）をあれこれ取る shū djó-shung〈取情〉.

Vigil（教会祭日の）前夜; 新年の tushinu yuru.

Vigilant 用心深い; fúkaku níng（念）íttchóng; 悪があればすぐ改め, 無ければ益々用心する akunu aré chāki áratamítti, nendung aré īū īū {massi massi} tstomi kuvéri〈EC:加勉〉varu yútasharu.

Vigor {[s.] strength, spirits}; 活力・根気; 生まれながらの根気はまだ損なわれていないが, 歩行だけが困難である kunché now（尚）mazi chūssassiga, mítchi átchinu katémung.

Vigorous 元気旺盛な; sákanyi ang, yī kūnchí（根気）, kūnchinu chūsang; 精（気）ある心 sénu chūsang.

Vile {[s.] low, vulgar}; いやしむべき; {卑しい} íyashtchi mung, karī mung; {貪欲で, さもしい} íyashī mung, iyashā（けちんぼ）; いやしい謀りごとをする（者）lutsi kwé mung,

takuma kwé mung（利口者）; 卑劣・残忍な盗人 zan〈残〉zuku（賊）; 腐れ穢れた死肉 kússari chígarinu shkábani（屍）.

Vilify 誇る; útushung, súshïung, ftunu fíkusi（欠点）ïyung;（君は）行ってしばらく彼を貶しなさい ïyáya amankae ndji, ítchuta ari chígari házikashimiré〈EC:汚辱〉.

Village 村; sátu, múra; 村の頭 muranu kashira; お茶の後で彼女は村の中で見たこと聞いたことを彼に話し聞かせた cha núdi áto mura vuti nchaï chícharu kutó árinyi chíkacháng.

Villager 村人; mura bú（夫）; ínaka chū {当地でInaka（田舎）とは首里（Shuï）, 那覇（Napa）以外の全地域を言う}.

Villain 野郎・奴・こいつ; hyá（やつ; ののしりの語）, gatchi（餓鬼）, 'nza（下人・やつ）; おい, こら yé hya {shāとも言う}, yé 'nza!.

Vindicate 弁護・擁護する; 権利を líssidjinu（理筋の）tūī kataku mamuyúng, mi bunyi wūdjita kutu kátaku mamuyung; 中傷されたので, 自分の名声の正当性を立証する名声を守る chunyi ī sagiratta（言い下げられた）{ī yandátta} kutu myó bung（名聞）mata tadashku nashúng.

Vine 葡萄の木; budónu kī, kanibu-nu kazira.

Vines 蔓; {這う植物の先端} kaziranu（かずらの）tsiru, kaziranu tī.

Vinyard 葡萄園; búdónu {kanibunu} áttaï.

Vinegar 酢; sí, feï; 酢の味は酸い sīnu adjivéya sīsang; 酢に漬けてある sī nakae tskiténg, sī ziki shéng.

Violate 犯す; úkashung.

Violence 暴力; míttä（滅多）-nyi shung, shīti（強いて）shung; 暴力的に入る shīti sísidi ítchung; 暴力で領土を占領する shīti kunyi tuyung {mutumïung}, fá dó〈覇道〉ukunati simatóng（住まている）; 自分が有利になろうとのみ考える, 暴力的な者 dū katándi shī, tsivé mung（大変な者）.

Violently 暴力的に; 取る shīti {arashku（荒々・暴々しく）, úshītī（押して）} tuyung; 暴力的にする shīti shung, míttanyi shung;（取）得すべきでない分を（取）得することを, 強いて取ると言う búnnu yī bíkarang shóti yíyusi kuri shīti tuyundi ïyung; 図るべきでない分を図ることを, 強いて求めると言う bunnu fákaï bikaráng shóti fakayusi shīti mutumïúndi ïyúng; 烈しく強そうな容貌 tsïūtchi sakánna kátachi〈EC:強壮之形〉.

Violet 菫; {黄色の花をつける} wó-chin-kvä（黄金）花.

Violin バイオリン; 当地のギター sán shing〈三弦; 三線であろう〉; 西洋のバイオリンは次のように言うだろう: sé yang〈西洋〉san shing ヨーロッパのギター, または yumi san shing 弓ギター, séyánnu tsiru（弦）yutsi aru naïmung.

Viper 蝮・毒蛇; mámushi, dúku dja.

Virago がみがみ女・女丈夫; arashi winago.

Virgin 処女; winago vorabi〈童〉,d́o dju〈童女〉,chí dju
〈閨女〉,nībichinsang（結婚もしてない）wīnago; úttumi
（乙女）{稀に聞かれる}; 処女の純潔 tī shtsina〈貞節
な〉winago,shtsi mamuyuru wínago,tí-dju〈貞女〉,純
潔な女.

Virility {[s.] manly, age}; 男盛り・男らしさ; wútūkŭnŭ
ichiṻ̈（勢）,wíckiganu tuku,wíkiga rāshā; 成人した
chūtóng（強くなっている）.

Virtue 徳; tuku,djíng〈善〉; 大徳 sakán naru tuku〈EC:盛
徳〉; 道徳的な善 djín naru tuku; 五徳 gu djó〈五常〉;
{効力} shirushi,kó〈CDなし; 効であろう〉; 薬の効力
yaku lichi〈薬力〉,kussuïnu chíkara; 徳は偉大で,そ
れより優るものはない tuku magissanu,wīnyé nūng
neng,wīnyé neng taï tuku〈大徳〉; 私が求めるものは
何か. 私の徳が増すことを求める（のみ）vari nū
mutumīuga? va tuku atsunyi（厚くに）shusi mutumīru
bakaï du yaru; 才があっても徳がなければ,どうして
尊ばれるに十分であろうか chū sénu atíng túkunu
nendung aré,táttubunyi tarīumi（足るか）? {tariráng
（足りない）}; 善徳の路は最初ごつごつして歩きにく
いが, 頂点を到達すると常に楽しいものである djín
túkunu mitché fadjímé tairaka narangshi ítaï gátassa
（到り難さ）ayéshundung,sunu gúkunyi（極に）ítaté
tsini zini andákunu túkurutu（安楽の所と）nayung;
孔子曰,善人は他人の徳を（完）成し,他人の悪を
（完）成するのではない,悪人はこの逆であると
Kūshé〈孔子は〉ībunyi,kunshé chūnu yī tukurudu
náshuru〈CDなし; +は間違いであろう〉,ftunu akó
nasáng,shó djínó〈小人は〉kurinyi uttchéyung; 政府
の役人を選抜する原理は,徳を第一に置き,学問を
次に置くべきである matz[i]rigutunu samuré〈EC:士〉
tuï agíru（取挙げる）mitché（道は）tuku satchinyishi
gaku munó atonyi si vadu yaru; 度量の大きな人で,
言葉少なく,清（廉）と真（実）と勇（気）の三徳を兼ね
備えていた ūmuchi atsūnyishi〈EC:重厚〉kutubang
íkirassashi,chīūshku,makutu,issaminu san tuku
kanitóng; 堯舜（Yaond（=and）Shun）の徳は言い尽く
せない Djó Shunnu tukó ī tskussarang; 善徳や悪徳
のすべては心から生ずるものである djíng aku mina
chímu káradu chōru {kukuru nakaedu kakatōru}; 人
は徳を持っていなければ,徳の楽しみの実（相）を知
ることはできない chunu dūnu（自らの）tuku néndung
aré unu chimuyénu makutó shiraráng; 禽獣は善を
為しえないが,また悪も為しえない chín-djúya {tuï
ichimushé} djinó〈善は〉nashuru kutó naranó assiga,
mata aku nashuru kutó naráng; 薬の効力（cf.3行目）
kussuïnu yamé ussamíru tuku〈EC: 薬之主治〉, {ya-
ménu* nóshusi kamutóng} *yaméであろう.

Virtuous 有徳の; 有徳の人 chín djin〈賢人〉,chín-sha〈賢者〉,
djin-tónu〈善道 djin doであろう〉ftu,tukóna ftu〈EC: 徳

行之人〉; yí chū; 有徳の性を持つ, 生まれつき徳のあ
る（人）kashikushinyi〈賢に〉ang, káshíchūsāng,
tadashī（公正な）ftu; 貞女 tī-djū,tádashtchi〈正しき）
winago; 美しさに加え徳ある行為をなす女 dūdu
churassaru wīnyi,ukunéng kániti（兼ねて）yutasharu
wīnago; 常に公平無私の道理に其ずき行動する人
kún shi〈君子〉; しかし, 孔子によれば,作法とか慣習
とか言うものが無ければ道徳的善はないので,「純粋
に徳ある人」を次のようにも言うであろう: dīdji safú（礼
儀作法）yū vakatōru {shtchōru} samuré〈EC:士〉; 有
徳の一家 djínyi〈仁に〉vutí djíng〈義る〉aru yá; 徳あ
る一家の女性と結婚による結びつきを欲している
yutasharu（良い）yānu winago yín〈縁〉mussubandi
{yínnu tskandi} fushshashóng; 徳心を伴わない徳行
は,生命のない人形と似ている yī ukuné assiga,yī
kukuru nénsé（善行はあるが,善意の無いのは）tatturá
（譬らば）chūnu kátachi atti tamashinu nensitu
yínumúng（譬えるならば人の形は有って塊の無いのと同
じもの）.

Virulent 致命的な; 毒 tachishí dúku（猛毒）.

Visage 顔（つき）・容貌; kāgi,tsira,mínsó〈面象; 面相であろ
う〉; 痩せた顔つきの tsiranu sugitóng（削げている）,
fïnyatóng（減っている）.

Viscera 内蔵; zó-fu〈臓腑〉; 五臓 gu zó:djínnu zó,shínnu
zó,fénu zó,fïnnu zó*,kánnu zo 腎臓,心臓,肺臓,胃
（臓）,肝臓 *fïnuzóであろう; cf.spleen（fïnu zó）.

Viscid 粘っこい; múchisháng,múchiku ang,nyikānu
gutóng {にかわの如き}.

Visible 目に見える・可視の; ndarīru,mīïdushuru,ndarí
bichi, mī bichí, mīūrū, mī nayuru mung（見ることがで
きるもの）; 遠くてかろうじて見える fárukanu mī gurishī
mung; 目に見える報い áravanyi náyuru mukó〈EC:
顕報〉.

Vision {[s.] sight}; 見ること; nyūsi,mīusi,mī nyūsi;（目が）
霞んで判然と区別できない（視力）mīnu kashima-
sháng（かしましい）,mī kura gurā-tu nayúng（目が暗々
となる）; 天啓の意味での幻（想）tíri aravarīru
kutó,múkutúshi〈黙として〉ting kara kandjitóng（感じ
ている),tirí aravaritóng {aravasattáng,そしてこれから次
の名詞が派生: aravarīse（現われるもの）,aravaritósi（現
われたこと・もの）,aravasattési（現わされたこと・もの）}; 幻
に会った maburushunyi ótóng; この世は幻・夢・泡・
影の如く kunu yu maburúshi,ími,ábuku,kadjinu
gutóng.

Visionary 夢想的・実行不可能な; 実行不可能な計画は
次のように言われる:「風を追い求め,影を捉えようとす
る」kazi tutaï kāgā katsimíruga gutóng〈EC: 捕風捉
影〉;「水中の月を掬う{探ってみる}」mizzi utchinu
tstchi sagúyuru gutóng〈EC: 水中捞月〉;「鏡の内の花
を摘もうとするのと同じだ」kagánnu utchinu hana

murandi shussitu yínu mung〈EC: 鏡裏攀花〉; ［名］夢想家・妄想家 sura gutu（空言?）shíndjīru {shuru} ftu.

Visit 訪ねる; ［動］vuganyung（拝む）, míméshung（見舞う）, miméshi ítchayúng（逢う）; 訪問して（安否を）尋ねる ndji kwī chichúng; 訪問しあう tagényi ndjaï chaï shung; 告別の訪問 ítumashung（お暇乞いをする）, itumasandi vugányung; 留守で会い損なった lússi yáti íchāntāng; 君は昨日来ていたが, 私は留守で失礼したな chinyú ïyă chótassiga lusi yáti būlī（無礼）shassā; 上位者を訪問する ú miméshung（お見舞する）; 友を訪問する dushi íchayung {tuméyung（尋ね求める）, tazoníung}; ［名］見舞い miménu rīdji（礼儀）; 答礼の訪問をする miménu dīdji（礼儀）késhung; 私は一人の友人に見舞いのお返しをするつもりだ vane ndji chuïnu dushi +hó-yū〈CDなし; 朋友であろう}} miménu késhung; あなたの御訪問を感謝します {慰められました} sévényi（幸いに）úndjunu meshóchi {即ち, かたじけなくも主人がおいでくださった} va chimu nagusami tassā（私の心を慰めたよ）; 一方が訪ねて行ったのに他方が訪ねて来ない{答礼の訪問をしない}のも失礼であり, また一方が訪ねて来たのに他方が訪ねて行かないのも失礼である ndji kūnsé dīdjé aráng（行って来ないのは礼儀ではない）, chí ickánting mata dīnyi ataráng（来て行かなくてもまた礼に当たらない）; 私は見舞いを怠った miméshusi kagítassá!（欠けた）; 余儀なく見舞できませんでした, 申し訳ありません miméshi ōsan {íchaï ōsan} bulī shasá!（ご無礼おかけしました）.

Visitor 来客; cháku; 客を迎える cháku nkéyung, haï nkéyung, íchayung（逢う）; 客を待つ cháku {dushi（友）} mattchung; 客を送る cháku úkuyúng（送る）.

Vital 致命的・肝要な; 生命に関わる事 núchi（命）mínyi〈（運）命に〉kakatōru kutó.

Vitreous ガラス状の; 眼球の硝子体液 +pólínu〈玻璃の〉gutōru mínu shíru（汁）.

Vitriol 硫酸; 硫酸銅 taking（焚かない）dū, djī（地）dū {地中・鉱山から掘り出したままの銅}; 地鉄 djí títsi; ［s.］ore.

Vivacity ［s.］lively}; 活気; 顔つきや目の míndjónu（面状の）{kāginu} gurugíssang（敏捷そうである）, mīnu chichóng.

Viviparous 胎生の; kwá nashuru mung; 水中で生じる生き物は次のように言う; +shtsi（湿）kara {mizi kará} shódjīru; 変態する昆虫 findjiti mmarïung（変じて生まれる）.

Vocabulary 字引; +djī〈字〉fíchi, djī átsimi.

Vocal 口頭の; kutchi shae, kutchinu kwī shae íchési（口の声で言ったこと・もの）.

Vocation 職業; tushī（渡世）, vaza, itunami, kutu, yūdju.

Vociferate 大声で騒がしく叫ぶ・喚く; abīā tīāshung, abi kwé-shung, yágwī*-shung *労働の時のかけ声.

Vogue 流行; 流行していない tuchinu fūdjinyi（風儀に）atarang, fūdjinyi aráng, dúku férang（はやらない）. *voidの後より移す.

Voice ［s.］sound, singer}; 声; kwī, utu, djíng〈音; 吟であろうか〉; 良い声 yī uta kwī, uta gutchi, yī djíng, kuchi múchinu yutashang; アルト（中高音）{より高い音階} djínnu {kwīnu} tákassang, taka kwī, táka djíng; ［s.］hollow --; 内で男の声が聞こえた utchi vuti wícki-ganu munu ī kwī nu assi（有るのを）chicháng; はっきりした声 kwīnu {úffīsashi} tashikanyi {achirakanyi} ang; 低い調子の声で彼を呼んだ kwī gvāshi shizikányi {kūténg ábiti, kwī sagiti} ari yubacháng（呼ばせた）; 大きくはっきりした声で朗誦する ufu abíshi sími（書物）fúkushung（復誦する cf.recite）.

Void 何もない・空の; munashí, neng mung; 空間 munashī túkuru〈EC: 虚空〉; 彼の意図を無にする kukurunyi umutōru kutu téshung（絶やす）{áda（徒労）nashung}, munashku nashung} tudjīrasáng（遂げさせない）.

Volatile 揮発性の; fúki（風気 fúchi）ndjiti fínyaï（減り）yássang; 気, 風味, 効力を失いやすい chī（気）fíchi（減じ）yassaru mung; それゆえしっかり封{包装}し大切にしまいこまなければならない yá kutú yū kákugú-ssi（格護して）varu.

Volatilize 揮発（蒸発）させる; ［他動］chī fíkashung, atski（熱気）ndjachi fínyarashung（減らす）; {金属の（精錬）} yatchi finyarashung; 煮て nyī {nyítchi} fínya-rashung, nyī túbashung（飛ばす）.

Volcano 火山; fī-zan, kfáchinu（火気が）ndjīru san.

Volume 冊・巻; 1冊 shúmútsinu（書物の）í satzi, íppunu（一本の）shúmutsi; 詩の本は面倒なほど多い shī shimutsi ati* hatīru（飽き（果て）る）shákunyi uffóku ang *atchiであろう.

Voluntary 自発的; kukurunyi stchi（好いて）{ama ndjíti} shung; 自主的に彼にあげた dūnu kukuru kara, kukurunyi stchóti（好いていて）{nuzudóti, shtóti（慕うて）} arinyi kwítang.

Volunteer 志願する; 兵として kukurunyi shtóti +fīntu na-yung.

Voluptuary 好色者; íru zitchina mung, íru zichī; iru yúkunyi sídjitóng;（遊蕩者）ássibīā, djí mámanu mung.

Vomit 吐く; hachúng {chang, kang}, hatchi chūng（「来ちゃう」の意もある）; 次々に吐く hatchī shung; 食物を飲み込むとすぐ吐く munu íriré chāki hachúng; 吐いたり下したり hachaï kudachaï-shung.

Vomitive 吐かせる;（吐）薬 háchuru {hakáshuru} fé zé（配剤）.

Vomiturition 空嘔（からえずき）（吐き気はあるが吐けない）;

munu tstchagĭung〔食物がつき上げる〕; wībătchī（む
かつき）,kără wībatchi;［動］（吐き気を催す・むかつく）;
wībatchung｛（否）kang｝; mushi vássang munu
hakandi shung〔虫が動き,吐きそうになる〕.

Voracious 大食の; kwé djírí,gatchi（餓鬼・食いしんぼ
う）,gatchin gwé（餓鬼のような食い方をする者）.

Votaries 心酔者; 情欲の yúkunyi fuchīru（耽る）｛yúku
tashinaĭnu｝munó（者は）;˖shíyukunu〈嗜欲のlust; 性欲
であろうか〉ftu.

Vote 選挙・投票する; 私は彼に賛成投票する vaga anu
ftu yírabi（選び）agĭung; 一票,賛否の意思表示
yiradéru mītski, yíradēru wūn dji; 私は君に投票す
るだろう vaga ïyanyi kátaziki randi（片付けようと）
shung.

Voters 選挙人たち; yírabĭuru｛yíradéru｝nyíndju〈人中・人
衆〉（人数・一団）.

Vow 誓い・願;［名］nigé,˖gváng;［動］誓いを立てる nigé
ndjashung｛fáshshĭung｝; 願に報いる,願をかなえる
nigé mussubĭung,chitsigvánshung（結願する）,gvang
bútuchung（願を解く）; 礼拝し黙祷している間 kami
vúgadi múkutu shi（黙として）unyiféshuru útchi,万
一娘が本当に回復するなら,神へのお礼に芝居をす
ると誓った nigé fáshti,winagongvanu yadósiga yúta-
shku narā（なったら）hánshishi（芝居して）｛kaminyi｝
gván bútuchi shabīng; 香のテーブル｛または香炉｝を
置き,2人は天に礼拝し誓った kó˖ăng〈香案〉｛kó
ru,˖ukóru〈御香炉〉｝kázati｛sunéti（備えて）｝taï tín-
nungkae unyiféshi chikéshang; 私は聖書を1万部
印刷し配布することを誓願した vari nigé fáshshti
íchi máng bŭnŭ chó〈経〉fánkóshi｛hán shi（版して）｝
ukuyung; 2年間それらを配布した｛捧げた｝ので誓願
を果たした nyí ninga yeda tátimatsi（奉る）úkuta
kutu,nigénu tūī taritáng（足りた）; 善徳に返り,この世
で（生きている間に）悔い改めると誓った chiké tátiti yī
mitchinkae kétí,íchichóïnyi ayamatchi kūkwé〈後悔〉
aratamĭundi icháng; 悔俊を誓い,今後は非（行）を改
め2度と罪を犯さないと誓う chiké tátiti kúyadi（悔や
んで）˖i gó〈以後〉áyamatchi aratamiti yana kutó
sang.

Voyage ｛[s.] journey｝; 航海する;［動］海を˖ké shó〈海上〉
｛funi kara｝ítchung;［名］1航海 chu funinu mítchi;
次の航海の（時）mata funi kara ítchuru bá.

Vulgar ｛[s.] common,low｝; 品のない・野卑な; 人˖djí da-
tsinu〈下等の〉ftu,karī mung,yáfina ftu,shta djítanu
ftu,háku shó（百姓）; íyashtchi mung,shtya kata; 自
国の方言 zúku gu（俗語）,námari kūdjó（口上）,fízíri
kūdjó; 野卑であることは（また）よくない yáfinyi assi
mata íckang; 野卑な言葉（使い）yafina munuī
kata,shtya katanu kutúba; かなり野卑であるが,その
ことは真（実）であり,何ら支障はない yafina kutunyi

yū nyiché vússiga（よく似ているが）makutu á kutu（有
るので）naïdushuru（出来ぞする）｛savarang（障らな
い）｝; 平日はまたは普通の人〈EC: 凡夫〉íttūna
mung,tūïna ftu（一通りの人）; 普通の人が自分の本
性を理解できるなら,直ちに仏である tūïna ftu dūnu
mmari（生まれ）satuïdunse（悟ったら）chāki Butsi
déru; 一般に大衆が使用する普通の文字 íttū｛ftu
tūïna｝djī; 普通の人々の眼はかなり曇らされ,神の摂
理があるかないかは確定してなく,その件は測りがた
いと言う dzuku gáng〈俗眼〉｛ftu tūïna mī（一通りの目）｝
kúragadi（暗くなって）,˖tíndó〈天道〉ari nachi（有り無き）
｛átaï néntaï｝máda sádamirángshi fakayé narán ndi
ïyúng.

W

Wadding 詰め綿; wátta; 掛け布団または敷布団の綿
fūtúnnu｛ōdunu（布団）｝watta.

Waddle （家鴨のように）よちよち・よたよた歩く; achi kantī-
shung,afira（家鴨）áchishung; dū buïshi（胴体振りし
て）átchishung.

Wade 歩いて渡る;｛水中を｝ áshi* *(mizzi kara)｝vátayung
*áchi であろう.

Wafer ウェハー・薄い焼き菓子;｛菓子｝físsi yachi kwāshi,
˖shímbi〈申餅〉; 封緘紙（手紙を封印する緘）djó fushi
maru（丸）.

Wag 振り動かす; 犬は喜ぶと尾を振る ínnó yurukubinyé
dzú búï shung｛ndjúkashung｝.

Wager 賭け;［名］｛（賭け）金｝kāki dzing,chánkuru（子
供の賭けごとの名）;［動］賭ける kākī shung; 賭けに
勝つ kākīshi mákashung（負かす）; 賭けに負ける
máki tang（負けた）.

Wages 手間賃・賃金; tímma（発音はティマ,fíū zing（日
傭銭）; makané gáni（賄い金）,即ち政府から受ける
給金; 大工労賃 séku tímma; 賃金が高い timmanu
tákasang.

Wagon 荷馬車（4輪で馬2頭以上で引く）; ufu guruma; 幌
馬車・屋根つき車 fúchi guruma,wī fuchéru kúruma;
（軍用）荷物運搬車 tabi dogu（旅道具）nussiteru
kuruma;（荷馬）車を並べて敵を誘う餌にした kuruma
narabíti｛sunéti（備えて）,kázati｝títchi mundani shang.

Wail 激しく嘆き悲しむ; nádjichung,nádjichi nachúng（泣
く）,kanáshimi nachúng.

Waist （衣服の）胴回り・腰（部）; mārŭ,gámakunu máru
（腰回り）.

Waist-coat チョッキ・胴着; lín kwa（防寒用・ちゃんちゃん
このようなもの）,fītā gva（防寒用・羽織に似る）.

Wait 待つ; máttchung; 人に仕える fámbĭung（侍る）,
menyi wūng,tskarĭung（使われる）; 彼に仕えている
ariga me fámbïung,ariga menyi wúng,arinyi ts-

karĭung; 侍女 sóba ziké（側仕え）{tskávari（使われ）} wínago; 訪問する ndji kwí chichúng（行って安否を尋ねる）; 機会を待っている táyuĭ〈hóshi（機会）〉máttchóng; { 猫の如く } 待ち伏せする mayāshung（惑わす・迷わす）; 上（官）の裁決を待っている kaminu wīsi（仰せ・御命令）chíchusi（聴くこと）mattchóng; 言い果てるのも待たないで ariga ī hatī sing matáng gutu（如く）; 乾くまで待っている karachusi｛karacharu ĭyé（間, yé の異音であろう）｝máttchóng; 一時待つ íttchutá máttchóng, fickéyung（控える）; 控えさせておきましょうか fickérachi utchóchabīmi?

Waiter ウェーター ; wī tskénamung, wī tskésarīru ftu（両方とも「 小間使い 」）.

Waive 当分見送る ; ushi nukĭung（退・除りる）; この事は差し控え言わない方がよい kunu kutu úshi dukiti（退ける）{nukíti} só adansansiga*｛ĭyang gutu｝mashi *sódansansiga（相談しないのが）.

Wake① 目ざめていること ; [名] 眠れぬ夜 níndarang yuru ; 死体または追悼者らと起きている事（通夜）⁺mū（喪）djinyi〈「 事に 」であろうか〉⁺só līnyi〈喪礼に〉íssugávassang（急・光 ? cf.eager）; 航跡・船が通った跡 mizzinu sídji（筋）fichóng, funinu tūtōru áto káta.

Wake② 起きている・覚めている [動]{ 眠りから } nintósi ukitóng [他動]（目覚めさせる）múng úkushung（揺振り起こす）, nintósi ukushung, úzumashung ; ほんの今起きたばかり・目覚めたばかり nintósi úkiti cháng.

Wakeful 眠れない ; nindaráng, mī kfátti（堅くなって）níndaráng.

Walk 歩く ; átchung, átchatchung（歩き歩きする）{chang, kang}, áyunyung, váshung（走る）, yútchung ; 彼に（一番）先を歩かせなさい arinyi míchi yúziti（譲って）satchi nashung {[ak]kashung}; 後を追って歩く ato kara ūti a[t]chung ; 人を支えてゆっくり歩く chū tassikíti yóna átchung ; 彼の足跡を（追って）歩く ato shirubi（卯）{fsha kata} tuméti（探して）áchung, fsha kata kumíncha tukuru（踏み込んだ所）kara átchung ; 皆一緒に行きしばらく散歩した sūyó madjung ndji íchi d[u] fuyóshang（保養した）;（一度）散歩して気晴らしする ch[u]（一度の）ássibi sháng {atcháng}, assidátchang（遊び歩く）, íchi du（一度）ássidi áchang ; 各自好きな所をぶらつかせよ nā mé mé katti shidé aké（歩け）; 歩き回る ama átchi kuma átchi shung, kuracháchung（暮らし歩く）; ゆったりのろのろ歩く úttari mótari（ゆっくり・のんびり）atchung [s.] daddle ; 行ったり来たりする ítchi mudúĭ-shung, míguti（巡って）atchung ; 決断がつかず行きつ戻りつする útagati yúĭ mudúī {muduyā} shung ; 手を取り合って歩く tī fíchi átchung ; 腕組んで歩く tī kákiti atchung ; 入り込む uchinkae íyung, férinchung ; 人を引き入れる fíchi írĭung ; さぁ, 散歩しましょう diká! ássidi kū {assi-

datchínda（遊び歩いてみよう）}; 散歩する dū kutsirudjung {jang, gang}, fúyóshi〈保養し〉átchung.

Walking stick {[s.] stick};（歩行用）杖 ; gūshang, daki（竹）gūshang ; 銀頭付の杖 nándjashae tíku* itéru gūshang. * 鎌・包丁などの柄に付けて刃を固定させるための金具 .

Wall 壁 ; kúbi（壁）, kátchi（垣）; { 壁の上の部分 , または上部の滑る梁の上の木製の仕切り（壁）} kū kabi ; 囲い垣 kákuī gatchi ; 装飾などのない裸の壁 ūu bābārashóng（がらんどう・何もない）; 隔壁 kubí fízami（壁を隔てた隣）, káppitchi（親類）* 勘違いであろうか ; 石垣 íshi gatchi ; 石垣が突き出す { 当地では長雨後よく見られる } íshigatchinu nétóng, búkuru nétóng, vata buku（腹）nétong ; 万里の長城 ⁺mán linu zan〈山〉, ⁺mán linu naga gátchi ; 垣を越えて行った kátchi kara kwīti ndjáng {hacháng（走り）去った }

Walnut 胡桃（の木）: kfa dīshi（こばでいし）.

Walve {[s.] vent}.

Wan 青ざめた ; 青ざめた色 obadóng, óbadéru íru.

Wander 放浪する ; 道を外れてさ迷った mitchi mayúĭshang, mítchi chigatóng, あちこちぶらつく ama haī kuma haī assibĭung ; 遠くまでぶらぶら歩き回る kāma ndji assibĭung ; 遊牧民 kunyi migúĭ shuru yákara ; 人々は家を彷徨い出て飢え死にした haku shó（百姓）tūsankae ndji yasha djishang ; 家畜の群れを牧草地に追って, 放浪する全ての国民 íchimushi {djúba（牛馬）} tskanayúndi（養おうと）miguti átchuru munnu cha（者達）; 固定した居住地を持たずにあちこち動き回る útsiri késhi wuídjó {simédju} sádamaráng（移り替えして居住所不定）; 取り留めのない浮いた想（念）kukuru bítsinkae útsĭung, bitsi umúĭshóng, umuĭnu chiritóng（散れている）, sándjitong（散じている）, wáckwitóng（バラバラに解けている）; なおまた如何に多くの浮いた想いが心を悩ますことか now mata utsishīru umuĭnu chássang áti, kukuró wáckacháng（バラバラに解けた）.

Wane 減少する ; kakĭung（欠ける）, shidényi fīung（減る）, tátta tátta kwūku nayúng ; 月が欠ける tsitschinu shidényi kagĭung.

Want {[s.] miss}; 欲する ;{（要）求する } mutumĭung,{ 欠けている } kagitóng ; udukĭung（欠損する）, túbushchi（乏しき）; 欠乏と貧窮 fū-djī-yū〈不自由〉; 仕事が欲しい（欠けている）shī kantí-shung（暮らしかねる）; これをする能力が欠けてはいけませんよ ĭyāng kagiráng gutu ansiy[ó]; 欲しない mutumiráng, nigáráng（願わない）; 不足分は只一つ tada tītsidu kagitōru ; 口と腹の欲するもの kutchi vatanu mutumīru kutó ; 何なりと足りないがあれば, 彼に言いさえすれば手に入るよ ĭyága nūnu shínanu kagíïdú[ng] shurá（欠ければ）tada arinkae íchi tudji mayúndó（成就するよ）; 皆貧窮に

陥っている súyó udukítti（欠損して）ūū bábárashóng（がらんどう・何もない）; 第三の冊が欠けている dé sánnu satsinu kagitóng {fússuku shóng}.

Wanton 淫らな・気ままな; mídari mung, ítázira（いたずら）mung, dū makashishuru（自分勝手な）, míttanyi（滅多に）shung, fushí mámanyi shung, fushī mámanu mung.

Wantonly 気儘に; fushí mamanyi-shi, míttanyi-shi（滅多にして）); 勝手気儘に一家を根絶する dū maka shíshi íchi mung（一門）kurushúng.

Wantonness 勝手気儘; fushí mama, míttá（滅多）.

War 戦闘; tataké; 戦いを交える tátakayung, madj［i］tatakayung {即ち, 戦闘に加わる}, yaï fūkū úgukashung; íkussanu úkuyung（ukurīung（起る）; 軍法 tatakénu hó, gún hó; この時軍法の苛酷さを知り始めた kunu bashu vúti fadjimíti tatakénu hónu gé（害）shtcháng; 秦（Tsin）と漢（Han）が相戦った時 Shínnu kunyitu Kannu kunyitu tatakayuru bashu; 戦争の悲惨 tatakénu kurushimi（苦）.

Warble 囀る;｛鳥が｝túïnu fukïúng, útayung.

Ward off 避ける・躱す; úshi fushídjung, úshi nukïúng（退ける）; 当地の人が（雀）蜂の巣を採る時には, 芭蕉の衣（服）を着て毒針を防ぐ kunyinu ftu mítsi batchinu sī sagúyuru tuchi báshā-djíng chíchi dū ússuti ndji（身を覆って行き）sunu dúkunu-haï fushídjung.

Wardrobe 衣装箱・箪笥; ishó baku, ishó fītsi（匱）.

Ware 商品;｛品物｝shína, shína mutsi; 土器 yáchi mung dógu; 陶器 mákaï（椀）dógu; ガラス器 pólí（玻璃）dógu; 白檀｛香り木｝器 kába-gí dógu; 品物を陳列する takara féténg, féti mí shïung.

Warehouse 倉庫; kūī（庫裡）, áchiné ḵūī, múnu uchī djú（物置所）, takara irī（入れ）túkuru.

Warm ｛[s.] heat, hot｝; 温暖な; núkussang, átsisang（暑い）; 暖かくはない nukukó｛atsikó｝néng;［他動］暖める atsirashung, atatámïung; 暖まる atatamayung, nukutámayung; 腹を暖める vata nukutamïung; 暖｛気｝になった dánchinyi natóng; 少し暖かくなるようもっと着物を着なさい, 着物をもっと着て少し暖かくなる chíng sīti（添えて）chíchi núkuku nayúng; 太陽に向かった暖かい所 tīdanyi* tīú（照る）tukuru {tiri djú（照り所）} nkae nkayung *tīdanu が好ましい; 浴びたり, 手を洗ったり, 口を磨いたりするには暖かい湯を使うがよい ámitaï, tí arataï, kuchi yussidjaï shusi sóté（総体）yū shi（湯で）shung; 火にかけ暖める fīnu wī atsirashung; 暖まっている・熱くなっている atsiritóng; 炉辺で温もる fī núkunyung, fīnu mé ndji núkunyung; 夏涼しくして冬は暖かにすることがよい natsi sídamatchi fúyó átatakanyi shusi yutashang; 熱燗 atatamïtéru {atsirachéru} saki.

Warm-hearted 心優しい; chímu achisharu（熱い・厚い）, chimū achirāshang（熱いらしい）; 愛情をもってせよ

atsūnyishi; 執心した kukuru atsūnyi ang, mutsimashku（睦ましく）.

Warming pan アンカ（行火）; fī-lu〈CD なし; 火炉であろうか〉,｛湯壺・湯たんぽ（湯婆）｝yū tsíbu.

Warn,-ing 警告する; issamïung（諌める）, sisimíti issamïung, imashimïung（警・戒める）; 見て戒めとする 'nchi múnushiri bishí（べし）, munushirinyi nayung; 泥棒を罰することは別の人々の戒めとなる nússudunu batsisarīse bitsi chūnū imashiminyi nayuru dógu; 彼が転んだことは彼にとって一つの戒めとなるであろう dugétasi munushiri dogu nayung; 後々の鏡となる átonu kágamitu nayúng; 天の心は仁慈と愛であるが, 異常な罰を下し戒めとする tínnu kukuru djíng aïnyi〈EC: 仁愛に〉ássiga, kutunaru（異なる）vazavéshae imáshimíti* shung; 私を見て戒めてせよ ïya vang nchi imashimíti* sí yó;｛これを見せて｝戒めとする {uri míshshti}imashimíti* shung *imáshimítu であろう; 人々を戒めるためこう言った kuri ítchi chū imashmīru tami; 戒めとなるように shímishi（示し）ímashimíru ívari（謂れ）, imáshimi tsítsishimáshurū yū（用）

Warp 縦糸;［名］kássi（裃糸）; 縦糸横糸 kassi-núchi;［他動］曲がった板 tamatoru（撓んでいる）{magaï} ítta; 縦糸にしたり｛織ったりする｝ítu kushírétaï, tsíndjung（紡ぐ）, nyúng, ndaï tsíndjaï shung.

Warrant① 証（明）書;［名］shūku, shūku gatchi, shūku tígáta; 逮捕状 chū karamīru shūkū; 証明書をだす shūkū gatchi ndjashung; 当局の権能書があるなら手を下してよい chímpinu〈権柄〉ari varu tī kudashé nayúng.

Warrant② ｛[s.] guarantee｝; 請け合う・保証する;［動］fīchi ukishung; 私が保証する vaga fīchi ukidó;｛商品の場合｝もし良くないなら, 私が責任を持つ íkándará fīchi ukidó; 私が保証して取り戻す fīchi ukishi késhung {取り替える}.

Warrior 戦士; íkussashā, bū yū〈武勇〉na mung, búshi.

Wart いぼ; kútsubi.

Wash 洗う; árayung; しっかり洗う aré tskïúng; 手と顔を洗う chūzi（手水・ちょうず）tskayúng（使う）; 毎日一回洗う mé nyítchi chū kénná chūzi tskayúng; 口, または容器を洗う yussidjung {jang, gang}（濯ぐ）; 洗い剥ぐ aré hädjúng; 銅を金でメッキする dū ganinu wīnkae chíng fukashung; 手を洗って, 恭しく書いた tī árati tsítsishídi kacháng; 前の罪をすっかり洗い流した ménu áyamari aré tskucháng（洗い尽くした）; 心を洗い清めたい人は真っ先に天を恐れるべきだ chímu aré busháshuru munu kanádzi sátchata tíng ussurïung（恐れる）; 洗い落とす aré stíung.

Wash-basin 洗面器; chūzi dare（手水盥）.

Washerman 洗濯夫; chíng arayá, chíng arénu ftu.

Wash-sand 洗い砂 ?; gúma sina（細かい砂）.

Wash-stand 洗面(用具)台；chūzi daré kakī(手水盥掛け).

Wasp スズメバチ；hatchi.

Waste 憔悴する；衰弱する kachirĭung(かつれる)；植木が衰弱する wī ki kachirĭung；勝手気儘に破壊する míttanyi(滅多に)munu yándji shúng {kachirashung}；根気・思い・金を浪費する kúnchi, kukuru, kani tsíbushung(潰す)；空費・無駄遣い munashi tsī yashí；[動](浪費する)munashku tsīyashung；時間を空費する itaziranyi tuchi sigushung；体力を消耗する dū tskarashung；壱ﾄﾞﾙ溶かすと幾ら減ずるか・ロスが生ずるか han zinó(番銭)táchuru ba(焚く場合)chassa finyáyuga；[形](荒れた)荒地 nū haru(野原)；国は荒廃するであろう kunyé kachiriti {kachirinyi nat[ong]}.

Wasteful 浪費的な；人 munu atarashānsang(ものを大事にしない){ftu}.

Waste-paper 反故紙；stári kabi.

Watch① 時計；[名] tŭchī；時計を巻く tuchī {tuchīnu karakuï} mudĭŭng；時計の針 tuchīnu haï；時計を合わせる tuchīnu haï migurachi tádashku nashúng；あの時計は順調だ anu tuchīnu tuché(時刻は)yū atatóng；ガラス蓋 tuchīnu póli〈玻璃〉´futa；時計入れ・ケース tuchīnu īh {家}, stŭnū ih, tuchī ku, tuchī bukuru；空の時計入れ tuchīnu kără；{番人}bāng；一晩中寝ないでいる yū akidōshi níndarang {úkitóng}.

Watch② 番する・見守る；[動] bān-shung, mī mamuyung；一目見ようと見張る mī nuzudóng；{聖書的意味で}時を見守る tuchi mamuyúng, báng sūnéyung；町の門には衛兵がいて常に見張っている gússikunu djó tsínini fínnu bánshuru munu wúng.

Watches 更・当直(時間)；´kó〈更〉, yúrunu kó {túchi}.

Watchful 油断ない；mī kangénu(世話が)yutashang, mī shirábinu ang, mī chichi shīnu yútashang；[動]見張っている mī chichi shung, mī shirabĭung.

Watch-house 番小屋；bāng yā, shtchi djū(関所), shtchi bang(関番).

Watch-maker 時計屋；tuchī šéku.

Watchman 夜警；yuru bānshuru ftu, yúru bāng, yú zīmī(夜詰), yū zimi shuru ftu；{yū tsimitóng(詰めている)即ち, 夜勤務している}.

Watch spring 時計の発条；karakúïnu mútu；時計の働き・{機械}karakúï(絡繰り).

Watch-tower 見張り塔；ukagé nyíké, bāng tafa, yézishuru tafa.

Watch-word 合言葉；yézi kutuba, fissuka yézi, fissukanu shírushi.

Water① 水；[名] mízzi；井戸水 kānu mizzi；川の水 kāranu mizzi；新鮮な水 nama kudi charu mizzi(今汲み来たる水)；海水 shū, shū mizzi；冷水 fidjuru mizzi；温水 yū；熱湯 áshi* yū *áchi；沸騰(している)水 fuchi yū；澄んだ水 sími {tōru} mizzi；濁った水 míngvi{tōru} mizzi；洗{顔}用水 chū zi(手水)；手を洗う水 tí mizzi；香(り)水 nyiwūī mizzi, kába mizzi；満潮 úshunu míttchóng, úshunu mítchi daki(丈)；干潮 úshunu fíttchóng, úshunu fítchi {fĭï} daki；急流 guruku tūyung；ゆるやかな流れ yúruku {yóï yóï} tūyung；水を渡り切った後は, 船も櫂をもう使う場はない mízi vátati ato fúning wékung muchirang.

Water② 散水する；[動] mízzi kakĭung, fitashung(浸す)；uruvashung(潤す)；潤った úrūtóng；水を撥ねかける mizzi hanī-shung；波紋のついた紗 kŭmūnū {雲} kata dúïsheru shă；常に植物に水をかけ湿らせておく tsinyinyi mízzi kákiti {fītachi} uruvashung；放尿する{小便する}´shūbing-shung.

Water colours 水彩絵の具；箱 yínūgū nū háku.

Water course 水路；{溝}'ndjŭ, mízzŭ.

Water engine 水車；mizzi hanī(水鉄砲).

Waterfall 滝；tátchi, mízzi utí djŭ(落く所).

Water fowl 水鳥；omi túï.

Water greens 水生野菜；utchi gússa(浮草), mizzi yassé.

Water lily 睡蓮；´línnu〈蓮の〉hana.

Water line 喫水線；mizzi daki(丈).

Waterman [s.] diver, ferry；水夫；kāra funa kaku(川船の水夫).

Water melon 西瓜；´sí kwa.

Water mill 水車臼；mizzi kúrumanu ūsi.

Water pail 水桶・手桶；{mizzi kumi} tsī(釣瓶)；肩に担いで水を運ぶ水桶 tāgŭ(担桶)；水を注ぎ出す桶, 即ち如露 mizzi kakīru wūki.

Waterproof 耐水性の；mizzí muráng(漏らない).

Waterspout 海上の龍巻；´lūnu {竜} mizzi núbuyung, {agĭung *agayung であろう}；mizzinu watchi agáyusi(水が湧き上がること・噴出).

Water tub 水桶・盥；{木製}mizzi wūki {陶器製}mizzi gāmi(瓶).

Wattle 網代組み(細工)；{(網代)垣}kudéru daki gatchi, anyu mī(網目)；{鶏の}肉垂(くちばしの下の垂れ下がった肉){túïnu}hūtaï(頬垂れ).

Wave① 波；[名] námi；波が起こる náminu tátchung；波がうねる náminu móyung.

Wave② [s.] oblate, dangle, oscillate；揺れる；[動]あちこち揺れ動く úttche fittché shi sogarīng；旗を揺り動かす hata ugukashung, ndjukashung；旗が揺れ動く hatanu ndjúchung；捧げものをしたり, 感謝の情を表す際に, 頭上にあげ揺れ動かす itadatchung, kámĭung.

Wavering {[s.] doubt}；(決心など)揺れ動く；yátsikayung, utagénu átti māda sadamirang, yatsikati sadamíráng.

Wax 蝋 ; hatchi abura; 蝋燭 ló, hatchi aburanu ló, lá sku 〈CD なし ; 蝋〉.

Way {[s]path}; 道 ; mítchi; ハイウェイ dóchū〈道中〉; 道に迷う{間違う} mítchi bappé-shóng, tú fó〈道方・途方であろう〉ushinatóng; どの道〈方法〉も駄目だ chāng kāng naráng (どうこうもならない); このようにせよ kán si, kúnu gútu si; この様〈状況〉では kunu naï shé; 如何な方法であろうとしなさいよ chāshing síyó, íyading sī yó; この道を行った kuma nādí, kuma kará ndjang; (背) 後から kūshi nādí; 前から mé nādí; {鋸の歯のように} 一方はこっち, 他方はあっち (と噛み合わない) háguyung, hágudi {多分, ha kunyung「歯を噛み合わせる」からであろう}; 天 (の) 道 {やり方} tín tó; 道に障害物を置き邪魔する katakashung (遮る); 途中・道中 mitchi kará, dóchū kará, mítchi vutóti; 幾様にも考える íku sáma kangéyung; 道外れて・場違いの mitchinu fuka, kunu utché aráng, míchi bap[pé], míchi chigé; 道案内する mítchi bítchung (導く); 道案内者・ガイド mítchi bíchi; 邪魔する mítchi fussadjóng, michi fabamitóng, katakashóng; 退け dúkiré, ndjíti iké; この道・やり方では駄目だ kunu naïshé íkarúng; 方法・手段 ʻhó〈法〉, tidáng; 死の道 {危険な道} を踏んではいけない shínyi míchi kará {áyashi bá〈場〉, ábun[é] bá} tūté simáng

Waylay 待ち伏せする ; káckwiti máttchung, fúshi kak[u]rīng, ūdji máchishung, kátafára nakae fúshti {kagamáti} kackwitóng.

Wayward 移り気の ; kussamitchóng (怒っている), kussamitchi fésang (怒りっぽい).

We 我ら (は・が) ; wáttá-ya〈我等は〉, wárira; 私たち {私と君} は気持ちが一致している kúmang ámang {kúma kará áma kará} kukurúnyi kanitóng* *kanatóng であろう; 私たちと全人類 wáttáng shunyíngtu (諸人と) túmunyi (共に)

Weak 弱い ; yúvassang, yósang, chíkara yósang, uturū tong (衰えている); 老いて衰えた ló si〈老衰〉; 薄い茶 áffa cha, físsi cha, chānu áffasang; (体が) 強かろうと弱かろうと, (年齢が) 老いておろうと若かろうと dūnu tsīūsā yúvassa, tushinu ló djákung〈老小・老若も〉lundjirang〈論じない〉; 初心者で弱い fíta (下手); 学問に弱い者 gáku bíta, chīkū bíta; 酒に弱い sáki bíta, その逆は djózi (上手); 弱点 [s.] foib[le].

Weaken 弱まる・弱める ; 健康を損なう kúnchi (根気) sundjiung {itang, iráng}; 徐々に衰えた djín djín〈漸漸〉chíkaranu uturūtong; [他動] (弱める) yómïung, yórashung; お茶を薄める cha áffaku nashung.

Weakly 虚弱な ; [形] búchikū na mung (無気根 = 無根気な者), yuvassaru mung.

Wealth {[s.] riches}; 富・財 ; dzé, dzé faku〈財帛〉, wéki; 君が財を得るのを妨げる ïyaga mutsi úkushusi yándashung {wéki shimiráng}; 富貴 fú chi; 富と満足は必ずしも同じ家に住むとはいえない fúchitu dunu bung {kaging} shīusitu (知るのと) mada tsininyi íkkanu (一家の) utchinyé túmunyi uráng {ikka nakae tagényi simāng (住まない)}; 有り余る富 takara zé〈財〉amatóng; 富は天が人に与える給与であって, 奮闘して得られるものではない (強いて求めてはいけない) dzéya tíng kará chunyi atetéru {atōru (与うる)} rúku〈EC: 禄〉du yaru, shīti mutumité simáng; 富 tumi.

Wealthy 富裕な ; wéki, tumitóng; 富める人 dzén nūshi 〈EC: 財主〉, mutsí aru mung.

Wean 引き離す ; 子供を離乳させる chí hánashung, chí túmiti numasang, chí yamiti; 一般的意味で, 止める・断つ tumiti {yámiti} sang; 子供が離乳した vorabi chí tumiti numáng; {牛など} 動物について, 親から離 (乳) させる aʻhya ákachi-shéng; 子を離 (乳) させて, (餌で) 養う kva fíchi vákachi tskanayung.

Weapon 武具 ; yaï fuku, íkussa dógu, fínnu (兵の) dogu.

Wear 着る ; chíung; chíng (着物) chíung, ishó〈衣裳〉chíung; 女は頭に細かい織りの布製の四角帽を被る winagonu kóbé ḳuma núnunu shi kaku shéru mótsi kandjung; 帽子を被る mótsi {kassa} kandjung {tang, dang}; {使って} すり減らす muchī sirashung, muchī yándïung, chā muchī shi starashung (廃らす), または finyarashung (摩減させる); 着物を着古す chíng chí yandïung; 我慢の限りを尽くしたが, もう堪忍袋の緒が切れた nizirarīru yéda níziti nyá nízi ōsan, nizirugānā shé nízitti, nya nízi ōsan; あの人は私の忍耐心を尽き絶えさせた anu ftu va nizīru tukú 'nna nachi (空しくなして) téchang.

Wearied 疲れ切った ; tskaritóng, ítutóng (厭うている), udóng (倦んでいる).

Weary 飽きうんざりした ; áchi hátïúng (飽き果てる), ítuyung (厭う), únyung (倦む), tskari ítuyung, tskari udóng.

Weasel イタチ ; haru āzi{?} (cf.marmot モルモット), ítatchi {日本語}.

Weather 天気 ; tínchi, wā tsīchī (上っ気の意); 良い天気 yī tínchi; 悪天気 yana tínchi; 暑い天気 tínchinu átsisang; 雨 (の) 天 (気) ú tíng, ami tíng; どんより曇の天気 kumúï dínchi; 晴天・晴れた {空} shī ting; 爽やかな天気 tínchi savayakanyi ang; 快よい天気 yī hádamuchi-nyi natóng, hádamuchi yutashang, wātsichinu yutashang; 温暖な天気 dán chinu〈暖気の〉tínchi, yī kagínna tínchi; 雨が降り出しそう ami mŭyū (雨模様); どんな天気になりそうか見る tínchinu muyó (模様) nyūng, tínnu zó〈象〉nyūng; 今日は雨になりそう chūya utíng gakanyi natóng; とても寒い天気 tínchi dūdu fīsang; こんな暑い天気になんで忙しくするか, 私もまた暇がない kunu yónu átsissaru tínchi nú shundi kánázi ichunasha shúgayá?, vaníng mata fīmanu neng.

Weather-beaten 風雨を堪えた；{ 人 } fídjuïng iráng（冷気にも冒されない）mung, amikazi naritoru ftu；風雨に堪えた船 kazi ami shínudji（凌ぎ）chóng, kazi ami sákiti（nugáti（免れて）}chōru funi.

Weather-cock 風見；kazi mǎya（風ぐるま）.

Weave 織る；布を織る nunu úyung, úïshung；花を織り込む ɦana úï kunyung {kudéng}；織られている úïshéng；縦織 tati úï；雲斎織り・斜め織り azima úï sheng.

Weaver 織工；nunu úyuru ftu.

Web 織物；kassi nuchi（かせ糸とぬき糸・経糸と緯糸）；蜘蛛巣 kūba {kubu} gassi.

Web-footed 水掻き足（のある）；mizzi kachi, afira bisha（あひる足）, mutskaï bisha, fshanu ībi mutskatóng（くっついている）.

Wed {[s.] marry}；結婚する；nībichi-shung.

Wedding 結婚（式）；nībichi；結婚の駕籠 nībichinu nuï mung {chū〈轎〉}；結婚衣装 nībichi djíng.

Wedge 楔；kussabi, togaï ḱí（尖り木）；楔を打ち込む kussabi útchi kúnyung {dang, mang}.

Wednesday 水曜日；li païnu dé yúkka〈礼拝の〉第四日.

Weed 雑草；[名] kússa, yána kussa；[動]（草取りする）kussa tuyúng, kússa fichúng, fïra gussa（箟で草を取ること）shung；田草を取れ tā gussa turé.

Weeding-hock 箟；fïra.

Week 一週；chu lí faï 一〈礼拝〉；shtchi nyítchi mi；一週 í shtchi nyítchi mi, í shtchi nyítchinu mí；彼が病に倒れて死んで，まだ三週間もならない ariga byó-shishi mada mí（三）shtchi nyítchi néng.

Weekly 一週毎；chu lí faï gutu；

Weep 泣く；nachúng, nada útushung；nachi ndjitóng, námida shung.

Weevil コクゾウムシ；kumi kwé mushi（米食い虫）.

Weigh（〜の）重さ・目方がある；[自動] kakayung；[他動]（秤に掛ける）kakïung, kakishímishung；天秤で計る tín bíng shung, tín bing nakae kakïung.

Weigh anchor 出帆する・錨を揚げる；íkkaï ukushung, shúppanshung, shǔ-shín-shung〈出船する〉.

Weight 錘・分銅；mbu, mbushi；chín sū {斤数}（即ち、カティーの数）；事の重大さを見定めようと努める kútunu mbussassi kátassi mutumïung；重さは幾らか chassa kákayuga?, chánu mbu kákayuga?；{ 真鍮箱に納められた西洋のものに似た } 法で決められた衡量（単位）kúku hónu（hó t͡ūïnu）haï mma（国法の針馬）.

Weighty 重い；mbussang, mbuku ang；{ 比喩 } úmutchi kutu, umī kutu, kán yū〈緊要・肝要であろう〉na mung.

Welcome {[s.] visitor}；歓迎する；[動] yésatsishung（挨拶する）；喜んで迎える yésatsishi nyung；君が来たのは嬉しい ïya chasé dūdu úshashósa, ushátá sā!；歓迎する úshashi ukituyúng；ūshashi chakunyi nké dī-

dji shung.

Weld 溶接する；{ 金属を } tátchi avashung（焚き合わす）.

Well① {[s.] hale}；健康で；[副] 達者でいる hashíttu shóng, savaye néng（障りはない）；一家安泰 chiné án djíng（安全）；海上安全 ké shó án djíng；あの男は何でも上手にする anu ftu nūng shī shó rāshāng；何事も上手にしない shó rashkó néng, raching {laching} akáng（埒も明かない）mung；能くできた { 造った } yū shéng {tskoténg}；仕事を能くする人 sabakítta（捌けた）mung, hámata（励んだ）mung；これは誠に能く捌いた yū sabakitésá!；これはうまい { 味のある } やり方だ yī tapé, yī chibi tskőtésá {shésá}!；よくは覚えてない shkattu（しっかりとは）ubirang；君の言った事をよく聞かなかった chíchi hanchóng（聞き損なっている）；元気か, 如何がか gándjún shókaya（頑丈もしているか）!, fukurāshá（嬉しく・喜ばしく）shókayā?；高位者へ ū bukūï mishékaya（お喜ばしくしておられますか）?；あの方は健康でいらっしゃいますか ūbukúïga yátará?；一般的には ū gándjuī；妻子も元気か túdji kwáng gándjuī shómi；字が上手い yī fúdi；健康状態が再び常態になった {[s.] recover} tsíni nati, í shónu〈一生の〉gutu nati；良く炊けた yū nyichéng；よく知られた nānu chikvītóng（名の聞こえた）；この楽器はよい音がする anu naï mung chíchi gutu；見て良い mí gutu（見ごたえある）；大変結構 tó, sinyung!；結構だ, 行ってよい ndji, yutasháng；是認できる, mazi sinyúng；それで充分だ tó, yī tapé；結構！結構！tó! tó! símusá!；さて, では（〜）しよう dí, dí dí, diká, dá!, ńdá!；さて, 何と言いましょうか dá nūganā；さあ行こう diká ndjitínda；さあ, ちょっとその辺を歩いて気晴らししよう dí, uriká ndjití nagusatínda* *nagusamitínda であろう；さて何と言ったかな dā, nūndi īyutakaya, ḱn?；まず考えてみよう mazí kangetindé*（考えて見なさい）*kangetínda であろう；良くやってくれ, 良く褒美するぞ yū shi tōrassi, anshi yū fōbi shúndó；気立のよい {[s.] unprejudiced} yī kundjó（根性）, kundjónu yutasháng, yī mmari；育ちの良い munu shirí（物知り）bitu, sodati katanu yutashang, līdji（礼儀）yū shtchóng；つり合いの良く取れた chimpónyi（憲法 chim bó）kakatóng；良い家柄の生まれの kwa fū〈果報・花福〉na kva, yī mmari.

Well② 井戸；[名] kā；井戸水は少し塩辛い { 塩気の } kānu mizzi íffé shū chinyi（塩気）ang { shǔpúkarassáng }；井戸囲い垣 kānu kakuï gatchi；井戸用縄 tsī（釣瓶）nā；井戸桶 tsī, mizzi kúnyuru tsī；井戸から水を汲む kā kara mízzi kúnyung { kúdi chūng（汲んで来る）}.

Wen（特に頭皮の）皮脂腺嚢腫・こぶ；喉の nūdi gūfū（喉仏）, nūdi fúckwa（喉の腫れたもの）.

West 西；nyíshi；西方へ nyíshinyi nkatóng, nyíshi nké（西向き）；西の地域は中国の美には比べられない

saï fónu〈西方の〉{nyíshi mútinu} kunyi Chú gūkūnu yútashassinyi fïshshiraráng; 西方の算法を取り中国の鋳型に入れた nyíshi mutinu sanpó〈算法〉tutí Chūgukunu ikátankae（鋳型に）íttang.

Wet〔[s.] damp, drenched〕; 湿気; ［名］shtchi, shími ki;［形］（湿った・濡れた）sitatóng, 'nditong, nuritóng; 濡れた布 nuri nunu;［他動］（湿らす・濡らす）sítarashung, 'ndashung, nurashung; びしょぬれになる muru sitaïshong, ippe 'nditóng.

Wet nurse 乳母; chí uya.

Whale 鯨; gudjira; 鯨骨 gudjiranu funi {kutsi}; 捕鯨船 guzira tūï buni.

Wharf 埠頭; funa gū suné（備え）tukuru, funa tskoï bá, funi tskoï tukuru; 船荷下ろし所 nyī urushi tukuru.

What 何;{ 疑問詞 } nūga?, nūyó?, nūya?; これは何で作ってあるか kuri nū shae tskotega?〔[s.] substance〕; これは何か, または何の役に立つか kuri nū shuru múnga?; どうしたらよいか kuri chá shuga?, chága?; 何てかわいそうな！chimu gurī; ushím bichí, átarasharu yósi du yaru; 何と美味しかったこと, 君がもうちょっと早く来て食べられなかったのは残念だ á-yé átaru（可惜しい・惜しむべき大事な）mung kadi, nya íffé féku kūré（もう少し早く来たら）, ïyányi kwitássiga（気味に呉れたが）; 手離せない大事な小鳥が死んだ, 何と残念なこと a-yé, átaru tuïyé, ké shídji; chimugurī shassā!; 可愛い犬だったのに死んじゃった, 可愛そう! atarashī（大事な）íng yatassiga, ke shídji, chimu gakaï shósa; 如何ようなものか chāru {chánu, chánu gutōru} munga?; なんたる考えだ { 断じてそうではない } anyi aranó árani?（そうではないのではないか）; 彼らが如何なる神を拝むか私は知らない chāru kami wugányuga shiráng; 見たり聞いたりしたことは忘れ難い nchaï chichaï shasé {sharu kutu, sháttukuró（した所は）}vassī gurishang; 彼は如何な人だったか are chá yátaga, charu fitu yátaga?; 更に何か nya nūga?, mata nūga?, nya máta nūga?; 何が正しいか判断できないのか dólinu tukuró vákarani?; 何の印か chāru shirúshiga?;（彼が）何をしても, 全ては無駄だ chāshing naráng, nántushíng naráng, nántu shantémang naráng; 原因は何だったか nūnu yüíshūnū（由所が）átti?; 何の用できたか nū shīng（何をしに）chăgă?, nūnu taminyi chága?, nū mutumiti chága?; 何で泣くか nū mutumíti náchaga?（泣いたか）; 今日何の用事があって急いで町へ行ったか chū（CD なし）chāru kutunu átti chūnyi（急に）gussikunkae ndjaga {ítchuga（行くか）}?; 君は何の用で今日また来たのか ïyáya nūnu yūdjunu átti chú máta chága?; 私が食べようと食べまいと君に何の関係があるか va kádaï kamantaï shuse ïyátu nūnū kakavaïnu ága?; どうしたらいいか, わからない chāshuga vakaráng（cf. 前頁 1 行目）; 耳

で暫く聞いたものを心は忘れない shíbaráku míminyi chichassiga kúkurunyi vassiraráng（心に忘れられない）; 口で唱えることを心は理解しない kutchi nakae yunyú tukuró kukurunyi shiráng; 彼の言うことは真実（の言葉）だ ariga ïyussé makutunu kutúba dó; 私がもともと所有しているもの vaga mutu kara assé（有るもの）{atésé（有ったもの）}; 彼は如何なる出（出身）であるか ari nū karā ndjiti chóga { 官職に上ったか li shín〈立身〉shaga?}; そのいわれは何か sunu ivaré chārū ivaríga?（上記「由所は何だったか」）; 天がお造りなされたものは確かに人間の力では破棄しえない tínnu mmarachi aï mishésé makutunyi chunu yabuyé {starashé（廃らしは）} naráng.

Whatever 何でも; 持ってこられたものは何であれ受け取れ nūng muchichéravang turi, muchichésé nūng yaravang turi; 何を食べようと nū kading, nū kamavang; 何であろうと nū ding; 如何なる方法であろうと īyading, chāshíng; 陽もまたは月も輝きまたは風も雨も届く所は fīng tsítching tïú ttúkuru, kazíng áming tuyú ttukuró;（彼が）何を言いつけてもしなさい nūng tuzikíravang sī yó; やることは何でも立派にやるべきだよ chunu síbiti shuru tukuró {kútugutuku} yū sivadu yándó; 気に入ったことは何でも kátti shidé（勝手次第）; 彼がする事は何でも ariga sibiti nashuru kutó, nūng shuru kutó;（仕）事は何であれ全て注意が必要である nūnū kutu yáravang sūyó tsitsishími vadu yaru; 君がいつきても私は嬉しい ïya chūse nan dutchi {itsi yáravang} úshashung.

Wheat 小麦; mudji; 麦の一粒 mudjinu chu tsízi.

Wheedle 甘言であざむく; 犬が機嫌をとって尾を振る ínnu dzū buïshung; { 比喩 } chímu tuyúng, fitsirayung, mési shung（お世辞する, へつらう）.

Wheel 車輪; hïāgā; vádachi または hiágánu djíku 車輪の軸; vádachi は「車輪のみ」の意という人もいる; 車輪の一回転 hiāgānu chu mígúï; 鉄輪付き { 鉄で被われた } 車輪 hïāgā títsi baï（張り）shéng {hayúng}, títsi ūbi（鉄帯）ítténg; 水汲み上げ車輪 mizzi kuruma, mizzi kúmi {agi} kuruma;［動］（円滑に進む）hïāgā miguratchi tūyung {átchung}.

Wheelbarrow 手押し一輪車; nyī mutchi {nyī ūsi（負わせ）} kuruma, tī fichi kuruma, tí kuruma; hïāgā tītsinu kuruma

Wheelright（**wheelwright**）車大工; kuruma zéku {tskoyā}.

Wheeze ぜいぜい息をする; īchi fuchi shā shā shung.

When いつ; ítsi?; 何時に nán dutchi?; 彼が入って来た時, 私は外に出ていった ariga chūru {cháru} ba {ariga íchūru tuchi} vané fukankae ndjitáng; 彼が来たら出かける ariga kūā {chí kara} vané chāki ndjíúng; 暗くなったら止めなさい { 休みなさい } báng gătā {yussandi narā} yukuré; 心が一方だけに傾いていると（き

には), 止めることはできない kukuru íppó katánchi shi {ftu kata (一方), chu kata nkéshi} túdumaye ōsan; 文王が崩御された今道徳の大義は, 私に移って来なかったか {他に移りようがなかった} Bunnó (文王が) māshí mishóchó tuchíndu mitché vang nakae néng úchumí {vang nakae andó (私にある) 確かに私に移ってきた}; 文書を翻訳することがたまたまあったら, 私に翻訳させてくれ bung útsishuru tagúïnu arā, vanyi utsishimiré.

Whence どこから; (どこから) 君は来たか má kărā chágă?; 何処からか知らない má káraga yará shíráng; 何処から手に入れたか知ら {言え} ない má kará yítandi íchi vákaráng.

Whenever 何時でも; ítsi yaravang, ítsing {ítsiding}; 何時でも構わない nán dútchinyi kákaveráng; 何日でも íkkadíng, mānu fī yáravang; 思う度毎に泣く omi ndjashuru gutu, {omi ndjashi shidé, omi ndjáshuru ichi du gutu, 思い出す度に, 思い出すその一度毎に} náchung; 見る度毎に mī shidé, mī ndjiré, nyūru gutu, ichi du nyūru gutu; 木を植える度毎に síbiti kī wīūrŭ ba {tuchi}, kī wīré {wīrava}, kī wīūrŭ gutu; よい (文) 句を見る度毎にすぐ書き写す yī kū, mī shidé, chāki útsushúng.

Where どこ (に); māgă?, mā nakae?; 彼はどこにいるか mā nakae wúga?, ari māga?; 生まれた所 mmari tukuru, {祖国} mmari kúnyi, fún guku 〈本国〉; 私の生家 vaga mmarita {mmarachéru} yā 〈家〉; 生まれた村・町 fún chó 〈本郷 fún shó〉; (彼は) 何処に行ったか mā ndjăgă?; 何処に行くか mānkae {mā kae} ítchuga?; 彼が行っている所に君には行けない ariga ndjó tukuru ïyaga íché ōsan; 何処に在るか知らない māngă ara {māga yará} shiráng; 再三再四考え, それから問合せするのに何 (処) に難しさがあったか nū mutskashasé {nū mutskashí kutó, nū katé múnga} mí keng (三回) kangéti fīruku túyŭng または, mí keng kangéti fīruku túyusi nū mutskashasé? がよりよい言い方であろう.

Whereas ところが・実は; kangéti nde (考えてみると), úmutí nde (思ってみると), {両者とも文頭に来る}; 君がそう言ったとしても実はそうではない. 私にはそれは為し得ないと思う ïyaga an ïyú tuchindo, djitsé {funnó (本当は)} anyé néng, kangéti nde, vaga kure sánting máshi {しなくてもがましだ}.

Wherefore {[s.] why}; 何故; {尋ねる} nū yati?, nūnu tamiga, nūnū yúïga?, nūnyi tsīti (就いて), nūnu {chāru} ívariga (いわれか)?; 何故そうしたか nū shundi án shăgă?; この故にこの命令が出されたよ únu yúïnyi kunu túziki ndjachéndó.

Whereof それについて; 言うことが何もない sódanshi bichí kutú néng.

Whereupon その上; únu wī, súnu wī, suri yuï (それ故).

Wherever, wheresoever 何処でも; māding, mā yaravang,

mānu túkurunyi yaravang, mān kwi yating, mā yating, mātu (何処と), mā ndi iché lundji rang (論じない), mā ndé ïyáng { 即ち, 何処と言わない }.

Wherewith 何で (以て); これを買うか nū shae {nūshī} kuri kóyuga; 君がそれを取る所 (掴み所) は kátsimí tukuró; 君がこの家を買ったそのお金は ïyaga kunu yā kótaru zínnó; この家を買った資金 kunu yā kótasé; この肉を切った道具 kunu shishi chíchasé; 私が書くのに使った筆 vága kácharu fúdi.

Whether {[s.] which}; ～かどうか; ányi; 良いか良くないか (彼に) 尋ねなさい yútashámi yutashku néni, ndji túti kū (行って問うて来い); 益があるかどうか知らない yítchinu ami néni shiráng; これかあれか yénye kuri yényé ari; これを持ってくるべきかあれを持ってくるべきか知っている kuri, ari, dzíru (どれ) múchi chūmi shirang (知らない); 人か幽霊か分からない ftúga yara madjimunāga yará vákaráng; {ftúga yara の短縮形 ftugaïra; 木だろうか紙だろうか kī gaïra kabi gaïra}; (彼が) 食べたかどうか知らない kadi kamánga arā {kádaï kamántaï} shiráng; (彼が) 恐らく来るか来ないか (私は) 知らない chīgashura kūngŏwrā {kūnga wura の変化} shiráng; (彼が) 来ようと来まいと (私は) 構わない kū wang kūng aravang kamāng {yútashang}; 寝ても覚めても nínting sámiting; 書こうと書くまいと kákavang kakáng aravang; 君は何をしようと思っているのですか, 書くのですか, それとも読むのですか ïya nū sandi umutóga, sími katchumi, shumútsi yúnyumi, hĭn?

Whetstone 砥石; tūshī, túdjuru (研ぐ) íshi; より上質の砥石 ábashi.

Which {[s.] who}; どれ; dziru, dziruga?; {人について tá? (誰), tāga? (誰が)}; どの箱の中にあるか nū hákunyi útchuga (置くか)?, dzinū hákunyi utchuga?, dzinū haku utchi nakae kadjímitéga (大事にしまってあるか)?; (それは) どれか dzéruga?; (それは) どの品かな dzinu shínagayá?; どの一つか dzínu tītsi?; (それは) どの本か dzínu shimútsiga?; どれが良くて, どれが悪いか dziru yútashaga, dziru mata íkánga; どれが出来て, どれが出来ないか dzíru náyuga, dziru naránga {dziru shī ōshŭgă, dziru shī ōsángă?}; 彼が言ったこと ariga ïyú tukuró (言う所は), ariga íchasé, ariga ícharu kutu; 彼の言った言葉 ariga ïyú (言う) túkurunu kutúba, ari ïyúru kutúba, ariga íchéru kutúba; どれが好きか dziru tītsi ïya štchŭgă, dzinu mung tītsi ïya kúkurunyi átatóga?

Whiff (タバコの) 一服; 煙草一服する chu fútchi futchúng.

While {[s.] during, just as}; 間; 暫時 í chutá, í tuchá, i chúttanu yé, kata túchi (片時), íffé, shíbaráku; 一寸・一時来い íttchuta kū; 一寸待て íffé maté, táda íttchuta maté; かなり前 yī kurú natóng (良い頃合いになっている);

先ごろ, 今しがた yé nérang, nama satchi; 数時間前・数日前 kíssa; かなり前・一箇月位前 kunéda; ずっとずっと前 nya dūdu yénu（間が）ang; 暫く経ってから来なさい yéshi（間して）{iffé yéshi, ittucha yéshi} shíbaraku, fudu náku} kū; 長時間（彼を）待った dūdu yénu áti máchikankantī* shóng *máchikantī であろう; 一寸（遊び）歩く ittchuta assidátchung; 一寸座っておれ, 君に話がある ín tïen nó yītchóri ïyānkae munu ichínda; 一寸端座して自分の心を見つめるべだ íttchuta shimbyūnyishi〈神妙にし〉{shizikanyi, tadashūnyi} yítchóti, dūnu kúkuru kaïri miri（顧みる）vadu; 考えている間 kangéyuru utchi, kangeyuru yé, kangéyuru nákaba（考える半ば）; ここにいる間 kuma vutóti; 掛かっている間 kakatóti; 先生が話している間に彼が来た shín shī〈先生が〉munugataïshuru utchi vuti ari chóng; している間 shuru ba, shuru utchi, shóïnyi, shágatchinā（しながら）; 食べ, 飲み, 喫煙しながら kányagatchinā, núnyagatchinā, tabaco fuchi gatchinā; 息のある間 íchi chōru tūtūmi {yéma}, mī〈命〉ovaru madi, shínyi gātā madíng, shínying madi; 一息でも残っている限り君の恩は忘れません chu īchi núkutoré（残っていたら）ïya vúng vassiráng.

Whimsical 気まぐれな; kumékita ftu, guma shírita mung, guma shta kutu kangeyuru múng; kata yuri mítski, yóga mí tskí; 気まぐれな考えに過ぎない tada íttchutanu kangé bakaïdu yaru; kaníng yiráng kangé（常識を得ない考え）.

Whine 哀れな鼻声を出す; {子供のように} すすり泣く djā djā náchi shung, djā djā tákïung; náchidatírashang, abi datirashang; nachi urīung（憂うる）; 泣き言をいう shíva munuīshung; 泣き叫ばねばならぬ程の痛ではないが泣きわめいた náchuru sháku itamé aránsiga nachi datīrasháng.

Whip① 鞭（笞）; [名] bútchi; sh'pí, 稀に聞く; 馬鞭 mma butchi; [動]（笞打つ）butchi útchung {kakïung, kuvéyung}; 速く走るよう笞打つ búchi kákiti issán nashúng {fashirashung}; 笞打ち駆けさせる buchi kakiti íssugashung, hayéshímïung, tūshung（通す）; 何故（彼を）笞打たないか nuyati butchi kakiránga?; 笞打って走り続けた butchi kákiti menkae tūchang（通した）; 革鞭 kā butchi; 丁度馬に笞打ち走らせ（ようとしながら）その足は繋いであるようにして chódu mmanyi búchi kákiti vashiráchi, ashé tsinadjéru gútushi; 鞭を持って叫ぶ先触れ butchi mutchi abitáchung.

Whip② 蚊叩き; fé ūyā（蝿追い）, gádjáng ūyuru fússa.

Whip-lash 笞紐・笞の先のしなやか部分; bútchinu tsína（綱）{nā（縄）}.

Whirl 振る; [動] fuyúng; 笞を振り回す buchi fuyúng; 投石器を {錘・重石を置いて} 振り回す mbushi futí míngvashung {mígurashung の変化}.

Whirlpool 渦（巻き）; mízzinu {潮 shūnu} matchúng; shūnu máchi túkuru.

Whirlwind 旋風; kázinu machúng, kazi máchi（風巻き）.

Whiskers 髭; 上唇の髭 wā fïdji（鼻髭）; 頬髭 fū dziranu fïdji, fūnu fïdji.

Whisper {[s.] inaudible}; 囁く; guma munuīshung, kūténna ïyúng, suruíttu（そろりと）ïyūng; 耳に囁く mími nússikítti ïyung; 囁き声 guza guza, gudja gudja, guzi guzi, tsía tsía-shung; 差し向いで軍の機密を洩らす kubi nússikiti íkussanu mítsi gutu（密事）múrashung.

Whistle 笛; [名] bībi; [動] 笛を吹く bībi fuchúng; 口笛を吹く kútchishi si si shung, fí fi shung, ussubutchung {chang, kang}; 風がヒューヒュー吹く kazinu úsubutchung, bu bu shung, fyu fyu shung.

White 白（い）; shirú; 非常に白い máshīrá（真白）; 非常に白い砂糖 taï-faku（大白; 太白であろう）; 卵の白身 kūganu {támagunu} shíru mi; 目の白身 mīnu shírami, shiru mi; 白い膨れ ufu zinsā, kvákushipū; 白身の魚 íkka（烏賊）; 調理して食卓に供した（烏賊）hána íkka; 純白 chíppākūnyi〈潔白に〉ang; 白衣を着ている shīrū djing chichóru mung; 雪の如く白い yútchinu gutu máshshíra natóng.

White lead 白鉛; námari gū（粉）. *whitish の後より移動.

Whiten, whitewash 白くなる; [自動] shiruku nayung, shirumīung（白める）, shirudóng; [他動]（白くする）; 歯磨き粉 há ndjashuru kū; 家を白く塗る shiru núïshung, {漆喰で} shiraféshi（白灰で）núyung, shirafé nuï agïung; 石灰を一度塗り再び塗る shírafé íchi dú nuti mata núïshung.

Whither どこへ; 何処へ行くのですか ïyaga mānkae {mākae} ítchūgă?; 君は何処から来て何処へ行くか ïyaya ma kará chi mánkae ítchuga?

Whithersoever どこへでも; 逃げられないところは何処へでも行かせてくれ 'má ndjīng nugáraráng（何処へ行こうと逃げられない）.

Whitish 白っぽい; ússi（薄）shiru.

Whitlow 《病理》瘭疽（手足の指の末節の急性化膿性炎症）; ībi šatchinu kássa, ībinu tsimi nugīru kassa.

Whiz (ブンブン) という音を立てる; 蜂がブンブンする hátchinu bu bū shung, また īyānŭ, támanu būbū 矢や弾丸がピューピューと飛ぶ.

Who {[s.] which, whom}; 誰（か）; tāga?, tariga?; 誰が来るか tāga chūga?, chūse tāga?（来るのは誰か）; その人は誰か kuri tāga?; 誰だか知らない tāga yará shiráng; 誰が問うたか tāga tútaga, tútasse tága?（問うたのは誰か）; 誰が私（の安否）を尋ねて来たか tāga vang tazoníti chóga?; 彼を恐れない人はだれか ari ussurirang munu {ussuriránse} tāga?, tāgă ari ussuriránga?; 「～する者（ら）」は動詞的名詞 síga, または sí, se で表わされる; 学問する者ら sími（墨）narayussiga, simi narayusé;

学問しない者ら simi shiransi（知らない者ら），narānsĕ；誰がこれに加えることができるか tāga kun nakae sīīnu（添えの）náyuga?；誰が喜んで服するか tāga amandjíti fúkushuga?；誰が（誰だったら）天も人も共に騙されると言うか tāgǎ {yaré} tínnung ftúng túmu-nyi azamukarīndi* ïyúga? *azamuchun は「嘲る」の意味で，「騙す」の意味は日本語であろう；誰が私を敬わないか tāga {yaré} wang tsitsishimánga.

Whoever 誰でも；来る人は誰でも入れなさい tāng chūsé {何人も拒まずに chirāng gutu} yúrusi（許せ），síbitinu ftu chūsi yúrusi {kakaverang（拘らない）構わない}；売る人が誰でもその人から買え tā yaravang úyusi kara kóri；誰が来ても，私は用事中と言いなさい tāga kūāng kakaverang,ïyaya vaga yūdjŭnŭ án ndi iré {iriva,ïyé}.

Whole 全部の・総～；丸ごと全部 sōté（総体），muru,máttaku,mattakí（全部）；chū múrushi（一塊）；全部・欠けたところのないもの mattakī mung；全員呼べ sūyó núkurang gutu yúbasi（呼ばせよ）；一家全員 yá sūyó,yá nyín djŭ íttú〈一純・一統であろう〉,íkká,yā sōté；市場中（の人）chu mátchinu ftu；一生（涯）ichichōru yéma,íchi tūtūmi,íchi mí〈一命〉tūtūmí；一生このように暮らす í shó〈一生〉anshi kúrashung；全身ずぶぬれ dū íppé {dū sōté,í shin〈一身〉} ndi-tóng；丸ごと一匹 muru íppíchi；一日中 fĭ chí,fĭ djŭ；一年中 chu tú（一年），níng djŭ；衆人（全人類）nyín dju〈人衆〉,shú nying；林 {中} の全ての鳥 * が囀る（*birds が欠落）yáma djúnu tuïyé mina fúkïung；全心（で）（ひたむきに）chímu múpparányishi,kúkuru tskútchi,kúkuru sūyó,suyó kukuru ítti {kviti}；切らずに丸ごと（手を伸ばして）手渡してくれ chiráng gutu máttakí {mattaku} néri（差し出せ）；全世界 tínga íppé；林（中）の鳥全て yama útchinu {sán chūnŭ} tuïyé sūyó nachúng* {囀る} *cf.3 行上；全心で彼を愛す {信頼する} va chímu sūyó {muppara} ari kánashashung {arinkae útchakatóng（頼る），nkatóng}；市中に噂が流行っている gussiku ippé fétong；万事準備完了した sōté shkóténg；総合計，合計,su shími（総締め）,sū kukú́i,sū ávashi；これらにもっとワインと野菜を加えると合計20両余になる nyáfing saki yassé sīti（添えて）túmunyi nyí djŭ ló〈両〉amaïnu dé djing（代金）nayúng；一家逃げた íkka núgitang；人間の全義務 ftú tărŭ {nu} mítchinu sū nuri（則）；この文はまだ「各」という語のすべての意味を尽くしてない kunu kū {ī bung} now "unu unu"chu djīnu〈一字〉imé máda tskússang；全心を徹底調査に注ぐ kúkuru mupparányishi mígatchi* chivamïung（*EC：「研究」の訓読みであろう）；町中の犬が全て吠える chū mátchinu íng sū abíshung；全世界の人々が崇め尊ぶもの shkin íttūnu ftu táttubi ágami tukurunu mung.

Wholesale 卸売り；sū achiné,maru úï,sū úï-shi,máttachi mung achinéshuru ftu（卸売り商人）；文人らは máttumi úï（まとめ売り）とも言う．

Wholesome 健康によい；kúnchinu（根気の）{háranu（腹の）} taminyí yutashang.

Whom 誰（を・に）；誰を捜しているか tā tumetátchŭgă（捜して歩くか）?,ta tazonī ga {tazonitátchuga}；私と彼と誰を一層愛しているか vántu aritu táya mashi（一方よりよいこと・増し）kánashashuga?

Whore 売春婦；[名] bākita wínago,tavafuri wínago,ássibi wínago,yana wínago,fítsiré wúnna（誂い女）；[動]（売春する）⁺indáng-shung〈淫乱する〉.

Whoremonger 好色家；iruzíchina（色好きな）mung,íruzíchi wíckiga,indánshuru múng.

Whose 誰（の）；これは誰のものか kuri tā múnga?；これは誰の筆か kuri tā fudiga?；（それは）誰の事か知らない tā kútuga yara shirang；vága nchótaru ftunu kwa kumankae chi 私が見た子供の父親がここに来た．私はその人の子供を見たが，その人がここに来た．

Whosoever 誰でも；tā yaraváng {kamāng 構わない},tāndi íchi lundjirang（論ない），tāndi ïyáng {誰かと言わない，誰であるかには固執しない}；誰とでも仲が良い shkénu（世界の）ftu tātu yútashang.

Why [s.] wherefore］；何故 nū yáti?,nūnŭ támiga?；何故彼は来たか ariga chósi nūga {cháshi?},nū shundi chága?,nūnŭ táminyi chóga?；何故そうしなければいかんのか nū shundi kanādzi án shuga?；何故そんなに急ぐか nū shundi kanadzi avatíruya（慌てるか・急ぐか）?

Wick 灯心；tū-zing；灯心一巻き tūzing íssūkŭ（一束）.

Wicked 邪悪な；ashchi（悪しき），áku,áshchi mung,ákuna mung；fŭ djínnu〈不善の〉mung；蛇の如き悪心，紙の如く薄き運命 kúkurunu ashchi {vássaru} kutó hábunu gutukunyi,mīnu〈（運）命の〉ássaru（浅い）kutó kabinu gutukunyi ang；女児を溺死させる悪い習俗 wína-góngva úburi kurúshuru yana zúku；この世で犯した悪の一つ一つに死後相応する罰がある íchichōru yé sáma zámanu aku nashusé（生前様々の悪をなす者は），shídji ato kanádzi sama zamanu mukúïnu ang（死後必ず様々の報いがある）.

Wickerwork 小枝（やなぎ）細工；竹編み戸 adéru dáki-nu djó*,anyumī（網目?）{dakinu} djó *djó は「門」，戸（door）の意味はない．中国語の影響であろう．cf.toast

Wide 広い；firussang；着物の幅が広い chinnu habanu fĭrussang；談話,話が大きく的外れ sódang gutu mavaï tūsang；広く流行った fétong；伝染病 fëï yamé；広く流行った文言 fëï kūdjó {kutúba}；広く名の聞こえた {知られた} chikwīnu fétoru ftu.

Widen 広まる；[自動] firunyung,firuku nayung；[他動]（広

める) firumïung, firumi shímïung, firumirashung.

Widow 寡婦; yágusami wínago, wúttu wuráng, wúttunu sídji uráng.

Widower 男やもめ; tudjíng uráng wíckiga, tudjé shídji uráng.

Width 広さ・幅; hábá; 長さと幅 hábá nágí, nági hába; fïrussassi (広いこと)

Wield 〔s.〕whirl〕; 振るう; móyung, mórashung, mavashung, fuyúng; 権柄を振るう chímpi fuyung; 剣を振り回す yaï mávashung {mórashung}.

Wife 妻; túdji, tsima; 奥様 ayamé; 貴殿の奥様 ayamé {上流社会にて}; 妻子 túdjí kwa; 妻女 saï-djŭ; {最初の妻の死後の} 二番目の妻 áto tudji; 忠臣二君に仕えず, 貞婦も二夫に仕えない chū shin tātsinu chíminyi fúkusang, tīshtsinu (貞節な) tudji {tadashi wïnago} taïnu wúttunyi tskārang.

Wig 鬘; {入れ髪} íri gami mótsi (帽子), kudéru íri gami mótsi; 鬘を被って íri gami mótsi kantóng; {irigami は írigán と発音する}.

Wild 野生の; 猛獣 táchishī íchimushi; 野生の自生するもの chunu sodatitési* néng *sodatité であろう; 野性の果実 yáma naï mung; 野花 nū harunu hana; 野人 háru'nchu (畑人：百姓) {hárunu chu}, または yá-djĭn; 山男 yama ziméshuru bukūna (不器用な, 僕?) ftu; 荒馬・野生馬 aku bá, gutchina mma; {風, 人などが} 荒れる áritóng, áritúng; {草の如く} 荒れて混乱状態になる kussanu aritong, kussanu yáma natóng, yama chírítóng; 伸び放代の髭の人 yáma fidjā; 怒り狂った顔つき mī fïchatóng, mī háti nyūng; 野生蜜 íva mítsi (EC: 石蜜); 山 (岩) から得られる野生蜜が最高 yamanu íshi {íva} kará tutéru mítsé djó datsi〈上達〉tushúng; 子供, 活発な人が奔放な ámayung (暴れる), bíssé (いたずら) shung, ámati bísséshung, bakïung (化ける); 奔放な男の子 ámayā, munu yandyā (ものをいたずらして壊す者), bákita mung; 手に負えない bákitóng; 荒れた天候 ami kazi shuru tínchi.

Wilderness 荒地; áredji, ara chī, nū haru (野原).

Wilful 〔s.〕purpose, culpable〕; 故意の・気儘な; chī nyi makachi shéng, kúnudi du shéng, vázatu, úttáti (故意に)-du shéru; 故意に怒りに任せてしてある ikari chínyi mákachi shéng; 故意にしたものではない úttāti shéru sidjé aráng; 態とであろうと間違いであろうと vázatu savang, machigé savang {kakaveráng 構わない}; 態とある家に火を付ける fī tskíti vázatu chūnu yā (他人の家を) yatchúng; 故意の悪事 ftúduki (不届き); 故意の殺人 vázatu ftu kúrushung; 故意に怠る chínyi makachi ūkattu (うっかりと) shéng.

Will① 意志; [名] kúkuru, kúkuruzashi, shu zún〈所存〉; [動] (志す) kúkuruzashung, kukuruzashi tatúng {sadamíung} nigayúng; {承知する} ukigunyung (肯う), gatín

shung (合点する); 承知しますか, しませんか ïyáya (君は) úkigumi* ukigumani? *úkigunyumi であろう, yútashami yútashku neni?; 否だ mpá; 断る kafū, sari; 承知しない mpáshung, gátínsang, gátínó néng (合点はない); 自身の意思ではなく天の意思が成されるべき dūnu mama narang {dūnu shu zúnnu tūī neng áting} tínnu mákashinyi narivadu yasá; 駄目になりはしないだろう yandïésani, yandié sankayā?; 雨が降りはしないかな ami fuïésani?; 私が行こうと思う vaga ikándi shung; 断じてしない cháshíng (如何にしても) sang; これだけで良いか kussa shae sínyumi hïn?, cháshará ïya kukurunyi kanāyuga hïn? (如何したら君の心に通うか); (これで) 結構 sinyúng, símusā; さて君は何をするか, 君の考えは cháru shuzúnnu ága?; 志は定まった目標を持って (いる) kukuzashé sádami mukó (向かう) kútunu áttí; 彼は決してそれをしない síbiti (全て) kuri sang (全然これをしない), chishshté (決しては) kure sang, sándě umāng (しようとは思わない), sándě sang (しようとはしない); 私は報復するつもりだ vané chíshshti (意を決して) áta mukurándi shung; 真の神が有れと望めば有り, 無かれと望めば無い makutu kami án ndi umuré ang, néndi umuré néng; (彼には) 難 (しい), 易 (しい) の区別がない katemung ndíng (とも) yassa ndíng (とも) umārāng (思われない) {vákashé narang}

Will② 意志; 皇帝の御意 wīsi; 遺言 igún gatchishung, nukuïgatchi, nukúï kutūba.

Willingly 〔s.〕voluntary〕; 喜び進んで; kukurunyi ïtchí (好き) {ama ndjíti} shéng, kukurunyi nígati shéng, chimunyi ukigudi (肯) shéng; shúdi {shúnyung (熱中する) 楽しむ} chibayung {即ち, 喜び進んで働く}; 自ら進んで注意深く聞く, 楽しく拝聴します kúkuru íti chichung; 心から進んで彼に服する ama ndjíti arinyi fúkushúng; múttu ndi íchi (ごもっともと言って) fúkushung; 女性が自ら身を棄てる úkigudi (肯) dū stíung; {tī shtsi〈貞節〉mamurang shóti (守らないで) dū stíung}; この報いを喜びを受ける úkigúdi kúnu mukū* ukïúng *mukúï であろう; 死に進んで近づく shinyússinyi ukigudóng, shínyussinyi ukigudi tstchóng.

Willow 柳; yána dji; 垂れ柳 taï yánadji; 川 (端の) 柳 kā{井戸}* yánadji. *kāra であろうか

Win 〔s.〕gain, earn〕; 勝つ; katchúng; 勝ち負け kátchi máki.

Wince 怯む; 恐怖で怯む údurúchi kagamatóng (屈む); 苦痛でたじろぐ kutsi sashi ndjúchi fatamíchishung; {馬が足を踏み蹴る} kīūng {tang, rang},

Wind① 〔s.〕storm, calm〕; 風; kazi; 風向きが変わる kazinu māyung; 風が吹く kazósang (風が強い); 風に吹き開けられた kazinu fī akitang (風が開けた); 風に対する予防対策 kazi gamé-shung, kazikátaka (風除け)-shung; 順風 djúmpū; 爽風 djó bashiri kazi;

順風を受けて軽快に走る djúmpŭnyi átati djó báshirishung {djó bunyi〈上分に〉fáshĭung, váshĭung}; 逆風 djáku fŭ; 向かい風 mukó kazi; 強風 táchishí（猛しい）kazi; 風の激発・突風 áta kazi, nyívaka kazi, chúttŭnŭ kazi; 風が弱くなる kazinu turĭung（凪ぐ）, turitóng, yányung（止む）, yadóng; 風は殆どない kazi dátchinu dúku néng; 無風状態・凪 nadjóng*, kazinu nádjiti *日本語であろうか; 風が激しくなった・荒れた ugutchóng, úgutchi chóng; 順風にのって走る djúmpushi háyung, djúmpunyi hayung; 風に向かい帆走する wŭї（折り：ジグザグ）núїshung {[s.] tack}; 北風が強烈に吹く chíta kazinu gó gó（轟々）shi fuchúng; 石も砂も吹き飛ばした大嵐 ara kazinu ŭĩnyi úkuti（荒風が大いに起こり）, íshing sínăng túbacháng（石も砂も飛ばした）{bú bú shímitáng（ブーブーさせた）}; 風に翻弄される kazinyi fĭ késatti（引き返されて）, fŭchikésáring（吹き返される）; 風にある所に吹き流される fĭóchaku（驫着：漂着であろう）sáring; 今日如何なる風のふきまわしでここに来たか chū charu tayúїnu átti kumankae chaga?, chū nūnu kazi yáti ĭya fúchi kumankae kúrachaga（来らせたか）?; ここはホールを通り抜ける風が涼しい, 少し涼んでから行こう kunu záyă（座 は）kazi fuchi tūti chí sídashá kutú, kuma wuti chu fuchi（一吹）fukátti {吹かれて} assi iti（汗を入れて）{汗が乾いてから} ndjínda; もう風が弱まった nya kazinu yótóng; 風も穏やかに（なり）, 雨も順当に（降り）, 国は豊かに（して）国民は安穏を楽しみ（たい）kázing yavarakanyi naï, aming djún djunyi〈順順に〉futi, kunyi yutakanyi shí tami yassundjité yassă（安じたいものだ）; 風の方向を表す長旗・吹き流し kázami báta;

　羅針盤方位表示（器）：当地では風向きの表示は通常（水）平面を12等分し, 時刻を表す12文字で表す. 北｛極｝から始まり東へ数え, 4分の1区画毎にざっと3つ数える. 名称は以下の通り：yī（亥）, nī（子）, úshi（丑）; túra（寅）, ū（卯）, tatsí?（辰）; mí（巳）, mmă（午）, ftsizi（未）; saru（申）, tuĭ（酉）, íng（戌）; 例えば, 北東は｛正確さはあまりないが｝次のように言う ushi-turanu hó｛方｝または chíng｛間｝; 南東は tatsimīnu chíng;

　（腸内の）ガス・風気で悩む byótchishi fĭ（屁）fĭung, fĭ fĭuru byótchi（オナラする病）; オナラする gégé shung（ゲップする）*不一致.

Wind② {[s.] twist, entwine, turn}; 巻く; [動] 糸を巻く īchŭ mátchung {chang, kang}; 糸を巻いて毬にする īchu máё nakae（毬に）{maё náchi（毬成して）} matchung, káramatchung（巻きつける）; 巻き（からみ）つく mávashí {māchi, māti} míguyung（回転する）?; 時計の発条を巻く {tuchīnu karakúї} múdĭung（捩る）; 巻き忘れた mudīse vástáng;

Winding 曲がったもの; magatósi; あっちに曲がりこっちに曲がりしている án magaï kán magaï shóng; 曲がりくねった道 magaï mítchi; 曲がりくねった海岸 magaï magaïshōru hāma.

Winding sheet 経帷子; 死体をくるむための経帷子 shínyi ftu karamatchuru（巻きつける）núnŭ.

Windlass 巻き上げ機; karamatchi agíru yāmă（機械）.

Windmill 風車（臼）; kazi ḳurumanu ūsi.

Window 窓; madu, tákadu; 琉球の滑る紙窓 ákáї（あかり・障子）, 小さいもの ákáї-gvă; 窓雨戸 {[s.]shutter} haïdu; 窓カーテン mádunu tári núnu, sági núnu; 竹製ブラインド {[s.] blind} sídaï（簾）, daki sídaï, {板簾} kī sídaï; 窓を洗い綺麗に成せ madu arati chirīnyi nasi; ブラインドを下ろしなさい sídaï úruchi kū; 窓用硝子 madu háyuru pólí（玻璃）.

Wind-pipe 気管; nūdi（喉）; 気管入口 nūdi gutchi.

Windward 風上（へ）; kázi wāra, kazi wá mútti; 風下 kazi gátaka（「風除け」の意もある）, kazi fuka {s'tu（外）, kushi（後ろ）}

Windy 風の強い; kazósang, kazósanu; 風のない kazókó néng.

Wine ワイン; {土着のもの} saki; 葡萄酒 budó záki; 酒壺 saki tsíbu; 酒（売）店 saki úї yă; （酒）杯 sakazíchi; 清酒・精酒 taritéru（醸造した）saki; 高級酒 sándu taritéru saki; 酒を呑む saki shung; 酒を一杯呑む saki chu sakazíchi núnyung; 彼がこう言うと付き人たちが酒を持ってきた ĭyuru ba tské munnu chá saki múchi cháng; 酒から醒めた saki samitáng; これまで酒は事を成就もし, また駄目にもすると言われてきたが, 私はこれまで酒が事を成就するのを見たことは殆んどないが, 事を駄目にするのは多く見てきた satchi kara saké kutu náchi（成し）, mata saké yuku（能く）kutu yabuyúndí ĭyattóssiga, vaga 'nchīndě（私が見たところ）kutu náshusi íkirákushi（少なくして）, kutu yabúyushi úffusang（多い）; 酒はすべて発酵した葡萄であり数十年も保存ができる saké sūyó budónu vátchusi shae du náyuru, sú dju níng（数十年）takuvéї bichí mung; （国法が酒を禁じている）kuku hó saki chíndji shung; 酒は人を気違いにする（狂れ）薬と言われる sake fúri gussúї ndi nazikĭung; 酒は真に内蔵を腐敗させ「本性」を潰す斧である saké mákutunyi hara（腹）kussarashuru kussuï, nuchi tsibushuru wúng（斧）nd[i] ĭyung; 酒に溺れて色欲に溺れないということは稀である saki fushi mamanyíshi íru fushí mamanyi sang mung íkirássang（少ない）; {西洋の} ワイン・グラス táma sakazíchi.

Wing 翼; háni（羽）, hani gé, tsí bássa; 飛び立つ ké tubi tubishung; 翼を生やして父の（面）前へ飛んで行けないのが悔しい hani míti chíchinu ménkae túdi íchi ōsansi {ōsan assi（出来ないことがある）} du uramitóng

（恨む）; 翼を付ける hani tskǘng {sigíúng（插げる）}; 翼のある hanigénu ang.

Wink {[s.] beckon, connive}; 瞬き（目くばせ）する; mī utchi shung, mī yóshung, mī yóshi tsodjirashung; mánitchung（招く）; 黙許する・見て見ぬ振りをする mī yúrushung, ndang fúïshung, íchutá yúrushung, ndang fuïshi yurushung.

Winnow 篩分ける・簸る; {米を kumi} fíúng, fúkashung; {殻を} 飛ばす kǎrǎ fī tubashung, fī ukushung; 篩い扇 {kumi 米} ódjuru（扇ぐ）dógu, {kumïnu} kara tubashuru ódji; 簸る篩 fúkashi yǘ（篩）; 篩い機 kara tubashi kuruma.

Winter 冬; fǔyu, fúyunu tuchi; 春にまで及ぶ晩冬 {あとの冬}（の寒さ）yú kang〈余寒〉（立春後の寒さ）.

Wipe 拭く; súsuyung, núguyung（のごう・拭う）; 擦って拭く síti núguyung; 拭き乾かし綺麗にする síri（磨り）kārakítti chidīnyi nashung; ぬぐい切れ nugúï chiré; しっかりと拭き捨てよ chíttu nugúï stiré; 涙を拭き別れた náda súsuti vátacháng* {hacháng} *vákatáng であろう.

Wire 針金; shígún gáni, shígundjáni.

Wisdom 英知・学識; suguritósi（優れていること）, takumi（巧み）, sé-chi〈才智〉, munushiri.

Wise① 賢い; sūmī〈總明〉, munushírinu ang, chíshǎ〈智者〉, chídakinu aru; 智者と愚者 chí sha kagū; 智者は自ら知るべきである chíshanu dū kūrū（自ら）kuri shiru bichī mung（もの）; 智者には深遠なことを言うべきで, 愚者には易しいことを言うべきだ chíshankae ïyussé fúkakúshi（智者に言うことは深くし）, úruk[a]na múnungkae ïyussé ássang（愚者に言うことは浅い）.

Wise② {[s.] way}; 方法; [名] このように kunu gutú; こなごなに kū téng nā（少しずつ・少量ずつ）; 少しずつ ín tie[n]〈一点 íttïén〉na íntïen nā; 一つずつ tītsina tītsi[nā]; 一枚ずつ ná ichi mé ichi mé, íchimé [nā]

Wiseacre 總明ぶる人; ítsivari sūmī, sūmī būïshung

Wish 願い; [名] nigé, búsha（欲しさ）, gvang ī〈願意〉; 願い事がある nigénu ang; どうか私の願いを聞いてくれ wa nigenu {gvan ī nu} ássiga, chíchi kwíri; 私の心・願に適う wa chímunyi（肝・心）kanatóng {áttatóng}; [動]（願う）nígayung, fúshashung（欲する）, mútumïung; 他人の健康・幸せを願う shtóyung（慕う）, shtóti kánashash[ung]; 私は彼の健康・幸せを願う va chimu arinyi yutóng, vaga ari shūmaríng（深い興味をもつ）; vaga chimu kara ari kanashashung; 私はそうしたいとは思わなかったが, 自分の好み（性向）を捨ててそうする vaga anyé umanó assiga, dūnu kúkuruzashi mágiti {tóchi（倒して）} shīti（強いて）shung; 私は {他人も当然そう願う} 天に登る梯子があればと願う, または天に登る鎖が（天から）下ろされて, まわりを見渡せたらと願うが, それはありえないことだ tínungkae

nuburarīru hásh[i] nu aré yutashassigayā, ting kara kani gussaï（金鎖）uríïdunse（下りたら）uri kara ting nubut[i] nyussigayá（見るがなぁ）, tada naráng; この事が全人類に及ぶよう願う va nigényé（私が願うには）kunu kutu tínganu fitu bitunkae naïténdi（成りたいと）umutóng; 死を願う shinyuse n[i]gatóng; ぴったり望み通りに tsíntu kukurunyi {nuzuminyi} kanatóng; 天意は人間の願いと一致させるのは困難である tínnu kukuró chunu nigénu gutu nayusé katémung（人の願いの如く成るのは難しいもの）; 人間の願いが徳・善であるなら天は必ず応じて下さる chunu yī nigénu aïdúnse（有ったら）, tíng kanádzi urinyi shtagaï mishéng.

Wishes （よろしくなどという）伝言; 君によろしく ïyaga gándjún shósi nigatóng（君が頑丈にしているよう願っている）, nigényé iya gándjún shoriyó（願わくば君が頑丈にしていなさいよ）; 彼に宜しく va táminyi ari kwī chichi kwíriyó（彼の安否を尋ねてくれよ）.

Wishful 熱望している; shin shūnu*nigé tsira {mī hana} nakae aravaritóng *shín chūnu であろう; shígūkǔ〈至極〉nigatóng.

Wit 理知・分別; líkutsi-nu ang, fúmbitsi, dí kútsina mung; 驚き正気を失った udurúchi búshó〈不性〉nyi natang, udurúchi támashi núgitang; 当惑しきった ló ching〈量智も〉tétóng（絶えている）, chāng kāng naráng（どうしようもない）; 私は当惑しきっているよ vané lóching tétósà!

Witch {[s.] sorcerer}; 魔女; kami inuyā（祈る者）, djútsi（術）shuru wínago; 霊を呼び出す kami úrushung, ínuti úrushung; 悪鬼, 悪病を人に招き寄せる yūri, aku fū mánichi chúnyi átarashung（当たらせる）.

Witchcraft 魔法; mā fū, djútsi（術）, yana djútsi.

With 〜によって, 〜と; [後置詞] -shi, -shae, -tu, -tung {dung〈EC: 同 tung であろう〉}; ūnádjiku〈EC: 同〉, -tu tumunyi, mádjung（一緒に）; これで, ここから kuri shae; 蜜で mítsi dúng; 蜜でも塗ったら mítsidúng núïdúnse {dung はこの場合動詞形成素でもありうる}; 人が身につけて持ち運ぶ・携帯する mútchung {（継続）chóng,（否）tang}, futsúkurunyi {懐に} ítti mútchóng; kwé chū shóng（〈懐中〉している）; 何かを贈り物として携えて来る ukuri mung tstúshung（土産する）; このように携え（持って来）られる贈り物 tstú（土産物）; 私と共に（一緒に）vántu túmunyi, vántu madjúng; 私と一緒に行った mádjung atcháng（歩いた）; 汝と話す ïyánkae {ïyányi} munu ïyúng, ïyātu sódanshung; ペンで書く fúdïshī káchung; 手で触る tī shae sāyung; これに合致する kurinyi kanayung {átayung}, kuritu yínu mung, yínu ími, ími únadjūnyishóng; 君が書くのに使ったペンをくれ ïyaga kátcha[ru] fudi（君が書いた筆）vaningkae torasé（取らせよ）; 私と一緒に来い ïyā（君）vántu mádjung kū, tsíriti kū; 君と賭をす

る ïyātu kākishung; すべすべした石（滑石）と白石を混ぜて磁器製品が造られる nánduru íshitu shíru íshitu gū nachi（一緒にして）{ushāchi（合わせて）, muchīti（用いて）} makaï（椀・丼）dógu tskórarīng; ナイフで彼を殺した sīgu shae ari kúrucháng; 鉛筆で書く fúdi muchíti kachúng. cf. 上記「ペンで書く」.

Withdraw 退く; shirizuchung {chang, kang}, dúkïung（退ける）; 与えたものを取り返す túï késhung; 退き帰って来た fïchi kéchi（引き返して）cháng; ある場から退いた sákiti（避けて）{shiruzúchi} ndjáng; {辞退する} djités[hung]; ある件から身を引く unu kutó kafūshi（感謝して）? djités[hung]; その件から引き下がらない unu yūdjú kará ukérang（しりごみしない）; 客たちは退いた chakó sándjiti〈散じて〉ndjang; 立ち上がり別室に立ち去った bitsi zānyi tátchi ndjáng; 災から身を引いた vazavé {kara} sákitindjáng.

Wither 枯れる・萎れる; sirïung（時節が過ぎる）, uturuyung（衰える）; {木・竹・野菜が, kī, dáki, yássé} kárïung; 萎んだ花 síri bána; 花が萎み落ちた hananu síriti útitáng; 気力が衰える chīchinu〈血気の〉uturūyung.

Withhold 保留する; {残す} núkushung, núkuchóchung, túdumi uchóchung; {保留させない} tudumi yúrusáng.

Within 以内に; útchi, útchinyi, útchi vúti, nakae, nakanyi; 心内の想 utchinu umūï; 心中 shín chū; 懐中 kvé chū; 今日中 chu vuti; 一日中 fï djú; 1か月内 í kazichinyé, chu tsitchinyé sídjiráng（1日には過ぎない）, íkkazichinu tutūmi（1か月中ずっと）; 10日内 chu kara túkka, [s.] during; 屋内で yā utchi vuti, yā vutóti; 在宅です yā nakae menshéng（いらっしゃる）; 留守です lúsi; 内外 úra úmuti; 死の一歩手前内 {毛髪の幅} shinyānse kíssidjí fúdunyi kakatóng, kissídjinu yé（間）; 百日内 {百日を越えないだろう} haku nyitchinu útchi nakae du aru, haku nyítchinyi sídjiráng（百日に過ぎない）.

Without 外で（へ）; fuka, fúka vuti, s'tu, stunyi; 外面 úmuti, wī muti kara; それ無しで済ますことはできない kuri nénté naráng, kuri kagité naráng, an sané naráng（そうしなければならない）; 剣を持たないことは決してない yáïya dū kara hánasáng, tsininyi yáï mútchóng（常に持っている）; 一銭もない súttung（少しも）dzinó neng; 無いほうがよい nénsé máshi; 恐れずに ūdjiráng, ukérang（不安がらない）, ussurirang, ussuri bichí tukuró nérang; インクもペンも共に無くてはならない síming fúding túmunyi {unádjicu*, madjung} néng até naráng * 語末 cu は ku のつもりであろう; 限無く kadjiri nerang, hátín néng; 故なく yúye néng shó[ti]; 原因または理由なく ívari néng yūïshun[g]（由所）néng; 侍者が欠けてはならない wi tskes[a]rīru mung kagité naráng; 帽子も着物も無しに chínnung néng mótsing（帽子も）néng; 快楽をしても色欲に陥らず, 悲しみに会っても

傷つくことがない rákus[íng] midarínsang {iruzichínsang（色欲もせず）}, kanashidíng {ur[i]ting（憂えても）} yáburang.

Withstand 抵抗する; fushídjung（防ぐ）{jang, gang}, saïdjiung（遮る）, chídjiúng（遮る・止める）; 敵を防ぐことができる titchi fushídji ōshung.

Witness; 証拠・証人; [名] shūku, shūku nyíng, shūkushuru ftu; この書物を証拠とする kunu shimutsi shūk[u] túshti（として）, shúkushi; [動]（証拠とする）shūkushúng, nyi nayung; 証人を引き連れてくる shūku nyíng fïchi sóti（連れそうて）chūng; 自分自身の証言を撤回する satchata shūkushasé úttchétó[ng] {kutuvatóng}; 証人も訴状も shūku nyínnung úttaï bunúng.

Witticism* 洒落; líkutsi munuï（屁理屈言葉使い）, chóging munuï（狂言言葉使い）, wíruki（愉快な）munugataï.*wit の後より移動.

Wizard {[s.] sorcerer, witch}; （男）魔術師; uranésha（占者）, yítchisha（易者）.

Woe {[s.] evil}; 災難; vazavé, sé náng〈災難〉; 私はある朝が何時ものようになく, 自分が永遠に苦悩の海に陥るのではと恐れている ftu á[ssa] tsíninyi kavati（一朝常に変わって）yī yī〈永遠〉kurúshiminu om[i] nakae utīgashurandi ussuritóng.

Wolf 狼; ufu kami（大神）; 狼の如き性 ushinu {gutoru} kundjó（牛の如き根性）.

Woman 女; wínago; 若い女 útumé {稀に聞かれる}; 尊敬すべき女性 áyamé（貴族の嫁が姑を敬って言う語）, mmé（おばあさん; 士族）; 老女 hāmé, pāpá; 市場に集まる平民女 bātchí（叔母さん; 平民）; 女の仕事 wínagonu shkutchi {váza（業）}; {軽蔑的} 女の仕事のようだ wínagonu shéru（した）gutóng; 教養ある女 sé túkunu（才徳の）wínago; 貞女 shtsi（節）mamutoru {tī shtsina〈貞節な〉} wínago; 既婚女 yā tattchōru（嫁いでいる）wínago; 若淑女 mússimi, áyamé gvá; 貞節を失った女 tī shtsi ushinatōru wínago; 老婆も召使女たちも落ち葉を掃き捨てた hāméng tskavari wínagōng {djī nakae} utitōru fa hóchi stitáng; 愚かな女たち úrukanu wínagonu chá; 女は顔に白鉛を塗る wínagonu cha tsíra nakae kū〈EC（鉛）粉〉nūïshung; 彼女は明晰な理解力があり, 8才か9才にして他の女に優るような仕方で女の仕事の全てを習得してしまった 'mmarïnu sūmīnyi〈聡明に〉átti, yátsi kukunútsinu tushi natá kutú wínagonu wáza {né munungdén, 縫い物なども} nárati, chū yaká mássatóng（他人より優っている）; 夫を尻にしく（支配する）女 wúttu massaï wínago; このような女について一般に言われる言葉:「彼の妻は歌う」anu ftunu ţudjé mídüï utayung〈EC: 牝鶏之晨〉, または, ari mídüï utáchóng {彼は雌鳥に歌わせている}「雌鳥のように歌う女は, 畑にではなく家の中にさつまいもを這わせている」{さつまいもは這う植物} mídüï utáyuru wínago yā nakae kánda {ímmu kázira} hórachéng; 老婆たちの仕事 hāmé tá yūdjū.

Womanish 女らしい；{（男が）女のような（女々しい）} wínagonu gutóng, winagorāshā-ng.

Womb 子宮；kvá-búkuru, váta（腹）, hara, té〈胎〉；胎内に vata utchi nakae, té né；{胎内の} 未だ生まれない胎児 té né nu kvá；胎内に子供を持っている｛妊娠している｝ háranyung（孕む）, háradóng, té ukitóng；母親の胎内から持って来た uyanu vata utchi kara chóng, uyanu vata utchi kara mútchi chóng；{生まれて以来} uyanu vata nugati（逃れて）{ndjíti} kará；生まれて以来賢明 mmari nágara {生まれながらに} shtchi（知って）chóng；出生前から酒を飲まない mmariyāng kara saki chiratóng（嫌っている）；彼は災の根元, 不幸の胎である ari vazavénu nī {mútu（元）} túshi, bu sévé（不幸）ari karadu ukutóng.

Wonder 驚くべき（不思議な）こと・もの；[名] firumashī, midzirashī（珍しい）{kutu}, tín[dji]ta mung；[動] 私は彼を見て不思議に思う ari ʼnchindé firumashashóng, firumasha úmutóng；そうなる（だろう）かしらと（思う）anyé umāntassiga（そうは思わなかったが）, nayukay[ā]（なるだろうか）{nayésani（なるであろう）}, nárano árani（ならないのではないか）；彼は来るだろうか（知りたいと思う）chūkayā kūnkayá?；本当にそうか, 珍しい事だ！yé anyī? mídzirashí kutu dér[u]（chu yaru）；英国船かしら Índjer[e] funi kayá?；見たら不思議に思うだろう ʼndi varu（見ればこそ）firumasha náyuru；そうかも知れないと判断するには見る必要がある, 見ないでは合点できない ndi varu anshi gáttíno nayuru, ndán yéma（見ない間は）gáttíno naráng；君は不思議そうにしているが, 知らないと本気で言うつもりか ïyāyā fírumashashússiga, shiráng kútu[du] anshúsami（知らない故にそうするのか）?, shiráng kutu du án shúndi váttānkae úmurashumí（知らない故にそうするのだと私たちに思わせるのか）?；死ないのが不思議だ shinyānsé, firumasha náyuru；

Wonderful 不思議な；これは不思議だ firumáshasā, midzíráshasā!；不思議なほど素晴らしい造り方だ tíndjita（転じた）tskǒǐ kata shéng, mídzirashi tskoǐ kata shéru, mídrasha tskoténg.

Wont {[s.] habit}；慣れている；眠るのが習慣である níndjuru nárisumi（なりそめ）shidjínnu〈自然の〉gutóng, shidjíntu nayúng

Wood {[s.]forest}；（材）木；kī；薪 tămúng, táchi djī；全種の木 shú būkŭ〈諸木〉；木製の kī shéru, kī shi tskoténg；木彫りする kī fúǐ tskáshung；山林は諸木の生え繁った所 yáma shú búkunu mító {shídjitó} túkuru；それに突き差された鉛筆（筆）は山の木のようだ fúdi sígitésé（挿げてあるもの）yámanu kīnu gutóng；山林に入る yámankae íúng {núbuyung}；版木

kī fúǐ tska, fúǐ tskashi kī；樵 tamúng tuyā（取り）, táchidjī tuyā, yama írishā, yamayā, yama kushā（yamaku 樵）{即ち, 燃料・薪を切り出す人｝；薪売り tamúng uyā；木の神｛精｝kídji mung, kīnu shíng〈神〉；木喰虫 kīnu mushi, kī kwayuru mushi.

Wooden 木製の；木匙 kī ké（木貝）, kī shéru ké, kī shi tskoténg；木柄 tská, kī ziká；木製車輪付自動椅子 kī hīāgānu ati {kī hīāgā tskítti} nánkuru átchuru yī.

Woof {[s.] warp}；（織物の）横糸；nútchi（緯）.

Wool {[s.] hair, feather, cotton}；毛；kī；綿羊毛 mién yánnu kī；木綿（毛）múmmíng；桃（蕾）が割れて木綿毛が現れる múmunu sákítti kara múmíng bána（木綿花）ndjíúng；木綿は鷲鳥の羽毛のようだ múminó gānānu kīnu gutóng.

Woolen 毛織の；布 rásha（羅紗）, dásha；nī〈呢 flannel；EC 呢 ne であろう〉；毛織物 {mien yánnu（綿羊の）} kī uǐ sheru támmu[ng]（反物）.

Word {[s.] saying}；言葉；{発話されたもの} kutuba；書かれたもの chu djī 一〈字〉；{文} kutuba, kú, ī bung, bánashi（話）；「人」「天」という一字 kunu "ftu" ndi {"tín" ndi} i[yuru] chū djī；一言良い言葉 {良い話} を聞かせよ dá（ねぇ）chu kutuba tidéti（饗応して）chkássi；私のために一言話して（弁護して）下さいませんか vá táminyi chū kutúba yī {yó}{様} nyi íchi kvíri {chu kutúba tidé[ti] íchi kvíri}, va táminyi chu kutúba fúmi[ti]（褒めて）ïyung {[s.] recommend}；約束（言葉）の通りに（行う）í[yŭrū] tūī shúng, yakushku dūī shung, ïyūrū gutu úkunayúng；約束を破る yákusku úttchéyung（裏切る）, djítsi（実）ushinatóng, yakusku chígātóng, tágátóng（違っている）, kutúbanu hágunyung（かみ合わない）, hágudóng；多言を費やす mīdji gūdji-shung（ぶつぶつ不平をいう）；言も行も kutúbáng úkunéng；一言で（言う）sū bukúmishi〈CD なし,「総含みし」であろう〉, sū gumúīshi ïyung；最後（遂）には tsīnyé, ovaïny[é]；一言も未だ言わない chu kutúb[a] madí máda ïyáng；彼の一言は刀より鋭い ariga chu kutúba ïyussé kátana yaká uturúsha du áru（恐ろしくぞある）{chitsisáng（きつい）, chūsang（強い）}；彼が君のために一言でも言って（弁護して）くれたら, 君の幸運の時が来たのだ ariga ïya táminyi chū kutúba yī yónyi {fomi[ti]} aïdunse（良い様にありさえすれば）, ïya fū〈福〉déru（である）；私は「君は約束を違えぬ人だ」と言ったよう vané ïyáya djitsi〈実〉ushināng mung ndi icháng dó；{冷淡を意味する}「淡」字は「火」に「水」を付け加えて成り立っている. そのことは意味深長だ "affassa" ndinu djī〈字〉{"affachi" nu djī ya} fī kara mizzi kuvétidu natōru djī yákutú（字であるから）, dútu fukassaru imiyénu ang；一字一字追って意味を解明する djī úti {djí gātā úti} chimuyé tuchúng.

Work {[s.] labour, trade}; 仕事；[名] vaza, shkutchi, shī
gutu, kfū, itunami, kú〈工〉; 仕事がない {しかし欲しい}
shī kanti shung (暮らしかねる), vaza néng kurashi {やっ
て行く, 暮らす} kantīshung; 超過業務 kadjiri kwitōru
vaza, sadami fukanu vaza; [動] (仕事する) tushī (渡世)
-shung, ítunami-shung, shigutushung, shúng, shkutchi-
shung, k'fū-shung; 今日たくさん仕事した {全部の仕事を片づ
けた} chū shkutchinu nū achóng, shkutchinu nubitáng,
nudóng; 大した仕事はしなかった shkutchinu nūng
akáng, shkútchinu nubáng; 無駄働きする 'nna shī
shung, itáziranyi (いたずら・無駄に) shúng; 仕事の
契約 vázanu sódang, vaza sadamīru sódang; 仕事の
契約を取り決める vazanu sódang sádamīung; 見事な
針仕事 yū noténg (縫ってある), lippanyi nóténg, né-
mung (縫物) djózi (上手), 粘土を捏ねる 'nchá kúna-
shung, āshung; 櫓を漕ぐ lu kūdjung {ushúng}; 日雇い
仕事をする fī-díma šeku-shung, nyitchi nyitchi tíma
(手間質) túti vazashúng, fīnyi chassanu tíma sódán-
shi vazashung; 日雇いで働く人 fī dima {túyuru} seku;
仕事単位で (請負で) 働く人 úki shkutchi zéku, vaza
díma zéku; dógu kázishi (道具の数で) tíma tuyuru
séku; 轜を押す fuchi ushúng; 轜を上げ下げ {行き
来} する fuchi ági sági-shung; {無理矢理} 納得す
る・心にしみ込ませる shīti gátinshi (強いて合点して)
[sh]úng; 丸薬造りのように指で細工する fīnnī [ung]
(撚る); {裁縫} 袋 nóï múng búkuru; 裁縫箱 nóï
mung báku, gúma dogu b[aku]; 大工道具箱 séku
{dógu} baku; 大工 seku (細工) {[s.] labourer}; 熟
練大工 seku djózi, yī séku, djó〈上〉zéku; 仕事を立
派になそうとする職人は, まず自分の道具を研ぐべき
である sekunu dung (強意 (しも), もしも) vaza yu san-
di umurā, satchi d[ógu] yū túgi vadu yarú.

Workmanship 技両・手際；tskoï kata, tskoï yó, shī yó,
tskoï; よい細工・出来ばえ ḳuma zukúï shéng, kú-
massa tskoténg, ḳuma séku shéng, sékunu kúma-
ssang; 出来ばえが悪い ára zukúï shéng, are* séku
shéng, sékunu árassang *ara であろう；最高の出来
ばえ djó〈上〉zukúï shéng.

World 世界；shkin〈世間〉, shké, tínga〈天下〉; 全世界
tínchi bámmutsi〈天地万物〉; 全下界 tínga ípp[é],
tínga íttū〈一統〉, amaníku tínga, shpó〈四方〉; 全世界
{人間} fitu bitu, shū nyíng〈衆人〉, tínganu ft[u], tínga
íppénu chū; 現世 tó shi〈当世〉, t[ó] dji〈当時〉, námanu
yú; 世間を知らない shkín muching shiráng, shkinnu
yósing shiráng, shkin gutu sáturang, shkinnu tstomi
{y[ū]} saturáng; この世の人, またはこの世に生をう
けた人, この世における人の生 chūnnu shki[nyi]
wūsi {または wúru kutó}; 他人に無頓着な世間 dū
kátti shuru shké, djímámanu shké; 世の習俗 shkinnu
fūdji (風儀), shkinnu náravashi, shkinyi aru kutu; 世

から退く (隠遁する) kakuritóng, índja〈陰者；隠者であ
ろう〉natóng; 来世 gu s[hó] 〈後世〉, átonu yú, atonu
{chūru} ínutchi; 常に世間にあるとは限らないもの
tsinyinyi shkinyi néng mung (常に世間に無いもの);
世間を観察すると, 才能などのある人は〜 vaga
'nchindé, shkinyi sé túkunu* aru ftu *〈EC: 有才有徳
之人〉; この世の事は実に奇怪で不実である tínganu
kutó firumashanu atí, fákaï sadamié naráng {chá-
dunding ïyaráng (如何とも言えない)}; {彼が坊主になる
のを許さず} なおも世に留めおいているのは如何なる
道理か kunu gutu (このように) ari tudumití shkin na-
kae utchésé cháru sídjíga?; 現在の世間の習俗は
俗っぽい見方と俗っぽい心情 namanu shkínnu shí
tsiké (やりつけていること), yafina (野卑な) mītské,
yafina kukuru mutchi; 現世は仮の宿にすぎない
kunu yuya chakunu íchi ya {一夜} tumaí (泊り) {shú-
situ yínu mung}; 世間の人々の深い関心を呼び起こ
す shkin uzumatchi (目醒めさせて) imashimíung (警
める); 世間の人々は富, 冥利, 名声, 利を求めてあく
せく働く shkinnu tstome (務めは) fu chi (富貴), myó
linu〈名利の〉kutunyi kakatōru bakaï, {または veki-
shaï, táttuchinyi nataï, kómyónu〈高名〉ndjitaï, mokitaï
shuru kutu bakaïnyi kakatóng; 世の見聞せざるもの
shkinnu mada 'nchaï chichaï sang mung; 腐敗・乱
れた世間 midaritōru shkin; この世の一万の事象全
ては一寸の間に無に帰せられるもので, 心を留める価
値のないものだ shkinnu yuruzinu kutó íchuta nakaï
kavataï (変わったり), 'nnā nataï (無になったり) shi,
kukurunyi tumirunyé uyubáng.

Worldly {[s.] carnal, egotism}; この世の・俗の；俗物根
性の shkin gutu fakari kangetátchuru (考え歩く → 考
えてばかりいる) mung, dū gatchi shátchuru (して歩く
→ してばかりいる) mung.

Worm 虫；múshi; ミミズ mimizi; 水中の植虫 (形態が植
物に似ている動物・ひとで, さんごなど) shídjina; 腐った
ものに生ずる虫 ūdji (蛆), mūrūn-gva; 虫食い状態
mushinu tstchóng, mushinu kvatóng; 紙魚 (シミ) shi-
mutsi kvayuru mushi, kabi kvé múshi.

Worm wood にがよもぎ (苦蓬)；fūtsi ba.

Worn out {[s.] wear, fatigued}.

Worry 悩ませる；[他動] chă chă (常々) nayamashī shung
(悩ませ通し).

Worse より悪い；{私より} 悪い vang yaka íkáng, tsídji (悪
いこと); 以前よりもはるかに悪い satchi yaká yamé
chūkŭ na[tóng] di ubirarīng (覚えられる); 彼の病気
は一層悪化した byótchinu [dūdū] chūkŭ natóng;
{日々每に} 悪化する chía kūtu gūtu {íchi nyitchi kū-
tu gūtu} [úmuku] natóng {yaménu úmuku natóng 病が
重くなった}; 日々 {徳の点で} 悪化する chía kūtŭ
g[ūtu] naré (習い) yandïung; あの時と比べ 10 倍も

悪化している anu túchi nyi físhtindé nyafu[ng]（更に）djú bé⁺〈十倍〉fudu yanditóng; これはあれより悪い kúritu áritu físhtindé nyáfing（更に）tsídji; 健康状態が一層悪化 yamé 'nchíndé（見たら）nyahung（更に）chūku natóng; この二三日たいして悪くも良くもない k[unu] guró（この頃は）yaménu úmuku natósi ndang（見ない）, mat[a] yutashku natósi ndáng.

Worship 崇拝する; [動] wúgănyŭng, païshŭng〈拝す〉kami pa[ï]shung, únyiféshung（御美拝する）, lī shi（礼して）agamĭung, lī s[hi] táttubĭung, shíngóshung（信仰する）, tátimatsiung, tatimatsiti wuganyung; 神崇拝 kami wugámuru kutu, shingó-shuru kutu; 朝夕礼拝する assa yússa lī fé sh[ung]; 信者でなければ拝んでも無駄である shindjīru ftunyi {makutunyi kaïrunu ftu[nyi]〈EC:「帰信之人」の訓読みであろう〉aründung aré sunu paï shusi（拝すること）yitchié néng（益はない）{たとえ拝したとしても真の礼拝ではない païshantémang makutunu tadashchinyé（正しきでは）aráng}; もし天主の他に神や偶像を拝むなら、その人は二心あるもので、君に不忠、親に不孝な者と同じだ n[u]shinyi fuka bitsi kami fútuki（仏）wugami[dun]sé kuri futátsi kukurunu aru sídji（筋・条理）、または fū chū, fu kó nu gutukunyi ándó.

Worst 最悪の; [形] íttsing（最も・一番）vássáng, íttsing tsídji（悪いこと）; 最も質の悪い（もの）djí datsi⁺〈下等; 下達であろう〉, djí kuré⁺（位）, zó-mutsi（雑物）; [動]（負かす）tóshúng（倒す）, yandĭung（破る）, makashung; [s.] spoil.

Worsted 毛糸（製）の; ストッキング yāma shi kudéru tābí（機械で編んだ足袋）; 梳き出した糸 fíchi ndjachéru íttŭ.

Worth 値; [名] dé, áttaï⁺, nïdán; [形]（価値がある）dénu ang; détŭ shúng; 一文の価値もない íchi méng（一枚も）sáng, dzíngvá íchi ménu déng sáng; 千ドルの価値ある han tsíng（ドル）shíng mé shung; 聞く価値ある chíchi gutu; 見る価値ある mī gutu; 用いるに値する yū tatchúng, yaku tatchúng, yúnyi kanatóng, múchi bichī（用いべき）; 食べる価値ない kuchinyi wūdjirang（応じない）mung, kamaráng（食べられない）shína; 鞭打ち（罰される）に値する batsi shí bichī mung, batsinyi áttaï bichī mung; 難儀する価値ない tskurunyi úyubang, vazasunyi（業するに）taráng; 感謝に値しない nyifé ïyunyússinyi* uyubáng *ïyussinyi であろう; これの値は幾らか kuriga dé chássa shúga?; 考えるに値しない kangérunyi uyubang, muni {'nní（胸）} utchinyi tumirunyi {umurunyi（思うに）} úyubáng; 金を{所有する}価値のある人 mūtú（元金）mūchīnu ftu; このような蟹は今年は一斤五分の値がする kunu gutoru ganyé kúndó í-ching gū fúnnu dé dū shūrū.

Worthies 賢者; chín djin〈賢人〉, chín sha.

Worthless 無価値な; starī（廃れ）mung, yū⁺〈用〉tatáng mung; dé ziké（値付け）nérang, dé shi kórunyi（買うに）uyubang; 何の取り柄もない（つまらない）人 shó djin〈小人〉, djí datsinu（下達の）ftu, shínanu（品）vássaru ftu, īyāshī ftu.

Worthy 価値ある; 皇帝になるに相応する人 tínshitu〈天子と〉nayuru ftu, tínshitu nayússinyi wūdjitōru ftu.

Would {[s.] nearly, may, rights}; ～だろう、～しよう; 行けたらなあ! íkaránsidu uramitōru（行けないのを恨む）; 行けるんだったらずっと前に行ったであろう ikarīru mung dunyaré m[é vuti] ndjótassiga {ítchússiga}; 彼が来ていたらどんなに良かったことか chīdung wutéré yutashatassiga; あなたが明日来たらなあ ïyaga achá kūrarirá {chíïdunse}, 私たち二人にとって良いのだが tagényi y[u]tashassiga {kūnsidu（来ないのを）uramitōru}; 彼が良い役人であればなあと願う yī kvăn yaïté nígatóng.

Wound 傷; [名] chízi, yamaché（傷めた）túkuru, skunaté（損なった）túkuru; [自動. 他動]（傷つける）skunayung（損う）[他動]（痛ます）yámashung; 怪我した頭を洗う tsiburu yamasé {yamachidung aré, yamaché tukuru ar[ā]}chāki {kussuïshi} árayung; 20 人以上の人が怪我して行ってしまった nyí djū nyíng ám[aï] skunati hacháng; 七情を損なう{過度に行う}者は罰として百の病を受けるであろう shtchi djó（七情）yabu[yu]ru munó haku byónu mukúïnu ang; 兵も民も殺傷した fínnung táming skunaï kurucháng; 過失で他人を傷つけた umázi furāzi（思わず）chu skunatáng {chunu dū（身体）yámacháng}; 本当に刀で彼を傷つけることは出来ないであろう fătashtí（果して）kátana ari yabúyuru kutó naráng; 傷・瘢痕・苦痛などの結果（後遺症）, sīra（苦・病）, sīra ittchóng（苦しむ・病む）, átchichínyi* natóng *útchichínyi（打ち身）であろう.

Wrangle{[s.] race, wrestle};（激しい口調で）口論する; taï arasōyung, óyung; 互いに前後左右に強く引っぱりあう tagényi fíchaï shung, fíchésh[i] óyung; {論争する} nandjū-shung（難渋する）, yuzé-shung; 喧嘩させる órachi tāgă mákashuga nyúng; 言い争う騒音 kashimashang, abiatīāshung（喧々囂々する）; 互いに掴み {もつれ} 合いをする kumïāyu[ng], kunyayung（組み合う）; kumïāti óyeshung, kuméshi óy[ung]; {長短など} 全てについて論じ合う nágassa ar[asō]ti ínchassa lúndjüng〈EC: 争長論短〉, nūnyi yūze gamma [sa] shung（何事にも愚痴っぽくする）; 君たちの誰が正しく誰が間違っているかについて論じ合う íttág[a] yúshi áshi vakashundi yūzé shung; 競い争い不和になる chi suï⁺〈競争〉arasōti fúányi⁺〈CD なし〉natóng; 人と（言い）争うなよ chútŭ arasōnnayó; 善人は恭々

しく謙虚で人と争わない kunshé（君子は）uyauyash-
ku yúziti（譲歩して）chútu arasōrang; 上の者は争わ
ない，下の者は争いを好む djó datsinu（上達の）
samuré（士）arasō ḳutundi iché nérang, djí dátsinu（下
達の）mata arasōï kununyung.

Wrap {[s.] fold}; 包む; tsitsinyung; 贈り物の品など紙に
包装する shídashung（化粧をする）, sídachung; 包装
してある sidachéng, sidatïé ang; 傷まないように包む
yandirassang tami tsitsinïung; 罪に包まれている
toga tsidóng（積んでいる）{tsidōru mung}; 巻きつける
machung, tsítsidi machúng; 包み一包にする tsitsidi
chū tsitsíng nashung; 竹皮で包め daki gā muchīti
tsitsimé; 絹糸でそれを巻きつけよ ítu shae kuri maké.

Wrapper 包むもの; tsitsi munū, tsitsinya; 本を包むもの
shimutsi tsitsinyā.

Wrath {[s.] angry}; 怒り; íkari 最高支配者（神）の激
昂 shó tí〈EC: 正帝〉furuï ikaï〈EC: 震怒〉misheng.

Wreak {[s.] vent}; （恨みを）晴らす; 怒りをぶちまける
íkari sarashung（曝け出す）; 恨みを晴らす ata mukū-
ti kukuru tarïung（報復し心足りる）.

Wreath {[s.] garland}; 花冠; 頭の花冠 hana kánzashi
{chū tūï 1 巻}

Wreck （難）破船; [名] vari buni, yandi buni, kazinyi
utchi yanditoru funi; [動]（破船する）fashshínshung,
funinu* vayúng, kazinyi óti funi vatáng（割った）
*funi であろう.

Wrench {[s.] screw}; 捩る; 捩り込む mudínchung, nídji-
rinu（捩子）gutu m[u]dínchung; 捩り抜く mudi nu-
djúng; 捩じ開ける á[tta] akishung.

Wrestle {[s.] wrangle}; 組み打ちする・格闘する; shíma
tuyúng（相撲をとる）, mussibyāti ó[yung], mussubya-
yung（取っ組み合う）, tatakati kuméshung.

Wretch 卑劣漢; yana túmugara（輩）, yana datsi.

Wretched みじめな・悲惨な; kúrushida（苦しんだ）mung;
ああ，なんと惨めな! Aa vané kutsī（苦しい・やるせな
い）mung {mma[ri]} yassā; ah, vané zan nín（残人;
残念であろう〉yasā）; なんと哀れなことか! zan nína
{nínnu} kutu yasā!; 惨めな思いがする chímunyi yī
ch[i] néng, utsishóng（鬱している）, turibaïshóng（ポ
カンとしている）, utsishi turiba[tóng].

Wriggle のたくる; dū kūdjung, dū kūdji atchung; 女性の
くねくね歩き tskoï átchi shung（作り歩きする）.

Wring 強く絞る; リンネルを ching（衣服を）shíbuyung;
絞って乾かす shibuti kárakashung.

Wrinkle {[s.] plait, furrow}; 皺・襞ができる; [自動] ma-
guyúng; 顔に皺ができた tsiranu magutóng, fïdja
yītchóng（坐っている）;（「顔に皺ができた」は）むし
ろ次のように言う: umugaï yītchong {ítchóng（入って
いる）} 黒い斑点がある {当地では老齢の印と考えられ
ている}; 皺の寄った顔と白髪 tsíranu fïdja yītchi fáku

fátsinyi natóng; 眉をしかめた māyū tstchāchóng（つ
き合わす）{tstāchóng}, mánuku chidjumitóng（縮めてい
る）; 着物の襞 fïdja; 襞を取った fïdja tuténg.

Wrist 手首; tīnu kubi.

Wristband シャツの袖口; sudi kubi.

Write {[s.] compose, note}; 書く; katchúng {chang, kang}, djī
katchung, sími（墨）katchúng; 無造作に書く fúdinu
mamanyi kachúng, fúdinyi mákachi só só shi（早々し・
急いで）katchúng; 詳しく書く {写す} katchi ndjashúng,
djī utsushung; 本の中に書き込む {書き留める} kat-
chi tumishung, chirukushung〈記録 chí lūkū〉; {作文
する} búng tskoyúng; 書かれている {聖書に chó（経）
nakae} ïyattóssíga（言われていることが）{kachi shiru-
chésiga} ang; 清書する shī shū shung; 早書する guru
guru（só só）gatchi shung; 大 {文字} ūū djī; 中文
字 chū djī; 細字 sé djī; 本の中に書きこむように明確
に書く shíng（正）, または má shíng（真〈正〉）; 行書き
djó gatchi; 草書体 só gatchi; 規則正しく均等に書い
てある námiti kachéng; 粗書きしてある ara gatchi-
shéng; 一考もせず {工夫せず} すぐに無造作に書
いた kfūnsang sósóshi kacháng; 品物リストを清書し
なさい shína yusé（寄せ）? shī shu〈清書・精書〉si;
手の動くままに書く tīnyi makachi shirushung（記す）;
タタール（満州）文字と漢字を一緒に書く tātsī djītu
kán djītu avachi gatchishung; 一人で書いたのでは
ない chūïnu fudé aráng（一人の筆ではない）.

Writer {[s.] secretary}; 書く人・筆者; katchā; 達筆 yī
fudi; 早書きの人 fé fitsi; {記録係} katchi tumishā;
記録官 katchi tumi yaku; 字を書く人と絵を描く人 djī
katchā（字書き）, yī katchā（絵描き）, djī yī katchā; 請
願書を書く者 úttaï gatchi katchā, nigé gatchi katchā.

Writhe {[s.] wry, pervert}; のたうち回る; ama kuma út-
tche fíttché-shung; 私の手から捩り取る va tī kara
múditi tuyúng; 言葉を歪曲する kutuba ī múdïung,
tskoï nóshung, ī nóshung; ī yandïung.

Writing {[s.] write}; 書くこと・書いたもの; katchi, gatchi,
katchi tski（書きつけ）, fudi, katch[i] tumi; 公記録
nyítchi, kabi; 美しい字 guma gatchi shéru djī, líppa-
nu djī, yī fud[i]; 大きい字, 小さい字など [s.] write;
二つの書き方があり, そのどちらも欠くことは出来ない
tātsi[nu] kachi yónu búndjī〈文字〉, tītsing kagié
naráng.

Writing desk 書き物机; {中国式の} siziri baku（硯箱）;
西洋のは多分 katchi dogu baku, fïshi búku（筆紙墨）
baku. cf. writing materials.

Writing master 字の師匠; {djī} kachi yó〈様〉narāshuru
shi shó.

Writing materials 筆記用具; simi katchi dógu, fishi buku
dóg[u]; fishi buku は fudi 筆, shi 紙, buku 墨の短縮
形.

Wrong 悪い; ⁺fudjína〈不善な〉kutu, íkáng kutu, yuga kutu; 君が悪い ïya vássáng, ïya útidu (落度), ïy[a] du (君自身の) útidu, váruku ang; し損じた shī yanténg, shī ayamaténg; し損なうなよ shī yandunnayó, shī ayamannay[ó], shī skunónayó; {道徳上} 悪の道に入った djakunkae (逆へ) {djaku mítchi nkae} ícháng (入った), ndj[ang] (行った); 違う道 {喉} に入った yuku nūdi (横喉) {yuku anankae} íchóng; 君の推察は間違いだ ïyag[a] yuku sáshidushōru (察しぞしている) {sáshishōru, djunyé〈順には〉sáshir[ang], 即ち, 君は間違った見方をした}, yuku mítskidus[ho]ru; 君は違う書物を持ってきた yuku (横＝間違い) shim[u]tsi muchi chōru; {書き物などで} この字はまちがいだ y[uku] djī kachéng, ítténg (入れてある); 彼は私を不当に害した djī mágiti (義をまげて) vang géshang, vang magarachang, chíttu m[a]garachang {人に大きな害を与える}; 不当に私に与えるのを控えた djī magiti torassáng (取らさぬ); 君の兄弟は善悪の区別を知らない ïya chódé yushi ashinu úttchétóng (裏返っている), または ïya chodé yushi ashi vakashé naráng; 悪を行ってもその心がおだやかでない時, それは善なる心である ⁺fu djínnu〈不善の〉kutu nachíng kukuru nakae yasundjiranse* dúnyaré kure yī kukuru dó *yasundjiran であろう; 誤っている ayamarinu ang, ayamatóng, machigéshong, yantóng; 読み間違いする yumi yantóng; 写し間違いする útsushi yantóng; 書き間違いする yuku (横＝間違い) gatchishéng; 多くの点で間違っている kutu kazinyi ayamatóng; 極僅かの誤りもない kí sidjíng (毛筋も) ayamaráng; 片意地な kata yutōru mmaritsitchi.

Wrought 加工・細工した; 錬鉄 tatcheru títsi, djukushōru (熟した) titsi; 細工した木 ⁺kan〈干〉shōru kī; 細工して整えた板 kánshéru ítta; kán-shung, kán shimïung は, 長もちの為に {羊毛や絹などをも含め乾燥したり, 塩漬けしたり, なめしたり} したものについて言う.

Wry 捩る・歪める; 口を kutchi katánchung {yogamïung}; 話す時に口を歪める kuchi ámmudi (そう捩り) kammudishi (こう捩りして) munu ïyung; yógā (歪んだ) kutchi, kutchi yogā (口の歪んだもの).

Y

Yam 山芋; yama 'mmu, 即ち, 野生芋で当地では利用価値は殆どないと考えられている.

Yard 中庭; mya, naka mya; 家の前 (に) yānu mé; 家を取り囲む全域 yáshtchi (屋敷); 1 ヤード・長さの単位 san djáku (三尺); 当地の普通の長さの (計測) 単位 chu firu〈一尋〉は 5 フィート; 船の帆桁 fū gīttá.

Yarn (織物用などの) 紡ぎ糸; 木綿 (の紡ぎ) 糸 ⁺mín sā〈EC: 棉紗〉.

Yawn 欠伸する; ákubi shung; 欠伸して伸びをする ákubishi

nūbishung.

Yea しかり・さよう; oh anté;

Year 年; 1 年 íchi níng; 5 年までは tu も用いる: chu tū 1 年, táttū 2 年, san ning {tū は使用できない*} 3 年, yú tū 4 年 *誤解では? mitu (3 年) もある; それ以降は再び níng を用いる; tū は tushi (年) の短縮形にすぎない; 丸 1 年 yínúï; 1 年中もそうする yínúï mading án shung; 1 年中 {今年中} níng djū; 半年 han n[íng]; 「2 年」は saï sé〈CD なし; 再歳であろう〉とも言う; 年末 tu[shi] sī, tushinu ovari 新年 shó ⁺gotsi (正月・首月) {また「最初の月」を意味する}, mī ţushi, tushi hadjimi; 今年 kúndu, kún níng; 去年 kúzu; 1 昨年 'nchu náti; 今ではもう 4 年 yú tú nati, yú níng náyuru; 来年 yā [ng]; 再来年 nyāng chū; 4 年目が来る nya (もう・もはや) yú tu; 丸 1 年以上 yínúïnu kwīru; 彼は 6 歳である ari ruk[u] sé nayúng, mūtsi nayúng; 2, 3 年 nyi s[an] níng {[s.] age, old}; 多年 ⁺tá níng; 1 日が 1 年のようであった fī kuráshuru kutó túshi k[u]rashuru gutóng (ようである); その一件は今のところ差しとめておけ, 2, 3 年後再度取り上げて, 相談しよう nama mazi sóté (総体) tumitóti {fitchétóti (控えておいて)} nyi sa[n] nyin sídjirava mata sódanshung; (高麗) 人参 (gínseng) は新しい容器に入れて密封しておくと, 長年保ち腐らない ⁺nyin djinó mī dógunu utchi na[kae] kadjimitóti (秘蔵しておいて), tuchi firu (経る) madíng {sú dju ning fít[ing] (経ても)} yándirang; 君は今年何歳か ïya kún[du] íkutsi nayuga?; 新年まで何日か íkka vuti mī dushi nayuga.

一年の区分 [s.] kalendar;

年周期 (干支) [s.] cycle.

Yearly 毎年の; mé níng, níng níng, tushi gu[tu].

Yearn 憧れる; 私の心は彼を恋慕っている va chimu arinkae umumutchóng (赴いている), vaga ari cha (いつも) umi tskatóng (思いつめている).

Yeast {[s.] leaven}; 酵母; ⁺mi chí〈米汁〉; 酵母入り菓子 mándjū (饅頭).

Yell 大声で鋭く叫ぶ; ufu abí-shung, abi kwé-shung, abīyā tīā-shung.

Yellow 黄色; chīru; ある黄色着色染料 utchíng (欝金), ó baku (大葉子); 黄色っぽい ussi chīru (薄黄色).

Yellow river 黄河; ó-ga, wó-ga.

Yes ハイ; í {ï゛と言う人もいる}, ó, né, yútashang, múttun (もっとも); 下層の人は ū を {非常に長く太く低い} 声で言う; ハイ, その通り shidjinyi (自然に) ándó; ハイ, 勿論 án té; ハイ, 確かに chishshtí (決して) ándó, makutunyi ándu yaru; 質問に答えての yes の返答は質問の言葉を繰り返す事が多い: 良いか? yútashami?, yútashang {ハイ} 良い; 有るか, 無いか ámi néni?, áng {ハイ} 有る; 居られますか ménshémi, ménshéng (ハイ, いらっしゃいます); ハイ, 実に djitsidó, múttun.

Yesterday 昨日 ; chínyū, chínū; 1 昨日 vúttí; 4 日前 yúkka náti; 昨晩 yūbé (昨晩は), chinyūnu yuru.

Yet 未だ ; 未だ〜ない máda; 未だ来ない māda kung, {nyāda と言う人もいる}; 先生，未だ北京 (Peking) には行ったことありませんか shinshīya Fikinno māda ndjé 'ndáni?; 未だそれを食べたことがない mada kadé ndáng; 更にもっと nyáhüng, nyāfing; 更にもっとあるか nyáfing amí; 更にもっとあげようか nyá sīti (添えて) kvīūmī (呉れようか)?, mátta kvīūmī; もうちょっと待て nyā in tien〈一点 íttïén〉{nya s'tó (少し), sūtū (少し) gva} máttchóri; さらにその上 únu wī, sunu wī, máta; {それでも，〜にもかかわらず} yandung, yáss[iga]; 彼は来ると言ったが来ない，どうしたんだろう kūndi* ichéssiga kūng, nūga? *chūndi であろう; 彼は常に心が公正であり，そのように振る舞うが，さらに常に他人の事を良く言い，勢 (力) を笠にきて他人を侮辱したりはしない yassiga chímu nakae kū tónyi〈公道に〉kúnu yónyi ássiga, now chunyi kavati yī kutu íchi, ichīūīnyi yutti chó azamukáng (嘲笑しない).

Yield {[s.] submit, obsequious}; 譲る ; yuzïung, firi kudayung (へり下る); 道を譲る [mitchi] yuzïung; 要求に応じる nigényi yuzitang (譲った) {wūdj[i] tskítang (つけた)}, nigé tudjitang (遂げた), tashitáng (達した); 身を {法に} 委ねる dūshi aravaríti chóng (自首); 学問に専念する gakumunungkae katanchung, yúyung (寄る), katánch[i] [yu]tóng, yuï tskitóng; 従順な人 yúzit[a] mung, naziréta (宥恕する) fūdji, kúdata mung, ftu[nyi] kudayung, kúdarí ftu, chúï wémishóng, kudari fúkushóng (伏している); 譲り寛仁な uki óï yassa[ru] mung, kwan djïnyi〈寛然〉átti, kwán djūnyi〈寛恕・寛忠〉átti; 自分も妻子も彼の好き勝手に任せた dūng, tudji kvāng ariga káttinyi makashimi [tang] {fukushóng, kudatóng}.

Yoke 頸木・軛 ; haki gī (佩木), ushinu kubi haki kī, úsh[inu] kubinyi hakīru kī.

Yolk 卵黄 ; kúganu ákami, chí mi {chīru m[i] の変形}.

Yon あそこ，向こう ; áma, ágata; 川の向こう kāra fizami[nu] (隔ての) [f]úka, káranu fúka.

You 君，君ら (に，を); {複数} íttá; 二人称単数は ná を使う．そしてより丁寧には úndju (あなた様)，それは英語の sir のように全階級に通用する．ただし，女性にも使える点が違う；また英語と同様に複数代名詞で呼び掛けることができる ítta, náttá; 文語的には nandjí (汝)，複数は nandjira; shín[shī]〈先生〉は外国人に呼び掛けるのに使う；yákomī {お兄さん} は島民同士に呼びかける際使われる；君！後ろから呼び掛ける時 yé! ye!; ええ，妻 yé, tudji!, 敬意を表すべき目上の人には sari! {男女とも}; ayamé! 奥さん，ayamé gva お嬢さん；紳士の皆さん！undjunātā!; 紳士と淑女の皆さん！úndjunā ayamétā; または，英語流に淑

女と紳士の皆さん ayamé undjunátá; お集まりの皆さん atsimatōru munnu chā!, múru múrunu chā!; 兵士並びに (島) 民の皆さん íttá fïng táminu chā;

Young {[s.] little, youth}; 若い ; vakasang, vorabi (童); 動物の場合は gvá を付ける：若鳥 (雛) tuï gva, 小 (さい) 豚 bútta gva; 私が若い時 vaga vakassaru tuchi; 老若 ló-djaku; 幼少なのでよく理解できない tushinu yū shu nyi áti, kutó (事は) shkáttu (しっかりと) vakaráng; あの若者 anu váka mung; 若くて優れた才能ある túshi vakasáshi sé tákassang (高い); 若者の戯れ言にすぎない kuri (これは) vaka múnnu furi gamari nu sódang bakaï (ばかり) du yaru; 若者らは年寄りらはものを知らないと思っているが，年寄りらは若者らが大した見識を持ってないことを明白に分かっている váka múnnu chānu tushïūïyé munó shirándi umutóssiga, yassiga tushïuïé áchirakanyi vaka múnnu chānu munu shirán ndi tukuró yū shtchóng; 若 (緑) 茶 míduri chá; 白髪の若者たち shíragí mītoru vaka múnnu chā.

Younger {[s.] brother}; より若い ; tushi úttu (弟)?, tushi vakassang; 私より1歳年下 vang yaká chu tushi {chu tó, íchi nínnu} úttu; 彼より1歳年下 ariga tushé kurinyi fïshiré íchi nínnu úttu (あの人の歳はこれに比べると1歳年下)〈EC:「他的年〜此 (圓珠) 小了一歳」の訳〉.

Your {[s.] you}; 君の ; 君 {単数} の家 ïya yā, nā yā, úndjúnu (あなたの) {úndjuga} yā; nándjiga {nándjiraga*} など；君たち {複数} の家 ítta yā, íttāga, náttá, náttāga ya など；* 以下は複数の項に入れるべきである.

Yourself {[s.] self}; 君自身 ; ïya dū, ïya dūshi (君自身で).

Youth {[s.] young}; 若さ ; vakassassi, tushi vakassaru tuchi (時); 若い時に学んだ事は忘れ難い vakassāïnyi narātasé vassī gúrishang; なぜならその頃は心が散漫になることはないから kukuró fitútsinyi shó kútú (心は一つにしているから); 若者 nyí sé (二才), ny[ï] se gvá, vaka mung, tushi vakassaru ftu, túshé (歳は) wīrang (老いてない); 私は彼らの若さを頼み，彼等全員派遣した vané áttāga vákassar[u] íchiúï (勢) tánudi, suyó wī yaracháng; 若者は年も豊かで，力も強い vaka munó tushíng vékishī chíkarang tsīūs[ang]; 若者たち nyí sé gvā tā, yū shānu mung〈幼少〉; 若い紳士は次のようにも呼ばれる：sháng kúng〈相公・少公〉, sháng-ku-mé (前) *sháng-kum-mé であろうか；年は老いているけれども顔色は若い tushinu wīté wuyéshúndung, gán shkó vaka múnnu gutóng.

Z

Zealous {[s.] endeavour, effort}; 発奮した ; chíttu datchung, issami tátchung（勇み立つ）, íchidūri fashshïung（発憤する）; 発奮してする chíttu datchi shung, íchidūrí fashti shung, chíbăĭ（気張り）tskíti shung, sisimi tatchi shung.

Zebra 縞馬; áya duri mma（綾取り馬）.

Zenith 天頂; tínnu ítadatchi; 天頂と天底 sh'pónu〈十方の〉djó kă〈上下〉; 人の居る地点と正反対の天体の一点 tsiburutu tánka（真向かい）natōru tínnu ítadatchi; 天頂と天底と羅針盤上の四点は, 六合（hó）と呼ばれる wí shtya, shpó〈四方〉ruku gó〈CD なし; EC: 六合〉ndi ïyung.

Zest 妙味; chí mí〈気味〉.

Zigzag ジグザグ; am-magaï kámmagaïshóng, mágaï fǐgaï*（曲がりくねった様子）*fǐguï であろうか; 曲がりくねった書き方をする mágayá fǐgayāshi kachúng; 紙面上のジグザグした字 magayā fǐgayā dzī; kuru tsina magaï{一度ある曲がり方で曲げられて} 黒綱の様なジグザグの曲がり方の跡をとどめる.

Zink（**zinc**）亜鉛; sízi（錫）, shiru kani, shiru namari, tányama; 銀簪を着用することを許されたが, それらを手に入れることのできない当地の貧しい者は tányama djífá（簪）または tū tang（トタン）djífá と呼ばれているものを使う.

Zodiac 黄道（帯）; tídanu míguï mítchi; 二十四節（期）の天道 {[s.] kalendar} nyī dju shinu shtsi irinu tindó; 1年の運行において月と五惑星が交わる境界線は（黄道）{または zodiac（黄道）} と呼ばれる tsitchitu itsitsinu fúshitu yínúïga yéda fíri yutchi azitó túkurunu kadjiré wódó ndi ïyung; 太陽と月は黄道で毎年十二回会う tsitchi fǐ mé níng vó dónyi ítchayur[u] {kwéshuru（会する）} kutó djū nyī du ang.

Zone（地）帯; {帯} ūbi, {固いものの回りの（囲帯）} tíku（鎌などの柄につけて刃を固定させるための金具）; 熱帯 fǐnu attaï djú; 温帯 nurussaru mítchi; 寒帯 fǐsaru mitchi; mítchi の代わりに bung（分）でもよいであろう; 当地の人々の知識が神のご加護で進んだら, もちろん他の専門語が導入されなければならないが, 現在のところは nuri tíku（温帯）や, atsi ūbi（熱帯）などは決して理解出来ないだろう.

Zoology 動物学; íchi munu sū gatchi tum [i]（生物の総書留）.

神の力添えにより 1851 年キリスト降誕の祝祭日に擱筆

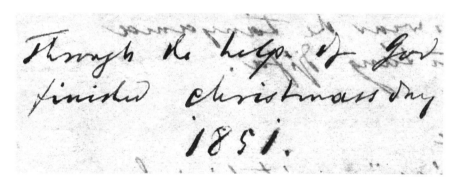

大英図書館の許可により転載　"English-LoochooanDictionary"（Or40 f.626v）
URL は PIII 目次を参照。

漢　語

A

ăïchí	愛敬 : love & reverence
án chíng	案卷 : memorandum, book
án chíng	案件 : case at law
án dáku {ráku}	安楽 : ease, comfort
án djíng	安全 : peace, well
án níng	安寧 : peace
án sa shí	按察司 : [s.] judge
án sáng	安生 : [s.] midwife
<u>án shi</u> shéng	安神 : [s.] enshrined

B

bá	場 : arena　[s.] place, stage, floor, field, office
bá gu	馬具 : harness; [s.] gear
bá shŭ	芭蕉 : [s.] grass cloth, paper
báku gaku	: [s.] fáku
báku shĭ	博士 : [s.] professor
báku yĭtchĭ	博益 : [s.] play, gamble
bámmutsi	萬物 : all things, universe
bang	方 : [s.] sign
bang	盤 : [s.]　font, cup
báng	晩 : evening
bátsi	罰 : [s.] punish, fine
bé	買 or 賣 : buy or sell
bé	陪 : [s.] double, fold
bé mutsi	買 or 賣物 : [s.] goods {bought or sold}
bí djíng	美人 : [s.] handsome
bí djŭ	美女 : [s.] beauty
bí ling	美麗 : [s.] deck, ornament
bí myó	美名 : fame, renown
bí myŭ	美妙 : [s.] subtil
bí năn	美男 : [s.] beauty, handsome
bĭ shū	微小 : somewhat little
bí shŭkŭ	美食 : [s.] food
bĭ síkŭ	微 : a little sour; [s.] leaven
bí wă	枇杷 : loquat
bín	瓶 : bottle, jar
bín kŭ	美 or 辯口 : eloquence; [s.] fluent
bín ting	旻天 : glorious heaven → mín ting
<u>bín</u> zĭchĭ {sĭkĭ}	鬢 : hair fat
bín djŭng	辦 or 辯。: arrange, explain
bínta	鬢 : [s.] hair {on temple}
<u>bín</u>tó	便道 : [s.] box {eating}
bó	亡 : [s.] depopulated
bó djĭtchĭ	暴事 : [s.] wrong, cruel
bó fan	忙判 or 謀判 : [s.] falsely, forge
bó fŭ	暴風 : storm
bó gan	榜眼 : [s.] literary
bó só	妄想 : unreasonable
bū	武 : military
bū	夫 : coolie. しばしば複合語において.
bū	部 : [s.] radicals, volumes, set
bu chū {bu shū}	不調 : [s.] dejected, uneasy, vexing, disagreeable
bū djĭ	武事 : military exercise
bŭ dó	葡萄 : vine, grape
bú gŭ	武具 : weapon, arms
bu kó shtchi	不行跡 : [s.] dishonest
bú kú	不工 : fool, stupid
bú pó {búppó}	仏法 : budhism
bú sá	菩薩 : idol
bú shi	武子 : courageous soldier
bu shó	不性 : [s.] forgetful
bu shū {bu chū}	不趣 : [s.] dejected, uneasy, vexing, disagreeable
bú sū	不俗 : is not customary
bu sú {bússu}	仏祖 : budha
bú tán	牡丹 :
bū yū	武勇 : [s.] warrior
búkŭ	木 : tree
búku djítsi	樸実 : [s.] plain
búku shi	木星 : Jupiter
bún	凡 : all
bún bŭ	文武 : civil and military
bún chi	文気 : [s.] style
bún djĭ	文字 or 芸 : [s.] exercise, literary, fundamental
bun fū	文風 : [s.] spirit, style
bún ku	文句 : [s.] tautological
bun kwa chóng	凡 or 分過 : [s.] extravagant
bún lĭ	文理 : [s.] style
bún ló	分量 : [s.] proportion
bún naráng	凡 : [s.] extraordinary
bún shó	文章 : essay
bún shŭ	文書 : despatch
búng	文 : [s.] document, composition, letters
búng	分 : [s.] part
búng gwé	分外 : [s.] ditto
búng kwă	分過 : [s.] surpass
<u>bummīn</u>yi shung	分明 : [s.] distinguish
bútsi	仏 : Bonze, Budh
bútsi díng	仏殿 : Budh's temple
bútsi ló	仏老 : Budha & Lau ts'
byú	廟 : temple, palace

byū	廟：temple, palace → myu	

C

ch'ku shí	勅使：envoy
ch'ku shó	畜生：[s.] beast, domestic
ch'tsĭnyĭ	決：certainly
chá	茶：tea
chá	枷：cangue
chá	家：{is formative of plurals 複数形成 素
chăng áng	掌案：[s.] clerk, secretary
chí	奇：[s.] meteorology
chí	気：aura, spirits
chí	紀：[s.] Dynasty
chí {chī}	智：knowledge
chī {djĭ}	地：the earth
chi bó	機 or 知謀：scheming, planning
chí bŭtsĭ	器物：instrument, utensil, furniture, apparatus
chi cháku	決着：resolute
chī chi	光景：[s.] sight, circumstances
chī chi	血気：[s.] courage, spirits
chi chin	饑饉：dearth, famine
chí chó	吉凶：luck & unluck
chi djó	情形：condition
chí djŭ	閨女：virgin
chí dŭkŭ	奇特 or 独：extraordinary, unique
chī făkŭ	軽浮：levity
chi fán	帰反：return home
chĭ fíng	時変：[s.] time serving
chĭ fúku	軽薄：[s.] contemptuous
chi fung	軽粉：[s.] mercury
chí gŭ	器具：instrument, utensil, furniture, apparatus
chĭ kó	気候：[s.] friendly climate
chĭ ku	稽古：[s.] learn, apprentice
chĭ kúng	気根：[s.] constitution
chí kwăĭ	奇怪：strange, extraordinary
chí kwaĭ	機会：[s.] conjuncture
chí li	地 or 志理：[s.] geography
chi lín	麒麟：[s.] omen
chĭ ló	智量：intellect, knowledge
chí lŭkŭ	記録：[s.] note down, write
chi mé{mó}	気舞：appearance
chĭ mī	気味：zest
chĭ mĭtsĭ	機密：secret
chĭ mun	閨門：[s.] door
chĭ myū	奇{絶}妙：excellent, deep, miraculous
chĭ né	家内：[s.] house, indoor

chí nyi nútti	機（に乗って）：[s.] opportunity
chi pĭang	餡 or 桔餅：candied orange
chi sán	決 or 清算：settle accounts
chí sé	奇才：talented
chĭ shă	智者：wise, intelligent
chĭ shín	鬼神：spirits
chí shinshung	献：offer up, consecrate
chí shtchi	智識：intelligence, knowledge, [s.] shortsighted
chī shŭ	軽 or 極少：[s.] little, trifle
chī si	清水：[s.] filter
chí suĭ	競争：wrangle
chi zó	気象：[s.] appearance; expression
chíchi	吉：lucky
chíchi djí	吉事：happy, fortunate
chím bó	憲法：[s.] balance, equilibrium
chím búng	見聞：see & hear; [s.] own
chím bútsi	見物：[s.] sight; [s.] chi mutsi 珍物？
chím pĭ	権柄：authority
chímmútsi	珍物：[s.] rarities, sight
chímpí	青皮：[s.] orange peel
chímpĭng	近辺：neighbourhood
chín	間：[s.] interval, south-east
chín bún	近聞：[s.] news
chín chí	錦鶏：pheasant
chín djing	賢人：worthies, virtuous
chín djĭung	禁止：forbid
chín dju	禽獣：[s.] brute
chín dju	牽牛：orion's belt
chín dju	珍珠：pearl
chín gu	緊固：firm, strong
chín kúng	進貢：[s.] tribute
chín kwă	喧嘩：dispute, quarrel
chín munnu sh-ti	権門子弟：rich families, big folks
chín sha	賢者：worthies, virtuous
chín shí	金星：Venus; [s.] planet
chín shí	填星：Saturn
chín shtchi	金石：metal & stone
chín shtsi	琴瑟：lyre
chín shŭ	憲書：Royal almanac
chín shú	黔首：[s.] people
chín shung	進 or 間：[s.] divide
chín sĭ	進士：[s.] graduate
chín su	嶮岨：precipice, cliff
chín sū	斤数：[s.] weight
chín tsae	欽差：[s.] commissioner, deputy
chí djĭung	止：hinder
chíndjĭung	献：dedicate
chíng	斤：catty
chíng	琴：dulcimer

漢　語　　423

chíng	金 : gold, metal	**chu shín**	忠臣 : faithful statesman
chíng chŭ	選擧 : [s.] candidate	**chū shĭtchĭ**	厨 : daily food;
chíppaku	潔白 : pure, white	**chū shtchi**	清潔 : pure
chissiru	帰 : [s.] heart	**chū shŭ**	中秋 : mid autumn; [s.] day
chó	脹 : [s.] account book	**chu tó**	中等 : [s.] homely
chó	経 : scriptures, classics		
chó	朝 : dynasty		**D**
chó	兆 : million		
chó	爵 : nobility	**da té**	大体 : large, big
chó búng	経文 : scriptural language	**daï**	太 : great
chó ch'ku tó	夾竹桃 : oleander	**daï djí**	太事 : great affair; [s.] dangerous
chó chín	朝覲 : [s.] fealty, homage, levee	**daï fŭkŭ**	太富 : great riches
chó dé	兄弟 : brothers	**dan**	段 : [s.] paragraph
chó djí	凶日 : inauspicious day	**dán chi**	暖気 : heat; [s.] weather
chó djĭ	凶事 : [s.] ills, evil, griefs, unlucky	**dándjĭung**	談 : preach, declaim, talk
chó djĭ	丁子（パイナップル）: anana	**dang**	檀 : sandalwood
chó dŭ	匈奴 : northern Tartars [s.] cho nu	**dan, dang**	壇 : altar; [s.] embankment, deck on
chó faï	朝拜 : audience at court		board a ship
chó fu	狂風 : gale, storm	**dé**	大 : great
chó fun	驟本 : leader	**dé**	代 : instead
chó kwan	朝覲 : [s.] fealty, homage, levee	**dé**	代 : generation（代を伐と書き間違い）
chó ló	長老 : elder	**dé**	題 : theme
chó mī	長命 : [s.] deathless	**dé**	第 : formative of ordinal number.
chó mī	壽命 : long life		序数形成素
chó ning	凶年 : year of famine	**dé bing**	大便 : [s.] excrement, ease
chó nŭ	匈奴 : northern Tartars	**dé dji**	大事 : great affair, i.e. dangerous
chó pé	招牌 : sign board	**dé fĭtsi**	代筆 : secretary, [s.] amanuensis
chó san	畜生 : [s.] beast, domestic	**dé lítchi**	大力 : strong
chó shó	招請 : invitation	**dé shú**	大小 : much & little, great & small; [s.]
chó shu	経書 : scripture		size
chó tán	長短 : [s.] character, length, side	**dé wó**	大黄 : rhubarb
chó tíng	朝廷 : [s.] majesty, hall, Emperor	**dī dji**	礼義 : politeness
chó tó	強盗 : brigand	**dín chū**	殿中 : palace
chĭ tsĭ dán	決断 : decision, sentence, chĭtsĭ dán	**dín dáku**	田宅 : [s.] estate
chū 轎 :	plannguin, sedan, chair	**dín djuku**	（恪喬）: [s.] lin
chū 註 :	[s.] interline, notes, comment, interpret	**dín shi**	田地 : [s.] lands
chū 急 :	urgent; [s.] ethics	**díng**	廳 : hall
chū 忠 :	faithful	**dĭshĭ**	弟子 : disciple, pupil
chū 宮 :	sign of constellation	**djá chĭ**	邪気 : [s.] fumes, fumigate
chū 中 :	middle; 複合に多用 , machū; [s.] center	**djá djŭtsi**	邪術 : [s.] delusion, sorcery
chū dji	虚字 : [s.] particles	**dja ínnu kutu**	邪淫 : [s.] obscene
chū djitsi	虚実 : truth or falsehood	**djá mă**	邪魔 : [s.] spirit, devil, possessed
chu djó	急性 : hasty, rapid	**djá shĭ**	邪心 : wicked heart; [s.] sin
chū fŭ	重寶 : [s.] valuable	**djáh**	蛇 : snake
chú gó	糺合 : read or hear over again	**djaku rú**	石榴 : pomegranate
chū guku	中国 : China	**djí**	芸 : trade, art
chū kŭĭ	旧規 : old custom, old rule	**djí**	自 : self
chú kun	教訓 : [s.] teach	**djí**	事 : thing
chū lí	旧例 : old custom, old rule	**djí**	義 : [s.] righteousness, ought,
chu nán	急難 : difficulty, distress		benevolence, ethics

djí	是 : right	**djín chǐ**	元気 : [s.] constitution
djī	地 : earth	**djín dji**	仁義 or 慈 : charity, love; [s.] ethics
djī	字 : letter, character	**djín djǐ chǐ lǐ**	仁義智礼 : The Confucian hobby of the
djī	痔 : the piles		four innate qualities, benevolence, judgment,
djī	下 : down, below		knowledge, and decorum.
djí	時代 : [s.] change	**djín djín**	漸漸 : gradually
djí {djítsi}	日 : day	**djín djū**	厳重 : [s.] unfeeling, strictly, gravity, se
djī áï	慈愛 : [s.] indulgent, merciful		rious
dji búng	自分 : [s.] freely, spontaneously, time	**djín dó**	善道 : [s.] virtuous
djí búng	時分 : [s.] time	**djín gu**	前後 : [s.] consistently
djí chǐ	真子 : [s.] onés own child opposed to	**djín kó**	沈香 : aloes
	adopted 養子に対して自身の子	**djín kó**	仁行 : virtuous doings
djí chǐnyǐ	己経 : already	**djín kwé**	(痊) 快 : restored to health.
djí datsi	下等 : low, low quality, vulgar	**djín lǐchǐ**	人力 : human strength
djī djǐ	地下 : [s.] compatriot	**djín líng**	人倫 : [s.] human, relations, social rela-
djī djǐ	字義 : [s.] sense		tions
djī djó	芸業 : [s.] profession	**djín sha**	仁者 : good man
djí djó	事形 : [s.] condition	**djín shín**	人心 : [s.] mind
dji djó	事情 : [s.] matter, thing	**djín shíng**	仁心 : [s.] feeling
djí djǔ	下女 : servant woman	**djín sǐ**	元師 : general {mil.}
djī djǔtsī	芸術 : [s.] mechanics	**djín tí**	人体 : [s.] person
djǐ fǐ	是非 : right and wrong; [s.] represent	**djín tó**	現当 : [s.] practice, real
djí fǐ	慈悲 : [s.] mercy	**djín tǔkǔ**	善徳 : goodness, morality
djí fín	下品 : low, low rank	**djín ya**	営 : [s.] castle, entrenchment
djī gé	自害 : [s.] suicide	**djín yuku**	人欲 : [s.] passion
djī kǔkǔ	時刻 : moment of time	**djin zai {zé}**	現在 : [s.] personally, present
djí kwǎ	外科 : surgeon	**djíndjǔng**	減 : lessen, abridge
djí kwǎ hó	外科法 : surgery	**djíng**	陣 : [s.] battle, order
djí lǐ	義礼 : politeness	**djíng**	膳 : tray {small table}
djí mǎmǎ	自滿 : full of self, self will, self pleased	**djíng**	音 : [s.] voice
djí máng	自滿 : full of self, self will, self pleased	**djíng**	俩 : [s.] double
djí mmi	議 : [s.] council	**djíng**	限 : nyítchi djíng 日限など ; [s.] fix,
djí mǔkǔ	耳目 : ear & eye		limit, time
djī nū	芸能 : ability, talent, dexterity	**djíng ǎï**	仁愛 : love, charity
djī nū	技能 : ability, talent, dexterity	**djínshū shung**	減少 : curtail
djí shí í shó	十死一生 : [s.] stake	**djínyi chkassang**	是 : near right; [s.] probable
djí shín	自身 : self	**djín{g}**	仁 : benevolence
djí shǔǔng	持 : grasp	**djíppi**	是非 : right & wrong; [s.] represent
djí shǔǔng	辭 : refuse, decline	**djó**	上 : up
djí shtsi	日節 : [s.] time, present	**djó**	丈 : cubit
djí tsǐ	実 : true	**djó**	情 : [s.] passions
djí tǔkǔ	自得 : [s.] hint, suggest, self pleased	**djó**	業 : possession
djí yǔkǔ	情慾 : passion	**djó bunyi**	上分 : very well {done}
djí yǔkǔ	事欲 : passion	**djó-chú-djí**	上中下 : first, middle, last
djí yūnyé	自由 : [s.] easily, wantonly	**djó datsi**	上等 or 達 : first quality, superfine
djím bǔ	膳部 : provision	**djó djǐ**	定規 : measure
djímba	陳場 : battle field	**djó djǔ**	成就 : perfect, finished
djin	間 : [s.] interval, south-east　hin	**djó fu**	丈夫 : great man
djín	前 : before	**djó ī**	情意 : affection
djín	善 : goodness, morality	**djó kǎ**	上下 : more or less; [s.] zenit{h}, nadir

漢　語　　425

djo nó	上 or 定納 : taxes	du lítsi	同列 : {of the same condition}
djó shŭn	堯舜 : Yaon & Shun	dú lŭĭ	同類 : of same class
djó yúku	情慾 : passion	dú ning	同年 : same year
djú	玉 : pearl	dū zing	銅錢 : copper cash
djŭ	所 : place; 複合語の中でしばしば用いられる。simédju など。	dú zó	土象 : idols
djū	中 : middle	dúku	讀 : [s.] interpunctuation
djŭ	牛 : cow	dúku	毒 : {poison}
djŭ {nyŭ}	女 : female	dúku	独 : alone, lonely, solitude
djú bă	牛馬 : cattle, beast	dúku djă	毒蛇 : {poisonous snake}
djú bung	十分 : ten parts; [s.] very, most	duku gáku	独学 :
djŭ djŭ	重重 : all sorts	dúku litchi	独力 :
djū mī	助命 : support of life	dúnna mung	鈍 or 沌 : [s.] folly, bad metal
djŭ sha	儒者 : a Confucianist	dúnsi	緞子 : [s.] silk, satin
djŭ tó	牛痘 : vaccine	dzan shú	残暑 : [s.] summer
djŭ zé	重罪 : great crime	dzī shĭ	厨子 : ark, box {for idols}
djŭ {gatchi}	序 : preface	dzī shó	瑞祥 : prognostical
djŭ {nyíku}	魚 : [s.] food	dzó fŭ	臓腹 : entrails, belly
djúkŭ mŭn	玉門 : [s.] pudenda	dzúndjiung	存 : keep
djúku shóng	熟 : experienced, ripe	dzungvé	存外 : exceptional, unexpected
djúku sī	熟睡 : s. sleep		
djúmpu	順風 : [s.] wind		
djún sī	順水 : [s.] tide		**F**
djun {nyi}	順 : [s.] self, obey, arouse, better, teachable, reasonable	fá dó	覇道 : [s.] violence
djún{g}	旬 : [s.] decade, month	fă-shín shung	破船 : wreck, strand
djŭtsī	術 : [s.] art, sorcery	fákku	白 : white
dó	道 : doctrine, religion	fakkudjóshung	白 : bring to light, discover
dó	堂 : [s.] hall, school, court	făkŭ	帛 : silk
dó chŭ	道中 : road	faku gaku	博学 : [s.] learned
dó dji	童子 : boy	fán dăn	判断 : [s.] doom
dó djŭ	童女 : girl, virgin	fan djó	繁昌 : [s.] multiply, deliver
dó gu	道具 : instrument, utensil	fan fuku	反復 : repetition, changes
dó gu	道具 : instrument, utens	fán fuku	氾覆 : repetition, changes
dó li	道理 : principle, right	fan kwa	繁華 : [s.] display, market
dó shi	童子 : boy; [s.] do dji	fan san	半山 : [s.] tea
dū	銅 : copper	fan shóng	反 : [s.] opposite
dú	土 : ground	fán sun gwan	伴送官 : [s.] guide
dú	刀 : quire of paper	fán tă	繁大 : [s.] many, multiplicity
dú chĭ	毒気 : [s.] effluvia	fan tu	半途 : midway
dú chĭ	土地 : ground	făn yī shóng	繁栄 : [s.] populous
dú chó	同郷 : of same country, village	făn yín shóng	繁栄 : [s.] populous
du dányi shung	同断 : do the same	fáshshĭung	發 : appear, come out
dú djĭng	胴衣 : gown	fássáng	發散 : [s.] sudorific
dú fé	同品 : equal in rank	fé	肺 : lungs
dú íng	同音 : [s.] octave, rhyme	fé bung	配分 : [s.] share
dú kwang	同官 : fellow officer; equal	fé lí	拝礼 : [s.] vesper
dū lĭó	同僚 : fellow	féĭ gu	配偶 : [s.] consort
dú litchi	同力 or 列 : united strength, of same condition	fhó	法 : law, method
		fhó li	表裏 : [s.] reverse
		fí	非 : evil
		fí	聘 : dowry

fí áng	平安 : peace	
fï chĭ	平地 : level, plain	
fí chó	畢竟 : finally, assuredly	
fï djó	平行 : [s.] parallel lines	
fï fï tŭ	平平同 : [s.] equal, adjust	
fí fŭ	皮膚 : complexion	
fï ka	階下 : Your Majesty	
fï kŭssï	卑屈 : [s.] foible, cringe	
fï lí	非礼 : indecent	
fï mī nyishung	非命 : untimely, not of fate	
fï ming	平面 : [s.] plane	
fí mitsi	秘密 : secret	
fï săng	平生 : natural labour	
fí ssó	秘藏 : [s.] inestimable, valuable, fondle	
fï tŭ	平等 : [s.] equal, adjust	
fí wa	平和 or 温 : gentle, complaisant	
fïákkă	百家 : → hïa または fïákkā	
fim pung	屏風 : screen	
fímbíng	返返 : pay, return	
fín	変 : [s.] monster, accident	
fín dji	変事 : miracle	
fín-djïung	変 : change	
fín kwa	変化 : [s.] produce, metamorphose	
fín lí	返礼 : [s.] compensate	
fín sū	貧窮 : poor	
fín sung	兵船 : [s.] convoy	
fín tó	返答 : answer	
fíng	辺 : [s.] side, shore	
fíng {fíó, hhó}	兵 : soldier	
fíng	品 or 濱 : class, degree, rank; [s.] rise	
fínu zó	脾腸 : stomach, spleen	
fíó chaku	颺着 : [s.] storm	
fíó djí	評議 : [s.] reason	
fíó ló	兵量 : [s.] pay	
fíó lŭn	評論 : [s.] reason	
fíppó	筆方 or 法 : [s.] science	
fippu	匹夫 : [s.] fellow	
fítsi	筆 : pencil	
fíú bung	表文 : memorial	
fó {fhó, pó}	法 : law, method; [s.] means, formula	
fó so	疱瘡 : [s.] hó só	
fū	福 : fortune, happiness	
fū	報 : [s.] cause	
fu	富 : riches	
fú	婦 : wife; [s.] conjugal	
fū	府 : [s.] city, country	
fū {fun}	風 : wind, spirit	
fu { fu}	夫 : a fellow, man	
fŭ bíng	不便 : uneasy	
fŭ bŭ	父母 : parents, father & mother	

fū búng	風聞 : report	
fū bung	福分 : fortune, happiness	
fū chi	風気 : climate; [s.] epidemy	
fū chi	富貴 : riches & honour	
fū chichĭ	不吉 : infelicitous; [s.] submit	
fū chíng	風琴 : organ, wind instrument	
fū chĭtsĭ	不潔 : impure	
fū chū	不忠 : disloyal	
fū djĭ yū	不自由 : [s.] scarcity	
fū djín	不善 : unjust, immoral	
fŭ djíng	不仁 : unkind	
fŭ djing	婦人 : lady wife	
fŭ djíng	夫人 : lady wife	
fŭ djúng	不順 : unyielding	
fu fï	保否 : [s.] responsible	
fú fïng	襃 [保] 貶 : praise & blame; [s.] responsible	
fū fŭ	夫婦 : man & wife	
fū fuda	符 : [s.] charm	
fū ga	風雅 : genteel, elegant	
fŭ gaku	不学 : unlearned, ignorant	
fu gó	符合 : [s.] correspond, tally	
fŭ ī kara	布衣 : common {dress} people, vulgar	
fŭ kó	不孝 : unfilial, naughty, disobedient, degenerate	
fŭ kó	不幸 : unhappy, misfortune	
fū ku	奉公 : [s.] office, service	
fŭ kŭ shung	俸工 : public service	
fŭ kwé	不快 : low-spirited, indisposed	
fŭ ling	風鈴 : [s.] bell, gingle	
fū lu	風流 : [s.] pleasure	
fū lŭkŭ	俸禄 : emolument	
fŭ níng	不念 : heedless; [s.] slur	
fú níng	豊年 : plentiful year	
fū sa chóng	補佐 : reciprocal help;	
fŭ sé	不才 : [s.] talent	
fu shaku	俸爵 : [s.] title	
fŭ shó	不祥 : infelicitous; [s.] submit	
fŭ shó	不肖 : unfilial, naughty, disobedient, degenerate	
fū shó	副将 : colonel	
fŭ tí	豊体 : huge, great	
fŭ tsigó	不肖 : unfilial, naughty, disobedient, degenerate	
fŭ tsū	不通 : imbecile	
fū wó	鳳凰 : phoenix	
fú yăkŭ	補薬 : strengthening med.	
fu yéng	撫院 : lieutenant governor	
fŭ yó shung	保養 : to benefit the body; [s.] walk, exercise	

漢 語　　427

fú yú	蜉蝣 : ephemeral fly	**go**	号 : [s.] epithet, name
fu zó	本草 : [s.] herbal	**gó**	後 : after
fū zuku	風俗 : custom	**gó**	合 : a small measure
fūdjĭung	報 : recompense	**gó djŭ**	薨御 : [s.] decease of Emperor
fūdjĭung	封 : appoint to office	**gó ku**	合句 : [s.] ending, rhyme
fŭĭ fŭĭ	回回 : Mahomedanism	**gó li**	毫厘 : [s.] slight, very
fúku	服 : [s.] submit, mourning day	**gó na**	号 : [s.] epithet, name
fúku	脾 : stomack inside of	**gú**	偶 : couple, pair
fúm pŭkŭ	本復 : [s.] restored (傷とある)	**gu**	具 : instrument; 複合語の中に多い
fumbitsi	分別 : [s.] idea, method, divide	**gu**	五 : five
fún	本 : book	**gū**	後 : after
fún	糞 : dung	**gú**	御 : imperial, prefix of respect
fun dó	本道 : highway	**gu chí**	五刑 : five punishments
fún gŭkŭ	本国 : native country (国とある)	**gŭ djó**	五行 : five elements
fún mătsĭ	本末 : first & last	**gu djó**	五常 : five virtues
fún múĭ	紅梅 : [s.] tea	**gú fuchi shū tsé**	君禄秀才 : [s.] degree
fún muni	本旨 : [s.] creed	**gu ī**	[語] 言意 : [s.] pronounce
fun shí {fun sho}	本性 : [s.] intuitive	**gu maĭ**	愚昧 : folly, foolish
fun shin	本心 or 身 : self	**gu mī**	五味 : five tastes
fún shó	本郷 : native village	**gŭ shó**	五行 : five elements
fun sī	風水 : [s.] geomancy	**gŭ shó**	後生 : haedes, future state
fun su	本宗 : [s.] paternal relatives	**gu tú**	五等 : five degrees, sorts
fun té	本体 : [s.] essence	**gu zó**	五臓 : five viscera
fun yī	本意 : original purpose, duty	**gun**	言 : word
fung {bung}	分 : part	**gun**	軍 : army
funsa	硼砂 : borax	**gún bó**	言貌 : appearance & talk
fūshung	封 : [s.] close	**gún chĭ tá djĭn**	軍機大臣 : privy council
fútchŭkŭ	北極 : north pole	**gun dji**	言事 : talk & business
fŭtúndu	乎幾 : nearly	**gun djin**	軍人 : soldier
		gún gu	言語 : [s.] pronounce
		gún hhó	軍兵 : soldiers

G

		gún hó	軍法 : [s.] tactics, war
ga	我 : [s.] egotism, yield	**gún shĭ**	軍士 : [s.] army
ga	行 : [s.] shop	**gvá shó**	掛章 : [s.] tablet
ga	雅 : elegant	**gváchi {gótsi}**	月日 : " [s.] date, universary"
gá chĭ	餓鬼 : [s.] fellow	**gvaĭ ká**	外家 : [s.] estate
gá ki	掛気。chimu gakai のような複合語において。[s.] doubt	**gváppĭ**	月日 : [s.] date, anniversary
gá shĭ shĭ	餓死 : die of hunger	**gwá sí**	月水 : menstrua
ga tín shung	合点 : understand	**gwán**	願 : vow
gán chó	眼鏡 : spectacles	**gwan**	丸 : pill
gán djú	康中 or ツヨシ : strong, stout; ツヨシは「強」であろう。	**gwán djĭtsĭ**	元日 : new year's day
gán laĭ kó	雁來紅 : plumbago zelonica	**gwán ī**	願意 : vow, wish
gán lĭchĭ	眼力 : [s.] sight	**gwăn sū**	元祖 : ancestors, patriarchs; [s.] glulalogy, tablet
gán shŭkŭ	顔色 : complexion, colour	**gwán tán**	元旦 : new year's eve
gáng	眼 : eye	**gwé butsi**	外物 :
gé	骸 : members, body	**gwé dó**	外道 :
gé-chi	害気 : rheumatism, cold	**gwé gŭkŭ**	外國 :
gé-shung	害 : damage, hurt	**gwé shtsi**	外戚 :

H

há kkwăng	百官 : all the officers	
haï tsé	海賊 : corsair, pirate	
hāku {fiákku}	百 : hundred	
hăkŭ shó	百姓 : people, peasant	
hámbŭng	半分 : half	
han djó	繁生 : congratulation to parents on childs' birthday	
háppŭ găshŭng	半本 or 分 : split, crack in two	
hatsi {fatsi}	發 : [s.] begin, first	
hfan, hán	半 : half	
hĭa または **fiákkă**	百家 : [s.] read	
hó {fó pó}	法 : law	
hó {fó, pó}	方 : place, method	
hó djī	平字 : a character of the ping intonation	
hó djó chú nyú	平上去入 : ping, shang, chu & yu intonation	
hó lĭtsĭ	法例 : law	
hó lĭtsĭ	放力 :	
hó ratchi	放浮 or 埒 : licentious	
hó shá	禾尚 : budhist priest	
hó sku	平灰 or 仄 : ping & the other 3 intonations	
hó só	疱瘡 : small pox	
ho{fió} báng	評判 : [s.] renown, criticism	
hó{fió} lun	評論 : to reason, dispute	
ho{pó} ī	宝位 or 高位 : [s.] throne	

I

i	一 : one	
í djĭ	威儀 : courage	
i fé	位牌 : tablet	
í fū	威風 : [s.] grandeur	
í fŭkŭ	衣服 : dress	
í gung	遺言 : [s.] will, testament	
í hó	遺法 : [s.] footsteps	
ī hū	異風 : [s.] strange	
í ká	衣架 : stand, frame for dress	
í kó	威光 : [s.] glory	
ĭ lé	以來 : since	
í mí	苡米 : a kind of barley	
í myo	異名 : [s.] metaphor	
i nu ang	威 : [s.] awe, stately	
í nu fū	胃腹 : stomach	
í shá	医生 : physician	
i shī	威勢 : authority	
ĭ shó	衣裳 : raiment	

í shŭkŭ	衣食 : raiment & food	
í tchó	一枝 : [s.] one candle	
ī té	遺体 : derived	
ī yó	異様 : [s.] notable	
íffú	一幅 : a set of	
í gŭ {ígó}	以後 : hereafter	
ík kwé chi	一会 : at once	
íkká	一家 : the whole family	
íkkó	一切 : absolutely, strictly	
in butsi	陰物 : [s.] genitals	
ín chĭ	陰帰 : [s.] retire	
ín chú	陰居 : [s.] retire	
ín dáng	淫亂 : fornication	
ín djī	音字 : [s.] rhyme, tautophonic	
ín kó	鷹哥 : parrot	
ín múng	陰門 : [s.] pudenda, virgin	
ín tuku	陰德 : [s.] charity, secret	
in yó	陰陽 : the male & female principle	
in dja, {ínsha}	陰者 : hermit	
íng	淫 : lust	
íng	音 : sound	
íng {ín, yíng}	印 : seal	
íng kó	陰功 : [s.] charity, secret	
íp pan	一飯 : one meal	
íp péku	一百 : one hundred	
ip píng	一併 : at once	
ip píng	一篇 : all over	
íp pó	一方 : one side, place	
íp pú	一步 : a step	
íppítchi	一匹 : one piece	
íppŭkŭ	一眼 : one dose	
íppúng	一本 : one volume, piece	
íri fa	入羽 : {only sound 音のみ} [s.] exist	
ĭrĭ yu	入用 : [s.] need	
ís sán	一餐 : one meal	
ísh shí	一世 : the whole generation	
ísh shó	一生 : while living	
ísh shú	一周 : [s.] anniversary	
íshshín	一身 : all over the body	
íshshín	一心 : whole heart	
íshshín	一息 : whole heart	
íshshó	一章 : a section	
íshshú	一首 : [s.] stanza, verse	
íshshŭ	一處 : all over the place	
it chítsi nyi	一決 : at once, certainly	
íttán	一旦 : at once	
íttán	一場 : [s.] displeasure	
íttán	異端 : [s.] heresy, doctrine	
íttchíng	一件 : one particular, one business, one thing	

íttchíng	一斤 : catty, pint	
íttïen	一点 : a little	
íttú	一同 : altogether, at once	
íttú	一純 : universal, the whole	
íttuku	一等 : one sort	

J

jín	人 : man
jín dó	人道 : [s.] human, principal, common

K

ka	家 : family, house
kă chī	夏至 : [s.] solstice
ka djó	家業 : estate
ka fó	家法 : family
ka gín	加減 : [s.] temperate
kā lăn	橄欖 : [s.] olive
ka mun	家門 : family
ká mung	下問 : [s.] ashamed {asking an inferior}
ká rïu shi	佳例吉 : [s.] leave
kă shī shung	加勢 : [s.] countenance, insure
kagéyung	拘 : [s.] support
kaï lu{ru}	海路 : [s.] travel, navigate, sea
kaï za	假坐 : [s.] recline
kăïnyi	假 : [s.] interim
káku gúng	格言 : maxim
kaku shtchi	格式 : law
kam byó-shung	看病 : nurse
kambó	奸朋 : [s.] conspiracy 〈陰謀〉
kampu	（官府）: [s.] kwampu
kán	漢 : China, Han dynasty
kan	干 : [s.] wrought
kan	肝 : liver
kan	幹 :
kan	鑒 : discernment; [s.] remember
kán bung	漢文 : chinese writing
kán dăkŭ	簡畧 : [s.] extract, in general
kán dăng	間斷 : [s.] intermit, uninterrupted
kán djī	漢子 : chinese writing（子→字）
kán djing	漢人 : Chinaman
kan fŭkŭ	感服 : [s.] submissive
kán kwa	感化 : [s.] reform
kán lan	混亂 : [s.] confuse
kán nán	艱難 : difficulties
kan nū	幹能 : might
kan se	奸才 : [s.] hypocrite（偽善者）, traitorous（裏切り的な）
kán shín	感心 : [s.] moved

kán shū	寒暑 : [s.] thermometer
kan tsū	感通 : [s.] inspiration
kan yī shung	含忍 : endure, forbear; [s.] patience
kán yū	緊要 : [s.] important, material
kan zó	甘草 : liquorice
kándjĭŭng	感 : [s.] influence, oblige
kang	間 : room, chamber
kánu yū	夏世 : the Hea dynasty
kán{g}	寒 : frost, cold
káppu	葛布 : grass cloth
káshïung	賀 : [s.] congratulate
ké	皆 : all
ké fíng	海辺 or 濱 : [s.] shore, sea, coast
ké shó	海上 : [s.] sea, surface
kéŭ	扣 or 鉤 : button, buckle
kfă chī	花気 : [s.] thanks
kfa shī	火星 : [s.] planets, Mars
kfátchĭ	火気 : [s.] volcano, glow, fire, flame
kí gă djíng	怪俄自 : [s.] suicide, accident
kĭ íng	舉人 : [s.] graduate
kó	功 : merit
kó	香 : incense
kó	更 : nightwatches
kó {kókó}	孝 : filial
kó ang	香案 : incense table; [s.] vow
kó dăĭ	高太 : consequential, immense
kó djïung	講 : talk, pronounce, mention
kó fŭkŭ	降服 : [s.] submission
kó íng	光陰 : time
kó kó	高高 : most high; [s.] heaven
kó kó	皇 or 国后 : empress
kó kŭkŭ	硬殼 : hard shell; [s.] heaven
kó kwan	高官 : high mandarin; [s.] ruler, grandee
kó kwan	皇冠 : crown
kó lé	後來 : future
kó lītchĭ	功力 : efficacy
kó litchi	合力 : countenance, insure
kó myó	功名 : rank
kó myó	高名 : glory, reason
kó ré	高麗 : Corea
kó rŭ	香爐 : censer, tripod
kó-săn shung	降參 : [s.] submission
kó shí	告示 : [s.] manifesto, decree, proclamation
kó shi	後世 : [s.] perpetual, generative
kó shi	交趾 : Tonquin, Tung-king
kó shtchi	行跡 : {trace of action}; [s.] demeanour, deed
kó shung	考 : [s.] graduate, examen
kó sī	高水 : deluge, flood

kó sī	洪水 : deluge, flood		**kwá bĭ**	華美 : handsome	
kó tī	國帝 : emperor		**kwá bi**	華美 : handsome	
kó-tī-chū-fū	孝悌忠風 : [s.] religion		**kwá bi**	花費 : spendthrift	
kó wăng	國王 : king		**kwa búng**	過分 : much, very	
kó wúng	鴻恩 : favour great		**kwă chū**	火 or 過急 : fiery disposition, hasty temper	
kó yĭtchī	交易 : [s.] barter, interchange, deal, commerce, trade		**kwă djíng**	科銀 : fine-money, mulct	
			kwă djíng	罰銀 : fine-money, mulct	
kó zan	高山 : high mountain		**kwá fī**	畫屛 : delineate	
kū	句 or 詢 : in compounds（複合語の中で） yī ku, 良い句		**kwa fó**	掛号 : [s.] perquisites	
			kwá fú	果報 : effect, recompence	
ku	工 : work		**kwa fū**	花福 : happiness	
ku buku	古木 : dwarf tree		**kwá fŭkŭ**	禍福 : misery & happiness	
ku chó	故鄉 : [s.] home, own, native		**kwa ku**	過去 : pass	
kú chó {bana}	蝴蝶 : fleurdelis		**kwa yíng**	花園 : garden	
kū dji	公事 : [s.] public		**kwă {dé}**	花 : flower {pot}	
kú djin	古人 : ancients		**kwákŭ răng**	瘟亂 : cholera?	
kŭ fó	古法 : old method		**kwámpu**	官府 : [s.] magistrate, official, government	
kŭ fū	工夫 : [s.] labour, study				
ku gu	古語 : saying		**kwan**	卷 : section	
kú gŭ	言言 : [s.] every（古語か？）		**kwan**	棺 : bier	
kū kwé	後悔 : repent		**kwan**	官 : mandarin	
kū ló	苦勞 : [s.] toil, compensate		**kwan 'hwa**	官話 : [s.] language	
kú lung	口論 : contend, verbal		**kwán chă**	管家 : servant, house-keeper	
kū shă	工者 : clever labourer		**kwan dji**	寛慈 : indulgent	
kū shī	孔子 : Confucius		**kwán djin**	寛仁 : clemency	
ku shó	故鄉 : [s.] home, own, native		**kwan djin**	寛然 : [s.] yielding	
kú shŭ {gú shŭ}	胡椒 : pepper		**kwan djíng**	寛政 : liberal government	
kū tó	公道 : equitable, just		**kwan djū**	寛忠 : [s.] yielding	
kū {djiri}	句 : [s.] colon		**kwán djŭ**	官所 : [s.] confiscate, forfeit, office, court, tribunal	
kúkka	国家 : country & family				
kúku	国 : country		**kwan nán**	患難 : [s.] misfortune, crosses	
kúkú chū	国中 : all over the country		**kwán ráku**	歡楽 : delight	
kúku shī	公罪 : [s.] state offence against		**kwan tsé**	棺 : [s.] coffin	
kúku shó	国学 : [s.] school		**kwan tsū**	貫通 : thoroughly	
kúmpăkŭ	魂魄 : soul		**kwang**	環 : necklace	
kúmpĭang	羹餅 : bread		**kwáng fŭkŭ**	冠服 : official dress	
kún chi	根気 : health, constitution		**kwásh shĭung**	化 : change, reform	
kún chú	困窮 : poor		**kwátchi**	化 : [s.] reform, manners, behaviour	
kun dí{lĭ} shung	婚礼 : marriage		**kwé chĭ**	快気 : [s.] restored	
kun djó	根性 : natural disposition		**kwé chū**	懷中 : [s.] bosom, wish	
kún gó{kó} shtchi	金岡 [剛] 石 : [s.] diamond		**kwe djŭ**	会 [會] 所 : meeting house	
kun mī	君命 : the princeś command		**kwĕ shung**	会 [會] : to meet, assemble	
kun mutsi	貢物 : tribute				
kún shi	君子 : gentleman			**L**	
kún tún	混沌 : chaos, formless; cf.kán lan				
kun zó	混雑 : mix, confound		**la sku**	蝋燭 : candle	
kúng fŭ	工夫 : [s.] tea		**lan**	蘭 : [s.] limodorum	
kúng íng	婚姻 : fate {in marriage matters}		**lán kán**	欄干 [杆] : rails, ballustrade, pallisade	
kúng kó	公功 : merit		**lan mé**	糧米 : [s.] store	
kúng kwăng	公館 or 官 : office, magistrate		**lán sáng**	羅傘 : [s.] umbrella	

漢　語　　431

lan sha	蘭香：[s.] tea	**lín shín**	廉静：sober
lán shi	亂世：[s.] ages, turbulent	**lín shtsi**	廉節：sober
lán shin	亂心：[s.] rebellious, disturbed	**lín só**	廩生：[s.] degree
lan shín	亂臣：rebellious statesman	**lín zŭkŭ**	連續：[s.] connected, annex
lang {lan}	亂：[s.] insurrection, rebellion	**líng**	隣：neighbour
lánnu fána	蘭花：[s.] chlorantus	**líng găng**	龍眼：dragon's eye
lé	來：{複合語として、i-lé〈以来〉、wó-lé〈往来〉}in copounds as	**ling gung**	伝［傳］言：tradition
		líng kwaï	輪廻：metempsychosis
lé litchi	來歴：[s.] circumstances, rise & progress	**línnu hána**	蓮花：lily, lotus
		lippang	麗：nice, ornamented
léng	聯：[s.] charm, spell	**líssidji**	理筋：[s.] right, principle
lí	里：a mile	**lítchi {litsi}**	歴：
lí	礼：politeness	**lítchi dé**	歴代：[s.] succession
li	利：profit, gain	**lítchi níng**	歴年：[s.] succession
lí	令：[s.] urge, command	**lítchi shū**	歴書：kalendar
lí	理：principle {複合語で多用}	**lítchi su**	歴数：[s.] encyclopaedia
lí bitsi	離別：disjoin, divorce	**lítchi tū**	歴度：degree
lǐ bó	礼貌：manners, behaviour	**lítsi**	力：strength；{複合語として}
lí byó	痢：dysentery	**lítsi**	列：[s.] range, messers（messrs?）
lǐ chŭ	立秋：equinox	**litsi hó**	例法：code
lí daku	零落：destitute	**lǚ {dǐū}**	龍：dragon
lí djín	黎元：people	**lí{tsi}**	例：[s.] legal, precedent
lí fatsi	俐發：[s.] talented, clever	**ló**	両：both
lí gé	利害：danger；[s.] sides	**ló**	老 or 良：faithful, honest
lí hó	礼法：[s.] ceremony	**ló chí**	量智：[s.] reason
lí kung	靈魂：[s.] soul	**ló djáku**	老小 old & young：（老若？）
lí mín	黎民：people	**ló djin**	老人：septuaginary, respectable
lí mutsi	礼物：gift, presents	**ló djin**	良人：good man
lí pae	礼拜：[s.] worship, Sunday	**ló djitsi**	老実：truthful
lí săkŭ	利息：profit, interest	**ló fa {tó fa}**	両：[s.] two edged, double
lǐ shin	類船：[s.] fleet of ships	**ló fi**	両：two days
lǐ shíng-shung	立身：[s.] advance, enter life, preferment	**ló hó**	両方：both sides
		ló kán	量漢：[s.] reason
lí shtchǐ	礼式：[s.] espousals, rite, ceremony	**ló min**	両面：both sides
lí shtsi	礼節：[s.] rite, ritual	**ló múng**	老懞：dotage
lǐ shún	立春：equinox	**ló nyíng**	両人：two men, both
li té	礼対［對］：urbane	**ló shin**	良心：conscience
lǐ-tó-pǐang	李桃餅：[s.] cake	**ló shín shi**	老先生：venerable sir
lí tŭkŭ	利德：profit, interest	**ló si**	老衰：weak, old, superannuated
lí yǐtchǐ	利益：gain	**ló tíng**	老天：[s.] heaven
lí yŭkŭ	利欲：covetousness；[s.] scheme	**ló yé**	老爺：gentleman, Lord, father
líkŭ	陸：[s.] land, ford	**ló yó**	両様：both ways
líku dji	陸地：[s.] land, ford	**ló {nu firussang}**	量：generous
lín byó	淋：strangury	**lū**	盧：{in kóru（香爐）, fî lū,（火爐）}
lín chí	戀忌：jealous	**lū**	料：materials, estimate
lín djáku	恪着：miser, close handed	**lū**	漏：{絶えず流れる}[s.] gangrene
lín djŭ	隣所：vicinity	**lu**	櫓：[s.] rudder, scully or sculling
lín djŭkŭ	恪嗇：miser, close handed	**lū {dū, rū}**	牢：dungeon
lín gŭ	聯語：correlative terms	**lú fu**	流布：disseminate
lín gŭkŭ	隣国：neighbouring {adjacent} country	**lú shi dzíng**	路次錢：travelling expences

lú si	留主 : master is absent.	
lu sun	呂宋 : [s.] Spain, Manilla	
lǔ wo	龍王 : [s.] Neptune, river	
luǐ lítchi	瘰癧 : glandular swelling, scrofula	
lunziru {lundjĭung}	論 : to reason, speak	

M

<u>ma</u> **{wū}**	麻 : linen
ma chu	真中 : [s.] center
mán chǔ	滿州 : Tartar
mán dji	萬事 : variety of things
man djín	萬人 : all men
man djǔ yí	萬壽栄 : thousand years; [s.] glory {congratul.}
mán lǐ zǎn	萬里山 : great wall
mán shi	萬世 : [s.] ages, future
man shi í sho	萬死一生 : [s.] ten
mán shu	滿水 : high water
mán sǔkǔ	滿足 : self satisfied
mán yítsi	滿逸 : filled with joy
mán yítsi	滿悦 : filled with joy
máng	萬 : ten thousand
mang íchi	萬一 : one in {ten} thousand
mé	每 : every, each
mé {katashung}	舞 : [s.] wield, dance
méï shung	拜 : worship
mén fǔng	麵粉 : flour
mén yáng	綿羊 : sheep
mí	名 : [s.] famed, renowned
mí	味 : taste
mī	命 : command, fate
mí chí	米汁 : leaven
mí fǎkǔ	明白 : [s.] clear
mí lé	未來 : [s.] future, forese{e}
mi lé chí	未來知 : foresight
mī nó	瑪瑙 : [s.] gate {agate?}
mī ung	命運 : [s.] destiny
mīdjĭung	命 : [s.] regemcy, nominate
mĭen fung	麵粉 : flour [s.] Men
mĭén yang	綿羊 : sheep [s.] Men
mín danyi	面当 : [s.] face, presence
mín djó	面上 : surface
mín fung	面粉 : cosmetic
mín li	麵李 : [s.] pastry
mín lún dán	明論堂 : [s.] school
mín só	面象 : visage
mín ting	旻天 : glorious heaven
mínmuku	面目 : honour, esteem, respectable
míshshĭung	滅 : destroy

mítsi	蜜 : honey
mítsi bó	滅亡 : destruction
mítsi dá só	密陀僧 : litharge
mítsi {kutu}	密 : secret
mma	馬 : horse
mma cha	馬板 : chair to ascend horse
mó dji	孟子 : Mentiu
mó ku	蒙［滇］古 : Mongolia
mó maï	濛昧 : obscure
mó shúng	孟春 : [s.] month
mó shung	望處 : intend
mū	鵡 : o mu（鸚鵡）, green parrot
mǔ bá	無場 : out of place
mǔ chī	無智 : ignorance
mǔ dó	無道 : unprincipled, savage
mǔ fán	無飯 : [s.] pay
mǔ fū {fung}	謀反 or 叛 : rebellion
mǔ hó	無法 : [s.] illegal, unforeseen
<u>mú kǔ tushi</u>	無口 : silent
mǔ nū	無能 : inability
mǔ shó	無情 : [s.] unfeeling, cruelty, butcher
mu yítchi	無益 : useless
mū yó	模樣 : [s.] pattern, method, weather
mǔ yū	没用 : useless
mǔ yū	無用 : useless
mudaï	悶 : dismal
múku djínyi	目前 : [s.] face to face
múku rúku	目録 : [s.] contents, index
múku yúku	沐浴 : abstinential purification
mún	門 : door
mún djín	門人 : disciples
mun djin chī	門人地 : [s.] landiglebe {laudriglobe?}
myó bang	明礬 : alum
myó dji	名日 : to morrow
myó dji	名字 : name
myo ga	名加 : honour
myū	妙 : excellent
myū	廟 : temple, palace

N

nán	南 : south
nan	難 : difficulty, trial
nan búku	南北 : south & north
nán chǔkú	南極 : south pole
nan dji	難事 : toil, difficulty
nán nyǔ	男女 : male & female
nan pó	南方 : south
nán sáng	難生 : [s.] labour, travail
nán sé	難災 : calamity

漢　語　　433

nán shi	男子 : son	**pítchǐ**	匹 or 疋 : [s.] classifier, piece
nan shǔku	男色 : pederastry	**pó li**	玻璃 : glass
nan yítchi	難易 : difficult or easy	**pung**	本 : [s.] classifier, volume
ndji {イデ} kū	〈句〉 : quotation		
né	内 : interval, inner		**R**
né djin	内人 : wife		
né gvé	内外 : in & outside	**rúku**	六 : six
né né	内内 : clandestine	**rúku go**	六合 : [s.] zenit{h}
né shu	内情 : [s.] private		
né tsū	内通 : confident, traitor		**S**
nī	怩 : [呢] flannel		
nī djíng	佞人 : [s.] fawning, flatterer, specious	**sá tá**	沙糖 : sugar
nī shing	佞臣 : [s.] stateman, courtier	**sá tó**	沙糖 : sugar
nifun {nippun}	日本 : Japan	**saï**	歳 : year
nigu	寝具 :	<u>**saï dán**</u> **shung**	裁断 : [s.] sentence, judge, quilty deci-
nín gó	年號 : date, reign		sion,
nín pǔ	年府 : [s.] instalment	**sáï djǔ**	妻女 : wife & daughter
nín shǔkú	任職 : office, duty	**saï fó**	西方 : west
nín<u>d</u>jitóng	任 : [s.] selfconfidence	**saï gaï**	齋戒 : fast
nín<u>d</u>jǔng	念 : [s.] read, recite	**saï san**	再三 : [s.] reiterate
ning {níng}	年 : year	**saï shó**	宰相 : [s.] minister
níng dju	年紀 : [s.] annual	**saï shti {sáshshǐtǐ}** : [s.]	
níng djǔ	年中 : whole year	**saï yú**	左右 : [s.] retinue, cortege, attendants, fo-
níng lé	年來 : [s.] times		llowers
nín{g}	念 : [s.] slur, attention, take care	**sáku shung**	造 : [s.] create, invent
nó dji	農事 : agriculture	**san**	三 : three
nó djó	農業 : agriculture	**san {zan}**	山 : mountain
nó fǔ	農夫 : ploughmen	**san chū**	山中 : [s.] whole, valley, forest
nó sī	濃睡 : heavy sleep	**sán djïung**	散 : disperse
nū	能 : ability, power	**sán djó**	産業 : estate
nyín djing	人参 : gin seng	**san djó mutsi**	産業物 : manufactures
nyín djó	人情 : passion, affection	**sán fu**	産婦 : woman in labour
nyín djǔ	人中 or 衆 : whole mankind	**sán gǔ**	産 or 生後 : after birth
nyíng	人 : man	**san kaï**	山海 : land & sea
nyu gáku	入学 : enter school	**sán kǎtǎ shung**	算 : [s.] reckon, substraction
nyu kó	乳香 : olibanum	**sán mutsi**	産物 : products
nyu kwáng	入棺 : grave clothes	**sán pó**	算法 : [s.] mathematics, arithmetics
nyu shi	女子 : daughter, girl	**sán shin {sin}**	三弦 : violin
nyu tó	牛痘 : vaccine	**sán sí**	山水 : landscape
		san té	山体 : landscape
	O	**saou paï**	小焙 : [s.] tea
		sáppaï tu	去白 : [s.] remit entirely
ó mung	澳門 : Maccao	**Satsuma**	薩摩 : a principality in Japan
		se	才 : talent
	P	**sé**	犀 : rhinoceros
		se {saï, zaï}	再 : again
paï shung	拜 : pray, worship	**sé chí**	才智 : cleverness; [s.] encyclopaedia
pí chi	嗶嘰 : long clothes	**sé chū**	最中 : just, just in
<u>**pín shung**</u>	禀 : petition, state	**sé djǐ**	細字 : small letters; [s.] write
píng ang	平安 : [s.] well	**sé dji**	才事 : science

sé djíng	最前 : headmost	**sha{shi} ka**	釋家 : budhists（Buddhist）, priest-hood
sé fatsi	再發 : [s.] relaps{e}	**shī**	詩 : verse
sé ka	再嫁 : many times	**shī**	聖 : holy, sacred
sé nán	災難 : c{a}lamity	**shī**	世 : [s.] age, earthly
sé nū	才能 : talent	**shī**	性 : nature; [s.] internal
sé shtchi	彩色 : variegated	**shī**	精 : [s.] soul, essence, semen, strive
sé shǔ	再 or 最初 : [s.] headmost, before hand, commencement	**shī**	子 : sage
		shī	紙 : paper
sé wó	災殃 : judgments	**shī**	製 : regulate; [s.] irregular
sé ying	菜園 : kitchen garden	**shī batsi**	征伐 : [s.] punishment
sé{saï}	歳 : year	**shī búng**	詩文 : poetry & prose
sé{saï} san	再三 : again & again	**shí chákku**	失却 : lose
se{sí} yang	西洋 : europe, western world	**shī chǐ**	聖賢 : sages & worthies
		shi chī	四季 : the four seasons

* **sh́** はここでは常に **ŭ** または **ǐ** があるものと解すべきである。迅速に発音されるので母音は明確でないが、時には音節を構成する。

		shī chi	精気 : essence, spirits
sh́ kín	四 or 世間 : world	**shī chó**	聖経 : scriptures, classics
sh́ kó	向趣 : propensity, taste	**shi dé**	次第 : order
sh́ po	十方 : the ten regions	**shí djí**	四時 : the four seasons
sh́ po	四方 : the 4 cardinal points	**shí djín nyi**	自然 : of course, self evident
sh́ tchǐ	史記 or 智 : history	**shí djǐng**	聖人 : sage, prophet
sh́ tchǐ	跡 : trace	**shí djing**	成人 or 丁 : grown up person, man-hood, of age, puberty
sh́ tchŭkŭ	私曲 : [s.] indirect		
sh́ té	四体 : extremities, limbs	**shī djó**	性生 : temper
sh́kú	食 : food	**shī djóshung**	盛生 : flourish, luxurious, experienced
sh́kú búng	職分 : office, duty	**shí djú**	始終 : first and last
sh́kú gú	食後 : des(s)ert	**shí djŭkŭ**	成就 or 熟 : skilled
sh́tchǐ	石 : stone	**shí gaï**	四骸 : members, body
sh́tchǐ dó	赤道 : equator	**shí gu**	死後 : posthumous
sh́tchǐ lǐ	頻 : very much	**shī gung**	聖言 : [s.] saying
<u>**sh́tchǐ mín shóng**</u> 赤面 : blush		**shī ké**	四海 or 世界 : world
sh́tchǐ múku	石木 : wood & stone	**shī kutsi**	死骨 : skeleton, dead bones
sh́tsǐ	瑟 : lyre	**shī maï**	姉妹 : sisters
sh́tsǐ	濕 : moisture	**shī mí**	性命 : principles of nature
sh́tsǐ dji	節 : [s.] virtue, feast, moderation	**shi mi**	清明 : [s.] tea
sh́tsǐ dji	節義 : [s.] virtue, feast, moderation	**shí myó**	姓名 : name
sh́tsǐ gé	死害 : murder	**shí nán shung**	指南 : point out, teach, guide
sh́tsǐ yé	質合 : behaviour, nature of	**shi sé**	事細 : circumstances; [s.] elucidation, tradition
shǎ	紗 : [s.] gauze, crape, muslin, lace		
shá	者 : 複合語として、íshá〈医者〉、chíshá〈智者〉など	**shí sha**	使者 : ambassador, messenger
		shī shǐ	世子 : crown heir
shá bǎ	車馬 : chariot	**shí shi**	獅子 : lion
shá bǐtsǐ	差別 : difference	**shí shín**	志神 : heart, soul
shá ku mé	相 or 少公 : [s.] gentleman, youth	**shī shin**	精神 : [s.] cast, individuality
shá shŭkŭ	社稷 : gods of grain	**shī shing**	聖神 : Holy Ghost
shaku	癪 : melancholy	**shī shó**	師匠 or 師学 or 生 : master, teacher
shan kwan	県官 : magistrate	**shī shó shung**	製法 : prepare medicines
shang kǔ mé	相 or 少公 : [s.] gentleman, youth	**shī sh'tchǐ**	聖潔 : [s.] unholy
		shī shtsi	性質 : disposition
		shī shǔ	四書 : the four classical books
		shī shǔ shung	精 or 清書 : to copy nicely

漢　語　　435

shí sún	子孫 : children & grandchildren		**shínza**	先坐 : venerable sir
shí sun chí	四季桔 : orange nutmeg		**shíppaku**	潔白 : [s.] remit, clearly
shǐ tchó	紙帳 : curtain of paper		**shísh'chū-shung**	死去 : to die
shī tǐng	清天 : weather, serene		**shíssi**	死 : to die
shí yuku	嗜慾 : lust		**shítsi dji**	貞 [節] 義 : chastity; [s.] unchaste
shí yuku	私欲 : selfishness, concupiscence		**shíttú**	嫉妬 : envy, jealous
shi zé	死罪 : [s.] fellony, capitalcrime, execution		**shkú mutsi**	食物 : food
shímbi	申餅 : wafer		**shó**	生 : [s.] impartial
shímbutsi	餞物 : [s.] farewell		**shó**	性 : nature
shímbyū	神妙 : [s.] sedate, strict, earnestly		**shó**	祥 : prognostic; [s.] miracle
shímpó	新法 : news, sect		**shó**	正 or 首 : what is right or principal, minu shó ; [s.] dead eye
shín	県 : [s.] city		**shó bashi**	相伴 : together
shín	心 : heart		**shó batsi**	賞罰 : reward & punishment
shín	神 : spirit		**shó bé**	窩 [商] 賣 : commerce
shín	秦 : Tsín Dynasty		**shó bung**	生分 : temper
shín	千 : thousand		**shó chi**	生気 : [s.] spirits, dismay, inanimate
shín chí	新規 : news		**shó djing**	小人 : bad man
shín chi	疝気 : elephantiasis		**shó djing shung**	守齋 : keep fast
shín chū	心中 : within the heart; [s.] wishful, titter		**shó djüung**	生 or 長 : to grow
shín djítsi	真実 : truly		**shó djó**	猩猩 : orang utang
shín djüung	信 : faith, believe		**shó fun**	正本 : verily, truth
shín fitsi	宸筆 : pencil, seal		**shó ga**	生薑 : ginger
shín kū	辛苦 : grief, affliction		**shó gótsi**	正 or 首月 : first month; [s.] year
shín kú	信句 : creed		**sho gun**	將軍 : commandant, general
shín kutsi	筋骨 : [s.] muscular		**shó kan**	傷寒 : afflicted with a fever; [s.] cold
shín lagu	暹羅 : Siam		**shó kwǎn**	賞玩 : ramble in moonlight
shín li	千里 : [s.] very long		**shó lī**	生理 : principle of life
shín litsi	神力 : [s.] depend		**sho lú**	正路 : road
shín ló	辛勞 : trouble		**shó mī**	生命 : life
shín ló	心勞 : trouble		**shó ming**	正面 : front, right surface
shín luï	親類 : [s.] marriage		**shó ning**	小年 : youth
shín mang	千萬 : thousand & 10000		**shó nó**	樟腦 : camphor
shín míng	神明 : Deity		**shó nū**	性能 : nature
shín nyíng	仙人 : fairy, genii		**shó shi**	生死 : birth & death
shín saku	穿鑿 : overstrained, hair splitting		**shó shǒ**	承相 : [s.] minister
shín sháku	心辱 : ashamed		**shó shtsi**	生質 : innate temper, disposition
shín shi	先生 : sir, mr.		**shó shŭ**	小種 : [s.] tea
shín shi	紳士 : sir, mr., country gentleman		**shó si**	性悴 : melancholy, leafless
shín shtsi	親戚 : kindred		**shó tó**	正道 : equity
shín sū	親疏 or 踈 : near & remote; [s.] partial, impart		**shó yu**	醬油 : sauce, suy {soy}
shín taï	進退 : [s.] retire, dead lift		**shó ziru**	生 : grow
shín té	身体 : [s.] corporeal, flesh, body		**shó {mung}**	首 or 正 : best quality
shín tsū	心通 : [s.] inspiration, intelligent		**shó {sun}**	正 { 副 } : [s.] deputy
shín tŭkŭ	信德 : faith		**shtá djĭ**	下質 : [s.] element, materials, what
shín zu	先祖 : forefathers; [s.] progenitors		**shŭ**	川 : [s.] city
shín {néng}	詮 : no use		**shū**	周 : the Chow Dynasty
shíng	正 : just, right		**shu**	書 : [s.] book
shíng kwang	県官 : district magistrate		**shu**	諸 : all, several
			shú	衆 : all

shŭ	樹 : tree	**shŭkū {shkumé}**	職 : office, duty
shu	升 : a pint?	**shún bung**	春分 : equinox
shŭ	硝 : nitre	**shúppán shung**	出帆 or 盤 : cleavance, weigh anchor, unfurl sail
shu	硃 : red		
shú bĭ	首尾 : [s.] finished, first & last	**shutsi nyū**	出入 : go forward & backward, enter & exit
shū bíng	小便 : urine; [s.] diabetes		
shú bu	勝負 : emulation	**shuy yíng**	酒宴 : [s.] party, entertainment, feast, convivial
shú buku	諸木 : [s.] wood, tree		
shū bung	秋分 : equinox	**sī**	水 : water
shu chí	書契 : [s.] deed	**sī**	蟄 : [s.] hanger on
shū djĭ	酒 or 祝義 : [s.] party, entertainment, feast, convival	**sĭ bi**	衰微 : destitute
		sĭ chĭ	水気 : vaporo us aqueous
shú djĭng	主人 : master, Lord	**sī djing**	水銀 : mercury
shu djó	書情 [状] : [s.] letter	**sí djó**	素性 or 情 : [s.] disposition, bid fair, ru-dimen
shu djó	取情 : {takes, views a thing}; [s.] taste, take		
		sī dó	水道 : aqueduct
shú djútsi	書術 : letters, learned	**sī gung**	水軍 : [s.] naval
shu dúku	酒毒 : [s.] blotch	**sí kwă**	西瓜 : melon
shŭ fátsĭ	初発 : [s.] beginning	**sī ló**	推量 : [s.] inference, consider
shu fó	諸方 : every where	**sī shĭn kwă**	水仙花 : narcissus
shú gáku	初学 : beginner, boy	**sī shó**	水晶 : crystal
shū gŭ shung	守護 : [s.] protect	**sī shong**	睡 : [s.] sleep
shŭ gúng	州郡 : district, circuit	**sī shu**	水手 : crew, sailor
shú ítchi	主一 : unwavering	**sī tóng**	[盡] : [s.] finished, stale
shu kó	諸候 [侯] : all the governors; [s.] grandee, princes.	**sí yăng**	西洋 : Europe, western world
		só	竹 : bamboo, pole, pipe
shú kó	燒香 : [s.] incense, ritual, worship	**só**	草 : herb
shú kwán	諸官 : all the officers	**só**	竿 : a row on the abacus; [s.] cipher
shu lú	周路 : travel, ramble	**só**	相 : [s.] news
shú míng	衆民 : people, mankind	**só**	相 : face
shu mutsi	書物 : book	**só**	瘡 : itch
shŭ nyĭng	衆 or 諸人 : people, mankind	**só ba**	相場 : market price
shu sán	小産 : abortion	**só bung**	奏文 : [s.] memorial
shu sán	小生 : abortion	**só dang**	相談 : discourse
shū shi	出情 [精] : [s.] studious	**só dji shung**	掃 : sweep
shú shĭ	朱子 : name of an author; [s.] heaven	**só lĭ**	喪礼 : funeral
shú shín	出船 : cleavance, weigh anchor, unfurl sail	**só muku**	草木 : trees & herbs
		só săkŭ	作造 : [s.] create, make
shu shó	素性 : unaffected	**só shtchi**	踪跡 : footsteps
shu shó	出生 : what proceeds from nature	**só shu**	争訟 : [s.] law suit
shu sho	硅砂 : cinabar	**só shung**	奏 : [s.] celestial
shū shŭ	小小 : a little	**só wū**	相 [應] : correspond, fit
shŭ shŭ	酒色 : [s.] deabauchee	**sŭ**	[數] : several, number; [s.] fate
shŭ tī	初第 or テ [手] : hand, before hand, headmost	**sū ming**	聰明 : clever, intelligent
		sú gŭshung	齟齬 : [s.] contradiction
shū tsae{tsé}	秀才 : [s.] graduatedegree	**sú răkŭ**	粗 : in general, gross; [s.] neglect (粗略 or 疎ある)
shu yúku dé sung	小慾大損 :		
shŭ zún	所存 : purpose	**sŭ shŭ**	訴訟 : denounce
shú {kări}	小 : [s.] hollow voice	**sú shŭkŭ**	素 (疎) 食 : [s.] diet, food
shŭĭ	趣意 : theme	**sŭĭ**	税 : taxes, custom, revenue
shŭkū	宿 : [s.] land		

漢　語　437

<u>sŭï</u>nyi	踈 : rare, far between	té fan	大破 : much broken
sún	損 : hurtful	té fĭ	大平 : peace
sún taï	尊大 : lofty, great	té fū	大夫 : officer
sun yĭtchĭ	損益 : injury or advantage	té fū	大風 : tyfoon {typhoon}
		té gé	大概 : in general, thereabout
	T	te kwan	大官 : ruler
		té min	[對] 面 : face to face, interview
tá	他 : he, another	te mīshung	[對] 面 : face to face, interview
tá	多 : much; [s.] talkative	té né	胎内 : [s.] embryo
ta	大 : great	té raku	大略 : in general, thereabout
tá chó	他鄉 : other village, distant from home	té shín	大臣 : mandarin
tá djin	他人 : he, another	té shó	大首 : a general
ta djitsi	他日 : another day	té shó	大將 : a general
ta djítsi	多日 : many days	té shong	[對] : opposite
ta gún	大言 : talkative	té shtsi	大緊 or 切 : [s.] needful, important, valuable
ta níng	多年 : [s.] years		
tă nū	多能 : [s.] varied	té shtsi	大疾 : very sick
tá sha	達者 : healthy	té shú	大酒 : drunkenness
tá shó	多小 [少] : [s.] quantity	té shŭkŭ	大食 : glutton; [s.] food, table
tá shu	他處 : elsewhere	té só	[大層] : much; [s.] treasure
taï	大 : great	té su	大率 : in general, thereabout
taï chichi	大吉 : felicity	té tī	大抵 : briefly, generally
taï chó	大凶 : infelicity	té yó	大 [太] 陽 : sun
taï chū	大虛 : space	té zé	滯在 : stop, sojourn
taï djin	大人 : his excellency	tén{g}	店 : shop
taï fáku	大白 : [s.] Venus, white	ti dáng	テ [手] : hand 段 manner, method
taï kó	大晧 : heaven	tí djŭ	貞女 : chaste woman
taï ló	大量 : complacency	tī fan kwan	地方官 : district magistrate; [s.] justice
taï shi	大子 : crown prince	ti <u>fó</u>	{ テ } 匪 : vagrant
taï shtsi	大節 : great danger	tī nī	丁寧 : [s.] confidential, intimate, properly, minute
taï tī	大帝 : heaven's sovereign		
taï wang	[臺] 湾 : Formosa	tī shtsi	貞節 : chastity
taï yang	大洋 : Europe	tí shū	亭主 : host, master
tambi	嘆美 : sigh, exclaim	tĭ tó shung	的 [當] : to hit exactly
tan	丹 : pill; [s.] stone	tī wó	帝王 : king
tán chí	短気 : hasty temper	tíchĭ shung	敵 : enemy; [s.] surpass
tan hfa	探花 : [s.] literary	tĭé{té}	帖 : [s.] card, invite
tan lín	鍛練 : discipline, exercise, purify	tím bé	藤牌 : buckler of rattan { 藤 }
tan ló	膽量 : courage	tín bíng	天平 : scales
tán sé	短才 : stupid	tín bung	天文 : astronomy
tan shtchi	旦夕 : morning & evening; [s.] death	tín chí	天地 : heaven & earth
tán sku	嘆息 : sigh	tín chi	天気 : weather
táng	炭 : coal	tín chó	天朝 : emperor's court
táng	痰 : phlegm	tín chŭ kwó	天竺国 :India
táshshïung	達 : communicate, obtain	tín dó	天道 : providen{ce}
tătsĭ	達子 : Tartar	tín dó	天堂 : paradise
té	[體] : body, substance	tín gă	天下 : empire, world
té	胎 : womb	tín kó	天皇 : heaven's emperor
té{tĭé}	帖 : [s.] card, invite	tín lī	天理 : natural principle
té dŭkŭ	胎毒 : hereditary disorder	tín mī	天命 : fate, heaven's approbation

tín shi	天性 : conscience, natural		**tŭ fé**	等輩 : comrade
tín shĭ	天子 : the Emperor		**tu fé**	吐發 : vomit, spit, eject
tín shin	天神 : heaven, God		**tu fó**	道方 or 法 : way, law
tín shíng	天仙 : angels		**tú ké**	渡海 : [s.] ultramarine
tín shū	天主 : Lord of heaven		**tú khwa**	土話 : dialect
tín sī	天水 : rain water		**tu k̈wa{gva}**	冬 or 東瓜 : melon, pumpkin
tín sū	天 [數] : fate		**tu-nu ki**	桐 : a kind of wood
tíng	[廷] : temple, court		**tu sán**	土産 : products of a country
tó	東 : east		**tú shī**	渡世 : [s.] trade
tó	唐 : China		**tu shó**	突情 : abrupt
tó	漢 : China		**tu shu**	讀書 : to read a book
tó	道 : way, religion		**tú shú**	通書 : calendar
tó chó	東交 : [京] Tunquin		**tú tí**	土地 : [s.] penalty
tó dji	[當] 日 : at that time, meanwhile; [s.] age		**tū zi**	冬至 : [s.] solstice → tu dji
tó dji	[當] 時 : at that time, meanwhile; [s.] age		**túkkwă**	德化 : reform
			túku	得 : to get
			túku	德 : virtue, power
tó djín	盗人 : plunderer		**tuku shtsi**	得失 : gain & loss; [s.] success
tõ djĭrĭ	讀 : [s.] colon, full stop		**túku shu**	讀書 : to read a book → tu shu
tó fhó	東方 : east		**tún djáku**	貪著 : engaged
tó fū	荳腐 : curdle bean		**tu{tung}**	同 : postposition; and, with
tó kwă	桃花 :			
tó lŭ	逗 [遛] : linger, loiter, tarry			**U**
tó ning	[當] 年 : that year			
tó shă	多謝 : [s.] thanks		**ū {ūŭ}**	ヲホ : great, much
to shi	[當] 世 : that age		**ū dé djŭ**	ヲホ臺所 : purveyor
tó shín	唐船 : large junks that go to China		**ū dúng**	ヲホ殿 : palace
to sī	道士 : Taou priest		**ū ting**	雨天 : overcast, rainy
tó tó tŭshĭ	蕩蕩 : [s.] heart wandering		**ū tó**	熨斗 : smoothing iron
tó yū	[當] 有 : need		**ū wó**	雄黄 : orpiment
tó zi	通事 : interpreter, linguist		**ún chó**	芸香 : rue
tów chĭ	[鬪鶏] : fighting cock		**ún djing**	運銀 : [s.] freight
tsā {shi}	査 : enquire, examine		**un mí**	運命 : destiny, fate
tsé	菜 : herb		**ún sū**	運 [數] : destiny, fate
tsī bung	咨文 : memorial		**u, uu**	ヲホ : great, much
tsõ djüung	通 : understand, penetrate			
tstchi	[盡] : {the sound of the given character}			**W**
tsū dătsĭ shŭng	通達 : communicate			
tsu shū	通書 : almanac		**wă fĭ**	和平 : gentle, concord, suavity
tsú yú	通融 : [s.] intercourse		**wá tś**	襪子 : stockings
tsú yú {tsó yó}	通用 : common use, content, perquisites		**waï fu**	〈割符〉 : [s.] check
tsún bíng	總兵 : general, major-general		**wána**	温 : gentle
tsun gúng	状元 : [s.] literary		**wáng**	〈碗〉 : a cup
tsun tū	總督 : governor, viceroy		**wăng wă**	温和 : gentle, concord, suavity
tu	斗 : pecul ?		**wé rŭ**	賄賂 : bribe
tū	等 or 度 : [s.] degree, uninterrupted, order, lineage, pass over		**wénda**	温 : gentle
			wī chó	茴香 : caravis 〈caraway〉
tu	統 : [s.] dynasty		**wó**	王 : king
tú búng	同分 : equal part		**wó ching**	黄金 : gold
tū djĭ	冬至 : [s.] solstice		**wó dang**	黄痰 : phlegm, saliva

漢　語　439

wó dó	黄道 : ecliptic	**yín yín shung**	延引 : defer
wó fĭ	王妃 : queen	**yín yó**	陰陽 : male & female principle
wó gă	黄河 : yellow river	**yíng**	宴 : feast, entertainment
wó kó chó	黄紅蝶 : vesper butterfly, flower	**yíng**	園 : [s.] garden, paradise
wó kwăn	王冠 : crown	**yin, in**	印 : seal
wó kwang	往還 : go & return	**yítchi**	益 : gain, advantage
wó lé	往來 : go & come, to and fro	**yítchi**	悦喜 : glad, gaudy
wū tó	［應］答 : reply, answer	**yitchi**	奕 :
<u>**wūdjïung**</u>	［應］: ought, correspond	**yítchi kwang**	［驛］官 : postmaster
wūī chă	彝［?］茶 : tea	**yitsi**	逸 : ease
wún chi	運気 : [s.] times	**yó**	妖 : delusion, diabolical
wún chku	音曲 : opera	**yó**	様 : manner
wūn djĭ	恩慈 : favour, grace	**yó bó**	容貌 : manner, aspect
wún shu	恩主 : donor	**yó bó**	妖亡 : premature, untimely
wúng	恩 : favour, grace	**yo butsi**	陽物 : penis
wúng tŭkŭ	恩徳 : grace	**yó djó**	養生 : to cure, heal
		yó gaï	要害 : [s.] retreat
Y		**yó kwei shŭ**	妖怪書 : [s.] sorcery
		yó shi	楊［揚］子 : [s.] river
ya	夜 : night	**yó shi-ngva**	養子 : adopted child
ya {yú}	余 : what is left over, above	**yó si**	様子 : form, circumstances
yá djĭn	野人 : savage, mountaineer（野とある）	**yú**	餘［余］; what is left over, above
yá fĭ	野鄙 : vulgar, low（野とある）	**yú**	勇 : valour
ya'hfan	夜半 : midnight	**yú**	油 : oil, fat
yá mŭn	衙門 : office, court, tribunal	**yu**	御 : is gu yū; order, command
yá sé	野菜 : greens（野とある）	**yu**	用 : [s.] useful, serve for, to, slave to, in
yaku	役 : servant, officer, slave		order to, means, organ
yaku	藥 : medicine	**yú byó**	餘 ビヤウ : after illness
yaku ba	役場 : court, office（塲とある）	**yū chí**	勇気 : confident, boldness
yaku lítchi	藥力 : virtue of medicine	**yu chí**	遊撃 : lieutenant colonel（陸軍中佐）
yaku shtsi	藥資 : fee {doctors' fee}	**yú dé**	｛世｝代 : era, age
yami	闇 : dark	**yú duku**	餘毒 : after poison
yang san	洋参 : [s.] gin seng	**yú kán**	餘寒 : after winter
yé rashung	愛 : [s.] to play, fondle	**yú lé**	由來 : cause, origin, source
yé ti	［對テ］: equal; [s.] share	**{yu} mu**	四隅 : all around
yī ku	良い句 : a good saying	**yū ri**	幽靈 : ghost, spirit
yí {i}	一 : one	**yú sha**	勇者 : a bold person
yī djïung	咏 : recite	**yū sha {nu mung}**	幼少 : youths, young, stripling
yí yĭ	永永 : for ever	**yú shĭ**	遊子 : traveller, roam
yí zó	繪像 : device	**yú shī**	餘勢 : [s.] profit, savings, advantage,
yímpó	遠方 : remote		retrench
yín	姻 : marriage, betroth	**yū shu**	幼少 : youths, young, stripling
yín	燕 : swallow	**yú wó**	硫黄 : sulfur　　{sulphur}
yín chu	隱居 : retired, recluse, hermit	**yú yé**	由原 : cause, origin, source
yín gva	因果 : cause, effect	**yú yú**	悠 :
yín kú	猿猴 : [s.] orang otang	**yu zé**	由財 : heritage
yín śku	飲食 : eat & drink		
yín sha	隱者 : retired, recluse, hermit	**Z**	
yín só	圓相 : circle		
yín yé	姻縁 : marriage fate	**zan**	［殘］: [s.] tyrant, vile, cruel

zan	讒：[s.] slander	**zó**	臟：entrails
zan kwa	［殘］花：fading flower	**zó gúng**	［雜］言：jargon, gibble gabble
zán níng	［殘］人：distressed, wretched	**zó nín**	［雜］念：thoughts
záppé	［雜］費：[s.] estimate	**zó yú**	［雜］用：mixed expences
zé	菜：greens	**zó záku**	造作：create
zé {dzé saï}	歲：year; [s.] how old	**zó {mung}**	［雜］：mixture, bad quality
zé {dzé}	財：riches, wealth	**zúku**	俗：vulgar, custom
zé făkŭ	財帛：treasure, mammon	**zúku**	族：family
zé fuku	財富：property	**zuku**	［賊］：bad man, robber, thief
zé litchi	財力：possession	**zuku djing**	［賊］人：bad man, robber, thief
zé mutsi	財物：possession	**zúku gang**	俗眼：vulgar
zé sang	財産：property	**zúku gū**	俗言：local dialect {俗語？}
zí {ánda}	髓：brains, marrow	**zúku shóng:**	属する：belong{s} to
zó	象：elephant; [s.] ivory, idol, sign		

索 引

* 1つの見出し項目からキーワードになる琉球語を1，2語ほど取り出し，アルファベット順に並べた索引である。各列〈琉球語〉，〈所在する英語の項目〉，〈英語の訳〉の順に記載した。〈英語の訳〉は琉球語の意味と同じとは限らない。
* 見出し語がアルファベットに準じない語句が見られるが，それらは細字で示し，見出し語に何らかの関連性があるものと考え元資料（高橋研究室ノート）のまま記載した。

A

á → ha（おや、まあ）

ā buku → bubble（泡）

ā tsibu → bubble（泡）

áanyung → glow（火照る、白熱する）

abi kveshung → brawl（どなり立てる）

abi kvéshung → outcry（大声を出す）

abi kwéshi óyung → scuffle（とっくみ合いする）

abi kwé-shung → vociferate（わめく）

abi kwé-shung → yell（わめく）

abïä tïāshung → vociferate（わめく）

abïä-shung → clack（しゃべりまくる）

abïätïä → hurlyburly（大騒ぎ）

abïätïä-shung → hubbub（群衆のガヤガヤ、騒動）

abikvé → alarm（警報）

abikvé → hurlyburly（大騒ぎ）

abikvé-shung → clamour（喧騒、大きなさけび）

abïkwéshung → gabble（ぺちゃくちゃしゃべる）

abikwé-shung → tumult（騒動）

abikwé-shung → uproar（騒動）

abǐshi yung → declaim（朗読・熱弁する）

ăbī-shung → noise（大いに話す）

abiti kvīshi yézishung → hail（声を掛ける）

abiti yubayung → bawl（叫ぶ）

abiti yubïung → hail（声を掛ける）

abiti yubïung → halloo（オーイと叫ぶ）

abïung → howl（遠吠えする、唸る）

abī-ung → noise（大いに話す）

abuï → stirrup（あぶみ（鐙））

abuï sóki bǔni → cutlets（カツレツ）

abuï títsi → spit（鉄串）

abúï yaï → spit（鉄串）

abuïnu tsirudji → spur（拍車）

ābǔkǔ → scum（浮きかす、泡）

abuku → skim（上澄み、浮遊物、滓）

ābuku → spume（泡）

ābūkū → spume（泡）

abunénu chizashi → portentous（不吉な）

ábura → grease（脂肪）

aburi ushi nyiku → steak（焼肉）

abuyuru tītsǐ dógu → skewer（焼き串）

achá → morrow（明日）

ācheru kabi → paste board（厚紙、ボード）

ăchǐ → autumn（秋）

áchi → thickness（厚さ）

áchí chkata → uncultivated（粗野な）

āchi hátïúng → weary（疲れた）

achi hatirang → untiring（疲れない、飽きない）

áchi hatirang shóti → unwearied（飽きない）

áchí hatiráttōru mung → outcast（見捨てられた人）

áchí íta → plank（厚板）

achi kanti-shung → waddle（よたよた歩き）

áchí vátayung → wade（渡る）

achima → gap（割れ目）

áchima → offense（犯罪、反則）

áchima → vacancy（空虚、あき）

achiné → dealer（商人）

achiné → merchant（商人）

achiné → tradesman（商人）

achiné buni → merchant man（商船）

achiné-dé → counter（勘定台、売り台）

gūfā mīdji gūdji shung → higgle（かけ引きをする）

achiné gva → hawker（行商人）

achiné shú tukuru → mart（市場、取引場）

achiné shuru kutu → commerce（商業、交易）

achinéshuru ná → firm（商社・商会）

achiné tuïyéshung → commercial（商業上の）

achinéshi → huckster（呼び売り商人、行商人）

achinyé → tradesman（商人）

achinyéshuru → mercantile（商売の）

achiraka → apparent（明白な）

achiraka → bright（明るい）

áchiraka → open ②（開いた）

achirakanyi ang → evident（明白な）

achirakanyi ang → manifect（明白な）

achiraka-nyi ang → perspicuous（明快な）

achirakanyi satushung → elucidate（明瞭にする）

achirakanyi shirashuru → declaration（宣言・布告）

achirakanyi shūkushung → demostrate（論証する）

achirakanyi shung → comment（注釈する）

áchirakanyi táshïung → explicit（明白な、腹蔵のない）

achirakanyi yung → declare（明言・断言する）

achishassi → thickness（厚さ）

achóng → unoccupied（人の住んでいない，空いた）

áchung → go（行く）

** áckwuï fíckwuï** → sob（むせび泣く）

áckwuï shíckwuï → sob（むせび泣く）

adéru dákinu djó → wicker-work（小枝細工）

adéru mī → meshes（網の目）

ádji → palate（味覚、こえた口）

adjíng nérang → tasteless（味のない）

adjivé → flavour（風味・香味）

adjivé → savour, -y（風味）

adjivé → taste（味）

adjivé tutuniru shina mutzi → condiment（調味料、薬味）

adjivenu assissang → insipid（風味、生気のない）

adjivé → luscious（美味しい）

adjivénu nérang → insipid（風味、生気のない）

adjivénu sīsang → acid（酸っぱい）

adjivényi kanáng → disrelish（嫌い）

ádo → heel（かかと（踵））

áfa múng → unsaltef（塩気のない）

áffaku nashung → dilute（薄める）

áffasáng → unsaltef（塩気のない）

áffassang → indifferent（無関心、冷淡）

afíng → opium（アヘン（阿片））

afira áchishung → waddle（よたよた歩き）

afira bisha → web-footed（水掻のある）

afiru → duck（あひる、鴨）

aforïung → overflow（あふれる）

agaï figuï-shong → rugged（でこぼこの）

agaï sagaïshong → indented（ジグザグの）

agami fomïung → extol（激賞する）

ágari → east（東）

agarinkae nkatóng → eastward（東に向かった）

ágata → yon（あそこ，向こう）

ágatankae → thither（そこへ）

agatchung → advance（前進する）

agayung → elevate（上げる）

agayusi → elevation（高めること、上げること）

agi sisimïung → recommend（推薦する）

agi sísinyung → introduce（紹介する）

agïung → trebble（3倍にする）

agimāshung → dun（催促をする）

agimāshung → hector（どなりつける、いじめる）

agiti kóyung → outbid（高い値をつける）

agiti tskoteru mitchi → causeway（土手道、敷石道）

agiung → climb（よじ登る）

agïung → exalt（上げる、高める）

agunyung → clamber（這い登る）

ah → ah（あぁ！）

ah → alas（あわれ！）

áh → o（おお）

ah → oh（オー）

ah → tush（チェ！）

aha! → pish!（へん！）

ahya buta → sow（雌豚）

ahya wá → sow（雌豚）

aï → ant（蟻）

aï arasõyung → compete（競争する、匹敵する）

aï kakïung → dovetail（ぴったりはまる）

aī miméshung → social（社会に関する）

aï tsiraniténg → conjoin（結合する）

aí uburitóng → dote（溺愛する）

aï utchung → combat（合戦）

aï → mutual（相互の）

aï arasõyung → strive（奮闘する）

aï ávashung → unite, -d（合体させる）

aï gva → lass（未婚の若女）

aï gva → miss②（ミス、嬢）

aï tagenyi-shi → reciprocal（相互の）

aïyé → o（おお）

aïsi bichi mung → desirable（願わしい）

aïtumunyi shung → accompany（同行する）

ăká → ah（アァ！）

ăkā → bilge（船底にたまる汚水）

aka → blot（垢）

áká → red（赤）

áka → scurf, -y（垢、ふけだらけの）

aka → soil（汚れた）

áka banā gí → maple（カエデ、モミジ）

aka butsi-nshóng → measles（麻疹）

aka butsi-nshóng → measles（麻疹）

aka dama → ruby（紅玉）

áka hára → dysentry（赤痢）

ákaĭŭ → gold-fish（金魚）

aka kóré gushu → cayenne pepper（（植）とうがらし）

aká mitchi → equator（赤道）

aka sidji → equator（赤道）

aka takara ishi → ruby（紅玉）

aka tǘshi → sand stone（砂岩）

aka zira natóng → flush（赤くする・紅潮）

akachi → red（赤）

akadóng → glow（火照る、白熱する）

akagarashung → enlighten（啓発する）

akakina → sod（芝土）

akaku nayung → redden（赤くなる）

akányónyishi → intermission（休止、中断）

akán yósi → intermission（休止、中断）

akanayung → domesticate（飼い慣らす）

akané munu → brat（小僧、がき）

ăkāngva → babe（赤ん坊）

akángva → infant（幼児）

akanyung → redden（赤くなる）

ákără fútara → showy（派手な）

akashī mung → enigma（謎）

akashī mung → puzzle（謎）

akashi munū → riddle（謎）

aki kúï shuru yī → folding chair（折り畳み椅子）

aki míkva → gutta serena（？）

akíung → open（開ける）

akiti nyūng → peruse（通読する）

akĭung → disclose（開ける、あばく）

áku → evil（悪い、不吉な）

áku → iniquity（邪悪、非道）

áku → lixivium（灰汁）

áku → lye（灰汁、あく）

áku → soap（石鹸）

áku → wicked（邪悪な）

áku djáku → inhuman（冷酷、残酷な）

aku djakuna mung → reprobate（堕落者）

aku dúkunu ukuné → inhuman（冷酷、残酷な）

aku gani → copper（銅）

áku madí kányung → surfeit（飽食する）

aku mading kanyung → gormandize（大食する）

aku madinyi kanyung → glut（大食する、塞ぐ）

aku māshu → soda（ソーダ（ナトリュム化合物））

aku mizzi → lather（石鹸泡）

áku mízzi → lixivium（灰汁）

áku mízzi → lye（灰汁、あく）

aku mizzinu ā bŭkŭ → lather（石鹸泡）

aku nashusé uffusang → doers（行為者）

aku tstchung → bedaub（こてこて塗る）

aku ukuné → iniquity（邪悪、非道）

ákubi shung → yawn（欠伸）

ákubishung → gape（大口開けて見惚れる）

akuna mung → fell ②（残忍な）

akunu shū → potash（木灰から得る）あく）

ákunu tstchóng → stain（汚れている）

aliman kwó → germany（ドイツ）

also īyănŭ → whiz（ぴゅっと鳴る）

amá → mama（母）

áma → there（そこ）

áma → yon（あそこ，向こう）

áma ádji → sweetness（甘さ）

áma haï kuma haï → lounge（ブラブラ、ノラクラ暮らす）

ama haï kuma haï → saunter（ぶらつく）

áma kará → thence（そこから）

ama kuma nagarĭung → drift（漂流する）

ama kuma ndji ukagati → prowl（ぶらつく）

ama kvāshi → bun（一種の菓子パン）

ama ndjité ukiráng → unwelcome（歓迎されない、気にくわない）

amáda djódju nérang → imperfect（不完全な、不充分な）

amagassā → leech（ヒル（動物））

amai → remainder，remains（残り）

amai mung → superfluous（余分、過剰の）

amáï → leavings（残り物、余り物）

amáï → rest ②（残り）

amaï → surplus（余分）

amaï → upwards（より以上）

amaï mung → surplus（余分）

amáng → slug（ナメクジ）

amaniku shiracheru shimutzi → cyclopaedia（百科辞典）

amaniku shirashung → advertise（公示する）

amankae → thither（そこへ）

amankae ikándi úmuyung → intend（志向、思う）

ámari → overplus（超過、余分）

ámasang → sweet（甘い）

ămăshă → agony（苦悶）

amaténgshong → sweet（甘い）

amatong → redundant（余分な）

ambéyuru → seasoning（味つけ）

ambéyuru dógu → condiment（調味料、薬味）

ămĭ → rain（雨）

ami mizzi → rain-water（雨水）

amïung → lave（沐浴する）

amikazi naritoru ftu → weather-beaten（風雨に曝された）

aminu fuyúng → rain ②（（雨が）降る）

aminu gutoru mīnu sidji → retina（目の網膜）

ămirarĭ bĭchĭ → abluent（洗浄の）

amīru taré → bath（浴槽）

amīru taré → laver（沐浴用大水盤）

amishi kakiung → entangle（もつれさせる）

amïung → bathe（入浴する）

amĭŭrŭ kutu → ablution（沐浴）

am-magaï kámmagaïshóng → zigzag（ジグザグ）

ammashashóng → swooned（気の遠くなった）

ămmŭtchĭ → bun（一種の菓子パン）

ammutchi rāshi mung → custard（カスタード菓子）

amóchi → turf（芝地？）

amótchi → grass-plot（芝畑、草地）

ámutió → turf（芝地？）

an íchi kán íchi → prevaricate（言い紛らす）

an tamaï kan tamaï → meander（曲がりくねっている）

an nayabīng → amen（アーメン！）

an raku sang → disquiet（平静を失わせる）

ăna → den（穴）

ána → hole（穴）

ana → pit（穴）

ana fŭyŭng → burrow（穴を掘る）

anadoti fabamïung → encroach（邪魔する）

anadõyung → scoff（嘲笑する）

ánayung → announce（取り次ぐ）

ánchíng → pamphlet（パンフレット）

anda → oil（油）

ánda djógu → lickerish（美食を好む）

anda gá → omentum（網、内臓を支える腹膜のひだ）

anda gami → flask（筒型びん）

ánda gussúï → salve（膏薬）

ánda hábiru → lantern-fly（ビワハゴロモ）

anda kwé → lickerish（美食を好む）

anda mung → good living（良き生活）

anda nassïung → anoint（塗油する）

anda tsibu → flask（筒型びん）

anda tstchong → greasy（油を塗った）

andanu tstchóng → unctuous（脂ぎった）

andïung → overflow（あふれる）

andïung → spill（こぼれる）

andjung → broil（口論、あぶる）

anéshung → announce（取り次ぐ）

ang → are（ある、居る）

ang → exist（存在する）

ang → have（有る）

ang → is（ある、いる）

ang → possess（所有する）

ang → subsist（存続する）

ang á kutú → being（～であるから）

angvé dúïshung → squat（うずくまる）

ann nǎnu kuny → cochinchina（インドシナ南部）

ánraku → ease（やわらげる）

ansé → surely（確かに）

anshǎ kutu → consequently（その結果として）

ánshi ya → eh!（ああ）

ánu → that（あれ）

anu → those（あれら）

anu kutu → it（それ）

anu tuché → then（それから）

anu winago → she（彼女）

anu wuna → she（彼女）

anyé arang → no（ない）

ányi → whether（～かどうか）

anyi yumi → sister-in-law（義理の姉妹）

anyumī → wattle（網枝）

anyúng → interlace（組み合わせる）

ara abïung → snarl（唸る、怒鳴る）

ara chī → wilderness（荒地）

ara dasha → baize（厚い緑色の布地）

ára gutchi → ribaldry（下品な言葉）

ǎrǎ ǐvǎ → craggy（岩の多い、ごつごつした）

ara kazi → storm（嵐）

ára mushíng → rug（もうせん、敷物）

ara mushiru → pallet（粗末なベッド）

ǎrǎ noyung → baste（仮縫いする）

ara núnǔ → domestics（リンネル類）

ara nunu → sacking（粗布）

ara sína → gravel（砂利、小石）

ara tǔtǔnūshung → bungle ②（へまをやる）

ara zukuïshung → bungle ②（へまをやる）

arachi → boisterous（天候が荒れ狂う）

aradji → desert（荒野）

araï gussúï → lotion（洗浄剤）

arakadjiminyi → beforehand（あらかじめ）

arakadjiminyi → betimes（いい時分に、早く）

arakadjiminyi shtchóng → aware（気付いて・承知して）

arakadjiminyi snérang → unready（用意のない）
  tsitsishidóng→cautious（用心深い）

arakadjiminyi tuyúng → preocupy（先取りする）

arakádjiminyi umāngshi → extempore（即興的に）

arakádjinyi → forecast（予想・予測する）

arakadjinyi → foretell（予言・予告する）

arakiné mung → corpulent（肥満した）

ǎrǎmǎshǐ munuǐ → brief（手短な）

arang → no（ない）

aráng → not（～でない）

arari → hail（霰、雹）

arari → sleet（みぞれ）

árasang → rough（荒い、粗い）

arashi → cruel（残酷な、無慈悲な、悲惨な）

arashi → gruff（粗野な、荒い）

arashī ftu → asperity（荒々しさ）

arashī ftu → bluff（ぶっきらぼうの）

arashī ftu → rude, -ly（無礼、野蛮）

arashí kazi → hurricane（ハリケーン）

arashí kazi → tempest（嵐）

arashī kwī-shung → snarl（唸る、怒鳴る）

arashi mmaritsitchi → unfeeling（冷淡な）

arashī mung → clownish（粗野な）

arashí mung → indiscrete, indiscreet（無分別、軽率な）

arashí shóbung → turbulent（荒狂う）

arashi winago → virago（口やかましい女）

arasoï bindjïung → controvert（議論〈争〉する）

arasoï kunudong → contentious（議論好きの）

arasõyung → combat（合戦）

arasoyung → cope（対抗する）

arasõyung → dissent（意見を異にする）

arasõyung → quarrel（けんかする）

arasoyung → rival（競争する）

arasoyūng → strive（奮闘する）

arassang → coarse（粗大な）

arata mítchi → sect（分派）

aratami bichī → convertible（変えられる、改められる）

aratami búshá-shi → newfangled（最新の、新奇の）

aratamïung → innovate（革新、刷新する）

aratamïung → reform（改良する）

aratamirang → incorrigible（直し難い、頑固）

aratamiráng → unchangeable（変えられない）

aratamiti nóshung; → revise（改める、改行する）

aratamíti shung → innovate（革新、刷新する）

aratamïung → amend（修正・訂正する）

aratamiung → change（変える、改める）

aratanu fúdjing → spouse（配偶者）

aratanyi → afresh（新たに）

aratanyi → forebodings（予言・前兆）

aratanyi nashung → renew, renovate（刷新する）

aratanyi ndjashung → detect（発見する）

aratanyi saguyung → explore（調査する）

aratanyung → alter（改める）

arati → cleanse（洗浄する、洗い清める）

aravanyi → openly（公然と、率直に）

aravanyi ang → apparent（明白な）

aravarïung → reveal（現われる）

aravariráng → latent（潜在性の、隠れた）

aravaritong → manifect（明白な）

aravaru → show（見せる）

aravashi ndjashung → expose（陳列する、あばく）

aravashung → disclose（開ける、あばく）

aravashung → expose（陳列する、あばく）

árayung → wash（洗う）

arayuru li → baptism（洗礼）

arayuru li ukunayung → baptize（洗礼を施す）

arayuru li ukunayung → christen（洗礼を施す）
téshi arasoyuru ftu→competitor（競争相手）

áredji → wilderness（荒地）

ari → he（彼）

ari → her（彼女）

ari butsitsishimang mung → careless（不注意な、不謹慎な）

ari → him（彼を）
kari→him（彼を）
makashung→outdo（勝る、しのぐ）
mashindi umuyung→prefer（好む）
yī chibinu ftu→amusing（おもしろおかしい）
unné!→lo!（見よ！）

andé! → lo!（見よ！）
mifakunyiang→clearly（明らかに）

ariga fū djī núrayung → upbraid（とがめる）

ariga ikarínyi ótang → incur（被る）

ariga kavati → behalf（為に）
taritóng→competent（任に耐える、資格ある）

ariga nuzumi djódju shimirassang → frustrate（くじく）

ariga shésé → doings（行い）

ariga yā → his（彼の）

aring-kuring → both（二つの）

aring-kuring → both（二つの）

arinkae kukuru kátamati utsī õsang → hanker（焦がれる）

arinkae kukuru kátamati utsī õsang → hanker（焦がれる）

árisama → emergency（緊急、非常時）

arita → fallow（休耕地）

aritóng → desolate（荒れ果てた）

arkadjiminu chizashinu ang → presentiment（虫の知らせ）

arraïyung → scrub（擦り洗う）

aru bashu → sometimes（時々）

āsă → moss（苔）

ashchi → wicked（邪悪な）

ashi → foot（足）

áshi → leg（脚）

ashi → reed（（植）葦）

ashi → rushes（（植）い草、燈心草）

āshi gami → paste board（厚紙、ボード）

ashi guruma → gyve（足枷）

ashi guruma → gyve（足枷）

ashi gúruma → stocks（かせ（枷））

áshi tsidji → scaffolding（足場。足組み。）

ashi-k̈aya → rushes（（植）い草、燈心草）

áshĭtchi → evil（悪い、不吉な）

ashtchi aku → atrocious（極悪非道な）

ashtchi kutu → vice（悪）

āshung → line ②（裏を付ける）

āshung → splice（組み継ぎする）

ássa → early（早い）

ássa → morning（朝）

assa gow → convolvulus（三色昼顔）

assa ínŭĭ → matins（朝祈り）

assabang → breakfast（朝飯）

assaminyi tstchong → aground（乗り上げる）

assang → shallow（浅い）

ássanu wu → flax（アマ（繊維））

assashi → shallow（浅い）

assassá → tree frog（蛙）

assassang → flimsy（薄弱な）

assassang → indifferent（無関心、冷淡、気に掛けない）

assi → perspiration（汗）

assi → sweat（汗）

assi suyā → shirt（シャツ、下着）

assibi → amusement（楽しみ・娯楽）

assibi → fun（陽気なふざけ、戯れ）

assibi → pastime（気晴らし）

assibi → play（遊び）

assibi attai → park（公園）

assibi dé → stage（舞台）

assibi dogu → gewgaw（見掛けたおしの（物））

assibi gútu shi → frolicksome（浮かれ気分の）

assibi kuruma → gig（軽馬車、軽艇）

assibi kutuba yung → dally（ふざける、戯れる）

assibi yútchi shung → saunter（ぶらつく）

assibĭung → amuse（楽しむ）

assibiung → recreate（楽しむ）

ássíbŭ → prickly heat（あせも）

assidatchung → rove（うろつく）

assidatchung → stroll（ぶらつく）

assidátchuru mung → vagrant（放浪者）

assidi áttchung → stroll（ぶらつく）

assidi móyung → amble（楽に（のんびり）歩く）

assinu hayung → transpire（排出する）

assinu ndjïung → perspire（汗をかく）

ătă → adversary（敵）

áta → enemy（敵）

ata → foe（敵）

áta fitchaïshung → twinkle（キラキラ光る）

ata fūdjïung → revenge（あだを討つ、仕返しする）

ata mukúï → vengeance（復讐）

ătă mukūyung → avenge（報復する）

áta nóshun → redress（直す、矯正する）

ata urami → enmity（敵意）

átabaishung → spurt（吹き出る）

átabítchi → frog（蛙）

átama → forecastle（船首楼）

átama bashira → foremast（前檣）

atama bashiranu fū → foresail（前檣帆）

atama natoru ftu → chief（首領、頭、主役）

atamanu fū → foresail（前檣帆）

atamanyi → foretell（予言・予告する）

ătără mung → darling（お気に入り）

átara mung → delectable（喜ぶべき）

atarang → discordant（一致しない、仲が悪い）

ataráng → unbecoming（不似あい）

átaráng → unsuitable（不適当な）

ataransi → disparity（異種性、相違）

atarashashung → fondle（愛情を込めて扱う、可愛がる）

atarashashung → husband（節約する、とっておく）

atarashung → adapt（適応・適合させる）

atarassang → fresh（新鮮な）

ata-shiva → casually（災難、ふと、偶然）

átatóng → suitable（適当な）

ătăyŭng → countervail（対抗する）

atchiku ang → thick（厚い）

atchishang → thick（厚い）

átchung → walk（歩く）

até neng → unconscious（無意識の）

ati gatchi-shung → superscribe（宛名を書く）

atirandishung → aggress（攻撃を仕掛ける）

ato → after（後に）

ato → latter（後者の、後の）

áto → next（次の）

ato → posterior（後ろの）

áto → subsequent（直後の、引き続きの）

ato atsimaï → appendix（追加・補遺）

áto kádji → trace（痕跡）

ato kara achung → follow（続く）

áto káta → trace（痕跡）

ato kata mïrang → trackless（跡形のない）

ato madíng → perpetuate（永続的にする、不朽にする）

　　djõdjïung→recitative（叙唱調の）

ató nayung → ensue（後から起きる）

ato tsidji → descendants（子孫）

áto tsídji → heir（あとつぎ、相続者）

ato tsídji → posterity（後世）

ato tsidjinu → successor（後継者、相続人）

áto tsídjuru mung → heir（あとつぎ、相続者）

atokara → by and by（未來、やがて）

átonu kangéssang → improvident（軽率で将來の事を考えない）

átonu kutu umāng → improvident（軽率で将來の事を考えない）

átonu mung → last（最後の）

atonu tumu → footman（制服を着た男の召使）

atonu urī ussuriráng → unapprehensive（気にかけない）

atonu utagé neng → unapprehensive（気にかけない）

atonyi → afterward（あとに・以後）

átonyi → hereafter（今後）

átonyi gé nerang → innocuous, innoxious（無害、無毒の）

atonyishí → subsequent（直後の、引き続きの）

atoziri → domestic（召使）

atsi → heat（熱）

atsi bé → embers（燃えさし）

atsi bé → sanguine（血気盛んな）

átsi íshi → lava（溶岩）

atsibénu umuï → freak（気まぐれな考え）

atsiku → hospitable（手厚い、親切な）

atsiku tuïmutchíng → complaisant（いんぎん丁寧な、従順な）

atsimaï → assemblage（集まり・集合）

atsimaï → assembly（集まり）

atsimaï → collection（集合、集金）

atsimaï → flock（群）

atsimaï → meeting（集まり、集会）

atsimayung → collect（集める）

atsimayung → collect（集める）

atsimayung → congregate（集まる）

atsimïung → gather（集める）

atsirăshuru dógu → chafing dish（こんろ付き卓上なべ）

索　引　447

atsiréyung → confide（信任する、託する）

átsisang → warm（暖かい）

atsisassi → heat（熱）

atsissang → hot（暑い）

atskayā → pastor（牧師）

atski → steam（蒸気）

atski ndjachi fínyarashung → volatilize（揮発させる）

atsūnyi → firmly（堅固に）

átta → they（彼ら）

áttá dūnā → themselves（彼ら自身）

atta yā → their（彼らの）

áttabuĭ-shung → shower（にわか雨）

áttaï → garden（庭）

áttáĭ → worth（値）

attaï-kamutoru ftu → gdardener（庭師）

ăttăkŭ → cormorant（鵜）

attánkae → them（彼らを・に）

attarang → disproportion（不釣合）

áttarang → misbecome（似合わない）

attatóng → efficacious（効能ある）

attatong → fit ③（ぴったり合う）

áttatóng → right（正しい）

attayung → compatible（一致する、両立する）

attayúng → lawful（合法の）

attayuru gutu → aptly（ぴったりと）

attetaru → giver（与える人）

attĭung → assail（襲撃する）

attiung → attack（攻撃する）

attiung → hit（打つ）

atzimayung → assemble（集合する）

ava → millet（栗、もろこし）

avarimáng mung → pitiless（無情の）

avarimbichi → doleful（悲しげな）

avarimbichī → pitiable（哀れみを誘う）

avarimi → compassion（あわれみ、同情）

avarími → pity（哀れみ）

avarimi néng → unmerciful（無慈悲な）

avarimĭung → deplore（嘆き悲しむ）

avarimyuru → compassionate（哀れみ深い、情け深い）

avarinyung → commiserate（哀れむ、同情する）

avarishī mung → deplorable（嘆かわしい、悲しむべき）

avarishi mung → forlorn（見放された）

avarishī mung → piteous（悲しそうな）

avarishī mung → pitiable（哀れみを誘う）

avashi → hone（カミソリ用砥石）

ávashi → mixture（混合）

ávashi → union（結合、連合）

avashung → blend（混合する）

avashung → interlock（組み、重ね、抱き合う）

ávashung → unite，-d（合体させる）

avati kamishung → rapacious（強欲の）

avati mung → flighty（浮ついた、突飛な）

avatíti → hurriedly（急いで）

avatíti kuṅzóshung → huddle up（ゴチャ混ぜにする）

avatiti-shóng → ardent（熱心な）

avatoru gutóng → differently（異なるように）

avúï → geranium（ゼラニウム（植物））

avúï → holly-hock（タチアオイ）

ăya → freckle（斑点をつける）

aya → grain（木目、石目）

áyá → spoke（輻、スポーク）

aya → stripes（縞筋）

aya aya manchāshóng → speckled（斑点ある）

aya bótu → pigeon（(鳥) 鳩）

áya bótu → turtle dove（(鳥) キジバト）

áya duri mma → zebra（しま馬）

aya írïung → streak（筋をつける）

aya manchā → brindle（まだら色）

áya manchā shóng → olio（ごた混ぜ）

aya sidji → stripes（縞筋）

aya ẗura → panter（ヒョウ）

aya utchi naïgata → imminent（差し迫った）
　nuzudóng→imminent（差し迫った）

ayagakaishung → streak（筋をつける）

ayagakashung → dapple（ぶち・まだらにする）

ayagatchi mma → piebaldhorse（白黒まだらの馬）

ayagatchóng → speckled（斑点ある）

ayamachi → demerit（落度）

ayamachi skuyung → reclaim（矯正する）

ayamaï sóna mung → fallible（誤りやすい）

ayamari → error（誤り）

ayamari → mistake（間違い）

ayamari néng → faultless（過失無い、完璧な）

ayamatchi → fault（欠点）

ayamatchi → trespass（罪、違反）

ayamatchi kurushuru kutu → homicide（殺人）

ayamati chu kurucháng → man slaughter（殺人行為）

ayamayung → err（間違う、罪を犯す）

ayamayung → fail（誤る）

ayamé → dame（貴婦人）

ayamé → lady（淑女）

ayamé → madam（奥さん）

ayamé → matron（年配の既婚女性）

ayamé → mistress（女主人）

ayamé gva → damsel（乙女・少女）

ăyanu ittchong → freckle（斑点をつける）

áyanu íttchoru hátchi → lady bug（テントウムシ）

ăyanu manchong → cross grained（木目の不規則な）

áyasang → perilous（危険な）

ayashí kutu → jeopardy（危険）

A

ayashí mung → horrid（ぞっとする、感じ悪い）

ayautchi → danger（危険）

áyaútchi → jeopardy（危険）

ayautchinu kuto → perilous（危険な）

ayautchinu tukuru → state（状況）

ayunyuru → pedestrian（徒歩の）

azaké → oyster（カキ）

azamuchi ukashung → taunt（あざけりののしる）

azamuchi varayung → chuckle（含み笑いをする）

azamuchi vorayung → deride（あざ笑う）

azamuchung → flout（嘲る）

ázamutchi → insult（無礼）

azamutchi gatchi → pasquinade（落首、風刺文）

azamutchi késhung → retort（報復する）

azamutchung → defraud（騙す・詐取する）

azavareshung → banter（ひやかし）

azavaréshung → jeer（ひやかし）

azavaréshung → rail（ののしる）

azavaréshung → sneer（嘲笑する）

āzi → marmot（マーモット（リス科））

ázïung → intersect（交差する）

azikïung → commit（委託する）

azima úïshéru dáshǎ → kerseymere（カシミア織り）

azíng → pestle（乳棒、すりこぎ）

ā，ābǔkǔ → froth（泡）

a'hya → dam（雌親）

a'hya ǎkǎchi tskanatéru fīdja gva → cosset（手飼いの子羊）

B

ba → during（〜の間、〜中）

bāchī → house maid（女中）

backī → maid（未婚の女）

bad → intonation（抑揚、音調）

bágǔ → gear（装置、用具）

bágu → harness（馬具）

bǎkǎ shodjitchina mung → credulous（信じやすい、だまされやすい）

bakaï → only（ただ、ばかり）

bakaï → sheer（純然たる）

bǎkǐ mung → apparition（幽霊）

baki mung → bugbear（化物）

baki mung → elf（妖精）

bǎkǐ mung → imp（小鬼、鬼っ子）

bāki mung → phantom（お化け）

bāki múnnu kvi-nu gutu shung → shriek（金切り声）

báki sídjitong → fanatical（熱狂的）

baki vaza → jokose（滑稽、おどけた）

baki winago → bawdy（みだらな）

bǎkǐ ya → brothel（女郎屋）

bǎkïung → madden（狂う）

bákīru umúï → fantasy，fantastical（幻想・幻覚）

bakita winago → harlot（売春婦）

bākita wínago → whore（売春婦）

baku gakunu samuré → philosopher（哲学者）

baku yítchi shung → gamble（博打）

baku yitchinu mung → gambler（賭博師）

baku yítchinu túmugara → gamester（博打打ち）

baku yitchishā → gambler（賭博師）

bákǔ-shǐ → professor（教授）

bakuyó munuï → jokose（滑稽、おどけた）

bámmutsinu dóli → philosopher（哲学者）

bammutsinu dolinu gáku → philosophy（哲学）

ban dzikishung → classify（分類する）

bándji achung → going（動いて）

báng gata → dusk（たそがれ）

báng gáta → twilight（薄明り）

bāng tafa → watch-tower（見張り塔）

bāng yā → watch-house（番小屋）

bāng-ya → guard house（衛兵所、番所）

bānnu fínnu yā gva → sentry box（番小屋）

bānshung → guard（番をする）

bān-shung → watch ②（番する、見張る）

bānshuru fíng → sentinel（歩哨）

bashā nunu → grass-cloth（平織物）

bashika íǔ → mackerel（鯖）

bashka īǔ → porpoise（イルカ）

bashu → during（〜の間、〜中）

bashu → occasion（場合、理由）

bashu shidé → occasionally（時折）

bǎshūnǔ kabi → blotting-paper（芭蕉紙）

bashūnu naï → plantain（（植）バショウ）

bashūnu nunu → grass-cloth（平織物）

bashunyi shtagaráng ftu → unaccomodating（適合できない）

batchi → clapper（鳴子、拍子木、叩く人）

batsi → chastisement（懲罰、こらしめ）

batsi átïa → lictor（警士（先触れ露払い））

batsi djing → fine ②（科料）

batsi djíng → mulct（罰金、科料）

batsi kuvéyung → inflict，punishment（罰を科する、負わせる）

batsi kwāshuru dógu → rack（拷問台）

batsi mada ukiráng → unpunished（罰を受けていない）

batsi 'hó → penal-law（刑法）

batsikuveyung → punish（罰する）

batsī-shung → chastise（厳しく罰する）

batsishung → punish（罰する）

batzi attayung → atone（償う）

索 引　　449

$\overset{+}{\text{bé}}$ → double（二倍の）

bé → fold（〜倍（重）の意）

$\text{bé}\overset{+}{\text{bé}}$ → manifold（種々多様、倍）

beru beru → sputter（ぶつぶつ吐く）

béru béru-shung → prattle（子供のように片言で言う）

bi chíng → portfolio（書類入れ）

$\text{bi}\overset{+}{\text{myú}}$ → subtil〈subtile〉（微妙な）

bí sīku ang → sourish（やや酸っぱい）

$\overset{+}{\text{biva}}$ → loquat（ビワ（果実））

biăkunu ki → cypress（いとすぎ）

bībi → whistle（笛）

bĭbĭ gva → fife（横笛の一種）

bĭbi gvī → shrill（甲高い音）

bi-dju → beauty（美）

bīgŭ → bulrush（（植）あし、がま）

bīgu → lamp-wick rush（灯心蘭草）

bín dŭkŭ → syphilis（梅毒）

bín sha → fluent（流れるような）

bín zikí → toilet（化粧）

$\overset{+}{\text{bindji}}$ → controversy（論議（争））

bíndji → distinction（区別）

bindji bĭchī mung → controvertible（議論の余地ある）

bindji machigé → mismanage（やり損なう）

bindji tóshung → disprove（論駁する）

$\overset{+}{\text{bindji}}$ vakashung → distinguish（識別する）

bindjīru kutu → controversy（論議（争））

bindjiti lundjĭung → controvert（議論（争）する）

bindjiti tóshung → confute（論破する）

bindjĭung → closely（念入りに）

bindjĭung → discern（弁別する）

$\overset{+}{\text{bindji}}$ung → discriminate（弁別する）

bíng → lake（レーキ顔料）

bíng gva → vial（小瓶）

$\overset{+}{\text{bink}}$ → fluent（流れるような）

$\text{bin}\overset{+}{\text{kúnu}}$ ang → eloquent（雄弁な）

$\text{bín}\overset{+}{\text{kūnu}}$ ftu → orator（弁士、雄弁家）

bira yassé → scallion（葱）

bíranu kárazï → garlic（ニンニク）

bíru → leek（ニラ、ネギ）

bishité → moreover（更に）

bítatáï winago → dowdy（下品な女）

bitsi → other（別、他）

　vaziravashung→involve（巻き込む）

bitsi yaka uffusáng → prevalent（優勢な、流行した）

bitsi yónyi → otherwise（別の方法で、他の点では）

bitsinkae → otherwhere（他の場所）

bitsinkae fichi yúkushung → estrange（疎遠にする）

bitsinkae keyung → divert from（〜からそれる（そらす））

bitsinyi → else（その他）

bitsinyi ang → else（その他）

bitzi → another（別の）

bi-vă → guitar（ギター）

bó → bludgeon（棍棒）

bó → club（棍棒、クラブ）

bó → cudgel（棍棒）

bó → pole（ポール、竿）

bó → sarcastical（皮肉な）

bó → shield（楯）

bó → spar（マスト用の強靱な円材）

bó irïung → gybe（船が進路変更する）

bó irïung → sarcastical（皮肉な）

bóchĭrĭ mung → refractory（手に負えない、頑固な）

$\text{bódjichi}\overset{+}{}$ → tyrannical（暴虐な）

bódjichina → tyrant（暴君）

bódjichi-nu → flagrant（名うての、極悪の）

bódjíchinu chími kurushung → tyrannicide（暴君殺し）

bodjitchi → barbarous（野蛮な、野卑な）

bódjítchina mung → outrageous（正義に反する、法外な）

bodzi → bonze（坊さん）

bódzi → budhistic priest（仏教の聖職者）

bódzi → monk（修道士）

bódzi → priest-hood（僧、聖職者）

bódzi ŭshī → budhism（仏教）

bodzinu chu kumi → confraternity（団体、結社）

$\overset{+}{\text{bó}}$fan → forge（捏造・偽造する）

bófang → forgery（偽造）

bófannu tsimi → forgery（偽造）

bónta → chapiter（柱頭）

bótu → dove（鳩）

bózá → babe（赤ん坊）

bozi suyúng → tonsure（剃髪する）

bozinu kŭrūng → cowl（（僧の）頭巾付き外衣）

bózinu tstomi → initiate（開始する）

bū → clown（田舎者）

bū → coolie（苦力、人夫）

$\overset{+}{\text{buchū}}$ → comfortless（慰みのない、楽しみのない）

bu kútsina mung → uncouth（無礼粗野）

$\overset{+}{\text{bŭlí}}$ → discourteous（失礼な）

$\overset{+}{\text{bulī}}$ → uncivil（無作法、無礼）

$\overset{+}{\text{bulī}}$ na → unmannerly（無作法な）

$\overset{+}{\text{bunaré}}$ mung → cadet（将校生徒、士官（候補）生）

bu sévé na mung → unfortunate（不運な）

bu shí avashī → unfortunate（不運な）

bu shīavashí → unhappy（不幸な）

$\overset{+}{\text{bŭtáng}}$ → mowtan（牡丹）

bū yū na mung → warrior（戦士）

būbŭ → beetle（甲虫など）

buchi útchung → flog（鞭打つ）

búchigé → sickness（病気）

buchigé-nyi ang → sick（病の）

B

búchikū na mung → weakly（薄弱な）

búchilínu winago → slattern（自堕落女、売春婦）

budó → grape（葡萄）

búdónu kī → vine（葡萄の木）

búdónu áttaï → vinyard（葡萄園）

bŭgŭ → arms（兵器・武器）

bū-kā → scum（浮きかす、泡）

buki íru → pink（桃色）

búki íru → reddish（赤みがかった）

bu -kóshtchi → dishonest（不正直な）

bŭkú → stolid（鈍感、ぼんやりした）

búku → stone（石）

búku → stupid（愚鈍な）

búkushī → jupiter（木星）

búku shtchi na múng → thickskulled（頭の鈍い）

búku shtchinu gutóng → numbskul（まぬけ）

buku tami → commonalty（庶民、平民）

bu-kukutchi → comfortless（慰みのない、楽しみのない）

bukuna mung → dolt（薄のろ）

bukūna sígata → misshapen（作り損ない奇形の）

bukūnyi nashung → stupify（ボーッとさせる）

búnchi → style（文体）

bunfū → spirit |drift|（趣旨、精神）

bun kwatchóng → extravagant（贅沢な、法外な）

bún li → style（文体）

bunshá → composition（合成、配合）

bunsho → belles letters（美文）

bung → communication（伝達、通信文）

bung → dissertation（論文）

bung → document（文書）

bung → memorial（請願（書））

bung → rate（割合）

bung → share（分け前）

bung agiung → memorialize（請願書を出す）

bung bū → civil ②（文の）

bung gvényi uffusang → overmuch（多すぎる）

bung kónu shūku gatchi → diploma（免状）

búng kutuba → prose（散文）

búng tskoyúng → compose（作る）

bung yassundjitósi → contentment（満足、安心立命）

bung → doctrines（教義）

bungshu → document（文書）

búnló → respectively（各々）

bunmīnyishung → distinguish（識別する）

búnnu dé → text（主題）

búnnu dé → theme（テーマ）

būnŭ shishó → fencing master（フェンシングの師匠）

búnyí atarang → unbecoming（不似あい）

bunyi kwīung → overreach（範囲を越えている）

bunyi nugitóng → exception（除外）

bunyi sídjiti nyī tsinyung → overload（荷を積みすぎる）

bunyi sídjiti shung → overdo（やりすぎる）

bupó → budhism（仏教）

bura → cockle（（動）ザルガイの総称）

bura bura achishung → daddle（ぶらぶらすること）

bura ké → haliotis（？）

busā → gods（異教の神）

būsā → idol（偶像）

būsā vuganyuru ftu → idolater（偶像崇拝者）

búsafūnyĭ → intrude（押し込む）

bu-sévé → inauspicious（不運、不吉な）

busévé → misfortune（不幸）

busévé → unhappy（不幸な）

busha → option（随意、選択権）

búsha → wish（願い）

búshi → martial（武の）

bushóna → forgetful（忘れっぽい）

bŭshū kang → citron（（植）シトロン、丸ぶしゅかんの木）

bussu → budha（仏陀）

būtā → gross（でぶの）

buta → pig（豚）

búta → swine（豚）

buta furu → sty（小屋）

buta gvánu sūyó → farrow（豚の一腹の子）

buta shishi → pork（豚肉）

butanu ki → bristle（刷毛）

bútanu náma ánda → lard（ラード）

būtā-shóng → plump（肉づきのよい）

bútassang → clumsy（不器用な）

butassang → gross（でぶの）

bŭtchi → cudgel（棍棒）

butchi → stick（棒切れ）

bútchi → whip（笞）

butchi daki → stick（棒切れ）

butchi kvāshuru batsi → bastinado（鞭打ち刑）

bútchi kwāchi tuyúng → torture（拷問）

butchi kwāshung → flog（鞭打つ）

butchigé → disease（病気）

butchigésó → mumps（おたふくかぜ）

bútchinu tsina → whip-lash（笞紐、笞のしなやか部分）

butétóng → tuberous（結節ある）

búti búti → sound ③（健全な）

butsi 'hónu gutu → budhistic（仏法の）

butsinu sū → budha（仏陀）

butsitsishimina mung → disrespectful（評判のよくない）

bútta → hog（豚）

búttikachi → pounce（飛びつく）

buttikashung → explode（爆発する）

bŭtŭ → salep（サレップ（蘭科植物の塊茎を乾燥したもので食用あるいは鎮痛剤））

buturūshóng → tuberous（結節ある）

+
buyítchi → profitless（利益なし）

+
byáku dáng → sandal wood（白檀）

byó → illness（病）

byochi shi fushïung → ridden（乗っている）

byódja mung → sickly（病気がちの）

byótchi → complaint（苦情、告訴）

   tamashinu ukadóng→light headed（眩暈、ふらふらする）

   yódjóshuru yā→hospital（病院）

   óbanyung→livid（鉛色、暗青色）

C

canary → canary（カナリヤ）

cappa → cloak（そでなし外套）

cǎssītǐrǎ → custard（カスタード菓子）

chǎ → always（常に）

+
chǎ → cangue（首かせ）

chā → capstan（車地、巻ろくろ）

+
cha → tea（茶）

cha achinyé → tea man（茶商人）

cha agandi iyuru kutuba → epithet（あだ名）

cha áma kuma achishung → flirt（振り動かす）

chā baku → canister（（茶などを入れる）缶）

chǎ chǎ nayāmashī shung → worry（悩ませる）

chā īshi mutumïung → importune, importunate（せがむ、しつこい）

chā matchigeshung → blunderer（馬鹿な間違いをする人）

chǎ méï shuru fï → unquenchable（消されない）

chā mi utchishung → nictate（まばたきする）

chǎ miguyung → revolve（ぐるぐる回る）

chā saváng si → somehow（何とかして）

chā shé naráng → unquenchable（消されない）

cha shíbaï → incontinence（自制できない）

+
chǎshūbing → diabetes（糖尿病）

chá úkagati → inquisitorial（せんさく好き、厳しい）

chā utagayung → distrustful（疑い深い）

cha utagé chimu múttchóng → sceptical（懐疑的な）

chāchā → papa（パパ）

cha-dé → saucer（受皿）

chǎfi assi → quantity（量）

chǎfïng tarugakïung → aspire（（偉大なるものを）切望する・大志を抱く）

chága → how（いかが）

chága naïra fūnāshi → hazard（危険にさらす）

chaki → anon（即刻）

chāki → directly（ただちに）

chāki → forthwith（直ちに）

chāki → moment（瞬間）

chāki → presently（まもなく）

cháki → straightway（すぐに、早速）

chāki → swift（迅速な）

chāki chíshshtáng → outright（すぐさま）

chaku → guest（客）

cháku → visitor（訪問者）

cháku itcháyuru dzá → drawingroom（客間）

+
chákushing nérang → inhospitable（客扱いの悪い）

chaku ya → hotel（ホテル）

cháku yā → inn（宿屋）

   yū tuïmuchung→hospitable（手厚い、親切な）

cháku zá → parlor（応接間）

chákunu li → formality（儀礼）

+
chan tsūnu dé nyi → lieutenant general（将軍代理。陸軍中将）

chanda tashīnu anda → castor oil（ひまし油）

cháng káng naráng → irremediable（回復できない）

chánkuru → wager（賭け）

chanu gutushing naráng → nowise（どうしても～ない）

chǎnu hana → camelia（（植）つばき）

chānu kúdaki → tea siftings（茶のふるい粕）

charu imiyénu ága → signify（意味する）

   shiráng→unaccountably（説明できない）

cháshi → how（いかが）

chashíng → howsoever（如何に～でも）

chāshing aratamiráng → unalterable（不変の）

chāshing yurusang → unforgiving（許さない）

   yírarang→unatainable（得難い）

chāshung → extinguish（消す、絶やす）

chāshung → quench（消す）

chassa → how much, many（どれほど、いかほど）

chássaga → how much, many（どれほど、いかほど）

chchi → anvil（鉄床）

chǐ → blood（血）

chí → milk（乳）

chi bana → nettle（いらくさ属の植物）

chǐ bánǎ → prickly pear（サボテンの一種）

chī batsi → correction（訂正、罰、こらしめ）

chī batsi → punishment（罰）

chí bésa → rash-ly（せっかちな）

chi bukuru → udder（乳房）

chi chi gé → mad（狂った）

chi chi uki néng ftu → unyielding（不従順な）

chi chódé → foster brother（乳兄弟）

chi dji-nu túï → pheasant（（鳥）キジ）

chī djǔ → daring（大胆不敵な）

+
chidúku-nakutu → unique（独特の）

chī fikashung → volatilize（揮発させる）

+
chi fukushóng → subject（服従させる）

chí gukú → hell（地獄）

chí gutchi → nipple（乳くび）

chí gutchi → teat（乳首）

chi hánashung → wean（乳離れさす）

chí hatchung → hemorrhage（出血）

chi iri → favorite（お気に入り）

chí irí → paramour（愛人）

chī irī → pet（寵愛物）

chī ĭrī mung → darling（お気に入り）

chí íri mung → paramour（愛人）

chí irí mung → pat（ぴったり合った）

chī kudashi → bloody flux（赤痢）

+chi li kachuru fódjĭ → cosmography（天地学（天文・地理・
　　地学を含む））

+chilĭ shtchoru ftu → cosmographer（天地学者）
　dunu chi makashinyi shuru ftu→absolute（絶対的）

+chimí → zest（風味）

chī mŭrushĭ → clot（固まる）

chí múrushi → gore（凝固した血）

+chimyū na kutu → unique（独特の）

chī myūna mung → admirable（賞賛すべき）

+chī myūna mung → odd（変わった、奇妙な）

chí numachi sodatĭung → suckle（乳を飲ませる）

chí numashung → suckle（乳を飲ませる）

chi nunyuru vorabi bózā → nurseling（乳幼児）

chī nutóng → gory（血まみれの）

chī nyi makachi → wilful（故意の、気儘な）
　úttāti→wilful（故意の、気儘な）

chī shā guku → mansuria, mantchouria（満州）

chī shānu kūdjó → mantchou language（満州語）

chi shpuyuru mushi → blood-sucker（吸血動物）

chí sidji → vein（血管）

chī tu → princés feather（（植）ホナガアオゲイトウ）

chi túmiti numasang → wean（乳離れさす）

chí tumiung → stanch（止める）

+chī ushinatóng → dejected（落胆・しょげた）

chī uya → nurse（看護婦）

chi uya → wet nurse（乳母）

chī yó mung → spiritless（活気ない）

chĭung → hew（切り刻む）

chĭushīna → reputable（立派な）

chi-ang → nurse（看護婦）

chībă → canineteeth（犬歯、糸切り歯）

chibarashung → expedite（手早くかたづける）

chibayung → diligent（勤勉な）

chibayung → expedite（手早くかたづける）

chíbi → hilarity（愉快）

chibishī ftu → austere（謹厳・禁欲的な）

chibishi shó → serious（真剣な）

chíbishku → severe（厳しい）

chibishku ichéng → emphasis（強調、強さ）

chicheru kumaki → clippings（切りとった革（毛）、切抜き）

chīchi → prospect（景色）

chīchi → view（見ること）

chīchi → view（見ること）

chichi gani → bell（鐘）

chíchi inchaku náshung → dock ②（削る）

chíchi ku šachéng → piecemeal（粉々に）

chichi sang → discontinue（中止する）

chíchi ukĭung → mind ②（気を付ける）
　bákka→parricide（父親殺し）

chíchi yándĭung → misapprehend（誤解する）

chichiganinu nyiké → belfry（鐘楼）

chíchung → hear（聞く）

chickaranu néng → powerless（力のない）

chidamung → beast（けもの）

chidamung → brute（獣）

chidamung → quadrupedes（四つ足獣）

chidamunu → cattle（家畜）

chĭ-dékŭnyĭ → carrot（にんじん）

chĭdjăkŭ → brass（真ちゅう（鍮））

chidjakunu luï → bronze（青銅）

chídji → partridge（（動）ヤマウズラ）

chídji bótu → grouse（ライチョウ科の鳥）

chídjiri → oath（誓い）

chidjiru katchi → defence（守備）

chídji-shung → interdict（禁止する）

chidjuï karazi → ringlets（巻き毛）

chidjumagayung → shrink（縮む）

chidjumaï yassaru → contractible（収縮性のある）

chídjumati → flinch（たじろぐ）

chídjumayung → shrink（縮む）

chidjumayuru → sensitive（感じやすい）

chí-djū-mung → spirited（血気ある）

chidjurashung → frizzle（髪を縮らす）

chīfinu ka → cinnamon（肉桂皮。シナモン）

chīfĭnyĭ shtagayung → accomodate（適応させる）

chigarashung → contaminate（汚す）

chĭgărăshŭng → debauch（堕落させる・汚す）

chigari fħazikashimiung → deflour（凌辱する）

chígarí mung → nasty（ひどく不潔な）

chigarí mung → unclean（汚れもの）

chigari neng → clean（清潔な，汚れない）

chigari ukashung → ravish（強姦する）

chigarĭung → pollute, pollution（汚染する）

chigarĭung → profane（神を汚す）

chigarĭung → profane（神を汚す）

chigarinu tsidóng → foul（濁った・汚れた）

chigaritóng → dirty（不潔な）

chigaritong → filthy（汚れた）

chigaritóng → impure（不純、不潔な）

chigaritóng → tarnished（汚れた）

chigariung → defile（汚れる）

chigaruru kutó → profaneness（汚すこと）

chigayung → miss（ミスする）

chigayung → stray（迷う）

chígayung → swerve（はずれる）

chigémi → interchange（交換）

chikaku nati chung → approach（接近する）

chikara → force（力）

chikara → strength（力）

chikara avachishéng → conjointly（共同して）

chíkara finsū → powerless（力のない）

chíkara néng → incapable（能力、資格ない）

chíkara shae ussūyung → overwhelm（圧倒する、やっ
つける）

chikara sīyung → reinforce（補強する）

chikaranu ang → brawny（筋骨のたくましい）

chǐkáshung → rehearse（暗唱する）

chiké → oath（誓い）

chikē mussubiung → confederate（同盟（する））

chikéshi mutumǐung → conjure（祈願する、懇願する）

chikéshi sang → abjure（誓って止める）

⁺chikó → climate（気候）

chīku → tyro（初心者）

chīku mung → novice（初心者）

chikūna dógu → nice（よい）

chikūnǎ ftu → consummate（完成した、完全な）

chǐkǔnǔ hana → chrysantemum（（植）菊）

chíkūnyi shéng → neat（きちんと）

⁺chikvaï → conjuncture（局面、めぐりあわせ）

chíli kakatóng → hazy（霞かかった）

chimagé → mad（狂った）

chímatta → street（道）

chimbaku → flittergold（金箔の箱）

chímbáku → tinsel（金属糸）

chimbana → flittergold（金箔の箱）

chimbána → tinsel（金属糸）

chimbunshóti → personal（自分の、本人（直接）の）

chími vuganyung → homage（忠順）

chíminu kunyi → principality（君主国）

chíminu kuré → throne（王位）

chiminu úkamuri → diadem（王冠）

chū tskushúng → loyal（忠義の）
tstomī→liege duty（君侯の義務）

chiminyi sakǐung → defection（背信行為）

⁺chǐmp → authority（権威・権勢）

chimpa → ham（ひかがみ（膝の後ろ））

⁺chímpifúyung → sway（ゆすぶる）

chímping → neighbourhood（近隣）

chimu → feeling（感情）

chímu → heart（心）

chímu → liver（肝臓）

chímu → mind（心）

chimu → purport（主意、趣旨）

chímu → sense（意味）

chímu → signification（意味）

chimǔ achirāshang → warm-hearted（心優しい）

chimu achisharu → warm-hearted（心優しい）

chimu avatishta → flighty（浮ついた、突飛な）

chimu bé → sanguine（血気盛んな）

chimu bésa → heady（性急、激しい）

chímu fichagiung → exhilarate（陽気にする）

chimu fussagaï shimǐung → disconcert（当惑させる）

chímu gachi shung → impatient（短気な、性急な）

chimu gakaï → scruples（呵責）

chimu gakaï-shong → memorable（記憶すべき）

chimu gakaï-shóng → misgiving（疑念、不安）

chimu gakaïshóng → suspense（宙ぶらりん）

chimu gakaïshong → anxious（心配な）

chimu gussamitchi shta mung → fidgetty（落ちつかない・
いらいら）

chimu iti → thoughtful（思慮深い）

chimu kǔssamitchi-shung → displeasure（不機嫌）

chimu kussari mung → blunderer（馬鹿な間違いをする人）

chimu nakae tumitóng → remember（思い出す）

chimu neng → apathy（無感動）

chímu savagashī mung → turbulent（荒狂う）

chimu tātsi → double-meaning（二重の意味）

chimu tātsi → equivocal（両義にとれる、多様性の）

chimu tātsí neng kutuba → unequivocal（紛らわしくな
い、はっきりした）

chimu taturuchishóng → fret（いらいら（やきもき）する）

chimu taturúchishong → fretful（腹立ちやすい）

chímu tītsí → unanimous（満場一致）

chímu tuǐ munuǐshi → insinuating（思わせ振りの、意味
ありげな）

chimu turibaïshóng → listless（大儀そう、物憂げな）

chimu ukabi-shóng → fancy（空想する）

chímu ushashīmǐung → gladden（喜ばす）

chimu ushshaku neng → disagreeable（不愉快）

chimu utagayung → demur（異議を唱える）

chimu utagéshung → demur（異議を唱える）

chimu uttagé-shóng → misgiving（疑念、不安）

chímu varǐung → unbosom（打ち明ける）

chimu vásha vásha → flurry（騒動、混乱）

chimu vorabirāshang → puerile（子供の）

chimu yadóng → grieve（悲しむ）

chímu yafarashī ftu → mild（温和な）

chimu yafarassasi → gentleness（優しさ）

chímu yassundjiráng → uneasy（落ち着かない）

chimu zikěshong → apprehensive（気づかう）

chimugakaishóng → solicitous（案じる、気をもむ）

chimugufaï-shong → difference（相違）

chimugurisha → compassion（あわれみ、同情）

chimugurishashung → commiserate（哀れむ、同情する）

chimunu ǎssǎng → apathy（無感動）

chímunu áttatóng → suit（一致する）

chímunu fírussang → generous（寛大な）

chimunu kfatósi → difference（相違）

chí-munu nítsinu ang → hepatitis（肝臓炎）

chimunyi fushaku néng → disinclination（嫌気）

chimunyi kakatóng → suspense（宙ぶらりん）

chimunyi kanatóng → nice（よい）

chimunyi mǔung → figure（形どる）

chimunyi umuyung → imagine（想像する）

chimyé → sense（意味）

⁺chi myuna → superb（極上の）

chimyūna shina → museum（博物館）

chin dé → desk（机）

⁺chíndjin → virtuous（徳ある）

chín⁺ djin → worthies（賢者）

⁺chíndju → orion's belt（オリオン座の三つ星）

chin kunshuru kunyi → tributary（みつぎを納める）

chín nóyung → sew（縫う）

chin⁺ sha → worthies（賢者）

⁺chínshi → saturn（土星）

⁺chínshtsi. → lyre（たて琴）

chīn⁺ shu → calendar（暦）

chin sídjinu fíri → gold-lace（金モール）

chintsae⁺ → commissioner（委員、理事）

chín-baku → gold-leaf（金箔）

chin-biri → gold-lace（金モール）

chíndji → negative（拒否）

chíndji → prohibition（禁止）

chíndjǔng → prohibit（禁ずる）

chindjīshung → forbid（禁じる）

⁺chíndjïun → forbid（禁じる）

chindjiung → abstain（差し控える）

chǐndjǐ-ung → debar（禁じる）

⁺chíndjū → pearl（真珠）

chíndju⁺nugutoru ké → mother of pearl（真珠貝）

chiné → house（家）

chiné → indoor（屋内、室内の）

ching → apparel（衣装）

ching → catty（カティー（中国の重量単位））

ching → clothes（着物）

ching → dress（服装）

chíng → garment（衣服）

⁺ching → gold（金）

ching → habiliment（装具、衣装）

ching → raiment（衣服）

chíng⁺ akassang → orange colour（オレンジ色の）

chíng arayá → washerman（洗濯夫）

chíng arénu ftu → washerman（洗濯夫）

ching chīuru fodji → costume（服装、身なり）

chíng hazǐung → unclothe（着物をぬぐ）

chíng házǐung → undress（脱ぐ）

ching hazǐung → divest（脱がせる）

ching irïä → bureau（たんす）

ching kū shung → darn（かがる・繕う）

ching shíbuyung → wring（絞る）

chíng ukǐung → gild（金めっきする）

chíng yurumǐung → unrobe（脱がせる）

chín⁺gunyi ang → firm（堅固な）

chin-kva → gourd（ウリ科果実（まくわうりなど））

chín⁺kwǎshung → quarrel（けんかする）

chinnó vadjadóng → rumple（しわくちゃにする）

chinnó vadjadóng → rumple（しわくちゃにする）

chinnu kaku gani → buckle（締め金具）

chinnu ké-u → buckle（締め金具）

chínnu shī-yó → garb（特徴を表す衣装、身なり、外見）

chínnu sússu → hem（へり、縁）

chínnu tama hanshung → unbutton（ボタンを外す）

chinnu úra → doublet（甲冑の下に着る下着）

chínsha → virtuous（徳ある）

chinū → yesterday（昨日）

chínu chūssang → spirited（血気ある）

chínu kfatóng → gore（凝固した血）

chīnu kfayung → clot（固まる）

chinu kutchi → nipple（乳くび）

chīnu kutchi → teat（乳首）

chinu mitchi → vein（血管）

chinu ndjïung → bleed（出血する）

chínu ndjuchóng → lively（活発、元気な）

chínu sidji → gold thread（黄蓮、金糸）

chīnu tudukūtong → congestion（充血、うっ血）

chínu tudukutóng → numb（しびれた、麻痺）

úgutcha mung→lively（活発、元気な）

chínyaku → frugal（倹約した）

chínyaku → illiberal（狭量、けちな）

chinyaku-nu ang → economy（倹約）

chinyakushung → husband（節約する、とっておく）

chínyaku-shung → penurious（ひどくけちな）

chínyákushung → retrench（削減する）

chinyakushung → sparing（控えがちの）

chinyé → census（人口調査）

chinyé → family（家族）

chinyi → congenial（気性の合った、適した）

chinyi kanatóng → comfortable（気持ちよい、気楽な）

chīnyi nuti → avail（活用する）

chinyū → yesterday（昨日）

chípang → orangecandied（菓子みかん）

chira chirashung → scintillate（きらめく）

chirachirashung → sparkling（きらめく）

chiramitchung → flash（閃光）

chiramitchung → flash（閃光）

chiramitchung → scintillate（きらめく）

chírashung → disband（隊を解散する）

chirashung → disperse（散らす）

chirashuru kussuï → solventia（溶剤）

chirātóng → averse（嫌って）

chirayung → abstain（差し控える）

chirayung → refrain（控える、慎む）

chirayung → shun（避ける）

chiré mitching shiráng → impudent（恥知らず、厚かまし）

chiré mung → indecent（不作法）

chiré mung shung → regimen（摂生）

chiri → articles（箇条）

chiri → dust（ちり、ほこり）

chíri → fog（霧）

chíri → part（部分）

chiri → rag（布くず）

chĭrĭ → splinter（破片、切れ端）

chíri → stipulations（条項）

chíri → vapor（蒸気）

chiri akïung → rive（割る）

chĭrĭ bira → chives（（植）エゾネギ）

chíri chizanyung → mince（切り刻む）

chĭrĭ djĭri sĭ → cricket（こおろぎ）

chiri fukúï → dust（ちり、ほこり）

chíri ˈfukúï → rubbish（塵、廃棄物）

chíri gussuï → solventia（溶剤）

chíri hóyung → fritter（ちびちび消費する）

chíri hóyung → strew（撒き散らす）

chiri kakatóng → foggy（霧がかった）

chiri kakitóng → mist（霞、靄）

chíri kúnyung → veneer（張り合わせる）

chíri múdji → macaroni（マカロニ）

chíri ˈnchung → inlay（はめ込む、象眼する）

chiri nukŭï → clippings（切りとった革（毛）、切抜き）

chiri sachúng → dissect（切り裂く）

chiri sakashung → amputate（手術で切断する）

chiri sandjiung → disseminate（ばらまく）

chíri sundjïung → mangle（ズタズタに切る）

chíri ˈtama → grapeshot（葡萄弾（散弾））

chiri vakashung → amputate（手術で切断する）

chiri vakashung → dissect（切り裂く）

chiri vakashung → dissever（分離する）

chíri yandïung → mangle（ズタズタに切る）

chĭri yŭmi → cross bow（中世のいし弓）

chirïung → strew（撒き散らす）

chirīnyi ang → clean（清潔な、汚れない）

chiritong → asunder（離れて）

chiri-túï → dustbasket（ちりとり）

chīru → yellow（黄色）

chīruĭŭ → gold-fish（金魚）

chīru kŭrá → finch（（鳥）目白）

chīru yanadjinu ki → box ③（つげの木）
　　kwīkutchi→mouthpiece（くわえ口）

chishshïung → fix（固定させる）

chishshté néng → uncertain（未定の）

chishshti → certain（確実な、一定の）

chishshti → certainly（確実な、間違いない）

chĭshshti → decidedly（決定的・きっぱり）

chíshshtĭ → positive（絶対的）

chíshti → indeed（全く、確かに）

chita → north（北）

chitánshung → hemorrhage（出血）

chitayung → arrive（到着する）

chittanu ūbi → tropic（回帰線）

chíttu → enforce（強要する）

chíttu datchung → zealous（熱心な）

chittu shimïung → impel（駆り立てる、押しやる）

chittu sodanshung → expostulate（説諭する）

chittu tāzonĭung → investigate（詳細に調査、研究する）

chĭtu → cockscomb（（植）ケイトウ）

chītŭ → coxcomb（鶏頭、伊達男）

chítu datchā → headlong（向こう見ず）

chitumi → tourniquet（止血器）

ching chĭŭng → clad（着物を着た）

ching chïung → clothe（着せる）

chĭŭng → cut（切る）

chïung → fell（切り倒す）

chíung → moulder（崩れる、朽ちる）

chiŭng → wear（着る）

chĭŭrŭ ishi → emery（金剛砂）

chiushī chi → ether（エーテル、天空）

chiúshkaráng → unclean（汚れもの）

chĭushku → clear（明るい、澄み渡った、純粋）

chiutaï → envoy（使節）

chíva → edge（刃、端）

chíva → interstice（小隙間、裂け目）

chivamarang → ceaseless（絶え間ない）

chivamari nashi → infinite（無限の）

chivami → determination（決定、決心）

chivami chūsaru → peremptory（独断、専横的）

chivami kudóti yung → avouch（公言する）

chivamiti → assuredly（断固自信を持って・確かに）

chĭvămĭtĭ → decidedly（決定的・きっぱり）

chivamiti → definitively（明確・決定的）

chivamiti → truly（真に）

chivamiti tuchung → elucidate（明瞭にする）

chivamiung → determine（定める）

chīya chīya → improve（良くなる、改善）

chizami → shred（断片、裂き）

chizami → shred（断片、裂き）

chizami kussuǐ → rasp（2）

chizanyung → chop（ぶち切る）

chizanyung → hack（叩き切る）

chizanyung → hash（刻む）

chizanyung → mince（切り刻む）

chizanyuru séku → engraver（彫刻家）

chízashi → germ（菌、芽、初期）

chízashi → indication, indicate（指示、徴候）

chizashi → offset（分枝）

chízashi → omen（前兆）

chízashi → prognostic（兆し）

chizashi → sign（しるし）

chizashi ndjiung → vegetate（生長する、芽を出す）

chizashinu mītóng → presage（前兆、前もって知らせる）

chízashi-shung → hint（ヒントを与える）

chízashi-shung → hint（ヒントを与える）

chizashung → granulations（肉芽形成（病））

chizashusi → concision（切断、簡潔）

chizatchóng → germinate（発芽する）

chízi → failing（失敗）

chízi → wound（傷、怪我）

chízi tstchung → maim（不具、かたわにする）

chízinu → gash（大傷（つける））

chízinu nerang → matchless（無比、無類の）

chka mī → near-sighted（近眼の）

chka véka → affinity（姻戚）

chka véka → akin（同類）

chkágŭrŭ → lately, latterly（最近）

chkágŭrŭ → latterly（最近）

chkaku tatchoru → by stander（傍観者）

chkakunyi ang → beside（〜の側に）

chkáng → disobey（従わない）

chkassang → near（近い）

chkata → ground（地）

chkáta → land（陸、土地）

chkáta → landscape（眺め、見張らせる範囲）

chkata → possession（所有）

chkata → regions（地域）

chkata → territory（地域）

chkáta fakáyuru 'hó → geometry（幾何学）

chkata fakayuru kwan → surveyor（測量官）

chkáta gatchi tskī → topography（地勢（図））

chkata gva → plat（小地面）

chkata hakayuru nā → land measure（測量）

yáturashuru mung→lessor（賃貸人、地主）

chkata nūshi → landlord（地主、家主）

kanegakaïshi→lessee（賃借人）

chkatanu djónó → groundrent（地代）

chkatanu firussang → ample（広々とした）

chkatanu kami → tutelar（守護）

katchi tumi chó→topography（地勢（図））

chkatanu mamúǐ búsá → lares（家庭の守護神）

chkatanu mamúǐ kami → tutelar（守護）

chkatanu tsībŭ → acre（エーカー（広さの単位））

chkatanu zi → atlas（地図（帳））

chkazichung → approach（接近する）

chke → covenant（約束、誓約）

chḱéshung → swear（誓う）

chḱóshónu gutóng → beastly（獣のような）

chku bitchi → audible（聞こえる）

chku shó munu → brat（小僧、がき）

chku shóng → brutish（畜生のような）

chkunmatatstchóng → recruit（回復する）

chkung → constitution（体格、気質）

chḱúshi → envoy（使節）

chkushóna munu → brute（獣）

chó → bible（聖書）

chó → classics（古典、最高水準の）

chó → dynasty（王朝）

chó → million（百萬）

chó → scriptures（経典）

chó aku → merciless（慈悲のない）

chó chínshung → fealty（忠誠）

chó dji → anana（パイナップル）

chó dji → unlucky（不運な）

chó fŭ → gale（突風）

chó fuku → pall（祭服、棺衣）

chó kwanshun → fealty（忠誠）

chó shung → rose（（植）バラ）

chó shunu hana → rose（（植）バラ）

chóchin → levee（謁見式）

chó chkutó → oleander（（植）夾竹桃）

chódénu chā → brethren（兄弟たち）

chódénu gutong → brotherly（兄弟のように）

chódénu gutóng → fraternal（兄弟の・友愛の）

chŏdji → cloves（（植）チョウジの木）

chófaï → audience（拝謁）

chófuku → robe（衣装）

chógin shung → dally（ふざける、戯れる）

chóging → antic（ふざけ・戯れ）

chógīng → burlesque（茶番狂言）

chóging → comical（滑稽、おどけた）

chógíng munuǐ → witticism（洒落、警句）

chó-namung → fell ②（残忍な）

chóng → proceed（発する）

ch́opé → sign-board （掲示板）

ch́shánna → lettuce （レタス、チシャ）

ch́shin shung → consecrate （神聖にする、捧げる）

ch́shǔ̈ung → cancel （取り消す、無効にする）

chtsisang → flavoured （風味のある）

chtsiyī kaza → flavoured （風味のある）

chū → commentary （注釈）

chū → fellowman （仲間、同胞）

chū → hilarity （愉快）

chú → man （人）

chu → person （人）

　azamútchuru→libel （中傷、誹毀、する）

chu bung → portion （部分）

chǔ bǔnǔ dé → average （平均）

chu bǔtchi → blow （打つ）

chu chíri → paragraph （節、段落）

chu chiri → section （章）

chu chíri → slice （薄片）

chǔ damashā → imposter （ペテン師）

chu dan → item （項目、細目）

chu dán → paragraph （節、段落）

chudjī → letter （文字）

chū djitsina ftu → faithful （忠実な）

chū djitsinyi neng → faithless （不実な）

chu f → ear ② （穂）

chu fánashi → sentence （文）

chu fǎnshǐ → comedy （（一篇の）喜劇）

chu fichaï → gleam, glimps （輝き、閃光）

chu fídji → flake （薄片・一片）

chu fsha → pace （一歩）

chu fsha → step （ステップ）

chǔ fūdunu djī tsirudji → isthmus （地境）

chu fūssǎ → bouquet （花束）

chu fǔssǎ → cluster （房）

chu fútchi futchúng → whiff （一吹き）

chu gó → link （輪）

chu gu → guild （組合、ギルド）

chu gū → pair （対）

chu gu → phrase （句）

chǔ gǔkǔ → china （中国）

chu gutu iyung → tattle （告げ口する）

chu guzumúï-shóng → herd （獣群）

chu guzumúï-shung → throng （雑踏）

chu gva → pigmy （小人族）

chu ȟanarinu tukuru → unfrequented （人通りの少ない）

chu īchǐ ndjashung → expiration （呼気）

chu īchinu kazi → blast （突風）

chu ǐchinu yé → breathing time （息つくひま）

chǔ ītchi-shung → inspiration （吸気）

chu kaki → flake （薄片・一片）

chu kaki → piece （かけら）

chu kanashashusi → kindness （親切）

chu kanashashusi → philanthropy （博愛）

chu kanashimi → charity （博愛、慈善）

chu kannu dushi → chum （同室の友）

chu kannu dushi → colleague （同僚）

chu karúndjǐung → irreverence （不敬、軽視）

chu kassabi → layer （層）

chǔ kassabi → strata （層。）

chu kássabi → tier （段、列、層）

chǔ kassabinu chíng → suit （着物のひとそろい）

chu kata mīshóng → one-sided （一方的）

chu kazi → gust （突風）

chu kén → once （一回、かつて）

chu kén núnyǔrǔ ússa → draught （一飲み量）

chu kitanu tsina → skain （かせ（糸束））

chu kittá → hank （糸かせ）

chu kúkumui → mouthful （口一杯の、一口の）

chu kukúng → morsel （ひとかじり）

chu kúmi → league （同盟、仲間）

chu kúmí → society （組、クラブ）

chu kuminu fúni → fleet （艦隊）

chu kuminu funi → squadron （艦隊、中隊）

chu kuminu tskane mung → drove （群れ）

chu kuminu 'hó → corps （軍団、兵団）

chu kǔndji → bunch （房、束）

chǔ kurushā nussudu → cut-throat （人殺し）

chu kutchi → morsel （ひとかじり）

chu kútchi → mouthful （口一杯の、一口の）

chu kutchinu mízzi → draught （一飲み量）

chu kutsi → member （体の一器官、手足）

chu kutúba → sentence （文）

chǔ kvāyā → canibal （人食い人種）

chu kvayung → dupe （間抜け）

chu lí faï → week （週）

chu li faï gutu → weekly （一週毎）

chū lǐnǔ → hackneyed （陳腐、平凡な）

chu maduvashuru ukune → sleight （策略）

chu maruchi → lump （塊）

chu mazíng → pile （積み重ね）

chu múrushi → gang （群れ、グループ）

chu múrushi → group （グループ）

chu murushi → loaf （パンなどのかたまり）

chu murushinu djúba → herd （獣群）

chu murushinu fhó → regiment （連隊）

chu nami → ranks （列、並び）

chu nami → ranks （列、並び）

chu narabi → row （列）

chu nayamashuru chimu → dudgeon （立腹、憤慨）

chu nayamashuru ftu → snappish （がみがみ言う）

chū ndjtóng → humour（機嫌）

chu ndzosaru → benign（優しい）

chu nízi → pang（激痛）

chǔ nudjā → deceivor（詐欺師）

chu nudjā → defrauder（詐取者）

chu nudjā → imposer（ペテン師）

chǔ nudjā → scoundrel（無頼漢）

chu núdji tuyúng → swindle（騙し取る）

chu núdjuru ukuné → sleight（策略）

chu nyī → load（積荷）

chu sági → limb（手足）

chu saki → slit（長い裂け目）

chu sídji → item（項目、細目）

chǔ sikáshung → seduce（誘惑する）

chu skunayā → mischievous（害ある）

chu skuné zichí → mischievous（害ある）

chu skuyuru → charitable（慈善深い、寛大な）

chu sunénu 'ho → batallion（陣容を整えた軍隊）

chu sushī gatchi-shung → libel（中傷、誹毀、する）

chu súshïung → obloquy（不名誉）

chǔ sushī-gatchi-shung → lampoon（風刺、あざける）

chu tabai → sheaf（一束）

chu taï → drop（しずく）

chu taï chu taï íriung → instill（点滴する、徐々に染み込ませる）

chu tinda → flap（平手打ち）

chu tínda → stroke（打つこと）

chu tínda áttïung → thump（強打）

chǔ tǐnda attïung → box ②（こぶしや平手で打つ）

chu tseï → step（ステップ）

chu tsirinu mma nuyā → cavalcade（乗馬隊、騎馬行列）

chú tsirudji natóng → evenly（平らに）

chu tsitsín → parcel（小包み）

chu tśka → sheaf（一束）

chu tskami → handful（手一杯）

chu tskang → handful（手一杯）

chu tskáng → manipulus（一掴み。一握り。）

chǔ tskáng → pugil（ひとつまみ（の量））

chu tski → dot（小点）

chu tski → jot（微量）

chǔ tǔchǐ → a（ひとつ）

chūtǔchūng → comment（注釈する）

chu tǔïnu íshó → suit（着物のひとそろい）

chu tūïnu kazi → gust（突風）

chu túïnu kízaï → flight（階段）

chu tukurunu → lot（ひとまとまり）

chǔ tǔshi → coetaneous（同年齢）

chǔ ūssinu kúku → grist（製粉用の穀物）

chu uta → melody（旋律）

chǔ útchi → throw（投げること）

chu utski → jot（微量）

chu utushuru chímu → uncharitable（無慈悲な）

chu utushuru chímu → uncharitable（無慈悲な）

chu varāshuru fūdji → tawdry（けばけばしい、いやにはでな）

chu wībinu achi → finger's thick（指の厚さ）

chu yami → pang（激痛）

chǔ yé ang → sympathize（同情する）

chǔ yé neng mung → uncordial（愛想のない）

chú yúrukubáshuru mung → genial（優しい、快適な）

chū zaki → alcohol（アルコール、酒精）

chū zǐ → lentil（ヒラマメ）

chūbu → apoplexy（卒中）

chūbǔ → palsy（中風）

chūchan báttikashung → explode（爆発する）

chūcháng → sudden，-ly（突然、突然に）

chūchi → palsy（中風）

chúdjī → particles（接辞）

chǔfārā → bellyfull（腹一杯）

chufara kanyung → glut（大食する、塞ぐ）

chufāra kanyung → surfeit（飽食する）

chufāra naráng → insatiable（飽くことを知らない）

chufara sang → insatiable（飽くことを知らない）

chufārashóng → satiated（満腹した）

chuffa ra kanyung → cloy（御馳走などでうんざりさせる）

chugukunu ftu → chinaman（中国人）

chúgǔtǔ ïyá → telltale（告げ口屋）

chú-gva → dwarf（小人）

chuï simayuru dūyǎ → cell（独房）

chūï mung〈長音の2つ〉→ manful，-ly（男らしい、決然たる）

chúï-mung → lonely（孤独、寂しい）

chuïng uráng → nobody（だれも～ない）

chúïng urang → none（だれも～ない）

chuïnyi → solely（単に、一重に）

chūkanu fǐ → spout（噴出口）

chūku → fast（しっかりした）

chūku shung → fasten（しめる）

chūku tazonïung → investigate（詳細に調査、研究する）

chūku yuzeshung → expostulate（説諭する）

chǔ-kvé-bǐrā → bug（昆虫（かぶと虫・南京虫など））

chū-miténg → tense（緊張した）

chūmung → keen（鋭い）

chūna ftu → middle-aged（中年の）

chūndjǐ → chess（（チェス）西洋将棋）

chǔng → come（來る）

chung urang → nobody（だれも～ない）

chūnu assi → fidelity（忠誠・忠節）

chunu atsimaï → congregation（集会）

chúnu atté nérang → unperceived（気付かれずに）

nussudi dūnutskotándi icháng→plagiarism（盗作）

chunu cha → men（人々）

chunu chi numibusha → blood-thirsty（血に飢えている）

chunu chīnyi sakati → despiteful（意地の悪い）

chúnu kata → effigy（肖像）

chunu kizi ïyá → telltale（告げ口屋）

chúnu kutu kamuï zích-shóng → meddlesome（お節介な、干渉好きな）

chunu na chigarashung → obloquy（不名誉）

chunu ná chigarashung → stigmatize（汚名を着せる）

chunu nutchi tŭyuru mung → deadly（致命的な）

chúnu simé bichí → inhabitable（人が住める）

chunu tsíbi shpuyung → hanger on（取り巻き、付きまとう）

chŭnu tsimi ágănăyung → propitiate（なだめる）

chúnu uffóku ikáng túkuru → unfrequented（人通りの少ない）

chŭnŭ urī urīrang → unfeeling（冷淡な）

chúnu wúï bichí → inhabitable（人が住める）

chunu yūdju saguyuru mung → busy-body（おせっかいな人）

chūnu zī kacha → face painter（似顔絵師）

chŭ-nŭdji-mŭng → deceivor（詐欺師）

chūnyi ang → urgent（緊急の、迫った）

chūnyi ïnnayó → confidentially（内々に、打ち明けて）

chūnyi issugavashku → cogently（なるほどと思わせるように）

chunyi kakīru suï → poll-tax（人頭税）

chūnyi sheng → hastily（急いで）

chura → beauteous（麗しい）

chúra → handsome（ハンサム）

chúra gvéïshong → embonpoint（肥満）

chura nké → double-dealer（二心のある者）

chura shó zuku → robe（衣装）

chura só → fair ①（美しい）

chura tsira → fair ①（美しい）

chúragassa → small pox（天然痘）

chúragassā fúchi 'nchung → inoculate（予防接種する）

churassang → beautiful（美しい）

churassang → comely（美しい）

chúrassang → handsome（ハンサム）

churassaru kāgi → comeliness（みめのよさ）

churassassi → comeliness（みめのよさ）

chūsa ikayung → rage（憤怒）

chūsang → keen（鋭い）

chūsang → strong（強い）

chū-shtchina mung → refractory（手に負えない、頑固な）

chūtóna mung → homely（ありふれた、通俗の）

chūtóng → muscular（筋肉質の、強い）

chúttu → fortuitous（偶発的、偶然の）

chúttunu ami → shower（にわか雨）

chúttunu útu → twang（ビーンと鳴る音（弓など））

chuttunyi ami kazinu úkuyung → squal（突風、スコール）

chúttunyi dugeti → fit（発作・ひきつけ）

chúttunnyi ndjíti tátakayung → sally（出撃する）

chúttunyi udurucháng → panic（恐慌状態）

chúttunyi udurukashung → surprise（驚かす）

chútu míttanyi kfankéshung → harsh（酷な）

chūzi daré → wash-basin（洗面器）

chūzi daré kakī → wash-stand（洗面用具台）

D

daïmung → idiot（馬鹿、間抜け）

dăkī → bamboo（竹）

daki butchi → cane（杖、むち）

daki chiri → slats（細長い薄板）

daki gatchi → wattle（網枝）

daki gūshang → walking stick（歩行の杖）

dáki ūbi → hoop（輪、たが）

dakinu vari → splints（へぎ板）

dakinu yúyu → internodes（節間）

dakósang → restless（落ち着かない）

daku kī → oak（かしの木）

daku ra → camel（ラクダ）

dakumishéng → cunning（こうかつ、ずるさ）

dălĭ → dad（父ちゃん）

dămakăchi fĭchi sóyung → decoy（誘惑する）

dămăkăshŭrŭ → deceitful（虚偽の）

damashung → beguile（だます）

damashung → cheat（だます）

dămashung → deceive（騙す）

dămăshŭrŭ → deceitful（虚偽の）

dan → degree（度・品）

dán → platform（檀、台）

dán → terrace（段、台地）

dán naráng → incredible（信じられない）

dándjamata ftu → stately（堂々たる）

dándjamatong → earnest（まじめな）

dandjamatósi → gravity（重々しさ、威厳）

dāni kuku → denmark（デンマーク）

daritong → jaded（疲れた、飽きた）

daritósi → fatigue（疲労）

dásha → woolen（毛の）

dasha shidashuru → calenderer（（毛織りの）つや出しをする）

dasha sĭŭrŭ ishi → calendering stone（つや出しの石）

dăshĭ → savour. -y（風味）

dáshi → taste（味）

datchi → palisades（柵、くい、岩壁）

datchung → dandle（揺すってあやす）

datchung → embrace（抱きしめる）

daténa mung → big（大きい）

dáténa mung → huge（巨大な）

dáténa mung → large（大きな）

daténu abikvé-shung → hubbub（群衆のガヤガヤ、騒動）

dáti átchung → lag（のろのろする、衰える）

datóng → infirm（虚弱な）

datsi → otter（（動）カワウソ）

dǎyā → cripple（不具者、いざり、ちんば）

dé → cost（値段、代価）

dé → generation -s（世代）

dé → platform（檀、台）

dé → price（値段）

dé → stall（陳列台（商品の））

dé → table（卓、机）

dé → tray（盆）

dé → undersell（安く売る）

dé → worth（値）

dé dátishung → estimate（見積る）

dé dju fatchi → eighteenth（18番）

dé djǔ gǔ → fifteenth（第十五）

dé fatchi → eighth（8番）

dé fuku → richard（金持ち？）

dé gǔ → fifth（第五）

dé gǔ djǔ → fiftieth（第五十）

dé gǔ djǔ → fiftieth（第五十）

dé itchi → first（最初の）

dé ítchi → prime（最も重要な）

dé kū → ninth（9番目の）

de kukunutsi → ninth（9番目の）

dé nanatsinu ftu → seventh（第七）

dé nubishung → credit（信用、面目）

de nyi → dupplicate（副の）

dé nyi → next（次の）

de nyí → second（第二の）

　kóyuru ftu→bidder（入札者。値を付ける人）

dé shi djú → fortieth（第四十）

dé takassang → expensive（高価な）

dé takassaru mung → costly（高価な）

dé tanna mung → bold（大胆な）

dé ushagīru ftu → bidder（入札者。値を付ける人）

dé yassa → cheap（安い）

dé zikí narang → invaluable（評価不可のほど貴重な）

dé zikíng naráng → inestimable（評価出来ない、貴重な）

dé bin shuru yī → close-stool（室内用便器）

dé bin-djó → closet（物置き、便所）

dédji dému → dangerous（危険な）

dé-djírishung → bargain（取り引きする）

dédjǔ → kitchen（台所）

dé-fītsi shuru ftu → amanuensis（筆記者・書記）

dēn kunyi → dane mark，denmark（デンマーク）

dén vakaráng → priceless（値の付けられない）

déng shiraráng → inestimable（評価出來ない、貴重な）

déng shirarắng takara mung → invaluable（評価不可のほど貴重な）

dénu shtchi nǔnǔ → table cloth（食卓掛け）

dénu tákassang → sumptous（高価な）

　gatinó sang→unconscionable（非良心的）

dénu tǎkǎssǎrǔ → dear（高価な）

dénu tǎkǎssǎssǐ → costliness（高価）

dényi shtchuru nǔnǔ → table cloth（食卓掛け）

détamung → fabulous（信じがたい、伝説的）

détǎnǔ mung → courageous（勇気、度胸ある）

dewó → rhubarb（（植）大黄）

dézikín naráng → priceless（値の付けられない）

dī → rite（儀式）

dīdjinu ang → urbane（上品な、優雅な）

dīdje shirang → impolite（無礼な）

dīdji → politeness（礼儀）

dīdji → propriety（上品）

dīdji aru mung → polite（礼儀正しい）

dīdji kani vatashung → remunerate（報いる）

dǐdjǐ sǎfǔnu yutashang → courteous（礼儀正しい、丁重な）

dīdji safunu yutashǎssi → courtesy（礼儀、いんぎん）

dīdji shtchôru ftu → polite（礼儀正しい）

dīdji tskussang → impolite（無礼な）

dīdjǐ ǔfǔssǎng → ceremonious（儀式ばった、礼儀正しい）

dīdji vastóng → saucy（不作法、図々しい）

dīdjinu íshi bya → salute（敬礼）

dīdjinyi attatóng → mannerly（作法を弁えた）

dīdjinyi chigatong → uncourteous（無作法な）

dīdjǐsǎfū → behaviour（立ち振舞い）

dīdjǐshǐ chǔ firayung → courteous（礼儀正しい、丁重な）

dikiung → succeed（成功する）

díndju → tradition（言伝え）

ding → hall（ホール）

díshi → disciple（弟子）

dishi gamī → pastor（牧師）

djā → serpent（蛇）

djá → snake（蛇）

djá chi → fumes（煙霧）

djá chí → miasma（毒気、邪気）

djā djā náchi shung → whine（哀れぽい泣き方をする）

djā djā tákǐung → whine（哀れぽい泣き方をする）

dja djutsi → delusion（惑わし）

dja ínnu kutu → obscene（わいせつ）

djǎ lǐū → dragon（龍）

djakó → musk（じゃこう）

djǎkǔ → against（反対して）

djáku fū → headwind（向かい風）

djákuna ftu → seditious （煽動的）

djakuna mung → rebel （反逆者）

djakunyi sumutchoru ftu → rebel （反逆者）

djáku-ru → pomegranate （（植）ざくろ）

djī → character （文字、特性、名声、身分）

djī → earth （地球、大地）

djī → ground （地）

djí → justice （正義、公正、妥当）

djí → land （陸、土地）

djī → letter （文字）

djī → righteousness （正義）

dji aï → merciful （慈悲、情け深い）

djī aru → righteous （正義の、公正な）

djī átsimi → vocabulary （字引、語彙）

djí buku → pedestal （台座、柱脚）

djí bung shi stchi → freely （自由・気儘に）

djí datsi → lowest （最低の）

djí datsinu ftu → vulgar （俗）

djī djimu → literal （字義的）

dji djīng → sarse （サラセン？）

dji djīrĭ → comma （句読点、コンマ）

dji djíri → interpunction （句読点）

dji djutsi → mechanics （手法）

djī dū → vitriol （硫酸、礬類）

djí fi neng → merciless （慈悲のない）

djī fíchi → vocabulary （字引、語彙）

djí fina mung → merciful （慈悲、情け深い）

djī fíchi → lexicon （字引）

dji fuyúng → engrave （彫刻する）

dji fuyuru ita → blocks （版木）

djī gani → ore （鉱石）

djí gukú → hell （地獄）

dji gukunyi yutóng → infernal （地獄の如き）

djí kadjing chkang → unprincipled（道理をわきまえない）

djí kara sunchúng → trail （引きずる）

djī katchā → scribe （筆記者）

dji katchā → secretary （秘書官）

djí kuré → lowest （最低の）

djí kva íshanu sīgu → lancet （ランセット、披針）

dji kva-nu 'hó → chirurgery （外科医術）

djī kvéshung → fertilize （肥沃にする）

djí kwa ísha → surgeon （外科医者）

djīlú ndji → etymology （語源学）

dji mămă → disorderly behaviour （治安を乱す）

dji mamanu ftu → presumptous （ずうずうしい）

dji mushīng → carpets （じゅうたん、毛氈）

djī naru → righteous （正義の、公正な）

dji shū → nitre （硝酸カリウム、硝石）

djí shū → salpeter （硝石）

djī tsirudji gva → isthmus （地境）

dji tuku sáng → diffident （自信がない）

djī utushung → erase （消す、削除する）

djī yamé → piles （痔疾）

djibita mung → canaille （最下層の民衆）

dji-buku → foundation （基礎・土台）

djibúnnu gatchi → memoir （回顧録）

djibunó fésan → beforetime （以前は、時刻の前）

dji djinu ftu → compatriote （同国人、同胞）

djídjishi fákararáng mung → immesurable （測定不可、際限ない）

djifa → hair-ornamental （髪飾り）

djifi unchinyi kakayuru ftu → casuist （懐疑論者）

djí-fīchi → dictionary （辞書）

djifina → base （野卑な）

djí fina ftu → kind （親切な）

djí finu kukuru → humane （人間味ある、慈悲ある）

djígana → alphabet （アルファベット）

dji-gé shang → suicide （自殺）

djígukunyi nyichóng → hellish （地獄のような）

djīkatchā → chirographer （書家）

djĭkŭ → axis, axle （車軸）

djiku → drinker （酒のみ）

djíku → hinge （蝶番）

djíku → pivot （軸）

djíku kara nugĭung → unhinge （ちょうづかいから外す）

djiku shín gani → linchpin （車の輪止めピン、楔）

djiku tatchi miguyung → twirl （くるくる回る）
migúyuru íshi byă→swivel （旋回砲）

djíkva kukurunyuru haï → probe （さぐり針）

djí-kwá-'hó → surgery （外科法）

djili → righteousness （正義）

djīlŭng-shŭng → debate （論争）

djímămă aráng → involuntary （不本意の、故意でない）

djímămă-nyi shi → unauthorized （独断の）

djimamanyi shung → presume （ずうずうしく振舞う）

djí-māmi → groundnut （落花生）

djimanshóng → vaunt （誇る）

djĭmĭ → council （評議会、会議）

djimmána ftu → fop （気取り屋、しゃれ者）

djimmi → consultation （相談、協議）

djímmi kwan → senator （議員）

djímmibitu → senator （議員）

djĭmmĭshung → concert （協定する、申し合わせる）

djĭmmĭshŭng → consult （相談する、調べる）

djín → server （膳）

djin djūna → serious （真剣な）

djín djūna mung → maidenly （乙女らしい、つつましい）

djín tuku → mercy （慈悲）

djin djūnyi assi → gravity （重々しさ、威厳）

djing → benevolence （慈悲）

djíng → philanthropy（博愛）

djíng → silver（銀）

djíng → virtue（徳）

djing aï → mercy（慈悲）

    tadashuru kwang→censor（監察官）

djing djing firuku nayung → dilate（張り広げる）

djing djing nubǐung → distend（膨張する）

djíng djíng sisinyung → progress（進行する）

djing hati simayung → encamp（露営する）

djíng kátachi útsishung → limn（言葉で描写する）

djing nashuse ikirassang → doers（行為者）

djíng sisimǐru → ethical（道徳上の）

djing ya aru gussiku → fortress（大規模な要塞）

djǐng-yǎ → bulwarks（防壁）

djingya → castle（城、砦）

djíng-yǎ → fort（要塞）

djin-kó → aloes（アロエ（盧薈）、沈香）

djinmǐshǔng → deliberate（熟慮する）

djinmǐshǔng → deliberate（熟慮する）

djínnu 〈仁の〉 → humane（人間味ある、慈悲ある）

djǐnshǐng aru → benevolent（情け深い）

djinshūshung → curtail（切り詰める、減少する）

djinshūshung → defalcate（取り去る、減じる）

djintó → practice（実際）

djíntónu kutu → real（真実の）

djín-tuku → goodness（善）

djǐ-nū → dexterity（鋭敏、利口さ）

djinu abura → bitumen（画面上塗液）

djīnu bu → radicals（語根）

djinu chi → atmosphere（（かもし出す）雰囲気）

djinu fibaritong → chasm（深い割れ目、裂け目）

djīnu fíng → radicals（語根）

djīnu imi bakaï → literal（字義的）

djīnu ími tuchúng → explanation（説明）

    kássi sidji→longitude（経度、経線）

djínu maïnu hambung → hemisphere（半球）

    náginusidji→longitude（経度、経線）

djīnu shtya → underground（地下の）

djinu shtyanu mítchi → subterraneous（地下の）

djīnu sódang → philology（言語学）

djīnu suku kara míchi tūshung → undermine（穴を掘る）

djinu taguï → earthly（俗物根性の）

djīnu yukunkae hanalitóng → latitude（緯度）

djinu zi → atlas（地図（帳））

djinyi aravarïung → appear（現れる）

djínyi móki daka → net ②（掛値のない、正味）

djínyi nayung → justify（正当化、弁明する）

djínyi utsiráng → unreformed（改まらない）

djíshǐǔng → refuse（断わる）

djǐsǐdǐ sódǎngshǔng → debate（論争）

djǐtǎ → clogs（下駄、木ぐつ）

djítchashi → nit（寄生虫の卵）

djitchi → goad（突き棒、刺激）

djítchi shung → superintend（監督する）

    fíkussi yung→chide（小言をいう）

djítchi-shung → directions（指示）

djítchishuru ftu → director（指揮者）

djité → denial（否認、拒否）

djitsé → really（事実上、本当は）

djitsé kakushung → demean（身分を落とす・品位を落とす）

djitsi → real（真実の）

djítsi → true（真実）

djitsi néng mung → dishonest（不正直な）

djitsi shé sáng → unfaithful（不誠実）

djítsi té → solid（固まった、中身の充実した）

djǐtsina mung → candid（率直な、公平な）

djítsina mung → honest（正直な）

djitsinyi ang → faithful（忠実な）

djitsinyi néng → insincere（誠実さのない）

djítta → patten（木底の靴）

djītu námiti → horizontal（水平の）

djó → affair（事・事情・用務）

djó → communication（伝達、通信文）

djó → door（戸）

djó → door（戸）

djó → epistle（書簡）

djó → gate（門）

djó → plug（栓）

djó akīru fǐbǐchǐ → creaking（きしみ、きしる音）

djó búkuru → mail（郵便）

djó datsinu mung → superfine（極上の）

djó djó na → superfine（極上の）

djó gutchi → entrance（入口）

djó gva → billet（宿泊命令書）

djó kuré → supreme（極上の）

djó lǐtsǐ-shung → procession（行列）

djó mamutõru ftu → porter（門番）

djó nó → land-tax（土地税）

djó shakunu hó → mensuration（計測、求積法）

djó stchā → caterer（料理調達者、まかない方）

djó tā → fertile（肥沃な）

djó tsitsíng nake írïung → include（包含、算入する）

djó → cork（コルク、栓）

djó-bāng → doorkeeper（門番）

djódji → measure（計測器）

djódji nu aru ftu → sober（しらふの）

djódjinu shirubi → gauge（ゲージ、寸法）

djódjishi hákkayung → measure（計る、測定する）

djodji-shung → measure（計る、測定する）

djódju natóng → fully（十分に）

索 引　　463

djódju natóng → practiced（熟練した）

djódju shóng → perfect（完全な）

djódjushung → complete（完成する）

djódjushung → execute（実行する）

djógu → funnel（じょうご）

djógu → tippler（酒豪、上戸）

djó-ī → affection（情愛）

djónó → excise（物品税）

djónó → finance（歳入・収入）

djónó → gable（税）

djónó → impost（税）

djónó → taxes（税）

djónó sadamiung → assess（金額を査定する）

djónó tuĭ sadami → tariff（関税規則、税率表）

djónónu sadami → tariff（関税規則、税率表）

djónu djĭku → cross-bar（かんぬき）

djónu futchi → lintel（戸の上の横木）

djónu hashira → doorpost（側柱）

djónu ménu fissashi → porch（張り出し玄関）

djónu shín nudjung → unbolt（閂を外す）

djónu tubira → bolt（差し錠）

djónu tŭdĭ → cross-bar（かんぬき）

djózi → adept（達人）

djózi → skilful（巧み、上手な）

djū → pith（髄）

djū → ten（10）

djū bŭ ítchi tuyŭng → tithe（十分の一税を納める）

djū bung dzing → bullion（金塊）

djū bung mattónyi nachang → completely（完全に、全く）

djū búnnu chu búng → tenth（10の）

dju bunyi → perfectly（完全に）

djú fatchi → eighteen（18）

djŭ gatchi → introduction（導入）

djū gatchi → preface（序文）

djú gŭ → fifteenth（第十五）

dju itchi → eleven（11）

djū ku → nineteen（19）

djú máng → lac（ラーク（インドで10萬））
　ikkussa→legion（軍団）

djŭ mŭndjĭ → cross（十字架）

djū nyī → twelve（12）

djú ruku → sixteen（十六）

djū san → thirteen（13）

djú sha → literati（知識人、学者ら）

djú sha → scholar（学ある者）

dju shtchi → seventeen（十七）

djū zó bé kassabire → tenfold（10倍）

djuba fhammé achineshuru ftu → grazier（牧畜業者）

djúba ísha → farrier（獣医）

djúba tskanayuru ftu → grazier（牧畜業者）

djúba tskané tukuru → pasture（牧草地。牧場）

djuba（牛馬）**karayá** → swain（いなかの若者）

djúbanu hanmé áchi tuméyung → forage（飼い葉を捜し回る）

djūbanu luĭ → cattle（家畜）

djuga ítchi tuyung → tithe（十分の一税を納める）

djúku mung → pudenda（（女性の）外陰部）

djúkushi fésang → expert（熟練した）

djúkushi másang → mellow（熟れて美味しい）

djukushóng → ripe，-n（熟した）

djukushōru titsi → wrought（加工した）

djúmpu → fair wind（順風）

djŭmundjĭnyi kudjishae tumĭung → crucify（はりつけにする）

djung → decade（10の1組）

dju-shi → fourteen（十四）

djútsi → witchcraft（魔術）

djútsi shuru winago → witch（魔法使い）

djutsishā → conjurer（魔術師）

djútsishung → juggle（手品を使う、誤魔化す）

djŭyúkkă → fortnight（二週間）

dó dju → virgin（処女）

dó līnyi sumutchong → incongruous, inconsistent（矛盾、一貫しない）

dóchū → high-way（公道）

dóchú djónó tuĭ shtchi dju → turnpike（料金所）

dóding ndi ichi → supplicate（嘆願する）

dóding shi → supplicate（嘆願する）

dódji → lad（少年、若者）

dógu → apparatus（道具）

dógu → colander（ろ過器）

dógu → implement（道具）

dógu → instrument（器具）

dogu → tool（道具）

dogu → utensil（道具）

dógu → vessel（容器）

dóli → morality（道徳）

dóli → right -s，to right（正当、正す）

dóli háziri → schism（分派、分裂）

dóli lundjĭung → reason ②（論じる）

dóli shi → rightly（正しく）

dóli tsitsishidõru → pious（敬虔な）

dóli ussamiru yā → abbey（大修道院）

dólinyi → rightly（正しく）

dólinyi ataráng → unnatural（不自然な）

dólinyi kanatong → rational（合理的）

dólinyi kanatóng → reasonable（理に合う）

dónu shín chŭung → snuff，-ers（芯を切る）

doochoo → loochoo（琉球）

dū → copper（銅）

D

dū → delicate（優美）

dū → gaol（牢）

dū → itself（自身）

dū → own（自分自身の）

dū → personal（自分の、本人（直接）の）

dū → self（自己、自身（で））

dú → soil（土壌）

dū agachí narang → helpless（どうすることもできない）

dū bāng → jailer（牢番人）

dū bánnu ftu → jailer（牢番人）

dū bukuǐshung → boast（自慢する）

dǔ bukuró → chinaroot（植）とぶくりょう、山帰來）

du bushi → saturn（土星）

dū chǔǐ → alone（単独）

dū chúǐ → solitary（孤独な）

dū chuǐ munuǐ-shung → soliloquy（独白する）

dū dassiki narang → helpless（どうすることもできない）

dū djimanshuru ftu → complacency（自己満足、安心）

dú djing gva → jacket（ジャケット、胴着）

dū djin-shang → suicide（自殺）

dū fé → rank ②（位）

dū fúkuyung → vainglorious（うぬぼれが強い）

dū gatchi shátchuru mung → worldly（この世の、現世の）

du gukunu ftu → compatriote（同国人、同胞）

dū gukunu ftu → fellow student（学友）

fǐdjuténg → horror（恐怖）

dū iru aru → corporeal（身体上の）

du kangéshung → conceited（思い上がった、うぬぼれの強い）

dū kara muǐ → secretious（分泌の）

dū karundjüung → reckless（無鉄砲な）

dū kattishi nashung → arrogate（不法にする）

dū kūdji atchung → wriggle（のたうつ、うごめく）

dū kūdjishung → wriggle（のたうつ、うごめく）

dū kumi → fellow（仲間）

dū kuru stchi – shung → freely（自由・気儘に）

dū kwang → rank ②（位）

aravariung → surrender（引き渡す）

dū nǐng → coetaneous（同年齢）

dū ovayuru yéda → lifetime（一生、生涯）

dū shirizúkiti chó kanashashung → forego（先行する）

dū shtyǎnǔ kī → pubes（陰毛）

dū takabutóng → high-minded（高潔、高慢な）

du takabuyuru mung → conceited（思い上がった、うぬぼれの強い）

dū takubuyuru mung → consequential（尊大な、もったいぶった）

dū té → trunk（胴体）

dū té sū buni lúngatchi → osteology（骨学）

dū ubirang → unmindful（気にとめない）

dū uffisatu shóng → high-minded（高潔、高慢な）

dū ussamǐung → penance（ざんげ）

dū ussamǐse → morality（道徳）

dū vastóng → unmindful（気にとめない）

dū yā → dungeon（土牢）

dū ya → jail（牢屋）

du yaka chó mássati kanashashung → forego（先行する）

dū yuka fuka bitsi tanumé néng → dependance（頼りにすること）

dū zéku → brasier（真ちゅう細工師）

duchīshung → banish（追放する）

dūchū kunyinu ftu → aborigines（土着民）

dūchuǐ mung → fatherless（男親のない）

dúchuǐ mung → forlorn（見放された）

dūchǔǐ mung → friendless（友のない）

dúdjinaǐ-nu maǐ → spheroid（回転楕円体）

dǔdjíng → gown（ガウン、室内着）

dūdu → superlative（最高の）

dūdǔ aǐsi bichī mung → delectable（喜ぶべき）

dūdu firussang → immense（計り知れない、膨大な）

dūdu kǔǐ nigayung → crave（切望する）

māsa mung → luscious（美味しい）

dǔdǔ nowchinyi ang → candor（正直、率直さ、淡泊さ）

dūdu sé china mung → sagacious（賢明な）

dūdu takassang → lofty（聳え立つ）

dūdǔ údji chiri → doughty（剛胆な）

dūdú uffóku → excess（過多）

dūdu uffusang → overmuch（多すぎる）

dūdu utagatóng → distrustful（疑い深い）

dūdu yashtóng → emaciated（やせ細った）

dūdǔ yī dátinu ang → doughty（剛胆な）

dū-fumi bakaǐdu → bravado（から威張り）

dū-gatchi-shóng → free（自由・気ままな）

dugéri gatashung → hobble（たどたどしい歩き方をする）

dugéti du yamashung → contusion（打撲傷、挫傷）

dugéyuru tsírichi → epilepsy（てんかん）

dūgǔmǐ → custody（抑留、監禁）

duin → rhyme（押韻）

dukiré → begone!（失せろ！）

dukīung → except（除く）

dúku → poison（毒）

duku aru mung → poisonous（毒のある）

dúku dja → viper（毒蛇）

dǔkǔ djiri → comma（句読点、コンマ）

dǔkǔ géshi → antidote（解毒剤）

dǔku géshi → counterpoison（解毒剤）

duku gutchi → rancorous（悪意のある）

dúku líppanyi neng → inellegant（優美、優雅でない）

dǔkǔ mung → bane（毒）

duku nayúndo → poisonous（毒のある）

duku néng → unlikely（ありそうもない）

dúku uffussang → too（あまりに~すぎる）

dúkuna mung → venomous（有毒物）

dukunu ang → noxious（有害な）

dúkunu aru mung → venomous（有毒物）

dúkuru → spontaneous（自発的な）

dúkushi kúrushung → empoison（毒を入れる）

d̤úna → fool（馬鹿）

dúnna mung → dull（鈍い）

dunna mung → dunce（のろま、劣等生）

dúnna mung → simpleton（愚鈍、うすのろ）

dúnnasang → tardy（遅々とした、鈍い）

dunsi → merino（メリノ羊毛、織物）

dúnsi → satin（シュス織り）

dūnu → free will（自由な意志）

dunu ayamatchi yung → apology（謝罪）

dūnu chī makashinyi shuru mung → despot（独裁君主、暴君）

dūnu h̤atarachishi munu kadóng → independent（独立した）

dūnu káttinyi mátsirigútushuru chimi → despot（独裁君主、暴君）

dūnu kátti-shung → free（自由・気ままな）

dūnu kva kurushuru tsimi → infanticide（幼児殺し）

dūnu makashishusi → liberty（自由、独立）

mitskinyi kátamatóng → opinionated（固執する、わがままな）

dūnu vassā shirang yītushung → deformity（奇形）

dūnu yū chinyi makashuru mung → confident（自信のある）

dūnusadamitési katamatóng → headstrong（強情、我が儘）

dūnutashinami fukutong → overbearing（高圧的、横柄な）

ó sabi→verdigris（緑青）

dūnyi makashímïung → quit（止める）

dunyīshung → groan（呻く）

dūnyīshung → moan（うめく、呻吟する）

dura → gong（どら鐘）

duru → dirt（不潔物、泥、ほこり）

dúru → mire（泥）

duru → mud（泥）

dúru būkā → fen（湿地）

duru bukā → marsh（沼地）

dúru durushung → glutinous（ねばねば、にかわ状の）

dŭrŭ fushidji dógu → spatter dashes（乗馬用泥よけ）

duru gwéng-gwéng-shi achi gurishang → flounder（もがきながら進む）

dúrŭ kárá fichung → draggle（裾を引きずる）

duru núyung → mire（泥）

dúrudúrushi nyikānu gutóng → glutinous（ねばねば、にかわ状の）

dúrunu fukassang → knee deep（膝までの深さの）

fhadjimashung→bestir（奮い起こす）

dŭshĭ → companion（仲間、相手）

dúshi → friend（友）

dūshi → itself（自身）

dūshi → self（自己、自身（で））

dūshi dū ayamatóng → illusion（幻影、幻覚）

dūshi dū taritoru ftu → complacency（自己満足、安心）

dūshi f̤ĭkkŭssŭnyŭng → cringe（すくむ、へつらう）

dūshi kamutóng → liberty（自由、独立）

dūshi shirizuchóng → obscurity（暗さ）

dūshi shtchong → conscious（知覚のある、意識している）

dushinu gutóng → friendly（友情のある）

dushinu mitchi → friendship（友愛・友情）

dŭshitŭ shŭng → befriend（友になる）

dū-té → body（身体）

dūté neng → immaterial（形のない、非物質的）

dūtong → favourable（好意的な）

dúttu → greatly（大いに）

duttu → overjoyed（大喜びした）

dúttu → superlative（最高の）

dúttu → utmost（最高の）

dúttu taki dáka → giant（巨人）

dúttu ussurīta mung → timorous（臆病な、気の弱い）

duttu yurukudong → rapturous（狂喜した）

dútu → very（非常に）

dūtu → very（非常に）

dŭtŭ firussang → capacious（広々とした）

dútu fumïung → glorify（賛美する）

dutu ikayung → rage（憤怒）

dūtuchi → simultaneous（同時の）

dū-yā → gaol（牢）

dū-ya → prison（牢屋）

dūya nakae iriung → confine（閉じ込める）

dūyassang → easily（たやすく）

dúyassang → easy（安易な）

dūyŭng → comply（応ずる、従う）

dūyung → favourable（好意的な）

dza → chamber（部屋、寝室、会館）

dzāma munuīshung → delirious（精神が錯乱した）

dzāma-shung → delirious（精神が錯乱した）

dzărăng dzarang-shung → clink（チリンとなる澄んだ音）

dzáttu ichi satuï yassang → diction（話法、朗読法）

dzé → wealth（富、財）

dzé faku → wealth（富、財）

dzé fakunu tagúï → mammon（財貨、富）

dzé mutsi → riches（財、富）

dzé mutsi tsinyung → hoard（貯蔵、秘蔵する）

dzé nin → felon（重罪犯人）

dzé phaku → mammon（財貨、富）

dzé yukunu ang → covetuous（強欲な）

dzémutsi → property（財）

dzémutsi mutumïung → fortunehunter（財産目当てに結婚しようとする人）

múppara dzémutsi mutumïung→fortunehunter（財産目当てに結婚しようとする人）

dzeru yaravang sinyung→any（なにか）

dzésang → property（財）

dzǐ → caliber（口径、直径、内径）

dzī → omen（前兆）

dzī → portrait（似顔絵）

dzī anda → marrow（髄）

dzī ánda → spinal marrow（脊髄）

dzī bira → chives（（植）エゾネギ）

dzín dzinu ké fichaï-fichaï shung → glimmer（ちらちら光る）

dzing → cash（現金）

dzíng → money（銭）

dzing chírashung → fritter（ちびちび消費する）

dzing ȟaku kamuya → cashier（出納係）

dzing tatchung → cast（鋳る）

dzing tskoyuru séku → coiner（貨幣鋳造者）

dzing utchúng → mint（鋳造する）

dzinnu ichi mé → coin（硬貨）

dzin-nǔshǐ → creditor（債権者、貸し主）

dzínu → pecuniary（金銭上の）

dziru → which（どれ）

dziruga → which（どれ）

dzitsū-shung → headache（頭痛）

dzitsū-shung → headache（頭痛）

dzó → elephant（象）

dzódji → ivory（象牙）

dzógung → farrago（寄せ集め、ごたまぜ）

dzódji → tusk（牙）

dzófu → tripe（はらわた）

dzógung shuru ftu → gibberish, gibble-gable（訳の分からぬお喋り）

dzónu chíbǎ → ivory（象牙）

dzónu há → tusk（牙）

dzónu hana zachi → proboscis（（象などの）鼻先）

dzóri gitta → clogs（下駄、木ぐつ）

dzu → end（終わり）

dzū → formatives（構成辞・形成素）

dzú → tail（尾）

dzuku → brigand（山賊）

dzúku gū → proverb（諺）

dzǔkǔ kūdjó → brogue（地方なまり）

dzuku kūdjó → dialect（方言）

dzukunyi → exception（除外）

dzukushóng → appertain（属する）

dzukushóng → national（国家の）

dzukushóng → pertain（属する）

dzukushong → subject（支配を受ける）

dzukushõru kunyi → tributary（みつぎを納める）

dzūmi → crupper（しりがい（馬具））

dzundji kudóng → conversant（精通している）

dzúndjiung → preserve（保護する、保つ）

dzungvéna sénan → disaster（天災）

F

fǎ → leaf（葉）

fa mung zeku → cutler（刃物師、刃物屋）

fa neng tstá → dodder（（植）ネナシカズラ）

fabami → barrier（関所）

fábami → impediment（妨害、障害（物））

fabamïung → hamper（阻止、妨害する）

fabamïung → hinder（妨害する）

fabamïung → impede（妨害する）

fabamïung → stifle（抑える、息を止める）

fabamiti shimirang → counteract（妨げる、くじく破る、中和する）

fabamiung → baffle（くじく）

fabamïung → cumber（邪魔する）

fabamiung → gag（口を封ずる）

fabiru → butterfly（蝶）

fa-daki → rod（切り枝）

fadjimashung → incense（酷く怒らせる）

fadjimi → rise ②（起源）

fadjimi mmarinu mung → firstborn（最初に生まれた）

fadjimiti naré mung → tyro（初心者）

fadjimiti tskoyuru ftu → contriver（考案者、計略者）

fádjishi 'mmarítsitchi → energetic（精力的な）

fádjishī mung → impetuous（性急、激烈な）

fádjissang → fierce（激烈な）

fádjissang → impetuous（性急、激烈な）

fádjissang → vehement（激烈な）

fadjissarú shó → hot headed（せっかち、短気）

fafa → mother（母）

fafa masharu kva → motherless（母のない）

fafa urang kva → motherless（母のない）

fafanu gutong → motherly（母のような）

fáfanu kukuru → maternal（母の）

fāfǔdjǐ → ancestor（先祖）

fǎfudji → forefathers（先祖）

fāfudji → patriarch（開祖）

fāfudji → progenitors（先祖）

faï djin → flight（逃走）

faï gúng → flight（逃走）

fáïdan-shung → doom（裁判する）

fák kaku → octagon（八角形）

fákararáng → inscrutable（不可解な、計り知れない）

fakarésha → counsellor（顧問、相談役）

fakari → contrivance（工夫、考案、発明）

fakari → device（工夫）

fakari → plan, -ning（計画）

fakari gutu → plan, -ning（計画）

fakari gutu → speculation（考察、見解、推論）

fakari gutu → stratagem（計略）

íchimi shõru fĩng→mutiny（反抗、反乱）

fakari gutu mókiung → devise（工夫する）

fakari gútu shuru shínka → privy council（君主の諮問機関）

fakari → collusion（共謀）

fakari kangó bichí → imaginable（想像可能な）

fakari kumishóru mung → accomplice（共犯者）

fakari umúï bichí → imaginable（想像可能な）

fakayúng → speculate（考察する）

faku chĭó → swan（白鳥）

falansi kunyi → france（フランス）

fambiti tstomiung → attend（世話をする）

fa-mung → cutlery（刃物類）

fána ikka〈注：英語と方言がずれているか。〉→ scate（ガンギエイ）

fanari vakayusi → departure（離脱、出発）

fanashi → chat（雑談（する）、くつろいで話す）

fanashi → chitchat（うわさ話）

fanashi → colloquy（対話）

fanashi → gossip（噂話）

fanashi → speech（談話、言葉）

fánashi-shung → discourse（談論する）

fanashtchi-shung → catarrh（カタル（鼻・のどの炎症））

fánashung → release（解放する）

fanayáka → elegance（上品）

fanayáka → ornamented（飾られた）

fanayaka-nyi ang → splendour（華麗）

fanayakanyi kazatóng → parade（パレード、行列）

fándan-shung → doom（裁判する）

fandji kutuba → riddle（謎）

fanfukushong → contra（逆、反、抗）

fanfukushong → contrary（反対の、逆の、相入れない、不利な）

fankó chu síri → impression（押印、印象）

fankóshā → printer（印刷者）

fankóshung → impress, imprint（押す、刻み込む）

fankóshung → print（印刷する）

fankva → display（陳列）

fanshi mé → beldame（老婆）

fanshó → lute（リュート（管楽器の一））

fanshoru kutuba → antithesis（対照法）

fantă → brim（ふち、へり）

fantanyi ang → busily engaged（忙しい）

fānu naka buni → midrib（中央脈）

fānu naka buni → petiole（葉柄）

farukanyi tūsang → afar（遠くに）

fárunu ami → vernal（春の）

fashi ndjïung → emit（発射する）

fashínshung → shipwreck（難破）

fáshirashung → publish（発表する）

fashïung → elicit（引き出す）

fashïung → elope（駆け落ちる）

fashshinshung → founder（浸水する）

fáshshínshung → strand（座礁する）

fassáng kussuï → sudorific（発汗剤）

fassáng shŭrŭ fézé → sudorific（発汗剤）

fatchi → bee（蜂）

fátchi → eight（8）

fatchi bé → eightfold（8倍）

fatchi dju → eighty（80）

fatchinu sī → hive（ハチの巣）

fatsi → tuft（房）

faya ziké → courrier（急使）

faya nágari → torrent（急流）

fayari byotchi → contagious（伝染性の）

fayashi → bush（やぶ）

fayashi → clump（木立）

fáyashi → grove（木立、林）

fayashi gva → copse（雑木林）

fazikashashi shiruzuching → shy（内気な）

fchūna mung → disloyal（不忠な）

fé → ashes（灰）

fé → fly（蠅）

fé → south（南）

fé djukushóng → precocious（早熟の）

fé gassa → scaldhead（かさぶた）

fé gassa → tinea（タムシ類）

fé iru → ashcoloured（灰色）

fé tūshi yū → post（郵便）

fé ūyā → whip（鞭）

febuï ami fuyúng → drizzel（細雨、こぬか雨）

fébun shi → dispense（与える）

fébunshi → distribute（分配する）

féï gŭ → consort（配偶者）

féï → vinegar（酢）

féï byótchi → plague（疫病）

féï kūdjó → usus laguendi（流行言葉）

féï yamé → infection（伝染、感染）

feï yamé → pestilence（伝染病）

féï yamé ukagáyuru yā → lazaretto（ハンセン病院、隔離病院）

fé-iru → gray（灰色）

fékazi → monsoon（季節風）

feku → premature（はやまった）

feku → quick（速い）

féku → soon（すぐに、間もなく）

féku fhayuru funi → clipper（刈り取る人）

féku ĭckī → begone!（失せろ！）

féku nashimīng → accelerate（加速する）

féku shung → dispatch（すばやく処分する）

fékunu tské → courrier（急使）

fénu gutu nashung → calcine（焼いて生石灰にする）

fénu nūdi → trachea（気管）

⁺fénu zó → lungs（肺）

fénu zónu tsitsíng → pleura（肋膜、胸膜）

fé-núbuyung → escalade（城壁を登る）

ferachi satutong → diffusedly（普及して）

fĕrashung → diffuse（普及させる）

féré → robber（盗人）

férénu kákushi ána → haunt（巣窟、根城）

féri nubuyung → scramble（よじ登る）

fésang → expeditious（迅速な）

fésang → rash-ly（せっかちな）

féshi fūshung → colly（煤で）黒くする）

féssang → swift（迅速な）

féssassi → speed（速さ）

fézé gatchi-shung → prescription（処方）

fézing nuyung → colly（（煤で）黒くする）

féziri sattoru kva → catamite（男色の相手にされる少年）

fhadji bichī → opprobrious（恥じるべき）

fhadjimi → beginning（初め）

fhadjimi naïmung → firstfruit（初物、初なり）

fhadjimĭung → begin（始める）

fhadjimiyung → commence（始める）

fhakaï tukuró tudjimirang → abortive designs（失敗に
　　終わった企て）

fhakaïshi kakiti → admeasure（計り分ける）

fhákká → mint ②（薄荷）

fhakkaï → measure（計測器）

fhakku → peppermint（（植）はっか）

fhan dzing ichi mé → dollar（ドル）

fhána ichi → vase（花瓶）

fhananu yū → stamens（雄蕊）

fharu → spring（春）

fharunu shtsi → spring（春）

fhĭú-lín-ná → spinage（ホウレン草）

fhó → rule（規則）

fhó chăkŭ-shong → adrift（漂流して）

fhótcha gva → rocket（打ち上げ花火）

fi → day（日）

fi → fire（火）

fĭ assayā → poker（火かき棒）

fĭ bŭni → fire ship（焼打ち船）

fí bushi → mars（火星）

fi dji → constant（不変の、堅実な）

fĭ djī → ordinary（普通、常の）

fí djí-nu kutu → usual（常の）
　　mutchīru mung→necessaries（必要物）

fĭ djinyi → commonly（一般に、通例）

fĭ djiri → brand（燃えさし）

fi fánadji → fire works（花火）

fĭ- fŭchĭ → blow-pipe（火吹き竹）

fĭ guruma buni → steamer（蒸気船）

fi ĭa → fire arrows（火矢）

fĭ irīru dé → fire pan（火入れ容器）

fi ishi → flint（火打ち石）

fĭ ishi → pyrites（黄鉄鉱）

fĭ ítcha gva → rocket（打ち上げ花火）

fí kazi kunyúng → protract（長引かす）

fĭ kumi dogu → stove（ストーブ）

fi ⁺lī → rudeness（無礼、粗野）

⁺fi līna mung → indecorous（不作法、粗野、下品）

fĭ meshí dogu → stove（ストーブ）

fí mitsi gutu → secret, -ly（秘密）

fi múng → monument（記念碑、塔）

fi munnu táfa → monument（記念碑、塔）

fĭ mutsi → nuptial（婚礼の贈り物）

fĭ naka → mid-day（昼間）

fí naka → noon（正午）

fĭ ndjiru kăgāng → burning glass（天日取り（レンズ））

fí nishung → siesta（昼寝）

fí nu zo → spleen（脾臓）

fĭ nya → linstock（火縄程、道火程）

fĭ skuya → fireman（消防士）

fĭ tătă → burn（焼く）

fí tatchi dju → hearth（炉床、炉辺）

fĭ tatchi djūnu kuderu títsi → grate（火格子、擦る）

fi té tskĭung → inflame（煽動する）

fi tski ˈfukúï → tinder（ほくち（火打ち石の火花を捕えるの
　　に用いた））

fi tskĭung → inflame（煽動する）

fĭ vaï → instalment（分割払い（金））

fi ziké → incendiary（放火、犯）

fí ziké nússudu → incendiary（放火、犯）

fĭáku → hundred（百）

fió → soldier（兵）

fĭruchi tíng → sky（空）

fĭū → journeyman（日雇い職人）

fĭū zing → wages（賃金）

fĭúng → subside（静まる、ひく）

fibari → cleft（裂け目、割れ目）

fǐbǎrǐ → crack （ひび、裂け目、ひびがはいる）

fíbari → gap （割れ目）

fíbarinu yū fǔkīung → lark （ひばり）

fibaritong → chink （細かい裂け目、割れ目）

fibari-tong → fissure （ひび割れ、裂け目）

fǐbǐchǐ → crack （ひび、裂け目、ひびがはいる）

fǐbǐchi → crevice （狭く深い裂け目）

fibichi naǐ-shung → cracking （ぱちりと割れる）

fǐbǐchung → reecho （響きわたる）

fī-buni → steamer （蒸気船）

fichaǐ íshi → marble （大理石）

fíchaǐ-shung → minus （マイナス）

fícharā fícharā shung → lighten （明るくする、なる）

fícharang → unpolished （磨かれていない）

fichayung → glisten, glister, glitter （きらめく）

fíchǎyǔng → irradiate （光りを放射する）

fíchi agīung → hoist （上げる）

fíchi akashung → disjoin （切り離す）

fíchi akǔung → unfold （開く、広げる）

fichi akǐung → disjoin （切り離す）

fíchi ámi → dragnet （地引き網）

fíchi aravashung → elicit （引き出す）

fichi hánashung → detach （引き離す）

fichi írǐung → haul （引く）

fíchi késhé naráng → irreparable （回復、修繕不可の）

fíchi késhung → retract （あとに引く）

fíchi kuruma → stage couch （駅馬車）

　　kané kakiung→underlet （下値で貸す、又貸しする）

fichi magiung → contort （引きゆがめる、ねじ曲げる）

fichi mī → cross eyed （斜視の、やぶにらみの）

fíchi míchi bichung → insnare （誘惑する、罠に陥れる）

fíchi mīshi nyūng → ogle （色目をつかう）

fíchi mī-shung → leer （横目で見る）

fíchi mīshung → squint （横目で見る）

fíchi mung kúruma → lathe （旋盤）

fíchi mung zéku → turner （ろくろ師）

fǐchǐ mussibi → consequence （結果、成行き、結論）

fíchi mussubi → effect （結果、趣旨）

fíchi mussubi → result （結果）

fichi nubuyung → climb （（よじ）登る）

fichi nuzikǐung → deduct （差し引く・減じる）

kūténg na fíchi satchung → limb ② （四肢を断ち切る）

fichi shimiung → constrict （圧縮する、締め付ける）

fǐchi tsǐdjǐ → appendage （追加、付加物）

fíchi tsídji → inferior （劣った、下の）

fíchi tsídji → latter （後者の、後の）

fichi tsidjǐ shi → contingently （偶然に、付随的に）

fíchi ūǐ mung → surety （抵当、保証人）

fíchi uki → surety （抵当、保証人）

　　kórichishuru chǔ kumí→insurance-company（保険会社、
仲間）

fíchi ukírashung → intrust （委ねる）

fíchi ukishi vanchameyuru ftu → underwriter（保健業者）

fichi ukishung → answerable （責任のある）

fichi ukishung → guaranty （保証する）

fichi ukishung → warrant （請け合う）

fichi ukishuru → accountable （責任ある）

fíchi ukishuru ftu → bail （保釈）

fíchi ukushung → raise （起こす、立てる）

fichi ukushuru kussǔrǐ → cordial （心からの）

fíchi ushāshung → constrict （圧縮する、締め付ける）

fíchi ūsi → mill （臼）

fíchi ussamǐung → haul （引く）

fichi utsushung → dislocate （他の場所に移す）

fíchi yandǐung → tempt （誘惑する）

fichi yaníyung → entice （誘惑する）

fichi féǐ yássa → ductile （引き延ばせる）

fíchǐmǐshǔng → leer （横目で見る）

fichung → abduct （かどわかす）

fichung → allure （誘い込む）

fichung → deduct （差し引く・減じる）

fichung → drag （引きずる）

fichung → lead ② （導く、案内する）

fíchung → pull （引く）

fichúng → trail （引きずる）

fídati → interval （間隔、合間）

fidati → partition （へだて、間仕切り）

fidati vung → separate （別れる）

fidatíti írǐung → interleave （白紙を差し込む）

fidatitóng → intervene （介在する、間がある）

fídatiung → intervene （介在する、間がある）

fidati-ya → beacon （灯台）

fídi mung → hero （英雄）

fidǐrǐ → drought （干ばつ）

fidita mung → distinguished man （優秀な人）

fiditóng → eminent （卓越した）

fīditóng → picturesque （絵のような）

fīditóng → preeminent （抜群の）

fīdjā → goat （山羊）

fídja gvǎ → kid （子山羊）

fīdja tutéru kazaǐ mung → ruffle （ひだ飾り）

fídjaǐ → left （左）

fīdjanu nachung → bleat （山羊などがメーと鳴く）

fidjarū gatchi shung → fumble （ぎこちなくいじくる）

fidjarū-sang → fumble （ぎこちなくいじくる）

fidji → answer （答え）

fidji → beard （あごひげ）

fidji → stamens （雄蕊）

fidji gǎrǎ → shavings （削り屑）

fīdjǐ ishó → dressinggown （化粧着）

fidji mó → beardless（髭がない）

fidji néng → beardless（髭がない）

fidjǐung iráng mung → weather-beaten（風雨に曝された）

fidjina mung → common（共通の、一般の）

fĭ-djínu kútu katchi tumí → gazette（新聞）

fĭdjĭnu naré → habitual（習慣的）

fĭdjĭnu narisumi → habitual（習慣的）

fidji-shung → reply（返答する）

fidjung → chip（削る）

fídjung → scrape, -r（擦り落とす、削ぐ）

figadóng → perverse（つむじ曲がりの）

figashi muti → eastern（東の）

fĭ-gassa → parasol（パラソル、日がさ）

fi-gataka → awning（窓などの日除け）

fikari → light（光）

fíkari chiramitchusi → brightness（明るさ）

fíkari fashshtóng → luminous（光を出す）

fíkatóng; → luminous（光を出す）

fikari kagayachi → brilliant（光り輝く）

fikari kagayachung → effulgence（光彩）

fikari tūshuru mī → sky-light（天窓）

fikarinu chíra chírashung → glare（ぎらぎら光る）

fikarinu chiramichung → sparkling（きらめく）

fikarinu chu sidji → ray（光線、熱線）

fikarinu fícharā ficharāshung → glare（ぎらぎら光る）

fikarinu íyŭng → radiate（光を放つ）

fikarinu sidji atsimi tukuru → focus（焦点）

fikarinu tattchung → glisten, glister, glitter（きらめく）

fikarinu tūku nagaritóng → glossy（光沢ある、見掛け倒しの）

fíkarinu tūrang → opake（不透明な）

fíkarinu utsirang → opake（不透明な）

fikashung → abduct（かどわかす）

fikayung → shine（輝く）

fikayusi → lustre（光沢、輝く）

fiking → peking（北京）

fíkkasĭung → swill（水で洗う）

fíkkusidóng → humble（謙遜な）

fikkussidóng → lowly（謙遜、慎ましい）

fíku gatchi → parapet（胸壁、手すり）

fĭkusi → blame（責任）

fĭkŭsĭ → blemish（傷）

fíkusidoru túku → humility（謙遜、謙虚）

fíkusidósi → humility（謙遜、謙虚）

fíkussang → low（低い）

fĭkussĭ assayung → cavil（ささいなあらを捜す）

fiĺína → parsimonious（けち、しみったれ）

fĭĺū → fire pan（火入れ容器）

fĭĺu → warming pan（アンカ）

fima → inaction, inactive（無為、怠惰（な））

fíma → leisure（暇、いとま）

fima → recess（休み）

fimanu achósi → inaction, inactive（無為、怠惰（な））

fimanu ang → disengaged（解かれた、約束のない）

fímanu ang → unemployed（失業した）

fímbínshi késhung → refund（弁償する）

fímbinshung → pay（支払う）

fímbínshung → repay（払戻す）

fimbínshung → replace（返す）

fĭmĭtchĭ → asthma（喘息）

fimítsinu mung → mysterious（神秘的、不可思議な）

fímmitsina mung → occult（オカルト、神秘的な物）

fín buni → man-of-war（軍艦）

fin dji → miracle（奇蹟）

fín duku → venereal（性病の）

fin gashira → corporal（伍長（最下位の下士官））

fin sū mung → pauper（貧困者）

fíndji dukuru → refuge（避難所）

findji mung → fugitive（逃亡者）

findji mung → monstre（怪物）

findji mung → refugee（逃亡者）

findji mung → run-away（逃亡者）

findji nugaï mung → refugee（逃亡者）

fíndji yássang → variable（変じやすい）

fíndjĭung → transform（変形する）

fíndjina kutu → miracle（奇蹟）

fĭndjĭtĭ → decamp（逃亡する）

findjiti kakvitong → abscond（逃亡・失踪する）

fing → soldier（兵）

fíng úkushúng → levy（徴収する、招集する）

fing ukushuru yézi → reveille（起床ラッパ）

fing kva shung → metamorphose（変身、変化する）

fingu → dirt（不潔物、泥、ほこり）

fingu → filth（汚れ・堕落）

fingu nŭyūng → bedaub（こてこて塗る）

fingu tstchóng → filthy（汚れた）

finnu funi téshó → commodore（総督）

fínnu funinu kvan nyin → naval（海軍士官）

finnu hammé → rations（割当食糧、兵糧）

finnu kvīru fūlŭkŭ → rations（割当食糧、兵糧）

fínnu shirabi-shung → review（再び見る）

fínnu téshó → general（将軍）

fínsū → poor（貧しい）

finsu hāmé → hag（鬼婆）

finsū mung skuyung → relieve（救済する）

fīnsūnyi assi → poverty（困窮）

finto → answer（答え）

fintóshuru ftu → answerer（答える人）

fīnu chūsanu yakīru gutóng → scorch（あぶる）

fīnu ittchóng → fiery（火のような）

tātsi aravaritóng→parhelion（幻日）

fīnu pattukashung → flare up（ぱっと燃え上がる）

fīnu suttukashung → flare up（ぱっと燃え上がる）

fīnu tskayúng → kindle（火を付ける）

fīnu tūyuru mitchi → ecliptic（黄道）

fi-nubishung → adjourn（延期する）

fīnŭtŭ → blaze（炎）

finŭtŭ → flame（炎）

finŭtŭ → flame（炎）

finyarashung → consume（消耗する、消滅させる）

finyiyung → twist（ひねる）

fióchăgŭ → fire crackers（爆竹）

fíppayung → rustle（きぬずれの音をさせる）

fíppu⁺ → rustic（田舎の）

fīră → acclivity（勾配）

fĭră → cockroach（ゴキブリ）

fírá → hoe（鍬、鍬型除草機）

fira → mattock（つるはしの一種）

fīrā → scarabaeus（コガネムシ）

fira → steep（傾斜）

fíra → weeding-hock（筢）

fira buni → shoulder-bone（肩骨）

fira ĭŭ → bream（タイに似た魚）

fíra māmi gva → lentil（ヒラマメ）

fíra múĭ → slope（傾斜する）

fíra tímma → lighter（はしけ）

firacheru kunyi → colony（植民地）

firachi yurushung → enfranchise（公権を与える）

firachung → open（開ける）

firakudóng → numb（しびれた、麻痺）

firakunyung → benumb（麻痺させる）

firami → sole（シタビラメ）

firasang → slope（傾斜する）

firashung → curtail（切り詰める、減少する）

firashung → lessen（少なくする）

firassaru agu mutchi → braid（平ひも）

firatténg → flat（平たい）

firatténg yíyung → squat（うずくまる）

firayung → associate（交際する）

firé gatashí → unfriendly（友好的でない）

firé yassang → sociable（社交的）

firégúrishang → unsociable（交際ぎらいの、無愛想な）

firi kudayung → yield（譲る）

firiung → glean（拾い集める）

fīrū → accusation（告訴）

fīrū → accusation（告訴）

firu → onion（たまねぎ）

fīrū nying → accuser（告訴人）

firu nyíng → prosecutor（訴え人）

firugayung → spread（広がる）

firugĭung → unfold（開く、広げる）

firugĭung → expand（広げる）

firuku ang → spacious（広大な）

firuku fétong → promulgate, promulge（公表する）

firuku nayung → widen（広がる）

firuma → mid-day（昼間）

firuma → noon（正午）

firuma ato → afternoon（午後）

firuma mung → dinner（正餐）

firuma mung → tiffin（軽食、昼飯）

firuma mung kanyung → dine（正餐を食べる）

firuma sĭrĭ → afternoon（午後）

firumasha shung → marvel（驚嘆する）

firumashang → marvelous（驚嘆すべき）

firumáshasā → wonderful（不思議な）

firumashashimiung → amaze（呆れさせる）

firumashashong → astound（仰天する）

firumashī → novel（珍奇な）

firumashī → wonder（不思議）

firumashi kutu → singular（異例、奇妙な）

fírŭmăshī mung → admirable（賞賛すべき）

firumashī mung → marvelous（驚嘆すべき）

firumashī mung → strange（異常な）

firunyung → widen（広がる）

fīru-shung → sue（訴訟する）

firussa → breadth（幅）

firussa → extent（広さ、限度）

firussang → ample（広々とした）

firussang → broad（幅の広い）

firussang → spacious（広大な）

firussang → wide（広い）

firussasi → extent（広さ、限度）

fírussassi → width（広さ、幅）

fīsang → cold（寒い）

fīsashi → blighted（枯らされた）

fīsashi furuyung → shiver（震える）

fīsating → forcibly（無理強いの）

fishă → chirographer（書家）

fishagĭung → heave（上げる）

fishi → cork（コルク、栓）

fishi → pintle（軸）

fishĭ → plug（栓）

físhí buku dógu → writing materials（筆記用具）

fishi gata → mould（型、手本）

fishi nudji dõgŭ → cork screw（コルク栓抜き）

físhĭé narang → incomparable（無比の、ずば抜けた）

fishitĭnde yutashang → comparatively（比較的に）

fĭshi ˆ ŭng → compare（比較する）

físhshira sáng → incomparable（無比の、ずば抜けた）

fishshiraráng → peerless（比類なき）

fissang → thin（薄い）

fissaru ūtchǐ ǐtă → clapboard（下見板、羽目板）

fissashi → portico（前廊）

fissashku tudumayung → sojourn（滞留する）

fissashtchi → biennial（2年毎の）

físsaténg → thin（薄い）

fissi bichi → comparable（比較できる、匹敵する）

fissi gā → pellicle（皮膜）

fissi k → epidermis（表皮）

fissi námari gani → foil ②（金属の薄片）

fissi wă-ga → cuticle（表皮）

fissi yachi kwāshi → wafer（薄焼き菓子）

fissiku nashi bichí → malleable（可鍛性の、柔軟な）

fissiku nashung → extenuate（（濃度を）薄める）

fissó mung → pet（寵愛物）

fissónyi shung → prize（重んじる）

fissónyishung → coax（なだめる）

fissonyishung → fondle（愛情を込めて扱う、可愛がる）

fissuka → artifice（巧妙な策略）

fissuka → private（私的）

fissuka gutu muráshuru mung → traitor（裏切り者）

fissuka yézi → watch-ward（合言葉）

fissukanyi → privately（私的に）

fissukanyi → softly（そっと）

fissukanyi → stealthily（こっそりと）

fissukanyi → underhand（密かに）

fissukanyi munukangeshung → meditate（瞑想する）

fissukanyi nugǐung → sneak（こそこそする）

fissukanyi nussudungshung → pilfer -er（こそどろをする）

fissukanyi tuyung → purloin（盗む）

fītā gva → waist-coat（胴着）

fitachéng → dank（しめっぽい・じめじめした）

fitanu tămă → button（ボタン）

fitashung → dissolve（取り消す、浸す）

fitashung → drench（びしょぬれにする）

fítashung → water ②（撒く）

fītchi → even（平らな）

fītchi sătchúng → disruption（破裂）

fítchi sisi mīru ftu → monitor（勧告者）

fítchi tsidji → secondary（二番目の）

fitchóng → subside（静まる、ひく）

fitchung → draw（引っ張る）

fīthci → plain（平野）

fītǐ atsimǐung → compile（編集する、集める）

fíti atsimiung → glean（拾い集める）

fitsi → drawer（引出し）

fitsi → lever（てこ）

fītsǐ tsīténg → deformed（不具の）

fitsirayung → flatter（へつらう、お世辞を言う）

fitsirayusi → flattery（お世辞）

fitsiré mung → sycophant（胡麻すり）

fitsireti kazayung → gloze（釈明する、取り繕う）

fi-tskaï yassaru mung → combustible（燃えやすい）

fittchaï → brow（額）

fittché → brow（額）

fittché → forehead（額）

fittché dzitsíng → frontlet（飾りバンド）

fittché sādji → headband（鉢巻き）

fittchénu satchinu ki → forelock（前髪）

fītŭ → coequal（同等）

fitu → man（人）

fitu bitu → men（人々）

fitu luïshoru mung → fellowman（仲間、同胞）

fitu taru → human（人の）

fituri → single（単独の）

fītzǐ → coffer（箱、ひつ）

fitziré munuǐ → adulation（追従）

fǐŭng → abate（減る）

fiung → reduce（減らす）

fiunu（兵の）chu sune → brigade（旅団。隊。）

fǐuru soki → fan ②（穀類を唐みで）吹き分けること）

fïus → abatement（減少・減価）

fiza → knee（膝）

fizami → partition（へだて、間仕切り）

fī-zan → volcano（火山）

fízichi → shuttle（織機のひ（杼））

fobi → encomium（賛辞）

fōbishi kwīuru mung → premium（賞品）

fōbisunyé úyubang → undeserving（価しない）

fómari → fame（名声・評判）

fomi mún → triumphal（凱旋）

fómirang → disapprove（不可とする）

fómiraráng → disapprove（不可とする）

fōmiru bichī mung → laudable（賞賛すべき）

fomǐung → applaud（賞賛する）

fsha → foot（足）

fsha dakā-shóng → tiptoe（つま先）

fsha kakī → footstool（足載せ台）

fsha kara achung → afoot（徒歩で）

fsha kata → footstep（足跡）

fsha kubi → instep（足の甲）

fsha mămi → callous（皮膚の硬くなった、たこになった）

fsha manchishung → genuflexion（ひざまずくこと）

fsha manchishung → kneel（跪く）

fsha négā tsī → crutch（松葉杖、ささえ）

fsha tămăyā → bowlegged（わに足の者）

fsha tankā → antipodes（対蹠点）

fsha vátanu uppéru chkáta → foothold（足場）

fsha zachi kaki saba → slipper（スリッパ）

fshanu ádo → heel（かかと（踵））

索引　473

fshanu ĭbi → toe（足指）

fshanu tsiru → hamstring（腱）

fshanu tsiru chĭúng → hough（関節などをきる）

fshanu váta → sole（足底）

fshashi achung → afoot（徒歩で）

fshĭnchi mĭtĭung → cram（詰め込む、押し込む）

fshĭnchung → cram（詰め込む、押し込む）

ft → beginner（初学者）

fta tabi tatiti nóshung → rebuild（再建する）

ftătăbi → anew（新たに）

ftsidzi → sheep, -ish（羊、内気な）

ftsizi → fold（囲い、柵）

ftsízi gva → lamb（子羊）

ftsizi nyíku → mutton（羊肉）

ftsizi sarunu hó → southwest（南西）

ftsizi shishinu chu múmu → haunch（動物の脚、腰部）

ftsizinu kā gami → parchment（羊皮紙）

ftu → person（人）

ftu atsimaï → gang（群れ、グループ）

ftu ayumi → pace（一歩）

ftu fikari → gleam, glimps（輝き、閃光）

ftu kurushuru ftu → murderer（殺人者）

ftu mī nyūng → glance（一見）

ftu múrushi → lump（塊）

ftu tsirani nashuru → federal（同盟の）

ftu tūĭ → usual（常の）

ftu tuĭ nyūng → glance（一見）

ftu wá → link（輪）

ftu yi ĭukuru → trait（特徴）

ftu yuku ndi iché nérang → abstracted（ぼんやりした）

ftu yutashattkuru → trait（特徴）

ftúduki → misdeed（非行、悪行）

ftŭdŭkĭnămŭng → delinquent（非行者・犯罪者）

ftúduki, → misdeed（非行、悪行）

ftuï túshusi → oneness（単一性）

ftuĭnyi → solely（単に、一重に）

ftúïnyi → especially（特に）

ftunu īchĭ → breath（息）

ftunyi kúdayung → condescend（謙遜する、身を落として~する）

ftunyi shiraráng → unknown（知られていない）

ftunyi shiraráng → unobserved（人に気付かれない）

fturi → solitary（孤独な）

fturi mung → individual, -ly（個人（的））

ftúrĭgŭ → guardian（保護者、後見人）

ftushchinyi ang → equal（等しい）

ftushkarang → inequality（不平等、不均等、凸凹）

ftusi kuri → merely（単に）

ftutsinu umŭĭ → abstraction（観想）

　　mákutunu néng→treacherous（信実でない）

fū → blessedness, blessing（幸いにも、祝福）

fū → corn（穀物（類））

fū → county（洲、郡、府）

fū → happiness（幸福）

fu → sail（帆）

fū → spike（穂）

fu bung → report（報告、うわさ）

fū chĭ → climate（気候）

fu chū → perfidious（不誠実な）

fu djí na mung → unjust（不当な）

fú dji yū → scarcity（欠乏、不足）

fu djín na mung → unkind（不親切な）

fu djína mung → misanthrope（人間嫌い）

fū djinu ickáng → misbehave（行儀悪い）

fū dzina → halliard（帆げた綱）

fū fuda → spell（呪文）

fū fuda → talisman（お守り）

fu kó → disobedient（不従順な）

fu kó → naughty（わんぱくな）

fŭ kó → unduteous（不孝の）

fū kubunyā → lantern face（頬がこけて細く骨張ったあご）

fŭkŭ chū → cholic（腹痛）

fu kwénu ang → unwell（気分が悪い）

fū líng gva → handbell（風鈴）

fū línnŭ kĭng-kíng shusi → gingling, jingle（チリンと鳴る）

fū mung → spell（呪文）

fu nín → impertinent（横柄、生意気、不作法な）

fū nŭnŭ → canvas（粗布）

fu shó → naughty（わんぱくな）

fū shtsinyi chichung → rumour（噂）

fu tsūna mung → imbecile（低能の）

fū vó → phoenix（不死鳥）

fū yaku → strengthening medicine（強壮剤）

fū yéng → lieutenant governor（総督代理）

fŭ yú → ephemera fly（（昆）かげろう）

fūa kutuba → nonsense（無意味な言葉）

fuányi ang → disagree（折り合わない）

fūbi → reward（報酬、ほうび）

fūbi mung → reward（報酬、ほうび）

fubú uttungvanyi ai uburitóng → doated（溺愛した）

fŭ búng → hearsay（風評、噂）

fubúng chichung → rumour（噂）

fūchĭ → bellows（ふいご、風袋）

fūchĭ → contagious（伝染性の）

fúchi bura → murex（ホラ貝）

fúchi chāshung → extinguish（消す、絶やす）

fūchĭ ickang → distemper（異状）

fúchi írĭung → inoculate（予防接種する）

fŭchĭ nakae utitang → precipice（断崖）

fúchi-bána → double-flower（八重の）

fū ching → musicbox（オルゴール）

fū-ching → seraphine（足踏みオルガン）

fuchinkae utiti shidjang → precipitate（まっさかさまに
　　　落ちる）

fūchinu ickáng → unhealthy（健康によくない）

fŭchĭrĭtóng → addicted（溺れた）

fúchitsinu → trumpet（トランペット）

fuchū → disloyal（不忠な）

fuchúng → ooze（しみ出る、もれる）

fŭchuru bŭr → bugle（ラッパ）

fúchuru naïmung gva → fife（横笛の一種）

fuckvīru yamé → podagra（足指痛風）

fúckwĭung → swell（膨れる）

fúckwiti chūng → swell（膨れる）

fuckwïung → bloat（ふくれる）

fúckwíung → tumify（膨れあがる）

fúda → enrollment（登録）

fúda → label（表札、ラベル）

fuda → schedule（目録、一覧表）

fudī → lightning（稲妻）

fudi → pen（ペン）

fúdi → pencil（鉛筆）

fudi kabi uyá → stationer, -y（文房具商）

fudi kwán → secretary（秘書官）

fudīnu fichayung → lighten（明るくする、なる）

fúdji → gamboge（ガンボージ、藤黄）

fūdji → mode（様式）

fūdji → usage（習俗）

fudji cha → cutch（児茶）

fudjĭna kutu → wrong（悪い、不善）

fūdjíng → female（女性）

fūdjinu yuta-shang → graceful（上品、優美な）

fūdjinyi aráng → vogue（流行）

fūdjïung → close（とじる）

fudjïung → confer（授与する）

fŭdŭ gva → pigmy（小人族）

fudukushi kwiung → endow（寄付する）

fudukushi mung → alms（施し物）

fudukushung → bestow（贈与する）

fudukushung → grant（授与、承諾する）

fudukushung → relieve（救済する）

fudukushuru → charitable（慈善深い、寛大な）

fudukushuru dzīng → subscription（寄付）

fudukúshuru mung → donor（寄贈者）

fū-fŭdă → abracadabra（魔除け）

fu-fúï kunyi → turkey（トルコ）

fūfŭnu kutu → conjugal（夫婦間の）

fŭfŭnu mitchi → connubial（夫婦の）

fūgana mung → genteel（上品な、良い生まれ）

fúganyi ang → genteel（上品な、良い生まれ）

fugashung → bore（くりぬく）

fugatchi tūshung → perforate（貫通する）

fugĭ-tukuru → bulge（ふくらみ、船底）

fugósang → contradictory（矛盾する、相反する）

fúgó-shung → tally（合札、割り符）

fugŭï chĭŭng → castrate（去勢する）

fuguï tutéru wūduï → capon（去勢した食用雄鳥）

fúï → flute（横笛）

fuï mung zeku → engraver（彫刻家）

fuï ndjachi kubudóng → concave（くぼんだ、凹の）

fuï ndjashung → excavate（掘る）

fuï tskashung → carve（刻む）

fuï tskashéru djó → portal（宮殿の正門）

fúïfuï nu dóli → mohamedanism（回教）

fúïfuïnu díshi → musulman（回教徒）

fúïfúï-nu dóli → mahomedanism（回教）
　　　dólinu díshi→musulman（回教徒）

fúï-fúïnu ushī → islamism（イスラム教（回回教））

fuï-baku → bolter（ふるい分け機械）

fūïshung → affect（気どる）

fúïtska šéku → carver（彫刻者）

fuïtska zi → engraving（彫られた図）

fuka → beyond（〜の向こうに）

fúka → exterior（外面の）

fuka → extraneous（外來の、異質の）

fūkā → hollow（虚ろな、中空の）

fuka → out（外）

fúka → outside（外）

fuka → pilot fish（（魚）ブリモドキ）

fuka → shark（鮫）

fuka → without（外）

fuka aka íru → vermilion（朱）

fuka fukashoru → springy（弾力性ある）

fuka kara → external（外の、外部の）

fuka kara → outside（外）

fuka múti → superficial（外見上の、皮相な）

fuka ndjiti sidanyung → airing（散歩）

fúka vutī → without（外）

fukafukashung → elasticity（弾力性）

fukaku kūyung → intreat（懇願する）

fukaku mutumïung → solicit（嘆願する）

fúkaku níng ittchóng → vigilant（警戒した）

fukaku umuyung → long ②（思い焦がれる）

fukaku urītong → consternation（非常な驚き、仰天）

fukaku ussuritóng → aghast（肝を潰す）

fŭkănŭ fĭssi ka → cuticle（表皮）

fukanyi → abroad（外に）

fukanyi nkatóng → outward（外へ向かう）

fukashung → seethe（煮立てる）

fukashuru mizzí → boiling water（湯）

fukassa → depth（深さ）

fúkassang → profound（深い）

fŭki → effluvia（臭気）

fŭkī → exhalation（呼気）

finyaï yássang → volatile（揮発性の）

fúkinu ndjïung → exhale（吐き出す、発散する）

fukïung → chirp（(鳥が) チューチュ鳴く）

fukkvitó-tukuru → bubo（便毒、よこね）

fukóna kutu → mishap（災難）

fúku → javelin（槍）

fúku → lance（槍）

fūkū → service（奉公）

fuku gi → down（綿毛の）

fŭku nyíng → richard（金持ち？）

fúkubúng → fortune（運）

fúkubúnnu ang → fortunate（幸運な）

fukuï gva → atom（微粒子）

fukúï → mote（塵埃、微粉）

fukuïnu tstchong → bedust（埃がついている）

fukumi shinubïung → brook ②（我慢する）

fukurāshā-shong → hale（健康な、強壮な）

fukuru → bag（袋）

fukuru → envelop（包む）

fukurū → owl（ふくろう）

fukuru → pocket（ポケット）

fukuru → purse（財布）

fukuru → sack（袋）

fukuru gva → glandular（腺のある）

fukuru gva → pouch（小袋）

fukurū nashung → inflate（膨張、慢心させる）

fúkuru nunu → sacking（粗布）

fukushóng → subdue（服する）

fúkushung → recite（暗唱する）

fúkushung → subservient（助けになる）

fukúttushóng → sulky, sullen（むっつり）

fŭkŭyŭng → boast（自慢する）

fukuyung → vaunt（誇る）

fukvényi ang → indisposition（不快、軽病、嫌気）

fukvi → boil（おでき）

fú-luku → emolument（報酬）

fú luku → salary（給与）

fúmbitsi → device（工夫）

fumbitsi → resource（資源、手段）

fumbitsi → scheme（企画、計画）

fumbitsi → speculation（考察、見解、推論）

fúmbitsi → stratagem（計略）

fúmbitsi → wit（知力）

fumbitsi ndjashung → devise（工夫する）

fumbitsishong → cunning（こうかつ、ずるさ）

fumi → encomium（賛辞）

fumi agïung → acclamation（賞賛）

fúmi ágïung → exalt（上げる、高める）

fumi agiung → praise（ほめる）

fumi bichi mung → commendable（誉めるに足る）

fumi kudi chóng → intrude（押し込む）

fumïung → panegyrize（賞賛する）

fumiagiung → commend（ほめる）

fumikudóng → absorbed（夢中な）

fumīru kutuba → eulogy（賛辞）

fúmitchi → sultry（蒸し暑い）

fumiti utashung → carol（祝歌、歌で賛美する）

fumïung → celebrate（ほめたたえる、祝典を挙げて祝う）

fumïung → commend（ほめる）

fumi-ung → praise（ほめる）

fūmŭng → abracadabra（魔除け）

fūmung → curse（呪い、呪う、ののしる）

fūmung → curse（呪い、呪う、ののしる）

fūmungshung → exorcise（魔除けをする）

fun → principle -s（原理、主義）

fún dó → intrinsical principles（本質的道理）

fissukanyi bitsi tukurunyi tstchang → desertion（逃走）

fun gukunu ftu → native（土着の）

fūn néng mung → miserable（悲惨、不運な）

fun shī → intuitive（直観の）

fun tsimanu kva → children（子供たち）

fun; → manure（肥やし）

funa → perch（(魚) スズキ科の淡水魚）

funa gaku → crew（乗り組み員、船員達）

funa gaku → mariner（船員）

fúna gaku → sailor（船員）

funa gū suné tukuru → wharf（埠頭）

fúna ikata → float（筏）

funa íkkata → raft（いかだ）

fúnă kătá → crew（乗り組み員、船員達）

fúna míchi shung → steer（舵を取る）

funa múttchi → putty（パテ）

funa nūshi → captain（船長、指揮官）

funa nushi → shipmaster（船長）

fúna shfúshu túkuru → dock（ドック）

funa śku → hold（船倉）

fúna tskíba → dock（ドック）

funa tskoï bá → wharf（埠頭）

funa zéku → shipwright（船大工）

fúnagū → rigging（索具）

funagū tutunūyung → rig（(船出の)用意をする、装備する）

fūnāshi chívami gatémung → hazardous（危険な、運まかせの）

fūnāshi chívami gatémung → hazardous（危険な、運まかせの）

fūnāshínyi shung → hazard（危険にさらす）

fundó → high-way（公道）

fúng → excrements（排泄物）

funi → bone（骨）

funi → junk（ジャンク船）

funi → ship（船）

fúni fichung → tow（引く）

funi gva → canoe（伝馬船）

funi harassarīru kāra → navigable（航行できる）
　harashé naráng→unnavigable（航行できない）

funi kara haïnu dé → compass（羅針盤）

funi kara kushúng → transport（輸送する）

funi kara miguti hăyūng → circumnavigate（周航する）

funi kara urĭung → disembark（上陸する）

funi kūdjā → boatman（ボートの漕ぎ手）

funi kūĭnŭ ĭshĭ → ballast（底荷、敷砂利、バラスト）

funi mi fugatchi → scuttle（天窓）

funi mizzinyi ukĭung → launch（進水させる）

funi nussīru ftu → convicts（囚人、服役囚）

funi sira urushimĭung → launch（進水させる）

funi tadĭung → bream（たでる）

funi tsidji migurashung → convey（運（搬）する、伝達する、譲度する）

funi tski tukuru → haven（港、避難所）

funi tstchi bā → landing place（船着場）

funi tstchiba → mooring（係留地）

funi tuchúng → dismantle（（船の装備を）解く）

funi tumí tukuru → haven（港、避難所）

funi văyúng → dismantle（（船の装備を）解く）

funi vúti → aboard（船上で）

funi yabuyung → strand（座礁する）
　ūrunu aru nyiké→lighthouse（灯台）

funigva → boat（伝馬船）

fikakīru gakidjā → grapnel（引っ掛ける鉤、錨）

fúninu → hatch（船のハッチ、倉口）

funinu chūsi → signalize（合図をする）

funinu fi ūĭ → tilt（傾斜）

funinu fing → marine（海洋の）

funinu haï-sidji → bearings（方角）

funinu hangé → cabin（船室）

funinu kāră → gunwale（船へり、厚板）

funinu kāra → keel（竜骨）

fúninu kāranu wīnu kī → kelson（内竜骨）

funinu káza mi bata → vane（風見）

funinu mbúckwĭung → founder（浸水する）

funinu mé fu → jib（船首三角帆）

funinu naka djó → gangway（通路、船のタラップ）

funinu ndjīse → embargo（抑留する）

funinu nūshi → captain（船長、指揮官）

funinu nyī → cargo（船荷）

funinu nyīmutsi kamuyá → supercargo（積荷監督人）

funinu nyīmutsi kamuyá → supercargo（積荷監督人）

funinu nyindju → equipage（船舶の装備）

fúninu nyítchi → log-book（航海日誌）

funinu shkumutsi kvan → purser（事務長）
　shū vazachéru kata→track（通った痕）

fúninu śtu zitsíng → hulk, hull（船体、船殻）

fúninu tsín dáká → measurement（容積）

funinu tumu → abaft（船尾）

funinu tumu ya → cabin（船室）

funinu tumunu fútchi → taffrel rail（船尾の上部手すり）

funinu tutéru kata → track（通った痕）

funinu umutinu magaï-bashira → bowsprit（やりだし）

funinu wī → aboard（船上で）

fŭnĭnŭ wĭ → deck（甲板）

funinyi nubuyung → embark（乗船させる）

funsa → borax（酢酸ナトリュームの塊）

funshó → instinct（本能、生得の性向）

funsi nyūru ftu → geomancer（土地占い者）

fun-té → essence（本質）

fūnu kubudóng → dimple（えくぼ）

funu tski bā → landing place（船着場）

fūnu uffissang → happy（幸せな）

fúnyung → trample（踏む）

fúnyung → tread（踏む）

fun-zó → herbal book（草本の本）

fŭrĭ abi-shung → scream（大声で叫ぶ）

furī byótchi → intermittent（周期的な、断続的な）

fŭrĭ íng → rabid（気違いじみた）

fŭrĭ kutu → absurd, absurdly（不条理な）

furi kutu → madness（狂気、ふれ事）

fúri mung → insane（狂気の）

furi mung → lunatic（狂人）

furi mung → mad man（狂人）

furi mung nóshuru yā → madhouse（精神病院）

furi varéshung → simper（ニタニタ笑う）

furi yamé. → madness（狂気、ふれ事）

furi yaménu ang → insane（狂気の）

furi zukúĭ → slur（見のがす）

furĭung → madden（狂う）

furime → banquet（宴会）

furimé → cheer（ごちそう）

furimé → feast（饗宴）

furi-mung → bedlamite（狂人）

furimung → idiot（馬鹿、間抜け）

furimúnnu gutóng → frantic（狂気の）

fŭrī-yamé → ague（マラリア熱、悪寒）

fŭrū → closet（物置き、便所）

fŭrŭ → hog-sty（豚小屋）

fŭrŭ → privy（便所）

djĭmangshi fúru fŭru shimïung→flaunting（我が物顔に
　振る舞う）

furu kura → pannel（鞍敷）

furu mung → old（古い、老いた）

furubashung → annihilate（滅ぼす）

fúrubĭuse → destruction（破壊）

furuchi → old（古い、老いた）

furuchinyi kétang → restoration（復旧）

furuï ussuru → quake（震える）

furuyung → quake（震える）

furuyung → shudder（ゾット震える）

fúruyung → tremble（震える）

fúsha → desire（欲望、願い）

fusha → option（随意、選択権）

fushá tukuró → object（目的物）

fushi → ballad（民謡）

fushi → dismember（手足を切断する）

fushi → joint（接合（箇所）、関節）

fushi → knot（節、こぶ）

fushi → melody（旋律）

fushi → nodes（節）

fushi → star（星）

fúshi → tune（曲調）

fushi bushi fukkvīru yamé → gout（痛風）

fushi fŭgī → eyelet hole（小穴）

fŭshĭ fŭgĭ mī → eyelet hole（小穴）

fushi gva → ditty（小歌曲）

fushi ĭu → stock-fish（干し魚）

fushi mama → carnality（肉欲、現世欲、俗念）

fushī māmă → disorderly behaviour（治安を乱す）

fushi mama → dissolute（放埒な）

fushī máma → incontinent（自制出來ない）

fushí mama → presumption（ずうずうしさ）

fushī mama → reckless（無鉄砲な）

fushī mămă → unauthorized（独断の）

fushī mămá → unbridled（自由になった）

fushí mama → wantonness（勝手気儘）

fushī mámanu ftu → libertine（放蕩者、放埒者）

fushi mamanyi-shi → wantonly（気儘に）

fushi nyūru ftu → astrologer（占星術者）

fushi nyuru tafa → observatory（天文台）

fushídji → fortify（防備を固める）

fushídji bichi tukuru nérang → unprotected（無防備の）

fushīdji gatchi → defence（守備）

fushĭdji mămuyung → defend（防御する）

fushidji mamuyuru fió → safeguard（護衛兵）

fushídji osan → irresistible（抗し難い、抑え難い）

fushidji tudumiung → deter（躊躇する）

fushidjĭung → circumvent（出し抜く、実行を妨げる）

fushidjung → impede（妨害する）

fushídjung → parry（防ぐ、よける）

fushidjung → resist（抵抗する）

fushídjung → withstand（防ぐ、抵抗する）

fushígaráng → irresistible（抗し難い、抑え難い）

fushimamanyi shung → arrogate（不法にする）

fushi-mī → loop hole（小窓、覗き穴）

fushi-mī-dé → observatory（天文台）

fushinu dzī katchā → face painter（似顔絵師）

fushinu yaduri → constellation（星座、星宿）

fushó → colonel（陸軍大佐）

fūshung → close（とじる）

fussa → fringe（ふさべり、縁）

fússa → tassel（飾り房）

fússa kúndjung → thrum（織り端（房）を付ける）

fussadjung → obstruct（塞ぐ）

fussağiung → clog（ふさぐ、詰まらせる）

fŭssĭŭng → cobble（修繕する）

fússu → navel（へそ）

fússu → peduncle（花梗、花の柄）

fússu → umbilicus（へそ（臍））

fúta → lid（蓋）

futa akīung → uncover（蓋、覆いをとる）

futara → spark（火花、火の粉）

fútaru → firefly（蛍）

fútaru bí → glow worm（蛍）

futcheru budó → raisins（干しぶどう）

futchi → abyss（深淵）

fŭtchi → brim（ふち、へり）

futchung → blow（吹く）

fŭtī gāmĭ → crocodile（わに）

fŭtī mung → huge（巨大な）

futitóng → fatty（肥満の人）

fūtsi → artemisia（ヨモギ属の総称）

fūtsi ba → worm-wood（にがよもぎ（苦蓬））

futsī-ba → artemisia（ヨモギ属の総称）

futsimi → blotch（しみ、できもの）

futsín → eruption（発疹）

futsin-shóng → eruption（発疹）

fútskurunu nyítchi gva → vademecum（手引、便覧）

futsukuru → bosom（胸）

futucheru furu dzina → oakum（まいはだ（槇肌））

futuchi mussúng → noose（なわで捕らえる）

futuchung → acquit（放免する）

futuchung → unbind（ほどく）

fútuki → idol（偶像）

futuki → puppet（人形）

fútuki → statue（立像）

futuki païshusi → idolatry（偶像崇拝）

fŭtŭng → cushion（座布団）

futūng ussuya → counterpane（掛け布団）

futúng búkuru → tick（（布団、まくらの）かわ）

fuya → boot（靴）

fuyanu ikătă → boottree（靴型）

fuyanu wū → bootstrap（靴ひも）

fuyóshung → recreate（楽しむ）

fúyu → winter（冬）

fuyung → blow（吹く）

fūyung → bore（くりぬく）

fuyúng → dig（掘る）

fuyúng → excavate（掘る）

fuyúng → whirl（振る）

fúyunu tuchi → winter（冬）

fū-zira → cheek（ほお）

fŭzŭkŭ tadashuru mung → corrector（矯正者、罰するひ
と、訂正者）

G

gá kwáng → school（学校）

gā vurirang → stiff-necked（強情な）

gā wūrang → opinionated（固執する、わがままな）

gā wūrirang → unsubdued（抑えられない）

gáchí → musical instrument（楽器）

gadjáng → gnat（ブヨ（虫））

gadjáng → musketoe（蚊）

gádjáng ūyuru fússa → whip（鞭）

gādjū mung → bully（威張り散らす人）

gādjū mung → stiff-necked（強情な）

gákidja → hook（鉤）

gákidjāshi tudumĭung → grapple（鉤、格闘）

găkĭ-dji → crotch（股。股状のもの）

gakkvang → college（大学）

gakódji → academy（学園）

gakódji → college（大学）

gakódji → school（学校）

gaku → music（音楽）

gaku → scholarship（学識、学問）

gaku → science（学問）

gaku dogu → musical instrument（楽器）

gaku fuchā → musician（楽者）

gaku ʹfuri → bookish（学問にこった）

gaku gakū shung → quack（（アヒルなどが）ガーガー鳴く）

gaku mung → scholarship（学識、学問）

gaku mung → science（学問）

gaku mung néng → unlearned（無学の）

gákusha → student（学生）

gakumung → education（教育）

gákumung → learning（学問、学ぶこと）

gakumúng → literature（学問、文学）

gakumúng néng → illiterate（文盲の）

gakumunnu ássang → smattering（浅い、なまかじりの）

găkwăng → academy（学園）

gama → cave（洞穴）

gama → den（穴）

gamaku → flank（横腹）

gámakunu máru → waist（腰部）

gamari → antic（ふざけ・戯れ）

gámari → frolics（ふざけ、たわむれ）

gámari → pastime（気晴らし）

gămări shi tskoï yandĭung → dabble（いじる）

gámari-shung → sport（ふざけ、戯れ）

gămí → inspector（監督、検査官）

gamí → manager（管理人）

gán djimé → tongs（やっとこ）

gan líchinu yutashang → judgment（判断力）

gan nítsi → ophthalmia（眼炎）

gānā → goose（鵞鳥）

gānānu kwa → gosling（鵞鳥の雛）

ganchó → spectacles（眼鏡）

gandjū ku ang → strong（強い）

gandjū mung → hardy（頑丈、勇敢な）

gandjū mung → rigid, -ly（堅い、頑固な）

gandjū mung → robust（屈強な）

gandjū mung → stout（頑丈な）

gandjūnshóng → hale（健康な、強壮な）

găng → bier（棺台）

gang → eye（目）

gang → hearse（棺台）

gani → cancer（巨蟹、ガン腫）

gánkva → occulist（眼科医）

gan-laï-kó → plumbago zelonica（（植）ハゲイトウ）

gānu tóritong → bankruptcy（破産）

gănyĭ → crab（蟹、不平を言う）

gányinu tsími → fang（牙）

gără gara → clang（カン、ガラン（金属の音））

gara gara → peal（とどろき）

gărăsĭ → crow（からす）

gárasí → raven（大烏）

garassinu nachung → croak（鳴く）

găshĭ → dearth（餓死）

gáshi → famine（飢饉・餓死）

gassang → light ②（軽い）

gáta gáta shung → tremble（震える）

gata gatashung → shiver（震える）

gatchi → cuckold（不貞な妻の夫）

gatchi → villain（悪党）

gatchi → voracious（大食の）

gatchi → writing（書くこと）

gatchi gvé-shung → ravenous（がつがつした）

gatchi kvéshung → devour（むさぼり食う）

gatchi ǩvéshung → munch（ムシャムシャ喰う）

gāti nurayung → browbeat（おどしつける）

gatínsang → unwilling（気が進まない）

gátsǐ chǐgǔ → echinus（ウニ）

gatting → approval（承認・是認）

gatting → assent（同意）

gatting shung → agree（同意する）

gattingshung → approve（承認・是認する、良いと思う）

gǎttinó ang → approve（承認・是認する、良いと思う）

gáttinó naráng → incredible（信じられない）

gǎttínsang → adverse（反対・逆の）

gattínsang ábïung → hoot（ホーホー野次る）

gattinshi chiráng → diffident（自信がない）

gattishung → consent（同意する）

gáya gáya → fuss（空騒ぎ）

gáya gáya → stun（気を遠くさせる）

gáya gáya shuru ftu → garrulous（お喋りの、喧しい）

gāyǎ gaya-shung → clack（しゃべりまくる、音をたてる）

gáyagáyashung → gabble（ぺちゃくちゃしゃべる）

gazimarunu ki → baniantree（（植）バイヤン樹木）

+gé → harm（害）

gé → injury（害、損害、損傷）

géchi → rheumatism（リュウマチ）

géchi yating → forcibly（無理強いの）

gégéshung → belch（吐き出す）

gégé-shung → eructation（げっぷ）

génu aru → pernicious（有害な）

gé-nyi ang → mischief（害）

gényi nayung → injurious（害になる、傷つける）

gésang → impunity（免罪、無事、免れる事）

gésang → innocuous, innoxious（無害、無毒の）

géshi usseyung → persecute（迫害する）

　djutchishi chu geshung→bewitch（魔法で人をたぶらかす）

gé-shung → mischief（害）

géshuru → pernicious（有害な）

gétchi kakatóng → ill（病気の）

getchi kakayung → catarrh（カタル（鼻・のどの炎症））

gīma → currents（つつじの一種。）

gíssa → likely（〜そう）

gítta → patten（木底の靴）

gógóshi hayúng → gush（噴出する）

gógóshi ndjïung → gush（噴出する）

gó-ǩu → rhyme（押韻）

gónu íu → pegasus draco（ペガサス龍）

good → intonation（抑揚、音調）

góru góru → rumbling（ごろごろ音がする）

gōshang → cane（杖、むち）

　sugutaïshuru batsi→bastinado（鞭打ち刑）

gow → physiognomy（人相、顔つき）

góya → bringal（（植）ニガウリ）

góya → eggplant（茄子）

+gú → apparatus（道具）

gū → chess（（チェス）西洋将棋）

gū → consort（配偶者）

gū → couple（対、男女一組）

gú → five（五）

gú → mate（片方）

+gū fássiru kutúba → expletive（助辞）

gu gu-shung → grunt（ブーブー唸る）

+gu ínu tadashkaráng → inarticulate（発音不明瞭な）

gū kazi → even number（偶数）

+gu maïnu → folly（愚劣・愚鈍）

gú naráng → unlike（似ていない）

gu narang-si → disparity（異種性、相違）

gū nashung → confederate（同盟（する））

gū nashung → conspire（共謀する、陰謀する）

gū nashung → match ②（組み合わす）

gū natóng → appertain（属する）

　fing→mutiny（反抗、反乱）

gū natoru ftu → abettor（支援者）

gū nayung → coalesce（合体する）

gū néng → unparalleled（並ぶものがない、無比の）

gu rúku → speedy（迅速な）

gǔ shí → planets（惑星）

+gu shó → Hades（死者の国、黄泉）

gū yussinu katchi tumi → tables（一覧表）

gudjira → whale（鯨）

gudjira túdja → harpoon（銛）

gudjira yaï → harpoon（銛）

gudjiranu dzī anda → spermaceti（鯨蝋）

gudúna ftu → ignoramus（無学者）

guduna mung → block-head（おろか者）

gudúnna mung → stupid（愚鈍な）

gudúnna winago → dowdy（下品な女）

+gué gukunu ftu → alien（外国人）

gufïng → bottle（びん（瓶））

gūfǔ → bump（たんこぶ）

gūfǔ → tumor（はれ物）

gūfǔ gétong → gibbous（凸状の、せむしの）

gūfu ndjitong → excrescence（ゼイ肉、こぶ）

gufushi → ankle（くるぶし）

gūfushinu ang → knotted（節、瘤の多い）

gǔǩǔ → apex（極点・絶頂）

guku → climax（絶頂）

gúku → extreme（極端な）

gúku → exultation（歓喜、狂喜）

gúku → intense（極度の）

gúku → most（最も）

gúku → utmost（最高の）

guku aku → atrocious （極悪非道な）

gúku aku → flagitious （極悪な）

guku djó → supreme （極上の）

gúku myǔ → exquisite （絶妙な）

guku myūna mung → superb （極上の）

guku rakuyíng → paradise （楽園）

guku sī → extremity （先端）

　　tanushiminu áttaï→paradise （楽園）

gúku yúrukubïung → exult （非常に喜ぶ）

gúku yúrukudóng → ecstasy （狂喜、法悦）

gukunu chiva → crisis （運の分かれ目、重大局面）

gulī-shussi → salutation （挨拶）

guma → linseed （亜麻仁）

guma achiné → retail （小売）

guma achine ya → grocery （食料雑貨店）

guma chizamïung → hash （刻む）

guma dógu → fancy articles （飾り小間物）

guma kí zéku → joiner （指物、建具屋）

guma munuïshung → lisp （舌足らずの言い方する）

guma munuïshung → whisper （囁く）

gúma munuīshung → inaudible （聞き取れない）

gúma nússudu → filch （くすねる，ちょろまかす）

gúma nussudu → pickpocket （すり）

guma shírita mung → whimsical （気まぐれな）

guma shó-bé-shung → peddle -ar （行商する、行商人）

gúma sina → wash-sand （洗い砂？〈方言は細かい砂の意〉）

guma tataké → skirmish （小競り合い）

gumanu sani → linseed （亜麻仁）

gúmasang → minute ② （微小な）

gumaseku → artisan （職人・技工）

gumassang → small （小さい）

gumi nérang → limpid （水など澄んだ、透明な）

guminu tstchong → bedust （埃がついている）

gundjín → soldiery （兵隊、軍人）

gunfïó → soldiery （兵隊、軍人）

gūnā → lame （びっこの）

gūni atchishung → limp （ビッコをひく）

gūni-baïshung → limp （ビッコをひく）

gūnshǐ → army （軍隊）

gunshi → general （将軍）

guraguri shuru dógu → rattle （ガラガラ鳴るもの）

gúri → dregs （かす、おり）

gúri → faeces （かす、糞便、沈殿物）

gúri → sediment （沈澱物）

gúru gúru → din （ガンガン、やかましく響く騒音）

guru guru → peal （とどろき）

guru gvéshung → munch （ムシャムシャ喰う）

guru mǐtcha ftu → animated （生気のある）

gǔrǔ mitchong → brisk （活発な）

guru utushīshung → rapacious （強欲の）

gurúku → fleet （すみやかな）

gurúku → prompt （即座の）

guruku → rapid （速い）

gurúku kachāshung → shuffle （混ぜる）

gǔrǔkǔ sī-yó → briskly （活発に）

gǔshang → crutch （松葉杖、ささえ）

gūshang → staff （支え）

gūshang → walking stick （歩行の杖）

gushónkae ndjiung → die （死ぬ）

gushónu batsi tukuró → purgatory （浄罪界）

gushónu batsi ǔkuru → tartarus （懲罰所）

gushónu vó → pluto （よみの国の王）

gússa gússa shung → scranch （歯をくいしばる）

gussiku → city （市）

gussiku → metropolis （首都）

gussiku mamutõru fíó → garrison （守備隊）

　　kúruchi sódji shéng→massacre （虐殺）

gussikunu fuka → borough （自治町村）

gussikunu fuka → suburb （郊外）

gussikunu gátchinyi sigayung → escalade （城壁を登る）

gussikunyi simayuru ftu → citizen （市民、人民）

gussumitchi → cartilage （軟骨）

gússumitchi → gristle （軟骨）

gutchafá → petechiae （点状出血）

gútchafa → ringworm （白癬）

gútchina mung → incorrigible （直し難い、頑固）

gutchina wínago → termagant （口やかましい女）

gutchinamung → froward （強情な、ひねくれた）

gutong → as （〜のような、似た）

gutóng → fatherly （父親らしい）

gutu → as （〜のような、似た）

gutu → conformably （一致して、従順に）

gutunyi shung → calcine （焼いて生石灰にする）

guzu guzu shung → stammer （吃る）

guzumúǐ → multitude （多数、群れ）

　　chu guzumúǐnu ftu→horde （大群）

guzumuǐ-shong → crowd （群衆、人混み）

guzzu guzu-shung → stutter （吃る）

gva sī → memses （月経）

gvaï dó → heresy （異端、異説）

gvánsú → tablet （先祖の銘板）

gván yǎkǔ → pill （丸薬）

gvan yaku tskoyā → chemist （化学者、薬剤師）

gvang → vow （誓願）

gvang yaku → bolus （丸薬）

gvánsu → pedigree （家系）

gvǎssī → catamenia （月経）

gvaya gvaya → noisy （やかましい）

gvae butsi satuï yū → organ （器官）

gvé guku kara chõru hánagi → exotic （外国の）

gvé gukunkae ítchuru → outbound（外国へ向かう）

ġvé gúkŭnu → foreign（外国の）

gvé gukunu → foreigner（外国人）

gvé gukunu achinénu tézéshŭ túkuru → factory（工場）
　mízzíĭru sumīru yé→indigo（インジゴ、青藍）

gve gukunu mung → outlandish（異国の）

gvé gúkunu nāsibi → tomato（トマト）

gvéng gvéng → mud（泥）

gvéng gvéng shong → muddy（泥だらけの）

gveng-gveng shú tukuru → quagmire（沼地、ぬかるんだ土地）

gwáng gváng → gingling，jingle（チリンと鳴る）

H

hā → teeth（歯）

hā → tooth（歯）

hā gishinaï-shung → gnash（歯ぎしり）

hā kakitóng → indented（ジグザグの）

ha kunyung → dovetail（ぴったりはまる）

hā máguï tátchi → foil（先丸の剣）

há mītsi aru hăshĭ → trident（三叉のもの）

ha 'ndjatchuru kū → dentifrice（歯磨き）

hā tsī → merino（メリノ羊毛、織物）

haba → breadth（幅）

hábá → width（広さ、幅）

habanu ang → broad（幅の広い）

habu → serpent（蛇）

habu → snake（蛇）

haché kvé-kvé shéru mung → cud（食いもどし、反芻することること（牛など））

haché kvéshung → ruminate（反すうする）

hāchi gani → cymbal（シンバル）

háchigéyung → resilient（弾力性ある）

hachúng → vomit（吐く）

háchuru kussúĭ → ipecacuanha（トコンの根）

háchuru fé zé → vomitive（吐かせる）

hada → muscle（筋肉）

hada atatamïä → stomacher（三角胸飾り）

hadaka → naked（裸の）

hadaka fsha → barefooted（裸足の）

hadji → shame（恥）

hadji kakashuru kutuba → abusive（汚い）

hadji neng → barefaced（厚かましい）

hadji ukitang → disgraced（恥を受けた）

hadji ussuriti-shung → shamefaced, -ly（恥じて、慎ましく）

hadjikashī bichí → shameful（恥ずべき）

hadjikashīgissa-shi → shamefaced, -ly（恥じて、慎ましく）

hadjimashung → stimulate（励ます）

hadjimatchi shung → strenuous（たゆまず努める）

hadjimi nachéru mung → firstling（初子）

hadjiminu fankó → edition（版）

hadjimiti aravashuru kutu → discovery（発見）

hádjimiti kvanyi agïung → invest（着用させる）

hadjimiti tazonïung → explore（調査する）

hadjimiti tskoyung → create（創造する、創作する）

hadjing neng kutu → effrontery（厚かましさ）

hadjing shirang → disreputable（評判の悪い）

hadjing shirang → impudent（恥知らず、厚かまし）

hadjíng shiráng → shameless（恥知らずの）

hadjing shirang kutu → effrontery（厚かましさ）

hadjinu túkuru ussúrang → nakedness（裸の状態）

hadjishimïung → dishonour（名誉を汚す）

hadjitóng → scandalize（恥をかく）

hadjiung → ashamed（恥じ入った）

hádjung → strip（剥ぐ）

hágïung → scale（はげる）

hagógīssang → monstrous（怪物的でぞっとする）

hagógissaru katachi → monstrous（怪物的でぞっとする）

hagósang → nauseous（吐き気を起こさせるような）

hagóssang → loath（憎らしい、嫌い）

hagóssanu → aversion（嫌悪）

hagóssanu → loathsome（憎らしい、嫌）

haï itchayung → bounce（はね返る、はね上がる）

haï itchayung → clash（ぶっつかる）

haĭtsĭ → corsair（海賊）

haï utchuru hó → acupuncture（鍼術）

haï → needle（針）

haï → sting（刺）

haï arasīshuru tímma → regatta（競艇）

haï átatóng → rush（突進する）

haï gami → placard（張紙）

haï gani → plating（めっき）

haï gatchi → placard（張紙）

haï săshī → pin cushion（針山）

haï tsé → pirate（海賊）

haï uttchung → puncture（穴を開ける）

haïnu tī ga → thimble（指貫）

haka → grave（墓）

haka → sepulchre（墓）

haka → tomb（墓）

hăkă-dji → burying-place（墓地）

hakadji → cemetery（共同墓地）

hakama → breeches（半ズボン）

hákama → leggings（子供用で戸外用のぴったりしたズボン）

hakama → pantaloon（パンタロン、ズボン）

hákama → trowsers（ズボン）

hákama kaki → bracers（締めひも）

hakama kakī → suspender（ズボン吊り）

hákaman wū → bracers（締めひも）

hakandi shung → retch（吐き気を催す）

hakanu fīmúnnu ukuri na → epitaph（碑文）

haki gī → yoke（くびき）

hakkaĭ → balance（天秤）

hakkaĭ → poise（平衡）

hakkaĭ → scales（秤）

hákkaĭ → steelyard（竿秤）

haku → box（箱）

haku → case（箱、事例、事情、実情、判例）

haku → chest（大箱、胸）

haku → coffer（箱、ひつ）

hāku → hundred（百）

haku bé → centuple（百倍の）

haku byó ussamīru kussúĭ → panacea（萬病薬）

haku fīnu kashira → centurion（百人隊の隊長）

haku kwang → state ②（国家）

haku mang → million（百萬）

hăku sé nayuru ftu → centenary（百年記念日）

haku shó → commonalty（庶民、平民）

haku shó → peasant（百姓）

haku shó → populace（大衆）

haku zó bé → centuple（百倍の）

　ussamïung→pack（詰める）

hákunu nakaĭ ichi bung → percent（パーセント）

hama → beach（浜）

hama → shore（浜）

hama → strand（岸、浜）

hamafing → beach（浜）

hamati simi yūmŭng → application（適応）

hamatóng → absorbed（夢中な）

hămătsīdjŭh → plover（ちどり）

hamayung → application（適応）

hambung → half（半分）

hambung daĭshóng → hemiplegy（半身不随）

hambung wīshóng → tipsy（ほろ酔い）

hambung ziranu yī → profile（横顔像）

hamé zără → manger（かいば桶）

hămĭ kwāshi bāki → crib（馬草桶）

hámi shī → pavement（敷石道）

hami vūkĭ → crib（馬草桶）

hamïung → pave（舗装する）

han dzichi → fortnight（二週間）

han dzitsū-shung → hemicrany（片頭痛）

han sĭă → printer（印刷者）

hana → flower（花）

hana → flower（花）

hána → nose（鼻）

hana bussa → corolla（花冠）

hana chu kŭndjĭ → bouquet（花束）

hana fĭung → sneeze（くしゃみする）

hana fussa → nectary（（植）みつ槽、みつ腺）

hána gata íttchong → figured（模様付けした）

hana irī → vase（花瓶）

hana ítchi → flower pot（植木鉢）

hána kagami → kaleido scope（萬華鏡）

hána kamutósi → gdardener（庭師）

hana kánzashi → wreath（花輪）

hana kórégŭshŭ → chillies（トウガラシのさや）

hana mamuyuru attaĭ-gva → green house（温室）

hana mussubishi kazaténg → festoons（花飾り、花綱）

hana shae lippangsheng → flowery（花の多い）

hana shíbi → pistil（めしべ）

hana tabaco → snuff（鼻をふんふんいわせて息を吸うこと）

hana tsitsi → kaleido scope（萬華鏡）

hana utu → nasal（鼻の）

hana zitchā → florist（花屋）

hana zitchi → florist（花屋）

hanabĭăkanu mmari → gay（陽気、派手な）

hanabuchishung → snort（鼻を鳴らす）

hanachúng → shoot（撃つ、射る）

hanagata íttéru tsíbu → gallipot（焼き物小壺）

hanahada ussurīung → dread（恐怖）

hanalitósi → distance（距離、遠方）

hanalitósi yinu ússa → equidistant（等距離の）

hananu chu kūndji → nosegay（小花束）

hananu kú → pollen（花粉）

hánanu mí → nostril（鼻孔）

hananu shībĭ → calyx（（花などの）がく）

hananu utchinyi mītõru shĭshĭ → polypus（ポリープス、茸腫）

hanari → interval（間隔、合間）

hanasakatchi ĭyung → exaggerate（大げさに言う）

hanashaĭ iruduténg → flowery（花の多い）

hanashi → conversation（会話、対話）

hánashi → tale（物語）

hanashĭ bichĭ mung → conversable（話好きな、話しやすい）

hanashi bushă → conversable（話好きな、話しやすい）

hanashi zitchā → communicative（話好き）

hanayaka íruduténg → variegated（多彩な）

hánayaka-nyi ang → pomp-ous（華美な）

hanchigeshung → resilient（弾力性ある）

hanchigéti chung → rebound（はね返る）

hanchigéyung → rebound（はね返る）

handji fĭchā → composing stick（植字盆）

hándu → jar（瓶）

háni → wing（翼）

hani gé → wing（翼）

hǎ'nǐ gī → plumage（羽毛）

hani kunyung → pinion（両翼、両手を縛る）

hani mi bǐra → cockroach（ゴキブリ）

hani nŭnŭ → bunting（旗類）

hani shae tskotéru nunu → bombazin（糸と毛を用いた織物）

hani uchishung → flutter（羽ばたきする）

hánǐung → sprinkle（水を撒く）

haninu gutóng → feathery（羽毛状の）

haninu mī → callow（羽の生えない）

haninu mi súruti yín nagi nayung → fledge（羽が生えそろう）

hanishae tskoteru sha⁺ → bombasettes

hannashi → narrative（話）

hǎnshǐ → comedy（（一篇の）喜劇）

hanshi → drama（戯曲）

hanshi → theatre（芝居）

hanshǐshā → actor（役者）

hānshǐshǎ → comedian（喜劇俳優）

hánshung → untie（ほどく）

hántǐung → risk（危険にさらす）

hānu magutóng → jagged（鋸歯状のギザギザした）

hǎrǎ → abdomen（腹部）

hara kudashi → diarrhoea（下痢）

hara sashǐung → rip（裂く）

'haradatchishi kutétang → angrily（怒って）

haradatchishóng → angry（怒った）

háranu dźó⁺ → entrails（内臓）

haranu mŭyū-shun → proclium abdominale（？）

haranu tudukūtong → indigestion（胃弱）

haranyi ataráng → nauseous（吐き気を起こさせるような）

harayung → pay（支払う）

hárayung → sell（売る）

haré gé → skimmer（上澄をすくう道具）

hari nitsi → enteritis（腸炎）

hari yamé → dropsy（水腫症）

harimi nying → defendant（被告人・弁護人）

haritóng → tumify（膨れあがる）

harǐung → bloat（ふくれる）

harǐung → discumber（（障害の悩みなどを）取り除く）

haródji → kindred（血縁、親族）

haródji → pedigree（家系）

haru → field（畑）

haru ǎzi → marmot（マーモット（リス科））

haru āzi → weasel（イタチ）

haru kane kakatõru ftu → farmer（農夫・賃貸者）

haru venchu → field-mouse（野鼠）

haru ya → cottage（田舎や、農家）

haru ya → farm（農地）

haruka → remote（遠い）

harunu āzi → mole（モグラ）

harunu gutóng → rural（田舎の）

harunu ussadji → cony（うさぎ）

hǎshǐ → bridge（橋）

hǎshǐ → hem（へり、縁）

háshi → ladder（はしご）

háshi → margin（縁、端）

hashi bashira → pier（橋脚）

hāshi yishiru mushiru → mat ③（皿敷き）

háshǐung → gallop（疾走する）

hǎshǐnŭ kabuǐ → arch（アーチ）

hashira → column（円柱）

hashira → mast（マスト）

hashira → pillar（柱）

hashira → post（支柱）

hashira tatí → shaft（取っ手）

háshira táti dé → pedestal（台座、柱脚）

hashira tati dé → stylobate（古代神殿の基礎台座）

hashira tātsinu funi → brig（2本マストの帆船）

hashira wúyung → dismast（帆柱を降り倒す）

hashiranu shing → bar（棒）

háshiru kaki gani → staple（閉じ金。繊維。）

hashirunu mudi gána mung → latch（掛け金）

háshǐshǐ → gums（歯茎）

hashittu shóng → well（良い）

hashítushong → healthy（健康な）

hássán → scissors（鋏）

hassan → shears（大鋏、植木鋏）

hassan chíri djíri shéru → vandyked（ギザギザ付の）鋏で

hassan chǐri nussudu → cut-purse（すり、きんちゃく切り）

hassan tsimǐung → clip（鋏をいれる）

hassanyung → shear（毛を刈る）

hássi → psoriasis（乾癬）

hassi → ulcer（癌潰瘍）

hássi → venereal（性病の）

hǎtǎ → banner（旗）

hata → ensign（旗）

háta → flag（旗）

hata → shore（浜）

hata → skirt（端、裾）

hata → standard（旗）

hata hata shī kúkutsi shung → falling sickness（癲癇）

háta hátashi dugeyuru yamé → falling sickness（癲癇）

hataki → field（畑）

hataki āsǎ → lichen（地衣類（植物））

hataki utchung → cultivate（耕作する）

hatakinu tstómi → husbandry（農業、農事）

hatakishā → husbandman（農夫）

hataki-vaza → agriculture（農業）

hatarachi → industry（勤勉）

hatarachi-shung → dispatch（すばやく処分する）

hatarachung → industrious（勤勉な）

hatarachung → ply（精を出す）

hatarachussi → industry（勤勉）

hatchang → away（離れて）

hatcháng → exit（退場する）

hātchi → plate（皿）

hatchi → wasp（スズメバチ）

hatchi abura → wax（蝋）

hatchi ndjashung → squirt（噴出させる）
　　bu bū shung→whiz（ぴゅっと鳴る）

hatchinu gutóru mushi → dragonfly（トンボ）

hatchinu sīnŭ gutóng → cellular（蜂窩状の、細胞の、小
　　房より成る）

hă-tchiritóng → chilblain（霜やけ、凍傷）

hatchung → spurt（吹き出る）

hákashuru kussuri → emetic（吐剤）

haté néng → unlimited（制限のない）

hati → extremity（先端）

hati nérang → expanse（広がり）

hátín néng → unbounded（際限なく）

hatin néng fírussang → vast（広大な）

hatinu aru → finite（有限の）

hatsi matchi bána → madder（（植）アカネ）

hátsi naïmung → firstfruit（初物、初なり）

hátsikolí só ussuru bichí → hideous（ぞっとする、恐ろ
　　しい）

hatsingvïung → ravel（ほぐす、ほどく）

hăttarïung → burst（破裂する）

hattsíburá → mask（仮面）

hattu → prohibition（禁止）

hāttŭ shina → contraband（禁制（止）の）

háttu yúruchi yútsitu nashung → enfranchise（公権を
　　与える）

haya → beam（はり（梁））

hāyă → column（円柱）

hăyă → pillar（柱）

háya → post（支柱）
　　Ichidjirashang→pant（荒息する）

hayung → overlay（上塗りする、上に置く、かぶせる）

hayung → perspire（汗をかく）

hayung → pitch ②（張る）

hayung → run（走る）

hazi → may（〜であろう）

hazi bichi kūdjó → contumelious（傲慢な、無礼な）

hazi kakatóng → scandalize（恥をかく）

hazi → likely（〜そう）

hăzikăshăshimïung → debauch（堕落させる・汚す）

hazikashashóng → abashed（恥じ入った）

hazikashashong → ashamed（恥じ入った）

hazikashimi → shame（恥）

hazikashimi ukïung → disgraced（恥を受けた）

hazikashimīru ukuné → ignominious（不名誉な、恥ず
　　べき）

haziriung → miss（ミスする）

hazishung → discharge（放出する）
　　ching hazïung→denude（裸にする、取り除く）

hazïung → divest（脱がせる）

hé hé-shung → halloo（オーイと叫ぶ）

hfan → half（半分）

hfa̅n tu → midway（中途）

hi hi shi vorayúng → titter（くすくす笑う）

hĭá íŭ → mackerel（鯖）

hïăgā → wheel（車輪）

hĭá → knave（ならず者、悪漢）

hïă → scoundrel（無頼漢）

hïa mī → embrasure（朝顔形の銃眼）

hïa → cuckold（不貞な妻の夫）

hiáganu ato kata → rut（わだち）

hïăgănu hā → cog（歯車の歯）

‘ho̅ → law（法）

‘hó → means（手段）

‘hó → statute（法規定）

‘hó → troop（s）（軍隊）

‘hó dūï → legal（法に適う）

hó duï → orderly（規則正しい）

‘ho gatchi → statute（法規定）

‘hó ǵvé → exempt（免じられた）

hó gvéna yákara → outlaw（無法者）

‘hó kara nugatóng → exempt（免じられた）

ho̅ ratchi-na mung → licentious（放埒な、無法な）

hó tátïă → lawgiver（立法者）

‘hó tatīru → legislative（立法府の）

‘ho̅ tskoyuru → legislative（立法府の）

‘hó ukachéru tsími → transgression（違反、犯罪）

‘hó ukashung → infringe（侵害する）

‘hó ukashung → transgress（逸脱する）

‘ho ukáshuru mung → transgressor（違反者）

‘ho̅ ukatchi-shung → illegal（不法、非合法な）

ho̅ yúnu mitchi → friendship（友愛・友情）

hó zanshuru dzī → diagrams（図形）

hóbanshung → censure（非難）

hóbóshuru ftu → vagrant（放浪者）

hóchi → besom（竹ぼうき）

hóchū tigané → scullion（台所の下働き）

hógvénu mung → outlaw（無法者）

ho̅ï → throne（王位）

hó-lïtsĭ → canon（規範）

ho̅lunshun → argue（議論（評論）する）

hómutési ndjashung → disinter（発掘する）

homuti ukuyusi → burial（埋葬）

hómuyung útuchi homuyung → entomb（葬る）

hómuyuru kutu → interment（埋葬、埋めること）

hómuyuru lī⁺ → funeral（葬式）

hómuyusi → interment（埋葬、埋めること）

hónu ftu tsirani → batallion（陣容を整えた軍隊）

hónu simaï tukuru → cantonment（宿営地、兵舎）

'hónu tūī⁺ → legal（法に適う）

hónu túï⁺ → orderly（規則正しい）

hónu yā → barrack（兵営）

hónu yukuǐ dukuru → camp（キャンプ、野営地、陣地）

'hónyi ataráng → unlawful（不法な）

hónyi áttarang → lawless（法違反の、無法の）

hónyi áttarashung → legalize（合法化する）

'hónyi kanāng → unlawful（不法な）

hónyi kanatóng → lawful（合法の）

hóritóng → inundation（洪水、氾濫）

hóru hóru shung → flaunting（我が物顔に振る舞う）

hóshi → opportunity（機会、都合のよい時期）

hótchá → carving knife（肉切り用大型ナイフ）

hótchā → chopping knife（こま切れ包丁）

hótchi → broom（ほうき（箒））

hótchi bushi → comet（ほうき星）

hótchi shung → sweep（掃く）

hótchu → cook（料理人、板前、煮炊きする、料理する）

hótchu ban → block ②（まな板）

hǒ tchū bǒ tchā → carving knife（肉切り用大型ナイフ）

hótchung → sweep（掃く）

hóti achung → crawl（這う）

hóti kagamayung → crouch（かがむ、腰を低くする）

hótu → dove（鳩）

hótu → pigeon（（鳥）鳩）

hóyung → crawl（這う）

hóyung → creep（這う、忍び寄る）

hóyung → grovel（這う、伏す）

hóyung → scatter（ばら撒く）

hóyuru ichimushi → reptilla（は虫類動物）

hyǎ → ragamufin（ぼろ服の人）

hyá → villain（悪党）

I

ī → bile（胆汁）

ī → gall（胆汁）

í⁺ → majesty（威厳）

i → yes（ハイ）

ī busha kattishi ïyung → random（行きあたりばったりの）

í chíng → pound（ポンド）

ī chu-mung achiné → mercer（反物、織物商）

ī damakashung → cozen（だます、かつぐ）

ī damakashung → entice（誘惑する）

ī fhadjimiyung → accost（話かける）

í⁺ gaku → medicine（医療）

ī⁺ húna mung → strange（異常な）

ī kakiung → accost（話かける）

ī kakiung → address（話しかける）

ī kvishung → betroth（婚約する）

ī māchi fichúng → induce（説いてさせる、引き起こす）

ī māchi fichúng → induce（説いてさせる、引き起こす）

ī machigé-shóng → miscall（呼び違える）

ī magǐung → prevaricate（言い紛らす）

ī nagussamǐung → cheer up（慰める、元気付ける）

ī ndjashung → annunciate（告示する）

í ndjashung → describe（述べる）

ī ndjashung → pronounce（発表する）

ī nóché naráng → irrevocable（取消不可の）

í⁺ nu assi → grandeur（壮大、荘厳、雄大）

ī nubǐung → narrate（述べる）

ī nubiraráng → unspeakable（口では言えない）

ǐ shǎkǔ → covid（長さの単位）

ǐ shǎku → cubit（腕尺）

í shíng⁺ → thousand（千）

ī shukushung → convince（説得する、納得させる、確認させる）

ī síung → interpolate（差し込む）

ī skashung → cozen（だます、かつぐ）

ī sushiri → calumny（中傷）

ī sushirishung → calumniate（そしる）

ī tóshung → refute（反論する）

ī tóshusi → confutation（論破）

í tsí → pair（対）

ī tskǐung → charge（命ずる）

ī tskǐung → enjoin（申しつける）

ī tskushé narang → unutterable（口に出せない）

ī tskussarang → inexpressible（言語に絶する）

ī tskussaráng → unspeakable（口では言えない）

ī tstéti shéng → verbal（言葉の）

ī ukushung → mention（言及、言い出す）

ī utuchaï-shusi → defamation（中傷・悪口）

ī ǔtushung → decry（非難する）

ī utushung → defame（中傷する・誇る）

ī ǔtushung → degrade（位を落とす・退ける）

ī vakishung → plead（言い訳する）

ī vūyung → confute（論破する）

ī vūyǔng → convince（説得する、納得させる、確認させる）

ī vūyǔsi → confutation（論破）

ī yabuyung → refute（反論する）

ī yafarakī yássang → placable（寛容な）

ī yandjung → decry（非難する）

ïchǔ → thread（糸）

ĭŭnŭ ă̆ djĭ → gills（魚の鰓）

ĭŭnŭ ikkata → ichtiology, ichthyology（魚類学）

ĭŭnŭ kútunu lúndji → ichtiology, ichthyology（魚類学）

ĭŭnŭ nyíká → isinglass（純粋透明ゼラチン）

ïyă → thee（汝を）

ïya → thou（汝）

ïya dū → yourself（君自身）

ïya dūshi → yourself（君自身）

ïyă mung → thine（汝のもの）

ïya yā → thy（汝の）

ïya yaká féssang → sooner（より早い）

ïyăgă → thou（汝）

    nígatóng→wishes（～と祈る）

    fiákung tītsi→improbable（ありそうもない、考えられない）

    mānkae→whither（何処へ）

ïyaráng sháku → ineffable（言語に絶した）

Ýashí → mean（卑しい）

Ýashīshi → meanly（貧弱に）

Ýashtchi → ignoble（卑劣な）

Ýashtchí → mean（卑しい）

Ýashtchínyi shéng → meanly（貧弱に）

ïyé-kwé-shung → scuffle（とっくみ合いする）

ïyung → say（言う）

ïyung → speak（話す）

ïyung → tell（言う、告げる）

izún → fountain（泉）

ĭa → afterbirth（後産・えな）

ĭă → arrow（弓矢）

ĭă → dart（投げ矢）

íbassang → narrow（狭い）

ibassang → strait（狭苦しい）

ibassaru mitchi → defile（隘路）

íbbi → lobbster（海老）

ībĭ → craw-fish（ざりがに）

ībi djódji → span（親指と小指を張った長さ）

ībi šatchinu kássa → whitlow（《病理》ひょうそ）

ībi yūtsi bung → hand breath（手幅尺）

ībi yūtsi fudu → hand breath（手幅尺）

ībira sādji → pelican（ペリカン）

ībĭshĭ ftu → barbarian（野蛮人）

ībisi → savage（未開、野蛮な）

ibizashung → denote（意味する）

íbizashung → refer（差し向ける）

ibizasĭ tukuro nengshóti → abstractedly（ぼんやりと）

ibung-shung → say（言う）

icha → board（板）

ichaĭ yassa → access（接近）

ichánda → gratis, gratuitous（無料で、ただで）

ichánda zukúïshéng → slur（見のがす）

ĭchă̆tĭ → conference（相談）

ichayung → befall（（災いなどが）起こる）

īchĭ → air（空気）

īchĭ → breath（息）

íchi → pool（プール、池）

īchi → steam（蒸気）

íchi djī → types（活字）

íchi djíku → fig（植）イチジク）

ichi dó kukurumé → essay（小論）

íchi dú → once（一回、かつて）

ichi d̄ū → quire（1帖（24枚））

ichi dŭnu tataké → campaign（野戦）

íchi dūnushkumutsinu dé → fare（料金）

ichi ichi kazōyung → enumerate（列挙する）

ichi kéyung → resurrection（復活）

íchilí → mile（マイル）

ichiló → tael（テール）

ichiluï → tribe（種族、家族）

īchi madi shínyung → suffocate（窒息死する）

īchĭ mădī-shung → choke（息苦しくさせる）

    fĭkŭdi shinyung→choke（息苦しくさせる）

ichí mang → myriad（一萬）

ichi mé → page（頁）

īchi mĭ → breathing hole（呼吸坑）

íchi muminu kani → mace（メイス）

íchi mung → related（縁続きの）

ichi munnu gutuku shung → personify（擬人化する）

íchi munu sū gatchi tumi → zoology（動物学）

ichi mushi → animal（動物）

ichi mushinu kī-ui čhing → plush（フラシ天（絹綿ビロード））

īchi ndjashung → expire（息を吐く）

ichi ndjŭng → quicken（生き返らせる）

ichi ndjŭng → resuscitate（生き返る）

ichi ning → year（年）

íchi ning áto úkuriti → survive（～より長生きする）

ichi nyichinu ～ → diurnal（昼間の）

ichi nyitchinyi ichi du → diurnal（昼間の）

īchi shung → respire（息をする）

īchi tstchung → gasp（喘ぎ）

íchi yónyi → likewise（同様に）

íchi yónyi néng → inequality（不平等、不均等、凸凹）

ichi yónyi tūsang → equidistant（等距離の）

ichi zuku → tribe（種族、家族）

ichïui → might（力）

ichïūri néng → impotent（無力、虚弱な）

íchïūri tanudóng → overbearing（高圧的、横柄な）

ichïūrinu uffissaru mung → powerful（力ある）

ichicha ftu → animated（生気のある）

ichichōru yé → lifetime（一生、生涯）

íchigé-yung → revive（生き返る）

íchigé-yung, -shung; → revive（生き返る）

íchikashí → supportable（支持できる、扶養できる）

ichimushi tskané dukuru → managery（動物園）

ichimushinu kukuru → brutish（畜生のような）

īchinu ndjïung → exhale（吐き出す、発散する）

īchinu tétong → breathless（息切れした）

īchishung → breathe（息をする）

íchishung → flirt（振り動かす）

ichĭuri → authority（権威・権勢）

ichiuri karashung → authorize（権限を与える）

ichiuri shimïung. → authorize（権限を与える）

ichĭurishae → coerce（強制する）

īchŭ mátchung → wind ②（巻く）

ichubi → raspberry（(植) キイチゴ）

ichung → going（動いて）

īchunu lúï → lustring（甲斐絹）

íchuru kangé → intend（志向、思う）

ĭchŭtă → awhile（寸時）

icka → cuttlefish（甲いか、(俗に) いか）

íckata kutuba → paradigm（語形変化表、範例）

ĭdji → bravery（意地、勇み）

ĭdjĭ → courage（勇気、度胸）

ídji chiri → intrepid（大胆、勇敢な）

idji djū na mung → boldfaced（厚かましい）

ĭdji djūsashi uduru kang mung → dauntless（豪胆な）

ídji fúka → faint hearted（臆病・意気地なし）

ídji fūka → poltroon（臆病者）

idji fukitóng → faint hearted（臆病・意気地なし）

ídji kussari mung → intrepid（大胆、勇敢な）

idji-fuka-shi → cowardly（臆病な、卑怯な）

ĭdji-fukă-shi → dastardly（卑怯な）

ĭdjĭgó → brave（勇者）

idjina mung → bold（大胆な）

idjinu ang → courageous（勇気、度胸ある）

ídjinu ikirassaru mung → poltroon（臆病者）

ĭéshtchi samuré → dabbler（しろうと）

ĭéshtchi sekushung → dabble（いじる）

ífé → somewhat（少し、幾分か）

iffé ang → infrequent（多くない、稀な）

íffé nīnku → latish（少々遅い）

iffé uduruchótang → startle（びっくりさせる）

íffé utagénu ang → suspect（疑う）

iffe vakachi uki → apart（別れて）

iffé wung → some（幾らか）

íffé yugadóng → slanting（傾いた）

īffĭkŭ → amply（十分に）

íffing kavarang → fixedness（固定）

íffing ndjukang → steadfast（固定した、しっかりした）

íffïng úgukáng → unalterable（不変の）

íffing utagé néng → unsuspicious（疑えない）

ĭffukunu sandami → costume（服装、身なり）

ífi → few（少々の）

ífŭkŭ → garment（衣服）

īgó → afterward（あとに・以後）

ĭgúnggatchi-shung → testament（遺言、遺書）

igúng katcha → testator（遺言者）

ígung kviung → bequeath（遺言で譲る）

ī gúng sazikiráttoru → executor（指定遺言執行人）

ihu → extraordinary（異常な）

íkáng kutu → wrong（悪い、不善）

íkarang tukuru → inaccessible（近付き難い、よそよそしい）

ikaránsidu uramitõru → would（もし～する意志があれば）

ikari → anger（怒り）

ikari → wrath（怒り）

íkari fashshĭung → displeasure（不機嫌）

íkari sarashung → wreak（(恨みなどを) 漏らす、晴らす）

ikari sísimïung → exasperate（憤激させる）

ikari sísimïung → exasperate（憤激させる）

íkari tátchi yássa → irritable（短気な、激し易い）

ikari tukuru → accessible（近付きやすい）

íkari ukuyung → irritate（いらいらさせる、怒らせる）

ikari ussamïung → appease（なだめる）

ikari yamitang → pacify（鎮圧する、静める）

íkarinu aravarïung → vexation（立腹）

ikarinu féssang → choleric（おこりっぽい）

ikarinu katachi → grim（険しい、厳格な）

ikătă → float（筏）

íkati uramitóng → indignant（憤慨した）

ikatóng → angry（怒った）

íkiraku → scanty（乏しい）

ikiraku nashung → abridge（短縮する）

íkiraku nashung → lessen（少なくする）

ikiraku nashung → reduce（減らす）

ikiráku nashung → subtract, -ion（減ずる）

ikiraku natosi → deficiency（不十分・欠陥）

ikiraku nayung → abate（減る）

ikiraku nayung → diminish（減らす）

íkiřassang → scarce（乏しい）

ikkă → household（家族、世帯）

ikka → scate（ガンギエイ）

ikkaï → anchor（錨）

íkkaï ukushung → weigh anchor（錨を上げる）

íkkaï urïung → moor（投錨する）

ikkaïnu hā → fluke（錨づめ）

íkkaïnu hānu satchi → fluke（錨づめ）

ikkainu kussáï tsina → cable（ふと綱、錨づな）

ikkainu wū → cable（ふと綱、錨づな）

íkkaná shíng → howsoever（如何に～でも）

íkkarinyi fúruyúng → enrage（懲らす）

íkkata → model（モデル、型）

íkkata → pattern（手本、型）

íkkătă → raft（いかだ）

íkku kénung → frequently（頻繁に）

íkkuku → minute（分）

íku kadunu katachi → polygon（多角形）

íku kénung nárayung → exercise（練習）

ikusanu sū mutumi gatchi → requisition（要求書）

íkussa → troop（s）（軍隊）

íkussa buni → man-of-war（軍艦）

ikussa djing → armor（よろい）

ikussa dogu → arms（兵器・武器）

ikussa dógu → weapon（武具）

ikussa dógu ang → armed（武装した・武器を持った）

ikussa dogunu ya → armory（兵器庫）

ŭfŭ tésho→admiral（提督）

ikussa kakvī gatchi → breast-work（胸壁）

ikussa nyindj → army（軍隊）

ĭkŭssă téshó → commander（指令官）

ikussanu djing hayung → encamp（露営する）

íkussa-nu kutu → military（軍事の）

ikussanu shkóï → accoutrement（装備・装具）

íkussanu té shó → dictator（指令者）

ikussashā → warrior（戦士）

ím butsi → vagina（膣）

íma → now（今）

imashimbichi → blameless（何のとがもない）

imashimi → commandment（神の掟、戒律）

imáshimïung → prohibit（禁ずる）

imashimiru bichi → blamable（罪科のある）

arakadjiminyi imashimïung→caution（警告する、用心）

imé nerang naga kūdjó → verbiage（冗語）

imi → acceptation（意味）

imi → dream（夢）

ími → meaning（意味）

imi → mourning（服喪）

ími → purport（主意、趣旨）

imi → signification（意味）

ĭmĭ kumekiti tŭchuru 'ho → definition（定義）

imi nchi iv nsi murachang → emission（放射）

ími néng → unmeaning（無意味な）

imi tātsi → double-meaning（二重の意味）

ími tatsi → equivocal（両義にとれる、多様性の）

imi tātsinkae káyuyung → susceptible（～を許す。～が可能な）

ími tsõdji yassaru → simplify（平易にする）

imi yū tashshïung → phraseology（言い回し）

íminu ang → denote（意味する）

imishōru ftu → mourner（喪者）

imiti tuyung → require（要請する）

ímiung → require（要請する）

imiye → meaning（意味）

imiyénu ang → imply（含蓄する）

ímmu → potato（じゃがいも）

i-mung → mould（型、手本）

íntstchung → stamp（印章）

in djĭnyĭ sītong → stern（厳格な）

in tïen yandïung → mar（損なう、傷つける）

intién → bit（小部分）

in tién gva taráng → scarcely（かろうじて）

in tien ma taráng → scarcely（かろうじて）

ín ushúng → stamp（印章）

inyukuna mung → libidinous（好色の）

ĭnăkănŭ chu → countryman（田舎者）

inazima → lightning（稲妻）

inchá dŭ djíng → jacket（ジャケット、胴着）

ĭnchă ïatchi → dagger（短剣）

ínchaku ang → short（短い）

ínchaku nashung → shorten（短くする）

inchassang → short（短い）

ínchunu tukuru → retirement（隠退）

índāgī → swing（ぶらんこ）

índánna kutu → lewdness（淫乱）

indánna mung → fornicator（姦淫者・密通者）

índjă → hermit（隠者）

índja natóng → obscurity（暗さ）

índja nu simédju → hermitage（隠遁者の庵）

índjere → english（英国の）

índji → spines（刺）

indji → thorn（とげ、針）

indjirinu mung → english（英国の）

índjŭ → ditch（溝）

indjŭ → drain（下水）

īndjŭ → gutter（溝）

indó māmi → pea（（植）エンドウ）

ing → dog（犬）

íng → seal（印）

íng attái → seals（官職印）

ing gva → cub（幼獣）

ing mung → pudenda（（女性の）外陰部）

ingere kunyi → england（英国）

íng-gamī → seals（官職印）

íngva → puppy（子犬）

ínĭ → rice（稲、米）

ínkó → parrot（オーム）

ínna kazaï shoru ftu → ostentatious（けばけばしい、これ見よがしの）

dzú búï shung→wag（振る）

innu ang → awe（畏怖）

ínnu dzū bu̇ishung → wheedle（追従する）

ínnu kva nashung → pup（子犬を産む）

ínnu lu̇ï-shóng → species（生物の種）

innu nachung → bark（吠える）

ínnu yā → kennel（犬小屋）

innu aru → dignified（高貴な、品位のある）

ínnŭfŭnŭ nūdi → oesophagus（食道）

ínnuï → prayer（祈り）

innuyung → pray（祈る）

ínsi → semen（精液）

inteen katanchóng → slanting（傾いた）

íntién → dot（小点）

íntién yabuyung → mar（損なう、傷つける）

ínu ang → majesty（威厳）

ínu aru fitu → demure（まじめな）

ínu aru ftu → stately（堂々たる）

ínu chkvi → grandeur（壮大、荘厳、雄大）

inu kū-gva → puppy（子犬）

ínufu gutchi → pylorus（幽門）

inufunu kutchi → cardiac orifice of the swallow（（胃の）噴門、食道の口）

ínuï chó → liturgy（儀式文集）

ínutchi → life（生命）

inyishī mung → ancient（古代の）

íppán → meal（食事）

ippe kara atsimiung → concentrate（一点に集中する）
hákáyuru djódji→perimetre（周囲（計測器））

ĭppé māshung → compass（囲い込む、めぐらす）

ippé mittchóng → saturate（飽和する、染み込む）

ippé shirashung → proclaim（公布する）

ĭppéku ning → century（百年、I世紀）

ippenkae firakachi → dispread（開く、広げる）
sandjirashung→dispel（追い散らす）

ippényi vúng → ubiquity（偏在）

ĭpping → chapter（章）

íppŭkŭ → dose（一服）

ĭppŭng → candareen（中国の貨幣単位、テールの100分の1）

íppunu shúmutsi → volume（冊、巻）

írabáng gútu → indiscriminate-ly（区別、見境ない）

irabi naku → indiscriminate-ly（区別、見境ない）

ĭrădĭ nudjési → compilation（編集（物））

ĭrănă → bill-hook（なたがま）

írănă → sickle（円形鎌）

irashung → admit（入れる）

irayung → borrow（借りる）

ĭrĭ → borer（穴あけ器、きり）

iri → drill（ドリル）

íri → gimlet（木工きり）

irī → receptacle（容器）

iri daka → revenue（（税金などによる）歳入）

íri gami mótsi → wig（かつら）

íri machigé → misplace（置き違える）

íri 'nchung → inject（注入する）

irí tukuru → shed（小屋、納屋）

íriünu ang → requisite -s（不可欠な、必需品）

írichanu kĭtă → rafter（屋根のたる木）

irichi gā → scaly（うろこ状の）

írigú → ingredients（成分、原材料）

írigu → materials（素材、材料）

ĭrĭku → biche-de mer.（？）

irimi → expense（費用）

irimishung → spend（費やす）

irisimi-shung → tatoo（入れ墨する）

íritcha → roof（屋根）

írítchanu kắra → tiling（瓦屋根）

íritchi aru lúi → finny（ひれを持つ）

iritchung → fry（炒る）

íritchung → toast（きつね色に焦がす）

irivaïshung → gainsay（否定する）

irivaïshung → impugn（非難攻撃、論駁する）

irivaïshā → contradictious（論争好きな、理屈っぽい）

irivaïshandi ichi shtchong → contradictious（論争好きな、理屈っぽい）

irivaïshung → contradict（否定する、反駁する）

irivayé narang → indisputable（議論の余地なき、明白な）

íriyūna mung → useful（役に立つ）

íriyūnu ang → useful（役に立つ）

írka → porpoise（イルカ）

iru → color（色）

iru → hue（色合い）

iru → paint（ペンキ、色）

íru dzíchi-na mung → lascivious, -ness（好色、淫乱な）

íru iru, kazi kazi → miscellanious（雑多な）

íru kavasáng → unmoved（動じない）

íru mussabutóng → lecherous（好色な）

iru neng → colourless（無色の）

íru síri íshi → mullar（絵の具など、磨り潰し用の底の平たい石）

iru sumi mungshá → dier（染色師）

iru sumíung → tinge（染める）

iru sumïung → die ②（染める）

iru yuku → sexual（性の）

iru yuku → venery（好色）

íru yuku-nu ang → lascivious, -ness（好色、淫乱な）

íru zíchi → lecherous（好色な）

íru zichi → lewd（淫らな、猥褻な）

iru zichi → rakish（みだらな）

íru zichī → voluptuary（好色の、享楽的）

íru zitchina mung → voluptuary（好色の、享楽的）

irudúïshung → enamel（上薬をかける）

iruduténg → many coloured（多色の）

iruduténg → many coloured（多色の）

irunu súnkunyung → tinge（染める）

irunu uttiung → discoloured（色があせる）

iruzichi wickiga → whoremonger（売春する男）

iruzíchina mung → whoremonger（売春する男）

ĭshǎ → doctor（医者）

ísha → physician（医者）

ishanu haï → lancet（ランセット、披針）

ishanu kutu → medical（医療の）

íshanu sigu gva → scalpel（外科用メス）

ishatá → mantis（カマキリ）

íshătŭ → firelock（火縄銃）

ishatú → mantis（カマキリ）

íshi → intrench（塹壕で防備する）

íshi → stone（石）

íshi ána → mine ②（鉱山）

íshi ána → quarry（石切り場）

íshi ána → stone pit（石穴）

íshi bé → lime（石灰）

íshi búku → pebble（丸い小石）

íshi bya → ordnance（砲）

ishi bya mī → embrasure（朝顔形の銃眼）

ishi byá mī → port-holes（銃眼）

ishi bya narashu tukuru → citadel（城、砲郭）

ishi bya narashuru dan → battery（砲台）

ishi byanu mǐ → caliber（口径、直径、内径）

íshi byānu mími → trunnion（砲身を支える砲耳）

ishi dánnu ábura → naphta（石脳油、ナフサ）

ishi fuïmung shung → sculpture（彫刻する）

ishi fuyā → miner（鉱山夫）

ishi gatchinu yandi tukuru → breach（破れ口、裂け目）

íshi gú hamïung → macademize（敷石道路にする）

ishi ívanu uffusá → rocky（岩石の多い）

ishi ǩū → pebble（丸い小石）

íshi mārǎ → stalactites（鍾乳石）

íshi máshǒ → rocksalt（岩塩）

ishi michi → causeway（土手道、敷石道）

ishǐ mǔmǐ → asbestons（石綿）

íshi nagiti ūyung → pelt（石などを投げられる）

íshi nī azíng → paving-beetle（敷石用の大槌）

ishi nizzimi，ussadji gva → rabbit（兎）

íshi nūï → lichen（地衣類（植物））

íshi shae ūyung → pelt（石などを投げられる）

íshi tuï dukuru → quarry（石切り場）

íshi zéku → mason（石工（屋））

íshi zéku → plasterer（左官）

íshi zéku → sculptor（彫刻家）

íshi zéku → stone cutter（石きり工）

　　bandjó gani→bevel（角度定規）

íshi zī → stylobate（古代神殿の基礎台座）

ishibya → artillery（大砲）

ishibya iri tukuru → castle（城、砦）

ishi-bya-gamī → gunner（砲手）

ishi-bya-ǐa → cannonier（砲兵）

ishigatchi → enclosure（囲むもの）

ishinu anda → naphta（石脳油、ナフサ）

íshinu fídji → saxifrage（（植）ユキノシタ）

ishinu gutõru 'ncha → ochre（黄土）

íshinu kutu → mineralogy（鉱物学）

íshitu nayung → petrify（石化する）

ĭshó → apparel（衣装）

ĭshó → clothes（着物）

ishó → constantly（絶えず）

ishó → dress（服装）

ishó → habilment（装具、衣装）

ishǒ → raiment（衣服）

ishó baku → ward-robe（衣装箱、匱）

íshó chïa → morning gown（夜着）

ĭshó chïung → clothe（着せる）

ishó chǐya → dressinggown（化粧着）

ishó fitsi → bureau（たんす）

ishó hazïung → disrobe（脱ぐ）

ishónoyā → tailor（仕立屋）

ishó yuruku nashung → disrobe（脱ぐ）

ishsháku → foot（フィート）

íshshatū → trigger（引き金）

ĭshshó → chapter（章）

íshshó → section（章）

íshshu → pint（パイント、液量単位）

ísh shūnu tstchi fī → anniversary（年忌日）

íssa nayúng → trot（馬が連歩で駆ける）

íssadji yukaráng → impure（不純、不潔な）

issadji yutchi chïūshku → pure（純粋な、潔白な）

issadjiyútchinyi nashúng → sanctify（聖別する）

issami → bravery（意地、勇み）

issami → courage（勇気、度胸）

issami tátchung → zealous（熱心な）

íssamïung → moralize（徳化する）

íssamïung → remonstrate（いさめる）

issamïung → reprove（責める、叱る）

issamïung → warn, -ing（警告する）

íssaminu ang → valorous（勇敢な）

issamīru ftu → monitor（勧告者）

issamīru shǐnka → counsellor（顧問、相談役）

issamíti narashung → moralize（徳化する）

issamïung → admonish（勧告する）

issamïung → counsel（勧める、助言する）

íssán → meal（食事）

íssényi → minutely（詳細に）

issenyi → thoroughly（すっかり、完全に）

issenyi kangetong → attentive（注意・思いやり深い）

issényi sadamiráng → precarious（不安定な、危険な）

issenyi saĭdăn shung⁺ → adjudge（裁く・判決する）

íssényi → specify（明確に述べる）

issenyi tuĭ shirabiung → scrutinize（吟味する、詳細に調べる）

íssing → inch（インチ）

issudjíshi → hurriedly（急いで）

issudjishong → ardent（熱心な）

issudji-shung → accelerate（加速する）

issugássa → eagerness（熱心さ）

issugassa → rashness（せっかち）

íssugassang → eager（熱心な）

issugassassi → rashness（せっかち）

íssugávassang → eager（熱心な）

íssugi → hurry（急ぎ、急ぐ）

issugĭusi → celerity（文語）（行動の）敏速、すばやさ）

īssúkŭ → dozen（ダース）

íssuku → set（セット、組）

ĭtă → board（板）

íta sídaĭ → venetian（ブラインド）

itadatchi → apex（極点・絶頂）

itadatchi → summit（頂上）

itadatchi → vertex（頂点）

itadi kárassang → rancid（腐りかけて臭い）

ítadi kuyanyung → remorse（自責の念、悔恨）

itadong → ache（痛む）

itadóng → mournful（悼み嘆く）

ítadóng → rancid（腐りかけて臭い）

ítadong → unsound（不健全な、傷物の）

ītă-gĭ → deal {wood}（松板。もみ材。）

ítami → pain（痛み）

ítami → pain（痛み）

itami gakaĭshóng → taint（汚れしみ）

itami yurushung → ease ②（和らげる）

itami yurushung → ease ②（和らげる）

itáminu ang → unsound（不健全な、傷物の）

itaminu yóku natóng → relent（弱まる）

itanyung → condole（悔やみを言う、弔慰する）

itanyung → hurt（傷つける、損なう）

nuziki sarashung→obviate（予防、除去する）

itaratchi → climax（絶頂）

ítari → extreme（極端な）

ítaru → reach（至る、着く）

itatí → most（最も）

ĭtati makutu → candor（正直、率直さ、淡泊さ）

ítati uffissang → greatest（最も大きい）

itayung → arrive（到着する）

ítazira mung → vagabond（放浪者）

itázira mung → wanton（淫らな）

itazira vorabátá → varlets（ごろつき）

itaziranyi → dissipate（散らす、消す）

itaziranyi assidatchung → truant（ずる休みする）

itaziranyi atchung → loiter（ぶらつく、うろつく）

itaziranyi sígushung → misspend（使用を誤り浪費する）

ítaziranyi tsīyashung → lavish（気前よく、浪費する）

itchaĭ shtchaĭ-shung → circumlocution（婉曲な言い抜け、回りくどさ）

itchatoru ftu → acquaintance（知人）

itchayung → interview（会見、会談、する）

itchayung → meet（会う）

ítchăyŭng → reach（至る、着く）

itchésé → expression（表現）

ítchi → one（1）

itchi chūru móki → income（収入）

ítchi chūsi → income（収入）

ítchi itchi → singly（一つずつ、個々に）

itchi tsodjirashung → cue（きっかけ、合図を与える）

itchichi ndjutchung → alive（生きて）

itchichóng → alive（生きて）

itchichong → animate（命ある）

itchichúng → live（生きている）

itchinyīnu → victimize（いけにえとして殺す）

ītchi-shung → inspiration（吸気）

ĭtchŭkŭ → cousin（いとこ）

itchúng → gull（かもめ）

ítoma → leisure（暇、いとま）

itsi fatchi → balsam（バルサム樹）

ítsi kadu → pentagon（五角形）

ítsi yaravang → whenever（何時でも）

ítsi → when（いつ）

ītsikĭung → command（命ずる）

ítsing áto → last（最後の）

ítsing fuka → outermost（最も外側）

ítsing kushi → hindermost（最後部の）

ítsing neng → never（かつて～ない）

itsing sī → ending（終結）

ítsing sí → hindermost（最後部の）

itsíng sīză → eldest（最年長の）

itsing tõsa → furthest（最も遠い）

itsing tūssang → farthest（一番遠い）

ítsing uffissang → greatest（最も大きい）

ítsing yutashang → prime（最も重要な）

itsisinu saguyuru nú⁺ → senses（感覚）

ítsĭtsī → five（五つ、五）

ítsitsi bŭshĭ → planets（惑星）

ítsivaĭ → false（偽りの）

ĭtsĭvaĭ mung → crafty（悪賢い）

itsivaĭ chiké-shung → perjure, perjury（偽証する）

ítsivaï mung → hypocrite（偽善者）

ítsivaï munuĭshá → story-teller（物語作者）

itsivari → artifice（巧妙な策略）

itsivari → craftiness（こうかつ、ずるさ）

ĭtsĭvărĭ → deceit（詐欺・虚偽）

itsivari → fallacious（虚偽の）

itsivari → fictitious（偽りの・虚構の）

itsivari → mock-trial（偽の訴え）

itsivari mung → fictitious（偽りの・虚構の）

ítsivarisūmī → wiseacre（賢者ぶる人）

itsivati → dissemble（偽る、とぼける）

itsivati ambéshung → adulterate（混ぜて質を落とす）

ĭtsĭvătĭ mankashung → adulterate（混ぜて質を落とす）

itsivati shung → counterfeit（偽造する、偽る）

itsivati tsigüng → misrepresent（誤り伝える）

ítsivati yū shuru mung → hypocrite（偽善者）

itsivătidu shéru → craftily（ずるく、こうかつに）

itsivăyuru kutu → deceit（詐欺・虚偽）

ítskŭshĭmi → kindness（親切）

íttá → you（君）

īttānāndjū nūnyi kakatoru kutunu aga → consist（～から成る）

ítta gáni → syceesilver（馬蹄銀）

íttán⁺ → heresy（異端、異説）

íttán⁺ → schism（分派、分裂）

īttchŏng → contain（含む、抑える、囲む）

īttchŏng → contain（含む、抑える、囲む）

íttchuta → temporary（一時の、仮の、臨時の）

ittchŭtădú yaru → transitory（一時的）

íttsing kami → highest（一番高い）

íttsing mé → foremost（真先の）

íttsing nínku → latest（一番遅い、最後、最近の）

ittsing satchi → foremost（真先の）

íttsing shtya → lowermost（最低、どん底の）

íttsing sī → latest（一番遅い、最後、最近の）

íttsing tákassaru → uppermost（最も上）

íttsing tsidji → worst（最悪の）

íttsing útchi → inmost（一番奥の）

íttsing vássáng → worst（最悪の）

íttsing wí → highest（一番高い）

íttsing wīnu mung → uppermost（最も上）

íttsing yabuyé naráng → unperishable（滅びない）

ĭttsĭng yuttashang → best（最上の）

ittsīnu kazi → logarithms（対数）

íttuchinu mung → momentary（一瞬の）

ítŭ → peck（乾量の単位、ペック）

itu gutchi → clue（糸口）

ĭtu gutchi → cue（きっかけ、合図を与える）

ítu machi guruma → reel（糸巻（車））

itu matchi → reel（糸巻（車））

itu uï → calabash（（植）ひょうたん）

ítuma → leave（許し、暇乞い）

ituma gõï → adieu（いとまごい）

ituma gõï → adieu（いとまごい）

ítumanu fí → holy-day（休日、聖なる日）

ítunami-shung → profession（職業）

ĭtusidji chŭ măchi → clew（糸玉）

ítutong → languid（物憂い、けだるい）

ítutóng → listless（大儀そう、物憂げな）

ítutóng → wearied（憔悴した）

ítutósi → lassitude（疲労、だるさ）

ituyung → avert（厭う）

ítuyung → weary（疲れた）

ĭŭ → fish（魚）

ĭŭ tsī daki → fishing rod（釣り竿）

ĭŭ tsĭā → fisherman（漁師）

ĭŭ tsīnu wū → fishing line（釣り用の綱）

ĭŭ tsīru ná → fishing line（釣り用の綱）

īŭ tskanayuru īchi → tank（水槽）

ĭu túï tsī → fish-hook（釣り針）

ĭŭ tuyā → fisherman（漁師）

ĭŭ tuyú túkuru → fishery（漁場）

īu tuyuru tsí → fish-hook（釣り針）

ĭŭ ŭyā → fishmonger（魚屋）

ĭŭnŭ hani → fin（魚の鰭）

ĭŭnŭ ĭchi → fishpond（生け簀・養魚池）

ĭŭnŭ kúga → roe（魚卵）

ĭŭnŭ kumúï → fishpond（生け簀・養魚池）

ĭŭnŭ lúï → finny（ひれを持つ）

ĭŭrŭ fī dógu → fire arms（火器）

ĭŭrŭ fī dógu → fire arms（火器）

īŭsī narang → admission（立ち入り許可）

iva → cliff（崖、絶壁）

íva → ledge（岩棚、突出部）

íva → rock（岩）

iva banta → brink（がけっぷち）

iva íshi → ledge（岩棚、突出部）

ī-vaki → plea（言い訳）

ívari → process（過程）

ĭyā → bow-man（射手）

ĭyá → placenta（胎盤）

īyā buta → hedg-hog（ハリネズミ、ヤマアラシ）

ĭyaga iyuru gŭtŭ → according（～に従って）

īyashā → skinflint（ひどいけちんぼう）

iyashchi → despicable（卑しむべき）

ïyashĭ mung → abject（卑しい）

íyashí mung → parsimonious（けち、しみったれ）

íyashī mung → penurious（ひどくけちな）

īyashī mung → shabby（見すぼらしい）

íyashī mung → stingy（けちな、しみったれ）

ïyashĭbi → covetuousness（貧欲、強欲）

ïyashĭmbĭchĭ → abominable（忌むべき）

iyashimi ussiku shuru mung → disdainful（尊大な）

iyashindjïung → contemn（軽蔑する）

iyashindjïung → despise（軽蔑する）

íyashku neráng → liberal（気前よい、寛容な）

iyashtchi mung → contemptible（軽蔑すべき、卑劣な）

iyashtchi mung → niggard（欲深い人）

íyashtchi mung → vile（ひどく悪い）

iyashtchinyi shung → disparage（見下げる）

⁺iyóna mung → notable（注目すべき）

ïyung → affirm（断言する）

iyung → allege（証言する）

iyung → engrave（彫刻する）

iyung → express（言い表す。示す。）

izumi → fountain（泉）

izún → source（根源、源泉）

K

kā → hide（皮）

kā → leather（革）

ka → membrane（薄膜、膜）

kā → peel（皮）

kā → rind（皮）

ka → skin（皮）

kā → well ②（井戸）

kā aka byótchi → erisipelas（丹毒）

kā aka byótchi → erisipelas（丹毒）

kā bŭtchĭ → lash（皮鞭）

ka hadjung → flay（皮を剥ぐ）

ka haï → crust（外皮）

kā haï → pellicle（皮膜）

⁺kā ishó zéku → furrier（毛皮加工者）

ka kunashi → tawing（（生皮をみょうばんなどで）なめす）

kā kunashi zéku → tanner（皮なめし工）

kā kŭnăshung → curry（なめし（皮を）仕上げる）

kā sādji → jay（カケス）

⁺ka shĭshung → insure（保証する）

kā ūbi → thong（革紐）

kā zéku → currier（皮屋、製革工）

kaba → odor（におい）

kaba bínzi⁺ → pomatum（ポマード）

kaba ḧó → frankincense（乳香）

kaba ḧu → spices（香料）

kaba ling⁺ → nasturtion（キンレンカ（金蓮花））

kába mízzi → lavender water（ラヴェンダー水）

kaba mung → aromatic（芳香性の）

kaba mung méshung → fumigate（燻蒸する）

kaba úï → muskmelon（マスクメロン）

kabamung → perfume（芳香）

kábasha búkuru → satchel（手さげカバン）

kabashang → aromatic（芳香性の）

kabi → paper（紙）

kabi chu chiri → slip ②（細長い一片）

kabi gva → slip ②（細長い一片）

kabi nyi dju dú⁺ → ream（連（紙を数える単位））

kabi tskiru íta → pasting table（糊づけする台）

kábŭ → turnip（（植）カブ）

kabuï kakitéru íshi → key stone（要石）

kabúïnu náka ishi → key stone（要石）

kabuïnu tskashi → butress（支持物）

kabuïsheru iritcha → dome（丸屋根）

kā-bukuru → pouch（小袋）

kábutu kantoru ichimushi → pangolin（（動）センザンコウ）

kābŭyă → bat（（動）こうもり）

kăchā mŭdjă → promiscuous（ごたまぜ）

kăchā mŭdjă-shung → huddle up（ゴチャ混ぜにする）

kachachéru yū → pottage（濃いスープ）

kăchā-mŭdjă-shóng → formless（形のない、混沌した）

kachāshung → mingle（混ぜる）

kachési → hand-writing（手書き）

midarashung→derange（かき乱す）

káchi síri māshung → falsify（偽る）

kachi tumisha → bookkeeper（帳簿係）

káchi yandïung → derange（かき乱す）

kachi yó narāshuru shi shó → writing master（字の師匠）

kachirá → consumptive（消費の）

kachirïung → waste（段々消耗する）

kachiritóng → consumptive（消費の）

kachiritong → shrieveled（萎びた）

káckwiti máttchung → waylay（待ち伏せする）

kádji → helm（舵輪）

kadji → light（光）

kadji → nerve（神経）

kádji → rudder（舵）

kadji → shade（陰）

kadji → shadow（影）

kádji neng íshi → freestone（軟石（加工可能な砂岩・石灰岩など））

kadji tŭti → steer（舵を取る）

kadjïung → stint（制限する、止める）

kádji → fibre（繊維）

kadjimi tukuru → covert（隠れ場、潜伏所）

kádjinu á tukuru → umbrageous（影多い）

kadjinu tuï tí → tiller（把手）

kadjiráng → unlimited（制限のない）

ariga tatchifurumaï chunu chimu kadjirashung
→engaging（（人の心などを）引く）

kadjiri → limit（限界、範囲）

kadjiri → termination（終わり、末端）

kadjiri aru → finite（有限の）

kadjiri attatóng → punctual（期限を守る）

kádjiri kangé osan → immesurable（測定不可、際限ない）

kadjiri neng → boundless（限りのない）

kadjiri néng → endless（果てしない）

kǎdjĭrĭ nérang → eternal（永遠の）

kadjiri nerang → everlasting（果てしない）

kadjiri nérang → illimitable（無限の）

kadjiri nerang → infinite（無限の）

kadjiri nubirashung → reprieve（猶予する）

kadjiri nubiundinu chínshing → demurrage（日数超過割増金）

kadjiri tatïung → circumscribe（境界を描く、限界を画する）

kadjirīshung → circumscribe（境界を描く、限界を画する）

kadjishi ussúyung → overshadow（影を投げかける）

kadjó → estate（財産）

kadjó → patrimony（世襲財産）

kadjó → possession（所有）

kadjóng → default（不足・欠乏）

kadjósi → default（不足・欠乏）

kǎdjung → defalcate（取り去る、減じる）

kǎdǔ → corner（曲がり角）

kadu aru → cornered（角のある）

kádu fakayuru 'hó → trigonometry（三角法）

kadún néng → shameless（恥知らずの）

kádunu ang → integrity（高潔、廉直、完全無欠）

kádunu ang → resolute（決心の堅い）

kadunu uffussaru katachi → polygon（多角形）

kádutu tsírutu fakáyuru 'hó → geometry（幾何学）

kadzoyung → calculate（計算する）

kāgā → shadow（影）

kaga fukuru → ovary（卵巣）

kagamaï → slavish（奴隷的な）

kagamáta mung → servile（奴隷の）

kagamati → sculk（コソコソ隠れる）

kagán → looking-glass（鏡）

kǎgǎng → crest（とさか、毛冠）

kagáng → mirror（鏡）

kagayachung → resplendent（まばゆく輝く）

kagé ndzosashussiga → benignant（優しい）

kagétu → enslave（奴隷にする）

kāgi → features（顔の造作・目鼻だち）

kāgi → visage（顔立ち）

kagín kvītóng → intemperate（不節制、過度の）

kagín shung → moderate（適度の）

kaging → overstep（限度を越す）

kaging aráng mung → intemperate（不節制、過度の）

kaging sidjitóng → immoderate（過度の）

kaging yū shuru ftu → temperate（節度ある）

kaging-shi kvirang → abstemious（節制）

kagínshi → simplify（簡単にする）

kagínshi → succinct（簡潔な）

kagínshung → retrench（削減する）

kaginung shīrang munu kvayuru mung → glutton, ous（大食家、貪欲な）

kagiru → deficient（不十分・不完全な）

kagitósi → defect（不足）

kagitósi → deficiency（不十分・欠陥）

kagū → sedan（駕籠）

kagū → silly（愚な）

kāgū muttchā → carrier（運搬人）

kaï → barb（（釣り針などの）かえり、かかり）

kaï → falsehood（虚言・虚偽）

kaï bashi → drawbridge（つりあげ橋）

kaï kutuba → pretence（口実）

káï nūshi → land holder（土地保有者）

kaï nūshi → tenant（借り主）

kaï tuyung → reap（刈る）

kaïnyi shéng → temporary（一時の、仮の、臨時の）

kāïnyi shung → recline（もたれて休む）

kāïnyi nindjung → recline（もたれて休む）

kaïrinyung → regard（考える）

kaïru → navigate（海路）

kaïnu ang → barbed（かかりのある）

kakaï → accent（口調）

kakaï → ballad（民謡）

kakaï fichéshung → implicate（巻き込む、含蓄する）

kakaïnu chūsang → material（肝要な）

kakavaï → consequence（結果、成行き、結論）

kakavaï-mung → bigot（偏屈者）

kakavayung → stick（くっつく、固執する）

kakayung → suspend（下がる）

kakayung → weigh（計る）

kakazi figāshung → lockedjaw（（破傷風の）牙関緊急）

kakazĭung → nibble（少しずつつかむ）

kakazĭung → abrade（削り取る、すりむく）

kāki → bet（賭け）

kaki dzíchi → flail（（脱穀用）からざお）

kāki dzing → wager（賭け）

kaki hashi → scaling-ladder（攻城梯子）

káki mbúshi → pendulum（振り子）

kaki mindzang → hammock（ハンモック）

kaki tǔru → candle shade（ろうそくの笠）

kaki yuka → hammock（ハンモック）

kakïung → hang（掛かる）

kakïung → pour（注ぐ）

kakïung → wane（衰、減）

kakīru sankata → multiplication（算数の掛け算）

kākīshā → bettor（賭をする人）

kakiténg → pendulous（垂れ下がった）

kākitóng → parched（乾く、こげる）

kākïung → desiccate（乾く）

kakó → manner（作法）

kakó → rag（布くず）

kakobīru kutu neng → unprotected（無防備の）

kaku → sailor（船員）

kaku gani → clasps（バックル、留め金）

kaku gani → clamps（締め具、留め金）

kaku gani hándi mung → unbridled（自由になった）

kaku gúng → maxim（格言）

kakubi tamuchoru fin → escort（護衛する）

kakubi ukuyung → convoy（護送する）

kakubiung → protect（保護する）

kakuchéng → latent（潜在性の、隠れた）

kákuchi → unostentatious（見せびらかさない）

kakudi fing → ambuscade（伏兵）

kakudi tskïung → beset（包囲する）

kakugani → hasp（掛け金）

kakuï → around（周り）

kakuï māshung → circumvallate（城壁などで囲まれた）

kakuï māshung → compass（囲い込む、めぐらす）

kakuï utcheru fing → cordon（哨兵線）

kákuri dákumi-shung → intrigue（計略、を巡らす）

kakuri fúmbitsi-shug → intrigue（計略、を巡らす）

kakuritōru mung → recluse（世捨人）

kakushi dakumi → guile（（古）策略、腹黒さ）

kákushi gutu → fraud（詐欺・策略）

kakushi mung → mysterious（神秘的、不可思議な）

kakushimi neng ftu → openhearted（率直な）

kakushung → conceal（隠す、秘密にする）

kakushung → secrete（隠す）

kakuti kurushimashung → besiege（囲む）

kakuyung → besiege（囲む）

kakuyung → intrench（塹壕で防備する）

kakuzi → jaw（あご）

kakvi dukuru → concealment（隠れ場）

kakvi dukuru nakae ang → secluded（隠遁した）

kakvi mung → run-away（逃亡者）

kakvïti sakī tukuru → refuge（避難所）

kákvïung → hide（隠れる）

kakvïgatchi → battlement（胸壁、囲い垣）

kakvigatchinu nyīké → battlement（胸壁、囲い垣）

kakvïti chū kurushuru ftu → assassin（暗殺者）
　mátchi ukitóng→lurk（潜む、待ち伏せする）

kālan → olive（オリーブ）

kămă → bulrush（（植）あし、がま）

kama → catstail（（植）がま）

kămă → far（遠く離れた）

kắma → furnace（かまど）

kămă → hearth（炉床、炉辺）

kămă → kiln（窯、炉）

kămă → oven（かまど）

kama djishi agatong → dogged（頑固な）

kama djíshi ka agiti hā arvatchóng → grin（歯を見せ、ニヤニヤ笑う）

kama dzé → cricket（こおろぎ）

kāma fúka → outermost（最も外側）

kama kanīru ki → fender（緩衝装置・フェンダー）

kāma tōsa → furthest（最も遠い）

kamabisashku-ang → clamour（喧騒、大きなさけび）

kamabisashung → squeak（ギャギャ叫ぶ）

kamabissasang → noisy（やかましい）

kámachi aru haï → pin（ピン）

kamāng fūnāshung → connive（見ぬふりをする、黙認する）

kamanu ménu sidai → fender（緩衝装置・フェンダー）

kamanu mushiru → hassock（ひざ布団、すげの草むら）

kamāshung → consign（引き渡す、委託する、付する）

kamatchi kā → prepuce（包皮）

kambó → conspiracy（陰謀、謀議）

kaméï nyung → find（発見・捜し出す）

kaméti yírashung → procure（入手する）

kami → deity（神・神性）

kami → divinity（神性）

kami → enshrine（宮に祭る）

kami → gods（異教の神）

kami → hair（髪）

kămī → inspector（監督、検査官）

kāmi → jar（瓶）

kamí → manager（管理人）

kamī → overseer（監督）

k̈amí → superintendant（監督者、管理人）

kāmi → tortoise（亀）

kami → tuft（房）

kāmi → turtle（亀）

kāmi → urn（壺、瓶）

kami fǔrǐ → daemoniac（悪魔に憑かれた）

kami inuyā → witch（魔法使い）

kami irīru baku → shrine（宮、神社）

kami kutu lundjíru dóli → theology（神学）

kami mósó → hair-brush（ヘアブラシ）

kami nyichōru mung → godlike（神の如く）

kámi sidjirishi → overcharged（詰めすぎた、高値すぎた）

kami sushiru kutuba → blasphemy（悪口、雑言）

kami sushshïung → blaspheme（ののしる）

kami tsitsishidoru → religious（信心深い）

kami tsitsishidóru kukurunu ang → devout（信心深い）

kami tsitsishími → irreligious（無信仰、不敬の）

kami tsitsishími → irreligious（無信仰、不敬の）

kami tsítsishími ussuritõru mung → godly（神を敬う、信心ある）

kami tstsishimi usurīse → piety（敬神）

kami ussurirang → impious（不信心、不敬の）

kami uyamayuru mung → godly（神を敬う、信心ある）

kamïung → oblate（奉献の）

kamïashung → chew（咬む）

káminari → thunder（雷）

kaminkae unyukïung → appeal（哀訴する）

kaminkae ushagïung → consecrate（神聖にする、捧げる）

káminu chúïtushusi → unity（1つであること）

káminu dzīsh → ark（箱船）

kāminu fúta → pot-lid（壺の蓋）

kaminu gutóng → divine（神の）

kaminu gutóng → godlike（神の如く）

kaminu gutuku shung → idolize（盲目的に崇拝する、可愛がる）

káminu ŏdúng gva → ark（箱船）

kaminu tsitsishimï'nu ang → devotion（献身、専念）
　ushinatóng→misrule（失政、悪政を行う）

kamití ushagïung → oblate（奉献の）

kamitu nashung → deify（神として崇める）

kámitushúng → deify（神として崇める）

kamiva → divinity（神性）

kamuï ussamitoru munu → controller（管理人、支配者）

kamuï bichí → governable（支配可能な、従順な）

kamuï fakayung → oversee（監督する）

kamuï yassang → governable（支配可能な、従順な）

kamurinu ūkazaï → diadem（王冠）

kamurinu wūnu fússa → lappet（帽子の垂れ、たれひだ）

kamuti → overrule（くつがえす、（意志などを）支配する）

kamuti ussamïung → overlook（見張らす、監督する）

kamutõru ftu → overseer（監督）

kamuyé naráng → ungovernable（制御できない、手に負えない）

kamuyung → administer（司る）

kamuyung → control（支配（監督）する）

kamuyung → govern（統べる）

kamuyung → overlook（見張らす、監督する）

kan béssa → sensible（感じられる）

kan chigéshong → misjudge（判じ誤る）

kán chigé-shong → unreasonable（不合理な）

kan chïung → chew（咬む）

kăn ch′ku → camomile flower（（植）かみつれ、カモミール）

kán fuku shong → submissive（屈伏した）
　án magáï kán magáï→serpentine（くねった）

kan makishi → chilblain（霜やけ、凍傷）

kan sé⁺ na mung → traitorous（裏切る）

kán shú haï → thermometer（温度計）

kán súï → razor（かみそり）

kán suï nádi ga → strap（研ぐ革砥）

kán⁺ yūna mung → material（肝要な）

kán yū-na mung → need-ful（不可欠の）

kán yúnu múnnu nudjési → synopsis（抜粋）

kan yūnyi shung → need（必要がある）

kán⁺ zó → licorice（カンゾウ（甘草））

kan⁺ zó → liquorice（カンゾウ（甘草））

kana → alphabet（アルファベット）

kána → plane（かんな）

kana dzichi → hammer（金槌）

kana kŭssa → alloy（合金）

kana mung gaku mung → metallurgy（冶金学）

kana mung tskïung → overlay（上塗りする、上に置く、かぶせる）

kanádzi → must（必ず～ねばならない）

kanadzi ang → need（必要がある）

kanagu → anchor（錨）

kanami tukuru → abstract（摘要・抜粋）

kanāng → misbecome（似合わない）

kanaradzi → must（必ず～ねばならない）

kánărăzi → necessary（必要な）

kanarazi an ari vadu → requisite -s（不可欠な、必需品）

kanarazi tósang → unnecessary（不必要な）

kanasha → love（愛）

kanasha buïshung → coquet（しなをつくる、媚びを見せる）

kánáshadinu shi⁺ → elegy（哀歌）

kánashanyi uburitóng → lovesick（恋患いの）

kanasharu → amiable（愛想いい）

kanahásang → dislike（嫌う）

kánashashi datchúng → hug（抱擁する）

kanashashung → caress（愛撫する、抱きしめる）

kanashashuru chimu → affectionate（やさしい）

kanashī gā āchéng → furred（毛皮の裏をつけた）

kanashim bichí → lovely（愛らしい）

kanashimbichi → doleful（悲しげな）

kanáshimi → pity（哀れみ）

kanashimi avarinyung → condole（悔やみを言う、弔慰する）

kanashimi ítanyung → lament（悲嘆する）

kanashimi nachung → bewail（嘆く）

kanashimi urītong → bemoan（悲しむ）

kanashinyung → lament（悲嘆する）

kanashinyúru → plaintive（かなしげな）

kanashité-na mung → lovely（愛らしい）

kanatóng → acceptable（結構な、満足な）

kanatong → apposite（適切・ぴったり）

kanatóng → compatible（一致する、両立する）

kanatóng → elligible（適格の）

kanatóng → fit（適った・相応しい）

kanatóng → mannerly（作法を弁えた）

kanayuru gutu → aptly（適切に・ぴったりと）

kánazi → necessary（必要な）

　　gássa gássa-shung→knab（ペチャクチャする）

kánda → creeper（つる植物）

kánda → scandent（這い上がる）

kandan-shung → intermit（間断する）

kandjā → blacksmith（鍛冶屋）

kandjáh → smith（鍛冶職人）

kandjāshung → forge（鍛冶屋仕事をする）

kandjáya → blacksmith（鍛冶屋）

kandji sisimíru mung → incentive（刺激（的））

kandji uguchóng → emotion（情緒）

kándji ugukashuru mung → incentive（刺激（的））

kǎndjin → chinaman（中国人）

kandjinu takassaru tuï → cardinals bird（紅冠鳥、カージナル（鳴鳥の一種））

kandjirashung → actuate（動機づけてさせる）

kándjiti fukushóng → submissive（屈伏した）

kándjitóng → influence（影響、感化を与える）

kanégakaï-shung → lease（賃貸借契約）

kang → apartment（家・間）

kang → chamber（部屋、寝室、会館）

kang → frost（霜、寒気）

kang tītsĭnǔ ftu → chamberfellow（同室者、部屋仲間）

kangé → thought（考え、思想）

kangé chigéshóng → misjudge（判じ誤る）

kangerarī bichī → conceivable（考えられる、想像できる）

kangeri vadu → should（～すべきである）

kangéshung → con（良く読む、調べる、暗記する）

kangésoŏĭshóng; → abortive designs（失敗に終わった企て）

kangéti nde → whereas（～どころか、実は）

kangéting kangérarang → inconceivable（想像できない、思いもよらぬ）

kangeyung → consider（考える、みなす）

kangeyung → mean（意味する、意図する）

kangeyung → reexamine（再審査する）

kangéyung → suppose（想像する）

kangeyung → think（思う、考える）

kangeyuru tsimuï → should（～すべきである）

kani → bullion（金塊）

kani → cash（現金）

kani → gong（どら鐘）

kani → metal（金属）

kani → money（銭）

kani achiné → banker（銀行家）

kani djī → types（活字）

kani fuyuru gaku mung → metallurgy（冶金学）

kani k̆uï → ttreasury（金庫）

kani k̆uï k̆amī → treasurer（会計係）

kani kukurumishuru íshi → touch stone（試金石）

káni kússu → dross（くず、かす）

káni kússu → dross（くず、かす）

kani kúzi → filings（やすり屑）

kani narashuru kvi → ding-dong（ごーんごーん）

kǎni tǎchi kǎmǎ → crucible（坩堝鋼）

kani tadarashung → fuse（溶かす）

kani tatcha → founder（鋳物師）

kani tatchi vakashung → smelt（溶解精錬する）

kani tsídjuru kussuï → solder（はんだ）

kani ïsiru tskiteru ching → dulcimer（琴に似た弦楽器）

kani utchung → ring（鳴らす）

kani yatchi shirabishung → smelt（溶解精錬する）

kanī tskïung → gild（金めっきする）

kanibu-nu kazira → vine（葡萄の木）

kanigara → lever（てこ）

　　chan chan shuru utú→tinkling（チリンチリン）

kani-nǔshī → creditor（債権者、貸し主）

kanishae kūshung → plumb（垂直にする、鉛細工を施す）

kániti → provide（備える）

kániti fákayung → forecast（予想・予測する）

kaniti imashimïung → forewarn（警告する）

katayutōru mung aráng → unprejudiced（偏見のない）

katayuri ganashashung → prepossessed（あらかじめ（感情を）起こさせる）

kaniti → prepossessed（あらかじめ（感情を）起こさせる）

kan lan → confusion（混乱、狼狽）

kan lan-shung → confuse（困惑させる、混乱させる）

kannáï → tripod（三脚台）

kan nán → difficulty（困難）

kanniti fakayung → anticipate（予期する）

kanníti sadamiung → predestine（前もって運命づける）

kanniti tsitsishimïung → precautious（用心深い）

kánniti umuyúng → ominate（予知する）

kānnyūna ǎtsĭmī → abridgement（要約）

kánsuïnu tudji k̆a → strap（研ぐ革砥）

kánu → that（あれ）

kānu gutóng → leathery（革の）

kānǔ gutu kfassang → coriaceous（革の如く強靭な）

kānu hagïung → exfoliate（（皮が）はげ落ちる）

kānu hátsidong → vesicle（小水泡）

kánu tákkvïung → scale（はげる）

kanyāshung → champ（バリバリ噛む、むしゃくしゃする）

kanyéru kutu → such（そのような）

kānyi nyitchóng → leathery（革の）

kanyinshung → forbear（忍耐する）

kányu → especial（特別な）

kányū tósang → unsubstantial（実体のない）

　　shirubïung→underscore（下線をひく）

kanyuna tukurunu shimutzi → compendium（大要、要約、概論）

kanyung → eat（食べる）

kányútŭ shung → stress（強調、重要性）

kanzashi → hair-ornamental（髪飾り）

káppa → mantle（マント、外套）

kāra → brick（れんが）

kara → from（〜から）

kără → glume（いね科植物の花を包む小さな葉）

kara → husk（殻、鞘、皮）

kara → nave（（教会の中央を占める）身廊、本堂）

kāra → river（川）

kāra → tile（タイル、瓦）

kāra → moat（堀）

kāra bátchi → lady bug（テントウムシ）

kără fsha → barefooted（裸足の）

kāra funa kaku → waterman（船頭）

kara gva → brook（小川）

kāra gva → rill（小川）

kāra gva → rivulet（小川）

kara kutuba → chinese language（中国語）

kără mung → acrid（からい）

kāra ominu dzī → chart（海路図）

kără tskoyā → brickmaker（れんが製造人）

kără yā → brickkiln（れんが焼きがま）

karacheru ftu → debtor（借方・債務者）

karacheru sī → loan（貸付金、借金）

kárachi yárashung → lend（貸す）

karakoï → machine（機械）

karakoï sheru haku → mechanical boxes（機械仕掛けの箱）

　mutudati→mechanism（装置、仕組み）

　karakoïnu tidáng→mechanism（装置、仕組み）

　nankuru atchuru háku→mechanical boxes（機械仕掛けの箱）

karakuï yămă → capstan（車地、巻ろくろ）

karakúïnu mútu → watch spring（時計の発条）

karamachung → furl（巻き付ける）

　fútuchung→unwind（ほどく）

karamatchi agíru yămă → windlass（巻き上げ機）

karamatchung → convolve（くるくる巻く）

karami → acrimony（辛辣）

karamïung → imprison（投獄、閉じ込める）

karamïung → seize（掴む）

karamirattoru ftu → captive（捕らわれた、囚人）

karamiung → arrest（取り押さえる）

karamïung → capture（捕獲物、ぶんどる）

karamïung → catch（捕まえる）

karasang → pungent（刺激性の、ぴりっとする）

karashi → mustard（マスタード）

kárashung → lend（貸す）

karasódji → flag ②（（植）ショーブ・アヤメ・ガマなど）

kărăssang → acrid（からい）

karassaru dekunyi gva → radish（はつか大根）

kāratchóng → dried（乾燥した）

kāratchóng → dry（乾燥した）

karazi → hair（髪）

karazi → head（頭）

karazi futuchung → dishevel（髪をばさばさにする）

karazi mósó → hair-brush（ヘアブラシ）

karazi suyā → hair-dresser（理髪師）

karazi tutunuyung → head-dress（髪結い）

karazi yúyung → frieze（けばだてる）

karazinu ïrïchï → dandruff（ふけ）

kari → he（彼）

kari gússa → hay（干し草）

kari ing → gray hound（快速の猟犬）

kari īu → stock-fish（干し魚）

kari ̈kussa → fodder（馬草）

kărï mung → contemptible（軽蔑すべき、卑劣な）

kari mung → rascal（悪漢）

kari mung → rustic（田舎の）

karī mung → vile（ひどく悪い）

karī mung → vulgar（俗）

káriba bāng → forester（森林監督官）

kāri-ba banshuru ftu → game {place} keeper（狩場管理人）

karibanu tskané mung nussunyung → poach（密猟する）

karīnu shishi → venison（鹿肉）

kāríshi tutéru íchi mushi → game（ゲーム）

karī-shung → chase（狩る）

karīshung → hunt -er（狩り、狩人）

karīshuru ftu → hunt -er（狩り、狩人）

karishuru ing → gray hound（快速の猟犬）

karíshuru íng → hound（猟犬）

karīshuru shíshi → venison（鹿肉）

karisumi → neglect（無視する）

karitóng → ghastly（死人のように青ざめた）

kariung → decay（朽ちる）

karósha → agility（軽快な）

karu garushku ang → lightly（軽々と）

karu garushūnyi ang → lightly（軽々と）

karu vazashuru ftu → tumbler（曲芸師）

karuchi → frivolous（取るに足らない、つまらない）

karuchi iyashinïung → disdain（軽蔑する）

káruku úmuti → irreverence（不敬、軽視）

karuku shung → unconcerned（無頓着な）

karumiung → arrest（取り押さえる）

karundji yurugashinyishung → disdain（軽蔑する）

karúndjïung → scorn（さげすむ）

karundjïung → slight（軽んじる）

karundjíru kutuba → disparaging（見くびった）

karúndjita munuï → disparaging（見くびった）

karundjiti chu madjivayung → contempt（軽蔑、侮辱）

karundjiti stiung → spurn（軽蔑してのける）

karŭndjïung → debase（卑しめる）

karundjïung → depreciate（見くびる、低下する）

karundjïung → derogate（（名声などを）落とす）

karundjïung → despise（軽蔑する）

karundjiung → spurn（軽蔑してのける）

kárushi → madrepore（石珊瑚）

kărŭshī → pumice（軽石）

kashimasha → broil（口論、あぶる）

kashimasha → chattering（おしゃべりな）

kashimasha → clatter（談笑、ペチャクチャしゃべる）

kashimasha → disturbance（妨害）

kashimashang → annoying（煩い）

kashimashang → inconvenience（不便な）

kashimashang → tiresome（煩しい、厄介な）

kashimasháng → vexatious（腹立たしい）

kashimashī kutu → alarm（警報）

kashimashi kutu → tiresome（煩しい、厄介な）

kashimashī kutu → tumult（騒動）

kăshimashǐmiung → deafen（耳を弄する）

kashimashī-mung → annoying（煩い）

kashira → chief（首領、頭、主役）

kashira → foreman（現場監督）

kashira → headman（首領）

kashira → leader（首領、リーダー）

kashira → president（大統領、総裁）

káshira → principal（かしら、長上）

kashira → ringleader（首謀者）

káshira taru mung → principal（かしら、長上）

káshira → hour ②（半刻）

kásitirá → omelet（オムレツ）

kassa → halo（光輪、後光）

kássa → itch（かいせん、かゆみ）

kassa → parasol（パラソル、日がさ）

kassa → pox（痘症、発疹）

kassa → sore（傷、ただれ）

kássa → straw-hat（藁帽子）

kassa → umbrella（傘）

kassa gutchi → abscess（はれ物）

kássa natóng → fester（化膿・潰瘍を作る）

kassa ndjitóng → mangy（介せんに罹った）

kássa sādji → jay（カケス）

kassa tuï tatïung → vesicate（発泡させる）

kó yaku → vesicatory（発泡剤）

kássabi → integument（（動物などの）外皮、殻）

kassabi → pile（積み重ね）

kassabiru hó → multiplication（算数の掛け算）

kassabǐung → cumulate（積み重ねる）

kassagitósi → conception（懐胎）

kassagoï → mucuss（粘液）

kassa-kiz → cicatrix（瘢痕〈ハンコン〉）

kăssăng → agility（軽快な）

kássang → light ②（軽い）

kassang → nimble（敏活な）

kassani → integument（（動物などの）外皮、殻）

kássani gássani nárayung → exercise（練習）

kassani kutuba-shi tutchúng → paraphrase（言い換える）

kassani-gassani shung → reiterate（繰り返す）

kassanitési → repetition（反復）

kassaniti shung → repeat（繰り返す）

　toganyi toga kassanïung→aggravate（一層重くする）

kassánta → scab（かさぶた）

kassanu fukkvǐtóng → aposteme（疱瘡がふくれている？）

kassassi → levity（軽さ、軽率）

kássi → dregs（かす、おり）

kássi → faeces（かす、糞便、沈殿物）

kássi → lees（酒類のおり、粕）

kassi → sediment（沈澱物）

kássi → warp（縦糸）

kassi nuchi → web（織物）

kassigoïnu gutong → mucous, mucilaginous（粘液状の、粘液の）

kássikanu túkuru → umbrageous（影多い）

kassikanyi ang mīrang→ indistinct -ly（不明瞭、ぼやけて）

kassikanyi náti chíkarang → indistinct -ly（不明瞭、ぼやけて）

kassikanyi natóng → dreary（わびしい）

　ússi akagáï-shung→translucent（半透明の）

kassimi → spring-hair（？）

kassinu gutu tsidjóng → continuous（連続的、とぎれない）

kătă → arrangement（協定・配列）

kătă → canon（規範）

kata → effigy（肖像）

káta → model（モデル、型）

kata → regulation（s）（規程）

kata → shoulder（肩）

kata buǐshi azamutchúng → shrug（肩をすくめる）

kata buni → shoulder-bone（肩骨）

kata djū mung → strict（厳格な）

kata dū daǐshóng → hemiplegy（半身不随）

kata duri ǔï → damask（ダマスク織り・絞りどんす）

kata fshashi kúnyuru úppinu chkata → foothold（足場）

kata fu → cheek（ほお）

kata fuyúng → shrug（肩をすくめる）

kata gatchi-shung → note（メモ）

kata gé → olecranon（肘頭（尺骨上端の突起））

kátá gú → mate（片方）

kata gunashī mung → contumacious（反抗的、軽蔑的）

kata haziri → anomalous（異常・特異な）

kata kakínsang → impartial（公平無私な）

kata kakī-shung → partial（かたよった）

kátá karazi yánshung → hemicrany（片頭痛）

kata kubi buni → clavicle（鎖骨）

kata kushi nudji shóng → bared（裂裟懸け）

kata mata mung → churlish（野卑な、つむじ曲がり）

kata mātchi → outline（輪郭、外形）

kata mī → monoculus（一眼の）

kata mítski → prejudice（先入観）

kata narabiti achung → abreast（並んで）

kata tatitési → regulation（s）（規程）

kata tskiténg → figured（模様付けした）

kata yuráng → impartial（公平無私な）

kata zatchi → olecranon（肘頭〔尺骨上端の突起〕）

kataché kavarang → unmoved（動じない）

kătăchĭ → appearance（出現）

kátachi → figure（姿・体格）

kátachi → form（形状・姿）

katachi → image（像、画像、姿、形）

katachi → shape（形）

    nyishti shung→personify（擬人化する）

katachi duïshéru mung → former（作成者）

kátachi ndjáchi aravarï~ng → imbody, embody（具象化、例示する）

kátachi té náshi → incorporeal（実体、肉体、形のない）

katachi yandyung → disfigure（形状を損じる）

katachi zukūï → cosmetic（化粧品）

katachíng dūng néng → incorporeal（実体、肉体、形のない）

katachinu uturūtong → ghastly（死人のように青ざめた）

katadúï → phenomenon（現象）

kataduyung → seem（見せかける）

katafara → side（側）

kátafaranyi nyūru ftu → looker on（見物人）

katafira → bacon（ベーコン）

kataka-shung → obstacle（さえぎる、障害）

kátaku kūyung → insist（せがむ）

kataku nayung → thicken（濃くなる）

kataku ushīung → dogmatize（独断的に断定する）

katamashtchi kutu → obscene（わいせつ）

katamata fūdji → stubborn（頑固な）

katamata mmaritsítchi iffíng ugukang → headstrong（強情、我が儘）

katamatóng → churlish（野卑な、つむじ曲がり）

katamatong → dense（密集した）

katamatóng → obstinate（頑固な）

katamatóng → pertinacious（固守する）

katamayung → stick（くっつく、固執する）

kátami → souvenir（記念品）

katami bū → coolie（苦力、人夫）

katamīru shaku → consistency（一貫性、堅さ、密度）

katánchung → refract（屈折させる）

katánki yúgami kutunu ang → deflection（偏向）

katánkïung → partial（かたよった）

kátanu shirushi → epaulet（肩章）

kataraï tuchung → define（定義する）

katarayung → preach（説く）

katassang → difficult（困難な）

kata-tski-nŭnŭ → chintz（さらさの一種）

katayung → preach（説く）

katayuráng → unbiassed（偏見のない）

katayuri mitski → caprice（気まぐれ、気まま）

kataziki → resolution（決意）

katazikïung → resolve（決心する）

katazikïung → determine（定める）

katchā → writer（書く人、筆者）

katchā mudjā → medley（ごっちゃ混ぜ）

kátchara → victor（征服者）

katchāshung → mix, -ed（混ぜる、混ざった）

katcheru shimutsi → manuscript（手書きの）

katcheru shimutsi → manuscript（手書きの）

kátchi → ford（浅瀬・渡り場）

katchi → hedge（垣根）

katchi → plum（（植）すもも）

katchi → writing（書くこと）

katchi chó → catalogue（目録）

katchi dátchinu fĭó → infantry（歩兵〔隊〕）

katchi nchung → insert（挿入する）

katchi tamiru ftu → compiler（編集者）

katchi tski → memorandum（メモ、覚え書き）

katchi tumi → memorandum（メモ、覚え書き）

katchi túmishung → insert（挿入する）

katchi tutéru mung → spoils（戦利品）

katchi uta-shung → triumph（勝ち誇る）

katchi yītoru ftu → conqueror（征服者、勝者）

katchitumi → hand-writing（手書き）

katchitumi → record（記録）

katchitumisha → clerk（書記）

katchoru ftu → conqueror（征服者、勝者）

katchung → conquer（勝つ、攻略する）

katchúng → overcome（打ち勝つ）

katchúng → scratch（引っ掻く）

kátchung → vanquish（打ち負かす）

katchúng → win（勝つ）

katchúng → write（書く）

katé vaza → tedious（あきあきする、長たらしい）

katémung → difficult（困難な）

katémung → toilsome（辛く苦しい、骨のおれる）

káténg → nimble（敏活な）

káti múng → by-meat（おかず？）

kati shuru ftu → absolute（絶対的）

katóna mung → nervous（神経の）

katona mung → robust（屈強な）

katónyi ang → firm（堅固な）

katónyi ang → resolute（決心の堅い）

kukurunu katónyi ang → steadfast（固定した、しっかりした）

katonyi assi → firmness（堅固・固定）

katónyi mamurashung → fortify（防備を固める）

kătónyishi → firmly（堅固に）

katonyishung → confirm（確かにする、確認する）

katsi kutu → victory（勝利）

katsi kutu yizi → invincible（征服できない）

katsimïung → hold（掴む、握り）

katsimïung → seize（掴む）

katsimïung → catch（捕まえる）

katsitósi nócháng → slake（癒す）

katśti → already（既に）

kattishimïung → quit（止める）

kăŭ → countenance（顔つき、表情）

kava buni → barge（運貨船）

kăvă gŭtchĭ gva → creek（（小さな）入り江）

kávacháng → parched（乾く、こげる）

kāvachóng → dried（乾燥した）

kavaï → substitute（代理）

kavaï mung → monstre（怪物）

kavaïmi → interchange（交換）

kavaïnyi náyuru → vicegerent（代理）

kavara → stream（小川、細流）

kavarang → fixedness（固定）

kavarang → immutable（不変、不易の）

kavaráng → unchangeable（変えられない）

kavasang → immutable（不変、不易の）

kavatchóng → arid（乾燥した）

kávatchóng → dry（乾燥した）

kavatchóng → thirst（渇く）

kavatchosi nótóng → slake（癒す）

kavatchung → evaporate（蒸発させる、乾燥させる）

kavati kutu ussamiru ftu → agent（代理人）

kavati → defray（負担する・支払う）

kavati bindjiru mung → deputy（代理者）

kavati fĭditóng → predominant（卓越した）

kavati mutumïung → intercede（執り成す、嘆願する）

kavati shuru ftu → agent（代理人）

kavati uttaïshung → advocate（代弁する）

kavatóng → different（異なる）

kavayung → differ（異なる）

kávayung → vary（変わる）

káya → hay（干し草）

kaya → straw（藁）

kaya chu mazíng → stack（干草の山）

kaya chu mazíng → stack（干草の山）

kaya futchinyi simatóru ftu → cottager（田舎屋の住人）

káya iritchá → thatch（草葺き屋根）

kaya ya → booth（仮小屋）

kaya ya → cottage（田舎や、農家）

káya yā → hovel（あばら屋）

káya yā gva → hovel（あばら屋）

káya yā gva → hut（小屋、仮屋）

kayuï dju → thorough fare（通路）

káyuï mitchi → thorough fare（通路）

kayŭng → borrow（借りる）

kayung → mow（刈り取る）

kayúng → reap（刈る）

kayuru djibung → harvest（収穫期）

káyuru tuchi → harvest（収穫期）

káza → exhalation（呼気）

kaza → odor（におい）

kaza → smell（臭い）

káza néng → inodorous（無臭の）

kazaï bak → casket（小箱（宝石入れ等））

kazaï dógu ĭrī → casket（小箱（宝石入れ等））

kazaï hăna → festoons（花飾り、花綱）

kazaï mung → finery（派手な装飾品）

kazaï → ornament（飾り）

kázáï → trimming（装飾品）

kazaï → trinket（小装身具）

kazaï djó → portal（宮殿の正門）

kazaï mung → ornament（飾り）

kazaï mung → trimming（装飾品）

kázaï néng → unornamented（飾りのない）

kazaïshung → adorn（飾る）

kazaïung → adorn（飾る）

kazashuru sídji → olfactory nerves（嗅覚神経）

kazati ïyung → feign（装う、ふりをする）

kazati sharu kutó → deception（欺瞞）

kazati ussuyung → gloss（光沢、上辺を飾る、誤魔化す）

kazati-shung → dissemble（偽る、とぼける）

kazayung → beautify（美しくする）

kazayung → bedeck（飾る）

kazayung → deck ②（飾る）

kazayung → decorate（飾る）

kazayung → feign（装う、ふりをする）

kazayung → garnish（飾る）

kázayung → trim（飾りをつける）

kazi → number（数）

kazi → number（数）

kazi → several, -ly（いくつかの、別々に）

kazi → wind（風）

kazi ami shĭŭrŭ dogu → barometer（晴雨計）

kazi baku → bellows（ふいご、風袋）

kazi gvanu sudjóng → breeze（微風）

kazi kara chíchuru kutu → hearsay（風評、噂）

kazi kazi → multiplicity（多様（性））

kazi kazi → several, -ly（いくつかの、別々に）

kazi kazi → various（いろいろの）

kazi kazi ítti → variety（多様性）

kazi kuruma → passion-flower（（植）トケイソウ）

kazi kurumanu hăna → passion-flower（（植）トケイソウ）

kazi kurumanu ūsi → wind-mill（風車臼）

kazi máchi → whirl-wind（旋風）

kazi măyā → weather-cock（風見鳥）

kazi mī bata → penant（吹き流し）

kazi nérang → numberless（無数の）

kazi nyūru hata gva → penant（吹き流し）

kazi odji → punka（（インドの天井から吊す）大うちわ）

kazi shtya muti → leewards（風下）

kazi sudji ukutóng → breeze（微風）

kazi taïraka → calm（静める）

kāgā katsimiruga gutóng → visionary（空想的）

kazi wá mútti → wind-ward（風上へ）

kázi wāra → wind-ward（風上へ）

kazinu aritóng → stormy（嵐の）

kazinu fi → days（数日）

kazinu gū átatóng → even number（偶数）

kazinu gutõru mung → impalpable（手で触れない、微細な）

kazinu gutukunyi ang → aerial（大気の・空中の）

kazinu gutukunyi ang → immaterial（形のない、非物質的）

kázinu machúng → whirl-wind（旋風）

kazinu nadjon → becalm（風が凪いで（帆船を）進めなくする）

kazinu uffusang → numerous（無数の）

　　　nayé narang→blighted（枯らされた）

kazira → tendril（巻きひげ）

kazira kússa → scandent（這い上がる）

kaziranu tī → vines（つる）

kaziranu tsiru → vines（つる）

kazoraráng → numberless（無数の）

kazorarī bĭchī → countable（数えられる）

kazõrashung → augment（増大する）

kazósang → windy（風のある）

kazósanu → windy（風のある）

kazoyé narang → countless（数えられない、無数の）

kazoyung → compute（計算する）

kazõyung → count（数える、計算する）

kazõyung → estimate（見積る）

kazõyung → reckon（数える）

kazūraráng → innumerable（無数の）

kazūraráng sháku → innumerable（無数の）

kúnashung → tan（なめす）

ké → cockle（（動）ザルガイの総称）

ké → conge（かゆ）

ké → cowries（こやす貝）

ké → gruel（粥）

ké → shells（貝殻）

ké → spoon（匙）

ké → story（階）

ké fichi hayúng → twitch（ひったくる）

ké kussadjéng → excoriate（はぐ、擦りむく）

ke kussadjung → excoriate（はぐ、擦りむく）

ké mudushung → redeem（取り戻す）

ké mudūshuru nushi → redeemer（買い戻し人、救い主）

ké ndjutchi ndjutchi-shung → oscilate（振動する）

ké nushi → customer（顧客、得意先）

ké nyidjúchi ndjúchishung → vibrate（振動する）

kĕ shó kara átchung → navigate（航海する）

kĕ shó ítchung → voyage（航海する）

kē tŭyūng → capture（捕獲物、ぶんどる）

ké tuyúng → depredate（強奪する）

ké tuyúng → rob（奪う）

ké tuyúng → snatch（ひったくる）

ké tuyusi → depredation（強奪）

ké utchishung → engross（奪う）

ké útchishung → forestall（買い占める）

kéchi shirizukiung → countermarch（回れ右前進、反対行進、逆行する）

kéchi toracheru djónó djing → drawback（欠点）

kéchi vatashung → restore（復活する、元へ戻す）

kédi ĭí → sycamore（楓）

kédinu ánda → galbanum（ゴム性樹脂、ガルバナム）

kĕfĭng → coast（海岸）

keïshung → barter（交換する、交易する）

kénya buni → humerus（上腕骨）

kerashung → divert from（～からそれる（そらす））

késhung → educe（引き出す）

késhung → recall（呼び戻す）

késhung → repay（払戻す）

késhung → retaliate（仕返しする）

ké-síung → grind（擦り砕く、きしらせる）

kéu → button（ボタン）

keyung → change（変える、改める）

kéyung → exchange（交換する）

keyung → return（帰る）

kfa djímu → hardhearted（薄情な）

kfa ĭshĭ → cogglestone（硬い石？）

kfa íshi → marble（大理石）

kfa mung → pert（ずうずうしい）

kfa mung → stiff（堅い、曲がらない）

kfa nǔǐ nunu → buckram（（糊などで堅くした）亜麻布）

kfa takara ishi → adamant（比類なく堅いもの）

kfá tĭtsĭ → steel（鋼鉄）

kfáchinu ndjīru san → volcano（火山）

+
kfa chūnyi ang → exigence（危急、急務）

kfadīshi → nut（堅果）

kfadīshi → walnut（胡桃の木）

kfagetóng → dogged（頑固な）

kfaku → amber（琥珀）

kfáku → hard（固い）

kfaku nayung → curdle（凝乳に固める）

kfashī kukuru → hardhearted（薄情な）

kfashí mung → heartless（心のない、酷な）

kfashī mung → pitiless（無情の）

kfashī mung → rigid, -ly（堅い、頑固な）

kfassa → hardness（固さ）

kfassamg → hard（固い）

kfǎssăng → costive（便秘した）

kfassaru sani → kernel（核、仁）

kfassaru shó → stiff（堅い、曲がらない）

kfassasi → hardness（固さ）

kfatong → harden（固くする）

kfū → work（仕事）

kfurachi → obscure（暗い、あいまい）

kfuragadong → dim（薄暗い）

kfúrasang → gloomy（陰気、暗い）

kfurassaru iru → dun（薄暗い）

kfūshi → detect（発見する）

kfūshi → elaborate（入念の）

kfūshi tskoteng → artificial（人工の）

kfūshung → endeavour（努力する）

ki → feather（羽毛）

kī → plumage（羽毛）

kí → timber（材木）

kí → tree（木）

ki → wool（毛）

kī batchi → clap-dish（木の皿）

ki fuchi kizi mutumǐung → captious（気むずかしい、あ
　　ら捜しする）

kī gva → shrub（灌木）

kī hagā → mangy（介せんに罹った）

ki háninu mi súruyung → fledge（羽が生えそろう）

kí íshinyi kavaráng → unintelligent（知性のない）

ki káyung → molt（羽毛が生えかわる）

kī ké → wooden（木の）

kī kussa neng → sterile（不毛の）

ki ǩva dikitóng → browse（新芽）

kī mushi → caterpillar（毛虫）

kī nizimi → squirrel（栗鼠）

kī shéru ké → wooden（木の）

kí sídji fudu → particle（微量）

kī sidji nuzumi néng → despond（失望する）

kī sídjinu fudu → hair breadth（僅かの間隔）

kí tsídjung → ingraft（接ぎ木する）

ki tsimǐung → shear（毛を刈る）

ki ūǐ → papaya（パパイヤ）

ki zéku → carpenter（大工）

kǐúng → kick（蹴る）

kībītóng → beclouded（曇っている、覆われる）

kíbitóng → hazy（霞かかった）

kibitong → mist（霞、靄）

ki-bó → bludgeon（棍棒）

kíbuǐ → smoke（煙）

kibushi → smoke（煙）

kibushi mi → chimney（煙突）

kíbushi shi kuragadóng → smutty（煤けた）

kibushi tstchóng → smutty（煤けた）

kibushi tūshā → flue（煙道）

kibushi tūshi → chimney（煙突）

kibushinyi atiteru → bacon（ベーコン）

kíchi → gable（2）（切妻壁）

kidji agiung → agitate（攪拌する）

kídjimunā bí → ignis fatuus（鬼火）

kǐ-djǐrǐ → chips（切れはし）

kǐdjǔng → agitate（攪拌する）

kī-̕fishá → stilts（竹馬）

kī-hāga → bald（禿げた）

ki-kussanu shó-nū → botany（植物学）

ki-kussanu taguǐ → botanical（植物学の）

kīlīng kīlīng → clang（カン、ガラン（金属の音））

kílíng ǩling shung → jingle（チリンチリン）

kílíng ǩling shung → jingle（チリンチリン）

kīlǐng-kīlǐng → clink（チリンとなる澄んだ音）

kī-maǐ（毛まり）→ shuttlecock（羽根つき用羽根）

kin séku → carpenter（大工）

kīnu ana → pore（毛穴）

kīnu fā → foliage（葉）

kīnu fushi → parasite（寄生、やどりぎ）

kīnu hagitóng → pate（頭）

kīnu hǎrǎ hara shung → crackle（ぱちぱち音を立てる）

kīnu mī → pore（毛穴）

kīnu mimi → peziza（きくらげ）

kīnu nī → root（根）

kīnu nyika → gum（樹脂、にかわ）

kinu satchi → forelock（前髪）

kīnu shī djóshung → fruitful（多産な）

kīnu shidjitó tukuru → grove（木立、林）

kinu shidjitóng → bush（やぶ）

kinu shidjitóng → clump（木立）

kīnu shidjitõru yama → verdant（青青した）

kīnu shiru → sap（樹液）

kīnu sídjitó tukuru → thicket（茂み）

kinu yĭda → bough（大枝）

kīnu yúyú → stem（茎、幹）

kínyi nassīru anda → pomatum（ポマード）

kirĭstu → christ（キリスト）

kíshi → poppy（（植）ケシ）

kissa → aforetime（以前に）

kissa → ago（以前）

kissa → before（前に）

kíssidji → molecule（微粒子）

kíssidji fúdu → least（最小、微小の）

kissidji mung → bagatelle（つまらないもの）

kissidjinu ye → hair breadth（僅かの間隔）

kī-suya → hair-dresser（理髪師）

kitchi → pole（ポール、竿）

kitchi → purlin（母屋桁）

kĭttă → architrave（古典建築の最下部 or 額縁（ドア・窓の周囲の化粧縁））

kítta → gable（2）（切妻壁）

kítta → groundsel, groundsill（基礎材、土台）

kitta → purlin（母屋桁）

kízaï → stairs（階段）

kizaï báshi → step ladder（段ばしご）

kizi → blot（垢）

kĭzĭ → blur（汚れ）

kízi → failing（失敗）

kízi → flaw（欠陥、あら）

kízi → palliate（弁解する、言い繕う）

kizi → scar（傷痕）

kizi neng → spotless（シミ・傷のない）

kizi neng mung → sound ③（健全な）

kizi neng mung → unblemished（無傷の）

kízi tskïung → stigmatize（汚名を着せる）

kizi tskiung → taint（汚れしみ）

kizĭung → hack（叩き切る）

kizĭung → chip（削る）

knyuru mung → victual（食糧）

kó → frankincense（乳香）

kó → incense（線香）

kó → merit（価値、功績、功徳）

kó → perfume（芳香）

kó → watches（見張り）

kó aru → filial（孝行な）

kó aru ukuné → exploit（功績）

kó ătataru shūku gatchi → diploma（免状）

kó attayung → graduate（卒業する、学位を授与する）

kó bŭshĭ → darnel（（植）ドクムギ）

kó kvang → dignitary（高位の人）

kó lé → future（未來・将來）

kó litchi → efficacy（効能）

kó litsi aru → efficacious（効能ある）

kó ló → merit（価値、功績、功徳）

kó shi → manifesto（宣言、声明）

kó shi guku → tung king（トンキン（東京））

kó shung → graduate（卒業する、学位を授与する）

kóbagassi → cobbweb（クモの巣）

kóbashchi fukuru gva → reticule（婦人用ハンドバッグ）

kóbati → distribute（分配する）

kóbi haniung → decapitate（首をはねる）

kóbi utsinchung → stoop（かがむ）

kobinu kazaïmung → head ornament（頭飾り）

kó-d kvan → grandee（高官、貴人）

kó-daï → immense（計り知れない、膨大な）

kódji futchóng → mildew-ed（黴の生えた）

kódji futchóng → musty（黴の生えた）

kódji-shong → mildew-ed（黴の生えた）

kodjiung → annunciate（告示する）

kófe → coffe（コーヒー）

koga kara shódjīru → ovipara（卵生の）

koga nashā → ovipara（卵生の）

kõga-múrushi → ovary（卵巣）

kogani aka iru → carmine（洋紅色の、カーミン）

koganinu ku → gold dust（砂金）

kogarashung → char（焦げる、炭にする）

kogarashung → singe（焦がす）

kogarĭung → singe（焦がす）

kogariung → char（焦げる、炭にする）

kõgŭ → dwarf（小人）

kógu magatóng → humpback（せむし、猫背）

kógu magutóng → crookbacked（せむしの）

kó kǒ → empress（皇后）

kókónu aru mung → duteous（本分を守る）

kó kwan → crown（王冠）

kónu ang → creditable（名誉となる、ほむべき）

kónu ang → deserving（功績のある）

kóré guny → corea（朝鮮）

korĭchi shung → insure（保証する）

kó ru → censer（つり香炉）

kóru → tripod（三脚台）

kósan shung → submit（服従する）

kóshā → pitchfork（三つ又）

kóshi → lattice（格子）

kóshi → proclamation（公布、宣言）

kó shtchi → deportment（振舞い、行儀）

kó si → deluge（大洪水）

kósi → itch（かいせん、かゆみ）

kósinu taguï → cutaneous（皮膚を冒す）

kótaï útaïshuru → bargain（取り引きする）

kóti → emperor（皇帝）

kóti → monarch（皇帝）

kóti chung → buy（買う）

kóti menshé tukuru → court（宮廷、宮中、王室）

kóti utchóchung → engross（奪う）

kóti utchóchung → forestall（買い占める）

kótīnu fadjimiti kurenyi nubuyung → coronation（戴冠（即位）式）

kótīnu kamuri → crown（王冠）

kótīnu kavati → regent（摂政）

kótīnu kurényi nubussïung → enthrone（王位につかせる）

kótīnu kutu → regal（帝王の）

kótīnu kva → prince（王子）

kótīnu tskenu shūku gatchi → credentials（信任状）

kótīnu u íng → signet（王璽）

kótīnu usóbanu kwang → courtier（廷臣）

kótinu utské → commissioner（委員、理事）

kótinu ūyŭbé → courtesan（高級売春婦）

kótinu wīse → imperial（皇帝の）

kótinu wīsi → mandate（勅令）

kótīnu wunadjaranu simédju → seraglio（後宮）
　mamutōru fing→lifeguard（警護兵）

kótu → clutch（しっかり掴む）

kótu → paw（（猫などの）足）

kótú → talon（鉤爪）

kõvang → monarch（皇帝）

kow → complexion（色つや、ようす）

ków → face（顔）

kow nu ang → respectable, -bility（尊敬に値する）

kównu akanyung → blush（赤面する）

kóyaku → salve（膏薬）

kóyaku nassīru sīgu → spatula（ヘラ（絵画、医学用））

kóyung → buy（買う）

kóyung → purchase（買う）

kó-yŭn-tsă → deal |wood|（松板。もみ材。）

kóyuru chăku → customer（顧客、得意先）

kū → cosmetic（化粧品）

kū → flour（粉）

kū → meal（粉）

kū → phrase（句）

kū → powder（粉）

ku → saying, -s（言い方）

kū bā → spider（蜘蛛）

kū búni → sloop（スループ船）

kū djákunu hani → peacock's feather（孔雀、孔雀の羽）

kū djing → ancients（古代人）

ku djū → ninety（90）

kū fitchā → miller（粉屋）

kū ïbi → prawn（クルマエビ）

kū ĭŭ → carp（鯉）

kū mitchi → path-way（道、歩道）

kū mma → colt（子馬）

kū munyung → knead（こねる、練り混ぜる）

kú nakae irïung → encage（かごに入れる）

kū séku → cabinet maker（家具師）
　shū lū →tour（小旅行）

kū tó aráng → unfair（不公平な）

kū tsigé aru tagŭï → crustacea（甲殻類（かに、海老））

ku tskīru mósó → puff-powder（パフ入れ）

kuritu kakayuru gutu néng → unconnected（関係ない）

kúba → fan-tree（扇形の木？）

kuba → palm（ヤシの木）

kubi → neck（首）

kúbi → wall（壁）

kubi chirarīsé → decollation（首切り）

kubi chĭung → behead（首を切る）

kŭbi chĭ̄ung → decapitate（首をはねる）

kubi gūfu → goitre（甲状腺腫）

kubi gūfu → nape（えり首）

kubi hanīse → decollation（首切り）

kubi kazaï → necklace（ネックレス）

kubi mátcha → neckerchief（首巻き）

kubi matchi → collar（首飾り）

kubi matchi → cravat（（男子用）首巻き、ネクタイ）

kubi mátchi → stock（茎）

kubi matchi sādji → shawl（肩掛け）

kubi sādji → neckerchief（首巻き）
　īchi madīshimïung→throttle（窒息させる）

kubidatchung → embrace（抱きしめる）

kubirashuru yaku → hangman（絞首刑執行人）

kubiri djínshung → strangle（絞死する）

kúbiri gī → gallows（絞首台）

kubirítaru ki → gallows（絞首台）

kubiriung → strangle（絞死する）

kūbŭ → fucus（ひばたま属の海草）

kūbŭ shĭmĭ → cuttlefish（甲いか、（俗に）いか）

kubudó tukuru → concavity（くぼんだ所、凹面）

kubudóng → concave（くぼんだ、凹の）

kubumi → concavity（くぼんだ所、凹面）

kubumi → dale（谷）

kubuniung → dimple（えくぼ）

kū-busī → breast-cloth（胸あて布？）

kŭbutchung → demolish（破壊する）

kuchi yuzé shung → bicker（口げんかする）

kuchinu yudaï → foam（泡）

kuchósi → corruption（堕落、腐敗）

kúda → pipe（パイプ）

kúdă mŭnŭ → dessert（食後の最後のコース）

kúdăgŭ → pipe（パイプ）

kúdagu → spool（糸巻き）

kudaï fuk̇u shúnġ → submit（服従する）
kudaki → bits（小片）
kŭ̄daki → crumb（かけら、パンくず）
kúdaki → fragments（断片、かけら）
kudaki → sop（パン切れ）
kúdaki mung → offal（くず）
kudaki yássa → friable（砕けやすい）
kudakīng → crumble（屑になる、くずれる）
kudakïung → contuse（打撲傷を負わす、挫傷させる）
kudami → footstool（足載せ台）
kudami íta → footboard（踏み台）
kúdami íta → treddle, treadles（踏み板、ペダル）
kudamı̄̈ung → trample（踏む）
kudashi kussuï → cathartical（下剤）
kudashi kussuï → purgative（下剤）
kudashung → purge（下剤で下す、通じがつく）
kudati chung → descend（降りる）
kudayung → descend（降りる）
kudayung → downhill（下り坂）
kudéru íri gami mótsi → wig（かつら）
kudéru sídaï → hurdle（（移動式の）編み垣）
kudíng tskussaráng → inexhaustible（使いきれない）
kudíng tstchiyīrang → inexhaustible（使いきれない）
kū-djaku → peacock,（孔雀）
kudjakunu íshi → loadstone（磁鉄鉱）
kudjákunu íshi → magnet（磁石）
kudji → nail（釘、爪）
kudji → peg（釘）
k̇ūdji → public（公の）
kúdji gva → tack（鋲）
kudji kakushung → stud（鋲）
kudji kwáshā → pincers（釘抜き）
kúdji nudji → tongs（やっとこ）
kúdji túï ássibi → lottery（くじ、福引）
k̇ūdjĭnŭ djĭ̄mĭ → council（評議会、会議）
kúdjiri yánshung → smarting（うずく）
kudjiru → defier（反抗者・挑戦者）
kudjīru gutu yanyung → smarting（うずく）
kudjïung → defy（抵抗・挑戦する・激励する）
kūdjó → language（言語）
kūdjó → term（術語）
útsushung→translate（訳す）
kudjónu fíziri-tóng → patois（方言）
kūdjónu 'hó → grammar（文法）
kūdjónu hó → philology（言語学）
kūdjóshi shéng → verbal（言葉の）
kudóng → comprized（含む、～から成る）
kūga → egg（卵）
kūgă → testicles（こうがん）
kuga bukuru → scrotum（陰嚢（ノウ））
kūga kadjimī tukuru → nidus（（昆虫などが）卵を置く巣）
kūga kwāshi → omelet（オムレツ）
kúgănĭ → gold（金）
kugani bushi → venus（金星）
kugani zéku → goldsmith（金細工師）
kuganinu gutóng → golden（金の）
kúganu ákami → yolk（卵黄）
kūganu shírumi → glaire（卵の白身）
kugéyung → jolt（ガタガタ揺れる）
kuï → bin（物置き場）
kūï → ware-house（倉庫）
kūï mutumïung → entreat（懇願する）
kūï → magazine（倉庫、貯蔵所）
kūï → store-house（倉庫）
kūï → ware-house（倉庫）
kūïbi → shrimp（小海老）
kūï-gva → covert（隠れ場、潜伏所）
kŭ̄kăbĭnŭ kazai → cornince（軒（胴、天井）蛇腹）
kúkí → saxifrage（（植）ユキノシタ）
kuku → domain（領地）
kúku → empire（帝国）
kúku → kingdom（王国）
kuku achiné → corn merchant（穀物商人）
kuku fïó → militia（民兵）
kuku mutsi → paddy（水田）
kuku vó → king（国王）
kuku vó → king（国王）
kukumashung → condense（圧縮する）
kukumi → bud（つぼみ）
kukumuï → blossom（開花期）
kukumutsinu kŭ̄rŭ → glume（いね科植物の花を包む小さな葉）
kukunutsi → nine（9）
kukunutsi ánanu bura → haliotis（？）
kukunútsi mé → forenoon（午前）
kukurirashung → suggest（仄めかす、示唆する）
kukuró tumirang → inattentive（気を配らない）
kukuru → feeling（感情）
kúkuru → heart（心）
kukuru → mind（心）
kukuru aratamiti yī michinkae yarashung → convert（変える、改心させる）
kukuru aratamiti yī michinkae yarashung → convert（変える、改心させる）
kukuru avatitong → bluster（さわぐ）
kukuru ftutsinyishi → enthusiastic（熱烈な）
kukuru kara ukuté sang → undesignedly（思わず、ふと）
kukuru katankiung → bias（（心の）偏向）
kukuru midariung → bewilder（途方に暮れる）

K

kukuru muparanyishi → advisedly（熟慮の上で、故意に）

kukuru mupparanyishi → assiduous（勤勉な）

kukuru mupparanyishi tuǐ mamuyung → unwavering（動揺しない）

kukuru mupparanyi-shung → enthusiastic（熱烈な）

kukuru mutchi → sentiment（感情）

kukuru mutchinu ang → moral（道徳の）

kukuru nachi → unintentional（故意でない、何気ない）

kukuru nachinyí → undesignedly（思わず、ふと）

kukuru nadjōnshúng → unanimous（満場一致）

kukuru nakae mada sadamirang → unsettled（不安定な）

kukuru nerang → inattentive（気を配らない、不注意な）

kukuru tsitsín → pericardium（心囊）

kukuru tskutchi → elaborate（入念の）

kukuru yassundjirang → disquiet（平静を失わせる）

kukuru yukarang → dismal（憂鬱な）

kukuru yukaráng → indisposed（気が不快、向かない、気乗りしない）

kukuru yukarang → perturbed（不安な）

kukuru yuku → refresh（生き生きさせる）

kukuru yúrussang → uneasy（落ち着かない）

kukurudé ndáng → untried（試されていない）

kúkurumi → examen（検査、吟味）

kukurumi → experiment（試み、実験）

kukurumishung → assay（試験する・試す）

　yassundjirang kutunu ang→discomfort（不快）

kukurunu áma ndjirang → unwelcome（歓迎されない、気にくわない）

kukurunu amadjóng → distracted（とり乱した）

kukurunu firusang → indulgent（寛大な、度量の大きい）

kukurunu kfassang → obdurate（強情な）

kǔkǔrǔnǔ nǔbāng → chagrin（無念，くやしさ）

kukurunu tăráng → discontented（不平をいだいている）

kukurunu tsīashi → concern（関心、心配事、利害関係、営業）

kukurunu tuku yabuyung → corrupt（汚す、腐敗させる）

kukurunu úgukáng → unshaken（揺るがない）

kukurunu uminyāku natóng → gratified（満足し喜ぶ）

kukurunu ǔmǔǐ → cogitation（思考）

kukurunu útsíshóng → unquiet（動揺した）

　mandjiung→cheerful（機嫌の良い）

kukurunyi chirayung → disgust（うんざりさせる）

kukurunyi chīshaku sang → irresolute（優柔不断の）

kukurunyi fukaku kuyanyung → contrite（罪を深く悔いている）

kukurunyi gattinsang → displease（不機嫌にする）

kukurunyi kakatóng → solicitous（案じる、気をもむ）

　tsitsishiminu aru mung→devout（信心深い）

kukurunyi kanatóng → prefer（好む）

kukurunyi makachi-shung → arbitrary（気儘な・恣意的な）

kukurunyi makashung → indulge（欲するだけ満たす、甘やかす）

kukurunyi shtóti → volunteer（志願者）

　ama ndjiti→willingly（喜んで）

　amandjíti→voluntary（自発的）

kukurunyi tāráng → dissatisfied（不満な）

kukurunyi tariráng → unsatisfactory（不満足な）

kukurunyi taritong → content（満足な）

kukurunyung → assay（試験する・試す）

kukurunyung → attempt（試みる）

kukurunyung → attempt（試みる）

kukurunyung → try（試みる）

kukurunyuru tifúng → specimen（見本）

kukuruyū nyi nashung → exhilarate（陽気にする）

kukuruyutchi → delight（歓喜）

kúkuruzashi → will（意志）

kúkuruzashi → intention ②（意図）

kukuruzashi tatiung → purpose（決意する）

kukuruzashi tskǘung → aim（志す・狙う）

kukuruzashi tudjiráng → unsuccessful（不成功の）

kukuruzashinu kataku → firmness（堅固・固定）

kúkuruzāshung → aim（志す・狙う）

kukutchinu ikang → dismal（憂鬱な）

kúkutchinyi áttatóng → salubrious（健康に良い）

kúkutchinyi átaráng → unwholesome（健康に悪い）

kúkuti miguyung → dizziness（めまい）

kúkuti miguyung → giddiness（眩暈）

kukuti miguyung → vertigo（めまい、眩暈）

kū-kvé-shung → repent（後悔する）

kūkwéshi → sorry（後悔する）

kūkweshi chimu yadi → smite（強く打つ）

kukwé-shung → compunction（悔恨）

k̇u ló-shung → laborious（難儀な、勤勉な）

kuma → bear ②（熊）

kuma → here（ここ）

kuma ama atchi assibǐung → ramble（散歩）

kuma kara → hence（ここから）

kuma kará → thence（そこから）

kuma madi → hither（こちらへ）

kuma madi → till（〜まで）

kuma vúti → here（ここ）

kumakiti bíndjǐung → garble（（古）えりすぐる）

kúmaku nóyung → stitch（繕う）

　amankae nashūng→transpose（位置を変更する）

kumanyi chkassang → hereabouts（このあたりに）

kumasaru ki → down（綿毛の）

kumashī mung → avaricious（貪欲な）

kumashī mung → niggard（欲深い人）

kumashī mung → skinflint（ひどいけちんぼう）

kúmashku-shung → illiberal（狭量、けちな）

kumboï-mung → booty（分捕り品）

kuméki sídjitóng → particular, -s（特別の、きちょうめんな）

kumékita ftu → whimsical（気まぐれな）

kumekita mung → scrupulous, -ly（慎重、綿密な）
    guma shidjiritóng→particular, -s（特別の、きちょうめんな）

kumékiti → minutely（詳細に）

kumékiti nyūng → closely（念入りに）

kumékiti nyūng → inspect（点検、検査、巡視する）

kumékiti sodanshung → discuss（討議する）

kumékiti tŭchūng → decipher（解読する）

kumi → group（グループ）

kumi → guild（組合、ギルド）

kumi chĭá → striker（升かき）
    handiráng→unhulled（外皮を取ってない）

kumi kwé mushi → weevil（コクゾウムシ）

kumi mbushá → still（蒸留器）

kumi ukĭung → mind ②（気を付ける）

kumigé nindju → clan（氏族、一味一門）

kumi-gura → barn（納屋）

kŭmĭnŭ fū → awn（イネ・麦などの芒）

kumishung → conspire（共謀する、陰謀する）

kúmpayung → struggle（あがく）

kumpĭang → biscuit（ビスケット）

kumpiang → bread（パン）

kumu → cloud（雲）

kúmudjā → pitted（あばたのある）

kúmudjishóng → pitted（あばたのある）

kumudji-shóng → pockmarked（あばたのある）

kumuï ĭĭnchĭ → cloudy（曇った）

kumúï → pond（池）

kumúï dínchi → lurid（ものすごい）

kumunu tattchóng → clouded（雲で覆われた）

kŭmŭnŭchung → bow ③（お辞儀する）

kumutóng → clouded（雲で覆われた）

kumutóng → overcast（一面曇った）

kun chidjayung → sprain（捻挫する）

kún lī → marriage（結婚）

kún mutsi → tribute（みつぎ物）

kūn tŭng → satin（シュス織り）
    íkkusa dōgu kún túti →disarm（武器を取り上げる）

kún zó → motley（寄せ集め、混成）

kun zó-shung → jumble（ごたまぜにする）

kuna → combination（組合せ）

kuna nĭndjŭ → clan（氏族、一味一門）

kuna nindju → conspirators（共謀人、陰謀者）

kunabi bichi → comparable（比較できる、匹敵する）

kúnabiti atayung → proportion（つり合わせる）

kunabĭung → collate（照らし合わせる）

kunabiung → contact（接触する）

kunashí ftu → strait-handed（手厳しい）

kunashī gă → fur（毛皮）

kunashi zeku → currier（皮屋、製革工）

kŭnăshung → combine（結合する）

kunchaïshung → fetter（足鎖）

kunchési → ligature（括る、縛る物）

kunchi → constitution（体格、気質）

kúnchi → health（健康）

kūnchi → leprosy（ハンセン病）

kúnchi → spirits {animal}（動物的活力）

kúnchí sundjïung → weaken（弱める）

kunchi tskashúng → invigorate（励ます）

kunchi tstchóng → invigorate（励ます）

kūnchinu yutashang → good health（健康）

kúnchinu yutashang → healthy（健康な）

kúnchinu taminyi yutashang → wholesome（健康によい）

kúnchū → necessitous（困窮した）

kūnchūna mung → pauper（貧困者）

kūnchūnyi assi → poverty（困窮）

kunda buni → tibia（脛骨）

kundjó mung → stingy（けちな、しみったれ）

kúndjung → tie（くくる、結ぶ、縛る）

kundzo mung → chaos（混沌）

kunéyé naráng → unpardonable（許せない）

kunéyung → absolve（放免する）

kunéyung → excuse（許す、弁解する）

kunéyung → pardon（許す、許可）

kungóshtchi → diamond（ダイヤモンド）

kunibu → orange（みかん）

kunibunu ó gá → orange-peel（みかん皮）

kun kónu ishi → diamond（ダイヤモンド）

kunmāchi achung → circuitous（回り道の）

kūn shi → gentleman（紳士）

kúnshinu gútuku néng → indelicate（下品、粗野）

kúntung → gold-satin（金色のしゅす）

kun tún-shóng → formless（形のない、混沌した）
    tsimi íriung→transship（積み換える）

kúnu guru → lately, latterly（最近）

kunu guru → latterly（最近）

kunu guru → recently（最近）

kunu gutōru mītski → notion（概念）

kunu gutu → so（そのように）

kunu gutu → such（そのような）

kunu gutu → thus（このように）

kunu gutú → wise（方法、程度）

kunu gutu yáttuchindo → since（〜以來、〜の故に）

kunu kunyinyi dzokushong → belong（属す）

kūnu sani → grit（（食物・水などに混ざった）砂塵、小石）

kunu shaku → rate（割合）

kunu tātsinu kutu suttung aï tsigang → connection（関連、交わり）

kunu utchi → recently（最近）

kunu yó → so（そのように）

kunu yó-nyi → thus（このように）
　bindjidŭshūrŭ→competent（任に耐える、資格ある）

kúnŭdĭdŭ → deliberately（故意に）

kunudong → captivated（魅惑する、悩殺する）

kunugutu nata kutu → since（～以來、～の故に）

kúnumi → liking（好み、好き）

kúnyăkŭ → gelly（ゼリー）

kunyāshung → masticate（咀嚼する）

kunyi → country（国）

kunyi → domain（領地）

kúnyi → empire（帝国）

kunyi dachishung → colonize（植民する）

kunyi fhadjimïung → found（基礎を置く）

kunyi íppé tūyung → itinerate（巡歴する）

kunyi kara hanashung → exile（追放する）

kunyi kara kushúng → emigrate（移住する）

kunyi nyidji furubashung → depopulate（住民を絶やす、人口を減らす）

kunyi utchi → inland（内陸）

kunyinkae chótaru takara → imports（輸入品）

kunyinkae yutchúng → immigrate（他国に移住する）

kunyinu dzī → map（地図）

kunyinu kutu → history（歴史）

kunyinu shtchi → historiographer（歴史記録官、史料編纂官）

kunyinyi tstchóng → national（国家の）

kúnyung → knit（編む）

kunyung → plait（編む）

kunzó → admix（混合する）

kunzó → mixture（混合）

kunzó gatchishung → scribble（書き散らす）

kunzósheng → complex（複雑な）

kunzósheng → complicated（複雑な、込み入った）

kun⁺ zóshung → commix（混ぜる、混じる）

kun⁺ zó-shung → confound（混同する）

kun⁺ zó-shung → confuse（困惑させる、混亂させる）

kunzóshung⁺ → perplex（当惑する）

kura → barn（納屋）

kura → granary（倉庫）

kŭra → magazine（倉庫、貯蔵所）

kura → saddle（鞍）

kŭrá → sparrow（雀）

kurá → store-house（倉庫）

kura shtchī → housings（馬衣、馬飾り）

kurachi djó → pylorus（幽門）

kuragadóng → obscure（暗い、あいまい）

kuraï bichí → eatable（食べることが出来る）

kŭranu dzūmĭ → crupper（しりがい（馬具））

kurassa → darkness（闇・暗さ）

kurassassi → darkness（闇・暗さ）

kuraya → cowherd（牛飼い）

kurayung → eat（食べる）

kuré → condition（状態、身分、境遇）

kuré → quality（本質、特質）

kuré → rank（位）

kuré → tribunal（裁きの席）

kuré fūdjĭung → entitle（資格を与える）

kŭré mashi nashúng → refine（精製する）

kuré tati kéyung → dethrone（廃位させる）

kuré utabĭung → dub（爵を授ける）

kurénu na → title（肩書）

kurénu ná bakaï → honorary title（名誉称号）

kuri → be（～である）

kūri → ice（氷）

kuri → it（それ）

kuri → this（これ）

kūri butu → gelly（ゼリー）

kūri butu → salep（サレップ（蘭科植物の塊茎を乾燥したもので食用あるいは鎮痛剤））

kúrĭ íru → drab（茶色）

kuri kará → through（通り抜けて）

kūri kara síndĭung → skate（スケートする）

kuri mading chóng → nay（その上）

kuri nakae → therein（その内）

kūri nayung → congeal（凍らせる、凝結させる）

kūri nayung → freeze（凍る）

kūrĭ sătó → candy（砂糖菓子）

kuri shae → through（通り抜けて）
　shūkūtŭ natóng→confirmation（確証、確立）

kuri yaka nagassang → longer（より長い）

kurĭung → overturn（倒す）

kūrĭung → thicken（濃くなる）

kuriga wīnkae nayé narang → unsurpassable（まさることができない）

kurinaï → crimson（深紅色）

kurinaï → scarlet（真紅色）

kuríng aráng áring aráng → nor（～もまた～ない）

kūrinu háshira → icicle（氷柱）

kūrinu wi kara sindīru kuruma → sledge（そり（橇））

kurinyi → therewith（それで）

kurinyi kakavatóng → pertinacious（固守する）

kurinyi nyishti → alike（一様に・似て）

kurinyí sidjirang → merely（単に）

kurishae → hereby（これに依って）

kurishae → therewith（それで）

kurishi → hereby（これに依って）

kakayuru gutu néng → unconnected（関係ない）
kuritu aritu kéyung → commute（取り替える、交換する）
kuritu uttcheti → contrariwise（反対に、逆に）
kūrĭung → coagulate（凝固する）
kūrĭung → congeal（凍らせる、凝結させる）
kŭrĭung → curdle（凝乳に固める）
kurĭung → darken（暗くなる）
kūrĭung → freeze（凍る）
kuró bichí → edible（食べられる）
kuru → black（黒）
kuru → dark（暗い）
kúru → nave（（教会の中央を占める）身廊、本堂）
kuru bó → malay（マライ人）
kuru gi → ebony（黒檀）
kúru káni → iron（鉄）
kŭrŭ kără → shell（堅い外皮）
kuru ki → ebony（黒檀）
kŭrŭ mĭ → iris（眼球の虹彩）
kuru ncha iru → brown（褐色）
kurubó → moor（ムーア人）
kurubó → negro（黒人）
kurubó ndza → negro（黒人）
kuruchi → black（黒）
kurudong → blacken（黒くする）
kurudong → dark（暗い）
kurugissang → blackish（やや黒い）
kuruma → cart（手押し車）
kuruma anésha → charioteer（御者）
kuruma fíchi tsína → traces（引き綱）
kuruma ushā → charioteer（御者）
kuruma zéku → cart wright（車大工）
kuruma zéku → wheel-wright（車大工）
kurumanu djĭkŭ → centre-bit（回し錐）
kurumanu ménu fíchi kī → thill（ながえ、舵棒）
kúrushi zitchi → sanguinary（流血を好む）
kúrushīda mung → wretched（みじまな）
kurushidóng → laborious（難儀な、勤勉な）
kurushimashung → excruciate（苦しめる）
kurushimashung → imbitter（苦しい思いをさせる）
kurushimi → affliction（苦悩）
kurushimi → distress（悩み）
kurúshimi → toil（難儀、苦労）
　　firashung→alleviate（緩和する）
kurushimi tsigĭung → complain（泣き言を言う、不平を言う）
　　avarinu fukassang→distresses（苦しみ）
kurushung → kill（殺す）
kurushung → slaughter（虐殺する）
kūsang → little（小さい）

kūsaru yádu → newt（いもり）
kagáng → magnifier（拡大鏡）
kushā nayung → retrograde（後退する）
kushi → back（背）
kushi → behind（後ろ）
kushi báku → dressingcase（化粧箱）
kushi buni → spine（脊骨）
kushi buninu ítami → lumbago（腰痛）
kushi gūfŭ → humpback（せむし、猫背）
kushi muti → behind（後ろ）
kushinkae` → aback（後ろへ）
kushinu soba buni → scapula（肩甲骨）
kushinu tati buni → spine（脊骨）
kushirérang → unwrought（念入りにされていない）
kúshita mung → servile（奴隷の）
kushtchi → still（蒸留器）
kŭ⁺shŭ → pepper（胡椒）
kŭshŭng → demolish（破壊する）
kūsĭ → coriander（セリ科の草、ユズイシ）
kussa → grass（草）
kussa → herbage（草本類）
kussa → tares（有毒な雑草）
kússa → weed（雑草）
kussa bananu sū doli → botanist（植物学者）
kússa īchi → fumes（煙霧）
kussa katchi → pitchfork（三つ又）
kussa katchi → prong（尖ったもの）
kussa katchi-shung → rake（掻き均らす、草かきをする）
kussa kurayung → graze（生草を食う、擦り剥く）
kussa kussa shung → grumble（ぶつぶつ不平を言う）
kussa kvayung → graze（生草を食う、擦り剥く）
kussabi → tenon（（木の）ほぞ）
kussabi → wedge（楔）
kŭssabi găta → cuneiform（くさび形）
kussabi mī → mortise（ほぞ穴）
kussabu → porcupine（ヤマアラシ）
kussachi mung → fetid（悪臭のある）
kŭssāĭ → chain（鎖）
kussaĭ fútuchúng → unchain（錠をはずす）
　　gara gara-shung→clank（ガチッと金属の音がなる）
kussaĭ-shung → enchain（鎖で繋ぐ）
kussaĭ-tama → chain-shot（くさり弾（2つの弾丸を鎖でつないだ砲弾））
kussa-kaza → stench（悪臭）
kussaku → stench（悪臭）
kussaku ang → stink（悪臭を放つ）
　　chu kussamikashung→abet（煽動する）
kussamitchi bésang → peevish（気むずかしい）
kussamitchi ́féssang → wayward（怒り易い）
kussamitchishong → splenetic（おこりっぽい）

kussamitchóng → wayward（怒り易い）

kūssang → small（小さい）

kussanu mazidósi → jungle（ジャングル）

kussanu shidjitó túkuru → jungle（ジャングル）

kussari djishi → carrion（腐肉）

kussari djú-sha → pedant（衒学者）

kussari kaza → frouzy（嫌な匂いのする）

kussari mung → ordure（糞、汚物）

kussari nyiku → carrion（腐肉）

kussari nyiku → gangrene（壊疽、脱そ）

kussari útiung. → slough off（剥げ落ちる）

kussaritong → putrid（腐った）

kussaritóng → rotten（腐った）

kussaritósi → corruption（堕落、腐敗）

kūssaru chǐ sǐdjǐ → capillary（毛細血管）

kūssaru chkata → plat（小地面）

kūssaru dzī → miniature（縮図）

kūssaru kvédju → conventicle（集会所、会堂）

kūssasiga ushǎyung → conglomerate（団塊状に集める（凝集）する）

kussassang → fetid（悪臭のある）

kússassang → stink（悪臭を放つ）

kagáng → microscope（顕微鏡）

kussatong → concatenated（鎖状につないだ、つながった）

kussi → foible（性格的欠陥・弱み）

kússu → excrements（排泄物）

kússu → ordure（糞、汚物）

kussuï → drugs（薬剤）

kussuï achinéshuru ftu → apothecary（薬店主）

kussuï chú fézé → dose（一服）

kussuï hadjirang → chronical（慢性の、長患いの）

kussuï mǔyú tukuru → dispensary（薬局）

kussuï tskoya → druggist（薬剤師）

kussuï tutunīru shimutzi → dispensatory（調剤手引書）

kussuï → physic（薬）

kussuï → remedy（薬、治療）

kussuï kushireyuru 'hó → pharmacy（薬学）

kussuï shi hó → pharmacy（薬学）

kussuïnu nā atsimi → pharmacopaea（調剤書）

kussuïshi tadiung → foment（（患部を）蒸す）

kutaï kókó-shung → cluck（鶏がコッコと鳴く）

kutāng → incorruptible（腐敗しない）

kǔtchi → aperture（開き口、穴）

kútchi → entrance（入口）

kutchi → mouth（口）

kutchi → opening（目）

kutchi → orifice（口、穴）

kutchi → palate（味覚、こえた口）

kutchi → pronunciation（発音）

kutchi bakaïshi → oral（口頭の）

cha tsibunu kutchi→spout（噴出口）

kutchi fussadjiung → gag（口を封ずる）

kutchi fussadjóng → speechless（物言わぬ）

kutchi gatchi → catch word（見出し語、標語、流行語）

kutchi gussúï → gun-powder（火薬）

kutchi katánchung → wry（ゆがんだ、ねじれた）

kutchi múttchi → chatterbox（おしゃべり）

kutchi nǎrǎshǔng → buss（音をたててキッスする）

kutchi shae → vocal（音声の）

kutchi shiru → spittle（唾）

kutchi shiru ndjashung → spew（吐く）

kutchi shpúyung → kiss（キス）

kutchi susuyuru sādji → napkin（ナプキン）

kutchi sūyung → kiss（キス）

kutchi tatachung → smack（ぴしゃりと打つ）

kutchi tātsā → double-tongues（二枚舌の、うそつきの）

kutchi tsitsimi → muzzle（口輪、口かせ具）

kutchi utu → pronunciation（発音）

kutchi utushung → growl（唸る、がみがみ）

kwī shaé ichési → vocal（音声の）

kutchinu tstchoru ftu → greedy（貪欲、食い意地の）

kútchishi ïyarang → ineffable（言語に絶した）

kutchitu atarang → disrelish（嫌い）

kutchó bána → fleur-de-lis（（植）イチハツ）

kutchóng → mortified（壊疽に罹って腐った）

kutchōru nyíku → mortified（壊疽に罹って腐った）

kutchúng → fade（萎む）

kuténg → few（少々の）

kūténg → particle（微量）

kūténna ïyúng → whisper（囁く）

kuté-yung → reply（返答する）

kutéyung → respond（返答する）

kǔtó → equity（公平、正当）

kǔtó → justice（正義、公正、妥当）

kǔtó aráng → unjust（不当な）

kūtónu ftu → just（公正、適性な）

kū tónyi ang → equitable（公平な、正当な）

kū-tónyi shung → equitably（公平に）

kútsi → sandals（サンダル、草履）

kutsi dzī → marrow（髄）

kutsiba kakiyǎ → headstall（馬のおもがい）

kūtsǐbǐ → caruncle（種阜、いぼ）

kutsinu azitóng → suture（縫合）

kutsinu muyagatóng → rawboned（やせて骨の出た）

kǔtsǐsǎ → agony（苦悶）

kútsisa → torment（苦痛）

kutsisashimīru → flagrant（名うての、極悪の）

kutsisashimïung → excruciate（苦しめる）

kutsissaru → plaintive（かなしげな）

kutsivanu ná → rein（手綱）

K

kútsubi → wart（いぼ）

kutsugúyung → tickle（くすぐる）

kúttáya → these（これら）

kutu → affair（事・事情・用務）

kútu → articles（箇条）

kutu → business（事務、商売）

kutu → event（事件、結果）

kutū → lyre（たて琴）

kutū → piano（ピアノ）

kutu → seeing（〜の点から考えると）

kutū → seraphine（足踏みオルガン）

kutu → thing（もの、こと）

kutu gutuku yínu mung → uniform（一定の）

kutu gutuku yínu mung → uniform（一定の）

kutu ī bindjïung → plead（言い訳する）

kutu kamurashung → empower（権能を与える）

kutu kamutōru ftu → major domo（宮宰、召使頭）

kutu kamutóru kwan → consul（領事（官））

kutu kătĭ → assume（仮定する）

kutu kunudoru ftu → meddlesome（お節介な、干渉好きな）

kutu nashung → effect ②（果たす）

kutu nashuru mung → former（作成者）

kutu neng → disengaged（解かれた、約束のない）

kutu shídjissang → pother（騒動）

kútu ussīyung → hush up（抑える、揉み消す）

kutu vakíng chkang → implacable（宥められない）

kutu vakishung → apology（謝罪）

kutu yussti → evasion（回避）

kutuba → expression（表現）

kutúba → language（言語）

kutuba → statement（陳述）

kutuba → word（言葉）

kutuba ikirassa → concise（簡潔な、簡明な）

kutuba shibăkŭshĭ → laconic（口数の少ない、簡潔で含みのある）

kutuba shidenyi shung → construe（解釈する）

kutuba tadasang → articulation（言語）

　　yūdjū bindjïung→parley（和平交渉会談）

kutuba tuĭ késhung → unsay（取り消す）

kutubanu fukanyé íminu ang → imply（含蓄する）

kutubanu 'ho → grammar（文法）

kutubanu ikirassassi → brevity（簡潔）

kutubanu imi → acceptation（意味）

kutubanu̇ ïyó → idiom（慣用句）

kutubanu námari → patois（方言）

kutubanu zū → copulative（連結語）

kutubashi ī tskussarang → inexpressible（言語に絶する）

kútubutchi → longevity（長寿）

kutubutchinu ftu → aged（老いた）

kutugutuku → thoroughly（すっかり、完全に）

kutugutuku taritóng → quite（完全に）

kútugutuku ussuritóng → timorous（臆病な、気の弱い）

kutunnyi haziritóng → extraneous（外来の、異質の）

kutunu ang → busy（忙しい）

kútunu ang → engaged（約束した）

kútunu ang → something（何かある）

kútunu chūnyi ang → exigence（危急、急務）

　　ítu gutchi →intimation（暗示）

kútunu úkuri → emergency（緊急、非常時）

kutuvaĭ chiung → absolutely（絶対的に）

kutuvaĭ gatchi → resignation（辞職）

kutuvaĭ té → resignation（辞職）

kutuvayé naráng → unanswerable（答えられない、反論不可の）

kutuvayung → refuse（断わる）

kutuvăyusi → denial（否認、拒否）

kutzi → bone（骨）

kutzi-nyiku-zófu nŭ gakumung → anatomy（解剖学）

kuvashkaráng → inaccurate（不確かな、不正確な）

kuvashku iradéng → choicely（入念に選んで、みごとに、精選して）

kūvé → danger（危険）

kŭvéyung → add（加える）

kuvéyung → augment（増大する）

kuvéyung → increase（増加、増大させる）

kuvéyŭsĭ → addition（加えること）

kuweti agĭung → promote（昇進させる、助長する）

kuwi késhi géshi → paroxysm（周期的発作）

kuyaminu ussiku nayúndó → repentance（後悔）

kuyanyung → repent（後悔する）

kuyanyuru → penitent（後悔した）

kuyashi → dung（肥し、糞）

kúyubi → prawn（クルマエビ）

kuyumi → almanac（暦）

kuyumi → calendar（暦）

kúyumi → kalendar（暦）

kūyŭng → beg（乞う）

kūyung → beseech（懇願する）

kūyŭng → bite（かむ）

kúyung → gnaw（かじる）

kuzashi irĭung → caulk（すき間などをふさぐ）

kuzashi irĭyā → caulker（コーキング工（船の甲板などの継目に槙皮を詰める作業員））

kuzushi djī → short hand（速記）

kva → child（子供）

kva dé → flower pot（植木鉢）

kva djíng → mulct（罰金、科料）

kva maga → posterity（後世）

kva nashimiā → midwife（産婆）

　　isha→midwife（産婆）

索　引　　513

kva nashung → beget（子をもうける）

kva nashung → breed（子を産む）

kva nashung → generate（産み出す）

kva nashuru djibung → confinement（出産、産褥にあること）

kva nashusi → chldbirth（出産）

kva nashusi → delivery（受渡し）

kva nashusi → parturition（出産、分娩）

kvabi → display（陳列）

kvabīnyi → prodigal（浪費する）

kvabīnyi ang → parade（パレード、行列）

kvabī-nyi ang → pomp-ous（華美な）

kvá-búkuru → womb（子宮）

kvabun → copious（豊富な）

kvabúng → excess（過多）

kvabunyi shodjĭung → fecundity（多産性の）

kvachuna mung → passionate（怒りやすい）

kva ꝼó djíng → perquisites（特典、役得）

kvafūna mung → happy（幸せな）

kvaï chiru mung → corrodent（腐食性の。むしばむ）

kvakurang → cholera（コレラ）

kvan⁺ dji → clemency（仁慈、情、寛大）

kvan⁺ nyin → magistrate（行政官）

kvan nyínnu tūï → judicially（司法上、裁判官らしく）

kvǎnán skúyuru ftu → fireman（消防士）

kvāndjŭnu tūï shéng → judicially（司法上、裁判官らしく）

kva-néng → childless（子供のない）

kvang gani → clasps（バックル、留め金）

kván-rǎkǔ → delight（歓喜）

kványi fūdjĭung → invest（着用させる）

kvanyi fūdjĭung → nominate（指名する）

kvanyi fūdjiun → appoint（任命する）

kvanyi tsigĭung → denounce（非難する、密告する）

kvāshā → forceps（鉗子・ピンセット）

kvashā → press（圧搾機）

kvāshā bassang → forceps（鉗子・ピンセット）

kvāshi → cake（菓子）

kváshi → pastry（練り粉製の食品、練り粉菓子）

　　　an íti nyitchéru kvāshi→pudding（プッディング）

kvāshi h̃assáng → nippers（挟む道具、（かに、えびの）大はさみ）

kvashshi bichī → convertible（変えられる、改められる）

kvǎshshïung → reform（改良する）

kvashshïung → transform（変形する）

kvǎshshïung → concoct（調合する）

kvǎshúng → digest（消化する）

kvāshuru fitsi → press（圧搾機）

kvayung → devour（むさぼり食う）

kvé butá-shong → plump（肉づきのよい）

kvé chirashuru kussuï → caustic（焼灼剤、腐食剤）

kvé chïung → corrode（腐食（侵食）する）

kvé mung → aliment（滋養物・食物）

kvé mung yā → eating house（飲食店）

kvé ndjachéru kǔssa → cud（食いもどし、反芻すること（牛など））

kvé-djira → greedy（貪欲、食い意地の）

kvé-mung → corpulent（肥満した）

kvéshung → congregate（集まる）

kvétéshóng → pregnant，pregnancy（妊娠した）

kvétéshóng → pregnant，pregnancy（妊娠した）

kvī → tone（音色）

kvi chichung → respects（あいさつ）

kvi chïung → craunch（ばりばり噛む）

kvi haï-shung → mumble（もぐもぐ、ぶつぶつ言う）

kví haïshung → murmur（ぶつぶつ不明瞭な声で不平を言う）

kví haïshung → mutter（ぶつぶつ、ほそほそ言う）

kvi múng → gift（贈り物）

kví múng → largess（贈り物）

kvī utsĭ̆ung → march（行進、する）

kvi vayung → craunch（ばりばり噛む）

kvíuru mung → giver（与える人）

kvihaïshung → growl（唸る、がみがみ）

kvīnu kukutchi → quaver（震え声）

kvīti nubi tárashung → prolong（長引かす）

kvī̆ung → furnish（あてがう）

kvíung → give（与える）

kwā → mulberry（桑の実）

kwá nashuru mung → viviparous（胎生の）

kwāchi túyuru dógu → tweezers（ピンセット）

kwa⁺ fī-shung → delineate（輪郭）

kwafū⁺ → recompense（報い）

kwa-fū̆nu ang → retribution（報復）

kwaku fichi katcheru dji → abbreviation（略記）

kwám⁺ pu → office（事務所）

kwampu kara kūng → unofficial（非公式の）

kwampunu yūdju → official（官の）

kwan kutuvayung → resign（辞任する）

kwan myó → title（肩書）

kwán shku → unofficial（非公式の）

kwǎn⁺ yin → mandarin（官人、官員）

kwan yínnu chá → state ②（国家）

kwandun sing → canton（広東）

kwang⁺ → coffin（棺、ひつぎ）

kwang⁺ tsé → coffin（棺、ひつぎ）

kwānu naï → mulberry（桑の実）

　　　línzukusáng→insubordinate（服従しない）

kwan⁺yíng → officer（官員）

kwāshā → tweezers（ピンセット）

kwáshā bássán → pincers（釘抜き）

K

kwāshung → compress（圧縮する、要約する）

kwāshung → squeeze（圧搾する）

kwāshung → strain（引き締める）

kwă-tūsang → barren（子を産まない）

kwé → dung（肥し、糞）

kwé → manure（肥やし）

kwé → spade（踏み鍬）

kwé bichi → eatable（食べることが出来る）

kwé bŭtā → fat（肥った）

kwé djírí → voracious（大食の）

kwé fitu → fatty（肥満の人）

kwé mung → refectory（食堂）

kwé mutsi → provisions（食糧）

kwé ncha → mold（沃土）

kwédju shuru kwannu cha → senate（議員）

kwémung → victual（食糧）

kwéshung → rendez-vous to（集合する）

kweti fichaï irunu mung → sleek（色艶のよい）
　　ndjúchi kantīshung→unwieldy（扱いにくい）

kwétóng → fat（肥った）

kwétóng → fleshy（肉付きのよい）

kwéyung → fatten（太る）

kwi → sceptre（笏、王権）

Kwī → sound（音）

kwī → voice（声）

kwi goāshi ïyung → falter（吃る・口ごもって話す）

kwī káritóng → hoarse（ハスキーな）

kwī kunyung → suction（吸引）

kwī ndjassang warayung → smile（微笑する）

kwī tati māshung → empale（突き刺す）

kwī ndjashung → utter（言う）

kwīkudi tskatóng → suction（吸引）

kwīnu tashikanyi ang → elocution（話ぶり）

kwīung → exceed（超越する）

kwīung → excel（卓越させる）

kwīung → overleap（飛び越える）

kwīung → overpass（越える）

kwīung → precede（先立つ）

kwīung → skip over（飛び越える）

kwīung → surpass（凌駕する）

kwófi → queen（王妃）

kwūku nayung → decrease（減少する）

kwū tónu dé → fair price（正当な値段）

kwūtónyi shung → fairly deal（公正に扱う）

L

lán → limodorum（(植) 鶴頂蘭、紫蘭）

lan → rebellion（反亂）

lan kan → palisades（柵、くい、岩壁）

lan sang → canopy（天蓋、ひさし）

lang → commotion（騒動、動揺）

láng → insurrection（謀叛、反亂）

lankan → ballustrade（欄干）

lankan → railing, rails（てすり、欄干）

lannu fhana → chloranthus inconspicuus（鑑賞用センリョウ科植物）

lannu ukuritong → anarchy（無政府状態）

láting hwá → latin（ラテン語）

lī → decorum（礼儀作法）

li → etiquette（礼式）

lī → formality（儀礼）

lī → gain（利益、得る）

lí → interest（利）

lī → obeissance（敬礼）

lĭ → rite（儀式）

li byó → dysentry（赤痢）

li → mercenary man（欲得ずくの）

lī mutsi → present ②（贈り物）

lí nashung → precedent（前例）

li païnu dé yúkka → wednesday（水曜日）

lī shi → fleet（艦隊）

lí sĭdjĭ → right -s, to right（正当、正す）

li súkunu chūsang → usury（高利貸し）

lī té nu ang → urbane（上品な、優雅な）

li yitchi → profit（利益）

lí yítching néng → unprofitable（利益のない）

li-dakushong → destitute（貧困な）

li-dji → etiquette（礼式）

līdji safŭ tsitsishidóng → decorous（礼儀・端正ある）

lifaïnu de ruku → saturday（土曜日）

lífaïnu nāsătí → tuesday（火曜日）

līfaïnu tsígu fi → monday（月曜日）

li faïnu dé gu nyitchi → friday（金曜日）

li fatsina mung → clever（賢い）

li gé tuchúng → pro & contra（賛成と反対）

li gve → enormous（巨大な）

li gvé → exorbitant（法外な、途方もない）

li-gvé → extraordinary（異常な）

li hó → ceremony（儀式、式典）

li hó → politeness（礼儀）

likutsi → shrewd, -ness（狡い、狡猾な）

likutsi munuī → witticism（洒落、警句）

likutsi shta mung múnu yū ïyung → flippant（軽薄な・浮ついた）

likutsi ukuné → trick（策略、トリック）

lĭkŭtsĭnă ftu → crafty（悪賢い）

likutsi → wit（知力）

likutsinu kūdjó → pun（だじゃれ、同音意義の）

likutsinu shió → feat（妙技・離れ業）

索引　515

lī mutsi → gift （贈り物）
lín dju → vicinity （近隣）
lín kwa → waist-coat （胴着）
lín-chi-shung → grudge （妬み、渋る）
línga mī → leucoma （角膜白斑）
líng gang → longan （リュウガン（植物））
líng-kvaï → metempsychosis （輪廻）
lin gu shōru → correlative （相関的）
lín nu hana → nelumbium （(植) 蓮）
línnu hana → waterlily （睡蓮）
lin nu hanna → lotus （(植) 蓮）
līnyi áttarang → improper （適切でない、妥当でない）
　narashuru līnyi kanatong→apt （傾向がある）
līnyi kanatóng → decent （礼に叶う）
līnyi kanatóng → formal （儀礼的）
lǐnyi kvītóng → ceremonious （儀式ばった、礼儀正しい）
līnyi sóvūsang → incongruous, inconsistent （矛盾、一貫 しない）
linzukósang → connection （関連、交わり）
linzuku shung → annex （付け足す）
līpaïnu dé ítchinu fī → monday （月曜日）
líppana mung → luxury （贅沢品、奢侈）
lippang → comely （美しい）
líppangshéng → ornamented （飾られた）
lippangshung → beautify （美しくする）
lippangshung → bedeck （飾る）
lippang-shung → deck ② （飾る）
lippanu mung → splendid （華麗な）
líppanu rīdji → gentility （上品、良い生まれ）
lippanu vaka-mung → beau （洒落男）
lippanyi ang → beautiful （美しい）
lippanyi ang → splendid （華麗な）
lippanyi kazayung → embellish （(飾って) 美しくする）
lippanyi shung → embellish （(飾って) 美しくする）
lishtch → ceremony （儀式、式典）
lǐshun → equinox （春分・秋分）
lí-sīdjǐ → principle -s （原理、主義）
lísi djinu néng → unreasonable （不合理な）
　mamuyúng→vindicate （擁護）
lísŭkú → interest （利）
litchi níng → successive （連続の）
lítsi za shōru ftu → messieurs （諸君、皆さん方）
li tuku → advantage （利益・利点）
litzi'hónu shimutzi → code （法典）
lǐ ū → dragon （龍）
ló → piazza （屋根付き回廊）
ló dji kwang → consul （領事 (官)）
ló djitci → sincere （誠実な）
ló đu → twice （二度）
　shi kaku→trapezium （台形）

　sán-kákú→isosceles （二等辺の）
ló shin → conscience （良心、本心、道義心）
ló ti → extremities （四肢）
ló tsǐ → mule （ラバ）
lóc hing → reason （理性、理由）
lóchinu neng → imprudent （無謀、無分別、軽率な）
lóchinyi fanshóng → irrational （理に合わぬ）
ló djin → septuagenary （70歳代の人）
lókă → corridor （廊下）
ló mung-shóng → dotage （もうろく）
lónu fírusang → magnanimous （大度量の、寛大な）
lonu fírusang → liberal （気前よい、寛容な）
lónu uffusang → generous （寛大な）
lŏsi → alum （明礬）
ló tsinu abiung → bray （叫ぶ、つき砕く）
lū → dungeon （土牢）
lū → scull （櫓）
lú mamuyā → turnkey （牢番）
lu tskutóng → gangrene （壊疽、脱そ）
lúdji gata → ellipsis （楕円）
ludji gatanyi ang → elliptical （楕円の）
ludji kata → oval （卵形、長円形の）
ludji naï → ellipsis （楕円）
lúdjinaï → oval （卵形、長円形の）
lǔ̃ǐ → class （類）
luï vakashung → classify （分類する）
lúï → genus （部類、種類）
lúï → kind （種類）
luï → race （人種）
luï → sort （種類）
luï lítchi → scrofula （慢性結核性リンパ腺炎）
lundji bushā → communicative （話好き）
lún djïung → reason ② （論じる）
lū nu mizzi núbuyung → waterspout （水上の龍巻）
lū-sha → prison （牢屋）
lū wó → neptune （海神ネプチューン）
luzon → luconia （？）
luzún → luzon （ルソン島）
luzún → manilla （マニラ）

M

'ma butchi utchúng → drive （駆ける）
ma butchi utchúng → drive （駆ける）
mā fū → witchcraft （魔術）
má kără → whence （何処から）
má māru → exactly （正確に）
mā mássígu tátchóng → perpendicular （垂直の）
má mushi → scorpion （サソリ）
'má ndjīng → whithersoever （〜所はどこでも）

mā ni la → manilla （マニラ）

'má wū → flax （アマ（繊維））

má wūnu núnu → linen （リネン）

mā yaravang → wherever, wheresoever （何処でも）

mabúï → manes （特定の死者の霊）

mabúï → soul （魂）

máburushi → fanciful （空想的・架空の）

máchi kakïung → swathe （巻く）

machi tabako → cigar （葉巻）

machïá → shop （店）

machïanu ftu → shopkeeper （店主）

machigéshi bichi mung → fallible （誤りやすい）

machigé-shung → err （間違う、罪を犯す）

machigóyung → fail （誤る）

machikantī-shung → anxiously （心配して）

machung → curl （ちぢらす、渦を巻く）

machung → frizzle （髪を縮らす）

máckwa gūfu → occiput （後頭部）

máda → unshaven （剃っていない）

máda → yet （まだ）

máda arāng → unwashed （洗われていない）

mada chífukósang → unsubdued （抑えられない）

māda chūrang → inexpert, inexperienced （未熟な）

māda chūrăng-sĭ → minor （未成年の、若い）

máda dé turáng → unpaid （未払いの）

mada djódjósang → unfinished （未完の）

mada djukusang → unripe （熟んでいない）

máda fankoshé firumiráng → unpublished （未刊の）

   katachinu ndjiráng→unformed （形をなしていない）

máda kósang mung → undergraduate （学部学生）

máda kukurumáng → untried （試されていない）

máda mukūrang → unrequited （報いられない）

mada nóï chĭrāng → convalescent （回復期の、病み上がりの）

máda nuzukáng → unexterminated （根絶されていない）

mādă sádamiráng → doubtful （疑がわしい）

māda sadamirang → irresolute （優柔不断の）

mada sagute ndáng → unexplored （未踏の）

máda sunavaráng → unprepared （準備していない）

   tazonitai shiráng→unexplored （未踏の）

máda térang → unexterminated （根絶されていない）

   uráng→unsold （売れない）

mádara → variegated （多彩な）

madimunā → imp （小鬼、鬼っ子）

māding → wherever, wheresoever （何処でも）

māding aru hazi → somewhere （どこか）

madji ichayusi → conjunction （結合）

madjī tătăkăyŭng → conflict （争う、衝突する）

mádjiku → shad （ニシンの類の食用魚）

madjimung → fiend （悪霊）

madjimunyi nyitchóng → devilish （悪魔のような）

madjiné kutuba → malediction （呪い）

madjiné shung → imprecate （呪いをかける）

madjinéshi nurayung → imprecate （呪いをかける）

madjinyéshung → exorcise （魔除けをする）

madjiri → district （地区）

madjiri avashi kunyi → republic （共同体）

madjivari kunudóng → access （接近）

madjivari kunudóng → sociable （社交的）

madjivari mussubïung → fraternize （友愛精神で交わる）

madjivari téshung → excommunicate （破門する）

madjivayung → associate （交際する）

madjúng → together （一緒に）

madjung achung → accompany （同行する）

   ukurunyi nagarïung→confluent （合流する）

madjung kŭrăshung → cohabit （同棲する）

madjung mmaritaru → connate （生来の、先天的な）

madjung shuru uta → choir （合唱団、合唱する）

   simayung→cohabit （同棲する）

madjung tsidjóng → fellow heir （共同相続人）

madjung vakïung → partake in （加わる）

madjungshi → collusion （共謀）

madjūngshung → cooperate （協力（同）する）

madjungshusi → cooperation （協力（同））

madorashung → delude （惑わす）

madovarīru → enchanting （魅惑的な）

madu → window （窓）

maduï chimu neng → heartless （心のない、酷な）

mádunu ang → unemployed （失業した）

madunu fissashi → shutter （雨戸）

madunu fuka djó → shutter （雨戸）

madunu mung → lunch （軽食）

mádunu tuchi → vacation （休日）

madutóng → snarled （混乱した、もつれた）

maduvásarīru kutu → magic （魔術）

maduvashi ukuné → trick （策略、トリック）

maduvashung → mislead （誤り導く）

maduvashung → tempt （誘惑する）

maduváshuru kutu → magic （魔術）

máfú → sorcery （占い、魔術）

máfū shá → sorcerer （占い師）

ma fushung → bewitch （魔法で人をたぶらかす）

mága → grandchild （孫）

maga kva → grandchild （孫）

māgă → where （どこ）

magaï → curvature （湾曲、ひずみ）

magaï → curve （湾曲、曲がり）

magaï djiri → awl （錐・千枚通し）

magaï figuïshóng → crenelated （鋸状になった）

magaï ǩatana → cutlass （ややそり身で幅広の短剣（船乗りが用いた））

magaï magaï nagarĭung → crankle （曲がりくねる、曲折）

magaï chiké-shung → perjure，perjury （偽証する）

mágaï fígaï → zigzag （ジグザグ）

magaï figuï shóng → serpentine （くねった）

magaï kutu → grievance （不平，苦情，立腹）

mágaï mítchi → tortuous （曲がりくねった）

magaï nóshung → redress （直す、矯正する）

magaï numi → gouge （丸いのみ（鑿））

magaï õsan → inflexible （曲がらない、頑固、不動）

magarashung → pervert （ゆがめる）

mágatchi → hedge （垣根）

    habanu gutushi magati nagarĭung→crankle （曲がりくねる、曲折）

magató tukuru → curvature （湾曲、ひずみ）

magatong → crooked （曲がった、ゆがんだ）

magatósi → bent （曲がっている）

magatósi → winding （曲がったもの）

magayung → bend （たわむ）

magi mung → bulky （巨大な）

magí yassang → flexible （曲げやすい・しなやか）

magiku → enlarge （広げる）

magiráng → unperverted （曲げられない）

magissang → big （大きい）

magissaru ké → laddle （杓）

    séyannu tūrŭ→chandelier （シャンデリア）

magissaru yá → mansion （マンション、大邸宅）

magitóng → devious （曲がりくねった）

magïung → crook （曲げる）

magïung → curb （拘束する、抑制する）

maguri dzítchi → paraselene （幻月）

magutong → blunt （（刃の）なまった）

magutóng → obtuse （とがってない）

maguyúng → wrinkle （しわ、ひだができる）

maï → ball （鞠）

maï → football （フットボール）

maï ndjitóng → excrescence （ゼイ肉、こぶ）

māï → globe （球体）

máí → sphere （球（体））

máí utchi tanushimi tushúng → handball （ボール）

maïnu gutósi → sphere （球（体））

máïnu lúï⁺ → globular （球状の）

makaï → jug （水差し、壺）

makané gani → emolument （報酬）

makashi bichi → conquerable （押えうる、征服できる）

mákashi õsan → invincible （征服できない）

makashínshung → free will （自由な意志）

makashung → conquer （勝つ、攻略する）

makashung → overcome （打ち勝つ）

mákashung → surpass （凌駕する）

mákashung → vanquish （打ち負かす）

makashusé katémung → insuperable （打ち勝ち難い）

makashusé katémung → insuperable （打ち勝ち難い）

makassari bichi → conquerable （押えうる、征服できる）

makatchi tskateru mung → plenipotentiary （全権大使）

makitang → conquered （打ち負かされた）

makitáng → succumb （屈伏する、負ける）

mákiti fukushóng → subdue （服する）

makiti shtagatong → capitulate （降伏条件を定める）

makiti ushinayung → forfeit （罰として失う）

maku → pavilion （天蓋）

máku → tent （テント）

maku fitchung → pitch ② （張る）

maku yā → pavilion （天蓋）

'ma-kuruma → chaise （二輪馬車、ほろ付き車）

makutó aráng → untrue （虚偽の）

makutu → actual （実の）

mákutu → genuine （純粋の、本物の）

makutu → good faith （誠意）

mákutu → honest （正直な）

makutu → true （真実）

mákutu → truth （真実）

makutu assi → fidelity （忠誠・忠節）

makutu dé → value （価値）

makutu djitsinu kukuru → sincerity （誠実）

makutu kámi → god （神）

makutu néng → false （偽りの）

makutu nerang → perfidious （不誠実な）

makutu shé sang → unfaithful （不誠実）

makutunu tsiru → sine （正弦）

makutunyé néng → untrue （虚偽の）

mákutunyi → truly （真に）

makutunyi → verily （まことに）

makutunyi néng → faithless （不実な）

makutunyi néng → insincere （誠実さのない）

makutunyi yung → assert （断言する）

makutunyi yung → assure （断言する）

mákwă → pillow （枕）

māmi → kidney （腎臓）

māmi → legumina，legume （マメ科）

māmi guru → pod （豆のさや）

mammushi → silk worm （蚕）

mamuï fuda → charm （呪文、魔力）

mamuï gussiku → fortress （大規模な要塞）

mamuï tukuru → fort （要塞）

mamuïnu chūsa → strict （厳格な）

mámushi → viper （毒蛇）

mamuti ukuyung → convoy （護送する）

mamutóng → punctual （期限を守る）

mamuyung → guard（番をする）

mamuyung → keep（保つ）

mamuyung → preserve（保護する、保つ）

mamuyung → protect（保護する）

man yitsi → gaudy（華やか、けばけばした）

mǎnǎkǎ → centre（中央）

manaka nkae → amid（真ん中に）

manakanyi aru → central（中央の、中枢の）

　fanariti ĭchūrŭ→centrifugal（遠心性の）

　shtagati ĭchŭng→centripetal（求心性の）

mǎndjuī → mango（マンゴ）

mandjuī-nu nai → quince（（植）マルメロ）

mandong → copious（豊富な）

mǎnīng wīchó → caraway（（植）ういきょう）

mánishung → imitate（真似る）

manitchung → beckon（（手などで）招く）

mánkasang → unadulterated（混ぜ物のない、純粋な）

mankashung → commix（混ぜる、混じる）

mannaka → between（中間に）

mansŭkushóng → gratified（満足し喜ぶ）

manta → eye lids（まぶた）

mánu mung → lunch（軽食）

mánying nerang → nowhere（どこにも～ない）

mānyíng vúng → omnipresense（遍在する）

mǎrǎ → penis（男根）

mārashi → circle（円、丸）

mari → rare-ly（まれ、まれに）

mari kéti → rare-ly（まれ、まれに）

marina mung → seldom（滅多にない、稀な）

mariné māsǎ mung → dainty（美味いもの）

mariné midrashi → grotesque（奇怪な）

'marïung → breed（子を産む）

máru → round（丸）

maru → spherical（球体の）

mārŭ → waist（腰部）

maru gva → pellet（小球）

maru māchéru hambung → semicircle（半円）

maru munnu lúï → globular（球状の）

maru múnnu náka sidji → diameter（直径）

māru sīgu gva → scalpel（外科用メス）

　tati sidji→tangent（接線）

maru suguïnaga mung → cylinder（円筒）

maru ťamanu kata → spherical（球体の）

maru tí-kǎgáng → hand-looking glass（手鏡）

maru úï → wholesale（卸売り）

marucha → block ②（まな板）

mǎrŭchǎ → chopping block（厚いまな板）

marucha → cutting board（切るための板（まな板））

mǎruchi → circular（丸い、円形の）

marudóng → obtuse（とがってない）

mārūshi shung → turns（順番）

mārūshi-shung → alternate（交替する）

mǎrussang → circular（丸い、円形の）

māsǎ-mung → dainty（美味いもの）

mársǎtchī → headmost（先頭）

māshāng → dead（死んだ）

māshāng → defunct（死亡した）

mǎshi → better（よりよい）

māshi → rampart（壁垣）

mashi → superior（上等の）

máshi gátchi → fence（垣根・塀）

mǎshi kǎku → cube（立方体）

mashi kaku → square（四角）

mashi udjinōyung → supplement（追加、補遺）

mashó ming → front（正面）

mashshĭti uffussang → nay（その上）

māshŭ → salt（塩）

mǎshung → encircle, enclose（囲む）

mǎshuru mushiru → death-bed（死の床）

masi → salmon（鮭）

massa mung → good living（良き生活）

massaritóng → superior（上等の）

massashchī mung → spirit, --s（霊、魂）

massashchī mung → spiritual（神聖なる）

massashī → prodigious（驚異的な）

massashtchi → spirit, --s（霊、魂）

　chigarashuru tsimi→sacrilege（神聖冒涜）

māssassi → sweetness（甘さ）

mássi → firkin（小桶、英国の容量単位）

massīgu → candid（率直な、公平な）

mássīgu → direct（まっすぐな）

massīgu → erect（直立の）

māssīgu → frankly（率直に）

mássígu → simplicity（簡単）

mássigu → straight（真っ直ぐな）

mássigu → straighten（真っ直ぐにする）

massigu neng → disingenuous（不誠実な）

mássīgu tatchóng → upright（垂直に）

mǎssīgu yung → asseveration（明言・断言する）

mássinu shírubi → gauge（ゲージ、寸法）

mata → again（再び）

mata → also（又）

mǎtǎ → and（そして）

mata ang → moreover（更に）

mata fankóshung → reprint（再版する）

mata gandjuku natong → recruit（回復する）

máta haï → biforcation（二また）

mata haï achishung → straddle（両足を広げる）

mata haï buni → merry thought（又骨）

mǎtǎ hati yitchóng → astride（跨る）

máta hatóng → biforcation（二また）

mata ichichosi → resurrection（復活）

mata mata shusi → repetition（反復）

mata móki nashung → reestablish（再建する）

mata ṭatĭung → rebuild（再建する）

mata tatiung → reestablish（再建する）

mata tazonĭung → reexamine（再審査する）

mata tstomĭung → resume（再び始める）

mata tumétáng → recover（取り戻す）

mata uffóku midarinyi kamuté simang → democracy
（民主制）

mata ushāyung → reunite（再び結合させる）

mata védainyi kéyung → reenter（再び入る）

mata yiyúng → regain（取り戻す）

mátara → fly catcher（蠅を捕るもの）

matara → swallow（燕）

mata-shung → repeat（繰り返す）

matassaru → correct（正しい、正確な、当をえた、矯正す
る）

matchi → market（市場）

matchi gaminyi kachéru mung → scroll（巻物）

matchi gatchi → scroll（巻物）

matchi hóyung → scatter（ばら撒く）

matchigé → amiss（間違って）

matchigé → error（誤り）

matchigé → fault（欠点）

matchigé → mistake（間違い）

matchigé attaïshung → misunderstand（誤解する）

matchigé djī bindjitési → errata（正誤表）

matchigénu ang → erroneous（誤った、間違った）

mātchimiguyung → entwine（からみ合わせる）

matchung → convolve（くるくる巻く）

mateng sheru kussuï → bolus（丸薬）

  ó-ó-tūshĭ→verdure（緑）

  óchi naru kutu→verdure（緑）

matsi gi → eye-lashes（まつげ）

mātsi gi → fir（モミ〈松〉）

mátsibuī → intricacy（複雑、込み入った）

matsibúĭshimĭung → intricate（もつれた）

matsibúĭshimĭung → embroil（もつれさせる）

matsibuĭshong → complicated（複雑な、込み入った）

matsibuishung → hamper（阻止、妨害する）

matsibutóng → tangled（もつれた綱）

matsibutósi futuchung → disentagle（（もつれを）ほどく）

matsigutushung → reign（統治する）

matsinu anda → pitch（樹脂）

mātsinu ánda → resin（松やに）

matsinu naï → fir-apple（モミの実）

matsinu yáni → pitch（樹脂）

matsiri → sacrifice（犠牲、供養）

matsiri gutu → government（政治、政府）

matsiri gutu → regency（摂政政治）

matsiri gutu ushinatong → misrule（失政、悪政を行う）
  skunayung→misgovern（統治を誤る）

matsiri zaki → libation（神酒）

myódéshuru mung → vicegerent（代理）

matsirigamī → sacrificer（祭り係）

matsirigutu → politics（政治）

matsirigutu shuru → cabinet（内閣、閣議（室））

matsiri-gutunyi katchitumitéru kanyinu fitu→
  denizen（（居留権を与えられた）居留民）

matsirinu mung → sacrifice（犠牲、供養）

matsirinu ushi → victim（生贄）

matsu → pine（松）

mátsū ábura → tar（タール）

mátta → forcation（？）

mátta → target（的）

matta haï ki → forked（またに分かれた）

mattaku → entire（完全な）

mattaku ang → perfect（完全な）

máttaku neng → imperfect（不完全な、不充分な）

máttaku néng → incomplete（不完全、不備、不十分）

māttăkŭ tukushong → almighty（萬能の）

máttchóri → stay（留まる）

mattchung → await（待つ）

máttchung → wait（待つ）

măttóba → candidly（率直に）

máttóba → flat（平たい）

máttóba → frankly（率直に）

máttóba → level（平らな、均等な）

máttóba → straight（真っ直ぐな）

máttoba aráng → uneven（平らでない、均一でない）

mattóba nashung → straighten（真っ直ぐにする）

máttóba shung → flatten（平らにする）

máttóng → round（丸）

mattónyi néng → defective（不完全な・不備の）

mattóshung → conserve（保存する、維持する）

mattóshung → embalm（香料を詰めて保存する）

matu attiyéshung → quoit（鉄環投げ）

matziri dang → altar（祭壇）

mávaï tūsaru → vague（曖昧な）

mavashung → encircle, enclose（囲む）

mávayung → shift（回る）

mā-wu → hemp（麻）

măyă → cat（猫）

mayá gva → kitten（子猫）

mayānu luï-shón → feline（ネコ科の）

mayānu náchung → mew（猫がニャーニャー鳴く）

mayú → eye brow（眉）

mayu tsitchāshung → frown（眉をひそめる、顔をしかめる）

mayuï bichi mung → enchanting（魅惑的な）

máyuï mádoyung → enchant（魔法にかける）

mayuï umutóng → long ②（思い焦がれる）

māyung → circumambulate（歩き回る）

māyung → surround（取り巻く）

mayuti túyung → quibble（問題をはぐらかす）

mayutõru kutuba → pun（だじゃれ、同音意義の）

mayuvashung → beguile（だます）

māyuyung → enchant（魔法にかける）

mazi yutasháng → plausible（真実らしく思われる）

mazidési → mound（積み上げたもの、小丘）

mazing → heap（積み重ね、かたまり）

mazíng → mound（積み上げたもの、小丘）

mazinyung → store（蓄積する）

mbaï tuyung → pillage（略奪する）

mbashung → abdicate（捨てる）

mbayung → deprive（奪う）

mbu → weight（錘）

mbŭshĭ → counterpoise（釣合、おもり）

mbushi → weight（錘）

mbushi kuveti fichi ukushung → counterbalance（釣り
　　合わせる、埋め合わせる）

mbussang → heavy（重い）

mbussang → weighty（重い）

mbutchi saki nashung → distil（蒸留する）

mé → beldame（老婆）

mé → fore（前に）

mé ba → incisors（門歯）

mé bisha → forefoot（前足）

mé dari → pinafore（子供用エプロン）

me dzitchi → monthly（月毎の）

me kadu kangé zózi → considerate（慎重な、思慮深い）

me kara → formerly（以前に）

mé kara yutchung → antecede（先行する）

mé muti → anterior（前の）

mé nakae → ahead（前方に）

mé níng → yearly（毎年の）

mé nyitchi → daily（毎日の）

mé nyitchinu mung → necessaries（必要物）

mé vuti fakayuru → provident（将來への配慮のある）

médărĭ → apron（エプロン）

mékădŭ → beforehand（あらかじめ）

mé-mé-gŭrŭ → cowries（こやす貝）

mémoyung → befool（馬鹿にする）

mémóyung → brandish（（刀などを）振り回す）

méné → bribe（わいろ）

ménéshi shūku tatĭung → suborn（偽証させる）

　　kaïri nyūng→circumspect（用意周到な、用心深い）

menkae itchung → advance（前進する）

menkae hari → onward（前進）

menkae nkatóng → inclination，incline（性向、傾く）

ménkae ushúng → propel（推進する）

menkaï → forward（前へ）

menshéng → deign（かたじけなくも～して下さる）

ménu → anterior（前の）

ménu myá → vestibule（玄関の間）

ménu za → antichamber（控え間）

ménu íkussa nyíndju → van（先陣）

méshi → chopstick（箸）

méshi djíri → brand（燃えさし）

méshuru tamung tītsi → firebrand（燃え木、たいまつ）

mési munuï → adulation（追従）

mesishuru ftu → adulator（追従者）

méssā → flatterer（へつらう人）

méssishung → flatter（へつらう、お世辞を言う）

messishusi → flattery（お世辞）

méyung → kindle（火を付ける）

mĭ → aperture（開き口、穴）

mĭ → core（心、中心核）

mĭ → eye（目）

mĭ → fruit（果実）

mĭ → hole（穴）

mí → niece（めい）

mĭ → offense（犯罪、反則）

mĭ → opening（目）

mi → orifice（口、穴）

mĭ → stuffing（詰め物）

mĭ anda mātong → bleareyed（かすみ目の）

mĭ aré gŭssūrĭ → collyrium（洗眼薬）

mi aré k̆ussúi → eye water（目薬、点眼水）

mĭ atiti tutang → recover（取り戻す）

mi attïung → birds-eye（鳥瞰的）

mĭ béku yudi tūshŭng → cursorily（そそくさと、ざっと）

mi bung → station（階級）

mĭ bunu uffissaru ftu → consideration（熟慮、重要さ）

⁺mi chi → yeast（酵母）

mĭ damakashung → juggle（手品を使う、誤魔化す）

mĭ djing úyuru mattchi. → slopshop（既製服商店）

mi dzu → eye canthus（目の端）

⁺mĭ faku shi → judicios（賢明、利口、分別ある）

⁺mi fákunyi ang → evident（明白な）

mí faku-nyi ang → lucid（明快、明晰な）

⁺mí fakunyí neng → unintelligible（理解できない）

mĭ ficharussang → dazzle（くらむ）

mi fíchati → scowl（顔をしかめる）

mi fīdjá → ewe（雌山羊）

mi ftsizi → ewe（雌山羊）

mi fuyagiti nyūng → eye glance（目を上げてちらっと見る）

mí gá → orange-peel（みかん皮）

mi gachisheru zī → engraving（彫られた図）

mī gatchi → frontispiece（口絵）

mí gatchí → inscription（銘、碑文）

mī gurishang → nebulae（角膜混濁）

mī gutu → pretty（かわいい）

miguti nagariung → circulation（循環、流通、巡ること）

mī hagā → lippitudo（ただれ？）

mī hagitóng → lippitudo（ただれ？）

mī hati → pout（ふくれっ面をする）

mī ing → bitch（メス犬）

mī iri tskïung → stuff（詰める）

mī īŭ → rayfish（（魚）エイ類）

mī kagáng → eye glass（眼鏡）

mī kagáng → spectacles（眼鏡）

mī kangénu yutashang → watchful（油断ない）

mī kangéshung → oversee（監督する）

mi karundjïung → dishonour（名誉を汚す）

mī kfátti níndaráng → wakeful（眠れない）

mī kutu → news（ニュース）

mi lénu kutu shtchōru mung → prophet（予言者）

mī māchi tīnu gámmarishung → legendemain（手品、早業）

mī mamutōru ftu → keeper（保護者、管理人）

mī mamuyung → watch ②（番する、見張る）

mī mitirashung → stuff（詰める）

mí 'mma → mare（雌馬）

mī 'mma gva → filly（雌の子馬）

mī mmashúng → otium dignitate（悠々自適）

mi muku tatang ukuné → dishonourable（不名誉な）

mī mung → fresh（新鮮な）

mī mung → new（新しい）

mī mung → pretty（かわいい）

mī mung gatchi → newspaper（新聞）

mī múnu gutu shung → freshen（新鮮にする）

mī naritōru múnu gutóng → friendly（友情のある）

mī natóng → indurate（固める、無情にする）

mí ndjïung → grow（成長する）

mī ndjïung → vegetate（生長する、芽を出す）

mī ndjitósi → growth（成長）

mī ndjiung → sprout（芽を出す）

mī néng → eyeless（目のない、盲の）

mī nérang → eyeless（目のない、盲の）

mi nyūsi → eye sight（視力）

mī nyūsi → sight（見ること）

mi sagïung → disparage（見下げる）

mī shirabï-ung → revise（改める、改行する）

mī shirábinu ang → watchful（油断ない）

mi shka → doe（雌鹿）

mi shka → hind（雌鹿）

mī shtchóng → recognize（認める）

mi tăbĭ → thrice（3度）

mī tassiki → patronage（後援）

mī tassiki-shung → patronize（後援する）

mī tó néng ftu → sloven（だらしない）

mi tsen-tsen-shung → blink（まばたきする）

mí tski ndjashung → propose（提案する）

mī tskïung → stare（じっと見つめる）

tashshïung→propose（提案する）

mí tskíti nyūng → gaze（見つめる）

mí tskiung → gaze（見つめる）

mí túdukïung → inspect（点検、検査、巡視する）

mí tuyung → marry（結婚する）

mī úng → destiny（運命）

mĭ ŭshĭ → cow（雌牛）

mī úshi gva → heifer（若い雌牛）

mi ushinati neng → disappear（消失する）

mī ussuyung → blindfold（目隠しする）

mī utchi → eye-wink, twinkling（ウインク）

mī utchi shung → wink（まばたきする）

mi útchishung → blink（まばたきする）

mī útchishuru gutōru féssang → instantaneous（瞬間の）

mī uyagi → patronage（後援）

mī uyagi-ung → patronize（後援する）

mī vatayung → peruse（通読する）

mī yaku → famed（評判高い）

mi yamé → eye sore（目の痛み）

mī yodjóshuru íshá → occulist（眼科医）

mī yóshung → wink（まばたきする）

mĭ yumi → bride（花嫁）

mī yumi → spouse（配偶者）

mi zin zín shung → muscae volitantes（病名の一。飛蚊（ヒブン）症（眼前に斑点が動いて見える）。）

zín zín túbïung→vertigo（めまい、眩暈）

mí zukúï kangényi shung → invent（発明、創造する）

mïabyakanyi → smart（身なりの整った）

mïatu kŭtchi → harbour（港）

míabyáka-nyi ang → gaudy（華やか、けばけばした）

mĭăkŭ → artery（動脈）

mĭăkŭ → court（宮廷、宮中、王室）

mībaï → gudgeon（セイヨウカマツカ、コイ科）

kátaku mamuyung→vindicate（擁護）

mībushaku néng → shabby（見すぼらしい）

michi chigatong → devious（曲がりくねった）

michi kúnchiung → deviate（それる）

michi kŭn-māshung → circuitous（回り道の）

michi mayuïshong → astray（正道から逸れた）

michi sumutchung → recant（改める、撤回する）

michinu shishó → clergy（聖職者、僧侶）

michinyi shtagāng mung → unbeliever（不信心者）

míckvássărŭ → odious（嫌悪すべき）

mickvassashung → abominate（忌み嫌う）

mickwa → blind（めくら）

mickwa tūdī-shi assibĭung → blindman's buff（目隠し遊び）

mickwassang → abhorent（憎悪すべき）

midarashung → embroil（もつれさせる）

midari → commotion（騒動、動揺）

midari → confusion（混乱、狼狽）

midari → disorder（混乱）

mídarí → inordinate（法外な、節度ない）

mídari → irregular（不規則な）

midarí abi kwé → riotous noise（暴動の騒々しい音）

midari ftu → reprobate（堕落者）

midari kutu → rebellion（反乱）

midari kutu → riot（暴動）

midari kutuba → farrago（寄せ集め、ごたまぜ）

midari kutu-shung → fornication（姦淫・密通）

mídari mung → wanton（淫らな）

midari umuï → freak（気まぐれな考え）

mídari ússéyung → repress（鎮圧する）

midari utsushung → displace（移す、置き換え）

midarüung → perplex（当惑する）

midarinyi → spendthrift（浪費癖ある）
　chim pi futóng→usurp（強奪する）

midarinyi tsīyashung → squander（浪費する）

midarinyi ugutchóng → immodest（無遠慮、下品）

midarinyi yung → babble（ぺちゃくちゃ言う）

midaritong → disarranged（混乱した）

midaritóng → helterskelter（乱雑、でたらめな）

midariung → disorder（混乱）

mīdji gūdji munuï → jargon（わけのわからぬ戯言）

mídji gūdji shuru ftu → fastidious（気難しい、こうるさい）

mídji múti → dextral（右ききの）

midjikachinyi ang → hasty（急な）

midjikassang → hasty（急な）

midrashī → novel（珍奇な）

mídu → oracle（神託、神のお告げ）

mī-duï → hen（めんどり）

mī-duï utāchoru ftu → henpecked（恐妻家の）

miduri → cion（若枝）

míduri → offset（分枝）

miduri → sprouts（若芽）

midziráshasā → wonderful（不思議な）

midzirashashung → marvel（驚嘆する）

mīe naráng kāgi → unhandsome（器量のよくない）

míe' naráng → unseen（人目につかない）

mïen ya ippítchinu kí → fleece（毛）

mïen yánu kí → fleece（毛）

mífăkŭ → intelligible（意味明白な、理解可能）

mi fakunyi ang → comprehend（理解する）

mí fakunyi lundjïung → demostrate（論証する）

migachi ficharashung → furbish（磨く・研ぐ）

migakang → unpolished（磨かれていない）
　kummaténg nashung→comminute（細かに砕く、細分する）

mígatchung → polish（磨く）

mígúï → orbit（軌道）

miguï achiné-shung → peddle -ar（行商する、行商人）

migumi → benefit（有益、恩恵）

migumi → bounty（惜しみなく与える心）

migumi → charity（博愛、慈善）

migumi fudukushuru ftu → bountiful（気前のよい）

migumi ukunayuru ftu → benefactor（恩恵を施す人）

migumi yā → asylum（収容所）

miguminu aru ftu → beneficent（情けの深い）

migunyung → endue（授ける）

migunyuru → compassionate（哀れみ深い、情け深い）

migurashuru mung → rotator, -y（回転さすもの）

migutátchung → perambulate（巡回する）

miguti achung → circumambulate（歩き回る）

míguti atchung → perambulate（巡回する）

miguti átchung → revolve（ぐるぐる回る）

miguti nagarïung → circumfluent（環流性の、まわりを流れる）

miguyāshung → giddiness（眩暈）

miguyung → circulate（回る、巡回する）

míguyung → itinerate（巡歴する）

miguyung → roll（転がる）

míguyung → shift（回る）

miguyung → turn（回る）

miguyuru mítchi → orbit（軌道）

mīīdushuru → visible（見える）

mi-kazichi → crescent（三日月）

míkkvassashi bichi → detestable（憎むべき）

mīku nashung → regenerate（刷新する）

mīku nashung → renew, renovate（刷新する）

mīku tattchoru → colony（植民地）

mīku ushī ukīru dīshĭ → proselite（新帰依者）

mīkung → afresh（新たに）

mikutunuri → imperial（皇帝の）

mi lé → future（未來・将來）

mi lé chi → foresight（将來の見通し、先見（力））

mi le chi-shung → foresee（予知・予見する）

miméshung → respects（あいさつ）

míméshung → visit（訪ねる）

mīmī → dawn（未明）

mimi → ear（耳）

mīmī → early（早い）

mími ássayā → ear-pick（耳かき）

mimi gani → ear-ring（耳輪）

mimi gūï → boletus（（植）あみたけ属のきのこ）

mimi kashimasháng → stun（気を遠くさせる）

mimi kudjira → deaf（聾）

mimi kussu → cerumen（耳あか）

mimi kússu → ear-wax（耳あか）

mími núshikiti chíchung → hearken（耳を傾け聞く）
　chichung→listen（聴く）

mími sáshuru kvī → shrill（甲高い音）

mimi tski djăváng → mug（ジョッキ）

míminu taï → lobe（丸い突出部）

míminu tsitsínnu kā → tympanum（鼓膜）

miminu tūsăn → deafish（耳が聞こえない）

mímizi → earthworm（みみず）

mimizi → grub（地虫）

mĭ-muku → bridegroom（花婿）

mimuku néng kutu → disesteem（軽蔑）

mimuku tatang kutu → disesteem（軽蔑）

mimŭkŭnu ang → respectable, -bility（尊敬に値する）

mīmutchí → health（健康）

mi͡n dang → face to face（対面して）

mín kvavū-shung → grimace（しかめる）

mi͡n sā → yarn（紡ぎ糸）

mínami → south（南）

minaminyi nkatong → southward（南へ）

minashi gú → fatherless（男親のない）

mĭnchassashĭmīng → deafen（耳を弄する）

mindáma → eye ball（眼球）

mindamanu ami mung → retina（目の網膜）
　gurugissang→vivacity（活気）

mindóshimĭung → annoy（うるさがらせる）

mindzang → bed（寝台）

mīndzang uchakvi → coverlet（ベッドの上掛け）

mindzang vŭtĭ → abed（寝床にて）

míndzanu tsiburu uttchakīru ítta → headboard（ベッ
　ドの頭板）

mĭ͡ng fŭng → cosmetic（化粧品）

míng fung͡ → rouge（口紅、ほお紅）

ming kudjira → deaf（聾）

mīng miming uturūrang → unimpaired（傷つけられない）

minguitong → turbid（濁った）

mingvashung → puddle（水を濁らす）

míngviung → dizziness（めまい）

míni → peak（山頂）

mini → range（山脈）

míni kunyi → hilly country（山の多い国）

mi͡n li → pastry（練り粉製の食品、練り粉菓子）

mĭnó → agate（めのう）

mi͡ nóshich → cornelian（紅玉髄）

mínsá͡ → tape（平打ち紐）

minsá ūbi → tape（平打ち紐）

mĭ͡n sā wú → ribbon（リボン）

mi͡n sā wūbĭ → ribbon（リボン）

mĭnshi mush → bombyx（（動）かいこ）

mīnsi → vision（見えること）

minsi mush → chrysalis（（動）さなぎ）

mínsi mushi → silk worm（蚕）

mĭnsĭ mushinu sī → cocoon（（動）まゆ）

míntama nugā → staphyloma（眼球突出）

míntămă óku natóng → glaucoma（緑内障）

mīnuwă-gă → cornea（角膜）
　aka sĭdji tūtóng→blood-shot（目が血ばしった）

mīnu kā kanti → nebulae（角膜混濁）

mīnu kā kantóng → film（目の霞）

mīnu kubúng → socket（受け口）

mīnu kukúĭnu sídji → optic nerve（視神経）

minu mé vuti → presence（存在）

minu ménu kutudu shtchōru → shortsighted（近眼の）

minu mé-nyi → openly（公然と、率直に）

mínu naï → prune（（植）スモモ）

mīnu shĭnu tăma → crystalline lense（水晶体（眼球の））

mīnu shirami → sclerotica（強膜、白目）

mīnu sídji → optic nerve（視神経）

mīnu sidon → clear sighted（視力の鋭い、明敏な）

mīnu tama → eye ball（眼球）

minu tamanu fukuru → capsule（被覆）

mīnu tsíbi → eye canthus（目の端）

mīnu tsimi → canthus of eye（目の端）

mīnu yadóng → eye sore（目の痛み）

mīnyi kanāng kutu tudumĭung → discountenance（い
　い顔をしない）

mínyi kutchi → ugly（醜い）

mínyi mīrang → invisible（見えない）

minyikutchi k̆utu → scandal, -ous（醜聞）

mínyikwī kátachi → unshapen（奇形の）

mīrang → unseen（人目につかない）

mīrarang → illegible（判読しがたい）

mīru → look（見る）

mīru → see（見る）

mīshi fabamĭung → discountenance（いい顔をしない）

mishi mīrang → invisible（見えない）

mīshi ncharu shūku → eye-witness（目撃者）

mīshi tsōdjirashung → ogle（色目をつかう）

míshĭung → show（見せる）

mishtchoru ftu → acquaintance（知人）

míska gútu → fraud（詐欺・策略）

míssi kata chichúng → overhear（ふと耳にする、盗み聞く）

mitchi → conversion（改宗、帰依）

mitchi → ferment（酵母）

mítchi → journey（旅行）

mítchi → leaven（酵素、パン種）

mitchi → path-way（道、歩道）

mitchi → religion（宗教）

mítchi → road（道）

mitchi → street（道）

mitchi → way（道）

mitchi achiné → hawker（行商人）

mitchi bichiru ftu → conductor（案内者、車掌）

mítchi bitchung → guide（案内する）

mítchi bitchuru ftu → pilot（水先案内者）

mitchi chigatóng → wander|ing|（歩き回る）

mitchi chigé → astray（正道から逸れた）

mítchi chíŭng → intercept（途中で奪う）

mítchi dūīnu tigata → passport（旅券）

mitchi gva → footpath（小道）

mitchi hóchuru ftu → scavenger（道路清掃人）

mitchi kara tágeyung → swerve（はずれる）

mitchi mayúï-shang → wander|ing|（歩き回る）

mítchi naka vŭtĭ → route（道）

mitchi nakeba → midway（中途）

mitchi su-djoshuruyā → abbey（大修道院）

mítchi yútchi gatchi → itinerary（旅程）

mitchi yutchung → travel（旅する）

mitchĭung → shut（閉じる）

mitchibitchi shung → guide（案内する）

mitchinyi sagati → deviate（それる）

mitchinyi sumuchung → apostatize（信仰を捨て変節する）

mitchinyi sumutchuru ftu → apostate（背教徒）

mĭtsĭ → honey（蜜）

mitsi → three（3）

mitsi bo → destruction（破壊）

mitsi da só → litarge（密蛇僧、一酸化鉛）

mĭtsĭ gutu → secret, -ly（秘密）

mítsi kutuba → slang（隠語）

mītsi utchi chŭ bung → third（3分の1）

mitsi zātā → honey（蜜）

mítski → idea（考え）

mitski → intention（意図、心つもり）

mitski → opinion（意見）

mitsū-shung → fornication（姦淫・密通）

mitsūshuru ftú → fornicator（姦淫者・密通者）

míttá → wantonness（勝手気儘）

mittáng → discontented（不平をいだいている）

míttanyi nandji-shung → dire（物すごい、悲惨な）

mittă-nyi shung → violence（暴力（的にする））

míttanyi-shi → wantonly（気儘に）

mittashung → replenish（満たす）

míttchai dū tītsi tushúng → trinity（三位一体の神）

mittchaï chúï tushung → trinity（三位一体の神）

mittchóng → full（満ちた）

míttchósi → repletion（充満）

mittchung → fill（満ちる）

mittitóng → sufficient（十分な、足りた）

mitūnda nashung → coition（性交する）

mīvakishuru → shroffing（貨幣鑑定人）

mi-vaku → disadvantage（無益な）

mívăkŭ → insult（無礼）

mivakuna mung → disadvantageous（不利益な）

mi-vakushimĭung → aggrieve（悩ます）

mívaku-shung → loss（損失）

miyabyákanyi ang → gorgeous（華麗、豪華な）

míyăgĭ → keepsake（記念品、形見）

mizi buckwi → blister（水ぶくれ）

mizi kaniru → embankment（築堤、盛土）

mizi karanu → aqueous（水（性）の）

mizi mutanshung → dabble（いたずらする）

mizi simashuru dogu → cullender（水切り器、水こし器）

mizi tūshĭ → conduit（水道）

mizi tūshŭrŭ tsitsi → aqueduct（水道）

mizi uti dju → cataract（大滝）

mizi wūki → bucket（手おけ）

mizi yassé → aquatic（水に属する）

mizi yassénu taguï → aquatic（水に属する）

mizikara fukuyung → brag（自慢する）

mizikara fukuyung → brag（自慢する）

mizinyi tskïung → drench（びしょぬれにする）

mizirashi mīfudji → newfangled（最新の、新奇の）

mizirashi mung → rarities（珍品）

  tuchi tŭyŭrŭ dógu→clepsydra（古代の水時計）

mízzi → water（水）

mizzi daki → water line（喫水線）

mizzi daki saguyung → fathom（水深を計る）

mizzi hăni → engine（機関）

mizzi hănī → fire engine（消防装置）

mizzi haní → syringe（洗浄器、スポイト）

mizzi hanī → water engine（水車）

mizzi ĭŭ → tench（コイ科の魚）

mizzi kachi → web-footed（水掻のある）

mizzi kakĭung → water ②（撒く）

mizzi k̈amu → teal（（鳥）コガモ）

mizzi kanī → floodgate（水門）

mizzi kani → mercury（水銀）

mizzi k̈ani → quicksilver（水銀）

mizzi kaniru íta → sluice（堰、水門）

mizzi kanniru gatchi → dike（水路）

  azikatóng→meddle（お節介、干渉する）

mizzi kúkudi yussidjung → gargle（うがいして清める）

mizzi kúrumanu ūsi → water mill（水車臼）

  tadarïung→macerate（ふやかす）

mizzi muráng → waterproof（耐水性の）

mizzi muttáï → ewer（水差し）

mizzi nakae → dip（浸す）

mizzi tsíbu → pitcher（水差し）

mizzi tŭchi chī si nashung → filter（濾過する）

mizzi ushi → buffalo（水牛）

mizzi uti djŭ → waterfall（滝）

mizzi wámbu → ewer（水差し）

mizzi wūki → water tub（水桶）

mizzi yassé → water greens（水生野菜）

mizzi-gassa → chicken pox（（小児の）水痘、水ぼうそう）

mizzikara fúkuyung → vainglorious（うぬぼれが強い）

mizzinu → whirl-pool（渦巻き）

mízzinu aforitóng → inundation（洪水、氾濫）

mizzinu chu satchi → jet（噴射）

mizzinu chu vátchi → freshet（増水・出水）

mizzinu fukassang → deep（深い）

mizzinu matchú túkuru → eddy（渦巻）

mizzinu mĭtchi → channel（水路）

mizzinu nagari → current（流れ、海流）

mizzinu uti dju → cascade（小滝）

mizzinyi fítashung → soak（浸す）

mizzinyi tskïung → dip（浸す）

mizzinyi ukabu → float（浮かぶ）

mízzu → ditch（溝）

mízzu → drain（下水）

mízzu → gutter（溝）

mizzu → sewers（下水）

mizzŭ → water course（水路）

'mma → horse（馬）

'mma bé → gadfly（家畜蝿）

'mma bu → groom（馬丁）

mmă bú → hostler（馬丁）

mma fíchi tsína → halter（端綱）

mma gva → foal（子馬）

'mma kara uriung → alight（降りる）

mma kara urïung → dismount（降りる）

mma kuruma → carriage（運搬車）

mma kuruma → chariot（花馬車）

mma kuruma → coach（四輪馬車）

mma núï bū → jockey（騎手）

mma nutõru fíng → trooper（騎兵）

mma nutõru kutu → equestrian（馬術の）

mma nutóru 'ho → cavalry（騎兵）

mma núyuru 'hó → horsemanship（乗馬術）

mma núyusi → horsemanship（乗馬術）

mma tskanayuru ftu → groom（馬丁）

mmagva → colt（子馬）

'mma-kăyă → couch-grass（ひめかもじぐさ）

mmanu ádu gi → fetlock（けづめ毛）

mmanu chi ndjashuru sīgŭ → fleam（切開刀）

mmanu dzūshi tskoteru mushíng → hair-cloth（馬巣織）

mmanu fshanu tubi ki̇ → fetlock（けづめ毛）

mmanu guru ayumi-shung → trot（馬が連歩で駆ける）

'mmanu hárubi → girth（（馬などの）腹帯）

mmanu kándji → mane（たてがみ）

mmanu kutsi-va → bridle（馬のくつわ）

mmanu mĭmĭshung → neigh（馬がいななく）

mmanu tuchi mé → forenoon（午前）

mmanu tuchinu sidji → meridian（正午、真昼）

mmanu ya → stable（牛馬小屋）

mmarachéng → born（生まれた）

mmarashimiru hó → midwifery（産婆術）

mmarashung → produce（生み出す）

mmari → attribute（属性）

mmări → birth（誕生）

mmari → nature（生來のもの）

'mmari → parentage（生まれ、血統）

mmari nágara → inborn（うまれつきの）

mmari nagaranu shitskí → natural（生まれつきの）

mmari nagaranu shóshtchi → intuitive（直観の）

mmari năgărĭ → course（進行、推移、道順）

mmari ndjíti chūng → procreate（産む）

mmarïung → generate（産み出す）

mmarinyi ataráng → unnatural（不自然な）

mmaritsitchi → nature（生來のもの）

'mmaritsitchi nússudu → thievish（盗み癖のある）

mmaritsitchinu fádjisáng → energetic（精力的な）

mmaritsitchinu tūï → unaffected（ありのまま）

mmáritstchĭ → inborn（うまれつきの）

mmáritstchi → temper（気分、気性）

mmé → grandmother（祖母）

mmyátu → port（港）

mmyátu-gutchi → port（港）

mó → glebe（土、畑地）

mó → heath（荒野、荒地）

mó → lawn（芝地。薄地の上等綿。）

mó → meadow（草原）

mó → pasture（牧草地。牧場）

módji → mencius（孟子）

módóshóng → nonplussed（途方に暮れさせる）

móï natóng → shaggy（もつれた）

móki tatĭung → institute（設定する、設ける）

móki tatïung → establish（設立する）

mokitési. → acquisition（取得・獲得）

mókïung → earn（稼ぐ）

mó ku nu kunyi → mongolia（蒙古国）

monadji → beam（はり（梁））

mónashi shku → sinecure（名目職、閑職）

mórashung → wield（振るう）

móshá → moses（モーゼ）

mósó → brush（はけ）

mósó tskoyā → brushmaker（刷毛製造人）

móti assíbĭuru → sportive（陽気な、ふざけた）

mótsi → cap（帽子）

mótsi → hat（帽子）

mótsi gva → hood（頭巾）

mótsi neng → bareheaded（帽子のない）

mótsi tskuyuru séku → hatter（帽子屋）

mótsi zéku → hatter（帽子屋）

móyā → shaggy（もつれた）

móyung → caper（とび回る）

móyung → gambol（はねまわる、ふざける）

móyung → gesticulate（身振りで話す）

móyung → hop（跳ぶ、撥ねる）

móyung → leap（跳ねる）

móyung → wield（振るう）

mu adjina mung → tasteless（味のない）

mu chizina → spotless（シミ・傷のない）

mu chízina mung → unsullied（潔癖な無傷）

mu chizinyi ang → unblemished（無傷の）

mū dji → obsequies（葬式）

mufū̟ → treason（反逆）

mŭfúng̟ → insurrection（謀叛、反乱）

mufúng̟ → revolution（謀反）

mŭfúng̟ → riot（暴動）

mŭ fūng̟ → treason（反逆）

mu fúng-shung̟ → revolt（背く）

mu gutu → mourning（服喪）

mú kŭ̟ → silent（沈黙した）

mū li → undertaker（引受人、葬儀屋）

mu yitchi → fruitless（無益な、成果のない）

mu yítchi̟ → unprofitable（利益のない）

mu yitchina mung → disadvantageous（不利益な）

mu yūna mung̟ → useless（役に立たない）

mú yúnyi natóng̟ → disable-d（無能にする）

muchágĭung → lift（持ち上げる）

muchi chéng → brought（持って来ている）

muchi íri ūsi → hod（漆喰などを運ぶ箱）

múchi mung → sticky（粘着性の）

múchi mung → tough（ねばっこい）

muchi nuyuru ftu → plasterer（左官）

muchi shang → sticky（粘着性の）

múchi shang → tough（ねばっこい）

muchi zeku → bricklayer（れんが職人）

muchi fira̟ → trowel（左官こて）

múchiku ang → viscid（ねばっこい）

muchīse → use（用いる）

muchise tudumiung → desuetude（廃止）

múchisháng → viscid（ねばっこい）

muchisha-nu chósang → cohesion（凝集、結合力）

muchīti siritóng̟ → off（離れて）

muchiyīyung → employ（使用する、用いる）

muchīyung → employ（使用する、用いる）

mŭdĭ ăyă īchŭ → plaid（格子縞）

múdi mung → eccentric（常軌を逸した）

mudĭung → murmur（ぶつぶつ不明瞭な声で不平を言う）

mudĭung → pinch（はさんで締め付ける）

mudĭung → twine（寄り合わせる）

mudinchung → wrench（ねじる、ひねる）

mudí-shung → screw（ねじで締める）

mudita mung → contumacious（反抗的、軽蔑的）

múdita mung → despiteful（意地の悪い）

múdita mung → splenetic（おこりっぽい）

mudji → wheat（小麦）

  saki→beer（ビール）

mūdjinu kū āchéshi → dough（こね粉）

múdjinu ku sharu → farinaceous（穀粉製品の）

múdjinu kūshi tskotaru → farinaceous（穀粉製品の）

mudushé naráng → unanswerable（答えられない、反論不可の）

mudushung → retract（あとに引く）

múduyung → return（帰る）

mŭfūna fakaré → conspiracy（陰謀、謀議）

mufúng̟ → sedition（煽動、反乱）

múgary → fence（垣根・塀）

mugeyung → breakers（砕け波）

muhónu kutu̟ → illegal（不法、非合法な）

múĭ → hill（丘）

múĭ gva → grass-plot（芝畑、草地）

múĭ gva → knoll（小円丘、塚）

múĭchúng → jam（詰め込む、ジャム）

mūĭnu kī → pride of India（（植）モクゲンジ、タイワンセンダン）

mukó → facing（向き合うこと）

mukó kazi → headwind（向かい風）

muku → bridegroom（花婿）

mūkŭ → son-in-law（婿）

mŭkŭ djū → budhistic fish（木魚）

múku rúku̟ → index（目録）

mukuchéng → left（残された）

mukuĭ késhung → compensate（報いる）

múkuruku → list（目録、リスト）

mukutushi umuyung → contemplate（黙想する、黙考する）

mukuyung → compensate（報いる）

mukuyung → requite（報いる）

mukúyuru tské → herald（使者、軍使）

muku-zuku → scouring rush（（植）トクサ）

múmi → mace（メイス）

mŭmĭng → cotton（綿（花））

muming bana → cotton（綿（花））

  dásha→lint（綿布、リント布）

muming shá̟ → muslin（モスリン）

mumíng → lint（綿布、リント布）

mummu kutsi → shank（すね（脛））

múmu → lap（ひざ）

mŭmŭ → peach（（植）桃）

múmu → shank（すね（脛））

múmu → thigh（腿、大腿部）

múmu buni → hip-bone（座骨）

múmu kútsi → hip-bone（座骨）

múmudji → gizzard（砂のう、臓腑）

múmunu tstchi kutchi → groin（鼠径部）

mumunu tstchi kútchi → inguinal region（鼠けい部）

mumunu yé → groin（鼠径部）

múnagari → flock（群）

munashi → hollow（虚ろな、中空の）

munashí → unmeaning（無意味な）

munashi → void（何もない、空の）

munashi kuré → honorary title（名誉称号）

munashí mung → fallacious（虚偽の）

munashi túkuru → vacant（からっぽの）

munashku → dissipate（散らす、消す）

munashku → empty（からの）

    ama haï kuma haï shuru mung→vagabond（放浪者）

munashku nashung → annul（無（効）にする）

munashtchi umūï → figment（空想・幻想）

mun-bāng → doorkeeper（門番）

mundani → allurement（好餌）

mundani → bait（餌）

mundani fichung → allure（誘い込む）

mundjani → allurement（好餌）

mundjiréshuru fi → fast-day（断食日）

mundó → contest（抗争、論争）

mundó gutu → fray（口論・小競り合い）

mundó gvá-shung → squabble（つまらん喧嘩）

mundóshung → contend（抗争、論争する）

mundó-shung → quarrel（けんかする）

mundó-shung → strife（争い、反目）

mung → gate（門）

mung → thing（もの、こと）

mung bāng → porter（門番）

muni → breast（胸）

mŭni ăti → cuirass（胸当て）

mŭni-ătĭ → corset（コルセット）

munifukudong → comprehensive（包括的、わかりよい）

múnnu tuzashī → doorbar（かんぬき）

mun-tu → disciple（弟子）

múnu → food（食物）

munu atarashānsang → wasteful（浪費性の）

munu bakaï yung → babble（ぺちゃくちゃ言う）

munu bukuru → stomach（胃）

munu chichi-busha → curious（知りたがる、好奇心の、奇異な）

munu djiréshung → fast ②（断食する）

mŭnŭ fushashung → appetite（食欲）

munu gussamitchā → fidgetty（落ちつかない・いらいら）

munu gutu shíbaku nati → straitened（困らす）

munu gutu shíbaku nati → straitened（困らす）

munu ī õsan → speechless（物言わぬ）

munu ïyung → speak（話す）

munu ïyunyā → garrulous（お喋りの、喧しい）

munu ïyunyá → tale-bearer（告げ口屋）

munu ïyunyá → talkative（おしゃべりの）

munu ïyunyā → chatterbox（おしゃべり）

munu kadjimi kūï → pantry（食料品、食品倉庫）

múnu kákugu baku → safe ②（金庫）

munu kami sādji → napkin（ナプキン）

munu kangé → care（心配する、苦労、配慮、世話、保護、責任）

munu kangé néng → unthinking（思慮のない）

munu kanyuru báshunu fánashi → table talk（食卓での雑談）

munu kanyuru za → diningroom（食堂）

mŭnŭ kūyă → beggar（乞食）

munu kūyā → mendicant（乞食、ものごい）

munu kūyānu gutóng → beggarly（乞食のような）

mŭnŭ kūyung → beg（乞う）

múnu kvāshā → manger（かいば桶）

mūnu lī → obsequies（葬式）

    kváshshi ráng→undigested（未消化の）

munu mī tafa → turret（小塔）

munu tstchagǔung → vomiturition（空嘔（吐き気はあるが吐かない））

munu tutunīˊru ‘hó → cookery（料理法）

munú úchi dju → shed（小屋、納屋）

munu utagéna mung → incredulous（疑い深い）

munu utagéshta mung → incredulous（疑い深い）

mūnu utuziri → notification（通知）

munu vasishā → oblivious（忘れっぽい）

munu yatchā → baker（パン屋）

    ama íchi kuma ítchi →tale-bearer（告げ口屋）

munu yunyā → babbler（おしゃべり）

munu zitsíng → stomach（胃）

    shkóyung→supply（供給する）

munugataï → anecdote（逸話）

munugataï → chat（雑談（する）、くつろいで話す）

munugataï → conversation（会話、対話）

munugataï → gossip（噂話）

munugataï → tale（物語）

munugataïshung → converse（談話する、語り合う）

munuï fudji → accent（口調）

munuī uffussaru mung → talkative （おしゃべりの）

munuí → speech （談話、言葉）

munuī káta → idiom （慣用句）

múnuǐ kătă → saying, -s （言い方）

munuǐ nachishung → snivel （泣き声を出す）

munuǐ uffissaru → loquacious （おしゃべりな）

munuǐyung → talk （話す）

munukangé → concern （関心、心配事、利害関係、営業）

munukangé → reason （理性、理由）

munung shirang → discourteous （失礼な）

munúng shirang → senseless （無感覚の）

munushírinu ang → wise （賢い）

munu-útchi → shelf （棚）

munuyunyā → loquacious （おしゃべりな）

munuyussé ikirassang → concise （簡潔な、簡明な）

múnyung （もむ） → triturate （衝いて粉末にする）

mŭpărănŭ tské → apostle （使徒）

múppara → expressly （特別に）

múppara → intense （極度の）

muppara íssadji yútchi → immaculate （汚れのない、純潔な）

múppara kukuruzashung → exclusively （専ら）

múppara muchiung → devote （捧げる、向ける）

múppara tánunyung → intrust （委ねる）

mupparányishi → especially （特に）

mura → borough （自治町村）

mura → hamlet （小村落）

mura → town （町）

múra → village （村）

mura bū → clown （田舎者）

mura bu → countryman （田舎者）

mura bú → peasant （百姓）

mura bunu taguï → boorish （やぼな）

mura-bu → boor （田舎者）

murabú → villager （村人）

murasatchi → purple （紫）

murasatchi kfa úrushi → lac ② （ラック（ワニスの原料））

murasatchinu tama → amethyst （アメジスト、紫水晶）

murashung → divulge （漏らす）

murină gutu → coercive （強制）

múrinyi mutumǐung → extort（（金銭を）ゆする、強要する）

murǐnyishung → coerce （強制する）

muriung → divulge （漏らす）

muru → perfectly （完全に）

muru → whole （すべて）

　　 gū atatóng→symmetry （左右対象）

muru muru → altogether （全部で）

muru 'nya nachéng → extinct （消滅した）

muru téshung → exterminate （根絶する）

murún gva → maggot （蛆）

murushi → piece （かけら）

mushi → if （もし）

múshi → insects （昆虫、虫）

múshi → worm （虫）

mushi íttu → silk, -s （絹）

mushi kassinutchi → cellular tissue （蜂窩組織、透き目のある紙）

mushi mī kagáng → microscope （顕微鏡）

mushika → if （もし）

mushing → felt （毛せん）

mushinu lúndji → entomology （昆虫学）

múshinu tagúï → insects （昆虫、虫）

múshiru → mat （マット、筵）

mushiru shae tsitsinyung → mat ② （マットで覆う）

mushiru shtchéng → matted （筵を敷いた）

mussaburi → covetuousness （貪欲、強欲）

mussaburi → cupidity （貪欲、強欲）

mussaburinu chūsang → concupiscence （色欲、情欲、現世欲）

mussabuta mung → covetous （強欲な）

mussabuyung → covet （（他人のものを）欲しがる、望む）

mussimi → damsel （乙女・少女）

mussubǐung → bow ② （蝶結び）

mussudési futuchung → untie （ほどく）

mussudósi fututchung → disentagle （（もつれを）ほどく）

mutabéshung → dabble （いたずらする）

mutadi chigarashung → befoul （汚す）

mutcha mitchong → clammy （冷たくてしめっぽい、じっとりした）

mútcháchuru hǐa → fieldpiece （野戦砲）

mutchi → cake （菓子）

mutchi → cement （接合剤、セメント）

mutchi → mortar （モルタル）

mutchi → plaster （漆喰）

mutchī bichi → applicable （応用可能・適切な）

mutchi chung → bring （持って來る）

mutchi rarīng → serviceable （役立つ、使いやすい）

mutchi shang → tenacious （ねばり強い）

mutchi utchi zéku → caulker （コーキン工（船の甲板などの継目に槙皮を詰める作業員））

mutchiku ang → tenacious （ねばり強い）

mutchīrang → disuse （使用を止める）

mutchung → carry （運ぶ）

mutchúng → heave （上げる）

mutchuru ftu → bearer （運搬人）

muti assibi dógu → bauble （子供だまし）

mutõru tukuru → hill （丘）

mūtsi → six （六）

mutsi yaku → myrrh （没薬（香料））

mútsimasháng → intimate （親密な）

mutsimashku ang → intimate（親密な）

mutsimashūnyi → disunion（不統一）

mutsimashūnyi ang → consanguinity（血族、同族、密接な関係）

mutskashi vaza → tedious（あきあきする、長たらしい）

mutskatong → cohere（密着する）

mutskatong → concrete（具体的な、有形の、固結した）

mutskatóse ákashung → detach（引き離す）

mutskatósiga chōsang → cohesion（凝集、結合力）

muttaráng nyī → insupportable（耐えられない）

muttunu gutu shung → continue（続ける）

mūtŭ → capital（元の、元金、資本、首都、大文字）

mútu → element（元素）

mūtŭ → essence（本質）

mūtŭ → indisputable（議論の余地なき、明白な）

mútu → origin（起源）

mūtu ang → opulent（裕福な）

mutu dati → circumstances（事情、身上、細目）

mutu dati → groundwork（土台、基礎）

mutu djing → capital（元の、元金、資本、首都、大文字）

mútu gí → stem（茎、幹）

mutu kara → originally（元は、初めは）

mútu karanu mung → element（元素）

mútu natong → fundamental（基本、根底となる）

mutu nayuru → radical（基礎の、根本の）

mūtu néng ftu → moneyless（金のない）

mútu nūshi → owner（所有者）

mútú túshuru → essential（本質の、必須の）

mutu yuri → originally（元は、初めは）

mútu-dati → foundation（基礎・土台）

mutudati → substratum（基礎土台）

mutudátinu ugutchoru kutu → primum mobile（主動力）

mutuï → attribute（属性）

mutūï → cause（原因、理由、根回し、言い分）

mutūï saguyung → analize（分析して構成要素を調べる）

mutúï → motive（動機、動因）

mutúï → origin（起源）

mutumïung → want（欲する）

mutumiráng → unsolicited（求めない）

mutumïung → claim（要求する）

mútunu shta gatchi → original（原稿）

mútunu tūï shung → persist（押し通す）

mutunyi keyung → revert（元に戻る）

mutūyung → persevere（忍耐する、たゆまずやり続ける）

mutuyuri kunyinu ftu → native（土着の）

múya múya shung → vermiculation（回りくどい言い方）

muyāchi shéng → conjointly（共同して）

muyagatong → basrelief（浅浮き彫り）

muyagatong → convex（凸状の）

muyagatóng → jut（張り出す）

muyagatōru kazaï mung → relievo（浮き彫り）

muyagatōru satchi → promontory（岬、高台）

muyāshi achiné nǐndjŭ → company（交際、仲間、会社）

muyé → jointly（共に）

muyé nūshi → joint owber（共同所有者）

muyeti vanchaméyuru chu kumi → joint-insurance-company（合同保険組合）

muyéti-shung → jointly（共に）

muyítchina shíndji → superstitious（迷信的な）

mŭ yó → example（見本、手本）

muyúna → rubbish（塵、廃棄物）

mŭyūna mung → trash（がらくた、廃物）

mŭyūng → crop ③（はさみ切る）

muyúng → leak（漏る）

muyúng → ooze（しみ出る、もれる）

muyūshung → invite（招待する）

muzukoï → grain（穀物、粒）

muzukóïnu kutu → husbandry（農業、農事）

muzukuï → crop（作物）

'm˜yǎ → conch（巻き貝）

mya → yard（中庭）

myāku → pulse（脈拍）

myakunu sǐdjǐ → blood-vessel（血管）

myǎtu gutchi gva → creek（（小さな）入り江）

myatu gutchi kara ndjashung → export（輸出する）

myatu kutchi chǐ djiung → blockade（（港などの）封鎖）

mȳ uňa mung → subtil〈subtile〉（微妙な）

myó nyítchi → morrow（明日）

myóbang → alum（明礬）

myó djī → name（名前）

myótuku aravari chikvitóng → illustrious（傑出した、有名な）

myú → temple（寺）

myuna adjivé → delicious（美味しい）

myūna mung → elegant（上品な）

mȳ ūna mung → excellent（優秀な）

mȳ úna mung → exquisite（絶妙な）

myūňa mung → sublime（崇高な）

myūnyi ang → elegant（上品な）

myūnyi ang → excellent（優秀な）

myūnyi assi → elegance（上品）

mȳ unyi kachuru 'hó → calligraphy（書道、能書）

N

na → appellation（名称）

nǎ → cabbage（たまな、キャベツ）

nǎ → cord（細縄）

na → name（名前）

nǎ → noun（名詞）

ná → plant（植物）

nā → reputation（評判）

nā → term（術語）

na aravachéng → notorious（悪名高い）
djitsé neran→nominal（名目上の）

na chigarashuru → disgrace（不名誉）

na chigarashuru kutu → ignominious（不名誉な、恥ず
べき）

ná chigátong → miscall（呼び違える）

na chikwī aru → famous（有名な）

na fïbichi → reputation（評判）

nā gatchi shung → enroll（（名を）載せる）

na kakucheru gatchi → anonymous（無名の）

nā mé mé → each（おのおの）
+

na mé mé dūnŭ minyikuching yi kāŭ tŭ shūng →
deformity（奇形）

nā mé mé vakashung → assort（分類・区分けする）

na mé mé vakashung → subdivide（細分する）

ná muyó muyo → description（記述、銘柄）

na néng → nameless（名のない）

nā nukushung → immortalize（不滅にする、永遠性を与え
る）

nā shirushung → enroll（（名を）載せる）

na táttuchinyi nashung → glorify（賛美する）

nā tóshung → abase（卑しめる）

na tskïung → name ②（名付ける）

na tskirang → nameless（名のない）

nā tunayung → compellation（呼び掛け、話しかけ）

na tūshung → reeve（滑車に通す）

na yubayung → denominate（命名する）

nā yubyung → compellation（呼び掛け、話しかけ）

na zikishung → denominate（命名する）

nămĭ → tier（段、列、層）

nāba → fungus（菌類（キノコなど））

nābă → puffball（（植）ホコリダケ）

nabakuyung → jeer（ひやかし）

nabakuyung → scorn（さげすむ）

nābără → lepra（ハンセン病者）

nábera → squash（カボチャの長いもの）

nābi → pan（鍋）

nábi → sauce-pan（シチュー鍋）

nabi gé → laddle（杓）

năbĭ gé → scoop（大匙）

nābĭnă kū → tinker（鋳かけ屋）

nachéng → born（生まれた）

nachéng → done（なされた、なった）

nachéng → made（造られた）

nachi munuī-shung → plaint（不満）

nachiganá munuīshung → snivel（泣き声を出す）

nachung → cry（叫ぶ、泣く）

nachung → howl（遠吠えする、唸る）

nachúng → weep（泣く）

náchuru hanshī → tragedy（悲劇）

náda → tears（涙）

náda búkuru → lachrymal gland（涙腺）

nada dzítzimi → lachrymal gland（涙腺）

nada guru mātong → bleareyed（かすみ目の）

nada utushung → cry（叫ぶ、泣く）

nada utushung → trickling（少しずつ落とす）

nada útushung → weep（泣く）

nadambichí → pardonable（許すべき）

nadamïung → lenity（穏やか、寛大）

nadamié narang → inexcusable（弁解不可）

nadamüung → excuse（許す、弁解する）

nadamiung → remit（免除する）

nadamiung → spare（割愛する）

nadi nagussamiung → caress（愛撫する、抱きしめる）

nádji → eel（うなぎ）

nádji lúïnu lŭ → lamprey（ナツメ鰻）

nadji natong → becalm（風が凪いで（帆船を）進めなくす
る）

nádjichi nachúng → wail（泣き叫ぶ）

nádjichung → ejaculate（絶叫する）

nádjichung → wail（泣き叫ぶ）

nadjiku → level（平らな、均等な）

náf → greens（野菜）

nā-fuda → enrollment（登録）

naga fussa → tassel（飾り房）

naga gata → oblong（長方形の）

naga gatchisheng → verbose（（言葉が）冗長な）

naga írana → scythe（大鎌）

naga kádjimi → unused（使わない）

naga kubi shka → giraff（（動）きりん）

naga kudjósheng → verbose（（言葉が）冗長な）

naga kūdjóshi imé merang → verbiage（冗語）

naga kūdjó-shung → prolix（長ったらしい）

naga kurushiminyi chĭshĭung → damn（永遠の罰に処する）

naga mackkwa → bolster（長枕）

naga munuī-shung → prolix（長ったらしい）

nága nútchi → immortal（不滅、不死の）

nága shī-kaku → parallelogram（平行四辺形）

naga yaï → pike（槍）

naga yī → bench（長腰掛け）

naga yī → settee（肘掛け長椅子）

naga yī → sofa（ソファ）

naga zéïshung → stride（大股で歩く）

nagadé kurushimashung → damn（永遠の罰に処する）

nagadé muchirang → unused（使わない）

nagadé narang → erelong（間もなく）

nagaku → long（長い）

nagaku nashung → lenghten（長くする）

nagaku tamuchõru mung → durable（もちのよい）

nagaku tsidzichóru mung → durable（もちのよい）

nagaku yudunyung → linger（グズグズ長引く、居残る）

nágani buni → pelvis（骨盤の骨）

nagarīru mizzinu utu → purling（さらさら流れる（音））

nagaríti chung → emanate（生ずる）

nagariti háyuru mung → fluid（流動性の）

nagariti só só shung → gurgle（水がドクドク流れる）

nagarïung → flow（流れる）

   an magaï kan magaï →meander（曲がりくねっている）

nagassang → long（長い）

nagatchi → perpetual（永久の）

nagé naráng → erelong（間もなく）

nági → length（長さ）

nagi mútchóng → oblong（長方形の）

nagi sháku → length（長さ）

nagi stïung → fling（投げる・放り出す）

nágïung → hurl（強く投げる）

nagínkae → lengthwise（縦に）

naginkae → longways（長く縦に）

náginu tūï → lengthwise（縦に）

nágurishashung → lamentations（悲嘆）

nagusami zichi → curious（知りたがる、好奇心の、奇異な）

nágusamiraráng → inconsolable（慰められない程の）

nagusanyung → diversion, divert（気晴らし）

nagussamashung → console（慰める、慰問する）

nagussamashuru mung → comforter（慰める人）

nagussami → comfort（慰め）

nagussami → consolation（慰み、慰謝）

nagussami shī → dirge（葬送歌）

nagussaminyi nayuru dogu → curiosity（珍奇な物）

nagussamiung → console（慰める、慰問する）

naï bichi mung → feasible（実行可能な）

naï mung uya → fruiterer（青果商人）

naï bichī → practicable（実行できる）

naï múnnu áttáï → orchard（果樹園）

naïdunse sarīru hazi → might ②（かも知れない）

naï-mung → music（音楽）

naïmung fichá → musician（楽者）

naïmunnu assibi → opera（オペラ）

naïyé naráng → unfruitful（実らない）

naïyé néng → unfruitful（実らない）

naï-gissa → forthcoming（來つつある、來たるべき）

naïmung → flagelet（木管楽器の一種）

naï-mung → fruit（果実）

naïmúnnu kī → fruit-tree（果実をつける木）

năkă → amid（真ん中に）

naka → between（中間に）

naka → cavity（空洞、うつろ、腔）

naka → centre（中央）

náka → intermediate（中間の）

naka → mid, midst, middle（中の）

náka bashira → mainmast（主マスト）

náka dátchi → broker（仲立ち人）

naka datchí → paranymph（花婿、花嫁の付添人）

naka datchi-shung → go-between（仲介者）

naka irishuru ftu → broker（仲立ち人）

naka írishuru mung → umpire（審判員）

naka kara yíradïung → intercept（途中で奪う）

naka kubu → dentation（歯状構造、歯牙状）

naka matchi → roller（巻き軸）

naka mya → yard（中庭）

naka nakae hassadoru → parenthesis（挿入語句、かっこ）

náka shishóshi narashung → lancasterian system（ランカスター式教授法）

   fidji naka suïshuru ftu→barber（理容師）

nakadátchishung → intercede（執り成す、嘆願する）

nakae → in（～の中に）

nakae → on（上に）

nakairí → mediator（仲裁、調停者）

nakanóshuru ftu → conciliator（調停者）・

nakanu muyagatong → convex（凸状の）

   tún táchóng→jut（張り出す）

nakanyi aru → central（中央の、中枢の）

nakanyi kubunyung → groove（溝を彫る）

nākanyi tūyuru mung → umpire（審判員）

nakara tushiuï → elderly（初老の）

nakashuru ftu → mediator（仲裁、調停者）

nămă → crude（生の、天然の）

nama → now（今）

náma → present（現存）

nama íttu → silk, -s（絹）

nama kara ato → henceforth（これ以後）

nama kara satchi → henceforth（これ以後）

nama madí → hitherto（これまで）

nămă mung → crude（生の、天然の）

náma mung → foolish（馬鹿な）

nama mung → raw（生の）

náma shó-ga → ginger（しょうが（生姜））

nama tari yamé → chronical（慢性の、長患いの）

nama uyé → sale（売る）

nama yassé → salad（サラダ）

namáng → uneven（平らでない、均一でない）

namanu féyuru bung → modern（現代の）

namanu fūdji → modern（現代の）

namanu fūdjinu tūï → conformably（一致して、従順に）

namanu fūdji → modish（流行の）

namanu fūdjinyi yutóng →fashionable（流行の、当世風の）

námanu sódang nakae tūrang → inapplicable（当てはま

らない、適応不可）

námari → lead（鉛）

námari gū → white lead（白鉛（粉））

namarinu aku kū → minium（鉛丹）

námassang → foolish（馬鹿な）

namatari mung → changeable（変わりやすい）

namataritóng → changeable（変わりやすい）

námatarí-tóng → inconstant（無節操、移り気の）

name gatchishung → subscribe（署名する、寄付する）

namé shirushung → sign ②（文書に署名する）

namé ziki-shung → signature（署名（する））

nami → billow（大波）

nami → row（列）

nami → series（一連）

námi → wave（波）

nami shizika → calm（静める）

namïung → hanger on（取り巻き、付きまとう）

namïung → lap ②（なめる）

námïung → lick（舐める）

námida → tears（涙）

nă-mǐng katchung → countersign（副署する、承認する）

naminu hána → surf（白波）

naminu móyung → breakers（砕け波）

naminu móyung → surges（大波）

naminu móyung → undulate（波立つ）

naminyi útchătchŭng → drift（漂流する）

námiti fítchuru tá chí → parallel（平行）

namizichung → ripple（さざ波が立つ）

námma bándji → just ②（ちょうど、まさに）

nan⁺ → hardship（困難、苦難）

nán kuru fínu ndjïung → ignite（燃え出す、火つける）

nán mutti → southward（南へ）

nan sé⁺ nu ang → trials（試練苦悩）

nan shuku⁺ kunudósi → sodomy（男色）

nan skuyúng → extricate（救い出す）

nán ukïung → suffer（苦労する）

nána → seven（七）

nána sími gáta → septangle（七角形）

nánatsi → seven（七）

nánayung → refract（屈折させる）

nandja → silver（銀）

　　fichayuru íshi→mica（雲母、きらら）

nāndjī → altercation（激論）

nandji → burdensome（難儀な）

nándji⁺ → difficulty（困難）

nandji⁺ → distress（悩み）

nandji → hardship（困難、苦難）

nándji → toil（難儀、苦労）

nándji dzíchi → enterprizing（冒険的な）

nandjinu chūsang → toilsome（辛く苦しい、骨のおれる）

nandjinu kutu⁺ → adversity（不運・災難）

nandjishi vútayung → fag |ged|（疲れる、疲れた）

nandjishimïung → harass（悩ます）

nandjishimïung → molest（苦しめる）

nandjishimïung → tease（いじめる、悩ます）

nandjishimïung → disturb（邪魔する）

nándjishung → infest（（古）悩ます）

nandjishung → suffer（苦労する）

nandjishuru → cumbersome（じゃまな、厄介な、煩わしい）

nandji-vaza → burdensome（難儀な）

nāndjū → contention（口論）

nandjū → dispute（論じる）

nandjū gútu → fray（口論・小競り合い）

nandjūnŭ chimu → animosity（恨み・悪意）

nanduruku → smooth（平らな、滑らかな）

nandurussang → slippery（滑る）

nandutchinyi kakavarang → ever（常に）

nándzunu kutó aráng → unimportant（重要でない）

nánkuru → spontaneous（自発的な）

nankuru kfayung → harden（固くする）

nankuru mutchagáyuru → springy（弾力性ある）

nankuru sakïung → burst（破裂する）

nankuru shimayung → collapse（つぶれる）

nansé → calamity（不幸、災難）

nán-shŭku-shŭng⁺⁺ → pederasty（男色）

nántu yabutíng yaburiráng → indestructible（破壊できない）

nānu aravaritóng → illustrious（傑出した、有名な）

nānu chigaritóng → infamous（悪評高い、不名誉な）

nānu ikáng → infamous（悪評高い、不名誉な）

nānu kutuba → noun（名詞）

nānu nyitchóng → name-sake（同名者）

nanyigashi → somebody（誰か）

　　kadjitoru kūdjó→technically（専門的）

nánzu aráng → unimportant（重要でない）

nanzu aráng → unnecessary（不必要な）

nánzu chŭ ukasáng → inoffensive（害にならない）

nánzu kanarazi tósang → unsubstantial（実体のない）

nanzu kannyū⁺ tósang → irrelevant（関係、関連ない）

nárabi → series（一連）

narabiti → successively（引き続き）

narabiti ítténg → evenly（平らに）

narabiti utchung → dispose（〜しがちだ）

narabiung → contact（接触する）

narāchi → docile（素直な）

naradi → abreast（並んで）

naradong → attach（取り付ける）

naradōru utunu 'ho → prosody（韻律書）

narandi iché nérang → omnipotence（全能）

narang → cannot（できない）

naráng → impossible（不可能な）

naráng → unable（出來ない）

naráng kutó nérang → omnipotence（全能）

naránsi → incapacity（無能、無資格、無力）

narashí bichí → teachable（教育される、すなおな）

narashung → fire ②（発砲する）

narāshung → instruct（教育、指示する）

narāshung → teach（教える）

nárashuru tuchí → repeater（繰り返す人、物）

nărăvă → could（出來た〈事実に反対の条件・想像〉）

narayung → learn（学ぶ）

narayusi → education（教育）

naré → habit（習慣）

naré djkushimïung → discipline（訓練する）

naré djukushong → conversant（精通している）

naré mung → lesson（課業、レッスン）

naré mung → pupil（生徒）

narïung → inure（慣れさせる、鍛える）

narirang → unaccustomed（慣れていない）

naritóng → familiar（馴染み深い・心安い）

naritóng → habituate（慣らす、習慣づける）

nariung → accustom, accustomed（慣らす、慣れた）

nariung → habituate（慣らす、習慣づける）

nariyutchi → process（過程）

nariyutchi tuchung → define（定義する）

nariyutchi tuchuru kūdjó → definition（定義）

naru hazi → might ②（かも知れない）

năshĭ → pear（〈植〉梨）

năshĭ → plum（〈植〉すもも）

nashi õsang → impossible（不可能な）

nashiru → seedling（苗床、苗木）

nāshiru mabúï → scare-crow（案山子）

nashung → act, action（する）

nashung → assuage（緩和する）

nashung → dilate（張り広げる）

nashung → diminish（減らす）

nashung → execute（実行する）

nashung → happen（生じる）

nashung → justify（正当化、弁明する）

nashung → perform（行なう）

nashung → render（〜にする）

nashuru → forthcoming（來つつある、來たるべき）

nashushi → birth（誕生）

nassakin néng → ungracious（無作法な）

nassakinu aru ftu → kind（親切な）

natchung → cackle（鳥がカッコーと鳴く）

natóng → disagree（折り合わない）

natóng → done（なされた、なった）

nátsi → summer（夏）

nava → cord（細縄）

nayamashī kutu → vexatious（腹立たしい）

nayamashung → affront, ted, ting（侮辱する）

nayamashung → aggrieve（悩ます）

nayamashung → discommode（不便にする）

nayamashung → spite（いじめる）

náyamashung → tease（いじめる、悩ます）

náyamashung → vex（困らせる）

nayung → be（〜である）

nayung → become（成る）

nayung → happen（生じる）

nayung → occur, -rence（起こる、出来事）

nayuru hazi → may（〜であろう）

nayuru hazi → possible（ありそう、出來そう）

nayuru shïó → problem（問題）

nazi utchi uyung → auction（競売）

nazi utchúng → fling（投げる・放り出す）

nazida mung → bigot（偏屈者）

naziki kutuba → pretence（口実）

nazikiti-shung → nominal（名目上の）

nazikiung → pretend（見せかける、ふりをする）

naziutchung → forsake（見捨てる）

'ncha → clay（粘土）

ncha → loam（ローム土）

ncha → soil（土壌）

ncha bakang umutóng → earthly（俗物根性の）

'ncha k̈atana → dagger（短剣）

'ncha késhung → till（耕す）

ncha kúra → go-down（〈インド及び東部アジアで〉倉庫）

ncha murushi → clod（かたまり、土くれ）

ncha zeku → bricklayer（れんが職人）

nchindjitong → eminent（卓越した）

ndang gutu → unperceived（気付かれずに）

ndarīru → visible（見える）

nditong → moist（湿った）

ndiyung → moisten（湿る）

ndja ūĭ → bringal（〈植〉ニガウリ）

ndjachang → emission（放射）

ndjaï chaï-shung → intercourse（交際、交流）

ndjang → gone（行った）

ndjaritóng → intricate（もつれた）

ndjaritósi → intricacy（複雑、込み入った）

ndjashung → develop（発育する）

ndjashung → emit（発射する）

ndjashung → evacuate（排泄する）

ndjassang → bitter（苦い）

ndjatchi fikarashung → brighten（光らす）

ndji túti chung → fetch（行って取ってくる）

ndji tūyung → fetch（行って取ってくる）

ndjíe õsan → inextricable（抜け出せない、もつれた）

ndjiri gani → vice（萬力）

    katachi sígata ndjíta kutú míutang→imbody, embody（具象化、例示する）

ndjiti hayúng → exit（退場する）

ndjiti ndjang → depart（去る）

ndjĭŭgă → accrue（生ずる）

'ndju → canal（運河）

'ndju → sewers（下水）

'ndjŭ → water course（水路）

ndjuchung → shake（振動する）

ndjukang → fixed（固定した）

ndjukang → immoveable（動かせない、不変の）

ndjukáng → motionless（動きのない）

ndjukashimĭung → excite（刺激する、興奮する）

ndjukashung → incite（刺激する、怒りを起こす）

ndjukashusi → motion（動き）

ndjúkasi bichí → moveable（動かせる）

ndjukassaríng → moveable（動かせる）

ndjutchung → move, -d（動く）

ndóng → ripe, -n（熟した）

ndza → slave（奴隷）

ndza hatchi → drone bee（雄蜂）

ndzatu → enslave（奴隷にする）

ndzõsa → love（愛）

ndzósaru → amiable（愛想いい）

ndzosashéng → beloved（可愛い）

ndzõsashi kándjirashung → enamour（ほれさせる）

ndzõsashuru mung → lover（愛好者）

né → seedling（苗床、苗木）

né → shoots（若芽）

né kutchi → seam（縫い目）

né múng zéku → tailor（仕立屋）

né nítsi → enteritis（腸炎）

né tsŭ shi → traitorous（裏切る）

nébi-shung → mimic（真似る）

néga → lame（びっこの）

neï ndjitóng → project（突き出す）

némi → seam（縫い目）

némung → sewing（縫い物）

néna narang → essential（本質の、必須の）

néna narang mung → fundamental（基本、根底となる）

néné → clandestine（秘密の、内密の）

néng → not（〜でない）

néng mung → nothing（何もない）

neng mung → void（何もない、空の）

nénsi → absence, absent（不在）

nénté naráng → indispensable（不可欠、必須の）

nénu yúyusi → earthquake（地震）

nérang → missing（紛失、行方不明の）

nétsŭ géshuru mung → traitor（裏切り者）

nétsūshi → betray（内通する）

nétsūshung → betray（内通する）

ngussaminyi → consolable（慰めれる、気の休まる）

ní → north（北）

nī → rise ②（起源）

nī → root（根）

nī bitchi → marriage（結婚）

nī djing → sycophant（胡麻すり）

nī fússu tuyúng → inquisitive（ねほりはほり聴く）

nī kara téshung → extirpate（根絶する）

nī neng mung → unfounded（根拠のない）

nī nerang → groundless（根拠のない）

nī núdji tuyúng → eradicate（根絶する）

nī nudjúng → eradicate（根絶する）

ni tskayéshung → close ②（接近した、密接した）

nībichi → wedding（結婚）

nībichi djĭng → bridaldress（婚礼の服）

nĭbichi ǩvăshi → bride-cake（婚礼の菓子）

nībichi shī bichī → marriageable（結婚に適した）

nībichi shurudjibúng → marriageable（結婚に適した）

nībĭchĭngsang mung → bachelor（未婚男子）

nībichi-shung → wed（結婚する）

nībitchi dogu → dowry（嫁入り道具）

nībitchi dzing → dowry（嫁入り道具）

níbŭgĭssă → latish（少々遅い）

nībuï nizidóng → drowsy（眠い）

nibuï nizzuïng → drowsy（眠い）

nībuïshung → sleepy（眠たい）

nĭdji tskïung → clinch（つかみ合う、しっかり留める）

nidji váshïung → retreat（退却）

nī-djin → flatterer（へつらう人）

nī-djing → trimmer（日和見者）

nidjirinu gutu mudínchung → wrench（ねじる、ひねる）

nīdjiri-shung → screw（ねじで締める）

nĭdjĭŭg → clinch（つかみ合う、しっかり留める）

nidjiyakanyi sakishung → carousal（祝って酒盛りをする、大酒盛り）

nifún kunyi → japan（日本）

nigayabīng → amen（アーメン！）

nigayuru ftu → applicant（志願者）

nigé → desire（欲望、願い）

nige → disappoint（失望させる）

nigé → vow（誓願）

nigé → wish（願い）

nigé bichī kutu → enviable（羨ましい）

nigé bung → petition（嘆願（書））

nige gatchi → memorial（請願（書））

nigé gatchi ndjashuru ftu → petitioner（嘆願者）

nigénu kanăng → unsuccessful（不成功の）

nigényé → wishes （～と祈る）

nigó bichi → desirable （願わしい）

nǐli kudong → block-head （おろか者）

nínai → price （値段）

nindaráng → wakeful （眠れない）

níndarang yuru → wake （徹夜）

níndashung → lull （すかす）

nindji djíng → nightdress （夜着）

nindji dza → dormitory （共同寝室）

níndji ussiku natáng → oversleep （寝すぎる）

nindjǐung → appoint （任命する）

nindjū → annual （一年の）

nindjung → lie {down} ② （横になる、寝る）

nindjung → sleep （寝る）

nin djūnu shirushi gatchi → annals （年代記・年史）

nǐndjǔrǔ yī → couch （寝椅子、ソファー）

níng gó → date （日付け）

níng ichi → studious （勤勉な）

ning iráng → heedless （不注意な、構わない）

ning irang → incautious （不注意、軽率な）

níng iráng → inconsiderate （思いやりない、無分別、軽率）

níng itchi → thoughtful （思慮深い）

ning itchong → circumspect （用意周到な、用心深い）

ning īttchong → careful （念の入った、注意深い）

ning ittchóng → mindful （入念の）

ning ittchǒrǔ mung → attentive （注意・思いやり深い）

ning ǐung → beware （用心する）

ning ning → annually （年々）

níng níng → yearly （毎年の）

nin-gó → chronology （年代、年表）

ningurunyi → fervently （熱烈に）

níngurunyi → earnestly （まじめに）

níngurúnyi mutumïung → implore （懇願する）

níngurunyi mutuḿung → intreat （懇願する）

níngurunyi mutumïung → solicit （嘆願する）

ningurunyi mutumïung → beseech （懇願する）

nǐngurunyi mǔtǔmïung → crave （切望する）

níngǔrǔnyǐ mútumïung → entreat （懇願する）

nínku → late （遅い、遅く）

nínsang → temperament （気性、気分）

nínsïung → lull （すかす）

ninti nīku natóng → oversleep （寝すぎる）

nintóng → asleep （寝ている）

nintósi ukitóng → wake （目覚める）

nínzikéshon → apprehensive （気づかう）

nipún kunyi → japan （日本）

níri djukushóru mung → practiced （熟練した）

nīsang → tardy （遅々とした、鈍い）

nítǎmǐ → envy （嫉妬）

nītassang → provoke （憤慨させる）

nītassang → provoke （憤慨させる）

nītassashóng → jealous （妬む、嫉妬する）

nītǎssǎ-shǔng → grudge （妬み、渋る）

níti mizzi múrasáng → embank （堤防をめぐらす）

nitsi → fever （発熱）

nítsi hagí → thrush （鵞口瘡）

nitsi sarashuru → febrifugaem （解熱剤）

nitsinu ang → feverish （熱っぽい）

nítsinu ang → inflammation （炎症）

nitsinu fashïung → feverish （熱っぽい）

nítsinu kudóng → febrile （発熱（性）の）

nítsinu ndjí írishung → remittent （（病で熱が）出たり引いたりする）

nitsinu ndjitóng → febrile （発熱（性）の）

nitsinyi ūsáttang → oppressive heat （ひどい暑さ）

nitsinyi ūssārīng → oppressive heat （ひどい暑さ）

nitzi byó → ague （マラリア熱、悪寒）

nǐ-yǎ → bride-chamber （婚礼の家（新婚の室））

nī-yǎnu tūrǔ → chamber-lamp （寝室用ランプ）

nīyuru azíng → paving-beetle （敷石用の大槌）

nízi õsang → insufferable （耐えられない）

nizïung → tolerate （我慢する）

nizidé → patience （忍耐）

níziraráng → insufferable （耐えられない）

nizírarang → intolerable （耐えられない）

nizirarī dúshuru → tolerable （我慢出來る）

niziti shung → tolerate （我慢する）

níziti ukïung → undergo （耐える）

nizïung → endure （耐える）

nkae → to （～に）

nkae → into （中へ）

nkashi → ancient （古代の）

nkashi banashi → adage （金言・格言）

nkashi banashi → legend （伝説）

'nkǎshǐ dogu → antique （骨董品）

nkashi fūdji → tawdry （けばけばしい、いやにはでな）

nkashi gutu → story （物語）

'nkǎshǐ tazoniyāyǎ → antiquary （骨董商）

nkashinu ato kǎtǎ → antiquities （遺跡）

nkashinu ftu → ancients （古代人）

nkashinu'hó → repeal （無効にする）

nkashinu kani → medal （メダル）

'nkashinu tuchi → antiquity （大昔）

nkatóng → facing （向き合うこと）

nkatóng → opposite （向かい合った、反対の）

nkatóng → toward （～に向かって）

nkayung → tend （傾向がある、向かう）

'nkazi → centipede （むかで）

'nkazi → scolopardra （大百足）

nmang → immature （未完、未熟の）

'ñnă → bare（からの、裸の）

'nna dū → unarmed（手に何も持たない）

'nna gādjū mung → bully（威張り散らす人）

'nna kazaïshóng → fanciful（空想的・架空の）

'nna mung → empty（からの）

'nna nashung → abolish（廃止する）

'nna nashung → annihilate（滅ぼす）

'nna nashung → nullify（無にする）

'nna shódjitchina mung → credulous（信じやすい、だまされやすい）

'ñnă uguïshõru ftu → fop（気取り屋、しゃれ者）

'ñnă umúï → imagination（想像）

　　sura umúï→imagination（想像）

'nna varé → grin（歯を見せ、ニヤニヤ笑う）

'nna vūïshung → loiter（ぶらつく、うろつく）

'nnazitchung → nod（うなずく）

'ñndji → prick（とげ）

'nni → breast（胸）

nnĭ kazăyuru hăĭ → breast-pin（胸の飾りピン）

'nni tstchishung → spite（いじめる）

'nni tstchung → hurtful（傷つける）

'nni tstchuru kutúba → poignant（胸を刺すような、痛烈な）

nni ussuyuru kani → breast-plate（胸当て）

'nni → thorax（胸郭）

'nnĭ-bŭnĭ → breast-bone（胸骨）

nninu haï → breast-pin（胸の飾りピン）

'nnīnu naka fidati → mediastinum（隔膜）

'nnĭnu shĭshĭ → brisket（胸部の肉片）

'nnĭnu sŭkŭnu fidati → diaphragm（横隔膜）

'nninyi sadaminu néng → indecision（優柔不断、不決断）

'nnya bī → miser（けち、吝嗇家）

nó-djó → agriculture（農業）

nóïgatta → convalescent（回復期の、病み上がりの）

nórangdo → undone（破滅した）

nóraráng → incurable（治癒不可能な）

nóshi bichī → curable（治療できる、直せる）

nóshug → mend（修理する）

nóshung → rectify（修正する）

nóshung → repair（修理する）

now → however（しかしながら）

now máta → however（しかしながら）

nowchi → straight-forward（真っ直ぐな）

nowchi → upright（垂直に）

nowchi → veracious（正直な）

nowchi katadjúsashi → justly（正当に）

nowchi vata → rectum（直腸）

nŏwchinyi → candidly（率直に）

nowchi-nyi ang → perpendicular（垂直の）

nowchinyi neng → disingenuous（不誠実な）

nówku → endwise（端を上に向ける）

nówku → erect（直立の）

nóyé narang → undone（破滅した）

nóyung → heal（癒す）

nóyung → sew（縫う）

nóyung → splice（組み継ぎする）

nszõsashi kándjirashung → engaging（（人の心などを）引く）

nŭ → genitive case（所有格）

nu → of（の）

nū shae → wherewith（何によって）

　kanadzi→necessity（必要）

nū yaravang sinyung → any（なにか）

nū yati → wherefore（何故なら）

nū yáti nūnu támiga → why（何故）

nubi datchi-shung → paraphrase（言い換える）

nubi nubishung → retard（遅らせる）

nubi tarüung → prolong（長引かす）

nubïung → lenghten（長くする）

nubïung → narrate（述べる）

nubïung → postpone（延期する）

nubïung → procrastinate（行動を延ばす）

núbïung → rehearse（暗唱する）

nubïung → relate（述べる）

nubïung → stretch（伸ばす）

nubiti firugïung → stretch（伸ばす）

nubití nagaku nashung → rarify（薄くする）

nubïung → defer（延期する）

nubiung → dilatory（手間取る、引き延ばす）

nubiung → extend（伸ばす、広げる）

nubïyung → delay（遅らせる・延ばす）

nuburashung → enthrone（王位につかせる）

nubuyung → ascend（登る）

nubuyúng → mount（登る）

nuchāchi → confront（突きつける、向かい合わせる）

nuchāchi kvĭtăsï → contribution（寄付）

nuchāchi kvïung → contribute（寄付（贈）する）

nuchi dama → rosary（数珠）

nuchi kvitési → contribution（寄付）

núchi minyi kakatõru → vital（命の）

núchi mung → embroidery（刺繍（品））

nuchĭndita ftu → distinguished man（優秀な人）

nuchinditóng → predominant（卓越した）

nuchíndïtóng → super-eminent（卓越した）

nuchíng ushimang mung → desperado（無法者）

núchinyi → hereafter（今後）

nudaïshung → extend（伸ばす、広げる）

nūdi → gullet（食道、喉）

nūdī → throat（のど）

nūdi → wind-pipe（気管）

nūdi arayung → gargle（うがいして清める）

nūdi búkuru → gullet（食道、喉）

nūdi fúckwa → wen（こぶ（瘤））

nūdi fukwi → bronchocele（甲状腺腫）

nūdĭ gŭfŭ → adam's apple（のどぼとけ）

nūdi gufu → pomum Adami（アダムの果実（りんご））

nūdi gūfŭ → struma（甲状腺腫瘍）

nūdi gūfŭ → wen（こぶ（瘤））

nūdi gutchi → glottis（声門）

nūdi gutchi → larynx（喉頭）

nūdi īchi kayuï gússŭmĭtchĭ → epiglottis（喉頭蓋）

nūdi útu → gutteral-sound（喉頭音）

nudi wītóng → drunk（酔いしれて）

nudi wītóng → intoxicated（酔った）

nūdí-nu nitsi ang → quinsy（へん桃腺炎）

nūdinu útchi wū wū shung → hum（（ためらいの）ふーむ。〈いいえ〉）

nūdĭnŭ vá gva → uvula（喉びこ、口蓋垂）

nūdinu yutashang → modulation（調整）

nūdi-wa-gva → epiglottis（喉頭蓋）

núdji → rainbow（虹）

nudji atsimiru ftu → compiler（編集者）

nudji munuï → pretext（弁解、口実）

nudji ndjashung → extract（抜き取る）

nŭdji ukushung → root up（根こそぎにする）

nŭdjimŭng → defrauder（詐取者）

nudjung → defraud（騙す・詐取する）

nudjung → dupe（間抜け）

nudjung → extirpate（根絶する）

nudjúng → impose（（悪い品などを）つかませる）

nūga nūyó nūya → what（何）

nugarachéru yu'ïnu ang" → immunity（免除、免れること）

nugararáng → unavoidable（避けがたい）

nugarashung → deliver（救出する）

nugárashung → forgive（許す）

nugarashung → franchise（解放する）

nugarattósi → deliverance（釈放）

nugarīng → elude（逃れる、回避する）

nugariru → avoidable（避けられる）

nugāshung → exonerate（無罪にする）

nugati fashti urang → abscond（逃亡・失踪する）

nugáye naráng → inevitable（避けられない、必ず來る）

nugayé naráng → unavoidable（避けがたい）

nugáye õsan → inextricable（抜け出せない、もつれた）

nugayung → escape（逃げる）

nugayung → evade（避ける、引き払う）

nugayung → avoid（避ける）

nugayuru kutu → deliverance（釈放）

nŭgĭ achiné → contrabandist（密輸者）

nugi achinyé → smuggle, -r（密輸する）

nugi ndjitóng → super-eminent（卓越した）

núgiráng → indelible（消せない、洗い流せない）

nugiru fing → deserter（逃走者）

nugiru fïó → deserter（逃走者）

nugĭung → elope（駆け落ちる）

núguyung → wipe（拭く）

nuharu → desert（荒野）

nuï tskĭŭng → agglutinate（接着させる）

nūï → paste（糊）

nuï mung dógu → lacker-ware（漆器）

nuï mung-shung → lacker（漆を塗る）

nuï mungshuru zeku → painter（塗り師）

nuïmung → palankaen（こし（輿））

nuïyé bítu → passenger（乗客）

nuïyé shaku → passenger（乗客）

nuïmung → conveyance（乗り物、伝達、譲渡）

nŭkă → bran（もみがら）

nŭka → chaff（もみがら）

nuka batchi → gnat（ブヨ（虫））

nuka yuyá → sieve（ふるい（篩））

nūkăgŭ ámi → drizzel（細雨、こぬか雨）

nŭkăng gutu → abrupt, abruptly（唐突）

nukĭung → discharge（放出する）

nukĭung → dismiss（退去させる）

nukucheru mokimung → coheir（共同相続人）

núkuchóchung → withhold（差し控える）

nukuchóshung → abdicate（捨てる）

núkudjiri → saw（のこぎり）

nukudjiri gátanu fa → serrate（鋸歯状の）

núkudjiri gatta ítténg → vandyked（ギザギザ付の）

nukúï → leavings（残り物、余り物）

nukuï → remainder, remains（残り）

nukúï → rest ②（残り）

nukuï tsté mung → legacy（遺産）

núkurazi ïyung → explicit（明白な、腹蔵のない）

nukushung → abandon（捨てる、遺棄する）

nukushung → relinquish（譲渡する、放棄する）

nukushung → reserve, -d（残しておく）

núkushung → withhold（差し控える）

núkussang → warm（暖かい）

nukutamīru ching → stomacher（三角胸飾り）

nukutchi sang → omit（省略する、～し忘れる）

nukutchi tstétéru mung → legacy（遺産）

nukutchi utchung → relinquish（譲渡する、放棄する）

nukutõru vaza ukīru ftu → inheritor（相続人）

nŭmĭ → chisel（のみ、たがね）

númi → flea（蚤）

+numi 〈鑿〉 → punch（穴開け器）

numi → delve（掘る）

numirashuru séku → calenderer（（毛織りの）つや出しをす

nún kúnyung → swallow（呑み込む）

nundinu bukurunu tatóng → dew-lap（喉袋）

nūng fabakarang → desperate（絶望的な）

nung kandang → bareheaded（帽子のない）

nūng káza néng → inodorous（無臭の）

nūng madjirang → unmixed（混ざり物のない）

nūng mutáng → unarmed（手に何も持たない）

nūng nerang → nothing（何もない）

nūng shtchóng → omniscience（全知の博識の）

nūng ussurirang → desperate（絶望的な）

nūng yaravang turi → whatever（何であれ）

nunkunyung → absorb（吸収する）

núnkunyung → impregnate（染み込む）

nǔnu → camelet, camlet（（ラクダの毛などの）織物）

nǔnǔ → cloth（布）

núnu bata → loom（機織り）

nǔnǔ djiri → clout（つぎ、布切れ）

núnu úï dogu → loom（機織り）

nunu úyung → weave（織る）

nunu úyuru ftu → weaver（織り人）

núnu wīnu kī gva → nap（けば）

nunyung → drink（飲む）

nurarī bichī ukuné → opprobrious（恥じるべき）

nǔrǎyǔng → abuse（悪用する）

nurayung → blaspheme（ののしる）

nurayung → reprimand（叱責する）

nurayung → revile（罵る）

nurayung → scold（叱る）

nurayung → chide（小言をいう）

nuri → method（方法）

nuri → rule（規則）

nǔrī yatchung → bream（船底を焼いて掃除する）

nurinu kutuba → maxim（格言）

nurinu tūī → methodical（秩序ある）

nurinyi kanatong → regular（規則正しい）

nurukvītóng → dumpish（憂鬱な）

núrusang → lukewarm（生温い）

nurusang → tepid（生温い）

nūshi → lord（主人）

nūshi → master（主人）

nūshi → owner（所有者）

nūshi búïshung → domineer（威張りちらす）

nussi bitu → thief（どろぼう）

nússudu → freebooter（略奪者・海賊）

nússudu → robber（盗人）

nússudu → thief（どろぼう）

nússudu gva → filch（くすねる，ちょろまかす）

nussudushung → steal（こっそり盗む）

nússudushung → thieve（盗む）

nussumattési → robbery（強盗行為）

nussumi kutu → robbery（強盗行為）

nussunyung → steal（こっそり盗む）

nússunyung → thieve（盗む）

nusumattési → theft（盗品）

nusumattoru shina → theft（盗品）

nutchi → life（生命）

　amadaïnu nutchi→penthouse（差しかけ屋根）

nútchi → woof（横糸）

nutchi bá → eaves（軒）

nútchi mung-shung → embroider（刺繍する）

nutchi mung-zeku → embroiderer（刺繍する人）

nutchi mutchi mung → animate（命ある）

nutchi mutchi mung → live ②（生きている）

nutchi muttáng mung → inanimate（生気、生命ない）

nutchi muttang mung → lifeless（生気がない）

nutchi nagaraï-tóng → longevity（長寿）

nutchi shigutu-shung → temerity（無謀）

　sti mī→temerity（無謀）

nutchi sti mung → desperado（無法者）

nutchindjïung → overtop（上にそびえる、勝る）

nǔyūng → anoint（塗油する）

nǔyūng → bestride（またがる）

nǔyūng → daub（塗り付ける）

nuyúng → ride（乗る）

nuyúng → smear（塗りたくる）

nuzuchung → remove（移す、取り除く）

nuzukïun → repeal（無効にする）

nuzukïung → annul（無（効）にする）

nuzukïung → except（除く）

nuzukiung → exclude（締め出す）

núzukïung → expunge（削除する）

nuzúm bichīté yassā → probable（見込みある）

nuzumé ushināshung → disappoint（失望させる）

nuzumi → expectation（期待）

núzumi tétóng → hopeless（望みのない）

nǔzǔmī ushinashung → defeat（くじく）

nuzumi ushinayung → despair（失望する）

nuzuminu nérang → hopeless（望みのない）

nuzumité yassā → probable（見込みある）

nya → again（再び）

nya chu ken utashimïung あるいは **hanshi-shimǐ-ung**
　→ encore（アンコール）

nya fuka → outer（より外へ）

nya iffé ménkae → further（さらに遠く）

nya iffé tūsang → further（さらに遠く）

nya wi → higher（より高い）

nyādang mifakunyi-shun → clearer（より明白な、清潔
　にする人）

nyafing → more（もっと、もう（少し））

nyāfing fǔkaku nashung → deepen（深くする）
nyafing íffé → more（もっと、もう（少し））
nyafing íkirássang → less（より少ない）
nyagura zé → grasshopper（バッタ）
nyahung féssang → faster（より急速に）
nyahung tõssang → farther（より遠い）
nyahung wĩnkae → appeal（哀訴する）
nyī → burden（荷）
nyi → on（上に）
nyī → rice（稲、米）
nyī → two（2）
nyí bamminu tánumi bitu → underling（下役）
nyí bang → lieutenant（上官代理、副官）
nyí báng → second（第二の）
nyī bang → sub（「下位の」の意）
nyi bang → vice（代理、副）
nyi bánminu → sub（「下位の」の意）
nyi bé-shung → double（二倍の）
nyī djū → twenty（20）
nyí dǔ → twice（二度）
nyí gára → hull（外皮）
nyi mé → dollar（ドル）
nyi mutchi dé → litter（担架、担いかご）
nyī mutchi kuruma → wheel-barrow（手押し一輪車）
nyi sé gva → stripling（青二才、若僧）
nyi shaku → foot（フィート）
nyi shín chínnu mbu → ton（トン）
nyī tsinyung → lade（荷を積む）
nyī urushung → unload（荷をおろす）
nyī utchi stíung → lighten（軽くする）
nyī utchúng → lighten（軽くする）
nyibang tésho → colonel（陸軍大佐）
nyibuta gva → tubercle（こぶ、結節）
nyi-chī → cinnamon（肉桂皮。シナモン）
nyickwī shkata → disgraceful（不名誉な）
nyidu yacheru kumpiang → biscuit（ビスケット）
nyifé debiru nyishung → thank（感謝する）
nyifé vastõru mung → unthankful（感謝の念のない）
nyiféndi → thanksworthy（感謝に値する）
nyiféndi iyung → thank（感謝する）
nyiguri → skim（上澄み、浮遊物、滓）
nyigurǐung → pollute, pollution（汚染する）
nyiguritóng → foul（濁った・汚れた）
nyiguritóng → turbid（濁った）
nyi-kā → gelatine（ゼラチン）
nyikā → glue（にかわ）
nyīkā mizzi → sizing（糊剤、どうさ）
nyī-kānu ukuritóng → unglued（にかわがはげた）
nyiké bashinu ya → staircase（階段）
nyikenu munumī tukuru → gallery（回廊、桟敷）

nyikénu shímu za → groundfloor（一階）
nyi-kénu yīng → gallery（回廊、桟敷）
nyikénu za gva → loft（屋根裏）
nyíku → flesh（肉）
nyiku → meat（肉）
nyíku → muscle（筋肉）
nyiku dzíku → nutmeg（（植）ニクズク）
nyiku kvāyā → carniverous（肉食性の）
nyikudi skanshóng → disgusting（愛想をつかした）
nyikǔmbǐchǐ → abominable（忌むべき）
nyikúmbichi → execrable（いまわしい）
nyikumbichí → hateful（憎らしい）
nyikúmbichī → odious（嫌悪すべき）
nyikumbichi → offensive（腹立たしい）
nyikumi → hatred（憎しみ）
nyikumi skáng → detest（ひどく恨む）
nyikumu bichi → detestable（憎むべき）
nyikunyung → abhor（憎悪する）
nyikunyung → abominate（忌み嫌う）
nyikunyung → hate（憎む）
nyīkushi ïyung → falter（吃る・口ごもって話す）
nyikvassaru chimu → abhorence（憎悪）
nyikvi katachi → hideous（ぞっとする、恐ろしい）
nyikwī mung → flagitious（極悪な）
nyín djin → folk（人）
nyín djǐn → mankind（人類）
nyin djing kussuï → ginseng（（植）人参）
nyin djó → doll（人形）
nyīn djó → puppet（人形）
nyin djó neng mung⁺ → unkind（不親切な）
nyinaï → cost（値段、代価）
nyíndji yī → sofa（ソファ）
nyíndjing⁺ → ginseng（（植）人参）
nyíndjinu cha → mankind（人類）
nyǐnu fidji → awn（イネ・麦などの芒）
nyirang → dissimilar（似ていない）
nyiráng → unlike（似ていない）
nyirangshi → differently（異なるように）
nyíri → mote（塵埃、微粉）
nyīsha → unpalatable（まずい、口に合わない）
nyīsha mung → viands（普通の食物）
nyíshi → west（西）
nyishi fé nu hó → southwest（南西）
nyíshi gúrishang → inimitable（真似出來ない）
nyíshi õsan → inimitable（真似出來ない）
nyíshǐung → seem（見せかける）
nyǐshǐung → compare（比較する）
nyíshku → eclipse（食）
nyíshtchi → embroidery（刺繍（品））
nyishtéru gū → fac-simile（複写）

nyishti nyūng → collate （照らし合わせる）

nyishti shī bushashung → emulate （対抗する）

nyishti shung → emulate （対抗する）

nyitchaï yatchaï → boiling （煮沸）

nyitchi → day （日）

nyitchi → journal （日記）

nyítchi dzíki → journal （日記）

nyitchi gatchi gva → note-book （帳面）

nyitchi nyitchi → daily （毎日の）

nyítchi sh̄ū → note-book （帳面）

nyitchi-ziki → diary （日記）

nyitchóng → like （似ている）

nyitchóng → resemble （似ている）

nyitchong → similar （似た）

nyiténu chūsa → substantial （実質的な、堅固な）

nyīŭ bukuru → amulet （お守り・魔除）

nyīŭng → boil ② （煮る）

nyiva → garden （庭）

nyívaka kazi → gale （突風）

nyivakanu ami kazi → squal （突風、スコール）

nyivakanu kazi → tempest （嵐）

nyivakanyi → straightway （すぐに、早速）

nyivi → effluvia （臭気）

nyivi → flavour （風味・香味）

nyivi → scent （芳香）

nyívi → smell （臭い）

nyivūï fuzó → reticule （婦人用ハンドバッグ）

nyiwúï mízzi → lavender water （ラヴェンダー水）
　tsinyung→stow （積み込む）

-nyi, -kae; → to （〜に）

nyóbu → folding screen （折り重ね障子）

nȳū kó → olibanum （乳香）

nyūng → behold （見る）

nyūng → look （見る）

nyūng → mature （熟した）

nyūng → perceive （知覚する、気付く）

nȳú shi → daughter （娘）

nyūsi → eye sight （視力）

nyūsi → sight （見ること）

nyūsi → vision （見えること）

O

ó bátchi → hornet （スズメバチ）

ó dama → jasper （碧玉）

ó fa → salad （サラダ）

ó gani → lapis luzuli （青金石（宝石、顔料用））

ó tūzing → lamp-wick rush （灯心藺草）

óbadéru íru → wan （青白い）

óbadóng → livid （鉛色、暗青色）

obadóng → wan （青白い）

obai kasssimïung → despoil （奪い取る）

obayung → deprive （奪う）

ó-bé → fly （蠅）

óchi → azure （青色・紺の）

odayakanyi ang → steady （安定した、ぐらつかない）

ódji → fan （扇）

ódjinu sī → fan-case （扇箱）

ŏdúng → edifices （大建造物）

ó-ga → yellow river （黄河）

oh anté → yea （よし）

ó-ling → gentian （リンドウ属の植物）

ollanda māmi → pea （（植）エンドウ）

omāzi furāzinu kutu → adventure （変事）

omi → ocean （大洋）

omi → sea （海）

omi bura → conch （巻き貝）

omi fing → coast （海岸）

omi fūtchinu byotchi → scurvy （壊血病）

omi kāranu dzī katchā → hydrographer （水路学者）
　byótchi→scurvy （壊血病）

omi mātsū → coral （さんご）

omi mayā → sponge （海綿）

omi nadji → conger eel （（魚）あなご）

omi nussudu → corsair （海賊）

omi túï → water fowl （水鳥）

omibáta → strand （岸、浜）
　simatõru ftu→islander （島民）

omi-magaï → cove （入り江）

ominkaé t̄ūyung → disembogue （（川が）海にそそぐ）

ominu magaï → bay （湾）

ominu nussudu → buccanier （海賊）

ominu shódjitóng → suppurate （化膿する）

óminu sími → inlet （入り海、瀬戸）

óm̄úng → macao （マカオ（澳門））

onadjikarang → different （異なる）

opposed to úmuti → inside （内部に、内側で）

õsan → inability （出來ないこと、不能、無能）

õsansi → incapacity （無能、無資格、無力）

ósaru tama → amethyst （アメジスト、紫水晶）

õshurā → could （出來た〈事実に反対の条件・想像〉）

óssa tămǎ → jasper （碧玉）

ossang → green （緑）

ótŭbĭshóng → pallid （青ざめた）

ovaï néng → endless （果てしない）

ovaïnyi → ultimately （最後に）

ovaȓnyi → finally （最後に、遂に）

ovari → end （終わり）

ovari → termination （終わり、末端）

ovatóng → ended （終わった）

ovayung → conclude（終える、推断する）

ovayung → finish（終える）

ovayung → terminate（終わる）

óyung → befall（（災いなどが）起こる）

óyung → meet（会う）

óyung → wrangle（口論、論争する）

óyuru túï → game-cock（闘鶏）

óyuru yūtchi → battle ax（戦いの斧）

óyussi mắttchuru ftu → candidate（志願者）

P

+païshung → worship（崇拝する）

+païshung → adore（拝む）

pámmikashi shidjang → explosion（爆発）

paramikashuru kvī → firing（発砲）

paramikashuru utu → pop（ポン）

patchi patchi shuru → pattering（パラパラ）

pín ányíang → tranquil（平穏な）

ping ang+ → repose（平穏）

pin+ lo → betel nut（（植）ビンロウ）

+póli → glass（ガラス）

póli chiuru zéku → glazier（硝子工）

+pólí ichi mé → pane（窓ガラス一枚）

póli ussuteru attaïgva → green house（温室）

+pólíum gutōru → vitreous（ガラスに似た）

R

ráku → enjoyment（楽しみ）

rákushi mímmashúng → otium dignitate（悠々自適）

rásha → woolen（毛の）

rīdjĭ → civility（礼儀正しさ）

rīdjĭ kata → breeding（行儀作法）

rīdjĭ safu → breeding（行儀作法）

rīdji shidé → ceremonial（儀式上の、正式の）

rīdjinu ang → civil（礼儀正しい）

rīdjinu tsukuritóng → gentility（上品、良い生まれ）

rīdjĭshĭ → civilly（礼儀正しく）

+rīdjishi tuïmutchóng → complaisant（いんぎん丁寧な、従順な）

ringó → apple（リンゴ）

ringó saki → cider（リンゴ酒）

ró → candle（ろうそく）

ró → lace（レース）

ró tắtī → candle stick（燭台、ロウソク立て）

ró tskuyuru séku → chandler（ろうそく屋）

rú báng → turnkey（牢番）

ruku → six（六）

ruku djú → sixty（六十）

ruku dju amáinu tushĭúï → sexagenary（60代の）

ruku dju nin māru → cycle（周期）

S

saba → sandals（サンダル、草履）

saba → shoes（靴）

saba kăkĭ tukuru sī wītóng → corns（うおのめ、たこ）

saba tskoyuru íkkata → last ②（靴型）

sábachi báku → dressingcase（化粧箱）

sábanu wū → latchet（靴ひも）

sabatchi → comb（櫛）

sabatchi baku → shaving case（ひげそり用具箱）

sábatchi báku → toilet（化粧）

sábbu íchi → third（3分の1）

sabéshung → mouldy（黴びた）

sabi → rust-y（錆）

sabi → rust-y（錆）

sabisang → melancholy（憂鬱な）

sabishī tukuru → solitude（孤独）

sachi → beak（くちばし）

sachi → before（前に）

sachi natóndi yung → antedate（もっと先に起こったこととする）

sachinyi mīung → foresee（予知・予見する）

sachó tukuro → object（目的物）

sachúng → lacerate（引き裂く）

sáckwīshi tang ndjashúng → expectorate（（たん、血を）吐き出す）

sadamaráng → uncertain（未定の）

sắdămĭ → decision（決定）

sadami → determination（決定、決心）

sadami djing → fee（手数料・料金）

sadami néng → fickle（気まぐれな・不安定な）

sadami néng → unstable（安定しない）

sadami útchivákashung → justly（正当に）

sadaminu neng → inconstant（無節操、移り気の）

sadaminu neng → unsteady（動揺した）

sadamirang → wavering（揺れ動く）

sadamirang gútu → indefinite（決まってない、不定の）

sadamiti → assuredly（断固自信を持って・確かに）

sadamiti → certain（確実な、一定の）

sadamiti → definitively（明確・決定的）

sadamíti → undoubtedly（疑いなく）

sadamíti chívamayung → destine（予定する）

sadamïung → fix（固定させる）

sādjĭ → egret（白鷺）

sādji → kerchief（頭巾）

sādjí → towel（タオル）

sắfŭ → custom（習慣、風習、慣例）

săfū → decorum（礼儀作法）

sāfung → halberd（矛槍）

sagaï → declivity（下り勾配・坂）

sagataï agataïshusi → cadence（抑揚）

sagatóng → oblique（斜めの）

sagatóng → pendulous（垂れ下がった）

sagi bukuru → satchel（手さげカバン）

sagi kóru → censer（つり香炉）

sági kússuï → laxative（下剤）

sagi mindzang → cot（小児用寝台）

sagi nunu → blinds（日除け）

sagi ódji → punka（（インドの天井から吊す）大うちわ）

sagi sāsi → padlock（ナンキン錠）

sagirashung → lower（降ろす、低くする）

sagiung → depreciate（見くびる、低下する）

saguï bitu → scout（斥候）

saguï tazónuïng → research（調査、研究する）

saguï tuméyung → research（調査、研究する）

sagŭïshi miguyung → cruise（歩き回る、巡航する）

sagŭïshuru funi → cruiser（巡洋船、ヨット）

saguti → ascertain（確める）

saguti nyūng → peep（覗く）

saguti nyūng → search（探す、捜索する）

saguyung → search（探す、捜索する）

ságuyung → try（試みる）

ͭsaï dan → verdict（表決、裁断）

saïdjiung → prevent（妨げる）

saïdjiung → screen（さえぎる、覆う）

saïdjiung → stifle（抑える、息を止める）

ͭsaïdan → decision（決定）

saka → descent（下り坂）

saka dzítchinu kutchi → rim（へり、縁）

sáka munuï→ ironical（皮肉、風刺の）

sakáï → glory（賞賛、栄光、名誉）

sakaï fanayakanyi ang → glorious（栄えた、楽しい）

sakaï kagayatchi → glory（賞賛、栄光、名誉）

sakamúï → entertainment（宴会）

sakamúï-shung → entertain（歓待する）

sakanaï → descent（下り坂）

sakanu ang → acclivity（勾配）

sakanyi ang → plenty（豊富）

sákanyí ang → vigorous（元気旺盛な）

sakanyi nayung → fruitful（多産な）

sakanyi nayung → multiply（繁殖する、させる）

sakashima kéti tunudjung → somersault（宙返りする）

sakatóng → exuberant（豊富な、茂った）

sakatóng → florid（赤らんだ、華やかな）

sakatóng → glorious（栄えた、楽しい）

sakatong → luxuriant（繁茂した、豊富な）

sakayung → aggrandize（増大する）

saké → border（境、へり）

saké → boundary（境）

saké → confines（境界）

saké → frontier（境界）

saké nérang → illimitable（無限の）

sakenu shirushi → abutment（境界）

sakénu tanakanu kunyi → interjacent（中間にある）

sakenyi simatoru ftu → borderer（辺境地の住人）

saki → brandy（酒）

sáki → indulgence（耽溺、追従）

saki → liquor（酒）

saki → wine（酒）

sakǐ bǐchǐ → avoidable（避けられる）

saki bing → decanter（食卓用栓つきガラス瓶）

saki cha númishung → guzzle（暴飲する）

saki dé → drinking money（酒代）

saki fézéshi tskoyung → brew（醸造する）

saki gamī → butler（執事）

saki gura → cellar（穴蔵、地下室）

saki iruyuku imashimíri → guard against（警戒する）

saki kvé → drunkard（大酒飲み）

saki nunyā → drunkard（大酒飲み）

saki nunyā → tippler（酒豪、上戸）

saki stchósi → drunkenness（酩酊）

saki tsibu → decanter（食卓用栓つきガラス瓶）

saki tsibu → flaggon（食卓用細口酒瓶）

saki uï yá → tavern（居酒屋）

saki úyuru matchïa → tavern（居酒屋）

saki vūki → cask（樽、桶）

sakíě naráng → inevitable（避けられない、必ず来る）

saki-iru-zichǎ → debauchee（放蕩・道楽者）

saking irung kunudoru ftu → debauchee（放蕩・道楽者）

sakitáng → tear（裂ける、破れる）

sakitong → chasm（深い割れ目、裂け目）

sakitoru tsimago → cloven footed（蹄が割れた）

sakiung → avoid（（望ましくない事などを）避ける）

sakiung → shun（避ける）

sákóbi → hiccough（しゃっくり）

săku → craftiness（こうかつ、ずるさ）

ͭsaku būnshung → compose（作る）

săkŭdu shéru → craftily（ずるく、こうかつに）

sakúï 'nchung → inlay（はめ込む、象眼する）

sakura naï → cherry（さくらんぼ）

saku-shung → counterfeit（偽造する、偽る）

sakvi tsitsichung → cough（咳（する））

sakvīshi īchidjǐrashung → croup（クループ、偽膜性咽頭炎）

sakvī shung → cough（咳（する））

sáma → manner（作法）

samadakïung → obtrude（押しつける、でしゃばる）

samashuru → antiphlogistic（消炎剤）

samī → tetter（皮疹）

samïung → awake（目覚める）

+sampo → arithmetic（算数・算術）

samuré → learned（学問ある）

samuré → literary（字義通りに）

samuré → literati（知識人、学者ら）

samuré → scholar（学ある者）

+san → mountain（山）

san → parturition（出産、分娩）

sán → three（3）

san bang kvan ying → lieutenant（上官代理、副官）

san bónu ikkata → prism（角柱、プリズム）

+san chigé → miscount（数え違える）

sán djū → thirty（30）

sán du → thrice（3度）

san gaku mung → mathematics（数学）

san kaku → triangle（三角）

san kaku ǩáta → triangle（三角）

san kāra mīvátayung → survey（見渡す）

san kará urïung → downhill（下り坂）

san kazichi kadjiri-shi → quarterly（年4回の）

san mutsi → export（輸出する）

+san mutsi → productions（産物）

san muyūshi → travail（陣痛）

+san muyū-shung → labour ② （陣痛）

san níng gútu → triennial（三年毎の）

+san pó → mathematics（数学）

san pó shā → mathematician（数学者）

san póshuru dogu → mathematical（数学の）

sán shā → mathematician（数学者）

+sán shing → violin（ヴァイオリン）

+san shinnu mma → fingerboard（指板、鍵盤）

san zó bé kákïung → trebble（3倍にする）

sanchǐdǎ → chinaroot（（植）とぶくりょう、山帰來）

sandjirashung → disperse（散らす）

sandjiung → disseminate（ばらまく）

+sandjó → estate（財産）

+sang → delivery（受渡し）

sángunu wínago → lying in woman（お産の床にある女性）

sani → exotic（外国の）

sani → kernel（核、仁）

sani → seed（種子）

sani machúng → sow ② （散布する）

sǎnkǎta → account（計算書）

sankata chigé-shóng → miscount（数え違える）

sankata gatchi → shot（勘定、弾丸）

sankata-gǔ̄i → counting-house（会計、会計事務所）

sankatashung → calculate（計算する）

sankatashung → count（数える、計算する）

sankatashung → reckon（数える）

sankatashuru ftu → accountant（会計係）

+sannu ba → confinement（出産、産褥にあること）

sannu dang → ridge（山の尾根）

sannu itadatchi → peak（山頂）

sannu itadatchinu dang → ridge（山の尾根）

sannu tsiranitõru kunyi → hilly country（山の多い国）

sannu utsizi chóng → range（山脈）

+sansĩnu kata → rockwork（（石庭園などの）積石工事）

sápatsi na mung → ungovernable（制御できない、手に負えない）

+sáppaïtu-shta ftu → openhearted（率直な）

sārāng gútu → untouched（触れられていない）

sārǎrǐ bichī → palpable（触れられる）

sárashung → allay（静める・和らげる）

sarashung → obviate（予防、除去する）

sārǔ → ape（尾なしざる）

sāru → monkey（猿）

saruchi mǎshǐrǎ nashung → bleach（さらす）

sarushung → bleach（さらす）

sashi → inference（推論、推察、その結論）

sáshi → spines（刺）

sáshi kakí → scaffolding（足場。足組み）

sashi kúrushung → slaughter（虐殺する）

sashi nkató tukuru → direction（方向）

sáshi nukatóng → direction（方向）

sáshi savayung → interfere（干渉する）

sáshi tsimatóng → embarrassed（当惑する）

sashi tskayung → send（派遣する）

sashi vakishung → adjudge（裁く・判決する）

sáshi vátashi si\dji → diameter（直径）

sashi vatashinu hambung → radius（一定距離の区域）

sashi vátashinu hambung → semidiametre（半径）

sáshi-kata → girdle-sword（帯刀）

sashimung seku → cabinet maker（家具師）

sashínchung → thrust（強く押す）

sashitaru kutó arang → irrelevant（関係、関連ない）

sǎshshiti gattinshung → deduce（推論する）

sashshitaru kutu → relevant（関係ある、つり合った）

sashshïung → deduce（推論する）

sashung → pierce（刺し通す）

sashúng → stab（突き刺す）

sāsǐ → lock（錠）

sāsi akïung → unlock（鍵をはずす）

sāsinú-kvǎ → key（鍵）

sāsi-shung → enchain（鎖で繋ぐ）

myu→bravo!（うまいぞ！）

sassuku → anon（即刻）

sássuku → directly（ただちに）

sássuku → instantly（即座に、すぐに）

sássuku → moment（瞬間）

satá → sugar（砂糖）

satá ámmi → syrup（シロップ蜜）

sata dziki tskoyā → confectioner（菓子屋）

sătā-dziki naï → confectionary（糖菓の、菓子製造）

satchata → betimes（いい時分に、早く）

satchata → prescience（予知）

satchata iyung → prophecy（予言する）

satchata sama dachung → contravene（反対する、違反する、矛盾する）

satchata shkóyung → adjust（調整する）

sátchatam arakadjinyi → fore-know（予知する）

satchatanu tské → forerunner（先駆者、先触れする人）

satchi → aforetime（以前に）

satchi → ago（以前）

satchi → cape（岬）

satchi → ere（前、先）

satchi → fore（前に）

satchi → point（先端）

sátchi → predict（予言する）

satchi → promontory（岬、高台）

satchi → tip（先端）

satchi baï → precursor（先駆者、先触れ）

satchi baïnu ftu → forerunner（先駆者、先触れする人）

satchi dati torashuru → gage（質ぐさ、担保）

satchi fakayusi → foresight（将來の見通し、先見（力））

satchi hó → somebody（誰か）

satchi kangéshung → anticipate（予期する）

satchi kara → formerly（以前に）

satchi kara nama madí → heretofore（今まで）

satchi nakae → ahead（前方に）

satchi shīru ftu → prophet（予言者）

satchi ti ndjashuru ftu → aggressor（攻撃者・侵略者）
　tifún tushung→precedent（前例）

satchi-baï-mma → fore-horse（先行する馬）

sátchidachi → leader（首領、リーダー）

satchinu hashira → foremast（前檣）

satchinu ka satchung → circumcise（割礼を行なう）

satchinu umúï haritang → undeceive（迷いを覚ます）

satchinyi achung → antecede（先行する）

satchinyi ataru kutó → antecedent（先立つ・前の）

satchinyi shīuru sech → foreknowledge（予知・洞察）

satchinyi〈先に〉ataru kutó → antecedent（先立つ・前の）

satchitó yínu kutu → identical（同一の）

satchúng → split（裂く）

sató → sugar（砂糖）

sató mizzi ámmi → syrup（シロップ蜜）

sató naï mung → sweet-meat（砂糖漬け）

sató nyī → jam（詰め込む、ジャム）

sató ziki → sweet-meat（砂糖漬け）

satónu chí nu ang → sweeten（甘くなる）

satonu shtsi → molasses（糖蜜）

satónu shtya daï → molasses（糖蜜）

sátsi → schedule（目録、一覧表）

sáttang → snarled（混乱した、もつれた）

sátu → village（村）

sátuï → intellect（知性、悟性、能力）

satuï yū → organ（器官）

saturang → imperceptible（知覚出來ない）

saturu bichī → comprehensible（理解できる、わかりよい）

satutaru kutu → understanding（理解）

satuti shúng → observe（見て気づく）

satuti shtchóng → notice（気づく）

satuti shtchóng → remark（気付く）

satutósí → intellect（知性、悟性、能力）

satutósí → prudence（賢明さ）

satuyung → advert（注意を向ける、言及する）

satuyung → apprehend（捕らえる）

satuyung → heed（気をつける、注意する）

satuyung → notice（気づく）

satuyung → observe（見て気づく）

satuyung → perceive（知覚する、気付く）

sátuyung → understand（理解する）

satuyung → remark（気付く）

satuyusi → understanding（理解）

savagashī mung → giddy brained（軽薄、移り気な）

savagashung → discompose（かき亂す）

savagiung → bluster（さわぐ）

savagu → haste, hasten（急ぎ、急ぐ）

savaï nuzukïung → disencumber（解放する）

savaï → impediment（妨害、障害（物））

savaï → objection（支障、反対）
　ugayúng→surmount（乗り越える）

savaïnu ang → stoppage（停止、閉塞）

sávarang → harmless（害のない）

savatong → stoppage（停止、閉塞）

sávayaka → immaculate（汚れのない、純潔な）

sávayakanyī ang → undefiled（汚れのない）

savaye néng → well（良い）

savaye nerang → hardy（頑丈、勇敢な）

savayung → cumber（邪魔する）

savayung → hinder（妨害する）

savayung → obtrude（押しつける、でしゃばる）

sā yu → cortege（供奉員、供ぞろい）

săyúng → excel（卓越させる）

sayung → pass ②（過ぎる）

sāyung → touch（触れる）

sazikïung → regency（摂政政治）

sazikïung → consign（引き渡す、委託する、付する）

sé → cleverness（利口、才気）

sé → grasshopper（バッタ）

sé → locust（バッタ）

sé → rhinoceros（（動）サイ）

sé → talent（才能）

sé chi → prudence（賢明さ）

sé fíchi tatĭung → enlighten（啓発する）

sé náng → woe（災難）

sé nū → intellectual（知的な）

sé nú → talent（才能）

se yánnu → foreigner（外国人）

sé yánnu kutú gva → harmonicon（ハーモニカ）

sé zitchá → mallet（槌）

séchi → genius（才能、天才、才知）

séchi atsimitéru shimutsi → encyclopaedia（百科全書）

sédjinu gutu → ditto（同上）

sédjinu gutu natósi → restoration（復旧）

sédjinyi → prejudge（前もって判断する）

seku → artisan（職人・技工）

séku → craftman（熟練工、職人）

séku → mechanic（職人）

séku chĭkushuru dĭshĭ → apprentice（見習い職人）

sékunu kashira → foreman（現場監督）

sénan → calamity（不幸、災難）

sénŭ → ability（才能）

sénū → cleverness（利口、才気）

sénū → dexterity（鋭敏、利口さ）

sénū → genius（才能、天才、才知）

sénu → imbecile（低能の）

sévé → blessedness, blessing（幸いにも、祝福）

sévé → bliss（天の幸）

sévé → felicity（至福）

sévé → happiness（幸福）

sévé → privilege（特典）

sévé kvĭung → bless（あがめる、祝福する）

sévé tusi bichĭ → happily（幸いに）

sévé yĭtóng → successful（成功した）

　　yūvéyuru kutuba→benediction（祝福）

sévénu chkata → elysium（極楽）

sévénu yósi → gospel（福音）

sevenu yūvé → benediction（祝福）

sévényi → fortunately（幸いにも）

sévényi → happily（幸いに）

sévényi yĭtóng → successful（成功した）

sé yáng → europe（ヨーロッパ）

seyang pū → long-cloths, long-ells（薄くて軽い上質綿布）

sé yannu chin ítu → gold-satin（金色のしゅす）

sezukushung → claim（要求する）

sezukushung → dun（催促をする）

sha → crape（ちりめん）

shă → gauze（薄織り、ガーゼ）

sha → lace（レース）

shă kúrumu → surplice（白法衣）

shă kutú → because（何故ならば）

sha shā shung → wheeze（喘ぐように息する）

shá yăkŭ → laxative（下剤）

shă ba → chariot（花馬車）

shaé → by（〜で）

sháku sidjitóng → immoderate（過度の）

sháku yamé → hypochondry, hypochondria（心気症、気病み）

shakunyi sidjiti → overwork（働きすぎる）

shi → by（〜で）

shi → four（四つ、四）

shī-naru → holy（聖なる）

shī → ode（詩）

shī → poem（詩）

shī → sacred（聖なる）

shī → sperm（精液）

shī → verse（詩）

shī baï → urine（小便）

shī batsi → chastisement（懲罰、こらしめ）

shī batsi → correction（訂正、罰、こらしめ）

shī bichī → practicable（実行できる）

shī bíkarang kutú → indecent（不作法）

shi cho → bible（聖書）

shĩ chó → classics（古典、最高水準の）

shī chó → scriptures（経典）

shi chónu dólinu tūï → scriptural（経典の）

shī chónu tūï → scriptural（経典の）

shī di → sink（流し、下水溝）

shī djin → bard（詩人）

shī djinshóng → puberty, pubescent（思春期、成熟した）

shi djíntu → unconstrained（自発的）

shi djú → forty（四十）

shí fadjimiung → undertake（着手する、始める）

shī ftu → bard（詩人）

shī gaku → poetry（詩）

shí gŭ rúku → raffle（さいころゲームに加わる）

shi gu ruku-báku → dicebox（さいを入れて振り出す筒）

shi hadjiminu ftu → novice（初心者）

shi hatiung → accomplish（達成する）

shī í shŭ → stanza（スタンザ、詩の一連）

shi kaku → square（四角）

shi lán → magnolia（モクレン（植物））

shī li → sink（流し、下水溝）

shī machigé → mismanage（やり損なう）

shī naru → sacred（聖なる）

shī nébīshuru kutu → feignt（見せ掛けの動作）

shī õsan → cannot（できない）

shī õsan → inability（出來ないこと、不能、無能）

shī õsan → unable（出來ない）

shī sáku shung → manufacture（製造、する）

shi sé → circumstances（事情、身上、細目）

shī shǎ → ambassador（大使・使節）

shi shó → tutor（教師）

shi sogarīng → wave ②（揺れる）

shī tammé → poet（詩人）

shí tchitsinyi néng → unholy（神聖でない）

shī ting → serene（晴れた）

shī tǐtsǐ → canto（（長い詩の）篇）

shī tskoyǎ → poet（詩人）

shī tushúng → hallow（清める、神聖）

shī tushúng → sanctify（聖別する）

shī túshuru úta → hymn（賛美歌）

shǐyuk → concupiscence（色欲、情欲、現世欲）

shǐé naráng → impracticable（実行不可能な、手に負えない）

shǐúng → know（知る）

shíba míchi tūi gurishang → passage（道）

shiba mitchi → footpath（小道）

shíba shíba → repeatedly（幾度も）

shībaï → piss（小便）

shībaï ishá → mock-doctor（にせ医者）

shíbaku tūi tukuru → pass（小道）

shíbaraku → instant（一瞬時）

shíbaraku du yaru → transitory（一時的）

shibaraku tatake yamǐung → truce（休戦）

shíbarakunu yaï tudumi → parley（和平交渉会談）

shibaratósi → captivity（捕らわれ（の身、状態））

shibashí ftu → strait-handed（手厳しい）

shíbassang → narrow（狭い）

shíbassang → strait（狭苦しい）

shíbassanu → tight（きつい）

shibassaru → defile（隘路）

shíbassaru omi mitchi → strait（海峡）

shibayung → bind（束ねる）

shíbba shíbba → frequently（頻繁に）

shibé míchi → passage（道）

shíbu itchi → quarter（4分の1）

shibūï → pumpkin（かぼちゃ）

shíbunyung → pucker（すぼまる）

shibussa → acerbity（渋味）

shibuyun → astringent（収斂性の）

shǐchákushung → lose（失う）

shī-chi → spirits |animal|（動物的活力）

shidashung → decorate（飾る）

shīdé → disposition（配備）

shidé → order（秩序、順序）

shidé → statement（陳述）

sankatashuru kutuba → ordinal（順序の、序数）

shidé shidé → gently（優しく、そっと）

shidé ushinatong → disarranged（混乱した）

shidé ushinatóng → helterskelter（乱雑、でたらめな）

shidénu tūï → regular（規則正しい）

shidenyi → degenerate（悪化・退化する）

shidenyi → succession（連続）

shidényi agati íchúng → progress（進行する）

shidényi fíung → wane（衰、減）

shidényi mí ndjǐung → develop（発育する）

shidényi vakashung → subdivide（細分する）

shideshi utchikiung → arrange（整える）

shīdinu mizzi. → slops（こぼれ水）

shidjang → defunct（死亡した）

shidji → snipe（しぎ（鴫））

shidji atonu 〜 → posthumous（死後の）

shidji kamitu nashung → canonize（聖者の列に加える）

shidji mmaritoru vorabi → still-bone（死産の子）

shi djǐung → thrive（繁栄する）

shidjina → animalenlar（虫）

shi djing → manhood（成人）

shī-djing → sages（聖人）

shī-djing → saint（聖人）

shidjíntu nayúng → wont（〜する習慣である）

shīdjǐnyǐ → certainly（確実な、間違いない）

shīdjǐrǐ kǔssūï → decoct（煎じる）

shidjíti sakayung → flourish（繁茂する）

shidjitóng → exuberant（豊富な、茂った）

shidjitóng → luxuriant（繁茂した、豊富な）

shidjitoru yama gva → brake（やぶ、草むら）

shidjǐung → exceed（超越する）

shidjǐung → flourish（繁茂する）

shidjó shung → thrive（繁栄する）

shidjóng → dead（死んだ）

shirubinu fí múng → mausoleum（壮大なお墓）

shidjositu nyitchóng → deathlike（死人の如き）

shidzikanyi nayung → assuage（緩和する）

shiguku uritóng → cheerless（陰気な、喜びのない）

shigún djáni → iron-wire（鉄線）

shígun djáni → wire（針金）

shǐgún gáni → wire（針金）

shí-gu-rúku → dice（さいころ遊び）

shigutu → employment（仕事）

shigǔtǔ → labour（仕事、勤め）

shigutu gva → job（仕事、手間仕事）

shigutu yūshǔrǔ ftu → active（活動的）

shima → country（国）

shima tuyúng → wrestle（格闘する）

shimari-shung → obstacle（さえぎる、障害）

shima-shóng → daemoniac（悪魔に憑かれた）

shímashong → trance（恍惚）

shímata mung → miser（けち、吝嗇家）

shimátta mung → saving（節約（者））
shimayung → sparing（控えがちの）
shim^{+} bi → wafer（薄焼き菓子）
shimé kata → equipment（装備）
shimé kata súneyung → equip（装備する）
shimé shǐé naráng → unblamable（非難できない）
shimékata-shung → furnishing（家具の備え付け）
shimi → blame（責任）
shǐmi → blemish（傷）
shimi → spot（シミ、汚れ）
shímí attíé naráng → unblamable（非難できない）
shimi attiung → attack（攻撃する）
shimi attǚung → castigate（こらしめる、折檻する）
shimi attǚung → chasten（懲らしめる）
shimī bichi → censurable（非難すべき、とがめる）
shimī djimī → simmer（グツグツ煮る）
shími gani → rivet（リベット、鋲）
shimi tuyusi → conquest（征服、攻略）
shimi utushung → censure（非難）
shimǚung → rebuke（叱責する）
shimǚung → reprove（責める、叱る）
shimǚung → strain（引き締める）
shímidji → mushroom（茸）
shimiki → wet（湿気）
shiminu tstchóng → speck（シミ、斑点）
shimiru kutó neng → blameless（何のとがもない）
shimishuru dū → bridewell（刑務所）
shimisi bichi → blamable（罪科のある）
shimitési → constraint（強制、束縛）
shimiti mutumiteru kutó → extortion（強奪）
shimǚung → actuate（動機づけてさせる）
shimǚung → assault（猛攻撃する）
shimiung → beat（打つ）
shimǚung → compress（圧縮する、要約する）
shimiung → constrain, constraint（刺激する、束縛する）
shimǚung → enable（～することを保たせる、～得させる）
shimǚung → fasten（しめる）
shímpó → sect（分派）
shímu → hoar frost（白霜）
shǐmǔkǔ → clapper（鳴子、拍子木、叩く人）
shi-mutchi → doings（行い）
shimutsi hóbanshuru mung → critic（批評者（家））
shimutsi kangé tadashung → edit（編集する）
shimutsi utsushā → copier（写学生）
shimutzi → book（書物）
shimutzi kwé mushi → bookworm（（本を食う）しみ）
shimutzi machïa → book-shop（本屋）
shimutzi ǔyā → book-seller（書物販売人）
shimutzi-baku → book-case（本箱）
shimutzinu sū shide → contents（内容）

shimutzi-tudiā → bookbinder（製本屋）
shin^{+} → core（心、中心核）
shín chi^{+} → news（ニュース）
shin^{+} dzu → progenitors（先祖）
shín^{+} kutsinu chūsang → muscular（筋肉質の、強い）
shín^{+} lagu kunyi → siam（シャム国）
shín^{+} mung → new（新しい）
shin nítsinu ukutóng → excitement（興奮）
shín^{+} nying → fairy（妖精）
shin^{+} nying → genii（守護神、霊）
shín^{+} shi → instructer, instructor（師）
shín^{+} shǐ → tutor（教師）
shin shūnu nigé → wishful（熱望）
shín^{+} zukǔǐ→ invent（発明、創造する）
shina → stuffs（品物）
shina → ware（商品、細工品）
shína dati → invoice（商業送り状、仕入れ書き）
shína dati gatchi → inventory（商品目録）
shina gatchi → invoice（商業送り状、仕入れ書き）
shina géshung → barter（交換する、交易する）
shina mutsi → stuffs（品物）
shina mutsi → ware（商品、細工品）
shina mutsi kóyuru ftu → comprador（（昔の中国の）買弁）
　katchi tumī→catalogue（目録）
shǐnǎkǎ → back（背）
shinaka buni → vertebrae（脊椎骨）
shina-mutsi → goods（品）
shina-mutsi → merchandize（商品）
shina-mutzi kóyā → buyer（買手）
shī-naru → holy（聖なる）
shínchi gatchi → newspaper（新聞）
shíndji → faith（信仰・信心）
shǐndjǐ bichǐ → credible（信用できる、確かな）
shindji bichi → trusty（信頼できる）
shíndji sidjitóng → superstitious（迷信的な）
shindji tski → confidence（新任、確信、打ち明け）
shindjinu fun muni → formula（祭文）
shindjinu ikirassang → unbelieving（信じない、懐疑的な）
shindjirang → disbelieve（信じない）
shindjiráng → unbelieving（信じない、懐疑的な）
shindjiráng tushúng → disbelieve（信じない）
shindjiranse → distrust（疑惑）
shindjirarīru mung → credible（信用できる、確かな）
shindjīru kutu → creed（信経、教義、信念）
shindjitõru kú → formula（祭文）
shin^{+} djitz → authentic（真実・真正・信頼可能の）
shindjïung → believe（信じる）
shǐndjó → credence（信用、信任状）
shing → bolt（差し錠）
shingvitóng → tarnished（汚れた）

shīn kă → courtier（廷臣）

shínka → minister（大臣）

shínka → statesman（政治家）

shín nu odúng gva → shrine（宮、神社）

shín saku → overstrained（緊張しすぎた）

shinshakushi tsitsishidong → coy（はにかみやの、遠慮がちの）

shinshakushimīung → abash（恥じ入らす）

shinshakushong → coy（はにかみやの、遠慮がちの）

shínshi → teacher（先生）

shinténu kutu → corporeal（身体上の）

shīnu atsimaï → church（教会、聖堂）

shīnu mizzi irīru bang → font（洗礼盤）

shīnu naï → hazel-nut（ハシバミの実）

shinubaring → tolerable（我慢出來る）

shinubé naráng → intolerable（耐えられない）

shinubi → patience（忍耐）

shinubĭung → endure（耐える）

shinubĭung → forbear（忍耐する）

shinudi ndji ftu kurushung → assassinate（暗殺する）

shinŭgŭ → escape（逃げる）

shīn-yăkŭ → decoct（煎じる）

shinyăng → immortal（不滅、不死の）

shinyarang → deathless（不死の・永遠の）

shinyashúng → exhibit（展示する）

shinyi → death（死）

shínyi chunu ching → shroud（経かたびら）

shinyi chŭnu nukutoru shkabani → relics（遺体）

shinyi chunyi kussiru chíng → shroud（経かたびら）

　　karamatchuru núnŭ→winding sheet（からまった布）

　　fi áng saki matsirishang→requiem（死者の平安を祈る歌）

shinyi óyung → mortal（死すべき）

shinyung → die（死ぬ）

shinyuru → death-bed（死の床）

shínyuru → mortal（死すべき）

shinyuru munu gutóng → deathlike（死人の如き）

shinyusi → death（死）

shinziru túku → faith（信仰・信心）

shīn zu → ancestor（先祖）

shīn zu → forefathers（先祖）

shī nzu kara tstetŏru → heritage（遺産）

shĭŏ → contrivance（工夫、考案、発明）

shīra fé → lime（石灰）

shira fé → quicklime（石灰）

shira ŭŭ → dace（ウグイ）

shírăbĭ → examen（検査、吟味）

shirabi ndjashung → discover（発見する）

shirabíti nyŭng → examine（検査する）

shirabĭung → elect（選ぶ）

shirabiung → examine（検査する）

shirafénu taguï → chalk（白亜、白墨）

shiragi mánchā → hoary（白髪の）

shiraï → moth（蛾）

shiraïnu tagúï → grub（地虫）

shirami → sclerotica（強膜、白目）

shiraminu kakatóng → leucoma（角膜白斑）

shirandi iché nerang → allwise（全知の）

shirandi iché nérang → omniscience（全知の博識の）

shirandi ĭyung → deny（否定する）

shirang → deny（否定する）

shiráng → disavow（否認する）

shirang → disown（自分の物でないと言う）

shirang → ignorant（無学、無知の）

shiráng → louse（虱）

shiráng → unacquainted（見知らない）

shiráng → unknown（知られていない）

shiráng ftu → stranger（見知らぬ人）

shiráng tushúng → disavow（否認する）

shirang tushúng → disown（自分の物でないと言う）

shirashung → commemorate（記念する）

shirashung → declare（明言・断言する）

shirashung → notify（知らせる）

shirashung → publish（発表する）

shĭrĭ → cesspool（下水だまり）

shíri → hind（後部の）

shīrĭ bă → cress（(植) たがらし類）

shīri ba → parsley（(植) パセリ）

shirizuchi ndjashung → evacuate（排泄する）

shirizuchung → recede（引き下がる）

shirizuchung → retire（引退する）

shirizuchung → withdraw（退却する）

shirizuki téshung → renounce（断念する）

shiru → broth（薄いスープ）

shiru → fluid（流動性の）

shiru → gravy（肉汁）

shiru → infusion（煎じ汁）

shíru → juice（汁、液）

shiru → soup（スープ）

shirú → white（白）

shirú → white（白）

shiru dásha → flannel（フランネル（綿））

shiru fi nā → amaranthus（ハゲイトウ（鑑賞用植物））

shiru kani → spelter（亜鉛）

shiru káni → tin（すず（錫））

shiru kani → tutenague（洋銀の一種）

shiru kani → zink（亜鉛、トタン）

shiru kúdashi → fluor albus（白帯下（こしけ））

shiru kurúng → surplice（白法衣）

shiru kutó naráng → incomprehensible（不可解、理解不可）

shíru kutu → knowledge（知識）

shiru mŭshīng → blanket（毛布）

shiru nā → petsae（白菜）

shiru namari → spelter（亜鉛）

shiru nashimiung → blanch（漂白する）

shiru nashung → dissolve（取り消す、浸す）

shíru nashung → liquify（液化、溶解する）

shiru shíbaï → gonorrhaea（淋病）

shiru tā-wăng → tureen（（スープ用）蓋付深皿）

shírubi → mark（印、する）

shirubi yatchi tskiteru zuku → branded thief（焼印を押した泥棒）

shiruku nashung → blanch（漂白する）

shiruku nayung → whiten, white-wash（白くする）

shirukutchi fushi → internodes（節間）

shirumi → albago（卵白？）

shirumĭung → whiten, white-wash（白くする）

shírunu gutóng → liquid（流動的な）

shirushi → badge（記章）

shĭrŭshĭ → criterion（標準、基準）

shirushi → efficacy（効能）

shirushi → fulfilment（実現・成就）

shírushi → mark（印、する）

shirushi → mememto（記念品、形見）

shirushi → sign（しるし）

shirushi → test（試験）

shirushi → token（しるし）

shirushi bata → standard（旗）

shirushi gaku → sign-board（掲示板）

shirushi gatchi → record（記録）

shirushi mīrang → inefficacious（効果、効力ない）

shirushi nérang → inefficacious（効果、効力ない）

shirushi nyítchi → register（記録簿）

shirushinu ang → verify（証明する）

shirushuru kutuba → epithet（あだ名）

shiruzuchi sakĭung → shy（内気な）

shishi → flesh（肉）

shīshi → lions（獅子）

shíshi → meat（肉）

shíshi bulīshi → horror（恐怖）

shishi chu chĭrĭ → collop（薄く切った肉切れ）

shishi dzichinu mī → fleshly（肉欲の）

shishi matchi → shambles（屠殺場、肉売り台）

shishi umuyuru mī → fleshly（肉欲の）

shishi yuku → carnal（肉欲的な、唯物（現世）的）

shishi yuku → carnality（肉欲、現世欲、俗念）

shishi-iri-mé → sausage（ソーセージ）

shishinu íttchóng → fleshy（肉付きのよい）

shíshinu mī ndjiung → granulations（肉芽形成（病））

shishinu shíru → porridge（野菜や肉などの雑炊）

shĭ shó → instructer, instructor（師）

shishŏ → teacher（先生）

shissiru wīsi → death-warrant（死刑執行令状）

shĭ sun-chī → orange nutmeg（（植）にくずくの木）

shitchi mutsi → pledge（質物）

shītĭ → constrainedly（仕方なしに、無理に）

shīti → reluctant（気のすすまない）

shīti → unwilling（気が進まない）

shiti nizĭung → brook ②（我慢する）

shīti nizĭung → fortitude（剛毅・堅忍）

shĭtĭ shi murashung → onanism（オナニー）

shītĭ shung → constrain, constraint（刺激する、束縛する）

shīti shung → oblige（強制する）

shīti shung → violence（暴力（的にする））

shīti shusi → constraint（強制、束縛）

shīti simĭung → urge（どしどし進める）

shiti tudumĭung → detain（引き留める）

shītĭ ūyŭng → expulse（追放する）

shīting → fair weather（晴天）

shīti-shung → compel（強要する、しいてさせる）

shĭtsiyé → deportment（振舞い、行儀）

shitski → punishment（罰）

shitskiung → accustom, accustomed（慣らす、慣れた）

shĭttu → envy（嫉妬）

shĭttu shóng → jealous（妬む、嫉妬する）

shĭung → cognize（認知する）

shīung → compel（強要する、しいてさせる）

shĭung → fore-know（予知する）

shiva → affliction（苦悩）

shiva → chagrin（無念，くやしさ）

shiva → grief（悲しみ）

shiva → sorrow（悲しみ）

shiva → trouble（災難）

shiva gutu → grief（悲しみ）

shiva gutunyi ang → calamitous（災いの多い）

shiva munugataï-shung → plaint（不満）

shivagutu → adversity（不運・災難）

shiva-gutu → anxiety（心配・憂い）

shivanu ang → sorrowful（悲しい）

shívashi → uncomfortable（不安な）

shivashimĭung → harass（悩ます）

shivashimiung → afflict（悩ます）

shivashimiung → embarrass（まごつかせる）

shivashong → anxious（心配な）

shivashta kăgi → rueful（痛ましい）

shivashung → mourn（嘆く）

shiva-shung → regret（惜しむ）

shīvăză → conduct（仕業）

shizé → felony（重罪）

shĭ zé shútŭkŭrŭ → execution-ground（死刑執行場）

shizé shuru ftu → executioner（死刑執行人）

shizénu toga → felony（重罪）

shizika → quiet（静かな）

shizika → silence（静寂）

shízika → still（静寂な）

shizikanyi → softly（そっと）

shizikanyi chichíndayī → hark!（聞け）

shizikanyi nagarïung → glide（滑る如く動く）

shizikanyi vung → retirement（隠退）

-shi, -tu, → with（〜で、〜と）

shkă → buck（鹿）

shka → deer（鹿）

shka → stag（鹿）

shkabani → carcase（死体）

shkabani → corpse（死体）

shkabani iriya → charnel house（納骨堂）

shkabani kabamungshi tamukashung → embalm（香料を詰めて保存する）

shkabani kamutoru kwan → coroner（検死官）

shkabani kúkurunyung → inquest（検死）

shkabani kutsinu lún-gatchi → osteology（骨学）

shḱakïung → broach（切り出す）

shḱakïung → commence（始める）

shḱakïung → engage（従事する）

shkanu kwa → fawn（子鹿）

shkánu tsínushae tskóti shó tskashuru shíru → hartshorn（鹿角精（気付け薬））

shkăta → deed（行為）

shkáti shímïung → reprimand（叱責する）

shkatósang → inaccurate（不確かな、不正確な）

shkayung → hoot（ホーホー野次る）

shkayúng → reprehend（叱る、とがめる）

shké → world（世界）

shḱé yā tŭshŭrŭ ftu → cosmopolite（世界主義者、コスモポリタン）

shkĭn → world（世界）

shkin gutu → worldly（この世の、現世の）

shimutsi gva → tract（小冊子）

shkínnu fūdjinyi átarang → unfashionable（流行していない）

sh'ko → propensity（（うまれつきの）性向）

shkóténg → ready（準備できた）

shḱu → office（職分）

shḱu bŭtsi → eatables（食べ物）

shḱu magéshóng → flatulency（ガスで腹が張った・食傷した）

shku mutchïa → eating house（飲食店）

shkú mŭtsĭ → eatables（食べ物）

shku mutsi → food（食物）

shku mutsi → provisions（食糧）

shkubung → department（部分）

shkubung → duty（義務）

shkubung → office（職分）

shkubung kakatóng → binding（拘束力のある）

shkubung nigayuru ftu → candidate（志願者）

shkubung sazikirashung → install（任命、就任させる）

shkubunyi kéyung → resume（再び始める）

shḱú gú mung → dessert（食後の最後のコース）

shkumé → appointment（任用）

shkumé → duty（義務）

shkumutsi kagínshung → regimen（摂生）

shkumutzi → aliment（滋養物・食物）

sh́-kutsi → skeleton（骸骨）

shó → memory（記憶（力））

shó aru tagŭï → living（生命のある）

shó dé → value（価値）

shó djó → orang otang（オランウータン）

shó gatchi → original（原稿）

shó gótsi → january（一月）

shó kutú → facts（事実・真実）

shó min wī muti nasé → upside（上部）

shó mmarinu kva → legitimate（嫡出）

shó móki daka → net ②（掛値のない、正味）

shó mung aráng → spurious（にせの）

shó neng → forgetful（忘れっぽい）

shó neng mung → oblivious（忘れっぽい）

shó stitóng → light headed（眩暈、ふらふらする）

shó tín chi → microcosm（小世界、小宇宙）

shó tó-nyi ang → equity（公平、正当）

shó ukuné → facts（事実・真実）

shó úshinatóng → insensible（知覚を失った、人事不省の）

shó ushinatóng → lifeless（生気がない）

shó yū → soi（醤油）

shó bé → commerce（商業、交易）

shóbé → trade（商取引）

shóbé shú tukuru → mart（市場、取引場）

shóbé shúru → mercantile（商売の）

shóbŭ → calamus acorus（（植）しょうぶ。その根茎（薬用））

shó ché néng → inanimate（生気、生命ない）

shódjïung → produce（生み出す）

shódjing shuru fi → abstinence（禁欲・節制）

shódjing-shung → fast ②（断食する）

shódjitchi-na mung → frank（率直な）

shódjiung → grow（成長する）

shófu → starch（澱粉）

shófŭnnŭ → really（事実上、本当は）

shó fŭnnŭ → verily（まことに）

shó ga → ginger（しょうが（生姜））

shó gung → commandant（司令官、長官）

shó-mung → genuine（純粋の、本物の）

shón néng → thoughtless（軽率な、思いやりのない）

shónu ang → solid（固まった、中身の充実した）

shōté kamutōru mung → victualler（食糧供給者）

shōté tītsi ang → mess（会食仲間）

shó tī → god（神）

shóyíndji → lake（レーキ顔料）

shó-yú → soy（醤油）

shózuku kéyung → disguise（変装する）

shó + nó → camphor（（植）樟脳）

shṕi → scourge（笞）

shpó → around（周り）

shpó dǎchi māshung → circumjacent（取り巻いている）

shṕónu íkata → quadri lateral（四辺形のもの？）

shpúyung → suck（吸う）

sht wū ī-ch → bohea tea（ボヒー茶）

shta → down（下って）

shta → tongue（舌）

shtá djing → deshabille（普段着）

shta kǐnu shídjitóng → underwood（下ばえ）

shta kwang → subaltern（次官）

shta tātsā → double-tongues（二枚舌の、うそつきの）

shtádǎrǐ → drop（しずく）

tsón tsónya→click（カチッという音）

shtádjǐ → matter（問題）

shtadjinu írigu → materials（素材、材料）

shtagárang → disobey（従わない）

shtagatoru ftu → attendant（付添い人・従者）

shtagayung → obey（従う）

shtagé → obedient（従順な）

shtaku dé → dressingtable（鏡台）

shtákushuru dé → dressingtable（鏡台）

shtákushuru dza → dressingroom（化粧室）

shtana mung → nuisance（厄介物）

shtana mung → sordid（不潔な）

shtanaku nashung → befoul（汚す）

shtanna mung → nasty（ひどく不潔な）

shtashī dushi → crony（親友、旧友）

shtashī mung midaráshung → incest（近親相姦）

shtashimi mussubiung → alliance（同盟）

shtashku → own（自分自身の）

shtashku ang → consanguinity（血族、同族、密接な関係）

shtátamatóng → earnest（まじめな）

shtati kata → makage（？）

sh tchi → history（歴史）

shtchi → wet（湿気）

shtchi bǔtǔng → cushion（座布団）

shtchi djó： → passion（情熱）

shtchi dju → seventy（七十）

shtchi djǔ → watch-house（番小屋）

shtchi djú kará wīnu ftu → septuagenary（70歳代の人）

shtchi fǔtúng → matress（敷き布団）

shtchi írïung → pawn（質入れする）

shtchi mǐnshun → blush（赤面する）

shtchi mung → mat（マット、筵）

shtchi mútsi → mortgage（抵当、質物）

shtchi mutsi gátchi → ticket（札）

funi shtchi mutsi irïung→bottomry（船を抵当に入れる）

shi tórashung → pawn（質入れする）

shtchi mutsishung → impawn（質入れする）

shtchi nǔnǔ → sheet（敷布）

shtchi tutóru ftu → hostage（人質、抵当）

shtchi-dju → barrier（関所）

shtchilínyi → extremely（極端に）

shtchilinyi → fervently（熱烈に）

shtchilínyi vórayung → giggle（くすくす笑う、忍び笑い）

shtchóng → apprehend（捕らえる）

shtchóng → cognize（認知する）

shtchóng → diffusedly（普及して）

shtchóng → understand（理解する）

shtchǔkǔ-nu ukuné → indirect（間接的、遠回しの）

shtóyung → admire（感服・賞賛する）

shtsi → damp（湿めり）

shtsi → season（季節）

shtsi baré → diuretic（利尿剤）

shtsi bata → fen（湿地）

shtsi dji → chastity（純潔、貞節）

shtsi djí neng mung → unchaste（不貞の）

shtsi gakaï → marsh（沼地）

shtsi gé → murder（殺害）

shtsi haziri → unseasonable（季節はずれの）

shtsi irī → terms（期間）

shtsi mamutóng → chaste（貞節ある）

shtsi mamutóng → continent（禁欲の、大陸）

shtsi mamutóng → maidenliness（淑やかさ）

shtsi nunkunyuru kussuï → absorbentia（吸収剤）

shtsi ushinatóru → adulteress（姦婦）

shtsidjinu ang → modest（慎ましい）

shtsigakaï-shóng → humid（湿った）

shtsikakatóng → moist（湿った）

shtsǐnǔ fésang → temperament（気性、気分）

shtsinu ndjiung → exude（にじみ出る）

shtsinyi shínyung → martyr（殉教者）

shtsǐnyǐ shung → moderate（適度の）

shtsi yé → demeanour（行状、品行、性質）

shtski → habit（習慣）

shtya → below（～より下）

shtya → down（下って）

shtya → tongue（舌）

shtya → under（下）

shtya → underneath（下）

shtya chirā → utterance（発話）

shtya dé → substratum（基礎土台）

shtya dé → trestle（橋脚）

shtyá djĭ hákămă → drawers（ズボン下）

shtya dūnu kī → pubes（陰毛）

shtya gámaku → loins（腰部）

shtya kata → abject（卑しい）

shtya katanu umanchu → rabble（下層社会）

shtya shtchi → sheet（敷布）

shtya útu → lingual（舌の）

shtyă-dán → periwinkle（（貝）タマキビ）

shtyádji → deshabille（普段着）

shtyanakaé → below（～より下）

shtyanakae sizidi hachóng → sunk（沈んだ）

shtyankae nkatong → downward（下方へ）

shtyánu za → groundfloor（一階）

shū → papa（パパ）

shú → salt（塩）

shū̇ bing → urine（小便）

shú bŭté → pimple（にきび）

shú butsíng → pimple（にきび）

shū butsíng → pustle（膿疱、吹出物）

shu̇ djíng → lord（主人）

shū dziki → brine（塩水）

shū hatchi → scuppers（排水口）

shŭ̇ ítchinyi nashung → unwavering（動揺しない）

shū k̇ó shuru mung → pilgrim（巡礼）

shu kwan̊ nyi → aristocracy（貴族・上流階級）

shū lu̇̄ → travel（旅する）

shu̇̄ lū gatchi → itinerary（旅程）

shū maráng kāgi → unhandsome（器量のよくない）

shu̇ nying → people（人々）

shū săn → abortion（堕胎）

shū̇ sang → miscarriage（流産）

shu̇ sha → cinnabar（辰砂。赤の絵の具の材料）

shú shku zichi → rakish（みだらな）

shŭ̇ shó nu mămă → unaffected（ありのまま）

shū shtsinyi nditóng → dank（しめっぽい・じめじめした）

shu̇ ti → headmost（先頭）

shu̇ túīnu lúnogatchi → ornithology（鳥類学）

shūbing̊ → piss（小便）

shūbíng cha shīshung → incontinence（自制できない）

shu̇ bing dără dara → diabetes（糖尿病）

shūbing dzī → ureter（尿管）

shūbing dzitsi → bladder（袋状のもの）

shūbĭng gămi → chamber-pot（寝室用便器）

shūbing irīru dzī → ureter（尿管）

shūbing kŭbirí → calculi（結石）

shū̇ bing kúbiri → dysury（排尿障害）

shū̇ bing kubiri → strangury（有痛排尿）

shūbing mitchi → urethra（尿道）

shūbing tūshi → urethra（尿道）

shubing-dzĭtsĭ → chamber-pot（寝室用便器）

shŭbŭ → bet（賭け）

shūbu → emulation（勝負）

shūdjĭ → cheer（ごちそう）

shūdji ïyung → gratulate（祝う）

shūdji unyukiung → gratulate（祝う）

shú̇ djíng → master（主人）

shúdjing bú̇shung → domineer（威張りちらす）

shūdjinu ḃung → congratulatory（祝辞の）

shu-djúṫsi → letters belles（美しい文字？）

shufū-shung → patch（継ぎを当てる）

shúgaï → outfit（道具一式）

shŭ̇găki → anchorage（停泊・投錨地）

shūgushóru mung → defender（守護者）

shūgushŏru mung → protector（保護者）

shūĭng → urge（どしどし進める）

shūĭng kunudóng → convivial（宴好きの、宴会の）

shu-kónu kunyi → principality（君主国）

shūku → criterion（標準、基準）

shūku → evidence（証言、証拠）

shūku → proof（証拠）

shŭkŭ → table（卓、机）

shūkŭ → test（試験）

shūku → testimony（証言）

shūku → warrant（保証書）

shūku → witness（証人）

shūku fichi lundjĭung → discursive（推論する）

shūku fichung → quote（引用する）

shūkŭ gatch → bond（縛る物、約束）

shūkŭ gatchi → bill（証文）

shūkŭ gatchi → certificate（証明書）

shūku gatchi → warrant（保証書）

shūku kúdjó → deposition（宣誓証言）

shūku kutúba → deposition（宣誓証言）

shúku kváshshiung → digest（消化する）

shǔku mutzi → diet（食物）

shūku nati ïyung → depone（宣誓の上証言する）

shuku nūdi → oesophagus（食道）

shūku nyíng → witness（証人）

shuku tatūng → certify（証明する、保証する）

shuku téshong → overcharged（詰めすぎた、高値すぎた）

shukubung → appointment（任用）

shūkunu kutúba → testimony（証言）

shūkushi aravashung → prove（証拠立てる）

shūkushi ïyung → testify（証拠となる）

shūkushi iyung → allege（証言する）

shūkushi tamuchoru ftu → bail（保釈）

shūkushi tsigiru ftu → deponent（宣誓証人）

shǔkushó-shung → flatulency（ガスで腹が張った・食傷した）

shūkushung → prove（証拠立てる）

shūkushung → testify（証拠となる）

shūlūshi → nomads（遊牧民）

shūmi-shung → peep（覗く）

shūmung → bill（証文）

shúmutsi → book（書物）

shumútsi atsimi → library（図書館）

shumutsi gamī → librarian（図書館員、司書）

shumutsi gamī → scribe（筆記者）

shumutsi gva → pamphlet（パンフレット）

shumutsi kamutõru ftu → librarian（図書館員、司書）

shumutsi ya → library（図書館）

shumutsinu djū → preface（序文）

shúmútsinu í satzi → volume（冊、巻）

shún-ch́ku → celery（（植）セロリ）

shung → act, action（行う）

shung → do（する）

shung → make（作る）

shung → perform（行なう）

shúng → undertake（着手する、始める）

shunoyung → take（取る）

shúnshā → enchanter（魔法使い）

shunsha → physiognomist（人相学者）

shūnu shiru → brine（塩水）

shunyíng → nation（国家、国民）

shunyinu atsimai → concourse（集合、群衆）

shǔ-shín shung → weigh anchor（錨を上げる）

shūku gatchi → clearance（出航許可証）

shūrāshí kví → melodious（美しい音の、快い）

shǔrǔ iru → brown（褐色）

shúru kutu nashuru → verb（動詞）

shúsh́kunyi uburitóng → dissipation（遊興）

shūshǔ → bit（小部分）

shūshu → scanty（乏しい）

shūshū → somewhat（少し、幾分か）

shǔshǔ kǔnǔnyǔse → debauchery（放蕩・道楽）

shussi → agency（媒介、周旋）

shūte dógu → culinary utensils（料理道具）

shūté gamí → steward（執事）

shūté yūshuru → house wife（主婦）

shuttatsi → journey（旅行）

shu yín shung → party（パーティ）

shuying → entertainment（宴会）

shuzún → opinion（意見）

shǔzūn ushināshung → defeat（くじく）

shuzunnu sadamiténg → resolution（決意）

shuzǔnnu ukutong → conceive（思いつく、妊娠する）

sī → debt（借金）

sī → rock（岩）

sī → scabbard（刀の鞘）

sí → sheath（さや（鞘））

sí → vinegar（酢）

sī adjivé → sour（酸っぱい）

si bichi → capable（可能な）

sī djing → mercury（水銀）

sī kantóng → owe（負債を負う）

sī kantoru ftu → debtor（借方・債務者）

sī kara nyī ban míng → penultimate（語尾から二番目の）

sī kara san bámmi → antepenultimate（後から三番目の）

sī kunibu → lemon（レモン）

sī kǔyúng → reeling（よろよろする）

sí kva → melon（メロン）

sí kwa → water melon（西瓜）

sī nakae simayung → nestle（気持ちよく横たわる）

sī shin kva → narcissus（水仙の花）

sī shónu tama → crystal（水晶）

sī shǔ → dropsy（水腫症）

sí sí-shung → hiss（シューと言う、音がする）

sī tītsīnǔ tǔǐ → brood（一かえりのひな）

sī tskoyung → nestle（気持ちよく横たわる）

sī za → senior（年上）

si vāsi → december（師走）

síba → lip（唇）

siba ǎchā → blobberlipped（唇が厚ぼったい）

siba ǎchā → labrus

siba buté → blobberlipped（唇が厚ぼったい）

síba búté → labrus

síba kakā → harelip（三つ口唇）

síba útu → labial（唇の）

sí-bi → destitute（貧困な）

síbichí mung → proper（好ましい）

síbikáraku → ought（すべきである）

sibiti → all（全て）

síbiti → utterly（すっかり、完全に）

sibiti fukudong → comprehensive（包括的、わかりよい）

síbiti sunetõru dóli shidjīnǔ kukuru du yaru
　　→ entirely（完全に）

sídaï → venetian（ブラインド）

sidamashuru kussuï → refrigerant（解熱剤）

sídamiung → shadowy, shady（陰の多い）

sidashang → chilly（うすら寒い、冷え冷えした）

sidashang → cool（涼しい、冷たい）

sidashang → frigid（ひどく寒い）

sidashimǐung → fritting（孵化させる）

sidashku ang → cool（涼しい、冷たい）

sidi gúru → exuviae（抜け殻）

sidinyi → already（既に）

sidjé õsang → impassable（通れない、切り抜けられない）

sǐdjǐ → artery（動脈）

sídji → line（線）

sidji → nerve（神経）

sídji → pine（松）

sidji → sinew（（筋肉と骨をつなぐ）腱）

sídji → tendon（腱。筋肉を骨格に結びつける繊維状の組織）

sídji sáti → elapsed（経つ、過ぎ去る）

sidjǐǔng → pass ②（過ぎる）

sī-djing → quicksilver（水銀）

sidjinu chõsang → nervous（神経の）

sidjitaru → past（過ぎた）

sidjité narang → impassable（通れない、切り抜けられない）

sídjiti kanashashung → dote（溺愛する）

sidjitong → beyond（～の向こうに）

sídjitóng → over（上、越えて）

sīdo → aqueduct（水道）

sīdó → channel（水路）

sīdó → conduit（水道）

sidong → cloudless（晴れ渡った）

sidóng → pellucid（透明の）

sǐgǎtǎ → appearance（出現）

sígata → figure（姿・体格）

sigata → form（形状・姿）

sígata → gait（歩きぶり、足取り）

sigata → shape（形）

sígata aratanyung → disguise（変装する）

-siga, → although（～だけれども）

-siga, yandung, → though（～だけれども）

sǐgǔ → artless（無技巧の、純真無邪気な）

sigu → bare（からの、裸の）

sǐgǔ → gratis, gratuitous（無料で、ただで）

sígu → knife（ナイフ）

sígu → unornamented（飾りのない）

sígu tītsi → unit（単位、一個）

síguku → endwise（端を上に向ける）

sigún gáni → iron-wire（鉄線）

sǐgung-kwang → naval（海軍士官）

sigusang → artless（無技巧の、純真無邪気な）

sígusang → disinterested（私欲のない）

sígu-sang → simple（単純な）

sígushī-mung → frank（率直な）

    fuyúng→notch（～に刻み目をつける）

simaï bichí → habitable（住める）

simaï tukuru utsīung → migrate（移住する）

simang → disallow（許さない）

simaráng → uninhabitable（住めない）

simashung → accomplish（達成する）

simatoru ftu → inhabitants（住人、居住者）

simayé naráng → uninhabitable（住めない）

simayung → abide（住む）

simayung → dwell（住む）

simayung → inhabit（住む．居住する）

símayung → lodge（滞在する、下宿する）

simayung → reside（住む）

simedju → abiding place（住み所）

simédju → abode（住所）

simédju → domicil（住所）

simé-dju → dwelling-house（住宅）

simédju → lodging（宿、宿泊所）

simédju → residence（居住所）

siméya → home（家庭、家）

sīmi → dipper（（水などに）浸す人・物）

sími → ink（インク）

sími → learning（学問、学ぶこと）

sími → nook（隅）

simi chu → literary（字義通りに）

simi iru → bi stre（濃い褐色）

simi katchi dógu → writing materials（筆記用具）

simi narayā → undergraduate（学部学生）

simi naré mūnǔ vaza → academic（学究的）

simi naré dushi → fellow student（学友）

simi naré za → study（書斎）

simi nareru ftu → student（学生）

sími shirí → learned（学問ある）

sími unadjūnyi ang → equiangular（等角の）

simi yunyung → study（勉強する）

simǐ yumi tukuru → study（書斎）

símǐǔng → pellucid（透明の）

simíng shiráng → unlearned（無学の）

simirashung → purify（清める）

sīmǐshī → cornerstone（すみ石）

simishirang → illiterate（文盲の）

sīmishung → dive（潜る）

simitóng → limpid（水など澄んだ、透明な）

simiyaka → fleet（すみやかな）

simiyaka → quick（速い）

simiyaka → speedy（迅速な）

simiyakanyi → prompt（即座の）

simiyakanyi shéng → hastily（急いで）

simpigéshi nachéru naka sidji → diagonal（対角的な）

sī-mǔmǔ → almond（アーモンド（杏仁））

sin shakunu 'hó → mensuration（計測、求積法）

sína → sand（砂）

sina fishi → quicksand（流砂）

sina físhi → sandbank（砂州）

sína murashuru tuchǐ → hourglass（砂時計）

sína tuchí → hourglass（砂時計）

sina-gva → sand（砂）

sinavatchi → forthwith（直ちに）	**sisinyung** → persuade（説得する、勧めて～させる）
sinavatchi kuri → id est（即ち）	**sisĭung** → drink（飲む）
sinavatchi kuri → namely（即ち）	**sīssaru gutóng** → acetous（酸味がある）
sindĭung → slide off（滑る）	**sítatóng** → humid（湿った）
sínditi tóri táng → slip（滑る）	**sītchéshung** → jostle（押し合いする）
sinditi urĭúng → slide off（滑る）	**sītchung** → jostle（押し合いする）
sing → province（地方）	ayamatchi udjinõyung→super-erogation（熱烈、義務以上に励むこと）
síní → leg（脚）	
sīnu fítchi tsídji → penultimate（語尾から二番目の）	**sītĭ** → and（そして）
sīnu tsimutóng → owe（負債を負う）	**sīti katchési** → postscript（添え書き）
sinyuru shaku → enough（十分な）	**sítĭ kumaku nashung** → comminute（細かに砕く、細分する）
siri fikárashung → burnish（みがく）	
siri kudji → rolling pin（のし棒）	**sītĭ kvīŭng** → accession（取得・相続）
siri kunshung → besmear（付けて汚す）	**sītĭ tskiyuru 'ho** → bylaw（内規）
siri nŭyūng → daub（塗り付ける）	**sītóng** → mouldy（黴びた）
siri utushung → blot out（ぼんやりさせる）	**sitsishimáng** → inconsiderate（思いやりない、無分別、軽率）
siri utushung → efface（消す、削除する）	
síri utushung → obliterate（消す、取り除く）	**sĭŭng** → accession（取得・相続）
sirĭung → wither（枯れる、萎れる）	**síung** → grind（擦り砕く、きしらせる）
sirimáchi dámakashung → embezzle（使い込む）	**siúng** → rub（こする）
sirimáshung → embezzle（使い込む）	**sĭŭng** → scour（擦り磨く）
síriti utĭung → droop（垂れる）	**síung** → smear（塗りたくる）
sirĭung → fade（萎む）	**sīung** → stale（（酒など）気を抜けさす）
sīsang → acid（酸っぱい）	**sīung** → supplement（追加、補遺）
sīsang → sour（酸っぱい）	**sĭŭrŭ 'ho** → bylaw（内規）
sī-shó → crystal（水晶）	**sĭŭsĭ** → addition（加えること）
sī-shó → quartz（石英）	**sīyun** → add（加える）
sīshónu tama → chrystal（水晶）	**sīyung** → increase（増加、増大させる）
sīshu fikáshuruhaï → troca（外科医用の套管針）	**sīza** → brother（兄弟）
sīsi → soot, -y（ばい煙）	**sīza** → elder（年上）
sĭsi iru → bi stre（濃い褐色）	**sīza** → firstling（初子）
sísĭung → inhale（吸い込む）	**sīza yumi** → sister-in-law（義理の姉妹）
sisĭung → sip（啜る）	**sizi** → tin（すず（錫））
sisikāshi → prate（ぺちゃくちゃしゃべる）	**sizi** → zink（亜鉛、トタン）
sisikāshung → instigate（煽動する、駆る）	**sizi dógu achiné** → tinman（錫細工人）
sisimashung → stimulate（励ます）	**sizi šeku** → pewterer（しろめ製器物の製造人）
sísimi agĭung → introduce（紹介する）	**sizidóng** → submerged（水浸しの）
sisimi hadjimashung → encourage（勇気づける）	**sízimi** → sparrow（雀）
sisimi tumĭung → dissuade（思いとどまらせる）	**sízimi shinyung** → drown（おぼれる）
sisimiru kutuba → advice（勧告・助言）	**sizimi uburitóng** → sink（沈む）
sisimīse → advice（勧告・助言）	**sizinyung** → immerse（浸す、沈める）
sisimiti issamĭung → warn, -ing（警告する）	**sizinyung** → sink（沈む）
sísimíti iyūng → exhort（熱心に説く、勧告する）	**sizirakashung** → sear（表面を焼く、焦がす）
vagó shímĭung→mediate（仲裁、調停する）	**sizīrashung** → scald（火傷させる）
sisimiti shimitaga → adviser（勧告者）	**siziri baku** → writing desk（書き物用机）
sisimĭung → admonish（勧告する）	**siziriung** → scald（火傷させる）
sisimĭung → counsel（勧める、助言する）	**ska mung** → pusillanimous（臆病な）
sísimĭung → exhort（熱心に説く、勧告する）	**skabaninu kutsi** → skeleton（骸骨）
sísimu → enter（入る）	**skachiy damakashung** → cajole（甘言でだます）
sisinyung → advise（勧告する）	**skakó néng** → dauntless（豪胆な）

skaku nashung → discourage（落胆させる）

skamashung → discourage（落胆させる）

skang → antipathy（反感）

skang mung → loathsome（憎らしい、嫌）

skashung → dandle（揺すってあやす）

skashung → decoy（誘惑する）

skashungl → cajole（甘言でだます）

skayúng → encase（包む）

skí yăkŭ → assistant（助手）

śku natóng → lowermost（最低、どん底の）

śku nérang → bottomless（底なしの）

skuï nugayung → rescue（救助する）

skuï tskunuyung → ransom（（代償を払って）受け戻す）

skŭïshŭng → coronation（戴冠（即位）式）

skunaï géshung → malignant（有害な、悪性の）

skunāng → impunity（免罪、無事、免れる事）

skunaráng múng → harmless（害のない）

skunaté nérang → unhurt（けがのない）

śkunayung → bruise（傷つける）

skunayung → impair（損なう）

skúnayung → injure（傷、損じる）

skunó kutu → detriment（損害）

　　dzianda→cerebellum（小脳）

skuti kackwïung → shelter（避難する）

skutsi → cruel（残酷な、無慈悲な、悲惨な）

skutsi → gruff（粗野な、荒い）

skutsina → ruffian（無法者）

skutsina mung → outrageous（正義に反する、法外な）

skutsina mung → rude, -ly（無礼、野蛮）

skútsina mung → uncouth（無礼粗野）

skutsina múng → unmannerly（無作法な）

skūyung → deliver（救出する）

skuyúng → save（救う）

skuyuru ftu → deliverer（救助者）

skuyuru nūshi → deliverer（救助者）

⁺so → features（顔の造作・目鼻だち）

só → physiognomy（人相、顔つき）

só → spar（マスト用の強靭な円材）

so → surely（確かに）

　　yassimití sódanshung→underrate（過少評価する）

só bé → trade（商取引）

só gatchi → contraction（短縮形）

⁺só kvïuru shirubi → cipher（零）

só mavarinu djódji → perimetre（周囲（計測器））

⁺só nyūru ftu → physiognomist（人相学者）

⁺só shu → litigious（訴訟好きな）

sõ tïtsi → sago（サゴヤシ）

soba → side（側）

soba ï shung → allude（遠回しに言及する）

sŏba ï → insinuate（遠回しに言う）

soba kara nyūru → by stander（傍観者）

soba kara nyūru ftu → spectator（見物人）

soba nagi yinu gutu ang → equilateral（等辺の）

sŏba núchi shuru kutūba → insinuation（遠回しに言うこと、当てこすり）

soba nutchishung → allude（遠回しに言及する）

soba utchishung → luff（船首を更に風上に向ける）

soba ziké → valet（従者、側用人）

soba ziké vorabi → footboy（（制服着用の）ボーイさん）

sobanu chū → spectator（見物人）

sobanu mung → lateral（横、側面の）

sóbanyi → beside（〜の側に）

sódang → arrangement（協定・配列）

sódang → colloquy（対話）

sodang → contract（契約、約束、形成する、身につける）

sodang gatchi → compact（契約）

sódang tatïung → negociate（交渉して決める）

sódang tatïung → concert（協定する、申し合わせる）

sodangshung → consult（相談する、調べる）

sódang-shung → discourse（談論する）

sódanshi bichí kutú néng → whereof（何の）

sódanshi tuchung → expound（明細に説く）

sódanu tudjimai kutché nūga → upshot（結果）

sodatïung → foster（養い育てる）

sodatiung → support（養う）

sóki → fan ②（（穀類を唐みで）吹き分けること）

sóki buni → rib（肋骨）

sómina → finch（（鳥）目白）

sóming → vermicell（素麺）

　　fukúttushóng→sulky, sullen（むっつり）

sorumikashinu utu → crash（（衝突など）すさまじい音）

sórumikăshŭrŭ ŭtu → crash（（衝突など）すさまじい音）

sósó nagarïng → gurgle（水がドクドク流れる）

sósó-shung → purling（さらさら流れる（音））

sõté → whole（すべて）

sóte kun ubayung → ransack（略奪する）

sõté taritóng → quite（完全に）

sóté yukushong → almighty（萬能の）

　　yasū shtagayuru kunyi→christendom（キリスト教の世界）

sŏtíts → pine-apple（パイナップル）

sóvū → consistently（一貫して、堅実に）

⁺sóvu shung → correspond（相応する、調和する）

sóvū sang → unsuitable（不適当な）

sóvushimīung → adapt（適応・適合させる）

sóvūshóng → fit（適った・相応しい）

sóvúshung → deserve（〜に値する）

⁺sówūshta ftu → varied（多様な）

starachi nagiung → discard（放棄する）

starashung → abrogate（（法などを）廃棄する）

stárashung → supersede（破棄する）

stári kabi → waste-paper（反故紙）	**sūnéyung** → prepare（備える）
starī mung → worthless（無価値な）	**sū-avashi** → amount（総計・総数）
starī mŭnŭ → bootless（無益な）	**súbbuku** → sapan wood（（植）スオウの木）
stari-tõru ʻhó → obsolete（廃れた）	**subitchung** → drag（引きずる）
stchi → harrow（まぐわ）	**súckkvéchong** → nonplussed（途方に暮れさせる）
stchi → liking（好み、好き）	**suckvéchong** → embarrassed（当惑する）
stchi → plough（鋤）	**súckvī** → paste（糊）
stchi mā né mutumïung → importune, importunate（せがむ、しつこい）	**suckwīnu tsī ukuritóng** → unpasted（糊が剥がれた）
stchi tūti akagayung → diaphanous（透明な）	**sŭdĭ** → sleeve（袖）
śtchima → vacancy（空虚、あき）	**sudi kazaï** → facings（縫い取り）
stchinu ato sidji → furrow（鋤でできた溝、畝）	**sudi kubi** → wrist-hand（シャツの袖口）
stchong → captivated（魅惑する、悩殺する）	**sūdji vūti átchung** → turning（曲がり目）
stchung → fond（〜を好んで）	**sŭdjĭtsi** → days（数日）
stchung → like ②（好き、好む）	**sū-gami** → general-inspector（総監督官）
stchung → relish（おいしく食べる）	**sū-gó** → outline（輪郭、外形）
sti → chafe（こする）	**súguri mung** → hero（英雄）
chirīnyi nashung→cleanse（洗浄する、洗い清める）	**suguri mung** → talented（才能ある）
sti utchung → dereliction（放棄）	**suguritóng** → prevail（まさる）
stïung → reject（拒絶する）	**suguritósi** → intelligence（知力、聡明、利発）
stigara-shuru mung → lumber（がらくた、古道具）	**suguritósi** → wisdom（英知）
sti-gú → foundling（捨て子）	**sūï** → dupplicate（副の）
stiráttõru mung → outcast（見捨てられた人）	**suï** → excise（物品税）
stiru → forsake（見捨てる）	**⁺súi** → finance（歳入・収入）
stiti hómurang ftu → unburied（埋葬されない）	**⁺sūï** → impost（税）
stŭ̆ung; → abandon（捨てる、遺棄する）	**⁺suï** → taxes（税）
śtu → out（外）	**sūï agïá** → syphon（サイフォン、吸い上げ管）
stu michinu mung → unbeliever（不信心者）	**sūï agiru dõgu** → syphon（サイフォン、吸い上げ管）
śtu mutchi → superficial（外見上の、皮相な）	**sū-kazi** → aggregate（総計）
śtu úya → father in law（舅）	**sū-kăzĭ** → amount（総計・総数）
sū achiné → wholesale（卸売り）	**súkkuku** → immediately（即刻）
sŭ djú bé → manifold（種々多様、倍）	**sŭkkvi nŭyūng** → clam（かすがい）
taka ūïshung→monopolize（独占、専売する）	**sukŭ** → bottom（底）
sū góïshung → monopolize（独占、専売する）	**súku** → faggot（柴の束）
sū gŭkuïshi → collectively（ひとまとめにして）	**sŭkŭ** → under（下）
sū kachāshi-shéru mung → mass（集合体、全体）	**súkuku** → instantly（即座に、すぐに）
sū kazi → total（総計）	**sŭkuné** → harm（害）
sú kukuï → sum（総計）	**súkunyi** → immediately（即刻）
sŭ mǎvărĭ → circumference（円周）	**sūmi** → intelligent（聡明な、通じた）
sū ming → acumen（明敏・炯眼）	**sūmī** → wise（賢い）
⁺sū ming → clever（賢い）	**sūmī būïshung** → wiseacre（賢者ぶる人）
sū muni → import（意味、趣旨）	**súmïung** → imbue, imbrue（染める、染み込ませる）
sū nyíndjŭ → population（人口）	**sumïung** → permeate（浸透する、しみ込む）
sú sánkata → sum（総計）	**sumïā** → dyer（染物師）
sū shimī-shung → total（総計）	**sumi-mung zéku** → dier（染色師）
sū tsibu → area（地面）	**sumīru zeku** → dyer（染物師）
sū yaburitong → totally（全く、すべて）	**sumïung** → die ②（染める）
sū yinsó → contour（輪郭、外形）	**sumïung** → dye（染める）
süné → train（行列）	**sumuchúng** → infringe（侵害する）
süné yaku → train（行列）	**sumútcha mung** → seditious（煽動的）
	sumutchung → revolt（背く）

sumutchuru kutu → outrage （無礼、非道な行為、法に背く）

sumúttu → utterly （すっかり、完全に）

sumúttu ukigumáng → unyielding （不従順な）

súnchung → draw （引っ張る）

súnchung → pull （引く）

súndji → injury （害、損害、損傷）

sundji yaboyung → deface （外見を損じる）

sundji yabuyung → damage （損じる）

súndjĭŭng → injure （傷、損じる）

sundjĭung → bruise （傷つける）

sundjĭung → damage （損じる）

sune nyindju → retinue （随行団）

suné yū tutuniténg → good order （整然）

sunéti matsĭŭng → immolate （生贄にする）

sunéti ushagĭung → dedicate （奉納する）

suneyung → furnish （あてがう）

súnéyung → premise （前提とする、仮定する）

sunkudóng → saturate （飽和する、染み込む）

sunkunyung → impregnate （染み込む）

sunnayóndi imashimĭung → dissuade（思いとどまらせる）

sunŭ băng → abacus （算盤）

sunu fushashu tukuru kanāshung → gratify （満足、喜ばす）

　　massashī →miraculous （奇跡的な）

súnu wī → whereupon （その上）

súnubará → scolopardra （大百足）

sura → sky （空）

sūra ubishoru ftu → botanist （植物学者）

sura umuĭ → figment （空想・幻想）

sura umūĭ → vain （むなしい）

sura umūĭ-shóng → fancy （空想する）

suraku → neglect （無視する）

suranu gutong → aerial （大気の・空中の）

surī → meeting （集まり、集会）

sŭrí → union （結合、連合）

suri yúĭ → thereupon （その上）

surŭ sŭrū → coarse （粗大な）

suru suru shōru īunu ká → shagreen （サメ皮）

　　nyindjunu kashira→chairman （議長）

súruĭtu → underhand （密かに）

suruĭtu chichúng → overhear （ふと耳にする、盗み聞く）

suruĭtu íchi ibunyi → said （言った）

suruĭtu kukurirashung → jog （揺する）

suruĭtu saguyung → spy （覗く、窺う）

suruĭtu → stealthily （こっそりと）

suruĭtu chíchuru mung → eaves dropper （盗み聞きする人）

suruĭtu fushidjung → contravene （反対する、違反する、矛盾する）

suruitu ussuĭng → compromise （妥協する、示談する）

surutu → clandestine （秘密の、内密の）

sŭrŭyŭng → assemble （集合する）

súruyung → rendez-vous to （集合する）

sushi munuĭshung → satirize （風刺、皮肉る）

sushi yabuyung → supplant （地位を奪う、取って代わる）

sushĭung → revile （罵る）

sushĭung → slander （中傷する）

súshĭung → vilify （謗る）

súshiri azamuchung → flout （嘲る）

sushiruftu → slanderer （中傷者）

sushitaĭ → defamation （中傷・悪口）

sushĭung → asperse （中傷する）

sushĭung → calumniate （そしる）

sushĭuru kutuba → calumny （中傷）

sushshĭung → defame （中傷する・謗る）

sushti útushung → supplant （地位を奪う、取って代わる）

sŭssŭĭ → clout （つぎ、布切れ）

sŭsŭ → skirt （端、裾）

súsŭĭ → duster （雑巾）

susuti chirinyi nashung → absterge （拭き清める）

susuti fikarashung → brighten （光らす）

súsuyung → wipe （拭く）

sūti achung → flank （側面に並ぶ）

sūtĭ achung → along （〜に沿って）

sūti atchung → border ② （境する）

suttătsĭshŭrŭ ftu → caravan （隊商、キャラバン）

súttung kavaráng → precisely （正確に）

suttung súckwésang → embarrassment （当惑）

súttung vazirényi kakatoru kutu néng → embarrassment （当惑）

suttung yafarakang → rigorous （厳格、厳重）

sútunu katachi → contour （輪郭、外形）

sū-yătchĭshŭrŭ matziri → burnt offering （焼いて神に捧げるいけにえ）

sūyó → all （全て）

sūyo → altogether （全部で）

sūyó → entire （完全な）

sūyung → border ② （境する）

sūyung → flank （側面に並ぶ）

sūyung → imbibe （飲み干す、吸い込む）

sūyung → inhale （吸い込む）

suyúng → shave （剃る）

sūyung → sip （啜る）

sū-yŭrŭshi shung → amnesty （大赦）

T

tā íŭ → perch （（魚）スズキ科の淡水魚）

tā káĭ nūshi → farmer （農夫・賃貸者）

tā káĭ nūshi → land holder （土地保有者）

utsiri bitu→naturalized（市民権を得た）

kūdjó shtchōru ftu→linguist（言語学者）

tă kŭtŭ → ambiguous（曖昧な）

tá mya → lymnae

tā nakae aru yáduï → farm（農地）

ta nakae mízzi kumïung → irrigate（灌漑する）

tā nizimi → mole（モグラ）

⁺ta nū na ftu → varied（多様な）

tā nūshi → landlord（地主、家主）

tă nyíndjŭ → mob（群衆）

⁺tá shu → otherwhere（他の場所）

tā tagayashung → cultivate（耕作する）

tā tumetátchŭgă → whom（誰を）

tá utchā → husbandman（農夫）

tā yaraváng → whosoever（誰でも）

tábăcŏ → tobaco（タバコ）

tábaco chu fuchi → puff（ぷっと吹くこと）

tabaï → bunch（房、束）

tabaï → bundle（束、包）

tabarattósi → captivity（捕らわれ（の身、状態））

tabateng → bound（縛られた）

tabayung → bind（束ねる）

tābi → sock（ソックス）

tābi → stocking（ストッキング）

tabi dógu → baggage（小荷物）

tabi dógu → luggage（旅行カバン類）

tabi isho dzitsíng → portmanteau（旅行カバン）

tábi nyí mutsi → luggage（旅行カバン類）

tábi yā → inn（宿屋）

tābinu kúndjuru wū → garter（靴下留め）

tābinu wū → garter（靴下留め）

tabi-yá → hotel（ホテル）

táchi → mushroom（茸）

tachi téshung → excommunicate（破門する）

táchidji → fuel（燃料）

⁺táchĭnă mung → irritable（短気な、激し易い）

tachishchī → ferocious（凶暴・残忍な）

tachishi dúku → virulent（致命的）

táchishī ichimushi → wild（野生の）

tachishī mung → brutal（獣の。残酷な。）

tachishk → ferocious（凶暴・残忍な）

tădă → but（しかし）

táda → only（ただ、ばかり）

tada → sheer（純然たる）

tada menkae sisimé → onward（前進）

tadachési → errata（正誤表）

tádachi mmarinu kva → legitimate（嫡出）

tadari k̈assa → phagedena（侵食性潰瘍）

tádari únchu → ichor（膿汁）

tadariton → putrid（腐った）

tadasaru → correct（正しい、正確な、当をえた、矯正する）

tadashchinkae kéyung → amend（修正・訂正する）

tadashchinyi néng → immoral（不道徳、ふしだら）

tadashi michinkae ĩ̆sĭ → conversion（改宗、帰依）

tadashi tukurunkae → cite（召喚する）

tadashi ushīnu tūï → orthodox（正統の）

tadashi vakashung → discriminate（弁別する）

tádashkaráng → incorrect（不正確な）

tádashkaráng → indecorous（不作法、粗野、下品）

tadashkarang kutu → debauchery（放蕩・道楽）

tadashku nashung → rectify（修正する）

tadashku néng → awry（曲がった・間違った）

tádashku neng → incorrect（不正確な）

tadashku túnayung → enunciate（宣告する）

tadashū nyi shung → regulate（統制する）

tadashūnyi ang → equitable（公平な、正当な）

tadashūnyi neng → immoral（不道徳、ふしだら）

tadashuru sádami → verdict（表決、裁断）

tadïung → poultice（湿布剤を当てる）

tafá → pagoda（仏塔）

tafa → tower（塔）

tafa itarachinu kabuï → dome（丸屋根）

tafafuri winagó → courtesan（高級売春婦）

tafanu togáï → pinnacle（小尖塔）

tāga tariga → who（誰）

tăgāng → accurate（正確な）

tā-ganyi → crab（蟹、不平を言う）

tágayáshung → till（耕す）

tagayasi bĭchī → arable（耕作に適した）

tagayung → stray（迷う）

tagé nerang → accurate（正確な）

tagényi → mutual（相互の）

tagényi → together（一緒に）

tagēnyi aï vabuku natong → concord（一致、和合）

tagenyi attayung → accord（一致する）

tagényi fushidjung → opposing（相対立する）

tagenyi gattinsang → dissent（意見を異にする）

tagenyi nyikunyung → repulsion（撃退）

tagényi nyítchóng → likeness（類似）

tagenyi óyung → conflict（争う、衝突する）

tagényi óyung → intersect（交差する）

chkaku nayung→converge（互いに近寄る（平行線でない線など））

tagényi s̈́ung → friction（摩擦）

tagényi tstchung → clash（ぶっつかる）

tagényi tuïyéshi → reciprocal（相互の）

tagenyi ushāshung → interlock（組み、重ね、抱き合う）

tagenyi úttchétong → opposing（相対立する）

tagényi vakayung → diverge（分岐する）

tagenyi yésǎtsishung → greet（挨拶する）

tagényi yī gú nayúng → symmetry（左右対象）

tagenyi yutashang → befit（似合う）

tagúï → class（類）

taguï kuruma → pully（滑車）

taï hana → catkins（(植)（やなぎなどの）尾状花）

taï lónu ftu → complacent（自己満足した、愛想のよい）

taï → moss（苔）

taï arasõyung → wrangle（口論、論争する）

taï bata → pendant（たれ飾り）

taï faku → venus（金星）

taï íshi → stalactites（鍾乳石）

taï shin → magnate（大物、大人）

taï tanká datchishóng → tete a tete（差向いの）

taï tatõru → tamaria（柳）

taï-bó → goshawk（オオタカ（鳥））

taïma néng → incessant（絶え間ない、ひっきりなしの）

taïraka → repose（平穏）

taïung → pendent（垂れ下がった）

taïyuti → near（近い）

taï chichi → felicity（至福）

tairaka → quiet（静かな）

tairaka → still（静寂な）

taï wan → formosa（台湾）

táka → falcon（鷹）

táka → hawk（鷹）

taka → high（高い）

taka → violently（暴力的に）

taka dán → terrace（段、台地）

taka gví → loud（声が大きい）

taka maru mung → cylinder（円筒）

tarugaki-shóng → aspire（(偉大なるものを) 切望する・大志を抱く）

taka tubishung → soar（飛翔する）

takabi ugutchóng → immodest（無遠慮、下品）

tákabúyung → swagger（ふんぞり返って歩く）

tákachi myūnyi ang → sublime（崇高な）

tákadu → window（窓）

takǎku dāndjïung → declaim（朗読・熱弁する）

takāku tubïung → soar（飛翔する）

takáng dū → vitriol（硫酸、礬類）

takáng gani → ore（鉱石）

takara → commodity（日用品、商品）

takara → dear（高価な）

takara → goods（品）

tākara → merchandize（商品）

tákara → precious（貴重な）

tákara → treasure（宝物）

tákara dáma → jewel（宝石）

takara dama achiné → jeweller（宝石商）

takara gūï → ttreasury（金庫）

takara irīru kúra → go-down（（インド及び東部アジアで）倉庫）

tákara mung → valuable（貴重な）

takara tama → gem（宝石）

takara → depot（貯蔵所）

takaranu kazaï tama → trinket（小装身具）

takaritóng → spiny（刺だらけ）

takasashi úffisang → lofty（聳え立つ）

takassa kangetóng → ambitious（大志・野心ある）

takassa kunumi → ambition（大志・野心）

tákassang → tall（高い）

takassaru kabūï → cupola（小丸屋根、半球天井）

takassaru yósi → grand!（壮大、荘厳、見事な）

také kukuruzashi → ambition（大志・野心）

táki → height（高さ）

táki kǎmi → mane（たてがみ）

taki tskiti → extremely（極端に）

táki tskíti chibayung → exert（（力を）用いる）

taki tskiti íkayung → enrage（懲らす）

taki tskiti vorayung → giggle（くすくす笑う、忍び笑い）

táki tskiung → exert（（力を）用いる）

táku → kite（凧）

takubi sīgǔ → clasp knife（大型の折り畳みナイフ）

takubïung → fold（折り畳む）

takudi maduvashung → delude（惑わす）

tákudi nugayung → elude（逃れる、回避する）

tákuku nuzudóng → outbound（外国へ向かう）

takuma kavatoru mung → sharper（詐欺師）

takumanu chūsaru mung → sharper（詐欺師）

takumanu neng → brainless（頭のない）

takumashī tǐ → adroit（巧みな）

takumi → shrewd, -ness（狡い、狡猾な）

takumi → skill（巧み）

takumi → wisdom（英知）

takumi fumbitsi shirang → imprudent（無謀、無分別、軽率な）

takumina mung → skilled（巧みな）

takuminu ang → ingenious（工夫に富む、発明の才ある）

takuminu chūsang → sagacious（賢明な）

takuminu kangé ndjashung → ingenious（工夫に富む、発明の才ある）

takuminu kūdjó → insinuation（遠回しに言うこと、当てこすり）

takuminu vaza → feat（妙技・離れ業）

takuminyi → artificial（人工の）

takurubïung → contrast（対比（対照）する、差異）

takussanyi ang → abound（富む）

takussanyi ang → much（多量の）

takuvé → accumulation（蓄積）

takuvé → collection（集合、集金）

takuvé buni → store-ship（食料船）

takuvéyung → hoard（貯蔵、秘蔵する）

tăm mung → cloth（布）

tama → bead（ガラス玉）

tămă → bullet（弾丸）

táma → emery（金剛砂）

táma → glass（ガラス）

táma → magnifier（拡大鏡）

táma → testicles（こうがん）

tama gva → pellet（小球）

táma mígatchi zéku → lapidary（宝石細工人）

tama saka zíchi → tumbler ②（平底の大コップ）

tama tama → accident, accidently（偶然、偶然に）

tama tutéru mma → gelding（去勢された動物）

tama zéku → burnisher（みがくもの）

támago → egg（卵）

tamago ussuyung → hatch（孵化させる）

tamaï mizzi → pond（池）

tamaï mung → pension（恩給）

tamaï yassa → pliable（曲げやすい）

tamaï yássang → limber（曲がり易い、柔軟な）
fìchayuru ké→mother of pearl（真珠貝）

tamanu túyuru mitchinu utchi → gunshot（射撃）

támaráng → inflexible（曲がらない、頑固、不動）

támashi → manes（特定の死者の霊）

támashi → soul（魂）

tamashi mayuvashuru gutong kāgi → fascinating（うっとりさせるような）

tamashinu irang → brainless（頭のない）

tamatong → crooked（曲がった、ゆがんだ）

tamatoru numi → gouge（丸いのみ（鑿））

tamatoru yaï → cimeter（三日月刃）

tamatósi → bent（曲がっている）

tamayung → bend（たわむ）

tamayung → confer（授与する）

tăm bi-shung → exclaim（叫ぶ）

tami → people（人々）

tami → privilege（特典）

tami → sake（為）

tami → that（～するために）

tami furubacheru kunyi → dispeopled（住民を絶やした）

tami haku shó → rabble（下層社会）

tami nóshung → unbend（（曲がったものを）まっすぐする）

tami nyidji sarashung → depopulate（住民を絶やす、人口を減らす）

tami sakanyi ang → populous（人口の多い）

tamïung → stunt（ちぢこませる）

tamié naráng → unbending（曲がらない）

tamíng naráng → unbending（曲がらない）

taminyi → because（何故ならば）

taminyi → behalf（為に）

taminyi → sake（為）

taminyi → that（～するために）

tamishishuru wūki → firkin（小桶、英国の容量単位）

támishuru ufu saki vūki → hogshed（大樽、大桶）

tamitai magitai → bendable（曲げられる）

tammé → grandfather（祖父）

támmizzi → sauce（ソース）

tamuchi kakubiung → defend（防御する）

tamuchósi → duration（持続）

tamuchung → conserve（保存する、維持する）

tamuchung → last ③（保つ、続く）

tamuchung → sustain（維持する）

tamuchuru kutu → duration（持続）

tamúng → fire wood（薪）

tămúng → fuel（燃料）

ta múnga → whose（誰の）

tamúng mázimi → stake（杭、碟柱）

tamung vayuru yūtchi → cleaver（斧）

tán ná → rein（手綱）

tan shó → consumption（消費、消耗、肺病）

tán śku shung → sigh（ため息をつく）

tan yamé → consumption（消費、消耗、肺病）

tana → shelf（棚）

tan china → passionate（怒りやすい）

tănchĭnă ftu → choleric（おこりっぽい）

tandjüung → bemoan（悲しむ）

tándjüung → ejaculate（絶叫する）

tang → charcoal（炭、木炭）

tang → coal（炭）

táng → mucuss（粘液）

tang → phlegm（痰）

táng → slime（粘液）

tăng chūse → whoever（誰でも）

táng hachung → expectorate（（たん、血を）吐き出す）

tang ŭyă → collier（炭坑夫）

tángvá → twin, -s（双子）

tani → penis（男根）

tani → seed（種子）

tánkā mundó → duel（決闘）

tanka nachi kunabüung → contrast（対比（対照）する、差異）

tánká natóng → opposite（向かい合った、反対の）

tánkā tataké → duel（決闘）

tánni fíchí → inquiry（聴くこと、尋問）

tánnu gutóng → mucous, mucilaginous（粘液状の、粘液の）

-tantémang; → although（～だけれども）

tānu ábushi → fieldpaths（野の小道）

tānu aritóng → fallow（休耕地）

tănŭ kūsăng → coward（臆病者、腰ぬけ）

tānu saké → land mark（土地の標）

tanudi torashung → deposit（預ける、供託する）

tanudi tskayung → errand（使い走り）

tanudoru ftu → factor（代理人）

tánumi bichí → trusty（信頼できる）

tanumi írïung → trust（信頼する）

tánumi shishó → pedagogue（先生）

tánumu kata neng mung → friendless（友のない）

tanunyung → commit（委託する）

tanunyung → confide（信任する、託する）

tanunyung → depend on（頼る）

tanunyung → rely（頼る）

tanunyung → request（要望する）

tánunyung → trust（信頼する）

tanushim bĭchī → charming（楽しい、魅力的）

tanushimang → displease（不機嫌にする）

tanushimasang → disoblige（迷惑をかけ）

tanushimi → enjoyment（楽しみ）

tanushimi dõgu → curiosity（珍奇な物）

tanushiminu ítari → exultation（歓喜、狂喜）

tanushinïung → enjoy（楽しむ）

tanushinyung → diversion, divert（気晴らし）

tănyĭ → dale（谷）

tānying génsang → unoffending（人の気にさわらない）

⁺tánziru kutuba → interjection（感嘆詞）

tánziru kví → interjection（感嘆詞）

taráng → inadequate（不十分、不適確）

taráng → insufficient（不十分、不足）

taré → basin（たらい）

táré → finger bowl（指を洗う鉢）

taré → hand basin（手桶）

taré → platter（大皿）

taréyung → indemnity（保障、賠償、補償）

tărĭ nŭnŭ → curtain（カーテン、幕）

tarīgissa → adequate（適切・充分な）

tarirang → deficient（不十分・不完全な）

tarirang → inadequate（不十分、不適確）

tariráng → insufficient（不十分、不足）

tarirang kutundi iché nerang → allsufficient（全て充足
した）

tariru gutushi → amply（十分に）

tarītong → adequate（適切・十分な）

taritóng → enough（十分な）

taritóng → satisfy, -ied（満足する）

taritóng → sufficient（十分な、足りた）

taritósang → unsatisfactory（不満足な）

tarïung → distil（蒸留する）

taru → barrel（樽）

taru → butt（大酒樽）

taru → cask（樽、桶）

táru → tub（桶、たらい）

tárŭ gvă → keg（小樽）

taru tskoya → cooper（桶屋、樽作り人）

tarugakĭ-ung → hope（望む）

tarugakitong → ambitious（大志・野心ある）

tarugakïung → expect（期待する）

táshikanyi → indeed（全く、確かに）

tashikanyi ang → articulation（言語）

táshitóng → experienced（熟達した）

tashshi kwan → lieutenant（副官）

⁺tashshĭung → inform（知らせる、告げる）

tashshĭung → notify（知らせる）

tashshika-nyi ang → open ②（開いた）

tashikanyi néng → inarticulate（発音不明瞭な）

tashshirarīng → permeable（浸透性の）

tashshiti shirashung → acquaint（知らせる）

tashshĭung → acquaint（知らせる）

⁺tashshĭung → communicate（伝達する）

tassiki → aid（助力（する））

tassiki → stay（支柱）

tassiki ḱí → stanchion（支柱）

tassiki kutuba → adverb（副詞）

tassiki mung → alms（施し物）

tassikïung → promote（昇進させる、助長する）

tassikiru → auxiliary（補助の）

tassikīru ftu → helper（助ける人）

tassikiru kutuba → expletive（助辞）

tassikīse → agency（媒介、周旋）

tassikiti shung → enable（～することを保たせる、～得さ
せる）

tassikiung → assist（手伝う）

tassikiung → eke, eek（補う）

tassikiung → subservient（助けになる）

tassiki-ung → succour（救助する）

tassiku → help（助ける）

táta → often（しばしば）

táta → repeatedly（幾度も）

táta agayung → enhance（高まる）

tata feku uttchéyung → recoil（はね返る）

táta táta → often（しばしば）

tăta tsidjinati satchinu gutó neng → degenerate（悪化・
退化する）

tata turibatóti kangeyung → contemplative（黙想的、瞑
想的）

tátachung → knock（叩く、打つ）

tatachung → rap（（軽く）打つ）

tatakaï madjĭŭng → encounter（出会う）

tatakaïga íchung → expedition（遠征）

tatakayung → fisticuffs（拳で殴りあう）

tatakayuru kutu → fight（戦い）

tatakayuru kutu → hostility（敵意、敵対）

tataké → battle（戦い）

tataké → fight（戦い）

tataké → war（戦争）

tatake gva → skirmish（小競り合い）

tataké mmă → charger（軍馬）

tatakénu hó → tactics（戦術）

tatakénu tidáng → tactics（戦術）

tatamatóng → indigestion（胃弱）

tátaniti māchi → embank（堤防をめぐらす）

táta-táta → gradual, -ly（次第、徐々に）

tátatchung → thrash（強く打つ）

tatcheru titsi → wrought（加工した）

tátchi → fungus（菌類（キノコなど））

tatchi → sword（太刀）

tátchi → waterfall（滝）

tátchi avashung → weld（溶接する）

tatchi ba → acute（鋭利な）

tatchī furumaï yurushchinyi kanatóng → graceful（上品、優美な）

tatchí furumaï → misbehave（行儀悪い）

tatchi gva → rapier（小剣）

tátchi mátchi → unawares（覚えず）

tatchi mung → cutlery（刃物類）

tatchi nóshung → refine（精製する）

tatchi tskitóng → halt（立ち止まる）

tatchibana → orange（みかん）

tátchidji → fire wood（薪）

tătchīfŭrŭmaï → behaviour（立ち振舞い）

tatchifurumaïnu arassang → bluff（ぶっきらぼうの）

tatchimung zéku → cutler（刃物師、刃物屋）

tátching tínu shisho → fencing master（フェンシングの師匠）

tătchĭshī úmaritsitchi → asperity（荒々しさ）

tatchishī → savage（未開、野蛮な）

tatchi-vaza → dance（ダンス）

tatchú tukuru → foundery（鋳造場）

tatchung → arise（起きる・立ち上がる）

tatchung → certify（証明する、保証する）

tatchung → melt（溶解する）

tatchúng → stand（立つ）

tatchúng → stand（立つ）

tatĭ → shield（楯）

tatĭ → stand（スタンド、立てるもの）

tati fuï → clarinet（木管楽器）

tátĭung → infix（固定する）

tătĭung → institute（設定する、設ける）

tátifanu ang → integrity（高潔、廉直、完全無欠）

tatínkae → longways（長く縦に）

tatitaï tskotaïshuru fódji → carpentry（大工品）

tatiung → build（建てる）

tatĭung → establish（設立する）

tatoï → comparison（比較、対照）

tátoï → fable（寓話）

tatoï gutu → figurative（比喩的）

tatoï gūtu → parable（たとえ話）

tátoïba → instance（例（証））

tatoï-shi → parable（たとえ話）

tatoïba → figurative（比喩的）

tatóng → pendent（垂れ下がった）

tátorába → instance（例（証））

tatoru hana → catkins（（植）（やなぎなどの）尾状花）

tatoru hata → pendant（たれ飾り）

tatsi → quality（本質、特質）

tatsi → sort（種類）

tátsĭ → tartar（タタール人）

tātsi → two（2）

tātsi aru hashiranu funi → schooner（二本マスト船）

tatsi mīnu hó → south-east（南東）

tātsinkae chimunu īttchŏng → ambiguous（曖昧な）

tatsinu ftu → tartar（タタール人）

tatsinu hïaganu kuruma → gig（軽馬車、軽艇）

tātsinu tsiru → rebeck（擦弦楽器（提琴））

tatsinu tská → hilt（刀の柄）

ăvachi natŏru útu→diphtong（二重母音、複合子音）

tātsivaïshung → halve（二等分する）

tātsivaïyung → halve（二等分する）

tatta → succession（連続）

táttchinu mízzi → fall-water（滝水）

táttubi umundjĭung → highly（大いに）

táttubĭung → esteem（尊重する）

táttubu bichí → honorable（尊敬に値する）

táttuchi → honour（名誉）

táttuchi → noble（尊い）

táttuchi kurénu ftu → noblemen（尊い人）

táttuchi nūïmu → honoured sir（敬意を込めた呼び掛け語）

tattuchi úmuchinyi nashung → ennoble（高尚にする）

táttuchinyi nashung → ennoble（高尚にする）

táttudong → dignified（高貴な、品位のある）

tăttŭnŭ gŭtŭ → biennially（二年毎に）

tăttŭnŭ nagésa → biennial（二年毎の）

tátuti íchi áchiraskanyi nashung → illustrate（例証、例示する）

tătŭtĭ yung → assume（仮定する）

tava furi assibĭa → buffoon（おどけもの）

tava furi ftu → droll（ひょうきん）

tava furi gutu → play（遊び）

tava furi gutushi → frolicksome（浮かれ気分の）

tava furiti fumĭung → gloze（釈明する、取り繕う）

tavafuri → amusement（楽しみ・娯楽）

távafuri → fabulous（信じがたい、伝説的）

tavafuri → fun（陽気なふざけ、戯れ）

tavafuri → theatre（芝居）

távafuri → ridicule（あざけり、嘲笑）

tavafuri kutu → joke（冗談、ふざけ、戯言）

tavafuri winago → whore（売春婦）

tavafuri wúduyung → gambol（はねまわる、ふざける）

taváfuri-shung → befool（馬鹿にする）

tava furi assibi → comical（滑稽、おどけた）

tayasku nayuru mitchi narashung → facilitate（容易にする）

tayasku shimïung → facilitate（容易にする）

tayuĭnyi sumutchóng → inconvenient（不便、不都合、迷惑な）

tayún → drip（したたる）

tayuri → occasion（場合、理由）

tayuri → opportunity（機会、都合のよい時期）

tayurinu ang → expedient（好都合の）

tayurinyi → avail（活用する）

tayurinyi kanatóng → convenient（都合よい、便利な）

tayurinyi sashi atatóng → expedient（好都合の）

tazonïse → inquiry（聴くこと、尋問）

tazoniti shtchong → ascertain（確める）

tazoniti yiyúng → procure（入手する）

tazoniung → interrogate（尋問、問い質す）

tchĭdjŭmĭ → crape（ちりめん）

tchinsunyi tattchoru → cliff（崖、絶壁）

tchítsini → fox（狐）

tchké → engagement（約束）

tchtsisa → torment（苦痛）

té → body（身体）

té → card（札）

té → flambeau（松明）

té → substance（実体、本質）

té djin → magnate（大物、大人）

té fū → tyfoon（台風）

té lyó → magnanimous（大度量の、寛大な）

té ming → face to face（対面して）

té nénu kva → fetus（胎児）

té raku → mainly（大部分は、大概は）

té shin → minister（大臣）

té shtsinamung → need-ful（不可欠の）

té shukū → trencher man（大食いの者）

té shŭkúna mung → glutton, ous（大食家、貪欲な）

té ukitósi → conception（懐胎）

té utugé → double-chin（二重あご）

tébī → flambeau（松明）

tébi → torch（たいまつ）

té-djin → excellency（閣下）

té-djin → grandee（高官、貴人）

fuchi hanasăttang → carried（運んだ、運び去られた）

tégé → about（約、大概）

tégé → flattish（やや平板な）

tégé → generally（概して、一般に）

tégé → mainly（大部分は、大概は）

tégé kurudong → darkish（薄黒い）

tégé shtchóng → smattering（浅い、なまかじりの）

tégénu ími → import（意味、趣旨）

teininyi nandjishuru ftu → drudge（奴隷のように働かされる人）

té-matsi → torch（たいまつ）

té né → embryo（胎児）

téng → shop（店）

téng → slippery（滑る）

terang → continue（続ける）

térang gutu → uninterrupted（途切れない）

téshi shimirang gutushung → counteract（妨げる、くじく破る、中和する）

téshi shūkushung → confront（突きつける、向かい合わせる）

téshi stiung → dereliction（放棄）

téshtsina mung → precious（貴重な）

téshtsinyishung → prize（重んじる）

téshung → dissociate（引き離す）

téshung → exterminate（根絶する）

téshung → renounce（断念する）

té su → compendious（簡潔）

téti nuzuminu néng → despair（失望する）

tétina mung → impertinent（横柄、生意気、不作法な）

té tinu kutu → brief（手短な）

tézé-shung → sojourn（滞留する）

ti → dismember（手足を切断する）

tí → hand（手）

tī arayā → finger bowl（指を洗う鉢）

ti bésă → alert（敏捷な）

tí būlíng → handbell（風鈴）

tī firusang → openhanded（気前よい）

tĭ fsha dóli shung → bustle（騒ぐ、せわしくする）

ti fsha fichi tsĭung → convulsion（けいれん、ひきつけ、発作）

tī fún → muster（見本）

ti gā → thimble（指貫）

tī gussaï → hand-cuff（手錠）

tí gŭtsĭ → fetters（束縛）

tí gutsi → shackles（束縛）

ti kúbushi → fist（拳）

ti kŭtsi → hand-cuff（手錠）

ti nárashung → fillip（爪弾きする）

ti nare íshi → slate（石板）

tī nubirang → close handed, or fisted（締り屋の、けちな）

tī núkumi bukuru → muff（マフ、円筒状手袋）

ti sādji → handkerchief（ハンカチ）

ti saguïshung → grope（手探りする）

ti sassuyung → grope（手探りする）

tí shtsé neng mung → unchaste（不貞の）

tī shtsi → chastity（純潔、貞節）

tǐ shtsǐ → continent（禁欲の、大陸）

ti shǐ si aru → chaste（貞節ある）

tī shtsi-na mung → modest（慎ましい）

tí síri-ūsi → hand-mill（手臼）

tī útchi butchi → ferule（手を叩く体罰用笞）

tī útchi djódji → ferule（手を叩く体罰用笞）

tǐ utchung → clap（手をたたく、鳴らす）

tī vaza → mechanics（手法）

ti yasku → easily（たやすく）

tī yó shi → pantomime（パントマイム、無言劇）

tī zǐkúng → pugilism（拳闘）

tī zukúnnu fúni → knuckle（指間接）

ti zukunshi tatachung → fisticuffs（拳で殴りあう）

tíbiku → dibble（穴堀り具）

tibyóshi tatashung → dab（軽く叩く）

tichi téshuru → antagonist（敵対者）

tichishuru kutu → hostility（敵意、敵対）

tǐchǐ-té → antagonist（敵対者）

tīda → sun（太陽）

tīdǎ géshi → blinds（日除け）

tínnu itadachinyi ang → vertical（天頂の）

tidáng → means（手段）

tidáng → method（方法）

tidáng → resource（資源、手段）

tǐdáng → scheme（企画、計画）

tidáng néng mung → shiftless（無策、無能な）

tidánnu vássang → unskilful（未熟な、まずい）

tidanó néráng → unskilful（未熟な、まずい）

tídanu míguï mitchi → zodiac（天宮）

　　dzitsū shung→insolation（日射病）

tidéyung → regale（存分にもてなす）

tī-djǔ → maidenliness（淑やかさ）

ti-fsha dǎyǎ → cripple（不具者、いざり、ちんば）

ti-fsha yóshi → mimic（真似る）

tǐfún → pattern（手本、型）

tifún → sample（見本、手本）

tǐfúng → example（見本、手本）

tifúng → specimen（見本）

tī-ga → glove（手袋）

tígǎmǐ → epistle（書簡）

tigami → note（ノート）

tigami gva → billet（宿泊命令書）

tigami gva → note（ノート）

tigané → assistant（助手）

tiganeshuru → auxiliary（補助の）

tiganeshusi → cooperation（協力（同））

tigatashi dé sagiru djing → discount（割引）

tīgǔmǎnǔ ang → adroit（巧みな）

tí-gutsi → manacles（手錠、手枷）

tí-irí → gimlet（木工きり）

tíkǔ → pommel（（剣の）つか頭）

tǐ-mǎmi → callous（皮膚の硬くなった、たこになった）

timbé → buckler（円盾）

timma → boat（伝馬船）

timma → canoe（伝馬船）

timma → wages（賃金）

tímma harashi arasīshung → regatta（競艇）

tímma túǐ mung → hireling（雇われ者）

tímma tuǐ yū nu ftu → hireling（雇われ者）

tin chǔ kvǒ → india（インド）

tín dó → providence（摂理、神）

tin mi → fate（運命・天命）

tin mīnyi kakatong → fatal（宿命的）

tǐn shǐ → conscience（良心、本心、道義心）

tin bing → balance（天秤）

tinbung → astronomy（天文学）

tínbung dógu → quadrant（象眼儀）

tínbúng dógu → sextant（六分儀）

tínbungshuru djódji → sextant（六分儀）

tin bunu shishó → astronomer（天文学者）

tín chi → weather（天気）

tínchi bámmutsi → universe（宇宙）

tǐnchibǎmmǔtsǐ hadjimǐti tskoyuru munó
　　→ creator（創造者、創作者）

tín chi gva → microcosm（小世界、小宇宙）

tínchi nu simitóng → serene（晴れた）

tínda → palm（掌）

tindashi utchung → cuff（こぶし、平手で打つこと）

tinda-shi útchung → slap（平手打ちする）

tindjo → ceiling（天井）

tindjónu madu → sky-light（天窓）

tindjónu za gva → attic（屋根裏部屋）

tíng → heaven（天）

tīng → mattock（つるはしの一種）

tīng → pickax（つるはし）

ting fakayuru dógu → quadrant（象眼儀）

ting gāra → milky way（天の川）

ting kǎrǎ → gallaxy（星雲、銀河系）

ting kara mmarachéng → heaven born（天から授かった）

ting kara shódjirǎcheru mung → creature（創造物）

ting ussurirang → impious（不信心、不敬の）

tíngāchū → velvet（ビロード）

tinganu chǐ-lī shiruchési → geography（地理学）

tīnī ya kutu yung → confidentially（内々に、打ち明けて）

tīnīnu ftu → mild（温和な）

tinnu hati → horizon（地平線、視界）

tínnu ítadatchi → zenith（天頂）

tinnu kúnyi → elysium（極楽）

tinnu kurugadóng → cloudy（曇った）

tinnu mukūï → retribution（報復）

tinnu nákaba → firmament（天空）

tinnu seve → celestial（天上の）

tinnu simitóng → cloudless（晴れ渡った）

tinnu sura → firmament（天空）

tinnu tanushimi → heavenly（天の）

tinnu tske → angel（天使）

tin̄ shi → emperor（皇帝）

tin̄ shitu nayuru ftu → worthy（〜するに足る）
　wūdjitōru ftu→worthy（〜するに足る）

tin-si → rain-water（雨水）
　shunshā→chiromancer（手相を見る人）

tīnu aya nyūsi → palmistry（手相占い）

tinu fídji → elbow（ひじ）

tīnu kubi → wrist（手首）

tīnu tsīung → spasm（ひきつけ、痙攣）

tínu úra → palm（掌）

tīnu vaza → handicraft（手工芸）

tīnu wībi → finger（指）

tínyi ínuti mutumïung → invoke（願う）

típpū → gun（銃）

típpú → musket（マスケット銃）

tippú → pistol（拳銃）
　dū iri tsitsimi→cartouche（弾薬筒）

típpú mutchā → musketeer（銃兵）

tippu tska → gun-stock（銃床）

típpu-dé → gun-stock（銃床）

típpunu fī zără → touch hole（銃の火門、点火孔）

tippunu tama → bullet（弾丸）

tippunu wīnu yaï → bayonet（銃剣）

tippunu yaï → bayonet（銃剣）

tippu-zéku → gun-smith（銃工）

tipŭ → firelock（火縄銃）

tīpú hánashung → fire ②（発砲する）

tipū paramikashung → shoot（撃つ、射る）

tipūnu fíchi gani → trigger（引き金）

tira → temple（寺）

tira gva → conventicle（集会所、会堂）

tī-rami → ounce（オンス）

tiranu utchi za → vestry（聖具室）

tíranu witské → sexton（寺男）

tīru → basket（篭）

tīshing turaráng mung → impalpable（手で触れない、微細な）

tīshū → host（主人）

tĭtchĭ → adversary（敵）

títchi → enemy（敵）

títchi → foe（敵）

títchi nyuru nyiké → turret（小塔）

títchi téshung → oppose（反対する）

titchi teshuru ftu → opponent（敵対者）
　úkashung→invade（侵入する）

títchinyi óyuru → opponent（敵対者）

títsi → iron（鉄）

tītsi → numerals（数詞）

tītsi → one（1）

títsi abuïku → gridiron（焼き網）

titsi dógu → hardware（金物）

títsi dógu uÿa → ironmonger（金物屋）
　nashung→transmute（変える）

tītsi mung → unadulterated（混ぜ物のない、純粋な）

tītsi mung → unit（単位、一個）

titsi utsivamung → hardware（金物）

títsi uyá → ironmonger（金物屋）

tītsiná tītsiná → singly（一つずつ、個々に）

tí-ūsi-gva → hand-mill（手臼）

ti-utchakī → ballustrade（欄干）

tī-vaza → art（技術・術）

tí-vaza → handicraft（手工芸）

tívó sávó → hurry（急ぎ、急ぐ）

tiyassang → easy（安易な）

tizĭkŭng tstchung → box ②（こぶしや平手で打つ）

tīzikung yăssa → close handed, or fisted（締り屋の、けちな）

ti-zŭkúng → fist（拳）

tó → east（東）

tó → plain（平野）

tó chó guku → tung king（トンキン（東京））

tó katchí → striker（升かき）

tó māmi → bean（豆）

tō̄ zi → interpreter（通訳）

tō̄ zi → linguist（言語学者）

tó fu → curd-bean（豆腐）

tóga → atone（償う）

tóga → crime（罪、犯行、罪悪）

toga → guilt（罪）

toga → sin（罪）

toga djing → fine ②（科料）

toga kvāshung → inflict, punishment（罰を科する、負わせる）

tŏgă nérang → innocent（潔白な、無罪の）

toga ning → delinquent（非行者・犯罪者）

toga nying → felon（重罪犯人）

toga nyíng → prisoner（囚人）

toga sadamïung → condemn（宣告する）

toga sadamïung → convict（有罪と宣告する）

toga túchuse naráng → inexcusable（弁解不可）

toga ūshé-shung → recriminate（非難しかえす、反訴する）

toga ūsïung → recriminate（非難しかえす、反訴する）

toga yórashung → mitigate（軽くする）

togaï mung → cone（円錐形）

togaï → point（先端）

togaï kī → quoin（くさび形の木材）

togaï ǩí → wedge（楔）

togáï ndjitóng → protrude protuberant（突出する）

togaï tafa → steeple（尖塔）

togáïnu aru íkkata → pyramid（尖筒状のもの）

toganu ang → guilty（罪ある）

toganu na sadamïung → convict（有罪と宣告する）

toganyi ī yássa → liable（責任、義務ある、しがちな）

tŏgă-nyin → criminal（犯人、罪人）

toga-nyin → culprit（罪人）

togasarīng → culpable（過去のある、とがむべき）

togatong → conical（円錐形の）

togatoru tafa → steeple（尖塔）

⁺tó lú-shung → linger（グズグズ長引く、居残る）

tóni → trough（かいば桶、水入れ）

tónu ching → millet（粟、もろこし）

⁺tónu kuchi → chinese language（中国語）

tórashung → give（与える）

tóri achiné → bankrupt（破産者〈次項の語釈より、見出しにした〉）

tóri achiné → insolvent（破産（者）の）

tórïung → overturn（倒す）

torïung → subvert（転覆する）

tórīgissa → totter（よろよろする）

tóritong → dilapidated（荒れ果てた、落ちぶれた）

tõsang → distant（遠い）

tóshé → axiom（自明の理・格言）

tóshung → abolish（廃止する）

tóshung → fell（切り倒す）

tóshung → supersede（破棄する）

⁺tósi → tau priest（老子）

tótóyung → last ③（保つ、続く）

tagenyi óyung → cockfighting（闘鶏）

⁺towchi → game-cock（闘鶏）

towchi → cockfighting（闘鶏）

towritong → dilapidated（荒れ果てた、落ちぶれた）

tó-zuku → freebooter（略奪者・海賊）

ts（k）arīru mung → menial（奉公人の）

tsā gi → fir（モミ〈松〉）

tśchãyung → collision（衝突）

tseï kvïung → step（歩く）

tséyung → prance（跳ねて歩く、（馬が）踊りはねて進む）

tséyung → step（歩く）

tsï → angle（釣針）

tsi → close ②（接近した、密接した）

tsī → staff（支え）

tsī daki → fishing rod（釣り竿）

tsī hanaring → repulsion（撃退）

tsï ǩutchi → harbour（港）

tsī nashung → match ②（組み合わす）

tsī ndang ftu → stranger（見知らぬ人）

tsí satchéng → limb ②（四肢を断ち切る）

tsī shoru kutuba → correlative（相関的）

tsi tskatóng → conjoin（結合する）

tsī vashi sang → omit（省略する、〜し忘れる）

tsī vassïung → forget（忘れる）

tsī yashi udjinoti → defray（負担する・支払う）

tsïntchi mung → stout（頑丈な）

tsïūshkaráng → unholy（神聖でない）

tsïă tsïă shi munuiyung → inaudible（聞き取れない）

tsíba kutchi → mouthpiece（くわえ口）

tsibi → breech（尻）

tsibi → buttock（尻）

tsibi kara irīru kussūï → clyster（浣腸剤）

tsibi taï → posteriores（尻、臀部）

tsibi tánda → posteriores（尻、臀部）

tsíbi vata → rectum（直腸）

tsibinu mǐ → anus（肛門）

tsibu → acre（エーカー（広さの単位））

tsíbu → bottle（びん（瓶））

tsibu → cruise（巡航）

tsibu → flaggon（食卓用細口酒瓶）

tsibu → pot（つぼ）

tsibumi → blossom（開花期）

tsibumi → bud（つぼみ）

tsíbunu fúta → pot-lid（壺の蓋）

tsiburu → calabash（（植）ひょうたん）

tsiburu → head（頭）

tsíburu gá → scalp（頭皮）

tsiburu gara → skull（頭蓋骨）

tsiburu hãgă → bald（禿げた）

tsiburu matchi sādji → turban（ターバン）

tsiburu tsitsinyuru mung → fillet（細長いひも）

tsiburŭ tsitsinyuru nŭnŭ → turban（ターバン）

tsíburu utchakī → headboard（ベッドの頭板）

tsiburunu dzī anda → brain（脳）

tsiburunu hagitóng → pate（頭）

tsiburunu sādji → headband（鉢巻き）

tsidğiung → connect（つなぐ、接続する）

tsidi tuyúng → pluck（摘む）

tsidjāshung → affix（添付する）

tsidji → bad（悪い）

tsidji → summit（頂上）

tsídji → vertex（頂点）

tsidji → worse（より悪い）

tsidji kutchi → rabbet（（板と板を結合するための）みぞ、小穴）

tsidji tsidjisheru mung → appendage（追加、付加物）

tsidji-gatchi → appendix（追加・補遺）

tsidji-ki → graft（接ぎ木）

tsídjĭkĭ shŭng → ingraft（接ぎ木する）

tsídji-nu mung → inferior（劣った、下の）

tsidjong → contiguous（接触する、隣接する）

tsidjóng → uninterrupted（途切れない）

tsidjung → annex（付け足す）

tsidjung → append（付加・追加する）

tsidjung → join（結合、繋ぐ）

tsidzi → atom（微粒子）

tsĭdzĭchóng → consecutive（連続的、引き続く）

tsigaï shi shung → turns（順番）

tsigāshung → filiate（養子にする）

tsigé → joint（接合（箇所）、関節）

tsigi uttaïshung → impeach（告発、非難する）

tsigĭung → inform（知らせる、告げる）

tsigĭung → report ②（伝える）

tsigĭung → tell（言う、告げる）

tsigóshóng → fit ③（ぴったり合う）

tsīgū → dumb（言語障害）

tsīgŭ → mute（おし（唖）の）

tsígu chichi → step father（継父）

tsigu kwang → subaltern（次官）

tsigushishung → adopt（採用する）

tsikéshung → contradict（否定する、反駁する）

tsima → wife（妻）

tsima kurubíshi → overboard（船外へ）

tsima ukashuru tsimi → adultery（不義密通）

tsimabiraka → perspicuous（明快な）

tsimabirakanyi tuchung → explain（説明する）

tsimadjitong → blunt（（刃の）なまった）

tsimago → claw（はさみ、かぎ爪）

tsímago → hoof（蹄）

tsimarashung → intimidate（脅す）

tsimazichi dugeyung → sprawl（腹ばう）

tsimazichung → tumble（つまづいて転ぶ）

tsimaziku → stumble（つまずく）

tsímazitchung → hobble（たどたどしい歩き方をする）

tsimi → crime（罪、犯行、罪悪）

tsimi → guilt（罪）

tsimi → sin（罪）

tsimi → transgression（違反、犯罪）

tsími → trespass（罪、違反）

tsimi chishĭung → expiate（（罪を）償う）

tsimi ftu → sinner（罪人）

tsimi kuyamang → impenitent（悔い改めない、強情な）

tsimi kuyanyuse shirang → impenitent（悔い改めない、強情な）

tsimi kūyung → propitiate（なだめる）

tsimi neng mung → sinless（罪のない）

tsimi nérang → innocent（潔白な、無罪の）

tsimi nubĭung → respite（猶予）

tsimi nubĭung → respite（猶予）

tsimi nugayung → exonerate（無罪にする）

wībinu tsimi nugīru kassa → pterygium（？）

tsimi sadamĭung → condemn（宣告する）

tsimi shimĭung → chastise（厳しく罰する）

tsimi shtchong → confess（告白する、自認する）

tsimi tatanĭung → cumulate（積み重ねる）

tsimi tuchi yurushung → acquit（放免する）

tsimi ubiru itami → remorse（自責の念、悔恨）

tsimi ukunárang → impeccable（罪を犯さない）

tsimi umǎngshi → culpably（不埒にも、ふとどきにも）

tsimi yurushung → absolve（放免する）

tsimi yurushung → forgive（許す）

tsimĭung → lop（剪定する）

tsimĭung → pare（皮をむく、切り取る）

tsiminu yurusi → forgiveness（許し）

tsiminyi ang → guilty（罪ある）

tsiminyi fukusharu shūkū kutuba → confession（自白、告解、懺悔）

tsiminyi fukushung → confess（告白する、自認する）

tsiminyi utsishóng → sorry（後悔する）

tsĭmiŭng → accumulate（蓄積する）

tsimĭung → amass（積み上げる）

finyarashung → palliate（弁解する、言い繕う）

tsimpé → saliva（唾）

tsimpé → spittle（唾）

tsimpe hánĭung → spatter（はねかける）

tsimpéshung → spew（吐く）

tsimpéshung → spit（唾を吐く）

tsímuï → ought（すべきである）

tsin múdĭung → twinge（刺すように痛む）

tsín náng → snail（かたつむり、貝）

tsín nérang → uncommon（異常な）

tsín nerang → unusual（異常な）

tsin tskĭung → gripe（（古）掴む、キリキリ痛む）

tsin tskĭung → nip（つまむ）

tsín tskĭung → tweak（つねる）

tsin tskiung → twinge（刺すように痛む）

tsina → rope（綱）

tsina chu kita → skain（かせ（糸束））

tsina nóyā → cord maker（縄つくり）

tsina tūshŭrŭ haï → bodkin（ひも通し針）

tsinadĝiung → connect（つなぐ、接続する）

tsĭnǎgŭ → cordage（縄類、索具）

索引　569

tsinagū → tackling（滑車装置）

tsinanu kutchi → clue（糸口）

tsing vurĭung → snap（パチンと鳴る）

tsini → constant（不変の、堅実な）

tsini → continual（継続的、ひんぱんな）

tsini dzini → ever（常に）

tsini gavaï → supernatural（異常な、超自然の）

tsini mung → common（共通の、一般の）

tsini neng → unusual（異常な）

tsininu kutu → ordinary（普通、常の）

tsininyi → commonly（一般に、通例）

tsininyi → constantly（絶えず）

tsininyi kavarang → permanent（永続的）

tsininyi kavatóng → remarkable（異常な、珍しい）

tsinínyi neng múng → uncommon（異常な）

　himīshuru mung→censorious（難癖をつけたがる）

tsininyi wung → permanent（永続的）

tsininyi wūru → jehova（エホバ）

tsínitu kavatóng → supernatural（異常な、超自然の）

tsini-zini → always（常に）

tsínsi → knee（膝）

tsinsi buni → kneepan（膝皿、膝蓋骨）

tsínsi buni → patella（膝がしら）

tsinsi taki tatchúng → knee deep（膝までの深さの）

tsintu attayung → exact（正確な）

tsintu → barely（わずかに）

tsíntu nyitchóng → precisely（正確に）

tsintu tifúnshuru gu → fac-simile（複写）

tsínu → horn（角）

tsinu bura → clarion（ラッパの一種）

tsínu bura → trumpet（トランペット）

tsínu tītsí aru → unicorn（一角獣）

tsinyé dzúndjitóng → everlasting（果てしない）

tsīnyi → finally（最後に、遂に）

tsīnyi → ultimately（最後に）

tsinyung → amass（積み上げる）

tsinyung → crop ③（はさみ切る）

tsinyung → pluck（摘む）

tsira → countenance（顔つき、表情）

tsíra → face（顔）

tsira → visage（顔立ち）

tsira arayuru taré → hand basin（手桶）

tsira tātsā → double-dealer（二心のある者）

tsiraniténg → adjoin（隣接する）

tsiraníti shinyashung → rank ③（並べる）

tsiraniti sünéyung → exhibit（展示する）

tsiranitóng → continuous（連続的、とぎれない）

tsiraniung → arrange（整える）

tsiranïung → dispose（～しがちだ）

tsiraniung → rank ③（並べる）

tsiranu aka iru → carnation（肉色、淡紅色）

tsiranu iru → complexion（色つや、ようす）

tsiranu kā achishang → brazenfaced（厚かましい）

tsiranu ka achishéng → barefaced（厚かましい）

tsiranu kubudóng → lantern face（頬がこけて細く骨張ったあご）

　akïung→unveil（覆いを除く）

tsiri bushi → satellite（衛星）

tsíri dama ĭŭng → grapeshot（葡萄弾（散弾））

tsiri dé → tray（盆）

tsiri ftu → retinue（随行団）

tsiri ĭtchuru dushi → bridemaid（花嫁に付き添う処女）

tsiri nyí ndju → cortege（供奉員、供ぞろい）

tsiri uta → choir（合唱団、合唱する）

tsĭrĭchĭ → cramp（けいれん、こむら返り）

tsiriti utashung → chorus（合唱（する））

tsiru → chord（弦）

tsiru → crane（鶴）

tsiru → tendon（腱。筋肉を骨格に結びつける繊維状の組織）

tsiru aru naïmung → fiddle（弓奏弦楽器）

tsiru kakïung → string（弦を張る弓を張る）

tsiru sīung → string（弦を張る弓を張る）

tsiru tsima yamé → cramp（けいれん、こむら返り）

tsirubishung → copulate（交尾する）

tsírudji → germ（菌、芽、初期）

tsirudji → hallux（（医）親指、（動）第一指）

tsirudji → shoots（若芽）

tsirudjinu mī ndjitóng → germinate（発芽する）

tsirudjóng → conterminous（隣接する、切れ目が無い）

tsirudjoru bung → context（文脈）

tsiru-nu túï → stork（こうのとり）

tsitchi féshi tichi shimïung → defy（抵抗・挑戦する・激励する）

　midarashung→inveigle（騙し誘い込む、騙し～させる）

tsitchiféshishung → incense（酷く怒らせる）

tsitchinu mīttāng kwă → abortive（月たらずの）

tsītó tskarang → fathomless（深さが計り知れない）

tsi-tó tstchung → sound ②（水深を計る）

tsítsi → tube（管、筒）

tsitsi munū → wrapper（包むもの）

tsítsichi kvayung → peck（つつく）

tsítsichung → peck（つつく）

tsitsimi → tare（風袋）

tsĭtsīng → bale（俵、梱包）

tsitsing gva → budget（（紙などの）一束、予算）

tsitsinya → wrapper（包むもの）

tsitsinyung → blindfold（目隠しする）

tsitsinyung → inwrap（包む）

tsitsinyung → wrap（くるむ）

tsitsinyuru sādji → bandage（包帯）

tsĭtsĭsĭshĭ → crop ② （餌袋（えぶくろ））

tsitsishidi → solemn （重々しい、真面目腐った）

tsitsishidishi kunu chó ire → devoutly （真心を込めて）

tsitsishidong → careful （念の入った、注意深い）

tsitsishidong → decorous （礼儀・端正ある）

tsitsishidong → respectful （丁重な）

tsitsishidóru ftu → discreet （思慮深い）

tsitsishim bichí → venerable （畏敬すべき）

tsitsishimang → heedless （不注意な、構わない）

tsitsishimang → incautious （不注意、軽率な）

tsitsishimi → respect （尊敬）

tsitsishimi issadji yūnyi ang → pious （敬虔な）

tsitsishími umundjĭung → highly （大いに）

tsitsishimi ussuri bichi → awful （畏敬の念に満ちた・荘厳な）

tsitsishimi ussurĭung → revere, -nd （あがめる）

tsitsishimi ussuriung → venerate （崇める）

tsitsishimung → beware （用心する）

tsiu → dew （露）

tsiūku → enforce （強要する）

tsiūku → fast （しっかりした）

tsiumĭung → strengthen （強める）

tsiŭshku nashung → clarify （浄化する、清くする）

tsīyashi → charges （掛かり、費用）

tsīyashi → disbursement （支出）

tsīyashinu uffussang → expensive （高価な）

tsīyashung → disburse （支出する）

tsīyashung → spend （費やす）

tsizĭng vakarang → incoherent （筋の通っていない）

tsizikiti → successively （引き続き）

tsizing → drum （太鼓）

tsizing bátchi → drumstick （ばち）

tsizíng gvă → tabour （小鼓）

tsizíng gva → tamborine-drum （タンバリン）

tsizing útchuru shimukú → drumstick （ばち）

tsizing vakarang → lisp （舌足らずの言い方する）

tsizing vakarang kŭdjó → desultory （漫然とした）

tsizĭng vakaráng munuĭ → stutter （吃る）

tska → grave （墓）

tska → haft （柄）

tska → sepulchre （墓）

tskă → tomb （墓）

tskamu → grasp （掴む、把握）

tskánati narirashung → tame （飼い慣らされた）

tskanati usiung → educate （教育する）

tskanayā → shepherd （羊飼）

tskanayung → feed （養う）

tskanayung → maintain （保つ）

tskanayung → nourish （育てる）

tskanayung → rear （挙げる、立てる）

tskandi shung → onset （突撃）

tskané fáfa → foster mother （養母）

tskanéngvă → fosterchild （養子）

tskári tukuru → situation （勤め口）

tskari yamé → phthisis （消耗性疾患）

tskarīdu shuru → usable （使える、便利な）

tskāring → serve （仕える）

tskariráng → indefatigable （疲れを知らぬ、不屈の）

tskarī-shung → usable （使える、便利な）

tskaritóng → faint （疲れ切った）

tskaritóng → puny （弱々しい）

tskaritóng → wearied （憔悴した）

tskaritósi → lassitude （疲労、だるさ）

tskashi → prop （支え）

tskashi → supporter （支柱）

tskashi gí → jamb （脇柱）

tskáshi kí → stanchion （支柱）

tskáshi-shung → stay （支柱）

tskashung → hurtful （傷つける）

tskassadori → ruler, -s （支配者）

tskassadūyung → superintend （監督する）

tskateru shinka → embassador （大使）

tskatong → cohere （密着する）

tskayúng → expend （費やす）

tskayung → send （派遣する）

tske → delegate （使節）

tské → messenger （使者、伝令）

tské muchīung → expend （費やす）

tské mung → menial （奉公人の）

tské shinka → ambassador （大使・使節）

tské yandyung → misuse （誤用する）

tskéfa → expense （費用）

tskefa → use （用いる）

tskénu mung → messenger （使者、伝令）

tskerang gutu → unhesitating （ためらいのない、てきぱきした）

tskérang gutu chaki → extempore （即興的に）

tsketóng → hesitate （躊躇する）

tskéyung → hesitate （躊躇する）

tski daki → match （マッチ）

tskí djĭ → match （マッチ）

tski fŭdā → docket （荷札）

tskī futa → operculum （（植）ふた、（魚の）えらぶた）

tski ĭu → anchovy （アンチョビー）

tski kŭdjó → copulative （連結語）

tski kūdjo → formatives （構成辞・形成素）

tski kūdjó → suffix （添加物）

tski kutúba → suffix （添加物）

tskianda → ointment （軟膏）

tskiba → mooring （係留地）

tski-mung → pickle -s（漬物）

tskiru kóyaku → adhesive（粘着性の物）

tskitukuru → anchorage（停泊・投錨地）

tskiung → affix（添付する）

tskoï banashi → anecdote（逸話）

tskoï fadjimïung → engage（従事する）

tskoï hatiténg → completed（完成した、仕上がった）

tskoï ndjáshung → create（創造する、創作する）

tskoï dama → smalts（花紺青、スマルト）

tskoï firumashi munugataï → legend（伝説）

tskoï kata → workmanship（技量、技）

tskoï mung → sham（紛い物、にせ物）

tskóï nóshung → repair（修理する）

tskoï shina uyá → salesman（販売人、セールスマン）

tskoï tati → structure（構造、組立）

tskoï yó → workmanship（技量、技）

tskoïmung úyuru ftu → salesman（販売人、セールスマン）

tskoïyó → makage（造りよう）

tskóï-tatīru 'hó → architecture（建築学（術））

tskoritang → breathless（息切れした）

tskoriténg → completed（完成した、仕上がった）

tskoténg → made（造られた）

tskŏtĕrŭ mung → creature（創造物）

tskoti atarashung → frame（組み立てる）

tskoti-shung → affect（気どる）

tskoyā → author（創造者）

tskoyā → finical（凝り性の）

tskoyā → lawgiver（立法者）

tskoyé naráng → impracticable（実行不可能な、手に負えない）

tskoyung → construct（組み立てる、建造する）

tskoyung → do（する）

tskoyúng → make（作る）

tskoyúng → manufacture（製造、する）

tskunuï keshung → refund（弁償する）

tskúnuyúng → ransom（（代償を払って）受け戻す）

tskuriráng shaku → interminable（際限ない）

tskuriti neng → exhaust（使い尽くす、消耗する）

tskuriung → exhaust（使い尽くす、消耗する）

tskushi → extinct（消滅した）

tskussaráng → interminable（際限ない）

tsõdji béssa → sensible（感じられる）

tsõdji õsan → unintelligible（理解できない）

tsõdji tūrang → incomprehensible（不可解、理解不可）

tsõdjibichī → intelligible（意味明白な、理解可能）

tsõdjirantu ïyú kutu nérang → universal（普遍的）

tsõdjïung → comprehend（理解する）

tsóru → date ②（ナツメヤシ）

tsõyõ shuru takara → currency（通貨）

tstă → ivy（つた（蔦））

tstă kanda → ivy（つた（蔦））

tstanashtchi munu → awkward（使いにくい・不便な）

tstchăyung → concussion（震動、激動）

tstchayung → dash（ぶつかる）

tstchi → moon（月）

tstchi atatóng → rush（突進する）

tstchi atayung → dash（ぶつかる）

tstchi attayung → bounce（はね返る、はね上がる）

tstchi attïung → concussion（震動、激動）

tstchi féshishung → inveigle（騙し誘い込む、騙し～させる）

tstchi féshung → abet（煽動する）

tstchi féshung → instigate（煽動する、駆る）

tstchi gutu → monthly（月毎の）

tstchi kadji → memses（月経）

tstchi kū nashung → pulverize（粉末にする）

tstchi kudachung → shatter（粉々にする）

tstchi tudumïung → stave off（食い止める、寄せ付けない）

tstchi vaï → instalment（分割払い（金））

tstchi → month（月）

tstchifeshuru → defier（反抗者・挑戦者）

tstchinu fíkari → moonlight（月光）

tstchong → adhere（執着する）

tstchóng → belong（属す）

tstchóng → moor（投錨する）

tstchõru mung → accomplice（共犯者）

tstchung → cling（ぴったりつく、粘着する）

tstchung → onset（突撃）

tstchung → ring（鳴らす）

tsté → tradition（言伝え）

tsté kutuba → message（伝言、お告げ）

tsté ukïung → inherit（相続する）

tsté ukitéru vaza → inheritance（相続財産、物件）
itchi itchiïyung→verbatim（逐語的に）

tstéti chóng → hereditary（遺伝、世襲の、親ゆずりの）

tsteyung → emanate（生ずる）

tstéyung → relate（述べる）

tstomi → department（部分）

tstomi chíbayung → diligent（勤勉な）

tstómi fhanaritóru ftu → absentee（不在者）

tstómi shussinyi naráng → incapacutated（能力、資格を奪われた）

tstomínsang → idle（怠惰な）

tstomiti → assiduous（勤勉な）

tstomíti shung → strenuous（たゆまず努める）

tstomïung → endeavour（努力する）

tstsimi → glandular（腺のある）

tstŭ → keepsake（記念品、形見）

tsū datsishung → communicate（伝達する）

tsū shū → kalendar（暦）

tsun-bing → major general（少将）

tsuṅ-tú → viceroy（総督）

tsū shu → almanac（暦）

tsuyūnu kani → perquisites（特典、役得）

tú → degree（度・品）

tú → rattan（藤属の植物）

tū → ten（10）

tu chiné gutu → tithing（十人組）

tu fé → comrade（僚友、同志）

túbi bushi → meteor（流星）

túbi hadjimïung → flutter（羽ばたきする）

tubi yukumī → censor（監察官）

tubïuru fúshi → meteor（流星）

tubiru gutu féssang → flit（素早く飛ぶ）

tubiru kvi → buzz（（蜂などの）ブンブンする音）

tubiru maï → balloon（気球）

túbiung → flee（疾走する）

tubiung → fly（飛ぶ）

tuburu gutu fessasi → celerity（（文語）（行動の）敏速，すばやさ）

tŭbyū ĭu → flying fish（飛び魚）

tuché fésan → beforetime（以前は、時刻の前）

tuchī → clock（時計）

túchi → hour（時）

túchi → period（期間）

tuchi → season（季節）

túchi → time（時）

tŭchī → watch（時計）

tŭchi akashung → decipher（解読する）

túchi dútchi → hourly（時間毎）

tuchī ganī → clock（時計）

túchi gútu → hourly（時間毎）

tuchī šéku → watch-maker（時計屋）

tuchi shidé → occasionally（時折）

tuchi shidé fíndjïung → temporize（世に従う、時勢に順応する）

tuchi tskoyā → clockmaker（時計屋）

tuchi tuyuru dógu → chronometer（クロノメーター（経度測定用時計）精密な時計）

tuchi tuyuru faṅkó → dial（時計の文字盤）

tuchi ushinayung → misspend（使用を誤り浪費する）

túchi yandjung → misinterprete（解釈を誤る）

tuchindo → seeing（～の点から考えると）

tuchinu fiṅnyi shtagatõru → time-serving（日和見の）

tuchinu fūdjinyi atarang → vogue（流行）

tuchīnu háï → gnomon（日時計の指時針）

tuchinu siritóng → elapsed（経つ、過ぎ去る）

tuchinyi atatóng → duly（十分に）

tuchúng → explain（説明する）

tuchúng → interprete（解明する）

tuchúng → rase（壊す）

tuchuru chu → commentary（注釈）

túchuru kutuba → exposition（解説）

túchusé → exposition（解説）

tŭdjā → prong（尖ったもの）

tudjā gvá → fork（フォーク）

tudjé shidji uráng → widower（男やもめ）

tū-dji → midwinter（真冬）

tū-dji → solstice（極点）

túdji → wife（妻）

tudji kameyung → marry（結婚する）

tudji kanashashā → uxorious（妻に甘い）

tudji kánashashusi → uxorious（妻に甘い）

tudji libitsi shung → divorce（離婚）

tudji maráng → unfinished（未完の）

tudji mītunu dóli → connubial（夫婦の）

tudji mītunu kutu → conjugal（夫婦間の）

tudji ndjashung → repudiate（離縁する、捨てる）

tudji taï vŭsi → bigamy（重婚）

tudjimaï kutchi → conclusion（結論、締結）

túdjimatáng → ended（終わった）

tudjimatóng → fully（十分に）

tudjimayung → conclude（終える、推断する）

tudjimïung → finish（終える）

tudjíng uráng wickiga → widower（男やもめ）

tudjinu katti → henpecked（恐妻家の）

tudjirassáng → frustrate（くじく）

tudjúng → sharpen（鋭くする、研ぐ）

túdjuru íshi → whetstone（砥石）

tudukutóng → constipation（便秘）

tudumayung → cease（やめる、やむ、終わる、中止する）

tudumayung → halt（立ち止まる）

tudumayung → remain（留まる）

tudumïung → reserve, -d（残しておく）

tudumirang gutu nunyung → guzzle（暴飲する）

tudumiung → abrogate（（法などを）廃棄する）

tudumiung → baffle（くじく）

tudumïung → desist（思いとどまる）

tudumïung → detain（引き留める）

tudumiung → discontinue（中止する）

tudumiung → suppress（抑圧する）

tudziki chūsaru mung → imperious（横柄、尊大な）

tudziki shtagayung → allegiance（忠誠）

chíshshti tudzikinyi shtagayung→implicit（絶対無条件の）

tudzikiung → bid（命ずる）

tudzikïung → charge（命ずる）

tudzikïung → dictate（口述する）

túgurutín → jelly（ゼリー）

tū-gva → pumpkin（かぼちゃ）

tūï → according（～に従って）

tuï → bird（鳥）

tuï → fowl（家禽）

tuï agïung → confiscate（没収する、押収する）

tuï atsimïru ftu → collector（集める人）

   kani tuï fïchi gátchi→draft（支払い命令書）

tuï gva → chicken（鶏のひよこ）

tuï íyā → fowler（鳥撃ち）

túí iyŭrŭ tí-pū → fowling piece（鳥撃ち銃）

tuï karishuru ftu → falconer（鷹匠）

tuï kassining → despoil（奪い取る）

tūï késhi-géshishung → cross-examine（反対尋問する、詰問する）

tuï keyung → exchange（交換する）

tūï kutéïshung → dialogue（問答）

tuï mutchung → entertain（歓待する）

tuï nóchi kakïung → counterbalance（釣り合わせる、埋め合わせる）

tuï órashuttukuru → cock-pit（闘鶏場）

tuï shirabishi yirabïung → compile（編集する、集める）

tuï tátiti ïyung → exaggerate（大げさに言う）

tuï → hen（めんどり）

tuï → poultry（家禽）

tūï bichī → passable（通行できる）

   mmáritsītchī→instinct（本能、生得の性向）

tuï gva → pullet（若おんどり）

tuï késhung → revoke（取り消す）

tuï k̆īnu kūda → quill（羽柄、羽茎）

túí kutuba → interrogation（尋問）

tuï mutchung → treat-ment（扱う、遇する）

tuï nóshé naráng → irremediable（回復できない）

túí sătă-shung → renown, -ed（名声、有名な）

tuï shimari → restraint（抑制）

tuï shímarishung → restrain（抑制する、制限する）

tuï shimïung → restrain（抑制する、制限する）

túí túyuru ámi → gin（狩猟用わな、わなにかける）

tuï túyuru tippū → gun（銃）

   ami→net（網）

tuï ussamarang → unruly（手に負えない）

tuïínchung → pack（詰める）

túína mung → homely（ありふれた、通俗の）

tūïna mung → middling（中位、並みの）

túïnu fukïúng → warble（囀る）

tuïnu kī → plume（（大きな）羽毛）

tuïnu luï → poultry（家禽）

tuïnu 'nni buni → merry thought（又骨）

tuïnu sī → nest（巣）

tuïnu yídji → roost（止まり木）

   pía pía shi abïung→twittering（さえずる）

tuïshimiráng → unrestrained（抑制されない、気ままな）

tuï-tī → knob（ノブ）

tuïyé → intercourse（交際、交流）

tuïātong → concrete（具体的な、有形の、固結した）

tuïmuchŭng → deal（付き合う）

tuï-mŭtchŭng → behave（振舞う）

tūïna mung → commonplace（平凡な事）

tuinu hani ittéru mushiru → featherbed（羽毛布団、安楽な身分）

t̆ŭ̆nŭ kandji → crest（とさか、毛冠）

tuinu ki mushiru → featherbed（羽毛布団、安楽な身分）

tuïnu kuchi bashi → beak（くちばし）

tuïnu nachung → chirp（（鳥が）チューチュ鳴く）

tuïnu si → aviary（鳥小屋）

tuinu utayung → cackle（鳥がカッコーと鳴く）

tuïnu-ku → cage（鳥かご）

tuïnu-ya → cage（鳥かご）

   atsimiti tuïyēshung→compound（混ぜ合わせる）

tuïyéshung → deal（付き合う）

tuïyónu ang → bearing（関係、意義）

túkaku → perhaps（多分）

tuké → ultra-marine（海外の）

túkirang → insoluble（溶解しない）

tūkó aráng → hereabouts（このあたりに）

tuku → foreknowledge（予知・洞察）

túku → might（力）

túku → niche（壁がん）

tuku → virtue（徳）

tuku aru mung → mighty（力ある）

tūku fíbichung → sonorous（反響する）

tuku gva → niche（壁がん）

tuku tatïung → edify（徳性を養う）

tukuru → place（場所）

tukuru → space（場所）

tukuru matchigé-shong → mislay（置き間違いする）

tukurunu zúku → local（地方の、現地の）

tukúttó néng → insecure（不安（定）な）

tukúttu nashúng → tranquilize（鎮める、落ち着かせる）

tukúttu neng → discomfort（不快）

túkuttu néng → unsafe（安全でない）

tukuttúshóng → settle（据える）

tukútu neng → perturbed（不安な）

túmbi → sparrow hawk（ハイタカ（小型の鷹））

tuméti atsimïung → gather（集める）

tuméti keshung → restore（復活する、元へ戻す）

tuméyung → find（発見・捜し出す）

tuméyung → seek（探し求める）

tumi → affluence（裕福）

tū-mī → presbita（老眼）

tūmi → telescope（望遠鏡）

tumi taritong → affluent（裕福な）

tumi taritóng → rich（金持ちの）

tumïung → interdict（禁止する）

tumiru → debar（禁じる）

tumīru dán → embankment（築堤、盛土）

tumitóng → wealthy（富裕な）

túmmoyung → leap（跳ねる）

tumu → aft（船尾に）

tumu → domestic（召使）

tumu → poop（船尾楼）

tumu → servant（召使）

tumu → valet（従者、側用人）

tumu gva ② → boy ②（小使）

tumu vorabi → footboy（（制服着用の）ボーイさん）

tumugū → rump（でん部、尻肉）

túmunu hashira → mizzen mast（ミズンマスト、後方の檣）
　　kadjiri neng→coeternal（永遠に共存して）

tumunyi kukuténg → collectively（ひとまとめにして）

tumunyi → coeternal（永遠に共存して）

tumunyi shung → partake in（加わる）

tumunyishung → cooperate（協力（同）する）

tumuré shi → elegy（哀歌）

tumushung → serve（仕える）

tún kvīru íshi → stepping stone（踏み石、飛び石）

tunaï mura → adjacent（隣接した）

tunai tchkassang → contiguous（接触する、隣接する）

túnaï → neighbourhood（近隣）

tūnaï → vicinity（近隣）

tunaï fidatõru ftu → neighbour（隣人）

túnaïnu ftu → neighbour（隣人）

tunamiténg → smooth（平らな、滑らかな）

túnayung → name ②（名付ける）

tunayung → sing（歌う）

túndjǔ → putty（パテ）

tūnu imǎshimi → decalogue（十戒）

tǔnǔbǎrǎ → centipede（むかで）

tǔnǔdji hǎyǔng → decamp（逃亡する）

túnudji kwīung → overleap（飛び越える）

túnudji kwīung → skip over（飛び越える）

túnudji tunudjung → frisky（よくじゃれる）

tunudjung → caper（とび回る）

tunudjung → jump（跳ぶ）

tunudjung → prance（跳ねて歩く、（馬が）踊りはねて進む）

tūnyi tǐtsi tǔyǔng → decimate（10人ごとに1人を選んで殺す刑）

tǔrǎ → tiger（虎）

tūrang → impervious（通さない、不浸透性の）

tūrarang → impenetrable（通さない、突き通せない）

turaráng → unrecoverable（取り戻せない）

turibati kangeyung → contemplate（瞑想する、黙考する）

turibé kakaïshi mǔ zǔmbǔnyi natóng → crazy（狂気の）

tūru → lamp（ランプ）

Tūru → lantern（提灯）

tūru tski ákashung → illuminate, illumine（照らす、輝かす）

tǔrǔnǔ kǎnsi → candle shade（ろうそくの笠）

túrutúru-shung → doze（うたた寝する）

tūsa → far（遠く離れた）

tūsa kangetoru mung → cautious（用心深い）

tūsa mī õsan → shortsighted（近眼の）

tūsang → afar（遠くに）

tǔsáng → productions（産物）

tūsarang → impervious（通さない、不浸透性の）

tūsarīng → permeable（浸透性の）

tushi → age（時代）

tǔshī → art（技術・術）

tǔshī → calling（職業）

tūshi → catheder（導尿管）

tūshi → duct（導管）

tushi → grindstone（砥石）

tushī → livelihood（生計、暮らし）

tushī → task（仕事）

tūshi → tube（管、筒）

tushī → vocation（職業）

tǔshǐ → whetstone（砥石）

tushi fachi djū → octogenary（80に基づく）

tūshi míchi → tunnel（トンネル）

tūshi nǔnǔ → colander（ろ過器）

tushi tuyuru tuǐ → canary（カナリヤ）

tushi úttu → younger（より若い）

tushi útu → junior（歳下）

tushi vakassang → adolescence（青春期）

tushi vakassang → younger（より若い）

tushi vákassaru mung → juvenile（若い）

tushi vakassaru tuchi → youth（若さ）

tushinu dzúku → fashion（流行）

tushinu dzúkunu gutóng → fashionable（流行の、当世風の）

tushinu shirushi → chronicle（年代記、記録）

tushinu vaza → calling（職業）

tushīnu vaza → task（仕事）

tushinu yuru → vigil（徹夜）

tushī-shung → profession（職業）

tushǐui → aged（老いた）

tushǐuǐ hāmé → crone（しわくちゃ婆）
　　shirizuchóng→superannuated（老齢のため退職した）

tǔshǐuti yótóng → decrepit（老いぼれの）

tushuïgissaru ftu → elderly（初老の）

tushung → become（成る）

tushung → constitute（構成する、任命する）

tūshung → permeate（浸透する、しみ込む）

tū-sǐmǐnǔ mung → decagon（10角形）
　　munu ïyuru dógu→speaking trumpet（メガホン）

索　引　575

tutaï kakitaï shuru báshi → drawbridge（つりあげ橋）

tūtai kutetaï-shuru munugattaï → dialogue（問答）

tutchī → fob（時計入れポケット）

tutchung → discumber（（障害の悩みなどを）取り除く）

t̄útí búsa → penates（守護神）

tuti chung → bring（持って来る）

tuti hayung → bereave（奪う）

tūti yung → ask（問う）

tūtóng → disembogue（（川が）海にそそぐ）

tūtóng → penetrate（貫通する）

　ikussa dogu tutuni tukuru→arsenal（兵器庫）

tutunõyung → adjust（調整する）

tutunūyung → trim（飾りをつける）

tuyagimung → booty（分捕り品）

tuyārang → disproportion（不釣合）

tuyāzi gayāzi → variety（多様性）

tuyāzi guyāzi → pellmell（乱雑に）

tūye narang → impenetrable（通さない、突き通せない）

túyung → accept（受け取る）

tŭyūng → ask（問う）

túyung → demand（強要する）

tūyung → fly（飛ぶ）

túyung → inquire（問う、尋ねる）

túyung → interrogate（尋問、問い質す）

tuyúng → lift（持ち上げる）

tuyúng → obtain（得る）

tūyung → penetrate（貫通する）

tuyúng → take（取る）

túyuru kutu → question（質問）

tuyuru kutuba → question（質問）

túyuru tski kudjó → interrogation（尋問）

tūzakĭung → aloof（離れて）

tuziki → precept（戒め）

túziki chikáng → insubordinate（服従しない）

tuziki nóshung → countermand（取り消す、撤回する）

tuzikinyi yū shtagayuru → obedient（従順な）

tuzikīru bashu → imperative（命令的な）

tuzikiru k̄óshi → manifesto（宣言、声明）

tuzikĭung → command（命ずる）

túzikĭung → enjoin（申しつける）

t̄-zing → wick（灯心）

U

u fĭá → eunuch（去勢された男）

ūnūĭmu → honoured sir（敬意を込めた呼び掛け語）

ú tŭnúdjuru íshi → stepping stone（踏み石、飛び石）

u wó → orpiment（雄黄（砒素の硫化物））

ubai tuyung → depredate（強奪する）

ubama → aunt（叔母）

ubayung → rob（奪う）

ūbi → band（帯）

ūbi → belt（ベルト）

ūbī → cincture（帯、紐）

ūbi → girdle（帯）

ūbi → sash（飾帯）

ūbi → zone（地帯）

ūbí futuchúng → ungird（帯を解く）

ūbi kundjung → gird（帯などで締める）

ūbi māshung → engird（取り巻く）

ubi matchi byó → shingles（帯状疱疹）

ūbi mussubĭung → engird（取り巻く）

ubi ndjashung → recollect（思い出す）

ubĭung → remember（思い出す）

ubigatchi → posy（（指輪などに刻む）銘、記念文字）

ubindjáshuru káta → emblem（象徴）

ubirangshi → inadvertently（思わず、ふと）

ubirashung → remind（思い出させる）

ūbĭshung → begirt（帯を巻いた）

ūbishung → gird（帯などで締める）

ubītóng → recollect（思い出す）

úbiyákashung → kidnap（誘拐する）

ubiyakashung → pillage（略奪する）

ubiyakashung → plunder（強奪する）

úbizinyi → imperceptible（知覚出来ない）

ubizínyi → inadvertently（思わず、ふと）

ubizínyí → unawares（覚えず）

úburi djinshung → drown（おぼれる）

uburĭung → lustful（欲望の強い）

uburĭung → plunge（浸す）

　ainyi uburirashung→enamour（ほれさせる）

uburitóng → submerged（水浸しの）

uchakvī → cover（覆うもの）

uchakvi → covering（おおい、外皮）

uchángĭung → hurl（強く投げる）

uchángĭung → sling（ほうり投げる）

uchangĭung → disuse（使用を止める）

uchi siziminu saké → crisis（運の分かれ目、重大局面）

uchi vakĭshi sadamĭung → arbitrate（仲裁・裁定する）

uchidjuyung → credit（信用、面目）

uchinashung → complete（完成する）

uchinashusi → cessation（休止、中止、停止）

ŭchĭng → curry-powder（カレー粉）

ŭchóng → afloat（浮かんで）

udayaka → safe（安全な）

udayáka → secure（危険のない）

údayákanyi néng → insecure（不安（定）な）

ūdédj → purveyor（御用達）

ŭdĭ → arm（腕）

udi → forearm（前腕）

udi-gani → bracelet（腕環）

udji → lineage（血統、家系）

údji → maggot（蛆）

udji → surname（姓）

udji ná → surname（姓）

udjinõyung → help（助ける）

udjinõyung → indemnity（保障、賠償、補償）

udjinoyung → mend（修理する）

udjinõyuru kússui → stimulants（刺激剤）

udjinúï kussuï → strengthening medicine（強壮剤）

údjirashung → threaten（脅す）

údjiti fíngïung → scamper（慌てて走り去る）

udóng → fatigued（疲労した）

ūdŭ → counterpane（（装飾的）掛け布団）

ūdŭ → quilt（フトン）

udúng → mansion（マンション、大邸宅）

udúng → palace（宮殿）

uduruchi ayashidong → astonished（驚愕した）

údurúchi kagamatóng → wince（たじろぐ）

uduruchi tún-mótóng → shocked（衝突した）

uduruchi ussurïung → dismay（びっくりさせる）

udurúchi ussurïung → dread（恐怖）

uduruchóng → afraid（恐れて）

udurukang → fearless（恐れを知らぬ）

udurukashimiung → affright（驚かす・恐れさす）

udurukashung → affright（驚かす・恐れさす）

udurukashung → daunt（怯ませる・威圧する）

udurukashung → frighten（おびえさせる）

údurukashung → menace（威す）

udurukashung → scare（驚かす）

udurukashung → terrify（恐れさせる）

udurukasi bichi mung → frightful（ぞっとするような）

uduruku → fear（恐怖・恐れ）

údushishung → intimidate（脅す）

údushung → menace（威す）

údushung → threaten（脅す）

udzira → quail（（鳥）ウズラ）

úfa-shung → pickback（背負った）

uffiku → enlarge（広げる）

uffiku fíbichinu ang → sonorous（反響する）

uffïku méyung → conflagration（大火災）

uffïku tséyung → stride（大股で歩く）

uffishang → great（偉大な）

uffissang → greater（より大きい）

uffissang → large（大きな）

 tsiburunu dzianda→cerebrum（大脳）

uffissaru ukuné → exploit（功績）

uffissaru yósi du yaru → grand!（壮大、荘厳、見事な）

úffokó néng mung → seldom（滅多にない、稀な）

uffóku → many（多くの）

uffóku → much（多量の）

uffóku kudóng → expressive（表現に富む）

uffóku kvéshóng → congregation（集会）

uffóku néng → infrequent（多くない、稀な）

uffusang → great（偉大な）

úffusang → many（多くの）

uffusassi ikirassasi → quantity（量）

úffussassi → multitude（多数、群れ）

ū-fintó → rescript（勅令）

ufu abīshĭ → aloud（大声で）

úfu abīshung → outcry（大声を出す）

ufu abī-shung → scream（大声で叫ぶ）

ufu abi-shung → yell（わめく）

ufu achiné → merchant（商人）

ufu atabitchi → toad（ヒキガエル）

ufu bana dŭnsĭ → damask（ダマスク織り・絞りどんす）

úfu baradatchi → furious（激怒した）

ufu bashira → mainmast（主マスト）

ufu bātchi → dish（鉢、食物）

úfu bĭshá → elephantiasis（象皮病）

ŭfŭ bódzi → abbot（大修道院院長）

ufu byu+ → cathedral（大聖堂）

ufu chiri → block（大きいかたまり）

ŭfŭ chŭ → adult（大人）

ufu chu → puberty, pubescent（思春期、成熟した）

ufu dăshă → broadcloth（幅広黒ラシャ）

ufu díma mung → idler（不精者）

ufu djing → coat（外套）

úfu djing → frock（婦人用ドレス（ガウン））

úfu djíng → mantle（マント、外套）

úfu djó → front-door（正面玄関）

ufu dzina → rope（綱）

ufu fudu → bulky（巨大な）

ufu guĭshĭ → aloud（大声で）

ufu guruma → wagon（荷車）

ufu gví → loud（声が大きい）

ufu ībi → thumb（親指）

ufu ishi bya → cannon（大砲）

ufu kāmi → bear ②（熊）

ufu ǩami → wolf（狼）

ufu kanadzichi → sledge hammer（大ハンマー）

úfu kázi → hurricane（ハリケーン）

ufu ǩĭ ippúng+ → log（丸太）

ufu kuruma → car（車）

ufu kwanyin+ → statesman（政治家）

ufu lusun+ → spain（スペイン）

ufu mátchi → emporium（市場）

úfu mátchi → fair ②（定期市）

ufu mítchi → road（道）

úfu múdji → barley（大麦）

ufu murushi → block（大きいかたまり）

ufu nābi → boiler（湯沸かし）

ufu nābi → caldron（大鍋、大釜）

ufu nadji → conger eel（（魚）あなご）

ufu nītchishung → snore（いびきをかく）

ufu 'nnkashi → antiquity（大昔）

ufu nusudu → brigand（山賊）

ufu ráku da → dromedar（y）（単峰ラクダ）

úfu sódó → uproar（騒動）

úfu táká → goshawk（オオタカ（鳥））

ufu tira → cathedral（大聖堂）

ufu tónu ching gu shin tó djing → maize（トウモロコシ）

úfu tsími → fang（牙）

ufu tuĭnu kva yubĭung → chuck（クック（めんどりの鳴き声））

úfu tushĭúĭ → octogenary（80に基づく）

ufu vata → colon（結腸、コロン）

ufu wūki → vat（大桶）

ufu yási → rasp（粗やすり）

ufu yugafū → plentiful（豊かな）

ufu za → hall（ホール）

ufu-vatá → potbellied（太鼓腹の）

ugúĭ munuĭ → insolent（横柄、傲慢な）

ugūĭssi → nerita（鷹？）

uguĭssi → nightingale（（鳥）うぐいす）

uguíssi → mango bird（鷹の一種（コウライウグイス科））

ugukashimĭung → excite（刺激する、興奮する）

ugukashusi → motion（動き）

úgŭrĭ → pride（誇り、おごり）

uguri → rodomontade（大言壮語）

ŭgŭrŭ → arrogant（驕慢な）

uguskanyi → solemn（重々しい、真面目腐った）

uguskanyi mamutóng → strictly（厳格に）

úguta kāgi → supercilious（傲慢な）

úguta mung → haughty（傲慢、不遜な）

uguta-mung → arrogant（驕慢な）

ugutcha ftu → active（活動的）

ugutcha mung → dappe（敏捷な者）

úgutcha mung → sprightly（活気ある）

ugútchinu neng → unintelligent（知性のない）

ugutchong → brisk（活発な）

ugutchung → shake（振動する）

ugutchung → stir（動く）

úguti atchung → strut（勿体ぶった歩き方をする）

uguti ĭyung → proudly（威張って）

úguti íkayung → huff（（古）どなる、驕る）

uguti naga zéĭshi → strut（勿体ぶった歩き方をする）

úguti nurayung → huff（（古）どなる、驕る）

uguti udushung → browbeat（おどしつける）

ugutóng → insolent（横柄、傲慢な）

ugutóng → proud（おごる、誇る）

ugutósi → pride（誇り、おごり）

úguyung → proud（おごる、誇る）

ŭĭ → cucumber（きゅうり）

úĭ bichī mung → marketable（良く売れる）

uĭ bichi mung → vendible（売れる）

úĭ hatitáng → sold all（すべて切れた）

úĭ ké → traffic（取引）

úĭ mung dé → stall（陳列台（商品の））

ūĭ uttayung → prosecute（告訴する）

uĭdúshuru → vendible（売れる）

ūĭnyi → greatly（大いに）

uīshu sumutchi → incest（近親相姦）

úĭshung → weave（織る）

ŭĭmung ĝé → counter（勘定台、売り台）

uĭnaru kutó firukushi → abstracted（ぼんやりした）

ūĭnyi firusang → extensive（広大な）

ūĭnyi ikatóng → furious（激怒した）

ūĭnyĭ ishi bya ĭŭng → cannonade（砲撃する）

uka → bank（土手）

ŭkă → debt（借金）

uka urĭung → land（上陸させる）

ukabi ndjĭung → emerge（出て來る、現れる）

ukabu → buoyant（浮かんでいる）

ukabu ish → pumice（軽石）

úkada mung → giddy brained（軽薄、移り気な）

úkada mung → unsteady（動揺した）

ukadong → afloat（浮かんで）

ukadóng → float（浮かぶ）

úkagati → pry（覗き見る）

ukagayuru nyiké → look out turret（監視塔）

ukagé bitu → scout（斥候）

ukagé buni → guard boat（巡視船）

ukagé ftu → informer（報告者）

ukagé nyiké → watch-tower（見張り塔）

ukagé saguru ftu → emissari（密偵、密使）

ukagénu ftu → emissari（密偵、密使）

ukagéyung → spy（覗く、窺う）

ukankae nubuyung → ashore（岸へ）

ukankae nubuyung → debark（上陸する）

ukankae nubuyung → land（上陸させる）

ukanyi nubuyung → disembark（上陸する）

ukasáshimiráng → inoffensive（害にならない）

ukăshănŭ → dangerous（危険な）

ukashi azamutchung → offend（感情を害する、逆らう）

ukashku nérang → secure（危険のない）

ukashung → affront，ted，ting（侮辱する）

ukăshung → deflour（凌辱する）

úkashung → offend（感情を害する、逆らう）

úkashung → violate（犯す）

ukashuru ftu → offender（違反者、犯罪人）

ukashuru mung → adulterer（姦夫）

ūkătă → about（約、大概）

ūkătă → almost（殆ど）

ūkátá → doubtful（疑がわしい）

ūkata → thereabouts（そのあたり、おおよそ）

ūkătă firatténg → flattish（やや平板な）

ūkata san djing → nearly（ほとんど、近く）

ukáttanu ftu → libertine（放蕩者、放埒者）

ukăttu shusi → carelessness（不注意、軽率、粗忽）

ukattushung → contemn（軽蔑する）

ukáttushuru mung → unthinking（思慮のない）

uké → conge（かゆ）

uké → gruel（粥）

ukeïnsang shung → dare（あえてする）

ukerang gutu shung → dare（あえてする）

ukéyung → flinch（たじろぐ）

uki tsidjung → devolve（譲り渡す）

ukĭung → rise（起きる）

ukigunyung → accede（応ずる）

ukigunyung → acknowledge（認容する）

ukigunyung → acquiesce, -ence（黙認・黙従する）

ukigunyung → comply（応ずる、従う）

ukióï yassī → obliging（親切な、喜んで人の世話をする）

ukiti chung → derive（由來する）

ukiti ndjang → start（起き出す）

ukiung → accept（受け取る）

ukiung → acknowledge（認容する）

ukĭung → arise（起きる・立ち上がる）

ukiung → arouse（起こす）

ukĭung → enjoy（楽しむ）

ukiung → receive（受け取る）

ŭk-kī → buoy（浮標）

ūku → inmost（一番奥の）

úku fukassang → hidden thing（隠された物）

úku myū⁺ → hidden thing（隠された物）

ukŭyung → occur, -rence（起こる、出來事）

ukuné → conduct（行い）

ukuné → deed（行為）

ukuné gatchi → memoir（回顧録）

ukuri → derivation（由來、起源）

úkuri mung → present ②（贈り物）

ukurĭung → originate（生ずる、始まる）

ukuríti chăng → originate（生ずる、始まる）

ukushung → raise（起こす、立てる）

ukutari assidatchung → truant（ずる休みする）

ukutari kăgĭ → contemptuous（人をばかにした、軽蔑的な）

úkutari mung → lazy（怠惰な）

ukutarĭung → negligent（怠慢な）

ukutarí-mung → indolent（怠惰、不精な）

ukutaritong → languid（物憂い、けだるい）

ukutaritóng → lazy（怠惰な）

ukutati chkang → disregard（無視する）

ukutatóng → idle（怠惰な）

ukutatóng → indolent（怠惰、不精な）

ukutatóng → remiss（怠慢な、投げやりな）

ukutayung → negligent（怠慢な）

ukutayung → sluggish（ノロノロした、不精な）

úkutayung → tire（疲れる）

ukuti achung → follow（続く）

ukuti chósi → derivation（由來、起源）

ukuti hómutasi → burial（埋葬）

ukuyung → derive（由來する）

ukuyung → present ③（贈る）

úkuyung → proceed（発する）

ukúyuru → funeral（葬式）

ulõpa → europe（ヨーロッパ）

umadjiri → barren（子を産まない）

umánchu → populace（大衆）

umăng shóti → regardless（注意しない）

umăntchu → crowd（群衆、人混み）

umarī → conceivable（考えられる、想像できる）

umăshi bŭĭshŭng → coquet（しなをつくる、媚びを見せる）

ŭmashi mung → delicious（美味しい）

umazi furazi → chance（機会、運）

umazi furazi → contingently（偶然に、付随的に）

umăzi furăzi → fortuitous（偶発的、偶然の）

umāzi furāzi → hap hazard（偶然）

umāzi furāzi → unexpected（予期せぬ、不意の）

umāzi-furāzi → casual（偶然の、思いがけない）

uméshi → chopstick（箸）

umí djĭmă → island（島）

umí djimanu ftu → islander（島民）

ŭmī ítutóng → irksome（面倒、厄介な）

umī naku → unintentional（故意でない、何気ない）

umí tskaï bichī mung → memorable（記憶すべき）

umi tskaï bichī mung → notable（注目すべき）

umi tskayung → reflect（熟考する）

ŭmí wūtatóng → irksome（面倒、厄介な）

umikakīng → deign（かたじけなくも～して下さる）

umiménu → card（札）

umīnu fukanu mung → unforeseen（予期しない）

uminu nussudu → pirate（海賊）

ū-mizi → deluge（大洪水）

umu ndjĭung → esteem（尊重する）

umuï → conjecture（推量）

umúï → design（思い、意向）

umúï → idea（考え）

umúĭ → intention（意図、心つもり）

umúĭ → thought（考え、思想）

umúí ídachúng → imbosom（心に抱く）

umúí tskarang → thoughtless（軽率な、思いやりのない）

umuĭ tudjimatóng → succeed（成功する）

umúĭnyi kakirang → unanxious（心配ない）

umuinu ukŭtõng → conceive（思いつく、妊娠する）

umūĭnyi kanāng → dissatisfied（不満な）

umumúchinu ang → important（重要な、重大な）

úmumútchi → scope（意図）

umumutchung → resort（しばしば行く）

umungbakari-shung → cherish（可愛がる、懐かしがる、（希望を）抱く）

umusang → pleasant（愉快な）

umushashung → admire（感服・賞賛する）

umushírukó néng → unpleasant（不快な）

úmushiruku neng → disagreeable（不愉快）

umushirusang → pleasant（愉快な）

úmussang → agreeable（愉快な）

úmussang → important（重要な、重大な）

úmutchi → noble（尊い）

úmutchi kutu → stress（強調、重要性）

úmuti → exterior（外面の）

umuti → forecastle（船首楼）

úmuti → superficies（表面）

úmuti → surface（表面）

umuti ïyung → said（言った）

ŭmutóng → deem（思う）

ūmŭtŭ → cactus（（植）サボテン）

umūyé fakayé naráng → inconceivable（想像できない、思いもよらぬ）

ú-muyó → represent, -ation（描く、描写）

umuyung → cherish（可愛がる、懐かしがる、（希望を）抱く）

umuyung → con（良く読む、調べる、暗記する）

umuyung → consider（考える、みなす）

ŭmŭyŭng → deem（思う）

umuyung → imagine（想像する）

úmuyung → mean（意味する、意図する）

úmúyung → suppose（想像する）

úmuyung → think（思う、考える）

umúyuru gútu shung → indulge（欲するだけ満たす、甘やかす）

ún chó → rue（（植）ヘンルーダ）

uń sú → destiny（運命）

unadjikaráng → unequal（等しくない）

unádjiku tsídji ukitõru ftu → fellow heir（共同相続人）

unadjūnyi shóng → fellowship（交友）

únchi → fate（運命・天命）

ūnchŭ → matter（膿）

únchu → pus（膿）

únchu shíbaï → leucorrhoea（白帯下、こしけ）

únchunu ndjiru kutchi → fontanel（排膿孔）

úndjing → freight（貨物運送）

undjunā-ya → messieurs（諸君、皆さん方）

ūnshaku → ferment（酵母）

úntchunu tstchóng → suppurate（化膿する）

untsé → celery（（植）セロリ）

un-tsé-ba → parsley（（植）パセリ）

untsgé → invitation（招待、勧誘）

untsgéshung → invite（招待する）

únu bashu → then（それから）

unu shakushé yutashang → good condition（良い状況）

únu shkubunyi taráng → incompetent（無資格、不適の）

únu tuchi kará áto → thenceforth（その時から）

únu únu → each（おのおの）

únu unu → every（あらゆる、いずれも皆）

únu únŭnŭ kutu → various（いろいろの）

unu utchi → therein（その内）

únu wī → thereupon（その上）

únu wī → whereupon（その上）

unu yuĭnyi → consequently（その結果として、従って）

ŭnyi → daemon（悪魔・鬼）

únyi → devil（悪魔）

únyi → fiend（悪霊）

unyi → ghost（幽霊）

unyifé → prayer（祈り）

unyifeshuru shidé → liturgy（儀式文集）

unyíng kara kunu katá → thenceforth（その時から）

unyinu churu gutushi → nightmare（悪夢）

únyinu fí → ignis fatuus（鬼火）

unyukĭung → report ②（伝える）

ura → inner（内部の）

úra → inside（内部に、内側で）

úra → lining（裏打ち、裏張り）

úra djing → doublet（甲冑の下に着る下着）

úra munuī → ironical（皮肉、風刺の）

úra tskĭung → line ②（裏を付ける）

ura umutinu kutuba → antithesis（対照法）

úra yadóng → envious（羨ましそうな）

ura yadóng → invidious（妬みを起こさせる、癪な）

ura za → by-room（脇の部屋）

urakatashā → enchanter（魔法使い）

urakatashung → divine ②（占う）

urámbichí → execrable（いまわしい）

urambichí → hateful（憎らしい）

urami → enmity（敵意）

urami → hatred（憎しみ）

urami mukūyung → retaliate（仕返しする）

urami núnudjung → execrate（忌み嫌う、呪う）

urami umuti yamang → relentless -ly（容赦ない、残忍な）

uramïung → hate（憎む）

uramïung → repine（不平を言う）

uramitóng → resent, -ful, -ment（恨む、憤慨している、憤り）

uramïung → detest（ひどく恨む）

uranayung → guess（推測する）

urandi iché nérang → omnipresense（遍在する）

urané → diviner（易者）

urané kátashā → fortuneteller（占い師、易者）

uranéshā → fortuneteller（占い師、易者）

uranéshā → necromencer（巫術者、占い師）

uranésha → wizard（魔術師）

uranéshung → divine ②（占う）

uranéshuru mídu → oracle（神託、神のお告げ）

urang tukurundi iché nérang → ubiquity（偏在）

urankae uchéchéng → pronation（内転）

urémashī-kutú → enviable（羨ましい）

uri → id est（即ち）

urī gow → rueful（痛ましい）

urī mudaitóng → sad（悲しい）

urī nachishung → squeal（（苦痛、恐怖などで）長い金切り声で言う）

urī nannu ang → trials（試練苦悩）

urī vázavé → misery（悲惨）

urīgŭtŭ → anxiety（心配・憂い）

urīgutu yung → complain（泣き言を言う、不平を言う）

urīnu harirang → disconsolate（やるせない、うら悲しい）

urirashung → lower（降ろす、低くする）

urīshung → afflict（悩ます）

urītóng → dejected（落胆・しょげた）

urītong → downcast（うつむいた）

urītong → grieve（悲しむ）

urītong → infest（（古）悩ます）

urītóng → joyless（嬉しさのない、喜びのない）

urītong → mournful（悼み嘆く）

urītóng → sad（悲しい）

urīung → mourn（嘆く）

urīung → pine（悲しみでやせ衰える）

urósha nǔnu → cambric（亜麻布）

uróshang → fine（優良な）

uróshang → fine（優良な）

úru dzítchi → intercallary month（閏月）

uru dzítchinu túshi → leap year（閏年）

ŭrŭ īshĭ → conglomarate stone（礫岩）

úruka → dull（鈍い）

uruka → dunce（のろま、劣等生）

úruka → silly（愚な）

urukana mung → clownish（粗野な）

urukana mung → crackbrained（気のふれた、無分別な）

urukana mung → dolt（薄のろ）

úrukana mung → fool（馬鹿）

urukana mung → humdrum（平凡な）

urúkana mung → ignoramus（無学者）

úrukanu kútu → folly（愚劣・愚鈍）

urukanyi várayung → simper（ニタニタ笑う）

urunyung → moisten（湿る）

urushi → varnish（ニス）

urushi dógu → lacker-ware（漆器）

úrushi núyung → lacker（漆を塗る）

urushi zeku → painter（塗り師）

úrushung → disburden（荷をおろす）

urūyung → fatten（太る）

úsha → joy（歓喜）

usha abi-shung → shout（叫ぶ）

usha abīshung → triumph（勝ち誇る）

ushā mātū-shóng → motley（寄せ集め、混成）

úsha nérang → joyless（嬉しさのない、喜びのない）

ushagi mung → offering（供物）

ushagïung → offer（差し上げる）

ushagťung → present ③（贈る）

ushagïung → proffer（申し出る）

ushagibaï → luff（船首を更に風上に向ける）

ushagissang → joyous（嬉しい、楽しい）

ushagissaru → jolly（上機嫌、陽気な）

ushaku nérang → distaste（嫌悪）

ushashóng → glad（喜んで）

úshashóng → joyous（嬉しい、楽しい）

ushāshung → blend（混合する）

ushāshung → coalesce（合体する）

ushāshung → join（結合、繋ぐ）

ushāshung → mingle（混ぜる）

ūshī → christianity（キリスト教）

ushi → docile（素直な）

ushī → doctrines（教義）

úshi → immolate（生贄にする）

ushī → instruction（教育、教授）

ushi → ox（雄牛）

ushī → religion（宗教）

ushí bichi mung → teachable（教育される、すなおな）

ushi chǐchāng → cut ②（切った）

ushi chinu anda tskoï yā → dairy（バター製造所）

úshi fakayung → infer（推論、暗示する）

ushi firumitési → inference（推論、推察、その結論）

úshi fúda → label（表札、ラベル）

úshi fushidjung → ward off（寄せつけない）

úshi gássanu kúnzi → vaccine（ワクチン）

ushi gvānu shishi → veal（肉用子牛）

ushi kundjó-na mung → beastly（獣のような）

ushi kurusha → butcher（屠殺者）

ushi narāshung → train（訓練する）

ushi 'nchung → intercalate（押し込む）

ushī néng mung → untaught（無教育の）

ushi nukĭung → waive（放棄する）

úshi nukĭúng → ward off（寄せつけない）

ushi tóritóng → overset（ひっくり返す）

ushi tskanaya → cowherd（牛飼い）

úshi tskĭung → enchase（宝石などをはめる）

ushi tskiung → press（押す）

ushī tstéyung → propagate（伝える、広める）

ushīgatta → instruction（教育、教授）

úshigī → rolling pin（のし棒）

ushi-gva → calf（子牛）

ushimbichī → deplorable（嘆かわしい、悲しむべき）

ushímbichí → lamentable（なげかわしい、遺憾な）

ushinaï → perdition（滅亡）

ushinatóng → missing（紛失、行方不明の）

ushinayung → lose（失う）

ushinayung → perish（滅亡する）

ushinayusi → perdition（滅亡）

ushínchung → thrust（強く押す）

úshinu abura → tallow（牛脂）

ushinu and tstchung → churn（撹乳器（でかき回す））

ushinu anda → butter（バター）

úshinu ánda → suet（牛や羊などの堅い脂肪）

ushinu chĭnu ka haï → cream（乳皮、クリーム）

ushinu chinu kvāshi → cheese（チーズ）

ushīnu haziri-tóng → heterodox（異端の）

ushinu kubi haki k̆ī → yoke（くびき）

ushinu kwa nashung → calve（（牛などが）子を産む）

ushinu nachung → bellow（大声で鳴く、どなる）

ushinu shishi → beef（肉）

ushinu yā → cowhouse（牛舎）

ushinu ya → stable（牛馬小屋）

ushīnyi → apostate（背教徒）

ushīnyi → apostatize（信仰を捨て変節する）

ushinyung → deplore（嘆き悲しむ）

ushinyung → regret（惜しむ）

ushishimi-shung → directions（指示）

ŭshĭtĭ → constrainedly（仕方なしに、無理に）

ushīŭng → instruct（教育、指示する）

ushīung → teach（教える）

ŭshó → abbot（大修道院院長）

úshsha → pleasure（喜び）

ushshagissa yurukubigíssa → please（喜ばす）

ushshaku néng → cheerless（陰気な、喜びのない）

úshshaku néng → indisposed（気が不快、向かない、気乗りしない）

úshshashi → merrily（楽しく、陽気に）

ushshashimĭung → cheer up（慰める、元気付ける）

ushshashóng → please（喜ばす）

úshshiting → notwithstanding（それにもかかわらず）

ŭshū bĭchī → corrigible（矯正できる、すなおな）

úshumi-shung → doze（うたた寝する）

úshung → impel（駆り立てる、押しやる）

ushung → push（押す）

ushúng → shove（乱暴に押す）

úshŭnŭ fiŭsī → ebbtide（引潮）

úshunu mítchung → tide（潮）

ūsi → mill（臼）

usi fitchā → miller（粉屋）

usiti mīrang → vanish（消える）

ússami djing → toll（使用料）

ussami iradési → compilation（編集（物））

ussami tskanĭung → restrict（制限する）

ussami tskassadutoru ftu → director（指揮者）

ussamĭung → govern（統べる）

ussamĭung → manage（上手く処理する）

ussamĭung → regulate（統制する）

ussamĭung → reign（統治する）

ussamíe naráng → unmanageable（治められない）

ussamiraráng → unmanageable（治められない）

ussamīru tstomi → controllership（支配、監督）

ussamīse → government（政治、政府）

ussamĭung → administer（司る）

ussamiung → control（支配（監督）する）

usséti hazikashimĭung → gibe（愚弄する、あざける）

usséyung → abase（卑しめる）

usséyung → debase（卑しめる）

usséyung → depress（押し下げる）

ússéyung → oppress（圧迫する、押しつぶす）

usséyung → overawe（威圧する）

usséyung → persecute（迫害する）

ussi akassang → reddish（赤みがかった）

ussi akassaru natsi nunu → nankeen（南京木綿）

ussī chāshung → smother（覆う）

ussī chiru → buff（薄黄色）

ussi chīru → straw-coloured（わら色の）

ussī futa → operculum（（植）ふた、（魚の）えらぶた）

ussī gani → plating（めっき）

ussi íru → pale（青白い、青ざめた）

ussī kakushung → secrete（隠す）

ussī kuru → blackish（やや黒い）

ussĭ kurussang → darkish（薄黒い）

ússi shiru → whitish（薄い白（白っぽい））

ússi sīsang → sourish（やや酸っぱい）

ussi sĭsărŭ aka zaki → claret（ボルドー赤、ぶどう酒の一種）

ussī tskiung → sag（たるむ）

ussī varéshung → smile（微笑する）

ussi wīshóng → tipsy（ほろ酔い）

ussī yandyung → crush（粉にする、つぶす）

ussī yíshïung → sag（たるむ）

ússï kurú → swarthy（浅黒い）

ússiku → late（遅い、遅く）

ússiku bichí → malleable（可鍛性の、柔軟な）

ussiku naru → delay（遅らせる・延ばす）

ussiku nashung → postpone（延期する）

ússirang mung → disobliging（不親切な）

ussīrashung → hush up（抑える、揉み消す）

ussiti kakushung → compromise（妥協する、示談する）

ussíung → depress（押し下げる）

ussīung → quash（抑える）

ussubutchung → roar（わめく、どなる）

ussuï kakushung → gloss（光沢、上辺を飾る、誤魔化す）

ussúï tskïung → press（押す）

ussuï tskitóchung → retain（保持する）

ussún kagánshung → prostrated（平伏した）

ussuri → fear（恐怖・恐れ）

ussuri bessa → coward（臆病者、腰ぬけ）

ussuri bichí → venerable（畏敬すべき）

ussuri kagamati → dastardly（卑怯な）

ussuribéssa-shi → cowardly（臆病な、卑怯な）

ussurinu chūsaru mung → bashful（内気の）

ussurirang → fearless（恐れを知らぬ）

ussurirashung → dismay（びっくりさせる）

ussuriti figiung → deter（躊躇する）

ussuríti túnudjung → scamper（慌てて走り去る）

ussuritong → afraid（恐れて）

ussuritoru ftu → fearful（臆病な）

ussuru bichi mung → formidable（恐るべき）

ussurukwa → lest（〜するのを恐れて）

   aravashung→protest（抗議する）

ussuti amayung → overhang（垂れ下がる、覆いかぶさる）

ussuyā → covering（おおい、外皮）

ussuyā → coverlet（ベッドの上掛け）

ussúyung → hover（（鳥などが）空に舞う）

ussuyung → prostrated（平伏した）

ussuyuru mung → cover（覆うもの）

usurirashung → daunt（怯ませる・威圧する）

uta → chant（歌）

uta → song（歌）

úta → tune（曲調）

uta → voice（声）

úta chŭ fushi → song（歌）

ŭta gva → canticle（小歌曲）

uta gva → sonnet（ソネット（十四行詩））

uta tsirïung → chorus（合唱（する））

utabi mishéng → bestow（贈与する）

utabinshéng → dub（爵を授ける）

utagāng gutu → doubtless（疑いもない）

utagati fakayung → guess（推測する）

utagatong → dubious（半信半疑な）

útagatóng → suspect（疑う）

utagavashī mung → suspicious（疑い深い）

utagé → distrust（疑惑）

utagé → doubt（疑い）

utagé → mistrust（不信、疑惑）

utagé nérang → doubtless（疑いもない）

utagé → suspicion（嫌疑）

utagéya nerang → undoubtedly（疑いなく）

ŭtaï kótaï-shusi → traffic（取引）

utashá → singer（歌手）

útashuru ftu → minstrel（吟遊詩人）

útati mótari áttchung → lag（のろのろする、衰える）

utātti → purposely（わざと、故意に）

utayá → singer（歌手）

utayung → sing（歌う）

útayung → warble（囀る）

utchakayuru yī → couch（寝椅子、ソファー）

utchakīru fussumúng → scarf（スカーフ）

utchangïung → reject（拒絶する）

ŭtchéti tuzikiung → countermand（取り消す、撤回する）

utchi → among（〜の中で・間で）

utchi → capacity（容量、受容力）

utchi → cavity（空洞、うつろ、腔）

utchi → in（〜の中に）

útchi → interior（内部の）

utchi → internal（内部の）

útchi → within（内）

útchi agʹung → toss（投げる）

utchi agiéshung → toss（投げる）

utchi djī → particles（接辞）

utchi gussa → duckweed（（植）アオウキグサ）

utchi gússa → water greens（水生野菜）

utchi kudashung → smash（潰す）

utchi kvayung → absorb（吸収する）

útchi múti → inner（内部の）

útchi múti → interior（内部の）

utchi muti → internal（内部の）

utchi nakae → among（〜の中で・間で）

utchi ndjïung → emerge（出て来る、現れる）

utchi núnyung → imbibe（飲み干す、吸い込む）

utchi shíung → infer（推論、暗示する）

útchi tudumïung → interrupt（遮断、中断する、妨害する）

utchi tudumiung → quell（鎮める）

utchi tukuru → disposition（配備）

utchi vakishung → decide（裁断する）

utchi vayung → contuse（打撲傷を負わす、挫傷させる）

utchi yabuyung → discomfit（打ち破る）

útchi yábuyusi → depredation（強奪）

utchíng → turmeric（（植）ウコン）

utchinkae → into（中へ）

utchinu mung → inward（内部（に））

utchinyá → loochoo（琉球）

útchinyi → within（内）

utchinyi ĭung → enter（入る）

utchóchung → collocate（排列する）

utchóchung → place ②（置く）

utchukvi tsitsíng → knapsack（背負い袋、リュック）

utchung → beat（打つ）

utchung → collocate（排列する）

útchung → lay（置く）

utchung → place ②（置く）

utchung → put（置く）

utchúng → strike（打つ）

uti du → shortcoming（短所、欠陥）

ūti fingashung → dislodge（追い払う）

úti iriüng → interweave（織込む、織混ぜる）

ūti katsimĭung → overtake（追いつく）

uti ku → interweave（織込む、織混ぜる）

ūti ndjashung → eject（追い出す）

uti tstchóng → settle（据える）

ǔ-tíng → rainy（雨の多い）

útiráng → indelible（消せない、洗い流せない）

utīrasáng → uphold（支える、鼓舞する）

utïung → fall（落ちる）

utó títsi → heater（ヒーター）

utsi → disconsolatedness（やるせなさ）

utsi mung → conveyance（乗り物、伝達、譲度）

utsi shóng → morose（寡黙な。不機嫌な）

útsi yatsí-shung → undecided（未決の、ぐずぐずした）

utsinchung → stoop（かがむ）

utsinu harirang → disconsolate（やるせない、うら悲しい）

utsiri chkata → uncultivated（粗野な）

útsiru ana → vent（穴，放出する）

　guri tuyung→decant（上澄みを静かに注ぐ）

utsishī kutuba → metaphor（比喩）

utsishī mung → copy（写し、模写）

útsishi wĭung → transplant（移植する）

utsishi ftu → translator（翻訳者）

　yatsishi gatchi→translation（翻訳）

utsishimïung → disconcert（当惑させる）

utsishóng → dumpish（憂鬱な）

utsishóng → melancholy（憂鬱な）

utsishóng → pine（悲しみでやせ衰える）

utsishóng → sorrowful（悲しい）

utsishung → infect（感染、感化させる）

utsiti atchung → march（行進、する）

utsitóng → glossy（光沢ある、見掛け倒しの）

utsiung → remove（移す、取り除く）

utsiva mung → vessel（容器）

utsivamung → instrument（器具）

utsivamung → utensil（道具）

utsiyatsishong → dubious（半信半疑な）

utsushéru búng → transcript（写し）

utsushī mung → transcript（写し）

utsushi ndjachéru shī chó → septuagint（70人訳ギリシャ語聖書）

útsushung → banish（追放する）

útsŭshŭng → plagiarism（盗作）

útta gva → ditty（小歌曲）

ǔttaï → accusation（告訴）

ūttaï mutumīru ftu → applicant（志願者）

uttaï nushi → client（訴訟依頼人）

uttaï nying → accuser（告訴人）

　sézukushuru ftu→claimant（要求者、原告）

úttaï → law-suit（訴訟、告訴）

uttaï → litigation（告訴、訴訟）

úttaï → prosecution（訴えること）

úttaï → trial（裁判）

　firūshaï shuru kutu→trial（裁判）

úttaï gutu → law-suit（訴訟、告訴）

úttaï gutu → litigation（告訴、訴訟）

úttaï gva katchā → pettifogger（いんちき弁護士）

úttaï katchā → pettifogger（いんちき弁護士）

uttaï kunudoru ftu → litigious（訴訟好きな）

úttaï ndjashung → prosecute（告訴する）

úttaï shung → litigate（告訴する）

úttaï shuru ftu → plaintiff（提訴人）

uttaï tuï yamïung → nonsuit（訴訟の却下）

uttaï usseyung → nonsuit（訴訟の却下）

úttaïnu ski-yaku → lawyer（弁護士）

úttaïnu tidáng → plea（言い訳）

úttaïshā → lawyer（弁護士）

uttaïshi ïyung → indict、-ment（起訴する、告発（状））

úttaïshung → impeach（告発、非難する）

úttaïshung → indict、-ment（起訴する、告発（状））

úttaï-shung → sue（訴訟する）

　kavati uttaï-gatchi shung→advocate（代弁する）

uttaïsarī bǐchī → accusable（告訴すべき）

uttaïsattoru ftu → defendant（被告人・弁護人）

uttaishi mutumïung → apply（当てはめる）

uttaïshi sóyung → arraign（罪状認否を問う）

ūttaishung → accuse（告訴する）

ūttaïtsigĭung → accuse（告訴する）

uttcchakayung → lean（寄り掛かる）

úttchagitóng → upward（上へ）

uttché fittché → fickle（気まぐれな・不安定な）

úttché fíttché bindjüng → discuss（討議する）

úttché fíttché → transpose（位置を変更する）

úttche fittché-shung → writhe （身をねじる）

uttchéchi yarashung → countermarch （回れ右前進、反対行進、逆行する）

úttchéinyé → vice versa （逆に）

uttchéshéng → topsy turvy （さかさまの）

uttchéshong → contra （逆、反、抗）

ŭttchéshoru kutuba → contradiction （矛盾）

úttchéshung → reverse （逆にする、裏返す）

uttcheti chūng → recoil （はね返る）

úttchéti tóshung → reverse （逆にする、裏返す）

úttchéyuru bashu → vice versa （逆に）

ú'ttchi matchigé → misplace （置き違える）

úttchi nubitéru nándja → ingot of sycee （馬蹄銀の鋳塊）

uttchinyi ĭttchŏng → comprized （含む、〜から成る）

uttchung → hit （打つ）

úttchung → knock （叩く、打つ）

útti → shall （やがて〜であろう）

úttó → smoothing iron （アイロン）

úttunu vagósang → dissonant （不協和な）

útu → junior （歳下）

utu → sound （音）

útu → tone （音色）

utu vagónyishung → chime （調子を合わせる）

utugé → chin （あご）

utunashī fūdji → sedate （穏和な）

utunássa → sedate （穏和な）

utunassashi kutu yū bindjĭung → conscientiously （まじめに）

útundjĭung → alienate （疎んじる）

utunu vagonye natong → consonance （協和音、調和）

uturúsha ími → incubus （|nightmare| 悪夢、夢魔）

uturusha mung → formidable （恐るべき）

uturúsha mung → frightful （ぞっとするような）

uturúsha mung → horrible （恐ろしい）

úturusha shtchóng → feel （感じる）

uturushashóng → bashful （内気の）

uturushashóng → feel （感じる）

uturūtaï → declension （衰微・衰退）

uturūtóng → feeble （か弱い）

uturūtóng → frail （虚弱な）

uturuyung → wither （枯れる、萎れる）

uturŭyŭsi → debility （衰弱）

uturūyusi → declension （衰微・衰退）

útushi ána → pitfall （落し穴）

útushi ana tskóti tuyúng → entrap （落し穴に陥れる）

ŭtushung → degrade （位を落とす・退ける）

útushung → derogate （(名声などを)落とす）

útushung → vilify （謗る）

utuziri → message （伝言、お告げ）

útuzíri → tidings （便り、音信）

ūŭ araminu → compendious （簡潔）

ūŭ araminūŭ → compendium （大要、要約、概論）

īu atsissa → sultry （蒸し暑い）

ūu bábārishóng → uninhabited （住んでいない）

ūŭ bīsa → frost （霜、寒気）

ūŭ kazi → tyfoon （台風）

ūu kuriné → scarlet （真紅色）

ūŭ matchigé → blunder （大失敗をする）

ūŭ mizzi → flood （大水・洪水）

ūŭ muni → summary （要約、概括）

úŭ → fish （魚）

ūŭkŭ bukassang → abstruse （深遠な）

ūŭyádinu kani → funds （財源）

ūŭyadji → public （公の）

ūŭyadjinyi → generally （概して、一般に）

üŭ-yaki-shung → conflagration （大火災）

úya → father （男親）

úya → parents （両親）

uya kará tstétaru kadjó → patrimony （世襲財産）

úya-fāfudjiu → parents （親）

uyamati → respectful （丁重な）

uyamayung → venerate （崇める）

uyamayusi → deference （尊敬）

uyamé → deference （尊敬）

uyamé → honour （名誉）

uyamé → respect （尊敬）

uyamé nerang → disrespectful （評判のよくない）

uyanu gutushi → fatherly （父親らしい）

uyanu kanashimi → paternal （父の）

úyanu nukuchéru mung → heirloom （世襲財産）

uyanu vakibung kvīrang → disinherit （勘当する）

uyubyung → tend （傾向がある、向かう）

ūyung → expel （追い出す）

ūyung → pursue （追跡する）

ŭyúng → sell （売る）

úyuru ftu → fruiterer （青果商人）

úyussu → every （あらゆる、いずれも皆）

uzudési fuyung → disinter （発掘する）

uzumashénarang → awaken （覚醒させる）

uzumashung → jog （揺する）

uzumashung → remind （思い出させる）

uzunĭung → rouse （目覚める）

uzunyung → arouse （起こす）

uzunyung → awake （目覚める）

uzunyung → bury （埋める、葬る）

úzunyung → inter （埋める、埋葬する）

V

vá → ring （輪）

va buntushé → afford（余裕がある）
　umumutchóng→yearn（焦がれる）
va chimunyi sákatong → upset（掻き乱す）
va djó ariga djónyi tsitsing kuvéyung → enclose（納める）
va dū → myself（私自身）
vá gani → ring（輪）
vā kurushuru tukuru → butchery（屠殺場）
va kutchinyi māssa mung → titbit（（うまいもの）一口）
va mung → mine（私のもの）
va shtchǐnǎ mung → titbit（（うまいもの）一口）
va si kantóng → due（当然支払うべき）
va {mung} → my（私の）
vābī ching → coat（外套）
vabi dīdji bakaïdu → compliment（御世辞、挨拶の言葉）
vābi mutti → surface（表面）
vabukó sang → discord（一致しない）
vabuku → amity（親睦・和睦）
vábuku → harmony（調和、ハーモニー）
vábuku → peace（平和）
vabuku néng → discordant（一致しない、仲が悪い）
vabuku sisinyung → conciliate（調停する）
vabukunyi → disunion（不統一）
vabukushimïung → conciliate（調停する）
vǎbǔkǔ-shung → concord（一致、和合）
vachakushi nayamashung → gybe（船が進路変更する）
váckvirang → insoluble（溶解しない）
vádachi → axis, axle（車軸）
vadang → harmony（調和、ハーモニー）
vadanna ftu → affable（愛想よい）
vadanna ftu → amicable（友好的な）
vadánna ftu → peaceful（平和な）
vadanyé néng → unsociable（交際ぎらいの、無愛想な）
vadanyi ang → harmonize（調和させる）
vadányi aru → fraternal（兄弟の・友愛の）
vadányi nashung → reconcile（和解させる）
vadányi néng → discord（一致しない）
vadanyi sódanshung → negociate（交渉して決める）
vādjā → grim（険しい、厳格な）
vādja fīdjashóng → limp（グニャグニャの、しまりない）
vādjā natong → crumple（しわになる）
vadjadong → downcast（うつむいた）
vadjadóng → morose（寡黙な。不機嫌な）
vadjadóng → mumps（おたふくかぜ）
vadjanyung → crumple（しわになる）
vadjïung → anguish（苦痛）
vaga → I（私）
　yírabi agʹung→vote（投票）
　umitsikatóng→yearn（焦がれる）
　kangenyi tskiung→concur（一致する、同意する）

vága ariga sī kantong → indebted（借金がある）
　sazikiung→entrust（委任する）
　dūshae→myself（私自身）
vanchamayundó → responsible（責任ある）
vagó → peace（平和）
vagóna mung → gentle（優しい）
vagónu chimu → amicable（友好的な）
vagónyi ang → harmonize（調和させる）
vagónyi naráng → implacable（宥められない）
vagóshóng → accord（一致する）
va-gvā → porker, porkling（子豚）
vaï → fraction（小部分、断片）
vai utushung → divide（割る -2）
vaï yassang → fragile（脆い、折れやすい）
vaï akiung → incision（切れ目）
vaï firachung → incision（切れ目）
vaïfu-shung → comport（調和する、一致する）
váka djínyishung → untimely（時を誤って）
váka māshishung → untimely（時を誤って）
vaka shǔ → sodomite（男色者）
vákabé → sprouts（若芽）
vakachi → distinction（区別）
vakachi kvīung → allot（割り振り分配する）
vákachi nyūng → judge（判定する）
vákari → descendants（子孫）
vákari → issue（出たもの）
vakari → offspring（子孫、生じたもの）
vakari → parting（別れ）
vákari ukuyuru kutúba → farewell（ごきげんよう）
vakarīru kutu → division（分割）
vakarīse → parting（別れ）
vakasang → young（若い）
vákashi → progeny（子孫）
vakashung → award（（仲裁裁判などで）査定する）
vakashung → divide（割る）
vakashung → impart（分け与える、伝える）
vákashung → judge（判定する）
vakashusi → division（分割）
vakasi bichi → divisible（分けることが出来る）
vakassaing → childhood（幼年時代）
vákassang → juvenile（若い）
vakassaráng → indivisible（分割不可）
vakassassi → youth（若さ）
vakati nagarïung → ramify（枝状に分かれる）
vakatoru mung → another（別の）
vakayung → differ（異なる）
vakayung → separate（別れる）
vaki → fraction（小部分、断片）
váki → part（部分）
vaki → portion（部分）

vaki → share （分け前）

vakiti kvĭung → divide （割る）

vakiti utchung → assort （分類・区分けする）

vakĭung → award （（仲裁裁判などで）査定する）

vákkvashung → squash （押し潰す）

vakóshung⁺ → reconcile （和解させる）

vakuĭ ndjachi tatakayung → challenge（挑戦する、いどむ）

vakuĭ ndjashung → challenge （挑戦する、いどむ）

vakuĭ chíung → satirize （風刺、皮肉る）

vakuĭ djó → pasquinade （落首、風刺文）

vakuĭtskĭung → mock （あざけからかう）

vakuti vorayung → banter （ひやかし）

vakuyung → mock （あざけからかう）

vakuyúng → sneer （嘲笑する）

vam-bitsi → cup-board （食器棚）

vanchameyung → eke，eek （補う）

vanchaméyung → replace （返す）

vané wémissa → unworthy （価値のない）

vang → cup （茶碗）

vang → I （私）

vang → me （私）

vang tanudoru ftu → adherent （味方）

vang yaka ikáng → worse （より悪い）

vang-dogu ĭri fĭtsi → cup-board （食器棚）

vānŭ kăndji → bristle （刷毛）

vanya gaki-shung → loop （輪、輪結びする）

vanyi kavati arinyi íchi kvíri → instead （代わりに）

vanyi kavati kutu kamuya → factor （代理人）
　　kvī chichi kviriyó→regards （よろしくとの挨拶）

vara → straw （藁）

vara chĭuru hótchā → chaffcutter（まぐわ切り、わら切り機）

varaï hazikashimĭung → gibe （愚弄する、あざける）

varayung → laugh （笑う）

varé → laughter （笑い）

varé nā → nickname （あだ名、愛称）

vărĭ → scrap （屑）

vari buni → wreck （難破）

varī yassa → brittle （こわれやすい）

vărī yassaru mung → crisp （砕けやすい）

vărĭmī → crevice （狭く深い裂け目）

várimi → fissure （ひび割れ、裂け目）

varó bichi mung → ridiculous （おかしな、ばかげた）

varukó néng → faultless （過失無い、完璧な）

vāshā → butcher （屠殺者）

vāshā matchi → butchery （屠殺場）

vasha mitchishóng → fret （いらいら（やきもき）する）

vashamítchishung → palpitate （激しく動揺する、震える）

váshi → eagle （鷲）

vashĭung → run （走る）

váshshĭung → gallop （疾走する）

vassă tŭkŭrŭ → culpability （過失あること、有罪）

vassa túkurunkae káchi nóshung → falsify （偽る）

vassăndi shtchóï → culpably （不埒にも、ふときに
　　も）

vássang → times （時期）

văssanu → culpable （過去のある、とがむべき）

vassassi sódanshung → reproach （責める）

vassīru kussúï → lethe （忘却）

vassīru yaku → lethe （忘却）

vassĭung → forget （忘れる）

vătă → abdomen （腹部）

vătă → bowels （腸）

vătă → capacity （容量、受容力）

vatā → plural （複数形）

váta → womb （子宮）

váta gūsa → timid （臆病な）

vătă mī mung → bowels （腸）

vata mī mung → gut （内蔵、中身）

vata titsinu chó dé → brothers （異父兄弟）

vata utchinu kva → fetus （胎児）

vata yamé → cholic （腹痛）

vata tītsinu → uterine （同母異父の）

vátaïyúndi → trudge （とぼとぼ歩く）

vatakushé umang → disinterested （私欲のない）

vatakushi → private （私的）

vatakushi neng → dispassionate （冷静、公平）

vátakúshingva → illegitimate child （非嫡出の子）

vatakushinu kva → bastard （私生児）

vatakushinyi → privately （私的に）

vatakushinyi katayutōru ftu → selfish，-ness（利己的、
　　利己心）

vatakushi-shóng → illicit （禁制、不法の）

vátanu mī mung → garbage （屑、魚のあら）

vátanu mung → garbage （屑、魚のあら）

vatanu uffisang → potbellied （太鼓腹の）

vatanu yanyung → cholic （腹痛）

vátanu zófu sagati → rupture （脱腸）

vatashí kuruma → stage couch （駅馬車）

vátashung → transfer （移す）

vátashung → transmit （送る、渡す）

vatchaku kutu → joke （冗談、ふざけ、戯言）

vatchaku-shung → prank （たわむれ）

vátchaku-shung → sport （ふざけ、戯れ）

vatchaku-shung，-sattang. → prank （たわむれ）

vatchi mitchi → by-path （わき道）

vatchi mitchi → sideway，-s （脇道、歩道）

vātchinu mi yó → supercilious （傲慢な）

vatchi-shŭbī → gusset （ガセット、つなぎ板）

vaténg → fracture （破砕する）

vatta → belly（腹）

vatta → intestines（腸）

váttá → our（我々の）

vatta → paunch（腹部）

vatta mī mung → entrails（内臓）

vátta mī mung → intestines（腸）

vatta mī mung → paunch（腹部）

vattaï búni → ferry boat（渡し船）

váttaï buninu ftu → ferryman（渡し守）

váttaï buninu tima → ferriage（渡船賃）

váttaï ching → ferriage（渡船賃）

vattaï-gutchi → ferry（渡し場）

váttanu mittchóng → satiated（満腹した）

vattashi búni → ferry boat（渡し船）

vattashi buni kūdjā → ferryman（渡し守）

　tatsinkae nashúng→twain（2）

văyŭ̆ng → break（割る）

văyung → cleave（裂く、割る、切り倒す）

vayúng → divide（割る -2）

vaza → employment（仕事）

vaza → labour（仕事、勤め）

vaza → occupation（仕事）

vaza → vocation（職業）

vaza kumishóru ftu → fellow labourer（仕事仲間）

vaza shkutchi shīgutu → work（仕事）

vaza vaza → designedly（故意に）

vaza vaza → expressly（特別に）

váza váza → intentional（意図的、故意の）

vazachung → groove（溝を彫る）

vazanyi kurushidōru ftu → drudge（奴隷のように働かされる人）

vazashuru ftu → labourer（人夫、労務者）

vázató sadamiténg → premeditated（前もって訂正した）

vazatu → designedly（故意に）

vázatu → intentional（意図的、故意の）

vazatu → purposely（わざと、故意に）

vazatu → special（特別な）

vázătŭ sáng → involuntary（不本意の、故意でない）

văzătu shóng → deliberately（故意に）

văzătŭ shung → advisedly（熟慮の上で、故意に）

vazavaza → special（特別な）

vazavé → disaster（天災）

vazavé → woe（災難）

vazave gutu → calamitous（災いの多い）

vazavenu chízashi → infelicitous（不幸、不運の）

vazavényi ótóng → met（会った）

vāzé gutushā → imposter（ペテン師）

vāzégútushā → imposer（ペテン師）

vāzégútushung → impose（（悪い品などを）つかませる）

vázika → bagatelle（つまらないもの）

vazika → paltry（わずかな）

vazika → petty（つまらない）

vazikanu kutó → calculation（計算、見積）

vazikanu mung → trifle（つまらない物、ささいな物）

vazikashi kutu → frivolous（取るに足らない、つまらない）

vazikashī kutu shung → piddle（浪費する）

vazikashī mung → paltry（わずかな）

vazikashī mung → petty（つまらない）

vázikashí mung → trifle（つまらない物、ささいな物）

vazikashī yé → instant（一瞬時）

vaziravashí → troublesome（厄介な）

vaziravashku néng → unmolested（苦しめられない）

vaziravashung → discommode（不便にする）

vaziravashung → disturb（邪魔する）

vaziravashung → embarrass（まごつかせる）

vaziravashung → incomode（悩ます、患わす）

vaziravashung → molest（苦しめる）

vaziravashung → vex（困らせる）

văzĭrăvăshŭrŭ mung → cumbersome（じゃまな、厄介な、煩わしい）

vaziré → carking cares（気苦労、心配）

vaziré → disturbance（妨害）

vazirényi nayung → incomode（悩ます、患わす）

vedaïogāng → constable（代官、種々の高官）

vedaïshuru katchitumi → archives（記録保管所・官文庫）

　yū bung taritóng→competence（相当の資産、小金）

véki shimiung → enrich（豊ませる）

vekishussi → affluence（裕福）

vémissang shiráng → unceremoniously（無遠慮に）

vénda mung → gentle（優しい）

venda mung → good natured（良い生まれの、気立てよい）

venda mung → meek（柔和な）

venda mung → placid（落ち着いた）

véndassa → gentleness（優しさ）

véru → bribe（わいろ）

vérūnŭ kutu → bribery（わいろの行使）

véziki tské → plenipotentiary（全権大使）

vezikisheru ftu → deputy（代理者）

vezikiti tskayung → depute（代理者とする）

vezikïung → empower（権能を与える）

vigóku ang → prurigo（痒疹）

vigósang → prurigo（痒疹）

vinago bodzinu tira → convent（女子修道院）

vólé naï tukuru → accessible（近付きやすい）

vórabi → child（子供）

vorabi → lad（少年、若者）

vorabi → young（若い）

vorabi ninsīru kuruma gva → cradle（ゆりかご）

vorabi ráshi → childish（子供らしい）

vorabi shoying → childhood（幼年時代）

vorabin kī → fern（シダ）

vorabíngī → fern（シダ）

vorabinu gutong → childish（子供らしい）

vorabinu gutu → puerile（子供の）

vorabinu simé túkuru → nursery（育児室）

vórabinu tavafuri gutu → boyish, boy's play（子供じみた、子供の遊び）

vorabinu za → nursery（育児室）

vóraï fúkushung → titter（くすくす笑う）

vūdjiung → accomodate（適応させる）

vudjïung → deserve（～に値する）

vuganyung → adore（拝む）

vuganyung → visit（訪ねる）

vuï nchung → hustle（押し入れる）

vúkasha → laughable（可笑しい）

vúkashī kutu → laughable（可笑しい）

vúkashí mung → ludicrous（ばかげた、滑稽な）

vukashī mung → ridiculous（おかしな、ばかげた）

vukashī nā → nickname（あだ名、愛称）

vūki zékŭ → cooper（桶屋、樽作り人）

vūndji → benefactor（恩恵を施す人）

vūndjĭ → benefit（有益、恩恵）

vúndji → favour（恩恵・好意・愛顧）

vūndji aru → gracious（親切、上品、寛大、慈悲ある）

vundji aru ayamé → benefactress（恩恵を施す婦人）

vúndji vashtóng → ingratitude（恩知らず）

vundji vassirang túku → gratitude（感謝の念）

vundji vassíse → ingratitude（恩知らず）

vūndjing kansirang → disobliging（不親切な）

vundjinu núshi → donor（寄贈者）

vúng → favour（恩恵・好意・愛顧）

vúng → is（ある、いる）

⁺vung kandjitóng → grateful（感謝する）

vūng tŭkū → benevolence（慈悲）

vūritóng → broken（こわれた）

vuriung → break（割る）

vūténg → broken（こわれた）

vŭyung → cleave（裂く、割る、切り倒す）

W

wă → circle（円、丸）

wă → orb（円、輪）

wā china mung → haughty（傲慢、不遜な）

wā fidji → whiskers（ひげ（髭））

wá gatchi shéru shírushi → endorsement（裏書）

wa gatchi-shung → endorse（裏書する）

⁺wá tsź → hose（長、短靴下）

wa zé mung → story-teller（物語作者）

wāba gutu shung → tamper（ちょっかいを出す）

wābi → top（頂上）

wābi → up（上）

wābĭ ǩa chïung → circumcise（割礼を行なう）

wābi kara nutchuru tābi → gaiters（ゲートル、ズック靴）

wābi kazatóng → specious（うわべを飾った）

wābi shi madjivayung → unfriendly（友好的でない）

wābinu tābi → gaiters（ゲートル、ズック靴）

wabinyi → above（上に）

wackwing → soluble（溶解する）

wá-ga → membrane（薄膜、膜）

wa-gatchi → endorsement（裏書）

wā-gatchi → frontispiece（口絵）

waïfu gatchi → posy（（指輪などに刻む）銘、記念文字）

waïfū-shung → tally（合札、割り符）

waifósang → contradictory（矛盾する、相反する）

waïfu gatch → check（合札、阻止する）

wang → basin（たらい）

wang → bowl（碗）

wárira → we（我ら）

watakushi-nu kukuru → selfish, -ness（利己的、利己心）

watsĭchĭ → weather（天気）

wátta → wadding（詰め綿）

wátta mī mung → tripe（はらわた）

wāttá-ya → we（我ら）

wattāya kukuru avatchóng → fellowship（交友）

wedaï → service（奉公）

wédaï nugayung → prorogue（（議会を）停会する）

wédaï surí → session（会期、開会中）

wédaïnu fima → recess（休み）

wédaïnu yudju → official（官の）

wedaï-za → office（事務所）

wéka → kindred（血縁、親族）

wéka → lineage（血統、家系）

weka → relation（s）（関係、親族）

wéka haródji → degrees（程度）

wéka harodjinu kutu káchi tumishési → genealogy（系図、家系、血統）

wéka horodji → relation（s）（関係、親族）

wéki → wealthy（富裕な）

wéki-shóng → rich（金持ちの）

wéku → oar（櫂）

wénchu → mouse（二十日鼠）

wenchu → rat（ねずみ）

wenchu yāma → trap（わな）

wĭ → above（上に）

wī → handle（柄）

wí → helve（まさかりなどの柄）

wī → nephew（甥）

wī → top（頂上）

wī → up（上）

wī → upon（上）

wi batchung → disgorge（吐き出す）

wĭ cho → anise（アニス（セリ科植物））

wī chó → fennel（（植）ウイキョウ）

wī hóyung → expel（追い出す）

wī hóyung → expulse（追放する）

wi kara attéyung → endue（授ける）

wī késhung → transplant（移植する）

wī mutinyi → upon（上）

wī nachi muchúng → uphold（支える、鼓舞する）

wī nakae → aloft（上方へ）

wī ndjashung → eject（追い出す）

wī ndjashung → exclude（締め出す）

wī shtya tuĭ kéyung → invert（逆。ひっくり返す）

wi tske → servant（召使）

wī tskenamung → waiter（給仕人）

wī tskésarīru ftu → waiter（給仕人）

wī tskiung → overtake（追いつく）

wībi → finger（指）

wībi búkuru → glove（手袋）

wībi gáni → finger ring（指輪）

wībinu úppi → finger's thick（指の厚さ）

wībŭrĭ-shóng → dotage（もうろく）

wī-chó → caraway（（植）ういきょう）

wīchung → stir（動く）

wicka vorabi → boy（少年）

wickiga rásha → manly（雄々しい、断固たる）

wickiga sīza → brother（兄弟）

wickiga śtu → father in law（舅）

wickigan k̈wa → son（息子）

wíckiganu tuku → virility（男らしさ）

wickiganu úya → father（男親）

wīdjung → swim（泳ぐ）

wí-fidji → mustaches（口髭）

wīkang → fixed（固定した）

wīkang → immoveable（動かせない、不変の）

wīkang → steady（安定した、ぐらつかない）

wīkang → unshaken（揺るがない）

wīna kutu → foregoing（先の）

winagó → female（女性）

winago → woman（女）

winago bódji → nun（尼僧）

winago bódzi → abbess（尼僧院長）

winago bodzinu tira → cloister（回廊）

winago bodzinu tíra → monastery（女子修道院）

winago kaméyā → procuress（売春婦周旋屋）

winago ndza → maid（未婚の女）

winagó ngva → daughter（娘）

winago nūshi → mistress（女主人）

winago nza → hand-maid（（古）女中）

winago shíng → nymph（美しい精）

winago tské mung → chamber-maid（小間使い、婦人付きの侍女）

winago túmu → hand-maid（（古）女中）

winago vorabi → girl（女の子）

winago vorabi → lass（未婚の若女）

wínago vorabi → maiden（娘）

winago vorabi → virgin（処女）

winago yítchi shá → sorceress（女占い師）

winagongva → girl（女の子）

winagonu gutóng → feminine（女性的な）

wínagonu gutóng → womanish（女らしい）

wínagonu kakushi dúkuru → vagina（膣）

winagonu mótsi → bonnet（帽子）

wínagonu shtya djíng → petticoat（ペチコート）

winagonu siméza → harem（ハレム）

wínagonu uya → mother（母）

winagonworabinu gutong → girlish（女の子らしい）

winagonyi nyitchóng → feminine（女性的な）

winagorāshā-ng → womanish（女らしい）

winagorashī wickiga → effeminate（柔弱な）

wínagovorabi → unmarried（未婚の）

winago‐dumu → chamber-maid（小間使い、婦人付きの侍女）

wīnkae nkatóng → upward（上へ）

wīnu guttóng → ditto（同上）

wīnu ichésí → preceding（先の）

wīnu mung → upper（上の）

wīnu tuĭ dó → aforesaid（前述の）

wīracheng → fuddled（酔った）

wīru → land measure（測量）

wīru → string（紐）

wīru gva → string（紐）

wīruki munugattaí → jest（ふざける、冗談）

wirukisang → agreeable（愉快な）

wīrŭkī-shung → jest（ふざける、冗談）

wīrunu chu muruchi → hank（糸かせ）

wīsĭ → commandment（神の掟、戒律）

wisi → decree（勅令）

wīsĭ → edict（勅令）

wīsi → rescript（勅令）

wīsi → will ②（意志）

wīsi wugamashung → proclaim（公布する）

wīti átchung → reeling（よろよろする）

wĭtong → decrepit（老いぼれの）

wītóng → drunk（酔いしれて）

wītong → fuddled（酔った）

wītóng → inebriate（酔う）

wītóng → intoxicated（酔った）

wīung → inebriate（酔う）

wó baku → turmeric（（植）ウコン）

wó batchung → disgorge（吐き出す）

wó dó → ecliptic（黄道）

wó mbaï kurushuru mung → regicide（王殺し）

wó-chinkvă → violet（（植）すみれ）

wó-dang dzira → sallow（（皮膚などが）黄ばんだ）

wófi → empress（皇后）

wóga → yellow river（黄河）

wóh! → tush（チェ！）

wónu kutu → regal（帝王の）

wónu kva → prince（王子）

wónu winagongva → princess（王女）

wóshin kva → marygold（（植）マリーゴールド）

wow-wowshung → bark（吠える）

wū áfīrŭ → drake（雄鴨）

wū ftsidji → ram（雄羊）

wū gānā → gander（雄鵞鳥）

wú íunu anda → spawn（卵塊）

wū mma → stallion（種馬）

wū mudi dogu → spindle（紡錘）

wū mung → male（男の）

wū nyúng → spin（紡ぐ）

wu nyuru yāma → spinning wheel（糸車、紡ぎ車）

wū tsindjuru yāmă → distaff（糸巻棒）

wū ushi gva → bullock（去勢牛）

wūdjassā → uncle（伯父、叔父）

wūdji atayuru batsi → condign（適当な、当然の）

wūdjiti chūng → correspond（相応する、調和する）

wū-duĭ → chanticler（雄鶏）

wū-dŭĭ → cock（おんどり）

wŭduĭ yā → dancing room（踊り室）

wúduyung → hop（跳ぶ、撥ねる）

wŭduyuru shishó → dancing master（踊りの師匠）

wúgănyŭng → worship（崇拝する）

wúĭ yassang → flexible（曲げやすい・しなやか）

wuĭdju → abode（住所）

wúkashashung → laugh（笑う）

wūkĭ → butt（大酒樽）

wūki → pail（桶）

wūki → trough（かいば桶、水入れ）

wūki → tub（桶、たらい）

wúkĭ gvă → keg（小樽）

wūki ūbi zéku → hooper（桶屋）

wūki yúyuru zeku → hooper（桶屋）

wūkĭnŭ djó → bungle（栓、樽口）

wūn → hatchet（手斧、まさかり）

wūn chĭnu yutashang → times（時期）

wún chku nŭ assibi → opera（オペラ）

wunádjara → queen（王妃）

wunaï → sister（姉妹）

wunchu → uncle（伯父、叔父）

wúnchunu shodjīung → fester（化膿・潰瘍を作る）

wūndji → boon（恩恵）

wūndji → bountiful（気前のよい）

wūndji → bounty（惜しみなく与える心）

wūndjĭ → grace（恩恵、好意）

wŭndjĭ mŭkŭyŭn → acknowledgement（感謝）

wundji shtchóng → grateful（感謝する）

wúndji vassirang → thankful（感謝して）

wúndji vassiráng kutú → thankfulness（感謝の念）

wūndjinu nūshi → helper（助ける人）

wūndjinu nūshi → patron（後援者）

wŭng → are（ある、居る）

wung → exist（存在する）

wūng → grace（恩恵、好意）

wūng → inhabit（住む．居住する）

wúng → reside（住む）

wung → subsist（存続する）

wūng sumutchóng → ungrateful（恩知らずの）

wúng vastóng → thankless（感謝しない）

wūng wastóng → ungrateful（恩知らずの）

wŭri kutsisashímĭung → imbitter（苦しい思いをさせる）

wūri utĭung → droop（垂れる）

wūtariráng → indefatigable（疲れを知らぬ、不屈の）

wūtatóng → fatigued（疲労した）

wūtatóng → jaded（疲れた、飽きた）

wutatósi → fatigue（疲労）

wūti shirushi shung → crease（ひだ、折り目、しわ）

wúttu → husband（夫）

wúttu muttáng wínago → unmarried（未婚の）

wúttú wuráng → widow（後家）

wutuku rásha → manly（雄々しい、断固たる）

wútŭkŭnu ichiūī → virility（男らしさ）

wútukurunu aru hazi → somewhere（どこか）

wū-ushi → bull（雄牛）

　　nūdinu utchi wūwū shusi→humming（ハミング）

wūyung → crease（ひだ、折り目、しわ）

Y

yā → apartment（家・間）

ya → dwelling-house（住宅）

yā → edifices（大建造物）

ya → family（家族）

yā → home（家庭、家）

yā → house（家）

yā → residence（居住所）

yā bŭrŭ → privy（便所）

yā fŭchĭ dékŭ → architect（建築家）

ya fuchi zeku → builder（建築者）

yā fúchuru séku → mason（石工（屋））

ya fugashi nussudu → burglar（夜盗）

yā gva → hut（小屋、仮屋）

+ya hfan → midnight（夜中）

ya kamutōru ftu → house keeper（家政婦、管理人）

ya kamutoru ftu → steward（執事）

ya kătti shidé → convenience（都合、便宜）

yā kayúng → rent（賃借する）

ya kúmi shung → encage（かごに入れる）

yā kúshung → rase（壊す）

yá kutú → therefore（故に）

yubïung → cite（召喚する）

ya nyíndju → household（家族、世帯）

ya tatïa → builder（建築者）

yă tayurinyi shtagati → convenience（都合、便宜）

ya vaï nússudu → house-breake（r）（押し込み強盗）

yā yătchăng → burnt（焼いた）

ya zikanéshung → domesticate（飼い慣らす）

yă → eh!（ああ）

yabori tadaritóng → tattered（ボロボロの）

yaboritōru ato kata → ruins（廃虚）

yaboyung → rout（敗走させる）

yaburi yassa → corruptible（堕落しやすい）

yabuyung → break（割る）

yábuyung → destroy（破壊する）

yabuyung → ruin（破壊する）

yáchi fé nashung → incinerate（焼いて灰にする）

yachi mung gămă → fire kiln（火炉）

yachi tadarashung → fuse（溶かす）

yáchi yassa → combustible（燃えやすい）

yachimung dógu → crockery（陶磁器類）

yachimungshā → potter（焼物師）

yāchū → cautery（灸点法）

yachung → bake（焼く）

yachung → roast（あぶる）

ya-dógu → furniture（備品）

yadori gī → parasite（寄生、やどりぎ）

yádu → lizard（とかげ）

yădŭ chíng → house-rent（家賃）

yadu kaï nyin → lodger（宿泊者、下宿人）

yadu nyin → lodger（宿泊者、下宿人）

yáduyung → lodge（滞在する、下宿する）

yafara naïmunnu mī → pulp（果肉）

yafarachóng → mollify（和らいでいる）

yafarachóng → soften（和らげる）

yafarakí naráng → irreparable（回復、修繕不可の）

yafarashī mǐnaï → delicate（優美）

yafarashi mung → affable（愛想よい）

yafarashī mung → effeminate（柔弱な）

yafarashī mung → obsequious（へつらう、従順な）

yafarashī mung → soft（柔らかい）

yafarashī utu → melodious（美しい音の、快い）

yafarashku neng ftu → unaccomodating（適合できない）

yafarassa mássang → mellow（熟れて美味しい）

yafarassang → limber（曲がり易い、柔軟な）

yafarassáng → soft（柔らかい）

yafarassaru anda → grease（脂肪）

yafataï munuï → drawl（のろくさい話ぶり）

yafataï achīshung → toddle（ヨチヨチ歩く）

yafatatong → loose（ルーズな、しまりない）

yáfáténg → flabber, flaccid（軟弱な）

yáfatóng → lax（手温い、怠慢な）

yafina → base（野卑な）

yafina munu gutu → boorish（やぼな）

yāgané → house-rent（家賃）

yagati → almost（殆ど）

yágati → shall（やがて〜であろう）

yágusami winago → widow（後家）

yaï túdumi → armistice（休戦・停戦）

yaï → lance（槍）

yaï → spear（槍）

yaï fuku → weapon（武具）

yaï titsi → spear（槍）

yaï-gvā → poniard（短剣）

yaïnu wí → hilt（刀の柄）

yā-íng → house dog（飼い犬、番犬）

yaïnu fū → blade（刃）

yaïnu gutu togatong → cuspidated（先の尖った）

yáká → than（〜より）

-yaka fuka, nya fuka; → outer（より外へ）

yakéshung → annoy（うるさがらせる）

yaki djiri → cinder（燃えがら、消し炎）

yaki yamé → fever（発熱）

yakkván → scrotum（陰嚢（ノウ））

yakó tatáng mung → invalid（病弱で何も出来ない）

yakó tatáng umŭï → revery（空想）

yáku → inauspicious（不運、不吉な）

yaku → mischance（災厄）

yaku → misfortune（不幸）

yaku djónyi kakatong → federal（同盟の）

yaku shu shirábïä → herbalist（植物学者、薬草商）

yaku só → herbs（薬草、風味用植物）

yáku só shirabīru ftu → herbalist（植物学者、薬草商）

yaku só uyuru ftu → herbseller（薬草売り）

yaku tătăng mung → bootless（無益な）

yaku tatang mung nashung → disable-d（無能にする）

yaku yaku → constable（城代、種々の高官）

yaku yaku → police（警察）

yakún tatáng mung → invalid（病弱で何も出来ない）

yákuna mung → miserable（悲惨、不運な）

yakŭng tatăng mung → awkward（使いにくい・不便な）

yáku-shu → drugs（薬剤）

yakushu shi hóshuru mung → druggist（薬剤師）

yakusku → contract（契約、約束、形成する、身につける）

yakusku → covenant（約束、誓約）

yakusku → engagement（約束）

yákusku → league（同盟、仲間）

yákusku → promise（約束）

yákusku → promise（約束）

yakusku → treaty（条約）

yakusku gatchi → bond（縛る物、約束）

yakusku gatchi → treaty（条約）

yakusku tatĭung → agreement（協約）

yákusku túí túdjĭung → fulfil（果たす）

yakuskunu kavarang → binding（拘束力のある）

yakusku-shung → indent, indenture（刻み目を付ける、契約書）

yákvanu yamé → hernia（ヘルニア、脱腸）

yákwăng → kettle（湯沸かし、ヤカン）

yáma → forest（森林・山林）

yāmă → machine（機械）

yama → mountain（山）

yāma → snare（罠）

yama biku → echo（反響）

yama bótunu nachung → coo（クークーと鳴く）

yáma chírashung → lavish（気前よく、浪費する）

yama fíbichi → echo（反響）

yama gadjáng → musketoe（蚊）

yama gāra → rivulet（小川）

yama gva → copse（雑木林）

yama kara → brook（小川）

yama 'mmu → yam（山の芋）

yama mŭmŭ → carambola（ゴレンシ）

yama múmu → straw-berry（苺）

yama nădjĭ → chopping knife（こま切れ包丁）

yáma natóng → medley（ごっちゃ混ぜ）

yāma shi kudéru tābi → worsted（毛糸（製）の）

yama shĭshi → boar（いのしし）

yáma shĭshi íng → hound（猟犬）

yamaché túkuru → wound（傷、怪我）

yamaché uráng → unhurt（けがのない）

yama-garasi → black-bird（（鳥）つぐみ）

yamáng → incessant（絶え間ない，ひっきりなしの）

yamang gutu → ceaseless（絶え間ない）

yamang gutu → continual（継続的、ひんぱんな）

yamang gutu → relentless -ly（容赦ない、残忍な）

yamáng gutu → unceasingly（絶えず）

yamanu kata-shén → rockwork（（石庭園などの）積石工事）

yámanu óténg → verdant（青青した）

yamanu togatoru gutu → cone（円錐形）

yamé → complaint（苦情、告訴）

yamé → disease（病気）

yamé → illness（病）

yamé → malady（病）

yamé → sickness（病気）

yamé gamasáng → sickly（病気がちの）

yamé kakĭung → infect（感染、感化させる）

yamé mung → patient -ly（忍耐強い、病人）

yamé nóshung → cure（治療する、直す）

yaménu ang → ill（病気の）

yaménu ang → sick（病の）

yamenu gakumung → nosology（疫病分類（学））

yaménu hóban → nosology（疫病分類（学））

yaménu séfatsi-shong → relapse（（病が）ぶりかえす）

yaménu úttchétóng → relapse（（病が）ぶりかえす）

yamirang → unremitted（中断しない）

yamirashung → stint（制限する、止める）

yamirashung → suppress（抑圧する）

yamīse → cessation（休止、中止、停止）

yamiti ndjashung → repudiate（離縁する、捨てる）

yamiung → abjure（誓って止める）

yamiung → cease（やめる、やむ、終わる、中止する）

yamĭung → desist（思いとどまる）

yamĭung → desuetude（廃止）

yana → bad（悪い）

yana aza na → by-name（あだな）

yana chkvīna mung → disreputable（評判の悪い）

yana datsi → ragamufin（ぼろ服の人）

yana datsi → rascal（悪漢）

yana datsi → wretch（卑劣漢）

yána dji → willow（柳）

yana djimu → dudgeon（立腹、憤慨）

yana djútsi → sorcery（占い、魔術）

yana dushi tachi téyung → dissociate（引き離す）

yana dzī → portentous（不吉な）

yana fakarigutu → plot（陰謀、小地面）

yana fūchi → miasma（毒気、邪気）

yana fūchi → pestilence（伝染病）

yana fumbitsi shóru mung → rogue（詐欺師）

yana fŭmbĭtzĭnŭ ftu → artful（てくだのある）

yana fūtchinyi kakatóng → epidemical（流行性病気）

yana fútchi-nyi kakatoru byó → epidemy（流行病）

yana gatch → knave（ならず者、悪漢）

yana gutchi shung → scold（叱る）

yana gutchi-shung → mumble（もぐもぐ、ぶつぶつ言う）

yána ími → incubus（{nightmare} 悪夢、夢魔）

yana ími → nightmare（悪夢）

yana kagi → misshapen（作り損ない奇形の）

yana kāgi → ugly（醜い）

yána kāginu wínago → hussy（あばずれ女）

yána kassa → ulcer（癌潰瘍）

yana katachi → haggard（憔悴しきった）

yana kaza → noisome（不快な臭いの）

yana kazi → storm（嵐）

yana kukuru-nu mung → malevolent（悪意に満ちた）

yana kussa → tares（有毒な雑草）

yána kussa → weed（雑草）

yana kutchi → ribaldry（下品な言葉）

yana kutu → scandal, -ous（醜聞）

yana kutu → vice（悪）

yana kutu ī fērashung → asperse（中傷する）

yana kva → bastard（私生児）

yana kvafū → misery（悲惨）

yana matchige → blunder（大失敗をする）

yána mindzang → pallet（粗末なベッド）

yana mítchi nkae → seduce（誘惑する）
　michibichúng→mislead（誤り導く）

yana munnu kashīra → ringleader（首謀者）

yana munu kŭnă → cabal（秘密結社、徒党を組んだ）

yana naré-shóng → vicious（悪徳の）

yana nurayung → maledict（呪う）

yana nuré → maladiction（呪い）

yana nyiké → brothel（女郎屋）

yana takumi → artful（てくだのある）

yana takumi → craft（術策、悪巧み）

yana takumi-na mung → malicious（悪意ある、故意の）

yana takumina mung → rogue（詐欺師）

yana tukurunkae fíchi írïung → insnare（誘惑する、罠に陥れる）

yana tumugara → ruffian（無法者）

yana túmugara → wretch（卑劣漢）

yána únchu → ichor（膿汁）

yána ushī → heterodox（異端の）

yana ushīnu ftu → sectary（宗徒）

yana winago → bawdy（みだらな）

yana wínago → harlot（売春婦）

yana winago → prostitute（売春婦）

yándi achiné → insolvent（破産（者）の）

yandi buni → wreck（難破）

yandi yassa → brittle（こわれやすい）

yandi yassa → corruptible（堕落しやすい）

yándïung → impair（損なう）

yandïung → spoil（破れる）
　fichi ukiyun→responsible（責任ある）

yandiung → break（割る）

yandïung → destroy（破壊する）

yandji finayung → consume（消耗する、消滅させる）

yandung → still（～だが）

yandung → though（～だけれども）

yani → gum（樹脂、にかわ）

yănĭ → resin（松やに）

yandjung → misinterprete（解釈を誤る）

yānu firussang → accomodation（収容能力）
　muchi dógu→moveabler（家財道具）

yānŭ shinamutzi → chattel（家財、財産、動産）
　shūté dógu→moveabler（家財道具）

yānŭ yăkiti → crackle（ぱちぱち音を立てる）

yānyi simatŏru ftu → inmate（同居人）

yanyung → ache（痛む）

yaravandinu kakó → conditional（条件付きの）

yari djíng → ragged（ぼろぼろの、むしゃくしゃの）

yarïung → rend（引き裂く）

yaritang → tear（裂ける、破れる）

yaritong → torn（裂けた）

yāshang → hungry（ひもじい）

yāshanu ang → hungry（ひもじい）

yáshashóng → famished（飢えた）

yāsha-shung → hunger（飢える）

yāshashung → starve（餓える）

yăshĭ → cocoa-nut（（植）ココナッツ）

yashinati narāshung → train（訓練する）

yashinayung → foster（養い育てる）

yashinayung → maintain（保つ）

yashinayung → nourish（育てる）

yashinayung → rear（挙げる、立てる）

yashinayung → support（養う）

yashiné mung → nourishment（食物）

yashinó → feed（養う）

yashĭung → dwindle（だんだん衰える）

yashtóng → enervate, enfeeble（薄弱な）

yashtóng → fleshless（肉のない）

yashtóng → lank（痩せてほっそり）

yáshtóng → lean（痩せた）

yashtong → puny（弱々しい）

yăshū → dearth（餓死）

yassamise → abatement（減少・減価）

yassé → greens（野菜）

yassé → plant（植物）

yassé → vegetables（野菜）

yassénu gútchi → stalk（茎、幹）

yassenu karazi → bulb（球根）

yassénu luï → vegetables（野菜）

yassī → file（やすり）

yassiga → still（～だが）

yassimïung → cheapen（安くする）

yassimiung → pacify（鎮圧する、静める）

yassundji nagussamïung → soothe（なだめる）

yassundjĭung → rest（休む）

yassúndjiráng → inquiet（〈古〉亂す、騒がす）

yassundjirang → restless（落ち着かない）

yassundjiráshung → tranquilize（鎮める、落ち着かせる）

yassundji-tong → ease（やわらげる）

yasu → jesus（イエス）

yasu mitchinyi shtagayúng → profess（宗門に入る）

yasuga shīnu tské → apostle（使徒）

yatchi gvāshi → pie（パイ）

yatchi mung → earthen ware（土器）

yatchi tskĭung → enamel（上薬をかける）

yatchimung → porcellain（磁器）

yatchimung dógu → chinaware（陶磁器）

yatchimung kǎmǎ → kiln（窯、炉）

yatchimung shú tukuru → pottery（製陶所）

yatchimunnu numitõru fikari → glaze（光沢、艶）

yatchíng fé naráng → incombustible（燃えない（物））

yatchíng fīng tskaráng → incombustible（燃えない（物））

yatching ké tubáng → fire-proof（耐火性の）

yātchū → moxa（もぐさ）

yātsi → eight（8）

yatsikayung → undecided（未決の、ぐずぐずした）

yátsikayung → wavering（揺れ動く）

yatsinu dūing → octave（オクターブ）

yatsishī kutuba → metaphor（比喩）

yátsishung → translate（訳す）

yáttuyung → hire（雇う）

yátuĭ zéku → journeyman（日雇い職人）

yaturarīru mung → lessee（賃借人）

yavaku nashung → debilitate（衰弱させる）

yavara mung → supple（しなやか）

yavaraka → flabber, flaccid（軟弱な）

yavaraka → tender（優しい、やわらかい）

yavarakanyi ang → suavity（人ざわりのよさ）

yavarakanyi ang → supple（しなやか）

yǎyǎ namanu satchi mǎ ndjag → been（be の過去分詞）

yé → ha（おや、まあ、はあ）

yé → oh（オー）

ye hĭa → blackguard（げす、下郎）

yé iru → blue（青）

yé kūshǔng → cobble（修繕する）

yé kūshuru séku → cobbler（修繕屋）

yé lŏsĭ → copperas（緑礬）

yé nérang → soon（すぐに、間もなく）

yé- nuyuru simi → blacking（黒くするもの）

yédju → companion（仲間、相手）

yédju → compeer（同輩、仲間）

yédju → comrade（僚友、同志）

yédju → fellow（仲間）

yédjú → partner（仲間、相手）

yéné → or（あるいは）

yényé nayung → possible（ありそう、出来そう）

yénye – yenye → either（どちらか一方）

yésatsi → demeanour（行状、品行、性質）

yésǎtsishung → greet（挨拶する）

yésatsishung → welcome（歓迎）

yéshung → puncture（穴を開ける）

yéstsǎ → salutation（挨拶）

yésu → jesus（イエス）

yétóng → emaciated（やせ細った）

yézi → signal（合図）

yézi dǔru → cresset（かがり（かがり火を燃やす金属製篭））

yézi gáni → knocker（訪問者が来訪を知らせる敲き金）

yézi kutuba → watch-ward（合言葉）

yézi-tati-ya → beacon（灯台）

yī → chair（いす）

yī → drawing（絵画）

yī → good（良い）

yī → picture（絵）

yī → seat（席）

yī → stool（椅子）

yī adjivé → palatable（口に合う、美味の）

yī ambé → tasteful（品よく）

yī ambe néng → unsavoury（風味のない）

yī bashunyi → opportunely（好都合、タイムリーに）

yĭ bĭchī → acquirable（得られる）

yī bichi mung → attainable（獲得可能な）

yi chibi → cheerful（機嫌の良い）

yī chibi → humour（機嫌）

yī chibi shóng → elate（元気づける）

yī chimu → good will（善意）

yī chimunu fashiung → beneficence（善行）

yī didjinu aravariung → courtly（上品、優雅な）

yí djibunnu ámi → seasonable（時宜に適った）

yī dushi → friend（友）

yī dzi → auspicious（縁起・幸先よい）

yī fī → festival（祭日）

yī finu satchinu fi → eve（祭りの前日）

yī fīnu shtsi → festival（祭日）

yī fū → luck（幸運）

yī fudí → good penmanship（達筆）

yī fudi → penman（書家）

yi gva → stool（椅子）

yī hóshinyi → opportunely（好都合、タイムリーに）

yi hóshinyi ké íchatáng → fortunately（幸いにも）

yī kakó → tasteful（品よく）

yī katchāga núnu fippayuru dógu → easel（画架）

yī katchung → depict（写し出す、描写する）

yī katina mung → handy（手頃な、手元の、便利な）

yī kaza → fragrance（芳香、香り）

yī kaza → scent（芳香）

yī kukutchi → comfortable（気持ちよい、気楽な）

yi kŭkŭtchĭ → delightful（至極愉快な）

yī kukútchina mung → handy（手頃な、手元の、便利な）

yī kúnchí → good health（健康）

yī kūnchi → vigorous（元気旺盛な）

yī kutu débirundi yung → congratulate（祝辞を述べる）

yī kŭtŭndĭ yung → congratulate（祝辞を述べる）

yī mītskinu ang → judgment（判断力）

yī nā → fame（名声・評判）

yī nānu ang → famous（有名な）

yī nūdi → modulation（調整）

yī nyivi → fragrance（芳香、香り）

yi sháku-na ftu → temperate（節度ある）

yi shakunyé katemung → considerable（かなりの、少なからぬ）

yī shakunyi muchīung → frugal（倹約した）

yī shónu mma → mettlesome（元気旺盛な）

yī tayuĭnu ang → commodious（便利な、(目的に) 適切な）

yī tĭ → adept（達人）

yī tstchi → moonlight（月光）

yī tuchi-nyi → timely（良い時に）

yí tukuru → summary（要約、概括）

yī úï mutsi → saleable（よく売れる）

yī ūⁿchi → fortune（運）

yī zi shó → prosper, -ous（成功する、栄える）

yī zó → map（地図）

yíchi lī → infection（伝染、感染）

yĭda → branch（枝）

yĭda → cion（若枝）

yida → scion（接ぎ木の若芽）

yida gvanu chizashi → scion（接ぎ木の若芽）

yída vakari → offspring（子孫、生じたもの）

yidanu shidjitóng → branchy（枝の繁った）

yídătchĭ → issue（出たもの）

yī-djŭ → seat（席）

yin dé → equivalent（同等の）

yín kutu i → tautological（同語反復）

yín yínshungⁿ → retard（遅らせる）

yín-chŭ-shōru → recluse（世捨人）

yīngⁿ → piazza（屋根付き回廊）

yīng → veranda（縁側）

yíng gva → effect（結果、趣旨）

yĭngŏmĭ → betrothal（婚約）

yíngomi → espousals（結婚）

yingomi shung → betroth（婚約する）

yingomishung → espouse（結婚する）

yingomy sadamĭung → espouse（結婚する）

yíngumi sadamiténg → plighted（婚約した）

yíngumishéng → plighted（婚約した）

yín kuⁿ → orang otang（オランウータン）

yínsaná vakasarīru kazi → dividend（被除数）

yin-shⁿkunu ftu → carnal（肉欲的な、唯物 (現世) 的）

yínshu → gun-powder（火薬）

yīnshu baku → caisson（煙硝箱）

yīnshŭ dógu → amunition〈ammunition〉（弾薬）

yinshu tama matchi → cartouche（弾薬筒）

yínshunu fŭkinyi ătati shidjang → explosion（爆発）

yinshunyi battukashimĭung → blow up（爆破する）

yinⁿ só dógu → compasses（コンパス）

yinsó māshuru dógu → compasses（コンパス）

yinsó mavashung → delineate（輪郭）

yínu bung → predicament（境遇）

yinu chinⁿsu → equiponderant（重さの平均した）

yínu gutó neng → unequal（等しくない）

yīnu gŭtū → alike（一様に・似て）

yínu gutu → equally（等しく）

yínu gutu → likewise（同様に）

yinu gutu ang → equal（等しい）

yinu gutu fhakayung → commensurate（比例した、つり合った）

　aritu kuritu yinu gutu nashung→assimilate（同化する）

yínu gútu nashung → equalize（等しくする）

yínu gutu néng → dissimilar（似ていない）

yínu ími → synonimous（同義の）

yínu índji nu shⁿi → tautophonic（同音）

yinu mbu → equiponderant（重さの平均した）

yínu mung → same（同じ）

yínu nā → name-sake（同名者）

yínu sháku → predicament（境遇）

yīnu shtyagatchi → sketch（of）

yīnŭ tŭchĭ → contemporary（同時代の）

yīnu tuchi → simultaneous（同時の）

yinu tuchinyi nayung → coincide（一致する）

yínu vazashuru mung → fellow labourer（仕事仲間）

yínu wéka → related（縁続きの）

yīnŭgŭ → colours（絵の具）

yínŭgŭnŭ háku → water colours（水彩絵の具）

yĭⁿyĭng shung → defer（延期する）

yirabi → choice（選択）

yírabi ndjashung → cull（選り抜く、抜粋する）

yírabĭung → pick（突く）

yirabĭung → select（選ぶ）

yirabĭuru nyíndju → voters（投票者）

yirabiung → choose（選ぶ）

yirabĭung → cull（選り抜く、抜粋する）

yirábĭung → elect（選ぶ）

yirabunyi atatong → elligible（適格の）

yiradéru → chosen（選んだ、選ばれた）

yiradési → choice（選択）

yirang → disinherit（勘当する）

yiranté naráng → indispensable（不可欠、必須の）

yiri mung → fancy articles（飾り小間物）

yīri mung → gewgaw（見掛けたおしの（物））

yīri mung → toy（玩具）

yíru → obtain（得る）

yīru bichī → acquirable（得られる）

yītaru shūku → receipt（受け取り）

yitche nerang → profitless（利益なし）

yĭtchĭ → advantage（利益・利点）

yitchi → profit（利益）

yitchi li → epidemy（流行病）

yitchi nerang → fruitless（無益な、成果のない）

yítchi sha → sorcerer（占い師）

yítchi sídjĭnŭ ang → prosper，-ous（成功する、栄える）

yítchili → plague（疫病）

yitchinu ăgăyā → accrue（生ずる）

yitchinu ang → advantageous（益ある）

yítchinu ang → beneficial（有益な）

yítchinu ang → profitable（利益ある）

yítchisha → diviner（易者）

yítchishā → necromencer（巫術者、占い師）

yítchisha → wizard（魔術師）

yítchĭ. → gain（利益、得る）

yítchóng → tete a tete（差向いの）

yitchóti shín ló shuru vaza → sedentary（座っている）

yītsi-shung → bow ③（お辞儀する）

yīung → sit（座る）

yíyĭ mading → perpetual（永久の）

yīyung → achieve（達成する）

yīyung → acquire（取得する）

yiyung → attain（獲得する）

yiyúng → get（得る）

yiyúng → preocupy（先取りする）

yíyung → receive（受け取る）

yīyusi → acquisition（取得・獲得）

yó butsi → genitals（生殖器）

yó butsi chíri sárashung → geld（去勢する）

yó butsinu satchinu kā → foreskin（陰茎の包皮）

yó djutsi → delusion（惑わし）

yó djútsi → diabolical（悪魔の）

yó kvaï → satyr（サテュロス）

yó bo → aspect（容貌）

yó butsi tuyung → geld（去勢する）

yóbutsinu kámatchi → glans（of penis）（亀頭）

yódji → fork（フォーク）

yodjóshi bichī mung → curable（治療できる、直せる）

yóga mitski → caprice（気まぐれ、気まま）

yógarā → haggard（憔悴しきった）

yogari sóki buni → spare-rib（豚の肉付肋骨）

yogaritóng → fleshless（肉のない）

yogaritóng → lank（痩せてほっそり）

yogaritóng → meager（痩せ細った）

yógarïung → dwindle（だんだん衰える）

yoï yoï → by and by（未來、やがて）

yóï yóï tayúng → dribble（したたる）

yóï yóï → leisurely（ゆっくり、悠長）

yoï yoï → slow（ゆっくり）

yóï yoï kūdjung → paddle（櫂でこぐ）

yoï yoï mbushung → stew（とろ火で煮る）

yóï-yóï → gently（優しく、そっと）

yóku nashung → dilute（薄める）

yónna → slow（ゆっくり）

yórashung → debilitate（衰弱させる）

yórashung → slack，-en（緩い、緩める）

yósang → weak（弱い）

yó shingva → fosterchild（養子）

yóshingvashung → adopt（採用する）

yóshishung → adopt（採用する）

yósi → condition（状態、身分、境遇）

yósi → narrative（話）

yósi → scene（光景、シーン）

yósi → subject（主題）

yósi → tidings（便り、音信）

yótóng → feeble（か弱い）

yótóng → frail（虚弱な）

yóyaku → gradual，-ly（次第、徐々に）

yóyaku → rather（むしろ）

yū → boiling water（湯）

yū → broth（薄いスープ）

yū → dynasty（王朝）

yū → era（時代）

yū → generation -s（世代）

yū → infusion（煎じ汁）

yū → oil（油）

yū → petal（花弁）

yū → soup（スープ）

yú（余）→ upwards（より以上）

yū atatong → apposite（適切・ぴったり）

yū atatóng → suitable（適当な）

yū bé → quadruple（4倍の）

yū búnnu fuka → superfluous（余分、過剰の）

yū chī → lieutenant colonel（連隊長代理。陸軍中佐。）

yū détamunuïshung → facetious（滑稽な、おどけた）

yū fūă munuïshung → facetious（滑稽な、おどけた）

yū fukŭung → darken（暗くなる）

yú fúruti shung → effort（努力）

yū garassi → owl（ふくろう）

yū hadjimïung → found（基礎を置く）

yu iradéng → choicely（入念に選んで、みごとに、精選して）

yū íri gáta → twilight（薄明り）

yū ittchóng → evening（夕方）

yu kadunu kata → quadrangle（四角形）

yū kakïung → infuse（煎じる、浸し出す）

yū maï-shung → patrol（巡回者）

yū naka → midnight（夜中）

yū naritóng → inure（慣れさせる、鍛える）

yū rĭchĭ → brawny（筋骨のたくましい）

yū sané taráng → harily（殆ど～ない）

yū sashung → infuse（煎じる、浸し出す）

yū săyung → decease（死亡する）

yū shinósang → unprepared（準備していない）

yū shu → stripling（青二才、若僧）

yū shūtéshuru wínago → house wife（主婦）

yū stïung → decease（死亡する）

yū tachúng → sharp（鋭）

yū tatáng mung → worthless（無価値な）

yū tatchong → acute（鋭利な）

yū tsidjóng → hereditary（遺伝、世襲の、親ゆずりの）

yū tstomïung → industrious（勤勉な）

yú túï vákashung → discern（弁別する）

yū tutunūténg → neat（きちんと）

yū uraríng → saleable（よく売れる）

yū ussuti chinu múrasáng → hermetically（密封して、密閉して）

yú vá → sulfur（硫黄）

yū vakachéng → judicios（賢明、利口、分別ある）

yū vó → brimstone（硫黄）

yū yūtu tuï mutchung → lenity（穏やか、寛大）

yú zĭmĭ → nocturnal（夜（間）の）

yū zóbé → quadruple（4倍の）

yü'ï → sieve（ふるい（篩））

yü'ï'nu hána" → lily（百合）

yūbang → supper（夕飯）

yúbashung → summon（呼び出す）

yubayung → call（呼ぶ）

yubé → concubine（妾）

yubi → swamp（沼地）

yubi atsimīung → convene（召集する、会合する）

yubi atsimïung → convocate（召集する）

yubi atsimiung → rally（呼び集める）

yubi késhung → recall（呼び戻す）

yubi surāshung → convene（召集する、会合する）

yubĭung → summon（呼び出す）

yubyung → call（呼ぶ）

yudaï → drivel（よだれ）

yudaï bukuru → bib（よだれかけ）

yudánsáng → unceasingly（絶えず）

yudanshung → dilatory（手間取る、引き延ばす）

yu danshung → intermit（間断する）

yū dé → era（時代）

yūdjŭ → business（事務、商売）

yūdju → occupation（仕事）

yūdju gva → job（仕事、手間仕事）

yūdju kamutoru nĭndju → committee（委任会、委員会員）
tima gani→commission（手数料、命令、指令）

yūdju néng → useless（役に立たない）

yūdju néng mung → trash（がらくた、廃物）

yūdju sidjisaru mung → officious（差し出がましい）
bíndjïung→transact（処理する）

yūdjunu ang → busy（忙しい）

yúdjunu ang → engaged（約束した）

yūdjŭnu uffusang → busily engaged（忙しい）

yudumayung → stop（止まる）

yudumĭung → encroach（邪魔する）

yudunyung → stop（止まる）

yúdushi → pause（休止）

yūdushung → tarry（手間どる）

yúdushuru yé → pause（休止）

yufirashung → emancipate（解放する）

yufirashung → franchise（解放する）

yufiung → emancipate（解放する）

yŭfūdu ang → abundance, abundant（豊富）

yugadi nyūng → squint（横目で見る）

yugadóng → awry（曲がった・間違った）

yugadóng → oblique（斜めの）

yugadõru kaku → rhombus（菱形の）

yúgamáng → unperverted（曲げられない）

yugamashung → distort（ゆがめる）

yúgami kutúba → insidious（狡猾な）

yúgaminsang → fairly deal（公正に扱う）

yugamu → distort（ゆがめる）

yúguri → filth（汚れ・堕落）

yuguritóng → dirty（不潔な）

yuguritóng → stain（汚れている）

yŭ̈ï → for（～のため）

yuï kaï munuĭ→ pretext（弁解、口実）

yuï murashung → sift（ふるい（篩）にかける）

yúïnu hana → tulip（チューリップ）

yúïnu nérang → needless（必要のない）

yuĭ shu → motive（動機、動因）

yuĭ shu → subject（主題）

yuĭ shŭ néng umúï → revery（空想）

yuĭ shu tazonuïng → unravel（もつれを解く）

yuĭ shunu nerang → groundless（根拠のない）

yŭ̈ïnyi → for（～のため）

yuĭshu → cause（原因、理由、根回し、言い分）

yuĭshu shirabiti yung → assign（せいにする）

yúka → floor（床）

yuká → than（〜より）

yúka gútchinu hashiru → trapdoor（落とし戸）

yŭkăï katemung → considerable（かなりの、少なからぬ）

yúkaï → rather（むしろ）

yúkaï ftu → gentleman（紳士）

yúkai mung → talented（才能ある）

yukatong → abundance, abundant（豊富）

yŭkŭ → able（出来る）

yŭkŭ → can（できる）

yuku → capable（可能な）

yŭku → cupidity（貪欲、強欲）

yúku → lust（情欲、官能的欲望）

yúku → power（能力）

yŭku djūsang → covet（（他人のものを）欲しがる、望む）

yuku fúï → flute（横笛）

yu ku ka ginshoru tuku → continence（禁欲、節制）

yúku nashi bichí → efficient（有能な）

yuku nashung → can（できる）

yuku nítsi → lust（情欲、官能的欲望）

yúku su bichi → feasible（実行可能な）

yuku tukurunkae nayung → displace（移す、置き換え）

yuku tukurunkae utchéng → mislay（置き間違いする）

yuku úï núnu → twilled（綾織りの）

yukui bi → sabbath（安息日）

yukuï tukuru → caravansery（隊商宿、大ホテル）

yukunkae → across（横切って）

yukunkae → broadwise（横に）

yukunkae → horizontal（水平の）

yúkunkae → transverse（横の）

yúkunu chūsa → incontinent（自制出来ない）

yúkunyi fuchīru munó → votaries（愛好者）

yukunyi futchirĭung → lustful（欲望の強い）

yúkushi → lying（嘘）

yúkushi ïyung → lie（嘘をつく）

yúkushi kutuba → falsehood（虚言・虚偽）

yúkushi mung → liar（うそつき）

yúkushi munuĭshung → lie（嘘をつく）

yúkushi munuīshā → liar（うそつき）

yúkushi munuĭshung → fib（些細な嘘をつく）

yúkushi úttaïshung → falsely（偽って）

yukushima → dissolute（放埒な）

yúkushima → irregular（不規則な）

yukushima → lewd（淫らな、猥褻な）

yukushima-nu ftu → depraved（邪悪な）

yukutatóng → athwart（斜めに・横ざまに）

yukutéténg → athwart（斜めに・横ざまに）

yúkuyung → rest（休む）

yukúyuru fi → sabbath（安息日）

yukuyuru yé → breathing time（息つくひま）

yŭmĭ → arc（弧・弓形）

yumi → bow（弓）

yumi → bride（花嫁）

yŭmĭ → daughter in law（嫁）

yúmi djiri → interpunction（句読点）

yumi īrŭ ftu → archer（射手・弓術家）

yumi ĭrŭ vaza → archery（弓術）

yumi ĭyā → archer（射手・弓術家）

yumi íyă búkuru → quiver（矢筒）

yumibaï → segment（円の弧）

yumi-fichā → bow-man（射手）

yuminu ĭā → arrow（弓矢）

yuminu tsĭr → bridemaid（花嫁に付き添う処女）

yuminu tsiru → bow-string（弓の弦）

yumu bashiranu fú → spritsail（スプリットで張る帆）

yung → assert（断言する）

yūnŭ akirandi shung → dawn（未明）

yūnu ang → valorous（勇敢な）

yūnyi kanāng → unfit（不適の）

yūnyi kanatóng → applicable（応用可能・適切な）

yunyung → read（読む）

yurati sakishung → carousal（祝って酒盛りをする、大酒盛り）

yūrĭ → bugbear（化物）

yūri → daemon（悪魔・鬼）

yūri → devil（悪魔）

yūri → elf（妖精）

yūri → ghost（幽霊）

yurí → leave（許し、暇乞い）

yurí → licence（許可、免許（状））

yŭrí → permit、permission（容認）

yuri shtagayung → concur（一致する、同意する）

yuri shtagayung → conform（従う、一致する）

yurinu aravaritósi → hobgoblin（お化け）

yūrinu guttóng → devilish（悪魔のような）

yúru → night（夜）

yuru bang → nocturnal（夜（間）の）

yuru bán shuru ftu → watchman（夜警）

yuru chĭa → morning gown（夜着）

yuru chĭa → nightdress（夜着）

yuru fikarīru tama → carbuncle（紅玉）

yurubĭung → rejoice（喜ぶ）

yuruchi yarashung → dismiss（退去させる）

yurudóng → loosen（緩む、める）

yuruī → armor（よろい）

yurukubang → dislike（嫌う）

yurukubang → distaste（嫌悪）

yurukubasang → disoblige（迷惑をかけ）

yurukubashung → gladden（喜ばす）

yurukubi → joy（歓喜）

yurukubi → pleasure（喜び）

yúrukubi tánushimĭung → exult（非常に喜ぶ）

yurukubinu íshi bya → salute（敬礼）

yurukubinu ítari → ecstasy（狂喜、法悦）

yurukubinu mushiru → glee（歓喜）

yurukubu bichī → delightful（至極愉快な）

yurukudi → merrily（楽しく、陽気に）

yurukudóng → acceptable（結構な、満足な）

yurukudóng → glad（喜んで）

yurukudong → rejoice（喜ぶ）

yurumashung → slack，-en（緩い、緩める）

yurumĭung → unbind（ほどく）

yurunu kó → nightwatches（夜警、交代夜番の時間区分）

yurunu tuchi → nightwatches（夜警、交代夜番の時間区分）

yurunyung → liquify（液化、溶解する）

yurusang → unforgiving（許さない）

yurusaríse → deprecate（嘆願する）

yurushchinyi ang → seemly（相応しい）

yurushé naráng → irremissible（許し難い）

yurushi bichi mung → allowable（許される・合法な）

yurushkarang → improper（適切でない、妥当でない）

yurushtchinyi kanāshung → equitably（公平に）

yurushung → acquiesce，-ence（黙認・黙従する）

yurushung → allow（許す）

yurushung → concede（譲る、容認する）

yurushung → let（～させる）

yurushung → liberate（自由にする、釈放する）

yurushung → pardon（許す、許可）

yúrushung → release（解放する）

yurushung → remit（免除する）

yurushuru fūĭ → affirmatively（肯定して）

yúrussang → disallow（許さない）

yurusú bichí → pardonable（許すべき）

yuruyakanyi ïyung → drawl（のろくさい話ぶり）

yúruyung → evade（避ける、引き払う）

yurúyuse → deprecate（嘆願する）

yúruzinu shina → sundries（雑貨）

yŭshă → brave（勇者）

yū-shă → headlong（向こう見ず）

yūshă → undaunted（勇敢な）

　udjirang→undaunted（勇敢な）

yū-shi → roam（歩き回る）

yŭshi ăshi hóbanshuru ftu → corrector（矯正者、罰する
　ひと、訂正者）

yushi ashi vakaïbichi → moral（道徳の）

yushimi mussibiung → alliance（同盟）

yushimi mussidi → ally（同盟者）

yushimi mussidoru vó → allies（同盟者）

yussandi → dusk（たそがれ）

yussandi → evening（夕方）

yussandinu lifé → vesper（晩祷）

yussandinu unyife-shusi → vesper（晩祷）

yusse mūttŭng → conclusive（決定的、断固たる）

yussi gatchi shung → tables（一覧表）

yussidjung → rinse（ゆすぐ）

yŭssŭūï → accoutrement（装備・装具）

yusti kukurirashung → suggest（仄めかす、示唆する）

yúta ftu → jew（ユダヤ（人））

yutakanyi ang → abound（富む）

yutakanyi ang → affluent（裕福な）

yutaka-nyi ang → plenty（豊富）

yutashang → good（良い）

yutashang → proper（好ましい）

yútashang → right（正しい）

yutashang → seemly（相応しい）

yútasharu gutóng → plausible（真実らしく思われる）

yūtchi → ax（斧・まさかり）

yutchi → halberd（矛槍）

yūtchi → hatchet（手斧、まさかり）

yŭtchĭ → snow（雪）

yutchi dzī → auspicious（縁起・幸先よい）

yūtchinu wí → helve（まさかりなどの柄）

yútchung → go（行く）

yutĭung → pour（注ぐ）

yutĭung → spill（こぼれる）

yūtītsĭ → contemporary（同時代の）

yūtsi → four（四つ、四）

yutsi ashinu luï → mamalia（哺乳類）

yutsidóng → loose（ルーズな、しまりない）

yutsidong → loosen（緩む、める）

yutsidong → relax（くつろぐ）

yútsimiténg → tense（緊張した）

yūtsinu chu bung → quarter（4分の1）

yutsitu shóng → placid（落ち着いた）

yútu yútushung → fluctuate（波動する）

yuvadóng → faint（疲れ切った）

yuvadósi → debility（衰弱）

yúvasang → enervate，enfeeble（薄弱な）

yuvasang → slender（ほっそり）

yuvassang → infirm（虚弱な）

yúvassang → weak（弱い）

yuvassaru mung → weakly（薄弱な）

yuvé-bī → holy-day（休日、聖なる日）

yuvénu fīnu gutuku → festive（祭日に相応しい）

yuvéshung → bless（あがめる、祝福する）

yuye néng → needless（必要のない）

yuyúng → head-dress（髪結い）

yuyúng → sift（ふるい（篩）にかける）

yūzě → altercation（激論）

yūzé → contention（口論）

yūzé → contest（抗争、論争）

yuzé → dispute（論じる）

yūzé gámasashung → quarrelsome（けんか好きの）

yūzé kunudõru mung → quarrelsome（けんか好きの）

yūzé stchóng → contentious（議論好きの）

yuzéshung → contend（抗争、論争する）

yuzĭung → yield（譲る）

   kubaméshuru tĭtsĭ→brace（支柱、留め金具）

yuzita chu → meek（柔和な）

yuzita fūdji → gracious（寛大、慈悲ある）

yuzita mung → obsequious（へつらう、従順な）

yuzitóng → lowly（謙遜、慎ましい）

yúzitõru → humble（謙遜な）

yuzĭung → concede（譲る、容認する）

yuzĭung → concession（譲歩、譲与）

Z

zā → room（部屋）

zánshung → slander（中傷する）

zari gatchishung → scrawl（ぞんざいに書く）

za-tĭtsinu ftu → chamberfellow（部屋仲間）

záttuna mung → simple（単純な）

záttushi → dispassionate（冷静、公平）

záttushta simédju → hermitage（隠遁者の庵）

zégi → timber（材木）

zí → drawing（絵画）

zin dzing → firefly（蛍）

zin-zing → glow worm（蛍）

zó → lungs（肺）

zó gung → jargon（わけのわからぬ戯言）

zó mung → promiscuous（ごたまぜ）

zó-fu → viscera（内蔵）

zõri → shoes（靴）

zŭku → custom（習慣、風習、慣例）

zúku → usage（習俗）

zŭkŭ gū → by word（俗語）

zúku gū → vernacular（土地固有の）

zuku kūdjó → usus laguendi（流行言葉）

žukŭ-gu → adage（金言・格言）

zunggvénu kutu → accident，accidently（偶然、偶然に）

zuň gvé → chance（機会、運）

zuň gvé → hap hazard（偶然）

zungvé → unforeseen（予期しない）

解　題　601

解　　題

I　ベッテルハイムと琉球語研究

1, 略　歴

1811 年に、ハンガリーのプレスブルグで生まれ、1836 年に、イタリアのパデュア大学から医学博士号を受けた。エジプト海軍やトルコ陸軍で軍医として働いた。1840 年に、ユダヤ教からキリスト教に改宗し、ロンドンに渡り、1843 年英国婦人エリザベス .M. バーウィックと結婚した。かつて沖縄に来た（1816）ことのあるクリフォードの提唱により設立された琉球海軍伝道会から宣教医として沖縄に派遣される。その意図は「同島がキリスト教の布教に適切なる地域たるのみならず、同島に於ける足掛りが、日本にキリスト教を導入することを可能ならしめ、乃至は日本入国の最初の好機に備えて、宣教師をして少なくとも日本の言語・習慣を十分に会得せしめ得るためである。」途中香港で 2 か月余滞在し、宣教師のギュッツラフ、メドハースト、パーカーなどに会い、いろいろと勉強し、準備をととのえた。

1846 年 4 月 30 日那覇に到着した。琉球王府は、薩摩藩の厳しい指令があることなどにより、上陸を断わったが、ベッテルハイムは妻、長女（2 才）、長男（1 才未満）、中国人の通訳劉干友を連れて上陸した（1848 年に次女ルーシーが生まれる）。既に 1844 年 3 月からカトリックのフランス人宣教師フォルカードと中国人神学生オーギュスタン・高が滞在していた。ベッテルハイムの滞在した護国寺には囲いがされ、関番が設けられ、番人が 24 時間監視していた。ベッテルハイムが出かけるとずっと尾行し、その行動を逐一記録して、王府と薩摩藩の在番に報告した。ベッテルハイムが街頭で説教しようとすると、住民を追い払った。ベッテルハイムが配った伝道雑誌や菓子も、また市場で買物をし、払ったお金も、後で役人が没収していった。

1854 年 2 月後任のモートンが着任したので、同 7 月ペリー提督指揮下の米艦に乗り沖縄を去りアメリカに住み、1870 年 2 月 9 日ミズリー州ブルックフィールドで永眠した。

2, 業　績
(1) 様式学級の設立
学校教師兼家庭教師として英国からはるばるやってきた、ジェームス嬢が沖縄上陸の尋常でないことから、危険を感じ帰国したので、実現しなかった。
(2) 布教
さまざまな妨害にもかかわらず、4 名洗礼を受け、4・50 名の求道者を得たらしい。崎浜秀能という 23 才の青年はキリスト教に帰依したために、牢に入れられ死んだ。
(3) 医療活動
無料診療所を寺で開設したが、役人の監視を逃れての施療なので十分できなかった。また、天然痘の流行の時も、王府に治療法等を進言したが、王府の拒否により、効果を上げえなかった。
(4) 聖書の翻訳
1847 年 7 月「路加伝」第 1 回翻訳終了。1855 年に琉球語訳『路加伝福音書』『約翰伝福音書』『聖差福音書』『保羅寄羅馬人書』が、1858 年に漢和対訳『路加伝福音書』が、1873 年に和訳『路加伝福音書』『約翰伝福音書』が、1874 年に和訳『聖差福音書』『保羅寄羅馬人書』が出版された。
(5) 琉球語の文法書・辞書の作成
1849 年 4 月に、"Elements or Contributing towards a Loochooan & Japanese Grammar"（『琉球語と日本語の文法の要項』）を脱稿し、1852 年 12 月に、"English-Loochooan Dictionary"（『英琉辞書』）を脱稿している。アメリカで出版しようとしたが果たせず、伝道中に英国から多大の保護を受けたことを感謝して、1867 年 4 月に大英博物館に稿本のまま寄贈した。

3, 「琉球語と日本語の文法の要項」と「英琉辞書」について
(1) どのようなの方言を記録したか
最初、通事係の花城親雲上・富村親雲上・川平里之子親雲上・渡久知里之子親雲上の 4 名が教え、後、川平里之子親雲上が知念里之子親雲上に替わった。また、花城親雲上が病気の期間、名護里之子親雲上に替わった。これら 6 名の詳しい経歴は今のところ不明であるが、首里の人だったらしい。ともかく、彼らの役職や、論語・孟子などを読み聞かしていることなどからして、知識階級の言語であることは、確かである。

なおベッテルハイムは琉球に行く際、聖書や多くの伝道冊子のほか、ギュッツラフの日本語訳「ヨハネ伝」と、3 つの辞書を携えていた。その一つは、Robert Morrison（モリソン）の辞書で、あとの二つは、Walter Henry Medhurst著の『AN ENGLISH AND JAPANESE AND JAPANESE AND ENGLISH VOCABULARY』（『日本語語彙』1830年バタヴィア版）と、『An American Dictionary of the English Language』（1828 年版か、1841 年版）である。

(2) 『琉球語と日本語の文法の要項』について
縦 28,5 センチ、横 22 センチの西洋紙 52 枚の表と裏に書いた 1 冊本である。

内容は次のようになっている。

1, 緒言
2, 日本語の文字について
3, 名詞（主格・属格・与格・対格・呼格・奪格、複数）
4, 形容詞（比較）
5, 数詞（基数、分類詞、序数）
6, 代名詞（各種の格、再帰代名詞・所有代名詞・指示代名詞・疑問詞・不定代名詞・関係代名詞）
7, 動詞
　　(a) 動詞的助辞 du
　　(b) アル・ヤル・ナル・ヲル・スル・セシム・スム・mensheng
　　(c) 琉球語動詞の完全な語形変化表（語根ツクル・不定法、直接法能動態、分詞、近接未来、習慣、可能、疑念、意図、義務、期間、願望、随意、専一、譲歩、勧誘、模倣、熱望、主張、理由、使役、並立関係にある動詞）
　　(d) 琉球語動詞に関する全般的な所見
　　(e) 雑記（不定詞・分詞・動詞的名詞・受身形・命令形、質を表す動詞、中性動詞と能動動詞、複合動詞、不規則動詞）
　　(f) 動詞活用形の練習
8, 前置詞（後置詞）
9, 副詞
10, 感動詞
11, 接続詞
12, 統語上の留意事項（名詞について、動詞について）
13, 読み方の練習（小話数例）
14, 会話
15, 中国古典の訓読例（「孟子」2篇、「論語」2篇）
16, 日本語とセム語の類似

［価値］
1. 琉球語を体系的に記述した初めてのものであると同時に、琉球語に即した記述をしている。
　＊「流石に性及び人称による区別をば設けず、又西洋文典に説く法のみに就いて活用せしめてもゐない点は、吉利支丹の編述した文典より一歩を進めてゐると言へる。」（「ベッテルハイムの琉球方言に関する著述」）
2. 琉球語動詞の現在の連体形は、連用形＋「居る」であることを、また、過去の連体形は、接続形＋「有る」であることを、既に発見していた。
　＊「（ルで終る動詞語幹は…引用者注）ru を ri に変えると、接続不定詞現在が得られ、ru を ti に変えると、接続不定詞過去が得られる。tskoru, tukori（琉球方言では tukoï と発音する）、tskoti。前者にヲル wuru を、後者にアル aru を付加すると、対応する分詞が得られる。tukoyuru, tskotaru、それ故、tskoyung〈現在〉、tskotang〈過去〉はヲルとアルの語形変化に準ずる。」

このことは、B.H. チェンバレンや伊波普猷も気付かなかったようで、チチュン（聞く）、チューン（来る）のチュは、クが u の影響で音変化したものと説明している。

1932 年にいたってようやく、服部四郎が厳密な音韻法則を適用して、その誤りを正したほどのことであった。

ベッテルハイムのこの発見は単なる思い付きからではなく、動詞の活用を詳しく調べることによって導き出されたものであることが窺える。
3. いわゆる「接続形」は過去の意味を持っていたことがわかる。
　　tskoti を接続不定詞と規定していることも注目に値する。なぜなら服部四郎が「日本祖語について・12」（1954）で「形としては『降りて』に対応するけれども、当時（16~17 世紀頃…引用者注）の琉球語としては《降った》の意味と考えられる」という発言を裏付けるからである。
4. 若干ではあるが説話の資料が得られる。
5. 当時の漢文の訓読の仕方がわかる。

（3）『英琉辞書』について
縦 25 センチ、横 20 センチ、679 枚より成る。本文は 3 枚目表より 626 枚目裏まで単純計算で約 8500 の見出し単語が記述されていることになる。627 枚目表より Chinese Derivative と題し、琉球方言における漢語が集録されている。その数約 1500 単語である。
［価値］
1. アルファベットで書かれているので、音価がわかりやすい。さらに補助符号を使って精密に記録しているので、当時の音韻を調べるのに非常に役立つ。
　(a) 本土方言のネとニに対応する音を、おのおの ni, nyi で書き分けている。この区別が明治時代まで有ったことを、伊波普猷は「琉球語の母音組織と口蓋化の法則」などで述べているが、他の人、例えばチェンバレンの著書などでは区別していないので、今までは不確実であった。
　　nyi の表記例
　　　nyidu 〈二度〉（a…方言の所在であって意味とは限らない。以下同じ）
　　　nyikumyung 〈憎む〉(abhor)
　　ni の表記例
　　　funi 〈船〉(abord)
　　　nintong 〈寝ている〉(asleep)

　(b)1883 年生まれの比嘉春潮も失いかけていた

zi と z,i の区別を、19 世紀前半では正確に区別していたことが分かる。すなわち、本土方言のズ・ヅ（ゼ）を dzi(zi) で表記し、ジ・ヂ（ギ）に対応する語を dji で表記し、両者を正確に書き分けている。

dji で表記されているもの

dji 〈字〉(abberviation)

djimmi 〈吟味〉(asembly)

dzi、zi で表記されているもの

siziri 〈硯〉(absorb)

djŏzi 〈上手〉(adept)

kazi 〈風〉(aerial)

tsizing 〈鼓〉(encourage)

2. 明治以降に本土から移入された語か、どうか判定する資料になる。総体としては、今まで漢語に由来する方言の多くは、明治以降に沖縄に移入された語のように思われていたが、そうではなく、相当多くの漢語を当時の知識人は持っていたことがわかる。

fandan 〈判断〉(Chinese derivertive)

fŭdjiyuu 〈不自由〉(Chinese derivertive)

fŭchitsi 〈不潔〉(Chinese derivertive)

djŏdjushung 〈成就する〉(end)

yitchishaa 〈易者〉(enchanter)

gŏku 〈合句〉(ending)

3. 知識人の間では、明治以前にも、多くの和語が移入されていたことがわかる。

takusanyi 〈たくさんに〉(abound)

sazikiunng 〈授ける〉(empower)

madovashung 〈惑わす〉(enchant)

djŏhukuru 〈状袋〉(enclose)

mugari 〈垣根〉(enclose)

Ⅱ 『英琉辞書』の表記法

まず、ベッテルハイム自身が、琉球方言の表記法について、『琉球語と日本語の文法の要綱』（以下『要綱』と略記する。）で述べているので、次に紹介する。

　私は、日本語音を表記する際、ヨーロッパの文字（アルファベット）を用いていることも述べておかなければならない。私の用い方は、現在中国で活躍中の友人達の用い方と同様に、ラテン語（romana）、または、ドイツ語（german）の音価に従っている。

また、補助符号について、次のように述べている。

母音の上に付されて横線《￣》はその母音を長く延ばし、半円《˘》は短くし、横線 2 本、または、半円 2 個は、それぞれの効果が 2 倍になることを表わす。横線 1 本と半円 1 個《˝》は、音節が短くて、強勢のあることを表わす。鋭音記号《´》は開母音を表わし、抑音記号《`》は閉母音を表わす。例えば、ó は flock のように短く、そして開いた音を表わし、ò は lose の o（のようにすぼめた音）を表わす。母音上の 2 個の点は外見上の 2 重母音を（2 個の母音に）分け、その点の付された母音を短くすることを表わす。例えば、ndjiung。y の前の ï は（ï は ' と略記され）'y とされる場合もあるが、`m・'m・m・'n におけるアポストロフィ《'》と同じく、非常に弱いが、かすかに知覚される喉音を表わす。ヘブライ語の Aleph を shua で発音したり、アラビア語の alpha を vasla で発音する人は、この発音を上手にまねることができるであろう。

　ここには、鋭音記号 ' は開母音を表わすとあるが、『英琉辞書』で é あるいは ó の例をみると、音韻の機能としては、開母音ということとともに、あるいは、より以上に長母音ということに意味があると考えられる。

　なお、ベッテルハイム自身は述べていないが、⌢という記号も使っている。これは ūūyadjini（公に。generally の項）、tstchĭyitong（諦める give の項）のように、1 音節であるということを表わしているようである。

　以下に、『英琉辞書』の字母とその音価について、アルファベット順に述べて行くことにする。表の部分は、字母、その例、推定音価、意味、所在の順である。（首里方言は『沖縄語辞典』により、今帰仁方言は『沖縄今帰仁方言辞典』によった。なお、両書の音韻記号は音声記号に改めた。）

(1) a

『要綱』には「 a, are の a のように発音する。」と述べている。

〈字母〉	〈例〉	〈音価〉	〈意味〉	〈所在〉
a	ami	[ʔami]	雨	rain

(2) b

ba	bakimu	[bakimun]*	化物	monster
be	bé	[be:]	倍	double
bi	bíng	[bin]	紅色	lake
bïa	abïā	[ʔabja:]	おしゃべり	clack
bïu	bïuni	[bju:ni]	妙に	beatnestly
bo	bó	[bo:]	棒	club
bu	burí	[buri:]	無礼	discourteous
bya	byákudáng	[bjakudaɴ]	白檀	sandalwood
byo	byótchi	[bjo:ci]	病気	disease
byu	byú	[bju:]	廟	temple

①問題なのは、bïa であるが、この表記は他に assibïä（遊び人。対応形遊びあ。amusement の項）、shirabïä（調べ人。対応形調べあ。首里方言不明。herbalist の項）、assibïägatchi（遊びながら。対応形不明。saunter の項）、hanabïaka（派手な。花びやかに対応。gay の項）、bïakunu ki（いとすぎ。bïaku は柏の漢音か、未詳。cypress の項）などがある。

　遊び人のことを、現在の首里方言では [ʔasibja:] あるいは [ʔasiba:] と言うところからすると、assibïä は前者の発音を表記したものである。調べ人も同じ語構成なので、[ʃirabja:] を表記したものであろう。assibïägatchi は、attcha gatchi（歩きながら。purpose の項）、Shágatchinä（しながら。while の項）、Kányagatchinä（食べながら。while の項）、núnyagatchinä（飲みながら。while の項）などの例からして、[ʔaʃibjagatʃi:] を表記したのであろう。また、hanabïaka は、miyabyakanyi（雅やかに。gorgeous, decolate の項）の例からすると、[hanabjaka] を表記したのであろう。以上のことから、bïa は [bja] を表記したものと考えられる。

②次に問題なのは、bïu であるが、この名詞例は廟以外にはほとんどみあたらないが、動詞の場合は活用語尾に、次のように多く出て来る。
〇下二段動詞対応語（首里方言では語尾が [bijun] である）
(a) 語尾が -biung のみで表記されているもの…Kassabiung（重べる。aggregate の項）、narabiung（並べる。attach, contact の項）、nubiung（伸びる。grow の項）、subiung（導く。conduct の項）。
(b) 語尾が -biung と -bïung で表記されているもの…Abiung（叫べる。bellow, bray の項）と abïung（叫ぶ。call の項）、kunabiung（比べる。contact の項）と kunabïung（比べる。collate の項）、nubiung（延べる。cheerful, put の項）と nubïung（延べる。bend, defer の項）。
(c) 語尾が -bïung のみで表記されているもの…nubïung（述べる。narrate, preach, relate の項）、shirabïung（調べる。chasten の項）、Ukabïung（浮かべる。buoy の項）
〇四段動詞対応語（首里方言では語尾が [bjun] である。）
(a) 語尾が -biung と -bïung で表記されているもの…Assibiung（遊ぶ。abroad の項）と Assibïung（遊ぶ。amuse, play の項）、Kakubiung（囲む。defend の項）と Kakubïung（囲む。preserve の項）、Shinubiung（忍ぶ。bear の項）と Shinubïung（忍ぶ。brook の項）、tattubiung（尊ぶ。civility の項）と tattubïung（尊ぶ。honour の項）、Tattubiung（尊ぶ。attach の項）と Táttubïung

（尊ぶ。exalt の項）、yirabiung（選ぶ。choose の項）と yirabïung（選ぶ。cull の項）
(b) 語尾が -bïun で表記されているもの…Fakubïuru（運ぶ。salt の項）、furubïung（滅ぶ。perish の項）、marubïung（丸ぶ。round）、mutabïung（もてあそぶ。handle の項）、Takubïung（たくぶ。bed, fold の項）、ubïung（覚える。rember, note の項）、manabïung（学ぶ。learn の項）、mussibïung（結ぶ。alliance の項）、mussubïung（結ぶ。link, tie の項）、Tubïung（飛ぶ。dart の項）、uyubïung（及ぶ。involve の項）、yubïung（呼ぶ。chuck の項）
(c) 語尾が -byung のみで表記されているもの…manabyung（学ぶ。devote の項）、mussubyung（結ぶ。gird, knot の項）、tubyunne（飛ぶように。fast の項）、uyubyung（及ぶ。tend の項）、yubyung（呼ぶ。call, compellation の項）、furubyussiga（滅ぶが。immortal の項）
以上のことから、二段動詞対応語は -biung と -bïung で、四段動詞対応語は -byung で表記すべきであったかと思われるのであるが、ほとんど混同している。
③bïo の表記例は見当らないようである。

(3) c

ca	cappa	[kappa]	合羽	cloak
chʼ	chʼkushó	[tʃikuʃo:]	畜生	stupid
cha	cha	[tʃa:]	茶	tea
chi	chi	[tʃï:]	血	blood
cho	chódé	[tʃo:de:]	兄弟	brother
chu	chúï	[tʃui]	一人	man
-ck	wickiga	[wikiga]	男	boy

① ca は、他に cassitira（カステラ。custard の項）、catcha（蚊帳。riddle の項）の例がある程度で、ごく稀である。ka と発音の相違はないと思われる。
② chʼ は、他に chʼkata（地方。custard の項）、chʼké（誓い。swear の項）、chʼshanna（レタス。ちしゃ菜に対応。lettuce の項）、chʼtsidan（決断。Ch. の項）などの例がある。chʼtsidan は chitsidanu（decease の項）と表記された例もある。nan chʼku（南極。pole の項）、wun chʼku（音曲。opera の項）、chʼkushi（勅使。envoy の項）。sh, ts の音に上接する時に出て来ているので、chi や chu の i や u の無声音、あるいは、脱落を表記しているものと考えられる。しかし、k, sh, ts の上接する時でも、chikara（力。force の項）のように、i を表記している例もある。
③ ck は他に、mackwa（枕。首里方言 [makkwa]。pillow の項）、mickvassa（憎らしい。首里方言 [mikkwa-

解題　605

san]、)、icka（烏賊。cuttlefish の項）、icka（幾日。[ʔikka]。how many の項）、icki（行け。首里方言 [ʔiki]。begone の項）、Ti-Zickung（拳骨。首里方言 [ti:ʒikun]。）、acku（悪。首里方言 [ʔaku]。in の項）、hacku（箱。drawer の項）、icku fhani（幾羽。how many の項）などがある。促音を表わしている場合と、そうでない場合がある。

(4) d

『琉球語と日本語の文法の要綱』に d・l・r 琉球人の発音では交替が可能である。しかし、いくつかの単語においては、これら 3 個の音のどれかが強固に保たれている。とある。

また、Ch. の d の章で、l や r と比較するように述べられている。龍は lïu とも表記されている。

da	daki	[daki]	竹	bamboo
de	dé	[de:]	代	cost
di	dishi	[diʃi]	弟子	pupil
dï	dïū	[dju:]	龍	Ch.
dja	djama	[dʒama]	邪魔	devil
dji	djī	[dʒi:]	字	letter
djo	djónó	[dʒo:no:]	上納	tax
dju	djū	[dʒu:]	十	ten
do	dógu	[do:gu]	道具	instrument
du	duru	[duru]	泥	mud
dya	yandyā	[jandʒa:]	奔放な子	wild
dyu	yandyung	[jandʒun]	破る	handle

① spoil の項に自動詞 Yandiung とあり、他動詞 Yandyung とある。おのおの [jaNdiuN] と [jaNdʒuN] を写したもので、これからすると両者の区別があるといえる。

② dj については、『琉球語と日本語の文法の要綱』に j 英語の j のように発音する。その音を強める場合、しばしば dj と表記する。とある。

③ dya はごく稀な例である。[janzja:] を写したのであろうか。[jandʒi]（破れるの連用形）に、接尾辞やが付いた形に対応するのであろう。

④ dyu もごく稀な例であるが、crush の項にも yandyung がある。

(4') dz

dza	dza	[dza:]	座	chamber
dze	dzégi	[dze:gi]	銘木	materials
dzi	dzíng	[dzin]	銭	money
dzo	dzófu	[dzo:hu]	臓腑	tripe
dzu	dzú	[dzu:]	尾	tail

① すべて z と同じ。

(5) e

ベッテルハイムは、『要綱』で、e は「else の e のように発音する」と述べている。語頭の e は現在のところ、見当たらないので、もっぱら語中・語尾で用いられるようである。ちなみに、首里方言で [ʔe] と発音される「挨拶」「櫂」は、yesatsi（greeting の項）、weku（oar の項）と表記されている。

(6) f

『要綱』に「d・l・r 琉球人の発音では交替が可能である。しかし、いくつかの単語においては、これら 3 個の音のどれかが強固に保たれている。相互に交替が可能な h と f についても同じことが言える。」とある。

f	fsha	[ɸ iʃa]	足	afoot
fa	fa	[ɸ a:]	葉	leaf
fe	fé	[ɸ e:]	蝿	fly
fha	fhadjimi	[ɸ aʒimi]	初め	beginning
fhi	fhïāu	[ça:u]	票	money
fho	fhó	[ɸ o:]	法	rule
fi	fi	[ɸ i:]	火	fire
fïo	fïóchagu	[ço:tʃaku]	爆竹の一種	fire crackers
fï	fïū	[ɸ iju:]	日庸	hireling
fo	fōbi	[ɸ o:bi]	褒美	premium
fu	fū	[ɸ u:]	幸運	happiness

① 直後に母音をともなわない（以下「単独」と用いる）f は、その他に fshinchung（押し込む。首里方言 [ɸ iʃintʃun]。cram の項）、ftatabi（再び。首里方言 [ɸ utatabi]。again の項）、ftsizi（未。首里方言 [ɸ itsidʒi]。cycle の項）などの例がある。fi や fu の i や u の無声音、あるいは、その脱落を表記しているものと考えられる。しかし、fsh, ft, fts に上接する時でも、櫃を fitsi と表記している（drawer の項）ように、i が表記されている例もある。

②「初め」や「法は」、首里方言ではおのおの [haʒimi]、[ho:] であるが、fh の表記からすると、[f] でも [h] でもない音、すなわち、[ɸ] の音を表記したものと考えられる。

③ 票の fhïāu に、ヒヤウという仮名がついていることからすると、[çijau] を表記したとも考えられる。ただし、歴史仮名遣いは「へう」である。また、大和語古語ではお金という意味に使わないようでもあり、疑問が残る。

④ fïo は、他に fiobang（評判。首里方言 [ʔo:ban]。interline の項）、fio（兵。galison の項）の例がある。

⑤ fïu は、他に Yufiung（身請けする。首里方言 [ju ɸ ijun]。redeem の項）、fiung（経る。首里方言 [ɸ ijun]。

process の項）の例がある。

⑥ 類似のものに fhïu-lin-na（ホウレンソウ。spinage の項）があり、fhïu-lin の部分は菠薐の中国音かと思われる。ちなみに百姓は、haku sho と表記している（peasant の項）。

⑦ 褒美の首里方言は、[hu:bi] であるし、歴史的仮名遣いも「ほうび」なので fūbi という表記が期待されるところであるのに、fōbi となっていて、問題となる。fo の例は、他に fómari（誉れ。対応する首里方言なし。fame の項。famous の項では fomari とある）、fomĭung（誉める。首里方言 [humijun]。applaud の項）、foso（疱瘡。対応する首里方言なし。歴史仮名遣い「はうさう」。Ch. の項）、uffoku（多く。首里方言 [ʔuhuku]。many の項）などの例がある。fom/fob の場合の fo は、fu になるのが遅かったと解釈すべきか、[fu] の音に近似していたとみなすべきか不明である。

(7) g

ga	gānā	[ga:na:]	鵞鳥	goose
ge	gé	[ge:]	害	harm
gi	gita	[gita]	下駄	sandals
go	góya	[go:ja]	苦瓜	bringal
gu	gudjira	[guʒira]	鯨	whale
gva	gvansu	[gwansu]	元祖	ancestor
gve	gvéshtchi	[gwe:ʃitʃi]	外戚	maternal
gvi	ufugví	[ʔuhuggwi:]	大声	bellow
gwa	gwansū	[gwansu]	元祖	Ch.
gwe	gvéguku	[gwe:guku]	外国	foreigner

① 元祖の例からして gv と gw は同じ音を表わしていることが分かる。他に、首里方言の [gweɴ-gweɴ]（ぬかるみのさま）を gvéng gvéng（muddy の項）とも gwéng-gwéng（flounder の項）とも表記している。

(8) h

Ch. の h の項に、「h=f=p」とあり、「半」には hfan、han、「方」と「法」には hó、fó、pó、「評判」には hó（fió）のように、同じ漢字に2つ以上の読みを記載している。また、numerals の項では「百」に hāku（hïaku）とある。しかし、これらが同音であるということではなく、どちらで発音してもよいとか、変化しやすいということである。（f の所を参照されたい）。

ḧ	ḧn	[ɴ ɴ:]	ふん（感動詞）	eh!
ḧ	aḧ	[ʔa:]	ああ（感動詞）	staff
ha	hā	[ha:]	歯	tooth
hfa	hfan	[ɸan]	半分	half
hïa	hïaku	[çaku]	百	unit
ho	hótu	[ho:tu]	鳩	pigeon

ḧo	ḧó	[ho:]	法	law
ho	hó	[ho:tu]	鳩	dove
hya	hyā	[ʔa:]	野郎	villain

① hïa の例は、他に hïa（歯車。首里方言 [ça:ga]。cog の項）がある。

② 野郎は、fellow の項には h͡ïa とある。

(9) i

i について、ベッテルハイムは in の i のように発音する。と述べている。もっぱら語頭で用いられている。ただし、ベッテルハイムは、漢語の熟語は分かち書きをして、別語扱いをしているので注意を要する。すなわち、漢語の熟語の2番目以降にくる漢字の語頭の場合は、mang ichi（万一。Ch. の章）のように i が表記されている。

| i | ing | [ʔiɴ] | 犬 | dog |
| in | in | [ʔĩ:] | はい | yes |

① in は yes の項に i（some say in）と記載されているものである。『沖縄語辞典』の ʔii の項目に（普通、鼻音化して発音する。[ʔĩ̄] 鼻音化しないとぞんざいに聞こえる）はい。そう。ああ。とあるのと照応する。

(9') ï

Ele. の日本語の文字についての項に（母音上の）2個の点は外見上の2重母音を（2個の母音に分け）、その点の付された母音を短くすることを表わす。例えば ndjïung。y の前の ï は（ï は ' と略記され）'y と表記される場合もあるが、'm・'mm・'n におけるアポストロフィ（'）と同じく、非常に弱いが、かすかに知覚される喉音を表わす。とある。

ïa	ïa	[ʔija]	後産	afterbirth
ïa	ïa	[ʔija]	矢	arrow
ïa	ïa	[ʔija:]	射手	bow-man
ïé	ïéshtchi	[ʔe:ʃitʃi]	卑しき	dabbler
ïŭ	ïŭ	[ʔiju]	魚	fish
ïŭ	ïŭng	[ʔijun]	入る	comprized
ïyā	ïyā	[ʔja:]	汝	thee
ïyu	ïyung	[ʔjun]	言う	say

① Ele. の名詞の項に ya は家で、ya〔正確には ïya〕は君とある。

② 矢も ïa と表記しており、[ja:] との区別が出来なかったものと思われる。

③ ベッテルハイムは y の前の ï は（ï は ' と略記され）'y とされる場合もあるが、'm・'mm・'n に

おけるアポスロロフィ《'》と同じく、非常に弱いが、かすかに知覚される喉音を表わす。と述べている。

④母音にiが続く例時は、naimung（果物。about の項）、fei yame（はやり病。infection の項）、shíïdunsé（しでもしたら。desire の項）、Yussuui（装い。accoutrement の項）、tskoi（作り。construkt の項）などで、すべてïである。

(10) j

ja	jasu	[dʒjasu]	イエス	Christian
ji	jindó	[dʒindo:]	人道	Ch.
jü	júï	[dʒjui]	御意	imperial

①jと dj は同じ音と考えられる。jの表記はごく稀である。jasu は yasu と書いた例（Christmass の項）もある。jasu は元音を写したのか。

(11) k

kf	kfáku	[kuɸaku]	固く	hard
kk	makkuru	[maQkuru]	真っ黒	dark
ka	kā	[ka:]	皮	hide
ke	ké	[ke:]	匙	spoon
ki	kī	[ki:]	毛	wool
ko	kó	[ko:]	線香	incense
ku	kū	[ku:]	粉	powder

①単独の kf は、上記の例のほか、kfaku（琥珀、amber の項）、kfu（工夫、work の項）、kfurasang（暗い。gloomy の項）のように、kuf の無声音に対応している例と、kfachu（火急、exigence の項）、kfachi（花気。glow の項）のように、kw の音に対応している例がある。

②kk は促音を表わしている。

(11') kv, kw

kv と kw は同じ音を表わしている。

kva	kvāshi	[kwaʃ:i]	菓子	cake
kve	kvémung	[kwe:muɴ]	食い物	aliment
kvi	kvī	[kwi:]	声	tone
kvïu	kvïūn	[kwiju:ɴ]	呉れる	conditional
kwa	kwan	[kwan]	官	Ch.
kwe	kwé	[kwe:]	肥え	manure
kwi	kwī	[kwi:]	声	voice
kwu	kwūku	[ku:ku]	少なく	decrease

①「呉れる」は kviung の表記（give の項）もある。

(12) l

『琉球語と日本語の文法の要綱』に d・l・r 琉球人の発音では交替が可能である。しかし、いくつかの単語においては、これら3個の音のどれかが強固に保たれている。とある。

la	lankan	[rankan]	欄干	railing
le	léritchi	[re:ritʃ:i]	来歴	Ch.
li	lidji	[ri:dʒi]	礼儀	formality
lïu	lïu	[rju:]	龍	dragon
lo	lónyin	[ro:niɴ]	両人	both
lu	lussi	[lusi]	留守	abroad

Ch. の牢の項に、lū（dū, rū）とある。lo の例は他に lósi（老衰。weak の項）がある。

(13) m

m	mpá	[mpa]	いやだ	will
'm	'mma	[ʔmma]	馬	horse
ma	máda	[ma:da]	まだ	yet
me	mé	[me:]	前	fore
mi	mimī	[mimi]	耳	ear
mïa	mïãkũtu	[mijaku]	都	capital
mïe	mïen yá	[mieNja:]	綿羊	fleece
mïu	fhadjimïjung	[hadʒimijuɴ]	始める	commence
mo	mó	[mo:]	野原	meadow
mu	múmu	[mumu]	腿	thigh
mya	mya	[mja:]	中庭	yard
myo	myódjī	[mjo:dʒi]	名字	name
myu	myūna	[mju:na]	妙な	excellent

①単独で、語頭にきた m の例は、その他に次のような例がある。

(a) ベッテルハイムが m と表記していて、首里方言が [m] の語。
mba（いや。首里方言 [mba]。axion の項）

(b) ベッテルハイムが 'm と表記していて、首里方言が [m] の語。
見当らないようである。

(c) ベッテルハイムが m と表記していて、首里方言が [ʔm] の語。
mbayung（奪う。首里方言 [ʔmbajuɴ。deprive の項）、mbunyī（重荷。首里方言 [ʔmbuni:]。lade の項）、mbu Nyi（重荷。首里方言 [ʔmbuni:]。burden の項）、mbuckwiung（浸水する。首里方言 [ʔmbukkwijuɴ。founder の項）、mbushung（蒸す。首里方言 [ʔmbusjuɴ。stew の項）、mbushi（錨・おもし。首里方言 [ʔmbuʃi]。weight の項）、mbussang（重い。首里方言 [ʔmbusaɴ。weighty の項）、mma（馬。首里方言 [ʔmma]。back の項）、mma（午。首里方言 [ʔmma]。about の項）、mmari（生まれ。首里方言 [ʔmmari]。attribute の項）、mmé（祖母。首里方言 [ʔmme]。grandmother の項）、

(d) ベッテルハイムが 'm と表記していて、首里

方言が [ʔm] の語。

'mma（そこ。首里方言 [ʔmma]。regardless の項）、
'mmu（芋。首里方言 [ʔmmu]。yam の項）、'mmari
（生まれ。首里方言 [ʔmmari]。antipathy の項）、
ベッテルハイムは y の前の ï は（ï は ` と略記
され）'y とされる場合もあるが、'm・mm・'n
におけるアポスロロフィ《'》と同じく、非常
に弱いが、かすかに知覚される喉音を表わす。
と述べているが、明確な区別がありそうにな
い。（m の所参照）。

② mïa は、他に mïatu（港。首里方言 [na:tu]。harbour
の項）がある。これは [mja:tu] を表記している
ようである。

③ mïuru（見える、visible の項）は [mi:uru] であろ
う。

(14) n

n	ncha	[ntʃa]	土	loam
'n	'ndju	[ndʒu]	下水溝	sewers
na	na	[na:]	名	name
ne	né	[ne:]	苗	seedling
ng	djingya	[dʒiNja]	陣屋	camp, castle
ni	nī	[ni:]	根	root
no	nóyung	[no:jun]	治る	heal
now	nowchi	[nautʃi]	直き	veracious
nu	nū	[nu:]	何	what
nya	nya	[nja:]	もう	again
nyi	nyī	[nji:]	荷	burden
nyu	nyūng	[nju:n]	見る	look

① 語頭の n の例は、その他に次のような例がある。
(a) ベッテルハイムが n と表記していて、首里方言
　　が [n] の語。
　　nkashi（昔。首里方言 [nkaʃi]。ancient の項）、
　　nkéyung（迎える。首里方言 [nke:jun]。seek の項）、
　　ndang（見ない。[n:dan]。see の項）、ndasjung（濡
　　らす。首里方言 [ndaʃun]。moisture の項）、ndza
　　（奴。首里方言 [ndʒa]。slave の項）、ndzõsa（可
　　愛い。首里方言 [ndzo:sa]。love の項）、ndjundju
　　（強く。首里方言 [ndʒundʒu:]。fast の項）などが
　　ある。
(b) ベッテルハイムが 'n と表記していて、首里
　　方言が [n] の語。
　　'nkazi（むかで。首里方言 [nkadʒi]。centipede の
　　項）、'n̆nă（空。首里方言 [nna]。bare の項）、'nndji
　　（とげ。首里方言 [ndʒi]。thorn, fish の項）、'nni（胸。
　　首里方言 [nni]。breast の項）、'nnya（皆。首里方
　　言 [nna]。empire, extend の項）、'nni（棟。首里方
　　言 [nni]。ridge の項）。
(c) ベッテルハイムが n と表記していて、首里方

言が [ʔn] の語

ndjang（行った。首里方言 [ʔndʒan]。gone の項）、
ndja`shung（出す。首里方言 [ʔndʒaʃun]。exert の
項）、ndjiung（出る。首里方言 [ʔndʒijuN]。strength
の項）、ndjuchung（動く。首里方言 [ʔndʃutʃun]。
shake の項）、ndóng（膿んだ。首里方言 [ʔndo:n]。
abscess, ripe の項）。

(d) ベッテルハイムが 'n と表記していて、首里
　　方言が [ʔn] の語。
　　例見当らない。
　　ベッテルハイムは y の前の ï は（ï は ` と略記
　　され）'y とされる場合もあるが、'm・mm・'n
　　におけるアポスロロフィ《'》と同じく、非常
　　に弱いが、かすかに知覚される喉音を表わす。
　　と述べているが、明確な区別があるとはいえ
　　そうにない。（m の所参照）。

② ng は [N] の音を表記している。次に母音や半
　　母音の語が来るとき、多くは分かち書きしてい
　　るのであるが、話語の場合まれに続けて書いて
　　ある。

③ now は、他に now（しかしながら。なおに対応。
　　however の項）がある。英語のスペルからすると、
　　[nau] を表記したものらしく、その当時の音から
　　すると、[no:] を表記したものらしく、どちらか
　　決めにくいが、前者であろう。文語的な文脈で
　　使われたのであろう。

④ 見るは現在は [nu:N] である。昨日は chinyū と
　　chinū の 2 つの形が記載されている（yesterday の
　　項）。

(15) o

o, open の o のように発音する。と述べている（翻
訳ベッテルハイム著『琉球語と日本語の文法の要綱』
による）。

o	ódji	[ʔo:ʒi]	扇	fan
oh	oh	[ʔo:]	はい	yes
omi	omi	[ʔumi]	海	sea

ó は、他に ó（応答の語。yes の項）がある。

(16) p

pp	ĭpping	[ʔippiN]	一篇	chapter
pa	pāpā	[pa:pa:]	祖母	grandmother
pi	ping-ang	[piNaN]	平安	repose
pia	pĭapĭa	[pijapija]	ピヨピヨ	twittering
po	póli	[po:ri]	ガラス	glass
pu	pung	[puN]	本（接尾辞）	Ch.

pāpā は pápá とも表記されている（mama の項）。ping-
ang は中国音。空手の型の名としては、今日でも

使われている。póli は玻璃の中国音であろう。

(17) q

qa	quantun	[kwantuɴ]	広東	victuals

広東を kwandun とも表記している（Canton の項）。

(18) r

『琉球語と日本語の文法の要綱』に d・l・r 琉球人の発音では交替が可能である。しかし、いくつかの単語においては、これら 3 個の音のどれかが強固に保たれている。とある。Ch. の r の見出しに r=l=d とあり、六と六合の 2 例しか記載されていない。

ra	ráku	[raku]	楽	enjoyment
re	fitsire	[ɸtsire:]	へつらい	slander
ri	rīdji	[ri:dʒi]	礼儀	rite
rï	rïushi	[karijuʒi]	嘉例吉	Ch.
ro	ró	[ro:]	ろうそく	candle
ru	ruku	[ruku]	六	six

(19) s

s'	s'tu	[sutu]	外	out
s	skuyúng	[sikujun]	救う	save
s	stchi	[sitʃi]	好き	liking
sa	sabatchi	[sabatʃi]	櫛	comb
se	sévé	[se:we:]	幸い	happiness
si	siba	[siba]	舌	lip
sï	sïung	[sijuɴ]	擦る	friction
so	sõ	[so:]	竿	bamboo

② sï は、他に ching sïa gi（着物を擦る木。mangle の項）がある。また、擦るは、sïung という表記（accession, file, rub の項）や、sïūng という表記（scour）もあるので、首里方言と同じ [sijun] を写していると考えられる。

③ sikwa（西瓜。water の項）。

(19') ss

-ssa	kussa	[kusa]	草	grass
-sse	jassé	[jase:]	野菜	plant
-ssi	gussiku	[gusiku]	城	capital
-sso	sussó	[suso:]	粗相	husband
-ssu	kussúï	[kusui]	薬	medicine

s 常に破擦音を表わし、silver のように発音される。それを強めるたまに ss を用いるとある。

(19'') sh

sh	shkin	[ʃikin]	世間	world
shʼ	shʼpo	[ʃipo:]	四方	around
shʼ	shʼku	[ʃuku]]	職	office
shʼsh	tashshïung	[taʃʃijun]	達する	communicate
sha	sha	[ʃa:]	紗	gauze
she	shéng	[ʃe:n]	してある	nice
sho	shógótsi	[ʃogatsu]	正月	January
shu	shū	[ʃu:]	潮	tide

① 母音をともなわない sh と shʼ は、同じといえる。

② shʼ は、他に bishʼku（美食。rich の項）。shushʼku（酒色・酒食。dissipation の項）、shʼpo（四方。around の項）、Shʼkakiung（仕掛ける。broach の項）、Shʼte（肢体。extremities の項）、shʼtchili（しきり。Ch. の項）などがある。Ch. の shʼ の所で、「u または i があるものと解すべきである。迅速に強く発音されるので、母音は明確でないが、時には音節を構成する。」とある（伊波和正氏 "Be-llelheim's English-Loochooan Dictionary:Chinese Deri-vatives" の訳）。

② shsh は、他に ushshashong（嬉しい。首里方言「ʔuʃʃa。pleasure の項）、Tashshi（達し。首里方言 [taʃʃi。statement の項）、fissang（薄い。首里方言。thin の項）のように、首里方言の [ʃʃ] に対応している例と、Tashshika-Nyi（確かに。open の項）、sashshi ittchoru ku（差し入っている句。Parenthesis の項）、Kushshati（腰当て。首里方言。recline の項）、Ishshatu（かまきり。spider の項）のように対応していない例がある。

(20) t

tta	uttagwa	[ʔutagwa:]	小歌曲	ditty
tta	uttaï	[ʔuttai]	訴え	litigataion
ta	tā	[ta:]	田	field
te	té	[te:]	たいまつ	flambeau
ti	tí	[ti:]	手	hand
to	tóshin	[to:ʃin]	唐船	junk
tow	towchi	[tautʃi]	闘鶏	game-cock
tu	tuï	[tui]	鳥	bird
tya	shtya	[ʃitʃa]	下	under
tyi	Sinavatyi	[sinawatʃi]	すなわち	forbid

① tt は、Mattaki [maɊtaki:] 全部 whole
Sattimu [saɊtimu] さても oh
tatti [tatisi] 縦 Perpendicular

② tya は、他に shtya（舌。tongue の項）、shtyadan（タマキビ貝。しただみに対応。periwinkle の項）などがある。tyi の表記は上記の例のみである。tyu、tyo の例は今のところ見当らない。tye は

satye narang が1例あるが（imperceptible の項）、satuye narang の例（tradition の項）からして、u が脱落したものであろう。

(20') tc/ts/tz

ts'	ts'chāyung	[tsitʃa:jun]	突き合う	collision
ts	tska	[tska]	塚	tomb
-ts	ta'tskĭung	[tattsukijun]	ひっつける	glue
ts	tstchi	[tstʃĭ]	月	moon
-tsï	ĭŭ tsĭā	[ʔijutsija:]	漁師	fisherman
tsa	tsāgī*	[tsa:gi:]	松	fir
tse	tséyung	[tse:jun]	跳ねて歩く	step
tsi	tsiru	[tsiru]	弦	chord
tso	tsōdjiung	[tsu:dʒijun]	通ずる	comprehend
tzi	titzi	[ti:tzi]	一つ	age

① 松の tsā は中国音であろう。tsa はこの他に査（tsa shi, Ch. の項）、attsa（あいた！oh の項）、shutsae（秀才、graduate の項）、Tsira Tatsa（二枚舌。顔2つあに対応。double-dealer の項）、tsi（釣り針。angle の項）などがある。数は少ない。

② tse はこの他に菜（tse, Ch. の項）があるのみである。

③ 『琉球語と日本語の文法の要綱』に「tc《e・i の前で》、及び tz ts の代わりにこの両方を用いた場合があるかもしれない。」とある。

④ tz は、その他 atzimĭung（集める。accumulate の項）、dze mutzi（財物。acquire の項）、nitzibyo（熱病。acute の項）、Djitzinyi（実に。aggection の項）などがある。語中・語尾の [ts] を表記している。

(20") tch

tch	tchke	[tʃĭke:]	誓い	engagement、
tchʼ	FúTchʼku	[futtʃku]	北極	elevation
tcha	katcha	[katʃa]	蚊帳	curtain
tche	fitcheru	[fitʃe:ru]	引いてある	tangent
tchi	tchitsisang	[tʃitsisaN]	きつい	strong
tchu	tatchung	[tatʃuN]	立つ	wave
tcho	nyitchóng	[nitʃo:N]	似ている	somewhat

① tch と tchʼ は狭母音 i や u の無声音あるいは脱落した音を表記している。

(21) u
u について、ベッテルハイムは英語の oo の綴りで表わすような音と述べている。

u	ukuné	[ʔukune:]	行い	conduct
uu	ūukazi	[ʔu:kaʒi]	台風	tyfoon
uwo	uwó	[ʔuwo:]	雄黄	orpiment

ūŭ（魚。うをに対応。fish）

なお、yes の項に ŭ (very long and deep) といった音色に関する記述をしていることもある。

(22) v
Ch. の見出しに w＝v と書かれていて、v の項目はない。v と w は同じ音を表記している。（w の所参照。）

va	vang	[waɴ]	私	I
ve	véka	[ʔwe:ka]	一族	tribe
vi	vinago	[winagu]	女	convent
vo	vólé	[wo:re:]	往来	accessible
vu	vúkasha	[ukasʃa]	おかしい	laughable

① va は、その他 vătă（腹。首里方言 [wata]。stomach の項）、va-gvā（豚。首里方言 [ʔwa:gwa:]。Porker, Porkling の項）と表記していて、首里方言では区別のある [wa] と [ʔwa] の区別がない。

② ve は、その他 veNda（柔和な。首里方言 [ʔwen-da]。meek の項）、sévé（幸い。首里方言 [se:we:]。bliss の項）の例がある。首里方言では区別のある [we] と [ʔweti] の区別がない。

③ vi は、その他 vigo'sang（痒い。首里方言 [wi:go:saN]。prurigo の項）、vī（上。首里方言 [ʔwi:]。heaven の項）と表記していて、首里方言では区別のある [wi] と [ʔwi] の区別がない。

(23) w
w と v は同じ音を表記している。（v の所参照。）

w	kow	[kau]or[ko:]	顔	complexion
wa	waïfū	[wai ɸ u:]	割符	tally
we	wéka	[ʔwe:ka]	一族	kindred
wi	wí	[wi:]	柄	helve
wo	wó	[o:]	王	king
wu	wúttu	[uttu]	夫	husband

① wa はその他 wābi（上辺。首里方言 [ʔwa:bi]。top の項）と表記していて、首里方言では区別のある [wa] と [ʔwa] の区別がない。

② we はその他 weki（金持ち。首里方言 [ʔwe:ki]。rich の項）、wedai（王城の勤務。首里方言 [ʔweedai]、official の項）、weku（櫂。首里方言 [ʔwe:ku]。oar の項）、wenchu（ねずみ。首里方言 [ʔwentʃu]。mouse の項）などの例がある。[ʔwe] の例だけであるが、他の用法からして [ʔwe] と [we] の区別はないと考えられる。ちなみに、『沖縄語辞典』には語頭の [we] は [we:we:]（おいおい。わあわあ。声をあげて泣くさま。）しかない。

③ wi は、その他 wīru（紐。首里方言 [wi:ru:]。string の項）、wickiga（男。首里方言 [wikiga]。boy の項）、

winago（女。首里方言 [winagu。girl の項)、wīung（酔う。首里方言 [wi:juN]。inabriate の項)、wī（上。首里方言 [ʔwi:]。top の項)、wīdjung（泳ぐ。首里方言 [ʔwi:dʒuN]。swim の項)、wíʼung（植える。首里方言 [ʔwi:juN]。plant の項)、wīsi（仰せ。首里方言 [ʔwiisi]。imperial の項）などの例がある。首里方言では区別のある [wi] と [ʔwi] の区別がない。

④ wo は、その他 wólé（往来。首里方言 [o:re:]。Ch. の章）と表記している。[o] と [ʔo] の区別がある。（o の所参照）。

⑤ wu は、その他 wūduï（雄鶏。首里方言 [u:dui]。cock の項)、wūki（桶。首里方言 [u:ki]。tub の項）などの例がある。[u] と [ʔu] の区別がある。（u の所参照）。

(24) x
使われていない。

(25) y

yā	yā	[ja:]	家	home
yǎ	`yǎ	[ʔja]	君	enemy
ye	yédja	[ʔe:ʒa]	間	interval
yi	yī	[i:]	絵	drowing
yo	yósang	[jo:saN]	弱い	weak
yu	yū	[ju:]	湯	boilding water

① 君は、abide や affair などの項では yǎ と、また act や before などの項では単に ya と表記している。been の項では初めの例には yǎ と表記し、後の例には ya と表記している。『琉球語と日本語の文法の要綱』の日本語の文字についての項に y の前の ï は（ï は 'と略記され）'y とされる場合もあるが、'm・mm・n におけるアポストロフィ《'》と同じく、非常に弱いが、かすかに知覚される喉音を表わす。とあり、名詞の項の例文中に 'ya とあり、その注に「yā は家で、yǎ〔正確には ïyǎ〕は君。」とある。

② yi は、他に yī（良い。首里方言 [i:]。good の項)、yi（亥。首里方言 [i:]。cycle の項)、yita（貰った。首里方言 [i:ta]。beggar の項)、yi（椅子。首里方言 [i:]。chair の項)、yīng（縁。首里方言 [in]。veranda の項)、yinsana（同量ずつ。首里方言 [insana]。part の項)、yinshu（煙硝。首里方言 [insju]。blow の項）がある。[ʔi] と [i] の区別がはっきりしている。

(27) z
Ch. の z の見出しに「z＝dʒ」と書かれている。また ze の項に「zé＝dʒé」とある。「蛍」は、zin-zing

と表記した例も（glow worm の項)、zindʒing と表記した例もある（firefly の項)。

za	zā	[dʒa:]	座	room
ze	zésang	[dʒe:saN]	財産	Ch.
zi	zí	[dʒi:]	図	drawing
zo	zófu	[dʒoɸu]	臓腑	viscera
zu	zuku	[dʒuku]	俗	custom
zz	mizzi	[miʒi]	水	change

zi は、他に、sobazike（侍女。首里方言。wait の項)、kizika（木柄。wooden の項)、tsinizini（常々。always の項)、banziki（番付。arrange の項)、fi-ziki（日付、date の項)、akazira（赤ら顔。flush の項)、zing（銭。wages の項)、sanzin（三千。about の項)、dzi（髄。marrow の項）などがある。共通語の「づ・ず・ぜ・ずい」に規則的に対応していて、[dʒi] でなく、[zi] を明確に表記していると考えられる。ちなみに首里方言では「づ・ず」は [dzi] に対応し、「ぜ、ずい」は [dʒi] に対応している。（si 参照。）

② zz は、他に mizzo（溝。gutter の項)、mizzikara（自ら。change の項)、ishinizzimi（兎。「石ねずみ」に対応。rabbit の項）等がある。ss と同様で撥音を表わしていない。

(26) 撥音
漢語の場合は分かち書きをしているので、分かりやすい。

djing akung（善悪も。censor の項)、man ning（万年。care の項)、'ndarinnayo（見られるな。careful の項)
finnu kannu kashira（兵の官の頭）

しかし、話語とくに助詞の場合は n を脱落させて表記していることがある。

taniti（尋ねて。首里方言 [taNniti]。condemn の項)
djūnyi（正常に。首里方言 [dʒuNni]。come の項)
manyi titzing（万に一つも。account の項)
toganinyi（科人に。chai の項)
tinyi kata duteru maï
　（天に象ってある鞠…天球のこと。celestial の項)
indanyī（淫乱に。chastity の項)
nindjinu（人間の。celestial の項)
Dzinu（お金の。depend の項)

同様のことは英語のスペルにおいてもある。

Cannibal＝人食い人種 | chu kvaya。原本 canibal。

これとは、逆に n でよいところを nn とした例も見られる。

Canoe＝伝馬船 | timma, funi gva, kubuni。原本 cannoe。

また、同じ項の中の同じ単語で、kānnyūna（肝要な。chief の項）と撥音を表記している例と、kānyū

（肝要）と撥音を表記していない例がある。

このような表記からすると、manaka（真中。central の項）は首里方言と同様に [mannaka]、Ma Maru（真丸。exactly）は [mammaru] であったと考えられる。

m や b や p などの音の前の撥音は m で表記されているが、ハイフンで分けられている場合は、n で表記されていることもある。

gun-bo

(27) 促音
tt や shsh や kk や ck

tch の所で引用した「ch 英語の ch のように発音される。その音を強めるために、しばしば tch を用いる。」の「音を強める（to strengthen…引用者注）」という部分と tch というスペルが、一見促音と関係するかと思われるが、útchi（内。首里方言 [ʔutʃi]。withen の項）、shkutchi（仕事。首里方言 [ʒikutʃi]。abate の項）、mitchi（道。首里方言 [mitʃi]。abbey の項）、tsitchi（月。首里方言 [tsitʃi]。abortive の項）などの例からして、促音を意味していないことが分かる。促音は、ittching（一斤。numerals）、attchi（歩き。random）、kittchaki（つまづき。slip）、tattchu（尖塔。steeple）、mittchai（三人。friend）などからして、ttch で表記していると考えられる。

促音の表記は正確かというと、mattchi（店。slopshop）、uttch（内。beast）、ittchuta（しばらく。首里方言 [ʔitʃuta]。while）、fittche（額。forelock）、Tattchi（滝。fall-water）など、当時と現在の首里方言の促音は変わらないとすると、それほど正確であるとはいえそうにない。

また、同じ項の中の同じ単語で、ushashong（嬉しくしている。cheerful の項）と促音を表記していない例と、ushshashi（嬉しくして）と促音を表記した例がある。

Ⅲ 『英琉辞書』における動詞の活用の型

『英琉辞書』の膨大な資料から、当時の動詞の活用の特徴と、語幹の変化の型を体系化する。

先学の方法を参考にして、「～する」（肯定普通態現在の終止形。以下「終止形」と略す）、「～し」（いわゆる「連用形」。以下「連用形」と略す）、「～しない」（否定普通態現在の終止形。否定の「終止形」と略す）、「～した」（肯定普通態過去の終止形。「過去終止形」と略す）の例を『英琉辞書』より抜き出して、語幹変化の型を抽出することにする。なお、これ

らの例が見あたらない場合は、その形を類推できる他の例で代替することにする。例えば、「過去終止形」が見あたらない場合は、接続形（分詞）などで代替する。

型の抽出方法は、まず、各活用形から活用語尾である ang（áng）、i（yi）、ung、ang を取り除き、語幹を明らかにする。それぞれ順に、基本語幹、連用形語幹、融合語幹、音便語幹と呼ぶことにする。次に4つの語幹の共通部分を取り除き、残った部分を明らかにする。この残った部分を順に並べるという方法である。（何も残らないものは「'」で表す。）このようにして得られた型を「語幹変化パターン」と呼ぶことにする。以下、この語幹変化パターンに着目して活用を分類して行く。

なお、ベッテルハイムは、子音の後の ï は [ij] を、母音の後の ï は [i] を、半母音 y の後の ï は [ʔj] をうつしている。用例を分析する場合は、音韻的に処理して、順に iy、yi、ï と表記しわけることにする。

1, 規則動詞
(1)「死ぬ」
文語ナ行変格動詞の「死ぬ」に対応する動詞の例は、次の通りである。

shinyāng（死なない。基本語幹 shiny-

snyānsé（死なないこと。基本語幹 shiny-）〈wonder〉

shǐnyǐ bǔshǎshǔng（死にたがる。連用形語幹 shiny-）〈death〉

shinyung（死ぬ。融合語幹 shiny-）〈die〉

shidjang（死んだか。音便語幹 shidj-）〈kill〉

語幹の変化パターンは「ny,ny,ny,dj」となる。首里方言では「n,n,n,dj」である。

(2)「書く」
文語カ行四段系動詞の「書く」に対応する動詞の例は、次の通りである。

kakang（書かない。基本語幹 kak-）〈write〉ママ

katchi ndjashúng（書き出す。連用形語幹 katdh-）〈write〉

katchúng（書く。融合語幹 katch-）〈write〉

kachang（書いた。音便語幹 kacha-）〈write〉ママ

語幹変化パターンは「k,ch,ch,ch」となる。

(3)「脱ぐ」
文語ガ行四段系動詞の「脱ぐ」に対応する動詞の例は、次の通りである。

nugang（脱がない。基本語幹 nug-）〈take〉

nudji gatchi shung（抜き書きする。連用形語幹 nudj-）〈extract〉

nudjung（脱ぐ。融合語幹 nudj-）〈take〉

nudjang（脱いだ。音便語幹 nudj-）〈take〉

語幹変化パターンは「g,dj,dj,dj」となる。

(4)「なす」

文語サ行四段系動詞の「なす」（産む意）に対応する動詞の例は、次の通りである。

nasáng 〈never〉（産さない。基本語幹 nas-）〈never〉

nashi agatóng 〈bear〉（産し終わっている。連用形語幹 nash-）

nashung 〈breed〉（産す。融合語幹 nash-）

nachi 〈concubine〉（産して。音便語幹 nach-）

各語幹の共通部分は na であり、語幹変化パターンは「s,sh,sh,ch」となる。

(5)「くびる」

文語上二段系動詞で、語末が「びる」となる「くびる」に対応する動詞の例は、次の通りである。

kúndáng（くびらない。基本語幹 kund-）〈tie〉

kundji tskïung（くびりつける。連用形語幹 kandj-）〈tie〉

kúndjung（くびる。融合語幹 kundj-）〈tie〉

kúncháng（くびった。音便語幹 kunch-）〈tie〉

語幹共通部分は kún で、語幹変化パターンは「d,dj,dj,ch」となる。

(6)「立つ」

文語タ行四段系動詞の「立つ」に対応する動詞の例は、次の通りである。

yakún tatáng（役に立たない。基本語幹 tat-）〈useless〉

tachi tudumati（立ち止まって。連用形語幹 tach-）〈stop〉

tatchúng（立つ。融合語幹 tatch-）〈stand〉

tattchong（立っている。音便語幹 融合語幹 tattch-）〈clouded〉

-ch-、-tch-、-ttch- とが錯綜している。

(7)「読む」

文語ラ行四段系動詞で、語末が「む」となる「読む」に対応する動詞の例は、次の通りである。

yumang（読まない。基本語幹 yum-）〈only〉

yumi fhadjimiung（読み始める。連用形語幹 yum-）〈commence〉

yumúng（読む。融合語幹 yum-）〈stress〉

yunyung（読む。融合語幹 yuny-）〈read〉

yudi（読んで。音便語幹 yud-）〈engaged〉 ママ

(8)「被る」など

文語ラ行四段系動詞で、語末が「ぶる」となる「被る」に対応する動詞の例は、次の通りである。

kandang（被らない。基本語幹 kand-）〈put〉

kandji nunu（被り布。連用形語幹 kandj-）〈sheet〉

kandïung（被る。融合語幹 kandiy-）〈put〉

kandjung（被る。融合語幹 kandj-）〈wear〉

kantang（被った。音便語幹 kant-）〈put〉

語幹変化パターンは「d ,dj,diy/dj,t」となる。

文語ラ行四段系動詞で、語末が「むる」となる「眠る」に対応するようにみえる動詞の例は、次の通りである。

nindang（眠らない。基本語幹 nind-）〈sleep〉

níndi（眠れ。基本語幹 nind-）〈rise-d〉

sho nindji（本当の眠り。連用形語幹 nindj-）〈real〉

nindjung（眠る。融合語幹 nindj-）〈sleep〉

nindïung の例は見あたらない。例が少ないからであろう。

nintang（眠った。音便語幹 nint-）〈sleep〉

(9)「飛ぶ」

文語バ行四段系動詞の「飛ぶ」に対応する動詞の例は、次の通りである。

tubáng（飛ばない。基本語幹 tub-）〈riddle〉

túbi fash"iung（飛び走る。連用形語幹 tub-）〈flee〉

tubiung（飛ぶ。融合語幹 tubi-）〈fly〉

これと同じ表記は〈flee〉〈discoloured〉などの項にもある。

tubïung（飛ぶ。融合語幹 tubij-）〈flutter〉

これと同じ表記は〈dart〉〈dust〉〈spark〉〈soar〉〈swarm〉などの項にある。

tubyunne（飛ぶように。融合語幹 tuby-）〈fast〉

tudi（飛んで。音便語幹 tud-）〈countenance〉

各語幹の共通部分は tu であり、語幹変化パターンは「b,b,i / iy /y,d」となる。

(10)「蹴る」

文語下一段系動詞の「蹴る」に対応する動詞の例は、次の通りである。

kirang（蹴らない。基本語幹 kir-）〈wince〉

kíri agïung（蹴り上げる。連用形語幹 kir-）〈kick〉

kíri kérashung（蹴り倒す。連用形語幹 kir-）〈upset〉

kïúng（蹴る。融合語幹 kiy-）〈kick〉

kítáng（蹴った。音便語幹 kit-）〈kick〉

語幹共通部分は ki で、語幹変化パターンは「r,r,y,t」となる。『沖縄語辞典』によると、「射る」のように活用するとともに、「起きる」のようにも活用する。『英琉辞書』では、例が少ないためか、kittchi のような例が見あたらない。

(11)「射る」

文語上一段系動詞の「射る」に対応する動詞の例は、次の通りである。

iráng（射ない。基本語幹 ir-）〈shoot〉

iri kudachang（射砕いた。連用形語幹 ir-）〈shoot〉 ママ

iri kata shung; i kata shung（射方をする。連用形語幹 ir- / i-）〈random〉

iri と i の 2 種類があることになる。

ïūng（射る。融合語幹 i-）〈shoot〉

íyŭng（射る。融合語幹 íy-）〈radiate〉

ǐyŭng（射る。融合語幹 ̄ïy-）〈bow〉

ichang（射た。音便語幹 ich-）〈shoot〉 ママ

íttchang（射た。音便語幹 ittch-）〈radiate〉

ǐyŭ が [ʔju] を表記したのであれば、共通部分はないことになる。[ʔiju] を表記したのであれば、共通部分は i で、語幹変化パターンは「r,' / r,' /y,(tt)ch」となる。

（12）「取る」

文語ラ行四段系動詞の「取る」に対応する動詞の例は次の通りである。

turang（取らない。基本語幹 tur-）〈refuse〉

tuĭ ukushung（取り起こす。連用形語幹 tuy-）〈take〉

tuyúng（取る。融合語幹 tuy-）〈take〉

tutang（取った。tut-）〈pretend〉

語幹共通部分は tu である。連用形語幹から tu を除くと、残りの部分がなくなる。この場合は「'」で表すことにする。すると、語幹変化パターンは「r,y,t」ということになる。

（13）「起きる」

文語上二段系動詞の「起きる」に対応する動詞の例は次の通りである。

ukirang（起きない。基本語幹 ukir-）〈sleep〉

ukikanti（起きかねて。連用形語幹 uk-）〈sleep〉

ukiĭung（起きる。融合語幹 ukiy-）〈rise〉

ukiang（起きて来い。音便語幹 ukit-）〈early〉ママ

ukiti ku!（起きて来い。音便語幹 ukit-）〈stand〉

語幹共通部分は uki で、語幹変化パターンは「r,',y,t」となり、「取る」と同じ活用となる。

（14）「受ける」

文語下二段系動詞の「受ける」に対応する動詞の例は、次の通りである。

ukiráng（受けない。基本語幹 ukir-）〈refuse〉

ukituyung（受け取る。連用形語幹 uki-）〈receive〉

ukiĭdunse（受けこそすれば。受けたら。連用形語幹 ukiy-）〈kindness〉

kiĭ と kī とは同じ音韻であろう。

ukiung（受ける。融合語幹 uki-）〈receive〉ママ

この形の例は 7 例ある。

ukiĭung（受ける。融合語幹 ukiy-）〈inherit〉

この形の例は 6 例ある。

ukitang（受けた。音便語幹 ukit-）〈disgraced〉ママ

語幹共通部分は uki で、語形変化パターンは「r,' / y,' / y,t」となる。

（15）「買う」

文語ハ行四段系動詞で、2 拍の「買う」に対応する動詞の例は、次の通りである。

kórachang（買わせた。基本語幹 kór-）〈employ〉

これから、「買わない」は kórang であると推察される。

kóyiga ikandi（買いに行こうと。連用形語幹 kóy-）〈go〉

kóĭ ósan（買いおおせない。連用形語幹 kóy-）〈priceless〉

kóĭ の ĭ は母音の後に来ているので yi とみなすと前項と同じになる。

ké-mudushung（買い戻す。連用形語幹 ke-）〈back〉

kóyung（買う。融合語幹 kóy-）〈buy〉

kóti（買って。音便語幹 kót-）〈buy〉

ké を除くと、語幹共通部分は kó となり、語幹変

化パターンは、「r,y,y,t」となる。連用形に ké という形があるの特徴である。ké は kai の音変化したもので、kó は音便語幹の形が、他の語幹において類推により用いられるようになったものである。文語的な、あるいは複合語的な語においては、ké の形も用いられると考えられる。

（16）「着る」

文語上一段系動詞の「着る」に対応する動詞の例は、次の通りである。

chiráng（着ない。基本語幹 chir-）〈put〉

chi yandĭung（着破る。連用形語幹 ch-）〈wear〉

chī（着。中止法。連用形語幹 ch-）〈meanly〉

chĭung（着る。融合語幹 chiy-）〈clothe〉

chichang（着た。音便語幹 chich-）〈put〉

chichi（着て）〈warm〉

chiching（着ても。音便語幹 chichi-）〈mind〉

語幹共通部分は chi で、語幹変化パターンは「r,', y, ch」となる。なお、「切る」などとの相違は音便語幹が促音であるかどうかにあるので、同じ活用をする「坐る」「似る」「煮る」の音便語幹の例を見ると次のように、促音ではない。

yitchang（座った）〈sit〉

nyitchong（似ている）〈similar〉

nytchi（煮て）〈boil〉

（17）「入れる」

文語ラ行下二段系動詞で、語末が「ireru」となる「入れる」に対応する動詞の例は、次の通りである。

irirashung（入れさせる。基本語幹 irir-）〈saint〉

iri kassaniung（入れ重ねる。連用形語幹 ir-）〈include〉

irĭung（入れる。融合語幹 iriy-）〈include〉

ittang（入れた。音便語幹 itt-）〈take〉

ittóng（入れている。音便語幹 itt-）〈fold〉

ítti（入れて。音便語幹 itt-）〈strain-f〉

これと同じ形は、他に〈steel〉〈sweeten〉〈whole〉〈quilt〉などで、4 例ある。

ĭtĭ utchósi（入れておいた。音便語幹 it-）〈copper〉

これと同じ形は、他に〈stuf〉〈tea〉〈care〉〈fill〉などに約 26 例ある。語幹共通部分は iri で、語幹変化パターンは「r,',y, (t)t」となる。なお、『沖縄語辞典』では、接続形が「ʔiQti] と促音便化している。

（18）「切る」など

文語ラ行四段系動詞で、語末が iru となる「切る」に対応する動詞の例は、次の通りである。

chiráng gutu（切らないように。基本語幹 chir-）〈whole〉

chíri vadu（切ればこそ。基本語幹 chir-）〈fell〉

chiri yandĭung（切り破る。連用形語幹 chir-）〈mangle〉

chĭĭdun se（切りぞすれば。連用形語幹 chiy-）〈prune〉

ちなみに、「入る」の例では「ĭĭdunse」（入れば）〈gold dust〉がある。ĭĭ と ĭĭ は同じ音韻であろう。

chĭung（切る。融合語幹 chiy-）〈cut〉

chichi（切って。音便語幹 chich-）〈ethical-3〉

chichang（切った。音便語幹 chich-）〈cut〉

同じ活用をする「入る」「知る」の音便語幹の例を見てみよう。

ichi（入って。音便語幹 ich-）〈nothing〉

ittchoru（入っている。音便語幹 ich-）〈pie〉

íttchõng（入っている。音便語幹 ittch-）〈include〉

shtcháng（知った。音便語幹 shtch-）〈know〉

shtchong（知っている。音便語幹 shtch-）〈know〉

shtchi（知って。音便語幹 shtch-）〈reform〉

shtching（知っても。音便語幹 shtch-）〈man〉ママ

これらからすると「入る」は促音便の例とそうでない例がある。「知る」の shtch は shch の例より促音を表記している場合が多いので、おおよそ促音便化しているといえよう。3つの語をまとめると、促音便化していると考えられるが、『英琉辞書』では促音の表記が正確でなく、明確なことは言えないということであろう。

これらを総合した語幹変化パターンは「r,'/y,y,(tt)ch」となる。

(19)「笑う」など

文語ハ行四段系動詞の内、3拍で末尾が /a(h)u の「笑う」に対応する動詞の例は、次の通りである。

vorarīru（笑われる。基本語幹 vor-）〈expose〉

varónnayo〈earnest〉（笑うなよ。基本語幹 var-）

前の2例の冒頭の vo と va は同じ音韻と考えられる。

varaï tavafuri（笑い戯れ。連用形語幹 vara-）〈laugh〉

varé fukuyung（笑い誇る。連用語幹 var-）〈smile〉

このばあい、語尾が é で、冒頭で述べたように i を取り除くことができない。

varayung（笑う。融合語幹 varay-）〈laugh〉

vóratáng（笑った。音便語幹 vorat-）〈laugh〉

同じ環境の「歌う」では次のように2つの基本語幹がある。

utāchóng（歌わせている。基本語幹 ut-）〈woman〉

全体は使役態の「過去終止形」である。これから否定の「終止形」は utāng であると推定できる。

utarang（歌わない。基本語幹 utar-）〈narrate〉ママ

また、「使う」には2つの融合語幹がある。

tskayung（使う。融合語幹 tskay-）〈delegate〉ママ

tskoyung（使う。融合語幹 tskoy-）〈do〉ママ

voré を除くと、共通語幹は var、ut、tsk などで、語幹変化パターンは「'/ ar,a,ay / oy,at」となる。varé は varai が音変化したものである。

2, 不規則動詞

不規則動詞の場合は、今までの代表的活用形だけで類推することがむつかしいので、用例を多くすることにする。

(20)「思う」

3拍の文語ハ行四段動詞で、語末が -ohu の「思ふ」に対応する動詞の例は、次の通りである。

umāng（思わない。基本語幹 um-）〈indifferent〉

umurandi shi（思おうとし。基本語幹 umur-）〈him〉

umura は志向形であり、前項と同じ基本語幹から作られる。

umuré（思えば。基本語幹 umur-）〈will〉

omi késhi（思い返し。連用形語幹 om-）〈think〉

語頭の u と o が相違しているが、音韻的には同じ音である。

umúïdunse（思いぞすれば。連用形語幹 umú-）〈forget〉

umi (umūï) tskayung（思いつかる。連用形語幹 um- / umú-）〈expect〉

かっこは、umi tskayung とも umūï tskayung とも言うということを表している。umūï と umúï は音韻的には同じと考えられる。

úmuyung（思う。音便語幹 umuy-）〈think〉

umuti kara（思ってから。音便語幹 umut-）〈think〉

語幹共通部分は um で、語幹変化パターンは「'/ ur、'/ ú、uy、ut」となる。

(21)「見る」

文語上一段動詞の「見る」に対応する動詞の例は、次の通りである。

mīrang（見ない。基本語幹 mir-）〈nose〉

ndang（見ない。基本語幹 nd-）〈see〉

上の2例から、否定形が2つあることになる。

mī bushashóng（見たがっている。「見欲しさしおる」に対応で、連用形。連用形語幹 m-）〈see〉

míïdunse（見こそすれば。連用形語幹 miy-）

nyūng（見る。融合語幹 ny-）〈look〉

ndjung や ndiung の形は見あたらない。

'nchang（見た。音便語幹 'nch-）〈see〉

語幹変化パターンは「mir / nd,m/miy,ny,'nch」となる。

(22)「言う」

文語ハ行四段系動詞で、2拍の「いふ」に対応する動詞の例は、次の通りである。

iyarīng（言われる〈受身〉。基本語幹 iy-）〈say〉

ïya1ng（言わない。基本語幹 ïy-）〈say〉

iya（[ʔija]）が ïya（[ʔja]）と音変化しているのである。

irang（言わない。基本語幹 ir-）〈say〉

ïyé（言え。基本語幹 ïy-）〈say〉

iré（言え。基本語幹 ir-）〈say〉

ī gurishang（言いにくい。連用形語幹 '-）〈hard〉

ïyung（言う。融合語幹 ïy-）〈say〉

ichi（言って。音便語幹 ich-）〈say〉

icháng（言った。音便語幹 ich-）〈say〉

特徴は基本語幹が ïy- と ïy と ir の3種類あり、語

幹共通部分がないことである。語幹変化パターンは
「iy／ïy／ir,`,ïy,ich」となる。(ただし、iy- は誤記の可能
性もある。)

(23)「行く」

文語カ行四段系動詞の「行く」の例は、次の通り
である。

ickasang（行かさない。基本語幹 ick-）〈never〉

ikkaváng（行こうと。基本語幹 ikk-）〈like〉

iké（行け。基本語幹 ik-）〈go-k〉

itchi mudúï-shung（行き戻りする。連用形語幹 itch-）
〈walk〉

yútchung（行く。融合語幹 yutch-）〈go〉

語幹の itch- が yutch- になることがある。

íchung（行く。融合語幹 ich-）〈go〉

ch と tch は同じ音韻であろう。

itchung（行く。融合語幹 itch-）〈go〉

ndjáng（行った。音便語幹 ndj-）〈go〉

ndjaru hazi（行ったはず。音便語幹 ndj-）〈nearly〉

語頭が ick-、ikk-、ik の相違があるが、音韻上は同
音であろう。それにしても、語幹共通部分がなく、語
幹変化パターンは「ik,i(t)ch／yutch,ich,ndj」となる。
音便語幹の ndj は「往にて」に対応するといわれて
いる。

(24)「眠れる」など

nindarïng（眠れる）などの可能動詞は、一つの語で
すべての語幹例を挙げることができないので、種々
の語から用例を挙げることにする。

kakarang（書けない。基本語幹 kakar-）〈extraordinary〉

nindaráng（眠れない。基本語幹 nindar-）〈wakeful〉

shiraráng（知れない。基本語幹 shirar-,）〈one〉

ïyaráng（言われない。基本語幹 ïyar-）〈speak-j〉

nizirarïdu shuru（我慢出来る。念じられに対応する。
連用語幹 nizirar-）〈Tolerable〉

nindarïng（眠れる。融合語幹 nindar-）〈sleep-r〉

shiraríng（知れる〈可能〉。融合語幹 shirar-）〈infer〉

nizirarïng（我慢出来る。融合語幹 nizirar-）〈tolerable〉

iyattong（言われている〈受身〉）〈say〉

可能動詞の音便語幹例が見つからない。今後の課
題である。ここでは、音便語幹は同じように作られ
る受身態の例で代替する。

現在の「終止形」の活用語尾は -ung の例が見つか
らない。すべて、ïng か íng である。活用語尾が他の
動詞と違うという条件付きであれば、語幹共通部分
は -a- で、語幹変化パターンは「r,r,r*,tt」となる。

(25)「する」など

文語サ行変格動詞に対応する「す」に対応する動
詞の例は、次の通りである。

①「する」

sang（しない。基本語幹 s-）〈dof〉

saváng（しようと。基本語幹 s-）〈may〉

súnna（するな。基本語幹 s-）〈dod〉

sí, sé（せよ。基本語幹 s-）〈dod〉

anshidu（そうすれば。連用形語幹 sh-）〈scholar〉

an はもと「そう」という意の副詞。

shī ōsăn（しおおせない。連用形語幹 sh-）〈able〉

shung（する。融合語幹 sh-）〈do〉

shura（するだろうか。融合語幹 sh-）〈quantity〉ママ

shé ickáng（したらいけない。融合語幹 sh-）〈place〉

shang（した。音便語幹 sh-）〈difficulty〉

shaga（したか。音便語幹 sh-）〈means〉

shóng（している。音便語幹 sh-）〈disorder〉

語幹変化パターンは「s,sh,sh,sh」となる。shang は
「連用形＋ang」の音変化したものである。他の動詞
が「連用形＋たり＋mu」の音変化したものである
のに比べて特殊である。それを条件にすると、共通部
分はなく、語幹変化パターンは「s,sh,sh,sh」となる。

②「死ぬ」の敬語

「死ぬ」の敬語 maasjun の例は、次の通りである。

māshāng（死なれた。音便語幹 mash-）〈dead〉

másháru bashu（死なれたとき。融合語幹 mash-）〈die〉

mashi mishóchó（死なれなさった。連用形語幹 ma:sh-）
〈when〉

ma 誤記で、má、あるいは mā が正しいであろう。

融合語幹の例が今のところ見あたらない。語幹共
通部分は、mā（má）で、語幹変化パターンは
「sh,sh,ʔ,sh」となる。例の見あたらない形を除くと、
「する」の動詞と同じ活用である。

③「おおせる」（-juusjun）

文語下二段系動詞の「おおせる」に対応する
oshung は「～することができる」の意を表す。この
動詞の例は、次の通りである。

shī ósan（しおおせない。基本語幹 os-）〈unable〉

ī oshé shúndung（言いおおせはするが。連用形語幹
osh-）〈parrot〉

shǐóshung（しおおせる。融合語幹 osh-）〈can〉

óshurā（おおせたら。融合語幹 ʔ- 基本語幹 osh -）
〈could〉

融合語幹の例が見あたらない。語幹変化パターン
は「sh,sh,s,ʔ」となる。例の見あたらない形を除くと、
「する」の動詞と同じ活用である。

(26)「来る」

文語カ行変格動詞「来」に対応する動詞の例は、次
の通りである。

kūng mādǔ（来ない間。基本語幹 k-）〈ere〉

kurarïruhazi（来られるはず。基本語幹 k-）〈if〉

kūrasi（来らせる。基本語幹 k-）〈order〉

kūă（〈人が〉来たら。基本語幹 k-）〈any〉

kū（来い。基本語幹 k -）〈come〉

shi kuī（〈私は〉して来ようね。基本語幹 k-）〈eat〉

kūa1（来たら。基本語幹 k-）〈soon〉

kūrá（来たら。基本語幹 k-）〈time〉

kūré（来たら。基本語幹 k-）〈certainly〉

íyading kūri varu（是非来なければならない。基本語幹 k-）〈must〉

kū（来い。基本語幹 k-）〈soon〉

chí ōsan（来おおさない。連用形語幹 ch-）〈delay〉

chïdunse（来たら。連用形語幹 chiy-）〈immediately-b〉

chūng（来る。融合語幹 chu-）〈come〉

churava（来るのなら。融合語幹 chu-）〈condition〉

t chǐ kvǐri（来てくれ。音便語幹 ch-）〈beg〉

chang（来た。音便語幹 ch-）〈catch〉

ndjaï chaï（行ったり来たり。音便語幹 ch-）〈come〉

chéng（来てある。音便語幹 ch-）〈brought〉

なお、『琉球語と日本語の文法の要綱』に「知識階級の人々は、過去形（いわゆる「接続形」…引用者注）に ch'ti を用いることがある」とある。『沖縄語辞典』には「Qci（来て）」とある。『英琉辞書』では、それらの例がみあたらない。ただし、次の chichi はその可能性もある。今後の検討を要する。

-- word again, utuziri chichi-chi chikassi.〈bring〉

基本語幹から作られる形はカ行変格の特色を保持している。例えば、否定の「終止形」の kūng は「来ぬ」に対応している。活用語尾が -ang でなく、-ūng である。活用語尾が他の動詞と違うという条件付きで、語幹変化パターンを記せば、「k,ch,ch,ch」となる

（27）「居る」

文語ラ行変格動詞の「をる」に対応する動詞の例は、次の通りである。

uráng（居ない。基本語幹 ur-）〈widower〉

wuráng（居ない。基本語幹 wur-）〈widow〉

前の二例は語頭に w があるかどうかの相違がある。現在の首里方言を万国音声記号で表せば、「居ない」は [urang / wurang]（「をらぬ」に対応）で、「売らない」は [ʔurang] である。したがって、wurang の方が正確な表記である。

wuǐdju（居所。連用形語幹 wui-）〈place〉

wúng（居る。融合語幹 w-）〈home〉

wūsi（居ること。融合語幹 w-）〈being〉

vúti（居て。音便語幹 vuti-）〈home〉

語頭の v は w と音韻的に同じとみなされる。

この動詞の特徴は、「終止形」が wung である点である。wung から ung を取り除くと、一見 w が残るかのようである。しかし、『英琉辞書』では、先に述べたように、語頭の [ʔu] は u で、[u/wu] は wu で表記しているが、語中・語尾の [u/wu] は u で表記している。したがって、wung から -ung を取り除くと何も残らない。すなわち、活用語尾は -ng のみなのである。

活用語尾が他の動詞と違うという条件付きで、語幹変化パターンを記せば、「r,ʼ,ʼ,t」となる。次項の ang（有る）と同じパターンである。

（28）「有る」

文語ラ行変格動詞の「有る」に対応する動詞の例は、次の通りである。

tava furi aráng（戯れでない。基本語幹 ar-）〈earnest〉

arā（有ったら。基本語幹 ar-）〈when〉

aïgáshura（有るかも知れない。連用形語幹 ay-）〈there〉

aïdunse（有りこそすれば。連用形語幹 ay-）〈duty-f〉

ang（有る。融合語幹 a-）〈have〉

ǎ kǔtuǔ（有るので。融合語幹 a-）〈beg〉

ámi（有るか。融合語幹 a-）〈sort〉

atáng（有った。音便語幹 at-）〈have〉

この動詞の第一の特徴は、「終止形」が ang である点である。ang から他の動詞の活用語尾 ung を取り除くことができない。すなわち、ng のみが活用語尾なのである。ung が融合していないので、融合語幹という名にふさわしくない。

第二の特徴は、形の上では、ʔang の否定形である ʔarang が、意味上では jang（だ。である）の否定になっている点である。意味上の否定「無い」は、ne:ng/ne:rang が用いられている。

ámi néni（有るか、無いか）〈have〉

なお、次のような文語的な文において、「ない」にあたるところに arang が用いられている点が注目される。

chindjúnyi aráng aróka.（禽獣でないだろうか。基本語幹 -）〈parrot〉

chkaku arang（近くない）〈near〉

kagíng aráng mung（加減のないもの）〈intemperate〉

他の動詞との比較のために他の動詞の場合と対応させて、しかも、活用語尾が他の動詞と違うという条件付きで、語幹変化パターンを記せば、「r,ʼ,ʼ,t」となる。

（29）語尾が -éng となる敬語

① -mishéng（〜なさる）

nashi mishórang（なさらない。基本語幹 mishór-）〈man〉

katchi mishóri（お書きなさい。基本語幹 mishór-）〈please〉

ī mishóransiga（おっしゃらないが。基本語幹 mishór-）〈reveal〉

ī mishéïdunse（おっしゃりさえすれば。連用形語幹 mishé-）〈heaven〉

chichi mishéng（〈天は〉聞かれる。融合語幹 mish-）〈heaven〉

shodjirachi mishésé（生じさせなさったのは。融合語幹 mish-）〈heaven〉

shi mishóchang（しなさった。音便語幹 mishóch-）〈please〉

mutumi mishócha kutu（〈陛下は〉求めなさったので。

音便語幹 mishóch-）〈manner〉

machi kantīshi mishócharayā（待ちかねになりました
でしょう。基本語幹 mishóch-）〈sorry〉

「終止形」の活用語尾が特殊であるが、語幹共通部
分は mish で、語幹変化パターンは「ór,é,é,óch」であ
る。

②　**mensheng**（いらっしゃる）およびその複合語

ménshórang（いらっしゃらない。基本語幹 ménshór-）
〈home〉

menshéng（いらっしゃる。融合語幹 menshe-）〈deign〉

menshóchi（いらっしゃって。音便語幹 menshóch-）
〈honour〉

menshóchang（いらっしゃった。音便語幹 menshoch-）
〈please〉

menshócha1ga1（〈なんの用で〉来られたか。音便語
幹 menshoch-）〈business〉

なお、『球琉語と日本語の文法の要項』には、men-
sheidunse（いらっしゃりこそすれば。連用形語幹
menshe-）や mensheyabīng（いらっしゃいます。連用形
語幹 menshe-）などの例も見られるが、『英琉辞書』に
は、今のところ見あたらないが、同じ筆者に書かれ
たものであるから、これも用例に含めることにする。

「終止形」の活用語尾が特殊であるが、語幹共通部
分は mensh で、語幹変化パターンは「ór,é,é,óch」と
なる。mishéng と同じ活用である。

③　**meheng**（〜なさる）およびその複合語

次のような「終止形」の例しか見あたらない。

yitchómeheng.（〈皇帝は〉座っておられる。融合語幹
-）〈emperor〉

aïdushi mehéng（〈天は目が〉おありである。）〈last〉

umárachi mehéng（〈天が〉生まらしておられる。）
〈miracle〉

『琉球語と日本語の文法の要綱』に「気取りやの首
里っ子（shuy people）は、misheng を鼻音化し、menheng
と発音する」とある。

以上①②③の特徴は融合語幹から作られる形に
「居る」が融合していないことである。

④　「いらっしゃる」の庶民の敬語

please の項に「喜んでなさったは、shi
menshóchang で、その未来形は、menshorandi（ママ）shi
である。しばしば命令形を mishóri と短縮し、そし
て、庶民は móri と短縮する」といった旨のことが
ある。móri が mishóri の短縮とするのは誤りで、móri
は「いみおわれ」の音変化したもので、mishóri は
「めしおわれ」の音変化したものであり、別語であ
る。それはともかく、móri という庶民の敬語があっ
たことは間違いない。しかし、他の用例が見あたら
ず、未詳である。

(30)　「ない」

沖縄方言で「ない（無い）」にあたる語は、形容詞

よりは動詞に近い活用をする。以下にその代表的例
をあげる。

nendaré（なければ。連用語幹 nendar-）〈bay〉

néndung aré（ないのであれば。連用形語幹 n-）〈high〉

néng aróka（ないだろうか。連用形語幹 n-）〈rouge〉

néni（ないか。連用形語幹 n-）〈have〉

néng, neráng（ない。融合語幹。n / ner）〈have〉

nénsi（ないこと。融合語幹 n-）〈fit〉

néntang（なかった。音便語幹 nént-）〈have〉

他の活用形は見あたらない。なお、形容詞の現在
の「否定形」は、形容詞の「連用形」に、この neng/
nerang が付いた形で表されている。

fīku nerang（寒くない）〈so〉

varukó néng.（悪くはない）〈faultless〉

活用語尾が他の動詞と違うという条件で、語幹変
化パターンを記せば「-,n,n/nér,nént」となる。非常に
特殊である。

むすび

以上の動詞の語幹変化パターンをもとに、活用の
型を分類することにする。各活用形から活用語尾で
ある ang（áng）、i（yi）、ung、ang を取り除くことがで
きない活用形、すなわち、これらの活用語尾と違う
語尾を接続させる活用形を含むものがある。これら
は特殊なので、不規則変化型（B）とし、別扱いにす
る。また、音便語幹に t,ch,d,dj を含まない「過去終
止」形のを含むもの（「する」）がある。これも同じ
範疇に入ろう。「笑う」の「連用形」の varé も活用
語尾 i を取り除くことができないが、varaï という形
も併用している。規則変化型から不規則変化型に移
行する中間にある。一応規則変化の内に入れられよ
う。なお、上記の例にあたる活用形には表中に * の
印をつけた。次に、基本語幹と連用語幹の２か所に
おいて、語幹変化部分のないもの（「思う」）や、語
頭部分が語幹変化部分になっているもの（「見る」な
ど）に注目される。これらを不規則変化型型（A）と
して得立することができる。残ったものでは、連用
形語幹の共通部分（子音）がなくならないものと、な
くなるものがあるのに注目される。あるものを規則
変化型（A）とし、変化部分がないもの（ない場合が
あるものも含む）を規則変化型（B）と分類できる。

規則動詞の語幹変化パターンの一覧を作ると表1
のようになる。

（表1）　語幹変化パターン

規則変化（A）				
「死ぬ」	ny,	ny,	ny,	dj
「書く」	k,	ch,	ch,	ch
「脱ぐ」	g,	dj,	dj,	dj
「なす」	s,	sh,	sh,	ch
「くびる」	d,	dj,	dj,	ch
「立つ」	t,	ch,	ch,	ttch
「読む」	m,	m,	m / ny,	d
「被る」	d,	dj,	diy/dj,	t
「飛ぶ」	b,	b,	bi / biy /by,	d
「蹴る」	r,	r,	y,	t
「射る」	r,		' / y,	(tt)ch
規則変化（B）				
「取る」	r,	',	y,	t
「起きる」	r,	',	y,	t
「受ける」	r,	',	' / y,	t
「買う」	r,	',	y,	t
「着る」	r,	',	y,	ch
「入れる」	r,	',	y,	(t)t
「切る」	r,	' / ir,	y,	(tt)ch
「笑う」	ar,	a*,	ay / oy,	at
不規則変化（A）				
「思う」	/ ur,	'/ ú,	uy,	ut
「見る」	mir ,m /,	miy,	ny,	'nch
「言う」	iy / ïy,	i,	ïy,	ich
「行く」	ik,	ich/ yutch,	ich,	ndj
不規則変化（B）				
「眠れる」	r,	r,	r*,	tt
「する」	s,	sh,	sh,	sh*
「来る」	k*,ch,	ch,	ch,	
「居る」	r,	',	'*,	t
「有る」	r,	',	'*,	t
「-éng の語」	ór,	é,	é*,	óch
「ない」	-,	n*,	nér,	nént

　「取る」「起きる」「買う」は基本的に同じ活用とみなされる。「受ける」は「終止形」に ukiung のように uki と ung が完全に融合していない形もある点で「起きる」と相違している。文語的な形が表記された可能性がある。そういう点では「起きる」においても、そのような形が予測できるからである。

　融合語幹に、「飛ぶ」の融合語幹の i と y、「射る」の ' と y、「受ける」の ' と y は、おのおの前者は「連用形」と「居る」が融合していない形で、後者は融合している形である。融合していないのは古い形、あるいは文語的形である。この 2 つの形が見られるのが『英琉辞書』の特徴といえる。

　なお、文語上一段動詞の「着る」と文語ラ行四段動詞「切る」などにおいて、促音の有無に混同が見られるが、少なくともあるものを基準にして考えれば、別の型といえる。

［主な参考文献］

1. R.モリソンの A DICTIONARY OF THE CHINESE LANGUAGE（『華英字典』）は 1815年にマカオで出版された。それは 3部で構成されていて、パート 1 の表題は「"字典" CHINESE AND ENGLISH, ARRANGED ACCORDING TO THE RADICALS」とあり、部首の画数順に並べられた字典である。パート 2 の表題は「"五車韻府" CHINESE AND ENGLISH ARRANGED ALPHABETICALLY」とあり、ピンインのアルファベット順に並べられた字典である。パート 3 の表題は「ENGLISH AND CHINESE」とあり、英琉辞書である。パート 3 の扉には「PUBLISHED AND SOLD BY BLACK, PARBURY, AND ALLEN, Booksellers, Leadenhall Street, LONDON. 1822.」とある。1996年にゆまに書房から復刻本出版された。引用はこれによる。
2. 伊波和正「メドハーストとベッテルハイムの比較（Ⅲ）：名詞(1)」（『沖縄国際大学外国語研究』第 2 巻第 2 号 1998 年）200 頁。
3. 沖縄県史料編集所『沖縄県史料 ベッテルハイム関係記録』1985 年
4. 喜名朝昭・伊波和正・森庸夫・高橋俊三共訳「B.J. ベッテルハイム著 琉球語と日本語の文法の要綱 (1)～(5)」（「南島文化（沖縄国際大学南島文化研究所紀要）」第 2～6 号）　1980~1984 年
5. 国立国語研究所，『沖縄語辞典』1963, 朱鳳「モリソンの『華英字典』にみる 19 世紀西洋人の中国語学習事情」（京都ノートルダム女子大学研究紀要』第 35 号 2005 年）。
6. 高橋俊三「『英琉辞書』の表記法」（『南島文化』第 17 号 ,1995 年，沖縄国際大学南島文化研究所）を参照されたい。
7. 津波古敏子 ,1992,「沖縄中南部方言」,『言語学大辞典』（第 4 巻）
8. 照屋善彦「ベッテルハイムの伝道と聖書和訳」（ベッテルハイム 漢和対訳『馬太傳福音書・馬可傳福音書』稿本覆刻版 別冊）1979 年
9. 土井忠生「ベッテルハイムの琉球方言に関する著述」（『方言』第四巻第十号 1934 年、『国語史論攷』1977 年に再録）参照。
10. 吉田常吉著「琉球に於けるベッテルハイムの伝道(1)～(3)」（「沖縄歴史研究」第 2～4 号）
11. 山口栄鉄著『異国と琉球』（本邦書籍）　1981 年
12. 服部四郎 1955「球琉語」（『世界言語概説』下巻）
13. 照屋善彦『英宣教医　ベッテルハイム - 琉球伝道の九年間 -』（2004 年人文書院）87 頁。

◆著編訳者紹介

B.J. ベッテルハイム（Bernard Jean Bettelheim）
本書「解題」（601頁）の「1. 略歴」に記載。

伊 波 和 正（いは かずまさ）
1939年 沖縄県うるま市石川伊波（旧石川市）生。
1964年 東京教育大学（現筑波大学）文学部英語・英米文学科卒。
1971年9月米国 Southern Illinois 大学大学院英語科（英文学専攻）修士課程修了（M.A.）。
1972-2007年沖縄国際大学、現在名誉教授。
「英琉辞書」関係論文7篇（沖縄国際大学外国語研究）。

高 橋 俊 三（たかはし としぞう）
1942年 広島県生まれ（2012年没）。広島大学大学院文学研究科修士課程修了。
沖縄国際大学名誉教授・博士（文学・法政大学）。
主な著書：『おもろさうしの国語学的研究』『おもろさうしの動詞の研究』、菊千
　　　　代氏との共著『与論方言辞典』（共に武蔵野書院）。
共 編 著 ：『沖縄古語大辞典』（角川書店）など。

兼 本 　 敏（かねもと さとし）
1955年 沖縄県那覇市首里生まれ。米国ハワイ大学大学院東アジア言語・文学
（East Asian Languages and Literatures）修士（中国語学）。
沖縄国際大学総合文化学部教授。
主な論文：「教本としての『琉球官話集』について―動詞を中心に―」（沖縄国際大
　　　　学総合学術研究紀要 第7巻）など。

日本語訳 英琉辞書

2017年5月14日 初版第1刷発行

著　　　者：B.J. ベッテルハイム
編 訳 者：伊 波 和 正
　　　　　高 橋 俊 三
　　　　　兼 本 　 敏

発 行 者：前田智彦
発 行 所：武蔵野書院
　　　　　〒101-0054
　　　　　東京都千代田区神田錦町 3-11 電話 03-3291-4859　FAX 03-3291-4839
印　　　刷：三美印刷㈱
製　　　本：㈲佐久間紙工製本所

ⓒ2017　Kazumasa IHA & Keiko TAKAHASHI & Satoshi KANEMOTO
＊本研究は宇流麻学術研究助成基金を受け遂行された。
＊刊行に当たり沖縄国際大学研究成果刊行奨励費の交付を受けている。
＊原本画像の使用許可を下さった大英図書館および Ms.Powlette に謝意を述べたい。

定価はカバーに表示してあります。
落丁・乱丁はお取り替えいたしますので発行所までご連絡ください。
本書の一部または全部について、いかなる方法においても無断で複写、複製することを禁じます。
ISBN 978-4-8386-0702-0 Printed in Japan